D1755245

Ekkehard Richter

Technisches Wörterbuch

Englisch – Deutsch

Ekkehard Richter

Technisches Wörterbuch

Maschinenbau

Anlagentechnik

Umwelttechnik

Englisch – Deutsch

2., aktualisierte und erweiterte Auflage

Cornelsen

Der Autor
Dr. Ekkehard Richter ist Diplomingenieur und Geschäftsführer des Anwenderzentrums Herne.

Verlagsredaktion: Erich Schmidt-Dransfeld
Technische Umsetzung: Anwenderzentrum Herne
Umschlaggestaltung: Knut Waisznor

Cornelsen online http://www.cornelsen.de

1. Auflage   Druck 4 3 2 1   Jahr 06 05 04 03

© 2003 Cornelsen Verlag, Berlin

Das Werk und seine Teile sind urheberrechtlich geschützt.
Jede Verwertung in anderen als den gesetzlich zugelassenen Fällen
bedarf deshalb der vorherigen schriftlichen Einwilligung des Verlages.

Druck: CS-Druck CornelsenStürtz, Berlin

ISBN 3-464-49467-5

Bestellnummer 494675

Gedruckt auf säurefreiem Papier, umweltschonend
hergestellt aus chlorfrei gebleichten Faserstoffen.

Vorwort

Wissenschaften, Technik, Gesellschaft sind in schnellem Wandel begriffen. Entsprechend verändern sich in allen Sprachen die Begriffe, und es kommen ständig neue hinzu. Kommunikation erfolgt verstärkt international, da weltweite Märkte bestehen und die Kommunikationsmöglichkeiten viel einfacher geworden sind. Englisch dominiert in allen Bereichen der Technik.

Die Technik selbst ist immer komplexer geworden, nicht nur in der Vielzahl von Geräten, Komponenten oder Bauteilen. Die Wechselwirkungen mit Nachbardisziplinen prägen sich immer stärker aus: Wo gibt es noch Anlagentechnik oder Fahrzeugtechnik ohne Elektronik? Ferner sind Umweltschutz und Umweltfolgen zu berücksichtigen.

Das „Technische Wörterbuch" soll Ingenieure und Naturwissenschaftler, Anlagenbauer und Umweltingenieure bei der täglichen Arbeit unterstützen. Neben den technischen Disziplinen wie Maschinenbau, Anlagenbau, Fahrzeugtechnik, Energie- und Elektrotechnik, Verkehrs- und Umwelttechnik (einschließlich Kreislaufwirtschaft) umfasst das Wörterbuch wichtige Begriffe aus Computer- und Kommunikationstechnologie, Unternehmensorganisation oder Vertragswesen, die im Arbeitsalltag benötigt werden.

Dieses Wörterbuch hätte sich ohne freundliche Unterstützung von Verlag, Freunden und Kollegen nicht in dieser Form realisieren lassen. Ohne die Geduld und die Unterstützung meiner Familie wäre es nie zustande gekommen. Ihnen allen gilt mein Dank.

Dr.-Ing. Ekkehard Richter Herne/Essen April 1998

Vorwort zur 2. Auflage

Das „Technische Wörterbuch" ist gut aufgenommen und rasch als Standardwerk im Bereich mittlerer Wörterbücher anerkannt worden. Als Bearbeiter hatte ich nach dem ersten Erscheinen des Werkes immer wieder Gelegenheit, mit technischen Praktikern und mit Fachübersetzern darüber zu sprechen, wie sie das Werk nutzen und welche konkreten Anforderungen die Übersetzungspraxis stellt. Entsprechende Anregungen zur Verbesserung sind bei der nun vorliegenden 2. Auflage berücksichtigt worden.

Gleichzeitig wurde der Wortbestand um rund 10.000 Einträge erweitert, wobei insbesondere die Schnittstellen zwischen Technik einerseits und Ökonomie, Projektmanagement, Informationsverarbeitung und Umwelt andererseits vertieft wurden. Auch dies geht auf Erfahrungen aus der Praxis zurück, wo sich ein weiter steigender Bedarf an solchermaßen interdisplinärem Vokabular feststellen lässt.

Dr.-Ing. Ekkehard Richter Herne/Essen Juli 2003

Erläuterungen für den Benutzer

Die Stichwörter sind streng nach dem Alphabet geordnet. Dies bedeutet, dass Leertasten und Bindestriche keine Rolle bei der Einordnung der Wörter spielen. Jedes Stichwort ist im Deutschen grammatisch gekennzeichnet nach

f   Nomen, feminin
m   Nomen, maskulin
n   Nomen, neutrum
v   Verb

Die Übersetzungen sind in der Zielsprache nach Bedeutungen geordnet und durch Semikolon getrennt. Erläuterungen sind in runden Klammern aufgeführt. Vorwiegend im Britischen Sprachbereich verwendete Begriffe sind mit ((B)), vorwiegend im amerikanischen Sprachbereich verwendete Begriffe mit ((A)) gekennzeichnet. Zusätzlich sind zu den Begriffen Fachgruppenschlüssel in eckigen Klammern angegeben. Diese geben jeweils einen Bereich an, in dem der Gebrauch des jeweiligen Begriffs vorwiegend erfolgt. Andere Bereiche sind damit nicht ausgeschlossen.

Fachgruppenschlüssel

air	Lufttechnik, Luftreinhaltung	air treatment, air pollution control
aku	Akustik, Lärm	acoustics, noise
any	Analytik, Messtechnik	technology of measurement, control technology
bau	Bauwesen, Architektur	civil engineering, architecture
bff	Botanik, Flora, Fauna	botany, flora, fauna
bio	Biotechnologie	biotechnology
bod	Boden	soil
che	Chemie	chemistry
con	Konstruktion, Zeichnungen	construction, drawings
eco	Wirtschaft, Unternehmen	economy, business
edv	Rechner, Informationstechnik, Kommunikationstechnik	computer, information technology communication technology
elt	Elektrotechnik	electrical engineering
far	Landwirtschaft, Landbau	agriculture, soil cultivation
geo	Geologie	geology
hum	Medizin, menschlicher Körper	medicine, human body
jur	Recht, Versicherungen	laws, insurance
mat	Mathematik	mathematics
mbt	Bagger, Erdbau, Transportgeräte	excavators, earthwork, means of transportation
met	Werkstoffe, Metall	materials, metals
min	Mineralogie	mineralogy
nor	Normenwesen (RAL-Farben)	standards, RAL-standards
opt	Optik, Strahlen	optics, rays
phy	Physik	physics
pow	Energie-, Kesseltechnik, erneuerbare Energien	energy, power generation boiler technology, renewable energy
prc	Anlagen-, Verfahrenstechnik, Prozesstechnik	chemical und process engineering
rec	Abfall, Recycling	waste, recycling
roh	Bergbau, Rohstoffgewinnung, -aufbereitung	mining, recovery of raw materials, material processing
tec	Technik, insb. Maschinenbau	technology, esp. engineering products
tra	Transport, Verkehr, Automobilwesen, Schifffahrt, Eisenbahn	transportation, traffic, motor technology, cars, railways, ships
was	Wasseraufbereitung, -gewinnung, -verunreinigung	water treatment, water pollution
wer	Metallverarbeitung, Montage	metal-working, assembly
wet	Wetter, Klima	weather, climate
wzg	Werkzeuge, Bearbeitungsmaschinen	tools

A

24 hours service Tag- und Nachtbetrieb *m*
A-frame Stützpunkt *m* (Fuß des Auslegers) [mbt]
abandon abbrechen *v* (aufgeben); aufgeben *v* (im Stich lassen, verlassen)
abandoned site aufgegebener Standort *m* [eco]
abate bekämpfen *v* (z.B. Lärm); schwächen *v* (vermindern); verringern *v* (nachlassen); zurückgehen *v*
abatement Abnahme *f* (Verringerung); Bekämpfung *f*; Frachtabschlag *m* (Rabatt) [eco]
abattoir Schlachthof *m*
abbreviate abkürzen *v*; verkürzen *v* (abkürzen)
abbreviation Abkürzung *f* (Wort)
abend Abbruch *m* (eines Programms) [edv]; Programmabbruch *m* [edv]
aberration Fehler *m* [opt]
abeyance, put in - zurückstellen *v* (Auftrag)
ability Fähigkeit *f*
ability to work Erwerbsfähigkeit *f* [eco]
ablation Entfernung der Oberflächenschicht *f* [bod]
ablation zone entfernt werdende Oberflächenschicht *f* [bod]
able, not - unfähig
abnormal anormal
abolish wegfallen *v* (auslassen, ausmerzen)
abolished entfallen
abolition Aufhebung *f* (Abschaffung)
abort abbrechen *v* [hum]; abbrechen *v* (ein Programm) [edv]
abortion Abbruch *m* (Programm) [edv]
abrade abreiben *v* (verschleißen) [wer]; abschleifen *v* (abtragen) [mbt]; scheuern *v* (verschleißen, abnutzen) [met]; schmirgeln *v* [wer]; verschleißen *v* [met]
abrasion Abnutzung *f* (Abrieb) [met]; Reibung *f* [phy]; Verschleißschicht *f* (der Straße) [bau]; Verschleiß *m* (Abrieb) [met]
abrasion Abrieb *v* (Abnutzung) [met]
abrasion loss Abrieb *m* (Abnutzung) [met]
abrasion resistance Abriebfestigkeit *f* [met]; Verschleißfestigkeit *f* [met]; Verschleißwiderstand *m* [met]
abrasion rods Schleißbleche *pl* [tec]
abrasion surface Verschleißoberfläche *f* (der Straße) [met]
abrasion-free verschleißfrei [met]
abrasion-proof abriebbeständig [met]; abriebfest [met]; verschleißfest [met]
abrasion-resistant abriebfest [met]
abrasive Schleifmittel *n* [met]
abrasive wear mechanischer Abrieb *m* [met]
abrasiveness Abriebwirkung *f* [met]

abrasives Strahlmittel *n* [met]
abridge verkürzen *v* (kürzen) [wer]
abridged gekürzt
abridged version gekürzte Fassung *f* (des Buches)
abroad im Ausland
abrupt plötzlich
abscissa Abszisse *f* [mat]; X-Achse *f* [mat]
absence Abwesenheit *f*
absence of air, in the - unter Luftabschluss
absent abwesend
absolute absolut; unbedingt; uneingeschränkt
absolute display transducer Absolutweggeber *m* [tec]
absolute encoder Absolutimpulsgeber *m* [tec]
absolute shaft angle encoder Winkelcodierer *m* ((variant)) [tec]; Winkelcodierer *m* [tec]
absolute shaft encoder Winkelcodierer *m* ((variant)) [tec]; Winkelcodierer *m* [tec]
absolve befreien *v* (von einer Pflicht) [jur]
absorb abfedern *v* [phy]; absorbieren *v*; auffangen *v* (absorbieren); aufnehmen *v* (Kräfte) [phy]; aufsaugen *v* [prc]; dämpfen *v* (Schall) [aku]; dämpfen *v* (Schwingung); einziehen *v*; saugen *v*
absorb the shock abfedern *v* [tec]
absorbability Absorptionsfähigkeit *f* [phy]; Aufnahmefähigkeit *f* [che]
absorbable absorbierbar; absorptionsfähig
absorbate Absorptiv *n*
absorbency Absorptionsfähigkeit *f* [phy]; Saugfähigkeit *f* [met]; Absorptionsvermögen *n* [phy]
absorbent absorbierend; saugfähig [met]
absorbent Absorbens *n*; Absorptionsmittel *n*; Aufsaugmaterial *n* [met]
absorbent paper Fließpapier *n* [met]
absorbent tissue Absorptionsgewebe *n* [prc]
absorber Absorber *m* [prc]; Aufnehmer *m*
absorbing absorbierend; aufsaugend; einsaugend
absorbing Dämpfen *n*
absorbing bearing Dämpfungslager *n* [tec]
absorptance Absorptionsgrad *m* (Licht) [opt]
absorption Absorption *f*; Aufnahme *f* (Einverleibung, Absorption) [che]; Aufnahme *f* (z.B. Wärmeaufnahme) [pow]; Bindung *f* [phy]; Dämpfung *f* (Schall) [aku]; Dämpfung *f* (Schwingung); Entzug *m*; Aufnahmevermögen *n* [che]
absorption apparatus Absorptionsapparat *m* [prc]
absorption capacity Schluckstrom *m* (Pumpenaufnahmevermögen) [prc]
absorption coefficient Absorptionskoeffizient *m* [phy]
absorption column Absorptionskolonne *f* [prc]; Waschturm *m* [prc]
absorption cross section Absorptionsquerschnitt *m* [any]
absorption density meter Absorptionsdichtemesser *m* [any]
absorption equilibrium Absorptionsgleichgewicht *n* [phy]
absorption glass Filterglas *n*
absorption installation Absorptionsanlage *f* [prc]

absorption layer Absorptionsschicht *n* [opt]
absorption liquid Absorptionsflüssigkeit *f*
absorption loss Absorptionsdämpfung *f* (Schwingungen) [tec]
absorption of gas Gasabsorption *f* [air]; Gasaufnahme *f* [air]
absorption of humidity Feuchtigkeitsaufnahme *f*
absorption of light Lichtabsorption *f* [opt]
absorption of sound in solids Körperschalldämmung *f* [aku]
absorption of water Wasseraufnahme *f* [met]
absorption oil Waschöl *n* [met]
absorption plant Absorptionsanlage *f* [prc]
absorption power Absorptionsfähigkeit *f* [phy]
absorption rate Aufnahmegeschwindigkeit *f* [che]
absorption refrigeration machine Absorptionskältemaschine *f* [pow]
absorption refrigerator Absorberkühlschrank *m*
absorption spectrum Absorptionsspektrum *n* [opt]
absorption surface Absorptionsfläche *f*
absorption tissue Absorptionsgewebe *n* [prc]
absorption trench Abwasserversickerungsgraben *m* [was]
absorption, acoustic - Schallabsorption *f* [aku]; Schalldämpfung *f* [aku]; Schallabsorptionsgrad *m* [aku]
absorption, acoustical - Schallabsorption *f* [aku]; Schallabsorptionskoeffizient *m* [aku]
absorptive aufsaugend; einsaugend
absorptivity Absorptionsfähigkeit *f* [phy]; Aufnahmefähigkeit *f* [che]
abstract Kurzbeschreibung *f*; Kurzfassung *f*
abstraction Entziehung *f*
abstraction licence Wasserentnahmelizenz *f* [was]
abundance Häufigkeit *f* [mat]; Übermaß *n* (zuviel, mehr als ausreichend) [con]
abundance, relative - relative Häufigkeit *f* [mat]
abundant ergiebig; redundant
abuse Missbrauch *m* (falsches Nutzen)
abuse missbrauchen *v* (falsch nutzen)
abut anliegen *v* (fest -); aufliegen *v*
abutment Beilage *f*; Brückenaufschüttung *f* (unter Tragbrücke) [bod]; Stützmauer *f* (unter Bahn-, Straßenbrücke) [bau]; Lager *n* (Auflager); Widerlager *n* [bau]
abutting aneinander stoßend
abutting edge Stoßkante *f* [tec]
abutting joint Stoßfuge *f* [tec]; Stoßnaht *f* [tec]; Stoßstelle *f* [wer]
abutting surface Stoßfläche *f* [tec]
AC/DC appliance Allstromgerät *n* [elt]
accelerate beschleunigen *v* [phy]; Gas geben *v*; hochfahren *v* (den Kessel) [pow]
accelerated beschleunigt [tec]
acceleration Beschleunigung *f* [tra]; Beschleunigung *f* [phy]; Anzugsvermögen *n* [phy]; Beschleunigungsvermögen *n* (Auto) [tra]
acceleration capability Beschleunigungsvermögen *n* [phy]

acceleration compensation Beschleunigungskompensation *f* [tec]
acceleration figure Beschleunigungswert *m*
acceleration governor Beschleunigungsregler *m* [pow]
acceleration limiter Beschleunigungsbegrenzer *m* [pow]
acceleration of fall Fallbeschleunigung *f* [phy]
acceleration of gravity Erdbeschleunigung *f* [phy]
acceleration of hardening Erhärtungsbeschleunigung *f* [met]
acceleration ramp Beschleunigungsrampe *f* [tec]
acceleration time Startzeit *f*
acceleration tube Beschleunigungsröhre *f* [elt]
acceleration voltage Beschleunigungsspannung *f* [elt]
acceleration, catalytic - katalytische Beschleunigung *f* [che]
acceleration, period of - Beschleunigungszeit *f*
acceleration-rate limiter Beschleunigungsbegrenzer *m* [tec]
accelerative agent Beschleunigungsmittel *n* [bio]
accelerative force Beschleunigungskraft *f* [phy]
accelerative power Beschleunigungsvermögen *n* [phy]
accelerator Beschleuniger *m* (Atom) [che]; Beschleuniger *m* (Gaspedal) [tra]; Gashebel *m* [tra]; Gaspedal *n* [tra]
accelerator cable Gaszug *m* (vom Gaspedal abgehend) [tra]
accelerator force Beschleunigungskraft *f* [phy]
accelerator pedal Gashebel *m* [tra]; Gaspedal *n* (Auto) [tra]
accelerometer Beschleunigungsmesser *m* [any]
accept anerkennen *v* (eine Rechnung) [eco]; annehmen *v* (akzeptieren)
accept-reject categories Gut-Schlecht-Klassen *pl*
acceptability limit Zulässigkeitsgrenze *f* [tec]
acceptable annehmbar; vertretbar
acceptance Abnahme *f* (u.a. Endabnahme) [eco]; Annahme *f* (des Antrages); Zusage *f*
acceptance authority Abnahmegesellschaft *f* [eco]
acceptance certificate Abnahmezeugnis *n* [eco]; Abnahmebescheinigung *pl* [eco]
acceptance date Abnahmetermin *m* [eco]
acceptance drawing Abnahmezeichnung *f* [con]
acceptance inspection Abnahmeprüfung *f* [any]
acceptance level Zulässigkeitsgrenze *f* [tec]
acceptance of an offer Angebotsannahme *f* [eco]
acceptance of technology Technikakzeptanz *f* [tec]
acceptance of tender Auftragserteilung *f* [eco]
acceptance reference dimension Abnahmekontrollmaß *n* [con]
acceptance specification Abnahmevorschrift *f* [eco]
acceptance test Abnahmeprüfung *f* [any]; Wareneingangsprüfung *f* [eco]; Abnahmeversuch *m* [any]
acceptance test, minutes of - Abnahmeprüfprotokoll *n* [eco]
acceptance, specifications for - Abnahmevorschriften *pl* [eco]

acceptance, terms of - Abnahmebedingungen *pl* [eco]
acceptance-test minutes Abnahmeprüfprotokoll *n* [eco]
acceptance-test record Abnahmeprüfprotokoll *n* [eco]
accepted for use in official documents dokumentenecht
accepted order in Auftrag
acceptor Abnehmer *m* (Empfänger); Akzeptor *m* (Fremdatom im Halbleiter) [phy]; Empfänger *m* (im Halbleiter) [phy]; Spürgerät *n* [any]
access Aufstieg *m*; Zugang *m* (Zutritt); Zugang zwischen Heizflächen *m* [pow]; Zugriff *m* (Zugriff auf) [edv]; Zutritt *m*
access cover Zugangsdeckel *m*
access door Einsteigtür *f*
access fee Zugangsgebühr *f*
access hole Reinigungsöffnung *f* [was]
access ladder Einsteigeleiter *f*
access line Anschlussleitung *f* [elt]
access mode, sequential - sequentielle Speicherung *f* (Software) [edv]
access opening Einbringöffnung *f*
access panel Einstiegsöffnung *f*
access ramp Auffahrt *f* [tra]; Auffahrtrampe *f* [tra]
access right Auskunftsrecht *n* (eines Betroffenen) [jur]
access road Auffahrt *f* (Autobahn) [tra]; Einfallstraße *f* [tra]; Zubringerstraße *f* [tra]; Zufahrtsstraße *f* [tra]; Anfahrtsweg *m* (zum Ziel) [tra]; Zubringer *m* (Straße) [tra]
access time Zugriffszeit *f* (z.B. auf eine Festplatte) [edv]
access to and inspection in files, right of - Akteneinsichtsrecht *n* [jur]
access way Einfahrt *f* [tra]
access, right of - Betretungsrecht *n* [jur]
access, right to - Auskunftsrecht *n* (eines Betroffenen) [jur]
accessibility Zugänglichkeit *f*
accessibility for foot traffic Begehbarkeit *f* [tra]
accessible besteigbar; erreichbar (Gelände); zugänglich (leicht zu erreichen)
accessories Beiwerk *n*; Betriebsmittel *n* (Zubehör); Zubehör *n*; Anbauteile *pl* (Zubehörteile) [tec]; Armaturen *pl* (grobe Armaturen); Ausrüstungsteile *pl*; Grobarmaturen *pl* [tec]; Hilfsmittel *pl*; Zusatzteile *pl* (Zubehör) [tec]
accessories and spare parts Zubehör und Hilfseinrichtungen
accessories kit Zubehörsatz *m* [tec]
accessory Armatur *f* (Zubehör); Hilfsvorrichtung *f*; Beipack *m* (Zubehör); Beschlag *m* (Zubehör); Hilfsprogramm *n* (Software) [edv]; Zubehörteil *n*
accessory device Hilfsgerät *n*; Zusatzgerät *n* [tec]
accessory mineral Begleitmineral *n* [min]
accessory pack Zubehörpaket *n* [tec]
accessory part Zubehörteil *n* [tec]

accessory shaft Stirnradwelle *f* [tec]
accessory shoe Steckschuh *m* [elt]
accessory unit Zusatzaggregat *n* [tec]
accident Ausfall *m* (Fehler); Unfall *m*; Unglück *n* (Unfall)
accident an employee suffers from work Arbeitsunfall *m*
accident at work Arbeitsunfall *m*
accident control Unfallverhütung *f*
accident department Unfallstation *f* (Krankenhaus)
accident hazard Unfallgefahr *f*
accident hospital Unfallkrankenhaus *n* [hum]
accident insurance Unfallversicherung *f* [jur]
accident prevention Unfallverhütung *f*; Arbeitsschutz *m* (Arbeitssicherheit); Unfallschutz *m*
accident prevention rule Unfallverhütungsvorschrift *f* [jur]
accident protection Unfallschutz *m*
accident rate Unfallhäufigkeit *f*
accident rate, fatal - Mortalität *f* [hum]
accident report Unfallbericht *m*
accident risk Unfallgefahr *f*
accident, fail to stop after an - Unfallflucht begehen *v* [tra]
accident, leaving the site of an - Unfallflucht *f* [tra]
accident-free unfallfrei
accident-proof unfallsicher
accidental unbeabsichtigt; unfallbedingt; ungewollt; zufällig
accidental damage insurance Maschinenbruchversicherung *f* [jur]
accidental earth contact Erdschluss *m* [elt]
accidental ground Masseschluss *m* [elt]
accidental ram stroke unbeabsichtigter Stößelhub *m* (bei Pressen) [tec]
accidents, free from - unfallfrei
accidents, risk of - Unfallgefahr *f*
acclimatization Akklimatisation *f* [bff]; Akklimatisierung *f* [bff]; Gewöhnung *f*
acclimatize akklimatisieren *v* [bff]
acclivity steile Böschung *f*
accommodate anpassen *v*; beherbergen *v*; unterbringen *v* (aufnehmen)
accommodate load Last aufnehmen *v* [tec]
accommodated in gelagert in [tec]
accommodation Behausung *f*; Beherbergung *f*; Unterbringung *f*; Unterkunft *f*; Platz *m* (zum Leben)
accommodation, food and - Unterkunft und Verpflegung
accompany begleiten *v*
accomplished vollendet
accordance Übereinstimmung *f*
accordance with instructions, in - weisungsgemäß [eco]
accordance with the regulations, in - regulär [jur]
according to gemäß (in Zeichnungen) [con]; laut (entsprechend)
according to drawing nach Zeichnung [con]

according to standards normgerecht
according to tariff tariflich [eco]
according to the invention erfindungsgemäß
accordingly sinngemäß
accordion hose Faltenschlauch *m*
account Liquidation *f* (Rechnung) [eco]; Rechnung *f* (kaufmännisch) [eco]; Guthaben *n*; Konto *n* [eco]
account abrechnen *v* [eco]; verrechnen *v* [eco]
account holder Kontoinhaber *m* [eco]
account number Kontonummer *f* [eco]
account of, acting in the name and for the - handelnd im Namen und für Rechnung *v* [eco]
account, as per - laut Rechnung [eco]
account, charge an - Konto belasten *v* [eco]
account, take into - berücksichtigen *v*
accountancy Buchführung *f* [eco]; Buchhaltung *f* [eco]; Rechnungswesen *n* [eco]
accountant Buchhalter *m* (z.B. in Firma) [eco]
accounting Abrechnung *f* [eco]; Bilanzierung *f* (Geld) [eco]; Buchführung *f* [eco]; Buchhaltung *f* [eco]; Buchung *f* [eco]; Rechnungswesen *n* [eco]
accounting machine Buchungsmaschine *f* [eco]
accounting period Rechnungszeitraum *m* [eco]
accounting record Buchungsbeleg *m* [eco]
accounting to instructions nach Behandlungsvorschrift [con]
accounts payable Eingangsrechnungen *f* [eco]; Verbindlichkeiten *pl* (Schulden) [eco]
accretion Ablagerung *f* (Vorgang) [rec]; Anlagerung *f* (Vorgang); Wachstum *n* [bff]
accrue anfallen *v* (Kosten) [eco]
accumulate akkumulieren *v* (ansammeln); anfallen *v* (ansammeln); anlagern *v* (anhäufen); anreichern *v* (sammeln, konzentrieren); ansammeln *v* (anhäufen); sammeln *v* (ansammeln); speichern *v*; stapeln *v*
accumulation Akkumulation *f*; Anlagerung *f* (Ansammlung); Anreicherung *f* (Ansammlung); Anhäufung *f* (Anhäufung); Kumulation *f*; Speicherung *f*; Stauung *f*
accumulation of cold Kältespeicherung *f*
accumulation of harmful effects Schadstoffanreicherung *f*
accumulation of water Wasserspeicherung *f* [was]
accumulator Speicherbatterie *f* [elt]; Akkumulator *m* [elt]; Sammler *m* (Batterie) [elt]; Speicher *m* [elt]
accumulator acid Akkumulatorensäure *f* [elt]; Akkumulatorsäure *f* [che]
accumulator casing Akkumulatorengehäuse *n* [elt]
accumulator connector Akkumulatorklemme *f* [elt]
accumulator lye Akkumulatorenlauge *f* [elt]
accumulator scrap Akkumulatorschrott *m* [rec]
accumulator scrap dressing Akkumulatorschrott-Aufbereitung *f* [rec]
accumulator steam turbine Speicherdampfturbine *f* [pow]
accuracy Fehlerfreiheit *f*; Genauigkeit *f*; Maßhaltigkeit *f* [con]
accuracy class Klassengenauigkeit *f* [any]
accuracy in fitting Passgenauigkeit *f* [con]

accuracy in reading Ablesegenauigkeit *f* [any]
accuracy of manufacture Herstellungsgenauigkeit *f*
accuracy of measurement Messgenauigkeit *f* [any]
accuracy of movement Laufgenauigkeit *f* [tec]
accuracy of shape Formgenauigkeit *f* [con]
accuracy, geometrical - Formgenauigkeit *f* [con]
accuracy, required - Genauigkeitssollwert *m* [any]
accurate fehlerfrei; ganggenau; maßgerecht [con]; richtig (akkurat, genau)
accurate in every detail detailgetreu
accurate to dimension maßgenau (maßgetreue Projektierung) [con]; maßgetreu (maßgenau, passend) [con]
accurate to size maßgenau (maßgetreue Projektierung) [con]; maßgetreu (maßgenau, passend) [con]
acetal copolymer Acetalpolymer *n* [che]
acetaldehyde Acetaldehyd *m* [che]
acetaldehyde resin Acetaldehydharz *n* [che]
acetamide Acetamid *n* [che]
acetate essigsauer [che]
acetate Acetat *n* [che]
acetate fibre Acetatfaser *f* [met]
acetate film Acetatfolie *f* [che]
acetate sheeting Acetatfolie *f* [che]
acetic acid Essigsäure *f* [che]; Ethansäure *f* [che]
acetic aldehyde Acetaldehyd *m* [che]
acetification Essiggärung *f* [bio]
acetoacetic acid Acetylessigsäure *f* [che]
acetol Acetol *n* [che]
acetone Aceton *n* [che]
acetone acid Acetonsäure *f* [che]
acetone-soluble acetonlöslich [che]
acetonic acid Acetonsäure *f* [che]
acetonitrile Acetonitril *n* [che]
acetylating Acetylieren *n* [che]
acetylcellulose Celluloseacetat *n* [che]
acetylene burner Acetylenbrenner *m* [wzg]
acetylene gas Acetylengas *n* [che]
acetylene lamp Acetylenlampe *f*
acetylene lime Karbidkalk *m* [che]
acetylene linkage Acetylenbindung *f* [che]
acetylene oxide Acetylenoxid *n* [che]
acetylene torch Acetylenbrenner *m* [wzg]
acetylene welding Acetylenschweißen *n* [wer]; autogenes Schweißen *n* [wer]; Gasschmelzschweißen *n* [wer]
ache Schmerz *m*
achieve vollbringen *v* (erreichen, leisten)
achieving Erfüllung *f*
achromatic achromatisch
achromatism Farblosigkeit *f* [opt]; Achromatismus *m*
acicular lignite Nadelkohle *f* [met]
acid Säure *f* [che]
acid attack Säureangriff *m* [che]
acid capacity Acidität *f* [che]
acid carbonate doppelkohlensauer [che]
acid cleaning Säurebeizung *f* (Oberflächenreinigung) [met]

acid container Säurebehälter *m* [prc]
acid decomposition saurer Aufschluss *m* [any]
acid deposition Säureniederschlag *m*
acid dew point Säuretaupunkt *m* [phy]
acid equivalent Säureäquivalent *n* [che]
acid figure Säurezahl *f* [che]
acid formation Säurebildung *f* [che]
acid mine drainage saures Bergbauabwasser *n* [roh]
acid number Säurewert *m* [che]
acid precipitation Säureniederschlag *m* [air]
acid protection Säureschutz *m* [che]; Säureschutzmittel *n* [met]
acid pump Säurepumpe *f* [prc]
acid rain saurer Niederschlag *m* [wet]; saurer Regen *m* [wet]
acid recovery Säurerückgewinnung *f* [prc]
acid refractory concrete säurebeständiger Beton *m* [bau]
acid residue Säurerest *m* [che]; Säurerückstand *m* [che]
acid resistance Säurebeständigkeit *f* [met]
acid salt saures Salz *n* [che]
acid separator Säureabscheider *m* [prc]
acid sludge Säureschlamm *m* [rec]
acid soil saurer Boden *m* [bod]
acid soluble säurelöslich [che]
acid soot saurer Ruß *m* [che]
acid tank Säurebehälter *m* [prc]; Säurekessel *m* [prc]; Säuretank *m* [prc]
acid tar Säureteer *m* [met]
acid treatment Säurebehandlung *f* [prc]
acid value Neutralisationszahl *f* [che]; Säurewert *m* [che]
acid washing Abbeizen *n* (Beton) [bau]
acid, attack by - Säureangriff *m* [che]
acid, spent - Abfallsäure *f* (Dünnsäure) [rec]
acid-base equilibrium Säure-Base-Gleichgewicht *n* [che]
acid-clean beizen *v* (Oberflächenbehandlung) [met]
acid-free säurefrei [met]
acid-neutralizing capacity Kapazität zur Neutralisation von Säure *f* [che]
acid-proof säurebeständig [met]; säurefest [met]
acid-resistant säurefest [met]
acid-resisting säurebeständig [met]
acidal säurehaltig [met]
acidic säurehaltig [met]; sauer
acidic, make - absäuern *v*
acidiferous säurehaltig [met]
acidification Säuerung *f* [che]; Säurebildung *f* [che]; Versauerung *f* [che]; Säuern *n*
acidification of soil Versauerung des Bodens *f* [bod]
acidification of waterbodies Versauerung von Gewässern *f* [was]
acidified angesäuert [che]
acidifier Säuerungsmittel *n* [met]
acidify ansäuern *v* [che]; säuern *v*; versauern *v* [che]
acidity Acidität *f* [che]
acidophilic acidophil [che]

acidophobic acidophob [che]
acidulate ansäuern *v* [che]; säuern *v* [che]
acidulated angesäuert [che]
acidulation Aufschluss *m* [che]
acidulous säuerlich
acknowledge anerkennen *v* (eine Rechnung) [eco]; bestätigen *v* (anerkennen)
acknowledged anerkannt (zugelassen)
acknowledgement Bestätigung *f* (Anerkennung); Quittung *f*
acknowledgement of delivery Lieferschein *m* [eco]
acknowledgement switch Quittierschalter *m* [elt]
acorn nut Hutmutter *f* [tec]
acoustic akustisch [aku]
acoustical akustisch [aku]
acoustics Akustik *f* [aku]
acoustics, architectural - Bauakustik *f* [aku]; Raumakustik *f* [aku]
acousto-elasticity Spannungsakustik *f* [aku]
acquire erfassen *v* (Daten) [edv]; erwerben *v* (abeignen) [eco]
acquiring new business Akquisitionstätigkeit *f* [eco]
acquisition Erfassung *f* (Daten) [edv]; Erwerb *m* (Aneignung) [eco]
acquisition costs Beschaffungskosten *pl* [eco]
acquisition of information Informationsgewinnung *f*
acquisition of land Grunderwerb *m* [eco]
acquisitive akquisitiv [eco]
acre Acker *m* [far]
acrid sauerschmeckend
acridity Schärfe *f* [che]
acrolein Acrylaldehyd *m* [che]; Allylaldehyd *m* [che]; Acrolein *n* [che]; Propenal *n* [che]
acroleine Akrolein *n* [che]
acronym Abkürzung *f*; Akronym *n* (Abkürzung); Kurzzeichen *n*
acryl glass Acrylglas *n* [met]
acrylaldehyde Acrylaldehyd *m* [che]; Acrolein *n* [che]
acrylate Acrylat *n* [che]
acrylate compound Acrylverbindung *f* [che]
acrylate resin Acrylharz *n* [met]
acrylic acid Acrylsäure *f* [che]
acrylic ester Acrylester *m* [che]
acrylic glass Acrylglas *n* [met]; Akrylglas *n* (Plexiglas, HN) [met]
acrylic plastics Acrylkunststoff *m* [met]
acrylic resin Acrylharz *n* [met]
acrylonitril/sterene/acrylic ester-copolymer Acrylnitril/Styrol/Acrylester-Copolymer *n* [met]
acrylonitrile Acrylnitril *n* [che]
acrylonitrile/butadiene rubber Acrylnitril/Butadien-Kautschuk *m* [met]
acrylonitrile/butadiene/styrene copolymer Acrylnitril/Butadien/Styrol-Copolymer *n* [met]
acrylonitrile/butadiene/styrene copolymer blend Acrylnitril/Butadien/Styrol-Copolymerblend *n* [met]
act Gesetz *n* [jur]
act fungieren *v*; wirken *v* (Mittel)

act on angreifen *v* (Kraft) [phy]; einwirken *v*
act, administrative - Verwaltungsakt *m* [jur]
acting handelnd (etwas tuend)
actinoid strahlenförmig
action Aktion *f*; Bedienungsmaßnahme *f*; Einwirkung *f* (Aktion); Funktion *f* (eines Ventils); Klage *f* (Zivilrecht) [jur]; Maßnahme *f*; Wirkung *f* (Effekt) [che]; Betriebsablauf *m* (Funktion); Einsatz *m* (Verwendung); Vorgang *m* (Hergang); Handeln *n* (Eingreifen)
action committee Bürgerinitiative *f*
action complete Erledigungsvermerk *m* [eco]
action of a force Angreifen einer Kraft *n* [phy]
action of acids Säurewirkung *f* [che]
action of frost Frosteinwirkung *f*
action point Druckpunkt *n* [tec]
action time Einwirkungszeit *f*
action, right of - Klagerecht *n* [jur]
activate aktivieren *v* [che]; aktivieren *v* (einschalten) [elt]; ansprechen *v* (Messinstrumente); beleben *v* (aktivieren); betätigen *v* (in Gang setzen); bewegen *v* (in Gang setzen) [tra]; einschalten *v* (betätigen, auslösen); mobilisieren *v*; scharf machen *v* (aktivieren)
activate button Startknopf *m* [elt]
activated betätigt
activated carbon, spent - verbrauchte Aktivkohle *f* [rec]
activating Aktivieren *n* [che]
activation Aktivierung *f* [pow]; Aktivierung *f* [che]; Belebung *f* [was]; Betätigung *f* (Schalter, Hebel) [tec]
activation agent Belebungsmittel *n* [met]
activation cross section Aktivierungsquerschnitt *m* [phy]
activation danger Aktivierungsgefahr *f* (Sicherheitseinrichtung) [tec]
activation device Scharfschalteinrichtung *f* (Sicherheitseinrichtung) [tec]
activation energy Aktivierungsenergie *f* [che]
activation plant Belebungsanlage *f* [was]
activation stress Aktivierungsspannung *f*
activator Aktivator *m* [che]; Beschleuniger *m* [met]; Belebungsmittel *n*
activator solution Aktivator auf Wasserbasis *m* [che]
active aktiv; eingeschaltet (in Betrieb); tätig (in Betrieb); wirksam
active at the interface grenzflächenaktiv
active, highly - hochaktiv (Atom) [che]
active-cutting edge Hauptschneide *f* [tec]
activities abroad Handeln im Ausland *n*
activities motivated by greed for profit Handeln aus Gewinnsucht *f* [eco]
activities, administrative - Verwaltungsaktivitäten *pl* [jur]
activity Aktivität *f*; Tätigkeit *f* (eines Menschen); Wirksamkeit *f* (Tätigkeit); Betrieb *m* (Aktivität)
activity coefficient Aktivitätskoeffizient *m* [che]
activity, biological - biologische Wirksamkeit *f*

actual eigentlich; faktisch
actual clearance Istspiel *n* [tec]
actual cost, at - nach Aufwand [eco]
actually tatsächlich (in Wahrheit ...)
actuate ansprechen *v* (auslösen); antreiben *v*; betätigen *v* (maschinell); bewegen *v* (auslösen); drücken *v* (Taste) [edv]
actuated, air - druckluftbetätigt [pow]
actuated, electrically - elektrisch betätigt [elt]
actuated, pneumatically - druckluftbetätigt [tec]; pneumatisch betätigt [tec]
actuating angle Schaltwinkel *m* [tec]
actuating arm Schalthebel *m* [tec]
actuating bar Schaltlineal *n* [tec]
actuating cam Schaltnocke *f* [tec]
actuating drive Stellantrieb *m* (Regelung) [tec]
actuating element Schaltelement *n* [tec]
actuating plate Schaltblech *n* [tec]
actuating rod Betätigungsstange *f* [tec]; Schaltstange *f* [tec]
actuating shaft Schaltwelle *f* [tec]
actuating torque Stellmoment *n* [tec]
actuating transmission Stellgetriebe *n* [tec]
actuating unit Steuereinheit *f* [tec]
actuation Anregung *f* (z.B. für Relais) [elt]; Betätigung *f* (Auslösung); Ansprechen *n* (Sensor) [elt]
actuation pressure Ansprechdruck *m* (des Ventils) [prc]
actuator Betätigungsvorrichtung *f*; Schaltbuchse *f* [elt]; Antrieb *m* [pow]; Schaltantrieb *m* [elt]; Stellantrieb *m* (Regelung); Steuerzylinder *m*; Bedienelement *n* [tec]; Stellglied *n* (Bremshebel)
actuator attachment Betätigungseinrichtung *f* [tec]
actuator bar Schaltleiste *f* [tec]
actuator pressure Steuerdruck *m* (pneum. Stellantrieb) [tec]
actuator rod Schaltstange *f* [tec]
actuator travel Stellweg *m* (Stellantrieb) [tec]
acute intensiv; scharf; spitz
acute-angled spitzwinklig
adapt anpassen *v* (mit Stecker) [elt]; anpassen *v* (umbauen, umstellen); einpassen *v* (anpassen); einstellen *v* (anpassen)
adaptability Anpassbarkeit *f*; Anpassungsfähigkeit *f*; Einstellelastizität *f* (gegen Lastwechsel des Kessels) [pow]; Lernfähigkeit *f*
adaptable anpassungsfähig
adaptation Adaptierung *f*; Adaption *f*; Akklimatisation *f* [bff]; Anpassung *f* (an Umweltbedingungen)
adapted angepasst
adapter Anpassungseinrichtung *f* (Schnittstelle) [edv]; Adapter *m* [elt]; Automatikkuppler *m*; Doppelnippel *m* [elt]; Stutzen *m*; Anpassstück *n* (Stecker) [elt]; Ansatzstück *n*; Anschlussstück *n* [elt]; Passstück *n* (Adapter) [tec]; Verbindungsstück *n* [tec]; Verlängerungsstück *n* [elt]; Vorsatzstück *n* (Adapter) [tec]; Zwischenstück *n* (Anpassung)

adapter bush Passhülse f [tec]
adapter flange Zwischenflansch m [prc]
adapter housing Anschlussgehäuse n [elt]
adapter piece Übergangsstück n (Anschluss) [tec]
adapter pipe Übergangsleitung f (2 Rohrgrößen) [prc]; Übergangsrohr n [prc]
adapter plate Passblech n [tec]
adapter plug Zwischenstecker m [elt]
adapter rack Adaptereinschub m [tec]
adapter ring Adapterring m [tec]; Einsatzring m [tec]; Passring m [tec]; Übergangsring m [tec]
adapter screw Passschraube f [tec]
adapter shaft Übergangskonus m [tec]
adapter sleeve Reduzierhülse f [tec]; Spannhülse f (Lager) [tec]; Spannmuffe f [tec]
adapter socket Übergangsstutzen m [tec]
adapter unit Anpassungseinrichtung f (Schnittstelle) [edv]
adapter-sleeve bearing Spannhülsenlager n [tec]
adapting of ironwork Eisenbiegen n [wer]
adapting piece Formstück n; Formstück n [tec]
adapting pipe Passrohr n [tec]
adaption Adaption f
adaptor Adapter m ((A) siehe: adapter (B)) [elt]
add addieren v [mat]; anbauen v [bau]; anlagern v (anhäufen); beigeben v; beiladen v; beimischen v; hinzufügen v; hinzurechnen v; versetzen v (hinzufügen); zufügen v; zugeben v (hinzufügen); zusetzen v; zuzählen v
add a storey aufstocken v [bau]
add carry Additionsübertrag m [mat]
add instruction Additionsbefehl m [edv]
add to ergänzen v (erweitern)
add up addieren v [mat]; summieren v
add-on assembly Nachrüstsatz m [tec]
add-on kit Nachrüstsatz m [tec]
add-on memory Arbeitsspeichererweiterung f [edv]
add-on module Zusatzmodul m [edv]
add-on parts Anbauteile pl [tec]
add-on unit Erweiterungseinheit f [tec]; Anbaugerät n [tec]; Ergänzungsgerät n [tec]
addendum Kopfhöhe f (Zahnrad) [tec]; Zahnkopfhöhe f (Zahnrad) [tec]
addendum correction Profilverschiebung f (Zahnrad) [tec]
addendum flank Kopfflanke f (Zahnrad) [tec]
addendum modification Profilverschiebung f (am Zahnrad) [tec]
addendum of tooth Zahnhöhe f (am Zahnrad) [con]
addendum reduction Zahnhöhenkürzung f (Zahnrad) [tec]; Zahnkopfkürzung f (Zahnrad) [tec]
addendum shift Profilverschiebung f (Zahnrad) [tec]
addendum, change of - Kopfhöhenänderung f (Zahnrad) [tec]
addicted süchtig
addiction Sucht f [hum]
adding Beigeben n
addition Addition f [mat]; Anlagerung f (Zuschlag, Zusatz) [che]; Aufschaltung f (Signal) [elt]; Beigabe f; Beimengung f (Beimengen); Beimischung f [met]; Hinzufügung f; Zufuhr f (Zuschlag); Zugabe f [bau]; Anbau m [bau]; Beisatz m; Erweiterungsbau m [bau]; Fremd-bestandteil m [met]; Zusatz m; Beigeben v
addition compound Additionsverbindung f [che]; Anlagerungsverbindung f [che]
addition of carbon Anlagern von Kohlenstoff n [che]
addition of colour Farbzusatz m [che]
addition of energy Energiezufuhr f [pow]
addition of oil Ölzusatz m [met]
addition polymer Additionspolymerisat n [che]
addition polymerization Additionspolymerisation f [che]
addition product Additionsprodukt n [che]
addition reaction Anlagerungsreaktion f [che]
addition sign Additionszeichen n [mat]
additional Hilfs-; zusätzlich
additional amount, charge an - nachberechnen [eco]
additional lubrication Nachschmierung f [tec]
additive Beimengung f (Zusatz); Wirkstoff m [met]; Zusatz m [met]; Zusatzstoff m [met]; Zuschlagstoff m [met]; Additiv n [che]; Additiv n (beim Stahlvergüten) [met]; Zusatzmittel n [met]
additive for fuels Treibstoffzusatz m [tra]
additive, accelerating - Beschleuniger m [met]; Erhärtungsmittel n [met]
additive, without - zusatzfrei [met]
additives Zulegierung f [met]
address Adresse f (Anschrift)
address adressieren v [edv]
address array Adressfeld n [edv]
address calculation Adressrechnung f [edv]
address call Adressaufruf m [edv]
address code Adressteil m (Anweisung) [edv]
address computation Adressrechnung f [edv]
address error Adressfehler m [edv]
address field Adressfeld n [edv]
address file Adressdatei f [edv]
address length Adresslänge f [edv]
address map Adresstabelle f [edv]
address number Adressnummer f [edv]
address part Adressteil m (Anweisung) [edv]
address part, length of - Adresslänge f [edv]
address range Adressbereich m [edv]
address record Adresssatz m [edv]
address register Adressregister n [edv]
address section Adressteil m (Anweisung) [edv]
address sequence Adressfolge f [edv]
address space Adressbereich m [edv]
address storage Adressspeicher m [edv]
address, abbreviated - Kurzadresse f [edv]
address, absolute - echte Adresse f [edv]
address, actual - echte Adresse f [edv]
address, alphanumeric - alphanumerische Adresse f [edv]
address, real - echte Adresse f [edv]
address, relative - relative Adresse f (Software) [edv]
addressable adressierbar [edv]

addressee Adressat *m*
addressing Adressierung *f* [edv]
adduct Addukt *n* [che]
adequate angemessen; ausreichend (ausreichender Abstand); geeignet (passend, angemessen)
adhere adhärieren *v* [phy]; anhaften *v*; festkleben *v*; haften *v* (kleben); kleben *v* (haften)
adherence Adhäsion *f* [phy]; Adsorption *f*; Haftung *f* [met]; Anbacken *n*; Haften *n* (Anhaftung) [phy]
adherent klebend
adhesion Adhäsion *f* [phy]; Haftbarkeit *f* [phy]; Haftkraft *f* [phy]; Haftung *f* [met]; Haften *n* (Anhaftung) [phy]
adhesion breaking ejector Auswerfer *m* [wer]
adhesion force Adhäsionskraft *f* [phy]; Bindekraft *f*
adhesion power Adhäsionskraft *f* [phy]
adhesion promoter Haftvermittler *m* [met]
adhesion promoting agent Haftfestigkeitsverbesserer *m* [met]
adhesive adhäsiv [phy]; anhaftend; haftend (klebend); klebfähig; klebrig
adhesive Haftmittel *m* (Klebstoff) [met]; Kleber *m* [met]; Klebstoff *m* [met]; Leim *m* [met]; Bindemittel *n* [met]; Klebemittel *n* [met]
adhesive disc Haftscheibe *f* [tec]
adhesive for metals Metallklebstoff *m* [met]
adhesive-cup gasket Topfmanschette *f* [tec]
adhesiveness Klebefähigkeit *f*; Haftvermögen *n* [phy]
adiabatic adiabatisch
adipic acid Adipinsäure *f* [che]
adjacent aneinander grenzend; angrenzend (direkt benachbart); anliegend; benachbart (direkt daneben)
adjacent base pitch error Eingriffteilungsfehler *m* (Zahnrad) [tec]; Grundteilungsfehler *m* (Zahnrad) [tec]
adjoin anfügen *v* [wer]; angrenzen *v*; grenzen an *v*
adjoining aneinander grenzend
adjuncts, heat recovery - Nachschaltheizflächen *pl* [pow]
adjust angleichen *v* (farblich); anpassen *v* (an veränderte Umweltbedingungen); ausbessern *v* (herrichten); ausgleichen *v* (passend machen, angleichen); ausrichten *v* [wer]; eichen *v* [any]; einpassen *v* (einstellen); einstellen *v* (anpassen); justieren *v*; kalibrieren *v* [any]; nachbessern *v*; regeln *v* (einstellen); stellen *v* (einstellen); verstellen *v*
adjust by flame-cutting Nachschweißen *n* (wenn nicht passend) [wer]
adjust cylinder Stellzylinder *m*
adjustability drive Verstellantrieb *m* [tec]
adjustable eichfähig [any]; einstellbar; nachstellbar (z.B. Ventil, Motor, Bremse); regelbar; verstellbar (nachstell-, einstellbar)
adjustable arm Verstellarm *m* [tec]
adjustable at will frei verstellbar [tec]
adjustable bearing Spannlager *n* [tec]

adjustable blades verstellbare Schaufeln *pl* [tec]
adjustable cone Stellkonus *m* [tec]
adjustable foot Stellfuß *m* [tec]
adjustable gib Nachstellleiste *f* [tec]
adjustable screw Justierschraube *f* [tec]; Stellschraube *f* [tec]
adjustable spindle Stellschraube *f* (Spindel) [tec]; Stellspindel *f* [tec]
adjustable stand Verstellblock *m* [tec]
adjustable stop Einstellanschlag *m* [tec]; verstellbarer Anschlag *m* [tec]
adjusted eingestellt (genau -)
adjuster Einsteller *m* [tec]; Steller *m* [any]
adjusting Anpassung *f* (zweier ungleicher Dinge, Einstellung); Eichung *f* [any]; Einstellung *f* (Ausrichtung); Einpassen *n*; Verstellen *n*
adjusting button Verstellknopf *m* [tec]
adjusting cam Stellnocken *m* [tec]
adjusting collar Klemmring *m* [tec]
adjusting cylinder Stellzylinder *m* [tec]
adjusting device Verstelleinrichtung *f* [tec]
adjusting drive Stellantrieb *m* (Regelung) [tec]
adjusting effort Rückstellkraft *f* [tec]
adjusting fork Verstellgabel *f* [tec]
adjusting knob Justierknopf *m* [tec]; Stellknopf *m* [tec]
adjusting lever Justierhebel *m* [tec]; Stellhebel *m* [tec]
adjusting mechanism Stellmechanismus *m* [tec]
adjusting nut Einstellmutter *f* [tec]; Nachstellmutter *f* [tec]; Spannmutter *f* [tec]; Stellmutter *f* [tec]
adjusting of the cutting angle Schnittwinkelverstellung *f* (z.B. Grader) [mbt]
adjusting piece Passstück *n* [tec]
adjusting pin Passstift *m* [tec]
adjusting ring Stellring *m* [tec]
adjusting rod Verstellstange *f* [tec]
adjusting screw Nachstellschraube *f* [tec]; Regulierschraube *f* [tec]; Stellschraube *f* [tec]
adjusting screw, idle - Leerlaufbegrenzungsschraube *f* [tra]
adjusting screw, idle air - Leerlaufluftschraube *f* [tra]
adjusting sleeve Einpassmuffe *f* [tec]; Einstellspindel *f* [tec]; Verstellspindel *f* [tec]
adjusting washer Passscheibe *f* [tec]
adjustment Angleichung *f* (u.a. Preis) [eco]; Einpassung *f* (Montage); Einstellung *f* (Regulierung); Justierung *f*; Kalibrierung *f* [any]; Regelung *f* (Einstellung) [any]; Abgleich *m* (Anpassung) [any]; Nachstellen *n* (z.B. des Motors, Ventils) [tra]
adjustment accuracy Einstellgenauigkeit *f*
adjustment bolt Einstellschraube *f* [tec]
adjustment by hand Einstellung von Hand *f*; Handeinstellung *f*
adjustment cylinder Einstellzylinder *m* [tec]
adjustment device Stellvorrichtung *f* [tec]
adjustment error Einstellfehler *m*

adjustment knob Einstellknopf *m*
adjustment lever Einstellhebel *m* [tec]
adjustment mechanism Anpassungsmechanismus *m* [tec]
adjustment motor Stellmotor *m* (Regelung) [tec]
adjustment nut Einstellmutter *f* [tec]
adjustment of the premium Beitragsangleichung *f* [jur]
adjustment range Einstellbereich *m*; Verstellbereich *m*
adjustment ring Justierring *m* [tec]; Stellring *m* [tec]
adjustment scale Einstellskala *f* [any]
adjustment screw Justierschraube *f* [tec]
adjustment time Einstellzeit *f*
adjustment washer Passeinsatz *m* [tec]
adjustment wedge Anstellkeil *m* [tec]; Stellkeil *m* [tec]
adjustment wheel Einstellrad *n* [tec]
adjustment, capable of - eichfähig [any]
adjustment, raise - Höheneinstellung *f* [any]
adjustment, range of - Regelbereich *m*
adjuvant Hilfsstoff *m* [met]
admeasure Aufmaß *n* [con]
administer verwalten *v*
administer artificial respiration beatmen *v* [hum]
administration Verwaltung *f* [eco]
administration building Verwaltungsgebäude *n* [eco]
administration of bills of materials Stücklistenverwaltung *f* (auf EDV) [eco]
administration of justice Rechtsprechung *f* [jur]
administrative verwaltend; Verwaltungs-
administrator Verwalter *m*
admiralty brass condenser Schiffskondensatorrohre *pl* [met]
admissible zulässig
admission Einströmung *f* [pow]; Zulassung *f* (Erlaubnis)
admission port Eintrittsöffnung *f* [pow]
admission section Einströmteil *n* [pow]
admission temperature Zulauftemperatur *f* [pow]
admission velocity Eintrittsgeschwindigkeit *f* [pow]
admit aufnehmen *v* (ins Krankenhaus) [hum]
admittance Leitwert *m* [elt]; Zutritt *m*
admix beimischen *v* [prc]; zumischen *v* [prc]
admixed air Beiluft *f* [air]
admixture Beigabe *f* (feste Stoffe); Beimengung *f* (Zusatz); Beimischung *f* [met]; Zugabe *f* [bau]; Fremdbestandteil *m* [met]; Zusatz *m* [met]; Zusatzstoff *m* [met]; Zuschlag *m* [met]; Additiv *n* (feste Stoffe) [bau]; Zusatzmittel *n* [met]
adobe Ziegel *m* (luftgetrocknet) [bau]
adobe block Erdblock *m* [geo]
adobe house Lehmhaus *n* [bau]
adsorb adsorbieren *v*
adsorbability Adsorbierbarkeit *f*
adsorbable adsorbierbar
adsorbate Adsorbat *n*; Adsorptiv *n*
adsorbed adsorbiert
adsorbent Adsorbens *n*; Adsorptionsmittel *n*

adsorber Adsorber *m* [prc]
adsorbing Adsorbieren *n*
adsorption Adsorption *f*
adsorption animation process Adsorptionsbelebungsverfahren *n* [was]
adsorption capacity Adsorptionskapazität *f*
adsorption catalysis Adsorptionskatalyse *f* [che]
adsorption chromatography Adsorptionschromatographie *f* ((variant)) [any]
adsorption coefficient Adsorptionskoeffizient *m* [phy]
adsorption column Adsorptionssäule *f* [prc]
adsorption constant Adsorptionskonstante *f* [phy]
adsorption dehumidifier Adsorptionstrockner *m* [prc]
adsorption equilibrium Adsorptionsgleichgewicht *n* [phy]
adsorption isotherm Adsorptionsisotherme *f* [phy]
adsorption law Adsorptionsgesetz *n* [phy]
adsorption layer Adsorptionsschicht *f* [prc]
adsorption mechanism Adsorptionsmechanismus *m* [phy]
adsorption plant Adsorptionsanlage *f* [prc]
adsorption process Adsorptionsvorgang *m*; Adsorptionsverfahren *n* [prc]
adsorption pump Adsorptionspumpe *f* [prc]
adsorption technology Adsorptionstechnik *f* [prc]
adsorption, activated - aktivierte Adsorption *f*
adsorptive capacity Adsorptionsfähigkeit *f* [phy]
adsorptive power Adsorptionsvermögen *n*
adsorptive power of the surface Oberflächenadsorption *f* [prc]
adsorptive property Adsorptionsvermögen *n*
adulterate verfälschen *v*
adulteration Verfälschung *f*; Panschen *n*
advance Fortschritt *m*; Vorschub *m*; Vortrieb *m* (im Tunnelbau) [bau]
advance beschleunigen *v* (Zement) [bau]; vorrücken *v*
advance gear Vorschubgetriebe *n* [mbt]
advance order Vorbestellung *f* [eco]
advance payment Vorauszahlung *f* [eco]
advance warning Vorwarnung *f*
advance warning, give - vorwarnen *v*
advance working equipment Vortriebsgerät *n* [bau]
advance, rate of - Vorschubgeschwindigkeit *f* [wer]
advanced ausgereift (Kenntnisse); entwickelt (fortgeschritten)
advanced technology Spitzentechnologie *f* [tec]
advantage Vorteil *m*
advertise werben *v* [eco]
advertisement Anzeige *f* (Zeitung)
advertising Werbung *f* [eco]
advertising, public - offene Werbung *f* [eco]
advice Beratung *f* (Empfehlung, Ratschlag); Rat *m* (Empfehlung)
advice of dispatch Versandanzeige *f* [tra]
advice on recycling Recyclingberatung *f* [rec]
advise beraten *v*

adviser Berater *m*; Ratgeber *m*
advising Beratung *f*
advisor, waste management - Abfallwirtschaftsberater *m* [rec]
advisory activity Beratung *f*
advisory board Beratungsstelle *f*; Beirat *m*
advisory committee Beirat *m*
advisory service Beratungsdienst *m*
Aeolian deposits Anhäufungen durch Wind *pl*
aerate belüften *v* (Wasser oder Erde) [air]; durchlüften *v*; lüften *v* (der Luft aussetzen)
aerated belüftet (Porenbeton) [air]
aeration Belüftung *f* [air]; Durchlüftung *f* [air]; Lüftung *f* [air]; Luftzuführung *f* [air]
aeration device Belüftungseinrichtung *f* [was]
aeration equipment Belüftungsanlage *f* [was]; Belüftungseinrichtung *f* [was]
aeration facility Belüftungsanlage *f*
aeration pipe Belüftungsleitung *f* [air]; Belüftungsrohr *n* [air]
aeration plant Abwasserbelüftungsanlage *f* [was]; Belüftungsanlage *f*
aeration system Belüftungsanlage *f*; Lüftungssystem *n* [air]
aeration tank Belüftungsbecken *n* [was]
aeration unit Belüftungsanlage *f*
aeration, natural - natürliche Lüftung *f* [air]
aerator Ventilator *m* [air]
aerator fitting Belüftungsdüse *f*
aerial Antenne *f* (am Fernseher, Radio) [elt]
aerial cableway Kabelkran *m* [elt]
aerial ferry Fahrbrücke *f* [tra]
aerial inspection Luftinspektion *f*
aerial ladder Feuerleiter *f* (Feuerwehr)
aerial line Oberleitung *f* [elt]
aerial nitrogen Luftstickstoff *m*
aerial oxygen Luftsauerstoff *m*
aerial photograph Luftaufnahme *f*; Luftbildaufnahme *f*; Luftbild *n*
aerial platform fahrbare Plattform *f* [mbt]; Steiger *m* (Korb am Teleskopmast) [mbt]; Turmwagen *m* (mit Scheren-Plattform) [mbt]
aerial ropeway Drahtseilbahn *f* [tra]; Luftseilbahn *f* [tra]
aerial survey Luftvermessung *f* [any]
aerial surveying Luftbildmessung *f* (Vermessung)
aeriferous lufthaltig
aero-electric generation Stromerzeugung mittels Windenergie *f* [pow]
aerobic aerob
aerobic degradation aerober Abbau *m* [bio]
aerobic fermentation aerobe Gärung *f* [bio]
aerobic metabolism aerober Stoffwechsel *m* [bff]
aerobic plant Aerobanlage *f* [was]
aerocrete Luftbeton *m* [met]
aerodrome Flughafen *m* [tra]
aerodynamic aerodynamisch
aerodynamics Aerodynamik *f* [prc]; Strömungslehre *f* (Gase) [prc]

aerofilter Belüftungsbett *n* [was]
aerofoil Tragfläche *f* [tra]
aerogenerator Windkraftanlage *f* [pow]
aerogenic aerogen
aerology Aerologie *f* [bio]
aerometer Aerometer *n* [any]
aeronautical engineering Flugtechnik *f* [tra]
aeronautics Luftfahrt *f* [tra]
aerophoto Luftbildaufnahme *f*
aeroplane Flugzeug *n* ((B)) [tra]
aerosol Aerosol *n*
aerosol can Aerosoldose *f* [wer]; Spraydose *f* [wer]; Sprühdose *f* [wer]
aerosol dispenser Aerosolerzeuger *m*
aerosol lubrication Öl-Luft-Schmierung *f* [tec]
aerosol package Aerosolverpackung *f*
aerosol paint Sprühfarbe *f* [che]
aerosol propellant Sprühgas *n* [met]; Treibmittel *n* [met]
aerosol propellant gas Aerosoltreibgas *n* [met]
aerosol separator Aerosolabscheider *m* [air]
aerosol spray Aerosolspray *n*
affairs, state of - Sachverhalt *m*
affect beeinflussen *v*; befallen *v* (Schädlinge) [far]
affected by befallen
affection Zuneigung *f*
affidavit eidesstattliche Erklärung *f* [jur]
affiliate verbinden *v*
affiliated angeschlossen
affinity Ähnlichkeit *f*; Bindung *f* [bff]; Verwandtschaft *f*
affix Anhang *m* (Anfügung)
affix anhängen *v* (anheften, aufkleben); befestigen *v* (aufkleben, anheften); beifügen *v*
affluence Überfluss *m*
affluent Zufluss *m* (Nebenfluss); frei fließendes Gewässer *n* [was]
afflux Zustrom *m*
afforest aufforsten *v* [far]
afforestation Aufforstung *f* [far]; Waldanbau *m* [far]
affronted gegenüber angeordnet [con]
after-burner Nachbrenner *m* [pow]
after-burning Nachverbrennung *f* [pow]
after-burning unit Nachverbrennungsanlage *f* [air]
after-care Nachbehandlung *f* [wer]
after-charging Nachbeschickung *f* [prc]
after-clarification Nachklärung *f* [was]
after-cleaning Nachreinigung *f*
after-condenser Nachkondensator *m* [pow]
after-cooled zwischengekühlt [pow]
after-cooler Nachkühler *m* [pow]; Zwischenkühler *m* [pow]
after-cooler coolant supply Zwischenkühlerwasserzulauf *m* [pow]
after-cooling Nachkühlen *n* [pow]
after-deck Hinterdeck *n* (Schiff) [tra]
after-effect Nachwirkung *f*
after-effect, show an - nachwirken *v*
after-fermentation Nachgärung *f* [bio]

after-fertilization Nachdüngung *f*
after-heat Nachwärme *f* [pow]
after-mash Nachguss *m* [roh]
after-purification Nachklärung *f* [was]; Nachreinigung *f*
after-run Nachlauf *m*
after-sales service Kundendienst *m* (nach Inbetriebnahme) [eco]
after-sales service points Kundendienststellen *pl* (im Außendienst) [eco]
afterage nachaltern *v* (Baustoffe)
afterbake Nachhärtung *f* (Kunstharz) [che]
aftercare Nachsorge *f*
aftercare operations Nachbetreuung *f*
afterfilter Endfilter *m* [air]
afterglow Nachleuchten *n* (z.B. in Bildröhre) [edv]
afterglow nachglühen *v* [roh]; nachleuchten *v*
afterglow time Nachleuchtdauer *f*
afterglow tube Bildröhre *f* (nachleuchtend) [elt]
afterheat Restwärme *f* (chem. Reaktor) [pow]
afterproduct Nachprodukt *n*
aftershock Nachbeben *n* [geo]
aftertaste Nachgeschmack *m*
aftertreat nachbehandeln *v* [wer]
aftertreatment Nachbehandlung *f* [wer]
age altern *v*
age artificially künstlich altern *v* [met]; tempern *v* (Werkstoff)
age determination Altersbestimmung *f* [any]
age limit Altersgrenze *f*
age protector Alterungsschutzmittel *n* [che]
age resister Alterungsschutzmittel *n* [che]
age, of - volljährig (z.B. 18 Jahre alt)
aged gealtert (verwittert); verwittert (gealtert) [met]
aged data Altdaten *pl* [edv]
ageharden altern *v* [met]
ageing Alterung *f*
ageing of coal Inkohlen *n* [geo]
ageing test Altersprüfung *f* [any]; Alterungsversuch *m* [any]
ageing, accelerated - beschleunigtes Altern *n* [met]
ageing, artificial - künstliche Alterung *f*; künstliches Altern *n* (Werkstoffe) [met]
agency Geschäftsstelle [eco]
agency Agentur *f*; Niederlassung *f* (Zweigniederlassung) [eco]
Agency for International Development Agentur für internationale Entwicklung *f*
agency transaction Vermittlungsgeschäft *n* [rec]
agency without authority Geschäftsführung ohne Auftrag *f* [eco]
agenda Arbeitsvorschrift *f*; Tagesordnung *f*; Programm *n* (Sitzung)
agent Bauleiter *m* (der Baufirma) [bau]; Betriebsstoff *m*; Stoff *m* (Wirkstoff); Vermittler *m* (beruflich); Agens *n* [che]; Mittel *n* (Medium); Reaktionsmittel *n* [che]
agent, absorbing - Absorbens *n*
agent, acidifying - Säuerungsmittel *n* [met]

agent, activating - Aktivierungsmittel *n* [che]
agent, adhesive - Klebstoff *m* [met]; Haftmittel *n* [met]
agent, adsorbing - Adsorptionsmittel *n*
agent, aerating - Treibmittel *n* (Kunststoff) [met]
agent, allergenic - Allergieauslöser *m* [hum]
agglomerate Ballung *f*; Agglomerat *n*
agglomerate agglomerieren *v*
agglomeration Agglomeration *f*; Agglomerierung *f*; Anhäufung *f*; Anlagerung *f* [geo]; Ballung *f*; Ballungsgebiet *n*
agglomeration plant Agglomerieranlage *f* [prc]
agglomeration, causing to - Stückigmachen *n* [prc]
agglutinant Klebemittel *n* [met]
agglutinate zusammenkleben *v*
aggradation Ablagerung *f* (im Fluss, Land) [rec]; Anschwemmung *f* [was]; Versandung *f* [bod]
aggravate verschlechtern *v*; verschlimmern *v* (belasten, erschweren)
aggravating gravierend
aggregate Gruppe *f* (Gemenge) [met]; Splitt *m* [met]; Zuschlag *m* (Stoff) [met]; Zuschlagstoff *m* [met]; Aggregat *n* (Bauteilgruppe) [con]
aggregate limit Jahreshöchstleistung *f*
aggregate number Gesamtanzahl *f*
aggregate wagon Waggon *m* (hier Güterwagen) [tra]
aggregated verbunden (zusammengebaut) [wer]
aggregates Mineralgemisch *n* [bau]
aggregation Aggregation *f*
aggregation, state of - Aggregatzustand *m* [phy]
aggressive aggressiv [che]
aggressive-products resistant beständig gegen aggressive Produkte
agitate bewegen *v* (beunruhigen, rühren); durchrühren *v*; rühren *v* [prc]; schütteln *v*; umrühren *v* [prc]
agitated bewegt
agitating Rühren *n* [prc]
agitation Unruhe *f*
agitator Rührapparat *m* [prc]; Rührer *m* [prc]; Rührwerk *n* [prc]
agitator aerating system Rührwerksbelüfter *m* [prc]
agitator arm Rührarm *m* [bau]
agitator shaft Rührwerkswelle *f* [prc]
agitator support Rührwerkslagerung *f* [prc]
agitator unit Rührwerk *n* [prc]
agree abstimmen *v* (auf ein Thema einigen); übereinstimmen *v* (Meinung); zustimmen *v*
agree upon absprechen *v* (miteinander -)
agreement Einigung *f*; Übereinstimmung *f* (Meinungen); Vereinbarung *f* [jur]; Zustimmung *f*; Vertrag *m* [jur]; Abkommen *n* [jur]
agreement with, in - Einvernehmen *n*
agreement, conclusion of an - Vertragsabschluss *m* [jur]
agricultural landwirtschaftlich [far]
agriculture Landwirtschaft *f* [far]; Ackerbau *m* [far]
agriculture cultivation, organic-biological - organisch-biologischer Landbau *m* [far]

agriculture, organic - alternative Landwirtschaft *f* [far]; biologisch dynamischer Landbau *m* [far]; Ökolandbau *m* [far]
agrochemicals Agrochemikalien *pl* [far]; Chemikalien für die Landwirtschaft *pl* [che]
agronomy Pflanzenbau *m* [far]
aid Beihilfe *f* (materiell); Hilfe *f*
aid helfen *v*
aid agency Hilfsorganisation *f*
aid program Hilfsprogramm *n*
aid to orientation Orientierungshilfe *f*
aileron Querruder *n* (des Flugzeuges) [tra]
aim Zweck *m*; Ziel *n* (Zweck)
aim at streben *v*
aim of rehabilitation Sanierungsziel *n*
aim to achieve bezwecken *v*
aiming gear cover Stirnraddeckel *m* [tec]
air Luft *f* (Gas) [air]; Äther *m* (Radio); Wind *m* [wet]
air belüften *v* (Räume auf natürliche Weise) [air]; durchlüften *v*
air actuated druckluftbetätigt [pow]
air baffle Luftführung *f* [air]
air bearing Luftlager *n* [tec]
air blast Luftstrahl *m* [air]
air bleed valve Entlüftungsventil *n* [tra]
air bleeder Entlüfterventil *n* [tra]
air blower Lüftergebläse *n* [prc]
air brake Luftbremse *f* [tra]; Luftdruckbremse *f* [tra]
air breather Belüfter *m* [air]; Schnüffelventil *n* (Belüfter) [air]
air bridge Luftbrücke *f* [tra]
air bubble Luftblase *f*
air buffer Luftpuffer *m*; Luftkissen *n*; Luftpolster *n*
air chamber Luftkammer *f* [air]; Luftkasten *m*
air change Luftwechsel *m* [air]
air channel Lüftungskanal *m* [air]; Luftkanal *m* [air]
air choke Luftspaltdrossel *f* [pow]; Luftventil *n* [tec]
air circulation Luftzirkulation *f* [air]; Luftumlauf *m* [air]
air classifier Windsichter *m* [prc]
air cleaner Luftreiniger *m* [air]
air cleaner inspection Luftfilterreinigung *f* (Ölbadfilter) [air]
air cleaner, electrostatic - Elektrostaubabscheider *m* [air]
air cleaning Luftreinigung *f* [air]
air cleaning plant Luftreinigungsanlage *f* [air]
air cock Entlüftungshahn *m* [tra]; Luftabsperrhahn *m* [prc]
air column Luftsäule *f*
air composition Luftzusammensetzung *f* [air]
air compression Luftverdichtung *f* [air]
air compressor Druckluftanlage *f* [air]
air condenser Luftkondensator *m* [pow]
air conditioning Bewetterung *f* (Lüftung)
air conditioning system Klimaanlage *f* (der Bahn) [bau]
air connection Flugverbindung *f* [tra]

air contamination Luftverschmutzung *f* [air]; Luftverseuchung *f* [air]; Luftverunreinigung *f* [air]
air content Luftgehalt *m*
air content measuring instrument Luftmengenmessung *f* [any]
air conveying line Luftleitung *f* [air]
air conveying passage Luftförderrinne *f* [prc]
air cooler Luftkühler *m* [air]
air cooling Luftkühlung *f* [pow]
air cowling Luftführungshaube *f* [mbt]
air current Luftstrom *m* [air]
air cushion Luftkissen *n* [tra]; Luftpolster *n*
air cylinder Druckluftzylinder *m* [air]
air damping Luftdämpfung *f* [air]
air deficiency Luftmangel *f*
air deficiency safety device Luftmangelsicherung *f* (am Brenner) [pow]
air density Luftdichte *f* [air]; Luftdichte *f* [air]
air diffuser Diffusor *m* [air]
air disaster Flugzeugunglück *n* [tra]
air discharge Entlüftungs- [air]
air discharge frame Abluftkasten *m* [air]
air discharge screw Entlüftungsschraube *f* [tra]
air discharge valve Entlüftungsventil *n* [tra]
air displacement Luftverdrängung *f* [air]
air drain Luftspalt *m* [air]
air draught Luftzug *m* [air]
air drier Lufttrockner *m* [air]
air drying Trocknen an der Luft *n*
air duct Luftführung *f* [air]; Lutte *f* (Bergbau) [air]; Fuchs *m* [air]; Lüftungskanal *m* [air]; Luftkanal *m* [air]; Windkanal *m*
air eddy Luftwirbel *m* [air]
air eliminator Entlüftungshahn *m*
air emission Luftemission *f* [air]
air escape Luftauslass *m* [air]
air exchange number Luftaustauschzahl *f* [air]
air exchange rate Luftwechselzahl *f* [pow]
air fan Luftgebläse *n* [air]
air filter Luftfilter *m* [air]; Schwebstofffilter *m* [air]
air filter housing Luftfiltergehäuse *n* [air]
air filter unit Luftreinigungsanlage *f* [air]
air filtering Luftfilterung *f* [air]
air flap Luftklappe *f* [mbt]
air flow Luftbewegung *f* [air]; Luftmenge *f* [air]
air flue Luftkanal *m* [air]
air for combustion Brennluft *f* [air]; Verbrennungsluft *f* [air]
air freight Luftfracht *f* [tra]
air friction Luftreibung *f* [air]
air furnace Windofen *m* [pow]
air gap Luftspalt *m* [air]; Luftloch *n*
air gauge Luftdruckprüfer *m* [any]
air governor connection Druckregleranschluss *m*
air governor inlet Druckregleranschluss *m*
air grate Luftrost *m* [pow]; Lüftungsgitter *n* [air]
air guide cover Luftführungshaube *f* [pow]
air guide plate Luftführungsblech *n* [mbt]
air hammer Druckhammer *m* [wzg]

air heater Lufterhitzer *m* [pow]; Luftwärmer *m* [pow]; Warmlufterzeuger *m* [air]; Winderhitzer *m* [pow]
air heating Luftheizung *f* [pow]
air hole Luftsack *m*; Luftloch *n*
air humidification Luftbefeuchtung *f* [air]
air humidifier Luftbefeuchter *m* [air]
air humidity Luftfeuchte *f*; Luftfeuchtigkeit *f*
air humidity, absolute - absolute Luftfeuchtigkeit *f*
air humidity, relative - relative Luftfeuchtigkeit *f*
air ingress Lufteinbruch *m* (unbeabsichtigt)
air injection Lufteinblasung *f*
air inlet Belüftungsöffnung *f* [air]; Luftzufuhr *f* [air]; Lufteinlass *m* [air]; Lufteintritt *m* [air]
air inlet conduit Zuluftkanal *m* [air]
air inlet pipe Belüftungsrohr *n* [air]; Lufteinlassrohr *n* [air]
air inlet screw Lufteinlassschraube *f* [air]
air inlet valve Lufteinlassventil *n* [air]
air inlet vane Saugluftklappe *f* [pow]
air input Belüftung *f* [air]; Luftzuführung *f* [air]
air insulation Luftisolierung *f* [pow]
air intake Belüftung *f* [air]; Luftansaugung *f*; Lufteinlass *m* [air]; Lufteintritt *m* [air]
air intake manifold Ansaugkrümmer *m* (Teil des Motors) [tra]; Luftansaugrohr *n* [tra]
air intake pipe Luftsaugrohr *n* [tra]
air jacket Luftmantel *m* [air]
air jet Luftdüse *f* [air]; Schlitzdüse *f* [prc]; Luftstrahl *m* [air]; Luftstrahler *m* [air]
air journey Flugreise *f* [tra]
air lance Luftblaslanze *f* [pow]
air law Luftrecht *n* [jur]
air layer Luftschicht *f* [air]
air leak Lufteinbruch *m* (unbeabsichtigt) [air]
air lift pneumatische Förderung *f* [prc]; Druckheber *m*
air line Luftlinie *f* [tra]
air loading Luftbelastung *f* [air]
air lubrication Luftschmierung *f* [tec]
air master Hauptbremsluftzylinder *m* [tra]; Hauptbremszylinder *m* [tra]
air meter Luftmengenmesser *m* [any]
air mixture Luftgemisch *n* [air]
air moistener Luftbefeuchter *m* [air]
air moisture Luftfeuchte *f* [air]
air monitor Luftüberwachungsanlage *f* [air]; Luftüberwachungsgerät *n* [air]
air monitoring Luftüberwachung *f* [air]
air motor Luftdruckmotor *m* [pow]
air movement Luftbewegung *f* [air]
air nozzle Luftdüse *f* [air]
air operated luftbetätigt [tec]
air outlet Luftaustrittsöffnung *f* [air]; Luftauslass *m* [air]; Luftaustritt *m* [air]
air outlet conduit Abluftkanal *m* [air]
air outlet pipe Abluftrohr *n* [air]
air passage Luftweg *m* (im Trockner) [prc]
air permeability Luftdurchlässigkeit *f*

air pipe Luftleitung *f* (Pressluft) [air]; Belüftungsrohr *n* (Frisch-, Abluft) [air]; Luftrohr *n* [air]
air plenum chamber Unterwindzone *f* [pow]
air pocket Blase *f* (Gaseinschluss) [met]; Luftblase *f*; Lufteinschluss *m*; Luftsack *m* (in Leitungen); Luftloch *n*
air pollutant Luftschadstoff *m* [air]
air pollution Luftverschmutzung *f* [air]; Luftverunreinigung *f* [air]; Verschmutzung der Luft *f* [air]
air pollution control Luftreinhaltung *f* [air]; Luftreinhaltung *f* [air]
air pollution control strategy Luftreinhaltungsstrategie *f* [air]
air pollution, concept of - Luftverschmutzungsbegriff *m* [air]
air preheater Luftvorwärmer *m* [air]
air pressure Luftdruck *m* [phy]
air pressure brake Überdruckbremse *f* [tra]
air pressure manifold Pressluftanschluss *m* [air]
air pressure reducing valve Druckluftreduzierventil *n* [prc]
air pressure, dynamic - Stau *m* [phy]
air pump Luftpumpe *f* [air]
air purification Luftreinigung *f* [air]
air purification plant Luftreinigungsanlage *f* [air]
air purifier Luftreiniger *m* [air]; Luftreinigungsgerät *n* [air]
air quality Luftqualität *f* [air]
air quality control Luftreinhaltung *f* [air]
air quality standards Immissionsgrenzwerte *pl* [air]
air rammer Druckluftstampfer *m* [wzg]
air receiver Luftbehälter *m* [air]
air register Luftregister *n* (Brenner) [pow]
air regulating damper Luftregelklappe *f* [air]
air release valve Belüftungsventil *n*
air relief cock Entlüftungshahn *m*
air replacement Lufterneuerung *f* [air]
air requirement Luftbedarf *m* [pow]
air reservoir Luftbehälter *m* [air]
air resistance Luftwiderstand *m* [air]
air route Fluglinie *f* (Strecke) [tra]; Flugroute *f* [tra]
air screw Propeller *m* [tra]
air scrubber Luftwäscher *m* [air]
air seal Sperrluftabdichtung *f* [tec]
air separation Luftzerlegung *f* [prc]
air separation plant Luftzerlegungsanlage *f* [prc]
air separator Luftabscheider *m* [air]; Windsichter *m* [prc]
air service unit Druckluftwartungseinheit *f* [air]
air shaft Lüftungsschacht *m* [air]; Wetterschacht *m* (Bergbau) [roh]
air shield Abschirmblech *n* [air]
air shutter Luftklappe *f* [air]; Luftregelklappe *f* [air]
air side luftseitig [air]
air space Luftschicht *f* [air]
air spring Luftfeder *f* [tec]
air starter Pressluftstarter *m* [tra]
air stream Luftstrom *m* [air]

air suction Luftabsaugung *f* [air]
air suction device Luftabsaugvorrichtung *f* [air]
air suctioning Ansaugen von Luft *n* [air]
air supply Belüftung *f* [air]; Luftversorgung *f* [air]; Luftzuführung *f* [air]; Luftzufuhr *f* [air]
air supply line Füllleitung *f* [air]
air supply system Frischluftanlage *f* [air]
air survey Luftbildaufnahme *f* (Vermessung) [any]; Luftbildvermessung *f* (Vermessung) [any]
air temperature Lufttemperatur *f* [air]
air test mit Luft Druckprüfung *f* [any]
air thermometer Gasthermometer *n* [any]
air tool Pressluftwerkzeug *n* [wzg]
air traffic Flugbetrieb *m* [tra]; Flugverkehr *m* [tra]; Luftverkehr *m* [tra]
air traffic control Flugsicherung *f* [tra]
air traffic security Flugsicherung *f* [tra]
air trap Luftsack *m*
air treatment Luftbehandlung *f* [air]
air tube Luftrohr *n* [air]
air vent Entlüftung *f*; Entlüftungsbohrung *f* [tec]; Luftzuführung *f* [air]
air vent tube Entlüftungsrohr *n*
air ventilation system Lüftungsanlage *f* [air]
air vessel Luftkessel *m* [air]; Windkessel *m* [roh]
air volume Luftmenge *f*
air vortex Luftwirbel *m* [air]
air washer Luftwäscher *m* [air]
air wave Luftwelle *f* [air]
air weathering Luftverwitterung *f* [air]
air wetting Luftbefeuchtung *f* [air]
air, additional - Sekundärluft *f* (Feuerung) [pow]
air, atomized - Zerstäuberluft *f* [air]
air, breathable - Atemluft *f* [air]
air, by - auf dem Luftweg [tra]
air, hot - Heißluft *f* [air]; Warmluft *f* [air]
air-activated luftbetätigt [tec]
air-actuated luftgesteuert [tec]
air-baffle plate Luftführungshaube *f* [pow]
air-blast fremdbelüftet [air]
air-blast cooling Lüfterkühlung *f* [prc]
air-brake Druckluftbremse *f* [tra]
air-break contactor Luftschütz *m* [tec]
air-circulation Umluft *f* [air]
air-circulation system Umluftverfahren *n* [prc]
air-condition klimatisieren *v*
air-conditioned klimageregelt; klimatisiert
air-conditioner Klimaanlage *f* [bau]; Klimagerät *n* [bau]; Klimatisierungsgerät *n*
air-conditioning Belüftung *f* (Klimatisierung) [air]; Klimaanlage *f* [bau]; Klimatisierung *f*; Klima *n* (künstliches) [wet]
air-conditioning apparatus Klimagerät *n* [bau]
air-conditioning equipment Klimageräte *pl* [bau]
air-conditioning installation Klimaanlage *f* [bau]
air-conditioning plant Klimaanlage *f* [bau]; Klimatisierungsanlage *f*
air-conditioning plant, automatic - automatische Klimaanlage *f* [bau]

air-conditioning unit Klimagerät *n* [bau]
air-connection Luftleitungsanschlüsse *pl* [air]
air-cooled luftgekühlt [air]
air-cooled condenser Luftkondensator *m* [pow]
air-cooled reactor luftgekühlter Reaktor *m* [che]
air-cooled tube luftgekühlte Röhre *f* [pow]
air-cooling fan Kühlluftgebläse *n* [air]
air-dried luftgetrocknet; lufttrocken
air-driven druckluftbetätigt
air-dry lufttrocken
air-drying Lufttrocknung *f* [prc]
air-drying apparatus Lufttrockner *m* [air]
air-duct cover Luftführungshaube *f* [mbt]
air-entraining agent Luftporenbildner *m* [met]
air-extraction valve Luftsaugeschieber *m* [pow]
air-flow control Luftstromregelung *f* [prc]
air-fuel-ratio Luft-Brennstoff-Verhältnis *n* [pow]
air-gap seal Luftspaltdichtung *f* [air]
air-hardening Lufthärten *n* [wer]
air-independent außenluftunabhängig [air]
air-lift pump Mammutpumpe *f*; Druckluftheber *m* [prc]
air-like luftartig
air-mail Luftpost *f* [tra]
air-operated druckluftbetätigt; pressluftbetätigt
air-operated chuck Druckluftfutter *n* (Werkzeugmaschine) [wer]
air-powered pneumatisch
air-pressure-reducing valve Druckminderer *m*
air-proof luftdicht
air-raid alarm Luftalarm *m*
air-raid precaution Luftschutz *m* [air]
air-raid protection Luftschutz *m* [air]
air-raid shelter Luftschutzraum *m*
air-release valve Entlüftungsventil *n*
air-resistant luftbeständig
air-saturated luftgesättigt
air-shaft Luftschacht *m* [air]
air-suction pipe Luftsaugeleitung *f* [pow]
air-suspended luftgefedert
air-traffic Luftverkehr *m* [tra]
air-traffic controller Fluglotse *m* [tra]
air-way bill Lufttransport *m* [tra]
airbag Luftsack *m* (Auto) [tra]
airborne durch Luft transportiert [air]; in Luft enthalten [air]; Luft- (in der Luft schwebend) [air]; schwebend (in der Luft enthalten) [air]
airborne sound Luftschall *m* [aku]
aircraft Flugzeug *n* [tra]
aircraft construction Flugzeugbau *m* [tra]
aircraft engine Flugmotor *m* [tra]
aircraft motor Flugzeugmotor *m* [tra]
aircraft noise Fluglärm *m* [aku]
Aircraft Noise Protection Act Fluglärmschutzgesetz *n* [jur]
aircrash Flugzeugunglück *n* [tra]
airfield Flugplatz *m* [tra]; Landeplatz *m* [tra]; Flugfeld *n* [tra]; Rollfeld *n* [tra]
airflow Luftführung *f* [air]; Luftstrom *m* [air]

airing Durchlüftung *f*; Entlüftung *f*; Lüftung *f* [air]
airlift Druckluftanhebung *f* [tec]; Luftbrücke *f* [tra]
airline Luftfahrtgesellschaft *f* [tra]
airlock Luftschleuse *f* [air]; Schleuse *f*
airplane Flugzeug *n* ((A)) [tra]
airplane castings Aluminiumflugzeugguss *m* [met]
airport Flughafen *m* [tra]; Flugplatz *m* [tra]
airport buildings Flughafengebäude *n* [tra]
airport fire engine Flughafenfeuerwehr *f* [tra]
airport vehicle Flughafenfahrzeug *n* [tra]
airport, large - Großflughafen *m* [tra]
airscrew Luftschraube *f* [air]
airsealed dicht (luftdicht)
airseasoned luftgetrocknet
airship Luftschiff *n* [tra]
airslide Luftförderrinne *f* [prc]
airspace Luftraum *m* [air]
airstrip Landeplatz *m* [tra]
airtight luftdicht; luftundurchlässig; undurchlässig (luftdicht)
airtightness Luftdichtheit *f*
airworthy flugfähig [tra]
airy luftig
aisle Gang *m* (Verbindungsgang); Seitenschiff *n* [bau]
alarm Störmeldung *f*; Warnung *f*; Alarm *m* (Arbeitssicherheit); Alarmgeber *m*
alarm alarmieren *v* (Arbeitssicherheit)
alarm actuation Alarmgabe *f* (Alarmgeben)
alarm annunciation system Gefahrmeldeanlage *f*
alarm annunciator panel Meldefeld *n*
alarm apparatus Meldeeinrichtung *f*; Warnvorrichtung *f*
alarm bell Alarmglocke *f* (Arbeitssicherheit)
alarm call Alarmruf *m* (Arbeitssicherheit)
alarm device Alarmanlage *f* (Arbeitssicherheit); Alarmeinrichtung *f* (Arbeitssicherheit)
alarm device, audible - akustisches Alarmgerät *n* (Arbeitssicherheit)
alarm display Alarmanzeige *f* (Arbeitssicherheit)
alarm equipment Alarmeinrichtung *f* (Arbeitssicherheit)
alarm horn Warnhupe *f* (Arbeitssicherheit)
alarm indication Alarmanzeige *f* (Arbeitssicherheit)
alarm input Alarmeingabe *f* (Arbeitssicherheit)
alarm level Warnstufe *f*
alarm limit value Alarmgrenzwert *m* (Arbeitssicherheit)
alarm list Meldeliste *f*
alarm signal Gefahrmeldung *f*; Alarmsignal *n* (Arbeitssicherheit)
alarm signalling Alarmgabe *f* (Alarmgeben)
alarm switch Alarmschalter *m*
alarm system Meldeanlage *f*
alarm terminal box Meldekasten *m*
alarm threshold Alarmschwelle *f* (Arbeitssicherheit)
alarm transmission system Alarmübertragungssystem *m* (Arbeitssicherheit)

alarm unit, audible - akustisches Alarmgerät *n* (Arbeitssicherheit)
alarm whistle Alarmpfeife *f*
alarm, combined - Sammelalarm *m*
alarming bedenklich
albedo Lichtreflexionsmessung *f* [any]
alcohol Alkohol *m* [che]
alcohol compound Alkoholverbindung *f* [che]
alcohol content Alkoholgehalt *m*
alcohol free alkoholfrei
alcohol lamp Spirituslampe *f*
alcohol thermometer Alkoholthermometer *n* [any]
alcoholic alkoholartig [che]; alkoholisch [che]
aldehyde Aldehyd *m* [che]
aldehyde resin Aldehydharz *n* [met]
aldehydic aldehydhaltig [che]
alembic Blase *f* (z.B. bei Destillation) [che]; Retorte *f* [che]
alert wendig
alert Warnung *f*; Alarmfall *m*; Warnsignal *n*
alert in Alarmbereitschaft setzen *v* (Arbeitssicherheit); warnen *v*
alert stage Alarmstufe *f* (Arbeitssicherheit)
alert, on - alarmbereit
algicide Algenbekämpfungsmittel *n* [che]
algorithm Rechenanweisung *f* (Software) [edv]
alienation Entfremdung *f*
align angleichen *v* (ausrichten); ausfluchten *v* [wer]; ausrichten *v* (bündig machen) [wer]; bündig machen *v* [wer]; durchfluchten *v* [wer]; einstellen *v* (abgleichen) [wer]; fluchten *v* [con]; richten *v* (ausrichten)
aligned ausgerichtet (gerichtet); bündig (flach); fluchtend (bündig) [con]
aligning - zum Einstellen
aligning wire Richtdraht *m* [tec]
alignment Anordnung *f* (Aufstellung); Ausrichtung *f* (bündig machen) [wer]; Einstellung *f* (Ausrichtung); Richtung *f* (Ausrichtung); Trasse *f* (vorbereitet für Straße) [bau]; Zentrierung *f* [con]; Abgleich *m* (Ausrichtung) [con]; Aufbau *m* (Anordnung); Fluchten *n* (Lager) [con]
alignment ball bearing Pendelkugellager *n* [tec]
alignment dimension Einstellmaß *n* [any]
alignment face Richtfläche *f* [any]
alignment fitting Ausrichtelement *n* [wer]
alignment groove Führungsnut *f* [tec]
alignment pedestal Rollenblock *m* [tec]
alignment piece Zwischenscheibe *f* [tec]; Passstück *n* [tec]
alignment pin Passstift *m* [tec]
alignment point Richtstelle *f* [any]; Richtpunkt *m* [any]
alignment ring Einstellring *m* [tec]
alignment screw Ausrichtschraube *f* [tec]; Stellschraube *f* [tec]
alignment setting Einstellspiel *n* [con]
alignment shaft Richtwelle *f* [pow]
alignment, be in - fluchten *v* [con]

alignment, in - fluchtend [con]
aliphatic aliphatisch [che]
aliphatic alcohol Fettalkohol *m* [che]
aliphatic hydrocarbon aliphatischer Kohlenwasserstoff *m* [che]
aliquot Teilmenge *f* (Chemie) [any]
alive stromführend [elt]
alizarin Alizarin *n* [che]
alizarin black alizarinschwarz
alizarin blue anthracenblau
alizarin blue alizarinblau *n*
alizarin brown alizarinbraun *n*
alizarin dye Alizarinfarbe *f* [che]
alizarin red alizarinrot
alizarin yellow alizaringelb
alkali Lauge *f* [che]; Alkali *n* [che]
alkali basalt Alkalibasalt *m* [min]
alkali cell Alkalizelle *f* [elt]
alkali chloride Chloralkali *n* [che]
alkali cleaning Alkalireinigung *f* [prc]
alkali cyanide Cyanalkali *n* [che]
alkali metal Alkalimetall *n* [che]
alkali pump Laugenpumpe *f* [prc]
alkali resistance Alkalibeständigkeit *f* [che]
alkali volatility Alkaliflüchtigkeit *f* [che]
alkali-proof laugenbeständig [met]
alkaline alkalisch [che]; basisch [che]
alkaline battery Alkalibatterie *f* [elt]
alkaline chloride electrolysis Chloralkalielektrolyse *f* [che]
alkaline degreasant alkalisches Entfettungsmittel *n* [che]
alkaline earth Erdalkali *n* [che]
alkaline salt alkalisches Salz *n* [che]
alkaline soil alkalischer Boden *m* [bod]
alkaline solution basische Lösung *f* [met]; Lauge *f* [che]
alkaline sulfate Alkalisulfat *n* [che]
alkalinity Alkalität *f* [che]; Basengehalt *n* [che]
alkane Paraffinkohlenwasserstoff *m* [che]; Alkan *n* [che]
alkene Alken *n* [che]
alkine Alkin *n* [che]
alkyd resin Alkydharz *n* [met]
alkyd resin varnish Alkydlack *m* [che]
alkyd-resin paint Alkydharzfarbe *f* [che]
alkyl Alkyl *n* [che]
alkyl bromide bromierter Kohlenwasserstoff *m* [che]; Alkylbromid *n* [che]
alkyl chloride Alkylchlorid *n* [che]
alkyl enamel Alkylharzfarbe *f* [che]
alkyl ester Alkylester *m* [che]
alkyl nitrite Alkylnitrit *n* [che]
alkyl sludges Alkylschlämme *pl* [che]
alkylation Akylierung *f* [che]
alkylsulfuric acid Alkylschwefelsäure *f* [che]
all the way gänzlich (von vorne bis hinten); total (von Anfang bis Ende)
all-dry installation Trockenverarbeitung *f* (d. Hochofenwand) [roh]
all-electric vollelektrisch [elt]
all-electronic vollelektronisch [elt]
all-embracing universal
all-glass construction Ganzglaskonstruktion *f* [bau]
all-in aggregate Rohzuschlagstoffe *pl* [bau]
all-inclusive offer Pauschalangebot *n* [eco]
all-metal casing Ganzmetallgehäuse *n* [tec]
all-metal construction Ganzmetallkonstruktion *f* [tec]
all-metal construction method Ganzmetallbauweise *f* [tec]
all-metal container Ganzmetallgehäuse *n* [tec]
all-out operation Vollbetrieb *m* (ganz erprobt)
all-purpose adhesive Alleskleber *m* [met]
all-purpose comminutor Universalzerkleinerer *m* [prc]
all-purpose glue Alleskleber *m* [che]
all-purpose room Mehrzweckraum *m* [bau]
all-relay signal box Gleisbildstellwerk *n* [tra]
all-sides discharge skip Rundkippmulde *f* (des Schütters) [mbt]
all-thread hanger rod Gewindestange *f* [tec]
all-threaded bolt Gewindestange *f* [tec]
all-transistor volltransistorisiert [elt]
all-weather design escalator Allwetterrolltreppe *f* [tra]
all-weather road Allwetterstraße *f* [tra]
all-weld-test specimen Schweißgutprüfung *f* [any]
all-welded ganz geschweißt; vollständig geschweißt [wer]
all-wheel drive Allradantrieb *m* [tra]
all-wood construction Ganzholzbauweise *f* [bau]
all-wood door Ganzholztür *f* [bau]
allegation Behauptung *f* (es gab Behauptungen)
allege behaupten *v* (als wahr erklären)
Allen bolt Inbusschraube *f* (mit Mutter) [tec]
Allen head screw Inbusschraube *f* [tec]
Allen key Inbusschlüssel *m* [wzg]
Allen screw Inbusschraube *f* [tec]; Innensechskantschraube *f* [tec]
Allen wrench Innensechskantschlüssel *m* [wzg]
Allen-type wrench Inbusschlüssel *m* [wzg]
allergen Allergen *n* [hum]
allergenic allergieauslösend [hum]
allergic allergisch [hum]
allergy Allergie *f* [hum]
alleviating factor Verlustfaktor *m* [tec]
alleviation of the burden of proof Beweiserleichterung *f* [jur]
alley Allee *f* [tra]; Gasse *f* [tra]; Durchgang *m* (Gasse) [tra]
alligator clip Quetschklemme *f* [elt]
alligator connector Alligatordübel *m* [wer]
alligator fitting Klauenverbindung *f* [tec]
allocable belegbar (Speicherplatz) [edv]
allocate belegen *v* (Gerät, Speicherplatz) [edv]; einteilen *v* (Personal einteilen) [eco]; zuordnen *v* (zuteilen); zuweisen *v* (einen Speicherblock zuw.) [edv]

allocated belegt (Gerät, Speicherplatz) [edv]
allocation Aufteilung *f*; Belegung *f* (Speicherplatz) [edv]; Umlage *f* (Verteilung Gemeinkosten) [eco]; Zuteilung *f* (Dosis)
allocation of liability, contractual - vertragliche Haftungsverteilung *f* [jur]
allocation of the burden of proof Beweislastverteilung *f* [jur]
allocation of work Lastverteilung *f* (zw. Abteilungen) [eco]
alloprene Chlorkautschuk *m* [che]
allotment Zuteilung *f*; Kleingarten *m*
allotment garden Kleingarten *m*
allotted zugewiesen (z.B. Landbesitz)
allow freigeben *v*
allow oil flow Ölumlauf freigeben *v* [mbt]
allowable zulässig
allowance Bearbeitungszugabe *f* [con]; Toleranz *f* (Abweichung) [con]; zulässige Abweichung *f* [con]; zulässige Maßabweichung *f* [con]; Spielraum *m* [con]; Abmaß *n* [con]
allowance, actual - Istabmaß *n* [con]
allowance, ageing - Alterungszuschlag *m* [con]
allowance, plus - oberes Abmaß *n* [con]
allowed zulässig
alloy Legierung *f* [met]; Beisatz *m* [met]
alloy legieren *v* (Metalle -) [met]; zusetzen *v* (Metalle) [met]
alloy casting Gussstück *n* (legiert) [met]
alloy of copper and lead Kupferblei *n* [met]
alloy steel legierter Stahl *m* [met]
alloyed legiert [met]
alloyed metal Legierungsmetall *n* [met]
alloyed scraps legierte Schrotte *pl* [rec]
alloying component Legierungsbestandteil *m* [met]
alloying constituent Legierungsbestandteil *m* [met]
alloying element Legierungselement *n* [met]
alluvial alluvial (angeschwemmt) [geo]
alluvial deposit Ablagerung *f* (Boden) [geo]; Schlickablagerung *f* [was]
alluvial deposits angeschwemmter Boden *m* [geo]
alluvial sand Schwemmsand *m*
alluvial soil Schwemmboden *m* [bod]
alluviation Ablagerung *f* (Boden) [geo]
alluvion Anschwemmung *f* [geo]
alluvium Schlickablagerung *f* [was]; Alluvium *n* [geo]
allyl alcohol Allylalkohol *m* [che]
allyl bromide Allylbromid *n* [che]
allyl chloride Allylchlorid *n* [che]
allyl iodide Allyljodid *n* [che]
allyl plastics Allylharzkunststoffe *pl* [che]
allyl resin Allylharz *n* [che]
almost nahezu
alpha decay Alphazerfall *m* (Atom) [phy]
alpha particle Alphateilchen *n* [phy]
alpha particle counter Alphateilchenzähler *m* [phy]
alpha ray Alphateilchenfluss *m* [phy]
alpha ray emitter Alphastrahler *m* [phy]

alphabetic character Buchstabe *m*
alter ändern *v*; umändern *v* [wer]; umbauen *v* (ändern); verändern *v*
alter instruction Änderungsbefehl *m* [edv]
alterability Änderungsfreundlichkeit *f*
alterable änderungsfreundlich
alteration Änderung *f* (Abänderung, Umbau); Schwankung *f*; Umgestaltung *f*; Veränderung *f*; Umbau *m* (Änderung)
alteration of purpose Zweckänderung *f* [jur]
alteration of shape Gestaltänderung *f* [con]
alteration of the premium Beitragsneufestsetzung *f* [jur]
alteration work Umgestaltung *f* (Arbeit); Umbauarbeiten *pl*
alterations Umbauarbeiten *pl*
alternate abwechseln *v*; wechseln *v* (Strom) [elt]
alternate use wechselseitige Benutzung *f*
alternating alternierend; wechselnd [elt]
alternating bending stress Biegewechselspannung *f* [met]
alternating current Wechselstrom *m* [elt]
alternating current circuit Wechselstromnetz *n* [elt]
alternating current converter Wechselstromumformer *m* [elt]
alternating current generator Wechselstromgenerator *m* [pow]
alternating current meter Wechselstromzähler *m* [any]
alternating current motor Wechselstrommotor *m* [pow]
alternating current rectifier Wechselstromgleichrichter *m* [elt]
alternating current resistance Wechselstromwiderstand *m* [elt]
alternating current supply Wechselstromanschluss *m* [elt]
alternating current transformer Wechselstromtransformator *m* [elt]
alternating field Wechselfeld *n* [elt]; Wechselstromfeld *n* [elt]
alternating frame Wechselrahmen *m* [tec]
alternating load Wechselbeanspruchung *f* [met]
alternating stress Wechselbeanspruchung *f* [met]; Wechselspannung *f* (Kraft) [phy]
alternating voltage Wechselspannung *f* [elt]
alternation Stromwechsel *m* [elt]; Wechsel *m* (Strom) [elt]
alternative Variante *f*
alternative instruction Sprungbefehl *m* (Software) [edv]
alternative motor Drehstrommotor *m* [elt]
alternative plan Gegenentwurf *m* [con]
alternative technology alternative Technologie *f*
alternator Drehstromlichtmaschine *f* [elt]; Lichtmaschine *f* (Wechselstrom-) [elt]; Drehstromgenerator *m* [elt]; Wechselstromgenerator *m* [pow]
alternator brush Kohlebürstenkollektor *m* [elt]

altimeter Höhenmesser *m* [any]
altitude Einsatzhöhe *f* (über NN); Flughöhe *f* [tra]; Höhenlage *f* (über NN) [geo]
altitude above sea level Höhe über dem Meeresspiegel *f* [geo]
altitude capability Höhenfähigkeit *f* [tra]
altitude difference Höhendifferenz *f*; Niveauunterschied *m* (Gelände)
altitude measurement Höhenmessung *f* [any]
altitude meter Höhenmesser *m* [any]
altitude reading Höhenangabe *f* [geo]
alum Alaun *m* [min]
alum earth Tonerde *f* [met]
alumina Tonerde *f* [met]; Aluminiumoxid *n* (Tonerde) [min]
alumina mortar Tonerdemörtel *m* [met]
alumina production Aluminiumherstellung *f* [roh]
aluminate Aluminat *n*
aluminium Aluminium *n* ((B) chem. El.: Al) [che]
aluminium absorbent ceiling Aluminiumschallschluckdecke *f* [aku]
aluminium alloy Aluminiumlegierung *f* [met]
aluminium alloy scrap Aluminiumlegierungsschrott *m* [met]
aluminium auto castings Aluminiumautoguss *m* [met]
aluminium bar Aluminiumstange *f* [met]; Aluminiumbarren *m* [met]
aluminium boride Aluminiumborid *n* [che]
aluminium borings Aluminiumbohrspäne *pl* [met]
aluminium bromide Aluminiumbromid *n* [che]
aluminium bronze Aluminiumbronze *f* [che]
aluminium cable Aluminiumseil *n* [met]
aluminium cable wire Aluminiumkabeldraht *m* [met]
aluminium carbide Aluminiumcarbid *n* [che]
aluminium casting Aluminiumguss *m* [met]
aluminium casting alloy Aluminiumgusslegierung *f* [met]
aluminium castings Gussaluminium *n* [met]; Aluminiumgussstücke *pl* [met]
aluminium chloride Aluminiumchlorid *n* [che]
aluminium conductor Aluminiumleiter *m* [elt]
aluminium contact Aluminiumkontakt *m* [elt]
aluminium fluoride Aluminiumfluorid *n* [che]
aluminium foil Aluminiumfolie *f* [met]
aluminium forging Aluminiumschmiedestück *n* [met]
aluminium grindings Aluminiumdrehspäne *pl* [met]; Aluminiumfeilspäne *pl* [met]
aluminium hydroxide Aluminiumhydroxid *n* [che]
aluminium ingot Aluminiumblock *m* [met]
aluminium joint Aluminiumklemme *f* [elt]
aluminium nitrate Aluminiumnitrat *n* [che]
aluminium nitride Aluminiumnitrid *n* [che]
aluminium oxide Tonerde *f* [met]; Aluminiumoxid *n* [che]
aluminium piston Aluminiumkolben *m* [met]
aluminium plate Aluminiumblech *n* [met]
aluminium powder Aluminiumpulver *n* [met]

aluminium pressed casting Aluminiumpressguss *m* [met]
aluminium pressed casting alloy Aluminiumpressgusslegierung *f* [met]
aluminium rod Aluminiumrundstange *f* [met]
aluminium round bar Aluminiumrundbarren *m* [met]
aluminium scrap Aluminiumschrott *m* [met]
aluminium seal Aluminiumdichtung *f* [tec]
aluminium section Aluminiumprofil *n* [met]
aluminium sheet Aluminiumblech *n* [met]
aluminium sheet cuttings Aluminiumblechschrott *m* [met]
aluminium shock absorber Aluminiumstoßdämpfer *m* [tra]
aluminium sieve Aluminiumsieb *n* [met]
aluminium slab Aluminiumwalzplatte *f* [met]
aluminium soldering bars Aluminiumlötstäbe *pl* [met]
aluminium strip Aluminiumband *n* [met]
aluminium sulfate Aluminiumsulfat *n* [che]
aluminium thermal metallurgy thermische Aluminiummetallurgie *f* [met]
aluminium tube Aluminiumrohr *n* [met]
aluminium wire Aluminiumdraht *m* [met]
aluminium wirebar Aluminiumdrahtbarren *m* [met]
aluminium wrought alloy Aluminiumknetlegierung *f* [met]
aluminium, commercially pure - Hüttenaluminium *n* [met]
aluminothermic welding Thermitschweißen *n* [wer]
aluminum Aluminium *n* ((A) chem. El.: Al) [che]
aluminum acetate essigsaure Tonerde *f* [met]
aluminum bromide Bromaluminium *n* [che]
aluminum-foiled aluminium-kaschiert [met]
amalgam Amalgam *n* [che]
amalgamate zusammenlegen *v* (verbinden)
amalgamation Fusion *f*; Zusammenschluss *m*
amass aufhäufen *v*
amateur constructor Heimwerker *m*
amber gelb (bei Verkehrsampeln) [tra]
amber resin Bernsteinharz *n* [met]
amber varnish Bernsteinlack *m* [met]
ambience Atmosphäre *f* (Umfeld); Ambiente *n*
ambient umgebend
ambient heat Umgebungswärme *f* [pow]
ambient light Raumlicht *n*; Umgebungslicht *n* [opt]
ambient noise Umgebungslärm *m* [aku]; Raumgeräusch *n* [aku]; Umgebungsgeräusch *n* [aku]
ambient noise level Raumgeräuschpegel *m* [aku]
ambient pressure Umgebungsdruck *m* [phy]
ambient temperature Außentemperatur *f*; Raumtemperatur *f*; Umgebungstemperatur *f*
ambiguity Doppeldeutigkeit *f*; Mehrdeutigkeit *f*; Vieldeutigkeit *f*
ambiguous mehrdeutig
ambulance Krankenwagen *m* (Automobil) [hum]; Rettungswagen *m*; Unfallwagen *m* [hum]; Sanitätswagen *n*

ambulance station Unfallstation *f*
amendment Änderung *f* [jur]; Berichtigung *f*; Abänderungsvorschlag *m* [jur]
amenities, natural - naturbelassene Umgebung *f*
amenities, public - öffentliche Einrichtung *f*
amenity Annehmlichkeit *f*; Einrichtung *f* (öffentliche -)
americium Americium *n* (chem. El.: Am) [che]
amide Amid *n* [che]
amidopyrine Pyramidon *n* [che]
amine Amin *n* [che]
amine accelerator Aminbeschleuniger *m* [che]
amino acid Aminosäure *f* [che]
amino plastics Aminoplastkunststoffe *pl* [che]
aminobenzene Aminobenzol *n* [che]; Anilin *n* [che]
aminomethane Methylamin *n* [che]
aminoplast moulding compound Harnstoffpressmasse *f* [met]
aminopropane Propylamin *n* [che]
ammeter Strommesser *m* [any]; Amperemeter *n* (Stromstärkemesser) [any]
ammonia Ammoniak *n* [che]
ammonia carboy Ammoniakflasche *f*
ammonia manuring Ammoniakdüngung *f* [far]
ammonia nitrogen Ammoniakstickstoff *m* [che]
ammonia plant Ammoniakanlage *f*
ammonia refrigerating machine Ammoniakkältemaschine *f*
ammonia scrubber Ammoniakwäscher *m* [air]
ammonia scrubbing Ammoniakwäsche *f* [air]
ammonia synthesis Ammoniaksynthese *f* [che]
ammonia washer Ammoniakwäscher *m* [air]
ammonia water Salmiakgeist *m* [che]; Ätzammoniak *n* [che]; Ammoniakwasser *n* [che]
ammonium Ammonium *n* [che]
ammonium bicarbonate Ammoniumbicarbonat *n* [che]
ammonium biphosphate Ammoniumbiphosphat *n* [che]
ammonium bromide Ammoniumbromid *n* [che]
ammonium carbonate Ammoniumcarbonat *n* [che]
ammonium chloride Salmiak *m* [che]; Ammoniumchlorid *n* [che]
ammonium disulfide Ammoniumdisulfid *n* [che]
ammonium hydrogen sulfite Ammoniumbisulfit *n* [che]
ammonium hydroxide Ätzammoniak *n* [che]
ammonium iodide Ammoniumjodid *n* [che]
ammonium nitrate Ammoniumsalpeter *m* [che]; Ammoniumnitrat *n* [che]
ammonium nitrite Ammoniumnitrit *n* [che]
ammonium phosphate Ammoniumphosphat *n* [che]
ammonium salt Ammoniumsalz *n* [che]
ammonium sulfate Ammoniumsulfat *n* [che]
ammonium sulfide Ammoniumsulfid *n* [che]
ammonium sulfite Ammoniumsulfit *n* [che]
amorphous amorph; formlos (gestaltlos); gestaltlos; strukturlos
amorphousness Formlosigkeit *f* (Gestaltlosigkeit)

amortisation, period of - Abschreibungszeit *f* [eco]
amortization Amortisation *f*; Tilgung *f* (Amortisation) [eco]
amortize abschreiben *v* (Wirtschaft) [eco]
amount Menge *f* (Quantität); Portion *f*; Summe *f*; Betrag *m* (Menge, Aufwand); Quantum *n*
amount due fällige Summe *f* [eco]
amount formed Anfall *m* (Menge)
amount in dispute Streitwert *m* [jur]
amount of heat Wärmemenge *f* [pow]
amount of insurance Versicherungssumme *f* [jur]
amount of loss Schadenhöhe *f*
amount of mixing Durchmischungsgrad *m*
amount of moisture Feuchtigkeitsgehalt *m*
amount of overbalance Überwuchtmasse *f* [tec]
amount of substance Stoffmenge *f*
amount of the invoice Rechnungsbetrag *m* [eco]
amount of travel Verschiebeweg *m* [tec]
amount of unbalance Wuchtfehler *m* [tec]
amount received Geldeingang *m* [eco]
amount to betragen *v*; ergeben *v*
amperage Stromstärke *f* [elt]
amperage consumption Stromverbrauch *m* [elt]
ampere Ampere *n* [elt]
ampere turn Amperewindung *f* [elt]
ampere-hour Amperestunde *f* [elt]
amperemeter Strommesser *m* [any]; Amperemeter *n* (Stromstärkemesser) [any]
amphibious vehicle Amphibienfahrzeug *n* (Schwimmwagen) [tra]
ample ausreichend; reichlich
amplification Verstärkung *f* [elt]
amplification stage Verstärkerstufe *f* [elt]
amplified verstärkt [elt]
amplifier Verstärker *m* [elt]
amplifier circuit Verstärkerschaltung *f* [elt]
amplifier noise Verstärkerrauschen *n* [elt]
amplifier relay Verstärkerrelais *n* [elt]
amplify verstärken *v* [elt]
amplifying element Verstärkerelement *m* [elt]
amplitude Amplitude *f* (Schwingung) [phy]; Ausschlag *m* [phy]
amplitude distortion Amplitudenverzerrung *f* [elt]
amplitude modulation Amplitudenmodulation *f* (binäre Datenübertragungstechnik) [edv]
amplitude of movement Bewegungsamplitude *f* [phy]
amplitude ratio Amplitudenverhältnis *n* [elt]
amplitude response Amplitudengang *m* [phy]
ampoule Ampulle *f*
ampul Ampulle *f*
ampule Ampulle *f*
anaerobic anaerob
anaerobic bacterium anaerobe Bakterie *f* [bio]
anaerobic cell anaerobe Zelle *f* [bio]
anaerobic decomposition anaerobe Zersetzung *f* [bio]
anaerobic digestion anaerober Abbau *m* [bio]
anaerobic metabolism anaerober Stoffwechsel *m* [bff]

anaerobic plant Anaerobanlage *f* [was]
anaerobic process anaerobes Verfahren *n* [was]
anaerobic treatment anaerobe Behandlung *f* [was]
anaesthetic narkotisch [hum]
anaesthetization Betäubung *f* [hum]
anaesthetize betäuben *v* [hum]; narkotisieren *v* [hum]
analog analog
analog circuitry Analogschaltung *f* [elt]
analog control Analogsteuerung *f* [edv]
analog data Analogdaten *pl* [edv]
analog input Analogeingabe *f* [edv]
analog line Analoganschluss *m* [edv]
analog memory Analogspeicher *m* [elt]
analog output Analogausgabe *f* [edv]
analog pulse Analogimpuls *m* [elt]
analog representation Analogdarstellung *f* [edv]
analog sensing device Analoggeber *m* [any]
analog signal Analogsignal *n* [any]
analog signal processing Analogsignalverarbeitung *f* [elt]
analog telephone network analoges Fernsprechnetz *n* [edv]
analog unit Analogeinheit *f* [edv]
analog-digital converter Analog-Digital-Wandler *m* [edv]
analogous ähnlich (vergleichbar); analog
analogy Analogie *f* (geometrische Analogie) [mat]
analyse bestimmen *v* (analysieren) [any]; untersuchen *v* [any]
analyses, range of - Analysenspanne *f* [any]
analysis Analyse *f* (Auswertung) [any]; Bestimmung *f* (Messung) [any]; Untersuchung *f* (Chemie) [any]
analysis by fractional distillation Siedeanalyse *f* [any]
analysis by weight Gewichtsanalyse *f* [any]
analysis of colour Farbzerlegung *f* [opt]
analysis of materials Materialanalyse *f* [any]
analysis of mistakes Fehleranalyse *f* [mat]
analysis of test results Auswertung von Versuchsergebnissen *f* [any]
analysis of the atmosphere Luftanalyse *f* [any]
analysis of water supplies Trinkwasseruntersuchung *f* [any]
analysis scale Analysewaage *f* [any]
analysis, scope of - Analysengrenze *f* (Umfang) [any]
analytic analytisch [edv]
analytic instrument Analysengerät *n* [any]
analytical analytisch [any]
analytics Analytik *f* [any]
analyze analysieren *v* [any]; auswerten *v* (ermitteln) [any]; prüfen *v* (Chemie) [any]
analyzer Messzelle *f* [any]; Analysator *m* [any]; Prüfgerät *n* [any]
analyzer system Analysensystem *n* [any]
anchor Halterung *f* [tec]; Verankerung *f* (Befestigung) [tec]; Anker *m* (Schiffsgerät, Bauwesen) [tra]
anchor ankern *v* [tra]; verankern *v* (ankern) [wer]

anchor bar Zugstange *f* [tec]; Ankerstab *m* [elt]
anchor bolt Ankerschraube *f* [tec]; Fundamentschraube *f* [tec]; Ankerbolzen *m* [tec]
anchor cable Ankerkette *f* [tra]
anchor chain Ankerkette *f* [tra]
anchor clip Sicherungsschelle *f* [tec]
anchor equipment Ankergeschirr *n* [tra]
anchor frame Ankerrahmen *m* [prc]
anchor hole Ankerloch *n* [tec]
anchor hoop Sicherungsbügel *m* [tec]
anchor lamp Ankerlaterne *f* [tra]
anchor mixer Ankerrührer *m* [prc]
anchor nut Annietmutter *f* [tec]
anchor nut, round - Rundankermutter *f* [tec]
anchor plate Ankerplatte *f* [tec]
anchor pocket Ankerhülse *f* [tec]
anchor point Fixpunkt *m* (z.B. für Rohrleitungen)
anchor windlass drive Ankerspill *m* [tra]
anchorage Verankerung *f* (Befestigung) [tec]
anchored graphic eingebundene Grafik *f* (in Text) [edv]; eingebundene Graphik *f* ((variant)) [edv]
anchoring Abspannung *f* [tec]; Verankerung *f* (Ankern) [tra]; Verankerung *f* (Maschine, Zelt) [bau]
anchoring effort Spannwirkung *f* [tec]
anchoring screw Ankerschraube *f* [tec]
anchoring wire Verankerungsdraht *m* [tec]
ancient uralt
ancillary equipment Hilfseinrichtung *f* [tec]; Zusatzgeräte *pl* [tec]
ancillary provisions Nebenbestimmungen *pl* [jur]
androgynous zweigeschlechtlich [bff]
anechoic hallfrei [aku]
anemometer Windgeschwindigkeitsmesser *m* [any]; Windmesser *m* [any]
anemometry Windmessung *f* [any]
aneroid barometer Dosenbarometer *n* [any]; Federbarometer *n* [any]
angel, blue - blauer Umwelttengel *m*
angle Gegenwinkel *m* (z.B. Rohr) [con]; Winkel *m*; Kniestück *n* (z.B. Rohr) [con]; Winkelstück *n* [met]
angle bar Eckschiene *f* [tec]; Winkeleisen *n* [met]
angle bracket Haltewinkel *m* [tec]
angle brick Eckwinkel *m* [tec]
angle check valve Winkelrückschlagventil *n* [tra]
angle clip Winkeleisenhalter *m* [tec]
angle cut Schrägstoß *m* [wer]
angle cutter Winkelfräser *m* [wer]
angle drive Winkelantrieb *m* (z.B. Messgerät, Uhr) [tec]
angle fish plate Winkellasche *f* [tec]
angle fish plating Winkelverlaschung *f* [tec]
angle flange Winkelflansch *m* [tec]
angle gauge Winkelmesser *m* [any]
angle grinder Schleifhexe *f* (Winkelschleifer) [wzg]
angle guide Führungswinkel *m* [tec]
angle head Winkelkopf *m* [wer]
angle iron Winkeleisen *n* [met]
angle joint Winkelgelenk *n* [tec]
angle joint cover Winkellasche *f* [tec]

angle of contact Anschlagwinkel *m* [tec]; Umschlingungswinkel *m* (Riementrieb) [tec]
angle of departure Aufsetzkante *f* [tra]
angle of distortion Drehwinkel *m* [phy]
angle of friction Reibungswinkel *m* [phy]
angle of gradient Neigungswinkel *m*
angle of heap Haldenböschung *f* [mbt]
angle of incidence Anströmwinkel *m*; Einfallswinkel *m* [opt]; Eintrittswinkel *m*
angle of inclination Auslenkwinkel *m* [tec]; Neigungswinkel *m*
angle of inlet Eintrittswinkel *m*
angle of internal friction Reibungswinkel *m* [phy]
angle of landing Antrittswinkel *m* (Rolltreppe) [tra]
angle of pressure Eingriffswinkel *m* (Zahnrad) [tec]
angle of reflection Reflexionswinkel *m* [phy]; Reflexionswinkel *m* [phy]
angle of refraction Brechungswinkel *m* [opt]
angle of repose Schüttkegel *m* [phy]; Schüttwinkel *m*
angle of revolution Drehungswinkel *m* [con]; Drehwinkel *m* [con]
angle of rotation Drehwinkel *m* [phy]
angle of spread Öffnungswinkel *m*
angle of traction Zugwinkel *m* [con]
angle of transmission, total - Gesamtüberdeckungsgrad *m* (Getriebe) [tec]
angle of unbalance Unwuchtwinkel *m* [tec]
angle of wrap Umschlingungswinkel *m* (Riementrieb) [con]
angle part Winkelstück *n* [tec]
angle pass Winkelkaliber *n* [tec]
angle plate Winkelplatte *f* [tec]
angle rotor Winkelrotor *m* [tec]
angle sander Winkelschleifer *m* [wzg]
angle section Winkelstück *n* [met]
angle sections Winkelstahl *m* [met]
angle segment Winkelsegment *n* [tec]
angle sheet iron Winkelblech *n* [met]
angle staff Putzleiste *f* [bau]
angle steel Winkelstahl *m* [met]
angle stone Eckstein *m* [bau]
angle stop valve Eckabsperrventil *n* [prc]
angle support Tragwinkel *m* [tec]
angle thermometer Winkelthermometer *n* [any]
angle tie Winkelband *n* [tec]
angle transmission Winkelgetriebe *n* [tec]
angle transmitter Winkelgeber *m* (z.B. am Bagger) [mbt]
angle valve Eckventil *n* [prc]; Winkelventil *n* [tec]
angle, blunt - stumpfer Winkel *m*
angle-beam probe Winkelprüfkopf *m* (Qualitätskontrolle) [any]
angle-constant winkelkonstant
anglecock Eckhahn *m*
angled gewinkelt; winklig
angles Winkelstahl *m* [met]
angling blade Schwenkschild *n* [mbt]
angular eckig; gewinkelt; winklig

angular acceleration Winkelbeschleunigung *f* [phy]
angular contact ball bearing Schrägkugellager *n* [tec]
angular contact ball bearing, double row - zweireihiges Schrägkugellager *n* [tec]
angular contact ball bearing, single row - einreihiges Schrägkugellager *n* [tec]
angular contact bearing Schräglager *n* [tec]
angular coupling Winkelkupplung *f* [prc]
angular degree Winkelgrad *m* [con]
angular displacement Winkelverschiebung *f* [con]
angular drill head Winkelbohrkopf *m* [wer]
angular drilling machine Winkelbohrmaschine *f* [wer]
angular fish Winkelverbindung *f* [tec]
angular frame Winkelrahmen *n* [tec]
angular frequency Kreisfrequenz *f* [phy]
angular function Winkelfunktion *f* [mat]
angular gear Winkelgetriebe *n* [tec]
angular grinding machine Winkelschleifer *m* [wzg]
angular guide plate Winkelführungsplatte *f* (neben Schiene) [mbt]
angular incidence Schrägeinfall *m* [aku]
angular momentum Drall *m* (Drehimpuls) [phy]; Drehimpuls *m* [phy]
angular momentum generator Drehimpulsgeber *m* [elt]
angular position Schrägstellung *f* [wer]
angular radiation Schrägeinschallung *f* [aku]
angular rotation transmitter Drehwinkelgeber *m*
angular sheet Winkelblech *n* [met]
angular type fitting Winkelverschraubung *f* [tec]
angular velocity Winkelgeschwindigkeit *f* [phy]
anhydrite Anhydrit *m* [che]; wasserfreier Gips *m* [met]
anhydrous entwässert [was]; wasserfrei
anhydrous gypsum wasserfreier Gips *m* [met]
anhydrous gypsum plaster Gipsputz *m* [bau]; wasserfreier Gips *m* [met]
anhydrous lime Branntkalk *m* [met]
anhydrous salt wasserfreies Salz *n* [che]
aniline Anilin *n* [che]
aniline black anilinschwarz
aniline blue anilinblau
aniline brown anilinbraun
aniline colour Anilinfarbe *f* [che]
aniline dye Anilinfarbe *f* [che]; Teerfarbe *f* [met]; Anilinfarbstoff *m* [che]
aniline red anilinrot
aniline red Fuchsin *n* [che]
aniline violet anilinviolett [che]
aniline yellow anilingelb
animal tierisch (z.B. Fette) [bff]
animal Tier *n* [bff]
animal carcasses Tierkadaver *pl* [rec]
animal charcoal Tierkohle *f* [che]
animal experiment Tierversuch *m*
animal faeces Tierfäkalien *pl* [rec]
animal feed Futtermittel *n* [far]

animal industry, intensive - Intensivviehhaltung *f* [far]
animal manure tierischer Dünger *m* [far]
animal nutrition Tierernährung *f*
animal oil tierisches Öl *n* [met]
animal origin tierischer Ursprung *m* [bff]
animal origin, foods of - Nahrungsmittel tierischen Ursprungs *pl*
animal production Tierproduktion *f* [far]
animal remains, vehicle for - Fahrzeug für Tierkörper *n* [rec]
animal tissue Tiergewebe *n* [bff]
animal waste Tierhaltungsabfall *m* [rec]
animals for slaughter Schlachtvieh *n* [far]
animals kept for meat Schlachtvieh *n* [far]
animate anregen *v*; beleben *v* (aufmuntern); bewegen *v* (Bildschirm-Software) [edv]
anion Anion *n* [che]
anion exchanger Anionenaustauscher *m* [prc]
anisotropic anisotrop
anneal anlassen *v* (Metallbearbeitung) [wer]; ausglühen *v* (Stahl) [roh]; durchglühen *v* [wer]; glühen *v* (Stahl) [wer]; nachlassen *v* (ausglühen, kühlen) [wer]; tempern *v* (Werkstoff) [wer]; vergüten *v* [wer]; weichglühen *v* [wer]
anneal-lacquered einbrennlackiert [wer]
annealed angelassen [met]
annealed wire Bindedraht *m* [met]
annealing Glühbehandlung *f* [wer]; Temperung *f* [prc]; Vergütung *f* (Metall) [wer]; Anlassen *n* (zwecks Spannungsabbau) [wer]; Ausglühen *n* (Stahl) [roh]; Einbrennen *n* [wer]; Spannungsfreiglühen *n* [wer]; Vorglühen *n* [roh]
annealing box Glühtopf *m* [met]
annealing colour Einbrennfarbe *f* [che]
annealing furnace Glühofen *m* [met]; Metalltemperofen *m* [roh]; Temperofen *m* [roh]; Vorglühofen *m* [roh]
annealing hearth Glühherd *m* [met]
annealing installation Glühanlage *f* [met]
annealing method Glühverfahren *n* [prc]
annealing oven Vorglühofen *m* [roh]
annealing process Glühverfahren *n* [prc]
annealing temperature Glühtemperatur *f*
annex Annex *m*; Erweiterungsbau *m* [bau]; Nebengebäude *n* [bau]
annihilate vernichten *v* (zerschlagen)
annihilation Vernichtung *f* (z.B. Wildbestand)
annihilator Aktenvernichter *m* [rec]
anniversary Jubiläum *n*
annotate kommentieren *v*
annotation Anmerkung *f*
announce erklären *v*
announcement Durchsage *f*; Mitteilung *f* (Bekanntgabe)
announcement of a claim Schadensmeldung *f* [jur]
announcer Sprecher *m*
annoy reizen *v*
annoyance Belästigung *f*

annoyance sound level Lärmbelästigungsgrenze *f* [aku]
annual einjährig [bff]; jährlich
annual accounts Jahresabrechnung *f* [eco]; Jahresabschluss *m* [eco]
annual average Jahresdurchschnitt *m*
annual discharge Jahresabflussmenge *f* [was]
annual dose Jahresdosis *f* (Radioaktivität) [hum]
annual general meeting Hauptversammlung *f* [eco]
annual premium Jahresbeitrag *m* (der Versicherung) [jur]
annual production Jahresproduktion *f*; Jahresausstoß *m*
annual report Geschäftsbericht *m* (einer Firma) [eco]; Jahresbericht *m*
annual turnover Jahresumsatz *m*
annul lösen *v* (Vertrag); stornieren *v*
annul an order Auftrag stornieren [eco]
annular ringförmig
annular belt Ringkanal *m* [pow]
annular chamber Ringkammer *f* [tra]
annular clearance Ringspalt *m* [con]
annular electrode Ringelektrode *f* [elt]
annular gap Ringspalt *m*
annular groove Ringnut *f* [tec]
annular heating element Ringheizelement *n* [pow]
annular slot Ringnut *f* [tec]
annular spring tensioning set Ringfederspannelement *n* [tec]
annulment Lösung *f* (Vertrag) [jur]
annulus Kolbenstangenseite *f* (des Zylinders) [tra]; Kreisring *m*; Ringraum *m*; Ringspalt *m*; Zifferring *m* (Uhr) [tec]
annunciate melden *v* (akustisch)
annunciator Signalapparat *m* [mbt]
anode Anode *f* [elt]; positive Elektrode *f* [elt]
anode battery Anodenbatterie *f* [elt]
anode circuit Anodenkreis *m* [elt]
anode current Anodenstrom *m* [elt]
anode gate Anodengitter *n* [elt]
anode manufacture Anodenherstellung *f* [elt]
anode plate Anodenplatte *f* [elt]
anode potential Anodenspannung *f* [elt]
anode rectifier Anodengleichrichter *m* [elt]
anode scraps verbrauchte Anoden *pl* [elt]
anode slime Anodenschlamm *m* (Kupfergewinnung) [rec]
anode sludge Anodenschlamm *m* [met]
anode sponge Anodenschwamm *m* (Bleigewinnung) [rec]
anode tube Anodenröhre *f* [elt]
anode voltage Anodenspannung *f* [elt]
anodic coating Anodengalvanisierung *f* [elt]; Eloxalschicht *f* [che]
anodic oxidation Eloxieren *n* [che]
anodic treatment Eloxierung *f* [elt]; Eloxieren *n* [elt]
anodize eloxieren *v* [che]; oxidieren, elektrisch - *v* [che]

anodized coating Eloxalschicht *f* [met]
anodizing Eloxierung *f* [che]; Eloxieren *n* [che]
anomalous anormal
anomaly Unregelmäßigkeit *f*
anonymity Anonymität *f*
answer Antwort *f*; Bescheid *m* (Antwort)
answer antworten *v*
answer mode Antwortmodus *m* (Rechnermodem) [edv]
answering device, automatic - Anrufbeantworter *m* (Telefon) [edv]
answering equipment, automatic - Anrufbeantworter *m* (Telefon) [edv]
answering machine Anrufbeantworter *m* (Telefon) [edv]
answering signal Rückmeldung *f*
antagonistic gegenwirkend (zeitlich)
antecede vorausgehen *v*
antenna Antenne *f* (am Fernseher, Radio) [elt]
antenna wire Antennenlitze *f* [elt]
anthracene Anthracen *n* [che]
anthracene dye Anthracenfarbstoff *m* [che]
anthracin Anthracen *n* [che]
anthracite Anthrazitkohle *f* [che]; Anthrazit *m* (Kohle) [che]
anthropogenic anthropogen
anti-ager Alterungsschutzmittel *n* [che]
anti-burglary einbruchsicher
anti-capillary kapillarbrechend
anti-cavitation valve Nachsaugventil *n* [mbt]; Nachspeiseventil *n* [tec]
anti-clockwise rotation Drehung entgegen dem Uhrzeigersinn *f*
anti-condensation heating Stillstandheizung *f* [tra]
anti-corrosive effect Korrosionsschutz *m* [met]
anti-dazzle position Abblendstellung *f* (Rückspiegel) [tra]
anti-fatigue bolt Dehnschraube *f* [tec]
anti-friction bearing, large - Großwälzlager *n* [tec]
anti-frost thermostat Frostschutzthermostat *m* [tra]
anti-glare position Abblendstellung *f* (Rückspiegel) [tra]
anti-interference Funkentstörung *f* [elt]
anti-interference capacitor Störschutzkondensator *m* [elt]
anti-interference device Entstörzusatz *m* [tra]
anti-interference module Entstörbaustein *m* [elt]
anti-kickback snubber Lenkstoßdämpfer *m* [tra]
anti-kink sleeve Knickschutztülle *f* [elt]
anti-liming agent Entkalkungsmittel *n* [was]
anti-lock braking system Antiblockiersystem *n* (Auto) [tra]
anti-loss selbstsichernd [tec]
anti-mildew agent Antischimmelmittel *n* [che]
anti-noise ordinance on lawn-mowers Rasenmäher-Lärmschutzverordnung *f* [jur]
anti-noise paint Antidröhnlack *m* [aku]
anti-poison Giftresistenz *f* [hum]
anti-pollution investment Umweltinvestition *f*

anti-pollution regulation Umweltschutzbestimmung *f* [jur]
anti-resonant circuit Entkopplungskreis *m* [elt]
anti-rust agent Rostschutzmittel *n* [met]
anti-rust paint Rostschutzfarbe *f* [met]; Rostschutzanstrich *m* [met]
anti-rust test Korrosionsschutzprüfung *f* [any]
anti-seize paste Montagepaste *f* (zwischen 2 Metallen)
anti-skid Gleitschutz *m* (gegen Ausrutschen) [tra]
anti-skid chain Gleitschutzkette *f* [tra]
anti-skid device Gleitschutz *m* (Bauteil) [tra]
anti-skid property Rutschfestigkeit *f* [met]
anti-skid protection Gleitschutz *m* (Fahrzeug) [tra]
anti-slip trittsicher (gegen Ausrutschen) [bau]
anti-slip control Antischlupfregelung *f* (von Rädern) [tra]
anti-spin pack Durchrutschsicherung *f* [tra]
anti-splinter cover Splitterschutz *m* [tec]
anti-torsion fork verwindungssteife Gabel *f* [tec]; verwindungssteife Gabel *f* [tec]
anti-vibrating screw Schwingmetallschraube *f* [tec]
anti-vibration mounting Schwingungsdämpfer *m* [tec]
anti-virus program Virenbekämpfungsprogramm *n* (Software) [edv]
antiabrasive coating Verschleißschutzbelag *m* [met]
antiabrasive layer Verschleißschutzschicht *f* [met]
antiallergic agent Antiallergikum *n* [hum]
antibacterial antibakteriell [hum]; bakterienfeindlich [bio]
antiblocking agent Antiblockmittel *n* [che]
antibody Abwehrstoff *m* [hum]; Antikörper *m* [hum]; Immunkörper *m* [hum]
anticathode Gegenkathode *f* [elt]
anticipated vorausgesetzt (wird angenommen, dass ...)
anticipation Vorgriff *m*
anticlockwise linksdrehend
anticlockwise motion Gegenlauf *m*
anticlockwise rotation Linkslauf *m* [tec]
anticondensate insulation Schwitzwasserisolierung *f* [pow]
anticorrosive agent Korrosionsschutzmittel *n* [met]; Rostschutzmittel *n* [met]
anticorrosive material Korrosionsschutzmittel *n* [met]
anticorrosive paint Korrosionsschutzfarbe *f* [met]
anticorrosive paint coating Korrosionsschutzanstrich *m*
anticorrosive painting Korrosionsschutzanstrich *m*
anticorrosive varnishing Korrosionsschutzlackierung *f* [met]
antidetonating fuel klopffester Brennstoff *m* [pow]
antidisintegrating abbauverhindernd [che]
antidote Gegengift *n* (z.B. gegen Biss) [hum]; Gegenmittel *n* (Medizin) [hum]
antidrumming compound Antidröhnmasse *f* [aku]
antidrumming treatment Antidröhnbehandlung *f* [aku]; Entdröhnung *f* [aku]

antifermentative gärungshemmend [bio]
antiferromagnetic antimagnetisch
antiferromagnetical antimagnetisch
antifoam schaumbekämpfend
antifoam agent Antischaummittel *n* [che]; Schaumverhütungsmittel *n* [met]
antifoaming agent Entschäumer *m* [was]; Antischaummittel *n* [che]; Entschäumungsmittel *n* [was]
antifouling fäulnisverhindernd; fäulnisverhütend
antifouling composition Antifäulnisfarbe *f* [che]; Bodenanstrich *m* [met]
antifouling paint pestizidhaltiger Anstrich *m* [met]
antifreeze Frostschutzeinrichtung *f* [tra]; Frostschützer *m* [tra]; Frostschutzmittel *m* [tra]; Frostschutzmittel *n* [tra]; Frostschutzmittel *n* [met]; Gefrierschutzmittel *n* [met]; Kälteschutzmittel *n* (Gefrierschutz) [met]
antifreeze agent Gefrierschutzzusatz *m* [met]; Frostschutzmittel *n* [met]
antifreezing kältebeständig
antifreezing Frostresistenz *f* [met]
antifreezing agent Gefrierschutzmittel *n* [met]; Kälteschutzmittel *n* (Gefrierschutz) [met]
antifreezing compound Gefrierschutzmittel *n* [met]
antifriction bearing wälzgelagert (meist Rollenlager) [tec]
antifriction bearing Rollenlager *f* [tec]; Wälzlager *n* [tec]
antifriction bearing grease Wälzlagerfett *n* [met]
antifriction metal Lagermetall *n* [met]; Weißmetall *n* [met]
antifroth schaumbekämpfend
antifrothing agent Schaumverhütungsmittel *n* [met]
antifungal paint pestizidhaltige Farbe *f* [met]
antifungin Antifungin *n* [che]
antiknock klopffest (Benzin); klopffrei (Benzin) [tra]
antiknock additive Antiklopfmittel *m* [tra]; Klopfschutzzusatz *m* [tra]
antiknock agent Klopfmittel *n* (Benzin) [met]
antiknock fuel klopffester Brennstoff *m* [pow]
antiknock properties Klopffestigkeit *f* (Benzin) [tra]
antiknock rate Klopfwert *m* [tra]
antiknocking additive Antiklopfmittel *m* [tra]
antimagnetic antimagnetisch
antimicrobial anti-mikrobiell [hum]
antimonial lead Antimonblei *n* [met]; Hartblei *n* [met]
antimonous chloride Antimontrichlorid *n* [che]
antimonous oxide Antimontrioxid *n* [che]
antimony Antimon *n* (chem. El.: An / Sb) [che]
antimony alloy Antimonlegierung *f* [che]
antimony hydride Antimonwasserstoff *m* [che]
antimony nitrate Antimonnitrat *n* [che]
antimony oxide Antimonoxid *n* [che]
antimony white Antimonweiß *n* [che]
antioxidant Alterungsschutzmittel *n* (z.B. für Gummi) [che]; Antioxidans *n* [che]

antiparasitic Parasitenmittel *n* [hum]
antipollution plant Abgasentgiftungsanlage *f* [air]
antique überholt (antiquiert, alte Maschine)
antiresonant circuit Sperrkreis *m* [mbt]
antirot fäulnisbeständig; fäulnisverhütend
antirotation Gegenlauf *m* [tec]
antirotation block Verdrehsicherung *f* [tec]
antirotation device Drehsicherung *f* [tec]; Verdrehsicherung *f* [tec]
antirotation retainer Drehmomentstütze *f* [tec]
antirotation tag Verdrehsicherung *f* [tec]
antirust rostbeständig [met]
antirust agent Rostmittel *n* [met]
antirust coat Rostschutzanstrich *m* [met]
antiseismic construction erdbebensicherer Bau *m* [bau]
antiseptic fäulnishemmend; fäulnisverhindernd; fäulnisverhütend
antiseptic Antiseptikum *n* [hum]; keimtötendes Mittel *n* [che]
antiseptic agent antiseptisches Mittel *n* [hum]
antisetting agent Antiabsetzmittel *n* [was]
antiskid griffig (nicht rutschend); rutschfest; rutschsicher
antislip rutschfest; rutschsicher
antislip agent Antislipmittel *n* [che]
antislip device Rutschsicherung [tec]
antislip device Rutschsicherung *f* [tec]
antistatic antistatisch
antistatic agent Antistatikmittel *n* [che]
antistatic coating Antistatikbelag *m* (Kunststoff) [che]
antithesis Gegensatz *m*
antitorque device Drehmomentausgleichsvorrichtung *f* [tec]
antitorque propeller Drehmomentausgleichspropeller *m* [tec]
antitoxin Antitoxin *n* [che]; Gegengift *n* [hum]
antitramp plate Schubblech *n* [tec]
antivibrating mount Schwingungsdämpfer *m* [tec]
antivibrating stiffening schwingungsdämpfende Versteifung *f* [tec]
antivibration mount schwingungsfreie Lagerung *f* [tec]
antivibration mounting Schwingmetallbefestigung *f* [tec]; Schwingungsdämpfer *m* [tec]
antivirus program Antivirenprogramm *n* [edv]
antizymotic gärungshemmend [bio]
anvil Amboss *m* (Arbeitsgerät in Schmiede) [wzg]
apartment Etagenwohnung *f* [bau]; Wohnung *f* [bau]
apartment block Mietskaserne *f* [bau]; Wohnblock *m* [bau]; Apartmenthaus *n* [bau]
apartment building Wohngebäude *n* [bau]; Wohnhaus *n* (Mehrfamilienhaus; US) [bau]
apartment house Mehrfamilienhaus *n* [bau]; Mietshaus *n* [bau]
aperiodic aperiodisch
aperture Blende *f* (Öffnung); Öffnung *f* (Optik) [opt]
aperture for filling Eingussloch *n*

aperture, relative - Öffnungsverhältnis *n* [opt]
apex Spitze *f* (Höhepunkt); Scheitel *m*
apex of pitch cone Teilkegelspitze *f* (Zahnrad) [con]
apostrophe Apostroph *m* (Text); Auslassungszeichen *n*; Hochkomma *n* (Textverarbeitung)
apparatus Apparatur *f*; Einheit *f* (Gerät); Einrichtung *f* (Vorrichtung); Apparat *m* [prc]; Gerät *n* (Apparat); Instrument *n* (Apparat)
apparatus box Gerätekasten *f*
apparatus connecting cord Geräteanschlussleitung *f* [elt]
apparatus construction Apparatebau *m* [prc]
apparatus fuse Gerätesicherung *f* [elt]
apparatus glass Geräteglas *n* [met]
apparatus inlet-plug Gerätestecker *m* [elt]
apparatus insulator Geräteisolator *m* [elt]
apparatus parts Apparateteile *pl* [prc]
apparatus plug Gerätestecker *m* [elt]
apparatus switch Einbauschalter *m* [elt]; Geräteschalter *m* [elt]
apparatus ventilator Gerätelüfter *m* [elt]
apparent scheinbar; sichtbar
apparent density Rohdichte *f* [phy]; Rüttelgewicht *n* [phy]; Schüttgewicht *n* [phy]
apparent output Scheinleistung *f* [pow]
appeal Anrufung *f* (Gericht) [jur]; Berufung *f* [jur]; Einspruch *m* (Berufung) [jur]
appeal anrufen *v* (Gericht) [jur]
appeal judgement Berufungsurteil *n* [jur]
appeal proceedings Berufungsverfahren *n* [jur]
appeal, right of - Recht auf Einlegung eines Rechtsmittels *n* [jur]
appear auftreten *v* (auf Bühne); erscheinen *v*
appearance Erscheinung *f* (äußere -); Auftreten *n* (Fungieren); Aussehen *n* (glänzendes Aussehen)
appearance of danger Gefahrenanschein *m*
append anhängen *v* (hinzufügen); ergänzen *v* (hinzufügen)
appendix Anlage *f* (zum Buch); Ergänzung *f*; Anhang *m* (an Text); Nachtrag *m* (Anhang)
appliance Einrichtung *f* (Gerät, Vorrichtung); Nutzanwendung *f*; Vorrichtung *f*; elektrisches Haushaltgerät *n*; Gerät *n* (Ausrüstung); Zubehör *n*; Küchengeräte *pl* (z.B. Herd) [elt]
appliance for washing Waschgerät *n*
appliance plug socket Gerätesteckdose *f* [elt]
appliance terminal Geräteklemme *f* [elt]
appliance, electric - Elektroartikel *m* [elt]; Elektrogerät *n* (Herd usw.) [elt]
applicability Anwendbarkeit *f*
applicable anwendbar; benutzbar; geeignet (anwendbar); verwendbar
applicable, be - gelten *v* (z.B. Vertrag) [jur]
applicable, not - nicht verwendbar
applicant Antragsteller *m*; Bewerber *m* [eco]
application Anwendung *f*; Anwendung *f* (Anwendungsprogramm) [edv]; Applikation *f* [hum]; Betätigung *f* (z.B. Bremse); Bewerbung *f* [eco]; Einsatzart *f* (Verwendungsart); Nutzung *f*; Verwendung *f* (Anwendung); Verwendungsmöglichkeit *f*; Antrag *m* (Antrag einreichen); Anwendungsfall *m*; Auftrag *m* (Farbe) [met]; Einsatz *m* (Verwendung); Gebrauch *m* (Anwendung); Verwendungszweck *m*; Gesuch *n* (Antrag) [jur]
application area Anwendungsgebiet *n*
application documents Antragsunterlagen *pl*
application engineering Anwendungstechnik *f*; Ausführungsbeispiel *n*
application manual Benutzerhandbuch *n*
application of a force Angreifen einer Kraft *n* [phy]
application of bearing Lageranordnung *f* [tec]
application of biogas Biogasnutzung *f*
application of brake Schließen der Bremse *n* [tec]
application of load Belastung *f* (Last) [elt]
application organization Datenverarbeitungsorganisation *f* [edv]
application oriented anwendungsbezogen
application package Anwendungspaket *n* (Software) [edv]
application papers Bewerbungsunterlagen *pl* [eco]
application program Anwenderprogramm *n* (Software) [edv]; Anwendungsprogramm *n* (Software) [edv]; Benutzerprogramm *n* (Software) [edv]
application property Verarbeitungseigenschaft *f* [met]
application software Anwendungssoftware *f* (Software) [edv]
application to produce evidence Beweisantrag *m* [jur]
application under water Unterwasseranwendung *f* [tec]
application, letter of - Bewerbungsschreiben *n* [eco]
application, period of - Einsatzdauer *f* (Zeit der aktiven Arbeit)
application, point of - Angriffspunkt *m*
application, range of - Anwendungsbereich *m*; Einsatzbereich *m*
application, scope of - Anwendungsbereich *m*
application, sector of - Anwendungsbereich *m*
applications engineering Anwendungstechnik *f* [tec]
applications planning Einsatzplanung *f*
applicator roll Auftragswalze *f* [wer]
applied angewandt; angezogen (Bremse im Eingriff) [tra]
applied brake Bremse, angelegte - *f* [tec]
applied chemistry angewandte Chemie *f* [che]
apply anwenden *v*; aufbringen *v* (auftragen); eintragen *v* (Kräfte); gelten *v* (z.B. Vertrag) [jur]; im Eingriff sein *v* [tec]; in Anwendung bringen *v*; verwenden *v*; zutreffen *v*
apply for a patent Patent anmelden *v* [jur]; Patent beantragen *v* [jur]
appoint bestellen *v* (Auftrag) [eco]; feststellen *v* (bestimmen)
appointed dealer Vertragshändler *m* [eco]

appointment Anstellung *f*; Ernennung *f*;
  Verabredung *f* (Terminabsprache); Termin *m*
  (Anmeldung)
appointments Einrichtungsgegenstände *pl*
appraisal Begutachtung *f*; Beurteilung *f*; Bewertung
  f (Abschätzung, Einschätzung)
appraise bewerten *v* (abschätzen, einschätzen);
  schätzen *v* (beurteilen)
appreciation Wertsteigerung *f* [eco]
apprentice Anfänger *m* (Lehrling, Auszubildender)
  [eco]; Lehrling *m* (Auszubildender)
apprentice in die Lehre gehen *v* [eco]
apprenticeship Ausbildung *f*; Lehre *f* (Ausbildung)
apprenticeship, time of - Lehrzeit *f*
  (Ausbildungszeit)
approach Annäherung *f* (Lösung) [mat]; Auffahrt *f*
  [tra]; Methode *f* (Ansatz); Näherung *f* (räumlich);
  Zubringerstraße *f* [tra]; Zufahrt *f* (für Fahrzeuge)
  [tra]; Lösungsansatz *m* (theoretischer); Zubringer *m*
  (Straße) [tra]; Zugang *m* (Zufahrt); Zulauf *m*;
  Anfahren *n* [wer]
approach anfahren *v* (nähern); annähern *v*;
  heranfahren *v* (Material an Maschine) [wer]; nähern
  v (räumlich)
approach angle Böschungswinkel *m* (des Lkw) [mbt]
approach lane Einflugschneise *f* [tra]
approach path Einflugschneise *f* [tra]
approach ramp Auffahrt *f* (zu Gebäuden) [tra]
approach road Zufahrtsstraße *f* [tra]
approach runner Auflaufrinne *f* (Walzwerk:
  Adjustieren) [tec]
approach switch Näherungsschalter *m* [elt]
approbation Billigung *f*
appropriate angepasst; sachgemäß; sinnvoll;
  zuständig; zweckentsprechend; zweckmäßig
appropriate, be - sich eignen *v*
appropriateness Zweckmäßigkeit *f*
appropriation, rights of - Aneignungsrechte *pl* [jur]
approval Abnahme *f* (von Geräten, Einverständnis)
  [eco]; Bewilligung *f* (Zustimmung); Billigung *f*;
  Genehmigung *f* (offizielle -) [jur]; Sanktion *f* [jur];
  Zulassung *f* (Freigabe); Zustimmung *f*; Einverständnis *n*; Testat *n*
approval certificate Abnahmezeugnis *n* [eco]
approval number, type - Baumusterprüfnummer *f*
  [con]
approval procedure Zulassungsverfahren *n* [jur]
approval process Genehmigungsverfahren *n* [jur]
approval test Abnahmetest *m* [any]
approval, needing - genehmigungsbedürftig [jur]
approval, plant that needs -
  genehmigungsbedürftige Anlage *f*
approve anerkennen *v* (einen Garantieantrag);
  billigen *v*; genehmigen *v*; gutheißen *v* (genehmigen,
  anerkennen); zulassen *v* (z.B. ein Dichtungsmittel)
approved anerkannt (genehmigt); bewährt;
  genehmigt; geprüft; zugelassen (genehmigt)
approved method genehmigte Methode *f*
approved technical practice Regeln der Technik *pl*

approved working pressure Genehmigungsdruck *m*
approved, commercially - handelsüblich
  (gebräuchlich) [eco]
approving authority Genehmigungsbehörde *f* [jur]
approximate ungefähr
approximate annähern *v*; approximieren *v* [mat]
approximate analysis Kurzanalyse *f* [any]
approximate calculation Näherungsrechnung *f* [mat]
approximate computation Näherungsrechnung *f*
  [mat]
approximate equation Näherungsgleichung *f* [mat]
approximate formula Näherungsformel *f* [mat]
approximate method Näherungsverfahren *n* [mat]
approximate noise value Lärmrichtwert *m* [aku]
approximate size Ungefährmaß *n* [con]
approximate solution Näherungslösung *f* [mat]
approximate value Näherungswert *m* [mat];
  Richtwert *m*
approximately angenähert
approximation Annäherung *f* (Lösung) [mat];
  Approximierung *f* (Annäherung) [mat]; Näherung *f*
  [mat]; Näherungslösung *f* [mat]; Näherungsrechnung *f* [mat]
approximation error Näherungsfehler *m* [mat]
approximation method Näherungsmethode *f* [mat]
appurtenance Ausbauteil *n* (Zubehör)
apron Schürze *f* [elt]; Schutzabdeckung *f*; Schild *n*
  (Schürze) [tec]; Vorfeld *n* (Flughafen) [tra]
apron conveyor Plattenbandförderer *m* [mbt]
apron feeder Plattenband *f* (z.B. in Zementanlage)
  [roh]
apron feeder drive Plattenbandantrieb *m* (im
  Brecher) [mbt]
apron pan Plattenbandsegment *n* [tec]
aptitude Eignung *f* (Tauglichkeit); Tauglichkeit *f*
aptitude test Eignungsprüfung *f*
aqua-jet, bundled - gebündelter Wasserstrahl *m* [was]
aqueous wässerig; wässrig; wasserhaltig
aqueous ammonia Salmiakgeist *m* [che];
  Ammoniakwasser *n* [che]
aqueous corrosion Feuchtigkeitskorrosion *f* [met]
aqueous solution wässrige Lösung *f* [met]
aqueous suspension wässrige Suspension *f* [che]
aquifer wasserführende Schicht *f* [was]
aquifer bed Grundwasserleiter *m* [was]
aquifer layer bed Grundwasserleiter *m* [was]
arable land Nutzland *n* [far]
arable soil Ackerboden *m* [far]
aramide fibre Aramidfaser *f* [met]
arbitrary beliebig; willkürlich
arbitration Schlichtung *f* [jur]
arboraceous bewaldet [far]
arborescent baumförmig [bff]
arboriform baumförmig [bff]
arbour Laube *f* [bau]; Spindel *f* [tec]; Welle *f*
  (Achse) [tec]
arbour bracket Dorntraglager *n* (Walzwerk) [tec]
arbour support Fräsdorntraglager *m* [wer];
  Gegenhalter *m* [tec]

arc Kante *f* (in Übergansnetzen) [elt]; Bogen *m* (elektrischer Bogen) [elt]
arc cutter, air - Fugenhobel *m* (zum Trennen) [wzg]
arc cutting Brennschneiden *n* (Lichtbogen) [wer]
arc discharge Bogenentladung *f* [elt]; Lichtbogenentladung *f* [elt]
arc erosion Stromanfressung *f* [met]
arc furnace Lichtbogenofen *m* [roh]; Lichtbogenschmelzofen *m* [roh]
arc generator Lichtbogengenerator *m* [elt]
arc lamp Bogenlampe *f* [opt]; Lichtbogenlampe *f* [elt]
arc lamp carbon Bogenlichtkohle *f* [elt]
arc length Bogenlänge *f* [mat]
arc light Bogenlicht *n* [opt]
arc measure Bogenmaß *n* [mat]
arc melting furnace Lichtbogenschmelzofen *m* [roh]
arc of a circle Kreisbogen *m* [mat]
arc of contact Umschlingungswinkel *m* [con]
arc pressure welding Lichtbogenpressschweißen *n* (Flussstahlelektroden) [wer]
arc reduction furnace Lichtbogenreduktionsofen *m* [roh]
arc resistance Lichtbogenfestigkeit *f* [elt]
arc second Bogensekunde *f* [mat]
arc stud welding Lichtbogenbolzenschweißen *n* [wer]
arc thickness Zahndicke *f* (als Bogen am Teilkreis) [tec]
arc type plant Stranggussanlage *f* (kreisbogenförmige) [roh]
arc welding Abbrennschweißung *f* [wer]; Bogenschweißung *f*; elektrisches Schweißen *n* [wer]; Elektroschweißen *n* [wer]; Lichtbogenschmelzschweißen *n* [wer]; Lichtbogenschweißen *n* [wer]
arc welding machine Lichtbogenschweißgerät *n* [wer]
arc welding with covered electrode, gravity - Schwerkraftlichtbogenschweißen *n* [wer]
arc welding with spring press electric feed Federkraftlichtbogenschweißen *n* [wer]
arc welding, active gas metal - Metallaktivgasschweißen *n* [wer]
arc, heating by the - Lichtbogenheizung *f* [elt]
arcade Galerie *f* [bau]
arch Bogen *m* (Bauwerk) [bau]; Bügel *m* (Bogen, Arkade) [bau]
arch biegen *v* (bogenförmig wölben) [wer]; wölben *v* (biegen)
arch press Zweiständerpresse *f* [wer]
arch with spring cushion Federlagerbock *m* [tec]
arch-like bogenförmig
arched bogenartig [bau]; bogenförmig; gewölbt [bau]
arched bridge Bogenbrücke *f* [bau]
arched culvert gewölbter Durchlass *m* [bau]
arched dial Bogenzifferblatt *n* (Uhr) [tec]
arches Arkaden *pl*

archetype Prototyp *m*
Archimedean screw pump Rohrschraubenpumpe *f* [prc]; Schraubenschaufler *m* (Klärschlamm) [was]
architectonic bautechnisch [bau]
archive Archiv *n* [eco]
archive archivieren *v* [eco]
archiving Archivierung *f* [eco]
archway Durchfahrt *f* [tra]
arcing marks Brandspuren *f* [wer]
area Fläche *f* (Flächeninhalt); Gegend *f* (Umgebung); Grundfläche *f* (Gelände, Gebiet); Sparte *f* [eco]; Zone *f* (Gebiet); Bereich *m* (Gebiet); Flächeninhalt *m*; Geländeabschnitt *m* [geo]; Inhalt *m* (Fläche); Raum *m* (Fläche, Gegend); Gebiet *n* (Zone); Gelände *n* (Gebiet) [geo]
area at bottom of thread Kernquerschnitt *m* (Außengewinde) [tec]
area code Ortsnetzkennzahl *f* ((A)) [edv]; Vorwählnummer *f* (beim Telefon) [edv]
area control Raumüberwachung *f* [any]
area exceeding Bereichsüberschreitung *f*
area lighting Flächenbeleuchtung *f*
area load Flächenlast *f*
area monitoring Raumüberwachung *f* [any]
area of arable land Anbaufläche *f* [far]
area of competence Zuständigkeitsbereich *m*
area of contact Kontaktfläche *f*
area of control Kontrollbereich *m*
area of development Entwicklungsgebiet *n*
area of hypocentre Herdgebiet *n* (Erdbeben) [geo]
area of low pressure Tiefdruckgebiet *n* [wet]
area of moments Momentenfläche *f* [phy]
area of precipitation Niederschlagsgebiet *n* [wet]
area of pressure Druckfläche *f*
area of radiation protection Strahlenschutzbereich *m*
area of responsibility Arbeitsbereich *m*; Dienstbereich *m* [eco]; Ressort *n* [eco]
area of validity Geltungsbereich *m* (geografisch)
area planning Raumplanung *f*
area preserving flächentreu
area variable lokale Variable *f* [mat]
area, active - aktive Zone *f*
area, blighted - heruntergekommene Bebauung *f*; Sanierungsgebiet *n*
arenaceous sandig
areometer Dichtemesser *m* (Flüssigkeiten) [any]; Aräometer *n* [any]
argentiferous silberhaltig
argil Ton *m* [min]
argilla Ton *m* [min]
argillaceous lehmig; tonartig; tonhaltig
argillaceous sand Tonsand *m* [geo]
argillaceous sandstone Tonsandstein *m* [geo]
argon Argon *n* (chem. Elem.: Ar) [che]
argonarc welding process Argonarc-Verfahren *n*
arguable nachweislich (unstrittig); unbestreitbar (unstrittig)
argue argumentieren *v*

argument Parameter *m* [edv]; Streit *m*; Argument *n* [mat]
arid niederschlagsarm [wet]; trocken (dürr) [wet]
arid area Trockenzone *f*
aridity Dürre *f* [far]; Trockenheit *f*
arise entstehen *v*
arisings Altmaterial *n* [rec]
arm Arm *m* (auch Körperteil) [hum]; Baggerstiel *m* [mbt]; Schenkel *m* (eines Gerätes) [tec]; Seitenarm *m* (Fluss); Stiel *m* (des Baggers, Wettbewerb) [mbt]
arm clamping Auslegerklemmung *f* [tec]
arm conveyor Kratzförderer *m* [roh]
arm cylinder Stielzylinder *m* [mbt]
arm of a lever Hebelarm *m* [phy]
armature Armatur *f*; Anker *m* (Magnet, Dynamo) [elt]; Beschlag *m* (Bauteil)
armature coil Ankerspule *f* [elt]
armature current Ankerstrom *m* [elt]
armature field Ankerfeld *n* (elektrische Maschine) [elt]
armature lamination Ankerblech *m* [elt]
armature of magnet Magnetanker *m* [elt]
armature plate Ankerblech *n* [elt]
armature reaction Ankerrückwirkung *f* (elektrische Maschine) [elt]
armature spindle Ankerwelle *f* [elt]
armature voltage Ankerspannung *f* [elt]
armature winding Ankerwicklung *f* [elt]
armor ((A) siehe: amour)
armored ((A) siehe: armoured (B)) [wer]
armour armieren *v* ((B)) [elt]; bewehren *v* ((B)) [bau]; panzern *v* ((B)) [met]
armour clamp Armierungsschelle *f* [tec]
armour plate Panzerplatte *f* [met]
armour-plating Panzerung *f* [met]
armoured aufgepanzert [wer]; bewehrt [bau]; gepanzert [wer]; geschützt [wer]
armouring Armierung *f* ((B)) [met]; Bewehrung *f* ((B)) [bau]; Panzerung *f* ((B)) [met]
aromatic aromatisch [che]
aromatic hydrocarbon aromatischer Kohlenwasserstoff *m* [che]; Benzolkohlenwasserstoff *m* [che]
aromatic polyesters aromatische Polyester *pl* [che]
arrange aufbauen *v* (anordnen, einrichten); aufstellen *v* (aufbauen); ausgestalten *v*; auslegen *v* (interpretieren); einordnen *v*; einrichten *v* (anordnen); festlegen *v* (verbindlich regeln); gruppieren *v*; herrichten *v* (einrichten, anordnen) [wer]; ordnen *v* (systematisieren); reihen *v*; zusammenstellen *v*
arrange in layers aufschichten *v*
arrange in series hintereinander anordnen *v* [con]
arrange into a line fluchten *v* [con]
arranged angeordnet (hingestellt) [con]
arranged in opposite flow gegeneinander geschaltet
arrangement Absprache *f* [jur]; Anordnung *f* (Aufstellung); Aufstellung *f* (Anordnung); Ausgestaltung *f*; Disposition *f*; Disposition *f* (Darstellung) [con]; Einrichtung *f* (Anordnung); Festlegung *f* (Anordnung); Gliederung *f* (Anordnung); Gruppierung *f*; Konfiguration *f*; Montagegruppe *f*; Ordnung *f*; Vereinbarung *f*; Aufbau *m* (Anordnung); Gerät *n* (Ausrüstung)
arrangement drawing Anordnungszeichnung *f* [con]; Ausführungszeichnung *f* (Aufstellung) [con]; Anordnungsplan *m* [con]
arrangement in parallel Parallelschaltung *f* [con]
arrangement in series Hintereinanderschaltung *f*
arrangement of oil burners Ölbrenneranordnung *f* [pow]
arrangement of pumps Pumpenanordnung *f* [prc]
arrangement of tubes Rohranordnung *f* [prc]
arrangement plan Anordnungsplan *m* [con]
arrangement with creditors Vergleich *m* (Firma in Schwierigkeiten) [eco]
arranging Gestaltung *f* (Anordnung) [con]
array Anordnung *f* (Aufstellung); Aufbau *m* (Anordnung); Bereich *m* (Feld) [edv]; Feld *n* (Bereich); Matrixfeld *n* [mat]
array aufbauen *v* (aufstellen)
array element Matrixelement *n* [mat]
arrears Zahlungsrückstand *m* [eco]
arrears in payment Rückstand *m* (der Prämienzahlung) [eco]
arrears in the payment of premiums Prämienrückstand *m* [jur]; Prämienverzug *m* [jur]
arrest Ableitung *f* [edv]
arrest arretieren *v* [wer]
arrest point Haltepunkt *m* [tec]
arrest-pin handle Arretierbolzengriff *m* [tec]
arrester Fangvorrichtung *f* (Arretierung) [tec]; Ableiter *m* [elt]; Blitzschutz *m* [elt]
arresting device Festhaltevorrichtung *f* [tec]; Festhaltevorrichtung *f* [tec]
arrestor Arretierung *f* (Raste, Schlitz o.ä.) [tec]
arris Gratlinie *f*; Grat *m* (Dach) [bau]
arris-ways diagonal
arrival Ankunft *f*
arrival hall Ankunftshalle *f* (Flughafen) [tra]
arrival siding Ankunftsgleis *n* [tra]
arrival time Ankunftszeit *f* [tra]
arrival track Ankunftsbahnsteig *m* [tra]
arrival, scheduled - planmäßige Ankunft *f* (des Zuges) [tra]
arrive ankommen *v* [tra]; anreisen *v* [tra]; einfahren *v* (in Bahnhof) [tra]; landen *v* (Schiff) [tra]
arrive at ankommen in *v* (Ort) [tra]
arrow head Maßpfeil *m* [con]
arrow key Cursortaste *f* [edv]; Pfeiltaste *f* (Cursortaste) [edv]
arrow poison Pfeilgift *n* [hum]
arsenal Waffenlager *n*
arsenate Arsenat *n* [che]
arsenic Arsen *n* (As) [che]
arsenic acid Arsensäure *f* [che]
arsenic chloride Chlorarsen *n* [che]
arsenic oxide Arsenoxid *n* [che]

arsenic tribromide Arsentribromid *n* [che]
arsenic trichloride Arsentrichlorid *n* [che]; Chlorarsenik *n* [che]
arsenic trioxide Hüttenrauch *m* [air]; Arsentrioxid *n* [che]
arsenopyrites Arsenkies *m* [min]
arson Brandstiftung *f*
art Technik *f* (Ausführungsart, Verfahrensweise) [tec]
arterial arteriell [hum]
artery Arterie *f* (Ader) [hum]; Schlagader *f* [hum]
arthroplasty Gelenkchirurgie *f* [hum]
artic steering Knickrahmenlenkung *f* [mbt]
artic-frame steering knickgelenkt (z.B. Muldenkipper) [mbt]; knickrahmengelenkt [mbt]
artic-frame steering Knicklenkung *f* (z.B. Muldenkipper) [mbt]
article Ware *f*; Artikel *m* (Ware); Gegenstand *m* (Artikel, Ware); Paragraph *m* [jur]; Posten *m* (Artikel); Stück *n* (Einzelstück)
articulated eingeknickt (Knickrahmenlenkung) [mbt]; gelenkig; zweigliedrig (z.B. zweigliedriges Fahrzeug)
articulated arm Gelenkarm *m* [tec]
articulated beam Gelenkträger *m* [bau]
articulated bearing Kipplager *n* [tec]
articulated bolt Gelenkbolzen *m* [tec]
articulated bracket Wandgelenk *n* [tec]
articulated connection Gelenkverbindung *f* [tec]
articulated cylinder Nackenzylinder *m* (zum Auslegeroberteil) [mbt]
articulated frame Knickrahmen *m* (z.B. bei Radladern) [mbt]
articulated frame steering Knickrahmenlenkung *f* [mbt]
articulated joint Gelenkverbindung *f* [bau]
articulated lever Gelenkhebel *m* [tec]; Gliederhebel *m* [tec]
articulated lorry Fernlastzug *m* [tra]; Sattelschlepper *m* [tra]
articulated pin Bolzen im Knickgelenk *m* [tra]
articulated pipe Gelenkrohr *n* [tec]
articulated pipe connector Gelenkrohrverbindung *f* [tec]
articulated pipeline Gelenkrohrleitung *f* [tec]
articulated railcar Gelenktriebwagen *m* (der Bahn) [tra]
articulated shaft Gelenkwelle *f* [tec]; Gliederwelle *f* [tec]
articulated shaft rod Gelenkwellenstange *f* [tec]
articulated spindle Gelenkwelle *f* [tec]
articulated steering, central - Knickrahmenmittellenkung *f* [mbt]
articulated system Gelenksystem *n*
articulated vehicle Sattelzug *m* [tra]; Gelenkfahrzeug *n* [tra]
articulation Gelenk *f* (Verbindung) [tec]; Gelenkverbindung *f* [tec]
articulation angle Knickwinkel *m* [mbt]

artificial künstlich; synthetisch; unecht (künstlich); unnatürlich
artificially produced künstlich erzeugt [wer]
as of... mit Wirkung vom ..
as-erected condition Montagezustand *m* [tec]
as-forged roh (wie geschmiedet) [met]
as-rolled roh (nur gewalzt) [met]
asbestiform asbestartig [che]
asbestoid asbestartig [che]
asbestos Asbest *n* [che]
asbestos blanket Asbestdämmschicht *f*; Asbestdecke *f*
asbestos board Asbestpappe *f*
asbestos cement Asbestbeton *m* [met]; Asbestzement *m* [met]
asbestos cloth Asbestgewebe *n* [met]
asbestos concrete Asbestbeton *m* [met]
asbestos cord Asbestschnur *f*
asbestos covered asbestumhüllt
asbestos covering Asbestbekleidung *f*
asbestos disposal Asbestentsorgung *f* [rec]
asbestos fabric Asbestgewebe *n* [met]
asbestos fibre Asbestfaser *f* [met]
asbestos fibre sheet Asbestfaserplatte *f*
asbestos filter Asbestfilter *n*
asbestos gasket Asbestdichtung *f*
asbestos glove Asbesthandschuh *m*
asbestos joint Asbestdichtung *f*
asbestos mortar Asbestmörtel *m* [met]
asbestos packing Asbestpackung *f*
asbestos paint Asbestanstrich *m* [che]
asbestos paper Asbestpapier *n*
asbestos plaster Asbestisoliermaterial *n* [met]
asbestos processing industry asbestverarbeitende Industrie *f*
asbestos repair Asbestsanierung *f*
asbestos rope Asbestschnur *f*
asbestos sealing Asbestdichtung *f*
asbestos sheet Asbestplatte *f*
asbestos suit Asbestanzug *m*
asbestos wallboard Asbestwandplatte *f* [bau]
asbestos washer Asbestscheibe *f* [tec]
asbestosis Asbestose *f* [hum]
asbestous asbestartig [che]
ascend Aufstieg *m* (auf Berg) [bod]
ascend steigen *v* (ansteigen)
ascending Wachsen *n* (Zunahme)
ascent Ausfahrt *f* (Schacht) [roh]; Rampe *f* (Auffahrt); Steigung *f* (Anstieg); Aufgang *m* (Treppe)
ascertain feststellen *n* (ermitteln)
ascertain ermitteln *v* (herausfinden)
ascertainable bestimmbar
ascertaining the damage Schadensermittlung *f*
ascertainment Ermittlung *f*
aseismic erdbebensicher
aseptic aseptisch [hum]; fäulnishemmend; keimfrei [hum]
aseptic technique Aseptik *f* [hum]

ash

ash　Asche f
ash　veraschen v [che]
ash barrel　Mülltonne f [rec]
ash bin　Aschebehälter m [rec]
ash bogie　Schlackenwagen m [pow]
ash can　Abfalltonne f [rec]; Aschebehälter m [rec]
ash compartment isolating damper　Aschenklappe f (Rostkessel) [pow]
ash constituent　Aschenbestandteil m [che]
ash content　Aschegehalt m; Aschengehalt m [che]
ash disposal　Aschenbeseitigung f [rec]
ash dry free　wasser- und aschefrei (Brennstoff) [met]
ash extractor　Aschenabzug m [pow]
ash free　aschenfrei [che]
ash fusion　Ascheschmelzverfahren n
ash fusion temperature　Aschenfließtemperatur f [met]
ash handling plant　Entaschungsanlage f [pow]
ash heap　Aschenhalde f [rec]
ash hopper　Aschentrichter m [pow]; Schlackentrichter m [pow]
ash pump　Aschenpumpe f (Spülentaschung) [pow]
ash removal　Aschenbeseitigung f [rec]; Entaschung f [pow]
ash residue　Veraschungsrückstand m [rec]
ash retention　Ascheneinbindung f [che]
ash volatilization　Aschenverflüchtigung f [che]
ash-discharge opening　Aschenabzugsöffnung f [pow]
ashes, hot -　Glutasche f [rec]
ashing　Veraschung f [che]
ashpan　Aschkasten m (Dampflok) [tra]
ashpit　Ascheraum m
ask　bitten v (auffordern); fragen v
asked, without being -　unaufgefordert
askew　schiefwinklig
aspect　Aspekt m
aspect ratio　Seitenverhältnis n
asphalt　Asphalt m [met]
asphalt　asphaltieren v [bau]
asphalt carpet　Asphaltbelag m [met]
asphalt concrete　Asphaltbeton m [met]
asphalt covering　Asphaltabdeckung f [bau]; Asphaltdecke f [bau]
asphalt felt　Dachpappe f [met]
asphalt paper　Teerpapier n [met]
asphalt pavement structure　Asphaltbefestigung f [bau]
asphalt paving　Asphaltieren n [bau]
asphalt recycling　Asphaltwiederverwendung f [rec]
asphalt recycling plant　Asphaltwiederaufbereitungsanlage f [rec]
asphalt road　Asphaltstraße f [tra]
asphalt road construction　Asphaltstraßenbau m [tra]
asphalt work　Asphaltieren n [bau]
asphalt, artificial -　Erdölbitumen n [met]; Teerpech n [met]
asphalt, hot -　Heißbitumen n [met]
asphalt, natural -　Naturbitumen n [met]
asphalt-impregnated paper　Dachpappe f [mbt]

asphalted　asphaltiert [bau]; geteert [wer]
asphalted cardboard　Dachpappe f [met]
asphaltene　Hartasphalt m [met]
asphalting　Asphaltieren n [bau]
aspirated air　Saugluft f (Brenner) [pow]
aspiration　Absaugung f; Ansaugung f (der Motorluft) [tra]; Ansaugen n (der Motorluft) [tra]
aspiration, natural -　Normalauspuff m [tra]
aspirator　Wasserstrahlpumpe f [prc]; Saugapparat m
assault　Angriff m (Gewalttätigkeit)
assay　Probe f (Probekörper) [any]; Probe f (Versuch) [any]; Probenahme f [any]; Prüfung f (Kontrolle) [any]; Versuch m (Prüfung) [any]
assay　probieren v [any]; prüfen v (Chemie) [any]
assay furnace　Muffelofen m [prc]
assemblage　Anordnung f (Aufstellung); Verbindung f (Zusammenbau, Montage) [tec]; Aufbau m (Anordnung); Zusammenbau m (Montage) [wer]
assemble　assemblieren v (übersetzen) [edv]; aufbauen v (zusammenbauen, montieren); aufmontieren v [wer]; aufrichten v [bau]; aufstellen v (Maschinen aufbauen); montieren v (zusammenbauen); verbinden v; vereinigen v; verlegen v (Rohrleitungen) [bau]; versammeln v; zusammenbauen v [wer]; zusammenfügen v (montieren) [wer]; zusammensetzen v (montieren) [wer]
assembled　montiert; zusammengebaut [wer]; zusammengesetzt [wer]
assembled in works　fertige Werksmontage f [wer]
assembled rotor　zusammengesetzter Läufer m (Turbomaschine) [tec]
assembler　Assembler m (Übersetzungssystem für maschinenorientierte Programmiersprache) [edv]; Monteur m
assemblies　Baugruppen pl [tec]
assembling　Montage f (Zusammenbauen)
assembling bolt　Montageschraube f [tec]
assembling device　Montagehilfe f
assembling rig　Montagehilfe f (z.B. Gerüst)
assembling speed　Montagefortschritt m
assembling workshop　Montagehalle f
assembly　Anordnung f (Aufstellung); Aufstellung f (Montage); Baugruppe f [con]; Montage f (Zusammenbau); Vereinigung f; Versammlung f; Aufbau m (Konstruktion, Gestaltung) [con]; Zusammenbau m (Zusammensetzen) [wer]; Aggregat n (Bauteilgruppe) [con]; Baustein n (Einheit) [con]; Gesamtprüfstück n (für Schweißprobe) [any]
assembly adhesive　Montagekleber m [met]
assembly at the factory　Montage im Werk f
assembly bay　Montagestand m
assembly board　Bauplatte f [tec]
assembly bracket　Montagebügel m
assembly break　Montageunterbrechung f
assembly complements　Bestückung f (Teile)
assembly components, outline of -　Bestückungsplan m [con]
assembly crane　Montagekran m [mbt]

assembly data sheet Montageprotokoll *n*
assembly device Montageeinrichtung *f*
assembly dimension Einbaumaß *n* [con]
assembly drawing Montagezeichnung *f* [con]; Zusammenstellungszeichnung *f* [con]
assembly edge Montagerand *m*
assembly equipment Montageausrüstung *f*; Montagevorrichtung *f*
assembly error Einbaufehler *m*
assembly fixture Montagebock *m*
assembly hall Montagehalle *f*
assembly instruction Montageanleitung *f*; Montageanweisung *f*; Montagevorschrift *f*; Montagehinweis *m*
assembly key Befestigungskeil *m*
assembly kit Montagesatz *m*
assembly L-bar Montagewinkel *m* [tec]
assembly language Assemblersprache *f* (Software) [edv]; Symbolsprache *f* [edv]
assembly line Fertigungsstraße *f*; Band *n* (Fließband); Fließband *n*; Montageband *n* (Fließband)
assembly line production Fließbandfertigung *f*
assembly line work Fließbandarbeit *f*
assembly method Montagemethode *f*
assembly nut Montagemutter *f* [tec]; Verbindungsmutter *f* [tec]
assembly of prefabricated machine parts Baukastensystem *n* [con]
assembly opening Montageöffnung *f* (beim Einbau)
assembly outfit Montageausrüstung *f* [wzg]
assembly part Baueinheit *f*; Bauteil *n* [con]; Einbauteil *n*; Montageteil *n*
assembly parts Einbaumaterial *n* [met]
assembly plan Bestückungsplan *m* [con]
assembly plate Montageplatte *f*; Einbaublech *n* [tec]
assembly platform Montagebühne *f*
assembly process Montagemethode *f*
assembly pull Montagezug *m* (Winde, Seil)
assembly schedule plan Montageablaufplan *m*
assembly section Arbeitsabschnitt *m*
assembly set Bausatz *m* (fertig bestehend)
assembly shop Montagehalle *f*
assembly stand Montagebock *m* (zerlegbar)
assembly step Montageabschnitt *m*
assembly system Montagesystem *n*
assembly transport Montagetransport *m*
assembly unit genormtes Bauelement *n* [tec]; Normbauelement *n* [tec]
assembly work Montagearbeiten *pl*
assembly yard Montageplatz *m*
assembly, during - bei Montage
assembly-hall crane Hallenkran *m* [mbt]
assembly-hall nave Hallenschiff *n* (z.B. Werkshalle) [bau]
assembly-line production Reihenfertigung *f* [wer]
assert behaupten *v* (streiten)
assert in writing schriftlich geltend machen
assess begutachten *v* (bewerten); beurteilen *v* (technisch); bewerten *v* (einschätzen, beurteilen); einschätzen *v* (bewerten); schätzen *v* (beurteilen); veranschlagen *v* (bewerten)
assessment Auswertung *f* [any]; Begutachtung *f*; Beurteilung *f*; Bewertung *f* (Wirtschaft); Prüfung *f* (Beurteilung) [any]; Schätzung *f*; Veranlagung *f* [eco]; Wertung *f*; Bewerten *n*
assessment of damage Schadensbeurteilung *f*
assessment principle Bewertungsregel *f*
assessment, social impact - Sozialverträglichkeitsprüfung *f* [jur]
asset Bereicherung *f* [eco]; Aktivposten *m*; Vermögen *n* (Vermögenswert) [eco]
assets Eigentum *n* (auch Geld) [eco]; Guthaben *n* (Sachwerte) [eco]
assign anweisen *v* (zuweisen); bestimmen *v* (zuordnen); festlegen *v* (zuweisen); zuweisen *v* (z.B. einer Variablen einen Wert) [edv]
assigned vorgesehen (am vorgesehenen Ort)
assignee Rechtsnachfolger *m* [jur]
assignment Abordnung *f*; Belegung *f* (Speicherplatz) [edv]; Übertragung *f* (Zuweisung) [eco]; Einsatz *m* (Personal) [eco]
assimilability Assimilierbarkeit *f* [bio]
assimilate anpassen *v* (integrieren); assimilieren *v*
assimilation Anpassung *f* (Assimilierung); Assimilation *f* [bio]
assimilation process Assimilationsprozess *m* [bio]
assimilative capacity Anpassungsfähigkeit *f* [bff]
assist helfen *v*
assistance Beihilfe *f* (materiell); Hilfe *f* (Assistenz); Hilfeleistung *f*; Mitarbeit *f* (Hithilfe); Mithilfe *f*; Rückhalt *n*
assistance in an emergency Nothilfe *f*
assistants Hilfskräfte *pl*
associate Kollege *m*; Mitarbeiter *m* (Kollege; Teilhaber) [eco]
associated angeschlossen
association Gesellschaft *f* (Verband); Verbindung *f* (von Mitgliedern etc.); Vereinigung *f* (Verband); Verband *m* (Gesellschaft)
assort sortieren *v* (auslesen)
assorted sortiert (gut sortiert)
assortment Satz *m* (Gruppe); Sortiment *n*
assume annehmen *v* (erwarten)
assumed angenommen (wird vorausgesetzt); vorausgesetzt
assumption Annahme *f* (Vermutung)
assurance Versicherung *f* [jur]
assurance Versicherung *v* (Zusicherung)
assurance of quality Gütesicherung *f*; Qualitätssicherung *f*
assure garantieren *v*; versichern *v* (Ich versichere Ihnen); zusichern *v*
assured characteristics zugesicherte Eigenschaften *pl*
astride ground clearance Bauchfreiheit *f* (unter Portalachse) [mbt]
astronautics Raumfahrt *f* [tra]

asymmetric asymmetrisch
asymmetrical asymmetrisch; unsymmetrisch [con]
asymptote Asymptote *f* [mat]
asynchronous asynchron
asynchronous generator Asynchrongenerator *m* [elt]
asynchronous motor Asynchronmotor *m* [elt]; Induktionsmotor *m* [pow]
atmosphere Atmosphäre *f* (Luftraum) [air]; Außenluft *f* [air]; Gashülle *f*; Luft *f* (Gas) [air]; Lufthülle *f*; Dunstkreis *m*
atmosphere at work Betriebsklima *n*
atmospheric circulation Luftzirkulation *f* [air]
atmospheric composition Luftzusammensetzung *f* [air]
atmospheric conditions Witterungseinfluss *m* [wet]; Witterungsbedingungen *pl* [wet]
atmospheric corrosion atmosphärische Korrosion *f* [met]
atmospheric layer atmosphärische Schicht *f* [air]; Luftschicht *f* [air]
atmospheric moisture Luftfeuchtigkeit *f*
atmospheric nitrogen atmosphärischer Stickstoff *m* [che]; Luftstickstoff *m*
atmospheric number Luftzahl *f* (Verbrennung) [che]
atmospheric oxygen Luftsauerstoff *m*
atmospheric pollutant Luftschadstoff *m* [air]
atmospheric pollution Luftverschmutzung *f* [air]; Luftverunreinigung *f* [air]; Verunreinigung der Luft *f* [air]
atmospheric precipitation atmosphärischer Niederschlag *m*
atmospheric pressure Atmosphärendruck *m* [phy]; Außendruck *m*; Luftdruck *m*
atmospheric resistance Luftwiderstand *n* [air]
atmospheric temperature Lufttemperatur *f*
atmospheric-pressure steam curing Dampfnachbehandlung *f* (Betonwaren) [bau]
atom Atom *n* [phy]
atomic absorption spectrometer Atomabsorptionsspektrometer *n* [any]
atomic clock Atomuhr *f* [any]
atomic energy Atomenergie *f* [phy]
atomic fission energy Kernspaltungsenergie *f* [phy]
atomic fuel Kernbrennstoff *m* (Kernkraft) [pow]
atomic fusion Atomverschmelzung *f* [phy]
atomic gas atomares Gas *n*
atomic hydrogen atomarer Wasserstoff *m* [che]
atomic mass unit Atommassenzahl *f* [phy]; Masseneinheit *f* [phy]
atomic number Kernladungszahl *f* [phy]; Ordnungszahl *f* [che]
atomic pile Kernreaktor *m* [pow]; Reaktor *m* (Kern-) [pow]
atomic power plant Atomkraftwerk *n* [pow]
atomic power station Atomkraftwerk *n* [pow]; Kernkraftwerk *n* [pow]
atomic proton number Protonenzahl *f* [phy]
atomic radiation Kernstrahlung *f* [phy]
atomic reactor Kernreaktor *m* [pow]

atomic waste atomarer Abfall *m* [rec]; Atommüll *m* [pow]
atomic weapon Atomwaffe *f*; Kernwaffe *f*
atomic weight Atomgewicht *n* [phy]
atomization Zerstäubung *f* [prc]
atomize atomisieren *v* (zerstäuben); vernebeln *v* [prc]; versprühen *v* [prc]; zerstäuben *v* [prc]
atomized air Zerstäuberluft *f* [air]
atomized spray Sprühnebel *v*
atomizer Sprühpistole *f* [wzg]; Flüssigkeitszerstäuber *m* [prc]; Sprüher *m*; Verstäuber *m* [prc]; Zerstäuber *m* [prc]; Sprühgerät *n* [prc]
atomizer cone Zerstäuberkegel *m* [prc]
atomizer nozzle Zerstäuberdüse *f* [prc]
atomizer pressure Zerstäuberdruck *m* [prc]
atomizing crystallizer Zerstäubungskristallisator *m* [prc]
atomizing oil burner Ölzerstäubungsbrenner *m* [pow]
atoxic atoxisch
atrophy Rückbildung *f* [bff]
attach anbauen *v* [tec]; anbringen *v* (anhängen); anfügen *v* [wer]; anhängen *v* (befestigen); anheften *v*; ankleben *v*; anschließen *v* (befestigen); aufsetzen *v* (anbringen); aufstecken *v* [wer]; befestigen *v* (anheften); kuppeln *v* (Rohre) [wer]; verbinden *v*
attach by welding anschweißen *v* [wer]
attach device Anschlussgerät *n*
attach point Befestigungspunkt *m* [tec]
attachable aufsteckbar
attached beiliegend (im Brief)
attaching Anbau *m* (von Ausrüstung) [con]
attaching screw Befestigungsschraube *f* [tec]
attachment Anlage *f* (zu Vertrag, Brief) [jur]; Arbeitsausrüstung *f*; Aufnahme *f* (für Zusammenbau) [wer]; Ausrüstung *f* (des Baggers); Befestigung *f*; Einrichtung *f* (Zusatzeinrichtung); Verbindung *f* (Befestigung) [tec]; Ansatz *m* (vorstehend); Anschluss *m* (Befestigung); Aufsatz *m* (Befestigung) [tec]; Anbaugerät *n* (z.B. an Grader, Lader) [mbt]; Anbringung *n*; Beiwerk *n*; Vorsatzteil *n* (Zubehör) [tec]; Zusatzgerät *n* [tec]; Anbauteile *pl* (zusätzliche Ausrüstungen) [tec]
attachment bolt Klemmschraube *f* [tec]; Befestigungsbolzen *m* [tec]
attachment boss Befestigungsnocken *m* [tec]
attachment charge Anschlussgebühr *f* (Telefon)
attachment frame Anschlussrahmen *m* [tec]
attachment link Befestigungsglied *n* [tec]
attachment lug Befestigungspratze *f* [tec]
attachment plate Aufhängeblech *n* [tec]
attachment plug Zwischenstecker *m* [elt]
attachment point Ansatzpunkt *m* [tec]
attachment rail Befestigungsleiste *f* [tec]; Befestigungsschiene *f* [tec]
attachment ring Vorsatzring *m* (Laser) [tec]
attachment screw Klemmschraube *f* [tec]
attachment, point of - Haftstelle *f* [phy]

attachment, screwed - Schraubbefestigung *f* [tec]
attachments Zubehör *n* (Zusatzgerät)
attack Anfall *m* [hum]; Befall *m* (Schädlinge) [far]
attack anfahren *v* (angreifen); anfallen *v* (befallen) [hum]; angreifen *v* (Säure) [che]; befallen *v* (Schädlinge) [far]
attack by acid Säureangriff *m* [che]
attack, point of - Angriffspunkt *m*
attemperation Temperaturabsenkung *f*
attemperator Einspritzkühler *m* [pow]; Kühler *m* [pow]; Regler *m* [pow]; Temperaturregler *m*
attemperator connections Kühlerverbindungsrohre *pl* [pow]
attemperator, surface type - Wasserrohrkühler *m* [pow]
attempt Versuch *m* [any]
attempt versuchen *v* [any]
attempt to restore to life Belebungsversuch *m* [hum]
attend teilnehmen *v* (dabei sein); warten *v* (pflegen)
attendance Anwesenheit *f*; Bedienung *f* (Handhabung); Wartung *f*
attendance recording Anwesenheitszeiterfassung *f*
attendance supervision Anwesenheitskontrolle *f*
attendant Anwesender *m*
attendant phenomenon Begleiterscheinung *f*
attendants, list of - Anwesenheitsliste *f*
attention-free wartungsfrei
attenuate schwächen *f* (Schall)
attenuate abdämpfen *v* (Geräusch) [aku]; abschwächen *v* [elt]; dämpfen *v* (Schwingung)
attenuation Abdämpfung *f* [aku]; Abschwächung *f* [elt]; Dämpfung *f* (Schwingung); Dämpfung *f* (z.B. eines Signals) [elt]; Schwächung *f* (Dämpfung); Verringerung *f*; Abklingen *n* (einer Schwingung) [phy]; Abmildern *n*; Abschwächen *n* [elt]
attenuation capacity Gärfähigkeit *f* [bio]
attenuation coefficient Dämpfungsbeiwert *m* [elt]
attenuation constant Dämpfungsmaß *m*
attenuation equalization Dämpfungsentzerrung *f* [elt]; Dämpfungsausgleich *m*
attenuation equalizer Dämpfungsentzerrer *m* [elt]
attenuation factor Abschwächungsfaktor *m* [edv]; Dämpfungsfaktor *m* [phy]
attenuation law Schwächungsgesetz *n* [phy]
attenuation of sound Schallschwächung *f* [aku]
attenuation of sound in solids Körperschalldämmung *f* [aku]
attenuation region Dämpfungsbereich *m*
attenuation, acoustic - Schalldämpfung *f* [aku]; Schallschwächung *f* [aku]
attenuator Abschwächer *m* [elt]; Spannungsteiler *m* [elt]; Dämpfungsglied *n*
attenuator pad Dämpfungsglied *n*
attest bescheinigen *v*
attic Mansarde *f* [bau]; Boden *m* (Hängebogen unter dem Dach) [bau]; Dachraum *m* [bau]; Speicher *m* [bau]; Dachgeschoss *n* [bau]
attic flat Mansardenwohnung *f* [bau]
attic room Dachstube *f* [bau]; Giebelzimmer *n* [bau]

attic space Dachraum *m* [bau]
attic ventilator Dachventilator *m* [bau]
attitude Einstellung *f* (geistige)
attitudinal changes Veränderungen in den Einstellungen *pl* (Gesellschaft)
Attn. z.H. (zu Händen)
attorney-at-law Rechtsanwalt *m* [jur]
attract anziehen *v* (Magnet, Masse) [phy]
attraction Anziehung *f*; Anziehungskraft *f* [phy]
attraction power Anziehungskraft *f* [phy]
attractive force Anziehungskraft *f* (z.B. Planeten) [phy]
attribute Attribut *n*
attribute beimessen *v*
attribute to zurückführen auf *v*
attribution Zuordnung *f*
attrition Abnutzung *f* (Abrieb) [met]; Fluktuation *f*; Abrieb *m* (Abnutzung) [met]; Verschleiß *m* (Abrieb) [met]; Abreiben *n*
attrition loss Abriebverlust *m* [met]
attrition-resistant abriebfest [met]
auburn goldbraun
audibility range Hörbereich *m* [aku]
audibility threshold Hörgrenze *f* [aku]
audibility, range of - Hörbereich *m* [aku]
audible akustisch [aku]; hörbar
audible alarm Hupe *f* (der Ton) [tra]; akustischer Alarm *m* (Arbeitssicherheit)
audio cassette Musikkassette *f* (Audiokassette) [edv]
audio equipment Audiogeräte *pl* (Tongeräte) [elt]
audio frequency Hörfrequenz *f* [aku]; Tonfrequenz *f* [aku]
audio frequency amplifier Tonfrequenzverstärker *m* [elt]
audio signal Tonsignal *n* [aku]
audio sound Hörschall *m* [aku]
audio-frequency conductor Tonfrequenzleitung *f* [elt]
audiofrequency Niederfrequenz *f* (Tonfrequenz) [phy]
audiogram Hörkurve *f* [aku]
audit Rechnungsprüfung *f* [eco]; Audit *n*
audit prüfen *v* (kontrollieren) [any]
audit a balance Bilanz prüfen *v* [eco]
auditing Rechnungsprüfung *f* [eco]; Revision *f*
auditor Prüfer *m* (Person); Rechnungsprüfer *m* [eco]
auditory nerve Gehörnerv *m* [hum]
auger Bohrer *m* (Stangenbohrer) [wzg]
auger bit Holzbohrer *m* [wzg]; Schlangenbohrer *m* (für Holz) [wzg]
auger drill Meißel *m* (Aufbrechwerkzeug) [wzg]
auger head Bohrkopf *m* [wzg]
auger worm Bohrschnecke *f* [wzg]
augment verbessern *v* (vergrößern, vermehren); wuchern *v*
augmentation Weiterverbreitung *f* (Vermehrung)
aural akustisch [aku]
aureate goldgelb
auriferous goldhaltig; goldreich

auscultate abhorchen *v*
austenite Austenit *m* [met]
austenitic manganese steel Manganhartstahl *m* [met]
austenitic steel austenitischer Stahl *m* [met]
austenitizing Austenitisierung *f* [met]
austenitizing temperature Austenitisierung *f* [met]
authenticate beglaubigen *v*; bestätigen *v* (für echt erklären)
authentication Beglaubigung *f*
authenticity, certificate of - Echtheitszeugnis *n*
author Autor *m*; Urheber *m*
authorities Befugnisse *pl*
authority Anordnungsbefugnis *f* [jur]; Befugnis *f*; Behörde *f*; Instanz *f* [jur]; Kapazität *f* (z.B. ein guter Arzt); Kompetenz *f* (Zuständigkeit) [jur]; Sachverständiger *m*; Ansehen *n* (als Fachmann)
authority to give orders Weisungsbefugnis *f* [eco]
authority to issue instructions Weisungsbefugnis *f* [eco]
authority, administrative - Verwaltungsbehörde *f* [jur]
authority, local - kommunale Körperschaft *f* [jur]; Kommune *f*
authorization Ermächtigung *f* [jur]; Zulassung *f* (amtlich) [jur]
authorize beauftragen *v*; berechtigen *v*; genehmigen *v*
authorized berechtigt; zugelassen (staatlich anerkannt)
authorized inspection agency, test by - amtliche Prüfung *f* [any]
authorized to sign unterschriftsberechtigt (für Firma) [eco]; zahlungsberechtigt [eco]; zeichnungsberechtigt (für Firma) [eco]
authorizing procedure Genehmigungsverfahren *n* [jur]
auto calling automatischer Verbindungsaufbau *m* (Telefon) [edv]
auto prompt automatische Benutzerführung *f* (Software) [edv]
auto-polymerization Autopolymerisation *f* [che]
Autobahn Autobahn *f* (Deutschland) [tra]
autobody Karosserie *f* [tra]
autobody sheet Karosserieblech *n* [tra]
autocatalysis Autokatalyse *f* [che]
autocatalyst Autokatalysator *m* [che]
autocatalytic autokatalytisch [che]
autoclave Autoklav *m* [prc]; Dampfdruckhärtekessel *m* [prc]; Dampftopf *m* [prc]; Druckkessel *m* [prc]
autoclaved autoklavbehandelt [prc]; dampfdruckgehärtet [prc]
autoclaving Autoklavbehandlung *f* [prc]; Dampfdruckhärtung *f* [prc]
autodiffusion Selbstdiffusion *f*
autodigestion Autodigestion *f* [bio]
autogenous autogen
autogenous cutting autogenes Schneiden *n*; Autogenschneiden *n* [wer]
autogenous hand-cutter Handbrenner *m* [wzg]

autogenous welder Autogenschweißer *m*
autogenous welding autogenes Schweißen *n* [wer]; Autogenschweißen *n* [wer]; Gasschmelzschweißen *n* [wer]; Gasschweißen *n* [wer]
autogenous welding process Autogenschweißverfahren *n* [wzg]
automate automatisieren *v*
automated automatisch; automatisiert; rechnergesteuert
automatic automatisch; automatisiert; selbsttätig
automatic, fully - vollautomatisch
automatical unaufgefordert (von alleine)
automatically operated selbsttätig
automatically regulating selbstregelnd
automatics Automationstheorie *f*
automation Automation *f*; Automatisierung *f*
automation installation Automatisierungseinrichtung *f*
automation systems Automatisierungstechnik *f*
automation, industrial - technische Automation *f* [tec]
automation-oriented automationsgerecht
automaton Automat *m*
automobile Kraftwagen *m* [tra]; Personenwagen *m* [tra]; Auto *n* [tra]; Automobil *n* [tra]; Kraftfahrzeug *n* [tra]
automobile finish Autolack *m* [tra]
automobile mechanic Kraftfahrzeugschlosser *m* [wer]
automobile scrap Autoschrott *m* [rec]
Automobile Scrap Ordinance Autoschrott-Verordnung *f* [jur]
automotive body parts Automobilteile *pl* [tra]
automotive brake Fahrzeugbremse *f* [tra]
automotive electronics Fahrzeugelektronik *f* [elt]
automotive industry Automobilindustrie *f* [tra]
autonavigator Selbststeuerungssystem *n* (Fahrzeug) [tra]
autopurge automatisches Löschen *n* (Software) [edv]
autosave automatische Datensicherung *f* (Software) [edv]
autostart routine automatisches Startprogramm *n* (Festspeicher) [edv]
autotransformer Spartransformator *m* [elt]
autowalk Fahrsteig *m* [tra]; Rollsteig *m* [mbt]
autoxidation Autoxidation *f* [che]; Selbstoxidation *f* [che]
auxiliaries Hilfseinrichtungen *f*
auxiliary behelfsmäßig; Hilfs- (Neben-); Neben- (z.B. Nebenantrieb); Zusatz- (z.B. Zusatzheizung)
auxiliary aids Hilfsmittel *pl*
auxiliary air reservoir Zusatzluftbehälter *m* [tra]
auxiliary appliances Nebenapparate *pl*
auxiliary assembly group Zusatzbaugruppe *f* [tec]
auxiliary attachment Hilfseinrichtung *f*
auxiliary axle Hilfsachse *f* [mbt]
auxiliary bores Hilfsbohrungen *pl*
auxiliary burner Hilfsbrenner *m* [pow]
auxiliary burners Zusatzfeuerung *f* [pow]

auxiliary circuit Hilfskontakt *m* [elt]; Hilfsstromkreis *m* [elt]
auxiliary construction Hilfskonstruktion *f*
auxiliary contact Hilfskontakt *m* [elt]
auxiliary contactor Hilfsschütz *m* [elt]
auxiliary control Hilfssteuerung *f*
auxiliary cooling water Nebenkühlwasser *n* [pow]
auxiliary current Hilfsstrom *m* [elt]
auxiliary dam Gegensperre *f* [was]
auxiliary device Zusatzvorrichtung *f* [tec]; Zusatzgerät *n* [tec]
auxiliary drive Hilfsantrieb *m* [tec]; Nebenantrieb *m* [pow]
auxiliary drive lock Nebenantriebssperre *f* [mbt]
auxiliary drive, central - zentrischer Nebenantrieb *m* [tra]
auxiliary drive, lateral - seitlicher Nebenantrieb *m* [tra]
auxiliary electrode Hilfselektrode *f* [elt]
auxiliary engine Hilfsmaschine *f* [pow]; Hilfsmotor *m*
auxiliary equipment Hilfseinrichtung *f*; Aggregate *pl*
auxiliary firing equipment Zusatzfeuerung *f* [pow]
auxiliary force Hilfskraft *f*
auxiliary frame Hilfsrahmen *m* [tec]
auxiliary fuel Hilfsbrennstoff *m* [pow]; Stützbrennstoff *m* [pow]; Zusatzbrennstoff *m* [pow]
auxiliary fuel line Kraftstoffhilfsleitung *f* [tra]
auxiliary fuel pump Hilfskraftstoffpumpe *f* [tra]
auxiliary gantry Hilfsgerüst *n*
auxiliary head lamp Zusatzscheinwerfer *m* [tra]
auxiliary heating Standheizung *f* [tra]
auxiliary hole Hilfsbohrung *f*
auxiliary idler shaft Hilfsachse *f* [tec]
auxiliary jet Hilfsdüse *f* [air]; Zusatzdüse *f* [prc]
auxiliary main Hilfsleitung *f* [was]
auxiliary materials Hilfsmittel *pl*
auxiliary means Betriebshilfseinrichtungen *pl*
auxiliary metal alloy Hilfsmetalllegierung *f* [met]
auxiliary motor Hilfsmotor *m* [tra]
auxiliary oil pump Ölhilfspumpe *f* [tec]
auxiliary petrol line Benzinhilfsleitung [tra]
auxiliary pipe Zusatzrohr *n*
auxiliary power Hilfsenergie *f* [pow]
auxiliary product Hilfsprodukt *f* [che]; Hilfsstoff *m* [met]; Zusatzgerät *n*
auxiliary products Hilfsmittel *pl*
auxiliary program Hilfsprogramm *n* (Software) [edv]
auxiliary quantity Hilfsgröße *f*
auxiliary relay Hilfsrelais *n* [mbt]
auxiliary remote pressure control Druckvorsteuerung *f* [mbt]
auxiliary reservoir Hilfsluftbehälter *m* (der Bremsanlage) [tra]
auxiliary sash Doppelfenster *n* [bau]; Vorfenster *n* [bau]
auxiliary shaft Hilfswelle *f* [tec]; Nebenabtriebswelle *f* [pow]

auxiliary spring Hilfsfeder *f* [tec]
auxiliary station supply Eigenbedarf *m* (Stromversorgung Kraftwerk) [pow]
auxiliary steam Fremddampf *m* [pow]; Stützdampf *m* [pow]
auxiliary steam heating of the boiler Fremddampfbeheizung *f* [pow]
auxiliary switch Hilfsschalter *m* [elt]
auxiliary tool Hilfswerkzeug *n* [wzg]
auxiliary transmission Gruppengetriebe *n* [tec]; Zusatzgetriebe *n* [tec]
auxiliary units Hilfsanlagen *pl*
auxiliary valve Hilfsschieber *m* [prc]
auxiliary voltage Hilfsspannung *f* [elt]
auxiliary wheel Hilfsrad *n* [tec]
auxiliary work Nachtragsarbeit *f*
auxiliary working Notbetrieb *m*
availability Verfügbarkeit *f*
availability problem Verfügbarkeitsproblem *n* [pow]
availability, biological - biologische Verfügbarkeit *f*
available erhältlich; verfügbar
available for delivery lieferbar [eco]
available space Platzverhältnis *n* [con]
available technology Stand der Technik *m*
available, make - bereitstellen *v*
avalanche Stoßentladung *f* [elt]
average durchschnittlich
average Durchschnitt *m* (Mittelwert) [mat]; Mittelwert *m* [mat]; Schnitt *m* (Durchschnitt) [mat]; Mittel *n* (Mittelwert) [mat]
average ausmitteln *v* [mat]; mitteln *v* [mat]
average life, anticipated - erwartete mittlere Nutzungsdauer *f* [tec]
average value Durchschnittswert *m* [mat]; Mittelwert *m* [mat]
average, above - über dem Durchschnitt; überdurchschnittlich
averaging Mittelung *f* [mat]; Mittelwertbildung *f* [mat]
avert verhüten *v*
averting danger Gefahrenabwehr *f*
aviation Luftfahrt *f* [tra]
aviation fuel Flugkraftstoff *m* [met]; Flugbenzin *n* [met]
aviation gasoline Flugbenzin *n* [met]
avicide Pestizid zum Vogeltöten *n* [che]
avoid umgehen *v* (vermeiden); verhindern *v*; verhüten *v* (vermeiden); vermeiden *v*
avoidance Vermeidung *f*
avoidance concept Vermeidungskonzept *n* [rec]
avoidance imperative Vermeidungsgebot *n* [jur]
avoidance levy Vermeidungsabgabe *f* [jur]
avoidance of residues Vermeidung von Rückständen *f* [rec]
avoidance of waste Abfallvermeidung *f* [rec]; Vermeidung von Müll *f* [rec]
avoidance principle Vermeidungsprinzip *n* [rec]
avoided vermieden
await warten *v* (erwarten)

award Vergabe *f* (Auftrag) [eco]
award, give an - prämieren *v*
awareness Bewusstseinsbildung *f*
awning Sonnenschutzdach *n* (üb. Veranda, Bauteil) [bau]
axe Axt *f* (langstieliges Beil) [wzg]; Beil *n* [wzg]
axe behauen *v* [wer]
axial axial
axial adjustment Axialverstellung *f* [tec]
axial back-pressure turbine Axialgegendruckturbine *f* [pow]
axial backlash Axialspiel *n* [con]
axial blading Axialbeschaufelung *f* [pow]
axial centre crankshaft Seele der Kurbelwelle *f* (Motorkreuz) [tra]
axial compensator Axialkompensator *m* [prc]
axial compressor Axialgebläse *n* [prc]
axial direction Achsenrichtung *f* [con]
axial displacement Achsenversatz *m* [tec]
axial drive Axialantrieb *m* [tec]
axial eccentricity Planlaufabweichung *f* (Werkzeugmaschine) [wer]; Axialschlag *m* [tec]
axial expansion Axialdehnung *f* [met]
axial expansion joint Axialkompensator *m* [pow]
axial face seal Gleitringdichtung *f* [tec]
axial face seal ring Gleitring *m* [tec]
axial fan Axialventilator *m* [air]
axial feed Axialvorschub *m* [tec]
axial flow fan Axialgebläse *n* [prc]
axial force Axialkraft *f* [phy]; Längskraft *f* [phy]
axial gasket Axialdichtring *m* [tec]
axial grooved ball bearing Axialrillenkugellager *n* [tec]
axial guide Mittenführung *f* [tec]
axial hinge axiales Gelenk *n*
axial load axiale Last *f*; Axiallast *f* [phy]; Längsbelastung *f*
axial motion Axialbewegung *f* [tec]
axial movement Axialbewegung *f* [phy]; Axialverschiebung *f* (Turbinenläufer) [pow]
axial piston Axialkegelkolben *m* (Hydraulikmotor) [tec]
axial piston pump Axialkolbenpumpe *f* [prc]
axial piston regulating pump Axialkolbenregelpumpe *f* [prc]
axial piston unit Axialkolbeneinheit *f* [tec]
axial pitch Axialteilung *f* (des Schneckenrades) [tec]
axial pressure Achsdruck *m* [tec]; Axialdruck *m* [phy]; axialer Druck *m* [phy]
axial pump Schraubenpumpe *f* [prc]
axial run-out Planlaufabweichung *f*; Axialschlag *m*; Planschlag *m*
axial run-out deviation Planlauf *m*
axial seal Axialdichtung *f* [tec]
axial section Axialschnitt *m* [con]; Längsschnitt *m* [con]
axial shaft sealing Axialwellendichtung *f* [pow]
axial shift Axialverschiebung *f* [tec]

axial stress Axialbeanspruchung *f*; Längsspannung *f* [met]
axial symmetry Achsensymmetrie *f* [mat]; Spiegelsymmetrie *f* [mat]
axial thrust Axialdruck *m* [phy]; Axialschub *m* [pow]; Längsdruck *m* [tec]
axial thrust bearing Axialdrucklager *n* [tec]
axial true run Planlauf *m* [tec]
axial turbine Axialturbine *f* [pow]
axial ventilator Axiallüfter *m* [air]
axial wobble Stirnschlag *m* [tec]
axial-flow compressor Axialverdichter *m* [pow]
axial-flow fan Axiallüfter *m* [air]
axial-flow pump Axialpumpe *f* [prc]
axial-flow turbine Axialturbine *f* [pow]
axially loaded axial belastet
axially symmetrical achsensymmetrisch [mat]
axiom Grundregel *f* [mat]; Grundsatz *m* [mat]; Hauptsatz *m* [phy]
axis Achse *f* (gedachte Mitte eines Rohres) [con]; Mittelachse *f* [con]; Mittellinie *f* [con]; Sehne *f* (gedachte Linie) [mat]
axis intersection angle Achsenkreuzungswinkel *m* [con]
axis line of pressure Drucklinie *f* [phy]
axis of a propeller Propellerachse *f* [tra]
axis of rotation Drehachse *f* [con]
axis of sound beam Schallstrahlachse *f* [aku]
axle Achse *f* (Bauelement) [tec]; Achswelle *f* (in Maschine) [tec]; Drehachse *f* [con]; Radachse *f* [tec]
axle arch Achsbrücke *f* [tec]
axle arrangement Achsanordnung *f* [tec]
axle ball bearing Achslager *n* [tec]
axle base Achsabstand *m* [con]
axle bearing Achsbüchse *f* [tec]; Achsenlager *n* [tec]; Achslager *n* [tec]
axle body Achsschaft *m* [tec]
axle box Achslager *n* (des Waggons) [tra]
axle box arrangement Achslagerung *f* [tec]
axle box guide Achsbuchsenführung *f* [tec]
axle brass Lagerschale *f*
axle bush Achslaufbuchse *f* [tec]; Achsmantel *m* [tec]
axle bushing Achslaufbuchse *f* [tec]
axle casing Achsgehäuse *n* [tec]
axle entrance Achseingang *m* (in Nabe) [tec]
axle extension Achsverlängerung *f* [tec]
axle fixture Achsbefestigung *f* [tec]
axle flange Achsflansch *m* [tec]
axle floating Querspiel *f* (der Waggonachse) [tra]; Längsspiel *n* (z.B. von Achsen) [tra]
axle grease Achsfett *n*
axle guard Achsgabel *f* [tec]; Achshalter *m* [tec]
axle guide stay Achshalter *m* [tec]
axle journal Achsschenkel *m* [tec]; Lagerhals *m* [tec]
axle journal collar Achsschenkelbund *m* [tec]
axle load Achsbelastung *f* [tec]; Achslast *f*; Achsdruck *m*

axle loads front Achslasten vorn *pl* (Kran)
axle loads rear Achslasten hinten *pl* (Kran)
axle mounting Achshalter *m* [tec]
axle nut Achsmutter *f* [tec]
axle nut spanner Radnabenschlüssel *m* [wzg]
axle nut wrench Radnabenschlüssel *m* [wzg]
axle pin Achsbolzen *m* [tec]
axle pivot pin Achsmittellager *n* [tec]
axle probe Achsenprüfkopf *m* (Ultraschalltest) [any]
axle pulley Achsriemenscheibe *f* [tec]
axle retainer plate Achshalter *m* [tec]
axle ring Achsenring *m* [tec]; Buchsring *m* [tec]
axle seat Achssitz *m* [tec]
axle shaft Achswelle *f* [tec]
axle shaft gasket Achswellendichtung *f* [tec]
axle stay Achsabstrebung *f* [tec]
axle stop plate Achshalterung *f* [tec]
axle support Achsabstützung *f* [tec]; Achshalter *m* [tec]
axle support trunnion Achstragbolzen *m* [tec]
axle suspension Achsaufhängung *f* [tec]; Achsfederung *f* [tec]
axle tube Achsrohr *n* [tec]
axle weight Achskraft *f* (bei der Bahn) [phy]; Achslast *f* [tec]
axle weight limit Achslastgrenze *f*
axle with needle bearings Nadellagerachse *f* [tec]
axle with tip bearings Spitzenachse *f* [tec]
axle-box guide Achsbüchsführung *f* [tec]
axle-box liner Achslagereinlageplatte *f* [tec]
axle-box, divided - geteiltes Achslager *n* [tec]
axle-box, solid - ungeteiltes Achslager *n* [tec]
axles, number of - Anzahl der Achsen *f* [tra]
azeotropic azeotrop [che]
azeotropy Azeotropie *f* [che]
azoflavin azogelb
azure himmelblau

B

babbitt Lagermetall *n* (Weißmetall) [met]; Weißmetall *n* (Lagermetall) [met]
babbitt bearing Weißmetalllager *n* [tec]
babbitt lining Weißmetallausguss *m* (Lagermetall) [tec]
babbitt metal Lagermetall *n* (Weißmetall) [met]; Lagerweißmetall *n* [met]; Weißmetall *n* [met]
babbitt-lined ausgeschleudert (Lager) [tec]
babbitting Weißmetallausguss *m* [tec]; Ausgießen *n* (z.B. Buchsen) [wer]
bacillicidal bazillentötend [bio]
bacillus Bazille *f* [bio]; Bazillus *m* [bio]; Keim *m* (Bakterie) [bff]
back Hecktür *f* (Auto) [tra]; Klappe *f* (am Kombiwagen) [tra]; Rückseite *f*; Rücken *m*; Auflager *n*; Heck *n* (Auto-) [tra]; Rückgrat *n* (Wirbelsäule, Kreuz) [hum]
back unterstützen *v*
back actor Tieflöffel *m* (Ausrüstung u. Grabgefäß) [mbt]
back axle Hinterachse *f* (Auto) [tra]
back board Rückwand *f* (Uhr) [tec]
back cock Rückseitenkloben *m* (Uhr) [tec]
back counter Arbeitsfläche *f*
back cover Rückwand *f*
back door Hintertür *f* [bau]
back echo Rückwandecho *n* [aku]
back end loss Zugverlust *m* (Aggregatende) [pow]
back entrance Hintereingang *m* [bau]
back façade Hinterfront *f* [bau]
back fire Fehlzündung *f* (Frühzündung usw.)
back flow Rückströmung *f* [tra]
back gear Vorgelege *n* [tec]; Vorschaltgetriebe *n* [tec]; Zahnradvorgelege *n* [tec]
back gouged ausgefugt (bearbeiteter Riß) [wer]
back haul Rückholseil *n* [mbt]
back hearth Ascheraum *m*
back kick Frühzündung *f* (Fehlzündung) [tra]; Rückschlag *m* (beim Motor) [tra]
back lash Rückprall *m* (Aufprall, Rückstoß) [phy]; Endspiel *n* (auch unerwünschtes Achsspiel) [con]; Flankenspiel *n*
back leakage sump Lecköllwanne *f* [tra]
back load Gegenlast *f*
back mixing Rückvermischung *f* [prc]
back motion Rückbewegung *f* [phy]
back nut Gegenmutter *f* [tec]
back of weld Wurzelseite *f* (Nahtunterseite) [wer]
back off abdrücken *v* (mittels Schrauben) [wer]; zurückdrehen *v* [wer]; zurückschrauben *v*; zurückstellen *v* (eines Druckventils) [prc]
back out herausdrücken *v* (sich -) [wer]

back pass Nachschaltzug *m* [pow]
back plate Rückholplatte *f* [tec]; Stützschale *f* [tec]
back pressure Fließwiderstand *m* [met]; Gegendruck *m*; Rückstau *m* (bei Druck) [phy]; Staudruck *m* [phy]
back reaction Gegenreaktion *f* [che]; Rückreaktion *f* [che]
back rest Streichbaum *m* (Textilienherstellung) [tec]
back roll Hinterwalze *f* (Walzwerk) [roh]
back scattering Rückstrahlung *f* [elt]
back seat Rücksitz *m* (im Auto) [tra]
back side Hinterseite *f*
back spacing Längsteilung *f* (Rohrbündel) [prc]
back square Anschlagwinkel *m* [tec]
back stop Rückdrehsicherung *f* [tec]; Rücklaufsperre *f* [tec]
back stroke Rückhub *m* [tec]; Rücklauf *m* (Bewegung) [tec]; Rückwärtshub *m* [tec]
back tyre Hinterreifen *m* [tra]
back up rückwärts fahren *v* (ein wenig) [tra]; zurücksetzen *v* (Pkw rangieren) [tra]; zurückstoßen *v* (Pkw rangieren) [tra]
back up alarm Rückfahrsignal *n* (akustisch) [tra]
back up stock Reservebestand *m* (zum gelieferten Gerät) [eco]
back up warning Rückfahrwarnleuchte *f* [tra]
back up warning device Rückfahrwarneinrichtung *f* [tra]
back view Hinteransicht *f* [con]
back wall Rückwand *f* [bau]
back weld Gegenlage *f* [wer]
back weld aufschweißen *v* (mit Badsicherung) [wer]; aufschweißen *v* (mit Badsicherung) [wer]; gegenschweißen *v* (von Gegenseite) [wer]
back welded aufgeschweißt [wer]
back wheel Hinterrad *n* [tra]
back window Heckscheibe *f* (Auto) [tra]; Heckfenster *n* [tra]
back-diffusion Rückdiffusion *f*
back-fill anschütten *v* [bod]
back-gear shaft Vorgelegewelle *f* [tec]
back-lighting Gegenlicht *n*
back-mix reactor Rührkessel *m* [prc]
back-mix reactors in series Rührkesselkaskade *f* [prc]
back-mounted rückseitig befestigt [tec]
back-pedal brake Rücktrittsbremse *f* [tra]
back-pressure control valve Gegendruckventil *n* [pow]
back-pressure controller Gegendruckregler *m* [pow]
back-pressure extraction turbine Gegendruckanzapfturbine *f* [pow]; Gegendruckentnahmeturbine *f* [pow]
back-pressure operation Gegendruckbetrieb *m* [pow]
back-pressure power station Gegendruckkraftwerk *n* [pow]
back-pressure regulation Gegendruckregelung *f* [pow]
back-pressure steam Rückdampf *m* [pow]

back-pressure turbine Gegendruckturbine *f* [pow]
back-pressure valve Kontrollventil *m*; Rückschlagventil *n* [prc]
back-purge system Rückspülsystem *n* [prc]
back-space rücksetzen *v*
back-step welding Pilgerschrittverfahren *n* [wer]
back-stop hinterer Anschlag *m* [mbt]
back-to-back house Reihenhaus *n* [bau]
back-to-front spiegelverkehrt
back-up aid Rückfahrhilfe *f* [tra]
back-up lamp Rückfahrscheinwerfer *m* [tra]
back-up light Rückfahrscheinwerfer *m* [tra]
back-up ring Stützring *m* [tec]
back-up roller Mitnehmerrolle *f* [tec]
back-welded gegengeschweißt [wer]
backache Rückenschmerzen *pl* [hum]
backbone Zentralverbindung *f* [tec]; Rückgrat *n* [hum]
backbone-type frame Mittelrohrrahmen *m* [tec]
backdated rückwirkend
backdoor Tür *f* (Hoftür) [bau]
backed off hinterschleifend [wer]
backed-off teeth hinterdrehte Zähne *pl* (Zahnrad) [tec]
backer Unterlage *f* (Verstärkung) [tec]
backfeed pump Rückförderpumpe *f* [prc]
backfill Berge verblasen [roh]; Strecke verblasen (im Bergbau) [roh]
backfill Hinterfüllung *f* [tec]; Schüttung *f* [bau]; Verfüllung *f* [bau]; Wiederauffüllung *f* [was]
backfill verblasen *v* (Berge mit Druckluft) [roh]; verfüllen *v* [bau]
backfill concrete Füllbeton *m* [met]
backfiller Grabenverfüller *m* [mbt]; Verfüllgerät *n* [bau]
backfilling Verfüllung *f* [bau]
backfiring Flammenrückschlag *m* [pow]; Rückschlag *m* (Flamme) [pow]
backflow Rückfluss *m* [prc]; Rückfluten *n* [prc]
backflow condenser Rückflusskühler *m* [pow]
backflush filter Rückspülfilter *m* [was]
backflushing Rückspülung *f* [was]
background Hintergrund *m*; Untergrund *m* (Farbschicht) [met]
background noise Eigenrauschen *n*; Grundgeräusch *n* [aku]; Hintergrundgeräusch *n* [edv]; Nebengeräusch *n* [aku]; Rauschen *n* [aku]; Untergrundgeräusch *n* [aku]
background radiation Hintergrundstrahlung *f* [elt]; natürliche Strahlung *f* [phy]; Störstrahlung *f* (Radioaktivität) [phy]; Untergrundstrahlung *f* [phy]
background, natural - natürliche Grundstrahlung *f* (radioaktive Strahlung) [phy]
backhoe Bagger *m* (mit Tieflöffel) [mbt]; Löffelbagger *m* (mit Tieflöffel) [mbt]; Tieflöffel *m* (Grabgefäß u .ganzes Gerät) [mbt]
backhoe application Tieflöffeleinsatz *m* [mbt]
backhoe arm Tieflöffelstiel *m* [mbt]
backhoe attachment Grabausrüstung *f* (Tieflöffel) [mbt]

backhoe bucket Tieflöffel *m* (das Grabgefäß) [mbt]
backhoe excavator Bagger mit Tieflöffel *m* (Variante) [mbt]; Tieflöffelbagger *m* [mbt]
backhoe stick Tieflöffelstiel *m* [mbt]
backhoe with grab Bagger mit Greifer *m* [mbt]; Greiferbagger *m* [mbt]; Tieflöffelbagger mit Greifer *m* [mbt]
backhoe with ripper tooth Bagger mit Reißzahn *m* [mbt]
backhoe work Tieflöffeleinsatz *m* [mbt]
backing unterstützend
backing Badsicherung *f* (beim Schweißen) [wer]; Unterlage *f* (Verstärkung) [tec]
backing bar Stützstange *f* [tec]
backing material Mitläufer *m*; Grundmaterial *n* (tragendes Material) [met]
backing out punch Durchtreiber *m* [wzg]
backing plate Aufspannplatte *f* [tec]; Aufstützplatte *f* [tec]; Spannplatte *f* [tec]
backing ring Einlagerung *m* (Rohrschweißung) [wer]; Unterlegring *m* [tec]
backing ring, rubber - Gummistützring *m* [tec]
backing roll Stützwalze *f* [tec]
backing roller Stützrolle *f* [tec]
backing strip Badsicherungsblech *n* (beim Schweißen) [wer]
backing-up Rückstau *m* [was]
backlash Gegendruck *m*; Gegenschlag *m*; Rücksog *m* [prc]; Totgang *m* (Getriebe) [tec]; Flankenspiel *n* (Getriebe) [tec]; Spiel *n* (zwischen Bauteilen) [con]; Zahnspiel *n* (Getriebe) [tec]
backlash adjusting Verzahnungseinstellung *f* (Zahnräder) [tec]
backlash compensation Flankenspielausgleich *m* (Getriebe) [tec]
backlash elimination Flankenspielausgleich *m* (Getriebe) [tec]; Totgangausgleich *m* (Getriebe) [tec]
backlash valve Druckausgleichsventil *n* [prc]
backlash-free spielfrei (Getriebe) [tec]
backlog Rückstau *m* [was]
backmix reactor Kreislaufreaktor *m* [prc]
backplate Rückholplatte *f* (der Pumpe) [prc]; Bremsschild *n* (Bremsankerplatte) [tra]
backpressure surge Schaltschlag in Leitung *m* (Hydraulik) [tec]
backpressure turbine Vorschaltturbine *f* [pow]
backpressure valve Einwegventil *n* [prc]
backrest Rückenschutz *m* [tec]; Rückengeländer *n* [tra]
backspace zurücksetzen *v* [edv]
backspace key Rücktaste *f* [edv]
backspinning Zurückdrehen *n* (z.B. Rolle) [tec]
backspinning lock Rückdrehsperre *f* [tec]
backspring Rückfederung *f* [tec]
backstay Rückhaltekette *f* [tec]
backstroke Rückgang *m* (Kolben) [tra]; Rückschlag *m* [phy]
backtracing Rückverfolgung *f*

backup Schlange *f* ((A) Autoschlange) [tra]; Sicherung *f*; Stauung *f* [tra]; Stau *m* [tra]; Überfluss *m* (Überlauf)
backup sichern *v* [edv]
backup copy Sicherungskopie *f* (Software) [edv]
backup diskette Sicherungsdiskette *f* [edv]
backup file Sicherungsdatei *f* (Software) [edv]
backup limit switch Sicherheitsendschalter *m* [tec]
backup ring Druckring *m* (Dichtung) [tec]; Stützring *m* (Dichtung) [tec]
backup run Sicherungslauf *m* (Software) [edv]
backup storage peripherer Speicher *m* [edv]
backup supply Reserveversorgung *f*
backup system Ausweichsystem *n*
backup utility Sicherungsprogramm *n* (Software) [edv]
backup washer Stützring *m* (Packung) [tec]
backup, automatic - automatische Datensicherung *f* (Software) [edv]
backwall echo Rückwandecho *n* [aku]
backward rückwärts
backward chaining Rückwärtsverkettung *f* [edv]
backward movement Rückwärtsbewegung *f*; Rücklauf *m* [tra]
backward slip Nacheilung *f* (Walze) [tec]; Rückstau *m* (Walzen) [tec]
backward/forward adjustable längsverstellbar [tra]
backward/forward adjusting Längsverstellung *f* [tra]
backwardation Kassaaufpreis *m* [eco]
backwash tank Rückspülbehälter *m* [was]
backwater Rückstau *m* [was]; Rückstauwasser *n* [was]
backwater zone Staugebiet *n* [was]
bacteria Bakterien *pl* [bio]
bacteria removal, plant for - Entkeimungsanlage *f* [was]
bacterial bakteriell [bio]
bacterial filter Bakterienfilter *n* [bio]
bacterial resistance Bakterienresistenz *f* [bio]
bacterial test Bakterientest *m* [bio]
bactericidal antibakteriell [hum]; bakterientötend [hum]
bactericidal finish Bakterizidausrüstung *f* (Anstrich, Textilien) [met]
bactericide Bakteriengift *n* [bio]
bacteriological bakteriell
bacteriological water purification bakteriologische Wasserreinigung *f* [was]
bad faul (verdorben); schlecht
bad repair, in - in baufälligem Zustand *m*
bad state, get in - verwahrlosen *v*
badge Marke *f* (Kennzeichen); Plakette *f*; Ausweis *m*; Kennzeichen *n* (Marke)
badge card Ausweiskarte *f*
badge reader Ausweisleser *m*
badly sound-proofed hellhörig [aku]
baffle Leitfläche *f* [tec]; Prallplatte *f*; Schikane *f*; Trennwand *f* [was]; Leitblech *n*; Lenkblech *n* [was]; Prallblech *n* [tec]; Trennblech *n* [tec]; Umlenkblech *n* [was]; Wehr *n* [prc]
baffle drosseln *v*
baffle board Schutzplatte *f* [tec]; Schutzbrett *n* [tec]
baffle plate Prallplatte *f*; Schutzplatte *f* [tec]; Stauscheibe *f* [was]; Umlenkplatte *f* [prc]; Fangblech *n* [was]; Leitblech *n*; Umlenkblech *n* [was]; Zwischenblech *n* [tec]
baffle ring Leitkranz *m* [tec]; Zwischenring *m* (bei Reifen) [tra]
baffle wall Lenkwand *f* [pow]; Prallfläche *f* [bau]; Strömungslenkwand *f* (feststehend) [pow]
baffle-ring centrifuge Prallringzentrifuge *f* [prc]
bag Tasche *f*; Tüte *f*; Beutel *m* (Sack, Tüte); Sack *m*
bag einsacken *v*; eintüten *v*
bag conveyor Sackförderer *m* [mbt]
bag filter Schlauchfilter *m* [prc]; Sackfilter *n* [air]
bag fittings Schlauchfassung *f* [prc]
bag loading rail Sackverladung Bahn *f* [tra]
bag loading ship Sackverladung Schiff *f* [tra]
bag loading truck Sackverladung Lkw *f* [tra]
bag making equipment Beutelmaschine *f* [tec]
bag sealer Beutelverschließgerät *n* [wzg]
bag storage facility Sacklager *n*
bag, airtight - Frischhaltebeutel *m*
baggage car Gepäckwagen *m* (Eisenbahnwagen) [tra]; Packwagen *m* (der Bahn) [tra]
baggage stop Rutschsicherung *f* [tra]
bagged lime Sackkalk *m* [met]
bagging equipment Absackanlage *f*
bagging facilities Absackanlage *f*
bail Brechstange *f* [wzg]; Haltevorrichtung *f* (Haltering); Bügel *m* (Bogen); Henkel *m* (der Gießpfanne) [roh]; Brecheisen *n* [wzg]
bail pull Reißkraft *f* (beim Seilbagger) [mbt]
bake ausbacken *v* (Spulen) [elt]; backen *v*; einbrennen *v*; glühen *v* (Keramik) [met]; sintern *v*; thermisch behandeln *v*
bake bricks Ziegel brennen *v*
bake-on aufschmelzen *v* [wer]
baked gebrannt (Ziegel); getrocknet
baked finish Einbrennfarbe *f* [che]
baked varnish coat Einbrennfarbe *f* [che]
baking Sinterung *f*; Brand *m* (Keramik); Brennen *n* (Ziegel)
baking appliance Backeinrichtung *f*
baking hood Backhaube *f*
baking varnish Einbrennlack *m* [che]
baking varnishing Einbrennlackierung *f* [che]
balance Balance *f*; Bilanz *f*; Symmetrie *f*; Waage *f* [any]; Wiegevorrichtung *f*; Ausgleich *m* (Gewichtsausgleich); Saldo *m* [eco]; Gleichgewicht *n*; Mittelteil *n* (hält Gleichgewicht) [con]
balance abgleichen *v* (einstellen) [elt]; angleichen *v* (Gewicht); auswuchten *v* (Autorad mit Unwucht) [tra]; balanzieren *v*; einstellen *v* (abgleichen); entkoppeln *v*; kompensieren *v*; wägen *v* [any]; wuchten *v* [tec]
balance beam Ausgleichsträger *m* [tra]

balance bridge Klappbrücke f [tra]
balance counteract the blading zum Schubausgleich (Turbine) [pow]
balance error Unwucht f
balance gear Ausgleichsgetriebe n [tec]
balance hole Ausgleichsbohrung f
balance lever Ausgleichhebel m [tec]
balance mass Schwungmasse f [tec]
balance mechanism Ausgleichsvorgang m
balance of account Kontostand m [eco]
balance of nature Naturhaushalt m
balance of thrust Schubausgleich m [tec]
balance on capital account Kapitalguthaben n [eco]
balance out auswuchten v [tec]
balance patch Auswuchtpflaster n [tec]
balance piston Ausgleichskolben m [tec]; Druckausgleichskolben m [pow]; Entlastungskolben m (Ausgleich) [tra]
balance piston ring Kolbenring m [pow]
balance point Schwerpunkt m [phy]
balance screw Wuchtbolzen m [tec]
balance section Ausgleichsstück n [tec]
balance shaft Ausgleichswelle f [tec]
balance sheet Bilanz f
balance sheet audit Bilanzprüfung f [eco]
balance sheet total Bilanzsumme f [eco]; Bilanzvolumen n [eco]
balance spring collet Spiralrolle f (Uhr) [tec]
balance springs Ausgleichsfedern pl [tec]
balance statically auswuchten v (statisch)
balance stop lever Unruhstopphebel m (Uhr: zur Zeiteinstellung) [tec]
balance test, dynamic - Schleuderprüfung f [any]
balance tolerance Auswuchtungstoleranz f [tec]
balance washer Ausgleichsunterlegscheibe [tec]
balance weight Ausgleichsgewicht n [tec]; Gegengewicht n
balance wheel Unruh f (Uhr) [tec]; Schwungrad n [tec]
balance, analytical - Analysenwaage f [any]; analytische Waage f [any]
balance, audit a - Bilanz prüfen v [eco]
balance, biological - biologisches Gleichgewicht n [bff]
balance, not in - unausgeglichen
balanced ausgeglichen; ausgewogen; ausgewuchtet; im Gleichgewicht; symmetrisch
balanced piston type relief valve Druckeinstellventil n [tra]
balanced sash Kippflügel m (Fenster) [bau]
balanced, perfectly - vollkommen ausgewuchtet [tec]
balancer Wippe f [tec]; Balancier m (Hebelstange an Dampflok) [pow]; Schwingungsdämpfer m (nicht Auto) [tec]; Stabilisator m [tec]; Ausgleichsgewicht n [phy]
balancer shaft Ausgleichswelle f [tra]
balancing Auswuchtung f (eines Rades) [tra]; Bilanzierung f (Masse, Wärme); Abgleich m (Stromkreis) [elt]

balancing arbour Hilfswelle f [tec]
balancing disc Auswuchtscheibe f [tec]; Entlastungsscheibe f
balancing instrument Wuchtgerät n [tec]
balancing machine Auswuchtmaschine f [tec]
balancing network Ausgleichsleitung f; Ausgleichsleitung f [elt]
balancing piston Ausgleichskolben m [tec]
balancing piston sealing Ausgleichkolbendichtung f [pow]
balancing plug Auswuchtstopfen m
balancing pole Balancierstange f [tec]
balancing reservoir Ausgleichbecken n [was]
balancing resistor Abgleichwiderstand m [elt]
balancing rig Balanzieranlage f [tec]
balancing run Auswuchtlauf m (z.B. für Turbine) [tec]; Wuchtlauf m (z.B. für Reifen) [tec]
balancing speed of rotation Auswuchtdrehzahl f (z.B. für Reifen) [tec]
balancing valve Druckausgleichventil n [prc]
balancing voltage Kompensationsspannung f [elt]
balancing weight Auswuchtgewicht n (an Felge) [tra]; Wuchtgewicht n (an Felge) [tra]
balancing weight holes Wuchtbohrungen pl [tec]
balancing, dynamic - Massenausgleich m [phy]
balcony Balkon m [bau]
balcony railing Geländer n (Balkon-) [bau]
bale Ballen m (z.B. Baumwolle)
bale clamp Ballenklammer f
bale cutting machine Ballenschneidemaschine f
bale of paper Papierballen m
bale press Ballenpresse f [roh]
baling hoop Ballenband n (Verpackung)
baling press Ballenpresse f [roh]; Paketierpresse f
ball Kugel f (Lager); Ball m
ball and socket Kugelzapfen m [tec]
ball bearing Kugellager n [tec]
ball bearing, adjustable - Einstellkugellager n [tec]; Einstellkugellager n [tec]
ball bearing, angular - Kugeltraglager n [tec]; Schrägkugellager n [tec]
ball bearing, angular-contact - Ringschulterlager n [tec]; Schrägkugellager n [tec]
ball bearing, self-aligning - Pendelkugellager n [tec]
ball bearing, separable - Schulterkugellager n [tec]
ball bushing Kugelhülse f [tec]
ball bushing, self-aligning - Kugelgelenklager n [tec]
ball cage Kugellaufbahn f [tra]; Kugelkäfig m (Kugellager) [tec]
ball caster Kugelrolle f [tec]
ball charge Kugelfüllung f (Kugelmühle) [prc]
ball cock Kugelventil n (Hahn) [prc]
ball condenser Kugelkühler m [tec]
ball cup Kugelpfanne f [tec]; Kugelschale f [tec]
ball float Schwimmer m
ball groove Kugellaufrille f [tec]
ball handle Ballengriff m [tec]; Kugelgriff m [tec]
ball handle crank Handkurbel f [tec]
ball joint Kugelgelenk n [tec]

ball joint cage Kugelgelenkgehäuse *n* [tec]
ball joint coupling Gelenkkupplung *f* [tec]
ball journal Kugelpilz *m* [mbt]; Kugelzapfen *m* [tec]
ball journal bearing Radialkugellager *n* [tec]
ball journal bearing, self-aligning - Pendelkugellager *n* [tec]
ball knob Kugelknopf *m* [tec]
ball lock Kugelverschluss *m* [tec]
ball lubricator Kugelschmierkopf *m* [tec]
ball mill Kugelmühle *f* [prc]
ball mill dust Kugelmühlenstaub *m*
ball mill with air drier Luftstrommühle *f* [prc]
ball mill with closed circuit mechanical classification Siebkugelmühle *f* [prc]
ball mill, air-swept - Kugelmühle mit Luftsichtung *f* [prc]
ball mug Kugelpfanne *f* [tec]
ball nut Kugelmutter *f* [tec]
ball path Kugelbahn *f* (Kugellager) [tec]
ball pin Drehstift *m* (Stoßbremse) [tec]; Kugelpilz *m* [mbt]
ball pivot Kugelgelenk *n* [tec]
ball printer Kugelkopfdrucker *m* [edv]
ball race Kugeldrehverbindung *f* [tec]; Lagerring *m* (Kugellager) [tec]; Laufring *m* (eines Kugellagers) [tec]
ball race segment Kugelbahnsegment *n* (Kugellager) [tec]
ball retainer Kugelkäfig *m* [tec]
ball retaining ring Kugelring *m* [tra]
ball retaining valve Kugelrückschlagventil *n* [tec]
ball rod Kugelstange *f* (in Axialkolbenpumpe) [tec]
ball rod end Spurstangenkopf *m* [tra]
ball roller Abrollgerät *n* (Maus) [edv]
ball screw kugelgeführte Spindel *f* [tec]; Kugelspindel *f* [tec]
ball seat Kugelaufnahme *f* (Kugellager) [tec]
ball shape Kugelform *f*
ball shot Kugelregen *m* [pow]
ball sleeve Kugelbüchse *f* [tec]; Kugelhülse *f* [tec]
ball slewing-ring lining Drehkranzverkleidung *f* [prc]
ball socket Kugelpfanne *f* [tec]; Kugelschale *f* [tec]
ball socket seat Kugelschalensitz *m* [tec]
ball stop stud Kugelanschlagbolzen *m* [tec]
ball stop-cock Kugelhahn *m* [prc]
ball stud Kugelbolzen *m* [tra]; Kugelzapfen *m* [tec]
ball test Kugeldruckprüfung *f* [any]
ball thrust bearing Kugeldrucklager *n* [tec]
ball track Kugellaufbahn *f* (im Kugellager) [tec]
ball turning attachment Kugeldrehvorrichtung *f* [tec]
ball valve Kugelhahn *m* [prc]; Kugelventil *n* [prc]
ball-and-roller bearing Wälzlager *n* [tec]
ball-and-socket bearing Kugelgelenklager *n* [tec]
ball-and-socket gear change Kugelschaltung *f* [tra]
ball-and-socket head Kugelgelenkkopf *m* [tec]
ball-and-socket joint Stützkugel *f* (zum Schneckenradkranz) [mbt]; Gelenklager *n* (Kugelgelenk) [tec]; Universalgelenk *n* [tec]

ball-bearing Kugellager *n* [tec]; Rillenkugellager *n* [tec]
ball-bearing grease Kugellagerfett *n* [met]
ball-bearing guideway Kugellagerführung *f* [tec]
ball-bearing inner race Kugellagerinnenring *m* [tec]
ball-bearing outer race Kugellageraußenring *m* [tec]
ball-bearing retainer Kugellagerkäfig *m* [tec]
ball-bearing screw Kugelgewindespindel *f* [tec]
ball-bearing slew ring Drehverbindung *f* [tec]
ball-bearing slewing-ring Kugeldrehverbindung *f* [tec]; Drehkranz (an Kugellagern) [tec]; Kugeldrehkranz *m* (mit Kugellagern) [tra]
ball-ended stud Kugelzapfen *m* [tec]
ball-nut screw Kugelspindel *f* [tec]
ball-pen Kugelschreiber *m*
ball-pressure hardness Kugeldruckhärte *f* [met]
ball-pressure test Kugeldruckprobe *f* [any]
ball-shaped kugelförmig
ball-type nipple Kugelbüchse *f* [tec]
ballast Ballast *m* (Gleisschotter); Schotter *m* (zwischen Gleisen) [tra]; Vorschaltgerät *n* (Leuchtstoffröhre) [elt]; Grobzuschlagstoffe *pl* [met]
ballast aufschottern *v* [bau]
ballast bed Schotterbett *n* [tra]
ballast filter Kiesfilter *n* [was]
ballast grab Schottergreifer *m* (Schwellenkasten, s. Schwellenkastengreifer) [mbt]; Schwellenkastengreifer *m* (Gleisschotter) [mbt]
ballast material Ballaststoff *m*
ballast road Schotterstraße *f* [tra]
ballast slag Ballastschlacke *f* [rec]
ballast truck Großkipper *m* [mbt]
ballast water Ballastwasser *n* (auf Schiffen) [was]
ballast-less schotterlos (schotterloser Oberbau) [tra]
balling pan Pelletierteller *m* [prc]
ballistic power Perkussionskraft *f* [phy]
balloon Ballon *m*
balloon flask Ballon *m* (Chemie) [che]
balloon tyre Ballonreifen *m* [tra]
balustrade Balustrade *f* (Geländer) [bau]; Brüstung *f*
balustrade end Balustradenkopf *m* (an Rolltreppe) [tra]
balustrade lighting Balustradenbeleuchtung *f* [tra]
balustrade newel Balustradenkopf *m* [tra]
ban Verbot *n*
ban verbieten *v*
ban on parking Parkverbot *n* [tra]
ban on smoking Rauchverbot *n* [air]
banana jack Bananensteckerbuchse *m* [elt]
banana plug Bananenstecker *m* [elt]
band Binde *f* (Band); Ring *m* (Öse und Schleife); Streifen *m* (Band); Band *n* (Bereich); Band *n* (Sägeband) [wzg]
band aid Heftpflaster *n* (für Wunden) [hum]
band brake Bandbremse *f* [tra]
band brake, external - Außenbandbremse *f* [tra]
band clamp Schelle *f* (Rohrschelle) [tec]
band conveyor Gurtförderer *m* [prc]
band coupling Bandkupplung *f* [tec]

band iron Bandeisen *n* [met]
band iron strap Bandeisen *n* (für Kisten) [met]
band pulley Riemenscheibe *f* [tec]
band saw Bandsäge *f* [wzg]
band steel Bandstahl *m* [met]
band system Schienensystem *n* [tra]
band thickness Banddicke *f* [met]
band wheel Bandscheibe *f* [tec]
band wheel shaft Antriebswelle *f* (für Bandscheiben) [tec]
band width Bandbreite *f* (z.B. Kurzwelle) [edv]
band-aid kit Betriebsmittel *n* (für den Anfang)
bandage Bandage *f*; Binde *f* (Verband) [hum]; Radreifen *m* (auf Rad aufgeschrumpft) [tra]; Umschlag *m* (auf Schwellung, Wunde) [hum]; Verband *m* [hum]
bandage verbinden *v* (bei Verletzungen) [hum]
bandaging material Verbandstoff *m* [hum]; Verbandzeug *n* [hum]
bandwidth Bandbreite *f* (Frequenzbereich) [elt]
bang Knall *m* [aku]; Schlag *m* (Knall, Hieb)
banisters Treppengeländer *m* [bau]; Geländer *n* (Treppen-) [bau]
banjo bolt Hohlschraube *f* [tec]; Hohlbolzen *m* [tec]
banjo connection, solder - Ringlötstück *n* [tra]
banjo fitting Hohlschraubenverbindung *f* [tec]
banjo union Hohlschraubenverbindung *f* [tec]
banjo-bolt cap Hohlschraubenkappe *f* [tec]
bank Böschung *f* (an der Straße); Leiste *f* (Ausgleichsleiste) [mbt]; Strosse *f* (Tunnel, unter Tage) [roh]; Damm *m* (Flussuferung) [bod]; Flussrand *m* (Flussufer); Stollen *m* (unter Tage) [roh]; Strand *m* (Flussufer); Ufer *n* (Fluss)
bank aufdämmen *v* [bod]; überhöhen *v*
bank account Bankkonto *n* [eco]; Bankkonto *n* [eco]
bank blade, angled - Hangschar *f* (am Grader für Bankett) [mbt]
bank charge Kontobearbeitungsgebühr *f* [eco]
bank charges Bankgebühren *pl* [eco]
bank cheque Bankscheck *m* [eco]
bank code Bankleitzahl *f* [eco]
bank deposit Bankeinlage *f* [eco]; Bankguthaben *n* [eco]
bank draft Bankscheck *m* [eco]; Bankscheck *m* [eco]
bank filtration Uferfiltration *f* [was]
bank guard Fangblech *n* [was]
bank infiltration Ufereinsickerung *f* [was]
bank line Uferlinie *f* (Fluss)
bank material abzutragender Boden *m* [bod]
bank meter Festmeter *m* [nor]
bank money order Bankanweisung *f* [eco]
bank of cylinders Flaschenbatterie *f* (Gasflaschen) [tec]
bank of springs Federpaket *n* [tec]
bank of tubes Rohrbündel *n* [pow]; Rohrpaket *n* [pow]
bank of valves Ventilgruppe *f* (Ventilleiste) [mbt]; Ventilkombination *f* [tra]

bank protection Uferschutz *m*
bank reference Bankauskunft *f* [eco]
bank reinforcement Uferbefestigung *f* [bau]
bank revetment Ufermauer *f* [bau]
bank slope Uferböschung *f*
bank sloping Abböschen *n* [bod]
bank stabilization Uferbefestigung *f* [bau]
bank transfer Banküberweisung *f* [eco]
bank vegetation Ufervegetation *f* [bff]
bank, pressure accumulating - Speicherbatterie *f* (Pneumatik, Hydraulik) [tec]
banked-pipe drier Rohrbündeltrockner *m* [prc]
banked-up water Stauwasser *n* [was]
banking Überhöhung *f* [bau]
banking pin Begrenzungsstift *m* [tec]
banknote Geldschein *m* [eco]
bankruptcy Konkurs *m* [eco]
bankruptcy assets Konkursmasse *f* [eco]
bankruptcy petition Konkursantrag *m* [eco]
bar Bahnschranke *f* [tra]; Lamelle *f* (Stange); Latte *f* (Balken, im Sport); Schiene *f* (Stange); Schranke *f* (vor der Bahnkreuzung) [tra]; Stange *f* (Metall) [met]; Tragstange *f* (als Maschinenteil) [tec]; Balken *m*; Barren *m* [met]; Querstrich *m* (Textverarbeitung) [edv]; Stab *m* (eckig); Stollen *m* (auf Kettenplatte) [mbt]; Streifen *m* (Strich); Glied *n* (Bewehrung)
bar versperren *v*
bar armature Stabanker *m* [elt]
bar bending Eisenbiegen *n* [wer]
bar brickwork Rohbau *m* [bau]
bar chart Balkenplan *m* [mat]; Balkendiagramm *n* [mat]; Säulendiagramm *n* [mat]
bar code Balkencode *m* [edv]; Streifencode *m* [edv]; Strichcode *m* [edv]
bar code scanner Streifencodeabtaster *m* [edv]
bar display Balkenanzeige *f* [any]
bar frame Profilrahmen *m* [tec]
bar graph Balkendiagramm *n* [mat]; Säulendiagramm *n* [mat]
bar inspection Stangenprüfung *f* (aus Walzwerk) [any]
bar iron Stabstahl *m* [met]; Stabeisen *n* [met]
bar link Schwingenstange *f* [tec]
bar magnet Magnetstab *m* [phy]; Stabmagnet *m* [phy]
bar mill Stabwalzwerk *n* [roh]
bar mould Backenwerkzeug *n* [mbt]
bar rack Rechenanlage *f* [was]
bar stay Rundanker *m* [tec]
bar winding Stabwicklung *f* [elt]
barbed bolt Widerhakenbolzen *m* [tec]
barbed push fastener Schnappnagel *m* [tec]
barbed wire Stacheldraht *m* [met]
barbwire Stacheldraht *m* [met]
bare abisoliert [elt]; blank [elt]; nackt (kahl, unbedeckt) [elt]; ungeschützt [elt]; unter Maß (zu dünn)
barge Kahn *m* (Lastkahn) [tra]

barge course Abdeckschicht *f*; Abdeckungsschicht *f*
barge suction dredger Schutensaugbagger *m* [mbt]
barges, train of - Schleppzug *m* (Schifffahrt) [tra]
barging Verklappung *f* (von Stoffen auf See) [rec]
barite Bariumsulfat *n* [che]
barite-containing bariumsulfathaltig
barium Barium *n* (Ba) [che]
barium borate glass Bariumboratglas *n* [che]
barium carbonate Bariumcarbonat *n* [che]
barium dioxide Bariumdioxid *n* [che]
barium hydroxide Bariumhydroxid *n* [che]
barium monoxide Bariumoxid *n* [che]
barium oxide Bariumoxid *n* [che]
barium sulfate Bariumsulfat *n* [che]
bark Rinde *f* [bff]
bark shredder Hackmaschine *f* [wzg]
bark-burning boiler Rindenkessel *m* [pow]
barn Scheune *f* (für Erntegut, auch Stall) [far]; Stall *m* [far]
barograph Barograf *m* ((variant)) [any]; Barograph *m* [any]
barometer Luftdruckmesser *m* [any]; Barometer *n* [any]
barometer box Barometerdose *f* [any]
barometric barometrisch [any]
barometric column Barometersäule *f* [any]; Quecksilbersäule *f* [any]
barometric draught regulator automatischer Luftzugregler *m* (Feuerung) [air]
barometric height Barometerhöhe *f* [any]; Barometerstand *m* [any]
barometric pressure Barometerdruck *m* [any]; Barometerstand *m* [any]; Luftdruck *m*
barometric switch Luftdruckschalter *m* [tec]
barometric variation Luftdruckschwankung *f*
barrack Baracke *f*
barrage Staumauer *f* [was]; Talsperre *f* [bau]; Wehr *n* [prc]
barrage dam Sperrmauer *f* [was]; Talsperre *f* [bau]; Staudamm *m* [was]
barrage power plant Talsperrenkraftwerk *n* [pow]
barred vergittert
barred window Gitterfenster *n* [bau]
barrel Tonne *f* (Gefäß); Trommel *f* (Winch) [tec]; Schraubenschaft *m* [tec]; Topf *m*; Zylindermantel *m* [tra]; Fass *n*; Federhaus *n* (Uhr) [tec]; Rohr *n* (Hydraulik) [tec]
barrel arbour Federwelle *f* (Uhr) [tec]
barrel clamp Fassklammer *f* [tec]
barrel heating Fassheizung *f* [prc]
barrel lifting equipment Fasshebegerät *n* [prc]
barrel mill Trommelmühle *f* [prc]
barrel nipple Rohrnippel *m* [tec]
barrel nipple, double - Rohrdoppelnippel *m* [tec]
barrel printer Walzendrucker *m*
barrel pump Fässerpumpe *f* [prc]
barrel roller bearing Tonnenlager *n* [tec]
barrel spring Tonnenfeder *f* [tec]
barrel stacking machine Fässerstapler *m*

barrel-shaped bearing Tonnenlager *n* [tec]
barrel-shaped roller bearing Tonnenlager *n* [tec]
barrel-type bearing Ringtonnenlager *n* [tec]
barrels, recycling of - Fassrecycling *n* [rec]
barricade Sperre *f* (Hindernis)
barricade versperren *v*
barrier Abschrankung *f* (Absperrung) [tra]; Absperrung *f* [tra]; Absperrvorrichtung *f* (Gitter, Kette) [tra]; Barriere *f*; Grenze *f* (Schwelle); Schranke *f* (der Bahn); Schutzwand *f*; Sperre *f* (Hindernis); Damm *m* (Sperre, Absperrung); Wall *m*
barrier chain Absperrkette *f* [tra]
barrier gate Gatter *n* (Tor)
barrier layer Sperrschicht *f* (Halbleiter) [elt]
barrier plastics Barrierekunststoffe *pl* [met]
barrier transistor Sperrschichttransistor *m* [elt]
barrier-plane photocell Halbleiterfotozelle *f* [phy]; Halbleiterphotozelle *f* ((variant)) [phy]
barring gear Drehvorrichtung *f* [tec]; Handdreheinrichtung *f* [tec]
barrow Karren *m* (zweirädrig); Tragekasten *m* [mbt]
bars Gestänge *n*; Gitter *n* (parallele Stäbe)
barter Warentausch *m* [eco]
barton cell Bartonzelle *f* (Druckmessung) [any]
basal Grund-
basal area Basisfläche *f* [che]
basal energy requirement Grundenergiebedarf pro Person *m*
basal surface Basisfläche *f* [che]; Grundfläche *f* [mbt]
basalt Basalt *m* [geo]
basalt grey basaltgrau (RAL 7012) [nor]
bascule Klappe *f* [tec]
bascule bridge Klappbrücke *f* [tra]
base unedel [che]
base Auflage *f* (Basis, Abstützung) [tec]; Base *f* [che]; Basis *f* (Fläche); Bezugsgröße *f*; Gründung *f* (Fundament) [bau]; Grundfläche *f* [mat]; Grundplatte *f* (Sockel) [bau]; Grundschicht *f* [met]; Lauge *f* [che]; Sohle *f* (Boden) [bod]; Tragschicht *f* [bau]; Unterlage *f* [tec]; Boden *m* (Unterlage) [bau]; Fuß *m* (Sockel) [bau]; Fußpunkt *m*; Grund *m* (Gründung) [bau]; Sockel *m* [elt]; Unterbau *m* (Sockel) [elt]; Untersatz *m* [bau]; Unterteil *n* (Basis, Grundplatte) [bau]; Fundament *n* (Untergrund) [bau]; Liegende *n* [roh]
base basieren *v*
base a finished level Planum erstellen *v* [mbt]
base a road level Planum erstellen *v* [mbt]
base boom Auslegerunterteil *n* [mbt]
base capacity Basenkapazität *f* [che]
base coat Grund *m* (Anstrich); Grundanstrich *m* [met]
base coat, adhesive - Haftvermittler *m* [met]
base contact Basisanschluss *m* (beim Transistor) [elt]
base content Basengehalt *n* [che]
base current Basisstrom *m* (beim Transistor) [elt]
base exchange Basenaustausch *m* [che]
base exchanger Basenaustauscher *m* [che]

base font Grundschriftart *f* (Drucker)
base frame Fundamentrahmen *m* [bau]; Grundrahmen *m* [tec]; Grundrahmen *m* (Hauptrahmen) [tec]
base lacquer Grundlack *m* [met]
base line Basislinie *f* [mat]; Grundlinie *f* [con]; Zeitlinie *f* [elt]
base line dimensioning Bezugsbemaßung *f* [con]
base load, carry - Grundlast fahren [pow]
base map Erschließungskarte *f*
base material Ausgangsstoff *m* [met]; Grundwerkstoff *m* [met]; Ausgangsmaterial *n* [met]; Basismaterial *n* [roh]; Grundmaterial *n* (Trägermaterial) [met]
base metal Grundmetall *n* (Haupt-, Originalstoff) [met]; unedles Metall *n* [met]
base of column Säulenfuß *m* [tec]
base of the road Koffer der Straße *m* (Auskofferung) [bau]; Wegekörper *m* [bau]
base on gründen auf *v*
base pitch error, adjacent - Eingriffteilungsfehler *m* (Zahnrad) [tec]; Grundteilungsfehler *m* (Zahnrad) [tec]
base plate Auflegeplatte *f* [bau]; Bodenplatte *f* (z.B. eines Kastens) [tec]; Fundamentplatte *f* [bau]; Grundplatte *f* (Sockel) [bau]; Podestplatte *f* (Fußboden im Fahrerhaus) [mbt]; Unterlegplatte *f* [tec]; Fundamentsockel *m* [bau]; Fußgestell *n*
base plate of upper carriage Oberwagengrundplatte *f* [mbt]
base plate volume Fundamentvolumen *n* [bau]
base point Basispunkt *m*
base price Basispreis *m* [eco]
base product Ausgangsprodukt *n* [met]
base rail Bodenschiene *f* [tec]
base resistance Basiswiderstand *m* (beim Transistor) [elt]
base rim Grundfelge *f*
base saturation Basensättigung *f* [che]
base scale Abbildungsmaßstab *m* [edv]
base side, on - auflageseitig (Kugeldrehkranz) [con]
base speed Grunddrehzahl *f* [tec]
base surface Grundfläche *f*
base tangent length Zahnweite *f* (z.B. 6 Zähne) [con]
base tee T-Stück mit Fußplatte *n* [tec]
base value Basenwert *m* [che]
base wall masonry Sockelmauerwerk *n* [bau]
base weight Basisgewicht *n* [met]
base width Basisweite *f* (beim Transistor) [elt]
base-load Grundlast *f* (z.B. ohne Zusatzlast) [pow]
base-load generation Grundlasterzeugung *f* [pow]
base-load operation Grundlastbetrieb *m* [pow]
base-load power station Grundlastkraftwerk *n* [pow]
base-load station Grundlastkraftwerk *n* [pow]
baseboard Fußleiste *f* [bau]
basement Gründung *f* (Fundament) [bau]; Keller *m* (Stockwerk) [bau]; Sockel *m* [bau]; Fundament *n* (Gründung) [bau]; Kellergeschoss *n* (Souterrain) [bau]; Untergeschoss *n* [bau]

basement boiler room Heizungskeller *m* [bau]
basement dewatering pump Kellerentwässerungspumpe *f* [was]
basement door Kellertür *f* [bau]
basement dwelling unit Kellerwohnung *f* [bau]
basement floor Kellerboden *m* [bau]
basement foundation Kellergründung *f* [bau]
basement retaining wall Kelleraußenwand *f* [bau]
basement soil Unterbau *m* (Eisenbahn) [tra]; Untergrund *m* (Erde) [bod]
basement stairs Kellertreppe *f* [bau]
basement storey Kellergeschoss *n* [bau]
basement wall Kellermauer *f* [bau]
basement window Kellerfenster *n* [bau]
basic alkalisch [che]; basisch [che]; elementar (grundlegend); grundlegend
basic agreement Rahmenvereinbarung *f* [jur]; Rahmenvertrag *m* [jur]
basic arithmetic operation Grundrechenart *f* [mat]
basic body Grundkörper *m*
basic component Grundbestandteil *m* [met]
basic concept Grundbegriff *m*; Grundkonzept *n*
basic condition Grundzustand *m*
basic conditions Rahmenbedingungen *pl*
basic configuration Grundausstattung *f* [edv]
basic consumer goods Gebrauchsartikel *pl*
basic consumer item Gebrauchsartikel *m*
basic costs Grundkosten *pl* [eco]
basic design Grundform *f* [con]
basic electrical accessories elektrisches Zubehör *n* [elt]
basic element of piston Kolbenträger *m* [tec]
basic engineering Auslegung *f* [con]; Planung *f* [con]
basic environmental cover Umweltbasisdeckung *f*
basic equipment Grundausrüstung *f*; Grundausstattung *f*
basic form Grundform *f* [con]
basic frequency Grundfrequenz *f* [elt]
basic hardware Grundausrüstung *f* [edv]
basic idea Grundgedanke *m*
basic industry Grundindustrie *f* [roh]; Grundstoffindustrie *f* [roh]
basic instrument Grundgerät *n*
basic iron Thomaseisen *n* (Metall) [met]
basic load Grundbelastung *f* [pow]
basic load rating Tragzahl *f* [con]
basic material Ausgangsstoff *m* [met]; Grundstoff *m* (Ausgangsmaterial) [met]; Grundmaterial *n* (Basismaterial) [met]
basic model Grundausführung *f* [tec]
basic module Grundbaustein *m*; Grundmodul *m*
basic noise Grundgeräusch *n* [aku]
basic position Grundstellung *f* (des Baggers)
basic principle Grundprinzip *n*
basic rack Planverzahnung *f* (Getriebe) [tec]
basic rack profile Bezugsprofil *n* (Verzahnung) [tec]
basic rack tooth profile Bezugsprofil *n* (Verzahnung) [tec]

basic reaction basische Reaktion *f* [che]
basic rule Grundregel *f*
basic scheme Prinzipschema *n* [con]
basic shaft Einheitswelle *f* [tec]
basic size Nennmaß *n* [con]
basic slag basische Schlacke *f* [rec]; Thomasschlacke *f* [rec]
basic standard Grundnorm *f*
basic state Grundzustand *m*
basic steel Thomasstahl *m* [met]
basic substance Grundsubstanz *f* [met]
basic substances, industry of - Grundstoffindustrie *f* [roh]
basic tape Stammband *n* [edv]
basic tube layout Grundschaltbild *n* (Rohrplan) [con]
basic type Grundtyp *m*
basic value Grundwert *m*
basic vehicle Basisfahrzeug *m* [tra]
basic work hardening Grundverfestigung *f* [bau]
basical grundlegend
basin Mulde *f* (Becken) [geo]; Behälter *m* (Becken); Kessel *m* (Behälter); Bassin *n* [was]; Becken *n* (Wasch-) [was]
basis Basis *f* (Grundlage); Grundfläche *f* [mat]; Grundlage *f*; Unterlage *f* (Fundament) [bau]; Fundament *n* (Basis)
basis for the transaction Geschäftsgrundlage *f* [eco]
basis of assessment Bemessungsgrundlage *f* (Amtssprache)
basis of authorization Ermächtigungsgrundlage *f* [jur]
basis of design Auslegungsgrundlage *f* [con]; Bemessungsgrundlage *f*
basis of liability Haftungsgrundlage *f* [jur]
basis of one's livelihood Existenzgrundlage *f*
basket Korb *m*
basket centrifuge Korbzentrifuge *f* [prc]
basket strainer Korbfilter *m* (Flüssigkeiten) [prc]
bass Tiefe *f* (akustisch) [aku]
batch Charge *f*; Mischung *f* (Beton) [bau]; Partie *f* [che]; Reihe *f* (im Hintergrund bei EDV) [edv]; Serie *f* (Charge); Ansatz *m* (Charge); Beschickungsansatz *m*; Haufen *m*; Satz *m* (Charge) [che]; Stapel *m*
batch bemessen *v* (Charge); dosieren *v* (Beton) [bau]; stapelweise verarbeiten *v* [wer]
batch annealing Haubenglühe *f* [met]
batch clause Serienschadenklausel *f* (allgemein) [jur]
batch distillation Blasendestillation *f* [prc]
batch fabrication Serienfertigung *f* [wer]
batch feeder Dosierapparat *m* [prc]
batch inspection Chargenkontrolle *f*
batch mixer Chargenmischer *m* [prc]
batch of blades Schaufelsatz *m* (Turbine) [pow]; Schaufelpaket *n* (Turbine) [pow]
batch operation Satzbetrieb *m* [prc]; Stapelbetrieb *m* [wer]
batch process Chargenprozess *m* [prc]
batch processing Schubverarbeitung *f* (Stapelverarbeitung); Stapelverarbeitung *f* [wer]
batch product chiller Chargenkühler *m* [prc]
batch production Massenfertigung *f* [eco]; Serienfertigung *f* [wer]; Chargenbetrieb *m*
batch sampling Musternahme *f* [any]
batch-mix Chargen mischen *v* [wer]
batched aufeinander folgend (schubweise)
batcher Dosiervorrichtung *f* [bau]; Dosierapparat *m* [prc]
batches, in - stoßweise (satzweise)
batching Bemessung *f* (Charge); Dosierung *f*
batching and mixing plant Dosier- und Mischanlage *f* [prc]
batching by conveyor belt Banddosierung *f* [prc]
batching by volume volumetrische Dosierung *f* [bau]
batching plant Dosieranlage *f* [prc]
batching silo Dosiersilo *m* [prc]
batching tower Dosierturm *m* [prc]
batchweighing scale Dosierwaage *f* [any]
batchwise satzweise [prc]
bath Badewanne *f*; Bad *n* [bau]; Badezimmer *n*
bath lubrication Tauchschmierung *f* [tec]
bath nitriding Badhärtung *f* [met]; Badnitrierung *f* [met]
bath size Chargengröße *f*
bath stove Badeofen *m*
bath tub Wanne *f* (Badewanne)
bathe tauchen *v* (baden, eintauchen)
batten Holzleiste *f* [met]; Latte *f* (Holzlatte) [bau]; Leiste *f* (Holz-); Dachlatten *pl* [bau]
batten board Tischlerplatte *f* [met]
batten floor Dielung *f* [bau]
batten flooring Dielenbelag *m* [bau]
batter Böschung *f* (flache Straßenschulter)
batter anböschen *v* [bod]; anschütten *v* [bod]
batter angle Böschungswinkel *m* [mbt]
batter, gravity forces on - Hangabtriebskraft *f* [mbt]
battered geneigt
battered wall Schrägwand *f* [bau]
battering-ram Rammbock *m* [bau]
battery Batterie *f* [elt]; Gruppe *f* (Reihe); Zelle *f* (Batteriezelle) [elt]; Akkumulator *m* [elt]; Element *n* (Batterie) [elt]
battery acid Akkumulatorsäure *f* [che]; Batteriesäure *f* [elt]
battery alarm clock Batteriewecker *m* [elt]
battery backup Notstromversorgung *f* (mit Batterien) [elt]
battery boiler Doppelkessel *m* [pow]
battery box Batterietrog *m* [elt]
battery capacity Batteriekapazität *f* [elt]
battery cell Batteriezelle *f* [elt]; Batterieelement *n* [elt]
battery cell cover Zellendeckel *m* [elt]
battery cell plug Zellenstopfen *m* [elt]
battery charge Akkumulatorladung *f* [elt]
battery charger Batterieladegerät *n* [elt]; Ladegerät *n* [elt]
battery charging Akkumulatorladung *f* [elt]

battery charging station Batterieladestation f [elt]
battery checking device Batterieprüfgerät n [any]
battery contact Batteriekontakt m [elt]
battery covering cap Batterieabdeckhaube f [elt]
battery discharge Akkumulatorentladung f [elt]
battery filling agent Batterieflüssigkeit f [elt]
battery for motor drive Antriebsbatterie f [pow]
battery hydrometer Batteriesäuremesser m [any]; Säuremesser m (Batterie) [any]
battery installation Batteriemontage f [elt]
battery lead Akkublei n [met]
battery module Batterieeinschub f [elt]
battery mounting Batterieträger m [elt]
battery of coke oven Koksofenbatterie f [roh]
battery operation Batteriebetrieb m [elt]
battery railcar Akkumulatortriebwagen m [tra]
battery resistance Batteriewiderstand m [elt]
battery scrap Akkumulatorschrott m [rec]
battery terminal Batterieklemme f [elt]
battery terminal clip Batterieklemme f [elt]
battery vehicle Batteriefahrzeug n [tra]
battery voltage Batteriespannung f [elt]
battery-driven motor Batteriemotor m [pow]
battery-hydraulic lift elektrohydraulischer Deichselstapler m [mbt]
battery-operated batteriebetrieben [elt]
battery-powered batteriebetrieben [elt]
battle of forms Papierkrieg m (Bürokratie) [eco]
baud rate Übertragungsrate f [edv]
bauxite Bauxit m [geo]
bay Bucht f; Kassette f [bau]; Meeresbucht f; Arbeitsplatz m (Stelle in der Halle); Lorbeer m (Gewürz) [bff]
bay, width of - Feldweite f
bayonet cap Renkverschluss m [tec]
bayonet catch Bajonettverschluss m [tec]
bayonet fastening Bajonettverschluss m [tec]
bayonet holder Bajonettfassung f [tec]; Ringfassung f [tec]
bayonet joint Bajonettverschluss m [tec]
bayonet lock Bajonettverschluss m [tec]
bayonet locking Bajonettverschluss m [tec]
bayonet mounting system Einstecksystem n [tec]
bayonet ring Bajonettring m [tec]
bayonet socket Bajonettfassung f [tec]
beach Flachküste f [geo]; Strand m
beacon Bake f (bei Schiff und Bahn) [tra]; Rundumleuchte f (an Maschine, Polizei) [mbt]; Warnblinkanlage f [tra]
bead Armierung f (im Reifenwulst) [tra]; Falzverbindung f [tec]; Raupe f (Schweißnaht) [wer]; Sicke f (Vertiefung); Wulst f (z.B. am Bierfass) [met]; Wulst m (Blech)
bead aufbördeln v [wer]; bördeln v (sicken) [wer]
bead breaking Abdrücken n (Reifen mit Druckluft) [tra]
bead core Wulstkern m (Reifen) [tra]
bead weld Wölbnaht f [wer]
beaded gebördelt [wer]; gefalzt (Blech) [wer]

beading Bördelung f (Sicke) [tec]; Sicke f (Bördelung) [tec]; Falz m (Bördelung) [tec]
beading machine Bördelmaschine f [wzg]; Sickenmaschine f [wer]
beads of weld metal Schweißperlen pl [wer]
beak Schnabel m [bff]
beaker Becher m (aus Plastik); Becherglas n [che]
beam Bündelung f (z.B. von Licht) [opt]; Balken m (Träger; Holz oder Stahl); Baum m (Balken); Kegel m [opt]; Lichtkegel m [opt]; Strahl m (Lichtstrahl) [phy]; Träger m (Balken) [tec]; Bündel n (Licht) [opt]
beam einstrahlen v [phy]; strahlen v
beam angle Schallwinkel m [aku]
beam clamp Trägerklammer f [tec]
beam column Druckträger m
beam construction Balkenkonstruktion f [tec]
beam end Balkenende n
beam expander Strahlaufweiter m [prc]
beam rail brake Balkengleisbremse f (am Ablaufberg) [tra]
beam scale Balkenwaage f [any]
beam splitter Strahlteiler m [tec]
beam steering error, angular - Strahlführungs-Winkelfehler m (Laser) [tec]
beam welding Strahlschweißen n [wer]
beam width Bündelweite f [elt]
beaming Bündelung f
beaming direction Einstrahlrichtung f [elt]
beams Gebälk n [bau]
bear aufsetzen v; drücken v (Lasten); lagern v (Welle) [tec]; tragen v (z.B. Last) [tec]
bear against drücken gegen v
bear on drücken auf v
bearable tragbar (tolerierbarer Zustand)
bearded needle Hakennadel f [tec]
bearer Überbringer m (z.B. eines Schecks) [eco]; Unterzug m (Träger im Fachwerkverband) [tec]; Auflager n [bau]; Stützlager n [tec]
bearing belastet
bearing Lagerung f (Auflage) [tec]; Auflager n (z.B. für Brücke, beweglich) [bau]; Lager n (Maschinen) [tec]; Zapfenlager n [tec]
bearing alignment ring Lagereinstellring m [tec]
bearing area Auflagefläche f; Bodendruckfläche f [bau]; Gelenkfläche f [mbt]; Tragfläche f [bau]
bearing attachment tragendes Anbauteil n [tec]
bearing base Lagerfuß m [tec]
bearing bed tragende Schicht f [bau]
bearing block Lagerbock m [mbt]; Lagerklotz m [tec]
bearing body Lagerkörper m [tec]
bearing bolt Lagerbolzen m [tec]
bearing bore Lagerbohrung f [con]
bearing bottom part Lagerunterteil n [tec]
bearing box Lagerschale f [tec]
bearing bracket Lagerbock m [tra]; Lagerbügel m [tec]
bearing brass Lagerbuchse f [tec]; Lagerschale f [tec]

bearing bush Lagerbuchse *f* [tec]; Lagerhülse *f* [tec]; Lagerschale *f* [tec]
bearing bush retainer Lagerbuchsenhaltestift *m* [tec]
bearing bushing Lagerbuchse *f* [tec]; Lagerschale *f* [tec]
bearing bushing half Lagerschalenhälfte *f* [tec]
bearing cage Lagerkäfig *m* [tec]; Lagergehäuse *n* [tec]
bearing cap Lagerdeckel *m* [tec]
bearing capacity Tragfähigkeit *f* (Rolltreppe, Auflager) [mbt]
bearing casing Lagergehäuse *n* [tec]
bearing centre distance Lagerabstand *m* [con]
bearing chocks Lagereinbauten *pl* [tec]
bearing clearance Lagerluft *f* [con]; Lagerspiel *n* (in Maßen erwünscht) [con]
bearing clearance, radial - radiales Lagerspiel *n* [tec]
bearing coating Gleitschicht *f* [met]
bearing collar Lagerschulter *f* [tec]; Lagerbund *m* [tec]
bearing component Lagerteil *n* [tec]
bearing compression Lagerpressung *f* [tec]
bearing cooling water system Lagerkühlwassersystem *n* [tec]
bearing corner radius Kantenabstand *m* (beim Lager) [con]
bearing cover Lagerdeckel *m* [tec]; Lagerdeckel *m* [tec]
bearing cross beam Lagertraverse *f* [tec]
bearing disc Lagerscheibe *f* [tec]
bearing distance tragende Breitenmaß *n*
bearing edge Auflage *f* (Balken, Träger) [bau]
bearing element Tragelement *n* [tec]
bearing end bracket Lagerschild *n* [tec]
bearing end float axiales Lagerspiel *n* [tec]
bearing end housing Lagerschild *n* [tec]
bearing end plate Lagerschild *n* [tec]
bearing extractor Lagerabziehvorrichtung *f* [tec]
bearing eye Bolzenauge *n* (Bolzenlager) [tec]; Lagerauge *n* (an Kolbenstange) [tra]
bearing face Auflagefläche *f*; Tragbild *n* (auf Zahnflanke Getriebe) [con]
bearing flange Lagerflansch *m* [tec]
bearing flange, end - Endlagerflansch *m* [tec]
bearing flank Tragflanke *f* [tec]
bearing frame Lagerbügel *m* [tec]; Lagerkörper *m* [tec]
bearing friction Lagerreibung *f* [tra]
bearing friction loss Lagerverlustleistung *f* [tec]
bearing half Lagerhalbschale *f* [tec]
bearing housing Lagerkörper *m* [tec]; Lagergehäuse *n* [tec]
bearing inlet-pressure control Lagerdruckregelung *f* (Schmiermittel) [tec]
bearing inner race Lagerinnenring *m* [tec]
bearing insert Lagereinsatz *m* [tec]
bearing internal clearance Lagerluft *f* [con]
bearing jacking Lagerentlastung *f* [tec]

bearing journal Lagerzapfen *m* [tec]
bearing layer Tragschicht *f* [bau]
bearing length Bodendrucklänge *f* (der aufliegende Kette) [mbt]
bearing liner Einlegeschale *f* (in Lager) [tec]
bearing lining Lagerausguss *m* [met]
bearing load Lagerbeanspruchung *f* [met]; Lagerbelastung *f* [met]; Bodendruck *m* (Belastung) [bau]
bearing lubrication Lagerschmierung *f* [tec]
bearing lug Lagerauge *n* [tec]
bearing metal Lagermetall *n* [met]
bearing neck Lagerzapfen *m* [tec]
bearing oil Lageröl *n* [met]
bearing oil pump Lagerölpumpe *f* [tec]
bearing oil system Lagerölkreislauf *m* [tec]
bearing outer race Lageraußenring *m* [tec]
bearing pad Auflagepuffer *m* (Lager) [tec]; Gleitschuh *m* (Lager) [tec]; Lagerklotz *m* [tec]
bearing pedestal Lagerung *f* [tec]; Lagerbock *m* [pow]; Lagergehäuse *n* [tec]
bearing pedestal cup Stehlagerdeckel *m* [tec]
bearing pin Lagerbolzen *m* [tec]; Lagerzapfen *m* [tec]
bearing plate Ankerplatte *f* [tec]; Auflage *f* (Platte) [bau]; Auflagerplatte *f* [tec]; Lagerplatte *f* [tec]; Lagerschild *n* [tec]
bearing play Lagerspiel *n* (unerwünscht) [con]
bearing power Tragfähigkeit *f* [phy]
bearing pressure Auflagedruck *m*; Lagerdruck *m* [tec]
bearing pressure, allowable - maximale Nettobelastung *f* (im Lager) [bau]
bearing puller Lagerabziehvorrichtung *f* [tec]
bearing race Lagerlaufbahn *f* [tec]; Lagerring *m* [tec]; Laufring *m* [tec]
bearing race, antifriction - Wälzlagerring *m* [tec]
bearing rail Auflageschiene *f* [tec]
bearing retainer Lagerhalterung *f* [tec]
bearing ring Gleitring *f* [tec]; Lagerring *m* [tec]
bearing roller Tragrolle *f* [tec]
bearing run-out Unwucht *f* [tec]
bearing saddle Lagereinstellring *m* [tec]; Lagersattel *m* [tec]
bearing seal Lagerdichtung *f* [tec]
bearing seal ring Lagerdichtring *m* [tec]; Lagerdichtungsring *m* [tec]
bearing section Lagersegment *f* [tec]
bearing seizure Lagerfresser *m* (Festfressen) [tec]
bearing shell Lagerbuchse *f* [tec]; Lagerschale *f* [tec]; Stützschale *f* [tec]; Lagerkörper *m* [tec]
bearing shoe Lagerklotz *m* [tec]
bearing sleeve Lagerhülse *f* [tec]
bearing space Lagerraum *m* (Flüssigkeitskupplung) [tec]
bearing stool Lagerkonsole *f* [tec]
bearing stratum Tragschicht *f* [bau]
bearing strength Auflagekraft *f* [phy]; Lagertragfähigkeit *f* [tec]; Leibungsdruck *m*

(Beanspruchung) [tec]
bearing structure vibration
 Lagerbockschwingungen *pl* [tec]
bearing stub Lagerzapfen *m* [tec]
bearing support Lageraufhängung *f* [tec];
 Lagerbock *m* [tec]; Lagerständer *m* [tec];
 Lagergehäuse *n* [tec]
bearing support ring Lagertragring *m* [tec]
bearing surface Lagerfläche *f* (Auflagefläche) [tec];
 Lauffläche *f* (des Eisenbahnrades) [tra]; Sitzfläche *f*
 (Lager) [tec]; tragende Fläche *f*
bearing surface for races Sitzfläche für Lagerringe *f*
 [tec]
bearing test Belastungsversuch *m* [any]
bearing thrust axialer Lagerdruck *m* [tec]
bearing thrust pad Lagerdruckstück *n* [tec]
bearing trunnion Lagerzapfen *m* [tec]
bearing type Lagerausführung *f* [mbt]
bearing unit Lagereinheit *f* [tec]; Lagerblock *m* [tec]
bearing white metal Lagerweißmetall *n* [met]
bearing wiper Abstreifring *m* (Lager) [tec]
bearing with butt ends geteiltes Lager *n* (z.B.
 Rollenlager) [tec]
bearing with part grooves geteiltes Lager *n* (z.B. mit
 Nuten) [tec]
bearing, conic - Kegellager *n* [tec]
bearing, self-aligning - Pendellager *n* [tec]
bearing, solid - einteiliges Lager *n* [tec]
bearing-type fixture Tragelement *n* [tec]
beat Schlag *m*; Takt *m*
beat klopfen *v* (pulsieren); schlagen *v*; treiben *v*
 (formen) [wer]
beat in einschlagen *v* (Nagel) [wer]
beat out ausbeulen *v* (Blech) [wer]
beater mill Schlägermühle *f* [prc]; Schlagmühle *f*
 [prc]
beater roll Messerwalze *f* [prc]
beaver, busy as a - bienenfleißig
becket Seilöse *f* [tec]
bed Bank *f* [geo]; Gründung *f* (Fundament) [bau];
 Lage *f* [geo]; Lagerstätte *f* [geo]; Schicht *f*
 (Geologie) [geo]; Schüttung *f* (Kolonne); Unterlage
 f (Unterbau) [bau]; Boden *m* (Unterlage) [bau]; Bett
 n (Filter-, Sand-, Fluss- usw.); Fundament *n*
 (Untergrund) [bau]; Lager *n* (Bodenschätze) [geo]
bed plate Auflagerplatte *f* (Lagerplatte) [tec];
 Grundplatte *f* (Fundament) [bau]; Sohle *f* (Boden)
 [bod]; Fundament *n* (Gründung) [bau]
bed ways Maschinenbett *n* [tec]
bed, height of - Schüttungshöhe *f* (Kolonne)
bed-sitting flat Einraumwohnung *f* [bau]
bedding Einbettung *f*; Lagerung *f* [geo];
 Auflagerbett *n* [tec]; Lager *n* (im Bauwesen) [bau]
bedrock Felsboden *m* [geo]; Berge *pl* (Gestein im
 Bergbau) [roh]
begin Anfang *m*; Beginn *m*
begin beginnen *v*; einsetzen *v* (zeitlich); starten *v*
begin column Anfangsspalte *f* (Druck)
beginning Start *m*

beginning of opening Öffnungsbeginn *m* (Ventil)
 [prc]
beginning of operation, time of - Inbetriebnahme
 des Gerätes *f* (z.B. Rolltreppe) [mbt]
behalf of, on - namens (Namens und im Auftrag von
 ...) [jur]
behave fungieren *v*
behaviour Verhalten *n* (z.B. in Kälte oder Hitze)
 [met]
behaviour during application Einsatzverhalten *n*
behaviour in application Einsatzverhalten *n*
beige beige (RAL 1001) [nor]
beige brown beigebraun (RAL 8024) [nor]
beige grey beigegrau (RAL 7006) [nor]
beige red beigerot (RAL 3012) [nor]
bell Glocke *f* (zum Läuten); Klingel *f*; Muffe *f*
 (Konus, Ende) [tec]; Schelle *f* (Glocke) [tra];
 Trichter *m* (hier: Haube) [tra]; Läutwerk *n*
 (Läutewerk) [mbt]
bell check ausklingeln *v* (Kabeltest) [elt]
bell closure Glockenverschluss *m* [tec]
bell crank Winkelkurbel *f* [tec]; Umlenkhebel *m*
 [tec]; Winkelhebel *m* (Werkzeug) [wzg]
bell crank lever Winkelhebel *m* (Kurbel) [tec]
bell crusher Glockenmühle *f* [prc]
bell hammer Klöppel *m* (der Glocke)
bell housing Anschlussstück *n* (Kupplung, Getriebe)
 [tec]
bell mouth Aufwerfung *f* (trompetenartig) [wer]
bell pipe Muffenrohr *n*
bell push Klingelknopf *m* [elt]
bell seam Tulpennaht *f* (an Stumpf- u. T-Stößen)
 [wer]
bell signal system Läutewerk *n* (Bahn) [tra]
bell valve Glockenventil *n* [prc]
bell wire Klingeldraht *m* [elt]
bell-mouthing trichterförmige Erweiterung *f*
bell-shaped glockenförmig
bell-shaped valve Glockenventil *n* [prc]
bell-type bank Glockencontainer *m* (Abfallbehälter)
 [rec]
Belleville washer Tellerfeder *f* (Dichtung) [tec]
bellied gewölbt [bau]
bellow Faltenbalg *m*
bellow-ring packing Balglinse *f* [opt]
bellow-type seal Balgdichtung *f* [tec]
bellows Balgen *m* [opt]; Blasebalg *m*; Dichtungsbalg
 m; Federbalg *m* [tec]; Kompensator *m* (Rohre) [tec]
bellows assembly Balgenaggregat *m* [tec]
bellows covering Balgendichtung *f* [tec]
bellows diaphragm Balgmembran *f*
bellows expansion joint Balgkompensator *m*
bellows seal Federbalgabdichtung *f* [tec];
 Membrandichtung *f* [tec]
bellows valve Faltenbalgventil *n* [prc]
bellows-type accumulator Blasenbalgspeicher *m*
 (zum Kettenspannen) [tec]
belly Schiffsbauch *m* (in Rumpf, Laderäumen) [tra]
belly schwellen *v*

belly plate Motorschutzplatte f [mbt]
belongings Eigentum n (mitgeführte persönliche Dinge)
below unten (unter Deck); unterhalb
below average unterdurchschnittlich
below floor unter Flur
below regulated range Regelbereichsunterschreitung f [tra]
below surface untertage (im Bergbau) [roh]
below the dew-point Taupunktunterschreitung f [air]
belowstairs Kellertreppe f [bau]
belt Gürtel m; Gurt m (Fördergurt); Riemen m (auch Treibriemen) [tra]; Band n (Gurt)
belt assembly Fließbandmontage f
belt brake Bandbremse f [tec]
belt canal Randkanal m [was]
belt carrier Bandförderer m [prc]
belt change Gurtwechsel m [tec]
belt conveyance Bandförderung m [prc]
belt conveyer, horizontal - Horizontalförderband n [prc]
belt conveying Bandförderung f (Streckenförderung) [prc]; Streckenförderung f (Bandförderung) [roh]
belt conveyor Bandförderanlage f [prc]; Bandförderer m [prc]; Fördergurt m; Gurtbandförderer m [prc]; Gurtförderband m [prc]; Gurtförderer m [prc]; Förderband n; Transportband n [mbt]
belt conveyor for coal Kohlenförderband n [pow]
belt conveyor system Bandanlage f; Förderbandanlage f
belt conveyor, reversible - Reversierband n [tec]
belt creep Riemenschlupf m [tec]
belt drier Bandtrockner m [prc]
belt drive Bandtrieb m [tec]; Riemenantrieb m [tec]; Riementrieb m [tec]; Riementrieb m [tec]
belt drive pulley Bandantriebstrommel f [tec]
belt drum Bandwalze f [tec]
belt fastener Riemenkralle f [tec]; Riemenverbinder m [tec]
belt filter Bandfilter m [prc]
belt filter press Bandfilterpresse f [prc]
belt fork Riemengabel f [tec]
belt friction Riemenreibung f [tec]
belt grinding machine Bandschleifmaschine f [wzg]
belt grip Gurthaftung f [tec]
belt guard Riemenschutz m [tec]
belt highway Ringstraße f [tra]
belt idler Leitrolle f (Band) [tec]; Spannrolle f (Band) [tec]; Tragrolle f (Förderband) [tec]
belt idler pulley Riemenleitrolle f (Förderband) [tec]
belt joint Riemenverbindung f [tec]; Riemenverbinder m [tec]; Riemenschloss n [tec]
belt off-track limit switch Bandschieflaufendschalter m [mbt]
belt pull Gurtzug m [tec]; Riemenzug m [tec]
belt pulley Gurtscheibe f [tra]; Riemenscheibe f (Treibriemenscheibe) [tec]
belt rivet Riemenniet m [tec]

belt sander Bandschleifer m [wzg]
belt slip Riemenschlupf m [tec]
belt speed Riemengeschwindigkeit f (Riemenantrieb) [tec]
belt stacker Bandabsetzer m [mbt]
belt strand Riementrum n [tec]
belt strap Gurtband n
belt stretch Riemendehnung f [tec]
belt stretcher Riemenspanner m [tec]
belt tension Bandspannung f [tec]; Riemenspannung f [tec]; Riemenzug m [tec]
belt tension, initial - Riemenvorspannung f [tec]
belt tensioning device Bandspannvorrichtung f [tec]
belt tightener Riemenspannrolle f [tec]; Riemenspannvorrichtung f [tec]; Riemenspanner m [tec]
belt tightener pulley Riemenspannrolle f [tec]
belt tightening device Riemenspannvorrichtung f [tec]
belt tightening roller Riemenspannrolle f [tec]
belt training Gurtbandausrichtung f [tec]
belt training idler Bandführungsrolle f (Förderer) [tec]; Gurtlenkrolle f (Förderer) [tec]
belt transmission Riemenübertragung f [tec]; Riemenantrieb m [tec]; Riementrieb m [tec]
belt weigher Bandwaage f [any]
belt width Riemenbreite f [tec]
belt wrap Bandumschlingungswinkel m (Riementrieb) [con]
belt wrapper Riemenwickler m [tec]
belt, abrasive - Schleifband n [wer]
belt, width of - Gurtbreite f
belt-driven riemengetrieben [tec]
belt-troughing idler Bandführungsrolle f (muldenförmige Förderer) [tec]
belting-in Durchdrehen n (von Riemen, Bändern) [tec]
bench Bank f (Werkbank) [wer]; Sitzbank f; Strosse f (Tagebau, Planum für Gerät) [roh]; Flussufer n
bench brake Blechbiegemaschine f [wzg]
bench drilling machine Tischbohrmaschine f [wzg]
bench hammer Bankhammer m [wzg]
bench hutch Strossenhaus n (Schutz Kabelanschlüsse über Tage) [roh]
bench mark Höhenmarke f; Fixpunkt m (allgemein); Fixpunkt m (Vermessung) [any]
bench test Laborversuch m
bench tools Bankwerkzeuge n [wzg]
bench-type drilling machine Tischbohrmaschine f [wzg]
benching Randstreifen m [tra]
benchmark Bezugspunkt m; Festpunkt m; Höhenfestpunkt m; Vergleichspunkt m [any]
benchmark, biological - biologischer Maßstab m
bend Abbiegung f; Biegung f (Straßenkurve); Durchbiegung f; Einbuchtung f (Straße) [tra]; Krümmung f (Bogen); Kurve f (Straßenbau); Schleife f (Fluss); Bogen m (Rohrbogen) [bau]; Knick m; Krümmer m; Rohrbogen m [tec]; einbiegen n

bend abkanten *v* (auf Abkantpresse) [wer]; beugen *v*; biegen *v* (entlang Biegelinie) [wer]; krümmen *v* (biegen); umknicken *v*; verbeulen *v*; verbiegen *v* (mit oder ohne Absicht) [wer]
bend as far as possible durchbiegen *v*
bend at right angles abkröpfen *v* [wer]
bend connector Bogenstück *n* [tec]
bend line Biegelinie *f* [con]
bend line, bottom - Biegelinie, unten - *f* [con]
bend loss Verlust durch Umlenkung *m* [pow]
bend over umbiegen *v*
bend press Abkantpresse *f* [wzg]
bend pulley Umlenktrommel *f* [tec]
bend radius Krümmungsradius *m* [con]
bend test Biegeprobe *f* [any]
bend test specimen Biegeprobe *f* (verwendetes Teststück) [any]
bend up aufbiegen *v* [wer]
bend, radius of - Biegeradius *m* [con]
bended geneigt (gebogen)
bending Beugung *f* (Biegen) [wer]; Durchbiegung *f*; Biegehalbmesser *m* [con]; Biegen *n* [wer]
bending beam Spannbalken *m* [bau]
bending deformation Biegeverformung *f*
bending device Abkantvorrichtung *f* [wer]; Biegevorrichtung *f* [wzg]
bending elasticity Biegeelastizität *f*
bending endurance Dauerbiegefestigkeit *f* [met]
bending fatigue behaviour Biegeschwingungsverhalten *n*
bending fatigue strength Biegeschwingungsfestigkeit *f*; Dauerbiegefestigkeit *f* [met]
bending force Biegekraft *f*
bending line Biegelinie *f* [con]
bending line, bottom - Biegelinie, unten - *f* [con]
bending line, top - Biegelinie, oben - *f* [con]
bending loading Biegebelastung *f*
bending machine Biegemaschine *f* [wzg]; Kantmaschine *f* [wzg]
bending momentum Biegemoment *n*
bending resistance Biegungssteife *f*
bending rigidity Biegesteifigkeit *f*
bending roll Biegewalze *f* [wzg]
bending schedule Biegeliste *f* [bau]
bending strain Biegebelastung *f*
bending strength Biegefestigkeit *f* [met]; Biegezähigkeit *f*
bending stress Biegebeanspruchung *f*; Biegespannung *f*
bending stress fatigue limit Dauerbiegewechselfestigkeit *f* [met]
bending test Biegeprobe *f* [any]; Biegeversuch *m*
bending wave Biegungswelle *f* (des Drahtes) [met]
bending wrench Biegezange *f* [wzg]
benefication Nutzbarmachung *f* (Veredlung)
beneficial, ecologically - umweltfreundlich
beneficiary certificate Werksattest *n* (bei Lieferungen) [any]

beneficiate veredeln *v*
beneficiation Veredlung *f* (Kohle)
benefit Gewinn *m* (Nutzen, Vorteil); Nutzen *m*; Vorteil *m*
benefits for social security Sozialabgaben *pl* (Arbeitgeber) [eco]
benefits, social - soziale Leistungen *pl* [jur]
bent gebogen [wer]; gekrümmt (auch Straße); gekrümmt (gebogen) [wer]; krumm; verbeult; verbogen
bent Rahmentragwerk *n* [bau]
bent axis Schrägachse *f* (an Hydraulikpumpe) [tec]
bent characteristic Knickkennlinie *f* [elt]
bent lever Winkelhebel *m* [tec]
bent lug link plate Winkellasche *f* [tec]
bent pipe Krümmer *m* (Rohr-); Knierohr *n*
bent tile Dachpfanne *f* [bau]
bent tube gebogenes Rohr *n*; Winkelrohr *n* [tec]
bent tube boiler Steilrohrkessel *m* [pow]
bent-axis design Schrägachsenbauart *f* (Hydraulikmotor) [con]
bent-axis motor Schrägachsenmotor *m* (Hydraulik) [tec]
benzaldehyde Benzaldehyd *n* [che]
benzene Benzol *n* [che]
benzene hydrocarbon Benzolkohlenwasserstoff *m* [che]
benzene plant Benzolanlage *f*
benzene poisoning Benzolvergiftung *f* [hum]
benzene residue Benzolrest *m* [che]
benzine Waschbenzin *f* [met]; Benzin *n* (Leichtbenzin) [che]
benzine burner Benzinbrenner *m* [pow]
benzol Benzol *n* [che]
benzol recuperation Benzolrückgewinnung *f*
benzol varnish Benzollack *m*
benzyl alcohol Benzylalkohol *m* [che]
berm Böschung *f* (am Fluss)
berth Anlegestelle *f* [tra]; Anlegeplatz *m* [tra]; Slip *m* (Helling) [tra]
beryllium Beryllium *n* (chem. El.: Be) [che]
beside neben (z.B. neben dem Haus); seitwärts
besides neben (außer, zusätzlich)
Bessemer bulb Bessemer-Birne *f* (Stahlerzeugung) [roh]
Bessemer converter Bessemer-Birne *f* (Stahlerzeugung) [roh]
best available control technology not entailing excessive costs beste verfügbare Technologie, die keine übermäßigen Kosten verursacht - *f*
best-before date Mindesthaltbarkeitsdatum *n*
beta-emitter Betastrahler *pl* [phy]
beta-radiation Betastrahlung *pl* [phy]
beta-radiator Betastrahler *pl* [phy]
beta-rays Betastrahlen *pl* [phy]
beta-spectrometer Betaspektrometer *n* [phy]
betterment Verbesserung *f* (Wertsteigerung) [eco]; Wertsteigerung *f* [eco]
bevel schief (abgeschrägt); schrägwinklig

bevel Abschrägung *f*; Fase *f* (Kante) [con]; Schrägkante *f* [tec]; Kantenbruch *m* [tec]
bevel abschrägen *v* (abkanten) [wer]; anschrägen *v* [wer]; gehren *v* [wer]; verschrägen *v* [wer]
bevel and spur gear unit Kegelstirnradgetriebe *n* [tec]
bevel box, final drive - Sekundärgetriebe *n* [tec]
bevel drive gear Antriebskegelrad *n* [tra]
bevel drive pinion Antriebskegelrad *n* [tra]
bevel edge Fase *f* (Kante) [con]
bevel epicyclic train Kegelradumlaufgetriebe *n* [tec]
bevel for welding anarbeiten *v* (eine Schweißfase) [wer]
bevel gear Kegelradkranz *m* [tec]; Kegelrad *n* [tec]; Kegelradgetriebe *n* [tra]; Ritzel *n* [tec]; Tellerrad *n* (Kegelrad) [tec]
bevel gear casing Kegelradgehäuse *n* [tra]
bevel gear drive Kegelradantrieb *m* [tec]; Kegelgetriebe *n* [tec]
bevel gear housing Kegelradgehäuse *n* [tec]
bevel gear pinion Kegelrad *n* [tec]; Kegelritzel *n* [tec]
bevel gear set Kegelradsatz *m* [tec]; Kegelradsatz *m* (Getriebe) [tec]; Kegelradgetriebe *n* [tec]
bevel gear shaft Kegelradwelle *f* [tec]; Kehlradwelle *f* [tec]
bevel gear unit Kegelradgetriebe *n* [tec]
bevel gear wheel Kegelradantrieb *m* [tra]
bevel gear, skew - Schrägzahnkegelrad *n* [tec]; Schrägzahnrad *n* [tec]
bevel gearing Kegelgetriebe *n* [tec]
bevel helical gearbox Kegelstirnradgetriebe *n* [tec]
bevel hub Kegelnabe *f* [tec]
bevel joint schräge Verbindung *f* [tec]; schräger Stoß *m* [tec]
bevel joint piston ring Kolbenring mit schrägem Stoß *m* [tec]
bevel pin Kegelstift *m* [tec]
bevel pinion Kegelritzel *n* [tec]; kleines Kegelrad *n* [tec]
bevel ring Fasenring *m* [tec]
bevel roller bearing Kegelrollenlager *n* [tec]
bevel sawing Gehrungssägen *n*
bevel seam HV-Naht *f* [wer]
bevel spur gear Kegelrad *n* [tec]; Kegelstirnrad *n* [tec]
bevel washer schräge Unterlegscheibe *f* [tec]
bevel wheel Kegelrad *n* [tec]
bevel-geared chain pulley block Kegelradflaschenzug *m* [tec]
bevelled gefast [wer]; geschnitten [wer]; kantig
bevelled glass Glas mit geschliffenen Rändern *n* [tec]
bevelled washer schräge Unterlegscheibe *f* [tec]
bevelling Abfasung *f*
beverage Getränk *n*
beverage can Getränkedose *f* [rec]
beverage carton Getränkekarton *m* [rec]
beverage packaging Getränkeverpackung *f* [rec]
beverage packing Getränkeverpackung *f* [rec]

beyond jenseits
bezel Einfassung *f* (Uhr) [tec]
bezelder Glasrand *m* (Uhr) [tec]
bi-drum boiler Zweitrommelkessel *m* [pow]
bi-metal spring Bimetallfeder *f* [tec]
biannual zweijährig (zweimal pro Jahr)
biaxial zweiachsig
bibasic doppelbasisch [che]
bicycle Fahrrad *n* [tra]; Zweirad *n* [tra]
bicycle chain Fahrradkette *f* [tra]
bicycle pump Fahrradpumpe *f* [tra]
bicycle track Radfahrweg *m* [tra]
bid Angebot *n* [eco]; Preisangebot *n* [eco]
bid Angebot machen *v* [eco]
bid drawing Angebotszeichnung *f* [eco]
bid preparation Angebotserarbeitung *f* [eco]
bid team organisation chart Angebotsorganisationsplan *m* [eco]
bid validate Bindefrist *f* [eco]
bid, make a - Angebot machen *v* [eco]
bidder Anbietender *m* [eco]; Anbieter *m* [eco]
bidding period Ausschreibungsfrist *f* [eco]
bidet Bidet *n* [bau]
biennial zweijährig
bifilar zweiadrig [elt]
bifurcated gabelförmig [tra]; gespalten (gegabelt)
bifurcated bolt Gabelschraube *f* [tec]
bifurcated pipe Gabelrohr *n* [tra]
bifurcated rivet Spaltniet *m* [tec]; Zweispitzniet *m* [tec]
bifurcation Abzweigung *f* [tra]; Aufspaltung *f* (Gabelung) [tra]; Gabelung *f* (Straße) [tra]; Verzweigung *f* (Straße) [tra]
big bag Großgebinde *n*
big concern Großbetrieb *m*; Großunternehmen *n*
big industry Großindustrie *f*
big mill Grobeisenstraße *f* [met]
bike Fahrrad *n* [tra]; Zweirad *n* [tra]
bilateral zweiseitig (Vertrag)
bilateral bearing doppelseitige Lagerung *f* [tec]
bilge Bilge *f* [tra]; Kielraum *m* (Schiff) [tra]
bilge oil Bilgenöl *n* [tra]
bilge pump Lenzpumpe *f* [tra]
bilge water Bilgenwasser *n* [tra]
bill Rechnung *f* (kaufmännisch) [eco]; Geldschein *m* ((A)) [eco]; Gesetzentwurf *m* [jur]
bill for quantities Aufmaß machen *v* [con]
bill of lading Frachtbrief *m* (Seefracht) [tra]; Warenlieferschein *m* [eco]; Konnossement *n* (Frachtbrief) [tra]
bill of material Stückliste *f*
bill of material, engineering - Konstruktionsstückliste *f* [con]
bill of quantities Leistungsverzeichnis *n*
billet Bramme *f* (Knüppel) [roh]; Barren *m* [met]; Bolzen *m* (Metallbolzen); Knüppel *m* (z.B. Stahl, Roheisen) [roh]
billet probe holder Knüppelprüfer *m* (Halter) [any]
billet sledge Knüppelschlitten *m* [tec]

billet test installation Knüppelprüfanlage *f* [any]
billion Billion *f*; Milliarde *f* ((A))
bimetal Bimetall *n* [met]
bimetal relay Bimetallrelais *n* [elt]
bimetal switch Bimetallschalter *m* [elt]
bimetal thermometer Bimetallthermometer *n* [any]
bimetallic balance Bimetallunruh *f* (Uhr) [tec]
bimetallic piston Bimetallkolben *m* [tec]
bimetallic strip Bimetallstreifen *m* [met]
bimolecular bimolekular
bimolecular reaction bimolekulare Reaktion *f* [che]
bin Büchse *f*; Tonne *f* (Mülltonne) [rec]; Behälter *m* (Tonne); Bunker *m* (Behälter); Eimer *m* (Abfalleimer); Silo *m*; Magazin *n* (Behälter)
bin cabinet Behälterschrank *m*
bin for recoverables Wertstoffbehälter *m* [rec]
bin-and-feeder system Zwischenbunkerung *f* [tra]
binary binär
binary cell Binärelement *n* [mat]
binary character Binärzeichen *n* [mat]
binary data Binärdaten *pl* [edv]
binary digit Binärziffer *f* [mat]
binary display Binäranzeige *f* (Software) [edv]
binary field Binärfeld *n* (Speicher) [edv]
binary image Binärbild *n* [edv]
binary input Binäreingabe *f* (Software) [edv]
binary item Binärfeld *n* (Speicher) [edv]
binary mixture Zweistoffgemisch *n* [met]
binary notation binäre Darstellung *f* [mat]
binary number Binärzahl *f* [mat]; Dualzahl *f* [mat]
binary pattern Bitmuster *n* (Software) [edv]
binary real number Gleitkommazahl *f* [mat]
binary representation Darstellung *f* [mat]
binary signal binäres Signal *n* [edv]; Binärsignal *n* [edv]
binary signal processing Binärsignalverarbeitung *f* [edv]
binary system binäres System *n* [che]; Dualsystem *n* [mat]; Zweistoffgemisch *n* [met]
binary-coded binärverschlüsselt [edv]; dual verschlüsselt [mat]
bind Binden *n* (Programm-Module) [edv]
bind anlagern *v* [che]; anziehen *v* (Mörtel); binden *v* (Programm-Module) [edv]; ketten *v* (unauflösbar binden); klemmen *v* (festklemmen); umwickeln *v*; verknüpfen *v* (Software) [edv]
binder Binderfarbe *f* (Binder) [met]; Mappe *f* (zum Abheften); Binder *m* (für Mauerwerk) [bau]; Vernetzer *m* (Kleber) [met]; Bindemittel *n* [met]; Trägermetall *n* [met]
binder resin Bindeharz *n* [met]
binder, hot - Heißbindemittel *n* [met]
binding Bindung *f* (in chem. Verbindungen) [che]; Bindung *f* (von Programmelementen) [edv]; Einband *m* (Buch); Binden *n* (Programm-Module) [edv]
binding agent Klebstoff *m* [met]; Bindemittel *n* [met]

binding beam Unterzug *m* (Bauteil) [tec]
binding energy Bindungsenergie *f* [che]
binding force Bindungskraft *f* [bau]
binding heat Bindungswärme *f* [che]
binding licence Bewilligung *f* [jur]
binding material Klebstoff *m* [met]; Bindemittel *n* [met]
binding of water Wasserbindung *f* [che]
binding power Bindekraft *f*
binding rivet Heftniet *m* [tec]
binding screw Anschlussschraube *f* [tec]; Klemmschraube *f* [tec]
binding wire Bindedraht *m* [met]
binding, not - unverbindlich
binomial binomisch [mat]
binomial Binom *n* [mat]
bio-aeration Belebungsverfahren *n* [was]
bio-alcohol plant Bioalkoholanlage *f* [che]
bio-electric bioelektrisch [bio]
bio-indicator Umweltindikator *m*
bioagriculture Biolandbau *m* [far]
bioalcohol Bioalkohol *m*
bioanalysis Biotest *m* [any]
bioassay biologische Prüfung *f* [any]; Lebendversuch *m* [any]
biobattery Biobatterie *f*
biocatalyst Biokatalysator *m* [bio]
biochemical biochemisch [che]
biochemicals Biochemikalien *pl* [che]
biochemistry Biochemie *f* [che]
biocontainer Biotonne *f* [rec]
bioconversion biologische Umwandlung *f* [bio]
bioconverter Biokatalysator *m* [bio]
biocycle Biozyklus *m*
biodegradability biologische Abbaubarkeit *f* [bio]
biodegradable biologisch abbaubar [bio]
biodegradable lubricants biologisch abbaubare Schmierstoffe *pl* [met]
biodetergent biologisches Waschmittel *n* [met]
biodiversity natürliche Vielfalt *f* [bff]
bioenergy Bioenergie *f*
bioengineering Biotechnik *f* [bio]
bioethanol Bioethanol *n* [che]
biofilter Biofilter *m* [air]
biofuel Biobrennstoff *m* [pow]
biogas Biogas *n* [bio]; Faulgas *n* [was]
biogas energy Biogasenergie *f*
biogas generator Biogasanlage *f* [bio]
biogas plant Biogasanlage *f* [bio]
biogenic biogen [bio]
biogenic aeration biogene Belüftung *f*
biogeography Biogeografie *f* ((variant)); Biogeographie *f*
biohouse Biohaus *m* [bau]
bioindicator Bioindikator *m* [bio]
biological bioaktiv [bio]; biologisch
biological collapse, reach the stage of - umkippen *v* (Fluss, See) [bff]
biology Biologie *f*

biomass Biomasse *f*
biomass production Biomasseproduktion *f* [far]
biomethanation Biogaserzeugung *f* [bio]
biopaint Biolack *m* [che]
biopesticide Pflanzenschutzmittel auf Naturstoffbasis *n*
biophilic biophil
biopoison Biogift *n*
bioreactor Bioreaktor *m*
bioscrubber Biowäscher
bioshop Bioladen *m*
biosphere Biosphäre *f* [bio]
biostabilizer Biostabilisator *m* [bio]
biosynthesis Biosynthese *f* (Biochemie) [bio]
biosystem Biosystem *n* [bio]
biotank Biotonne *f* [rec]
biotechnology Biotechnologie *f* [bio]
biotest biologische Prüfung *f* [any]; Biotest *m* [any]
biotope Biotop *n*
biotransformation Biotransformation *f*
bioturbation Störung von Sedimenten durch lebende Organismen *f* [was]
biowaste Biomüll *m* [rec]
biowastes biologische Abfallstoffe *pl* [rec]
biplane Doppeldecker *m* (Flugzeug) [tra]
bipolar bipolar [che]
bird's view Draufsicht *f* [con]
birdcage construction Prismenbau *m* (Uhr) [con]; Vierpfeilerbau *m* (Uhr) [con]
birth Geburt *f*
birth rate Geburtenrate *f*
bisexual zweigeschlechtlich [bff]
bismuth Wismut *n* (chem. El.: Bi) [che]
bismuth oxide Wismutoxid *n* [che]
bisulfate Bisulfat *n* [che]
bit Binärziffer *f* [mat]; Schneide *f* [mbt]; Bart *m* (am Schlüssel); Bohrmeißel *m* [wzg]; Bit *n* (Binärstelle, binary digit); Ende *n* (kleines Stück); Stück *n* (kleines)
bit by bit bitweise [edv]
bit combination Bitmuster *n* (Software) [edv]
bit error Bitfehler *m* (Software) [edv]
bit falsification Bitfehler *m* (Software) [edv]
bit string Bitfolge *f* (Software) [edv]; Bitkette *f* (Software) [edv]
bit-map graphics Punktgraphik *f* [edv]
bit-oriented bitorientiert [edv]
bite Stich *m*
bite beißen *v*; zerstören *v* (Korrosion) [met]
bite angle Greifwinkel *m* [tec]
bite ring Schneidring *m* (Verschraubung) [tec]
bite-type fitting joint Schneidringverschraubung *f* [tec]
biting scharf (Säure) [che]
bitmapped graphics Punktgraphik *f* [edv]
bits of paper Papierschnitzel *pl*
bitter earth Magnesia *f* [min]
bitter spar Dolomit *m* [min]
bitumen Asphalt *m* [met]; Bitumen *n* [met]

bitumen layer Bitumenschicht *f*
bitumen lining Bitumendichtung *f*
bitumen pavement Asphaltbefestigung *f* [bau]; Bitumendecke *f* (Straßenbau) [tra]
bitumen sealing Bitumenabdichtung *f*
bitumen wearing course Asphaltdecke *f* [bau]
bitumen, asphaltic - Bitumen *n* [met]
bitumen, hot - Heißbitumen *n* [met]
bitumen-based asphalthaltig [che]
bituminate asphaltieren *v* [bau]; bituminieren *v*
bituminization Asphaltieren *n* [bau]
bituminize asphaltieren *v* [bau]; bituminieren *v*
bituminized bitumengebunden
bituminized sheet Bitumenbahn *f*
bituminizing Imprägnierung mit Bitumen *f* [wer]
bituminous bitumenhaltig; bituminös
bituminous coal Fettkohle *f* [roh]; Steinkohle *f* [roh]
bituminous coal deposit Steinkohlenvorkommen *n* [roh]
bituminous coal mine Steinkohlenbergwerk *n* [roh]
bituminous coal mining Steinkohlenbergbau *m* [roh]
bituminous coal tar Steinkohlenteer *m* [met]
bituminous felt Dachpappe *f* [bau]
bituminous joint filler Fugenvergussmasse *f* [tra]
bituminous paint Bitumenanstrich *m* [che]; bituminöser Anstrich *m*
bituminous pavement Asphaltdecke *f* [bau]; Schwarzdecke *f* (Straße) [tra]
bituminous roofing felt Teerpappe *f* (Dach) [met]
bituminous seal Bitumendichtung *f*
bituminous shale Ölschiefer *m* [geo]
bituminous surface Bitumendecke *f* (Straßenbau) [tra]
bituminous surfacing Asphaltierung *f* [bau]; Schwarzdecke *f* (Straße) [tra]
bivalence Zweiwertigkeit *f* [che]
bivalent bivalent [che]; doppelwertig [che]; zweiwertig [che]
biweekly vierzehntägig; zweiwöchentlich
black schwarz
black blue schwarzblau (RAL 5004) [nor]
black bolt rohe Schraube *f* [tec]
black brown schwarzbraun (RAL 8022) [nor]
black copper Schwarzkupfer *n* [met]
black cotton soil Schwarzerde *f* [bod]
black dye Schwärze *f* [che]
black earth Schwarzerde *f* [bod]
black economy Schattenwirtschaft *f* [eco]
black green schwarzgrün (RAL 6012) [nor]
black grey schwarzgrau (RAL 7021) [nor]
black ice überfrierende Nässe *f* (Glatteis); Glatteis *n* (überfrierende Nässe)
black iron metallurgy Schwarzmetallurgie *f* [tec]
black iron plate Schwarzblech *n* [met]
black lacquered schwarzlackiert [wer]
black lead Grafitstift *m* ((variant)); Graphitstift *m* (Schreibgerät); Grafit *n* ((variant)) [min]; Graphit *n* [min]
black liquor Sulfitablauge *f* [rec]

black liquor recovery boiler Schwarzlaugenkessel *m* [pow]
black market Schwarzmarkt *m* [eco]
black mould Düngererde *f* [far]
black olive schwarzoliv (RAL 6015) [nor]
black pigment Schwarzpigment *n* [che]
black pitch Schwarzpech *n* [met]
black plate Feinstblech *n* [met]
black red schwarzrot (RAL 3007) [nor]
black rot Schwarzfäule *f* [bio]
black sheet Schwarzblech *n* [met]
black top Straßenoberfläche *f* (z.B. Asphalt) [bau]
black top material Schwarzmaterial *n* (Asphalt, Teerdecke) [tra]
black-and-white film Schwarzweißfilm *m*
black-out verdunkeln *v* (vollständig)
blackboard Tafel *f* (Wandtafel)
blackboard method Tafelmethode *f*
blacken einschwärzen *v*; schwärzen *v*
blackening Schwärzung *f*
blackish schwärzlich
blackness Schwärze *f*
blackout Verdunkelung *f*; Ausfall *m* (Mangel); Stromausfall *m* [elt]; Zusammenbruch *m*
blackout failure Totalausfall *m*
blacksmith Schmied *m* [wer]
blacksmith's hammer Schmiedehammer *m* [wzg]
blacktop Schwarzdecke *f* (Verschleißoberfläche) [tra]; Teerdecke *f* (Asphaltoberfläche) [bau]
bladder Blase *f* (z.B. Harnblase) [hum]
bladder accumulator Blasenspeicher *m* (pneumatischer Speicher) [tec]
bladder-type accumulator Blasenspeicher *m* (Hydraulik) [tec]; Druckblasenspeicher *m* (Hydraulik) [tec]; Druckspeicher *m* (Hydraulik) [tec]
blade Klinge *f* (Messer, Rasierklinge); Schar *f* (des Graders) [mbt]; Schaufel *f* (Turbine); Schneide *f* (Klinge) [wzg]; Flügel *m* (Rührwerk); Band *n* (zum Messen) [any]; Blatt *n* (Säge) [wzg]; Messer *n* (Klinge) [wzg]; Schaufelblatt *n* (Turbine) [pow]; Schild *n* (am Grader) [mbt]
blade angle Schaufelanstellung *f* (Turbine) [pow]
blade attachment Schaufelbefestigung *f* (Turbine) [pow]
blade back Schaufelrücken *m* (Turbine) [pow]
blade breakage Schaufelsalat *m* (Turbine) [pow]
blade carrier Schaufelträger *m* (Turbine) [pow]
blade control Scharsteuerung *f* [mbt]
blade cylinder Scharzylinder *m* [mbt]
blade distortion Schaufelverdrehung *f* (Turbine) [pow]
blade drier Schaufeltrockner *m* [prc]
blade efficiency Schaufelwirkungsgrad *m* (Turbine) [pow]
blade end Schaufelspitze *f* (Turbine) [pow]; Schaufelkopf *m* (Turbine) [pow]
blade exposure to steam Dampfbeaufschlagung *f* (auf Turbine) [pow]

blade extension Scharverlängerung *f* [mbt]
blade foot Schaufelfuß *m* (Turbine) [pow]
blade fouling Schaufelverschmutzung *f* (Turbine) [pow]
blade group Schaufelsegment *n* (Turbine) [pow]
blade height Schaufelhöhe *f* (Turbine) [pow]
blade inlet Schaufeleintritt *m* (Turbine) [pow]
blade installation Beschaufeln *n* [wer]
blade leading edge Schaufelvorderkante *f* (Turbine) [pow]
blade length Blatthöhe *f* (Schaufelblatt) [pow]
blade lift arm Hubarm für Planierschild *m* [mbt]
blade mixer Blattrührer *m* [prc]
blade mounting Schaufelbefestigung *f* (Turbine) [pow]
blade outlet Schaufelaustritt *m* (Turbine) [pow]
blade outlet edge Schaufelabströmkante *f* (Turbine) [pow]; Schaufelhinterkante *f* (Turbine) [pow]
blade position Schaufelstellung *f* (Turbine) [pow]
blade ring Laufschaufelkranz *m* [mbt]; Schaufelkranz *m* (Turbine) [pow]
blade row Schaufelreihe *f* (Turbine) [pow]
blade salad Schaufelsalat *m* (Turbine) [pow]
blade seal Schaufelabdichtung *f* (Turbine) [pow]
blade section Schaufelprofil *n* (Turbine) [pow]
blade spacing Schaufelteilung *f* (Turbine) [pow]
blade spring Lamellenfeder *f* [tec]
blade support frame Hobelkreuz *n* (des Graders) [mbt]
blade taper ratio Schaufelverjüngungsverhältnis *n* (Turbine) [pow]
blade tip Schaufelspitze *f* (Turbine) [pow]; Schaufelkopf *m* (Turbine) [pow]
blade vibration Schaufelschwingung *f* (Turbine) [pow]
blade wheel Laufrad *n* (der Turbine) [pow]
blade wing Scharseitenblech *n* [mbt]
blade with forked root Schaufel mit Gabelfuß *f* (Turbine) [pow]
blade-contact connector Messerleiste *f* [bau]
bladed wheel Schaufelrad *n* [pow]
blades, adjustable - verstellbare Schaufeln *pl* (Turbine, u.a.) [prc]
blading Beschaufelung *f* [pow]; Beschaufeln *n* [wer]
blading loss Schaufelverlust *m* (Turbine) [pow]
blading seal strip Dichtband *f* (Schaufeln) [pow]
blading segment Beschaufelungssegment *n* [pow]
blading stage Beschaufelungsstufe *f* [pow]
blading station Beschaufelungsstand *m* [pow]
blading station for turbine rotors Beschaufelungsstand für Turbinenläufer *m* [wer]
blading unit Beschaufelungseinheit *f* [pow]
blame, share of the - Mitschuld *f*
blanch bleichen *v* (blass werden) [che]
blank blank (poliert, geschliffen) [met]; leer (unbeschrieben)
blank Leerzeichen *f* (Textverarbeitung); Rohling *m* [met]; Zuschnitt *m* (Vorschnitt des Werkstücks) [wer]

blank

blank ausblenden *v*
blank character Leerzeichen *f* (Textverarbeitung)
blank cheque offener Scheck *m* [eco]
blank column Leerspalte *f* (Textverarbeitung)
blank cut Zuschnitt *m* (Vorschnitt des Werkstücks) [wer]
blank disc Ronde *f* [tec]
blank flange Blindflansch *m* [prc]
blank form, in - unbearbeitet
blank hardening Blindhärten *n* [met]
blank key Leertaste *f* (auf Tastatur) [edv]
blank line Leerzeile *f* (Textverarbeitung)
blank page Leerseite *f* (Textverarbeitung)
blank test Blindprobe *f* [any]; Blindversuch *m* [any]
blank trial Blindversuch *m*
blank-out Ausblendung *f* (auf Schirm) [edv]
blank-out ausblenden *v* (Störungen)
blank-out circuit Ausblendschaltung *f* [elt]
blanket Decke *f* (z.B. Wolldecke)
blanket abschirmen *v* (abdecken); bedecken *v*
blanket insulation Matteisolierung *f*
blanketing Begasung *f* (Inertisieren)
blanking Austastung *f* [elt]; Dunkeltastung *f* [elt]; Schwarztastung *f* (auf Monitor) [edv]; Ausblenden *n* (ganze Fläche leeren); Stanzteil *n* [tec]
blanking control Dunkelsteuerung *f* (Bildschirm) [elt]
blanking cover Schließdeckel *m* [tec]
blanking plug Blindstopfen *m* (in Blechen) [tec]; Sperrstopfen *m* [tec]
blanking-off plate Verschlussplatte *f* [tec]
blast Explosionswirkung *f* (Sicherheitstechnik); Sprengung *f* (im Steinbruch) [roh]; Gebläsewind *m* [air]; Schuss *m* (Sprengen) [roh]; Wind *m* (Ofenwind) [roh]; Gebläse *n* [air]
blast schießen *v* (Bergbau) [roh]; sprengen *v* (im Steinbruch) [roh]
blast air Gebläseluft *f* [air]
blast apparatus Gebläse *n* [air]
blast chamber Sprengkammer *f*
blast cleaning Sandstrahlen *n* [wer]
blast drying Windtrocknung *f* [prc]
blast gauge Windmesser *m* [any]
blast hole Bohrloch *n* (Sprengung)
blast pattern Sprengmuster *n* (z.B. im Tagebau) [roh]
blast pipe Düse *f* (Hüttenwesen) [roh]; Windleitung *f* [roh]; Abblaserohr *n* (am Hochofen)
blast pressure Detonationsdruck *m*; Explosionsdruck *m*
blast superheater Luftüberhitzer *m* [air]
blast table spreader Blastischaufgabe *f* [pow]
blast tank Windkessel *m* [roh]
blast with glass beads strahlen mit Glaskugeln *v* (Heizflächenreinigung) [pow]
blast, hot - heißer Wind *m*
blast-cleaned sandstrahlgereinigt [wer]
blast-furnace Hochofen *m* [roh]; Schachtofen *m* [roh]
blast-furnace burden Möller *m*

blast-furnace casting Hochofenabstich *m* [roh]
blast-furnace cement Hochofenzement *m* [met]
blast-furnace charging Hochofenbeschickung *f* [roh]
blast-furnace coke Hochofenkoks *m* [met]
blast-furnace concrete Hochofenschlackenbeton *m* [met]
blast-furnace crucible Hochofengestell *n* [roh]
blast-furnace dust Gichtstaub *m* [pow]
blast-furnace equipment Hochofenanlage *f* [roh]
blast-furnace gas Gichtgas *n* [pow]; Hochofengas *n* [pow]
blast-furnace gas cleaning Gichtgasreinigung *f* [air]
blast-furnace gas main Gichtgasleitung *f* [pow]
blast-furnace lime Hüttenkalk *m* [met]
blast-furnace mantle Hochofengestell *n* [roh]
blast-furnace mouth Hochofengicht *f* [roh]
blast-furnace plant Hochofenanlage *f* [roh]; Hütte *f* [roh]
blast-furnace process Hochofenprozess *m* [roh]
blast-furnace ring Hochofengestell *n* [roh]
blast-furnace slag Hochofenschlacke *f* [rec]
blast-furnace slag cement Hochofenzement *m* [met]; Hüttenzement *m* [met]
blast-furnace slag sand Hochofenschlackensand *m* [met]
blast-furnace smelting Hochofenschmelze *f* [roh]
blast-furnace throat Hochofengicht *f* [roh]
blast-furnace works Hüttenwerk *n* [roh]
blast-resistant door explosionsgeschützte Tür *f* [bau]
blasted gestrahlt [wer]
blasted material gesprengtes Material *n* [roh]
blasting Sprengarbeit *f* [roh]; Sprengung *f*; Entsanden *n*; Sandstrahlen *n* [wer]
blasting agent Strahlmittel *n* [met]
blasting agents Sprengmittel *n* (z.B. im Bergbau) [roh]
blasting cap Sprengkapsel *f* [roh]
blasting grit Strahlsand *m* [met]
blasting grit, spent - verbrauchter Strahlsand *m* (Oberflächenbehandlung) [rec]
blasting plant, abrasive - Strahlanlage *f* [wer]
blasting powder Schwarzpulver *n* [che]; Sprengpulver *n* [met]
blasting, abrasive - Abstrahlen mit Schleifmittel *n*
blaze Feuer *n* (Leuchten)
blaze fackeln *v*; lodern *v*
blazing heat Gluthitze *f*
bleach ausbleichen *v*; bleichen *v* (ausbleichen) [che]; entfärben *v* [che]
bleach solution Bleichlösung *f* [che]
bleacher Bleichmittel *n* [che]
bleachery Bleiche *f* [che]; Bleicherei *f* [che]
bleaching Bleiche *f* [che]; Bleichen *n* [che]
bleaching agent Bleichmittel *n* [che]
bleaching agent, optical - optischer Aufheller *m* [che]
bleaching bath Bleichbad *n* [che]
bleaching liquor Bleichflüssigkeit *f* [che]
bleaching lye Bleichlauge *f* [che]

bleaching powder Chlorkalk *m* [che]
bleaching process Bleichverfahren *n* [che]
bleaching salt Bleichsalz *n* [che]
bleaching sludge Bleichschlamm *m* [rec]
bleaching soil Bleicherde *f* [bod]
bleaching solution Bleichlauge *f* [che]
bleak tot (Region)
bleed ungeregelte Entnahme *f*
bleed ablassen *v* (Druck, Flüssigkeit); anzapfen *v* [pow]; entlüften *v* (z.B. Bremsleitung); nachlassen *v* (der Spannung)
bleed connection Anzapfstutzen *m* [pow]
bleed groove Entlastungsnut *f* (Ventil) [tec]
bleed line Anzapfleitung *f* [pow]
bleed off Ablaufregelung *f* (z.B. für Öl zum Vorratsbehälter) [pow]; Nebenschluss *m* (wenn Öl zum Zylinder) [tra]
bleed off abfackeln *v* (nicht nutzbare Gase) [air]; ableiten *v* (Spannung) [elt]
bleed oil Lecköl *n* [tra]
bleed pipe Leckleitung *f* [tra]
bleed screw Entlüftungsschraube *f* [tec]
bleed steam Anzapfdampf *m* [pow]
bleed steam tapping point Anzapfstelle *f* [pow]
bleeder Entlüfter *m* (z.B. Bremsleitung)
bleeder pipe Abfackelrohr *n* [air]; Dränsammelrohr *n* [was]
bleeder screw Entlüftungsschraube *f* [tra]
bleeder throttle Entlüftungsdrossel *f* (Hydraulik) [tec]
bleeding Anzapfung *f* [pow]; Entlüften *n* (das Entlüften)
bleeding valve Leckventil *n* [tra]
bleeper Pieper *m* (Piepser) [edv]; Taschenempfänger *m* (Pieper) [edv]
blemish Makel *m* (Fehler)
blend Mischung *f* (z.B. Tee, Kaffee); Vermischung *f* [prc]; Verschnitt *m* (Mischung) [met]; Gemenge *n* [che]
blend beiarbeiten *v* [wer]; mischen *v* (Stoffe); vermengen *v*; vermischen *v* [prc]; verschneiden *v* [prc]
blend by grinding beischleifen *v* [wer]
blended fabrics Mischgewebe *n*
blended mixture Verschnitt *m* (Mischung) [met]
blender Mischer *m* [prc]
blending Mischung *f* (Farben) [met]; Vermengung *f*; Mengen *n*; Mischen *n*
blending agent Zusatzmittel *n* (Verschnitt) [met]
blending bed Mischbettanlage *f* [roh]
blending equipment Mischeinrichtung *f* [roh]
blending reclaimer Mischbettaufnahmegerät *n* [roh]
blight Verfall *m* (Fäule) [bff]
blight zerstören *v* (Pflanzen)
blind blind
blind Abschirmung *f* (Blende); Blende *f* (am Fenster) [bau]; Jalousie *f* [bau]; Verschlussscheibe *f* [tec]
blind verblenden *v*
blind sich zusetzen *vt* (verstopfen)

blind alley Sackgasse *f* [tra]
blind anchorage Blindverankerung *f*
blind cover Blinddeckel *m*
blind current Blindstrom *m* [elt]
blind flange Blindflansch *m* [prc]
blind flight Blindflug *m* [tra]
blind hole Sackbohrung *f* [tec]; Blindloch *n* [con]; Sackloch *n* [tec]
blind landing Blindlandung *f* [tra]
blind plate Blindplatte *f* [tec]
blind rivet Blindniete *f* [tec]
blind rivet pin Blindnietstift *m* [tec]
blind rivet stud Blindnietbolzen *m* [tec]
blind shade Jalousette *f* [bau]
blind shaft Blindwelle *f* (meist Hohlwelle) [tra]
blind-end hole Sackloch *n* [tec]
blinding chippings Streusplitt *n* (Straße) [rec]
blinding concrete Sauberkeitsschicht *f* [bau]
blinker Blinker *m* (Schreibmarke) [edv]
blister Blase *f* (Schweiß-) [hum]
blister copper Blisterkupfer *n* [met]
blister formation Blasenbildung *f* (Oberflächenfehler) [met]
blister steel Brennstahl *m* [met]
blistered blasig
blistering Blasenbildung *f* (Oberflächenfehler) [met]
bloat aufschwemmen *v* [was]
bloating Blähen *n*
block Auflage *f* (Abstützung) [tec]; Aussperrung *f* (bestimmtes Material) [met]; Sperre *f* (Blockierung); Anschlag *m* (auf Anschlag fahren); Block *m* (Wohnblock) [bau]; Häuserblock *m* [bau]; Kloben *m* [wzg]; Klotz *m* (Holzklotz); Körper *m* (z.B. des Motors) [tra]; Stein *m* (Beton) [met]; Steinblock *m* [bau]; Gebäude *n* (Block) [bau]
block blockieren *v* (unterbrechen); dämmen *v*; sperren *v* (blockieren); verbauen *v* (versperren); verblocken *v* [wer]; verriegeln *v* [tec]; versperren *v*; zustellen *v* (versperren)
block and tackle Flaschenzug *m*
block ball valve Blockkugelhahn *m* [tec]
block brake Klotzbremse *f* [mbt]; Klotzsohle *f* (auswechselbarer Bremsschuh) [mbt]
block braked klotzgebremst [mbt]
block clamp Steinklammer *f* (an Lader oder Stapler) [mbt]
block clearance Bremsklotzabstand *m* (Bremsklotzspiel) [con]; Bremsklotzspiel *n* [con]
block diagram Blockdiagramm *n* [con]; Blockschema *n* [con]; Prinzipschaltbild *n* [con]
block entrance Gebäudeeingang *m* [bau]
block flow Medienstrom sperren *v* [prc]
block format Satzaufbau *m* [edv]
block installation Blockeinbau *m* [tec]
block length, variable - variable Blocklänge *f* (Software) [edv]
block leveller Hobelmaschine *f* [wzg]
block load Bremsklotzkraft *f* (am Waggon) [phy]
block model Blockschema *n* [con]

block of dwellings Häuserblock *m* [bau]
block of flats Wohnblock *m* [bau]; Wohnhaus *n* (Mehrfamilienhaus) [bau]
block of houses Häuserblock *m* [bau]
block off abdämmen *v* (abdecken) [bau]; abdichten *v* (absperren); abschirmen *v* (abdecken)
block operation Blockbetrieb *m* (im Tagebau) [roh]
block out aussparen *v* [wer]
block polymer Blockpolymer *n* (Kunststoff) [che]; Blockpolymerisat *n* (Kunststoff) [che]
block polymerization Blockpolymerisation *f* (Kunststoff) [che]
block post Blockstelle *f* (der Bahn) [tra]
block schematic diagram Blockschaltbild *n* [con]; Blockschema *n* [con]
block section Blockabschnitt *m* (der Bahn) [tra]
block signal Blocksignal *n* (der Bahn) [tra]
block system Blocksystem *n* (der Bundesbahn) [tra]
block system, automatic - Selbstblocksystem *n* (der Bahn) [tra]
block tackle Seilflasche *f* [bau]
block terminal Reihenklemme *f* [elt]
block train Blockzug *m* (alle Waggons gleich) [tra]; Vollzug *m* (Blockzug; Wagen alle gleich) [tra]
block tyre Blockreifen *m* [tra]
block up verstopfen *v*
block-out Aussparung *f* [con]
block-type tread Würfelprofil *n* [con]
blockage Blockade *f*; Blockierung *f*; Verstopfung *f* (durch Schmutz, Pfropfen)
blockage blockieren *v* (sperren)
blocked gesperrt
blocked pipe verstopftes Rohr *n*
blockhouse Blockhaus *n* [bau]
blocking Arretierung *f* (Blockieren, Verstopfen); Blockierung *f*; Sperrung *f*; Verriegelung *f* [tec]
blocking brake Haltebremse *f* [tec]
blocking device Blockiereinrichtung *f*; Feststellvorrichtung *f* [tec]; Sperrvorrichtung *f* [tec]
blocking direction Sperrrichtung *f* (Diode) [elt]
blocking gate valve Absperrventil *n*
blocking layer Sperrschicht *f* [met]
blocking oscillator Sperrschwinger *m* [elt]
blocking pin Sperrbolzen *m* [tec]; Sperrstift *m* [tec]
blocking relay Sperrschalter *m* [elt]
blocking screw Blockierschraube *f*
blocking the readout Anzeigensperre *f* [elt]
blood Blut *n* [bff]
blood bag Blutbeutel *m* [rec]
blood circulation Durchblutung *f* [hum]
blood coagulation Blutgerinnung *f* [hum]
blood content Blutbild *n* [any]
blood cycle Blutkreislauf *m* [bff]
blood deficiency Blutmangel *m* [hum]
blood diagnosis Blutdiagnose *f* [any]
blood disease Blutkrankheit *f* [hum]
blood group Blutgruppe *f* [hum]
blood infection Blutinfektion *f* [hum]
blood plasma Blutplasma *n* [bff]

blood poisoning Blutvergiftung *f* [hum]
blood pressure Blutdruck *m* [hum]
blood pressure test Blutdruckmessung *f* [hum]
blood serum Blutserum *n* [bff]
blood supply Blutzufuhr *f* [hum]
blood test Blutprobe *f* [any]
blood transfer Blutübertragung *f* [hum]
blood transfusion Bluttransfusion *f* [hum]; Blutübertragung *f* [hum]
blood vessel Blutgefäß *n* [bff]
bloom Blüte *f* [bff]; Luppe *f* [met]; Massel *f* [met]; Block *m* (Walzblock) [met]; Walzblock *m* (Block) [met]
bloom blühen *v* [bff]
bloom steel Luppenstahl *m* [met]
bloomed blockgewalzt [met]
bloomery iron Herdfrischeisen *n* [met]
blooming Aufhellung *f*; Vorwalzen *n*
blooming mill Blockwalzwerk *n* [met]; Luppenwalzwerk *n* [roh]
blooming rolls Luppenwalzwerk *n* [roh]
blooms Grobeisen *n* [met]
blot Schandfleck *m*
blotting paper Fließpapier *n* [met]
blow Schlag *m*; Stoß *m* (Schlag)
blow blasen *v*; drücken *v* (Fluide); wehen *v*
blow bar Schlagleiste *f* (im Brecher) [mbt]
blow down abblasen *v* (Wasser); abgasen *v* [air]
blow folding press Schlagpresse *f* (zum Abkanten, Schmieden) [wer]
blow forming Blasen *n*
blow in einblasen *v*
blow mould Blasform *f* [met]
blow moulding Blasverfahren *n* [met]
blow moulding machine Blasformmaschine *f* [met]
blow moulds Blaswerkzeuge *pl* (Kunststoff)
blow off abblasen *v* (Dampf) [air]; ausblasen *v* (Dampf); herausplatzen *v* (herausfliegen); verpuffen *v* [che]
blow out ausblasen *v* (löschen); ausblasen *v* (Überhitzer) [pow]
blow up aufblasen *v*; explodieren *v*; sprengen *v* (zur Explosion bringen); zersprengen *v*
blow-down fixture Ausblaseeinrichtung *f* (Ventile)
blow-down operation Abblasebetrieb *m* (Wasser) [pow]
blow-down pipe Ausblaseleitung *f* (Dampf) [pow]
blow-down piping Abblaseleitung *f* [air]
blow-down valve Abschlämmventil *n* [pow]
blow-down vessel Abschlämmbehälter *m* [was]
blow-off Ablass *m*; Abreißen der Brennerflamme *n* [pow]
blow-off capacity Abblaseleistung *f* (des Ventils)
blow-off device Abblasevorrichtung *f*
blow-off operation Abblasebetrieb *m* (Dampfaustritt) [pow]
blow-off pipe Abblaserohr *n* [pow]; Ablassrohr *n* [was]; Dampfabblasrohr *n* [pow]
blow-off piping Abblaseleitung *f* [pow]

blow-off rate Abblaseleistung *f* (des Kessels) [pow]
blow-off sound absorber Abblaseschalldämpfer *m* [aku]
blow-off steam Abblasedampf *m* [pow]
blow-off stop valve Abblaseabsperrventil *n* (Dampfaustritt) [pow]
blow-off valve Abblaseventil *n* [air]; Entlastungsventil *n* [prc]; Überdruckventil *n* [prc]
blow-out Funkenlöschung *f* [elt]; Ausbruch *m* (Öl-...)
blow-out coil Blasspule *f* [tec]
blow-out device Ausblaseeinrichtung *f*
blow-out line Ausblaseleitung *f* [pow]
blow-out valve Ausblaseventil *n* [pow]
blowdown Absalzung *f* (Abschlammung) [pow]; Abschlämmung *f* (Absalzung) [pow]
blowdown valve Abschlämmventil *n* [pow]
blower Belüfter *f* [air]; Lader *m* [tra]; Lüfter *m* [air]; Saugzug *m* [pow]; Gebläse *n* [air]; Luftgebläse *n*
blower blade Lüfterschaufel *f* [prc]
blower cover Lüfterhaube *f* [prc]
blower fan Drucklüfter *m* [prc]
blower hub Lüfternabe *f* [prc]
blower pressure Gebläsedruck *m* [air]
blowhole Blase *f* (Gießerei) [met]; Gasblase *f* (Gießen); Luftblase *f* (Einschluss); Lunker *m* [met]
blowholes, formation of - Blasenbildung *f* (Gießerei) [met]
blowing Blasen *n*
blowing agent Blähmittel *n* (Kunststoff)
blowing off Abblasen *n* [air]
blowing process Blasverfahren *n* [met]
blowing up Sprengung *f*
blowing-in device Einblasevorrichtung *f* [pow]
blowing-in, radial - radiale Einblasung *f* [pow]
blowlamp Lötlampe *f* [wzg]
blown film Blasfolie *f* [met]
blown piece Blasteil *n*
blowpipe Abblaseleitung *f*; Brenner *m* (Schweißen) [wzg]; Schneidbrenner *m* [wzg]; Schweißbrenner *m* [wer]; Blasrohr *n* (aus Rauchkammer in Schornstein) [pow]
blowpipe burner Gebläsebrenner *m* [pow]
blowpipe flame Lötflamme *f* [wer]; Stichflamme *f* [pow]
blows, number of - Schlagzahl *f*
blowtorch Lötlampe *f* [wzg]
blue blau
blue black schwarzblau
blue blush Anlauffarbe *f* (nach Hitze) [met]
blue disease Blaufäule *f* (Holz)
blue gel Blaugel *n* [che]
blue green blaugrün (RAL 6004) [nor]
blue grey blaugrau (RAL 7031) [nor]
blue lilac blaulila (RAL 4005) [nor]
blue mould Blauschimmel *m* [bio]
blue sheetings Abschnitte *pl* (Lederindustrie) [rec]
blue-line print Blaupause *f* [con]
blue-print paper Pauspapier *n* [met]
blued gebläut (Metalloberfläche) [met]

blueing plate Tuschierplatte *f* [wer]
blueprint Blaupause *f* [con]; Lichtpause *f*; Pause *f* (Blaupause, Kopie) [con]
blueprint ablichten *v* (Blaupausen)
blueprint paper Blaupauspapier *f* [con]
blueprint tracing Blaupause *f* [con]
blueprints technische Zeichnungen *pl* (allgemein) [con]
bluish green blaugrün
blunder Fehlgriff *m*
blunt stumpf (Schneide); unscharf (Messer)
bluntness Unschärfe *f* (des Messers)
blurred unscharf
board Behörde *f*; Bohle *f* (Planke) [bau]; Karte *f* (Steckkarte) [edv]; Pappe *f*; Platine *f*; Platte *f*; Steckkarte *f* (Platine) [edv]; Steckplatte *f* (Platine) [edv]; Tafel *f* (Holz) [met]; Ausschuss *m* (Komitee); Amt *n*; Brett *n*
board verschalen *v* [wer]
board factory Pappenfabrik *f*
board fence Bretterzaun *m*
board mill Pappenfabrik *f*
board of directors Vorstand *m* [eco]
board of management Unternehmensleitung *f* [eco]
board of managers Vorstand *m* [eco]
board transformer Bordtransformator *m* [tra]
board wall Bohlenwand *f* [bau]
board, acoustic - Akustikplatte *f* [aku]
board, chairman of the - Vorstandsvorsitzender *m* [eco]
board, free of - Fracht bis an Bord im Preis *f*
board, information - Hinweistafel *f*
boarded floor Bretterboden *m*
boarding Verschalung *f* [wer]
boarding-house Fremdenheim *n* [bau]
boards formwork Bohlenschalung *f* [bau]
boardwalk Fußweg *m* (aus Holz neben Fahrweg) [tra]
boat Boot *n* [tra]
boat varnish Bootslack *m* [che]
boat, air cushion - Luftkissenboot *n* [tra]
bob Schwabbelscheibe *f* (Polierwerkzeug) [wzg]
bobbin Haspel *f* (zum Aufrollen des Tonbands); Spule *f*; Spulenkern *m* [elt]
Bode plot Bode-Diagramm *n* (z.B. von elektr. Schaltung) [elt]
bodies of water Gewässer *pl* [was]
bodies of water, use of - Gewässerbenutzung *f* [was]
bodily harm Körperverletzung *f* [jur]
bodily injury Personenschaden *m* (bei Versicherungen) [jur]
body Karosserie *f* (des Autos) [tra]; Mulde *f* (des Dumpers) [mbt]; Aufbau *m* (Fahrzeug-) [tra]; Gehalt *m* (Inhalt); Körper *m* [che]; Körper *m* [bff]; Leib *m* (z.B. menschlicher Körper) [hum]; Rumpf *m*
body burden Körperbelastung *f* [hum]
body cap Gehäusedeckel *m* (Uhr) [tec]
body colour deckende Farbe *f* [met]; Deckfarbe *f* [met]

body dose Körperdosis *f* [hum]
body extension Bordwanderhöhung *f* (am Lkw) [tra]
body force Massenkraft *f* [phy]
body heat Körperwärme *f*
body load Körperbelastung *f* [hum]
body making Karosserierohbau *m* [tra]
body of axle Achsschaft *m* [tec]
body of running water fließendes Gewässer *n* [was]
body of soil Erdmasse *f* [geo]
body of wall Mauerblock *m* [bau]
body of water Wassermasse *f* [was]
body parts Körperteile *pl*
body plan Spantenriss *m* [con]
body plug Karosseriestopfen *m* [tec]
body radiation Körperstrahlung *f* [phy]
body shell Baukörper *m* [bau]
body surface Körperoberfläche *f*
body temperature Eigenwärme *f* [bff]; Körpertemperatur *f*
body up eindicken *v*
body weight Körpergewicht *n*
body, accompanying - Begleitstoff *m*
body, surface of a - Körperoberfläche *f*
body-bound rivet Spreizniet *f* (meist Kunststoff) [tec]
body-cavity sealing Hohlraumversiegelung *f* (Auto) [tra]
body-fit bolt Passschraube *f* [tec]
bodywork Karosserie *f* [tra]
BOF steel Aufblasstahl *m* [met]
bog Sumpf *m* [bod]; Moor *n*
bog down festfahren *v* (im Schlamm); stecken bleiben *v* (im Schlamm) [mbt]
bog iron ore Raseneisenerz *n* [met]
bog removal Baggern *n* [mbt]
bog soil Moorboden *m* [bod]
bog, formation of - Versumpfung *f* [bod]
bogged down steckengeblieben (Auto) [mbt]
boggy sumpfig [bod]
bogie Schwinge *f* [tec]; Drehgestell *n* [tra]; Fahrgestell *n* [tra]; Untergestell *n* [bau]
bogie beam Pendelbalken *m* (Tandemachse) [mbt]
bogie frame Drehgestellrahmen *m* [tra]
bogie pin Drehzapfen *m* (z.B. an Drehgestell) [tra]
bogie pivot Drehpfanne *f* [tec]
bogie runner Laufrolle *f* [tec]
bogie sideframe Drehgestellseitenrahmen *m* [tra]
bogie truck Drehgestell *n* [tra]
bogie unit Drehgestelleinheit *f* [tra]
bogie vehicle Drehgestellwagen *m* [tra]
bogie wheel Laufrad *n* [tec]
bogie-bearing cup Gleiteinlage *f* (in Drehgestellpfanne) [tra]
bogie-bearing pad Gleitplatte *f* [tra]
boil kochen *v* (sieden); sieden *v*
boil down einkochen *v* (Flüssigkeit entziehen); verkochen *v* (konzentrieren) [che]
boil out auskochen *v* (Kessel) [pow]
boil-proof kochfest

boiler Kesselanlage *f* [pow]; Boiler *m* [pow]; Heizkessel *m* [pow]; Kessel *m* (Heizkessel) [pow]; Kocher *m*; Warmwasserbereiter *m* [pow]; Wasserkessel *m* [pow]
boiler air valve Kesselentlüftung *f* [pow]
boiler arrangement drawing Kesselzeichnung *f* (Kesselzusammenstellungs-Zeichnung) [con]
boiler barrel Kesselschuss *m* (gebogenes Blech als Stütze) [tra]
boiler blow-down tank Abschlämmbehälter *m* [pow]
boiler brickwork Kesseleinmauerung *f* [pow]; Kesselmauerwerk *n* [pow]
boiler calculation wärmetechnische Berechnung *f* (Kessel) [pow]
boiler capacity Kesselleistung *f* [pow]
boiler casing Kesselverschalung *f* [pow]
boiler cleaning Kesselreinigung *f* [pow]
boiler cleansing Kesselreinigung *f* [pow]
boiler cleansing compound Kesselsteinlöser *m* (Reinigungsmittel) [pow]; Kesselsteinlösemittel *n* [pow]
boiler column base plate Kesselsäulenfundament *n* [pow]
boiler components Kesselteile *pl* [pow]
boiler control board Kesselpult *n* [pow]
boiler control room Kesselwarte *f* [pow]
boiler cover Kesselmantel *m* [pow]
boiler data Kesselangaben *pl* (Kesseldaten) [pow]
boiler deposit Kesselschlamm *m* [rec]
boiler dimension Kesselabmessung *f* [con]
boiler disturbance Kesselstörung *f* [pow]
boiler drain Kesselablassleitung *f* [pow]
boiler drain valve Kesselablassventil *n* [pow]
boiler drawing Kesselzeichnung *f* [con]
boiler dust Kesselstaub *m* [rec]
boiler efficiency Kesselwirkungsgrad *m* [pow]
boiler end Kesselboden *m* [pow]
boiler explosion Kesselexplosion *f* [pow]
boiler feed pump Dampfkesselspeisepumpe *f* [pow]; Kesselspeisepumpe *f* [pow]
boiler feed water Kesselspeisewasser *n* (auch für Dampflok) [pow]; Speisewasser *n* (für Kessel) [pow]
boiler feed water treatment system Kesselspeisewasseraufbereitungsanlage *f* [pow]
boiler fittings Kesselarmaturen *f* (auch für Dampflok) [pow]
boiler flow temperature Kesselvorlauftemperatur *f* [pow]
boiler flue Kesselzug *m* (Schornstein) [pow]
boiler foundation Kesselfundament *n* [pow]
boiler furnace Kesselfeuerung *f* [pow]
boiler furnace roof Kesseldecke *f* (Feuerraum) [pow]
boiler heating surface Kesselheizfläche *f* [pow]
boiler house Kesselhaus *n* [pow]
boiler instrument panel Instrumententafel *f* (Kesselschild) [pow]
boiler instruments panel Kesselschild *n* (Instrumententafel) [pow]

boiler jacket Boilerisolierung *f*; Kesselverkleidung *f* [pow]
boiler load transmitter Kessellastgeber *m* [pow]
boiler maintenance Kesselwartung *f* [pow]
boiler maker's plate Kesselherstellerschild *n* (Dampflok) [tra]
boiler making plant Kesselschmiede *f* [wer]
boiler name plate Kesselschild *n* (Hersteller) [pow]
boiler outlet Kesselaustritt *m* [pow]
boiler output Kesselleistung *f* [pow]
boiler panel Kesselschild *n* (Instrumententafel) [pow]
boiler panel instruments Kesseltafelinstrumente *pl* [any]
boiler plant Kesselanlage *f* [pow]
boiler plate Kesselblech *n* [pow]
boiler preservation Kesselkonservierung *f* [pow]
boiler pressure Kesseldruck *m* (Dampfkessel) [pow]; Kesseldruck *m* (Dampflok) [tra]
boiler rating Kesselnennleistung *f* [pow]
boiler return Kesselrücklauf *m* [pow]
boiler ring Kesselbekleidung *f* (Kesselringe) [pow]
boiler room Heizraum *m* [pow]; Kesselraum *m* [pow]
boiler routine inspection Kesselüberholung *f* [pow]
boiler salt Kesselschlamm *m* [rec]
boiler scale Kesselstein *m* (Dampfkessel) [pow]; Wasserstein *m* [was]
boiler scale removal Kesselsteinentfernung *f* (Dampfkessel) [pow]
boiler scale solvent Kesselsteinlösemittel *n* [pow]
boiler shell Kesselschuss *m* (gebogenes Blech als Stütze) [tra]
boiler shut-down Kesselaußerbetriebnahme *f* (Abfahren) [pow]
boiler shut-off valve Kesselabsperrschieber *m* [pow]
boiler slag Kesselschlacke *f* [rec]
boiler steel Kesselbaustahl *m* [met]
boiler steel structure Stahlgerüst *n* (Kesselgerüst) [pow]
boiler support Kesselaufhängung *f* [pow]
boiler support steel work Kesselgerüst *n* [pow]
boiler test instrument Versuchsinstrument *n* [any]
boiler top casing Kesseldecke *f* (Blechdecke) [pow]
boiler tube Apparaterohr *n* (Kessel, Apparate) [pow]; Kessel- und Apparaterohr *n* [tec]; Kesselrohr *n* (für Kessel, Apparate) [met]
boiler unit Kesselanlage *f* [pow]; Kesselaggregat *n* [pow]
boiler wash-out Kesselspülung *f* (Spülung) [pow]
boiler water Kesselwasser *n* [pow]
boiler water blow-down Absalzung *f* (Abschlammung) [pow]; Kesselwasserabschlämmung *f* [pow]
boiler welding Kesselschweißen *n* [wer]
boiler with a stationary grate Planrostkessel *m* [pow]
boiler with forced circulation Zwangsumlaufkessel *m* [pow]
boiler with integral furnace Integralkessel *m* [pow]

boiler with natural draught Naturzugkessel *m* [pow]
boiler with pressurized furnace Kessel mit Druckfeuerung *m* [pow]
boiler with slag-tap furnace Schmelzkessel *m* [pow]
boiler, bottom supported - unten abgestützter Kessel *m* [pow]
boiler, hot face of the - Innenwand des Kessels *f* [pow]; Kesselinnenwand *f* (Mauerwerk) [pow]
boiler-pipe Siederohr *n* [pow]
boiler-pressure gauge Kesseldruckmanometer *n* (Dampflok) [any]
boiler-tube Siederohr *n* [pow]
boiler-tube section Kesselschuss *m* (z.B. unter Drehverbindung) [tra]
boiling Aufkochen *n* [prc]; Kochen *n*; Sieden *n*
boiling down Einkochen *n*
boiling liquid expanding vapour explosion Tankexplosion *f* (Flüssiggas)
boiling point Siedepunkt *m* [phy]
boiling point curve Siedekurve *f* [phy]
boiling point, having a high - hochsiedend
boiling point, raising of the - Siedepunktserhöhung *f* [phy]
boiling reactor Siedereaktor *m* (Kerntechnik) [pow]
boiling temperature Siedetemperatur *f* [phy]
boiling test Kochprobe *f*; Kochversuch *m* (z.B. Stahl) [any]
boiling water device Kochendwassergerät *n* [elt]
boiling water reactor Siedewasserreaktor *m* (Kernreaktor) [pow]
bold-face printing Fettdruck *m* (Textverarbeitung)
bollard Anhängenocken *m* (Turbine) [prc]; Leitpfosten *m*; Poller *m* (am Kai) [tra]
bolster Hauptquerträger *m* (des Waggons) [tra]
bolt Schraube *f* (Zylinder-, Sechskant-, usw.) [tec]; Bolzen *m* (Riegel); Dorn *m* (Bolzen, Riegel); Riegel *m* (z.B. im Schloss) [tec]; Schaft *m*; Schieber *m* (Riegel, Bolzen) [tec]; Schraubenbolzen *m* [tec]; Sperrriegel *m* [tec]
bolt festschrauben *v* [wer]; schrauben *v* [wer]; verriegeln *v* [tec]; verschließen *v* (verriegeln); verschrauben *v* [wer]
bolt and nut Schraube und Mutter [tec]
bolt cam Riegelschloss *n* [tec]
bolt circle Lochkreis *m* [con]
bolt connection Bolzenverbindung *f*
bolt contact Riegelkontakt *m* (Sicherheitstechnik) [tec]
bolt coupling Bolzenkupplung *f*
bolt cutter Bolzenschneider *m* [wzg]
bolt extraction Ausziehgewinde *n* [tec]
bolt fastening Bolzenverbindung *f* [tec]; Riegelverschluss *m* [tec]
bolt head Bolzenkopf *m* [tec]; Schraubenkopf *m* [tec]
bolt head impact toughness Kopfschlagzähigkeit *f* (DIN 267-3) [tec]
bolt head, exposed - offen liegender Schraubenkopf *m* [tec]

bolt hole Schraubenbohrung *f* [tec]; Laschenloch *n* [tec]; Schraubenloch *n* [tec]
bolt hook Hakenschraube *f* [tec]
bolt joint Schraubenverbindung *f* [tec]
bolt load Schraubenkraft *f* [tec]
bolt locking device Bolzensicherung *f* [tec]; Schraubsicherung *f* [tec]
bolt on anschrauben *v* (festziehen); schrauben *v* (einer Metallschraube) [wer]
bolt pitch circle diameter Lochkreisdurchmesser *m* [con]
bolt pocket Aussparung für Schrauben *f* [tec]
bolt prestress, initial - Schraubenvorspannung *f* [tec]
bolt protection cap Schraubenschutzkappe *f* [tec]
bolt retainer Schraubsicherung *f* [tec]
bolt screwing connection Bolzenverbindung *f*
bolt shooting Dübeleinschießen *n*
bolt steel Schraubenstahl *m* [met]
bolt stress Schraubenspannung *f* [wer]
bolt terminal Bolzenklemme *f* [elt]
bolt thread Schraubengewinde *n* [tec]
bolt together zusammenschrauben *v* [wer]
bolt torque Schraubenanzugsmoment *n* [tec]
bolt turnbuckle Bolzenspannvorrichtung *f* [tec]
bolt type overspeed trip Bolzensicherheitsregler *m* [pow]
bolt, black - rohe Schraube *f* [tec]
bolt-cutters Bolzenschneider *m* [wzg]
bolt-mounting assembly Bolzenhalterung *f*
bolt-on angeschraubt [wer]
bolt-on teeth Schraubzahn *m* (Hülsenzahn) [tec]
bolt-type emergency governor Bolzenschnellschluss *m* [pow]; Bolzensicherheitsregler *m* [pow]
bolt-type overspeed trip Bolzenschnellschluss *m* [pow]
bolted geschraubt [wer]
bolted connection Bolzenverbindung *f* (mit Durchsteckschraube) [tec]; Schraubverbindung *f* [tec]
bolted connection broken gerissene Schraubverbindung *f* [tec]
bolted connection loose lose Schraubverbindung *f* [tec]
bolted connection overwound überdrehte Schraubverbindung *f* [tec]
bolted flange connection Flanschverschraubung *f* [tec]; verschraubte Flanschverbindung *f* [tec]
bolted flange joint Flanschverschraubung *f* [tec]; verschraubte Flanschverbindung *f* [tec]
bolted joint Schraubenverbindung *f* [tec]
bolted pipe joint Rohrverschraubung mit Bolzen *f* [tec]
bolted union Schraubenverbindung *f* [tec]
bolting Bolzenverschraubung *f* [tec]; Verriegeln *n* [tec]
bolting face Anschraubfläche *f*
bolting force Schraubenkraft *f* [wer]
bolting pressure Schraubendruck *m* [tec]
bomb Bombe *f* (Waffe); Fallbirne *f* [mbt];

Systemzusammenbruch *m* [edv]
bomb abbrechen *v* (wegen Systemfehler) [edv]
bomb calorimeter kalorimetrische Bombe *f* [che]; Bombenkalorimeter *n* [any]
bond Bindung *f* (atomare -) [che]; Brücke *f* (Eisenbahn) [tra]; Einbindelänge *f*; Haftung *f* [met]; Sinter *m*; Verband *m* [bau]; Verbund *m* [tec]; Zusammenschluss *m*; Agglomerat *n*
bond durchbinden *v* [wer]; kleben *v* (binden); verbinden *v*; verkleben *v* (verbinden)
bond angle Bindungswinkel *m* [che]
bond coat Haftbrücke *f* [met]; Haftanstrich *m* [met]
bond energy Bindungsenergie *f* [che]
bond joint, adhesive - Klebestelle *f*; Klebverbindung *f*
bond note Begleitschein *m* (Zoll); Warenbegleitschein *m* [eco]
bond of mortar Mörtelhaftung *f* [bau]
bond plaster Haftputz *m* [bau]
bond strength Abreißfestigkeit *f* (Klebungen) [phy]
bond stress Haftspannung *f* [phy]
bond type Bindungsart *f* [che]; Bindungstyp *m* [che]
bond, adhesive - Klebverbindung *f*
bond-improving haftverbessernd [met]
bonded gefugt (Wand) [bau]; geklebt [wer]; verbunden (verleimt) [wer]
bonded flange Klebeflansch *m*
bonded gasket eingeklebte Dichtung *f* [tec]
bonded joint Klebebefestigung *f* [bau]; Verklebung *f* [tec]
bonded sealing aufgeklebte Dichtung *f* [tec]
bonded-fabric washer Vliesstoffscheibe *f* [met]
bonding Haftung *f* [met]; Klebung *f*; Haftverbund *m* [bau]
bonding agent Kleber *m* [met]; Bindemittel *n* [met]
bonding area Haftfläche *f*
bonding cement Klebekitt *m* [met]
bonding coat Haftbrücke *f* [met]; Haftanstrich *m* [met]
bonding compound Klebemasse *f* [met]
bonding course Haftbrücke *f* [met]
bonding energy Bindungsenergie *f* [che]
bonding equipment Befestigungseinrichtung *f* [tec]
bonding finish Haftputz *m* [bau]
bonding material Bindemittel *n* [met]
bonding medium Bindemittel *n* [met]
bonding mortar Haftmörtel *m* [bau]
bonding sealing Klebedichtung *f* [bau]
bonding strength Haftfestigkeit *f* [met]; Klebefestigkeit *f*
bonding technique Klebetechnik *f*
bonding, adhesive - Aufkleben *n* [wer]
bondstone Bindestein *m* [bau]
bone Knochen *m* [hum]
bone ash Knochenasche *f*
bone black Knochenkohle *f* [che]
bone charcoal Knochenkohle *f* [che]
bone dry knochentrocken; staubtrocken
bone dust Knochenmehl *n* [far]

bone injury Knochenschaden *m* [hum]
bone oil tierisches Öl *n* [met]
bone-meal Knochenmehl *n* [far]
bonnet Haube *f* (auch am Auto) [tra]; Kappe *f* (Haube); Kühlerhaube *f* ((B) des Autos) [tra]; Kuppel *f* (Haube); Laterne *f* (Aufsatz) [tec]; Motorhaube *f* ((B) des Autos) [tra]; Deckel *m*
bonnet catch Motorhaubenverriegelung *f* [tra]
bonnet closure Oberteilverschluss *m* [tec]
bonnet hinge Haubenscharnier *n* [tra]
bonnet lock Haubenschloss *n* [tra]
bonnet stay Haubenstütze *f* [tra]
bonnet truck tractor Haubenzugmaschine *f* [tra]
bonus Prämie *f*
book Buch *n*
book anmelden *v*; buchen *v* (reservieren); reservieren *v* (ein Einzelzimmer) [tra]
book keeper Buchhalter *m* (z.B. in Firma) [eco]
book-keeping machine, automatic - Buchungsautomat *m* [eco]
booking Anmeldung *f*
booking fee Buchungsgebühr *f* [eco]
booking machine Buchungsmaschine *f*
booking system, automatic - automatisiertes Buchungssystem *n* [eco]
bookkeeping Buchführung *f* [eco]; Buchhaltung *f* [eco]
bookkeeping entry Buchungsposten *m* [eco]
booklet Broschüre *f*
bookmark Textmarke *f* (Textverarbeitung)
boom Hochkonjunktur *f* [eco]; Ausleger *m* (Abstützung) [con]; Gittermastausleger *m* [mbt]; Mast *m* [mbt]
boom dröhnen *v* [aku]
boom adjusting cylinder Nackenzylinder *m* (Verstellzylinder) [mbt]
boom angle Auslegerwinkel *m* (Standfläche) [mbt]
boom control Maststeuerung *f* (Betonpumpe) [bau]
boom cross arm, lower part of - Auslegerteleskopieren *n* [mbt]
boom crowd force Knippkraft *f* (eines Auslegers) [mbt]
boom cylinder Auslegerzylinder *m* [mbt]; Hubzylinder *m* [mbt]
boom extension Auslegerverlängerung *f* (für Ramme) [mbt]
boom foot pin Auslegeroberteil *n* [mbt]
boom gantry Seilgerüst *n* (hält Ausleger über Seile) [mbt]
boom lowering Auslegersenken *n* [mbt]
boom moment Auslegermoment *n* [phy]
boom position Auslegerstellung *f* [mbt]
boost anheben *v* (verstärken) [elt]; aufladen *v* (Motor) [tra]; kräftigen *v* (unterstützen, helfen); nachhelfen *v* (unterstützen); stärken *v* (kräftigen); steigern *v* (unterstützen, kräftigen); unterstützen *v* (kräftigen, fördern); verstärken *v* [elt]
boost oil supply Speiseölversorgung *f* (Hydraulik) [tec]

boost operation Vorspannbetrieb *m* (Hydraulik) [tec]
booster Servoeinrichtung *f*; Booster *m* (Zusatzantrieb der Lok) [tra]; Druckverstärker *m*; Kraftverstärker *m* [elt]; Spannungsverstärker *m* [elt]; Verstärker *m* [elt]; Zusatzantrieb *m* (meist im Tender) [tra]; Zusatzgenerator *m* [elt]
booster aggregate Zusatzaggregat *n* [tec]
booster battery Zusatzbatterie *f* [elt]
booster charge, transmittable - Übertragungsladung *f* [elt]
booster cylinder Hilfszylinder *m* [tra]; Servozylinder *m* (Druckübersetzer) [tra]
booster fan Druckerhöhungsgebläse *n* (Zusatzgebläse) [prc]; Zusatzgebläse *n* (Druckerhöhungsgebläse) [pow]
booster installation Druckerhöhungsanlage *f* [prc]
booster motor Hilfsmotor *m* [pow]
booster pump Druckerhöhungspumpe *f* [prc]; Hilfspumpe *f*; Verstärkerpumpe *f* [prc]
boot Ansenkung *f* (Vertiefung) [wer]; Manschette *f* (Einsteckmuffe) [tec]; Kofferraum *m* ((B) des Autos) [tra]; Stiefel *m*
boot charging Schnellladung *f* (Akku) [elt]
boot floor Kofferboden *m* [tra]
boot lid Gepäckraumklappe *f* [tra]; Kofferraumdeckel *m* [tra]
boot lid handle Deckelgriff *m*
boot lid hinge Deckelscharnier *n* [tec]
boot lid lock Deckelschloss *n* [tra]
boot lid support Deckelstütze *f* [tra]
boot plate Flansch *m* [prc]
boot record Startprogramm *n* (Platte) [edv]
booted rear Stufenheck *n* (Auto) [tra]
booth Kabine *f* (Telefon) [edv]; Zelle *f* (Telefon) [edv]; Stand *m* (Messe)
border Abschlussleiste *f* [tec]; Einfassung *f*; Grenze *f* (Begrenzung, zwischen Staaten); Kante *f* (Grenze); Umrandung *f*; Abschluss *m*; Rahmen *m* (Begrenzung); Rand *m* (Begrenzung); Steg *m* [elt]
border angrenzen *v*; begrenzen *v* (abgrenzen); bördeln *v* (säumen, eingrenzen) [wer]; einfassen *v* (Kantenschutz); umbördeln *v*
border irrigation Rieselbewässerung *f* [was]
border line Begrenzung *f* (auch territorial); Begrenzungslinie *f*
border on grenzen an *v*
border region Randgebiet *n*
border stone Begrenzungsstein *m*; Randstein *m* (Gehweg) [tra]; Bordstein *n* [bau]
border, across the - grenzüberschreitend
bordering sheet Randblech *n* [met]
bore Bohrung *f* (Zylinder); Bohrloch *n* (im Metall)
bore anbohren *v*; ausbohren *v* (bohren); bohren *v* (mit Stahl) [wer]; einbohren *v* [wer]; teufen *v* [roh]
bore diameter Bohrungsdurchmesser *m* [con]
bore fit Bohrloch *n* (im Metall)
bore out aufbohren *v* [wer]
bore pattern Bohrbild *n* (Muster, Design) [wer]
bore rod Bohrstange *f* [wer]

bore through durchbohren *v* [wer]
bore up nachbohren *v* [wer]
bored all through Durchgangsbohrung *f* [tec]
borefit for dowel Passbohrung *f* [con]
borehole Ausbohrung *f*; Bohrung *f* (Bohrloch); Durchbohrung *f* [wer]; Bohrloch *n*
borehole diameter Bohrdurchmesser *m* [con]
borehole distance Bohrungsabstand *m* [con]
boric acid Borsäure *f* [che]
boric acid ointment Borsalbe *f* [che]
boric anhydride Bortrioxid *n* [che]
boric cotton Borwatte *f* [che]
boring Bohrung *f* (Vorgang); Span *m* (Bohrspan) [wer]; Bohren *n* [wer]
boring bar Bohrstange *f* [wzg]; Bohrwerkständer *m* [wzg]
boring core Bohrkern *m*
boring machine Bohrmaschine *f* [wzg]; Bohrwerk *n* (waagrechtes -) [wzg]
boring machine, automatic - Bohrautomat *m* [wzg]
boring mill Bohrwerk *n* (senkrechtes -) [wzg]
boring mill, horizontal - Horizontalbohrwerk *n* [wzg]
boring oil Bohröl *n* [wer]
boring operations Bohrarbeiten *pl* [wer]
boring rig Bohrvorrichtung *f* [wer]
boring sludge Bohrschlamm *m* [rec]
boring socket Bohrfutter *n* [wzg]
boring tower Bohrturm *m* [roh]
boring tube Bohrröhre *f*
boring-milling machine Bohr-Fräsmaschine *f* [wzg]
boring-out Ausbohren *n*
borings Bohrspäne *pl* [rec]; Feilspäne *pl* [rec]
borings of special brass Sondermessingspäne *pl* [met]
boron Bor *n* (B) [che]
boron counter tube Borzählrohr *n* [any]
boron treated boriert [met]
boron-filled counter Borzählrohr *n* [any]
borosilicate glass Borsilicatglas *n* [met]
borrow ausleihen *v*
borrow material Auffüllmaterial *n* [bau]
borrow money Geld leihen *v* [eco]
borrowing Darlehensaufnahme *f*; Kapitalaufnahme *f* [eco]
boss Ansenkung *f* (Nabe); Lagernabe *f* (des Lagerschaufelvorderteils) [tec]; Warze *f* [tec]; Anguss *m* (Nocken) [tec]; Butzen *m* [met]; Chef *m* (Vorgesetzter) [eco]; Nocken *m* [tec]; Tragnocken *m* [tec]; Vormann *m*; Vorsprung *m* (an Maschinenteil) [tec]
boss head Muffe *f* [tec]
boss plate Lochplatte *f* [tec]
botanical pflanzlich
botch pfuschen *v*
botched-up job Pfuscharbeit *f*
both sides, on - beiderseitig; beidseitig (des Flusses, Brettes. .)
both-to-blame collision clause Kollisionsklausel *f* (beiderseitige Schuld) [jur]

both-way beidseitig (Richtung)
bottle Flasche *f*
bottle cap Flaschenverschluss *m*
bottle cleaner Flaschenreinigungsmaschine *f*
bottle container Glassammelbehälter *m* [rec]
bottle glass Flaschenglas *n* [met]
bottle green flaschengrün (RAL 6007) [nor]
bottle rack Flaschengestell *n*
bottle screw Topfschraube *f* [tec]
bottle seal Flaschenverschluss *m*
bottle sleeve Flaschenhülse *f* [tec]
bottle stop Kork *m* (Flaschenverschluss)
bottled gas Flaschengas *n*
bottleneck Einengung *f*; Engpass *m* (enge Stelle); Flaschenhals *m*; Nadelöhr *n* (Engpass, enge Stelle)
bottling Flaschenfüllung *f*
bottling date Abfülldatum *n*
bottling plant Abfüllanlage *f*
bottom grundlegend; unten (Zeichnungen) [con]
bottom Sohle *f* (Tal) [geo]; Boden *m* (Behälter); Boden *m* (Grund) [bod]; Fuß *m* (Unterteil, Auflage) [bau]; Grund *m* (Boden) [bod]; Kiel *m* (Schiffsteil) [tra]; Kielraum *m* (Bilge) [tra]; unterster Teil *m*; Liegendes *n* (im Kohlen-, Erzstollen) [roh]
bottom air duct Unterwindkanal *m* [pow]
bottom ash Kesselasche *f* [rec]; Rostasche *f* [rec]
bottom blow valve Bodenventil *n* [prc]
bottom centre discharge wagon Mittenentladewagen *m* [tra]
bottom chord Untergurt *m* (bei Kastenkonstruktion) [mbt]
bottom chord member Untergurt *m* (bei Kastenkonstruktion) [mbt]
bottom culvert Bodenabzugskanal *m* [was]
bottom discharge conduit Grundablass *m* [was]
bottom discharge wagon Bodenentleerwagen *m* [mbt]
bottom down auf Block fahren *v* (Hydraulik) [tec]
bottom dump Bodenentleerung *f* [mbt]
bottom dump shovel Klappschaufel *f* (Erdaushub) [mbt]
bottom echo Rückwandecho *n* [aku]
bottom edge Unterkante *f* [tec]
bottom face of the plate Blechunterseite *f* [con]
bottom flange Bodenflansch *m* [prc]; Fußflansch *m* (Stahlbau) [bau]; Fußflansch *m* [prc]; Untergurt *m* (I-Träger) [tec]
bottom fold Bodenfalz *m* [tec]
bottom half-bearing untere Lagerhälfte *f* [tec]
bottom knife Untermesser *n* [wer]
bottom lacquer Grundlack *m* [met]
bottom land Fußfläche *f* (Zahnrad) [tec]; Zahngrund *m* (Zahnrad) [tec]
bottom layer Unterschicht *f*
bottom line Fußzeile *f* (Textverarbeitung)
bottom lining strip Fußleiste *f* [tec]
bottom of crucible Untergestell *n* [bau]
bottom of furnace Brennkammerboden *m* [pow]
bottom of key seat Nutgrund *m* (Welle) [tec]

bottom of keyway Nutgrund *m* (Welle) [tec]
bottom of melting pan Düsenboden *m* [prc]
bottom of the rod Strangfuß *m* [met]
bottom outlet Grundablass *m* [was]
bottom part Unterteil *n* [tec]
bottom pinch roll untere Treibrolle *f* [tec]
bottom plate Bodenplatte *f* (z.B. eines Kastens) [tec]; Fundamentplatte *f* [bau]; Grundplatte *f* [tec]; Bodenblech *n* [tec]
bottom product Sumpfprodukt *n* (Destillation) [prc]
bottom reinforcement untere Bewehrung *f* [bau]
bottom roller Laufrolle *f* (Stützrolle oben) [tec]
bottom side Unterseite *f*
bottom stroke Hubende *n* [tec]
bottom sump Bodensumpf *m* (Bodenwanne) [tec]
bottom tooth thickness Zahnfußdicke *f* (Zahnrad) [tec]
bottom view Ansicht von unten *f* [con]
bottom water Tiefenwasser *n* [was]
bottom width Sohlenbreite *f* (des Grabens) [bau]; untere Breite *f* (Keilriemen) [tec]
bottom-discharge wagon Bodenentladewagen *m* [tra]
bottom-dump shovel Bodenentleerschaufel *f* (Klappschaufel) [mbt]
bottom-fired unit Feuerung mit unten liegenden Brennern *f* [pow]
bottoming Aufsetzen *n* (z.B. Kolben) [tec]
boulder Block *m* (großer Stein) [roh]; Felsblock *m* [geo]; Knäpper *m* (großer Steinbrocken) [roh]
boulder knäppern *v* (Brocken bearbeiten) [mbt]
boulder window Knäpperscheibe *f* (Fenster Fahrerhaus) [mbt]
boulder work Knäppereinsatz *m* (z.B. des Baggers) [mbt]
boulders Geröll *n* (grobes Haufwerk)
boulevard Prachtstraße *f* [tra]
bounce Stoß *m* (Schlag, Schubs) [tra]
bounce rückprallen *v* [phy]; springen *v* (schnellen)
bound gebunden; geflochten
bound abgrenzen *v*; aufprallen *v*; begrenzen *v* (abgrenzen)
boundaries of an industrial plant; within the - innerbetrieblich
boundary Abgrenzung *f*; Begrenzung *f* (des Erlaubten, des Landes); Grenze *f* (Begrenzung); Umgrenzung *f*; Rand *m* (Begrenzung)
boundary condition Grenzbedingung *f* [mat]; Randbedingung *f* [mat]
boundary diffusion Grenzflächendiffusion *f*
boundary echo Begrenzungsecho *n* [aku]
boundary effect Randeffekt *m*
boundary film Grenzschicht *m*
boundary flow Grenzströmung *f*
boundary layer Grenzfläche *f*; Grenzschicht *f*
boundary line Begrenzungslinie *f*; Grenze *f* (Grenzlinie); Grenzlinie *f*
boundary lubrication Grenzschichtschmierung *f* [tec]
boundary surface Grenzfläche *f*; Trennfläche *f*

boundary surface waves Grenzflächenwellen *pl*
boundary value Randwert *m* [mat]
boundary value problem Randwertproblem *n* [mat]
boundary zone Grenzzone *f*
bounded begrenzt; beschränkt (begrenzt)
bounding surface Grenzfläche *f*
boundless unendlich
bourbon tube Rohrfeder *f* [tec]
bourdon manometer Federrohrmanometer *m* [any]
bourdon tube pressure switch Rohrfederdruckschalter *m* [tec]
bow Biegung *f* (z.B. der Straße) [tra]; Durchbiegung *f*; Krümmung *f* (Bogen); Schleife *f*; Bogen *m* (Waffe); Bügel *m* (Stromabnehmer) [elt]; Bügel *m* (Griff; Rüsche) [tec]
bow beugen *v*; biegen *v* (beugen) [wer]
bow collector Kontaktbügel *m* [elt]
bow girder Bremsdreieck *n* (des Waggons) [tra]
bow nut Bügelmutter *f* [tec]
bow screw Bügelschraube *f* [tec]
bow spring Bogenfeder *f* [tec]
bow window Erker *m* [bau]; Erkerfenster *n* [bau]
bowden cable Bowdenzug *m* [tra]
bowden control Betätigungszug *m* (Bowdenzug) [tra]
bowden line Bowdenzug *m* [tra]
bowed geneigt (bogenförmig)
bowed section Bogenstück *n* (z.B. in Rohr) [tec]
bower Laube *f* [bau]
bowing under load Durchbiegung *f* (vorübergehendes Nachgeben)
bowl Schale *f* (Gefäß); Becken *n* (Toiletten-) [was]
bowl brake valve Kübelbremsventil *n* [tra]
bowl mill Pendelmühle *f* [prc]; Schlüsselmühle *f* [prc]
bowl-shaped schalenförmig
box Dose *f*; Kapsel *f* (Schachtel); Kiste *f* (Behälter); Schachtel *f*; Schaltfläche *f* (Software) [edv]; Behälter *m* (Schachtel, Kasten); Kasten *m*; Koffer *m*; Rahmen *m* (Textverarbeitung); Schrank *m* (Verteilerschrank) [elt]; Feld *n* (auf Formularen); Gefäß *n* (Schachtel, Kasten); Gehäuse *n* (Kasten)
box einhausen *v*; einmanteln *v* [wer]; einpacken *v* (in Kisten); emballieren *v*
box body Oberwagen *m* (des Güterwagens) [tra]
box casting Kastenguss *m* [roh]
box construction type Kastenbauart *f* [bau]
box culvert Kastendurchlass *m*
box design Kastenträgerkonstruktion *f* (geschweißt) [mbt]
box design Kastenkonstruktion *v* (z.B. geschweißt) [tec]
box drain Kastendrän *m* [was]
box end impact wrench Ringschlagschlüssel *m* [wzg]
box end wrench Ringschlüssel *m* [wzg]
box footing Kastenfundament *n* [bau]
box frame Kastengehäuse *n* [tec]
box furnace Kammerofen *m* [prc]
box lock Kastenschloss *n* [tec]

box nut Kastenschraube *f* [tec]
box pile Kastenspundwand *f* [tec]
box pin Führungsstift *m* [tec]
box section Kastenprofil *n*
box section, rectangular - Vierkanthohlprofil *n* [met]
box spanner Ringschlüssel *m* [wzg]; Sechskantstiftschlüssel *m* [wzg]; Steckschlüssel *m* [wzg]; Stiftschlüssel *m* [wzg]
box stud Kernstütze *f* [tec]
box up verkleiden *v* (Gehäuse anbringen)
box wagon Kastenwagen *m* (offener Güterwagen) [tra]
box wrench Ringschlüssel *m* [wzg]
box-room Rumpelkammer *f* [bau]
box-section frame Kastenrahmen *m* [mbt]
box-type condenser Kastenkondensator *m* [prc]
box-type delivery van Kastenwagen *m* [tra]
box-type frame Rahmen *m* (mit Kastenprofil) [mbt]
box-type girder Kastenträger *m* [tec]
box-type plate Kastenblech *n* [tec]
box-type stiffener kastenförmige Versteifung *f* [tec]
box-type window Kastenfenster *n* [bau]
boxboard Karton *m* [met]
boxcar gedeckter Güterwagen *m* [tra]; Güterwagen *m* (geschlossen) [tra]
boxed umschweißt (Naht um drei Seiten) [wer]
boxed-in section Kastenquerschnitt *m* [con]
boxing Umschweißung *f* (Naht um drei Seiten) [wer]
brace Bohrwinde *f* (Handbohrer) [wzg]; geschweifte Klammer *f* [mat]; Klammer *f* (Schnalle); Querlatte *f* [bau]; Strebe *f* (Verstärkung); Stütze *f* (auch in Prothesen) [tec]; Verstrebung *f* [tec]; Handbohrer *m* (spindelförmig) [wzg]
brace sich versteifen *v* (anspannen); verklammern *v*; verspannen *v*; versteifen *v* (verstreben) [tec]; verstreben *v* [wer]
braced verstärkt [met]
bracing Abstützung *f*; Verspannung *f*; Versteifung *f* (Verstrebung) [tec]
bracing climate Reizklima *n*
bracing member Verbandstab *m* [tec]
bracing plate Versteifungsblech *n* [tra]
bracing rib Versteifungsrippe *f* [tec]
bracing ring Versteifungsring *m* [tec]
bracket Befestigung *f*; eckige Klammer *f* [mat]; Halteplatte *f* [mbt]; Halterung *f* (Konsole) [mbt]; Klammer *f* (Schriftzeichen); Konsole *f* [pow]; Pratze *f* [tec]; Schelle *f* [tec]; Stütze *f* (Konsole, Auflage) [tec]; Tragpratze *f* [tec]; Ausleger *m* [tec]; Auslegerarm *m* [tec]; Bügel *m* (Klammer) [elt]; Halter *m* (Konsole) [mbt]; Träger *m* (Konsole) [tec]; Lagerblech *n* [tec]
bracket bearing Schildlager *n* [tec]
bracket clip Steglasche *f* [tra]
bracket crane Konsolkran *m*
bracket plate Befestigungsplatte *f* [tec]; Konsolplatte *f* [pow]
bracket saw Laubsäge *f* [wzg]
bracket support Pratzenauflage *f* [tec]

bracket with spring cushion Federkonsole *f* (Aufhängung) [tec]
brackets, in - in eckigen Klammern
brackets, put in - einklammern *v*
brackish water Brackwasser *n* [was]
brackish water desalination plant Brackwasserentsalzungsanlage *f* [was]
braid Litze *f*
braid flechten *v* (zopfartig verweben) [wer]
braid-reinforced hose Schlauch mit Gewebeeinlage *m*
braided hose Panzerschlauch *m* [tec]
brain Gehirn *n* [hum]
brake Bremse *f*
brake abbremsen *v* (den Zug, die Fahrzeuge) [tra]; bremsen *v*
brake actuator Bremshebel *m*
brake anchor plate Bremsankerplatte *f* [mbt]; Bremsträger *m* [tra]
brake application, graduated - stufenweises Bremsen *n* (des Zuges) [tra]
brake arm Bremshebel *m*
brake assembly Betriebsbremse *f* (Bremssystem) [tra]
brake band Bremsband *n*
brake bleeder Bremslüfter *m* [tra]
brake bleeder switch Bremslüfterüberwachung *f* [tra]
brake block Bremsklotz *m* (am Waggon) [tra]
brake block load Bremsklotzkraft *f* (am Waggon) [phy]
brake block plate Bremsklotzteller *m* [tec]
brake block shoe Bremsklotzschuh *m* [tec]
brake body Bremssattel *m* (Grundteil der Bremse) [tec]
brake buffer Bremsanschlag *m* [tec]
brake cable Bremsseil *n* [tra]
brake cable assembly Bremsseilzug *m* [mbt]
brake cam Bremsnocken *m* [tec]
brake cam bushing Bremsnockenlager *n* [tec]
brake cam lever Bremsnockenhebel *m* [tec]
brake cam shaft Bremsnockenwelle *f* [tec]
brake circuit Bremsstromkreis *m* [elt]
brake clutch Bremsbacke *f*
brake compensator Bremsausgleich *m* [tra]
brake connector rod Bremsstange *f* [tra]
brake controller, automatic - Bremswächter *m* [tec]
brake coupling hose Bremskupplung *f* (an Eisenbahnwagen) [tra]
brake cylinder Bremszylinder *m* (Auto) [tra]
brake cylinder pressure gauge Bremszylinderdruckmanometer *n* (Dampflok) [tra]
brake cylinder, air cell - Luftspeicherbremszylinder *m* [tra]
brake disk Bremsscheibe *f* [tec]
brake drum Backenbremstrommel *f* [tra]; Bremstrommel *f* [tra]; Bremstrommel *f* (Auto) [tra]
brake drum hub Bremstrommelnabe *f* [tec]
brake energizer Bremskraftverstärker *m* [tra]
brake equipment Bremsausrüstung *f*

brake fluid Bremsflüssigkeit *f*
brake force, load depending - lastabhängige Bremskraft *f* [tra]
brake gear Bremssystem *n* [tra]
brake handle, hand - Handbremszuggriff *m* [tra]
brake hose Bremsschlauch *m* [tra]
brake hose coupling Bremsschlauchkupplung *f* [tra]
brake hub Bremsnabe *f* [tec]
brake indicator Bremsanzeiger *m* [tra]
brake indicator, hand - Handbremsanzeigerarm *m* [tra]
brake information sheet Bremsprüfblatt *n* [any]
brake lever Bremshebel *m*
brake light Bremsleuchte *f* (am Wagen) [tra]; Bremslicht *n* [tra]
brake line Bremsleitung *f* [tra]
brake lining Bremsbelag *m* [tec]; Bremsfutter *n* [tec]
brake linkage Bremsgestänge *n* [tra]
brake linkage bush Bremsgestängebuchse *f* [tra]
brake magnet Bremsmagnet *m* (der Bahn) [tra]
brake motor Bremsmotor *m* [pow]
brake pad Bremsbacke *f*; Bremssohle *f* (Bremsbacke) [tec]; Bremsklotz *m* (am Wagen) [Bremsbacke]; Bremsklotz *m* (Belag) [tra]
brake pedal Bremspedal *n* [tra]
brake pipe Bremsleitung *f* (am Wagen) [tra]
brake pipe stowage hook Bremskupplungshalter *m* (an Waggons) [tra]; Bremsrohraufnahmehaken *m* (an Waggon) [tra]
brake power Bremskraft *f* [phy]
brake pressure Bremsdruck *m* [phy]
brake pressure regulator Bremskraftregler *m* [tra]
brake pull rod Bremszugstange *f* [tra]
brake pulley Bremsscheibe *f* [tec]; Bremstrommel *f* [tra]
brake release Lösen der Bremse *n* [tra]
brake release, graduated - stufenweises Lösen der Bremsen *n* [tra]
brake released Bremse gelöst [tec]
brake retardation Bremsverzögerung *f* (des Waggons) [phy]
brake rigging Bremsgestänge *n* [tra]
brake rod Bremsstange *f* [tra]
brake rods, central - Mittenbremsgestänge *n* [tra]
brake servo Bremskraftverstärker *m* (am Wagen) [tra]
brake shaft Bremswelle *f* [tra]
brake shoe Bremsbacke *f*; Bremsklotz *m* [tra]; Bremsschuh *m* (Bremsklotz) [tec]
brake shoe pin bushing Bremsbackenlager *n*
brake shoe sole Bremsklotzsohle *f* [tec]
brake solenoid Bremsmagnet *m* [tra]
brake spanner Bremsschlüssel *m* (Schraubenschlüssel) [wzg]
brake subplate Bremsendeckplatte *f* [tra]
brake switch Bremsschalter *m* [tra]
brake system Bremsanlage *f* [tra]; Bremsausrüstung *f*; Bremssystem *n* [tra]
brake tongs Bremszange *f* [tec]

brake tongs support Bremszangenhalter *m* [tec]
brake valve Bremsventil *n* [tra]
brake valve, additional - Zusatzbremsventil *n* (Dampflok) [tra]
brake wear-limit switch Bremshubendschalter *m* [mbt]
brake weight Bremsscheibe *f* [tec]; Bremsgewicht *n*
brake wheel Bremsrad *n* [tra]
brake, applied - angelegte Bremse *f* [tec]
brake-compensating lever Bremsausgleichhebel *m* [tra]
brake-compensating shaft Bremsausgleichwelle *f* [tra]
brake-fluid container Ausgleichsbehälter *m* (für Bremsflüssigkeit) [tra]
brake-light switch Bremslichtschalter *m* [tra]
brake-motor, electric - elektrischer Bremsmotor *m* [pow]
brake-pipe pressure gauge Bremsleitungsdruckmanometer *n* (Dampflok) [tra]
brake-releasing magnet Bremslüftmagnet *m* [tec]
braking Abbremsung *f* (Bremsung); Bremsung *f* (Betätigung der Bremse)
braking area Bremsfläche *f*
braking capacity Schaltleistung *f* [tra]
braking distance Bremsstrecke *f* [tra]; Bremsweg *m* [phy]
braking force Bremskraft *f* [tec]
braking motor Bremsmotor *m* [tra]
braking time Bremszeit *f* (der Bahn) [phy]
braking torque Bremsmoment *n* [phy]
branch Geschäftsstelle [eco]
branch Aufspaltung *f* (Verzweigung) [tra]; Filiale *f*; Sparte *f* [eco]; Zweigniederlassung *f* [eco]; Abzweig *m* (Leitung); Ast *m* [bff]; Hausanschluss *m* [was]; Seitenarm *m* (Fluss); Teilbereich *m* (Fach); Zweig *m*; Zweigbetrieb *m* [eco]; Bein *n* (Gestell); Fach *n* (Fachgebiet); Gebiet *n* (Fach)
branch abzweigen *v* [elt]; sich verzweigen *v*; verzweigen *v*
branch box Abzweigdose *f* [elt]; Abzweigkasten *m* [prc]; Hausanschlusskasten *m* [elt]
branch canal Abzweigkanal *m* [was]
branch connection Abzweiganschluss *m* [elt]
branch current Teilstrom *m*
branch duct Stichkanal *m* [elt]
branch instruction Sprungbefehl *m* (Software) [edv]
branch instruction, conditional - bedingter Sprungbefehl *m* (Software) [edv]
branch joint Abzweigklemme *f* [elt]
branch junction canal Stichkanal *m* [was]
branch line Abzweigleitung *f* [elt]; Gebäudeanschlussleitung *f* (Versorgung oder Entsorgung) [bau]; Nebenstrecke *f* [tra]; Zweigleitung *f* (Rohrleitung) [prc]; Gleisanschluss *m* [tra]
branch of industry Industriezweig *m*
branch off abbiegen *v* (abzweigen); abgehen *v* (abzweigen)

branch office Zweigbüro n [eco]
branch office, authorized - zuständige Zweigniederlassung f [eco]
branch on condition bedingter Sprung m (Software) [edv]
branch piece Abzweigstutzen m [was]; Abzweigstück n [was]
branch pipe Abzweigung f (des Rohres) [was]; Rohrabzweigung f [prc]; Abzweigleitungsrohr n [was]; Abzweigrohr n [was]
branch sewer Nebensammler m [was]
branch statement Sprunganweisung f (Software) [edv]
branch stub Rohrstutzen m (Verzweigung) [prc]
branch terminal Abzweigklemme f [elt]
branch valve Abzweigventil n
branch, conditional - bedingter Sprung m (Software) [edv]
branching Aufspaltung f (Verzweigung) [tra]; Verzweigung f [bff]
branching off Verzweigung f
branching point Verzweigungspunkt m
brand Marke f (Fabrikat); Sorte f (Marke); Markenname m [eco]; Fabrikat n; Warenzeichen n [eco]
brand einbrennen v; kennzeichnen v (mit Zeichen versehen)
brand-name product Markenartikel m
brand-new fabrikneu
brass Messing n [met]; Messingblech n [met]
brass and bronze Gelbguss m [met]
brass bar Messingstange f [met]
brass bath Messingbad n [met]
brass billet Messingknüppel m [rec]
brass clippings Krätzmessing n [rec]
brass coating Messingüberzug m [met]
brass ingot Messingblock m [met]
brass plate Messingblech n [met]
brass primer Messingzünder m
brass radiator Messingkühler m [pow]
brass rod borings Messingstangenspäne pl [rec]
brass rod ends Messingstangenschrott m [rec]
brass scrap Messingschrott m [rec]; Altmessing n [met]
brass scrap, heavy - Schwermessingschrott m [rec]
brass sheet Messingblech n [met]
brass sheet cuttings Messingblechschrott m [rec]
brass shell case Messingkartusche f [met]
brass solder Messinglot n [pow]
brass solder connector Löthülse f [wer]
brass strip Messingband n [met]
brass tube Messingrohr n [met]
brass wire Messingdraht m [met]
brass wire brush Messingbürste f [wzg]
brassing Vermessingung f [met]
Braun tube Kathodenstrahloszillograf m ((variant)) [any]; Kathodenstrahloszillograph m [any]
braze hart löten v; löten v (hartlöten) [wer]; verlöten v

braze on anlöten v [wer]
braze seam Lötnaht f [met]
brazed hart gelötet [wer]
brazed joint Hartlötverbindung f
brazed-plate heat exchanger Plattenwärmeaustauscher m [pow]
brazed-plate-fin heat exchanger Rippenplattenwärmeaustauscher m [pow]
brazer Hartlot n [met]
brazing Hartlötung f; Hartlöten n; Löten n [wer]
brazing clamp Hartlötzwinge f [wzg]
brazing equipment Hartlöteinrichtung f
brazing solder Hartlot n [met]
brazing temperature Löttemperatur f (Hartlötung) [wer]
brazing tongs Lötzange f [wzg]
breach Durchbruch m
breach of duty Pflichtverletzung f [jur]
breach of trust Untreue f [jur]
breadth Breite f; Weite f (Öffnung)
breadth of tooth Zahnbreite f (Zahnrad) [tec]
break Arbeitspause f; Lücke f (in der Versorgung); Ruhe f (Unterbrechung); Ruhepause f; Unterbrechung f (Bruch) [elt]; Bruch m (Brechen, Bruchstelle); Knick m; Kontaktabstand m [elt]; Riss m (Bruch)
break abschalten v (unterbrechen); brechen v (zerbrechen); knicken v (brechen); reißen v (zerreißen); springen v (zerspringen); unterbrechen v (ausschalten); zerbrechen v (brechen); zerschlagen v
break a vacuum Vakuum brechen [phy]
break away abreißen m (Schmierfilm) [tec]
break contact Öffner m (Kontaktschalter) [elt]; Öffnungskontakt m [elt]; Ruhekontakt m [elt]; Unterbrecherkontakt m [elt]
break corner brechen v (Kanten -) [wer]
break corners abkanten v (abfasen) [wer]
break down aufschließen v (Verbindung) [che]; aufschlüsseln v; scheitern v; spalten v [che]; versagen v; zerfallen v (zusammenbrechen); zusammenbrechen v; zusammenstürzen v
break edge brechen v (Kanten -) [wer]
break edges abkanten v (abfasen) [wer]
break key Pausetaste f [edv]
break loose ablösen v (brechen)
break off abbrechen v (aufhören, unterbrechen); ablösen v (brechen); zerbrechen v (abbrechen)
break open aufbrechen v [bau]; aufreißen v; sprengen v (aufbrechen)
break out aufbrechen v [bau]; knippen v (das Material) [mbt]; lösen v (mit Löffelstiel) [mbt]
break pin Sollbruchbolzen m [tec]
break point, rated - Sollbruchstelle f [tec]
break resistance Bruchfestigkeit f [met]
break through durchbrechen v (z.B. Schallmauer); durchschlagen v [elt]; durchstoßen v
break through curve Durchbruchkurve f [che]
break time Ausschaltdauer f

break up demontieren *v* (Schiff, Flugzeug demontieren)
break up into pieces grobbrechen *v* [mbt]
break, site of - Bruchstelle *f*
break, work through the - durcharbeiten *v*
break-away torque Losbrechmoment *n* (Anfahren) [tec]; Öffnungsdrehmoment *n* (Schraubverbindung) [tec]
break-in period Einlaufzeit *f* (z.B. neue Maschinen)
break-in process Einlaufvorgang *m* (z.B. Maschinen) [pow]
break-off pin Abbrechstift *m* (rutschfeste Platte) [tec]
break-proof bruchfest [met]; bruchsicher
break-resistant bruchfest [met]; bruchsicher
breakability Brechbarkeit *f*
breakable zerbrechlich
breakage mechanischer Bruch *m*; Brechen *n*
breakage of the axle Achsenbruch *m* [tec]
breakage-proof bruchfest [met]
breakaway Losbrechen *n* [mbt]
breakaway flange Trennflansch *m* [prc]
breakdown Aufschlüsselung *f* (Einzelteile); Betriebsstörung *f*; Panne *f* (Zusammenbruch, auch Auto-) [tra]; Störung *f* (Panne); Unterbrechung *f* (Panne); Ausfall *m* (Mangel); Durchbruch *m* (bei einer Diode) [elt]; Durchschlag *m* [elt]; Maschinenschaden *m* [wer]; Verfall *m* (Versagen); Zusammenbruch *m*
breakdown lorry Kranwagen *m* [mbt]
breakdown point Kipppunkt *m*
breakdown recovery service Abschleppdienst *m* [tra]
breakdown test Durchschlagsprüfung *f* [any]
breakdown vehicle Abschleppwagen *m* [tra]
breakdown voltage Durchbruchspannung *f* [elt]; Durchschlagspannung *f* [elt]
breaker Aufbrechhammer *m* [wzg]; Aufbruchhammer *m* [wzg]; Brecher *m*; Handhammer *m* [wzg]; Schalter *m* (Aus-, Abschalter) [elt]; Unterbrecher *m* [elt]; Mahlwerk *n* [prc]
breaker attachment Abbruchhammerausrüstung *f* [mbt]
breaker hammer Abbauhammer *m* (auch im Bergwerk) [wzg]
breaker lever Unterbrecherhebel *m* [elt]
breaker plate Lochscheibe *f* [tec]; Stauscheibe *f* [was]
breaking Abreißen *n* (von Leitungen) [elt]; Zerbrechen *n*
breaking capacity Abschaltleistung *f* [pow]
breaking current Ausschaltstrom *m* [elt]
breaking down Spaltung *f* [che]; Aufschluss *m* (Verbindung) [che]
breaking elongation Bruchdehnung *f* (Baustoffe) [met]
breaking limit Bruchgrenze *f* [met]
breaking load Bruchbelastung *f* [phy]; Bruchlast *f*
breaking member Sollbruchelement *n* [tec]
breaking moment Bruchmoment *n*
breaking of an emulsion Desemulgierung *f* [was]

breaking pin coupling Scherbolzenkupplung *f* [tec]
breaking plane Bruchfläche *f*
breaking plant Mahlanlage *f* [prc]
breaking point Festigkeitsgrenze *f* [met]; Knickpunkt *m*
breaking strength Bruchfestigkeit *f* [met]
breaking stress Bruchbeanspruchung *f* [phy]; Bruchspannung *f* [met]
breaking test Bruchprobe *f* [any]
breaking the contract vertragsbrüchig [jur]
breaking through Durchbruch *m*
breaking up Auflockerung *f* (Boden) [bod]
breaking wave Sturzwelle *f*
breaking, shapes of - Abreißform *f* (des Gesteins in Wand) [mbt]
breaking-down mill Grobeisenstraße *f* [met]
breaking-up Demontage *f* (Schiff) [rec]
breakout force Knippkraft *f* (einer Ladeschaufel) [mbt]
breakout force Aufbrechkraft *v* [phy]
breakpoint Anhaltepunkt *m*; Fixpunkt *m*; Knickpunkt *m* [was]
breakpoint chlorination Knickpunktchlorung *f* [was]
breakpoint, conditional - bedingter Halt *m* (Software) [edv]
breakthrough Durchbruch *m*
breast Brust *f* [bff]; Fensterbrüstung *f* [bau]
breast roller Ständerrolle *f* [tec]
breath Atem *m*; Atemzug *m* [hum]
breath in einsaugen *v* (Luft)
breathability Atmungsaktivität *f* [hum]
breathable air Atemluft *f* [air]
breathe in einatmen *v*
breather Entlüftungseinrichtung *f* [tra]; Belüfter *m* [air]; Entlüfter *m* (Beatmer); Entlüftungsstutzen *m* (Kraftstoffbehälter) [tra]; Schnüffelventil *n* [tra]; Ventil *n* [tra]
breather cap Entlüfterkappe *f* [tra]
breather pipe Entlüfterstutzen *m* [tra]
breathing Atmung *f* [bff]
breathing air system Atemluftsystem *n* [air]
breathing apparatus Atemschutzgerät *n* (Arbeitssicherheit)
breathing equipment Atemschutzgerät *n* (Arbeitssicherheit)
breathing mask Atemmaske *f* (Arbeitssicherheit) [air]
breathing system, engine - Entlüftungsanlage des Motors *f* [tra]; Motorenentlüfter *m* [tra]
breech Abschluss *m* (Verschluss)
breech mechanism Ladevorrichtung *f*
breeches pipe Gabelrohr *n* [tra]; Hosenrohr *n* [prc]; Zweiwegegabelstück *n* (Hosenrohr) [prc]
breechlock nozzle Anschlussstutzen am Ventil *m*
breeder Brutreaktor *m* (Kernreaktor) [pow]
breeder reactor Brüter *m* (Kernreaktor) [pow]
breeder reactor, fast - Schneller Brüter *m* (Kernreaktor) [pow]
breeder rod Brutstab *m* (Kernreaktor) [pow]

breeding Zucht *f* (Tiere) [far]
breeding gain Brutgewinn *f* (Kernreaktor) [pow]
breeding ratio Brutverhältnis *n* (Kernreaktor) [pow]
breeding reactor Brutreaktor *m* (Kernreaktor) [pow]
breeze Asche *f* (ausgeglühtes Holz, Schlacke); Feinkoks *m* [roh]; Grus *m* (Kohlenstaub) [met]; Luftzug *m* (im Freien) [air]; Wind *m* [wet]
breeze block Leichtbauelement *n*
brewery Brauerei *f*
brewery effluent Brauereiabwasser *n*
brewing machine Brauereimaschine *f*
brick Backstein *m* [bau]; Ziegel *m* [bau]
brick axe Maurerhammer *m* [wzg]
brick baffle Lenkwand *f* [pow]
brick building Backsteinbau *m* [bau]
brick grapple Steingreifer *m* (am Stapler) [mbt]
brick in einmauern *v* [bau]
brick kiln Ziegelofen *m* [bau]
brick lining Ausmauerung *f* [bau]
brick trowel Maurerkelle *f* [wzg]
brick up vermauern *v* [bau]; zumauern *v* [bau]
brick wall Ziegelmauer *f* [bau]
brick, adobe - Lehmziegel *m* [bau]
bricking Ausmauerung *f* [bau]
bricklayer Maurer *m* [bau]
bricklayer's hammer Maurerhammer *m* [wzg]
bricklaying Maurerarbeit *f* [bau]; Mauern *n* [bau]
bricks, burnt - gebrannte Mauerziegel *pl* [bau]
brickwork Mauerwerk *n* [bau]; Maurerarbeiten *pl* [bau]
brickwork bond Mauerwerksverband *m* [bau]
brickwork joint Mauerwerksfuge *f* [bau]
brickwork setting Einmauerung *f* [bau]
bridge Brücke *f* [bau]; Brücke *f* [elt]; Leiste *f* (z.B. Ventilleiste) [mbt]; Überbrückung *f*
bridge überbrücken *v*
bridge across a river Flussbrücke *f* [tra]
bridge across a valley Talbrücke *f* [bau]
bridge bars Heftklammern *pl* (bei Rohrschweißen) [wer]
bridge belt Brückenband *n* [bau]
bridge circuit Brückenschaltung *f* [elt]
bridge circuit of probe Brückenschaltung des Prüfkopfes *m* [any]
bridge construction Brückenbau *m* [bau]
bridge crane Brückenkran *m* [mbt]
bridge engineering Brückenbau *m* [bau]
bridge girder Brückenträger *m* (Fachwerk) [bau]
bridge handle Bügelgriff *m* [tec]
bridge method Brückenschaltung *f* [elt]
bridge of air-proof cases Kastenbrücke *f* [bau]
bridge pillar Brückenpfeiler *m* [bau]
bridge plate Ladebrücke *f* [tra]
bridge pylon Brückenpfeiler *m* [bau]
bridge railing Brückengeländer *n* [bau]
bridge reclaimer Brückenkratzer *m* [mbt]
bridge sleeper Brückenbalken *m* (Bahnschwelle) [tra]
bridge span Brückenstützweite *f* [bau]
bridge spreader Absetzerbrücke *f* [mbt];
Brückenabsetzer *m* (im Tagebau) [roh]
bridge tie Brückenbalken *m* (Bahnschwelle) [tra]
bridge-over überbrücken *v* [elt]
bridge-type bucket wheel reclaimer Brückenschaufelradgerät *n* [mbt]
bridge-type crane Brückenkran *m* [mbt]
bridging Brückenbildung *f* (Brennstoff) [pow]; Überbrückung *f*
bridle bridge Zügelbrücke *f* [bau]
bridle roll S-Rolle *f* [tec]
brief knapp (eng); kurz
briefing Einführung *f* (Anweisung); Einsatzbesprechung *f*; Anweisungen *pl* (Software) [edv]
bright blank (bei Metallen) [met]; hell (optisch); klar (Farben); lichtstark [opt]
bright annealing Blankglühen *n* [met]
bright drawn blankgezogen [met]
bright red hellrot; hochrot
bright red orange hellrotorange (RAL 2008) [nor]
brighten aufhellen *v*; schönen *v* [roh]
brightener Aufheller *m* [che]
brightening Aufhellung *f*
brightness Bildhelligkeit *f* (des Schirmbilds) [edv]; Helligkeit *f* [opt]; Leuchtkraft *f* [phy]; Leuchtstärke *f* [phy]; Glanz *m* (Leuchten, Helligkeit); Schein *m*
brightness constraint Helligkeitsbedingung *f* (Bildverstellung) [edv]
brightness control Helligkeitssteuerung *f* (Bildschirm) [edv]; Helligkeitsregler *m*
brightness controller Helligkeitssteuergerät *n* [elt]
brightness value Helligkeitswert *m* [opt]
brilliance Bildhelligkeit *f* (des Schirmbilds) [edv]
brilliant glänzend; hell (optisch)
brilliant blue brillantblau (RAL 5007) [nor]
brilliant varnish Glanzlack *m* [che]
brine Salzlake *f* [met]; Salzsole *f* [che]
brine bath Salzbad *n* [prc]
brine circulation Solekreislauf *m* [prc]
brine clarification Soleklärung *f* [prc]
brine cooler Solekühler *m* [prc]
brine filtration Solefiltration *f* [prc]
brine precipitation Solefällung *f* [prc]
brine strainer Solefilter *m* [prc]
brinell hardness Brinellhärte *f* [met]
brinelling Rattermarken *pl* (auf Walzblech, u.a.) [met]
bring an action, right to - Klagerecht *n* [jur]
bring close to heranfahren *v* (Material an Maschine) [wer]
bring down abbrechen *v* (ein altes Haus) [bau]
bring flush bündig machen *v* [wer]
bring in einbringen *v* (hineinschaffen); einfahren *v* (Ernte) [far]
bring into alignment fluchten *v* [con]
bring into engagement in Eingriff bringen [tec]
bring out herausfahren *v* [wer]
bring system Bringsystem *n* (Abfallsammlung) [rec]
bring to a level nivellieren *v*

bring to a standstill zum Stillstand bringen *v* [tec]
bring to the boil aufkochen *v* [prc]
bring together zusammenführen *v*
bring up hochfahren *v* (den Kessel) [pow]
bringing-up to the surface Zutageleiten *n* [roh]
briny salzig
briquet Brikett *n*
briquet brikettieren *v*
briquette Brikett *n*
briquette brikettieren *v*
briquette-making equipment Brikettiereinrichtung *f*
briquetting Formung *f* [wer]
briquetting device Brikettiereinrichtung *f*
briquetting method Formpressverfahren *n* [wer]
briquetting press Brikettierpresse *f*
briquetting process Brikettierverfahren *n*
bristle Borste *f* [bff]
British Thermal Unit Britische Wärmeeinheit *f* [pow]
brittle bröckelig; brüchig (spröde); morsch; spröde (zerbrechlich)
brittle fracture Sprödbruch *m* [met]; verformungsarmer Bruch *m*; Versprödungsbruch *m* [met]
brittle fracture behaviour Sprödbruchverhalten *n* [met]
brittle temperature Versprödungstemperatur *f* [met]
brittle, become - verspröden *v* [met]
brittleness Brüchigkeit *f*; Sprödigkeit *f*; Zerbrechlichkeit *f* [met]
broach Ahle *f* [wzg]; Räumnadel *f* (macht Vielkeilprofil) [wer]; Reibahle *f* [wzg]
broach aufreiben *v* (anschneiden) [wer]; räumen *v* (spanende Bearbeitung) [wer]
broached geräumt [wer]
broaching machine Räummaschine *f* [roh]
broaching pass Räumdurchgang *m* (in Zylinderrohr) [tec]
broad breit; weit (breit)
broad gauge Breitspur *f* (Eisenbahn) [tra]
broad-band amplifier Breitbandverstärker *m* [any]
broad-section V-belt Breitkeilriemen *m* [tra]
broadband Breitband *n* (Funkverkehr) [elt]
broadband network Breitbandnetz *n* [edv]
broadcast Sendung *f* (Radio-) [edv]; Rundfunk *m* [edv]
broadcast funken *v* [edv]; senden *v* (Radio etc.) [edv]; übertragen *v* (ein Radio-, Fernsehprogramm) [edv]
broadcasting Radio *n* (Funk) [edv]
broadcasting station Rundfunksender *m* [edv]
broadcasting transmitter Radiosendeanlage *f* [edv]
broadcasting truck Rundfunkübertragungsfahrzeug *n* [edv]
broaden erweitern *v* (verbreitern); verbreitern *v*; weiten *v* (verbreitern) [wer]
broadening Aufweitung *f*; Verbreiterung *f* (Straße) [tra]
broadening of liability Haftungserweiterung *m* [jur]

brochure Druckschrift *f* (Heft); Prospekt *m* (z.B. Werbebroschüre)
broil braten *v* (grillen)
broken gebrochen (Mauerwerk) [bau]; kaputt; unterbrochen
broken chain device Kettenbruchsicherung *f* [mbt]
broken glass Glasabfall *m* [rec]; Bruchglas *n* [rec]
broken gravel gebrochener Kies *m* [met]
broken line gestrichelte Linie *f*
broken piece Scherbe *f*; Bruchstück *n*
broken rock Bruchstein *m* [bau]; Grobsplitt *m* [met]; Schotter *m* [bau]
broken step Stufenbruch *m* (an Rolltreppe) [mbt]
broken step device Stufenabsenksicherung *f* (Rolltreppe) [mbt]
broken stone Bruchstein *m* [bau]; Grobsplitt *m* [met]
broken stone road Schotterstraße *f* [tra]
broken wire Drahtbruch *m* [met]
broken-out section Teilschnitt *m* [con]
broker Vermittler *m* (Versicherungsagent) [jur]; Vertreter *m* (einer Versicherung) [jur]
bromic acid Bromsäure *f* [che]
bromic counter tube Bromzählrohr *n* (radioaktive Strahlung) [any]
bromification Bromierung *f* [che]
bromine counter Bromzählrohr *n* (radioaktive Strahlung) [any]
brominebutyl rubber Brombutylkautschuk *m* [met]
bromobenzene Brombenzol *n* [che]
bromthymol blue Bromthymolblau *n* [che]
bronchitis Bronchitis *f* [hum]
bronchitis cancer Bronchialkrebs *m* [hum]
bronze Bronze *f* [met]
bronze casting alloy Bronzegusslegierung *f* [met]
bronze ingot Bronzeblock *m* [met]
bronze sheet Bronzeblech *n* [met]
bronze varnish Bronzelack *m* [che]
bronzing Bronzierung *f*
broom yellow ginstergelb (RAL 1032) [nor]
brow Stirn *f* [hum]
brow post Holm *m*
brown braun
brown beige braunbeige (RAL 1011) [nor]
brown coal Braunkohle *f* [roh]
brown coal area Braunkohlenrevier *n* [roh]
brown coal briquet Braunkohlenbrikett *n* [met]
brown coal briquette Braunkohlenbrikett *n* [met]
brown coal fired boiler Braunkohlenkessel *m* [pow]
brown coal mill Braunkohlenmühle *f* [pow]
brown coal mining Braunkohlenförderung *f* [roh]; Braunkohlenbergbau *m* [roh]
brown coal tar Braunkohlenteer *m* [met]
brown colouring Bräunung *f*
brown earth Braunerde *f* [bod]
brown forest soil Braunerde *f* [bod]
brown green braungrün (RAL 6008) [nor]
brown grey braungrau (RAL 7013) [nor]
brown hematite Brauneisenstein *m* [min]

brown iron ore Brauneisenstein *m* [min]; Brauneisen *n* [min]; Brauneisenerz *n* [min]
brown lead oxide Bleisuperoxid *n* [che]
brown red braunrot (RAL 3011) [nor]
browning Bräunung *f*
brownish bräunlich
browse durchblättern *v* (flüchtig ansehen); herumlaufen *v* (z.B. im Kaufhaus)
brush Bürste *f*; Pinsel *m* [wzg]; Stromabnehmer *m* [elt]
brush anstreichen *v* (streichen) [wer]; bürsten *v*
brush block Bürstenblock *m* [elt]
brush cleaner Pinselreiniger *m* [met]
brush cleaning agent Pinselreinigungsmittel *n* [met]
brush contact losses Bürstenübergangsverluste *m* [elt]
brush for screw Schneckenbesen *m* (Werkzeug) [wzg]
brush gear Bürstenapparat *m* [elt]
brush holder Bürstenhalter *m* [elt]
brush holder assembly Bürstenbock *m* (für Erdung) [elt]
brush holder support Bürstenträger *m* [elt]
brush roll Bürstenwalze *f* [wer]
brush shifting mechanism Bürstenverstellantrieb *m* [elt]
brush shifting motor Verstellmotor *m* [tec]
brush spring Bürstenfeder *m* [elt]
brush stroke Pinselstrich *m* [wer]
brush switch Handlaufeinlaufsicherung *f* (Rolltreppe) [tra]; Bürstenschalter *m* [elt]
brush technique Bürstenmethode *f* [elt]
brush up reaktivieren *v*
brush-aerator Bürstenwalze *f*
brush-paint streichen *v* (Farbe) [wer]
brushability Streichfähigkeit *f* [met]
brushing lacquer Streichlack *m* [che]
brushing roll Bürstenwalze *f* [tec]
brushing varnish Streichlack *m* [che]
brushless bürstenlos
bubble Blase *f* (Folienblase) [met]; Lunker *m* [met]
bubble perlen *v*; schäumen *v* (Flüssigkeit); sprudeln *v* (schäumen)
bubble cap Glocke *f* (auf Apparat) [che]
bubble concept Blasenkonzept *n* (Handel mit Emissionserlaubnissen) [eco]
bubble counter Blasenzähler *m*
bubble formation Blasenbildung *f* (Kunststoff) [met]
bubble gauge Blasenzähler *m*
bubble growth Blasenwachstum *n*
bubble light Lichtkuppel *f* ((A)) [bau]
bubble plate Glockenboden *m* [che]
bubble rising Blasenaufstieg *m*
bubble rising velocity Blasenaufstiegsgeschwindigkeit *f*
bubble tray Glockenboden *m* [che]
bubble up aufbrausen *v*
bubble vaporization Blasenverdampfung *f* (Öl) [che]
bubble-cap column Blasensäule *f* [prc]

bubbling Blasenbildung *f* (Anstrich) [met]
buck gegenhalten *v*; laugen *v*
buck slip Laufzettel *n* (innerbetrieblich)
bucket Ladeschaufel *f* [mbt]; Becher *m* (im Becherwerk); Eimer *m*; Kübel *m* (größerer Eimer); Löffel *m* (Grabgefäß an Baumaschine) [mbt]
bucket arm Löffelstiel *m* (meist Tieflöffelstiel) [mbt]; Schaufelstiel *m* (Bagger) [mbt]
bucket capacity Löffelinhalt *m* (max. Volumen) [mbt]; Schaufelinhalt *m* (Fassungsvermögen) [mbt]; Tieflöffelinhalt *m* (was rein geht) [mbt]
bucket chain conveyor Becherwerkbandanlage *f* [prc]
bucket chain excavator Eisenkettenbagger *m* [mbt]; Trockeneimerbagger *m* [mbt]
bucket contents Löffelinhalt *m* (eff. Volumen) [mbt]; Schaufelinhalt *m* (Inhalt) [mbt]
bucket control Schaufelsteuerung *f* (Bagger) [mbt]
bucket conveyor Becherwerk *n* [prc]
bucket cylinder Gefäßzylinder *m* (für Schaufel) [mbt]; Löffelzylinder *m* [mbt]; Schaufelzylinder *m* [mbt]
bucket discharging device hydraulischer Behälterentleerer *m* [mbt]
bucket dredger Eimerbagger *m* [mbt]; Eimerkettenschwimmbagger *m* [mbt]; Schaufelbagger *m* [mbt]
bucket elevator Kübelaufzug *m* [prc]; Becherwerk *n* [prc]; Eimerwerk *n* [prc]
bucket excavator Eimerkettenbagger *m* [mbt]; Löffelbagger *m* (fast immer Tieflöffel) [mbt]
bucket hinge Löffelanlenkung *f* (an Baumaschine) [mbt]; Schaufelanlenkung *f* [mbt]; Tieflöffelanlenkung *f* [mbt]
bucket hydraulics Schaufelhydraulik *f* [mbt]
bucket ladder Eimerleiter *f* (an Bagger) [mbt]
bucket lip Schaufelvorderteil *n* [mbt]
bucket loader Ladeschaufler *m* [mbt]
bucket pin Löffellagerung *f* (Bolzen) [mbt]
bucket pivot Löffeldrehpunkt *m* (an Baumaschine) [mbt]
bucket pump Kastenpumpe *f*
bucket safety bar Löffelhalter *m* [mbt]
bucket tooth Schaufelzahn *m* [mbt]
bucket wheel Schaufelrad *n* (an Schaufelradbagger) [mbt]; Schöpfrad *n*; Zellenrad *n* [prc]
bucket wheel discharge chute Schaufelradaustragsschurre *f* [mbt]
bucket wheel excavator Schaufelradbagger *m* [mbt]
bucket wheel gear Schaufelradgetriebe *n* (am Bagger) [mbt]
bucket wheel reclaimer Schaufelradentnahmegerät *n* [mbt]
bucket with discharge Behälter mit Entleeröffnung *m*
bucket with hydraulic controlled discharge Behälter mit hydraulischer Entleerung *m* [mbt]
bucket-wheel extractor Zellenradextraktor *m* [prc]
bucketfuls, in - eimerweise

buckeye coupling Mittelkupplung *f* [mbt]
buckle Schnalle *f*
buckle beulen *v*; einbeulen *v*; knicken *v*
buckle out ausbeulen *v* [wer]
buckling Knickbeanspruchung *f* [met]; Knickung *f*; Abknicken *n*
buckling load Knickbelastung *f* [met]; Knicklast *f* [met]
buckling protector Knickschutz *m* [tec]
buckling resistance Knickfestigkeit *f* [met]
buckling strength Knickfestigkeit *f* [met]
buckling stress Knickbeanspruchung *f* [met]; Knickspannung *f*
buckling test Knickprüfung *f* [any]; Knickversuch *m* [any]
bucksaw Spannsäge *f* (Holzrahmen mit Seilspannung) [wzg]; Zimmermannssäge *f* (Spannsäge) [wzg]
buckstay Balken *m* (Träger); Riegel *m* (Gerüst); Träger *m* (Balken) [tec]
buddy seat Beifahrersitz *m* (primitive Ausführung) [mbt]
budget Finanzplan *m* [eco]
buff schleifen *v* (polieren) [wer]
buffer Anschlag *m* (Puffer, Stopper) [tec]; Puffer *m* [che]; Zwischenspeicher *m* (Puffer) [edv]
buffer abpuffern *v* [che]; puffern *v* [che]; puffern *v* (zwischenspeichern) [edv]
buffer amplifier Trennverstärker *m* [elt]
buffer battery Pufferbatterie *f* [elt]
buffer beam Kopfträger *m* (bei Schienenfahrzeugen) [tra]; Pufferträger *m* (bei Schienenfahrzeugen) [tra]
buffer capacity Pufferkapazität *f* [che]
buffer coupling Pufferkupplung *f* [tra]
buffer diode Trenndiode *f* [elt]
buffer disk Pufferteller *m* [tra]
buffer effect Pufferwirkung *f*
buffer head Pufferstößel mit Teller *m* [tra]
buffer layer Pufferschicht *f*
buffer on glass panel Glasscheibeneinfassprofil *n* [tra]
buffer plate Anlaufplatte *f* [met]
buffer reagent Puffergemisch *n* [che]
buffer solution Pufferlösung *f* [che]
buffer stop Prellbock *m* (am Gleisende) [tra]; Puffer *m* (Prellbock) [tra]; Pufferanschlag *m* [tec]
buffer system Puffersystem *n* [che]
buffer time Pufferzeit *f*
buffer zone Pufferzone *f* [bod]
buffer, hydraulic - hydraulischer Puffer *m* [tec]
buffered gepuffert
buffering Pufferung *f*
buffering action Pufferwirkung *f*
bufferless wagons pufferlos [tra]
buffers, length over - Länge über Puffer *f* (LüP) [tra]
bufferstock Puffervorrat *m*
buffing dust Polierstaub *m* (Lederindustrie) [rec]
buffing wheel Schwabbelscheibe *f* [wzg]
buggy Karren *m*

build anlegen *v* (gründen); aufbauen *v* (bauen); bauen *v* [bau]; erbauen *v*; errichten *v* (bauen, erstellen); erstellen *v*; konstruieren *v* (erbauen) [bau]; mauern *v* [bau]
build in einbauen *v* (z.B. Küche)
build on anbauen *v* [bau]; bebauen *v*
build up anarbeiten *v* (eine Schweißnaht) [wer]; aufbauen *v* (bauen); aufschichten *v*; aufschweißen *v* (Auftragsschweißung) [wer]; einschwingen *v*
build up by welding auftragschweißen *v* [wer]
build-up Aufbau *m* (Konstruktion) [tec]
build-up by welding Auftragschweißen *n* [wer]
build-up of coats Schichtaufbau *m* (z.B. Farbe, Chrom, etc.) [met]
builder Bauunternehmer *m* (Hoch-, Tief-, Kanal-Bau) [eco]
builder's hoist Bauaufzug *m* [bau]
building baulich [bau]
building Konstruktion *f* (Bau); Bau *m* (Bauen) [bau]; Bauen *n* [bau]; Bauwerk *n* [bau]; Erstellen *n* (z.B. eines Hauses) [bau]; Gebäude *n* (Bauwerk) [bau]; Haus *n* [bau]
building abandoned only half-finished Bauruine *f* [bau]
building activity Bautätigkeit *f* [bau]
building application procedure Bauantragsverfahren *n* [jur]
building authorities Baubehörde *f* [bau]; Bauamt *n*
building block Baustein *m* (z.B. Ziegel) [bau]
building bloom Mauerfraß *m* [bau]
building board Bauplatte *f* [bau]
building brick Baustein *m* (z.B. Ziegel) [bau]; Mauerziegel *m* [bau]; Ziegel *m* [bau]; Ziegelstein *m* [met]
building by industrialized methods industrielles Bauen *n* [bau]
building carcass Rohbau *m* [bau]
building ceramics keramischer Baustoff *m* [met]
building component Bauelement *n* [bau]; Fertigteil *n* [bau]
building component, prefabricated - Baueinheit *f* [bau]
building components Bauteile *pl* [bau]
building construction Bauausführung *f* [bau]; Baukonstruktion *f* [bau]; Hausbau *m* [bau]; Hochbau *m* [bau]
building construction and civil engineering Hoch- und Tiefbau *m* [bau]
building construction regulations Baubestimmungen *pl* [bau]
building construction waste Baustellenabfall *m* [rec]
building contractor, by the - bauseits [bau]
building conversion Bauveränderung *f* [bau]
building costs Bausumme *f*; Baukosten *pl*
building coverage Anteil der bebauten Fläche *m*
building demolition material Gebäudeabbruchmaterial *n* [rec]
building design Bauplanung *f* [bau]
building documents Bauvorlagen *pl* [jur]
building drain Gebäudeabwasserleitung *f* [was]

building drainage Grundstücksentwässerung *f* [was]; Hausentwässerung *f* [was]
building elevator Bauaufzug *m* [bau]
building engineer Bauingenieur *m* [bau]
building engineering Hochbau *m* [bau]
building entrance Gebäudeeingang *m* [bau]
building entrance door Haustür *f* [bau]
building firm Baugeschäft *n* [bau]
building ground Baustelle *f* [bau]; Terrain *n*
building height Gebäudehöhe *f* [bau]
building in series Serienbau *m* [wer]
building in timber Holzbau *m* [bau]
building industry Bauindustrie *f* [bau]
building insulation Gebäudeisolierung *f* (Wärme-) [bau]
building insulation material Baudämmstoff *m* [bau]
building labourer Bauarbeiter *m* [bau]
building land Baugelände *n* (Bauland) [bau]
building law Baurecht *n* [jur]
building legislation Baurecht *n* [jur]
building line Bauflucht *f* [bau]; Gebäudeleitung *f* [bau]
building load Gebäudelast *f* [bau]
building loan Baudarlehen *n* [bau]
building location Bauplatz *m* [bau]
building machinery Baumaschinen *pl* [bau]
building maintenance Gebäudeunterhaltung *f* [bau]
building market Baumarkt *m*
building material Baustoff *m* [met]; Baumaterial *n* (Sand, Kies, ...) [bau]
building material processing Baustoffaufbereitung *f* [rec]
building material, local - einheimische Baustoffe *pl* [met]
building materials class Baustoffklasse *f* [met]
building materials, recycling of - Baustoffrecycling *n* [rec]
building moisture Baufeuchte *f* [bau]
building noise Baulärm *m* [aku]
building of a dam Dammbau *m* [bau]
building permit Baugenehmigung *f* (von Behörde) [jur]; Bauerlaubnis *n* [jur]
building permit procedure Baugenehmigungsverfahren *n* [jur]
building pit Baugrube *f* [bau]
building plan Bauplan *m* [bau]
building plaster Innenputz *m* [bau]
building plot Baugrundstück *n* [bau]
building principal Bauherr *m* [bau]
building project Baumaßnahme *f* [bau]; Bauvorhaben *n* (Idee, Planung) [bau]
building pump Baupumpe *f* [bau]
building ready for occupation bezugsfertiges Gebäude *n* [bau]
building regulation Bauvorschrift *f* [jur]
building regulations Bauordnung *f* [bau]
building repair Baureparatur *f* [bau]
building rubbish Bauschutt *m* [rec]
building rubble Bauschutt *m* [rec]

building sanitary sewer Abwasserkanal *m* (im Haus) [was]
building services Gebäudeinstallation *f* [bau]; technische Gebäudeausrüstung *f* (Versorgung) [bau]
building services control system Gebäudeleitsystem *n* [bau]
building sewer Gebäudeabwasserleitung *f* [was]
building sewer, combined - Mischwasserkanal *m* [was]
building site Baustelle *f* [bau]; Bauplatz *m* [bau]; Baugelände *n* (Baustelle) [bau]; Baugrundstück *n* [bau]
building site refuse Baustellenabfall *m* [rec]
building society Baugesellschaft *f* [eco]
building space Baufläche *f* (Platzbedarf) [bau]
building space, required - Platzbedarf *m* [bau]
building specification Bauvorschrift *f* [bau]
building stone Naturbaustein *m* [bau]
building storm sewer Regenwassersammler *m* [was]
building structures, mixed - Mischbauweise *f* [bau]
building supervision Baukontrolle *f* [bau]
building supervisory authorities Bauaufsichtsbehörden *pl* [bau]
building surveyor Bautechniker *m* [bau]
building system Bauart *f* (Bauweise) [bau]
building technology Bautechnik *f* [bau]
building timber Bauholz *n* [bau]
building tools Baugeräte *pl* [bau]
building trap Abwassergeruchverschluss *m* (Kanal) [was]
building type approval Bauartzulassung *f* [jur]
building type design approval Bauartzulassung *f* [jur]
building under construction Neubau *m* [bau]
building unit Baueinheit *f* [bau]; Bauteil *n* [con]
building waste Bauabfall *m* [rec]
building with clay Lehmbauweise *f* [bau]
building work Bauarbeiten *pl* [bau]
building, adjoining - angrenzendes Gebäude *n* [bau]
building, agricultural - Landwirtschaftsgebäude *n* [far]
building, air-supported Traglufthalle *f* [bau]
building, method of - Bauweise *f* (Baumethode) [bau]
building, new - Neubau *m* [bau]
building, public - öffentliches Gebäude *n* [bau]
building, section of a - Gebäudetrakt *m* [bau]
building, stage of - Bauabschnitt *m* [bau]
building, use of a - Gebäudenutzung *f* [bau]
building, year of - Baujahr *n* [bau]
building-block principle Baukastenprinzip *n* [con]
building-drainage system Grundstücksentwässerungsanlage *f* [was]; Entwässerungssystem *n* [was]
building-in Einbindung *f*
building-site container Baustellencontainer *m* [bau]
building-site rubble processing Bauschuttaufbereitung *f* [rec]
building-up Konstruktion *f* (Bau); Aufbau *m* (Aufbauen)

building-up process Einschwingvorgang *m*
building-up time Anstiegzeit *f*; Einschwingzeit *f*
buildings Bauten *pl* (Gebäude, Bauwerke) [bau]
built erbaut [bau]; gebaut
built by standardized methods seriengefertigt
built the same way baugleich [con]
built-in eingebaut; eingebettet
built-in bathtub Einbauwanne *f* [bau]
built-in check automatische Prüfung *f* [any]
built-in cupboard Einbauschrank *m* [bau]; Wandschrank *m* [bau]
built-in direction indicator Einbauwinker *m* [tra]
built-in furniture Einbaumöbel *n* [bau]
built-in lighting fitting Einbauleuchte *f* [elt]
built-in part Einbauteil *n*
built-in switch Einbauschalter *m* [elt]
built-in tank filter Tankeinbaufilter *m* [tra]
built-in unit Einbauaggregat *n*
built-up bebaut; zusammengesetzt (montiert) [wer]
built-up area bebaute Fläche *f*; Ortschaft *f* (geschlossene Ortschaft); bebautes Gebiet *n*
built-up material Schweißgut *n* (von Schweißdraht abgetropft) [met]
built-up property bebautes Grundstück *n*
built-up roll Mantelwalze *f* [tec]
built-up shaft Radscheibenwelle *f* [pow]
built-up welding Auftragschweißen *n* [wer]
bulb Birne *f* (Glühbirne) [elt]; Glühbirne *f* [elt]; Küvette *f*; Lampe *f* (Glüh-); Kolben *m* (z.B. Thermometer)
bulb plate Tränenblech *n* [tec]; Wulstblech *n* [tec]
bulb stopper Kugelstopfen *m* [tec]
bulb-tee Wulststahl *m* [met]
bulge Aufweitung *f* (Rohrausbeulung) [wer]; Ausbeulung *f* (Ausbuchtung) [wer]; Ausbuchtung *f* (Ausbeulung); Kielraum *m* (Bilge) [tra]; Wulst *m*
bulge aufweiten *v*; aufwölben *v* [wer]; ausbuchten *v* [wer]; bauchen *v* (aufbauchen) [wer]; bauchig werden *v*
bulge-out Aufweitung *f*
bulging Aufbauchen *n* (unerwünschtes Aufblähen); Aufweiten *n*; Ausbauchen *n* (unerwünschtes Aufblähen) [wer]; Schwellen *n* [bau]
bulk unverpackt (sperrig ohne Verpackung)
bulk große Menge *f*; Hauptmasse *f*; Menge *f* (großer Umfang) [bau]; Haufwerk *n*; Massengut *n* (Schüttgut) [prc]; Volumen *n*
bulk cargo Massenschüttgut *n* (Schüttgut) [prc]; Schüttgut *n* (lose, flüssig, saug- und schaufelfähig) [tra]
bulk carrier Massengutfrachter *m* [tra]
bulk cement Behälterzement *m* [met]
bulk concrete Massenbeton *m* [phy]
bulk container Behälter *m* (für Schüttgut)
bulk density Rohdichte *f* [phy]; Schüttdichte *f*; Raumgewicht *n* [phy]; Schüttgewicht *f* [phy]
bulk distribution and time schedule Massenverteilungs- und Zeitplan *m* [tra]
bulk excavation Massenaushub *m* [mbt]

bulk goods Schüttgut *n* (z.B. Getreide, Erz, Kohle); Massengüter *pl* (Fracht) [tra]
bulk loading rail Massengutverladung Bahn *f* [tra]
bulk loading ship Massengutverladung Schiff *f* [tra]
bulk loading truck Massengutverladung Lkw *f* [tra]
bulk lorry Tankwagen *m* [tra]
bulk material Massengut *n* [prc]; Schüttgut *n*
bulk materials handling equipment Umschlaganlagen *pl* [roh]
bulk memory Massenspeicher *m* [edv]
bulk of the traffic Hauptverkehr *m* [tra]
bulk packing lose Verpackung *f* [rec]
bulk polymerization Blockpolymerisation *f* (Kunststoff) [che]
bulk production Massenfertigung *f* [eco]; Massenproduktion *f* [eco]
bulk purchaser Großabnehmer *m* [eco]
bulk shipment Sammeltransport *m* [tra]
bulk storage facility Massengutlager *n*
bulk volume Schüttvolumen *n*
bulkage Ballaststoff *m*
bulker Massengutfrachter *m* [tra]
bulkhead Stirnwand *f* [tra]; Schott *n* (in Schiff, Flugzeug) [tra]
bulkhead branch tee T-Schottverschraubung *f* [tec]
bulkhead bushing Schottdurchführung *f* [tec]
bulkhead cable gland Kabeldurchführung *f* [elt]
bulkhead coupling Schottverschraubung *f* [tec]
bulkhead gland Schottverschraubung *f* [tec]
bulkhead pipe coupling Schottverschraubung *f* (Rohrverschraubung) [tec]
bulkhead pipe coupling, angular - Winkelschottverschraubung *f* (Rohrverschraubung) [tec]
bulkhead plate Spundwand *f* [bau]; Schottblech *n* [bau]
bulkhead side tee T-Schottverschraubung *f* [tec]
bulkhead strip Schottleiste *f* [bau]
bulkhead stuffing box Schottverschraubung *f* [tec]
bulkhead union Schottverschraubung *f* [tec]
bulkhead wall Schottwand *f* [bau]
bulking Volumenvergrößerung *f* [met]
bulky dick (massiv); massig; massiv; sperrig
bulky household waste Sperrmüll *m* [rec]
bulky household waste collection Sperrmüllsammlung *f* [rec]
bulky refuse Sperrmüll *m* [rec]
bulky waste Massenabfall *m* [rec]; Sperrmüll *m* [rec]
bull clam Klappschaufel *f* (Erdaushub) [wzg]
bull gear Kulissenrad *n* [tec]
bulldoze einebnen *v* [bau]; räumen *v* (Erdbau) [mbt]
bulldozer Planiereinrichtung *f* [mbt]; Planierraupe *f* (kann Reißzahn haben) [mbt]; Schubraupe *f* [mbt]; Planierfahrzeug *n* [mbt]
bulldozer blade Stirnschar *f* [mbt]
bulldozer, by - mit Planierraupe *f* [mbt]
bullet proof kugelsicher (z.B. Panzerglas) [met]
bullet-proof glass Panzerglas *n* [met]

bulletin Druckschrift *f*; Bericht *m*
bullhead rivet Doppelkopfniete *f* [tec]
bump Bodenwelle *f* (konvex, nach oben) [tra]; Erschütterung *f* (durch Straße) [tra]; Stoß *m* (Zusammenstoß)
bump beulen *v*; prallen *v*
bump stop Blockstellung *f* (bei Federanschlag) [tec]
bumped lockerungsgesprengt [wer]
bumper Stoßstange *f* (des Autos) [tra]; Prellbock *m* [tra]; Puffer *m* [tra]; Stoßfänger *m* [tra]
bumper automatic Hammerautomatik *f* (Uhr) [tec]
bumper rod Abstandsleiste *f* [tec]
bumper support Stoßstangenhalterung *f* (am Auto) [tra]
bumping Lockerungssprengung [roh]
bumping plane Stoßebene *f* [tra]
bumpless stoßfrei
bumps, reduction of - Abschwächung der Unebenheiten *f* [mbt]
bumpy uneben (Straße)
bunch Ballen *m* (Bündel)
bunching Bündelung *f*
bund Erddamm *m* [bau]
bundle Bündel *n* (z.B. Rohre); Pack *n*
bung Pfropfen *m*
bungalow Bungalow *m* [bau]
bunion Ballen *m* [hum]
bunker Bunker *m* (Zement); Silo *m*
bunker bunkern *v* (Kohle, Öl übernehmen) [pow]
bunker coal gate Bunkerabsperrschieber *m* [pow]
bunker extractor Bunkeraustragegerät *n* [roh]
bunker outlet Bunkerauslass *m* [roh]
bunker slope Bunkerschräge *f* [prc]
bunker vibrator Bunkerrüttelvorrichtung *f* [prc]
Bunsen-burner Bunsenbrenner *m*
buoyancy Auftriebskraft *f* [phy]; Auftrieb *m* (in Flüssigkeit) [phy]
buoyant tragend (z.B. Wasser trägt Floß) [tra]
bur entgraten *v* (abgraten) [wer]
bur, thickness of - Gratstärke *f*
burden Belastung *f* (Last) [elt]; Bürde *f* (eines Messinstruments) [any]; Last *f* (Belastung) [phy]; Gewicht *n* (Belastung) [phy]; Fertigungsgemeinkosten *pl* [eco]
burden beladen *v* (mit Last versehen); belasten *v* (mit Last versehen); beschweren *v*
burden of proof Beweislast *f* [jur]
burden rate Arbeitsplatzkosten *pl*
burden, additional - Mehrbelastung *f*
bureau of standards, local - Eichamt *n* [nor]
burette Bürette *f* [che]
buried cable Erdkabel *n* [elt]
burin Stichel *m* [wzg]
burn Brandstelle *f* (am Körper); Verbrennung *f* (am Körper) [hum]
burn brennen *v*; calcinieren *v* [prc]; verbrennen *v* [pow]; verfeuern *v* [pow]; verheizen *v* [pow]
burn again nachbrennen *v* [wer]
burn down abbrennen *v* [che]; herunterbrennen *v*

burn in einbrennen *v*
burn lime Kalk brennen *v*
burn off abätzen *v* [che]; abbrennen *v* [che]; abfackeln *v* (nicht nutzbare Gase) [air]
burn out ausbrennen *v* [che]; durchbrennen *v* (z.B. Heizwicklung); verglühen *v* [pow]
burn to ashes einäschern *v*
burn to the ground einäschern *v* (niederbrennen)
burn-off Ausbrand *m* [che]
burn-out Heizflächenzerstörung *f* [pow]
burn-up Ausbrand *m* [che]
burn-up fraction Atomabbrand *m* [pow]
burn-up rate Ausbrand *m* [che]
burned verbrannt [che]
burner Brenner *m* [pow]
burner adjustment Brennereinstellung *f* [pow]
burner assembly Brennerkombination *f* [pow]
burner element can Brennelementhüllrohr *n* [pow]
burner gun Brennerlanze *f* [pow]
burner level Brennerbühne *f* (Bedienungsstand) [pow]; Bühne *f* (Brennerbühne) [pow]
burner mouth Austrittsöffnung *f* (Brenner) [pow]; Brennermaul *n* [pow]
burner nozzle Brenndüse *f* [pow]; Brennermündung *f* [pow]
burner rating Brennerleistung *f* [pow]
burner throat Brennerkehle *f* [pow]
burner throat brick Kehlstein *m* (Ölbrenner) [pow]
burner tile Brennermuffel *f* [pow]
burner tip Brennerdüse *f* [pow]
burner, combined - kombinierter Brenner *m* [pow]
burner, open - offenes Feuer *n*
burning brennend; glühend; scharf (beißend)
burning Entzündung *f*; Verbrennung *f* [pow]; Abbrand *m* (Abbrennen) [che]; Brand *m* (Verbrennung); Brennen *n*
burning glass Brennglas *n*
burning in Einbrennen *n* (Bildschirm)
burning in suspension Schwebeverbrennung *f* [pow]; Verbrennung in der Schwebe *f* [pow]
burning material Brennstoff *m* [pow]
burning oil Brennöl *n* [pow]
burning oven Brennofen *m* (Technik)
burning period Abbranddauer *f* [che]
burning point Flammpunkt *m* [che]
burning up Abbrand *m* (Abbrennen) [che]
burning velocity Abbrandgeschwindigkeit *f* [pow]
burning wood Brennholz *n* [pow]
burning, accelerated - beschleunigter Abbrand *m* [che]
burning-off Abbrand *m* (Abbrennen) [che]; Ausbrand *m* [che]; Abbrennen *n* (Anstriche) [bau]; Abflammen *n* (Anstrich)
burnish Rollen *n* (des Zylinderrohres, innen) [wer]
burnish fein rollen *v* (Zylinderinnenwand); rollen *v* (letztes Feinrollen) [roh]
burnished gerollt (letztes Feinrollen) [wer]
burnishing Schleifmasse *f* [met]
burnt verbrannt [che]

burnt down niedergebrannt
burnt out ausgebrannt (durch Feuersbrunst)
burr Grat *m* (Bearbeitung) [wer]; Schnittgrat *m* [wer]
burr entgraten *v*
burr, free of - gratfrei [wer]
burring Entgraten *n*
burst Explosion *f*; Bruch *m* (Ausbruch, Bruchstelle); Bersten *n*; Platzen *n*
burst bersten *v*; explodieren *v*; platzen *v* (explodieren); reißen *v* (zerreißen); sprengen *v* (aufbrechen); springen *v* (aufplatzen); zerspringen *v*
burst of noise Störimpuls *m*
burst through durchbrechen *v* (z.B. Hindernis)
burst-slug Brennelementschaden *m* [pow]
bursting Sprengung *f*; Bersten *n*
bursting disc Berstscheibe *f*; Reißscheibe *f*
bursting panel Brechscheibe *f*
bursting plate Brechplatte *f*
bursting pressure Berstdruck *m*; Explosionsdruck *m* (Zerknallen)
bursting strength Berstdruckfestigkeit *f*; Berstfestigkeit *f*; Berstdruck *m*; Berstwiderstand *m*
bursting tester Berstdruckprüfer *m*
bury eingraben *v*; in die Erde verlegen *v* (Leitungen) [bau]; vergraben *v*
bus Schiene *f* (Sammelschiene) [elt]; Autobus *m* [tra]; Bus *m* [tra]; Kanal *m* [edv]
bus bar Sammelschiene *f* [elt]; Stromschiene *f* [elt]; Ableiter *m* [elt]
bus bar carrier Sammelschienenhalter *m* [elt]; Sammelschienenträger *m* [elt]
bus bar distribution Schienenverteiler *m* [elt]
bus bar ducting Stromschienenverkleidung *f* [elt]
bus bar power station Sammelschienenkraftwerk *n* [pow]
bus connection Busverbindung *f* [tra]
bus controller Bussteuereinheit *f* [edv]
bus interface Busschnittstelle *f* [edv]
bus lane Busspur *f* [tra]
bus rod Sammelschiene *f* [elt]
bus service Busverbindung *f* [tra]
bus system Bussystem *n* [edv]
bus-driver Busfahrer *m* [tra]
bus-stop Bushaltestelle *f* [tra]
bush Buchse *f* (Lagerbuchse) [tec]; Hülse *f* [tec]; Muffe *f* [tec]; Busch *m* [bff]; Strauch *m* [bff]; Futter *n* (Uhr) [tec]
bush ausbuchten *v* [wer]
bush chain Buchsenkette *f* (Hülsenkette) [tec]; Hülsenkette *f* (Buchsenkette) [tec]
bush-wood Buschholz *n*
bushed bearing Augenlager *n* [tec]
bushed roller chain Hülsenkette *f* [tec]
bushed transporting chain Buchsenförderkette *f* [mbt]
bushing Buchse *f* (Durchführung) [elt]; Durchführung *f* (Öffnung, z.B. durch Wand); Führungshülse *f* [tec]; Gewindebuchse *f* [tec];
 Hülse *f* (Kugelhülse) [tec]; Lagerschale *f* [tec]; Muffe *f* (Tülle) [tec]; Buchsring *m* [tec]; Lagerring *m* [mbt]; Rohrstummel *m* [tec]; Distanzstück *n* [tec]
bushing insulator Durchführung *f* (Öffnung) [elt]
bushing lock pin Lagerbuchsenhaltestück *n* [tec]
bushing lock screw Lagerbuchsenhalteschraube *f* [tec]
bushing terminal box Ableitungskasten *m* [elt]
bushing tool Ausbuchsystem *n* [wer]
bushing with collar Bundbuchse *f* [tec]
bushing-type bearing Gleitlager *n* [tec]
business geschäftlich; gewerblich [eco]
business Arbeit *f* (Beschäftigung); Beschäftigung *f* [eco]; Betrieb *m* (Firma) [eco]; Geschäft *n*; Gewerbe *n* [eco]
business activity Geschäftstätigkeit *f* [eco]
business address Firmenanschrift *f* [eco]
business card Besuchskarte *f* (Visitenkarte); Visitenkarte *f*
business computer Bürocomputer *m* [edv]
business district Geschäftsgebiet *n*
business district, central - Geschäftszentrum *n* [bau]
business form Büroformular *n* (z.B. Anforderung) [eco]; Geschäftsformular *n* [eco]
business hours Geschäftszeit *f* [eco]
business house Geschäftshaus *n* [bau]
business knowledge Fachkenntnis *f*
business machine Büromaschine *f*
business management kaufmännische Leitung *f* [eco]
business meeting Dienstgespräch *n* [eco]
business methods Geschäftsmethoden *pl* [eco]
business objective Geschäftszweck *m* [eco]
business premises Geschäftsräume *pl* [bau]
business quarter Geschäftsviertel *n* [bau]
business report Geschäftsbericht *m* [eco]
business room Geschäftsraum *m* [bau]
business street Geschäftsstraße *f*; Ladenstraße *f*
business transaction kaufmännische Abwicklung *f* [eco]
business trip Dienstreise *f* [eco]; Geschäftsreise *f* [eco]
business year Geschäftsjahr *n* [eco]
business, conclusion of - Geschäftsschluss *m* [eco]
business, new - Neugründung *f* [eco]
bust Operateurfehler *m*
busway Verteilung *f* [elt]
busy belegt (Leitung) [edv]; beschäftigt (mit Arbeit); besetzt (Leitung); verkehrsreich (Straße, Bahn, Rhein) [tra]; vielbefahren [tra]
busy as a beaver bienenfleißig
busy line besetztes Telefon *n* [edv]
busy signal Besetztzeichen *n*
busy tone Besetztton *m*
butadiene caoutchouc Butadienkautschuk *m* [met]
butadiene rubber Butadienkautschuk *m* [met]
butane Butan *n* [che]
butment Lager *n* (Auflager) [bau]
butt Stoß *m* (Stoßnaht; Bleche schweißen) [wer]; Stumpf *m* [tec]

butt against anstoßen *v* (stoßend berühren)
butt contact Druckkontakt *m*
butt hinge Fitsche *f* (Schloss) [tec]; Scharnierband *n* [tec]
butt joint Laschenverbindung *f* [tec]; Stoßfuge *f* [wer]; Stumpfnaht *f* (an Stoßstößen) [wer]; Stoß *m* (Verbindungsstelle zwischen Bauteilen) [wer]; Stumpfstoß *m* (Laschenverbindung) [wer]
butt plate Stoßplatte *f* [tec]
butt strap Lasche *f* (Stoß); Stoßlasche *f*; Verbindungslasche *f*
butt weld Stoßnaht *f* [wer]; Stumpfschweißnaht *f* [wer]; Stumpfschweißung *f* [wer]; Vorschweißverbindung *f* [prc]
butt-joint anfügen *v* (stumpf -) [wer]
butt-solder stumpflöten *v* [wer]
butt-strap Stoßplatte *f* (Lasche) [tec]
butt-weld stumpfschweißen *v* [wer]
butt-welded joint Stumpfschweißverbindung *f* [wer]
butt-welding Stumpfschweißen *n* [wer]
butt-welding machine Stumpfschweißmaschine *f* [wer]
buttercup yellow chromgelb
butterfly Schmetterling *m* [bff]
butterfly nut Flügelmutter *f* [tec]
butterfly screw Flügelschraube *f* [tec]
butterfly valve Drehklappe *f* [prc]; Drosselklappe *f* [prc]; Regelklappe *f* [prc]; Stellklappe *f* [prc]; Abfangventil *n* [pow]; Drehventil *n* [prc]; Drosselventil *n* [prc]; Flügelventil *n* [prc]; Schmetterlingsventil *n* [prc]
butterfly valve, double - Mischschieber *m* [pow]
button Schaltfläche *f* (Software) [edv]; Taste *f*; Knopf *m* (z.B. Schaltknopf); Taster *m* (Schalter) [elt]
button battery Knopfzelle *f* (Batterien) [elt]
button cell Knopfzelle *f* (Batterien) [elt]
button head Nietkopf *m* [tec]
button head lube nipple Flachschmiernippel *m* [tec]
button head rivet Rundkopfniet *m* [tec]
button head screw Halbrundkopfschraube *f* [tec]
button head wood screw Rundkopfholzschraube *f* [tec]
buttoned geknöpft [wer]
buttress Strebepfeiler *m* [bau]
buttress thread Sägezahngewinde *n* [tec]
buy einkaufen *v* [eco]; kaufen *v* [eco]
buyer Käufer *m* [eco]; Verbraucher *m*
buyer's specification Gütevorschrift *f*
buying Einkauf *m* [eco]; Kauf *m* [eco]
buzz schnarren *v*
buzzer Summer *m* (akust. Signal) [elt]
by-law Satzung *f* [jur]
by-product Abfallerzeugnis *n* [rec]; Abfallprodukt *n* [rec]; Nebenerzeugnis *n*; Nebenprodukt *n*
bypass Kurzschlussleitung *f*; Nebenleitung *f* [prc]; Umführung *f* [prc]; Umgehung *f*; Umleitung *f*; Umwegleitung *f*; Weiche *f* [prc]; Nebenschluss *m* [elt]; Seitenweg *m* [tra]; Überströmkanal *m*

bypass überbrücken *v* [elt]; umfahren *v*; umführen *v* (z.B. Gas) [prc]; umgehen *v* (z.B. durch Bypass); umleiten *v* (umgehen); vorbeifließen *v* (im Zylinder) [tra]
bypass damper Umführungsklappe *f* [prc]
bypass duct Umgehungsleitung *f* [prc]
bypass filter Nebenstromfilter *m* [tra]
bypass line Kurzschlussleitung *f*; Nebenstromleitung *f* [tra]; Umgehungsleitung *f* [prc]
bypass oil filter Nebenstromölfilter *m* [tra]
bypass pipe Umführungsleitung *f* [prc]; Überströmrohr *n* [was]
bypass return Rücklaufleitung *f* [tra]
bypass road Entlastungsstraße *f* [tra]; Umgehungsstraße *f* [tra]
bypass station Umleitstation *f*
bypass steam Umleitdampf *m* [pow]
bypass system Abblaseeinrichtung *f*; Umleiteinrichtung *f*
bypass valve Abblaseventil *n*; Kurzschlussventil *n* [prc]; Nebenstromventil *n* [tra]; Sicherheitsventil *n* (Arbeits-/Betriebssicherheit) [prc]; Überströmventil *n* (Bypass) [prc]; Umgehungsventil *n* [prc]
bypassing Umgehung *f*
byroad Seitenweg *m* [tra]
byway Seitenweg *m* [tra]

C

C-hook C-Haken *m* [tec]
cab Fahrerkabine *f* [tra]; Kabine *f* [tra]; Führerstand *m* (der Lok) [tra]; Fahrerhaus *n* [tra]
cab heating system Fahrerhausheizung *f* [tra]
cab-tyre cable kunststoffumhülltes Kabel *n* [elt]
cabin Hütte *f*; Kabine *f*
cabinet Schrank *m* (z.B. für Messgeräte); Gehäuse *n* (z.B. Lautsprecher); Kabinett *n* (Gehäuse)
cabinet drier Trockenschrank *m* [prc]
cabinet file Halbrundfeile *f* [wzg]
cabinet for trash cans Abfalltonnenschrank *m* [rec]
cable Aderleitung *f* (Kabel) [elt]; Leitung *f* (Strom) [elt]; Draht *m* (Leitung) [elt]; Leitungsdraht *m* [elt]; Drahtseil *n* [met]; Kabel *n* [elt]; Kabel *n* (Seil); Seil *n*; Tau *n* (Seil)
cable kabeln *v* [edv]; verkabeln *v* [elt]
cable adapter Kabelanpasser *m* [elt]
cable and reel Drahtseil mit Rolle *f* [met]
cable arrangement Leitungsführung *f* [elt]
cable basket Kabelziehstrumpf *m* [elt]; Kabelzugstrumpf *m* [elt]
cable bearer Kabelaufhänger *m* [elt]; Kabelhalter *m* [elt]; Kabelträger *m* [elt]
cable bracket Kabeltrageisen *n* (Montage) [tec]
cable brake Seilbremse *f* [tra]; Seilzugbremse *f* [tra]
cable bushing Kabeldurchführung *f* (z.B. Buchse) [elt]
cable car Hängebahn *f* (Passagier-Drahtseilbahn) [tra]; Luftseilbahn *f* (Personen-) [tra]; Standseilbahn *f* [tra]
cable chain Fleyerkette *f* [tra]
cable channel Kabelrinne *f* [elt]
cable chute Kabelschacht *m* [elt]
cable clamp Kabelklemme *f* [elt]; Kabelschelle *f* [elt]
cable clip Feststellasche *f* [tec]; Kabelklemme *f* [elt]; Kabelschelle *f* [elt]; Kabelhalter *m* [elt]
cable compound Kabelmasse *f* [elt]
cable conduit Seilhülle *f* [tra]; Kabelkanal *m* [elt]; Kabelschutzrohr *m* [elt]; Kabelrohr *n* [elt]; Leitungsrohr *n* [elt]
cable conduit duct Kabelrohr *n* [elt]
cable connecting terminal Kabelklemme *f* [elt]
cable connection Kabelverbindung *f* [elt]; Kabelanschluss *m* [elt]
cable connector Steckverbinder *m* [elt]
cable conveyor Seilförderer *m* [prc]
cable core Kabelseele *f* [elt]
cable coupler Kabelkupplung *f* [elt]; Kabelmuffe *f* [elt]
cable covering Kabelmantel *m* [elt]
cable crane Kabelkran *m* [elt]

cable cross-section Kabelquerschnitt *m* [elt]
cable cutter Seilkappvorrichtung *f* [wer]
cable designation Kabelmarke *f* (Kennzeichnung) [elt]
cable diagram Kabelplan *m* (Schaltplan, Zeichnung) [con]
cable distribution cubicle Kabelverteilerschrank *m* [elt]
cable drive Seilantrieb *m* [mbt]
cable drum Kabelrolle *f* [elt]; Kabeltrommel *f* [elt]; Seiltrommel *f* [mbt]
cable duct Einführtrompete *f* [elt]; Kabelführung *f* [elt]; Leitungsdurchführung *f* [elt]; Kabeleinlass *m* [elt]; Kabelkanal *m* [elt]; Kabelschacht *m* [elt]; Kabelrohr *n* [elt]
cable end sleeve Kabelendhülse *f* [elt]
cable entry Kabeleinführung *f* [elt]
cable excavator Seilbagger *m* [mbt]
cable eye Kabelschuh *m* [elt]
cable fanning Kabelmontage *f* [elt]
cable finder Kabelsuchgerät *n* [elt]
cable fitting Kabelverschraubung *f* [elt]
cable fixing material Kabelbefestigungsmaterial *n* [elt]
cable gland Kabelverschraubung *f* [elt]; Kabelflansch *m* [tec]
cable hanger Kabelklemme *f* [elt]; Kabelschelle *f* [elt]
cable harness Kabelarmierung *f* [elt]; Kabelbaum *m* [elt]
cable inlet Kabeldurchführung *f* [elt]; Kabeleinführung *f* [elt]
cable installation Verkabelung *f* [elt]
cable insulation Kabelisolierung *f* [elt]
cable jacket Kabelmantel *m* [elt]
cable joint Kabelschuh *m* [tec]
cable joint box Kabelmuffe *f* [elt]
cable junction Kabelanschluss *m* [elt]
cable laying Kabelmontage *f* [elt]; Kabelverlegung *f* [elt]
cable localizer Kabelsuchgerät *n* [elt]
cable loop Kabelbaum *m* (mit Schlaufe, Schlinge) [elt]
cable lug Kabelschuh *m* [elt]
cable marker Kabelmarke *f* (kleine Anhänger) [elt]
cable net cooling tower Naturzugkühlturm *m* [pow]
cable passage Kabeldurchführung *f* (z.B. durch Wand) [elt]
cable pit Kabelschacht *m* [elt]
cable placing Kabelverlegung *f* [elt]
cable plug Kabelstecker *m* [elt]
cable protecting sleeve Kabelschutzhülle *f* [elt]
cable protection Kabelschutz *m* [elt]
cable protection hose Kabelschutzschlauch *m* [elt]
cable protective sheath Kabelschutz *m* [elt]
cable pull Seilzug *m* [mbt]
cable rack Pritsche *f* (für Kabel) [tec]
cable railway Drahtseilbahn *f* [tra]; Gondelbahn *f* [tra]
cable recycling plant Kabelrecyclinganlage *f* [rec]

cable reel Kabelhalterung f (Kabel auf Rolle) [elt]; Kabeltrommel f [elt]; Leitungstrommel f (Kabeltrommel) [elt]
cable reel car Kabelrollenwagen m [elt]; Kabeltrommelwagen m [elt]
cable route Kabelführung f [elt]; Kabeltrasse f [elt]
cable routing Kabelführung f [elt]
cable run Kabelführung f (im Gebäude) [elt]
cable running Leitungsführung f [elt]
cable scrap Kabelschrott m [met]
cable screwing Kabelverschraubung f [elt]
cable set Kabelsatz m [elt]
cable shackle Kabelschelle f [elt]
cable sheath Kabelmantel m (Verkleidung, Hülle) [elt]
cable sheathing Kabelhülle f [elt]; Kabelschutzhülle f [elt]; Kabelummantelung f [elt]; Kabelmantel m [elt]
cable sheave Seilumlenkrolle f (bei Seilbagger) [mbt]
cable shielding Kabelabschirmung f [elt]
cable shoe Kabelschuh m [elt]
cable shovel Seilbagger m [mbt]
cable sleeve Kabelmuffe f [elt]; Kabelschelle f [elt]
cable socket Kabeldose f [elt]; Kabelschuh m [elt]
cable stripping knife Kabelmesser n [elt]
cable strippings Kabelmantel m [met]
cable subway Kabeltunnel m [elt]
cable suspender Kabelaufhänger m
cable suspension bridge Hängebrücke f [tra]
cable system Kabelsystem n [elt]
cable television Kabelfernsehen n [edv]
cable terminal Kabelabschluss m [elt]
cable thimble Kabelschuh m [elt]
cable through panel Kabeldurchführungsplatte f [elt]
cable throughing Kabelkanal m [elt]
cable tie Kabelbinder m [elt]
cable tray Kabelkanal m [elt]
cable trench Kabelgraben m [elt]
cable trough Kabelrinne f [elt]
cable tube Kabelschutzrohr m [elt]; Kabelrohr n [elt]
cable tunnel Kabelkanal m (begehbar) [elt]; Kabeltunnel m [elt]
cable winch Seilwinde f [mbt]
cable winder Kabelwinde f [elt]
cable wiring Kabel n (Verdrahtung) [mbt]
cable, run of - Kabelweg m [elt]
cable-mounted aufgehängt (am Drahtseil) [wer]
cable-mounted buckets Hängebahn f (z.B. für Gestein, Kohle) [roh]
cableway Drahtseilbahn f [tra]; Kabelbahn f [elt]; Kabinenbahn f [tra]; Schwebebahn f [tra]; Seilbahn f [tra]; Kabelkran m [elt]
cabling Verdrahtung f [elt]; Verkabelung f [elt]
cache verstecken v
cadastral land survey Kataster n [jur]
cadastral survey Katastervermessung f
cadastre Kataster n
cadmium Cadmium n (chem. El.: Cd) [che]; Kadmium n (chem. El.: Cd) [che]

cadmium alloy Cadmiumlegierung f [che]
cadmium amalgam Cadmiumamalgam n [che]
cadmium chloride Chlorcadmium n [che]
cadmium colour Cadmiumfarbe f [che]
cadmium metal Cadmiummetall n [che]
cadmium oxide Cadmiumoxid n [che]
cadmium plated kadmiert (z.B. Schrauben) [met]
cadmium plating Cadmieren n [che]; Kadmieren n [met]
cadmium sulfide cadmiumgelb
cadmium tungstate Cadmiumwolframat n [che]
cadmium yellow cadmiumgelb; kadmiumgelb (RAL 1021) [nor]
cadmium-plate kadmieren v [met]
cadmium-plated kadmiert [met]
cage Behälter m (Käfig, Förderkorb); Käfig m [tec]; Gefäß n (Käfig, Korb)
cage induction motor Käfigläuferinduktionsmotor m [pow]; Kurzschlussmotor m [pow]
cage screen Wandschirm m (Rohrwände) [pow]
caisson Kassette f [bau]
cake Walzplatte f [met]; Stück n (Seife)
cake sintern v
cake discharge Kuchenabwurf m [prc]
cake filtration Kuchenfiltration f [prc]
caking Sintern n [met]; Zusammenbacken n [met]
caking coal backende Kohle f [roh]; Backkohle f [roh]
calcareous kalkartig [che]; kalkhaltig; kalkig
calcareous cement Kalkkitt m [met]; Kalkzement m [met]
calcareous clay Kalkmergel m [geo]
calcareous deposit kalkhaltige Ablagerung f [geo]; Kalklager n [roh]
calcareous earth Kalkerde f [bod]
calcareous encrustation Kalkkrusten pl [bau]
calcareous flux Kalkzuschlag m [met]
calcareous gravel Kalkkies m [geo]
calcareous marl Kalkmergel m [geo]
calcareous mountains Kalkgebirge n [geo]
calcareous sand Kalksand m [bod]
calcareous sandstone Kalksandstein m [geo]
calcareous sediment Kalkablagerung f [geo]
calcareous soil Kalkboden m [bod]
calcareous water hartes Wasser n [was]
calcic hydrate gelöschter Kalk m [met]
calcification Kalkablagerung f [hum]; Kalkung f; Verkalkung f [met]
calcify verkalken v [met]
calcinable calcinierbar [che]
calcination Calcinierung f [che]; Kalzinierung f [prc]; Röstung f [roh]; Abbrand m (Abbrennen) [che]; Calcinieren n [che]; Glühen n (Minerale) [met]; Kalzinieren n [che]
calcination gas Röstgas n [roh]
calcination of limestone Kalkbrennen n [prc]
calcination plant Kalzinieranlage f [prc]
calcine abschwelen v [prc]; braten v (kalzinieren); calcinieren v [che]; glühen v (Minerale) [met]; kalzinieren v [prc]; rösten v [roh]

calcined gypsum Baugips *m* [met]
calcined ore geröstetes Erz *n* [roh]
calcining Röstung *f* [roh]; Calcinieren *n* [che]
calcining crucible Calciniertopf *m* [roh]
calcining furnace Brennofen *m* (Erz) [roh]; Calcinierofen *m* [prc]; Kalzinierofen *m* [prc]; Röstofen *m* [roh]
calcining hearth Calcinierherd *m* [roh]; Kalzinierherd *m* [roh]
calcining kiln Brennofen *m* (Erz) [roh]; Calcinierofen *m* [prc]; Kalzinierofen *m* [prc]
calcining plant Röstanlage *f* [roh]
calcining process Röstprozess *m* [roh]
calcium Calcium *n* (chem. El.: Ca) [che]
calcium acetylide Calciumcarbid *n* [che]
calcium ammonium nitrate Kalkammonsalpeter *m* [che]
calcium bicarbonate Calciumhydrogencarbonat *n* [che]
calcium carbide Calciumcarbid *n* [che]
calcium carbonate Kreide *f* [met]; Kalkspat *m* [che]; Calciumcarbonat *n* [che]
calcium carbonate sludge Calciumcarbonatschlamm *m* [rec]
calcium chloride Calciumchlorid *n* [che]
calcium content, low - kalkarm [che]
calcium cyanamide fertilizer Kalkstickstoffdünger *m* [far]
calcium fertilizer Kalkdünger *m* [far]
calcium hardness Kalkhärte *f* [met]
calcium hydrate Kalkhydrat *n* [che]
calcium hydroxide Kalkmilch *f* [met]; Löschkalk *m* [met]; Calciumhydroxid *n* [che]; Kalkwasser *n* [met]
calcium oxide Calciumoxid *n* [che]
calcium silicate Calciumsilicat *n* [che]
calculability Berechenbarkeit *f* [mat]
calculable berechenbar [mat]
calculate ausrechnen *v*; bemessen *v* (Zeit); berechnen *v* [mat]; durchrechnen *v* [mat]; ermitteln *v* (rechnerisch); errechnen *v*; kalkulieren *v*; rechnen *v*
calculate the earthwork ermitteln *v* (Erdmassen) [bau]
calculated errechnet; gerechnet (durchgerechnet); rechnerisch ermittelt
calculating machine Rechenmaschine *f*
calculating rule Rechenvorschrift *f* [mat]
calculation Berechnung *f* [mat]; Berechnung *f* (z.B. eines Auftrages) [eco]; Kalkulation *f* [mat]; Rechnung *f* (Berechnung) [mat]; Rechnen *n*
calculation method Berechnungsverfahren *n*; Rechenverfahren *n* [mat]
calculation of costs Kostenkalkulation *f* [eco]
calculation of quantities Mengenberechnung *f*
calculation of safe dimensions Dimensionierung *f* (Statik) [con]
calculation speed Rechengeschwindigkeit *f* (Hard-Software) [edv]
calculation value Berechnungswert *m*

calculator Rechenmaschine *f*; Rechner *m* [edv]
calculus Infinitesimalrechnung *f* [mat]; Rechenart *f* [mat]; Kalkül *n* [mat]
calendar Verzeichnis *n*
calendar period Kalenderzeit *f*
calender Kalandrierwalze *f*; Rolle *f* (Mangel); Walze *f* (Kalander) [roh]; Kalander *m*; Walzwerk *n* [roh]
calender kalandrieren *v*
calendering Kalandrieren *n*
calendering machine Kalander *m*
calibrate eichen *v* [any]; kalibrieren *v* [any]; normen *v*; normieren *v* (passend machen)
calibrated geeicht [any]
calibrating Eichen *n* [any]; Kalibrieren *n* [any]
calibrating plot Eichkurve *f* [any]
calibration Eichung *f* [any]; Kalibrierung *f* [any]; Normung *f*; Kalibrieren *n* [any]
calibration block Eichkörper *m* (geprüftes Maß) [any]
calibration constant Eichfaktor *m* [any]
calibration curve Eichkurve *f* [any]
calibration error Abgleichfehler *m* [any]; Eichfehler *m* [any]
calibration instrument Eichgerät *n* [any]
calibration mark Eichstrich *m* [any]
calibration record Eichprotokoll *n* [any]
calibration tube Eichrohr *n* [any]
calibration value Eichwert *m* [any]
calibration voltage Kalibrierspannung *f* [elt]
calibration, certificate of - Eichschein *m* [any]
calibrator Kalibriereinrichtung *f* [any]
calibre Lehre *f* (Standard) [any]; Innendurchmesser *m* (Rohre) [con]; Kaliber *n*
caliduct Heizungsrohr *n* [pow]
californium Kalifornium *n* (chem. El.: Cf) [che]
calipers, inside - Innentaster *m* [pow]
calk durchpausen *v* (durchzeichnen)
calk over überstemmen *v* [wer]
calked joint Stemmfuge *f* [bau]
calking Verstemmen *n* ((A) Abdichten)
call Anruf *m* (Telefon) [edv]; Aufruf *m* (Programm) [edv]; Telefonat *n* (Ferngespräch) [edv]
call anrufen *v* [edv]; aufrufen *v*; benennen *v* (bezeichnen); einberufen *v* (eine Sitzung); rufen *v*
call box Fernsprechzelle *f* [edv]; Telefonzelle *f* [edv]
call data recorder Gesprächsdatenerfassungsgerät *n* (Telefon) [edv]
call detection Anruferkennung *f* (Telefon) [edv]
call deviator Anrufumleiter *m* [edv]
call diversion Anrufumleitung *f* (Telefon) [edv]
call for shipment Abruf *m* (der Lieferung) [eco]
call for tenders Ausschreibung *f* [eco]
call forwarding Anrufumleitung *f* (Telefon) [edv]
call identification Anruferkennung *f* (Telefon) [edv]
call in einziehen *v* (aus dem Verkehr ziehen)
call instruction Aufrufbefehl *m* (Unterprogramm) [edv]
call recording, automatic - automatische Gebührenerfassung *f* [edv]

call repeater Anrufwiederholer m (Telefon) [edv]
call repeating Anrufwiederholung f (Telefon) [edv]
call repetition Anrufwiederholung f (Telefon) [edv]
call system, selective - Selektivrufsystem n [edv]
call-back Rückruf m (Telefon) [edv]
call-back rückrufen v (Telefon) [edv]
call-back, automatic - automatischer Rückruf m (Telefon) [edv]
call-time Gesprächsdauer f (Telefon) [edv]
calling Anruf m (Telefon) [edv]; Aufruf m (Programm) [edv]; Wählvorgang m (Telefon) [edv]
calling equipment, automatic - automatische Wähleinrichtung f (Telefon) [edv]
calling for tenders Ausschreibung f [eco]
calling instruction Aufrufbefehl m (Unterprogramm) [edv]
calling number Rufnummer f [edv]
calling, automatic - automatischer Wählvorgang m (Telefon) [edv]
calliper Messlehre f [any]; Bremssattel m (der Scheibenbremse) [tec]; Bremssatz m [tec]
calliper abgreifen v
calliper face spanner Stirnlochschlüssel m [wzg]
calliper gauge Lehrdorn m (Prüfwerkzeug) [wzg]
callipers Dickenmesser m [any]; Taster m (Durchmesserbestimmung) [any]; Tastzirkel m [any]
calm ruhig (still); still (ruhig)
calm beruhigen v (dämpfen); setzen v (Sedimente beruhigen sich) [geo]
caloric calorisch; kalorisch
caloric value Energiegehalt m [pow]
calorie Kalorie f (Wärmeeinheit) [phy]
calorific kalorisch
calorific balance Wärmebilanz f [pow]
calorific effect Heizeffekt m
calorific power Heizkraft f [pow]
calorific value Heizwert m [che]; Wärmewert m [pow]
calorific value determination Heizwertbestimmung f [any]
calorific value, gross - Brennwert m [pow]
calorifier Kessel m (Heizkessel) [pow]
calorifier tube nest Heizrohrbündel n [pow]
calorimeter Wärmemengenzähler m [any]; Wärmemesser m [any]; Calorimeter n [any]; Kalorimeter n [any]
calorimetric kalorimetrisch
calorimetric determination kalorimetrische Bestimmung f [any]
calorimetric test Heizwertuntersuchung f [any]; kalorimetrische Untersuchung f [any]
calorimetry Brennwertbestimmung f [any]; Kalorimetrie f [any]; Wärmemessung f [any]
calotte Kalotte f (Tunneldach, im Ausbau) [roh]; Lagerschale f [tec]
calotte driving Kalottenvortrieb m [roh]
cam Knagge f [wzg]; Nocke f (z.B. Erhöhung auf Nockenwelle) [tra]; Daumen m (Nocke) [tec]; Exzenter m [tec]; Mitnehmer m (Nocke) [tec]; Nocken m [tec]; Steuernocken m [elt]

cam and stop plate Unterbrechernocken m [tra]
cam angle Nockenschließwinkel m [tec]; Nockenweg m [tec]; Steuerwinkel m
cam bolt Nockenbolzen m [tec]
cam contour Nockenform f [tec]
cam control Nockensteuerung f [elt]; Nockensteuerung f [tec]
cam controller Nockenfahrschalter m [elt]; Nockenschaltwerk n [elt]
cam disc Kurvenscheibe f [tec]; Nockenscheibe f [tec]
cam drive Nockenantrieb m [tec]
cam follower Kurvenrolle f [tec]; Nockenläufer m [tra]; Ventilstößel m [tra]
cam gear Nockensteuerung f [tec]; Nockengetriebe n [tec]
cam ground oval geschliffen [wer]
cam lever Nockenhebel m [tra]
cam lobe Nockenerhebung f [tec]
cam mechanism Mitnehmersteuerung f [tra]
cam operation Mitnehmersteuerung f [tra]
cam plate Hubscheibe f [tec]; Kurvenscheibe f [tra]
cam rail Nutfeld n (Nockenschalter) [elt]
cam ring Nockenring m [tra]
cam roller Kurvenrolle f [tec]; Laufrolle f [tec]
cam switch Nockenschalter m [elt]
cam valve Stößelventil n [tra]
cam wheel Nockenscheibe f [tec]; Hebnägelrad n (Uhr) [tec]; Nockenrad n [tec]
cam-controlled kurvengesteuert [tec]; nockengesteuert [tec]
cam-locked nockenverriegelt [tec]
cam-operated nockenbetätigt [tec]
cam-operated mechanism Nockenantrieb m [tec]
cam-operated switch Nockenschalter m [elt]
cam-shaped piston ovaler Kolben m [tec]
cam-type drive Nockengetriebe n [tec]
camber Überhöhung f (Quergefälle, Überlappung) [bau]; Sturz m (Felge) [tra]; Straßenprofil n (Querprofil) [bau]
camber board Profillehre f [any]
camera Kamera f
camp Lager n (Wohnlager)
campaign Aktion f
camper Campingbus m [tra]
campsite Campingplatz m
camshaft Exzenterwelle f [tec]; Mitnehmerwelle f (Nockenwelle) [tra]; Nockenwelle f [tra]; Steuerwelle f [tec]
camshaft bearing Nockenwellenlager n [tra]
camshaft cover Nockenwellendeckel m [tra]
camshaft drive Abtrieb der Nockenwelle m [tec]
camshaft grinding machine Nockenwellenschleifmaschine f [wer]
camshaft roller Nockenring m [tec]
camshaft seal Nockenwellendichtung f [tra]
camshaft timing gear Nockenwellenantriebsrad n [tra]

camshaft timing gear wheel Nockenwellenrad *n* [tra]
can Brennstoffhülse *f* (Kernbrennstoff) [pow]; Büchse *f* (Konservendose); Dose *f* (Blechdose, Konser-vendose, Bierdose); Konserve *f*; Konservenbüchse *f*; Behälter *m* (Büchse, Kanister, Mülleimer); Kanister *m*; Gefäß *n* (Büchse, Dose)
can eindosen *v*; einhausen *v*; einmanteln *v* [wer]; konservieren *v*
can body Dosenrumpf *m*
can drier Zylindertrockner *m* [prc]
can end Dosendeckel *m*
can filling machine Dosenfüllmaschine *f*
can making industry Dosenindustrie *f*
can opener Büchsenöffner *m*; Dosenöffner *m*
can, open top - Konservendose *f*
can-time Topfzeit *f* (Farbe in offener Büchse) [wer]
canal Graben *m* (Kanal); Kanal *m* (Schifffahrt) [tra]; Schacht *m* (Leitungen)
canal bank Kanaldamm *m* [tra]
canal basin Kanalmulde *f* [was]
canal bottom Kanalsohle *f* [tra]
canal construction Kanalbau *m* [was]
canal lock Kanalschleuse *f* [tra]
canal network Kanalnetz *n* [was]
canal of embankment Dammkanal *m* [bau]
canal slope Kanalböschung *f* [tra]
canal system Kanalnetz *n* [was]
canalization Kanalisation *f* (Flüsse) [tra]; Kanalbau *m* [was]
canalize kanalisieren *v* [tra]
cancel abbrechen *v* (bei Programmfehler) [edv]; abbrechen *v* (ein Programm) [edv]; annullieren *v*; beenden *v* (abbrechen); kündigen *v*; kürzen *v* [mat]; stornieren *v*; streichen *v* (rückgängig machen)
cancel an interlock Verriegelung aufheben *v* [tec]
cancel key Löschtaste *f* [edv]
cancellation Annullierung *f*; Aufhebung *f* (Absage, Streichung); Auslöschung *f* (durch Interferenz) [elt]; Kündigung *f* [jur]; Kürzung *f* [mat]; Stornierung *f*
cancellation charges Annullierungskosten *pl*
cancellation contract Aufhebungsvertrag *m*
cancellation of the contract Wandelung *f* [jur]
cancelled by the statute of limitations verjährt [jur]
cancelled, be - ausfallen *v* (nicht stattfinden)
cancelling Tilgung *f* (Streichung)
cancer Krebs *m* [hum]
cancerogenic kanzerogen [hum]; karzinogen [hum]
cancerous krebsartig [hum]
cancerous cell Krebszelle *f* [hum]
candle Kerze *f*
candle filter Filterkerze *f*; Kerzenfilter *m* [air]
canister Kanister *m*
canned food Konserve *f*
canned goods Konserven *f*
canned machine Maschine mit abgedichtetem Gehäuse *f* [tec]
canned motor Topfmotor *m* [tec]

canned pump Maulwurfpumpe *f* [prc]
cannery Konservenfabrik *f*
canning Lebensmittelkonservierung *f*; Einhülsen *n* [wer]
canning plant Abfüllanlage *f*
cannon pinion Minutenrohr *n* (Uhr) [tec]
canopy Markise *f* [bau]; Überdachung *f* [bau]; offenes Fahrerhaus *n* [tra]; Vordach *n* [bau]
cant abkanten *v* (Bleche) [wer]; neigen *v* (kippen); verschrägen *v* [wer]
canted abgekantet [met]; geneigt (geneigte Rippenplatte)
canteen Kantine *f*
cantilever freitragend [tec]
cantilever Ausleger *m* [tec]; Tragarm *m* [bau]
cantilever beam Auslegerbalken *m* [bau]; Freiträger *m* [bau]; Kragbalken *m*
cantilever beam width Kragweite *f* [bau]
cantilever platform Kragplatte *f* (Hochbau) [bau]
cantilever support fliegende Lagerung *f* [tec]
cantilevered freitragend (Träger)
cantilevered arm Kragarm *m* [bau]
cantilevered beam Kragträger *m*
cantilevered roll Walzring *m* (Walzwerk) [wer]
cantilevering ausladend (überstehend) [con]
cantilevering system Kragsystem *n*
canting Verarbeitung *f* [bau]
canvas Decke *f* (Plane, Segeltuch); Leinwand *f* [met]; Plane *f* (aus Segeltuch) [tra]; Segeltuch *n* (Plane) [met]
canvas blind Regendach *n* [tra]
canvas cover Abdeckung *f* (durch Plane) [tra]
canvass business akquirieren *v* [eco]
canvass order akquirieren *v* [eco]
canvasser Akquisiteur *m* [eco]
canvassing business Akquisition *f* [eco]
canvassing of orders Akquisition *f* [eco]
caoutchouc Gummi *m* [met]; Kautschuk *m* [met]
caoutchouc waste Kautschukabfall *m* [rec]
cap Abdeckkappe *f* (Haube) [tra]; Abdeckung *f* (Haube); Kappe *f* (Verschluss); Klemmkappe *f* [elt]; Rohrkappe *f* [tec]; Aufsatz *m* (Aufbau) [tec]; Deckel *m* (Verschluss); Hut *m*; Verschluss *m*
cap verschließen *v* (abdecken)
cap bolt Kopfschraube *f* [tec]
cap closure Verschlusskappe *f* [tec]
cap flashing Kappleiste *f* (Leiste an Abdichtung) [bau]
cap for lead seal Plombierkappe *f*
cap jewel Deckstein *m* (Uhr) [tec]
cap nut Hutmutter *f* (Überwurf-, Kapselmutter) [tec]; Kapselmutter *f* (Hutmutter) [tec]; Rohrmutter *f* [tec]; Überwurfmutter *f* [tec]
cap screw Hutschraube *f* [tec]; Kopfschraube *f* [tec]; Überwurfschraube *f* [tec]
cap sheet besandete Dachpappe *f* [met]
capability Fähigkeit *f*; Leistungsfähigkeit *f* (menschliche -); Möglichkeit *f* (Fähigkeit); Leistungsvermögen *n*

capability characteristics Leistungsmerkmale *pl*
capable fähig
capable of being disassembled zerlegbar (Gerät) [tec]
capable of being rubbed off abreibbar
capable of oxidation oxidierbar [che]
capacitance Kapazität *f* (Kondensator) [elt]; kapazitiver Widerstand *m* (Kondensator) [elt]
capacities, utilization of - Kapazitätsausgleich *m* (der Werke) [eco]
capacitive kapazitiv [elt]
capacitor Kondensator *m* [elt]
capacitor motor Kondensatormotor *m* [elt]
capacitor rating Kondensatorleistung *f* [elt]
capacitor, adjustable - Stellkondensator *m* [elt]
capacity Aufnahmefähigkeit *f* [phy]; Belastbarkeit *f* (Destillationskolonne); Kapazität *f* (Menge); Leistung *f* (Auslegeleistung) [phy]; Raumgröße *f*; Inhalt *m* (Volumen); Raum *m* (Volumen); Aufnahmevermögen *n* [che]; Fassungsvermögen *n*
capacity exchange Kapazitätsaustausch *f* [eco]
capacity factor Belastungsgrad *m* [pow]
capacity factor, gross - Arbeitsausnutzung *f*
capacity for deformation Formänderungsvermögen *n*
capacity improvement Leistungsverbesserung *f*
capacity measure Raummaß *n*
capacity of the motor Motornennleistung *f* [tra]
capacity overflow Kapazitätsüberschreitung *f*
capacity, absorbing - Saugfähigkeit *f* [met]; Aufsaugvermögen *n*
capacity, absorptive - Absorptionsfähigkeit *f* [phy]; Saugfähigkeit *f* [met]; Wasseraufnahmefähigkeit *f* [bod]; Absorptionsvermögen *n* [phy]
capacity, adhesive - Haftvermögen *n* [phy]
cape Umhang *m*
capillarity Kapillarität *f* [phy]; Kapillarwirkung *f* [phy]
capillary kapillar
capillary Kapillare *f*; Haarröhrchen *n* [phy]
capillary action Kapillarwirkung *f* [phy]
capillary active oberflächenaktiv
capillary affinity Kapillaraffinität *f* [phy]
capillary analysis Kapillaranalyse *f* [any]
capillary attraction Kapillarität *f* [phy]
capillary break Kapillarsperre *f* [phy]
capillary column Kapillarsäule *f* [any]
capillary condensation Kapillarkondensation *f* [phy]
capillary drainage Kapillardränage *f*
capillary effect Kapillarwirkung *f* [phy]
capillary elevation kapillare Steighöhe *f*
capillary fissure Haarriss *m* [met]
capillary flaw Haarriss *m* [met]
capillary fluid Kapillarflüssigkeit *f*
capillary force Kapillarkraft *f* [phy]
capillary lubrication Dochtschmierung *f* [tec]
capillary moisture Kapillarwasser *n* [phy]
capillary potential Kapillarpotential *n* ((variant)) [phy]; Kapillarpotenzial *n* [phy]
capillary pressure Kapillardruck *m* [phy]
capillary space Kapillarraum *m*
capillary tension Kapillarspannung *f* [phy]
capillary throttle Drosselkapillare *f* [prc]
capillary tube Kapillare *f*; Kapillarrohr *n*; Röhrchen *n*
capillary viscosimeter Kapillarviskosimeter *n* [any]
capillary water Kapillarwasser *n* [phy]
capillary-breaking kapillarbrechend
capital Metropole *f*; Kapital *n* [eco]; Kapitell *n* [bau]
capital account Kapitalbilanz *f* [eco]
capital city Hauptstadt *f*
capital cost Anlagekosten *pl* [eco]
capital expenditure Kapitalaufwand *m* [eco]
capital goods Investitionsgüter *pl* [eco]
capital letter Großbuchstabe *m* (Textverarbeitung)
capital letters, use of - Großschreibung *f* (Textverarbeitung)
capital loss Kapitalverlust *m* [eco]
capital requirements Kapitalbedarf *m* [eco]
capital stock Gesellschaftskapital *n* [eco]; Grundkapital *n* [eco]; Stammkapital *n* [eco]
capital-intensive kapitalintensiv
capitalization Großschreibung *f* (Textverarbeitung)
capped nut Kapselmutter *f* [tec]
capped stub Blindstutzen *m*
capping Abraumschicht *f* [rec]
Capri blue capriblau (RAL 5019) [nor]
capstan Antriebsrolle *f* [tec]; Bandtransportrolle *f* [tec]; Rollenantrieb *m* [tra]
capstan drive Bandantrieb *m* [tec]
capstan lathe Revolverdrehmaschine *f* [wer]
capstan nut Kreuzlochmutter *f* [tec]
capstan screw Kreuzlochschraube *f* [tec]
capstan-headed screw Kreuzlochschraube *f* [tec]
capsule Kapsel *f*; Gehäuse *n* (Kapsel)
caption Bildunterschrift *f* (im Text); Kopfzeile *f* (Textverarbeitung)
caption board Gerätehinweisschild *n* (neben Exponat)
captive unverlierbar (z.B. Mutter)
captive dispenser Ausstoßgerät *n*
captive nut Käfigmutter *f* (Schraube) [tec]; unverlierbare Mutter *f* [tec]
captive screw unverlierbare Schraube *f* [tec]
capture Erfassung *f* (Daten) [edv]; Einfang *m*
capture einfangen *v* (z.B. Neutronen) [phy]; erfassen *v* (Daten) [edv]; fangen *v* (einfangen, erfassen)
capture cross section Einfangquerschnitt *m* (z.B. Neutronen) [phy]
car Lore *f* [tra]; Fahrstuhlkorb *m*; Wagen *m* (Pkw) [tra]; Waggon *m* (Güterwagen) [tra]; Auto *n* [tra]; Kraftfahrzeug *n* [tra]
car accessories Autozubehör *n* [tra]
car aerial Kraftfahrzeugantenne *f* [elt]
car body Karosserie *f* [tra]; Wagenkasten *m* [tec]; Autowrack *n* [rec]
car body pressing Karosseriebau *m* (des Autos) [tra]
car body sheet Karosserieblech *n* [tra]

car carrier Autoreisezug *m* [tra]
car chassis Wagengestell *n* [tra]
car deck Wagenbrücke *f* (Bahn) [tra]
car door Autotür *f* [tra]; Wagentür *f* [tra]
car dump Autofriedhof *m* [rec]
car dumper Wagenkipper *m* [mbt]
car electrical system Autoelektrik *f* [tra]
car element Autoteil *n* [tra]
car ferry Autofähre *f* [tra]
car jack Wagenheber *m* [tra]
car key Autoschlüssel *m* [tra]
car load Wagenladung *f* [tra]
car manufacture Automobilbau *m* [tra]
car navigation Fahrzeugnavigation *f* [tra]
car paint shop Autolackiererei *f* [tra]
car park Großgarage *f* [tra]; öffentliche Garage *f* [tra]
car place Standplatz *m* [tra]
car polish Autopolitur *f* [tra]
car pool system gemeinsame Autonutzung *f* [tra]
car position indicator Wagenstandsanzeiger *m* (auf Bahnsteig) [tra]
car radio Autoradio *n* [elt]
car repair Autoreparatur *f* [tra]
car repair shop Autowerkstatt *f* [tra]
car shredder Autoshredder *m* [rec]
car telephone Autotelefon *n* [edv]
car tippler Wipperanlage *f* (im Bergwerk) [roh]
car turning off Abbieger *m* [tra]
car tyre Autoreifen *m* [tra]
car wash Wagenwäsche *f* [tra]; Wagenwaschanlage *f* [tra]
car wing Kotflügel *m* (z.B. an klassischen Pkw) [tra]
car wreck Schrottauto *n* [rec]
car, second - Zweitwagen *m* [tra]
car-like autokonform
car-park ticket Parkuhr *f* [tra]
car-type hearth furnace Herdwagenofen *m* [prc]
caramel Karamell *m*
caravan Caravan *m* (Wohnwagen) [tra]
carbide Hartmetall *n* [met]; Karbid *n* [che]
carbide dust Karbidstaub *m*
carbide furnace Karbidofen *m* [prc]
carbide grooving insert Stechplatte *f* [wzg]
carbide lamp Karbidlampe *f*
carbide powder Karbidstaub *m*
carbide precipitation Karbidausscheidung *f* [che]
carbide slag Karbidschlacke *f* [rec]
carbide sludge Karbidschlamm *m* [rec]
carbide-tipped drill Panzerbohrer *m* [wzg]
carbody Unterwagenrahmen *m* [tra]
carbody press Autokarossenpresse *f* [rec]
carbolated oil Carbolöl *n* [che]
carbolic acid oil Carbolöl *n* [che]
carbolic oil Phenolöl *n* [che]
carbon Kohle *f* (Kohlenstoff) [che]; Kohlenstoff *m* (chem. El.: C) [che]; Karbon *n* [geo]
carbon anode Kohleanode *f* [elt]
carbon atom Kohlenstoffatom *n* [che]

carbon black Farbruß *m* [che]; Gasruß *m* [met]; Ruß *m* [che]
carbon bond Kohlenstoffbindung *f* [che]
carbon brush Kohlebürste *f* [elt]; Schleifbürste *f* [elt]
carbon brush carrier Kohlenbürstenkopf *m* [elt]
carbon burn-off Kohleabbrand *m* [che]
carbon chain Kohlenstoffkette *f* [che]
carbon chloride Chlorkohlenstoff *m* [che]
carbon combustion Kohleabbrand *m* [che]
carbon compound Kohlenstoffverbindung *f* [che]
carbon concentration Kohlenstoffmenge *f*
carbon contact Kohlekontakt *m* [elt]
carbon contact ledge Kohleschleifbügel *m* [elt]
carbon content Kohlenstoffgehalt *m* [che]
carbon conversion rate Kohlenstoffumsatz *m* [che]
carbon cycle Kohlenstoffkreislauf *m*; Kohlenstoffzyklus *m*
carbon cylinders, activated - Formkohle *f* [met]
carbon deposit Kohleablagerung *f* [rec]
carbon dioxide Kohlendioxid *n* [che]
carbon dioxide accumulator Kohlendioxidspeicher *m*
carbon dioxide cycle Kohlendioxidkreislauf *m* [wet]
carbon dioxide emission Kohlendioxidemission *f* [air]
carbon dioxide gas Kohlensäuregas *n* [che]
carbon dioxide production Kohlendioxidproduktion *f*
carbon dioxide snow Kohlensäureschnee *m* [che]
carbon electrode Kohlenelektrode *f* [che]; Kohlenstoffelektrode *f* [elt]
carbon face seal Dichtung mit Kohleauflage *f*
carbon fibre Kohlefaser *f* [met]; Kohlenstofffaser *f* (C-Faser) [che]
carbon filament Kohlefaden *m* [elt]; Kohlenfaden *m* [elt]
carbon filament lamp Kohlefadenlampe *f* [elt]; Kohlenfadenlampe *f* [elt]
carbon film resistor Kohleschichtwiderstand *m* [elt]
carbon filter Kohlefilter *m*
carbon free kohlefrei
carbon lamp Kohlelampe *f* [elt]
carbon metabolism Kohlenstoffkreislauf *m*
carbon monoxide Kohlenmonoxid *n* [che]
carbon monoxide poisoning Kohlenmonoxidvergiftung *f* [hum]
carbon oxide poisoning Kohlenoxidvergiftung *f* [hum]
carbon packing ring Kohlering *m* (Dichtring) [tec]
carbon paper Kohlepapier *n*; Kopierpapier *n*
carbon pencil Kohlestift *m*
carbon pigment Pigmentruß *m* [che]
carbon residue Verkokungsrückstand *m* [rec]
carbon ribbon Carbonband *n* [che]
carbon seal ring Kohledichtring *m* [met]
carbon source Kohlenstoffquelle *f* [che]
carbon steel Flussstahl *m* [met]; Kohlenstoffstahl *m* [met]; unlegierter Stahl *m* [met]

carbon strips, used - verbrauchter Kohlenstoff *m* (Metallurgie) [rec]
carbon tax CO2-Steuer *f*; Kohlendioxidsteuer *f* [jur]
carbon tetrachloride Chlorkohlenstoff *m* [che]; Tetrachlorkohlenstoff *m* [che]
carbon, activated - Aktivkohle *f* [che]
carbon, active - Aktivkohle *f* [che]
carbon, artificial - Kunstkohle *f* [che]
carbon-arc welding Kohlelichtbogenschweißen *n* [wer]
carbon-containing kohlenstoffhaltig [che]
carbon-ring gland Kohlering-Stopfbüchse *f* [tec]
carbon-zinc cell Kohlezinkelement *n* [elt]
carbonaceous kohlenhaltig; kohlenstoffhaltig [che]; kohlig
carbonate kohlensauer [che]
carbonate hardness Carbonathärte *f* [che]; Carbonathärte *f* [was]
carbonate of copper Kupfercarbonat *n* [che]
carbonate water kalkhaltiges Wasser *n* [was]
carbonated water kohlensäurehaltiges Wasser *n* [was]
carbonic kohlenstoffhaltig [che]
carbonic ash Kohlenasche *f* [rec]
carbonic burner Kohlenbrenner *m* [pow]
carbonic dust Kohlenstaub *m* [met]
carbonic slag Kohlenschlacke *f* [rec]
carbonic tar Kohlenteer *m* [met]
carboniferous kohlenstoffhaltig [che]
carbonization Auskohlung *f* [che]; Inkohlung *f* (Kokerei) [roh]; Kohlenstoffanreicherung *f* [che]; Verkohlung *f* [che]; Verkokung *f* [che]; Aufkohlen *n*
carbonization at low temperature Verschwelung *f* [prc]
carbonization gas Schwelgas *n* [prc]
carbonization plant Schwelanlage *f* [prc]
carbonize carbonisieren *v* [che]; einsatzhärten *v* [met]; karbonisieren *v* [prc]; kohlen *v* [che]; schwelen *v* [prc]; verkohlen *v* [che]; verkoken *v* [che]
carbonize at a low temperature verschwelen *v* [prc]
carbonized einsatzgehärtet [met]
carbonized charcoal, incompletely - Rauchkohle *f* [met]
carbonizing flame reduzierende Flamme *f* [che]
carbonizing period Garungszeit *f* [roh]
carbonyl chloride Kohlenoxychlorid *n* [che]
carborundum Carborundum *n* [che]; Siliciumkarbid *n* [che]
carbosilane Carbosilan *n* [che]
carboy Ballon *m* (Chemie) [che]; Gebinde *n*
carburation Vergasung *f* [tra]
carburator Vergaser *m* (Auto (mögl. Version)) [tra]
carburetor Vergaser *m* (Auto (mögl. Version)) [tra]
carburetor control Gasgestänge *n* (zum Vergaser) [tra]
carburetter Carburator *m* ((B)); Vergaser *m* ((B) Auto (mögl. Version)) [tra]
carburettor Vergaser *m* ((B) Auto (gebr. Version)) [tra]
carburettor control linkage Vergasergestänge *n* [tra]
carburettor flange Vergaseranschlussstutzen *m* [tra]
carburettor fuel Vergaserkraftstoff *m* [tra]
carburettor main body Vergasergehäuse *n* [tra]
carburettor nozzle Vergaserdüse *f* [tra]
carburize aufkohlen *v* (Stahl) [roh]; carbonisieren *v* [che]
carburized aufgekohlt [prc]
carburizing Aufkohlen *n*
carcass Karkasse *f* (im Reifen) [tra]; Rohbau *m* [bau]; Rahmenwerk *n* [tec]
carcass body of the tyre Karkasse *f* (im Reifen) [tra]
carcass break Karkassenbruch *m* (Reifen) [tra]
carcass work Rohbauarbeiten *pl* [bau]
carcasses, utilization of - Anlagen zur Tierkörperverwertung *f* [rec]
carcassing Rohbauarbeiten *pl* [bau]
carcinogen Krebs erregende Substanz *f* [hum]
carcinogenic kanzerogen [hum]; karzinogen [hum]; Krebs auslösend [hum]; Krebs erregend [hum]
carcinogenic agent Krebs erzeugende Substanz *f* [hum]
carcinogenic compounds kanzerogene Stoffe *pl* [hum]
carcinogenic material Krebs erregende Substanz *f* [hum]
carcinogenic materials Krebs erzeugende Stoffe *pl* [hum]
carcinogenic substances Krebs erzeugende Stoffe *pl* [hum]
carcinogenity Kanzerogenität *f* [hum]
carcinoma Krebs *m* [hum]; Karzinom *n* [hum]; Karzinom *n* [hum]; Krebsgeschwulst *n* [hum]
carcinostatic krebshemmend [hum]
card Karte *f*; Lochkarte *f* [edv]; Platine *f* [edv]; Ausweis *m*
card deck Kartenstapel *m* [edv]
card file Kartei *f*
card index Kartei *f*
card punch Locher *m* (Büro)
card, printed - gedruckte Karte *f* (Druckschaltung)
card-size Scheckkartengröße *f*
cardan cross-pin spindle Kardanwelle *f* [tec]
cardan drive Kardanantrieb *m* [tra]
cardan joint Kardangelenk *n* [tec]; Kreuzgelenk *n* [tra]; Wellengelenk *n* [tec]
cardan shaft Gelenkwelle *f* [tec]; Kardangelenkwelle *f* [mbt]; Kardanwelle *f* [tra]
cardan tunnel Kardantunnel *m* (Auto) [tra]
cardan-shaft drive Kardanantrieb *m* [tec]
cardan-shaft housing Kardantunnel *m* (Auto) [tra]
cardan-shaft transmission Gelenkwellenantrieb *m* [tec]; Kardanantrieb *m* [tec]
cardanic kardanisch [tec]
cardanic mounting Kardanaufhängung *f* [tec]
cardanic suspension Kardanaufhängung *f* [tec]
cardboard Pappe *f*; Karton *m* [met]
cardboard article Kartonage *f*

cardboard box Kartondose *f*; Pappkarton *f*; Pappschachtel *f*; Karton *m* (Schachtel)
cardboard case Papphülse *f*; Kartonetui *n*
cardboard composites Kartonverbunde *pl*
cardboard envelope Versandtasche *f* [tra]
cardboard package for liquids Flüssigkeitsverpackung *f*
cardboard plate Pappteller *m*
cardboard production Pappeherstellung *f*
cardboard roll Kartonrolle *f*
cardiac pacemaker Herzschrittmacher *m* [hum]
cardiac rhythm Herzrhythmus *m* [hum]
cardinal number Grundzahl *f* [mat]
cards public payphone Kartenfernsprechautomat *m*
care Fürsorge *f*; Pflege *f*; Schonung *f*; Sorgfalt *f*; Vorsicht *f*; Aufwand *m* (Mühe)
care for betreuen *v*
care initiative, responsible - Vorsorgeinitiative *f* (chemische Industrie)
care of the environment Umweltpflege *f*
career Laufbahn *f* (Karriere, Berufsweg) [eco]; Aufstieg *m* (Beförderung)
carefree unbeschwert
careful schonend; sorgfältig; sorgsam; vorsichtig (sorgfältig aufpassend)
careless fahrlässig; sorglos; unachtsam; unsorgfältig; unvorsichtig
careless work Pfuscharbeit *f*
carelessness Fahrlässigkeit *f* [jur]; Unachtsamkeit *f*; Unaufmerksamkeit *f* (Fahrlässigkeit)
cargo Fracht *f* (mit Schiff, Flugzeug) [tra]; Ladung *f* (Schiff, Lkw, Bahn) [tra]; Schiffsladung *f* [tra]; Frachtgut *n* [tra]; Frachtstück *n* [tra]; Ladegut *n* [tra]
cargo barge Lastkahn *m* [tra]
cargo boom Ladebaum *m* [bau]
cargo gear Ladegeschirr *n* [mbt]
cargo handling equipment Lastumschlagausrüstung *f* [mbt]
cargo hatch Ladeluke *f* [tra]
cargo insurance Transportversicherung *f* [jur]
cargo plane Frachtflugzeug *n* [tra]
cargo pump drive Cargo-Pumpenantrieb *m* (Schiff) [tec]
cargo ship Transporter *m* (Schiff) [tra]; Frachtschiff *n* [tra]
caries Karies *f* [hum]
caring society Solidargemeinschaft *f*
carmine karminrot
carmine red karminrot (RAL 3002) [nor]
Carnot cycle Carnot Kreisprozess *m* [pow]; Carnot Prozess *m* [pow]
carnotization Carnotisierung *f* [pow]
carotin yellow Karotingelb
carpenter Zimmermann *m* [wer]
carpet Teppich *m*
carpet cleaning Teppichreinigung *f*
carpet cleaning agent Teppichreinigungsmittel *n* [met]

carpeting Auslegeware *f* [bau]; Bodenbedeckung *f* (Teppichboden) [bau]
carport Wageneinstellplatz *m* [tra]
carrefour Straßenkreuzung *f* [tra]
carriage Beförderung *f* (Transport); Spedition *f* [tra]; Gabelschlitten *m* [mbt]; Gabelträger *m* [mbt]; Rollenschlitten *m* [tra]; Schlitten *m* (Maschinenteil) [tec]; Schreibwagen *m* (Schreibmaschine); Vorschub *m*; Wagen *m* (Eisenbahn) [tra]; Wagen *m* (Schlitten) [wer]; Fahrgestell *n* (des Waggons) [tra]; Fuhrunternehmen *n* [tra]; Frachtkosten *pl* [tra]
carriage bolt Schlossschraube *f* [tec]
carriage clamp Schraubzwinge *f* [wzg]
carriage lock Schlittenklemme *f* [tec]
carriage of cars Kraftwagenbeförderung *f* (der Bahn) [tra]
carriage of freight Gütertransport *m* [tra]
carriage of goods Gütertransport *m* [tra]
carriage return Zeilenumschalter *m* (auf Tastatur) [edv]
carriage return key Eingabetaste *f* [edv]
carriage road Fahrstraße *f* [tra]
carriage width Fahrbahnbreite *f* [tra]
carriage, base plate of upper - Oberwagengrundplatte *f* [mbt]
carriageway Fahrbahn *f* [tra]; Fahrstraße *f* [tra]
carriageway surfacing Fahrbahnbelag *m* [tra]
carriageway, opposite - Gegenfahrbahn *f* (Straße) [tra]
carried transportiert (befördert) [tra]
carried over übertragen (von Vorseite zur nächsten)
carrier Behälter *m* (für Mörtel) [bau]; Spediteur *m* (befördert nur) [tra]; Träger *m* (Substanz) [met]; Transporteur *m* [tra]; Fahrgestell *n* (z.B. bei Kranfahrzeugen) [mbt]; Rollfuhrunternehmen *n* [tra]; Substrat *n* [che]
carrier amplifier Trägerfrequenzverstärker *m* [elt]
carrier analysis Trägeranalyse *f* [any]
carrier arm Tragarm *m* [tec]
carrier bag Tragetasche *f*
carrier beam Träger *m* (Balken) [bau]
carrier body Tragkörper *m* [tec]
carrier bolt Mitnehmerbolzen *m* [tec]
carrier bolt bushing Mitnehmerhülse *f* [mbt]
carrier cell Tragzelle *f* (z.B. am Kratzer) [mbt]
carrier current Trägerstrom *m* [elt]
carrier engine Fahrzeugmotor *m* [tra]
carrier frequency Trägerfrequenz *f* [elt]
carrier gas Trägergas *n* [any]
carrier insurance Speditionsversicherung *f* [jur]
carrier material Trägermaterial *n* [any]
carrier plate Tragplatte *f* [tec]
carrier plate disc Tragplattenscheibe *f* [tec]
carrier rail Tragschiene *f* [tec]
carrier ring Tragring *m* [tec]
carrier rocket Trägerrakete *f* [tra]
carrier roller Mitnehmerrolle *f* [mbt]; Stützrolle *f* (oben an Raupenkette) [mbt]; Tragrolle *f* [tec]; Transportband *n* [mbt]

carrier solution Trägerlösung *f* [any]
carry befördern *v* (transportieren); führen *v* (transportieren) [tra]; tragen *v* (befördern) [tra]; tragen *v* (z.B. Last) [tec]; transportieren *v* (tragen, befördern) [tra]; verschleppen *v* (verbreiten)
carry down mitreißen *v* (Niederschlag)
carry off abführen *v* (Abwasser) [was]; ableiten *v* (Wärme)
carry on fortsetzen *v*
carry out ausfahren *v* (eine Aufgabe durchführen); ausführen *v* (durchführen); durchführen *v* (Aktion)
carry over übertragen *v* (Buchung) [eco]
carry, add - Additionsübertrag *m* [mat]
carrying air Primärluft *f* (Trägerluft) [pow]; Trägerluft *f* (Primärluft) [pow]
carrying bag Tragetasche *f*
carrying bracket Stützhülse *f* [tec]
carrying capacity Tragkraft *f* [tec]; Fassungsvermögen *n* (Transport); Ladegewicht *n* [mbt]
carrying idler obere Tragrolle *f* [mbt]
carrying load Traglast *f* [tec]
carrying off Verschleppung *f*
carrying out Abwicklung *f* (einer Arbeit); Ausführung *f* (Durchführung)
carrying power Tragkraft *f* [phy]
carrying ram Tragdorn *m* (für Coils etc.) [met]
carrying ring Tragring *m* [tec]
carrying roll Tragwalze *f* [tec]
carrying roller Transportwalze *f* [tec]
carrying scraper Ladeschaufler *m* [mbt]
carrying sleeve Traghülse *f* [tec]
carrying wheel Laufrad *n* [tec]
carrying-out of construction Bauausführung *f* [bau]
carryover Übertrag *m* [eco]; Mitreißen *n* [pow]
carryover apron, adjustable - Bandweiche *f* (Walzwerk) [tec]
cars, recycling of - Autorecycling *n* [rec]
cart Karren *m*; Kastenwagen *m* [tra]
Cartesian coordinate kartesische Koordinate *f* [mat]
cartography Kartografie *f* ((variant)) [geo]; Kartographie *f* (Landkarte) [geo]
carton Karton *m* (Schachtel)
carton packaging Kartonverpackung *f*
carton recycling Kartonrecycling *n* [rec]
cartridge Einsatzpatrone *f*; Kartusche *f*; Kassette *f* [bau]; Patrone *f*
cartridge case Patronenhülle *f* [tec]
cartridge filter Kerzenfilter *m* [air]; Patronenfilter *m*
cartridge heater Heizpatrone *f* [elt]; Patronenheizkörper *m* [pow]
cartridge housing Kassettengehäuse *n* [tec]
cartridge kit Pumpeneinsatz *m* [prc]
cartridge shroud Patronenhülle *f* [tec]
cartridge wire Zünddraht *m* (Bergbau) [elt]
cartridge-type float Mantelschwimmer *m* [was]
cartwheel Wagenrad *n* [tra]
carve einhauen *v* (einmeißeln) [wer]; einritzen *v*; graben *v* [mbt]; herausarbeiten *v* (aus dem Material) [wer]; kerben *v* (schnitzen); meißeln *v* [wer]; schneiden *v* (schnitzen); schnitzen *v* [wer]
carve off abmeißeln *v*
carving knife Schnittmesser *n* (Schnitzmesser) [wzg]
carwash Autowaschanlage *f* [tra]
cascade kaskadenförmig; stufenförmig
cascade Kaskade *f* (stufenförmig fallendes Wasser); Stufe *f* (Kaskade); Wasserfall *m* [was]
cascade circuit Kaskadenschaltung *f* [elt]
cascade connection Kaskadenschaltung *f* [elt]; Kettenschaltung *f* [tra]; Reihenschaltung *f*; Filter *m* [edv]
cascade control Kaskadenregelung *f* [elt]
cascade drier Rieseltrockner *m* [prc]
cascade gutter Kaskadenrinne *f*
cascade mill Kaskadenmühle *f* [prc]
cascade multiplier Vervielfacherkaskade *f* [elt]
cascade scrubber Kaskadenwäscher *m* [prc]
cascade stage Kaskadenstufe *f*
cascading Abrollen *n* (der Mahlkörper) [prc]
case Büchse *f* (Behälter); Kapsel *f* (Hülse); Kassette *f*; Kiste *f* (Kasten); Behälter *m* (Kasten, Kiste); Einschub *m*; Fall *m* (Ereignis); Grund *m* (Ursache); Kasten *m*; Mantel *m* (Gehäuse); Streitfall *m* [jur]; Gefäß *n* (Kasten, Kiste); Gehäuse *n* (für Geräte)
case einhausen *v*; verkleiden *v* (ummanteln); verrohren *v*
case depth Härtetiefe *f* (einsatzgehärtet) [met]
case of damage Schadensfall *m* [jur]
case of fault Schadensfall *m* (Schadensereignis) [jur]
case of fire Brandfall *m*
case of need Notfall *m*
case of need, in - im Bedarfsfall
case of rain, in - Eintritt von Regen *m* [wet]
case report Krankenbericht *m* [hum]
case spring Gehäusefeder *f* [tec]
case-harden einsatzhärten *v* [met]; zementieren *v* [bau]
case-hardened einsatzgehärtet [met]; oberflächengehärtet (hart/weich) [met]; oberflächenverfestigt [met]
case-hardening Einsatzhärtung *f* [met]; Aufkohlen *n*; Einsatzhärten *n* [met]
case-hardening bath Härtebad *n*
case-hardening compound Einsatzmittel *n* (Härten) [met]
case-hardening furnace Härteofen *m* (Metall) [met]
case-hardening steel Einsatzstahl *m* [met]; Einsatzstahl *m* [met]
case-study Fallstudie *f*
casement Drehflügel *m* [bau]
casement door Fenstertür *f* [bau]
casement frame Fensterrahmen *m* [bau]
casement window Drehfenster *n* [bau]; Flügelfenster *n* [bau]
cash Bargeld *n*
cash a cheque Scheck einlösen [eco]
cash disbursement voucher Kassenbeleg *m* [eco]

cash dispenser Geldausgabeautomat *m* [eco]; Geldautomat *m* [eco]
cash dispenser, automatic - Geldausgabeautomat *m* [eco]
cash flow Einnahmeüberschuss *m* [eco]
cash management system elektronischer Bankdienst *m* [edv]
cash on hand Kassenbestand *m* [eco]
cash payment Barzahlung *f*
cash payment order Kassenanweisung *f* [eco]
cash receipt Zahlungseingang *m* [eco]
cash register Kassenmaschine *f*
cash-book Kassenbuch *n* [eco]
cash-box Kasse *f* (Kassette)
cash-desk Kasse *f* (Ort zum Bezahlen)
cash-point dispenser Bankautomat *m*
cash-register Kasse *f* (Registrier-)
casing Bekleidung *f* (mit Gehäuse); Einhausung *f*; Einrahmung *f* (Fenster, Tür) [bau]; Hülse *f* (Gehäuse) [tec]; Kapsel *f* [tra]; Ummantelung *f*; Verkleidung *f* (Ummantelung, Kiste); Verschalung *f* (Einkapselung) [tec]; Behälter *m* (Gehäuse) [tec]; Kasten *m*; Mantel *m* (Reifen-) [tra]; Brennelementhüllrohr *n* [pow]; Futter *n* (Gehäuse); Gehäuse *n* (für Maschinen); Schutzgehäuse *n* [tec]
casing arrangement Gehäuseanordnung *f* [pow]
casing cover Gehäusedeckel *m* [pow]
casing cut-out Gehäusedurchführung *f* [pow]
casing diameter Bohrrohrdurchmesser *m* [tec]
casing drive, automatic - Automatikdrehteller *m*
casing end plate Abschlussdeckel *m* (äußerer Deckel) [tec]
casing joint bolt Teilfugenschraube *f* [tec]
casing lining Gehäuseauskleidung *f* [tec]
casing support Gehäuseauflage *f* [pow]
casing tube Hüllrohr *n*
casing, lower - Gehäuseunterteil *n* [tec]
cask Tonne *f* (Gefäß); Fass *n* (Sherry-)
cassette Cassette *f* [elt]; Kassette *f* [elt]
cassette deck Kassettendeck *n* [elt]
cassette filter Kassettenfilter *n* [prc]
cassette radio Kassettenradio *n* [edv]
cassette recorder Kassettenrecorder *m* (Magnetband) [edv]
cassette tape Kassettenmagnetband *n* [edv]
cassette tape recorder Kassettenrecorder *m* [elt]
cast gegossen [wer]; vergossen [roh]
cast Abdruck *m*; Guss *m* (Gusserzeugnis) [met]; Wurf *m*
cast gießen *v* (Metall) [wer]; vergießen *v* [roh]; werfen *v*
cast alloy Gusslegierung *f* [met]
cast basalt Schmelzbasalt *m* [met]
cast bearing ausgegossene Lagerschale *f* [tec]; Gusslagerung *f* [tec]
cast brass Messinguss *m* [met]
cast bronze Gussbronze *f* [met]
cast concrete Gussbeton *m* [met]
cast concrete betonieren *v* [bau]
cast design Gusskonstruktion *f* [con]
cast housing Gussgehäuse *n*
cast iron gusseisern [met]
cast iron Grauguss *m* [met]; Guss *m* (Gusseisen) [met]; Gießereiroheisen *n* [met]; Gusseisen *n* [met]; gusseiserne Tübbinge *pl* [met]
cast iron disc wheel Graugussscheibenrad *n* [tec]
cast iron mould Kokille *f* [roh]
cast iron piece Stahlgussstück *n* [met]
cast iron pipe Gusseisenrohr *n* [met]
cast iron radiator Gussradiator *m* [pow]
cast iron scrap Gussbruch *m* [rec]; Gussschrott *m* [rec]
cast iron spooked wheel Graugussscheibenrad *n* [tec]
cast iron turnings Gussspäne *pl* [rec]
cast iron with vermicular graphite Gusseisen mit Vermiculargrafit *n* ((variant)) [met]; Gusseisen mit Vermiculargraphit *n* [met]
cast iron, ductile - globularer Grauguss *m* [met]; Sphäroguss *m* [met]
cast metal Metallguss *m* [roh]; Gussmetall *n* [met]
cast on angegossen [wer]
cast on angießen *v* (hinzufügen) [wer]
cast piece Gussstück *n* [met]
cast seal Gussband *n* (als Dichtung am Kolben) [tra]
cast steel Gussstahl *m* (besser: Stahlguss) [met]; Stahlguss *m* [met]
cast steel disc wheel Stahlgussscheibenrad *n* [tra]
cast steel frame Stahlgussrahmen *m* [tec]
cast steel spoked wheel Stahlgussspeichenrad *n* [tra]
cast structure Gussstruktur *f* [met]
cast welding Gießschweißen *n* [met]
cast wheel Vollrad *n* [tec]
cast zinc Zinkguss *m* [met]
cast-away slag Haldenschlacke *f* [rec]
cast-on Anguss *m* [wer]
castabe gießbar (Metall) [met]
castability Gießbarkeit *f* (Metall) [met]
castable gussfähig [met]; vergießbar
castable concrete Isolierbeton *m* [met]
castable refractories Stampfmasse *f* [pow]
castellated beam Wabenträger *m* [tec]
castellated nut Kronenmutter *f* [tec]
casting Abguss *m* [met]; Guss *m* (Gießen) [wer]; Hochdruckguss *m* [roh]; Wurf *m* (Auswerfen); Gießen *n* [wer]; Gussstück *n* [met]; Gussteil *n* [met]
casting alloy Gusslegierung *f* [met]
casting box Gussform *f*
casting burr Gussnaht *f* [met]
casting car Gießwagen *m* [met]
casting cinder Gussschlacke *f* [rec]
casting compound Gießmasse *f* [met]
casting cores and moulds Gießformen *pl* [met]
casting defect Gussfehler *m* [met]
casting fin Gussnaht *f* [met]
casting flash Gussnaht *f* [met]
casting flaw Gussfehler *m* [met]
casting form Gießform *f* [met]

casting foundry Stahlgießerei f [roh]
casting funnel Gusstrichter m
casting general tolerance Gussfreimaßtoleranz f [con]
casting hole Gussloch n
casting implements Gießanlage f
casting ladle Gießpfanne f [met]; Gusstiegel m
casting machine Gießmaschine f [met]
casting machine for open moulds Gießmaschine für offene Werkzeuge f [met]
casting metal Gießmetall n [met]
casting method, continuous - Stranggussverfahren n [roh]
casting mould Gießform f [met]; Gussform f
casting number Gussnummer f
casting of ferrous pieces Gießen von Eisen und Stahl n [wer]
casting of non-ferrous pieces Gießen von Nichteisenmetallen n [wer]
casting of slabs, continuous - Stranggusshalbzeug n [met]
casting pattern Gussmodell n
casting pit Gießgrube f [met]
casting resin Gießharz n [met]; Schmelzharz n [met]; Vergussharz n [met]
casting scrap Gussschrott m [rec]
casting skin Gusshaut f [met]
casting temperature Gießtemperatur f [met]
casting test Gussprüfung f [any]
casting untoleranced dimension Gussfreimaßtoleranz f [con]
casting, cheek - hinterer Anschlag m
castings Gusswaren pl
castings cleaning Gussputzen n (durch Strahlen) [wer]
castings for hydraulic applications Hydraulikguss m [met]
castle Burg f [bau]
castle nut Kronenmutter f [tec]
castle nut, hexagon thin - niedrige Kronenmutter f [tec]
castor Laufrolle f [tec]; Lenkrolle f [tec]; Transportrolle f [tec]
castor angle Nachlauf m (Motor) [tra]
castor oil Rizinusöl n [met]
casual zufällig
casual error zufälliger Fehler m [mat]
casualty Notaufnahme f [hum]
casualty Verletzte m, f
casualty department Notaufnahme f [hum]
casualty doctor Unfallarzt m [hum]
casualty hospital Unfallkrankenhaus n [hum]
casualty report Verlustmeldung f
cat Katze f (Transport)
cat wire Oberleitung f [tra]
cat wire gallow Oberleitungsgalgen m [tra]
cat's eye Rückstrahler m [tra]; Katzenauge n (Rückstrahler) [min]
catalogue Liste f (Katalog); Katalog m; Verzeichnis n

catalysis Katalyse f [che]
catalyst Katalysator m [che]; Kontakt m [che]; Beschleunigungsmittel n [che]
catalyst gauze Netzkatalysator m [che]
catalyst poison Katalysatorgift n [che]; Kontaktgift n [che]
catalyst poisoning Katalysatorvergiftung f [che]
catalyst support Katalysatorträger m [che]
catalyst surface area Katalysatoroberfläche f [che]
catalytic katalytisch [che]
catalytic agent Katalysator m [che]
catalytic conversion katalytische Umsetzung f [che]
catalytic converter Katalysator m [che]
catalytic cracking katalytisches Kracken n [che]
catalytic furnace Kontaktofen m [prc]
catalytic muffler Katalysator m [che]
catalyze katalysieren v [che]
catalyzer Katalysator m [che]
cataplasm of herbs Kräuterpflaster n [hum]
catastrophe Katastrophe f; Unglück n (Katastrophe)
catastrophe, natural - Naturkatastrophe f
catch Arretierung f (Verschluss) [tec]; Klinke f [elt]; Raste f [tec]; Sperre f (Riegel); Sperrklinke f [tec]; Haken m (Schloss); Riegel m (an Tür) [bau]; Schnapper m (Raste) [tec]; Verschluss m; Wassergraben m (Bewässerung) [was]
catch abfangen v (anhalten); auffangen v (sammeln); einfangen v (fangen); einklemmen v (quetschen) [wer]; einklinken v [tec]; einrasten v (klemmen); fangen v (fassen, erreichen)
catch basin Sammelgrube f [was]; Senkgrube f [was]; Auffangbecken n [was]
catch bolt Falle f [tec]
catch bracket Fangbügel m [pow]
catch drain Sammler m [was]
catch feeder Bewässerungsgraben m [was]
catch fire sich entzünden v
catch hook Sperrklinke f [tec]
catch pan Auffanggefäß n [was]
catch pin Mitnehmerstift m [tec]; Mitnehmerzapfen m [tec]
catch pit Sammelgrube f [was]
catch pit gully Abzugsgraben m [was]
catch plate Mitnehmerscheibe f [tec]
catch spring Rastfeder f [tec]; Schnappfeder f [tec]
catch-water drain Sickerkanal m [was]
catcher Greifvorrichtung f [wzg]
catching loop Fangschlinge f (an Drehgestell) [mbt]
catchment Regenauffangbecken n [was]
catchment area Einzugsbereich m [was]; Niederschlagsgebiet n (zu entwässernde Fläche) [wet]
catchment basin Niederschlagsgebiet n (Mulde, Stausee) [wet]
catchpit Sandfang m [was]
catchpot, hot - Heißabscheider m
categorize einordnen v; gliedern v (sich gliedern in)
category Art f (Gattung); Gruppe f (Klassifizierung); Kategorie f

catenary wire Oberleitung *f* [tra]; Fahrdraht *m* (Oberleitung) [tra]
catenary wire yoke Oberleitungsjoch *n* [tra]
catenary wire, mast of the - Oberleitungsmast *m* [tra]
catering Verpflegung *f*
caterpillar Raupe *f* [bff]; Raupenfahrzeug *n* [mbt]
caterpillar track Raupenkette *f* [mbt]
caterpillar tractor Raupenschlepper *m* [mbt]
cathedral Kathedrale *f* [bau]; Dom *m* [bau]
cathodal negativ elektrisch
cathode Kathode *f* [elt]
cathode beam Elektronenstrahl *m* [elt]
cathode contamination Kathodenvergiftung *f* [elt]
cathode density Kathodendichte *f* [elt]
cathode deposit Kathodenniederschlag *m* [elt]
cathode filament Kathodenfaden *m* [elt]
cathode follower Impedanzwandler *m* [elt]; Kathodenfolger *m* [elt]; Kathodenverstärker *m* [elt]
cathode poisoning Kathodenvergiftung *f* [elt]
cathode ray Kathodenstrahl *m* [elt]
cathode ray oscillograph Elektronenstrahloszillograf *m* ((variant)) [any]; Elektronenstrahloszillograph *m* [any]; Kathodenstrahloszillograf *m* ((variant)) [any]; Kathodenstrahloszillograph *m* [any]
cathode ray tube Bildröhre *f* [elt]; Bildschirmröhre *f* [elt]; Elektronenstrahlröhre *f* [elt]; Kathodenstrahlröhre *f* [elt]
cathode region Kathodenraum *m* [elt]
cathode resistance Kathodenwiderstand *m* [elt]
cathode space Kathodenraum *m* [elt]
cathode surface Kathodenfläche *f* [elt]
cathode tube Kathodenröhre *f* [elt]
cathode, hot - Glühelektrode *f* [elt]; Glühkathode *f* [elt]
cathodic kathodisch [elt]
cation Kation *n* [che]
cation exchange Kationenaustausch *m* [che]
cation exchanger Kationenaustauscher *m* [che]
cationic exchanger Kationenaustauscher *m* [che]
cattle Vieh *n*
cattle-truck Viehwaggon *m* [far]
catwalk Wartungsbühne *f* (Laufsteg) [tec]; Laufsteg *m* (Wartungsbühne)
caulk dichten *v* (abdichten, z.B. Fenster, Schiffe); einstemmen *v*
caulked joint Stemmnaht *f* (Dichtnaht) [tec]; Stemmverbindung *f* [tec]; Stopfdichtung *f*
caulking Abdichtung *f*; Stopfen *n* (Abdichten); Verstemmen *n* ((B) Abdichten)
caulking compound Dichtungsmasse *f* [met]
caulking gun Fugenfüllpistole *f* [wzg]
caulking material Dichtungsmaterial *n* [met]; Dichtungsmittel *n* [met]
caulking medium Dichtungsmittel *n* [met]
caulking recess Dichtungskehle *f*
caulking ring Abdichtring *m*
caulking strip Dichtungsstreifen *m*
causal ursächlich

causation, principle of - Verursachungsprinzip *n* [jur]
cause Ursache *f*; Anlass *m* (Grund); Beweggrund *m* (Anlass, Antrieb); Grund *m* (Ursache)
cause bedingen *v*; bewirken *v*; herbeiführen *v*; veranlassen *v*; verschulden *v*; verursachen *v*
cause link kausale Kante *f* [edv]
cause of an accident Unfallursache *f*
cause of death Todesursache *f*
cause of error Fehlerquelle *f*; Fehlerursache *f*
cause of explosion Explosionsursache *f*
cause relation kausale Beziehung *f*
cause structure kausale Struktur *f* [edv]
cause to react umsetzen *v* (reagieren) [che]
caused verursacht
causeway Straße *f* (mit Dammschüttung) [tra]; Damm *m* [tra]
causing disease krankheitserregend [hum]
causing the damage schadenverursachend [jur]
causing to agglomeration Stückigmachen *n* [prc]
caustic ätzend [che]; beizend
caustic Beize *f* (Farbe); Ätzmittel *n* [che]; Beizmittel *n* [che]
caustic acid ätzende Säure *f* [che]
caustic alkali Ätzalkali *n* [che]
caustic embrittlement Laugensprödigkeit *f* [met]
caustic lime Ätzkalk *m* [che]
caustic liquor Ätzlauge *f* [che]; Beizflüssigkeit *f* [che]
caustic potash Kaliumhydroxid *n* [che]
caustic potash solution Kalilauge *f* [che]
caustic power Beizkraft *f* [che]
caustic process Ätzverfahren *n* [che]
caustic salt Beizsalz *n* [che]
caustic soda Ätznatron *n* [che]; Natron *n* [che]
caustic soda evaporation Laugeeindampfung *f* [prc]
caustic soda solution Natronlauge *f* [che]
caustic solution Ätzlauge *f* [che]; Ätzlösung *f* [che]
caustic solution recycling plant Laugerecyclinganlage *f* [prc]
caustic washing Laugenwäsche *f* [prc]
causticity Schärfe *f* [che]
caustics, remove by - abätzen *v* [che]
cauterization Abbeizung *f* [hum]; Ätzung *f* [che]; Beizung *f*; Verätzung *f* [met]
cauterize abätzen *v* [che]; ätzen *v* [che]; zerfressen *v* (ausbrennen) [met]
cauterizing Zerfressen *n* [met]
caution Vorsicht *f*
cautious vorsichtig (sichernd)
cave Höhle *f*
cave in einbrechen *v* (einstürzen)
cave-in Einsturz *m*
cavern Höhle *f* (große -) [geo]; Kaverne *f*
caving Einsturz *m* (absichtlich hinter Schild); Verfüllen *n* (Einsturz hinter Schild) [roh]; Brocken *pl* (Bergbau) [met]
caving shield Hinterschild *m* (im Bergbau) [roh]
cavit Rückstoßfeder *f* (z.B. an Anlasser) [mbt]
cavitation Hohlraumbildung *f* [met]; Kavitation *f* [met]

cavitation damage Kavitationsschaden *m* [met]
cavity Aussparung *f* [con]; Fehlstelle *f* [met]; Höhle *f* (Hohlraum); Höhlung *f* [geo]; Kammer *f* (Hohlraum); Kavität *f* [met]; Ausbruch *m* (Höhlung); Fehler *m* (Lunker); Hohlraum *m* (Loch); Lunker *m* (Hohlraumbildung) [met]; Gesenk *n* [wer]; Loch *n* (Öffnung)
cavity brick Hohlblockstein *m* [bau]; Hohlziegel *m* [bau]
CD player CD-Spieler *m* [elt]
CD-ROM CD-ROM *n* [edv]
cease frothing ausschäumen *v* [che]
ceiling Obergrenze *f*; Zimmerdecke *f* [bau]
ceiling area lighting Flächenbeleuchtung *f*
ceiling beam Deckenbalken *m* [bau]
ceiling counter shaft Deckenvorgelegewelle *f* [tec]
ceiling duct Deckendurchführung *f* [bau]
ceiling for of the contribution Beitragsgrenze *f* [jur]
ceiling joist Deckenträger *m* [bau]
ceiling lamp Deckenleuchte *f* [bau]
ceiling light Deckenbeleuchtung *f* [bau]; Oberlicht *n* (Deckenlicht) [bau]
ceiling lighting fitting Deckenleuchte *f* [elt]
ceiling ring Deckenöse *f* [tec]
ceiling slab Deckenscheibe *f* [bau]
ceiling ventilator Deckenventilator *m*
ceiling voltage Deckenspannung *f* [elt]
ceiling with wooden beams Balkendecke *f* [bau]
ceiling, acoustical - schallabsorbierende Decke *f* [bau]; Schalldämmdecke *f* [aku]
cell Kammer *f* (Hohlraum); Zelle *f*; Zelle *f* (Batterie) [elt]; Raum *m* (Zimmer); Element *n* (Batterie) [elt]; Feld *n* (Zelle) [bio]
cell formation Zellbildung *f* [bff]
cell voltage Akkumulatorspannung *f* [elt]
cell wall Zellwand *f* [bio]
cell, active - aktives Feld *n* (Tabellen-Kalkulation) [edv]
cell, natural - Naturzelle *f*
cellar Keller *m* [bau]
cellar door Kellertür *f* [bau]
cellar drainage pump Kellerentwässerungspumpe *f* [was]
cellar dwelling Kellerwohnung *f* [bau]
cellar excavation Kelleraushub *m* [bau]
cellar floor Kellerdecke *f* [bau]
cellar foundation Kellergründung *f* [bau]
cellar gully Kellerablauf *m* [was]
cellar hole Kellerbaugrube *f* [bau]
cellar pit Kellerbaugrube *f* [bau]; Kelleraushub *m* [bau]
cellar vault Kellergewölbe *n* [bau]
cellar wall Kellermauer *f* [bau]
cellar window Kellerfenster *n* [bau]
cellar, with - unterkellert [bau]
cellarless kellerlos [bau]
cellophane Cellulosefolie *f* [met]; Cellophan *n* [che]; Zellophan *n* ((variant)) [che]
cellular blasig

cellular brick Lochziegel *m* [bau]
cellular concrete Gasbeton *m* [met]; Porenbeton *m* [met]; Schaumbeton *m* [met]
cellular cooler Zellenkühler *m* [prc]
cellular membrane Zellmembran *f* [bio]
cellular phone Handy *n* [edv]; Mobiltelefon *n* [edv]
cellular radiator Lamellenkühler *m* [tra]
cellular telephone Handy *n* [edv]
cellular-type radiator Lamellenkühler *m* [tra]
celluloid Celluloid *n* [che]
cellulose Cellulose *f* [che]; Zellstoff *m* [met]
cellulose acetate Celluloseacetat *n* [che]
cellulose acetate sheeting Celluloseacetatfolie *f* [met]
cellulose fibre Cellulosefaser *f* [met]
cellulose nitrate lacquer Cellulosenitratlack *m* [che]; Nitrolack *m* [che]
cellulose, without - holzfrei (Papier)
Celsius scale Celsiusskala *f* [any]
cement Klebemasse *f* [met]; Kitt *m* [met]; Kleber *m* (für Modellbau, Plastik) [met]; Klebstoff *m* (z.B. für Modellbauer) [met]; Zement *m* [met]; Bindemittel *n* [met]
cement abbinden *v* (Bindemittel) [che]; abdichten *v* (kitten); kitten *v* [wer]; kleben *v* (befestigen); verkitten *v* [wer]; verkleben *v* (festigen); zementieren *v* [bau]
cement brick Kunststein *m* [met]
cement clinker Zementklinker *m* [met]
cement compound Zementkitt *m* [met]
cement duct Zementrohr *n* [met]
cement dust Zementstaub *m* [met]
cement floor Betondecke *f* [bau]
cement grey zementgrau (RAL 7033) [nor]
cement grout Zementmörtel *m* [met]
cement in einzementieren *v* [bau]
cement kiln Drehrohrofen *m* [roh]; Zementofen *m* [roh]
cement mill Zementwerk *n* [roh]
cement mortar Zementmörtel *m* [met]
cement mortar lining Zementmörtelauskleidung *f* (Rohre) [bau]
cement tailing Zementgrieß *m* [met]
cement works Zementfabrik *f* [roh]; Zementwerk *n* [roh]
cement, adhesive - Klebekitt *m* [met]
cement, asphaltic - Asphaltzement *m* [met]
cement-lime mortar Kalkzementmörtel *m* [met]
cementation Verkittung *f* [wer]; Zementierung *f* [bau]
cementation furnace Zementofen *m* [roh]
cemented hartmetallbestückt [wer]
cemented joint Klebestelle *f*
cemented metal Hartmetall *n* [met]
cemented steel Brennstahl *m* [met]
cementing Zementierung *f* [bau]
cementing agent Bindemittel *n* [met]; Dichtungsmittel *n* [met]
cementing box Glühtopf *m* [met]
cementing capacity Bindefähigkeit *f* [met]

cementing compound Kitt *m* (zum Kleben) [met]
cementing material Binder *m* [bau]; Kleber *m* [met]
center ((A) siehe: centre)
center Mitte *f* ((A)); Zentrum *n* ((A))
centering ((A) siehe: centring)
centigrade scale Celsiusskala *f* [any]
central mittig; zentral; zentrisch [con]
central Zentrale *f*
central accumulator Zentralspeicher *m* [edv]
central air-conditioning system Klimastation *f* [wet]; zentrale Klimaanlage *f* [bau]
central axis Mittelachse *f* [con]
central bearing Mittellager *n* [pow]
central computer Zentralrechner *m* (Rechenwerk) [edv]
central dump Zentraldeponie *f* [rec]
Central European Time Mitteleuropäische Zeit *f*
central guide Mittenführung *f* [tec]
central heating Zentralheizung *f* [pow]
central landfill Zentraldeponie *f* [rec]
central lubrication Zentralschmierung *f* [tec]
central lubrication system Zentralschmieranlage *f* [tec]
central memory Hauptspeicher *m* [edv]
central opening Mittelöffnung *f*
central part Mittelbau *m* [bau]
central piece Mittelstück *n*
central pipe Zentralrohr *n* [prc]
central pivot Mittenzapfen *m* [tec]
central point Mittelpunkt *m*; Schwerpunkt *m* (wichtige Sache)
central position Mittellage *f*; Mittelstellung *f* (genau Mitte)
central processing unit Zentraleinheit *f* [edv]; Hauptprozessor *m* [edv]
central processor time Rechenzeit *f* [edv]
central strip Mittelstreifen *m* [tra]
central unit Zentraleinheit *f* [edv]
central-mixed concrete Fertigbeton *m* [met]
centralization Zentralisierung *f*
centralize zentralisieren *v*
centrally-heated zentralbeheizt [bau]
centre Mitte *f* ((B)); Mitte *f* (des Werkstückes) [con]; Kern *m* (Mittelpunkt); Mittelpunkt *m* ((B)); Zentrum *n* ((B))
centre zentrieren *v* ((B)) [con]
centre alignment Mittenzentrierung *f* [con]
centre axis Mittelachse *f* [con]
centre bearing Mittellager *n* [tec]
centre bit Zentrierbohrer *m* [wer]
centre body Mittelteil *n* (des Unterwagens) [mbt]
centre bolt Zentrierbolzen *m* [tec]
centre bore Mittenbohrung *f* [con]; Zentrierbohrung *f* [con]
centre bushing Zentrierring *m* [tra]
centre casing Mittelgehäuse *n* [tec]
centre cutting edge Mittelschneidmesser *n* [mbt]
centre deviation Mittenabweichung *f* [con]

centre distance Abstand von Mitte zu Mitte *m* [con]; Achsabstand *m* (bei Rollenkette) [tec]
centre frame Unterwagenrahmen *m* [tra]
centre gangway coach Personenwagen mit Mittelgang *m* [tra]
centre guide Mittenführung *f* [tec]
centre height Spitzenhöhe *f* (der Drehbank) [wer]
centre journal Königszapfen *m* [tec]
centre key Schlussstein *m* (in Gewölbe, Brücke) [bau]
centre lane Mittelspur *f* [tra]
centre lathe Spitzendrehbank *f* [wer]; Spitzendrehmaschine *f* [wer]
centre line Fluchtlinie *f* [con]; Maschinenachse *f* [con]; Mittelachse *f* [con]; Mittellinie *f* [con]
centre line flaw Kernfehler *m* (Fehler in Kern) [met]
centre line of boiler Kesselmitte *f* [pow]
centre line of gravity Schwerelinie *f* [phy]
centre line of stairs Ganglinie *f* [bau]
centre mark Körner *pl* (Anreiß-) [wzg]
centre of circle Kreismittelpunkt *m*
centre of crystallization Kristallisationskern *m* [che]
centre of explosion Explosionsherd *m*
centre of gravity Massenschwerpunkt *m* [phy]; Schwerpunkt *m* (physikalisch) [phy]
centre of gravity of a surface Flächenschwerpunkt *m*
centre of mass Massenmittelpunkt *m* [phy]; Massenschwerpunkt *m* [phy]; Schwerpunkt *m* (physikalisch) [phy]
centre of population Ballungszentrum *n*
centre of rotation Drehpunkt *m* [phy]
centre of the town Innenstadt *f*
centre of vehicle Gerätemitte *f* [tra]
centre offset Mittenversatz *m* [con]
centre part Mitte Teil (auf Zeichnungen) [con]
centre part Traverse *f* (Mittelteil Unterwagen) [mbt]
centre pin Königswelle *f* [mbt]; Königsbolzen *m* [mbt]
centre pivot Drehpfanne *f* [tra]
centre point Einstichpunkt *m* (für Radius) [con]
centre position Mittelstellung *f*
centre position, blocked - gesperrte Mittelstellung *f* (Hydraulik) [tec]; gesperrte Mittelstellung *f* (Hydraulik) [tec]
centre post Drehdurchführung *f* [tra]
centre ring Zentrierring *m* [tra]
centre riser Gießtrichter *m* [met]
centre second Zentralsekunde *f* (Uhr) [tec]
centre section Mittelstück *n*
centre sensor Mittenfühler *m* [any]
centre shift pinion Seitenschubritzel *n* [tra]
centre stake Mittelrunge *f* [tec]
centre strip Grünstreifen *m* [tra]
centre support Mittelauflager *n* [mbt]
centre tank Mitteltank *m* [tra]
centre tapping Mittelanzapfung *f* (stößelartig) [mbt]
centre terminal Mittelklemme *f* [elt]
centre thread connection Zentralgewindeanschluss *m* [tec]

centre wall Mittelwand f
centre wheel Minutenrad n (Uhr) [tec]
centre, social - Gemeinschaftszentrum n
centre-drill anbohren v [wer]
centre-fire ignition Zentralfeuerzündung f [pow]
centre-grooved dowel pin Knebelkerbstift m [tec]
centre-punch ankörnen v [wer]
centre-punch marking Körnerschlag m (Markieren, Zentrieren) [wer]
centreless grinding spitzenloses Schleifen n [wer]
centreline of drum Trommelmitte f [pow]
centres, height of - Spitzenhöhe f (Drehbank) [wer]
centric mittig; zentrisch [con]
centrifugal air cleaner Schleuderluftfilter m [tra]
centrifugal atomizer Zentrifugalzerstäuber m [prc]
centrifugal ball mill Fliehkraftkugelmühle f [prc]
centrifugal blower Zentrifugalgebläse n [prc]
centrifugal casting Schleuderguss m [roh]; Zentrifugalguss m [roh]; Schleudergießen n [roh]
centrifugal casting machine Schleudergussmaschine f [roh]
centrifugal classifier Klärzentrifuge f [prc]; Kreiselsichter m [prc]
centrifugal clutch Fliehkraftkupplung f [pow]
centrifugal compressor Kreiselkompressor m [prc]; Radialverdichter m [prc]
centrifugal decanter Dekantierzentrifuge f [prc]
centrifugal disc Schleuderscheibe f [tec]
centrifugal dredge pump Baggerkreiselpumpe f (Unterwasserarbeiten) [mbt]
centrifugal drier Trockenzentrifuge f [prc]
centrifugal extractor Zentrifugalextraktor m [prc]
centrifugal fan Kreisellüfter m [prc]; Radialventilator m [prc]; Zentrifugallüfter m [prc]
centrifugal filter Zentrifugalfilter m [prc]
centrifugal force Fliehkraft f [phy]; Schwungkraft f [phy]; Zentrifugalkraft f [phy]
centrifugal governor Fliehkraftregler m [pow]; Zentrifugalregler m [tra]
centrifugal lubrication Fliehkraftschmierung f [tec]; Zentrifugalschmierung f [tec]
centrifugal mill Schleudermühle f [prc]
centrifugal mixer Schleudermischer m [prc]
centrifugal pump Kreiselpumpe f [prc]; Zentrifugalpumpe f [prc]
centrifugal roll mill Pendelmühle f [prc]; Rollenmühle f [prc]
centrifugal separator Fliehkraftabscheider m [prc]; Zentrifugalabscheider m [prc]; Zentrifugalsichter m [prc]
centrifugal sprayer Zentrifugalzerstäuber m [prc]
centrifugal steam separator Dampfzyklonabscheider m [pow]
centrifugal switch Fliehkraftschalter m [tec]
centrifugal weight Fliehgewicht n [phy]
centrifugal-load drive Schwungmassenantrieb m [tra]
centrifugally cast geschleudert
centrifuge Zentrifuge f [prc]

centrifuge abschleudern v; schleudern v; zentrifugieren v [prc]
centrifuge decanter Klassierdekanter m [prc]
centring Zentrierung f [con]
centring bolt Zentrierbolzen m [tec]
centring chuck Zentrierflansch m [prc]
centring clamp Zentrierklammer f [tec]
centring collar Zentrierbund m [tec]
centring counterbore Zentriersenkung f [tec]
centring device Zentriervorrichtung f [con]
centring flange Zentrierflansch m [prc]
centring groove Zentriernut f [tec]
centring lathe Zentrierdrehbank f [wer]
centring piece Zentrierstück n [tec]
centring pin Zentrierstift m [tec]
centring plate Zentrierblech n [tec]
centring recess Zentriereindrehung f [tec]
centring ring Einsatzring m [tec]; innerer Stützring m [tec]; Zentrierring m [tec]
centring roll Zentrierrolle f [tra]
centring sleeve Zentrierhülse f [tec]
centring spigot Zentrierstift m [tec]
centring system Führung f (Zentrierung)
centripetal classifier Kanalradsichter m [prc]
centroid Flächenmittelpunkt m
centuries, turn of the - Jahrhundertwende f
century Jahrhundert n
century, turn of the - Jahrhundertwende f
cerametallic clutch keramische Scheibenkupplung f [tra]
ceramic keramisch
ceramic aggregate keramischer Zuschlagstoff m [met]
ceramic backing Keramikunterlage f
ceramic bond keramische Bindung f [che]
ceramic burner keramischer Brenner m [pow]
ceramic capacitor Keramikkondensator m [elt]; keramischer Kondensator m [elt]
ceramic cermet Keramikmetall n [met]
ceramic coating Emaillierung f [che]; Glasierung f [met]
ceramic cooking plate Keramikkochplatte f [elt]
ceramic good Keramikerzeugnis n [met]
ceramic metal Keramikmetall n [met]
ceramic mould Keramikform f [wer]
ceramic overlay keramische Beschichtung f
ceramic package Keramikgehäuse n
ceramic ring Keramikring m
ceramic tile Kachel f; Keramikfliese f [met]
ceramic tip Keramikschneidplatte f [tec]
ceramic varnish Einbrennlackierung f [che]
ceramic-metal Metallkeramik f [met]
ceramics Keramik f [met]; Keramikerzeugnisse pl [met]
ceramizing Keramisieren n
cerium Cer n (chem. El.: Ce) [che]; Zer n (Ce) [che]
certainty Sicherheit f (Gewissheit)
certificate Bescheinigung f; Testat n; Zeugnis n
certificate of acceptance Abnahmeprotokoll n [eco]

certificate of competence Befähigungsnachweis *m*
certificate of disability Arbeitsunfähigkeitsbescheinigung *f*
certificate of fitness Gesundheitsattest *n*
certificate of origin Ursprungszeugnis *n*
certificate of qualification Befähigungsnachweis *m*
certificate of quality Gütenachweis *m*; Qualitätsnachweis *m*
certificate of receipt Verladeschein *m* [tra]
certificates of financial responsibility Zertifikat finanzieller Verantwortung *n* (Tanker in US-Gewässern) [jur]
certification Beglaubigung *f*; Bescheinigung *f*; Beurkundung *f* [jur]
certification for welding Eignungsnachweis zum Schweißen *m* [wer]
certify beglaubigen *v*; bestätigen *v*
cesium Cäsium *n* (chem. El.: Cs) [che]
cesium cell Cäsiumfotozelle *f* [opt]; Cäsiumphotozelle *f* ((variant)) [opt]
cesspit Klärgrube *f* [was]
cesspit cleaning Grubenreinigung *f* [rec]
cesspool Jauchegrube *f* [far]; Klärgrube *f* [was]; Senkgrube *f* [was]
cetane Cetan *n* [che]
cetane number Cetanzahl *f* (Motor) [tra]
chaff Spreu *f* [far]; Abrieb *m* (Späne, Splitter) [wer]; Häcksel *m* [far]
chaff abreiben *v* (spanen, zereiben) [wer]
chain Kette *f*; Band *n* (Kettenband) [tec]
chain ketten *v* (mit Kette anbinden); verketten *v*
chain adjuster Kettenspanner *m* [wzg]
chain adjusting pinion Kettenspannritzel *n* [tec]
chain anchoring Kettenverankerung *f* [bau]
chain and sprocket wheel drive Kettentrieb *m* [tec]
chain band Kettenstrang *m* [mbt]
chain branching Kettenverzweigung *f* (Reaktion) [che]
chain break Kettenbruch *m* [mbt]
chain breaking Kettenabbruch *m* (Reaktion) [che]
chain bridge Kettenbrücke *f* [bau]
chain bucket elevator Kettenbecherwerk *m* [prc]
chain casing Kettengehäuse *n* [mbt]
chain connector link Kettenbügel *m* [tec]; Kettenverbindungsglied *n* [tec]
chain conveyor Kettenförderer *m* [prc]
chain conveyor, armoured - Panzerkettenförderer *m* [mbt]
chain coupling Kettenschloss *n* [tec]
chain cover Kettenschutz *m* [tec]
chain drive Laufkette *f* (Kettenantrieb) [mbt]; Kettenantrieb *m* (z.B. Rost) [pow]; Kettenradantrieb *m* [tra]; Kettentrieb *m* [tec]; Kettengetriebe *n* [tec]
chain drive spanner Kettenspanner *m* [tec]
chain drive wheel Kettenantriebsrad *n* [tec]
chain elevator Kettenbecherwerk *m* [prc]
chain fastening Kettenbefestigung *f* [tec]
chain fracture Kettenbruch *m* [mbt]
chain gear Kettengetriebe *n* [tec]

chain grate Kettenrost *m* [pow]; Wanderrost *m* [pow]
chain grate stoker Kettenrostfeuerung *f* [pow]
chain growth Kettenwachstum *n* (Reaktion) [che]
chain guard Kettenschutz *m* [tra]
chain guide Kettenführung *f* [mbt]
chain guide shoe Ketteneinlaufführung *f* [mbt]; Ketteneinlaufzunge *f* [mbt]
chain guiding track Kettenführungsbahn *f* [tec]
chain hoist Kettenzug *m* (Lastenheber, Kran) [mbt]; Kettenhebewerk *n* [bau]
chain hoist trolley Haspelkatze *f* [roh]
chain hoist, electric - Elektrokettenzug *m* [wzg]
chain hook Kettenhaken *m* [tec]
chain idler Kettenführungsrolle *f* [tec]
chain joint Kettengelenk *n* [tec]; Kettenschloss *n* [tec]
chain latch Kettenanker *m* (des Gabelstaplers) [mbt]
chain length Kettenlänge *f* [con]
chain link Kettenlasche *f* [tec]; Schake *f* (Federaufhängung Drehgestell) [mbt]; Kettengelenk *n* [mbt]; Kettenglied *n* [tec]
chain link, conical - konisches Kettenglied *n* [tec]
chain loading Kettenbelastung *f* [mbt]
chain lubrication Kettenschmierung *f* [tec]
chain mat Kettenmatte *f* [mbt]
chain milling machine Kettenfräsmaschine *f* [wer]
chain molecule Kettenmolekül *n* [che]
chain mounting Kettenbefestigung *f* [tec]
chain of photocells Fotozellenkette *f*
chain pin Kettenbolzen *m* [tec]
chain pinion Kettenritzel *n* [tec]
chain pipe wrench Kettenrohrzange *f* [wzg]
chain pitch Kettenteilung *f* [con]
chain pull Kettenzug *m* [mbt]
chain pulley Kettenrolle *f* [tec]; Kettenrad *n* [tec]
chain pulley block, worm-geared - Schneckenradflaschenzug *m* [tec]
chain pump Kettenpumpe *f* [prc]
chain reaction Kettenreaktion *f* [che]
chain reduction gear Kettenvorgelege *n* [tec]
chain retainer guide Zwangsführung *f* (der Kette, Rolltreppe) [mbt]
chain return guide Kettenumführung *f* [tec]
chain return sprocket Kettenumlenkrolle *f* [tec]
chain return track Kettenrücklaufbahn *f* [tec]
chain roller Kettenrolle *f* (für Rolltreppe) [mbt]
chain rule Kettenregel *f* [mat]
chain sag Kettendurchhang *m* [tec]
chain saw Kettensäge *f* [wzg]
chain scraper Kettenkratzer *m* [roh]; Kettenkratzförderer *m* [roh]
chain shaft Kettenwelle *f* [mbt]
chain sheave Kettenrad *n* [tec]
chain side bar Kettenlasche *f* [mbt]
chain skid transfer Kettenschlepper *m* [mbt]
chain slack Kettendurchhang *m* [mbt]
chain sprocket Kettenrolle *f* [mbt]; Kettenrad *n* [tec]; Kettenritzel *n* [tec]

chain sprocket shaft Kettenradwelle *f* [tec]
chain strand Kettentrum *n* [tec]
chain stretching Kettenlängung *f* [con]
chain stretching wheel Kettenspannrad *n* [tec]
chain structure Kettenstruktur *f* [tec]
chain stud Kettenbolzen *m* [mbt]
chain suspension Kettengehänge *n* [mbt]
chain suspension tackle Magnetkettengehänge *n* [mbt]
chain take-up Kettenspannvorrichtung *f* [tec]
chain take-up sprocket Kettenspannrolle *f* [tec]
chain tension Kettenzug *m* (Kraft) [tec]
chain tension carriage Spannungseinrichtung *f* [mbt]
chain tension device Kettenspannvorrichtung *f* [mbt]
chain tension switch, lower - unterer Kettenspannkontakt *m* [mbt]
chain tensioner Kettenspannvorrichtung *f* [tec]; Kettenspanner *m* [tec]
chain tensioning Kettenspannung *f* [mbt]
chain tensioning device Kettenspanner *m* [tec]
chain tensioning device, adjustable - Kettenspanner in Umlenkstation *m* [tec]
chain tensioning wheel Kettenspannrad *n* [tec]
chain termination Kettenabbruch *m* (Reaktion) [che]
chain tightener Kettenspanner *m* [tec]
chain track Kette *f* (Kettenfahrzeug) [tra]; Kettenbahn *f* [tec]; Obertrum *n* (Kette) [tec]
chain transmission Kettenantrieb *m* [tec]; Kettentrieb *m* [tec]
chain tread Kettenglied *n* [tec]
chain up anketten *v*
chain wheel Kettenrad *n* [tec]
chain wheel disc Kettenradscheibe *f* [tec]
chain winch Kettenwinde *n* [tec]
chain wrench Kettenspannschlüssel *m* (für Rohre) [wzg]
chain, width of - Breite der Lauffläche *f* [mbt]
chain-dotted line Strichpunktlinie *f* [con]
chain-driven kettengetrieben [tec]
chain-grate stoker Schubrost *m* [pow]
chain-like kettenförmig
chain-type cross conveyor Kettenquertransport *m* [tec]
chained to angekettet an
chaining Längenmessung *f* [any]; Verkettung *f*
chair Stuhl *m*
chair-lift Sessellift *m* [tra]
chairman Gesprächsleiter *m*; Vorsitzender *m* (des Vorstandes) [eco]
chairman of the board Vorstandsvorsitzender *m* [eco]
chalet Holzhaus *n* [bau]
chalk Kreide *f* [met]; Kalk *m* [met]; Kalkstein *m* [min]
chalk kreiden *v*
chalked abgekalkt
chalky kreidehaltig
challenge Herausforderung *f*
challenge herausfordern *v*

chamber Kammer *f*; Raum *m* (Zimmer); Zimmer *n* [bau]
chamber drier Kammertrockner *m* [prc]
chamber filter Kammerfilter *m* [was]
chamber filter press Kammerfilterpresse *f* [was]
chamber furnace Kammerofen *m* [prc]
chamber lock Kammerschleuse *f*
chamber press Kammerpresse *f* [was]
chamber valve Kammerschieber *m* [prc]
chamber, anechoic - hallfreier Raum *m* [aku]
chamber-type filter press Kammerfilterpresse *f* [was]
chamfer Abschrägung *f*; Fase *f* (abgeschrägte -) [con]; Schrägkante *f* [tec]
chamfer abfasen *v* [wer]; abkanten *v* [wer]; abschrägen *v* (abkanten) [wer]; anfasen *v* [wer]; anschrägen *v* [wer]; fasen *v* [wer]; kehlen *v*; schrägen *v* [wer]; verjüngen *v* (spitz zulaufen) [tec]
chamfer start depth Anschnitttiefe *f* [wer]
chamfered abgekantet [met]; abgeschrägt (Kante) [wer]; angeschrägt [wer]
chamfered end Kegelkuppe *f* (Schraube) [tec]
chamfered plain washer Scheibe mit Fase *f* [tec]
chamotte Schamotte *f* [met]
chamotte brick Schamottestein *m* [met]
champignon rail Vignolschiene *f* [tra]
change Änderung *f* (Wechsel); Schwankung *f*; Umformung *f*; Umrüstung *f* (Veränderung des Gerätes) [wer]; Veränderung *f*; Umbau *m* (Abänderung, Änderung); Umschlag *m* [che]; Wandel *m*; Wechsel *m*
change abändern *v* (ändern, wechseln); ändern *v* (z.B. Konstruktion, Ausrüstung) [con]; schalten *v* (Getriebe) [tec]; sich verwandeln *v*; umrüsten *v* (auswechseln) [wer]; umsetzen *v* (z.B. Bagger, neue Stelle) [mbt]; umwandeln *v* (ändern); verändern *v*; wechseln *v*
change colour verfärben *v*
change document Änderungsbeleg *m* [edv]
change down herunterschalten *v* [tra]; zurückschalten *v* (Gang) [tra]
change for umsteigen *v* [tra]
change gear Schaltgetriebe *n* [tec]; Wechselgetriebe *n* [tec]
change gear drive Wechselrädergetriebe *n* [tec]
change gear wheel Wechselrad *n* (Getriebe) [tec]
change in colour Farbveränderung *f*; Farbumschlag *m*
change in gain Verstärkungsnachführung *f* [elt]
change in pressure Druckwechsel *m*
change in section Querschnittsänderung *f* [con]
change in shape Formveränderung *f*
change in utilization type Nutzungsartenänderung *f*
change in weight Gewichtsänderung *f*
change lever Schalthebel *m* [tec]; Stellhebel *m* [tec]; Umschalthebel *m* [tec]
change location versetzen *v* (einen Bagger) [mbt]
change machine Münzwechsler *m*
change money Geld wechseln *v* [eco]

change of air Luftveränderung *f* [air]
change of attachment Umrüsten *n* (z.B. andere Ausrüstung dran) [wer]
change of climate Klimawechsel *n* [wet]
change of form Deformation *f*
change of lane Spurwechsel *m* [tra]
change of locality Ortswechsel *m*
change of pressure Druckänderung *f* [phy]
change of responsibility Zuständigkeitswechsel *m*
change of shape Formänderung *f*
change of shifts Schichtwechsel *m* [eco]
change of state Zustandsänderung *f*
change of volume Volumenänderung *f*
change over umschalten *v* [elt]
change point Umschlagpunkt *m* [phy]
change program Änderungsprogramm *n* [edv]
change routine Änderungsprogramm *n* [edv]
change slide valve Umschaltschieber *m* [prc]
change speed gearbox Wechselgetriebe *n* [tra]
change the function umfunktionieren *v*
change the place umsetzen *v* (räumlich)
change, adiabatic - adiabatische Zustandsänderung *f*
change-over Umschaltung *f*; Umrüsten *n* [wer]
change-over control Umsteuerung *f* (z.B. Schmierung) [tec]
change-over duplex filter umschaltbares Doppelfilter *m* [was]
change-over gear Schaltgetriebe *n* [pow]
change-over gear drive Schaltgetriebe *n* [pow]
change-over piston Umsteuerkolben *m* (Schmierung) [tec]
change-over switch Messumschalter *m* [any]; Umschalter *m* [elt]
change-over valve Umschalthahn *m* [prc]; Umschaltventil *n* [prc]
change-over, automatic - Umschaltautomatik *f* [tec]
change-speed gear Schaltgetriebe *n* [tec]
changeable auswechselbar; veränderlich (kann umgebaut werden)
changeover Umstellung *f*
changing veränderlich (Wetter) [wet]
changing frame Wechselrahmen *m* [tec]
changing gear Wechselrad *n* (Getriebe) [tec]
changing slide Wechselschlitten *m* [tec]
channel Rinne *f* (Abfluss); Kanal *m* [edv]; Kanal *n* (Schacht); Wasserweg *m* [tra]; Gerinne *n* [was]; U-Eisen *n* [met]; U-Profil *n* [met]
channel nuten *v* [wer]; zuleiten *v*
channel black Gasruß *m* [met]
channel flow Kanalströmung *f* [was]
channel impeller pump Kanalradpumpe *f* [prc]
channel switch selector Kanalumschalter *m* [elt]
Channel Tunnel Kanaltunnel *m* (Folkestone-Calais) [tra]
channel, open - offener Wasserlauf *m* [was]; offenes Gerinne *n* [was]
channelization Kanalisierung *f* [was]
channelize kanalisieren *v* [was]
channelled plate geriffeltes Blech *n* [met]

channelling Kanalbildung *f* (Strömung); Durchbrechen *n*
channelling machine Schrämmaschine *f* [mbt]
channels U-Stahl *m* (als Ware, Träger) [met]
chapter Abschnitt *m* (Text)
Chapter 11 Vergleich *m* (Firma in Schwierigkeiten) [jur]
char Halbkoks *m* [che]; Schwelkoks *m* [che]
char ankohlen *v*; kohlen *v* [che]; verkohlen *v* [che]
character Stelle *f* (Zahl) [mat]; Schriftzeichen *n* (Textverarbeitung); Symbol *n*
character set Zeichenvorrat *m* [edv]
characteristic spezifisch; typisch
characteristic Charakteristik *f*; Eigenart *f*; Eigenschaft *f* (Charakteristikum); Kenngröße *f*; Kennlinie *f* [mat]; Merkmal *n* (Eigenschaft)
characteristic curve Kennlinie *f* [mat]; Regelkurve *f*
characteristic curve of spring Federkennlinie *f* [met]
characteristic data Kenndaten *pl*
characteristic equation charakteristische Gleichung *f* [mat]
characteristic frequency Eigenfrequenz *f* [phy]
characteristic function Eigenfunktion *f* (bei Differentialgleichung) [mat]
characteristic impedance Wellenwiderstand *m* [elt]
characteristic nature of waste Abfalleigenschaft *f* [rec]
characteristic noise Körpergeräusch *n* [aku]
characteristic number Kenngröße *f*; Kennzahl *f*
characteristic radiation Eigenstrahlung *f* [phy]
characteristic value Kenngröße *f*; Kennwert *m*
characteristic values Kenndaten *pl*
characteristic vector Eigenvektor *m* [mat]
characteristics Kennwert *m* (z.B. für Zukaufteile); Kenndaten *pl*
characterization Kennzeichnung *f*
characterize kennzeichnen *v* (charakterisieren)
characterized in that ... dadurch gekennzeichnet, dass ... (Patent) [jur]; gekennzeichnet, dass ... (Patent)
characters Schrift *f* (Textverarbeitung)
characters font Schrift *f* (Textverarbeitung)
charcoal Holzkohle *f* [met]; künstliche Kohle *f* [che]
charcoal ashes Holzkohlenasche *f* [rec]
charcoal filter Kohlefilter *m*; Kohlenfilter *m*
charcoal hearth steel Herdfrischstahl *m* [met]; Herdstahl *m* [met]
charcoal pencil Kohlestift *m*
charcoal powder Kohlenpulver *n* [roh]
charcoal, absorptive - Absorptionskohle *f* [air]
charcoal, activated - Adsorptionskohle *f*; Aktivkohle *f* [che]
charge Auflagung *f* (Batterie) [elt]; Belastung *f* (Last); Beschickung *f*; Beschwerung *f*; Charge *f*; Füllung *f*; Gebühr *f*; Ladung *f* [elt]; Ladung *f* [phy]; Taxe *f* (Gebühr); Ansatz *m* (Charge); Einsatz *m* (Ofen); Preis *m* [eco]; Satz *m* (Charge) [che]; Schuss *m* (Sprengen) [roh]; Tarif *m*; Beschickungsgut *n* [met]; Beschickungsmaterial *n* [met]; Einsatzmaterial *n*; Füllgut *n*

charge aufladen *v* (elektrisch laden) [elt]; beladen *v* [elt]; belasten *v* (aufladen); beschicken *v* [prc]; beschweren *v*; chargieren *v*; einfüllen *v*; füllen *v*; in Rechnung stellen *v* [eco]; klagen *v* (wegen Betruges klagen) [jur]; laden *v* (aufladen) [elt]; laden *v* (beschicken); nachfüllen *v* (laden); speisen *v* (laden)
charge air cooler Ladeluftkühler *m* [tra]
charge air cooling Ladeluftkühlung *f* [tra]
charge air pipe Ladeluftleitung *f* [tra]
charge an additional amount nachberechnen [eco]
charge carrier Ladungsträger *m* [elt]
charge chamber Sprengkammer *f*
charge control Ladekontrolle *f* (Lichtmaschine) [elt]
charge control lamp Ladekontrollleuchte *f* [elt]; Ladestromkontrollleuchte *f* [elt]
charge density Ladedichte *f* [elt]
charge distribution Ladungsverteilung *f* [elt]
charge door Beschickungstür *f*
charge exchange Umladung *f* [elt]; Ladungsaustausch *m* [elt]
charge identification Chargenkennzeichnung *f*
charge load Charge *f*
charge mixture of ores and fluxes Möller *m* [roh]
charge number Chargennummer *f*
charge off abbuchen *v* [eco]
charge period Einsatzdauer *f*
charge preparation Chargenvorbereitung *f* [prc]
charge pressure Speisedruck *m* (in Hydraulik) [tra]
charge pump Ladepumpe *f* [tra]; Speisepumpe *f* (Hydraulik) [tra]
charge quantity Chargengröße *f*
charge retaining valve Lasthalteventil *n* [mbt]
charge space Füllraum *m*
charge stock Einsatzprodukt *n*
charge switch Ladeschalter *m* [elt]
charge to an account auf die Rechnung setzen *v* [eco]
charge transfer Ladungsaustausch *m* [elt]
charge transport Ladungstransport *m* [elt]
charge wagon Beschickwagen *m*
charge with belasten mit *v*
charge zone Zone *f* (Tarifzone) [edv]
charge, additional - Mehrpreis *m* [eco]
charge, at a - gegen Berechnung
charge, extra - Preisaufschlag *m* [eco]
charge, free of - gebührenfrei; unentgeltlich [eco]
charge, weight of - Einsatzgewicht *n*
chargeable gebührenpflichtig
charged geladen [elt]; stromführend [elt]
charged, not - ungeladen [elt]
charger Aufladeeinrichtung *f* [elt]; Aufgabeapparat *m* [prc]; Füller *m* (Zuschlagstoff) [met]; Aufladegerät *n* [elt]; Ladegerät *n* [elt]
charges Belastung *f* (finanziell) [eco]; Last *f* (Abgaben-) [eco]; Strafantrag *m* (Strafantrag stellen) [jur]; Kosten *pl* [eco]
charges act Abgabengesetz *n* [jur]
charging Belastung *f* (Stromentnahme) [elt]; Beschickung *f* (z.B. des Hochofens) [roh]; Ladung *f* (Beladung); Rostbeschickung *f* [pow]; Verladung *f* [tra]; Beschicken *n* [prc]; Beschweren *n*; Chargieren *n* [met]
charging and discharging device Beschickungs-/Entleerungsvorrichtung *f*
charging apparatus Ladegerät *n* [elt]
charging bin Füllzylinder *m* [prc]
charging blower Lader *m* [tra]
charging box Chargiermulde *f* [roh]; Lademulde *f* [tra]
charging cable Ladekabel *n* [elt]
charging chute Abfallröhre *f* [rec]; Abfallrutsche *f* [rec]
charging crane Beschickkran *m* [prc]
charging current Ladestrom *m* [elt]
charging density Ladedichte *f* [elt]
charging device Aufgabevorrichtung *f* [prc]; Beschickmaschine *f*; Beschickungsvorrichtung *f* [prc]; Chargiervorrichtung *f* [prc]; Füllapparat *m* [prc]; Chargiergerät *n* (am Gabelstapler) [mbt]
charging door Beschickungstür *f*; Füllklappe *f*
charging equipment Beschickungsanlage *f*; Ladevorrichtung *f* [elt]
charging floor Chargierbühne *f*; Gichtbühne *f* [prc]
charging funnel Einfülltrichter *m* [prc]
charging grid Aufgaberost *m* [prc]
charging height Schütthöhe *f* [bau]
charging hole Einfüllöffnung *f* (z.B. Tank) [prc]; Füllöffnung *f* [prc]
charging hopper Füllvorrichtung *f* [prc]; Einfülltrichter *m* [prc]; Füllzylinder *m*
charging machine Beschickmaschine *f*; Beschickungsmaschine *f* [prc]; Chargiermaschine *f* [prc]
charging mechanism Aufgabevorrichtung *f* [prc]; Zugabevorrichtung *f* [prc]
charging opening Füllöffnung *f* [prc]
charging peel Chargierlöffel *m*
charging period Chargenzeit *f* [prc]; Chargierzeit *f* [prc]; Ladedauer *f* [elt]
charging platform Chargierbühne *f*; Gichtbühne *f* [prc]; Ladebühne *f* [mbt]
charging ramp Ladebühne *f* [mbt]
charging rate, hot - Warmeinsatzrate *f* [prc]; Heißeinsatz *m* [roh]
charging rectifier Ladegleichrichter *m* [elt]
charging resistance Ladewiderstand *m* [elt]
charging roller Zuführrollgang *m* [tec]
charging roller conveyor Einlaufrollgang *m*
charging set Aggregat *n* [elt]
charging spoon Chargierlöffel *m*
charging volume Füllvolumen *n*
charging, sequence of - Beschickungsfolge *f*
chart grafische Darstellung *f*; graphische Darstellung *f* ((variant)); Karte *f* (Darstellung); Tabelle *f*; Übersicht *f* (Tafel, Bild, Chart) [con]; Diagramm *n* (Tabelle); Schaubild *n* [con]
chart grafisch darstellen *v*; graphisch darstellen *v* ((variant)); kartieren *v*

chart design Diagrammkonstruktion *f*
chart paper Registrierpapier *n*
chart printer Blattschreiber *m* [any]
chart recorder Blattschreiber *m* [any]
charter flight Charterflug *m* [tra]
chartered aircraft Chartermaschine *f* (Flugzeug) [tra]
charterer Befrachter *m* [tra]
chase a thread nachschneiden *v* (Gewinde) [wer]
chassis Fahrwerk *f* (Chassis) [tra]; Baugruppenträger *m* (Platine) [elt]; Einbaurahmen *m* [tec]; Hauptrahmen *m* [tra]; Rahmen *m* (Grundplatte) [tra]; Unterbau *m* [tra]; Unterwagenrahmen *m* [tra]; Chassis *n* (Fahrgestell) [tra]; Fahrgestell *n* [tra]; Fahrwerk *n* (Auto) [tra]; Gestell *n* (Rahmen) [tra]; Untergestell *n* [tra]
chassis frame Chassisrahmen *m* [tra]; Fahrwerksrahmen *m* [mbt]
chassis unit Laufwerk *n* (des Eisenbahnwagens) [tra]
chattel bewegliches Eigentum *n* [eco]
chatter Erschütterung *f*
chatter rattern *v* (vibrieren, schnattern)
chatter mark Rattermarke *f* [met]
chatterfree ratterfrei
chattering Rattererscheinungen *pl* (auf Oberflächen) [met]
cheap billig
cheapener Farbverdünner *m* [met]
cheapness Billigkeit *f* (im Preis) [eco]
check Kontrolle *f* (Überprüfung); Probe *f* (Erprobung) [any]; Prüfung *f* (Überprüfung) [any]; Rechnung *f* (kaufmännisch) [eco]; Überprüfung *f* (Kontrolle, Durchsehen) [any]; Scheck *m* ((A)) [eco]; Karo *n*
check abtasten *v* [any]; hemmen *v* (aufhalten); kontrollieren *v* (prüfen); nacheichen *v*; nachprüfen *v* [any]; nachrechnen *v*; nachsehen *v* (kontrollieren); prüfen *v* (kontrollieren) [any]; überprüfen *v* (Material, Pässe); untersuchen *v* [any]
check account Gegenrechnung *f* (Gegenforderung) [eco]
check an invoice Rechnung prüfen *v* [eco]
check analysis Kontrollanalyse *f* [any]
check back abfragen *v* (rückversichern) [any]
check calculation Kontrollrechnung *f*; Nachrechnung *f*
check card Scheckkarte *f* ((A)) [eco]
check determination Kontrollbestimmung *f* [any]
check dimension Prüfmaß *n* [any]
check for damage Prüfung auf Beschädigungen *f*
check gauge Prüfmaß *n* [any]
check handler Prüfroutine *f* [any]
check lamp Kontroll-Lampe *f*; Kontrolllampe *f*
check list Checkliste *f*; Prüfliste *f* [any]
check measurement Kontrollmessung *f* [any]
check nut Gegenmutter *f* [tec]; Kontermutter *f* [tec]; Sicherungsmutter *f* [tec]
check oil level Ölstand prüfen *v* [tra]
check out ausprüfen *v*
check plate Sperrplatte *f* [tra]

check rail Fangvorrichtung *f* (am Eisenbahngleis) [tra]; Fensterschiene *f* [bau]; Leitschiene *f* [tec]; Entgleisungsschutz *m* [tra]; Radlenker *m* (der Bahn; z.B. an Weichen) [tra]
check screw Halteschraube *f* [tec]
check sheet Checkliste *f*
check test Kontrollversuch *m*
check the dimension nachmessen *v* [any]
check the measurement nachmessen *v* [any]
check thoroughly durchchecken *v*
check through Durchsicht *f*
check valve Klappe *f* (Ventil); Rückstauverschluss *m* [was]; Einwegventil *n* [prc]; Kontrollventil *n* (Prüfventil) [any]; Prüfventil *n* (Kontrollventil) [any]; Rückschlagventil *n* (gegen Vakuum) [prc]; Sperrventil *n* [prc]; Steuerventil *n*
check valve lever Klappenhebel *m* [tec]
check weight Kontrollgewicht *n*
check zero Nulllinienprüfung *f* [any]; Nullpunktprüfung *f* [any]
check, automatic - Selbstprüfung *f*
check-control number Kontrollnummer *f* [any]
check-out Ausprüfung *f*; Austesten *n* [any]
check-point Kontrollpunkt *m*
check-up Nachuntersuchung *f*; Probe *f* (Erprobung) [any]; Prüfung *f* (Überprüfung) [any]; Überprüfung *f* [any]
checkback Abfrage *f* [any]
checked geprüft; kariert
checker plate Riffelblech *n* ((A) gegen Ausrutschen) [met]
checkered plate Warzenblech *n* [tec]
checking Kontrolle *f* (Überprüfung); Nachprüfung *f* [any]; Überwachung *f* [any]
checking instructions Prüfanweisungen *pl* [any]
checking personnel Prüfpersonal *n* [any]
checking staff Prüfpersonal *n* [any]
checking tap Kontrollöffnung *f* (z.B. an Getriebe) [tra]
checking tool Prüfwerkzeug *n* [wzg]
checking wedge Spannkeil *m* [tec]
checklist Checkliste *f*
checkpoint Anhaltepunkt *m*
cheek Backe *f* (Schraubstock) [wzg]
cheese head screw, slotted - Zylinderschraube mit Schlitz *f* [tec]
cheese head, raised - Linsenzylinderkopf *m* [tec]
chelate Komplex *m* [che]; Chelat *n* [che]
chelating agent Komplexbildner *m* [che]
chemical chemisch [che]
chemical Chemikalie *f* [che]
chemical accident Chemieunfall *m* [che]
chemical activity chemische Aktivität *f* [che]
chemical agent chemisches Agens *n* [che]
chemical analysis chemische Untersuchung *f* [any]
chemical and petrochemical industries chemische und petrochemische Industrie *f*
chemical and process engineering Chemie-Ingenieur-Technik *f* [che]; chemische Technik *f*

chemical attack Chemikalienangriff *m*; chemischer Angriff *m* [che]
chemical bleaching chemische Bleiche *f* [che]
chemical bond chemische Bindung *f* [che]
chemical bonding chemische Bindung *f* [che]
chemical cleaning chemische Reinigung *f*
chemical cloud Chemiewolke *f* [che]
chemical composition chemische Zusammensetzung *f* [che]
chemical compound chemische Verbindung *f* [che]
chemical detection chemischer Nachweis *m* [any]
chemical ecology chemische Ökologie *f*
chemical element chemisches Element *n*
chemical energy chemische Energie *f* [che]
chemical engineer Chemieingenieur *m* [che]
chemical engineering Chemie-Ingenieur-Technik *f* [che]
chemical equation chemische Gleichung *f* [che]
chemical equilibrium chemisches Gleichgewicht *n* [che]
chemical factory Chemiefirma *f* [che]; chemische Fabrik *f*
chemical fertilization chemische Düngung *f* [far]
chemical fertilizer Kunstdünger *m* [che]; Mineraldünger *m* [far]
chemical fiber Chemiefaser *f* ((A)) [che]
chemical fibre Chemiefaser *f* ((B)) [che]
chemical industry chemische Industrie *f*
chemical inertness chemische Trägheit *f* [che]
chemical information procedure chemikalienrechtliches Mitteilungsverfahren *n* [jur]
chemical linkage chemische Bindung *f* [che]
chemical mace chemische Keule *f* [che]
chemical mechanism Chemismus *m* [che]
chemical nomenclature chemische Nomenklatur *f*
chemical oxygen consumption chemischer Sauerstoffbedarf *m* [che]
chemical oxygen demand chemischer Sauerstoffbedarf *m* [che]
chemical pest control chemische Schädlingsbekämpfung *f* [far]
chemical plant protection chemischer Pflanzenschutz *m*
chemical plaster Edelputz *m* [bau]
chemical pollution chemische Verunreinigung *f* [che]
chemical potential chemisches Potential *n* ((variant)) [che]; chemisches Potenzial *n* [che]
chemical precipitation chemische Fällung *f* [che]
chemical processing chemische Weiterverarbeitung *f*
chemical processing plant Chemieanlage *f* [prc]
chemical purification of waste water chemische Abwasserreinigung *f* [was]
chemical reaction chemische Reaktion *f* [che]; chemische Umsetzung *f* [che]
chemical reduction chemische Reduktion *f* [che]
chemical residue Reststoffe nach chemischen Prozessen *pl* [rec]
chemical resistance chemische Beständigkeit *f*
chemical sorption Chemisorption *f* [che]

chemical staining Beizung *f*
chemical structural material Chemiewerkstoff *m* [met]; chemisches Baumaterial *n* [bau]
chemical tanker Chemikalientanker *m* [tra]
chemical technology chemische Technologie *f* [che]
chemical toilet chemische Toilette *f* [bau]; Trockenklosett *n*
chemical treatment chemische Aufbereitung *f*
chemical treatment of waste water chemische Abwasserbehandlung *f* [was]
chemical waste water treatment chemische Abwasserbehandlung *f* [was]
chemical water purification chemische Wasserreinigung *f* [was]
chemical weathering chemische Verwitterung *f* [met]
chemical wet-process analysis nasschemische Analyse *f* [any]
chemical wood pulp Holzzellstoff *m* [che]
chemical worker Chemiearbeiter *m*; Chemiewerker *m* [che]
chemical works chemische Fabrik *f*
chemical-biological plant protection integrierter Pflanzenschutz *m*
chemically combined chemisch gebunden [che]
chemically fixed chemisch gebunden [che]
chemically pure chemisch rein [che]
chemically pure substance chemisch reine Substanz *f* [che]
chemicals dosing plant Dosieranlage *f* (Speisewasseraufbereitung) [pow]
chemicals proportioning plant Dosieranlage *f* (Speisewasseraufbereitung) [pow]
chemicals recovery Chemikalienrückgewinnung *f* [che]
chemicking Chlorkalkbleiche *f* [che]
chemiluminescence Chemilumineszenz *f* [phy]
chemism Chemismus *m* [che]
chemist Chemiker *m* [che]
chemistry Chemie *f* [che]
chemistry, analytical - analytische Chemie *f* [che]
chemoresistance Chemoresistenz *f* [che]
chemosorption Chemisorption *f* [che]
chemosphere Chemosphäre *f* [che]
chemosynthesis Chemosynthese *f* [che]
cheque Bankanweisung *f* [eco]; Scheck *m* ((B)) [eco]
cheque card Scheckkarte *f* ((B)) [eco]
cheque cashing Scheckeinlösung *f* [eco]
cheque form Scheckvordruck *m* [eco]
cheque, bad - ungedeckter Scheck *m* [eco]
cheque, stop a - Scheck sperren [eco]
chequer and floor plate Riffel- und Tränenblech *n* [met]
chequer plate Riffelblech *n* (gegen Ausrutschen) [met]
chequer work Gitterwerk *n*
chequered gerieffelt [wer]
chequered plate Riffelblech *n* ((B)) [met]
chest Brust *f* [bff]; Kiste *f* (Truhe)
chestnut brown kastanienbraun (RAL 8015) [nor]

chestnut coal Nusskohle *f* [met]
chevron Manschette *f* (Dichtung) [tec]; Sparren *m* (Winkel)
chevron packing Ledermanschette *f* [tec]
chevron ring Dachformmanschette *f* [tec]
chevron seal Keilringdichtung *f* [tec]
chevron sealing set Dachformdichtungssatz *m* [tec]
chevron-ring packing Nutringdichtung *f* [tec]
chevron-type seal Nutringmanschette *f* [tec]
chicken-pox Windpocken *pl* [hum]
chief hauptsächlich
chief constituent Hauptbestandteil *m*
chief department manager Hauptabteilungsleiter *m* [eco]
chief erector Montageleiter *m* [eco]
chief point Hauptpunkt *m*
chief product Hauptprodukt *n*
child-proof kindergesichert
child-resistant closure Kindersicherungsverschluss *m*
chile nitre Chilesalpeter *m* [che]
chile saltpetre Chilesalpeter *m* [che]
chill Kokille *f* (zum Abgießen) [roh]
chill abkühlen *v*; abschrecken *v*; kühlen *v*
chill casting Hartguss *m* [met]; Schalenhartguss *m* [roh]
chilled cast iron Hartguss *m* [met]; Spezialhartguss *m* [met]
chilled water plant Kaltwasseranlage *f* [was]
chiller Tiefkühler *m*
chilliness Kälte *f*
chilling Abkühlung *f*; Abschreckung *f*; Kühlung *f*; Abschrecken *n*; Kühlen *n*
chilly kalt
chime Viertelstundenschlag *m* (Uhr) [tec]
chime train Viertelstundenschlagwerk *n* (Uhr) [tec]
chimney Esse *f* (Kamin) [bau]; Kamin *m*; Rauchabzug *m*; Rauchfang *m* (Schornstein im Haus) [bau]; Schlot *m*; Schornstein *m* (auch Kamin) [air]
chimney aviation obstruction lighting Schornsteinwarnbeleuchtung *f* [air]
chimney base Schornsteinfuß *m* [air]
chimney cap Schornsteinaufsatz *m* [air]
chimney discharge Schornsteinauswurf *m* [air]
chimney draft ((A) siehe: chimney draught)
chimney draught Schornsteinzug *m* [air]
chimney emission Schornsteinauswurf *m* [air]
chimney flue Rauchgaskanal *m* [air]; Rauchrohr *n* [pow]
chimney gas Rauchgas *n* [air]
chimney hood Rauchfang *m* [air]; Schornsteinaufsatz *m* [air]
chimney outlet Schornsteinmündung *f* [air]; Schornsteinaustritt *m* [air]
chimney repair Kaminsanierung *f*
chimney shaft Schornsteinschacht *m* [air]
chimney unit Schornsteinelement *n* [air]
chimney with guy ropes Schornstein mit Seilabstützung *m* [air]
Chinese blue chinesischblau
Chinese white chinesischweiß
chink Riss *m* (Werkstoff)
chink aufreißen *v* (ritzen); verfüllen *v* [bau]
chinky rissig (geschlitzt)
chip Chip *m* (integrierter Schaltkreis) [edv]; Fremdkörper *m* (z.B. im Auge); integrierter Schaltkreis *m* [elt]; Span *m* (Splitter); Splitter *m*; Schnitzel *n*
chip abspitzen *v* (ein Fundament) [bau]; ausbrechen *v* [wer]; auskreuzen *v* (Fuge vor Gegenschweißen) [wer]; meißeln *v* [wer]
chip board Holzspanplatte *f* [met]; Spanholzplatte *f* [met]
chip breaking Spänebrechen *n* [met]
chip control Verschmutzungsschalter *m* (an Hydraulikpumpen) [tec]
chip detector Spänefinder *m* (z.B. im Ölumlauf) [tra]
chip off abblättern *v* (absplittern); abbröckeln *v*; abplatzen *v* (reißen, wegbrechen); abspringen *v*; abstemmen *v* [wer]
chip removal Spanabführung *f* (Drehspan) [wer]
chip-card telephone Kartentelefon *n* [edv]
chipboard Pressspanplatte *f* [met]; Spanplatte *f* [met]
chipper knife Hackmesser *n* [wzg]
chipping chisel Flachmeißel *m* [wzg]
chipping hammer Meißelhammer *m* [wzg]
chipping off Abschälen *n*
chippings Abfall *m* (Abfall aus Bearbeitung) [rec]; Schotter *m* (kleiner Schotter; Steinsplitter) [bau]; Splitt *m* [met]
chips Abfall *m* (Abfall aus Bearbeitung) [rec]; Schnittspäne *pl* [rec]
chips of wood Holzabfälle *pl* [rec]
chisel Beitel *m* [wzg]; Meißel *m* (Aufbrechwerkzeug) [wzg]; Stemmeisen *m* [wzg]
chisel meißeln *v* [wer]; stemmen *v* [wer]
chisel a hole durchstemmen *v* [bau]
chisel off abmeißeln *v*; behauen *v* [wer]
chisel point Meißelspitze *f* [wzg]
chisel through durchstemmen *v* [bau]
chlorethane Chlorethan *n* [che]
chlorhydrate Chlorhydrat *n* [che]
chloric chlorhaltig [che]
chloride Chlorid *n* [che]
chloride accumulator Chloridakkumulator *m* [elt]
chloride load Chloridbelastung *f* [che]
chloride of lime Chlorkalk *m* [che]
chloride-containing chloridhaltig
chloridization Chlorierung *f* [che]
chloridize chlorieren *v* [che]
chloridized chloriert *v* [che]
chlorinate chloren *v* [che]; chlorieren *v* [che]
chlorinated chloriert [che]
chlorinated hydrocarbon chlorierter Kohlenwasserstoff *m* [che]; Chlorkohlenwasserstoff *m* [che]
chlorinated paraffin Chlorparaffin *n* [che]
chlorinated rubber coat Chlorkautschukanstrich *m* [che]
chlorinated water chloriertes Wasser *n* [was]

chlorinating agent Chlorierungsmittel *n* [che]
chlorinating material Chlorierungsmittel *n* [che]
chlorination Chlorierung *f* [che]
chlorination plant Chlorieranlage *f* [che]; Chlorierungsanlage *f* [che]; Chlorungsanlage *f* [was]
chlorination, breakpoint - Knickpunktchlorung *f* [was]
chlorination, high-temperature - Hochtemperaturchlorierung *f* [che]
chlorine Chlor *n* (cehm. El.: Cl) [che]
chlorine bleaching Chlorbleiche *n* [che]
chlorine cell Chlorzelle *f* [elt]
chlorine compound Chlorverbindung *f* [che]
chlorine content Chlorgehalt *m* [che]
chlorine drying tower Chlortrocknungsturm *m* [prc]
chlorine electrode Chlorelektrode *f* [elt]
chlorine evaporation Chlorverdampfung *f* [che]
chlorine gas Chlorgas *n* [che]
chlorine liquefaction Chlorverflüssigung *f*
chlorine liquefying plant Chlorverflüssigungsanlage *f*
chlorine number Chlorzahl *f* [che]
chlorine odour Chlorgeruch *m* [che]
chlorine process Chlorbleiche *f* [che]
chlorine treatment Chloraufbereitung *f* [che]
chlorine, active - Bleichchlor *n* [che]
chlorine, like - chlorartig [che]
chlorine-alkali electrolysis Chloralkalielektrolyse *f* [che]
chlorinity Chlorgehalt *m* [che]
chlorinous chlorartig [che]
chlorofluorocarbon Chlorfluorkohlenwasserstoff *m* [che]
chlorofluorohydrocarbon Fluorchlorkohlenwasserstoff *m* [che]
chloroform Chloroform *n* [che]
chloroform chloroformieren *v* [che]
chloroformation Chloroformierung *f* [che]
chloroforming Chloroformieren *n* [che]
chlorophyll Blattgrün *n* [bff]; Chlorophyll *n* [bff]; Pflanzengrün *n*
chlorophyllaceous chlorophyllhaltig [bff]
chloroplast Chloroplast *m* [che]
chloroprene rubber Chloroprenkautschuk *m* [met]
chlorosilane Chlorsilan *n* [che]
chlorous chlorhaltig [che]
chlorous acid Chlorige Säure *f* [che]
chock Bremsklotz *m* (mit Spikes) [tra]; Hemmkeil *m* [tra]; Keil *m* (zum Festklemmen); Klotz *m* (als Unterlegkeil) [tra]; Unterlegkeil *m* (für Kfz) [tra]
chocolate brown schokoladenbraun (RAL 8017) [nor]
choice Auswahl *f* (eine Auswahl aus mehreren); Wahl *f*
choke Drossel *f* (Veränderung Heizgasweg); Drosselspule *f* [elt]; Luftklappe *f* (Vergaser) [tra]; Starterklappe *f* [tra]; Staurohr *n* [tra]
choke abdrosseln *v*; absaufen *v* (Mühle) [prc]; drosseln *v* [tra]; ersticken *v*; hemmen *v* (drosseln); verstopfen *v*

choke adjustment Drosseleinstellung *f* [tra]
choke coil Drosselspule *f* [elt]; Schutzdrossel *f* [tec]
choke control Choke *m* [tra]; Drosselkabel *n* [tra]
choke control knob Luftklappenknopf *m* [tra]
choke flap Starterklappe *f* [tra]
choke plate Drosselplatte *f* [tra]; Luftklappe *f* (die eigentliche Klappe) [tra]
choke plunger Drosselkolben *m* [tec]
choke tube Luftdüse *f*
choke valve Drosselrückschlagventil *n* [prc]
choke, automatic - Startautomatik *f* [tra]
choking Drosselung *f*; Verkeilung *f*; Verstopfung *f*; Verstopfen *n*
choking coil Drossel *f*; Drosselspule *f* [elt]
choking resistance Drosselwiderstand *m* [tra]
cholera Cholera *f* [hum]
cholesterol Cholesterin *n* [che]
choose auswählen *v*; wählen *v* (auswählen)
chop hacken *v* (mit der Axt, zerkleinern) [wer]; hauen *v* (Loch schlagen); schneiden *v* (kleinschneiden)
chop up klein hacken *v* [wer]; schnitzeln *v* [wer]
chopped straw Häcksel *n* [far]
chopped wood Kleinholz *m* [met]
chopper Hackmaschine *f* [wzg]; Hackbeil *n* [wzg]; Hackmesser *n* [wzg]
chopper bar Fallbügel *m* [any]
chopping Zerhacken *n* [met]
chopping current zerhackter Strom *m* [elt]
chopping knife Hackmesser *n* [wzg]
chopping machine Hackmaschine *f* [wzg]
chord Saite *f*; Gurt *m* (Band)
chord length Sehnenlänge *f* [pow]
chord plate Gurtplatte *f* [roh]; Gurtblech *n* [roh]
chordal pitch Zahnteilung *f* (entlang Sehne) [con]
chordal tooth thickness Zahndickensehne *f* (am Zahnrad) [tec]
chromated chromatiert [met]
chromatic aberration Farbabweichung *f* [opt]; Farbfehler *m* [opt]
chromatic value Farbton *m* [opt]
chromaticity Farbreinheit *f* [opt]
chromating Chromatierung *f* [met]; Panzerung *f* (Oberflächenbehandlung) [met]
chromatogram Chromatogramm *n* [any]
chromatographic column chromatografische Säule *f* ((variant)) [any]; chromatographische Säule *f* [any]
chromatography Chromatografie *f* [any]; Chromatographie *f* ((variant)) [any]
chromatography, adsorption - Adsorptionschromatografie *f* ((variant)) [any]; Adsorptionschromatographie *f* ((variant)) [any]
chrome Chrom *n* (chem. El.: Cr) [che]
chrome black chromschwarz
chrome blue chromblau
chrome brick Chromstein *m* [met]
chrome cassette Chromdioxidkassette *f* [edv]
chrome green chromgrün; chromoxidgrün (RAL 6020) [nor]

chrome iron ore Chromeisenerz *n* [roh]
chrome mordant Chrombeize *f* [che]
chrome mortar Chrommörtel *m* [bau]
chrome ore Chromerz *n* [met]
chrome oxide green Chromoxidgrün *n* [che]
chrome pigment Chromatpigment *n* [che]
chrome red chromrot
chrome steel Chromstahl *m* [met]
chrome yellow chromgelb (RAL 1007) [nor]
chrome-nickel steel Chromnickelstahl *m* [met]
chrome-vanadium steel Chromvanadiumstahl *m* [met]
chromic oxide Chromoxid *n* [che]
chroming Verchromung *f* [met]
chromite Chromeisenerz *n* [roh]
chromium Chrom *n* (chem. El.: Cr) [che]
chromium oxide Chromoxid *n* [che]
chromium stainless steel Chromstahl *m* [met]
chromium steel Chromstahl *m* [met]
chromium, free of - chromfrei (Lederindustrie)
chromium-nickel Chromnickel *n* [met]
chromium-plate hart verchromen *v*; verchromen *v* [met]
chromium-plated chrombeschichtet [met]; verchromt [met]
chromium-plated to size maßverchromt (nicht mehr zu bearbeiten) [met]
chromized chromiert [met]
chronic chronisch; ständig (chronisch)
chronic disease chronische Krankheit *f* [hum]
chronological chronologisch
chronometer Chronometer *n* [any]
chronometer detent Chronometerhemmung *f* (Uhr) [tec]
chronometry Zeitmessung *f* [any]
chuck Futter *n* (Bohrfutter) [wzg]; Spannwerkzeug *n* [wer]
chuck einspannen *v* (z.B. in Bohrfutter); schmeißen *v*
chuck jaws Spannfutter *n* [wzg]
chuck sleeve Spannmuffe *f* [tec]
church Kirche *f*
chute Bodenklappe *f* [prc]; Gleitbahn *f* (Rutsche) [prc]; Gleitfläche *f* (Rutsche) [prc]; Rinne *f* (Schurre); Rutsche *f*; Schurre *f*; Zuführrinne *f* [prc]; Abwurfschacht *m*
chuted concrete Gussbeton *m* [met]
cinder Asche *f* (ausgeglühtes Holz, Schlacke); Hochofenschlacke *f* [rec]; Kohlenschlacke *f* [rec]; Schlacke *f* [rec]; Abbrand *m* (Abbrennen) [che]; Zunder *m* [met]
cinder ausglühen *v* (aus Versehen)
cinder cement Schlackenzement *m* [met]
cinder concrete Leichtbeton *m* [met]
cinder hopper Aschentrichter *m* [pow]; Schlackentrichter *m* [pow]
cinder inclusion Schlackeneinschluss *m* [met]
cinder path Aschenbahn *f*
cinder pit Ascheraum *m*; Ascheloch *n*
cinder return Flugaschenrückführung *f* (grobes Korn) [pow]

cinder sand Hüttensand *m* [met]
cinders Steinkohlenschlacke *f* [rec]
cinnabar Zinnober *n* [che]
circle Kreis *m*; Rang *m* (Theater) [bau]; Ring *m* (Kreis)
circle around umkreisen *v*
circle bogie Drehkranz *m* (des Graders) [mbt]; Schardrehkranz *m* (des Graders) [mbt]
circle drive Drehgetriebe *n* [tra]
circle line Ringbahn *f* [tra]
circle sideshift Seitenverstellung *f* (z.B. Graderschar) [mbt]
circle swing assembly Drehdurchführung *f* [tra]
circlip Sprengfeder *f* [tec]; Seegerring *m* [tec]; Sicherungsring *m* (z.B. Seegerring) [tec]; Spannring *m* [tec]; Sprengring *m* [tec]
circlip pliers Einsprengzange *f* [wzg]; Zange für Sicherungsringe *f* [wzg]
circuit Leitung *f* (Strom) [elt]; Ringleitung *f* [elt]; Schaltung *f* [elt]; Verbindung *f* (z.B. Stromkreislauf) [elt]; geschlossener Kreislauf *m* [pow]; Kreis *m* [elt]; Kreislauf *m*; Rundkurs *m* [tra]; Schaltkreis *m*; Stromkreis *m* [elt]; Umkreis *m*; Umlauf *m* (z.B. Kühlwasser) [pow]
circuit amplifier Schaltverstärker *m* [elt]
circuit arrangement Ringanordnung *f*; Schaltung *f* [elt]
circuit board Bauplatte *f* [elt]; Leiterplatte *f* [elt]; Platine *f* [edv]; Schaltkarte *f* [elt]; Steckkarte *f* (Platine) [edv]
circuit breaker Abschalter *m* (in Schaltanlage eines Kraftwerks) [pow]; Ausschalter *m* [elt]; Lastschalter *m* [elt]; Leistungsschalter *m* [elt]; Leistungstrenner *m* [elt]; Sicherungslasttrenner *m* [mbt]; Stromabschalter *m* [elt]; Stromunterbrecher *m* [elt]; Trennschalter *m* [elt]; Unterbrecher *m* [elt]; Unterbrechungsschalter *m* (Unterbrecher) [elt]
circuit breaker, air blast - Druckluftschalter *m* [air]
circuit breaker, automatic - Selbstschalter *m* [elt]; Sicherungsautomat *m* [elt]
circuit breaker, liquid - Flüssigkeitsschalter *m* [elt]
circuit capacity Leitfähigkeit *f* (eines Stromkreises) [elt]
circuit component Schaltelement *n* [elt]
circuit design Schaltungsaufbau *m* [elt]
circuit diagram Innenschaltplan *m* [con]; Schaltplan *m* [con]; Schaltbild *n* [con]
circuit element Schaltelement *n* [elt]
circuit layout Schaltplan *m* [elt]
circuit plan Leitungsplan *m* [elt]
circuit stage Schaltstufe *f* [elt]
circuit time Schaltzeit *f* [elt]
circuit vent Zirkulationsleitung *f* [prc]
circuit water system Kreislaufwasserwirtschaft *f* [was]
circuit wiring diagram Stromlaufplan *n* [elt]
circuit, closed - geschlossener Kreislauf *m* [pow]; geschlossener Stromkreis *m* [elt]

circuit, printed - gedruckte Schaltung f [elt]
circuit, put in - einschalten v (Strom)
circuitry Verdrahtungstechnik f [elt]
circular kreisförmig; ringförmig; rund (kreisförmig)
circular Rundschreiben n
circular arc type plant kreisförmige Stranggussanlage f [roh]
circular arch Ringausbau m (im Bergwerk) [roh]
circular blending bed Kreislager n (Mischbett) [roh]
circular building Rundbau m [bau]
circular burner Mischbrenner m [pow]
circular cooling Umlaufkühlung f [prc]
circular flight Rundflug m [tra]
circular flow of money Geldkreislauf m [eco]
circular furnace Rundofen m [pow]
circular hand saw Handkreissäge f [wzg]
circular magnet separator Magnetringscheider m [prc]
circular measure Bogenmaß n [mat]
circular movement Kreisbewegung f
circular orbit Kreisbahn f
circular path Rundweg m [tra]
circular pitch Schaufelabstand f (Turbine) [pow]; Zahnkreisteilung f [con]; Zahnteilung f (im Teilkreis) [con]
circular plate Kreisscheibe f
circular plug Rundstecker m [elt]
circular potentiometer Ringpotentiometer n [any]
circular railway Ringbahn f [tra]
circular saw Kreissäge f [wzg]
circular section Kreisquerschnitt m
circular shelve Drehteller m
circular thickness Zahndicke f (Zahnrad) [tec]
circulate kreisen v; umlaufen v; umströmen v [prc]; umwälzen v; zirkulieren v
circulated gas Wälzgas m [prc]
circulating air Umluft f [air]
circulating air heating Umluftheizung f [tra]
circulating air, heating by - Umluftheizung f [prc]
circulating amount Umlaufmenge f
circulating cooler Umwälzkühler m [prc]
circulating drier Umlufttrockner m [prc]
circulating equipment Umlaufanlage f [bau]; Umwälzanlage f [was]
circulating evaporator Umlaufverdampfer m [prc]
circulating fan Umwälzlüfter m [prc]
circulating forced lubrication Druckumlaufschmierung f [pow]
circulating oiling Umlaufschmierung f [tec]
circulating pump Umlaufpumpe f [prc]
circulating water Kühlwasser n [pow]
circulating water flow Kühlwassermenge f [pow]
circulating water pump Kühlwasserpumpe f [pow]; Wasserumwälzpumpe f [prc]
circulating-oil lubrication Ölumlaufschmierung f [tec]; Spülölschmierung f [tec]
circulation Kreisströmung f; Umwälzung f; Zirkulation f (z.B. von Öl, Kühlwasser) [prc]; Kreislauf m; Umlauf m

circulation boiler Umlaufkessel m [pow]
circulation by pumping Umpumpen m [prc]
circulation channel Umströmkanal m [prc]
circulation concept Kreislaufkonzept n
circulation cooling Kreislaufkühlung f [pow]
circulation economy Wirtschaftskreislauf m [eco]
circulation heating Umlaufheizung f [pow]; Umwälzheizung f [prc]
circulation of air Luftzirkulation f [air]; Luftumlauf m [air]
circulation of carbon Kohlenstoffkreislauf m
circulation plan Kreislaufplan m
circulation pump Umwälzpumpe f [prc]; Zirkulationspumpe f [prc]
circulation tank Umlaufbehälter m [was]
circulation tube Kurzschlussrohr n [prc]
circulation, introduction into - Inverkehrbringen n
circulation, natural - Naturumlauf m [pow]; Schwerkraftumlauf m
circulatory collapse Kreislaufkollaps m [hum]; Kreislaufversagen n [hum]
circulatory control management Kreislaufführung f
circulatory disease Kreislaufkrankheit f [hum]
circulatory insufficiency Kreislaufschwäche f [hum]
circulatory lubrication Umlaufschmierung f [tec]
circulatory management Kreislaufwirtschaft f
circulatory system Kreislauf m (Blut) [hum]
circumference Peripherie f; Kreisumfang m; Umfang m (Kreis) [con]
circumferential arrangement of cyclone tubing Zyklonkorbwand f [pow]
circumferential backlash Verdrehflankenspiel n (Getriebe) [tec]
circumferential dimension Umfangsmaß m [con]
circumferential groove umlaufende Nut f [tec]
circumferential rib Kennlinie f (Reifen, Bahnrad) [tra]
circumferential speed Umfangsgeschwindigkeit f [phy]
circumferential tyre Kennlinie f (Reifen, Bahnrad) [tra]
circumferential weld Rundnaht f [wer]; Rundschweißung f [wer]; Umfangsschweißung f [wer]
circumstance Rahmenbedingung f
circumstances Zustand m (Verhältnisse)
circumvent umgehen v (nicht befolgen)
cistern Zisterne f [was]; Flüssigkeitsbehälter m [was]; Spülkasten m [was]; Tank m; Wasserspeicher m [was]; Wassertank m [was]
citadel Festung f
citation Ladung f (vor ein Gericht) [jur]; Zitat n (direkter Wortlaut)
citizen Bürger m
citizens' action group Bürgerinitiative f
city Großstadt f; Innenstadt f; Stadt f
city area Stadtgebiet n
city centre Stadtkern m; Stadtzentrum n
city climate Stadtklima n [wet]

city garbage Stadtmüll *m* [rec]
city gas Leuchtgas *n* [met]
city map Stadtplan *m*
city park Stadtpark *m*
city planning Stadtplanung *f*; Städtebau *m* [bau]
city traffic Großstadtverkehr *m* [tra]; Stadtverkehr *m* [tra]
cityscape Stadtlandschaft *f*; Stadtbild *n*
civic centre Gemeinschaftszentrum *n*
civil case Zivilsache *f* [jur]
civil defence structures for radiation protection Strahlungsschutzbauten *pl* (radioaktive Strahlung) [bau]
civil engineering Bautechnik *f* [bau]; Ingenieurbau *m*; Tiefbau *m* [bau]; Bauingenieurwesen *n* [bau]
civil engineering construction Ingenieurbauarbeiten *pl* [bau]
civil engineering contracting firm Tiefbauunternehmen *n* [bau]
civil engineering structure Ingenieurbauwerk *n* [bau]
civil engineering structures Ingenieurbaukonstruktionen *pl* [bau]
civil law Zivilrecht *n* [jur]
civil law litigation Zivilrechtsprozess *m* [jur]
civil works, start of - Baubeginn *m* [bau]
civilization Zivilisation *f*
civilize zivilisieren *v*
clack valve Klappenventil *n* [prc]
clad umhüllen *v*; verkleiden *v* (ummanteln)
clad material Verbundwerkstoff *m* [met]
clad sheet steel Glanzblech *n* [met]; Verbundblech *n* [tec]
cladded verkleidet (außen geschützt)
cladding Brennstoffhülle *f* (Kernbrennstoff) [pow]; Gebäudeverkleidung *f* [bau]; Kaschierung *f*; Panzerung *f* (Brecherverkleidung) [mbt]; Umhüllung *f* (Verkleidung); Ummantelung *f*; Verkleidung *f* (Zudecken, Ausfüttern); Außenmantel *m* (Verkleidung); Mantel *m* [tec]; Überzug *m* (Verkleidung)
claim Beanspruchung *f* (allgemein); Forderung *f*; Anspruch *m* (Patent); Patentanspruch *m* [jur]; Rechtsanspruch *m* [jur]; Schadensersatzanspruch *m* [jur]
claim fordern *v* (Schadenersatz u.ä.)
claim for compensation Regressforderung *f* [jur]
claim for damages Schadensersatzanspruch *m* [jur]
claim for removal Beseitigungsanspruch *m* [jur]
claim to information Auskunftsanspruch *m* [jur]
claim to recourse Regressanspruch *m* [jur]
claim under guarantee, right to - Garantieanspruch *m* [jur]
claims to compensation Anspruch auf Entschädigung *m* [jur]; Entschädigungsansprüche *pl* [jur]
claims, raising of - Erhebung von Ersatzansprüchen *f* [jur]
claims-made basis Erhebungsprinzip *n* (bei Anspruch) [jur]
clam Muschel *f* (Venusmuschel) [bff]

clam shell Greiferschale *f* [mbt]
clamp Arretierung *f* (Klammer) [tec]; Bandklammer *f* [tec]; Halterung *f* (Klammer) [tec]; Klammer *f* (Verbindung) [tec]; Klammer *f* (z.B. an Kabel) [elt]; Klemme *f* (Klammer) [elt]; Schelle *f* (Rohrschelle) [tec]; Spange *f* [tec]; Zwinge *f* [wzg]; Gegenwinkel *m* (z.B. Halterung) [con]; Halter *m* (Klammer) [tec]
clamp abklemmen *v* (zusammenpressen); anschließen *v* (eine Leitung) [elt]; arretieren *v* [wer]; befestigen *v* (klammern); einklemmen *v* (fest einfügen) [wer]; einspannen *v* (klammern); festspannen *v* [wer]; klammern *v* (befestigen); verriegeln *v* [tec]
clamp attachment Klammergabel *f* [tec]
clamp bolt Spannschraube *f* [tec]; Klemmbolzen *m* [tec]; Spannbolzen *m* [tec]
clamp clip Spannbügel *m* [tec]
clamp collar Klemmring *m* [tec]
clamp firmly festklemmen *v*
clamp fitting Klemmverschluss *m* [tec]
clamp in position festspannen *v* [wer]
clamp joint Klammerverbindung *f* [tec]
clamp lock Klammerverschluss *m* (der Weiche) [tra]
clamp number Klemmennummer *f* [elt]
clamp ring Haltebügel *m* (Scharnier) [tec]; Klemmring *m* [tra]
clamp sleeve Spannhülse *f* [tec]
clamp stop Halterungsnocken *m* [tec]
clamp to anklemmen *v*
clamp turning Mietenumsetzgerät *n* [far]
clamp, type of - Klemmentype *f* [elt]
clamped eingespannt; festgeklemmt; geklammert [wer]; geklemmt [wer]; verklammert (Elektronik) [elt]
clamping Klammerung *f* [tec]; Verriegelung *f* [tec]; Einspannen *n*; Festklemmen *v*
clamping arrangement Klemmvorrichtung *f* [tec]
clamping base frame Spanngrundrahmen *m* [tec]
clamping beam Klemmbalken *m* [tec]
clamping bolt Befestigungsschraube *f* [tec]; Halteschraube *f* [tec]; Klemmschraube *f* [tec]; Spannschraube *f* [tec]; Befestigungsbolzen *m* [tec]; Klemmbolzen *m* [tec]
clamping bracket Klemmbock *m* [tec]
clamping bushing Einspannbuchse *f* [tec]
clamping collar Klemmnabe *f* [tec]; Klemmstück *n* [tec]
clamping cylinder Spannzylinder *m* [tec]
clamping device Einspannvorrichtung *f*; Klemmvorrichtung *f*; Spannvorrichtung *f* (Schelle, Schlauch) [tec]
clamping disc Spannscheibe *f* [tec]
clamping finger Druckfinger *m*
clamping fixture Spannvorrichtung *f* [wer]; Spannrahmen *m* [tec]
clamping force Schließkraft *f* [phy]
clamping frame Druckrahmen *m*
clamping handle Klemmkopf *m* [tec]
clamping head Spannkopf *m* [tec]

clamping jaw Klemmbacke *f* [tec]; Spannbacken *pl* (am Schraubstock) [wzg]
clamping ledge Klemmleiste *f* [tec]
clamping lever Klemmgriff *m* [tec]; Klemmhebel *m* [tra]; Spannhebel *m* [tec]
clamping link Klemmlasche *f* [elt]
clamping lug Klemmlasche *f* [elt]
clamping nut Haltemutter *f* [tec]; Klemmmutter *f* [elt]; Knebelmutter *f* [tec]; Spannmutter *f* [tec]
clamping piece Spannelement *n* [tec]
clamping plate Klemmplatte *f* (z.B. für Befestigungen) [tec]; Spannplatte *f* [tec]
clamping range Spannbereich *m* (der Schelle) [tec]
clamping ring Spannzange *f* [wzg]; Druckring *m* [tec]; Klemmring *m* [tec]; Spannring *m* [tec]
clamping screw Klemmschraube *f* [elt]; Spannschraube *f* [tec]
clamping shoe Spannklaue *f* [tec]
clamping sleeve Klemmhülse *f* [tec]; Spannhülse *f* (evtl. konisch, verjüngt) [tec]
clamping spindle Festspannschraube *f* [tec]
clamping spring Klemmfeder *f* [tec]
clamping strap Klemmbügel *m*; Schellenband *n*
clamping table Spanntisch *m* [wer]
clamping tool Spanneisen *n* [tec]
clamshell Klappschaufel *f* (Erdaushub) [mbt]; Greifer *m* [mbt]
clamshell bucket Grabgreifer *m* [mbt]
clamshell cylinder Klappenzylinder *m* (der Klappschaufel) [mbt]
clamshell cylinder valve Klappenzylinderventil *n* [mbt]
clamshell equipment Greiferausrüstung *f* [mbt]
clamshell valve Klappenzylinderventil *n* [mbt]
clang scheppern *v*
clank klirren *v*; scheppern *v*
clap together aneinander klatschen *v* [wer]
clapper valve Klappventil *n*
Claret violet bordeauxviolett (RAL 4004) [nor]
clarification Abschlämmung *f* [was]; Klärung *f* (Reinigung) [was]; Raffination *f* [prc]
clarification basin Klärbecken *n* [was]
clarification of sewage Abwasserklärung *f* [was]; Klärung der Abwässer *f* [was]
clarification plant, biological - biologische Kläranlage *f* [was]
clarification tank Klärgrube *f* [was]; Klärbehälter *m* [was]; Klärbecken *n* [was]
clarifier Klärmittel *n* [was]
clarify abklären *v* [prc]; klären *v* (reinigen) [was]; läutern *v*; schönen *v* [roh]
clarifying Abklären *n* [prc]
clarifying agent Klärmittel *n* [was]
clarifying basin Kläranlage *f* (Klärbecken) [was]; Absetzbecken *n* [was]
clarity Eindeutigkeit *f*; Verständlichkeit *f*
clashing Anstoßen *n*
clasp Krampe *f* [tec]; Schnalle *f*; Spange *f* (Verschluss); Umklammerung *f*; Haken *m* (Verschluss); Schloss *n*
clasp einhaken *v* (mit Klammer) [bau]; haken *v* (verschließen); umklammern *v*
clasp bolt Klammerschraube *f* [tec]
clasp brake Klotzbremse *f* [tra]
clasp brake shoe Bremsklotzsohle *f* [tec]
clasp braked klotzgebremst [tra]
clasp-pattern brake Klotzbremse *f* [tra]
class Bauart *f* (Lok, Wagen) [tra]; Baureihe *f* [con]; Baureihe *f* (Lok, Wagen) [tra]; Gruppe *f* (Klassifizierung); Güteklasse *f*; Gütestufe *f*; Klasse *f* (Gruppe); Rang *m* (Klasse); Stand *m* (sozial)
class of cars Wagengattung *f* [tra]; Waggongattung *n* [tra]
class of coach Wagenklasse *f* (Personenwagen der Bahn) [tra]
class of excavator Baggerklasse *f* [mbt]
class of insulation Isolationsklasse *f* [elt]; Isolierklasse *f* [elt]; Isolierungsklasse *f* [elt]
class of performance Leistungsklasse *f*
class of soil Bodenklasse *f* [bod]
class of strength Festigkeitsklasse *f* [met]
class of wagon Wagengattung *f* [tra]
classification Eingruppierung *f*; Einordnung *f*; Einstufung *f*; Einteilung *f* (Einordnung); Gliederung *f* (nach Eigenschaften); Klassierung *f* [prc]; Klassifikation *f* (Einstufung); Klassifizierung *f* (Einstufung); Sichtfähigkeit *f* [prc]; Sortierung *f* (Einstufung); Klassieren *n* [prc]
classification of structure Bauwerksklasse *f* [bau]
classification undertaken by manufacturer himself Selbsteinstufung *f*
classification, air - Windsichtung *f* [prc]; Windsichten *n* [prc]
classified geordnet; vertraulich (geheim)
classified Verschiedenes *n* (Zeitungsanzeigen)
classifier Sichtanlage *f* (Sichter) [prc]; Klassierapparat *m* [prc]; Klassierer *m* [prc]; Sichter *m*
classifier beater mill Sichterschlägermühle *f* [prc]
classifier vane Sichterklappe *f* [prc]
classifier with circumferential screen Korbsichter *m* [prc]
classify bestimmen *v* (zuordnen); einordnen *v*; einstufen *v*; einteilen *v* (in Güteklassen); gliedern *v* (klassifizieren); klassifizieren *v*; mechanisch sortieren *v*; sichten *v*; sieben *v*; sortieren *v* [rec]; sortieren, mechanisch - *v*; zuordnen *v* (zurechnen)
classifying screen Klassiersieb *n* (Größenklassierung) [prc]
clatter rattern *v*
clause Anweisung *f*; Klausel *f* (in Vertrag) [jur]
claw Klaue *f* (an Schraubstock) [wzg]; Kralle *f* [wzg]; Pratze *f* (hauptsächlich des Tiers) [mbt]; Haken *m* (Kralle, Klaue)
claw clutch Klauenkupplung *f* [tra]
claw coupling Klauenkupplung *f* [tra]
claw hammer Zimmermannshammer *m* [wzg]
claw magnet Klauenmagnet *m* [pow]

claw pole generator Klauenpolgenerator *m* [elt]
claw ring Klauenring *m* [tec]
claw spanner Klauenschlüssel *m* [wzg]
claw wrench Kuhfuß *m* (Nagelzieher) [wzg]; Nagelzieher *m* (Kuhfuß) [wzg]
clay Lehm *m* (Ton) [geo]; Ton *m* [min]
clay brick Lehmziegel *m* [bau]; Tonziegel *m* [bau]
clay brick wall Ziegelwand *f* [bau]
clay brown lehmbraun (RAL 8003) [nor]
clay bucket Tonlöffel *m* [mbt]
clay building Lehmbau *m* [bau]
clay filling Lehmfüllung *f* [bau]
clay filter Tonfilter *m*
clay ground Lehmboden *m* [bod]
clay layer Tonschicht *f* [geo]
clay marl Tonmergel *m* [min]
clay mineral Tonmineral *n*
clay mortar Lehmmörtel *m* [bau]
clay pit Lehmgrube *f* [roh]; Tongrube *f* [roh]
clay shale Schieferton *m* [geo]
clay slate Kieselton *m* [min]; Tonschiefer *m* [geo]
clay soil Lehmerde *f* [bod]
clay stone Tongestein *n* [geo]
clay tile Keramikfliese *f* [met]
clay vessel Tongefäß *n*
clay, burnt - gebrannter Ton *m* [met]
clay, cohesive - klebriger Ton [met]
clay, poor - Schluff *m* [geo]
clay-like tonartig
clayey tonartig; tonhaltig
clayey shale Tonschiefer *m* [geo]
clayey soil Tonboden *m* [bod]
clayware Keramikelemente *pl* [met]; Tonwaren *pl*
clean blank (sauber); frisch; klar (sauber); rein (sauber); sauber (gewischt, geputzt)
clean abputzen *v*; klären *v* (reinigen) [was]; läutern *v*; putzen *v* (reinigen) [wer]; reinigen *v* (säubern); säubern *v* (sauber wischen, putzen usw.); spülen *v*; waschen *v*
Clean Air Act Gesetz zur Reinhaltung der Luft *n* [jur]
Clean Air Guidelines Technische Anleitung zur Reinhaltung der Luft *f* [jur]
clean air input Reinluftzufuhr *f* [air]
clean barrier Sauberkeitsschicht *f* [bau]
clean room coverall Reinraumanzug *m*
clean room shoes Reinraumschuhe *pl*
clean-exhaust schadstoffarm (-es Fahrzeug) [tra]
clean-up reinigen *v* (Abwasser, Abluft)
clean-up operation Säuberungsaktion *f*
clean-up work, period of the - Sanierungszeitraum *m*
cleaned gereinigt
cleaned from rust entrostet [met]
cleaned metallically blank metallisch blank gesäubert [wer]
cleaned to be metallically blank metallisch blank gesäubert [wer]
cleaner Reiniger *m*; Reinigungsmittel *n* [met]

cleaner bar Abstreifer *m* [bau]
cleaners, biological active - biologisch aktive Waschmittel *pl* [met]
cleaning Reinigung *f*; Säuberung *f*; Spülung *f*; Reinigen *n*
cleaning agent Reiniger *m* (Reinigungsmittel) [met]; Putzmittel *n* [met]; Reinigungsmittel *n* [met]
cleaning aperture Reinigungsöffnung *f* [prc]
cleaning appliances for dust-free rooms Reinraumgerät *n* (Produktion)
cleaning basin Reinigungsbecken *n*
cleaning bath Reinigungsbad *n*
cleaning chamber Reinigungsschacht *m* [was]
cleaning device Räumeinrichtung *f* [mbt]; Reinigungsgerät *n* [wzg]
cleaning door Reinigungsklappe *f* (Reinigungstür) [pow]; Reinigungstür *f* (Reinigungsklappe) [pow]
cleaning effect Waschwirkung *f*
cleaning equipment Räumer *m*
cleaning flap Reinigungsklappe *f* (z.B. am Axialkompensator) [pow]
cleaning head Rohrreinigungskopf *m* [prc]
cleaning hose Reinigungsschlauch *m* [was]
cleaning jet Reinigungsdüse *f* [was]
cleaning nozzle Reinigungsdüse *f*
cleaning of pavements Gehwegreinigung *f* [rec]
cleaning of roads Straßenreinigung *f* [rec]
cleaning powder Putzmittel *n* [met]; Scheuermittel *n* (Scheuerpulver) [met]
cleaning process Reinigungsprozess *m*; Reinigungsverfahren *n* [prc]
cleaning rag Putzlappen *m*
cleaning run Reinigungsfahrt *f*
cleaning socket Reinigungsstutzen *m* [prc]
cleaning wool Putzwolle *f* [met]
cleaning, biological - biologische Reinigung *f*
cleaning-cloth Scheuerlappen *m*
cleanliness Sauberkeit *f* (Reinheit, frei von Schmutz)
cleanliness factor Verschmutzungsfaktor *m* (Heizflächenberechnung) [pow]
cleanly cut edges saubere Schnittkanten *pl* [wer]
cleanness Reinheit *f* (Sauberkeit)
cleanse abputzen *v*; abwaschen *v*; ausspülen *v* (säubern) [was]; entschlacken *v*; klären *v* (reinigen) [was]; putzen *v* (reinigen) [wer]; reinigen *v* (säubern); säubern *v*; spülen *v*
cleanser Reinigungsmittel *n* [met]
cleansing Abbeizung *f* [che]; Reinigung *f*; Säuberung *f*; Spülung *f*; Abspritzen *n*; Reinigen *n*
cleansing gas Spülgas *n* [met]
cleansing hole Reinigungsöffnung *f* [was]
cleansing material Putzmittel *n* [met]
clear berührungsfrei; blank (klar, durchsichtig); durchsichtig [opt]; klar (eindeutig); leer (frei); licht (Abstand); rein (klar); scharf (Optik) [opt]; trocken (Geräusch); überlegen (beherrschend); verständlich
clear lichte Weite *f* [con]
clear abklären *v* [prc]; aufheben *v* (löschen) [edv]; aufhellen *v*; bereinigen *v*; beseitigen *v*; klären *v*

(reinigen) [was]; leeren *v*; löschen *v* (Software) [edv]; räumen *v* (reinigen); roden *v* [far]
clear a cheque Scheck verrechnen [eco]
clear a trouble entstören *v* (allgemein)
clear as water wasserklar
clear away abtragen *v*; wegräumen *v*
clear dimension lichte Abmessung *f* [con]; Lichtmaß *n* [con]
clear down abtragen *v* (Bauwerk, Erde) [bod]
clear for departure abfertigen *v* (Schiff, Flugzeug) [tra]
clear glass Fensterglas *n* [bau]; Klarglas *n* [met]
clear height lichte Höhe *f*
clear key Löschtaste *f* [edv]
clear lacquer Klarlack *m* [met]
clear of soot entrußen *v*
clear opening lichte Öffnung *f* [con]
clear rinsing agent Klarspülmittel *n*
clear span lichte Weite *f* [con]
clear through customs verzollen *v* (durch den Zoll schicken) [jur]
clear up aufräumen *v*
clear varnish Klarlack *m* [met]; Transparentlack *m* [met]
clear water Reinwasser *n* [was]
clear width lichte Weite *f* [con]
clearance Aufräumung *f*; Ausnehmung *f* (in Blech) [tec]; Beseitigung *f* (Räumung); Einbringöffnung *f*; Freigängigkeit *f* (von Rädern) [tec]; lichte Höhe *f*; lichte Weite *f* [con]; Löschung *f* (Entladung); Luft *f* (Spielraum) [con]; Passung *f* [con]; Raum *m* (Spielraum); Spalt *m* (Spielraum) [tec]; Spielraum *m* (technisch) [con]; Zwischenraum *m* [con]; Intervall *n* (Abstand); Kopfspiel *n* (Zahnrad) [con]; lichtes Abmaß *n* (freier Raum z.B. zwischen Behältern) [con]; Spaltmaß *n* (Spiel zwischen Teilen) [con]; Spiel *n* (zwischen Bauteilen) [con]
clearance adjusting screw Positionsmessschraube *f* [any]
clearance adjustment Spielabstimmung *f* [con]
clearance area Abbruchgebiet *n* [bau]
clearance certificate Unbedenklichkeitsbescheinigung *f* [jur]
clearance compensation Spielausgleich *m* [tra]
clearance fit Spielpassung *f* [tec]
clearance height Durchfahrthöhe *f* (des Tunnels) [tra]; Durchgangshöhe *f* [bau]; Kopfhöhe *f* [con]; lichte Höhe *f* (z.B. unter Brücke) [tra]
clearance hole Durchgangsbohrung *f* [tec]; Durchgangsloch *n* [tec]
clearance indicator Abstandsanzeiger *m* [any]
clearance of mud Abschlämmung *f* [was]
clearance opening Durchflussquerschnitt *m*; lichter Querschnitt *m*
clearance seal Spaltdichtung *f* [tec]
clearance width Durchfahrtbreite *f* (des Tunnels) [tra]
clearance work Aufräumungsarbeiten *pl*
clearance, actual - Istspiel *n* [tec]

clearance, without - spielfrei
clearcutting Rodung *f* [far]
clearing Klärung *f* (Reinigung) [was]; Räumung *f*; Abklären *n* [prc]
clearing agent Klärmittel *n* [was]
clearing away Abtragung *f*
clearing bath Klärbad *m* [was]
clearing for departure Abfertigung *f* (Schiff, Flugzeug) [tra]
clearing locomotive Abraumlokomotive *f* [rec]
clearing technique Klärtechnik *f* [was]
clearing technology Klärtechnik *f* [was]
clearing width Räumbreite *f* [mbt]
clearing worm Räumschnecke *f* (der Fräse) [mbt]
clearly visible übersichtlich (klar zu erkennen)
clearness Klarheit *f* (Sauberkeit)
cleartext Klartext *m* (z.B. auf Bildschirm) [edv]
cleat Knagge *f* (Verbindungslasche); Keil *m* (Treibkeil, Knagge) [wzg]
cleavable spaltbar
cleavage Abspaltung *f*; Spalte *f*; Spalt *m* (Bergbau) [roh]
cleavage fracture Spaltbruch *m* [met]
cleavage plane Bruchfläche *f*
cleave schlitzen *v*; spalten *v*
cleaver Hackbeil *n* [wzg]; Hackmesser *n* (Küchenmesser) [wzg]
cleft Kluft *f* (Erdspalte); Spalte *f*; Einschnitt *m* (im Gebirge) [geo]
clench kalt nieten *v* [wer]
clerical staff Büropersonal *n* [eco]
clerk of the works Bauleiter *m* [bau]
clever geschickt (gewitzt)
clevis Gabel *f* (U-Bogen) [tec]; Bügel *m* (Gabel, Einspannvorrichtung) [tec]; Gabelkopf *m* [tec]; Stangenkopf *m* (Hydraulik) [tec]; Auge *n* [tec]; Gelenkauge *n* [tec]; Zylinderauge *n* (Hydraulik) [tec]
clevis bolt Gabelschraube *f* [tec]
clevis foot Lagerbock *m* (einfach) [tra]
clevis head Gabelkopf *m* (z.B. Kopf des Gabelbolzens) [tra]
clevis pin Gabelbolzen *m* [tra]; Gabelstift *m* [tec]
clevis pin without head Bolzen ohne Kopf *m* [tec]
clevis yoke Gabelkopf *m* [tra]
click klicken *v* (Maustaste) [edv]
click spring Sperrfeder *f* (Uhr) [tec]
click to einschnappen *v* (z.B. Schloss)
clicking Anklicken *n*
clicking key Klicktaste *f* [edv]
client Auftraggeber *m* (Kunde) [eco]; Bauherr *m* (Kunde) [eco]; Besteller *m* [eco]; Kunde *m*; Mandant *m* [jur]
climate Klima *n* [wet]
climate change Klimaveränderung *f* [wet]
climate heating Klimaerwärmung *f* [wet]
climate warming Klimaerwärmung *f* [wet]
climate, protection of - Klimaschutz *m* [wet]
climatic klimatisch [wet]

climatic chamber Klimakammer *f* [any]
climatic change Klimawechsel *n* [wet]
climatic disaster Klimakatastrophe *f* [wet]
climatic load Wind- und Schneelast *f* [wet]
climatic system Klimasystem *n*
climatic zone Klimazone *f* [wet]
climatic zone, moderate - gemäßigte Klimazone *f*
climatic-pertinent klimarelevant [wet]
climatic-relevant klimarelevant [wet]
climatological factor Klimafaktor *m* [wet]
climax Gipfel *m* (Höhepunkt); Höchststand *m* (Höhepunkt)
climb Auffahrt *f* (Hinauffahren) [tra]
climb ranken *v* [bff]; steigen *v* (hochsteigen)
climbing crane Kletterkran *m* [bau]
climbing cross member Klettertraverse *f* [bau]
climbing device Klettereinrichtung *f* [bau]
climbing frame Klettergerüst *n* [bau]
climbing iron Steigeisen *n*
clincher band Wulstband *n* [tra]
clincher rim Wulstfelge *f* [tra]
clincher tyre Wulstreifen *m* [tra]
cling anhaften *v*; ankrallen *v*
clinic Klinik *f* [hum]
clinical klinisch [hum]
clinker Klinker *m* [met]
clinker entschlacken *v*; sintern *v*; verschlacken *v* [met]
clinker brick Klinker *m* [met]; Klinkerstein *m* [met]
clinker cement Schlackenzement *m* [met]
clinker concrete Klinkerbeton *m* [met]
clinker crusher Schlackenbrecher *m* [pow]
clinker grate Schlackenrost *m* (Feuerung) [pow]
clinker processing Schlackenaufbereitung *f* [rec]
clinker slag Sinterschlacke *f* [rec]
clinker-built geklinkert [wer]
clinkering Sinterung *f*
clinkers Klinkersteine *pl* [bau]
clip Halterung *f* (Klammer) [tec]; Klammer *f* (zum Festhalten) [tec]; Klemme *f* (Rohrschelle); Klemmplatte *f* (für Kleinbahnschiene) [tra]; Krampe *f* [tec]; Schelle *f* (Rohrschelle) [tec]; Binder *m* [tec]; Bügel *m* (Klammer) [tec]; Halter *m* (Klammer) [tec]
clip anklammern *v*; befestigen *v* (zusammenheften); begrenzen *v* (beenden); festklammern *v*; festklemmen *v*; heften *v* (klammern); klammern *v* (befestigen mit Büroklammer); klemmen *v* (anklemmen); scheren *v*
clip and pin arrangement Bügelfederanordnung *f* [tec]; Kipphebelanordnung *f* [tra]
clip bolt Hakenschraube *f* [tec]; Hakenschraube *f* [tec]; Klemmplattenschraube *f* [tra]
clip plate Klemmplatte *f* (an Schiene) [tra]
clip-on cap Kapselverschluss *m*
clipped connection Klemmverbindung *f* [elt]
clipping Abschnitt *m* (Abfall) [rec]
clippings Blechschrott *m* [rec]; Schneidabfall *m* [rec]; Stanzschrott *m* [rec]; Blechabfälle *pl* [rec]
cloakroom Garderobe *f* [bau]

clock Uhr *f*; Schrittimpuls *m*
clock generator Taktgeber *m*
clock hour Zeitstunde *f*
clock mechanism Uhrwerk *n*
clock motor Uhrenmotor *m* [tec]
clock position Uhrzeigerposition *f* (Uhr: Bestimmung von Randstreifenfehlern) [tec]
clock relay Schaltuhr *f* [any]
clock spring Drehfeder *f* [tec]
clock valve Klappenventil *n* [prc]
clock, around the - rund um die Uhr (Tag und Nacht)
clockwise rechtsdrehend (im Uhrzeigersinn)
clockwise Uhrzeigersinn *m* (im Uhrzeigersinn)
clockwise direction im Uhrzeigersinn
clockwise direction Uhrzeigersinn *m*
clockwise rotation Drehung im Uhrzeigersinn *f* (rechtsdrehend); Rechtsdrehung *f*; Rechtslauf *m* [tec]
clod Scholle *f* [far]; Klumpen *m* (Erde) [bau]; Knolle *m*
clog Knebel *m*
clog blockieren *v* (verstopfen); verstopfen *v* (z.B. ein Kanalrohr) [bau]
clog sich zusetzen *vt*
clogged verstopft (z.B. ein Rohr); zugesetzt (verstopft)
clogging Verstopfung *f* (eines Rohres)
clogging indicator Verschmutzungsanzeige *f* [mbt]
clogging of coal Hängenbleiben der Kohle *n* (Bunker) [roh]
clogging point Versetzungsstelle *f* [mbt]
clogging switch Verschmutzungsschalter *m* (Hydraulik) [tec]
close dicht (nahe bei); dicht (undurchlässig); eng (Spiel); nah
close abschließen *v* (Raum); absperren *v* (Straße) [tra]; einstellen *v* (stilllegen); schließen *v*; sperren *v* (eine Straße) [tra]; stilllegen *v*; verschließen *v* (schließen); zudrehen *v*
close coupled kurzgekuppelt [tra]
close coupling Kurzkupplung *f* [tra]
close range, at - im Nahbereich
close tolerance eingeengte Toleranz *f* [con]
close, make - abdichten *v*
close-boarded fence Bretterzaun *m*
close-coupled direkt gekuppelt
close-fit hole Passbohrung *f* [tec]
close-tolerance grooved pin Passkerbstift *m* [tec]
close-up photograph Nahaufnahme *f*
close-up view Nahansicht *f*
closed abgeschlossen; beendet; geschlossen; gesperrt
closed circuit Ruhestrom *m* [elt]
closed loop materials economy Kreislaufwirtschaft *f*
closed pipe section - Blindstrecke *f* (Rohr) [elt]
closed position Einschaltstellung *f*; Schließstellung *f* (Schalter)
closed substance cycle waste management Kreislaufwirtschaft *f*

closed-circuit cooler Rückflusskühler *m* [pow]; Rückkühler *m* [pow]
closed-circuit cooling Rückkühlung *f* [pow]; Umlaufkühlung *f* [prc]
closed-circuit current Ruhestrom *m* [elt]
closed-circuit grinding plant Becherwerksumlauf-Mahlanlage *f* [roh]
closed-circuit lubrication Ölumlaufschmierung *f* [tec]
closed-circuit pressure lubrication Druckumlaufschmierung *f* [tec]
closed-circuit principle Ruhestromprinzip *n* [elt]
closed-cycle gas turbine Gasturbine mit geschlossenem Kreislauf *f* [pow]
closed-end pillow block Stehlager mit Abschlussdeckel *n* [tec]
closed-loop control Regelkreis *m*
closed-loop control system Regeleinrichtung *f*
closedown Beendigung *f* (Abschluss); Abschluss *m* (Vorgang)
closely built-up district dicht bebautes Gebiet *n*
closely spaced eng stehend
closeness Nähe *f*
closet Schrank *m* (Kleiderschrank); Wandschrank *m* [bau]
closing Absperrung *f* (Baustelle) [bau]; Sperre *f* (Verschluss) [mbt]; Abschluss *m* (Rechnungsjahr) [eco]; Stilllegen *n*
closing coil Schließspule *f* [elt]
closing contact Schließer *m* [elt]
closing cover Verschlussdeckel *m*
closing cylinder Schließzylinder *m* [tec]
closing date Ausschreibungsfrist *f* [eco]; Meldeschluss *m*
closing day Ruhetag *m*
closing device Abschlussvorrichtung *f*; Absperrvorrichtung *f*
closing flap Verschlussklappe *f* [tec]
closing of landfill Stilllegung einer Deponie *f* [rec]
closing plug Verschlussstopfen *m*
closing sheet Verschlussblech *n* (Metall-Deckel) [tec]
closing switch Einschalter *m* [elt]
closing time Schließzeit *f* (des Greifers) [tec]; Schluss *m*
closing valve Abschlussventil *n*
closure Stilllegung *f*; Stilllegungsverfügung *f* [jur]; Abschluss *m* (Raum); Deckel *m* (Verschluss); Verschluss *m* (Deckel)
closure chain Verschlusskette *f*
closure disc Steckscheibe *f* [prc]
closure flange Abschlussflansch *m* [prc]
closure plate Steckscheibe *f* [prc]
clot Koagulat *n* (Gerinnen)
clot stocken *v* (gerinnen)
cloth Stoff *m* (Gewebe) [met]; Gewebe *n* (Stoff) [met]; Tuch *n* [met]
cloth base Gewebeträger *m* [bau]
cloth filter Stofffilter *m*; Tuchfilter *m* [prc]
cloth ribbon Textilfarbband *n* (Drucker) [edv]

cloth-reinforced gewebebewehrt [met]; gewebeverstärkt [met]
clothes Bekleidung *f* (Kleidung); Kleidung *f*
clothes closet Garderobe *f* ((A)) [bau]
clothing Bekleidung *f* (Kleidung); Umhüllung *f* (Verkleidung); Umkleidung *f* (Verkleidung); Belag *m* (Überzug)
clotted dick (Blut)
cloud Wolke *f* [wet]
cloud of smog Dunstwolke *f* [wet]
cloud of smoke Rauchwolke *f* [air]
cloud white wolkenweiß (Farbton) [nor]
cloudburst Platzregen *m* [wet]; Regenbruch *m* [wet]
cloudiness Trübe *f* (Flüssigkeit); Unreinheit *f* (Kristall) [che]
clouding Bewölkung *f* [wet]
clouds of smoke Rauchschwaden *pl* [air]
cloudy trüb (wolkig) [wet]; wolkig [wet]
cloverleaf junction Kleeblattkreuzung *f* (Autobahnen) [tra]
club Keule *f*
club hammer Fäustel *m* [wzg]
club handle Keulengriff *m*
clue Anhaltspunkt *m*; Aufschluss *m* (Information)
cluster Anhäufung *f*; Haufen *m* (Gruppe); Satz *m* (Bündel, Gruppe); Agglomerat *n*
cluster anhäufen *v*
clutch ausrückbare Kupplung *f* [tra]; Klemmvorrichtung *f*; Kupplung *f* [tec]; Kupplung *f* [tra]; Kupplung, lösbare - *f* [tra]; Umklammerung *f*; Wellenkupplung *f* [tra]; Haken *m* (Griff, Klaue); Mitnehmer *m* (kupplungsartig) [mbt]
clutch umklammern *v*
clutch adjusting nut Kupplungsstellmutter *f* [tra]
clutch bearing Kupplungslager *n* [tra]
clutch brake Kupplungsbremse *f* [tra]
clutch cable Kupplungsseilzug *m* [tra]
clutch carrier Kupplungsträger *m* [tra]
clutch casing Kupplungsgehäuse *n* [tec]
clutch clearance Kupplungsspiel *n* [tec]
clutch collar Kupplungsausrückmuffe *f* [tra]
clutch control Kupplungshebel *m* [tra]; Kupplungsgestänge *n* [tra]
clutch cover Kupplungsdeckel *m* [tra]
clutch disc Kupplungsscheibe *f* [tra]; Mitnehmerscheibe *f* (Kupplungsscheibe) [tra]
clutch disc pack Lamellenpaket *n* (Kupplung) [tra]
clutch drive Kupplungsantrieb *m* [tra]
clutch drive plate Kupplungstreibscheibe *f* [tra]
clutch driving ring Antriebsring der Kupplung *m* [tec]
clutch drum Kupplungsgehäuse *n* [tra]
clutch facing Kupplungsbelag *m* [tra]; Kupplungsfutter *n* [tra]
clutch fork Ausrückgabel *f* (Kupplung) [tra]; Kupplungsgabel *f* (Gestänge) [tra]
clutch guide bearing Kupplungsführungslager *n* [tra]
clutch half Kupplungshälfte *f* [tra]
clutch housing Kupplungsgehäuse *n* [tra]

clutch hub Kupplungsnabe f [tra]
clutch interlock Einrücksperre f (der Kupplung) [tra]; Kupplungsverriegelung f [tra]
clutch lever Kupplungshebel m [tra]; Kupplungspedal n [tra]
clutch lining Kupplungsbelag m [tra]
clutch linkage Kupplungsgelenk n [tra]; Kupplungsgestänge n [tra]
clutch pedal Kupplungspedal n [tra]
clutch pedal push rod Kupplungsgestänge n [tra]
clutch plate Kupplungslamelle f [tra]; Kupplungsscheibe f [tra]
clutch pressure plate Kupplungsdruckplatte f [tra]
clutch release bearing Ausrücklager n (Kupplung) [tra]
clutch release fork Ausrückgabel f (Kupplung) [tra]
clutch release lever Ausrückhebel m (Kupplung) [tra]
clutch release plate Ausrückplatte f (Kupplung) [tra]
clutch release shaft Ausrückwelle f (Kupplung) [tra]
clutch release sleeve Ausrückmuffe f (Kupplung) [tra]
clutch release yoke Ausrückgabel f (Kupplung) [tra]
clutch shaft Kupplungswelle f [tra]
clutch shaft, dog - Klauenwelle f (Kupplung) [tec]
clutch sleeve Kupplungsmuffe f [tra]; Schaltring m (Kupplung) [tra]
clutch spring Kupplungsfeder f [tra]
clutch throw-out yoke Ausrückgabel f (Kupplung) [tra]
clutch thrust bearing Kupplungsdrucklager n [tra]
clutch thrust spring Kupplungsdruckfeder f [tra]
clutch yoke Kupplungsjoch n [tra]
clutch, automatic - selbsttätige Kupplung f [tra]; selbsttätige Kupplung f [tra]
clutch, engage the - einkuppeln v (Gang) [tra]
clutch, mechanical - mechanische Kupplung f [tec]
clutch, operate the - kuppeln v [tra]
clutch, pneumatic - pneumatische Kupplung f [tra]
clutch, positive - formschlüssige Kupplung f [tra]
clutch-lever spring Kupplungshebelfeder f [tra]
clutch-operating device Kupplungsgestänge n [tra]
co-axial cable Breitbandleitung f [elt]
co-determination, right of - Mitbestimmungsrecht n [jur]
co-driver Beifahrer m (berufsmäßig) [tra]
co-generation Blockheizkraftwerk n [pow]
co-op apartment Eigentumswohnung f ((A)) [bau]
co-ordinate, absolute - Bezugsmaß n [con]
co-worker Mitarbeiter m (Kollege) [eco]
CO2-accumulator CO2-Speicher m
CO2-content CO2-Gehalt m
CO2-reduction CO2-Minderung f
CO2-shielded metal-arc welding CO2-Schweißen n [wer]
CO2-welding CO2-Schweißen n [wer]
coach Autobus m (Reisebus) [tra]; Bus m (Reisebus) [tra]; Omnibus m [tra]; Reisebus m [tra]; Reisezugwagen m [tra]; Wagen m (Eisenbahn) [tra]

coach bolt Schlossschraube f [tec]
coach screw Vierkantkopfschraube f [tec]
coach station Busbahnhof m [tra]
coachwork Karosserie f [tra]
coagulable gerinnungsfähig
coagulant Fällungsmittel n [was]; Gerinnungsmittel n; Koagulationsmittel n [was]; Koagulierungsmittel n [was]
coagulate Koagulat n [was]
coagulate fest werden v (gerinnen); gelieren v; gerinnen v; koagulieren v [was]
coagulated dick (Blut)
coagulating Koagulieren n [was]
coagulating agent Koagulierungsmittel n [was]
coagulating bath Erstarrungsbad n
coagulation Ausflockung f [was]; Gerinnung f; Koagulation f [was]; Koagulierung f [was]
coagulation, plant for - Flockungsanlage f [was]
coagulator Gerinnungsmittel n
coal Kohle f [roh]
coal analysis Kohlenanalyse f [any]
coal ash Kohlenasche f
coal basin Kohlebecken n
coal briquet Brikett n [pow]
coal briquette Steinkohlenbrikett n [met]
coal bunker Kohlenbunker m [pow]; Kohlensilo m [pow]
coal car Tender m (trägt Wasser und Kohle) [tra]
coal carbonizing plant Kokerei f
coal carbonizing practice Kokereitechnik f [roh]
coal chemistry Kohlechemie f [che]
coal chute Schurre f (Fallschacht für Kohle) [pow]; Kohlenzulaufrohr n (z.B. zur Mühle) [pow]
coal consumption Kohlenverbrauch m [che]
coal conversion Kohleumwandlung f [che]
coal deposit Kohlevorkommen f [roh]
coal distillation Kohlenvergasung f [che]
coal dressing Kohlenaufbereitung f [roh]
coal dump Kohlenhalde f [roh]
coal dust Kohlenstaub m [pow]
coal dust explosion Kohlenstaubexplosion f [che]
coal dust furnace Kohlenstaubfeuerung f [pow]
coal dust, explosion of - Kohlenstaubexplosion f (unter Tage) [roh]
coal equivalent Steinkohleeinheit f [pow]
coal equivalent, tonnes of - Tonnen Steinkohleneinheiten pl [pow]
coal face Kohlenstreb m [roh]
coal feed Kohlezuführung f [pow]
coal feed spout Kohlenzulaufrohr n [pow]
coal feeder spout Kohlenzulaufrohr n (z.B. zur Mühle) [pow]
coal fired kohlegefeuert (z.B. Dampflok, Kraftwerk) [pow]
coal firing Kohlefeuerung f [pow]; Kohlenfeuerung f [pow]
coal fly ash Flugasche aus Kohlefeuerungen f [rec]
coal gas Kohlegas n [che]; Leuchtgas n [met]
coal gas poisoning Kohlegasvergiftung f [hum]

coal gasification Kohlenvergasung *f* [che]; Kohlevergasung *f* [prc]
coal gate Kohleabsperrschieber *m* [pow]
coal grab Kohlegreifer *m* [mbt]
coal handling plant Bekohlungsanlage *f* [roh]
coal heap Kohlenhalde *f* [roh]
coal hopper Rosttrichter *m* [pow]
coal hydrogenation Kohlenhydrierung *f* [che]
coal in powder form Pulverkohle *f* [roh]
coal liquefaction Kohleverflüssigung *f* [prc]
coal liquefaction unit Kohleverflüssigungsanlage *f* [prc]
coal loader Räummaschine *f* [roh]
coal mine Kohlengrube *f* (Bergbau) [roh]; Kohlebergwerk *n* [roh]
coal mining Kohlegewinnung *f* [roh]; Kohlebergbau *m* [roh]
coal mud Schlammkohle *f* [roh]; Kohlenschlamm *m* [rec]
coal oil Kohleöl *n* [met]
coal oil plant Kohleölanlage *f* [prc]
coal pile Kohlehalde *f* [roh]
coal pit Zeche *f* [roh]; Kohlebergwerk *n* [roh]
coal plant Bekohlungsanlage *f* [roh]
coal preparation Kohlenaufbereitung *f* [roh]
coal production Kohleförderung *f* [roh]
coal pulverizer Kohlemahlanlage *f* [pow]
coal pulverizing plant Kohlenstaubanlage *f* [pow]
coal refinement Kohleveredelung *f* [che]
coal reserves Kohlenlager *n* (Kohlevorräte) [roh]
coal sample Kohlenprobe *f* [any]
coal scale Kohlenwaage *f* [any]
coal screen Kohlensieb *n* (grob) [pow]
coal seam Kohleflöz *n* [roh]
coal segregation Kohlenentmischung *f* (auf Rost) [pow]
coal silo Kohlensilo *m* [pow]
coal storage Kohlelagerplatz *m*
coal storage bin Kohlenbunker *m* [pow]
coal store Kohlenlagerplatz *m* [roh]
coal storing Kohlenbunkerung *f* [pow]
coal supply Kohleversorgung *f* [roh]; Kohlevorrat *f* [roh]
coal tar Kohlenteer *m* [che]
coal tar pitch Teerasphalt *m* [met]
coal thickness Schichthöhe *f* (Rost) [pow]
coal train Kohlenzug *m* (Zug mit Kohlenwagen) [tra]
coal washery reject materials Waschberge *pl* (im Kohlenbergbau) [roh]
coal washing plant Kohlenwäsche *f* (Berge entfernen) [roh]
coal washings Kohlenschlamm *m* [rec]
coal wharf Kohleladeplatz *m*
coal-fired power plant Kohlekraftwerk *n* [pow]
coal-fired power station Kohlekraftwerk *n* [pow]
coal-fired stove Kohleofen *m* [pow]
coal-tar dye Teerfarbstoff *m* [met]
coalesce vereinigen *v*; zusammenfließen *v*
coalescence Koaleszenz *f*

coalescer Koaleszensabscheider *m* [prc]
coalification Inkohlung *f* [geo]
coaling Bekohlung *f* [roh]
coaling plant Bekohlungsanlage *f* (Kraftwerk) [roh]
coaling track Bekohlungsgleis *n* (Bahn) [tra]
coalite Halbkoks *m* [met]
coalshed Kohlenschuppen *m*
coarse grob (Feststoff); rau (Oberfläche)
coarse adjustment Grobabstimmung *f*; Grobeinstellung *f*
coarse aggregates Grobzuschlagstoffe *pl* [met]
coarse balance Grobabgleich *m* [mbt]
coarse chippings Grobsplitt *m* [met]
coarse crushing Grobzerkleinerung *f* [prc]
coarse crushing plant Grobzerkleinerungsmaschine *f* [prc]
coarse distributing grobes Verteilen *n* [mbt]
coarse dust grober Staub *m* (Entstaubung)
coarse dust filter Grobstaubfilter *m* [air]
coarse dust particle Staubkorn *n*
coarse estimate Grobschätzung *f*
coarse etching Grobätzung *f*
coarse feed grober Vorschub *m* (Schruppen) [wer]
coarse feed machining Schruppen *n* [wer]
coarse filter Grobfilter *m*
coarse grain Grobkorn *n*
coarse grain content Grobkorngehalt *m*
coarse granulation Grobbruch *m*
coarse gravel Grobkies *m* [met]
coarse grid weitmaschiges Gitter *n* [met]
coarse grind grobzerkleinern *v* [wer]
coarse grinding Grobzerkleinerung *f* [prc]
coarse lump Klumpen *m* (Dreck-) [bau]
coarse material Grobgut *n* [met]
coarse meal Schrot *n*
coarse metal sheet Grobblech *n* [met]
coarse ore Groberz *n* [met]
coarse particles return Grießrückführung *f* (Mühle) [pow]
coarse powder Grieß *m* [met]
coarse sand Grieß *m* [met]; Grobsand *m* [met]
coarse screen Grobrechen *m* [was]
coarse screening Grobsiebung *f*
coarse sledger Grobbrecher *m* [mbt]
coarse structure Grobstruktur *f* [met]; Grobgefüge *n* [met]
coarse thread Grobgewinde *n* [tec]
coarse tuning Grobabstimmung *f*
coarse vacuum Grobvakuum *n*
coarse washer grobe Scheibe *f* [tec]
coarse-fibred grobfaserig
coarse-grained grobkörnig
coarse-grained ore Stückerz *n* (nicht Feinerz) [met]
coarse-meshed weitmaschig [met]
coarse-ore wagon Groberzwagen *m* (z.B. für Kupferbergwerk) [tra]
coarse-pitch grobgängig (Gewinde) [con]
coarse-pitch screw grobgängige Schraube *f* [tec]
coarse-pitch thread Grobgewinde *n* [con]

coarsely disperse grobdispers
coarsely porous grobporig
coarseness Grobkörnigkeit f; Rauigkeit f
coast Küste f
coast down abfahren v (auslaufen lassen)
coast-down time Auslaufzeit f (bei Turbine) [pow]
coastal protection Küstenschutz m
coastal protection works Seeschutzbauten pl [bau]
coastal shipping Küstenschifffahrt f [tra]
coastal waters Küstengewässer pl [was]
coastal work Seebau m [bau]
coastline Küstenlinie f
coat Beschichtung f; Hülle f (Abdeckung); Lage f (Schicht); Putzschicht f [bau]; Schicht f (Überzug) [met]; Anstrich m (Farbe) [met]; Auftrag m (Schicht) [met]; Belag m (Überzug); Film m (Schicht); Mantel m (Umhüllung); Überzug m (Anstrich) [met]
coat anstreichen v (beschichten) [wer]; bedecken v; belegen v (Oberfläche); beschichten v [wer]; bestreichen v (beschichten); einhüllen v; einkleiden v; lackieren v (mit Farblack) [wer]; streichen v (Farbe) [wer]; überziehen v; umhüllen v; zudecken v (überziehen)
coat of enamel Emailschicht f
coat of paint Anstrichschicht m (Anstrich) [met]
coat thickness Schichtdicke f (der Farbe)
coat, thickness of - Schichtdicke f (der Farbe)
coated beschichtet (laminiert, kaschiert) [met]; gestrichen (mit Farbe) [wer]; umhüllt (beschichtet)
coater Beschichtungsmaschine f
coating Auskleidung f; Bekleidung f (mit einer Schicht versehen); Beschichtung f; Bestreichung f (Überzug) [met]; Kruste f; Plattierung f [roh]; Schicht f (Überzug) [met]; Umhüllung f (Beschichtung); Umkleidung f (Beschichtung) [met]; Ummantelung f; Veredelung f (der Stahloberfläche) [met]; Anstrich m (Farbschicht) [met]; Auftrag m (Schicht) [met]; Belag m (Überzug); Beschlag m (Überzug); Film m (Schicht); Überzug m (Schicht, Anstrich) [met]; Verputz m [bau]; Beschichten n; Beschichtungsmaterial n [met]; Futter n (Auskleidung); Streichen n [wer]; Beläge pl (auf Rohren) [pow]
coating action Benetzungswirkung f
coating compound Beschichtungsmasse f [met]; Streichmasse f [met]; Beschichtungsmaterial n [met]
coating layer Anstrichschicht m (Anstrich) [met]
coating line Beschichtungsanlage f
coating machine Beschichtungsmaschine f; Lackiermaschine f [wer]
coating mass Streichmasse f [met]
coating material Anstrichstoff m [met]; Beschichtungsstoff m [met]; Beschichtungsmittel n [met]
coating method Beschichtungsverfahren n
coating of ice Eisschicht f; Eisbelag m
coating of metals Metallbeschichtung f [met]

coating of red lead Mennigeanstrich m [met]
coating of zinc Zinkauflage f (Beschichtung) [met]
coating resin Lackharz m [met]; Beschichtungsharz n [met]; Streichharz n [met]
coating sheet Verkleidungsblech n [tec]
coating substance Streichmasse f [met]
coating unit Beschichtungsanlage f
coating varnish Imprägnierlack m [met]
coating, acid-proof - säurefester Anstrich m [met]
coating, surface of the - Anstrichoberfläche f [met]
coatroom Garderobe f [bau]
coaxial koaxial
coaxial cable koaxiales Kabel n [elt]; Koaxialkabel n [elt]
coaxial conductor Koaxialleitung f [elt]
coaxial connector Koaxialstecker m [elt]
coaxial seal Gleitdichtung f [tec]
cobalt Cobalt n (chem. El.: Co) [che]; Kobalt n (chem. El.: Co) [che]
cobalt alloy Cobaltlegierung f [met]; Kobaltlegierung f [met]
cobalt alloys Kobalt-Basislegierungen pl [met]
cobalt bath Cobaltbad n [che]; Kobaltbad n [che]
cobalt blue cobaltblau; kobaltblau (RAL 5013) [nor]; königsblau
cobalt bomb Cobaltbombe f [che]; Kobaltbombe f [che]
cobalt glass Cobaltglas n [met]; Kobaltglas n [met]
cobalt ore Cobalterz n [min]; Kobalterz n [min]
cobblestone Feldstein m; Pflasterstein m [bau]; Kopfsteinpflaster n
cobblestone road Pflasterstraße f [tra]
cock Durchgangshahn m [prc]; Hahn m [was]; Kloben m (Uhr) [tec]; Absperrglied n
cock verkanten v (eine Kiste, ein Bauteil)
cock support Hahnsicherung f [tra]
cockpit Kanzel f (Flugzeug) [tra]
coconut fibre insulation material Kokosfaserdämmstoff m [met]
coconut fibre mat Kokosfaserdämmmatte f
coctile gebrannt (Baustoffe)
code Chiffre f (Code, Verschlüsselung) [edv]; Code m; Schlüssel m (Kode)
code codieren v [edv]; kodieren v
code card Ausweiskarte f
code converting Umkodierung f [edv]
code letter Kennbuchstabe f
code marking Ordnungsmerkmal n (in Stammsatz usw.)
code number Kennzahl f; Kennziffer f
code of practice Richtlinie f; Merkblatt n (Anleitung)
code of quality Gütenorm f
code word Kennwort n
coded gekennzeichnet
coder Codierer m [edv]
codetermination Mitbestimmung f (Arbeitnehmer-) [eco]
coding Codierung f [edv]; Verschlüsselung f

coding disc Abtastscheibe *f* [any]
coding line Codierzeile *f* [edv]
coding switch Kodierschalter *m* [elt]
coefficient Kennzahl *f* [mat]; Zahl *f* (Koeffizient); Beiwert *m*; Koeffizient *m* [mat]
coercive measure Zwangsmaßnahme *f*
coercive payment Zwangsgeld *n* [jur]
cofactor Adjunkte *f* (spezifische Determinante) [mat]
coffee Kaffee *m* [bff]
coffee machine Kaffeemaschine *f* [elt]
coffee mill Kaffeemühle *f* [elt]
coffer Kassette *f* (Decke) [bau]
coffer wasserdicht machen *v*
coffer structure Kofferaufbau *m* [tra]
coffin rod Bremsumführungsstange *f* [tra]
cog Nase *f* (Zahn) [tec]; Daumen *m* (Mitnehmer) [tec]; Zahn *m* (Rad) [tec]; Rädchen *n* (Zahnrad) [tec]; Zahnrad *n* (z.B. der Zahnradlok) [tra]
cog kämmen *v* (im Eingriff stehende Räder) [tec]
cog belt Zahnriemen *m* [tec]
cog railway Zahnradbahn *f* (Zahnstange zw. Gleis) [tra]
cog wheel Zahnrad *n* [tec]
cog-wheel shaft Ritzelwelle *f* [tec]
cogged gezahnt [wer]
cogged belt Zahnriemen *m* [tec]
cogged V-belt gezahnter Keilriemen *m* [tec]
cogging mill Blockwalzwerk *n* [met]
cognition Erkenntnis *f*; Erkennung *f*
cognitive erkennend
cogs Räderwerk *n* [tec]
cogwheel drive Zahnradantrieb *m* [tec]
cohere kohärieren *v*
coherence Kohärenz *f*
coherency Kohärenz *f*
coherent kohärent
coherent zusammenhängend *m* (z.B. Speicherblock) [edv]
cohesion Haltekraft *f* [phy]; Kohäsion *f*; Zusammenhalt *m*
cohesion pressure Kohäsionsdruck *m*
cohesive bindig [bau]; klebrig (backend, haftend); kohäsiv
cohesive force Kohäsionskraft *f*
cohesive friction Haftreibung *f* [phy]
cohesive power Kohäsionskraft *f*
cohesiveness Kohäsionsvermögen *n*
coil Bandrolle *f* [met]; Bandstahlrolle *f* [met]; Rohrschlange *f* [prc]; Rolle *f* (Garn); Schlange *f* (Blech, Kabel); Spirale *f*; Spule *f* (Wicklung) [elt]; Wendel *f*; Wicklung *f* (Spirale) [met]; Windung *f* (Draht) [elt]; Coil *n* (aufgewickeltes Bandeisen) [met]
coil wickeln *v* (aufwickeln)
coil base Spulenhalter *m* (elektr. Kabel, Schnur) [elt]
coil clutch Federbandkupplung *f* [tec]
coil condenser Spiralkühler *m* [pow]
coil cooler Schlangenkühler *m*
coil diameter Windungsdurchmesser *m* (Feder) [con]

coil evaporator Wendelrohrverdampfer *m* [prc]
coil frame Spulenhalter *m* (elektr. Kabel, Schnur) [elt]
coil insulation Spulenisolation *f* [elt]
coil spring Schraubenfeder *f* [tec]; Spiraldruckfeder *f* (z.B. im Puffer) [tec]; Spiralfeder *f* [tec]
coil stock Bandmaterial *n* (aus Walzwerk) [met]
coil up aufrollen *v* (auf Rolle wickeln); aufwickeln *v* (Band) [wer]
coil valve Schlangenventil *n* [tra]
coil weight Bundgewicht *n* [met]
coil winder Spulvorrichtung *f* (z.B. auf Schlitten) [elt]; Spulvorrichtung *f* (z.B. auf Schlitten) [elt]; Spulwickelmaschine *f* (z.B. auf Schlitten) [elt]
coiled gewunden [wer]
coiled filament Heizwendel *f* [pow]
coiled pipe Rohrschlange *f* [prc]
coiled spring Spiralfeder *f* [tec]
coiler Haspelwickelmaschine *f* [wer]
coiler tension rolling mill Ziehwalzwerk *n* [roh]
coiling fan Deckenventilator *m*
coils, number of - Anzahl der Windungen *f* (Feder) [tec]
coin Münze *f*
coin public payphone Münzfernsprechautomat *m* [edv]
coin telephone, prepayment - Münztelefon *n* [edv]
coinage metal Münzmetall *n* [met]
coinbox telephone Fernsprechautomat *m* [edv]
coincide kongruieren *v*; übereinstimmen *v* (Ansicht); zufällig zusammentreffen *v*; zusammenfallen *v* (zeitlich); zusammentreffen *v*
coincidence Gleichzeitigkeit *f*; Übereinstimmung *f* (Zusammenfallen); Zufall *m* (durch Zufall)
coincidence, by - zufällig (Ereignisse treffen zusammen.)
coincident gleichzeitig; übereinstimmend (kompatibel)
coir Kokosfaser *f*
coir building mat Kokosfaserdämmmatte *f*
coir insulation material Kokosfaserdämmstoff *m* [met]
coke Koks *m* [met]
coke backen *v*; verkoken *v* [roh]
coke breeze Abfallkoks *m* [rec]; Feinkoks *m* [roh]
coke button Blähprobe *f* (Probe) [any]
coke filter Koksfilter *m* [prc]
coke gas Koksgas *n* [pow]
coke grab Koksgreifer *m* [pow]
coke oven Koksofen *m* [roh]
coke oven gas Kokereigas *n* [pow]; Koksofengas *n* [pow]
coke oven plant Kokerei *f*
coke oven plant effluent Kokereiabwasser *n* [was]
coke scrubber Kokswäscher *m* [roh]
coke washer Kokswäscher *m* [roh]
coke waste Koksabfall *m* [rec]
coking Verkokung *f* [roh]
coking chamber Verkokungskammer *f* [roh]

coking coal Kokskohle f [met]
coking period Garungszeit f [roh]
coking plant Kokerei f
coking test Blähprobe f (Verfahren) [any]
cold kalt
cold Erkältung f [hum]; Kälte f; Schnupfen m [hum]
cold age-hardening Kaltaushärtung f [met]
cold ageing Kaltaushärtung f [met]
cold air Kaltluft f [air]
cold asphalt Kaltbitumen m [met]
cold bath Kaltbad n [prc]
cold bend test Kaltbiegeprobe f [any]
cold bitumen Kaltbitumen m [met]
cold blast kalter Wind m
cold blast cupola Kaltwindkupolofen m [roh]
cold bridge Kältebrücke f
cold brittleness Kaltbrüchigkeit f [met]; Kaltbruch m [met]
cold casting Kaltguss m
cold cathode kalte Kathode f [elt]
cold coat Kaltanstrich m [met]
cold curing Kaltaushärtung f [met]; Kaltvulkanisation f [met]
cold drawing Kaltziehen n [roh]
cold drawn kalt gezogen (Stahl) [wer]
cold end blower Nachschaltheizflächenbläser m [pow]
cold face of the boiler Kesselaußenwand f [pow]
cold front Kältefront f [wet]
cold gas Kaltgas n [pow]
cold glue Kaltleim m [met]
cold heating surface, effective - wirksame kalte Fläche f [pow]
cold insulant Kältedämmstoff m [met]
cold insulation Kälteisolierung f [bau]; Kälteschutz m
cold insulator Kälteschutzmittel n [met]
cold joint Kaltlötung f [met]
cold junction kalte Lötstelle f; Kaltlötstelle f [met]
cold junction compensation Temperaturkompensation f (Thermoelement) [any]
cold mill Kaltwalzwerk n [roh]
cold moulding Kaltpressen n [wer]
cold period Kaltzeit f [wet]
cold plastic paint Kaltanstrich m [met]
cold pourable kalt vergießbar [met]
cold pressure upset welding Anstauchschweißen n [wer]
cold pressure welding Kaltpressschweißen n [wer]
cold protection suit Kälteschutzanzug m
cold pull up Vorspannung f (Rohrleitung) [prc]
cold reduction Kaltwalzen n [met]
cold resistance Kältefestigkeit f [met]; Kälteresistenz f
cold roll kalt walzen v [met]
cold rolled kaltgewalzt [met]
cold rolled pre-coated sheet steel oberflächenveredeltes Feinblech n [met]
cold rolled section Kaltprofil n [met]
cold rolled steel kalt gewalzter Stahl m [met]; Kaltwalzstahl m [met]
cold rolled steel strip kalt gewalzter Bandstahl m [met]
cold rolled strip Kaltband n [met]
cold rolled strip in special qualities Spezialbandstahl m [met]
cold rolled strip with coated surface oberflächenveredeltes Kaltband n [met]
cold rolled uncoated sheet steel unveredeltes Feinblech n [met]
cold rolling Kaltwalzen n [met]
cold rolling plant Kaltwalzwerk f [roh]
cold roof Kaltdach n [bau]
cold room Kaltlagerraum m; Kühlraum m
cold saw Kaltsäge f [wzg]
cold season Kälteperiode f [wet]
cold section rolling Kaltprofilwalzen n [met]
cold shaping Kaltverformung f [met]
cold shortness Kaltbrüchigkeit f [met]; Kaltbruch m [met]
cold shortness test Kaltbruchprobe f [any]
cold shut Kaltschweißstelle f [met]
cold solder connection Kaltlötung f [met]
cold start Kaltstart m (Auto) [tra]
cold start aid Kaltstarthilfe f [tra]
cold start equipment Kaltstarteinrichtung f [tra]
cold start-up kalt anfahren v [pow]
cold storage Kaltlagerung f
cold store Kühlhaus n
cold straining Kaltbeanspruchung f
cold strip mill Kaltwalzwerk n [roh]
cold tempering Kaltaushärtung f [met]
cold time Kaltzeit f [wet]
cold underfoot fußkalt [bau]
cold vapour Kaltdampf m
cold vulcanizing Kaltvulkanisation f [met]
cold weather kit Kältepaket n (z.B. für arktische Temperaturen) [tec]
cold weather package Kältepaket n (z.B. für arktische Temperaturen) [tec]
cold weather protection Kaltwetterschutz m
cold welding Kaltschweißen n [wer]
cold work kalt aufweiten v (Rohre) [wer]; kalt verformen v [met]
cold working Kaltbearbeitung f [wer]; Kaltformgebung f [wer]; Kaltverarbeitung f [met]; Kaltverfestigung f [met]; Kaltverformung f [met]; Kaltformen n [wer]
cold-air inversion Kaltluftinversion f [air]
cold-bend kaltbiegen v [wer]
cold-bending Kaltbiegen n [wer]
cold-bonding Kaltklebung f
cold-bonding adhesive Kaltkleber m [met]
cold-cathode fluorescent tube Neonröhre f [elt]
cold-cured adhesive Komponentenkleber m [met]
cold-curing adhesive Reaktionskleber m [met]
cold-curing resin Reaktionsharz n [che]
cold-draw Kaltziehen n [roh]
cold-form kalt verformen v [met]

cold-formed kaltgeformt [met]
cold-forming Kaltverformung f [met]; Kaltumformen n [met]
cold-poured kalt vergossen [met]
cold-press kalt pressen v [wer]
cold-resistant kältebeständig [met]
cold-resisting property Frostbeständigkeit f [met]
cold-rivet kalt nieten v [wer]
cold-roll kalt walzen v [met]
cold-rolling mill Kaltwalzwerk n [roh]
cold-setting adhesive Kaltkleber m [met]; Reaktionskleber m [met]
cold-setting bonding agent Reaktionskleber m [met]
cold-short kaltbrüchig [met]; kaltspröde [met]
cold-strained kalt verfestigt [met]
cold-tighten festziehen v
cold-upset kaltgestaucht [met]
cold-vulcanize kalt vulkanisieren v [met]
cold-water bath Kaltwasserbad f [was]
cold-water line Kaltwasserleitung f [was]
cold-water paint wasserverdünnter Anstrichstoff m
cold-water service Kaltwasserversorgung f [was]
cold-water supply Kaltwasserversorgung f [was]
cold-work hardening Kaltverfestigung f [met]
cold-worked steel kalt verformter Stahl m [met]
coldness Kälte f
coli bacterium Kolibakterie f [bio]
collaborate mitarbeiten v; zusammenarbeiten v; zusammenwirken v
collaboration Mitarbeit f; Zusammenarbeit f
collaborator Mitarbeiter m (bei einem Projekt) [eco]
collapse Einbruch m (Einstürzen); Einsturz m; Zusammenbruch m
collapse einbrechen v (unter Last); einstürzen v; knicken v; umfallen v; zusammenbrechen v; zusammenfallen v (zusammenbrechen); zusammenstürzen v
collapse load Knicklast f [met]
collapse test Druckprüfung f [bau]
collapsible demontierbar; faltbar (klappbar); klappbar (faltbar, z.B. Stativ)
collapsible steering rod klappbare Steuersäule f (in Fahrzeugen) [tra]
collapsing stress Knickbelastung f [met]
collar Hülse f (Buchse; einer Welle) [tec]; Manschette f [tec]; Ringbuchse f [tec]; Rosette f [tec]; Abstandsring m [tec]; Bund m (z.B. Kragen an Welle) [tec]; Flansch m [prc]; Hals m; Kragen m; Reif m (Bund); Reifen m (Bund)
collar beam Kehlbalken m [bau]
collar bearing Halslager n [tec]
collar bushing Bundbuchse f [tec]; Kragenbüchse f [tec]
collar cover Nabendeckel m [tec]
collar head screw Vierkantschraube f [tec]
collar joint Kragendichtung f
collar nut Bundmutter f [tec]
collar packing Manschettenpackung f [tec]
collar plate Brille f (Ventil) [tec]

collar ring Kammring m [tec]; Manschettenring m [tec]
collar screw Bundschraube f [tec]
collar sleeve Bundbuchse f [tec]
collar stud Bundschraube f [tec]
collar thrust bearing, double - Zweiringdrucklager n [tec]
collar-bone Schlüsselbein n [hum]
colleague Kollege m
collect ansammeln v (sammeln); auffangen v (sammeln); einfangen v (ansammeln, aufsammeln); einsammeln v; erfassen v (Daten) [edv]; kassieren v (eintreiben) [eco]; sammeln v
collect on delivery per Nachnahme
collect the premium Beitrag erheben [jur]
collecting Erfassung f (Daten) [edv]
collecting bar Sammelschiene f [elt]
collecting basin Sammelbehälter m
collecting conductor Schleifleitung f [elt]
collecting container Sammelbehälter m
collecting electrode Abscheiderelektrode f (E-Filter) [air]
collecting facility Auffanganlage f
collecting flask Sammelflasche f [pow]
collecting function Sammelfunktion f
collecting lens Sammellinse f (Optik) [opt]
collecting line Sammelleitung f [was]
collecting main Sammelkanal m [was]
collecting of the premium Erhebung des Beitrages f [jur]
collecting pipe Sammelleitung f [was]; Sammelrohr n [was]
collecting point Sammelstelle f [rec]
collecting pond Sammelbecken n [was]
collecting receptacle Erfassungsbehälter m [rec]
collecting ring Schleifring m [elt]
collecting station Sammelstelle f [rec]
collecting system Sammelsystem n (Abfallsammlung) [rec]
collecting tank Sammelbehälter m; Sammelgefäß n
collecting technology Sammlungstechnik f [rec]
collecting trough Sammelbehälter m
collecting vessel Auffangbehälter m [was]; Auffanggefäß n [was]; Sammelgefäß n
collection Einziehung f (Beitreibung); Erfassung f (Daten) [edv]; Sammlung f [rec]; Einsammlung n
collection by retrieval system Holsystem n [rec]
collection efficiency Abscheidegrad m [air]
collection licence Einsammlungsgenehmigung f [jur]
collection of productivity data Leistungsabschätzung f
collection of recoverables Wertstofferfassung f [rec]
collection of valuable substances Wertstoffsammlung f
collection vehicle Sammelfahrzeug n [rec]
collective fault indicator Sammelstörmeldung f (z.B. Rolltreppe) [mbt]
collective fault indicator relay Relais für Sammelstörmeldung n [mbt]

collector Abnehmer *m* (Strom-) [elt]; Abscheider *m*; Auspuffkrümmer *m* [tra]; Bügel *m* (Stromabnehmer) [elt]; Kollektor *m* (Transistor) [elt]; Sammelkanal *m* [was]; Sammler *m*
collector anode Sammelanode *f* [elt]
collector arm Sammlerarm *m*
collector bar Kollektorenschiene *f* [met]
collector card Sammelkarte *f* (elektronisches Teil) [elt]
collector current Kollektorstrom *m* [elt]
collector diode Kollektordiode *f* [elt]
collector efficiency Abscheidegrad *m* (E-Filter) [air]
collector motor Kollektormotor *m* [elt]
collector quiescent current Kollektorruhestrom *m* [elt]
collector road Zubringerstraße *f* [tra]; Zubringer *m* (Straße) [tra]
collet Spannhülse *f* [tec]; Spannzange *f* [tec]; Stellring *m* [tec]
collet adapter Spannzangenhalter *m* [tec]
colli Colli *n* (Verpackung)
collide kollidieren *v* [tra]; prallen *v*; zusammenprallen *v*; zusammenstoßen *v* (zusammenprallen) [tra]
colliery Grube *f* (Bergwerk) [roh]
collimate ausblenden *v*
collision Karambolage *f* [tra]; Kollision *f* [tra]; Aufprall *m* [phy]; Prall *m*; Stoß *m* (Zusammenstoß); Zusammenprall *m* [phy]; Zusammenstoß *m* (Unfall, Crash) [tra]
collision factor Stoßfaktor *m* (Reaktion) [che]
collision mechanism Stoßvorgang *m* [phy]
collision transition Stoßübergang *m* [che]
colloid kolloidal [met]
colloid Kolloid *n* [met]
colloid chemistry Kolloidchemie *f* [che]
colloid formation Kolloidbildung *f* [met]
colloidal gallertartig; kolloidal [met]
colloidal particle Kolloidteilchen *n* [met]
colloidal state kolloidaler Zustand *m*
colloidal substance Kolloidstoff *m* [met]
colloidochemical kolloidchemisch [che]
colon Doppelpunkt *m*
colon equal Ergibtzeichen *n* [mat]
colonize besiedeln *v*
colonnade Säulengang *m* [bau]
colony Kolonie *f* [bio]
color ((A) siehe: colour)
colorant Farbmittel *n* [met]
coloration Farbgebung *f*
coloration of smoke Rauchfärbung *f* [air]
colour Färbung *f* ((B)); Farbe *f* ((B))
colour färben *v* ((B))
colour agglutinant Farbbindemittel *n* [met]
colour binder Farbenbindemittel *n* [che]
colour change Farbänderung *f*; Farbumschlag *m*
colour chart Farbskala *f* [opt]; Farbtabelle *f*; Farbregister *n* [nor]
colour coat Farbschicht *f*

colour coat painting, individual - getrennte Farbanstriche *pl* [met]
colour coating Farbanstrich *m* [met]
colour correction Farbkorrektur *f* [opt]
colour defect Farbfehler *m* [opt]
colour deviation Farbabweichung *f*
colour dispersion Farbzerlegung *f* [opt]
colour fastness Farbbeständigkeit *f*; Farbechtheit *f*
colour film Farbfilm *m*
colour filter Farbfilter *m* [opt]
colour for limewash Kalkfarbe *f* [met]
colour gradation Farbabstufung *f*
colour indicator Farbenindikator *m* [any]
colour intensifier Aufheller *m* (in Waschmitteln) [che]
colour mark Farbenkennzeichen *f*
colour matching Farbangleichung *f*; Farbanpassung *f*
colour mill Farbenmühle *f*
colour monitor Farbbildschirm *m* [elt]
colour of wire Aderfarbe *f* (Kabel) [elt]
colour photocopier Farbkopierer *m* [edv]
colour pigment Buntpigment *n* [met]
colour plotter Farbplotter *m* [edv]
colour printer Farbdrucker *m* [edv]
colour printing Farbendruck *m*
colour reaction Farbreaktion *f* [che]
colour retention Farbbeständigkeit *f*
colour scale Farbskala *f* [opt]
colour screen Farbbildschirm *m* [elt]
colour shade Farbstufe *f*; Farbton *m* (Schattierung)
colour solution Farblösung *f* [met]
colour stability Farbechtheit *f*
colour television Farbfernsehen *n* [elt]
colour television receiver Farbfernsehgerät *n* [elt]
colour temperature Farbtemperatur *f* [phy]
colour terminal Farbbildschirm *m* [elt]
colour tone Farbton *m*
colour, natural - Eigenfarbe *f*; Naturfarbe *f* [met]
colour, without - farblos
colour-fast farbbeständig; farbecht
colour-sensitive farbempfindlich
coloured bunt; farbig; gefärbt
coloured cement Farbzement *m* [met]
coloured enamel Farblack *m* [met]
coloured glass Buntglas *n* [met]
coloured lake Farblack *m* [met]
coloured surfacing farbiger Belag *m*
colourimeter Colorimeter *n* [any]
colourimetric colourimetrisch [any]
colourimetric analysis Colorimetrie *f* [any]
colourimetry Colorimetrie *f* [any]; Farbanalyse *f*; Farbenmessung *f* [any]
colouring Färbung *f*; Farbgebung *f*
colouring agent Färbemittel *n* [met]; Färbungsmittel *n* [met]
colouring material Farbstoff *m* [met]
colouring matter Farbenkörper *m* [met]; Farbkörper *m* [met]; Farbstoff *m* [met]; Färbemittel *n* [che]
colouring matter, natural - Naturfarbstoff *m* [met]

colouring paste Farbpaste f [met]
colouring pigment Farbpigment n [met]
colouring solution Farblösung f [met]
colouring substance Farbkörper m [met]
colourless farblos
colourless oil coating Firnis m [che]
colourless substance farblose Substanz f [che]
colourlessness Farblosigkeit f [opt]
colourproof farbecht
column Buchspalte f; Kolonne f [che]; Säule f (Stütze) [bau]; Spalte f (in Matrix) [mat]; Spalte f (Textverarbeitung) [edv]; Stütze f (Podest, Säule, Sockel) [bau]; Welle f (als Maschinenteil) [tec]; Pfeiler m [bau]; Ständer m (schwere Maschinen) [tec]; Turm m [prc]
column base Stützenfuß m
column cap Stützenkopf m
column clock Portaluhr f [tec]; Säulenuhr f [tec]
column drilling machine Säulenbohrmaschine f [wzg]
column footing Kesselsäulenfundament n [pow]
column head Stützenkopf m
column indicator Spaltenanzeiger m (Textverarbeitung)
column load Stützlast f
column number Spaltenzahl f (Textverarbeitung)
column of smoke Rauchsäule f [air]
column steam apparatus Dampfzylinder m [pow]
column stress Knickspannung f
column-by-column spaltenweise
columned hall Säulenhalle f [bau]
comb Kamm m
comb carrier Kammträger m [mbt]
comb light Kammleuchte f [mbt]; Kammplattenbeleuchtung f [mbt]
comb plate Kammplatte f [mbt]; Kammträger m [mbt]
comb plate finish Kammplattenoberfläche f [mbt]
comb protection device Stufeneinlaufsicherung f (Rolltreppe) [mbt]
comb safety switch Stufeneinlaufsicherung f (Rolltreppe) [mbt]
comb segment Kammzinke f [mbt]; Kammsegment n [mbt]
combat bekämpfen v; entgegentreten v (bekämpfen)
combat measure Bekämpfungsmaßnahme f
combination Kombination f; Mischung f (Verkettung); Verbindung f (Zusammenschluss) [che]; Vereinigung f; Zusammensetzung f [che]
combination effect Kombinationswirkung f
combination end spanner Ring-Maulschlüssel m [wzg]
combination end wrench Ring-Maulschlüssel m [wzg]
combination heat Bindungswärme f [che]
combination of metals Metallverbindung f (Mischung) [met]
combination pliers Kombinationszange f [wzg]; Kombizange f [wzg]

combination ratio Mischungsverhältnis n
combination wrench Ring-Maulschlüssel m (Maul und Ring) [wzg]
combination, act in - zusammenwirken v
combine anlagern v [che]; binden v (verbinden); kombinieren v; verbinden v (kombinieren); vereinen v; vereinigen v; verknüpfen v (verbinden); zusammensetzen v (verbinden) [che]
combined gebunden; gemischt; kombiniert; zusammengesetzt (verbunden chemisch)) [che]
combined alarm Sammelalarm m
combined building sewer Mischwasserkanal m [was]
combined drying and pulverizing Mahltrocknung f [prc]
combined flasher and tail lamp Blinkschlussleuchte f [tra]
combined flow Doppelbeaufschlagung f [prc]
combined heat and power generation Wärmekopplung f [pow]
combined instrument Kombiinstrument n [wzg]
combined journal and thrust bearing Radial-Axiallager n [tec]
combined operation Verbundbetrieb m
combined sewer Mischwassersammler m [was]
combined sewerage system Mischsystem n (Entwässerung) [was]; Mischwassersystem n [was]
combined signal Sammelsignal n
combined single limit pauschal (Versicherungsjargon) [jur]
combined substances Stoffkombination f [met]
combined water chemisch gebundenes Wasser n [che]
combined-cycle power plant Kombikraftwerk n [pow]
combined-cycle power plant, integrated coal gasification - Kombikraftwerk mit integrierter Kohlevergasung n [pow]
combining Verbindung f (Vereinigung) [che]
combining power Bindekraft f
combust verbrennen v [pow]; verfeuern v [pow]
combustibility Brennbarkeit f
combustible brennbar; entzündbar; feuergefährlich; verbrennbar [met]
combustible Brennstoff m [pow]
combustible gas brennbares Gas n; Brenngas n [pow]
combustible material Brennmaterial n [pow]
combustible matter in residues Brennbares in den Rückständen n [pow]
combustible mixture brennbares Gemisch n [pow]
combustibles Brennbares (Analyse) [pow]
combustibles Feuerungsmaterial n [pow]
combusting chamber shell Brennkammermantel m [pow]
combustion Verbrennung f [pow]; Verfeuerung f [pow]; Abbrand m (Abbrennen) [che]; Brand m (Verbrennung)
combustion air Verbrennungsluft f [air]
combustion calculation Verbrennungsrechnung f [pow]

combustion chamber Brennkammer *f* [pow]; Primärkammer *f* (Feuerraum) [pow]; Verbrennungskammer *f* (des Motors) [tra]; Brennraum *m* [pow]; Explosionsraum *m* [pow]; Feuerraum *m* [pow]; Heizraum *m* [pow]; Verbrennungsraum *m* [pow]
combustion chart Verbrennungsdreieck *n* (Bunte Diagramm) [pow]
combustion efficiency Feuerungswirkungsgrad *m* [pow]
combustion engine Kraftmaschine *f* (Verbrennungsmotor) [tra]; Verbrennungskraftmaschine *f* [tra]; Verbrennungsmaschine *f* [tra]; Explosionsmotor *m* [pow]; Verbrennungsmotor *m* [pow]
combustion enthalpy Verbrennungsenthalpie *f* [che]
combustion furnace Verbrennungsofen *m* [pow]
combustion gas Verbrennungsgas *n* [air]
combustion heat Verbrennungswärme *f* [che]
combustion of coal Kohlefeuerung *f* [pow]
combustion of waste gas Abgasverbrennung *f* [air]
combustion period Brennperiode *f* [pow]
combustion plant, large - Großfeuerungsanlage *f* [pow]
combustion process Verbrennungsprozess *m* [pow]
combustion product Abbrandprodukt *n* [che]; Verbrennungsprodukt *n* [che]
combustion rate Abbrandgeschwindigkeit *f* [che]; Verbrennungsgeschwindigkeit *f* [che]
combustion residue Brennstoffrückstand *m* [pow]; Verbrennungsrückstand *m* [rec]
combustion space Verbrennungsraum *m* [pow]
combustion temperature Verbrennungstemperatur *f* [pow]
combustion time Brenndauer *f*
combustion velocity Verbrennungsgeschwindigkeit *f* [che]
combustion zone Verbrennungszone *f* [pow]
combustion, accelerated - beschleunigte Verbrennung *f* [pow]
combustion, imperfect - unvollständige Verbrennung *f* [pow]
combustion, incomplete - unvollkommene Verbrennung *f* [pow]
combustion, poor - schlechte Verbrennung *f* [pow]
combustion, zone of - Brennzone *f* [pow]
combustion-engine oil Motoröl *n* [met]
come forward melden *v* (etwas melden)
come in einfahren *v* [tra]; landen *v* (Flugzeug) [tra]
come off abgehen *v* (sich lösen)
come out herausspringen *v* (sich lösen)
come through durchdringen *v*
comfort Bequemlichkeit *f*
comfort condition Behaglichkeitsbedingung *f*
comfort curve Behaglichkeitskurve *f*
comfort temperature Behaglichkeitstemperatur *f* (Klima)
comfort zone Behaglichkeitszone *f* (Klima)
comfortableness Behaglichkeit *f*

coming in Landeanflug *m* (im Landeanflug) [tra]
coming into force Inkrafttreten *n* [jur]
comma Komma *n* (Textverarbeitung)
command Betätigung *f* (Befehl) [edv]; Befehl *m* (Software) [edv]; Impuls *m* (Gerät einen Impuls geben) [elt]
command keyboard Befehlstastatur *f* [elt]
command language Kommandosprache *f* (Software) [edv]
command line Befehlszeile *f* [edv]
command menu Befehlsmenü *n* (Software) [edv]
command sequence Befehlsfolge *f*
command variable Führungsgröße *f* (Regelung)
command variable action Führungsverhalten *n* (Regelung)
commence anfangen *v*; starten *v*
commencement Inbetriebnahme *f* (Beginn)
commencement of bankruptcy Konkurseröffnung *f* [eco]
commencement of civil works Baubeginn *m* [bau]
commencement operation Inbetriebsetzung *f* (Inbetriebnahme)
commencement, early - vorzeitiger Beginn *m*
comment Bemerkung *f* (Äußerung); Randbemerkung *f*; Stellungnahme *f*; Kommentar *m* (Stellungnahme)
comment kommentieren *v*
comment line Kommentarzeile *f* (Software) [edv]
comment on erläutern *v*
comment statement Kommentaranweisung *f* (Software) [edv]
commentary Erläuterung *f*; Interpretation *f*; Kommentar *m* (Erläuterung)
comments Vermerke *pl*
commerce Handel *m* [eco]
commercial gewerblich [eco]; handelsüblich (z.B. Rohre) [eco]; kaufmännisch [eco]; kommerziell [eco]
commercial agency Handelsvertretung *f* [eco]
commercial aircraft Verkehrsflugzeug *n* [tra]
commercial airliner Verkehrsflugzeug *n* [tra]
commercial airport Verkehrsflughafen *m* [tra]
commercial article Handelsartikel *m* [eco]
commercial block Geschäftsgebäude *n* [bau]; Geschäftshaus *n* [bau]
commercial centre Einkaufs- und Dienstleistungszentrum *n* [bau]
commercial fertilizer Handelsdünger *m* [far]
commercial form Handelsform *f*
commercial frequency Netzfrequenz *f* [elt]; Niederfrequenz *f* [elt]
commercial grade Handelsgüte *f*
commercial grade steel Massenstahl *m* [met]
commercial installation gewerbliche Anlage *f*
commercial iron Handelseisen *n* [met]; technisches Eisen *n* [met]
commercial law Handelsrecht *n* [jur]
commercial pollutants Schadstoffe aus Gewerbe *pl* [rec]
commercial power supply Netzstromversorgung *f* [elt]

commercial product Handelsware f [eco]
commercial quality Handelsqualität f [eco]
commercial register Handelsregister n [jur]
commercial sewage gewerbliche Abwässer pl [was]
commercial size Handelsgröße f
commercial steel Handelseisen n [met]
commercial timber Nutzholz n [met]
commercial type Handelsform f
commercial use wirtschaftliche Nutzung f
commercial vehicle Nutzfahrzeug n [tra]
commercial vehicle body Nutzfahrzeugkarosserie f [tra]
commercial vehicle chassis Nutzfahrzeugchassis n [tra]
commercial vehicle spare Nutzfahrzeugersatzteil m [tra]
commercial waste Gewerbeabfall m [rec]
commercial-scale plant Großanlage f
commercialization Vermarktung f [eco]
commercialize vermarkten v [eco]
commercially approved handelsüblich (gebräuchlich) [eco]
commercially defensible wirtschaftlich vertretbar [eco]
commercially tenable wirtschaftlich vertretbar [eco]
comminute zerkleinern v [prc]
comminuting equipment Zerkleinerungseinrichtung f [prc]
comminution Zerkleinerung f [prc]; Zerschlagen n
comminution plant Zerkleinerungsanlage f [prc]
commission Gebühr f (Vermittlungs-); Order f (Auftrag) [eco]; Provision f [eco]; Vermittlungsgebühr f [eco]
commission beauftragen v; einweihen v (in Betrieb setzen) [eco]
commission a boiler betriebsfertig machen v [pow]
commission business Kommissionsgeschäft n [eco]
commission on radiation protection Strahlenschutzkommission f
commissioner for data protection Datenschutzbeauftragter m [jur]
commissioning Einweihung f (z.B. einer Fabrik) [eco]; Inbetriebnahme f (Anlage); Inbetriebsetzung f (eines Gerätes); Indienststellung f (Schiffe, Züge u. ä.) [tra]; Übergabe der Anlage f
commissioning certificate Inbetriebnahmeprotokoll n
commissioning date Übergabedatum n [eco]
commissioning manager Inbetriebnahmeleiter m
commissioning of machines Inbetriebnahme von Maschinen f [tec]
commissioning staff Inbetriebnahmepersonal n
commissioning team Anfahrmannschaft f
commissure Trennfuge f (Linie) [con]
commitment Festlegung f (Verpflichtung); Verpflichtung f
commitment to public welfare Gemeinwohlbindung f
committee Ausschuss m (Kommission)

committee of experts Sachverständigenausschuss m [jur]
committee of inquiry Untersuchungsausschuss m (Unfälle) [jur]
committee, investigating - Untersuchungsausschuss m [jur]
committeeman Betriebsratsmitglied n [eco]
commodities Verbrauchsgüter pl [eco]
commodity Handelsware f [eco]; Ware f; Gebrauchsgegenstand m; Handelsartikel m [eco]
commodity cargo Warenladung f [tra]
commodity price Warenpreis m [eco]
common allgemein; gängig (z.B. gängige Abmessung); gemeinsam; gemeinschaftlich; verbreitet
common access, right of - Recht des öffentlichen Zugangs n [jur]
common area allgemeiner Speicherbereich m [edv]
common cold Erkältung f [hum]
common crossing Kreuzung f (2 Bahnstrecken) [tra]
common denominator Hauptnenner m [mat]
common file allgemeine Datei f [edv]
common ground Sternpunkt m [elt]
common knowledge Allgemeinwissen n
common law Gewohnheitsrecht n [jur]
common lighting Allgemeinbeleuchtung f [elt]
common main Sammelleitung f [was]
common property Allgemeinbesitz m
common room Aufenthaltsraum m
common salt Kochsalz n [che]; Natriumchlorid n [che]
common services Gemeinschaftseinrichtungen pl
common switching Parallelschaltung f [elt]
common to the region in der Region üblich
common-collector-circuit Kollektorschaltung f [elt]
common-emitter circuit Emitterschaltung f [elt]
common-mode gain Gleichtaktverstärkung f [elt]
common-mode rejection ratio Gleichtaktunterdrückung CMRR f [elt]
communicable übertragbar [hum]
communicating kommunizierend
communication Kommunikation f; Informationsaustausch m; Nachrichtenaustausch m; Verkehr m [edv]
communication analysis Kommunikationsanalyse f
communication cable Schwachstromkabel n [elt]
communication computer Knotenrechner m [edv]
communication device Kommunikationseinrichtung f
communication engineering Nachrichtentechnik f [edv]
communication equipment Kommunikationseinrichtung f; Kommunikationstechnik f [elt]
communication link Datenübertragung f (Verbindung) [edv]
communication process Kommunikationsprozess m
communication satellite Nachrichtensatellit m [edv]
communication system Nachrichtenübertragungssystem n [edv]

communication technology Kommunikationstechnik f [edv]
community Gemeinde f; Kommune f (Gemeinde)
community aerial Gemeinschaftsantenne f [edv]
community antenna Gemeinschaftsantenne f [edv]
community centre kommunale Dienstleistungs- und Freizeiteinrichtung f; Wohngebietszentrum n
community planning Siedlungsplanung f
commutability Austauschbarkeit f
commutating pole Wendepol m [elt]
commutation coil Kompensationsspule f [elt]
commutator Kommutator m [elt]; Stromwender m [elt]; Umschalter m [elt]
commutator motor Kollektormotor m [elt]; Kommutatormotor m [elt]
commutator pitch Kommutatorschritt m [elt]
commutator sleeve Kommutatorbuchse f [elt]
commutator switch Kreuzschalter m [elt]
commutator voltage Kollektorspannung f [elt]
commutator winding Kommutatorwicklung f [elt]
commutator, size of - Kollektorgröße f [elt]
commuter Pendler m [tra]
commuter traffic Nahverkehr m (z.B. Bundesbahn) [tra]; Pendelverkehr m [tra]
compact dicht (zusammen); eng gepackt; fest (massiv); gedrungen; kompakt
compact kompaktieren v (zusammendrücken) [mbt]; pressen v (verdichten); verdichten v (festwalzen) [mbt]; verfestigen v (verdichten); zusammendrücken v
compact computer Bürocomputer m [edv]
compact design Kompaktbauweise f; Kompaktkonstruktion f [tra]
compact disk CD-Platte f [elt]; Kompaktbildplatte f [edv]
compact disk/read-only memory Bildplatte f (nicht überschreibbar) [edv]
compact engine Kompaktmaschine f (Motor) [tra]
compact excavator Kompaktbagger m [mbt]
compact floppy disk Kompaktdiskette f (3,5 Zoll) [edv]
compact gear Kompaktgetriebe n [mbt]
compact gear unit Flachgetriebe n [tec]
compact installation Kompaktanlage f [elt]
compact low pressure turbine Kompaktniederdruckturbine f [pow]
compact seal Kompaktdichtung f
compact sewage treatment installation Kompaktkläranlage f [was]
compact step Kompaktstufe f [mbt]
compact tank Kompaktbehälter m
compact telephone Handfernsprecher m [edv]
compact videodisk Kompaktbildplatte f [edv]
compact-grained feinkörnig
compacted verfestigt [mbt]
compacted soil verfestigter Boden m [bod]
compacting container Presscontainer m [rec]
compacting device Verdichtungseinrichtung f [bau]
compaction Verdichtung f (Untergrund) [bau]; Verfestigung f (Verdichtung) [mbt]
compaction bin Pressbehälter m [rec]
compaction facility Presse f (Gerät) [wer]
compaction of soil Bodenverdichtung f [mbt]
compaction roller Walze f (Verdichter) [mbt]
compaction system Verdichtungssystem n (im Müllfahrzeug) [rec]
compaction technology Kompaktierverfahren n
compaction unit Presse f (Gerät) [wer]
compaction work Verdichtungsarbeit f [bau]
compactness Dichte f (Kompaktheit) [met]
compactor Grabenwalze f [mbt]; Walze f (Untergrundverdichtung) [mbt]; Abfallverdichter m [rec]; Verdichter m [bau]
companies, anewly affiliated - frisch verbundene Unternehmen pl [eco]
companion flange Anschlussflansch m; Gegenflansch m [prc]
company Firma f [eco]; Gesellschaft f ((B) Firma) [eco]; Handelsgesellschaft f [eco]; Betrieb m (Unternehmen) [eco]; Unternehmen n (Firma) [eco]
company address Firmenanschrift f [eco]
company balance sheet Gesellschaftsbilanz f [eco]
company car Dienstwagen m [tra]; Werkswagen m (Firmenfahrzeug) [tra]; Firmenfahrzeug n [eco]
company certificate Qualitätszertifikat n (Werkstattest); Werksattest n (Qualitätszeugnis) [any]
company liability Firmenhaftung f [eco]
company management Firmenleitung f [eco]
company meeting Betriebsversammlung f
company name Firmenname m [eco]
company name plate Firmenschild n
company organization Betriebsorganisation f [eco]
company policy Unternehmenspolitik f [eco]
company quality assurance representative Qualitätssicherungsbeauftragter des Unternehmens m
company references Firmennachweis m (z.B. in Zeitschriften)
company registration Firmeneintragung f [eco]
company representative Betriebsbeauftragter m [eco]
company stamp Firmenstempel m [eco]
company-owned betriebseigen
comparable analog (vergleichbar); gleichwertig; vergleichbar
comparable (to) vergleichbar (mit)
comparative relativ
comparative experiment Vergleichsversuch m [any]
comparative method Vergleichsverfahren n [any]
comparative value Vergleichswert m
comparator Vergleicher m [elt]
compare vergleichen v
compared to verglichen mit
compared with, as - gegenüber (im Vergleich)
comparison Vergleich m
comparison measuring Vergleichsmessung f [any]
comparison method Vergleichsmethode f [any]
comparison of costs Kostenvergleich m [eco]

comparison solution Vergleichslösung *f* [any]
comparison with, in - im Vergleich zu
compartment Abteilung *f*; Unterteilung *f*; Zelle *f* (Fach); Abteil *n* (Eisenbahn) [tra]; Fach *n* (Abteil)
compartment coach Abteilwagen *m* [tra]
compartment door Abteiltür *f* (Eisenbahn) [tra]
compartment floor Branddecke *f*
compartment mill Mehrkammermühle *f* [prc]
compartment pressure Zonenpressung *f* [pow]
compartment separator Abteilungstrennplatte *f* [tec]
compartmentalize abschotten *v* [prc]
compass Kompass *m*; Zirkel *m* (zum Zeichnen) [con]
compass needle Kompassnadel *f*; Magnetnadel *f*
compass saw Stichsäge *f* [wzg]
compass survey Kompassvermessung *f* [any]
compass, point of the - Himmelsrichtung *f*
compatibility Kompatibilität *f*; Verträglichkeit *f*
compatible kompatibel; vereinbar; verträglich
compatible with codes übereinstimmend mit den Regeln
compatible with public interest gemeinwohlverträglich
compatible with the environment umweltgerecht; umweltverträglich
compatible with transportation needs verkehrsgerecht [tra]
compendium Handbuch *n*
compensate entzerren *v*; kompensieren *v*
compensated pendulum Kompensationspendel *n* (Uhr) [tec]
compensating beam Ausgleichshebel *m* [tec]
compensating bend Ausdehnschleife *f* [pow]
compensating bushing Ausgleichsbuchse *f* [tec]
compensating cable Ausgleichskabel *n* (Thermoelement) [elt]
compensating conductor Ausgleichsleitung *f* (Thermoelement) [any]
compensating control Ausgleichsteuerung *f* [tra]
compensating current Kompensationsstrom *f* [elt]; Ausgleichsstrom *m* [elt]
compensating element Kompensationselement *n* [prc]
compensating gear Ausgleichsrad *n* [tec]
compensating jet Ausgleichsdüse *f* [tec]
compensating line Kompensationsleitung *f* [prc]
compensating pipe Kompensatorleitung *f* [prc]
compensating resistance Kompensationswiderstand *m* [elt]; Vorwiderstand *m* [elt]
compensating resistor Ausgleichswiderstand *m* [elt]
compensating rod Kompensationsstab *m* [tec]
compensating sheet Ausgleichsblech *n*
compensating shim washer Ausgleichsscheibe *f* [tec]
compensating strip Ausgleichsstreifen *m* [pow]
compensating terminal Abgleichklemme *f* [elt]
compensating voltage Ausgleichsspannung *f* [elt]; Kompensationsspannung *f* [elt]
compensating weight Balanzierscheibe *f* [tec]; Ausgleichsgewicht *n* [phy]
compensation Abfindung *f* [eco]; Entschädigung *f* [jur]; Entzerrung *f* [elt]; Kompensation *f*; Vergütung *f* (Bezahlung für Arbeit) [eco]; Ausgleich *m*; Ersatz *m* (Entschädigung); Entgelt *n* [eco]; Schmerzensgeld *n* [jur]
compensation claim Schadenersatzanspruch *m* [jur]
compensation for pain and suffering Schmerzensgeld *n*
compensation method Kompensationsmethode *f*
compensation of potential Potentialausgleich *m*
compensation of pressure Druckausgleich *m*
compensation pipe Ausgleichsleitung *f* [prc]
compensation support Ausgleichstütze *f*
compensation tube Ausgleichsrohr *n* [prc]
compensation, duty to pay - Entschädigungspflicht [jur]
compensation, right to - Regressanspruch *m* [jur]
compensator Ausgleichsvorrichtung *f*; Dehnlinse *f* [pow]; Ausgleicher *m* (Kompensator) [prc]; Kompensator *m* (mechanisch); Phasenschieber *m* [elt]; Ausgleichsglied *n*
compensator bellows Kompensatorbalg *m* [prc]
compensator control Ausgleichsteuerung *f* [tra]
compensator pipe Kompensatorrohr *n* [tra]
compensator reservoir Ausgleichbehälter *m* [was]
compensator spring Ausgleichsfeder *f* [tec]
compete konkurrieren *v* [eco]
competence Kompetenz *f*; Zuständigkeit *f*
competence, competing - konkurrierende Zuständigkeit *f*
competence, exclusive - ausschließliche Zuständigkeit *f*
competency Fähigkeit *f* (vom Können her)
competency of court Gerichtsstand *m* (Ort u. anzuwendendes Recht) [jur]
competent befugt; fachkundig; kompetent
competent to pass resolutions beschlussfähig [jur]
competition Konkurrenz *f* [eco]; Wettbewerb *m* (Ausscheidung, Turnier) [eco]
competitive konkurrenzfähig [eco]; wettbewerbsfähig (marktgerecht) [eco]
competitive advantage Wettbewerbsvorteil *m* [eco]
competitive edge, maintain the - Wettbewerbsfähigkeit erhalten [eco]
competitive price Konkurrenzpreis *m* [eco]
competitiveness Wettbewerbssituation *f* [eco]
competitor Konkurrent *m* [eco]; Mitbewerber *m* [eco]; Wettbewerber *m* (Konkurrent) [eco]
compilation Zusammenstellung *f* (Liste)
compile zusammenstellen *v*; zusammentragen *v* [bau]
compiler Compiler *m* (Software) [edv]; Übersetzer *m* [edv]; Übersetzungsprogramm *n* (Software) [edv]
compiler program Kompilierprogramm *n* (Software) [edv]
compiling Kompilieren *n* (Software) [edv]
compiling program Kompilierer *m* (Software) [edv]
complain reklamieren *v*; sich beschweren *v* (reklamieren)
complaint Beanstandung *f*; Beschwerde *f* (Gericht) [jur]; Mängelrüge *f* [jur]; Reklamation *f*

complaints authority Widerspruchsbehörde *f* [jur]
complement Ergänzung *f* (Vollendung); Vervollständigung *f* (Ergänzung); Komplement *n* [mat]
complementary ergänzend
complementary work Zusatzleistung *f* (Arbeit)
complete fertig gestellt; gesamt; komplett; lückenlos; total; vollkommen; vollständig
complete abschließen *v* (fertig stellen); ausarbeiten *v* (vervollständigen); ausbauen *v* (vergrößern); beenden *v* (vervollständigen); ergänzen *v* (vervollständigen); fertig stellen *v*; vervollständigen *v*; vollenden *v*
complete automation Vollautomatisierung *f*
complete closure Vollsperrung *f* [tra]
complete combustion vollständige Verbrennung *f* [pow]
complete demineralization Vollentsalzung *f* [was]
complete edition Gesamtausgabe *f* (z.B. Buch)
complete joint penetration groove volldurchgeschweißte Fugennaht *f* [wer]
complete lubrication Vollschmierung *f* [tec]
complete maintenance Vollwartung *f*
complete package Komplettpaket *n*
complete plant Gesamtanlage *f*
complete plants komplette Anlagen *pl*
complete steel Ganzstahl *m* [tec]
complete steel box Ganzstahlkasten *m* [tec]
completed fertig gestellt
completely absolut (vollständig); restlos
completeness Vollständigkeit *f*
completing ergänzend (überlappend)
completion Beendigung *f* (Fertigstellung); Ergänzung *f*; Fertigstellung *f*; Herstellung *f* (Fertigstellung); Vollendung *f*; Abschluss *m* (Beendigung einer Arbeit); Ausbau *m* (Erweiterung)
completion date Fertigstellungstermin *m*
completion of the interior Innenausbau *m* [bau]; Innenausbau *m* [bau]
complex komplex (vielschichtig); mehrteilig; vielschichtig; zusammengesetzt (vielschichtig)
complex Anlage *f* (Gesamtanlage) [bau]; Komplex *m*
complex amplitude komplexe Amplitude *f*
complex analysis Komplexanalyse *f* [any]
complex chemical reaction Komplexreaktion *f* [che]
complex chemistry Komplexchemie *f* [che]
complex compound Komplexverbindung *f* [che]
complex formation Komplexbildung *f* [che]
complex former Komplexbinder *m* [che]
complex frequency komplexe Frequenz *f*
complex function of time komplexe Zeitfunktion *f* [mat]
complex of buildings Gebäudekomplex *m* [bau]
complex of houses Gebäudekomplex *m* [bau]
complex power komplexe Leistung *f*
complex quantity komplexe Größe *f* [elt]
complexing agent Komplexbildner *m* [che]
complexity Komplexität *f*; Kompliziertheit *f*
compliance with, in - in Übereinstimmung mit
compliant coupling weiche Kupplung *f* [tec]
compliant motion nachgebende Bewegung *f* [edv]
complicate erschweren *v*; komplizieren *v*
complicated kompliziert
complicatedness Kompliziertheit *f*
complication Komplikation *f*
comply the requirements Anforderungen erfüllen *v*
comply with einhalten *v* (z.B. Vertragsbestimmungen) [jur]
component Baueinheit *f* [con]; Komponente *f*; Baustein *m* (Teil des Ganzen) [con]; Bestandteil *m* (Komponente) [che]; Modul *m* (Bestandteil, Komponente); Bauelement *n* [con]; Bauteil *n* (z.B. der Maschine) [con]; Einbauteil *n*; Einzelteil *n*; Glied *n* (Bauteil); Ingrediens *n* [che]
component correction Komponentenausgleich *m*
component density Packungsdichte *f* (Bauelemente) [edv]
component of plants Pflanzenbestandteil *m* [bff]
component part Bauteil *n*; Bestandteil *n* (einer Maschine)
component parts Bestückung *f* (Teile)
component test Bauelementprüfung *f* [any]; Stückprüfung *f* [any]
component, active - Wirkstoff *m* [met]; aktives Bauelement *n* [edv]
components layout Bestückung *f* (Platine)
compose zusammensetzen *v* (bilden)
composed zusammengesetzt (verbunden (chemisch)) [che]
composed of, be - bestehen aus *v*
composite zusammengesetzt (zusammengestellt) [met]
composite Verbundwerkstoff *m* [met]
composite bearing Verbundlager *n* [tec]
composite board Verbundplatte *f* [met]
composite building Verbundbau *m* [bau]
composite casting Verbundguss *m* [roh]; Verbundgießen *n* [roh]
composite construction Verbundbauweise *f*
composite design Verbundkonstruktion *f* (Blech u. Guss) [bau]
composite error, tangential - Einflankenwälzabweichung *f* (Zahnrad) [tec]
composite error, total - Zweiflankenwälzfehler *m* (Zahnrad) [tec]
composite feed Mischfutter *n* [far]
composite film Verbundfolie *f* [met]
composite fuel Gemischkraftstoff *m* [tra]
composite material Verbundstoff *m* [met]; Verbundwerkstoff *m* [met]; Verbundmaterial *n* [met]
composite plastic Verbundkunststoff *m* [met]
composite sample Durchschnittsprobe *f*; Mischprobe *f* [any]
composite spring Verbundfeder *f* [tec]
composite steel roll Verbundstahlwalze *f* [tec]
composite structure Verbundkonstruktion *f* [met]
composition Beschaffenheit *f* (Zusammensetzung); Stampfmasse *f* [pow]; Zusammensetzung *f* [che];

Aufbau *m* (Struktur); Aufsatz *m* (Schriftsatz, Essay); Gemenge *n* (Mischgut) [che]
composition floor Estrich *m* [bau]
composition metal Legierung *f* [met]
composition of flue gases Rauchgaszusammensetzung *f* [air]
composition of material Stoffzusammensetzung *f* [met]
composition of mixture Gemischzusammensetzung *f*
composition proceedings Vergleichsverfahren *n* [jur]
compost Mischdünger *m* [far]
compost kompostieren *v* [far]
compost bin Komposter *m* [far]
compost filter Kompostfilter *m*
compost heap Komposthaufen *m* [far]
compost transport Komposttransport *m* [far]
compost, off specification - nicht spezifikationsgerechter Kompost
compostable kompostierbar [bio]
composting Düngung *f* [far]; Kompostierung *f* [far]
composting drum Komposter *m* [far]
composting equipment Kompostierungsanlage *f* [far]
composting of organic waste Bioabfallkompostierung *f*
composting plant Kompostieranlage *f* [far]; Kompostwerk *n* [rec]
composting process Kompostierverfahren *n* [far]
composting system Rottesystem *n* [rec]
compound zusammengesetzt (verbunden (chemisch)) [che]
compound Mischung *f* (Gemisch, Verbindung); Verbindung *f* (Vereinigung) [che]; Zusammensetzung *f* [che]; Verbund *m* [met]
compound mischen *v* (Chemikalien) [che]; vermischen *v* [prc]; versetzen *v* (vermischen); zusammensetzen *v* (mischen) [che]
compound bearing Mehrstofflager *n* [tec]
compound compressor Verbundkompressor *m* [tec]
compound data type zusammengesetzter Datentyp *m* [edv]
compound die Komplettschnitt *m* [wer]
compound fertilizer Komplexdünger *m* [far]; Volldünger *m* [far]
compound fibre Verbundfaser *f* [met]
compound fraction Doppelbruch *m* [mat]
compound glass Sicherheitsglas *n* [met]; Verbundglas *n* [met]
compound lever Hebelwerk *n* [tec]
compound load zusammengesetzte Belastung *f*
compound steel Verbundstahl *m* [met]
compound tool-sets Folgeverbundwerkzeuge *pl* [wzg]
compound turbine mehrgehäusige Turbine *f* [pow]
compound type transistor Verbundtransistor *m* [elt]
compound winding Verbundwicklung *f* [elt]
compound, aromatic - aromatische Verbindung *f* [che]
compounding Kunststoffaufbereitung *f* [che]
compounding room Mischraum *m* [prc]

comprehend fassen *v* (begreifen)
comprehensibility Verständlichkeit *f*
comprehensible allgemein verständlich; verständlich (klar ausgedruckt)
comprehensive lückenlos; umfassend (z.B. umfassendes Programm)
comprehensive construction services komplette Baudurchführung *f* [bau]
comprehensive general liability insurance Produkthaftpflichtversicherung *f* [jur]
comprehensive insurance Kaskoversicherung *f* [jur]; Maschinenbruchversicherung *f* [jur]
comprehensive line umfassendes Fertigungsprogramm *n*
compress Umschlag *m* [hum]
compress komprimieren *v*; pressen *v* (komprimieren); stampfen *v* (feststampfen); stauchen *v* [wer]; verdichten *v* (zusammendrücken) [air]; zusammendrücken *v*; zusammenpressen *v*
compressed air Druckluft *f*; Pressluft *f* [air]
compressed bale Pressballen *m* [met]
compressed cork Isolierplatte aus Kork *f* [bau]
compressed element Druckglied *n*
compressed fibre Hartfaserplatte *f* [met]
compressed fibreboard Faserpressplatte *f* [met]; Spanplatte *f* [met]
compressed gas Druckgas *n*; Flaschengas *n*
compressed gas cylinder Druckgasflasche *f*
compressed member Druckglied *n*
compressed rod Druckglied *n*
compressed wood Kunstholz *n* [met]
compressed, highly - hochverdichtet
compressed-air aeration Druckluftbelüfter *m* [was]
compressed-air chamber Luftkammer *f* [air]
compressed-air cleaner Druckluftfilter *m* [air]; Druckluftreiniger *m* [air]
compressed-air connection Druckluftanschluss *m*
compressed-air cooling Druckluftkühlung *f* [prc]
compressed-air cushion Druckluftkissen *n* [tec]
compressed-air cylinder Luftflasche *f* [pow]
compressed-air distributor Druckluftverteiler *m* [air]
compressed-air drill Druckluftbohrer *m* [wzg]
compressed-air drive Druckluftantrieb *m* [pow]
compressed-air engine Druckluftmotor *m* [tec]
compressed-air filter Druckluftreiniger *m* [air]; Pressluftfilter *m* [air]
compressed-air hose Druckluftschlauch *m* [air]
compressed-air line Druckluftleitung *f* [prc]; Pressluftleitung *f* [air]
compressed-air motor Pressluftmotor *m* [pow]
compressed-air mounting Pressluftarmatur *f* [air]
compressed-air receiver Druckluftbehälter *m*
compressed-air reservoir Druckluftbehälter *m*
compressed-air shift cylinder Druckluftschaltzylinder *m* [air]
compressed-air stirrer Pressluftrührwerk *n* [prc]
compressed-air tubing Druckluftschlauch *m* [air]
compressibility Kompressibilität *f* [phy]

compressible kompressibel [phy]; zusammenpressbar
compressible packing Weichdichtung f [tec]; weiche Dichtung f [tec]; Weichstoffpackung f [tec]
compressible seal weiche Dichtung f [tec]; Weichstoffdichtung f [tec]
compressing Komprimierung f (Software) [edv]; Verdichtung f (Gase) [prc]; Komprimieren n
compression Einfederung f (Druckfeder) [tec]; Kompression f [phy]; Komprimierung f (Software) [edv]; Verdichtung f (Untergrund) [bau]; Druck m [phy]
compression area Druckfläche f
compression bar Druckstab m [bau]
compression component Druckkomponente f [phy]
compression coupling Druckkupplung f [tec]
compression factor Pressungsfaktor m (Dichtung) [tec]
compression faucet Auslassventil n [prc]
compression fibre Druckfaser f
compression fitting Klemmringverschraubung f [tec]
compression gland Stopfbuchse f [tec]; Stopfbuchsverschraubung f [tec]
compression heat Kompressionswärme f [phy]
compression heat sealing Heißsiegeln n [wer]
compression ignition engine Dieselmotor m [pow]
compression joint Klemmverbindung f [tec]; Quetschverschraubung f (als Verbindung)
compression load Druckbeanspruchung f
compression member Druckglied n
compression mould Pressform f [wer]
compression moulding material Formpressstoff m [met]
compression moulding press Formpresse f [wer]
compression moulding technology Pressen und Formtechnik f [wer]
compression pressure Kompressionsdruck m
compression ratio Kompressionsverhältnis n [tra]; Verdichtungsverhältnis n [tra]
compression refrigerating machine Kompressionskältemaschine f [pow]
compression refrigerator Kompressorkühlschrank m [elt]
compression release lever Dekompressionshebel m [tra]
compression ring Druckring m [tec]; Kolbenring m [pow]; Kompressionsring m [tra]
compression rivet Hohlniete f [tec]
compression seal Pressdichtung f [tec]
compression spring Druckfeder f [tec]
compression strain Druckspannung f [met]; Druckverformung f [met]
compression stress Druckbeanspruchung f [met]
compression stroke Verdichtungshub m (im Motor) [tra]
compression surge drum Windkessel m [prc]
compression test Druckprobe f [any]; Druckprüfung f [any]; Druckversuch m [any]
compression wave Druckwelle f (auch Unglück) [phy]

compression with bending Biegedruck m
compression zone Druckzone f
compression, speed of - Kompressionsgeschwindigkeit f [phy]
compression-proof drucksicher
compression-resistant druckbeständig
compression-type connection Quetschverbinder m
compression-type fitting Klemmverschraubung f [tec]; Schneidringverschraubung f [tec]
compressional wave Kompressionswelle f [tra]
compressive ferrule Quetschhülse f
compressive ferrule coupling Klemmringverschraubung f [tec]
compressive force Druckkraft f [phy]
compressive load Druckbelastung f; Drucklast f
compressive reinforcement Druckbewehrung f [bau]
compressive strength Druckfestigkeit f [met]; Druckspannung f [met]; Druckwiderstand m [met]
compressive stress Druckspannung f [met]; Druck m [phy]
compressive yield stress Quetschspannung f [met]
compressor Kompressor m [air]; Verdichter m (Gase) [prc]
compressor bearing Verdichterlager n [tec]
compressor blade Verdichterschaufel f [prc]
compressor bleed air pipe Abblaseleitung f
compressor drive Verdichterantrieb m [prc]
compressor generator Kompressoraggregat n
compressor hub Gebläsenabe f [air]
compressor inlet Gebläseeinlauf m [air]
compressor journal bearing Radiallager n (Kompressorlager) [tec]
compressor oil Kompressorenöl n
compressor package Kompressorblock m [tec]
compressor shaft Verdichterwelle f [prc]
compressor stator Leitapparat m (Verdichter) [pow]
compressor support Verdichterstütze f [tec]
compressor thrust bearing Axiallager n (Kompressorlager)
compressor turbine Verdichterturbine f [prc]
compressor wheel Verdichterlaufrad n [prc]
compressor, air - Luftkompressor m [air]; Luftverdichter m [air]
compressor, charge air - Ladeluftverdichter m [tra]; Ladeverdichter m [pow]
Compton effect Comptoneffekt m [phy]
compulsion Zwang m (Handeln)
compulsory obligatorisch
compulsory indoctrination Unterrichtungspflicht f [jur]
compulsory insurance Pflichtversicherung f [jur]
compulsory membership Pflichtmitgliedschaft f [jur]
compulsory mixer Zwangsmischer m [prc]
compulsory purchase Enteignung für allgemeine Zwecke f
compulsory registration, duty of - Anmeldepflicht f [jur]
compulsory reporting Mitteilungspflicht f [jur]
compulsory waste Zwangsabfall m [rec]

computability Berechenbarkeit f [mat]
computable berechenbar [mat]
computable value Rechengröße f [mat]
computation Berechnung f [mat]; Kalkulation f [mat]; Rechnung f (Berechnung) [mat]
computation value Rechenwert m [mat]
computation-bound rechenintensiv
compute berechnen v [mat]; errechnen v; kalkulieren v; rechnen v
computer Datenverarbeitungsanlage f [edv]; Rechenanlage f [edv]; Rechenmaschine f [edv]; Computer m [edv]; Rechner m [edv]
computer aid Rechnerunterstützung f [edv]
computer aided rechnerunterstützt [edv]
computer application Computeranwendung f [edv]
computer cash register Computerkasse f
computer centre Rechenzentrum n [edv]
computer code Maschinensprache f (Software) [edv]
computer composition Computersatz m (Drucktechnik) [edv]
computer diagnosis Computerdiagnose f [edv]
computer engineer Computertechniker m [edv]
computer engineering Computerentwicklung f [edv]
computer era Computerzeitalter n [edv]
computer graphics Computergrafik f (Software) [edv]; Computergraphik f (Software (variant)) [edv]; grafische Datenverarbeitung f [edv]; graphische Datenverarbeitung f ((variant)) [edv]
computer instruction Maschinenbefehl m (Software) [edv]
computer interface Rechneranschluss m [edv]
computer kit Computerbausatz m [edv]
computer language Maschinensprache f (Software) [edv]
computer law Computerrecht n [jur]
computer letter Serienbrief m (Textverarbeitung) [edv]
computer mail Mail-Box f [edv]
computer manufacturer Computerhersteller m [edv]
computer network Rechnernetz n [edv]
computer print Computerausdruck m (z.B. auf Drucker) [edv]
computer print-out Rechnerausdruck m [edv]
computer program Computerprogramm n (Software) [edv]; Rechnerprogramm n (Software) [edv]
computer programming Computerprogrammierung f (Software) [edv]; Programmierung f [edv]
computer room Rechnerraum m [edv]
computer science Computerwissenschaft f [edv]; Informatik f
computer society Computergesellschaft f
computer staff Computerpersonal n
computer system Computersystem n [edv]; Datenverarbeitungssystem n [edv]; Rechnersystem n [edv]
computer technology Computertechnik f [edv]; Rechnertechnik f [edv]
computer typesetting Computersatz m (Drucktechnik) [edv]

computer velocity Rechengeschwindigkeit f (Hard-Software) [edv]
computer virus Computervirus m (Software) [edv]
computer-aided computergestützt [edv]; computerunterstützt [edv]; rechnergestützt
computer-aided design computerunterstützte Konstruktion f [edv]; computerunterstütztes Entwerfen n [con]; rechnergestütztes Konstruieren n [con]
computer-aided engineering rechnerunterstütztes Ingenieurwesen n [edv]
computer-aided learning computerunterstütztes Lernen n [edv]
computer-aided manufacturing computerunterstützte Fertigung f [edv]; rechnergestütztes Fertigen n [edv]
computer-aided quality supervision computerunterstützte Qualitätskontrolle f [edv]
computer-assisted computergestützt [edv]; computerunterstützt [edv]
computer-based computerbasiert; computergestützt [edv]
computer-controlled computergesteuert; rechnergesteuert
computer-independent programming language maschinenunabhängige Programmiersprache f (Software) [edv]
computer-integrated manufacturing computerintegrierte Fertigung f [edv]
computer-integrated systems for factory automation rechnerintegrierte Produktionssysteme pl [edv]
computer-managed computergeregelt; computerunterstützt [edv]
computer-readable computerlesbar [edv]
computerized numeric control rechnerunterstützte numerische Werkzeugmaschinensteuerung f [wer]
computing Rechnen n
computing centre Rechenzentrum n [edv]
computing error Rechenfehler m (im Rechner) [edv]
computing machine Rechenmaschine f [edv]
computing performance Rechenleistung f [edv]
computing procedure Berechnungsmethode f
computing speed Rechengeschwindigkeit f (Hard-Software) [edv]
computing time Rechenzeit f [edv]
concave hohl [opt]; hohlflächig; konkav
concave fillet Hohlkehle f
concave fillet weld Hohlkehlnaht f (Hohlkehle) [wer]
concave mirror Hohlspiegel m
concave transducer Hohlstrahler m (gekrümmter Strahler) [elt]
concave weld Hohlnaht f [wer]
concavity Einbuchtung f; Hohlform f
conceal kaschieren v (verhüllen); verbergen v (verstecken)
concealed unter Putz; verborgen (versteckt); verdeckt; versteckt
concealed cable Unterputzkabel n [elt]

concealed heating unsichtbare Beheizung f (von Räumen) [pow]
conceive fassen v (begreifen); konzipieren v (erdenken, ausdenken)
conceived konzipiert (erdacht, entwickelt)
concentrate Konzentrat n
concentrate anreichern v (sammeln, konzentrieren); aufbereiten v (Metall) [met]; eindicken v; konzentrieren v; richten v (leiten); verdichten v (konzentrieren) [prc]; verkochen v (konzentrieren) [che]; verstärken v (konzentrieren)
concentrate, additive - Additivkonzentrat f [che]
concentrated angereichert; hochprozentig; verstärkt [che]
concentrated acid konzentrierte Säure f [che]
concentrated force Einzelkraft f (auf einen Punkt wirkend) [phy]
concentrated load Einzelkraft f (auf einen Punkt wirkend) [phy]; Punktlast f [phy]
concentrated, highly - hochkonzentriert
concentrates Schlamm m (Schlich) [rec]
concentrating Bündelung f; Eindampfen n
concentrating mirror Sammelspiegel m (auch Sternwarte) [opt]
concentration Anreicherung f (Konzentration); Konzentration f; Verstärkung f (Konzentrierung) [che]; Zusammenballung f; Gehalt m (Konzentration)
concentration change Konzentrationsänderung f
concentration distribution Konzentrationsverteilung f
concentration gradient Konzentrationsgefälle n
concentration measuring instrument Konzentrationsmessgerät n [any]
concentration of a saturated solution Sättigungskonzentration f
concentration of mixture Gemischkonzentration f [prc]
concentration plant Eindampfanlage f
concentration unit Konzentrationseinheit f
concentration, effective - effektive Konzentration f
concentric konzentrisch
concentric gasket Manschettendichtung f
concentric gear box Koaxialgetriebe n [tec]
concentric run Rundlauf m [tec]
concentric running schlagfreier Lauf m [tec]
concentricity deviation Mittenabweichung f [con]
concentricity requirement Laufgenauigkeit f [tra]
concentricity, required - erforderliche Laufgenauigkeit f (bei Wellen) [tec]; notwendige Laufgenauigkeit f [tec]
concept Begriff m (Konzept); Konzept n
concept of a substance Stoffbegriff m [jur]
concept of damage Schadensbegriff m [jur]
conception Konzept n
conceptual drawing Übersichtszeichnung f [con]
conceptual formulation Aufgabenstellung f (Organisation)
conceptual scheme konzeptionelles Schema

concern betreffen v
concerned parties beteiligte Kreise pl (z.B. für Anhörungen)
concerning betreffend
concerns Belange pl
concerns, private - private Belange pl
concerns, public - öffentliche Belange pl
concert with, in - zusammen mit
concerted gemeinsam
concertina clash Auffahrunfall m (mehrere Fahrzeuge) [tra]; Zusammenstoß m (Auffahrunfall) [tra]
concertina expansion joint Faltenbalgkompensator m [tec]
concertina fold Leporellofalzung f
concession Bewilligung f (Genehmigung); Konzession f [eco]
concessions, agreed - erlaubte Abweichungen pl [con]
concise bündig; knapp (kurz); kurz
conclude beschließen v (abschließen)
concluded abgeschlossen (Vertrag) [jur]
concluding terms Schlussbestimmung f [jur]
conclusion Feststellung f (Schlussfolgerung); Regelung f (Beschluss) [jur]; Schlussfolgerung f; Rückschluss m
conclusion of an agreement Vertragsabschluss m [jur]
conclusion of business Geschäftsschluss m [eco]
concomitant Begleiterscheinung f
concourse Halle f (in Flughafen) [bau]
concrete Beton m [bau]
concrete betonieren v [bau]; einbringen v (Beton) [bau]
concrete additive Betonadditiv n [met]
concrete batch mixer Betonmischer m [bau]
concrete beam Betonträger m [bau]
concrete block, precast - Betonstein m [bau]
concrete blocks Betonsteine pl [bau]
concrete body Betonwanne f [bau]
concrete bond Haftputz m [bau]
concrete breaker Abbauhammer m [bau]
concrete bucket Betonkübel m (am Kran) [bau]
concrete column Betonpfeiler m [bau]
concrete component Betonfertigteil n [bau]
concrete construction Betonbau m [bau]
concrete construction, precast - Fertigteilbauweise f [bau]
concrete cover Betonüberdeckung f [bau]; Ummantelung mit Beton f [bau]
concrete curbstone Betonrandstreifen m [tra]
concrete delivery Betonförderung f [bau]
concrete desert Betonwüste f [bau]
concrete distributor Betonweiche f [bau]
concrete engineering Betonbau m [bau]
concrete envelope Betonmantel m (Kernreaktor) [bau]
concrete evidence Sachbeweis m [jur]
concrete filling Betonverfüllung f [bau]

concrete floor Betondecke f [bau]
concrete for radiation shielding Abschirmbeton m (Strahlung) [met]
concrete forms, make - einschalen v (Einschalung für Beton erstellen) [bau]
concrete formwork Betonschalung f [bau]
concrete foundation Betonfundament n [bau]
concrete grade Betongüteklasse f [bau]
concrete grey betongrau (RAL 7023) [nor]
concrete grout Vergussmörtel m [bau]
concrete in einbetonieren v [bau]
concrete insert Dübel m (Beton-) [bau]
concrete lining Betonauskleidung f [bau]
concrete manufacturing yard, precast - Betonwerk n [bau]
concrete mixer Betonmischer m [bau]
concrete mixing Betonaufbereitung f [bau]
concrete over zubetonieren v
concrete pavement Betondecke f (Gehweg) [bau]
concrete paving Betondecke f (Straße) [bau]; Betonieren f (Straßen) [bau]
concrete pipe Betonrohr n [bau]; Zementrohr n [met]
concrete placement Betonieren f [bau]
concrete placing boom Betonverteilermast m [bau]
concrete pressure Betondruck m [bau]
concrete pressure pickup Betondruckmessdose f [any]
concrete pump Betonpumpe f [bau]
concrete pump kit Betonpumpenbatterie f [bau]
concrete reinforcement Armierung f (Beton-) [bau]
concrete repair Betonsanierung f [bau]
concrete road Betonstraße f [tra]
concrete shield Betonschutz m [bau]
concrete skip Betonkübel m (am Lader) [mbt]
concrete skip attachment Betonkübelausrüstung f [mbt]
concrete slab Betonfahrbahn f (bei Bahn) [tra]; Betonplatte f [bau]
concrete sleeper Betonschwelle f (der Bahn) [tra]
concrete stone, precast - Betonstein m [bau]
concrete surface Betondecke f [bau]
concrete surfacing Betonauskleidung f [bau]
concrete surround Betonummantelung f [pow]
concrete testing Betonprüfung f [any]
concrete tie Betonschwelle f (der Bahn) [tra]
concrete transport Betontransport m [tra]
concrete transport system Betontransportsystem n [prc]
concrete unit Betonfertigteil n [bau]
concrete unit, precast - Betonfertigteil n [bau]
concrete vibrating machine Vibrationsverdichter m [bau]
concrete wall Betonwand f [bau]
concrete walling unit Betonstein m (Wand) [bau]
concrete work Betonarbeiten pl [bau]
concrete, acid refractory - säurebeständiger Beton m [bau]
concrete, aerated - Gasbeton m [met]

concrete, air-placed - Spritzbeton m [met]
concrete, armoured - Eisenbeton m [met]
concrete, green - Frischbeton m [met]
concrete, poor - Magerbeton m [met]
concreting work Betonieren f [bau]
concur with einhalten v (eine Bestimmung) [jur]
concurrency control Synchronisation f [elt]
concurrent simultan; übereinstimmend; zusammenfallend (zeitlich)
concurrent heat exchanger Gleichstromwärmeaustauscher m [pow]
concussion Druckschlag m [prc]
concussion spring Federdämpfer m [pow]
concussion-free erschütterungsfrei
condemnation Enteignung f (von Land) [jur]; Verurteilung f [jur]
condemned abbruchreif; abrissreif
condensate Niederschlag m (Kondensat); Kondensat n
condensate collector Kondensatsammelbehälter m [pow]
condensate drain Kondensatableiter m [pow]
condensate drainage Kondenswasserabscheider m
condensate polishing Kondensataufbereitung f [pow]
condensate pressure piping Kondensatdruckleitung f [pow]
condensate pump Kondensatpumpe f [prc]
condensate return Kondensatrückführung f [pow]
condensate separator Kondensatabscheider m [pow]
condensate storage vessel Kondensatspeicher m [pow]
condensate tank Vorlage f (Apparat) [prc]; Kondensatspeicher m [pow]
condensation Kondensation f; Verdichtung f (Dämpfe) [prc]; Verflüssigung f; Beschlag m (Niederschlag) [che]
condensation energy Kondensationsenergie f [phy]
condensation gutter Feuchtluftabzug m [air]; Schwitzwasserablauf m [was]
condensation heat exchanger Kondensationswärmeaustauscher m [pow]
condensation loss Abkühlverlust m [prc]; Kondensationsverlust m
condensation polymer Polykondensat n [che]
condensation polymerization Kondensationspolymerisation f [che]
condensation product Kondensationsprodukt n [prc]
condensation product collection plant Kondensatsammelanlage f [pow]
condensation pump Kondensationspumpe f [prc]
condensation shock Kondensationsstoß m [pow]
condensation suction pipe Kondensatsaugleitung f [pow]
condensation trail Kondensstreifen m (Luft) [air]
condensation trap Kondensatsammelgefäß n [pow]
condensation trough Feuchtluftabzug m [air]
condensation water Schwitzwasser n [was]
condensation, water of - Niederschlagswasser n
condense kondensieren v [prc]; niederschlagen v

(flüssig); verdichten *v* (kondensieren) [prc]; verflüssigen *v*
condensed font Schmalschrift *f* (Textverarbeitung)
condensed steam pump Kondensatpumpe *f* [pow]
condensed type Schmalschriftzeichen *n* (Textverarbeitung)
condensed water Kondensationswasser *n*; Kondenswasser *n*
condenser Kondensator *m* [elt]; Kühler *m* (Kondensator) [pow]
condenser base Kondensatorfuß *m* [pow]
condenser bottom plate Kondensatorboden *m* [pow]
condenser coil Kühlschlange *f* [pow]
condenser cooling-water pipe Kondensatorkühlrohr *n* [pow]
condenser hot well Heißwasserbehälter *m* (hinter Kondensator) [pow]
condenser neck Dampfdom *m* (Kondensator) [pow]; Kondensatordom *m* [pow]
condenser pinch point Kondensatorgrädigkeit *f* [pow]
condenser plate Kondensatorplatte *f* [elt]
condenser pressure monitor Kondensatordruckwächter *m* [pow]
condenser shell Kondensatormantel *m* [pow]
condenser tube Kondensatorrohr *n* [pow]
condenser unit Kondensationsanlage *f* [prc]
condenser vacuum Kondensatorvakuum *n* [pow]
condenser-discharged arc stud welding Lichtbogenbolzenschweißen mit Spitzenzündung *n* [wer]
condensing engine Kondensationsdampfmaschine *f* [pow]
condensing jet Einspritzstrahl *m*
condensing turbine Kondensationsturbine *f* [pow]
condensing vessel Kondensationsgefäß *n* [prc]
condensing water Kondenswasser *n*
condition Bedingung *f* (Voraussetzung); Klausel *f* (in Vertrag) [jur]; Kondition *f*; Lage *f* (Zustand); Vorgabe *f* (Bedingung); Stand *m* (Zustand); Zustand *m* (Verhältnisse)
condition konditionieren *v*
condition as received Anlieferungszustand *m*
condition of aggregation Aggregatzustand *m* [phy]
condition of equilibrium Gleichgewichtsbedingung *f*; Gleichgewichtslage *f*
condition of hardness Härtezustand *m* [met]
condition of loading Belastungsfall *m*
condition of surface Oberflächenbeschaffenheit *f*
condition of the site Baustellenverhältnis *n* (Zustand) [bau]
condition of truncation Abbruchbedingung *f* [bau]
condition of water Gewässerbeschaffenheit *f* [was]
condition, report on the - Befundbericht *m*
condition, specified - vorgegebene Bedingung *f*
conditional bedingt (von etwas abhängig)
conditional equation Bestimmungsgleichung *f* [mat]
conditioned ceiling Klimadecke *f* [bau]
conditioning Konditionierung *f*

conditioning cabinet Klimaschrank *m*
conditioning equipment Konditionierungsanlage *f*
conditioning room Klimaraum *m* [any]
conditions of acceptance Abnahmebedingungen *pl* [eco]
conditions of contract Vertragsbedingungen *pl* [jur]
conditions of life Existenzbedingungen *pl*
conditions of operation Betriebsbedingungen *pl*
conditions of payment Zahlungsbedingungen *pl* [eco]; Zahlungsbedingungen *pl* [eco]
conditions of production Herstellungsbedingungen *pl*
conditions of purchase Einkaufsbedingungen *pl* [eco]
conditions of use Benutzungsbedingungen *pl*
conditions, meet the - die Anforderungen erfüllen *v*
condominium Eigentumswohnung *f* ((A)) [bau]
conduct Führung *f* (Verhalten)
conduct abführen *v* (Wärme); betreiben *v* (durchführen, leiten); durchleiten *v*; führen *v* (durchführen, leiten); leiten *v* (übertragen) [elt]
conduct, rule of - Verhaltensmaßregel *f*
conductance Leitfähigkeit *f* [elt]; Leitwert *m* [elt]
conductibility Leitungsvermögen *n* [elt]
conducting durchlässig (Halbleiter) [elt]; leitfähig [elt]
conducting coil Induktionsspule *f* [elt]
conducting path Leiterbahn *f* [elt]
conduction Leitung *f* (Strom) [elt]
conductive durchlässig (Halbleiter) [elt]; leitfähig [elt]
conductive material Leitermaterial *n* [elt]
conductivity Leitfähigkeit *f* [elt]
conductivity measurement Leitfähigkeitsmessung *f* [any]
conductivity meter Leitfähigkeitsmesser *m* [any]
conductivity recorder Leitfähigkeitsschreiber *m* [any]
conductometer Leitfähigkeitsmesser *m* [any]
conductor Ader *f* (Kabel) [elt]; Leitung *f* (Strom) [elt]; Fernleitungsdraht *m* (auf Masten) [elt]; Leiter *m* [elt]; Leitungsdraht *m* (auf Masten) [elt]; Schaffner *m* [tra]; Stromleiter *m* [elt]; Zugführer *m* [tra]
conductor circuit Leiterkreis *m* [elt]
conductor clearance Spannungsabstand *m* [elt]
conductor drum Leitungstrommel *f* [elt]
conductor insulation Leiterisolierung *f* [elt]
conductor lead Stromzuführung *f* [elt]
conductor of heat Wärmeleiter *m* [met]
conductor rail Leitschiene *f* [elt]; Stromschiene *f* (Bahn) [elt]
conductor reel Leitungstrommel *f* [elt]
conductor sheath Aderumhüllung *f* (Kabel) [elt]
conductor terminal, protective - Schutzleiterklemme *f* [elt]
conductor, acoustic - Schalleiter *m* [aku]
conduit Leitung *f* (Leitungsmittel); Röhre *f*; Rohrleitung *f* [prc]; Stromzuführung *f* [elt]; Abzug

conduit box 130

m (Leitung); Durchlass *m* (z.B. Rohr) [was]; Kanal *m* (Kabel-) [elt]; Leitungskanal *m* [elt]; Leitungsrohr *n* [elt]; Rohr *n* (Leitung); Schutzrohr *n* [elt]
conduit box Verteilerdose *f* [elt]; Verteilerkasten *m* [elt]
conduit clip Rohrschelle *f* [tec]
conduit coupling Muffe *f* [tec]
conduit elbow Bogen *m* (in Leitung) [elt]
conduit pipe Installationsrohr *n* [elt]
conduit pit Kontrollschacht *m* [roh]
conduit saddle Rohrschelle *f* [tec]
conduit sewer Abwasserkanal *m* [was]
cone Kegel *m* (Geometrie); Konus *m*
cone bearing Kegellager *n* [tec]
cone belt Keilriemen *m* [tec]
cone belt drive Keilriemenantrieb *m* [tec]
cone brake Kegelbremse *f* [tec]
cone crusher Kegelbrecher *m* [prc]; Kreiselbrecher *m* [prc]
cone drive Kegelscheibenantrieb *m* [tec]
cone gauge Konuslehre *f* [any]
cone gear Kegelscheibenantrieb *m* [tec]
cone head Kegelkopf *m*
cone head rivet Kegelkopfniet *m* [tec]; Kegelniet *m* [tec]
cone impeller Kegelkreiselmischer *m* [prc]; Konuskreiselmischer *m* [prc]
cone mill Glockenmühle *f* [prc]; Trichtermühle *f* [prc]
cone of light Lichtkegel *m* [opt]
cone packing Dichtkegel *m* [tec]
cone pulley Kegelscheibe *f* [tec]; Stufenscheibe *f* [tec]
cone pulley drive Stufenscheibenantrieb *m* [tec]
cone seal Schliffdichtung *f* (Laborgeräte)
cone spring Kegelfeder *f* [tec]
cone wheel Stufenscheibe *f* [tec]; Kegelrad *n* [tec]
cone worm Globoidschnecke *f* [tec]
cone worm gear drive Globoidschneckengetriebe *n* [tec]
cone-shaped kegelförmig
cone-type wheel Konusrad *n*
confederation Verband *m* (Gesellschaft)
conference Fachtagung *f*; Konferenz *f*; Tagung *f*
conference circuit Konferenzschaltung *f* [edv]
conference rooms Tagungsräume *pl* [bau]
confidence interval Vertrauensbereich *m* (Statistik) [any]
configurate ausstatten *v* (Rechner) [edv]
configuration Anordnung *f* (Struktur, Aufbau); Ausführung *f* (Form, Art); Form *f* (Ausführung) [con]; Gestalt *f* (Struktur, Aufbau); Gestaltung *f* (Aufbau) [con]; Konfiguration *f*; Struktur *f* (Aufbau); Zusammenstellung *f* (in dieser Zusammenstellung); Aufbau *m* (in dieser Zusammenstellung) [con]; Bauzustand *m* [bau]; Gebilde *n* (Konfiguration)
configuration file Konfigurationsdatei *f* (Software) [edv]

configuration system Konfigurationssystem *n* (für Computer) [edv]
configuration, design - konstruktiver Aufbau *m* [con]
configuration, same - baugleiches Modell *n* [con]
confine eindämmen *v* [was]; einengen *v* (beschränken); einschränken *v* (begrenzen); einsperren *v* (begrenzen)
confined beschränkt (begrenzt)
confinement Beschränkung *f*
confirm bescheinigen *v*; bestärken *v* (bestätigen); bestätigen *v*; stärken *v* (bestärken)
confirmation Bestätigung *f*
confirmation by the competent authority Behördenbestätigung *f* [rec]
confirmation data Bestätigung *f* (EDV-Begriff) [edv]
confirmation of order Auftragsbestätigung *f* [eco]
confiscate beschlagnahmen *v* (enteignen, wegnehmen); [jur]
confiscated beschlagnahmt [jur]
confiscation Beschlagnahme *f* [jur]; Einziehung *f* (von Eigentum) [jur]
conflagration Flächenbrand *m* (z.B. im Gelände)
conflat Behältertragwagen *m* (für Container) [tra]
conflict Streitfall *m*
conflict of interests Interessenkonflikt *m* [jur]
confluence Zusammenfluss *m*; Zusammenfließen *n*
conformance Übereinstimmung *f* (Anpassung)
conformity Gesetzmäßigkeit *f* (der Arbeit) [jur]; Übereinstimmung *f* (Anpassung)
conformity with, in - entsprechend
confuse verwechseln *v*
confusing unübersichtlich
confusion Verwechslung *f*
congeal gefrieren *v*; stocken *v* (gerinnen)
congealing Gerinnung *f*
congealing point Erstarrungspunkt *m* (Gefrierpunkt) [met]
congealing temperature Erstarrungstemperatur *f* (Gefriertemperatur) [met]
congelation Einfrieren *n*
congested area Ballungsgebiet *n*
congestion Überlastung *f*; Verkehrsstau *m* [tra]
conglomerate Gemenge *n* [geo]; Konglomerat *n* [geo]
conglomerate konglomerieren *v*
conglomeration Ballung *f*; Zusammenballung *f* (Städte); Konglomerat *n*
congruence Deckung *f* (Zufall, auch zeitgleich); Kongruenz *f* [mat]; Übereinstimmung *f* (Deckungsgleichheit)
congruent deckungsgleich [mat]; kongruent
conic konisch
conic bearing Kegellager *n* [tec]
conical kegelförmig; konisch; konusförmig [con]; zapfenförmig (konisch) [con]
conical bearing Spitzenlager *n* [tec]
conical bushing Kegelbuchse *f* [tec]
conical clamping connection konische Klemmverbindung *f* [tec]

conical clutch Konuskupplung f [tec]
conical drum Kegeltrommel f [prc]
conical gear Kegelrad n [tec]
conical grinder Glockenmühle f [prc]; Kegelmühle f [prc]; Kegelbrecher m [prc]
conical head Konus m
conical helical spring konische Schraubenfeder f [tec]
conical mill Konusmühle f [prc]
conical pin Kegelstift m [tec]
conical pinion Kegelritzel n [tec]
conical piston Kegelkolben m [pow]
conical roller bearing Kegelrollenlager n [tec]
conical seal Kegeldichtung f [tec]; Schliffdichtung f (Laborgeräte)
conical seat Kegelpfanne f [tec]; Kegelsitz m [tec]
conical shell Kegelschale f
conical spring Kegelfeder f [tec]; Kegelstumpffeder f [tec]
conical spring washer Spannscheibe f (Schraubverbindung) [tec]; Tellerfeder f [tec]
conical strainer Kegelsieb n [prc]
conical tip Spitzmundstück n (Fettpresse) [tec]
conical valve Kegelventil n [prc]
conical washer Kegelscheibe f [tec]
conical widening konische Erweiterung f
conical worm Kegelschnecke f [tec]
conjugated bond konjugierte Bindung f [che]
conjunction Konjunktion f
conjunction with, in - in Verbindung mit
connect anschließen v (verbinden); ketten v (verbinden); koppeln v; polen v [elt]; schalten v (verbinden); verbinden v (zusammenbringen); verknüpfen v (verbinden); zusammenfügen v (verbinden) [wer]; zusammenschalten v; zuschalten v [elt]
connect as per customer's voltage Anschluss nach Spannung des Kunden m [elt]
connect charge Anschlussgebühr f (Telefon)
connect downstream nachschalten v
connect in parallel parallelschalten v [elt]
connect in series hintereinander anordnen v [con]; hintereinander schalten v [con]; vorschalten v [elt]
connect through durchschalten v [elt]
connect to earth erden v ((B)) [elt]
connect to output side nachschalten v
connect up verkabeln v [elt]
connect with anklemmen v
connected gekoppelt
connected in parallel parallel geschaltet [tra]
connected load Anschlusswert m [elt]
connected, be - zusammenhängen v
connecting block Schaltleiste f [elt]
connecting bolt Verbindungsbolzen m [tec]
connecting box Anschlussdose f [elt]; Klemmdose f [elt]
connecting branch Einsatzstutzen m; Rohrstutzen m [tec]
connecting bridge Laufbrücke f [bau]; Schaltbrücke f [elt]

connecting cable Anschlussleitung f [elt]; Schaltleitung f [elt]; Anschlusskabel n [elt]
connecting chart Anschlusstabelle f [con]
connecting clamp Anschlussstück n
connecting door Verbindungstür f [bau]
connecting fitting Anschlussnippel m [tec]
connecting flange Anschlussstutzen am Ventil m; Verbindungsflansch m [tec]
connecting gangway Verbindungssteg m [mbt]
connecting hose Verbindungsschlauch m [tra]
connecting lead Anschlussleitung f [elt]
connecting link Kulisse f (Verbindungselement) [tec]; Bindeglied n; Verbindungsglied n
connecting material Verbindungsmaterial n [elt]
connecting member Zwischenglied n [tec]
connecting nipple Anschlussnippel m [tec]
connecting nozzle Anschlussstutzen m [tec]
connecting part Verbindungsteil m [tec]
connecting parts Anschlussteile pl
connecting piece Anschlussstutzen m; Verbindungsstück n [tec]; Zwischenstück n
connecting pin Verbindungsbolzen m [tec]; Verbindungsstift m [tec]
connecting pipe Verbindungsleitung f [prc]; Verbindungsrohr n [prc]
connecting plate Abschlussblech n; Knotenblech n [bau]; Verbindungsblech n [tec]
connecting plug Anschlussstecker m [elt]
connecting ring Verbindungsring m [tec]
connecting rod Führungsstange f (Lenkerstange) [tra]; Kurbelstange f [tec]; Lenkerstange f [mbt]; Pleuelstange f [tec]; Schubstange f [tec]; Verbindungsstange f (an Lok) [tra]; Gestänge n (im Motor) [tra]
connecting rod bearing Pleuellager n [tra]
connecting rod bearing cap Pleueldeckel m [tra]
connecting rod bearing shell Pleuellagerschale f [tra]
connecting rod bolt Pleuelschraube f [tra]
connecting rod drilling machine Pleuelstangenbohrmaschine f [wzg]
connecting rod shank Pleuelschaft m [tra]
connecting screw Anschlussschraube f [elt]; Verbindungsschraube f [tec]
connecting shaft Verbindungswelle f [tec]
connecting sheet Anschlussbahn f (Dichtmaterial) [met]
connecting sleeve Rohrmuffe f [tec]; Verbindungsmuffe f [tec]
connecting splice Verbindungslasche f
connecting strip Klemmleiste f [elt]
connecting surface Anschlussfläche f; Auflagefläche f; Kopfauflage f (Schraubenkopf / Blech) [tec]; Sitzfläche f (des Bolzenkopfes) [tec]; Übergang m (zwei Bleche aneinander) [wer]
connecting terminal Klemme f (für Kabel) [elt]
connecting tube Winkelstück n [prc]
connecting weld Anschlussnaht f [wer]
connecting wire Schaltleitung f [elt]

connection Kopplung *f*; Kupplung *f* [tec]; Verbindung *f* (Anschluss) [elt]; Anschluss *m* (Leitung); Anschlussstutzen *m*; Stutzen *m* (Anschluss, Anschlussstutzen) [elt]; Zusammenhang *m*; Anschlussstück *n*
connection at rear side rückseitiger Anschluss *m*
connection block Anschlussblock *m* [tec]
connection box Anschlusskasten *m* [elt]
connection branch Anschlussstutzen *m*
connection cable Verbindungskabel *n* [elt]
connection component Anschlusselement *n*; Verbindungselement *n* (in Zeichnung) [con]
connection coupling Anschlusskupplung *f* [tec]
connection diagram Anschlussplan *m* [con]; Schaltplan *m* [con]; Schaltschema *n* [elt]
connection dimensions Anschlussmaße *pl* [con]
connection fitting Anschlussgarnitur *f* [tec]
connection flange Anschlussflansch *m*
connection flight Weiterflug *m* [tra]
connection for power supply Stromanschluss *m* [elt]
connection gasket Stutzendichtung *f* [tec]
connection head Anschlusskopf *m* (Thermoelement) [any]
connection in series Reihenschaltung *f*
connection interchanged Anschluss vertauscht *m*
connection joint Verbindungsstück *n* [tec]
connection load Anschlussbelastung *f* [elt]
connection nozzle Anschlussstutzen *m*
connection on both sides beidseitiger Anschluss *m*
connection piece Verbindungsstück *n*
connection piece, end - Endstück *n*
connection plate Anschlussplatte *f* [tec]; Verbindungsblech *n* [tec]
connection port Verbindungsbohrung *f* (Hydraulik) [tec]
connection screw Anschlussverschraubung *f* [tec]
connection set-up Verbindungsaufbau *m* [edv]
connection shaft Verbindungswelle *f* [tec]
connection socket, angular - Winkelanschlussstutzen *m* [tec]
connection strap Anschlusslasche *f*
connection thread Anschlussgewinde *n* [tec]
connection to the sewer Kanalisationsanschluss *m* [was]
connection tube Anschlussstutzen *m*
connection, breakable - lösbare Verbindung *f* [tec]
connection, demountable - lösbare Verbindung *f* [tec]
connection, dismountable - lösbare Verbindung *f* [tec]
connection, positive - formschlüssige Verbindung *f*
connection, releasable - lösbare Verbindung *f* (z.B. abschraubbar) [tec]
connection, screwed - Rohrverschraubung *f* [tec]; Verschraubung *f* [tec]; Gewindeanschluss *m* [tec]
connective tissue Bindegewebe *n* [hum]
connectivity Vernetzung *f*
connector Lasche *f* [tec]; Steckbuchse *f* (Steckdose) [elt]; Verbindungsklemme *f* [elt]; Gerätestecker *m* [elt]; Halter *m* [mbt]; Steckanschluss *m* [elt]; Stecker *m* [elt]; Verbindungsteil *m* [tra]; Verteiler *m* (mit einem Anschluss und mehreren Auslässen) [tra]; Anschlussstück *n* (Verbinder) [tec]; Passstück *n* [tec]; Verbindungsstück *n* [tra]; Zwischenglied *n*; Zwischenstück *n*
connector bar Verbindungsschiene *f* [tra]
connector block Kupplungsstück *n*
connector box Anschlussdose *f* [elt]
connector cable Verbindungskabel *n* [elt]
connector chain Laschenkette *f* [mbt]
connector flange Kupplungsscheibe *f* [tra]
connector pin Anschlussstift *m*; Kontaktstift *m* [elt]; Steckerstift *m* [elt]
connector plug Verbindungsstecker *m* [elt]
connector shell Steckergehäuse *n* [elt]
conscious bewusst
consciousness Bewusstsein *n*
consciousness, ecological - Umweltbewusstsein *n*
consecution Reihenfolge *f*
consecutive aufeinander folgend; hintereinander; konsekutiv
consecutive number fortlaufende Nummer *f*
consecutive numbering fortlaufende Nummerierung *f*
consecutive reaction Folgereaktion *f* [che]
consent Zustimmung *f*; Einverständnis *n*
consequence Auswirkung *f*; Folge *f* (Konsequenz); Konsequenz *f*
consequent folgerichtig
consequent loading darauf folgendes Beladen *n*
consequential damage Folgeschaden *m* (einschl. Drittschaden) [jur]
consequential pecuniary loss Vermögensfolgeschäden *pl* [jur]
consequently folglich (daher)
conservation Erhaltung *f* (z.B. Energie); Frischhaltung *f*; Konservierung *f*; Reinerhaltung *f* (Natur); Schutz *f* (Erhaltung); Haltbarmachung *n*
conservation area Naturschutzgebiet *n*
conservation law Erhaltungssatz *m*
conservation measure Schutzmaßnahme *f*
conservation of areas Flächenschutz *m*
conservation of energy Energieerhaltung *f* [pow]; Erhaltung der Energie *f*
conservation of food Lebensmittelkonservierung *f*
conservation of resources Ressourcenschonung *f* [roh]
conservation of soil Bodenschutz *m* [bod]
conservation of the environment Umweltschutz *m*
conservation of the landscape Landschaftspflege *f*
conservation technology Umweltschutztechnik *f*
conservation, duty of - Schutzpflicht *f* [jur]
conservationist Naturschützer *m*; Umweltschützer *m*
conserve erhalten *v* (bewahren); haltbar machen *v*; konservieren *v*; schonen *v*
consider bedenken *v* (nachdenken); berücksichtigen *v* (überlegen); betrachten *v* (überlegen); überlegen *v* (nachdenken)

consider defective beanstanden *v*
considerable erheblich
considerate überlegt (wohl durchdacht)
considered, well - überlegt (durchdacht)
consignee Empfänger *m* (Person, Institution)
consignment Lieferung *f* [eco]; Sendung *f* (Brief-)
consignment note Frachtbrief *m* ((B) Bahnfracht) [tra]; Warenbegleitschein *m* [eco]; Warenschein *m* [eco]
consignment, further - Nachlieferung *f* [eco]
consist of bestehen aus *v*
consistence Konsistenz *f* (Beständigkeit)
consistency Konsistenz *f* (Beschaffenheit); Übereinstimmung *f* (Einheitlichkeit)
consistency, relative - Konsistenzgrad *m* [bod]
consistent fest (massiv); konsequent; konsistent (widerspruchsfrei); regelmäßig (anhaltend, beständig)
consisting of several parts mehrteilig
console Konsole *f* [edv]; Bedienungsfeld *n* (Gerät, Bildschirm) [edv]; Bedienungspult *n*; Pult *n*; Steuerpult *n*
consolidate erstarren *v*; konsolidieren *v* (festigen); verdichten *v* (Untergrund) [mbt]
consolidated konsolidiert
consolidated rock Festgestein *n* [geo]
consolidation Setzen *n* [bod]
consortium Konsortium *n* [eco]
constancy Beständigkeit *f* (Konstanz, Treue); Dauerhaftigkeit *f* (Konstanz); Konstanz *f*; Stabilität *f* [elt]
constancy of temperature Temperaturkonstanz *f*
constant beständig (gleichbleibend); dauerhaft (konstant); dauernd; gleich bleibend; gleichmäßig (gleichbleibend); konstant (gleichbleibend); ständig (dauernd); stetig
constant Kennzahl *f*; Konstante *f*; Zahl *f* (Konstante)
constant committee ständiger Arbeitskreis *m*
constant current Dauerstrom *m* [elt]
constant data Konstante *f*
constant delivery konstanter Förderstrom *m*
constant displacement pump Pumpe mit konstantem Förderstrom *f* [prc]
constant error systematischer Fehler *m* [mat]
constant feed regulating valve Mengenregelventil *n* [tra]
constant inertia ruhende Energie *f* (Trägheit) [pow]
constant load Dauerbelastung *f*; Dauerlast *f*; gleich bleibende Beanspruchung *f*
constant mesh dauernder Eingriff *m* (der Zahnräder) [tec]
constant mesh gear Getrieberäder im ständigen Eingriff *pl* [tec]
constant power Dauerleistung *f*
constant pressure, line of - Isobare *f* (Wetter) [wet]
constant speed Konstantdrehzahl *f*
constant speed motor Motor mit konstanter Drehzahl *m* [pow]
constant strain Dauerbelastung *f*

constant temperature, line of - Isotherme *f*
constant value Festwert *m*
constant value control Festwertregelung *f*
constant volume Raumbeständigkeit *f* [met]
constant-level oiler Ölstandshalter *m* (Schmierung) [tec]
constant-velocity joint Doppelgelenk *n* [tec]
constant-volume raumbeständig [phy]
constantan Konstantan *n* [met]
constellation Anordnung *f* (zueinander)
constipation Verstopfung *f* [hum]
constituent Komponente *f* (Bestandteil) [met]; Bestandteil *m* (Komponente) [che]; Ingrediens *n* [che]
constituent of a mixture Gemengestoff *m* [che]
constituent part Anteil *m* (Bestandteil)
constituent part of a mixture Gemengeanteil *m* [che]
constitute ausmachen *v*; bilden *v* (einen Staat)
constitution Anordnung *f* (Aufbau); Beschaffenheit *f* (Aufbau, Verfassung); Konstitution *f*; Verfassung *f* (Grundgesetz) [jur]; Aufbau *m* (Struktur)
constitutional law Verfassungsrecht *n* [jur]
constitutional right Grundrecht *n* [jur]
constitutional right, ecological - ökologisches Grundrecht *n* [jur]
constrained motion erzwungene Bewegung *f*
constraint Behinderung *f* (Beschränkung); Beschränkung *f*; Randbedingung *f* [mat]; technische Begrenzung *f*
constrict abdrücken *v* (zudrücken) [any]; einschnüren *v* (zusammenziehen); verengen *v*
constricted eng (wenig Platz, Zeit)
constriction Drosselung *f*; Einschnürung *f*; Verengung *f*; Spaltraum *m* (Dichtung) [tec]
construct aufbauen *v* (bauen); bauen *v* [bau]; erbauen *v*; errichten *v* (bauen); herstellen *v* (bauen) [wer]; konstruieren *v* (erbauen) [bau]; montieren *v* (bauen)
constructed gebaut
construction Bauart *f*; Bauweise *f* (Konstruktion); Erstellung *f* [bau]; Gestaltung *f* (Struktur, Aufbau) [con]; Konstruktion *f* (Entwurf) [con]; Aufbau *m* (Konstruktion) [con]; Bau *m* (Bauen) [bau]; Tiefbau *m* [bau]; Bauen *n* [bau]; Bauwerk *n* [bau]; Gebilde *n* (Bauwerk) [bau]; Gefüge *n* (Zusammengefügtes) [met]; System *n* (Konstruktion)
construction administration Baubehörde *f* [bau]
construction aggregate Zuschlagstoff *m* [met]
construction body Baukörper *m* [tec]
construction class Feuerschutzklasse *f*
construction company Bauunternehmen *n* [eco]
construction costs Baukosten *pl*
construction crane Baukran *m*
construction element Bauelement *n* [con]
construction engineer Hochbauingenieur *m* [bau]
construction engineering Bautechnik *f* [bau]; Hochbau *m* [bau]
construction equipment Baugeräte *pl* [bau]

construction expense Bauaufwand *m* [bau]
construction fault Konstruktionsfehler *m* [con]
construction firm Baufirma *f* [bau]
construction glass Bauglas *n* [met]
construction ground Bauland *n*
construction in progress im Bau befindliche Anlage *f*
construction industry Bauindustrie *f* [bau]; Bauwirtschaft *f* [bau]
construction joint Arbeitsfuge *f*
construction law Baurecht *n* [jur]
construction lime Baukalk *m* [bau]
construction machine Baumaschine *f* [bau]
construction market Baumarkt *m*
construction material Baustoff *m* [met]; Baumaterial *n* [bau]
construction material moisture Baufeuchte *f* [bau]
construction method Bauausführungsverfahren *n* [bau]; Bauverfahren *n*
construction noise Baulärm *m* [aku]
construction of apparatus Apparatebau *m* [prc]
construction of dams Dammschüttung *f* [bau]
construction of waste dumps Deponiebau *m* [rec]
construction period Bauzeit *f* [bau]
construction plan Bauentwurf *m* [bau]
construction planing law Bauplanungsrecht *n* [jur]
construction planning Bauplanung *f* [bau]
construction plate Bauplatte *f* [bau]
construction product Baustoff *m* [met]
construction progress Baufortschritt *m* [bau]
construction project Bauvorhaben *n* [bau]
construction schedule Bauzeitenplan *m* [bau]; Arbeitsprogramm *n*
construction site Baustelle *f* [bau]; Bauplatz *m* [bau]
construction stage Ausbaustufe *f*; Bauabschnitt *m* [bau]
construction standard Baunorm *f* [bau]
construction standardization Baunormung *f* [bau]
construction steel sheet Konstruktionsblech *m* [met]
construction survey ingenieurtechnische Landaufnahme *f* [mbt]
construction technique Bautechnologie *f* [bau]
construction test bautechnische Prüfung *f* [any]
construction timber Bauholz *n* [bau]
construction type Bauart *f*
construction unit Baueinheit *f* [con]; Baugruppe *f* [con]; Bauelement *n* [con]; Bauteil *n* [con]
construction waste Bauabfall *m* [rec]; Bauschutt *m* [rec]
construction with prefabricated parts Fertigbau *m* [bau]
construction wood Konstruktionsholz *n* [met]
construction work Aufbauarbeit *f*; Bauarbeiten *pl* [bau]
construction worker Bauarbeiter *m* [bau]
construction, acoustic - schallabsorbierende Konstruktion *f* [bau]
construction, building under - Neubau *m* [bau]
construction, changing - Konstruktionsänderung *f* [con]

construction, enclosed type - geschlossene Bauart *f* [bau]
construction, form of - Ausführungsform *f*
construction, height of - Bauhöhe *f* (Gebäudehöhe) [con]; Gebäudehöhe *f* (Bauhöhe) [bau]
construction, new - Neukonstruktion *f* [con]
construction, sequence of - Bauablauf *m*
construction, type of - Bauart *f*; Bauform *f* [con]
construction, year of - Baujahr *n* (Auto) [tra]
constructional baulich; bautechnisch [bau]
constructional defect Konstruktionsfehler *m* [con]
constructional detail bauliche Einzelheit *f* [con]; Konstruktionselement *n* [con]
constructional material Konstruktionswerkstoff *m* [met]
constructional steel Baustahl *m* [met]; Konstruktionsstahl *m* [met]
constructional unit Bauelement *n* [con]
constructive element mechanisches Bauteil *n* [tec]
constructive element, mechanical - mechanisches Bauelement *n* [tec]
consult beraten *v*; nachschlagen *v*
consultancy agency Beratungsbüro *n*
consultant beratender Ingenieur *m*; Berater *m*
consultation Beratung *f*; Hinzuziehung *f* (von Experten); Rücksprache *f* (Vergewisserung, Bestätigung)
consulting Beratung *f*
consulting agreement Beratungsvertrag *m*
consulting engineer beratender Ingenieur *m*; technischer Berater *m*
consulting engineers Ingenieurbüro *n*
consulting firm Beratungsunternehmen *n*
consumable Schweißzusatz *m* (-zusätze) [met]
consumable good Verbrauchsgut *n* [eco]
consumable welding material Schweißzusatzwerkstoff *m* [met]
consumables Verbrauchsartikel *m* (z.B. Filtereinsätze) [tec]; Kleinmaterial *n* (Schrauben u. ä.); Hilfsstoffe *pl* [met]
consume aufbrauchen *v* (bis Ende verbrauchen); konsumieren *v*; verbrauchen *v* (aufbrauchen); verkonsumieren *v*; verzehren *v*
consumed current aufgenommener Strom *m* [elt]
consumer Konsument *m*; Stromabnehmer *m* (Verbraucher) [elt]; Verbraucher *m*
consumer durables langlebige Konsumgüter *pl*; Nutzungsgüter *pl*
consumer electronics Konsumelektronik *f* [elt]; Unterhaltungselektronik *f* [elt]
consumer goods Bedarfsgüter *pl*; Konsumgüter *pl*; Verbrauchsgüter *pl* (z.B. Lebensmittel) [eco]
consumer item Gebrauchsgut *n*; Verbrauchsgut *n* [eco]
consumer organization Verbraucherorganisation *f*
consumer protection Verbraucherschutz *m*
consumer taxes Verbrauchssteuern *pl* [jur]
consumer transaction facility Bankautomat *m*
consumer's behaviour Konsumverhalten *n*

consumer's cable Hausanschlusskabel *n* [elt]
consumer's centre Verbraucherzentrale *f*
consumer's habit Konsumverhalten *n*
consumerism, green - umweltorientierter Verbrauch *m* [eco]
consuming heat endotherm [che]
consumption Genuss *m*; Konsum *m*; Verbrauch *m* [eco]; Verzehr *m*
consumption of cooling water Kühlwasserverbrauch *m* [pow]
consumption of current Stromverbrauch *m* [elt]
consumption of energy Energieverbrauch *m* [pow]
consumption of material Werkstoffbedarf *m*
consumption of petrol Benzinverbrauch *m* [tra]
consumption of water Wasserverbrauch *m* [was]
consumption rate Verbrauchsmenge *f*
consumption residue Verbraucherabfall *m* [rec]
consumption residues Konsumabfälle *m* [rec]
contact Anlehnung *f* (Berührung); Auflage *f* (Aufliegen); Berührung *f*; Verbindung *f* (Kontakt) [elt]; Anschluss *m* (Kontakt) [elt]; Kontakt *m* [che]
contact zusammenschließen *v*
contact adhesive Haftkleber *m* [met]; Kontaktklebstoff *m* [met]
contact area Berührungsfläche *f*; Kontaktfläche *f*
contact assembly Kontaktanordnung *f* [elt]
contact bank Kontaktleiste *f* [elt]
contact bearing, angular - Schräglager *n* [tec]
contact bolt Steckkontakt *m* [tec]
contact breaker Unterbrecher *m* [tra]; Unterbrecherkontakt *m* [tra]
contact breaker cam Unterbrechungsnocken *m* [tra]
contact brush Kontaktbürste *f* [elt]
contact cathode Berührungskathode *f* [elt]
contact clamp Kontaktschale *f* [tec]
contact corrosion Kontaktkorrosion *f* [met]; Oberflächenberührungskorrosion *f* [met]; Oberflächenkorrosion *f* [met]
contact current Kontaktstrom *m* [elt]
contact drier Kontakttrockner *m* [prc]
contact electrode Kontaktelektrode *f* [elt]
contact erosion Kontaktabbrand *m* [elt]
contact face of radiator Strahlerfläche *f* [phy]
contact fault Kontaktfehler *m*
contact heating Berührungsheizung *f* [pow]
contact insecticide Berührungsinsektizid *n* [che]
contact lever Kontakthebel *m* [tec]; Schalterhebel *m* [elt]
contact line Fahrleitung *f* [elt]; Oberleitung *f* [elt]
contact lubricant Kontaktfett *n*
contact marking, length of - Länge des Zahntragbilds *f* (Zahnrad) [tec]
contact mat Kontaktmatte *f* (mechanische Matte) [mbt]
contact mat piloting Kontaktmattensteuerung *f* [mbt]
contact mat steering Kontaktmattensteuerung *f* [mbt]
contact pin Kontaktstift *m* [elt]
contact plate Kontaktplatte *f* [elt]; Kontaktboden *m*
contact plug Kontaktstecker *m* [elt]; Stecker *m* [elt]

contact point Kontaktstelle *f*; Angriffspunkt *m*; Kontaktpunkt *m* [met]; Schaltkontakt *m* [elt]
contact poison Kontaktgift *n* [hum]
contact pressure Flächenpressung *f* [tec]; Auflagedruck *m*
contact rail Stromschiene *f* [elt]
contact ratio Überdeckung *f* (Getriebe) [tec]; Überdeckungsgrad *m* (Zahnrad) [tec]
contact resistance Kontaktwiderstand *m* [elt]; Übergangswiderstand *m* [elt]
contact roller Führungsrolle *f* [tec]
contact scanning berührende Prüfung *f* [any]
contact screw Kontaktschraube *f* [elt]
contact seal Berührungsdichtung *f* [tec]
contact shoe Kontaktschuh *m* [elt]
contact socket Kontaktbuchse *f* [elt]
contact spacing Kontaktabstand *m* [elt]
contact spot Klebestelle *f*
contact spring Kontaktfeder *f* [tec]
contact stress Flankenpressung *f* (Getriebe) [tec]
contact stress, permissible - zulässige Flankenpressung *f* (Getriebe) [tec]
contact stud Kontaktstück *n* [tec]
contact surface Anlagefläche *f* [con]; Begrenzungsfläche *f*; Berührungsfläche *f*; Grenzfläche *f*; Kontaktfläche *f*; Übergang *m* (2 Bleche beim Schweißen) [wer]
contact thermometer Berührungsthermometer *n* [any]; Kontaktthermometer *n* [any]
contact travel Schaltweg *m* [tra]
contact voltage Kontaktspannung *f* [elt]
contact wire Fahrdraht *m* (Oberleitung) [tra]
contact with, be in - anliegen *v*
contact, acoustic - Strahlkontakt *m* (fest, flüssig) [phy]
contact, point of - Berührungsstelle *f*; Berührungspunkt *m*
contact-free berührungslos *f*
contacting load Kontaktspannung *f* (Dichtung)
contacting seal Berührungsdichtung *f*
contactless berührungslos
contactless measurement berührungslose Messung *f* [any]
contactless probe berührungslose Sonde *f* [any]
contactor Einschalter *m* [elt]; Fahrschütz *m* [elt]; Kontaktgeber *m* [elt]; Schalter *m* (Kontaktschalter) [elt]; Schaltschütz *m* [elt]; Schütz *m* (Relais) [elt]; Einstellstück *n* [tec]
contactor equipment Schützensteuerung *f* [elt]
contagious ansteckend [hum]
contain enthalten *v*; fassen *v* (enthalten); umfassen *v* (enthalten)
container Mulde *f* (Behälter) [rec]; Schale *f* (Gefäß); Behälter *m* (Ausgleichsbehälter) [tra]; Behälter *m* (Container) [met]; Bottich *m* (Behälter); Container *m* (Behälter); Kanister *m*; Tank *m*; Behältnis *n*; Gefäß *n* (Behälter)
container can Konservendose *f*
container carrier Container-Carrier *m* [tra]

container cell Containerzelle *f* [tra]
container depot Containerbahnhof *m* [tra]
container for raw materials Mulde für Rohwaren *f* (Behälter)
container for recoverable materials Wertstofftonne *f* [rec]
container glass Verpackungsglas *n* [rec]
container handling gears Containergeschirr *n*
container identification system Identifizierungssystem für Abfallsammelbehälter *n* [rec]
container mover Containerverschiebeeinrichtung *f* [tra]
container multi-purpose carrier Containermehrzweckfrachter *m* [tra]
container parking system Containerstellplatzsystem *n* [rec]
container port Containerhafen *m* [tra]
container press Containerpresse *f* [rec]
container pump Behälterpumpe *f* [prc]
container scale Behälterwaage *f*
container service Containerdienst *m*
container ship Behälterschiff *n* [tra]; Containerschiff *n* [tra]
container station Containerbahnhof *m* [tra]
container tank Depotcontainer *m* [rec]
container terminal Containerbahnhof *m* [tra]; Containerhafen *m* [tra]
container terminal facilities Containerumschlaganlage *f* [tra]
container transport Behälterbeförderung *f*
container transport vehicle Behälterbeförderungsfahrzeug *n* [rec]
container vessel Containerschiff *n* [tra]
container wagon Behälterwagen für Container *m* [tra]; Containertragwagen *m* [tra]
containing acid säurehaltig [met]
containing air lufthaltig
containing chalk kreidehaltig
containing chlorine chlorhaltig [che]
containing chromium chromhaltig (Lederindustrie)
containing coal kohlenhaltig
containing copper kupferhaltig
containing earth erdehaltig
containing faults fehlerbehaftet; fehlerhaft
containing fusel oil fuselhaltig [che]
containing gold goldhaltig
containing gypsum gipshaltig [met]
containing heavy metals schwermetallhaltig [met]
containing hydrogen wasserstoffhaltig
containing iron eisenhaltig
containing lead bleihaltig
containing lime kalkhaltig
containing little oil ölarm
containing nitrogen stickstoffhaltig
containing oil ölhaltig [met]
containing oxygen sauerstoffhaltig
containing ozone ozonhaltig [che]
containing petroleum erdölhaltig [roh]

containing potash kalihaltig
containing precious metal edelmetallhaltig [met]
containing resin harzhaltig
containing sodium natriumhaltig
containing starch stärkehaltig
containing uranium uranhaltig [met]
containment Reaktorkuppel *f* (Kernkraftwerk) [pow]
containment level Sicherheitsstufe *f* (Kernkraftwerk) [pow]
contaminant Beimischung *f* [met]; Fremdbestandteil *m* [met]; Schadstoff *m* [met]; Verschmutzungsstoff *m*; Umweltgift *n*
contaminate dotieren *v*; kontaminieren *v*; vergiften *v* (verunreinigen); verpesten *v*; verschmutzen *v*; verseuchen *v*; verunreinigen *v* (mit Schadstoffen)
contaminate with radiation verstrahlen *v*
contaminated dotiert; kontaminiert; unrein; verschmutzt; verunreinigt
contaminated air Abluft *f* [air]
contaminated area Belastungsgebiet *n* [bod]; verseuchtes Gebiet *n* [bod]
contaminated buildings kontaminierte Gebäude *pl* [bau]
contaminated environment kontaminierte Umwelt *f*; verschmutzte Umwelt *f*; verseuchte Umwelt *f*
contaminated gas Schadgas *n* [air]
contaminated ground verseuchtes Gebiet *n* [bod]
contaminated ground-water kontaminiertes Grundwasser *n* [was]
contaminated operations area kontaminierte Betriebsfläche *f* [bod]
contaminated sites Altlast *f* [bod]
contaminated soil belasteter Boden *m* [bod]; kontaminierter Boden *m* [bod]; verunreigter Boden *m* [bod]
contaminated water verseuchtes Wasser *n* [was]
contamination Belastung *f* (Verschmutzung); Kontamination *f*; Unreinheit *f* [che]; Vergiftung *f* (Verunreinigung); Verschmutzung *f*; Verseuchung *f* (z.B. durch Radioaktivität); Verunreinigung *f*; Umweltschaden *m*
contamination of drinking water Trinkwasserverseuchung *f* [was]; Trinkwasserverunreinigung *f* [was]
contamination of ground-water Grundwasserverseuchung *f* [was]
contamination of land Bodenkontamination *f* [bod]
contamination of waterbodies Gewässerbelastung *f* [was]
contamination, airborne - Luftverseuchung *f* [air]
contamination, radioactive - radioaktive Verseuchung *f*
contango Terminaufpreis *m* [eco]
contemplate erwägen *v* (überlegen); nachdenken *v* (überlegen, denken)
content Raumgröße *f*; Anteil *m* (Inhalt); Gehalt *m* (Anteil); Inhalt *m* (Volumen)
content by volume Raumgehalt *m* [phy]; Volumenanteil *m*

content by weight Gewichtsbestandteil *m*
content of harmful substances Schadstoffgehalt *m*
contents Einwaage *f*; Inhalt *m* (Text); Rauminhalt *m*
contents, table of - Inhaltsangabe *f*; Inhaltsverzeichnis *n*
contiguous abhängig (angrenzend); aneinander liegend
continent Kontinent *m*; Festland *n*
continental climate Kontinentalklima *n* [wet]
continental drift Kontinentalverschiebung *f* [geo]
contingent charges Eventualkosten *pl* [eco]
continual improvement kontinuierliche Verbesserung *f* (z.B. im Umweltmanagement)
continual strain Dauerbelastung *f*
continuance Bestand *m* (Fortbestehen)
continuation Fortdauer *f*; Fortführung *f*; Fortsetzung *f*; Fortbestand *m* [far]
continuation of production Fertigungsfluss *m*
continue fortbestehen *v*; fortfahren *v* (fortsetzen); fortführen *v* (fortsetzen); fortsetzen *v*
continue smouldering nachschwelen *v* [prc]
continued fraction Kettenbruch *m* [mat]
continued fraction expansion Kettenbruchentwicklung *f* [mbt]
continued payment during illness Gehaltsfortzahlung *f* [eco]
continued payment of wages Lohnfortzahlung *f* [eco]
continuity Kontinuität *f*; Stetigkeit *f*; Durchgang *m* (Leitfähigkeit) [elt]
continuity tester Durchgangsprüfer *m* [elt]
continuos rating Dauerleistung *f*
continuous dauerhaft (ununterbrochen); durchgehend (ununterbrochen); endlos (ringförmig); fortlaufend; gleichmäßig (gleichbleibend); kontinuierlich; regelmäßig; ständig (ununterbrochen); stetig; unaufhaltsam; ununterbrochen
continuous annealing line Contiglühe *f* [met]
continuous band clamping Spannbandschelle *f* [tec]
continuous basin Durchlaufbecken *n* [was]
continuous caster Stranggießanlage *f* [roh]
continuous casting Strangguss *m* [roh]; Stranggießen *n* [roh]
continuous casting method Stranggussverfahren *n* [roh]
continuous casting of slabs Stranggusshalbzeug *n* [met]
continuous chain mesh Laufnetz *n* (Schneekette) [tra]
continuous concrete mixer Durchlaufbetonmischer *m* [bau]
continuous conveyor Stetigförderer *m* [prc]; Stromförderer *m* [prc]
continuous fatigue test Dauerermüdungstest *m* [any]
continuous floor durchgehende Decke *f* [bau]
continuous flow heater Durchflusserhitzer *m* [elt]
continuous flow water heater Durchlauferhitzer *m* [elt]
continuous form Endlosformular *n*

continuous form paper Endlospapier *n*
continuous girder durchlaufender Träger *m* [tec]
continuous guidance ständige Anleitung *f*
continuous handling kontinuierliche Arbeitsweise *f*
continuous line Contiglühe *f* [met]
continuous load Dauerbeanspruchung *f* [met]; Dauerbelastung *f*; Dauerlast *f*; ständige Last *f* [bau]
continuous loop tube evaporator Schlangenrohrvorverdampfer *m* [pow]
continuous loop tube steaming economizer Schlangenrohrvorverdampfer *m* [pow]
continuous measurement ständiges Messen *n* [any]
continuous mining kontinuierlicher Abbau *m*
continuous mixer Durchlaufmischer *m*; Fließmischer *m* [prc]
continuous operation Dauerbetrieb *m*
continuous oscillation Dauerschwingung *f*; ungedämpfte Schwingung *f* [phy]
continuous output Dauerleistung *f*
continuous paper Endlosformular *n*; Endlospapier *n*
continuous process Dauerbetrieb *m*
continuous rain Dauerregen *m* [wet]
continuous rating Dauerbelastung *f*; Nenndauerlast *f* [elt]
continuous recording laufende Aufschreibung *f* [pow]
continuous regulator stetiger Regler *m*
continuous rolling Bandwalzen *pl* [met]
continuous rooflight Lichtband *n* (Dachlicht) [bau]
continuous running Dauerbetrieb *m*
continuous shaft durchgehende Welle *f* [tec]
continuous signal Dauersignal *n*
continuous signal transmitter Dauersender *m* [elt]; Dauerstrichsender *m* [elt]
continuous sound Dauerschall *m* [aku]
continuous stationary form printing Endlosdruck *m* [edv]
continuous stream crusher Schlagkopfbrecher *m* [wer]
continuous stress Dauerbeanspruchung *f* [met]
continuous systems kontinuierliche Systeme *pl* [mat]
continuous test Dauerprüfung *f* [any]
continuous text Fließtext *m* (Textverarbeitung)
continuous use Dauereinsatz *m*
continuous wave durchgehende Welle *f* [phy]; kontinuierliche Welle *f* [phy]
continuous wave generator Dauerschallerzeuger *m* [aku]
continuous wave modulation Dauerstrichmodulation *f* [elt]
continuous-band filter press Bandfilterpresse *f* [prc]
continuous-coil evaporator Einspritzverdampfer *m* [prc]
continuous-flow conveyor Stetigförderer *m* [prc]
continuous-line recorder Linienschreiber *m* [elt]
continuously cast wire rod Gießwalzdraht *m* [met]
continuously operated stetig betrieben
continuously regenerating trap kontinuierlich regenerierter Dieselfilter *m* [tra]

continuously variable setting stufenlose Einstellung f (Regelung)
continuum Kontinuum n
contour Außenlinie f [con]; Form f (Gestalt); Gestalt f (Umriss); Hülle f (Kontur); Kontur f; Randlinie f (Umriss) [con]; Umfang m (Kontur, Silhouette); Umriss m [con]; Profil n (Umriss)
contour echo Formecho n [elt]
contour gauge Schablone f
contour line Höhenlinie f [geo]
contour map Höhenlinienkarte f [geo]
contours of defect Fehlerumrisse m (Form und Aussehen)
contra account Gegenrechnung f (Gegenforderung) [eco]
contraceptive precautions Verhütungsmaßnahmen pl (Sicherheits-)
contract Abmachung f (Vertrag, Abkommen) [jur]; Auftrag m (Bestellung) [eco]; Vertrag m [jur]
contract einschnüren v (schrumpfen); einziehen v (Rohre) [wer]; kontrahieren v; schrumpfen v; schwinden v (schrumpfen); verengen v (zusammenziehen); verkürzen v (zusammenziehen); zusammenziehen v (einer Feder) [tec]
contract award Auftragsvergabe f
contract conditions, technical - technische Vertragsbedingungen pl [jur]
contract covering assignment abroad Auslandsvertrag m [jur]
contract covering engineering services Vertrag über Ingenieurleistungen m [jur]
contract execution Auftragsabwicklung f [eco]
contract execution, period of - Auftragsabwicklungszeit f [eco]
contract negotiation Vergabeverhandlung f [eco]
contract number Auftragsnummer f [eco]
contract of affreightment Befrachtungsvertrag m [tra]
contract of sale Kaufvertrag m [eco]
contract preparation Vertragsvorbereitung f [jur]
contract review Vertragsüberprüfung f [jur]
contract specifications Pflichtenheft n
contract, object of - Vertragsgegenstand m [jur]
contract, value of the - Auftragssumme f; Auftragswert m [eco]
contracted service Fremdleistung f [eco]
contracting Einfederung f (Spannung Kettenfeder) [mbt]
contracting company Baufirma f [bau]
contracting party Vertragspartner m [jur]
contraction Einschnürung f (Feuerraum; Rohre); Einziehung f (Einschnürung); Kontraktion f; Schrumpfung f; Schwindung f [met]; Verengung f (Feuerraum; Rohre) [pow]; Zusammenziehung f (Einschnürung) [pow]; Schrumpfen n
contraction allowance Schwindmaß n [con]
contraction cavity Kernlunker m (Fehler in Materialmitte) [met]
contraction choke Staurohr n [tra]

contraction joint Schwindfuge f [bau]
contraction, coefficient of - Kontraktionskoeffizient m [met]
contractor Fremdfirma f; Auftragnehmer m [eco]; Bauausführender m [bau]; Kontraktor m; Lieferant m [eco]; Nachunternehmer m (Subunternehmer); Unternehmer m [eco]; Baugeschäft n [bau]
contractual vertraglich [jur]
contractual allocation of liability vertragliche Haftungsverteilung f [jur]
contractual claim to recourse vertraglicher Regressanspruch m [jur]
contractual duty vertragliche Pflicht f [jur]
contractual obligation vertragliche Bindung f [jur]
contractually binding bindend [jur]
contractually committed bindend [jur]
contradiction Einwand m (Gegenargument); Widerspruch m [jur]
contrarotating gegeneinander laufend
contrarotation Gegenläufigkeit f
contrary flexure turnout Außenbogenweiche f [tra]
contrary to regulations unvorschriftsmäßig [jur]
contrast Gegensatz m; Kontrast m [opt]
contrast agent Kontrastmittel m
contrast medium Kontrastmittel n [hum]
contravene zuwiderhandeln v
contravening the regulations ordnungswidrig [jur]
contravention of regulatory regulations Ordnungswidrigkeit f [jur]
contribute spenden v
contribution Spende f; Umlage f [eco]; Beitrag m; Zuschuss m [eco]
contributor Spender m
contributory negligence Mitverschulden n [jur]
control Ansteuerung f; Bedienung f (einer Maschine); Beeinflussung f; Bekämpfung f; Beobachtung f (Kontrolle) [elt]; Betätigung f (Steuerung); Kontrolle f (Regelung); Kontrolle f (Steuerung); Lenkung f; Regelung f; Steuerung f; Überwachung f (any)
control ansteuern v (regeln); beaufsichtigen v (regulieren, leiten); betätigen v (maschinell); kontrollieren v (regulieren, steuern); lenken v (kontrollieren); nachprüfen v [any]; prüfen v (kontrollieren) [any]; regeln v (steuern); regulieren v; schalten v (regeln); steuern v; überwachen v; verwalten v
control accuracy Regelgenauigkeit f
control air Steuerluft f [tra]
control analysis Kontrollanalyse f [any]
control block Programmblock m [tec]; Steuerblock m [tec]
control block support Steuerblockhalterung f [tec]
control board Schaltbrett n [elt]; Steuerpult n
control bolt Steuerbolzen m [tec]
control box Schaltkasten m; Steuerkasten m; Kasten für Kontrollgeräte n [elt]
control box, local - Nahbedienungskasten m [tec]
control bush Steuerbuchse f [tec]

control button Bedienungsknopf *m*
control cabin Steuerkabine *f*
control cabinet Kontrollschrank *m* (Schaltschrank) [elt]; Schaltschrank *m* [elt]
control cable Steuerkabel *n* [elt]
control cam Steuerscheibe *f*; Steuernocken *m*
control character Steuerzeichen *n* (Software) [edv]
control circuit Regelkreis *m*; Steuerkreis *m*; Steuerkreislauf *m*; Steuerstromkreis *m* [mbt]; Steuerungskreis *m* [tra]
control circuit breaker Steuerstromunterbrecher *m* [mbt]
control circuitry cabinet Steuerschrank *m* [elt]
control column Schaltturm *m* [tra]
control command Steuerbefehl *m*; Kommando *n* (Software) [edv]
control conduit Steuerleitung *f* [elt]
control cone Regelkegel *m* (im Ventil) [prc]
control console Leitstand *m*; Leitpult *n* [any]; Schaltpult *n* [tra]
control contactor Steuerschütz *m* [elt]
control current Steuerstrom *m* [elt]
control current cut-out Steuerstromunterbrecher *m* [mbt]
control cylinder Stellzylinder *m*; Steuerzylinder *m* [tra]
control desk Leitstand *m*; Bedienungspult *n*; Schaltpult *n* [pow]; Steuerpult *n*
control determination Kontrollbestimmung *f* [any]
control device Betätigung *f* (z.B. Knopf oder Hebel); Kontrolleinrichtung *f*; Regelvorrichtung *f*; Steuerungseinrichtung *f* [elt]; Überwachungseinrichtung *f* [any]; Betätigungsknopf *m*; Regelgerät *n*; Steuerelement *n*; Steuergerät *n* [tra]
control drive Regelantrieb *m* [tra]
control drive mechanism Steuerantrieb *m*
control drum Steuerwalze *f*
control edge Steuerkante *f*
control element Regelglied *n*; Regelorgan *n*; Steuerelement *n*
control engineering Regeltechnik *f*; Regelungstechnik *f*
control equipment Regelvorrichtung *f*; Steuerungsgerät *n*
control equipment, local - Ortssteuergerät *n*
control flap Stellklappe *f* [tec]
control fork Schaltgabel *f* [tec]
control frequency Steuerfrequenz *f* [elt]
control gate Stellschieber *m* [prc]
control gear Regelvorrichtung *f* (Regelgetriebe) [pow]; Regelgetriebe *n* [pow]; Schaltrad *n* [tra]; Stellgetriebe *n* [tec]; Steuergetriebe *n* [tec]; Verstellgetriebe *n* [tec]
control gear motor Verstellgetriebemotor *m* [pow]
control head Steuerkopf *m*
control house Messhaus *n* [any]
control housing Steuergehäuse *n* [tec]
control input Führungsgröße *f* (Regelung)
control instruction Steuerbefehl *m*

control key Steuertaste *f* [edv]
control knob Bedienknopf *m*; Bedienungsknopf *m*; Drehknopf *m*; Einstellknopf *m* [tra]; Reglerknopf *m* [tra]
control lamp Kontroll-Lampe *f*; Kontroll-Lampe *f* [tra]; Kontroll-Leuchte *f* [tra]; Kontrolllampe *f*; Kontrolllampe *f* [tra]; Kontrollleuchte *f* [tra]
control level Steuerebene *f*
control lever Bedienungshebel *m* (Schalthebel); Schalthebel *m* [tra]; Steuerhebel *m* [tec]; Verstellhebel *m* [tec]
control logic Ansteuerlogik *f* [edv]
control loop Regelkreis *m*
control loop, automatic - Regelkreis *m*
control measure Bekämpfungsmaßnahme *f*
control measures Überwachungsmaßnahmen *pl*
control monitoring Überwachung *f* [any]
control motor Stellmotor *m* (Regelung)
control of carburetor Gasgestänge *n* (zum Vergaser) [tra]
control of gear shift Schaltgestänge *n* [tra]
control of goods processing Beobachtung des Warenausganges *f* [eco]
control of goods withdrawal Beobachtung des Warenausganges *f* [eco]
control of industrial robots Robotersteuerung *f* [tec]
control of operations Betriebskontrolle *f*
control of outfalls Gewässerüberwachung *f* [was]
control of waterbodies Gewässerüberwachung *f* [was]
control oil Steueröl *n*
control oil pump Steuerölpumpe *f*
control operator Stellantrieb *m* (Regelung)
control over the property Sachherrschaft *f* [jur]
control panel Bedienungstafel *f*; Instrumententafel *f* (Kesselschild) [pow]; Schalttafel *f* [elt]; Steuertafel *f*; Leitstand *m*; Bedienpult *n*; Bedienungsfeld *n* (Gerät, Bildschirm) [edv]; Schaltbrett *n* [elt]; Schaltfeld *n* [elt]; Schaltpult *n* [pow]; Steuerpult *n*
control piston Steuerkolben *m* [tec]
control plant Überwachungsanlage *f* [any]
control plate Steuerfläche *f*; Steuerplatte *f* (in hydraulischem Motor) [tra]; Steuerspiegel *m* (in Pumpe, Motor) [tec]
control point Messstelle *f* [any]; Istwert *m*
control point adjustment Sollwerteinstellung *f*
control position Steuerstand *m* [tra]
control pressure Regeldruck *m*; Steuerdruck *m* [tra]
control process Regelstrecke *f*
control program Steuerprogramm *n*
control pulse Steuerimpuls *m*
control rack Regelstange *f* [tra]
control range Regelbereich *m*
control relay Steuerschütz *m* [elt]; Kontrollrelais *n* [elt]
control reservoir Steuerluftbehälter *m* (des Wagens) [tra]
control rod Antriebsstange *f*; Steuerstab *m*

control room Leitstelle *f*; Messwarte *f* [any]; Messzentrale *f* [any]; Schaltwarte *f*; Warte *f* [any]; Kontrollraum *m*; Leitstand *m*
control room, central - Hauptwarte *f* (Zentralleitstand) [pow]; Leitstand *m* (Hauptwarte, Schaltraum) [pow]; Schaltraum *m* (Leitstand) [pow]; Zentralleitstand *m* (Hauptwarte)
control schematic Regelschema *n* [con]
control series Kontrollreihe *f*
control shaft Schaltwelle *f* [tec]
control signal Steuerimpuls *m*; Steuersignal *n* [edv]
control sleeve Steuerhülse *f* (Hydraulik) [tec]
control spindle Reglerspindel *f* [tra]
control spool Schieberstange *f* (im Steuerblock) [tra]; Steuerstange *f* (im Steuerblock) [tra]; Steuerkolben *m* (Hydraulik) [tec]
control stage Regelstufe *f*
control station Befehlsstelle *f* [elt]; Kontrollstation *f*; Leitstand *m* (z. B. eines Bergwerks) [roh]
control structure Kontrollstruktur *f* [edv]
control switch Bedienungsschalter *m*; Betätigungsschalter *m*; Kontrollschalter *m* [elt]; Steuerschalter *m* [mbt]
control system Leittechnik *f* [edv]; Regelanlage *f*; Steueranlage *f*; Steuereinrichtung *f* [elt]; Überwachungsanlage *f* [any]; Regelkreis *m* ((B)); Leitsystem *n* [elt]; Regelsystem *n*; Steuersystem *n*; Steuerungssystem *n*
control system cabinet Reglerschrank *m*
control system for networks Netzleitsystem *n* [elt]
control system, pneumatic - pneumatische Steuerung *f*
control tag Laufzettel *n* (an Werkstücken)
control technique Regeltechnik *f*
control technology Abscheidetechnik *f*
control technology not entailing excessive costs, best available - beste verfügbare Technologie, die keine übermäßigen Kosten verursacht - *f*
control technology, automatic - Regelungstechnik *f*
control technology, maximum achievable - beste erreichbare Abscheidetechnik *f*
control theory Regelungstheorie *f*
control trailer Steuerwagen *m* (am Zugende, Pendelzug) [tra]
control transformer Steuertransformator *m* [elt]
control transmitter Steuersender *m* [elt]
control unit Kontrolleinrichtung *f*; Reglereinheit *f*; Schaltanlage *f* [elt]; Steuereinheit *f* [edv]; Ansteuergerät *n* [tec]; Befehlsgerät *n* [elt]; Steuergerät *n*; Steuerwerk *n*
control unit, hydraulic - Hydrauliksteuereinheit *f* [tec]
control value Regelgröße *f*
control valve Regelventil *n*; Regulierventil *n* [prc]; Schaltventil *n*; Stellventil *n* [prc]; Steuerventil *n*
control valve operator Ventilstellantrieb *m* [prc]
control valve, hydraulic - Hydrauliksteuerventil *n* [tec]
control variable Laufvariable *f* (Software) [edv]; Regelgröße *f*

control voltage Regelspannung *f* (etwas wird gesteuert) [elt]; Stellspannung *f* [elt]; Steuerspannung *f* [elt]
control wiring Steuerleitungen *pl* [elt]
control, actuating - Steuerbetätigung *f*
control, automatic Automatik *f*; automatische Kontrolle *f*; Automatisierung *f*; Regelung *f* (Regeltechnik); Selbststeuerung *f*
control, get under - abfangen *v* (unter Kontrolle bringen)
control, method of - Bekämpfungsmethode *f*
control, pneumatic - pneumatische Regelung *f* [tec]; pneumatische Steuerung *f* [tec]
control, range of - Regelbereich *m*
control-fluid Steuerflüssigkeit *f*
control-fluid supply Steuerflüssigkeitsversorgung *f*
control-fluid system Steuerflüssigkeitskreislauf *m*
control-fluid tank Steuerflüssigkeitsbehälter *m*
controllable einstellbar; regelbar; steuerbar
controlled geregelt (z.B. thermostatisch); gesteuert
controlled condition Regelgröße *f*
controlled discharging dosierte Entladung *f* [elt]
controlled disposal kontrollierte Entsorgung *f* [rec]
controlled extraction turbine Entnahmeturbine *f* [pow]
controlled independent responsibility kontrollierte Eigenverantwortlichkeit *f* [jur]
controlled initial unbalance begrenzte Urunwucht *f*
controlled rundown to cold condition Kaltfahren *n* (z.B. Kraftwerk abfahren) [pow]
controlled system Regelstrecke *f*
controlled tip Deponie *f* ((B)) [rec]; geordnete Deponie *f* ((B)) [rec]
controlled variable Regelgröße *f* ((A))
controlled, directly - direkt gesteuert
controlled, pneumatically - druckluftgesteuert [tec]; pneumatisch gesteuert [tec]
controlled-extraction back-pressure turbine Entnahmegegendruckturbine *f* [pow]
controlled-extraction condensing turbine Entnahmekondensationsturbine *f* [pow]
controller Kontrolleinrichtung *f*; Steuereinheit *f* [edv]; Apparat *m* (Steuerapparat); Controller *m* [pow]; Controller *m* (im Finanzwesen) [eco]; Programmschalter *m* [elt]; Regler *m*; Steuerapparat *m* [mbt]; Wächter *m* [elt]; Steuerwerk *n*; Überwachungsgerät *n* [any]
controller drive Stellgetriebe *n* [tec]
controller for burners Brennersteuerung *f* [pow]
controller output Stellgröße *f* (Regelung)
controller, automatic - Regler *m*; Steuergerät *n*; Wächter *n* [elt]
controlling by computer Rechnersteuerung *f* [edv]
controlling conduct Verhaltenssteuerung *f*
controlling device Kontrollvorrichtung *f*
controlling variable Stellgröße *f* (Regelung)
controls Steuermechanismus *m*
conurbation bebaute Fläche *f*; Ballungsraum *m*; Ballungsgebiet *n*; Ballungszentrum *n*

conurbation area Ballungsraum *m*; Verdichtungsraum *m*; Ballungsgebiet *n*
convection Konvektion *f* [prc]
convection drier Heißluftstromtrockner *m* [prc]; Konvektionstrockner *m* [prc]
convection heating Konvektionsheizung *f* [pow]
convection zone Konvektionszone *f* [prc]
convection, natural - natürlicher Umlauf *m* (Luft, Wasser) [prc]
convection-type boiler Rauchrohrkessel *m* [pow]
convective cooler Konvektionskühler *m* [pow]
convector Konvektor *m* [pow]
convector heater Heizkörper *m* [pow]; Konvektor *m* [pow]; Konvektionsheizgerät *n* [pow]
convenience receptacle Gerätesteckdose *f* [elt]
convenience, at your earliest - umgehend (sofort (mehr höflich))
conveniences, public - öffentliche Toilette *f* [bau]
convenient bequem
conveniently günstig
convention Tagung *f*; Vereinbarung *f*
conventional herkömmlich; konventionell; üblich
conventional construction übliche Bauart *f*
conventional design Normalausführung *f* [con]
conventional engineering herkömmliche Technik *f*
converge konvergieren *v* [mat]; zusammenlaufen *v* (Linien); zusammentreffen *v* (konvergieren)
convergence angle Konvergenzwinkel *m*
conversation Besprechung *f* (Unterhaltung); Gespräch *n*
conversational graphics interaktive Bildverarbeitung *f* (Software) [edv]
converse ändern *v* (der Ausrüstung); umbauen *v* (verändern)
conversion Konvertierung *f* [prc]; Überführung *f* (Chemie) [che]; Umformung *f* [elt]; Umrechnung *f* [mat]; Umrüstung *f* (Änderung, z.B. Ausrüstung) [wer]; Umsetzung *f* (Umwandlung) [che]; Umwandlung *f* [che]; Verwandlung *f*; Ausbau *m* (Ausgestaltung); Übergang *m* (z.B. auf anderen Brennstoff) [pow]; Umbau *m* (Umgestaltung); Umsatz *m*
conversion factor Umrechnungsfaktor *m* [phy]
conversion fitting Adapter *m* (Rohrverschraubung) [tec]; Übergangsstück *n* [tec]
conversion kit Änderungssatz *m* (notwendig für andere Ausrüstung) [con]; Umrüstsatz *m* (Umbausatz) [wer]
conversion of energy Energieumwandlung *f* [pow]
conversion process Umsetzungsprozess *m* [che]; Umwandlungsvorgang *m* [prc]
conversion process of energy Energieumwandlungsprozess *m* [pow]
conversion product Umwandlungsprodukt *n* [che]
conversion set Umbausatz *m* [tec]; Umrüstsatz *m* (Umbausatz) [wer]
conversion stage Ausbaustufe *f*
conversion table Umrechnungstafel *f* [phy]; Übersetzungstafel *m* (z.B. für Dimensionen)

conversion temperature Umwandlungstemperatur *f* [che]
conversion, chemical - chemische Umwandlung *f* [che]
conversion, process of - Umwandlungsprozess *m* [prc]
convert überführen *v* (Ort); umbauen *v* (verändern); umformen *v* [elt]; umgestalten *v* (verändern); umrüsten *v* (andere Ausrüstung) [wer]; umsetzen *v* (umwandeln) [che]; umwandeln *v* (Stoff) [che]; verwandeln *v*
convert into umrechnen *v* [mat]
convert into electricity verstromen *v* [elt]
converted steel Brennstahl *m* [met]
converter Birne *f* (Metall) [met]; Frischbirne *f* [met]; Drehofen *m* [roh]; Konverter *m* [prc]; Umformer *m* [elt]; Umsetzer *m* [prc]; Umwandler *m* [che]
converter gear Wandlergetriebe *n* [tra]
converter iron Flusseisen *n* [met]
converter poison Katalysatorgift *n* [che]
converter process Konverterprozess *m* [prc]
converter station Umformerstation *f* [elt]
converter transmission Wandlergetriebe *n* [tec]
converter waste heat boiler Konverterkessel *m* [pow]
convertible umrüstbar (z.B. Hoch- auf Tieflöffel); umwandelbar; verwandelbar
convertible Kabrio *n* (Auto) [tra]; Kabriolett *n* [tra]
converting Umsetzen *n*; Windfrischen *n* (Metall) [roh]
converting kit Knickgelenk *n* (z.B. an Baggern) [mbt]
converting process Frischungsprozess *m* [roh]
converting station Umformerstation *f* [elt]
convex gewölbt; konvex
convex contour Naht mit Wulst *f* [wer]
convey befördern *v* (übermitteln, vermitteln); fördern *v* (transportieren); transportieren *v* [tra]; verbringen *v* [tra]; zuführen *v* (befördern)
conveyance Beförderung *f* (Transport); Förderung *f*; Verbringung *f* [tra]; Transport *m* (Beförderung) [tra]
conveyed current eingespeister Strom *m* [elt]; zugeführter Strom *m* [elt]
conveyer roller Transportrolle *f* [mbt]
conveying Förderung *f*; Vermittlung *f*
conveying and storage systems Förder- und Lagersysteme *n* [prc]
conveying belt Förderband *n*
conveying bridge Förderbrücke *f*
conveying chute Förderrinne *f* [prc]
conveying equipment Fördertechnik *f*
conveying equipment, pneumatic - pneumatische Förderanlage *f*
conveying line Förderleistung *f*
conveying means Fördermittel *pl*
conveying pipe weiterführende Leitung *f* [roh]
conveying plant Förderanlage *f*
conveying pump Förderpumpe *f* [prc]
conveying rack Transportvorrichtung *f* [tec]

conveying system Transportsystem *n* [mbt]
conveying trough Förderrinne *f* [prc]; Trogförderband *n* [mbt]
conveying worm Förderschnecke *f* [prc]
conveyor Bandstraße *f* (in Werkshalle) [roh]; Förderanlage *f*; Förderband *f*; Rollenbahn *f* [mbt]; Transporteinrichtung *f* [mbt]; Förderer *m*; Förderaggregat *n*; Laufband *n* [prc]
conveyor belt Bandanlage *f* [prc]; Förderband *f*; Fördergurt *m*; Fließband *n*; Förderband *n*; Gurtband *n*; Gurtförderband *n* [prc]; Transportband *n* [mbt]
conveyor belt housing Förderbandüberdachung *f* [roh]
conveyor belt scale Förderbandwaage *f* [any]
conveyor belt station Bandstation *f* [prc]
conveyor belt weigher Förderbandwaage *f* [any]
conveyor bridge Förderbrücke *f*
conveyor bridge for open-pit mining Abraumförderbrücke *f* [roh]
conveyor bucket Fördergefäß *n*
conveyor chain Förderkette *f*; Transportkette *f* [tec]
conveyor equipment Fördereinrichtung *f*
conveyor for bulk materials Schüttgutförderer *m* [prc]
conveyor pelletizer Pelletierband *n* [prc]
conveyor pipeline Förderleitung *f* [prc]
conveyor plant Fördereinrichtung *f*
conveyor roller Vorschubwalze *f* [tec]
conveyor screw Förderschnecke *f* [prc]; Transportschnecke *f* [prc]
conveyor sized bandfähig [prc]
conveyor station Bandstation *f* [prc]
conveyor system Bandstraße *f* [roh]; Förderanlage *f*
conveyor trough Förderrinne *f* [prc]
conveyor unit Förderanlage *f*
convoluted cross-section Wellenquerschnitt *m* (Kompensatorbalg) [tec]
convoluted expansion joint Wellenrohrkompensator *m* [tec]
convolution Faltung *f* (beim Bildverstehen) [edv]; Wellenform *f* [met]; Windung *f* (Fläche)
convoy Kolonne *f* (Fahrzeug-) [tra]
cook kochen *v* (zubereiten)
cooker Herd *m* (Kochstelle) [elt]; Küchenherd *m*; Vollherd *m* [elt]
cooker hood Dunstabzugshaube *f* (Küche) [air]
cooking plate Kochplatte *f* [elt]
cooking stove Herd *m* (Kochstelle) [elt]
cool kühl
cool abkühlen *v*; erkalten *v*; kühlen *v*
cool completely auskühlen *v*
cool down abkühlen *v*; auskühlen *v*; erkalten *v*; herunterkühlen *v*
cool off abkühlen *v* (langsam im Ofen erkalten) [prc]
cool suddenly abschrecken *v*
cool thoroughly auskühlen *v*
cool-air ducting Kühlluftabführung *f* [air]
cool-down time Abkühlzeit *f* [prc]

coolant Kühlflüssigkeit *f* [met]; Kühlstoff *m* [met]; Kühlmittel *n* [met]
coolant around liners Kühlwasser an Laufbuchsen *n* [tra]
coolant inlet Wasserzulauf *m* (zu Motor, Maschine) [tra]
coolant jacket Kühlmantel *m* [prc]
coolant testing device Kühlwasserprüfgerät *n* [any]
cooled gekühlt [pow]
cooled down abgekühlt
cooler Abkühlapparat *m* [pow]; Kühler *m* [pow]; Kühler *m* [tra]
cooler area Kühlerfläche *f*
cooler capacity Kühlerleistung *f* [pow]
cooler element Kühlerelement *n* [pow]
cooler enclosure Kühlerhaus *n* [pow]
cooler oil Kühleröl *m* [pow]
cooler surface Kühlerfläche *f*
cooler venting Kühlerentlüftung *f* [pow]
cooling Abkühlung *f*; Kühlung *f*; Erkalten *n*; Kühlen *n*
cooling agent Kühlstoff *m* [met]; Abkühlmittel *n*; Abschreckmittel *n*; Kältemittel *n* [che]; Kühlmittel *n* [met]
cooling air Kühlluft *f* [air]
cooling air blower Kühlgebläse *n* [tra]
cooling air thermostat Kühlluftthermostat *m* [tra]
cooling baffle plate Prallkühlblech *n* [pow]
cooling bath Kühlbad *n* [pow]
cooling by means of circulating water Wasserumlaufkühlung *f* [pow]
cooling chamber Kühlkammer *f*
cooling channel Kühlkanal *m* [pow]
cooling characteristic Abkühlverlauf *m* [prc]
cooling coil Kühlschlange *f* [pow]; Kühlspirale *f* [pow]
cooling column Kühlkolonne *f* [prc]
cooling cycle Kühlkreislauf *m* [pow]
cooling cylinder Kühlzylinder *m* [prc]
cooling device Kühlvorrichtung *f* [pow]
cooling disc Kühlplatte *f*; Kühlelement *n* [pow]
cooling duct Kühlkanal *m* [pow]
cooling effect Kühlwirkung *f*
cooling fan Kühlgebläse *n* [tra]
cooling fin Kühlrippe *f* [pow]; Rippe *f* (Kühlrippe) [pow]
cooling gas Kühlgas *n* [prc]
cooling in furnace Abkühlung im Ofen *f* [prc]
cooling liquid Abkühlflüssigkeit *f*; Kühlflüssigkeit *f* [met]
cooling lubricant Kühlschmierstoff *m* [tec]
cooling medium Kühlmittel *n* [met]
cooling method Kühlverfahren *n*
cooling of bearing Lagerkühlung *f* [tec]
cooling of electronic equipment Elektronikkühlung *f* [elt]
cooling oil Kühlöl *n* [met]
cooling period Abkühlungsdauer *f* [prc]; Abkühlzeit *f* [prc]

cooling pipe Kühlrohr *n* [pow]
cooling plant Kälteanlage *f* [pow]; Kühlanlage *f* [pow]; Kühlwerk *n* [pow]
cooling plate Kühlblech *n* [pow]
cooling pond Kühlteich *m* [pow]
cooling power Kühlleistung *f* [pow]
cooling process Kühlverfahren *n*
cooling rate Abkühlgeschwindigkeit *f* [met]; Abkühlungsgeschwindigkeit *f* [prc]
cooling rib Kühlrippe *f* [pow]
cooling screen Kühlschirm *m* [tra]
cooling screw Kühlschnecke *f* [prc]
cooling speed Abkühlgeschwindigkeit *f*
cooling substance Abkühlmittel *n*
cooling surface Abkühlungsfläche *f* [prc]; Kühlfläche *f*
cooling system Kühlanlage *f* [pow]; Kühlsystem *m* [pow]
cooling system, closed - Rückkühlanlage *f* [pow]
cooling tank Kühlbehälter *m*
cooling tower Kühlturm *m* (z.B. bei Kraftwerken) [pow]; Rückkühler *m* [pow]; Kühlwerk *n* [pow]
cooling trap Kühlfalle *f* [any]
cooling tube Kühlrohr *n* [pow]
cooling tube bundle Kühlrohrbündel *m* [pow]
cooling vessel Abkühlkessel *m*
cooling water Kühlwasser *n* [tra]
cooling water additive Kühlwasserzusatz *m* [tra]
cooling water connection Kühlwasseranschluss *m* [pow]
cooling water cycle Kühlwasserkreislauf *m* [pow]
cooling water inlet Kühlwassereintritt *m* [pow]
cooling water line Kühlwasserleitung *f* [pow]
cooling water outlet Kühlwasseraustritt *m* [pow]
cooling water passage Kühlwasserkanal *m* [pow]
cooling water pipe Kühlwasserleitung *f* [tra]
cooling water piping Kühlwasserleitung *f* [tra]
cooling water pump Kühlwasserpumpe *f* [tra]
cooling water supply Kühlwasserversorgung *f* [pow]
cooling water supply line Kühlwasserzulaufleitung *f* [pow]
cooling water tank Kühlwasserbehälter *m* [pow]
cooling water temperature Kühlwassertemperatur *f* [pow]
cooling water thermometer Kühlwasserthermometer *n* [tra]
cooling water thermostat Kühlwasserthermostat *m* [tra]
cooling water treatment Kühlwasseraufbereitung *f* [pow]
cooling water vent Kühlwasserentlüftung *f* [pow]
cooling zone Kühlzone *f* [pow]
cooling-down curve Abkühlungskurve *f* [prc]
cooling-water make-up Zusatzkühlwasser *n* [pow]
cooperate kooperieren *v*; zusammenarbeiten *v*; zusammenwirken *v*
cooperation Kooperation *f*; Zusammenarbeit *f*
cooperation agreement Kooperationsvereinbarung *f* [jur]; Kooperationsvertrag *m* [jur]

cooperation, principle of - Kooperationsprinzip *n*
cooperative sewage plant Gemeinschaftsklärwerk *n* [was]
coordinate Koordinate *f* [mat]
coordinate abstimmen *v* (Arbeiten); koordinieren *v*
coordinate axes Achsenkreuz *n* (Koordinatensystem) [mat]
coordinate axis Koordinatenachse *f* [mat]
coordinate boring-milling machine Koordinaten-Bohr-Fräsmaschine *f* [wzg]
coordinate system Koordinatensystem *n* [mat]
coordinates, system of - Koordinatensystem *n* [mat]
coordination Koordination *f*; Koordinierung *f*; Zuordnung *f* [con]
coordination flame cutting machine Koordinatenbrennschneidmaschine *f* [wzg]
coordinator Koordinator *m*
copier Kopiergerät *n*
copies to Verteiler *m* (in Briefköpfen)
coping Abdeckung *f* (auf Mauer) [bau]; Ausklinkung *f* [wer]
coping saw Bogensäge *f* [wzg]
coping stone Abdeckplatte *f* [bau]
copolycondensation Copolykondensation *f* [che]
copolyester-adhesives mould Copolyester-Schmelzklebstoff *m* [che]
copolymer Copolymer *n* [che]; Mischpolymer *n* [met]; Mischpolymerisat *n* [met]
copolymerization Copolymerisation *f* [che]; Mischpolymerisation *f* [che]
copper Kupfer *n* (chem. El.: Cu) [che]
copper alloy Kupferlegierung *f* [met]
copper alloys Kupfer-Basislegierungen *pl* [met]
copper anode Kupferanode *f* [elt]
copper asbestos gasket Kupferasbestdichtung *f* [met]
copper band Kupferband *n* [met]
copper bath Kupferbad *n*
copper boiler Kupferkessel *m*
copper brittleness Kupfersprödung *f* [met]
copper brown kupferbraun (RAL 8004) [nor]
copper cathode Kupferkathode *f* [elt]
copper coating Kupferüberzug *m* [met]
copper condenser tube Kupferkondensatorrohr *n* [pow]
copper conductor Kupferleiter *m* [elt]
copper content Kupfergehalt *m*
copper electrode Kupferelektrode *f* [elt]
copper filings Kupferfeilicht *n* [rec]
copper fitting Kupferverbindungsstück *n* [prc]
copper from waste Krätzkupfer *n* [met]
copper gasket Kupferdichtung *f* [tec]
copper ingot Kupferblock *m* [met]
copper jacket Kupfermantel *m*
copper joint Kupferklemme *f* [elt]
copper mandrel Kupferdorn *m* [wzg]
copper nail Kupfernagel *m* [tec]
copper ore Kupfererz *n* [met]
copper packing Kupferdichtung *f* [tec]
copper pipe Kupferrohr *n* [met]

copper plate Kupferplatte f [met]; Kupferblech n [met]
copper radiator Kupferkühler pl
copper refinery Kupferhütte f [roh]
copper roof covering Kupferabdeckung f [bau]
copper scrap Kupferschrott m [rec]; Kupferabfälle pl [rec]
copper scrap, heavy - Schwerkupferschrott m [rec]
copper seal Kupferdichtung f [tec]
copper sheet Kupferblech n [met]
copper sheet cuttings Kupferblechschrott m [met]
copper slag Kupferschlacke f [rec]
copper smelting plant Kupferhütte f [roh]
copper strip Kupferband n [met]
copper thermal metallurgy thermische Kupfermetallurgie [roh]
copper thin wire Kupferfeindraht m [met]
copper tube Kupferrohr n [met]
copper turnings Kupferspäne pl [rec]
copper waste Kupferabfälle pl [rec]
copper wire Kupferdraht m [met]
copper wire nettings Kupferdrahtgewebe n [met]
copper wire scrap Kupferdrahtschrott m [rec]
copper wire, tinned - verzinnter Kupferdraht m [met]
copper wirebar Kupferdrahtbarren m [met]
copper zinc accumulator Kupferzinkakkumulator m [elt]
copper zinc storage battery Kupferzinkakkumulator m [elt]
copper-constantan couple Kupferkonstantanelement n [any]
copper-nickel Kupfernickel n [met]
copper-nickel scrap Kupfernickelschrott m [rec]
copper-ore smelting Kupferverhüttung f [roh]
copper-plate verkupfern v [met]
copper-red kupferrot
copper-zinc alloy Kupferzinklegierung f [met]
copper-zinc cell Kupferzinkelement n [elt]
coppering Verkupferung f [met]
copperlike kupferartig
coprocessor Koprozessor m (Rechner) [edv]
copy Abschrift f; Durchschrift f; Kopie f; Pause f (Kopie) [con]; Photokopie f; Vorlage f (Zeichnung) [con]; Durchschlag m (Kopie); Abbild n (eines Gegenstandes); Exemplar n
copy abbilden v (kopieren); abdrucken v; kopieren v; nacharbeiten v (nachbilden) [wer]; nachbilden v (kopieren, nachahmen); pausen v (kopieren)
copy program Kopierprogramm n (Software) [edv]
copy protected kopiergeschützt
copy protection Kopierschutz m (Software) [edv]
copy statement Kopieranweisung f (Software) [edv]
copy tracer head Kopierfühler m [wer]
copying apparatus Kopierapparat m; Vervielfältigungsapparat m
copying attachment Kopiereinrichtung f [wer]
copying lathe Kopierdrehmaschine f [wer]
copying machine Kopiermaschine f; Kopiergerät n
copying mill Kopierfräsmaschine f [wer]

copying milling machine Kopierfräsmaschine f [wer]
copying paper Kopierpapier n
copying radiator Kopierstrahler m [elt]
copyright Urheberrecht n [jur]
coral red korallenrot (RAL 3016) [nor]
cord Litze f (Stromkabel) [elt]; Schnur f; Strang m (Seil); Strick m; Kabel n [elt]; Seil n
cord packing Schnurdichtung f [tec]; Zopfpackung f [tec]
cording Schnürung f
cordless schnurlos [elt]
cordon Sperrgürtel m
cordoning-off equipment Absperreinrichtung f
core Seele f (des Seils) [met]; Dorn m (Kern); Kern m (Spule, Reaktor); Leiter m [elt]
core durchbohren v (entkernen) [wer]; kernbohren v [wer]
core board Tischlerplatte f [met]
core component Herzstück n (wichtiges Bauteil) [wer]
core crack Scheibchenriss m [met]
core cutter Kernbohrer m [wzg]
core diameter Bohrkerndurchmesser m; Gewindekerndurchmesser m [con]; Kerndurchmesser m (Gewinde) [tec]
core drill Kernbohrer m [wzg]
core exit hole Kernhaltebohrung f (Turbine) [tec]
core flaw Kernfehler m (Fehler in der Gießform) [met]
core hardness Kernhärte f [met]
core hole Kernloch n [tec]
core iron Kerneisen n [met]
core length Eisenlänge f (im Generator) [pow]
core memory Kernspeicher m [edv]
core memory storage Matrixspeicher m [edv]
core mould Kernform f (Gießerei) [roh]
core moulding Kernformerei f (Gieß) [roh]
core pin Gewindestift m [tec]
core pipe Kernrohr n [bau]
core plug Kernstopfen m [pow]
core removing hole Kernlochbohrung f [tec]
core rod Kernstange f [tec]
core sample Bohrprobe f
core sand Kernsand m (Gießereisand) [roh]
core section Kernquerschnitt m [con]
core sheet Innenschicht f
core shift Kernversatz m (beim Guss) [roh]
core specimen Bohrprobe f
core spin Kernspin m [phy]
core strength Kernfestigkeit f [met]
core time Kernarbeitszeit f; Kernzeit f
core wall Kernwand f [bau]
core-end sleeve Aderendhülse f [elt]
cored hohl
coring Kassettierung f (Decke) [bau]
cork Kork m [bff]; Stöpsel m
cork disc Korkscheibe f
cork filling Korkschüttung f
cork insulation Korkisolation f [bau]

cork slab Korkplatte *f* [bau]
cork stopper Korken *m*
cork tile Korkplatte *f* [bau]
cork-faced clutch plate Kupplungslamelle mit Korkbelag *f* [tra]
cork-lagged korkgedämmt
corkboard Korkplatte *f* [bau]
corner Ecke *f*; Kante *f* (Ecke) [bau]; Eckpunkt *m*
corner angle Eckwinkel *m* [tec]
corner assembling Winkelverbindung *f* [bau]
corner bath Eckbadewanne *f* [bau]
corner bit Eckmesser *n* [mbt]
corner board Eckdeckleiste *f* [bau]
corner bracing Eckversteifung *f* [tec]
corner bumper Eckenstoßfänger *m* [tra]
corner burner Eckenbrenner *m* [pow]
corner column Ecksäule *f* [bau]
corner cupboard Eckschrank *m* [bau]
corner fitting Eckbeschlag *m*
corner house Eckhaus *n* [bau]
corner jack Abstützung *f* (Ausleger an Waggonecken) [tra]
corner joint Eckverbindung *f* [tec]; Eckstoß *m* (Plattenverbindung) [bau]; Winkelstoß *m* [tec]
corner pad Kantenschützer *m*
corner pillar Eckpfeiler *m* [bau]
corner plate Eckbeschlag *m* [tec]; Eckblech *n* [tec]
corner point Eckpunkt *m*
corner return block Eckblockstein *m* [bau]
corner room Eckzimmer *n* [bau]
corner seal Winkeldichtung *f* [tec]
corner shoe Eckmesser *n* [mbt]
corner stiffening Eckversteifung *f* [tec]
corner stone Eckpfeiler *m* [bau]; Eckstein *m* [bau]; Grundstein *m* (Eckstein des Hauses) [bau]
corner tooth Eckzahn *m* (z.B. an Schaufelrad-Schaufel) [mbt]
corner weld Ecknaht *f* (Schweißen) [wer]
corner window Eckfenster *n* [bau]
corner-tube boiler Eckrohrkessel *m* [pow]
cornered eckig
cornering force Seitenführungskraft *f*
corona Hof *m* [opt]
corona discharge Glimmentladung *f* [elt]
corporate body Körperschaft *f* [jur]
corporate income tax Körperschaftssteuer *f* [jur]
corporate liability Gesellschaftshaftung *f* [jur]
corporate management Geschäftsleitung *f* [eco]
corporate secrecy Betriebsgeheimnis *n* [eco]
corporate strategy Firmenpolitik *f* [eco]
corporation Gesellschaft *f* ((A) Firma) [eco]; Körperschaft *f* [jur]
corporation cock Haupthahn *m* [bau]
corporation stop Haupthahn *m* [bau]
corporation, closed - Gesellschaft mit beschränkter Haftung *f* ((A)) [eco]
corpse Leiche *f*
corpuscle Stoffteilchen *n* [phy]
correct fachgerecht; fehlerfrei; fehlerlos; genau;
korrekt; richtig (fehlerlos); vorschriftsmäßig; wahr
correct abändern *v* (verbessern); berichtigen *v*; entzerren *v*; korrigieren *v*; richtig stellen *v*; verbessern *v* (berichtigen, korrigieren)
correct dimensions, of - maßgerecht [con]
correct line, get into the - einordnen *v* (im Verkehr) [tra]
correct position, in - lagerichtig [con]; positionsgenau
correct to scale maßstäblich [con]
correcting key Korrekturtaste *f* [edv]
correction Berichtigung *f*; Korrektur *f* (z.B. Fadenkorrektur) [any]; Verbesserung *f* (Korrektur)
correction time Stellzeit *f*
correction, right to - Berichtigungsrecht *n* [jur]
corrective action Fehlerbehebung *f*; Fehlerbeseitigung *f*; Korrekturmaßnahme *f*
correctness Fehlerfreiheit *f*; Genauigkeit *f*; Korrektheit *f* (eines Programms) [edv]; Maßhaltigkeit *f* [con]
corrector Entzerrer *m* [elt]; Ausgleichsglied *n*
correlation Abstimmung *f* (Einflussgrößen) [mat]; Korrelation *f* [mat]; Wechselbeziehung *f* (Messgrößen) [any]; Wechselwirkung *f*
correlation coefficient Korrelationskoeffizient *m* [mat]
correspond entsprechen *v*; korrespondieren *v*
correspondence Korrespondenz *f*; Übereinstimmung *f* (Äquivalenz); Schriftverkehr *m*
correspondence with the drawing, in - zeichnungsgerecht (entspricht der Zeichnung) [con]
corresponding entsprechend; korrespondierend; übereinstimmend
corridor Durchgang *m* (Korridor) [tra]; Flur *m* (Gang) [bau]; Gang *m* (Gebäude) [bau]; Korridor *m* [bau]
corridor connection Balg *m* (an Reisezugwagen) [tra]; Faltenbalg *m* (zwischen Wagen) [tra]; Übergangsbalg *m* (an Reisezugwagen) [tra]
corridors Zwischengänge *pl* [bau]
corrode abätzen *v* [met]; abfressen *v* (korrodieren); abrosten *v*; ätzen *v* (ungewollt) [che]; anfressen *v*; angreifen *v* (Metalle) [met]; anrosten *v* [met]; beizen *v* (Technik); fressen *v* (Metall); korrodieren *v*; rosten *v* [met]; sich einfressen *v*; verrosten *v* [met]; verschleißen *v* [met]; zerfressen *v* (korrodieren) [met]; zersetzen *v* (auflösen) [che]
corrode off abätzen *v* [met]
corroded korrodiert; verrostet [met]; verwittert [met]
corrodible rostanfällig [met]; rostempfindlich [met]
corroding beizend
corroding Ätzen *n* [che]; Beizen *n* (Technik)
corroding bath Beizbad *n*
corroding off Abätzen *n* [met]
corrosion Ätzung *f* [che]; Beize *f* (Technik); Beizung *f*; Korrosion *f*; Rostbildung *f* [met]; Verätzung *f* [met]; chemischer Angriff *m* [che]; Rostfraß *m* [met]; Ätzen *n* [che]

corrosion crack Korrosionsriss *m* [met]
corrosion fatigue Schwingungskorrosion *f* [met]
corrosion inhibitor Korrosionsschutz *m*; Korrosionsschutzmittel *n* [met]
corrosion pits Korrosionsnarben *pl*
corrosion process Korrosionsvorgang *m*
corrosion protection Korrosionsschutz *m*
corrosion resistance Korrosionsbeständigkeit *f*; Korrosionsfestigkeit *f*
corrosion scars Korrosionsnarben *pl*
corrosion testing Korrosionsprüfung *f* [any]
corrosion, hot - Hochtemperaturkorrosion *f* [met]
corrosion, rate of - Korrosionsgeschwindigkeit *f*
corrosion-free alterungsbeständig (Wasserrohr) [met]; heißwasserbeständig [met]
corrosion-proof korrosionsbeständig; korrosionsfest; rostbeständig [met]
corrosion-protected korrosionsgeschützt
corrosion-protective coating Korrosionsschutzanstrich *m*
corrosion-protective paint Korrosionsschutzfarbe *f* [met]
corrosion-resistant korrosionsbeständig; korrosionsfest
corrosion-resistant steel korrosionsbeständiger Stahl *m* [met]
corrosive ätzend [che]; aggressiv [che]; beizend; korrosiv; rostanfällig [met]
corrosive Beize *f* (Technik); Abbeizmittel *n* [che]; Ätzmittel *n* [che]; Beizmittel *n* [che]
corrosive action Korrosionswirkung *f*; Rostangriff *m* [met]
corrosive agent Abbeizmittel *n* [che]; Beizmittel *n* [che]; Korrosionsmittel *n*
corrosive attack Rostangriff *m* [met]
corrosive effect Korrosionswirkung *f*
corrosive liquid Beizflüssigkeit *f* [che]
corrosive power Beizkraft *f* [che]
corrugate riefen *v* (wellig machen, mit Riefen versehen) [wer]; riffeln *v*; rippen *v*
corrugated gerippt [wer]; gewellt [wer]
corrugated aluminium Wellaluminium *n* [met]
corrugated asbestos Asbestwellplatte *f*
corrugated board Wellpappe *f* [met]
corrugated cardboard Wellpappe *f* [met]
corrugated cardboard box Wellkartonpackung *f*
corrugated expansion bend Faltenrohrbogen *m* [pow]
corrugated expansion joint Wellrohrkompensator *m* [pow]
corrugated expansion piece Ausgleichswellrohr *n* [pow]
corrugated gasket Kammprofildichtung *f* [tec]
corrugated glass Riffelglas *n* [met]
corrugated iron Wellblech *n* [met]
corrugated iron pipe Wellblechrohr *n* [met]
corrugated metallic gasket Wellringdichtung *f* [tec]
corrugated packing ring Welldichtung *f* (Eko-Krümmer) [pow]
corrugated paper Wellpapier *n* [met]
corrugated pipe Wellrohr *n* [met]
corrugated plastic Wellkunststoff *m* [met]
corrugated plate Wellblech *n* [met]
corrugated rubber tubing Faltenschlauch *m*
corrugated seal Welldichtung *f* [tec]
corrugated sheet Riffelblech *n* (gegen Ausrutschen) [met]; Wellblech *n* [met]
corrugated sheeting Wellblech *n* [met]
corrugated spring washer gewellte Federscheibe *f* [tec]
corrugated washer gewellte Unterlegscheibe *f* [tec]
corrugated-furnace boiler Wellrohrkessel *m* [pow]
corrugated-iron roof Wellblechdach *n* [bau]
corrugation Riffel *f*; Riffelung *f* [met]
corundum Korund *n* (Strahlmittel) [che]
cosmic kosmisch
cosmic radiation Höhenstrahlung *f*; kosmische Strahlung *f* [phy]
cosmic rays Höhenstrahlen *pl*; kosmische Strahlen *pl* [phy]
cosmic space Weltraum *m*
cosmonautics Raumfahrt *f* [tra]
cosmos Kosmos *m*
cost kosten *v* [eco]
cost acceptance Kostenübernahme *f* [eco]
cost accounting Erfassung der Kosten *f* [eco]; Kalkulation *f*; Kostenerfassung *f* [eco]; kostenmäßige Bearbeitung *f* [eco]; Kostenrechnung *f* [eco]; Kostenverrechnung *f* [eco]
cost accounting on basis of actuals Abrechnung nach Aufwand *f* [eco]
cost allocation Kostenumlage *f* [eco]
cost analysis Kostenanalyse *f* [eco]
cost balancing Verrechnung *f* [eco]
cost breakdown Kostenaufschlüsselung *f* [eco]
cost burden Kostenlast *f* [eco]
cost calculation Kostenrechnung *f* [eco]
cost centre Kostenstelle *f* [eco]
cost centre accounting Kostenstellenrechnung *f* [eco]
cost comparison Kostenvergleich *m* [eco]
cost computation Kostenschätzung *f* [eco]
cost control Kostenkontrolle *f* [eco]
cost data Kostenangaben *f* [eco]
cost estimate Kostenansatz *m* [eco]; Kostenanschlag *m* [eco]; Kostenanschlag *m* [eco]
cost estimation Kostenschätzung *f* [eco]; Kostenvoranschlag *m* [eco]
cost generating source Kostenverursachung *f* [eco]
cost increase Kostenerhöhung *f* [eco]
cost model Kostenmodell *n* [eco]
cost of a new unit Neupreis *m* [eco]
cost of capital Kapitalkosten *pl* [eco]
cost of finance Geldbeschaffungskosten *pl* [eco]
cost of living Lebenshaltungskosten *f* [eco]
cost of materials Materialkosten *pl* [eco]
cost of plant and machinery Maschinenkosten *pl* [eco]
cost of production Herstellungskosten *pl* [eco]

cost overrun Kostenüberschreitung *f* [eco]
cost planning Kostenplanung *f* [eco]
cost pressure Kostendruck *m* [eco]
cost price Kostenpreis *m* [eco]; Selbstkostenpreis *m* [eco]; Einstandskosten *pl* [eco]
cost rating Kostenschätzung *f* [eco]
cost reduction Einsparung *f*
cost settlement Abrechnung *f* [eco]
cost study Berechnung *f* (Kostenstudie) [eco]
cost unit Kostenträger *m* [eco]
cost unit rate Kostensatz *m* [eco]
cost variance Kostenabweichung *f* [eco]
cost, bear the - Kosten tragen [eco]
cost-benefit analysis Kosten-Nutzen-Analyse *f* [eco]
cost-effectiveness Rentabilität *f* [eco]; Wirtschaftlichkeit *f* [eco]
cost-effectiveness analysis Kosten-Wirkungs-Analyse *f*
cost-intensive kostenintensiv
cost-saving Kosten sparend [eco]
cost-saving Kosteneinsparung *f* [eco]
costing Kostenberechnung *f* [eco]; Kostenkalkulation *f* [eco]; Preisberechnung *f* [eco]
costs Aufwand *m* (Kosten) [eco]; Kosten *pl* [eco]
costs involved in landfilling Deponierungskosten *pl* [rec]
costs of energy Energiekosten *pl* [pow]
costs of investigation Untersuchungskosten *pl* [eco]
costs of maintenance Unterhaltskosten *pl* [eco]; Wartungskosten *pl* [eco]
costs of repair Reparaturkosten *pl* [eco]
costs, acquisition - Beschaffungskosten *pl* [eco]
costs, additional - Mehrkosten *pl* [eco]; Nachlaufkosten *pl* [eco]; Nebenkosten *pl* [eco]
costs, after - Folgekosten *pl* [eco]
costs, extra - Mehrkosten *pl* [eco]
costs, share of the - Umlage *f* [eco]
cotter Keil *m* (Stahlkeil); Splint *m* (für eine Schraube) [tec]; Vorstecker *m* (Keil) [tec]
cotter mit Splint sichern *v*; versplinten *v*
cotter bolt Bolzen mit Splint *m* [tec]; Vorsteckbolzen *m* [tra]
cotter brake Keilbremse *f* [tra]
cotter pin Kerbstift *m* [tec]; Spannbolzen *m* (Splint) [tec]; Splint *m* [tec]
cotter pin drive Splintentreiber *m* [wzg]
cottering Verklammerung *f*
cotton filter Wattefilter *m*
cotton waste Baumwollabfall *m* [rec]
cotton wool Watte *f* [met]
cotton-covered insulation Baumwollisolierung *f* [met]
cotton-mill Baumwollspinnerei *f*
cotton-reinforced seal Hartgewebedichtung *f* [tec]
cottonlike baumwollartig
couchette car Liegewagen *m* (Bahn) [tra]
couchette coach Liegewagen *m* [tra]
cough Husten *m* [hum]
council Rat *m* (Gremium)

council services Stadtwerke *f*
counselling beratend
counsellor Berater *m*
counsellor for the defence Verteidiger *m* (Anwalt vor Gericht) [jur]
count Summe *f*; Impuls *m* (Zähler) [phy]
count rechnen *v*; zählen *v*
count again nachzählen *v*
count up durchzählen *v*
count wheel Schlossscheibe *f* (Uhr) [tec]
counter Ladentisch *m*; Schalter *m* (in Bank); Zählapparat *m* [any]; Zähler *m*; Zählgerät *n* [any]; Zählwerk *n* [any]
counter arrangement Zähleinrichtung *f* [any]
counter balance Gegengewicht *n*
counter bearing Gegenhalterung *f* [tec]; Gegenlager *n* (am Waggon) [tra]
counter die Matrize *f* (Gegenstück beim Stanzen) [wer]
counter flange Gegenflansch *m* [prc]; Widerlager *n* [tec]
counter gear Vorgelegerad *n* [tra]
counter light Gegenlicht *n*
counter nut, self-locking - Sicherungsmutter *f* [tec]
counter profile Gegenprofil *n* [tec]
counter rotate kontern *v* (am Drehwerk) [tec]
counter shaft Gegenwelle *f* (z.B. im Getriebe); Vorgelegewelle *f* [tra]; Vorlegewelle *f* [tra]; Zahnradvorgelegewelle *f* (des Motors) [tra]
counter shaft drive gear Vorgelegetriebrad *n* [tra]
counter sink ansenken *v* (von Gewinde, Schraube) [wer]
counter slew gegenschwenken *v* [wer]
counter store Zählspeicher *m* [elt]
counter tube Zählrohr *n* [any]
counter wheel Gegenrad *f* [tec]
counter-action Rückwirkung *f*
counter-clockwise gegen den Uhrzeigersinn
counter-clockwise rotation Drehung entgegen dem Uhrzeigersinn *f*
counter-current gegenläufig
counter-current Gegenströmung *f*; Gegenlauf *m*; Gegenstrom *m*
counter-current aerator Gegenstrombelüfter *m* [was]
counter-current apparatus Gegenstromapparat *m* [prc]
counter-current column Gegenstromkolonne *f* [prc]
counter-current condenser Gegenstromkondensator *m* [pow]; Gegenstromkühler *m* [pow]
counter-current cooler Gegenstromkühler *m* [pow]
counter-current cooling Gegenstromkühlung *f* [pow]
counter-current flow Gegenströmung *f*
counter-current heat exchanger Gegenstromwärmeaustauscher *m* [pow]
counter-current principle Gegenstromprinzip *n*
counter-current process Gegenstromverfahren *n* [prc]
counter-current system Gegenstromsystem *n*

counter-drill verschneiden v [wer]
counter-effect Gegenwirkung f; Rückwirkung f
counter-electrode Gegenelektrode f [elt]
counter-excitation Gegenerregung f [elt]
counter-force Gegenkraft f [phy]
counter-hold abfangen v (halten)
counter-offer Gegenangebot n [eco]
counter-pressure Gegendruck m
counter-pressure valve Gegendruckventil n
counter-rotating gegeneinander laufend; gegenläufig
counter-rotating chains gegenläufige Ketten pl
counter-rotating turbine Gegenlaufturbine f [pow]
counter-rotation Gegenlauf m
counter-sign gegenzeichnen [eco]
counter-stress Gegenkraft f [phy]
counter-sunk versenkt (Schraube bzw. Mutter bündig) [wer]
counter-sunk bolt Senkkopfschraube f (teilweise Gewinde) [tec]; Senkschraube f (teilweise Gewinde) [tec]
counter-sunk head Senkkopf m [tec]
counteract entgegenwirken v; gegenwirken v
counteracting force Gegenkraft f [phy]
counteraction Gegenwirkung v
counteractive gegenwirkend
counterbalance Bremsgewicht n
counterbalance valve Druckverhältnisventil n [prc]; Vorspannventil n [tra]
counterbalance weight Ausgleichgewicht n [phy]
counterbalancing thrust Schubausgleich m (Turbine) [pow]
counterbalancing weight Ausgleichgewicht n [tec]
counterbore Eindrehung f; Senkbohrung f [tec]; Senkung f (im Material) [tec]; Flachsenker m [wzg]; Senker m [wer]
counterbore ansenken v (von Gewinde, Schraube) [wer]; einlassen v (bohren) [wer]
counterbored angesenkt [wer]; versenkt (hineingeschraubt) [wer]
counterboring tool Aufbohrer m [wzg]
counterclockwise linksdrehend (gegen Uhrzeigersinn)
counterflow Gegenströmung f
counterflow filter Gegenstromfilter m [prc]
counterflow principle Gegenstromprinzip n
countermeasure Gegenmaßnahme f
counternut Gegenmutter f [tec]; Kontermutter f [tec]
counterpart Gegenstück n
counterpiece Gegenstück n
counterpoise Gegengewicht n
counterrotation Gegenlauf m
counterscarp wall äußere Böschungsmauer f [bau]
countershaft gear Vorgelege n [tec]
countersink Kegelsenker m [wzg]; konischer Senker m [wer]; Versenkbohrer m [wer]
countersink formsenken v [wer]; senken v [wer]; versenken v (Schraube) [tec]
countersink head screw Linsensenkschraube f [tec]
counterslope Gegenböschung f [bod]

countersunk versenkt (Schraube, Mutter bündig) [wer]
countersunk bolt Flachkopfschraube f [tec]; Senkkopfschraube f [tec]; Senkschraube f [tec]
countersunk button-head rivet Senkkopfniet m [tec]
countersunk diameter Senkdurchmesser m [con]
countersunk grooved pin Senkkerbnagel m [tec]
countersunk head Senkkopf m
countersunk head grooved pin Senkkerbnagel m [tec]
countersunk head rivet Senkkopfniet m [tec]; Senkniet m [tec]
countersunk head screw Senkschraube f [tec]
countersunk head screw, slotted - Senkschraube mit Schlitz f [tec]
countersunk head tapping screw Senkblechschraube f [tec]
countersunk head tapping screw, raised - Linsensenkblechschraube f [tec]
countersunk head, raised - Linsensenkkopf m [tec]
countersunk head, undercut - abgesetzter Senkkopf m [tec]
countersunk nib bolt, flat - Senkschraube mit Nase f [tec]
countersunk nut Senkmutter f (versenkten Kopf) [tec]
countersunk rivet Senkniet m [tec]
countersunk screw Flachkopfschraube f [tec]; Linsensenkschraube f [tec]; Senkschraube f (Gewinde bis Kopf) [tec]
countersunk socket screw Senkschraube mit Innensechskant f [tec]
countertie Gegendiagonale f (Fachwerk); Wechselstab m (Fachwerk) [tec]
counterweight Ausgleichgewicht n [phy]; Ausgleichsgewicht n [phy]; Gegengewicht n
counterweight, additional - Zusatzgegengewicht n [tra]
counting Zählung f
counting device Zähleinrichtung f [any]; Zählgerät n [any]; Zählwerk n [any]
counting method Auszählverfahren n [any]
counting scale Zählwaage f [any]
counting unit Zähleinheit f [any]
countless unzählbar
country ländlich
country of manufacture Herstellungsland n
country of origin Herkunftsland n; Ursprungsland n
country road Landstraße f [tra]; Straße f (Landstraße durch das Land) [tra]
country with a low-wage economy Niedriglohnland n [eco]
countryside Landschaft f
couple Paar n
couple einkuppeln v; koppeln v; verbinden v; verkoppeln v; zusammenfügen v [wer]
couple together zusammenkoppeln v [wer]
couple up ankoppeln v (Wagen) [tra]
coupled gekoppelt

coupled inductance gekoppelte Induktivität *f* [elt]
coupler Verbindungsmuffe *f* [tec]; Verbinder *m*; Verbindungsstück *n*
coupler link Verschlussglied *n* (Kette) [tec]
coupler socket Gerätesteckdose *f* [elt]
coupling Anhängerkupplung *f* [tra]; Ankopplung *f* [tra]; Buchse *f* (Gewindebuchse) [tec]; Gewindebuchse *f* [tec]; Kopplung *f*; Kupplung *f* [tec]; Muffe *f* (Verbindung) [elt]; Paarung *f*; Verbindung *f* (Zusammenbau) [tec]; Verkopplung *f*; Anschluss *m* (Kupplung) [tec]; Anschlussstück *n* (Kupplungsstück) [tec]; Gelenkstück *n* (Kupplung) [tec]
coupling agent Haftvermittler *m* [met]
coupling box Kupplungsdose *f* [elt]
coupling bracket Kupplungshalter *m* [tec]
coupling bush Kupplungshülse *f* [tec]; Kupplungsmuffe *f* [tec]
coupling capacitor Koppelkondensator *m* [elt]
coupling casing Kupplungsgehäuse *n* [pow]
coupling cocks Kupplungsventile *pl* (z.B. Luftdruck) [tra]
coupling connector Einschraubverschraubung *f* [tec]
coupling cover Kupplungshaube *f* [pow]
coupling crank Kupplungskurbel *f* [tec]
coupling element Koppelglied *n* [elt]
coupling face Ankopplungsfläche *f*
coupling flange Kupplungsflansch *m* [tec]; Verbindungsflansch *m* [tec]
coupling guard Kupplungsschutz *m*
coupling half Kupplungshälfte *f* [tra]
coupling handle Kupplergriff *m* [tec]
coupling hook Kupplungshaken *m* [tra]
coupling hub Kupplungsnabe *f* [tec]; Kupplungsstern *m* [tec]; Kupplungszapfen *m* [pow]
coupling joint Trennstelle *f* [prc]; Kupplungsgelenk *n* [tec]
coupling link Verbindungsglied *n*
coupling member Koppelstab *m* [tec]; Kupplungselement *n*
coupling nipple Anschlussnippel *m* [tec]
coupling nut Überwurfmutter *f* [tec]
coupling package Kupplungspaket *n* [tra]
coupling pad Kupplungsfutter *n* [tec]
coupling piece Verschraubung *f* (Verschraubungselement) [tec]
coupling pin Kupplungsbolzen *m* [tec]; Vorstecker *m* [tra]
coupling plug Kupplungsstecker *m* [elt]
coupling power Kupplungsleistung *f* [pow]
coupling ring Zugöse *f* [tec]
coupling rod Kupplungsstange *f* (der Lok) [tra]
coupling screw Kupplungsschraube *f* [tec]
coupling shaft Kupplungswelle *f* [tec]
coupling sleeve Gelenkstulpe *f* [tra]; Kupplungshülse *f* [tec]; Kupplungsmuffe *f* [tec]; Verbindungsmuffe *f* [tec]
coupling socket Kupplungsmuffe *f* [prc]
coupling transformer Kuppeltransformator *m* [elt]

coupling triangle Kupplungsgabel *f* (des Anhängers) [tra]
coupling with male ends Außengewindekupplung *f* [tec]
coupling with pin Kupplungskopf mit Stift *m* [tra]
coupling, crowned tooth - Bogenzahnkupplung *f* [tec]
coupling, curved-gear - Bogenzahnkupplung *f*
coupling, fluid - hydraulische Kupplung *f* [tra]
coupling, solid - Festkupplung *f* [tec]
coupling-pin ring Kupplungsbolzenring *m* [tra]
coupon Gutschein *m*
course Bahn *f* (Ziegelschicht) [bau]; Lage *f* (von Ziegeln) [bau]; Richtung *f* (Verlauf); Schicht *f* (der Straße) [bau]; Gang *m* (Lauf); Kurs *m* (Verlauf); Lauf *m*; Lehrgang *m*; Verlauf *m* (Ablauf); Weg *m* [tra]
course of business, tied up in the - geschäftsverlaufsbedingt (nötig) [eco]
course of combustion Verbrennungsablauf *m* [pow]
course of pressure Druckverlauf *m*
course of training Ausbildungsgang *m* (Beruf)
course of, in the - im Rahmen von (im Zusammenhang mit...)
coursed geschichtet [bau]
court Gericht *n* [jur]
court case Rechtsfall *m* [jur]
court fees Gerichtskosten *pl* [jur]
court hearing Prozess *m* (bei Gericht) [jur]
court trial Gerichtstermin *m* [jur]
court, administrative - Verwaltungsgericht *n* [jur]
courtyard Hinterhof *m* [bau]
covalence Kovalenz *f*
covalent kovalent
covenant Verpflichtung *f* (zum Spenden)
cover Abdeckschicht *f*; Abdeckung *f* (Bedeckung); Decke *f* (Abdeckung); Deckplatte *f*; Deckung *f* [jur]; Haube *f* (Bedeckung); Hülle *f* (Umhüllung); Kappe *f* (Abdeckung); Klappe *f* (Deckel, Haube); Plane *f* (Abdeckung) [tra]; Planenabdeckung *f* [mbt]; Umhüllung *f* (Abdeckung); Umkleidung *f* (Abdeckung); Verkleidung *f*; Belag *m* (Überzug); Bezug *m* (Abdeckung); Deckel *m* (Topf-, Büchsen-); Einband *m* (Buch); Mantel *m* (Abdeckung); Schutz *m* (Abdeckung); Überzug *m* (Decke, Hülle); Verschlusdeckel *m* (Deckel) [tec]; Verschluss *m* (Deckel); Abdeckblech *n* (Deckel) [tec]; Gehäuse *n* (Abdeckung)
cover abdecken *v* (zudecken); abschirmen *v* (abdecken); ausleuchten *v*; bedecken *v*; bekleiden *v* (mit einer Schicht versehen); belegen *v* (Oberfläche); einnehmen *v* (Raum); kaschieren *v* (bedecken); schützen *v* (abdecken); überdachen *v* [bau]; überdecken *v*; umhüllen *v*; ummanteln *v* (bedecken); verdecken *v*; verhüllen *v* (bedecken); verkleiden *v* (abdecken); zudecken *v* (bedecken)
cover band Deckband *n* [pow]
cover bar Deckleiste *f* [tec]
cover connection Deckelanschluss *m* [tec]

cover foil Abdeckfolie *f*
cover for hand hole Handlochdeckel *m* [mbt]
cover frame Abdeckrahmen *n* [tec]
cover gasket Deckeldichtung *f*
cover glass Deckglas *n* [met]
cover grill Abdeckgitter *n* [tec]
cover in concrete zubetonieren *v* [bau]
cover lid Verschlussdeckel *m* [tra]
cover lining Deckelauskleidung *f* [tec]
cover lock Deckelverschluss *m*
cover material, granular - Abstreumineralstoff *m* [met]
cover nut Hutmutter *f* [tec]
cover plate Abdeckplatte *f* (Blech mit Rahmen) [tec]; Deckplatte *f*; Kopfplatte *f* [tec]; Rostabdeckplatte *f* [pow]; Verschlussplatte *f* [tec]; Abschlussdeckel *m*; Blinddeckel *m* (Lager) [tec]; Abdeckblech *n* (Deckel) [tec]; Abschlussblech *n*; Deckblech *n*
cover ring Abdeckring *m*
cover seal Deckeldichtung *f*
cover sheet Abdeckblech *n* [tec]; Deckblatt *n* (Buch, Akte); Verkleidungsblech *n* [tec]
cover slide Abschlussschieber *m*
cover strip Abdeckleiste *f*; Abdeckplatte *f*; Deckleiste *f* [tec]
cover tube Schutzrohr *n* [tec]
cover up abdecken *v*
cover with foam beschäumen *v*
cover with idler pulley Deckel mit Spannrolle *f*
coverage Bearbeitungsschadendeckung *f* [jur]; Deckung *f* (durch Versicherung) [jur]; erfasste Fläche *f*; Ergiebigkeit *f* (Farbe); Reichweite *f*
covered abgedeckt (Plane, Blech, Bretter); bedeckt; überdacht (Plane, Dach drauf) [bau]; überdeckt (mit Plane); umhüllt (bedeckt); ummantelt
covered area überdachte Fläche *f*
covered cable umhülltes Kabel *n* [elt]
covered electrode umhüllte Schweißelektrode *f* [met]
covered up verdeckt (vertraulich behandelt)
covered wagon gedeckter Güterwagen *m* (geschlossen) [tra]; Güterwagen *m* (gedeckt) [tra]
covered with snow verschneit [wet]
covered with, become - ansetzen *v* (Rost etc.) [met]
covered-over welding splatter überdeckte Schweißspritzer *pl* [wer]
covering Abdeckung *f* (Bedeckung); Bedeckung *f*; Bekleidung *f* (mit einer Schicht versehen); Decke *f* (Abdeckung); Überdeckung *f*; Umkleidung *f* (Abdeckung); Verkleidung *f* (z.B. Abdeckung gegen Wetter); Belag *m* (auf Fußboden); Bezug *m* (Abdeckung); Deckel *m* (Abdeckung); Mantel *m* (Umhüllung)
covering box Abdeckkammer *f* [tec]
covering cap Abdeckhaube *f* [tec]
covering coat Deckanstrich *m* [met]
covering colour Deckfarbe *f* [met]
covering contribution above own costs Deckungsbeitrag *m* [eco]
covering cost kostendeckend [eco]

covering disc Abdeckscheibe *f* [tec]
covering flange Deckflansch *m* [prc]
covering hood Abdeckhaube *f*
covering layer Abdeckschicht *f*
covering material Abdeckmaterial *n* [met]
covering of the roadway Fahrbahnbefestigung *f* [tra]
covering strip Abdeckstreifen *m*
covering tape Abdeckband *n*
covering varnish Decklack *m* [met]
cowl Stirnwand *f* [tra]; Verkleidung *f* (unter Kappe, Haube) [tra]
cowl support Stirnwandstütze *f* (rechte, linke) [tra]
cowling Haube *f* (Stirnwand, z. B. Motorraum) [tra]; Motorhaube *f* [tra]
cowper Winderhitzer *m* (z.B. bei Hochofen, E-Werk) [roh]
crab Katze *f* [tec]
crack Ritze *f*; Spalte *f*; Anbruch *m* [met]; Bruch *m* (Riß); Einriss *m* [met]; Lärm *m* (Knall, Schlag) [aku]; Riss *m* (Sprung); Spalt *m* (Riß); Sprung *m* (Riss) [met]
crack brechen *v* (zerspringen, reißen); cracken *v* (Erdöl) [prc]; knicken *v* (abbrechen); kracken *v* [che]; platzen *v* (bersten); reißen *v* (zerspringen); spalten *v*; springen *v* (Sprung bekommen); zersplittern *v*; zerspringen *v*
crack branching Rissverlauf *m* [met]
crack extension Rissausbreitung *f* [met]
crack filler Holzkitt *m* [met]
crack formation Rissbildung *f* [met]
crack growth Risswachstum *n* [met]
crack propagation Rissfortschritt *m* [met]
crack starting point Bruchausgang *m* (Beginn des Bruchs) [met]
crack test Rissprüfung *f* [any]
crack up bersten *v*
crack, hot - Heißriss *m* [met]; Warmriss *m* [met]
crack-inspected rissgeprüft [met]
crack-proof bruchfest [met]
crack-tested rissgeprüft [met]
cracked geknickt (gebrochen); rissig (gerissen, gesprungen)
cracked gas Spaltgas *n* [met]
cracked gasoline Crackbenzin *n* [che]
cracker Brecher *m* (Gerät zum Brechen, Nussknacker); Cracker *m* [prc]
cracking Rissbildung *f* [met]; Cracken *n* [prc]
cracking plant Crackanlage *f*; Spaltanlage *f* [prc]; Cracker *m* [prc]
cracking pressure Öffnungsdruck *m* (Druck, bei dem z.B. Ventil öffnet) [tra]
cracking process Crackprozess *m* [prc]; Crackverfahren *n* [prc]; Krackverfahren *n* [prc]
cracking product Spaltprodukt *n* (thermische Zersetzung) [che]
cracking ring Absprengring *m* [tec]
cracking temperature Abbautemperatur *f* [che]
cracking tower Fraktionierkolonne *f* [prc]
cracking unit Spaltanlage *f* [prc]

crackle verpuffen *v* [che]
crackling Prasseln *n* (Störung des Schirmbildes) [elt]
cracks in cap Kappenriss *m* [tra]
cracks, free from - rissfrei [met]
cradle Gabel *f* (Telefon) [edv]; Tragmulde *f* [wer]; Wiege *f*; Schlitten *m* (Transport-) [wer]
cradle to grave Wiege zur Bahre (von der -)
craft Gewerk *n*; Handwerk *n*
craft work Handarbeit *f*
craftsman Handwerker *m*
cramp Klammer *f* (Verbindung); Krampe *f* [tec]; Krampf *m* [hum]
cramp anklammern *v*; befestigen *v* (klammern); klammern *v* (befestigen)
cramp iron Klammer *f* (Bauklammer) [bau]
crampet Mauerhaken *m* [bau]
cramping and distorting Verspannen und Verziehen [tra]
crane Aufzug *m* (Kran) [bau]; Kran *m*
crane accessories Kranausrüstung *f* [mbt]
crane beam Kranbalken *m* [mbt]
crane bogie pin Kranradbolzen *m* [tec]
crane boom Kranausleger *m* [mbt]
crane boom with hydraulic continuous slewing hydraulisch schwenkbarer Kranausleger *m* [mbt]
crane bridge Kranbrücke *f* [mbt]
crane buffer Kranpuffer *m* [tec]
crane bumper Kranpuffer *m* [tec]
crane cabin Krankanzel *f* [wer]
crane cable Kranseil *n* [mbt]
crane capacity Krankapazität *f* [mbt]
crane carriage Laufkatze *f* [mbt]
crane carrier Kranwagenfahrgestell *n* [mbt]
crane crab Laufkatze *f* [mbt]
crane crawler unit Kranlaufwerk *n* [mbt]
crane hook Kranhaken *m* [mbt]
crane jib Kranausleger *m* [mbt]
crane load Kranladung *f* [mbt]; Kranlast *f* [mbt]
crane magnet Kranmagnet *m* [mbt]
crane roller Kranlaufrolle *f* [mbt]
crane scale Kranwaage *f* [any]
crane sludge tanker Kranschlammfahrzeug *n* [rec]
crane tower Kranturm *m* [mbt]
craneway Kranbahn *f* [mbt]
crank Drehkurbel *f*; Handkurbel *f*; Kurbel *f* [tec]; Kurbelarm *m* [tec]
crank andrehen *v* (ankurbeln); ankurbeln *v* (Motor) [tra]; anlassen *v* (Maschine); biegen *v* (Werkstück biegen) [wer]; durchdrehen *v* (Motor anwerfen) [tra]; kröpfen *v* [wer]; kurbeln *v*
crank angle Kurbelstellung *f*
crank arm Kurbelarm *m* [tec]
crank axle Kurbelwelle *f*
crank bearing Kurbellager *n* [tec]
crank case Kurbelgehäuse *n* (Kurbelwellengehäuse) [tra]
crank case guard Kurbelgehäuseschutz *m* [tra]
crank cheek Kurbelwange *f* [tec]
crank disc Kurbelscheibe *f* [tec]

crank drive Kurbelantrieb *m* [tec]; Kurbeltrieb *m* [tec]
crank gear Kurbelgetriebe *n* [tec]
crank handle Handkurbel *f*; Kurbelgriff *m* [tec]
crank handle wheel Kurbelrad *n* [tec]
crank operated window Kurbelfenster *n* [tra]
crank pin Kurbelgriff *m* [tec]; Kurbelzapfen *m* [tra]
crank press Kurbelpresse *f* [tec]
crank wheel Kurbelrad *n* [tec]
crank, eccentric - Exzenterkurbel *f* [tec]
crank-operated mechanism Kurbelantrieb *m* [tec]
crankcase bottom half Kurbelgehäuseunterteil *n* [tra]
crankcase guard Panzerwanne *f* [tra]
crankcase top half Kurbelgehäuseoberteil *n* [tra]
cranked abgebogen [con]; aufgebogen [wer]; gekröpft [wer]
cranked chain link gekröpftes Kettenglied *n* [tec]
cranked fish-plate gekröpfte Übergangslasche *f* [tec]
cranked handle Handkurbel *f*
cranked link gekröpftes Glied *n* [tec]
cranked off abgekröpft (verschwenkt) [wer]
cranking motor Anlasser *m* (auf Lkw, für Flugzeuge) [tra]
cranking power Anwerfkraft *f* [phy]; Belastung des Anlassers *f* [tra]
crankshaft Kurbelwelle *f* (mit Kurbellagern) [tra]
crankshaft bearing Hauptlager *n* (der Kurbelwelle) [tra]; Kurbelwellenlager *n* [tra]
crankshaft bearing cap Kurbelwellenlagerdeckel *m* [tra]
crankshaft bearing shell Kurbelwellenlagerschale *f* [tra]
crankshaft drive Kurbeltrieb *m* [tra]
crankshaft gear Kurbelwellenrad *n* [tra]
crankshaft grinding machine Kurbelwellenschleifmaschine *f* [wzg]
crankshaft oil seal Kurbelwellendichtung *f* [tra]
crash Absturz *m*; Lärm *m* (Krachen) [aku]; Sturz *m* (Zusammenbruch); Unglück *n* (Verkehr) [tra]
crash abstürzen *v*; krachen *v*; prallen *v*; zerbrechen *v* (auseinander brechen); zusammenbrechen *v*
crash barrier Leitplanke *f* [tra]
crash into auffahren *v* (Verkehr) [tra]
crash landing Bruchlandung *f* (Flugzeug) [tra]
crash-helmet Schutzhelm *m* [tra]; Sturzhelm *m* [tra]
crash-resistant concrete rissfester Beton *m* [bau]
crate Kiste *f* (Lattenkiste); Lattenverschlag *m*; Verschlag *m* (Holzgestell für Sperrgut) [tra]
crater Krater *m*
crater crack Endkraterriss *m* (an Schweißnaht) [wer]; Kraterriss *m* [met]
crater plate Kraterblech *n* [met]
crater plates at end of weld pass Endkraterblech *n* (Endkrater) [wer]
crawl kriechen *v*
crawler Raupenfahrzeug *n* [mbt]
crawler backhoe, hydraulic - Hydraulikraupenbagger *m* [mbt]

crawler base Raupenträger *m* [mbt]; Unterwagenrahmen *m* [mbt]
crawler bearing Kettenlagerung *f* [tec]
crawler chain link Raupenkettenglied *n* [mbt]
crawler chain tread Raupenglied *n* [mbt]
crawler crane Raupenkran *m* [mbt]
crawler excavator Raupenbagger *m* [mbt]; Raupengerät *n* [mbt]
crawler frame Raupenträger *m* [mbt]
crawler lane Kriechspur *m* [tra]
crawler loader Raupenlader *m* [mbt]
crawler pad Raupenplatte *f* [tec]
crawler shovel, hydraulic - Hydraulikraupenbagger *m* [mbt]
crawler support Langträger *m* (des Baggers) [mbt]
crawler track Raupenkette *f* (z.B. Bagger) [mbt]; Raupenfahrwerk *n* [mbt]
crawler track assembly Raupenfahrwerk *n* [mbt]
crawler traction Kettenzugkraft *f* [mbt]; Kettenzug *m* (Kraft an Raupenkette) [mbt]
crawler tractive force Kettenzugkraft *f* [mbt]
crawler tractor Raupenschlepper *m* [mbt]; Laufwerk *n* (der Raupe) [mbt]
crawler tread belt Raupenkette *f* (z.B. Seilbagger) [mbt]
crawler undercarriage Raupenfahrwerk *m* [mbt]; Raupenunterwagen *m* [mbt]
crawler unit Fahrwerk *f* (Bagger) [mbt]; Fahrantrieb *m* (des Baggers) [mbt]; Baggerlaufwerk *n* (Raupe) [mbt]; Seitenschiff *n* (Baggerlaufwerk) [mbt]
crawler-chain link pin Raupenkettenbolzen *m* [mbt]
crawler-mounted front-end loader Raupenlader *m* [mbt]
crawling Kriechen *n*
cream cremeweiß (RAL 9001) [nor]; kremweiß ((variant)) [nor]
cream-coloured mattgelb
crease Knick *m* (Falz)
crease falzen *v* [wer]; rillen *v* [wer]
creasing Sicke *f* (Versteifungsstanzen) [tec]
create anlegen *v* (Datei) [edv]; erstellen *v*; hervorbringen *v*; schaffen *v*
create space Platz schaffen *v*
creation Schöpfung *f*
creative gestalterisch
credit Gutschrift *f* [eco]; Kredit *m* (Darlehen) [eco]
credit note Gutschrift *f* [eco]
credit, letter of - Akkreditiv *n*
creditor Gläubiger *m*
creep niedriger Durchlass *m* [bau]; Fließen *n*; Wandern *n* (Lagerring, u.a.) [tec]
creep kriechen *v*; schleichen *v* (langsam)
creep behaviour Kriechverhalten *n* [met]
creep limit Dauerdehngrenze *f* [met]; Kriechgrenze *f* [met]
creep rate Kriechgeschwindigkeit *f* [tra]
creep resistance Dauerstandfestigkeit *f* [met]
creep speed Schleichgang *m* [tra]
creep strain Kriechdehnung *f* [met]

creep strength Dauerfestigkeit *f* [met]; Dauerstandfestigkeit *f* [met]; Kriechfestigkeit *f* [met]
creep strength limit Kriechgrenze *f* [met]
creep test Kriechprüfung *f* [any]; Standversuch *m* [any]; Zeitstandversuch *m* [met]
creep-resistant warmfest [met]
creep-rupture strength Zeitstandfestigkeit *f* [met]
creep-rupture stress Zeitstandbeanspruchung *f* [met]
creepage path Kriechweg *m* [elt]
creeping Abrollen *n* (des Baggers am Hang) [mbt]; Kriechen *n*
creeping kriechen *v* (Öl an Kolben vorbei) [tra]
creeping current Kriechstrom *f* [elt]
creeping property Kriechverhalten *n* [met]
creosote Imprägnieröl *n* [met]
crest Krone *f* [tec]; Kuppe *f* (Hügel); Spitze *f* (beim Schraubgewinde) [tec]; Kamm *m* (des Berges) [geo]
crest clearance Kopfspiel *n* (Gewinde) [tec]
crest meter Scheitelwertmesser *m* [any]
crest voltage Scheitelspannung *f* [elt]
crevasse distance Klüftigkeitsziffer *f* [geo]
crevasse formation Klüftigkeit *f* [geo]
crevice Fuge *f* (Mauerwerk) [bau]; Spalte *f*; Bruch *m* (Riß); Spalt *m* (Riß) [geo]
crew's cabin Mannschaftskabine *f* (auf Schiff) [tra]
crime Vergehen *n* [jur]
criminal case Strafsache *f* [jur]
criminal code Strafgesetzbuch *n* [jur]
criminal law Strafgesetz *n* [jur]; Strafrecht *n* [jur]
criminal offences Straftat *f* [jur]
criminal offences against the environment Straftaten gegen die Umwelt *pl* [jur]
criminal penalty Strafe *f* [jur]
criminal proceedings Strafprozess *m* [jur]; Strafverfahren *n* [jur]
criminal waste law Abfallstrafrecht *n* [jur]
criminality, risk of - Strafbarkeitsrisiko *n* [jur]
crimp riffeln *v*; sicken *v* (z.B. Rohr bördeln) [wer]
crimp connection Quetschverbindung *f* [tec]
crimp connector Quetschverbinder *m* [tec]
crimp joint Quetschverbindung *f* [tec]
crimp sleeve Quetschhülse *f* [elt]
crimped sheet Sickenblech *n* [tec]
crimped steel sheet Sickenblech *n* [tec]
crimping pliers Kerbzange *f* [wzg]
crimping tool Verschlusszange *f* [wzg]
crimson karmesinrot
crinkled washer gewellte Federscheibe *f* [tec]
crinoline ring Abstandshaltering *m* (Isolierung); Stützring *m* (Isolierung)
crisis Krise *f*; Notstand *m*
crisis management Krisenmanagement *n*
criss cross kreuzweise Anordnung *f* (z.B. Rolltreppen)
criteria for success Erfolgskriterien *pl*
criterion Anhaltspunkt *m*; Kennzeichen *n* (Merkmal); Kriterium *n*
critical bedenklich; kritisch

critical angle Grenzwinkel *m* [mbt]; kritischer Winkel *m*
critical assembly kritische Anordnung *f*
critical defect, negative - negativer Grenzfehler *m* [elt]
critical frequency kritische Frequenz *f*
critical head kritisches Gefälle *n* [was]
critical limit Grenzwert *m*
critical load Grenzlast *f* [phy]; kritische Belastung *f*
critical mass kritische Masse *f* (Kernenergie) [phy]
critical path kritischer Weg *m* (im Netzwerk)
critical path analysis Netzplantechnik *f* [con]
critical point Gefahrpunkt *m*; Haltepunkt *m* [che]; Höhepunkt *m*; kritischer Punkt *m*
critical pressure kritischer Druck *m* [phy]
critical range kritischer Bereich *m*; Unsicherheitsbereich *m* [elt]
critical speed kritische Drehzahl *f* [pow]; kritische Geschwindigkeit *f* [phy]
critical state Grenzzustand *m*
critical temperature kritische Temperatur *f*
critical value Grenzwert *m*
critical voltage Grenzspannung *f* [elt]
critical volume kritisches Volumen *n* [che]
crook Krücke *f* (Griff)
crook biegen *v* (krümmen) [wer]
crooked krumm; schief (krumm)
crooked bar krummer Stab *m*
crop abschneiden *v* (stutzen) [wer]; scheren *v*
crop out ausreißen *v* (Kohle tritt zu Tage) [roh]
crop yield landwirtschaftlicher Ertrag *m* [eco]
cross Kreuz *m* [tec]
cross durchlaufen *v*; kreuzen *v* [tra]; kreuzen *v* [elt]; schneiden *v* (kreuzen); überbrücken *v* (kreuzen); überschreiten *v* (überqueren); übersetzen *v* (mit Schiff) [tra]; verschränken *v* [wer]
cross arm Traverse *f* (Stahlbau) [tec]; Querträger *m* (Stahlbau) [tec]
cross beam Traverse *f* [bau]; Holm *m*; Querbalken *m* [bau]
cross beat escapement Kreuzschlaghemmung *f* (Uhr) [tec]
cross butt joint Kreuzstoß *m* (kreuzartig verschweißte Bleche) [wer]
cross cheque Verrechnungsscheck *m* ((B)) [eco]
cross coil Kreuzspule *f* [elt]
cross connection Kreuzschaltung *f* [elt]; Kreuzverbindung *f*; Querverbindung *f*
cross conveyor Quertransport *m* (Gerät) [wer]
cross conveyor, chain-type - Kettenquertransport *m* (Gerät) [wer]
cross country tyre Geländereifen *m* [tra]
cross country vehicle Geländewagen *m* [tra]
cross crack Kantenriss *m*
cross current Kreuzstrom *m* [prc]
cross fastener Kreuzverbinder *m* (Bauelement) [tec]
cross firing Querzündung *f* [pow]
cross fitting Kreuzstück *n* (Verschraubung) [tec]
cross flange Kreuzflansch *m* [prc]

cross flow Querströmung *f* [prc]; Kreuzstrom *m* [prc]; Querstrom *m* [prc]
cross frame Kreuzrahmen *m* [tec]; Querrahmen *m* [tec]
cross girder Querträger *m* [tec]
cross grind Kreuzschliff *m* [wer]
cross handle Kreuzgriff *m*
cross heading Querstrecke *f* (unter Tage) [roh]; Streb *m* (parallel zum Hauptstollen) [roh]
cross hole Kreuzloch *n* [tec]
cross iron Kreuzeisen *n* [tec]
cross joint Kreuzverbindung *f*; Kreuzstoß *m* [tec]
cross link Querverbindung *f*; Vernetzer *m* (keine Chemikalien) [tec]
cross link universal coupling Kreuzgelenkkupplung *f* [tec]
cross linkage Vernetzung *f* [tec]
cross member Traverse *f* (z.B. verbindet Hauptträger) [tec]; Querträger *m* (Stahlbau, Waggon) [tec]; Riegel *m* [bau]
cross movement Querverschiebung *f* [tec]
cross pad Kreuzbacke *f* [tec]
cross piece Kreuzstück *n* [tec]
cross pin Kreuzzapfen *m* (bei Maschinen) [tec]; Zapfenkreuz *n* (z.B. beim Grader) [mbt]
cross pipe Kreuzrohrstück *n* [prc]
cross pipe coupling Kreuzverschraubung *f* (Rohrverschraubung) [tec]
cross pit conveyor Direktversturzbandwagen *m* [any]
cross pit dumping Direktversturz *m* [mbt]
cross pit system Direktversturz *m* [mbt]
cross recess Kreuzschlitz *m* (Schraube) [tec]
cross recessed countersunk head screw Senkschraube mit Kreuzschlitz *f* [tec]
cross resistance Querwiderstand *m*
cross run Kreuzlauf *m* [mbt]
cross saddle Quersattel *m* [tec]
cross screw connection Kreuzverschraubung *f* [tec]
cross screw joint Kreuzverschraubung *f* [tec]
cross section Fläche *f* (Querschnitt); Querschnitt *m* [con]; Schnitt *m* (Querschnitt / Zeichnung) [con]; Querprofil *n* (Schnitt durch Straße) [tra]
cross section diagram, radial - Radialschnittbild *n* [con]
cross section of a line Leitungsquerschnitt *m* [elt]
cross section of main Leitungsquerschnitt *m* [pow]
cross section of pipe Leitungsquerschnitt *m* [pow]
cross section of sound beam Schallstrahlquerschnitt *m* [aku]
cross section, shape of - Profilquerschnitt *m* [bau]
cross sectional area Querschnitt *m* [con]
cross shaft Querwelle *f* [tra]
cross slope Quergefälle *n* [bod]
cross slot Polschlitz *m* [elt]
cross slot bolt Schlitzschraube *f* [tec]
cross stop Queranschlag *m* [tec]
cross stream separator Querstromsichter *m* [prc]
cross strut Querversteifung *f* [tec]
cross sum Quersumme *f* [mat]

cross support Kreuzbacke *f* (Rohrhalterung) [tec]
cross talk nebensprechen *v* (Telefon) [edv]
cross talk attenuation Gegentaktneutralisation *f* [elt]
cross talk echo Überkoppelecho *n* [aku]
cross tie Querträger *m* (z.B. Waggon) [tra]; Verbindungsstück *n* [tra]
cross transfer Quertransport *m* (Vorgang) [wer]
cross tube Querrohr *n* [met]
cross union Kreuzverschraubung *f* [tec]; Kreuzstück *n* (Verschraubung) [tec]
cross vault Kreuzgewölbe *n* [bau]
cross ventilation Querlüftung *f* [air]
cross walk Fußgängerüberweg *m* [tra]
cross wall Querwand *f* [bau]
cross wedge Querkeil *m*
cross wind Seitenwind *m* [wet]
cross-bar Traverse *f* [bau]; Drehstift *m* (Stahlbau) [tec]; Querriegel *m* [tec]; Querstab *m* (Stahlbau) [tec]; Querträger *m* [tec]
cross-blade mixer Kreuzbalkenrührer *m* [prc]
cross-border trade grenzüberschreitender Warenverkehr *m* [eco]
cross-border traffic Grenzverkehr *m* [tra]
cross-border transportation of waste grenzüberschreitende Abfallverbringung *f* [rec]
cross-breaking strength Durchbiegefestigkeit *f*
cross-compound machine Zweiwellenmaschine *f* (Turbine) [pow]
cross-compound steam turbine Mehrwellendampfturbine *f* [pow]
cross-compound turbine unit Zweiwellenanlage *f* (Turbinenanlage) [pow]
cross-compound turbo generator Zweiwellenturbosatz *m* [pow]
cross-country geländegängig [tra]
cross-country vehicle Geländewagen *m* [tra]; Geländefahrzeug *n* [tra]
cross-current Querstrom *m* [prc]
cross-current classifier Querstromsichter *m* [prc]
cross-cut chisel Kreuzmeißel *m* [wzg]
cross-cutting knife drum Messertrommel *f* [prc]
cross-drum boiler Quertrommelkessel *m* [pow]
cross-flow heat exchanger Kreuzstromwärmeaustauscher *m* [pow]
cross-flow turbine Durchströmturbine *f*
cross-hatch kreuzweise schraffieren *v* [con]
cross-head Kreuzkopf *m*
cross-head pin Kreuzkopfbolzen *m* [tec]
cross-head screw cap Kreuzschlitz-Nietkappe *f* [tec]
cross-head slide-block Kreuzkopfschuh *m* [tec]
cross-link vernetzen *v*
cross-link universal coupling Kreuzgelenkkupplung *f* [tec]
cross-linked vernetzt [tec]
cross-linking agent Vernetzungsmittel *n* (Kunststoff) [che]
cross-load Querlast *f*
cross-pin coupling Kreuzgelenkkupplung *f* [tec]
cross-pin spindle, cardan - Kardanwelle *f* [tec]

cross-pin universal joint Kardangelenk *n* [tec]
cross-road Kreuzung *f* [tra]; Querstraße *f* [tra]
cross-roads Straßenkreuzung *f* [tra]
cross-section, dangerous - gefährdeter Querschnitt *m*
cross-sectional area Querschnittsfläche *f*
cross-sectional area, reduction of - Querschnittsverminderung *f*
cross-sectional picture Schnittbild *n* (z.B. in Zeichnung) [con]
cross-sectional task Querschnittsaufgabe *f*
cross-wall junction Wandeinbindung *f* [bau]
crossbar Querbalken *m* [tec]; Querträger *m* (z.B. Waggon, Lkw) [tec]
crossbond Kreuzverband *m* (Mauerwerk) [bau]
crosscut saw Bandsäge *f* [wzg]; Baumsäge *f* [wzg]; Schrotsäge *f* (Baumsäge) [wzg]; Ziehsäge *f* (Schrot- oder Baumsäge) [wzg]
crossed cheque Scheck zur Verrechnung *m* ((B)) [eco]; Verrechnungsscheck *m* ((B)) [eco]
crossed drive gekreuzter Trieb *m* [tec]
crossfeed Planvorschub *m* [wer]
crossfoot Quersumme *f* [mat]
crosshead Traverse *f* [bau]; Kreuzkopf *m* (der Lok; in Gleitbahnen) [tra]; Querträger *m* [tec]
crossing Kreuzung *f* [tra]; Kreuzweiche *f* [tra]; Straßenkreuzung *f* [tra]; Überfahrt *f* [tra]; Kreuzpunkt *m* [bau]; Übergang *m* (Überquerung) [tra]
crossing sleeve Kreuzmuffe *f* [tec]
crossing valve Kreuzventil *n* [prc]
crossover Kreuzung *f* (Kreuzweiche) [tra]; Kreuzweiche *f* [tra]; Schieberbewegung *f* [tec]; Verbindungsleitung *f*
crossover pipe Überströmleitung *f* [prc]
crossover valve Kurzschlussventil *n* (Druckbegrenzungs- und Überströmventil) [prc]
crosstie Querhebel *m* [tec]
crosswise kreuzweise; quer; überkreuz
crow flies, as the - Luftlinie *f* (kürzester Weg)
crow's feet Krähenfüße *pl* (Schweißen) [wer]
crowbar Brechstange *f* [wzg]; Hebestange *f* (Brechstange) [wzg]; Brecheisen *n* (Brechstange) [wzg]; Stemmeisen *n* [wzg]
crowd Vorschub *m* (der Ladeschaufel) [mbt]
crowd eindringen *v* (der Ladeschaufel) [mbt]; vorschieben *v* (die Ladeschaufel) [mbt]; vorstoßen *v* (mit Auslegerstiel) [mbt]
crowd back ankippen *v* (Ladeschaufel) [mbt]
crowd distance Vorschubweg *m* (Vorschubweg auf Planum) [mbt]
crowd force Vorschubkraft *f* [mbt]
crowd length Vorschublänge *f* (der Ladeschaufel) [mbt]
crowd-back position Ankippstellung *f* (Ladeschaufel) [mbt]
crown Krone *f* (Baum-) [bff]
crown burner Kronenbrenner *m* [pow]
crown cap Kronenkorken *m*
crown cork Kronenkorken *m*
crown gear Zahnkranz *m* [tec]; Planrad *n* [tec]

crown nut Kronenmutter f [tec]
crown wheel Kronrad n (Uhr) [tec]; Tellerkegelrad n (im Differential) [tra]; Tellerrad n [tra]
crowned seal ballige Dichtung f
crowning Balligkeit f (beim Fräsen von Getrieben) [met]; Breitenballigkeit f (Getriebe) [tec]
crowning height Höhe der Breitenballigkeit f (Getriebe) [tec]
crucible Glühtiegel m [met]; Gusstiegel m; Schmelztiegel m [met]; Tiegel m
crucible cast steel Gussstahl m [met]; Tiegelstahl m [met]
crucible chargeable tiegelrecht [met]
crucible furnace Tiegelofen m [roh]
crucible melting furnace Tiegelschmelzofen m [roh]
crucible type furnace Schmelztiegelfeuerung f [pow]
crude rau (unbearbeitet); roh (Rohstoffe) [roh]; unbearbeitet
crude aluminum Rohaluminium n [met]
crude antimony Rohantimon n [met]
crude benzene Rohbenzol n [che]
crude gas Rohgas n [air]; ungereinigtes Gas n
crude lignite Rohbraunkohle f [roh]
crude material Rohmaterial n [met]
crude metal Rohmetall n [met]
crude non-ferrous metal Nichteisenrohmetall n [met]
crude oil Erdöl n [roh]; Rohöl n [met]
crude ore Roherz n [met]
crude product Rohprodukt n [met]
crude rubber Naturkautschuk m [met]; Rohkautschuk m [met]
crude sewage Rohabwasser n [was]; unbehandeltes Abwasser n [was]
crude state Rohzustand m
crude steel Rohstahl m [met]
crude transport Rohstofftransport m [roh]
crude waste unbehandeltes Abwasser n [was]
crude waste water Rohabwasser n [was]
crude water Rohwasser n [was]
crudeness Massivität f
cruising speed Dauergeschwindigkeit f [tra]
crumble abbröckeln v (zerbröckeln, zusammenfallen); bröckeln v; zerbröckeln v; zerdrücken v; zerfallen v (zerbröckeln); zermahlen v (zerbröckeln, zerreiben) [prc]; zerreiben v [prc]
crumble away abbröckeln v
crumbling bröckelig
crumbly bröckelig
crumple zone Knautschzone f (Auto) [tra]
crunch knirschen v
crush Zerkleinerung f (in Brecher) [prc]
crush brechen v (zerbrechen); durchpressen v; eindrücken v (zerdrücken); grob mahlen v (vorbrechen) [wer]; grobzerkleinern v [wer]; mahlen v (grob); quetschen v (zerdrücken); reiben v (zerreiben); schroten v; vorbrechen v (grob mahlen) [roh]; zerbrechen v (zerdrücken); zerdrücken v; zerkleinern v (zerdrücken) [prc]; zerquetschen v [prc]; zerschlagen v; zerschmettern v; zerstoßen v

crush into einbrechen v (ins Eis)
crush resistance Druckwiderstandsfähigkeit f [met]
crush seal Pressdichtung f
crushability of rock Gesteinbrechbarkeit f [mbt]
crushed coal vorgebrochene Kohle f [roh]
crushed glass Glasmehl n [met]
crushed material Brechgut n
crushed rock gebrochenes Gestein n [geo]; gebrochenes Material n [bau]
crushed stone Schotter m [bau]; Splitt m [met]
crusher Mühle f (grob) [prc]; Brecher m; Brechwerk n
crusher chamber Brecherraum m
crusher discharge belt Brecherabzugsband n (am Steinbrecher) [pow]
crusher drier Mahltrockner m [prc]
crusher mouth, width of - Brechmaulweite f (des Brechers) [roh]
crusher plant Brecheranlage f (im Steinbruch) [roh]
crusher speed Brecherdrehzahl f
crusher work Brecherarbeit f (im Steinbruch) [roh]
crushing Zerkleinerung f (Zerdrücken) [prc]; Brechen n; Zerkleinern n [prc]
crushing installation Brechanlage f (Steinbrecher) [roh]
crushing load Bruchlast f; Druckspannung f [met]
crushing machine Zerkleinerungsmaschine f [prc]
crushing mill Quetschmühle f [prc]; Zerkleinerungsmühle f [prc]
crushing plant Brechanlage f [roh]; Brecherwerkanlage f; Vorbrechanlage f [roh]; Zerkleinerungsanlage f [prc]
crushing strength Bruchfestigkeit f (Statik) [met]; Druckfestigkeit f [met]
crushing stress Bruchspannung f [met]; Druckkraft f [phy]
crushing test Druckfestigkeitsprüfung f [any]
crust Haut f (Kruste); Kruste f (z.B. Erdkruste) [geo]
crutch Krücke f; Pendelgabel f (Uhr) [tec]
crutch head Knebel m
cry schreien v
cryochemistry Kältechemie f [che]
cryogenic conduction Supraleitung f [phy]
cryogenic receptacle Kryobehälter n
cryogenics Tieftemperaturtechnik f [prc]
cryogrinding Tieftemperaturmahlen n [prc]
cryomagnetic kryomagnetisch
cryopump Kryopumpe f [prc]
cryostat Kryostat m [prc]; Thermostat m (Tieftemperatur-)
crystal Kristall m [che]
crystal axis Kristallachse f [che]
crystal boundary Korngrenze f (Kristall) [min]
crystal centre Kristallkern m [che]
crystal chemistry Kristallchemie f [che]
crystal clear farblos; glasklar
crystal core Kristallkern m [che]
crystal glass Kristallglas n [met]
crystal mounting Kristallbefestigung f

crystal nucleus Kristallkeim *m* [che]
crystal oscillator Schwingkristall *m* [elt]
crystal structure Kristallstruktur *f* [che]; Kristallaufbau *m* [che]
crystal water Kristallwasser *n* [che]
crystal-controlled quarzgesteuert [elt]
crystalline kristallin [che]
crystalline growth Kristallwachstum *n* [che]
crystalline growth, rate of - Kristallisationsgeschwindigkeit *f* [che]
crystalline layer Kristallschicht *f* [che]
crystallization Kristallbildung *f* [che]; Kristallisation *f* [che]
crystallization plant Kristallisationsanlage *f* [che]
crystallization, water of - Kristallisationswasser *n* [che]
crystallize auskristallisieren *v* [prc]; kristallisieren *v* [che]
crystallized soda Kristallsoda *n* [che]
crystallizer Kristallisationsapparat *m* [che]
crystallizing Kristallisieren *n* [che]
crystallographic axis Kristallachse *f* [che]
cube Block *m* (Würfel); Kubus *m*; Würfel *m* (Körper)
cube ermitteln *v* (Volumen)
cubic kubisch; räumlich; würfelförmig [con]
cubic body-centred kubisch raumzentriert [min]
cubic capacity Hubraum *m* (Motor) [tra]
cubic closest packed kubisch dichtest gepackt [prc]
cubic content Rauminhalt *m*
cubic face-centred kubisch flächenzentriert [min]
cubic measure Raummaß *n* [con]
cubical kubisch
cubical-shaped würfelförmig [con]
cubicle Kabine *f* (Umkleidekabine); Zelle *f* (Kabine); Schrank *m* (z.B. für Messgeräte)
cubicle, changing - Ankleidekabine *f*; Umkleideraum *m*
cubicle-mounting Schrankeinbau *m*
cudgel Knüppel *m*
cuff Manschette *f*
cul-de-sac Sackgasse *f* (im Straßenverkehr) [tra]
cull timber Abfallholz *n* [rec]
cullet Glasabfall *m* [rec]; Glasbruch *m* [rec]; Bruchglas *n* [rec]
culm Kohlenstaub *m* [pow]
culmination point Gipfelpunkt *m*
culpable schuldhaft (z.B. schuldhafter Verstoß) [jur]
cultivate anbauen *v* [far]; anpflanzen *v* [far]; bestellen *v* (Land, Acker) [far]; bewirtschaften *v* [far]; züchten *v* (Pflanzen) [far]
cultivated area Kulturfläche *f*
cultivation Bebauung *f* [far]; Bestellung *f* (Land, Acker) [far]; Anbau *m* [far]
cultivation plan Bebauungsplan *m* [bau]
cultivation system Bewirtschaftungssystem *n* [far]
cultural landscape Kulturlandschaft *f*
culture Kultur *f* [bio]
culture medium Kulturboden *m* [bio]; Nährboden *m* (Kultur) [bio]

culture yeast Kulturhefe *f* [bio]
culvert Dole *f* [was]; Wasserdurchlass *f* [was]; Durchlass *m* (Tunnel); Graben *m*
culvert siphon Düker *m*
cumulate sammeln *v* (häufen)
cumulation Kumulation *f*
cumulative kumulativ; summarisch
cumulative frequency Häufigkeitssumme *f* [mat]
cumulative pitch error Teilungsgesamtabweichung *f* (Zahnrad) [tec]
cup Kalotte *f* [roh]; Schale *f* (Gefäß); Tasse *f*; Becher *m* (aus Plastik); Hohlgefäß *n*
cup gasket, adhesive - Topfmanschette *f* [tec]
cup head Halbrundkopf *m* [tec]
cup head bolt Halbrundkopfschraube *f* [tec]
cup head nib bolt Halbrundschraube mit Nase *f* [tec]
cup head rivet Flachrundkopfniet *m* [tec]
cup leather Ledermanschette *f* [tec]
cup nib bolt Halbrundschraube mit Nase *f* [tec]
cup packing Manschettendichtung *f* [tec]; Manschettenpackung *f* (Dichtung) [tec]
cup seal Dichtungsmanschette *f* [tec]; Manschettendichtung *f* [tec]
cup spring Tellerfeder *f* [tec]
cup spring pack Tellerfedersäule *f* [tec]
cup square neck bolt Flachrundschraube mit Vierkantansatz *m* [tec]
cup washer Rosettenscheibe *f* (für Senkkopfschraube) [tec]; Tellerfeder *f* [tec]
cup-shaped schalenförmig
cup-spring stack Tellerfedersäule *f* [tec]
cup-type strainer Hutfilter *m* (vor Düse) [tec]
cupboard Schrank *m*
cupola Aussichtskuppel *f* (auf Waggon) [tra]; Kuppel *f* (kleine -)
cupola furnace Kupolofen *m* [roh]; Schachtofen *m* [roh]
cupola kiln Kupolofen *m* [roh]
cupreous kupferartig; kupferhaltig
cupric oxide Grünspan *m* (Kupferoxid) [che]
cupric sulfate Kupfervitriol *n* [che]
cupriferous kupferhaltig
curability Härtbarkeit *f* (Kunststoffe) [met]
curable härtbar (Kunststoffe) [met]
curb Bordkante *f* (des Bürgersteiges) [bod]; Aufsetzkranz *m* [bau]; Rinnstein *m* [bau]
curb abdrosseln *v* (verringern); bekämpfen *v*; dämmen *v*
curbstone Pflasterstein *m* [bau]; Randstein *m* (an Bordkante der Straße) [tra]; Rinnstein *m* [bau]; Bordstein *n* [bau]
curbstone blade Auskofferungsschar *f* (Anbauschar) [mbt]
curbstone mouldboard Auskofferungsschar *f* [mbt]
curdle fest werden *v* (gerinnen); gelieren *v*; stocken *v* (gerinnen)
curdling Gerinnung *f*
cure Aushärtung *f* (Kunststoff) [met]

cure abbinden *v* (Kleber) [che]; aushärten *v* (Kunststoff) [met]; beheben *v* (Schaden); feucht halten *v* (Beton); härten *v* (Kunststoffe); nachbehandeln *v* [wer]; vulkanisieren *v* [wer]
cure the damage Beheben eines Schadens *n*
cure-all Allheilmittel *n* [hum]
Curie point Curiepunkt *m* [phy]
curing Nachbehandlung *f* [wer]; Vulkanisation *f* [prc]; Härten *n* (Kunststoffe) [met]
curing agent Härter *m* [met]; Abbindemittel *n* [bau]; Härtemittel *n* (Kunststoff) [met]
curing chamber Dampfkammer *f* [prc]
curing oven Härteofen *m* (Kunststoffe) [met]
curing period Abbindezeit *f* [met]
curing power Abbindevermögen *n* [bau]
curing process Abbindeprozess *m* [bau]
curing time Vulkanisationszeit *f* [met]
curing, cold - Kaltaushärtung *f* [met]
curling Überkippen *n* (der Schaufel des Baggers) [mbt]
curly bracket geschweifte Klammer *f* [mat]
currency Laufzeit *f* (des Versicherungsvertrags) [jur]
current aktuell; gegenwärtig; gültig; laufend (gegenwärtig); momentan
current Strömung *f* [elt]; Fluss *m* [elt]; Sog *m* (Wasser); Strom *m* [elt]
current circuit Strompfad *m* [elt]
current collector Bügel *m* (Stromabnehmer) [elt]; Stromabnehmer *m* (nicht bei der Bahn) [elt]
current conduction Stromleitung *f* [elt]
current connection Stromanschluss *m* [elt]
current connector Stromverbindung *f* [elt]
current consumption Stromaufnahme *f* [elt]; Stromverbrauch *m* [elt]
current converter Stromrichter *m* [elt]
current date aktuelles Datum *n* [edv]
current delivery Stromabgabe *f* [elt]
current density Stromdichte *f* [elt]
current directory aktuelles Dateiverzeichnis *n* (Software) [edv]
current distribution Stromverteilung *f* [elt]
current distributor Stromverteiler *m* [elt]
current divider Stromteiler *m* [elt]
current drive aktuelles Laufwerk *n* [edv]
current drop Stromabfall *m* [elt]
current duct, heavy - Starkstromdurchführung *f* [elt]
current feed-through line Durchführungsleitung *f* [elt]
current filament Stromfaden *m* [elt]
current gain Stromverstärkungsfaktor *m* [elt]
current generating plant Stromerzeugungsanlage *f* [pow]
current generator Stromgenerator *m* [elt]
current guard Stromwächter *m* [elt]
current impulse Stromstoß *m* [elt]
current lead Stromzuführung *f* [elt]
current lead through box Ableitungskasten *m* [elt]
current lead-through Stromdurchführung *f* [elt]
current limiter Strombegrenzer *m* [elt]

current line aktuelle Zeile *f* [edv]
current maintenance laufende Unterhaltung *f*
current meter Stromzähler *m* [any]
current of gas Gasstrom *m*
current page aktuelle Seite *f* [edv]
current pulse Stromimpuls *m* [elt]
current rail Stromschiene *f* [elt]
current regulator Stromregler *m* [elt]
current source Stromquelle *f* [elt]
current source, real - reale Stromquelle *f* [elt]
current stabilizer Stromkonstanthalter *m* [elt]
current supply Elektrizitätsversorgung *f* [elt]; Stromabgabe *f* [elt]; Stromversorgung *f* [elt]; Stromzuführung *f* [elt]
current supply installation Stromversorgungsanlage *f* [elt]
current transformer Stromwandler *m* [elt]
current, absence of - Stromausfall *m* [elt]
current, alternating - Wechselstrom *m* [elt]
current, applied - eingespeister Strom *m* [elt]; zugeführter Strom *m* [elt]
current, type of - Stromart *f* [elt]
current-carrying stromführend [elt]
current-carrying bar Potentialschiene *f* [elt]
current-consuming device Stromverbraucher *m* (Gerät) [elt]
current-limiting reactor Kurzschlussdrossel *f* [elt]
current-on-breaking Abschaltstrom *m* [elt]
current-to-voltage converter Strom-Spannungswandler *m* [elt]
currently gegenwärtig (zur Zeit)
curriculum Lehrplan *m*
curriculum vitae Lebenslauf *m* (für Bewerbungen)
curry currygelb (RAL 1027) [nor]
cursor Cursor *m* (Schreibmarke) [edv]
cursor key Cursortaste *f* [edv]
curtail beschneiden *v* (abkürzen) [wer]
curtain Vorhang *m*
curvature Bogenlinie *f* [mat]; Krümmung *f* (Biegung); Kurve *f*
curvature radius Krümmungsradius *m* [con]
curvature, radius of - Bogenradius *m* [mat]; Krümmungsradius *m* [con]
curve Biegung *f* (Straßenkurve) [tra]; Krümmung *f* (Kurve); Kurve *f*; Rundung *f* (Straße, Person); Bogen *m* (Kurve) [tra]
curve krümmen *v*
curve family Kurvenschar *f* [mat]
curve fitting Kurvenanpassung *f* [mat]
curve radius Kurvenradius *m* [con]
curve rating Kurvenradius *m* [con]
curve representation Kurvendarstellung *f*
curve resistance Kurvenwiderstand *m* [tra]
curve sheet Kurvenblatt *n*
curve, adiabatic - Adiabate *f*
curved gebogen [wer]; gekrümmt (auch Eisenbahn); geschwungen; gewölbt (z.B. Scheibe); krumm
curved crossing Bogenkreuzung *f* (der Bahnstrecke) [tra]

curved crystal Hohlstrahler *m* (gekrümmter Strahler) [elt]
curved root Kurvenfuß *m* (Schaufel) [pow]
curved spring washer gewölbte Federscheibe *f*
curved surface gekrümmte Oberfläche *f*
curved washer Tellerspannscheibe *f* [tec]
curved-gear coupling Bogenzahnkupplung *f*
curvilinear kurvenförmig
cushion gefedert [wer]
cushion Auflage *f*; Puffer *m*; Kissen *n*; Polster *n* (Kissen, Dämmstoff) [bau]
cushion dämpfen *v* (Stoß); polstern *v*
cushion seat gepolsterter Sitz *m* [tra]
cushion spring Pufferfeder *f* [tec]
cushion tyre hoch elastischer Reifen *m* [tra]
cushion, air - Luftpuffer *m*; Luftpolster *n*
cushion-mounted elastisch gelagert [tec]
cushion-type hoch elastisch (z.B. Reifen) [met]
cushioned gedämpft (Sitz) [tec]
cushioned seat gepolsterter Sitz *m* [tra]; Schwingsitz *m* [mbt]
cushioning Abpolsterung *f*; Dämpfung *f* (Stoß)
cushioning cartridge Dämpfungspatrone *f*
cushioning effect Pufferwirkung *f*
cushioning insert Dämpfungseinlage *f* [tra]
cushioning nut Dämpfungsmutter *f* [tec]
cushioning seal Dämpfungsring *m* [tec]
cushioning sleeve Dämpfungsbuchse *f* [tec]
custody Bewachung *f*
custom Kundschaft *f*
custom-built nach Kundenwunsch gebaut; speziell angefertigt
customary gebräuchlich (z.B. Stahlsorten)
customary in the market marktüblich [eco]
customary in the trade handelsüblich [eco]
customer Abnehmer *m* (Kunde) [eco]; Auftraggeber *m* (Kunde) [eco]; Besteller *m* [eco]; Betreiber *m* (Gesellschaft); Kunde *m* [eco]; Verbraucher *m*
customer connection Kundenanschluss *m* [eco]
customer design gegebene Konstruktion *f* (vom Kunden) [con]
customer engineer Wartungstechniker *m*
customer list Verbraucherliste *f*
customer number Kundennummer *f*
customer service Kundendienst *m* [eco]
customer witnessed test Kundenabnahme *f* [eco]
customer's tools Kundenwerkzeug *n* [wzg]
customer-made kundenorientiert (auf Wunsch des Kunden) [eco]
customer-provided kundenseitig (Kunde stellt Teil)
customer-specified kundenspezifisch
customer-witnessed test Gebrauchsabnahme *f* [any]
customization Anpassung *f* (individuelles Herrichten)
customized kundenspezifisch
customized part Zeichnungsteil *n* [con]
customs declaration Zollerklärung *f* [jur]
customs regulations Zollvorschriften *f* [jur]
customs-cleared verzollt (durch den Zoll gegangen) [jur]

cut geschnitten [wer]
cut Schnittwunde *f* [hum]; Abtrag *m* [bod]; Durchschnitt *m* (Schneiden); Durchstich *m* (Verbindung); Einschnitt *m* (Schnitt); Schliff *m*; Schlitz *m*; Schnitt *m* (Schneiden) [wer]
cut beschneiden *v* (schneiden) [wer]; durchtrennen *v*; fräsen *v* (Metall) [wer]; hauen *v* [roh]; kürzen *v*; ritzen *v* (schneiden) [wer]; schneiden *v*; verringern *v* (senken); zerschneiden *v*; ziehen *v* (mit dem Grader Gräben ziehen) [mbt]
cut a roadside ditch Graben ziehen *v* (Bagger oder Grader) [mbt]
cut away abschneiden *v* [wer]; wegschneiden *v*
cut back verknappen *v*; zurückfahren *v*
cut dimension stone quaderförmig geschlagene Steine *pl* [bau]
cut edge Schnittkante *f* [wer]
cut face, load in - Schnittlast *f*
cut file, smooth - Schlichtfeile *f* [wzg]
cut in distillation Fraktionsschnitt *m* [prc]
cut in two halbieren *v*
cut into einschneiden *v*
cut into length ablängen *v* (Rohre) [wer]
cut off abgeschaltet
cut off Abschaltung *f* (Abstellen)
cut off abholzen *v* [far]; abschalten *v* (abstellen); abschneiden *v* [wer]; absperren *v* (z.B. Dampf); abstechen *v* [wer]; abtrennen *v* (abschlagen); sperren *v* (absperren); trennen *v* (abschalten); unterbrechen *v* (ausschalten)
cut out ausbrennen *v* [wer]; ausschalten *v*; trennen *v* (abschalten); unterbrechen *v* (ausschalten)
cut perpendicularly senkrecht abschneiden *v* [mbt]
cut surface Schnittfläche *f* [wer]
cut teeth Zähne schneiden *v* [wer]
cut the base of a road auskoffern *v* (eine Straße) [mbt]
cut threads Gewinde schneiden *v* [wer]
cut through durchschneiden *v*; durchstechen *v* [wer]
cut timber Schnittholz *n* [met]
cut to length ablängen *v* (schneiden) [wer]
cut to shape zurechtschneiden *v* [wer]
cut to size zurechtschneiden *v* [wer]; zuschneiden *v* (Material) [wer]
cut trepan kernbohren *v* [wer]
cut, make a - einschneiden *v* (Schnitt machen)
cut, width of the - Schnittbreite *f* (im Bergbau) [roh]
cut-and-cover offene Tunnelbauweise *f* (Verkehr) [bau]
cut-off unterbrochen [elt]
cut-off Unterbrechung *f* (Ausschalten) [elt]
cut-off cock Absperrhahn *m*
cut-off current Ausschaltspitzenstrom *m* [elt]; Reststrom *m* [elt]
cut-off delay Abschaltverzögerung *f* [elt]
cut-off device Abstellvorrichtung *f*
cut-off frequency Grenzfrequenz *f* [elt]
cut-off gate, swinging ash - Pendelstauer *m* [tec]
cut-off gear Steuerungsskala *f* (Dampflok) [tra]

cut-off gear wheel Steuerungshandrad *n* (Dampflok) [tra]
cut-off point Grenzpunkt *m*
cut-off valve Absperrventil *n*; Abstellventil *n*
cut-out Ausfräsung *f* [wer]; Ausschnitt *m* (aus Zeichnung) [con]; Rückstromschalter *m* [tra]; Schalter *m*; Sicherungsautomat *m* [elt]; Abschalten *n* (durch Schaltanlage eines Kraftwerks) [pow]
cut-out box Sicherungskasten *m* [elt]
cut-out coupling ausrückbare Kupplung *f* [tec]
cut-out for protection of electric lines Leitungsschutzschalter *m* [elt]
cut-out lever Abschalthebel *m* [pow]
cut-pliers Kombizange *f* [wzg]
cut-price operator Preisbrecher *m* [eco]
cut-sheet feeder Einzelblattzuführung *f* [edv]
cutaneous tissue Hautgewebe *n* [hum]
cutaway diagram Schnittbild *n* [con]
cutaway view Ausschnittzeichnung *f* [con]; Schnitt *m* [con]; Schnittbild *n* [con]
cutlery Besteck *n*
cuts Kosteneinsparungen *pl* [eco]
cutspike Schwellennagel *m* (heute Federklammer) [tra]
cutter Schneidmaschine *f* [wer]; Fräser *m* [wzg]; Hauer *m*; Messer *n* (Schneidegerät) [wzg]
cutter bar Bohrwelle *f* [wer]; Messerbalken *m* (der Mähmaschine) [far]; Zapfensenker *m* [wer]
cutter blade Schneidmesser *n* [wer]
cutter head Messerkopf *m* [prc]; Schneidkopf *m* [mbt]
cutter head suction dredger Schneidkopfsaugbagger *m* [mbt]
cutter interference Unterschnitt *m* [wer]
cutter loader Schrämmlader *m* [mbt]
cutter moulding machine Kettenfräsmaschine *f* [wer]
cutting spanabhebend [wer]
cutting Abtrennung *f*; Schlucht *f* (Einschnitt für Eisenbahn) [tra]; spanende Fertigung *f*; Abtrag *m* [bod]; Durchstich *m* (Verbindung); Schliff *m* (Schleifen); Span *m* (Drehspan) [wer]; Taleinschnitt *m* (für Eisenbahn) [tra]; Zuschnitt *m* (hier Teil des Werkes) [tec]; Abtragen *n* [bod]; Beschneiden *n* [wer]; Schneiden *n* (Formgebung)
cutting a trench Ausheben eines Grabens *n* [mbt]
cutting allowance Schnittzugabe *f* [wer]; Verschnittzugabe *f* [tec]
cutting alloy Hartmetall *n* [met]
cutting angle Schnittwinkel *m* [wer]
cutting back Verknappung *f*
cutting blade Klinge *f*
cutting change Schnittveränderung *f* [wer]
cutting depth Schneidtiefe *f* [con]; Schnitttiefe *f* [wer]
cutting device Schneidvorrichtung *f* [wer]
cutting disc Schneidscheibe *f* [wer]
cutting edge Löffelbrust *f* (Schneide mit Zahntaschen) [mbt]; Schaufelschneide *f* [mbt];
Schneide *f* (am Fräser) [wer]; Schneidkante *f* (Schnittkante) [wer]; Schneidlippe *f* (Fräser) [wer]; Schneidmesser *m* [wer]; Scharende *n* (Schneide) [mbt]; Scharmesser *n* [mbt]
cutting edge, extended - umlaufendes Schneidmesser *n* [mbt]
cutting equipment Schneidausrüstung *f* [wzg]
cutting height Schnitthöhe *f* [wer]
cutting inserts, set of - Schneideeinsatz *m* [tec]
cutting knife Schneidmesser *m* [wer]
cutting line Schnittlinie *f* [mat]
cutting lip Schneidelippe *f* [wer]
cutting list Schneideliste *f* [wer]
cutting machine Schneidemaschine *f* [wzg]; Verzahnmaschine *f* [wer]
cutting mill Schneidmühle *f* [prc]
cutting off Ausschalten *n*
cutting oil Bohröl *n* [wer]; Schneidöl *n* [met]
cutting oil pump Schneidölpumpe *f* [tec]
cutting operation Zerspanung *f* [wer]
cutting out Ausschalten *n*
cutting pliers Drahtzange *f* [wzg]
cutting pliers, diagonal - Seitenschneider *m* (Zange) [wzg]
cutting pliers, end - Kneifzange *f* [wzg]
cutting position Fräsposition *f* [wer]; Schnittstellung *f* (z.B. bei Blechen) [wer]
cutting resistance Grabwiderstand *m* [mbt]; Schneidwiderstand *m* [met]; Schnittwiderstand *m* [wer]
cutting ridge Grat *m* (scharfe Kante nach Schneiden) [wer]
cutting ring Schneidering *m* [tec]; Schneidring *m* (Verschraubung) [tec]
cutting roll Schneidwalze *f* [wer]
cutting scrap Verschnitt *m* (Restmaterial, Schrott) [rec]
cutting screw Schneidschraube *f* [tec]
cutting through Durchschneiden *n*
cutting to length Querteilen *n* [wer]
cutting to width Querteilen *n* [wer]
cutting tool Drehstahl *m* [wzg]; Schneidstahl *n* [wer]; Spanwerkzeug *n* [wer]
cutting tools Beschneidewerkzeuge *pl* [wzg]
cutting torch Schneidbrenner *m* [wzg]
cutting velocity Schnittgeschwindigkeit *f* [wer]
cutting wheel Schneidrad *n* [mbt]
cutting width Fräsbreite *f* (Breite der Fräsnut); Schnittbreite *f* (z.B. des Löffels) [mbt]
cutting, effect of - Schnittwirkung *f* [met]
cutting-in Einstechen *n* [wer]
cutting-off wheel Trennscheibe *f* (schneidet Stein, Metall) [wzg]
cutting-to-length line Kaltbandzerteilanlage *f* [met]
cuttings Abfall *m* (Abfall aus Bearbeitung) [rec]; Abschnitt *m* (Abfall) [rec]; Verschnitt *m* (Abschnitt) [rec]; Bohrgut *n* [rec]; Abschnitte *pl* (Metalle) [roh]; Schnittspäne *pl* [rec]
cuvette Küvette *f*

cuvette melting furnace Wannenschmelzofen *m* [roh]
cyan blue cyanblau
cyanogen blue cyanblau
cycle Periode *f* [elt]; Arbeitsablauf *m*; Arbeitsgang *m*; Kreislauf *m*; Kreisprozess *m* [pow]; Takt *m* (Arbeitstakt, Arbeitsspiel); Umlauf *m*; Zyklus *m*; Arbeitsspiel *n* (Gerät) [tec]; Lastspiel *n* [pow]; Spiel *n* (Arbeitsspiel) [tra]
cycle Rad fahren *v* [tra]; radeln *v* [tra]
cycle duration Periodendauer *f*
cycle gas Kreislaufgas *n* [prc]
cycle hardening Pendelhärten *n* [wer]
cycle of load Lastwechselzyklus *m*
cycle path Fahrradweg *m* [tra]; Radfahrweg *m* [tra]
cycle stress Taktzwang *m* [wer]
cycle time Spielzeit *f* (eine komplette Baggerbewegung) [tra]; Umlaufzeit *f* (Spielzeit des Beladens) [mbt]; Zykluszeit *f*; Arbeitsspiel *n* (Dauer des Umlaufs)
cycle track Fahrradweg *m* [tra]; Radfahrweg *m* [tra]; Radweg *m* [tra]
cycle traffic Fahrradverkehr *m* [tra]
cycle way Radweg *m* [tra]
cycle, biochemical - biochemischer Kreislauf *m*
cycles per minute Umdrehungen pro Minute *pl* [phy]
cycles per second Umdrehungen pro Sekunde *pl* [phy]
cyclic zyklisch
cyclic compound Ringverbindung *f* [che]; zyklische Verbindung *f* [che]
cyclic loading Belastungswechsel *m*
cyclic process Kreisprozess *m* [pow]
cyclic running Rundlauf *m* [tra]
cyclic running, tolerance of - Rundlauftoleranz *f* [con]
cyclic stress Dauerschwingfestigkeit *f* [met]
cyclic stressing Dehnungswechsel *m* [met]
cyclic thermal stress Temperaturwechselbeanspruchung *f* [met]
cyclic work Taktfertigung *f*; Taktverfahren *n*
cyclical periodisch (zyklisch); zyklisch
cycling time Laufzeit *f* (Maschine)
cycling tour Radtour *f* [tra]
cyclist Radfahrer *m* [tra]
cycloidal gear Zykloidenverzahnung *f* [tec]; Zahnrad mit Zykloidenverzahnung *n* [tec]
cycloidal gear teeth Zykloidenverzahnung *f* [tec]
cycloidal toothing Zykloidenverzahnung *f* [tec]
cyclone Fliehkraftabscheider *m* [prc]; Wirbelsturm *m* [wet]; Zyklon *m* [prc]
cyclone air separator Zyklonumluftsichter *m* [prc]
cyclone drier Zyklontrockner *m* [prc]
cyclone dust collector Fliehkraftstaubabscheider *m* [air]
cyclone fired boiler Zyklonkessel *m* [pow]
cyclone firing Zyklonfeuerung *f* [pow]
cyclone heat exchanger Zyklonwärmeaustauscher *m* [pow]
cyclone impeller Korbkreiselmischer *m* [prc]
cyclone precipitator Zyklonabscheider *m* (Staubabscheidung) [prc]
cyclone scrubber Zyklonwäscher *m* [air]
cyclone separator Zyklonabscheider *m* (Staubabscheidung) [prc]
cyclone steam separator Dampfzyklonabscheider *m* [pow]
cyclone throat Zyklonmündung *f* (Kragen) [prc]; Kragen *m* (Zyklon) [prc]
cyclone tube Wirbelrohr *n* [prc]; Zyklonrohr *n* [prc]
cylinder Flasche *f* (Gasflasche); Laufbuchse *f* [tec]; Trommel *f* (Walze); Walze *f* (Trommel) [tec]; Druckluftzylinder *m* [air]; Zylinder *m*
cylinder annulus Zylinderring *m* [tec]
cylinder bank Flaschenbatterie *f*
cylinder barrel Zylinderrohr *n* (meist innengerollt) [tec]
cylinder bearing Zylinderlager *n* (Zylinderauge) [tra]
cylinder block Motorblock *m* [tra]; Zylinderblock *m* (des Motors) [tra]
cylinder block drilling machine Zylinderblockbohrmaschine *f* [wer]
cylinder body Zylinderkörper *m*
cylinder bore Zylinderbohrung *f* (Innendurchmesser) [con]
cylinder bottom Zylinderboden *m* (Hydraulik) [tec]
cylinder bracket Zylinderbock *m* [tec]
cylinder bush Zylinderbuchse *f* [tec]
cylinder casing Zylindermantel *m*
cylinder control Zylindersteuerung *f* [tra]
cylinder controlled zylindergesteuert [tra]
cylinder cover Zylinderdeckel *m* [tra]
cylinder cushioning Zylinderdämpfung *f* (Hydraulik) [tec]
cylinder drier Schachttrockner *m* [prc]
cylinder fastening Zylinderbefestigung *f* [tec]; Zylinderhalterung *f* [tec]
cylinder feed transfer block Verteilerklotz *m* [tra]
cylinder gas Flaschengas *n*
cylinder guard Zylinderschutz *m* [tra]
cylinder guide Zylinderführung *f* [tec]
cylinder head Zylinderkopf *m* (des Motors) [tra]
cylinder head bolt Zylinderkopfschraube *f* [tec]
cylinder head cover Zylinderkopfhaube *f* [tra]
cylinder head gasket Zylinderkopfdichtung *f* [tra]
cylinder head joint Zylinderkopfdichtung *f* [tra]
cylinder head screw Zylinderschraube *f* [tec]
cylinder holder Zylinderhalter *m*
cylinder housing Zylindergehäuse *n*
cylinder jacket Zylindermantel *m*
cylinder liner Führungsbüchse *f* [tec]; Laufbuchse *f* [tec]; Zylinderbuchse *f* (trocken und nass) [tra]; Zylinderlaufbuchse *f* [tra]; Zylinderrohr *n* [tec]
cylinder liner boring machine Zylinderbüchsenausbohrmaschine *f* [wer]
cylinder liner turning machine Zylinderbüchsendrehmaschine *f* [wer]
cylinder liner, dry - trockene Laufbuchse *f* [tec]; trockene Zylinderbuchse *f* [tra]; trockene

Zylinderlaufbuchse *f* [tra]
cylinder lock Zylinderschloss *n* [tra]
cylinder mixer Trommelmischer *m* [prc]
cylinder mounting Zylinderbefestigung *f* [tec];
 Zylinderfußpunkt *m* [tra]
cylinder packing Zylinderdichtung *f* (Hydraulik)
 [tec]
cylinder packing ring Zylinderring *m* [tec]
cylinder piston Zylinderkolben *m* [tra]
cylinder port Zylinderanschluss *m* (Hydraulik) [tec]
cylinder pressure Flaschendruck *m* (Gasdruck in
 Stahlflasche)
cylinder rack Flaschengerüst *n*
cylinder ring Zylinderring *m*
cylinder rod Kolbenstange *f* [tra]
cylinder rod compartment
 Kolbenstangenaussparung *f* [tra]
cylinder roller wheel bearing
 Zylinderrollenradsatzlager *n* [tra]
cylinder shell Gehäuseschale *f* [pow]
cylinder sleeve Zylinderlaufbuchse *f* [tra]
cylinder sleeve, dry - trockene Zylinderlaufbuchse *f*
 [tra]
cylinder stroke Zylinderhub *m* [tra]
cylinder support Zylinderkonsole *f* (Hydraulik) [tec];
 Bock *m* (Zylinderstütze am Ausleger) [tra]
cylinder support pale Tragpratze *f* [prc]
cylinder tube Zylinderrohr *n* [tec]
cylinder valve Flaschenventil *n*
cylinder vent Zylinderentlüftung *f* (Hydraulik) [tec]
cylinder wall Zylinderwandung *f* [tra]
cylinder, adjust - Stellzylinder *m*
cylinder-break Walzenbruch *m* [roh]
cylindrical zylindrisch
cylindrical battery Rundbatterie *f* [elt]; Stabbatterie
 f [elt]
cylindrical cell Rundzelle *f* (Batterie) [elt]
cylindrical gasket Lippendichtung *f*
cylindrical gear Stirnrad *n* [tec]; Zylinderrad *n* [tec]
cylindrical helical spring zylindrische
 Schraubenfeder *f* [tec]
cylindrical mirror Zylinderspiegel *m* [tra]
cylindrical pin Zylinderstift *m* [tec]
cylindrical reflector zylindrischer Reflektor *m* [elt]
cylindrical roller Zylinderrolle *f*
cylindrical roller bearing Ringrollenlager *n* [tec];
 Zylinderrollenlager *n* [tec]
cylindrical roller bearing, multi-row - mehrreihiges
 Zylinderrollenlager *n* [tec]
cylindrical roller bearing, two-row - zweireihiges
 Zylinderrollenlager *n* [tec]
cylindrical shell Zylinderschale *f*
cylindrical sieve Trommelsieb *n* [was]
cylindrical valve Kolbenventil *n* [prc]
cylindrical worm Zylinderschnecke *f* [tec]

D

daily consumption Tagesbedarf *m* (Kohle, Strom) [pow]
daily intake, acceptable - höchste duldbare tägliche Aufnahme *f* [hum]
daily output Tagesleistung *f* (eines Gerätes); Tagesproduktion *f* [eco]
daily ration Tagesration *f*
daily report täglicher Bericht *m*; Tagesbericht *m*
daily requirement Tagesbedarf *m*
daily service tank Tagesbehälter *m* (Öl) [pow]
daily use Handgebrauch *m*
daisy wheel Typenrad *n*
dam Abdämmung *f* (Damm) [bau]; Staumauer *f* [was]; Talsperre *f* [bau]; Damm *m* [was]; Staudamm *m* (Staumauer) [was]
dam aufstauen *v* (Wasser) [was]; dämmen *v*; eindämmen *v* [was]; stauen *v* (Wasser) [was]
dam crest Dammkrone *f* [bau]
dam embankment Dammkörper *m* [bau]
dam failure Dammbruch *m*
dam in eindeichen *v* [was]
dam power station Talsperrenkraftwerk *n* [pow]
dam toe Böschungsfuß *m*
dam up abdämmen *v* (aufstauen) [bau]; anstauen *v* [was]; dämmen *v*; rückstauen *v* [was]; stauen *v* (Wasser) [was]
damage Beeinträchtigung *f* (Schaden); Beschädigung *f* (Schaden); Schädigung *f*; Bearbeitungsschaden *m* [jur]; Entladeschaden *m* [tra]; Schaden *m*
damage beschädigen *v* (zerstören); schaden *v*; schädigen *v*; stören *v* (schädigen); verletzen *v*
damage adjustment Schadensregulierung *f* [jur]
damage by fume Rauchschaden *m*
damage by hail Hagelschaden *m* [wet]
damage by heat Hitzeschaden *m*
damage by smoke Rauchschaden *m*
damage caused by fire Feuerschaden *m*
damage caused by water Wasserschaden *m* [was]
damage caused by water, repair of - Wasserschadensanierung *f* [was]
damage caused by weather Witterungsschaden *m*
damage caused by wind Windschaden *m*
damage compensation Schadenersatz *m* [jur]
damage done by frost Frostschaden *m*
damage done to health Gesundheitsschädigung *f* [hum]
damage done to waterways Gewässerschaden *m* (Verunreinigung) [was]
damage due to flooding Hochwasserschaden *m*
damage due to humidity Feuchtigkeitsschaden *m*
damage fault Fehler mit Schadensfolge *m*
damage handling Schadensbearbeitung *f* [jur]

damage in transit Transportschaden *m* [jur]
damage in transport Ladeschaden *m* (Transportschaden) [jur]; Transportschaden *m* (Ladeschaden) [jur]
damage inspection officials Aufsichtsbehörde *f* (Schadensfall) [jur]
damage location Schadensstelle *f* [jur]
damage of main tap water Leitungswasserschaden *m* [bau]
damage of surface Oberflächenbeschädigung *f* [met]
damage prevention Schadensverhütung *f* [jur]
damage repair Schadensbehebung *f*
damage report Schadensanzeige *f* [jur]
damage resulting from loading and unloading Belade- und Entladeschäden *pl* [jur]
damage running into millions Millionenschaden *m*
damage threshold Schadensschwelle *f*
damage to assets Vermögenseinbuße *f* [eco]
damage to health Gesundheitsschaden *m* [hum]
damage to others Fremdschaden *m* [jur]
damage to premises and buildings resulting from collapsing due to coal and/or ore mining Bergschaden *m* (Schaden durch Bergbau) [roh]
damage to property Sachschaden *m*
damage to the bodywork Blechschaden *m* (Auto) [tra]
damage to the environment Umweltschaden *m*
damage to the health Gesundheitsverletzung *f* [hum]
damage to the paintwork Lackschaden *m*
damage to the party itself Eigenschäden *pl*
damage to third parties Drittschäden *pl* [jur]
damage to woods Waldschaden *m*
damage, ascertaining the - Schadensermittlung *f*
damage, assessment of - Schadensbeurteilung *f*
damage, biological - biologischer Schaden *m* [bio]
damage, check for - Prüfung auf Beschädigungen *f*
damage, concept of - Schadensbegriff *m*
damage, without a - schadensfrei
damaged beschädigt (Gesundheit, Gerät); schadhaft
damaged by radiation strahlengeschädigt [hum]
damaged environment geschädigte Umwelt *f*
damaged goods Ausschuss *m* (Abfall) [rec]
damages resulting from loading and unloading Be- und Entladeschäden *pl* [jur]
damages structures Bauschäden *pl* [bau]
damaging schädlich
damaging after-effects Folgeschaden *m* [jur]
damaging the environment umweltfeindlich
dammed-up water Stauwasser *n* [was]
damming Abdämmung *f* (Verfahren) [bau]; Absperrung *f* [bau]; Eindämmung *f*; Stauung *f* [was]; Eindeichen *n* [was]
damp feucht
damp abdämpfen *v* (Schwingung); beruhigen *v* (dämpfen); dämpfen *v* (Licht) [opt]; dämpfen *v* (Schall) [aku]
damp course wasserdichte Schicht *f* [bod]
damp room Feuchtraum *m*
damp-proof feuchtigkeitsbeständig; nässebeständig [met]

damp-proof cable Feuchtsicherungskabel *n* [elt]
damp-proof concrete Dichtbeton *m* [met]
damp-proof fitting Feuchtraumarmatur *f* [elt]
damp-proof installation cable Feuchtraumleitung *f* [elt]
damp-proof membrane Dichtungshaut *f*
damp-proof sheeting Dichtungsbahn *f*
damp-proofing Abdichtung *f* (Feuchtigkeitsisolierung) [bau]; Feuchteschutz *m*; Feuchtigkeitsschutz *m*
damped gedämpft (Schwingung) [phy]
damped oscillation gedämpfte Schwingung *f* [phy]
damped wave gedämpfte Welle *f* (Einschwenkvorgang) [phy]
dampen benetzen *v* (anfeuchten, bespritzen); dämpfen *v* (vermindern)
dampener Dämpfer *m* (Rad) [tra]; Dämpfungsstift *m* [tec]
dampening Dämpfung *f* (Licht)
dampening ring Dämpfungsring *m* [tec]
damper Dämpfungsvorrichtung *f*; Drehklappe *f* [prc]; Drossel *f*; Drosselklappe *f* [prc]; Ofenklappe *f*; Regelklappe *f* [prc]; Dämpfer *m* (Schall) [aku]; Druckumformer *m*; Rauchschieber *m*; Schieber *m* (Klappe) [prc]; Schwingungsdämpfer *m* (Gummikupplung) [tra]
damper gear Klappenbetätigung *f* (Antrieb) [mbt]
damper ring Dämpferring *m* [pow]; Dämpfungsring *m* [tec]
damping Anfeuchtung *f*; Befeuchtung *f*; Beruhigung *f*; Dämpfung *f* (Schall) [aku]; Schwächung *f* (Dämpfung)
damping behaviour Dämpfungsverhalten *n* [phy]
damping body Dämpfungskörper *m* [tra]
damping capacity Dämpfungsvermögen *n* [phy]
damping coefficient Dämpfungsbeiwert *m* [elt]; Dämpfungsfaktor *m* [phy]
damping device Dämpfungsvorrichtung *f*
damping diode Dämpfungsdiode *f* [elt]
damping down Dämpfen *n*
damping factor Dämmzahl *f*; Dämpfungsfaktor *m* [phy]
damping layer Dämpfungslage *f* [bau]
damping period Beruhigungszeit *f* [hum]
damping plate Dämpfungsplatte *f* [tec]
damping ring Dämpfungsring *m* [tec]
damping spring Pufferfeder *f* [tec]
damping winding Dämpferwicklung *f* [pow]
damping wire Dämpferdraht *m* (an Turbinenschaufel) [pow]
dampness Feuchte *f*; Feuchtigkeit *f* (Feuchtsein); Nässe *f* (auf Oberflächen)
danger Gefährdung *f*; Gefährlichkeit *f*; Gefahr *f* (gefährliche Lage)
danger area Gefahrenzone *f*
danger criterion Gefährlichkeitsmerkmal *n*
danger defence Gefahrenabwehr *f*
danger designation Gefahrbezeichnung *f*
danger dose Gefährdungsdosis *f* (Arbeitssicherheit) [hum]

danger of accidents Unfallgefahr *f* [tra]
danger of avalanches Lawinengefahr *f*
danger of being drawn in Einzugsgefahr *f* [mbt]
danger of cavitation Kavitationsgefahr *f* [met]
danger of collapse Einsturzgefahr *f*
danger of collusion Verdunkelungsgefahr *f* [jur]
danger of contamination Verschmutzungsgefahr *f*
danger of explosion Explosionsgefahr *f*
danger of failure Ausfallgefahr *f*
danger of fire Brandgefahr *f*; Feuergefahr *f*
danger of flooding Hochwassergefahr *f*; Überschwemmungsgefahr *f*
danger of frost Frostgefahr *f* [wet]
danger of ignition Entzündungsgefahr *f*
danger of infection Infektionsgefahr *f* [hum]
danger of life Todesgefahr *f*
danger of radiation Strahlungsgefährdung *f*
danger of sliding Gleitgefahr *f*
danger of slipping Gleitgefahr *f*
danger point Gefahrpunkt *m*
danger property Gefährlichkeitsmerkmal *n*
danger sign Gefahrensymbol *n*; Gefahrenzeichen *n*; Warnschild *n*; Warnzeichen *n*
danger signal Gefahrenzeichen *n*; Notsignal *n*
danger symbol Gefahrensymbol *n*
danger threshold Gefahrenschwelle *f*
danger to life Lebensgefahr *f*
danger to the environment Umweltgefährdung *f*
danger zone Gefahrenzone *f*; Gefahrenbereich *m*
danger, abstract - abstrakte Gefahr *f* [jur]
danger, source of - Gefahrenquelle *f*; Gefahrenherd *m*
dangerous gefährlich; unsicher (gefährlich)
dangerous area Gefahrenbereich *m*; Gefahrengebiet *n*
dangerous goods Gefahrgut *n*; gefährliche Güter *pl* (Arbeitssicherheit)
dangerous goods officer Gefahrgutbeauftragter *m*
dangerous goods, certificate of approval for tank containers for the transport of - Gefahrgutbestätigung *f*
dangerous goods, transportation of - Gefahrgutbeförderung *f*
dangerous materials gefährliche Stoffe *pl* [met]
dangerous substance Gefahrstoff *m*
dangerous, highly - lebensgefährlich
dangerously inflammable feuergefährlich
dangerousness Gefährlichkeit *f*
dark dunkel; tief (Farbe)
dark blind Rollo *n* [bau]
dark blue dunkelblau
dark body radiator Dunkelstrahler *m* [opt]
dark brown dunkelbraun; schwarzbraun
dark discharge Dunkelentladung *f* [elt]
dark green dunkelgrün
dark period Dunkelperiode *f*
dark plant Dunkelpflanze *f* [bff]
dark radiator Dunkelstrahler *m* [pow]
dark red dunkelrot

dark respiration Dunkelatmung *f* [bff]
dark room Dunkelkammer *f*; Dunkelraum *m*
dark yellow dunkelgelb
darken nachdunkeln *v*; schwärzen *v*; sich dunkel färben *v*; verdunkeln *v*
darkened abgedunkelt (z.B. durch Gardinen)
darker, become - nachdunkeln *v*
darker, get - nachdunkeln *v*
dash Gedankenstrich *m* (Textverarbeitung); Spritzer *m*; Strich *m* (Linie); Armaturenblech *n* [tra]
dash stricheln *v* [con]
dash light Armaturenbeleuchtung *f* [tra]
dash-and-dot line Strichpunktlinie *f* [con]
dash-dotted line strichpunktierte Linie *f*
dashboard Armaturenbrett *n* (des Autos) [tra]; Schaltpult *n* (Armaturenbrett) [tra]
dashboard gear change vorgesetzte Schaltung *f* [tra]
dashboard lamp Instrumentenleuchte *f* [any]
dashboard lights Armaturenbeleuchtung *f* [tra]
dashed line gestrichelte Linie *f*
dashpot Kolbendämpfer *m* [tec]; Schwingungsdämpfer *m* [tec]; Stoßdämpfer *m* (im Maschinenbereich) [tec]
data Information *f*; Messwert *m* [any]; Angaben *pl* (Daten); Daten *pl*; Unterlagen *pl* (Daten, Angaben)
data abuse Datenmissbrauch *m* [edv]
data access Datenzugriff *m* [edv]; Zugriff *m* [edv]
data acquisition Datenerfassung *f* [edv]
data acquisition system, first out trip - Fangschaltung *f* [edv]
data acquisition, decentralized - dezentrale Datenerfassung *f* [edv]
data administration Datenadministration *f* [edv]; Datenverwaltung *f* [edv]
data aggregation Datenverdichtung *f* [edv]
data archives Datenarchiv *n* [edv]
data bank Datenbank *f* [edv]
data bank system Datenbanksystem *n* [edv]
data base Datenbank *f* [edv]; Datenbestand *m* [edv]
data base access Datenbankzugriff *m* [edv]
data base application Datenbankanwendung *f* [edv]
data base computer Datenbankrechner *m* (Spezialrechner) [edv]
data base concepts Datenbankbegriffe *pl* [edv]
data base inquiry Datenbankabfrage *f* [edv]
data base program Datenbankprogramm *n* [edv]
data base query Datenbankabfrage *f* [edv]
data base security Datenbanksicherung *f* [edv]
data base software Datenbanksoftware *f* [edv]
data base structure Datenbankstruktur *f* [edv]
data base system Datenbanksystem *n* [edv]
data base user Datenbankbenutzer *m* [edv]
data block Datenblock *m* [edv]
data capture Datenerfassung *f* [edv]
data capturing Datenerfassung *f* [edv]
data carrier Datenträger *m* [edv]
data coding unit Datenverschlüssler *m* [edv]
data collection Datenerfassung *f* [edv]
data collection error Datenerfassungsfehler *m* [edv]

data collection program Datenerfassungsprogramm *n* (Software) [edv]
data communication Datenfernübertragung *f* [edv]; Datenkommunikation *f* [edv]; Datenübertragung *f* [edv]; Datenverkehr *m* [edv]
data communication adapter unit Datenanschlussgerät *n* [edv]
data communication equipment Datenfernübertragungseinrichtung *f* [edv]
data communication network Datenfernübertragungsnetz *n* [edv]
data communication system Datenfernübertragungssystem *n* [edv]
data compaction Datenverdichtung *f* [edv]
data compression Datenverdichtung *f* [edv]
data confidentiality Datengeheimnis *n* (Datenschutz) [edv]
data determination Datenermittlung *f*
data display Datenanzeige *f* [edv]
data display unit Datensichtgerät *n* [edv]
data editing Datenaufbereitung *f* (zum Druck) [edv]
data entry Dateneingabe *f* [edv]
data error Datenfehler *m*
data evaluation Datenauswertung *f* [mat]
data exchange Datenübertragung *f* [edv]; Datenaustausch *m* [edv]
data field Datenfeld *n* [edv]
data field, length of - Feldlänge *f* (Software) [edv]
data file Datei *f*; Datenbank *f* [edv]
data format Datenformat *n* [edv]
data gathering Datenerfassung *f* (Festhalten) [edv]
data input Dateneingabe *f* [edv]
data inquiry system Auskunftsystem *n*
data interchange Datenaustausch *m* [edv]
data interface Datenschnittstelle *f* [edv]
data item Datenfeld *n*
data list Datenliste *f* [edv]; Parameterliste *f* [edv]
data logger Messwertspeicher *m* [edv]
data logging Datenaufzeichnung *f* [edv]; Messwerterfassung *f* [any]
data loss Datenverlust *m* [edv]
data maintenance Datenpflege *f* [edv]
data management Datenverwaltung *f* [edv]
data manipulation Datenbearbeitung *f* [edv]
data medium Datenträger *m* [edv]
data model Datenmodell *n* [edv]
data network Datennetz *n* [edv]
data origin Datenquelle *f* [edv]
data output Ausgabe *f* (Daten) [edv]; Datenausgabe *f* [edv]
data plate Typenschild *n* (Geräteinformation)
data preparation Datenaufbereitung *f* (für die Erfassung) [edv]
data privacy, protection of - Datenschutz *m* [jur]
data processing Datenverarbeitung *f* [edv]; Informationsverarbeitung *f* [edv]; Messwertverarbeitung *f* [any]
data processing equipment Datentechnik *f* [edv]; Datenverarbeitungsgeräte *pl* [edv]

data processing organization Datenverarbeitungsorganisation *f* [edv]
data processing system Datenverarbeitungssystem *n* [edv]
data processing, decentralized - dezentrale Datenverarbeitung *f* [edv]
data processing, distributed - dezentrale Datenverarbeitung *f* [edv]
data processor Datenverarbeiter *m* [edv]
data protection Datenschutz *m* [jur]
data protection crime Datenschutzdelikt *n* [jur]
data protection law Datenschutzrecht *n* [jur]
data protection offence Datenschutzdelikt *n* [jur]
data protection officer Datenschutzbeauftragter *m* [jur]
data protection regulation Datenschutzbestimmung *f* [jur]
data record Datensatz *m* (Software) [edv]
data recording Datenaufzeichnung *f* [edv]; Datenerfassung *f* [edv]
data reduction Datenaufbereitung *f* (aus Rohdaten) [edv]
data representation Datendarstellung *f*
data safeguarding Datensicherung *f* [edv]
data secrecy Datengeheimnis *n* (Datenschutz) [edv]
data security Datensicherung *f* [edv]; Datenschutz *m* (Sicherung) [edv]
data security engineer Datenschutzbeauftragter *m* [jur]
data security officer Datensicherungsbeauftragter *m* [edv]
data set Datenbestand *m* (Datei) [edv]; Modem *n* [edv]
data sheet Datenblatt *n* [any]; Formblatt *n*; Kontrollblatt *n* [any]; Merkblatt *n*; Typenblatt *n* (mit Gerätedaten) [con]
data signal Ausgabesignal *n* [edv]
data sorting Datenweiche *f* [edv]
data source Datenquelle *f* [edv]
data speed Datengeschwindigkeit *f* [edv]
data stock Datenbestand *m* [edv]
data storage Datenspeicherung *f* [edv]
data storage unit Datenspeicher *m* [edv]
data telecommunication Datenfernübertragung *f* [edv]
data terminal Datenendgerät *n* [edv]; Terminal *n* [edv]
data transceiving Datenübertragung *f* (zwischen Datenträgern) [edv]
data transfer Datenübertragung *f* (über Leitung) [edv]; Datentransport *m* [edv]
data transfer rate Datenübertragungsrate *f* [edv]
data transmission Datenübertragung *f* (über Leitung) [edv]; Messwertübertragung *f* [any]; Nachrichtenübermittlung *f* [edv]; Datenaustausch *m* [edv]
data transmission rate Datenübertragungsrate *f* [edv]; Übertragungsrate *f* [edv]
data type Datentyp *m* [edv]

data, alphanumeric - alphanumerische Daten *pl* [edv]
date Jahreszahl *f*; Zeitangabe *f*; Termin *m* (Zeitpunkt); Datum *n*
date datieren *v*
date of delivery Anlieferungstermin *m*
date of effectiveness Termin *m* (zum nächstmöglichen Termin)
date of expiration Ablauf der Vertragszeit *m* [jur]
date of invoice Rechnungsdatum *n* [eco]
date of maturity Fälligkeitstermin *m*
date of payment Zahltag *m* [eco]
date of receipt Eingangsdatum *n*
date of substantial completion Fertigstellungstermin *m*
date of supply Lieferfrist *f* [eco]
dated datiert
dating Altersbestimmung *f* [any]
datum Bezugsgröße *f*; Messwert *m* [any]
datum line Maßbezugslinie *f* [con]
datum plane Bezugsfläche [con]
datum plane Ausgangsebene *f* [con]; Bezugsebene *f* [con]
daub Bewurf *m* [bau]
daub beschmieren *v*
daubing Bewerfen *n* (Putz) [bau]
daughter element Tochterelement *n* [che]
day Tag *m*
day and night service Tag- und Nachtbetrieb *m*
day of departure Abreisetag *m* [tra]
day room Aufenthaltsraum *m*
day shift Tagesschicht *f* [eco]; Tagschicht *f*
day ticket Tageskarte *f* [tra]
day trip Tagesfahrt *f* [tra]
day's journey Tagereise *f* [tra]
day's work Tagesarbeit *f*
day, time of - Tageszeit *f*
day-work Tagelohnarbeiten *pl* [eco]
daylight Tageslicht *n*
daylight fluorescent pigment Tagesleuchtpigment *n* [che]
daylight, artificial - künstliches Tageslicht *n* [bau]
daylight-saving time Sommerzeit *f* (Zeitverstellung)
daylighting Tagesbeleuchtung *f*; Tageslichtbeleuchtung *f* [bau]
daytime Tageszeit *f*
dazzle-free blendungsfrei
dazzling grell
de facto binding nature faktische Verbindlichkeit *f* [jur]
de-acidification Entsäuerung *f*
de-acidification plant Entsäuerungsanlage *f* [was]
de-acidify entsäuern *v*
de-acidifying plant Entsäuerungsanlage *f* [was]
de-aerate entlüften *v*
de-aerated liquid luftfreie Flüssigkeit *f*
de-aerating plant Entgasungsanlage *f* (Speisewasser) [pow]
de-aerating system Entlüftungsanlage *f* [air]
de-aeration Entgasung *f* [was]; Entlüftung *f*

de-aeration of water Wasserentlüftung f [was]
de-aeration plant Wasserentlüftungsanlage f [was]
de-aeration tank Entgasungstank m [was]
de-aerator Entgasungsanlage f (Speisewasser) [pow]; Entgaser m [was]
de-aluminization Entaluminisierung f [met]
de-ash abschüren v (Asche) [pow]
de-ashing Entaschung f [pow]
de-ashing system Entschlackungseinrichtung f [pow]; Entaschungssystem n [pow]
de-coiling reel Abspulhaspel f [met]
de-dust entstauben v [air]
de-dusting Entstaubung f [air]
de-dusting plant Entstaubungsanlage f [air]
de-energize abfallen v (Relais auslösen) [elt]
de-energized stromlos [tra]
de-energized position Ruhestellung f (Relais) [elt]
de-ice enteisen v; entfrosten v
de-icer Defroster m (Spray); Entfroster m
de-icer spray vehicle Sprühfahrzeug n [tra]
de-icing Enteisung f
de-icing salt Tausalz n [che]
de-inking Druckfarbenentfernung f
de-inking method De-Inking-Verfahren n
de-inking procedure De-Inking-Verfahren n
de-inking process De-Inking-Verfahren n
de-inking sludge De-Inking-Schlamm m [rec]
de-oil entölen v
de-oiler Fettabscheider m [was]; Fettausscheider m [prc]
de-watering Wasserhaltung f (im Tagebau) [roh]
deactivate abklingen v (Katalysator) [che]; abschalten v (entschärfen); ausschalten v; desaktivieren v [che]
deactivation Abschaltung f (Entschärfen); Desaktivierung f [che]; Inaktivierung f
dead abgestorben [bff]; außer Betrieb; spannungslos [elt]; stromlos [elt]; tot (gestorben); unbelebt
dead axle feststehende Achse f [tec]
dead centre position Mittelstellung f (Totpunktstellung) [tra]
dead centre, bottom - unterer Totpunkt m; unterer Totpunkt m [tec]
dead centre, lower - unterer Totpunkt m [tec]
dead circuit spannungsfrei [elt]
dead corner toter Winkel m (Strömung) [pow]
dead line Fälligkeitstermin m
dead load Eigenlast f; Ruhebelastung f [phy]; Totlast f
dead lock with cylinder Riegelschloss mit Zylinder n [tec]; Zylinderschloss n [tec]
dead man's button Totmannknopf m (Sicherheitsfahrschaltung) [tra]
dead man's control Totmannschaltung f (Sicherheitsfahrschaltung) [tra]
dead man's device Sicherheitsfahrschaltung f [tra]
dead man's interlock Totmannverriegelung f [tec]
dead movement Bewegungsspielraum m (mechanischer Teile) [con]

dead parking Kraftfahrzeugstilllegung f; Langzeitparken n [tra]
dead person Tote m, f
dead point Totpunkt m
dead rock Nebengestein n [roh]
dead room schalltoter Raum m [aku]
dead sheathing verlorene Schalung f (Holz unter Boden) [bau]
dead space toter Raum m
dead spot toter Punkt m (im Motor) [tra]
dead steam Abdampf m [pow]
dead stop position Endlage f (Fahrwerk) [tec]
dead time Totzeit f
dead volume Totvolumen n
dead water stehendes Wasser n [was]; Totwasser n [was]
dead weight Eigenlast f; Eigenmasse f [phy]; Tara f; Ballast m (zur Gewichtserhöhung); Eigengewicht n (nicht Nutzlast) [tra]; Leergewicht n
dead well Versenkbrunnen m [was]
dead, acoustical - schalltot [aku]
dead-burn totbrennen v
dead-centre point Totpunkt m [tra]
dead-centre position Totlage f; Totpunktlage f
dead-centre position, closed - geschlossene Mittelstellung f [tra]
dead-centre, guide in - zentrisch führen v [tra]
dead-end station Kopfbahnhof m [tra]
dead-end street Sackgasse f (im Straßenverkehr) [tra]
deadbeat escapement ruhereibende Hemmung f (Uhr)
deaden betäuben v [hum]; dämpfen v (Schall) [aku]; verschlucken v (Schall)
deadening Dämpfung f (Verminderung)
deadening of vibrations Schwingungsdämpfung f
deadline Ausschreibungsfrist f [eco]; Schlusstermin m (letzter Zeitpunkt); Termin m (letzter Termin)
deadlock Verklemmung f (in Netzwerken) [edv]
deadly letal; tödlich
deadman Erdanker m [bau]
deadness Mattheit f (Farbe)
deaf taub
deaf-mute taubstumm (Hör- und Sprachfehler) [hum]
deafen auffüllen v
deafening ohrenbetäubend [aku]
deafness Taubheit f [hum]
deal Handel m (Vereinbarung) [eco]
deal handeln v [eco]
dealer Händler m [eco]; Lieferant m [eco]
dealer, appointed - Vertragshändler m [eco]
dealer, authorized - Vertragshändler m [eco]
death Tod m [hum]
death by coldness Kältetod m [hum]
death by heat Hitzetod m
death caused by radiation Strahlentod m [hum]
death certificate Todesurkunde f
death rate Sterblichkeit f; Todesrate f
debility Schwäche f [hum]

debit note Belastungsanzeige *f*
debit transfer, automatic - Bankeinzug *m* [eco]
debolting Entriegelung *f*
debris Aufschüttung *f* [geo]; Abbruch *m* (Abbruchmaterial) [rec]; Abfall *m* (Schutt) [rec]; Bauschutt *m* [rec]; Fremdkörper *m* (z.B. im Luftfilter); Schutt *m* (Abfall) [rec]; Unrat *m* [rec]; Geröll *n*; Geschiebe *n* [geo]; Haufwerk *n*; Bruchstücke *pl* (Trümmer); Trümmer *pl* (Schutt) [rec]
debris and washery refuse Abraum *m* [rec]
debris cone Schüttkegel *m* (Haufwerk) [phy]
debt relief Schuldenerlass *m* [jur]
debtor Schuldner *m* [jur]
debts Verbindlichkeiten *pl* (Schulden) [eco]
debug austesten *v* (Software) [edv]; Fehler beseitigen *v* [edv]; testen *v* (Software) [edv]
debugger Entwanzer *m* [edv]
debugging Austesten *n* [edv]; Testen *n* (Software) [edv]
debur entgraten *v* (z.B. glatt schleifen) [wer]
deburred, not - nicht entgratet [wer]
decade dekadisch
decade code system dekadisches System *n* [mat]
decade connection Dekadenschaltung *f* [elt]
decade counter tube Dekadenzählröhre *f* [elt]
decalcification Entkalkung *f* [was]
decalcify entkalken *v* [was]
decant gießen (abgießen)
decant abklären *v* [prc]; abschlämmen *v* [was]; dekantieren *v*
decantation Abschlämmung *f* [was]; Dekantation *f*; Dekantierung *f* [prc]
decantation apparatus Dekantierapparat *m*
decanted abgeschlämmt [was]
decanter Karaffe *f*; Dekanter *m*; Dekantiergefäß *n*
decanting Abklären *n* [prc]; Abschlämmen *n* [was]; Dekantieren *n*
decanting centrifuge Dekantierzentrifuge *f* [prc]; Klärzentrifuge *f* [prc]
decanting vessel Dekantiergefäß *n* [prc]
decarbonation Dekarbonatisierung *f* [che]
decarbonization Dekarbonisierung *f* [che]; Entkohlung *f* [che]
decarbonize dekarbonisieren *v* [che]; entkohlen *v* [che]
decarbonizer Entkarbonisierungsanlage *f* [was]
decarbonizing Dekarbonisieren *n* [che]; Entkohlen *n* [che]
decarbonizing plant Entkarbonisierungsanlage *f* [was]
decarburization Dekarbonisierung *f* [che]; Entkohlung *f* [che]; Kohlenstoffentziehung *f* [che]; Frischen *n* [roh]; Garen *n* [met]
decarburize abkohlen *v* [che]; dekarbonisieren *v* [che]; entkohlen *v* [che]; frischen *v* [roh]; garen *v* [met]
decarburizing Decarbonisieren *n* [che]
decay Fäulnis *f* (Verfall); Vermoderung *f* [bio]; Verwesung *f* [bio]; Verwitterung *f* [met]; Zersetzung *f* [bio]; Verfall *m* (Zerfall); Zerfall *m* (Zersetzung) [bau]
decay abfallen *v* (Spannung) [elt]; abfallen *v* (verfallen, verwesen); abklingen *v* (vergehen); abnehmen *v* (verringern); ausschwingen *v*; faulen *v* (Holz); modern *v* (verwesen); verfallen *v* (altes Haus); verfaulen *v* [bio]; verkommen *v*; vermodern *v* [bio]; verrotten *v* [bio]; verwesen *v* [bio]; verwittern *v*; zerfallen *v* (zersetzen)
decay constant Zerfallskonstante *f* [phy]
decay curve Zerfallskurve *f* [phy]
decay of power Leistungsabfall *m*
decay process Ausschwingvorgang *m*
decay product Folgeprodukt *n* (radioaktiver Zerfall) [che]; Zerfallsprodukt *n* (Atom) [phy]
decay rate Zerfallsgeschwindigkeit *f* [phy]; Zerfallsrate *f* [phy]; Abfall *m* (Schwächerwerden)
decay series Zerfallsreihe *f* [phy]
decay time Abklingzeit *f* (schwächer werden) [phy]; Ausssschwingdauer *f* [pow]
decay, biological - biologische Zersetzung *f* [bff]
decay, radioactive - radioaktive Spaltung *f* [phy]
decay, rate of - Zerfallsgeschwindigkeit *f* [phy]
decay, smell of - Modergeruch *m*
decayed abgestanden; morsch
decayed wood faules Holz *n*; morsches Holz *n*
decaying faulend; modrig
decelerate abbremsen *v* (langsamer werden) [tra]; verlangsamen *v* (Fuß vom Gas, Bremse) [tra]; verzögern *v* (verlangsamen) [tra]
deceleration Bremsung *f* (Verlangsamung); negative Beschleunigung *f* [phy]; Verzögerung *f* (Verlangsamung)
deceleration cam Bremsnocken *m* [tec]
deceleration device Bremsvorrichtung *f* [tec]; Verzögerungsvorrichtung *f*
deceleration of electrons Elektronenbremsung *f* [phy]
deceleration time Bremszeit *f* [phy]
deceleration valve Bremsventil *n* [tec]; Verzögerungsventil *n* [tra]
decent anständig
decentralization Dezentralisation *f*; Dezentralisierung *f*
decentralize dezentralisieren *v*
decentralized dezentralisiert
dechlorinate dechlorieren *v* [che]; entchloren *v* [was]
dechlorination Entchlorung *f* [was]
dechlorination of potable water Entchloren von Trinkwasser *f* [was]
dechlorination plant Entchlorungsanlage *f* [was]
dechromatation Dechromatisierung *f* [che]
decibel Dezibel (Geräusch-Maßeinheit) [any]
decibel attenuator Dezibelverstärker *m* [any]
decide beschließen *v* (entscheiden); bestimmen *v* (entscheiden); entscheiden *v*
decided endgültig
deciduous wood Hartholz *n* [bff]
decimal dezimal

decimal balance Dezimalwaage *f* [any]
decimal classification Dezimalklassifikation *f* [mat]
decimal fraction Dezimalbruch *m* [mat]
decimal notation Dezimaldarstellung *f* [mat]
decimal place Dezimalstelle *f* [mat]
decimal point Komma *n* [mat]
decimal power Zehnerpotenz *f* [mat]
decimal system Dezimalsystem *n* [mat]
decimate dezimieren *v*
decimation Dezimierung *f*
decinder entzundern [met]
decindering plant Entzunderungsanlage *f* [met]
decipher dechiffrieren *v* [edv]; entschlüsseln *v*
deciphering Entschlüsselung *f*
decision Bestimmung *f* (Entscheidung); Entscheidung *f*; Bescheid *m* (Entscheidung)
decision of the court Gerichtsentscheid *f* [jur]
decision solution, administrative - Bescheidlösung *f* [jur]
decision, administrative - Bescheid *m* (Entscheidung) [jur]
decision, conditional - bedingte Entscheidung *f*
decisive entscheidend
deck Abdeckung *f*; Rost *m* (Gitter, Grill) [tra]; Deck *n* [tra]; Gestell *n* (Rahmen); Laufwerk *n* (Rechner) [edv]; Verdeck *n* [tra]
deck area Greiferweite *f* [mbt]
deck crane Bordkran *m* [mbt]
deck edge Deckkante *f* [tec]
deck enamel Emaildeckfarbe *f* [met]
deck watch Deckuhr *f* [tec]
decking Balustradenabdeckung *f* [tra]; Dach *n* (Abdeckung)
decking width Gesamtbreite *f* [con]
declaration Vereinbarung *f*
declaration of acceptance by the party carrying out disposal Annahmeerklärung *f* (für Abfälle) [rec]
declaration of bankruptcy Konkurserklärung *f* [eco]
declaration of commitment Verbindlicherklärung *f* [jur]
declaration of contents Inhaltserklärung *f*
declaration of indemnity Freistellungserklärung *f* [jur]
declaration of plant emissions Emissionserklärung *f* [jur]
declaration, principle of - Deklarationsprinzip *n* [jur]
declare ausrufen *v* (Zustand); vereinbaren *v*; verzollen *v* (beim Zoll melden) [jur]
declared capital ausgewiesenes Kapital *n* [eco]
declination Deklination *f*; Neigung *f* (Abschüssigkeit)
decline Abnahme *f* (Verminderung); Fall *m* (Verfall); Untergang *m* (Zugrundegehen)
decline stürzen *v*; zurückgehen *v*
decline in output Leistungsabfall *m*
decline, symptom of - Verfallserscheinung *f*
declined shaft geneigter Schacht *m* (im Bergbau) [roh]

declining-balance depreciation method degressive Abschreibungsmethode *f* [eco]
declivity Abhang *m* (Abschüssigkeit) [bod]
declutch auskuppeln *v* (Auto) [tra]
decode dekodieren *v* [edv]; entschlüsseln *v*
decoder Dekodierer *m* [edv]
decoding Dekodierung *f* [edv]; Entschlüsselung *f*
decolourant Bleichmittel *n* [che]; Entfärbungsmittel *n* [che]
decolourization Entfärbung *f* [che]
decolourizing Bleichen *n* [che]
decolourizing agent Entfärbungsmittel *n* [che]
decommissioning Stilllegung *f* (Betrieb)
decommissioning waste Abfall aus stillgelegtem Kernkraftwerk *m* [rec]
decomposability Zerlegbarkeit *f* [che]
decomposable zerlegbar [che]; zersetzbar [che]
decomposable, easily - leicht zersetzlich
decompose chemisch abbauen *v* [che]; verwesen *v* [bio]; verwittern *v*; zerfallen *v* (chemisch zersetzen); zerlegen *v* (zersetzen) [che]; zersetzen *v* [che]
decomposed abgebaut (zersetzt) [che]
decomposer Abbaumittel *n* [che]
decomposing agent Abbaumittel *n* [che]
decomposing effect Abbauleistung *f* [che]
decomposition Auflösung *f* (stofflich) [che]; Fäulnis *f* (Zersetzung) [bio]; Verrottung *f* [bio]; Verwesung *f* [bio]; Zerlegung *f* (Zersetzung) [che]; Zersetzung *f* [che]; Abbau *m* (Zersetzung) [che]; Aufschluss *m* [che]; chemischer Abbau *m* [che]; Zerfall *m* (chemisch) [che]; Aufschließen *n* [any]
decomposition agent Abbaumittel *n* [che]
decomposition degree Abbaugrad *m* [che]
decomposition into components Komponentenzerlegung *f* [che]
decomposition of forces Kräftezerlegung *f* [phy]
decomposition process Abbauvorgang *m* [che]
decomposition product Abbauprodukt *n* [che]; Verwitterungsprodukt *n*; Zerfallsprodukt *n* (chem. Zersetzung) [che]; Zersetzungsprodukt *n* [met]
decomposition reaction Zerfallsreaktion *f* [che]
decomposition residue Zersetzungsrückstand *m* [che]
decomposition technology Abbautechnik *f* [che]
decomposition temperature Abbautemperatur *f* [che]; Zersetzungstemperatur *f* [che]
decomposition, biological - biologische Zersetzung *f* [bff]
decomposition, dry - trockener Aufschluss *m* [any]
decomposition, process of - Fäulnisprozess *m* [bio]; Verwesungsprozess *m* [bio]
decomposition, rate of - Zersetzungsgeschwindigkeit *f* [che]
decomposition, stage of - Abbaustufe *f* [che]
decompression Dekompression *f* [phy]
decompression chamber Dekompressionskammer *f* [tra]
decompressor Dekompressor *m* [tra]
decontaminant Entgiftungsmittel *n* [che]

decontaminate entgiften *v*; entseuchen *v*
decontaminating agent Entgiftungsmittel *n* [che]
decontamination Abwasserentgiftung *f* [was]; Dekontamination *f*; Entgiftung *f*; Entseuchung *f*; Sanierung *f*
decontamination agent Dekontaminationsmittel *n* [pow]
decontamination equipment Dekontaminationsanlage *f* [pow]
decontamination of soil Bodensanierung *f* [bod]
decontamination plant Dekontaminationsanlage *f* [pow]; Entgiftungsanlage *f* [was]
decontamination plant for radioactive scrubbers Abklinganlage für radioaktive Abwässer *f* [was]
decorate einrichten *v* (Räume); verzieren *v*
decorated verziert
decoration Dekoration *f*; Verzierung *f*
decorative film Dekorationsfolie *f*
decouple entkoppeln *v*
decoupling Entkopplung *f*; Entkoppeln *n*
decrease Abnahme *f* (Verminderung); Dämpfung *f* (Verminderung); Erniedrigung *f*; Verminderung *f*; Verringerung *f* (Druck, Temperatur etc.); Rückgang *m* (Abnahme); Gefälle *n* (Abfallen)
decrease abfallen *v* (abnehmen); abnehmen *v* (verringern); dämpfen *v* (vermindern); erniedrigen *v*; fallen *v* (rückgehen, abnehmen); herabsetzen *v*; nachlassen *v* (Nachfrage); reduzieren *v*; schwächen *v* (vermindern); schwinden *v* (abnehmen); vermindern *v*; verringern *v* (reduzieren); zurückgehen *v*
decrease in load Lastabnahme *f* (Lastabsenkung) [pow]; Lastabsenkung *f* (Lastabnahme) [pow]
decrease in pressure Druckabnahme *f* [phy]
decrease in profits Ertragsminderung *f*
decrease in revenue Mindereinnahme *f* [eco]
decrease in weight Gewichtsabnahme *f* [phy]; Gewichtsverminderung *f*
decrease of pressure Druckerniedrigung *f*; Druckverminderung *f*
decrease of stress Spannungsabnahme *f* [phy]
decrease of velocity Geschwindigkeitsabnahme *f* [phy]
decree Verfügung *f* [jur]; Verordnung *f* [jur]; Erlass *m* (Anordnung) [jur]; Gebot *n* (Verordnung) [jur]
decrement Abnahme *f* (Verminderung); Verringerung *f* (Abnahme der Leistung)
decrypt entschlüsseln *v*
decryption Entschlüsselung *f*
dedendum Fußhöhe *f* (Zahnrad) [con]; Zahnfußhöhe *f* (Zahnrad) [con]
dedendum circle Fußkreisdurchmesser *m* (Zahnrad) [con]
dedendum flank Fußflanke *f* (Zahnrad) [con]
dedendum line Fußkreislinie *f* (Zahnrad) [con]
dedendum of tooth Zahnfuß *m* (Zahnrad) [tec]
dedicated connection Standverbindung *f* [edv]
dedicated line Standleitung *f* [edv]
deduce kombinieren *v* (Zusammenhang herstellen)

deduct abziehen *v* (subtrahieren) [mat]
deductibles Ersatzleistung *f* (Versicherter zahlt Teil selbst) [jur]; Selbstbeteiligung *f* (z.B. Teilkasko) [jur]
deductions for social security Sozialabgaben *pl* (Arbeitnehmer) [eco]
deenergize absteuern *v* [pow]
deenergized spannungslos [elt]
deep dunkel (Geräusch); satt (Farbe); tief
deep bed filter Bettfilter *m*; Tiefenfilter *m* [was]
deep bed filtration Tiefenfiltration *f* [was]
deep boring Tiefbohrung *f* [roh]
deep cherry glow Dunkelrotglut *f* [met]
deep cooling Tiefkühlung *f*
deep cut Tiefschnitt *m* (des Eimerkettenbaggers) [mbt]
deep drilling Tiefbohrung *f* [roh]
deep filter Tiefenfilter *m* [was]
deep foundation Tiefgründung *f* [bau]
deep freeze grinding Gefriermahlung *f* [prc]
deep freeze room Gefrierraum *m* [prc]
deep freezer Tiefkühlanlage *f*; Tiefkühltruhe *f*; Tiefgefrierschrank *m*; Tiefkühlapparat *m*
deep freezing Tiefkühlen *n*
deep frozen food Tiefkühlkost *f*
deep hole drilling machine Tiefbohrmaschine [wzg]
deep injection Verpressung *f* [rec]
deep loading trailer Tiefganganhänger *m* [tra]
deep low Sturmtief *n* [wet]
deep mining Untertagebau *m* [roh]
deep mining operation Untertagebetrieb *m* [roh]
deep red hochrot
deep repositories Tiefenlager *n* (für radioaktive Abfälle) [rec]
deep ripper Tiefreißzahn *m* (z.B. am Hydraulikbagger) [mbt]
deep sea Tiefsee *f*
deep sea hopper suction dredger Laderaumsaugbagger *m* [mbt]
deep sea tug Hochseeschlepper *m* [tra]
deep vibration Tiefenrüttlung *f* [bau]
deep well Tiefbrunnen *m* [bau]
deep well pump Tiefbrunnenpumpe *f* [prc]
deep-draw tiefziehen *v* [wer]
deep-drawable carbon steel tiefziehfähiger Kohlenstoffstahl *m* [met]
deep-drawing Tiefziehen *n* [wer]
deep-drawn tiefgezogen [wer]
deep-freeze einfrieren *v* (Nahrung); tiefgefrieren *v*
deep-freezing method Tiefkühlverfahren *n*
deep-groove ball bearing Rillenkugellager *n* [tec]
deep-groove ball thrust bearing Axialrillenkugellager *n* [tec]
deep-hole boring machine Tieflochbohrmaschine *f* [wer]
deep-level garage Tiefgarage *f* [tra]
deep-reaching tiefgreifend (Grabtiefe u.ä.) [bau]
deep-ripper tooth Tiefreißzahn *m* (z.B. am Bagger) [mbt]

deepen teufen *v* [roh]; vertiefen *v*
default Versäumnis *f* (Fehler, nicht in EDV)
default drive Standardlaufwerk *n* [edv]
defaults on production Produktfehler *m* (Fehler bei Produktion)
defect Fehlstelle *f* [met]; Schädigung *f* (Störung, Defekt); Störung *f* (Panne); Ausfall *m* (Fehler); Defekt *m*; Fehler *m* (Makel); Mangel *m* (Fehler); Schaden *m*
defect analysis Fehleranalyse *f* [mat]
defect border Fehlergrenze *f*
defect boundary Fehlergrenze *f*
defect conductor Defektleiter *m* [elt]
defect description Mängelangabe *f*
defect in design Konstruktionsfehler *m* [con]
defect in manufacturing Fabrikationsfehler *m*
defect limit Fehlergrenze *f*
defect of form Formmangel *m* [jur]
defect of quality Sachmangel *m*
defect of vision Sehfehler *m* [hum]
defect report Mängelbericht *m*
defect sort Fehlerart *f*
defection Auslenkung *f* (Amplitude) [elt]
defective baufällig; beschädigt (defekt); defekt; fehlerbehaftet; fehlerhaft (defekt); lückenhaft; mangelhaft (fehlerhaft); schadhaft; unvollkommen
defective area Fehlerstelle *f* (Schadensstelle)
defective hearing Gehörschaden *m* [hum]
defective spot-area Fehlerstelle *f* (genaue Schadensstelle)
defective welding mangelhafte Schweißung *f* [wer]
defective work mangelhafte Ausführung *f*
defects, without - ohne Befund
defend a position behaupten *v* (auf dem Markt behaupten) [eco]
defensible vertretbar
defensible, commercially - wirtschaftlich vertretbar [eco]
defer verzögern *v* (verschieben)
deferrization plant Enteisenungsanlage *f* [was]
deficiencies in work mangelhafte Ausführung *f*
deficiencies, correction of - Mängelbeseitigung *f*
deficiencies, list of - Mängelliste *f*
deficiency Lücke *f* (Fehlstelle); Unzulänglichkeit *f*; Ausfall *m* (Mangel); Fehlbestand *m*; Fehler *m* (Unzulänglichkeit); Gerätefehler *m* (fehlerhafte Funktion); Mangel *m* (Knappheit); Defizit *n*
deficiency disease Mangelkrankheit *f* [hum]
deficiency of air Luftmangel *m* [pow]
deficiency, symptom of - Mangelsymptom *n* [hum]
deficient mangelhaft (unzureichend)
deficit Ausfall *m* (Mangel); Mindererlös *m* [eco]; Minus *n*
deficit rating Minderleistung *f*
define begrenzen *v* (abgrenzen); bestimmen *v* (definieren); definieren *v*
defined scharf (genau)
defined, well - eindeutig
definite bestimmt (festgelegt); eindeutig; endgültig;
fest (endgültig)
definite time-lag unabhängig verzögert [elt]
definitely necessary unbedingt erforderlich
definition Bestimmung *f* (Festlegung, z.B. Begriff-); Definition *f*
deflagrability Brennbarkeit *f*
deflagrate abbrennen *v* [che]; verbrennen *v* (explosionsartig) [che]; verpuffen *v* [che]
deflagrating spoon Abbrennlöffel *m* [che]
deflagration explosionsartige Verbrennung *f* [che]; Verpuffung *f* [che]
deflashing equipment Entgratungsmaschine *f*
deflated luftleer
deflation Ablassen von Luft *n* [air]
deflect abbiegen *v* (ablenken); ableiten *v* (Spannung) [elt]; ablenken *v* (ableiten); umlenken *v*
deflecting plate Prallplatte *f*
deflecting roller Umlenkwalze *f* [tec]
deflection Abbiegung *f*; Ableitung *f* [elt]; Ablenkung *f* (Ableitung) [elt]; Ausschlag *m* (Änderung der Welle) [con]; Durchhang *m*
deflection coefficient Ablenkungskoeffizient *m* [phy]
deflection coil Ablenkspule *f* (Bildröhre) [elt]
deflection line Biegelinie *f* [con]
deflection plate Ablenkplatte *f* (Bildröhre) [elt]; Prallplatte *f*
deflection system Ablenksystem *n* [elt]
deflection test Biegeversuch *m*
deflection voltage Ablenkspannung *f* [elt]
deflection wheel Scheibenrolle *f* [tec]
deflector Ablenkfläche *f* [prc]; Ableiter *m* [elt]; Abweiser *m* (Windleitblech) [tra]; Ölschutz *m* (Leitblech) [tec]; Ableitblech *n* [prc]; Leitblech *n* (z.B. an Lok) [tra]
deflector guide Leitblech *n* (Windleitblech) [tra]
deflector plate Ablenkplatte *f* [elt]; Prallfläche *f* [prc]; Spritzblech *n* [tra]
deflector ring Abweisring *m* [pow]
deflector roller Ablenkrolle *f* [tec]; Umlenkrolle *f* [tec]
deflocculant Entflockungsmittel *n* [was]
defoamer Entschäumungsmittel *n* [was]
defoaming agent Entschäumungsmittel *n* [was]
deform Deformieren *n*
deform verformen *v* [wer]; verformen *v* (absichtlich) [wer]; verstümmeln *v*
deformability Deformierbarkeit *f*; Verformbarkeit *f* (ist einzuhalten) [met]
deformable deformierbar
deformation Deformation *f*; Deformierung *f*; Formänderung *f*; Formveränderung *f*; Gestaltänderung *f* [met]; Verformung *f* [wer]; Verpressung *f* (von Dichtungen) [tec]
deformation energy Formänderungsarbeit *f*; Verformungsenergie *f*
deformation point Halbkugelpunkt *m* [pow]
deformation resistance Formänderungswiderstand *m*
deformation workability Formänderungsvermögen *n*
deformation, work of - Formänderungsarbeit *f*

deforming gestaltverändernd
deformity Missbildung f; Verwachsung f
defrost abtauen v; auftauen v [prc]; enteisen v; entfrosten v
defrost, automatic - Abtauautomatik f
defroster Enteisungsanlage f; Defroster m (Gerät); Entfroster m
defroster equipment Abtaueinrichtung f [prc]
defrosting thermostat Abtauthermostat m [pow]
degas entgasen v
degasification Entgasung f
degassing Entgasung f; Entgasen n
degassing furnace Entgasungsofen m [prc]
degassing plant Entgasungsanlage f [prc]
degassing system Entgasungssystem n [prc]
degassing tank Entgasungstank m [was]
degauss entmagnetisieren v
degenerate degenerieren v; verkommen v (herabsinken)
degeneration Degeneration f
degenerative coupling Gegenkopplung f
degerminate entkeimen v
degermination filter Entkeimungsfilter f [was]
degermination plant Entkeimungsanlage f [was]
degradability Abbaubarkeit f [che]
degradable abbaubar [che]
degradable material abbaubares Material n [bio]
degradable, biologically - biologisch abbaubar [bio]; biologisch zersetzbar [bio]
degradable, lightly - leicht abbaubar
degradation Desaggregation f [che]; Verwitterung f [met]; Zersetzung f [che]; Abbau m (Zersetzung) [che]; chemischer Abbau m [che]
degradation degree Abbaugrad m [che]
degradation process Abbauvorgang m [che]
degradation product Abbauprodukt n [che]
degradation technology Abbautechnik f [che]
degradation, biological - biologischer Abbau m [bff]
degrade abtragen v (Boden) [bod]; chemisch abbauen v [che]; zerlegen v (abbauen) [che]
degraded abgebaut (zersetzt) [che]
degrading Abbauen n [che]
degreasant Entfettungsmittel n [che]
degrease entfetten v; entfetten v
degreaser Kaltreiniger m (zum Entfetten) [met]
degreasing Entfetten n
degreasing agent Entfettungsmittel n [che]
degreasing bath Entfettungsbad n
degreasing of natural products Entfetten von Naturstoffen n
degreasing plant Entfettungsanlage f
degreasing solvent Kaltreiniger m (zum Entfetten) [met]
degreasing wastes Entfettungsabfälle pl (Lederindustrie)
degree Stufe f (Grad); Grad m (Temperatur); Grad m (Winkel) [mat]; Rang m (Grad)
degree of accuracy Genauigkeitsgrad m
degree of admission Füllungsgrad m

degree of automation Automatisierungsgrad m [wer]
degree of charge Füllungsgrad m
degree of difficulty Schwierigkeitsgrad m
degree of dilution Verdünnungsgrad m
degree of dispersion Dispersionsgrad m [che]
degree of dissociation Dissoziationsgrad m [che]
degree of erosion Verwitterungsgrad m [bod]
degree of expansion Expansionsgrad m
degree of flexibility Freiheitsgrad m (Gelenke, Verbindungen) [con]
degree of freedom Freiheitsgrad m [con]
degree of gloss Glanzgrad m
degree of grinding Mahlfeinheit f; Mahlgrad m
degree of hardness Härtegrad m [met]
degree of hydration Hydratisierungsgrad m [che]
degree of ionization Ionisationsgrad m [che]
degree of mechanization Mechanisierungsgrad m
degree of oxidation Oxidationsgrad m [che]
degree of polymerization Polymerisationsgrad m [che]
degree of probability Wahrscheinlichkeitsgrad m [mat]
degree of purity Reinheitsgrad m
degree of quality Gütegrad m
degree of reaction Reaktionsgrad m [che]
degree of saturation Sättigungsgrad m
degree of shovel filling Schaufelfüllungsgrad f [mbt]
degree of temper Härtegrad m [met]
degree of the angle Winkelgrad m [con]
degree of water hardness Wasserhärtegrad m [was]
degressive absteigend
dehalogenate enthalogenisieren v
dehalogenation Dehalogenisierung f [che]
dehumidification Entfeuchtung f; Trocknung f (Belüftung); Trocknen n [air]
dehumidifier Entfeuchter m; Lufttrockner m [air]; Trockenmittel n (Klimatisierung) [met]
dehumidifier, air - Luftentfeuchter m [air]
dehumidify trocknen v (Belüftung)
dehumidifying Entfeuchten n
dehumidifying, air - Luftentfeuchtung f [air]
dehydrate dehydratisieren v [che]; dehydrieren v (Wasser) [che]; entwässern v (trocknen) [was]
dehydrated entwässert [was]; wasserfrei
dehydrating wasserentziehend
dehydrating agent Trocknungsmittel n [met]
dehydrating breather Luftentfeuchter m [prc]
dehydration Dehydrierung f (Wasser) [che]; Entwässerung f (Trocknung) [was]; Trocknung f; Wasserentzug m [was]; Dehydratisieren n [che]
dehydration of oil Öltrocknung f [prc]
dehydrogenate dehydrieren v (Wasserstoff) [che]
dehydrogenation Dehydrierung f (Wasserstoff) [che]
dehydrogenation plant Dehydrierungsanlage f [prc]
dehydrogenization Dehydrierung f (Wasserstoff) [che]
dehydrogenize dehydrieren v (Wasserstoff) [che]
dehydrohalogenation Halogenwasserstoffabspaltung f [che]; Halogenwasserstoffspaltung f [che]

deionization Deionisation *f* [che]; Entionisierung *f*
deionize entionisieren *v*
deionized water Deionat *n* (Wasser) [pow]
deionizing Entionisierung *f*
deironing Enteisenung *f*
delay Bindefrist *f* (Kleber muss hart werden) [met]; Bremsung *f* (Verzögerung); Verzögerung *f*; Aufschub *m*; Verzug *m* (zeitlicher); Säumnis *n*
delay anhalten *v* (der Prozess wird angehalten); verschleppen *v* (verzögern); verzögern *v* (aufschieben)
delay block Vorlaufstrecke *f* (Material) [tra]
delay in boiling Siedeverzug *m* [prc]
delay in delivery Lieferverzug *m* [eco]
delay line Verzögerungsleitung *f* [mbt]
delay of deadline Terminverschiebung *f*
delay release Zeitschalter *m* [elt]
delay store Verzögerungsspeicher *m* [elt]
delay tank Abklingtank *m* (Kernbrennstoffe) [pow]
delay time Durchschallzeit *f* [elt]; Verzögerungszeit *f*
delay, without - unverzüglich
delayed verzögert (verspätet)
delayed action Verzögerung *f* (Verlangsamung)
delayed erase verzögert löschen *v* [elt]
delaying Verzögern *n*
delaying effect aufschiebende Wirkung *f* [jur]
delegate Vertrauensmann *m* (z.B. der Belegschaft) [eco]
delegation Übertragung *f* (Aufgabe)
delete löschen *v* (durchstreichen); löschen *v* (Software) [edv]; tilgen *v*
delete key Löschtaste *f* [edv]
delete what is not applicable nicht zutreffendes streichen
deletion Löschung *f*; Tilgung *f* (Streichung); Wegfall *m*
deliberate vorsätzlich (eine vorsätzliche Tat) [jur]
deliberation Vorsatz *m* (mit Vorsatz, mit Absicht) [jur]
delime entkalken *v* [was]
delimination Materialtrennung *f*
delimination, surface of - Trennfläche *f* [elt]
deliming Entkalkung *f* [was]
delimit begrenzen *v* (abgrenzen)
delimitation Abgrenzung *f*; Grenze *f* (Begrenzung); Rand *m* (Begrenzung)
delineate anreißen *v*
delineator Leitsäule *f* [tra]
deliquate zerfließen *v*
deliquesce zerfließen *v*
deliver abgeben *v*; anliefern *v*; ausliefern *v*; fördern *v* (pumpen); liefern *v*
deliverable lieferbar [eco]
delivered at site Lieferung zur Baustelle *f* [eco]
deliveries, scope of - Lieferumfang *m* [eco]
delivery Abgabe *f* (Ausstoß); Ablieferung *f*; Anlieferung *f*; Annahme *f* (Entgegennahme); Aufgabe *f* (Vorrichtung); Auslieferung *f*; Beförderung *f* (Ablieferung); Förderung *f* (Transport auf Maschine); Lieferung *f* [eco]; Ausstoß *m* (Produktionsmenge)
delivery and acceptance specification Liefer- und Abnahmevorschrift *f* [eco]
delivery and shipping schedule Lieferplan *m* [eco]
delivery bill Lieferschein *m* [eco]
delivery characteristics Fördereigenschaften *pl*
delivery charge head Druckhöhe *f* (Strömung)
delivery conduit Druckleitung *f* [prc]
delivery dimension Anlieferungsmaß *n* [con]
delivery facility Fördereinrichtung *f*
delivery head Förderhöhe *f* (Pumpe)
delivery hose Förderschlauch *m* [prc]
delivery note Lieferschein *m* [eco]
delivery of goods Warenauslieferung *f* [eco]; Warenlieferung *f* [tra]
delivery of water Wasserzuleitung *f* [was]
delivery order Lieferauftrag *m* [eco]
delivery pipe Druckleitung *f* [prc]; Auslassrohr *n* [prc]; Ausströmungsrohr *n*; Druckrohr *n*
delivery pipe, feed water - Speisewasserdruckleitung *f* [pow]
delivery pipeline Förderleitung *f* [prc]
delivery plant Aufgabeeinrichtung *f* [prc]
delivery plunger Förderkolben *m* [tra]
delivery pressure Förderdruck *m* (der Pumpe)
delivery pump Förderpumpe *f* [prc]
delivery ramp Annahmerampe *f*
delivery rate Fördermenge *f*; Förderstrom *m*
delivery rating of a pump Förderstrom einer Pumpe *m*
delivery schedule Lieferplan *m* [eco]; Lieferumfang *m* [eco]
delivery specification Liefervorschrift *f* [eco]
delivery specifications Lieferbedingungen *pl* [eco]
delivery test Ablieferungsprüfung *f* [eco]
delivery time Lieferfrist *f* [eco]; Lieferzeit *f* (Zeitpunkt der Lieferung) [eco]
delivery tube Ablassrohr *n* [was]; Förderrohr *n* [prc]
delivery valve Abflussventil *n* [was]; Druckventil *n* [prc]; Zuflussventil *n* [prc]
delivery van Lieferwagen *m* [tra]
delivery volume Lieferumfang *m* [eco]
delivery, collect on - per Nachnahme
delivery, record of - Übergabeprotokoll *n* [eco]
delivery, terms of - Lieferbedingungen *pl* [eco]
delivery, time of - Lieferfrist *f* [eco]
delta Delta *n*
delta connection Dreieckschaltung *f* [elt]; Sternschaltung *f* [elt]
delta contactor Dreieckschütz *m* [elt]
delta ferrite steel Deltaferritstahl *m* [met]
delta function Impulsfunktion *f* [phy]
delta star Sterndreieck- [elt]
delta star control Stern-Dreieck-Schaltung *f* [elt]
delta voltage Dreieckspannung *f* [elt]
demagnetization Entmagnetisierung *f*
demagnetize entmagnetisieren *v*
demand Anforderung *f* (Forderung); Belastung *f*

(Forderung) [eco]; Forderung *f*; Nachfrage *f*; Bedarf *m*
demand anfordern *v*; beanspruchen *v* (abverlangen); erfordern *v*; fordern *v* (verlangen)
demand for compensation Regressforderung *f* [jur]
demand for energy Energiebedarf *m* [pow]
demand planning Bedarfsplanung *f*
demanganizing of water Wasserentmanganung *f* [was]
demanganizing plant Entmanganungsanlage *f* [was]
demarcation Begrenzung *f* (Abgrenzung); Grenze *f* (Begrenzung)
demijohn Ballon *m* (Flasche) [che]
demineralization Entsalzung *f*; Wasserenthärtung *f* [was]
demineralization of water Wasserentsalzung *f* [was]
demineralization plant Entsalzungsanlage *f* (Speisewasser) [pow]
demineralize entsalzen *v*; vollentsalzen *v* [was]
demineralized water Deionat *n* (Wasser) [pow]
demineralizer Ionenaustauscher *m* [prc]
demo program Demonstrationsprogramm *n* (Software) [edv]
demobilization Demobilisation *f* [bio]
demodulate demodulieren *v* [phy]
demodulator Demodulator *m* [phy]
demographic evolution Bevölkerungsentwicklung *f*
demography Demografie *f* ((variant)); Demographie *f*
demolish abbrechen *v* (abreißen) [bau]; abreißen *v* [bau]; abtragen *v*; einreißen *v* (abreißen); niederreißen *v*; zerstören *v* (Gebäude) [bau]; zertrümmern *v*
demolishable abbruchreif; abrissreif
demolisher Abbrucharbeiter *m* [bau]
demolition Zerstörung *f*; Zertrümmerung *f*; Abbruch *m* (eines Hauses) [bau]; Abbruch *m* (z.B. einer Anlage); Abriss *m* [bau]
demolition contractor Abbruchunternehmer *m* [rec]
demolition equipment Abbruchausrüstung *f* (alte Gebäude) [bau]
demolition firm Abbruchunternehmen *n* [rec]
demolition hook Abbruchhaken *m* (am Bagger) [mbt]
demolition of industrial plants Abbruch von Industrieanlagen *m* [bau]
demolition permission Abbruchgenehmigung *f* [jur]; Abrisserlaubnis *f* [jur]
demolition site Abbruchstelle *f*; Gewinnungsort *m* (Abbruch) [rec]
demolition timber Abbruchholz *n* [rec]
demolition waste Bauschutt *m* [rec]; Baustellenabfall *m* [rec]; Abbruchabfälle *pl* [rec]
demolition work Abbrucharbeit *f* [bau]
demolition, due for - abbruchreif
demonstrate demonstrieren *v*; dokumentieren *v* (bekunden); vorführen *v* (ein Gerät im Einsatz); zeigen *v*
demonstration Demonstration *f*; Dokumentation *f* (das Beweisen) [jur]; Vorführung *f*; Vorstellung *f* (Vorführung)
demonstration reactor Demonstrationsreaktor *m* (z.B. Kernreaktor) [pow]
demould ausformen *v*
demoulding Ausformen *n*
demount abbauen *v* (zerlegen) [wer]; ausbauen *v* (demontieren) [rec]; entfernen *v* (losmachen); lösen *v* (losmachen); trennen *v* (losmachen)
demountable herausnehmbar (austauschbar); zerlegbar [wer]
demountable connection lösbare Verbindung *f*
demounting Entfernen *n* (Demontieren)
demulsification plant Emulsionsspaltanlage *f* [was]
demulsify entmischen *v* (Öl)
demulsifying Entmischen *n* (Öl)
demultiplex entschachteln *v*
demurrage Liegegeld *n* (Hafengebühr) [tra]
denaturalize denaturieren *v* (z.B. Alkohol) [che]; vergällen *v* [che]
denaturation Denaturierung *f* (Zerstörung von Makromolekülen) [che]
denature denaturieren *v* (Makromolekül zerstören) [che]; vergällen *v* [che]
denatured denaturiert [che]
denaturing Denaturierung *f* [che]
denaturing substance Vergällungsmittel *n* [met]
denaturization Denaturierung *f* (Zerstörung von Makromolekülen) [che]
denaturize denaturieren *v* (Makromolekül zerstören) [che]
denaturizing Denaturierung *f* [che]
denial Verweigerung *f*
denim Segelstoff *m* (Segeltuch) [met]; Segeltuch *n* (Jeansstoff) [met]
denitrate denitrieren *v* [was]
denitrating Denitrieren *n* [was]
denitrification Denitrifikation *f* [was]; Denitrifizierung *f* [was]
denitrification plant Denitrifikationsanlage *f* [was]
denitrify denitrieren *v* [was]; denitrifizieren *v* [was]
denitrifying bacteria denitrifizierende Bakterien *pl* [bio]
denitrogenation Entstickung *f* [pow]
denomination Benennung *f* [mat]; Benennung *f* (Name eines Werkstückes)
denominator Nenner *m* [mat]
denote bezeichnen *v*
Denox-plant Denox-Anlage *f* (NOx-Entfernung) [air]; Entstickungsanlage *f* [pow]
dense blasenfrei (dicht); dicht (zusammen); undurchsichtig
dense concrete Schwerbeton *m* [met]
dense packing dichte Lagerung *f* [prc]
densely built-up dicht bebaut
densely populated dicht besiedelt; dicht bevölkert
denseness Dichtigkeit *f*
densified impregnated wood druckgetränktes Holz *n* [met]
densified wood Kunstholz *n* [met]; Pressholz *n* [met]
densimeter Dichtemesser *m* [any]; Aräometer *n* (Dichtemesser) [any]; Densimeter *n* [any]

densimetric densimetrisch [any]
densimetry Dichtebestimmung *f* [any]
densitometer Dichtewaage *f*
density Dichte *f* [phy]; Wichte *f* [phy]; spezifisches Gewicht *n* [phy]
density determination Dichtebestimmung *f* [any]
density gauge Dichtemessgerät *n* [any]
density of charge Ladungsdichte *f* [elt]
density of development Bebauungsdichte *f*
density of population Besiedlungsdichte *f*; Bevölkerungsdichte *f*
density of regulations Regelungsdichte *f* [jur]
density of traffic Verkehrsdichte *f* [tra]; Verkehrsaufkommen *n* [tra]
density value Helligkeitswert *m* [opt]
density, relative - relative Dichte *f* [phy]
dent Beule *f* (z.B. am Auto); Blechbeule *f* [met]; Druckstelle *f* (Delle); Einbeulung *f*
dent einbeulen *v* (z.B. die Karosserie); verbeulen *v*
dent, make a - einbeulen *v*
dent, remove a - ausbeulen *v* [wer]
dental product Dentalprodukt *n*
dented gezahnt [bff]
deodorant deodorierend
deodorant Geruchsbeseitiger *m*
deodorization Desodorisierung *f* [prc]; Geruchsbekämpfung *f*
deodorize desodorieren *v*
deodorizer Desodorierungsmittel *n* [met]
deodorizing Desodorierung *f*
deodorizing plant Anlage zur Desodorierung *f*
deoxidant Desoxidationsmittel *n* [che]
deoxidate desoxidieren *v* [che]
deoxidating Desoxidieren *n* [che]
deoxidating agent Desoxidationsmittel *n* [che]
deoxidation Desoxidation *f* [che]
deoxidize beruhigen *v* (Metall) [met]; desoxidieren *v* [che]
deoxidizer Desoxidationsmittel *n* [che]
deoxidizing Desoxidieren *n* [che]
deoxidizing agent Desoxidationsmittel *n* [che]
deoxidizing slag Reduktionsschlacke *f* [rec]
deoxygenation Sauerstoffentzug *m*
departable trennbar [tra]
department Abteilung *f* (in Firma, Einkauf) [eco]; Gebiet *n* (Fach)
department head Abteilungsleiter *m* [eco]
department of planning and building inspection Bauamt *n*
department of public prosecution Staatsanwaltschaft *m* [jur]
departmental responsibilities Ressortzuständigkeit *f*
departure Abfahrt *f* [tra]; Abreise *f* [tra]; Ausfahrt *f* (Hinausfahren) [tra]; Abflug *m* [tra]; Abgang *m* (Weggang, Verlassen, Abreise)
departure angle Böschungswinkel *m* (des Lkw) [mbt]
departure roadway Abfahrtsstraße *f* [tra]
departure sign Abfahrtanzeiger *m* [tra]

departure terminal Abflughalle *f* [tra]
departure time Abfahrtzeit *f* (Bus, Bahn) [tra]; Abflugzeit *f* [tra]
departure track Abfahrtbahnsteig *m* (Bahnhof) [tra]
departure, scheduled - planmäßige Abfahrt *f* (des Zuges) [tra]
depend abhängen *v* (abhängig sein)
dependability Zuverlässigkeit *f*
dependable verlässlich; zuverlässig
dependence Abhängigkeit *f*
dependent abhängig
dependent variable abhängige Größe *f* [mat]; abhängige Variable *f* [mat]
dephased current phasenverschobener Strom *m* [elt]
dephenolation plant Entphenolungsanlage *f* [was]
depict darstellen *v* (abbilden)
deplete abreichern *v* (vermindern) [prc]; erschöpfen *v*
deplete erschöpfen *vt*
depleted abgereichert; ausgebrannt (Atombrennstoff) [rec]
depletion Abreicherung *f* [prc]; Erschöpfung *f*; Verarmung *f* [prc]
deployment Einsatz *m* (Maschine) [wer]
depolymerization Depolymerisation *f* [che]; Abbau *m* (von Polymerisaten) [che]; chemischer Abbau *m* (von Kunststoffen) [che]
deposit Ablagerung *f* (Absetzung) [che]; Abscheidung *f* (Ablagerung); Anschwemmung *f* [was]; Anzahlungssumme *f* [eco]; Aufschüttung *f* [geo]; Ausfällung *f* [che]; Ausscheidung *f* [rec]; Bodenablagerung *f* [bod]; Einlagerung *f* (Ablagerung); Geldeinlage *f* [eco]; Lagerstätte *f* [geo]; Schicht *f* (Ablagerung); Ansatz *m* (Belag); Beschlag *m* (Niederschlag) [che]; Bodensatz *m* (Ablagerung) [che]; Niederschlag *m* (Belag); Satz *m* (Bodensatz) [che]; Schlamm *m* (Kesselschlamm) [rec]; Sinkstoff *m* (Ablagerung) [met]; Fällungsprodukt *n* [che]; Lager *n* (Lagerstätte, z.B. von Kohle) [geo]; Pfand *n*; Sediment *n* [geo]; Vorkommen *n* [geo]
deposit ablagern *v* [rec]; absetzen *v* (Sinkstoff) *v*; ausfallen *v* (abscheiden) [che]; ausscheiden *v* [che]; deponieren *v* [rec]; einzahlen *v*; hinterlegen *v*; niederschlagen *v* (fest); sedimentieren *v* [che]
deposit as sediment aussedimentieren *v* [was]
deposit for special waste Sondermülldeponie *f* [rec]
deposit gauge Staubniederschlagsmesser *m* [any]
deposit money Geld einzahlen *v* [eco]
deposit mud anschlämmen *v* [was]
deposit of boiler scale Kesselsteinablagerung *f* (Dampfkessel) [pow]
deposit of mud Schlammablagerung *f* [was]
deposit of scale Kesselsteinablagerung *f* (Dampfkessel) [pow]
deposit premium Vorausbeitrag *m* (Versicherung) [jur]
deposit waste Deponieabfall *m* [rec]

deposit welding Auftragsschweißung *f* [wer]; Auftragschweißen *n* [wer]
deposit, large - Großdeponie *f* [rec]
deposit, radioactive - radioaktiver Niederschlag *m*
depositable materials absetzbare Stoffe *pl* [was]
deposited drawings eingereichte Baupläne *pl* [bau]
depositing Deponierung *f* [rec]; Absetzen *n*
deposition Ausfällung *f* [che]; Deposition *f*; Einschlämmung *f* [was]; Niederschlag *m* (Belag)
deposition of fat Fettablagerung *f*
deposition of gravel Kiesablagerung *f* [bod]
deposition of metal Metallabscheidung *f*
deposition of wastes Abfallablagerung *f* [rec]
deposits Beläge *pl* (auf Rohren) [pow]
deposits, old - Altablagerungen *pl* [rec]
depot Bahnhof *m* (Güter- oder Personen-Bahnhof) [tra]; Depot *n* (Aufbewahrungsort); Depot *n* (Bus, Straßenbahn) [tra]; Lager *n* (Material)
depot tank Depotcontainer *m* [rec]
depreciation Abschreibung *f* [eco]; Wertminderung *f* [eco]
depreciation method Abschreibungsmethode *f* [eco]
depress drücken *v* (Taste) [edv]; senken *v*
depressant Bremsmittel *n* (Flotation)
depressed flat car Tiefladewagen *m* [tra]
depression Depression *f*; Druckerniedrigung *f*; Vertiefung *f* (Mulde) [bod]; Wanne *f* (Vertiefung im Gelände) [bod]; Tal *n* (Wirtschaft) [eco]
depression chamber Unterdruckkammer *f*
depression, trough of - Tiefdrucktrog *m* [wet]
depressurized drucklos
depth Dicke *f* (Tiefe); Mächtigkeit *f* [geo]; Teufe *f* (Bergbau) [roh]; Tiefe *f* (geometrisch); Untiefe *f* (tief)
depth bolt Schraubbolzen *m* [tec]
depth extension Tiefenausdehnung *f*
depth finder, sonic - Echolot *n* [any]
depth gauge Tiefenlehre *f* [any]; Tiefenmesser *m* [any]; Tiefenmessschieber *m* [any]
depth indicator Tiefenmesser *m* [any]
depth of attack Angriffstiefe *f* [met]
depth of colour Farbtiefe *f*
depth of crack Risstiefe *f* (im Material) [met]
depth of definition Tiefenschärfe *f* [opt]
depth of engagement gemeinsame Zahnhöhe *f* [tec]; Tragtiefe *f* (Gewinde) [tec]
depth of focus Schärfentiefe *f* [opt]; Tiefenschärfe *f* [opt]
depth of hardness Härtetiefe *f* [met]
depth of packing Schüttungshöhe *f* [bau]
depth of penetration Einbrandtiefe *f* [wer]; Eindringtiefe *f*
depth of roughness Rautiefe *f* (der Oberfläche) [met]
depth of slot Schlitztiefe *f* [tec]
depth of thread Einschraublänge *f* [tec]; Gewindetiefe *f* [con]
depth of tooth Zahnhöhe *f* [con]
depth of water Wassertiefe *f* [was]
depth range Tiefenbereich *m* (der Baggerung) [mbt]

depth scale Tiefenskala *f*
depth scan Tiefenprüfkopf *m* [any]
depth scanning Dickenprüfung *f* [any]; Tiefenprüfung *f* [any]
deputy stellvertretend
deputy Stellvertretender *m* [eco]; Stellvertreter *m* [eco]
dequeuing Abbau *m* (Warteschlange) [edv]
derail entgleisen *v* [tra]
derailed entgleist (aus den Schienen gesprungen) [tra]
derailing Herausspringen *n* (aus den Schienen) [tra]
derailment guard Entgleisungsschutz *m* [tra]
derate drosseln *v* [tra]
derelict verwahrlost
derivate Derivat *n* [che]
derivation Ableitung *f* (Herleitung); Herleitung *f* [mat]
derivation tree Ableitungsbaum *m* [edv]
derivative Ableitung *f* (Funktion) [mat]; Abkömmling *m* [che]
derive herleiten *v*
derive from abstammen von *v*
derived product Folgeprodukt *n* (nachfolgendes Produkt) [eco]
derrick Bohrturm *m* [roh]; Ladebaum *m* (Lademast, Derrick) [bau]; Lademast *m* (Ladebaum) [tra]
derrick boom Ladebaum *m* [bau]
derrick crane Dreifußkran *m*
derrick mast Lademast *m* [tra]
derricking jib crane Auslegerdrehkran *m* [wzg]
derust entrosten *v* [met]
derusted entrostet [met]
derusting Entrosten *n* [met]
derusting agent Entrostungsmittel *n* [che]
desalinate entsalzen *v*
desalination Entsalzung *f*
desalination of seawater Meerwasserentsalzung *f* [prc]
desalination of water Wasserentsalzung *f* [was]
desalination plant Entsalzungsanlage *f* [was]
desalter Entsalzungsgerät *n*
desalter sludge Entsalzungsschlamm *m* [rec]
desalting of water Wasserentsalzung *f* [was]
descale entzundern *v* [met]
descaling Entzunderung *f* [met]
descend abfallen *v* (Gelände) [geo]; absinken *v*; absteigen *v*; befahren *v* (in Bergwerk einfahren) [roh]; begehen *v* (besuchen, einfahren) [roh]; einfahren *v* (in Bergwerk) [roh]; fallen *v* (absteigen)
descent Neigung *f* (Abfallen); Abfall *m* (Gefälle) [bod]; Fall *m* (Fallen); Gefälle *n* (Gelände)
descent rate Absinkgeschwindigkeit *f*
describe schildern *v*
description Benennung *f* (Beschreibung; auf Zeichnung) [con]; Beschreibung *f* (in Zeichnungen) [con]; Bezeichnung *f* (Beschreibung); Bezeichnung *f* (eines Bauteils) [con]
description duty Kennzeichnungspflicht *f* [jur]

description of occupation Betriebsbeschreibung *f* [eco]; Unternehmensbeschreibung *f* [jur]
description, abbreviated - Kurzbeschreibung *f*
descriptions of hazards Gefahrenbezeichnung *f*
desert Wüste *f*
deserted öde
desertedness Öde *f*
desertification Desertifikation *f* [bod]; Versteppung *f*; Verwüstung *f*; Wüstenbildung *f*
desertify verwüsten *v*
desertion Verödung *f*
desiccant Exsikkatorfüllung *f*; Abbrandmittel *n* [che]; Trockenmittel *n* [met]; Trocknungsmittel *n* [met]
desiccant cartridge Trockenpatrone *f* [met]
desiccate abtrocknen *v* [prc]; austrocknen *v*; dörren *v*; eintrocknen *v*; entwässern *v* (trocknen) [was]; trocknen *v*; vertrocknen *v*
desiccated wasserfrei
desiccating wasserentziehend
desiccating Trocknen *n* [prc]
desiccation Austrocknung *f* [prc]; Heißlufttrocknung *f* (Holz) [prc]; Trocknung *f* [prc]; Eintrocknen *n*
desiccator Exsikkator *m*; Trockner *m*
desiccator cabinet Trockenschrank *m* [prc]
design Ausbildung *f* (Gestaltung) [con]; Ausführung *f* (Auslegung); Auslegung *f* (Entwurf, Konstruktion) [con]; Bauart *f*; Bauform *f* [con]; Bauweise *f* (Auslegung, Gestaltung); Bearbeitung *f* (Entwurf) [con]; Bemessung *f* (rechnerische -); Berechnung *f* [con]; Dimensionierung *f* [con]; Form *f* (Konstruktion) [con]; Formgebung *f* (Gestaltung) [con]; Formgestaltung *f* [con]; Gestaltung *f* (Entwurf) [con]; Konstruktion *f* (Gestaltung, Auslegung) [con]; Zeichnung *f* (Entwurf) [con]; Aufbau *m* (Konstruktion) [tec]; Aufbau der Maschine *m* [con]; Aufriss *m* [con]; Entwurf *m* (Konstruktion) [con]; Plan *m* (Entwurf); Baumuster *n* [con]
design auslegen *v* (Konstruktion) [con]; bemessen *v* (rechnerisch); berechnen *v* (auslegen); dimensionieren *v*; entwerfen *v* (konstruieren, gestalten) [con]; gestalten *v* (entwerfen); konstruieren *v* (entwerfen) [con]
design and supporting data Ausführungsunterlagen *pl*
design approval Bauartzulassung *f* [bau]
design basis Auslegungsgrundlage *f* [con]
design capacity Auslegungsleistung *f* [pow]
design change Konstruktionsänderung *f* [con]
design characteristics Konstruktionsmerkmale *pl* [con]
design code Auslegungsvorschrift *f*
design component Konstruktionselement *n* [tec]
design concepts konstruktive Details *pl* [con]
design cycle Entwicklungszyklus *m*
design data Auslegungsdaten *pl* [con]; Auslegungswerte *pl* [con]
design department Konstruktionsbüro *n* [eco]
design description Konstruktionsbeschreibung *f* [con]

design development phase Entwurfsbearbeitung *f* [con]
design dimension Konstruktionsmaß *n* [con]
design directive Ausführungsrichtlinie *f* [jur]
design draft Entwurfzeichnung *f* [con]; Konstruktionsentwurf *m* [con]
design drawing Konstruktionszeichnung *f* [con]
design engineer Konstrukteur *m* [con]
design error Bemessungsfehler *m* [any]
design feature Baumerkmal *n* [con]; Konstruktionsmerkmal *n* [con]
design for environment umweltgerechte Produktgestaltung *f* [con]
design information Anlagedaten *pl* [con]
design load Lastannahme *f* [bau]; zulässige Last *f* [con]
design method Bemessungsverfahren *n*; Berechnungsverfahren *n*
design model Modell *n* (Entwurf)
design of experiments Versuchsplanung *f* [any]
design of joints Fugenausbildung *f* [con]
design of the chassis Fahrwerkskonstruktion *f* [mbt]
design of the roof Dachausführung *f* [con]
design point Auslegungspunkt *m* [con]
design pressure Auslegungsdruck *m* [con]
design rating Auslegungsleistung *f* [pow]
design sketch Konstruktionsentwurf *m* [con]
design specification Konstruktionsangabe *f* [con]
design specifications Bemessungsrichtlinien *pl*; Entwurfsrichtlinien *pl* [con]
design speed Ausbaugeschwindigkeit *f* [bau]; Auslegungsdrehzahl *f* [pow]
design standard Ausbaugrad *m* [mbt]
design stress zulässige Spannung *f* [phy]
design task Entwurfsaufgabe *f* [con]
design temperature Auslegungstemperatur *f*
design value Auslegungswert *m* [con]
design with great attention to detail durchkonstruieren *v*
designate benennen *v* (festlegen); bestimmen *v* (festlegen); bezeichnen *v* (benennen)
designated vorgesehen (als Nachfolger)
designation Benennung *f* (Bezeichnung); Bestimmung *f* (Ermittlung); Bezeichnung *f* (von Name, Funktion); Kennzeichnung *f*
designation label Beschriftungsschild *n*
designed ausgelegt (geplant für) [con]; dimensioniert
designed that ausgelegt, dass ... [con]
designed to meet the requirements bedarfsgerecht
designer Konstrukteur *m* [con]
designing Entwurfstechnik *f* [con]; Konstruktion *f* (Entwerfen) [con]
desilt entschlammen *v* [was]
desired value Sollwert *m*
desk Schreibtisch *m*; Tisch *m* (Schreibtisch); Pult *n*
desk calendar Tischterminkalender *m*
desk computer Tischrechner *m* [edv]
desk work Büroarbeit *f* [eco]

desktop Arbeitsfläche f (Benutzeroberfläche) [edv]; Tischgerät n [edv]
desktop calculator Tischrechner m [edv]
desktop computer Tischcomputer m [edv]; Tischrechner m [edv]
desktop model Tischgerät n [edv]
desktop printer Tischdrucker m [edv]
desktop video Multimediaanwendung f (Software) [edv]
deslag entschlacken v
deslagging Entschlackung f; Entschlacken n
deslagging agent Entschlackungsmittel n [pow]
deslagging hammer Schlackenhammer m [wzg]
desludge entschlammen v [was]
desolder ablöten v; entlöten v
desoldering Entlöten n
desoldering apparatus Entlötgerät n
desoldering machine for chip components Entlötmaschine für Chips f [rec]
desoldering station Entlötstation f [rec]
desonox plant Desonox-Anlage f (SOx/NOx-Entfernung) [prc]
desonox process Desonox-Verfahren f (SOx/NOx-Entfernung) [prc]
desonox system Desonox-Verfahren f (SOx/NOx-Entfernung) [prc]
desorb desorbieren v
desorption Desorption f; Austreiben n [che]; Desorbieren n
destabilize destabilisieren v
destination Bestimmung f (Zuordnung) [tra]; Bestimmungsbahnhof m [tra]; Bestimmungsort m [tra]; Zielbahnhof m [tra]; Ziel n (Punkt, Ort)
destination board Zuglaufschild n [tra]
destination button Zieltaste f (Strecke auf Stellwerk) [tra]
destination disk Zieldiskette f (bei Kopiervorgang) [edv]
destress entspannen v
destroy vernichten v (zerstören); zerstören v (vernichten); zertrümmern v
destroy tectonically verwerfen v (Erdschichten verschoben) [bod]
destroyed by fire niedergebrannt
destroyed by hail, be - verhageln v [wet]
destroyed environment zerstörte Umwelt f
destruction Vernichtung f; Zerstörung f [bau]; Zertrümmerung f; Zerfall m (Zersetzung)
destructive zerstörend; zerstörerisch (destruktiv)
destructive distillation Pyrolyse f [prc]; Vergasung f [prc]
destructive test nicht zerstörungsfreie Prüfung f [any]; zerstörende Prüfung f [any]
destructive testing of materials zerstörende Werkstoffprüfung f [any]
destructive to nature naturzerstörend
destructive verification Nachkontrolle f (Zerreißprobe) [any]; Zerreißprobe f [any]
desulfurization Entfernung des Schwefels f; Entschwefelung f [che]; Schwefelentfernung f [prc]

desulfurization process Entschwefelungsverfahren m
desulfurize entschwefeln v [che]
desulfurizer Entschwefelungsmittel n [che]
desulfurizing Entschwefelung f [che]
desuperheater Dampfkühler m [pow]; Heißdampfkühler m [pow]
desuperheating action Abspritzung f (Dampf) [pow]
detach abbauen v (entfernen); abbinden v (losbinden); ablösen v (entfernen); absondern v (abtrennen); abtrennen v (loslösen); entfernen v (losmachen); lösen v (losmachen); losmachen v (abtrennen); lostrennen v; trennen v (losmachen)
detachable abnehmbar; auswechselbar; herausnehmbar (abbaubar); lösbar (Verbindung); zerlegbar (abtrennbar) [wer]
detachable automatic spraying device Aufsetzsprühautomat m [prc]
detachable coil abziehbare Spule f [elt]
detachable connection lösbare Verbindung f [tec]
detachable jet scouring device Anbaudüsenschwemmgerät n [rec]
detachable lever Steckhebel m [tec]
detachable sweeping device Anbaukehrgerät n [rec]
detachable union lösbare Verbindung f [tec]
detached abgelöst; lose
detached house allein stehendes Haus n [bau]; Einzelhaus n [bau]
detachment Ablösung f (Loslösung); Lösung f (Entfernen)
detail Angabe f (Einzeldaten, Einzelheiten); Einzelheit f; Feinheit f (Einzelheit); Detail n
detail drawing Einzeldarstellung f; Einzelzeichnung f [con]; Teilzeichnung f [con]
detailed ausführlich; detailliert; genau
detailed drawing Detailzeichnung f [con]
detailed parts list Abrufstückliste f (kundenspezifische Daten) [eco]
detailed schematic diagram Stromlaufplan m [elt]
detailed study genaues Studium n
detect feststellen v (erkennen); nachweisen v (entdecken); suchen v; wahrnehmen v (erfassen)
detectability Erkennbarkeit f
detectable feststellbar (ermittelbar); messbar [any]; nachweisbar [any]
detected ermittelt
detection Beobachtung f (Nachforschung); Erkennung f; Ermittlung f; Feststellung f; Wahrnehmung f (Aufdeckung); Nachweis m (Aufspüren von Fehlern)
detection limit Nachweisgrenze f [any]
detection method Nachweismethode f [any]
detection of defects Fehlersuche f
detection reagent Nachweisreagens n [any]
detection sensitivity Nachweisempfindlichkeit f
detector Anzeiger f [any]; Aufnehmer m (von Messwerten) [any]; Detektor m [any]; Fühler m [any]; Leistungsprüfer m [any]; Melder m; Galvanoskop n [any]; Nachweisgerät n [any]; Spürgerät n [any]

detector pig Molch *m* (Rohrleitungsprüfung) [any]
detent Halteraste *f* [tra]; Sperrklinke *f* [tec]; Auslöser *m* (im Sinne von Festhalten) [tec]; Sperrkegel *m* [tra]; Synchronkörper *m* [tra]
detent lever Rastenhebel *m* [tec]
detent pawl Sperrklinke *f* [tec]
detergent Detergens *n* [che]; Reinigungsmittel *n* [met]; Waschmittel *n* [met]
detergent components Waschrohstoffe *pl* [met]
detergent, biological - biologisches Waschmittel *n* [met]; Ökowaschmittel *n* [met]
deteriorate verfallen *v*; verschlechtern *v* (z.B. eine Lage); verschleißen *v* [met]
deterioration Verschlechterung *f*; Verfall *m* (Gebäude) [bau]
determinable bestimmbar
determinant Determinante *f* [mat]
determinate verursachen *v*
determination Bestimmung *f* (Analyse) [any]; Ermittlung *f*; Festlegung *f*; Messung *f* [any]
determination by separate operation Einzelbestimmung *f* [any]
determination of calorific value Brennwertbestimmung *f* [any]
determination of carbon Kohlenstoffbestimmung *f* [any]
determination of density Dichtebestimmung *f* [any]
determination of hardness Härtebestimmung *f* [any]
determination of position Lagebestimmung *f* (Ortung) [any]
determination of shape Formbestimmung *f*
determination of structure Gefügebestimmung *f* [any]
determination of the calorific value Calorimetrierung *f* [any]
determination of weight Gewichtsbestimmung *f* [any]
determination, method of - Nachweismethode *f* [any]; Prüfmethode *f* [any]
determine abmessen *v* [any]; beschließen *v* (bestimmen); bestimmen *v* (analysieren) [any]; ermitteln *v* (herausfinden); festlegen *v* (bestimmen); festlegen *v* (bestimmen, beschließen); festsetzen *v* (bestimmen); feststellen *v* (erkennen)
determine in advance vorausbestimmen *v*
determined bestimmt (festgelegt); ermittelt
determining according to harmfulness Schädlichkeitsbestimmung *f* [any]
detonate auslösen *v* (sprengen) [bau]; detonieren *v*; explodieren *v*; knallen *v* [aku]; platzen *v* (explodieren); verpuffen *v* [che]
detonating agents Sprengmittel *pl* (z.B. im Bergbau) [roh]
detonating cap Sprengkapsel *f* [roh]
detonating fuse Zündschnur *f* (Lunte; Steinbruch, Bergbau) [roh]
detonating gas Knallgas *n* [che]
detonating primer Explosionszünder *m* (Bergbau) [roh]

detonation Detonation *f*; Explosion *f*; Verpuffung *f* [che]; Zündung *f*; Knall *m* [aku]
detonation effect Detonationswirkung *f*
detonation velocity Detonationsgeschwindigkeit *f*
detonation wave Detonationswelle *f*
detonator Knallkörper *m*; Zünder *m* (Explosion)
detoriated verdorben
detour Umleitung *f* (Strecke); Umweg *m* (längere Strecke) [tra]
detoxicate entgiften *v*
detoxicating agent Entgiftungsmittel *n* [che]
detoxication Abwasserentgiftung *f* [was]; Entgiftung *f*
detoxication plant Entgiftungsanlage *f* [was]
detoxification Entgiftung *f*
detoxification facility Entgiftungsanlage *f* [was]
detoxification plant Entgiftungsanlage *f* [was]
detraction Minderung *f*
detrimental nachteilig (schädlich); schädlich (nachteilig)
detrimental level Gefährlichkeitscharakteristikum *n*
detrital Gesteinsschutt *m* [rec]; Geschiebe *n* [geo]
detritus Detritus *m* [geo]; Müll *m* (Abfall; Geröll) [rec]; Schlick *m* [was]; Steinschutt *m* [rec]; Geröll *n*
detritus chamber Absetzbecken *n* [was]
detritus pit Kläranlage *f* (Klärgrube) [was]
detuning Verstimmung *f* [aku]
deuterium Deuterium *n* [che]
deuterium nucleus Deuteron *n* [che]
devalue abwerten *v*
devastate verheeren *v*; verwüsten *v*
devastating verheerend
devastation Verwüstung *f*
develop aufschließen *v* (Bergbau) [roh]; ausarbeiten *v* (erstellen); bebauen *v*; entwickeln *v*; erschließen *v* (zugänglich machen); formen *v* (gestalten); hervorbringen *v*; reifen *v* (sich entwickeln)
developable entwicklungsfähig
developed entwickelt; konzipiert (erdacht, entwickelt)
developed area erschlossene Fläche *f*; erschlossenes Bauland *n*
developed country Industriestaat *m*
developed length gestreckte Länge *f* [con]; Strecklänge *f* [con]
developed property bebautes Grundstück *n*
developed sites Bauland *n*
developed view of pipe Rohrabwicklung *f* [con]
developed, fully - ausgereift
developed, highly - hoch entwickelt
developer Entwickler *m*
developing Ausbau *m* (Weiterentwicklung); Entwickeln *n* (Film)
developing bath Entwicklerbad *n*
developing country Entwicklungsland *n*
developing function Entwicklungsfunktion *f*
developing period Entwicklungsdauer *f*; Entwicklungsperiode *f*
developing potential Entwicklungspotenzial *n*

developing rate Entwicklungsgeschwindigkeit *f*
developing series Entwicklungsreihe *f*
development Abwicklung *f* (einer Arbeit); Ausgestaltung *f*; Bebauung *f* [bau]; Entwicklung *f*; Erschließung *f* (Bauland) [bau]; Aufschluss *m* (Bergbau) [roh]; Ausbau *m* (Erweiterung)
development area Bebauungsgebiet *n* [bau]; Erschließungsgebiet *n* [bau]
development costs Entwicklungskosten *pl*; Erschließungskosten *pl* (z.B. Baugrund) [bau]
development dimension Abwicklungsmaß *n* [con]
development environment Entwicklungsumgebung *f* (Programmierung) [edv]
development of brittleness Versprödung *f* [met]
development of pressure Druckaufbau *m* [phy]
development of smoke Rauchbildung *f*; Rauchentwicklung *f*
development plan Aufbauplan *m*; Bebauungsplan *m* [jur]; Flächennutzungsplan *m*
development planning Erschließungsplanung *f* [bau]; Raumplanung *f*
development time Entwicklungsdauer *f*
development view Abwicklung *f* (einer Zeichnung) [con]
development zone Förderungsgebiet *n*
development, further - Weiterentwicklung *f*
development, new - neue Erkenntnisse *f*; Neuentwicklung *f*
development, open - offene Bebauung *f* [bau]
development, rate of - Entwicklungstempo *n*
development, stage of - Entwicklungsstufe *f*; Entwicklungsstadium *n*
development, state of - Entwicklungsstand *m*
development, trend of - Entwicklungstendenz *f*
deviate abbiegen *v* (vom Kurs abgehen); abweichen *v*
deviate from abweichen von *v*
deviation Ablenkung *f* (Ableitung); Abweichung *f*; Auslenkung *f* (Abweichung); Maßabweichung *f* [con]; Regelabweichung *f*; Ungenauigkeit *f* (Abweichung)
deviation of dimension Bauabweichung *f* (Toleranz) [bau]
deviation of position Lageabweichung *f* [any]
deviation of the angles Winkelabweichung *f* [con]
deviation of the cyclic running Rundlaufabweichung *f* [con]
deviation, allowable - zulässige Abweichung *f* [con]
device Anlage *f* (Warnanlage); Anordnung *f* (Aufstellung); Apparatur *f*; Einrichtung *f* (Gerät); Vorrichtung *f*; Apparat *m* [prc]; Aufbau *m* (Anordnung); Baustein *m* (Einrichtung); Gerät *n* (Vorrichtung); Hilfsmittel *n* (Werkzeug)
device address Gerätenummer *f*
device check Geräteprüfung *f* [any]
device compatibility Gerätekompatibilität *f*
device configuration Geräteausstattung *f*
device electronics Geräteelektronik *f* [elt]
device error Gerätefehler *n*

device failure Geräteausfall *m*
device fault Gerätefehler *n*
device for cultivating lawns and parks Grünflächenpflegegerät *n* [far]
device for handwinding Handdrehvorrichtung *f* [mbt]
device identification Gerätekennzeichnung *f* [con]
device identifier Gerätekennzeichen *n* [con]
device manufacturer Gerätehersteller *m*
device plug Gerätestecker *m* [elt]
device, adjusting - Einstellvorrichtung *f*; Regelvorrichtung *f*; Stellvorrichtung *f*; Verstelleinrichtung *f* [tec]
device, aligning - Ausrichtvorrichtung *f* [wer]
device, arresting - Arretierung *f* (Halteeinrichtung) [tec]; Feststeller *m* (z.B. Raste) [tec]
device-independent geräteunabhängig
devil Reißwolf *m*
devil abkratzen *v* [bau]
devilling Abkratzen *n* [bau]
dew Tau *m* (Feuchtigkeitsniederschlag)
dew point, acid - Säuretaupunkt *m* [phy]
dew-point Taupunkt *m* [phy]
dew-point corrosion Taupunktkorrosion *f* [met]
dew-point measurement Taupunktbestimmung *f* [any]
dewater entwässern *v* (Wasser entfernen) [was]; trockenlegen *v* [was]
dewatering Entwässerung *f* (Entfernung von Wasser) [was]; Trockenlegung *f* [was]
dewatering centrifuge Entwässerungszentrifuge *f* [was]
dewatering conduit Entleerungsleitung *f* [was]; Grundablass *m* [was]
dewatering press for screening Rechengutpresse *f* [was]
dewatering system Entwässerungsanlage *f* [was]; Grundwasserabsenkungssystem *n* [was]
dexterity Handfertigkeit *f*
dezincification Entzinkung *f* [met]
diagnose diagnostizieren *v* [any]; feststellen *v* (wahrnehmen)
diagnosis Diagnose *f* [any]
diagnosis system Diagnosesystem *n* [any]
diagnosis, early - Früherkennung *f* [hum]
diagnostic diagnostisch [any]
diagnostic facility Diagnoseeinrichtung *f* [any]
diagnostics Diagnostik *f* [any]
diagonal diagonal; quer (schräg); schräg (diagonal)
diagonal Diagonale *f* [mat]
diagonal brace Diagonalstrebe *f* [tec]; Kreuzstrebe *f* [tec]
diagonal bracing Diagonalversteifung *f* (Stahlbau) [tec]; Diagonalverband *m* (Stahlbau) [tec]; Schrägverband *m* (Stahlbau) [tec]
diagonal compression Diagonaldruck *m*
diagonal cross Diagonalkreuz *n* [tec]
diagonal cut gate shears Schrägschnitt-Tafelschere *f* [wer]

diagonal cutting pliers Seitenschneider *m* (Zange) [wzg]
diagonal frame Diagonalrahmen *m* [bau]
diagonal joint Diagonalstab *m* (Stahlbau) [tec]; schräger Stoß *m* (Stahlbau) [tec]; Schrägstab *m* (Stahlbau) [tec]
diagonal stay Kreuzstrebe *f* (Stahlbau) [tec]
diagonal tension Schrägzug *m* (Spannung)
diagonal tension failure Schubbruch *m* [bau]
diagonal tyre Diagonalreifen *m* [tra]
diagonally placed diagonal angeordnet [con]
diagram Abbildung *f* (Diagramm); Grafik *f*; Graphik *f* ((variant)); Zeichnung *f* (Diagramm) [con]; Diagramm *n*; Kurvenblatt *n*; Schaubild *n* [con]; Schema *n* (Übersicht) [con]
diagram of connections Stromlaufplan *n* [elt]
diagram of forces Kräfteplan *m* [bau]; Kräftediagramm *n* [phy]
dial Einstellscheibe *f* [tec]; Scheibe *f* (Wählscheibe) [edv]; Skala *f*; Skalenscheibe *f*; Zifferblatt *n* (der Uhr) [any]
dial wählen *v* (am Telefon) [edv]; wählen *v* (Telefon) [edv]
dial balance Anzeigewaage *f* [any]
dial count Zählerstand *m* [edv]
dial direct durchwählen *v* (Telefon) [edv]
dial face Zifferblatt *n* [any]
dial flowmeter Messuhr *f* [any]
dial gauge Messuhr *f* [any]
dial recording Zählerstand *m* [edv]
dial switch Wählscheibe *f* (Telefon) [edv]
dial-up Verbindungsaufbau *m* [edv]
dialling code Ortsnetzkennzahl *f* ((B)) [edv]; Vorwahl *f* (Telefon) [edv]
dialling tone Amtszeichen *n* (Telefon) [edv]
dialling, abbreviated - Kurzwahl *f* (Telefon) [edv]
dialling, automatic - Direktwahl *f* (Telefon) [edv]
dialogue Dialog *m*
diamagnetism Diamagnetismus *m* [phy]
diameter Durchmesser *m*; Kaliber *n*
diameter of a circle Kreisdurchmesser *m* [mat]
diameter of a sphere Kugeldurchmesser *m*
diameter of bore Lochdurchmesser *m* [met]; Kaliber *n*
diameter of wheel Raddurchmesser *m* [con]
diameter of wire Drahtstärke *f* [con]
diameter range Durchmesserbereich *m* [con]
diamond Diamant *m* [che]; Karo *n*
diamond crossing Kreuzung *f* (2 Bahnstrecken) [tra]
diamond cutter Diamantschleifer *m* [wer]
diamond lattice Diamantgitter *n* [min]
diamond structure Diamantstruktur *f* [che]
diamond tool Diamantwerkzeug *n* [wzg]
diaphanous transparent
diaphragm Blende *f* (Vorrichtung der Optik) [opt]; Düsenplatte *f*; Membran *f* (in der Technik) [met]; Wandscheibe *f* [bau]; Diaphragma *n*
diaphragm base Membranboden *m* [prc]
diaphragm clutch Membranfederkupplung *f* [tec]; Tellerfederkupplung *f* [tec]
diaphragm compressor Membranverdichter *m* [prc]
diaphragm cover Membrandeckel *m* [tec]
diaphragm gland Zwischenstopfbüchse *f* [tec]
diaphragm grommet Membrantülle *f* (für Kabeldurchlässe) [elt]
diaphragm metering pump Membrandosierpumpe *f* [prc]
diaphragm packing Membrandichtung *f*; Zwischenstopfbüchse *f* [tec]
diaphragm pressure switch Membrandruckschalter *m* [tec]
diaphragm process Diaphragmaverfahren *n* [prc]
diaphragm pump Membranpumpe *f* [prc]
diaphragm seal Folienabdeckung *f*; Membrandichtung *f*
diaphragm seal, welded - Membranschweißdichtung *f* [tec]
diaphragm spring Membranfeder *f* [tec]
diaphragm valve Membranventil *n* [prc]
diaphragm wall Dichtungswand *f* [bau]; Schlitzwand *f* [bau]
diaphragm-type accumulator Membranspeicher *m* [tec]
diaphragm-type pump Membranpumpe *f* [prc]
diary Tagebuch *n*
diathermancy Wärmedurchlässigkeit *f* [met]
diathermanous wärmedurchlässig [met]
diazo dye Diazofarbstoff *m* [che]
dibasic doppelbasisch [che]
dice Würfel *m* (Spielgerät)
dice-shaped würfelförmig [con]
dichloride Dichlorid *n* [che]
dictaphone Diktafon *n* ((variant)) [edv]; Diktaphon *n* [edv]
dictating machine Diktiergerät *n* [edv]
dictionary Lexikon *n* (Wörterbuch); Wörterbuch *n*
die Form *f* (Gießform) [wer]; Matrize *f* (Guss) [wer]; Stanze *f* [wer]; Mönch *m* [roh]; Stempel *m* (Präge-); Gesenk *n* [wer]; Schneideisen *n* [wer]
die stoßen *v* (Stanzen) [wer]
die away abklingen *v* [aku]
die back absterben *v* (Ast) [bff]
die base Düsenkörper *m*
die body Düsenkörper *m*
die cast Druckguss *m* [wer]; Spritzguss *m* (z.B. bei Spielzeug) [met]
die cast zinc Zinkdruckgussschrott *m* [rec]
die casting Druckgießen *n* [wer]
die forged gesenkgeschmiedet [wer]
die moulding, matched metal - Heißpressverfahren *n* (Polyester) [wer]
die off absterben *v* [bff]
die orifice Düsenöffnung *f*; Düsenaustritt *m*
die out aussterben *v* [bff]
die stock Kluppe *f* (Gewindeschneiden) [wzg]
die work Gesenkschmieden *n* [wer]
die-away time Nachschwingzeit *f* [elt]
die-cast druckgegossen [wer]

die-casting Spritzguss *m* [wer]
die-forging Gesenkschmieden *n* [wer]
dielectric dielektrisch [elt]
dielectric Dielektrikum *n* [elt]
dielectric breakdown strength Durchschlagfestigkeit *f* [elt]
dielectric constant Dielektrizitätskonstante *f* [elt]
dielectric drier Hochfrequenztrockner *m* [prc]
dielectric strength Durchschlagfeldstärke *f* [elt]; Spannungsfestigkeit *f* [elt]
diesel Diesel *m* [pow]
diesel drive Dieselantrieb *m* [pow]
diesel engine Dieselmotor *m* [pow]
diesel engine drive Dieselantrieb *m* [pow]
diesel engined dieselmotorbetrieben [pow]
diesel exhaust particulate filter Dieselpartikelfilter *m* [tra]
diesel fuel Dieselkraftstoff *m* [tra]; Dieseltreibstoff *m* [tra]; Dieselöl *n* [che]
diesel generating set Dieselaggregat *n* [pow]
diesel hammer Dieselramme *f* [bau]
diesel locomotive Diesellokomotive *f* [tra]
diesel motor coach Triebkopf *m* (Triebwagen) [tra]
diesel motor power plant Dieselmotorkraftwerk *n* [pow]
diesel oil Dieselkraftstoff *m* [pow]; Dieselöl *n* [che]
diesel particle Dieselpartikel *n* [tra]
diesel power plant Dieselkraftwerk *n* [pow]
diesel power station Dieselkraftwerk *n* [pow]
diesel railcar Dieseltriebwagen *m* [tra]
diesel roller Dieselstraßenwalze *f* [bau]; Dieselwalze *f* [bau]
diesel soot Dieselruß *m* [tra]
diesel unit Dieselanlage *f* [pow]
diesel waste gas Dieselabgas *n* [tra]
diesel-driven generator Dieselaggregat *n* [pow]
diesel-electric diesel-elektrisch [pow]
differ abweichen *v* (sich unterscheiden); unterscheiden *v*
difference Differenz *f* [mat]; Ungleichheit *f*; Verschiedenheit *f*; Unterschied *m*
difference amplifier Differentialverstärker *m* [elt]; Differenzialverstärker *m* ((variant)) [elt]
difference in altitude Höhenunterschied *m*
difference in price Marge *f* [eco]
difference in quality Qualitätsunterschied *m*
difference of level Niveauunterschied *m* (Wasserstand)
different ungleich (nicht gleichgroß); unterschiedlich; verschieden (anders als)
differential amplifier Differenzverstärker *m* (el. Schaltung) [elt]
differential bevel gear Achskegelrad *m* [tec]
differential bevel pinion Ausgleichskegelrad *n* [tec]
differential calculus Differentialrechnung *f* [mat]; Differenzialrechnung *f* ((variant)) [mat]
differential case Ausgleichgehäuse *n* [tra]
differential coupling Differentialkupplung *f* [tra]; Differenzialkupplung *f* ((variant)) [tra]

differential current Differenzstrom *m* [elt]
differential diagnosis differentielle Diagnose *f* [any]; differenzielle Diagnose *f* ((variant)) [any]
differential equation Differentialgleichung *f* [mat]; Differenzialgleichung *f* ((variant)) [mat]
differential expansion Relativdehnung *f* [met]
differential gauge Differentialmanometer *n* [any]; Differenzialmanometer *n* ((variant)) [any]
differential gear Ausgleichsgetriebe *n* [tec]; Differentialgetriebe *n* [tra]; Differenzialgetriebe *n* ((variant)) [tra]
differential gear unit Ausgleichgetriebe *n* [tra]; Ausgleichsgetriebe *n* [tec]
differential housing Ausgleichsgehäuse *n* [tra]
differential levelling Differentialhöhenmessung *f* [any]; Differenzialhöhenmessung *f* ((variant)) [any]
differential lever Rückführhebel *m* [tec]
differential lock Ausgleichsperre *f* [tra]; Differentialsperre *f* [tra]; Differenzialsperre *f* ((variant)) [tra]
differential manometer Differentialmanometer *n* [any]; Differenzialmanometer *n* ((variant)) [any]
differential measurement Differenzmessung *f* [any]
differential pinion Ausgleichsritzel *n* [tec]
differential pinion shaft Ausgleichsradachse *f* [tra]
differential piston Differentialkolben *m* [tra]; Differenzialkolben *m* ((variant)) [tra]; Stufenkolben *m* [tra]
differential pressure Druckdifferenz *f* [phy]; Differenzdruck *m* [phy]
differential pressure controller Differenzdruckregler *m* [prc]
differential pressure gauge Differenzdruckmesser *m* [any]; Differenzdruckmanometer *n* [any]
differential pressure monitor Differenzdruckwächter *m* [any]
differential pressure regulator Differenzdruckregler *m* [prc]
differential pressure sensor Differenzdruckaufnehmer *m* [any]
differential pressure switch Differenzdruckschalter *m* [tec]
differential pressure transducer Bartonzelle *f* (Druckmessung) [any]; Differenzdruckmessumformer *m* [any]; Wirkdruckgeber *m* [any]
differential pressure transmitter Differenzdruckgeber *m* [any]
differential pulley block Differentialflaschenzug *m*; Differenzialflaschenzug *m* ((variant))
differential relay Differentialrelais *n* [elt]; Differenzialrelais *n* ((variant)) [elt]
differential shaft Ausgleichswelle *f*
differential side gear Hinterachswellenrad *n* [tra]
differential spider Ausgleichstern *m* [tra]
differential spur gear Ausgleichstirnrad *n* [tra]
differential thermal analysis Differentialthermoanalyse *f* [any]; Differenzialthermoanalyse *f* ((variant)) [any]

differential thermometer Differentialthermometer *n* [any]; Differenzialthermometer *n* ((variant)) [any]
differential transformer Differentialtransformator *m* [elt]; Differenzialtransformator *m* ((variant)) [elt]
differentially coated tin plate differenzverzinntes Weißblech *n* [met]
differentiate differenzieren *v* [mat]; unterscheiden *v*
differentiation Unterscheidung *f*
differentiator Differenzierer *m* (elektrische Schaltung) [elt]
differently coloured abgesetzt (farblich)
difficult schwer (schwierig); schwierig
difficult to volatilize schwerflüchtig [met]
difficult waste Problemstoff *m*
difficult, make - erschweren *v*
difficulty Erschwernis *f*; Schwierigkeit *f*
diffract beugen *v* (Licht) [opt]
diffraction Beugung *f* [opt]; Brechung *f* [opt]; Diffraktion *f* [opt]
diffraction angle Diffraktionswinkel *m* [opt]
diffraction grating Beugungsgitter *n* [opt]
diffraction of light Lichtzerlegung *f* [opt]
diffraction pattern Beugungsbild *n* [opt]
diffraction sound field Beugungsschallfeld *n* [aku]
diffraction spectrum Beugungsspektrum *n* [opt]; Gitterspektrum *n* [any]
diffraction theory Beugungstheorie *f* [opt]
diffractometer Diffraktometer *n* [any]
diffuse diffus [che]; unscharf
diffuse diffundieren *v*; durchfließen *v*; eindringen *v* (eindiffundieren); verbreiten *v*; verteilen *v* (diffundieren); wandern *v* (diffundieren)
diffuse back rückdiffundieren *v*
diffuse in eindiffundieren *v*
diffuse light Streulicht *n* [opt]
diffuse reflection diffuse Reflexion *f* [phy]
diffuser Luftverteiler *m* [air]; Zerstäuber *m* [prc]; Leitrad *n* (Pumpe) [prc]
diffuser assignment Diffusoreinsatz *m* [prc]
diffuser deflection vane Diffusorleitschaufel *f* [pow]
diffuser plate Verdichterplatte *f* [tra]; Leitrad *n* (elektrisch) [elt]
diffuser type pump Pumpe mit Leitschaufelkranz *f* [prc]; Pumpe mit Leitschaufeln *f* [prc]
diffuser valve Diffusorventil *n* [pow]
diffusibility Diffusionsvermögen *n*
diffusing glass Mattglas *n* [met]
diffusing screen Mattscheibe *f* [opt]
diffusion Ausbreitung *f*; Diffusion *f*
diffusion area Diffusionsfläche *f*
diffusion barrier Diffusionsdampfsperre *f*
diffusion cell Diffusionszelle *f*
diffusion coefficient Diffusionszahl *f*; Diffusionskoeffizient *m*
diffusion constant Diffusionskonstante *f*
diffusion cross section Diffusionsquerschnitt *m*
diffusion equation Diffusionsgleichung *f*
diffusion filter Diffusionsfilter *m*

diffusion flame reactor Diffusionsflammenreaktor *m* [che]
diffusion humidity Diffusionsfeuchtigkeit *f*
diffusion layer Diffusionsschicht *f*
diffusion path Diffusionsweg *m*
diffusion plant Diffusionsanlage *f*
diffusion potential Diffusionspotential *n* ((variant)); Diffusionspotenzial *n*
diffusion process Diffusionsvorgang *m*; Diffusionsverfahren *n*
diffusion pump Diffusionspumpe *f*
diffusion rate Diffusionsgeschwindigkeit *f* [phy]
diffusion resistance Diffusionswiderstand *m*
diffusion separation method Diffusionstrennverfahren *n*
diffusion tight diffusionsdicht
diffusion welding Diffusionsschweißen *n* [wer]
diffusion zone Diffusionszone *f*
diffusion, velocity of - Diffusionsgeschwindigkeit *f* [phy]
diffusive sources diffuse Emissionen *pl*; Emissionen aus verteilten Quellen *pl*
diffusiveness Unschärfe *f*
diffusivity Diffusivität *f*; Diffusionsvermögen *n*
dig abbauen *v* (weggraben) [mbt]; ausheben *v* [mbt]; ausschachten *v* [mbt]; baggern *v* (graben allgemein) [mbt]; graben *v* [mbt]; lösen *v* (den Boden) [mbt]; schürfen *v* [roh]
dig a tunnel durchgraben *v* (z.B. Tunnel) [wer]
dig in eingraben *v*
dig out abgraben *v* [mbt]
dig over aufgraben *v* [mbt]; umgraben *v* [wer]
dig through durchstechen *v* [wer]
dig up ausgraben *v* [mbt]
digest faulen *v* (abbauen) [was]; verdauen *v*; vergären *v* [bio]
digested sludge Faulschlamm *m* [was]
digester Biogasanlage *f* [bio]; Dampftopf *m* [prc]; Faulbehälter *m* [was]; Komposter *m* [far]
digester gas Faulgas *n* [was]; Klärgas *n* [pow]
digester gas collector Faulgassammler *m* [was]
digester gas extraction plant Faulgasgewinnungsanlage *f* [was]
digester gas filter Faulgasfilter *m* [was]
digester gas reservoir Faulgasspeicher *m* [was]
digestible verdaulich
digestible organic matter biologisch abbaubare Stoffe *pl* [was]
digesting faulend
digesting compartment Faulraum *m* [was]
digesting sludge Faulschlamm *m* [was]
digestion Faulung *f* [bio]; Verdauung *f* [hum]; Vergärung *f* [bio]
digestion chamber Faulraum *m* [was]
digestion chamber equipment Faulraumausrüstung *f* [was]
digestion gas Deponiegas *n* [rec]
digestion process Verdauungsvorgang *m* [hum]
digestion tank Faulbehälter *m* [was]; Faulraum *m*

[was]; Faulbecken *n* [was]
digestion tower Faulturm *m* [was]
digestion, poor - Verdauungsstörung *f* [hum]
digestive organ Verdauungsorgan *n* [hum]
digestive system Verdauungssystem *n* [hum]
digestive tract Verdauungstrakt *m* [hum]
diggable lösbar (Boden) [mbt]
diggable grounds Grabböden *pl* [bod]
digger Bagger *m* [mbt]
digging Abbau *m* (Graben) [mbt]
digging arc Grabkurve *f* (Bogen des Grabgefäßes) [mbt]
digging depth Grabtiefe *f* [mbt]
digging force Grabkraft *f* [mbt]
digging grab Dränagelöffel *m* [mbt]; Drainagelöffel *m* [mbt]; Grabgreifer *m* [mbt]
digging height Abtragshöhe *f* [bod]; Reichhöhe *f* (beim Graben) [mbt]
digging implement Grabegerät *n* [mbt]
digging resistance Grabwiderstand *m* [mbt]
digging shovel Grabschaufel *f* [mbt]; Schippe *f* [wzg]
digging width Grabweite *f* [mbt]
digging-out Bodenabtrag *m* [bod]; Bodenaushub *m* [bod]
digit Stelle *f* (Zahl) [mat]; Zahl *f* (Ziffer); Ziffer *f* [mat]
digital digital
digital circuit Digitalschaltung *f* [elt]
digital clock Digitaluhr *f* [elt]
digital computer Digitalrechner *m* [edv]
digital data processing digitale Datenverarbeitung *f* [edv]
digital data storage digitale Messdatenspeicherung *f* [any]
digital display Digitalanzeige *f* [edv]
digital display unit Zählerkarte *f* [elt]
digital image processing digitale Bildverarbeitung *f*
digital indicator Ziffernanzeige *f* [any]
digital optical recording digitale Bildaufzeichnung *f* [edv]
digital output Digitalausgabe *f* [edv]
digital reading Digitalanzeige *f* [edv]
digital readout Digitalablesung *f* [any]
digital regulator digitaler Regler *m*
digital representation digitale Darstellung *f* [edv]
digital rotational regulator Digitaldrehgeber *m* [pow]
digital sensor Binärgeber *m* [any]
digital signal Binärsignal *n* [edv]
digital speed transducer Digitaldrehzahlgeber *m* [pow]
digital telephone network digitales Fernsprechnetz *n* [edv]
digital transmission Digitalübertragung *f* (Telefon) [edv]
digital voltmeter Digitalvoltmeter *n* [any]
digital watch Digitaluhr *f* [elt]
digital, all - volldigital
digital-analog converter Digital-Analog-Wandler *m* [elt]

digitalization Digitalisierung *f* [mat]
digitalize digitalisieren *v* [mat]
digitization Digitalisierung *f* [mat]
digitize digitalisieren *v* [mat]
digitizing Digitalisierung *f* [mat]
dike Damm *m* [was]; Deich *m* [was]; Wall *m* ((vorw. A) Deich, Damm) [bau]
dike rock Ganggestein *n* [roh]
dilapidated baufällig [bau]; heruntergewirtschaftet (verrottet); vergammelt (heruntergekommen); verrottet (vergammelt) [bio]
dilapidation Baufälligkeit *f* [bau]; Verfall *m* (eines Hauses) [bau]
dilapidation of a building Gebäudeverfall *m* [bau]
dilatability Dehnbarkeit *f* (Material) [met]
dilatable dehnbar (aufweitbar)
dilatation Ausdehnung *f* (Dehnung); Dilatation *f* [edv]; Erweiterung *f* (z.B. Pupillen); Expansion *f*
dilatational wave Dehnungswelle *f* [elt]
dilate ausdehnen *v* (weiten); dehnen *v* (weiten); erweitern *v* (z.B. Pupillen); expandieren *v*
dilation Ausdehnung *f* (Hinausschiebung; durch Wärme)
diluent Verdünner *m* (z.B. für Farbe) [met]; Streckmittel *n* [met]; Verdünnungsmittel *n* [met]
dilute verdünnt
dilute spritzen *v* (verdünnen); strecken *v* (verdünnen); verdünnen *v* (Lösung); verwässern *v*; wässern *v* (verdünnen)
diluted verdünnt
diluting agent Verdünnungsmittel *n* [met]
dilution Verdünnung *f*
dilution analysis Verdünnungsanalyse *f* [any]
dilution factor Verdunnungsfaktor *m*
dim matt (Licht); trübe (dämmerig)
dim abblenden *v* (im Verkehr) [tra]; abdämpfen *v* (Licht) [opt]; dämpfen *v* (Licht)
dimension Abmessung *f*; Ausdehnung *f* (Dimension); Dimension *f*; Größe *f* (Ausdehnung); Größenordnung *f*; Maßangabe *f* [con]; Umfang *m* (Maß, Ausmaß) [con]; Größenmaß *n*; Maß *n* (Abmessung) [con]; Passmaß *n* [con]
dimension bemaßen *v* [con]; bemessen *v* (Größe); dimensionieren *v*
dimension and performance sheet Maß - und Leistungsblatt *n* (Angaben) [con]
dimension as delivered, actual - Anlieferungsmaß *n* [con]
dimension as supplied Liefermaß *n* [con]
dimension extent Größenordnung *f*
dimension figure Maßzahl *f*
dimension sketch Maßskizze *f* [con]
dimension table Maßtabelle *f* [con]
dimension, absolute - Bezugsmaß *n* [con]
dimension, actual - Istabmessung *f* [con]; Istmaß *n* [con]
dimension, adequate - angemessene Ausmaße *pl* [con]
dimension, aggregate - Gesamtabmessung *f* [con]

dimension, real - Istabmessung *f* [con]
dimensional dimensional
dimensional accuracy Maßgenauigkeit *f* [con]
dimensional change Formänderung *f*
dimensional check Maßkontrolle *f* [any]
dimensional deviation Maßabweichung *f* [con]
dimensional drawing Aufmessung *f* (Maßzeichnung) [con]; Maßzeichnung *f* [con]
dimensional framework Baumodul *m* [bau]
dimensional limit Grenzmaß *n* [con]
dimensional record sheet Maßprotokoll *n* [any]
dimensional sheet Maßblatt *n* [con]
dimensional sketch Maßbild *n* [con]
dimensional stability Formbeständigkeit *f* (Abmessungen); Maßbeständigkeit *f*; Maßhaltigkeit *f* [con]
dimensionally stable formbeständig; formstabil
dimensioning Bemaßung *f* [con]; Bemessung *f* (Auslegung); Dimensionierung *f* [con]
dimensionless dimensionslos
dimensions Aufmaß *n* [con]; Maße *pl* (auf Zeichnungen) [con]
dimensions and weights Abmessungen und Gewichte *pl*
dimensions of surface Oberflächenmaße *pl* [con]
dimensions outside boiler Außenabmessungen des Kessels *pl* [pow]
dimensions, proportion of - Größenverhältnis *n*
dimensions, without - unbemaßt (in Zeichnungen) [con]
diminish abfallen *v* (abnehmen); abschwächen *v*; beeinträchtigen *v* (herabsetzen, schmälern); dämpfen *v* (vermindern); mindern *v* (vermindern, verkleinern); reduzieren *v*; schwächen *v* (vermindern); schwinden *v* (verringern); sinken *v* (abnehmen); verkleinern *v* (verringern); vermindern *v*; verringern *v* (vermindern)
diminishing Dämpfung *f* (Verminderung)
diminishing of energy costs Energiekostensenkung *f* [pow]
diminishing piece Reduzierstück *n* [tec]
diminution Abnahme *f* (Verringerung); Beeinträchtigung *f* (Herabsetzung); Minderung *f*; Schwächung *f* (Verringerung); Verminderung *f*; Verringerung *f*
diminution of smoke Rauchverminderung *f* [air]
dimmed abgeblendet [elt]
dimmed light Abblendlicht *n* (Autoscheinwerfer) [tra]
dimmed position Abblendstellung *f* (Scheinwerfer) [tra]
dimmer Helligkeitsregler *m* [elt]; Lichtregler *m* [elt]
dimmer switch Abblendschalter *m* (Autoscheinwerfer) [tra]
dimming control Helligkeitsregler *m* [elt]
DIN-Standards Deutsche Industrie-Norm *v* (DIN) [nor]
dining car Speisewagen *m* [tra]
dining hall Speisesaal *m* [bau]

dining kitchen Eßküche *f* [bau]
dining room Eßzimmer *n* [bau]
dinky Rangierlok *f* (kleine Rangierlok) [tra]
diode Diode *f* [elt]; Zweipolröhre *f* [elt]
diode characteristic Diodenkennlinie *f* [elt]
diode gate circuit Diodentorschaltung *f* [elt]
diode inverse direction Diodensperrrichtung *f* [elt]
diode load resistance Diodenaußenwiderstand *m* [elt]
diode wheel Diodenrad *n* [elt]
dioxide Dioxid *n* [che]
dioxin Dioxin *n* [che]
dioxin output Dioxinausstoß *m*
dioxin production Dioxinausstoß *m*
dip Bodenvertiefung *f* [bod]; Bodenwelle *f* (konkav, nach unten) [tra]; Einfallen *n* (Geologie)
dip abbeizen *v* [che]; durchhängen *v* (in Senke); einfallen *v* (zusammenfallen); eintauchen *v* (in Wasser); sich neigen *v* (Gelände); tauchen *v* (z.B. beim Galvanisieren); versenken *v*
dip coating Tauchanstrich *m* [met]
dip enamelling Tauchemaillierung *f* [wer]
dip into hineintauchen *v*
dip paint Tauchanstrich *m* [met]
dip pipe Tauchrohr *n* [prc]
dip seal Tauchtopf *m* [tec]
dip switch Abblendschalter *m* [tra]
dip-soldering Tauchlöten *n* [wer]
dip-soldering bath Tauchlötbad *n* [wer]
dip-tinning Tauchverzinnung *f* [wer]
dipmeter analysis Dipmeteranalyse *f* [any]
dipmeter log Dipmeterbericht *m* [any]
dipolar dipolar
dipole zweipolig
dipole Dipol *m* [elt]
dipole antenna Dipolantenne *f* [edv]
dipole array Dipolanordnung *f* [elt]
dipole force Dipolkraft *f* [elt]
dipole molecule Dipolmolekül *n* [elt]
dipped light Abblendlicht *n* (im Verkehr) [tra]
dipper Hochlöffel *m* (Seilbagger) [mbt]
dipper arm Löffelstiel *m* (beim Seilbagger) [mbt]; Schaufelstiel *m* (Bagger) [mbt]
dipper capacity Tieflöffelinhalt *m* [mbt]
dipper handle Löffelstiel *m* (geteilt, bei Seilbahn) [mbt]
dipper stick Löffelstiel *m* (beim Seilbagger) [mbt]
dipping Abbeizung *f* [che]
dipping electrode Tauchelektrode *f* [elt]
dipping lacquer Tauchlack *m* [met]
dipping paste Tauchpaste *f* [met]
dipping process Tauchverfahren *n* [wer]
dipping varnish Tauchlack *m* [met]
dipstick Messstab *m* (Ölstand prüfen) [any]; Ölmessstab *m* [tra]; Peilstab *m* (in Tank) [tra]
direct direkt; durchgehend (Verbindung) [tra]; unmittelbar
direct führen *v* (richten auf); hinweisen *v* (richten auf); leiten *v* (steuern); lenken *v* (führen); richten *v* (leiten); steuern *v*

direct call Direktruf *m* (Telefon) [edv]
direct competition Wettbewerbsvergleich *m* [eco]
direct connection Direktverbindung *f* (Bahn, Bus) [tra]; Direktanschluss *m* [edv]
direct contact heater Mischvorwärmer *m* [pow]
direct control system Steuerungsanlage *f*
direct converter Direktumrichter *m* [elt]
direct cooling system direktes Kühlsystem *m* [pow]
direct current Gleichstrom *m* [elt]
direct current amplifier Gleichspannungsverstärker *m* [elt]; Gleichstromverstärker *m* [elt]
direct current circuit Gleichstromkreis *m* [elt]
direct current contactor Gleichstromschütz *m* [elt]
direct current converter Gleichstromumformer *m* [elt]
direct current drive Gleichstromantrieb *m* [pow]
direct current generator Gleichstromgenerator *m* [pow]
direct current line Gleichstromleitung *f* [elt]
direct current motor Gleichstrommotor *m* [pow]
direct current plant Gleichstromanlage *f* [elt]
direct current regulator Gleichstromteiler *m* [elt]
direct current system Gleichstromkreis *m* [elt]; Gleichstromsystem *n* [elt]
direct current voltage Gleichspannung *f* [elt]
direct current voltage source Gleichspannungsquelle *f* [elt]
direct current voltage test Gleichspannungsprüfung *f* [any]
direct debiting Bankeinzug *m* [eco]
direct dialling Direktwahl *f* (Telefon) [edv]; Durchwahl *f* (Telefon) [edv]
direct drive Direktantrieb *m* [tra]; direkter Antrieb *m* [tra]; Einzelantrieb *m* [tec]
direct effect unmittelbare Wirkung *f* [jur]
direct enduser Endbenutzer *m* (Benutzer)
direct energy recovery unmittelbare Energierückgewinnung *f* [pow]
direct exposure Direktbestrahlung *f*
direct firing system Einblasefeuerung *f* [pow]
direct flight Direktverbindung *f* (Flugzeug) [tra]; Direktflug *m* [tra]
direct glare Blendlicht *n*
direct heating Direktheizung *f* [pow]
direct indication unmittelbare Anzeige *f* [elt]
direct injection Direkteinspritzung *f* [tra]
direct injector Direkteinspritzer *m* [tra]
direct input Direkteingabe *f* [edv]
direct irradiation Direktbestrahlung *f*
direct labour work Tagelohnarbeiten *pl* [eco]
direct lighting direkte Beleuchtung *f*
direct line, number of - the Durchwahlnummer *f* (Telefon) [edv]
direct memory access direkter Zugriff *m* [edv]
direct motor drive Einzelantrieb *m* [tra]
direct overthrow Direktversturz *m* [mbt]
direct recording instrument Registriergerät *n* (direktschreibend) [any]
direct scan unmittelbare Anzeige *f* [elt]

direct trunk call Amtsverbindung *f* (Telefon) [edv]
direct voltage Gleichspannung *f* [elt]
direct voltage signal Gleichspannungssignal *n* [elt]
direct wage costs Lohnsumme *f* [eco]
direct-current resistance Ohmscher Widerstand *m* [elt]
direct-firing mill Einblasemühle *f* [pow]
direct-on-line starting Direkteinschaltung *f* (Motor) [tec]
directed gerichtet
direction Auflage *f* (Anweisung) [jur]; Führung *f* (Leitung); Orientierung *f* (Richtungssinn); Richtlinie *f* (Vorschrift); Richtung *f* (z.B. Verkehr, Wind) [tra]; Vorschrift *f* (Anweisung)
direction arrow Richtungspfeil *m* [tra]
direction indicator Fahrtrichtungsanzeiger *m* (Blinklicht) [tra]
direction indicator control lamp Blinkerkontrollleuchte *f* [tra]; Winkerkontrollleuchte *f* [tra]
direction indicator lamp Blinkleuchte *f* [tra]
direction indicator lights Fahrtrichtungsanzeigeleuchten *pl* [tra]
direction of arrival Einfallsrichtung *f* [opt]
direction of arrow Pfeilrichtung *f*
direction of flow Durchflussrichtung *f*; Strömungsrichtung *f* [prc]
direction of force Kraftrichtung *f* [phy]
direction of load Belastungsrichtung *f*
direction of loading indeterminate unbestimmte Lastrichtung *f*
direction of machining Bearbeitungsrichtung *f* [wer]
direction of oscillation Schwingungsrichtung *f* [met]
direction of propagation Ausbreitungsrichtung *f* [air]
direction of rotation Drehrichtung *f* [phy]; Drehsinn *m*
direction of rotation, reversal of - Drehrichtungsumkehr *f* [tec]
direction of sound propagation Schallumlaufrichtung *f* [aku]
direction of travelling Fahrtrichtung *f* [tra]
direction of use Verwendungsvorschrift *f*
direction, in the same - gleichsinnig
direction, opposite - entgegengesetzte Richtung *f*; Gegenrichtung *f*
directional antenna Richtantenne *f* [edv]
directional characteristic Richtcharakteristik *f* [edv]
directional control valve Wegeventil *n* [prc]
directional controls Steuergeräte *pl* [tra]
directional drilling rod Zielbohrstange *f* [bau]
directional drilling unit Zielbohreinheit *f* [bau]
directional indicator Blinkgeber *m* (Richtungsanzeiger Auto) [tra]; Fahrtrichtungsanzeiger *m* [tra]
directional poppet valve Wege-Sitzventil *n* (Hydraulik) [tec]
directional radio Richtfunk *m* [edv]
directional sensitivity Richtungsempfindlichkeit *f* [elt]

directional spool valve Wege-Schieberventil *n* (Hydraulik) [tec]
directional start switch Richtungsschalter *m* (z.B. der Rolltreppe) [mbt]
directional valve Wegeventil *n* [prc]
directive Betriebsanweisung *f*; Einweisung *f*; Richtlinie *f* (Anweisung) [jur]; Weisung *f* (Direktive)
directive, administrative - Verwaltungsanweisung *f* [jur]
director's block Direktionsgebäude *n* [bau]
directory Dateiverzeichnis *n* (Software) [edv]; Programmverzeichnis *n* [edv]; Telefonverzeichnis *n* (Telefonbuch) [edv]; Verzeichnis *n*
dirt Dreck *m*; Schmutz *m*
dirt catcher Schlammsack *m* [prc]
dirt collector Schmutzfänger *m* [tec]
dirt dissolving schmutzlösend
dirt filter Schmutzfilter *m* [prc]
dirt heap Bergehalde *f* [rec]
dirt road Landweg *m* [tra]
dirt skimmer Abstreifring *m* (Schmutz am Zylinder) [tec]; Schmutzabstreifring *m* (am Zylinder) [tra]
dirt stacking Materialaufbau *m* (Dreck unter Kette) [mbt]
dirt trap Schmutzfänger *m* [tra]
dirt wiper Schmutzabstreifer *m* [tec]
dirt-collection bowl Schmutzauffangtopf *m* (Hydraulik) [tec]
dirt-repelling schmutzabweisend
dirty dreckig; schmutzig (z.B. durch Arbeit); unrein (unsauber); unsauber
dirty verschmutzen *v*; verunreinigen *v* (verschmutzen)
dirty mark Dreckfleck *m*; Schmutzfleck *m*
dirty oil Schmutzöl *n* [rec]
dirty water Schmutzwasser *n* [was]
dirty water pump Schmutzwasserpumpe *f* [was]
dirty, get - schmutzen *v*
dirty, make - verdrecken *v*
disability Berufsunfähigkeit *f*; Erwerbsunfähigkeit *f* [eco]; körperbehindernde Krankheit *f* [hum]
disability, certificate of - Arbeitsunfähigkeitsbescheinigung *f*
disable abschalten *v* (unbrauchbar machen); ausschalten *v*; verstümmeln *v*
disabled beschädigt (unbrauchbar); körperbehindert [hum]
disabled person Invalide *m* (körperbehinderter)
disadvantage Nachteil *m*
disadvantageous nachteilig
disaffirmance Verweigerung einer Genehmigung *f* [jur]
disaggregation Desaggregation *f* [che]
disagreement Missverständnis *n*
disalignment Verlagerung *f* (der Welle) [pow]
disappear verschwinden *v*
disassemblage Auseinandernehmen *n* (Zerlegung) [rec]

disassemble abbauen *v* (zerlegen) [wer]; abmontieren *v* [wer]; ausbauen *v* (demontieren) [rec]; auseinander nehmen *v* (zerlegen) [rec]; demontieren *v*; zerlegen *v* (demontieren) [wer]
disassembly Demontage *f*; Zerlegung *f* (Demontage) [wer]; Abbau *m* (mechanisch) [wer]; Ausbau *m* (Bauteile); Auseinandernehmen *n* (Demontage) [rec]
disassembly device Ausbauvorrichtung *f* [rec]
disassembly plant Demontagebetrieb *m*
disaster Katastrophe *f* (großes Unglück); Unglück *n*
disaster area Katastrophengebiet *n*; Notstandsgebiet *n*
disaster service Katastrophenschutz *m* (z.B. bei Erdbeben)
disaster, natural - Naturkatastrophe *f*
disastrous verhängnisvoll; verheerend
disburse auszahlen *v*
disc (siehe auch: disk)
disc Lamelle *f* (Bremse, Kupplung) [tec]; Scheibe *f*
disc attrition mill Scheibenmühle *f* [prc]
disc brake Scheibenbremse *f* [tra]
disc brake, dual circuit - Zweikreisscheibenbremse *f* [tra]
disc cam Kurvenscheibe *f* [tec]; Nockenscheibe *f* [tec]
disc carrier Plattenträger *m* (Schieber) [pow]
disc centrifuge Tellerzentrifuge *f* [prc]
disc clutch Scheibenkupplung *f* [tra]
disc cooler Scheibenkühler *m* [pow]
disc drier Tellertrockner *m* [prc]
disc filter Scheibenfilter *n* [prc]
disc guide Kegelführung *f* [tec]
disc joint Scheibengelenk *n* [tra]
disc lever Plattenhebel *m* [tec]
disc mixer Scheibenrührer *m* [prc]
disc pack, clutch - Lamellenpaket *m* (Kupplung) [tec]
disc pelletizer Pelletierteller *m* [prc]
disc rotor Scheibenläufer *m* (Turbine) [pow]
disc sander Tellerschleifer *m* [wzg]
disc saw Kreissäge *f* [wzg]
disc separator Tellerseparator *m* [prc]
disc spring Scheibenfeder *f* [tec]; Tellerfeder *f* [tec]
disc stem nut Spindelmutter *f* [tec]
disc valve Tellerventil *n* [tec]
disc wheel Scheibenrolle *f* [tec]; Scheibenrad *n* [tra]
disc, abrasive - Schmirgelscheibe *f* [wzg]
disc, attaching - Beilagscheibe *f* [tec]
disc-shaped scheibenförmig
disc-shaped reflector kreisscheibenförmiger Reflektor [elt]
disc-type drier Scheibentrockner *m* [prc]
disc-type return idler Scheibenrolle *f* [tec]
discard ablegen *v* (Karteikarte); ausrangieren *v* [rec]; ausschalten *v*; entsorgen *v* [rec]
discarded material abgeschriebenes Material *n*
discarded medicines gebrauchte Medizinprodukte *pl* [rec]
discarded moulds verworfene Formen *pl*

(Keramikherstellung) [rec]
discern wahrnehmen *v* (erfassen)
discharge Abladung *f* [rec]; Ableitung *f* [was]; Ausgangsseite *f* (Ventil) [prc]; Entbindung *f*; Entladung *f* (elektrisch) [elt]; Förderung *f* (Pumpe) [prc]; Abfluss *m* (Ausströmen) [was]; Abgang *m* (Würmer, Eiter) [hum]; Ablass *m*; Ablauf *m* (Abfluss) [was]; Ablaufstutzen *m* [was]; Abwurf *m*; Ausfluss *m* (Ausströmen) [was]; Auslass *m*; Auslauf *m* (Abfluss) [was]; Ausstoß *m* [phy]; Austrag *m*; Auswurf *m*; Durchfluss *m* (Abfluss); Vorfluter *m* [was]; Ausströmen *n* (Ausfluß); Einleiten *n* (Hineinleiten) [rec]
discharge abblasen *v* (Abgas) [air]; abfließen *v* (ausströmen) [was]; abführen *v* (ableiten) [was]; abladen *v* [rec]; ablassen *v* [was]; ablaufen *v* (Flüssigkeit) [was]; ausfließen *v* (ausströmen); auslassen *v* (ablassen); ausscheiden *v* [hum]; ausströmen *v* (ausfließen); einleiten *v* (hineinleiten) [rec]; entladen *v* [elt]; entleeren *v* [was]; ergießen *v*; fördern *v* (pumpen); freistellen *v* (entlassen); münden *v*; nachkommen *v* (seiner Pflicht)
discharge boom Abwurfausleger *m* [mbt]; Abwurfbandausleger *m* [mbt]; Abwurfbandträger *m* [mbt]
discharge boom length Abwurfbandträgerlänge *f* [mbt]
discharge bridge Verladebrücke *f* (ausladen, löschen) [tra]
discharge channel Abflussrinne *f* [was]; Ablaufrinne *f* [was]
discharge chute Abwurfschurre *f*; Austragsschurre *f* [prc]; Auslauf *m* (aus Waggon) [tra]; Entladeausgang *m* [mbt]
discharge cock Ablasshahn *m* [was]; Ausflusshahn *m*
discharge coefficient Durchflusszahl *f* [prc]
discharge coil Erdungsdrossel *f* [elt]
discharge conduit Abflusskanal *m* [was]; Abflussrohr *n* [was]
discharge conveyor Abzugsförderer *m* [roh]; Abwurfband *n* [mbt]; Abzugsband *n* [roh]
discharge current Ableiterstrom *m* [elt]; Entladestrom *m* [elt]
discharge door Falltür *f* [prc]
discharge duct Ablaufkanal *m* (z.B. Luftkühlung) [air]
discharge end Auslaufseite *f* [pow]; Abwurfende *n* [mbt]
discharge equipment Austragvorrichtung *f*
discharge flap Entladeklappe *f* [mbt]
discharge funnel Abwurftrichter *m* [prc]
discharge funnel with pre-screen Abwurftrichter mit Vorsieb *m* [prc]
discharge gas Abgas *n* [air]
discharge gate Entleerungsöffnung *f* [was]
discharge head Druckhöhe *f* (an Pumpen) [prc]
discharge height Beladehöhe *f* (z.B. der Schaufel) [mbt]
discharge hopper Ablauftrichter *m* [was]

discharge lamp Entladungslampe *f* [elt]; Leuchtröhre *f* [elt]
discharge license Einleitungserlaubnis *f* [jur]
discharge line Abflussleitung *f* [was]; Entwässerungsleitung *f* [was]
discharge measurement Abflussmessung *f* [was]
discharge nozzle Druckstutzen *m* (an Geräten) [prc]
discharge of a capacitor Kondensatorentladung *f* [elt]
discharge of energy Energieentladung *f* [pow]
discharge of substances Stoffeintrag *m*
discharge of water Ausfluss *m* (Ausströmen) [was]; Wasserabfluss *m* [was]
discharge opening Ausflussöffnung *f*; Durchflussöffnung *f*; Entleerungsöffnung *f* [was]; Auslauf *m* (Öffnung) [prc]; Ausflussloch *n*
discharge outlet Abflussöffnung *f* [was]
discharge pipe Abflussleitung *f* [was]; Ablassleitung *f* [was]; Abzugskanal *m* [was]; Wasserabflussrohr *m* [was]; Abfallrohr *n* [rec]; Abflussrohr *n* [was]; Ablaufrohr *n* [was]; Ableitungsrohr *n* [was]; Abzugrohr *n* [prc]; Ausflussrohr *n*; Druckrohr *n* [prc]
discharge piping Druckleitung *f* [prc]
discharge position Entladeposition *f* [mbt]
discharge pressure Förderdruck *m*
discharge pulley Abwurftrommel *f* (Gurtförderer) [prc]; Umlenktrommel *f* [prc]
discharge quantity Abflussmenge *f* [was]; Ausflussmenge *f*; Einleitungsmenge *f* [was]
discharge rate Fördergeschwindigkeit *f*; Fördermenge *f*
discharge risk Einleitungsrisiko *n* [jur]
discharge shaft Abwurfschacht *m* [prc]
discharge side Druckseite *f* (an Förderorgan) [prc]
discharge sluice Entwässerungsschleuse *f* [was]
discharge structure Auslaufbauwerk *n* [bau]
discharge to atmosphere Abführung ins Freie *f* [air]
discharge turbine Auslaufturbine *f* [pow]
discharge unit Abwurfanlage *f*
discharge values Einleitungswerte *pl* [was]
discharge valve Abblaseventil *n* [air]; Abflussventil *n* [was]; Ablassventil *n* (Entwässerungsventil) [was]; Druckminderventil *n* [prc]; Druckventil *n* [prc]; Entlastungsventil *n* [tra]
discharge velocity Ausflussgeschwindigkeit *f*; Auswurfgeschwindigkeit *f* (Schornstein) [pow]
discharge volume abgegebener Förderstrom *m*
discharge wall Austragswand *f* [roh]
discharge water Abflusswasser *n* [was]
discharge, average - mittlere Abflussmenge *f* [was]
discharge, coefficient of - Durchflusskoeffizient *m*
discharge, electrostatic - Elektrizitätsentladung *f* [elt]
discharge, rate of - Ausströmgeschwindigkeit *f*; Durchflussmenge *f*
discharge, right to - Einleitungsrecht *n* [jur]
discharged material Austragsgut *n* (von Brecher zerkleinert) [mbt]
discharged volume abgegebener Förderstrom *m* [prc]

discharged water Ablaufwasser *n* [was]
discharger Ablader *m* [rec]
discharging Entleerung *f*; Abblasen *n* [air]; Entbinden *n*; Entladen *n* [elt]
discharging device Entladeeinrichtung *f* [prc]; Behälterentleerer *m* [mbt]
discharging resistor Entladewiderstand *m* [elt]; Erdungswiderstand *m* [elt]
disclose offen legen *v* [eco]
disclosure requirement Offenlegungspflicht *f* [eco]
discolour anlaufen *v* (durch Reibung); entfärben *v* [che]
discolouration Entfärbung *f* [che]; Verfärbung *f*
discomfort Unbehaglichkeit *f*; Unbehagen *n*
discomfort, threshold of - Unbehaglichkeitsschwelle *f* (Klimatechnik)
discomforts Beschwerden *pl* (Unbequemlichkeiten)
disconnect abklemmen *v* [elt]; abschalten *v* (trennen) [elt]; auskuppeln *v* (Antriebsmaschine) [tra]; ausrücken *v* (Räder im Getriebe) [tec]; ausschalten *v*; freischalten *v*; lösen *v* (losmachen); schalten *v* (ausschalten); trennen *v* (abschalten) [elt]; unterbrechen *v* (ausschalten); Verbindung lösen *v*; wegschalten *v* [elt]
disconnect terminal Trennklemme *f* [elt]
disconnect time Abschaltzeit *f*
disconnectable lösbar (Verbindung)
disconnected abgeschaltet
disconnecting Trennen *n* (Abschalten) [elt]
disconnecting switch Trennschalter *m* [elt]
disconnection Abschaltung *f* (Trennen); Entkopplung *f*; Lösung *f* (Trennung); Trennung *f* (Verbindung); Unterbrechung *f* (Ausschalten); Ausschalten *n*
disconnector Trennschalter *m* [elt]
discontinuation Stilllegung *f* (z.B. des Schiffbaus)
discontinue abbrechen *v* (Projekt, Produktion)
discontinued model Auslaufmodell *n*
discontinuities, free from any - fehlerfreie Schweißnaht *f* [wer]
discontinuity Diskontinuität *f*; Schweißnahtunterbrechung *f* [wer]; Unstetigkeit *f* [mat]; Werkstofftrennung *f* (im Werkstoff) [met]; Lunkereinschluss *m* [met]; Sprung *m* (Unstetigkeit) [met]
discontinuous diskontinuierlich; ungleichmäßig; unstetig [mat]
discount Preisnachlass *m* [eco]; Rabatt *m* [eco]; Skonto *m* [eco]
discover nachweisen *v* (entdecken)
discovered entdeckt (ermittelt)
discovery Ermittlung *f*
discrepancy Diskrepanz *f*; Fehlbestand *m*
discrepancy in weight Gewichtsabweichung *f*
discrete getrennt
discretion Ermessen *n*
discretion, errors in - Ermessensfehler *m* [jur]
discretion, powers of - Ermessensspielraum *m* [jur]
discretionary choice Auswahlermessen *n* [jur]
discretionary clause Ermessensvorschrift *f* [jur]
discretionary guidelines Ermessensrichtlinien *pl* [jur]
discriminant Diskriminante *f* [mat]
discriminate unterscheiden *v*
discuss diskutieren *v*
discussion Absprache *f*; Beratung *f* (Diskussion, Besprechung); Besprechung *f* (Diskussion); Diskussion *f*
disease Erkrankung *f* [hum]; Krankheit *f* [hum]
disease in humans, treatment of - Krankenbehandlung *f* [hum]
disembark ausschiffen *v* (Personen, Güter) [tra]
disembarkation Ausschiffung *f* [tra]
disengagable coupling Ausrückkupplung *f* [tra]
disengage abhängen *v* (Telefon) [edv]; ausklinken *v*; auskuppeln *v* (Antriebsmaschine) [pow]; auslösen *v* (entkuppeln); ausrasten *v* (trennen); ausrücken *v* (Räder im Getriebe) [tec]; ausschalten *v* (trennen); entbinden *v* (trennen); entkuppeln *v*; entlasten *v*; freigeben *v*; freimachen *v*; lösen *v* (ablösen)
disengaged clutch ausgerückte Kupplung *f* [tra]
disengagement Lösung *f* (Kupplung) [tra]; Trennung *f* (Kupplung) [tra]; Lösen *n* (Kupplung) [tra]
disengaging Entbinden *n*
disengaging fork Ausrückgabel *f* (Kupplung) [tec]
disengaging gear Auslösevorrichtung *f* [tec]
disengaging lever Ausrückhebel *m* (Kupplung) [tec]
dish Schüssel *f*
dish-water Spülwasser *n* [was]
dished head Klöpperboden *m* (gewölbter Apparateboden) [prc]
dished tank bottom schalenförmiger Behälterboden *m* [tra]
dishes Geschirr *n* (benutzt)
disinfect desinfizieren *v* [hum]; entkeimen *v*; entseuchen *v*; reinigen *v* (desinfizieren)
disinfectant Desinfektionsmittel *n* [hum]
disinfecting apparatus Desinfektionsapparat *m* [hum]
disinfecting bath Beizbad *n*
disinfection Desinfektion *f* [hum]; Desinfizierung *f* [hum]; Entkeimung *f*; Entseuchung *f*
disinfection agent Entkeimungsmittel *n* [was]
disinfection device Desinfektionseinrichtung *f* [hum]
disinfection unit Desinfektionsanlage *f* [hum]
disinfection, dry - Trockenbeizung *f* [wer]
disintegrant Abbaumittel *n* [che]
disintegrate chemisch abbauen *v* [che]; desintegrieren *v*; entmischen *v*; verwittern *v*; zerfallen *v* (auseinander bröckeln); zerkleinern *v* (zerfallen) [che]; zersetzen *v*
disintegrated verwittert [met]
disintegration Auflösung *f* (in Bestandteile) [che]; Desaggregation *f* [che]; Desorganisation *f*; Entmischung *f*; Trennung *f* (Zerfall) [che]; Verwitterung *f* [met]; Verwitterung *f* (Auflösung) [met]; Zerkleinerung *f* (Zerfallen) [che]; Zerlegung *f* (Zerfall in Bestandteile) [che]; Zersetzung *f*; Abbau *m* (Zerfall, Auflösung) [che]; Aufschluss *m*

[che]; chemischer Abbau *m* [che]; Verfall *m* (Auflösung); Zerfall *m* (Auseinanderbröckeln)
disintegration curve Zerfallskurve *f* [phy]
disintegration energy Zerfallsenergie *f* [phy]
disintegration law Zerfallsgesetz *n* [phy]
disintegration plant Zerkleinerungsanlage *f* [prc]
disintegration, process of - Auflösungsprozess *m* [che]
disintegrator Zerkleinerer *m* [prc]
disk (siehe auch: disc)
disk Bildplatte *f* [edv]; Diskette *f* [edv]; Lamelle *f* (in Lamellenbremse) [tra]
disk drive Diskettenlaufwerk *n* [edv]; Laufwerk *n* (des Rechners) [edv]; Plattenlaufwerk *n* [edv]
disk jacket Diskettenhülle *f* [edv]
disk, abrasive - Schleifscheibe *f* [wzg]
diskette Diskette *f* [edv]
diskette drive Diskettenlaufwerk *n* [edv]
dislocate verrücken *v*
dislocation Delokalisation *f* (Atome) [phy]; Verlagerung *f*; Verschiebung *f* [geo]; Verschiebung *f* (eines Knochens) [hum]
dislodge ausrenken *v* (verrenken) [wer]; verrenken *v* (ausrenken) [hum]
dismantle abmontieren *v* [wer]; ausbauen *v* (Maschine demontieren) [rec]; auseinander bauen *v* (demontieren) [rec]; auseinander nehmen *v* (zerlegen) [rec]; demontieren *v*; zerlegen *v* (demontieren) [wer]
dismantlement Demontage *f* (Kernkraftwerk) [pow]
dismantling Demontage *f*; Entfernung des Schwefels *f* (Abbau); Zerlegung *f* (Demontage) [wer]; Abbau *m* (Entfernung, Ausbau) [wer]; Ausbau *m* (Entfernung, Abbau) [rec]
dismantling Auseinanderbauen *v* (Demontage) [rec]
dismantling cylinder Ausfahrzylinder *m* [tec]
dismantling equipment Ausbauvorrichtung *f* [rec]
dismantling plant Zerlegeanlage *f* [wer]
dismember zerstückeln *v*
dismiss verwerfen *v*
dismissal Entlassung *f* (aus Unternehmen) [eco]
dismissal for operational reasons betriebliche Kündigung *f* [eco]
dismount abmontieren *v* [wer]; ausbauen *v* (demontieren) [rec]; auseinander nehmen *v* (zerlegen) [rec]; demontieren *v*; zerlegen *v* (demontieren) [wer]
dismountable abnehmbar; demontierbar; lösbar (Verbindung); zerlegbar (in Teile demontierbar) [tec]
dismountable connection lösbare Verbindung *f* [tec]
dismounting Demontage *f*; Zerlegung *f* (Demontage) [wer]
dismounting of a machine Abbau einer Maschine *m*
disorder Störung *f* (Funktionsstörung) [hum]; Unordnung *f*
disorder by smell Geruchsstörung *f*
disordered ungeordnet
disorderly regellos; unordentlich (ungeregelt)

disorganization Desorganisation *f*
disorganized ungeregelt
disparity Disparität *f* (beim Bildverstehen) [edv]; Missverhältnis *n*
dispatch Beförderung *f* (Versendung, Versand); Abtransport *m* [tra]; Versand *m* (Verteilen, Absenden) [tra]
dispatch abfertigen *v*; absenden *v* (z.B. Brief); abtransportieren *v* (befördern) [tra]; aufgeben *v* (absenden); versenden *v* [tra]
dispatch costs Versandkosten *pl* [eco]
dispatch note Versandanzeige *f* [tra]; Lieferschein *m* [eco]
dispatch notice Abmeldung *f* (Versandanzeige) [tra]
dispatch procedure Verzweigungsprozedur *f* [edv]
dispatch table Verzweigungstabelle *f* [edv]
dispatching Abfertigung *f*
dispel verdrängen *v*
dispensary Sanitätsraum *m*
dispensation Befreiung *f* (Freistellung); Dispensierung *f*
dispensation clause Dispensklausel *f* [jur]
dispense dispensieren *v*; verzichten *v* (v. auf ...)
dispenser pack Dispensverpackung *f*
dispersal Zersiedelung *f*
dispersant Dispersionsmittel *n* [met]
disperse dispers
disperse dispergieren *v* [prc]; streuen *v*; verflüchtigen *v*; verteilen *v* (verstreuen); zerstäuben *v* [prc]; zerstreuen *v*
disperse, low - grobdispers
dispersed dispers
dispersed material Schwimmstoff *m* [met]
dispersibility Dispersionsvermögen *n* [che]
dispersing Dispergieren *n* [prc]
dispersing agent Dispergator *m* [prc]; Dispergiermittel *n* [met]; Dispergierungsmittel *n* [met]; Dispersionsmittel *n* [met]; Verteilungsmittel *n* [met]
dispersing lens Zerstreuungslinse *f* [opt]
dispersing mirror Zerstreuungsspiegel *m* [opt]
dispersion Dispersion *f*; Streuung *f* (Strahlen) [opt]; Verteilung *f* (Verstreuung); Zerstäubung *f* [prc]
dispersion adhesive Dispersionsklebstoff *m* [met]
dispersion angle Streuungswinkel *m* [phy]
dispersion colour Dispersionsfarbe *f* [che]
dispersion medium Dispersionsmittel *n* [met]
dispersion property Dispersionseigenschaft *f*
dispersion, adhesive - Klebdispersion *f* [che]; Dispersionskleber *m* [che]
dispersion, passive - unbeeinflusste Verteilung *f*
dispersion-based adhesive Dispersionsklebstoff *m* [met]
dispersion-paint Dispersionsfarbe *f* [che]
dispersity Dispersionsgrad *m* [che]
dispersive paint Dispersionsanstrichmittel *n* [che]
dispersive power Dispersionsvermögen *n* [che]
dispersive substance Dispersionsanstrichmittel *n* [che]
dispersivity Dispersität *f* [che]

displace umsetzen *v* (räumlich); verdrängen *v*; verlagern *v* (verschieben); verlegen *v* (verschieben); verrücken *v*; verschieben *v* (bewegen); versetzen *v* (verschieben)
displaceable verschiebbar
displacement Schiebung *f* [tra]; Umsetzung *f* (Verlagerung); Verdrängung *f*; Verlagerung *f*; Verlegung *f* (Verlagerung); Verrückung *f*; Ver-schiebung *f*; Förderstrom *m* (Schluckstrom); Hubraum *m* (aller Zylinder des Motors) [tra]; Kolbenhub *m* (Verdrängung) [tra]; Schluckstrom *m* (Förderstrom) [tra]; Vergang *m* [con]; Hubvolumen *n* [tra]; Schluckvolumen *n* (z.B. des Ölmotors) [tra]
displacement behaviour Gleitverhalten *n* [pow]
displacement control Förderstromregelung *f* (Hydraulik) [tec]
displacement motor, fixed - Konstantmotor *m* [tec]
displacement of equilibrium Gleichgewichtsstörung *f*
displacement of the handle Kurbelversetzung *f* [tec]
displacement piston Verdrängerkolben *m* [tec]
displacement pump, variable - Verstellpumpe *f* [prc]
displacement transducer Weggeber *m* [elt]
displacement volume Schluckvolumen *n* (Hydraulikmotor) [tec]
displacing Verschiebung *f* (an anderen Ort) [tra]; Versetzung *f* (mechanisch) [tec]
display Abbildung *f* (auf Bildschirm) [edv]; Anzeige *f* (Gerät) [any]; Anzeigeeinheit *f* [any]; Darstellung *f* (Bild) [edv]; Bildschirm *m* (Anzeige) [elt]; Bild *n* (Darstellung)
display abbilden *v* (z.B. Bild im Text) [edv]; anzeigen *v* (auf Display); ausgeben *v* (Daten) [edv]; darstellen *v* (abbilden) [edv]; entfalten *v* (zeigen)
display adapter Videokarte *f* [edv]
display board Grafikkarte *f* (Bildschirm) [edv]; Graphikkarte *f* ((variant)) [edv]
display case Schaukasten *m*
display console Anzeigekonsole *f* [any]; Bildschirmarbeitsplatz *m*
display cycle Abbildungstakt *m* [edv]
display device Anzeigeeinheit *f* [edv]; Sichtgerät *n* [edv]
display field Anzeigefeld *n* [edv]
display format Anzeigeformat *n* [edv]
display goods Messegut *n*
display height Bildhöhe *f*
display method Abbildungsverfahren *n* [edv]
display model Vorführmodell *n* [tra]
display package Leerpackung *f*
display packing Schaupackung *f*
display page Bildschirmseite *f* [edv]
display regeneration Bildwiederholung *f* (Bildschirm) [edv]
display screen Bildschirm *m* [elt]
display terminal Bildschirmstation *f* [edv]
display transducer, absolute - Absolutweggeber *m* [tec]
display unit Anzeigeeinheit *f* [edv]

disposable article Einwegartikel *m*
disposable bottle Wegwerfflasche *f* [rec]
disposable container Wegwerfbehälter *m* [rec]
disposable containers Einwegverpackungen *pl*
disposable coverall Einwegschutzanzug *m*
disposable gloves Einweghandschuhe *pl*
disposable pack Einwegpackung *f*
disposable package Einwegverpackung *f*; Wegwerfpackung *f* [rec]
disposable product Wegwerfprodukt *n* [rec]
disposable sacks Säcke für das Einwegverfahren *pl* [rec]
disposable syringe Einwegspritze *f* [hum]
disposable towel Einmalhandtuch *n*
disposal Abfuhr *f* (Loswerden); Ablagerung *f* (Deponie) [rec]; Beseitigung *f* (Abfall zur Beseitigung) [rec]; Entsorgung *f* [rec]
Disposal Act Abfallbeseitigungsgesetz *n* [jur]
disposal assignment Entsorgungsaufgabe *f* [rec]
disposal at sea Verklappung *f* (auf See) [rec]
disposal availability Entsorgungsangebot *n* [rec]
disposal business Entsorgungsbetrieb *m* [rec]; Entsorgungsunternehmen *n* [rec]
disposal car Schlackenwagen *m* [pow]; Entsorgungsfahrzeug *n* [rec]
disposal centre Entsorgungszentrum *n* [rec]
disposal company Entsorgungsunternehmen *n* [rec]
disposal concept Entsorgungskonzept *n* [rec]
disposal contract Entsorgungsvertrag *m* [rec]
disposal costs Entsorgungskosten *pl* [rec]
disposal duty Entsorgungsaufgabe *f* [rec]
disposal emergency Entsorgungsnotstand *m* [rec]
disposal equipment Entsorgungseinrichtung *f* [rec]
disposal facility Entsorgungsbetrieb *m* [rec]
disposal field Rieselfeld *n* [was]
disposal firm Entsorgungsbetrieb *m* [rec]
disposal for asbestos Asbestentsorgung *f* [rec]
disposal guarantee Entsorgungsgarantie *f* [rec]
disposal industry Entsorgungsbranche *f* [rec]; Entsorgungswirtschaft *f* [rec]
disposal instruction Entsorgungshinweis *m* [rec]
disposal logistics Entsorgungslogistik *f* [rec]
disposal management Entsorgungswirtschaft *f* [rec]
disposal market Entsorgungsmarkt *m* [rec]
disposal mechanism Entsorgungsmechanismus *m*
disposal of fluorescent lamps Leuchtstofflampenentsorgung *f* [rec]
disposal of hydraulic oil Hydraulikölentsorgung *f* [rec]
disposal of mercury Quecksilberentsorgung [rec]
disposal of radioactive wastes Entsorgung radioaktiver Abfälle *f* [rec]
disposal of refrigerators Kühlschrankentsorgung *f* [rec]
disposal of refuse Abfallbeseitigung *f* [rec]
disposal of ships Schiffsentsorgung *f* [rec]
disposal of special waste Sonderabfallentsorgung *f* [rec]

disposal of unused drugs Altmedikamentenentsorgung *f* [rec]
disposal place Entsorgungsort *m* [rec]
disposal plan Entsorgungsplan *m* [rec]
disposal plant Entsorgungsanlage *f* [rec]; Entsorgungseinrichtung *f* [rec]; Abfallbeseitigungsbetrieb *m* [rec]; Entsorgungsbetrieb *m* [rec]
disposal price Entsorgungspreis *m* [rec]
disposal procedure Entsorgungsweg *m* [rec]; Beseitigungsverfahren *n* [rec]
disposal route Entsorgungsweg *m* [rec]
disposal safety Entsorgungssicherheit *f* [rec]
disposal security Entsorgungssicherheit *f* [rec]
disposal space Deponieraum *m* [rec]
disposal station Entsorgungsbetrieb *m* [rec]
disposal system Entsorgungssystem *n* [rec]
disposal technology Deponietechnik *f* [rec]; Entsorgungstechnik *f* [rec]
disposal, liability for proof of - Entsorgungsnachweispflicht *f* [rec]
disposal, proof of - Beseitigungsnachweis *m* [rec]
disposal, responsibility for - Entsorgungspflicht *f* [rec]
dispose anordnen *v* (jemanden veranlassen); beseitigen *v*; disponieren *v*
dispose at sea verklappen *v* (auf See) [rec]
dispose of entledigen *v*
dispose of, will to - Entledigungswille *m* [jur]
dispose off ablagern *v* [rec]; deponieren *v* [rec]; entsorgen *v* [rec]
disposition Disposition *f*; Veranlagung *f* (erblich oder erworben) [hum]; Verwendung *f*
disproportion Missverhältnis *n*
disproportionate unverhältnismäßig
dispute Streitigkeit *f*; Streitfall *m*
disputed streitig
disregard unberücksichtigt lassen *v*; vernachlässigen *v*
disregarded unberücksichtigt
disrepair Baufälligkeit *f*; Verfall *m* (Baufälligkeit) [bau]
disrepair, fall into - verkommen *v* (Gebäude) [bau]; verwahrlosen *v*
disrupt durchschlagen *v* [elt]; stören *v* (unterbrechen)
disruptive discharge Durchschlag *m* [elt]
disruptive factor Störfaktor *m*
disruptive strength Durchschlagfestigkeit *f* [elt]
dissect aufgliedern *v*; präparieren *v* (zerlegen) [hum]; sezieren *v* [hum]; zerschneiden *v*
dissimilar nicht artgleich [bff]; ungleich (unähnlich); verschieden (unterschiedlich)
dissimilarity Ungleichförmigkeit *f*; Ungleichheit *f*
dissimilate dissimilieren *v* [bff]
dissimilation Dissimilation *f* [bff]
dissipate abführen *v* (Wärme); verbrauchen *v* (verschwenden)
dissipate energy abbauen *v* (Energie) [pow]
dissipated energy abgegebene Energie *f* [pow]; Verlustleistung *f* [pow]

dissipation Dissipation *f*; Verlustleistung *f* [pow]
dissipation factor Verlustfaktor *m* [elt]
dissipator Abstrahlplatte *f* [tec]
dissociable dissoziierbar *v* [che]
dissociate abtrennen *v* (dissoziieren) [che]; dissoziieren *v* [che]; zerfallen *v* (in Ionen erfallen)
dissociation Abtrennung *f* [che]; Dissoziation *f* [che]; Zersetzung *f* (in Ionen) [che]; Zerfall *m* (in Ionen) [che]
dissociation condition Dissoziationszustand *m* [che]
dissociation constant Dissoziationskonstante *f* [che]
dissociation degree Dissoziationsgrad *m* [che]
dissociation energy Dissoziationsenergie *f* [che]
dissociation equation Dissoziationsgleichung *f* [che]
dissociation equilibrium Dissoziationsgleichgewicht *n* [che]
dissociation product Zerfallsprodukt *n* (Ionen) [che]
dissociation, coefficient of - Dissoziationskonstante *f* [che]
dissoluble lösbar (Problem)
dissolution Auflösung *f* (in Lösung) [che]; Lösung *f* (Flüssigkeit) [prc]
dissolvable lösbar (Stoff / löslich) [che]
dissolve auflösen *v* [che]; lösen *v* (in Flüssigkeit); zerfallen *v* (z.B. aus Altersschwäche) [bau]
dissolve out herauslösen *v* [wer]
dissolved aufgelöst [prc]
dissolved organic carbon gelöster organischer Kohlenstoff *m* [che]
dissolved organic material gelöste organische Verbindung *f* [che]
dissolved oxygen gelöster Sauerstoff *m* [was]
dissolved-air flotation Entspannungsflotation *f* [was]
dissolving Aufschluss *m* [che]; Lösen *n* (in Flüssigkeit) [prc]
dissolving capacity Auflösungsvermögen *n* [che]
dissolving power Lösungsvermögen *n* [che]
dissolving process Ablösung *f* (von Überzügen) [met]
distance Distanz *f* (Abstand); Entfernung *f* (Abstand); Strecke *f* (Entfernung); Weglänge *f*; Weite *f* (Transportweite) [tra]; Abstand *m* (Entfernung)
distance bar Abstandsstange *f* [tec]
distance between axes Achsabstand *m* (zwischen gedachten Achsen) [tec]
distance between centres Mittenabstand *m* [con]
distance between fins Lamellenabstand *m* (Kühlerlamellen) [tra]
distance between hole centres Lochmittenabstand *m* [con]
distance between joints Fugenabstand *m* [con]
distance between rivets Nietteilung *f* [con]
distance between supports Auflagerabstand *m* [con]
distance bush Distanzbuchse *f* [tec]
distance bushing Distanzhülse *f* [tec]
distance law Abstandsgesetz *n* [phy]; Entfernungsgesetz *n* [phy]
distance measurement Abstandsmessung *f* [any]
distance meter Abstandsmesser *m* [any]

distance piece Distanzbuchse *f* [tec]; Abstandsrohr *n*; Einsatzstück *n*; Trennelement *n*; Zwischenstück *n*; Zwischenstück *n* [tec]
distance pin Abstandsring *m* [tec]
distance pipe Distanzrohr *n* [pow]
distance plate Distanzplatte *f* [tec]; Distanzscheibe *f* [tec]; Zwischenplatte *f* [prc]; Zwischenblech *n* [tec]
distance ring Abstandsring *m* [tec]
distance scale Abstandsskala *f* [any]
distance sheet Abstandsblech *n*
distance shim Distanzscheibe *f* [tec]
distance sleeve Distanzhülse *f* [tec]
distance spacer Ausgleichsstück *n*
distance through hub Nabenlänge *f* [con]
distance tube Abstandsrohr *n*
distance washer Distanzring *m* [tec]
distant entfernt (räumlich); fern
distant control Fernbedienung *f*
distant reading Fernablesung *f* [edv]
distant signal Vorsignal *n* [tra]
distemper Leimfarbe *f* [met]; Tünche *f* [met]; Wasserfarbe *f* [met]
distemper brush Malerbürste *f* [wzg]
distemper colour Kalkfarbe *f* [met]
distil destillieren *v* [che]
distillable destillierbar [che]
distillate Destillat *n* [che]
distillate of mineral oil Öldestillat *n* [che]
distillation Destillation *f* [che]
distillation apparatus Destillierapparat *m* [che]
distillation facility Destillationsanlage *f* [che]
distillation flask Destillierkolben *m* [che]
distillation head Destillationsaufsatz *m* [che]; Destillieraufsatz *m* [che]
distillation plant Destillationsanlage *f* [che]
distillation product Destillat *n* [che]; Destillationsprodukt *n* [che]
distillation product of naphtha Erdöldestillat *n* [che]
distillation receiver Destillationsvorlage *f* [che]
distillation residue Destillationsrückstand *m* [che]
distillation zone Trockenzone *f* (am Rost) [pow]
distillation, azeotropic - azeotrope Destillation *f* [che]
distillation, destructive - Pyrolyse *f* [prc]; Vergasung *f* [prc]
distillation, dry - Trockendestillation *f* [prc]
distilled destilliert [che]
distilled water destilliertes Wasser *n* [was]
distillery Destille *f* (Weinbrennerei) [che]
distilling Destillation *f* (von Weinbrand); Destillieren *n* [che]
distilling apparatus Destillierapparat *m* [che]
distilling column Destillierkolonne *f* [che]
distilling flask Destillierkolben *m* [che]
distilling plant Destillationsanlage *f* [che]
distilling tower Destillierkolonne *f* [che]
distinct deutlich; klar (deutlich); verschieden (getrennt)
distinction Unterscheidung *f*

distinctive unverwechselbar
distinctive feature Unterscheidungsmerkmal *n*
distinctness Klarheit *f* (Eindeutigkeit)
distinguish unterscheiden *v*
distinguishing feature Unterscheidungsmerkmal *n*
distort Deformieren *n*
distort deformieren *v*; sich verwerfen *v*; stören *v* (verzerren); verdrehen *v* (Form verlieren) [met]; verfälschen *v*; verformen *v* (verzerren) [wer]; verspannen *v*; verzerren *v* [opt]; verziehen *v* [tec]
distorted verdreht
distorting, effects of - Wettbewerbsverzerrungen *pl* [eco]
distortion Abbildverzerrung *f* [con]; Deformation *f*; Deformierung *f*; Formänderung *f*; Schräglage *f* (Unausgeglichenheit); Störung *f* (Verzerrung); Verdrehung *f* [met]; Verfälschung *f*; Verformung *f* [wer]; Verwerfung *f* (mechanisch); Verwindung *f* (Verlust der Form) [tec]; Verzerrung *f* (z.B. nichtlineare Verzerrung) [elt]; Bildfehler *m*; Fehler *m* (Verzerrung); Verzug *m* (Bauteil) [tec]
distortion angle Verdrehungswinkel *m*
distortion factor Klirrfaktor *m* [elt]
distortion, free from - verzugsfrei (nicht verbogen) [tec]
distraction Ablenkung *f*
distressing schmerzvoll
distribute auftragen *v*; ausgeben *v* (austeilen); dezentralisieren *v*; verteilen *v* (vertreiben); vertreiben *v* [eco]; verzweigen *v* (z.B. durch 3er-Steckdose) [elt]
distributed dezentralisiert
distributed load verteilte Last *f* [bau]
distributed parameters verteilte Parameter *pl* (partielle Differentialgleichungen) [mat]
distributed processing verteilte Systeme *pl* [edv]
distributed system verteiltes System *n* [mat]
distributed systems verteilte Systeme *pl* [mat]
distributing box Abzweigkasten *m* [elt]
distributing valve Wegeventil *n* [prc]
distribution Dezentralisierung *f*; Verbreitung *f*; Verteilung *f* (einer Ware, Druckschrift) [elt]; Verteilung *f* (z.B. Lastverteilung) [pow]; Verzweigung *f* [elt]
distribution board Verteilertafel *f* [elt]
distribution box Abzweigdose *f* [elt]; Verteilerkasten *m* [elt]
distribution cable Verteilerkabel *n* [elt]
distribution coefficient Verteilungskoeffizient *m* [mat]
distribution curve Verteilungskurve *f* [mat]
distribution factor Verteilungsfaktor *m* [air]
distribution installation Verteilanlage *f* [prc]
distribution law of velocities Geschwindigkeitsverteilungsgesetz *n* [che]
distribution network, local - Ortsnetz *n* [pow]
distribution of energy Energieverteilung *f* [pow]
distribution of forces Kraftverteilung *f* [bau]
distribution of load Gewichtsverteilung *f*

distribution of population Bevölkerungsverteilung *f*
distribution panel Verteilertafel *f* [elt]
distribution piece Verteilungsstück *n* [prc]
distribution system Verteilungsnetz *n* [elt]
distributor Aufprallverteiler *m* [pow]; Flüssigkeitsaufgeber *m* [was]; Kugelprallverteiler *m* (Heizflächenreinigung) [pow]; Verteiler *m* (z.B. Zündverteiler) [tra]; Vertreiber *m* [eco]; Zündverteiler *m* [tra]
distributor bank Verteilerleiste *f* [tra]
distributor block Verteilerleiste *f* (Ventil/Verteilerleiste) [tra]; Verteilerklotz *m* [tra]
distributor body Verteilergehäuse *n* [tra]
distributor book Händlerverzeichnis *n* [eco]
distributor box Verteilerkasten *m* (des Baggers) [elt]
distributor for building grounds Baustromverteiler *m* [elt]
distributor gear unit Verteilergetriebe *n* [tec]
distributor tube Entnahmestutzen *m*
district Gegend *f* (Stadtviertel); Bereich *m* (Gebiet); Bezirk *m*; Stadtteil *m*; Gebiet *n* (Zone); Stadtviertel *n*
district heating Ferngasheizung *f* [pow]; Fernheizung *f* [pow]; Fernwärme *f* [pow]
district heating line Fernheizleitung *f* [pow]
district heating plant Fernheizwerk *n* [pow]
district heating power station Blockheizkraftwerk *n* [pow]; Fernheizkraftwerk *n* [pow]
district heating scheme Fernheizanschluss *m* [pow]
district heating station Fernheizwerk *n* [pow]
district road Landstraße *f* [tra]
district, administrative - Verwaltungsbezirk *m* [jur]
district, new - Neubauviertel *n* [bau]
distrust Misstrauen *n*
disturb stören *v* (schädigen)
disturbance Betriebsstörung *f*; Ruhestörung *f*; Störung *f* (Beeinträchtigung); Unruhe *f*; Störeinfluss *m*
disturbance by smell Geruchsbelästigung *f*
disturbance elimination Störungsbeseitigung *f*
disturbance of growth Wachstumsstörung *f* [bio]
disturbance of the environment Umweltbeeinträchtigung *f*
disturbance radiation Störeinstrahlung *f*
disturbance range Störbereich *m*
disturbance, point of - Störstelle *f*
disturbances, report on - Sammelstörmeldung *f* [mbt]
disturbed gestört
disturbed circulation Durchblutungsstörung *f* [hum]
disturber Störer *m*
disturbing störend
disturbing component Störkomponente *f*
disturbing noise Störgeräusch *n* [aku]
disused tot (Bahnlinie)
ditch Rinne *f* (kleiner Graben an Straße) [bau]; Abflussgraben *m* [was]; Bach *m*; Graben *m*; Kanal *m* (Graben) [was]
ditch bank Grabenböschung *f* (z.B. Drainage)

ditch cleaner Grabenräumer *m* [mbt]
ditch cutting Grabenschneiden *n* [mbt]
ditch drainage Grabenentwässerung *f* [was]
ditch mill Grabenfräse *f* [wzg]
ditch of a road Straßengraben *m* [bau]
ditch profile Grabenprofil *n* [mbt]
ditch wall Flachböschung *f* [bod]
ditch-cleaning bucket Grabenräumschaufel *f* [mbt]; Grabenlöffel *m* [mbt]
ditching bucket Grabenlöffel *m* [mbt]
diurnal Tages-
divalence Zweiwertigkeit *f* [che]
divalent bivalent [che]; zweiwertig [che]
dive Sturzflug *m* [tra]
dive eintauchen *v*; tauchen *v* (ins Wasser springen)
dive under Unterführung *f* (für Bahn) [bau]
diver Taucher *m*
divergence Abweichung *f* [mat]
diverse verschieden (unterschiedlich); verschiedenartig
diversification Diversifikation *f*
diversion Abzweigung *f*; Umleitung *f* (Verkehr, Wasser)
diversion canal Umgehungskanal *m* [bau]
diversion road Umgehungsstraße *f* [tra]
diversity Verschiedenartigkeit *f*; Verschiedenheit *f*; Vielfalt *f*
divert ablenken *v* (umleiten) [tra]; leiten *v* (umleiten); umleiten *v* (Fluss); umlenken *v*
diverter Ableitblech *n* [prc]
diverter valve Wegeventil *n* (verteilt in x Richtungen) [prc]
divide aufteilen *v* (in Teile); dividieren *v* [mat]; einteilen *v* (unterteilen); scheiden *v*; teilen *v* (dividieren) [mat]; verteilen *v* (aufteilen)
divide exactly into aufgehen *v* [mat]
divide into teilen in *v* (z.B. in vier Teile)
divide into pieces zerteilen *v*
divided geteilt; zweiteilig (geteilt, z.B. Lagerschale) [tec]
divided lids geteilte Deckelklappe *f*
divided roof lid geteilte Deckelklappe *f*
divided support bar geteilte Ladeschwelle *f* [mbt]
dividend Dividend *m* [mat]
divider Schottenwand *f* [bau]; Teiler *m* (auch Mathematik) [mat]
dividers Zirkel *m* [con]
dividing Trennen *n*
dividing line Trennlinie *f* [con]
dividing plate Teilscheibe *f* (Uhr) [tec]
dividing point Trennstelle *f*
dividing rate Untersetzungsverhältnis *n* [elt]
dividing switch Untersetzungsschalter *m* [elt]
dividing valve Mengenteiler *m* [tra]
dividing wall Trennwand *f* [pow]
diving bell Taucherglocke *f*
division Abteilung *f* [eco]; Division *f* [mat]; Einteilung *f* (Unterteilung (Skale)); Spaltung *f*; Teilung *f* [mat]; Trennung *f* (Teilung); Verteilung *f*

division line 194

(Aufteilung); Zerteilung *f*; Unternehmensbereich *m* [eco]; Werksbereich *m* (Abteilung, Ressort) [eco]
division line Strich *m* (Teilstrich) [any]
division mark Teilstrich *m* [mat]
division sign Divisionszeichen *n* [mat]
division wall Brandmauer *f* [bau]; Zwischenwand *f*
division wheel Teilrad *n* [tec]
divisional quality assurance representative Qualitätssicherungsbeauftragter der Abteilung *m*
divisor Divisor *m* [mat]; Teiler *m* [mat]
dizziness Schwindel *m* (Gleichgewichtsstörung) [hum]
dizzy schwindlig
do ausfahren *v* (erledigen, tun); ausführen *v* (eines Programms) [edv]
do an emergency landing notlanden *v* [tra]
do not throw nicht werfen
do up restaurieren *v* (nur oberflächlich) [wer]; zurechtmachen *v* (leicht aufarbeiten) [wer]
dock Dock *n*
dock andocken *v* (Raumschiffe) [tra]; ankoppeln *v* (Raumfahrt) [tra]; zusammenkoppeln *v* (Raumschiff) [wer]
dock railway Hafenbahn *f* [tra]
docking Andocken *n* (Raumschiffe) [tra]
docks Hafenanlagen *pl* [tra]
dockside crane Hafenkran *m* [mbt]
dockyard Reparaturwerft *f* [tra]; Schiffsreparaturwerft *f* [tra]; Schiffswerft *f* [tra]; Werft *f* [tra]
doctor Arzt *m* [hum]
doctor on call Notarzt *m* [hum]
document Akte *f*; Unterlage *f* (z.B. Ausschreibungsunterlage) [eco]; Urkunde *f*; Beleg *m*; Nachweis *m* (Urkunde); Dokument *n* (Urkunde) [jur]; Schriftstück *n*
document belegen *v* (beweisen); dokumentieren *v* (belegen)
document control Lenkung von Dokumenten *f* [eco]
document destroying machine Aktenvernichter *m*
document dissemination Dokumentenverteilung *f*
document folder Aktendeckel *m*
document management Dokumentverwaltung *f* [edv]
document number Belegnummer *f*
document processing Belegverarbeitung *f*; Dokumentverarbeitung *f* [edv]
document reader Belegleser *m*
document retrieval Dokumentenwiedergewinnung *f* [edv]
document sorter Belegsortierer *m*
document window Dokumentfenster *n* [edv]
documentary evidence Belegmaterial *n*
documentary letter of credit Dokumentenakkreditiv *n* [eco]
documentation Aufzeichnung *f* (Dokumentation); Dokumentation *f*; Unterlagen *pl*
documentation of disposal Entsorgungsnachweis *m* [rec]
documentation system Dokumentationssystem *n*

documented beurkundet
documented procedure dokumentiertes Verfahren *n*
documented, not - nicht beurkundet [jur]
documenting Dokumentieren *n*
documents Unterlagen *pl* (Dokumente, Akten)
documents, accompanying - Begleitpapiere *pl*
documents, other - sonstiges Schrifttum *n*
dog Klammer *f* (Bauklammer) [bau]; Nase *f* [tec]; Mitnehmer *m* [tec]
dog coupling Klauenkupplung *f* [pow]
dog hole Mitnehmerloch *n* [tec]
dog hook Klammerhaken *m* [tec]
dog key Hakenkeil *m* [tec]
dog pin Kupplungsbolzen *m* [tec]
dog spike Schienennagel *m* [tra]; Schwellennagel *m* [tra]
dog wheel Klinkenrad *n* [tec]
dolly Nachläufer *m* [tra]; Vorhalter *m* [tec]
dolomite Dolomit *m* [min]
dolomite brick Dolomitziegel *m* [bau]
dolomite split Dolomitsplitt *m* [min]
dolomitic dolomithaltig [min]
dolomitic cement Dolomitzement *m* [met]
dolomitic lime Dolomitkalk *m* [min]
dolomitic limestone Dolomitkalkstein *m* [min]
domain Zone *f* (Bereich); Bereich *m* (Zeitbereich); Gebiet *n* [mat]; Sachgebiet *n*
dome Glocke *f* [bau]; Haube *f* (Kuppel); Kappe *f* (Kuppel); Kuppel *f*; Aufsatz *m* (Aufbau) [tec]; Deckel *m* (Kuppel); Dom *m* [bau]; Gewölbe *n* (Kuppel) [bau]
dome car Aussichtswagen *m* (Gläserner Zug) [tra]
dome heat Stauhitze *f* (unter dem Dach) [tra]
dome lifting mechanism Kuppelsteuerung *f* [bau]
dome light Innenbeleuchtung *f* [bau]; Lichtkuppel *f* [bau]
dome nut Hutmutter *f* [tec]
dome shell Kuppelschale *f* [bau]
dome steam pipe Dampfsammelrohr *n* [pow]
dome-shaped roof Kuppeldach *n* [bau]
domed cap nut Hutmutter *f* (hohe Form (DIN 1587)) [tec]
domed dial gewölbtes Zifferblatt *n* (Uhr) [tec]
domed nut Hutmutter *f* [tec]
domed roof Kuppeldach *n* [bau]
domestic häuslich; inländisch; Inland-
domestic appliances Haushaltstechnik *f*
domestic consumption häuslicher Verbrauch *m* [eco]
domestic engineering Haustechnik *f* [bau]; Installationstechnik *f*
domestic heating system Heizungsanlage *f* [pow]
domestic installation Hausinstallation *f* [bau]; Installation *f* (Haushalt) [elt]
domestic listening level Zimmerlautstärke *f* [aku]
domestic market Binnenmarkt *m*; Inlandsmarkt *m*
domestic production Eigenerzeugung *f*
domestic refuse Haushaltsabfall *m* [rec]; Hausmüll *m* [rec]
domestic refuse disposal Hausmüllentsorgung *f* [rec]

domestic refuse dump Hausmülldeponie *f* [rec]
domestic refuse landfill Hausmülldeponie *f* [rec]
domestic refuse tip Hausmüllkippe *f* [rec]
domestic sales Vertrieb Inland *m* [eco]
domestic sewage Haushaltabwasser *n* [was]; Haushaltsabwasser *n* [was]; Kommunalabwasser *n* [was]; häusliche Abwässer *pl* [was]
domestic sewage treatment plant Hauskläranlage *f* [was]
domestic traffic Inlandsverkehr *m* [tra]
domestic use Hausgebrauch *m*
domestic waste Haushaltsabfall *m* [rec]; Haushaltsmüll *m* [rec]; Hausmüll *m* [rec]; Siedlungsabfall *m* [rec]
domestic waste can Hausmülltonne *f* [rec]
domestic waste container Hausmülltonne *f* [rec]
domestic waste-water häusliche Abwässer *pl* [was]
domestic wastes kommunale Abfälle *pl* [rec]
domestic water plant Hauswasserversorgungsanlage *f* [was]
domestic water service Hauswasserversorgung *f* [was]
domestic water supply Hauswasserversorgung *f* [was]; Hauswasserversorgungsanlage *f* [was]
dominance Dominanz *f*
donate spenden *v*
donation Spende *f*
donator Donator *m* [che]; Spender *m*
done geschafft (die Arbeit); getan (erledigt, fertig)
donor Spender *m*
door Pforte *f* [bau]; Tür *f* [bau]; Tor *n* [bau]
door casing Türzarge *f* [bau]; Türrahmen *m* [bau]
door closing device Türschließanlage *f* [tra]; Türschließanlage *f* [bau]
door frame Türrahmen *m* [bau]
door guide Türführung *f* [tra]
door handle Türklinke *f* [bau]
door hinge Türscharnier *n* [tra]
door hinge bolt Türscharnierbolzen *m* [tra]
door hinge pillar Türscharniersäule *f* [tra]
door holder Türgestell *n* (Türrahmen) [bau]
door interphone Türsprechanlage *f* [elt]
door knob Klinke *f* (der Tür) [bau]
door latch Türklinke *f* [bau]; Türverriegelung *f* [tra]; Klemmhebel *m* (Türverschluss) [tec]; Türverschluss *m* (Klemmverschluss) [tec]
door latch bolt Türriegelbolzen *m* [tec]
door leaf Türflügel *m* [bau]; Türblatt *n* (an Fitsche und Zarge) [bau]
door lock Türschloss *n* [bau]
door lock cylinder Türschließzylinder *m* [tra]
door lock pillar Türschlosssäule *f* [tra]
door nail Scharnierbolzen *m* [tec]
door opener Türöffner *m* [bau]
door operator Türöffnungsanlage *f* [bau]
door panel Türblech *n* [mbt]
door post Pfosten *m* (Tür, Fenster)
door telephone Türsprechanlage *f* [elt]
door window Türfenster *n* [tra]

door, acoustical - schalldichte Tür *f* [bau]
door-to-door collect system Holsystem *n* [rec]
door-to-door price Preis frei Haus *m* [eco]
doorway Toreinfahrt *f* [bau]; Türöffnung *f* [bau]
dope dotieren *v*
doped dotiert
doping Dotierung *f*; Dotieren *n*
doping material Dotiersubstanz *f* [met]
doppler Doppler *m* (Frequenzänderung) [phy]
doppler effect Dopplereffekt *m* [phy]
dormer window Gaube *f* [bau]; Gaubenfenster *n* [bau]
dormitory Schlafraum *m* [bau]
dormitory suburb Schlafstadt *f*
dormitory town Schlafstadt *f*
dosage Dosierung *f*; Dosis *f* [phy]
dosage equipment Dosieranlage *f* [prc]; Dosiergerät *n* [prc]
dosage measurement Dosismessung *f* [any]
dosage plant Dosiergerät *n* [prc]
dosage rate Dosisrate *f* [any]
dose Dosis *f* [phy]
dose bemessen *v* (dosieren); dosieren *v*; zuteilen *v*
dose effect curve Dosis-Wirkungskurve *f* [hum]
dose equipment Dosieranlage *f* [prc]
dose limit value Dosisgrenzwert *m* [hum]
dose rate Dosisleistung *f* [phy]; Dosisrate *f* [any]
dose, absorbed - Energiedosis *f* (Kerntechnik) [pow]
dose, accumulated - Summendosis *f* [phy]
dosifilm Strahlenschutzplakette *f* [any]
dosimeter Dosimeter *n* [any]; Dosismessgerät *n* [any]
dosimetry Dosimetrie *f*; Dosismessung *f* [any]
dosing Dosierung *f*; Dosieren *n*
dosing apparatus Dosiergerät *n* [prc]
dosing device Dosiereinrichtung *f* [prc]; Dosiervorrichtung *f* [prc]
dosing equipment Dosieranlage *f* [prc]
dosing machine Dosiermaschine *f* [prc]
dosing plant Dosieranlage *f* [prc]
dosing plant, chemicals - Dosieranlage *f* (Speisewasseraufbereitung) [pow]
dosing tank Dosierbehälter *m* [was]
dosing unit Dosieranlage *f* [prc]
dossier Akte *f*
dossier, design - Konstruktionsunterlagen *pl* (kompletter Satz) [con]
dot Fleck *m* (Punkt); Punkt *m* (Fleck, Tupfen); Tupfen *m*
dot punktieren *v*; stricheln *v* (mit punktierter Linie) [con]
dote Fäulnis *f* (Holz)
dotted gestrichelt (mit punktierter Linie) [con]; punktiert (punktierte Linie)
dotted line punktierte Linie *f*
dotted-line recorder Punktdrucker *m* [any]
double doppelt; zweifach
double doppeln *v* [edv]; verdoppeln *v*
double axle Doppelachse *f* [tec]

double barrel nipple Rohrdoppelnippel *m* [tec]
double bearing Doppellager *n* [tec]
double bevel Doppel-HV-Naht *f* [wer]
double bevel seam Doppel-HV-Naht *f* [wer]
double bind gegenseitige Abhängigkeit *f*
double block brake Doppelklotzbremse *f* [tra]
double boiler Doppelkessel *m* [pow]
double bond Doppelbindung *f* [che]; doppelte Bindung *f* [che]
double bottom Doppelboden *m* [prc]
double bounce reflection zweimalige Reflexion *f* [phy]
double branch pipes Zweikreisverrohrung *f* [tra]
double butterfly valve Mischschieber *m* [pow]
double casing Doppelgehäuse *n*
double click Doppelklicken *n* (mit Maus) [edv]
double clip Doppellasche *f* [tec]
double coat Doppelschicht *f* [met]
double columns zweispaltig (Textverarbeitung) [edv]
double cone Doppelkonus *m*
double cone blender Doppelkonusmischer *m* [prc]
double cone impeller Doppelkegelkreiselrührer *m* [prc]
double cone impeller mixer Doppelkegelkreiselmischer *m* [prc]
double cone mixer Doppelkonusmischer *m* [prc]
double crank Doppelkurbel *f* [tec]
double crossover Doppelkreuzweiche *f* [tra]; Kreuzung *f* (Doppelkreuzweiche) [tra]
double cyclone arrangement Doppelzyklonkessel *m* [pow]
double deck bridge doppelstöckige Brücke *f* [bau]; Etagenbrücke *f*
double deck coach Doppelstockwagen *m* (Personenwagen) [tra]
double deck vibrating screen Zweideckfreischwingsieb *n* [prc]
double deck wagon for the carriage of cars doppelstöckiger Kfz-Transportwagen *m* [tra]
double disc clutch Zweischeibenkupplung *f* [tra]
double disc dry clutch Zweischeibentrockenkupplung *f* [tra]
double door Doppeltür *f* [bau]; Flügeltür *f* [bau]
double end stud Schraubenbolzen *m* [tec]
double extraction Zweifachentnahme *f* [pow]
double extraction condensing turbine Doppelanzapfkondensationsturbine *f* [pow]
double filament bulb Zweidrahtlampe *f* [elt]
double fillet Doppelkehlnaht *f* [wer]
double flange hub Zweiflanschnabe *f* [tra]
double flap valve Doppelpendelschleuse *f* [prc]
double four-point contact bearing Doppelvierpunktkugellager *n* [tec]; Vierpunktlager *n* (Doppelvierpunktlager) [mbt]
double framing Doppelrahmwerk *n* [bau]
double furnace Doppelofen *m* [pow]
double gate Doppelpendelklappe *f* [prc]
double glazing Doppelverglasung *f* [bau]
double hook Doppelhaken *m*

double hose Doppelschlauch *m* [prc]
double hose nozzle Doppelschlauchtülle *f* [prc]
double house Doppelhaus *n* [bau]
double impeller Doppellaufrad *n* (bei Pumpe) [prc]; Doppelrad *n* (Pumpe) [prc]
double impulse wheel Doppelrad *n* [pow]
double jaw brake Doppelbackenbremse *f* [tec]
double jaws Doppelbacken *pl*
double joint Doppelgelenk *n* [tec]; Doppelglied *n* [tec]
double joint deck crane Gelenkkran *m* (Gelenkbordkran) [mbt]
double junction Doppelkreuzung *f* [tra]; Kreuzstück *n* [tec]
double ladder Bockleiter *f*
double layer Doppelschicht *f* [met]
double lever Doppelhebel *m* [tec]
double lift Zweihub *m* [tec]
double link Doppelglied *n*
double linkage Doppelbindung *f* [che]
double lip seal Doppellippendichtung *f* [tec]
double mitre-box saw Doppelgehrungssäge *f* [wzg]
double nibble Doppelnippel *m* [tra]
double non-return valve Doppelrückschlagventil *n* [prc]
double oil wedge-type bearing Zweikeillager *n* [tec]
double open ended wrench Doppelgabelschlüssel *m* [wzg]; Doppelmaulschlüssel *m* [wzg]
double passage zweimaliger Durchlauf *m* [mbt]
double pipe Doppelrohr *n* [met]
double pipe hanger Doppelrohrschelle *f* [tec]
double pipe nipple Rohrdoppelnippel *m* [tec]
double piston Doppelkolben *m* [tec]
double piston pump Doppelkolbenpumpe *f* [prc]
double plate clutch Zweischeibenkupplung *f* [tra]
double plug Doppelstecker *m* [elt]
double precision doppelte Genauigkeit *f* (Software) [edv]
double propeller shaft Doppelgelenkwelle *f* [tra]
double provision Doppelbestückung *f*
double puddle furnace Doppelpuddelofen *m* [roh]
double puddling furnace Doppelpuddelofen *m* [roh]
double pump Doppelpumpe *f* [prc]
double ram press Doppelkolbenpresse *f* [prc]
double ratchet Doppelklinke *f* [tec]
double recording Parallelaufzeichnung *f* [edv]
double reduced doppelt reduziert [tec]
double refraction Doppelbrechung *f* (z.B. von Licht, Schall) [opt]
double return valve Doppelrückschlagventil *n* [prc]
double roller chain Zweifachrollenkette *f* [mbt]
double room Doppelzimmer *n* [bau]
double seat Doppelsitz *m* [prc]
double seat valve Doppelsitzventil *n* [prc]
double shaft joint Doppelwellengelenk *n* [tec]
double sheet Doppelbogen *m* [prc]
double shell Doppelschale *f*; Doppelmantel *m* [prc]
double shielding doppelte Abschirmung *f*

double side shifting device Doppelseitenschieber *m* [tra]
double space doppelter Zeilenabstand *m* (Textverarbeitung)
double spiral mixer Doppelschneckenmischer *m* [prc]
double stairs Doppeltreppe *f* [bau]
double stroke Doppelhub *m* [tec]
double T-beam Doppel-T-Träger *m* [tec]
double T-girder Doppel-T-Träger *m* [tec]
double T-iron Doppel-T-Eisen *n* [tec]
double tape washer Sicherungsbolzen *m* [tec]
double taper Doppelkonus *m*
double taxation Doppelbesteuerung *f* [jur]
double tee Kreuzstück *n*
double terminal Zwillingsklemme *f* [elt]
double thread zweigängig (Zahnrad) [tec]
double thread zweigängiges Gewinde *n* [tec]
double triangular truss Rhombenfachwerk *n* (Stahlbau) [tec]
double U Doppel-U-Naht *f* [wer]
double underline Doppelunterstreichung *f* (Textverarbeitung) [edv]
double union Doppelbindung *f* [che]
double V DV-Naht *f* [wer]
double V seam DV-Naht *f* [wer]; X-Naht *f* (neu: DV-Naht) [wer]
double V-belt Doppelkeilriemen *m* [tra]
double valve Doppelventil *n* [prc]
double wall zweischalig
double wall Doppelschale *f*; Doppelwand *f* [bau]
double wall casing Doppelmantelgehäuse *n* [pow]
double wall elbow Doppelwandrohrbogen *m* [met]
double wall pipe Doppelwandrohr *n* [met]
double weld-on plate Doppelschweißplatte *f* [tec]
double window Vorfenster *n* [bau]
double-acting doppelt wirkend
double-acting cylinder Doppelzylinder *m* (Hydraulik) [tec]; zweischaliger Zylinder *m* [tra]
double-acting hammer Rammhammer *m* [bau]
double-acting multi-stage hydraulic cylinder Hub- und Zugpresse *f* [prc]
double-acting piston doppelt wirkender Kolben *m* [tec]
double-branch sling chain zweisträngige Anschlagkette *f* [tec]
double-casing zweigehäusig
double-collar thrust bearing Zweiringdrucklager *n* [tec]
double-crank press Doppelkurbelpresse *f* [tec]
double-crystal method Zweikristallverfahren *n* [elt]
double-decker doppelstöckig (Bus) [tra]
double-decker Doppeldecker *m* (Omnibus) [tra]
double-decker kiln Etagenofen *m*
double-dished wheel disc zweifach gewellte Radscheibe *f* [tra]
double-disk valve Doppelsitztellerventil *n* [prc]
double-doored doppeltürig [bau]
double-drum drier Zweiwalzentrockner *m* [prc]

double-ended boiler Doppelkessel *m* [pow]
double-ended ring spanner Knochen *m* (Schraubenschlüssel) [wzg]
double-ended ring-spanner Doppelringschlüssel *m* [wzg]
double-ended socket wrench Doppelsteckschlüssel *m* [wzg]
double-ended spanner Doppelmaulschlüssel *m* [wzg]
double-enveloping worm Globoidschnecke *f* [tec]
double-enveloping worm gear unit Globoidschneckengetriebe *n* [tec]
double-faced doppelseitig; zweiseitig
double-flanged seam Bördelnaht *f* [tec]
double-flow doppelflutig (z.B. Turbine) [pow]; zweiflutig [pow]
double-flow superheater zweiflutiger Überhitzer *m* [pow]
double-flow turbine Zweigehäuseturbine *f* [pow]
double-glazed casement Verbundfenster *n* [bau]
double-glazed window Doppelfenster *n* [bau]; Isolierfenster *n* [bau]; Verbundfenster *n* [bau]
double-helical gear Pfeilrad *n* [tec]; Pfeilstirnrad *n* [tec]
double-helical gear wheel pfeilverzahntes Rad *n* [tec]
double-helical gearing Pfeilverzahnung *f* [tec]
double-helical tooth system Doppelschrägverzahnung *f* [tec]
double-hole bolt Zweilochschraube *f* [tec]
double-hole screw Zweilochschraube *f* [tec]
double-hung sash window Doppelschiebefenster *n* [bau]
double-joint deck crane Gelenkbordkran *m* [mbt]
double-laned roadway zweispurige Fahrbahn *f* [tra]
double-lapped doppelt überlappt [wer]
double-layer zweischalig; zweischichtig [met]
double-layer belt Doppelriemen *m*
double-leaf spring Doppelflachfeder *f* [tec]
double-pipe heat exchanger Doppelrohrwärmeaustauscher *m* [pow]
double-pitch roller chain langgliedrige Rollenkette *f* [tec]
double-plunger grease pump Doppelkolbenfettpumpe *f* [tec]
double-pole zweipolig
double-pressure steam turbine Zweidruckdampfturbine *f* [pow]
double-probe reflection method Zweikopfreflexionsverfahren *n* [elt]
double-purchase pulley Doppelrolle *f* (Flaschenzug) [tec]
double-purchase pulley block einfacher Flaschenzug *m* (Flaschenzug mit Doppelrolle) [tec]
double-rod cylinder Gleichgangzylinder *m* (Hydraulik) [tec]
double-roll crusher Doppelwalzenbrecher *m* [prc]
double-roll mill Walzenbrecher *m* [prc]
double-row zweireihig (Nietverbindung) [tec]
double-row ball bearing zweireihiges Kugellager *n* [tec]

double-seated control valve Doppelsitzstellventil *n* [prc]
double-seated valve Doppelsitzventil *n* [prc]
double-seated valve body Doppelsitzventilkörper *m* [prc]
double-shaft hammer crusher Doppelwellenhammerbrecher *m* [prc]
double-shell casing Doppelgehäuse *n* [pow]
double-shell construction Zweischalenbauart *f*
double-shoe brake Doppelbackenbremse *f* [tra]
double-sided beidseitig; doppelseitig; zweiseitig
double-sided bearing beidseitige Lagerung *f*
double-span girder Zweifeldträger *m* (Stahlbau) [tec]
double-squirrel cage Doppelnut *f*
double-stage superheater zweistufiger Überhitzer *m* [pow]
double-step joint doppelt angesetzter Stoß *m* [tec]
double-tapered muff coupling Doppelkegelkupplung *f* [pow]
double-tee joint Kreuzstoß *m* (vier Flächen) [wer]
double-threaded zweigängig (Schraube) [tec]
double-threaded screw Doppelgewindeschraube *f* [tec]
double-throw switch Wechselschalter *m* [elt]
double-track zweigleisig [tra]; zweispurig
double-track railway track zweigleisige Strecke *f* [tra]
double-tracked doppelgleisig (Eisenbahn) [tra]
double-tracked autowalk Zweiwegerollsteig *m* [mbt]
double-tracked escalator zweispurige Rolltreppe *f* [bau]
double-walled doppelwandig [bau]
double-walled container Doppelwandbehälter *m* [prc]
double-walled dome zweischalige Kuppel *f* [bau]
double-webbed zweistegig [tec]
doublet Dublette *f*; Dipol *m* [elt]
doubly reinforced doppelbewehrt [bau]
doubt, without a - zweifelsfrei
doubtful bedenklich; fraglich; zweifelhaft
doubtless zweifellos
dough Teig *m*
dough mixing machine Kneter *m* (für Teig) [prc]
doughy teigig
dovetail Schwalbenschwanz *m*
dovetail attachment Schwalbenschwanzbefestigung *f*
dovetail blade root Schwalbenschwanzfußfuß *m* [tec]
dovetail fastening Schwalbenschwanzbefestigung *f* [tec]
dovetail fixing Schwalbenschwanzbefestigung *f* [tec]
dovetail groove Schwalbenschwanznut *f* [tec]
dovetail guide Schwalbenschwanzführung *f* [tec]
dovetail joint Schwalbenschwanzverbindung *f* [tec]; Schwalbenschwanz *m* [tec]
dovetail key Schwalbenschwanzkeil *m* [tec]
dovetail mount Schwalbenschwanzhalterung *f* [tec]
dovetail mounting Schwalbenschwanzbefestigung *f* [tec]
dovetail root Schwalbenschwanzfuß *m* [tec]

dovetailed schwalbenschwanzförmig [tec]
dowel Hülse *f* (Spannhülse) [tec]; Dübel *m*; Führungsstift *m* [tec]
dowel dübeln *v*; verdübeln *v*; verstiften *v* [wer]
dowel bit Dübelbohrer *m* [wzg]
dowel bush Führungsbüchse *f* [tec]
dowel hole Dübelloch *n*
dowel joint Dübelverbindung *f*
dowel pin Fixierstift *m* (Haltestift) [tec]; Passstift *m* (auch Dübel) [tec]; Spannstift *m* (Passstift) [tec]; Zylinderstift *m* [tec]
dowel pin, grooved - Kerbstift *m* [tec]
dowel pin, taper grooved - Kegelkerbstift *m* [tec]
dowel screw Führungsschraube *f* [tec]
doweled gedübelt [wer]
doweled joint gedübelte Verbindung *f*
down abwärts; unten
down line oberes Fallrohr *n* (Kugelregen) [pow]
down main Fallrohr *n* [was]
down payment Anzahlung *f* [eco]
down sand Dünensand *m* [geo]
down spout Traufe *f* [bau]; Fallrohr *n* (Regenrinne) [bau]; Regenfallrohr *n* [bau]
down time Ausfallzeit *f*; Maschinenausfallzeit *f* [eco]; Anlagenstillstand *m*
down-acting design hydraulic press Oberkolbenpresse *f* [wzg]
down-draught carburetter Fallstromvergaser *m* [tra]
down-flow Abwärtsströmung *f* [was]
down-shot burner Deckenbrenner *m* [pow]
down-time Stillstandszeit *f*
down-to-earth bodenständig
downcoiling unit Haspelanlage *f* [roh]
downcomer Kamin *m* (Kolonne) [che]; Fallrohr *n* [was]; Standrohr *n* [was]; zuführendes Verbindungsrohr *n* (Fallrohr) [pow]; Zuführrohr *n* (Fallrohr) [pow]
downcomer header Fallrohrsammler *m* [pow]
downcomer, front wall - Vorderwandfallrohr *n* [pow]
downdraught Fallluft *f*; Fallwind *m* [wet]
downgrade niederstufen *v* (abwerten); niedrig einstufen *v*
downhand Wannenlage *f* (günstige Schweißposition) [wer]; Zwangslage *f* (nach unten schweißen) [wer]
downhand welding Fallnaht *f* (senkrechtes Schweißen) [wer]
downhill abwärts; bergab (z.B. bergab rollen)
downline nachgeschaltet [prc]
download Vertikallast *f* [mbt]
downpipe Fallrohr *n* [was]; Regenfallrohr *n* [bau]
downriver flussabwärts
downstream flussabwärts; nachgeschaltet [prc]; stromabwärts
downstream Auslaufseite *f* (einer Maschine) [tec]
downstream path Auslaufstrecke *f* [prc]
downstream process stage nachgeschaltete Verfahrensstufe *f* [prc]
downstream processing nachfolgende Verarbeitung *f* [prc]

downstream switching Nachschaltung *f* [tra]; Nachschalten *n*
downstroke Abwärtshub *m* [tec]; Niederhub *m* [tec]
downtake tube Zuführrohr *n* (Fallrohr) [pow]
downtime, scheduled - geplante Betriebsunterbrechung *f*
downtown Innenstadt *f*
downtown area Stadtzentrum *n*
downward compatibility Abwärtskompatibilität *f* [edv]
downward direction, in the - abwärts
downward gas passage fallender Zug *m* (Fallzug) [pow]; Fallzug *m* (fallender Zug) [pow]
downward inclination Neigung *f* (der Bahnstrecke) [tra]
downward path Fallweg *n* [phy]
downward slope Abdachung *f* (Gefälle) [geo]
downward travel Abwärtslauf *m* (Rolltreppe) [tra]
downwards abwärts
doze schieben *v* (Aushub m. Planierschild) [mbt]
doze out auskoffern *v* (eine Straße) [mbt]
dozen Dutzend *n*
dozer Planiergerät *n* [mbt]
dozer blade Frontschar *f* [mbt]; Planierschar *f* [mbt]; Vorderschar *f* [mbt]; Planierschild *m* [mbt]; Räumschild *n* [mbt]; Stirnschild *n* [mbt]
dozer blade stabilizer Planierschildabstützung *f* [mbt]
dozing capacity Längstransportleistung *f* (z.B. Grader) [mbt]
dozing distributing work Längsverteilerarbeit *f* (z.B. Grader) [mbt]
draft ((A) siehe: draught); ((A) siehe: draught)
draft Entwurfszeichnung *f* [con]; Schräge *f* (Gesenk-, Gussschräge) [tec]; Skizze *f*; Zeichnung *f* (Entwurf) [con]; Entwurf *m* (Ausarbeitung) [con]; Plan *m* (Zeichnung); Riss *m* (Zeichnung) [con]; Tiefgang *m* ((A) des Schiffes, Wasserzug; siehe: draught) [tra]; Konzept *n*; Manuskript *n* (Entwurf, Skizze)
draft aufsetzen *v* (entwerfen); entwerfen *v* (ausarbeiten) [con]; skizzieren *v*; zeichnen *v* (entwerfen) [con]
draft agreement Vertragsentwurf *m* [jur]
draft gear Federeinrichtung *f* (am Wagon)
draft, completed - fertiger Entwurf *m* [con]
drafted gezeichnet [con]
drafting board Reißbrett *n* [con]; Zeichenbrett *n* [con]
drafting machine Zeichenmaschine *f* [con]
draftsman technischer Zeichner *m* [con]
drag Widerstand *m* (mechanisch); Zug *m* (als Widerstand) [phy]
drag ziehen *v* (schleppen)
drag chain Schleppkette *f* (z.B. an Schleppschaufel) [tec]
drag flow Schleppstrom *m* (Dichtung) [tec]
drag line excavator Greifbagger *m* [mbt]
drag link Lenkzwischenstange *f* [roh]

drag link chain Trogförderkette *f* [tec]
drag link conveyor Trogkettenförderer *m* [mbt]
drag link conveyor chain Laschenkette *f* (Trogkettenförderer) [tec]
drag screen press Bandfilterpresse *f* [prc]
drag shoe Hemmschuh *m* (Bahn, nicht in GB) [tra]
drag spool Schleppkolben *m* (Hydraulik) [tec]
drag turf Modertorf *m* [bod]
drag-bar chain Trogförderkette *f* [tec]
drag-out of lubricant Ausschleppverluste *pl* (Schmiermittel) [tec]
dragline Schleppschaufel *f* [mbt]; Zugschaufel *f* (Schleppschaufel) [mbt]; Schürfkübelbagger *m* (Schleppschaufel) [mbt]
dragline bucket Schleppschaufel *f* [mbt]
dragline fairlead Schleppschaufeleinziehwinch *f* [mbt]
drain Entwässerung *f* (Ableitung) [was]; Gosse *f* [was]; Rinne *f* (Abfluss) [was]; Abfluss *m* (-element) [was]; Abflussgraben *m* [was]; Abflusskanal *m* [was]; Ablauf *m* (Abfluss) [was]; Abzugskanal *m* [was]; Ausfluss *m* (Rinne, Rohr) [was]; Auslauf *m* (Drainage) [was]; Graben *m*; Gully *m* [was]; Überlauf *m* (bei einem Tank) [tra]; Entwässerungsrohr *n* [was]
drain abfließen *v* (entwässert werden) [was]; ablaufen *v* (Flüssigkeit) [was]; abpumpen *v* (Flüssigkeit) [was]; austrocknen *v* (trockenlegen); dränieren *v* [was]; entwässern *v* (ableiten, abfließen) [was]; trockenlegen *v* (Gelände) [was]
drain away ablassen *v* [was]; versickern *v* [was]
drain by pumping abpumpen *v* [was]
drain channel Abflusskanal *m* [was]; Entleerungskanal *m* [was]
drain cock Abflusshahn *m* [was]; Ablasshahn *m* [was]; Entleerungshahn *m* [was]; Entwässerungshahn *m* [pow]; Wasserablasshahn *m* [was]
drain connection Ablaufstutzen *m* [was]
drain construction Rohrleitungsbau *m* (Abwasser) [was]
drain controller Abflussregler *m* [was]; Ablaufregler *m* [prc]
drain cover Entleerungsdeckel *m* [prc]
drain culvert Abflusskanal *m* [was]
drain cup Entwässerungstopf *m* (Wassersammler) [mbt]; Tropfbecher *m* (für Wasser in Bremse) [tra]
drain deflector Ablaufblech *n* (Kondensator) [pow]
drain discharge Abflussmenge *f* [was]
drain elbow Ablasskniestück *n* [was]
drain fitting Abflussarmatur *f* [was]
drain funnel Abflusstrichter *m* [was]
drain header Entwässerungslanze *f* (Kondensator) [pow]; Ablasssammler *m* [was]
drain leg Wasserfalle *f*
drain line Entwässerungsleitung *f* [was]
drain manifold Ablasssammler *m* [was]
drain off abfließen *v* (abströmen) [was]; ablassen *v* [was]; ablaufen *v* (Flüssigkeit) [was]; absaugen *v*; entleeren *v* [was]

drain oil Ablauföl n [che]
drain outlet Ablassstutzen m [was]
drain pan Auffangwanne f [was]
drain passage Abflusskanal m [was]
drain pipe Abflussleitung f [was]; Ablassleitung f [was]; Ableitungsrinne f [was]; Abwasserleitung f [was]; Dränleitung f [was]; Entleerungsleitung f [was]; Entwässerungsleitung f [was]; Regenrinne f [tra]; Wasserabfluss m [was]; Wasserabflussrohr m [was]; Abflussrohr n [was]; Ablaufrohr n [was]; Abwasserrohr n [was]; Abziehrohr n [was]; Abzugsrohr n [was]; Dränrohr n [was]; Fallrohr n [was]; Sickerrohr n [was]
drain pipe, agricultural - landwirtschaftliche Dränleitung f [was]
drain plate Ablaufblech n [was]
drain plug Ablassschraube f [was]; Ablassstopfen m [was]; Ablassstutzen m [was]; Abschlussstopfen m [was]
drain port Leckölanschluss m (Hydraulik) [tec]
drain pump Entleerungspumpe f [prc]
drain repair Rohrleitungssanierung f (Abwasser) [was]
drain screw Ablassschraube f [was]; Ablaufschraube f [was]
drain socket Entwässerungsstutzen m [pow]
drain tap Flüssigkeitsabscheider m [pow]
drain test Abdrückprüfung f (Abflussrohre) [bau]
drain through sewers kanalisieren v [was]
drain tile Dränrohr n [was]
drain trap Geruchsverschluss m [was]
drain trough Ableitblech n [prc]
drain tube Ablassrohr n [was]
drain tubing Ablassleitung f [was]
drain valve Ablassschieber m [was]; Abflussventil n (Drainage) [was]; Ablassventil n (Entwässerungsventil) [was]; Entleerungsventil n [was]; Entwässerungsventil n (Ablassventil) [pow]
drain water Kanalisationsabwasser n [was]
drainage Dränage f [was]; Dränage f [was]; Drainage f [was]; Entwässerung f (Ableitung) [was]; Entwässerungsanlage f [was]; Kanalisation f [was]; Rinne f (Abfluss) [was]; Trockenlegung f [was]; Wasserableitung f [was]; Abfluss m (Entwässerung) [was]; Abflussgraben m [was]; Ablauf m (Abfluss) [was]; Wasserabfluss m [was]; Wasserablass m [was]; Wasserablauf m [was]; Abfließen n [was]; Entwässern n [was]; Verrohrungssystem n (zur Drainage) [was]
drainage area Abflussgebiet n [was]; Einzugsgebiet n [was]; Entwässerungsgebiet n [was]
drainage bucket Dränagelöffel m [mbt]; Drainagelöffel m [mbt]
drainage catchment Wassereinzugsgebiet n [was]
drainage channel Ablaufrinne f [was]
drainage ditch Abflussgraben m [was]; Dränagegraben m [bod]; Drainagegraben m [bod]; Entwässerungsgraben m [was]; Vorfluter m [was]
drainage filter Dränfilter m [was]

drainage grab Dränagegreifer m [mbt]; Drainagegreifer m [mbt]
drainage gutter Abflussrinne f [was]; Entwässerungsrinne f [was]
drainage holes Dränagelöcher n (z.B. im Grabenlöffel) [bod]; Drainagelöcher n (z.B. im Grabenlöffel) [bod]
drainage layer Dränschicht f [was]
drainage network Entwässerungsnetz n [was]
drainage of land Bodenentwässerung f [bod]
drainage of residues Rückstandsentwässerung f [was]
drainage of water Wasserableitung f [was]
drainage opening Entwässerungsöffnung f [prc]
drainage panel Dräntafel f [was]
drainage pipe Abflussrohr n (Wasser u.a.) [was]
drainage piping Entwässerung f (Dränage) [was]; Entwässerungsleitungsteil n [was]
drainage pump Dränagepumpe f [mbt]; Drainagepumpe f [mbt]
drainage system Grundleitung f [was]; Kanalisation f [was]; Dränagesystem n [was]; Drainagesystem n [was]; Entwässerungssystem n [was]
drainage trench Abwassergraben m [was]; Graben m
drainage water Dränwasser n [was]; Sickerwasser n [was]
drainage work Dränarbeiten pl [was]
drainage zone, gravity - Schwerkraftablaufzone f [was]
drained abgeleitet (Wasser) [was]
drainer Trockner m [prc]
draining Entleerung f; Trockenlegung f [was]; Wasserhaltung f [was]
draining board Abtropfblech n [prc]
draining ditch Entwässerungsgraben m [was]
draining funnel Ablauftrichter m [was]
draining line Entleerungsleitung f [prc]
draining shaft Wasserschacht m [was]
draining tank Absetzbehälter m [was]
drains Grundstücksentwässerung f [was]
draught Luftzufuhr f [air]; Zugluft f ((B)) [air]; Durchzug m (Luftzug); Entwurf m ((B) Ausarbeitung) [con]; Kesselzug m [pow]; Luftzug m (in Gebäuden) [air]; Tiefgang m ((B) des Schiffes) [tra]; Zug m ((B) Luft) [pow]
draught carburetter, horizontal - Flachstromvergaser m [tra]
draught loss Zugverlust m (allgemein) [pow]
draught loss at unit end Zugverlust m (Aggregatende) [pow]
draught regulation Zugregulierung f [pow]
draught regulator Zugregler m [pow]
draught, artificial - künstlicher Zug m (Zug im Kessel) [pow]
draught, natural - natürlicher Zug m [pow]; Naturzug m [pow]; Schornsteinzug m [air]
draw abziehen v; konstruieren v (entwerfen) [con]; spannen v (ziehen); verstrecken v (Kunststofffäden) [met]; zeichnen v [con]; ziehen v (z.B. Draht) [wer]

draw a curbstone trench auskoffern *v* (Randsteingraben) [mbt]
draw a pension Pension beziehen [eco]
draw a wire drahtziehen *v* [wer]
draw back zurückziehen *v*
draw bead Ziehwulst *m* [tra]
draw bench Rohrziehbank *f* [wer]
draw cable clamp Zugseilklemme *f* [tra]
draw current Strom aufnehmen [elt]
draw floor Abzugbühne *f* [roh]
draw gear Zugeinrichtung *f* (am Waggon) [tra]
draw gear spring plate Zugfederplatte *f* [tec]
draw hook Zughaken *m* (Lok zieht Waggons) [tra]
draw hook guide Zughakenführung *f* [tra]
draw in einzeichnen *v*
draw off abführen *v* (Gase); absaugen *v*
draw out ausziehen *v* [con]; dehnen *v* (in die Länge ziehen)
draw plate Zieheisen *n* (Uhr) [tec]
draw rod Ziehstab *m* [tec]
draw shackle Zuglasche *f* (d. Feststellbremse) [tra]
draw spindle Zugspindel *f* [tec]
draw spring Zugfeder *f* [tra]
draw up hochziehen *v*
draw winch Zugwinde *f* [tec]
draw-off Entnahme *f*
draw-off pipe Entnahmerohr *n*
draw-off strength Abzugskraft *f* [tec]
drawback Mangel *m* (als Nachteil); Nachteil *m* (einer Sache)
drawback spring Rückzugfeder *f* [tec]
drawbar Anhängerdeichsel *f* (am Lkw-Hänger) [tra]; Kupplungsstange *f* (des Anhängers) [tra]; Zugstange *f* (Deichsel) [tra]; Zughaken *m* (nicht Bahn) [tec]
drawbar coupling Abschleppkupplung *f* [tec]
drawbar pull Zugkraft *f* (Fahrz. m. Anhängerkupplung) [tra]
drawbridge Zugbrücke *f* [tra]
drawdown Absenkung *f* (Grundwasser) [was]
drawer Lade *f* (in Möbelstück) [bau]; Schublade *f* (in Möbelstück)
drawing Entnahme *f*; Skizze *f*; Riss *m* (Zeichnung) [con]; Ausziehen *n*; Schaubild *n* (Zeichnung) [con]; Ziehen *n* (Formgebung) [wer]
drawing board Zeichenbrett *n* (Zeichenmaschine) [con]
drawing clamp Ziehstange *f* [tec]
drawing dimension Zeichnungsmaß *n* [con]
drawing floor Abzugbühne *f* [roh]
drawing ink Tusche *f* [met]
drawing instructions zeichnerische Ausführung *f* [con]
drawing instruments Reißzeug *n* [con]
drawing issue Zeichnungsausgabe *f* [con]
drawing machine Zeichenmaschine *f* (Reißbrett) [con]
drawing machinery Ziehmaschinen *pl* [wer]
drawing number Zeichnungsnummer *f* [con]
drawing of a mock-up Modellzeichnung *f*

drawing of jigs Vorrichtungszeichnung *f* [con]
drawing off Entziehung *f*
drawing paper Zeichenpapier *n* [con]
drawing pin Heftzwecke *f*; Reißzwecke *f*
drawing revision Zeichnungsänderung *f* [con]
drawing ring Ziehring *m* [tec]
drawing set Reißzeug *n* [con]
drawing size Zeichnungsformat *n* [con]
drawing stock Vorziehdraht *m* [met]
drawing tools Ziehwerkzeuge *pl* [wer]
drawing, cold - Kaltziehen *n* [roh]
drawing, in the - eingezeichnet [con]
drawing, other than - entgegen Zeichnung [con]
drawing-off of steam Dampfentnahme *f* [pow]
drawing-off to the surface Zutagefördern *n* [roh]
drawings, registration of - Zeichnungsregistratur *f* [con]
drawn gezogen (z.B. gezogener Stahl) [met]
drawn arc stud welding Lichtbolzenschweißen mit Hubzündung *n*
drawn cup needle roller bearing Nadelhülse *f* [tec]
drawn offset versetzt gezeichnet [con]
drawn to scale maßstäblich gezeichnet [con]
drawn tube gezogenes Rohr *n* [met]
drawn wire gezogener Draht *m*
drawn, cold - kalt gezogen (Stahl) [wer]
dredge Flussbagger *m* (Schwimmbagger) [mbt]
dredge ausbaggern *v* [bau]; ausbaggern *v* (in Wasser) [was]; ausschachten *v* (unter Wasser) [mbt]; baggern *v* (unter Wasser) [mbt]; räumen *v* (Wasserbau) [was]; verschlämmen *v* [mbt]
dredge pump impeller Baggerpumpenrad *n* (am Nassbagger) [mbt]
dredged ausgebaggert (unter Wasser) [mbt]
dredger Bagger *m* [mbt]; Flussbagger *m* [mbt]; Schwimmbagger *m* [mbt]
dredger components Baggerkomponenten *pl* [mbt]
dredger freight Flussbaggerfracht *f* [mbt]
dredging Ausbaggerung *f* (in Wasser) [was]; Baggerbetrieb *m* [mbt]
dredging depth Baggertiefe *f* (des Naßbaggers) [mbt]; Grabtiefe *f* (unter Wasser) [mbt]; Schleppschaufeltiefe *f* [mbt]
dredging slide valve Baggerschieber *m* (am Nassbagger) [mbt]
dredging spoil Hafenaushub *m* [rec]
dredging task Baggerarbeit *f* (Aufgabe unter Wasser) [mbt]; Baggeraufgabe *f* (Arbeit unter Wasser) [mbt]
dredging technology Nassbaggertechnik *f* [mbt]
dregs Bodensatz *m* (abgesetzte Stoffe) [rec]; Satz *m* (Bodensatz) [che]
drench durchnässen *v*
drencher Feuerlöscher *m*
dress schlicht
dress ankleiden *v*; aufbereiten *v* (Metall) [met]; behauen *v* [wer]; beizen *v* (Landwirtschaft); egalisieren *v*; nachbearbeiten *v* [wer]; nachschleifen *v* [wer]; richten *v* (ausrichten) [wer]; schlichten *v* [wer]; verputzen *v* [bau]; zubereiten *v*; zurichten *v* [wer]

dressed lumber Kantholz *n* [met]
dressed timber Kantholz *n* [met]
dresser agent Beizmittel *n* [che]
dressing Aufbereitung *f* (Metall) [met]; Beizung *f*; Zubereitung *f* [wer]; Verband *m* [hum]; Behauen *n* (Stein) [wer]; Nachbearbeiten *n* [wer]
dressing of asbestos Asbestaufbereitung *f* [rec]
dressing of minerals Nachbearbeitung von Mineralien *f* [roh]
dressing powder Beizpulver *m* [che]
dressing process, dry - Trockenaufbereitung *f* [prc]
dried getrocknet
dried out ausgetrocknet
dried wood getrocknetes Holz *n*
drier Trockner *m* [prc]
drift Abbaustrecke *f* [roh]; Strecke *f* (im Bergbau) [roh]; Strecke *f* (Tunnel) [roh]; Trift *f* (Strömung)
drift abweichen *v* (vom Kurs)
drift bolt Austreiber *m* [wzg]
drift construction Grubenausbau *m* [roh]
drift eliminator Wasserfang *m* (Kühlturm) [was]
drift punch Durchtreiber *m* [wzg]
drift sand Triebsand *m* [bod]
drill Bohrmaschine *f* [wzg]; Bohrer *m* (Bohrmaschine) [wzg]; Bohrturm *m* [roh]; Drillbohrer *m* [wzg]; Erdbohrer *m*
drill ausbohren *v* (mit Bohrgerät); bohren *v* (mit Bohrer) [wer]; einbohren *v* [wer]
drill and tap aufbohren und mit Gewinde versehen *v* [wer]
drill bit Bohrerspitze *f* [wzg]; Bohrspitze *f* [wzg]
drill bushing Bohrbuchse *f* [tec]
drill chuck Bohrfutter *n* [wzg]
drill core Bohrkern *m*
drill hole Gewindebohrung *f* [con]
drill midway auf Mitte bohren *v* [wer]
drill out aufbohren *v* [wer]
drill plan Bohrplan *m* [wer]
drill press Bohrmaschine *f* [wzg]
drill screw driver Bohrschrauber *m* [wzg]
drill shaft Bohrwelle *f* [wer]
drill template Bohrbild *n* [wer]
drill test Bohrprobe *f*
drill through durchbohren *v* [wer]
drill-hole Bohrung *f* (Öffnung); Bohrloch *n*
drill-rods Bohrgestänge *n* [wzg]
drilled gebogen [wer]
drilled cage Massivkäfig *m* (eines Pendellagers) [tec]
drilled dowel pin Splintbolzen *m* [tec]
drilled during assembly gebohrt bei Montage [wer]
drilled hole Bohrung *f* (Öffnung); Bohrloch *n*
drilling Bohrung *f* (Vorgang); Ölbohrung *f* [roh]; Bohren *n* [wer]
drilling attachment Bohrgerätausrüstung *f* [wzg]
drilling core Bohrkern *m*
drilling depth Bohrtiefe *f*
drilling device for taphole Abstichlochbohrer *m* (am Teleskoparm) [wzg]
drilling engineering Bohrtechnik *f*

drilling hammer Bohrhammer *m* [wzg]
drilling head Bohrkopf *m* [wzg]
drilling implement Bohrgerät *n* [wzg]
drilling machine Bohrmaschine *f* [wzg]
drilling machine, precise - Feinbohrmaschine *f* [wzg]
drilling mud Bohrschlamm *m* [rec]
drilling pattern Bohrraster *m*
drilling platform Bohrplattform *f* [roh]
drilling profile Bohrprofil *n*
drilling rig Bohrinsel *f* [roh]; Bohrturm *m* [roh]
drilling slime Bohrschlamm *m* [rec]
drilling stand Bohrständer *m* [wzg]
drilling waste Bohrabfall *m* [rec]
drilling work Bohrarbeit *f* [wer]; Bohrarbeiten *pl* [wer]
drinking fountain Trinkbrunnen *m* [was]
drinking water Trinkwasser *n* [was]
drinking water infection Trinkwasserinfektion *f* [was]
drinking water production Trinkwassergewinnung *f* [was]
drinking water protection area Trinkwasserschutzgebiet *n* [was]
drinking water quality Trinkwasserqualität *f* [was]
drinking water reservoir Trinkwasserreservoir *n* [was]
drinking water sterilization Trinkwasserdesinfektion *f* [was]
drinking water supervision installation Trinkwasserüberwachungseinrichtung *f* [was]
drinking water supply Trinkwasserversorgung *f* [was]
drinking water system Trinkwassernetz *n* [was]
drinking water tank Trinkwasserbehälter *m* [was]
drinking water transfer Trinkwasserüberleiter *m* [was]
drinking water treatment Trinkwasseraufbereitung *f* [was]
drinking water treatment plant Trinkwasseraufbereitungsanlage *f* [was]
drinking well Trinkbrunnen *m* [was]
drip Tropf *m* [hum]
drip tröpfeln *v*; tropfen *v* (z.B. Wasser tropft herunter)
drip funnel Tropftrichter *m* [che]
drip irrigation Tropfbewässerung *f*
drip lubricator Tropföler *m* [tec]
drip off abtröpfeln *v*; abtropfen *v*
drip pan Fangschale *f* [pow]; Abtropfblech *n* [prc]
drip pipe Ablaufrohr *n* [was]
drip sink Regenwassersammelbecken *n* [was]
drip water Tropfwasser *n*
drip-proof spritzwassergeschützt (Motor)
dripping Berieselung *f* (mit Tropfen); Abtröpfeln *n*
dripping water Tropfwasser *n*
drive Auffahrt *f* (zu Gebäuden) [tra]; Spazierfahrt *f* [tra]; Antrieb *m* [pow]; Schwung *m* [phy]; Laufwerk *n* [edv]; Triebwerk *n* [tra]

drive antreiben *v*; bewegen *v* (fahren); eintreiben *v* [wer]; fahren *v* (Fahrzeug) [tra]; stampfen *v* (rammen) [mbt]; treiben *v* (Nagel) [wer]
drive assembly Antriebsstation *f* [mbt]; Laufwerk *n* [tec]
drive axle Antriebsachse *f* [pow]; Treibachse *f* (bei Bahn, Auto) [tra]
drive base Antriebsuntersatz *m* (bei Bahn, Auto) [tra]
drive battery Antriebsbatterie *f* [tra]
drive belt Antriebsriemen *m* (Keilriemen) [tec]; Transmissionsriemen *m* (Motor / Maschine) [tra]
drive block Rammbär *m* [bau]
drive cam Steuerscheibe *f*
drive capacity Antriebsleistung *f*
drive capstan Antriebsrolle *f* [tec]
drive chain Antriebskette *f* [tec]
drive control Antriebssteuerung *f* [pow]; Fahrsteuerung *f* [mbt]
drive control level Antriebssteuerebene *f* [tec]
drive device Triebwerk *n* [tra]
drive end Antriebsseite *f* [pow]
drive engine Antriebsmaschine *f* (Verbrennungsmotor) [tra]
drive engineering Antriebstechnik *f* [tec]
drive fit Treibsitz *m* (Passung) [tec]
drive flange Antriebsflansch *m* [tra]
drive for power windows Antrieb für Autofensterheber *m* [tra]
drive for wheel chair Rollstuhlantrieb *m*
drive frame Maschinenrahmen *m* (für Antrieb) [tec]
drive gear Antriebsrolle *f* [tec]; Antriebsrad *n* [tec]; Antriebsritzel *n* [tra]
drive horse power Antriebsleistung *f* [tec]
drive in aufschlagen *v* (Keile) [wer]; einfahren *v* (in Einfahrt) [tra]; einrammen *v* (Pfähle) [bau]; einschlagen *v* (Pfahl) [wer]; eintreiben *v* [wer]
drive into auffahren *v* [tra]; hineintreiben *v* (hineinschlagen)
drive level Antriebsebene *f* [pow]
drive light Fernlicht *n* [tra]
drive line Antriebsstrang *m* (Motor bis Räder) [tra]
drive motor Antriebsmaschine *f* (Elektromotor) [pow]; Antriebsmotor *m* (Elektromotor) [pow]
drive noise Antriebsgeräusch *n* [aku]
drive nut Antriebsmutter *f* [tec]
drive of machines Antrieb von Maschinen *m* [tec]
drive off austreiben *v* [pow]
drive on befahren *v* (Straße) [tra]
drive out verdrängen *v*
drive pin Treibzapfen *m* [tec]
drive pinion Antriebskegelrad *n* [tec]; Antriebsritzel *n* [tec]
drive power Antriebskraft *f*; Antriebsleistung *f*
drive pulley Antriebsriemenscheibe *f* [tec]; Antriebsrolle *f* [tec]; Antriebstrommel *f* [tec]; Treibscheibe *f* [tec]
drive pulse Steuerimpuls *m*
drive ring Mitnehmerring *m* (Pumpe) [tec]

drive roll Antriebswalze *f* [tec]
drive roller Antriebsrolle *f* [tec]; Transportrolle *f* [wer]
drive round herumfahren *v* [tra]; umfahren *v*
drive screw Schlagschraube *f* [tec]
drive shaft Antriebsachse *f* [pow]; Antriebsstange *f* [pow]; Antriebswelle *f* [pow]; Getriebewelle *f* [tec]; Kardangelenkwelle *f* [mbt]
drive shaft stub Antriebswellenstumpf *m* [tra]
drive shaft tube Gelenkwellenrohr *n* [tec]
drive shaft, flexible - biegsame Welle *f* [tec]
drive shaft, telescopic - Antriebsspindel mit Längenausgleich *f* [tec]
drive side Antriebsseite *f* [tec]
drive spindle Antriebsspindel *f* [tec]
drive sprocket Antriebsrolle *f* [tec]; Triebrad *n* [tec]
drive sprocket wheel Triebrad *n* [tec]
drive station Antriebsstation *f* (im Tagebau) [roh]
drive stem Antriebsspindel *f* [pow]
drive stud, grooved - Kerbnagel *m* [tec]
drive support frame Antriebsrahmen [pow]
drive technology Antriebstechnik *f* [pow]
drive through durchschlagen *v* (mechanisch); durchtreiben *v* (z.B. Nagel) [wer]
drive to ansteuern *v* (ein Ziel) [tra]
drive to zero absteuern *v* [pow]
drive towards ansteuern *v* (ein Ziel) [tra]
drive truck Lastkraftwagen *m* [tra]
drive tumbler Turas *m* (hier: Antriebsrad der Kette) [mbt]; Antriebsrad *n* [tec]
drive tumbler body Triebradkörper *m* [mbt]
drive tumbler shaft Triebradwelle *f* [mbt]
drive unit Antriebsstation *f* [pow]; Antrieb *m* [tra]; Antriebsmodul *m* (Antriebseinheit) [tra]; Fahrantrieb *m* (auch Endantrieb) [tra]; Antriebsaggregat *n* (als Einheit) [pow]
drive up Auffahrt *f* (Hinauffahren) [tra]
drive up heranfahren *v* [tra]
drive wheel Antriebsrad *n* [tec]; Triebrad *n* [tra]
drive, adjusting - Stellantrieb *m* (Regelung) [tec]
drive, current - aktuelles Laufwerk *n* [edv]
drive, elastic - Federantrieb *m* [tec]
drive, electric - elektrische Kraftübertragung *f* [elt]
drive, fluid - hydraulisches Getriebe *n* [tec]
drive, go for a - spazieren fahren *v* [tra]
drive, positive - Direktantrieb *m* [tec]; schlupffreier Antrieb *m* [tec]
driveline Kardanwelle *f* [tra]
driven angetrieben; gesteuert
driven end Abtriebsseite *f* [pow]
driven machine Arbeitsmaschine *f* [wzg]
driven plate Druckplatte *f* [tec]; Mitnehmerscheibe *f* [tec]
driven pulley getriebene Riemenscheibe *f* [tec]
driven roller angetriebene Rolle *f* [tec]; Umleitrolle *f* [tec]
driven shaft Abtriebswelle *f* [tec]; getriebene Welle *f* [tec]
driven wheel Antriebsrad *n* [tec]

driver Antriebswelle *f* [tec]; Fahrer *m* (Fahrzeug) [tra]; Mitnehmer *m* (Nocke) [tra]; Treiber *m* (Signalerzeuger) [edv]; Antriebsaggregat *n* [pow]; Antriebsrad *n* [tec]
driver chuck Mitnehmerscheibe *f* [tec]
driver disc Mitnehmerscheibe *f* [tec]
driver fuel Treiberbrennstoff *m* [met]
driver pin Mitnehmer *m* [tec]
driver ring Mitnehmer *m* [tec]
driver wheel Mitnehmerrad *n* (z.B. Rolltreppe) [mbt]
driver's booth Fahrerkabine *f* [tra]
driver's cab Führerstand *m* [tra]; Fahrerhaus *n* [tra]
driver's license Führerschein *m* [tra]
driver's mate Beifahrer *m* (auf Lkw) [tra]
driver's seat Fahrersitz *m* (Pkw, Lkw) [tra]; Führersitz *m* [tra]
driver's stand Führerstand *m* [tra]
driverless führerlos
driveway Hauseinfahrt *f* [tra]
driving Führung *f* (Fahrzeug) [tra]
driving arm Antriebsarm *m* [tec]
driving axle Antriebsachse *f* [tec]
driving belt Antriebsriemen *m* [tec]; Transmissionsriemen *m* [tec]
driving chain Antriebskette *f* [tec]
driving clutch Antriebskupplung *f* [tra]
driving crank Antriebskurbel *f* [tec]; Treibkurbel *f* [tec]
driving disc Antriebsscheibe *f* [tec]
driving dog Mitnehmer *m* [tec]; Drehherz *n* [tec]
driving element Antriebselement *n*
driving end Antriebsseite *f*
driving engine Antriebsmaschine *f* [pow]
driving fit Festsitz *m* (Passung) [tec]
driving force Antriebskraft *f*
driving frame Fahrrahmen *n* [tra]
driving gear Antrieb *m* [pow]; Antriebsrad *n* [pow]
driving group Antriebsgruppe *f* [pow]
driving horse power Antriebsleistung *f*
driving journal Antriebszapfen *m* [pow]
driving key Mitnehmerkeil *m* [tec]
driving licence Fahrerlaubnis *f* [tra]
driving link Antriebsglied *n* (Kette) [tec]; treibendes Kettenglied *n* (Rostkette) [pow]
driving machine Antriebmaschine *f* [pow]
driving mechanism Antriebswerk *n* [tec]; Laufwerk *n* [edv]
driving member Antriebsglied *n* [tec]
driving members Antriebsteile *pl* [pow]
driving motor Antriebsmotor *m* [pow]
driving nut Mitnehmermutter *f* [tec]
driving off Austreiben *n* [che]
driving on the left Linksverkehr *m* [tra]
driving out Verdrängung *f*
driving package Antriebsaggregat *n* [tec]
driving parts Antriebsteile *pl* [pow]
driving pin Mitnehmerstift *m* [mbt]; Treibzapfen *m* [tec]
driving pinion Antriebskegelrad *n* [tec]; Antriebsritzel *n* [tec]; Triebzahnrad *n* [tec]
driving plate Mitnehmerscheibe *f* [tec]
driving power Antriebskraft *f*; Antriebsleistung *f*
driving pulley Antriebsrolle *f* (Riementrieb) [tec]; Antriebsscheibe *f* (Riementrieb) [tec]; treibende Riemenscheibe *f* [tec]
driving pulse Treiberimpuls *m*
driving punch Ausschlagdorn *m* [wzg]
driving ring treibender Ring *m* (Kugelmühle) [tec]
driving rods Rammgestänge *n* [bau]
driving roll Antriebswalze *f* [tec]
driving seat Führersitz *m* [tra]
driving shaft antreibende Welle *f* [tec]; Antriebswelle *f* [tec]; Hauptwelle *f* [tec]; Hauptwelle *f* [tec]
driving slip regulation Antriebsschlupfregelung *f* [tec]
driving speed Drehzahl *f* (des Motors) [tra]
driving sprocket vordere Rostwelle *f* [pow]; Antriebsrad *n* [pow]
driving turbine Antriebsturbine *f* [pow]
driving unit Antriebsmotor *m* (Antriebseinheit) [tra]
driving wheel treibendes Kettenrad *n* [tec]; Treibrad *n* [tec]
driving wheels Antriebsräder *pl* [tra]
driving worm Antriebsschnecke *f* [tec]
driving, type of - Antriebsart *f* [pow]
driving-in Einschlagen *n*
driving-plate pin Mitnehmerstift *m* [tec]
drop Abnahme *f* (Verminderung); Senkung *f* (Abfallen); Abfall *m* (Senkung) [bau]; Absturz *m* (Gefälle) [bod]; Fall *m* (Rückgang); Schwund *m*; Tropfen *m*; Gefälle *n* (Fluss, Rohrleitungen)
drop abfallen *v* (herunterfallen); abfallen *v* (Spannung) [elt]; abnehmen *v* (verringern); absenken *v*; absinken *v*; abwerfen *v*; fallen *v* (sinken); fallen lassen *v*; sickern *v* [was]; sinken *v* (absinken); stürzen *v*; tropfen *v* (z.B. Wasser tropft herunter)
drop a perpendicular ein Lot fällen *v*
drop anchor Ankerwerfen *n* [tra]
drop anchor ankern *v* [tra]
drop arm Lenkspurhebel *m* [tra]; Lenkstockhebel *m* [tra]
drop ball Fallbirne *f* (Abbruch) [mbt]; Fallkugel *f* (Knäpperarbeit) [mbt]; Knäpperkugel *f* (fällt auf Stein) [mbt]
drop by drop tropfenweise
drop centre rim Tiefbettfelge *f* [tra]
drop collector Tropfenfänger *m* [prc]
drop condensation Tropfenkondensation *f* [pow]
drop counter Tropfenzähler *m* [any]
drop door Klappe *f* (Ofen)
drop feed Tropfölschmierung *f* [tec]
drop forge Gesenkschmiede *f* [wer]
drop frame Niederrahmen *m* [tra]
drop in eintröpfeln *v*
drop lubrication Tropfenschmierung *f* [tec]
drop of potential Potentialabfall *m* [elt]
drop out ausfallen *v* (ausscheiden)
drop plate Ladebrücke *f* (an Flachwagen) [tra]

drop shield Tropfkante *f* [prc]
drop side klappbare Wand *f* (am Güterwagen) [tra]; Klappwand *f* (am Güterwagen) [tra]
drop weight Fallgewicht *n* [phy]
drop wire Einführungsleitung *f* [elt]
drop, height of - Fallhöhe *f* [phy]
drop-bottom bucket Fallbodenbehälter *m* [mbt]
drop-down menu Pull-down-Menü *n* [edv]
drop-forged gesenkgeschmiedet [wer]
drop-forging Gesenkschmieden *n* [wer]; Gesenkschmiedestück *n* [wer]
drop-hammer Schmiedehammer *m* [wzg]
drop-head coupe Kabriolett *n* [tra]
drop-light Hängelampe *f* [elt]
drop-proof tropfwassergeschützt [elt]
droplet Tröpfchen *n*
droplet separator Tropfenabscheider *m* [prc]
dropping ball viscometer Kugelfallviskosimeter *n* [any]
dropping cut Fallschnitt *m* (im Tagebau)
dropping lubrication Tropfenschmierung *f* [tec]
dropping point Tropfpunkt *m* [met]
dropping resistor Vorschaltwiderstand *m* [elt]; Vorwiderstand *m* [elt]
dross Krätze *f* [rec]; Metallhüttenschlacke *f* [rec]; Metallschlacke *f* [rec]; Schlacke *f* [rec]; Abschaum *m* (Schlacke) [roh]; Gekrätz *n* [rec]; Metallgekrätz *n* [rec]
dross of pig iron Roheisenschlacke *f* [rec]
drosses, black - schwarze Krätze *f* (Metallurgie) [rec]
drossy schlackenartig [rec]
drown ertränken *v*; ertrinken *v*
drug Medizin *f* (Medikament) [hum]; Medikament *n* [hum]
drum Druckwalze *f*; Rolle *f* (Trommel); Tonne *f* (Blechtonne); Trommel *f*; Walze *f* (Trommel) [tec]; Behälter *m* (Chemie-) [prc]; Fass *n* (Öl-, Benzin-)
drum axle Trommelachse *f* [tra]
drum block Trommelblock *m* [tec]
drum brake Trommelbremse *f* [tra]
drum brake lining Backenbremsfutter *n* [tra]
drum clamp Fassklammer *f*
drum clamp, rotating - drehbare Fassklammer *f*
drum connecting tube Trommelverbindungsrohr *n* [pow]
drum controller Walzenschalter *m* [tec]
drum drier Trommeltrockner *m* [prc]; Walzentrockner *m* [prc]
drum encased gekapselt
drum end, dished - geкümpelter Boden *m* (Trommel)
drum feed piping Speiseleitung *f* [pow]
drum filter Trommelfilter *n* [prc]
drum for industrial waste Industriemüllfass *n* [rec]
drum for poisonous substances Fass für giftige Stoffe *n*
drum for radioactive waste Fass für radioaktiven Abfall *n* [rec]
drum internals Trommeleinbauten *pl* [pow]

drum mill Trommelmühle *f* [prc]
drum mixer Trommelmischer *m* [prc]; Zylindermischer *m* [prc]
drum motor Trommelmotor *m* [elt]
drum pelletizer Pelletiertrommel *f* [prc]
drum pressure Trommeldruck *m* [pow]
drum pump Fasspumpe *f* [prc]
drum reclaimer Trommelaufnahmegerät *n* [roh]
drum rotor Trommelläufer *m* [pow]
drum saddle Trommelsattel *m* [pow]
drum screen Trommelsieb *n* [was]
drum shaft Trommelwelle *f* [tra]
drum stage Trommelstufe *f* [pow]
drum storage Trommelspeicher *m* [edv]
drum type blade Trommelschaufel *f* [pow]
drum type surface attemperator innenliegender Kühler *m* [pow]
drum water Trommelwasser *n* [pow]
drum weir Trommelwehr *n* (Wasserbau) [was]
drum with removable head Deckelbehälter *m* [prc]
drum-end disc Trommelboden *m* [roh]
drum-type drier Trommeltrockner *m* [prc]
drum-type idler Scheibenleitrad *n* [tec]
drum-type turbine Trommelturbine *f* [pow]
drum-type washing machine Trommelwaschmaschine *f* [elt]
dry dürr (trocken); trocken
dry abtrocknen *v* [prc]; austrocknen *v*; dörren *v*; eintrocknen *v*; trocknen *v*
dry air Trockenluft *f* [air]
dry area kapillarbrechende Schicht *f* [bod]
dry as dust staubtrocken
dry ash removal trockene Entaschung *f* (Kohlekraftwerk) [pow]; trockener Schlackenabzug *m* [pow]
dry batching Trockendosierung *f* [bau]
dry battery Trockenbatterie *f* [elt]
dry bearing Trockenlager *n* [tec]
dry blend Dryblend *n* [che]
dry bottom furnace Feuerung mit trockener Entaschung *f* [pow]
dry cell Trockenbatterie *f* [elt]; Trockenelement *n* [elt]
dry cell battery Trockenbatterie *f* [elt]; Trockenelement *n* [elt]
dry chemical fire extinguisher Trockenfeuerlöscher *m*
dry cleaning Trockenreinigung *f*; Chemisch-Reinigen *n*
dry cleaning oil Putzöl *n* [met]
dry cleanser Trockenreiniger *m* [met]
dry colour Trockenfarbe *f* [che]
dry distillation Trockendestillation *f* [prc]
dry dock Trockendock *n* [tra]
dry dressing Trockenbeize *f* [met]
dry feed Trockenfutter *n* [far]
dry filter Trockenfilter *n* [prc]
dry grinding Trockenmahlung *f* [prc]; Trockenschleifen *n* [wer]

dry ice Kohlensäureschnee *m* [che]; Trockeneis *n* (Kohlendioxid) [met]
dry in eintrocknen *v*
dry joint kalte Lötstelle *f*; Kaltlötung *f* [met]
dry matter Trockenmasse *f* [any]; Trockensubstanz *f* [met]
dry measure Hohlmaß *n* (Holz)
dry operation protection Trockenlaufschutz *m* [tra]
dry out austrocknen *v*
dry period Trockenperiode *f* [wet]
dry pitch Hartpech *n* [met]
dry plate rectifier Trockengleichrichter *m* [elt]
dry process trockenes Verfahren *n* [prc]
dry residue Trockenrückstand *m* [rec]
dry rot Trockenfäule *f* [bio]
dry run Probelauf *m* (nicht unter Last); Trockenlauf *m* (der Lamellenbremse) [tra]
dry run, make a - trocken durchüben *v* (Generalprobe) [any]
dry seal Trockendichtung *f* [tec]
dry sifting Trockensiebung *f* [prc]
dry sludge Trockenschlamm *m* [rec]
dry sorption plant Trockensorptionsanlage *f* [prc]
dry steam Trockendampf *m* [pow]
dry substance Trockensubstanz *f* [met]
dry toner Tonerpulver *n* (Drucker) [edv]
dry transformer Trockentransformator *m* [elt]
dry treatment Trockenaufbereitung *f* [prc]
dry up ausdörren *v*; versiegen *v*; vertrocknen *v*
dry water flow Abwassermenge *f* (ohne Regenwasser) [was]
dry weather road Trockenwetterstraße *f* [bau]
dry weight Trockengewicht *n*
dry wood getrocknetes Holz *n*
dry, absolutely - absolut trocken [phy]
dry-additive method Trockenadditiv-Verfahren *n* [air]
dry-additive process Trockenadditiv-Verfahren *n* [air]
dry-blend mixer Taumelmischer *m* [prc]
dry-bond adhesive Haftkleber *m* [met]; Kontaktkleber *m* [met]
dry-bottom boiler Staubfeuerung mit trockener Entaschung *f* [pow]
dry-bulb thermometer Normalthermometer *n* [any]
dry-clean reinigen *v* (chemisch reinigen)
dry-cleaning chemische Reinigung *f*
dry-disc joint Trockengelenk *n* [tra]
dry-fluid coupling Fliehkraftkupplung *f* [tec]
dry-out Austrocknen *n*
dry-seal pipe thread selbstdichtendes Rohrgewinde *n* [tec]
dryer (siehe: drier)
drying Austrocknung *f*; Trocknung *f* [prc]; Abtrocknen *n* [prc]; Austrocknen *n*; Eintrocknen *n*; Trocknen *n* [prc]
drying agent Sikkativ *n* [met]; Trockenmittel *n* [met]; Trocknungsmittel *n* [met]
drying apparatus Trockner *m* [prc]

drying area Trockenplatz *m* [bau]
drying bay Trockenplatz *m* [bau]
drying chamber Trockenkammer *f* [prc]; Trockenkasten *m* [prc]; Trockenraum *m*
drying cylinder Trockentrommel *f* [prc]
drying drum Trockentrommel *f* [prc]
drying duct terminal unit Luftmischkammer *f* [air]
drying equipment Trocknungsanlage *f* [prc]
drying facility Trockenanlage *f* [prc]; Trocknungsanlage *f* [prc]
drying furnace Trocknungsofen *m* [prc]
drying hood Trockenhaube *f* [elt]
drying house Darrkammer *f* [prc]
drying kiln Trockenofen *m* [prc]
drying nozzle Trocknungsdüse *f* [tra]
drying oven Trockenkammer *f* [prc]; Darrofen *m* [prc]; Trockenofen *m* [prc]; Wärmeschrank *m* [prc]
drying period Trockenzeit *f* (Trocknungsdauer) [prc]
drying plant Trocknungsanlage *f* [prc]
drying room Trockenkammer *f* [prc]; Trockenraum *m*
drying stove Trockenofen *m* [prc]
drying time Trockenzeit *f* (Trocknungsdauer) [prc]
drying tower Trockenturm *m* [prc]
drying-out period Trockenfeuerzeit *f* [pow]
drying-out the refractory setting Innentrocknung des Feuerraumes *f* [pow]
dryness Dürre *f* [far]; Trockenheit *f*
dryness of steam Dampftrockenheit *f*
dual binär; doppelt; dual
dual beam Zweistrahl *m* [elt]
dual carriageway road Straße mit getrennten Fahrbahnen *f* [tra]
dual charger Doppelladegerät *n* [elt]
dual circuit Zweikreis *m* [tra]
dual control Doppelsteuerung *f* [pow]; doppelte Betätigung *f*
dual cycle reactor Zweikreisreaktor *m* (Kerntechnik) [pow]
dual duct system Zweikanalsystem *n* [bau]
dual fuel burner kombinierter Brenner *m* [pow]
dual grouser track pad Zweistegplatte *f* (für Ladeschaufel) [mbt]
dual language zweisprachig (Buch in 2 Sprachen)
dual number Dualzahl *f* [mat]
dual pump Doppelpumpe *f* [prc]
dual system Dualsystem *n* [mat]
dual system disposal management duale Abfallwirtschaft *f* [rec]
dual tyre Zwillingsbereifung *f* [tra]
dual worm Doppelschnecke *f*
dual-lane zweispurig
dual-pressure extraction turbine Zweidruckentnahmeturbine *f* [pow]
dual-purpose unit Zweizweckgerät *n* [mbt]
dub überspielen *v* (Kassetten überspielen) [edv]
dubbing Überspielen *n* (das Überspielen von Kassetten) [edv]
dubious range Unsicherheitsbereich *m* [elt]
duck tauchen *v*

duck tail Schüttschräge *f* (am Muldenkipper) [mbt]
ducket Aussichtskuppel *f* (auf Waggon) [tra]
duct Leitung *f* (Rohrleitung) [was]; Röhre *f*; Rohrleitung *f* [prc]; Durchlass *m* (z.B. Rohr) [was]; Kanal *m* [was]; Kanal *m* (Kabel) [elt]; Schacht *m* (Lüftung); Stollen *m* [roh]; Leitungsrohr *n*; Rohr *n* (z.B. für Lüftung)
duct bolt Durchführungsbolzen *m* [tec]
duct cover Kanaldeckel *m* [was]
duct system Luftkanalsystem *n* [air]
duct vanes Lenkbleche *pl* (im Blechkanal) [pow]
ductile biegsam; dehnbar (streckbar); geschmeidig (dehnbar) [met]; zäh (Werkstoff) [met]
ductile fracture Verformungsbruch *m* [met]
ductile rupture Gleitbruch *m* [met]
ductility Dehnbarkeit *f* (Material) [met]; Formbarkeit *f* (z.B. warmer Stahl) [met]; Geschmeidigkeit *f* [met]; Plastizität *f* [met]; Verformbarkeit *f* [met]; Zähigkeit *f* (Werkstoff) [met]
ductility limit Dehnungsgrenze *f* [met]
ductilometer Duktilometer *n* [any]
due fällig
due for demolition abbruchreif
due time, in - termingerecht
due to infolge
dug earth Abtrag *m* [bod]
dug out earth Aushub *m* (Ausheben) [mbt]
dull dumpf [aku]; glanzlos; matt (glanzlos); stumpf (Farbe); trüb (matt)
dull finish Mattanstrich *m*; Mattglanz *m*
dulling agent Mattierungsmittel *n* [met]
dullness Glanzlosigkeit *f*; Trübe *f* (Mattheit); Trübung *f* (Farben)
dumb barge Schute *f* (ohne Antrieb) [tra]; Zille *f* (ohne Antrieb) [tra]; Kahn *m* (ohne Antrieb) [tra]
dummy Leerpackung *f*; Schaupackung *f*; Füllstück *n*
dummy assembly Blindelement *n* [tec]
dummy block Blindplatte *f* [tec]; Vorlegescheibe *f* [tec]
dummy cylinder Steuerzylinder *m* (verteilt Luft) [tra]
dummy file Leerdatei *f* (Software) [edv]
dummy instruction Leerbefehl *m* (Software) [edv]
dummy nozzle Blindnippel *m* [tec]; Blindstutzen *m* [tec]
dummy panel Blindplatte *f* [tec]
dummy piston Entlastungskolben *m* (Ausgleich) [pow]
dummy plate Spülplatte *f* (Hydraulik) [tec]
dummy plug Blindstecker *m* [elt]; Blindstopfen *m* [tec]
dummy rivet Blindniet *m* [tec]; Heftniet *m* [tec]
dummy shaft Messwelle *f* [any]
dummy sleeve Leerlaufbuchse *f* [tec]
dummy statement Leeranweisung *f* (Software) [edv]
dump Füllstrecke *f* (für Verfüllmaterial) [roh]; Halde *f* (Deponie) [rec]; Kippe *f* (Deponie) [rec]; Mülldeponie *f* (normale Kippe) [rec]; Müllhalde *f* [rec]
dump abkippen *v* [rec]; abladen *v*; abwerfen *v*;
auskippen *v* [mbt]; einleiten *v* (hineinleiten) [rec]; kippen *v* (auskippen, auch beseitigen); verklappen *v* (verklappen) [rec]; versenken *v*
dump area Deponiefläche *f* [rec]
dump at sea verklappen *v* (auf See) [rec]
dump capacity Deponiekapazität *f* [rec]
dump container Deponiebehälter *m* [rec]
dump degassing Deponieentgasung *f* [rec]
dump gas Deponiegas *n* [rec]
dump gas utilization Deponiegasnutzung *f* [rec]
dump out auskippen *v* [rec]; ausschütten *v*
dump pit Abfallgrube *f* (Müllkippe, Deponie) [rec]
dump place Abkippstelle *f* [rec]
dump sealing Abdichtung von Deponien *f* [rec]
dump site Abkippstelle *f* [rec]; Deponie *f* [rec]; Abkippplatz *m* [rec]
dump slag Haldenschlacke *f* [rec]
dump soil Deponieboden *m* [rec]
dump truck Dumper *m* (Kipper, Muldenkipper) [mbt]; Kipper *m* (Lastkraftwagen) [tra]; Muldenkipper *m* [mbt]; Schwerlastkraftwagen *m* [tra]
dump valve Ablassventil *n* [was]
dump wagon Kippwagen *m* [mbt]
dump waste Deponieabfall *m* [rec]
dumped fill Kippe *f* (Deponie) [rec]
dumped material geschüttetes Material *n*
dumper Kipper *m* [tra]; Motorkipper *m* [mbt]; Muldenkipper *m* (straßen-, geländegängig) [mbt]
dumper truck Kippfahrzeug *n* [tra]
dumping Abladung *f* [rec]; Ablagerung *f* (Deponie) [rec]
dumping angle Schüttwinkel *m*
dumping body Kippvorrichtung *f* (Kippermulde) [mbt]
dumping centre Entsorgungszentrum *n* [rec]
dumping clearance Abkipphöhe *f* [mbt]
dumping equipment Verkippungsgerät *n* [mbt]
dumping grate Ausbrennrost *m* [pow]; Schlackenrost *m* (Feuerung) [pow]
dumping ground Müllkippe *f* [rec]; Abkippplatz *m* [rec]; Abladeplatz *m* [rec]; Lagerplatz *m* (Abfall) [rec]; Schuttabladeplatz *m* [rec]
dumping height Abkipphöhe *f* [mbt]; Entladehöhe *f* [mbt]; Schütthöhe *f* [mbt]
dumping lorry Kipplastwagen *m* [tra]
dumping place Abladestelle *f* [rec]; Abladeplatz *m* [rec]; Entsorgungsort *m* [rec]
dumping technology Deponietechnik *f* [rec]
dumping yard Schuttabladeplatz *m* [rec]
dumpsite Mülldeponie *f* [rec]
dun fahl
duo-cone seal Gleitringdichtung *f* [tec]
duo-cone seal ring Gleitringdichtung *f* [tec]
duplex doppelt
duplex apartment Zweifamilienhaus *n* [bau]
duplex apartment Doppelhaus *n* [bau]
duplex bearing Doppellager *n* [tec]
duplex cable Doppelkabel *n* [elt]

duplex crank Doppelkurbel *f* [tec]
duplex escapement Duplex-Hemmung *f* (Uhr) [tec]
duplex intercommunication system
 Gegensprecheinrichtung *f* [elt]
duplex metal Bimetall *n* [met]
duplex outlet Doppelsteckdose *f* [elt]
duplex pump Doppelzylinderpumpe *f* [prc]
duplex roller chain Zweifachrollenkette *f* [mbt]
duplex system Gegensprechanlage *f* [edv]
duplex-chain Duplexkette *f* [tec]
duplicate Kopie *f*; Vervielfältigung *f* (Kopie); Durchschlag *m* (Kopie); Doppelstück *n*; Duplikat *n*; Ersatzteil *n*
duplicate duplizieren *v*; kopieren *v*
duplicate main Doppelleitung *f* [elt]
duplicate pipe line Doppelleitung *f* [elt]
duplicate plate Auswechselplatte *f*
duplicate test Gegenprobe *f* [any]
duplicate wire Doppelleitung *f* [elt]
duplicating apparatus Vervielfältigungsapparat *m*
duplicating lathe Kopierdrehmaschine *f* [wer]
duplication Duplizierung *f*
durability Beständigkeit *f* (Haltbarkeit, Widerstandsfähigkeit); Dauerhaftigkeit *f* (Haltbarkeit); Haltbarkeit *f* (Widerstandsfähigkeit); Langlebigkeit *f* (Dauerhaftigkeit); Lebensdauer *f*; Bestand *m* (Dauerhaftigkeit)
durable beständig (haltbar); dauerhaft (haltbar); fest (beständig); haltbar (nicht verschleißend); langlebig (dauerhaft, robust); permanent; stabil (haltbar)
durable, be - halten *v* (bleiben)
duran glass Duranglas *n*
duration Dauer *f* (Zeitraum); Länge *f* (Zeit) [phy]; Zeitdauer *f*; Bestand *m* (Fortbestehen)
duration of a period Periodendauer *f*
duration of action Einwirkungsdauer *f*
duration of combustion Brenndauer *f*; Brenndauer *f*
duration of fermentation Gärungszeit *f* [bio]
duration of impulse Impulsdauer *f* [phy]
duration of life Lebensdauer *f*
duration of test Versuchsdauer *f* [any]
during the time im Zeitraum (von ... bis ...)
durometer Härteprüfer *m* [any]; Härteprüfgerät *n* [any]
duroplast Duroplast *m* (Kunststoff) [met]
duroplastic duroplastisch (Kunststoff) [met]
duroplastic Hartplastik *f* [met]
dusk Dämmerung *f*
dusk-dawn switch Dämmerungsschalter *m* [elt]
dust Abrieb *m* (Staub); Staub *m*
dust abstauben *v*; bestäuben *v*; bestäuben *v*; stauben *v* [air]
dust accumulation Staubablagerung *f*
dust analysis Staubanalyse *f* [any]
dust and grit arrestor Entstauber *m* (für Staub, grobes Korn) [pow]
dust boot Staubmanschette *f* [tra]
dust burden Staubbeladung *f* [air]; Staubbelastung *f* [air]; Staubgehalt *m* (in Gas) [air]

dust cap Staubkappe *f* [tra]
dust catcher Exhaustor *m*
dust coal Staubkohle *f* [roh]
dust collection Staubabscheidung *f* [air]
dust collector Staubabscheider *m* [air]; Staubfänger *m* [air]; Staubsammler *m* [tra]
dust collector efficiency Abscheidegrad *m* (E-Filter) [air]
dust concentration Staubkonzentration *f* [air]
dust content Staubgehalt *m* [air]
dust cover Dichtungskappe *f* (gegen Staub) [tec]; Staubschutzhaube *f*
dust deposit Staubablagerung *f*
dust discharge Staubauswurf *m* [air]
dust emission Staubemission *f* [air]; Staubauswurf *m* [air]
dust explosion Staubexplosion *f* [che]
dust exposure Staubbelastung *f* [air]
dust fall-out Staubniederschlag *m*
dust filter Staubfilter *n* [air]
dust formation Staubbildung *f* [air]; Staubentwicklung *f* [air]
dust guard Staubschutz *m*
dust hood Rostabdeckplatte *f* [pow]
dust loading Staubbeladung *f* [air]; Staubbelastung *f* [air]
dust mask Staubmaske *f* (Arbeitssicherheit); Staubschutzmaske *f* (Arbeitssicherheit)
dust meter Staubmessgerät *n* [any]
dust nuisance Staubbelästigung *f* [air]
dust of the street Straßenstaub *m* [rec]
dust off abstauben *v*
dust particle Schmutzteil *n*; Staubpartikel *n*; Staubteilchen *n*
dust precipitation Entstaubung *f* [air]
dust precipitation plant Entstaubungsanlage *f* [air]
dust precipitator Abscheider *m* (Staub) [air]
dust prevention Staubverhütung *f*
dust prevention measures Staubbekämpfung *f* [air]
dust protection Staubschutz *m*
dust removal Entstaubung *f* [air]; Staubabsaugung *f* [air]; Entstauben *n* [air]
dust removal from waste gas Abgasentstaubung *f* [air]
dust removal measure Entstaubungsmaßnahme *f* [air]
dust removal plant Entstaubungsanlage *f* [air]
dust remover Entstauber *m* [air]
dust road Feldweg *m* [tra]; Landweg *m* [tra]
dust sampler Staubprobenentnahme *f* (Entstaubung) [any]
dust separation Staubabscheidung *f* [air]
dust separator mechanischer Filter *m* [air]; Staubabscheider *m* [air]
dust shield Staubschutz *m*
dust storm Staubsturm *m* [air]
dust treatment Staubaufbereitung *f* [air]
dust, abrasive - Schleifstaub *m* [rec]
dust, airborne - Flugstaub *m* [air]

dust, free from - entstauben *v* [air]
dust-cart driver Müllfahrer *m* [rec]
dust-free staubfrei
dust-free room Reinraum *m* (Produktion) [wer]
dust-proof staubdicht; staubfrei machen; staubgeschützt
dust-tight staubdicht
dustbin Abfalltonne *f* [rec]; Mülltonne *f* [rec]; Abfallbehälter *m* [rec]; Abfalleimer *m* [rec]; Kehrichteimer *m* [rec]; Küchenabfallbehälter *m* [rec]; Müllbehälter *m* [rec]; Mülleimer *m* [rec]; Müllkübel *m* [rec]; Staubsack *m* [rec]
dustbin chamber Müllkübelschrank *m* [rec]
dustbin, small - Abfalleimer *m* [rec]
dustcar Müllabfuhrwagen *m* [rec]
dusting Bestäubung *f*; Staubbildung *f* [air]
dusting agent Bestäubungsmittel *n*
dustless staubfrei
dustman Müllmann *f* [rec]
dustpan Schaufel *f* (Kehrschaufel)
dusty staubförmig; staubig
dusty grey staubgrau (RAL 7037) [nor]
dusty waste Grobstäube *pl*
duties of toleration Duldungspflichten *pl* [jur]
duty Aufgabe *f* (Verpflichtung); Belastung *f* (Verbindlichkeit) [eco]; Pflicht *f* [jur]; Zoll *m*
duty at the fair Messedienst *m* (z.B. für Transport)
duty cycle Einschaltdauer *f*; Arbeitszyklus *m*
duty for disposal Entsorgungspflicht *f* [rec]
duty of care Pflegepflicht *f* [jur]; Sorgfaltspflicht *f*
duty of compulsory registration Anmeldepflicht *f* [jur]
duty of conservation Schutzpflicht *f* [jur]
duty of declaration Deklarationspflicht *f* [jur]
duty of explanation Darlegungspflicht *f* [jur]
duty of inclusion Beiziehungspflicht *f* [jur]
duty of information Informationspflicht *f*
duty of inspection Prüfungspflicht *f* [jur]
duty of notification Anzeigepflicht *f* [jur]
duty of packaging Verpackungspflicht *f* [jur]
duty of proof Nachweispflicht *f* [jur]
duty of protection Schutzpflicht *f* [jur]
duty of recording Aufzeichnungspflicht *f*
duty of recycling Verwertungspflicht *f* [jur]
duty of rehabilitation Sanierungspflicht *f*
duty of supervision Aufsichtspflicht *f*
duty of waste disposal Abfallbeseitigungspflicht *f* [jur]
duty stroke Arbeitsweg *m* (Hub der Feder) [pow]
duty to take back Rücknahmepflicht *f* [jur]
duty, fail in one's - Pflicht verletzen [jur]
dwell time Verweilzeit *f* [prc]
dwelling Wohnung *f* [bau]
dwelling house Wohnhaus *n* [bau]
dyadic binär; dual
dye Farbe *f* (Farbstoff) [met]; Farbstoff *m* [met]; Färbemittel *n* [che]
dye einfärben *v* (Material); färben *v*
dye again nachfärben *v*

dye factory Farbenfabrik *f*
dye house Färberei *f*
dye industry Farbenindustrie *f*
dye penetrant test Farbeindringprüfung *f* [any]
dye remover Entfärber *m* [che]
dye solution Farblösung *f* [met]
dye test Farbenprobe *f* [any]
dye thoroughly durchfärben *v* [wer]
dye-works Färberei *f*; Farbenfabrik *f*
dyed eingefärbt
dyeing Färbung *f*; Färben *n*
dyeing wood Farbholz *n* [met]
dyestuff Farbstoff *m* [met]; Färbungsmittel *n* [che]
dyestuff industry Farbstoffindustrie *f* [che]
dyestuff, natural - Naturfarbstoff *m* [met]
dyewood Farbholz *n* [met]
dying Einfärbung *f*
dying away Ausschwingvorgang *m*
dyke Abdämmung *f* (Ufer) [bau]; Damm *m* ((B)) [was]; Deich *m* ((B)) [was]; Wall *m* (Deich, Damm) [bau]
dyke eindämmen *v* [was]; eindeichen *v* [was]
dyke sluice Siel *m* [was]
dyke, artificial - künstlicher Damm *m*
dyking Eindämmung *f*
dynamic dynamisch
dynamic packing dynamische Dichtung *f* [tec]
dynamic surface bewegte Fläche *f* (an Dichtungen) [tec]
dynamic viscosity dynamische Viskosität *f* [phy]; dynamische Zähigkeit *f* [phy]
dynamics Dynamik *f* [phy]
dynamo Dynamomaschine *f* [elt]; Lichtmaschine *f* (Gleichstrom-) [elt]; Dynamo *m* [elt]; Generator *m* [elt]
dynamo battery ignition Lichtbatteriezünder *m* [tra]
dynamo machine Lichtmaschine *f* [elt]
dynamo magneto ignition Lichtmagnetzünder *m* [elt]
dynamo sheet Dynamoband *n* [elt]; Dynamoblech *n* [met]
dynamometer Kraftmesser *m* [phy]

E

e-modulus E-Modul *m* [met]
e.g. z.B. (zum Beispiel)
ear Henkel *m*; Gehör *n* (Organ) [hum]; Öhr *n* (der Nadel); Ohr *n* [hum]
ear protection Schallschutzmittel *n* (Arbeitssicherheit) [aku]
ear-muffs Ohrenschützer *pl* (bei lauter Arbeit) [aku]
ear-piece Hörmuschel *f* [aku]; Muschel *f* (Hörmuschel) [edv]
ear-shot Hörweite *f* [aku]
ear-splitting ohrenbetäubend [aku]
earliest possible nächstmöglich
early frühzeitig
earmark for a specific purpose Zweckbindung *f*
earn erwerben *v* (verdienen) [eco]; verdienen *v* [eco]
earning capacity Erwerbsfähigkeit *f* [eco]
earnings Verdienst *n* (Einkommen) [eco]
earphone Kopfhörer *m* [elt]
earth Erde *f* (Erdreich); Erde *f* (Welt); erden *f* ((B)) [elt]; Erdung *f* ((B)) [elt]; Masse *f* (Erdung) [elt]; Boden *m* (Erdboden) [bod]; Erdball *m* [geo]; Erdboden *m*; Grund *m* (Boden) [bod]; Erdreich *n* [bod]
earth auger drive Erdbohrgetriebe *n* [mbt]
earth bank Erddamm *m* [bau]; Wall *m* [mbt]
earth bar Erdungsschiene *f* [elt]; Erdungsstab *m* [elt]
earth brush Erdungsbürste *f* [elt]
earth cable Masseleitung *f* [elt]; Massekabel *n* [elt]
earth clamp Erdklammer *f* (zum Schutzerden) [elt]
earth compaction Erdstoffverdichtung *f* [bod]
earth conductor Erdleiter *m* [elt]
earth conductor, equipment - Geräteerdung *f* [elt]
earth connection Erdableitung *f* ((B)) [elt]; Erdleitung *f* [elt]; Erdung *f* [elt]; Erdverbindung *f* [elt]
earth contact Schutzkontakt *m* [elt]
earth dam Erdwall *m* [bod]
earth dam embankment Erdkörper *m* [bau]
earth depot Erdlager *m*
earth displacement Erdbewegungsarbeiten *pl* [mbt]
earth excavation Erdaushub *m* [mbt]; Bodenausschachtungen *pl* [bod]
earth fault Erdschluss *m* (unerwünschte Masseleitung) [elt]; Körperschluss *m* ((B)) [elt]
earth fault protection Erdschlussschutz *m* (gegen Erdschluss) [elt]
earth fill Erdaufschüttung *f* [bau]
earth fill dam Erdschüttdamm *m* [bau]
earth filter Erdfilter *m*
earth gas field Erdgasfeld *n* [roh]
earth heat Erdwärme *f* [geo]
earth leakage circuit breaker Fehlerstrom-Schutzschalter *m* [elt]
earth leakage coil Erdschlussspule *f* [elt]

earth leakage monitor Isolationswächter *m* [elt]
earth leakage protection Erdschlussschutz *m* [elt]
earth lug Erdungsflansch *m* [elt]
earth magnetic erdmagnetisch [phy]
earth magnetic field Erdmagnetfeld *n* [phy]
earth magnetism Erdmagnetismus *m* [phy]
earth mass Erdmasse *f* [geo]
earth metal Erdalkalimetall *n* [che]
earth movement Erdstoffbewegung *f* [mbt]; Erdbewegungsarbeiten *pl* [mbt]
earth moving and road construction Tiefbau *m* [bau]
earth pigment Erdfarbe *f* [min]; Erdpigment *n* [min]
earth plate Erdungsplatte *f* [elt]
earth pressure Bodendruck *m* (horizontal) [bod]
earth radiation Erdstrahlung *f* [bod]
earth resistance meter Erdungsmesser *m* [any]
earth road Erdstraße *f* [tra]; Piste *f* [tra]
earth structure Erdbauwerk *n* [bau]
earth terminal Erdklemme *f* (zum Schutzerden) [elt]; Erdungsklemme *f* [elt]; Erdungsanschluss *m* [elt]
earth tremor Erderschütterung *f* [geo]
earth wire Erdungsleitung *f* [elt]; Erdleiter *m* [elt]
earth work Erdbau *m* [mbt]
earth's atmosphere Erdatmosphäre *f*
earth's axis Erdachse *f* [geo]
earth's core Erdkern *m* [geo]
earth's crust Erdkruste *f* [bod]
earth's gravitational pull Erdanziehung *f* [phy]
earth's population Erdbevölkerung *f*
earth's shell Erdmantel *m* [geo]
earth, surface of the - Erdoberfläche *f*
earth-fault check Erdschlusskontrolle *f* [elt]
earth-fault test Erdschlusskontrolle *f* [elt]
earth-free erdfrei (schwebend)
earth-laid fittings Erdbauarmaturen *pl* [prc]
earth-moist erdfeucht
earth-moving Erdarbeiten *pl* [bau]
earth-moving machine Abtragungsgerät *n* (Erdbewegungsgerät) [mbt]
earthed geerdet [elt]
earthed neutral wire geerdeter Null-Leiter *m* [elt]; geerdeter Nullleiter *m* [elt]
earthed, not - ungeerdet ((B)) [elt]
earthen vessel Tongefäß *n*
earthing Erdung *f* [elt]
earthing bus Erdungsschiene *f* [elt]
earthing connection Masseanschluss *m* [elt]
earthing device Erdungsvorrichtung *f* [elt]
earthing hook Erdungsstange *f* [elt]
earthing key Erdtaster *m* [elt]
earthing material Erdungsmaterial *n* [elt]
earthing quenching coil Erdschlusslöschspule *f* [elt]
earthing resistor Erdungswiderstand *m* [elt]
earthing socket Erdungsbuchse *f* [elt]
earthing stick Erdungsstange *f* [elt]
earthing strap Masseband *n* [elt]
earthing switch Erdungsschalter *m* [elt]
earthmoving Erdbewegung *f* [mbt]

earthmoving machine Erdbewegungsmaschine *f* [mbt]
earthmoving machines Erdbewegungsgeräte *n* [mbt]
earthmoving unit Erdbewegungsgerät *n* [mbt]
earthquake Erdbeben *n* [geo]
earthquake danger Erdbebengefährdung *f* [geo]
earthquake hazard Erdbebengefährdung *f* [geo]
earthquake load seismische Belastung *f*
earthquake safety Erdbebensicherheit *f*
earthquake-proof erdbebensicher
earthquake-proof buildings erdbebensichere Bauten *pl* [bau]
earthquakes, stability against - Erdbebenfestigkeit *f* (insb. Kernkraftwerke) [bau]
earthquakes, stability during - Erdbebenfestigkeit *f* (insb. Kernkraftwerke) [bau]
earthslide Erdrutsch *m* [bod]
earthwork Erdbewegung *f* (Bauarbeiten) [mbt]; Erdarbeiten *pl* [bau]
earthwork and foundations Grundbau *m* [bau]
earthy erdig
ease Bequemlichkeit *f*
ease entlasten *v*; erleichtern *v* (leichter machen); lockern *v*
ease and convenience ergonomische Bequemlichkeit *f*; Komfort *m* (im Fahrerhaus) [tra]
easier, make - erleichtern *v* (leichter machen)
easily degradable leicht zersetzlich
easily inflammable waste leicht entzündlicher Abfall *m* [rec]
easily soluble leichtlöslich [met]
easiness of change Änderungsfreundlichkeit *f*
easing Entlastung *f*
easing of a bend Abflachung einer Krümmung *f* [tra]
easy bequem; leicht (einfach)
easy carried handlich
easy reach, within - in Griffnähe (des Bedieners)
easy to change änderungsfreundlich
easy to maintain wartungsfreundlich
easy to service servicefreundlich; wartungsgerecht
easy to spread streichfähig
easy to use benutzerfreundlich
eat anfressen *v*; angreifen *v* (Metalle) [met]; kaustizieren *v* [che]; zerstören *v* (Korrosion) [met]
eat away abfressen *v* (wegfressen); fressen *v*
eat away by corrosion abätzen *v* [met]
eat into sich einfressen *v*
eat-by date Verfalldatum *n* (Lebensmittel)
eaves Traufe *f* [bau]
eaves trough Dachrinne *f* [bau]
ebonite Hartgummi *m* [met]; Hartkautschuk *m* [met]
ebonite goods Hartgummiartikel *pl*
ebullient cooling Heißwasserkühlung *f* [pow]
eccentric außermittig; exzentrisch; unrund
eccentric Exzenter *m* [tec]
eccentric axle Exzenterachse *f* [tec]
eccentric bolt Exzenterbolzen *m* [tec]
eccentric breaker Exzenterpresse *f* [prc]
eccentric bush Exzenterbuchse *f* [tec]

eccentric bushing Exzenterbuchse *f* [tec]
eccentric cam Exzenternocken *m* [tec]
eccentric clamp Frosch *m* (Klemme)
eccentric crank Exzenterkurbel *f* [tec]
eccentric disc Exzenterscheibe *f* [tec]
eccentric drive Exzenterantrieb *m*; Unwuchtantrieb *m*
eccentric gear Kurbelantrieb *m*
eccentric lever Exzenterhebel *m* [tec]
eccentric motion Planetenbewegung *f* [tra]
eccentric pin Exzenterbolzen *m* [tec]; Exzenterzapfen *m* [tec]
eccentric pipe reducer exzentrisches Reduzierstück *n* (Rohrarmatur) [tec]
eccentric press Exzenterpresse *f* [prc]
eccentric pulley Exzenterscheibe *f* [tec]
eccentric rod Exzenterstange *f* [tec]
eccentric screw pump Exzenterschneckenpumpe *f* [prc]
eccentric shaft Exzenterwelle *f* [tec]
eccentric single-rotor screw pump Exzenterschneckenpumpe *f* [prc]
eccentric sleeve Exzenterbüchse *f* [tec]
eccentric worm pump Exzenterschneckenpumpe *f* [prc]
eccentricity außermittige Lage *f* [con]; Exzentrizität *f*; Rundlauffehler *m* [tec]
echo Hall *m* [aku]; Echo *n* [aku]
echo hallen *v*
echo amplitude Echohöhe *f* [aku]
echo attenuation Echodämpfung *f* [aku]
echo effect Echoeffekt *m* [aku]
echo height Echohöhe *f* [aku]
echo pulse Echoimpuls *m* [aku]
echo sounder Echolot *n* [any]
echo wave Echowelle *f* [phy]
eco-audit Umweltbetriebsprüfung *f*; Umwelt-Audit *n*
eco-audit-system Öko-Audit-System *n* [jur]
eco-auditing Öko-Audit *n* [jur]; Öko-Auditing *n* [jur]
eco-labelling Ökolabel *n* (z.B. Blauer Engel)
ecocide Umweltzerstörung *f*
ecodevelopment ökologisch fundierte Entwicklung *f*
ecofriendly umweltschonend
ecolabelling Umweltkennzeichnung *f*
ecological ökologisch; umweltorientiert
ecological balance ökologisches Gleichgewicht *n*
ecological change Umweltveränderung *f*
ecological compatibility Umweltverträglichkeit *f*
ecological consciousness Umweltbewusstsein *n*
ecological conservation Umwelterhaltung *f*
ecological constitutional right ökologisches Grundrecht *n* [jur]
ecological construction ökologischer Bau *m* [bau]
ecological damage Umweltbelastung *f*
ecological danger Umweltgefahr *f*
ecological disaster Umweltkatastrophe *f*
ecological efficiency ökologischer Wirkungsgrad *m*
ecological expert Umweltschutzexperte *m*
ecological factor Umweltfaktor *m*

ecological forecast ökologische Prognose *pl*
ecological fuel umweltfreundlicher Treibstoff *m* [tra]
ecological impact assessment Umweltfolgenprüfung *f*
ecological indicator ökologischer Indikator *m*; Umweltindikator *m*
ecological loading capacity ökologische Belastbarkeit *f*
ecological planning ökologische Planung *f*; Umweltplanung *f*
ecological policy ökologische Politik *f*
ecological politics Umweltpolitik *f*
ecological potential ökologisches Potential *n*
ecological principles ökologische Prinzipien *pl*
ecological process ökologischer Prozess *m*
ecological production process ökologische Produktionsweise *f*
ecological risk analysis ökologische Risikoanalyse *f*
ecological segregation ökologische Segregation *f*
ecological traffic planning umweltgerechte Verkehrsplanung *f* [tra]
ecologically acceptable umweltverträglich
ecologically aware umweltbewusst
ecologically beneficial umweltfreundlich
ecologically compatible energy generation umweltgerechte Energieerzeugung *f* [pow]
ecologically damaging umweltschädlich
ecologically desirable umweltfreundlich
ecologically harmful umweltfeindlich; umweltschädlich
ecologically sustainable development ökologisch nachhaltige Entwicklung *f*
ecologist Ökologe *m*; Umweltexperte *m*
ecology Ökologie *f*; Umweltlehre *f*
ecomanagement Umweltmanagement *n*
economic konjunkturell [eco]; ökonomisch [eco]; sparsam [eco]; wirtschaftlich [eco]
economic activity Konjunktur *f* [eco]
economic asset Wirtschaftsgut *n* [eco]
economic committee Wirtschaftsausschuss *m* [eco]
economic development policy Strukturpolitik *f*
economic efficiency Wirtschaftlichkeit *f* [eco]
economic growth wirtschaftliches Wachstum *n* [eco]; Wirtschaftswachstum *n* [eco]
economic inefficiency Unwirtschaftlichkeit *f* [eco]
economic instruments wirtschaftliche Instrumente *pl* [eco]
economic life wirtschaftliche Nutzungsdauer *f*
economic power Wirtschaftskraft *f* [eco]
economic turndown Konjunkturabschwächung *f* [eco]
economical rationell; sparsam; wirtschaftlich [eco]
economicalness Sparsamkeit *f* [eco]
economics Volkswirtschaft *f* [eco]
economize einsparen *v*; ersparen *v*; sparen *v*; sparsam umgehen *v*
economizer Abgasvorwärmer *m* [pow]; Economiser *m* [pow]; Heizgasvorwärmer *m* [pow]; Luftvorwärmer *m* [air]; Speisewasservorwärmer *m* [pow];
Vorwärmer *m* [pow]
economizer and air heater soot blower Nachschaltheizflächenbläser *m* [pow]
economizer jet Spardüse *f* [tra]
economizers and air heaters Nachschaltheizflächen *pl* [pow]
economizing transformer Spartransformator *m* [elt]
economy Konjunktur *f* [eco]; Sparsamkeit *f*; Wirtschaft *f* [eco]
economy car Sparauto *n* [tra]
economy measure Sparmaßnahme *f* [eco]
economy of materials Materialeinsparung *f* [eco]
economy of space Raumersparnis *f*
economy, agricultural - Agrarökonomie *f* [far]
ecopolitics Umweltpolitik *f*
ecosystem Ökosystem *n*
ecosystem analysis Ökosystemanalyse *f*
ecosystem model Ökosystemmodell *n*
ecotax Ökosteuern *pl* [jur]
ecotoxicity Ökotoxizität *f*
ecotoxicology Umwelttoxikologie *f*
edaphic Boden-
eddy Strudel *m* [was]; Wirbel *m* (Strömung)
eddy wirbeln *v*
eddy current Fallluft *f*; Wirbelstrom *m* [elt]
eddy current method Wirbelstromverfahren *n* [elt]
eddy current test Wirbelstromprüfung *f* [any]
eddy flow Wirbelströmung *f* [prc]
eddy wind Fallwind *m* [wet]
edge Ecke *f*; Kante *f* (Kamm, Grat); Grat *m* (Kante); Rand *m* (Kante); Saum *m*
edge bördeln *v* (einfassen) [wer]; einfassen *v*; kanten *v* (verkanten); verkanten *v*
edge action Kantenwirkung *f*
edge bolting Randverschraubung *f* [tec]
edge crack Kantenriss *m*
edge echo Kantenecho *n* (beim Laminieren) [met]
edge effect Randeffekt *m* [elt]
edge frequency Knickfrequenz *f* [elt]
edge girder Randträger *m* (Stahlbau) [tec]
edge indentation Kantenverzahnung *f* [bau]
edge lap Randkante *f*
edge length Kantenlänge *f* [con]
edge liner Randleiste *f*
edge mill Kollermühle *f* [prc]
edge moulding Kantenformung *f* [wer]
edge of the kerb Bordsteinkante *f* [bau]
edge planking Randbohle *f* [bau]
edge pressure Kantenpressung *f*
edge protection Kantenschutz *m*
edge protection guard Eckschutzleiste *f* [bau]
edge protection tube Kantenschutzschlauch *m* [tra]
edge protector Kantenschutzblech *n*
edge reinforcement Randverstärkung *f*
edge runner Kantenläufer *m* [tec]
edge runner mill Kollergang *m* [prc]
edge sealing ring Dichtkantenring *m* (gräbt sich ein) [tec]
edge sensor Kantenfühler *m*

edge stress Kantenspannung f
edge trimmer Randstreifenmähgerät n [far]
edge weld Stirnflachnaht f [wer]
edge, on - hochkant (steht, liegt nicht quer)
edge, straight - Richtlatte f (Richtscheit) [any]
edge, thickness of - Gratstärke f
edge-bending machine Kantmaschine f [wzg]
edge-milling machine Kantenfräsmaschine f
edge-raised gebördelt [wer]
edge-trimming machine Bördelmaschine f [wzg]
edge-type filter element Spaltfilterelement n [prc]
edge-zone hardened randschichtgehärtet [met]
edge-zone hardening Randschichthärtung f [met]
edgeboard connection Steckerleiste f (Platine) [edv]
edgeboard contact Randkontakt m [elt]
edged kantig
edges rounded off Kanten gerundet pl (in Zeichnung) [con]
edges, blunt - Kanten brechen [wer]
edgewise hochkant (auf dem Rande)
edging Einfassung f; Kantenformung f [wer]; Beschneiden n [wer]; Kanten pl (Anfertigen von Kanten) [wer]
edifice Bauwerk n [bau]; Großgebäude n [bau]
edit key Editiertaste f (auf Tastatur) [edv]
editing Aufbereitung f (für Drucker) [edv]
edition Ausgabe f (Buch)
editorial redaktionell (nicht Werbeteil)
educate unterrichten v
education Ausbildung f (Beruf)
education, further - Fortbildung f; Weiterbildung f (Fortbildung)
effect Auswirkung f; Einwirkung f (Wirkung); Wirkung f (Ergebnis); Effekt m; Einfluss m (Einwirkung); Ergebnis n (Wirkung)
effect bewirken v; einwirken v; wirken v (Auswirkung haben)
effect dose Wirkungsdosis f
effect payment Zahlung leisten v [eco]
effective effektiv; nutzbar (wirkungsvoll, effektiv); schlagkräftig; wirksam; wirkungsvoll
effective address echte Adresse f [edv]
effective area wirksame Fläche f; wirksame Oberfläche f
effective capacity Nutzleistung f [pow]
effective current Effektivstrom m [elt]
effective diameter Effektivdurchmesser m [con]
effective dose effektive Dosis f
effective heat Nutzwärme f [pow]
effective height tragende Länge f [con]
effective output abgegebene Leistung f [phy]
effective piston area beaufschlagte Kolbenfläche f (Hydraulik) [tec]
effective power effektive Leistung f [phy]; Effektivleistung f [pow]; Nutzleistung f [pow]; Wirkleistung f [elt]
effective reinforcement mittragende Verstärkung f
effective resistance effektiver Widerstand m [elt]; spezifischer Widerstand m [elt]

effective section wirksamer Querschnitt m
effective stroke Effektivhub m (tatsächlicher Weg) [mbt]; Nutzhub m [tra]
effective value Effektivwert m
effective width mittragende Breite f
effective work Nutzarbeit f [phy]
effectiveness Effizienz f; Schlagkraft f; Wirksamkeit f (Leistungsfähigkeit); Wirkungsgrad m
effects Beeinträchtigungen pl
effects of distorting Wettbewerbsverzerrungen pl [eco]
effects of light Lichteinwirkung f [opt]
effects which cannot be avoided unvermeidbare Beeinträchtigungen pl
effects, adverse - unvermeidbare Beeinträchtigungen pl
efficacy Ausbeute f (Gewinn) [eco]
efficiency Arbeitsleistung f [phy]; Effizienz f; Leistung f (Leistungsfähigkeit); Leistungsfähigkeit f (Wirtschaftlichkeit); Tüchtigkeit f (Einsatz, Streben); Wirksamkeit f (Leistungsfähigkeit); Nutzeffekt m [phy]; Wirkungsgrad m; Leistungsvermögen n
efficiency analysis Wirtschaftlichkeitsanalyse f [eco]
efficiency during use Gebrauchstauglichkeit f
efficiency of separation Abscheideleistung f [air]
efficiency proof Funktionstüchtigkeitsnachweis m
efficiency test Gewährleistungsnachweis m [jur]
efficiency, adiabatic - adiabatischer Wirkungsgrad m
efficient effizient; leistungsfähig; tüchtig (strebsam, brauchbar, gut); wirksam
efficient resistance Wirkwiderstand m [elt]
effluence Ausfließen n; Ausströmen n (Ausfließen)
effluent ausfließend
effluent Abfluss m (Abwasser) [was]; Ausfluss m (z.B. Abwasser); Überfluss m [was]; Abwasser n [was]
effluent channel Abflussgraben m [was]
effluent purification Abwasserreinigung f [was]
effluent purification process Abwasserreinigungsprozess m [was]
effluent sewer Abflusskanal m [was]
effluent treatment Abwasserklärung f [was]; Abwassertechnik f [was]
effluent water Klärwasser n [was]
effluent water treatment Abwasserbehandlung f [was]
effluent-free process abwasserfreies Verfahren n
effluents, radioactive - radioaktives Abwasser n [was]
efflux Abströmung f; Abfluss m (Stoff); Ablauf m (Abfluss); Ausfluss m (z.B. Abwasser); Austritt m (Ausfluss)
efflux, velocity of - Abströmgeschwindigkeit f
effort Anstrengung f (z.B. des Fahrers); Belastung f (Anstrengung, Leistung); Kraft f (Anstrengung); Arbeitsaufwand m; Aufwand m (Mühe, Anstrengung); Kraftaufwand m [phy]
effort, additional - Mehraufwand m

effortless mühelos (ohne Anstrengung)
effusion Ausströmen *n* (Auslaufen)
egg-shaped eiförmig
eggcoal Eierkohle *f* [roh]
eggshell glaze Mattglasur *f* [met]
egress Abgang *m* (Weggang, Verlassen)
eigenfunction Eigenfunktion *f* (bei Differentialgleichung) [mat]
eigenvalue Eigenwert *m* (bei Differentialgleichung) [mat]
eigenvector Eigenvektor *m* (bei Differentialgleichung) [mat]
eject ausspritzen *v*; ausstoßen *v*
ejection Ausstoß *m* (beim Scraper) [mbt]; Auswurf *m*
ejection pin Auswerferstift *m* [tec]
ejector Auswerfvorrichtung *f* [mbt]; Druckwasserstrahlpumpe *f* [prc]; Saugstrahlpumpe *f* [prc]; Ausstoßer *m* (aus Maschine, Gewehr) [mbt]; Auswerfer *m* [mbt]; Strahler *m* [prc]
ejector beam Auswerferbalken *m* [mbt]
ejector cylinder Ausstoßzylinder *m* [tra]
ejector flap Auswerferklappe *f* [mbt]
ejector floor Kippboden *m* (zum Auswerfen) [mbt]; Rollboden *m* [roh]
ejector line Ausstoßleitung *f* [tec]
ejector mixer Hohlrührer *m* [prc]
ejector pin Auswerferstift *m* [tec]
ejector pump Dampfstrahlpumpe *f* [prc]
ejector seat Schleudersitz *m* [tra]
ejector sequence valve Ausstoßfolgeventil *n* [tec]
ejector sleeve Auswerferbuchse *f* [tec]
ejector valve Ausstoßventil *n* [tra]
elaborate umständlich
elaborate ausarbeiten *v* (Details)
elapse ablaufen *v* (Zeit) [edv]
elastic dehnbar (elastisch); elastisch (Material); federnd; weich (z.B. Kunststoffe) [met]
elastic arch elastischer Bogen *m* [bau]
elastic band Gummiband *n* [met]
elastic bending elastische Durchbiegung *f* [met]
elastic constant Elastizitätsmodul *m* [phy]
elastic drive Federantrieb *m* [tec]
elastic element pressure gauge Federmanometer *n* [any]
elastic force Federkraft *f* [phy]
elastic foundation elastische Bettung *f* (von Rohren, usw.) [tec]
elastic limit Dehngrenze *f* [met]; Dehnungsgrenze *f* [met]; Streckgrenze *f* [met]
elastic limit, load at - Elastizitätsgrenze *f*
elastic oscillation elastische Schwingung *f* [phy]
elastic rail clip Federklammer *f* (am Schwellen) [tra]
elastic rail spike Federnagel *m* (Schiene - Schwelle) [tra]
elastic seal Berührungsdichtung, elastische - *f* [tec]; elastische Berührungsdichtung *f* [tec]
elastic spike Federklemme *f* [tec]; Federnagel *m* [tec]
elastic spring Sprungfeder *f* [tec]

elastic thread Gummifaden *m* [met]
elastic transmission Federantrieb *m* [tec]
elastic tube pump Schlauchpumpe *f* [prc]
elastic washer Federscheibe *f* [tec]; Federring *m* [tec]
elastic wave elastische Welle *f* [tra]
elastic, be - federn *v*
elastically elastisch (Material)
elasticated elastisiert
elasticity Dehnbarkeit *f* (Material) [met]; Elastizität *f* (Dehnbarkeit); Federhärte *f* [met]; Federkraft *f* (Elastizität) [phy]; Federung *f*; Schnellkraft *f* [phy]
elasticity condition Elastizitätsbedingung *f*
elasticity of bending Biegeelastizität *f*
elasticity of compression Druckelastizität *f* [phy]
elasticity, coefficient of - Elastizitätskoeffizient *m* [phy]
elasticity, range of - Elastizitätsbereich *m* [phy]
elasticity, theory of - Elastizitätstheorie *f* [phy]
elasto-hydrodynamic lubrication elasto-hydrodynamische Schmierung *f* [tec]
elastomer Elastomer *n* [met]
elastomer sheet Elastomerbahn *f*
elastomeric elastomer [met]; gummiartig (Kunststoff) [met]
elastomeric bearing Schwingmetallfeder *f* [tec]
elastomers Elaste *pl* (Kunststoffe) [che]
elastoplastic elastoplastisch [met]
elbow Biegung *f* (Knick) [tec]; Bogen *m* (Rohrbogen) [bau]; Ellbogen *m* [hum]; Knick *m* (Biegung); Krümmer *m* (Rohr-); Rohrbogen *m* [tec]; Knie *n* (Rohr); Kniestück *n* (bei Rohren); Rohrknie *n* [tec]; Winkelstück *n* [prc]
elbow connector Winkelstück *n* [tra]
elbow fitting Kniestück *n* (Anschluss)
elbow ingot Schenkelkokille *f* [roh]
elbow piece Eckstück *n* (Rohr)
elbow pipe Knierohr *n*; Kniestück *n*
elbow sleeve Winkelmuffe *f* [tec]
elect wählen *v* (in der Politik)
electric elektrisch [elt]
electric accessories Elektrozubehör *n* [elt]
electric apparatus Elektrogerät *n* [elt]
electric appliance Elektrogerät *n* (Herd usw.) [elt]
electric arc Lichtbogen *m* (z.B. beim Schweißen) [elt]
electric arc furnace Elektrolichtbogenofen *m* [wer]; Lichtbogenelektroofen *m* [elt]; Lichtbogenofen *m* [roh]
electric arc protection fitting Lichtbogenschutzarmatur *f* [elt]
electric arc spraying Lichtbogenspritzen *n* [wer]
electric arc welding Lichtbogenschweißung *f* [wer]; Lichtbogenschweißen *n* [wer]
electric boiler Elektroboiler *m* [elt]
electric cable protection pipe Kabelschutzrohr *m* [elt]
electric car Elektroauto *n* [tra]; Elektromobil *n* [tra]
electric cement Elektroschmelzzement *m* [met]

electric charge elektrische Ladung f [elt]
electric circuit Stromkreis m [elt]
electric circuit diagram Elektroschaltplan m [elt]
electric conductivity elektrische Leitfähigkeit f [elt]
electric conductor Stromleiter m [elt]
electric conduit Elektrorohr n [elt]
electric crane Elektrokran m [mbt]
electric current elektrischer Strom m [elt]; Strom m [elt]
electric device Elektrogerät n [elt]
electric drive elektrische Kraftübertragung f [elt]; elektrischer Antrieb m [elt]; Elektroantrieb m [elt]
electric driver Elektroramme f [elt]
electric drives elektrische Antriebstechnik f [pow]
electric energy elektrische Energie f [elt]
electric eye Lichtschranke f
electric field elektrisches Feld n [elt]
electric field intensity elektrische Feldstärke f [phy]
electric field strength elektrische Feldstärke f [phy]
electric filter Elektrofilter m [air]
electric flash-weld abbrennstumpfschweißen v [wer]
electric flash-welded abbrennstumpfgeschweißt [wer]
electric furnace elektrischer Ofen m [pow]; Elektroofen m [elt]; Elektroofen m (im Stahlwerk) [roh]
electric generator Lichtmaschine f (Wechselstrom-) [elt]
electric hammer Elektrohammer m [wzg]
electric hammer drill Schlagbohrmaschine f [wzg]
electric heat Elektrowärme f [elt]
electric heater Elektroheizgerät n [elt]
electric heating elektrische Heizung f (im Haus) [pow]; Elektroheizung f [pow]
electric heating appliance Elektroheizgerät n [elt]
electric hoist Elektrowinde f [mbt]; Elektrozug m (Kran) [mbt]
electric hose Elektroschlauch m [elt]
electric installation elektrische Installation f
electric insulation Elektroisolation f [elt]
electric insulator Elektroisolator m [elt]
electric light bulb Glühlampe f [elt]
electric main Netzanschluss m [elt]
electric match elektrischer Zünder m [elt]
electric motor Elektromotor m [pow]
electric motor driven elektromotorisch [elt]
electric network Energienetz n [elt]
electric power Elektrizität f [elt]
electric power generation Stromerzeugung f [pow]
electric power in short supply Engpassleistung f (elektrische Leistung) [pow]
electric power supply Elektrizitätsversorgung f [elt]
electric railcar Elektrotriebwagen m [tra]
electric rammer Elektrostampfer m [elt]
electric resistance thermometer Widerstandsthermometer n [any]
electric resistance welding Widerstandsschweißung f [wer]
electric scrap Elektroschrott m [rec]
electric separator Elektrofilter m [air]

electric shaft furnace Elektroschachtofen m [roh]
electric shock elektrischer Schlag m [elt]; Elektroschock m [hum]
electric smog Elektrosmog m [elt]
electric stacker Elektrostapler m [elt]
electric stapler Klammerhefter m (elektrisch betriebener -) [elt]
electric steel Elektrostahl m [met]
electric storm Gewitter n [wet]
electric supply Elektrizitätsversorgung f [elt]
electric supply line elektrische Anschlussleitung f [elt]
electric supply lines Stromnetz n [elt]
electric supply meter Energieverbrauchszähler m [pow]; Stromverbrauchszähler m [elt]
electric surface grinder Elektroschleifmaschine f [wzg]
electric tool Elektrowerkzeug n [wzg]
electric traction Elektroantrieb m [elt]
electric transmission elektrische Kraftübertragung f [elt]
electric transport vehicle Elektronutzfahrzeug n [tra]
electric trolley Elektrokarren m [tra]
electric truck Elektrokarren m [tra]
electric vehicle Elektrowagen m [tra]; Elektrofahrzeug n [tra]; Elektromobil n [tra]
electric waste Elektroschrott m [rec]
electric welding E-Schweißen n (Elektroschweißen) [wer]; elektrisches Schweißen n [wer]; Elektroschweißen n [wer]
electric welding machine Elektroschweißgerät n [wzg]
electric winch Elektrozug m (Kran) [mbt]
electrical elektrisch [elt]
electrical annealing furnace Elektroglühofen m [roh]
electrical appliance Elektrogerät n [elt]
electrical breakdown Spannungsdurchschlag m [elt]
electrical conductivity test Leitfähigkeitsprobe f (Wasser) [any]
electrical current intensity elektrische Stromstärke f [elt]
electrical device Elektrogerät n [elt]
electrical drying furnace Elektrotrockenofen m [prc]
electrical energy Elektroenergie f [pow]
electrical engineer Elektrotechniker m
electrical engineering Elektrotechnik f [elt]
electrical equipment Elektrik f (Ausrüstung) [elt]; elektrische Anlage f [elt]; elektrische Ausrüstung f [elt]; elektrische Einrichtung f [elt]; Elektroausrüstung f [elt]; elektrisches Gerät n (Zubehör, Teile) [elt]
electrical excavator Elektrobagger m [mbt]
electrical fitter Installateur m [elt]
electrical goods industry Elektroindustrie f [elt]
electrical grade copper Elektrokupfer n [met]
electrical heat Elektrowärme f [elt]
electrical industry Elektroindustrie f [elt]
electrical installation elektrische Anlage f [elt]; Elektroanlage f [elt]; Elektroinstallation f [elt]

electrical installation material Elektroinstallationsmaterial *n* [elt]
electrical insulated sheet Elektroisolierfolie *f* [elt]
electrical insulating material Elektroisoliermaterial *n* [elt]
electrical insulating tape Elektroisolierband *n* [elt]
electrical insulation Elektroisolierung *f* [elt]
electrical insulation compound Elektroisoliermasse *f* [elt]
electrical interconnection Zusammenschaltung von Stromkreisen *f* [elt]
electrical isolation Potentialtrennung *f* [elt]
electrical noise elektrisches Rauschen *n* [elt]
electrical porcelain Elektrokeramik *f* [met]; Porzellanisolierstoff *m* [elt]
electrical potential elektrisches Potential *n* ((variant) [elt]; elektrisches Potenzial *n* [elt]
electrical prestressing Elektrovorspannung *f* [elt]
electrical receiving voltage Empfangsspannung *f* (elektr. Spannung) [elt]
electrical sheet Elektroblech *n* [met]
electrical socket Anbausteckdose *f* [elt]
electrical strip Elektroband *n* [elt]
electrical supply Stromversorgung *f* [elt]
electrical surge Wanderwelle *f* [elt]
electrical system Elektroanlage *f* [elt]
electrically actuated elektrisch betätigt [elt]
electrically conductive elektrisch leitend [elt]
electrically heated pad Heizkissen *m* [elt]
electrician Elektriker *m* [elt]; Installateur *m* [elt]
electricity Elektrizität *f* [elt]
electricity and district heating supply Elektrizitäts- und Fernwärmeversorgung *f* [pow]
electricity distribution Elektrizitätsverteilung *f* [elt]
electricity formation Verstromung *f* [elt]
electricity generated by nuclear power Atomstrom *m* [pow]
electricity generating plant Stromerzeugungsanlage *f* [pow]
electricity meter Stromzähler *m* [any]
electricity, source of - Elektrizitätsquelle *f* [elt]
electrification Elektrifizierung *f* [elt]
electrify elektrifizieren *v* [elt]; elektrisieren *v* [elt]
electro tin plate elektrolytisch verzinntes Weißblech *n* [met]
electro weld elektroschweißen *v* [wer]
electro welded elektrogeschweißt [wer]
electro-acoustical converter elektro-akustischer Wandler *m* [elt]
electro-acoustical transducer elektroakustischer Messwandler *m* [any]
electro-acoustics Elektroakustik *f* [aku]
electro-flotation system Elektroflotationsanlage *f* [was]
electro-galvanized korrosionsgeschützt
electro-galvanizing elektrolytische Verzinkung *f* [met]
electro-hydraulic elektrohydraulisch [elt]
electro-sensitivity Elektroempfindlichkeit *f* [elt]

electro-surgery Elektrochirurgie *f* [hum]
electro-tractor Elektroschlepper *m* [tra]
electro-vehicle Elektrofahrzeug *n* [tra]
electrocardiogram Elektrokardiogramm *n* [hum]
electrocatalysis Elektrokatalyse *f* [che]
electrochemical elektrochemisch [che]
electrochemical corrosion elektrochemische Korrosion *f*; Lokalelementbildung *f* (Korrosion) [elt]
electrochemical series Spannungsreihe *f* [che]
electrochemistry Elektrochemie *f* [che]
electrocoating Elektrophoresebeschichtung *f* [elt]
electrocorrosion Elektrokorrosion *f* [met]
electrode Elektrode *f* [elt]
electrode consumption Elektrodenabbrand *m* [elt]
electrode contact Elektrodenkontakt *m* [elt]
electrode gap Elektrodenabstand *m* [elt]
electrode holder Schweißzange *f* [wer]
electrode material Elektrodenwerkstoff *m* [elt]
electrode potential Elektrodenpotential *n* ((variant) [elt]; Elektrodenpotenzial *n* [elt]
electrode quiver Elektrodenköcher *m* [elt]
electrode surface Elektrodenoberfläche *f* [elt]
electrode tube Elektrodenröhre *f* [elt]
electrode, bare - blanke Elektrode *f* [elt]
electrode, coated - umhüllte Elektrode *f* [elt]
electrodeposit galvanischer Überzug *m* [met]
electrodeposit galvanisch niederschlagen *v* [elt]
electrodeposition Galvanisierung *f* [elt]; Galvanotechnik *f* [elt]; Galvanisierprozess *m* [elt]; Galvanisieren *n* [elt]
electrodeposition paint Elektrotauchlack *m* [che]
electrodialysis Elektrodialyse *f* [che]
electrodialysis system Elektrodialyseanlage *f* [che]
electrodynamics Elektrodynamik *f* [elt]
electroenergy Elektroenergie *f* [pow]
electrogas Elektrogas *n* [met]
electrogas welding Elektrogasschweißen *n* (EGW) [wer]
electrographite Elektrografit *m* [che]
electroinductive elektroinduktiv [elt]
electrolysis Elektrolyse *f* [che]
electrolysis of water Wasserelektrolyse *f* [che]
electrolysis plant Elektrolyseanlage *f* [che]
electrolysis system Elektrolyseanlage *f* [che]
electrolyte Elektrolyt *f* [elt]
electrolyte process elektrolytisches Verfahren *n* [elt]
electrolytic elektrolytisch [elt]
electrolytic analysis elektrolytische Analyse *f* [met]
electrolytic bath elektrolytisches Bad *n* [che]; Fällbad *n* [was]
electrolytic capacitor Elektrolytkondensator *m* [elt]
electrolytic chlorine cell Chlorelektrolysezelle *f* [elt]
electrolytic chromium/chromium oxide coated steel spezialverchromtes Feinstblech *n*
electrolytic condenser Elektrolytkondensator *m* [elt]
electrolytic copper Elektrolytkupfer *n* [met]; galvanisch gefälltes Kupfer *n* [met]
electrolytic dissociation Ionisierung *f*
electrolytic galvanized elektrolytisch verzinkt [met]

electrolytic gas Knallgas *n* [che]
electrolytic lead Elektrolytblei *n* [met]
electrolytic leaded elektrolytisch verbleit [met]
electrolytic nickel Elektrolytnickel *n* [met]
electrolytic oxidation Eloxierung *f* [elt]
electrolytic photocell Elektrolytzelle *f* [elt]
electrolytic powder Elektrolytpulver *n* [met]
electrolytic tin plate elektrolytisch verzinntes Weißblech *n* [met]
electrolytic tin-coated strip elektrolytisch verzinntes Weißband *n* [met]
electrolytic tinning elektrolytisches Verzinnen *n* [met]
electrolytic tinplate Elektrolytblech *n* [met]
electrolytic zinc Elektrolytzink *n* [met]
electromagnet Elektromagnet *m* [elt]; fremderregter Magnet *m* [phy]
electromagnetic elektromagnetisch [elt]
electromagnetic compatibility elektromagnetische Verträglichkeit *f* [elt]
electromagnetic energy elektromagnetische Energie *f* [elt]
electromagnetic levitation elektromagnetische Schwebeführung *f* [elt]
electromagnetic radiation elektromagnetische Strahlung *f* [phy]
electromagnetic separator Elektromagnetscheider *m* [elt]
electromagnetic stirrer elektromagnetischer Rührer *m* [prc]
electromagnetic wave elektromagnetische Welle *f* [phy]
electromagnetical elektromagnetisch [elt]
electromechanic elektromechanisch [elt]
electromechanical elektromechanisch [elt]
electromechanical control elektromechanische Steuerung *f* [elt]
electromechanics Elektromechanik *f* [elt]
electrometallurgy Elektrometallurgie *f* [met]
electrometer Elektrometer *n* [elt]
electrometric elektrometrisch [elt]
electromobile Elektromobil *n* [tra]
electromotive elektromotorisch [elt]
electromotive drive elektromotorischer Antrieb *m* [pow]
electron Elektron *n* [che]
electron acceleration Elektronenbeschleunigung *f* [phy]
electron accelerator Elektronenschleuder *f* [elt]; Elektronenbeschleuniger *m* [phy]
electron affinity Austrittsarbeit *f* [phy]
electron beam Elektronenstrahl *m* [elt]
electron beam welding Elektronenstrahlschweißen *n* [wer]
electron camera Elektronenkamera *f*
electron change Elektronenübertragung *f* [elt]
electron charge Elektronenladung *f*
electron delay Elektronenverschiebung *f* [elt]
electron density Elektronendichte *f* [phy]

electron discharge Elektronenentladung *f*
electron emission Elektronenabgabe *f* [phy]
electron energy Elektronenenergie *f* [phy]
electron exchange Elektronenaustausch *m* [phy]
electron flow Elektronenfluss *m*
electron gas Elektronengas *n*
electron gun Elektronenkanone *f* [phy]
electron microscope Elektronenmikroskop *n* [any]
electron microscopic elektronenmikroskopisch [any]
electron microscopy Elektronenmikroskopie *n* [any]
electron pipe Elektronenröhre *f* [elt]
electron radiation Elektronenstrahlung *f* [elt]
electron ray tube Elektronenstrahlröhre *f* [elt]
electron shift Elektronenverschiebung *f* [elt]
electron source Elektronenquelle *f* [phy]
electron stream Elektronenstrahl *m* [elt]
electron system Elektronensystem *n* [elt]
electron transition Elektronenübertragung *f* [elt]
electron tube Elektronenröhre *f* [elt]
electron-binding energy Ionisierungsenergie *f* [che]
electronegative elektronegativ; negativ elektrisch
electronegativity Elektronegativität *f* [che]
electronic elektronisch [elt]
electronic banking elektronischer Bankdienst *m* [edv]
electronic book elektronisches Buch *n* [edv]
electronic brain Elektronengehirn *n* ("Computer") [edv]
electronic circuit elektronischer Schaltkreis *m* [edv]
electronic control elektronische Steuerung *f*
electronic data processing elektronische Datenverarbeitung *f* [edv]
electronic device Elektronikgerät *n* [elt]
electronic dictionary elektronisches Wörterbuch *n* [edv]
electronic equipment elektronische Geräte *pl* [elt]
electronic flash Elektronenblitzgerät *n* [elt]
electronic flashing apparatus Elektronenblitzgerät *n* [elt]
electronic industry Elektronikindustrie *f* [elt]
electronic journal elektronische Zeitung *f* [edv]
electronic mail elektronischer Brief *m* [edv]
electronic mailbox elektronischer Briefkasten *m* [edv]
electronic matching module Anpassungsgruppe *f* [elt]
electronic newspaper elektronische Zeitung *f* [edv]
electronic plug-in module Elektronikeinschub *m* [elt]
electronic scrap Elektronikschrott *m* [rec]
electronic semiconductor Halbleiter *m* [phy]
electronic slide-in module Elektronikeinsatz *m* [elt]
electronic switching system elektronisches Wählsystem *n* [edv]
electronic tube Elektronenröhre *f* [elt]
electronic waste Elektronikschrott *m* [rec]
electronically elektronisch [elt]
electronics Elektronik *f* [elt]
electronics engineer Elektroniker *m* [elt]
electroosmosis Elektroosmose *f* [elt]

electrophoresis Elektrophorese f [elt]
electrophoretic painting Elektrotauchlackierung f [met]
electrophotography Elektrofotografie f ((variant)) [elt]; Elektrophotographie f [elt]
electrophysics Elektrophysik f [elt]
electroplate elektroplattieren v [elt]; galvanisieren v [elt]; plattieren v [roh]
electroplating Elektroplattierung f [elt]; Galvanisation f [elt]; Galvanisierung f [elt]; Galvanotechnik f [elt]
electroplating bath galvanisches Bad n [che]
electroplating plant Galvanisieranlage f [elt]
electroplating process Elektroplattierverfahren n [elt]
electroplating slurry Galvanikschlamm m [rec]
electropneumatic elektropneumatisch [elt]
electropolishing Elektropolieren n [elt]
electroprecipitation Elektroabscheidung f [air]
electrosensitive elektrosensitiv [elt]
electroslag welding Elektroschlackeschweißen n [wer]
electrostatic elektrostatisch [elt]
electrostatic air cleaner elektrostatischer Luftreiniger m [air]
electrostatic attraction elektrostatische Anziehung f [elt]
electrostatic bonding elektrostatische Bindung f [che]
electrostatic forces elektrostatische Kräfte pl [elt]
electrostatic induction elektrische Induktion f [elt]; Influenz f [elt]
electrostatic memory elektrostatischer Speicher m [edv]
electrostatic precipitator elektrostatischer Abscheider m (Elektrofilter) [air]; Elektrostaubabscheider m [air]
electrostatic printer Laserdrucker m [edv]
electrostatic unit elektrostatische Einheit f [elt]
electrostatics Elektrostatik f [elt]
electrotechnical elektrotechnisch [elt]
electrotechnology Elektrotechnik f [elt]
electrothermal processes Elektrothermie f [elt]
electrowelding elektrisches Schweißen n [wer]
elegant formschön
element Zelle f (Batteriezelle) [elt]; Bestandteil m (Element); Grundbestandteil m [che]; Grundstoff m (Element) [che]; Modul m (Element); Urstoff m; Bauteil n (Komponente) [con]; Einzelteil n; Element n (Bauteil) [tec]; Element n (chemisches Element) [che]; Glied n (Teil); Teil n (Bauteil) [tec]
element group Gruppe f [che]
element, adjusting - Einstellinstrument n [any]
elemental elementar (naturhaft)
elementary einfach (elementar); elementar (einfach); fundamental
elementary analysis Elementaranalyse f [any]
elementary element Elementarereignis n
elementary knowledge Grundwissen n

elementary macro-analysis Makroelementaranalyse f [any]
elementary microanalysis Mikroelementaranalyse f [any]
elementary particle Elementarbaustein m [phy]; Elementarteilchen n [che]
elementary reaction Elementarreaktion f [che]
elements for spring suspensions Federungselemente n
elevate anheben v (erheben); erhöhen v (Temperatur); heben v (anheben); hochheben v
elevated erhöht; hochgestellt (z.B. Fahrerhaus) [mbt]; hochgezogen (z.B. Führerhaus) [mbt]
elevated frame Hochrahmen m [tra]
elevated railroad Hochbahn f [tra]
elevated railway Hochbahn f [tra]
elevated reservoir Hochbehälter m
elevated road Hochstraße f [tra]
elevated roadway Hochstraße f [tra]
elevated steel road Stahlhochstraße f [tra]
elevated storage tank Wasserturm m [was]
elevated tank Hochbehälter m; Hochreservoir n [was]
elevated temperature erhöhte Temperatur f
elevating adjustment Höheneinstellung f [any]
elevating device Hubvorrichtung n [mbt]
elevating grader Förderlader m [mbt]
elevating mechanism Hebevorrichtung f; Höhenverstellung f (als Verstellgetriebe) [tec]
elevating platform Hebebühne f; Hubinsel f (hebt sich an) [mbt]
elevating platform truck Hubwagen m [mbt]
elevating screw Hubspindel f [tec]
elevating spindle Gewindespindel f [tec]
elevating spindle guide bushing Gewindebuchse f [tec]
elevating transporter Niederhubwagen m [tra]
elevating wheel Hubrad n [tec]
elevation Anhebung f; Anhöhe f; Ansicht f (Seitenansicht) [con]; Aufrisszeichnung f [con]; Draufsicht f [con]; Erhebung f (Anhöhe); Erhöhung f (Temperatur); Höhe f (geografisch) [geo]; Steighöhe f; Aufriss m [con]
elevation angle Erhebungswinkel m [con]
elevator Aufzug m ((A) Fahrstuhl) [bau]; Elevator m [bau]; Fahrstuhl m ((A) Personen-); Lift m; Hebewerk f
elevator cage Förderkorb m [mbt]
elevator car Aufzugskorb m; Fahrkorb m
elevator dredger Eimerkettenbagger m [mbt]
elevator frame Förderturm m [bau]
elevator scraper Selbstladeschürfkübel m [mbt]
elevator shaft Aufzugsschacht m [bau]; Fahrstuhlschacht m [bau]
eligibility Teilnahmeberechtigung f
eliminate abführen v (Wärme); ausmerzen v; beheben v (Schaden); beseitigen v (Fehler); eliminieren v; entfernen v (beseitigen); entstören v (akustisch); extrahieren v; vernichten v (ausmerzen)
eliminate interferences entstören v (Funk) [edv]

eliminated abgelöst
eliminating danger Gefahr abweisend
elimination Abfuhr *f* (Beseitigung); Ablösung *f* (Eliminierung); Absonderung *f* (Entfernung); Ausscheidung *f* (Entfernung); Beseitigung *f* (Ausschluss) [rec]; Eliminierung *f*; Entfernung *f* (Entfernen)
elimination of a deficiency Behebung eines Mangels *f* [jur]
elimination of defects Fehlerbeseitigung *f*; Schadensbehebung *f*
elimination rate Eliminationsrate *f*
eliminator Sieb *n* [elt]
ellipse Ellipse *f* [mat]
ellipsis Auslassungszeichen *n*
ellipsoidal elliptisch [mat]
ellipsoidal head Korbbogenboden *m* [prc]
elliptic elliptisch [mat]
elliptical gear elliptisches Zahnrad *n* [tec]
elliptical pre-classification screen Ellipsenvorklassiersieb *n* (am Brecher) [mbt]
elliptical seal ring Linsendichtung *f* [tec]
elongate dehnen *v* (strecken); strecken *v* (verlängern); verlängern *v* (strecken)
elongated hole Langloch *n* [con]
elongation Ausdehnung *f* (Verlängerung); Dehnung *f* (Längenänderung); Dehnung *f* (Verlängerung); Längenzunahme *f*; Längung *f*; Streckung *f*; Verlängerung *f*
elongation at break Bruchdehnung *f* [met]; Reißdehnung *f* [met]
elongation at rupture Bruchdehnung *f* [met]
elongation limit Dehnungsgrenze *f* [met]
elongation, coefficient of - Dehnungskoeffizient *m* [met]
elongation, relative - Dehnung *f* (Längenänderung)
eluate Eluat *n* [was]
eluate criteria Eluatkriterien *pl* [was]
elucidate beleuchten *v* (erklären, aufklären)
elute eluieren *n* [was]
elution Elution *f* [was]
elutriate abklären *v* [prc]; abschlämmen *v* [was]; abschwemmen *v* [was]; ausschlämmen *v* [was]; schlämmen *v* [was]
elutriated abgeschlämmt [was]
elutriation Abschlämmung *f* [was]; Ausspülung *f* [was]; Sichtung *f* [prc]; Abschlämmen *n* [was]; Ausschlämmen *n* [was]; Auswaschen *n* [was]
elutriator Aufstromklassierer *m* [prc]
eluvial soil Eluvialboden *m* [bod]
embank abdämmen *v* (Damm errichten) [bau]; anschütten *v* [bod]; aufdämmen *v* [bod]; eindämmen *v* [was]
embanking Dammbau *m* [bau]
embankment Aufschüttung *f* [bod]; Böschung *f* (Ufer-); Uferbefestigung *f* [bau]; Uferböschung *f*; Auftrag *m* [bod]; Bahndamm *m* [tra]; Damm *m* (Erddamm, Bahndamm, Straßendamm); Deich *m* (bei Flüssen) [was]; Erddamm *m* [bau];

Kanaldamm *m* [tra]; Wall *m* (Erdaufschüttung) [mbt]
embark einschiffen *v* (Passagiere) [tra]
embarkation Einschiffung *f* (Passagiere) [tra]
embed betten *v* (einbetten); einbetten *v* (Software) [edv]; einfügen *v* (einlassen); einlassen *v* (Mauerwerk) [bau]; einschließen *v* (einbetten)
embed in concrete einbetonieren *v* [bau]
embedded eingebettet
embedded in concrete einbetoniert [bau]
embedded steelwork eingegossene Stahlbauteile *pl* [tec]
embedding Einmauerung *f* [bau]
embedding compound Einbettmasse *f* [che]
embezzle unterschlagen *v* (widerrechtlich)
emboss narben *v* (prägen) [wer]; treiben *v* (hämmern) [wer]; treiben *v* (prägen) [wer]
embossed sheet-metal panel Buckelblechfüllung *f* [met]
embossing Prägung *f*
embossing die Prägewerkzeug *n* [wer]
embossing equipment Prägemaschine *f* [wer]
embranchment Gabelung *f*
embrittle versprören *v* [met]
embrittlement Versprödung *f* [met]
embrittlement, hydrogen - Wasserstoffversprödung *f* [met]
emerald green smaragdgrün (RAL 6001) [nor]
emerge austreten *v* (herauskommen)
emergency Katastrophenfall *m*; Notfall *m*; Notruf *m* (am Telefon)
emergency power plant Notstromanlage *f* [elt]
emergency accommodation Notunterkunft *f*
emergency aid Soforthilfe *f*
emergency alarm Katastrophenalarm *m*; Notruf *m*
emergency alarm box Notrufmelder *m*
emergency alert Katastrophenalarm *m*
emergency brake Notbremse *f* [tra]
emergency brake control valve Parkbremsventil *n* [tra]
emergency braking Notbremsung *f* [tra]
emergency bridge Notbrücke *f* [tra]
emergency button Alarmknopf *m* (Schalter)
emergency call Notruf *m*
emergency call equipment Notrufeinrichtung *f*
emergency cooling Notkühlung *f*
emergency cord Notleine *f* [mbt]
emergency cut-out Notabschaltung *f*
emergency doctor Notarzt *m* [hum]
emergency door Brandtür *f* (Arbeitssicherheit); Nottür *f*
emergency exit Fluchtweg *m* (Sicherheitstechnik) [bau]; Notausgang *m*
emergency fire exit Notausgang *m* (Gebäude)
emergency fish-plating Notverlaschung *f* [tec]
emergency fuel tank Reservetank *m* [tra]
emergency generating set Notstromaggregat *n* [elt]
emergency generator Notstromgenerator *m* [elt]
emergency generator set Notstromaggregat *n* [elt]

emergency hammer Nothammer *m* (in öff. Fahrzeugen) [tra]
emergency lamp Notleuchte *f* [elt]
emergency landing Notlandung *f* [tra]
emergency light Notlicht *n* [elt]
emergency lighting Notbeleuchtung *f*
emergency lights Notbeleuchtung *f*
emergency limit switch Endschalter *m* [elt]
emergency lube oil pump Notschmierölpumpe *f* [tec]
emergency lubrication Notlaufschmierung *f* [tec]
emergency measure Sofortmaßnahme *pl*
emergency number Notrufnummer *f*
emergency oil pump Notölpumpe *f*; Ölnotpumpe *f* [tec]
emergency operation Notbetrieb *m*
emergency plan Notfallplan *m*
emergency power Notstrom *m* [elt]
emergency power generating set Notstromaggregat *n* [elt]
emergency power set Notstromaggregat *n* [elt]
emergency power supply Notstromversorgung *f* [elt]; Sicherheitsstromversorgungsanlage *f* (Betriebssicherheit) [elt]
emergency power unit Notaggregat *n*
emergency preparedness Notfallvorsorge *f*
emergency push button Notduckknopf *m*
emergency relay valve Sicherheitsbremsventil *n* [tra]
emergency relief Soforthilfe *f*
emergency rope-down device Notabstieg *m* (am Kran) [mbt]
emergency route plan Rettungswegplan *m*
emergency sealing Notabdichtung *f*
emergency service Notbetrieb *m*
emergency services Katastrophenschutz *m*
emergency shut-down Notabschaltung *f* (z.B. Kernkraftwerk) [pow]; Sicherheitsabschaltung *f* (Betriebssicherheit)
emergency shut-down system Not-Aus-System *n*
emergency signal Gefahrenzeichen *n*; Notsignal *n*
emergency situation Notfallsituation *f*
emergency solution Notlösung *f*
emergency staircase Nottreppe *f*
emergency steering pump Notlenkpumpe *f* (Hydraulik) [tec]
emergency stop Not-Aus (von Geräten)
emergency stop Not-Aus-Schalter *m*; Schnellschluss *m* [elt]
emergency stop button Notfallknopf *m*; Nothalteknopf *m* [tra]; Notschalter *m*; Stopptaster *m* [mbt]
emergency stop valve Notabsperrschieber *n* [pow]
emergency supply Notvorrat *m*
emergency switch Katastrophenschalter *m* [elt]; Notschalter *m*; Notzugschalter *m* [mbt]
emergency telephone Notrufanlage *f*; Notrufsäule *f*; Rufsäule *f* [edv]
emergency trip Notausschaltung *f* [pow]
emergency valve Notabsperrventil *n* [pow]; Sicherheitsventil *n* (Arbeits-/Betriebssicherheit) [prc]
emergency, assistance in an - Nothilfe *f*

emergency, state of - Ausnahmezustand *m*
emergency-out Not-Aus (von Geräten)
emergency-steering pump Notlenkpumpe *f* (bei Motorausfall) [tra]
emergent angle Ausfallswinkel *m* [edv]
emergent stem correction Fadenkorrektur *f* [any]
emery Schmirgel *m* [met]
emery schmirgeln *v* [wer]
emery cloth Schmirgelleinen *n* [wzg]
emery disc Schmirgelscheibe *f* [wzg]
emery paper Schleifpapier *n* (Schmirgelpapier) [met]; Schmirgelpapier *n* [wzg]
emery stick Schmirgelstein *m* [met]
emery, grind with - abschmirgeln *v* [wer]
emission Abgabe *f* (Ausstrahlung); Abstrahlung *f* [phy]; Aussendung *f*; Ausstrahlung *f*; Ausströmung *f*; Emission *f*; Freisetzung *f*; Strahlung *f* [phy]; Austrag *m*
emission coefficient Emissionskoeffizient *m*
emission control Emissionsüberwachung *f* [any]
emission declaration Emissionserklärung *f* [jur]
emission factor Emissionsfaktor *m*
emission flame photometry Emissions-Flammenfotometrie *f* [any]; Emissions-Flammenphotometrie *f* ((variant)) [any]
emission level Emissionspegel *m*; Emissionsniveau *n*
emission levy Emissionsabgabe *f* (Steuer) [jur]
emission monitoring Emissionsüberwachung *f* [any]
emission of CO_2 CO_2-Ausstoß *m* [air]
emission of hazardous substances Schadstoffausstoß *m*
emission of ions Ionenemission *f*
emission offence Emissionsdelikt *n* [jur]
emission protection Emissionsschutz *m*
emission reduction Emissionsverminderung *f*
emission register Emissionsregister *n* [jur]
emission right Emissionsrecht *n* [jur]
emission source, acoustic - Schallemissionsquelle *f* [aku]
emission spectroscopy Emissionsspektroskopie *f*
emission spectrum Emissionsspektrum *n*
emission standards for vehicles Abgasgrenzwerte für Autos *pl* [tra]
emission supervision Emissionsüberwachung *f* [any]
emission survey book Emissionskataster *n*
emission values Emissionswerte *pl*
emission, acoustic - Schallemission *f* [aku]
emission, admissible - Emissionsgrenze *f*
emission, point of - Emissionsstelle *f*
emission, velocity of - Emissionsgeschwindigkeit *f*
emission, work of - Austrittsarbeit *f* (Emissionsarbeit)
emission-decreasing measure Emissionsminderungsmaßnahme *f*
emission-oriented road tax emissionsbezogene Kraftfahrzeugsteuer *f* [jur]
emission-related tax emissionsbezogene Steuer *f* (Umwelt-Abgabe) [jur]
emissions Abgas *n* [air]

emissions control Emissionskontrolle *f*
emissions decrease Emissionsminderung *f*
emissions limit value Emissionsgrenzwert *m* [jur]
emissions reduction Emissionsminderung *f*
emissions, reduction of - Verringerung von Emissionen *f*
emissive power Emissionsvermögen *n*
emissivity Emissionskoeffizient *m*; Emissionsvermögen *n*
emit abgeben *v* (ablassen); abstrahlen *v* [phy]; ausgeben *v* (neue Währung o.ä.) [eco]; aussenden *v*; ausstrahlen *v*; emittieren *v*; freisetzen *v*; senden *v* [edv]
emit light leuchten *v* (Licht emittieren)
emit rays strahlen *v*
emit thick smoke qualmen *v* [air]
emittance Emissionsvermögen *n*
emitter Emittent *m*; Emitter *m* [elt]; Strahler *m*
emitter contact Emitteranschluss *m* [elt]
emitter current Emitterstrom *m* [elt]
emitter diode Emitterdiode *f* [elt]
emitter follower Emitterfolger *m* [elt]
emitter-to-gate spacing Emittertorabstand *m* [elt]
empirical empirisch
empirical law Erfahrungssatz *m*
empirical rule empirische Regel *f*
empirical value Erfahrungswert *m*
emplacement Einbringung *f* (Beton) [bau]; Einlagerung *f* (sichere Lagerung)
employ anstellen *v* [eco]; gebrauchen *v*; verwenden *v*
employability Verwendungsfähigkeit *f*
employed on a daily basis tageweise angestellt sein *v* (Tagelohn) [eco]
employed with beschäftigt bei (z.B. bei Fa.) [eco]
employee Angestellte *f* [eco]; Angestellter *m* [eco]; Arbeitnehmer *m* (Personal); Mitarbeiter *m* (Betriebsangehöriger) [eco]
employee turnover Fluktuation *f* (Mitarbeiter-)
employee union representation Arbeitnehmervertretung *f* (Betriebsrat) [jur]
employees Personal *n* [eco]
employees, number of - Beschäftigtenzahl *f* [eco]
employer Arbeitgeber *m*; Auftraggeber *m* (Kunde) [eco]; Bauherr *m* (Arbeitgeber) [eco]; Unternehmer *m* (Arbeitgeber) [eco]
employer's claim to information Auskunftsanspruch des Arbeitnehmers *m* [jur]
employer's contribution Arbeitgeberanteil *m* [jur]
employer's liability Arbeitgeberhaftpflicht *f* [jur]
employer's liability insurance for the operation of an installation Betriebshaftpflichtversicherung *f* [jur]
employment Anstellung *f* (in Firma) [eco]; Arbeit *f* (Beschäftigung); Beschäftigung *f* [eco]; Einstellung *f* (in Unternehmen); Beschäftigungsverhältnis *n* [eco]
employment conditions agreement Manteltarifvertrag *m* [eco]
employment contract Anstellungsvertrag *m* (Arbeitsvertrag) [eco]; Arbeitsvertrag *m* (Anstellungsvertrag)
employment protection, concerns of - Belange der Arbeitsplatzsicherung *pl*
empties Leergut *n*
emptiness Leere *f*
empty hohl; leer (geleert); unbeladen
empty ausgießen *v* (leeren); ausschütten *v*; entleeren *v*; leeren *v* (entleeren); räumen *v* (leeren) [wer]
empty run Leerfahrt *f* [tra]
empty running Leerlauf *m* [tec]
emptying Entleerung *f*; Leerung *f*
emptying device Entleervorrichtung *f*; Schütteinrichtung *f* [prc]
emptying process Umleerverfahren *n* [rec]
Emscher tank Emscherbrunnen *m* [was]
emulation Emulation *f* [edv]
emulator Emulator *m* [edv]
emulsification Emulgieren *n* [che]
emulsifier Emulgator *m* [che]
emulsify emulgieren *v* [che]; verseifen *v* [che]
emulsifying agent Emulgator *m* [che]; Emulgiermittel *n* [che]; Emulgierungsmittel *n* [che]
emulsion Emulsion *f* [che]; Milch *f* (Emulsion) [met]
emulsion copolymerization Emulsionsmischpolymerisation *f* [che]
emulsion lubrication Emulsionsschmierung *f* [tec]
emulsion paint Dispersionsfarbe *f* [che]; Emulsionsfarbe *f* [che]; Lackemulsion *f* [met]
emulsion polymerization Emulsionspolymerisation *f* [che]
emulsion resistant verseifungsfest (Schmierfett) [met]
emulsion separation Emulsionsspaltung *f* [was]
emulsion separator Emulsionstrennanlage *f* [was]
emulsion separator plant Emulsionsspaltanlage *f* [was]
emulsion varnish Lackemulsion *f* [met]
enable aktivieren *v* (einschalten) [elt]; befähigen *v*; freigeben *v*
enabling Freigabe *f*
enamel Emaille *f* [che]; Glasierung *f* [met]; Glasur *f* [met]; Lack *m* [met]; Schmelz *m*; Email *n* [met]
enamel emaillieren *v* [che]; lackieren *v* [wer]
enamel paint Emailfarbe *f* [che]; Lackfarbe *f* (Emaillelack) [met]
enamel varnish Emaillack *m* [che]
enamel, coat of - Emailschicht *f*
enamelled lackisoliert
enamelled wire Lackdraht *m* [elt]
enamelling Emaillierung *f* [che]; Emaillieren *n* [met]; Emaillieren *n* [che]
encapsulate abkapseln *v*; einkapseln *v* [wer]; einschließen *v* (in Kapseln fassen); kapseln *v*; umhüllen *v*
encapsulated gekapselt
encapsulating compounds Einbettharz *n* [che]
encapsulation Einkapselung *f* [rec]; Kapselung *f*

encase einbauen *v* (in Gehäuse); einbauen *v* (in Gehäuse); einkapseln *v* [wer]; einschalen *v* (verkleiden, umhüllen) [bau]; kapseln *v*; schließen *v* (einschließen); umhüllen *v*; ummanteln *v* (einhausen); verschalen *v* [bau]
encased gekapselt; ummantelt
encasement Ummantelung *f*; Einschluss *m* (Baustoff, Werkstoff) [met]; Gehäuse *n* (Verkleidung)
encasing Einhausung *f*; Umhüllung *f* (Verkleidung); Ummantelung *f*; Einhüllen *n*
encasing tube Hüllrohr *n*
enclose eingrenzen *v* (einschließen); einkapseln *v* [wer]; einschließen *v*; einzäunen *v*; kapseln *v*; schließen *v* (einschließen); umfassen *v* (umgeben); umgeben *v*; umgrenzen *v* (örtlich); umschließen *v* (umgeben)
enclosed beigefügt (im Brief); beigelegt (im Brief); beiliegend (im Brief); gekapselt; geschlossen (umhüllt, ummantelt); innenliegend
enclosed cylinder innenliegender Zylinder *m* [tec]
enclosed drive innenliegender Antrieb *m*
enclosed package Beipack *m*
enclosed space umbauter Raum *m* [bau]
enclosed type geschlossene Bauweise *f*
enclosed, fully - gekapselt
enclosed, totally - gekapselt
enclosure Abdeckhaube *f*; Anlage *f* (Brief); Einzäunung *f* (Zaun); Hülle *f* (Einhüllung); Kapsel *f* (Einschluss); Umhüllung *f* (Einschluss); Einschluss *m* (Abfall, Land); Gehäuse *n* (Einschluss)
enclosure, acoustic - Schallschutzhaube *f* [aku]; Schallschutzumbauung *f* [aku]
encode kodieren *v*; verschlüsseln *v* (nur mit Kode lesbar) [edv]
encoded verschlüsselt (nur mit Kode lesbar) [edv]
encounter antreffen *v*
encourage begünstigen *v*
encouraged angeregt (ermutigt)
encroachment Eingriff *m* [jur]
encrust verkrusten *v*
encrustation Verkrustung *f*
encryption Verschlüsselung *f* [edv]
end Mündung *f* (Straße) [tra]; Endpunkt *m*; Schluss *m*; Ende *n*
end aufhören *v*; beenden *v* (Schluss machen)
end bar Begrenzungsschiene *f* [tec]
end bearing Endlagerung *f* [tec]; Endlager *n* (Wellenlager) [tec]
end bell Endkappe *f* [tec]; Kappenring *m* (am Läufer) [pow]
end bit Eckmesser *n* [mbt]
end blade Endschaufel *f* (Turbine) [pow]
end blocks Endklötze *m* (Schweißen) [wer]
end bracket Endkonsole *f*; Endwinkel *m* [tec]
end cap Abschlusskappe *f*; Endkappe *f* [tec]; Verschlusskappe *f* [tec]
end clearance Axialspiel *n* [con]
end closure Endverschluss *m*
end column Endstütze *f* [bau]

end cover Abschlussdeckel *m*; Enddeckel *m* [prc]; Verschlussdeckel *m* [tra]
end cover plate Abschlussplatte *f* [tec]
end cushioning Endlagendämpfung *f* [tra]
end cushioning, adjustable - einstellbare Endlagendämpfung *f* [tra]
end deformation Endverformung *f* (unerwünscht) [met]
end disc Endscheibe *f* [pow]; Endring *m* [pow]
end door Stirnwandtür *f* (am Güterwagen) [tra]
end eye Lagerauge *n* (an Kolbenstange) [tra]
end fitting Endstück *n* (Verschraubung) [tec]
end flange Abschlussflansch *m* [prc]
end float Stirnschlag *m* (Spiel Welle) [con]; Axialspiel *n* [con]; Längsspiel *n* [con]
end frame Lagerdeckel *m* [mbt]
end journal bearing Stirnlager *n* [tec]
end of life vehicles Fahrzeugwracks *pl* [rec]
end of stroke Anschlag *m* (im Zylinder) [tec]; Hubende *n* [tra]
end of the belt Riementrum *n* [tec]
end of the stroke, go to the - zum Anschlag fahren (den Zylinder)
end of the test Versuchsende *n* [any]
end of travel Hubende *n* [tec]
end panel Rückwand *f*
end part Verschlussstück *n*
end piece Endstück *n*
end pin Endbolzen *m* [mbt]
end plate Abschlussplatte *f*; Deckplatte *f* [elt]; Druckplatte *f* [pow]; Endplatte *f*; Endscheibe *f* [pow]; Kopfplatte *f*; Stirnplatte *f*; Verschlussplatte *f* [tec]; Endblech *n*
end play Lagerluft *f* (Lagerspiel) [con]; Axialspiel *n* [con]; Endspiel *n* (z.B. Lager-) [con]
end plug Endstöpsel *m*; Endstopfen *m*
end position Endlage *f* (Kolben) [pow]; Endstellung *f*; Grenze *f* (Grenzstellung des Kolbens) [tra]; Grenzstellung *f* (des Kolbens) [tra]; Anschlag *m*
end position control Endlagenkontrolle *f* [tec]
end product Endprodukt *n* [che]
end ring Endring *m* [pow]
end shaping Endverformung *f* (absichtlich) [met]
end shield Lagerschild *n* [tec]
end shield bearing Schildlager *n* [tec]
end stop Endanschlag *m*
end stopper Endabschluss *m* (z.B. von Laufgitter) [tra]
end terminal Endklemme *f* [elt]
end thrust Axialdruck *m* [phy]; Axialschub *m* [tec]; Längsdruck *m* [tec]
end tube Abschlussrohr *n* [prc]
end user Endverbraucher *m*
end value Grenzwert *m*
end wall Stirnwand *f* (Rückwand Wagen) [tra]
end winding Stirnverbindung *f* [elt]
end, abnormal - Programmabbruch *m* [edv]
end, on - hochkant
end-milling cutter Stirnfräser *m* [wer]

end-of-life vehicle Altfahrzeug *n* [rec]
end-of-run position Endlage *f* [tec]; Endstellung *f* [tec]
end-of-stroke damper Endlagendämpfung *f* [tra]
end-thrust bearing Axiallager *n* [tec]
end-use efficiency Endverbrauchseffizienz *f*
end-user Endbenutzer *m* (Nutzungskette); letzter Verbraucher *m* (Nutzungskette) [eco]
end-user diskette Benutzerdiskette *f* (Software) [edv]
end-user system Endbenutzersystem *n*
endanger gefährden *v*
endangered climate klimabedrohend [wet]
endangered environment bedrohte Umwelt *f*
endangering Gefährdung *f*
endangering of drinking water Trinkwassergefährdung *f* [was]
endangering of traffic Verkehrsgefährdung *f* [tra]
endangering potential Gefährdungspotential *n* ((variant)); Gefährdungspotenzial *n*
endangerment independent from fault, liability for - Gefährdungshaftung *f* [jur]
ending fitting Abspannklemme *f* [elt]
endless endlos (ringförmig); unendlich
endless chain conveyor Kettenförderer *m* [prc]
endless conveyor Kreisförderer *m* [prc]
endless form Endlosformular *n*
endless loop Endlosschleife *f* (Software) [edv]
endless paper Papierbahn *f*
endless rope endloses Seil *n*
endless saw Bandsäge *f* [wzg]
endless screw Schneckenschraube *f* [tec]
endless thread Schneckenschraube *f* [tec]
endless V-belt endloser Keilriemen *m* [tec]
endless wire Langsieb *n*
endmilling cutter Schaftfräser *m* [wzg]
endorsement Nachtrag *m* (bei Versicherungen) [jur]
endoscope Endoskop *n* [any]
endothermal endotherm [che]
endothermic endotherm [che]
ends closed and ground angebogene und geschliffene Enden *pl* [tec]
endurance Haltbarkeit *f* (Ausdauer); Widerstandsfähigkeit *f* (Ausdauer)
endurance crack Ermüdungsriss *m* [met]
endurance failure Dauerbruch *m* [met]
endurance life test Langzeitprüfung *f* [any]
endurance limit Dauerfestigkeit *f* [met]; Dauerschwingfestigkeit *f* [met]; Ermüdungsgrenze *f* [met]; Haltbarkeitsgrenze *f*
endurance tensile strength Dauerzugfestigkeit *f* [met]
endurance test Dauerprüfung *f* [any]; Dauerversuch *m* [any]; Lebensdauertest *m* [any]
endure fortbestehen *v*
energetic energisch; kräftig; vital
energetics Energielehre *f* [pow]
energization Erregung *f* [elt]
energize anregen *v* (z.B. Relais) [elt]; ansteuern *v* (Relais, u.a.) [elt]; einschalten *v* (Maschine);
erregen *v* (elektrisch) [elt]
energizing Anregung *f* (z.B. für Relais) [elt]; Erregung *f*
energizing circuit Ansteuerschaltung *f* [elt]
energizing current Erregerstrom *n* [elt]
energy Arbeit *f* (physikalische -) [phy]; Energie *f* [pow]; Schwung *m* [phy]
energy analysis Energieanalyse *f* [pow]
energy balance Energiebilanz *f* [pow]; Leistungsbilanz *f*; Energiehaushalt *m* [pow]
energy band Energieband *n* [pow]
energy carrier Energieträger *m* [pow]
energy cascading Abwärmenutzung *f* (auf niedrigerem Temperaturniveau) [pow]
energy chain Energiekette *f* [pow]
energy conservation Energieerhaltung *f* [pow]
energy consumer Energieverbraucher *m* [pow]
energy consumption Energieaufwand *m* [pow]; Energieverbrauch *m* [pow]
energy content Energieinhalt *m* [pow]
energy conversion Energieumformung *f* [pow]; Energieumwandlung *f* [pow]
energy converter Energieumformer *m* [pow]
energy coupling Energiekupplung *f* (Kunststoffe) [che]
energy cycle Energiekreislauf *m* [pow]
energy decrease Energieabnahme *f* [pow]
energy demand Energiebedarf *m* [pow]
energy distribution Energieverteilung *f* [pow]
energy economy Energiewirtschaft *f* [pow]
energy efficiency Energieeffizienz *f* [pow]
energy efficiency ratio Energienutzungsgrad *m* [pow]
energy engineering Energietechnik *f* [pow]
energy equivalent Energieäquivalent *n* [pow]
energy exchange Energieaustausch *m* [pow]
energy flow Energiefluss *m* [pow]; Energiestrom *m* [pow]
energy flux Energiefluss *m* [pow]
energy flux density Energieflussdichte *f* [pow]
energy gain Energiegewinn *m* [pow]
energy generation Energieerzeugung *f* [pow]; Energiegewinnung *f* [pow]
energy generation, ecologically compatible - umweltgerechte Energieerzeugung *f* [pow]
energy in short supply Engpassleistung *f* [pow]
energy installation energietechnische Anlage *f* [pow]
energy level Energieniveau *n* [pow]
energy loss Energieverlust *m* [pow]
energy management Energiewirtschaft *f* [pow]; Energiemanagement *n* [pow]
energy meter Energieverbrauchszähler *m* [pow]; Stromverbrauchszähler *m* [elt]
energy of formation Bildungsenergie *f* [che]
energy planning Energieplanung *f* [pow]
energy plant Energiepflanze *f* [pow]
energy policy Energiepolitik *f* [pow]
energy production Energieerzeugung *f* [pow]; Energiegewinnung *f* [pow]

energy program Energieprogramm f [pow]
energy rate Energietarif m [pow]
energy recovery energetische Verwertung f [pow]; Energierückgewinnung f [pow]
energy reduction Energieeinsparung f [pow]
energy required Energieaufwand m [pow]
energy requirement Energiebedarf m [pow]
energy research Energieforschung f [pow]
energy reserve Energiereserve f [pow]
energy resources Energieressourcen pl [pow]
energy retrieving Energierückgewinnung f [pow]
energy rich energiereich [pow]
energy saving arbeitssparend
energy saving Energieeinsparung f [pow]
energy saving measure Energiesparmaßnahme f [pow]
energy sector Energiewirtschaft f [pow]
energy service Energiedienstleistung f [pow]
energy source Energiequelle f [pow]; Energieträger m [pow]
energy spacing Energieabstand m [pow]
energy state Energiezustand m [pow]
energy storage Energiespeicherung f [pow]; Energiespeicher m [pow]
energy structure Energiestruktur f [pow]
energy supply Energieversorgung f [pow]; Energiezufuhr f [pow]
energy supply, decentralized - dezentrale Energieversorgung f [pow]
energy supplying concept Energieversorgungskonzept n [pow]
energy technology Energietechnik f [pow]
energy transfer Energieübertragung f [pow]
energy transmission Energieübertragung f [pow]
energy transport Energieübertragung f [pow]
energy unit Energieeinheit f [pow]
energy uptake Energieaufnahme m [pow]
energy use Energieanwendung f [pow]
energy yield Energieausbeute f [pow]
energy, form of - Energieform f [pow]
energy, green - alternative Energie f [pow]
energy, required - Energiebedarf m [pow]
energy, source of - Energiequelle f [pow]
energy, transformation of - Energieumwandlung f [pow]
energy, use of - Energienutzung f [pow]; Energieeinsatz m [pow]
energy, utilization of - Energieausnutzung f [pow]; Energienutzung f [pow]
energy, waste of - Energievergeudung f [pow]
energy-conscious energiebewusst [pow]
energy-intensive energieintensiv [pow]
energy-poor energiearm [pow]
energy-saver Energiesparer m [pow]
energy-saving energiesparend [pow]
energy-saving switching Energiesparschaltung f [pow]
enforce vollstrecken v [jur]
enforceability Vollziehbarkeit f [jur]

enforceable einklagbar [jur]
enforced zwangsweise (mit Gewalt erzwungen)
enforcement Durchsetzung f [bau]; gewaltsame Durchführung f; Vollstreckung f [jur]; Vollzug m [jur]
enforcement authority Vollzugsbehörde f [jur]
enforcement order Vollstreckungsbefehl m [jur]
enforcement police Vollzugspolizei f [jur]
engage belegen v (Gerät, Speicherplatz) [edv]; eingreifen v (z.B. Raste); einklinken v [wer]; einkuppeln v; einrasten v (ineinander greifen); einrücken v (Zahnräder, Kupplung); einschalten v (Maschine); ineinander greifen v; verpflichten v
engage beschäftigen vt
engaged besetzt (z.B. Telefon) [edv]; eingelegt (Kupplung) [tra]; eingerastet; eingerückt (in Raste); fest eingebunden; im Eingriff (Zahnräder) [tec]
engagement Einstellung f (in Unternehmen)
engagement length Einschraublänge f [tec]
engagement lockout Einrücksperre f (z.B. an Kupplung) [tec]
engagement nut Einrückmuffe f [tec]
engagement, smooth - Gängigkeit f (Maschine) [tec]
engaging einfallend (z.B. in eine Raste); einrückend (in Raste) [tec]
engaging Schaltvorgang m [tec]
engine Kraftmaschine f [pow]; Kraftmaschine f (Verbrennungsmotor) [tra]; Lokomotive f [tra]; Maschine f [pow]; Motor m [pow]; Triebwerk n [tra]
engine base Motorbock m [tra]; Motorfundament n [pow]
engine bearer Motorträger m [tra]
engine bearing Motorlager n [tec]
engine bed Maschinenfundament n [tec]
engine block Motorblock m [tra]; Motorblock m [tra]
engine bonnet Motorhaube f [tra]
engine brake Auspuffklappenbremse f [tra]; Drosselbremse f (Auspuffklappenbremse) [tra]; Motorbremse f (Auspuffklappenbremse) [tra]
engine breathing system Gaswechselsystem f [pow]; Motorenentlüfter m [tra]
engine compartment Motorverkleidung f [tra]; Motorraum m [tra]; Motorraum m (im Verbrennungsmotor) [tra]
engine control room Maschinenkontrollraum m (z.B. Schiff) [tra]
engine coupling Motorkupplung f [tra]
engine cross Motorkreuz n (Achsmitte Kurbelwelle) [tra]
engine drive Motorantrieb m (Verbrennungsmotor) [tec]
engine driver Lokführer m ((A)) [tra]
engine front support vordere Motoraufhängung f [tra]
engine fuel transfer pump Kraftstoffförderpumpe f [tra]
engine guard plate Motorschutzblech n [tra]
engine hood Motorhaube f [tra]

engine lubrication Motorenschmierung *f* [tra]
engine mounting Motoraufhängung *f* [tra]; Motorträger *m* [tra]; Motorlager *n* [tra]
engine mounting base Motoraufhängung *f* [tra]
engine noise Motorenlärm *m* [aku]; Motorgeräusch *n* [aku]
engine oil Motoröl *n* [met]
engine operator Maschinist *m*
engine output Maschinenleistung *f* [tec]; Motorleistung *f* [pow]
engine overhaul Maschinenüberholung *f* [tec]
engine plate Motorschild *n* [tra]
engine power Motorkraft *f* [pow]
engine prime mover Motorantrieb *m* (Verbrennungsmotor) [tec]
engine rating Motornennleistung *f* (Verbrennungsmotor) [tra]
engine repair Maschinenreparatur *f* [tec]; Motorreparatur *f* [tra]
engine revolutions Drehzahl *f* (des Motors) [tra]
engine room Maschinenraum *m* [bau]
engine speed Motordrehzahl *f* [tra]
engine suspension Motoraufhängung *f* (Zwischenteile) [tra]
engine tachometer Motordrehzahlmesser *m* [any]
engine tilt angle Motorschräglage *f* (Bagger am Hang) [mbt]
engine timing Motorsteuerung *f* [tra]
engine trouble Maschinenschaden *m*; Motorschaden *m*
engine variation Motorversion *f* [tra]
engine version Motorversion *f* [tra]
engine-drive Motorantrieb *m* [pow]
engine-driven motorgetrieben [pow]
engine-powered motorisch angetrieben [tec]
engine-speed reduction Drehzahlrückstellung *f* [tra]
engined strahlig (z.B. zweistrahliges Flugzeug) [tra]
engineer Ingenieur *m*; Techniker *m*
engineer bauen *v*; konstruieren *v* (entwerfen) [con]
engineer's chain Messkette *f* [any]
engineer's pliers Kombizange *f* [wzg]
engineering Entwicklung *f*; Technik *f* (allgemein); Anlagenbau *m*; Ingenieurwesen *n*
engineering brick Hartbrandstein *m* [met]
engineering change note Änderungsmitteilung *f* [con]
engineering clinker Hartbrandstein *m* [met]
engineering costs Planungskosten *pl* [eco]
engineering department technisches Büro *n*
engineering drawing Maschinenzeichnung *f* [con]
engineering for official permits Behördenengineering *n*
engineering for special-purpose plants Sonderanlagenbau *m*
engineering hours Ingenieurstunden *pl* [eco]
engineering insurance Maschinenbruchversicherung *f* (technische) [jur]
engineering plastics technische Kunststoffe *pl* [met]
engineering product Maschinenbauerzeugnis *n* [tec]

engineering proposal technisches Angebot *n* [eco]
engineering release note Änderungsmitteilung *f* [con]
engineering science Ingenieurwissenschaft *f* [tec]
engineering, agricultural - Agrartechnik *f* [far]
engineering, chemical - chemische Technik *f*
engineers supervising the buildings Bauleitung *f* [bau]
engrave gravieren (Platte beschriften) [wer]
engrave eingravieren *v*; einschleifen *v*; ritzen *v* (eingravieren) [wer]; schneiden *v* (einschneiden)
enhance optimieren *v* (verbessern); verbessern *v* (aufwerten)
enhanced verbessert (höher im Wert)
enhancement Anreicherung *f*; Aufrüstung *f* (Qualitätsverbesserung einer Anlage); Steigerung *f* (Verbesserung)
enhancing Verbesserung *f* (Erhöhung der Qualität); Verfeinerung *f* (Aufwertung)
enjoyment of nature, right to the - Recht auf Naturgenuss *n* [jur]
enlarge erweitern *v* (vergrößern); vergrößern *v* (Graphik) [con]
enlarged vergrößert (Fläche, Foto)
enlarged scale vergrößerter Maßstab *m* [con]
enlargement Aufweitung *f*; Erweiterung *f* (Vergrößerung); Vergrößerung *f*
enormous amount Unmenge *f*
enormous number Unzahl *f*
enough, be - reichen *v* (ausreichen)
enquire abfragen *v* (erkundigen)
enquiry Anfrage *f* (einer Station) [edv]; Erkundigung *f*
enrich anreichern *v* (verbessern, ausbauen)
enriched angereichert
enriched material angereichertes Material *n* (radioaktiv) [pow]
enriched uranium angereichertes Uran *n* [che]
enrichment Anreicherung *f* (Zusatzstoffe); Veredlung *f*; Verstärkung *f* (Konzentrierung)
enrichment of ore Erzanreicherung *f* [roh]
enrol anmelden *v* ((A) Teilnahme); anmelden *v* ((B) Teilnahme); eintragen *v* (Verzeichnis)
ensue folgen *v* (nachfolgen)
ensure garantieren *v*; Gewähr leisten *v* ((variant)) [jur]; gewährleisten *v* [jur]; sicherstellen *v* (garantieren)
ensuring Gewährleistung *f* (von Sicherheit) [jur]
enter betreten *v* (hineintreten); buchen *v* (z.B. auf ein Konto); eindringen *v* (hineingehen, eintragen); einlaufen *v* (einfließen); einmünden *v* [was]; eintragen *v* (in Objekt); eintreten *v* (betreten)
enter an order in Auftrag nehmen
enter into eintreten *v* (betreten)
entering Eintragung *f* (in Liste)
enterprise Betrieb *m* (Unternehmen) [eco]; Unternehmen *n* [eco]
entertainment expenses Bewirtungskosten *pl*
enthalpy Enthalpie *f*; Wärmeinhalt *m* [pow]

enthalpy of bonding Bindungsenthalpie *f* [che]
enthalpy of formation Bildungsenthalpie *f* [che]
enthalpy of mixing Mischungsenthalpie *f* [che]
enthalpy of reaction Reaktionsenthalpie *f* [che]
entire ganz; gesamt; komplett; voll
entire installation Gesamteinrichtung *f* (Ausstattung)
entire unit as a whole, test of - summarische Prüfung *f* [any]
entirely vollständig
entitle berechtigen *v*
entitled to use, parties - Nutzungsberechtigte *pl* [jur]
entitlement Berechtigung *f* (Befugnis)
entity, legal - juristische Person *f* [jur]
entrain mitreißen *v* (Flüssigkeit)
entrained-flow gasification Flugstromvergasung *f* [che]
entrainer disc Mitnehmerscheibe *f* [tec]
entraining station Verladebahnhof *m* [tra]
entrance Einfahröffnung *f* [tra]; Einfahrt *f* (Zufahrt) [tra]; Eingang *m* (Tür, Tor); Einstieg *m* (Eingang); Zugang *m* (Eingang)
entrance angle Eintrittswinkel *m*
entrance hall Eingangshalle *f* [bau]; Halle *f* (Eingang) [bau]; Flur *m* [bau]
entrance hatch Einstiegsluke *f*
entrance loss Eintrittsverlust *m*
entrance of the rear axle Hinterachseingang *m* [tra]
entrant, new - Neuzugang *m* [eco]
entrap einfangen *v* (z.B. in Falle)
entrapped air Lufteinschluss *m*
entresol Halbgeschoss *n* [bau]
entropy Entropie *f* [che]
entrust beauftragen *v*
entrusted with betraut mit (z.B. mit einer Aufgabe)
entry Buchung *f* [eco]; Einfahrt *f* [tra]; Einreise *f* [tra]; Eintragung *f* (in Liste); Eingangsraum *m* [bau]; Eintrag *m*; Eintritt *m* (Eingang); Stollen *m* (unter Tage) [roh]; Zugang *m* (Eingang); Zutritt *m* (Zugang)
entry data Eingabedaten *pl* (Software) [edv]
entry in the minutes Protokolleintragung *f* (in Sitzungsprotokoll.)
entry line Eingabezeile *f* (Software) [edv]
entry looper Einlaufspeicher *m*
entry pallet Eingangspalette *f* (Uhr) [tec]
entry point Antritt *m* (Rolltreppe) [tra]; Eintrittsmittelpunkt *m* [elt]
entry side Eintrittsseite *f*
entry steam cock Dampfeinlasshahn *m* [pow]
entry-side cushioning Eingangsdämpfung *f*
envelop einhüllen *v*; umhüllen *v*
envelope Hülle *f* (Einhüllung); Hüllkurve *f*; Umhüllung *f*; Mantel *m* (Umhüllung); Umschlag *m* (z.B. Brief-)
envelope einkapseln *v* [wer]
envelope of cone Kegelmantel *m* [con]
enveloping body Hüllkörper *m* (Schmiedeumhüllung) [wer]
environment Ausstattung *f* (Rechner) [edv];
Umgebung *f*; Umwelt *f*; Milieu *n*; Umfeld *n*
environment agency Umweltagentur *f*
environment report, state of - Umweltbericht *m*
environment, care of the - Umweltpflege *f*
environment, clean - saubere Umwelt *f*
environment, compatible with the - umweltgerecht; umweltverträglich
environment, current - aktuelle Umgebung *f*
environment, damage to the - Umweltschaden *m*
environment, danger to the - Umweltgefährdung *f*
environment, design for - umweltgerechte Produktgestaltung *f* [con]
environment, natural - natürliche Umwelt *f*
environment-friendly umweltfreundlich; umweltschonend; umweltverträglich
environment-oriented umweltbewusst
environmental umweltbedingt
environmental acceptability assessment Umweltverträglichkeitsuntersuchung *f*
environmental act Umweltgesetz *n* [jur]
environmental activity Umweltaktivität *f*
environmental administration Umweltverwaltung *f*
environmental adviser Umweltberater *m*
environmental analysis Umweltanalyse *f* [any]
environmental analytics Umweltanalytik *f* [any]
environmental annoyance Umweltbelästigung *f*
environmental aspect Umweltaspekt *m*
environmental audit Umweltbetriebsprüfung *f*; Umweltprüfung *f*; Umwelt-Audit *n*
environmental authority Umweltbehörde *f*; Umweltamt *n*
environmental awareness Umweltbewusstsein *n*
environmental balance Umweltbilanz *f*
environmental care Umweltpflege *f*
environmental charge Umweltabgabe *f* [jur]
environmental chemicals Umweltchemikalien *pl* [che]
environmental chemistry Umweltchemie *f* [che]
environmental compatibility Umweltverträglichkeit *f*
environmental concerns Umweltbelange *pl*
environmental condition Umgebungszustand *m*
environmental conditions Umweltbedingungen *pl*
environmental conservation Umweltschutz *m*
environmental consideration Umweltgestaltung *f*
environmental consultancy Umweltberatung *f*
environmental consultant Umweltberater *m*
environmental contamination Umweltverschmutzung *f*
environmental control Umweltkontrolle *f*; Umweltschutz *m*
environmental control technology Umweltschutztechnik *f*
environmental costs Umweltkosten *pl*
environmental crimes Umweltkriminalität *f* [jur]
environmental criminal law Umweltstrafrecht *n* [jur]
environmental criminality Umweltkriminalität *f* [jur]
environmental crisis Umweltkrise *f*

environmental danger Umweltgefahr *f*
environmental data Umweltdaten *pl*
environmental debate Umweltdiskussion *f*
environmental destruction Umweltzerstörung *f*
environmental disaster Umweltkatastrophe *f*
environmental discussion Umweltdiskussion *f*
environmental disease Umweltkrankheit *f* [hum]
environmental disorder ökologisches Ungleichgewicht *n*
environmental disturbance Umweltbeeinträchtigung *f*
environmental effect Umweltauswirkung *f*; Umweltwirkung *f*; Umwelteinfluss *m*; Umweltfolgen *pl*
environmental endangering umweltgefährdend
environmental engineering Umwelttechnik *f*
environmental equalization levy Umweltausgleichsabgabe *f* [jur]
environmental expenses Umweltausgaben *pl*
environmental experience Umweltpraxis *f*
environmental expert Umweltexperte *m*; Umweltgutachter *m*
environmental factor Umweltfaktor *m*
environmental factors, review of - Umweltfaktorenübersicht *f*
environmental field Umweltbereich *m*
environmental financing levy Umweltfinanzierungsabgabe *f*
environmental forecasting Umweltfolgenabschätzung *f*
environmental goal Umweltziel *n*
environmental goods Umweltgüter *pl*
environmental guidance levy Umweltlenkungsabgabe *f* [jur]
environmental guideline Umweltleitlinie *f*; Umweltrichtlinie *f* [jur]
environmental harm Umweltbeeinträchtigung *f*
environmental hazard Umweltgefährlichkeit *f*; Umweltgefahr *f*; Umweltrisiko *n*
environmental health officer Umweltkontrolleur *m*; Umweltschutzbeauftragter *m*
environmental hygiene Umwelthygiene *f*
environmental impact Umweltauswirkung *f*; Umwelteinwirkung *f*; Umwelteinfluss *m*; Umweltfolgen *pl*
environmental impact analysis Umweltfolgenanalyse *f*
environmental impact assessment Umweltfolgenabschätzung *f*; Umweltverträglichkeitsprüfung *f*
environmental impact statement Umwelterklärung *f* (Öko-Audit); Umweltverträglichkeitserklärung *f* (US-Recht)
environmental industry Umweltindustrie *f*
environmental information Umweltinformation *f*
environmental information system Umweltinformationssystem *n*
environmental inspection Umweltaufsicht *f*
environmental issue Umweltproblem *n*
environmental label Umweltzeichen *n*

environmental law Umweltgesetz *n* [jur]
environmental legislation Umweltgesetzgebung *f* [jur]; Umweltrecht *n* [jur]
environmental levy Umweltabgabe *f* [jur]
environmental liability Umwelthaftpflicht *f*; Umwelthaftung *f* [jur]
environmental liability model Umwelthaftpflichtmodell *n*
environmental licence Umweltlizenz *f* [jur]
environmental management Umweltmanagement *n*
environmental management programme Umweltmanagementprogramm *n*
environmental matters Umweltangelegenheiten *pl*
environmental monitoring Umgebungsüberwachung *f*; Umweltüberwachung *f*
environmental monitoring system Umweltüberwachungssystem *n*
environmental offence Umweltdelikt *n*
environmental office Umweltbehörde *f*; Umweltamt *n*
environmental officer Umweltbeauftragter *f*
environmental option, best practicable - beste durchführbare Umweltoption *f*
environmental organization Umweltschutzorganisation *f*
environmental performance Umweltleistung *f*
environmental planning Raumordnung *f* [jur]; Umweltgestaltung *f*; Umweltplanung *f*
environmental planning system Umweltplanungssystem *n*
environmental poison Umweltgift *n*
environmental policy Umweltpolitik *f*
environmental politics Umweltpolitik *f*
environmental pollution Umweltbelastung *f*; Umweltverschmutzung *f*
environmental precaution Umweltvorsorge *f*
environmental precaution policy Umweltvorsorgepolitik *f*
environmental precautionary principle Umweltvorsorgeprinzip *n*
environmental private law Umweltprivatrecht *n* [jur]
environmental problem Umweltproblem *n*
environmental product liability Umweltprodukthaftpflicht *f* [jur]
environmental production policy umweltorientierte Produktionspolitik *f*
environmental program Umweltprogramm *n*
environmental protection Umweltschutz *m*
environmental protection act Umweltschutzgesetz *n* (GB) [jur]
environmental protection association Umweltschutzverband *m*
environmental protection equipment Umweltschutzgerät *n*
environmental protection guideline Umweltschutzrichtlinie *f* [jur]
environmental protection industry Umweltschutzindustrie *f*
environmental protection investment Umweltschutzinvestition *f*

environmental protection law Umweltschutzgesetzgebung *n* [jur]
environmental protection laws Umweltschutzrecht *n*
environmental protection legislation Umweltschutzgesetzgebung *f* [jur]; Umweltschutzrecht *n*
environmental protection measure Umweltschutzmaßnahme *f*
environmental protection officer Umweltschutzbeauftragter *m*
environmental protection organization Umweltschutzverband *m*
environmental protection program Umweltschutzprogramm *n*
environmental protection regulation Umweltschutzbestimmung *f* [jur]; Umweltschutzrichtlinie *f* [jur]
environmental protection regulations Umweltschutzvorschrift *f* [jur]
environmental protection standard Umweltschutzvorschrift *f* [jur]
environmental protection technology Umweltschutztechnik *f*
environmental protection, integrated - integrierter Umweltschutz *m*
environmental protection, local - kommunaler Umweltschutz *m*
environmental protection, preventive - vorbeugender Umweltschutz *m*
environmental publication Umweltbroschüre *f*
environmental quality Umweltqualität *f*
environmental regulation Umweltauflage *f* [jur]; Umweltschutzauflage *f*
environmental report Umweltbericht *m*; Umweltgutachten *n*
environmental requirement Umweltauflage *f* [jur]
environmental requirements Umweltanforderungen *pl*
environmental research Umweltforschung *f*
environmental resources Umweltressourcen *pl*
environmental review Umweltprüfung *f*
environmental risk analysis Umweltverträglichkeitsprüfung *f*
environmental sanitation Umwelthygiene *f*
environmental science Umweltwissenschaft *f*
environmental sensitivity Umweltbewusstsein *n*
environmental service Umweltpflege *f*
environmental simulation Umweltplanspiel *n*
environmental soundness Umweltverträglichkeit *f*
environmental standard Umweltnorm *f* [jur]
environmental standards Umweltstandards *pl* [jur]
environmental statistics Umweltstatistik *f*
environmental stress Umweltbelastung *f*
environmental subsidy Umweltschutzsubvention *f*
environmental sustainability Aufrechterhaltung der Umweltqualität *f*
environmental target umweltbezogenes Einzelziel *n*
environmental task Umweltschutzaufgabe *f*
environmental taxes Umweltsteuern *pl* [jur]
environmental technology Umwelttechnik *f*; Umwelttechnologie *f*

environmental test chamber Klimakammer *f* [any]
environmental ticket Umweltticket *n* [tra]
environmental toxic material Umweltgift *n*
environmental toxicology Umwelttoxikologie *f*
environmental use levy Umweltnutzungsabgabe *f*
environmentalist Umweltschützer *m*
environmentally benign umweltfreundlich; umweltschonend; umweltverträglich
environmentally compatible umweltgerecht; umweltschonend; umweltverträglich
environmentally conscious umweltbewusst
environmentally damaging umweltschädlich
environmentally dangerous umweltgefährlich
environmentally favourable umweltschonend
environmentally friendly umweltfreundlich
environmentally harmful umweltfeindlich
environmentally hazardous umweltgefährdend; umweltgefährlich
environmentally hazardous material umweltgefährdendes Material *n*
environmentally hazardous substance umweltgefährdender Stoff *m* [met]
environmentally neutral umweltneutral
environmentally oriented umweltorientiert
environmentally sensitive umweltbewusst
environmentally sensitive area ökologisch gefährdeter Bereich *m*
environmentally sound umweltfreundlich
environs Umgegend *f*
enzymatic enzymatisch [bio]
enzymatic analysis Enzymtest *m* [any]
enzymatic degradation enzymatischer Abbau *m* [bio]
enzyme Enzym *n* [bio]
enzyme poison Enzymgift *n* [bio]
epicentre Epizentrum *n* (Erdbeben) [geo]
epicyclic gear Planetengetriebe *n* [tec]; Umlaufgetriebe *n* [tec]
epicycloidal gear Planetengetriebe *n* [tec]; Umlaufgetriebe *n* [tec]
epidemic Epidemie *f* [hum]; Seuche *f* [hum]
epidemic, source of - Seuchenherd *m* [hum]
epoch-making bahnbrechend *f*
epoxide Epoxid *n* [che]
epoxide resin Epoxidharz *n* [che]
epoxide-resin paint Epoxidharzanstrich *m* [che]
epoxy coating Epoxidharzanstrich *m* [che]
epoxy glass Epoxidglashartgewebe *n* [met]
epoxy membrane Epoxidhaut *f* [che]
epoxy paint Epoxidharzanstrich *m* [che]
epoxy resin Harzkleber *m* [met]; Epoxidharz *n* [met]; Gießharz *n* [met]
epoxy resin activator Epoxidharzbeschleuniger *m* [che]
epoxy resin foam Epoxidharzschaumstoffe *m* [met]
epoxy resin paint Epoxidharzlackfarbe *f* [met]
epoxy resins moulding compound Epoxidharzformmasse *f* [met]
equal gleich

equal area, of - flächentreu
equal gearing Zahnradpaar *n* [tec]
equal opportunities Gleichbehandlung *f* [eco]
equal sign Gleichheitszeichen *n* [mat]
equal treatment Gleichbehandlung *f* [eco]
equal, not - ungleich [mat]
equal-area projection flächentreue Abbildung *f* [mat]
equality Egalität *f*; Gleichheit *f*
equality of votes Stimmengleichheit *f* (in Sitzung)
equalization Entzerrung *f* [elt]; Gleichsetzung *f*; Kompensation *f*; Ausgleich *m*
equalization levy Ausgleichsabgabe *f* [jur]
equalization line Ausgleichsleitung *f* [was]
equalization of pressure Druckausgleich *m*
equalize ausgleichen *v* (gleichmachen); entzerren *v* [elt]; gleichsetzen *v*; kompensieren *v*
equalize the clearance Spiel einstellen [wer]
equalizer Entzerrer *m* [elt]; Gleichschalter *m*; Ausgleichsglied *n*
equalizer bar Ausgleichsschiene *f*; Quertraverse *f* [tec]
equalizer compound Ausgleichsmasse *f* [phy]
equalizer pipe Ausgleichsleitung *f* [prc]
equalizer spring Ausgleichsfeder *f* [tec]
equalizing bar Ausgleichsschiene *f* [tec]; Hebelarm *m* (bei Gabelstaplern) [mbt]
equalizing elbow Ausgleichsbogen *m* (Rohrbogen) [prc]
equalizing gear Ausgleichsgetriebe *n* [tec]
equalizing hole Ausgleichsbohrung *f* [prc]
equalizing layer Ausgleichsschicht *f* [bau]
equalizing mains Ausgleichsleitung *f*
equalizing pipe Ausgleichsleitung *f* [was]; Ausgleichsrohrleitung *f* [was]
equalizing pressure Ausgleichdruck *m*; Ausgleichsdruck *m*
equalizing reservoir Ausgleichsgefäß *n*; Wasserausgleichbecken *n* [was]; Wasserdruckausgleichbecken *n* [was]
equalizing resistor Angleichwiderstand *m* [elt]
equalizing strip Ausgleichsstreifen *m* [pow]
equalizing tank Ausgleichbehälter *m* [was]
equalizing temperature Ausgleichtemperatur *f*
equally large gleich groß
equals Gleichheitszeichen *n* [mat]
equate anpassen *v* (gleichsetzen)
equation Gleichung *f* [mat]
equation of moments Hebelgesetz *n* [phy]
equation of state Zustandsgleichung *f* (Gasgleichung) [che]
equations, system of - Gleichungssystem *n* [mat]
equiangular winkeltreu [con]
equidirectional movement gleichsinnige Bewegung *f*
equidistant abstandsgleich; gleichweit entfernt
equilibrate abgleichen *v* (in Gleichgewicht bringen)
equilibrium Beharrungszustand *m* (Gleichgewicht); Gleichgewicht *n*; Gleichmaß *n*
equilibrium concentration Gleichgewichtskonzentration *f* [che]
equilibrium constant Gleichgewichtskonstante *f* [che]
equilibrium curve Gleichgewichtskurve *f* [che]
equilibrium diagram Gleichgewichtsdiagramm *n* [che]
equilibrium of dissociation Dissoziationsgleichgewicht *n* [che]
equilibrium of forces Kräftegleichgewicht *n* [phy]
equilibrium of reaction Reaktionsgleichgewicht *n* [che]
equilibrium position Gleichgewichtslage *f*
equilibrium reaction Gleichgewichtsreaktion *f* [che]
equilibrium state Beharrungszustand *m* (Gleichgewicht); Gleichgewichtszustand *m*
equilibrium voltage Gleichgewichtsspannung *f* [elt]
equilibrium, acid-base - Säure-Base-Gleichgewicht *n* [che]
equilibrium, biological - biologisches Gleichgewicht *n* [bff]
equilibrium, state of - Gleichgewichtszustand *m*
equimolecular äquimolekular [che]
equip ausrüsten *v* [wer]; ausstatten *v*; einrichten *v* (ausrüsten); installieren *v*; versorgen *v* (ausstatten)
equip with bestücken mit *v*
equipartition Gleichverteilung *f*
equipment Anlage *f* (Ausrüstung); Apparatur *f*; Ausrüstung *f* (Geräte); Ausstattung *f* (Ausrüstung); Bestückung *f* (Ausrüstung); Einrichtung *f* (Ausrüstung); Technik *f* (Ausrüstung); Arbeitsgerät *n* [wzg]; Gerät *n* (Ausrüstung)
equipment cabinet Geräteschrank *m*
equipment data sheet Gerätekennblatt *n* [con]
equipment for the tropics Tropenausrüstung *f*
equipment ground Geräteerdung *f* [elt]
equipment identification tag Gerätekennzeichen *n* [con]
equipment list Geräteliste *f* [con]
equipment manufacturer Gerätehersteller *m*
equipment piping Maschinenverrohrung *f* [tec]
equipment structure Apparategerüst *n* [prc]
equipment technology Gerätetechnik *f*
equipment, additional - Nachrüstung *f*; Zusatzgerät *n* (weiteres Gerät) [tec]
equipped ausgestattet
equipped to full capacity Endausbau *m*
equity Billigkeit *f* (Angemessenheit); Fairness *f*
equity capital Eigenkapital *n* [eco]; haftendes Kapital *n* [eco]
equity capital return Eigenkapitalverzinsung *f* [eco]
equity participation Kapitalbeteiligung *f* [eco]
equity, intergenerational - Generationenvertrag *m*
equivalence law Äquivalenzgesetz *n* [che]
equivalent äquivalent; gleich bedeutend; gleichwertig [che]
equivalent Äquivalent *n*
equivalent aerodynamic diameter äquivalenter Durchmesser *m* (Strömungslehre) [phy]
equivalent charge Äquivalenzladung *f* [che]
equivalent circuit Ersatzschaltung *f* [elt]

equivalent circuit diagram Ersatzschaltbild *n* [con]
equivalent flaw Ersatzfehler *m* [met]
equivalent rate of reaction Äquivalentreaktionsgeschwindigkeit *f* [che]
equivalent resistance Wirkwiderstand *m* [elt]
equivalent weight Äquivalenzgewicht *n* [che]
era Zeitalter *n*
eradicate ausmerzen *v*; vollständig entfernen *v*
eradication Ausrottung *f*
erasable storage löschbarer Speicher *m* [edv]
erase löschen *v* (Software) [edv]; radieren *v*; tilgen *v*
erase key Löschtaste *f* [edv]
eraser head Löschkopf *m* (z.B. im Kassettenrecorder) [elt]
erect gerade (aufrecht); stramm (gerade)
erect aufbauen *v* (errichten); aufmontieren *v* [wer]; aufrichten *v* [bau]; aufstellen *v* (aufbauen) [bau]; bauen *v* [bau]; erbauen *v*; errichten *v* (aufstellen); gründen *v* (errichten); konstruieren *v* (erbauen) [bau]; montieren *v* (errichten); zusammenbauen *v* [wer]; zusammensetzen *v* (aufstellen) [wer]
erect a scaffold einrüsten *v* [wer]
erect formwork einschalen *v* (Einschalung erstellen) [bau]
erected erbaut [bau]; zusammengebaut [wer]
erecting crane Montagekran *m* [mbt]
erecting deck Arbeitsbühne *f*
erecting scaffold Aufstellungsgerüst *n*
erecting technique Montagetechnik *f*
erection Aufstellung *f* (Aufbau); Aufstellung *f* (Montage); Errichtung *f*; Konstruktion *f* (Bau); Montage *f* (Aufstellung, Errichtung); Aufbau *m* (Aufbauen); Bau *m* (Bauen) [bau]; Zusammenbau *m* (Errichtung) [wer]; Bauen *n* [bau]
erection and assembly insurance Bauleistungsversicherung *f* [jur]; Montageversicherung *f* [jur]
erection at site Montage auf Anlage *f*
erection bolt Montageschraube *f* [tec]
erection cost Baukosten *pl*; Montagekosten *pl* (z.B. Aufbau Großgerät) [eco]
erection drawing Montagezeichnung *f* [con]
erection opening Montageöffnung *f* (beim Einbau)
erection record Montageprotokoll *n*
erection roller Montagerolle *f*
erection schedule Montageablaufplan *m*; Montagearbeitsplan *m*
erection sequence Montagefolge *f*; Montageablauf *m*
erection shop Montagehalle *f*
erection time Montagedauer *f*; Montagezeit *f*
erection works Montagearbeiten *pl*
erection yoke Montagebügel *m*
erection, year of - Baujahr *n* (des Hauses, der Anlage) [bau]
erector Monteur *m*
erector, chief - Montageleiter *m* [eco]
ergometer Energiemesser *m* [any]
ergonomic ergonomisch
ergonomical ergonomisch
ergonomics Ergonomie *f* (wissenschaftlich)

ermeto coupling Schneidring *m* (Verschraubung) [tec]
erode abtragen *v* (Boden) [bod]; auswaschen *v* (ausspülen) [was]; erodieren *v* [bod]; zerfressen *v* (Gestein) [geo]
eroded by heat ausgebrannt (Landschaft durch Hitze) [far]
erosion Abtragung *f* (Oberflächen) [met]; Auswaschung *f* [geo]; Erosion *f* (Boden-) [bod]; Erosion *f* (Metall-) [met]
erosion control Erosionsschutz *m* [bod]
erosion damage Erosionsschaden *m* [met]
erosion resistance Erosionsfestigkeit *f* [met]
erosion, theory of - Erosionstheorie *f* [bod]
erosion-resistant erosionsfest [met]
erosive action Erosionsangriff *m* [met]
erroneous fehlerhaft (falsch)
erroneous measurement Fehlmessung *f*
error Fehler *m* (Irrtum); Irrtum *m*
error calculation Fehlerberechnung *f* [mat]; Fehlerrechnung *f* [mat]
error cause Fehlerursache *f*
error checking Fehlerprüfung *f*
error detection Fehlersuche *f*
error diagnosis Fehlerdiagnose *f*
error in dimension Maßfehler *m* [con]
error in reading Ablesefehler *m* [any]
error limit Fehlergrenze *f*
error matrix Fehlermatrix *f* [mat]
error of construction Konstruktionsfehler *m* [con]
error of observation Beobachtungsfehler *m* [any]
error of pitch Steigungsfehler *m* (Gewinde) [tec]; Teilungsfehler *m* (Zahnrad, Bohrungen) [tec]
error probability Fehlerwahrscheinlichkeit *f*
error propagation Fehlerfortpflanzung *f* [mat]
error rate Fehlerhäufigkeit *f*; Fehlerrate *f*
error statistic Fehlerstatistik *f* [mat]
error tolerance Fehlertoleranz *f*
error, absolute - absoluter Fehler *m*
error, analytical - Analysenfehler *m* [any]
error, relative - relativer Fehler *m* [mat]
error, source of - Fehlerquelle *f*; Fehlerursache *f*
error-free fehlerfrei
errors in weighing up Abwägungsfehler *m* [jur]
errors, theory of - Fehlerrechnung *f* [mat]
eruption Eruption *f* [geo]
eruptive eruptiv [geo]
eruptive rock Erstarrungsgestein *n* [geo]; Eruptivgestein *n* [geo]; vulkanisches Gestein *n* [geo]
eruptive rocks Auswurfgestein *n* [geo]
eruptive stones Erstarrungsgestein *n* [geo]
escalator Fahrtreppe *f* [tra]; Rolltreppe *f* [bau]; Treppe *f* (Rolltreppe) [mbt]
escalator arresting-device Fahrstuhlfanggerät *n*
escalator entrance Rolltreppenzugang *m* [bau]
escalator gearbox Rolltreppengetriebe *n* [bau]
escalator landing Rolltreppenzugang *m* [bau]
escalator step Rolltreppenstufe *f* [bau]

escape Abzug *m* (Ausgang); Abzugskanal *m* [was]; Ausfluss *m* (Auslaufen); Austritt *m* (Ausströmen)
escape ausfließen *v* (ausströmen); ausströmen *v* (auslaufen); austreten *v* (ausströmen); entweichen *v* (z.B. Gas); herausströmen *v*
escape channel Abzugskanal *m* [was]
escape key Rücksprungtaste *f* [edv]; Umschalttaste *f* [edv]
escape of gas Gasausströmung *f*
escape orifice Ausströmungsöffnung *f*
escape pipe Ausflussrohr *n*
escape possibility Fluchtmöglichkeit *f* (Sicherheitstechnik) [bau]
escape route Fluchtweg *m* (Sicherheitstechnik) [bau]
escape stair Fluchttreppe *f* (Sicherheitstechnik) [bau]; Notleiter *m*
escape staircase Nottreppe *f*
escape valve Abflussventil *n* [was]; Auslassventil *n* [prc]
escape wheel Hemmungsrad *n* (Uhr) [tec]
escapement Hemmung *f* (Uhr) [tec]
escarpment Abdachung *f* (von steilen Böschungen) [bau]; Böschung *f* (Geländestufe); Steilhang *m*
especially serious case of a criminal environmental offence schwere Umweltgefährdung *f* [jur]
essence Essenz *f*; Auszug *m*
essential ätherisch [che]; essentiell ((variant)); essenziell; lebensnotwendig; lebenswichtig; unerlässlich; wesentlich
essential element lebensnotwendiges Element *n* [bff]
essential fatty acid essentielle Fettsäure *f* ((variant)) [che]; essenzielle Fettsäure *f* [che]
essential nutrient Hauptnährstoff *m* [bio]
essential nutritive components essentielle Nahrungsbestandteile *pl* ((variant)); essenzielle Nahrungsbestandteile *pl*
essential oil ätherisches Öl *n* [met]
establish ansiedeln *v* (Industrie in einem Gebiet); aufbauen *v* (Verbindung) [edv]; aufstellen *v* (aufbauen); begründen *v* (gründen) [bau]; einrichten *v* (errichten); feststellen *v* (ermitteln); fixieren *v* (Stellung -); herstellen *v* (zustande bringen) [wer]
established eingeführt (gut eingeführt)
established right Gewohnheitsrecht *n* [jur]
establishment Einrichtung *f* (Gründung); Feststellung *f*; Aufbau *m* (Konstruktion) [tec]; Betrieb *m* (Anstalt)
establishment of a factory Errichtung einer Fabrik *f*
establishment of equilibrium Gleichgewichtseinstellung *f*
estate Siedlung *f*; Grund *m* (Gelände); Grundstück *n* (größeres)
estate area Siedlungsgebiet *n*
estate car Caravan *m* (Kombi) [tra]; Kombiwagen *m* [tra]
estate house Siedlungshaus *n*
estate register, real - Grundbuch *n* [jur]
estate survey, real - Grundstücksvermessung *f* [any]
estate, real - Grundstückseigentum *n* (mit Gebäuden)

ester Ester *m* [che]
estimate Angebotssumme *f* [eco]; Berechnung *f* (Schätzung, Einschätzung); Kalkulation *f* [mat]; Schätzung *f*; Überschlag *m* (Schätzung) [mat]
estimate abschätzen *v* (Entfernung); bewerten *v* (einschätzen, beurteilen); einschätzen *v* (schätzen); erwarten *v*; schätzen *v*; veranschlagen *v* (schätzen); vorausbestimmen *v*
estimated abgeschätzt; voraussichtlich
estimated data Anhaltswert *m* [mat]
estimated value Schätzwert *m* [eco]
estimating Abschätzung *f* (Entfernung, Menge); Bewerten *n*
estimation Bewertung *f* (Schätzung, Einschätzung); Schätzung *f*; Schätzwert *m* [mat]; Ermessen *n*
estimation of productivity data Leistungsabschätzung *f*
estuary Flussmündung *f* (gezeitenausgesetzte)
estuary harbour Flussmündungshafen *m* [tra]
etc. usw. (... und so weiter)
etch ätzen *v* [che]; beizen *v* (Glas); einätzen *v*; einheizen *v*
etch primer Ätzprimer *m* [che]
etched abgesäuert (Fassade) [bau]; geätzt
etching Ätzung *f* [che]; Einätzung *f*; Ätzen *n* [che]; Beizen *n* [met]
etching bath Ätzbad *n* [che]
etching process Ätzverfahren *n* [che]
etching tool Reißnadel *f* [con]
eternit Asbestbeton *m* [met]; Asbestzement *m* [met]
ethanol Ethanol *n* [che]
ether Äther *m* (siehe Ether) [che]; Ether *m* [che]
ethereal ätherisch [che]
ethyl alcohol Ethanol *n* [che]
ethylene Ethylen *n* [che]
ethylene copolymer-bitumen Ethylencopolymer-Bitumen *n* [met]
ethylene/acrylate copolymer Ethylen/Acrylat-Copolymer *n* [met]
ethylene/acrylic acid copolymer Ethylen/Acrylsäure-Copolymer *n* [met]
ethylene/acrylic acid/butylacrylate Ethylen/Acrylsäure/Butylacrylat *n* [met]
ethylene/chlorotrifluoroethylene copolymer Ethylen/Chlortrifluoroethylen-Copolymer *n* [met]
ethylene/ethylene acrylate copolymer Ethylen/Ethylenacrylat-Copolymer *n* [met]
ethylene/methylene acrylate copolymer Ethylen/Methylacrylat-Copolymer *n* [met]
ethylene/propylene terpolymer Ethylen/Propylen-Terpolymer *n* [met]
ethylene/tetrafluoroethylene copolymer Ethylen/Tetrafluorethylen-Copolymer *n* [met]
ethylene/VAC-copolymer Ethylen/VAC-Copolymer *n* [met]
ethylene/vinyl acetate copolymer Ethylen/Vinylacetat-Copolymer *n* [met]
ethylene/vinyl acetate foam Ethylen/Vinylacetat-Schaumstoff *n* [met]

ethylene/vinyl alcohol copolymer Ethylen/Vinylalkohol-Copolymer *n* [met]
ethyne Acetylen *n* [che]
EU-ordinance EG-Verordnung *f* [jur]
EU-right EG-Recht *n* [jur]
Euro-pallet Euro-Palette *f* [tra]
European europäisch
European Community Europäische Gemeinschaft *f*
European Eco-Management and Audit Regulation Umwelt-Audit-Verordnung *f* [jur]
European Inventory of Existing Commercial Chemical Substances EG-Stoffliste *n* [jur]
European single market europäischer Binnenmarkt *m* [eco]
European standard Euronorm *f* [nor]
European waste gas test Europa-Abgastest *m* [tra]
eutectic eutektisch [min]
eutectic Eutektikum *n* [min]
eutectic alloy Eutektikum *n* [min]
eutectic mixture Eutektikum *n* [min]; eutektisches Gemisch *n* [geo]
eutrophic eutroph [was]; nährstoffreich
eutrophication Eutrophierung *f* [was]
eutrophy Eutrophie *f* [was]
evacuate entleeren *v*; evakuieren *v*; leeren *v* (räumen, entleeren)
evacuate site Baustelle räumen (z.B. vor Sprengung) [bau]
evacuated evakuiert; luftleer
evacuation Entleerung *f*; Entlüftung *f*; Evakuierung *f*; Räumung *f* (wegen Gefahr)
evacuation of air Entlüftung *f*
evacuation pipe Evakuierungsleitung *f*
evaluate auswerten *v* (ermitteln); begutachten *v* (auswerten); bewerten *v* (schätzen, beurteilen); durchrechnen *v* [mat]; veranschlagen *v* (bewerten)
evaluated abgeschätzt; ermittelt
evaluating Bewerten *n*
evaluation Auswertung *f* [any]; Berechnung *f*; Beurteilung *f*; Bewertung *f* (Schätzung, Beurteilung); Wertung *f*
evaluation accuracy Auswertegenauigkeit *f* [any]
evaluation factor Bewertungsfaktor *m*
evaluation method Auswerteverfahren *n* [any]; Bewertungsverfahren *n*
evaluation sheet Bewertungsbogen *m*
evaluation system Auswerteeinrichtung *f* [any]
evaluation system, automatic - Auswerteautomatik *f* [mbt]
evaluator Auswerteeinrichtung *f* [any]
evaporable water Verdunstungswasser *m*
evaporate abdampfen *v*; abrauchen *v* [che]; ausdampfen *v* [prc]; bedampfen *v*; eindampfen *v*; einkochen *v* (Flüssigkeit entziehen); evaporieren *v*; verdampfen *v* (verdunsten); verdunsten *v*; verflüchtigen *v*
evaporate on aufdampfen *v*
evaporated bedampft
evaporating Abrauchen *n* [che]; Eindampfen *n*; Verdampfen *n* (Verdunsten); Verdunsten *n*
evaporating apparatus Eindampfapparat *m*
evaporating boiler Abdampfkessel *m* [pow]
evaporating container Ausdampfgefäß *n* [pow]
evaporating cooler Verdampfungskühler *m* [prc]
evaporating dish Abrauchschale *f* [che]
evaporating flask Abdampfkolben *m* [prc]
evaporation Aufdampfung *f*; Bedampfung *f*; Eindampfung *f*; Evaporation *f*; Verdampfung *f*; Verdunstung *f*; Abdampfen *n*; Dampfen *n*
evaporation area Verdunstungsfläche *f*
evaporation cooling Verdampfungskühlung *f* [prc]
evaporation effect Verdunstungseffekt *m*
evaporation enthalpy Verdampfungsenthalpie *f* [phy]
evaporation facility Eindampfungsanlage *f*
evaporation heat Verdunstungswärme *f* [phy]
evaporation plant Eindampfanlage *f*
evaporation rate Verdunstungsgeschwindigkeit *f*
evaporation residue Abdampfrückstand *m*; Abdampfungsrückstand *m*; Siederückstand *m* [prc]; Verdampfungsrückstand *m* [prc]
evaporation temperature Abdampftemperatur *f*; Verdampfungstemperatur *f*
evaporation water Verdunstungswasser *n*
evaporation, natural- natürliche Verdunstung *f* (See)
evaporation, rate of - Verdampfungsgeschwindigkeit *f*
evaporative cooling Verdampfungskühlung *f* [prc]; Verdunstungskühlung *f* [prc]
evaporator Eindampfapparat *m*; Eindampfer *m*; Verdampfer *m*
evaporator assembly Verdampfersystem *n* [pow]
evaporator condenser Brüdenkondensator *m* [prc]
evaporator heating surface Verdampferheizfläche *f* [pow]
evaporator tube Verdampferrohr *n* [pow]
even eben (flach); flach (eben); glatt (eben); gleichmäßig (einheitlich)
even abgleichen *v* (glätten) [bau]; egalisieren *v*
even out ebnen *v* (glätten)
even-grained gleichkörnig; gleichmäßig gekörnt
even-numbered geradzahlig [mat]; geradzahlig [mat]
evenness Ebenheit *f* (Gleichmäßigkeit); Glätte *f* (Gleichmäßigkeit)
event Vorgang *m* (Hergang); Ereignis *n*
event count Ereigniszahl *f* [phy]
event marker Ereignisschreiber *m*
event rate Ereignisrate *f* [phy]
event-tree analysis Ereignisbaumanalyse *f* [edv]
eviction Räumung *f* (zwangsweise)
evidence Dokumentation *f* (Beweis); Beweis *m* (für eine These)
evidence, documentary - Belegmaterial *n*
evidence, form of - Beweismittel *n* [jur]
evidence, taking of - Beweiserhebung *f* [jur]
evident offensichtlich
evil-smelling übelriechend
evolution Abwicklung *f* (Entwicklung); Entwicklung *f*

(Abwicklung) [con]; Evolution f
evolution of heat Wärmeentwicklung f [pow]
evolve entfalten v (entwickeln); entwickeln v
ex factory ab Werk
ex warehouse price Preis ab Lager m [eco]
ex works ab Werk
ex works price Preis ab Fabrik m [eco]
exact fehlerfrei; genau; scharf (genau)
exactness Genauigkeit f
exaggerate übertreiben v
exaggeration Übertreibung f
examination Begutachtung f; Besichtigung f; Probe f (Prüfung) [any]; Prüfung f (Überprüfung) [any]; Überprüfung f; Untersuchung f (Medizin) [hum]; Test m [any]
examination of material Stoffprüfung f [any]
examination report Untersuchungsbericht m
examination, give a follow-up - nachuntersuchen v
examination, method of - Untersuchungsmethode f [any]
examine begutachten v (prüfen); besichtigen v (prüfen); prüfen v (untersuchen) [any]; überprüfen v (z.B. Pässe examinieren) [any]; untersuchen v [any]
examiner Gutachter m (Prüfer); Prüfer m (Person)
examining engineer Prüfbeauftragter m
example Beispiel n; Muster n (Beispiel)
example of application Anwendungsbeispiel n
example, as an - beispielsweise
example, for - zum Beispiel (z.B.)
excavate abgraben v [mbt]; ausbaggern v [bau]; ausgraben v (ausheben) [mbt]; ausheben v [mbt]; ausschachten v [mbt]; baggern v (ausschlammen) [mbt]; graben v [mbt]; lösen v (graben) [mbt]
excavated ausgebaggert (an Land) [mbt]
excavated earth Abhub m [bau]; Bodenaushub m [bod]; Erdaushub m [mbt]
excavated material Abtrag m [bod]; Aushub m (Ausgehobenes) [mbt]; Auswurf m (ausgehobener Boden) [bod]
excavated road-building material Straßenaufbruch m [rec]
excavated rock Gesteinsaushub m [rec]
excavated soil Erdaushub m [mbt]
excavating Ausheben n [mbt]
excavating blade Auskofferschar f [mbt]
excavating depth Baggertiefe f (an Land) [mbt]
excavating point Aushubstelle f [mbt]
excavation Abtragung f [bod]; Ausbaggerung f [bau]; Ausschachtung f (Loch ausheben) [mbt]; Baugrube f [bau]; Erdbewegung f (Bauarbeiten) [bau]; Grube f (Ausgrabung) [bau]; Abtrag m [bod]; Aushub m (Ausheben) [mbt]; Bodenabtrag m [bod]; Bodenaushub m [bod]; Einschnitt m (Graben)
excavation material Aushubmaterial n [mbt]
excavation work Erdaushub m (Ausschachten) [mbt]; Ausschachten n (Erdaushub) [mbt]
excavator Bagger m [mbt]; Erdarbeiter m [bau]; Greifbagger m [mbt]; Kratzer m (Baumaschine)
excavator axle Baggerachse f (Spezialachse) [mbt]

excavator bucket Baggerlöffel m [mbt]
excavator engineering Baggertechnik f (Arbeit mit Bagger) [mbt]
excavator manufacture Baggerbau m [mbt]
excavator monitoring Baggerüberwachung f [mbt]
excavator on caterpillars Raupenbagger m [mbt]
excavator operator Baggerführer m [mbt]
excavator study Baggerstudie f [mbt]
excavator with grab Bagger mit Greifer m [mbt]; Greiferbagger m (Bagger mit Greifer) [mbt]
excavator with ripper tooth Bagger mit Reißzahn m [mbt]
excavator work Baggerarbeit f (an Land) [mbt]
excavator/loader Baggerlader m [mbt]
excavators, large - Großbagger pl [mbt]
exceed überschreiten v (Höhepunkt); übertreffen v
exceed of limit value Grenzwertüberschreitung f
exceeding the speed limit Geschwindigkeitsüberschreitung f [tra]
excel übertreffen v
except ausgenommen (außer)
exception Ausnahme f; Regelabweichung f
exception agreement Ausnahmegenehmigung f [jur]
exception clause Ausnahmeklausel f [jur]
exception licence Ausnahmegenehmigung f [jur]
exceptional condition Ausnahmebedingung f
excess überflüssig (z.B. überflüssiger Kleber); überschüssig (z.B. zu viel Kapazität)
excess Überschuss m; Übermaß n
excess air Luftüberschuss m [air]
excess air coefficient Luftüberschusszahl f [air]; Luftzahl f (Verbrennung) [che]
excess base Basenüberschuss m [che]
excess capacity überschüssige Kapazität n [eco]
excess current Überstrom m [elt]
excess gas burner Fackel f (zum Abfackeln); Gasfackel f (zum Abfackeln) [prc]
excess heat Überhitze f [pow]
excess length Überstand m [bau]
excess liability Haftpflichtexzedent m (Versicherung) [jur]
excess load Überbelastung f; Überlast f [phy]
excess material at root of seam Schweißbart m [wer]
excess of air Luftüberschuss m [air]
excess packaging Verpackungsaufwand m [rec]
excess postage Nachgebühr f
excess pressure Überdruck m
excess pressure valve Druckbegrenzungsventil n [tra]
excess steam pressure Dampfüberdruck m
excess temperature Übertemperatur f
excess temperature of coolant Kühlerwasserübertemperatur f [tra]
excess vapour pressure Dampfüberdruck m
excess velocity Übergeschwindigkeit f
excess voltage Überspannung f [elt]
excess volume Überschussvolumen n
excess weight Mehrgewicht n; Übergewicht n
excess weld material Schweißnahtüberhöhung f [wer]

excess, in - überschüssig
excessive überhöht; überhöht (z.B. Geschwindigkeit) [tra]; übermäßig; überschüssig
excessive amount Übermaß *n*
excessive reinforcement überhöhte Decklage *f* (Schweißtechnik) [wer]
excessive root penetration durchhängende Wurzel *f* (Schweißtechnik) [wer]; Wurzeldurchfall *m* (der Schweißnaht) [wer]
exchange Auswechslung *f*; Vermittlung *f* (Telefon) [edv]; Austausch *m* (Tausch, Umtausch); Tausch *m*; Umtausch *m*; Wechsel *m* (Austausch)
exchange austauschen *v* (tauschen); auswechseln *v*; tauschen *v*; vertauschen *v*; wechseln *v* (austauschen)
exchange coefficient Austauschgröße *f*
exchange network, local - Ortsnetz *n* [edv]
exchange of experiences Erfahrungsaustausch *m*
exchange of information Erfahrungsaustausch *m*
exchange of know-how Erfahrungsaustausch *m*
exchange part Austauschaggregat *n* [tec]; Austauschteil *n* [tec]
exchange piece Ersatzteil *n*
exchange reaction Austauschreaktion *f* [che]
exchange, rate of - Wechselkurs *m* (Währungen) [eco]
exchangeability Austauschbarkeit *f*; Auswechselbarkeit *f*
exchangeable austauschbar; auswechselbar; wechselbar
exchangeable container Wechselbehälter *m* (Container)
exchangeable disk Wechselplatte *f* [edv]
exchangeable gland Wechselblende *f* [tra]
exchangeable packing Wechselblende *f* [tra]
exchanger Austauscher *m*; Umwandler *m* [prc]
excitable erregbar
excitation Anregung *f* [phy]; Erregung *f* [elt]
excitation energy Erregungsenergie *f* [elt]
excitation voltage Erregungsspannung *f* [elt]
excitation winding Erregerwicklung *f* [elt]
excitation, fast response - Stoßerregung *f* [elt]
excite anregen *v* (z.B. Schwingung) [phy]; erregen *v* (aufregen)
excitement Aufregung *f*; Erregung *f* (Mensch)
exciter Erreger *m* [elt]; Erzeuger *m* (z.B. von Schwingungen) [elt]; Steuersender *m* [elt]
exciter field Erregerfeld *n* [elt]
exciter housing Abdeckhaube *f*
exciter output Erregerleistung *f* [elt]
exciter shaft Erregerwelle *f* [elt]
exciting aufregend
exciting coil Erregerspule *f* [elt]
exciting electricity Erregerstrom *m* [elt]
exclaim Ausrufungszeichen *n* (Text)
exclamation mark Ausrufungszeichen *n* (Text)
exclamation point Ausrufezeichen *n* (Text)
exclude ausschließen *v*
excluding customs duty unverzollt [jur]

exclusion Ausschließung *f* [jur]; Ausschluss *m* (einer Haftung, Person) [jur]
exclusion of air Luftabschluss *m*
exclusion of liability Haftungsausschluss *m* [jur]
exclusion of private law defence claims Ausschluss zivilrechtlicher Abwehransprüche *m* [jur]
exclusion of residual pollution Altlastenausschluss *m* [rec]
exclusion of responsibility Verantwortlichkeitsausschluss *m* [jur]
exclusion of warranty Gewährleistungsausschluss *m* [jur]
exclusive exklusiv
exclusive competence ausschließliche Zuständigkeit *f*
exclusive jurisdiction Gerichtsstand *m* (ausschließlicher) [jur]
excrescence Protuberanz *f* (Ausstülpung) [tec]
excursion Wanderung *f* (längerer Fußmarsch) [tra]
excuse Ausrede *f* (fadenscheinige Ausrede ...)
excuse dispensieren *v*
executable ablauffähig [edv]
executable instruction ausführbarer Befehl *m* (Software) [edv]
execute ablaufen *v* (Programm) [edv]; ausfahren *v* (durchführen); ausführen *v* (durchführen); durchführen *v* (Vertrag); verrichten *v* (ausfahren)
execution Abwicklung *f* (einer Arbeit); Ausführung *f* (Durchführung); Durchführung *f* (Aktion); Realisierung *f*; Ablauf *m* (eines Programms) [edv]; Vollzug *m* [jur]
execution of an order Erledigung eines Auftrags *f* [eco]
execution of disposal Durchführung der Beseitigung *f* [rec]
executive geschäftsführend
executive Manager *m* (Chef, Leiter) [eco]
executive board Vorstand *m* [eco]
exemplary modellhaft
exemplary damages Schmerzensgeld *n* [jur]
exemplification Erläuterung *f*
exemplify erläutern *v*
exempt dispensieren *v*
exempted from sales tax umsatzsteuerfrei [jur]
exemption Befreiung *f* (Freistellung); Freistellung *f* [jur]; Freistellungserklärung *f* [jur]
exemption from punishment Straffreiheit *f* [jur]
exemption, reservation of the right to grant - Befreiungsvorbehalt *m* [jur]
exercise Übung *f*
exercise praktizieren *v*; üben *v*
exert belasten *v* (Druck ausüben)
exertion Belastung *f* (Anstrengung); Aufwand *m* (Mühe)
exfoliate abblättern *v* (Schiefer) [bau]; abschälen *v*
exfoliation Abblättern *n* (von Metall); Aufblähen *n*
exhalation Exhalation *f*
exhale ausatmen *v*
exhaust Abführung *f* (Dampf) [pow]; Entlüftung *f* (beim Ventil) [air]; Abzug *m* (Abgase) [air];

Auslass *m*; Auspuff *m* [tra]; Luftauslass *m* [air]; Luftaustritt *m* [air]
exhaust abführen *v* (Dampf); abreichern *v* (erschöpfen) [prc]; absaugen *v*; ausblasen *v* (Dampf) [pow]; auslassen *v* (ablassen); ausströmen *v* (herausströmen); austreten *v* (ausströmen); entleeren *v*; erschöpfen *v*; leeren *v* (verbrauchen, erschöpfen)
exhaust air Abluft *f* [air]
exhaust air bend Abluftkrümmer *m* [air]
exhaust air connection Abluftstutzen *m* [air]
exhaust air decontamination system Ablufttreinigungssystem *n* (radioaktive Gase) [pow]
exhaust air duct Abluftkanal *m* [air]
exhaust air flap Abluftklappe *f* [air]
exhaust air purification Abluftreinigung *f* [air]
exhaust annulus Abdampfringraum *m* (Turbine) [pow]
exhaust aperture Austrittsquerschnitt *m*
exhaust area Austrittsfläche *f*; Abdampfquerschnitt *m* [air]; Auslassquerschnitt *m* [prc]; Austrittsquerschnitt *m*
exhaust bend Abdampfkrümmer *m* [pow]; Austrittsbogen *m* [pow]
exhaust blade Austrittsschaufel *f* [pow]; Endschaufel *f* (Turbine) [pow]
exhaust box Abluftkasten *m* [air]
exhaust brake Auspuffbremse *f* (Motorbremse) [tra]; Auspuffklappenbremse *f* [tra]; Drosselklappenbremse *f* [tra]; Motorbremse *f* (Auspuffklappenbremse) [tra]
exhaust branch Austrittsstutzen *m*
exhaust cleaner Abgasreiniger *m* [air]
exhaust collector Abgassammelrohr *n* [prc]
exhaust component Abgaskomponente *f* [air]
exhaust connection Abströmstutzen *m*; Austrittsstutzen *m*
exhaust contamination Abgasbelastung *f* [air]
exhaust device Absaugeinrichtung *f* [air]
exhaust duct Abzugshaube *f* [air]; Entlüftungsleitung *f*
exhaust elbow Abgaskrümmer *m* (auch Auto) [tra]; Austrittsbogen *m* [pow]
exhaust emission standard Abgasnorm *f* [tra]
exhaust end Abdampfseite *f* [pow]
exhaust fan Entlüfter *m* [prc]; Exhaustor *m*; Sauggebläse *n* [pri]
exhaust filter Auspufffilter *m* [air]
exhaust flame damper Flammendämpfer *m* [pow]
exhaust flap brake Auspuffklappenbremse *f* [tra]
exhaust flow Abströmung *f*
exhaust flow velocity Abströmgeschwindigkeit *f*
exhaust fumes Auspuffgase *pl* [tra]
exhaust gas Abluft *f* [air]; Abgas *n* (aus Auspuff) [tra]; Abgas *n* [air]; Auspuffgas *n* (Auto) [tra]; Verbrennungsgas *n* (Motor) [air]
exhaust gas burner Abfackelanlage *f* [pow]
exhaust gas catalyst Abgaskatalysator *m* [air]
exhaust gas catalytic converter Abgaskatalysator *m* [air]

exhaust gas conditioner Abgasreiniger *m* [air]
exhaust gas counter Abgaszähler *m* [any]
exhaust gas diffuser Abgasdiffusor *m* [air]
exhaust gas emission Abgasemission *f* [air]
exhaust gas emission test Abgassonderuntersuchung *f* [air]
exhaust gas filtering equipment Abluftfilteranlage *f* [air]
exhaust gas heated abgasbeheizt [pow]
exhaust gas heated intake manifold abgasbeheizter Ansaugkrümmer *m* [tra]
exhaust gas heated intake pipe abgasbeheiztes Ansaugrohr *n* [tra]
exhaust gas limit value Abgasgrenzwert *m* [jur]
exhaust gas loss Abgasverlust *m* [air]
exhaust gas pipe Abgasleitung *f* [air]
exhaust gas plant Abgasanlage *f* [air]
exhaust gas quantity Abgasmenge *f* [air]
exhaust gas recirculation Abgasrückführung *f* [air]
exhaust gas recirculation system Abgasrückführungssystem *n* [air]
exhaust gas recycling Abgasverwertung *f* [air]
exhaust gas scrubbing Abgasreinigung *f* [air]
exhaust gas sound attenuator Abgasschalldämpfer *m* [aku]
exhaust gas stack Abluftkamin *m* [air]
exhaust gas test Abgasuntersuchung *f* [any]
exhaust gas thermostat Abgasthermostat *m* [air]
exhaust gas turbine Abgasturbine *f* [pow]
exhaust gas utilization Abgasverwertung *f* [air]
exhaust head Auspuffhaube *f* (Auto) [tra]
exhaust hood Abdampfhaube *f* [pow]
exhaust in Auspuffgaseintritt *m* [tra]
exhaust loss Auslassverlust *m* [pow]; Austrittsverlust *m* [pow]
exhaust main Auspuffleitung *f*
exhaust manifold Auspuffkrümmer *m* [tra]; Auspuffrohr *n*
exhaust manifold connection Auspuffrohrverbindung *f* [tra]
exhaust moisture Endfeuchte *f* (Dampf) [pow]
exhaust nozzle Abdampfstutzen *m* [pow]
exhaust out Auspuffgasaustritt *m* [tra]; Gasaustritt *m*
exhaust pipe Abdampfleitung *f* [air]; Abgasleitung *f* (auch Auto) [tra]; Auspuffleitung *f* [tra]; Abblaserohr *n*; Auspuffendrohr *n* (Auto) [tra]; Auspuffrohr *n*; Ausströmungsrohr *n*
exhaust pollution Abgasbelastung *f* [air]
exhaust port Auspufföffnung *f*; Auspuffstutzen *m* [air]; Austrittskanal *m* [pow]
exhaust preheater Abdampfvorwärmer *m* [pow]
exhaust pressure Auspuffdruck *m* [tra]
exhaust relief diaphragm Sicherheitsmembran *f* (Betriebssicherheit) [tec]
exhaust shaft Abluftkanal *m* [air]
exhaust side Abströmseite *f*
exhaust silencer Abgasschalldämpfer *m* [aku]; Auspuffdämpfer *m* [aku]; Auspuffschalldämpfer *m* [tra]

exhaust steam Abdampf *m* (geschlossener Kreislauf) [pow]; Austrittsdampf *m* [pow]; Leckdampf *m* [pow]
exhaust steam boiler Abdampfkessel *m* [pow]
exhaust steam elbow Abdampfkrümmer *m* [pow]
exhaust steam energy Abdampfenergie *f* [pow]
exhaust steam flange Abdampfflansch *m* [pow]
exhaust steam flow Abdampfdurchsatz *m* [pow]
exhaust steam heating Abdampfheizung *f* [pow]
exhaust steam line Abdampfleitung *f* [pow]
exhaust steam main Abdampfleitung *f* [pow]
exhaust steam moisture Abdampfnässe *f* [pow]
exhaust steam oil separator Abdampfentöler *m* [pow]
exhaust steam temperature Abdampftemperatur *f* [pow]
exhaust steam turbine Abdampfturbine *f* [pow]
exhaust steam utilization Abdampfverwertung *f* [pow]
exhaust steam velocity Abdampfdurchsatz *m* [pow]
exhaust steam volume Abdampfmenge *f* [pow]
exhaust stroke Anstoßhub *m* [mbt]
exhaust system Abblaseeinrichtung *f*; Abgasanlage *f* (auch Auto) [tra]
exhaust temperature Abgastemperatur *f* [air]
exhaust tube Gasableitungsrohr *n* [air]
exhaust turbine Nachschaltturbine *f* [pow]
exhaust turbo charger Abgasturbolader *m* [pow]
exhaust turbo supercharger Abgasturbolader *m* [pow]
exhaust unit Absauganlage *f* [air]
exhaust valve Auspuffklappe *f* [tra]; Abblaseventil *n* [air]; Abdampfventil *n*; Ablassventil *n* [was]; Auslassventil *n* [prc]
exhaust valve cap Auslassventilverschraubung *f* [prc]
exhaust valve seat Auslassventilsitz *m* [prc]
exhaust valve spring Auslassventilfeder *f* [prc]
exhaust ventilation hood Absaughaube *f* [air]
exhaust ventilation hose Absaugschlauch *m* [air]
exhaust ventilation system Absauganlage *f* [air]
exhaust ventilator Sauglüfter *m* [pow]
exhaust volume Abdampfvolumen *n* [pow]
exhaust-free abgasfrei [air]
exhaust-operated air heating Abgasheizung *f* [pow]
exhausted ausgebeutet (Bergwerk) [roh]; erschöpft; evakuiert; geschafft (erschöpft)
exhauster Entlüfter *m* [tra]; Sauglüfter *m* [pow]; Exhaustorgebläse *n*; Sauggebläse *n* [prc]
exhauster fan Mühlenventilator *m* (Mühlenfeuerung) [pow]
exhausting device Absaugvorrichtung *f*
exhaustion Ermüdung *f* (von Material) [met]; Erschöpfung *f*; Übermüdung *f*; Verbrauch *m* (Erschöpfung) [tra]
exhaustion of the limit Erschöpfung der Deckungssumme *f* [jur]
exhibit Ausstellungsstück *n* (ein Gerät)
exhibit ausstellen *v* (Messe)
exhibition Ausstellung *f* (auch: Messe); Schau *f* (Ausstellung)

exhibition booth Messestand *m* (innen)
exhibition ground Ausstellungsgelände *n*; Messegelände *n* (Ausstellungsgelände)
exhibition hall Ausstellungshalle *f*
exhibition site Ausstellungsgelände *n*
exhibition space Messestand *m* (außen)
exhibitor Aussteller *m* (stellt auf Messe aus)
exist bestehen *f* (leben)
exist existieren *v*
existence Existenz *f*; Bestand *m* (Existenz)
exit Ausfahrt *f* (Autobahn) [tra]; Ausgang *m* (Unterprogramm) [edv]; Ausgang *m* (z.B. Tür) [bau]; Ausstieg *m* (Tür, u.a.); Austritt *m* (Austrittstelle)
exit herausspringen *v* (Software) [edv]
exit access Ausgangsweg *m* [tra]
exit air Fortluft *f* [air]
exit angle Austrittswinkel *m* [pow]
exit gas Abgas *n* (tritt aus) [air]
exit gas fan Abgasgebläse *n* [air]
exit guide blade Austrittsleitschaufel *f* (Turbine) [pow]
exit loss Austrittsverlust *m* [pow]
exit pallet Ausgangspalette *f* (Uhr) [tec]
exit point Austrittsmarke *f*
exit road Ausfahrtstraße *f* [tra]
exit sign system Fluchtwegsystem *n* (Sicherheitstechnik) [bau]
exit statement Leeranweisung *f* (Software) [edv]
exit velocity Austrittsgeschwindigkeit *f* [prc]
exited angeregt [phy]
exited nucleus angeregter Kern *m* (Atomkern) [phy]
exothermal exotherm [che]
exothermic exotherm [che]; wärmeabgebend [pow]; wärmeerzeugend
expand aufweiten *v*; aufwerfen *v* (Rohre) [wer]; ausdehnen *v* (erweitern); blähen *v* (Beton); dehnen *v* (ausdehnen, erweitern); entspannen *v* (Gas); erweitern *v* (ausdehnen); expandieren *v*; nachrüsten *v*; schäumen *v* (Kunststoffe) [met]; sich ausdehnen *v*; spreizen *v*; wachsen *v* (ausdehnen); weiten *v* (ausdehnen)
expand by rolling einwalzen *v* (Rohre) [wer]
expandable ausbaufähig (erweiterbar); schäumbar [che]
expandable polyethylene schäumbares Polyethylen *n* [che]
expandable polystyrene schäumbares Polystyrol *n* [che]
expanded aufgebläht [wer]
expanded clay Blähton *m* [met]
expanded energy Arbeitsaufwand *m*
expanded grate Streckgitter *n* [met]
expanded metal Streckgitter *n* (aus Walzwerk) [met]; Streckmetall *n* [met]
expanded metal walkway Streckmetallbelag *m* [met]
expanded plastic Schaumstoff *m* [met]
expanded polystyrene Schaumpolystyrol *n* [che]
expanded rubber Schaumgummi *m* [met]
expanded tube joint Walzverbindung *f* [wer]

expanding agent Quellmittel *n* [met]; Treibmittel *n* (Kunststoff) [met]
expanding cone Spreizkegel *m* [tec]
expanding cylinder Spreizzylinder *m* [tec]
expanding rivet Spreizniet *m* [tec]
expanding screw Spreizschraube *f* [tec]
expanding stroke Spreizweg *m* [tec]
expanse Fläche *f* (weite -)
expansible dehnbar (ausdehnbar)
expansible Faltenbalg *m*
expansion Aufweitung *f*; Ausdehnung *f* (Erweiterung); Ausweitung *f*; Dehnung *f* (Ausdehnung); Erweiterung *f* (Ausdehnung); Expansion *f*; Quellung *f*; Vergrößerung *f*; Aufblähen *n*; Blähen *n* (Beton)
expansion anchor Spreizdübel *m* [bau]
expansion arbour Spreizdorn *m* [tec]
expansion bend Dehnungsausgleichsbogen *m* [pow]; Kompensationsbogen *m* [prc]; Faltenrohr *n* [pow]
expansion bolt Bolzenschraube *f* [tec]; Dehnschraube *f* [tec]; Spreizanker *m* [tec]; Spreizdübel *m* [tec]
expansion bushing Dehnhülse *f* [tec]
expansion cam Ausdehnungsnocken *m* [tec]
expansion chamber Expansionsraum *m* (Turbine) [pow]
expansion coefficient Ausdehnungskoeffizient *m* [phy]
expansion compensation Dehnungsaufnahme *f*; Dehnungsausgleich *m*
expansion constant Dehnungskonstante *f* [met]
expansion coupling Dehnungsausgleichskupplung *f* [tec]; Dehnungskupplung *f* [tec]
expansion crack Dehnungsriss *m* [met]
expansion cushion Dehnungspolster *n* [tec]
expansion engine Expansionsmaschine *f* [pow]
expansion fastener Spreizdübel *m* [bau]
expansion groove Dehnungsnut *f* [pow]
expansion joint Ausdehnungsfuge *f* [bau]; Dehnlinse *f* [tec]; Dehnungsfuge *f* [bau]; Dehnungslinse *f* [pow]; Stoßfuge *f* [wer]; Teleskopverbindung *f* [tec]; Dehnungsstoß *m* [tec]; Kompensator *m* (Ausgleicher) [prc]
expansion joint, axial - Axialkompensator *m* [tec]
expansion joint, lateral - Gelenkkompensator *m* [tec]
expansion joint, lenticular - Linsenkompensator *m* [tec]
expansion joint, multi-convolute - mehrwelliger Kompensator *m* [tec]
expansion joint, sliding - Gleitkompensator *m* [tec]
expansion kit Nachrüstsatz *m* (zusätzlicher Anbau) [mbt]
expansion line Expansionslinie *f*; Expansionsbereich *m*
expansion loop Ausdehnungsrohrbogen *m* [pow]
expansion measurement Dehnungsmessung *f* [any]
expansion notch Expansionsschaltnocke *f* [tec]
expansion of a plant Erweiterung einer Anlage *f* (Kapazität)
expansion of building Bauerweiterung *f* [bau]

expansion pad Dehnungspolster *n*
expansion piece Ausdehnungsstück *n* [pow]; Dehnungsstück *n* [pow]
expansion pipe Dehnungsausgleicher *m* [pow]; Dehnungsrohr *n* [pow]; Kompensationsrohr *n*
expansion plug Spreizdübel *m* [tec]
expansion reservoir Überlaufbehälter *m* [was]
expansion ring Erweiterungsring *m*
expansion roller Dehnungsrolle *f*
expansion sleeve Dehnungshülse *f* [tec]; Dehnungsmanschette *f* [tec]; Spreizbuchse *f* [tec]; Spreizmuffe *f* [tec]
expansion switch Auszugvorrichtung *f* (vor Brücken) [bau]
expansion tank Ausgleichsbehälter *m* [prc]; Ausdehngefäß *n*; Ausdehnungsgefäß *n* [pow]
expansion thermometer Ausdehnungsthermometer *n* [any]
expansion transmitter Dehnungsgeber *m* [any]
expansion turbine Expansionsturbine *f* [pow]
expansion valve Entspannungsventil *n* [prc]; Expansionsventil *n*; Überdruckventil *n* [prc]
expansion vessel Ausgleichbehälter *m*; Ausgleichsbehälter *m* [prc]; Entspannungsbehälter *m* [pow]; Ausdehnungsgefäß *n* [pow]
expansion, coefficient of - Ausdehnungszahl *f* [phy]; Ausdehnungskoeffizient *m* [phy]
expansion, ratio of - Dehnungsverhältnis *n* [met]
expansion, velocity of - Ausbreitungsgeschwindigkeit *f* [air]
expansive force Ausdehnungskraft *f* [phy]
expansive-cement concrete Quellbeton *m* [met]
expect erwarten *v*
expectancy Lebenserwartung *f*
expectancy range Erwartungsbereich *m*
expectation value Erwartungswert *m* [mat]
expected erwartet; voraussichtlich (wird erwartet)
expected life erwartete Nutzungsdauer *f*; voraussichtliche Nutzungsdauer *f*
expected time Vorgabezeit *f*
expected value Erwartungswert *m* [mat]
expedient Behelfslösung *f*
expedient solution Notlösung *f* (schnelle Lösung)
expedite beeilen *v* (zügig bearbeiten); beschleunigen *v* (Druck machen)
expediting Mahnung *f*; Terminkontrolle *f*; Terminverfolgung *f*
expel ausstoßen *v*; herausschleudern *v* (ausstoßen); verdrängen *v*; vertreiben *v* [eco]
expeller drier Schneckentrockner *m* [prc]
expelling Austreiben *n* [che]
expend ausgeben *v* (Geld) [eco]
expendable Verbrauchsmaterial *n* [met]
expendable part Verschleißteil *n* [met]
expenditure Aufwendung *f*; Auslage *f* (Kosten) [eco]; Aufwand *m* (Kosten) [eco]; Kostenaufwand *m* [eco]
expenditure audit Aufwandskontrolle *f*
expenditure of energy Energieaufwand *m* [pow]

expenditure of force Kraftaufwand *m* [phy]
expenditure of material Materialaufwand *m*
expenditure, additional - Mehrausgabe *f* [eco]; Mehraufwand *m* [eco]
expenditures for environmental protection Umweltschutzausgaben *pl*
expenditures on environmental protection Umweltschutzaufwendungen *pl*
expense Ausgabe *f* (Geld) [eco]
expense money Abordnungsgeld *n* [eco]
expenses Auslage *f* (Kosten) [eco]; Aufwand *m* (Kosten) [eco]; Kosten *pl* [eco]; Spesen *pl* [eco]
expenses, extra - Mehraufwand *m* [eco]
expenses, indirect - Gemeinkosten *pl* [eco]
expensive aufwändig; aufwendig; teuer
experience Erfahrung *f*; Routine *f*; Sachkenntnis *f*
experienced berufserfahren; erfahren; erprobt; geübt (routiniert); sachkundig; sachverständig
experiment Test *m* [any]; Versuch *m* [any]; Experiment *n*
experiment experimentieren *v*; versuchen *v* [any]
experiment, as an - versuchsweise [any]
experimental experimentell
experimental area Versuchsgelände *n* [any]
experimental chemistry experimentelle Chemie *f*
experimental condition Versuchsbedingung *f* [any]
experimental error Versuchsfehler *m* [any]
experimental method Versuchsmethode *f* [any]; Versuchstechnik *f* [any]
experimental plant Versuchsanlage *f* [any]
experimental point Messpunkt *m* [any]
experimental procedure Versuchsdurchführung *f* [any]
experimental process Versuchsverfahren *n* [any]
experimental purpose Versuchszweck *m* [any]
experimental reactor Versuchsreaktor *m* [any]
experimental result Messergebnis *n* [any]
experimental scale Versuchsmaßstab *m* [any]
experimental set-up Versuchsanordnung *f* [any]; Versuchsaufbau *m* [any]
experimental stage Versuchsphase *f* [any]; Versuchsstadium *n* [any]
experimental stress analysis Festigkeitsversuch *m* [any]
experimental time Versuchsdauer *f* [any]
experimental value Messwert *m* [any]
experimental work Versuchsbetrieb *m* [any]
experiments, series of - Versuchsreihe *f* [any]
expert fachkundig; fachmännisch; sachkundig; sachverständig
expert Experte *m*; Fachmann *m*; Gutachter *m*; Sachverständiger *m*; Spezialist *m*
expert knowledge Fachkenntnis *f*; Sachkenntnis *f*; Expertenwissen *n*
expert language Expertensprache *f* (Datenverarbeitung) [edv]
expert opinion Fachgutachten *n* (auch schriftlich)
expert opinion on environmental matters Umweltgutachten *n*

expert system Expertensystem *n*
expert witness Sachverständigenaussage *f* [jur]; Expertenurteil *n*
expert's fees Sachverständigenkosten *pl* [eco]
expert's opinion Begutachtung *f*; Gutachten *n* (Expertise); Sachverständigengutachten *n*
expert's report Expertise *f*; Gutachten *n*; Sachverständigengutachten *n*
expertise Sachverstand *m*
expiration Ablauf *m* (Ablauf der Vertragszeit, - eines Patents) [jur]
expiration of the contract, liability after the - Nachhaftung *f* (Haften nach Ablauf des Vertrages) [jur]
expire ablaufen *v* (enden, beendigen); verstreichen *v* (auslaufen)
expired abgelaufen (nicht wirksam, beendigt)
explain erklären *v*; erläutern *v*; verdeutlichen *v*
explanation Erklärung *f*; Erläuterung *f*
explanation, duty of - Darlegungspflicht *f* [jur]
explicit ausdrücklich; explizit
explodable explosionsfähig
explode bersten *v*; detonieren *v*; explodieren *v*; knallen *v* [aku]; platzen *v* (explodieren); sprengen *v* (in die Luft jagen); verpuffen *v* [che]
exploded view auseinander gezogene Darstellung *f*; Explosionsdarstellung *f* [con]
exploit ausbeuten *f* (Bergbau) [roh]
exploit abbauen *v* (Rohstoffe) [roh]; ausnutzen *v* (ausbeuten) [roh]; verwerten *v* [rec]
exploit commercially vermarkten *v* [eco]
exploitation Ausnutzung *f* (Ausbeutung) [roh]; Nutzbarmachung *f* (Ausnutzung, Nutzung); Wahrnehmung *f* (eines Rechts) [jur]; Abbau *m* (Gewinnung) [roh]
exploitation plan Bewirtschaftungsplan *m* [far]
exploited ausgebeutet (Land, Sklave) [eco]
exploration Exploration *f*
exploration well Suchbohrung *f* [roh]
exploratory drilling Suchbohrung *f* [roh]; Erkundungsbohrungen *pl* [roh]
explore erforschen *v*; untersuchen *v* [roh]
explosion Detonation *f*; Explosion *f*; Sprengung *f* (Explosion) [roh]; Verpuffung *f* [che]; Schuss *m* (Explosion); Bersten *n*
explosion accidents, safety against - Explosionssicherheit *f* (Sicherheitstechnik)
explosion bolt Sprengbolzen *m* [tec]
explosion diaphragm Reißfolie *f* [met]; Reißscheibe *f* (Sicherheitstechnik) [tec]
explosion door Explosionsklappe *f* (Sicherheitstechnik); Explosionstür *f* (Sicherheitstechnik)
explosion fumes Explosionsgase *pl*
explosion hazard Explosionsgefahr *f*
explosion limit Explosionsgrenze *f* (Sicherheitstechnik)
explosion of coal dust Kohlenstaubexplosion *f* (unter Tage) [roh]

explosion pressure Explosionsdruck *m*
explosion train Explosionswelle *f* (Druckwelle)
explosion wave Explosionswelle *f* (Druckwelle)
explosion welding Explosionsschweißen *n* [wer]
explosion-proof ex-geschützt (explosionsgeschützt); explosionsgeschützt (Sicherheitstechnik); explosionssicher (Sicherheitstechnik)
explosion-proof component explosionsgeschütztes Bauelement *n* [tec]
explosion-proof design explosionsgeschützte Ausführung *f* [tec]
explosion-proof motor explosionsgeschützter Motor *m* [pow]
explosion-protected explosionsgeschützt (Sicherheitstechnik)
explosive explodierbar; explosionsartig; explosionsfähig; explosiv
explosive Explosivstoff *m*
explosive agents Zündmittel *n* [met]
explosive charge Sprengladung *f*; Sprengsatz *m*
explosive cotton Nitrocellulose *f* [che]
explosive effect Explosionswirkung *f* (Sicherheitstechnik)
explosive flame Stichflamme *f* [pow]
explosive force Sprengkraft *f*
explosive mixture Explosionsgemisch *n*
explosive powder Sprengpulver *n* [met]
explosive power Explosivkraft *f*; Sprengkraft *f*
explosive process Explosionsvorgang *m*
explosive property Explosionsfähigkeit *f*
explosive rivet Sprengniet *m* [tec]
explosive welding Sprengschweißen *n* [wer]
explosive, highly - hoch explosiv
explosive-cartridge fastening tool Bolzenschießgerät *n* [wzg]
explosives Sprengkörper *m*; Sprengstoff *m* [met]; Zündmittel *n* [met]
exponent Potenz *f* [mat]; Exponent *m* [mat]
exponential exponentiell
export Ausfuhr *f* [eco]; Export *m* [eco]
export ausführen *v* (exportieren); exportieren *v*
export bill of lading Exportkonnossement *n* [eco]
export business Exportgeschäft *n* [eco]
export certificate Exportbescheinigung *f* [eco]
export declaration Ausfuhrerklärung *f* [jur]
export department Exportabteilung *f* [eco]
export licence Exportgenehmigung *f* [eco]
export of goods Warenausgabe *f* [eco]
export order Exportauftrag *m* [eco]
export regulations Exportbestimmungen *pl* [eco]
export restriction Exportbeschränkung *f* [eco]
export sales Vertrieb Ausland *m* [eco]
export trade Exporthandel *m* [eco]
exporter Exporteur *m* [eco]
expose belichten *v* (Film)
expose to rays bestrahlen *v* (mit Strahlung)
exposed erhöht (herausragend); ungeschützt [elt]
exposed to radiation hazards strahlengefährdet [hum]

exposed aggregate concrete Waschbeton *m* [bau]
exposed bolt head offen liegender Schraubenkopf *m* [tec]
exposed concrete Sichtbeton *m* [bau]
exposed line freiliegende Leitung *f* [elt]
exposed parts offen liegende Teile *pl*
exposition Ausstellung *f*
exposure Belichtung *f* (Foto)
exposure meter Belichtungsmesser *m* (Foto)
exposure time Belichtungsdauer *f* (Foto); Belichtungszeit *f* (Foto)
exposure to rays Bestrahlung *f*
express express
express Schnellzug *m* [tra]
express ausdrücken *v* (bedeuten); aussagen *v*
express cleaning Schnellreinigung *f*
express freight Eilfracht *f* [tra]; Expressgut *n* [tra]
express goods Eilgut *n* [tra]; Expressgut *n* [tra]
express railcar Schnelltriebwagen *m* [tra]
express service Schnelldienst *m*
express traffic Straßenschnellverkehr *m* [tra]
express train D-Zug *m* (Eisenbahn) [tra]; Schnellzug *m* [tra]
express warranty Gewährleistung der zugesicherten Eigenschaften *f* [jur]
expression Ausdruck *m* (Wort)
expression, arithmetic - arithmetischer Ausdruck *m* [mat]
expressway Autobahn *f* ((A) Autoschnellstraße USA) [tra]
expressway entrance Autobahnauffahrt *f* ((A)) [tra]
expressway exit Autobahnausfahrt *f* ((A)) [tra]
expropriation Enteignung *f* [jur]
expropriation, law of - Enteignungsrecht *n* [jur]
exsiccate austrocknen *v*; dörren *v*
exsiccated getrocknet
exsiccating Austrocknung *f*
extend ausdehnen *v* (erweitern); ausfahren *v* (den Zylinder) [pow]; ausfahren *v* (z.B. Kran) [mbt]; dehnen *v* (verlängern); erweitern *v* (z.B. Gebäude) [bau]; expandieren *v*; längen *v* (ausdehnen); reichen *v* (sich erstrecken); vergrößern *v* (das Ausmaß); verlängern *v* (länger machen)
extend sich erstrecken *vt*
extendable ausschiebbar
extended verlängert (um 1 m länger gemacht)
extended-surface heat exchanger Rippenrohrwärmeaustauscher *m* [pow]
extender Verdünnungsmittel *n* [met]
extending design ausladende Bauweise *f* [bau]
extending table Ausziehtisch *m* (in Wohnung) [bau]
extensibility Dehnbarkeit *f* (Material) [met]
extensible dehnbar (streckbar); erweiterbar
extension Ausdehnung *f* (Verlängerung, Anbau); Dehnung *f* (Verlängerung); Ergänzung *f* (Ausweitung); Erweiterung *f* (z.B. Gebäude) [bau]; Frist *f* (Aufschub); Längung *f*; Vergrößerung *f*; Verlängerung *f*; Anbau *m* [bau]; Ausbau *m* (Erweiterung); Nebenanschluss *m* [edv]

extension arm Ausleger m [tec]
extension at break Bruchdehnung f [met]
extension cable Ausgleichsleitung f (Thermoelement) [any]; Verlängerungskabel n [elt]
extension cord Verlängerungsschnur f [elt]
extension lead Verlängerungsschnur f [elt]
extension line Hilfslinie f [con]
extension of a plant Erweiterung einer Anlage f (räumlich)
extension of coverage Deckungserweiterung f (bei Versicherung) [jur]
extension of life Lebensdauerverlängerung f
extension piece Verlängerungsstück n
extension pipe Aufsatzrohr n [prc]
extension plan Erweiterungsplan m
extension rod Verlängerungsstange f
extension shaft Verlängerungswelle f [tec]; Aufsatzstück n (auf Welle) [tec]
extension sleeve Dehnhülse f [tec]; Verlängerungshülse f [tec]
extension socket Verlängerungsstutzen m [tec]
extension spring Zugfeder f [tec]
extension, coefficient of - Dehnungszahl f [met]
extensive extensiv; flächig; umfangreich (ausgedehnt)
extensive blaze Flächenbrand m
extensive program breites Programm n
extensometer Dehnungsmesser m [any]
extent Ausdehnung f (Länge); Größe f (Ausdehnung); Weite f (z.B. des Grundstücks); Bereich m (Ausdehnung); Umfang m (Bereich); Ausmaß n (Umfang)
extent of damage Schadenhöhe f
extent of validity Gültigkeitsdauer f (z.B. 5 Jahre); Gültigkeitsbereich m (z.B. für Betriebswerte)
extent of work Arbeitsumfang m
extent, to a great - weitgehend (in großem Ausmaß)
extenuate dämpfen v (verringern, mindern)
exterior außerhalb
exterior admission außenbeaufschlagt
exterior appearance Außenansicht f [con]
exterior coating Außenanstrich m [met]
exterior corridor offener Gang m [bau]
exterior durability Wetterbeständigkeit f [bau]
exterior finish Außenanstrich m [met]; Außenputz m [bau]
exterior lighting Außenbeleuchtung f [elt]
exterior mirror Außenspiegel m (Auto) [tra]
exterior paint Außenanstrichfarbe f [met]; Außenfarbe f [met]
exterior stair Außentreppe f [bau]
exterior surface Außenseite f
exterior temperature Außentemperatur f
exterior work Außenarbeiten pl
exterminate vernichten v (Schädlinge); vertilgen v (vernichten)
extermination Ausrottung f; Vernichtung f (Schädlinge); Vertilgung f (Ungeziefer)
external äußerlich; außen (äußerlich); extern; fremd (funktionstechnisch extern)
external aerial Hausantenne f (Außenantenne) [edv]
external air Außenluft f [air]
external angle äußere Ecke f
external antenna Hausantenne f [edv]
external call Amtsgespräch n (Telefon) [edv]
external circuit äußerer Stromkreis m [elt]
external coat Außenanstrich m [met]
external corner Außenecke f [bau]
external corrosion Außenkorrosion f [met]
external diameter Außendurchmesser m [con]
external dimension Außenmaß n [con]
external drive Fremdantrieb m [pow]
external ear Ohrmuschel f [hum]
external effect Außenwirkung f
external effects externe Kosten pl [eco]
external excitation Fremderregung f [elt]
external flaw Außenfehler m [met]
external force äußere Kraft f [phy]
external gear außen verzahntes Rad n [tec]; Zahnrad mit Außenverzahnung n [tec]
external gear pump Außenzahnradpumpe f [tec]
external gearing Außenverzahnung f [tec]
external loading äußere Belastung f
external order externer Auftrag m (durch Dritte)
external panelling Außenverkleidung f (mit Platten) [bau]
external plant Außenanlage f
external power Hilfsenergie f (Kraftwerk) [pow]
external relationship Außenverhältnis n
external rendering Außenputz m [bau]
external scrap Fremdschrott m [rec]
external screw thread Außengewinde n [con]
external sealing Außenabdichtung f [bau]
external spline Gleitfeder f (Keilwelle) [tec]
external synchronization Fremdsynchronisation f [pow]
external teething Außenverzahnung f [tec]
external thread Außengewinde n [con]
external toothing Außenverzahnung f [tec]
external ventilation Fremdbelüftung f [air]
external voltage Fremdspannung f [elt]
external wall Außenwand f [bau]
external-welding Außenschweißung f [wer]
external-rotor motor Außenläufermotor m [pow]
externality Externalität f
externalize auf Dritte verlagern v (nach außen); externalisieren v
externally mounted socket Anbausteckdose f [elt]
externally ribbed tube Radiatorrohr n [pow]; Rohr mit Außenrippen n [met]
extinction Extinktion f [opt]; Vernichtung f; Abtöten n [bff]; Aussterben n [bff]; Löschen n
extinction coefficient Extinktionskoeffizient m [opt]
extinction voltage Abreißspannung f [elt]; Abrissspannung f [elt]
extinguish abschalten v (löschen); auslöschen v; löschen v (Feuer bekämpfen); löschen v (Software) [edv]

extinguisher Feuerlöscher *m*; Löscher *m*; Löschgerät *n*
extinguishing Löschung *f*
extinguishing equipment Löschanlage *f*
extinguishing fires, sand for - Löschsand *m* (Feuer)
extinguishing substance Löschmittel *n* [met]
extra besonders
extra heavy überschwer
extra strong extrastark
extra weight Zusatzmasse *f* [tra]
extra work Mehrarbeit *f*
extra-fine particle filter Feinststaubfilter *m* [prc]
extract Auszug *m*; Extrakt *m*
extract abkochen *v* [che]; abpumpen *v* [was]; absaugen *v*; anzapfen *v* [pow]; auslaugen *v* [che]; entziehen *v*; extrahieren *v*; herauslösen *v* [wer]; herausziehen *v* (extrahieren); scheiden *v* [che]
extract dust from entstauben *v* [air]
extract the root of radizieren *v* [mat]
extract water from entwässern *v* (Wasser entfernen) [was]
extractable extrahierbar
extractant Extraktionsmittel *n* [met]
extracted air Abluft *f* [air]
extracting agent Extraktionsmittel *n* [met]
extracting plant Gewinnungsanlage *f* [prc]
extraction Anzapfung *f* [pow]; Auslaugung *f* [che]; Entziehung *f*; Extraktion *f*; Förderung *f* (Erdöl-) [roh]; Gewinnung *f* [prc]; Entzug *m*; Extrakt *m*
extraction apparatus Auslaugeapparat *m* [che]
extraction centrifuge Extraktionszentrifuge *f* [prc]
extraction check valve Anzapfklappe *f* [pow]; Entnahmerückschlagventil *n* (Dampf) [pow]
extraction column Extraktionskolonne *f* [che]
extraction condensing turbine Kondensationsentnahmeturbine *f* [pow]
extraction connection Entnahmestutzen *m* (Dampfturbine) [pow]
extraction control Entnahmeregelung *f* (Dampf) [pow]
extraction device Auszugvorrichtung *f*
extraction diagram Entnahmediagramm *n* (Turbinendampf) [pow]
extraction facility Absauganlage *f*
extraction filter Einsatzfilter *m*
extraction flow Entnahmemenge *f* (Dampf) [pow]
extraction flow rate Anzapfstrom *m* [pow]
extraction heater Anzapfvorwärmer *m* [pow]
extraction line Entnahmeleitung *f* [pow]
extraction machine Anzapfmaschine *f* [pow]
extraction method Extraktionsmethode *f* [prc]
extraction non-return valve Entnahmerückschlagventil *n* (Dampf) [pow]
extraction noncondensing turbine Entnahmegegendruckturbine *f* [pow]
extraction nozzle Anzapfstutzen *m* [pow]
extraction of air at ground level Bodenluftabsaugung *f* [bod]
extraction of metal Metallgewinnung *f* [roh]

extraction of poison Entgiftung *f*
extraction of water Entwässerung *f* (Entfernung von Wasser) [was]
extraction operation Anzapfbetrieb *m* (Turbine) [pow]; Entnahmebetrieb *m* (Turbine) [pow]
extraction outlet Entnahmestutzen *m* (Dampfturbine) [pow]
extraction point Anzapfstelle *f* [pow]
extraction pressure Anzapfdruck *m* [pow]
extraction process Extraktionsverfahren *n* [prc]
extraction stage Anzapfstufe *f* [pow]; Entnahmestufe *f* (Dampfturbine) [pow]
extraction steam Anzapfdampf *m* [pow]; Entnahmedampf *m* [pow]
extraction steam line Anzapfleitung *f* [pow]
extraction steam preheater Anzapfvorwärmer *m* [pow]
extraction steam pressure Entnahmedruck *n* (Turbine) [pow]
extraction technique Extraktionstechnik *f* [prc]; Abbauverfahren *n* [che]
extraction turbine Anzapfturbine *f* [pow]
extraction valve Anzapfventil *n* [pow]
extraction vessel Extraktionsgefäß *n* [prc]
extraction, automatic - gesteuerte Entnahme *f*
extractions of ground-water Grundwasserentnahme *f* [was]
extractive extraktiv
extractive distillation extraktive Destillation *f* [che]
extractive matter Extraktivstoff *m* [met]
extractive metallurgy Metallgewinnung *f* [roh]
extractor Abziehvorrichtung *f* (Nabe) [tec]; Extraktionsanlage *f* [prc]; Abzieher *m* (Werkzeug) [wzg]; Extraktor *m* [prc]
extractor attachment Extraktoraufsatz *m* [prc]
extractor device Abzugvorrichtung *f* [prc]
extractor equipment Absauggerät *n*
extractor fan Exhaustor *m*
extractor hood Dunstabzugshaube *f* [air]
extraneous information externe Meldung *f*
extraneous noise Störgeräusch *n* [aku]
extraordinary ungewöhnlich
extrapolate extrapolieren *v* [mat]
extrapolation Extrapolation *f* [mat]
extras Zusatzausstattung *f* [tra]
extreme Extrem *n*
extreme fibre Randfaser *f* [met]
extreme service shoe Bodenplatte für den Schwersteinsatz *f* [mbt]
extremely höchst
extremely dangerous lebensgefährlich
extremum Extremwert *m* [mat]
extrinsic base resistance Basisbahnwiderstand *m* (im Transistor) [elt]
extrinsic resistance Basisbahnwiderstand *m* (im Transistor) [elt]
extrude spritzen *v* (extrudieren) [wer]
extruded ausgepresst
extruded finish stranggepresst [met]

extruded strand gezogener Faden *m*
extruder Extruder *m* [prc]
extruding Extrudieren *n* [prc]
extruding axis Profilachse *f*
extrusion Aushalsung *f* [pow]; Extrusion *f*; Herausdrücken *n* [wer]; Strangpressen *n* [roh]
extrusion blow moulding machine Extrusionsblasformmaschine *f* [wer]
extrusion die Spritzform *f* [wer]
extrusion gap Extrusionsspalt *m* [wer]
extrusion line Extrusionsanlage *f*
extrusion mandrel Extruderdorn *m* [wer]
extrusion moulding Presstechnik *f*; Strangpressen *n* [roh]
extrusion press Strangpresse *f* [roh]
extrusion process Strangpressverfahren *n* [roh]
extrusion tool Strangpresswerkzeug *n* [roh]
extrusion welder Extrusionsschweißmaschine *f* [wer]
exudation Ausschwitzung *f*
exude abgeben *v* (ausschwitzen, ausstrahlen); absondern *v* (ausscheiden); ausscheiden *v* (Feuchtigkeit); ausschwitzen *v* (aussondern); ausströmen *v* (Ruhe ausstrahlen)
eye Lasche *f* (Transportbefestigung) [tec]; Öse *f* (Öhr) [tec]; Schlaufe *f* (klein); Schlinge *f* (klein); Auge *n* [hum]; Auge *n* (Öse) [tec]; Öhr *n* (der Nadel)
eye bolt Augenschraube *f* [tec]; Ösenschraube *f* [tec]; Ringschraube *f* [tec]
eye lens Augenlinse *f* [hum]
eye nut Ringmutter *f* [tec]
eye plate Augplatte *f* (Anschlagen Seil)
eye protection device Augenschutz *m* (Arbeitssicherheit)
eye rod Ösenstange *f* [tec]
eye screw Ösenschraube *f* [tec]
eye test Sehtest *m* [hum]
eye-pleasing gefällig
eye-sight Schvermögen *n* [hum]
eyebolt Augenschraube *f* [tec]; Ringschraube *f* [tec]; Tragöse *f* [tec]
eyeglass Okular *n* [opt]
eyelet Öse *f* (Loch); Ringöse *f*; Lagerauge *n* [tec]
eyelet bolt Ösenschraube *f* [tec]
eyelet clamp Montageschelle *f* [wer]
eyepiece Augenlinse *f* [hum]; Okular *n* [opt]
eyepiece, microscopic - Okularglas *n* [opt]

F

fabric Stoff *m* (Gewebe) [met]; Geflecht *n* (Textil, Gewebe); Gewebe *n* (Stoff) [met]; Tuch *n* [met]
fabric belt tyre Textilgürtelreifen *m* [tra]
fabric coating Epoxidharzüberzug *m* [che]
fabric filter Stofffilter *m*; Tuchfilter *n* [prc]
fabric hose Gewebeschlauch *m* [prc]
fabric insert Gewebeeinlage *f* [met]
fabric lining Gewebeeinlage *f* [met]
fabric reinforcement Gewebeeinlage *f* (Baustahlgewebe) [met]; Gewebeverstärkung *f* [met]; Baustahlgewebe *n* [bau]
fabric reinforcing Seele *f* (des Gummischlauchs) [met]
fabric ribbon Textilfarbband *n* (Drucker) [edv]
fabric-base laminate Hartgewebe *n* [met]
fabricate fabrizieren *v*; fertigen *v*; herstellen *v* (anfertigen) [wer]
fabricated in one operation gemeinsam hergestellt [wer]
fabricating Verarbeitung *f* [wer]
fabrication Anfertigung *f*; Fertigung *f*; Herstellung *f*
fabrication control system Fertigungsleitsystem *n*
fabrication defect Herstellungsfehler *m*
fabrication drawing Stahlbauzeichnung *f* [con]; Bauplan *m* [tec]
fabrication item Fertigungsgegenstand *m*
fabrication plant Fabrikationsanlage *f*
fabricator Hersteller *m*
fabricator's test Herstellerprüfung *f* [any]
fabrics, blended - Mischgewebe *n*
façade Fassade *f* [bau]
façade cleaning Fassadenreinigung *f* [bau]
façade lining Fassadenverkleidung *f* [bau]
façade rendering Fassadenputz *m* [bau]
façadism Fassadenerhaltung *f* (Restaurierung) [bau]
face Abbauwand *f* (vor Ort) [roh]; Fläche *f* (Ebene); Front *f* (Vorderseite); Kante *f* (Ecke); Schriftseite *f* (Beleg); Vorderseite *f*; Streb *m* (Wand, Kohlenwand, vor Ort) [roh]; Gesicht *n* [hum]
face abflachen *v* (einebnen); beschichten *v* [wer]; gegenüberstehen *v*; schlichten *v* [wer]; verblenden *v*; verkleiden *v* (auskleiden)
face bend test Flächenbiegungsprobe *f* [any]
face contact area Dichtungsfläche *f*; Kontaktfläche *f* (Dichtung)
face contact ratio Sprungüberdeckung *f* (Getriebe) [tec]
face gear Tellerrad *n* (Getriebe) [tec]
face grinding Planschleifen *n* [wer]
face groove Stirnflächennut *f* [tec]
face guard Gesichtsmaske *f* (Arbeitssicherheit); Schutzmaske *f* (Arbeitssicherheit)
face lathe Plandrehmaschine *f* [wzg]

face mill Planfräser *m* [wzg]
face milling Planfräsen *n* [wer]
face milling cutter Walzenstirnfräser *m* [wer]
face of flange, raised - Dichtleiste *f* (Flansch) [tec]
face plan Hauptansicht *f* [con]
face plate Planscheibe *f* [tec]
face pressure Flächenpressung *f* [tec]
face seal Auflagefläche auf der Dichtlinie einer Maske *f* (Atemschutz); Gleitringdichtung *f* [tec]
face shield Gesichtsmaske *f* (Arbeitssicherheit); Schutzmaske *f* (Arbeitssicherheit); Schweißerschild *n* (Handschild) [wer]
face shovel Felsschaufel *f* (Erdarbeiten) [mbt]; Grabschaufel *f* [mbt]; Ladeschaufel *f* [mbt]; Hochlöffel *m* [mbt]; Ladeschaufelbagger *m* [mbt]
face side Stirnseite *f* (schmalere Seite)
face side, on the - stirnseitig [tec]
face spanner Zapfenschlüssel *m* [wzg]
face width Zahnbreite *f* (Zahnrad) [con]
face, at the - vor Kohle (vor Ort unter Tage) [roh]; vor Ort (vor Kohle unter Tage) [roh]
face, natural - natürliche Wand *f* (des Steinbruches) [roh]
face-lift Modernisierung *f* (Fassaden); Renovierung *f* (Fassade) [wer]
face-lifting of a building Fassadenerneuerung *f* [bau]
face-plate coupling Scheibenkupplung *f* [tec]
face-to-face arrangement X-Anordnung *f* (Lager) [tec]
face-to-face dimension Baulänge *f* [con]
face-to-face joint dichtungslose Metallverbindung *f* [tec]
faced geschlichtet [wer]
facet Abschrägung *f*; Fläche *f* (Kristall) [min]; Aspekt *m* (Rautenfläche)
facile leicht (mühelos)
facilitate erleichtern *v* (leichter machen); vereinfachen *v* (einfacher machen)
facilities Einrichtung *f* (Vorrichtung); Materiallager *n*; Anschlüsse *pl* (im Haus) [bau]
facility Anlage *f* (Standort); Vorrichtung *f*; Gerät *n* (Einrichtung); Instrument *n* (Einrichtung)
facility, adjusting - Einstellmöglichkeit *f* [con]
facing gegenüber
facing Arbeitsleiste *f* (Flansch) [tec]; Auflage *f* (Überzug) [met]; Dichtfläche *f* [tec]; Wandverkleidung *f* (außen) [bau]; Belag *m* (Oberfläche)
facing brickwork Sichtmauerwerk *n* [bau]
facing concrete Sichtbeton *m* [bau]
facing head Plankkopf *m* [wzg]
facing lathe Plandrehmaschine *f* [wzg]
facing rib Deckrippe *f* (Flugzeug) [tra]
facsimile Fernkopie *f* (Fax) [edv]; Telefax *n* [edv]
facsimile machine Fernkopiergerät *n* [edv]
facsimile station Fernkopierer *m* [edv]
fact Realität *f*; Tatsache *f*
fact-finding committee Untersuchungskommission *f* [jur]

factor Zahl *f* (Koeffizient); Beiwert *m*; Faktor *m* [mat]
factor analysis Faktorenanalyse *f* [mat]
factor of influence Einflussgröße *f*
factor of safety Sicherheitsfaktor *m* (Arbeitssicherheit)
factor of uncertainty Unsicherheitsfaktor *m*
factor out ausklammern *v* [mat]
factor, adhesive - Reibungsfaktor *m* (der Räder am Gleis) [phy]
factorial Fakultät *f* [mat]
factoring out Ausklammerung *f* [mat]
factory Betriebsanlage *f*; Fabrik *f*; Fabrikanlage *f*; Produktion *f* (im Werk); Betrieb *m* (Anlage); Werk *n* (Fabrik)
factory approval Werksabnahme *f* [any]
factory automation Produktionsautomatisierung *f*
factory block Fabrikgebäude *n*
factory building Fabrikhalle *f*; Industriehalle *f*; Werkshalle *f* [bau]; Industriebau *m* [bau]; Fabrikgebäude *n*; Werkgebäude *n* [bau]
factory casting Vorfertigung *f* [bau]
factory construction Fabrikbau *m*
factory defect Fabrikationsfehler *m*
factory fault Fabrikationsfehler *m*
factory floor Werk *n* (im Werk, in der Produktion)
factory floor Fertigung *v* (Produktion)
factory hall Werkhalle *f* [bau]
factory hygiene Betriebshygiene *f*
factory inspectorate Gewerbeaufsichtsamt *n* [jur]
factory length Lieferlänge *f* [con]
factory of the future Fabrik der Zukunft *f*
factory operation Fabrikbetrieb *m*
factory plant Fabrikanlage *f*
factory premises Werkgelände *n*
factory price Fabrikpreis *m* [eco]
factory process cuttings Fabrikationsschrott *m* [rec]
factory process scrap Fabrikationsschrott *m* [rec]
factory production Serienbau *m* [wer]
factory railway Werkbahn *f* [tra]
factory shop Werkstatt *f* [wer]
factory site Fabrikgelände *n*
factory waste water treatment plant Betriebswasser-Kläranlage *f* [was]
factory-finished vorgefertigt [wer]
factory-made fabrikgefertigt
factory-provided werksseitig (vom Werk geliefert) [wer]
facts Tatbestand *m* [jur]
factual tatsächlich (als Tatsache feststehend)
factual mobility Kopffreiheit *f* (tatsächlicher Abstand) [con]
facultative gemeinsam vorliegend (z.B. aerobe und anaerobe Bereiche)
fade abklingen *v* [aku]; absterben *v* [bff]; bleichen *v* (verblassen) [che]; entfärben *v* [che]; schwinden *v* (verblassen); verblassen *v*; welken *v*
fade out ausbleichen *v*; ausblenden *v* (langsam rausgehen)

fade-proof lichtecht
fadeless lichtecht
fading Abnutzung *f* (Beschichtung) [met]; Schwund *m*; Abklingen *n* (einer Schwingung) [phy]
fading of colour Veränderung des Farbtons *f* [met]
fading out Ausblendung *v* (langsam rausgehen)
faggot Faschine *f* (Straßenbau) [bau]
fail ausfallen *v* (nicht funktionieren); fehlschlagen *v*; keinen Erfolg haben *v*; misslingen *v*; scheitern *v*; scheitern *v*; versäumen *v* (...etwas zu tun); versagen *v*
fail in one's duty Pflicht verletzen [jur]
fail safe Folgeschadensicherheit *f*
fail to unterlassen *v* (nicht tun)
fail to stop after an accident Unfallflucht begehen *v* [tra]
fail-safe ausfallsicher
fail-safe brake Ruhestrombremse *f* [elt]
fail-safe circuit Sicherheitsschaltung *f* (Betriebssicherheit) [elt]
fail-safe fault Fehler, der keine Sicherheitsstandards verletzt - *m* (Anlagenbetrieb)
fail-to-danger fault Gefahr bringender Fehler *m*
failed versäumt (nicht getan)
failed element Brennelementleck *n* [pow]
failing Säumnis *n*
failing load Bruchlast *f*
failure mangelhafte Arbeit *f*; Panne *f* (Ausfall, Versagen) [tra]; Störung *f* (Ausfall); Unterlassung *f*; Ausfall *m* (eines Geräts); Defekt *m*; Fehler *m* (Versagen); Fehlschlag *m*; Mangel *m* (Fehler); Misserfolg *m*; Schadensfall *m* [jur]; Stillstand *m* (Versagen); Störfall *m*; Versagen *n* (eines Gerätes)
failure cause Fehlerursache *f*
failure correction Fehlerbehebung *f*
failure envelope Bruchlinie *f*
failure indicator Störmeldegerät *n*
failure of the current supply Stromausfall *m* [elt]
failure prevention Ausfallsicherung *f* [elt]
failure rate Ausfallrate *f*; Fehlerhäufigkeit *f*
failure recovery Fehlerbeseitigung *f*
failure to take the necessary steps Unterlassen *n* [jur]
failure to warn Instruktionsfehler *m* [jur]
failure type verworfene Art *f* (Ausschuss) [met]
failure zone Bruchzone *f* [met]
failure, transfer on - Störumschaltung *f* [elt]
failures, with - mängelbehaftet
faint leise [aku]; schwach; undeutlich (schwach)
faint ohnmächtig werden *v* [hum]
faintness Schwäche *f* [hum]
fair Ausstellung *f* (Messe)
fair windschlüpfig machen *v* (verkleiden) [tra]
fair goods Messegut *n*
fair ground Messegelände *n*
fair hall Messehalle *f*
fair level Libelle *f* (in Wasserwaage) [wzg]
fair site Messegelände *n*
fair stand Messestand *m* (innen und außen)

fair store Messelager *n*
fair-faced plaster Glattputz *m* [bau]
fair-lead sheave Seilführungsrolle *f* [mbt]
faired stromlinienförmig (windschlüpfig) [prc]; verkleidet (außen geschützt); windschlüpfig (stromlinienförmig) [tra]
fairlead Führungsrolle *f* (der Schleppschaufel) [mbt]
fairway Fahrrinne *f* (Wasserstraße) [tra]
fairway span Durchfahrtsöffnung *f* (Brücke) [tra]
faith, bad - Arglist *f*
fall Abnahme *f* (Verringerung); Abfall *m* (Gefälle) [bod]; Fall *m* (Sturz); Sturz *m* (Fallen); Gefälle *n* (Fluss)
fall abfallen *v*; abnehmen *v* (verringern); absinken *v*; fallen *v*; sinken *v* (absinken); stürzen *v*
fall apart zerfallen *v* (z.B. aus Altersschwäche) [bau]
fall arresting device Fallbremse *f* (Arbeitssicherheit)
fall arrestor Fallbremse *f* (Arbeitssicherheit)
fall down einfallen *v* (zusammenfallen); herunterfallen *v*
fall in einbrechen *v* (einstürzen); einstürzen *v* (Gebäude); zusammenstürzen *v*
fall into pieces zusammenbrechen *v*
fall line Fall-Linie *f* [phy]; Falllinie *f* [phy]
fall off abkippen *v* [rec]
fall off in quality verschlechtern *v*
fall over umfallen *v*; umkippen *v*
fall pipe Regenfallrohr *n* [bau]
fall plate stanchion Stirnwandrunge *f* (am Flachwagen) [tra]
fall short of unterschreiten *v* (ein gesetztes Ziel)
fall through durchfallen *v*; einbrechen *v* (durchbrechen); scheitern *v* (z.B. Verhandlungen)
fall time Abfallzeit *f* [elt]
fall to ruin verfallen *v*
fall, height of - Fallhöhe *f* [phy]
fall, natural - natürliches Gefälle *n*
fall, rate of - Fallgeschwindigkeit *f* [phy]
fall, velocity of - Fallgeschwindigkeit *f* [phy]
fall-hook Fallhaken *m* [tec]
fall-out, artificial - künstlicher Niederschlag *m*
fall-out, radioactive - radioaktiver Niederschlag *m*
falling film Fallfilm *m*; Rieselfilm *m* [prc]
falling film column Rieselfilmkolonne *f* [prc]
falling film cooler Fallfilmkühler *m*
falling film evaporator Fallfilmverdampfer *m*; Fallstromverdampfer *m* [prc]
falling film vaporizer Fallfilmverdampfer *m*; Fallstromverdampfer *m* [prc]
falling gradient Neigung *f* (der Bahnstrecke) [tra]
falling rocks Steinschlag *m* (z.B. Verkehrszeichen) [tra]
falling-film evaporator Berieselungsverdampfer *m* [prc]
fallout Niederschlag *m* (z.B. radioaktiver -) [wet]
fallow brach [bod]; fahl
fallow Brache *f* [bod]
fallow field Brachfeld *n* [bod]; Brachgelände *n* [bod]
fallow ground Brachland *n* [bod]

fallow land Brachland *n* [bod]
fallow season Brachzeit *f* [far]
fallow soil Brachland *n* [bod]
fallow water Brackwasser *n* [was]
fallplate Tenderbrücke *f* (zw. Lok & Tender) [tra]; Übergangsbrücke *f* (zw. Lok & Tender) [tra]
fallspeed Fallgeschwindigkeit *f* [phy]
false falsch (unecht); unecht (künstlich)
false air Falschluft *f* [air]
false alarm falscher Alarm *m* (Arbeitssicherheit); Fehlalarm *m*
false bottom Doppelboden *m* [prc]
false indication fehlerhafte Anzeige *f*
false light Falschlicht *n* [opt]
false measurement Fehlmessung *f*
false trip Fehlabschaltung *f*; Fehlauslösung *f*
falsework Baugerüst *n* (z.B. am Neubau) [bau]
falsify verfälschen *v*
falter stocken *v* (innehalten)
family of characteristics Kennlinienfeld *n* [mat]
family room Mehrzweckraum *m* [bau]
family tree Organigramm *n* (bildlich)
fan Lüfter *m* [air]; Ventilator *m* [air]; Windflügel *m* (im Auto) [air]; Gebläse *n* [air]
fan belüften *v* (mit Ventilator) [air]
fan baffle Lüfterleitblech *n* [prc]
fan belt Keilriemen *m* (zur Kraftübertragung) [tra]; Lüfterriemen *m* (meist Keilriemen) [tra]; Ventilatorriemen *m* [tra]
fan blade Gebläseschaufel *f* [air]; Lüfterschaufel *f* [prc]; Lüfterflügel *m* [prc]; Ventilatorflügel *m* [air]; Ventilatorblatt *n* [air]
fan blast deflector Kühlwindabweiser *m* [air]
fan bracket Lüfterbock *m* [tra]
fan casing Gebläsegehäuse *n* [air]
fan cowl Lüfterhaube *f* [tra]
fan drift Absaugkanal *m* [air]
fan drive Gebläseantrieb *m* [air]; Lüfterantrieb *m* [tec]
fan drive shaft Lüfterwelle *f* [tra]
fan driving pulley Lüfterscheibe *f* [tra]; Ventilatorriemenscheibe *f* [tra]; Ventilatorscheibe *f* [tra]
fan efficiency Gebläsewirkungsgrad *m* [air]
fan fixed shaft Lüfterachse *f* [tec]
fan grill Lüfterschutzgitter *n* [tra]
fan guard Ventilatorschutzgitter *n* [air]
fan guard plate Lüfterschutzblech *n* [tra]
fan heater Heizlüfter *m* [elt]
fan hub Lüfternabe *f* [prc]
fan impeller Ventilatorrad *n* [air]
fan margin Zugreserve *f* (Gebläse / Kessel) [air]
fan mill, integral - Gebläsemühle *f* [prc]
fan motor Lüftermotor *m* [tra]
fan out Auffächerung *f* [wer]
fan pulley Lüfterriemenscheibe *f* [tra]
fan shaft Flügelwelle *f* [tec]
fan shroud Lüfterhaube *f* [tra]
fan spider Gebläsestern *m* (Läufer) [air]
fan wheel Lüfterrad *n* (Lüfterflügel) [tra]

fan-driving pulley Riemenscheibe f (Gebläse, Lüfterschraube) [tra]
fan-shaped fächerartig; fächerförmig
fan-shaped washer Fächerscheibe f [tec]
fan-tailed burner Rundstrahlbrenner m [pow]
fan-type air cooling Gebläseluftkühlung f [air]
fanfold form Endlosformular n
fanfold paper Endlospapier n
fanlight Oberlicht n (an Tür) [bau]
fanlike fächerartig
fanning fächerförmige Ausbreitung f (Abgase aus Kamin) [air]
far weit (entfernt)
far field Fernfeld n [elt]
far-sighted weitsichtig
Faraday's law of electromagnetic induction Induktionsgesetz n [elt]
faraway fern
fare Fahrpreis m [tra]
fare zone Zone f (Tarifzone) [tra]
farm landwirtschaftlich [far]
farm landwirtschaftlicher Betrieb m
farm bestellen v (Land, Acker) [far]
farm land Acker m [far]
farm machine Landmaschine f [far]
farm work Landarbeit f [far]
farmer Bauer m [far]
farmhouse Bauernhof m [far]
farming Landwirtschaft f [far]; Ackerbau m [far]
farming tractor Ackerschlepper m [far]
farming wastes, utilization of - Verwertung von Abfällen aus der Landwirtschaft f [far]
farming yard landwirtschaftlicher Betrieb m
farming, organic - organischer Landbau m [far]
farmyard manure Stallmist m [far]
fascine Faschine f (Straßenbau) [bau]
fashion bearbeiten v (herstellen, gestalten); behandeln v (bearbeiten); bilden v (herstellen, gestalten); herausarbeiten v (aus dem Material) [wer]
fashioning Bearbeitung f (Herstellung); Behandlung f (Bearbeitung); Nacharbeit f [wer]
fast beständig (Farben); echt (Farbe); fest (haltbar); festsitzend; rasch; schnell; unbeweglich (fest); waschecht [met]
fast acting schnellansprechend
fast breeder reactor Schneller Brüter m (Kernreaktor) [pow]
fast drying schnelltrocknend [met]
fast fall schnelles Absenken n (Absenken des Baggers) [mbt]
fast fall device Schnellsenkeinrichtung f (Freifall) [mbt]
fast fission Schnellspaltung f (Kerntechnik) [pow]
fast freight Eilgut n [tra]
fast fuelling system Druckbetankungsanlage f [tra]; Schnellbetankungsanlage f [tra]
fast lane Schnellspur f (Autobahn) [tra]; Überholspur f (Straße) [tra]
fast motion Zeitraffer m

fast moving traffic Schnellverkehr m (Straße) [tra]
fast operating schnellschaltend
fast paint beständige Farbe f [met]; echte Farbe f [met]
fast passage flotte Fahrt f (des Graders) [mbt]
fast pin hinge Festscharnier n
fast setting adhesive schnell abbindender Klebstoff m [che]
fast to chlorine chlorecht
fast to lime kalkecht
fast to steam dampfecht
fast train Schnellzug m (der Eisenbahn) [tra]
fast wear part Schnellverschleißteil n [tec]
fast-effect schnellwirkend
fast-food restaurant Schnellgaststätte f
fast-lowering device Schnellsenkeinrichtung f [mbt]
fast-response schnell ansprechend
fast-response excitation Stoßerregung f [elt]
fastback Fließheck n (Auto) [tra]
fasten anbringen v (befestigen); anschlagen v (Seil befestigen); anziehen v (Schraube) [wer]; befestigen v (festmachen, festbinden); einhaken v (mit Haken) [bau]; festmachen v; heften v (befestigen); sichern v (befestigen); verfestigen v (befestigen)
fasten with anklammern v
fasten with a lock anschließen v (befestigen)
fasten with a rivet annieten v
fasten with bolts verschrauben v [wer]
fasten with screws anschrauben v
fastener Befestigung f (-element); Befestigungsvorrichtung f; Befestiger m; Halter m (Befestigung) [tec]; Ringbolzen m [tec]; Verschluss m (Befestigung); Befestigungselement n; Verbindungselement n [tec]; Verbindungsmittel n [tec]; mechanische Verbindungselemente pl [tec]
fasteners Verbindungsmaterial n [tec]
fastening Befestigung f (Befestigen); Verschluss m; Befestigungsmittel n [met]
fastening bar Befestigungslasche f [tec]
fastening bolt Befestigungsschraube f [tec]; Halteschraube f [tec]; Befestigungsbolzen m [tec]
fastening bores Befestigungsbohrungen pl [con]
fastening bracket Haltewinkel m [tec]
fastening clip Befestigungsschelle f [tec]
fastening device Befestigungsmittel n [tec]; Verbindungselement n [tec]
fastening nut Befestigungsmutter f [tec]
fastening parts Befestigungsteile pl [tec]
fastening possibility Befestigungsmöglichkeit f
fastening ring Befestigungsring m [tec]
fastening screw Befestigungsschraube f [tec]; Halteschraube f [tec]
fastening screw thread Befestigungsgewinde n [tec]
fastening strip Befestigungsleiste f [tec]
fastening system Befestigungssystem n [tec]
fastening with noise abatement Befestigung mit Lärmdämpfung f [tra]
fastening, automatic - selbsttätiger Verschluss m [tec]

fastening, permanent - unlösbare Verbindung *f*
fastening, temporary - lösbare Verbindung *f*
fastenings Schienenbefestigung *f* (allgemein) [tra]
fastness Beständigkeit *f* (Farben); Echtheit *f* [che]; Widerstandsfähigkeit *f*
fat fett
fat Fett *n* [che]
fat accumulation Fettspeicherung *f*
fat coal Fettkohle *f* [roh]
fat content Fettgehalt *m*
fat dissolver Fettlösungsmittel *n* [che]
fat elimination Entfetten *n*
fat extraction Fettextraktion *f* [prc]
fat hardening Fetthärtung *f* [che]
fat lime Weißkalk *m* [met]
fat mixture fette Mischung *f*
fat mortar fetter Mörtel *m* [met]; Fettmörtel *m* [met]
fat solubility Fettlöslichkeit *f* [che]
fat solvent Fettlöser *m* [che]; Fettlösungsmittel *n* [che]
fat splitting Fettspaltung *f* [che]
fat splitting plant Fettspaltanlage *f*
fat synthesis Fettsynthese *f* [che]
fat-dissolving fettlösend [che]
fat-like fettartig
fat-separator cleaning Fettabscheiderreinigung *f* [was]
fat-soluble fettlöslich [che]
fatal verhängnisvoll
fatal accident rate Mortalität *f* [hum]
fatal dose Todesdosis *f* [hum]
fatigue Ermüdung *f* (von Material) [met]; Ermüdungserscheinung *f* [met]
fatigue belasten *v* (ermüden); ermüden *v* (Metall) [met]
fatigue behaviour Ermüdungsverhalten *n* [met]
fatigue bending test Dauerbiegeversuch *m* [any]
fatigue crack Daueranriss *m*; Dauerriss *m* [met]; Ermüdungsriss *m* [met]
fatigue damage Ermüdungsschaden *m* [met]
fatigue durability Dauerhaltbarkeit *f*
fatigue endurance Dauerstandfestigkeit *f* [met]
fatigue failure Dauerbruch *m* [met]; Dauerschwingbruch *m* [met]; Ermüdungsbruch *m* [met]
fatigue fracture Biegebruch *m*; Dauerbruch *m* (z.B. Metallermüdung) [met]; Ermüdungsbruch *m* [met]; Schwingbruch *m* [met]; Schwingungsbruch *m* [met]
fatigue life Lebensdauer *f*; Lebensdauer *f*; Schwingungsfestigkeit *f* [met]
fatigue limit Dauerfestigkeit *f* [met]; Dauerschwingfestigkeit *f* [met]; Ermüdungsgrenze *f* [met]
fatigue loading Dauerbeanspruchung *f* [met]; Dauerbelastung *f*; Dauerschwingbeanspruchung *f* [met]; Dehnungswechselbeanspruchung *f* [met]
fatigue of material Materialermüdung *f* [met]
fatigue process Ermüdungsprozess *m* [met]
fatigue resistance Dauerbiegefestigkeit *f* [met];
Dauerfestigkeit *f* [met]; Biegewiderstand *m*
fatigue strength Biegedauerfestigkeit *f* [met]; Biegewechselfestigkeit *f*; Biegezähigkeit *f*; Dauerfestigkeit *f* [met]; Dauerhaltbarkeit *f*; Dauerschwingfestigkeit *f* [met]; Dauerstandfestigkeit *f* [met]; Wechselfestigkeit *f* [met]; Biegewiderstand *m*
fatigue strength diagram Dauerfestigkeitsschaubild *n*
fatigue strength test Dehnungswechselprobe *f* [met]
fatigue strength, elastic - Dehnungswechselfestigkeit *f* [met]
fatigue test Dauerprüfung *f* [any]; Dauerschwingversuch *m* [met]; Dauerversuch *m* [any]
fatigue test, continuous - Dauerermüdungstest *m* [any]
fatigue test, dynamic - Dauerschwingprüfung *f* [any]
fatigue vibration failure Dauerbruch *m* [met]
fatigue, corrosion - Schwingungskorrosion *f* [met]
fatigue-free dauerfest [met]
fatigue-proof ermüdungsfrei [met]
fatty fett; fetthaltig; fettig
fatty compound Fettverbindung *f* [che]
fatty matter Fettstoff *m*
fatty substance Fettstoff *m*
faucet Abflusshahn *m* [was]; Hahn *m* [was]; Kran *m* (Wasserhahn) [was]; Wasserhahn *m* [was]; Absperrglied *n*
fault Störung *f* (Defekt); Ausfall *m* (Fehler); Defekt *m*; Fehler *m* (Makel); Mangel *m* (Fehler); Sprung *m* [geo]; Störfall *m*; Verschulden *n* [jur]
fault alarm Fehlermeldung *f*; Störungsmeldung *f*
fault clearance Entstörung *f* [met]
fault current Fehlerstrom *m* [elt]
fault current protection switch Fehlerstrom-Schutzschalter *m* [elt]
fault diagnosis Fehlerdiagnose *f*
fault down sich verwerfen *v* (Erdschichten) [geo]
fault events record, sequence of - Störfallablaufprotokoll *n*
fault finding Fehlereingrenzung *f*; Fehlerfindung *f* (Schadensfindung)
fault in dimension Maßfehler *m* [con]
fault in material Materialfehler *m* [met]
fault indication Fehlermeldung *f*; Störungsanzeige *f*
fault indicator relay Störmelderelais *n* [mbt]
fault isolation Fehleranalyse *f* [mat]
fault liability Störungsanfälligkeit *f*
fault line Bruchlinie *f*
fault locating Fehlerortung *f* [any]
fault location Fehlereingrenzung *f*
fault shut-down Störabschaltung *f*
fault signal Störsignal *n* [elt]
fault, principle of - Schuldgrundsatz *m* [jur]
fault, repair of - Störungsbeseitigung *f*
fault, type of - Fehlerart *f*; Schadensart *f* (Fehlerart); Fehlerschlüssel *m* (Schadenschlüssel); Schadenschlüssel *m* (Fehlerschlüssel)
fault-tolerant system fehlertolerantes System *n*
fault-tree analysis Fehlerfolgenanalyse *f* [any]
faulting Verwerfung *f* (z.B. durch Erdbeben) [mbt]

faultless einwandfrei (fehlerlos); fehlerfrei; fehlerlos; lückenlos (einwandfrei)
faultlessness Fehlerlosigkeit *f*
faults Verwerfungen *pl* [geo]
faults, list of - Mängelbericht *m*
faults, registration of - Schadenerfassung *f* [jur]
faulty defekt; fehlerbehaftet; fehlerhaft (defekt); mangelhaft (fehlerhaft); schadhaft
faulty cast Fehlguss *m* [roh]
faulty connection Verschaltung *f* [elt]
faulty control Fehlschaltung *f*
faulty installation Einbaufehler *m*
faulty machining Bearbeitungsfehler *f* [wer]
faulty measurement Fehlanzeige *f* (unrichtige Anzeige) [any]
faulty operation Fehlbedienung *f*
faulty signal Fehlanregung *f* [elt]
fauna Fauna *f* [bff]
favour begünstigen *v*; schonen *v* (ein verletztes Bein) [hum]
favourable günstig (bevorzugt)
favourable to consumers verbraucherfreundlich
fawn brown rehbraun (RAL 8007) [nor]
fax Fax *n* [edv]; Telefax *n* [edv]
fax faxen *v* [edv]
fax machine Fernkopierer *m* [edv]; Fernkopiergerät *n* [edv]
fax message Telebrief *m* [edv]
feasibility Durchführbarkeit *f*
feasibility report Durchführbarkeitsstudie *f*; Studie über Durchführbarkeit *f*
feasibility study Durchführbarkeitsstudie *f*; Durchführbarkeitsuntersuchung *f*; Machbarkeitsstudie *f*; Wirtschaftlichkeitsstudie *f* [eco]
feasible durchführbar
feat Belastung *f* (schwere Aufgabe)
feather Feder *f* [bff]
feather edge Falzung *f*; scharfe Kante *f*; Grat *m* (Gewinde) [wer]
feather edge board Keilbrett *n*
feather joint gefederte Verbindung *f*
feather key Passfeder *f* [tec]; Federkeil *m* [tec]; Nutkeil *m* [tec]
feather tongue Federkeil *m* [tec]
feathering Gratbildung *f* [met]
feature Charakteristik *f*; Eigenschaft *f* (Merkmal); Funktion *f* (eines Programms); charakteristisches Merkmal *n*; Kennzeichen *n* (Merkmal); Merkmal *n* (Haupteigenschaft)
feature charakterisieren *v*
features and flaws Eigenschaften und Fehler *pl* [met]
fed through, be - eingespeist werden *v*
Federal Ambient Pollution Control Act Bundesimmissionsschutzgesetz *n* [jur]
federal authorities Bundesbehörden *pl*
Federal Immission Control Act Bundesimmissionsschutzgesetz *n* [jur]
federal law of wastes Bundesabfallrecht *n* [jur]

Federal Legislation Bundesgesetzgebung *f* [jur]
fee Gebühr *f*; Vermittlungsgebühr *f* [eco]
fee for use Nutzungsgebühr *f* [eco]
feebly coloured farbschwach
feed Beschickung *f*; Einspeisung *f*; Zuführung *f* (von Material, Heizmaterial); Zufuhr *f* (Versorgung); Ausgangsstoff *m* [met]; Vorschub *m* (auf Bearbeitungsmaschine) [wer]; Zufluss *m* (Versorgung); Zulauf *m* (Substanz); Futter *n* (Fressen) [far]
feed beschicken *v* [prc]; einfüllen *v*; einspeisen *v*; ernähren *v*; füllen *v*; nachspeisen *v* [tra]; nähren *v*; speisen *v*; zuführen *v* (Material); zuleiten *v*
feed bush Angussbuchse *f* [met]
feed chute Beschickungsschurre *f* [prc]; Fülltrichter *m* [prc]
feed control Vorschubregelung *f* [mbt]
feed control pump Vorschubregelpumpe *f* [mbt]
feed control valve Vorschubregelventil *n* [mbt]
feed conveyor Aufgabeförderer *m* [prc]; Aufgabeband *n* [prc]
feed cylinder Vorschubzylinder *m* [mbt]
feed device Beschickungsschurre *f* [prc]
feed forward control Steuerung *f* (Regelung)
feed funnel Aufgabetrichter *m* [prc]
feed gas Speisegas *n* [pow]
feed gear Vorschubgetriebe *n* [tec]
feed header Speisekopf *m* [prc]
feed heater Vorwärmer *m* [pow]
feed hopper Aufgabebunker *m* (des Brechers) [prc]; Aufgabetrichter *m* [prc]; Beschickungstrichter *m* [prc]; Chargiertrichter *m* [mbt]; Einfülltrichter *m* [prc]
feed hopper door Beschickungstür *f*
feed in eingeben *v*; hereinfahren *v* (Material in Maschine) [wer]
feed inlet Aufgabeöffnung *f* [prc]; Einlassöffnung *f*; Materialzuführung *f*; Zulauf *m*
feed line Einspeisung *f* [elt]; Speiseleitung *f* [prc]; Zuführung *f* (Leitung); Zulaufleitung *f* [prc]; Zuleitung *f*
feed material Ausgangsmaterial *n* [met]; Füllmaterial *n* [met]
feed motion Vorschubbewegung *f* [wer]; Zuführungsbewegung *f* [wer]
feed motor Vorschubmotor *m* [tec]
feed movement Vorschub *m* (Bewegung) [tec]
feed opening Einfüllöffnung *f*
feed opening inlet Aufgabeöffnung *f* [prc]
feed path Schaltweg *m* [elt]
feed performance Förderleistung *f*
feed pipe Speiseleitung *f* [prc]; Zulaufrohr *n* [prc]; Zuleitungsrohr *n* [prc]
feed pipes Zulaufweg *m* (des Öls) [tra]
feed plate Aufgabeboden *m* [prc]; Einlaufboden *m* [prc]; Eintritt *m* (Kolonne) [prc]
feed pressure valve Speisedruckventil *n* [prc]
feed pump Förderpumpe *f* [prc]; Speisepumpe *f* [pow]
feed ratchet Spannkreuz *n* [tec]

feed rate Vorschubgröße *f* [mbt]
feed rate, actual - Istvorschub *m* [wer]
feed reversing gear Vorschubumschaltgetriebe *n* [tec]
feed roll Andruckwalze *f* [tec]; Transportrolle *f* [tec]
feed roller Zuführrollgang *m* [tec]
feed screw Eintragsschnecke *f* [prc]; Vorschubspindel *f* [mbt]
feed size Kantenlänge *f* (der Steine vor Brechen) [roh]
feed terminal Einspeisungsklemme *f* (elektrisch) [elt]
feed the boiler aufspeisen *v* (Kessel) [pow]
feed valve Einlassventil *n* [prc]; Speiseventil *n* [prc]
feed water Speisewasser *n* (für Kessel) [pow]
feed water deaeration Speisewasserentgasung *f* [pow]; Speisewasserentlüftung *f* [pow]
feed water delivery pipe Speisewasserdruckleitung *f* [pow]
feed water filter Speisewasserfilter *m* [pow]
feed water flowmeter Wassermengenmesser *m* [any]
feed water header Speisewassersammelleitung *f* [pow]
feed water heater Speisewasservorwärmer *m* [pow]
feed water heating Speisewasservorwärmung *f* [pow]
feed water pipe Speisewasserleitung *f* [pow]
feed water piping Speiseleitung *f* [was]
feed water preheater Speisewasservorwärmer *m* [pow]
feed water pressure gauge Manometer für Speisepumpe *n* (Dampflok) [tra]
feed water pump Speisepumpe *f* (für Speisewasser); Speisewasserpumpe *f* [pow]
feed water pump valve Ventil für Kolbenspeisepumpe *n* (Dampf) [tra]
feed water regulator Speisewasserregler *m* [pow]
feed water softening plant Enthärtungsanlage *f* (Speisewasser) [was]
feed water storage tank Speisewasserbehälter *m* [pow]
feed water tank Speisewasserbehälter *m* [pow]
feed water temperature Speisewassertemperatur *f* [pow]
feed water thermostat Speisewasserthermostat *m* [pow]
feed water treatment plant Speisewasseraufbereitung *f* [pow]
feed winch Vorschubwinde *f* [mbt]
feed, rate of - Transportgeschwindigkeit *f* [tra]; Vorschubgeschwindigkeit *f* [wer]
feed-heating stage Vorwärmstufe *f* [pow]
feed-rate control Vorschubregelung *f* (Werkzeugmaschine) [wer]
feed-rate override Vorschubkorrektur *f* (Werkzeugmaschine) [wer]
feed-stock Ausgangsstoff *m* [met]; Einsatzmaterial *n*; Einsatzprodukt *n*
feed-through Durchführung *f* (Öffnung)
feed-through nut Durchführungsstutzen *m*
feed-through pipe Durchführungsrohr *n*
feedback Rückführung *f*; Rückkopplung *f* [elt]; Rückleitung *f*

feedback control Regelung *f* (Regeltechnik)
feedback control equipment Regeleinrichtung *f*
feedback control system Regelkreis *m*
feedback network Rückkopplungsnetzwerk *n* [elt]
feedback signal Rückmeldung *f*
feedback value Istwert *m* (im Regelkreis)
feeder Aufgabevorrichtung *f* [prc]; Beschickungsanlage *f*; Hauptleitung *f* [elt]; Leitung *f* (Zuleitung); Speiseleitung *f* (Öl, Wasser, Gas etc) [tra]; Zuleitung *f*; Aufgabeapparat *m* [prc]; Auf-geber *m*; Einguss *m* [met]; Nebenkanal *m* [was]; Vorfluter *m* [was]; Wassergraben *m* [was]; Zubringer *m* (z.B. kleine Bahnlinie) [tra]; Zuteiler *m* [prc]
feeder chute Füllschacht *m* [prc]
feeder gauge Blechstreifen *m* (zum Einsetzen Ritzel) [tec]
feeder grate Aufgabegitter *n* [prc]
feeder line Bimmelbahn *f* (Neben-, Schmalspurbahn) [tra]; Nebenbahn *f* [tra]; Nebenstrecke *f* (der Bahn) [tra]; Schmalspurbahn *f* [tra]; Schmalspurstrecke *f* (der Bahn) [tra]; Speiseleitung *f* [tra]; Stichleitung *f* [pow]; Zubringerleitung *f* [pow]
feeder pump Zubringerpumpe *f* [prc]
feeder road Zubringerstraße *f* [tra]; Zubringerstraße *f* [tra]; Zubringer *m* (Straße) [tra]
feeder stream Wasserzufluss *m* [was]
feeder-line rolling stock Feldbahnmaterial *n* [tra]
feeding Aufgabe *f* (von Material in Maschine); Beschickung *f* (z.B. des Ofens) [roh]; Ernährung *f*; Zuführung *f*; Zuleitung *f* [tra]; Beschicken *n* [prc]; Einleiten *n* (Hineinleiten) [was]; Füllen *n*
feeding belt Aufgabeband *n* [prc]
feeding chute Beschickungsschurre *f* [prc]; Einlaufschurre *f* [prc]
feeding connection piece Zulaufstutzen *m* [prc]
feeding device Aufgabevorrichtung *f* [prc]
feeding door Chargiertür *f*
feeding drum Obertrommel *f* (Speisetrommel) [prc]
feeding head Eingussstrichter *m*
feeding hopper Fülltrichter *m* [prc]
feeding installation Beschickungsanlage *f*
feeding line Nachspeiseleitung *f* [tra]
feeding plant Beschickungsanlage *f*; Beschickungsvorrichtung *f* [prc]
feeding plate Aufgabeblech *n* [prc]
feeding rack Vorlagerost *m* [prc]
feeding valve Nachspeiseventil *n* [tra]
feeding volume Füllvolumen *n*
feedpipe Steigrohr *n* [was]
feel tasten *v*
feeler Taster *m* (Lehre) [any]
feeler gauge Einstellehre *f* [any]; Fühlerlehre *f* [any]; Temperaturfühler *m* [any]
feeling head Tastkopf *m* [any]
feeling of comfort Behaglichkeitsgefühl *n*
fell fällen *v* (umfällen) [far]; hauen *v* (fällen) [far]; schlagen *v* (Bäume); umhauen *v* (fällen)
feller attachment Fälleinrichtung *f* [prc]

feller buncher Baumfällgerät *n* [far]
fellmongering waste Beizabfall *m* [rec]
fellow citizen Mitbürger *m*
fellow human being Mitmensch *m*
fellow occupant Mitbewohner *m*
fellow passenger Mitfahrer *m* [tra]
felt Filz *m* [met]
felt verfilzen *v*
felt filter Filzfilter *m*
felt gasket Filzdichtung *f*
felt insert Filzeinlage *f*
felt insulation Filzisolierung *f*
felt insulation plate Filzisolierplatte *f*
felt mat Filzmatte *f*
felt packing Filzdichtung *f*
felt ring Filzring *m*
felt seal Filzdichtung *f*
felt washer Filzscheibe *f* (Unterlegscheibe) [tec]; Filzunterlegscheibe *f* [tec]
felt-tip pen Filzschreiber *m*; Filzstift *m*
felted filzig
female weiblich
female adapter Zwischenstück mit Innengewinde *n* [tec]
female clevis Gabelkopf *m* [tec]
female connector Aufschraubverschraubung *f* [tec]; Buchsenstecker *m* [elt]
female coupling Aufschraubverschraubung *f* [tec]; Innengewindekupplung *f* [tec]
female die Hohlform *f*
female elbow Winkelverschraubung *f* [tec]; Aufschraubwinkel *m* [tec]
female face Rücksprung *m* (Flansch) [tec]
female guide Führungsbuchse *f* [tec]
female joint Rücksprungflansch *m* [tec]
female mould Matrize *f* [wer]
female mould method Negativverfahren *n*
female mould, forming into - Negativverfahren *n*
female plug Steckerbuchse *f* [elt]
female screw Hohlschraube *f* [tec]; Schraubenmutter *f* [tec]
female socket Buchsenteil *n* (nimmt etwas auf) [tec]
female spline Keilnabe *f* (Keilwelle) [tec]
female stud Zylindermutter *f* [tec]
female thread Hohlgewinde *n* [tec]; Innengewinde *n* [tec]; Muttergewinde *n* [tec]
female union Überwurfmutter *f* [tec]; Gewindestück mit Innengewinde *n* [tec]
fence Einzäunung *f* (Zaun); Zaun *m*; Gitter *n* (Zaun)
fence in einzäunen *v*
fence post Zaunpfahl *m*
fence round umzäunen *v*
fencing Umzäunung *f*
fencing pliers Flachzange *f* [wzg]
fencing wire Maschendraht *m* (Zaun)
fender Radabdeckung *f* (Kotflügel) [tra]; Schutzkappe *f*; Abweiser *m* [tra]; Kotflügel *m* [tra]; Rammschutz *m* (z.B. an kleinem Bagger) [mbt]; Schutzblech *n* [tra]

fender bender Karambolage *f* (kleiner Unfall) [tra]; Blechschaden *m* (kleiner Autounfall) [tra]; Unfall mit Blechschaden *m* [tra]
fender eye Fenderöse *f* [tec]
fender support Kotflügelhalterung *f* [tra]
fenestral kleines Fenster *n* [bau]
ferment Gärstoff *m* [bio]; Enzym *n* [bio]; Ferment *n* [bio]; Gärungsmittel *n* [bio]
ferment fermentieren *v* [bio]; gären *v* [bio]; treiben *v* (gären) [bio]; vergären *v* [bio]
ferment again nachgären *v* [bio]
ferment enzyme Gärmittel *n* [bio]
fermentability Gärbarkeit *f* [bio]; Vergärbarkeit *f* [bio]; Gärvermögen *n* [bio]
fermentable fermentierbar [bio]; gärfähig [bio]; vergärbar [bio]
fermentable gärbar *f* [bio]
fermentation Fermentation *f* [bio]; Fermentierung *f* [bio]; Gärung *f* [bio]; Vergärung *f* [bio]
fermentation chemistry Gärchemie *f* [che]; Gärungschemie *f* [che]
fermentation gas Biogas *n* [bio]
fermentation plant Gäranlage *f* [rec]; Vergärungsanlage *f* [prc]
fermentation process Faulvorgang *m* [bio]; Fermentierungsvorgang *m* [bio]; Gärungsprozess *m* [bio]; Gärungsvorgang *m* [bio]; Gärvorgang *m* [bio]; Gärverfahren *n* [bio]
fermentation product Gärprodukt *n* [bio]; Gärungsprodukt *n* [bio]
fermentation reactor Fermentationsreaktor *m* [bio]
fermentation sample Gärprobe *f* [bio]
fermentation, alcoholic - Alkoholgärung *f* [bio]; alkoholische Gärung *f* [bio]
fermentation, method of - Gärführung *f* [bio]; Gärungsverfahren *n* [bio]
fermentation, time of - Gärdauer *f* [bio]
fermentative fermentativ [bio]
fermentative activity Gärtätigkeit *f* [bio]
fermentative power Gärvermögen *n* [bio]
fermentative process Gärprozess *m* [bio]
fermented gegoren [bio]
fermenter Gärbottich *m* [bio]
fermenting Gären *n* [bio]
fermenting agent Gärmittel *n* [bio]; Gärungsmittel *n* [bio]
fermenting capacity Gärungsfähigkeit *f* [bio]; Gärvermögen *n* [bio]
fermenting pit Faulgrube *f* [was]
fermenting tank Gärtank *m* [bio]
fermenting temperature Gärtemperatur *f* [bio]
fermenting tub Gärbottich *m* [bio]
fermenting vat Gärbottich *m* [bio]; Gärungsbottich *m* [bio]
fermenting vessel Gärgefäß *n* [bio]
fern green farngrün (RAL 6025)
ferric oxide paint Eisenfarbe *f* [che]
ferriferous eisenführend
ferrite Ferrit *m* [met]

ferrite core memory Kernspeicher *m* [edv]
ferrite steel Ferritstahl *m* [met]
ferrite yellow Eisenoxidgelb *n* [che]
ferrite-rod aerial Ferritantenne *f* [edv]
ferritic ferritisch
ferro-alloy Ferrolegierung *f* [met]
ferro-cement Ferrozement *m* [met]
ferro-concrete Eisenbeton *m* [met]
ferroelectric ferroelektrisch [elt]
ferroelectrical ferroelektrisch [elt]
ferroelectricity Ferroelektrizität *f* [elt]
ferromagnetic ferromagnetisch [phy]
ferromagnetic substances Ferromagnetika *pl* [phy]
ferromagnetical ferromagnetisch [phy]
ferromagnetics Ferromagnetika *pl* [phy]
ferromagnetism Ferromagnetismus *m* [phy]
ferronickel Nickeleisen *n* [met]
ferrous alloy Eisenlegierung *f* [met]; Stahllegierung *f* [met]
ferrous compound Eisenverbindung *f* [che]
ferrous metallurgy Eisenhüttenkunde *f* [roh]; Eisenindustrie *f* [roh]
ferrous oxide Eisenmonoxid *n* [che]
ferrovanadium Eisenvanadium *n* [che]
ferruginous eisenführend; eisenhaltig; rostfarben
ferruginous cement Eisenoxidzement *m* [met]
ferruginous mud Eisenschlamm *m* [rec]
ferruginous scrap eisenhaltiger Schrott *m* [rec]
ferrule Zwinge *f* [wzg]; Klemmring *m* (Rohrverschraubung) [tec]; Schneidring *m* (Rohrverschraubung) [tec]; Sperrring *m* [tec]; Einsteckrohr *n* (Wärmeaustauscher) [pow]; Eisenband *n* [met]
ferry Fähre *f* [tra]
ferry across übersetzen *v* (mit Schiff) [tra]
ferry alloy Ferrolegierung *f* [met]
ferry barge Prahm *m* (Fähre) [tra]
ferry bridge Fahrbrücke *f* [tra]; Trajekt *n* [tra]
ferry terminal Fährhafen *m* [tra]
fertile fruchtbar [bff]
fertile material Brutstoff *m* (Kernreaktor) [pow]
fertilization Düngung *f* [far]
fertilization, organic - Naturdüngung *f* [far]
fertilize düngen *v* [far]
fertilizer Dünger *m* [far]; Düngemittel *n* [far]
fertilizer analysis Düngemitteluntersuchung *f* [any]
fertilizer application Düngerausbringung *f* [far]
fertilizer industry Düngerindustrie *f* [che]
fertilizer plant Düngemittelanlage *f*
fertilizer production Düngemittelherstellung *f* [che]
fertilizer, artificial - künstlicher Dünger *m* [far]; Kunstdünger *m* [che]
fertilizer, chemical - Kunstdünger *m* [che]; Mineraldünger *m* [far]
fertilizer, inorganic - Mineraldünger *m* [far]
fertilizer, natural - natürlicher Dünger *m* [far]
fertilizer, organic - Naturdünger *m* [far]
fertilizing Düngung *f* [far]; Düngen *n* [far]
fertilizing need Düngungsbedarf *m* [far]

fertilizing substance Dünger *m* [far]
fetch Abruf *m* (aus einer Datei) [edv]
fetch abrufen *v* (holen) [edv]
fiber Faser *f* ((A) siehe: fibre); Faden *m* ((A) siehe: fibre)
fiber glass Fiberglas *n* ((A)) [met]
fibrated gefasert [wer]
fibrated concrete Faserbeton *m* [met]
fibre Faser *f* ((B)); Textur *f* ((B)) [met]; Faden *m* ((B) Faser); Lichtwellenleiter *m* ((B)) [opt]
fibre bearing Kunststofflager *n* [met]
fibre board Faserplatte *f* [met]; Faserstoffplatte *f* [met]; Hartfaserplatte *f* [met]
fibre cement Faserzement *m* [met]
fibre composite Faserverbundwerkstoff *m* [met]
fibre composite material Faserverbundwerkstoff *m* [met]
fibre concrete faserverstärkter Beton *m* [bau]; Faserzement *m* [met]
fibre course Faserverlauf *m*
fibre filter Faserfilter *f* [prc]
fibre fleece Faservlies *n* [met]
fibre gasket Faserstoffdichtung *f* [tec]
fibre glass Glasfaser *f* [met]; Fiberglas *n* ((B)) [met]; Glashartgewebe *n* ((B)) [met]
fibre glass filter Glasfaserfilter *m* [air]
fibre glass reinforcement Glasfaserverstärkung *f* [met]
fibre glass tape Glasgewebeband *n* [met]
fibre insulating board Faserdämmplatte *f* [met]; Faserisolierplatte *f* [met]
fibre insulating material Faserdämmstoff *m* [met]
fibre insulation Faserisolation *f* [met]
fibre mat Faserfilzplatte *f* [met]
fibre optical glasfaseroptisch [opt]
fibre optics Glasfasertechnik *f* [edv]
fibre pattern Faserstruktur *f*
fibre reinforcement Faserarmierung *f* [bau]; Faserbewehrung *f* [bau]; Faserverstärkung *f* [met]
fibre reinforcing Faserverstärkung *f* [met]
fibre rupture Faserbruch *m*
fibre slab Faserplatte *f* [met]; Holzfaserplatte *f* [met]
fibre sludge Faserschlamm *m* [rec]
fibre structure Faserstruktur *f*
fibre, artificial - Chemiefaser *f* [che]; Kunstfaser *f* [met]
fibre, natural - Naturfaser *f* [met]
fibre-like faserartig; faserförmig
fibre-optical cable Lichtleitkabel *n* [opt]
fibre-reinforced faserverstärkt [met]
fibre-reinforced concrete faserbewehrter Beton *m* [bau]
fibrous fadenförmig; faserartig; faserförmig; faserig
fibrous asbestos Faserasbest *m* [met]
fibrous concrete Asbestbeton *m* [met]; faserbewehrter Beton *m* [bau]
fibrous gypsum Fasergips *m* [met]
fibrous insulant Faserisolierung *f*; Faserstoffisolierung *f* [met]

fibrous insulation Faserstoffisolation *f* [met]
fibrous material Faserstoff *m* [met]; Faserwerkstoff *m* [met]
fibrous rupture Faserbruch *m*
fidelity Genauigkeit *f*
field Baustelle *f* ((A)) [bau]; Flur *f* [far]; Zone *f* (Gebiet); Acker *m* [far]; Bereich *m* (Gebiet); Sektor *m* (Teilgebiet); Fach *n* (Fachgebiet); Fachgebiet *n*; Feld *n* (Betätigungs-); Feld *n* (Landwirtschaft) [far]; Feld *n* (physikalisch) [phy]; Gebiet *n* (Bereich); Gebiet *n* (Fachgebiet); Gelände *n* (Gebiet) [geo]; Sachgebiet *n*
field assembly activity chart Montageterminplan *m*
field attribute Feldattribut *n* (Software) [edv]
field balancing Betriebsauswuchten *n* [tec]
field coil Erregerspule *f* [elt]; Polspule *f* [elt]
field connection Montagestoß *m* (Stahlbau) [tec]
field contents Feldinhalt *m* (Software) [edv]
field current Erregerstrom *m* [elt]
field definition Felddefinition *f* (Software) [edv]
field drain Abflussgraben *m* [was]; Entwässerungsgraben *m* [far]
field drain pipe Dränrohr *n* [was]
field engineer Außendiensttechniker *m* [eco]; Montageingenieur *m* [tec]
field erection Baustellenmontage *f* [bau]
field erection job Baustellenfertigung *f* [wer]
field experiment Feldversuch *m* [any]
field intensity Feldstärke *f* [phy]
field intensity measurement Feldstärkemessung *f* [any]
field intensity meter Feldstärkemessgerät *n* [any]
field investigation Felduntersuchung *f* [any]
field length Feldlänge *f* (Software) [edv]
field length, variable - variable Feldlänge *f* (Software) [edv]
field mounted Baustellenfertigung *f* [wer]
field name Feldname *f* (Software) [edv]
field of action Arbeitsgebiet *n*
field of activity Arbeitsfeld *n*; Arbeitsgebiet *n*
field of application Anwendungsbereich *m*; Anwendungsgebiet *n*; Einsatzgebiet *n*
field of control Kontrollbereich *m*
field of force Kraftfeld *n* [phy]
field of forces Kräftefeld *n* [phy]
field of tolerance Toleranzfeld *n*
field of use Verwendungsbereich *m*
field of view Gesichtsfeld *n*; Sichtfeld *n*
field of vision Blickfeld *n*
field office Baubüro *n* (auf der Baustelle) [bau]
field painting Baustellenanstrich *m* [met]
field regulation Feldregelung *f* [elt]
field rheostat Feldregler *m* [elt]
field service Außendienst *m* [eco]; Kundendienst *m* [eco]
field service report Montagebericht *m* (Monteurbericht); Monteurbericht *m*
field service technician Wartungstechniker *m*
field site erection Außenmontage *f*

field size Feldgröße *f* (Software) [edv]
field splice Montagestoß *m* [tec]
field standards Normen für die örtliche Prüfung *pl*
field stone Feldstein *m*
field strength Feldstärke *f* [phy]
field study Feldversuch *m* [any]
field switch Übergabestation *f* (Stromverteilhaus) [roh]; Übergabeschalthaus *n* (Stromverteiler) [roh]
field trial Feldversuch *m* [any]
field voltage Feldspannung *f* [elt]
field weld Baustellenschweißung *f* [wer]; Schweißung am Einsatzort *f* [wer]
field width Feldlänge *f* (Software) [edv]
field, acoustic - Schallfeld *n* [aku]
field, alternating - Wechselstromfeld *n* [elt]
field, in the - im praktischen Einsatz [wer]; in der Praxis (z.B. beim eigentlichen Arbeiten); praktisch (im praktischen Einsatz)
field-effect-transistor Feldeffekttransistor *m* [elt]
field-effect-transistor, enhancement type selbstsperrender Feldeffekttransistor *m* [elt]
field-forcing excitation Stoßerregung *f* [elt]
fieldwork Feldversuch *m* [any]
fifth wheel load Sattellast *f* (der Zugmaschine) [tra]
fight Bekämpfung *f*
fight bekämpfen *v*
figurative bildlich
figure Abbildung *f* (Darstellung); Figur *f*; Gestalt *f* (Form); Nummer *f* (Zahl); Stelle *f* (Zahl) [mat]; Zahl *f*; Zeichnung *f* (Abbildung) [con]; Ziffer *f* [mat]; Bild *n* (Abbildung)
figure beziffern *v*; zeichnerisch darstellen *v*
figure out ausrechnen *v*
figured glass Profilglas *n* [met]
figures turned around Zahlendreher *m* (aus 1117 wird 1171)
figuring Formgebung *f* [con]
filament Einzelfaser *f*; Faser *f* (Faden); Faden *m* (Glühfaden) [elt]; Glühdraht *m* [elt]; Heizfaden *m* [elt]
filament current Heizstrom *m* [elt]
filament lamp Glühfadenlampe *f* [elt]; Glühlampe *f* [elt]
filament temperature Glühfadentemperatur *f* [elt]
filament winding Heizwicklung *f* [pow]
filamentary fadenförmig
filamentous faserförmig
file Akte *f*; Feile *f* [wzg]; Kartei *f*; Aktenordner *m*; Ordner *m*; Vorgang *m* (Amtssprache); Aktenstück *n* (Akte, Unterlage) [eco]
file ablegen *v* [edv]; einheften *v*; feilen *v*; ordnen *v* (ablegen); schubladisieren *v* (österr.: Akten ablegen)
file access Dateizugriff *m* (Software) [edv]
file backup Dateisicherung *n* (Software) [edv]
file brush Feilenbürste *f* [wzg]
file charges against somebody Klage erheben *v* (anzeigen) [jur]; klagen *v* (Klage erheben) [jur]
file conversion Dateikonvertierung *f* (Software) [edv]
file directory Dateiverzeichnis *n* (Software) [edv]

file dust Feilstaub *m* [rec]
file handle Feilenheft *n* [wzg]
file identifier Dateikennung *f* (Software) [edv]
file label Dateikennsatz *m* (Software) [edv]
file management Dateiverwaltung *f* (Software) [edv]
file medium Dateiträger *m* (Software) [edv]
file name Dateiname *m* (Software) [edv]
file number Ordnungsnummer *f* [eco]
file off abarbeiten *v* (abfeilen) [wer]; abfeilen *v* [wer]
file processing Dateiverarbeitung *f* (Software) [edv]
file reference Aktenzeichen *n* [eco]
file searching Absuchen *v* (Datei) [edv]
file security Dateisicherheit *n* (Software) [edv]
file segment Dateisegment *n* (Software) [edv]
file system Dateisystem *n* (Software) [edv]
file, sequential - sequentielle Datei *f* (Software) [edv]
filing Ablage *f* (Abheften); Archivierung *f* [edv]; Span *m* (Feilspan) [wer]; Feilen *n* (Formgebung)
filing bench Feilbank *f* [wer]
filing cabinet Kartei *f*; Aktenschrank *m*
filing system Ablage *f* (Sammlung)
filings Abfall *m* (Abfall aus Bearbeitung) [rec]; Feilstaub *m* [rec]; Feilicht *n* [rec]; Feilspäne *pl* [rec]; Späne *pl* [rec]
fill Anschüttung *f* [bod]; Auffüllung *f* (künstliche Auffüllung) [bod]
fill abfüllen *v*; aufschütten *v* [mbt]; ausfüllen *v* (füllen) [wer]; ausgießen *v* (füllen) [wer]; füllen *v*; spachteln *v* [wer]; stopfen *v*; verfüllen *v* [bau]
fill in auftragen *v* (Boden) [bod]; ausfüllen *v* (ein Formular); einbauen *v* (z.B. Schlacke in Straße)
fill out eintragen *v* (ausfüllen)
fill stroke Füllhub *m* [tra]
fill the boiler aufspeisen *v* (Kessel) [pow]
fill toe Dammfuß *m* [bau]
fill up auffüllen *v* (Öl); auftanken *v* [tra]; nachfüllen *v* (auffüllen); nachtanken *v*; tanken *v*; verstopfen *v* (Ritzen); verstreichen *v* (Fugen) [wer]; vollfüllen *v*; volltanken *v* [tra]; zuschütten *v*
fill with concrete ausbetonieren *v* [bau]
fill with light ausleuchten *v*
fill with sand versanden *v*
fill with smoke verräuchern *v*
fill with sound beschallen *v* [aku]
fill, artificial - künstliche Auffüllung *f*
filled abgefüllt; gefüllt
filled ground Aufschüttung *f* [bod]; Auftrag *m* [bod]; Bodenauftrag *m* [bod]; aufgefülltes Gelände *n* [geo]
filled up area gefüllte Fläche *f*
filled volume Einfüllmenge *f*
filled-in ausgefacht [wer]
filler Einfüllöffnung *f* (z.B. Tank) [tra]; Einlage *f*; Füllmasse *f* [met]; Spachtelmasse *f* [met]; Vergussmasse *f* [met]; Einfüllstutzen *m* [tra]; Füller *m* (Zuschlagstoff) [met]; Füllstoff *m* [met]; Grundierfirnis *m* [met]; Kitt *m* (Füllmasse) [met]; Spachtel *m* (Masse) [met]; Füllmaterial *n* [met]; Füllmittel *n* [met]; Streckmittel *n* [met]; Streckungsmittel *n* [met]; Zusatzmittel *n* (Füllmaterial) [met]

filler block Füllkörper *m* [bau]
filler cap Verschlusskappe *f* (z.B. Tank) [tra]; Einfüll-verschluss *m* [tra]; Füllstutzen *m*; Tankdeckel *m* [tra]
filler cap assembly Einfüllstutzen und Deckel *m* [tra]
filler concentrate Füllstoffkonzentrat *n* [che]
filler connection Einfüllstutzen *m*
filler gas Füllgas *n*
filler pipe Einfüllstutzen *m* (an Tanks) [tra]
filler wire Schweißdraht *m* [met]
fillet Fußausrundung *f* [bau]; Kehle *f* (Hohl-); Steg *m* [bau]
fillet auskehlen *v* [wer]
fillet ring ballenseitiger Dichtungsring *m* [met]
fillet strip Kehlleiste *f*
fillet weld Hohlkehlschweißung *f* [wer]; Kehlnaht *f* (Schweißnaht) [wer]
fillet welding Kehlnahtschweißung *f* [wer]
filling Aufschüttung *f* [bod]; Füllmasse *f* [met]; Füllung *f*; Ladung *f* (Beladung); Schüttung *f* [bau]; Ausfüllstoff *m* [met]; Einguss *m*; Füllen *n*; Füllmittel *n* [met]; Verfüllen *n* (Risse) [met]
filling apparatus Füllapparat *m* [prc]
filling cement Füllkitt *m* [met]
filling compound Ausgussmasse *f* [met]; Füllmasse *f* [met]
filling cover Einfülldeckel *m* [tra]
filling degree Füllungsgrad *m*
filling device Abfüllvorrichtung *f*; Fülleinrichtung *f* [prc]
filling flow rate Füllstrom *m* [prc]
filling gas Füllgas *n*
filling height Füllhöhe *f*; Füllstand *f*; Schütthöhe *f* [bau]
filling in of material Materialeinbau *m* [mbt]
filling ledge Füllleiste *f*
filling level Füllhöhe *f*; Füllstand *m*
filling level indicator Füllstandsanzeiger *m* [any]
filling level limit switch Füllstandsgrenzschalter *m* [any]
filling material Füller *m* (Zuschlagstoff) [met]; Füllstoff *m* [met]; Füllmaterial *n* [met]; Füllmittel *n* [met]
filling nipple Füllnippel *m* [tec]
filling piece Füllstück *n*
filling pipe Füllleitung *f*; Füllrohr *n* [prc]
filling plant Füllanlage *f* [prc]; Abfüllbetrieb *m* (Getränke in Flaschen)
filling plug Füllschraube *f* [tec]
filling pressure Fülldruck *m*
filling sieve Einfüllsieb *n* [prc]
filling station Tankstelle *f* [tra]
filling unit Abfüllanlage *f*
filling up of layers Auftragen von Schichten *n* [wer]
filling vent Einfüllstutzen *m*
filling volume Füllvolumen *n*
filling with mud Verschlammung *f* [bod]
fillings Berge *pl* (taubes Gestein) [roh]
fillister head Linsenkopf *m* [tec]; Linsenzylinderkopf *m* [tec]

fillister-head screw Linsenkopfschraube *f* [tec]; Linsenschraube *f* [tec]
fillister-head screw, raised - Linsenzylinderschraube *f* [tec]
fillister-head sunk screw Zylindersenkschraube *f* [tec]
film Beschichtung *f*; Folie *f* (dünn) [met]; Haut *f* (Schicht); Membran *f* [met]; Schicht *f* (Überzug) [met]; Belag *m* (Schicht); Film *m* (Schicht); Überzug *m* (dünne Schicht) [met]
film badge Strahlenschutzplakette *f* [any]; Filmdosimeter *n* [any]
film boiling Filmsieden *n*
film capacitor Folienkondensator *m* [elt]
film coating Befilmen *n*
film condensation Filmkondensation *f*
film dosimeter Strahlenschutzplakette *f* [any]
film drier Dünnschichttrockner *m*
film evaporation Dünnschichtverdampfung *f*; Filmverdampfung *f* [prc]
film evaporator Dünnschichtverdampfer *m*
film evaporator, agitated - Filmverdampfer *m* [prc]
film flow Filmströmung *f* [prc]
film formation Filmbildung *f* [che]
film former Filmbildner *m* [che]
film of lubricant Schmierfilm *m* [tec]
film of oil Ölfilm *m*
film projector Filmprojektor *m*
film reel Filmspule *f*
film resistor Schichtwiderstand *m* [elt]
film technology Schichttechnologie *f* [elt]
film thickness Foliendicke *f*; Schichtdicke *f*
film viewing apparatus Filmbetrachtungsgerät *n* [elt]
film, adhesive - Klebfolie *f* [met]; Klebefilm *m*
film-forming agent Filmbildner *m* [che]
film-forming component Filmbildner *m* [che]
film-forming substance Filmbildner *m* [che]
film-laminated metal sheet Folienblech *n*
film-type evaporator Filmverdampfer *m* [prc]
filter Filter *m* [prc]; Filtrierapparat *m* [prc]
filter abklären *v* [prc]; durchgießen *v*; filtern *v* [prc]; filtrieren *v* [prc]; seihen *v*
filter agents Filterhilfsmittel *n* [was]; Filtermedien *pl*
filter aid Filterhilfsmittel *n* [was]
filter area Filterfläche *f*
filter backwashing Filterrückspülung *f* [was]
filter bag Filterbeutel *m* [prc]; Filtersack *m* [prc]
filter basket Filterkorb *m* [prc]
filter battery Filterbatterie *f*
filter bed Filterlage *f* [prc]; Filterschicht *f* [prc]; Filterwand *f* [prc]; Filtrierschicht *f* [prc]; Sandfilterlage *f* [was]; Klärfilter *m* [was]; Filterbett *n* [prc]
filter box Filterkasten *m* [prc]
filter bracket Filterkonsole *f* [prc]
filter cake Filterkuchen *m* [prc]
filter candle Filterkerze *f* [prc]
filter cartridge Filterkerze *f* [prc]; Filterpatrone *f* [prc]; Filtereinsatz *m* (Patrone) [prc]
filter casing Filtergehäuse *n* [prc]

filter cell Filtertasche *f* [prc]; Filterelement *n* [prc]
filter chamber Filterkammer *f* [prc]
filter charcoal Filterkohle *f* [was]
filter clays Filtertone *pl* [prc]
filter cloth Filterstoff *m* [prc]; Filtertuch *n* [prc]; Filtriertuch *n* [prc]
filter cloth washer Filtertuchreinigungsanlage *f* [prc]
filter compound Filtermasse *f* [prc]
filter cone Trichtereinsatz *m* [prc]
filter disc Filterplatte *f* [prc]
filter dust Filterstaub *m*
filter electrode Siebelektrode *f* [elt]
filter element Filtereinsatz *m* (Element) [prc]
filter fabrics Filtergewebe *n* [prc]
filter for insertion Einsatzfilter *m* [prc]
filter frame Filterrahmen *m* [prc]
filter glass Filterglas *n*
filter gravel Filterkies *m* [was]
filter holder Filterhalter *m* [prc]; Filterträger *m* [prc]
filter hose Filterschlauch *m*
filter housing Filtergehäuse *n* [prc]
filter insert Kleinfilterpatrone *f* [prc]; Filtereinsatz *m* (Einschubteil) [prc]; Siebeinsatz *m* [prc]
filter layer Filterlage *f* [prc]; Filterschicht *f* [prc]
filter load Filterbeladung *f* [prc]
filter magazine Filterkassette *f* [prc]
filter mask Atemschutzmaske *f* (Arbeitssicherheit)
filter mass Filtermasse *f* [prc]
filter mat Filtermatte *f* [prc]
filter material Filterkies *m* [was]; Filtermaterial *n* [prc]
filter media Filtermittel *n* [prc]
filter medium Filtermaterial *n* [prc]
filter mesh size Filterfeinheit *f* [prc]
filter mounting Filterbefestigung *f* [prc]
filter mud Filterschlamm *m* [rec]
filter off abfiltrieren *n* [prc]
filter out abfiltern *v* [prc]; aussieben *v* [prc]
filter paper Filterpapier *n* [met]; Filtrierpapier *n* [met]
filter part Siebglied *n* [elt]
filter plate Filterplatte *f* [prc]; Filterwand *f* [prc]
filter plugging indicator Filterverschmutzungsanzeige *f*
filter pocket Filtertasche *f* [prc]
filter poppet Tellerfilter *m* [tra]
filter press Filterpresse *f* [was]; Plattenfilter *n* [was]
filter press, hydraulic - Plattenpressfilter *m* [prc]; Siebtrommelfilter *m* [was]
filter pump Filtrierpumpe *f* [prc]
filter retention value Filterfeinheit *f* [prc]
filter sand Filtersand *m* [was]; Filtriersand *m* [was]
filter screen Filtersieb *n* [prc]
filter sieve Filtriersieb *n* [prc]
filter syringe Filterspritze *f* [prc]
filter system Filteranlage *f* [prc]
filter tower Filterturm *m* [prc]
filter unit Filteranlage *f* [prc]; Filteraggregat *n* [prc]
filter ventilator Filterlüfter *m* [prc]
filter wadding Filterwatte *f* [met]

filter well Schachtbrunnen *m* [was]
filter wool Filterwolle *f* [met]
filter, acoustic - akustischer Filter *m* [aku]
filter, activated-carbon - Aktivkohlefilter *m* [che]
filter, administratively controlled - Polizeifilter *m* [air]
filter, biological - Biofilter *m* [bio]
filter, second - Nachfilter *m*
filter-cleaning system Waschanlage für Filter *f* [was]
filter-cloth cleaning equipment Filtertuchreinigungsanlage *f* [prc]
filtered abgefiltert [prc]
filtering Abfiltern *n* [prc]; Abklären *n* [prc]; Filtern *n* [prc]
filtering apparatus Filtrierapparat *m* [prc]
filtering auxiliary Filterhilfsmittel *n* [was]
filtering basin Filtertank *m* [was]; Filterbecken *n* [was]
filtering basket Filterkorb *m* [prc]
filtering charcoal Filterkohle *f* [was]
filtering flask Filterflasche *f*
filtering layer Filterschicht *f* [prc]
filtering material Filterstoff *m* [met]; Filtermaterial *n* [met]
filtering medium Filtermaterial *n* [met]
filtering off Abfiltrierung *f* [prc]
filtering screen Siebfilter *m* [prc]
filtering sieve Filtersieb *n*
filtering, rate of - Filtriergeschwindigkeit *f*
filters with layers of fibre Faserschichtfilter *m* [air]
filtrate Filtrat *n* [prc]
filtrate filtern *v* [prc]; filtrieren *v* [prc]
filtration Abfiltrierung *f* [prc]; Filterung *f* [prc]; Filtration *f* [prc]; Filtrierung *f* [prc]
filtration chamber Filterraum *m* [prc]
filtration plant Filteranlage *f* [prc]; Filtrationsanlage *f* [prc]
filtration residue Filterrückstand *m* [rec]
fin Flosse *f*; Heizkörperrippe *f* [pow]; Heizrippe *f* [pow]; Lamelle *f* (im Kühler) [pow]; Radiatorrippe *f* [pow]; Rippe *f* (Wärmeaustauscher) [pow]; Wabe *f* (des Ölkühlers) [tra]; Grat *m* (Gießen)
fin rippen *v*
fin-type radiator Rippenheizkörper *m* [pow]
final endgültig
final acceptance certificate Bescheinigung der Endabnahme *f*
final account Schlussrechnung *f* [eco]
final assembly Endmontage *f* (z.B. Geräte) [wer]; Fertigmontage *f* [wer]
final balance Schlussbilanz *f* [eco]
final certificate of acceptance Endabnahmeprotokoll *n*
final cleaning Nachreinigung *f*
final coat of paint Deckanstrich *m* [met]; Endanstrich *m* [met]
final coating Schlussanstrich *m*
final completion Endfertigstellung *f*

final compound Endverbindung *f* [che]
final consumer letzter Verbraucher *m* [eco]
final contour Fertigkontur *f*
final control Endprüfung *f* [any]; Schlusskontrolle *f* [any]
final control device Stellglied *n* (Regelung)
final control element Stellorgan *n* (Regelung)
final cover Abdeckschicht *f*
final damping Enddämpfung *f* (langsamer werden) [tra]
final dimension Ausfallmaß *n* [con]
final disposal Endlagerung *f* [rec]
final drawing Fertigungszeichnung *f* [con]
final drive Endantrieb *m* (Ölmotor) [tra]; Fahrmotor *m* (an Raupenkette) [mbt]; Seitenantrieb *m* [tra]
final drive bevel box Sekundärgetriebe *n* [tec]
final drive chain Antriebskette *f* [tec]
final drive reduction Endantriebuntersetzung *f* [tra]
final energy consumption Endenergieverbrauch *m* [pow]
final erection Endmontage *f* (z.B. Anlage)
final evaporator Endverdampfer *m* (Benson-Kessel) [pow]
final examination Endprüfung *f* [any]; Schlusskontrolle *f* [any]
final extension endgültiger Ausbau *m* (Erweiterung)
final feed heating Endvorwärmung *f* [pow]
final filtering Nachfiltern *n*
final grade certificate Abschlusszeugnis *n*
final inspection Abnahmekontrolle *f* [any]; Abschlussbegehung *f* (zur Kontrolle); Endabnahme *f*; Endkontrolle *f*; Endprüfung *f* [any]
final inspection prior to shipment Ablieferungsprüfung *f* [eco]
final inspection report Endabnahmeprotokoll *n*
final limit switch Sicherheitsendschalter *m*
final mixture Endgemisch *n* [che]
final node Blatt *n* (Baumstruktur)
final operating conditions endgültiger Betrieb *m*
final payment Restzahlung *f* [eco]
final piece Mittelteil *n* (letztes eingebautes Teil) [mbt]
final point Endpunkt *m*
final point of a titration Umschlagpunkt *m* (Titration) [che]
final position Endlage *f*; Endstellung *f* (z.B. eines Zylinders)
final position setting Endlageneinstellung *f*
final pressure Enddruck *m*
final product Enderzeugnis *n*; Endprodukt *n*; Fertigerzeugnis *n*
final purifier Nachreiniger *m* [prc]; Schlussreiniger *m* [prc]
final rendering Feinputzschicht *f* [met]
final report Abschlussbericht *m*
final result Endergebnis *n*; Endresultat *n*
final section Ausgleichsleiste *f* [tec]; Ausgleichsstück *n* [tec]
final sintering operation Hochsintern *f*

final slag Reduktionsschlacke f [rec]
final stage Endstadium n
final stage of extension endgültiger Ausbau m
final state Endzustand m
final steam temperature Überhitzungstemperatur f (Endüberhitzung) [pow]
final strength Endfestigkeit f [met]
final superheater Endüberhitzer m [pow]
final temperature Endtemperatur f
final test Abnahmeprüfung f [any]; Endabnahme f [any]; Endprüfung f [any]
final treatment Schlussbehandlung f [wer]
final vacuum Endvakuum n
final value Endwert m
final velocity Endgeschwindigkeit f [tra]
finality Bestandskraft f [jur]
finalize beenden v (abschließen); fertig stellen v
finally abschließend
finance Finanzwesen [eco]
finance finanzieren v [eco]
finance building authority Finanzbauamt n [jur]
financial finanziell [eco]
financial aid Finanzhilfe f [eco]
financial highlights Kennzahlen pl [eco]
financial management Finanzwirtschaft f [eco]
financial power Finanzkraft f [eco]
financial requirements Finanzbedarf m [eco]
financial responsibility, certificates of - Zertifikat finanzieller Verantwortung n (Tanker in US-Gewässern) [jur]
financial situation Finanzlage f [eco]
financial standing Kapitalkraft f [eco]
financial transaction Geldgeschäft n [eco]
financial year Bilanzjahr n [eco]; Geschäftsjahr n [eco]; Rechnungsjahr n [eco]
financially payable liquid
financially strong finanzstark [eco]
financially weak finanzschwach [eco]
financing Finanzierung f [eco]
financing gap Finanzierungslücke f [eco]
financing model Finanzierungsmodell n [eco]
financing planning Finanzplanung f [eco]
financing scheme Projektfinanzierung f
find out erfahren v; erforschen v; ermitteln v (herausbekommen)
finding Befund m
finding of the position Ortung f [any]
fine dünn
fine Geldbuße f [jur]; Geldstrafe f (zu einer G. verurteilt) [jur]; Strafe f (Geldstrafe) [jur]; Verschnitt m (Mahlen) [met]
fine adjustment Feineinstellung f; Feinregulierung f
fine aggregate Feinzuschlagstoff m [met]; Feinkorn n [met]
fine chemicals Feinchemikalien pl [che]
fine coal Feinkohle f [roh]
fine control Feinregelung f; Feinsteuerung f
fine control member Feinstellelement n
fine control valve Feinregulierventil n [prc]

fine crushing Feinzerkleinerung f [prc]
fine cutting quality Feinschneidgüte f [wer]
fine dust Feinstaub m; Flugstaub m [air]
fine dust filter Feinstaubfilter m [prc]
fine earth Feinerde f [bod]
fine feed kleiner Vorschub m (beim Schlichten) [wer]
fine filter Feinfilter m; Kleinfilter m [prc]
fine grain Feinkorn n
fine grain mixture Feinkornmischung f
fine grains Feinmaterial n
fine grinding Feinzerkleinerung f [prc]
fine mechanics Feinmechanik f [tec]
fine mortar Feinmörtel m [met]
fine ore, contents of - Feinerzgehalt m [roh]
fine particle Feinkorn n
fine pitch geringe Steigung f (Gewinde) [tec]
fine pitch thread Feingewinde n
fine pores Feinporen pl
fine regulation Feinregulierung f
fine regulation valve Feinregulierventil n [prc]
fine rubble Feinschotter m [bau]
fine sand Feinsand m [met]
fine screen Feinsieb n [prc]
fine screening Feinsiebung f [prc]; Feinsieben n [prc]
fine sieve Feinsieb n [prc]
fine sledger Feinbrecher m [mbt]
fine soil Feinboden m [bod]
fine steel Herdstahl m [met]
fine structure Feingefüge n [met]
fine stuff Feinputzmörtel m [met]
fine texture Feingewebe n [met]
fine thread Feingewinde n [tec]
fine tuning Feineinstellung f
fine wood Edelholz n [met]
fine working Feinarbeit f [tec]
fine-adjustment screw Feinstellschraube f [tec]
fine-feed screw Feinvorschubspindel f [tec]
fine-fibrous feinfaserig
fine-grain film Feinkornfilm m [met]
fine-grain steel Feinkornstahl m [met]
fine-grained feinfaserig; feinkörnig
fine-grained concrete Feinbeton m [met]
fine-grained gravel Feinkies m [bod]
fine-grained ore Feinerz n (nicht Stückerz) [roh]
fine-grained steel for structural use Feinkornbaustahl m [met]
fine-grind fein schleifen v [wer]
fine-grinding Feinschliff m [wer]
fine-ground finish Feinschliff m [wer]
fine-homing Feinrückstellung f [tec]
fine-mechanical feinmechanisch [tec]
fine-pitch screw Feingewindeschraube f [tec]
fine-pitch thread Feingewinde n [tec]
fine-pored feinporig
fine-tuned abgestimmt [elt]
finely dispersed feinverteilt
finely distributed feinverteilt
finely granulated feinkörnig
finely ground fein gemahlen

finely powdered feinpulvrig; feinverteilt
fineness Feinheit *f*; Feingehalt *m*
fineness of grinding Mahlfeinheit *f*
fineness of pulverization Vermahlungsgrad *m* [prc]
finery cinders Eisenschlacke *f* [rec]
finery iron Frischeisen *n* [met]
finery process Frischprozess *m* [roh]
fines Feinkohle *f* [roh]; Abrieb *m* (Kohle); Erzstaub *m* [rec]; Feinstaub *m* (Flugasche); Grus *m* (Feinkorn) [met]; Feinkorn *n* (Rost); Feinmaterial *n*; Korn *n* (Feinkorn); Feinanteile *pl* [met]; Feinstoffe *pl*
fines content Feinkorngehalt *m*
finger Finger *m*; Fühler *m* [any]; Zapfen *m* (herausragend) [tec]
finger guard Fingerschutz *m*
finger paddle agitator Fingerrührer *m* [prc]
finger paddle mixer Fingerrührer *m* [prc]
finger protection device Fingerschutzeinrichtung *f*; Fingerschutz *m*
finger protection extrusion Fingerschutzleiste *f* (Rolltreppe) [tra]
finger's width Fingerbreit *m*
fingertip easy leichtgängig (nur geringe Berührung); mühelos (z.B. Gerätebedienung)
fingertip test Fingertupfprobe *f* [any]
fining Frischung *f* [roh]; Frischen *n* [roh]
fining coat Feinputz *m* [bau]
fining process Frischarbeit *f* [met]; Frischverfahren *m* [roh]
finish Imprägnierung *f* (Ergebnis) [che]; Oberflächenausführung *f* (z.B. lackiert) [met]; Verarbeitung *f* [wer]; Ausbau *m* (Vergrößerung); Bodenbelag *m* [bau]; Deckanstrich *m* [met]; Putz *m* [bau]
finish abarbeiten *v* (von Hand); abfertigen *v*; ablaufen *v* (enden); aufhören *v*; ausbauen *v* (fertig stellen); ausrüsten *v* (veredeln) [wer]; bearbeiten *v* (fertig stellen); beenden *v* (abschließen, erledigen); begrenzen *v* (beenden); behandeln *v* (bearbeiten); beschließen *v* (abschließen); einstellen *v* (stillegen); fertig machen *v* (beenden); fertig stellen *v*; gar machen *v* [roh]; garen *v* [met]; putzen *v* (verputzen) [wer]; schlichten *v* (eben machen) [wer]; stilllegen *v*; veredeln *v*; versiegeln *v* (z.B. Parkett, Dach) [bau]; vollenden *v*; zubereiten *v*; zurichten *v* [wer]
finish allowance Schnittzugabe *f* [wer]
finish broach Schlichträumen *v* [wer]
finish coat Feinputz *m* [bau]; Fertiganstrich *m* [met]
finish dimension Endmaß *n* [con]
finish lime Feinkalk *m* [met]; Putzkalk *m* [met]
finish machine schlichten *v* (Fläche bearbeiten) [wer]
finish off nacharbeiten *v* (überarbeiten) [wer]
finish size Fertigmaß *n* [con]
finish symbol Bearbeitungszeichen *n* [wer]
finish two sides beidseitig bearbeiten *v* [wer]
finish weight Fertiggewicht *n*
finish, natural - Lasur *f* [met]; farbloser Lackanstrich *m* [met]

finish-machined fertig bearbeitet (z.B. gedreht) [wer]; geschlichtet [wer]
finish-run fertig drehen *v* [wer]
finish-worked fertig bearbeitet
finished abgeschlossen (fertig); fertig gemacht (abgeschlossen); geschafft (die Arbeit)
finished all sides allseitig bearbeitet
finished article Fertigfabrikat *n*
finished dimension Fertigmaß *n* [con]
finished goods fertige Erzeugnisse *pl*; Fertigerzeugnisse *pl*
finished level, base a - Planum erstellen *v* [mbt]
finished material Fertiggut *n*
finished newel Balustradenkopf *m* [tra]
finished part Fertigteil *n*
finished product Fertigware *f*; Fertigerzeugnis *n*; Fertigprodukt *n*; Fertigteil *n*
finished size Fertigmaß *n* [con]
finishing Bearbeitung *f* (Fertigstellung); Behandlung *f* (Bearbeitung); Endfertigung *f*; Feinbearbeitung *f*; Fertigstellung *f*; Schlichten *f* (Metall glätten) [wer]; Zubereitung *f* [wer]; Glätten *n* [wer]; Veredeln *n*
finishing coat Deckschicht *f* [met]; Deckanstrich *m* (letzte Farbschicht) [met]; Glattstrich *m* [bau]
finishing lacquer Decklack *m* [met]
finishing lathe Fertigdrehmaschine *f* [wzg]
finishing of tubulars Rohrweiterverarbeitung *f* [wer]
finishing paint Deckfarbe *f* [met]
finishing process Endbearbeitung *f*
finishing roasting Garrösten *n* [roh]
finishing rolled steel Walzstahlveredelung *f* [met]
finishing slag Endschlacke *f* [rec]
finishing tool Schlichtmeißel *m* [wzg]
finishing trowel Glättkelle *f* [wzg]
finite differences, method of - finites Differenzenverfahren *n* [mat]
finned gerippt [wer]
finned pipe Rippenrohr *n* [pow]
finned radiator tube Rippenheizrohr *n* [met]
finned stud cap Fächerstehbolzenkappe *f* [tec]
finned tube Flossenrohr *n* [met]; Lamellenrohr *n* [pow]; Rippenrohr *n* [pow]
finned tube economizer Rippenrohr-Economiser *m* [pow]
finned tube heat exchanger Rippenrohrwärmeaustauscher *m* [pow]
finned tube radiator Rippenrohrkühler *m* [pow]
fins, distance between - Lamellenteilung *f* (Abstand Kühllamellen) [tra]
fir green tannengrün (RAL 6009) [nor]
fire Brand *m*; Feuer *n*
fire befeuern *v* [pow]; brennen *v* [pow]; feuern *v* (heizen) [pow]; heizen *v* (Ofen) [pow]; kündigen *v* [eco]; schießen *v*; verbrennen *v* [pow]; zünden *v*
fire area Feuerschutzzone *f*; feuergeschützter Raum *m*
fire bell Feuerglocke *f*
fire box Feuerbuchse *f*; Heizkammer *f* [pow]
fire chamber Heizraum *m* [pow]

fire check door Brandtür *f* (Arbeitssicherheit); Feuerschutztür *f*; Feuertür *f*
fire clay feuerfester Ton *m* [met]; Feuerton *m*
fire clay lining Schamotteauskleidung *f* [pow]
fire clearance Brandordnung *f* (Arbeitssicherheit)
fire compartment Brandabschnitt *m*
fire damage Brandschaden *m*; Feuerschaden *m*
fire damage, repair of - Brandschadensanierung *f*
fire damp Grubengas *n* [roh]; Schlagwetter *n* (Bergbau) [roh]; Wetter *pl* (Bergbau) [wet]
fire damp tester Grubengasprüfer *m* [any]
fire debris Brandschutt *m* [rec]
fire detection device Branddetektor *m*
fire detection system Feueralarmanlage *f*
fire detector Brandmelder *m* (Arbeitssicherheit)
fire disaster Brandkatastrophe *f*; Brandunglück *n*
fire division wall Brandmauer *f* [bau]
fire door Notausgang *m*
fire engine Feuerwehrauto *m*
fire escape Feuerleiter *f* [bau]; Feuertreppe *f*; Notleiter *m*
fire escape ladder Brandfluchttreppe *f*
fire extinguisher Feuerlöschapparat *m*; Feuerlöscher *m*
fire extinguishing Feuerlöschen *n*
fire extinguishing agent Feuerlöschmittel *n*
fire extinguishing equipment Löschgeräte *pl*
fire extinguishing substance Feuerlöschmittel *n*
fire fighting Brandbekämpfung *f*; Feuerbekämpfung *f*
fire fighting appliance Feuerlöschgerät *n*
fire fighting equipment Feuerlöschgerät *n*
fire fighting system Feuerlöschanlage *f*
fire flow, needed - erforderlicher Löschwasserdurchsatz *m* (Feuer)
fire flue boiler Flammrohrkessel *m* [pow]
fire grading Feuerschutzklasse *f*
fire hazard Feuergefahr *f*
fire hole door Feuertür *f*
fire hose Feuerwehrschlauch *m*; Feuerwehrschlauch *m*
fire hydrant Hydrant *m* [was]
fire insurance Feuerversicherung *f* [jur]
fire ladder Feuerleiter *f*
fire leading Feuerverzinkung *f* [met]
fire lighter Feueranzünder *m*
fire line Löschwasserrohrsystem *n* (Feuer)
fire loss Brandschaden *m*
fire on einbrennen *v* (keramische Werkstoffe)
fire partition Brandmauer *f* [bau]
fire pond Feuerlöschteich *m*; Löschwasserteich *m* (Feuer)
fire precaution measure Brandschutzmaßnahme *f* (Arbeitssicherheit)
fire prevention Brandverhütung *f* (Arbeitssicherheit); Brandvorbeugung *f* (Arbeitssicherheit); Feuerverhütung *f*
fire prevention arrangement Brandschutzanordnung *f* (Arbeitssicherheit)
fire prevention instruction Brandschutzanordnung *f* (Arbeitssicherheit)
fire protecting agent Feuerschutzmittel *n*
fire protection Brandschutz *m* (Arbeitssicherheit); Feuerschutz *m*
fire protection agent Brandschutzmittel *n* (Arbeitssicherheit) [met]
fire protection switch Brandschutzschalter *m*
fire protection valve Brandschieber *m*
fire pump Löschpumpe *f* (der Feuerwehr)
fire rating class Feuerschutzklassifikation *f*
fire regulations Brandschutzbestimmungen *pl* (Arbeitssicherheit); Feuerschutzbestimmungen *pl* [jur]
fire resistance Feuerbeständigkeit *f*
fire resistance class Feuerwiderstandsklasse *f*
fire resistant quality Feuerfestigkeit *f*
fire retardant Feuerhemmstoff *m*
fire retardant material Feuerhemmstoff *m*
fire risk Brandgefahr *f*; Feuergefahr *f*
fire safety Brandsicherheit *f* (Arbeitssicherheit)
fire service Feuerwehr *f*
fire shielding Brandschutzabschirmung *f* (Arbeitssicherheit)
fire shutter Brandschott *n* (gegen Kamineffekt)
fire sleeve Feuermanschette *f* (Rohrkupplung) [tec]
fire sprinkler Sprinklerfeuerlöschanlage *f* (Arbeitssicherheit)
fire sprinkler system Feuerschutzspenganlage *f*
fire staircase Feuertreppe *f*
fire station Feuerwache *f* (Gebäude)
fire tender Feuerlöschfahrzeug *n*
fire tinning Feuerverzinnung *f* [met]
fire tube Feuerrohr *n* [pow]; Flammrohr *n* [pow]; Heizrohr *n* [pow]
fire tube boiler Feuerrohrkessel *m* [pow]; Flammenrohrkessel *m* [pow]; Heizgaskessel *m* [pow]; Rauchrohrkessel *m* [pow]; Wasserrohrkessel *m* [pow]
fire up anheizen *v*
fire wall Brandmauer *f* [bau]
fire warning device Brandmelder *m* (Arbeitssicherheit)
fire window feuerhemmendes Fenster *n* [bau]
fire wood Feuerholz *n*; Holzscheit *n*
fire, large - Großfeuer *n*
fire, risk of - Feuergefahr *f*
fire, source of - Brandherd *m*; Feuerherd *m*
fire-alarm Feueralarm *m*; Feuermelder *m*
fire-alarm box Feuermelder *m*
fire-alarm contact Feuermeldekontakt *m*
fire-alarm system Feueralarmanlage *f*; Feuermeldeanlage *f*; Feuermelder *m*
fire-brigade Feuerwehr *f*
fire-bucket Löscheimer *m*
fire-damp proof schlagwettergeschützt (Arbeitssicherheit)
fire-engine Löschfahrzeug *n* [tra]
fire-extinguishing foam Löschschaum *m* (Feuer)
fire-extinguishing installation Feuerlöscheinrichtung *f*

fire-extinguishing plant Feuerlöschanlage *f*
fire-extinguishing system Feuerlöschanlage *f*
fire-fighting appliances, set of - Löschzug *m* (Feuer)
fire-fighting installation Feuerschutzanlage *f*
fire-fighting vehicle Löschfahrzeug *n* (der Feuerwehr) [tra]
fire-hole door Feuertür *f* (Dampflok)
fire-resistance rating Feuerwiderstandsklasse *f*
fire-resistant feuerbeständig; feuerfest; schwer brennbar
fire-resistant container feuerfester Container *m*
fire-resistant door Brandschutztür *f* (Arbeitssicherheit)
fire-resisting feuerhemmend
fire-resisting finish Feuerschutzfarbe *f*
fire-resisting floor feuerhemmende Decke *f* [bau]
fire-resisting paint Brandschutzanstrichfarbe *f* (Arbeitssicherheit) [che]
fire-resisting wall Brandmauer *f* [bau]
fire-resistive feuerbeständig
fire-retardant feuerdämmend; feuerhemmend
fire-retardant agent Brennbarkeitsverzögerer *m*; Feuerschutzadditiv *n*
fire-retardant chemical Feuerschutzadditiv *n*
fire-retardant coating Feuerschutzüberzug *m*
fire-retardant finish Feuerschutzfarbe *f*
fire-retardant impregnating agent feuerhemmendes Imprägniermittel *n* [met]
fire-retardant paint Flammschutzmittel *n* [che]
fire-retardant wood feuerschutzimprägniertes Bauholz *n* [bau]
fire-retarding feuerhemmend
fire-retarding coating Feuerschutzanstrich *n*
fire-retarding paint Brandschutzanstrichfarbe *f* (Arbeitssicherheit) [che]
fire-retarding wall feuerhemmende Wand *f* [bau]
fire-stopping feuerhemmend
firebox Feuerraum *m* (Dampfkessel) [pow]; Ofenraum *m* [pow]
firebreak Feuerschutzschneise *f* (Wald); Schneise *f* (Feuerschutz)
firebrick Schamotte *f* [met]; Brandziegel *m* [met]; Feuerfeststein *m*; Schamottestein *m* [met]
firebricks Ziegel brennen *v*
fireclay Schamotte *f* [met]
fireclay brick Schamottestein *m* [met]
fired caustic lime Branntkalk *m* [met]
fireless steam-storing locomotive Dampfspeicherlokomotive *f* [tra]
fireman Heizer *m*
fireplace Feuerraum *m* (Schmelzofen) [pow]; Kamin *m* [bau]
fireproof brandfest; feuerbeständig; feuerfest; feuersicher; unbrennbar (feuerfest)
fireproof coat Feuerschutzanstrich *n*
fireproof material feuerfester Werkstoff *m* [met]
fireproof paint Brandschutzanstrichfarbe *f* (Arbeitssicherheit) [che]; feuerfeste Farbe *f* [met]
fireproof wall Brandmauer *f* [bau]

fireproof, highly - hoch feuerfest
fireproofing admixture brandhemmendes Additiv *n* [che]
fireproofing agent Feuerschutzmittel *n*
fireproofing course Brandschutzschicht *f* [met]
fireproofing layer Brandschutzlage *f* [bau]
fireproofness Feuerbeständigkeit *f*; Feuerfestigkeit *f*
firewood Brennholz *n* [pow]
firing Befeuerung *f* [pow]; Feuerung *f* [pow]; Verbrennung *f* [pow]; Brennen *n*; Einbrennen *n*
firing equipment Feuerungseinrichtung *f* [pow]
firing operation Feuerungsbetrieb *m* [pow]
firing plant Feuerungsanlage *f* [pow]; Feuerungsbetrieb *m* [pow]
firing point Brennpunkt *m* (Zündpunkt) [pow]; Zündzeitpunkt *m* [tra]
firing sequence Zündfolge *f* (des Zündverteilers) [tra]
firing system Feuerungssystem *n* [pow]
firing time Brenndauer *f* (Ofen)
firing, combined - kombinierte Feuerung *f* [pow]
firm fest (haltbar, kräftig); hart (fest); kräftig; schnittfest [met]; standfest (im Charakter)
firm Firma *f* [eco]; Betrieb *m* (Unternehmen) [eco]
firm booking feste Buchung *f* [eco]
firm ground fester Boden *m* [bod]; fester Grund *m*
firm offer verbindliches Angebot *n* [eco]
firm order Abnahmegarantie *f* [eco]
firm quotation verbindliches Angebot *n* [eco]
firm's stamp Firmenstempel *m*
firm, local - ortsansässige Firma *f* [eco]
firmer chisel Stechbeitel *m* [wzg]
firmly secured eingespannt
firmly wired festverdrahtet [elt]
firmness Dichte *f* (Festigkeit) [phy]; Festigkeit *f* (Stabilität)
first aid erste Hilfe *f* [hum]
first aid service and repair kit Betriebsmittelsatz *m* (Werkzeug u. Teile)
first coat Grundierung *f* [met]; Grundieranstrich *m* [che]; Voranstrich *m* [met]
first cost Anlagekosten *pl* [eco]
first critical speed Grundschwingung *f* [phy]
first floor ebenerdig
first floor Erdgeschoss *n* [bau]; Parterre *n* [bau]
first gear erster Gang *m* (beim Auto) [tra]
first harmonic Grundfrequenz *f* [phy]; Grundschwingung *f* [phy]
first off Abnahme Erstgerät *f* (Erstabnahme) [any]; Erstabnahme *f* (Abnahme Erstgerät) [any]; Abnahmetest Erstgerät *m* [any]
first paint Grundanstrichfarbe *f* [che]
first product Anfangsprodukt *n* [che]
first quality casting Feinguss *m* [met]
first refining Rohfrischen *n* [met]
first sight, at - vordergründig
first speed erster Gang *m* (einer Maschine)
first stage of extension vorläufiger Ausbau *m* (Erweiterung) [pow]
first-aid box Sanitätskasten *m*; Verbandkasten *m*

first-aid duty Sanitätsdienst *m*
first-aid kit Erste-Hilfe-Ausrüstung *f*
first-aid post Unfallstation *f* (Erste Hilfe)
first-aid station Ambulanz *f*; Unfallstation *f* (Erste Hilfe)
first-aid things Verbandzeug *n* [hum]
first-time construction Neuerrichtung *f*
fiscal finanziell [eco]
fiscal code Abgabenordnung *f* [jur]
fiscal court Finanzgericht *n* [jur]
fiscal year Geschäftsjahr *n* [eco]; Rechnungsjahr *n* [eco]
fish Stoß *m* (Laschenverbindung bei Kettenführung) [mbt]
fish bellied girder Fischbauchträger *m* (Rolltreppe) [tra]
fish dock Fischereihafen *n*
fish tail Anker *m*
fish-bolt Laschenschraube *f* (z.B. für Schienen) [tra]
fish-bolt hole Laschenbolzenloch *n* [tra]
fish-plate Lasche *f* (an der Schiene) [tra]; Stoßlasche *f* [mbt]
fish-plate connection - Stoß *m* (des Fachwerkgerüstes)
fish-plate, angular - Winkellasche *f* [tec]
fish-plate, cranked - gekröpfte Übergangslasche *f* [tec]
fish-plating Laschenverbindung *f* [tec]; Verlaschung *f* [tec]
fisheye lens Fischauge *n* [opt]
fishing Verlaschung *f* (Trägerstoß) [tec]
fishtail burner Flachbrenner *m* [pow]
fissile spaltbar
fissile material Spaltstoff *m* (spaltbares Material) [pow]
fission Spaltung *f* (Atom) [phy]; Teilung *f* (Zellteilung) [bio]
fission chamber Spaltkammer *f* (Kerntechnik) [pow]
fission cross-section Wirkungsquerschnitt *m* (Kernspaltung) [phy]
fission energy Spaltenergie *f*
fission material Spaltmaterial *n* (Atom) [phy]
fission product Spaltprodukt *n* (Atom) [phy]; Spaltungsprodukt *n* (Atom) [phy]; Zerfallsprodukt *n* (Atom) [phy]
fission reactor Spaltreaktor *m* (Atom) [pow]
fission yield Spaltausbeute *f* (Kerntechnik) [pow]
fission, radioactive - radioaktive Spaltung *f* [phy]
fissionable spaltbar [pow]; spaltfähig
fissions per initial fissible atom Atomabbrand *m* (Spaltstoffe) [phy]
fissure Scharte *f*; Anriss *m* (beginnender Riss) [met]; Härteriss *m*; Riss *m* (Spaltung); Spalt *m* (Riss); Sprung *m* (Riss) [met]
fissure sprengen *v* (spalten)
fissure water Kluftwasser *n* [bau]
fissured klüftig (rissig, zerklüftet); rissig (gespalten)
fit einsatzfähig (verfügbar)
fit Passung *f* [tec]; Sitz *m* (Passung) [tec]

fit anbauen *v* (montieren) [tec]; anbringen *v* (anpassen); anpassen *v* (hineinpassen); aufstellen *v* (aufbauen); ausrüsten *v* [wer]; bestücken mit *v*; einbauen *v* (z.B. Küche); einhängen *v* (z.B. Fenster); einpassen *v* (passend machen); einsetzen *v* (räumlich); justieren *v* (festmachen); passen *v* (z.B. Größe); passend machen *v*; sitzen *v* (passen) [tec]
fit bolt Passschraube *f* [tec]
fit for demolition abbruchreif
fit for scrap schrottreif [rec]
fit in einfügen *v*; installieren *v*
fit into each other ineinander fügen *v*
fit on aufmontieren *v* [wer]; aufziehen *v* (z.B. Buchse) [wer]
fit out ausstatten *v*; einrichten *v* (ausrüsten)
fit out of supply ausrüsten *v* (versorgen mit) [wer]
fit to anschließen an *v*
fit together ineinander passen *v*; zusammenfügen *v* [wer]
fit tolerance Passtoleranz *f* [con]
fit with a suppressor funkentstören *v* [elt]
fit-up length Passlänge *f* [con]
fitments Einrichtungsgegenstände *pl*
fitness for use Gebrauchstauglichkeit *f*
fits, system of - Passungssystem *n* [con]
fitted aufgesetzt [wer]; eingebaut (installiert); eingepasst [wer]; installiert
fitted as standard serienmäßig
fitted bolt Passschraube *f* [tec]
fitted bushing Passbuchse *f* [tec]
fitted key Passkeil *m* [tec]
fitted ring Passring *m* [tec]
fitted with ausgestattet mit
fitted with lock and key verschließbar
fitted, directly - direkt angebaut
fitted, incorrectly - falsch montiert [wer]
fitter Installateur *m* (Monteur); Schlosser *m*
fitter in the building trade Bauschlosser *m*
fitter's charges Montagekosten *pl* (im Werk; ohne Reise) [eco]
fitter's hammer Schlosserhammer *m* [wzg]
fitter's work Montageeinsatz *m*
fitting passend
fitting Armatur *f* (Zubehör); Fassung *f* [tec]; Fassung *f* [elt]; Garnitur *f*; Montage *f* (Anbringen, Verlegen); Passung *f* [tec]; Schelle *f* (am Schlauch) [tec]; Beschlag *m* (Bauteil); Einbau *m* (Vorgang); Einbaugegenstand *m*; Anbringen *n*; Anschlussstück *n*; Einpassen *n*; Fitting *n* [tec]; Formstück *n* (Rohr); Rohrleitungsverbindungsstück *n* [tec]; Rohrverbindungsstück *n* [tec]; Verbindungsstück *n* [tec]
fitting banjo Rohrschelle *f* [tec]
fitting bolt Montageschraube *f* [tec]; Passschraube *f* [tec]; Passbolzen *m* [tec]
fitting bushing Passbuchse *f* [tec]
fitting cap Verschlusskappe *f*
fitting device Montagevorrichtung *f* [wer]; Montagegerät *n* [wer]

fitting dimension Einbaumaß n [con]
fitting dimensions Anschlussmaße pl [con]
fitting disc Passscheibe f [tec]
fitting frame Anbaurahmen m (Stützhalterung) [tec]
fitting key Passfeder f [tec]
fitting ledge Passleiste f
fitting length Einbaulänge f [con]
fitting out Ausrüstung f (Ausrüsten)
fitting part Passstück n [tec]; Passteil n [tec]
fitting piece Passstück n [tec]
fitting pin Passbolzen m [tec]; Passstift m [tec]
fitting plate Passblech n [tec]
fitting ring Passring m [tec]
fitting screw Passschraube f [tec]
fitting strip Passleiste f [tec]
fitting surface Passfläche f [tec]
fitting tolerance Einbautoleranz f [con]
fitting tool Montagewerkzeug n [wzg]
fitting tube Passrohr n [tec]
fitting wedge Keil m (hält z.B. Zahnspitze)
fitting-in Einbau m
fittings Befestigungsmaterial n [tec]; Zubehör n; Armaturen pl (an Leitungen); Beschläge pl (Bauteil); Einbauteile pl
fittings and equipment Inventar n (- einer Firma)
fittings and valves Armaturen pl [prc]
five-day week Fünftagewoche f (Arbeitswoche)
fix anbringen v (festmachen); anschlagen v [wer]; befestigen v (festmachen); binden v (befestigen); einspannen v (befestigen); festhalten v; festlegen v (verbindlich regeln); festmachen v; festsetzen v (festlegen); fixieren v (festmachen) [wer]; heften v (befestigen) [wer]; verankern v (befestigen) [wer]; verlegen v [bau]
fix a price Preis festsetzen [eco]
fix in einbinden v
fix with a plug eindübeln v
fix with plaster eingipsen v
fixable fixierbar
fixation Befestigung f; Bindung f (Fixierung); Fixierung f
fixative Fixativ n [che]; Fixiermittel n [met]; Fixierungsmittel n [met]
fixed fest (befestigt); fest eingestellt; gebunden; ortsfest; ortsgebunden; ruhig (unbeweglich); unbeweglich (fest)
fixed amount Festbetrag m [eco]
fixed and removal disk Fest-Wechselplatte f [edv]
fixed bearing Festlager n (Lagerbock) [bau]
fixed bearing ring Festlagerring m [tec]
fixed bed Festbett n
fixed carbon gebundener Kohlenstoff m [che]
fixed catalyst Feststoffkatalysator m [che]
fixed charges Festkosten pl [eco]
fixed connection nicht lösbare Verbindung f [tec]
fixed costs Festkosten pl [eco]; Fixkosten pl [eco]
fixed cycle Taktzeit f
fixed disc Festscheibe f [tec]
fixed displacement pump Konstantpumpe f [tra]

fixed glazing Festverglasung f [bau]
fixed hinge festes Gelenk n
fixed hub feste Nabe f [tec]
fixed load Eigenmasse f [phy]
fixed point Festpunkt m; Fixpunkt m; Festkomma n [mat]
fixed premium Festbeitrag m (zur Versicherung) [jur]
fixed price Festpreis m [eco]
fixed propeller Festpropeller m [prc]
fixed resistor Festwiderstand m [elt]
fixed ring Festring m
fixed roll Festrolle f
fixed roller Bockrolle f [tec]
fixed sash festes Fenster n [bau]
fixed set point control Festwertregelung f
fixed spanner Maulschlüssel m [wzg]
fixed stop Begrenzungsanschlag m [tec]; fester Anschlag m [tec]
fixed storage Festplatte f [edv]
fixed value Fixwert m
fixed voltage Festspannung f [elt]
fixed washer Festscheibe f [tec]
fixed wheel Festrad n [tec]
fixed-bed adsorber Festbettadsorber m [prc]
fixed-bed adsorption unit Festbettadsorptionsanlage f [prc]
fixed-bed process Festbettverfahren n [prc]
fixed-bed reactor Festbettreaktor m [prc]
fixed-disk drive Festplattenlaufwerk n [edv]
fixed-disk storage Festplattenspeicher m [edv]
fixed-displacement motor Konstantmotor m (Hydraulik) [tec]
fixed-displacement pump Konstantpumpe f (Hydraulik) [tec]
fixed-end arch eingespannter Bogen m [bau]
fixed-point arithmetic Festkommazahl f [mat]
fixed-point variable Festkommavariable f [mat]
fixer Fixierlösung f [met]; Fixierbad n (Foto) [met]; Fixierungsmittel n [met]
fixer solution Fixierlösung f [met]
fixing Befestigung f; Festlegung f (Regelung); Verankerung f (Befestigung) [tec]; Anschlag m; Einspannen n
fixing accessories Befestigungsmittel n [met]
fixing agent Befestigungsmittel n [met]; Fixiermittel n [met]; Fixierungsmittel n [met]
fixing bath Fixierflüssigkeit f [met]
fixing bolt Befestigungsschraube f [tec]; Fixierbolzen m [tec]
fixing bracket Befestigungswinkel m [tec]; Haltebügel m [tec]
fixing clamp Befestigungsklammer f [tec]; Befestigungsschelle f [tec]; Halteklammer f [tec]
fixing clip Befestigungsschelle f [elt]; Halteklammer f
fixing device Befestigungsvorrichtung f
fixing flange Befestigungsflansch m [tec]
fixing link Befestigungslasche f [tec]
fixing liquid Fixierflüssigkeit f [met]
fixing liquor Fixierflüssigkeit f [met]

fixing pin Passstift *m* [tec]
fixing plate Fixierscheibe *f* [tec]; Befestigungsblech *n* [tec]
fixing point Befestigungsstelle *f*
fixing screw Befestigungsschraube *f* [tec]; Halteschraube *f* [tec]
fixing solution Fixierlösung *f* [met]
fixture Befestigung *f* (z.B. Waschbeckenkonsole); Einrichtung *f* (Installation); Fixiervorrichtung *f*; Halterung *f* (Befestigung) [tec]; Vorrichtung *f* (im Stahlbau) [tec]; Aufsatz *m* (Befestigung) [tec]; Lampenhalter *m* [elt]; Einbauteil *n*
fixture drawing Vorrichtungszeichnung *f* [con]
fixture vent Entlüftungsleitung *f* [was]
fixture, adjusting - Einstelleinrichtung *f*
fixture, immovable - unbewegliches Eigentum *n* [eco]
fixtures Einrichtungsgegenstände *pl*
flabby schlaff (schwammig)
flag Fahne *f*; Kennzeichen *n* (Marke)
flag kennzeichnen *v* (Marke setzen)
flag pole antenna Stabantenne *f* [elt]
flake Flocke *f*; Schuppe *f*
flake abblättern *v* (Farbe, Rost); blättern *v* (zerfallen); flocken *v* [was]; schuppen *v*
flake cracks Flockenrisse *pl* [met]
flake off abblättern *v* (Farbe, Rost); abplatzen *v*; blättern *v* (sich ablösen)
flake-graphite cast iron Gusseisen mit Lamellengrafit *n* ((variant)) [met]; Gusseisen mit Lamellengraphit *n* [met]
flakes Flitter *m* [rec]
flakes, formation of - Flockenbildung *f* [was]
flaking Schuppung *f* (der Schweißnaht, -raupe) [wer]; Abblättern *n* (Abbröckeln) [bau]; Abplatzen *n*
flaky blättrig (abblätternd)
flame Flamme *f*
flame arrestor Flammenfilter *m* [prc]
flame brazing Flammenlötung *f* [wer]
flame cleaning Flammstrahlen *n* [wer]; Flammstrahlentrosten *n* [wer]
flame colour Glühfarbe *f* [met]
flame colouration Flammenfärbung *f* [opt]
flame cone Flammenkegel *m* [pow]
flame descaling Flammstrahlentrosten *n* [wer]
flame detector Flammenwächter *m*
flame front Flammenfront *f* [pow]
flame furnace Flammenofen *m* [pow]
flame hardening Flammhärten *n* [wer]
flame ionization detector Flammenionisationsdetektor *m* [any]
flame monitor Flammenwächter *m*
flame photometer Flammenfotometer *n* [any]; Flammenphotometer *n* ((variant)) [any]
flame photometry Flammenfotometrie *f* [any]; Flammenphotometrie *f* ((variant)) [any]
flame pipe Flammrohr *n* (vor Röhrenkessel) [pow]
flame protection Flammenschutz *m* (Arbeitssicherheit)

flame red feuerrot (RAL 3000) [nor]
flame resistance Flammbeständigkeit *f*
flame retardant Flammschutzmittel *n* [che]
flame retardant paint Flammschutzfarbe *f* [met]
flame scarfing Flämmen *n*
flame spectrometry Flammenspektrometrie *f* [any]
flame spraying Flammspritzen *n* [wer]
flame surface Flammenfläche *f* [pow]
flame temperature Flammentemperatur *f* [opt]
flame thrower Flammenwerfer *m* [roh]
flame trap Flammensperre *f*
flame tube boiler Flammrohrkessel *m* [pow]
flame tube plate Flammrohrboden *m* [pow]
flame-clean flammstrahlreinigen *v*
flame-cut abgebrannt (geschnittenes Metall) [wer]; ausgebrannt (durch Schweißen) [wer]
flame-cut Brennschnitt *m* (Platten geschnitten) [wer]
flame-cut abbrennen *v* (durch Schweißen) [wer]; abtrennen *v* (abbrennen) [wer]; ausbrennen *v* [wer]; brennen *v* (schweißen) [wer]; brennschneiden *v* [wer]; brennschweißen *v* [wer]
flame-cut edge Brennkante *f* (nach Abbrennen) [wer]
flame-cut plates Maßbleche *pl* (Eisen und Stahl) [met]
flame-cutter Schneidbrenner *m* [wzg]
flame-cutting Brennschneiden *n* [wer]; Brennschweißen *n* [wer]
flame-proof flammsicher; nicht entflammbar; schwer entflammbar; unentflammbar [met]
flame-proof lamp Sicherheitslampe *f* (Arbeitssicherheit)
flame-proofing agent Flammenschutzmittel *n* (Arbeitssicherheit)
flame-retardant feuerhemmend; flammenhemmend [met]
flame-retarding feuerdämmend; feuerhemmend
flame-retarding coat Flammschutzanstrich *m* [met]
flame-type heater plug Flammglühkerze *f* (für Diesel) [tra]
flame-type kit Flammglühanlage *f* (für Diesel) [tra]
flameless flammenlos
flaming process Flämmverfahren *n* (Klebetechnik)
flammability Brennbarkeit *f*; Entflammbarkeit *f* [met]
flammable brennbar; entflammbar; entzündbar; entzündlich; feuergefährlich
flammable gas Brenngas *n* [pow]
flammable, highly - hoch entzündlich
flange Flansch *m* [prc]; Gurt *m* (Stahlbau) [tec]; Spurkranz *m* (führt Eisenbahnrad) [tra]
flange anflanschen *v*; flanschen *v*
flange bearing Bundlager *n* [tec]
flange bolt Flanschbolzen *m* [tec]
flange bushing Bundbuchse *f* [tec]
flange carrier Flanschmitnehmer *m* [tec]
flange connected mit Flanschanschluss *m* [prc]
flange connection Flanschverbindung *f*; Flanschanschluss *m*
flange coupling Mitnehmerscheibe *f* (flanschartig)

[mbt]; Scheibenkupplung *f* [tec]
flange cover Abschlussdeckel *m*; Flanschdeckel *m*
flange double joint Flanschdoppelgelenk *n* [tra]
flange face Flanschdichtfläche *f* [con]; Flanschfläche *f* [con]
flange facing Flanschdichtfläche *f* [con]
flange gasket Flanschdichtung *f* [prc]
flange half Flanschhälfte *f* [tec]
flange housing Flanschbuchse *f* [prc]
flange hub Flanschnabe *f* [tra]
flange joint Flanschbefestigung *f* [prc]; Flanschverbindung *f*
flange mounted mit Flanschanschluss *m* [prc]
flange mounting Flanschbefestigung *f* [prc]
flange on anflanschen *v*
flange pipe Flanschrohr *n* [tec]
flange plate Gurtplatte *f* (Stahlbau) [tec]; Flanschblech *n* [prc]
flange plate connection Gurtplattenanschluss *m* (Stahlbau) [tec]
flange pulley Flanschscheibe *f* [tec]
flange rating Flanschdruck *m* [prc]
flange ring Flanschring *m* [tra]
flange seal Flanschdichtung *f* [tec]
flange sealing groove Dichtungsrille *f*
flange splice Gurtstoß *m* (Stahlbau) [tec]
flange steel plate Gurtblech *n* (Stahlbau) [tec]
flange union Flanschbefestigung *f* [prc]; Flanschverbindung *f* [prc]; mit Flanschanschluss *m* [prc]
flange with butt-welded collar Flansch mit Anschweißbund *m* [prc]
flange, screwed - Einschraubflansch *m* [prc]
flange-bolting material Flanschverbindungsmaterial *n* [met]
flange-connect anflanschen *v*
flange-connected angeflanscht [wer]; verflanscht
flange-face coupling starre Scheibenkupplung *f* [tec]
flange-mount anflanschen *v*
flange-mounted angeflanscht [wer]
flange-mounted motor Anbaumotor *m* [pow]; Flanschmotor *m* [pow]
flange-mounting Flanschbefestigung *f*; Anflanschen *n*
flange-on ring Anflanschring *m* [prc]
flange-type coupling Flanschkupplung *f* [tec]
flange-type socket Flanschdose *f* [elt]
flanged angeflanscht [wer]; geflanscht; verflanscht
flanged bearing Flanschlager *n* [tec]; Flanschlager *n* [mbt]
flanged bolt Bundbolzen *m* [tec]
flanged bracket Flanschbock *m* [tec]
flanged bush Flanschbuchse *f* [prc]
flanged bushing Flanschbuchse *f* [prc]
flanged connection Flanschverbindung *f*; Flanschanschluss *m* [prc]
flanged coupling Flanschverbindung *f*
flanged cover Flanschdeckel *m* [tec]
flanged edge joint Stumpfstoß *m* [wer]

flanged heater insert Flanschheizkörper *m* [pow]
flanged joint Flanschverbindung *f*; Flanschverschraubung *f* [tec]
flanged nut Bundmutter *f* [tec]
flanged pipe Flanschrohr *n* [prc]
flanged port Flanschanschluss *m*
flanged pulley Bordscheibe *f* [tra]
flanged roller Spurkranzrolle *f* [tec]
flanged shaft Flanschwelle *f* [tec]
flanged spade Flanschgabel *f* [tec]
flanged valve Flanscharmatur *f* [prc]
flanged-in opening Einhalsung *f* [tec]
flanged-on motor Anflanschmotor *m*
flanged-out opening Aushalsung *f* [tec]
flanging machine Bördelmaschine *f* [wzg]
flanging, method of - Flanschsystem *n*
flank Flanke *f*; Seite *f*
flank angrenzen *v*
flank clearance Flankenspiel *n*
flank correction Flankenrücknahme *f* (Zahnrad) [tec]
flank gear Zahnflanke *f* [tec]
flank of a hill Böschung *f* (am Berg)
flank of thread Gewindeflanke *f* [tec]
flank, active - aktive Flanke *f* (Zahnrad) [tec]
flap Klappe *f* (Ventil); Lasche *f*; Wetterklappe *f* [bau]
flap trap Rückschlagklappe *f* [prc]
flap actuating Klappenbetätigung *f* (am Güterwagen) [tra]
flap bridge Klappbrücke *f* [tra]
flap cap Abdeckklappe *f* [tec]
flap hinge Klappenscharnier *n* [tec]; Zapfenband *n* (Tischlerei) [tec]
flap position Klappenstellung *f* [tec]
flap switch Schalterklappe *f* [elt]
flap valve Klappe *f* (Ventil); Klappenventil *n* [prc]; Klappventil *n*
flapper Ablenkplatte *f* [tec]; Prallplatte *f* [tec]
flapper jet offset Prallplattenauslenkung *f* [tec]
flapper plate Prallplatte *f* (Hydraulik: Servoventil) [tec]
flapper-type rain cap Auspuffrohrklappe *f* [tra]; Auspuffrohrdeckel *m* [tra]
flapping hinge Schlagflügelgelenk *n* [tec]; Schlaggelenk *n* (Windenergieanlage, obs.) [tec]
flare Fackel *f*
flare abfackeln *v* [prc]; aufdornen *v* [wer]; aushalsen *v* (Rohre) [wer]; bördeln *v* (Rohre) [wer]; fackeln *v*
flare gas Fackelgas *n* [met]
flare type burner Flachbrenner *m* [pow]
flare type fitting Bördelverschraubung *f* [tec]
flared tube Achtrichter *m* [tec]
flared-tube coupling Bördelverschraubung *f* [tec]
flared-tube end Bördel *n* [tec]
flaring-off Abfackelung *f* [prc]
flash Blitz *m* [elt]; Grat *m* (Schmiedegrat) [wer]; Schlag *m* (Blitz-); Strahl *m* (Blitz); Blinken *n*; Blitzgerät *n* [elt]

flash aufleuchten *v* (kurzzeitig); blinken *v*; entflammen *v*
flash arrestor Rückströmsicherung *f* [prc]
flash box Entspanner *m* [pow]
flash butt welding Abbrennstumpfschweißen *n* [wer]
flash container Entwässerungsgefäß *n* [pow]
flash discharge Lichtblitzentladung *f*
flash drier Stromtrockner *m* [prc]
flash evaporator Entspannungsverdampfer *m* [pow]
flash off abbrennen *v* (durch Elektrode) [wer]
flash over überspringen *v* (Funke) [elt]
flash pipe Entspannungsrohr *n* [pow]
flash point Entflammungstemperatur *f*; Entzündungspunkt *m* [che]; Flammpunkt *m* [che]
flash point tester Flammpunktprüfer *m* [any]
flash pressure Entspannungsdruck *m* [pow]
flash rate Blitzfolge *f* (im Stroboskop) [any]
flash steam Entspannungsdampf *m* [pow]
flash tank Entspanner *m* [pow]; Entspannungsbehälter *m* [pow]
flash test Flammpunktbestimmung *f* [any]
flash time Ablüftzeit *f* (bei lösemittelhaltigen Stoffen) [met]
flash trap Entspannungstopf *m* [pow]
flash weld Stumpfschweißung *f* [wer]
flash welding Abbrennschweißen *n* [wer]
flash-over distance Schlagweite *f* [elt]
flashback Flammenrückschlag *m* [pow]; Rückschlag *m* (Flamme) [pow]
flashback zurückblenden *v* (Film); zurückschlagen *v* (Flamme) [pow]
flashback arrestor Rückschlagsicherung *f* (gegen Gasreaktionen) [prc]
flashback protector Rückschlagsicherung *f* (gegen Gasreaktionen) [prc]; Rückströmsicherung *f* [prc]
flashed entspannt
flashed steam entspannter Dampf *m*
flasher and tail lamp; Blinkschlussleuchte *f* [tra]
flasher motor Blinkmotor *m* [tra]
flasher relay Blinkrelais *n* [tra]
flasher switch Blinkkontakt *m* [elt]
flasher unit Blinkgeber *m* [tra]
flashing Abdeckblech *n* [bau]; Blinken *n*
flashing blue light Blaulicht *n*
flashing display Blinkanzeige *f*
flashing light Blinklicht *n* (Auto) [tra]
flashing point Flammpunkt *m* [che]
flashing warning light Warnblinkleuchte *f* [tra]
flashing welding Abbrennen *n* (Glas) [met]
flashlight Blitzlicht *n* [elt]
flashover Überschlag *m* [elt]
flashover voltage Überschlagsspannung *f* [elt]
flask Flasche *f* [che]; Kolben *m* (Glas-) [che]; Umladebehälter *m*
flask casting Kastenguss *m* [roh]
flat eben (flach); flach (eben); flächig; gefällelos; glanzlos; glatt (flach); plan (eben); platt; stumpf (Farben)

flat Etagenwohnung *f* [bau]; Wohnung *f* [bau]; Plattfuß *m* (Reifenpanne) [tra]
flat mattieren *v* (Anstrich)
flat bar Flachstab *m* [met]; Flachstahl *m* [met]; Flacheisen *n* [met]
flat bar steel Flachstahl *m* [met]
flat belt Flachriemen *m* [mbt]
flat blade connection Flachanschluss *m* [elt]
flat blade terminal Flachklemme *f* [elt]
flat block Flachbau *m* [bau]
flat bottom rail Vignolschiene *f* [tra]
flat bottom tank Flachbodentank *m* [tra]
flat bottomed hole Flachbodenloch *n*
flat building Flachbau *m* [bau]
flat chisel Flachmeißel *m* [wzg]; Meißel *m* [wzg]
flat coil Flachspule *f* [elt]
flat conductor Flachbandleitung *f* [elt]; Flachleitung *f* [elt]
flat countersunk head Senkkopf *m* [tec]
flat countersunk head rivet Flachsenkniet *m*
flat countersunk nib bolt Senkschraube mit Nase *f* [tec]
flat drill Flachbohrer *m* [wzg]
flat file Flachfeile *f* [wzg]; Flachstumpffeile *f* [wzg]
flat film Flachfolie *f* [met]
flat finish Mattlack *m* [met]
flat fish-plate Flachlasche *f* [tec]
flat follower Flachstößel *m* [tec]
flat footing Flachgründung *f* [bau]
flat foundation Flachgründung *f* [bau]
flat gasket Flachdichtung *f*
flat gate valve Flachschieber *m* [prc]
flat gauge Flachlehre *f* [any]
flat gear Flachgetriebe *n* [tec]
flat gib key Nasenflachkeil *m* [tec]
flat glass Fensterglas *n* [bau]; Flachglas *n* [met]
flat head Senkkopf *m* [tec]
flat heating element Flachheizelement *n* [pow]
flat iron Flacheisen *n* [met]
flat iron profile Flacheisenprofil *n* [met]
flat key Flachkeil *m*
flat lacquer Mattlack *m* [met]
flat length gestreckte Länge *f* (von Biegeblech) [tec]
flat link Glied *n* (Kette) [tec]; Kettenglied *n* [tec]
flat material Flachmaterial *n* [met]
flat metal sheet Flachmetall *n* [met]
flat mill file Schlichtfeile *f* [wzg]
flat module Flachbaugruppe *f* [elt]
flat mushroom head Linsenflachkopf *m* [tec]
flat packing Flachdichtung *f* [tec]
flat paint Mattfarbe *f* [che]
flat pin terminal Flachstecker *m* [elt]
flat pipe heating device Flachrohrheizgerät *n* [pow]
flat pliers Flachzange *f* [wzg]
flat premium Festbeitrag *m* (zur Versicherung) [jur]
flat product Flachprodukt *n* (kalt- oder warmgewalzt) [met]
flat rail Vignolschiene *f* [tra]
flat rasp Flachraspel *f* [wzg]

flat rate Pauschalpreis *m* [eco]
flat roll end Flachzapfen *m* (an Walze) [tec]; Walzenzapfen *m* [tec]
flat rolled wire Flachwalzdraht *m* [met]
flat rolling Flachwalzen *n* [roh]
flat rolling machinery Flachwalzmaschine *f* [roh]
flat rolling process Flachwalzverfahren *n* [roh]
flat rolling tool Flachwalzwerkzeug *n* [wzg]
flat roof Flachdach *n* [bau]
flat round head rivet Flachrundkopfniete *f* [tec]
flat section Flachprofil *n* [met]
flat sieve Plansieb *n* [prc]
flat slide valve Flachschieber *m* [prc]
flat spiral spring Flachspiralfeder *f* [tec]
flat spring Blattfeder *f* [tec]
flat steel Flachstahl *m* [met]; Flacheisen *n* [met]
flat steel frame Flachstahlrahmen *m* [tec]
flat strike flache Prägung *f* (Münzen) [tec]
flat surface ebene Fläche *f*
flat terminal strip Flachklemmleiste *f* [elt]
flat thread Flachgewinde *n* [tec]
flat tile Flachziegel *m* [bau]
flat tongs Flachzange *f* [wzg]
flat type battery Flachbatterie *f* [elt]
flat varnish Mattlack *m* [met]
flat wagon Flachwagen *m* [tra]
flat washer Unterlegscheibe *f* (flache -) [tec]
flat web section Flachprofil *n* [met]
flat weld Flachschweißnaht *f* [wer]
flat-base rim Flachbettfelge *f* [tra]
flat-belt conveyor Flachgurtförderer *m* [mbt]
flat-belt drive Flachriemenantrieb *m* [tec]
flat-belt pulley Flachriemenscheibe *f* [tec]
flat-bottom ditch Trapezgraben *m* [bod]
flat-bottom drill Flachbohrer *m* [wzg]
flat-head machine screw Senkschraube *f* [tec]
flat-head nipple Flachkopfnippel *m* [tec]
flat-head screw Senkschraube *f* [tec]
flat-lustrous mattglänzend
flat-nosed and cutting nippers Kombizange *f* [wzg]
flat-rate benefit Pauschalleistung *f* (Versicherung) [jur]
flat-rate depreciation method lineare Abschreibungsmethode *f* [eco]
flat-round rivet Flachrundniete *f* [tec]
flat-type frame Flachbaurahmen *m*
flat-tyre protection Pannenschutz *m* [tra]
flat-webbed cable Stegleitung *f* [elt]
flatbed car Flachwagen *m* [tra]
flatlet Apartment *n* ((B) [bau]; Studio *n* [bau]
flatness Ebenheit *f* (Flachheit); Glanzlosigkeit *f*
flatness tolerance Ebenheitstoleranz *f* [con]
flats Flacherzeugnisse *f*; Flachstahl *m* [met]; Flacheisen *n* [met]
flatten abflachen *v* (planieren) [bau]; anflachen *v* [wer]; dämpfen *v* (Schwingung); ebnen *v* (glätten); flachdrücken *v*; glätten *v* (ebnen) [wer]; planieren *v* [bau]; richten *v* (Blech) [wer]

flattened abgeflacht; angeflacht (flach gedruckt o.ä.) [wer]
flattening Abflachung *f* (Rad, Rolle) [tec]; Anflachung *f* [wer]; Dämpfung *f* (Schwingung)
flattening out Ausbreitung *f*
flatting agent Mattierungsmittel *n* [met]
flatworm Bandwurm *m* [bff]
flavor ((A) siehe: flavour)
flavour Geschmack *m* ((B))
flavour würzen *v* ((B))
flavouring agent Geschmacksstoff *m*
flavouring compound Geschmacksstoff *m*
flavouring material Geschmacksstoff *m*
flavourless geschmacklos
flaw Blase *f* (Gießerei) [met]; Fehlstelle *f* [met]; Schwachstelle *f* [met]; Anriss *m* (beginnender Riss) [met]; Einriss *m* [met]; Fehler *m* (Metall) [met]; Makel *m* (Fehler) [met]; Riss *m* (Sprung); Sprung *m* (im Material) [met]
flaw depth Fehlertiefe *f* (z.B. Riss, Bruch)
flaw detectability Erkennbarkeit von Fehlern *f* [met]; Fehlernachweisbarkeit *f*
flaw detection Fehlersuche *f*
flaw detection sensitivity Fehlernachweisempfindlichkeit *f*
flaw distance, reduced - reduzierte Fehlergröße *f*; reduzierter Fehlerabstand *m*
flaw echo Fehlerecho *n*
flaw echo amplitude Fehleramplitude *f* [elt]
flaw extension Fehlerausdehnung *f*
flaw in material Materialfehler *m* [met]
flaw indication Fehleranzeige *f*
flaw input Eingangsfehler *m* (falsche Eingabe) [edv]
flaw location Fehlerortung *f*
flaw orientation Fehlerortung *f*
flaw signal Fehleranzeige *f*
flaw signal release Fehlersignalfreigabe *f*
flaw signal store Fehlersignalspeicher *m*
flaw signals blocking Fehlersignalsperrung *m*
flaw size Fehlergröße *f*
flaw size, reduced - reduzierte Fehlergröße *f*
flaw, artificial - künstlicher Fehler *m*
flaw, type of - Fehlerart *f*
flawed beschädigt (fehlerhaft, mangelhaft); fehlerbehaftet (Metall); fehlerhaft (mangelhaft)
flawless einwandfrei (ohne Fehler); fehlerfrei; lupenrein [met]
flawlessness Fehlerlosigkeit *f*
fleece Vlies *n* [met]
fleet Maschinenpark *m* (z.B. mehrere Lkw) [tra]
fleet of freight cars Güterwagenpark *m* [tra]
flex Litze *f* (Stromkabel) [elt]; Schnur *f* [elt]
flex biegen *v* (beugen) [wer]
flexi-time gleitende Arbeitszeit *f*; Gleitzeit *f* (Arbeitszeit) [eco]
flexi-time accounting Gleitzeitabrechnung *f* [eco]
flexibility Biegbarkeit *f*; Einstellelastizität *f*; Elastizität *f* (Flexibilität); Flexibilität *f*; Geschmeidigkeit *f* [met]

flexibility in operation Betriebselastizität *f*
flexibility of the coat Elastizität des Auftrages *f* [met]
flexible beweglich (flexibel); biegbar; biegsam; dehnbar (biegsam, elastisch); elastisch (flexibel); federnd; flexibel; geschmeidig (flexibel) [met]; nachgiebig (biegsam)
flexible bellows joint Balgkompensator *m* (Leitungen)
flexible cable biegsames Kabel *n* [elt]
flexible collecting receptacle flexibler Erfassungsbehälter *m* [rec]
flexible connection elastische Verbindung *f* [tec]
flexible connector nachgebender Anschluss *m*; flexibles Verbindungselement *n* [bau]
flexible coupling Ausgleichskupplung *f* [tec]; elastische Kupplung *f* [tra]; Gelenkkupplung *f*
flexible disk Diskette *f* [edv]
flexible drive shaft biegsame Welle *f* [tec]
flexible foam Weichschaumstoff *m* [met]
flexible gasket Weichdichtung *f* [tec]
flexible hose Wellschlauch *m* [tec]
flexible joint bewegliche Verbindung *f* [tec]
flexible line biegsame Leitung *f* [elt]; Schlauchleitung *f* [tra]
flexible metal hose Metallschlauch *m* [prc]
flexible metal tube Metallschlauch *m* [prc]
flexible mounting Bimetallpuffer *m* [tec]
flexible offset joint Kompensator *m* (Ausgleicher) [prc]
flexible package Folienpackung *f*
flexible part Biegeteil *n* [tec]
flexible pin coupling Bolzenpufferkupplung *f* [tec]
flexible pipe bushing elastische Rohrdurchführung *f* [tec]
flexible protective tube Schutzschlauch *m*
flexible roller bearing Federrollenlager *n* [tec]
flexible rule Bandmaß *n* [any]
flexible shaft biegsame Welle *f* [tec]
flexible spike Federnagel *m* (Schiene - Schwelle) [tra]
flexible spring Biegefeder *f* [tec]
flexible steel tape rule Stahlbandmaß *n* [any]
flexible suspension bewegliche Aufhängung *f*
flexible tube Schlauch *m*
flexible tubing Schlauch *m*
flexible wedge elastischer Keil *m*
flexible worktime Gleitzeit *f* (Arbeitszeit) [eco]
flexible, be - federn *v*
flexibly mounted elastisch gelagert (Sitz) [tec]
flexibly suspended beweglich aufgehängt [tec]
flexing Biegung *f* (Material) [met]
flexion Krümmung *f*
flexrod biegsame Schubstange *f* (Flugzeug) [tra]
flexural bending load Biegelast *f*
flexural load Biegebeanspruchung *f*
flexural pivot Kreuzfedergelenk *n* [tec]
flexural rigidity Biegesteifigkeit *f*
flexural stiffness Biegungssteife *f*
flexural strength Biegefestigkeit *f* [met]
flexural stress Biegespannung *f*
flexure Biegung *f* (Material) [met]; Durchbiegung *f*

flicker flackern *v*
flickering Geflimmer *n* (auf Bildschirm) [edv]
flight Flug *m* [tra]
flight control Flugregelung *f* [tra]
flight monitoring device Flugüberwachungsgerät *n* [tra]
flight of stairs Freitreppe *f* [bau]; Treppe *f* (Lauftreppe zum Begehen) [bau]
flight of steps Freitreppe *f* [bau]
flight supervision Flugüberwachung *f* [tra]
flight time Flugdauer *f* [tra]; Flugzeit *f* [tra]
flight-recorder Flugdatenschreiber *m* [tra]; Flugschreiber *m* [tra]
flimsy unsolide (Arbeit)
fling schleudern *v* (werfen)
fling out herausschleudern *v*
flinger Abspritzring *m* [prc]; Gleitring *m* (Drahtwalzen) [tec]; Schleuderring *m* [tec]
flinger seal Gleitringdichtung *f* [tec]; Schleuderringdichtung *f* [tec]
flint Kiesel *m*
flint glass Kristallglas *n* [met]; Weißglas *n* [met]
flint stone Kiesel *m*; Kieselstein *m*
flinty ground Kiesboden *m* [bod]
flip umkippen *v*
flip switch Kippschalter *m* [elt]
flip-flop circuit Kippschaltung *f* [elt]; Kipper *m* (Trigger) [elt]
flip-type switch Klappenweiche *f* [tra]
float aufschwimmen *v* [was]; gleiten *v* (schwimmen, schweben); schweben *v*; schwimmen *v*
float chamber Schwimmergehäuse *n* [tra]
float control Schwimmersteuerung *f* [tra]
float finish Reibeputz *m* [bau]
float glass Floatglas *n* [met]
float needle Schwimmernadel *f* [tra]
float switch Schwimmerschalter *m* [elt]
float trap Schwimmerkondensator *m* [pow]
float valve Schwimmerventil *n* [tra]; Ventil mit schwimmenden Kolben *n* [tra]
float-charge Puffern *n* (Batterien) [elt]
float-type flowmeter Schwebekörperdurchflussmesser *m* [any]
floatable flotationsfähig [was]; schwimmfähig
floated back zurückgespült
floating fließend; frei beweglich; potentialfrei [elt]
floating Auftrieb *m* [phy]
floating balance Schwebeunruh *f* (Uhr) [tec]
floating bearing hydraulisch entlastetes Lager *n* [tec]; Loslager *n* (gegenüber Festlager) [tec]; schwimmendes Lager *n* [tec]
floating booster pump station schwimmende Pumpstation *f* [tra]
floating bridge Schwimmbrücke *f* [tra]
floating contagion Gleitkomma-Formatanpassung *f* (Software) [edv]
floating control Integralregelung *f*
floating crane Schwimmerkran *m* [mbt]; Schwimmkran *m* [mbt]

floating dock Schwimmdock *n* [tra]
floating floor schwimmender Boden *m* [bau]; schwimmender Estrich *m* [bau]
floating hanger rod Pendelanker *m* (pendelnd angeordneter Zuganker) [tec]
floating head Schwimmkopf *m*
floating lever Schwinge *f* [tec]
floating magnet Schwebemagnet *m*
floating material Schwimmstoff *m* [met]
floating pillow block Pendelkugellager *n* [tec]
floating plate Zwischenplatte *f* [prc]
floating policy Neuwertversicherung *f* [jur]
floating position Schwimmstellung *f* (z.B. des Baggers) [mbt]
floating rule Richtlatte *f* [any]
floating seal Gleitflächendichtung *f* [tec]
floating-point Fließkomma *n* [mat]; Gleitkomma *n* [mat]
floating-point arithmetic Gleitkommaarithmetik *f* [mat]
floating-point calculation Gleitkommarechnung *f* [mat]
floating-point operation Gleitkommaoperation *f* [mat]
flocculant Flockungsmittel *n* [met]
flocculant metering Flockungsmitteldosierung *f* [prc]
flocculate ausflocken *v* [was]; flocken *v* [was]
flocculated material Sinkstoff *m* [met]
flocculation Ausflockung *f* [was]; Flockenbildung *f* [was]; Flockung *f* [was]; Koagulation *f* [was]
flocculation agent Flockungshilfsmittel *n* [was]; Flockungsmittel *n* [met]
flocculation apparatus Flockungsgerät *n* [was]
flocculation chemicals Flockungschemikalien *pl* [che]
flocculation plant Flockungsanlage *f* [was]
flocculation point Ausflockungspunkt *m* [was]; Flockungspunkt *m* [met]
flocculation tendency Ausflockbarkeit *f* [was]
flocculation, plant for - Fällungsanlage *f* [was]
flock-adhesive Beflockungsklebstoff *m* [che]
flocking Beflockung *f* [che]
flood Flut *f* (Wassermasse); Überschwemmung *f* (Wasser); Schwall *m*; Hochwasser *n* (Überschwemmung)
flood absaufen *v* (Maschine); fluten *v* [was]; überfluten *v*
flood alleviation Hochwasserrückhaltung *f* [was]; Hochwasserschutz *m* [was]
flood area Überschwemmungsgebiet *n*
flood bridge Flutbrücke *f* [tra]
flood catastrophe Überschwemmungskatastrophe *f*
flood coat Einbettmasse *f* [che]
flood control dam Hochwasserschutzdamm *m* [mbt]
flood control dyke Hochwasserschutzdamm *m* [mbt]
flood control measures Hochwasserschutz *m* [was]
flood disaster Flutkatastrophe *f*; Hochwasserkatastrophe *f*
flood gate Schütz *m* [was]

flood in einströmen *v*
flood lamp Arbeitsscheinwerfer *m*
flood level mark Hochwassermarke *f*
flood lubrication Spülölschmierung *f* [tec]
flood plain Schwemmebene *f* [was]; Überschwemmungsgebiet *n*
flood plain deposit Hochwasserablagerung *f* [was]
flood point Flutpunkt *m* (Zweiphasenströmung) [prc]
flood pool Hochwasserbecken *n* [was]
flood protection Hochwasserschutz *m* [was]
flood relief Hochwasserabführung *f* [was]
flood warning Flutwarnung *f*
flooded überflutet (bei Unwetter, Deichbruch)
flooded gravel pit Baggersee *m*
flooding Überflutung *f* (z.B. Turbine, Kolonne); Überschwemmung *f* (Wasser); Einbruch *m* (von Wasser); Fluten *n* [was]
flooding level Hochwasserstand *m*
flooding point Flutgrenze *f* (Zweiphasenströmung) [che]; Flutpunkt *m* (Zweiphasenströmung) [prc]; Staupunkt *m* (Kolonne) [prc]
floodlight Scheinwerfer *m* [opt]; Flutlicht *n* [elt]
floodlight bestrahlen *v* (beleuchten) [opt]
floodlight lighting fittings Flutlichtstrahler *m* [elt]
floodlighting Bestrahlung *f* (Beleuchtung) [opt]; Flutlichtbeleuchtung *f*
floodlighting equipment Flutlichtanlage *f*
floodlighting installation Flutlichtanlage *f*
floor Bühne *f* [bau]; Decke *f* (Boden-) [bau]; Etage *f* [bau]; Geschossdecke *f* [bau]; Sohle *f* (im Bergwerk) [roh]; Boden *m* (Fußboden); Flur *m* [bau]; Fußboden *m* [bau]; Stand *m* (Heizerstand); Stock *m* [bau]; Geschoss *n* (Stockwerk) [bau]; liegendes Material *n* [mbt]; Stockwerk *n* [bau]
floor area Bodenfläche *f* [bod]; Geschossfläche *f* [bau]; Grundfläche *f* (Gebäude); Grundfläche *f*
floor boards Fußbodendielen *pl* [bau]
floor contactor Fußbodenschalter *m* [elt]
floor conveyor Flurförderzeug *n* (z.B. Gabelstapler) [mbt]
floor covering Fußbodenabdeckung *f* [bau]; Bodenbelag *m* [bau]; Fußbodenbelag *m* [bau]; textiler Fußbodenbelag *m* [bau]
floor cross member Bodenquerträger *m* [tec]
floor decking Bühnenbelag *m* [bau]; Fußbodenbelag *m* [bau]
floor dust Hausstaub *m* [rec]
floor finish Fußbodenbelag *m* [bau]; Fußbodenlack *m* [bau]
floor frame Bodenrahmen *m* (Auto) [tra]; Deckenrahmen *m* [bau]
floor gear-change Knüppelschaltung *f* (Auto)
floor grating Bühnenbelag *m* [bau]
floor gully Bodenablauf *m* [was]
floor heating Fußbodenheizung *f* [bau]
floor height Geschosshöhe *f* (im Haus) [bau]
floor joists Gebälk *n* (Boden-) [bau]
floor lamp Stehlampe *f* [elt]
floor level Flurebene *f* [bau]; Stockwerkhöhe *f* [bau]

floor loading Bodenbelastung *f* [bod]
floor located vacuum cleaner Bodenstaubsauger *m* [elt]
floor material Bodenbelag *m* [bau]
floor opening Bodendurchbruch *m* (z.B. für einzubauende Rolltreppe) [tra]; Deckendurchbruch *m* (z.B. für Rolltreppe) [bau]
floor outlet Bodenablauf *m* [was]
floor painting Bodenanstrich *m* [bau]
floor pan Bodenwanne *f* (Auffangwanne) [tec]
floor plan Grundplan *m* [con]
floor plaster Estrichgips *m* [met]
floor plate Bodenplatte *f* [bau]; Fußbodenabdeckung *f* (Rolltreppe) [tra]; Grundplatte *f* [bau]; Belagblech *n* (auf Bühne) [wer]; Bühnenbelagsblech *n* [wer]
floor plug connector Fußbodensteckdose *f* [elt]
floor receptacle Fußbodensteckdose *f* [elt]
floor slab placing boom Deckenverteilermast *m* [bau]
floor socket Fußbodensteckdose *f* [elt]
floor space Grundfläche *f* (Gebäude)
floor space, required - Platzbedarf *m* [bau]
floor tile, acid-proof - säurefeste Fliese *f* [met]
floor, hot - Darre *f* (Vorrichtung)
floor, precast - vorgefertigte Decke *f* [bau]
floor-board Diele *f* (Bodenbrett) [bau]
floor-rupture Bodendurchbruch *m* (zu stark belastet) [bau]
floorboard Brett *n* (Diele)
floorborne vehicles Flurfördermittel *n* [mbt]
flooring Belag *m* (auf Fußboden); Bodenbelag *m* [bau]; Fußbodenbelag *m* [bau]; Beläge *pl* (Gitterrost) [pow]
flooring material Fußbodenmaterial *n* [bau]
flooring tile Fußbodenfliese *f* [bau]
floorplate finish Fußbodenabdeckung *f* (Rolltreppe) [tra]
floppy disk Diskette *f* [edv]
floppy disk drive Magnetdiskettenlaufwerk *n* [edv]
flotation Flotation *f* [was]; Sinkschwimmtrennung *f* [prc]
flotation agent Flotationsmittel *n* [was]
flotation equipment Flotationsanlage *f* [was]
flotation method Flotationsverfahren *n* [was]
flotation plant Flotationsanlage *f* [was]
flotation procedure Flotationsverfahren *n* [was]
flow Durchströmung *f*; Strömung *f*; Ablauf *m* (Vorgang); Durchfluss *m*; Durchgang *m* (Leitfähigkeit) [elt]; Durchlauf *m* (von Flüssigkeit); Fluss *m* (Strömung); Strahl *m* (Wasserstrahl); Strom *m* (Strömung); Umlauf *m* (z.B. Fluss des Kühlwassers) [tra]; Vorlauf *m* (Heizung); Zustrom *m*
flow abströmen *v*; anströmen *v*; fließen *v*; rinnen *v* (fließen); strömen *v*
flow alarm Strömungswächter *m* [any]
flow amount Menge *f* (geförderte Menge)
flow analysis Ablaufanalyse *f*
flow area Durchflussquerschnitt *m*
flow around umströmen *v* [prc]

flow auxiliaries Fließhilfsmittel *n* (Kunststoff) [che]
flow back zurückfließen *v*; zurückströmen *v* [prc]
flow cell Durchflusszelle *f* [any]
flow chamber transmitter Durchflussgeber *m* [any]
flow chart Ablaufplan *m* [eco]; Ablaufdiagramm *n* [con]; Fließbild *n* [con]; Fließdiagramm *n* [con]; Laufschema *n* [con]; Schaubild *n* [con]
flow coefficient Durchflusskoeffizient *m*
flow control Durchflussregelung *f*; Mengenregelung *f* [tra]
flow control agent Verlaufmittel *n* (Anstrich) [che]
flow control throttle Drosselregelung *f* [tra]
flow control valve Strömungswächter *m* [any]; Ablassventil *n* (an Hydraulik) [tec]; Mengenregelventil *n* [tra]; Stromregelventil *n* [prc]; Stromventil *n* (Hydraulik) [tec]
flow controller Durchflussregler *m*; Mengenregler *m* [prc]
flow deflection loss Umlenkverlust *m* (Strömungsverluste) [phy]
flow deviation Strahlablenkung *f* [pow]; Strömungsablenkung *f* [prc]
flow diagram Ablaufdiagramm *n* [con]
flow distribution plate Stauplatte *f* [prc]
flow disturbance Durchflussstörung *f*
flow divider Mengenteiler *m* [tra]; Stromteiler *m* (Hydraulik) [tec]; Stromteilerventil *n* (Hydraulik) [tec]
flow energy Strömungsenergie *f* [prc]
flow guide Strömungsgleichrichter *m* [prc]
flow in einfließen *v*; einströmen *v*; münden *v*
flow indicator Strömungsanzeiger *m* [any]
flow into einmünden *v* (Fluss) [was]
flow into blades Anströmung *f* (Turbinenschaufeln)
flow limit Fließgrenze *f* [met]
flow limiter Strombegrenzer *m* [prc]
flow line Fließlinie *f* [met]
flow loss Strömungsverlust *m* [prc]
flow measurement Durchflussmessung *f* [any]
flow measuring device Durchflussmessgerät *n* [any]
flow medium Durchflussstoff *m*
flow metering orifice Durchflussmengenmessblende *f* [any]
flow mixer Fließmischer *m* [prc]; Flüssigkeitsmischer *m*
flow monitor Durchflusswächter *m* [any]; Strömungswächter *m* [any]
flow obstruction Strömungsbehinderung *f* [prc]
flow of heat Wärmestrom *m* [pow]
flow of information Informationsfluss *m*
flow of material Materialfluss *m*
flow of operations Betriebsablauf *m* (Funktion)
flow of traffic Verkehrsfluss *m* [tra]
flow off Abfluss *m* (von Regenwasser) [was]
flow off abfließen *v* (wegfließen) [was]; abströmen *v*
flow out ablaufen *v* (Flüssigkeit) [was]; ausfließen *v* (ausströmen); auslaufen *v* (ausfließen) [prc]; ausströmen *v* (ausfließen); austreten *v* (ausströmen); entströmen *v*

flow path Flussrichtung *f*; Strömungsstrecke *f* [pow]; Durchflussweg *m* (Hydraulik) [tec]
flow pattern Fließdiagramm *n* [con]; Strömungsprofil *n* [prc]
flow pipe Heizungsvorlaufrohr *n* [pow]
flow point Fließpunkt *m* [met]
flow quantity Durchflussmenge *f*
flow rate Durchflussgeschwindigkeit *f*; Durchflussmenge *f*; Durchflussrate *f*; Durchlaufmenge *f*; Durchflussstrom *m*; Durchsatz *m* (Flüssigkeiten); Volumenstrom *m* [prc]
flow rate at discharge Förderstrom einer Pumpe *m*
flow rate control Regelung des Förderstroms *f* [tra]
flow rate controller Strömungswächter *m* [any]
flow rate value transmitter Durchflussaufnehmer *m* [any]
flow resistance Fließfestigkeit *f* [met]; Durchflusswiderstand *m* [prc]; Durchgangswiderstand *m* (Strömung) [prc]
flow restrictor Drosselkapillare *f* [prc]
flow reversal Strömungsumlenkung *f* [prc]
flow reversing valve Umsteuerventil *n* (Fettschmierung) [tec]
flow separation Strömungsabriss *m* [prc]; Ablösen *n* (der Strömung) [phy]
flow sheet Schemazeichnung *f* [con]; Fließbild *n* [con]; Fließschema *n* [con]; Verfahrensschema *n* [con]
flow stress Fließspannung *f* [met]; Fließwiderstand *m* [met]
flow temperature Fließtemperatur *f* [met]; Vorlauftemperatur *f* (Heizung) [pow]
flow through durchfließen *v*; durchströmen *v*; hindurchströmen *v* [prc]
flow together ineinander fließen *v*
flow traverse Pitotmessung *f* [any]
flow velocity Durchflussgeschwindigkeit *f*; Fließgeschwindigkeit *f*; Strömungsgeschwindigkeit *f* [prc]
flow velocity profile Strömungsprofil *n* [prc]
flow volume Durchflussmenge *f*
flow, rate of - Fließgeschwindigkeit *f*; Strömungsgeschwindigkeit *f* [prc]
flow, speed of - Durchflussgeschwindigkeit *f*
flow, velocity of - Abflussgeschwindigkeit *f*; Fließgeschwindigkeit *f*; Strömungsgeschwindigkeit *f* [prc]
flow-off valve Abzugsklappe *f*
flow-through item Durchlaufposten *m* [eco]
flow-type water heater Durchlauferhitzer *m* [elt]
flowability Fließfähigkeit *f* [met]
flowed-in gasket Gussdichtung *f* [tec]
flower of salt Salzausblühung *f* [bau]
flowing fließend (z.B. Wasser)
flowing Fließen *n*; Strömen *n*
flowing properties Fließverhalten *n* [met]
flowing soil fließende Bodenarten *pl* [bod]
flowing through Durchfluss *m*
flowing water fließendes Wasser *n* [was]
flowing waterbodies Fließgewässer *n* [was]
flowing-off Abfließen *n* (Wegfließen) [was]
flowing-out Ausfluss *m* (Ausfließen)
flowmeter Durchflussmengenmesser *m* [any]; Durchflussmesser *m* [any]; Flüssigkeitszähler *m* [any]; Mengenmesser *m* (Durchsatz) [any]; Mengenmessgerät *m* (Durchsatz) [any]; Strömungsmesser *m* [any]
fluctuate fluktuieren *v* [phy]; schwanken *v*
fluctuating unregelmäßig
fluctuating load Wechsellast *f* [pow]
fluctuation Fluktuation *f*; Schwankung *f*
fluctuation in temperature Temperaturschwankung *f*
fluctuation of pressure Druckschwankung *f*
flue Abzug *m* (Abgase) [air]; Fuchs *m* [air]; Rauchabzug *m* [air]; Rauchabzugskanal *m* [air]; Rauchgaskanal *m* [pow]; Schlot *m* [pow]; Schornstein *m* [air]; Zug *m* (Abluftrohr) [air]; Feuerrohr *n* [pow]
flue boiler, cylindrical - Flammrohrkessel *m* [pow]
flue dust Flugasche *f* [rec]; Flugstaub *m* (in Feuerungen) [air]; Gichtstaub *m* [pow]; Hüttenrauch *m* [air]
flue dust precipitator Rauchgasfilter *m* [air]
flue dust separation Gichtstaubabscheidung *f* [air]
flue gas Abgas *n* [air]; Rauchgas *n* [air]; Verbrennungsgas *n* [air]
flue gas analysis Rauchgasanalyse *f* [any]
flue gas analyzer Rauchgasanalysator *m* [any]; Rauchgasprüfer *m* [any]
flue gas bypass damper Rauchgasumführungsklappe *f* [air]
flue gas cleansing plant Rauchgasreinigungsanlage *f* [air]
flue gas damper Abgasklappe *f* [air]; Rauchgasklappe *f* [air]; Rauchgasregelklappe *f* [air]
flue gas de-dusting Rauchgasentstaubung *f* [air]
flue gas de-dusting plant Rauchgasentstaubungsanlage *f* [air]
flue gas denitrogenation Rauchgasentstickung *f* [air]
flue gas denitrogenation plant Rauchgasentstickungsanlage *f* [air]
flue gas desulfurization Abgasentschwefelung *f* [air]; Rauchgasentschwefelung *f* [air]
flue gas desulfurization plant Rauchgasentschwefelungsanlage *f* [air]
flue gas duct Rauchgaskanal *m* [air]
flue gas evacuation Abgasabführung *f* [air]
flue gas flap Rauchgasklappe *f* [air]
flue gas loss Abgasverlust *m* [pow]
flue gas outlet Rauchgasaustritt *m* [air]
flue gas outlet damper Rauchgasschieber *m* [air]
flue gas pass, damper-controlled - Rauchgasregelzug *m* [pow]
flue gas pipe Abgasrohr *m* [pow]
flue gas precipitation Rauchgasentstaubung *f* [air]
flue gas precipitation plant Rauchgasentstaubungsanlage *f* [air]
flue gas purification Rauchgasreinigung *f* [air]

flue gas recirculation Rauchgasrückführung f [pow]; Rauchgasrücksaugung f [pow]
flue gas recirculation blower Rauchgasrückführgebläse n [pow]
flue gas recirculation duct Rauchgasrückführungskanal m [pow]
flue gas recorder Abgasschreiber m [any]
flue gas sample Rauchgasprobe f [air]
flue gas scrubber Rauchgaswäscher m [air]
flue gas temperature Abgastemperatur f [air]; Rauchgastemperatur f [air]
flue gas test Rauchgasprüfung f [any]
flue gas tester Rauchgasprüfer m [any]
flue gas treatment Rauchgasreinigung f [air]
flue gas velocity Rauchgasgeschwindigkeit f
flue gas volume Rauchgasvolumenstrom m [air]
flue pipe Zugrohr m (Schornstein) [pow]; Rauchabzugsrohr n
flue tube Rauchrohr n [pow]
fluid flüssig
fluid Flüssigkeit f [phy]; Fluid n [phy]
fluid bed Wirbelschicht f [prc]; Fließbett n [prc]
fluid bed catalysis Fließbettkatalyse f [che]
fluid bed process Fließbettverfahren n [prc]
fluid concrete Flüssigbeton m [met]
fluid container Flüssigkeitsbehälter m
fluid content Flüssigkeitsgehalt m
fluid coupling Flüssigkeitskupplung f [tra]; hydraulische Kupplung f [tra]; Strömungskupplung f [tra]
fluid distributor Flüssigkeitsverteiler m
fluid drain Flüssigkeitsabfluss m
fluid drive hydraulischer Antrieb m; Flüssigkeitsgetriebe n [tec]; Hydrogetriebe n [tec]
fluid dynamics Strömungslehre f [prc]
fluid element Stromfaden m [prc]
fluid energy mill Strahlmühle f [prc]
fluid flow Strömung f
fluid inlet Einlassstutzen m [prc]
fluid interceptor Flüssigkeitsabscheider m [was]
fluid jet Flüssigkeitsstrahl m
fluid level indicator Füllstandsanzeiger m [any]
fluid level measurement Füllstandsmessung f [any]
fluid lubrication Flüssigkeitsschmierung f [tec]
fluid mechanics Strömungsmechanik f [phy]
fluid meter Flüssigkeitsmesser m [any]; Flüssigkeitszähler m [any]
fluid motor Drucköllmotor m [pow]
fluid pressure Flüssigkeitsdruck m [phy]
fluid reservoir Ausgleichsbehälter m [was]
fluid separator Flüssigkeitsabscheider m [was]
fluid transmission Strömungsgetriebe n (z.B. in Gabelstapler) [mbt]
fluid, highly - dünnflüssig
fluidification Fluidifikation f [phy]
fluidity Dünnflüssigkeit f; Fließfähigkeit f [met]; Fluidität f [phy]; Fließvermögen n [met]
fluidize verflüssigen v (Wirbelschicht)
fluidized bed Wirbelschicht f [prc]; Wirbelschichtanlage f [prc]; Fließbett n [prc]
fluidized bed combustion Wirbelschichtverbrennung f [pow]
fluidized bed drier Fließbetttrockner m [prc]; Wirbelschichttrockner m [prc]
fluidized bed furnace Wirbelschichtofen m [pow]
fluidized bed gasification Wirbelschichtvergasung f [pow]
fluidized bed mixer Fließbettmischer m [prc]
fluidized bed plant Wirbelschichtanlage f [prc]
fluidized bed reactor Wirbelschichtreaktor m [prc]
fluidized catalyst Fließbettkatalysator m [che]
fluidizing point Lockerungspunkt m (Fluidisierung) [prc]
fluoresce fluoreszieren v [opt]
fluorescence Fluoreszenz f [opt]
fluorescence analysis Fluoreszenzanalyse f [any]
fluorescence spectroscopy Fluoreszenzspektroskopie f [any]
fluorescent fluoreszierend [opt]
fluorescent coat Leuchtschicht f (Bildschirm) [elt]
fluorescent dye Fluoreszenzfarbstoff m [met]
fluorescent element Leuchtkörper m [elt]
fluorescent lamp Fluoreszenzlampe f [elt]; Leuchtröhre f [elt]; Leuchtstofflampe f [elt]
fluorescent material Leuchtstoff m [met]
fluorescent paint Fluoreszenzfarbe f [met]; Leuchtfarbe f [met]
fluorescent pigments Fluoreszenzpigmente pl [che]
fluorescent reflector lamp Reflexionsleuchtstoffröhre f [elt]
fluorescent screen Fluoreszenzleuchtschirm m [elt]; Fluoreszenzschirm m [elt]; Leuchtschirm m [elt]
fluorescent tube Leuchtröhre f [elt]; Leuchtstofflampe f [elt]; Leuchtstoffröhre f [elt]
fluorescent tube conductor Leuchtröhrenleitung f [elt]
fluorescent tube transformer Leuchtröhrentransformator m [elt]
fluoridation of drinking water Fluoridierung des Trinkwassers f [was]
fluoride Fluorsalz n [che]
fluorinated fluoriert [che]
fluorination Fluorierung f [che]
fluorine Fluor n (chem. El.: F) [che]
fluorine compound Fluorverbindung v [che]
fluorine content Fluorgehalt m
fluorine damage Fluorschaden m [che]
fluorocarbon Fluorkohlenstoff m [che]
flush bündig (flach) [bau]; eingelassen; fluchtgerecht (bündig) [con]; unter Putz
flush Spülen n
flush ausspülen v (spülen) [was]; bündig machen v [wer]; durchspülen v; spülen v (wegspülen, auch WC)
flush back rückspülen v [was]
flush box Spülkasten m [was]; Wasserkasten m [bau]
flush bushing Bundbuchse f (bündig bis Kante) [tec]; Innenbuchse f [tec]
flush contour Naht ohne Wulst f [wer]
flush head Senkkopf m [tec]

flush joint bündige Überlappverbindung *f* [tec]
flush left linksbündig
flush mounting Unterputzmontage *f* [elt]
flush nozzle Aufschweißnippel *m* [tec]; Aufschweißstutzen *m* [tec]
flush out ausschwemmen *v*
flush pipe Spülrohr *n* [prc]
flush right rechtsbündig (Textverarbeitung)
flush rivet Senkniet *m* [tec]
flush type fluid indicator Schwimmerflüssigkeitsstandsanzeiger *m* [tra]
flush valve Druckspüler *m* [bau]
flush-head rivet Senkkopfniet *m* [tec]
flush-mounted eingebaut; eingelassen
flush-type switch Einbauschalter *m* [elt]
flush-weld bündig schweißen *v* [wer]
flushing Spülung *f*; Spülen *n*
flushing connection Spülanschluss *m*
flushing cover Spüldeckel *m* [prc]
flushing filter Spülfilter *m* [prc]
flushing oil Spülöl *n* [met]
flushing pan Spülkasten *m* [was]
flushing time Spüldauer *f* [prc]
flushing vehicle Spülfahrzeug *n* [rec]
flushing water Spülwasser *n* [was]
flute Auskehlung *f*; Nute *f* (Rille, Einkerbung); Riefe *f* (Vertiefung); Rille *f* (Kanellierung)
flute kehlen *v*
flute reamer Kanonenbohrer *m* [wzg]
fluted drill Lippenbohrer *m* [wer]
fluted ingot Riffelblock *m* [met]
fluted screen centrifuge Faltensiebzentrifuge *f*
fluting Riffelung *f* [met]
flutter Gleichlaufschwankung *f*
flutter flattern *v*
fluttering seat Flattersitz *m* [tec]
fluvial fluvial
flux Lötpaste *f* [met]; Strömung *f*; Fluss *m* (Strömung); Strom *m* (Strömung); Verlauf *m* (Fluss); Zuschlag *m* (Metall) [met]; Zuschlagstoff *m* (Hüttenwesen) [met]; Flussmittel *n* [met]; Schmelzmittel *n* [met]; Schweißmittel *n* [met]
flux addition Fluxmittel *n*
flux addition agent Flussmittel *n* [met]
flux density Flussdichte *f* (z.B. Teilchen-, Energie-); Kraftliniendichte *f* [phy]
flux material Flussmittel *n* [met]
flux oil Restöl *n* [rec]
fluxes Flussmittel *n* (für Schlacke und Schweißen) [met]
fluxing Zusetzen von Flussmitteln *n* [met]
fluxing agent Flussmittel *n* (zum Löten) [met]
fluxing medium Flussmittel *n* [met]
fluxmeter Flussmesser *m* [any]
fly fliegen *v*; verkehren *v* (fliegen) [tra]
fly ash Flugasche *f* [rec]
fly ash coarse particles grober Staub *m* (Entstaubung Rauchgase) [pow]; Grobstaub *m* (Entstaubung Rauchgase) [pow]

fly ash hopper Flugaschentrichter *m* [pow]; Flugkokstrichter *m* [pow]
fly ash refiring Flugaschenwiederaufgabe *f* [pow]
fly ash retention Flugascheneinbindung *f*; Flugascheneinbindung *f*
fly ash return Flugaschenrückführung *f* (Staubfeuerung) [pow]
fly ash slag tapping Flugascheneinschmelzung *f* [prc]
fly ash slag-tap cyclone Flugascheneinschmelzzyklon *m* [prc]
fly ash storage bin Flugaschensammelbunker *m* [pow]
fly coke Flugkoks *m* [pow]
fly cutter Schlagfräser *m* [wer]
fly dust Flugstaub *m* [air]
fly press Spindelpresse *f* [tec]
fly pump Flügelzellenpumpe *f* [prc]
fly tipping herumfliegender Abfall *m* [rec]
fly-cut schlagfräsen *v* [wer]
fly-mill schlagfräsen *v* [wer]
fly-over Hochstraße *f* [tra]; Überführung *f* (meist für Autoverkehr) [tra]
fly-over junction Straßenüberführung *f* [bau]; Kreuzungsbauwerk *n* [tra]
fly-tipper Umweltverschmutzer *m* (entsorgt Abfall wild) [rec]
fly-tipping wilde Abfallentsorgung *f* [rec]
fly-under Unterführung *f* (Straße) [bau]
flyball Schwungkörper *m* (Fliehkraftregler) [phy]
flyball governor Fliehkraftregler *m* [phy]
flybolt Schlagbolzen *m* [tec]; Schnellschlussbolzen *m* [pow]
flying boat Flugboot *n* [tra]; Wasserflugzeug *n* [tra]
flying characteristic Flugeigenschaften *pl* [tra]
flying scaffold hängendes Gerüst *n* [bau]
flying sparks Funkenflug *m* [pow]
flying speed Fluggeschwindigkeit *f* [tra]
flying spot Lichtpunkt *m* [opt]
flying tour Flugroute *f* [tra]
flyweight speed governor Fliehkraftregler *m* [pow]
flywheel Schwungscheibe *f* [tra]; Schwingrad *n* [tec]; Schwungrad *n* [tec]
flywheel clutch Hauptkupplung *f* [tra]
flywheel clutch control Hauptkupplungsgestänge *n* [tra]
flywheel drive Schwungradantrieb *m* [tra]
foam Schaum *m*
foam aufschäumen *v* [wer]; schäumen *v* [met]; verschäumen *v* [wer]
foam bath Schaumbad *n*
foam concrete Schaumbeton *m* [met]
foam extinguisher Schaumfeuerlöscher *m*; Schaumlöscher *m*
foam formation Schaumbildung *f*
foam into place einschäumen *v* (Isoliermasse)
foam material Schaumstoff *m* [met]
foam propellant Schaummittel *n* [met]
foam rubber Schaumgummi *m* [met]
foam rubber component Schaumgummiteil *n*
foam stabilizer Schaumstabisator *m* [che]

foam, formation of - Schaumbildung *f* (z.B. Fehler in Ölleitung)
foamclay Blähton *m* [met]
foamed concrete Gasbeton *m* [met]
foamed insulation Schaumisolierung *f* [met]
foamed latex Latexschaum *m* [met]
foamed plastic Schaumstoff *m* [met]
foamed plastic, chemically - Gasschaumstoff *m* [met]
foamed plastics Schaumkunststoff *m* [met]
foamed polystyrene Schaumpolystyrol *n* [che]
foamed rubber Schaumgummi *m* [met]
foaming Schaumentwicklung *f*; Verschäumen *n* [wer]
foaming ausschäumen *v* [prc]
foaming agent Blähmittel *n* (Kunststoff) [met]; Schäummittel *n* [met]; Treibmittel *n* (Kunststoff) [met]
foamy schaumig
focal point Brennpunkt *m* (auch Mittelpunkt) [opt]
focus Bildschärfe *f* [opt]; Schärfe *f* (der Linse, des Bildes) [opt]; Scharfeinstellung *f* [opt]; Brennpunkt *m* [opt]; Herd *m* [hum]
focus einstellen *v* (regulieren) [opt]; fokussieren *v* [opt]; richten *v* (leiten); scharfstellen *v* [opt]
focus control definition Bildschärfenregulierung *f* [edv]
focused beam gebündelter Strahl *m* [opt]
focused jet gebündelter Wasserstrahl *m* [was]
focusing Einstellung *f* (Regulierung); Fokussierung *f* [opt]
focusing point Brennpunkt *m* [opt]
fog Nebel *m*
fog tail-lamp Nebelschlussleuchte *f* [tra]
fog formation Nebelbildung *f* [wet]
fog lamp Nebellampe *f* [tra]; Nebelscheinwerfer *m* [tra]
fog light Nebellampe *f* [tra]; Nebelleuchte *f* [tra]
fog lubrication Ölnebelschmierung *f* [tec]
fog signal Nebelsignal *n* [tra]
foil Folie *f* (Metall) [met]
foil bearing Folienlager *n* [tec]
foil coating Folienbeschichtung *f*
foil insulated folienisoliert [elt]
foil packing Folienverpackung *f*
foil scrap Folienschrott *m* [rec]
foil strain gauge Dehnungsmessstreifen *m* [any]; Foliendehnungsmessstreifen *m* [any]
foil, adhesive - Klebefolie *f* [met]
foil-clad kaschiert
fold Falte *f* [geo]; Falz *m* (Faltung)
fold abkanten *v* [wer]; biegen *v* (Blech) [wer]; falten *v*; falzen *v* [wer]; zusammenlegen *v* (falten) [wer]
fold down umklappen *v*; umlegen *v* (umklappen)
fold in einfallen *v* (zusammenfallen)
fold open aufklappen *v*
fold up zusammenklappen *v*
foldability Formbarkeit *f* [met]
foldaway versenkbar
folded abgekantet [met]

folded filter Faltenfilter *m* [air]
folder Mappe *f*; Aktendeckel *m*
folding Abkanten *n* [wer]
folding bench Abkantbank *f* [wer]
folding bicycle Klappfahrrad *n* [tra]
folding bow Faltspiegel *m* [tra]
folding box Faltschachtel *f*
folding carton Faltschachtel *f*
folding chair Klappstuhl *m* (faltbarer Hocker)
folding door Falttür *f* [bau]
folding down device Umlegeeinrichtung *f* (für Ramme) [mbt]
folding machine Abkantmaschine *f* [wzg]; Falzmaschine *f* (Buch) [wer]
folding press Abkantpresse *f* [wzg]
folding roof Faltdach *n* [tra]
folding rule Zollstock *m* [any]
folding seat Klappsitz *m*
folding stool Klappstuhl *m* (faltbarer Hocker)
folding table Klapptisch *m*
folding top Klappverdeck *m* [tra]; Verdeck *n* [tra]
folding top base Verdecklager *n* [tra]
folding top bow Verdeckspriegel *m* [tra]
folding top cover Verdeckhülle *f* [tra]
folding top frame Verdeckrahmen *m* [tra]
folding top structure Verdeckgestell *n* [tra]
foldings Faltungen *pl* [con]
foliated geschichtet [met]; lamellar
follow folgen *v*; nacheilen *v*; nachfolgen *v*
follow current Nachlaufstrom *m* [elt]
follow each other aufeinander folgen *v*
follow position Folgeposition *f*
follow up verfolgen *v*
follow-up control Ablaufsteuerung *f*; Folgeregelung *f*
follow-up examination Nachuntersuchung *f* [any]
follow-up nut Nachführspindel *f* [tec]
follow-up order Folgeauftrag *m* [eco]
follow-up period Nachbeobachtungszeit *f*
follow-up piston Folgekolben *m* [pow]; Rückführkolben *m* [pow]
follow-up treatment Nachbehandlung *f* [wer]
follower Gewindebacke *f* [tec]; Manschette *f* (Stößel des Ventils) [tec]; Mitnehmerscheibe *f* [mbt]; Mitnehmer *m* (Stößel) [tra]; Nachlaufregler *m* [tra]
follower bolt Mitnehmerbolzen *m* [tec]
follower disc Mitnehmerscheibe *f* [tec]
follower drive Folgeantrieb *m* [tec]
follower pin Mitnehmerstift *m* [tec]
following untenstehend
following gear Abtriebsrad *n* [tec]
following this pattern nach diesem Beispiel
font Schrift *f* (Textverarbeitung); Schriftart *f* (Textverarbeitung)
font size Schriftgrad *m* (Schriftgröße)
food Nahrung *f*; Nahrungsmittel *n*; Lebensmittel *pl*
food additive Lebensmittelzusatz *m*
food and accommodation Unterkunft und Verpflegung
food chemistry Lebensmittelchemie *f* [che];

Nahrungsmittelchemie *f* [che]
food conservation Lebensmittelkonservierung *f*
food control Nahrungsmittelkontrolle *f*
food dye Lebensmittelfarbzusatz *m*
food industry Lebensmittelindustrie *f*
food label Lebensmittelkennzeichnung *f*
food mark Lebensmittelkennzeichnung *f*
food poisoning Lebensmittelvergiftung *f* [hum]
food preparation Nahrungsmittelherstellung *f*
food processing Nahrungsmittelverarbeitung *f*
food processing industry Nahrungsmittelindustrie *f*
food requirements Nahrungsbedarf *m*
food supply Lebensmittelversorgung *f*; Verpflegung *f*
food value Nährwert *m*
food wrapping Lebensmittelverpackung *f*
foodstuff Nahrungsmittel *n*; Lebensmittel *pl*
foodstuff colouring substance Lebensmittelfarbstoff *m*
foodstuffs industry Nahrungsmittelindustrie *f*
foolproof betriebssicher (Arbeitssicherheit); narrensicher; totsicher
foot Basis *f* (Grundfläche); Fuß *m* (Längenmaß) [any]; Fuß *m* (z.B. eines Gerätes); Fußpunkt *m*
foot control Fußbedienung *f* [tra]
foot dip switch Fußabblendschalter *m* [tra]
foot drive Fußantrieb *m* [tec]
foot mounting Fußbefestigung *f* [tra]
foot operated valve Fußventil *n* (Pedal) [tra]
foot pedal Fußhebel *m*; Fußpedal *n* (Fußhebel, z.B. Bremse) [tra]
foot piece Füllstück *n*
foot plate Fußplatte *f* [tec]
foot rail Fußleiste *f* (Arbeitsbühne) [wer]; Vignolschiene *f* [tra]
foot rest Fußraste *f* [tec]; Fußstütze *f* [tra]
foot roller Fußrolle *f* [tec]
foot starter switch Fußanlassschalter *m* [tra]
foot switch Fußschalter *m* [elt]
foot wall Liegendes *n* (im Stollen) [roh]
foot-actuated switch Fußschalter *m* [elt]
foot-and-mouth disease Maul- und Klauenseuche *f* [hum]
foot-brake Fußbremse *f* [tra]
foot-bridge Fußgängerbrücke *f* [tra]; Straßenüberführung *f* [bau]; Steg *m* (Brücke) [tra]; Steg *m* (kleine Brücke) [bau]; Übergang *m* (Fußgängerbrücke) [tra]
foot-mounted motor Fußmotor *m* (Hydraulik) [tec]
foot-operated pump Fußpumpe *f* [tra]
foot-path Gehweg *m* [tra]
foot-sure rutschfest (sicheres Gehen) [tra]
footboard Trittbrett *n* (Auto, Waggon) [tra]
foothill Ausläufer *m* (Gebirge) [geo]
footing Gründung *f* (Fundament) [bau]; Bankett *n* (an Häusern); Fundament *n* (Sockel) [bau]
footloose unbeschwert; ungebunden
footnote Fußnote *f* (Textverarbeitung)
footpath Fußgängerweg *m* (Wanderweg) [tra];

Fußweg *m* (Bürgersteig, Gehweg) [tra]; Spazierweg *m* [tra]; Wanderweg *m* [tra]
footplate Führerstand *m* (der Dampflok) [tra]; Führerhaus *n* (der Dampflok) [tra]
footplate man Lokführer *m* ((B)) [tra]
footroad Bürgersteig *m* [tra]
footstep sound Trittschall *m* [aku]
footway Fußgängerweg *m* [tra]; Fußweg *m* [tra]; Gehweg *m* (Wanderweg) [tra]
footway bracket Fußwegkonsole *f* [tra]
footway railing Fußweggeländer *n* [tra]
footwear Schuhwerk *n*
for delivery, available - lieferbar [eco]
for-life lubrication Lebensdauerschmierung *f* [tec]
forbearance, right to - Unterlassungsanspruch *m* [jur]
forbid untersagen *v*; verbieten *v*
forbidden verboten
force Kraft *f* [phy]; Stärke *f* (Kraft); Zwang *m* (Kraft)
force aufbrechen *v*; drücken *v* (Druck ausüben); pressen *v* (drücken)
force closure mechanischer Kraftschluss *m*
force due to gravity Massenkraft *f* [phy]
force fit Presspassung *f* [tec]; Treibsitz *m* [tec]
force in eindrücken *v* (hineindrücken); einpressen *v*; treiben *v* (eintreiben) [wer]
force into einzwängen *v*
force link Kraftverbindung *f* [tec]
force majeure höhere Gewalt *f* [jur]
force of adhesion Adhäsionskraft *f* [phy]
force of inertia Trägheitskraft *f* [phy]
force of law Gesetzeskraft *f* [jur]; Gesetzeswirkung *f* [jur]
force of nature Naturgewalt *f*; Naturkraft *f*
force of sectioning Schnittkräfte *pl* [wer]
force on aufpressen *v* [wer]
force open aufstemmen *v* [bau]; sprengen *v* (aufbrechen)
force plate Kraftplatte *f* [tec]
force pump Druckpumpe *f* [prc]
force setting Einstellkraft *f*
force through durchdrücken *v* [wer]; durchpressen *v*
force transducer Kraftaufnehmer *m* [tec]
force, additional - Zusatzkraft *f* [phy]
force, adhering - Haftkraft *f* [phy]
force, by - erzwungenermaßen
force, dynamic - dynamische Kraft *f* [phy]
force, line of - Kraftlinie *f* [phy]
force, natural - Naturkraft *f*
force-feed lubrication Öldruckschmierung *f* [tec]
force-feed oiling Öldruckschmierung *f* [tec]
forced aeration Zwangsbelüftung *f* [air]
forced air Gebläseluft *f* [air]
forced air cooling Zwangskühlung *f* [pow]
forced air duct Druckluftkanal *m* [prc]
forced air ventilation Zwangsentlüftung *f* [air]
forced circulation Zwangsumlauf *m* [pow]
forced circulation boiler Zwangsdurchlaufkessel *m*; Zwangsumlaufkessel *m* [pow]

forced circulation cooling Zwangsumlaufkühlung *f* [pow]
forced circulation evaporator Umlaufverdampfer *m* [prc]
forced circulation heating Zwangsumlaufheizung *f* [pow]
forced convection erzwungene Konvektion *f* [prc]
forced draught Gebläseluft *f* [air]
forced draught compartment Unterwindzone *f* (Rost) [pow]
forced draught compartment-travelling grate stoker Unterwindzonenwanderrost *m* [pow]
forced draught drier Stromtrockner *m* [prc]
forced draught fan Frischluftventilator *m* [air]; Unterwindventilator *m* [pow]
forced draught furnace Unterwindfeuerung *f* [pow]
forced fit Presspassung *f* [tec]
forced fracture Gewaltbruch *m* [met]
forced guide bearing Zwangsführungslager *n* [tec]
forced lube oil system Öldruckanlage *f* (Schmierung) [tec]
forced lubrication Druckölschmierung *f*; Druckschmierung *f* [tec]; Druckumlaufschmierung *f* [tec]; Zwangsschmierung *f* [tec]
forced oil lubrication Druckölschmierung *f* [tec]
forced oscillation erzwungene Schwingung *f* [phy]
forced outage Zwangsstillstand *m*
forced page break erzwungener Seitenumbruch *m* (Textverarbeitung) [edv]
forced vibration erzwungene Schwingung *f* [phy]
forced-feed grease lubrication Pressfettschmierung *f* [tec]
forced-feed lubrication Druckschmierung *f*; Druckumlaufschmierung *f* [tra]
forced-flow once-through boiler Zwangsumlaufkessel *m* [pow]
forced-lubricated bearing Lager mit Druckölschmierung *n* [tec]
forceps Pinzette *f* [wzg]
forcing bolt Druckbolzen *m* [tec]
forcing function Anregefunktion *f* [elt]
fore vorne (auf Schiffen, Pontons) [tra]
forearm Unterarm *m* [hum]
forebay Einlaufbecken *n* (Kraftwerk) [pow]
forebuilding Vorbau *m* [bau]
forecast Prognose *f*; Voraussage *f*; Vorhersage *f*
forecast voraussagen *v*; vorhersagen *v*
forecasting Voraussage *f*
forecooler Vorkühler *m* [prc]
foreground Vordergrund *m*
forehead Stirn *f* [hum]
forehead joint Stirnstoß *m* [wer]
forehearth Vorwärmeherd *m* [prc]
foreign fremd
foreign body Fremdkörper *m*
foreign countries Ausland *n*
foreign currency Fremdwährung *f* [eco]; Devisen *pl* [eco]
foreign exchange Devisen *pl* [eco]

foreign impurity Fremdstoff *m* [met]
foreign inclusion Fremdeinschluss *m* [met]
foreign matter Fremdkörper *m*; Fremdstoff *m* [met]
foreign metal Begleitmetall *n*
foreign relations auswärtige Beziehungen *pl*
foreign substance Fremdbestandteil *m* [met]; Fremdkörper *m*; Fremdstoff *m* [met]
forelock Splint *m* [tec]
forelock bolt Vorsteckbolzen *m* [tec]
foreman Bauführer *m*; Meister *m*; Polier *m*; Vorarbeiter *m*
forepart Vorbau *m* [bau]
forerunner Vorläufer *m*
foreship Vorschiff *n* (Vorn, Bug) [tra]
foreshock Vorbeben *n* (Erdbeben) [geo]
forest damage Waldschaden *m*
forest damages, survey of - Waldschadenserhebung *f*
forest dieback Waldsterben *n*
forest fire Waldbrand *m*
forest management Forstwirtschaft *f* [far]
forest path Waldweg *m*
forest reserve Waldschutzgebiet *n*
forest soil Waldboden *m*
forestation Aufforsten *n* [far]
forestry Forstwirtschaft *f* [far]; Forstwesen *n* [far]
forestry adequate to nature naturnaher Waldbau *m* [far]
forestry exploitation Forstwirtschaft *f* [far]
forestry wastes, utilization of - Verwertung von Abfällen aus der Forstwirtschaft *f* [far]
foreword Vorwort *n* (Begleitworte)
forfeiture Verfall *m* (Verwirkung) [jur]
forge Eisenhütte *f* [roh]; Eisenschmiede *f* [wer]; Schmiede *f* [wer]; Hammerwerk *n*
forge hämmern *v*; schmieden *v* [wer]
forge coal Esskohle *f* [roh]
forge draught Gesenkschräge *f* [wer]
forge on anschmieden *v* [wer]
forge pig iron Puddelroheisen *n* [met]
forge scale Hammerschlag *m* [met]
forge welding Feuerschweißen *n*
forge-welded feuergeschweißt [wer]
forgeable schmiedbar [met]
forged freiformgeschmiedet [wer]; geschmiedet [met]
forged fork Schmiedegabel *f* [tec]
forged iron Hammereisen *n* [met]
forged on angeschmiedet [wer]
forged ring Schmiedestück *n* [met]
forged steel Schmiedeblock *m* [met]; Schmiedestahl *m* [met]
forger Schmied *m* [wer]
forget verlernen *v*
forging Schmieden *n* [wer]; Schmiedestück *n* [met]
forging blank Schmiederohling *m* [wer]
forging from two different grades Zweistoffschmiedestück *n* [wer]
forging furnace Schmiedeofen *m* [wer]
forging hammer Schmiedehammer *m* [wzg]

forging out of two different grades Zweistoffschmiedestück *n* [wer]
forging press Presse *f* (Schmiedepresse) [wer]; Schmiedepresse *f* [wer]
forging steel Schmiedeeisen *n* [met]
forging temperature Schmiedetemperatur *f*
forging test Schmiedeteilprüfung *f* [any]
forging/welding construction Schmiedeschweißkonstruktion *f* [tec]
fork Abzweigung *f* (auch einer Straße) [tra]; Gabel *f* (Eßgerät); Gabel *f* (Fahrrad) [tra]; Gabelung *f*; Verzweigung *f* (Gabelung) [tra]; Zinke *f*
fork arm Gabelzinke *f* [tec]
fork axle Gabelachse *f* [tra]
fork carriage Gabelträger *m* [mbt]
fork clamp Drehgabel *f* [tra]; Klammergabel *f* [tra]
fork clamp with turnable forks Drehgabelklammer *f* [tra]
fork head Gabelkopf *m* [tec]
fork joint Gabelgelenk *n* [tra]
fork leg Gabelbein *n* [tec]
fork lever Gabelhebel *m* [tra]
fork lift Gabelstapler *m* [mbt]; Hubstapler *m* [mbt]
fork lift roller Hubstaplerrolle *f* [mbt]
fork lift stacker Gabelstapler *m* [mbt]
fork lift truck Gabelhubwagen *m* [mbt]; Gabelstapler *m* (Flurförderzeug) [mbt]; Hubstapler *m* [mbt]; Flurförderzeug *n* (meist Gabelstapler) [mbt]
fork off abzweigen *v* (ein Kabel) [elt]
fork piler Gabelstapler *m* [mbt]
fork return spring Gabelrückholfeder *f* [tec]
fork rod Lenkerstange *f* [mbt]
fork sprocket chain Gabellaschenkette *f* [roh]
fork tappet Mitnehmergabel *f* [tra]
fork truck Gabelstapler *m* [mbt]
fork-type knuckle joint Gabelgelenk *n* [tec]
fork-type lever Gabelhebel *m* [tec]
forked gabelförmig [tra]; gegabelt
forked box type wrench Gabelringschlüssel *m* [wzg]
forked connection Gabelverbindung *f* [tec]
forked draw-bar Zuggabel *f* [tec]
forked gooseneck grab arm gegabelter und gekröpfter Greiferstiel *m* [mbt]
forked grab arm gegabelter Greiferstiel *m* [mbt]
forked lever Gabelhebel *m* [tec]
forked open jaw wrench Gabelschlüssel *m* (Werkzeug) [wzg]
forked tube Gabelrohr *n* [tra]
forked-link chain Gabelkette *f* [tec]
forklift truck Stapler *m* [mbt]
form Bildung *f* (Form, Gestalt); Form *f* (Gestalt); Gestalt *f* (Form); Fragebogen *m* (Formular); Term *m* [edv]; Vordruck *m* (z.B. Formular); Formblatt *n*; Formular *n* (Büroformular)
form abkanten *v* (auf Abkantpresse) [wer]; bilden *v* (formen, gestalten, auch chem. Verbindungen); formen *v* (gestalten); formieren *v* [che]; gestalten *v* (formen, bilden)
form a complex anlagern *v* [che]

form a precipitate abscheiden *v* [prc]
form back rückbilden *v*
form crystals auskristallisieren *v* [prc]
form defect Formfehler *m* (bei Schweißnaht) [wer]
form factor Formfaktor *m*
form flakes flocken *v* [was]
form lace ring Formschnurring *m* [prc]
form lathing Formdrehen *n* [wer]
form shim Formscheibe *f* [tec]
form spring Formfeder *f* [tec]
form stability Formbeständigkeit *f*; Formfestigkeit *f*
form tolerance Formtoleranz *f* [con]
form variation Formabweichung *f*
form-closed formschlüssig
form-fit Formschluss *m*
form-fitting formschlüssig
formal förmlich; formal
formal error Formfehler *m* (Gestaltung)
formal requirement Formvorschrift *f* [nor]
formaldehyde Formaldehyd *n* [che]
formaldehyde resin Formaldehydharz *n* [met]
format Format *n*
format formatieren *v* (Software) [edv]
format declaration Formatvereinbarung *f* (Software) [edv]
format error Formatfehler *m* (Software) [edv]
format specification Formatangabe *f* (Software) [edv]
format statement Formatanweisung *f* (Software) [edv]
format, horizontal - Querformat *n*
formation Bildung *f* (Schaffung); Entstehung *f*; Entwicklung *f* (Bildung) [che]; Gestaltung *f* (Formung, Bildung) [wer]; Zusammensetzung *f* (Bespannung d. Zuges) [tra]; Aufbau *m* (Aufbauen); Bahnkörper *m* [tra]; Gebilde *n* (Gegenstand)
formation level Gründungssohle *f* [bau]
formatted formatiert (Software) [edv]
formatting Formatierung *f* (Software) [edv]
formed part Formteil *n*
formed piece Formling *m* [met]; Formteil *n*
former ehemalig (früher)
former Spant *n*
forming Formgebung *f* [wer]
forming fixture formgebende Vorrichtung *f* [wer]
forming into female mould Negativverfahren *n*
forming tool Drehmeißel *m* [wzg]
forming tools Formwerkzeuge *pl*
formless gestaltlos
formlessness Formlosigkeit *f* (Gestaltlosigkeit)
forms format Papierformat *n*
formula Formel *f* [che]; Gleichung *f* (z.B. Blendengleichung) [mat]; Herstellungsvorschrift *f* [che]; Rezept *n* (Zusammensetzung)
formula conversion Formelumsatz *m* [che]
formula sign Formelzeichen *n*
formula to convert Umrechnungsformel *f* (z.B. lbf in kp) [phy]
formulation Zubereitung *f* (Chemikalien) [met]

formwork Schalung *f* [bau]
formwork board Schalbrett *n* [bau]
formwork oil Schalungsöl *n* [met]
formwork panel Schalungsplatte *f* [bau]
formwork pressure transducer Schalungsdrucksensor *m* [bau]
fortify bestärken *v* (befestigen, stärken); verstärken *v* (Konstruktion) [con]
fortnightly vierzehntägig
forward befördern *v* (bewegen; mit der Post -); fördern *v* (transportieren); senden *v* (verschicken); weiterleiten *v* (weitersenden); zustellen *v* (postalisch)
forward and sides discharge skip Dreiseitenkippmulde *f* [mbt]
forward clutch Vorwärtskupplung *f* [tra]
forward flank Vorwärtsflanke *f* (Zahnrad) [tec]
forward gear Vorwärtsgang *m* [tra]
forward motion Vorlauf *m* (Kolben) [tec]; Vorwärtsgang *m* [tec]; Vorwärtshub *m* (Kolben) [tec]; Vorwärtslauf *m*
forward movement Vorlauf *m* (Kolben) [tec]
forward movement of a piston Vorlauf eines Kolbens *m* [tra]
forward projection Fortschreibung *f* (in die Zukunft)
forward reaction Hinreaktion *f* [che]
forward release Vorwärtsauslösung *f*
forward speed Vorwärtsgang *m* [tra]
forward stroke Vorwärtsgang *m* [tec]; Vorwärtshub *m* (Kolben) [tec]
forward travel Vorlauf *m* [tec]; Vorschub *m* (Werkzeugmaschine) [wer]; Vorwärtshub *m* (Kolben) [tec]
forward travel of a piston Vorlauf eines Kolbens *m* [tra]
forward-control truck tractor Frontlenker *m* (Frontlenkerzugmaschine) [mbt]
forwarding Beförderung *f* (Senden); Weiterleitung *f*
forwarding agent Spediteur *m* [tra]
forwarding company Spediteur *m* (alle Spediteurtätigkeiten) [tra]
forwards vorwärts
fossil fossil
fossil Versteinerung *f* [min]; Fossil *n*
fossil fuel Fossilbrennstoff *m* [roh]
foul faul (verdorben)
foul air Abluft *f* [air]; Schlechtluft *f* [air]; verbrauchte Luft *f* [air]; Kanalgas *n* [was]; Abwetter *pl* (Bergbau) [air]
foul water Abwasser *n* [was]; Schmutzwasser *n* [was]
foul water line Abwasserleitung *f* [was]
foul-smelling übelriechend
fouling Verschmutzung *f* (Verrottung)
fouling factor Verschmutzungsfaktor *m* [pow]
foulness Fäule *f*
found begründen *v* (gründen) [bau]; errichten *v* (einrichten); gießen *v* (Metall) [wer]; gründen *v* (errichten) [bau]; unterfangen *v* [bau]; untermauern

v (z.B. Beton/Steinfundament) [bau]
foundation Bodenplatte *f* [bau]; Einrichtung *f* (Gründung) [bau]; Fundamentierung *f* [bau]; Gründung *f* (Fundament) [bau]; Grundlage *f*; Sohle *f* (Boden) [bod]; Unterlage *f* (Fundament) [bau]; Untermauerung *f* [bau]; Grund *m* (Gründung) [bau]; Unterbau *m* [bau]; Untergrund *m* (Baugrund) [bau]; Grundmauerwerk *n* [bau]
foundation anchor Fundamentanker *m* [bau]
foundation base Gründungssohle *f* [bau]
foundation beam Fundamentbalken *m* [bau]
foundation bolt Ankerschraube *f* (Fundament) [bau]; Fundamentschraube *f* [tec]; Steinschraube *f* [bau]; Ankerbolzen *m* [bau]
foundation course Fundamentschicht *f* [bau]
foundation cover Fundamentabdeckung *f* [bau]
foundation curb Aufkantung *f* [bau]
foundation drain Fundamentdrän *m* [was]
foundation engineering Grundbau *m* [bau]
foundation excavation Fundamentaushub *m* [bau]
foundation passage Fundamentdurchgang *m* [bau]
foundation pillar Grundpfeiler *m* [bau]
foundation plan Fundamentplan *m* [bau]
foundation plate Fundamentplatte *f* [bau]; Gründungsplatte *f* [bau]
foundation pressure Bodendruck *m* (Gründung) [bod]
foundation slab Gründungsplatte *f* [bau]
foundation soil Baugrund *m* [bod]
foundation structure Fundamentkonstruktion *f* [bau]
foundation treaty Gründungsvertrag *m* [jur]
foundation wall Kellermauer *f* [bau]
foundation work Fundamentarbeiten *f* [bau]; Gründungsarbeiten *pl* [bau]
foundation, natural - Fundamentuntergrund *m* [bau]; tragfähiger Untergrund *m* [bau]
foundation, year of - Jahr der Grundsteinlegung *n* [bau]
foundation-stone, lay the - den Grundstein legen *v* [bau]
foundation-stone, laying of the - Grundsteinlegung *f* (z.B. für neues Werk) [bau]
foundations Fundament *n* (Gründung) [bau]
foundations, lay the - fundamentieren *v* [bau]
founded gegründet (auf Untergrund)
founder absacken *v* (sinken); einfallen *v* (fehlschlagen)
founding Guss *m* (Gießen) [wer]
foundry Gießerei *f* [met]
foundry auxiliary material Gießerei- und Stahlwerksbedarf *m* [met]
foundry cement Hüttenzement *m* [met]
foundry equipment Gießereieinrichtung *f* [met]
foundry ladle Gießpfanne *f* [met]
foundry material Gießereibedarf *m* [met]
foundry process Gießereiverfahren *n* [met]
foundry product Gießereierzeugnis *n* [met]
foundry sand Formsand *m* [met]
foundry scrap Gussabfall *m* [rec]

foundry slag Gießereischlacke f [met]
foundry tool Gießereiwerkzeug n [met]
foundry waste Gussabfall m [rec]
fountain Brunnen m (Springbrunnen) [was]; Springbrunnen m
four star Superbenzin n ((B)) [tra]
four-axle vierachsig (vierachsig) [tra]
four-axle bogie vierachsiger Drehgestellaufwagen m [tra]
four-colour printing Vierfarbendruck m
four-cycle Viertakt m [tra]
four-cycle engine Viertaktmotor m [tra]
four-cycle motor Viertaktmotor m [tra]
four-engined viermotorig [pow]
four-engined plane vierstrahliges Flugzeug n [tra]
four-lane vierspurig [tra]
four-legged vierbeinig
four-pole Vierpol m [elt]
four-speed gear Vierganggetriebe n [tra]
four-speed shift Viergangschaltung f [tra]
four-speed shift transmission Vierganggetriebe n [tra]
four-stroke cycle Viertakt m [tra]
four-stroke engine Viertaktmotor m [tra]
four-way cock Vierwegehahn m (Kreuzhahn) [prc]
four-way connector Kreuzstück n [tra]
four-way coupling Kreuzverschraubung f [tra]
four-way switch Vierwegeschalter m [elt]
four-way valve Vierwegeventil n [prc]
four-way wheel brace Kreuzschlitzschraubendreher m [wzg]
four-wheel bogie Vierradschwinge f (des Schaufelrad-Baggers) [mbt]
four-wheel brake Vierradbremse f [tra]
four-wheel drive Allradantrieb m [tra]; Vierradantrieb m [tra]
four-wheel drive truck Allradlastkraftwagen m [tra]
four-wheel steering Vierradlenkung f [tra]
four-wheeled vierrädrig [tra]
fourth wheel Minutenrad n (Uhr) [tec]
foyer Eingangshalle f (Hotel, Theater) [bau]; Halle f (Hotel-, Theater-) [bau]
fraction Fraktion f; Bruch m (mathematischer -) [mat]; Bruchteil n
fraction bar Bruchstrich m [mat]
fraction line Bruchstrich m [mat]
fraction receiver Destilliervorlage f [che]
fractional absatzweise; gebrochen [mat]
fractional distillation fraktionierte Destillation f [che]
fractional horsepower drive Kleinstmotorenantrieb m [tra]
fractional load Unterbelastung f [tec]
fractional pitch Teilschritt m [tec]
fractionate fraktionieren v
fractionated distillation fraktionierte Destillation f [che]
fractionating Fraktionieren n
fractionating column Fraktionierkolonne f [prc]
fractionating pump Dosierpumpe f [prc]
fractionating tower Fraktionierkolonne f [prc]
fractionation Fraktionierung f [prc]
fracture Anbruch m [met]; Bruch m (z.B. Knochenbruch) [hum]; mechanischer Bruch m; Riss m (Bruch); Zerbrechen n
fracture brechen v (zu Bruch gehen); reißen v (brechen); zerbrechen v (brechen)
fracture area Bruchfläche f
fracture breaking limit Bruchgrenze f [met]
fracture face Bruchfläche f
fracture load Bruchbelastung f [phy]; Bruchlast f
fracture mechanics Bruchmechanik f
fracture modulus Bruchmodul m
fracture of chain Kettenbruch m (mechanisch) [met]
fracture range Zeitfestigkeit f [met]
fracture strain Bruchdehnung f [met]
fracture stress Bruchspannung f [met]
fracture toughness Bruchzähigkeit f [met]
fracture, risk of - Bruchgefahr f
fracture, surface of - Bruchfläche f
fractured surface Bruchfläche f
fragile brüchig; spröde; zerbrechlich
fragility Bruchkraft f [phy]; Sprödigkeit f; Zerbrechlichkeit f [met]
fragment Scherbe f; Splitter m; Bruchstück n (Fragment, Schnipsel); Fragment n; Stück n (Bruchteil); Teil n (Bruchstück)
fragmented klüftig (Gestein) [roh]
fragmented, well - gesprengt
fragmentize zertrümmern v (in Einzelstücke)
fragments Trümmer pl (Bruchstücke)
fragrance Duft m
frame Einfassung f; Zarge f [bau]; Aufsatz m (Rahmen) [tec]; Rahmen m; Spant m (Spante) [tra]; Fachwerk n [bau]; Gehäuse n (Rahmen); Gestell n (Maschine); Spant n
frame aufstellen v (Geräte aufbauen); einfassen v (Rahmen); einrahmen v; umrahmen v
frame articulation Knickrahmenlenkung f [mbt]; Zentralgelenk n (für Knicklenkung) [mbt]
frame centre rest Rahmenbrille f [tra]
frame construction Rahmenkonstruktion f [tec]
frame extension Rahmenverlängerung m [tra]
frame filter Rahmenfilter m
frame filter press Rahmenfilterpresse f [was]; Rahmenpresse f [was]
frame fork Rahmengabel f [tra]
frame girder Fachwerkträger m
frame grid Spanngitter n [bau]
frame joint Rahmenverbindung f (Stahlbau) [tec]
frame load-bearing structure Rahmentragwerk n [bau]
frame member, horizontal - Rahmenriegel m (Stahlbau) [tec]
frame member, vertical - Rahmenstiel m (Stahlbau) [tec]
frame post Stiel m (Stütze) [bau]
frame profile Rahmenprofil n [bau]

frame rate Bildwiederholrate *f* (Bildschirm) [edv]
frame reinforcement Rahmenverstärkung *f* [tec]
frame screen Rahmengitter *n* [tec]
frame seal Rahmendichtung *f* [tec]
frame section Rahmenprofil *n* [bau]
frame side member Längsträger *m* [mbt]
frame side rail Rahmenlängsträger *m* [tra]
frame supporting beam Rahmenträger *m* [tec]
frame trussing Rahmenunterzug *m* [tra]
frame, yoke Polgestell *n* [elt]
frame, welded - geschweißter Rahmen *m* [tec]
frame-saw Gattersäge *f* [wzg]
framed eingerahmt (Textverarbeitung)
frameless rahmenlos [con]
framework Verstrebung *f* [tec]; Rahmen *m*; Fachwerk *n* [bau]; Gerippe *n* (Rahmen der Maschine) [tec]; Gerüst *n* (Grundgerüst); Rahmenwerk *n* [bau]
framework construction Fachwerkbauweise *f* [bau]
framework house Fachwerkhaus *n* [bau]
framework legislation Rahmengesetzgebung *f* [jur]; Rahmengesetz *n* [jur]
framework provision Rahmenvorschrift *f* [jur]
framework statute Rahmengesetz *n* [jur]
framework water management plan wasserwirtschaftlicher Rahmenplan *m* [jur]
framing Einrahmung *f*; Gestaltung *f* (Entwurf) [con]; Bauen *n* [bau]; Spantenwerk *n* (Gerippe des Schiffes) [tra]
fraud Betrug *m* [jur]
free frei (unabhängig)
free convection freie Konvektion *f* [prc]
free destination frei Bestimmungsort (Fracht) [tra]
free drop ram Freifallramme *f* [bau]
free energy freie Energie *f* [che]
free fall freier Fall *m* [phy]
free field echolos (Akustik) [aku]; reflexionsfrei (Akustik) [aku]
free flow outlet Ölausfluss *m* (freier Ölausfluss) [tra]
free format freies Format *n* (Software) [edv]
free from slip schlupffrei
free from vibrations erschütterungsfrei
free heat freie Wärme *f*
free jet Freistrahl *m* [prc]
free lime freier Kalk *m* [met]
free market economy freie Marktwirtschaft *f* [eco]
free motion Spielraum *m*
free movement Leichtgängigkeit *f*
free movement of goods freier Warenverkehr *m* [eco]
free oscillation Eigenschwingung *f* [phy]; freie Schwingung *f* [phy]
free path, average - mittlere freie Weglänge *f* (Thermodynamik) [che]
free path, mean - mittlere freie Weglänge *f* (Thermodynamik) [che]
free piston pump Freikolbenpumpe *f* [prc]
free port Freihafen *m* [tra]
free programmability freie Programmierung *f* [edv]
free radical freies Radikal *n* [che]
free space Freifläche *f*; Freiraum *m*; Spielraum *m*

free swelling index Schwellzahl *f* (Kohleuntersuchung) [any]
free trade Freihandel *m* [eco]
free trade agreements Freihandelsabkommen *n* [eco]
free trade zone Freihandelszone *f* [eco]
free tube length gestreckte Rohrlänge *f* [con]
free vibration freie Schwingung *f* [phy]
free water freies Wasser *n* [was]
free wheel Freilauf *m* (Räder, Getriebe) [tra]
free wheel brake roller Freilaufklemmrolle *f* [tra]
free wheel clutch Freilaufkupplung *f* [tra]
free wheel inner ring Freilaufinnenring *m* [tra]
free wheel lock Freilaufsperre *f* [tra]
free wheel outer ring Freilaufaußenring *m* [tra]
free wheeling Freilauf *m* [tra]
free wheeling hub Freilaufnabe *f* [tra]
free-cutting steel Automatenstahl *f* (Massenschrauben) [tra]
free-falling velocity Schwebegeschwindigkeit *f* [phy]
free-flowing rieselfähig (Pulver)
free-lance frei (nicht angestellt); frei beruflich [eco]
free-lance worker freier Mitarbeiter *m* [eco]
free-living animal frei lebendes Tier *n* [bff]
free-settling hydraulic classifier Freifallstromklassierer *m* [prc]
free-standing freistehend
free-wheel Freilaufrad *n* [tec]
free-wheel clutch Freilaufkupplung *f* [tec]
free-wheeling frei laufend [tec]
freeboard Freibord *n* (Schiff) [tra]
freed entbunden (befreit)
freedom of information Informationsfreiheit *f*
freedom of movement Bewegungsfreiheit *f*; Gängigkeit *f* (bei Armaturen) [tec]
freehand drawing Freihandzeichnung *f* [con]
freehand sketch Handskizze *f* [con]
freeholder Grundeigentümer *m* [eco]
freeing Entriegelung *f* [tec]
freely movable bearing frei bewegliches Lager *n* [tec]
freely programmable frei programmierbar
freely programmable control by accumulator freiprogrammierbare Steuerung *f*
freeway Autobahn *f* ((A)) [tra]; Schnellstraße *f* ((A)) [tra]
freeze abkühlen *v*; einfrieren *v*; erhärten *v*; gefrieren *v*; tiefkühlen *v*; vereisen *v*
freeze drying Gefriertrocknung *f* [prc]
freeze drying plant Gefriertrocknungsanlage *f* [prc]
freeze to death erfrieren *v*
freeze up zufrieren *v*
freeze-dried gefriergetrocknet
freezer Eismaschine *f*; Gefriertruhe *f* [elt]; Gefrierschrank *m* [elt]; Gefrierfach *n*
freezer room Tiefgefrierraum *m*
freezing eisig
freezing Vereisung *f*; Frost *m* [wet]; Einfrieren *n*; Gefrieren *n*
freezing apparatus Gefrierapparat *m* [prc]

freezing chamber Gefrierkammer *f* [prc]
freezing compartment Gefrierfach *n*
freezing heat Gefrierwärme *f* [phy]
freezing mixture Kältegemisch *n* [met]
freezing plant Gefrieranlage *f* [prc]
freezing point Eispunkt *m* [phy]; Gefrierpunkt *m* [phy]
freezing point bath Gefrierpunktmethode *f* (bei Thermoelementen) [any]
freezing point curve Erstarrungskurve *f* [met]
freezing point thermometer Gefrierthermometer *n* [any]
freezing temperature Gefriertemperatur *f*
freezing trap Kühlfalle *f* [any]
freezing weather Frostwetter *n* [wet]
freezing, method of - Gefrierverfahren *n* [prc]
freight Fracht *f* (mit Schiff, Flugzeug) [tra]; Gut *n* (Fracht-) [tra]; Frachtkosten *pl* [tra]
freight booking Belegung *f* (Frachtraum) [tra]
freight car Güterwagen *m* ((A)) [tra]
freight cars, fleet of - Güterwagenpark *m* [tra]
freight charges Frachtkosten *pl* [tra]
freight depot Güterbahnhof *m* [tra]
freight elevator Aufzug für den Warentransport *m* [bau]; Lastenaufzug *m* [mbt]
freight forwarder Spediteur *m* (fährt Speditionsgut) [tra]
freight lift Lastenaufzug *m* [mbt]
freight plane Frachtflugzeug *n* [tra]
freight station Güterbahnhof *m* [tra]
freight traffic Güterverkehr *m* [tra]
freight train Güterzug *m* ((A)) [tra]
freight wagon brake Güterwagenbremse *f* [tra]
freight yard Güterbahnhof *m* [tra]
freight-paid delivery frachtfreie Anlieferung *f*
freightage Frachtkosten *pl* [tra]
freighter Befrachter *m* (Frachtversender) [tra]; Frachter *m* [tra]; Lastschiff *n* [tra]
French door Fenstertür *f* [bau]
freon Freon *n* [che]; Frigen *n* [che]
frequency Frequenz *f* [phy]; Häufigkeit *f*; Periodenzahl *f* [phy]
frequency analysis Frequenzanalyse *f* [any]
frequency axis Frequenzachse *f* [elt]
frequency balancing device Frequenzabgleicher *m* [pow]
frequency band Frequenzbereich *m* [phy]; Frequenzband *n* [phy]
frequency controller Frequenzregler *m* [elt]
frequency converter Frequenzumformer *m* [elt]; Frequenzumrichter *m* [elt]
frequency curve Häufigkeitsdiagramm *f* [mat]; Häufigkeitskurve *f* [mat]
frequency dependence Frequenzabhängigkeit *f* [elt]
frequency diagram Häufigkeitsdiagramm *f* [mat]
frequency distribution Häufigkeitsverteilung *f* [mat]
frequency distribution curve Häufigkeitskurve *f* [mat]
frequency divider Frequenzteiler *m* [elt]

frequency drift Frequenzwanderung *f* [elt]
frequency factor Stoßfaktor *m* (bei chem. Reaktion) [che]
frequency function Häufigkeitsfunktion *f* [mat]
frequency measuring device Frequenzmessgerät *n* [any]
frequency meter Frequenzmesser *m* [phy]
frequency modulated frequenzmoduliert [elt]
frequency modulation Frequenzmodulation *f* [elt]
frequency modulation method Frequenzmodulationsverfahren *n* [elt]
frequency multiplier Frequenzvervielfacher *m* [elt]
frequency of oscillation Schwingungsfrequenz *f* [phy]
frequency range Frequenzbereich *m* [phy]
frequency regulator Frequenzregler *m* [elt]
frequency relay Frequenzrelais *n* [elt]
frequency response Frequenzgang *m* (des Verstärkers)
frequency response curve Durchlasskurve *f* [elt]
frequency response test Frequenzgangprüfung *f* [any]
frequency stabilization Frequenzstabilisierung *f* [elt]
frequency swing Frequenzhub *m* [elt]
frequency table Häufigkeitstabelle *f* [mat]
frequency, acoustic Schallfrequenz *f* [phy]
frequency, natural - Eigenfrequenz *f* [phy]; Resonanz *f* (Eigenschwingung) [phy]
frequency, variation of - Frequenzschwankung *f*
frequent häufig; oftmalig
fresh frisch
fresh air Frischluft *f* [air]
fresh annealing Glühfrischen *n* [met]
fresh concrete Frischbeton *m* [met]
fresh sludge Frischschlamm *m* [was]
fresh water Frischwasser *n* [was]; Süßwasser *n* (in Fluß und Binnensee) [was]; Trinkwasser *n* [was]
fresh water cooling Frischwasserkühlung *f* [pow]
fresh water pipe Trinkwasserleitung *f* [was]
fresh water production Süßwassergewinnung *f* [was]
fresh water station Süßwassergewinnungsanlage *f* [was]
fresh-air cooling Frischluftkühlung *f* [air]
fresh-air heating Frischluftheizung *f* [pow]
fresh-air inlet Frischluftkanal *m* [air]
fresh-air intake Frischluftkanal *m* [air]
fresh-water drilling Frischwasserbohrung *f* [was]
freshen erfrischen *v*
freshly roll neuwalzen *v* (im Walzwerk) [roh]
freshly rolled material Neuwalzung *f* (neues Material) [roh]
fret aufreiben *v* (abreiben) [wer]
fretsaw Laubsäge *f* [wzg]
fretting Abnutzung *f* (durch Reibung) [met]; Abschleifen *n* (unerwünschtes Fressen) [met]; Fressen *n* (des Materials)
fretting corrosion Passflächenrost *m* (Oxidation) [met]
fretting failure Fressschaden *m* (oft Schwingungsabrieb)

fretting of pendulum ball Steuerlinsenfresser *m* [mbt]
friable bröckelig
friction Friktion *f* [phy]; Reibung *f* [phy]; Reibeffekt *m* (Reibeffekt senken) [phy]
friction assembly Schiebesitz *m* [tec]
friction bearing Gleitlager *n* [tec]
friction block Gleitstück *n*; Reibkissen *n*
friction clutch Reibkupplung *f* [tra]; Reibungskupplung *f* [tra]
friction coefficient Reibungskoeffizient *m* [phy]
friction coupling Rutschkupplung *f* [tec]
friction disc Bremslasche *f* [tec]; Reibscheibe *f* [wer]; Reibrad *n* [tec]
friction disc drive Reibradantrieb *m* [tec]
friction drive Reibradantrieb *m* [tec]; Reibungsantrieb *m* [tec]
friction factor Reibungsbeiwert *m* [phy]; Reibungsfaktor *m* [phy]
friction fretting Reibungskorrosion *f* [met]
friction liner Belagscheibe *f* (Bremse) [tec]
friction lining Reibbelag *f* (Bremse) [met]
friction loss Reibungsverlust *m* [phy]
friction power, adhesive - Haftreibungskraft *f* [phy]
friction ring Reibring *m* [tec]
friction roller Mitnehmerrolle *f* [mbt]; Reibrolle *f* [tec]; Reibwalze *f* [tec]
friction roller drive Reibrollenantrieb *m* (der Drehmaschine) [wer]
friction screw Reibspindel *f* [tec]
friction shock absorber Reibungsstoßdämpfer *m* [tra]
friction stud welding Reibbolzenschweißen *n* [wer]
friction surface Reibfläche *f* (z.B. zwei Teile reiben); Reibungsfläche *f* [phy]
friction test Reibeversuch *m* [any]
friction welder Reibungsschweißmaschine *f* (Kunststoff) [wer]
friction welding Reibschweißen *n* [wer]
friction wheel Reibrad *n* [tec]
friction wheel drive Reibradantrieb *m* [tec]
friction, adhesive - Haftreibung *f* [phy]
friction, coefficient of - Reibungszahl *f* [phy]; Reibungsbeiwert *m* [phy]; Reibungskoeffizient *m* [phy]
friction-driven Antrieb über Reibschluss *m* [tec]
friction-free reibungslos (auch zwei Flächen)
friction-grip bolted joint hochfeste Schraubverbindung *f* [tec]
friction-type bearing Gleitlager *n* [tec]
friction-type connection gleitfeste Verbindung *f* [tec]
friction-type differential Sperrdifferential *n* [tra]
friction-type locking kraftschlüssige Sicherung *f* [tec]
frictional connection kraftschlüssige Verbindung *f* [tec]; Kraftschluss *m* [tec]
frictional corrosion Passflächenrost *m* (Oxidation) [met]

frictional electricity Reibungselektrizität *f* [elt]
frictional force Reibungskraft *f* [phy]
frictional heat Reibungswärme *f* [phy]
frictional locking Reibschluss *m* [tec]
frictional loss Reibungsverlust *m* [phy]
frictional resistance Reibungswiderstand *m* [phy]
frictioning reibend
frictionless reibungsfrei [phy]; reibungslos
frictionless bearing, mounted on - reibungsfrei gelagert [tec]
fridge Kühlschrank *m* [elt]
frigen Frigen *n* [che]
frigid kalt
fringe area Randzone *f* [met]; Randgebiet *n*
fringe benefits Zulagen *pl* (freiwillige von Firma) [eco]
fringe flaw Randfehler *m* (Rand ausgefranst) [met]
frit Fritte *f* (z.B. Glas-) [met]
frit zusammenbacken *v* [met]
frog Vertiefung *f* (Mulde) [bod]
from the shore von Land aus
front vordere
front Außenseite *f*; Front *f* (Stirnseite); Stirnseite *f*; Vorderseite *f*
front arch vordere Hängedecke *f* [pow]
front attachment Frontausrüstung *f* (Ladeschaufel) [mbt]
front axle Vorderachse *f* [tra]; Vorderachse *f* [tra]
front axle beam Vorderachskörper *m* [tra]
front axle fork Vorderachsgabel *f* [tra]
front axle shaft Vorderachswelle *f* [tra]
front bearing Außenlager *n* [tec]
front blade Frontschar *f* [mbt]; Stirnschar *f* [mbt]; Stirnschild *n* [mbt]
front blade attachment Schildausrüstung *f* (z.B. Grader) [mbt]
front bumper vordere Stoßstange *f* [tra]
front connection terminal Frontanschlussklemme *f* [elt]
front cover vorderer Deckel *m* [tra]
front discharge Vorderentladung *f* (z.B. Schütter, Kipper) [tra]
front door Eingangstür *f* (Haus) [bau]; Haustür *f* [bau]; Haupteingang *m* [bau]
front drive Vorderantrieb *m* [tra]
front dump bucket Kippschaufel *f* (des Baggers) [mbt]
front dumper Schütter *m* (kleiner Muldenkipper) [mbt]
front edge Vorderkante *f* [tec]
front element Vorderglied *n*
front elevation Vorderansicht *f* (Zeichnung) [con]
front face Fassade *f* [bau]; Stirnfläche *f*; Vorderwand *f*
front frame Vorderrahmen *m* [tec]
front gate Frontklappe *f* [tec]; Haupteinfahrt *f* [tra]
front guard Frontgitter *n* (Steinschlagschutz) [mbt]; Frontschutzgitter *n* [mbt]
front idler Frontleitrad *n* (an Raupenlaufwerk) [mbt];

Leitrad *n* (lenkt Kettenrichtung um) [mbt]
front idler, large - großes Leitrad *n* (Umlenkrolle)
front installation Fronteinbau *m* [tec]
front lighting Fassadenbeleuchtung *f*
front lip Vorderwand *f* (Vorderteil des Löffels) [mbt]; Vorderteil *n* (der Klappschaufel) [mbt]
front milling tool Stirnfräser *m* [wer]
front mounting Montage an der Vorderseite *f* [wer]
front opening hood Fronthaube *f* [tec]
front outrigger vordere Abstützung *f* [mbt]
front panel Frontplatte *f* [tec]; Stirnplatte *f* [tec]; Vorderseite *f* (eines Gerätes) [tec]; Vorderwand *f* [tra]; Bedienfeld *n* (Gerät)
front panel frame Vorderwandrahmen *m* [tra]
front panel mounting Frontplatteneinbau *m* [tra]
front part Vorderteil *n* [tec]
front ripper Frontrechen *m* [mbt]
front seat Vordersitz *m* [tra]
front seat passenger Beifahrer *m* [tra]
front section Vorderteil *n* [tec]
front sheet metal Frontblech *n* [tec]
front side Stirnseite *f* (Vorderseite); Vorderseite *f* [tra]
front spar Holm, vorderer - *m* (Flugzeug) [tra]
front tilt angle, restriction of - Neigewinkelbegrenzung *f* (für Gabelstapler) [mbt]
front tumbler Umlenkturas *m* (des Schaufelrad-Baggers) [mbt]
front view Frontansicht *f* [con]; Vorderansicht *f* [con]; Aufriss *m* [con]
front wall Stirnwand *f* (Vorderwand Wagen) [tra]; Vorderwand *f* [pow]
front wall downcomer Vorderwandfallrohr *n* [pow]
front wall drain Vorderwandentwässerung *f* [pow]
front wall header Vorderwandsammler *m* [pow]
front wall riser Vorderwandsteigrohr *n* [pow]
front wheel Vorderrad *n* [tra]
front wheel brake Vorderradbremse *f* [tra]
front wheel drive Frontantrieb *m* (Auto) [tra]; Vorderantrieb *m* [tra]; Vorderradantrieb *m* [tra]
front wheel hub Vorderradnabe *f* [tra]
front wheel stub axle Vorderachsschenkel *m* [tra]
front wheel suspension Vorderradaufhängung *f* [tra]
front, in - vorn
front- Vorder- (z.B. Vorderrad) [tra]
front-end computer Knotenrechner *m* [edv]
front-end loader Frontlader *m* [mbt]; Frontlader *m* [mbt]; Radlader *m* [mbt]; Raupenlader *m* [mbt]; Schaufellader *m* [mbt]
front-end operating equipment vordere Ausrüstung *f* [tra]
front-end processor Datenkonzentrator *m* [edv]
front-fired boiler Kessel mit Frontalfeuerung *f* [pow]
front-mounted vorn befestigt
front-mounted winch vordere Seilwinde *f* [mbt]
frontage Fassade *f* [bau]; Front *f* [bau]; Vorderfront *f* [bau]
fronted gefrontet (bei Versicherungen) [jur]
frontier Grenze *f* (zwischen Staaten)

frontier area Grenzgebiet *n*
frontier point Randpunkt *m*
frost Frost *m* [wet]; Frostwetter *n* [wet]
frost mattieren *v* (Glas)
frost attack Frostangriff *m* [wet]
frost boil Frostaufbruch *m*
frost crack Frostriss *m*
frost effect Frostwirkung *f*
frost heave Frostaufbruch *m*
frost influence Frostwirkung *f*
frost injury Kälteschaden *m*
frost period Frostzeit *f* [wet]
frost protection Frostschutz *m* [tra]
frost protection agent Frostschutzmittel *n* [met]
frost sensitive frostempfindlich
frost-proof frostbeständig; frostsicher
frost-resistance Frostbeständigkeit *f*
frost-resistant frostbeständig; frostsicher
frost-resisting kältefest
frosted matt (undurchsichtig); mattiert (Glas)
frosted glass Mattglas *n* [met]; Milchglas *n* [met]
frosty kalt
froth Schaum *m*
froth schäumen *v* (Flüssigkeit); verschäumen *v* [wer]
frothing Schaumentwicklung *f*; Verschäumen *n* [wer]
frothing, cease - ausschäumen *v* [che]
frothy schaumig
frozen gefroren
frozen ground Frostboden *m* [bod]
frozen soil Frostboden *m* [bod]
fuchsin anilinrot
fuel Primärenergie *f* [pow]; Betriebsstoff *m* [pow]; Brennstoff *m* [pow]; Kraftstoff *m* [tra]; Treibstoff *m* [met]; Benzin *n* [che]; Brennmaterial *n* [pow]; Feuerungsmaterial *n* [pow]; Heizmaterial *n* [pow]; Heizmittel *n* [pow]; Heizstoff *n* [pow]
fuel befeuern *v* [pow]
fuel additive Benzinadditiv *m* [tra]; Kraftstoffzusatz *m* [tra]
fuel adjustment hole Kraftstoffeinstellbohrung *f* [tra]
fuel assembly Brennelement *n* [pow]
fuel bar Brennstofftablette *f* [pow]
fuel bed Brennstoffbett *n* [pow]
fuel bed controller Schichthöhenregler *m* [pow]
fuel bed regulator Schichthöhenregler *m* [pow]
fuel bed thickness Schichthöhe *f* (Rost) [pow]
fuel bed, move the - schüren *v* (Feuer) [pow]; stochern *v* (schüren) [pow]
fuel blending elevator Brennstoffmischförderer *m* [pow]
fuel bowl Schwimmergehäuse *n* [tra]
fuel bundle Brennelementbündel *n* [pow]
fuel can Benzinkanister *m* [tra]; Kraftstoffkanister *m* [tra]
fuel cell Brennstoffzelle *f* [pow]
fuel consumption Benzinverbrauch *m* [tra]; Betriebsstoffverbrauch *m* [pow]; Brennstoffverbrauch *m* [pow]; Kraftstoffverbrauch *m* [tra]

fuel consumption indicator Kraftstoffverbrauchsmesser *m* [tra]
fuel consumption rate Kraftstoffverbrauchsmenge *f* [tra]
fuel consumption, average - mittlerer Kraftstoffverbrauch *m* [tra]
fuel consumption, mean - mittlerer Kraftstoffverbrauch *m* [tra]
fuel cooling installation Abklingbecken *n* (Kerntechnik) [pow]; Abklinglager *n* (Kernbrennstoffe) [pow]
fuel cut-off Brennstoffschieber *m* [pow]
fuel cycle Brennstoffkreislauf *m* [pow]
fuel demand Brennstoffbedarf *m* [pow]
fuel deposit Kraftstofflager *n* [tra]
fuel depot Tanklager *n* [pow]
fuel desulfurization Brennstoffentschwefelung *f* [pow]
fuel dip stick Kraftstoffmessstab *m* [tra]
fuel drying in the mill Mahltrocknung *f* [pow]
fuel dust Abgasstaub *m* [air]
fuel economy Brennstoffersparnis *f* [pow]; Kraftstoffersparnis *f* [tra]; Kraftstoffwirtschaftlichkeit *f* [tra]; Wirtschaftlichkeit des Kraftstoffes *f* [tra]
fuel efficiency energetischer Wirkungsgrad *m*
fuel efficient kraftstoffsparend [tra]
fuel element Brennelement *n* [pow]
fuel elements for nuclear reactors Brennstoffelement für Kernreaktoren *m* [tra]
fuel feed Benzinzuführung *f* [tra]
fuel feed pipe Kraftstoffleitung *f* [tra]
fuel feed pump Brennstoffförderpumpe *f* [tra]
fuel feeder Brennstoffzuteiler *m* [pow]
fuel filler neck Kraftstoffeinfüllstutzen *m* [tra]
fuel filter Brennstofffilter *m* [pow]; Kraftstofffilter *m* [tra]
fuel fired per square foot of grate Rostbelastung *f* [pow]
fuel flow Brennstoffdurchfluss *m* [pow]
fuel gas Brenngas *n* [pow]; Heizgas *n* [pow]; Treibgas *n* [tra]
fuel gas burner Heizgasbrenner *m* [pow]
fuel gas equipment Treibgasanlage *f* [tra]
fuel gasification Brennstoffvergasung *f* [che]
fuel gate Brennstoffschieber *m* [pow]
fuel gauge Kraftstoffanzeiger *m* (Auto) [tra]; Kraftstoffmesser *m* (auch Schauglas) [tra]; Kraftstoffvorratszeiger *m* [tra]
fuel gauge indicator Benzinanzeiger *m* (Auto) [tra]
fuel heater Brennstoffvorwärmer *m* [pow]
fuel heating Kraftstoffheizung *f* [tra]
fuel injection Benzineinspritzung *f* (Motor) [tra]; Kraftstoffeinspritzung *f* [tra]
fuel injection engine Einspritzmotor *m* [tra]
fuel injection pump Brennstoffeinspritzpumpe *f* [tra]
fuel injection system Einspritzsystem *n* [tra]
fuel injection valve Einspritzdüse *f* [tra]; Kraftstoffeinspritzdüse *f* [tra]; Einspritzventil *n* [tra]
fuel jet Kraftstoffdüse *f* [tra]

fuel leak Benzinleck *n* [tra]; Kraftstoffleck *n* [tra]
fuel lever plunger Kraftstoffmessstab *m* (mit Schwimmer) [tra]
fuel line Kraftstoffleitung *f* [tra]
fuel loading machine Lademaschine *f* (Kerntechnik) [pow]
fuel mixture Brennstoffmischung *f* [pow]; Kraftstoffgemisch *n* [tra]
fuel oil Brennöl *n* [pow]; Gasöl *n* [pow]; Heizöl *n* [pow]
fuel oil additives Heizöladditive *pl* [met]
fuel oil burner Heizölbrenner *m* [pow]
fuel oil heater Heizölvorwärmer *m* (Ölvorwärmer) [pow]; Ölvorwärmer *m* (Heizölvorwärmer) [pow]
fuel oil line Heizölleitung *f* [pow]
fuel oil operation Heizölbetrieb *m* [pow]
fuel oil residue Heizölreststoff *m*
fuel oil storage tank Heizölbehälter *m* (Ölbehälter) [pow]
fuel out of waste Brennstoff aus Müll *m* [pow]
fuel pedal Gaspedal *n* [tra]
fuel pipe Benzinleitung *f* (Auto) [tra]; Kraftstoffleitung *f* [tra]
fuel pipe line Benzinleitung *f* [tra]
fuel pipeline Kraftstoffleitung *f* [tra]
fuel power Brennstoffleistung *f* [pow]
fuel pre-filter Kraftstoffvorfilter *m* [tra]
fuel preheating Brennstoffvorwärmung *f* [pow]
fuel pump Benzinpumpe *f* [tra]; Brennstoffpumpe *f* [tra]; Kraftstoffförderpumpe *f* [tra]; Kraftstoffpumpe *f* [tra]; Treibstoffpumpe *f* [tra]
fuel pump body Kraftstoffpumpengehäuse *n* [tra]
fuel pump control Brennstoffpumpengestänge *n* [tra]
fuel pump cover Kraftstoffpumpendeckel *m* [tra]
fuel pump diaphragm Kraftstoffpumpenmembran *f* [tra]
fuel pump drive Kraftstoffpumpenantrieb *m* [tra]
fuel pump housing Kraftstoffpumpengehäuse *n* [tra]
fuel pump screen Kraftstoffpumpensieb *n* [tra]
fuel pump tappet Kraftstoffpumpenstößel *m* [tra]
fuel rack Reglerzahnstange *f* [tra]
fuel ratio control Kraftstoffregler *m* [tra]
fuel recycling Brennstoffwiederaufbereitung *f* (Kernbrennstoff) [pow]
fuel reprocessing Brennstoffaufbereitung *f* (Kernbrennstoff) [pow]
fuel reprocessing plant Brennstoffwiederaufbereitungsanlage *f* (Kernbrennstoff) [pow]
fuel retreatment Brennstoffwiederaufbereitung *f* (Kernbrennstoff) [pow]
fuel return line Kraftstoffrücklaufleitung *f* [tra]
fuel rod Brennstab *m* (Kernkraftwerk) [pow]
fuel rod channel Brennelementkanal *m* [pow]
fuel saving Brennstoffeinsparung *f* [pow]; Kraftstoffersparnis *f* [tra]
fuel saving version Kraftstoffsparausführung *f* (Drehzahl) [tra]
fuel screen Kraftstoffsieb *n* [tra]

fuel sender Tauchrohrgeber *m* (Kraftstoffsensor) [tra]
fuel sensor Kraftstoffsensor *m* [tra]
fuel separator Benzinabscheider *m*
fuel shut-off Kraftstoffabstellhahn *m* [tra]
fuel storage Bunkerung *f*; Brennelementelager *n* [pow]
fuel store Brennstofflager *n* [pow]
fuel strainer Brennstofffilter *m* [pow]; Kraftstoffsieb *n* [tra]
fuel supply Kraftstoffzufuhr *f* [tra]
fuel system Kraftstoffanlage *f* [tra]; Brennstoffsystem *n* [pow]
fuel tank Brennstofftank *m* [pow]; Kraftstoffbehälter *m* [tra]; Kraftstofftank *m* [tra]; Kraftstoffvorratsbehälter *m* (Tank) [tra]
fuel tank filler cap Tankverschlusskappe *f* [tra]; Verschlußkappe des Kraftstofftanks *f* [tra]
fuel technology Brennstofftechnik *f* [pow]
fuel transfer pump Kraftstoffförderpumpe *f* [tra]
fuel trap Kraftstoffabscheider *m* [tra]
fuel type range Brennstoffband *n* [pow]
fuel type range, wide - breites Brennstoffband *n* [pow]
fuel utilization Brennstoffausnutzung *f* [pow]
fuel value Brennwert *m* [pow]
fuel valve Kraftstoffhahn *m* [tra]; Brennstoffventil *n* [pow]
fuel, spent - verbrauchte Brennelemente *pl* [pow]
fuel-air mixture Brennstoffluftgemisch *n* [tra]; Kraftstoff-Luft-Gemisch *n* [tra]; Luft-Kraftstoffgemisch *n* [tra]
fuel-and-air mixture Gas-Luft-Gemisch *n* (Motor) [pow]
fuel-filling Betankung *f* [tra]
fuel-filling device Betankungseinrichtung *f* [tra]
fuel-laden air Staubluft *f* [air]
fuel-resistant treibstoffbeständig [met]
fuel-rod cladding Brennstabhüllrohr *n* (Kernkraftwerk) [pow]
fuelling system, fast - Druckbetankungsanlage *f* [tra]
fugacity Fugazität *f* [che]
fulcrum Drehachse *f* [con]; Drehpunkt *m* [phy]
fulcrum pin Drehzapfen *m* [tec]
fulfilled erfüllt
fulfilment Verwirklichung *f*
fulfilment of obligations Erfüllung von Verpflichtungen *f* [jur]
full besetzt (z.B. Bus); durchgezogen (z.B. Linie); satt (gesättigt); voll
full admission Vollbeaufschlagung *f* [elt]
full annealing Hochglühen *n* [wer]
full beam Fernlicht *n* (Auto) [tra]
full capacity, use the - auslasten *v*
full cone spray nozzle Vollkegeldüse *f* [prc]
full deflection Endausschlag *m* [any]
full employment Vollbeschäftigung *f* [eco]
full engine revolutions Vollgas *n* [tra]
full face mask Vollmaske *f* (Gesichtsschutz)

full floating axle schwimmend gelagerte Steckachse *f* [tra]
full floating pin schwimmend gelagerter Bolzen *m* [tec]
full flow filter Hauptstromfilter *m* [tra]
full flow oil filter Hauptstromölfilter *m* [tra]
full gloss Hochglanz *m*
full hardening Durchhärtung *f* [wer]
full justification Blocksatz *m* (Textverarbeitung) [edv]
full line ausgezogene Linie *f*; durchgehende Linie *f* (durchgezogen)
full load Volllast *f* [pow]; Gesamtgewicht *n* (von Ladung oder Fahrzeug) [tra]
full load flow rate Volllastdurchfluss *m* [pow]
full load needle Volllastnadel *f* [tra]
full load operation Volllastbetrieb *m* [pow]
full load power shift Volllastschaltgetriebe *n* [tra]
full load pump Volllastpumpe *f* [pow]
full load rejection Volllastabwurf *m* [pow]
full load torque volles Drehmoment *n* [phy]
full match torque converter genau abgestimmter Drehmomentwandler *m* [tra]
full mould casting Vollformgießen *n* [wer]
full open voll geöffnet
full penetration vollwertiger Einbrand *m*
full power volle Leistung *f* [tra]
full power control Vollleistungsregelung *f* [tra]
full rivet Vollniet *m* [tec]
full size natürliche Größe *f*; Originalgröße *f*; Vollmaß *n*
full stop Punkt *m* (Satzzeichen)
full view Gesamtansicht *f* [con]
full weight Betriebsgewicht *n*; Gesamtgewicht *n*
full-contact tooth voll tragender Zahn *m* (Getriebe) [tec]
full-face flange glatter Flansch *m* [prc]
full-fat vollfett
full-grained vollkörnig [bau]
full-rigged ship Vollschiff *n* [tra]
full-scale alarm Großalarm *m*
full-scale deflection Vollausschlag *m* (Messgerät) [any]
full-scale value Skalenendwert *m* [any]
full-time employment Vollzeitbeschäftigung *f* [eco]
full-time job Ganztagsbeschäftigung *f* [eco]
full-time work Vollzeitarbeit *f* [eco]
full-vision cabin Vollsichtkanzel *f* (auf Kran) [mbt]
full-wave rectifier Doppelweggleichrichter *m* [elt]
full-way valve Absperrschieber *m*; Absperrventil *n*
fully compounded stock Fertigmischung *f* [met]
fully deoxidized cast voll beruhigt vergossen [met]
fully enclosed gekapselt
fully fashioned goods Fertigware *f*
fully galvanized wire Draht mit galvanischem Überzug *m* [met]
fully loaded voll beladen [tra]
fully open valve ausgesteuertes Ventil *n* [prc]
fume Dampf *m*; Rauch *m*
fume dampfen *v* (rauchen); rauchen *v*

fume density Rauchdichte *f*
fume exhaust Rauchabzug *m*
fume hood Rauchabzugshaube *f*; Abzug *m* (Abgase) [air]
fume off abrauchen *v* [che]
fume pipe Gasabzugsrohr *n* [air]
fumeless rauchfrei
fumes Qualm *m* (meist Rauch und Dampf) [air]; Abgas *n* [pow]
fumigant Begasungsmittel *n* (Räuchermittel) [met]; Räuchermittel *n* [met]; Rauchmittel *n* [che]
fumigate ausräuchern *v* (Schädlinge) [far]; begasen *v* (räuchern); räuchern *v* (desinfizieren)
fumigating Räuchern *n*
fumigating agent Begasungsmittel *n* (Räuchermittel) [met]
fumigating powder Räucherpulver *n* [met]
fumigation Begasung *f* (Beräuchern); Räuchern *n*
fuming Rauchen *n*
function Aufgabe *f* (einer Vorrichtung); Funktion *f*; Tätigkeit *f* (eines Geräteteils); Wirkungsweise *f*
function fungieren *v*; funktionieren *v*
function call Funktionsaufruf *m* (Software) [edv]
function chamber Sammelgrube *f* [was]
function element Funktionselement *f*
function key Funktionstaste *f* (auf Tastatur)
function module Funktionsbaustein *m* [tec]
function of time Zeitfunktion *f* [mat]
function of time, real - reelle Zeitfunktion *f* [mat]
function reference Funktionsaufruf *m* (Software) [edv]
function specification Funktionsbeschreibung *f* [con]
function symbol Funktionszeichen *n* [mat]
function test Funktionstest *m* [any]
function value Funktionswert *m* [mat]
function, able to - arbeitsfähig
function, as a - in Abhängigkeit
functional funktional; funktionsgemäß; funktionsgerecht; zweckmäßig
functional addition Additiv *n* (Zement) [bau]
functional building Zweckbau *m* [bau]
functional demonstration of the installation Funktionsnachweis *m*
functional group Funktionsgruppe *f*
functional inspection Funktionskontrolle *f* [any]
functional mode Funktionsweise *f*
functional performance Funktionstüchtigkeit *f*
functional specification Aufgabenstellung *f*
functional test Funktionsprüfung *f* [any]; Funktionstest *m* [any]
functional testing funktionsbezogenes Testen *n* [edv]
functional unit Funktionseinheit *f*
functionally checked funktionsgeprüft
functionally organized funktional organisiert [wer]
functioning arbeitsfähig
functioning Funktion *f* (Arbeiten); Betriebsablauf *m* (Funktion)
functioning guarantee Funktionsgarantie *f*

fund Kapital *n* [eco]
fundamental elementar (grundlegend); fundamental; grundlegend; grundsätzlich; wesentlich
fundamental alteration wesentliche Änderung *f*
fundamental building block Grundbaustein *m* [bau]
fundamental experiment Grundversuch *m* [any]
fundamental frequency Grundfrequenz *f* [elt]
fundamental law Hauptsatz *m* [phy]; Elementargesetz *n* [phy]
fundamental level Grundpegel *m* [any]
fundamental mode Grundschwingung *f* [elt]
fundamental operation of arithmetic Grundrechenart *f* [mat]
fundamental particle Elementarteilchen *n* [che]
fundamental principle Grundprinzip *n*
fundamental property Grundeigenschaft *f*
fundamental rule Grundregel *f*
fundamental structural unit Grundbaustein *m* [bau]
fundamental test Grundversuch *m* [any]
fundamental unit Grundeinheit *f* [phy]
fundamentals Grundlagen *pl*
funds transfer system, electronic - elektronischer Zahlungsverkehr *m* [edv]
fungicidal paint Fungizidanstrich *m* [met]
fungicide Fungizid *n* [far]; Pilzbekämpfungsmittel *n* [che]
fungous schwammig
fungus Pilz *m* [bff]; Schimmel *m* [bff]
fungus attack Pilzbefall *m* [bff]
fungus resistance Schimmelbeständigkeit *f* [bio]
funicular Drahtseilbahn *f* [tra]
funnel Abzugsröhre *f* [was]; Tülle *f* (trichterförmig); Fülltrichter *m* [prc]; Lunker *m* [met]; Schornstein *m* (Lokomotive; Schiff) [air]; Trichter *m*
funnel shaped trichterförmig
funnel wagon Trichterwagen *m* (der Bahn) [tra]
fur Kesselstein *m* (Dampfkessel) [pow]
furcated gabelförmig [tra]
furcation Gabelung *f*
furnace Feuerung *f* [pow]; Feuerraum *m* (Schmelzofen) [pow]; Kessel *m* (Heizkessel) [pow]; Ofen *m* (Industrie) [pow]
furnace arch Hängedecke *f* (Bogen) [pow]
furnace arrangement, open - offene Brennkammer *f* [pow]
furnace blast Hochofenwind *m* [roh]
furnace brick lining Ofenausmauerung *f* [met]
furnace chamber Feuerraum *m* (Feuerung) [pow]; Ofenraum *m* [pow]
furnace chargeable ofenrecht [met]
furnace construction Ofenbau *m*
furnace cooling tube Kühlrohr *n* (Feuerraum) [pow]; Wandrohr *n* (Strahlraum) [pow]
furnace dust Ofenstaub *m* (Gießerei) [rec]
furnace efficiency Ofenleistung *f* [pow]
furnace exhaust gas Ofenabgas *n* [air]
furnace floor Brennkammerboden *m* [pow]
furnace gas Feuerluft *f*; Feuerungsgas *n* [pow]
furnace gas firing Gichtgasfeuerung *f* [pow]

furnace gas outlet temperature Feuerraumendtemperatur *f* [pow]
furnace grate Ofenrost *m* [pow]
furnace hardened flammgehärtet [met]
furnace hearth Schmelzherd *m* [prc]
furnace heating surface Brennkammerberohrung *f* [pow]; Strahlungsheizfläche *f* (Feuerraum) [pow]
furnace hopper Brennkammertrichter *m* [pow]
furnace installation Feuerungsanlage *f* [pow]
furnace lining Ofenauskleidung *f* [met]
furnace operation Ofenbetrieb *m*
furnace output Ofenleistung *f* [pow]
furnace roof Brennkammerdecke *f* [pow]
furnace slag Hochofenschlacke *f* [rec]; Ofenschlacke *f* [rec]
furnace throat Gicht *f* (Metall) [met]
furnace with shaking grate Schüttelrostfeuerung *f* [pow]
furnace with slag screen geschlossene Brennkammer *f* [pow]
furnish ausrüsten *v* [wer]; ausstatten *v*; einrichten *v* (Räume); möblieren *v* [bau]; versehen *v* (z.B. mit einem Anstrich) [wer]; versorgen *v*
furnishing Ausstattung *f* (Einrichtung)
furnishings Einrichtung *f* (Mobiliar); Ausstattungsgegenstände *pl*; Einrichtungsgegenstände *pl*
furniture Ausrüstung *f* (Möbel); Einrichtung *f* (Mobiliar); Beschläge *pl* (Bauteil)
furniture production Möbelherstellung *f* [bau]
furrow Furche *f* [far]; Grabenmulde *f* [mbt]
fuse Anzündschnur *f* (Anzünder) [pow]; Lunte *f*; Sicherung *f* [elt]; Zünder *m* (der Bombe)
fuse absichern *v* (durch Sicherung) [elt]; durchbrennen *v* (durchschmelzen) [wer]; durchglühen *v* (durchschmelzen); durchschmelzen *v*; einschmelzen *v*; schmelzen *v*; verschmelzen *v* (durch Hitze) [met]
fuse base Sicherungssockel *m* [elt]
fuse block Sicherungsblock *m* [elt]; Sicherungskasten *m* [elt]; Sicherungssockel *m* [elt]
fuse board Sicherungstafel *f* [elt]
fuse box Sicherungsdose *f* [elt]; Sicherungskasten *m* [elt]
fuse disconnector switch Sicherungtrenner *m* [elt]
fuse distribution Sicherungsverteilung *f* [elt]
fuse element Schaltereinsatz *m* [elt]; Schmelzleiter *m* [elt]; Schutzeinsatz *m* (z.B. Sicherung) [elt]; Sicherungselement *n* [elt]
fuse holder Sicherungsdose *f* (z.B. im Auto) [elt]
fuse intensifier Zündverstärker *m* [roh]
fuse link Sicherungseinsatz *m* [elt]; Schmelzeinsatz *n* (Sicherung) [elt]
fuse link block Sicherungsbaugruppe *f* [elt]
fuse on aufschmelzen *v* [wer]
fuse point Schmelzpunkt *m* [phy]
fuse socket Sicherungshalter *m* [elt]
fuse switch Sicherungsschalter *m* [elt]
fuse terminal Sicherungsklemme *f* [elt]
fuse together verschmelzen *v* [met]
fuse tongs Sicherungszange *f* [wzg]
fuse wire Schmelzdraht *m* [elt]
fuse, automatic - Sicherungsautomat *m* [elt]
fuse, slow to blow - träge Sicherung *f* [elt]
fuse-protect absichern *v* (durch Sicherung) [elt]
fuse-protected abgesichert (durch Sicherung) [elt]
fused eingeschmolzen; geschmolzen [met]
fused mass Schmelzfluss *m*
fused salt Salzschmelze *f*
fused silica Quarzglas *n* [met]
fusible abschmelzbar; schmelzbar
fusible conductor Schmelzleiter *m* [elt]
fusing assistant Schmelzmittel *n* [met]
fusing of the ashes Aschenverflüssigung *f*
fusing temperature Erweichungstemperatur *f* [met]
fusing-in Einschmelzen *n*
fusion Bindung *f* [phy]; Fusion *f* [che]; Verschmelzung *f* [met]; Aufschließen *n* [any]
fusion electrolysis Schmelzflusselektrolyse *f* [elt]
fusion point Halbkugelpunkt *m* [pow]
fusion reactor Fusionsreaktor *m* [pow]
fusion socket Schweißmuffe *f* [wer]
fusion temperature Schmelztemperatur *f* [phy]
fusion welding Schmelzschweißen *n* [wer]
fusion welding with liquid heat transfer Gießschmelzschweißen *n* [met]
future zukünftig
future Zukunft *f*
future generations Nachwelt *f*
future technology Hochtechnologie *f*; Zukunftstechnologie *f*
fuzziness Unreinheit *f* (Unschärfe)
fuzzy unrein (unscharf); unscharf; verschwommen

G

gable Giebel m [bau]
gable roof Giebeldach n [bau]; Satteldach n [bau]
gable window Gaube f [bau]; Giebelfenster n [bau]
gable-fronted house Giebelhaus n [bau]
gabled giebelig [bau]
gadget Vorrichtung f
gag bolt Blockierschraube f [tec]
gage ((A) siehe: gauge)
gage Lehre f ((A) Messgerät) [any]; Messinstrument n ((A) Lehre, Fühler) [any]
gage ausmessen v ((A)) [any]; dosieren v; kalibrieren v [any]
gagging Verblocken n [tec]
gain Ausbeute f (Gewinn) [eco]; Verstärkung f [elt]; Gewinn m (Vorteil); Nutzen m; Vorteil m
gain erwerben v (aneignen); verdienen v [eco]; zunehmen v (an Gewicht)
gain control Verstärkerregelung f [elt]; Verstärkungsregelung f [elt]
gain in space Raumgewinn m
gain in weight Massezunahme f
gain reserve Verstärkungsreserve f [elt]
gain, change in - Verstärkungsnachführung f [elt]
gainfully employed erwerbstätig [eco]
gale Sturm m [wet]
gale damage Sturmschaden m
gale warning Sturmwarnung f [wet]
gall, bitter as - gallenbitter
gallery Bühne f [tra]; Empore f [bau]; Galerie f [bau]; Strecke f (Bergbau) [roh]; Tribüne f; Stollen m (unterird. Gang in Bergwerk) [roh]
galley Schiffsküche f [tra]
galling Fressen n (Reiben, Scheuern); Reiben n (Scheuern, Fressen) [tec]; Scheuern n (Reiben, Fressen) [met]
gallium Gallium n (Ga) [che]
gallon Gallone f (Hohlmaß)
galvanic galvanisch [elt]
galvanic bath galvanisches Bad n [che]
galvanic battery galvanische Batterie f [elt]
galvanic corrosion elektrochemische Korrosion f; Lokalelementbildung f (Korrosion) [elt]
galvanic plating galvanischer Überzug m [met]
galvanic protection galvanischer Schutz m (von Bauteilen) [met]
galvanization Galvanisierung f [elt]
galvanize galvanisieren v [elt]; verzinken v [met]
galvanized galvanisiert [elt]; verzinkt [met]
galvanized brass sheet verzinktes Messingblech n [met]
galvanized coating Zinküberzug m [met]
galvanized iron verzinktes Blech n [met]; verzinktes Eisen n [met]; verzinktes Eisenblech n [met]; Zinkblech n [met]
galvanized pipe verzinktes Rohr n
galvanized sheet metal verzinktes Blech n [met]
galvanizer Galvaniseur m [elt]; Galvanisierapparat m [elt]
galvanizing Galvanisation f [elt]; Verzinkung f [met]; Galvanisieren n [elt]; Verzinken n [met]
galvanizing apparatus Galvanisierapparat m [elt]
galvanizing bath Galvanisierbad n [elt]
galvanizing furnace Verzinkungsofen m [met]
galvanizing plant Galvanisieranlage f [elt]
galvanizing process Galvanisierprozess m [elt]; Galvanisiervorgang m [elt]
galvanizing shop Verzinkerei f [met]
galvanometer Galvanometer n [any]
galvanoscope Galvanoskop n [any]
game Spiel n (Sport; Glück); Wild n [bff]
gamma decay Gammazerfall m [phy]
gamma detector Gammadetektor m [any]
gamma disintegration Gammazerfall m [phy]
gamma dosage Gammadosis f [hum]
gamma emitter Gammastrahler m [phy]
gamma irradiation Gammabestrahlung f [phy]
gamma radiation Gammastrahlung f [phy]
gamma radiation dosimeter Gammadosimeter n [any]
gamma radiator Gammastrahler m [phy]
gamma-ray Gammastrahl m [phy]
gamma-ray absorption Gammastrahlenabsorption f [phy]
gamma-ray counter Gammazählrohr n [any]
gamma-ray emission Gammastrahlung f [phy]
gamma-ray spectrometer Gammaspektrometer n [phy]
gamma-ray treatment Desinfektion mit Gammastrahlung f
gang Kolonne f (Arbeiter) [eco]; Nebengestein n [roh]
gang foreman Polier m
gang saw Gattersäge f [wzg]
gang switch Reihenschalter m [elt]
gangleader Kolonnenführer m [eco]
gangway Brücke f (Landungsbrücke) [tra]; Gang m (Durchgang) [bau]; Laufsteg m
gantry Kranbrücke f [mbt]; Rohrbrücke f [prc]; Signalbrücke f [tra]
gantry crane Bockkran m [mbt]; Portalkran m [mbt]
gantry rail Kranbahnschiene f [mbt]
gantry type milling machine Portalfräsmaschine f [wzg]
gap Fuge f (Spalt); Gasse f (zwischen Rohren) [prc]; Kluft f (Lücke); Leerstelle f (Textverarbeitung); Lücke f (Riß, Loch); Öffnung f (Spalte); Ritze f; Spalte f; Abstand m (kurze Zeit); Durchlass m (Öffnung); Riss m (Lücke); Spalt m (Lücke); Spielraum m; Zwischenraum m (Lücke); Loch n (Lücke)
gap covers Zwischenabdeckung f (Rolltreppe) [mbt]

gap extrusion Spaltextrusion *f* (Dichtung) [tec]
gap filling adhesive Fugenfüllkitt *m* [met]
gap filter Spaltfilter *m* [prc]
gap gauge Rachenlehre *f* [any]
gap scanning berührungslose Prüfung *f* [any]
gap seal Spaltdichtung *f* [tec]
gap sealing Spaltabdichtung *f* [tec]
gap site Baulücke *f* [bau]
gap width Spaltbreite *f* [con]
gap-filling adhesive Fugenkitt *m* [met]
gape auseinander klaffen *v*; klaffen *v*
gaps in cover Deckungslücken *pl* [jur]
garage Garage [tra]
garage Autowerkstatt *f* [tra]; Depot *n* (Bus, Straßenbahn) [tra]
garage drive Garageneinfahrt *f* [tra]; Garagenzufahrt *f* [tra]
garage driveway Garagenauffahrt *f* [tra]
garage entrance Garageneinfahrt *f* [tra]
garage equipment Garagenausrüstung *f* [tra]
garage service station Reparaturwerkstatt *f* (Kraftwagen) [tra]
garage yard Garagenhof *m* [tra]
garage, attached - angebaute Garage *f* [tra]
garaging facility Garagenanlage *f* [tra]
garbage Abfall *m* (Unrat, Müll) [rec]; Müll *m* (Abfall) [rec]; Unrat *m* [rec]
garbage bag Müllsack *m* [rec]
garbage bags, stand for - Müllsackständer *m* [rec]
garbage can Abfalltonne *f* [rec]; Mülltonne *f* [rec]; Abfallbehälter *m* [rec]; Abfalleimer *m* [rec]; Kehrichteimer *m* [rec]
garbage chute Müllschlucker *m* [rec]
garbage comminution Müllzerkleinerung *f* [rec]
garbage compacting container Müllpresscontainer *m* [rec]
garbage container Küchenabfallbehälter *m* [rec]; Müllbehälter *m* [rec]
garbage disinfecting container Mülldesinfektionsbehälter *m* [rec]
garbage disposal Abfallgrube *f* (kleine Deponie) [rec]; Müllbeseitigung *f* [rec]; Müllgrube *f* [rec]
garbage dump Mülldeponie *f* [rec]
garbage grinder Abfallzerkleinerer *m* [rec]
garbage heap Müllhaufen *m* [rec]
garbage incineration Müllverbrennung *f* [rec]
garbage man Müllmann *m* [rec]
garbage operative Müllwerker *m* [rec]
garbage pit Müllgrube *f* [rec]
garbage press Abfallpresse *f* [rec]
garbage removal Müllabfuhr *f* [rec]
garbage sorting grab Müllsortiergreifer *m* [rec]
garbage truck Müllabfuhrwagen *m* [rec]; Müllwagen *m* (Müllfahrzeug) [rec]; Müllauto *n* [rec]; Müllfahrzeug *n* [rec]; Müllsammelfahrzeug *n* [rec]
garble verstümmeln *v* (Text)
garden Garten *m* [far]
garden house Gartenhaus *n* [bau]

garden path Gartenweg *m*
garden refuse Gartenabfall *m* [rec]
garden shed Laube *f* (im Schrebergarten) [bau]
garden tool Gartengerät *n* [wzg]
garden town Gartenstadt *f*
garden wall Gartenmauer *f* [bau]
garden wastes Gartenabfälle *pl* [rec]
gardening Gartenbau *m* [far]
gardening land Gartenland *n* [far]
gardens Gartenanlage *f* [far]
garland Gehänge *n* (Kranz) [bau]
garments Bekleidung *f* (Kleidung)
garnet paper Feinschmirgelpapier *n* [wer]
garnish ausstaffieren *v*
garret Dachstube *f* [bau]; Boden *m* (Dach, Speicher); Dachboden *m* [bau]
garter spring Feder *f* (an Radialdichtringen) [tec]
gas Sprit *m* [met]; Gas *n*
gas begasen *v*; gasen *v*
gas absorption Gasabsorption *f* [air]; Gasaufnahme *f*
gas accumulator Blasenspeicher *m* (zum Kettenspannen) [tec]
gas adsorption Gasadsorption *f*
gas alarm Gasalarm *m*
gas analysis Gasanalyse *f* [any]
gas analyzer Gasprüfer *m* [any]; Gasanalysator *n* [any]; Gasspürgerät *n* [any]
gas analyzing apparatus Gasanalysator *n* [any]
gas and vapour turbine power station Gas- und Dampfturbinenkraftwerk *n* [pow]
gas and water supply Gas- und Wasserversorgung *f* [pow]
gas apparatus Gasapparat *m*
gas appliance Gasgerät *n*
gas attack Gasangriff *m*
gas baffle Zuglenkwand *f* [pow]
gas balance Gaswaage *f* [any]
gas balloon Gasballon *m* [prc]
gas battery Gaselement *n* (Batterie) [elt]
gas bearing Gaslager *n* [tec]; Luftlager *n* [tec]
gas bell Gashalter *m*
gas black Gasruß *m* [met]
gas blowpipe Lötbrenner *m* [wer]
gas bomb Gasbombe *f* [prc]
gas bottle Gasflasche *f*
gas bubble Gasblase *f*; Gasglocke *f* [air]; Gaseinschluss *m* [met]
gas burette Gasbürette *f* [any]
gas burner Gasbrenner *m* [pow]; Gaskocher *m*
gas burner port Gasbrennermaul *f* (Mauerwerksöffnung) [pow]
gas carburizing procedure Gaskohlungsverfahren *n*
gas cavity Gaseinschluss *m* [met]
gas cell Gaselement *n* (Batterie) [elt]
gas central heating Gaszentralheizung *f* [pow]
gas centrifuge Gaszentrifuge *f* [prc]
gas chromatogram Gaschromatogramm *n* [any]
gas chromatography Gaschromatografie *f* ((variant) [any]; Gaschromatographie *f* [any]

gas cleaner Gasreinigungsapparat *f* [air]
gas cleaning Gasreinigung *f* [air]
gas cleaning plant Gasreinigungsanlage *f* [air]
gas cloud Gaswolke *f* [air]
gas coal Gaskohle *f* [roh]
gas cock Gashahn *m*
gas coke Gaskoks *m* [roh]
gas collecting tube Gassammelröhre *f* [prc]
gas collector Faulgaseinpressung *f* (Klärschlamm) [was]; Gassammler *m* [prc]
gas compressor Gasverdichter *m* [prc]
gas concrete Blähbeton *m* [met]; Gasbeton *m* [met]
gas condenser Gaskühler *m* [pow]
gas conditioning Gasreinigung *f* [air]
gas conduit Gasleitung *f* (Rohrleitung)
gas connection Gasanschluss *m* [pow]
gas constant Gaskonstante *f* [phy]
gas constituent Gasbestandteil *m*
gas consumption Gasverbrauch *m*
gas container Gasbehälter *m* [prc]
gas content Gasgehalt *n*
gas control Gasüberwachung *f*
gas convector Gasheizkörper *m* [pow]; Gaskonvektor *m* [pow]
gas cooler Gaskühler *m* [pow]
gas current Gasstrom *m*
gas cushion Gaspolster *n* [prc]
gas cutting Autogenschneiden *n* [wer]; Brennschneiden *n* [wer]
gas cylinder Gasflasche *f*; Gaszylinder *m* [prc]
gas cylinder manifold Füllstutzen *m*
gas densitometer Gasdichtewaage *f* [any]
gas density Gasdichte *f* [phy]
gas density, relative - relative Gasdichte *f* [phy]
gas detection system Gaserfassungssystem *n* [air]
gas detector Gasdetektor *m* [any]; Gasspürgerät *n* [any]
gas discharge Gasentladung *f* [phy]
gas discharge lamp Gasentladungslampe *f* [elt]
gas discharge tube Gasentladungsröhre *f* [elt]; Gasentladungsgefäß *n* [phy]
gas distribution Gasverteilung *f*
gas distribution system Gasnetz *n* [pow]
gas distribution tube Gaseinleitungsrohr *n*
gas drive Benzinantrieb *m* [tra]
gas drying apparatus Gastrockner *m* [air]
gas duct Gasweg *m*
gas dump Benzinlager *n* (Notversorgung) [tra]
gas engine Gasmaschine *f* [pow]; Gasmotor *m* [pow]
gas engineering Gastechnik *f*
gas escape Gasausströmung *f*
gas exchange Gasaustausch *m* (Pflanze) [bio]
gas exit tube Gasableitungsrohr *n* [air]
gas expeller Entgaser *m*
gas explosion Gasexplosion *f*
gas filling pipe Gasfüllrohr *n* [prc]
gas filter Gasfilter *m* [prc]
gas firing Gasfeuerung *f* [pow]
gas fitter Installateur *m*

gas fittings Gasarmaturen *pl*
gas flame Gasflamme *f* [pow]
gas flow counter Gasdurchflusszähler *m* [any]
gas flue Gasleitung *f* (Koksofen); Gasabzug *m* [air]
gas for heating Heizgas *n* [pow]
gas formation Gasbildung *f*; Gasentwicklung *f* [air]
gas furnace Gasofen *m* (Industrie) [pow]
gas gauge Gasdruckmesser *m* [any]
gas generating plant Gaserzeugungsanlage *f*
gas generation Gasentwicklung *f* [air]; Gaserzeugung *f*
gas generator Gaserzeuger *m*; Gasgenerator *m*
gas geyser Gasbadeofen *m* [bau]
gas governor Gasregler *m*
gas grid Gasnetz *n* [pow]; Gasversorgungsnetz *n* [pow]
gas hardening Flammhärtung *f* [wer]
gas heater Gasheizeinrichtung *f* [pow]; Gasheizkörper *m* [pow]; Gasofen *m* [pow]
gas heating Gasfeuerung *f* [pow]; Gasheizung *f* [pow]
gas heating system Gasheizung *f* [pow]
gas holder Gasbehälter *m* [prc]; Gasometer *m* [prc]
gas igniter Gasanzünder *m* [pow]
gas ignition burner Gaszündbrenner *m* [pow]
gas ignitor Gaszündbrenner *m* [pow]
gas illumination Gasbeleuchtung *f*
gas inclusion Gaseinschluss *m* [met]
gas inlet Gaszuführung *f*
gas inlet tube Gaszuleiter *m* [prc]
gas installation Gasinstallation *f*
gas jet Gasstrahl *m*
gas lamp Gaslampe *f*
gas laser Gaslaser *m* [phy]
gas law Gasgesetz *n* [phy]
gas leakage Gasaustritt *m* (Leckage)
gas lighting Gasbeleuchtung *f*
gas lighting-up burner Gaszündbrenner *m* [pow]
gas lime Gaskalk *m* [met]
gas line Gasleitung *f* (in Gebäuden)
gas liquor Gaswasser *n*
gas lubrication Gasschmierung *f* [tec]; Luftschmierung *f* [tec]
gas main Gasleitung *f* (Rohrleitung); Hauptgasleitung *f* [pow]; Gasrohr *n* (Hauptrohr)
gas main pipe Gashauptleitung *f* [pow]
gas mask Gasmaske *f* (Arbeitssicherheit); Atemschutzgerät *n* (Arbeitssicherheit)
gas measurement Gasmessung *f* [any]
gas measuring instrument Gasmessgerät *n* [any]
gas metal arc welding Schutzgaslichtbogenschweißen *n* [wer]
gas meter Gasuhr *f* [any]; Gasmesser *m* [any]; Gaszähler *m* [any]
gas mixing chamber Gasmischkammer *f*
gas mixture Gasmischung *f*; Gasgemisch *n*
gas mixture shielded metal-arc weld Mischgasschweißen *n* [wer]
gas molecule Gasmolekül *n* [che]

gas motor Gaskraftmaschine *f* [pow]; Gasmaschine *f* [pow]
gas motor power plant Gasmotorenkraftwerk *n* [pow]
gas nitriding Gasnitrieren *n* [met]
gas occlusion Gaseinschluss *m* [met]
gas odoration Gasodorierung *f* [pow]
gas of combustion Verbrennungsgas *n* [air]
gas oil Gasöl *n* [che]
gas outlet Gasabzug *m* [air]; Gasanschluss *m* [pow]; Gasaustritt *m*
gas outlet pipe Gasableitungsrohr *n* [air]
gas oven Gasofen *m* [pow]
gas pass Rauchgaszug *m* [pow]
gas passage Gasweg *m*
gas pedal Gashebel *m* ((A)) [tra]; Gaspedal *n* ((A) Auto) [tra]
gas permeability Gasdurchlässigkeit *f*
gas phase Gasphase *f* [phy]
gas phase reaction Gasphasereaktion *f* [che]
gas pipe Gasrohr *n*
gas pipe line Gasleitung *f* (Rohrleitung)
gas pipe pliers Gasrohrzange *f* [wzg]
gas pipeline Erdgasleitung *f* [pow]
gas piping Gasleitung *f* (Rohrleitung)
gas pocket Blase *f* (Gaseinschluss) [met]; Gasblase *f* (Schweißen); Gaseinschluss *m* [met]
gas pore Gaspore *f*
gas power engine Gaskraftmaschine *f* [pow]
gas precharge pressure Gasvorspannung *f*
gas pressure Gasdruck *m* [phy]
gas pressure monitor Gasdruckwächter *m* [any]
gas pressure regulator Gasdruckregler *m*
gas probe Gassonde *f* [any]
gas processing plant Gasaufbereitungsanlage *f* [prc]
gas producer Gaserzeuger *m*; Gasgenerator *m*; Generator *m* [che]
gas producing plant Gaserzeugungsanlage *f*
gas production Gasbildung *f*
gas production rate Gasbildungsrate *f*
gas protection suit Gasschutzanzug *m* (Arbeitssicherheit)
gas pump Zapfsäule *f* (bei Tankstelle) [tra]
gas purging Gasspülung *f*
gas purification Gasreinigung *f* [air]
gas purification process Gasreinigungsprozess *m* [air]
gas quantity measurement Gasmengenmessung *f* [any]
gas reaction, detonating - Knallgasreaktion *f* [che]
gas regulator Druckminderer *m* [prc]; Druckreduzierventil *n* [prc]
gas reservoir Gasbehälter *m* [prc]
gas residue Gasrückstand *m* [rec]
gas sample Gasprobe *f* [any]
gas sampling hose Rauchgasentnahmeschlauch *m* (für Orsat-Analyse) [any]
gas scrubber Gaswäscher *m* [air]
gas scrubbing Gaswäsche *f* [air]

gas seal Gasdichtung *f*
gas separation Gaszerlegung *f* [prc]
gas separation plant Gaszerlegungsanlage *f* [prc]
gas separator Gasabscheider *m* [air]
gas shielded metal arc welding Schutzgasschweißen *f* [wer]
gas shielded welding Schutzgasschweißen *n* [wer]
gas side gasseitig; rauchgasseitig [air]
gas source Gasquelle *f*
gas space Gasraum *m*
gas spring Gasfeder *f* [tra]
gas station Tankstelle *f* [tra]
gas stove Gasofen *m* [pow]
gas suction plant Gasabsaugungsanlage *f* [air]
gas supply Gasversorgung *f* [pow]
gas supply mains Gasanschluss *m* [pow]
gas sweeping of heating surfaces Heizflächenbestreichung *f* [pow]
gas tank Gasbehälter *m* [prc]; Gasometer *m* [prc]; Gasspeicher *m* [prc]; Gastank *m* [prc]
gas tanker Gastanker *m* [tra]
gas tap Gasanschluss *m* (Gashahn) [pow]; Gashahn *m*
gas temperature Gastemperatur *f*
gas tension Gasdruck *m* [phy]
gas test Gasprobe *f* [any]
gas tester Gasprüfer *m* [any]; Gasspürgerät *n* [any]
gas testing Gasprobe *f* [any]
gas testing tube Prüfröhrchen für Gase *n* [any]
gas theory Gastheorie *f* [phy]
gas thermometer Gasausdehnungsthermometer *n* [any]; Gasthermometer *n* [any]
gas thread Rohrgewinde *n* [tec]
gas transport Gastransport *m* [tra]
gas treatment Gasbehandlung *f* [prc]; Gasreinigung *f* [air]
gas tube Gasleitung *f* (Rohrleitung)
gas tubing Gasleitung *f* (Rohrleitung)
gas turbine Gasturbine *f* [pow]
gas turbine engine Gasturbinenmotor *m* [pow]
gas turbine power plant Gasturbinenkraftwerk *n* [pow]
gas turbine-generator Gasturbosatz *m* [pow]
gas valves Gasarmaturen *pl*
gas vent pipe Gasabzugsrohr *n* [air]
gas volume Gasvolumen *n*
gas washer Gaswaschanlage *f* [air]; Gaswäscher *m* [air]
gas water Gaswasser *n*
gas weld Gasschweißung *f* [wer]
gas welding Autogenschweißung *f* [wer]; Gasschmelzschweißung *f* [wer]; Autogenschweißen *n* [wer]; Gasschweißen *n* [wer]
gas yield Gasausbeute *f*
gas, adsorbed - adsorbiertes Gas *n*
gas, burnt - Auspuffgas *n* [air]
gas, formation of - Gasentwicklung *f* [air]
gas, hot - Heißgas *n*; Warmgas *n* [pow]
gas, poor - Schwachgas *n* [pow]

gas, smell of - Gasgeruch *m*
gas, type of - Gasart *f*
gas, weight of - Gasgewicht *n* [phy]
gas-containing gashaltig
gas-cooled graphite reactor Grafit-Gas-Reaktor *m* ((variant)) [pow]; Graphit-Gas-Reaktor *m* (Kernreaktor) [pow]
gas-cooled reactor gasgekühlter Reaktor *m* (Kern-) [pow]
gas-cooled reactor, advanced - gasgekühlter Kernreaktor *m* [pow]
gas-exhaust of cars Kraftfahrzeugabgas *n* [tra]
gas-exhaust of vehicles Kraftfahrzeugabgas *n* [tra]
gas-filled gasgefüllt
gas-filled lamp gasgefüllte Lampe *f* [elt]
gas-fired gasbeheizt [pow]
gas-fired boiler gasbeheizter Kessel *m* [pow]
gas-fired furnace Gasfeuerung *f* [pow]; gasgefeuerter Ofen *m* [pow]
gas-fired heating Gasheizung *f* [pow]
gas-fired water heater Gasbadeofen *m* [bau]
gas-forming gasbildend
gas-heated gasbeheizt [pow]; gasgeheizt [pow]
gas-like gasförmig
gas-liquefying plant Gasverflüssigungsanlage *f*
gas-liquid chromatography Gas-Flüssig-Chromatografie *f* ((variant)) [any]; Gas-Flüssig-Chromatographie *f* [any]
gas-liquid-extraction Gas-Flüssig-Extraktion *f* [che]
gas-lubricated gasgeschmiert [tec]
gas-pipe thread Gasrohrgewinde *n* [tec]
gas-powder welding Gaspulverschweißen *n* [wer]
gas-powered compressor Gasverdichter *m*
gas-powered engine Gasmotor *m* [pow]
gas-pressurized spring Gasdruckfeder *f* [tec]
gas-proof gasdicht; gassicher; schlagwettergeschützt (Arbeitssicherheit)
gas-shielded metal arc welding Schutzgasschweißen *n* [wer]
gas-shielded tungsten-arc welding Wolfram-Schutzgasschweißen *n* [wer]
gas-side tube fault rauchgasseitiger Rohrschaden *m* [pow]
gas-tight gasdicht
gas-washing bottle Gaswaschflasche *f* [air]
gas-weld autogenschweißen *v* [wer]; gasschweißen *v* [wer]
gaseous gasartig; gasförmig; gashaltig
gaseous atmosphere Gasatmosphäre *f* [air]
gaseous chlorine Chlorgas *n* [che]
gaseous condition Gaszustand *m* [phy]
gaseous contaminant gasförmiger Schadstoff *m* [air]
gaseous fuel gasförmiger Brennstoff *m* [pow]; Heizgas *n* [pow]
gaseous mixture Gasgemisch *n*
gaseous phase Gasphase *f* [phy]
gaseous pollutant gasförmiger Schadstoff *m* [air]
gaseous reaction Gasreaktion *f* [che]

gaseous state gasförmiger Zustand *m*; Gaszustand *m* [phy]
gases, free of - gasfrei
gases, theory of - Gastheorie *f* [phy]
gash Schnittwunde *f* [hum]
gash einschneiden *v* (aufschlitzen)
gasholder Gasbehälter *m* [prc]; Gassammler *m* [prc]
gasification Gasbildung *f*; Gaserzeugung *f*; Vergasung *f* [prc]; Vergasen *n* [che]
gasification agent Vergasungsmittel *n* [met]
gasification of coal Kohlevergasung *f* [prc]
gasification plant Begasungsanlage *f*; Vergasungsanlage *f* [prc]
gasification residue Vergasungsrückstand *m* [rec]
gasifier Vergaser *m* [prc]
gasiform gasartig; gasförmig
gasify vergasen *v* [che]
gasket Abdichtung *f* (Dichtungsring); Dachmanschette *f* [pow]; Deckeldichtung *f*; Dichtscheibe *f*; Dichtung *f* (Abdichtung); Dichtungsmanschette *f*; Manschette *f*; Runddichtung *f* [tec]; Ventildichtung *f*; Zylinderdichtung *f* [met]; Dichtungsring *m*
gasket ring Dichtungsring *m*; Packungsring *m* [tec]; Simmerring *m* [tec]
gasket seating Dichtungsvorverformung *f* [met]
gasket seating width Dichtungssitzbreite *f* [con]
gasket sheet Dichtungsscheibe *f*
gasketed abgedichtet
gaslight Gasflamme *f* [pow]; Gaslicht *n*
gasoline Ottokraftstoff *m* [tra]; Vergaserkraftstoff *m* [tra]; Benzin *n* ((A)) [che]; Motorbenzin *n* ((A)) [met]
gasoline additive Kraftstoffzusatz *m* [tra]
gasoline air mixture Benzin-Luft-Mischung *f* (Motor) [tra]
gasoline can Benzinkanister *m* [tra]
gasoline consumption Benzinverbrauch *m* [tra]
gasoline engine Benzinmotor *m* [tra]
gasoline filter Benzinfilter *m* [tra]; Benzinreiniger *m* [tra]
gasoline level Benzinstand *m* (Auto) [tra]
gasoline line Benzinleitung *f* [tra]
gasoline meter Benzinstandmesser *m* [tra]
gasoline plant Benzinanlage *f*
gasoline pressure indicator Benzindruckmesser *m* [any]
gasoline pump Benzinpumpe *f* [tra]; Tanksäule *f* [tra]; Zapfsäule *f* [tra]
gasoline starter engine Benzinstartermotor *m* [tra]
gasoline station Tankstelle *f* [tra]
gasoline tank Benzintank *m* (Auto) [tra]
gasoline tap Benzinhahn *m* (Auto) [tra]
gasoline trap Benzinabscheider *m*
gasoline used for cleaning purposes Waschbenzin *n* [met]
gasoline vapour Benzindampf *m*
gasometer Gasbehälter *m* [prc]; Gasometer *m* [prc]; Gassammler *m* [prc]
gasometry Gasmessung *f* [any]

gassing Gasentwicklung *f* [air]
gassing coal Gasflammkohle *f* [met]
gassy gasartig
gastight gasundurchlässig
gasworks Gaswerk *n* [pow]
gate Klappe *f* (Gatter); Pforte *f* [bau]; Tür *f* [bau]; Ausgang *m* (z.B. Tür) [bau]; Flugsteig *m* [tra]; Gatter *n* [elt]; Gatter *n* (Tor); Gitter *n* (Gatter) [elt]; Tor *n* (Durchfahrt) [bau]
gate amplifier Torverstärker *m* [elt]
gate area Blendenbereich *m* [elt]
gate blade Füllschaufel *f* (Turbine) [pow]
gate circuit Torschaltung *f* [elt]
gate mark Angussstelle *f* [wer]
gate monitoring Blendennachführung *f* [elt]
gate paddle agitator Rahmenrührer *m* [prc]
gate paddle mixer Gitterrührer *m* [prc]
gate position card Blendenkarte *f* [elt]
gate shears Schlagschere *f* (Tafelschere) [wer]; Tafelschere *f* (Schlagschere) [wer]
gate stop valve Absperrschieber *m* [prc]
gate valve Absperrschieber *m* [prc]; Absperrventil *n* [prc]; Durchgangsventil *n* [prc]
gate valve operating mechanism Schieberbetätigung *f* [tec]
gate valve, hydraulic - Hydraulikabsperrschieber *m* [prc]
gate width Blendenbreite *f* [elt]
gatehouse Pförtnerhaus *n* [bau]
gatepost Torpfosten *m*
gates, with no - unbeschrankt (Bahnübergang) [tra]
gates, without - unbeschrankt (Bahnübergang) [tra]
gateway Tordurchfahrt *f* [bau]; Einfallstor *n* [tra]; Tor *n* (Einfahrt) [bau]
gather ansammeln *v* (zusammenströmen); erfassen *v* (Daten) [edv]; sammeln *v* (zusammentragen)
gather in einbringen *v* (hineinschaffen)
gather up auflesen *v* [wer]; aufsammeln *v*; einsammeln *v* (auflesen)
gathering Erfassung *f* (Daten) [edv]; Zusammenkunft *f*; Treffen *n* (Zusammenkommen im Verein)
gathering anode Sammelanode *f* [elt]
gathering ground Einzugsgebiet *n* [was]
gating Torsteuerung *f* [elt]
gauge Drahtstärke *f* [con]; Lehre *f* (Messgerät) [any]; Lehre *f* (Standard) [any]; Messlehre *f* [any]; Spurbreite *f* (auch Spurweite) [tra]; Spurweite *f* (Eisenbahn) [tra]; Eichmaß *n* [any]; Maß *n* (Messgerät) [any]; Messgerät *n* [any]; Messinstrument *n* (Lehre, Fühler) [any]; Messwerkzeug *n* [any]
gauge abmessen *v* [any]; ausmessen *v*; beurteilen *v* (technisch); eichen *v* [any]; kalibrieren *v* [any]; messen *v* [any]; normieren *v*
gauge beam Vorstoßträger *m* [tec]
gauge cock Manometerabsperrventil *n* [tra]
gauge configuration Spurabmessung *f* (Spurbild) [tra]
gauge glass Schauglas *n*

gauge isolator, multi-circuit - Manometerwahlschalter *m* (Hydraulik) [any]
gauge lens Spurlinse *f* (Eisenbahn) [tra]
gauge pressure Manometerdruck *m*; Überdruck *m* [pow]
gauge ring Passring *m* [tec]
gauge screw Passschraube *f* [tec]
gauge substance Eichsubstanz *f* [any]
gauge, depth - Tiefenlehre *f* [any]
gauged geeicht [any]
gauging Eichung *f* [any]; Maßprüfung *f* [any]; Messung *f* [any]; Eichen *n* [any]
gauging basin Eichbehälter *m* [any]
gauging device Dosiervorrichtung *f* [prc]
gauging station Messstation *f* [any]
gauss error distribution curve Fehlerverteilungskurve *f* [mat]
gauze Gaze *f* [met]; Mull *m* [hum]; Netz *n* (Gewebe)
gauze filter Siebfilter *m* [tra]
gear Übersetzung *f* (Zahnrad) [tec]; Antrieb *m* (Getriebe, Gang) [pow]; Gang *m* (Getriebe) [tec]; Getriebegang *m* [tec]; Rad *n* (Zahnrad) [tec]
gear übersetzen *v* (Getriebe) [tec]; verzahnen *v* (eine Welle) [tec]
gear assembly Getriebeaggregat *n* [tec]
gear backlash Getriebespiel *n* [tec]
gear blank unverzahnter Radkörper *m* (Rohling) [tec]; Zahnradrohling *m* [tec]
gear body Radscheibe *f* (des Zahnrades) [tec]; Radkörper *m* (des Zahnrades) [tec]
gear case Getriebekasten *m* [tec]; Räderkasten *m* [tra]; Spindelkasten *m* [tra]; Antriebsgehäuse *n* [tra]; Getriebegehäuse *n* [tec]
gear casing Getriebekasten *m* [tec]
gear centre Radmittelpunkt *m* (Zahnrad) [con]
gear chain Zahnkette *f* [tec]
gear change Schaltung *f* [tra]
gear change arrangement Ganganordnung *f* [tra]
gear change box Wechselgetriebe *n* [tra]
gear change rod Schaltstange *f* [tra]
gear change, hydraulic - Druckölschaltung *f*
gear changing Schalten eines Ganges *n* [tra]
gear clearance Spiel *n* (bei Zahnrädern) [tec]
gear clutch Zahnkupplung *f* [tec]
gear coupling Zahnkupplung *f* [tec]
gear coupling, telescoping - Zahnkupplung mit Längenausgleich *f* [tec]
gear cover Zahnradabdeckung *f* [tec]; Getriebedeckel *m* [tec]
gear crown Zahnkranz *m* [tec]
gear cutting Verzahnen *n* [wer]; Zahnradschneiden *n* [wer]
gear down übersetzen ins Langsame *v* (Getriebe) [tec]
gear drive Räderantrieb *m* [tra]; Zahnradantrieb *m* [tec]
gear drive, angular - Winkelgetriebe *n* (Antrieb) [tec]

gear for shutters Rollladenantrieb *m* [bau]
gear for windows Fensterantrieb *m* [bau]
gear friction losses Getriebeverluste *pl* [tec]
gear head Getriebekopf *m* [tec]
gear housing Zahnradkasten *m* [tec]; Getriebegehäuse *n* [tec]; Zahnradgehäuse *n* [tec]
gear hub Radnabe *f* (des Zahnrades) [tec]; Zahnradnabe *m* [tec]
gear lever Gangschalthebel *m* (Getriebe) [tec]; Schalthebel *m* (Getriebe) [tec]
gear lock Schaltstangenverriegelung *f* [tra]
gear lubricant Getriebeöl *n* [met]
gear manufacturing Getriebebau *m* [wer]
gear meshing point Zahneingriff *m* (Getriebe) [tec]
gear oil Getriebeöl *n* [met]
gear oil change Getriebeölwechsel *m* [tec]
gear pair Radpaar *n* [tec]
gear pinion Ritzel *n* (treibt an, bewegt) [tra]
gear pump Zahnradpumpe *f* [prc]
gear rack Zahnstange *f* [tra]
gear rack carrier Zahnstangenhalter *m* [tec]
gear rack, twin - Doppelzahnstange *f* [tec]
gear ratio Übersetzungsverhältnis *n* (des Getriebes) [tec]
gear reducer Reduktionsgetriebe *n* [tec]; Untersetzungsgetriebe *n* [tec]
gear reduction Untersetzung *f* (Getriebe) [tec]
gear rim Zahnkranz *m* [tec]
gear ring Zahnkranz *m* [tec]
gear ring thickness Zahnradbandage *f* (v. innen bis Zahnfuß) [tec]
gear rod Getriebestange *f* [tra]
gear segment Zahnsegment *n* [tec]
gear selector lever Gangschalthebel *m* [tra]; Gangwahlhebel *m* [mbt]
gear set Radsatz *m* [tec]
gear shaft Getriebewelle *f* [tec]; Radwelle *f* [tec]
gear shift Lenkradschaltung *f* ((A)) [tra]; Schaltung *f* (Getriebe) [tec]
gear shift control Schaltgestänge *n* [tra]
gear shift cover Schaltdeckel *m* (auf Schaltung) [tra]
gear shift dome Schaltturm *m* [tra]
gear shift fork Schaltgabel *f* [tra]
gear shift housing Schaltgehäuse *n* [tra]
gear shift lever Schalthebel *m* [tra]
gear shift lever shaft Schaltwelle *f* [tra]
gear shift mechanism Gangschaltanlage *f* [tra]
gear shift rail Schaltschiene *f* [tra]
gear shifter fork Schaltgabel *f* [tra]
gear shifting Schalten eines Ganges *n* [tra]
gear spindle Zahnspindel *f* [tec]
gear spindle positioning Zahnspindelpositionierung *f* [tec]
gear system Gangschaltung *f* [tra]
gear thickness Bandage *f* (Zahnrad) [tec]
gear tooth Zahn *m* (Zahnrad) [tec]
gear train Zahnradübersetzung *f* (ganzer Satz) [tec]; Antrieb *m* (von Motor bis Endantrieb) [tra]; Steuerräder *pl* (Zahnräder im Getriebe) [tra]

gear transmission Übersetzungsgetriebe *n* [tec]
gear unit Getriebe *n* [tec]
gear unit, bevel and spur - Kegelstirnradgetriebe *n* [tec]
gear unit, compact - Flachgetriebe *n* [tec]
gear up übersetzen ins Schnelle *v* (Getriebe) [tec]
gear wheel Getrieberad *n* [tec]; Zahnrad *n* [tec]
gear wheel pump Zahnradpumpe *f* [prc]
gear with addendum modification profilverschobene Verzahnung *f* [prc]
gear with dog clutch Klauenrad *n* [tra]
gear, additional - Zusatzgetriebe *n* [mbt]
gear, in - in Betrieb
gear, out of - ausgerückt [tec]
gear, speed reduction - Untersetzungsgetriebe *n* [tec]
gear-contact pattern Tragbild *n* (Verzahnung) [tec]
gear-shifting lock Reglersperre *f* (Strömungsgetriebe, Gabelstapler) [tra]; Schaltsperre *f* (im Strömungsgetriebe) [tec]
gear-shifting shaft Schaltwelle *f* (Getriebe) [tec]
gear-type coupling Zahnkupplung *f* [tec]
gear-type meter Ovalradzähler *m* [any]
gear-type pump Zahnradpumpe *f* [prc]
gear-type spindle Zahnspindel *f* [tec]
gear-unit base Getriebeuntersatz *m* [tec]
gear-unit cover Getriebedeckel *m* [tec]
gearbox Getriebekasten *m* [tec]; Fahrgetriebe *n* [tra]; Getriebe *n* (Kasten) [tec]; Getriebegehäuse *n* [tec]; Schaltgetriebe *n* [tra]
gearbox adjusting motor Verstellgetriebemotor *m* [tec]
gearbox capacity Getriebeleistung *f* [tec]
gearbox case cap Getriebegehäusedeckel *m* [tec]
gearbox casing Getriebegehäuse *n* [tec]
gearbox casing halves Getriebegehäusehälfte *f* [tec]
gearbox cover Getriebedeckel *m* [tec]
gearbox damage Getriebeschaden *m* [tec]
gearbox drive shaft Getriebeantriebswelle *f* [tec]
gearbox flange Getriebeflansch *m* [tec]
gearbox housing Getriebegehäuse *n* [tec]
gearbox input shaft Getriebeeingangswelle *f* [tec]
gearbox selector fork Schaltgabel *f* (Getriebe) [tec]
gearbox switch Getriebeschalter *m* [tec]
geared clutch Getriebekupplung *f* [tec]
geared electric motor Getriebemotor *m* (elektrischer Motor) [pow]
geared motor Getriebemotor *m* [pow]
geared roller Getrieberolle *f* (Walzwerk u.a.) [tec]
geared turbine Getriebeturbine *f* [pow]
geared wheel, external - Koppelrad *n* [tra]
gearing Verzahnung *f* (Ausstatten mit Zähnen) [tec]; Eingriff *m* (Getriebe) [tec]
gearing, infinitely variable-speed - stufenloses Getriebe *n* [tec]
gearless getriebelos [tec]
gearmotor Getriebemotor *m* [pow]
gears Getriebe *n* [tec]; Räderwerk *n* [tec]
gears synchronized, all - Vollsynchrongetriebe *n* [tec]

gears, number of - Gangzahl *f* (Schaltung) [tra]
gearshaft Radwelle *f* [tec]; verzahnte Welle *f* [tec]; Zahnwelle *f* [tec]
gearwheel Getrieberad *n* [tec]
Geiger counter Geigerzähler *m*; Geigerzähler *m* [any]
Geiger-Müller counter Geiger-Müller-Zähler *m* [any]
Geiger-Müller tube Geiger-Müller-Zähler *m* [any]
gel Gallerte *f*; Gel *n* [met]
gel gelieren *v*
gel chromatography Gelchromatografie *f* ((variant)) [any]; Gelchromatographie *f* [any]
gel point Stockpunkt *m* [che]
gelatinate gelatinieren *v* [che]
gelatine Gelatine *f* [che]
gelatinization Gelatinierung *f* [che]
gelatinize gelatinieren *v* [che]; gelieren *v*
gelatinizing Gelieren *n*
gelatinizing agent Gelatinierungsmittel *n* [che]
gelatinous gallertartig
gelatinous substance Gallertmasse *f* [met]; Gallertsubstanz *f* [met]
gem Edelstein *m* [min]
geminated gekoppelt; verbunden (gekoppelt) [wer]
gene Gen *n* [bio]
gene mutation Genmutation *f* [bio]
gene technology Gentechnik *f* [bio]; Gentechnologie *f* [bio]
general allgemein; grundsätzlich; üblich
general agreement Rahmenabkommen *n* [jur]
general arrangement Dispositionszeichnung *f* [con]; Gesamtanordnung *f* [con]; Übersichtszeichnung *f* [con]
general cargo Stückgut *n* (allgemeine Waren) [tra]
general conditions Rahmenbedingungen *pl*
general contractor Generalunternehmer *m*; Gesamtauftragnehmer *m* [eco]; Hauptauftragnehmer *m* [eco]
general contractor's agreement Generalunternehmervertrag *m*
general corrosion Flächenkorrosion *f* [met]
general drawing Hauptzeichnung *f* (Zusammenstellung) [con]; Zusammenstellung *f* (Hauptzeichnung) [con]
general electronics verzahnte Elektronik *f* [elt]
general environmental risk allgemeines Umweltrisiko *n*
general foreman Bauführer *m*; Polier *m*; Vorarbeiter *m* (Polier)
general index Hauptregister *n*
general jurisdiction Gerichtsstand *m* (allgemeiner) [jur]
general knowledge Allgemeinwissen *n*
general layout Schema *n* [con]
general ledger Tagesheft *n* (allgemeines Tagesheft) [elt]
general municipal real estate utilization plan Bauleitplan *m* [jur]

general overhaul Generalüberholung *f*
general plan Gesamtübersicht *f* [con]; Lageplan *m* (Übersichtsplan) [con]
general purpose bucket Universalschaufel *f* [mbt]
general purpose unit universelles Gerät *n*
general remarks Vorbemerkungen *f*; Allgemeines *n* (Bemerkungen)
general responsibility Generalverantwortung *f*
general storage Hauptspeicher *m* [edv]
general tolerance Allgemeintoleranz *f* [con]
general transport öffentliche Verkehrsmittel *pl* [tra]
general view Gesamtansicht *f* [con]; Gesamtübersicht *f* [con]
general-purpose vehicle Mehrzweckfahrzeug *n* [tra]
generalization Verallgemeinerung *f*
generalize generalisieren *v*; verallgemeinern *v*
generally binding nature allgemein verbindlich
generate abgeben *v* (Energie) [pow]; abgeben *v* (Signal); aufbauen *v* (Druck aufbauen) [prc]; erzeugen *v* (produzieren); herstellen *v* (erzeugen, produzieren) [wer]; produzieren *v* [wer]
generate steam Dampf erzeugen *v*
generating costs Stromerzeugungskosten *pl* [eco]
generating equipment Stromaggregat *n* [elt]
generating motion Wälzbewegung *f* (Getriebe) [tec]
generating ozone ozonerzeugend [che]
generating set Stromaggregat *n* [elt]
generation Abgabe *f* (Herstellung); Entwicklung *f* (Bildung) [che]; Erzeugung *f* (z.B. von Strom, Stoffen)
generation of current Stromerzeugung *f* [pow]
generation of electricity Elektrizitätserzeugung *f* [elt]
generation of gas Gasentwicklung *f* [air]
generation of heat Hitzeerzeugung *f* [pow]; Wärmeerzeugung *f* [pow]
generation of pressure Druckerzeugung *f*
generator Lichtmaschine *f* (Generator) [elt]; Erzeuger *m* (Produzent) [eco]; Erzeuger *m* (z.B. von Strom) [elt]; Generator *m* [pow]; Stromerzeuger *m* [elt]; Stromaggregat *n* [elt]
generator circuit breaker Generatorschalter *m* [pow]
generator cooling Generatorkühlung *f* [pow]
generator for railway service Bahngenerator *m* [elt]
generator gas Generatorgas *n* [pow]
generator lamp Ladekontrollleuchte *f* [elt]
generator leads Generatoranschluss *m* [elt]
generator output Generatorleistung *f* [pow]
generator phase bus Generatorableitung *f* [elt]
generator room Generatorraum *m* [pow]
generator shaft Generatorwelle *f* [pow]
generator terminal voltage Generatorklemmenspannung *f* [elt]
generator voltage Generatorspannung *f* [elt]
generic specification Rahmennorm *f*; Rahmenvorschrift *f*
generous großzügig
genetic genetisch [bio]
genetic engineering Gentechnik *f* [bio]; Gentechnologie *f* [bio]

genetic factor Erbfaktor m [hum]
genetic radiation damage Strahlenschaden, genetischer - pl [hum]
genetic significant dose genetisch signifikante Dosis f
genetics Erblehre f [hum]; Genetik f [bio]
genotype Erbmasse f [bff]
gent's bicycle Herrenfahrrad n [tra]
gentian blue enzianblau (RAL 5010) [nor]
gentrification Nobelsanierung f [bau]
genuine echt (nicht nachgemacht); richtig (z.B. echtes Leder); unverfälscht
genuine colour, test of - Farbechtheitsprüfung f [any]
genuine part Originalteil n
genuineness Echtheit f
genus Gattung f [bff]
geochemical geochemisch [che]
geochemical block geochemische Sperre f [bod]
geochemical exchange process geochemischer Austauschprozess m
geochemical inhibition geochemische Sperre f [bod]
geochemistry Geochemie f [che]
geodesy Erdmessung f [any]; Landvermessung f [any]
geodetic geodätisch [geo]
geodetic surveying Geodäsie f [geo]
geographic geografisch ((variant)) [geo]; geographisch [geo]
geographic level geografische Höhenlage f ((variant)) [geo]; geographische Höhenlage f [geo]
geographic location geografische Lage f ((variant)); geographische Lage f
geography Geografie f ((variant)) [geo]; Geographie f [geo]
geohydrology Geohydrologie f [geo]
geological geologisch [geo]
geological map geologische Karte f
geology Geologie f [geo]
geomagnetic erdmagnetisch [phy]
geomagnetic field Erdmagnetfeld n [phy]; erdmagnetisches Feld n [phy]
geomagnetism Erdmagnetismus m [phy]
geometric analogy geometrische Analogie f
geometric mean geometrisches Mittel n [mat]
geometric modelling geometrisches Modellieren n
geometrical geometrisch [mat]
geometry Geometrie f [mat]
geophysical geophysikalisch [geo]
geophysical environment geophysikalische Umwelt f
geophysics Geophysik f [geo]
geotechnics Ingenieurgeologie f
geothermal geothermisch
geothermal collector Erdwärmekollektor m [pow]
geothermal energy Erdwärme f [geo]; geothermische Energie f [pow]
geothermal power station geothermisches Kraftwerk n [pow]
Gerber girder Gelenkträger m [bau]
germ Erreger m (Krankheits-) [hum]; Keim m (Bazillus) [bff]

germ cell Keimzelle f [bff]
germ-free keimfrei [hum]
German Civil Code Bürgerliches Gesetzbuch n [jur]
germanium Germanium n (chem. El.: Ge) [che]
germicidal bakterienfeindlich [bio]; bazillentötend [bio]; keimtötend [hum]
germicidal bath Desinfektionsbad n [hum]
germicide keimtötend [hum]
germicide Bakterizid n [bio]; Desinfektionsmittel n [hum]
germinant keimend [bff]
germinate keimen v [bff]
germinating Keimen n [bff]
germination Keimbildung f [bff]
germless keimfrei [hum]
germs, free of - keimfrei [hum]
get bekommen v; besorgen v (beschaffen); erhalten v (bekommen)
get a car licensed zulassen v (ein Auto) [tra]
get in einsteigen v (z.B. in Auto)
get on zusteigen v
get through durchschlagen v (mechanisch); verkonsumieren v
geyser Durchlauferhitzer m [elt]
giant boiler Großkessel m (Riesenkessel) [pow]; Riesenkessel m (Großkessel) [pow]
giant bucket wheel excavator Großschaufelradbagger m [mbt]
giant mining equipment Großförderanlagen f (Tagebau) [roh]
giant silo Großsilo n
giant stacker Großabsetzer m (zum Haldeanlegen) [mbt]
giant store Großsilo n
gib Strebe f (Stütze) [roh]; Bolzen m (Stift, Riegel, Keil)
gib and cotter Keilschloss n [tec]
gib key Nasenkeil m [tec]
gib-head key Nasenkeil m [tec]
giddiness Schwindel m (Gleichgewichtsstörung) [hum]
giddy schwindlig
gifted geschickt (begabt); talentiert (begabt)
gigantism Riesenwuchs m [bff]
gill Heizkörperrippe f [pow]; Heizrippe f [pow]; Lamelle f (Nadel, Rippe); Radiatorrippe f [pow]; Rippe f (Wärmeaustauscher) [pow]
gilled heater Rippenheizkörper m [pow]
gilled pipe Lamellenrohr n [pow]
gilled pipe heating surface Rippenheizung f (dünne Flossen) [pow]
gilled radiator Rippenheizkörper m [pow]
gilled tube Rippenrohr n [pow]
gilled tube economizer Rippenrohr-Economiser m [pow]
gilt edged vergoldet [met]
gimbal kardanisch [tec]
gimbal kardanisch aufhängen v [tec]
gimbal expansion joint Kardangelenkkompensator m [tec]; Rohrgelenkkompensator m [tec]

gimbal joint Kardangelenk *n* [tec]
gimbal mounting Kardanaufhängung *f* [tec]; kardanische Aufhängung *f* [tec]
gimbal ring Kardanring *m* [tec]; Kreuzgelenkring *m* [tec]
gimbal suspension kardanische Aufhängung *f* [tec]
gimbal-mounted kardanisch gelagert [tec]
gimlet Bohrer *m* (Nagelbohrer) [wzg]; Handbohrer *m* [wzg]; Schneckenbohrer *m* [wzg]
girder Traverse *f* (Träger) [tec]; Balken *m*; Binder *m* (Träger im Stahlbau) [tec]; Deckenträger *m* [bau]; Träger *m* (Balken) [tec]; Unterzug *m* [tec]
girder bridge Fachwerkbrücke *f* [bau]; Gittermastbrücke *f* [mbt]
girder construction Fachwerkkonstruktion *f* (Stahlbau) [bau]
girder mast Gittermast *m* [bau]
girder section Trägerprofil *n* [con]
girder splice Trägerstoß *m* [tec]
girder, cladded - verkleideter Balken *m*; verkleideter Träger *m* [tec]
girdle Gürtel *m*
give a tighter setting einstellen, enger - *v* (Kupplung) [tec]
give back zurückgeben *v*
give off abgeben *v* (Gase) [air]
give way nachgeben *v*
glacial eisig; eiszeitlich [geo]
glacial age Eiszeit *f* [geo]
glacial power plant Gletscherkraftwerk *n* [pow]
glacial power station Gletscherkraftwerk *n* [pow]
glacial wind Gletscherwind *m* [wet]
glaciation Vereisung *f*
glacier Gletscher *m* [geo]
glance coal Glanzkohle *f* [roh]
glance pitch reiner Asphalt *m* [met]
glance, at a - in Kürze
gland Buchse *f* (Stopfbuchse) [tec]; Dichtschraube *f* (von Packungen); Drüse *f* [hum]; Stopfbuchsbrille *f* [tec]
gland bolting Stopfbuchsenverschraubung *f* [tec]
gland bush Wellendichtungsbrille *f* [tec]
gland bushing Dichtungsschale *f*
gland casing Stopfbuchsengehäuse *n* [tec]
gland cover Stopfbuchsendeckel *m* [tec]
gland flange Stopfbuchsenflansch *m* [tec]; Wellendichtungsflansch *m* [tec]
gland follower Stopfbuchsenbrille *f* [tec]; Stopfbuchsenring *m* [tec]
gland housing Stopfbuchsengehäuse *n* [tec]
gland loss Stopfbuchsenverlust *m* [tec]
gland nut Dichtungsmutter *f* [tec]; Hülsenmutter *f* [tec]; Stopfbuchsenmutter *f* [tec]
gland packing gear, automatic - Stopfbuchsautomatik *f* [tec]
gland ring Stopfbuchsenring *m* [tec]; Wellendichtungsring *m* [tec]
gland seal Druckbrille *f* [prc]; Stopfbuchse *f* [tec]; Wellendichtung *f* [tec]

gland sleeve Stopfbuchsenhülse *f* [tec]
gland steam Leckdampf *m* [pow]; Stopfbuchsendampf *m* [pow]; Wrasendampf *m* [air]
gland steam condenser Wrasenkondensator *m* [air]
gland steam leak-off pipe Wrasenrohr *n* [air]
glandular cell Drüsenzelle *f* [hum]
glandular function Drüsenfunktion *f* [hum]
glandular secretion Drüsensekret *n* [hum]
glarefree blendfrei; blendungsfrei
glaring grell
glass Armaturenglas *n*; Glas *n* [met]
glass verglasen *v* [prc]
glass apparatus Glasapparat *m* [prc]
glass ball Glaskugel *f* [met]
glass bar Fenstersprosse *f* [bau]
glass bead Glaskugel *f* [met]
glass block Glasbaustein *m* [bau]
glass bottle Glasflasche *f*
glass box Glaskasten *m*
glass brick Glasbaustein *m* [bau]
glass bulb Glaskolben *m* (Glühbirne) [elt]
glass capillary Glaskapillare *f* [any]
glass case Glaskasten *m*
glass ceiling Glasdecke *f* [bau]
glass ceramic Glaskeramik *f* [met]
glass clear glasklar
glass coat lasierter Anstrich *m*
glass cock Glashahn *m*
glass collection Glassammlung *f* [rec]
glass container Glasbehälter *m* [rec]
glass cover Deckglas *n* [met]
glass cylinder Glaszylinder *m*
glass door Glastür *f* [bau]
glass dust Glasstaub *m*
glass fabric Glasgewebe *n* [met]
glass factory Glasfabrik *f*; Glashütte *f*
glass fiber Glasfaser *f* ((A)) [met]
glass fibre Glasfaser *f* ((B)) [met]; Glasfaden *m* [met]
glass filament Glasseide *f* [met]
glass filter Glasfilter *m*
glass flask Glasflasche *f*; Glaskolben *m*
glass foundry Glashütte *f*
glass frit Glasfritte *f* [met]
glass funnel Glastrichter *m*
glass furnace Glasofen *m* [prc]
glass grinding Glasschleifen *n* [wer]
glass guard Schutzglas *n* [met]
glass industry Glasindustrie *f*
glass insulator Glasisolator *m* [elt]
glass jar Glasgefäß *n*
glass lens Glaslinse *f* [opt]
glass manufacture Glasherstellung *f*
glass mat Glasvlies *n* [met]
glass melt Glasschmelze *f*
glass metal joining Glas-Metall-Verbindung *f* [met]
glass packing Glasemballage *f*
glass packings Glasverpackungsmaterial *n*
glass pane Glasscheibe *f* [met]

glass panel Glasscheibe *f* [met]
glass paper Glaspapier *n* [met]; Glassandpapier *n* [met]
glass partition Trennscheibe *f* (Glasscheibe) [met]
glass plate Glasplatte *f*; Glasscheibe *f* [met]
glass plug, sintered - Fritte *f*
glass pot Glasbehälter *m* [rec]
glass powder Glaspulver *m* [met]; Glasmehl *n* [met]
glass product Glaserzeugnis *n*
glass recycling Glasrecycling *n* [rec]
glass reinforced laminate glasfaserverstärkter Kunststoff *m* [met]
glass rod Glasstab *m*
glass roof Glasdach *n* [bau]
glass sheet Glasscheibe *f* [met]; Glastafel *f* [met]
glass sight gauge Schauglas *n*; Sichtglas *n* [any]
glass silk Glasseide *f* [met]
glass sorting plant Glassortieranlage *f* [rec]
glass stopper Glasstöpsel *m*; Glasstopfen *m*
glass texture Glasgewebe *n* [met]
glass thread Glasfaden *m* [met]
glass trough Glaswanne *f* [roh]
glass tube Glasröhre *f*; Glasrohr *n*
glass vessel Glasgefäß *n*
glass ware Glasgerät *n*
glass waste Glasabfall *m* [rec]
glass working Glasbearbeitung *f* [wer]
glass, armoured - Drahtglas *n* [met]; Panzerglas *n* [met]
glass, natural - mineralisches Glas *n* [met]
glass, old - Altglas *n* [rec]
glass-based fibrous material Glasfasermaterial *n* [met]
glass-cutter Glasschneider *m* [wzg]
glass-fibre blanket insulation Glasfaserisoliermaterial *n* [bau]
glass-fibre cable Glasfaserkabel *n* [edv]
glass-fibre laminate Glasfaserschichtstoff *m* [met]
glass-fibre mat Glasvlies *n* [met]
glass-fibre plastic Glasfaserkunststoff *m* [met]
glass-fibre reinforced armiert (glasfaserverstärkt) [met]; glasfaserbewehrt [met]; glasfaserverstärkt [met]
glass-fibre reinforced plastic glasfaserverstärkter Kunststoff *m* [met]
glass-hard glashart
glass-like glasartig [met]; glasig
glass-reinforced laminate Glasfaserkunststoff *m* [met]
glass-silk tape Glasseidenband *n* [met]
glass-transparent glasklar
glass-wool Glaswolle *f* [met]
glass-wool insulation Glaswolledämmung *f*; Glaswolleisolierung *f*
glass-wool lagging Glaswolledämmung *f*; Glaswolleisolierung *f*
glass-wool mat Glaswollematte *f* [met]
glassed-in eingeglast
glasses Brille *f* [opt]

glasshouse Gewächshaus *n*; Treibhaus *n*
glassware Glaswaren *pl* [met]
glassworks Glashütte *f* [roh]
glassy gläsern; glasartig [met]; glasig
glaze Glasur *f* [met]; Lasur *f* [met]; Schmelz *m* [met]
glaze glasieren *v* (glätten) [wer]; lasieren *v* [wer]; verglasen *v* (Fenster) [bau]
glaze burn Glattbrand *m*
glaze, hardening of the - Glattbrennen *n*
glazed eingeglast
glazed door Fenstertür *f* [bau]
glazed roof Glasdach *n* [bau]
glazed tile Kachel *f*
glazier Glaser *m*
glazing Glasierung *f* [met]; Verglasung *f* (Fenster) [bau]
glazing bar Fenstersprosse *f* [bau]; Sprosse *f*
glazing company Glasbauunternehmen *n* [bau]
glazing varnish Glanzlack *m* [che]
gleam Lichtstrahl *m* [opt]; Schimmer *m*
gleam glänzen *v* (strahlen); glimmen *v* (schimmern); schimmern *v*; spiegeln *v*
gleaming glänzend
glide gleiten *v*; rutschen *v*
glide path Gleitbahn *f* (Flugwesen) [tra]
glide plane Gleitebene *f*
glint flackern *v*
glitter glänzen *v* (glitzern)
global global
global consistency globale Konsistenz *f*
global joint Kugelgelenk *n* [tec]
global warming Erderwärmung *f* (Klimakatastrophe) [wet]
globe Welt *f*; Ball *m*; Erdball *m* [geo]
globe valve Absperrventil *n*; Kugelventil *n* [prc]; Tellerventil *n* [prc]
globoid gear Globoidgetriebe *n* [tec]
gloss Glanz *m* (Hochglanz)
gloss paint Glanzlack *m* [che]
gloss varnish Glanzklarlack *m* [che]; Glanzlack *m* [che]
glossary Glossar *n*; Wörterverzeichnis *n*
glossy blank (glänzend)
glove Handschuh *m*
glove box Handschuhkasten *m* [tra]
glove box cover Handschuhkastendeckel *m* [tra]
glove box hinge Handschuhkastenscharnier *n* [tra]
glove compartment Handschuhfach *n* [tra]
glow Glut *f*
glow glimmen *v* (glühen); glühen *v* (glimmen); leuchten *v* (Feuer)
glow current Glimmstrom *m* [elt]
glow lamp Gasentladungslampe *f* [elt]; Glimmlampe *f* [elt]
glow out ausglühen *v* (nicht fachgerecht)
glow plug Glühkerze *f* (Motor) [tra]
glow plug harness Glühkerzenzuleitung *f* [elt]
glow point Glimmspannung *f* [elt]
glow potential Glimmspannung *f* [elt]

glow-discharge lamp Gasentladungslampe *f* [elt]
glowing Glühen *n* (Leuchten)
glowing ash Glühasche *f* [rec]
glowing heat Glühhitze *f* [met]
glowing loss Glühverlust *m* [any]
glowing red glutrot
glowing red colour Glühfarbe *f* [met]
glowing rest Glührückstand *m* [rec]
glue Kleber *m* [met]; Klebstoff *m* [met]; Kleister *m*; Leim *m* [met]; Klebemittel *n* [met]
glue ankleben *v*; befestigen *v* (kleben); kaschieren *v* (kleben); kitten *v* (kleben) [wer]; kleben *v*; leimen *v* [wer]; verkleben *v* (verleimen); verleimen *v*
glue film Klebefolie *f* [met]
glue in einkleben *v* [wer]
glue joint Klebeverbindung *f*; Klebverbindung *f*
glue layer Leimschicht *f*
glue line Leimschicht *f*
glue on ankleben *v*; aufkleben *v* [wer]; festkleben *v*
glue putty Leimkitt *m* [met]
glue strip Klebestreifen *m*
glue together zusammenkleben *v* [wer]
glue, hot - Heißkleber *m* [met]
glue-brushed bestrichen (mit Leim) [met]
glued geleimt [wer]
glued assembly Klebeverbindung *f*; Leimverbindung *f*
glued on angeklebt [wer]
glued surface Klebefläche *f*
gluey klebrig (wie Leim)
gneiss Gneis *m* [min]
go fahren *v* (Verkehrsmittel) [tra]; gehen *v* [tra]
go away entfernen *vt* (weggehen)
go bad verderben *v*
go down sinken *v* (abnehmen); zurückbilden *v*
go down a mine befahren *v* (Bergwerk) [roh]
go downtown in die Stadt gehen *v* (Stadt)
go out erlöschen *v*
go over nacharbeiten *v* (überarbeiten) [wer]
go round umfahren *v*; umgehen *v* (herumgehen)
go to anfahren *v* (hinfahren und besuchen) [tra]
go-devil Reinigungsmolch *m* [prc]
go-devil feeder Molchschleuse *f* [bau]
go-to instruction unbedingter Sprungbefehl *m* (Software) [edv]
goal tree Zielbaum *m* [edv]
goethite sludge Goethitschlamm *m* [rec]
goggles Schutzbrille *f* (z.B. Arbeit, Ski, Tauchen)
going askew schief laufen *v* (Gurt) [tec]
going barrel umlaufendes Federhaus *n* (Uhr) [tec]
gold Gold *n* (chem. El.: Au) [che]
gold alloy Goldlegierung *f* [met]
gold bronze Goldbronze *f* [che]
gold chips Goldabfall *m* [rec]
gold compound Goldverbindung *f* [che]
gold content Goldgehalt *m*
gold extraction Goldgewinnung *f* [roh]
gold ingot Goldbarren *m* [met]
gold mine Goldbergwerk *n* [roh]

gold ore Goldmetall *n* [met]
gold parings Goldabfall *m* [rec]
gold refiner Goldscheider *m* [roh]
gold refining Goldscheiden *n* [roh]
gold thermal metallurgy thermische Goldmetallurgie *f* [met]
gold varnish Goldlack *m* [che]
gold weight Goldgewicht *n*
gold wire Golddraht *m* [met]
gold-brown goldbraun
gold-coloured goldfarben
golden golden
golden yellow goldgelb (RAL 1004) [nor]
goldlike goldartig
golf-ball Kugelkopf *m* (Schreibmaschine) [edv]
golf-ball typewriter Kugelkopfschreibmaschine *f* [edv]
golf-ball-type typewriter Kugelkopfschreibmaschine *f* [edv]
gong Alarmglocke *f* (Arbeitssicherheit)
good ageing behaviour alterungsbeständig (Öle, Fette) [met]
good condition, in - in gutem Zustand
good control practice qualifizierter Umweltschutz *m*
good relationship gute Beziehungen *pl*
goods Fracht *f* (mit Bahn, Lkw) [tra]; Gut *n* ((B) Fracht-) [tra]; Gut *n* (Erzeugnisse); Waren *pl*
goods brake Güterzugbremse *f* [tra]
goods elevator Materialaufzug *m* [mbt]
goods hoist Aufzug für den Warentransport *m* [bau]; Materialaufzug *m* [mbt]
goods inward book Eingangsbuch *n* [eco]
goods lift Lastenaufzug *m* [mbt]; Warenaufzug *m* [bau]
goods received Wareneingang *m* [eco]
goods reception Warenannahme *f* [eco]
goods station Frachtbahnhof *m* [tra]; Güterbahnhof *m* [tra]
goods traffic Güterverkehr *m* [tra]
goods train Güterzug *m* ((B)) [tra]
goods transport Gütertransport *m* [tra]
goods van geschlossener Güterwagen *m* [tra]
goods vehicle Transporter *m* (Auto) [tra]; Nutzfahrzeug *n* [tra]
goods wagon Güterwagen *m* ((B)) [tra]
goods, natural - Naturgüter *pl* (Nahrungsmittel)
goods, range of - Warenangebot *n* [eco]
goose-necked gekröpft [wer]
gooseneck Schwinge *f* [mbt]; Monoboom *m* (Mono-Ausleger) [mbt]; Schwanenhals *m* (Schwinge) [tec]
gooseneck-type arm gekröpfter Stiel *m*
gorge Kopfkehlfläche *f* [tec]
gorge wheel Kehlrad *n* [tec]
got stuck steckengeblieben (Auto) [mbt]
gouge Hohleisen *n* [wzg]
gouge ausarbeiten *v* (der Schweißwurzel) [wer]; auspressen *v* (abwerfen) [roh]; auswerfen *v* [mbt]
gouged, back - ausgefugt (bearbeiteter Riß) [wer]
govern regulieren *v* (kontrollieren)

governed speed Abregeldrehzahl *f* [elt]; Regeldrehzahl *f* [tra]
governing and control Steuerung und Regelung
governing power fluid Steuerflüssigkeit *f* [met]
government authorities öffentliche Auftraggeber *pl* [jur]
government employment office Arbeitsamt *n*
government legislation Verordnung *f* [jur]
government office Behörde *f*
government order Auflage *f* (behördliche Anordnung) [jur]; Vorschrift *f* (der Regierung) [jur]
governmental behördlich
governmental national ecopolitics staatliche Umweltpolitik *f*
governmental office of environment staatliches Umweltamt *n*
governmental organization Regierungsorganisation *f* [jur]
governor balance weight Reglergewicht *n*
governor bearing Reglerlager *n* [tra]
governor collar Reglermuffe *f*
governor cone Reglerkegel *m* [tra]
governor connection, air - Druckregleranschluss *m*
governor control Reglergestänge *n* [tra]
governor control lever Gashebel *m* [tra]
governor control linkage Reglergestänge *n* [tra]
governor cover Reglerhaube *f*
governor drive Reglerantrieb *m*
governor drive gear Reglerantriebszahnrad *n* [tra]
governor gear drive Steuerungsantrieb *m*
governor housing Reglergehäuse *n*
governor inlet, air - Druckregleranschluss *m*
governor lever Reglerhebel *m* [tra]
governor oil Steueröl *n*
governor oil circuit Steuerölkreislauf *m*
governor oil pressure Steueröldruck *m*
governor pedestal Steuerblock *m* [pow]
governor power fluid Steuerflüssigkeit *f*
governor setting Reglereinstellung *f*
governor spring Reglerfeder *f*
governor switch Reglerschalter *m*
governor valve Stellventil *n* [prc]
governor weight Reguliergewicht *n*
governor wheel Reglerantriebszahnrad *n* [tra]
grab Greifer *m* [mbt]
grab greifen *v* (packen)
grab arm Greiferstiel *m* [mbt]
grab attachment Greiferausrüstung *f* [mbt]
grab bucket Greifer *m* [mbt]
grab crane Greiferkran *m* [mbt]
grab cutting edges Greiferschneiden *n* [mbt]
grab dredge Greifschwimmbagger *m* [mbt]
grab dredger Greifbagger *m* [mbt]; Greiferbagger *m* (Schwimmbagger) [mbt]
grab extension Greiferverlängerung *f* [mbt]
grab guide Greiferführung *f* [mbt]
grab head Greiferkopf *m* [mbt]
grab rotating motor Drehmotor des Greifers *m* [mbt]
grab safety bar Greiferhalter *m* (bei Transport) [mbt]

grab saw Greifsäge *f* [wzg]
grab section Greiferquerschnitt *m* (Seite Holzgr.) [mbt]
grab shell Greiferschale *f* [mbt]
grab slewing device Greiferdrehvorrichtung *f* [mbt]
grab slewing equipment Drehvorrichtung *f* [mbt]
grab swing brake Pendelbremse *f* [mbt]
grab swivel Greiferdrehkopf *m* [mbt]
grab swivel device Greiferdrehwerk *n* (im Grundgerät) [mbt]
grab swivel motor Drehmotor des Greifers *m* [mbt]; Greiferdrehmotor *m* [mbt]
grab upper section Greiferoberteil *n* [mbt]
grab yoke Greiferlager *n* [mbt]
grab, automatic - Drehschaufelbagger *m* [mbt]
grabbing crane Greiferkran *m* [mbt]
gradability Steigfähigkeit *f* [tra]
gradable steigfähig [mbt]
gradate abstufen *v*
gradation Stufung *f*
gradation limit Grenzsieblinie *f* [prc]
grade Ausführungsstufe *f*; Beschaffenheit *f* (Qualität); Güteklasse *f*; Gütestufe *f*; Handelsklasse *f*; Handelsqualität *f* [eco]; Klasse *f*; Qualität *f* (Güteklasse); Sorte *f*; Steigung *f* (Gefälle); Grad *m* (Ausmaß); Rang *m* (Güteklasse); Zustand *m* (Klasse); Gefälle *n* (Straße); Niveau *n*; Planum *n* [mbt]
grade ebnen *v* (glätten); eichen *v* [any]; einteilen *v* (in Güteklassen); klassieren *v* (in Klassen) [prc]; klassifizieren *v*; planieren *v* [mbt]; sortieren *v* [rec]; staffeln *v* (einteilen); trennen *v* (klassieren) [prc]
grade builder Planierraupe *f* [mbt]
grade crossing gate Bahnschranke *f* ((A)) [tra]
grade level Gründungssohle *f* [bau]
grade of balancing Unwuchtgüte *f* [tec]
grade resistance Hangabtriebskraft *f* [mbt]
graded gesiebt (Mineralstoffe) [prc]; gestuft [wer]
grader Sortiermaschine *f* [prc]; Erdhobel *m* (Grader) [mbt]; Grader *m* (Erdhobel, Baumaschine) [mbt]; Wegehobel *m* (Grader, Erdhobel) [mbt]; Planiergerät *n* [mbt]
grader scraper Anbauschürfkübel *m* [mbt]
grader work Graderarbeiten *pl* [mbt]
gradient ansteigend
gradient Neigung *f* (Gelände, Kurve); Steigung *f* (Gefälle); Steilheit *f*; Gradient *m* [mat]; Gefälle *n* [mat]
gradient angle Steigungswinkel *m* [tec]
gradient post Steigungsmarkierung *f* (Signal, Pfosten) [tra]
grading Aufbereitung *f* (Klassierung); Klassierung *f* [prc]; Sortierung *f*; Trennung *f* (Klassierung) [prc]
grading curve Körnungslinie *f* [bau]; Korngrößenverteilung *f*; Siebkennlinie *f* [any]; Siebkurve *f* [prc]
grading fraction Kornfraktion *f*; Kornklasse *f*
grading range Körnung *f*
grading screen Klassiersieb *n* [prc]

grading test Siebtest *m* [any]
grading work Planierarbeiten *pl* (an Hang, Böschung) [mbt]
gradual automation schrittweise Automatisierung *f* [wer]
gradual damage Allmählichkeitsschäden *pl*
gradually allmählich
graduate einteilen *v* (unterteilen); kalibrieren *v* [any]
graduated burette Messbürette *f* [any]
graduated cylinder Messzylinder *m* [any]
graduated flask Messkolben *m* [any]
graduated jar Messgefäß *n* [any]
graduated measure Messglas *n* [any]
graduated plate Teilscheibe *f* [tec]; Teilscheibe *f* [tec]
graduation Einteilung *f* (Unterteilung); Gradeinteilung *f* [any]; Skala *f* (Gradeinteilung); Staffelung *f* (bei Gebühren); Stufe *f* (Grad); Teilung *f* (Skalierung)
graduation line Teilstrich *m* [any]
graduation scale Kalibrierung *f* [any]
graduator Gradmesser *m* [any]
graft pfropfen *v*
graft copolymer Pfropfcopolymer *n* [che]
graft polymer Pfropfpolymer *n* [che]; Pfropfpolymerisat *n* [che]
graft polymerization Pfropfpolymerisation *f* [che]
grain Ader *f* (Holz); Faser *f* (Holz); Körnung *f*; Maserung *f* (Holz, Leder); Pore *f* (Holz); Struktur *f* (Werkstoff) [met]; Einzelkorn *n*; Gefüge *n* (körniges -) [met]; Gesteinskorn *n*; Getreide *n* [far]; Korn *n* (Getreide) [bff]
grain granulieren *v* [prc]; masern *v* [wer]
grain boundary Korngrenze *f* (Partikel)
grain density Korndichte *f*
grain diameter Korndurchmesser *m*
grain growth Kornwachstum *n*
grain hardness Kornhärte *f* [met]
grain oriented kornorientiert
grain refinement Kornverfeinerung *f*
grain silo Getreidesilo *m* [far]
grain size Korngröße *f*
grain size analysis Korngrößenanalyse *f* [any]
grain size analyzer Korngrößenmessgerät *n* [any]
grain size determination Korngrößenbestimmung *f* [any]
grain size distribution Korngrößenverteilung *f*
grain strength Kornfestigkeit *f*
grain structure Kornstruktur *f*; Korngefüge *n*
grain volume Kornvolumen *n*
grain-refined construction steel Feinkornbaustahl *m* [met]
grain-refined steel Feinkornstahl *m* [met]
grained gekörnt; gemasert (Holz); körnig
graining Granulierung *f* [prc]
gram Gramm *n* (Gewicht)
gram equivalent Grammäquivalent *n* [che]
gram ion Grammion *n* [che]
gram molecule Grammmolekül *n* [che]; Mol *n* [che]

gram reaction Grammreaktion *f* [che]
gram-molecular weight Molgewicht *n* [che]
grand total Gesamtsumme *f* [eco]
grandstand Tribüne *f*
granite Granit *m* [min]
granite curb Granitbordstein *m* [tra]
granite grey granitgrau (RAL 7026) [nor]
granite kerbstone Granitbordstein *m* [tra]
granite sand Granitsand *m* [min]
granite-like granitartig [min]
granitic rock Granitgestein *n* [min]
grant Bewilligung *f* (Gewährung)
grant bewilligen *v*; genehmigen *v*
grant a permission, right to - Erlaubniserteilungsrecht *n* [jur]
grant exemption, right to - Freistellungsbefugnis *f* [jur]
granted leave Urlaubsanspruch *m* [jur]
granular gekörnt; körnig
granular dust Füller *m* (Zuschlagstoff) [bau]
granular material Granulat *n*; körniges Material *n* [bau]
granular size Korngröße *f*
granular structure Kornstruktur *f*
granulate Granulat *n*
granulate granulieren *v* [prc]; prillen *v* (granulieren) [prc]
granulated gekörnt; kernig
granulated material Granulat *n* [met]
granulated metal Granalien *pl* [met]
granulated slag granulierte Schlacke *f* [met]
granulated steel Kornstahl *m* [met]
granulating machine Granuliermaschine *f* [prc]; Granulierapparat *m* [prc]
granulating plant Granulieranlage *f* [prc]
granulation Granulierung *f* [prc]; Körnung *f*
granulation plant Granulationsanlage *f* [prc]
granules Granulat *n*
graph Darstellung *f* (Graphik); grafische Darstellung *f*; graphische Darstellung *f* ((variant)); Kurvendarstellung *f*; Zeichnung *f* (Diagramm) [con]; Graph *m* [mat]; Diagramm *n* (graphische Darstellung); Schaubild *n* (grafische Darstellung) [con]
graph darstellen *v* (grafisch); grafisch darstellen *v*; graphisch darstellen *v* ((variant))
graph of flow Flussdiagramm *n* [con]
graph theory Grafentheorie *f* ((variant)) [mat]; Graphentheorie *f* [mat]
graphic grafisch; graphisch ((variant)); zeichnerisch
graphic Grafik *f*; Graphik *f* ((variant))
graphic data Piktogramm *n* [edv]
graphic display grafische Anzeige *f* [edv]; graphische Anzeige *f* ((variant)) [edv]; grafikfähiger Bildschirm *m* [edv]
graphic element Bildelement *n* (Software) [edv]
graphic instruction grafischer Befehl *m* (Software) [edv]; graphischer Befehl *m* ((variant)) [edv]
graphic panel display Betriebsschaubild *n*
graphic paper Millimeterpapier *n* [con]

graphic presentation Kurvendarstellung *f*
graphic program Grafikprogramm *n* (Software) [edv]; Graphikprogramm *n* ((variant)) [edv]
graphic representation, able to - graphikfähig [edv]
graphic scanner Bildabtaster *m* [any]; Bildabtastgerät *n* [any]
graphical zeichnerisch
graphical calculation zeichnerische Ermittlung *f*
graphical determination zeichnerische Ermittlung *f*
graphical representation grafische Darstellung *f*; graphische Darstellung *f* ((variant))
graphical user interface grafische Benutzeroberfläche *f* (Software) [edv]; graphische Benutzeroberfläche *f* ((variant)) [edv]
graphics scanner Bildscanner *m* [edv]
graphics standards grafische Normen *pl*; graphische Normen *pl* ((variant))
graphite Grafit *n* ((variant)) [met]; Graphit *n* ((variant)) [met]
graphite bearing Graphitlager *n* [tec]
graphite black grafitschwarz ((variant)) [nor]; graphitschwarz (RAL 9011) [nor]
graphite brush Grafitbürste *f* ((variant)) [elt]; Graphitbürste *f* ((variant)) [elt]
graphite carbon Graphitkohle *f* [met]
graphite crucible Grafittiegel *m* ((variant)) [prc]; Graphittiegel *m* ((variant)) [prc]
graphite electrode Grafitelektrode *f* ((variant)) [elt]; Graphitelektrode *f* [elt]
graphite fibre Grafitfaser *f* ((variant)) [met]; Graphitfaser *f* ((variant)) [met]
graphite grease Grafitschmierung *f* ((variant)) [tec]; Graphitschmierung *f* [tec]
graphite grey grafitgrau ((variant)) [nor]; graphitgrau (RAL 7024, 7026) [nor]
graphite layer Grafitschicht *f* ((variant)); Graphitschicht *f* ((variant))
graphite lubricant Grafitschmiermittel *n* ((variant)) [met]; Graphitschmiermittel *n* ((variant)) [met]
graphite lubrication Grafitschmierung *f* ((variant)) [met]; Graphitschmierung *f* [met]
graphite moderator Grafitbremsmasse *f* ((variant)) [pow]; Graphitbremsmasse *f* [pow]
graphite oil grafitiertes Öl *n* ((variant)) [met]; Grafitöl *n* ((variant)) [met]; graphitiertes Öl *n* ((variant)) [met]; Graphitöl *n* [met]
graphite packing Grafitpackung *f* ((variant)) [tec]; Graphitpackung *f* [tec]
graphite pile Grafitreaktor *m* ((variant)) [pow]; Graphitreaktor *m* (Kernreaktor) [pow]
graphite powder Grafitpulver *n* ((variant)) [met]; Graphitpulver *n* [met]
graphite pyrometer Grafitthermometer *n* ((variant)) [any]; Graphitthermometer *n* [any]
graphite reactor Grafitreaktor *m* ((variant)) [pow]; Graphitreaktor *m* (Kernreaktor) [pow]
graphite-like grafitartig ((variant)); graphitartig
graphite-moderated grafitmoderiert ((variant)) [pow]; graphitmoderiert (Kernreaktor) [pow]

graphite-moderated reactor grafitmoderierter Reaktor *m* ((variant)) [pow]; Grafitreaktor *m* ((variant)) [pow]; graphitmoderierter Reaktor *m* [pow]; Graphitreaktor *m* (Kernreaktor) [pow]
graphite-uranium reactor Grafit-Uran-Reaktor *m* ((variant)) [pow]; Graphit-Uran-Reaktor *m* (Kernreaktor) [pow]
graphitic grafitartig ((variant)); grafithaltig ((variant)); graphitartig; graphithaltig
grapples Greiferzangen *f* [mbt]
grasp Griff *m* (Greifen)
grasp fassen *v* (greifen); greifen *v* (packen, festhalten)
grass Rasen *m* [bff]; Gras *n* [bff]
grass green grasgrün (RAL 6010) [nor]
grass loading appliance Grasladegerät *n* [far]
grass loading vehicle Grasladefahrzeug *n* [far]
grass plot Rasenplatz *m*
grass roots scheme Projekt auf der grünen Wiese *n* [bau]
grass shears Rasenschere *f*
grassed area Grünfläche *f*
grassed roof begrüntes Dach *n* [bau]
grassland Grasland *n* [far]; Grünland *n* [far]
grate Feuerrost *m* [pow]; Gitterrost *m* (in Feuerung) [pow]; Rost *m* (Trägerrost) [pow]; Siebrost *m* [prc]; Gitter *n* (Rost) [pow]
grate reiben *v* (zerkleinern); zerreiben *v* (zermahlen) [prc]
grate area Rostfläche *f* [pow]
grate cleaning device Roststabreinigungsvorrichtung *f* [pow]
grate cooler Rostkühler *m* [prc]
grate firing Rostfeuerung *f* [pow]
grate link Roststab *m* [pow]
grate opening Rostspalt *m* [pow]
grate seal Rostabdichtung *f* [pow]
grate speed Rostvorschub *m* [pow]
grate spreader, oscillating - Schwingrost *m* [pow]
grate, free air space in - freie Rostfläche *f* [pow]
grate, length of - Rostlänge *f* [con]
grate, width of - Rostbreite *f* [pow]
grate-kiln system Banddrehrohrofen *m* [prc]
grater Raspel *f* (Küchengerät); Reibe *f* [wzg]; Reibeisen *n* [wzg]
grating Gitterlage *m* [bau]; Gitterrost *m* (Bodenrost) [bau]; Raster *n* (Gitter); Beläge *pl* (Gitterrost) [pow]
grating constant Gitterkonstante *f* [che]
gratuity Gratifikation *f*
grave Bahre *f*
gravel Grieß *m* (Kies, Schotter) [met]; Grobsand *m* [met]; Kies *m* [bod]; Schotter *m* (aus dem Steinbruch) [bau]; Geröll *n* (Schotter)
gravel bekiesen *v*; besanden *v*; beschottern *v* (Verkehr) [bod]; schottern *v*
gravel adhesive Kieskleber *m* [met]
gravel and sand Kiessand *m* [geo]
gravel bed Kiesbett *n* [bod]

gravel blanket Kiesschicht f [bod]
gravel catchment Kiesfang m [was]
gravel extraction plant Kiesgewinnungsanlage f [roh]
gravel filling Kiesschüttung f
gravel filter Kiesfilter n [was]
gravel filter layer Kiesfilterschicht f [was]; Kiespackung f [was]
gravel fraction Kieskörnung f
gravel grab Kiesgreifer m (Baggerausrüstung) [mbt]
gravel layer Kiesschicht f [bod]
gravel path Kiesweg m [bau]; Schotterweg m [tra]
gravel pit Kiesgrube f [roh]; Sandgrube f [roh]
gravel screen Kiessieb n
gravel soil Kiesboden m [bod]
gravel stone Kieselstein m
gravel surface Schotterdecke n [tra]
gravel surface, road with - Schotterstraße f [tra]
gravel surfacing Bekiesung f [bau]; Kiesbefestigung f [bau]
gravel trap Kiesfang m [was]
gravelling Beschotterung f (Verkehr) [bod]
gravelly kieselhaltig; kieshaltig
gravelly sand Kiessand m [geo]
graver Stichel m [wzg]
gravimeter Gravimeter n [any]
gravimetric gewichtsanalytisch [any]; gravimetrisch [any]
gravimetric analysis Gewichtsanalyse f [any]; Gravimetrie f [any]; gravimetrische Analyse f [any]
gravimetric batching gewichtsmäßige Dosierung f [bau]; Massedosierung f [prc]
gravimetrical gravimetrisch [any]
gravimetry Gravimetrie f [any]
gravitation Gravitation f [phy]; Massenanziehung f [phy]
gravitation separator Schwerkraftscheider m [prc]
gravitational acceleration Erdbeschleunigung f [phy]; Fallbeschleunigung f [phy]
gravitational constant Gravitationskonstante f [phy]
gravitational field Gravitationsfeld n [phy]; Schwerefeld n [phy]
gravitational force Schwerkraft f
gravitational water Sickerwasser n [was]
gravitational water extraction Schwerkraftentwässerung f [was]
gravity Gravitation f [phy]; Schwere f [phy]; Schwerkraft f [phy]; Gewicht n (Schwere) [phy]
gravity arc welding with covered electrode Schwerkraftlichtbogenschweißen n [wer]
gravity circulation Schwerkraftumlauf m
gravity consolidator Schwerkrafteindicker m [was]
gravity conveyor, air-activated - Fließrinne f (Wirbelrinne) [prc]
gravity dewatering Schwerkraftentwässerung f [was]
gravity die casting Kokillenguss m [roh]
gravity drainage zone Schwerkraftablaufzone f [was]
gravity escapement Schwerkrafthemmung f [tec]
gravity field Schwerefeld n [phy]

gravity filter Schwerkraftfilter m [was]
gravity force Massenkraft f [phy]
gravity forces on batter Hangabtriebskraft f [mbt]
gravity lubrication Fallschmierung f [tec]
gravity mixer Schwerkraftmischer m [prc]
gravity mixer7 Freifallmischer m [prc]
gravity pipe Fallrohr n [was]
gravity roller Querrollbahn f [tec]; Rollenförderer m [mbt]
gravity thickener Schwerkrafteindicker m [was]
gravity, force due to - Massenkraft f [phy]
gravity-type dust ejector Schwerkraftstaubauswerfer m [prc]
gray ((A) siehe: grey); grau ((A))
graze weiden v [far]
grazing Beweidung f [far]
grazing land Weideland n [far]
grease Schmiere f [met]; Fett n; Schmierfett n [met]; Staufferfett n [met]
grease abschmieren v; beschmieren v; einfetten v (fetten); fetten v; ölen v (schmieren); schmieren v
grease atomizer Fettzerstäuber m (Schmierung) [tec]
grease bearing Schmierlager n [tec]
grease box Schmierbuchse f [tec]
grease cap Fettkappe f [tec]
grease cartridge Fettpatrone f
grease conduit Fettkanal m [tec]
grease coupling Muffenkupplung f [mbt]
grease cup Fettbüchse f (Schmierung) [tec]; Schmierbüchse f (Schmierung) [tec]; Staufferbüchse f (Schmierung) [tec]; Klappöler m (Schmierung) [tec]
grease extractor Fettabscheider m [was]; Fettausscheider m [prc]; Küchenluftabsauger mit Fettabscheidung m [elt]
grease film Fettschicht f
grease fitting Schmiernippel m [tec]
grease gun Abschmierpresse f; Fettpresse f (Fettpistole); Fettpumpe f [tec]; Handhebelfettpresse f [tra]; Schmierpistole f [wzg]; Schmierpresse f [wzg]
grease gun fitting Schmiernippel m [tec]
grease hole Schmierbohrung f [tec]
grease line Fettleitung f (Schmierung) [tec]
grease lube pump Fettschmierpumpe f [tec]
grease lubrication Fettschmierung f [tec]
grease lubrication pump Fettschmierpumpe f [tec]
grease lubrication system Fettschmieranlage f
grease metering block Fettverteiler m [tec]
grease nipple Füllnippel m (Schmierung) [tec]; Kegelschmiernippel m [tra]; Schmierkopf m [tec]; Schmiernippel m [tec]
grease packing Fettpackung f (Schmierung) [tec]
grease pistol Fettpresse f; Schmierpresse f [wzg]
grease press Fettpresse f (Schmierung) [tec]
grease proportioner Fettmengenregler m (Schmierung) [tec]
grease pump Fettpumpe f (Schmierung) [tec]; Schmierfettpumpe f [tec]

grease pump, centralized - zentrale Fettschmierpumpe *f* [tec]; zentrale Fettschmierpumpe *f* [tec]
grease pump, double-plunger - Doppelkolbenfettpumpe *f* [tec]
grease relief valve Fettüberdruckventil *n*
grease removal Kaltentfetten *n*
grease retainer Fettabdichtung *f* [tec]
grease separator Fettabscheider *m* [was]
grease solvent Fettlösungsmittel *n* [che]
grease spot Fettfleck *m*
grease tight öldicht
grease trap Fettabscheider *m* [was]; Fettfang *m*
grease worker Walkapparat *m* [tec]
grease, free from - fettfrei
grease-lubricated bearing Lager mit Fettschmierung *n* [tec]
grease-nipple plug Schmiernippelkappe *f* [tec]
grease-packed fettgefüllt (Schmierung) [tec]; mit Fettfüllung (Schmierung) [tec]
grease-packed for life mit Dauerfettschmierung [tec]
grease-proof fettbeständig
grease-resistant fettbeständig
greased gefettet
greased-for-life dauerfettgeschmiert [tec]
greased-for-life bearing Lager mit Fettleder *n* (Dauerschmierung) [tec]
greaser Schmierer *m* [tec]
greasing Schmierung *f*; Abschmieren *n*; Einfetten *n*
greasing system Schmieranlage *f* [tec]
greasy fett; fettartig; fettig
greasy stain Fettfleck *m*
greasy surface Schmierfilm *m* (Straße) [tra]
great deal of work Arbeitsaufwand *m*
great ice age Eiszeitalter *n* [geo]
greater part Großteil *m*
greater-or-equal symbol Größer-gleich-Zeichen *n* [mat]
greater-than symbol Größer-als-Zeichen *n* [mat]
green grün
green Grünfläche *f*
green area Grünfläche *f*; Grünzone *f*; Grünanlagen *pl*
green beige grünbeige (RAL 1000) [nor]
green belt Grüngürtel *m*
green blue grünblau (RAL 5001) [nor]
green brown grünbraun (RAL 8000) [nor]
green company umweltorientierte Firma *f* [eco]
green concrete Frischbeton *m* [met]
green consumerism umweltorientierter Verbrauch *m* [eco]
green container grüne Tonne *f* [rec]
green dot Grüner Punkt *m* (Kennzeichen für Verpackungsrecycling in D) [rec]
green grey grüngrau (RAL 7009) [nor]
green liquor sludge Sulfitschlamm *m* [rec]
green manure Gründünger *m* [far]
green mortar Frischmörtel *m* [met]
green point Grüner Punkt *m* [rec]
green politics grüne Politik *f*
green revolution Grüne Revolution *f*

green roof Gründach *n* [bau]
green sandstone Grünsandstein *m* [min]
green schist Grünschiefer *m* [min]
green space Grünfläche *f*; Grünzone *f*; Grünanlagen *pl*
green spot Grüner Punkt *m* [rec]
green strip Grünstreifen *m* [tra]
green tank grüne Tonne *f* [rec]
green verditer Patina *f* [che]
green waste Biomüll *m* [rec]
green wood frisches Holz *n*
greenfield site Wohnviertel im Grünen *n*
greenhouse Treibhaus *n*
greenhouse effect Glashauseffekt *m* [wet]; Treibhauseffekt *m* [wet]
greenhouse gas Treibhausgas *n* [wet]
greenhouse glass Gewächshausglas *n* [met]
greening Begrünung *f* [far]
greenish grünlich
greenish black grünschwarz
greenish blue grünblau
greenish brown grünbraun
greenish grey grüngrau
greenish yellow grüngelb
grey grau ((B))
grey aluminium graualuminium (RAL 9007) [nor]
grey area Graubereich *m*
grey beige graubeige (RAL 1019) [nor]
grey blue graublau; graublau (RAL 5008) [nor]
grey board Graupappe *f* [met]
grey body emitter Graustrahler *m* [opt]
grey brown graubraun (RAL 8019) [nor]
grey cast Grauguss *m* [met]
grey cast iron Grauguss *m* [met]
grey experience langjährige Erfahrung *f*
grey iron foundry Graugießerei *f* [met]
grey lime Graukalk *m* [met]
grey olive grauoliv (RAL 6006) [nor]
grey stone lime Graukalk *m* [met]
grey violet grauviolett
grey white grauweiß (RAL 9002) [nor]
grey-scale display Grautonbildschirm *m* [edv]
greyish black grauschwarz
greyish yellow graugelb
grid Rost *m* (Trägerrost) [pow]; Gitter *n* (Gitternetz) [elt]; Netz *n* [elt]; Raster *n* (Gitter); Stromnetz *n* [elt]
grid board Rasterplatte *f* [tec]
grid characteristic Gitterkennlinie *f*
grid electrode Gitterelektrode *f* [elt]
grid gas line Ferngasleitung *f* [pow]
grid plan Rasternetz *n*
grid point Gitterpunkt *m* [con]
grid potential Gitterspannung *f* [elt]
grid system Rastersystem *n* [tec]; Verbundnetz *n* [elt]
grid voltage Gitterspannung *f* [elt]
gridlike gitterartig
gridwork Rechenanlage *f* (Aufbereitung) [prc]

grill Rost *m* (Ofen) [pow]
grill braten *v* (grillen)
grill sheet metal Gitterblech *n* [met]
grill support Rostauflage *f* [tec]
grillage Trägerrost *m* (Stahlbau) [tec]
grille Gitterrost *m* (Stahlbau) [tec]; Rost *m* (Trägerrost) [pow]; Gitter *n* (Draht-) [met]; Ziergitter *n* (z.B. an Haustür) [bau]
grimble Gelenklager *n* [tra]
grind Fressen *n* (des Materials)
grind abreiben *v* (schleifen) [wer]; abschleifen *v* (glätten, bearbeiten) [wer]; beschleifen *v* (bearbeiten) [wer]; fein mahlen *v* [wer]; mahlen *v*; reiben *v* (mahlen); schärfen *v* [wer]; schleifen *v* (schärfen) [wer]; wetzen *v* (schleifen) [wer]; zerkleinern *v* (zermahlen) [prc]; zermahlen *v* [prc]; zerreiben *v* [prc]
grind coarsely grobbrechen *v* [mbt]
grind down runterschleifen *v* [wer]
grind fine fein mahlen *v*; verreiben *v*
grind in einschleifen *v* [wer]
grind off abschleifen *v* (Glas, Metall) [wer]
grind out ausschleifen *v* (Material entfernen) [wer]
grind roughly schroten *v*
grind with emery abschmirgeln *v* [wer]
grindability Mahlbarkeit *f* [met]
grinder Schleifmaschine *f* [wzg]; Zerkleinerer *m* [prc]; Brechwerk *n*; Zerkleinerungsgerät *n* [prc]
grinding Mahlung *f* [prc]; Vermahlung *f* (von Mineralien) [prc]; Zerkleinerung *f* (Mahlung) [prc]; Beschleifen *n* (Bearbeitung) [wer]; Fressen *n* (Abschleifen des Materials); Schleifen *n* (Oberflächenbehandlung) [wer]
grinding and drying plant, combined - Mahltrocknungsanlage *f* (kombiniert) [prc]
grinding dimensions Fräsmaß *n* (Maße der Nut) [con]
grinding disc Schleifscheibe *f* [wzg]; Schleifteller *m* [wzg]
grinding drum Mahltrommel *f* [prc]
grinding dust Schleifspäne *pl* [rec]
grinding lathe Schleifbank *f* (Bearbeitung) [wer]
grinding machine Schleifmaschine *f* [wzg]; Zerkleinerungsmaschine *f* [prc]
grinding machine, automatic - Schleifautomat *m* [wzg]
grinding marker Schleifmarkiereinrichtung *f* [wer]
grinding mill Mahlanlage *f* [prc]; Brecher *m* (Mühle)
grinding paste Schleifpaste *f* [met]
grinding plant Mahlanlage *f* [prc]
grinding plant, air-swept - Luftstrommahlanlage *f* [prc]
grinding ring Mahlring *m* (Kugelmühle) [prc]
grinding sparks Schleiffunken *pl* [wer]
grinding stock Mahlgut *n*
grinding tool Schleifzeug *n* [wzg]
grinding wheel Schleifscheibe *f* [wzg]; Schleifrad *n* [wer]
grinding work Mahlvorgang *m* (Mahlen) [prc]; Mahlen *n* (Mahlvorgang) [prc]
grinding zone Mahlzone *f* [prc]
grinding, blend by - beischleifen *v* [wer]
grinding-machine Mahlgang *m* [prc]
grinding-stone Mahlstein *m* [prc]
grindings Abrieb *m* (Abnutzung); Schleifspäne *pl* [rec]
grindstone Schleifstein *m* [wzg]
grip Griffigkeit *f* (von Reifen) [tra]; Haftung *f* (von Reifen) [tra]; Klemme *f* [elt]; Umklammerung *f*; Griff *m* (Greifen); Haltegriff *m* [mbt]; Handgriff *m* [wzg]
grip greifen *v* (auch: ergreifen); haften *v* (greifen)
grip angle Umschlingungswinkel *m* [con]
grip arm Greifarm *m* [tec]
grip handle Haltegriff *m* [tec]
grip link Greifsteg *m* (Schneekette) [tra]
grip nut Knebelmutter *f* [tec]
grip of bolt Klemmlänge *f* (Schraube) [con]
grip section Einspannbereich *m* [tec]
grip-bolting Schraubenverbindung *f* [tec]
gripping Haftverbund *m* [bau]
gripping arrangement Einspannvorrichtung *f*
gripping device Fangvorrichtung *f* (der Seilbahn) [mbt]; Greifer *m*; Greifwerkzeug *n* [wzg]
gripping tool Greifwerkzeug *n* [wzg]
grist Mahlgut *n*
grit Abrieb *m* (Abnutzung); Grieß *m* (Streusand) [met]; grober Staub *m* (Entstaubung); Grobsand *m* [met]; Grobstaub *m* [met]; Kies *m* [bod]; Sand *m* [met]; Splitt *m* [met]; Stahlkies *m* [met]; Streusand *m* (Straße) [rec]; Streugut *n* [rec]
grit absanden *v*; streuen *v* (Streusalz, Granulate) [tra]
grit agent Streustoff *m* [rec]
grit arrestor Flugstaubabscheider *m* (grobes Korn) [air]; Zyklonabscheider *m* (grober Flugstaub) [prc]
grit blasted kiesgestrahlt [wer]
grit chamber Sandfang *m* [was]
grit grader Sandklassierer *m* [was]
grit hopper Flugaschentrichter *m* [pow]
grit refiring Flugaschenrückführung *f* (Rost) [pow]
grit removal tank Sandfang *m* [was]
grit retention Flugascheneinbindung *f*
grit washer Sandwaschanlage *f* [was]
gritling material Abstreumaterial *n* [rec]
gritted gestreut (z.B. Streusalz)
gritter Streufahrzeug *n* [rec]
gritting device, automatic - Streuautomat *m* [rec]
gritting loading device Streustoffladegerät *n* [rec]
gritting lorry Streufahrzeug *n* [rec]
gritting material Streugut *n* [rec]
gritting vehicle Streufahrzeug *n* [rec]
gritty sandhaltig; sandig
grommet Durchführungshülse *f* [tec]; Kausche *f* (Kabelauge) [bau]; Öse *f* (Durchführung, z.B. Wand) [tec]; Tülle *f* (Ausgießer, z.B. an Ölkanne) [tec]; Unterlegscheibe *f* [tec]; Gewindeschutz *m* [tec]; Gummiring *m* (wie Buchse, Durchführung) [tec]; Seilring *m* [tec]; Auge *n* (Tülle) [tec]

grommet thimble Seilkausche *f* [tec]
groomed, well - gepflegt (Tier, Maschine)
groove Feinnut *f*; Fuge *f* (Nut) [tec]; Furche *f* (Rille); Kehle *f* (Hohl-); Kerbe *f* (Rille); Nut *f* (Fuge); Riefe *f* (Vertiefung); Riffel *f*; Rille *f*; Rinne *f* (Riefe); Einstich *m* (Nut für Ring) [tec]; Kanal *m* (Abflussrinne) [was]; Kaliber *n*
groove aushöhlen *v* [wer]; ausstechen *v* [wer]; eindrehen *v* [wer]; einkerben *v* (mit Rillen versehen) [wer]; kehlen *v*; nuten *v* (Nut einritzen) [wer]; stechen *v* (Nuten -) [wer]
groove angle Rillenwinkel *m* (Keilriemen) [tec]
groove ball bearing, ring - Ringrillenkugellager *n* [tec]
groove cover Nutabdeckung *f* (an Dichtnut) [tec]
groove gearing Kerbzahnung *f* [tec]
groove joint Feder-Nut-Verbindung *f* [tec]
groove out ausfugen *v* [wer]
groove pin Kerbnagel *m* [tec]; Kerbstift *m* [tec]
groove weld Fugennaht *f* [wer]
groove wheel Kehlrad *n* [tec]
groove width Riemenbreite *f* (Keilriemen) [tec]
grooved genutet [wer]; gerippt [wer]
grooved ball bearing Rillenkugellager *n* [tec]
grooved dowel pin Steckkerbstift *m* [tec]
grooved drive stud Kerbnagel *m* [tec]
grooved drum Nutentrommel *f* [tec]
grooved metal gasket Kammprofildichtung *f* [tec]
grooved nut Nutmutter *f* [tec]
grooved packing ring kammprofilierter Dichtring *m* [tec]
grooved pin Kerbnagel *m* [tec]; Kerbstift *m* [tec]; Passkerbstift *m* [tec]
grooved pulley Nutrolle *f* [tec]
grooved rail Rillenschiene *f* (z.B. für Straßenbahn) [tra]
grooved ring Labyrinthring *m* (Dichtring) [tec]; Nutring *m* (Dichtring) [tec]
grooved shaft Nutwelle *f* [tec]
grooved straight pin Zylinderkerbstift *m* [tec]
grooved straight ring gerader Kerbstift *m* [tec]
grooved taper pin Kegelkerbstift *m* [tec]
grooved wheel Rillenscheibe *f* [tec]; Kehlrad *n* [tec]
grooved-and-tongued joint, angular - Winkelstoß mit Nut und Feder *m* [tec]
grooving cutter Nutenfräser *m* [wzg]; Raumfräser *m* [wer]
grooving tool Nutenstahl *m* [wzg]; Stechmeißel *m* [wzg]
gross brutto
gross amount Gesamtbetrag *m* [eco]
gross calorific value Brennwert *m* [pow]; oberer Heizwert *m* [che]
gross capacity factor Arbeitsausnutzung *f*
gross domestic product Bruttoinlandsprodukt *n*
gross efficiency gesamter Wirkungsgrad *m*
gross floor area Gesamtgrundfläche *f* [bau]
gross income Bruttoverdienst *n*
gross load Bruttowärmeleistung *f* [pow]

gross load weight Gesamtgewicht *n* (des Waggons mit Ladung) [tra]
gross national product Bruttosozialprodukt *n*
gross output Bruttoleistung *f*
gross price Bruttopreis *m*
gross principle Bruttoprinzip *n*
gross reaction Bruttoreaktion *f* [che]
gross return Bruttoertrag *m*; Rohertrag *m* [eco]
gross structure Grobgefüge *n* [met]
gross vehicle weight Brutto-Fahrzeuggewicht *n* (des Wagens) [tra]
gross weight Bruttogewicht *n*; Dienstgewicht *n* (brutto); Gesamtgewicht *n*; Ladegewicht *n* [mbt]
ground ((A) siehe: earth); ausgeschliffen (vergrößert) [wer]; eingeschliffen [wer]; gemahlen; geschliffen [wer]
ground Erde *f* ((A) Erdung) [elt]; Erde *f* (Boden); Grundierschicht *f* [met]; Grundschicht *f* [met]; Masse *f* (Erdung) [elt]; Sohle *f* (unten auf dem Boden) [roh]; Boden *m* (Fußboden, Erdboden) [bau]; Grund *m* (Boden) [bod]; Platz *m* (Sport); Untergrund *m* (Erde) [bod]; Erdreich *n* [bod]; Feld *n* (Landwirtschaft); Gelände *n* (Landschaft) [geo]; Land *n* (Boden) [bod]
ground erden *v* ((A)) [elt]; grundieren *v* [wer]
ground air extraction Bodenluftabsaugung *f* [bod]
ground air extraction unit Bodenluftabsauganlage *f* [bod]
ground anchor Grundanker *m* [bau]
ground area Bodenfläche *f* [bau]
ground basic slag Thomasmehl *n* [met]
ground bearing capacity Bodentragfähigkeit *f* [bau]; Tragfähigkeit *f* (des Bodens) [bod]
ground breaking Erdaushub *m* (Ausschachten) [mbt]; Ausschachten *n* (Erdaushub) [mbt]
ground charcoal Kohlenpulver *n* [roh]
ground circuit geerdeter Stromkreis *m* [elt]
ground cleaner Fußbodenreiniger *m* [met]
ground clearance Bodenfreiheit *f* (Technik) [con]
ground coat Grundierung *f* [met]
ground colour Grundfarbe *f* [met]
ground connection Erdableitung *f* ((A)) [elt]; Erdung *f* [elt]
ground cover planting Bodenbedeckungspflanzung *f* [bff]
ground damp Bodenfeuchtigkeit *f* [bod]
ground drains Bodenablauf *m* [was]
ground fault Erdschluss *m* ((A) unerwünschte Masseleitung) [elt]; Körperschluss *m* ((A)) [elt]
ground flare Bodenfackel *f*
ground floor Erdgeschoss *n* [bau]; Parterre *n* [bau]
ground floor apartment Parterrewohnung *f* [bau]
ground frame Grundgestell *n*
ground frost Bodenfrost *m* [wet]
ground glass Mattglas *n* [met]
ground glass joint Glasschliff *m* [wer]
ground glass screen Mattscheibe *f* [opt]
ground humidity Bodenfeuchtigkeit *f* [bod]
ground ice Grundeis *n* [geo]

ground lead Erdleitung *f* [elt]
ground line Grundlinie *f* [con]
ground loop Erdschleife *f* [elt]
ground metallically blank metallisch blank geschliffen [wer]
ground moisture Bodenfeuchtigkeit *f* [bod]
ground moraine Grundmoräne *f* [geo]
ground plan Grundriss *m* [con]; Grundrissplan *m* [con]
ground plate Schwelle *f* [bau]
ground pollution Bodenverunreinigung *f* [bod]
ground position Bodenlage *f* (Lader in Bodenlage) [mbt]
ground potential Grundspannung *f* [elt]
ground pressure Flächenpressung *f* [bod]; Bodendruck *m* [bod]
ground projection plane Grundrissebene *f* [bau]
ground settlement Bodensenkung *f* [bod]
ground sketch Grundriss *m* [con]
ground state Grundzustand *m*
ground stock Mahlgut *n* (Mahlprodukt)
ground surface Geländeoberfläche *f* [bod]
ground system Erdungsanlage *f* [elt]
ground tackle Ankergeschirr *n* [tra]
ground to be metallically blank metallisch blank geschliffen [wer]
ground wire Erdungsleitung *f* [elt]; Masseleitung *f* [elt]
ground, above - oberirdisch
ground, natural - gewachsener Boden *m* [bod]
ground-bearing pressure Bodendruck *m* [bod]
ground-level ebenerdig
ground-level Niveau *n* [bau]; Planum *n* [mbt]
ground-level air Bodenluft *f* [air]
ground-level concentration Bodenkonzentration *f* [bod]
ground-level landfill oberirdische Deponie *f* [rec]
ground-line Planum *n* [mbt]
ground-off abgezogen [wer]
ground-water Grundwasser *n* [was]
ground-water basin Grundwasserbecken *n* [was]
ground-water channel Grundwasserleiter *m* [was]
ground-water condition Grundwasserbeschaffenheit *f* [was]
ground-water contamination Grundwasserverschmutzung *f* [was]
ground-water endangering Grundwassergefährdung *f* [was]
ground-water enrichment Grundwasseranreicherung *f* [was]
ground-water exploration Grundwassererkundung *f* [was]
ground-water formation Grundwasserbildung *f* [was]
ground-water horizon Grundwasserhorizont *m* [was]
ground-water infiltration Grundwasserinfiltration *f* [was]
ground-water layer Grundwasserschicht *f* [was]
ground-water level Grundwasserspiegel *m* [was]
ground-water lowering Grundwasserabsenkung *f* [was]
ground-water lowering system Grundwasserabsenkungsanlage *f* [was]
ground-water occurrence Grundwasservorkommen *n* [was]
ground-water pollution Grundwasserverschmutzung *f* [was]
ground-water protection Grundwasserschutz *m* [was]
ground-water quality Grundwasserqualität *f* [was]
ground-water rehabilitation Grundwassersanierung *f* [was]
ground-water saturation line Grundwasserlinie *f* [was]
ground-water seepage Grundwasserinfiltration *f* [was]
ground-water state Grundwasserbeschaffenheit *f* [was]
ground-water stream Grundwasserströmung *f* [was]
ground-water supplies Grundwasservorräte *pl* [was]
ground-water table Grundwasserspiegel *m* [was]
ground-water use Grundwassernutzung *f* [was]
ground-water utilization Grundwassernutzung *f* [was]
ground-water, use of - Grundwassernutzung *f* [was]
grounded geerdet [elt]
grounding Erdung *f*) [elt]; Masse *f* (Erdung) [elt]
grounds Parkanlage *f*
groundwork Erdarbeiten *pl* [bau]
group Gruppe *f*; Unternehmensgruppe *f* [eco]; Satz *m* (Gruppe)
group gliedern *v* (sich gliedern in); gruppieren *v*; zusammenstellen *v*
group drive Gruppenantrieb *m* [pow]
group index Gruppenindex *m* [bau]
group of buildings Gebäudeblock *m* [bau]; Gebäudekomplex *m* [bau]
group of companies Unternehmensgruppe *f* [eco]
group of tolerances Toleranzreihe *f* [con]
group taxi Sammeltaxi *n* [tra]
group velocity Gruppengeschwindigkeit *f* [elt]
grouping Aufgliederung *f*; Bündelung *f*; Gruppierung *f*; Zusammenstellung von Teilen *f*
grouping of trees Baumgruppe *f* [bff]
grouping together Zusammenschluss *m*
grouser Steg *m* (der Kettenbodenplatte) [mbt]; Stollen *m* (auf Kettenplatte) [mbt]
grout Erdstoffverfestiger *m* [mbt]; Gussmörtel *m* [met]; Mörtel *m* (dünner Mörtel) [bau]
grout ausgießen *v* (Beton) [bau]; eingießen *v* (Zement) [bau]; fugen *v* (ausfüllen) [bau]; mörteln *v* (mit Mörtel verstreichen) [wer]; verpressen *v* [bau]
grouted gefugt (Spalte) [bau]
grouting Zementierung *f* (Verfugen) [bau]
grouting of bases Vergießen *n* (Fundamente) [bau]
grouting work Verpressarbeiten *pl* [mbt]
grow anbauen *v* [far]; anpflanzen *v* [far]; wachsen *v* (zunehmen); züchten *v* (Bakterien) [far]; zunehmen *v*

grow again nachwachsen *v* [far]
grow cold erkalten *v*
grow rusty einrosten *v* [met]
grow up heranwachsen *v* [bff]
growing Anbau *m* [far]
growing season Vegetationsperiode *f* [bff]
growing up Aufwuchs *m* [far]
growth Zunahme *f*; Wuchs *m* (Wachstum) [bff]; Zuwachs *m* (Zunahme); Wachsen *n* (Zunahme); Wachstum *n*
growth disorder Wachstumsstörung *f* [bio]
growth factor Wachstumsfaktor *m*
growth form Wuchsform *f* [bff]
growth period Wachstumszeit *f* [bio]
growth phase Wachstumsphase *f* [bio]
growth rate Wachstumsgeschwindigkeit *f*; Zuwachsrate *f*
growth-inhibiting wachstumshemmend; wachstumshindernd
growth-promoting substance Wuchsstoff *m* [bio]
growth-retarding wachstumshemmend
growth-stimulating wachstumsfördernd
grub Larve *f* [bff]
grub screw Madenschraube *f* (siehe: Gewindestift); Gewindestift *m* [tec]
grub up roden *v* [far]
grummet Unterlegscheibe *f* [tec]
guarantee Garantie *f* (Gewähr) [jur]; Gewähr *f* [jur]; Gewährleistung *f* [jur]
guarantee garantieren *v*; Gewähr leisten *v* ((variant)) [jur]; gewährleisten *v* [jur]
guarantee fuel Garantiebrennstoff *m* [pow]
guarantee insurance Garantieversicherung *f* [jur]
guarantee of absence of residual pollution Garantie der Altlastenfreiheit *f* [jur]
guarantee performance test Gewährleistungsprüfung *f* [jur]
guarantee period Garantiefrist *f*
guarantee, give a - garantieren *v*
guarantee, period of - Garantiezeitraum *m* [jur]
guaranteed garantiert; verbindlich
guaranty Garantie *f* [eco]
guaranty terms Garantiebedingungen *pl* [jur]
guard Abfangscheibe *f* [tec]; Bedeckung *f* (Schutz); Dichtblende *f* [tec]; Kulisse *f* (schützt Kette vor Längung und Bruch) [mbt]; Schutzeinrichtung *f* (Arbeitssicherheit); Umhüllung *f* (Mantel, Schutz); Schutz *m* (Vorrichtung) [tec]; Schutzgitter *n* (z.B. Steinschlagschutzgitter) [mbt]
guard beschützen *v*; schützen *v* (beschützen); sichern *v* (schützen); überwachen *v* (Gebäude)
guard bead Führungsschiene *f* [tec]
guard plate Schutzplatte *f* [tec]; Schutzblech *n* [tec]; Sicherungsblech *n* [tec]
guard rail Leitplanke *f* [tra]; Seitensicherung *f* [bau]; Schutzgeländer *n* [bau]
guard ring Halterung *m* (Sicherungsring) [tec]; Schutzring *m* [elt]; Sicherungsring *m* [elt]
guarded abgeschirmt [elt]; bedeckt; geschützt [wer]

guarded gear geschütztes Getriebe *n* [tec]
gudgeon Dübel *m* [tec]; Stiftbolzen *m* [tec]; Zapfen *m*
gudgeon pin Drehzapfen *m* [tec]; Kolbenbolzen *m* [tra]
gudgeon pin bushing Kolbenbuchse *f* [tra]
gudgeon pin lock Kolbenbolzensicherung *f* [tra]
gudgeon pin retainer Kolbenbolzensicherung *f* [tra]
guest house Fremdenheim *n* [bau]
guidance Anleitung *f* (Führung, Lenkung); Anweisung *f*; Führung *f* (axiale Führung); Leitung *f* (Führung)
guidance ring Führungsring *m* [tec]
guidance, horizontal - Horizontalführung *f* [mbt]
guide Anleitung *f*; Führung *f* (z.B. der Kette); Gleitbahn *f* [tec]; Gleitstange *f* [tec]; Führer *m* (Buch); Führungselement *n* [tec]
guide anleiten *v*; führen *v* (lenken, steuern); leiten *v* (führen); lenken *v* (führen); richten *v* (leiten); steuern *v* (jemanden anleiten)
guide arm Führungsarm *m* [tec]
guide assembly Führungseinsatz *m* (z.B. in Turbine) [tec]
guide baffle Leitgitter *n* [tec]
guide bar Führungsleiste *f* [tec]; Führungsschiene *f* [tec]; Führungsstange *f* [tec]
guide bearing Führungslager *n* [tec]
guide blade Hohlleitschaufel *f* (Turbine) [pow]; Umlenkschaufel *f* (Turbine) [pow]
guide blade support ring Leitschaufelring *m* (Turbine) [pow]
guide block Führungsblock *m* [tec]
guide board Leitplanke *f* [tra]
guide bolt Führungsbolzen *m* [tec]
guide book Betriebsanleitung *f*; Einführung *f* (Text)
guide bush Führungsbuchse *f* [tec]; Steuerbuchse *f* [tec]
guide bushing Führungsbuchse *f* [tec]; Rastbuchse *f* [tec]
guide clevis Führungsgabel *f* [tec]
guide concentrically zentrisch führen *v* [tra]
guide cover, air - Luftführungshaube *f* [pow]
guide curve Führungsbogen *m* [tec]
guide fork Einlaufgabel *f*
guide frame Führungsrahmen *m* [tec]
guide funnel Führungstrichter *m* [prc]
guide groove Führungsnut *f* [tec]
guide housing Kapselgehäuse *n* [tra]
guide in dead-centre zentrisch führen *v* [tra]
guide number Leitzahl *f*
guide piece Gleitstein *m* (Teil der Spannvorrichtung) [mbt]
guide pin Fixierstift *m* [tec]; Führungsbolzen *m* [tec]; Führungsstift *m* [tec]; Führungszapfen *m* [tec]
guide pipe Führungsrohr *n* [tec]
guide plate Gleitplatte *f* [tra]; Führungsblech *n* [tec]
guide plate, air - Luftführungsblech *n* [mbt]
guide point Führungspunkt *m* [tec]
guide pulley Führungsrolle *f* [tec]; Führungsscheibe *f*

[tec]; Leitrolle f [tec]; Umlenkrolle f [tec]; Umlenkscheibe f [tec]
guide rail Führungsschiene f [tec]; Gleitleiste f [tec]; Gleitschiene f; Leitplanke f (am Straßenrand) [tra]; Leitschiene f
guide rib Führungsschlitten m [tec]
guide ring Führungsring m [tec]; Klauenring m [tra]; Stellring m [tec]
guide rod Führungsstange f [tec]
guide roll Leitwalze f [roh]
guide roller Führungsrolle f [tec]; Fußrolle f [tec]; Leitrolle f [tec]; Lenkrolle f; Umlenkrolle f [tec]
guide screw Führungsschraube f [tec]; Leitspindel f [tec]
guide shoe Einlaufgabel f; Gleitschuh m [tec]
guide shoe wear surface Gleitbackendrehkranz m (am Drehkranz) [mbt]
guide sled Führungsschlitten m (Kettenspannführung) [mbt]
guide sleeve Führungsbüchse f [tec]; Führungshülse f [tec]
guide spindle Leitspindel f
guide strip Gleitleiste f [tec]
guide tape Führungsband n (an Dichtungen) [tec]
guide tube Führungsrohr n [tec]
guide value Anhaltswert m
guide vane Leitschaufel f
guide vane, inlet - Leitschaufel f (am Ventilator) [prc]
guide wedge Führungskeil m [tec]
guide wheel Leitrad n
guided connection formschlüssige Verbindung f [tec]; Formschluss m (Verbindung)
guideline Richtlinie f (Vorschrift); Richtwert m (Zirka-Angabe)
guidepost Schild n (Hinweisschild)
guideway Führungsbahn f [tec]
guiding accuracy Führungsgenauigkeit f [con]
guiding assembly Führungseinrichtung f (Vorrichtung) [tec]; Führungsvorrichtung f
guiding bushing Führungshülse f [tec]
guiding chain Führungskette f [tec]
guiding data Richtwert m (bei Materialzusammensetzung) [con]
guiding edge Steuerkante f
guiding element Führungselement n
guiding insert Führungsstern m [tra]
guiding mechanism Führungsvorrichtung f
guiding pin Führungsstift m [tec]; Führungszapfen m [tec]
guiding principle Leitsatz m
guiding roller Laufrolle f [tec]
guiding sleeve housing Gehäusekugelführung f [tec]
guiding system Führungssystem n (einer Maschine)
guiding track, chain - Kettenführungsbahn f [tec]
guiding value Richtwert m (Zirka-Angabe)
guiding value for immissions Immissionsrichtwert m [jur]
guillotine Aushauschere f [wzg]

guillotine cutter Hackmaschine f [wzg]
guillotine knife Hackmesser n [wzg]
guillotine shears Tafelschere f (Schlagschere) [wer]
guilt Schuld f (menschliche); Verschulden n [jur]
guilty schuldig [jur]
gulf Golf m
gullet Zahngrund m (zwischen Sägezähnen) [tec]
gully Ablaufrinne f [was]; Abzugskanal m [was]; Einlauf m [was]; Einlaufschacht m [was]; Gully m [was]; Regenwasserabflussschacht m [was]; Senkkasten m [was]; Straßeneinlauf m [was]; Wasserablauf m [was]
gully trap Schlammeimer m (Kanalisation) [was]
gum Gummi m (Klebstoff) [met]; Klebstoff m [met]; Kleister m; Harz n (Gummiharz) [met]; Klebemittel n [met]
gum gummieren v [wer]; verleimen v
gum mastic Mastix m [met]
gum resin Gummiharz n [met]
gum solution Gummilösung f [che]
gum-like gummiartig [met]
gummed label Klebeschild n
gumming Gummierung f (Klebstoff) [met]
gummite Gummistoff m [met]
gun cotton Schießbaumwolle f [met]
gunite Spritzbeton m [met]
gunmetal Kanonenbronze f [met]; Rotguss m [met]
gunmetal bearing Bronzelager n [tec]
gunmetal borings Rotgussspäne pl [rec]
gunmetal bush Bronzebuchse f [tec]
gunmetal scrap Rotgussschrott m [rec]
gunmetal tap Rotgusshahn m [prc]
gunnable spritzbar
gunned concrete Spritzbeton m [met]
gush schießen v (herausschießen)
gusset Knotenbereich m [bau]; Eckblech n [tec]; Kreuzblech n (Gitterkonstruktion) [tec]
gusset plate Knotenblech n (bei Fachwerkkonstruktion.) [tec]
gusset shoe Aufsteckschuh m (Art von Deckel) [tec]; Gleitschuh m (bei Verschleiß) [tec]
gusseted geschnitten auf Gehrung [tec]
gutta-percha Guttapercha n [met]
gutter Abflussrinne f [was]; Dachrinne f (Haus, Auto); Gosse f [was]; Rinne f (Dachrinne) [was]; Wasserrinne f [bau]; Abfluss m (Gully) [was]; Regenwassereinlauf m [was]; Rinnstein m [bau]; Abflussrohr n (Gully) [was]; Gerinne n [was]
gutter channel Straßenrinne f [was]
gutter pipe Fallrohr n [was]
guy rope Spannseil n [mbt]
guy wire Abspannung f (Mast, Windrad) [tec]
gypseous gipshaltig [met]
gypsum Gips m [che]
gypsum board Gipsplatte f [bau]
gypsum building board Baugipsplatte f [met]
gypsum concrete Gipsbeton m [met]
gypsum filling compound Gipsspachtelmasse f [met]
gypsum finish Gipsputz m [bau]

gypsum floor Gipsestrich *m* [bau]
gypsum mortar Gipsmörtel *m* [met]
gypsum paste Gipsbrei *m* [met]
gypsum plaster Gipsputz *m* [bau]
gypsum plaster slab Gipsbauplatte *f* [bau]
gypsum plasterboard Gipsbauplatte *f* [bau]; Gipskartonplatte *f* [bau]
gypsum stuff Gipsmörtel *m* [met]; Gipsputzmörtel *m* [bau]
gypsum type gipsig [met]
gypsum-based gipshaltig [met]
gyrating mass Schwungmasse *f* [phy]
gyrator Gyrator *m*
gyratory crusher Kegelbrecher *m* [prc]; Kreiselbrecher *m* [prc]; Walzenbrecher *m* [prc]
gyro compass Kreiselkompass *m* [tra]
gyro-axis mixer Kreiselmischer *m* [prc]
gyrometer Gyrometer *n* [any]
gyroscope Kreisel *m*
gyrostat Gyrostat *m*; Kreiselkompass *m* [tra]

H

H-beam Breitflanschträger *m* [tec]
H-bomb Wasserstoffbombe *f*
habitable bewohnbar [bau]
habitableness Bewohnbarkeit *f*
habitat Lebensraum *m* [bff]
habitat evaluation procedure
  Lebensraumermittlungsverfahren *n*
habitat factors Standortfaktoren *pl* [eco]
habitat loss Verlust an Lebensraum *m*
habitat quality Lebensraumqualität *f*
habitat reduction Verlust an Lebensraum *m*
habitat, natural - natürlicher Lebensraum *m* [bff]
habitation Behausung *f*
habituation Gewöhnung *f*
hachure schraffieren *v* [con]
hack hacken *v* [edv]
hack-saw Bügelsäge *f* [wzg]; Eisensäge *f* [wzg]; Metallsäge *f* [wzg]
hacker Hacker *m* [edv]
hacker slang Hackersprache *f* [edv]
hafnium Hafnium *n* (Hf) [che]
haft Hammerstiel *m* (Heft, Griff) [wzg]; Heft *n* (Werkzeug) [wzg]
hail Hagel *m* [wet]
hail protection Hagelschutz *m*
hair Haar *n*
hair cloth Haargewebe *n*
hair crack Haarriss *m* [met]
hair felt Filz *m* [met]
hair hygrometer Haarhygrometer *n* [any]
hair sieve Haarsieb *n* [prc]
hair wire Haardraht *m* [met]
hair-drier Föhn *m* [elt]; Haartrockner *m* [elt]
hairline crack Haarriss *m* [met]
hairline gauge Haarlineal *n* [any]
hairpin Haarnadel *f*
hairpin bend Haarnadelkurve *f* [tra]; Spitzkehre *f* [tra]
hairpin coil Haarnadelspule *f* [elt]
hairpin curve Haarnadelkurve *f* [tra]
hairpin spring Haarnadelfeder *f* [tec]
hairpin tube Haarnadelrohr *n* [pow]
hairy haarig
half halb
half Hälfte *f*
half bat Halbziegel *m* [bau]
half block Halbstein *m* [bau]
half clamp Gegenklemme *f* [tec]; Schellenhälfte *f* [tec]
half coupling Flanschkupplung *f* [tec]; Halbmuffe *f* [tec]; Kupplungshälfte *f* [tec]
half cycle Halbwelle *f* [tec]
half decay period Halbwertperiode *f* (Radioaktivität) [phy]

half dry halbtrocken
half flange Flanschhälfte *f* [tec]
half joint Blatt *n* (Holz)
half load Halblast *f*
half period Halbwelle *f* [tec]
half rounds Halbrundstahl *m* [met]
half shade Halbschatten *m*
half space Halbraum *m*
half splice Blatt *n* (Holz)
half stuff Halbzellstoff *m* [met]
half the width halbseitig
half timber Halbholz *n* [met]
half tone Halbschatten *m*
half width Halbwertbreite *f* [phy]
half-axle Halbachse *f* [tra]
half-bearing Lagerhälfte *f* [tec]
half-brick Halbziegel *m* [bau]
half-brick thick halbsteinstark [bau]
half-brick wall Halbsteinwand *f* [bau]; halbsteiniges Mauerwerk *n* [bau]
half-bushing Lagerschalenhälfte *f* [tec]
half-coil Halbspule *f* [elt]
half-cooked halbgar
half-faced gepanzert [wer]
half-finished halbfertig
half-hour striking Halbstundenschlag *m* (Uhr) [tec]
half-life Halbwertszeit *f* [phy]; Halbwertzeit *f* (Radioaktivität) [phy]
half-life constant Halbwertskonstante *f* (Radioaktivität) [phy]
half-life time, biological - biologische Halbwertszeit *f* [bff]
half-liner Halbschale *f* (Innenauskleidung) [tec]
half-log Halbholz *n* [met]
half-matt halbmatt
half-open single seam Halbsteilflankennaht *f* [wer]
half-ring Halbring *m* [tec]
half-round halbrund
half-round file Halbrundfeile *f* [wzg]
half-round iron Halbrundeisen *n* [tec]
half-round key clutch Drehkeilkupplung *f* [tra]
half-round screw Halbrundkopfschraube *f* [tec]
half-shaft Achswelle *f* (zu Differential) [tec]; Steckachse *f* [tra]
half-sunk roadway abgesenkte Fahrbahn *f* [tra]
half-timbered construction Fachwerk *n* [bau]
half-timbered house Fachwerkhaus *n* [bau]
half-time Halbwertszeit *f* [phy]; Halbwertzeit *f* (Radioaktivität) [phy]
half-time period Halbwertszeit *f* (Radioaktivität) [phy]; Halbwertzeit *f* (Radioaktivität) [phy]
half-turn Halbdrehung *f*
half-value method Halbwertmethode *f* [phy]
half-value time Halbwertszeit *f* (Radioaktivität) [phy]; Halbwertzeit *f* (Radioaktivität) [phy]
half-washer Halbscheibe *f* (Unterlegscheibe) [tec]
half-wave Halbwelle *f* [tec]
half-wave rectifier Einweggleichrichter *m* [elt]
half-yearly halbjährlich

halfway 310

halfway halbwegs
hall Diele *f* (Eingangsraum) [bau]; Halle *f* (Saal, Gebäude) [bau]; Gang *m* (Flur) [bau]
hall generator Hall-Generator *m* [elt]
hall stand Garderobe *f* (in der Wohnung) [bau]
hall stand hock Garderobenhaken *m* (in der Wohnung) [bau]
hall-type building Hallengebäude *n* [bau]
hallway Korridor *m* [bau]
halochemical halochemisch [che]
halochemistry Halochemie *f* [che]
halogen Halogen *n* [che]
halogen bulb Halogenlampe *f* [elt]
halogen carrier Halogenübertrager *m* [che]
halogen chemical processes Halogenchemie *f* [che]
halogen compound Halogenverbindung *f* [che]
halogen compound, organic - organische Halogenverbindung *f* [che]
halogen lamp Halogenlampe *f* [elt]
halogenated halogeniert [che]
halogenated hydrocarbon halogenierter Kohlenwasserstoff *m* [che]; Halogenkohlenstoff *m* [che]; Halogenkohlenwasserstoff *m* [che]
halogenated organic compound halogenorganische Verbindung *f* [che]
halogenated, partly - teilhalogeniert [che]
halon Halon *n* [che]
halt Haltestelle *f* (der Bahn) [tra]; Haltezeit *f* [tra]; Halt *m* (Anhalten); Haltepunkt *m* (kleiner Bahnhof) [tra]; Stop *m*
halt anhalten *v* (halten, rasten); halten *v* (anhalten)
halve halbieren *v*
hammer Hammer *m* [wzg]; Schläger *m* (Mühle) [prc]; Schlosserhammer *m* [wzg]
hammer hämmern *v*; schmieden *v* [wer]; strecken *v* (Metall)
hammer axle trolley Hammerauswechselvorrichtung *f* [roh]
hammer changing device Hammerauswechselvorrichtung *f* [roh]
hammer crusher Hammermühle *f* [prc]; Hammerbrecher *m* [prc]
hammer drill Hammerbohrmaschine *f* [wzg]; Schlagbohrer *m* [wzg]
hammer drive Schlagbohrer *m* [wzg]
hammer finish Hammerlack *m* [che]; Hammerschlaglack *m* [met]
hammer forging Freiformschmieden *n* [wer]
hammer handle Hammerstiel *m* [wzg]
hammer head Hammerbär *m* [wzg]; Hammerkopf *m* [wzg]
hammer in einschlagen *v* (Nagel) [wer]
hammer metal finish Hammerlack *m* [che]; Hammerschlaglack *m* [met]
hammer mill Hammermühle *f* [prc]; Schlagmühle *f* [prc]; Hammerwerk *n*
hammer rock drill Handbohrhammer *m* [wzg]
hammer scale Zunder *m* (Hammerschlag) [met]
hammer shaft Hammerstiel *m* [wzg]

hammer, weight of - Fallgewicht *n* [mbt]
hammer-head bolt Hammerkopfschraube *f* [tec]; Hammerschraube *f* [tec]
hammer-head machine screw Hakenkopfschraube *f* [tec]
hammer-head screw Hammerkopfschraube *f* [tec]
hammered gehämmert [wer]
hammered iron Hammereisen *n* [met]
hammering Schlagen *n*
hammersmith Schmied *m* [wer]
hamper behindern *v*
hampered gehindert (behindert)
hand Arbeitskraft *f* (Personal); Hand *f* [hum]; Zeiger *m* (Uhr)
hand apparatus Handapparat *m*
hand bar Handlauf *m*
hand brake lever Handbremshebel *m* [tra]
hand brake position Handbremsstellung *f* [tra]
hand cable winch Handkabelwinde *f* [tra]
hand cart Handwagen *m* (Bollerwagen zum Ziehen) [tra]
hand chain saw Handkettensäge *f* [wzg]
hand cleanser Handreiniger *m*
hand collet Zeigerbuchse *f* (Uhr) [tec]
hand control Handbedienung *f*
hand crank Handkurbel *f*
hand drier Händetrockner *m* [elt]
hand drill Handbohrmaschine *f* [wzg]; Handbohrer *m* [wzg]
hand drilling machine Handbohrmaschine *f* [wzg]
hand drive Handantrieb *m* [tec]
hand fire extinguisher Handfeuerlöscher *m*
hand forklift truck Handstapler *m* [mbt]; Hubwagen *m* [mbt]
hand gear Handsteuerung *f* [tra]; Hebel *m* [tec]
hand guard Handschutz *m*
hand hoist Handaufzug *m* [mbt]
hand hole Handloch *n* [mbt]
hand hydraulic lift handhydraulischer Deichselstapler [mbt]
hand ladle Handkelle *f* [wzg]
hand lamp Handlampe *f* [elt]; Handleuchte *f* [elt]
hand lever Handhebel *m* (z.B. Dampflok-Regler) [tra]
hand lever cross shaft Handhebelwelle *f* [tra]
hand lever valve Handhebelventil *n* [prc]
hand lift Hubwagen *m* [mbt]
hand mixer Handmixer *m* [elt]
hand mould Handform *f* (der Behälter)
hand nut Rändelmutter *f* [tec]
hand of helix Steigungssinn *m* (Zahnrad) [tec]
hand operation Handbetätigung *f* (Handbedienung) [tra]; Handsteuerung *f* [tra]
hand over aushändigen *v* (eine Akte) [eco]; übergeben *v*
hand plane Handhobel *m* [wzg]
hand plane, electric - Elektrohandhobel *m* [wzg]
hand planning machine Handhobelmaschine *f* [wzg]
hand press Handpresse *f*

hand pump Handpumpe *f*
hand regulation Handregelung *f*; Handsteuerung *f*
hand savers Schutzhandschuhe *pl* (Arbeitssicherheit)
hand scoop Wurfschaufel *f* [prc]
hand screen Schweißerschild *n* (Handschild) [wer]
hand setting Einstellung von Hand *f*; Handeinstellung *f*
hand shield Schweißerschild *n* (Handschild) [wer]
hand shower Handbrause *f* [bau]
hand signals Handzeichen *n*
hand sketch Freihandskizze *f* [con]
hand slide valve Handschiebeventil *n* [tra]
hand soldering apparatus Handlötgerät *n* [wzg]
hand specimen Handprobe *f*
hand switch Handschalter *m*
hand tamper Handstampfer *m* [wzg]
hand throttle Gashebel *m* (Handgas) [tra]; Handgas *n* (Auto) [tra]
hand vacuum cleaner Handstaubsauger *m* [elt]
hand valve Handschieber *m* [prc]
hand vice Feilkloben *m* (Glättungswerkzeug) [wzg]
hand winch handbetriebene Winde *f* [tec]; Handwinde *f* [tec]
hand winder Haspel *f* (Handhaspel) [wzg]
hand, on - vorliegend
hand-auger Bohrer *m* (Handbohrer) [wzg]; Handbohrer *m* [wzg]
hand-cleaned handgereinigt
hand-held appliance Handgerät *n*
hand-held extinguisher Handlöschgerät *n*
hand-hole closure Handlochverschluss *m* [pow]
hand-hole cover Handlochdeckel *m* [mbt]
hand-hole fitting Handlochverschluss *m* [pow]
hand-made handgefertigt
hand-mixed handgemischt
hand-operated handbedient; handbetätigt; handbetrieben
hand-operated chain drive handbetätigter Kettenantrieb *m* [tec]
hand-over Einweihung *f* (Übergabe von Maschinen) [eco]
hand-over of the plant Übergabe der Anlage *f*
hand-picking Klaubarbeit *f* [rec]
hand-set Handapparat *m* [edv]
hand-set scanner Handabtaster *f* [any]
hand-tight handfest (eine Schraube anziehen) [tec]
handbasin Waschbecken *n* [bau]
handbook Handbuch *n*
handbrake Handbremse *f* [tra]
handfed handbeschickt
handfired handbeschickt
handfiring Handbeschickung *f* [pow]
handgrip Handgriff *m*
handhold Handgriff *m* [wzg]
handicapped schwerbehindert (Unfall, Krankheit) [hum]; vorbelastet
handicraft Handarbeit *f*; Handwerk *n*
handiness Handlichkeit *f*
handing over Aushändigung *f* (einer Akte) [eco]

handlamp bulb Scheinwerferlampe *f* [tra]
handle Klinke *f* (Tür-) [bau]; Krücke *f* (Griff); Kurbel *f* [tec]; Ansatz *m* (Griff); Drehknopf *m*; Griff *m* (Knauf, Henkel); Haltegriff *m* (Geräte); Handgriff *m* [wzg]; Hebel *m* (am Automat etc.) [tec]; Henkel *m*; Schaufelstiel *m* (am Handwerkzeug) [wzg]; Stiel *m* (Griff); Heft *n* (Griff) [wzg]
handle abfertigen *v*; bearbeiten *v* (behandeln); bedienen *v* (handhaben); behandeln *v* (bearbeiten); betätigen *v* (handhaben); bewältigen *v*; handhaben *v* [wer]; hantieren *v*; verarbeiten *v* [wer]
handle bar Lenkstange *f* (an Fahrrad, Motorrad) [tra]; Handgriff *m*
handle grip Handgriff *m* [tec]
handle latch Anschlagstift *m* [tec]
handlead Revisionsfahrkabel *n* [mbt]
handlebars Lenker *m* (Lenkstange) [tra]
handling Abfertigung *f*; Abwicklung *f* (Handhabung); Bearbeitung *f* (Behandlung); Bedienung *f* (Handhabung); Behandlung *f* (Bearbeitung); Betätigung *f* (Bedienung); Erledigung *f*; Handhabung *f*; Umgang *m* (Handhabung); Umschlag *m* (von Gütern) [tra]
handling characteristic Fahreigenschaft *f* [tra]
handling charge Bearbeitungsgebühr *f* (Bank) [eco]
handling equipment Förderanlage *f*; Fördereinrichtung *f*; Umladeanlage *f* [tra]; Fördergerät *n*; Handhabungsgerät *n* (Roboter); Hebe- und Fördergeräte *n*
handling mechanism Verwendungsmechanismus *m*
handling plant Förderanlage *f*; Umschlaganlage *f* [tra]
handling, discontinuous - diskontinuierliche Arbeitsweise *f*
handover Übergabe *f*
handover of waste Abfallüberlassung *f* [rec]
handrail Handlauf *m*; Treppenhandlauf *m* [bau]; Geländer *n* (Handlaufband)
handrail clamping device Handlaufspannbügel *m* (Rolltreppe) [tra]
handrail drive sheave Handlaufantriebsrad *n* (Balustradenkopf) [tra]
handrail drive wheel Handlaufantriebsrad *n* [tra]
handrail drop device Handlaufabsenksicherung *f* [tra]; Handlaufabwurfsicherung *f* [tra]
handrail guide Handlaufführung *f* (Rolltreppe) [tra]; Handlaufführungsbahn *f* [tra]
handrail guide assembly Handlaufumlenkführung *f* [tra]
handrail inlet Handlaufeinlauf *m* [tra]
handrail inlet guard Handlaufeinlaufsicherung *f* (Rolltreppe) [tra]
handrail inlet monitor Handlaufeinlaufüberwachung *f* (Rolltreppe) [tra]
handrail return Handlaufumlenkung *f* [tra]
handrail return station Handlaufumlenkführung *f* (Rolltreppe) [tra]
handrail speed Handlaufgeschwindigkeit *f* [tra]

handrail throw-off device Handlaufabwurfsicherung f [tra]
handrail throw-off switch Handlaufabwurfkontakt m [tra]
hands-on training praktische Ausbildung f
handsaw Handsäge f [wzg]; Fuchsschwanz m [wzg]; Fuchsschwanz m (Säge)
handsaw bow Handsägebogen m [wzg]
handset pitching Setzpacklage f (von Hand) [bau]
handwheel Handrad n; Stellrad n [tra]
handwheel brake mechanism Handbremsmechanismus m [tra]
handwinding, device for - Handdrehvorrichtung f [mbt]
handy geschickt (anstellig); griffig (handlich); handlich; praktisch
handyman Heimwerker m
hang aufhängen v [wer]; einhängen v (z.B. Tür); hängen v; schweben v
hang over überhängen v
hang up anhängen v
hang-up Brückenbildung f (Brennstoff) [pow]
hangar Flugzeughalle f [tra]; Werft f (Flugzeuge) [tra]
hanger Aufhängeeisen n [tec]
hanger rod Aufhängestange f [tec]; Zugstange f [tec]; Traganker m (Stahlbau) [tec]
hanger rod, all-thread - Gewindestange f [tec]
hangers Aufhängung f [tec]
hanging hängend
hanging Aufhängung f
hanging apparatus Aufhängevorrichtung f [tec]
hanging bearing Hängelager n [tec]
hanging ladder Hängeleiter f
hanging stage Hängegerüst n [wer]
hanging wall Hangende n (im Goldbergbau) [roh]
happen passieren v (geschehen); vorkommen v (sich ereignen)
harass ärgern v (necken, reizen)
harbour Hafen m [tra]; Seehafen m
harbour basin Hafenbecken n [tra]
harbour fee Hafengebühr f [tra]
harbour jetty Hafenpier n [tra]
harbour light Hafenlampe f
harbour lock Hafenschleuse f [tra]
harbour slime Hafenschlick m [rec]
hard dauerhaft (fest); hart (kalkig) [was]; hart (stabil); schwer (schwierig); schwierig; streng
hard alloy Hartlegierung f [met]
hard as glass glashart
hard asphalt Hartasphalt m [met]
hard chromium plating Hartverchromung f [met]
hard coal Steinkohle f [roh]
hard coal firing Steinkohlenfeuerung f [pow]
hard coal mine Steinkohlenbergwerk n [roh]
hard coal mining Steinkohlenbergbau m [roh]
hard coal tar Steinkohlenteer m [met]
hard concrete Hartbeton m [met]
hard copper Hartkupfer n [met]

hard detergent nicht abbaubares Detergens n [che]
hard disk Festplatte f [edv]; Magnetplatte f [edv]
hard drawn wire federhart gezogener Draht m [met]
hard drive Magnetplattenlaufwerk n [edv]
hard facing Aufpanzerung f (Auftragsschweißung) [wer]; Panzerung f (Oberflächenbehandlung) [met]
hard failure Hardware-Störung f [edv]
hard fibre Hartfaser f [met]
hard fibreboard Hartfaserplatte f [met]
hard filter Hartfilter m
hard glass Hartglas n [met]
hard hat Schutzhelm m
hard heading Strecke f (in niedrigen Flözen) [roh]
hard hyphen geschützter Bindestrich m (Textverarbeitung) [edv]
hard iron Harteisen n [met]
hard labour Zwangsarbeit f [eco]
hard laminate Hartvlies n [met]
hard layer Verdichtungshorizont m [geo]
hard lead Hartblei n [met]
hard metal Hartmetall n [met]; Hartzinn n [met]
hard metal plate Hartgussplatte f [tec]
hard metals Hartmetalle pl [met]
hard nickel plating Hartvernickelung f [met]
hard of hearing schwerhörig [hum]
hard paper Hartpappe f [met]; Hartpapier n [met]
hard paraffin Hartparaffin n [met]
hard pewter Hartzinn n [met]
hard pitch Hartpech n [met]
hard plaster Hartputz m [met]
hard porcelain Hartporzellan n [met]
hard radiation harte Strahlung f [phy]
hard resin Hartharz n [met]
hard resistant engineering brick Hartklinker m [met]
hard return erzwungener Seitenumbruch m (Textverarbeitung) [edv]
hard rock hartes Gestein n [geo]; Hartgestein n [met]
hard rubber Hartgummi m [met]; Hartkautschuk m [met]
hard rubber goods Hartgummiwaren pl
hard sector Hartsektor m (Diskette) [edv]
hard shoulder Standspur f [tra]; Randstreifen m [tra]; Seitenstreifen m [tra]
hard soap Kernseife f
hard soil schwerer Boden m [bod]
hard space geschütztes Leerzeichen n (Textverarbeitung)
hard spelter Hartzink n [met]
hard stock Hartbrandstein m [met]
hard stopping Hartspachtelmasse f [met]
hard water hartes Wasser n [was]; kalkhaltiges Wasser n [was]
hard wax Hartwachs n [met]
hard X-rays harte Röntgenstrahlen pl
hard zinc Hartzink n [met]
hard-alloy rod Hartmetallstab m [tec]
hard-baked hart gebrannt

hard-burnt hart gebrannt
hard-chromium-plated hart verchromt [met]
hard-chromium-plated to size hartmaßverchromt [wer]
hard-core bed Schotterbett *n* [tra]
hard-dry ausgehärtet (Anstrich) [wer]
hard-facing Auftragsschweißung *f* (auf Schaufel) [wer]; Hartauftragschweißung *f* [wer]; Auftragschweißen *n* [wer]
hard-fibre material Hartfasermaterial *n* [met]
hard-fired hart gebrannt
hard-fired brick Hartbrandstein *m* [met]
hard-rolled hart gewalzt
hard-solder Hartlot *n* [met]
hard-solder hart löten *v*; löten *v* (hartlöten) [wer]
hard-solder wire Hartlötdraht *n* [met]
hard-soldered hart gelötet; hart gelötet [wer]
hard-soldered joint Hartlötverbindung *f*
hard-soldering Hartlötung *f*; Hartlöten *n*
hard-to-burn fuel schlecht zu verfeuernder Brennstoff *m* [pow]; Mittelprodukt *n* (schlecht brennbarer Brennstoff) [pow]
hard-wearing haltbar (nicht verschleißend)
hardboard Faserpressplatte *f* [met]; Hartfaserplatte *f* [met]; Hartfaserplatte *f* [met]; Hartpappe *f* [met]
hardcopy Hartkopie *f*; Ausdruck *m* (der Bildschirmanzeige) [edv]
harden abbinden *v* [met]; abschrecken *v* [met]; aushärten *v* (Ton) [roh]; erhärten *v* (Bindemittel); erstarren *v*; fixieren *v* (härten); härten *v*; hart werden *v*; stählen *v*; vergüten *v* [met]; verhärten *v*
harden and temper vergüten *v* [met]
hardenability Härtbarkeit *f* (Metalle) [met]
hardenable härtbar (Metalle) [met]
hardenable plastic Duroplast *m* (Kunststoff) [met]
hardened gehärtet (Stahl) [met]
hardened and subsequently tempered vergütet (vergüten) [met]
hardened caoutchouc Hartkautschuk *m* [met]
hardened concrete Festbeton *m* [met]
hardened filter Hartfilter *m*
hardened glass Hartglas *n* [met]
hardened lead Hartblei *n* [met]
hardened paint ausgehärtete Farbe *f* [met]
hardened steel gehärteter Stahl *m* [met]
hardened varnish ausgehärteter Lack *m* [met]
hardener Härter *m* [met]; Reaktionsbeschleuniger *m* (Zement) [met]; Härtemittel *n* (Beton) [met]
hardening Abschreckung *f* [met]; Erhärtung *f* (Bindemittel); Erstarrung *f* [met]; Härtung *f*; Vergütung *f* (Metall) [met]; Verkalkung *f* [met]; Erhärten *n*; Härten *n* [met]; Hartwerden *n*
hardening accelerator Erhärtungsbeschleuniger *m* [met]
hardening agent Reaktionsbeschleuniger *m* (Zement) [met]; Härtemittel *n* [met]; Härtungsmittel *n* [met]
hardening compound Härtemittel *n* [met]
hardening constituent Härtebildner *m* [met]
hardening crack Härteriss *m*

hardening depth Einhärtetiefe *f* [met]; Härtetiefe *f* [met]
hardening furnace Härteofen *m* [met]
hardening means Härtemittel *n* [met]
hardening of plaster Gipserhärtung *f*
hardening oil Härtemittel *n* (Farbe) [met]
hardening plant Härteanlage *f*
hardening process Härtungsverfahren *n* [met]
hardening shop Härterei *f* [met]
hardening time Erhärtungszeit *f* [met]
hardening, process of - Erhärtungsprozess *m* [met]
hardly degradable schwer abbaubar [bio]
hardly inflammable schwerentflammbar [met]
hardness Härte *f*
hardness by indentation Eindruckhärte *f*
hardness components Härtebildner *m* (Wasseraufbereitung) [met]
hardness of hearing Schwerhörigkeit *f* [hum]
hardness of the coat Härte des Auftrages *f* (Farbe) [met]
hardness of water Wasserhärte *f* [was]
hardness penetration depth Einhärtetiefe *f* (Eindringung) [met]
hardness scale Härteskala *f* [met]
hardness slip Härteschlupf *m* (beim Härten weich gebliebener Bereich) [met]
hardness spreading Härteverlauf *m* (von Naht in Material) [met]
hardness test Härteprüfung *f* [any]
hardness test procedure Härteprüfverfahren *n* [any]
hardness tester Härteprüfer *m* [any]; Härteprüfgerät *n* [any]
hardness testing device Härteprüfer *m* (z.B. Brinell, Vickers ...) [any]
hardness, scale of - Härteskala *f* [met]
hardware Hardware *f* [edv]; Einbaumaterial *n* [met]; Kleinmaterial *n*; Beschläge *pl* (Bauteil); Eisenwaren *pl*; Kleinteile *pl*
hardware compatibility Hardware-Kompatibilität *f* [edv]
hardware costs Hardware-Kosten *pl*
hardware defect Hardware-Störung *f* [edv]
hardware interface Hardware-Schnittstelle *f* [edv]
hardware malfunction Hardware-Störung *f* [edv]
hardware reliability Hardware-Zuverlässigkeit *f* [edv]
hardwood Hartholz *n* [bff]; Laubholz *n* [bff]
harm Beschädigung *f* (Schaden)
harm beeinträchtigen *v* (schaden); schaden *v*; schädigen *v*; stören *v* (schädigen)
harmful erheblich; nachteilig; schädlich (gefährlich)
harmful effects erhebliche Beeinträchtigungen *pl*
harmful effects, concept of - Begriff schädlicher Einwirkungen *m* [jur]
harmful gases, separation of - Schadgasabscheidung *f* [air]
harmful material Schadstoff *m* [met]
harmful radiation gefährliche Strahlung *f* [phy]; schädliche Strahlung *f* [phy]

harmful substance Schadstoff *m* [met]
harmful substances, load of - Schadstofffracht *f* [was]
harmful substances, low in - schadstoffarm
harmful to the lungs lungenschädigend
harmfulness Schädlichkeit *f*
harmfulness, determining according to - Schädlichkeitsbestimmung *f* [any]
harmless unbedenklich; ungefährlich; unschädlich
harmlessness Unbedenklichkeit *f*
harmonic harmonisch
harmonic distortion Klirrfaktor *m* [elt]
harmonic frequency harmonische Frequenz *f* [phy]
harmonic vibration harmonische Schwingung *f* [phy]
harmonic, second - Oberschwingung *f* [phy]
harmonics Oberwellen *pl* [elt]
harmonious harmonisch
harmonize abstimmen *n*
harmonized abgeglichen
harness Halterung *f* (aus Draht, Kabel) [tec]
harp mesh screen Harfensieb *n*
harp screen Harfensieb *n*
harvest Ernte *f* [far]
harvest ernten *v* [far]
harvest season Erntezeit *f* [far]
harvester Erntemaschine *f* [far]
harvesting injuries Ernteschäden *pl* [far]
hasp Aussteller *m* (Haspel, Hebel, Gerät) [tec]
hasten beschleunigen *v* (beeilen); voreilen *v*
hat Hut *m*
hatch Durchlaßöffnung *f*; Einstiegsluke *f*; Falltür *f* [bau]; Luke *f* (auf Schiffen) [tra]
hatch ausbrüten *v*; schraffieren *v* [con]; stricheln *v* (schraffieren) [con]
hatch cover Lukendeckel *m* [tra]
hatched schraffiert (in Zeichnungen) [con]
hatches Schraffur *f* [con]
hatches, in - chargenweise
hatchet Beil *n* (kleines -) [wzg]; Kurzbeil *n* [wzg]
hatchet iron Lötkolben *m* [wzg]
hatching Schraffierung *f* (in Zeichnungen) [con]; Schraffur *f* [con]
hatchway Ausstieg *m* (Luke)
haul Transportweg *m* [tra]
haul befördern *v* (transportieren) [tra]; fördern *v* (im Bergbau); schleppen *v* (fördern, tragen) [tra]; tragen *v* (schleppen, fördern) [tra]; transportieren *v* (auch im Tagebau) [roh]; ziehen *v* (einen Zug) [tra]; ziehen *v* (schleppen) [mbt]
haul in einholen *v* (einziehen)
haul road Fahrtstrecke *f* (von Kippern) [mbt]
haul truck Nutzfahrzeug *n* (Muldenkipper) [mbt]
haul, short - Kurzstrecke *f* [tra]
haulage Förderung *f* (Bergbau) [roh]; Gütertransport *m* [tra]
haulage contractor Fuhrunternehmen *n* [tra]; Transportunternehmen *n* [tra]
haulage distance Transportweite *f* [tra]

haulage firm Transportunternehmen *n* [tra]
haulage rope Zugseil *n* (Seilbahn) [tra]
hauled transportiert (z.B. einen Zug ziehen) [tra]
haulier Spediteur *m* [tra]
hauling bridge Förderbrücke *f*
hauling by wheelbarrow Schubkarrenförderung *f* [wer]
hauling distance Förderweg *m* [mbt]
hauling distance, average - mittlere Transportentfernung *f* [tra]
hauling plant Fördermaschine *f* [mbt]
have an accident verunglücken *v*
hazard Gefährdung *f*; Gefahr *f* (Bedrohung); Schädlichkeit *f*
hazard analysis Risikoanalyse *f*
hazard category Gefahrenklasse *f*
hazard flasher Warnblinkanlage *f* [tra]; Warnblinker *m* [tra]
hazard incident commission Störfallkommission *f*
hazard switch Warnblinkschalter *m* [tra]
hazard symbol Gefahrensymbol *n*
hazard to the environment Umweltgefahr *f*
hazard warning lights Warnblinkanlage *f* [tra]
hazard warning panel Warnschild *n*
hazard, at - in Gefahr
hazardous gefährlich; lebensgefährlich; schädlich (gefährlich)
hazardous area explosionsgefährdeter Raum *m*
hazardous characteristics Gefahrenmerkmale *pl*
hazardous gas Schadgas *n* [air]
hazardous immissions gefährliche Immissionen *f* [air]
hazardous incident Störfall *m*
hazardous incidents officer Gefahrstoffbeauftragter *m*
hazardous installation gefährliche Anlage *f*
hazardous material Gefahrstoff *m*; Schadstoff *m* [met]
hazardous materials gefährliche Stoffe *pl* [met]
hazardous materials, safe storage of - Gefahrstofflager *n*
hazardous materials, transport of - Gefahrguttransport *m*
hazardous substance gefährlicher Stoff *m* [met]; Gefahrstoff *m*
hazardous substances, law of - Gefahrstoffrecht *n* [jur]
hazardous substances, register of - Gefahrstoffkataster *n* [jur]
hazardous to health gesundheitsgefährdend [hum]
hazardous to the environment umweltgefährlich
hazardous waste gefährlicher Abfall *m* [rec]; Sonderabfall *m* [rec]; Sondermüll *m* [rec]; überwachungsbedürftiger Abfall *m* (gefährlicher Abfall) [rec]
hazardous waste dump Sondermülldeponie *f* [rec]
hazardous waste incineration Sonderabfallverbrennung *f* [rec]; Sondermüllverbrennung *f* [rec]
hazardous waste incineration plant Sonderabfall-

verbrennungsanlage *f* [rec]; Sondermüllverbrennungsanlage *f* [rec]
hazardous waste tax Sonderabfallabgabe *f* [jur]
hazardous wastes gefährliche Abfälle *pl* [rec]; Sonderabfälle *pl* [rec]
hazardous work allowance Gefahrenzulage *f* [eco]
hazards resulting from premises and products betriebliches Risiko *n* [eco]
haze Dunst *m* (Wetter) [wet]; Nebel *m* (Dunst)
haziness Dunstigkeit *f* [wet]
head Ähre *f* [bff]; Spitze *f* (Höhepunkt); Aufsatz *m* (Aufbau) [tec]; Chef *m* (Firma, Abteilung) [eco]; Deckel *m* (Abdeckung); Helm *m* (Apparat); Hut *m*; Kopf *m*; Leiter *m* (einer Gruppe); Rotor *m*; Schädel *m* [hum]; Sturz *m* [bau]; Kopfende *n*; Kopfstück *n* [bau]
head leiten *v* (führen)
head adjustment Kopfjustierung *f* [tec]
head bushing Endbuchse *f* [tec]
head clearance Kopffreiheit *f* (weitere Kopffreiheit) [con]
head closure Endverschluss *m* [tec]
head crash Plattenfehler *m* (im EDV-System) [edv]; Aufsetzen *n* (Schreib/Lesekopf ...) [edv]
head cushion Kopfstütze *f* (im Auto) [tra]
head end Kopfstück *n* [tec]
head gasket Zylinderkopfdichtung *f* [tra]
head gate Kopfstrecke *f* (neben Abbauwand) [roh]
head guard Abweiser *m* (Kopfschutz)
head lamp Frontscheinwerfer *m* [tra]; Scheinwerfer *m* (auch an Lok) [tra]
head of bolt Schraubenkopf *m* [tec]
head of column Kolonnenkopf *m* [prc]
head of delivery Pumphöhe *f* [prc]
head of oil-pad Schmierkissen *n* [tec]
head office Sitz *m* (der Firma) [eco]; Hauptbüro *n* [eco]; Stammhaus *n* [eco]; Zentralbüro *n* [eco]
head piece Kopfstück *n* [tec]
head plate Grundplatte *f* [bau]; Kopfplatte *f* [tec]; Kopfblech *n* [tec]
head product Kopfprodukt *n* (Destillation) [prc]
head ramp Kopframpe *f* [tra]
head rest Kopfstütze *f*
head restraint Kopfstütze *f* (im Auto) [tra]
head screw, flat - Flachkopfschraube *f* [tec]; Senkschraube *f* [tec]
head shaft Führungswelle *f* (des Stufenantriebs)
head shunt rangieren *v* (vorwärts rangieren) [tra]
head stanchions Stirnrungen *pl* (z.B. am Flachwagen) [tra]
head stone Eckstein *m* [bau]
head to head distance Abstand zwischen Zylinderköpfen *m* [tec]
head wheel Kopfrad *n* [tec]
head wind Gegenwind *m* [wet]
head, height of - Kopfhöhe *f* (der Schrauben) [tec]
head-frame Förderturm *m* [roh]
head-on collision Frontalzusammenstoß *m* [tra]
headed screw Kopfschraube *f* [tec]

header Sammelleitung *f* [was]; Verteilerhauptleitung *f* [pow]; Kollektor *m*; Sammler *m* [prc]; Vorlauf *m* (Kessel) [pow]; Kopfstück *n* (des Sammelrohrs) [prc]; Sammelrohr *n* [tra]
header binder Binder *m* [bau]
header hand hole Sammleröffnung *f* (Handloch) [pow]; Handloch *n* (Sammleröffnung) [pow]
header opening Sammleröffnung *f* (Handloch) [pow]; Handloch *n* (Sammleröffnung) [pow]
header plate Rohrboden *m*
header ring Stützring *m* (Dichtung) [tec]
header shop Sammlerbau *m* (Pressbau) [pow]
header system Sammelsystem *n* (z.B. Wasser- oder Gassammelsystem) [was]
header type boiler Sektionalkessel *m* [pow]
headframe Fördergerüst *n* (Bergwerk)
headgear Förderturm *m* [roh]
heading Strecke *f* (unter Tage) [roh]; Briefkopf *m*; Vortrieb *m* (Tun)
heading line Kopfzeile *f* (Textverarbeitung)
heading tool Nageleisen *n* [wzg]
headless screw Madenschraube *f* (siehe: Gewindestift); Schaftschraube *f* [tec]; Stiftschraube *f* [tec]; Gewindestift *m* [tec]
headlight Einbauscheinwerfer *m* [tra]; Fahrscheinwerfer *m* [tra]; Frontscheinwerfer *m* [tra]
headlight flasher Lichthupe *f* [tra]
headlight frames Rahmen für Scheinwerfer *m* [tra]
headlights Scheinwerfer *m* (Kraftfahrzeug) [tra]
headline Schlagzeile *f*
headphone Kopfhörer *m* [elt]
headquarters Stammhaus *n* [eco]
headroom Durchgangshöhe *f* [bau]; Kopffreiheit *f* [con]; Kopfhöhe *f* (freie Höhe über Apparaten) [con]
headset Sprechgarnitur *f*
headstream Quellfluss *m*
headwater Oberwasser *n* [was]
headwaters Oberlauf *m*
headway Durchgangshöhe *f* [bau]; Kopffreiheit *f* (über längere Distanzen) [con]
headwheel pulley Seilscheibe *f* (auf Förderturm) [roh]
heal heilen *v* [hum]
health Gesundheit *f* [hum]
health and safety at work Arbeitsschutzmaßnahme *f* (Arbeitssicherheit)
Health and Safety Executive Berufsgenossenschaft *f* [jur]
health care Gesundheitspflege *f* [hum]; Gesundheitsvorsorge *f* [hum]; Hygiene *f* [hum]; Krankenversorgung *f* [hum]
health care, immediate - unmittelbare Krankenpflege *f* [hum]
health check Gesundheitsüberprüfung *f* [hum]
health condition Gesundheitszustand *m* [hum]
health department Gesundheitsamt *n* [jur]
health hazard Gesundheitsgefahr *f* [hum]
health hazardous substance gesundheitsgefährdender Stoff *m* [met]

health insurance company Krankenkasse *f* [eco]
health supervision Gesundheitsüberprüfung *f* [hum]
health, risk of - Gesundheitsrisiko *n* [hum]
health, risk to - Gesundheitsgefährdung *f* [hum]
health, state of - Gesundheitszustand *m* [hum]
health-damaging effect gesundheitsschädigende Wirkung *f* [hum]
health-threatening effect gesundheitsschädigende Wirkung *f* [hum]
healthy gesund [hum]
heap Halde *f* (Haufen) [rec]; Miete *f* (z.B. Kartoffel-, Schotterberg); Haufen *m*; Hügel *m* (Haufen); Stoß *m* (Haufen); Haufwerk *n* (z.B. im Steinbruch) [roh]
heap of rubble Trümmerhaufen *m*
heap ore Haldenerz *n* [met]
heap up ansammeln *v* (aufhäufen); aufschichten *v*; aufschütten *v* [mbt]; aufwerfen *v* (aufhäufen)
heaped gehäuft (z.B. Schaufelinhalt)
heaping Aufschüttung *f* [bod]
hear hören *v* [aku]
hear wave velocity Geschwindigkeit der Schubwellen *pl* [phy]
hearable hörbar (laut genug)
hearing Anhörung *f* [jur]; Gehör *n* (Hören) [hum]
hearing aid Hörhilfe *f* [aku]; Hörapparat *m* [aku]; Hörgerät *n* [aku]
hearing protector Gehörschutz *m* (Arbeitssicherheit)
hearing range Hörweite *f* [aku]; Hörbereich *m* [aku]
hearing sound Hörschall *m* [aku]
hearing, protection of - Gehörschutz *m*
hearing, public - öffentliche Anhörung *f* [jur]
heart Kern *m* (Mittelpunkt); Herz *n* [hum]
heart plank Kernbrett *n* (Holz) [met]
heart rhythm Herzrhythmus *m* [hum]
heart rot Kernfäule *f* [bio]
hearth Esse *f* (Herd) [bau]; Brennherd *m*; Herd *m*
hearth ashes Herdasche *f* [rec]
hearth casing Herdeinsatz *m* [roh]
hearth cinder Herdschlacke *f* [rec]
hearth furnace Herdofen *m*
hearth furnace, elevatable - Hubherdofen *m*
hearth refined iron Herdfrischeisen *n* [met]
hearth roaster Röstherd *m* [roh]
hearth tile Herdplatte *f*
heartwood Kernholz *n* [met]
heat Glut *f*; Hitze *f*; Wärme *f*
heat aufheizen *v*; aufwärmen *v* [pow]; befeuern *v* [pow]; beheizen *v* [pow]; einheizen *v*; erhitzen *v* [pow]; erwärmen *v*; glimmen *v* (glühen); glühen *v* (glimmen); heizen *v*; wärmen *v*
heat absorbing surface wärmeaufnehmende Fläche *f* [pow]
heat absorption Wärmeabsorption *f* [pow]; Wärmeaufnahme *f* [pow]
heat accumulation Wärmespeicherung *f* [pow]; Wärmestau *m* [pow]
heat accumulator Gefällespeicher *m* (Turbine) [pow]; Wärmeakkumulator *m* [pow]; Wärmesammler *m* [pow]; Wärmespeicher *m* [pow]

heat and power generation, combined - Kraft-Wärme-Kopplung *f* [pow]
heat and power, combined - Kraft-Wärme-Kopplung *f* [pow]
heat assembly Schrumpfsitz *m* (Passung) [tec]
heat balance Wärmebilanz *f* [pow]; Wärmehaushalt *m* [pow]
heat bonding Heißklebung *f* [met]
heat bridge Wärmebrücke *f* [pow]
heat capacity Wärmekapazität *f* [pow]
heat colour Erhitzungsfarbe *f* [met]
heat conduction Wärmeleitung *f* [pow]
heat conductivity Wärmeleitfähigkeit *f* [met]; Wärmeleitvermögen *n* [met]
heat consumption Wärmeverbrauch *m* [pow]
heat content Wärmeinhalt *m* [pow]
heat continuously durchheizen *v* (ohne Pause)
heat control Temperaturregelung *f*
heat dissipation Wärmeabführung *f* [pow]
heat distortion Wärmeverzug *m* [pow]
heat duty Heizflächenbelastung *f* [pow]; Wärmeleistung *f* [pow]
heat effect Wärmetönung *f* (Reaktion) [che]; Wärmewirkung *m* [pow]
heat emission Wärmeabgabe *f* [pow]
heat energy Wärmeenergie *f* [pow]
heat engine Wärmekraftmaschine *f* [pow]; Wärmemaschine *f* [pow]
heat equivalent Wärmeäquivalent *n* [pow]
heat exchange Wärmeübertragung *f* [pow]; Wärmeaustausch *m* [pow]
heat exchange medium Heizflüssigkeit *f* [pow]
heat exchange rate Wärmeaustauschmenge *f* [pow]
heat exchanger Wärmeaustauscher *m* [pow]; Wärmetauscher *m* (Wärmeaustauscher) [pow]
heat exchanger surface Wärmeaustauschfläche *f* [pow]
heat exchanger tube Apparaterohr *n* (Wärmeaustausch) [pow]; Kessel- und Apparaterohr *n* [tec]; Kesselrohr *n* (für Kessel, Apparate) [met]
heat exchanger with tube bundles Rohrbündelwärmeaustauscher *m* [pow]
heat expansion Wärmeausdehnung *f* [phy]; Wärmedehnung *f* [met]
heat extraction Wärmeentzug *m* [pow]
heat flange Heizflansch *m* [prc]
heat flow Wärmeabfuhr *f* [pow]; Wärmefluss *m* [pow]; Wärmestrom *m* [pow]
heat flow diagram Wärmeflussbild *n* [pow]; Wärmeschaltbild *n* [con]
heat flux Wärmestromdichte *f* [pow]; Wärmefluss *m* [pow]; Wärmestrom *m* [pow]
heat generation Wärmeerzeugung *f* [pow]
heat generator Wärmeerzeuger *m* [pow]
heat haze Dunst *m* (Wetter) [wet]
heat indicator Temperaturanzeige *f* [any]
heat input Wärmezufuhr *f* [pow]
heat insulating layer Wärmedämmschicht *f* [met]
heat insulation Wärmedämmung *f* [pow];

Wärmeisolierung *f* [met]; Wärmeschutz *m* [pow]
heat insulation compound Wärmedämmasse *f* [met]
heat insulation plate Wärmeschutzplatte *f* [pow]
heat insulator Wärmedämmstoff *m* [met]
heat liberation Wärmeentbindung *f* [pow]; Wärmeabbau *m* [pow]
heat load Wärmebelastung *f* (im Austauscher) [pow]
heat loss Wärmeabgabe *f* [pow]; Wärmeabfluss *m* [pow]; Wärmeverlust *m* [pow]
heat loss in liquid slag Verlust durch Schlackenwärme *m* [pow]
heat loss, sensible - Verlust durch fühlbare Wärme *m* [pow]
heat of absorption Absorptionswärme *f* [phy]
heat of activation Aktivierungswärme *f* [che]
heat of adsorption Adsorptionswärme *f* [phy]
heat of combination Bindungswärme *f* [che]
heat of combustion Verbrennungswärme *f* [che]
heat of compression Kompressionswärme *f* [phy]
heat of condensation Kondensationswärme *f* [phy]
heat of dissociation Dissoziationswärme *f* [che]
heat of evaporation Verdampfungswärme *f* [phy]
heat of formation Bildungswärme *f* [che]
heat of fusion Schmelzwärme *f* [phy]
heat of generation Erzeugungswärme *f* [che]
heat of humidification Benetzungswärme *f* [che]
heat of hydration Hydratationswärme *f* [che]
heat of ionization Ionisierungswärme *f* [che]
heat of mixing Mischungswärme *f* [pow]
heat of radiation Strahlungswärme *f* [pow]
heat of reaction Reaktionswärme *f* [che]; Wärmetönung *f* (Reaktion) [che]
heat of setting Abbindewärme *f* (Zement) [met]
heat of solution Lösungswärme *f* [che]
heat of transformation Umwandlungswärme *f* [che]
heat of vaporization Verdampfungswärme *f* [phy]
heat of wetting Benetzungswärme *f* [che]
heat output Wärmeabgabe *f* [pow]; Wärmeleistung *f* [pow]
heat pipe Wärmerohr *n* [pow]
heat price Wärmepreis *m* [eco]
heat protection Wärmeschutz *m* [pow]
heat protection suit Wärmeschutzanzug *m*
heat pump Wärmepumpe *f* [pow]
heat radiation Wärmeausstrahlung *f* [pow]; Wärmestrahlung *f* [pow]
heat radiation error Abstrahlungsfehler *m* (Temperaturmessung) [any]
heat radiation protection Wärmestrahlungsschutz *m* [pow]
heat rate Wärmestrom *m* [pow]
heat rate test Wärmeverbrauchsmessung *f* [any]
heat reclamation Wärmegewinnung *f* [pow]
heat recovery Abwärmeverwertung *f* [pow]; Wärmerückgewinnung *f* [pow]
heat recovery adjuncts Nachschaltheizflächen *pl* [pow]
heat recovery area Nachschaltheizfläche *f* [pow]
heat red hot rotglühen *v*

heat release Wärmeentbindung *f* [pow]
heat removal Wärmeabführung *f* [pow]
heat requirement Wärmebedarf *f* [pow]
heat requirement calculation Wärmebedarfsrechnung *f* [pow]
heat reservoir Wärmespeicher *m* [pow]
heat resistance Hitzebeständigkeit *f* [met]; Hitzefestigkeit *f* [met]; Temperaturbeständigkeit *f*; Wärmebeständigkeit *f* [met]
heat sealing, electronic - Hochfrequenzschweißen *n* [wer]
heat shield Hitzeschild *m* (z.B. bei Raumfähre) [tra]
heat shrinkable wärmeschrumpfend [phy]
heat sink Wärmesenke *f* [pow]; Kühlkörper *m* (für Dioden) [elt]
heat source Wärmequelle *f* [pow]
heat stability Hitzebeständigkeit *f* [met]
heat storage Wärmespeicherung *f* [pow]; Wärmespeicher *m* [pow]
heat storage boiler Speicherkessel *m* [pow]
heat stress Wärmebeanspruchung *f* [met]; Wärmespannung *f* [met]
heat stretched bolt Heizdehnschraube *f* [tec]
heat supply Wärmezufuhr *f* [pow]
heat switch Glühschalter *m* [elt]
heat thoroughly durchheizen *v*
heat to red heat durchglühen *v*
heat transfer Wärmeübertragung *f* [pow]; Wärmedurchgang *m* [pow]; Wärmeübergang *m* [pow]
heat transfer by conduction Wärmeübergang durch Leitung *m* [pow]
heat transfer by convection Wärmeübergang durch Berührung *m* [pow]
heat transfer by radiation Wärmeübergang durch Strahlung *m* [pow]
heat transfer coefficient Wärmedurchgangszahl *f* (K-Wert) [pow]; Wärmeübergangszahl *f* [pow]; K-Wert *m* (Wärmedurchgangszahl) [prc]; Wärmeübergangskoeffizient *m* [pow]
heat transfer fluid Wärmeträger *m* [met]
heat transfer liquid Wärmeleitflüssigkeit *f* [met]
heat transfer medium Wärmeträger *m* [met]
heat transfer oil Wärmeträgeröl *n* [met]
heat transfer per unit surface area Heizflächenbelastung *f* [pow]
heat transfer resistance Wärmeübergangswiderstand *m* [pow]
heat transmission Wärmedurchgang *m* [pow]
heat transport Wärmetransport *m* [pow]
heat treating Warmbehandlung *f* [wer]
heat treatment Vergütung *f* (Metall) [met]; Wärmebehandlung *f* [met]; Wärmevergütung *f* [met]; Glühen *n* (Wärmebehandlung) [met]
heat tube Wärmerohr *n* [pow]
heat up anfahren *v* (Heizung); anheizen *v*; anwärmen *v* [pow]; aufheizen *v*
heat value Heizwert *m* [che]
heat wire Glühdraht *m* [elt]; Hitzdraht *m* (Heizdraht) [pow]

heat, ambient - Umgebungswärme *f* [pow]
heat, begin to - anwärmen *v* [pow]
heat, source of - Wärmequelle *f* [pow]
heat, utilization of - Wärmenutzung *f* [pow]
heat-absorbing glass Wärmeschutzglas *n* [met]
heat-conducting wärmeleitend [met]
heat-exchanging medium Wärmeträger *m* [met]
heat-generating station Wärmekraftwerk *n* [pow]
heat-insulating wärmedämmend [met]; wärmeisolierend [met]
heat-insulating board Wärmedämmplatte *f* [met]
heat-insulating course Wärmedämmschicht *f* [met]
heat-insulating material wärmeisolierender Baustoff *m* [met]
heat-insulating wallpaper Wärmedämmtapete *f* [met]
heat-producing wärmeerzeugend
heat-proof hitzebeständig; hitzefest; wärmebeständig [met]; warmfest [met]
heat-proofness Hitzebeständigkeit *f* [met]
heat-reflecting Hitze abweisend
heat-repelling Hitze abweisend
heat-resistant hitzebeständig; hitzefest; temperaturfest; wärmebeständig [met]; warmfest [met]
heat-resistant cast iron hitzebeständiges Gusseisen *n* [met]
heat-resistant cast steel hitzebeständiger Stahlguss *m* [met]
heat-resistant concrete Feuerfestbeton *m* [met]; hitzebeständiger Beton *m* [bau]
heat-resistant paint wärmebeständige Farbe *f* [met]
heat-resistant steel hitzbeständiger Stahl *m* [met]
heat-resisting hitzebeständig; hitzefest
heat-resisting casting feuerbeständiger Guss *m* [met]
heat-resisting glass feuerfestes Glas *n* [met]
heat-resisting quality Hitzebeständigkeit *f* [met]
heat-resisting steel wärmebeständiger Stahl *m* [met]; warmfester Stahl *m* [met]
heat-seal schweißen *v* (Kunststoff) [wer]; verschweißen *v* (Kunststoff) [wer]
heat-sealing Heißsiegeln *n* [wer]; Heißverkleben *n* [wer]; Heißverschweißen *n* [wer]; thermisches Verschweißen *n* (Kunststoffbehälter) [wer]
heat-sealing adhesive Heißsiegelklebstoff *m* [met]
heat-sealing coating Heißklebelack *m* [met]
heat-sealing lacquer Heißklebelack *m* [met]; Heißsiegellack *m* [met]
heat-sealing press Heißsiegelpresse *f* [wer]
heat-sensitive hitzeempfindlich; temperaturempfindlich; wärmeempfindlich [met]
heat-transmission coefficient, air-to-air - Wärmedurchgangszahl *f* [bau]
heat-treatable cast steel vergütbarer Stahlguss *m* [met]
heat-treated wärmebehandelt [met]; wärmevergütet [met]
heat-treated steel gehärteter Stahl *m* [met]; Vergütungsstahl *m* [met]

heatable beheizbar [pow]; heizbar
heated beheizt [pow]; erhitzt [pow]; geheizt [pow]; heiß
heated air Heißluft *f* [air]
heated and formed to shape gesenkgeformt (unter Presse) [wer]
heated by flue gas abgasbeheizt [pow]
heated floor beheizter Fußboden *m* [bau]
heated mangle Heißmangel *f* [elt]
heated tool welding Heizelementschweißen *n* [wer]
heated wedge pressure welding Heizkeilschweißen *n* [wer]
heated wire Hitzdraht *m* [pow]
heater Heizvorrichtung *f* [pow]; Erhitzer *m* [pow]; Heizapparat *m* [pow]; Heizkörper *m* [pow]; Heizofen *m* [pow]; Ofen *m* (auch elektrischer -) [pow]; Heizgerät *n* [pow]
heater box Heizkasten *m* [tra]
heater fan Heizgebläse *n* [pow]
heater flap Heizklappe *f* [tra]
heater head Heizkopf *m* [pow]
heater lever Heizungshebel *m* [mbt]
heater plug Glühkerze *f* (Motor) [tra]; Glühstiftkerze *f* [tra]
heater plug control Glühüberwacher *m* [tra]
heater plug indicator Glühüberwacher *m* [elt]
heater plug installation Glühanlage *f* [tra]
heater plug resistor Glühkerzenwiderstand *m* [elt]; Vorglühwiderstand *m* [tra]
heater spiral Heizspirale *f* [elt]
heater starter switch Glühanlassschalter *m* [tra]
heater switch Glühschalter *m* [tra]
heater trunk Heißluftschlauch *m* [tra]
heater wire Heizdraht *m* [elt]; Heizdraht *m* [elt]
heath Heide *f*
heath landscape Heidelandschaft *f*
heath soil Heideboden *f*
heather violet erikaviolett (RAL 4003) [nor]
heating Befeuerung *f* [pow]; Beheizung *f* [pow]; Erhitzung *f* [pow]; Erwärmung *f*; Heizung *f* [pow]; Erhitzen *n* [pow]; Heizen *n* [pow]
heating and cooling unit Temperiergerät *n*
heating and power station, combined - Blockheizkraftwerk *n* [pow]
heating and ventilating system Heizungs- u. Lüftungsanlage *f* [tra]
heating apparatus Heizvorrichtung *f* [pow]; Glühapparat *m* [prc]
heating area Heizfläche *f* [pow]
heating boiler Heizkessel *m* [pow]
heating by gas Gasheizung *f* [pow]
heating cable Heizkabel *m* [elt]
heating cartridge Heizpatrone *f* [elt]
heating cellar Heizungskeller *m* [bau]
heating chamber Heizkammer *f* [pow]
heating channel Heizkanal *m* [pow]
heating circuit Heizstromkreis *m* [elt]
heating coil Heizschlange *f* [elt]; Heizspirale *f* [elt]
heating conductor Heizleiter *m* [elt]

heating convector Konvektor *m* [pow]; Konvektionsheizgerät *n* [pow]
heating costs Heizkosten *pl* [eco]
heating current Heizstrom *m* [elt]
heating cylinder Heizzylinder *m* [elt]
heating duct Heizkanal *m* [pow]
heating effect Heizeffekt *m*
heating element Heizkörper *m* [pow]; Glühelement *n* [met]; Heizelement *n* [elt]
heating elements, screwed - Einschraubheizkörper *m* [elt]
heating engineering Heizungstechnik *f* [pow]
heating equipment Heizgeräte *pl* [pow]
heating filament Heizfaden *m* [elt]
heating flame Heizflamme *f* [pow]
heating flue Heizkanal *m* [pow]; Heizzug *m* [pow]; Heizrohr *n* [pow]
heating furnace Glühofen *m* [met]
heating fuse Heizungssicherung *f* [elt]
heating grill Heizgitter *n* [elt]
heating insert Heizeinsatz *m*
heating installation Heizungsanlage *f* [pow]
heating installation for switch cabinet Schaltschrankheizung *f* [elt]
heating jacket Heizhaube *f* [pow]; Heizmantel *m* [pow]
heating load Heizlast *f* [pow]
heating mantle Heizmantel *m* [pow]
heating material Heizmaterial *n* [pow]; Heizmittel *n* [pow]
heating method Beheizungsart *f* [pow]
heating of bodies of water Gewässererwärmung *f* [was]
heating oil Heizöl *n* [pow]
heating oil separator Heizölsperre *f*
heating pad Heizkissen *n* [elt]
heating panel Plattenheizkörper *m* [pow]
heating period Erwärmungszeit *f*; Heizperiode *f*
heating pipe Heizrohr *n* [pow]; Heizungsrohr *n* [pow]
heating plant Heizungsanlage *f* [pow]; Heizvorrichtung *f* [pow]; Heizwerk *n* [pow]
heating plant, central - Heizungsanlage *f* [pow]; Heizzentrale *f* [pow]; Zentralheizungsanlage *f* [pow]
heating plate Heizplatte *f* [pow]
heating power Heizkraft *f* [pow]
heating rate Aufheizgeschwindigkeit *f*
heating resistance Heizwiderstand *m* [elt]
heating resistor Heizwiderstand *m* [elt]
heating rod Heizstab *m* [elt]
heating spiral Heizwendel *f* [pow]
heating stage Heizstufe *f* [tra]
heating station Heizwerk *n* [pow]
heating steam Heizdampf *m* [pow]
heating stove Glühofen *m* [met]
heating strip Heizband *n* [elt]
heating surface Heizfläche *f* [pow]
heating surface cleaning Heizflächenreinigung *f* [pow]
heating system Heizanlage *f* [pow]; Heizung *f* [pow]
heating system turbine Heizdampfturbine *f* [pow]
heating system, central - Heizungsanlage *f* [pow]; zentrales Heizungssystem *n* [pow]
heating tape Heizband *n* [elt]
heating thermostat Thermostat für Heizung *m* [mbt]
heating time Heizdauer *f*
heating treatment time Erwärmdauer *f*
heating tube bundle Heizrohrbündel *n* [pow]
heating unit Heizgerät *n* [pow]
heating up Erwärmung *f*; Aufheizen *n*
heating valve Heizgasklappe *f* [pow]
heating ventilator Heizlüfter *m* [elt]
heating with coke Koksheizung *f* [pow]
heating worm Heizschlange *f* [elt]
heating, method of - Beheizungsart *f* [pow]
heating-up period Heizdauer *f*; Trockenfeuerzeit *f* [pow]
heating-up process Aufheizvorgang *m*
heating-up time Aufheizzeit *f*
heating-up zone Vorwärmezone *f* [pow]
heave Auftrieb *m* (Anheben) [phy]
heaves Hebungen *pl* [bau]
heavily built-up dichtbebaut
heaviness Heftigkeit *f*; Schwere *f* [phy]
heavy heftig; schwer (gewichtig); stark (heftig)
heavy and flame-cut plates Grob- und Maßbleche *pl* (Eisen und Metall) [met]
heavy brass Schwermessing *n* [met]
heavy copper Schwerkupfer *n* [met]
heavy current Starkstrom *m* [elt]
heavy engineering Großmaschinenbau *m*
heavy equipment erection Schwermontage *f*
heavy fuel schwerflüchtiger Brennstoff *m* [pow]
heavy gasoline Schwerbenzin *n* [che]
heavy good vehicle Schwerlastwagen *m* [tra]
heavy goods Schwergut *n*
heavy industry Schwerindustrie *f*
heavy load Schwerlast *f*
heavy loaded stark belastet [phy]
heavy machinery schwerer Maschinenbau *m* [tec]
heavy media separation Sinkschwimmtrennung *f* [prc]
heavy metal Schwermetall *n* [met]
heavy metal pressed casting Schwermetallpressguss *m* [met]
heavy metal sand casting Schwermetallsandguss *m* [met]
heavy metal sprinkled casting Schwermetallspritzguss *m* [met]
heavy metal-rich schwermetallhaltig [met]
heavy oil Schweröl *n* [che]
heavy petrol Schwerbenzin *n* [che]
heavy plate Grobblech *n* [met]
heavy print Fettdruck *m* (Textverarbeitung)
heavy soil schwerer Boden *m* [bod]
heavy spar Schwerspat *m* (Bariumsulfat) [min]
heavy traffic Schwerverkehr *m* [tra]
heavy truck Lastkraftwagen *m* [tra]

heavy water schweres Wasser *n* [pow]
heavy work Schwerarbeit *f*
heavy-aggregate concrete Schwerbeton *m* [met]
heavy-duty extrastark (verstärkt); hoch beanspruchbar; hoch beansprucht; verstärkt (z.B. für Schwereinsatz) [tec]
heavy-duty Hochleistung *f*
heavy-duty bridge crane Schwerlastbrückenkran *m* [mbt]
heavy-duty cable Starkstromkabel *n* [elt]
heavy-duty compact gear Hochleistungskompaktgetriebe *n* [tra]
heavy-duty construction schwere Ausführung *f*; verstärkte Ausführung *f*
heavy-duty crane Schwerlastdrehkran *m* [mbt]
heavy-duty design schwere Ausführung *f*
heavy-duty filter Hochleistungsfilter *m* [prc]
heavy-duty oil Hochleistungsöl *n* [met]
heavy-duty roller chain Hochleistungskette *f* [mbt]; Hochleistungsrollenkette *f* [mbt]; Hochspannungskette *f* [mbt]
heavy-duty series schwere Baureihe *f*
heavy-duty tractor Schwerlastzugmaschine *f* [tra]
heavy-duty truck tractor Schwerlastzugmaschine *f* [tra]
heavy-duty use rauer Betrieb *m*
heavy-goods vehicle Sattelzugmaschine *f* [tra]
heavy-walled dickwandig
heavy-water moderated reactor schwerwassermoderierter Reaktor *m* (Kern-) [pow]
heavy-water moderation Schwerwassermoderierung *f* (Kernreaktor) [pow]
heavy-water reactor Schwerwasserreaktor *m* (Kernreaktor) [pow]
heavy-weight aggregate Schwerzuschlag *m* [met]
heel Krängung *f* (Neigung zur Seite (Schiff)) [tra]; Restmenge *f*
heel krängen *v* (zur Seite neigen (Schiff)) [tra]
heel of dam Dammfuß *m* [bau]
heel plate Gleitplatte *f* (an Schaufel) [mbt]
heeling krängend [tra]
height Größe *f* (Höhe); Höhe *f* (geometrisch) [geo]; Austeuerungsbereich *m* [mbt]; Stand *m* (Höhenniveau)
height adjustment plate Zwischenplatte *f* (höhenverstellbare Schiene) [tra]
height clearance freie Höhe *f*
height finder Höhenmesser *m* [any]
height of stroke Hubhöhe *f* (Kolben) [tec]
height over all Höhe über alles *f* (z.B. Waggon) [con]
height regulator Höhenregler *m* [tra]
height, absolute - absolute Höhe *f*
height, effective - tragende Länge *f* [tec]
heighten aufstocken *v* [wer]; erhöhen *v* (Mauer)
held up abgestützt (altes Haus mit Balken) [bau]
helical schneckenförmig; schräg verzahnt (Zahnrad) [tec]; schraubenförmig; spiralförmig
helical bevel gear Schrägzahnkegelrad *n* (Zahnrad) [tec]

helical blower Schraubengebläse *n* [prc]
helical classifier Schraubensichter *m* [prc]
helical coil Schraubenfeder *f* [tec]; Spiralfeder *f* [tec]
helical compression spring Schraubendruckfeder *f* [tec]
helical conveyor Schneckenförderer *m* [prc]
helical gear Schraubenradtrieb *m* [tec]; Schrägrad *n* [tec]; Schrägstirnrad *n* [tec]; Schrägzahnband *n* [tec]; Schrägzahnrad *n* (Schraubenrad) [tec]; Schraubenrad *n* [tec]; Spiralzahnrad *n* [tec]
helical gear drive Schraubenrädergetriebe *n* [tec]
helical gear pump Schraubenradpumpe *f* [prc]
helical gear, double - Pfeilrad *n* [tec]
helical gear, internal - Innenrad mit Schrägverzahnung *n* [tec]
helical gearbox Stirnradgetriebe *n* [tec]
helical gearing Schrägverzahnung *f* [tec]; Schraubenverzahnung *f* [tec]; Schrägverzahnungsgetriebe *n* [tec]
helical groove Spiralnut *f* [tec]
helical hairspring zylindrische Spirale *f* [tec]
helical hinge Federband *n* [tec]
helical load distribution factor Schrägungsfaktor *m* (Getriebe) [tec]
helical reducer Schneckenradgetriebe *n* [tec]
helical ribbon mixer Wendelrührer *m* [prc]
helical spring Schraubenfeder *f* [tec]; Spiralfeder *f* [tec]
helical spring lock washer Federring *m* (Spreizring) [tec]
helical spring washer Federring *m* [tec]
helical spur gear schrägverzahntes Stirnrad *n* [tec]
helical tension spring Zylinderzugfeder *f* [tec]
helical tongue Schraubenzunge *f* [tec]
helical toothed schrägverzahnt [tec]
helical toothing Schrägverzahnung *f* [tec]
helical worm spring Wurmfeder *f* [tec]
helical-flow turbine Schraubenturbine *f* [pow]
helical-toothed schräg verzahnt [tec]
helically fluted spiralgenutet [tec]
helicopter Helikopter *m* [tra]; Hubschrauber *m* [tra]
helicopter landing field Hubschrauberlandeplatz *m* [tra]
helicopter pad Hubschrauberlandeplatz *m* [tra]
heliport Hubschrauberlandeplatz *m* [tra]
helium Helium *n* (He) [che]
helium circulation turbine Heliumturbine *f* [pow]
helium gas Heliumgas *n* [che]
helium tube Heliumröhre *f* [elt]
helix Schnecke *f* [tec]; Schraubenwendel *f* [tec]; Spirale *f*; Wendel *f*; Gang *m* (Schraube) [tec]
helix angle Schrägungswinkel *m* [con]; Steigungswinkel *m* (Zahnrad) [tec]
helix conveyor Schneckenförderer *m* [prc]
helm Schiffssteuerrad *n* (am Steuer) [tra]; Steuerrad *n* (auf Schiff, Rudergänger) [tra]
helmet Helm *m* (Schutzhelm); Kopfschutz *m* (Arbeitssicherheit)
help Hilfe *f*; Hilfeleistung *f*; Mithilfe *f*; Unterstützung *f*

help helfen *v*; unterstützen *v*
help function Hilfefunktion *f* (Software) [edv]
help key Hilfetaste *f* [edv]
help menu Hilfemenü *n* (Software) [edv]
help page Hilfeseite *f* (Software) [edv]
help screen Hilfemenü *n* (Software) [edv]
help text Hilfetext *m* [edv]
hem Saum *m*
hem einfassen *v*; säumen *v* [wer]
hematite Hämatit *n* [min]; Raseneisenerz *n* [met]
hematite pig Roteisen *n* [roh]
hematite pig iron Hämatitroheisen *n* [met]
hemisphere Halbkugel *f*; Hemisphäre *f* [geo]
hemispherical halbkugelförmig
hemispherical head Halbkugelboden *m* [prc]
hemispherical washer Kugelscheibe *f* [tec]
hemp Hanf *m* [far]
hemp cord Hanfseil *n* [met]
hemp fibre Hanffaser *f* [met]
hemp packing Hanfdichtung *f*
hemp rope Hanfseil *n* [met]; Hanftau *n* [met]
hence daher (deshalb)
heptane Heptan *n* [che]
hermetical hermetisch
hermetically sealed dicht abgeschlossen (versiegelt)
herringbone pfeilverzahnen *v* [wer]
herringbone gear Pfeilrad *n* [tec]; Pfeilstirnrad *n* [tec]
herringbone gear wheel Pfeilrad *n* [tec]; pfeilverzahntes Rad *n* (Zahnrad) [tec]
herringbone gearing Pfeilverzahnung *f* [tec]
herringbone teeth Pfeilverzahnung *f* [tec]
hetero-atom Heteroatom *n* [che]
hetero-atomic heteroatomig [che]
heterocyclic heterozyklisch [che]
heterocyclic carbon compound heterozyklische Kohlenstoffverbindung *f* [che]
heterogeneity Heterogenität *f*; Ungleichförmigkeit *f*; Verschiedenartigkeit *f*
heterogeneous heterogen; ungleichmäßig; verschiedenartig
heterogeneous catalysis heterogene Katalyse *f* [che]
heterogeneous mixture Gemenge *n* (Mischgut) [che]
heterogeneous reaction heterogene Reaktion *f* [che]
heterogeneous reactor heterogener Reaktor *m* [che]; Heterogenreaktor *m* [che]
heterogeneous system heterogenes System *n* [che]
heterogeneousness Inhomogenität *f*
heterogenic heterogen
heteromorphic heteromorph
heteromorphy Heteromorphie *f*
heteropolar bond Ionenbindung *f* [che]
heteropolymerization Heteropolymerisation *f* [che]
hew behauen *v* [wer]; hauen *v* (hacken)
hewer Hauer *m*
hewing Behauen *n* [wer]
hexagon Sechskant *m*; Sechseck *n*
hexagon domed cap nut Sechskanthutmutter *f* [tec]

hexagon fit bolt Sechskantpassschraube *f* [tec]
hexagon head Sechskantkopf *m* [tec]
hexagon head bolt Sechskantschraube *f* [tec]
hexagon head nut Sechskantmutter *f* [tec]
hexagon head plug Kernstopfen mit Sechskant *m* [tec]
hexagon head screw Sechskantschraube *f* [tec]
hexagon head tapping screw Sechskantblechschraube *f* [tec]
hexagon head wood screw Sechskantholzschraube *f* [tec]
hexagon nut Sechskantmutter *f* [tec]
hexagon pin wrench Sechskantstiftschlüssel *m* [wzg]
hexagon reducing nipple Übergangsdoppelnippel *m* (Verschraubung) [tec]
hexagon slotted nut sechseckige Kronenmutter *f* [tec]
hexagon socket Innensechskant *m* [tec]; Sechskanteinsatz *m* [tec]
hexagon socket countersunk head screw Senkschraube mit Innensechskant *f* [tec]
hexagon socket head cap screw Innensechskantschraube *f* [tec]; Zylinderschraube mit Innensechskant *f* [tec]
hexagon socket screw Inbusschraube *f* [tec]; Innensechskantschraube *f* [tec]
hexagon socket set screw Gewindestift mit Innensechskant *m* [tec]
hexagon thin castle nut niedrige Kronenmutter *f* [tec]
hexagon thin nut flache Sechskantmutter *f* [tec]; niedrige Sechskantmutter *f* [tec]
hexagon weld nut Sechskantschweißmutter *f* [tec]
hexagonal hexagonal
hexagonal bar Sechskantstahl *m* [met]
hexagonal bolt Sechskantschraube *f* [tec]; Sechskantschraube *f* (mit Schaft) [tec]
hexagonal bolt with collar Sechskantbundschraube *f* [tec]
hexagonal bolt with flange Sechskantflanschschraube *f* [tec]
hexagonal bolt with waisted shank Sechskantschraube mit Dehnschaft *m* [tec]
hexagonal die nut Sechskantschneidmutter *f* [tec]
hexagonal head Sechskantkopf *m* [tec]
hexagonal head bolt Sechskantschraube *f* [tec]
hexagonal head machine bolt Sechskantschraube *f* [tec]
hexagonal head screw Sechskantkopfschraube *f* [tec]
hexagonal head screw plug Verschlussschraube *f* [tec]
hexagonal head tapping screw Sechskantpassschraube *f* [tec]
hexagonal insert Sechskanteinsatz *m* [tec]
hexagonal nipple Sechskantdoppelnippel *m* (Verschraubung) [tec]
hexagonal nut Sechskantmutter *f* [tec]
hexagonal nut with collar Sechskantmutter mit Bund *f* [tec]

hexagonal nut with flange Sechskantmutter mit Flansch *f* [tec]
hexagonal screw Sechskantschraube *f* [tec]
hexagonal shoulder bolt Sechskantpassschraube *f* [tec]
hexagonal slotted nut Kronenmutter *f* [tec]
hexagonal socket head screw Innensechskantschraube *f* [tec]
hexagonal socket spanner Sechskantsteckschlüssel *m* [wzg]
hexagonal socket wrench Schraubendreher *m* (Innensechskantschlüssel) [wzg]; Sechskantsteckschlüssel *m* [wzg]
hexagonal spanner Sechskantschlüssel *m* [wzg]; Sechskantstiftschlüssel *m* (Steckschlüssel) [wzg]
hexagonal wrench Sechskantstiftschlüssel *m* (Steckschlüssel) [wzg]
hexane Hexan *n* [che]
hidden verborgen (versteckt); verdeckt; versteckt
hidden installation Unterputzinstallation *f* [elt]
hidden vice versteckte Mängel *pl* [met]
hide kaschieren *v* (verstecken); verbergen *v* (verstecken); verdecken *v*; verstecken *v*
hierarchic hierarchisch
hierarchic structure Baumstruktur *f*; hierarchischer Aufbau *m* [con]
hierarchical hierarchisch
hierarchy Hierarchie *f*
high hoch
high Hoch *n* [wet]
high altitude Höhe *f* (in großer Höhe)
high altitude operation Betrieb in großer Höhe *m*
high beam indicator lamp Fernlichtkontrollleuchte *f* [tra]
high boiling fraction hochsiedende Fraktion *f* [che]
high capacity Hochleistung *f*
high class hochgradig
high crowned belt pulley ballige Riemenscheibe *f* [tec]
high cut Hochschnitt *m* (des Eimerkettenbaggers) [mbt]
high dam Hochdamm *m*
high degree of fineness hohe Feinheit *f* (Grad von Feinheit)
high density polyethylene Niederdruckpolyethylen *n* [che]
high discharge skip Hochkippmulde *f* (Muldenkipper) [mbt]
high duty Hochleistung *f*
high efficiency Hochleistung *f*
high expansion cement Quellbeton *m* [met]
high faced belt pulley ballige Riemenscheibe *f* [tec]
high finish Hochglanz *m*
high flare Hochfackel *f*
high flotation tyre Niederdruckreifen *m* [tra]
high frequency Hochfrequenz *f* [phy]
high frequency welding Hochfrequenzschweißen *f* (für Kunststoffe) [wer]
high gloss Hochglanz *m*

high grade hochwertig
high idle speed hoher Leerlauf *m* [tra]
high impedant hochohmig [elt]
high level alarm Hochalarm *m*
high level tank Hochbehälter *m*
high lift stacker Deichselstapler *m* [mbt]
high nickel scrap Feinnickelschrott *m* [rec]
high octane number fuel klopffester Kraftstoff *m* [tra]
high oxygen content, with - sauerstoffreich
high percentage, of - hochprozentig
high performance Höchstleistung *f* (von Maschine)
high performance carrier Schwerlastfahrzeug *m* [tra]
high performance composite materials Hochleistungsverbundwerkstoff *m* [met]
high pitch große Steigung *f* (Gewinde) [con]
high power Hochleistung *f*
high pressure Hochdruck *m*
high purity zinc Feinstzink *n* [met]
high quality and high grade steel Qualitäts- und Edelstahlgüten *pl* [met]
high rack Hochregal *n*
high range Schnellstufe *f* [tra]
high resistive hochohmig [elt]
high road Fernverkehrsstraße *f* [tra]
high rupture fuse Überspannungsableiter *m* [elt]
high seas Hochsee *f* (auf hoher See)
high season Hauptreisezeit *f* [tra]
high speed Hochgeschwindigkeit *f* [phy]; Hochleistung *f* (Geschwindigkeit) [tra]
high street Einkaufsstraße *f* [bau]; Hauptstraße *f* [tra]
high strength hochfest (z.B. Stahl) [met]
high tech technisch anspruchsvoll
high tech Hochtechnologie *f*
high technology Hochtechnologie *f*
high tide Flut *f*; Hochwasser *n* (Flut)
high traction hohe Zugkraft *f* [mbt]
high vacuum Hochvakuum *n* [phy]
high voltage Hochspannung *f* [elt]
high water hoher Wasserstand *m* [was]
high-activity fission products hochradioaktive Spaltprodukte *pl* [phy]
high-alloy hoch legiert [met]
high-alloyed hoch legiert [met]
high-alloyed steel grades hoch legierte Stahlqualitäten *pl* [met]
high-aluminous tonerdereich
high-angle conveyor belt Steilfördergurt *m*
high-ash coal aschereiche Kohle *f* [roh]
high-bay warehouse Hochraumlager *n*
high-boiling hochsiedend
high-calcium lime Fettkalk *m* [met]
high-capacity battery Hochleistungsbatterie *f* [elt]
high-capacity chain Hochleistungskette *f* [tec]
high-capacity elevator Hochleistungsbecherwerk *n* [prc]
high-carbon energy carrier kohlenstoffhaltiger Energieträger *m* [pow]

high-carbon energy source kohlenstoffhaltiger Energieträger *m* [pow]
high-carbon steel Hartstahl *m* [met]
high-carbonic kohlenstoffreich [che]
high-compacted hochverdichtet
high-compressing hochverdichtend
high-contrast kontrastreich [opt]
high-current rail Hochstromschiene *f* [elt]
high-density polyethylene Hochdruckpolyethylen *n* [che]
high-duty hoch beansprucht
high-duty boiler Hochleistungskessel *m* [pow]
high-duty section of superheater Endüberhitzer *m* [pow]
high-duty structural part hoch beanspruchtes Bauteil *n*
high-duty structural parts hoch beanspruchte Formteile *pl*
high-efficiency fluorescent lamp Hochleistungsleuchtstofflampe *f* [elt]
high-energy energiereich [pow]; leistungsstark
high-fidelity lautgetreu
high-frequency Hochfrequenzanzeige *f* [elt]; Hochfrequenzfilter *m* [elt]; Hochfrequenzknoten *m* [elt]
high-frequency cable Hochfrequenzkabel *n* [elt]
high-frequency conductor Hochfrequenzleitung *f* [elt]
high-frequency current Hochfrequenzstrom *f* [elt]
high-frequency engineering Hochfrequenztechnik *f* [phy]
high-frequency heating Hochfrequenzerwärmung *f* [elt]
high-frequency induction furnace Hochfrequenzinduktionsofen *m* [prc]
high-frequency induction welding Hochfrequenzinduktionsverfahren *n* [wer]
high-frequency strand Hochfrequenzlitze *f* [elt]
high-frequency transmission Hochfrequenzübertragung *f* [elt]
high-frequency welder Hochfrequenzschweißmaschine *f* [wer]
high-frequency welding Hochfrequenzinduktivschweißung *f* [wer]; Hochfrequenzschweißen *n* [wer]
high-gear Schongang *m* [tra]
high-gloss finished hochglänzend [wer]
high-gloss polished hochglanzpoliert [wer]
high-grade hochgradig
high-grade fuel hochwertiger Brennstoff *m* [pow]
high-grade steel Edelstahl *m* [met]; Qualitätsstahl *m* [met]
high-grade steel bellows Edelstahlbalg *m* [met]
high-grade timber Edelholz *n* [met]
high-grade-resin Edelkunstharz *n* [met]
high-hazard contents gefährliches Lagergut *n*
high-head plant Speicherwerk *n* [was]
high-impact proof hochschlagfest [met]
high-impedance hochohmig [elt]
high-intensity discharge lamp Hochleistungsleuchtstofflampe *f* [elt]
high-level inversion Höheninversion *f* [wet]
high-level reservoir Hochspeicherbecken *n* [was]
high-level tank Hochspeicherbecken *n* [was]
high-level waste hochstrahlender Abfall *m* [rec]
high-level water tank Wasserhochbehälter *m* [was]
high-low water level alarm Wasserstandsalarmapparat *m* [was]
high-melting hochschmelzend
high-melting-point alloy hochschmelzende Legierung *f* [met]
high-moisture coal Kohle mit hohem Wassergehalt *f* [roh]
high-molecular hochmolekular [che]
high-mountain climate Hochgebirgsklima *n* [wet]
high-octane Klopffestigkeit *f* (Benzin) [tra]
high-ohmic hochohmig [elt]
high-pass filter Hochpass *m* [elt]
high-placed body hoch liegende Mulde *f* (des Dumpers) [mbt]
high-polymer hochpolymer [che]
high-potential test Durchschlagsprüfung *f* [any]
high-power leistungsstark
high-power filter Hochleistungsfilter *m* [prc]
high-power motor Hochleistungsmotor *m* [pow]
high-power pile Hochleistungsreaktor *m* (Kerntechnik) [pow]
high-power reactor Hochleistungsreaktor *m* [pow]
high-power suction vehicle Hochleistungssaugfahrzeug *n* [rec]
high-pressure hochgespannt [phy]
high-pressure area Hochdruckgebiet *n* (Wetter) [wet]
high-pressure blower Hochdruckgebläse *n*
high-pressure boiler Hochdruckdampfkessel *m* [pow]; Hochdruckkessel *m* [pow]
high-pressure burner Hochdruckbrenner *m* [pow]
high-pressure cleaner Hochdruckreiniger *m* [rec]
high-pressure cleaning apparatus Hochdruckreinigungsgerät *n* [wzg]
high-pressure components Hochdruckkomponenten *pl*
high-pressure container Hochdruckbehälter *m*
high-pressure cylinder Hochdruckgastank *m*; Hochdruckzylinder *m* [prc]
high-pressure equipment Hochdrucktechnik *f* [prc]
high-pressure fan Druckerhöhungsgebläse *n* [prc]
high-pressure filter Hochdruckfilter *m*
high-pressure fitting Hochdruckarmatur *f*
high-pressure flushing vehicle Hochdruckspülfahrzeug *n* [tra]
high-pressure founding Hochdruckguss *m* [roh]
high-pressure heating Hochdruckheizung *f* [pow]
high-pressure hose Hochdruckschlauch *m* [prc]; Höchstdruckschlauch *m* [tra]
high-pressure hydrogenation Hochdruckhydrierung *f* [che]
high-pressure line Hochdruckleitung *f* [prc]
high-pressure lubrication Hochdruckschmierung *f* [tra]

high-pressure mercury lamp Quecksilberhochdrucklampe *f* [elt]
high-pressure method Hochdruckverfahren *n* [prc]
high-pressure pipeline Hochdruckleitung *f* [prc]
high-pressure piping Hochdruckleitung *f* [prc]
high-pressure polyethylene Hochdruckpolyethylen *n* [che]
high-pressure power station Hochdruckkraftwerk *n* [pow]
high-pressure preheater Hochdruckvorwärmer *m* [pow]
high-pressure process Hochdruckverfahren *n* [prc]
high-pressure pump Hochdruckpumpe *f* [prc]
high-pressure ram filters Hochdruckfilterpresse *f* [prc]
high-pressure reactor Hochdruckreaktor *m* [che]
high-pressure scouring vehicle Hochdruckspülfahrzeug *n* [tra]
high-pressure seal Hochdruckdichtung *f*
high-pressure sewer washing equipment Hochdruckspülgerät *n* [rec]
high-pressure stage Hochdruckstufe *f*
high-pressure steam Hochdruckdampf *m* [pow]
high-pressure steam boiler Hochdruckheißdampfkessel *m* [pow]
high-pressure steam-curing Dampfdruckhärtung *f* [prc]
high-pressure synthesis Hochdrucksynthese *f* [che]
high-pressure tank Hochdruckbehälter *m*; Hochdruckkessel *m* [prc]
high-pressure technology Hochdrucktechnik *f*
high-pressure tyre Hochdruckreifen *m* [tra]
high-pressure valve Hochdruckventil *n* [prc]
high-pressure water pipe Hochdruckwasserleitung *f* [was]
high-pressure water pump Hochdruckwasserpumpe *f* [was]
high-quality recycling hochwertige Verwertung *f* [rec]
high-quality steel Edelstahl *m* [met]
high-quality workmanship Wertarbeit *f* [wer]
high-rack warehouse Hochregallager *n*
high-resistance hochohmig [elt]
high-resistant hochfest [met]
high-resolution hoch auflösend
high-rise building Hochhaus *n* [bau]
high-risk hochgefährlich; höchstgradig gefährdet
high-risk potential Gefahrenpotential *n* ((variant)); Gefahrenpotenzial *n*
high-road Chaussee *f* [tra]
high-rotative schnelldrehend
high-sided open wagon offener Güterwagen *m* [tra]
high-speed schnell [tra]; schnell laufend [tec]
high-speed boat Schnellboot *n* [tra]
high-speed breaking Schnellabschaltung *f* [elt]
high-speed circuit breaker Schnellschalter *m* [elt]
high-speed cutting steel Schnellschnittstahl *m* [wer]
high-speed knock Hochgeschwindigkeitsklopfen *n* (Motor) [tra]

high-speed line Schnellfahrstrecke *f* [tra]
high-speed memory Schnellspeicher *m* [edv]
high-speed mixer Schnellrührer *m* [prc]
high-speed printer Schnelldrucker *m* [edv]
high-speed process Schnellverfahren *n*
high-speed recorder Schnellschreiber *m* [edv]
high-speed shaper Schnellhobler *m* [wer]
high-speed steel Hochgeschwindigkeitsstahl *m* [wer]; Rapidstahl *m* [met]; Schnellarbeitsstahl *m* [wer]; Schnelldrehstahl *m* [wer]
high-speed stirrer Schnellrührer *m*
high-speed switch Momentschalter *m* [elt]
high-speed tool steel Schnellstahl *m* [tec]
high-speed traffic Schnellverkehr *m* (Straße) [tra]
high-strength bolt hochfeste Schraube *f* [tec]
high-strength cement hochfester Zement *m* [met]
high-strength concrete hochfester Beton *m* [bau]
high-strength screw hochfeste Schraube *f* [tec]
high-strength sheet steel höherfeste Qualität *f* (Stahl) [met]
high-strength steel hochfester Stahl *m* [met]
high-stress brickwork hoch beanspruchtes Mauerwerk *n* [bau]
high-temperature alloy Hochtemperaturlegierung *f* [met]
high-temperature corrosion Hochtemperaturkorrosion *f* [met]
high-temperature incineration plant Hochtemperaturverbrennungsanlage *f* [pow]
high-temperature material Hochtemperaturwerkstoff *m* [met]
high-temperature pyrolysis Hochtemperaturpyrolyse *f* [prc]
high-temperature reactor Hochtemperaturreaktor *m* [prc]
high-temperature resistance Hochtemperaturbeständigkeit *f* [met]
high-temperature stability Hochtemperaturbeständigkeit *f* [met]; Warmfestigkeit *f* [met]
high-temperature strength Warmfestigkeit *f* [met]
high-temperature stress Wärmebeanspruchung *f* [met]
high-temperature tensile strength Warmfestigkeit *f* [met]
high-tensile hochfest (z.B. Stahl) [met]; hochstabil; hochzugfest [met]
high-tensile bolt hochfeste Schraube *f* [tec]
high-tensile steel hochfester Stahl *m* [met]; hochwertiger Baustahl *m* [met]
high-tensile strength Hochzugfestigkeit *f* [met]
high-tension Hochspannung *f* [elt]
high-tension bolt hochfeste Schraube *f* [tec]
high-tension insulator Hochspannungsisolator *m* [elt]
high-tension line Hochspannungsleitung *f* [elt]
high-tension switchgear Hochspannungsschaltgerät *n* [elt]
high-tension tester Hochspannungsprüfer *m* [pow]

high-torque rotary actuator Drehmomentantrieb *m* [pow]
high-toxic hochgiftig
high-vacuum casting Gießen unter Hochvakuum *n* [wer]
high-vacuum engineering Hochvakuumtechnik *f*
high-vacuum grease Hochvakuumfett *n* [che]
high-vacuum pump Feinvakuumpumpe *f* [prc]; Hochvakuumpumpe *f*
high-vacuum technology Hochvakuumtechnik *f*
high-vacuum tube Hochvakuumröhre *f* [elt]
high-viscosity hochviskos
high-volatile bituminous coal Gaskohle *f*
high-volatile coal Gaskohle *f* [roh]; hoch flüchtige Kohle *f* [roh]
high-voltage cable Kraftstromleitung *f* [elt]; Hochspannungskabel *n* [elt]
high-voltage cables Fernleitung *f* (unterirdisch) [elt]
high-voltage circuit breaker Hochspannungsschalter *m* [elt]; Hochspannungstrennschalter *m* [elt]
high-voltage current Starkstrom *m* [elt]
high-voltage installation Hochspannungsanlage *f* [elt]
high-voltage motor Hochspannungsmotor *m* [pow]
high-voltage power cable Starkstromleitung *f* [elt]
high-voltage power pack Hochspannungsnetzteil *n* [elt]
high-voltage system Hochspannungssystem *n* [elt]
high-voltage transmission line Hochspannungsleitung *f* [elt]
high-voltage transmission tower Hochspannungsmast *m* [elt]
high-water Hochwasser *n* (Flut)
high-water level Hochwasserstand *m*
high-water mark Hochwassermarke *f*
high-water span Hochwasserdurchlass *m* [was]
high-yielding hoch ertragreich
higher valence, of - höherwertig [che]
higher value, of - höherwertig
higher, make - erhöhen *v* (Mauer)
higher-order höherwertig
highest höchste
highest bid Meistgebot *n* [eco]
highest bidder Meistbietender *m* [eco]
highest boiling höchstsiedend
highest fine Höchstbuße *f* [jur]
highest level Höchststand *m*
highest load Höchstbelastung *f*
highest offer Höchstgebot *n* [eco]
highest position Höchststand *m* (höchste Stelle)
highest strength sheet steel hochfeste Qualität *f* (Stahl) [met]
highest stress Höchstbeanspruchung *f*
highest-order priority höchste Priorität *f*
highest-purity water equipment Reinstwassergerät *n* [was]
highlight Pluspunkt *m* (besonderer Vorteil)
highly activated waste hochaktiver Abfall *m* [rec]
highly polymerized substance hochpolymere Substanz *f* [che]
highly radioactive fission products hochradioaktive Spaltprodukte *pl* [phy]
highly radioactive waste hochradioaktiver Abfall *m* [rec]
highway Chaussee *f* [tra]; Fernstraße *f* [tra]; Schnellstraße *f* [tra]
highway bridge Straßenbrücke *f* [bau]
highway construction Straßenbau *m* [bau]
highway network Schnellstraßennetz *n* [tra]
highway traffic safety Straßenverkehrssicherheit *f* [tra]
hike Wanderung *f* (längerer Fußmarsch) [tra]
hike wandern *v* (längerer Fußmarsch) [tra]
hill Anhöhe *f* (Berg, Hügel) [geo]; Berg *m*; Hügel *m*
hill gear Bergganggetriebe *n* [tra]
hilt Griff *m* (Messergriff, Heft); Heft *n* (Griff) [wzg]
hinder behindern *v*; hemmen *v* (hindern); hindern *v* (behindern); verhindern *v*
hindrance Behinderung *f* (Hindernis); Hemmung *f* (Behinderung); Hinderung *f*
hinge Angel *f* [tec]; Beschlag *m* (Scharnier); Drehpunkthalter *m* [tec]; Band *n* (Beschlag); Gelenk *n* (Scharnier); Scharnier *n* [tec]
hinge einhängen *v* (im Scharnier)
hinge bearing Scharnierlagerung *f* [tec]
hinge block Gelenkstück *n* [bau]
hinge bracket Drehzapfenhalterung *f* [tec]
hinge connection Gelenkverbindung *f* [tec]
hinge hook Fitsche *f* (Türangel); Türangel *f* (zwischen Blatt und Zarge) [bau]
hinge joint Gelenkverbindung *f* [tec]; Scharnierband *n* [tec]
hinge pin Gelenkbolzen *m* [tec]; Scharnierstift *m* [tec]; Scharnierzapfen *m* [tec]
hinge point Gelenkpunkt *m* [con]
hinge spring Schenkelfeder *f* [tec]
hinge support Scharnierstütze *f* [tec]
hinge-mounted gelenkig
hinged aufstellbar (an Scharnier); drehbar (im Scharnier) [tec]; klappbar (mit Scharnieren) [tec]
hinged arm Gelenkarm *m* [tec]
hinged beater eingehängter Schläger *m* (Mühle) [prc]
hinged bolt Gelenkschraube *f* [tec]; Klappschraube *f* [tec]; Gelenkbolzen *m* [tec]
hinged clevis Gelenkkopf *m* [tec]
hinged column Pendelstütze *f* [tec]
hinged connection gelenkiger Anschluss *m* [tec]
hinged construction aufklappbare Ausführung *f* [tec]
hinged cover Klappdeckel *m*; Schwenkdeckel *m*
hinged design aufklappbare Ausführung *f*
hinged door Klapptür *f* [mbt]
hinged fairleader Klapprolle *f* [tra]
hinged gate Drehtor *n* [bau]
hinged girder Gelenkträger *m* [bau]
hinged joint Gelenkverbindung *f* [bau]
hinged lever Gelenkhebel *m* [tec]; Pendel *n* (Stahlbau) [tec]
hinged lid Klappdeckel *m*

hinged plate Drehplatte f [bau]
hinged sash window Klappfenster n [bau]
hinged side aushebbare Seitenwand f; umklappbare Seitenwand f
hinged strap, riveted - Nietgelenkband n [tec]
hinged strut Gelenkstab m
hinged suspension Pendelaufhängung f (Kessel) [pow]
hinged valve Drehklappe f [prc]
hinged window Ausstellfenster n (in Fahrerhaus) [tra]
hinged-slat chain Scharnierbandkette f [tec]
hingeless eingespannt
hint Hinweis m (Wink); Tipp m (Ratschlag, Hinweis)
hire mieten v (für kürzere Zeit)
hire charge Mietpreis m (für Fahrzeug) [eco]
hire machine Überbrückungsgerät n
hire purchase Mietkauf m [eco]
hire-car Mietwagen m [tra]
hired labour Lohnarbeit f [eco]
hiring Vermietung f
hiss rauschen v (zischen) [aku]; zischen v (Dampf)
hissing Rauschen n [aku]
histogram Balkendiagramm n [mat]
history Geschichte f
hit Treffer m
hit schlagen v; stoßen v (treffen); treffen v (schlagen); zusammenstoßen v (zusammentreffen)
hit and run Unfallflucht f [tra]
hitch Zugvorrichtung f [tec]; Joch n (Zugvor.)
hitch anhängen v (Last); festmachen v
hitch a ride mitfahren v (trampen) [tra]
hitch, half - halber Schlag m (Knoten)
hitching Seilanschlag m
hitching equipment Anhängemittel n
hitching point Anschlagstelle f (Kran) [mbt]; Anhängepunkt m
hitching rope Anschlagseil n
hitherto bisher (bis zu diesem Zeitpunkt)
hitherto, not yet - bisher noch nicht
hoarding Schutzzelt n
hob Prägestempel m [met]
hobby Freizeitbeschäftigung f
hock wrench Hakenschlüssel m [wzg]
hoe Hacke f (z.B. des Gärtners) [wzg]
hoe hacken v (mit der Hacke) [wer]
hog Überhöhung f (Wölbung)
hog fuel Abfallbrennstoff m [pow]
hogging Katzbuckeln (Turbinenwelle) [pow]
hoist Hebevorrichtung f; Winde f [mbt]; Aufzug m (Hebevorrichtung) [bau]; Bauaufzug m [bau]; Fahrstuhl m (Lasten-); Aufheben n (einer Last); Hebewerk n; Hebezeug n
hoist anheben v (hochheben); fördern v (heben); heben v (hochheben, mit Kran); hochheben v (mit Hebehilfe); hochwinden v
hoist arm Hebearm m [mbt]
hoist boom Hebeausleger m [mbt]
hoist cable Tragseil n [mbt]
hoist chain Hubkette f (am Gabelstapler) [mbt]

hoist cylinder Hubzylinder m [mbt]
hoist drive Hubwerk n [mbt]
hoist kick-out höchste Hubstellung f [mbt]
hoist limiter Hubbegrenzer m [mbt]
hoist limiting valve Hubbegrenzungsventil n [mbt]
hoist motor Windenmotor m [tec]
hoist tower Förderturm m [bau]; Aufzugsgerüst n
hoisting beam Galgen m [bau]
hoisting cable Anschlagseil n; Förderseil n; Lastseil n [mbt]
hoisting capacity Hubkraft f (Kran)
hoisting crane Hebekran m [mbt]; Ladekran m [tra]
hoisting drum Seiltrommel f [mbt]
hoisting engine Hebemaschine f
hoisting equipment Hebezeuge pl
hoisting gear Hebezeug n (Hafen, Schiff) [tra]; Hubgetriebe n [mbt]; Hubwerk n [mbt]
hoisting gear train Hubwerk n [mbt]
hoisting height Förderhöhe f [bau]; Hubhöhe f [mbt]
hoisting motor Hubmotor m [mbt]
hoisting platform Hubbühne f [mbt]
hoisting speed Hubgeschwindigkeit f [mbt]
hoisting tackle Hebezeug n [mbt]
hoisting unit Hubwerk n [mbt]
hoisting winch Hubwinde f [mbt]
hoisting-gear drum Hubwerkstrommel f [mbt]
hold Luke f (z.B. Schiffsladeraum) [tra]; Halt m (Befestigung); Laderaum m (Flugzeug) [tra]; Laderaum m (z.B. Schiff, unter Gleis) [tra]
hold abfangen v (bei Einbau) [tec]; aufhalten v (bremsen, hindern); einhalten v (halten); fassen v (enthalten); halten v (festhalten)
hold an account with Konto haben bei [eco]
hold down festhalten v
hold on gegenhalten v
hold tank Vorratsbehälter m; Speicherbecken n [was]
hold together zusammenhalten v
hold up stützen v (z.B. ein altes Gebäude) [bau]
hold-back Rücklaufsicherung f; Rücklaufsperre f
hold-back ratchet mechanism Rücklaufsperre f
hold-file Wiedervorlage f
hold-up Stockung f; Inhalt m (Füllkörperkolonne)
holddown bar Niederhalterschiene f [tec]
holddown bracket Fixierbügel m (Klammer) [tec]
holddown plate Niederhalter m [wer]
holddown roll Andrückrolle f [tec]
holddown tool Niederhaltwerkzeug n [wzg]
holder Fassung f [elt]; Haltegabel f [mbt]; Halterung f (Halter) [tec]; Stütze f (Halter, Unterstützung) [tec]; Einsatz m (Befestigung); Halter m (Befestigung) [tec]; Ständer m (Halter); Träger m (hält etwas fest, z.B. Klemme) [tec]
holder cramp Klemme f
holder-on Gegenhalter m
holdfast Klammer f (Klammerhaken)
holding area Ablageplatz m (bei Fertigung) [wer]
holding bearer Fixierklotz m [tec]
holding bracket Aufnahmebock m [tec]
holding brake Haltebremse f (kurzfristig) [tra]

holding bushing Spannbuchse *f* [tec]
holding capacity Nutzinhalt *m*; Fassungsvermögen *n* (Transport)
holding clamp Halteklammer *f* (Schienenbefestigung) [tra]
holding clip Halteklammer *f* [tec]
holding device Halterung *f*; Haltevorrichtung *f*
holding fixture Aufnahme *f* (Werkstück) [wzg]; Halterung *f*; Spannvorrichtung *f* [wer]
holding flange Halteflansch *m* [prc]
holding girder Abfangträger *m* (Stahlbau) [tec]
holding magnet Haltemagnet *m* [tec]
holding nut Haltemutter *f* [tec]
holding pin Aufnahmebolzen *m* [tec]
holding rope Abfangseil *n* [mbt]
holding screw Halteschraube *f* [tec]
holding temperature Beharrungstemperatur *f*
holding time Haltezeit *f* [wer]
holding winding Haltewicklung *f*
holding-down bolt Ankerschraube *f* [tec]; Befestigungsschraube *f* [tec]
hole Grube *f* (Loch); Höhle *f* (Loch); Öffnung *f* (Loch); Kanal *m* (Schacht); Loch *n* (Öffnung)
hole cover Bohrdeckel *m*
hole pattern Lochanordung *f* (z.B. quadratisch) [con]
hole punch Lochstanze *f* [wzg]; Locheisen *n* [wzg]
hole reaming machine Lochaufreibmaschine *f* [wer]
hole saw Kranzbohrer *m* [wzg]
hole spacing Lochteilung *f* [tec]; Lochabstand *m* (von Bohrungen) [con]
hole to pierce durchbrechen *v* (Loch brechen) [wer]
hole with shoulder Ansatzbohrung *f* [tec]
hole, make a - lochen *v* [wer]
hole, width of - Lochweite *f* [con]
hole-basis of fits Einheitsbohrung *f* [tec]
holiday Ferienzeit *f*; Erholungsurlaub *m*
holiday traffic Reiseverkehr *m* [tra]; Urlaubsverkehr *m* [tra]
holiday train Reisezug *m* [tra]
holiday-resort Urlaubsort *m*
holidays Urlaub *m*
holing pincers Lochzange *f* [wzg]
hollow dumpf [aku]; hohl (Baum, Rohr)
hollow Blase *f* (Gießerei) [met]; Höhle *f* (Höhlung, Mulde); Höhlung *f*; Mulde *f* (Senke) [geo]; Senke *f*; Vertiefung *f* (Mulde) [bod]
hollow axle Hohlachse *f* [tra]
hollow axle probe Hohlachsprüfknopf *m* [any]
hollow bar Hohlstange *f* [met]
hollow bead Hohlkugel *f*
hollow block Füllkörper *m* [bau]; Großblockl- ochziegel *m* [bau]; Hohlblockstein *m* [bau]
hollow body Hohlkörper *m*
hollow bolt Hohlschraube *f* [tec]; Hohlbolzen *m* [tec]
hollow brick Hohlblockstein *m* (z.B. Bims) [bau]; Hohlziegel *m* [bau]; Lochziegel *m* [bau]
hollow cast fork Hohlgabel *f* (z.B. an Gabelstapler) [mbt]
hollow casting Hohlguss *m* [roh]

hollow chisel Hohleisen *n* [wzg]
hollow conductor Hohlader *f* [elt]
hollow cylinder Hohlwalze *f*; Hohlzylinder *m* [tec]
hollow drive shaft Getriebehohlwelle *f* [tec]
hollow fixed blade Hohlleitschaufel *f* (Turbine) [pow]
hollow frame section Hohlrahmenprofil *n*
hollow glass Hohlglas *n* [met]
hollow groove Hohlkehle *f*
hollow head plug Inbusschraube *f* [tec]; Innenkantschraube *f* [tec]
hollow key Hohlkeil *m* [tec]
hollow out unterhöhlen *v*
hollow pin Hohlstift *m* [tec]; Hohlzapfen *m* [tec]
hollow plane Kehlhobel *m*
hollow profile Hohlprofil *n* [met]
hollow roll Hohlwalze *f*
hollow root Wurzelrückfall *m* [wer]
hollow screw Hohlschraube *f* [tec]
hollow sealing ring Hohlschnurring *m* [tra]
hollow section Hohlschnitt *m* [wer]; Hohlprofil *n* [met]
hollow section, rectangular - Rechteckhohlprofil *f* [met]
hollow shaft Hohlwelle *f* [tec]
hollow space Kavität *f* [met]; Hohlraum *m* (Leervolumen)
hollow sphere Hohlkugel *f*
hollow spindle Hohlspindel *f* [tec]
hollow spring Hohlfeder *f* [tec]
hollow stationary blade Hohlleitschaufel *f* (Turbine) [pow]
hollow tile Füllkörper *m* [bau]
hollow tread Verschleißkehle *f*
hollow wheel Hohlrad *n* [tra]
hollow-body shaft Hohlwelle *f* [tec]
hollow-core bolt Hohlschraube *f* [tec]
hollow-girder construction Hohlträgerbauart *f* [con]
hollow-pin chain Hohlbolzenkette *f* [tec]
hollow-shaft motor drive Hohlwellenantrieb *m* [tec]
hollow-shaft transmission Hohlwellenantrieb *m* [tec]
hollow-unit filled with reinforced concrete betonverfüllter Schalenbaustein *m* [bau]
hollow-web girder Hohlträger *m* [met]
hollows Hohlprofile *pl* [met]
hologram Hologramm *n* [opt]
holographical holografisch *f* ((variant)) [opt]; holographisch *f* ((variant)) [opt]
holography Holografie *f* ((variant)) [opt]; Holographie *f* ((variant)) [opt]
home inländisch
home Ausgangsposition *f* (Programm) [edv]; Eigenheim *n* [bau]; Haus *n* (Heim) [bau]; Heim *n*
home and abroad, at - im In- und Ausland
home computer Heimcomputer *m* [edv]
home consumption häuslicher Verbrauch *m* [eco]
home electronics Unterhaltungselektronik *f* [elt]
home intercommunication equipment Heim- sprechgerät *n* [elt]

home key Heimtaste f (Tastatur) [edv]
home market Inlandsmarkt m [eco]
home position Ruhestellung f
home scrap Eigenschrott m [met]
home sewage Hausabwässer pl [was]
home signal Einfahrsignal n (Bahn) [tra]; Einfahrtssignal n (Bahn) [tra]
home signalling equipment Haussignalanlage f [elt]
home stall Eigenheimgrundstück n [bau]
home working Heimarbeit f [eco]; Telearbeit f [eco]
home, second - Zweitwohnung f [bau]; Wochenendhaus n [bau]
homestead Eigenheim mit Garten n [bau]; Eigenheimgrundstück n [bau]
homing Zielflug m (direktes Ansteuern) [tra]
homogeneity Gleichartigkeit f; Homogenität f
homogeneity, legal - Rechtseinheit f [jur]
homogeneous einheitlich (gleichartig); gleichartig; gleichmäßig (gleichartig); homogen
homogeneous catalysis homogene Katalyse f [che]
homogeneous covering Einschichtbelag m [met]
homogeneous lead coating Homogenverbleiung f [met]
homogeneous reaction homogene Reaktion f [che]
homogeneous reactor homogener Reaktor m [che]; Homogenreaktor m [che]
homogeneous system homogenes System n [che]
homogeneous, make - homogenisieren v
homogeneousness Homogenität f
homogenization Homogenisierung f
homogenize homogenisieren v
homogenizer Homogenisiermaschine f
homogenizing Diffusionsgleichung n [met]; Homogenisieren n
homomorphous gleichartig
hone fein schleifen v [wer]; honen v (feinschleifen) [wer]; schleifen v (abziehen) [wer]
honed gehont (durch Honen) [wer]
honey yellow honiggelb (RAL 1005) [nor]
honeycomb Bienenwabe f [bff]; Wabe f
honeycomb brick Hochlochziegel m [met]
honeycomb catalyst Wabenkatalysator m [prc]
honeycomb construction Wabenträger m (Stahlbau) [tec]
honeycomb grating Gitterrostabdeckung f [pow]; Lichtgitter n (Abdeckung) [bau]
honeycomb structure Wabenstruktur f
honing Honen n (Feinschleifen) [wer]
honing machine Honmaschine f [wzg]
honing stone Polierstein m [wzg]
honk hupen v (das Signalhorn betätigen) [tra]
hood Abzugshaube f [air]; Haube f (auch am Auto); Kappe f (Haube, Verdeck); Kapuze f (z.B. am Mantel); Kühlerhaube f ((A) des Autos) [tra]; Motorhaube f ((A)) [tra]; Abzug m (Haube) [air]; Aufsatz m (Aufbau) [tec]; Verdeck n [tra]
hood cable Bowdenzug zur Motorhaube m [tra]; Motorhaubenbowdenzug m [tra]
hood catch Halter m (Haken der Motorhaube) [tra]; Haubenhalter m [tra]

hood fastener Motorhaubenhalter m [tra]; Motorhaubenverschluss m [tra]
hood shock Motorhaubenpuffer m [tra]
hood-type furnace Haubenofen m
hook Haken m
hook einhaken v (mit Haken) [bau]; haken v
hook and eye Haken und Öse
hook block Hakenflasche f (Kran) [tec]
hook bolt Hakenschraube f (Rippenplatte) [tec]
hook bottom block Hakenflasche f [mbt]
hook height Hakenhöhe f [mbt]
hook nail Hakenstift m [tec]
hook pliers Hakenzange f [wzg]
hook position Hakenstellung f [mbt]
hook receiver Hakenaufnahme f [tec]
hook screw Hakenschraube f [tec]
hook spanner Hakenschlüssel m [wzg]
hook stick Schaltstange f [tra]
hook switch Hakenumschalter m
hook trestle Aufhängebock m [tec]
hook up anschließen v (Gerät) [elt]; festhaken v
hook yoke Hakenlager n [tec]
hook-shaped hakenartig
hook-up error Schaltfehler m
hooked hakenartig
hooked lid Einhakdeckel m
hooked lock Hakenverschluss m
hoop Bügel m (Reifen); Flachrahmen m; Reif m (Ring); Reifen m (Ring); Ring m (Öse); Band n (Fass-)
hoop guard Schutzbügel m (um Leiter, Greifer-Drehwerk) [mbt]
hoop iron Bandeisen n [met]; Eisenband n [met]
hoop-steel Bandstahl m (Bandeisen) [met]; Bandeisen n [met]
hoot Hupsignal n
hooter Signalhorn n
hoover staubsaugen v
hop springen v (hüpfen)
hopper Trichterkammer f (Bodenentladewagen) [tra]; Aufgabetrichter m [prc]; Bunker m (Silo); Laderaum m (unter Schiene) [tra]; Trichter m (Beschickung) [prc]; Zuführbehälter m [prc]
hopper barges Baggerschuten pl [mbt]
hopper car Trichterwagen m (m. Kabeltrommelwagen) [tra]
hopper casing Trichtermantel m [prc]
hopper cone Trichterkegel m [prc]
hopper cover Trichterdeckel m [prc]
hopper discharge conveyor Bunkerabzugsförderung f [pow]
hopper discharge facility Bunkerabzugseinrichtung f [pow]
hopper equipment Bunkereinrichtung f
hopper extension Trichteraufsatz m [prc]
hopper hood Trichterhaube f [prc]
hopper shut-off unit Trichterabsperrung f [prc]
hopper suction dredger Laderaumsaugbagger m [mbt]; Saugbagger m (mit Laderaum) [mbt]

hopper wagon Behälterwagen *m* [tra]; Sattelwagen *m* [tra]
hopper-type container Silocontainer *m* [prc]
horizon Horizont *m*
horizontal horizontal; waagrecht
horizontal Horizontale *f*
horizontal axis Horizontalachse *f*
horizontal bracing Horizontalverband *m* (Stahlbau) [tec]
horizontal frame member Rahmenriegel *m* (Stahlbau) [tec]
horizontal member Riegel *m* (Stahlbau) [tec]
horizontal positioning Horizontalpositionierung *f* (z.B. an Regallager) [mbt]
horizontal stacking assembly Längsverkettung *f* (Hydraulik) [tec]
horizontal type regenerative air preheater stehender Regenerativ-Luvo *m* [pow]
horizontal-tube evaporator Horizontalrohrverdampfer *m* [pow]
horizontal-wall member Wandriegel *m* (Stahlbau) [tec]
horizontally opposed engine Boxermotor *m* [tra]
horn Hupe *f*; Horn *n*; Signalhorn *n*
horn cheek Achshaltergleitbacke *f* (Waggonachse) [tra]; Achslagerführung *f* [tra]; Gleitbacke *f* (am Achshalter) [tra]
horn meal Hornmehl *n* [met]
horn reset buttons Hupenlöschtaster *m* [mbt]
horn shavings Hornabfall *m* [rec]
horn tip switch Hupentaster *m* [mbt]
horned nut Kronenmutter *f* [tec]
horology Zeitmessung *f* [any]
horse Bock *m* (Stützgestell)
horsepower Pferdestärke *f* [pow]
horticultural production Gartenbau *m* [far]
horticulture Gartenbau *m* [far]
hose Flachschlauch *m*; Schlauch *m*; Abspritzen *n* (mit einem Schlauch) [was]
hose clamp Schlauchhalterung *f* [tec]; Schlauchklemme *f* [tec]; Schlauchschelle *f* [tec]; Schlauchhalter *m* (Schelle, Klemme) [tec]
hose clip Schlauchklemme *f* [tec]; Schlauchschelle *f* [tec]
hose connection Schlauchanschluss *m* [tec]
hose connector Schlauchverschraubung *f* [tec]; Schlauchverbinder *m* [tec]; Schlauchverbindungsteil *n* [tec]
hose coupling Schlauchkupplung *f* (Verbindung) [tec]
hose fitting Schlauchverbindung *f* [tec]; Schlauchbinder *m* [tec]
hose fixture Schlaucharmatur *f* (z.B. Kupplung) [tec]; Schlauchkupplung *f* (Verbindung) [tec]; Schlauchverbinder *m* [tec]
hose levelling instrument Schlauchwaage *f* [any]
hose line Schlauchleitung *f* (Garnitur, Satz) [tec]
hose nipple Schlauchtülle *f* [tec]
hose nozzle Schlauchtülle *f* [tec]
hose pump Schlauchpumpe *f* [prc]

hose recoiler Schlauchaufroller *m*
hose reel Schlauchtrommel *f* [tec]
hose socket Schlauchtülle *f* (Schlauchmuffe) [tec]
hose stem Schlauchnippel *m* [prc]
hose, armoured - Panzerschlauch *m* [tec]
hospital Klinik *f* [hum]; Krankenhaus *n* [bau]
hospital supply Krankenpflegeartikel *pl* [hum]
hospital waste Krankenhausabfall *m* [rec]; Krankenhausmüll *m* [rec]
hospitals, waste of - Krankenhausabfall *m* [rec]; Krankenhausmüll *m* [rec]
host Zentralrechner *m* (Rechenwerk) [edv]
host computer Großrechner *f* [edv]
hostel Heim *n* (Herberge)
hostile to man menschenfeindlich
hostility to technics Technikfeindlichkeit *f*
hot heiß; hochaktiv (Atom) [che]; unter Spannung; warm
hot bed Warmlager *n* [tec]
hot lacquering process Heißspritzverfahren *n* [wer]
hot-air blower Heißluftgebläse *n* [air]
hot-air circulation Heißluftumwälzung *f* [air]
hot-air curing Heißluftvulkanisation *f* [wer]
hot-air drying Heißlufttrocknung *f* [prc]
hot-air duct Heißluftkanal *m* [air]
hot-air furnace Heißluftofen *m*
hot-air heating Heißluftheizung *f* [pow]; Luftheizung *f* [pow]; Warmluftheizung *f* [tra]
hot-air hose Heißluftschlauch *m* [pow]
hot-air main Heißwindleitung *f* [roh]
hot-air motor Heißluftmotor *m* [pow]
hot-air pipe Wärmeröhre *f* [pow]
hot-air seasoned künstlich getrocknet
hot-air stove Cowper *m*
hot-air treatment Heißluftbehandlung *f* [air]
hot-bearing grease Heißlagerfett *n* [met]
hot-blast Heißblasen *n*
hot-blast cupola Heißwindkupolofen *m* [roh]
hot-blast stove Winderhitzer *m* (z.B. bei Hochofen, E-Werk) [roh]
hot-brittle heißbrüchig
hot-dip aluminized feueraluminiert
hot-dip coating Schmelztauchüberzug *m* [met]
hot-dip galvanize feuerverzinken *v* [met]
hot-dip galvanized feuerverzinkt [met]
hot-dip galvanizing Feuerverzinkung *f* [met]; Tauchverzinkung *f* [wer]; Feuerverzinken *n* [met]
hot-dip leaded feuerverbleit [met]
hot-dip tin-coated strip verzinntes Band *n* [met]
hot-dip tinned feuerverzinnt [met]
hot-dip tinning Feuerverzinnung *f* [met]
hot-dip zinc-coated feuerverzinkt [met]
hot-dip zinc-coated sheet steel feuerverzinktes Feinblech *n* [met]
hot-dipped tin plate feuerverzinntes Weißblech *n* [met]
hot-dipped tinplate feuerverzinntes Blech *n* [met]
hot-extraction Heißextraktion *f*

hot-extruded warmstranggepresst [met]
hot-formed warmgeformt [met]
hot-formed product warmverformte Erzeugnisse *pl*
hot-forming Warmformgebung *f* [wer]; Warmverformung *f* [wer]
hot-galvanized feuerverzinkt [met]
hot-galvanizing Feuerverzinkung *f* [met]; Schmelztauchverfahren *n* (Oberflächenvergütung) [roh]
hot-gas duct Warmgasführung *f* [pow]
hot-gas turbine Heißluftturbine *f* [pow]; Verbrennungsturbine *f* [pow]
hot-gas welder Warmgasschweißmaschine *f* [wer]
hot-gas welding Warmgasschweißen *n* (Kunststoffe) [wer]
hot-house Treibhaus *n*
hot-i-bend Warmrohrbogen *m* [tec]
hot-melt adhesive Schmelzkleber *m* [met]; Schmelzklebstoff *m* [met]
hot-melt adhesive tape Schmelzklebeband *n* [met]
hot-mix plant Heißmischanlage *f* [prc]
hot-plate welder Wärmekontaktschweißmaschine *f* (Kunststoffe) [wer]
hot-press Heißpresse *f*
hot-roll warm walzen *v* [roh]
hot-rolled warmgewalzt [met]
hot-rolled asphalt Heißasphalt *m* [met]
hot-rolled coils Warmbreitband *n* [met]
hot-rolled flat bars Flachstahl *m* [met]
hot-rolled hollow sections warmgewalzte Hohlprofile *pl* [met]
hot-rolled long products warmgewalzte Langprodukte *pl* [met]
hot-rolled sheet and plate Bandblech *n* [met]
hot-rolled wide strip Warmbreitband *n* [met]
hot-rolling plant Warmwalzwerk *n* [roh]
hot-sealing adhesive Heißkleber *m* [met]; Heißsiegelkleber *m* [met]
hot-sealing wax Heißsiegelwachs *n* [met]
hot-setting adhesive heiß abbindender Kleber *m* [met]; Warmklebstoff *m* [met]
hot-shaping Warmformgebung *f* [wer]; Warmformen *n* [wer]
hot-short heißbrüchig
hot-solder heißlöten *v* [wer]
hot-tinning Feuerverzinnen *f* [met]
hot-water central heating system Warmwasserzentralheizung *f* [pow]
hot-water flow Warmwasservorlauf *m* [pow]
hot-water heater Warmwasserheizgerät *n* [pow]
hot-water heating Heißwasserheizung *f* [pow]; Warmwasserheizung *f* [pow]; Zentralheizung *f* [pow]
hot-water heating system Warmwasserheizung *f* [pow]
hot-water pipeline Warmwasserleitung *f* [pow]
hot-water power station Heißwasserkraftwerk *n* [pow]
hot-water preparation Heißwasserbereitung *f* [pow]

hot-water return Warmwasserrücklauf *m* [pow]
hot-water storage Heißwasserspeicherung *f* [pow]
hot-water storage tank Warmwasserspeicher *m* [pow]
hot-water supplier Heißwasserbereiter *m* [pow]
hot-water supply Warmwasserversorgung *f* [pow]
hot-water supply pipe Warmwasserleitung *f* [pow]
hot-water tank Heißwasserbehälter *m* [pow]; Heißwasserspeicher *m* [pow]; Warmwasserbehälter *m* [pow]; Warmwasserspeicher *m* [pow]
hot-wire galvanometer Hitzdrahtgalvanometer *n* [any]
hot-wire instrument Hitzdrahtanemometer *m* [any]
hot-work warm bearbeiten *v* [wer]
hot-working Warmbearbeitung *f* [wer]; Warmformgebung *f* [wer]
hour Stunde *f*
hour counter Betriebsstundenzähler *m*
hour meter Stundenzähler *m* [any]
hour wheel Stundenrad *n* (Uhr) [tec]
hourly stündlich
hourly output Stundenleistung *f*
hourly wage Stundenlohn *m* [eco]
hours expended on the job Stundennachweis *m* [eco]
hours of business Öffnungszeiten *pl* [eco]
hours worked per week Wochenarbeitszeit *f* [eco]
house Gebäude *n* (Haus) [bau]; Haus *n* [bau]
house beherbergen *v*; einbauen *v* (einhausen); einhausen *v*
house alteration Gebäudeumbau *m* [bau]; Hausumbau *m* [bau]
house breaking Hausabbruch *m* [rec]
house connection Gebäudeanschlussleitung *f* (Versorgung oder Entsorgung) [bau]
house connection line Hausanschlussleitung *f* [elt]; Hausanschluss *m* [elt]
house demolishing Hausabbruch *m* [rec]
house door Haustür *f* [bau]
house drain Grundabflussleitung *f* [was]; Grundleitung *f* [was]
house drainage Hausentwässerung *f* [was]
house mains Installationsnetz *n* [elt]
house sewage Hausabwässer *pl* [was]
house telephone Haussprechanlage *f* [elt]
house wall Hauswand *f* [bau]
house wiring Hausinstallation *f* [elt]
house, new - Neubau *m* [bau]
house-building Hausbau *m* [bau]
housed eingebaut (in Gehäuse); eingehaust
household Haushalt *m* (privat)
household appliance Haushaltsgerät *n*
household appliances Hausgerätetechnik *f* (Küchengeräte)
household equipment Haushaltsgerät *n*
household garbage Hausmüll *m* [rec]
household goods Hausrat *m*; Haushaltswaren *pl*
household pollutants Schadstoffe aus Haushalten *pl* [rec]

household refuse Haushaltsabfall *m* [rec]; Hausmüll *m* [rec]
household rubbish Hausmüll *m* [rec]
household utensils Haushaltsgeschirr *n*
household waste Hausmüll *m* [rec]
household waste collection, bulky - Sperrmüllsammlung *f* [rec]
housing Aufnahme *f* (Unterbringung); Beherbergung *f*; Unterbringung *f* (in Gehäuse) [tec]; Verschalung *f* (Gehäuse, z.B. Getriebe) [tec]; Ständer *m* (z.B. Walzwerk) [tec]; Gehäuse *n* (für Geräte, Lampen) [tec]
housing area Siedlungsgebiet *n* [bau]; Wohngebiet *n* [bau]
housing armour Gehäusepanzerung *f* [tec]
housing base Gehäusefuß *m* [tec]
housing bottom section Gehäuseunterteil *n* [tec]
housing construction Wohnungsbau *m* [bau]
housing cover Gehäusedeckel *m* [tec]
housing density Wohndichte *f* [bau]
housing estate Wohnsiedlung *f* [bau]
housing estate, large - Großsiedlung *f* [bau]
housing foot Ständerfuß *m* [tec]
housing lining Gehäuseauskleidung *f* [tec]; Gehäuseverkleidung *f* [tec]
housing locating collar Schraubenstützlager *n* (der Schelle) [tec]
housing market Wohnungsmarkt *m* [bau]
housing nut Anstellmutter *f* [tec]; Gehäusemutter *f* [tec]
housing of flange-type socket Flanschdosengehäuse *n* [elt]
housing parting line Gehäuseteilfuge *f* [tec]
housing screw Anstellspindel *f* [tec]
housing seal Gehäusedichtung *f* [tec]
housing shortage Wohnungsmangel *m* [bau]
housing shoulder Gehäuseschulter *f* [tec]
housing tolerance Gehäusetoleranz *f* [tec]
housing top section Gehäuseoberteil *n* [tec]
housing wall Gehäusewand *f* [tec]
housing, lower part - Gehäuseunterteil *n* [tec]
housing, screwed - Einschraubgehäuse *n* [tec]
housing, upper part - Gehäuseoberteil *n* [tec]
hover schweben *v*
hovercraft Luftkissenboot *n* [tra]; Luftkissenfahrzeug *n* [tra]; Schwebefahrzeug *n* [tra]
hub Buchse *f* (Nabe) [tec]; Nabe *f* [tec]; Radnabe *f* (des Autos) [tra]; Lagerauge *n* (an der Kolbenstange) [tra]
hub bolt Lageraugebolzen *m* (an Kolbenstange) [mbt]
hub cap Radkappe *f* (z.B. an Pkw) [tra]
hub cover Nabendeckel *m* [tra]
hub flange Flansch mit Ansatz *m* [tec]; Nabenflansch *m* [tra]
hub puller Nabenabzieher *m* [tec]
hub sleeve Nabenbuchse *f* [tra]
hue Tönung *f* (Einfärbung); Farbton *m* (Schattierung)
hull Hülse *f* [bff]; Rumpf *m* (Schiff) [tra]; Schiffskörper *m* (leerer Rumpf) [tra]

hum brummen *v* (summen)
human menschlich
human being Mensch *m* [bff]
human comfort Behaglichkeit *f*
human dignity Menschenwürde *f*
human engineering Ergonomie *f*
human error menschliches Versagen *n*
human health care ärztliche Versorgung *f* [hum]
human life, natural bases of - natürliche Lebensgrundlagen *pl*
human permissible dose zulässige Dosis *f* [hum]
human resources Personalentwicklung *f* [eco]; Personalbestand *m* [eco]
human right Menschenrecht *n* [jur]
human thermal comfort Behaglichkeitsgefühl *n*
human tolerance dose zulässige Dosis *f* [hum]
human, not - unmenschlich
human-machine interface Mensch-Maschine-Schnittstelle *f*
humic materials Huminstoffe *pl* [met]
humic substances Huminstoffe *pl*
humid feucht
humid air Feuchtluft *f* [air]
humid area Feuchtgebiet *n*
humid humus Feuchthumus *m* [bod]
humid room Feuchtraum *m*
humidification Anfeuchtung *f*; Befeuchtung *f*; Verdunstung *f*
humidification, heat of - Benetzungswärme *f* [che]
humidifier Anfeuchter *m* [prc]; Befeuchter *m*; Luftbefeuchter *m* [air]
humidify befeuchten *v*; benetzen *v* (befeuchten)
humidifying apparatus, air - Luftbefeuchtungsgerät *n* [air]
humidistat Feuchtefühler *m* [any]
humidity Feuchte *f*; Feuchtigkeit *f*; Nässe *f* (Feuchtigkeit) [air]; Wassergehalt *m*
humidity control Feuchtigkeitsregelung *f*; Feuchtigkeitsregulierung *f*
humidity controller Feuchteregler *m*
humidity feeler Feuchtigkeitsfühler *m*
humidity insulation Feuchtigkeitsisolierung *f*
humidity measurement Feuchtemessung *f* [any]
humidity protected feuchtigkeitsgeschützt
humidity protection Feuchtigkeitsschutz *m*
humidity stop Feuchtesperre *f*
humidity, absolute - absolute Feuchte *f*; absolute Feuchtigkeit *f*
humidity, relative - relative Feuchte *f*; relative Feuchtigkeit *f*; relative Luftfeuchtigkeit *f*
hump Ablaufberg *m* (Rangierbetrieb der Bahn) [tra]
humping Katzbuckeln *n* (Turbinengehäuse) [pow]
humus layer Humusschicht *f* [bod]
humus soil Humuserde *f* [bod]
hunt verfolgen *v*
hunting tooth überholender Zahn *m* (Getriebe) [tec]; Zahn, überholender - *m* (Getriebe) [tec]
hurl out herausschleudern *v*
hurricane Orkan *m* [wet]

hurry after nacheilen *v*
hurt schmerzen *v*; verletzen *v* (kränken)
husbanding schonender Umgang *m*; sparsamer Umgang *m*; Haus halten *n*; Haushalten *n* ((variant))
hush kit Geräuschdämpfer *m* (am Flugzeug) [tra]
husk Spelze *f* [bff]
hut Baracke *f*; Baubude *f* [bau]; Bude *f* (Baubude); Hütte *f*
hybrid Hybride *m* [bff]
hybrid bearing Hybridlager *n* [tec]
hybrid binding Hybridbindung *f* [che]
hybrid technology hybride Technologie *f*; Hybridtechnik *f*
hydrant Hydrant *m* [was]
hydrate Hydrat *n* [che]
hydrate abbinden *v* (Zement) [bau]; löschen *v* (Kalk); wässern *v* (hydratisieren)
hydrate of lime Kalkhydrat *n* [che]
hydrate-containing hydrathaltig [che]
hydrated abgebunden (Zement) [bau]; gelöscht (Kalk) [met]; hydrathaltig [che]
hydrated lime gelöschter Kalk *m* [met]; Kalkhydrat *n* (Löschkalk) [bau]
hydrated lime, hydraulic - Wasserkalk *m* [met]
hydrating Nasslöschen *n* (Kalk) [bau]
hydration Abbindung *f* (Erstarrung) [bau]; Hydratation *f* [che]; Hydratbildung *f* [che]; Hydration *f* [che]; Hydratisierung *f* [che]; Wasseranlagerung *f*
hydration heat Hydratationswärme *f* [che]
hydration process Hydratationsprozess *m* [che]
hydration water Hydratwasser *n* [che]
hydration, water of - Hydratwasser *n* [che]
hydraulic hydraulisch
hydraulic accumulator Druckspeicher *m* (Hydrauliksystem) [prc]; Hydraulikspeicher *m* [tec]
hydraulic actuating cylinder hydraulisch betätigter Zylinder *m* [tec]
hydraulic actuation Hydraulikbetätigung *f* [tec]
hydraulic actuator Hydraulikzylinder *m* [tec]
hydraulic adjusting hydraulische Nachstellung *f*
hydraulic backhoe Hydrauliklöffel *m* [mbt]; hydraulischer Tieflöffelbagger *m* [mbt]; Hydrobagger mit Tieflöffel *m* [mbt]
hydraulic brake hydraulische Bremse *f*
hydraulic breaker Hydraulikhammer *m* (Aufbruchhammer) [wzg]
hydraulic bucket Hydrauliklöffel *m* (Grabgefäß) [mbt]
hydraulic buffer hydraulischer Puffer *m* [tra]
hydraulic circuit Flüssigkeitsumlauf *m* (Kreislauf)
hydraulic clamping cylinder Hydraulikspannzylinder *m* [tec]
hydraulic clamping nut Hydraulikspannmutter *f* [tec]
hydraulic clamping screw Schnellspannschraube *f* [tec]
hydraulic classifier Stromklassierer *m* [prc]
hydraulic clutch Flüssigkeitskupplung *f* [tra]; Hydraulikkupplung *f* [tra]; hydraulische Kupplung *f* [tra]

hydraulic conductivity hydraulische Leitfähigkeit *f* [bod]
hydraulic control Hydrauliksteuerung *f* [tec]; hydraulische Betätigung *f*; hydraulische Steuerung *f*
hydraulic coupling Flüssigkeitskupplung *f* [tra]; hydraulische Kupplung *f* [tec]; Strömungskupplung *f* [tec]
hydraulic crane Hydraulikkran *m* [mbt]
hydraulic cushioning cylinder Ölbremszylinder *m* [tra]
hydraulic cylinder Druckzylinder *m*; Hydraulikzylinder *m* [tec]
hydraulic diameter hydraulischer Durchmesser *m*
hydraulic drive Hydraulikantrieb *m*; hydraulischer Antrieb *m*
hydraulic dynamometer Wasserbremse *f* [tec]
hydraulic ejector Druckstrahlgebläse *n* [prc]
hydraulic engineering Wasserbau *m* [was]
hydraulic excavator Hydraulikbagger *m* [mbt]; hydraulischer Bagger *m* [mbt]
hydraulic excavators, large - schwere Hydraulikbagger *m* [mbt]
hydraulic fill Aufspülung *f* (des Deiches) [bod]
hydraulic filling Sandeinspülung *f* [bau]; Aufspülen *n* [was]
hydraulic filling of the dyke Deichaufspülung *f* [was]
hydraulic fluid Förderflüssigkeit *f*; Hydraulikflüssigkeit *f* [met]
hydraulic fluid pump Drucköllpumpe *f* [prc]
hydraulic gauge Hydrometer *n* [any]
hydraulic gear Flüssigkeitsgetriebe *n* [tec]; Hydraulikgetriebe *n* [tec]
hydraulic governor hydraulischer Regler *m*
hydraulic gradient Druckgefälle *n*; hydraulisches Gefälle *n* [prc]
hydraulic gypsum Estrichgips *m* [met]
hydraulic head Druckhöhe *f* (hydraulisch)
hydraulic hose Hydraulikschlauch *m* [tec]
hydraulic jack hydraulische Presse *f* [wzg]; Druckstempel *m* (in Hebevorrichtung); hydraulischer Wagenheber *m* [tra]
hydraulic lift hydraulische Hebebühne *f*
hydraulic lifting jack hydraulischer Heber *m* [tec]
hydraulic lime hydraulischer Kalk *m* [met]
hydraulic line Hydraulikleitung *f* [tec]
hydraulic lock Hydrauliksperre *f* [tec]; Hydrosperre *f* [tec]
hydraulic locking Hydraulikverriegelung *f* [tec]; hydraulische Blockierung *f*
hydraulic motor Hydraulikmotor *m* [tec]; Hydromotor *m* [tra]
hydraulic oil Drucköl *n* [met]; Hydrauliköl *n* [met]
hydraulic output hydraulische Leistung *f* [phy]
hydraulic pipework Hydraulikverrohrung *f* [tec]
hydraulic piston Hydraulikkolben *m* [tec]
hydraulic potential hydraulisches Potential *n* ((variant)) [phy]; hydraulisches Potenzial *n* [phy]
hydraulic power Hydraulikleistung *f* [tec]; hydraulische Kraft *f*; Wasserkraft *f* [pow]

hydraulic power fluid Steuerflüssigkeit *f* (Hydraulik) [met]; Hydraulikmedium *n* (Hydraulikflüssigkeit) [met]
hydraulic power package Hydraulikaggregat *n* [tec]
hydraulic power system Hydraulikanlage *f* [tec]
hydraulic press Hydraulikpresse *f* [wzg]; hydraulische Presse *f* [wzg]; Wasserdruckpresse *f* [wzg]
hydraulic pressure Flüssigkeitsdruck *m* [phy]; Hydraulikdruck *m* [tec]; hydraulischer Druck *m* [phy]; Schaltdruck *m* [phy]; Wasserdruck *m* [was]
hydraulic pressure supply hydraulische Druckversorgung *f* [prc]
hydraulic pressure test Abdruckprobe *f* [any]; Wasserdruckprobe *f* [any]; Wasserdruckprüfung *f* [any]
hydraulic priming hydraulische Vorspannung *f* [tec]
hydraulic pump Flüssigkeitspumpe *f* [prc]; Hydraulikpumpe *f* [tec]
hydraulic radius Durchflussradius *m*
hydraulic regulating unit Hydraulikstellglied *n* [tec]
hydraulic reservoir Hydraulikbehälter *m* [tec]
hydraulic retention time hydraulische Verweilzeit *f* [prc]
hydraulic seal Hydraulikdichtung *f* [tec]; Wasservorlage *f* [pow]
hydraulic shock absorber hydraulische Schwingungsbremse *f* [tra]; hydraulische Stoßbremse *f* [tra]; hydraulischer Stoßdämpfer *m* [tra]
hydraulic shock suppressor hydraulische Schwingungsbremse *f* [tec]
hydraulic shovel Hydraulikfrontschaufel *f* [mbt]; Hydraulikbagger *m* [mbt]; Hydrobagger mit Ladeschaufel *m* [mbt]
hydraulic stabilizer hydraulischer Stabilisator *m* [mbt]
hydraulic structures Wasserbauten *pl* [bau]
hydraulic system Hydraulik *f* (Vorrichtung) [tec]; Hydraulikanlage *f* [tec]; hydraulisches System *n* [tec]
hydraulic tank Hydraulikbehälter *m* [tec]; Hydrauliktank *m* [tec]
hydraulic test Druckprobe *f* [any]; Abdrücken *n* (Rohre, Anlagen) [any]
hydraulic thrust trip device Schubauslösung *f* (Turbine) [pow]
hydraulic transmission hydraulische Kraftübertragung *f* [tra]; Flüssigkeitsgetriebe *n* [tec]; hydraulisches Getriebe *n* [tec]
hydraulic turbine Wasserturbine *f* [pow]
hydraulic unit Hydraulikeinheit *f* [tec]
hydraulic valve lifter hydraulischer Ventilfederheber *m* [tec]
hydraulic winch Hydraulikwinde *f* [tec]
hydraulic, fully - vollhydraulisch [tra]
hydraulic-type lubrication nipple Kegelschmiernippel *m* [tec]
hydraulically hydraulisch
hydraulically balanced hydraulisch entlastet

hydraulicking hydraulischer Abbau *m* (Sand, Kies) [bau]
hydraulics Hydraulik *f*; Wassertechnik *f* [was]
hydraulics diagram Hydraulikplan *m* [tec]
hydraulics, applied - angewandte Hydraulik *f*
hydride Wasserstoffverbindung *f* [met]; Hydrid *n* [che]
hydro-pneumatic hydropneumatisch [tec]
hydrobiology Hydrobiologie *f* [bff]
hydrocarbon Kohlenwasserstoffverbindung *f* [che]; Kohlenwasserstoff *m* [che]
hydrocarbon determination Kohlenwasserstoffbestimmung *f* [any]
hydrocarbon emission Kohlenwasserstoffemission *f* [air]
hydrocarbon gas Kohlenwasserstoffgas *n* [che]
hydrocarbonaceous kohlenwasserstoffhaltig [che]
hydrochloric salzsauer [che]
hydrochloric acid Salzsäure *f* [che]; Chlorwasserstoff *m* [che]
hydrochloric acid mist Salzsäurenebel *m* [che]
hydrochloric acid plant Salzsäureanlage *f* [che]
hydrocyclone Hydrozyklon *m* [prc]
hydrodynamic hydrodynamisch
hydrodynamic brake Strömungsbremse *f* [tra]
hydrodynamic lubrication hydrodynamische Schmierung *f* [tec]
hydrodynamic noise Strömungsgeräusche *pl* [aku]
hydrodynamic seal hydrodynamische Dichtung *f* [tec]
hydrodynamical hydrodynamisch
hydrodynamics Hydrodynamik *f*; Strömungslehre *f* (Flüssigkeiten) [prc]
hydroelectric power generator Wasserkraftgenerator *m* [pow]
hydroelectric power plant hydroelektrisches Kraftwerk *n* [pow]; Wasserkraftwerk *n* [pow]
hydroelectric power station Wasserkraftwerk *n* [pow]
hydrofluoric acid Flusssäure *f* [che]; Fluorwasserstoff *m* [che]
hydrofluoric acid plant Flusssäureanlage *f* [che]
hydrofoil Tragflächenboot *n* [tra]
hydrogel Hydrogel *n* [che]
hydrogen Wasserstoff *m* (chem. El.: H) [che]
hydrogen atom Wasserstoffatom *n* [che]
hydrogen bomb Wasserstoffbombe *f*
hydrogen bond Wasserstoffbindung *f* [che]; Wasserstoffbrückenbindung *f* [che]
hydrogen bottle Wasserstoffflasche *f*
hydrogen bromide Bromwasserstoff *m* [che]
hydrogen carbonate doppelkohlensauer [che]
hydrogen chloride Chlorwasserstoff *m* [che]
hydrogen content Wasserstoffgehalt *m*
hydrogen cooling Wasserstoffkühlung *f* (Generator) [pow]
hydrogen cylinder Wasserstoffflasche *f*
hydrogen degassing Wasserstoffarmglühen *n* [met]
hydrogen economy Wasserstoffwirtschaft *f* [pow]
hydrogen electrode Wasserstoffelektrode *f* [che]

hydrogen embrittlement Wasserstoffversprödung *f* [met]
hydrogen equivalent Wasserstoffäquivalent *n* [che]
hydrogen fluoride Hydrofluorsäure *f* [che]; Fluorwasserstoffgas *n* [che]
hydrogen formation Wasserstoffbildung *f* [che]
hydrogen gas Wasserstoffgas *n* [che]
hydrogen halide Halogenwasserstoff *m* [che]
hydrogen ion Wasserstoffion *n* [che]
hydrogen peroxide Wasserstoffperoxid *n* [che]
hydrogen seal Wasserstoffdichtung *f* [tec]
hydrogen shaft seal Wasserstoffwellendichtung *f* [pow]
hydrogen tight wasserstoffdicht [met]
hydrogen-cooled wasserstoffgekühlt
hydrogenate hydrieren *v* [che]
hydrogenated hydriert [che]
hydrogenated gasification hydrierende Vergasung *f* [che]
hydrogenated gasoline Hydrierbenzin *n* [che]
hydrogenated petrol Hydrierbenzin *n* [che]
hydrogenating gasification hydrierende Vergasung *f* [che]
hydrogenation Hydrierung *f* [che]; Wasserstoffanlagerung *f* [che]
hydrogenation apparatus Hydrierapparat *m* [prc]
hydrogenation gas Hydriergas *n* [prc]
hydrogenation plant Hydrieranlage *f* [prc]; Hydrierungsanlage *f* [prc]; Hydrierwerk *n* [prc]
hydrogenation process Hydrierverfahren *n* [prc]
hydrogenation, catalytic - katalytische Hydrierung *f* [che]
hydrogenous wasserstoffhaltig
hydrokinetic coupling Strömungskupplung *f* [tec]
hydrologic cycle Wasserkreislauf *m* [was]
hydrology Wasserkunde *f* [was]
hydrolysis Hydrolyse *f* [che]; hydrolytischer Abbau *m* [che]
hydrolysis of fat Fettspaltung *f* [che]
hydrolyze hydrolysieren *v* [che]
hydromatic transmission Hydrogetriebe *n* [tec]
hydromechanical hydromechanisch
hydromechanical transmission hydromechanische Kraftübertragung *f* [pow]
hydromechanics Hydromechanik *f*
hydrometallurgical processes Hydrometallurgie *f* [roh]
hydrometallurgy Hydrometallurgie *f* [roh]
hydrometer Dichtemesser *m* (Flüssigkeiten) [any]; Aerometer *n* [any]; Densimeter *n* [any]
hydrometric hydrometrisch [any]
hydrometry Hydrometrie *f* [any]
hydrophilic hydrophil; Wasser aufnehmend; Wasser bindend
hydrophobe hydrophob
hydrophobic hydrophob; wasserabstoßend
hydrophobic agent Hydrophobierungsmittel *n* [met]
hydroplane Wasserflugzeug *n* [tra]
hydropneumatic actuator Hydropneumatikzylinder *m* [tec]

hydropower Wasserkraft *f* [pow]
hydrosphere Hydrosphäre *f* [was]
hydrostatic hydrostatisch [was]
hydrostatic bearing hydrostatisches Lager *n* [tec]
hydrostatic compensator hydrostatischer Druckkompensator *m* [tec]; hydrostatischer Nullhubregler *m* [tec]
hydrostatic drive hydrostatischer Antrieb *m* [phy]
hydrostatic lubrication hydrostatische Schmierung *f* [tec]
hydrostatic pressure Druckhöhe *f* (statisch); Flüssigkeitsdruck *m* [phy]; hydrostatischer Druck *m* [phy]; Wasserdruck *m* [was]
hydrostatic pump Hydrostatikpumpe *f* [tec]
hydrostatic steering hydrostatische Lenkung *f* [tra]
hydrostatic test Wasserdruckprobe *f* [any]; Abpressversuch *m* (Wasserdruck) [any]
hydrostatic transmission hydrostatische Kraftübertragung *f* [tec]; Druckflüssigkeitsgetriebe *n* [tec]; Flüssigkeitsgetriebe *n* [tec]
hydrostatic turning gear hydrostatische Dreheinrichtung *f* [tec]
hydrostatic variable-speed gearing hydrostatisches Regelgetriebe *n* [tec]
hydrostatics Hydrostatik *f* [was]
hydrosystem Hydrosystem *n* [was]
hydrotechnical hydrotechnisch [was]
hydrotechnics Hydrotechnik *f* [was]
hydrothermal hydrothermal [pow]
hydrotype compensator Hydrokompensator *m* [tec]
hydrous wässerig; wasserhaltig
hydroxide Hydroxid *n* [che]
hydroxyl group Hydroxylgruppe *f* [che]
hydroxyl radical Hydroxylradikal *n* [che]
hygiene Hygiene *f* [hum]
hygiene measures Hygienemaßnahmen *pl* [hum]
hygienic hygienisch [hum]
hygienic packaging hygienische Verpackung *f* [rec]
hygienics Hygiene *f* [hum]
hygienization facility Hygienisierungsanlage *f* [hum]
hygrograph Hygrograf *m* ((variant)) [any]; Hygrograph *m* [any]
hygrometer Feuchtemesser *m* [any]; Feuchtigkeitsmesser *m* [any]; Luftfeuchtemesser *m* [any]; Luftfeuchtigkeitsmesser *m* [any]; Hygro-meter *n* [any]
hygrometry Feuchtigkeitsmessung *f* [any]; Hygrometrie *f* [any]
hygroscopic hygroskopisch; wasseranziehend [met]
hygroscopic water Haftwasser *n*
hygroscopy Hygroskopie *f*
hyperbola Hyperbel *f* [mat]
hyperbolic hyperbolisch [mat]
hypereutectic übereutektisch [met]
hyperfiltration Hyperfiltration *f* [prc]
hyperfine hyperfein
hyperfine structure Hyperfeinaufspaltung *f* [prc]
hypersensitivity Überempfindlichkeit *f* [bff]
hypersurface Hyperfläche *f*
hypertension Hochdruck *m* [hum]

hyphen Bindestrich *m* (Text)
hyphenation Silbentrennung *f* (Textverarbeitung)
hyphenation, automatic - automatische Silbentrennung *f* (Software) [edv]
hyphoid teeth Bogenverzahnung *f* (Getriebe) [tec]
hypocentre Erdbebenherd *m* [geo]
hypoeutectic untereutektisch [met]
hypofunction Unterfunktion *f* [hum]
hypophosphoric acid Unterphosphorsäure *f* [che]
hypotenuse Hypotenuse *f* [mat]
hypothesis Annahme *f* (Hypothese); Hypothese *f*; Denkmodell *n*
hypothetic hypothetisch
hypothetical hypothetisch
hysteresis Hysterese *f* [phy]
hysteresis cycle Hystereseschleife *f* [phy]
hysteresis loop Hystereseschleife *f* [phy]
hysteresis loss Hystereseverlust *m* [phy]

I

I-beam Doppel-T-Träger *m* [tec]
I-girder Doppel-T-Träger *m* [tec]
ice Eis *n*
ice accretion Eisansatz *m*
ice age Eiszeit *f* [geo]
ice bank Eisspeicher *m*
ice bucket Eisbehälter *m*
ice crystal Eiskristall *n*
ice formation Eisbildung *f*
ice making machine Eismaschine *f*
ice over vereisen *v*
ice point Frostpunkt *m*; Gefrierpunkt *m* (Wasser) [phy]
ice zone Eiszone *f*
ice, artificial - Kunsteis *n*
ice, formation of - Eisbildung *f*
ice, surface of - Eisfläche *f*
ice-like eisartig
iceberg Eisberg *m*
iced eisgekühlt
icehouse Eislagerhaus *n*
icing Eisbildung *f*; Vereisung *f*
icon Ikone *f* [edv]; Bildsymbol *n*; Piktogramm *n* [edv]
icy eisig
idea Einfall *m* (Idee)
ideal ideal; vollkommen
ideal diode ideale Diode *f*
ideal gas ideales Gas *n*
ideal grading curve Idealsiebkurve *f* [prc]
ideal liquid ideale Flüssigkeit *f* [phy]
ideal mixed reactor ideal gemischter Reaktor *m* [che]
ideal source ideale Quelle *f*
ideal state Idealzustand *m*
ideal transformer idealer Transformator *m* [elt]
idealization Idealisierung *f*
identical to identisch mit
identical with identisch mit
identifiable bestimmbar (identifizierbar); identifizierbar
identification Ermittlung *f*; Identifikation *f*; Identifizierung *f*; Kenntlichmachung *f*; Kennwertermittlung *f*; Kennzeichnung *f*
identification card Kennkarte *f*
identification card, transferable - übertragbarer Ausweis *m* [jur]
identification character Kennung *f*
identification code Kennfarbe *f*
identification colour Kennfarbe *f*
identification label Kennung *f*
identification plate Maschinenschild *n*

identification procedure Identifikationsprozedur *f* [edv]
identification system Identifikationssystem *n*
identification thread Kennfaden *m*; Markierungsfaden *m*
identification, abbreviated - Kurzbezeichnung *f*
identifier Feldname *f* (Software) [edv]; Identifikationszeichen *n*
identify bestimmen *v* (identifizieren); identifizieren *v*; kennzeichnen *v* (identifizieren)
identify sign Identifikationszeichen *n*
identity Gleichheit *f* (Identität); Identität *f*; Kongruenz *f*
idle faul (träge); frei (untätig); unbeschäftigt; untätig
idle capital totes Kapital *n* [eco]
idle character Leerzeichen *f* (Textverarbeitung)
idle current Blindstrom *m* [elt]
idle gear Leergang *m* (Leerlauf); Leerlauf *m* [tra]
idle jet Leerlaufdüse *f* [tra]
idle mode Leerlaufbetrieb *m* [wer]; Leerlaufmodus *m* [wer]
idle motion Leerlauf *m* [tra]
idle period Sperrzeit *f*
idle position Ruhestellung *f* [wer]
idle position, in - in Ruhestellung (Leerlauf) [tra]
idle power Blindleistung *f* [pow]; Leerlaufleistung *f* [pow]
idle pulley bewegliche Rolle *f* [tec]; Leitrolle *f* [tec]; nicht angetriebene Rolle *f* [tec]
idle roller bed Rollgang *m* (nicht angetrieben) [tra]
idle running Leerlauf *m* [tra]
idle speed Leerlaufdrehzahl *f* [tra]; Umlaufdrehzahl *f* (Motor im Leerlauf) [tra]
idle speed, low - niedriger Leerlauf *m* [tra]
idle stroke Leerhub *m* [tec]
idle time Ausfallzeit *f* (Maschine); Bereitschaftszeit *f* (Maschine); Brachzeit *f* [far]; Stillstandszeit *f*; Totzeit *f*
idle wheel Losrad *n* (Getriebe) [tec]; Zwischenrad *n* (Getriebe) [tec]
idle, in - Standlauf *m* [tra]
idle, losses in - Leerlaufverluste *pl* [tra]
idler Bandrolle *f* [met]; Führungsrolle *f* (besser: Leitrad) [tec]; Riemenspannrolle *f* [tec]; Tragrolle *f* [tec]; Umlenkrolle *f* [tec]; Umlenktrommel *f* [tec]; Kettenrad *n* [tra]; mitlaufendes Zahnrad *n* (Leitrad) [tra]; Spannrolle *f* [tra]
idler arm Lenkzwischenhebel *m* [tra]
idler barrel Rollenkörper *m* [tec]
idler boom Girlande *f* (G-Träger) [mbt]
idler drum of grate Rostumlenktrommel *f* [pow]
idler fork Gabelkopf *m* [tra]
idler gear Zwischenrad *n* (Getriebe) [tec]
idler gear bearing Zwischenradlagerung *f* [tra]
idler gear wheel Zwischenzahnrad *n* (Getriebe) [tec]
idler guide wheel Umlenkrad *n* (für Handlauf) [mbt]
idler mounting Rollenhalterung *f*
idler pulley Führungsrolle *f* [tec]; Spannrolle *f* [tec]

idler quick release Girlandenträger *m* [mbt]
idler roll Losrolle *f* [tec]
idler roll, self-aligning - Pendelrolle *f* [tec]
idler shaft Nebenwelle *f* [tec]; Vorgelegeachse *f* [tra]
idler slide Gleitstück *n* [tec]
idler speed, low - Leerlaufdrehzahl *f* [tra]
idler sprocket Spannkettenrad *n* [tec]
idler wheel Umlenkrad *n* (für Handlauf) [mbt]; Zwischenrad *n* (Getriebe) [tec]
idling Leerlauf *m* [tra]
idling condition, consumption under - Leerlaufverbrauch *m* [tra]
idling roller Losrolle *f* [tec]
idling speed Standgas *n* [tra]
if instruction Bedingungsbefehl *f* (Software) [edv]
if required gegebenenfalls
if statement Bedingungsanweisung *f* (Software) [edv]
ignitability Entflammbarkeit *f* [met]; Entzündbarkeit *f*
ignitable entflammbar; entzündbar; zündfähig [met]; zündwillig [che]
ignitable, not easily - schwer entzündlich [che]
ignite anzünden *v*; entflammen *v*; sich entzünden *v*; zünden *v*
igniter Anzünder *f* [pow]; Lunte *f*; Zünder *m*
igniter time Anzündezeit *f* [pow]
igniting flame Zündflamme *f* [pow]
ignition Entzündung *f*; Zündung *f* (z.B. des Autos) [tra]; Zündvorgang *m*; Zünden *n*
ignition anode Zündanode *f* [elt]
ignition battery Zündbatterie *f* [elt]
ignition burner Zündbrenner *m* [pow]
ignition burners Zündfeuerung *f* [pow]
ignition cable Zündkabel *n* [tra]
ignition cam Zündnocken *m* [tra]
ignition coil Zündspule *f* [tra]
ignition conductor Zündleitung *f* [tra]
ignition device Zündgerät *n* [elt]
ignition distributor Zündverteiler *m* (Verteiler im Auto) [tra]
ignition distributor shaft Zündverteilerwelle *f* [tra]
ignition electrode Zündelektrode *f* [elt]
ignition equipment Zündeinrichtung *f* [elt]
ignition gas line Zündgassystem *n* [pow]
ignition key Schaltschlüssel *m* [tra]; Zündschlüssel *m* (z.B. des Autos) [tra]
ignition lead Zündkabel *n* ((B)) [tra]
ignition limit Zündgrenze *f* [che]
ignition lock Zündschloss *n* (z.B. des Autos) [tra]
ignition point Zündtemperatur *f* (Verbrennung) [che]; Entzündungspunkt *m* [che]; Flammpunkt *m* [che]; Zündpunkt *m* [che]
ignition residue Glührückstand *m* [rec]
ignition spark Zündfunken *m* [elt]; Funken *n*
ignition switch Zündschalter *m* (z.B. des Autos) [tra]
ignition temperature Entzündungstemperatur *f*; Zündtemperatur *f* (Verbrennung) [che]
ignition test Zündprobe *f* [any]
ignition time Zündzeitpunkt *m* [tra]
ignition timing Zündeinstellung *f* [elt]

ignition transformer Zündtransformator *m* [elt]
ignition voltage Zündspannung *f* [elt]
ignition, advanced - Frühzündung *f* [tra]; Vorzündung *f* (Motor) [tra]
ignition, early - Vorzündung *f* (Motor) [tra]
ignition, late - Spätzündung *f* [tra]
ignition, point of - Flammpunkt *m* [che]; Zündpunkt *m* (z.B. des Autos) [tra]
ignition-air quantity Zündluftmenge *f* [pow]
ignitor Zünder *m* (z.B. Gaszündbrenner) [pow]
ignorance Unkenntnis *f*; Unwissenheit *f*
ignore auslassen *v* (ignorieren); ignorieren *v*
ikon Piktogramm *n* [edv]
ill krank (ernstlich -); schlecht
ill advised schlecht beraten
illegal falsch (illegal); gesetzwidrig [jur]; illegal [jur]; ordnungswidrig [jur]; rechtswidrig [jur]; unerlaubt [jur]; ungesetzlich [jur]; unrechtmäßig [jur]; verboten [jur]; widerrechtlich [jur]
illegal administrative act rechtswidriger Verwaltungsakt *m* [jur]
illegal dump wilde Deponie *f* [rec]
illegal dumping illegale Ablagerung *f* [rec]
illegal movements of waste Müllschieberei *f* [rec]
illegal waste disposal illegale Abfallbeseitigung *f* [rec]
illegal waste tourism illegaler Abfalltourismus *m* [rec]
illegality Gesetzwidrigkeit *f* [jur]; Rechtswidrigkeit *f* [jur]
illegible unleserlich
illness Erkrankung *f* [hum]; Krankheit *f* [hum]
illuminate ausleuchten *v*; beleuchten *v*; bestrahlen *v* (beleuchten) [opt]; durchleuchten *v* [opt]; erhellen *v*
illuminated ausgeleuchtet (Fahrstraße/Stellwerk) [tra]; beleuchtet
illuminated indicator Leuchtmelder *m* [elt]
illuminated mirror Lichtspiegel *m*
illuminated sign Lichtzeichen *n* [opt]
illuminated traffic sign Leuchtverkehrszeichen *n* [tra]
illuminating equipment Beleuchtungseinrichtung *f*
illuminating panel Leuchtkörper *m* [elt]
illuminating plant Beleuchtungseinrichtung *f*
illuminating power Leuchtkraft *f* [phy]
illumination Beleuchtung *f*; Bestrahlung *f* (Beleuchtung) [opt]; Illumination *f* (Beleuchtung)
illustrate abbilden *v* (darstellen); veranschaulichen *v*
illustration Abbildung *f* (Bild); Grafik *f*; Graphik *f* ((variant)); Illustration *f*; Veranschaulichung *f*
illustration in the text Textabbildung *f* (Bild im Text)
illustration, in the - bildlich dargestellt
image Abbildung *f* (Bild); Abbild *n* (virtuell); Bild *n* (Abbild)
image abbilden *v* (in Bildern darstellen) [edv]
image aberration Bildfehler *m*
image analysis Bildanalyse *f* (Software) [edv]
image communication Bildübertragung *f* [edv]
image content Bildinhalt *m*

image contrast Bildkontrast *m*
image converter Bildwandler *m*
image defect Abbildungsfehler *m* (optisch) [any]; Bildfehler *m*
image definition Bildschärfe *f* [opt]
image distortion Bildverzerrung *f*; Bildfehler *m*
image editing Bildaufbereitung *f* (Software) [edv]
image fault Abbildungsfehler *m* (optisch) [any]
image field Bildfeld *n* [opt]
image file Bilddatei *f* (Software) [edv]
image generation Bilderzeugung *f* (Software) [edv]
image input Bildeingabe *f* (Software) [edv]
image memory Bildspeicher *m*
image output Bildausgabe *f* (Software) [edv]
image plane Bildebene *f*
image point Bildpunkt *m* [edv]
image processing Bildverarbeitung *f* [edv]
image quality Bildgüte *f* (Durchstrahlungsprüfung) [any]; Bildqualität *f*
image recognition Bilderkennung *f* (Software) [edv]
image recording Bildaufzeichnung *f* (Software) [edv]
image regeneration Bildwiederholung *f* (Bildschirm) [edv]
image representation grafische Darstellung *f*; graphische Darstellung *f* ((variant))
image reproduction Bildwiedergabe *f*
image sharpness Bildschärfe *f* [opt]
image storage Bildspeicher *m*
image storing tube Bildspeicherröhre *f* [elt]
image technique Abbildungsverfahren *n* [any]
image transmission Bildübertragung *f* [edv]
image treatment Bildverarbeitung *f* [edv]
image unsharpness Bildunschärfe *f* [opt]
image, real - reelles Bild *n* [opt]
image, reflected - spiegelbildlich (seitenverkehrt)
images, quantity of - Bildmenge *f*
imaginary imaginär
imagination Vorstellung *f* (Einbildung)
imbalance Unwucht *f*; Ungleichgewicht *n* [phy]
imbalance drive Schwungmassenantrieb *m* [tra]
imbalance force Unwuchtkraft *f* [phy]
imbibe einsaugen *v* (in sich aufnehmen); tränken *v* (aufnehmen)
imbibition Durchtränkung *n*
Imhoff's funnel Imhoff-Trichter *m* [was]
Imhoff's tank Imhoff-Brunnen *m* [was]
imitate imitieren *v*; nachahmen *v*; nachbilden *v* (nachmachen)
imitated falsch (künstlich); künstlich
imitation unecht (künstlich)
imitation Imitation *f*; Nachahmung *f*; Nachbau *m*
immaculate fehlerfrei; makellos
immature unreif
immeasurable unmessbar [any]
immediate augenblicklich (sofort); unverzüglich
immediate implementation unmittelbare Ausführung *f*
immediate measure Sofortmaßnahme *f*
immediately sofort; umgehend (dringend)

immense number Unzahl *f*
immerse eintauchen *v*; tauchen *v*
immersed eingetaucht
immersed length Tauchtiefe *f*
immersion Immersion *f* [phy]
immersion battery Tauchbatterie *f* [elt]
immersion depth Eintauchtiefe *f*
immersion galvanization Tauchgalvanisierung *f*
immersion hardening Tauchhärten *n* [wer]
immersion heater Boilerheizschlange *f*; Tauchheizkörper *m* [pow]; Tauchsieder *m* [elt]
immersion heating element Tauchheizelement *n*
immersion length Eintauchlänge *f*
immersion measuring cell Eintauchmesszelle *f* [any]
immersion method Immersionsmethode *f* [phy]; Tauchverfahren *n* [wer]
immersion pipe Tauchrohr *n* [prc]
immersion preheater Einsteckvorwärmer *m* [pow]
immersion pump Tauchpumpe *f* [prc]
immersion shell Tauchhülse *f* [tec]
immersion tank Tauchwanne *f* [tec]
immersion time Eintauchzeit *f*; Tauchdauer *f*
immersion trickle filter Tauchkörperanlage *f* [was]
immersion vibrator Eintauchrüttler *m*; Innenrüttler *m* [bau]
immigrant Zuwanderer *m*
immigration Immigration *f*; Zuwanderung *f*
immigration of population Bevölkerungszuwanderung *f*
imminent danger Gefahr in Verzug *f* [jur]
immiscibility Nichtmischbarkeit *f*; Unmischbarkeit *f*
immiscible nicht mischbar; nicht mischbar; unmischbar
immiscible liquid nicht mischbare Flüssigkeit *f* [phy]
immission Immission *f* [air]
immission control Immissionsüberwachung *f* [any]; Immissionsschutz *m*
immission control authorities Immissionsschutzbehörden *pl*
immission control law Immissionsschutzrecht *n* [jur]
immission control officer Immissionsschutzbeauftragter *m*
immission control ordinances Immissionsschutzverordnungen *pl* [jur]
immission control, area-related - gebietsbezogener Immissionsschutz *m* [jur]
immission damage Immissionsschaden *m*
immission measurement Immissionsmessung *f* [any]
immission measuring net Immissionsmessnetz *n* [any]
immission models Immissionsmodelle *pl* [air]
immission monitoring Immissionsüberwachung *f* [any]
immission rate Immissionsrate *f*
immission register Immissionskataster *n* [air]
immission supervision installation Immissionsüberwachungseinrichtung *f* [any]
immission value Immissionswert *m*
immobile immobil; unbeweglich

immobilization Immobilisierung *f* [bio]
immobilize immobilisieren *v*
immortal unsterblich [hum]
immovable unbeweglich
immovable fixture unbewegliches Eigentum *n* [eco]
immune immun; unempfindlich [hum]
immunity Immunität *f* [hum]
immunity from criminal prosecution Straffreiheit *f* [jur]
immunity, natural - natürliche Immunität *f* [hum]
immunization Immunisierung *f* [hum]
immunize immunisieren *v* [hum]; passivieren *v* [hum]
impact Auswirkung *f*; Beaufschlagung *f*; Belastung *f* (mechanisch); Wirkung *f* (Einfluss); Wucht *f* (Stoßkraft) [phy]; Anprall *m*; Anschlag *m* (Drucker); Anstoß *m* (Aufprall) [phy]; Aufprall *m* [phy]; Kerbschlag *m*; Prall *m* (Aufprall); Schlag *m* (Aufprall); Stoß *m* (Aufprall); Zusammenprall *m* [phy]
impact beeinflussen *v*
impact assessment Umweltfolgenabschätzung *f*
impact ball hardness Fallhärte *f*
impact ball hardness test Fallhärteprüfung *f* [any]
impact bending strength Schlagbiegefestigkeit *f* [met]
impact bending test Schlagbiegeprobe *f* [met]
impact catenary idler Aufgabegirlande *f* (Großförderband) [prc]
impact crusher Prallmühle *f* [prc]; Prallbrecher *m* [prc]
impact crushing Prallzerkleinerung *f* [prc]
impact damage Schaden durch Aufprallwirkung *m*
impact detonator Aufschlagzünder *m*
impact drill Schlagbohrer *m* [wzg]
impact drop separator Pralltropfenabscheider *m* [prc]
impact energy Aufprallenergie *f* [phy]
impact fatigue limit Dauerschlagfestigkeit *f* [met]
impact force Anfahrkraft *f* (beim Aufprall) [tra]; Anfahrlast *f* (beim Aufprall) [phy]; Auffahrkraft *f* [tra]; Stoßkraft *f* [phy]
impact hardness Schlaghärte *f* [met]
impact load Kerbschlagbeanspruchung *f* [met]
impact loading Prallbeanspruchung *f* [met]
impact loss Stoßverlust *m* (Eintrittsverlust bei Rohren) [pow]
impact mill Prallmühle *f* [prc]
impact modifier Schlagzähigkeitsverbesserer *f* (Kunststoff) [che]
impact noise Körperschall *m* [aku]; Trittschall *m* [aku]
impact noise measurement Körperschallmessung *f* [any]
impact of computers Computerauswirkung *f*
impact on environment Umweltbelastung *f*; Umweltwirkung *f*
impact pendulum Pendelschlagwerk *n* [prc]
impact proof schlagfest [met]

impact pulverizer Schlägermühle *f* [prc]
impact resistance Schlagfestigkeit *f* [met]
impact ring Schlagring *m* [tec]
impact sound Körperschall *m* [aku]; Trittschall *m* [aku]
impact sound insulation Körperschallisolierung *f* [aku]; Trittschalldämmung *f* [aku]
impact spanner Schlagschraubenschlüssel *m* [wzg]
impact strength Kerbschlagfestigkeit *f* [met]; Schlagfestigkeit *f* [met]; Schlagzähigkeit *f* [phy]; Stoßfestigkeit *f* [phy]
impact stress Schlagbeanspruchung *f* [phy]; Stoßbeanspruchung *f* [met]
impact test Kerbschlagtest *m* [any]
impact tool Schlagknagge *f* [wer]
impact vibrator, hydraulic - Schlaggerät *n* [tec]
impact work Kerbschlagarbeit *f*
impact wrench Schlagringschlüssel *m* [wzg]
impact, make an - aufprallen *v* (mit Gewalt)
impact, social - soziale Auswirkung *f*
impact-notch proof hochschlagfest [met]
impact-resistant schlagfest [met]
impair beeinträchtigen *v* (verschlechtern); schädigen *v*; stören *v* (beeinträchtigen)
impairing Beeinträchtigung *f* (Verschlechterung)
impairment Beeinträchtigung *f* (Verschlechterung); Schädigung *f* (Beeinträchtigung); Verschlechterung *f*
impart vermitteln *v* (weitergeben)
impartial neutral (unparteiisch im Streit)
imparting Vermittlung *f*
impassable unbefahrbar (Straße) [tra]; unpassierbar (Straße); unwegsam
impedance Impedanz *f* [elt]; Scheinwiderstand *m* [elt]; Wechselstromwiderstand *m* [elt]
impedance coil Drosselspule *f* [elt]
impedance, acoustic - akustische Impedanz *f* [aku]; Schallwiderstand *m* [phy]
impedance, acoustical - Schallimpedanz *f* [aku]; akustischer Scheinwiderstand *m* [aku]
impedance, characteristic - Wellenwiderstand *m* [elt]
impede behindern *v*; erschweren *v*; hemmen *v* (hindern)
impediment Behinderung *f* (Hindernis, Störung); Körperbehinderung *f* (chronische Schädigung) [hum]
impel antreiben *v*
impellent Antrieb *m* [pow]
impeller Impeller *m* [tra]; Antriebsrad *n* [tec]; Flügelrad *n* [prc]; Kreiselrad *n* [prc]; Laufrad *n* [tec]; Pumpenrad *n* [prc]; Schaufelrad *n* [pow]; Treibrad *n* (in Pumpe) [prc]; Zellenrad *n* [prc]
impeller blade Laufschaufel *f* (Gebläse) [prc]
impeller breaker Pralltellermühle *f* [prc]
impeller breaker mill Pralltellermühle *f* [prc]
impeller centrifugal pump, open - Kanalradkreiselpumpe *f* [prc]
impeller mixer Impellerrührer *m*; Kreiselmischer *m* [prc]
impeller position Schaufelstellung *f* [tec]

impeller ring Laufradring *m* [pow]
impeller shaft Laufradwelle *f* [tra]
impeller wheel Flügelrad *n* [prc]
impeller wheel counter Flügelradzähler *m* [any]
impenetrability Undurchlässigkeit *f*
impenetrable undurchdringlich; undurchlässig
impenetrable paint Isolierfarbe *f* [met]
imperfect fehlerbehaftet; fehlerhaft (mangelhaft); mangelhaft (fehlerhaft); unvollständig
imperfect combustion unvollständige Verbrennung *f* [pow]
imperfect shape Formfehler *m* (Gestaltung)
imperfection Fehlstelle *f* [met]; Störung *f* (Mangel); Mangel *m* (Fehler)
imperfection of the scale Maßstabfehler *m*
imperfectly formed crystal Kristallit *m* [che]
imperforate-basket centrifuge Vollwandzentrifuge *f* [prc]
imperil gefährden *v*
impermeability Dichtheit *f*; Impermeabilität *f*; Undurchlässigkeit *f*
impermeable dicht (undurchlässig); undurchdringlich; undurchlässig
impermeable ground wasserundurchlässiger Boden *m* [bod]
impermeable to air luftundurchlässig
impermeable to gas gasundurchlässig
impermeable to water wasserdicht; wasserundurchlässig [met]
impermeable to water vapour wasserdampfdicht [met]
impervious undurchdringlich; undurchlässig
impervious course Sperrschicht *f* [bau]
impervious soil wasserundurchlässiger Boden *m* [bod]
impervious to light lichtundurchlässig [opt]
impervious to water wasserdicht; wasserundurchlässig [met]
impervious to water vapour wasserdampfundurchlässig
imperviousness Dichtheit *f*; Undurchlässigkeit *f*
impinge prallen *v*; zusammenstoßen *v* (auftreffen)
impingement Einschlag *m* (Einwirkung, Stoß) [phy]
impingement angle Prallwinkel *m* [phy]
implausible unwahrscheinlich
implement Gerät *n* (Werkzeug); Werkzeug *n* [wzg]
implement einführen *v*; realisieren *v*; umsetzen *v* (verwirklichen)
implement circuit Ausrüstungskreislauf *m* (Bagger) [mbt]; Kreislauf für die Ausrüstung *m* (Bagger) [mbt]
implement finish Gerätelack *m* [met]
implementation Durchführung des Programms *f*; Einführung *f* (Durchführung, Ausführung); Handhabung *f* (Durchführung); Implementierung *f* (Software) [edv]; Realisation *f*; Realisierung *f*; Umsetzung *f* (Verwirklichung); Verwendung *f* (von Geräten)
implementation of directives Umsetzung von Richtlinien *f* [jur]
implementation of EC law Umsetzung von EG-Recht *f* [jur]
implementation ordinance Umsetzungsverordnung *f* [jur]
implementation period Anlaufzeit *f* (des Programms) [edv]
implementation provisions Durchführungsbestimmungen *pl* [jur]
implementation rules Durchführungsregeln *pl*
implementation statute Ausführungsgesetz *n* [jur]
implementing Inbetriebnahme *f* (Ausführung)
implementing order Durchführungsverordnung *f* [jur]
implicit address implizite Adresse *f* (Software) [edv]
implied beinhaltet (auch zwischen den Zeilen)
implied power abgeleitete Befugnisse *pl* [jur]
implied renew stillschweigend erneuern *v*
implode implodieren *v*
implosion Implosion *f*
imply einschließen *v* (schließen lassen auf)
imponderabilities Unwägbarkeiten *pl*
imponderability Unwägbarkeit *f*
imponderable unwägbar
import Import *m*
import einführen *v* (Handel); importieren *v*
importance Wichtigkeit *f*; Gewicht *n* (Wichtigkeit)
importance, of - von Wichtigkeit
important gewichtig; wesentlich (wichtig); wichtig
impossibility Unmöglichkeit *f*
impossible unmöglich
impossible to check unkontrollierbar
impounded water geschlossenes Wassersystem *n* [was]
impounding Anstauen *n* (Flüssigkeit) [prc]
impoverish verarmen *v*
impoverishment Verarmung *f*; Verelendung *f*
impracticable unausführbar; undurchführbar
impractical unhandlich; unzweckmäßig
imprecise ungenau
impregnable unangreifbar
impregnant Imprägniermittel *n* [met]
impregnate durchtränken *v*; imprägnieren *v* [wer]; tränken *v* (imprägnieren) [wer]
impregnated gesättigt; imprägniert [met]
impregnated tape Lackgewebeband *n* [met]
impregnated textile imprägnierte Textilien *pl*
impregnated wood imprägniertes Holz *n*
impregnating agent Tränkmasse *f* [met]; Imprägniermittel *n* [met]; Imprägnierungsmittel *n* [met]
impregnating bath Tränkbad *n*
impregnating compound Imprägniermasse *f* [met]
impregnating fluid Imprägnierflüssigkeit *f* [met]
impregnating material Imprägniermittel *n* [met]
impregnating matter Imprägniermittel *n* [met]
impregnating oil Imprägnieröl *n* [met]
impregnating plant Imprägnieranlage *f* [prc]
impregnating resin Imprägnierharz *n* [met]; Tränkharz *n* [met]

impregnating varnish Tränklack *m* [met]
impregnation Grundierung *f* [met]; Imprägnierung *f* [wer]; Sättigung *f* [che]; Tränkung *f* (Imprägnierung) [wer]; Imprägnieren *n* [wer]
impregnation compound Tränkmasse *f* [met]
impregnation of wood Holzaufbereitung *f* [met]; Holzimprägnierung *f* [met]
impregnation, method of - Imprägnierverfahren *n* [wer]
impress injizieren *v*; prägen *v* [wer]
impressed beeindruckt; eingedrückt
impression Eindruck *m* (Spur)
imprint Abdruck *m*; Aufdruck *m*
imprisonment sentence Freiheitsstrafe *f* [jur]
improbable unwahrscheinlich
improper falsch (ungeeignet); unecht [mat]; ungeeignet; unsachgemäß
improvable verbesserungsfähig
improve ausbessern *v* (einer Straße); verbessern *v* (aufwerten); veredeln *v*; verfeinern *v*; vergrößern *v* (verbessern); vergüten *v* (verbessern)
improve schedule einen Termin vorziehen *v*
improved angestiegen (besser geworden)
improved land erschlossene Fläche *f*; aufgeschlossenes Bauland *n*
improvement Ertüchtigung *f*; Verbesserung *f* (Erhöhung der Qualität); Veredlung *f*; Aufschwung *m* (Verbesserung); Ausbau *m* (einer Straße) [tra]
improvement by hired labour Lohnveredelung *f*
improvement in quality Qualitätserhöhung *f*
improvement of efficiency Wirkungsgradverbesserung *f*
improvement of quality Qualitätsverbesserung *f*
improving Verfeinerung *f* (Aufwertung)
improvise improvisieren *v*
impulse Anstoß *m* (Impuls) [phy]; Impuls *m* (Kraftstoß) [phy]; Stoß *m* (Impuls)
impulse blading Aktionsbeschaufelung *f* [pow]
impulse capacitor Impulskondensator *m* [elt]
impulse centrifuge Freistrahlzentrifuge *f* [prc]
impulse chamber Radkammer *f* (Turbine) [pow]
impulse counter Impulszähler *m* [any]
impulse coupling Schnappkupplung *f* [tra]
impulse cycle Gleichdruckprozess *m* [pow]
impulse design Gleichdruckbauart *f* (Turbine) [pow]
impulse length Impulsbreite *f* [phy]
impulse loading dynamische Beanspruchung *f*
impulse response Impulsantwort *f* [mat]
impulse sequence Impulsfolge *f* [phy]
impulse strength Stoßfestigkeit *f* [phy]
impulse turbine Aktionsturbine *f* [pow]; Freistrahlturbine *f* [pow]; Gleichdruckturbine *f* [pow]
impulse voltage Stoßspannung *f* [elt]
impulse wheel Freistrahlturbine *f* [pow]; Gleichdruckturbine *f* [pow]; Pelton-Turbine *f* [pow]; Gleichdruckrad *n* [pow]
impulse width Impulsbreite *f* [phy]
impulser Taktgeber *m* [elt]
impulsion Impuls *m* (Kraftstoß) [phy]

impure schmutzig; unrein
impurification Verschmutzung *f* (Verunreinigung)
impurified schmutzig (verunreinigt); verschmutzt; verunreinigt
impurify verunreinigen *v* (Materialien)
impurity Beimengung *f* (Verunreinigung); Unreinheit *f* [che]; Verunreinigung *f*; Begleitstoff *m*; Fremdbestandteil *m* [met]; Fremdstoff *m* [met]
impurity effect Fremdstoffeinfluss *m* [met]
imputrescible fäulnisbeständig
in situ vor Ort (z.B. im Steinbruch) [roh]
in situ repair Reparatur vor Ort *f* [wer]
in-built eingebaut
in-built kitchen Einbauküche *f* [bau]
in-house betriebseigen; firmenintern [eco]
in-house escalator innenliegende Rolltreppe *f* [bau]
in-house performance Eigenleistung *f*
in-line in Reihe geschaltet [elt]
in-line check valve gerades Rückschlagventil *n*
in-line engine Reihenmotor *m* [pow]
in-phase addition phasenrichtige Addition *f* [elt]
in-plant werksintern [eco]
in-process prozessintern
in-process inspection Fertigungskontrolle *f*
in-transit shock Transportstoß *m* [tra]
in-transit wear Transportbeanspruchung *f* [tra]
inability Unfähigkeit *f*
inability of work Arbeitsunfähigkeit *f*
inability to work Erwerbsunfähigkeit *f* [eco]
inaccessible gesperrt (nicht zugreifbar); unerreichbar; unzugänglich [tra]
inaccuracy Ungenauigkeit *f*
inaccurate ungenau; unrichtig
inaccurate marking Fehlmarkierung *f*
inactivate desaktivieren *v* [che]; inaktivieren *v*; passivieren *v* [met]
inactivation Inaktivierung *f*
inactive inaktiv; inert; nichtaktiv; reaktionsträge [che]; träge; untätig; unwirksam; wirkungslos
inactivity Inaktivität *f*; Trägheit *f* (Stoffe) [che]; Unwirksamkeit *f*
inadequacy Unzulänglichkeit *f*
inadequate mangelhaft (unzulänglich); ungenügend
inadmissibility Unzulässigkeit *f*
inadmissible unzulässig
inadvertently versehentlich
inalienable unveräußerlich (-es Recht) [jur]
inappropriate unangebracht; unpassend; unzweckmäßig
inattentive unachtsam
inattentiveness Unachtsamkeit *f*
inaudible unhörbar
inboard bearing Lager zwischen Motor und Gebläse *n* [tra]
inboard flap Landeklappe *f* (unter Tragfläche) [tra]
inbound traffic Innenverkehr *m* [tra]
inbreeding Inzucht *f* [bff]
incalculability Unwägbarkeit *f*
incalculable unberechenbar; unwägbar

incandescence Glut f; Weißglut f; Glühen n (Weißglut) [met]
incandescence, zone of - Brennzone f [pow]
incandescent weißglühend
incandescent body Glühkörper m [prc]
incandescent bulb Glühbirne f [elt]
incandescent filament Glühlampenfaden f [elt]; Glühfaden m [elt]; Glühkörper m [prc]
incandescent lamp Glühlampe f [elt]
incandescent material Glühstoff m
incandescent plates glühende Bleche pl [met]
incandescent welding Widerstandsschweißen f [wer]
incapable of existence nicht existenzfähig
incapacitation for work Arbeitsunfähigkeit f
incentive Anreiz m
incentive wage Prämienlohn m [eco]
inception Anfang m; Beginn m
incessant ununterbrochen
inch Zoll m (Maß)
inch rule Zollstock m (Schmiege, Gliedermaßstab) [any]
inch thread Zollgewinde n [tec]
inches of mercury Quecksilbersäule f (mm Hg) [any]
inches of water Wassersäule f (mm WS) [phy]
inching Kriechgang m (von Fahrzeugen) [tra]; Schleichgang m (langsamst) [tra]
inching control mechanism Schrittschaltwerk n [tec]
inching drive Positionierantrieb m [tec]
inching gear Hilfsantrieb zum langsamen Drehen m [mbt]
inching motor Feingangmotor m [tec]; Kriechmotor m [tec]
inching speed Schleichvorschub m [tec]
incidence Anströmung f; Einfall m (Strahl) [opt]
incidence of sound Schalleinfall m [aku]
incidence of suspicion Verdachtsmoment n [jur]
incidence, imaginary angle of - imaginärer Schallwinkel m [aku]
incident Anlass m (Schadensmeldung) [jur]; Fehler m (Vorfall); Vorfall m (Ereignis); Zwischenfall m; Ereignis n (Vorfall)
incident angle Einfallswinkel m [opt]
incident angle of sound Schallstrahlwinkel m (Schallwinkel) [aku]
incident vehicle Unfallwagen m
incident-light microscope Auflichtmikroskop n [any]
incinerate einäschern v; veraschen v [che]; verbrennen v [pow]
incinerating Veraschen n [che]
incineration Einäscherung f; Veraschung f [che]; Verbrennung f [pow]
incineration ash Verbrennungsrückstand m [rec]
incineration of filter paper Filterveraschung f [any]
incineration of industrial waste Rückstandsverbrennung f [rec]
incineration of landfill gas Deponiegasverbrennung f [rec]
incineration of residues Rückstandsverbrennung f [rec]

incineration on land Verbrennung an Land f (Abfallverbrennung) [pow]
incineration on sea Verbrennung auf See f (Abfallverbrennung) [pow]
incineration plant Feuerungsanlage f [pow]; Verbrennungsanlage f [pow]
incineration plant for special liquid waste Verbrennungsanlage für flüssige Sonderabfälle f [rec]
incineration process Verbrennungsverfahren n [pow]
incineration residue Verbrennungsrückstand m [rec]
incineration technology Verbrennungstechnologie f [pow]
incineration, high-temperature - Hochtemperaturverbrennung f [rec]
incinerator Verbrennungsofen m [pow]
incinerator for special waste Sondermüllverbrennungsanlage f [rec]
incipient anfangend; beginnend
incipient crack Anriss m (in der Oberfläche) [met]
incipient crack in thread Gewindeanriss m [con]
incipient damage Vorschaden m [jur]
incipient fluidizing velocity Lockerungsgeschwindigkeit f (Fluidisierung) [prc]
incise einschneiden v (eingravieren, einritzen)
incision Anschnitt m [wer]; Einschnitt m (Schnitt) [hum]; Schnitt m (Einschnitt)
incite erregen v (anstacheln)
inclination Neigung f (Geneigtsein); Schiefe f; Schräge f (Neigung; Bunker, Rohre) [bau]; Steigung f (Neigung); Neigungswinkel m
inclination balance Neigungswaage f [any]
inclination regulator Neigungsregler m [mbt]
inclination sensor switch Neigungsschalter m [mbt]
inclination transmitter Neigungsgeber m [bau]
incline Abdachung f (Gefälle) [geo]; geneigte Fläche f; Neigungsebene f; schiefe Ebene f; Steigung f (Neigung); Abhang m [bod]; Gefälle n (Neigung)
incline kippen v (neigen); neigen v (einer Sache geneigt sein)
inclined abfallend; ansteigend (Straße) [tra]; geneigt; schief (geneigt); schräg (geneigt); schräggestellt
inclined conveyor Schrägförderer m [prc]; Schrägband n [mbt]
inclined gauge Differentialzugmesser m [pow]; Differenzialzugmesser m ((variant)) [pow]
inclined grate schräger Rost m [pow]; Schrägrost m [pow]
inclined hoist Schrägaufzug m [mbt]; Schrägzug m [tec]
inclined lift Schrägaufzug m [mbt]
inclined plane schiefe Ebene f
inclined ramp schräge Rampe f [bau]
inclined reflection Schrägreflexion f [phy]
inclined seat Schrägsitz m [tec]
inclined shaft geneigter Schacht m (im Bergbau) [roh]
inclined surface geneigte Fläche f; schräge Fläche f
inclined-tube evaporator Schrägrohrverdampfer m [prc]

include einbeziehen v; einschließen v (enthalten); enthalten v; fassen v (enthalten); umfassen v (einschließen); umgeben v (einschließen in etwas); zwischenschalten v (einschließen) [tra]
inclusion Einbindung f; Einlagerung f (Einschluss); Fehlstelle f [met]; Inklusion f [met]; Einschluss m (von Gasen oder Festkörpern in einem Material) [met]; Fremdkörper m (Einschluss); Fremdkörpereinschluss m [met]
inclusion complex Addukt n [che]
inclusion, duty of - Beiziehungspflicht f [jur]
inclusions Einschlüsse pl (z.B. im Gestein) [met]
inclusive price Pauschalpreis m [eco]
inclusive sum Pauschalsumme f [eco]
incombustible feuerfest; unbrennbar
incombustible constituent unbrennbarer Bestandteil m [che]
income Einkommen n; Verdienst n (Einkommen) [eco]
income and expenditure Einnahmen und Ausgaben pl [eco]
income tax Lohnsteuer f [jur]
income, disposable - verfügbares Einkommen n
income, real - Realeinkommen n [eco]
incoming air Zuluft f [air]
incoming data flow Eingangsdatenfluss m [edv]
incoming lot control Wareneingangskontrolle f [eco]
incoming orders Auftragseingang m [eco]
incoming supply Einspeisung f [elt]; Zuleitung f [elt]
incomparable unvergleichbar
incompatibility Inkompatibilität f; Unverträglichkeit f (nicht vereinbar)
incompatible inkompatibel; unvereinbar; unverträglich (nicht vereinbar)
incompetence Inkompetenz f; Unfähigkeit f
incompetent inkompetent; unfähig
incomplete lückenhaft; unvollkommen
incomplete combustion unvollkommene Verbrennung f [pow]; unvollständiger Abbrand m [che]
incomplete fusion Bindefehler m (beim Schweißen) [met]
incomplete joint penetration nicht durchgeschweißte Wurzel f [wer]; Wurzelkerbe f (fehlerhafte Schweißung) [wer]; Bindefehler m [met]
incomplete reaction unvollständige Reaktion f [che]
incomprehensible unverständlich
incompressibility Inkompressibilität f
incompressible inkompressibel; unelastisch [met]
inconceivable undenkbar
incongruent inkongruent
inconsistency Inkonsequenz f
inconsistent inkonsistent; uneinheitlich
inconstancy Inkonstanz f; Unbeständigkeit f
inconstant inkonstant; unbeständig
inconvenient umständlich
incorporate einarbeiten v (einfügen); einbauen v (vereinigen)
incorporate in plaster eingipsen v
incorporated eingebaut

incorporated company Aktiengesellschaft f ((A)) [eco]
incorporation Körperschaft f (Gesellschaft) [jur]; Einbau m (Einfügen)
incorrect falsch (unrichtig); fehlerhaft (falsch); fehlerhaft (falsch); inkorrekt; irrtümlich; unrichtig
incorrect actuation Fehlbetätigung f
incorrect information Fehlinformation f
incorrect operation Fehlbedienung f
incorruptible unverderblich
increase Erhöhung f (Größe); Steigerung f (Druck, Temperatur); Steigung f (größerer Winkel Rolltreppe); Zunahme f; Anstieg m; Zuwachs m (Vergrößerung); Anwachsen n; Wachsen n (Zunahme); Wachstum n
increase ansteigen v; aufwerfen v (Rohre) [wer]; erhöhen v (Größe); heben v (erhöhen); intensivieren v; steigen v (zunehmen); steigern v; vergrößern v (zunehmen); vermehren v; wachsen v (zunehmen); zunehmen v
increase in cost Kostenanstieg m [eco]
increase in efficiency Leistungssteigerung f
increase in performance Leistungssteigerung f
increase in pressure Druckanstieg m [phy]
increase in prices Preissteigerung f [eco]; Preisanstieg m [eco]
increase in profits Ertragssteigerung f
increase in speed Geschwindigkeitszunahme f [phy]
increase in turnover Umsatzsteigerung f [eco]
increase in value Wertschöpfung f [eco]
increase in velocity Geschwindigkeitszunahme f [phy]
increase in volume Volumenvermehrung f; Volumenzunahme f
increase in weight Gewichtszunahme f
increase load hochfahren v (den Kessel) [pow]
increase of loading Belastungserhöhung f; Belastungszunahme f
increase of population Bevölkerungszunahme f
increase of pressure Druckerhöhung f
increase, rate of - Anstiegsgeschwindigkeit f
increased erhöht
increased by gestiegen um
increased construction costs, risk of - Baukostenerhöhungsrisiko n
increased lifting forces Hubkraftvergrößerung f (Hubkraftverstärkung) [mbt]
increased output Mehrleistung f [pow]
increased pressure lift Hubkraftverstärkung f (das Ergebnis) [mbt]
increased pressure lift circuit Hubkraftverstärkungssteuerung f [mbt]; Hubkraftverstärker m [mbt]
increased shank Passschaft m [tec]
increased wages gestiegene Lohnkosten pl [eco]
increased-power rated leistungsgesteigert
increaser Erweiterungsstück n
increasing zunehmend (z.B. Druck)
increasing Wachsen n (Zunahme)

increment Schritt *m*; Zuwachs *m* (Steigerung)
incremental collapse schrittweises Versagen *n*
incremental costs Grenzkosten *pl* [eco]
increments Teilung *f* (auf Teilkreis) [con]
incrust verkrusten *v*
incrustation Außenhautbeschichtung *f*; Belagbildung *f*; Inkrustation *f*; Kesselsteinablagerung *f* (Dampfkessel) [pow]; Kruste *f*; Verkrustung *f*; Ansatz *m* (Belag); Kesselstein *m* (Dampfkessel) [pow]
incrustations Beschläge *pl* (Ablagerung) [che]
incubation period Inkubationszeit *f* [hum]
incubation time Inkubationszeit *f* [hum]
incurable unheilbar
indecomposable unzerlegbar [che]
indefinable undefinierbar
indefinite unbefristet; unbestimmt (nicht festgelegt)
indefinite dimension unbestimmtes Maß *n* [con]
indefinite legal concept unbestimmter Rechtsbegriff *m* [jur]
indemnity Freistellung *f* [jur]
indent Einbindungsöffnung *f* (Mauerwerk); Eindrehung *f*; Einkerbung *f* (Mauerwerk); Einrückung *f* (Textverarbeitung)
indent einkerben *v* (Kerbe herstellen) [wer]; einrücken *v* (Textverarbeitung); kerben *v* (einpressen); verzahnen *v* [tec]
indent number Seriennummer *f*
indentation Einrückung *f* (Textverarbeitung); Kerbe *f* (Delle, Beule); Rille *f* (Einschnitt); Vertiefung *f* (Rille) [met]; Eindruck *m* (Vertiefung); Einzug *m* (Textausdruck); Zacken *m* (Auszackung)
indentation hardness Eindruckhärte *f*
indentation test Kerbschlagversuch *m* [any]
indentation value Kerbschlagfestigkeit *f* [met]
indentation, hardness by - Eindruckhärte *f*
indented stone bolt gezackte Steinschraube *f* [tec]
independence Eigenständigkeit *f*; Unabhängigkeit *f*
independence to, give - verselbständigen *v*
independent eigenständig (unabhängig); selbständig; unabhängig
independent axle Schwingachse *f* [tec]
independent circuit geschlossener Kreislauf *m* (z.B. Hydraulik)
independent of the potential potentialunabhängig [elt]
independent on current stromunabhängig [elt]
independent suspension Einzelradaufhängung *f* [tra]
independent variable unabhängige Veränderliche *f* [mat]
indestructible unzerstörbar
indeterminate unbestimmt (nicht bestimmbar)
indeterminate waste mittelradioaktiver Abfall *m* [rec]
index Inhaltsübersicht *f*; Kennziffer *f*; Tabelle *f*; Zahl *f* (Index); Index *m*; Inhaltsverzeichnis *n*; Kennzeichen *n* (Marke); Register *n* (Verzeichnis); Sachverzeichnis *n*; Verzeichnis *n*
index indexieren *v*; indizieren *v*
index crank Teilkurbel *f* [tec]

index dial Teilscheibe *f* [tec]
index edge Anzeigekante *f* (Zugbüchse (Aufhängung)) [tec]
index plate Teilscheibe *f* [tec]
index value Zeigerwert *m*
indexed variable indizierte Variable *f* [mat]; Laufvariable *f* (Software) [edv]
indexing mechanism Schaltantrieb *m* [elt]
indexing position Raststellung *f* [tec]
indicant wave Wanderwelle *f* (ankommende Wanderwelle) [elt]
indicate anzeigen *v* (auf Display); bezeichnen *v* (angeben); blinken *v* (im Auto beim Abbiegen) [tra]; hinweisen *v* (zeigen); indizieren *v* [hum]; signalisieren *v*
indicated angegeben; angezeigt (auf Monitor) [edv]; indiziert [hum]
indicating agent Indikator *m* [any]
indicating amplifier Anzeigeverstärker *m* [any]
indicating device Anzeigevorrichtung *f* [any]; Melder *m*
indicating instrument Anzeigeinstrument *m* [any]; Indikator *m* [any]; Anzeigegerät *n* [any]
indicating label Hinweisschild *n*
indicating range Anzeigebereich *m* [any]
indicating thermometer Anzeigethermometer *n* [any]
indication Bezeichnung *f* (Hinweis, Anzeichen); Indikation *f* [hum]; Hinweis *m* (Tipp, Rat, Information); Anzeichen *n* (für Störung); Kennzeichen *n* (Merkmal)
indication error Fehlanzeige *f* (unrichtige Anzeige) [any]; Anzeigefehler *m* [any]
indication of direction Richtungsanzeige *f* [tra]
indication of origin Herkunftsbezeichnung *f*
indication of quantity Mengenangabe *f*
indication of weight Gewichtsangabe *f*
indication sensitivity Anzeigeempfindlichkeit *f* [any]
indication sign Hinweiszeichen *n*
indication, actual - Istanzeige *f* (auf Monitor, Schirm) [any]
indicative aufschlussreich (informativ); aussagefähig; bezeichnend (aussagekräftig)
indicator Ableseeinrichtung *f* [any]; Anzeiger *f* (Zeiger, Stift) [any]; Messuhr *f* [any]; Blinker *m* (Richtungsanzeiger) [tra]; Indikator *m* [any]; Richtungsanzeiger *m* (z.B. Auto) [tra]; Winker *m* (Richtungsanzeiger) [tra]; Zeiger *m* (Instrument); Anzeigegerät *n* [any]; Messgerät *n* (Anzeige, Monitor) [any]; Spürgerät *n* [any]
indicator board Anzeigetafel *f* [any]; Tableau *n*
indicator compound Indikatorverbindung *f* [che]
indicator device Anzeigeanlage *f*
indicator gage Anzeigegerät *n* [any]
indicator lamp Kontroll-Lampe *f* [tra]; Kontroll-Leuchte *f* [tra]; Kontrolllampe *f* [tra]; Kontrollleuchte *f* [tra]
indicator light Anzeigeleuchte *f*; Blinkleuchte *f* (Auto) [tra]; Kontroll-Lampe *f*; Kontroll-Leuchte *f* [elt]; Kontrolllampe *f*; Kontrollleuchte *f* [elt];

Meldeleuchte *f* [mbt]; Signallampe *f* [elt]
indicator method Indikatorverfahren *n*
indicator panel Anzeigentafel *f* [any]; Anzeigetafel *f* [any]; Anzeigefeld *n* [edv]
indicator paper Indikatorpapier *n* [any]
indicator plant Indikatorpflanze *f* [bff]
indicator species Bioindikator *m* [bio]
indicator stem Anzeigestift *m* (Fettschmierung) [tec]; Kontrollstift *m* (Fettschmierung) [tec]
indicator, actual value - Istwertanzeiger *m* [any]
indicator, biological - Bioindikator *m* [bio]
indices Indizes *pl* [mat]
indifferent gleichgültig; indifferent; neutral (unbeteiligt)
indigenization Fertigungsanteil *m* (z.B. des eigenen Unternehmens)
indigenous einheimisch (nationaler Fertigungsanteil)
indigenous construction method örtlich übliche Bauweise *f* [bau]
indigestibility Unverträglichkeit *f* (unbekömmlich)
indigestible fäulnisbeständig; unverdaulich; unverträglich (unbekömmlich)
indigo Indigo *n* [che]
indigo blue indigoblau
indigo carmine carminblau
indigo colour Indigofarbe *f* [met]
indigo red indigorot *n*
indigo white indigoweiß *n*
indirect indirekt; mittelbar; unmittelbar
indirect costs Gemeinkosten *pl* [eco]
indirect discharge Indirekteinleitung *f* [was]
indirect expenses Gemeinkosten *pl* [eco]
indirect heating system indirektes Heizungssystem *n* [pow]
indirect lighting indirekte Beleuchtung *f*
indirect participation of citizens mittelbare Bürgerbeteiligung *f* [jur]
indirect waste pipe offene Abflussleitung *f* [was]
indirect-cycle reactor Indirektkreisreaktor *m* (Kernreaktor) [pow]
indirubin indigorot *n*
indiscriminate undifferenziert
indiscriminate dump ungeordnete Deponie *f* [rec]
indispensable unentbehrlich; unerlässlich; unverzichtbar
indissoluble unauflöslich
indistinct undeutlich; unklar; unscharf
indium Indium *n* (chem. El.: In) [che]
individual eigen (individuell); einzeln; individuell
individual Individuum *n*
individual absorption Eigenabsorption *f*
individual case Einzelfall *m*
individual central heating Etagenheizung *f* [pow]
individual constitutional right Einzelgrundrecht *n* [jur]
individual control Einzelsteuerung *f*
individual drive Einzelantrieb *m* [pow]
individual heating Einzelheizung *f* [pow]
individual inspection Stückprüfung *f* [any]
individual item Einzelstück *n*
individual load Einzellast *f* [phy]
individual monitoring individuelle Überwachung *f*
individual order Einzelanordnung *f* [jur]
individual part Einzelteil *n*
individual piece Einzelstück *n*
individual pressure regulation Einzelregelung des Drucks *f*
individual price Einzelpreis *m*
individual production Einzelfertigung *f*
individual risk persönliches Risiko *n*
individual risk, average - mittleres persönliches Risiko *n*
individual road traffic individueller Straßenverkehr *m* [tra]
individual rooflight Lichtkuppel *f* [bau]
individual routine Teilaufgabe *f*
individual services Einzelleistungen *pl*
individual sewage-disposal system Einzelhausklärgrube *f* [was]
individual software Individualsoftware *f* (Software) [edv]
individual stage Einzelschritt *m*
individual task Einzelaufgabe *f*
individual terminal connection Klemmeneinzelanschluss *m* [elt]
individual vibration Eigenschwingung *f* [phy]
individually manufactured part Einzelanfertigung *f*
indivisibility Unteilbarkeit *f*
indivisible unteilbar
indivisible number Primzahl *f* [mat]
indoctrination Unterweisung *f*
indoctrination, compulsory - Unterrichtspflicht *f* [jur]
indolent faul (träge)
indoor Haus- [bau]; Innen-; Zimmer-
indoor Innenraum *m* [bau]
indoor air pollution Luftverunreinigung in geschlossenen Räumen *f* [air]
indoor climate Innenklima *n*; Raumklima *n* [bau]
indoor escalator innenliegende Rolltreppe *f* [bau]
indoor finish Innenanstrich *m* [met]
indoor humidity Raumfeuchte *f* [air]
indoor illumination Innenbeleuchtung *f* [bau]
indoor installation Hausinstallation *f* [bau]; Innenanlage *f* [elt]
indoor lighting Innenbeleuchtung *f* [bau]
indoor moisture Raumfeuchte *f* [air]
indoor noise Innenlärm *m* [aku]
indoor paint Innenanstrichfarbe *f* [met]
indoor wiring Inneninstallation *f* [elt]
indraught Einströmung *f*
induce anregen *v* (z.B. Schwingung) [phy]; erregen *v* (elektrisch) [elt]; induzieren *v* [elt]
induced crack, ageing - Alterungsriss *m* [met]
induced current Induktionsstrom *m* [elt]; induzierter Strom *m* [elt]
induced draught Saugzug *m* ((B)) [pow]; Rauchgebläse *n* [pow]

induced field erregtes Feld *n* [phy]; induziertes Feld *n* [phy]
induced motor Asynchronmotor *m* [elt]
induced-air fan Frischlüfter *m* (Gebläse) [air]
induced-draught cooling Fremdkühlung *f* [prc]
induced-draught fan Sauglüfter *m* [prc]; Saugzugventilator *m* [pow]
inducing current Primärstrom *m* [elt]
inductance Induktanz *f* [elt]; Induktivität *f* [elt]; Blindwiderstand *m* [elt]
induction Ansaugung *f*; Einführung *f* (Einarbeitung); Induktion *f* [phy]
induction air Ansaugluft *f*
induction brazing Induktionshartlöten *n* [wer]; Induktionslöten *n* [wer]
induction coil Induktionsspule *f* [elt]; Zündspule *f* [tra]
induction control loop Induktionsschleife *f* [elt]
induction current Induktionsstrom *m* [elt]; Nebenstrom *m* [elt]; Erregerstrom *n* [elt]
induction electricity Induktionselektrizität *f* [elt]
induction engine Induktionsmotor *m* [pow]
induction furnace Induktionsofen *m* [prc]
induction generator Asynchrongenerator *m* [elt]; Induktionsgenerator *m* [elt]
induction hardened induktionsgehärtet [met]
induction hardening Hochfrequenzhärtung *f* [wer]
induction heat Induktionswärme *f*
induction heating Induktionserwärmung *f* [pow]; induktive Erwärmung *f*; induktive Heizung *f* [pow]
induction machine Asynchronmaschine *f* [elt]; Induktionsmaschine *f* [pow]
induction motor Induktionsmotor *m* [pow]
induction period Einwirkungszeit *f*
induction pipe Ansaugrohr *n*; Einlassrohr *n*
induction soldering Induktionslöten *n* [wer]
induction turbine Zudampfturbine *f* [pow]
induction welding Induktionsschweißen *n* [wer]
induction welding machine Induktionsschweißmaschine *f* [wer]
induction-free induktionsfrei
inductive induktiv [elt]
inductive capacity Induktionskapazität *f* [elt]
inductive distance recorder induktiver Wegaufnehmer *m* [elt]
inductive flowmeter Induktionsdurchflussmesser *m* [any]
inductive hardening Induktionshärtung *f* [met]; Induktivhärtung *f* [met]
inductive heating Induktionsheizung *f* [pow]
inductive pick-up Messwertaufnehmer *m* [any]
inductive resistance Impedanz *f* [elt]; Drosselwiderstand *m* [elt]; Induktionswiderstand *m* [elt]; induktiver Widerstand *m* [elt]
inductive sensor Induktivsensor *m* [elt]
inductively hardened induktiv gehärtet [met]
inductivity Induktivität *f* [elt]
inductor Drossel *f* [elt]; Induktionsspule *f* [elt]; Induktor *m* [elt]

inductor machine Induktormaschine *f* [pow]
inductor type synchronous motor Induktorsynchronmotor *m* [pow]
industrial gewerblich [eco]; handelsüblich [eco]; industriell; technisch
industrial accident Arbeitsunfall *m*; Betriebsunfall *m*
industrial acid waste Dünnsäure *f* [rec]
industrial and commercial packaging gewerbliche Verpackung *f* [rec]
industrial approval Betriebsgenehmigung *f* [jur]
industrial area Industrieansiedlung *f* (Gelände); Gewerbebereich *m*; Gewerbegebiet *n*; Industriegebiet *n*
industrial automation technische Automation *f* [tec]
industrial building Fabrikgebäude *n*; Industriegebäude *n* [bau]
industrial chemicals Industriechemikalien *pl* [che]
industrial city Industriestadt *f*
industrial cleaner Industriereiniger *m*
industrial cleaning Industriereinigung *f*
industrial code Gewerbeordnung *f* [jur]
industrial company Industriebetrieb *m* [eco]; Industrieunternehmen *n* [eco]
industrial concern Industrieunternehmen *n* [eco]
industrial construction Industriebau *m* [bau]
industrial construction site Industriebaustelle *f* [bau]
industrial control system Industrieleitsystem *n*
industrial country Industriestaat *m*; Industrieland *n*
Industrial Democracy Act Betriebsverfassungsgesetz *n* [jur]
industrial demolition Abbruch von Industrieanlagen *m* [bau]
industrial dereliction Verödung durch Industrie *f*
industrial design industrielle Formgebung *f* [con]; Gebrauchsmuster *n*
industrial diamond Industriediamant *m* [met]
industrial effluent industrielles Abwasser *n* [was]
industrial electronics Industrieelektronik *f* [elt]
industrial engineer Betriebsingenieur *m*; Betriebstechniker *m*
industrial enterprise Gewerbebetrieb *m* [eco]
industrial environmental protection betrieblicher Umweltschutz *m*
industrial erection site Industriebaustelle *f* [bau]
industrial fertilizer Kunstdünger *m* [che]
industrial firing Industriefeuerung *f* [pow]
industrial firm Industriebetrieb *m* [eco]
industrial frequency industrielle Frequenz *f* [pow]
industrial furnace Großfeuerung *f* [pow]; Industrieofen *m* [pow]
Industrial Furnace Ordinance Großfeuerungsanlagenverordnung *f* [jur]
industrial gas technisches Gas *n*
industrial hygiene Industriehygiene *f* (Arbeitssicherheit)
industrial inspection board Gewerbeaufsichtsamt *f* [jur]
industrial kiln Industrieofen *m* [pow]
industrial labour Betriebsarbeit *f*

industrial landscape Industrielandschaft *f*
industrial licence Betriebsgenehmigung *f* [jur]
industrial location Wirtschaftsstandort *m* [eco]
industrial machines Industriemaschinen *f* [tec]
industrial management Betriebsführung *f* [eco]
industrial measuring Betriebsmessung *f* [any]
industrial nation Industriestaat *m*
industrial noise Gewerbelärm *m* [aku]; Industrielärm *m* [aku]
industrial output Industrieproduktion *f*
industrial plant Betriebsanlage *f*; Industrieanlage *f*; Fabrikbetrieb *m*; Industriebetrieb *m* [eco]
industrial port Industriehafen *m* [tra]
industrial power plant Industriekraftwerk *n* [pow]
industrial power station Industriekraftwerk *n* [pow]
industrial premises bebautes Industriegrundstück *n*
industrial product Industrieerzeugnis *n*; Industrieprodukt *n*
industrial pump Löschpumpe *f* (Industriepumpe)
industrial railway Industriebahn *f* [tra]; Werksbahn *f* (in großer Fabrik) [tra]
industrial reactor Industriereaktor *m* [che]
industrial refuse Industriemüll *m* [rec]; Industrieabfälle *pl* [rec]
industrial region Gewerbebereich *m*; Industriegebiet *n*
industrial research Industrieforschung *f*
industrial revolution industrielle Revolution *f*
industrial robot Industrieroboter *m*
industrial rubber Industriegummi *m* [met]
industrial safety Arbeitssicherheit *f*; Arbeitsschutz *m* (Arbeitssicherheit); Betriebsschutz *m* (Arbeitssicherheit)
industrial scale großtechnischer Maßstab *m*
industrial scale, on an - großtechnisch
industrial sewage Industrieabwasser *n* [was]; gewerbliche Abwässer *pl* [was]
industrial site Industriestandort *m*
industrial society Industriegesellschaft *f*
industrial specification sheet Normblatt *n* [nor]
industrial standard Industrienorm *f* [nor]; Industriestandard *m*
industrial structure Industriegebäude *n* [bau]
industrial sweeper Industriekehrmaschine *f* [rec]
industrial town Industriestadt *f*
industrial truck Flurförderfahrzeug *n* [mbt]
industrial undertaking gewerbliches Unternehmen *n* [eco]
industrial union Industriegewerkschaft *f* [eco]
industrial use industrielle Verwendung *f*
industrial user gewerblicher Verbraucher *m* [eco]
industrial vacuum cleaner Industriestaubsauger *m*
industrial waste Gewerbeabfall *m* [rec]; Gewerbemüll *m* [rec]; industrieller Abfall *m* [rec]; Industriemüll *m* [rec]; Industrieabfälle *pl* [rec]
industrial waste dump Industriemülldeponie *f* [rec]
industrial waste gas Industrieabgas *n* [air]
industrial waste landfill Industriemülldeponie *f* [rec]
industrial waste product Industrieabfallstoff *m* [rec]

industrial waste water Fabrikabwasser *n* [was]; Industrieabwasser *n* [was]; industrielles Abwasser *n* [was]; Gewerbeabwässer *pl* [was]
industrial wastes betriebliche Abfälle *pl* [rec]; gewerbliche Abfälle *pl* [rec]
industrial wastes similar to household refuse hausmüllähnliche Gewerbeabfälle *pl* [rec]
industrial water Nutzwasser *n* [was]
industrial water purification Industriewasserreinigung *f* [was]
industrial water supply Brauchwasserversorgung *f* [was]
industrial water use Industriebrauchwasser *n* [was]
industrial-scale plant Großanlage *f*
industrial-type pressure gage Betriebsmanometer *n* [any]
industrialization Industrialisierung *f*
industrialize entwickeln *v*; industrialisieren *v*
industrialized building industrielles Bauen *n* [bau]
industrious strebsam
industry Industrie *f*
industry codes of practices Verhaltensregeln der Branche *pl*
industry segment Branche *f*
industry, agricultural - Agrarindustrie *f* [far]
ineffective erfolglos; ineffektiv; unwirksam; wirkungslos
ineffectiveness Unwirksamkeit *f*
inefficiency Unwirtschaftlichkeit *f* [eco]
inefficient ineffizient; unrationell; unwirtschaftlich; wirkungslos
inelastic unelastisch [met]
inequality Ungleichheit *f*; Ungleichung *f* [mat]
inert edel (Gas) [che]; inaktiv (inert, unbeweglich); indifferent (Gas); inert; neutral (reagiert nicht chemisch) [che]; reaktionsträge [che]; träge; untätig; wirkungslos
inert gas Edelgas *n* [che]; inertes Gas *n*; Inertgas *n* [che]; Schutzgas *n*
inert gas plant Schutzgasanlage *f* [prc]
inert gas structure Edelgasstruktur *n* [che]
inert gas welding Formiergasschweißen *n* [wer]
inert material Inertstoff *m* [che]
inert waste Inertabfall *m* [rec]
inert-gas metal-arc welding Metallinertgasschweißen *n* [wer]
inertia Trägheit *f* (Physik) [phy]
inertia moment Trägheitsmoment *n* [phy]
inertia reel Schwungscheibe *f* [tec]
inertia starter Schwungradanlasser *m* [tra]
inertia switch Trägheitsschalter *m* [tec]
inertia, state of - Beharrungszustand *m*
inertia-reel belt Automatikgurt *m* (Auto) [tra]
inertness Trägheit *f* (Chemie) [che]
inevitable unabwendbar; unvermeidlich; zwangsläufig
inexact ungenau
inexactness Ungenauigkeit *f*
inexcusable unentschuldbar

inexorable unaufhaltsam
inexpensive billig; preiswert [eco]
inexperienced unerfahren; unerprobt
inexpert unfachmännisch
inexplicable unerklärbar; unverständlich
inextensible undehnbar
inextensible support starre Unterstützung *f*
infeasible undurchführbar
infect anstecken *v* (infizieren) [hum]; infizieren *v* [hum]; verseuchen *v*
infection Infektion *f* [hum]; Verseuchung *f* [hum]
infection, risk of - Ansteckungsgefahr *f* [hum]
infection, source of - Infektionsquelle *f* [hum]
infectious ansteckend (Krankheit) [hum]; übertragbar [hum]
infectious disease ansteckende Krankheit *f* [hum]
infective agent Infektionserreger *m* [hum]
inference Schlussfolgerung *f*
inference, rule of - Inferenzregel *f* [edv]
inferior minderwertig (unterlegen, schlechter)
inferiority Minderwertigkeit *f*
infertile unfruchtbar [bff]
infertility Unfruchtbarkeit *f* [bff]
infest befallen *v* (Schädlinge) [far]
infestation Plage *f* (Ungeziefer); Verseuchung *f*; Befall *m* (Schädlinge) [far]
infilling Ausstopfen *n*
infilling concrete Füllbeton *m* [met]
infiltrate Infiltrat *n* [hum]
infiltrate durchtränken *v*; eindringen *v* (infiltrieren); einsickern *v* [was]; infiltrieren *v*; tränken *v* (einsickern); versickern *v* [was]
infiltrated air Falschluft *f* [air]
infiltration Infiltration *f*; Versickerung *f* [was]
infinite endlos (ohne Ende); unbegrenzt (unendlich); unendlich [mat]
infinite loop Endlosschleife *f* (Software) [edv]
infinitely variable stufenlos einstellbar; stufenlos regelbar
infinitely variable change-speed gear stufenloses Getriebe *n* [tec]
infinitely variable drive stufenlos regelbarer Antrieb *m* [tec]
infinitely variable speed gearing stufenloses Getriebe *n* [tec]
infinitely variable speed regulation stufenlose Drehzahlregelung *f* [pow]
infinitely variable speed transmission stufenloses Getriebe *n* [tec]
infinitesimal infinitesimal [mat]; unendlich klein [mat]
infinitesimal calculus Infinitesimalrechnung *f* [mat]
infix Einfügen *n* (in einen Text)
infix einfügen *v* (in einen Text)
inflame entflammen *v*; entzünden *v*
inflammability Entflammbarkeit *f* [met]; Entzündbarkeit *f*; Feuergefährlichkeit *f*
inflammable brennbar; entflammbar; entzündbar; entzündlich; feuergefährlich

inflammable air Brennluft *f* [air]
inflammable matter feuergefährlicher Stoff *m* [met]
inflammable mixture brennbares Gemisch *n* [pow]
inflammable, dangerously - feuergefährlich
inflammable, easily - leicht entzündlich
inflammable, highly - leicht brennbar; leicht entzündlich [met]
inflammable, not easily - schwer entflammbar [che]
inflammation Entzündung *f*
inflatable aufblasbar
inflatable structure Traglufthalle *f* [bau]
inflate aufblasen *v*; aufpumpen *v* (Luft) [air]; blähen *v*
inflated luftgefüllt; überhöht
inflation, low - niedriger Luftdruck *m* (im Reifen) [tra]
inflect biegen *v* (beugen) [wer]; krümmen *v* (beugen)
inflected gebogen [wer]
inflection Biegung *f* (Kurve)
inflection point Wendepunkt *m*
inflection, point of - Biegepunkt *m* [con]; Wendepunkt *m* [mat]
inflexibility Starre *f*
inflexible biegesteif; starr; steif (unbiegsam); unbiegsam; unnachgiebig (Werkstoff) [met]
inflow Anströmung *f*; Zufuhr *f* (Zustrom); Einfluss *m* (Zufluss); Zufluss *m* (Zustrom); Zulauf *m*; Zustrom *m*
inflow region Zuflussgebiet *n* [was]
inflow side Anströmseite *f* (Turbinenschaufeln)
inflow velocity Anströmgeschwindigkeit *f*
influence Einwirkung *f* (Einfluss); Wirkung *f* (Einfluss); Einfluss *m* (Einwirkung)
influence beeinflussen *v*; einwirken *v*
influence value Einflusswert *m*
influence zone Einflusszone *f*; Einflussbereich *m*
influence, sphere of - Einflussbereich *m*
influent Zufluss *m* (Zustrom)
influx Zufuhr *f* (Zustrom); Einfluss *m* (Zufluss); Zufluss *m* (Zustrom); Zulauf *m*; Zustrom *m*
inform benachrichtigen *v*; informieren *v*; mitteilen *v* (informieren); unterrichten *v*
informal formlos (nicht förmlich)
informatics Informatik *f*
information Auskunft *f* (Auskünfte, Information); Information *f*; Meldung *f* (Information); Nachricht *f*; Unterrichtung *f*; Aufschluss *m* (Information); Bescheid *m* (Auskunft); Angaben *pl*
information acquisition Informationsgewinnung *f*
information and documentation system for environmental planning Umweltplanungs- und Informationssystem *n*
information board Hinweistafel *f*
information exchange Informationsaustausch *m*
information flood Informationsflut *f*
information flow Informationsfluss *m*
information input Informationseingabe *f*
information literature Informationsmaterial *n*
information need Informationsbedarf *m*; Informationsbedürfnis *n*

information network Informationsnetz *n*
information process Informationsprozess *m*
information processing Informationsverarbeitung *f* [edv]
information procurement Informationsbeschaffung *f*
information provider Anbieter *m* [edv]
information requirement Informationsbedarf *m*; Informationsbedürfnis *n*
information resource Informationsquelle *f*
information service Informationsdienst *m*
information sign Hinweisschild *n*
information supply Informationsangebot *n*
information system Informationssystem *n*
information system for environmental planning Umweltinformationssystem *n*
information techniques Informationstechnik *f* [edv]
information technology Informationstechnologie *f* [edv]
information theory Informationstheorie *f*
information unit Informationseinheit *f*
information, right to - Auskunftsrecht *n* (eines Betroffenen) [jur]; Informationsrecht *n*
information, source of - Informationsquelle *f*
informed informiert
informing the public Unterrichtung der Öffentlichkeit *f*
infra sonics Infraschall *m* [aku]
infrared infrarot [opt]; ultrarot
infrared absorption Ultrarotabsorption *f* [opt]
infrared analyzer Infrarotanalysator *m* [any]
infrared apparatus Infrarotgerät *n* [any]
infrared camera Infrarotkamera *f* [opt]
infrared detector Infrarotdetektor *m* [any]
infrared drier Infrarottrockner *m*
infrared drying Infrarottrocknung *f*
infrared emitter Infrarotstrahler *m* [opt]
infrared filter Infrarotfilter *m* [opt]; Ultrarotfilter *m* [opt]
infrared heating Infrarotheizung *f* [pow]
infrared lamp Infrarotlampe *f* [elt]
infrared light Infrarotlicht *n* [opt]
infrared radiation Infrarotstrahlung *f* [opt]; Ultrarotstrahlung *f* [opt]
infrared radiation, heating by - Infrarotstrahlungsheizung *f* [pow]
infrared radiator Infrarotstrahler *m* [opt]
infrared range Infrarotbereich *m* [opt]
infrared rays Infrarotstrahlen *n* [opt]
infrared spectroscopy Infrarotspektroskopie *f* [any]; Ultrarotspektroskopie *f* [any]
infrared spectrum Infrarotspektrum *n* [any]
infrasound Infraschall *m* [aku]
infrastructure Infrastruktur *f*
infringe übertreten *v*; verletzen *v* (verstoßen)
infringe on a patent Patent verletzen *v* [jur]
infringement Verstoß *m* [jur]
infringement of the regulations Ordnungswidrigkeit *f* [jur]
infuse eingießen *v*

infusible unschmelzbar
infusion Infusion *f*; Aufguss *m* [prc]
infusion pump Infusionspumpe *f*
infusion system Infusionssystem *n*
ingest einnehmen *v* (Nahrung)
ingestion Einnahme *f* (Nahrung)
ingle Kamin *m* (Feuerplatz)
ingot Kokille *f* (Gussblock) [roh]; Massel *f* [met]; Stange *f* (Barren) [met]; Barren *m* [met]; Block *m* (Barren) [met]; Eisenblock *m* [met]; Gussblock *m* (Kokille) [met]; Ingot *m* [met]; Metallblock *m* [roh]
ingot base Blockfuß *m*
ingot brass Blockmessing *n* [met]
ingot casting Blockgussproduktion *f* [roh]
ingot crane Blockförderkran *m* [roh]
ingot iron Baustahl *m* [met]
ingot metal Flusseisen *n* [met]
ingot mould Kokille *f* [roh]
ingot steel Flussstahl *m* [met]; Ingotstahl *m* [met]
ingredient Zutat *f*; Bestandteil *m* (Zutat) [met]; Gemengeteil *n* [met]; Ingrediens *n* [met]
ingredient of a mixture Gemengeanteil *m* [met]
ingredient, active - aktiver Bestandteil *m*; Wirkstoff *m* [met]
ingredients Inhaltsstoffe *pl* [met]
ingress Eindringen *n* (von Schmutz, Wasser)
ingress eindringen *v* (von Schmutz, Wasser)
inhabit bevölkern *v*
inhabitant Bewohner *m* (Stadt); Einwohner *m*
inhabitants Bevölkerung *f*
inhabitants of equal standard Einwohnergleichwert *m* [was]
inhabitants, number of - Einwohnerzahl *f*
inhabitants, town with over a million - Millionenstadt *f*
inhabited bewohnt (bevölkert)
inhalation Einatmung *f*; Inhalation *f* [hum]
inhalation poison Inhalationsgift *n* [hum]
inhale einatmen *v*; inhalieren *v*
inherent colour Eigenfarbe *f*
inherent flexibility Eigenelastizität *f* [met]
inherent moisture Eigenfeuchtigkeit *f*; innere Feuchtigkeit *f*; innerer Wassergehalt *m* (in Brennstoffen) [met]
inherent noise Eigengeräusch *n* [aku]
inherent resistance Eigenwiderstand *m* [elt]
inherent stability Eigenfestigkeit *f* [met]
inherent tension Eigenspannung *f* [phy]
inherent time Eigenzeit *f* (dem Material innewohnend) [met]
inherent vice mängelbehaftet (nicht fehlerfrei)
inhibit behindern *v*; hemmen *v* (hindern); hindern *v* (behindern); inhibieren *v* [che]; verhindern *v*; verzögern *v* (Reaktionen) [che]
inhibiting substance Hemmstoff *m*
inhibition Behinderung *f* (Hemmung) [che]; Hemmung *f* [che]; Inhibierung *f*; Sperrung *f*
inhibition of reaction Reaktionshemmung *f* [che]
inhibitor Hemmstoff *m*; Inhibitor *m* [che]

inhibitory concentration Hemmkonzentration f
inhibitory effect Hemmwirkung f
inhomogeneity Inhomogenität f; Ungleichförmigkeit f
inhomogeneous inhomogen; uneinheitlich; ungleichförmig
inhomogeneous wave quergedämpfte Welle f [phy]
inhuman unmenschlich
inhumane menschenunwürdig
initial ursprünglich
initial Anfangsbuchstabe m
initial base font Grundschriftart f (Drucker)
initial bolt prestress Schraubenvorspannung f [tec]
initial cast specimen Angießprobe f [any]
initial casting Angießen n (erster Probeguss) [wer]
initial character Anfangszeichen n (Wort)
initial clearance Anfangsspiel n [con]
initial compression Vorspannung f (Feder) [tec]
initial concentration Anfangskonzentration f
initial condition Anfangsbedingung f [mat]; Anfangszustand m; Ausgangszustand m
initial cost Anschaffungskosten pl [eco]
initial digging position Anfangsgrabstellung f (vor Eindringen) [mbt]
initial dimension Ausgangsmaß n [con]
initial equipment Erstausrüstung f
initial force Initialkraft f [phy]
initial guide baffle Vorleitgitter n (Turbine) [pow]
initial guide blade Vorleitschaufel f (Turbine) [pow]
initial hardening Anziehen f (Beton)
initial investment Anlagekosten pl [eco]
initial load Anfangslast f
initial loading Anfangsbeanspruchung f; Vorbelastung f [tec]
initial loading address Anfangsladeadresse f [edv]
initial material Ausgangsstoff m [met]; Urstoff m; Ausgangsprodukt n [met]
initial member Anfangsglied n
initial operation Probebetrieb m
initial order processing Eingangsbearbeitung f (eines Auftrags) [eco]
initial phase Anfangsphase f; Anfangsstadium n
initial point Ausgangspunkt m; Nullpunkt m (Diagramm)
initial position Anfangsstellung f; Ausgangslage f; Ausgangsposition f; Nullstellung f
initial power Anzugskraft f [phy]
initial precondition Anfangsvoraussetzung f [jur]
initial pressure Anfangsdruck m; Vordruck m [phy]
initial pressure controller Vordruckregler m [prc]
initial product Anfangsprodukt n [che]; Ausgangserzeugnis n [met]; Ausgangsprodukt n [met]
initial pulse Sendeimpuls m [elt]
initial salary Anfangsgehalt n [eco]
initial speed Anfangsgeschwindigkeit f; Ausgangsgeschwindigkeit f
initial state Anfangszustand m; Ausgangszustand m; Urzustand m

initial stationary blade Vorleitschaufel f (Turbine) [pow]
initial steam admission Dampfanstoß m [pow]
initial strength Anfangsfestigkeit f
initial stress Anfangsbeanspruchung f [tec]; Vorspannung f [phy]
initial stressing Vorspannkraft f [tec]
initial suspicion Anfangsverdacht m [jur]
initial temperature Anfangstemperatur f; Ausgangstemperatur f [pow]
initial tension Vorspannung f [phy]
initial torque Voranziehdrehmoment n (später fester) [tec]
initial value Anfangswert m; Grundwert m
initial velocity Anfangsgeschwindigkeit f
initial weight Einwaage f
initialization Einleitung f (Versetzen in Anfangszustand) [edv]; Initialisierung f (Datenträgers) [edv]
initialize initialisieren v
initialized initialisiert
initiate anregen v; einleiten v (einführen); einsetzen v (zeitlich); initiieren v; verursachen v (veranlassen)
initiating Inbetriebsetzung f (Einweihung)
initiating power Initialkraft f [phy]
initiating reaction Startreaktion f [che]
initiation Einleitung f (Initiierung); Initiierung f; Anstoß m (Impuls)
initiator Initialzünder m [che]; Initiator m [che]; Unternehmer m (mit Ideen, Initiative); Urheber m; Verursacher m
inject einblasen v (Dampf); einspritzen v; impfen v (Kristalle) [che]; injizieren v; spritzen v (einspritzen); verpressen v [bau]
injectable solution Injektionslösung f [hum]
injecting Einpressen n; Einspritzen n
injecting device Injiziergerät n [bau]
injection Applikation f [hum]; Einpressung f; Injektion f [hum]; Spritze f (Injektion)
injection air blower Rührluftgebläse n [prc]
injection air receiver Einblasegefäß n [prc]
injection blow moulding machine Spritzblasformmaschine f (Kunststoff) [wzg]
injection casting Spritzguss m [wer]
injection control Einspritzregelung f [tra]
injection cooler Einspritzkühler m [pow]
injection cooling Einspritzkühlung f [pow]
injection engine Einspritzmotor m [tra]
injection equipment Spritzanlage f [prc]
injection gun Injizierspritze f [bau]
injection mould Spritzform f (Kunststoff) [wer]
injection moulded part Spritzgussteil n (Kunststoff) [met]
injection moulding Spritzguss m (Kunststoff) [wer]; Spritzen n (Kunststoffe) [wer]; Spritzgießen n (Kunststoffe) [wer]
injection moulding machine Spritzgießmaschine f (Kunststoff) [wer]; Spritzgussmaschine f [wer]
injection moulding process Spritzgussverfahren n [wer]

injection nozzle Einspritzdüse *f* [tra]; Spritzdüse *f* [prc]
injection of water Wassereinspritzung *f* [was]
injection pipes Einspritzleitungen *f* [tra]
injection preparation Injektionsmittel *n* [hum]
injection pressure Einblasedruck *m*; Einspritzdruck *m*
injection pump Einspeisepumpe *f* [prc]; Einspritzpumpe *f* [tra]
injection pump barrel Gehäuse des Einspritzelements *n* [tra]
injection pump housing Einspritzpumpengehäuse *n* [tra]
injection pump plunger Einspritzpumpenkolben *m* [tra]
injection pump upper housing Einspritzpumpenoberteil *n* [tra]
injection system Einspritzanlage *f*; Einspritzorgan *n*
injection timing mechanism Einspritzversteller *m* [tra]; Spritzversteller *m* [tra]
injection valve Einspritzventil *n* [tra]
injection valve body Einspritzdüsenhalter *m* [tra]; Einspritzer *m* [tra]
injection-mould spritzen *v* (Formteil) [wer]
injection-type engine Einspritzmotor *m* [tra]
injector Dampfstrahlpumpe *f* [prc]; Düse *f*; Kraftstoffdüse *f* [tra]; Einwerfer *m* (Gegenteil: Auswerfer); Injektor *m* [tra]; Dampfstrahlgebläse *n* [prc]
injector nozzle Injektordüse *f* [tra]
injector push tube Injektorstoßstange *f* [tra]
injector rocker lever Injektorkipphebel *m* [tra]
injector valve Ventil für Injektor *n* (Dampflok) [tra]
injure beeinträchtigen *v* (verletzen, schaden); beschädigen *v*; kränken *v*; schaden *v*; schädigen *v*; stören *v* (schädigen); verletzen *v* (beschädigen); verwunden *v*
injured beschädigt (verletzt)
injured party Geschädigter *m*
injured person Verletzte *m*, *f*
injured persons, transportation of - Krankentransport *m* [hum]
injured, seriously - schwerverletzt [hum]
injured, seriously - Schwerverletzte *pl* [hum]
injurious schädlich
injurious affection Wertminderung nach öffentlichen Baumaßnahmen *f*
injurious substance Schadstoff *m* [met]
injurious to health gesundheitsgefährdend [hum]; gesundheitsschädlich [hum]
injury Beschädigung *f* (Verletzung); Kränkung *f*; Schädigung *f* (Verletzung); Verletzung *f* (Wunde); Schaden *m*
injury caused by noise Lärmschädigung *f* [aku]
injury to health Gesundheitsschädigung *f* [hum]; Gesundheitsschaden *m* [hum]
ink Einschwärzfarbe *f* [met]; Tinte *f*
ink einfärben *v* (Druckerzeugnisse)
ink cartridge Tintenpatrone *f*
ink density Farbsättigung *f* (Druckfarben) [met]
ink ribbon Farbband *n*
ink sludge Druckfarbenschlamm *m* [rec]
ink stain Tintenfleck *m*
ink-jet printer Tintenstrahldrucker *m* [edv]
ink-pot Tintenfass *n*
inking Einschwärzung *f*
inland Binnenland *n*
inland harbour Binnenhafen *m* [tra]
inland navigation Binnenschifffahrt *f* [tra]
inland port Binnenhafen *m* [tra]
inland revenue Finanzamt *n* [jur]
inland sales Vertrieb Inland *m* [eco]
inland traffic Inlandsverkehr *m* [tra]
inland water Binnengewässer *n* [was]
inland waterbodies Binnengewässer *pl* [was]
inland waterway Binnenwasserstraße *f* (Kanal, Fluss) [tra]
inland waterways transportation Binnenschifffahrt *f* [tra]
inlay Einlage *f*
inlay einlegen *v* (z.B. Intarsien, Plomben); furnieren *v* [wer]; verzieren *v*
inleak Leckage nach innen *f*
inlet Ansaugöffnung *f*; Eingangsseite *f* [pow]; Eintrittsöffnung *f*; Zufuhr *f* (Zuleitung); Zuleitung *f*; Eingang *m* (Einlass); Einlass *m*; Einlauf *m* [was]; Eintritt *m* (Apparat) [prc]
inlet air Frischluft *f* [air]; Zuluft *f* [air]
inlet air flap Zuluftklappe *f* [air]
inlet and exit losses Ein- und Austrittsverluste *pl* [prc]
inlet bell Eintrittsseite bei Axialgebläsen *f* [prc]
inlet bushing Eintrittsbuchse *f* [pow]
inlet camshaft Einlassnockenwelle *f* [tra]
inlet casing Einlaufgehäuse *n* [pow]
inlet chamber Einströmkammer *f* (Turbine) [pow]
inlet channel Einlaufrinne *f* [was]; Eintrittskammer *f* [pow]; Zulaufrinne *f* [was]; Einlaufkanal *m* [was]
inlet conduit, air - Zuluftkanal *m* [air]
inlet connection Einlassstutzen *m* [prc]
inlet cover Einlaufdeckel *m* [prc]
inlet flange Einlaufflansch *m* [prc]
inlet flow Schluckstrom *m* (Hydraulikmotor) [tec]
inlet gas Frischgas *n*
inlet guide vane Leitschaufel *f* (am Ventilator) [prc]
inlet guiding cone Einlaufkonus *m* [prc]
inlet header Eintrittssammler *m* [pow]
inlet housing Einlaufgehäuse *n* [tra]
inlet pipe Einströmleitung *f* (Turbine) [pow]; Einfüllstutzen *m*; Einlassrohr *n*
inlet pipe extension Ansaugrohrverlängerung *f*
inlet pipe, air - Lufteinlassrohr *n* [air]
inlet piston Steuerstift *m* (Fettschmierung) [tec]
inlet plate Einlaufboden *m* [prc]; Eintritt *m* (Kolonne) [prc]
inlet plenum Ansaughaus *n* (Gasturbine) [pow]
inlet pocket Einführnut *f* [tec]
inlet port Einlasskanalöffnung *f* [prc]; Einlauföffnung *f*; Eintrittsöffnung *f*; Saugöffnung *f* [prc]; Einlasskanal *m* [prc]

inlet relief valve Einlassüberdruckventil *n* [prc]
inlet reservoir Einlaufbecken *n* [was]
inlet ring Einlaufring *m*
inlet shaft Einlaufschacht *m*
inlet side Einlaufseite *f* [prc]; Eintrittsseite *f*; Saugstutzen *m* [pow]
inlet slide valve Einlassschieber *m* [prc]
inlet structure Einlaufbauwerk *n* [was]
inlet temperature Eintrittstemperatur *f*
inlet tube Einlassstutzen *m* [prc]; Zuleitungsrohr *n* [prc]
inlet valve Einlassventil *n* [prc]
inlet valve cap Einlassventilverschraubung *f* [tec]
inlet vane, air - Saugluftklappe *f* [pow]
inner inner; innere(r)
inner base point innerer Basispunkt *m* (beim Transistor) [elt]
inner bearing Innenlager *m* [tec]
inner casing Innengehäuse *n* [tec]
inner city Innenstadt *f*
inner courtyard Innenhof *m* (z.B. Atrium) [bau]
inner cover Seele *f* (des Hydraulikschlauches) [met]
inner decking Innenabdeckung *f*; innere Abdeckleiste *f* [tec]
inner diameter Innendurchmesser *m* [con]
inner dimension Innenmaß *n*
inner dyke Binnendeich *m* [was]
inner edge Innenrand *m*
inner frame Innengehäuse *n* [tec]
inner gear Innenverzahnung *f* [tec]
inner link Innenglied *n* (Kette) [tec]
inner noise Gebäudelärm *m* [bau]; Innenlärm *m* [aku]; Innengeräusch *n* [aku]
inner part Innenteil *n*
inner plate Innenlasche *f* [tec]
inner point Innenpunkt *m*
inner race Innenring *m* (Wälzlager) [tec]; innerer Laufring *m* (Wälzlager) [tec]
inner race, bearing - Lagerinnenring *m* [tec]
inner raceway Innenring *m* [tec]
inner radius Innenradius *m* [con]
inner resistance Innenwiderstand *m* [elt]
inner resistor Innenwiderstand *m* [elt]
inner ring Innenring *m* [tec]
inner shell Innenschale *f* [tec]; Innengehäuse *n* [tec]
inner side Innenseite *f*
inner span Innenweite *f*
inner surface Innenfläche *f*
inner track ring Innenlaufring *m* [tec]
inner tube Seele *f* (des Hydraulikschlauches) [met]; Reifenschlauch *m* [tra]; Innenrohr *n* [prc]
inner tube valve fitting Schlauchventilbrücke *f* [tra]
inner tube valve insert Schlauchventileinsatz *m* [tra]
inner wall Innenwand *f* [bau]
inner wall of boiler Kesselinnenwand *f* (Mauerwerk) [pow]
inner wall of boiler brickwork Innenwand des Kessels *f* [pow]

inner width lichte Weite *f* [con]
inner yard Innenhof *m* [bau]
inner-city traffic innerstädtischer Verkehr *m* [tra]
innocent schuldlos [jur]
innocuous schadlos
innovation Innovation *f*; Neuerung *f*; Neuheit *f* (z.B. Gerät neu auf dem Markt)
innovation, rate of - Innovationsrate *f*
innovative advance Innovationsschub *m*
innoxious unschädlich
innumerable unzählbar
inodorousness Geruchlosigkeit *f*
inoperability Funktionsunfähigkeit *f*
inoperable funktionsunfähig
inoperative funktionsunfähig
inorganic anorganisch [che]; unbelebt
inorganic bond anorganische Bindung *f* [che]
inorganic chemistry anorganische Chemie *f* [che]
inorganic compound anorganische Verbindung *f* [che]
inorganic fertilizer anorganischer Dünger *m* [far]; Mineraldünger *m* [far]
inorganic material anorganisches Material *n* [che]
inorganic silt Feinstsand *m* [met]; Silt *n* [met]
inpayment Zahlungseingang *m* [eco]
input aufgenommene Leistung *f* [phy]; Aufnahme *f* (Leistung) [phy]; Eingabe *f*; Eingangsleistung *f* [elt]; Leistung *f* (Aufnahme) [phy]; Eintrag *m*; Input *m*
input eingeben *v*; einlesen *v*
input connection Einlassanschluss *m* (Gewinde)
input current Eingangsstrom *m* [elt]
input data Eingabegröße *f* [edv]; Eingabedaten *pl* (Software) [edv]
input device Eingabegerät *n* [edv]
input equipment Eingabegerät *n* [edv]
input filter Eingangsfilter *m* [tra]
input format Eingabeformat *n* (Software) [edv]
input gear Antriebsrad *n* (im Getriebe) [tec]
input impedance Eingangswiderstand *m* [elt]
input instruction Eingabebefehl *m* (Software) [edv]
input material Einsatzmaterial *n*
input memory Eingabespeicher *m* [edv]
input mode Eingabemodus *m* (Software) [edv]
input of pollutants Schadstoffeintrag *m* [was]
input power aufgenommene Leistung *f* [phy]; Eingangsleistung *f* [elt]
input program Eingabeprogramm *n* (Software) [edv]
input pulse Eingangsimpuls *m*
input rating Antriebsleistung *f* (Maschine) [tec]
input resistance Eingangswiderstand *m* [elt]
input routine Eingaberoutine *f* (Software) [edv]
input shaft Antriebswelle *f* [pow]; Eingangswelle *f* [tec]
input shaft extension Antriebswellenstumpf *m* [tra]
input signal Eingangssignal *n*
input stage Eingangsstufe *f*
input tax Vorsteuer *f* (der Mehrwertsteuer) [jur]
input torque Antriebsdrehmoment *n* [tec]

input unit Eingabeeinheit *f* [edv]; Eingabegerät *n* [edv]
input value Eingangswert *m*
input variable Eingangsgröße *f*
input voltage Anschlussspannung *f* [elt]; Eingangsspannung *f* [elt]
input, adjustable - Stelleingang *m* [any]
input-output device peripheres Gerät *m* [edv]; Ein-Ausgabe-Gerät *n* [edv]
input-output file Ein-Ausgabe-Datei *f* [edv]
input-output format Ein-Ausgabe-Format *n* [edv]
input-output interface Ein-Ausgabe-Schnittstelle *f* [edv]
input-output program Ein-Ausgabe-Programm *n* (Software) [edv]
input-output ratio Kosten-Leistungs-Verhältnis *n* [eco]
input-output voltage Eingangs-/Ausgangs-Spannung *f* [elt]
inquire nachforschen *v*; nachfragen *v*
inquire again nachhaken *v* (erinnern)
inquiries Telefonauskunft *f* [edv]
inquiries, make - nachforschen *v*
inquiry Abfrage *f* [edv]; Anfrage *f*; Erkundigung *f*; Nachforschung *f*; Umfrage *f*
inquiry, committee of - Untersuchungsausschuss *m* (Unfälle) [jur]
inquiry, public - öffentliche Anfrage *f*
inrush of underground water Wassereinbruch *m* [was]
insanitary gesundheitsschädlich [hum]; unhygienisch
inscribe beschriften *v*; einhauen *v* (eingravieren) [wer]
inscription Aufschrift *f* (Inschrift, Erklärung); Beschriftung *f* (auf Stein)
insect Insekt *n* [bff]
insect repellent Insektenschutzmittel *n* [che]
insect screening Gazefenster *n* [bau]
insecticide Insektenvertilgungsmittel *n* [che]; Insektizid *n* [che]; Schädlingsbekämpfungsmittel *n* [far]; Ungezieferverichtungsmittel *n* [met]
insecticide resistance Insektizidresistenz *f*
insectifuge Insektenvertreibungsmittel *n* [che]
insects spray Insektenspray *n* [che]
insensibility Unempfindlichkeit *f*
insensitive unempfindlich
insensitiveness Unempfindlichkeit *f*
inseparable untrennbar
insert Einlage *f*; Zwischenlage *f* [met]; Einschub *m* (Modul auf Chassis) [mbt]; Einpressteil *n*; Einsatzstück *n*
insert einbauen *v* (einfügen, einschieben); einblenden *v* (Fernsehen) [edv]; eindrücken *v* (einfügen, hineinstecken); einfügen *v* (einführen, einstecken); einführen *v* (z.B. Katheder); einlegen *v* (einschieben), einschieben *v*; einschießen *v* (hineinschießen); einsetzen *v* (räumlich); ineinander stecken *v*; zwischenschalten *v* (einfügen)

insert bridge Einlegebrücke *f* [tec]
insert bush Steckbüchse *f* [tec]
insert bushing Einsatzbuchse *f*
insert die Mutterkokille *f* [met]
insert key Einfügungstaste *f* [edv]
insert kit Einbausatz *m* (für Gerät, Apparat) [tec]
insert method Einziehverfahren *n* (Kanalisation) [was]
insert ring Einsatzring *m* [tec]
insert valve Einbauventil *n* [prc]
insertable panel Steckblech *n* [tec]
inserted eingebaut (eingesetzt); eingelassen
inserted ceiling Zwischendecke *f* [bau]
inserted floor Einschubdecke *f* [bau]
inserted piece Einsatzstück *n*
inserting tooth Steckzahn *m* [mbt]
insertion Einblendung *f* (Fernsehen) [edv]; Einbringung *f*; Einführung *f*; Einbau *m* (Einfügen); Einlass *m*; Einsatz *m* (Zwischenstück); Einfahren *n* (Rußbläser) [pow]; Einrasten *n*; Vorschieben *n* (Rußbläser) [pow]
insertion bore Aufnahmebohrung *f* [tec]
insertion branch Einsteckanschlussstutzen *m* [tec]
insertion condenser Einsatzkühler *m* [prc]
insertion groove Einführnut *f* [pow]
insertion length Einbaulänge *f* [con]
insertion piece Einsatz *m* (Zwischenstück)
insertion socket Einstecktülle *f* [tec]
insertion thermostat Eintauchthermostat *m*
insertion tool Einführungsvorrichtung *f* [wzg]
inset Einlage *f* (Einlegeteil); Einsatz *m* (Zwischenstück)
inside innen; innerhalb (von Rohren etc.)
inside Inneres *n*
inside access Innenaufstieg *m* (im Deckskran) [mbt]
inside air Raumluft *f* [air]
inside band brake Innenbandbremse *f* [tra]
inside calipers Innentaster *m* [pow]
inside coating Innenlackierung *f* (z.B. Stahlfässer) [met]
inside cone Innenkegel *m* [tec]
inside cover Innenabdeckung *f* [tec]
inside diameter Innenweite *f*; Innendurchmesser *m* [con]; innerer Rohrdurchmesser *m* [con]; innerer Rohrquerschnitt *m* [con]
inside diameter of a pipe Rohrweite *f* [con]
inside dimension Innenabmessung *f*; lichter Durchmesser *m* [con]
inside door handle Türinnengriff *n* [tra]
inside door panel Türinnenblech *n* [tra]
inside gear Innenrad *n* [tec]
inside height lichte Höhe *f*
inside length Innenlänge *f* (Keilriemen) [con]
inside lighting, with - innenbeleuchtet
inside newel section Innenkopfstück *n* [mbt]
inside noise Innengeräusch *n* [aku]
inside painting Innenanstrich *m* [met]
inside panel Innenblech *n* [tec]
inside radius Innenradius *m* [con]

inside roof lining Himmel *m* (im Fahrzeug) [tra]
inside round weld runde Innennaht *f* [wer]
inside screw Innenschraube *f* [tec]
inside shoe brake Innenbackenbremse *f* [tra]
inside slope Innenschräge *f* [tec]
inside temperature Innentemperatur *f*
inside thread Innengewinde *n* [tec]
inside uncoated innen roh (Stahl unbehandelt) [met]
inside wall Innenwand *f* [bau]
inside width Innenmaß *n*
insignificant unbedeutend; unerheblich; unwesentlich
insisting rechthaberisch (unnachgiebig)
insolubility Unauflöslichkeit *f* (Unlöslichkeit)
insoluble nicht löslich; unauflöslich (unlöslich); unlösbar (nicht löslich) [met]
insoluble in water wasserunlöslich [met]
insoluble matter Unlösliches *n* [che]
insolvent illiquid [eco]
inspect ansehen *v* (betrachten); beaufsichtigen *v* (prüfen, inspizieren); befahren *v* (den Kessel) [pow]; durchsehen *v*; inspizieren *v*; kontrollieren *v* (untersuchen, überprüfen); prüfen *v* (überprüfen) [any]; überwachen *v*
inspect and approve abnehmen *v* (prüfen) [any]
inspect statement Suchanweisung *f* (Software) [edv]
inspected geprüft
inspection Abnahme *f* (Prüfung) [any]; Aufnahme *f* (Revision); Befahrung *f* [pow]; Besichtigung *f*; Inspektion *f*; Kontrolle *f* (Überprüfung); Prüfung *f* (Überprüfung) [any]; Revision *f*; Überholung *f* [wer]; Überprüfung *f* [any]; Untersuchung *f* [any]
inspection card Kontrollkarte *f*
inspection certificate Prüfschein *m* [any]; Prüfprotokoll *n* [any]; Abnahmebescheinigung *pl* [eco]
inspection chamber Reinigungsschacht *m* [was]
inspection control switchbox Revisionsgerät *n* [mbt]
inspection cover Reinigungsdeckel *m* [was]
inspection data sheet Prüfschein *m* [any]
inspection door Einsteigtür *f*; Schauluke *f* [pow]; Einstieg *m*
inspection engine Inspektionslokomotive *f* [tra]
inspection flap Kontrollklappe *f*
inspection glass Sichtscheibe *f* [prc]; Schauglas *n*
inspection hole Kontrollöffnung *f* [prc]; Schauloch *n*
inspection hole cover Schaulochdeckel *m* [tra]
inspection junction Reinigungsöffnung *f* [was]
inspection lamp Handlampe *f* [elt]; Handleuchte *f* [elt]; Montageleuchte *f*
inspection list Mängelliste *f*
inspection lot Prüflos *n* [any]
inspection of semi-finished products Halbzeugprüfung *f* [any]
inspection of welds Schweißnahtprüfung *f* [any]
inspection opening Befahröffnung *f*
inspection period Auslegungsfrist *f* [jur]
inspection port Inspektionsöffnung *f*; Schauöffnung *f*
inspection reliability Prüfsicherheit *f* [any]
inspection report Abnahmeprüfprotokoll *n* [eco]

inspection run Revision *f* (z.B. der Rolltreppe) [mbt]
inspection run operating mechanism Revisionssteuergerät *n* [mbt]
inspection run, socket for - Revisionssteckdose *f* [mbt]
inspection shaft Kontrollschacht *m* [prc]
inspection switch Revisionsschalter *m* (für Langsamfahrt) [mbt]
inspection travel Montagefahrt *f* (z.B. bei Rolltreppe); Revisionsfahrt *f* [mbt]
inspection travel relay Relais für Revisionsfahrt *n* [mbt]
inspection trolley Besichtigungswagen *m* (z.B. auf Brücke) [bau]
inspection window Haubenfenster *n*
inspection, abbreviated maintenance - Kurzrevision *f* [any]
inspection, local - Begehung *f*
inspection-run cable Revisionsfahrkabel *n* [mbt]
inspector Prüfer *m* (Person)
instability Instabilität *f*; Unbeständigkeit *f*; Unsicherheit *f* (Instabilität)
instable labil; unbeständig; unstabil
install anbringen *v* (installieren); aufstellen *v* (Maschinen aufbauen); einbauen *v* (installieren); einlegen *v* (einbauen); einrichten *v* (Gebäude); errichten *v* (installieren, aufbauen); gründen *v* (errichten); herrichten *v* (installieren) [wer]; installieren *v* (Software) [edv]; legen *v* (Leitungen) [elt]; montieren *v* (einbauen); verlegen *v* (Leitungen) [bau]; zusammensetzen *v* (einbauen) [wer]
install utilities Anschlüsse legen *v* (Gas, Wasser) [bau]
installation Anlage *f* (Einrichtung); Aufstellung *f* (Aufbau); Ausrüstung *f* (Einrichtung); Betriebsanlage *f*; Einrichtung *f* (Ausrüstung); Installation *f* (Maschine, Anlage); Installierung *f* (Software) [edv]; Montage *f* (Einbau, Konstruktion); Verlegung *f* (Leitungen) [elt]; Einbau *m*; Zusammenbau *m* (Einrichtung (Anlage)) [wer]; Einfahren *n* (des Hochofenbodens) [roh]
installation bearing Montagelager *n* [tec]
installation cement Installationskitt *m* [elt]
installation chamfer Einbauschräge *f* [con]
installation channel Installationskanal *m* [elt]
installation condition Einbaubedingung *f*
installation core Anlagenkern *m*
installation cost Montagekosten *pl* [eco]
installation dimension Einbaumaß *n* [con]
installation drawing Einbauplan *m* [con]
installation engineering Installationstechnik *f*
installation equipment Installationsgeräte *pl* [wer]
installation fixture Montagevorrichtung *f*
installation guide Einbauanleitung *f*
installation instruction Einbauanweisung *f*; Montageanweisung *f*
installation length Einbaulänge *f* [con]
installation licence Anlagengenehmigung *f*

installation manual Installationshandbuch *n* [edv]
installation of bearing Lagereinbau *m* [wer]
installation pipe Montagerohr *n*
installation place Einbaustelle *f* (Ort des Einbaus) [con]
installation point Einbauort *m* [con]
installation position Einbaulage *f* (z.B. des Motor)
installation program Installationsprogramm *n* (Software) [edv]
installation recourse Anlagenregress *m* [jur]
installation requiring a licence Anlage, genehmigungsbedürftige - *f* [rec]
installation risk Anlagenrisiko *n*
installation site Montagestelle *f* (Baustelle)
installation work Installationsarbeiten *pl* [wer]
installation work, indoor - Hausinstallation *f* [bau]
installation, not subject to licensing requirements - nicht genehmigungsbedürftige Anlage *f*
installation, old - Altanlage *f* [rec]
installation, ready for - einbaufertig
installation, type of - Einbauart *f*
installation-related environmental law anlagenbezogenes Umweltrecht *n* [jur]
installations Haustechnik *f* [bau]; Sanitäranlage *f* [bau]; Einbauten *pl*
installed eingebaut (installiert); installiert
installed capacity installierte Leistung *f* [phy]
installed components Einbauten *pl*
installed condition Einbauzustand *m*
installed depth Einbautiefe *f* [con]
installed fixture Einbauvorrichtung *f*
installed load Anschlusswert *m* [elt]
installer Monteur *m*; Installationsprogramm *n* (Software) [edv]
installing Anbringen *n*
instalment Rate *f* (Zahlung); Teilzahlung *f* [eco]
instance, for - beispielsweise (z.B.); zum Beispiel (z.B.)
instancy Dringlichkeit *f*
instant Augenblick *m*; Moment *m* (Augenblick)
instant-picture camera Sofortbildkamera *f*
instantaneous augenblicklich (sofort); momentan (sofort, in diesem Moment); schlagartig
instantaneous frequency Momentfrequenz *f* [elt]
instantaneous load Belastung, augenblickliche - *f* [pow]
instantaneous power Augenblicksleistung *f* [phy]; Augenblickswert der Leistung *m* [pow]
instantaneous tripping Schnellauslösung *f* [elt]
instantaneous value Augenblickswert *m* (von Spannungen) [elt]; Momentanwert *m* [any]
instantaneous water heater Durchlauferhitzer *m* [elt]
institute gründen *v* (einrichten)
instruct anleiten *v*; belehren *v*; einweisen *v* (in ein neues Gerät); instruieren *v* (anleiten); unterrichten *v*; unterweisen *v*
instruction Anordnung *f* (Anweisung); Anweisung *f* (Befehl) [edv]; Arbeitsanweisung *f*; Belehrung *f*; Dienstanweisung *f* [eco]; Einweisung *f*; Instruktion *f* (Anweisung); Lehre *f* (Ausbildung); Richtlinie *f* (Vorschrift); Schulung *f*; Unterrichtung *f*; Unterweisung *f*; Vorgabe *f* (Anweisung, Instruktion); Vorschrift *f* (Anweisung); Weisung *f*; Befehl *m* (Anweisung); Befehl *m* (Software) [edv]; Unterricht *m*
instruction address Befehlsadresse *f* (Software) [edv]
instruction book Bedienungsanleitung *f*
instruction field Befehlsfeld *n* (Steuerleiste) [edv]
instruction for operation Behandlungsvorschrift *f*
instruction for working Behandlungsvorschrift *f*
instruction format Befehlsformat *n* (Software) [edv]
instruction length Befehlslänge *f* (Software) [edv]
instruction manual Betriebshandbuch *n*
instruction name Befehlsname *m* (Software) [edv]
instruction plate Bedienungsschild *n*
instruction processing Befehlsbearbeitung *f* [elt]
instruction repertoire Befehlsvorrat *m* (Software) [edv]
instruction sequence Befehlsfolge *f* (Software) [edv]
instruction set Befehlsvorrat *m* (Software) [edv]
instruction sheet Merkblatt *n*
instruction, add - Additionsbefehl *m* [edv]
instruction, adjusting - Einstellvorschrift *f* [any]
instruction, administrative - Verwaltungsvorschrift *f* [jur]
instruction, analytical - Analysenvorschrift *f* [any]
instruction, arithmetic - Rechenbefehl *m* (Software) [edv]
instruction, conditional - bedingter Befehl *m* (Software) [edv]
instructions Anleitung *f* (z.B. Betriebsanleitung); Anweisung *f* (Betriebsanweisung); Behandlungsvorschrift *f*; Gebrauchsanleitung *f*; Gebrauchsanweisung *f*; Sprachregelung *f*
instructions for use Benutzungsvorschriften *pl*
instructions manual Gebrauchsanleitung *f*; Gebrauchsanweisung *f*
instructions, authority to issue - Weisungsbefugnis *f* [eco]
instructor Ausbildungsleiter *m*; Lehrer *m*
instrument Armatur *f* (Auto); Gerät *n* (Apparat); Instrument *n* [any]; Werkzeug *n* [wzg]
instrument instrumentieren *v* [any]
instrument air Instrumentenluft *f*
instrument board Schalttafel *f* [elt]; Armaturenbrett *n* [any]
instrument cabinet level Schrankebene *f* (des Schaltschranks) [elt]
instrument cable Messkabel *n* [any]
instrument cubicle Instrumentenschrank *m* [any]
instrument error Fehlanzeige *f* (unrichtige Anzeige) [any]; Anzeigefehler *m* [any]; Instrumentenfehler *m* [any]
instrument hood Armaturenhaube *f* [any]
instrument housing Armaturengehäuse *n*
instrument leads Messleitung *f* [any]

instrument line Impulsleitung *f* [elt]; Prüfleitung *f* [any]
instrument list Armaturenliste *f* [any]
instrument panel Armaturentafel *f* [any]; Instrumententafel *f* [any]; Armaturenkasten *m*; Armaturenbrett *n* [any]; Instrumentenbrett *n*
instrument panel guard Instrumentenabdeckung *f* [tra]; Armaturenbrettschutz *m* [any]
instrument panel lamp Instrumentenleuchte *f* [any]
instrument rack Armaturengerüst *n* [any]
instrument tag number Armaturenkennzeichen *n*
instrument tapping point Messstelle *f* (Betriebsmessstelle) [any]
instrument terminal Messanschluss *m* [any]
instrument transformer Messwandler *m* [any]
instrumental instrumentell
instrumental accuracy Gerätegenauigkeit *f* [any]
instrumental precision Gerätegenauigkeit *f* [any]
instrumentation Bestückung *f* [tec]; Instrumentierung *f* [any]; Mess- und Regeltechnik *f* [any]
instrumentation and control Leittechnik *f* [elt]
instrumentation engineering Mess- und Regeltechnik *f* [any]
instruments Gerätschaft *f*; Besteck *n*; Handwerkzeug *n* [wzg]; Instrumentarium *n*
instruments of compulsion Zwangsinstrumentarien *pl* [jur]
insufficiency Unzulänglichkeit *f*
insufficient ungenügend
insufficient funds, for - mangels Deckung *f* [jur]
insufficient length Längenunterschreitung *f* [con]
insufficient temperature Untertemperatur *f* [hum]
insulant Isolierstoff *m* [met]; Isolationsmaterial *n* [met]; Isoliermaterial *n* [met]; Isoliermittel *n* [met]
insulate abdämmen *v* (isolieren) [bau]; abisolieren *v* [elt]; dämmen *v*; isolieren *v* (elektrisch) [elt]; isolieren *v* (thermisch, gegen Lärm)
insulate for ground isolieren gegen Erde [elt]
insulated isoliert (elektrisch) [elt]; isoliert (thermisch, gegen Lärm)
insulated cable isoliertes Kabel *n* [elt]
insulated pliers Isolierzange *f* [wzg]
insulated, fully - vollisoliert [elt]
insulating isolierend [elt]; nichtleitend [elt]
insulating agent Isoliermittel *n* [met]
insulating bed Isolierschicht *f* [met]
insulating board Dämmplatte *f* [met]; Isolierplatte *f* [bau]
insulating brick Dämmziegel *m* [bau]; Isolierstein *m* [bau]
insulating bushing Isolierbuchse *f* [tec]
insulating cap Isolierkappe *f*
insulating cardboard Isolierpappe *f* [elt]; Isolierkarton *m* [met]
insulating cement Isolierkitt *m* [met]
insulating coat Isolieranstrich *m* [met]
insulating component Isoliermasse *f* [met]
insulating compound Isoliermasse *f* [met]; Vergussmasse *f* [met]; Isoliermittel *n* [met]

insulating concrete Isolierbeton *m* [met]
insulating construction material Bauisoliermaterial *n* [bau]
insulating corkboard Isolierplatte aus Kork *f* [bau]
insulating course Dämmschicht *f* [bau]; Sperrschicht *f* [bau]
insulating covering Isolierhülse *f* [tec]
insulating door Dämmtür *f*
insulating fabric Isoliergewebe *n* [met]
insulating fibre board Isolierfaserplatte *f* [bau]
insulating fibreboard Faserisolierplatte *f* [met]
insulating firebrick feuerfester Isolierstein *m* [bau]
insulating fish plate Isolierlasche *f* [tec]
insulating foam Dämmschaumstoff *m* [met]; Isolierschaum *m* [met]
insulating foil Isolierfolie *f* [met]
insulating glass Isolierverbundglas *n* [met]; Verbundfensterglas *n* [bau]
insulating insert Dämmeinlage *f* [met]; Isoliereinlage *f* (z.B. Schiene)
insulating jacket Mantelisolierung *f* [prc]; Isoliermantel *m* [elt]
insulating layer Dämmschicht *f* [bau]; Isolierschicht *f* [met]
insulating mass Isoliermasse *f* [met]
insulating mat Isoliermatte *f* [met]
insulating material Dämmstoff *m* [met]; Isolationsstoff *m* [met]; Isolierkörper *m* [elt]; Isolierstoff *m* [met]; Kältedämmstoff *m* [met]; Dämmmaterial *n* [met]; Isolationsmaterial *n* [met]; Isoliermaterial *n* [met]; Isoliermittel *n* [met]
insulating material, granular - körniger Dämmstoff *m* [met]
insulating material, type of - Isolierstoffklasse *f* [elt]
insulating oil Isolieröl *n* [met]
insulating paint Isolierfarbe *f* [met]; Isolierlack *m* [elt]
insulating pane Isolierglas *n* (im Fenster) [bau]
insulating paper Dämmpapier *n* [met]; Isolierpapier *n* [elt]
insulating part Isolierteil *n* [elt]
insulating pipe Isolationsrohr *n* [elt]
insulating plasterboard Dämmgipsplatte *f* [bau]
insulating plate Isolierplatte *f* [tec]; Isolierzwischenlage *f* [tec]
insulating power Isolationsvermögen *n*
insulating property Dämmeigenschaft *f*; Isoliereigenschaft *f*; Dämmvermögen *n*; Isoliervermögen *n*
insulating protection Isolierschutz *m* [elt]
insulating roof material Dachdämmstoff *m* [bau]
insulating sheath Isolierschicht *f* [met]; Mantelisolierung *f* [prc]
insulating sheet Isolierfolie *f* [met]
insulating slab Dämmplatte *f* [met]; Isolierplatte *f* [bau]
insulating sleeve Isoliermantel *m* [elt]
insulating tape Isolierband *n* [elt]
insulating thimble Isolierscheibe *f* (Seilendbeschlag) [tec]

insulating tube Isolierschlauch *m* [elt]; Isolierrohr *n* [tec]
insulating tubing Isolierschlauch *m* [elt]
insulating varnish Isolierlack *m* [elt]
insulating wallboard Dämmwandplatte *f* [bau]
insulating washer Isolierscheibe *f* [elt]
insulating wool Isolierwolle *f* [met]
insulation Dämmung *f*; Isolation *f* (elektrisch) [elt]; Isolierung *f* (elektrisch) [elt]; Isolierung *f* (thermisch, gegen Lärm)
insulation board Dämmplatte *f* [met]
insulation cladding Isolationsverschalung *f* (aus Blech; z.B. für Heißdampfleitung) [pow]
insulation fault Isolationsfehlstelle *f* [bau]
insulation foil Isolierfolie *f* [met]
insulation for cold Kälteisolierung *f* [bau]
insulation group Isolationsklasse *f* [elt]
insulation jacketing Isolationsverschalung *f* [pow]
insulation layer Dämmschicht *f* [bau]; Isolationsschicht *f* [elt]; Isolierschicht *f* [met]
insulation material Isolierungsmaterial *n* [elt]
insulation monitoring Isolationsüberwachung *f* [elt]
insulation of lamination Blechisolierung *f* [pow]
insulation of the wall Mauerisolierung *f* [bau]
insulation piece Isolierkörper *m* [elt]
insulation pieces, moulded - Isolationsformteile *pl* [bau]
insulation resistance Isolationswiderstand *m* [elt]
insulation sleeving Isolierschlauch *m* [elt]
insulation tape Isolierband *n* [elt]
insulation test Isolationsprüfung *f* [any]
insulation tiles Isolierkacheln *pl* (an Raumfähre) [tra]
insulation transformer Trenntransformator *m* [elt]
insulation value Dämmwert *m* [phy]; Isolierwert *m*
insulation varnish Isolationslack *m* [met]
insulation, acoustical - Schallisolierung *f* [aku]
insulation, low - schlechte Isolierung *f*
insulation, site-foamed - ortverschäumte Isoliermasse *f* [bau]
insulator Dämmstoff *m* [met]; Isolationsstoff *m* [elt]; Isolator *m* [elt]; Isolierkörper *m* [elt]; Nichtleiter *m* [elt]; Isolationsmittel *n* [elt]
insurance Versicherung *f* [jur]
insurance agreement Versicherungsverhältnis *n* [jur]
insurance as provision against new hazards Vorsorgeversicherung *f* [jur]
insurance broker Versicherungsvertreter *m* [jur]
insurance claims Versicherungsentschädigungen *pl* [jur]
insurance contract Versicherungsvertrag *m* [jur]
insurance cover Versicherungsschutz *m* [jur]
insurance fees Versicherungskosten *pl* [jur]
insurance for legal costs Rechtsschutzversicherung *f* [jur]
insurance model Versicherungsmodell *m* [jur]
insurance policy Versicherungspolice *f* [jur]; Versicherungsschein *m* [jur]
insurance premium Versicherungsprämie *f* [jur]
insurance protection Versicherungsschutz *m* [jur]

insurance relationship Versicherungsverhältnis *n* [jur]
insurance tax Versicherungssteuer *f* [jur]
insurance, requirement for - Versicherungsbedarf *m* [jur]
insurance-policy number Versicherungsschein-Nummer *f* [jur]
insured versichert [jur]
insured Versicherter *m* [jur]; Versicherungsnehmer *m* [jur]
insured persons, additional - mitversicherte Personen *pl* [jur]
insured, also - mitversichert [jur]
insurer Versicherungsträger *m* [jur]
intact intakt; unbeschädigt
intact environment intakte Umwelt *f*
intaglio eingravieren *v*
intake Ansaugöffnung *f*; Einlauföffnung *f*; Saugseite *f* (Saugstutzen) [pow]; Einlass *m*; Einlauf *m* [was]; Wassereinlauf *m* [was]; Ansaugen *n*
intake air crossover Ansaugluftleitung *f* [tra]
intake and output of fluids Flüssigkeitshaushalt *m* [hum]
intake canal Oberwasserkanal *m* [was]; Zulaufkanal *m* [prc]
intake channel Einlaufkanal *m* [was]
intake cone Einlaufkegel *m* [pow]
intake connection Ansauganschluss *m* (Hydraulik) [tec]
intake construction Einlaufbauwerk *n* [was]
intake culvert Zulaufkanal *m* [prc]
intake distributor Ansaugverteiler *m* (an Pumpe) [prc]
intake duct Ansaugkanal *m*
intake guide Einlauftrichter *m* [prc]
intake hose, air - Luftsaugschlauch *m* [tra]
intake housing Ansauggehäuse *n* [prc]
intake line Ansaugleitung *f* [prc]; Zulaufleitung *f* [prc]
intake manifold Ansaugkrümmer *m* [tra]; Einlasskrümmer *m* [tra]; Ansaugrohr *n* (Motor) [tra]
intake manifold, air - Ansaugkrümmer *m* (Teil des Motors) [tra]
intake of fluids Flüssigkeitsaufnahme *f*
intake pipe Ansaugrohr *n*; Zulaufrohr *n* [prc]
intake port Ansaugkanal *m* (zum Ventil)
intake side Einlaufseite *f* [prc]; Saugseite *f*
intake silencer Ansauggeräuschdämpfer *m* [tra]
intake stroke Ansaughub *m* (des Kolbens) [pow]
intake structure Einlaufbauwerk *n* [was]
intake valve Einlassventil *n* [prc]
intake valve spring Einlassventilfeder *f* [tec]
intake works Einlaufbauwerk *n* [was]
integer ganzzahlig [mat]
integer Festkommazahl *f* [mat]
integer variable Festkommavariable *f* [mat]
integral einteilig; ganz; ganzzahlig [mat]; gesamt; integrierend
integral Integral *n* [mat]

integral calculus Integralrechnung *f* [mat]
integral control Integralregelung *f*
integral fan mill Gebläsemühle *f* [prc]; Gebläsemühle *f* [prc]
integral helmet Integralhelm *m* (Motorrad-) [tra]
integral oiler Zentralschmieranlage *f* [mbt]
integral representation Integraldarstellung *f* [mat]
integral shaft Einstückwelle *f* (Turbine) [pow]
integral shroud Deckplatte *f* (an Schaufeln) [pow]
integral thread Einschraubgewinde *n* [tec]
integral-type flange fester Flansch *m* [tec]
integralness Ganzzahligkeit *f* [mat]
integrate integrieren *v* [mat]
integrated einheitlich (in sich geschlossen)
integrated cardboard Verbundkarton *m* [met]
integrated circuit integrierte Schaltung *f* [elt]; integrierter Schaltkreis *m* [elt]
integrated coal gasification combined-cycle power plant Kombikraftwerk mit integrierter Kohlevergasung *n* [pow]
integrated component integrierte Baueinheit *f* [con]
integrated environmental protection integrierter Umweltschutz *m*
integrated pest management integrierte Schädlingsbekämpfung *f* [far]
integrated pollution control integrierter Umweltschutz *m*
integrated software development integrierte Softwareentwicklung *f* [edv]
integrated transport kombinierter Verkehr *m* [tra]
integrated waste recycling integrierte Abfallverwertung *f* [rec]
integrating integrierend
integrating gear Integrierwerk *n* [mat]
integration Einbindung *f*; Integration *f* [mat]
integration method Integrationsverfahren *n* [mat]
integrator Integrator *m* [mat]
intelligence Intelligenz *f*
intelligence, artificial - künstliche Intelligenz *f*
intelligent intelligent
intelligent building intelligentes Gebäude *n* (mit Hightech ausgerüstet) [bau]
intend beabsichtigen *v*
intended application vorgesehener Einsatzbereich *m*
intended use Verwendungszweck *m*
intense intensiv
intensification Verstärkung *f* (Intensivierung)
intensifier Verstärker *m* [elt]
intensifier-type mixer Intensivmischer *m* [prc]
intensify intensivieren *v*; verstärken *v* [opt]
intensifying Intensivierung *f*
intensimeter Intensimeter *n*
intensity Bildhelligkeit *f* (auf dem Schirm) [edv]; Heftigkeit *f*; Intensität *f*; Stärke *f* (Intensität); Stärkegrad *m*
intensity control Helligkeitsregler *m*; Helligkeitsregler *m* [elt]
intensity method Intensitätsverfahren *n*
intensity modulation Helligkeitsmodulation *f* [elt]

intensity of field Feldstärke *f* [phy]
intensity of heat Hitzegrad *m*
intensity of illumination Beleuchtungsstärke *f* [opt]
intensity of irradiation Bestrahlungsstärke *f* [phy]
intensity of sound Schallstärke *f* [aku]
intensity, acoustic - Schallintensität *f* [aku]; Schallstärke *f* [aku]
intensive intensiv; stark (intensiv)
intensive agriculture Intensivkultur *f* [far]
intensive animal industry Intensivviehhaltung *f* [far]
intensive animal production Intensivtierhaltung *f* [far]
intensive care Intensivstation *f* (in Krankenhaus) [hum]
intensive cultivation Intensivanbau *m* [far]
intensive mixer Intensivmischer *m* [prc]
intensive rearing Intensivhaltung *f* [far]
intent Vorsatz *m* (Absicht) [jur]
intent, letter of - Absichtserklärung *f* [jur]
intention Vorsatz *m*
intentional absichtlich; gezielt
inter office communication Bürokommunikation *f* [edv]
inter-city Intercity *m* (Zug) [tra]
inter-company order interne Bestellung *f*; interner Auftrag *m* (von eigener Firma)
inter-weaving Verknüpfung *f* (zweier Systeme) [tec]
interaction Einwirkung *f* (Wechselwirkung); Interaktion *f*; Rückkopplung *f*; wechselseitige Einwirkung *f*; Wechselwirkung *f*
interactive interaktiv (Software) [edv]; wechselseitig beeinflussend
interactive system Dialogsystem *n* [edv]
interburden Zwischenschicht *f* (zwischen Flözen) [roh]
intercalation compound Einlagerungsverbindung *f* [che]
intercalibration Vergleichseichung *f* [any]
intercellular interzellular [bio]
intercept abhängen *v*; einfangen *v* (abfangen)
intercept device Abfangeinrichtung *f*
intercept disc Abfangscheibe *f* (im Ventil) [prc]
intercept stop control valve Abfangschnellverschlussventil *n* [pow]
intercept valve Abfangklappe *f* [pow]; Abfangventil *n* [pow]
intercepting ditch Abfanggraben *m* [bau]
intercepting sewer Abwassersammler *m* [was]; Sammelabwasserkanal *m* [was]
intercepting trap Geruchverschluss *m* [was]
interceptor Abscheider *m*; Abwasserklärer *m* [was]; Abwassersammler *m* [was]; Einlaufschacht *m*
interchange Auswechslung *f*; Austausch *m* (Tausch); Kreuzungsbauwerk *n* [tra]
interchange austauschen *v* (tauschen); auswechseln *v*; vertauschen *v*; wechseln *v* (untereinander austauschen)
interchange station Umsteigebahnhof *m* [tra]
interchangeability Austauschbarkeit *f*

interchangeable austauschbar; auswechselbar
intercom Sprechanlage *f* [edv]
intercom station Sprechstelle *f* [edv]
intercom system Gegensprechanlage *f* [edv]
intercommunication gegenseitige Verbindung *f* [edv]
interconnect durchschalten *v* [elt]; zusammenschalten *v*
interconnected operation Verbundbetrieb *m*
interconnected system Verbundnetz *n* [elt]
interconnecting channel Verbindungskanal *m* [prc]
interconnection gegenseitige Verbindung *f* [edv]; Verflechtung *f*; Verbundbetrieb *m*; Zusammenschluss *m*; Verbundnetz *n* [elt]; Zwischenglied *n* [tec]
intercontinental interkontinental
intercooler Ladeluftkühler *m* [tra]; Zwischenkühler *m* [pow]
intercourse Verkehr *m* (zwischenmenschlich, sexuell)
intercrystalline interkristallin [che]
intercrystalline corrosion Korngrenzenkorrosion *f* [met]
interdict untersagen *v*
interdiction Gebot *n* (auch Verbot); Verbotsschild *n*
interdiction plate Gebotsschild *n* (auch Verbot)
interest Teilnahme *f* (Interesse); Interesse *n*
interest groups Interessengruppen *pl* [jur]
interested parties interessierte Kreise *pl*
interface Anschlussstelle *f* [elt]; Grenzfläche *f*; Schnittstelle *f*; Trennfläche *f*
interface anschließen *v* (an Schnittstelle); verbinden *v*
interface echo Eintrittsecho *n* [elt]
interface potential Grenzflächenpotential *n* ((variant)); Grenzflächenpotenzial *n* ((variant))
interface relay Koppelrelais *n* [elt]
interface representation Schnittstellendarstellung *f* [con]
interfacial corrosion Grenzflächenkorrosion *f* [met]
interfacial diffusion Grenzflächendiffusion *f*
interfacial level indicator Trennschichtenmesser *m* [any]
interfacial phenomenon Grenzflächenerscheinung *f*
interfacial seal Stirnflächendichtung *f* [tec]
interfacial surface energy Grenzflächenenergie *f*
interfacial tension Grenzflächenspannung *f* [met]
interfere interferieren *v* [opt]; stören *v* (unterbrechen); überlagern *v* [phy]
interference Einstreuung *f* [phy]; Einwirkung *f* (Einmischung); Interferenz *f* [opt]; Störung *f* (Einmischung von außen) [elt]; Störung *f* (Unterbrechung); Überlagerung *f* (z.B. Rauschen) [phy]
interference blanking Störaustastung *f* [tra]
interference current Störstrom *m* [elt]
interference factor Störgröße *f* (Regelung); Störfaktor *m*
interference field Störfeld *n* [elt]
interference fit Presspassung *f* [tec]; Festsitz *m* (Presssitz) [tec]
interference fringes Streifenmuster *n*

interference level Störpegel *m* [aku]
interference on vision Bildstörung *f* [edv]
interference pattern Interferenzfigur *f* [elt]; Interferenzbild *n* [elt]
interference simulator Störsimulator *m* [elt]
interference spectrum Interferenzspektrum *n* [opt]
interference suppressed entstört [elt]
interference suppression Entstörung *f* [tra]
interference suppressor Störsperre *f* (Störsperrenfilter) [elt]; Entstörzusatz *m* [tra]
interference, actual - Istübermaß *n* [con]
interfering wave Störwelle *f* (die immer durchkommt) [elt]
interferometer Interferometer *n* [any]
interferometry Interferometrie *f* [any]
intergenerational Generationen-
intergranular interkristallin
intergranular corrosion Korngrenzenkorrosion *f* [met]
interim balance Zwischenbilanz *f* [eco]
interim block Zwischenbock *m* [tra]
interim calculation Zwischenrechnung *f*
interim contract status report Zwischenabrechnung *f*
interim machine Überbrückungsgerät *n* (bis Neugerät)
interim position Zwischenstellung *f* (z.B. des Fensters) [tra]
interim result Zwischenergebnis *n*
interim solution Übergangslösung *f*
interim storage facility Zwischenlager *n* (für Abfälle) [rec]
interim storing Zwischenlagerung *f* (z.B. eines Teiles) [eco]
interim transportation Zwischentransport *m* [tra]
interior Inneneinrichtung *f* (des Autos) [tra]; Inneres *n*
interior canals Innenraum *m* (bei Gussteilen) [tec]
interior climate Raumklima *n* [bau]
interior coating Innenanstrich *m* [met]
interior drainage Binnenentwässerung *f* [was]
interior finish Innenputz *m* [bau]
interior lamp Innenleuchte *f* [elt]
interior light Innenbeleuchtung *f* (Auto) [tra]
interior lighting Innenbeleuchtung *f* (Zug) [tra]
interior lining Innenverkleidung *f* [tec]
interior lit innenbeleuchtet
interior of earth Erdinneres [geo]
interior paint Innenanstrichfarbe *f* [met]
interior painting Innenanstrich *m* [met]
interior panel Innenbalustrade *f* (Rolltreppe) [tra]
interior plaster Innenputz *m* [bau]
interior space Innenraum *m*
interior temperature Innentemperatur *f*
interior trim Innenausstattung *f* (Auto) [tra]
interior view Innenansicht *f*
interior wall Innenwand *f* [bau]
interior work Innenausbau *m* [bau]; Innenarbeiten *pl*
interlace flechten *v* [wer]; verflechten *v*; vernetzen *v*; verschachteln *v* [wer]

interlaced verschachtelt [wer]
interlacing Verflechtung *f*; Verschränkung *f* [wer]
interlayer Trennschicht *f* [met]; Zwischenlage *f* (Schicht) [met]
interleaved überlappend; überlappt
interlining felt Einlagevlies *n* [met]
interlink vernetzen *v*
interlinking Kopplung *f*
interlock Verknüpfung *f* [elt]
interlock blockieren *v* (sperren); ineinander greifen *v* (Verriegelung) [tec]; sperren *v*; verbinden *v*; verriegeln *v* [tec]; verzahnen *v* [tec]
interlock ball Riegelkugel *f* [tra]
interlock circuit Verriegelungsschaltung *f* [elt]
interlock device Riegel *m* [tra]
interlock logic Verriegelung *f* [edv]
interlock plug Riegelstopfen *m* [tra]
interlock spring Riegelfeder *f* [tra]
interlocked, be - ineinander greifen *v* (Arbeitsgänge)
interlocking formschlüssig; ineinander greifend
interlocking Verriegelung *f* [tec]; Verspannung *f*
interlocking bar Verschlussschieber *m*
interlocking device Verriegelungseinrichtung *f* (Arbeitssicherheit) [wer]
interlocking mechanism Verriegelungseinrichtung *f* [tec]
intermediary stage Zwischenstufe *f*
intermediate Zwischenstufe *f* (chem. Verbindung) [che]; Zwischenprodukt *n* [eco]
intermediate air release Zwischenbelüftung *f* [prc]
intermediate annealing Zwischenglühen *n* [roh]
intermediate balustrade Zwischenbalustrade *f* [mbt]
intermediate bearing Zwischenlager *n* [tec]
intermediate bearing pedestal Mittellagerbock *m* (Getriebe) [tec]
intermediate bottom Zwischenboden *m* [bau]
intermediate case Zwischengehäuse *n* [tec]
intermediate ceiling Zwischendecke *f* [bau]
intermediate container Zwischenbehälter *m*
intermediate conveyor car Zwischenbandförderer *m* (besser: -wagen) [mbt]; Zwischenbandwagen *m* [mbt]
intermediate cooler Zwischenkühler *m* [pow]
intermediate cooling Zwischenabkühlung *f* [pow]; Zwischenkühlung *f*
intermediate coupling Zwischenkupplung *f* [tec]
intermediate cover Zwischendeckel *m* [tec]
intermediate decking Zwischenverkleidung *f* [mbt]
intermediate exhaust flap Zwischenbauklappe *f* (hier Ausstoß) [mbt]
intermediate flange Zwischenflansch *m* [tra]
intermediate floor Geschossdecke *f* [bau]
intermediate gear Vorgelege *n* [tec]; Vorschaltgetriebe *n* [tec]; Zwischengetriebe *n* [tec]; Zwischenrad *n* [tra]
intermediate gear pinion Vorgelegeritzel *n* [tec]
intermediate gear shaft Vorgelegewelle *f* [tec]
intermediate gearbox Vorgelegegetriebe *n* [tec]
intermediate gearing Zwischengetriebe *n* [tec]

intermediate guide blade Zwischenleitschaufel *f* [pow]
intermediate guide wheel Zwischenleitrad *n* [pow]
intermediate layer Zwischenlage *f* [met]
intermediate leak-off Zwischenabsaugung *f* [pow]
intermediate link Zwischenglied *n* [tec]
intermediate member Zwischenglied *n* [tec]; Zwischenstück *n* [bau]
intermediate piece Einsatzstück *n*
intermediate plate Zwischenplatte *f*
intermediate pressure Zwischendruck *m* [pow]
intermediate pressure cylinder Mitteldruckzylinder *m* [pow]
intermediate pressure element Mitteldruckteil *n* [pow]
intermediate pressure stage Mitteldruckstufe *f* [pow]
intermediate product Halbfabrikat *n*; Zwischenprodukt *n* [eco]
intermediate reaction Zwischenreaktion *f* [che]
intermediate result Zwischenergebnis *n*
intermediate ring Zwischenring *m* [tec]
intermediate shaft Vorgelegewelle *f* [tec]; Zwischenwelle *f* [tra]; Mittelanker *m* [pow]
intermediate space Zwischenraum *m*
intermediate state Übergangszustand *m*
intermediate storage Zwischenlagerung *f* [eco]; Zwischenlager *n* (für Waren) [eco]
intermediate stream Zwischenstrom *m* [prc]
intermediate support Zwischenabstützung *f* (bei langen Rolltreppen) [mbt]
intermediate tank Zwischenbehälter *m*
intermediate test Zwischenprüfung *f*
intermediate trade Zwischenhandel *m* [eco]
intermediate value Zwischenwert *m*
intermediate valve Zwischenventil *n* [prc]
intermediate wheel Zeigerstellrad *n* (Uhrwerk) [tec]
intermedium Zwischenraum *m*
intermesh vermaschen *v*; vernetzen *v*
intermeshed vermascht
intermeshing ineinander greifend (Zahnrad) [tec]
intermetallic intermetallisch [met]
intermingle vermischen *v* [prc]
intermission Ruhe *f* (Pause)
intermit aussetzen *v* (zeitweilig)
intermittence Diskontinuität *f*
intermittent diskontinuierlich; gestrichelt (Zeichnung) [con]; intermittierend; periodisch (periodisch auftretend); pulsierend
intermittent assembly line Taktstraße *f* [eco]
intermittent contact Wackelkontakt *m* (an-aus-anaus) [elt]
intermittent lubrication Intervallschmierung *f* [tec]
intermittent mixing plant Chargenmischanlage *f* [bau]
intermittent operation Aussetzbetrieb *m*
intermittent slag-tapping type boiler Kessel mit flüssiger und trockener Entaschung *m* [pow]
intermittently satzweise [prc]

intermix durchmischen *v*; vermischen *v* [prc]
intermixing Durchmischung *f*
intermolecular intermolekular [che]
internal inländisch; innen; innenliegend; inner; innere(r); innerlich; intern; licht (in lichte Höhe)
internal action innere Einwirkung *f*
internal address interne Adresse *f* (Software) [edv]
internal band brake Innenbandbremse *f* [tra]
internal broach Räumnadel *f* (bearbeitet Zylinderinnenwand) [wer]
internal bus interner Bus *m* [edv]
internal capacitance Eigenkazität *f* [elt]
internal centring Innenzentrierung *f* [con]
internal character set interner Zeichenvorrat *m* (Software) [edv]
internal circuit innerer Stromkreis *m* [elt]
internal cleaning innere Reinigung *f*
internal combustion engine Verbrennungskraftmaschine *f* [tra]; Verbrennungsmaschine *f* [tra]; Explosionsmotor *m* [pow]; Verbrennungsmotor *m* [pow]
internal cone Innenkegel *m* [tec]
internal cone pin Endbolzen *m* [mbt]; Innenkegelendbolzen *m* [tec]; Kegelendbolzen *m* [tec]
internal consumption Eigenverbrauch *m*
internal data safeguarding interne Datensicherung *f* (Software) [edv]
internal designation plate interner Wegweiser *m*
internal diameter Innendurchmesser *m* [con]; innerer Durchmesser *m* [con]; lichter Durchmesser *m* [con]
internal dimension Innenmaß *n*
internal document interner Beleg *m*
internal expanding brake Innenbackenbremse *f* [tra]
internal expending brake Backenbremse *f* [tra]
internal finishing Innenausbau *m* [bau]
internal fittings Einbauten *pl*
internal frequency Eigenfrequenz *f* [phy]
internal friction Eigenreibung *f*; innere Reibung *f* [phy]
internal furnace Innenfeuerung *f* [pow]
internal gear Innenverzahnung *f* (u.a. bei Kugeldrehverbindung) [tec]; innen verzahntes Rad *n* [tec]; Innenrad *n* [tec]; Innenzahnrad *n* [tec]
internal gear pump Innenzahnradpumpe *f* [tec]
internal geared wheel Hohlrad *n* (Innenrad) [tra]; Innenrad *n* (Hohlrad) [tra]
internal gearing Innenverzahnung *f* (bei Kugeldrehverbindung) [tec]
internal grind schleifen *v* (innenschleifen) [wer]
internal grinding Innenschliff *m* [wer]; Innenschleifen *n* [wer]
internal grinding machine Innenschleifmaschine *f* [wzg]
internal heating Innenheizung *f* [pow]
internal helical gear Innenrad mit Schrägverzahnung *n* [tec]
internal hexagon Innensechskant *m* [tec]
internal hole Innenbohrung *f* [tec]

internal layout Innenaufteilung *f*
internal lining Innenauskleidung *f*
internal lipped ring Innenlippendichtring *f* [tra]; Innenlippenring *m* [tec]
internal logistics innerbetriebliche Logistik *f* [tra]
internal measure Innenmaß *n*
internal measuring gauge Innenmessschraube *f* [any]
internal mounting Innenlagerung *f* [tec]
internal noise Eigenrauschen *n*; Innengeräusch *n* [aku]; Untergrundgeräusch *n* [aku]; Untergrundrauschen *n* [edv]
internal packing Inneneinlage *f* [tec]; Innenpackung *f* (Dichtung) [tec]
internal pilot oil feed interne Steuerölzuführung *f* [tec]
internal pipe thread Rohrinnengewinde *n* [tec]
internal plant Innenanlage *f*
internal plaster Innenputz *m* [bau]
internal pressure Binnendruck *m*; Innendruck *m*; innerer Druck *m* [phy]
internal pressure stress Innendruckbeanspruchung *f*
internal purposes only, for - nur für den internen Gebrauch
internal relationship between the parties involved Innenverhältnis *n* [eco]
internal resistance Innenwiderstand *m* [elt]
internal ring Innenring *m* [tec]
internal snap ring Innensimmering *m* [tec]
internal spindle Innenspindel *f* [tec]
internal spline Keilnabe *f* (Keilwelle) [tec]
internal spur gear Innenrad mit Geradverzahnung *n* (Getriebe) [tec]
internal storage interner Speicher *m* [edv]
internal stress Eigenspannung *f* [phy]
internal structure innerer Aufbau *m* (in Zeichnungen) [con]
internal surface Innenfläche *f*
internal tab washer Scheibe mit Nase innen *f* [tec]
internal taper innerer Beidrehwinkel *m* [tec]
internal tariffs Binnenzölle *pl* [jur]
internal telephone Haustelefon *n* [edv]
internal tension Eigenspannung *f* [phy]
internal thread Innengewinde *n* [tec]; Muttergewinde *n* [tec]
internal toothing Innenverzahnung *f* [tec]
internal traffic Inlandsverkehr *m* [tra]; Innenverkehr *m* [tra]; innerbetrieblicher Verkehr *m* [tra]
internal view Innenansicht *f*
internal-cone pin Kegelendbolzen *m* [tec]
internalization Internalisierung *f*
internalization of environmental costs Internalisierung der Umweltbelastungen *f*
internally geared innen verzahnt [tec]
internally pressurized innendruckbeansprucht *f* [met]
internally toothed innen verzahnt [tec]
internally toothed hub Zahnnabe *f* (innenverzahnte Nabe) [tec]

internals Einbauten *pl*
international Auslands..; international
international agreement internationales Abkommen *n* [jur]
international environmental agreements internationale Umweltschutzabkommen *pl* [jur]
international loading gauge internationales Lademaß *n* [tra]
international metric measures metrisches Maßsystem *n* [any]
International Organization of Standardization Internationale Standardisierungsorganisation *f*
international port Überseehafen *m* [tra]
international representative Auslandsvertretung *f* [eco]
international standardization internationale Normung *f* [nor]
international standards internationale Normen *pl* [nor]
International Standards Organisation Internationale Normen-Organisation *f* (ISO) [nor]
international treaty Staatsvertrag *m* [jur]
interoffice innerbetrieblich
interoffice communication Haustelefon *n* [edv]
interoffice memorandum interne Aktennotiz *f* [eco]
interpass Zwischenlage *f* (Schweißlage) [wer]
interpenetration gegenseitige Durchdringung *f*
interphone Haustelefon *n* [edv]
interpolate interpolieren *v*
interpolation Interpolation *f*
interpose zwischenschalten *v* (Heizflächen) [pow]
interposition Zwischenstellung *f*
interpret auswerten *v* (erklären); deuten *v* (auslegen); dolmetschen *v* (übersetzen); interpretieren *v*
interpretation Auslegung *f* (Deutung); Auswertung *f*; Interpretation *f*; Übersetzung *f* (einer Fremdsprache, Dolmetschen)
interpretative interpretierend
interpreter Dolmetscher *m*; Interpreter *m* (Software) [edv]; Übersetzer *m* (Dolmetscher); Übersetzungsprogramm *n* (Software) [edv]
interpreter language Interpretersprache *f* (Software) [edv]
interrelated Wechselbeziehung *f* (in - stehen)
interrogate abfragen *v* (Messgerät) [any]
interrogating head Abfrageknopf *m* [edv]
interrogation Abfrage *f* (Telefon) [edv]
interrogation mark Fragezeichen *n* (Textverarbeitung)
interrupt Unterbrechung *f* [edv]
interrupt abbrechen *v* (unterbrechen); ausschalten *v* (unterbrechen); aussetzen *v*; trennen *v* (abschalten); unterbrechen *v* (abbrechen)
interrupted intermittierend; unterbrochen
interrupter Unterbrecher *m* [elt]
interrupting current Abschaltstrom *m* [elt]
interrupting time Ausschaltdauer *f*
interruption Betriebsstörung *f*; Störung *f* (Unterbrechung d. Laufes RT); Unterbrechung *f* (Störung); Einhalt *m*
interruption of operation Betriebsunterbrechung *f*
interruption of the current Stromunterbrechung *f* [elt]
intersect durchschneiden *v*; kreuzen *v* (sich schneiden); schneiden *v* (kreuzen); zerlegen *v* (zerschneiden) [wer]
intersecting plane Schnittfläche *f* [wer]
intersecting point Schnittpunkt *m*
intersection Kreuzung *f* (große Straßenkreuzung) [tra]; Schnittmenge *f* [mat]; Straßenkreuzung *f* [tra]; Verzweigung *f* [tra]; Durchschnitt *m* [mat]; Knotenpunkt *m* (Verkehrskreuzung) [tra]; Schnittpunkt *m* [mat]
intersection count for traffic Knotenpunktzählung *f* (Verkehr) [tra]
intersection line Schnittlinie *f* [con]
intersection of axes Achsenkreuzung *f* (gedachter Achsen) [con]
intersection point Kreuzungspunkt *m* [bau]
interspace Zwischenraum *m*
intersperse einstreuen *v* [phy]
interstage attemperator zwischengeschalteter Kühler *m* [pow]
interstage seal Innenstopfbuchse *f* [tec]
interstage transportation Zwischenübersetzung *f* [elt]
interstice Fuge *f* (Spalt); Lücke *f* (Zwischenraum, Spalte); Hohlraum *m* (Zwischenraum); Zwischenraum *m* (Spalt)
interstice of the grate Rostspalt *m* [pow]
interstitial compound Einlagerungsverbindung *f* [che]
interval Spanne *f* (Zeit); Strecke *f* (Zwischenraum); Zwischenpause *f*; Abstand *m* (Intervall); Zwischenraum *m*; Intervall *n*
intervene eingreifen *v*; intervenieren *v* (einschreiten)
intervention Eingriff *m* (z.B. durch den Staat) [jur]; Einschreiten *n*
interview Befragung *f*
interview befragen *v*
interweave einflechten *v* [wer]; verflechten *v*
intolerable untragbar
intoxicate vergiften *v*
intoxication Vergiftung *f*
intra-group turnover interner Umsatz *m* [eco]
intracompany sales Innenumsatz *m* [eco]
intractable hartnäckig; unnachgiebig (Werkstoff) [met]
intractable wastes schwer zu behandelnde Abfälle *pl* [rec]
intramural intern (firmen-intern) [eco]
intransparent undurchsichtig
intravenous intravenös [hum]
intricacy of design Feingliedrigkeit *f* (bei Schmiedestück) [met]
intricate kompliziert
intrinsic eigen (wahr); eigenleitend [elt]; eigentlich; spezifisch; wahr [phy]

intrinsic resistance Eigenwiderstand *m* [elt]
intrinsic value Eigenwert *m* [mat]
intrinsically reliability Eigensicherheit *f*
intrinsically safe eigensicher
introduce einbringen *v* (einführen); einführen *v* (jemanden vorstellen); einlegen *v* (einsetzen); einleiten *v* (einführen); einsetzen *v* (einführen); eintragen *v* (in Objekt); zugeben *v* (einführen)
introducing Einleiten *n* (Einführen)
introduction Einführung *f*; Einleitung *f* (einleitender Teil); Einbringen *n* [jur]
introduction on the market Markteinführung *f* [eco]
intruded nitriert [met]
intruding the environment, not unduly - umweltfreundlich
intrusion Einlagerung *f* (Einschluss); Eindringen *n*
inundate überfluten *v* (überschwemmen)
inundation Überflutung *f* (z.B. Turbine); Überschwemmung *f* (Überhäufung); Hochwasser *n* (Überschwemmung)
inundation protection Hochwasserschutz *m* [was]
invalid ungültig
invalidate annullieren *v*
invalidation Annullierung *f*
invalidity Ungültigkeit *f*
invariable invariabel; konstant (unveränderlich); unveränderbar; unveränderlich
invariant invariant [mat]
invariant Invariante *f* [mat]
invent erfinden *v*
invention Erfindung *f*; Schöpfung *f*
inventive erfinderisch
inventor Erfinder *m*
inventory Inventur *f* [eco]; Lagerhaltung *f* (Vorrat); Bestand *m* (Vorrat); Lagerbestand *m*; Bestandsverzeichnis *n* [eco]; Inventar *n* (Verzeichnis)
inventory inventarisieren *v* [eco]
inventory counting sheet Inventurzählbeleg *m* [eco]
inventory file Inventurbestand *m* (Liste in EDV) [edv]; Lagerbestand *m* (gelagerte Menge)
inventory of finished goods Bestand an fertigen Erzeugnissen *m* [eco]
inventory processing Inventur *f* (Pflege mittels EDV) [edv]
inventory variation Bestandsveränderung *f* [eco]
inventory, emissions - Emissionskataster *n*
inventory, make an - inventarisieren *v* [eco]
inverse entgegengesetzt (umgekehrt); invers [mat]; umgekehrt (Verhältnis)
inverse Gegenteil *n*
inverse current Sperrstrom *m* [elt]
inverse direction, diode - Diodensperrrichtung *f* [elt]
inverse feedback Gegenkopplung *f*
inverse voltage Sperrspannung *f* [elt]
inversely proportional umgekehrt proportional [mat]
inversion Inversion *f* [wet]; Umkehrung *f*; Austausch *m* (Wetterlage) [wet]
inversion circuit Reversierschaltung *f* [tec]
inversion layer Inversionsschicht *f* [wet]

inversion temperature Inversionstemperatur *f* [wet]; Umkehrtemperatur *f*
inversion weathering condition Inversionswetterlage *f* [wet]
inversion, point of - Knickpunkt *m* [che]
invert invertieren *v* [mat]; umkehren *v*
inverted Kopf stehend; umgekehrt (Bild)
inverted comma Apostroph *m* (Text); Hochkomma *n* (Textverarbeitung)
inverted commas Anführungsstriche *pl* (Text); Anführungszeichen *pl* (Text)
inverted image Kehrbild *n* [opt]
inverter Wechselrichter *m* [elt]
inverting amplifier invertierender Verstärker *m* [elt]
invest investieren [eco]
invest money Geld anlegen *v* [eco]
investigate ausforschen *v*; erforschen *v*; nachforschen *v*; prüfen *v* (erforschen); untersuchen *v* [any]
investigating committee Untersuchungsausschuss *m* [jur]
investigation Erkundung *f*; Ermittlung *f*; Nachforschung *f*; Prüfung *f* (Untersuchung) [any]; Untersuchung *f* [jur]; Untersuchung *f* (Forschung) [any]
investigation of fault Schadensaufnahme *f*; Schadensfeststellung *f* (Schadensaufnahme)
investigation of mechanical properties of soil bodenmechanische Untersuchungen *pl* [any]
investigation order Untersuchungsanordnung *f* [jur]
investigation, method of - Untersuchungsverfahren *n* [any]
investigation, results of an - Untersuchungsergebnis *n*
investment Beteiligung *f* (Wirtschaft); Investitionen *pl* [eco]
investment casting Feingießen *n* [met]
investment casting, precision - Präzisionsguss *m* [met]
investment costs Anlagekosten *pl* [eco]; Investitionskosten *pl* [eco]
investment goods Investitionsgüter *pl* [eco]
investment risk Investitionsrisiko *n* [eco]
investments Vermögenswerte *pl* [eco]
inviolable unantastbar
invisibility Unsichtbarkeit *f*
invisible unsichtbar
invitation to bid Ausschreibung *f* [eco]
invitation to tender Ausschreibung *f* [eco]
invite quotations Angebot einholen [eco]
invoice Rechnung *f* (kaufmännisch) [eco]
invoice Rechnung ausstellen *v* [eco]; verrechnen *v* [eco]
invoice price Rechnungspreis *m* [eco]
invoice received Eingangsrechnung *f* [eco]
invoice sent out Ausgangsrechnung *f* [eco]
invoice total Rechnungsbetrag *m* [eco]
invoice, check an - Rechnung prüfen *v* [eco]
invoice, settle an - Rechnung bezahlen *v* [eco]
invoicing Fakturierung *f*; Rechnungswesen *n* [eco]

invoke zu Hilfe rufen (z.B. ein Programmteil) [edv]
invoke aufrufen *v*
involute Evolvente *f*
involute gear Evolventenrad *n* (Zahnrad) [tec]
involute gear wheel evolventenverzahntes Rad *n* [tec]
involute geared evolventenverzahnt [tec]
involute gearing evolventenverzahnt [tec]
involute gearing Evolventenverzahnung *f* [tec]; Vielzahnwelle *f* (als Übertragung) [tec]
involute helical gearing Evolventenschrägverzahnung *f* [tec]
involute helical tooth gearing Evolventenschrägverzahnung *f* [tec]
involute spline Keilwellenprofil *n* (evolventenverzahnt) [tec]
involute toothing Evolventenverzahnung *f* [tec]
involute-toothed evolventenverzahnt [tec]
involved kompliziert; umständlich
inward bulge Einbuchtung *f*
inward facing side Innenseite *f*
iodinate jodieren *v* [che]
iodination Jodierung *f* [che]
iodine Jod *n* (I) [che]
iodine absorption value Jodzahl *f* [opt]
iodine number Jodzahl *f* [was]
iodine solution Jodlösung *f* [che]
iodine test Jodprobe *f* [che]
iodine water Jodwasser *n* [che]
ion Ion *n* [che]
ion absorption Ionenaufnahme *f* [che]
ion accelerator Ionenbeschleuniger *m* [phy]
ion activity Ionenaktivität *f* [che]
ion adsorption Ionenadsorption *f* [che]
ion chain Ionenkette *f* [che]
ion combination Ionenverbindung *f* [che]
ion density Ionendichte *f* [che]
ion dose Ionendosis *f* [phy]
ion dose rate Ionendosisleistung *f* [phy]
ion drift velocity Ionenwanderungsgeschwindigkeit *f* [phy]
ion equilibrium dose Gleichgewichtsionendosis *f* (Kerntechnik) [pow]
ion exchange Ionenaustausch *m* [che]
ion exchange resin Austauscherharz *n* [che]
ion exchanger Ionenaustauscher *m* [prc]
ion formation Ionenbildung *f* [che]
ion gauge Ionisationsmanometer *n* [any]
ion migration Ionenwanderung *f* [phy]
ion mobility Ionenbeweglichkeit *f* [phy]
ion pair Ionenpaar *n*
ion ray Ionenstrahl *m* [phy]
ion source Ionenquelle *f* [phy]
ion transition Ionenübergang *m* [che]
ion transport Ionentransport *m*
ion uptake Ionenaufnahme *f* [che]
ion-exchange capacity Ionenaustauschkapazität *f* [prc]
ion-exchange equipment Ionenaustauschanlage *f* [prc]

ion-exchange medium Ionenaustauschermasse *f* [met]
ion-exchange process Ionenaustauschverfahren *n* [prc]
ion-exchange resin Ionenaustauscherharz *n* [met]
ion-exchange system Ionenaustauscheranlage *f* [prc]
ion-exchange technique Ionenaustauschverfahren *n* [prc]
ionic ionisch
ionic beam Ionenstrahlung *f* [phy]
ionic bond Ionenbindung *f* [che]
ionic charge Ionenladung *f* [elt]
ionic concentration Ionenkonzentration *f*; Ionengehalt *m*
ionic conductivity Ionenleitung *f* [elt]
ionic current Ionenstrom *m*; Ionisationsstrom *m*
ionic density Ionendichte *f* [che]
ionic discharge Ionenentladung *f* [elt]
ionic dosimeter Ionendosimeter *n* [any]
ionic equilibrium Ionengleichgewicht *n*
ionic migration Ionenwanderung *f* [phy]
ionic product Löslichkeitsprodukt *n* [che]
ionic quantimeter Ionendosismesser *m* [any]; Ionendosimeter *n* [any]
ionic radiation Ionenstrahlung *f* [phy]
ionic reaction Ionenreaktion *f* [che]
ionic strength Ionenkonzentration *f*; Ionengehalt *m*
ionic surface-active agent ionogenes Tensid *n* [met]
ionic valency Ionenwertigkeit *f*
ionium Ionium *n* (chem. El.: Io) [che]
ionizable ionisierbar [che]
ionization Dissoziation *f* [che]; Ionisation *f*; Ionisierung *f*
ionization balance Ionisationsgleichgewicht *n* [che]
ionization chamber Ionisationskammer *f* [phy]
ionization current Ionenstrom *m*; Ionisationsstrom *m*
ionization energy Ionisationsenergie *f* [phy]
ionization gauge Ionisationsmanometer *n* [any]
ionization rate Ionisationsrate *f* [phy]
ionization voltage Ionisationsspannung *f*; Ionisierungsspannung *f* [elt]
ionize dissoziieren *v* [che]; ionisieren *v* [che]
ionized gas ionisiertes Gas *n*
ionized radiation ionisierende Strahlung *f* [phy]
ionized water ionisiertes Wasser *n* [was]
ionized, highly - hochionisiert
ionizer Ionisator *m*
ionizing Ionisation *f*; Ionisierung *f*
ionizing energy Ionisierungsenergie *f* [che]
ionizing potential Ionisierungsenergie *f* [che]
ionizing power Ionisierungsvermögen *n* [che]
ionizing radiation ionisierende Strahlung *f* [phy]
ionogenic Ionen erzeugend
ionomer Ionomer *n* [che]
ionosphere Ionosphäre *f*
ions, formation of - Ionenbildung *f* [che]
iridium Iridium *n* (chem. El.: Ir) [che]
iron eisern (aus Eisen)
iron Eisen *n* [met]

iron aggregates Eisenzuschlagstoffe *pl* [met]
iron alloy Eisenlegierung *f* [met]
iron and steel industry Hüttenindustrie *f* [roh]
iron and steel works Hüttenwerk *n* [roh]
iron bar Eisenstange *f* [tec]
iron bars, large - Grobeisen *n* [met]
iron bath Eisenbad *n* [met]
iron building Eisenkonstruktion *f* [tec]
iron casting Eisenguss *m* [roh]; Eisengussstück *n*
iron cement Eisenkitt *m* [met]
iron chain Eisenkette *f* [tec]
iron cladding Panzer *m* (Panzerung) [tec]
iron colour Eisenfarbe *f* [che]
iron compound Eisenverbindung *f* [che]
iron constantan element Eisenkonstantanelement *n* [any]
iron content Eisengehalt *n*
iron core Eisenkern *m* [elt]
iron covering Blechmantel *m*
iron cutters Eisenschere *f* [wzg]
iron dross Gussschlacke *f* [rec]; Eisensinter *m* [met]
iron dust Eisenfeilstaub *n* [rec]
iron extraction Enteisenung *f*
iron extraction plant Enteisenungsanlage *f* [was]
iron fence Eisengitter *n* (Drahtnetz) [met]
iron filings Eisenabfall *m* [rec]; Eisenstaub *m* [rec]; Eisenfeilspäne *pl* [rec]; Eisenspäne *pl* [rec]
iron foundry Eisenschmelzhütte *f* [roh]; Graugießerei *f* [met]
iron girder Eisenträger *m* [tec]
iron grey eisengrau (RAL 7011) [nor]
iron hammer scale Hammerschlag *m* [met]
iron hoop Eisenband *n* [met]
iron industry Eisenindustrie *f* [roh]
iron lacquer Eisenlack *m* [che]
iron mantle Eisenmantel *m*
iron mica Eisenglimmer *m* [met]
iron mine Eisenbergwerk *n* [roh]
iron minium Eisenmennige *n* [che]
iron nickel accumulator Eisennickelakkumulator *m* [elt]
iron ocher Eisenmennige *n* [che]
iron ore Eisenerz *n* [roh]
iron ore deposit Eisenerzlagerstätte *f* [roh]; Eisenerzvorkommen *n* [roh]
iron ore mine Eisenerzgrube *f* [roh]
iron ore, red - Roteisenerz *n* [roh]
iron oxide layer Eisenoxidschicht *f*
iron oxide pigment Eisenoxidfarbe *f* [che]
iron pin Eisendübel *m*
iron plate Eisenplatte *f* [met]; Eisenblech *n* [met]
iron Portland cement Eisenportlandzement *m* [met]
iron powder Eisenpulver *n* [met]
iron preparation Eisenpräparat *n* [che]
iron production Eisengewinnung *f* [roh]
iron protecting paint Eisenschutzfarbe *f* [che]
iron removal, plant for - Enteisenungsanlage *f* [was]
iron requirement Eisenbedarf *m*
iron ring Eisenring *m*

iron salt Eisensalz *n* [che]
iron scaffolding Eisengerüst *n*
iron scale Hammerschlag *m* [met]
iron scrap Eisenabfall *m* [rec]
iron shavings Eisendrehspäne *pl* [rec]
iron shell Blechmantel *m*
iron shot Gussschrott *m* [rec]; Kugelregen *m* [pow]
iron slag Eisenschlacke *f* [rec]
iron slurry Eisenschlamm *m* [rec]
iron smelt Eisenschmelze *f* [roh]
iron smelting Eisenverhüttung *f* [roh]
iron stone Eisenerz *n* [roh]
iron storage Eisenlager *n* [che]
iron stove Eisenofen *m* [pow]
iron tube Eisenrohr *n*
iron turnings Eisenspäne *pl* [rec]
iron varnish Eisenlack *m* [che]
iron wire Eisendraht *m* [met]
iron works Hüttenwerk *n* [roh]
iron, burnt - Brandeisen *n*
iron-base alloy Legierung auf Fe-Basis *f* [met]
iron-bearing eisenführend
iron-carbon-equilibrium diagram Eisen-Kohlenstoff-Diagramm *n* (Fe-C-Diagramm) [met]
iron-clad eisenbewehrt [met]
iron-coloured eisenfarbig
iron-containing eisenhaltig
iron-foundry Eisengießerei *f* [wer]
iron-free eisenfrei
iron-like eisenartig
iron-processing Eisen verarbeitend
iron-producing Eisen schaffend [roh]
iron-smelting Eisengießerei *f* [wer]
ironing Bügeln *n*
ironmongery Eisenwaren *pl*
ironware Eisenwaren *pl*
ironwork Eisenarbeit *f*; Gitterwerk *n*
ironworks Eisenhütte *f* [roh]; Hütte *f* (Eisen-) [roh]; Hammerwerk *n*
irradiance Bestrahlungsstärke *f* [opt]
irradiancy Beleuchtungsdichte *f* [opt]
irradiate bestrahlen *v* (mit Strahlung)
irradiate acoustically beschallen *v* [aku]
irradiation Bestrahlung *f*; Einstrahlung *f*
irradiation channel Bestrahlungskanal *m*
irradiation damage Bestrahlungsschaden *m* [hum]
irradiation dose Strahlendosis *f* [hum]
irradiation field Bestrahlungsfeld *n*
irradiation, acoustic - Beschallung *f* [aku]; Einschallung *f* [aku]
irrational number irrationale Zahl *f* [mat]
irrealizable undurchführbar
irregular azyklisch; irregulär (Kristall) [min]; regellos; uneinheitlich; ungeordnet; ungeregelt; ungleichförmig; unordentlich (ungeregelt); unregelmäßig; unvorschriftsmäßig [jur]
irregular running unruhiger Lauf *m*
irregularity Unregelmäßigkeit *f*; Formfehler *m* (in Verfahren)

irreparable irreparabel
irreplaceable unersetzlich
irrespective unabhängig (nicht betreffend)
irresponsible unverantwortlich
irretrievable unersetzlich; unrettbar
irreversibility Irreversibilität f
irreversible irreversibel; nicht umkehrbar; unabänderlich
irreversible deformation bleibende Formänderung f
irreversible reaction irreversible Reaktion f [che]
irrigate begießen v; berieseln v; besprengen v (bewässern); bewässern v [was]
irrigated land Bewässerungsland n [bod]
irrigated soil Bewässerungsland n [bod]
irrigation Berieselung f (Bewässerung); Bewässerung f [was]; Wasserberieselung f [was]
irrigation canal Bewässerungskanal m [was]
irrigation cooler Berieselungskühler m
irrigation dam Bewässerungstalsperre f [was]
irrigation ditch Bewässerungsgraben m [was]; Wasserkanal m [was]
irrigation field Rieselfeld n [was]
irrigation method Berieselungsmethode f
irrigation plant Beregnungsanlage f; Berieselungsanlage f; Bewässerungsanlage f [was]
irrigation project Bewässerungsprojekt n [was]
irrigation reservoir Bewässerungsspeicher m [was]
irrigation structures Bewässerungsanlagen pl [was]
irrigation system Bewässerungsanlage f [was]; Bewässerungssystem n [was]
irrigation works Berieselungsanlage f
irritability Reizbarkeit f
irritant Reizmittel n [met]
irritant gas Reizgas n [che]
irritate reizen v
irritating substance Reizstoff m [met]
irritation Reizung f; Reiz m
irritative reizerregend [hum]
island Insel f
isobar Isobare f
isobaric isobar
isobaric slope Druckgefälle n [wet]
isobrightness lines Linien gleicher Helligkeit pl [edv]
isobutane Isobutan n [che]
isochore Isochore f
isochoric isochor
isochromatic isochrom [opt]; isochromatisch [opt]
isoelectric isoelektrisch [elt]
isogonal winkeltreu [con]
isolant Isoliermittel n [met]
isolate abgrenzen v [elt]; absondern v (trennen); absperren v; abtrennen v (absondern, trennen); eingrenzen v (abgrenzen); isolieren v (trennen); scheiden v [che]; trennen v (isolieren) [elt]; vereinzeln v
isolated abgeschieden; einzeln; isoliert (abgetrennt) [che]

isolated from one another gegeneinander isoliert
isolated from the environment isoliert gegen die Umwelt
isolating isolierend
isolating cock Abstellhahn m (Führerbremse) [tra]
isolating collection of waste getrennte Sammlung von Müll f [rec]
isolating damper Regulierklappe f (auf/zu) [pow]
isolating device Absperrorgan n
isolating material Dämmstoff m [met]; Dämmmaterial n [met]
isolating valve Absperrarmatur f; Absperrhahn m; Absperrschieber m; Trennschieber m [prc]; Absperrventil n
isolation Abscheidung f (Trennung); Absonderung f (Entfernung); Einöde f (Einsamkeit); Isolation f (thermisch); Isolierung f (Trennung); Trennung f (Isolation)
isolation amplifier Trennverstärker m [elt]
isolation procedure Isolierungsmethode f (Trennmethode) [che]
isolator Trennschalter m [elt]
isolator valve Sperrventil n [prc]
isomer Isomer n [che]
isomer product Isomerprodukt n [che]
isomeric isomer [che]
isomerization Isomerisation f [che]; Isomerisierung f [che]
isomerize isomerisieren v [che]
isomerizing Isomerisierung f [che]
isomerous isomer [che]
isometric isometrisch
isometric drawing Isometrie f [con]
isometric projection Isometrie f [con]; isometrische Darstellung f
isometric view isometrische Abbildung f; perspektivische Ansicht f [con]
isometrical isometrisch
isomorphic gleichförmig
isooctane Isooctan n [che]
isopropanol Isopropylalkohol m [che]
isopropyl alcohol Isopropylalkohol m [che]
isosmotic isosmotisch
isostatic isostatisch
isotherm Isotherme f
isothermal isotherm
isothermal curve Isotherme f
isotope Isotop n [che]
isotope application Isotopenanwendung f
isotope chemistry Isotopenchemie f [che]
isotope effect Isotopieeffekt m
isotope enrichment Isotopenanreicherung f [prc]
isotope fractionation Isotopentrennung f [che]
isotope separation Isotopentrennung f [che]
isotope separation plant Isotopentrennanlage f [pow]
isotope use Isotopenanwendung f
isotopic abundance Isotopenhäufigkeit f [che]
isotopic analysis Isotopenanalyse f [any]
isotopic assay Isotopenanalyse f [any]

isotopic exchange reaction
  Isotopenaustauschreaktion f [che]
isotopic labelling Isotopenmarkierung f [che]
isotopic number Massenzahl f [che]
isotopic ratio Isotopenverhältnis n [che]
isotopic tracer Markierungsisotop n [che]
isotopy Isotopie f [che]
isotropic isotrop
isotropic bearing support isotrope Lagerung f [tec]
isotropy Isotropie f
issue Ausgabe f (Buch); Ausgabe f (einer Verordnung) [jur]; Materialentnahme f; Nummer f (Ausgabe); Austritt m (Austrittstelle)
issue ausgeben v (aushändigen); erscheinen v (Buch)
issue a cheque Scheck ausstellen [eco]
issue date Ausgabedatum n (Veröffentlichung)
issue due date Abgabetermin m
issue of materials Materialausgabe f
italics Schrägschrift f
item Einzelheit f; laufende Nummer f; Position f (auf Zeichnungen) [con]; Artikel m (Ware); Gegenstand m (Artikel); Posten m (Position, Artikel); Punkt m (Einzelheit); Rechnungsposten m [eco]; Gut n (Ware); Stück n (Einzelstück); Teil n (Position, Stück)
item number Artikelnummer f; Sachnummer f; Teilenummer f [con]
item of equipment Ausrüstungsteil n
itemization Aufgliederung f; Spezifizierung f
itemize spezifizieren v
items, number of - Stückzahl f (Quantität)
iterate iterieren [mat]
iterate wiederholen v [mat]
iteration Iteration f [mat]; Wiederholung f [mat]
iteration loop Iterationsschleife f [mat]
iteration method Iterationsverfahren n [mat]
iterative iterativ [mat]
itinerary Reiseplan m [tra]
ivory elfenbein (RAL 1014) [nor]
ivory Elfenbein n [bff]

J

J-weld J-Naht *f* [wer]
jack Abstützung *f* (an Ecken) [tec]; Buchse *f* (Klinke) [elt]; Hebevorrichtung *f* (Winde, Flaschenzug) [tra]; Klinke *f* [elt]; Stütze *f* (Waggonabstützung) [tra]; Winde *f* [mbt]; Hebebock *m* [tec]; Wagenheber *m* [tra]
jack anheben *v*; aufbocken *v* [wer]
jack bush Klinkenhülse *f* [tec]
jack head Abstützungskopf *m* (Pratze) [mbt]; Kopf der Abstützung *m* (Waggonabstützung) [tra]
jack latch Federriegel *m* [tec]
jack pump, hydraulic - Wagenheberpumpe *f* [tra]
jack screw Abdrückschraube *f* [tec]; Hebeschraube *f* [tec]; Schraubspindel *f* [tec]
jack shaft Verbindungswelle *f* [tec]; Vorgelegewelle *f* [tec]
jack socket Hebestutzen *m* [tra]
jack switch Knebelschalter *m* [elt]; Knebeltaster *m* [elt]
jack up hochbocken *v* [wer]; hochwinden *v*
jack, hydraulic - hydraulisches Anhebeaggregat *n* [tec]
jack, two spindle - Zweispindelheber *m* [mbt]
jack-shaft coupling Zwischenwellenkupplung *f* [tec]
jacked abgestützt (auf Wagenheber) [tra]
jacked rod Schubstange *f* [tec]
jacked up abgestützt (auf Schaufel, Schild) [mbt]; hochgebockt (z.B. Auto) [tra]
jacket Diskettenhülle *f* [edv]; Hülle *f* (Einhüllung); Hülse *f* (Schale) [tec]; Tülle *f* (Hülse); Umhüllung *f* (Schale, Mantel); Umkleidung *f* (Mantel) [tec]; Ummantelung *f*; Verkleidung *f*; Mantel *m* (Umhüllung); Umschlag *m* (Schutz-)
jacket umhüllen *v*; ummanteln *v*; verkleiden *v* (ummanteln)
jacket cooling Mantelkühlung *f* [prc]
jacket sheet iron Mantelblech *n* [met]
jacket tube Hüllrohr *n*
jacketed ummantelt; verkleidet (außen geschützt)
jacketed girder verkleideter Balken *m*; verkleideter Träger *m* [tec]
jacketed vessel Doppelmantelbehälter *m* [prc]
jacketed wall Doppelwandung *f*
jacking Verrückung *f*
jacking bolt Abdrückschraube *f* [any]
jacking fixture Abdrückvorrichtung *f* [any]
jacking force Anpresskraft *f* (hydraulisch)
jacking oil pump Anhebeölpumpe *f*
jacking oil system Entlastungssystem *n* (Lager/Welle) [tec]
jacking position Anhebestelle *f* (für den Wagenheber) [tra]

jacking screw hole Ausziehbohrung *f*
jackknife Klappmesser *n*; Taschenmesser *n* (auch Springmesser) [wzg]
jacknut Abdruckmutter *f* [tec]
jackscrew Abdrückschraube *f* [any]
jackshaft Vorgelegewelle *f* (besser: Welle) [tra]; Zwischenwelle *f* (Getriebe) [tra]
jag Kerbe *f* (Zacke); Zacke *f*; Zacken *m* (Spitze)
jag einkerben *v* (einstechen) [wer]; kerben *v* (auszacken)
jalousie Jalousie *f* [bau]
jam Stauung *f* [tra]; Verstopfung *f*
jam blockieren *v* (verstopfen); einklemmen *v* (verklemmen) [wer]; festklemmen *v*; klemmen *v* (festklemmen); kontern *v* [tec]; pressen *v* (quetschen); rammen *v* [wer]; stauen *v* (Verkehr) [tra]; verklemmen *v*; verstopfen *v*
jam nut Gegenmutter *f* (zum Festhalten) [tec]; Kontermutter *f* [tec]; Sicherungsmutter *f* [tec]
jamb Einfassung *f* (Tür, Fenster); Pfosten *m* (Tür, Fenster)
jammed geklemmt [wer]
jammer Störsender *m* [edv]
jamming Verklemmung *f* (bewegliche Teile); Festfressen *n* (Kolben, u.a.) [tec]; Festklemmen *n* (bewegliche Teile); Klemmen *n* (bewegliche Teile)
jar Glasbehälter *m* [rec]; Gefäß *n* (des Schauglases)
jargon Jargon *m* (Fachsprache)
jarosite sludge Jarositschlamm *m* [rec]
javel water Bleichwasser *n* [che]
jaw Backe *f* (Schraubstock) [wzg]; Klaue *f* (z.B. Kupplung) [wzg]; Bügel *m* (Klemme, auch am Schraubstock) [tec]; Schweißbalken *m* [tec]
jaw breaker Brechbacke *f*; Backenbrecher *m* [bau]
jaw chuck Backenfutter *n* [wzg]
jaw clutch Klauenkupplung *f* [tra]
jaw clutch lock Ausgleichssperre *f* [tra]
jaw coupling Zahnkupplung *f* [tec]
jaw crusher Backenbrecher *m* (Anlage im Steinbruch) [mbt]
jaw crushing Vorzerkleinern *n* [roh]
jaw of clamp Klemmbacke *f* [tec]
jaw setting Spaltweite *f* (des Brechers, in mm) [mbt]
jaw wrench, open - Maulschlüssel *m* (Werkzeug, einseitig) [wzg]
jelly Gallerte *f*
jelly gelieren *v*
jelly-like gallertartig
jelly-like mass Gallertmasse *f* [met]
jelly-like substance Gallertsubstanz *f* [met]
jeopardize gefährden *v*
jeopardizing Gefährdung *f*
jerk Erschütterung *f* (plötzliches Reißen); Ruck *m*
jerk ziehen *v* (reißen)
jerkily stoßweise
jerky ruckweise; stoßartig
jerky run ruckartiger Betrieb *m* (Band usw)
jerrycan Blechkanister *m*; Kanister *m*

jet Düse *f*; Vergaserdüse *f* [tra]; Verteilerdüse *f* [prc]; Strahl *m* (Wasserstrahl)
jet spülen *v*
jet aeroplane Düsenflugzeug *n* [tra]
jet aircraft Düsenflugzeug *n* [tra]
jet angle Strahlwinkel *m* [prc]
jet black tiefschwarz (RAL 9005) [nor]
jet burner Strahlbrenner *m* [pow]
jet carrier Düsenhalter *m* [tra]
jet condenser Einspritzkondensator *m* [pow]
jet cooler Einspritzkühler *m* [pow]
jet crystallizer Sprühkristallisator *m* [prc]
jet engine Düsenmotor *m* [tra]; Düsentriebwerk *n* [tra]; Strahltriebwerk *n* [tra]
jet fuel Düsentreibstoff *m*
jet lubrication Strahlschmierung *f* [tec]
jet mill Strahlmühle *f* [prc]
jet mixer Strahlmischer *m* [prc]
jet mould Spritzform *f* [wer]
jet pipe Strahlrohr *n* [prc]
jet plane Düsenflugzeug *n* [tra]
jet propulsion Düsenantrieb *m* [tra]; Strahlantrieb *m* [tra]
jet pump Strahlpumpe *f* [prc]
jet ring Spritzring *m* (Schmierung) [tec]
jet scouring device Düsenschwemmgerät *n*
jet scrubber Strahlwäscher *m* [prc]
jet suction pump Saugstrahlpumpe *f* [prc]
jet tube reactor Strahldüsenreaktor *m* [prc]
jet unit Strahltriebwerk *n* [tra]
jetlag Zeitverschiebung *f* [tra]
jettison abwerfen *v* (über Bord werfen)
jetty Anlegesteg *m* [tra]; Kai *m* [tra]; Landesteg *m* [tra]; Wellenbrecher *m* [was]
jetty sewer Molenablaufkanal *m* [was]
jewel Perle *f*; Edelstein *m* [min]
jewelled mit Spitzenlagerung [tec]
jib Ausleger *m* (Kran); Kranausleger *m*; Schwenkarm *m* [mbt]; Spitzenausleger *m* (am Kran) [mbt]; Auslegerunterteil *n* [mbt]
jib boom Hilfsausleger *m* (am Kran) [mbt]; Kragarm *m* [mbt]
jib crane Auslegerkran *m* [wzg]
jib cylinder Auslegerzylinderschutz *m* [mbt]; Hubzylinder *m* [mbt]
jib drum Auslegertrommel *f* (Kran) [mbt]
jib motor Schwenkmotor *m* [mbt]
jib winch Auslegerwinde *f* (beim Kran) [mbt]
jib-head key Nasenkeil *m* [tec]
jig Vorrichtung *f* (Montagegroßwerkzeug) [tec]; Großwerkzeug *n* (Vorrichtung) [wzg]
jig boring machine Lehrenbohrwerk *n* [wer]
jig fixture Einspannvorrichtung *f* (Stahlbau)
jig manufacturing Vorrichtungsbau *m* (auf Hallenboden) [wer]
jig-saw Bandsäge *f* (endloses Sägeblatt) [wzg]; Spannsäge *f* (Bandsäge) [wzg]
jigger pin Aufsetzzapfen *m* [tec]
jitter flattern *v* [elt]

job Arbeit *f* (Beschäftigung); Aufgabe *f* (Arbeit); Aufgabe *f* (Ausführung einer Funktion); Stelle *f* (Arbeitsstelle) [eco]; Tätigkeit *f* [eco]; Auftrag *m* (Geschäft) [eco]; Beruf *m* (Stellung); Job *m*
job advertisement Stellenanzeige *f* [eco]
job assignment Arbeitsverteilung *f*
job bearing Betriebslager *n*
job control Aufgabensteuerung *f*
job control language Kommandosprache *f* (Software) [edv]
job date Arbeitsdatum *n*
job description Arbeitsplatzbeschreibung *f*
job design Arbeitsgestaltung *f*
job drawing Arbeitszeichnung *f* [con]
job evaluation Arbeitsplatzbewertung *f*
job for an excavator Baggerarbeit *f* (an Land) [mbt]
job interview Einstellungsgespräch *n* [eco]; Vorstellungsgespräch *n* [eco]
job number Kommissionsnummer *f* (Werkstatt) [eco]
job planning Arbeitsvorbereitung *f*
job queue Aufgabenfolge *f* [edv]
job rotation Arbeitsplatzrotation *f*
job scheduling Arbeitsvorbereitung *f*
job site Baustelle *f* (Anlagenbau)
job site inventory Baustelleninventar *n*
job string Aufgabenkette *f* [edv]
job time Arbeitszeit *f*
job title Berufsbezeichnung *f*
job, second - Nebenarbeit *f* [eco]
jobholder Stelleninhaber *m* [eco]
jobless arbeitslos (freigestellt)
jobless growth Wachstum ohne zusätzliche Arbeitsplätze *n* [eco]
jobsite assembly Außenmontage *f*; Baustellenmontage *f* [bau]
jobsite erection Baustellenmontage *f* [bau]
jobsite inspection Baustellenbegehung *f* [bau]
jobsite management Bauleitung *f* [bau]
jobsite manager Bauleiter *m* [bau]
jobsite service Kundendienst an der Baustelle *m* [eco]
jockey pulley Führungsrolle *f* [tec]
jockey wheel Laufrolle *f* [tec]; Spannrolle *f* [tec]
jog rütteln *v*
joggle kröpfen *v* [wer]; verzahnen *v* [tec]
joggling plate Ausrichtplatte *f* [wer]
join Verbindung *f* (Verbindungsstelle) [wer]
join anschließen *v* (verbinden); einfügen *v* (zusammenfügen); einreihen *v*; fugen *v* (verbinden); ineinander passen *v*; ketten *v* (zusammenfügen); kombinieren *v*; koppeln *v*; verbinden *v*; verknüpfen *v* (anfügen); zusammenfügen *v* [wer]; zusammen-schließen *v*; zusammensetzen *v* (verbinden) [wer]
join together aneinander fügen *v* [wer]
join up zusammenfließen *v*; zusammenlaufen *v* (zusammenfließen)
join with rivets vernieten *v* [wer]
joinable zusammenschaltbar

joined parts Fügeteile *pl* [tec]
joined, be - zusammenhängen *v*
joiner Tischler *m* [wer]
joiner's putty Holzkitt *m* [met]
joiner's workshop Tischlerei *f* [wer]
joinery Tischlerarbeit *f* [wer]
joining Einfügung *f* (Zusammenfügen); Kopplung *f*; Verbindung *f* (Fügung) [wer]; Zusammenschluss *m*
joining element Verbindungselement *n* [tec]
joining flange Anschlussflansch *m*
joining piece Verbindungsstück *n*
joining pipe Anschlussrohr *n* [prc]
joining point Klebstelle *f*
joining rod Gelenkstange *f* [mbt]
joining technique Fügetechnik *f*
joining technology Fügetechnik *f* [wer]; Verbindungstechnik *f* [wer]; Fügeverfahren *n* [wer]
joint gemeinsam; gemeinschaftlich
joint Fuge *f* (Dehnungsfuge); Naht *f* (Verbindung); Nahtstelle *f*; Teilfläche *f* [tec]; Verbindung *f* (Knoten); Verbindungsstelle *f* (Anschluss); Anschluss *m* (Verbindung) [tec]; Einbinder *m* [tec]; Knoten *m*; Knotenpunkt *m*; Stoß *m* (Verbindungsstelle) [wer]; Verband *m* (Verbindung) [tec]; Verbund *m* [tec]; Verschluss *m* (des Verpackungsbandes); Gelenk *n* [tec]; Verbindungsstück *n* [tec]
joint fugen *v* (verbinden)
joint abutment Stoßfuge *f* [tec]; Stoßstelle *f* [tec]
joint adapter Übergangsstück *n* [tec]
joint area Bindezone *f* (entlang Schweißnaht) [met]
joint bearing Gelenklager *n* [tra]; Schwenklager *n* [tec]
joint bevel Schweißfase *f* [wer]
joint bolt Verbindungsschraube *f* [tec]; Gelenkbolzen *m* [tec]
joint cement Fugenkitt *m* [met]
joint clearance Verbindungsfuge *f*
joint compensator Gelenkkompensator *m* [tec]
joint connection Knotenpunkt *m* (Knotenverbindung) [tra]
joint disposal gemeinsame Ablagerung *f* [rec]; gemeinsame Entsorgung *f* [rec]
joint edge Stoßkante *f* [wer]
joint efficiency Schweißfaktor *m* [wer]
joint face Dichtfläche *f* [tec]; Fugenflanke *f* [tec]; Stoßfläche *f* [tec]; Teilfläche *f* [tec]
joint filling Fugenverfüllen *n* [bau]
joint flange Überwurfflansch *m* [tec]
joint grease Dichtungsfett *n* [tec]
joint head Gelenkkopf *m* [tec]
joint loading Knotenbelastung *f*
joint mortar Fugenmörtel *m* [met]
joint offset Schnittversatz *m* [con]
joint penetration, incomplete - nicht durchgeschweißte Wurzel *f* [wer]; Wurzelkerbe *f* (fehlerhafte Schweißung) [wer]
joint pin Gelenkbolzen *m* [tec]
joint plate Verbindungsplatte *f* [tec]; Anschlussblech *n* [tec]; Knotenblech *n*

joint ring Dichtring *m*; Dichtungsring *m*; Flachdichtring *m*
joint rod head Gelenkstangenkopf *m* [tec]
joint sample Prüfstück *n* (beim Schweißen) [any]
joint sealer Fugenmasse *f* [met]
joint sealing Fugendichtung *f* [bau]
joint sealing compound Fugendichtungsmasse *f* [bau]
joint sealing system Fugendichtsystem *n* [bau]
joint shaft Gelenkwelle *f* (Kardanwelle) [tec]
joint shaft guard Gelenkwellenschutz *m* (an Kardanwelle) [tec]
joint sleeve Verbindungsmuffe *f* [tec]
joint triangle Gelenkdreieck *n* [mbt]
joint venture Arbeitsgemeinschaft *f* [eco]; Zusammenarbeit zwischen Firmen *f* [eco]; Joint Venture *n* (Arbeitsgemeinschaft) [eco]; Jointventure *n* (Arbeitsgemeinschaft) [eco]
joint venture work Gemeinschaftsarbeit *f*
joint work Gemeinschaftsarbeit *f*
joint, air-proof - luftdichte Verbindung *f*
joint, angled - Winkelgelenk *n* [tec]
joint, screwed - Schraubverbindung *f* [tec]
joint-stock company Aktiengesellschaft *f* ((B)) [eco]
jointed gelenkig; verbunden (zusammengefügt) [wer]
jointed coupling Gelenkkupplung *f*
jointing Abdichtung *f*; Fugenfüllung *f*; Fugenverfüllen *n* [bau]
jointing compound Fugendichtmasse *f* [met]; Fugendichtungsmasse *f* [met]; Fugenmasse *f* [met]; Dichtmittel *n* [met]; Fugendichtmittel *n* [met]
jointing element Verbindungselement *n*
jointing filler Fugendichtmasse *f* [met]
jointing material Fugendichtstoff *m* [met]; Fugenmaterial *n* [met]; Vergussmaterial *n* [met]
jointless fugenlos
joints and fastenings Verbindungsmittel *pl* [tec]
joist Deckenbalken *m* [bau]
jolt Ruck *m*
jolt rütteln *v*
jordan mill Kegelmühle *f* [prc]
journal Fachzeitschrift *f*; Lauffläche *f* (des Achsradlagers) [mbt]; Achszapfen *m* [tec]; Drehzapfen *m* (z.B. der Welle) [pow]; Lagerzapfen *m* [tec]; Wellenzapfen *m* [tec]; Zapfen *m* (Lauffläche) [tra]; Fachorgan *n* (Fachzeitschrift); Journal *n*
journal bearing Achslager *n* [tec]; Gleitlager *n* [tec]; Halslager *n* [tec]; Halslager *n* [tec]; Kurbelwellenlager *n* [tra]; Lauflager *n* [tec]; Radiallager *n* [tec]; Ringlager *n* [tec]; Traglager *n* [tec]; Wellenzapfenlager *n* [tec]; Zapfenlager *n* (besonders an Achse) [tra]
journal bearing shell Traglagerschale *f* [tec]
journal bearing, auxiliary - Hilfstraglager *n* [tec]
journal bearing, self-aligning - Radialpendelkugellager *n* [tec]
journal box Lagerbuchse *f* [tec]; Achslagergehäuse *n* [tec]

journal diameter Radsatzwellenschenkeldurchmesser *m* [tra]
journal friction Zapfenreibung *f* [phy]
journal number Buchungsnummer *f* [eco]
journal on axle Lagerlauffläche *f* [tec]
journal-thrust bearing Tragdrucklager *m* [tec]
journey Anreise *f* [tra]; Fahrt *f* [tra]; Fuhre *f* (Lastwagen) [tra]; Reise *f* [tra]
joystick Bedienungshebel *m* (Kurzhebel) [edv]; Kreuzhebel *m* (z.B. Bagger, Computer) [mbt]; Steuerknüppel *m* [edv]
joystick control Kreuzschaltung *f* (Bedienungshebel) [mbt]
judge Richter *m* [jur]
judge beurteilen *v* (bewerten, einschätzen); urteilen *v*
judgement Beurteilung *f* [jur]; Richterspruch *m* [jur]; Gerichtsurteil *n* [jur]; Gutachten *n*; Urteil *n* [jur]
judgement, best professional - bestes professionelles Urteil *n*
judicial authority Justizbehörde *f* [jur]
judicial chemistry Gerichtschemie *f* [che]
judicial evidence Beweismittel *n* [jur]
judicial proceedings reviewing the constitutionality abstrakte Normenkontrolle *f* [jur]
judicial review, abstract - abstrakte Normenkontrolle *f* [jur]
judiciary Justiz *f* (Behörden) [jur]
jug Krug *m* (für Flüssigkeiten)
jump Sprung *m* (Satz)
jump springen *v* (schwungvoll -)
jump instruction, conditional - bedingter Sprungbefehl *m* (Software) [edv]
jump leads Starthilfe *f* [tra]
jump, conditional - bedingter Sprung *m* (Software) [edv]
jump-start facility Fremdstarteinrichtung *f* (z.B. am Bagger) [mbt]; Anschluss zur Fremdstarteinrichtung *m* [tra]
jumper Brücke *f* [elt]; Binder *m* [bau]; Kurzschlussbügel *m* [elt]
jumper kurzschließen *v* [elt]
jumper plug Kurzschlussstecker *m* [elt]
jumper ring Schaltring *m* [tec]
junction Eisenbahnkreuzung *f* (Gleise kreuzen) [tra]; Kontaktstelle *f*; Kreuzung *f* (von Eisenbahnen, Straßen) [tra]; Straßenkreuzung *f* [tra]; Verbindung *f* (Anschluss) [elt]; Verbindungsbahn *f* [tra]; Verbindungsstelle *f* (Stoßstelle); Verzweigung *f* (Rohre); Anschluss *m* (Verbindung) [tec]; Knotenpunkt *m* [tra]; Übergang *m* (Verbindung); Verkehrsknoten *m* [tra]
junction box Abzweigdose *f* [elt]; Verbindungsdose *f* [elt]; Verteilerdose *f* [elt]; Verteilerkasten *m* [elt]
junction coupling Übergangsmuffe *f* [elt]
junction diode Sperrschichtdiode *f* [elt]
junction face Verbindungsfläche *f*
junction point Verbindungsstelle *f*; Anschlusspunkt *m* (Stahlbau) [tec]; Knotenpunkt *m* (Stahlbau) [tec]
junction sheet Knotenblech *n* [tec]
junction sleeve Verbindungsmuffe *f* [tec]
junction transistor Schichttransistor *m* [elt]
junction, abrupt - Übergang *m* (Halbleiter) [phy]
juncture point Verbindungspunkt *m* [bau]
junk Ramsch *m* [rec]; Schrott *m* (teilweise verwertbarer Abfall) [rec]; Unrat *m* (Abfall) [rec]; Altmaterial *n* [rec]
junk dealer Schrotthändler *m* [rec]
junk-room Rumpelkammer *f* [bau]
junkyard Autoverwertung *f* [rec]; Schrottplatz *m* [rec]
jurisdiction Rechtsprechung *f* [jur]
just gerecht (aufrecht, neutral)
just in time supply just in time (keine Lagerhaltung)
justifiable vertretbar
justified print Blocksatz *m* (Textverarbeitung) [edv]
justify legitimieren *v*
jute Jute *f* [bff]
jute fibre Jutefaser *f* [bff]
juvenile Jugendlicher *m*
juvenile phase Jugendzeit *f*

K

K-value Wärmedurchgangszahl *f* (K-Wert) [pow]; K-Wert *m* (Wärmedurchgangszahl) [prc]
kaolin Porzellanerde *f* [met]; Kaolin *n* [min]
katabatic wind Abwind *m* [wet]; Fallwind *m* [wet]
keel Kiel *m* (Schiff) [tra]
keenness Schärfe *f* (der Gedanken)
keep aufbewahren *v*; behalten *v*; bewahren *v*; einhalten *v* (Liefertermin) [eco]; erhalten *v* (aufheben); halten *v* (festhalten); wahren *v* (erhalten); zurückbehalten *v*
keep an account Konto führen [eco]
keep back einbehalten *v*
keep closed geschlossen halten *v*
keep going unterhalten *v* (betreiben); weiterlaufen *v* (Betrieb)
keep in good repair instandhalten *v*
keep in order erhalten *v* (bewahren); instandhalten *v*
keep in reserve in Reserve halten *v*
keep in shape erhalten *v* (bewahren)
keep moist feucht halten *v*; feucht halten *v*
keep up instandhalten *v*
keep within the limits Grenzwerte erfüllen *v*
keep-fresh foil Frischhaltefolie *f*
keep-fresh package Frischhaltepackung *f*
keeper Verriegelung *f*; Halter *m* (von Tieren) [far]; Schließblech *n* [tec]
keeping Aufbewahrung *f*; Beibehaltung *f*; Haltung *f* (Tier-) [far]
keeping clean Reinhaltung *f*
keg Fass *n* (kleines Fass)
kegs, recycling of - Fassrecycling *n* [rec]
kelp Tang *m*
kerb Kantstein *m* [bau]; Randstein *m* [tra]; Bordstein *n* [bau]
kerbside Straßenrand *m* [bau]
kerbside collection Straßensammlung *f* (Abfallsammlung) [rec]
kerbstone Randstein *m* [tra]; Bordstein *n* [bau]
kerf Kerbe *f* (Einschnitt); Einschnitt *m* (Kerbe)
kernel Kern *m* (Obst)
kerosene Kerosin *n* [che]; Petroleum *n* (raffiniert) [che]
kerosene burner Petroleumbrenner *m* [pow]
kerosene lamp Petroleumlampe *f*
kerosine Kerosin *n* [che]; Petroleum *n* (raffiniert) [che]
ketone Keton *n* [che]
ketone resin Ketonharz *n* [che]
key Feder *f* (Passfeder) [tec]; Taste *f*; Chiffrierschlüssel *m* [edv]; Federkeil *m* [tec]; Keil *m* (Längskeil); Schlüssel *m* (Schloss)
key takten *v* (Zeit einstellen); verdübeln *v*; verzahnen *v* [tec]

key and feather Feder und Nut [tec]
key and slot Feder und Nut [tec]
key bit Bart *m* (am Schlüssel) [tec]
key bolt Keilbolzen *m*
key bore Keilnut *f* [tec]
key component Schlüsselkomponente *f*
key cut-out switch Schlüsselausschalter *m* [mbt]
key field Tastenfeld *n*
key for abbreviated dialling Kurzwahltaste *f* (Telefon) [edv]
key for direct call Direktwahltaste *f* (Telefon) [edv]
key force Tastenwiderstand *m* [elt]
key groove Keilnut *f* (oft V-förmig) [tec]
key in eingeben *v* (Daten in EDV) [edv]; eintasten *v*; tasten *v*
key industry Schlüsselindustrie *f*
key joint Dübelverbindung *f*
key material Basismaterial *n* [roh]; Grundmaterial *n* (Basismaterial) [met]
key operated switch Schlüsselschalter *m* [elt]
key pad Fernbedienungsgerät *n* (Fernseher)
key panel Tastenfeld *n*
key position Schlüsselstellung *f*
key ring seal Keilringdichtung *f* [tec]
key seat Keilnut *f* (in Welle) [tec]; Wellennut *f* [tec]; Keilsitz *m* (Keilschlitz, Keilnut) [tec]
key seating Schlüsselloch *n* [tec]
key sections Keilstahl *m* [tec]
key slot Keilloch *n* [tec]
key steel Keilstahl *m* [tec]; Schlüsselstahl *m* [met]
key steel, bright - blanker Keilstahl *m* [tec]
key switch Schlüsselschalter *m* [elt]; Tastenschalter *m* [elt]
key technology Schlüsseltechnologie *n*
key touch Anschlagstärke *f* (Tastatur)
key variable Schlüsselvariable *f* (Datenbank) [mat]
key way Passfeder *f* [tra]
key-driven tastaturgesteuert [edv]
key-note Grundgedanke *m*
key-operated push-button Schlüsseltaster *m* [elt]
keyboard Tastatur *f* [edv]; Tastenfeld *n*
keyboard device Tastaturgerät *n* [edv]
keyboard entry Tastatureingabe *f* (Software) [edv]
keyboard field Tastenfeld *n* [edv]
keyboard layout Tastaturbelegung *f* [edv]
keyboard-operated tastaturgesteuert [edv]
keyed genutet [wer]
keyed joint Keilverbindung *f* [tec]; Verkeilung *f*
keyed shaft Zahnwelle *f* [tec]
keyhole Schlüsselloch *n*
keyhole clip Schlüssellochstift *m*
keyhole saw Astsäge *f* [wzg]; Lochsäge *f* [wzg]; Stichsäge *f* [wzg]
keyhole surround Schlüsselschild *n* (Schlossblende an Tür)
keying Keilverbindung *f*; Verkeilen *n*
keying time Tasterzeit *f*
keyless bearing keilloses Lager *n* [tec]
keyless fit keilloser Sitz *m* [tec]

keyseat Wellennut *f* [tec]
keystone Schlussstein *m* (in Rundbogen) [bau]
keyway Führung *f* (in einem Gerät); Führungsleiste *f* [tec]; Keilführung *f* [tec]; Keilnut *f* [tec]; Mitnehmernut *f* [tec]; Nabennut *f* [tec]; Nut *f* (Keilnut)
keyway milling machine Langlochfräser *m* [wer]
keyword Kennwort *n*; Schlüsselwort *n*; Stichwort *n*
khaki grey kakigrau (RAL 7008) [nor]; khakigrau (RAL 7008) [nor]
kick plate Fußleiste *f* (Fußtrittplatte) [tra]; Fußtrittplatte *f* [tra]; Trittplatte *f* (Fußtrittplatte; am Laufsteg) [tra]
kick press Fußpendelpresse *f* [prc]
kick-back guard Rückschlagschutz *m* [tec]
kick-down Kick-down *m* [tra]; Kickdown *m* ((variant)) [tra]
kick-pipe Schutzrohr *n* [elt]
kidney Niere *f* [hum]
kidney-shaped nierenförmig
kidney-shaped bore-fit Nierenbohrung *f* [tec]
kieselguhr Kieselgur *m* [min]
kill Abbruch *m* (eines Programms) [edv]
kill abbrechen *v* (abschalten, ausschalten); abbrechen *v* (ein Programm) [edv]; abtöten *v* [bff]; beruhigen *v* (Metall) [met]; schlachten *v*
kill cable Abstellkabel *n* (Motor) [elt]
kill off ausrotten *v*; vertilgen *v* (vernichten)
killed beruhigt (Stahl) [met]; kalt nachgewalzt [wer]; nachgewalzt (kalt nachgewalzt) [roh]
killed, fully - doppelt beruhigt (Stahl) [met]
killing Abtöten *n* [bff]
killing agent Beruhigungsmittel *n* (Metall) [met]
killing off Vertilgung *f* (Unkraut)
kiln Darre *f* (Vorrichtung); Brennofen *m* (Keramik) [roh]; Meiler *m*; Ofen *m* (Brennerei) [prc]
kiln plant Darranlage *f*
kiln-dried künstlich getrocknet
kilned gebrannt (Ziegel)
kilowatt-hour Kilowattstunde *f* (Arbeitsmaß) [phy]
kind Art *f* (Sorte); Gattung *f*; Sorte *f*
kind of charge Ladungsart *f* [elt]
kind of flaw Fehlerart *f*
kind of load Lastart *f* [pow]
kindle anzünden *v*
kinematics Kinematik *f*
kinetic kinetisch
kinetic coefficient of friction Gleitreibungsbeiwert *m* [phy]
kinetic energy Bewegungsenergie *f* [phy]; kinetische Energie *f* [phy]; Strömungsenergie *f* [prc]
kinetic equilibrium kinetisches Gleichgewicht *n* [che]
kinetic friction, coefficient of - Gleitreibungsbeiwert *m* [phy]
kinetic power Bewegungskraft *f* [phy]
kinetics Kinetik *f*
kinetics of reaction Reaktionskinetik *f* [che]
king bolt Drehbolzen *m* [tec]
king journal Drehzapfen *m* [tec]

king pin Achsschenkelbolzen *m* [tec]; Achszapfen *m* [tec]
king rod Mittelzapfen *m* [tec]
king valve Hauptventil *n* [prc]
kink Abknickung *m*; Knick *m* (in einem Draht)
kit Ausrüstung *f* (Schutzausrüstung); Ausstattung *f* (Zubehör); Bausatz *m* (noch zu montieren)
kit system Baukastenprinzip *n* [con]; Bausteinsystem *n* [con]
kitbag Rucksack *m*
kitchen Küche *f* [bau]
kitchen machine Küchenmaschine *f* [elt]
kitchen oven Küchenherd *m*
kitchen range Küchenherd *m*
kitchen scraps Küchenabfall *m* [rec]
kitchen wastes Küchenabfälle *pl* [rec]
knack Handgriff *m* (Kunstgriff)
knag Knagge *f* [wzg]
knap spalten *v* (Stein) [bau]
knapsack Rucksack *m* (aus Leder oder Segeltuch)
knead kneten *v*
knead test Knetversuch *m* [any]
knead thoroughly durcharbeiten *v* (kneten)
kneader Knetmaschine *f* [prc]; Kneter *m* [prc]
kneader drier Knettrockner *m* [prc]
kneader mixer Mischkneter *m*
kneading Kneten *n*
kneading machine Knetmaschine *f* [prc]; Kneter *m* [prc]
knee Knie *n* (Rohr); Kniestück *n* [tec]; Winkelstück *n* [prc]
knee joint Kugelgelenk *n* [tec]
knee-pad Knieschützer *m*
knife Messer *n*
knife arbour Messerwelle *f* [prc]
knife block Messerwelle *f* [prc]
knife crusher Messerbrecher *m* [prc]
knife drum Messerwalze *f* [prc]
knife edge Schneide *f*; Schneidmesser *n* [wer]
knife edge bearing Schneidenlagerung *f* [tec]
knife edge load Linienlast *f* [con]; Schneidenlast *f* [con]
knife head Messerkopf *m* [tec]
knife lever Messerhebel *m* [tec]
knife roll Messerwalze *f* [prc]
knife shaft Messerwelle *f* [prc]
knife slide Messerschlitten *m* [wer]
knit stricken *v*; wirken *v* (Textilien)
knitted wire mesh Drahtgewebe *n* [met]
knob Noppe *f* [tec]; Taste *f*; Drehknopf *m*; Knauf *m* (Tür-); Knebel *m* (an Zughaken, Zelt) [tra]; Knopf *m* (Knauf)
knock Schlag *m*; Klopfen *n* (auch des Motors) [tra]
knock hauen *v* (hineinschlagen); klopfen *v* (Motor) [tra]; klopfen *v* (schlagen); pochen *v* (klopfen) [tra]; rattern *v*; treffen *v* (stoßen)
knock in einschlagen *v* (Nagel) [wer]
knock off abschlagen *v* (mit dem Hammer) [wer]; abstoßen *v*

knock out herausschlagen *v*
knock through durchschlagen *v* (mechanisch)
knock-resistant klopffest (Benzin)
knock-stable klopffest (Benzin)
knocking Klopfen *n* (Motor) [tra]
knot Knoten *m*
knot verknoten *v*
knotted verknotet
knotted link chain Knotenkette *f* (nicht für Lasten) [mbt]
knotty knorrig (z.B. Holz); knotig (knorrig, z.B. Holz) [met]
know-how Erfahrung *f*; Wissen *n*
knowledge Erkenntnis *f*; Kenntnis *f*; Wissen *n* (Experten-)
knowledge and capability, have the necessary - sachkundig sein *v*
knowledge-based system wissensbasiertes System *n* [edv]
known bekannt
known features bekannte Merkmale *pl*
knuckle Gelenkverbindung *f*; Zwickel *m* (des Hochofenbodens) [roh]; Achsschenkelgelenk *n* [tec]; Scharniergelenk *n* [tec]
knuckle joint Gelenkverbindung *f* [tec]; Gabelgelenk *n* [tra]; Kardangelenk *n* [tec]; Kreuzgelenk *n* [tec]; Winkelgelenk *n* [tec]
knuckle joint, fork-type - Gabelgelenk *n* [tec]
knuckle rod Gelenkstange *f* [tec]
knuckle yoke Gelenkgabel *f* [tec]
knurl Rändel *n* [tec]
knurl kordieren *v* (aufrauen) [wer]; rändeln *v* [wer]
knurl nut Rändelmutter *f* [tec]
knurled gerändelt (z.B. Knauf, Rändelrad) [wer]
knurled head screw Rändelschraube *f* [tec]
knurled knob Rändelknopf *m* [tec]
knurled nut gerändelte Mutter *f* [tec]; Rändelmutter *f* [tec]
knurled screw Rändelschraube *f* [tec]
knurled stem Rändelstift *m* [tec]
knurled thumb nut Rändelmutter *f* [tec]
knurled thumb screw Rändelschraube *f* [tec]
knurled wheel Rändelrad *n* [tec]
knurled-head screw Rändelschraube *f* [tec]
knurled-thumb screw Rändelschraube *f* [tec]
knurling Rändelung *f* [tec]; Rändeln *n* [wer]
kraft paper Hartpapier *n* [met]
Krueger flap Landeklappe *f* (an Tragflächenfront) [tra]
krypton Krypton *n* (chem. El.: Kr) [che]

L

lab Labor *n*; Laboratorium *n*
lab chemicals Laborchemikalien *pl* [met]
label Aufschrift *f* (Etikett); Beschriftung *f* (Aufschrift); Bezeichnung *f* (Schild); Marke *f* (Kennzeichen); Markierung *f*; Klebezettel *m*; Etikett *n*; Kennzeichen *n* (Marke)
label beschriften *v*; etikettieren *v*; kennzeichnen *v* (mit Kennzeichen versehen); markieren *v*
label clip Zettelhalter *m* (am Güterwagen) [tra]
label holder Zettelhalter *m* (am Güterwagen) [tra]
label record Kennsatz *m*
label, adhesive - Aufkleber *m*; Klebeetikett *n*
labelled beschriftet; gekennzeichnet
labelling Beschilderung *f*; Beschriftung *f* (Beschriften); Kennzeichnung *f*
labelling of dangerous materials Kennzeichnung gefährlicher Stoffe *f*
labelling of dangerous substances Kennzeichnung gefährlicher Stoffe *f*
labelling, duty of - Kennzeichnungspflicht *f* [jur]
labelling, radioactive - radioaktive Markierung *f* [che]
labile instabil; unbeständig
lability Labilität *f*
laboratory Forschungsstätte *f*; Entwicklungslabor *n*; Labor *n*; Laboratorium *n*
laboratory assistant Chemielaborant *m* [che]
laboratory bench Labortisch *m*
laboratory equipment Laboratorieneinrichtung *f*; Labortechnik *f*
laboratory examination Laboruntersuchung *f* [any]
laboratory experiment Laborversuch *m* [any]
laboratory fume hood Laborabzug *m*
laboratory furnace Laborofen *m*
laboratory investigation Laborprüfung *f* [any]; Laboruntersuchung *f*
laboratory measuring device Labormessgerät *n* [any]
laboratory pump Laborpumpe *f*
laboratory sample Laborprobe *f* [any]
laboratory scale Laborwaage *f* [any]
laboratory stirrer Laborrührer *m*
laboratory technician Chemotechniker *m*
laboratory techniques Labortechnik *f*
laboratory test Laborprüfung *f* [any]; Laboruntersuchung *f*; Kleinversuch *m* [any]; Laborversuch *m*
laboratory, analytical - Untersuchungslaboratorium *n* [any]
labour Arbeit *f* (Beschäftigung); Arbeitskraft *f* (Personal)
labour arbeiten *v*

labour charges Montagekosten *pl* (Monteur, Zeit, Reise) [eco]
labour constant Arbeitsaufwandszahl *f*; Zeitaufwandswert *m* [eco]
labour contract Werksvertrag *m* [eco]
labour costs Arbeitslohn *m*; Arbeitskosten *pl*; Lohnkosten *pl* [eco]; Personalausgaben *pl* [eco]; Personalkosten *pl* [eco]
labour force Arbeitskräftezahl *f*; Arbeitskräfte *pl* (Personal)
labour included Montage eingeschlossen *f*
labour intensive handarbeitsintensiv
labour intensive work handarbeitsintensive Arbeiten *f*
labour law Arbeitsrecht *n* [jur]
labour law for the protection of minors Jugendarbeitsschutzgesetz *n* [jur]
labour protection Arbeitsschutz *m* (Arbeitssicherheit)
labour shortage Arbeitskräftemangel *m*
labour union Gewerkschaft *f* [eco]
labour-intensive arbeitsintensiv
labour-intensive industry arbeitsintensive Industrie *f*
labour-safety regulations Arbeitsschutzanordnungen *pl* (Arbeitssicherheit)
labourer Arbeiter *m*
labyrinth Labyrinth *n*
labyrinth bush Labyrinthbuchse *f* [tec]
labyrinth casing Labyrinthgehäuse *n* [tec]
labyrinth channel Labyrinthkanal *m* (Dichtung) [tec]
labyrinth gland Labyrinthbuchse *f* [tec]; Labyrinthstopfbuchse *f* [pow]
labyrinth groove Labyrinthnut *f* [tec]
labyrinth ring Labyrinthring *m* [tec]
labyrinth seal Labyrinthdichtung *f* [tec]
labyrinth seal, triple - Dreifachlabyrinthdichtung *f* [tec]
labyrinth shaft seal Labyrinthwellendichtung *f* [pow]
labyrinth strip Labyrinthblech *n* [tec]
lack Ausfall *m* (Mangel); Mangel *m* (Lücke)
lack ermangeln *v*
lack of air Luftmangel *m*
lack of fusion Bindefehler *m* (beim Schweißen) [met]
lack of image definition Bildunschärfe *f* [opt]
lack of knowledge Unwissenheit *f*
lack of oxygen Sauerstoffmangel *m*
lack of raw materials Rohstoffmangel *m*
lack of root fusion Wurzelrückfall *m* (Schweißtechnik) [wer]
lack of side-fusion Flankenbindefehler *m* (Schweißtechnik) [wer]
lack of space Platzmangel *m*; Raummangel *m*
lack of water Wassermangel *m* [was]
lacking in energy resources energiearm [pow]
lacking in oxygen sauerstoffarm
lacking, be - ausfallen *v* (fehlen); fehlen *v*
lacmus Lackmus *m* [che]
lacquer Farbe *f* (Lack-) [met]; Lack *m* (für Lackarbeiten) [met]
lacquer lackieren *v* [wer]

lacquer coat Lackschicht *f* [met]; Lackanstrich *m* [met]
lacquer coating Lackierung *f* [met]
lacquer enamel Farblack *m* [met]
lacquer finish Lackierung *f* [met]; Farblacküberzug *m* [met]
lacquer paint Lackfarbe *f* [met]
lacquer remover Lackentferner *m* [met]
lacquer solvent Lackverdünner *m* [met]
lacquerer Lackierer *m*
lacrimator Augenreizstoff *m* [hum]
lacunar Kassette *f* [bau]
lacustrine See betreffend
ladder Anlegeleiter *f*; Aufstiegsleiter *f*; Leiter *f*; Steigleiter *f*; Auftritt *m* (Leiter); Tritt *m* (Stufen am Bagger) [mbt]
ladder dredger Eimerkettenbagger *m* [mbt]
ladder network Kettenschaltung *f* [elt]
ladder rack Rungengestell *n* [tec]
ladder well Entwässerungsschacht *m* [was]
ladle Kelle *f* (Schöpf-); Pfanne *f* (Hüttenwesen); Schöpfkelle *m*
ladle schöpfen *v*
ladle car Gießpfannenwagen *m* [roh]; Pfannenwagen *m* (für flüssiges Metall) [tra]
ladle degassing Pfannenentgasung *f* [roh]
ladle furnace Pfannenofen *m* [roh]
laevopolarization Linkspolarisation *f* [opt]
laevorotatory linksdrehend [che]
lag Verzögerung *f*
lag mit Dämmstoff isolieren *v* [bau]
lag element Totzeitglied *n*
lag screw Ankerschraube *f* [tec]; Schwellenschraube *f* [tra]
lagging Auskleidung *f*; Ummantelung *f*; Verschalung *f* (Verpfählung, im Bergbau) [roh]
laid down ermittelt (festgelegt); niedergelegt (ein Werkstück) [wer]
laid down in writing schriftlich festgelegt
laid off entlassen (- aus Arbeitsverhältnis) [eco]
laid-in key Einlegekeil *m* [tec]
laid-in nipple Einlegenippel *m* [tec]
laitance Schlempe *f* (Zementschlamm) [bau]
lake See *m*; organisches Pigment *n* [che]
lake bloom Algenblüte *f* (Seen) [bff]
lake dye Lackfarbe *f* [met]
lake pigment Lackpigment *n* [met]
lake, artificial - Stausee *m* [was]
lakeside road Uferstraße *f* [tra]
lambda probe Lambda-Sonde *f* [tra]
lamella Lamelle *f*
lamella copper Lamellenkupfer *n* [met]
lamella evaporator Lamellenverdampfer *m* [prc]
lamellar exchanger Lamellenwärmeaustauscher *m* [pow]
lamellar graphite Lamellengrafit *m* ((variant)) [met]; Lamellengraphit *m* [met]
lamellar structure Lamellenstruktur *f*
lamellated lamellar

lamina Schicht *f* (Holz) [met]
laminar laminar
laminar flow laminare Strömung *f* [prc]; Laminarströmung *f*
laminate Schichtstoff *m* [met]; Verbundwerkstoff *m* [met]; Verbundmaterial *n* [met]
laminate beschichten *v* [wer]; kaschieren *v* (z.B. Buch, Bauteil); laminieren *v*; schichten *v* (laminieren)
laminated blätterig [met]; blättrig; folienbeschichtet; geschichtet [met]; lamellar; mehrlagig [met]; mehrschichtig [met]; plattig [bau]; zusammengesetzt (geschichtet, Verbund-) [met]
laminated bag Verbundfolienbeutel *m*
laminated beam Schichtbalken *m* [bau]
laminated board Mehrschichtenplatte *f* [bau]
laminated board packaging Verbundverpackung *f*
laminated fabric Hartgewebe *n* [met]
laminated glass Isolierverbundglas *n* [met]; Mehrschichtenglas *n* [bau]; Schichtglas *n* (Verbundglas) [met]; Sicherheitsglas *n* [met]; Verbundglas *n* [met]
laminated material Schichtpressstoff *m* [met]; Schichtstoff *m* [met]
laminated package Verbundverpackung *f*
laminated paper Hartpapier *n* [met]
laminated spring Blattfeder *f* [tec]
laminated suspension spring Blatttragfeder *f* [tec]
laminated timber verleimtes Holz *n* [met]
laminated wire glass Drahtverbundglas *n* [met]
laminated wood Pressholz *n* [met]; Schichtholz *n* [met]; verleimtes Holz *n* [met]
laminated-leaf spring geschichtete Blattfeder *f* [tec]
laminates Schichtpressstoff *m* [met]
laminating Laminieren *n*
laminating plant Kaschieranlage *f*
lamination Blechtrennung *f* (Doppelung) [met]; Dopplung *f* (beim Walzen) [met]; Kaschierung *f*; Pressbahn *f* [met]; Schichtbildung *f* [met]; Schichtung *f*; Blechschnitt *m* [met]; beschichtetes Material *n* (laminiert) [met]
lamination coupling Lamellenkupplung *f* [tec]
lamination segment Blechsegment *n* (Motor, Generator) [elt]
lamp Lampe *f*; Laterne *f* (Leuchte); Leuchte *f* [elt]
lamp base Lampensockel *m* [elt]
lamp bracket Lampenhalter *m* [elt]
lamp bulb Lampenkolben *m* [elt]
lamp holder Fassung *f* [elt]; Glühbirnenfassung *f* [elt]; Lampenfassung *f* [elt]
lamp house Lampengehäuse *n* [elt]
lamp post Beleuchtungsmast *m*; Leuchtenmast *m*; Lichtmast *m*
lamp socket Glühlampenfassung *f* [elt]; Lampenfassung *f* [elt]; Lampensockel *m* [elt]
lamp support bracket Lampenhalterung *f* [elt]
lamp-standard Lichtmast *m*
lampblack Ölruß *m* [met]; Ruß *m* [che]
lance Lanze *f* (z.B. Thermolanze) [tec]

lance ports Öffnungen für Lanzenbläser *pl* [pow]
land Acker *m* [far]; Boden *m* (Erdboden) [bod]; Grund *m* (Gelände); Gelände *n* (Land, Grundstück) [geo]; Land *n*
land aufsetzen *v* (Landung) [tra]; landen *v* [tra]; landen *v* (des Schiffes) [tra]
land acquisition Grunderwerb *m*
land between grooves Stege zwischen den Nuten *pl* [tec]
land boundary Grundstücksgrenze *f*
land breeze Landwind *m* [wet]
land drain Dränleitung *f* [was]
land erosion Flächenerosion *f* [bod]
land improvement Bodenverbesserung *f* [bod]
land law Bodenrecht *n* [jur]
land levelling Geländeplanierung *f* [bod]
land pollution Landschaftsverschmutzung *f*
land reclamation Bodenverbesserung *f* [bod]; Landgewinnung *f* [mbt]
land reform Bodenreform *f* [jur]
land register Kataster *n*
land restoration Rekultivierung *f* [far]; Wiederherstellung von Land *f* [bod]
land set aside for building Bauerwartungsland *n* [bau]
land shortly to be made available for building Bauerwartungsland *n* [bau]
land surveying Landvermessung *f* [any]
land use Bodenbewirtschaftung *f* [far]; Bodennutzung *f*; Landnutzung *f*
land use, agricultural - Bodennutzung *f* [far]
land utilization Flächennutzung *f*
land utilization plan Flächennutzungsplan *m*
land-register Grundbuch *n* [jur]
land-use plan Gebietsplan *m*
landfill Abfalldeponie *f* [rec]; Ablagerung *f* (Deponie) [rec]; Bodenaufschüttung *f* (z.B. neues Land) [bod]; Deponie *f* [rec]; Mülldeponie *f* (große Kippe) [rec]; Müllhalde *f* (große Kippe) [rec]; Müllkippe *f* (große Halde, Grube) [rec]; Deponiekörper *m* [rec]
landfill capacity Deponiekapazität *f* [rec]
landfill costs Deponiekosten *pl* [rec]
landfill cover Deponieabdeckung *f* [rec]
landfill gas Deponiegas *n* [rec]
landfill gas plant Deponiegas *n* [rec]
landfill gas production Deponiegasgewinnung *f* [rec]
landfill leachate Deponiesickerwasser *n* [rec]
landfill leakage water Deponiesickerwasser *n* [rec]
landfill levy Deponieumlage *f* [jur]
landfill monitoring Deponieüberwachung *f* [rec]
landfill operation Deponiebetrieb *m* [rec]
landfill operator Deponiebetreiber *m* [rec]
landfill reclamation Deponiesanierung *f* [rec]
landfill site Deponiestandort *m* [rec]; Deponiegelände *n* [rec]
landfill space, limited - begrenzter Deponieraum *m* [rec]
landfill space, scarce - knapper Deponieraum *m* [rec]
landfill space, shortage of - Deponieraumverknappung *f* [rec]
landfill surveillance Deponieüberwachung *f* [rec]
landfill waste Deponieabfall *m* [rec]
landfill, large - Großdeponie *f* [rec]
landfill, sealing of a - Deponieabdichtung *f* [rec]
landfilling Deponierung *f* [rec]
landing Landung *f* [tra]; Absatz *m* (der Treppe) [bau]; Treppenabsatz *m* (der Gehtreppe) [bau]
landing angle Antrittswinkel *m* (Rolltreppe) [tra]
landing approach Landeanflug *m* [tra]
landing bridge Landungsbrücke *f* [tra]
landing field Rollbahn *f* [tra]; Landeplatz *m* [tra]; Flugfeld *n* [tra]; Rollfeld *n* [tra]
landing flap Landeklappe *f* [tra]
landing gear Fahrwerk *f* (Flugzeug) [tra]
landing on the moon Mondlandung *f* [tra]
landing path Einflugschneise *f* [tra]
landing pier Landungssteg *m* [tra]
landing place Schiffsanlegestelle *f* [tra]; Landungsplatz *m* [tra]
landing stage Landesteg *m* [tra]; Landungssteg *m* [tra]
landing strip Landebahn *f* [tra]
landmark Landmarke *f*; Grenzstein *m*
landowner Grundbesitzer *m*; Grundeigentümer *m* [eco]
landscape landschaftlich gestalten
landscape Gegend *f* (Landschaft); Landschaft *f*; Landschaftsbild *n*
landscape component Landschaftselement *n*
landscape conservation Landschaftspflege *f*; landschaftspflegerische Maßnahme *f*
landscape consumption Landschaftsverbrauch *m*
landscape damage Landschaftsschaden *m*
landscape design Landschaftsarchitektur *f*; Landschaftsplanung *f*
landscape format Querformat *n*
landscape loading Landschaftsbelastung *f* [bod]
landscape master plan Landschaftsrahmenplan *n*
landscape of fields and hedgerows Heckenlandschaft *f*
landscape park Landschaftspark *m*
landscape plan Landschaftsplan *m*
landscape planning Landschaftsgestaltung *f*; Landschaftsplanung *f*
landscape program Landschaftsprogramm *n*
landscape protection Landschaftsschutz *m*
landscape reserve Landschaftsschutzgebiet *n*
landscape resources Landschaftshaushalt *m*
landscape strip Grünstreifen *m* [tra]
landscape, natural - Naturlandschaft *f*
landscaped office room Bürogroßraum *n*; Großraumbüro *n* [bau]
landscaping Landschaftsgestaltung *f*; Landschaftsplanung *f*
landslide Bergrutsch *m*; Bergsturz *m*; Erdrutschen *n* [bod]
landslip Bergrutsch *m*; Erdrutsch *m* [bod]

lane Bahn f (Fahrbahn) [tra]; Fahrbahn f (Fahrspur) [tra]; Fahrspur f (auf Straße markiert) [tra]; Gasse f [tra]; Spur f (Fahrbahn der Straße) [tra]
lane drifting Spurwechsel m (zu Abbiegen) [tra]
lane straddling Spurwechsel m (häufiger Fahrbahnwechsel) [tra]
language Sprache f (eines Volkes)
language processor Übersetzerprogramm n (für Sprachen) [edv]
language translation Sprachübersetzung f
language translation, automatic - automatische Sprachübersetzung f (Software) [edv]
language translator Übersetzerprogramm n (für Sprachen) [edv]
lanolin Wollfett n [met]
lantern Laterne f (auch Lampe) [tra]
lantern gear Triebstockverzahnung f [tec]; Triebstockgetriebe n [tec]
lantern pinion Hohltrieb m [tec]
lantern ring Packungsstützring m [tec]; Sperrring m [tec]
lanthanum Lanthan n (chem. El.: La) [che]
lap Falz m
lap einschleifen v [wer]; läppen v (fein polieren) [wer]
lap flange Bördelflansch m [tec]; Flansch mit Bund m [tec]
lap joint Flanschnaht f [tec]; Nahtüberdeckung f (bei Dichtbahnen); Überlappnaht f [tec]; Überlappstoß m [wer]
lap winding Schleifenwicklung f [elt]
lap-joint flange Bördelflansch m [prc]; Bundflansch m [prc]; Losflansch m; Vorschweißflansch m [prc]
lap-sash seat belt Beckengurt m [tra]; Sicherheitsgurt m (3-Punkt) [tra]
lapped geläppt (fein poliert) [wer]
lapped splice überlappende Verbindungsstelle f
lapping Läppen n (Oberflächenbehandlung) [wer]
lapping machine Läppmaschine f [wer]
lapse Zeitspanne f; Ablauf m (Verfall); Fehler m (Verstoß); Abgleiten n; Absinken n
lapse verfallen v; verjähren v [eco]
lapse of time Verjährung f [jur]
laptop tragbar
laptop computer Laptopcomputer m [edv]; tragbarer Rechner m [edv]
large ausgedehnt (großes Grundstück); reichlich; stark (starkes Aufkommen) [tra]; weit (groß)
large number of vibrations, operate with - erschütterungsreich
large-batch production Großserienfertigung f
large-body tipping wagon Einseitenkippwagen m [tra]
large-capacity boiler Großkessel m [pow]
large-capacity garage Großgarage f [tra]
large-capacity refuse bin Abfallgroßbehälter m [rec]
large-capacity transport vehicle Großraumbeförderungsfahrzeug n [tra]
large-capacity vehicle Großraumfahrzeug n [tra]

large-diameter anti-friction slewing-ring Großwälzlager n [tec]
large-diameter flange Großflansch m [prc]
large-diameter pipe Großrohr n [prc]
large-diameter rotary drill rig Großdrehbohrgerät n [mbt]
large-grained grobkörnig
large-panel building Großplattenbau m [bau]
large-panel construction Großplattenbauweise f [bau]; Plattenbauweise f [bau]
large-panel formwork Großflächenschalung f [bau]
large-panel system Großplattenbauweise f [bau]; Plattenbauweise f [bau]
large-scale building site Großbaustelle f [bau]
large-scale dimensioned großdimensioniert
large-scale enterprise Großbetrieb m; Großunternehmen n
large-scale plant Großanlage f
large-scale power plant Großkraftwerk n [pow]
large-scale production Großproduktion f
large-scale sewage plant Großklärwerk n [was]
large-scale test Großversuch m
large-signal Großsignal n (statisches Großsignal) [elt]
large-sized driver's cab Großraumfahrerhaus n [tra]
laser Laser m [phy]; Lichtverstärker m [opt]
laser apparatus Lasergerät n [phy]
laser beam Laserstrahl m [opt]
laser drilling machine Laserbohrmaschine f [wzg]
laser irradiation Laserstrahlung f [phy]
laser light Laserlicht n [opt]
laser light beam Laser m [phy]
laser method Lasertechnik f
laser multiplier Laserverstärker m [phy]
laser printer Laserdrucker m [edv]
laser receiver Lasernehmer m [phy]
laser soldering installation Laserlötanlage f [wzg]
laser technology Lasertechnik f
laser transmitter Lasergeber m [phy]
laser welded lasergeschweißt [wer]
laser welding Laserschweißen n [wer]; Laserstrahlschweißen n [wer]
laser-beam cutting machine Laserstrahlschneideinrichtung f [wer]
laser-beam welded special steel pipe lasergeschweißtes Edelstahlrohr n [wer]
laser-beam welding machine Laserstrahlschweißeinrichtung f [wer]
lash anbinden v [tec]; festbinden v; zurren v (festzurren, anlaschen)
lash ring Zurrring m (kreuzweise Kettenaufnahme) [mbt]
lashing Dachanschluss m [bau]
lashing chain Zurrkette f
lashing cleat Seilhaken m (am Flachwaggon) [tra]
lashing ring Zurrring m (kreuzweise Kettenaufnahme) [mbt]
last bestehen v (fortdauern); dauern v; fortbestehen v; halten v (bleiben)
last digit Endziffer pl (z.B. des laufenden Jahres)

last runnings Nachlauf *m*
lasting beständig (dauernd); dauerhaft (haltbar); haltbar (dauerhaft)
lasting several days mehrtägig
lasting several hours mehrstündig
lasting several weeks mehrwöchig
lasting several years mehrjährig
latch Arretierung *f* (Vorrichtung) [tec]; Falle *f* (Schloss); Klinke *f* (Lasche) [tec]; Raste *f* (Sperre, Riegel) [tec]; Sperre *f* (Riegel); Drücker *m* (Schloss); Riegel *m* (z.B. an Tür) [bau]; Schnäpper *m* (Türfalle) [bau]; Schnapper *m* (Türfalle) [bau]; Sicherheitsschloss *n* [tec]
latch einklinken *v* [wer]; sperren *v* (verriegeln)
latch bolt Federfalle *f* [tec]; Schnäpper *m* (an Tür) [bau]
latch fastening Klinkenverschluss *m* [tec]
latch lock Fallenschloss *n* [tec]; Schnappschloss *n* [tec]
latch spring Klinkenfeder *f* [tec]
latched eingeklinkt [wer]
latching Verriegelung *f*; Einklinken *n* [tec]
latching current Sperrstrom *m* [elt]
latching device Verriegelung *f* [tec]; Verriegelungsvorrichtung *f* [tec]
latching lever Rastenhebel *m* [tec]
latching push-button Drucktaster mit Rastung *m* [tec]
late spät; unpünktlich (verspätet)
late ignition Nachzündung *f* [tra]; Spätzündung *f* [tra]
late radiation effect Strahlenspätschaden *m*
late shift Spätschicht *f*
late train Spätzug *m* [tra]
latency Latenz *f*; Latenzzeit *f*
latent latent
latent energy latente Energie *f* [phy]
latent heat latente Wärme *f*; Verdampfungswärme *f* (latente Wärme) [phy]
latent injury Spätschaden *m*
latent limit Latenzgrenze *f*
latent state Latenzzustand *m*
lateral seitlich
lateral auxiliary drive seitlicher Nebenantrieb *m* [tra]
lateral axis Querachse *f* [con]
lateral clearance Seitenspiel *n* [tec]
lateral distance Seitenabstand *m* [con]
lateral distribution Querverteilung *f* [tec]
lateral expansion joint Gelenkkompensator *m* [tec]
lateral extension Querausdehnung *f* [met]
lateral face Seitenfläche *f*
lateral force Querkraft *f* [phy]
lateral gas pass Querzug *m* (Überhitzerzug) [pow]
lateral guidance Querführung *f*
lateral length Seitenlänge *f* [con]
lateral load Horizontalbelastung *f*
lateral movement Schieben *n* (seitliches Bewegung v. Bauteilen, Gerüst; unerwünscht) [pow]

lateral power take-off seitlicher Nebenantrieb *m* [tra]
lateral pressure Querdruck *m*; Seitendruck *m* [phy]
lateral run-out Seitenschlag *m* [tec]
lateral section Querschnitt *m* [con]
lateral section drawing Querschnittzeichnung *f* (von d. Seite) [con]
lateral side Seitenfläche *f*
lateral slotted screen Querspaltsieb *n* [prc]
lateral stability Querstabilität *f*; Seitenfestigkeit *f*
lateral stabilizer seitliche Abstützung *f* [mbt]
lateral stapling seitliche Heftung *f* [tec]
lateral stiffness Knickfestigkeit *f* [met]
lateral thrust seitlicher Druck *m* [tec]
lateral view Seitenansicht *f* [con]
lateral wall Seitenwand *f* [bau]
lateral wall, effect of the - Seitenwandeffekt *m* [tra]
laterally adjustable seitenverstellbar (Tunnelschienen) [tra]
laterally reversed spiegelbildlich (seitenverkehrt)
latest aktuell (-e Nachrichten); modernst (z.B. neueste Mode)
latest technology neueste Technologie *f*
latex Latex *m* [bff]
latex coat Latexanstrich *m* [met]
latex foam Latexschaum *m* [met]
latex paint latexgebundene Farbe *f* [met]
lath Lamelle *f* (Latte); Latte *f* (Holzstab, Leiste); Leiste *f* (Latte, Holzstab)
lath screen Lamellenjalousie *f* [bau]
lathe Bank *f* (Drehbank) [wzg]; Drehbank *f* [wzg]; Drehmaschine *f* [wzg]; Spannwerkzeug *n* [wer]
lathe centre Körnerspitze *f*
lathe chuck Spannfutter *n* [wzg]
lathe clamp Drehmaschinenherz *n* [wzg]
lathe machining Abdrehen *n* [wer]
lathe mandrel Drehdorn *m* [wzg]
lathe slide grinder Supportschleifer *m* [wer]
lathe tool Drehstahl *m* [wzg]
lathe, automatic - Drehautomat *m* [wzg]
lather einschäumen *v* (mit Schaum bedecken)
latitude Breite *f* (seitliche Ausdehnung Erde); Breite, geografische - *f* ((variant)); Breite, geografische - *f*; geografische Breite *f* ((variant)); geografische Breite *f*; Breitengrad *m*
lattice Gitter *n* (Kristallgitter) [min]; Lattenwerk *n*
lattice arrangement Gitterordnung *f* [che]
lattice bar Gitterstab *m* [tec]
lattice beam Fachwerkträger *n* (Stahlbau) [tec]; Gitterträger *n* (Stahlbau) [tec]
lattice constant Gitterkonstante *f* [che]
lattice construction Fachwerkkonstruktion *f* (Rolltreppe) [bau]
lattice defect Gitterfehler *m* [min]
lattice dislocation Gitterstörung *f* [min]
lattice distortion Gitterstörung *f* [min]
lattice framework Fachwerkbauweise *f* [bau]
lattice imperfection Gitterstörung *f* [min]; Gitterfehler *m* [min]
lattice mast Gittermast *m* [bau]

lattice spectrum Gitterspektrum *n* [any]
lattice tower Gittermast *m* [bau]
lattice truss Fachwerkbinder *m* (Stahlbau) [tec]; Gitterbalken *m* (Stahlbau) [tec]
lattice window Gitterfenster *n* [bau]
lattice-like gitterartig; gitterförmig
latticed gitterartig
latticework Gitterwerk *n*
launch vom Stapel lassen [tec]
launch beginnen *v*; beginnen *v* (z.B. ein Programm) [edv]
launching Stapellauf *m* [tra]
launder Rinne *f* (Entwässerung) [was]
laundry Wäscherei *f*
laundry centrifuge Wäscheschleuder *m* [elt]
laundry drier Wäschetrockner *m* [elt]
Laval nozzle Laval-Düse *f* [pow]
Laval turbine Laval-Turbine *f* [pow]
lavatory Toilette *f* [bau]; Toilettenraum *m* (z.B. bei der Bahn) [tra]
lavatory pan Klosettbecken *n* [bau]
law Gesetz *n* [jur]; Recht *n* [jur]
law applying to public bodies öffentliches Recht *n* [jur]
law of a province Landesrecht *n* [jur]
law of absorption Absorptionsgesetz *n* [phy]
law of elasticity Elastizitätsgesetz *n* [phy]
law of elongation Dehnungsgesetz *n* [phy]
law of energy conservation Gesetz der Erhaltung der Energie *n* [phy]
law of gravitation Fallgesetz *f* [phy]; Gravitationsgesetz *n* [phy]
law of growth Wachstumsgesetz *n* [eco]
law of induction Induktionsgesetz *n* [elt]
law of information Informationsrecht *n* [jur]
law of mixtures Mischungsregel *f* [che]
law of motion Bewegungsgesetz *n*
law of nature Naturgesetz *n*
law of procedure Verfahrensrecht *n* [jur]
law of proportionality Proportionalitätsgesetz *n*
law of radioactive decay Gesetz des radioaktiven Zerfalls *n* [phy]
law of reaction Reaktionsgesetz *n* [che]
law of refraction Brechungsgesetz *n* [phy]
law of regional planning Raumplanungsgesetz *n* [jur]
law of regulatory offences Ordnungswidrigkeitenrecht *n* [jur]
law of supply and demand Gesetz von Angebot und Nachfrage *n*
law of tenancy Mietrecht *n* [jur]
law of the European Community Recht der EU *n* [jur]
law of the Federal Land Landesgesetz *n* [jur]
law of the Federal States Landesrecht *n* [jur]
law of the lever Hebelgesetz *n* [phy]
law suit Prozess *m* (Gerichts-) [jur]
law, administrative - Verwaltungsrecht *n* [jur]
law, agricultural - Agrarrecht *n* [jur]

law, become - Gesetzeskraft erlangen *v* [jur]
lawful rechtmäßig
lawn Grasfläche *f*; Wiese *f*; Rasen *m* [bff]
lawn-sprinkler Rasensprenger *m*
lawnmower Rasenmäher *m*
lawnmower for slopes Böschungsmähgerät *n* [far]
lawnmower noise Rasenmäherlärm *m* [aku]
lawns and parks Grünanlagen *pl*
lawsuit Rechtsstreit *m* [jur]
lawyer Rechtsanwalt *m* (mein Anwalt) [jur]
lay legen *v* (hinlegen); legen *v* (Installation) [bau]
lay bare freilegen *v*
lay bricks mauern *v* [bau]
lay down ablegen *v* (niederlegen)
lay down in writing schriftlich festlegen
lay foundations gründen *v* (Fundament legen)
lay in einlagern *v*; einlegen *v* (einlagern)
lay off absetzen *v*
lay out anlegen *v* (erstellen); ausbringen *v*; auslegen *v* (Konstruktion) [con]; trassieren *v* [tra]; verlegen *v* (Kabel) [bau]
lay shaft Vorgelegewelle *f* (des Getriebes) [tra]
lay-by Haltebucht *f* ((B)) [tra]
lay-in connector Einlassdübel *m* [wer]
lay-on edge Anlagekante *f* [con]
lay-out Gestaltung *f* (Auslegung) [con]; Aufbau *m* (Konstruktion) [tec]
lay-out plan Übersichtsplan *m* [con]
laydown area Abstellplatz *m*
layer Bank *f* [geo]; Lage *f* (Schicht); Metallschicht *f* [met]; Schicht *f* (Überzug) [met]; Schichtung *f* (Schüttung); Schweißlage *f* (Lage) [wer]; Ableger *m* [bff]; Belag *m* (Schicht); Film *m* (Schicht); Überzug *m* (Schicht) [met]; Flöz *n* [roh]; Lager *n* (Bodenschätze) [geo]
layer überschichten *v*
layer echo Schichtecho *n* [elt]
layer of earth Erdschicht *f* [bod]
layer of grease Fettschicht *f*
layer of ice Eisschicht *f*
layer of material Materialschicht *f* [tec]
layer of molecules Molekülschicht *f* [che]
layer of oxide Oxidschicht *f* [che]
layer of salt Salzschicht *f*
layer of sand Sandschicht *f* [bau]
layer of tape Bandlage *f* [met]
layer of the earth Bodenschicht *f* [bod]
layer of varnish Lackschicht *f* [met]
layer thickness Schichtdicke *f*
layer, height of - Schichthöhe *f* [met]
layer, thickness of - Schichthöhe *f* [met]
layer, thickness of the - Schichtdicke *f*
layered geschichtet [met]
layers, by - lagenweise; schichtweise [met]
layers, formation of - Strähnenbildung *f* (Flamme) [pow]
layers, in - lagenweise; schichtenweise; schichtweise [met]
layers, number of - Lagenzahl *f*

laying Verlegung *f* (Leitungen) [elt]; Einbau *m* (z.B. von Rohren in Graben)
laying claims to Inanspruchnahme *f* [jur]
laying down Kiellegung *f* (Beginn Schiffsbau) [tra]
laying of a cable Kabellegung *f* [elt]
laying out Anreißen *n*
layout allgemeine Anordnung *f*; Anordnung *f* (räumliche Lage); Auslegung *f* (Entwurf, Konstruktion) [con]; Ausstattung *f* (Auslegung); Aufriss *m* [con]; Grundrissplan *m* [con]; Plan *m* (Entwurf); Layout *n* ((variant)) [con]; Layout *n* (Entwurf Text-, Bildgestaltung) [con]
layout data Auslegungsdaten *pl* [con]
layout drawing Aufstellungszeichnung *f* [con]; Grundrisszeichnung *f* [con]
layout for machining Anriss *m* (Anzeichnen) [wer]
layout marking gage Anreißlehre *f* [any]
layout plan Gesamtübersicht *f* [con]; Aufstellungsplan *m* [con]; Lageplan *m* (allgemein) [con]; Lageplan *m* (z.B. des Schaltschrankes) [elt]
layout table Anreißplatte *f* [wer]
layshaft Vorgelegewelle *f* [tra]; Zwischenwelle *f* [tra]; Vorgelege *n* [tra]
layshaft gear Vorgelegerad *n* [tra]
lazy faul (träge)
leach auslaugen *v* [che]; auswaschen *v* (auslaugen) [was]; laugen *v*
leach residue Laugenrückstand *m* [rec]
leachate Sickerwasser *n* [was]
leachate monitoring Sickerwasserüberwachung *f* [was]
leachate recovery facility Deponiesickerwasserbehandlung *f* [was]
leached out ausgelaugt [che]
leached soil ausgewaschener Boden *m* [bod]
leaching Auslaugung *f* [che]; Laugung *f*
leaching cesspool Kläranlage *f* (Sickergrube) [was]; Versickerungsklärgrube *f* [was]
leaching vat Laugenbehälter *m* [prc]
lead bleiern
lead Führung *f* (an erster Stelle); Ganghöhe *f* (Gewinde) [tec]; Gangsteigung *f* (Gewinde) [tec]; Mine *f* (Bleistift); Schnur *f* [elt]; Blei *n* (chem. El.: Pb) [che]; Kabel *n* (Verbindung) [elt]
lead führen *v* (bringen); leiten *v* (führen); plombieren *v*; verbleien *v*; voreilen *v*; vorgehen *v* (als erster gehen)
lead accumulation Bleiakkumulation *f*
lead accumulator Bleiakkumulator *f* [elt]
lead additive Bleizusatz *m* [met]
lead alloy Bleilegierung *f* [met]
lead alloys Blei-Basislegierungen *pl* [met]
lead ash Bleiasche *f* [rec]
lead away fortführen *v*
lead back zurückführen *v*
lead bath Bleibad *n* [prc]
lead battery Bleibatterie *f* [elt]
lead body burden Bleibelastung *f* [hum]
lead brick Bleiziegel *m* [pow]

lead bronze Bleibronze *f* [met]
lead cable Bleikabel *n* [elt]
lead casting Bleiguss *m*
lead caulking Bleidichtung *f*
lead chamber Bleikammer *f*
lead chromate chromgelb
lead coating Bleimantel *m*; Bleiüberzug *m*
lead colour Bleifarbe *f* [che]
lead compound Bleiverbindung *f* [che]
lead covered cable Bleikabel *n* [elt]
lead covered copper cable Kupferkabel mit Bleimantel *n* [elt]
lead covering Bleiumhüllung *f*; Verbleiung *f* [met]; Bleimantel *m*
lead crystal Bleiglas *n* [met]
lead deposit Bleischlamm *m* [rec]
lead dross Bleiasche *f* [rec]; Bleiabgang *m*
lead dust Bleistaub *m*
lead emission Bleiemission *f*
lead filter Bleifilter *m*
lead foil Bleifolie *f* [met]
lead gasket Bleidichtung *f*
lead glass Bleiglas *n* [met]; Bleikristall *n* [met]; Kristallglas *n* [met]
lead imprint Bleiabdruck *m*
lead in münden *v*
lead ingot Bleiblock *m* [met]
lead into einmünden *v* (enden)
lead jacket Bleimantel *m*
lead joint Bleidichtung *f*
lead jointing Bleidichtung *f*
lead lining Bleiauskleidung *f*; Bleiverkleidung *f*
lead load Bleibelastung *f*
lead mine Bleibergwerk *n* [roh]
lead mount Bleifassung *f*
lead ore Bleierz *n* [geo]
lead over überleiten *v*
lead oxide, red - Mennige *f* [che]; Bleimennige *n* [met]
lead packing Bleidichtung *f*
lead paint Bleifarbe *f* [che]
lead paint, red - Mennigefarbe *f* [met]
lead pencil Grafitstift *m* ((variant)); Graphitstift *m* (Schreibgerät)
lead pigment Bleifarbe *f* [che]
lead pipe Bleiröhre *f* [met]; Bleileitungsrohr *n* [bau]; Bleirohr *n* [met]; Leitungsrohr *n* [tra]
lead plate Bleiplatte *f* [met]
lead poisoning Bleivergiftung *f* [hum]
lead powder Bleipulver *n* [met]
lead primer Bleimennige *n* [met]
lead protection Bleischutz *m*
lead refinery Bleiraffinerie *f* [roh]
lead salt Bleisalz *n* [che]
lead scoria Bleiabgang *m*
lead scrap Bleischrott *m* [rec]
lead screen Bleiabschirmung *f*; Bleischirm *m*
lead screening Bleiabschirmung *f*
lead screw Antriebsspindel *f* [tec]; Arbeitsspindel *f* [tec]; Leitspindel *f* [tec]

lead seal Bleiplombe *f*; Plombe *f* (z.B. Zollplombe)
lead seal, cap for - Plombierkappe *f*
lead sealing Plombieren *n*
lead sealing pliers Plombenzange *f* [wzg]
lead sheathed cable Bleikabel *n* [elt]
lead sheathing Bleimantel *m*
lead sheet Bleiblech *n* [met]
lead shield Bleiabschirmung *f*
lead shielding Bleiabschirmung *f*
lead slag Bleischlacke *f* [che]
lead sleeve Bleimuffe *f*
lead sludge Bleischlamm *m* [rec]
lead smelting Bleiarbeit *f* [wer]
lead smelting plant Bleihütte *f* [roh]
lead solder Bleilot *n*
lead soldering Bleilötung *f*
lead storage battery Bleiakkumulator *f* [elt]
lead thermal metallurgy thermische Bleimetallurgie *f* [met]
lead through durchführen *v* (durch Öffnung)
lead toxicity Bleitoxizität *f* [hum]
lead tube Bleiröhre *f* [met]; Bleirohr *n* [met]
lead waste Bleiabfall *m* [rec]
lead weights Trimmblei *n* (zum Auswuchten) [met]
lead wire Zuführungsleitung *f* [elt]; Zuleitung *f* [elt]; Bleidraht *m* [met]
lead works Bleihütte *f* [roh]
lead zirconate-titanate Blei-Zirkonat-Titanat *n* [met]
lead, red - Mennige *f* [che]; Bleimennige *n* [met]; Bleizinnober *n* [che]
lead-acid battery Bleisäurebatterie *f* [elt]
lead-based additive bleihaltiger Kraftstoffzusatz *m* [tra]; bleihaltiger Zusatz *m*
lead-containing bleihaltig
lead-covered conductor Bleimantelleitung *f* [elt]
lead-covered plastic insulated cable kunststoffisoliertes Bleikabel *n* [elt]
lead-free bleifrei [met]
lead-free gasoline bleifreies Benzin *n* [tra]
lead-free petrol bleifreies Benzin *n* [tra]
lead-in Zuführung *f* [elt]
lead-plated verbleit (Metalle) [met]
lead-seal pliers Verplombungszange *f* [wzg]
lead-sealing Verplombung *f* (z.B. Lkw, Güterwagen) [tra]
lead-sheathed cable Bleimantelkabel *n* [elt]
lead-soldering process Bleilötverfahren *n*
lead-through Durchführung *f* (Öffnung)
lead-zinc accumulator Bleizinkakkumulator *m* [elt]
lead-zinc storage battery Bleizinkakkumulator *m* [elt]
leaded verbleit (Benzin) [met]
leaded drain Hauptdrän *m* [was]
leaded gasoline Bleibenzin *n* [tra]
leaded petrol Bleibenzin *n* [tra]; bleihaltiges Benzin *n* [tra]; verbleites Benzin *n* [tra]
leaden bleiern
leaden container Bleibehälter *m*
leaden pipe Bleirohr *n* [met]

leader Leiter *m* (einer Gruppe); Mäkler *m* (Teil der Ramme) [mbt]
leader arrow Hinweispfeil *m*
leadership Führung *f* (Leitung)
leadership quality Führungseigenschaft *f* [eco]
leading führend
leading edge Anströmkante *f* (Turbinenschaufeln); Vorderkante *f*
leading end of the mouldboard Scharvorderteil *n* (des Graders) [mbt]
leading position führende Marktstellung *f* [eco]
leading roll Leitwalze *f* [wer]
leading screw Leitspindel *f*
leading-in ring Einführungsring *m* [tec]
leading-in roll Zuführungswalze *f* [wer]
leadlike bleiartig [che]
leadthrough Leitungsdurchführung *f* [elt]
leaf Flügel *m* (Tür); Blatt *n* (Baumstruktur) [edv]; Blatt *n* (Tür) [bau]; Federblatt *n* [tec]
leaf blättern *v* (in Buch, Seiten) [edv]
leaf chain Fleyerkette *f* [tra]
leaf green laubgrün (RAL 6002) [nor]
leaf herbicide Blattherbizid *n* [bff]
leaf metal Folie *f* [met]; Blattmetall *n* [met]
leaf spring Blattfeder *f* [tec]
leaf spring, formed - Flachformfeder *f* [tec]
leaf spring, laminated - geschichtete Blattfeder *f* [tec]
leaf tissue Blattgewebe *f* [bff]
leaf-type spring Blattfeder *f* [tec]; Trapezfeder *f* (Blattfeder) [tra]
leaflet Broschüre *f*; Druckschrift *f* (Prospekt); Prospekt *m*
leaflets on possible hazards, information - Gefahrenmerkblätter *pl* (Arbeitssicherheit)
leak undicht sein
leak Ableitung *f* [elt]; Undichtheit *f* (Leck); Auslauf *m* (Leck) [was]; Durchsickern *n* [was]; Leck *n* (in Schiff, Tank)
leak ausfließen *v* (lecken); auslaufen *v* (ausfließen) [was]; durchlassen *v* (Leck); durchsickern *v* [was]; entweichen *v* (Gas); lecken *v* (leck sein); rinnen *v* (leck sein); sickern *v* [was]; tropfen *v* (lecken)
leak current Streustrom *m* [elt]
leak detection Lecksuche *f* [any]
leak detection equipment Rohrdichtheitsprüfgerät *n*
leak detector Lecksucher *m* [any]; Lecksuchgerät *n* [any]
leak loss Leckverlust *m*
leak oil Becköl *n* [tra]
leak oil connection Leckölanschluss *m* [tec]
leak oil line Leckölleitung *f* [tec]
leak oil loss Leckölverlust *m* (z.B. aus Hydraulik) [tra]
leak oil passage Leckölablauf *m* [tec]
leak oil pipe Leckölleitung *f* [tra]
leak oil return Leckölrückleitung *f* (zum Tank) [tra]
leak out austreten *v* (auslaufen)
leak proof wall Dichtwand *f*

leak steam Leckdampf *m* [pow]
leak test Dichtigkeitsprüfung *f* [any]; Dichtprobe *f* [any]; Leckprüfung *f* [any]
leak water Leckwasser *n* [was]
leak-free leckfrei
leak-off chamber Absaugkammer *f* (an Stopfbuchse) [pow]
leak-off connection Absaugleitung *f*
leak-off pipe Leckleitung *f* [tra]
leak-off pocket Absaugkammer *f* (an Stopfbuchse) [pow]
leak-off steam exhaust Leckdampfaustritt *m* [pow]
leak-off steam header Wrasendampfsammelleitung *f* [air]
leak-off steam nozzle Absaugstutzen *m* (Turbinengehäuse) [pow]
leak-off steam piping Leckdampfleitung *f* [pow]
leak-off valve Absaugventil *n* (für Leckdampf) [pow]; Leckdampfventil *n* [pow]
leak-proof lecksicher
leak-proofness Dichtheit *f*
leakage Ableitung *f* [elt]; Leckage *f* (Leck, undichte Stelle) [tra]; Leckstelle *f*; undichte Stelle *f* [pow]; Undichtigkeit *f*; Schwund *m*; Verlust *m* (undichte Stelle, Leck); Ausfließen *n*; Deponiesickerwasser *n* [rec]; Entweichen *n* (Gas); Leck *n* (Leckage)
leakage air filter Leckluftfilter *m* [air]
leakage current Kriechstrom *f* [elt]
leakage detector Lecksuchgerät *n* [any]
leakage field Streufeld *n* [elt]
leakage field interference Streufeldstörung *f* [elt]
leakage flow Leckageströmung *f* (u.a. Dichtung) [tec]
leakage indicator Leckwassermelder *m*
leakage loss Spaltverlust *m*
leakage monitoring Leckageüberwachung *f*
leakage oil port Lecköllanschluss *m* [tec]
leakage steam exhaust Wrasenaustritt *m* [air]
leakage water Sickerwasser *n* [was]; Spaltwasser *n* (Dichtungsaustritt) [pow]
leakage water chamber Spaltwasserkammer *f* (Dichtungsaustritt) [pow]
leakage water collection installation Sickerwassersammeleinrichtung *f* [was]
leakage water cooler Spaltwasserkühler *m* [pow]
leakage water discharge Spaltwasserrückfluss *m* [pow]
leakage water return Spaltwasserrückförderung *f* [pow]
leakage water supply Spaltwasserzulauf *m* [pow]
leakage water treatment Sickerwasserbehandlung *f* [was]
leakiness Durchlässigkeit *f* (Leck); Undichtigkeit *f*
leaking leck; undicht
leaking pipe testing apparatus Rohrdichtheitsprüfgerät *n*
leaking steam Sickerdampf *m* [pow]
leakproof dicht (leckagefrei)
leakproof tight dicht (undurchlässig)
leaky durchlässig (undicht); undicht

lean arm (Gas); fettarm; mager (schlank); schlank
lean neigen *v* (zur Seite)
lean brine Dünnsole *f*
lean coal Magerkohle *f* [met]
lean coke Magerkoks *m* [met]
lean gas Armgas *n* (mageres Gas) [pow]
lean lime hydraulischer Kalk *m* [met]; Magerkalk *m* [met]
lean mixture magere Mischung *f*; gasarmes Gemisch *n* (mager) [pow]
lean mortar magerer Mörtel *m* [met]; Magermörtel *m* [met]
lean quicklime Magerkalk *m* [met]
lean-burn engine Magermotor *m* [tra]
lean-mixed mortar Füllmörtel *m* [met]
leaner, make - abmagern *v* (Gemisch)
leaning geneigt (z.B. Schiefer Turm von Pisa); schief (schiefer Turm von Pisa); schräg (zur Seite geneigt)
leaning smokestack schiefer Schornstein *m* [air]
leaning wheels Radsturz *m* (z.B. Grader bei Schräghang) [con]
leap Satz *m* (Sprung)
leap springen *v* (schwungvoll -)
learn erfahren *v*; erlernen *v*; lernen *v*
learned fachkundig
learner Anfänger *m* (hinter dem Autosteuer) [tra]
lease Pacht *f* [eco]
lease leasen *v*; mieten *v*; pachten *v* [eco]; verpachten *v* [eco]
lease rental charges Mietkosten *pl* [eco]
leased gemietet
leasehold Pachtvertrag *m* [eco]
leasing Verpachtung *f* [eco]; Leasing *n*
leasing contract Leasingvertrag *m* [jur]
least mindest
least resistance geringster Widerstand *m*
least resistance, way of - Weg des geringsten Widerstandes *m*
least squares, sum of - Fehlerquadratsumme *f* [mat]
leather ledern (wischen)
leather Leder *n* [bff]
leather apron Lederschürze *f*
leather belt Ledertreibriemen *m* [tec]
leather cuff Ledermanschette *f* [tec]
leather cup Ledermanschettendichtung *f* [tec]
leather gasket Lederdichtungsscheibe *f* [tec]
leather glove Lederhandschuh *m*
leather industry Lederindustrie *f*
leather packing Lederdichtung *f* [tec]
leather strap Lederriemen *m*
leather-like lederartig
leave anlassen *v* (in Betrieb lassen); austreten *v* (verlassen); fortfahren *v* (abreisen); räumen *v* (Gebäude) [bau]; verlassen *v* (weggehen)
leave as residue hinterlassen *v*
leave behind hinterlassen *v*
leave without pay unbezahlter Urlaub *m* [eco]
leaving blank Aussparung *f* (Aussparen) [con]
leaving the site of an accident Unfallflucht *f* [tra]

lecture Vortrag *m* (über Sachgebiet)
ledge Leiste *f* (Bord, Sims); Querleiste *f* [bau]
ledge carrier Leistenträger *m* [tec]
ledger Knagge *f* [wzg]; Querbalken *m* [bau]
leeway Abtrift *f* (abtreiben vom Schiffskurs) [tra]
left verlassen (zurückgelassen)
left flank Linksflanke *f* [tec]
left hand links (auf der linken Seite)
left justified linksbündig
left, on the - links (auf der linken Seite)
left-hand construction Linksausführung *f* [tec]
left-hand design Linksausführung *f* (linke Seite) [tec]
left-hand drive Linkssteuerung *f* [tra]
left-hand rotation Drehung entgegen dem Uhrzeigersinn *f* [tec]; Linksdrehung *f* [tec]
left-hand screw linksgängige Schraube *f* [tec]; Schraube mit Linksgewinde *f* [tec]
left-hand thread linksgängiges Gewinde *n* [tec]; Linksgewinde *n* [tec]
left-hand traffic Linksverkehr *m* [tra]
left-hand turn lane Linksabbiegerspur *f* [tra]
left-handed linksgängig (Zahnrad) [tec]; linkshändig; linksseitig (auf der 1. Seite)
left-handed polarization Linkspolarisation *f* [opt]
left-handed screw Schraube mit Linksgewinde *f* [tec]
left-handed thread Linksgewinde *n* [tec]
left-over stock Restbestand *m*
left-overs Rest *m* (übrig gebliebenes Essen)
left-side justification Linksbündigkeit *f*
left-turn lane Linksabbiegerspur *f* [tra]
left-turning linksdrehend (z.B. Gewinde) [tec]
leg Kathete *f* [mat]; Fuß *m* (eines Möbelstücks); Schenkel *m* (eines Winkels) [mat]; Ständer *m* (Pfosten); Bein *n* (Gestell)
leg support Stützfuß *m* [tec]
legal gesetzlich [jur]; juristisch [jur]; legal [jur]; rechtlich
legal actions, recourse to - Rechtsweg *m* [jur]
legal advice Rechtsberatung *f* [jur]
legal advisor Rechtsberater *m* [jur]
legal assistance Rechtsbeistand *m* [jur]
legal basis Rechtsgrundlage *f* [jur]
legal case Rechtsfall *m* [jur]
legal certainty Rechtssicherheit *f* [jur]
legal claim gesetzliche Haftpflichtansprüche *pl* [jur]
legal claim initiated by an association Verbandsklage *f* [jur]
legal concept, indefinite - unbestimmter Rechtsbegriff *m* [jur]
legal department Rechtsabteilung *f* [jur]
legal duty gesetzliche Pflicht *f* [jur]
legal effect Rechtswirkung *f* [jur]
legal entitlement Rechtsanspruch *m* [jur]
legal force Gesetzeskraft *f* [jur]; Rechtskraft *f* [jur]
legal holiday gesetzlicher Feiertag *m*
legal homogeneity Rechtseinheit *f* [jur]
legal person juristische Person *f* [jur]
legal position Rechtsstellung *f* [jur]; Status *m* (Rechtsstellung) [jur]

legal practice Rechtspraxis *f* [jur]
legal procedure Gerichtsverfahren *n* [jur]
legal proceedings rechtliches Verfahren *n* [jur]
legal protection, object of - Rechtsgut *n* [jur]
legal provision Rechtsvorschriften *pl* [jur]
legal quality Rechtsqualität *f* [jur]
legal regulation Rechtsverordnung *f* [jur]
legal regulations Rechtsvorschriften *pl* [jur]
legal representative gesetzlicher Vertreter *m*
legal requirement ordnungsrechtliche Anforderung *f* [jur]
legal requirements gesetzliche Bestimmungen *pl* [jur]
legal right Rechtsanspruch *m* [jur]
legal status rechtliche Verhältnisse *pl* [jur]
legality Legalität *f* [jur]
legend Aufschrift *f* (Zeichenerklärung); Beschriftung *f* (Legende); Bildunterschrift *f* (im Text); Legende *f*; Zeichenerklärung *f* [con]
legible lesbar
legislation Gesetzgebung *f* [jur]
legislation on hazardous substances Gefahrstoffrecht *n* [jur]
legislation, appropriate - entsprechende Gesetze *pl*
legislative competence Gesetzgebungskompetenz *f* [jur]
legislative competence, competing - konkurrierende Gesetzgebungskompetenz *f* [jur]
legislative requirements gesetzliche Bestimmungen *pl*
legislative tasks Gesetzgebungsaufgaben *n* [jur]
legitimate gesetzmäßig [jur]; rechtmäßig
legitimated third-party interests berechtigte Interessen Dritter *pl* [jur]
legitimation Legitimation *n* [jur]
leisure centre Erholungszentrum *n*; Freizeitzentrum *n*
leisure facilities Freizeiteinrichtungen *pl*
leisure time Freizeit *f*
leisure-time activity Freizeitaktivität *f*
leisure-time uses Freizeitgebrauch *m*
lemon yellow zitronengelb (RAL 1012) [nor]
lend ausleihen *v*
lender liability Haftung des Kreditgebers *f* [jur]
length Dauer *f* (Zeitraum); Länge *f* (Raum) [phy]; Strecke *f* (Länge); Maß *n* (Länge) [con]
length between centres Spitzenweite *f* [tec]
length change Längenänderung *f*
length compensation Längenausgleich *m*
length dimension Längenmaß *n* [con]
length error Längenfehler *m*
length measurement Längenmessung *f* [any]
length measuring device Längenmessgerät *n* [any]
length of contact marking Länge des Zahntragbilds *f* [con]
length of path of contact Eingriffstrecke *f* (Getriebe) [tec]
length of spring, free - ungespannte Länge *f* (Feder) [tec]
length over all Gesamtlänge über alles *f* [con]; Länge über alles *f* [tra]

length stop Längenanschlag *m* [tec]
length subjected to bending Biegelänge *f*
length tolerance Längentoleranz *m* [con]
length, horizontal - horizontale Länge *f* (z.B. der Rolltreppe) [tra]
lengthen recken [wer]
lengthen ausdehnen *v* (verlängern); längen *v* (verlängern); strecken *v* (verlängern); verlängern *v* (länger machen); wachsen *v* (verlängern)
lengthening Längenzunahme *f*; Längung *f*; Verlängerung *f*
lengthening piece Ansatzstück *n* [tec]; Verlängerungsstück *n*
lengthening rod Verlängerungsstange *f* [tec]
lengths, scale of - Längenmaßstab *m* [con]
lengthy langwierig
lens Linse *f* [opt]; Optik *f* (Linse) [opt]; Objektiv *n* [opt]
lens cooler Linsenkühler *m* [prc]
lens head screw Linsenschraube *f* [tec]
lens-shaped seal Dichtlinse *f* [tec]
lenticular expansion joint Linsenkompensator *m* [tec]
lenticular gasket Linsendichtung *f* [tec]
lentil Linse *f* [bff]
lentil head sheet metal screw Linsensenkblechschraube *f* [tec]
less minder
lessen mindern *v*; nachlassen *v* (Geräusch); schwächen *v* (vermindern); vermindern *v*; verringern *v* (vermindern)
lessening Verminderung *f*
lesson Stunde *f* (Unterricht)
lessons Unterricht *m*
let go loslassen *v* (einen Hebel)
let in einbetten *v* (Holz); einlassen *v* (Zapfen) [bau]
let into concrete einbetonieren *v* [bau]
let out ablassen *v* (Wasser) [was]
let pass durchlassen *v* [opt]
let through durchlassen *v*; passieren *v* (durchlassen)
lethal letal; tödlich
lethal amount Letaldosis *f* [hum]
lethal concentration letale Konzentration *f* [hum]; Letalkonzentration *f* [hum]
lethal dose Letaldosis *f* [hum]; letale Dosis *f* [hum]; Todesdosis *f* [hum]
lethal dose 50 % Letaldosis LD50 *f* [hum]
lethal factor letaler Faktor *m* [hum]
lethal gas Giftgas *n* [met]
lethal limit Letalgrenze *f* [hum]
lethal time letale Zeit *f*
lethality Letalität *f* [hum]; Sterblichkeit *f*
lethargic schlaff (träge)
lethargy Lethargie *f*
letter Drucktype *f*; Brief *m*; Buchstabe *m*
letter height Schriftgröße *f*
letter of credit, documentary - Dokumentenakkreditiv *n* [eco]
letter of intent Absichtserklärung *f* [jur]

letter post Briefpost *f*
letter quality Schönschrift *f* (Textverarbeitung)
letter spacing Sperrdruck *m* (Textverarbeitung)
letter-quality printer Schönschriftdrucker *m* [edv]
letter-quality printing Schönschriftdruck *m* (Textverarbeitung) [edv]
lettering Beschriftung *f*; Aufdruck *m*; Aufbringen von Buchstaben *n* [wer]
lettering and marking Beschriftung *f* (einer Kiste)
lettering and marking kit Beschriftungssatz *m*
letterpress Vervielfältiger *m*
letterpress printing Buchdruck *m*
letting of contract Auftragserteilung *f* [eco]
levee Damm *m* ((A) Schutzwall); Deich *m* [was]; Uferdamm *m* [bau]
level bündig [bau]; eben (horizontal); flach (eben); horizontal
level Ebene *f* (ebene Fläche, Niveau); Fläche *f* (Ebene); Grenze *f* (Niveau); Höhe *f* (Niveau); Richtlatte *f* (any); Sohle *f* (Bergbau) [roh]; Stufe *f* (Zustand); Füllstand *m*; Höhenstand *m*; Pegel *m*; Spiegel *m* (Niveau); Stand *m* (Niveau); Zustand *m* (Niveau); Deck *n* (Parkdeck) [tra]; Niveau *n*
level abgleichen *v* (einebnen) [bau]; abkanten *v* [wer]; abtragen *v* (Boden) [bod]; abtragen *v* (einebnen) [bod]; ausgleichen *v* [bau]; ebnen *v* (einebnen); egalisieren *v*; einebnen *v* [bau]; glätten *v* (einebnen) [wer]; nivellieren *v*; planieren *v* [mbt]
level adjustment Einpegelung *f* [any]; Höhenverstellung *f*
level collar Kniefitting *n* (Rohr)
level compensation Niveauausgleich *m* [mbt]
level container Abgleichgefäß *n* [was]
level controller Niveauregler *m*
level country Ebene *f* (flaches Land)
level course Abgleichung *f* [bau]
level crossing Bahnschranke *f* [tra]; Eisenbahnkreuzung *f* (mit Straße) [tra]; Kreuzung *f* (Schiene/Straße) [tra]; Bahnübergang *m* (niveaugleicher -) [tra]; Eisenbahnübergang *m* (Straße/Schiene) [tra]; Übergang *m* (Bahn-) [tra]
level crossing flashing light installation Blinklichtanlage *f* (Bahnübergang) [tra]
level detector Niveausonde *f* [any]; Pegelmesser *m* [any]
level difference, reference for - Meterriss *m* (für Belag, Estrich) [con]
level drop Grundabsenkung *f* [mbt]
level gauge Messstab *m* [tra]; Standglas *n* (Schauglas) [any]
level glass Libelle *f* (in Wasserwaage) [wzg]
level grade equipment Niveaumesser *m* [any]
level indicator Füllstandsanzeiger *m* [any]; Füllstandsmesser *m* [any]; Höhenstandanzeiger *m* [any]; Niveauanzeiger *m* [any]; Niveaumesser *m* [any]; Pegelstab *m* (z.B. Ölstand) [tra]; Füllstandmessgerät *n* [any]
level line Höhenlinie *f* [geo]

level measurement Füllstandsmessung *f* [any]; Niveaumessung *f* [any]
level measuring Füllstandsmessung *f* [any]
level meter Füllstandsmesser *m* [any]
level monitor Füllstandswächter *m* [any]; Niveauwächter *m* [any]
level monitoring Niveauüberwachung *f* [any]
level of decision Entscheidungsebene *f*
level of decision close to markets marktnahe Entscheidungsebene *f* [eco]
level of development Entwicklungsstand *m*
level of difficulty Schwierigkeitsgrad *m*
level of expectations Erwartungshorizont *m*
level of gear oil Getriebeölstand *m* [tra]
level of intensity Intensitätsniveau *n*
level of liquid Flüssigkeitsstand *m*
level of underground-water Grundwasserspiegel *m* [was]
level off abflachen *v* (einebnen) [bau]
level out ausspachteln *v* [wer]; einebnen *v* [bau]
level switch Tauchrohrgeber *m* (für Kraftstoffhöhe) [tra]
level transportation Waagerechtförderung *f* [mbt]
level up ausrichten *v* [wer]; richten *v* (ausrichten)
level, make - abgleichen *v* (einebnen) [bau]
level, not - uneben (Fläche)
level-crossing gate Bahnschranke *f* ((B)) [tra]
levelled angeflacht [wer]
levelling Abgleichung *f* [bau]; Abtragung *f* (Einebnen) [bod]; Höhenbestimmung *f*; Nivellierung *f* [mbt]; Ausgleich *m*; Verlauf *m* (Lack); Nivellieren *n*
levelling zerstoßen *v* (des Haufwerks mit Grader) [mbt]
levelling agent Egalisiermittel *n*
levelling blocks Keilschuhe *pl* (Ausrichten) [tec]
levelling bolt Ausrichtschraube *f* [tec]
levelling bottle Niveauflasche *f* (Orsat-Analyse) [any]
levelling bucket Planierlöffel *m* [mbt]
levelling device Planiereinrichtung *f* [mbt]
levelling layer Ausgleichsschicht *f* [bau]
levelling nut Justiermutter *f* [tec]
levelling piece Ausgleichsstück *n* (Höhenausgleich)
levelling plate Gleitbacke *f* [tec]
levelling power Egalisierungsvermögen *n*
levelling screw Einstellschraube *f* [tec]; Nivellierschraube *f* [tec]
levelling surface Richtfläche *f*
levelling switch Niveauschalter *m* [elt]
levelling the shoulders Bankettabschälen *n* [mbt]
levelling tube Niveaurohr *n*
levelling wedge Nivellierkeil *m*
levelling work Ausgleichsarbeiten *pl* [bau]; Graderarbeiten *pl* [mbt]; Planierarbeiten *pl* (am Boden) [mbt]
lever Hebestange *f* [tec]; Klemmstange *f* [tra]; Wippe *f* [tec]; Hebearm *m*; Hebebalken *m*; Hebebaum *m*; Heber *m* [tec]; Schwengel *m* (in Pumpe) [tec]
lever action Hebelwirkung *f*

lever arm Hebelarm *m* [phy]; Kurbelarm *m* [tec]
lever arrangement Hebelwerk *n*
lever brake Hebelbremse *f* [tec]
lever closure Hebelverschluss *m*
lever collar Hebelsperre *f* [tec]
lever commutator Hebelumschalter *m*
lever distance Hebelauslenkung *f*
lever handle Hebelgriff *m*
lever limit switch Hebelendschalter *m* (für Fahrsteuerung) [mbt]
lever pin Hebelbolzen *m* [tec]
lever press Hebelpresse *f* [tec]
lever receiver Hebelaufnahme *f* [tec]
lever rod Hebelstange *f* [tec]
lever rods Hebelgestänge *n* [tec]
lever support Hebelauflage *f* [mbt]
lever switch Hebelschalter *m* [elt]; Hebelumschalter *m*
lever system Gestänge *n*
lever transmission Hebelübersetzung *f*
lever weir Klappenwehr *n* [was]
lever, adjusting - Ausgleichshebel *m* [mbt]; Einstellhebel *m* [tec]; Verstellhebel *m* [tec]
lever, angled - Winkelhebel *m* [tec]; Winkelhebel *m* [tec]
lever, principle of the - Hebelgesetz *n* [phy]
lever, reversed - umgelegter Hebel *m* [tec]
lever-controlled pump Pumpe mit Handhebelverstellung *f* (Hydraulik) [tec]
lever-set Hebelwerk *n*
lever-type grease gun Hebelfettpresse *f* [tra]
lever-type limit switch Hebelendschalter *m* [tec]
leverage Hebekraft *f* [phy]; Hebelkraft *f* [phy]; Hebelwirkung *f*; Hebelwerk *n*
leverage force Aushebekraft *f* (Schraube zu fest) [tec]; Hebelkraft *f* (Hebelwirkung) [phy]
leverage ratio Hebelübersetzungsverhältnis *n* [phy]
leverjack Lastwinde *f*
levers, relationship of the - Hebelverhältnis *n* [phy]
levers, system of - Hebelwerk *n*
levy Abgabe *f* (Steuer) [jur]
levy proceeds Abgabenaufkommen *n* [rec]
liabilities Schulden *pl* [eco]
liability Belastung *f* (Verbindlichkeit); Betriebshaftpflicht *f* [jur]; finanzielle Haftung *f* (gegen Dritte) [jur]; Haft *f* (Verantwortung) [jur]; Haftbarkeit *f* [jur]; Haftpflicht *f* [jur]; Haftung *f* [jur]; Verantwortlichkeit *f* [jur]; Verbindlichkeit *f* (Schulden) [eco]; Obligo *n* [eco]
liability after the expiration of the contract Nachhaftung *f* (Haften nach Ablauf des Vertrages) [jur]
liability for documentation of disposal Entsorgungsnachweispflicht *f* [rec]
liability for endangerment independent from fault Gefährdungshaftung *f* [jur]
liability for proof of disposal Entsorgungsnachweispflicht *f* [rec]
liability hazard Haftpflichtrisiko *n* [jur]
liability insurance Betriebshaftpflichtversicherung *f*

[jur]; Haftpflichtversicherung *f* [jur]
liability insurance, general - betriebliche Haftpflichtversicherung *f* [jur]; Haftpflichtversicherung *f* [jur]; Industriehaftpflichtversicherung *f* [jur]
liability law Haftungsrecht *n* [jur]
liability limit Haftungshöchstsumme *f* [jur]
liability of defects Mängelhaftung *f*
liability policy for damage done to waterways Gewässerschaden-Haftpflichtversicherung *f* [jur]
liability policy, general - Betriebshaftpflichtvertrag *m* [jur]; Haftpflichtvertrag *m* [jur]
liability to catch fire Feuergefährlichkeit *f*
liability under water management law wasserwirtschaftsrechtliche Haftung *f* [jur]
liability, legal - Haftungspflicht *f* [jur]
liability, restriction of - Haftungsbeschränkung *f* [jur]
liability, security to cover - Deckungsvorsorge *f* [jur]
liable verantwortlich
liable to break down störanfällig
liable to registration zulassungspflichtig [jur]
liable to rust rostempfindlich [met]
liable to tax abgabenpflichtig [jur]
liable, be - haften *v* (verantworten)
liberate abgeben *v* (freisetzen) [che]; entbinden *v* (befreien); entwickeln *v* (freisetzen)
liberation Ausscheidung *f* (Freisetzung)
liberation of energy Energielieferung *f* [pow]
licence Genehmigung *f* (Lizenz) [jur]; Konzession *f* ((B) [eco]; Lizenz *f* [jur]; Zulassung *f* ((B) Lizenz) [jur]
licence lizenzieren *v* [jur]
licence agreement Lizenzvertrag *m* [jur]
licence contract Lizenzvertrag *m* [jur]
licence fee Lizenzgebühr *f* [jur]
licence plate Nummernschild *n* ((A) [tra]; polizeiliches Kennzeichen *n* [tra]
licence plate bracket Kennzeichenhalter *m* [tra]; Kennzeichenschildhalter *m* [tra]
licence pressure Genehmigungsdruck *m*
licence, needing - genehmigungsbedürftig [jur]
license Bewilligung *f* (Genehmigung, Lizenz); Konzession *f* ((A) [eco]; Zulassung *f* ((A) Lizenz) [jur]
license provision Genehmigungsbescheid *m* [jur]
license, plant that needs - genehmigungsbedürftige Anlage *f*
license, under - in Lizenz
licensed zugelassen (beruflich)
licensee Lizenznehmer *m* [jur]
licenser Lizenzgeber *m* [jur]
licensing Lizenzerteilung *f* [jur]
licensing agreement Lizenzabkommen *n* [jur]
licensing application Genehmigungsantrag *m* [jur]
licensing authority Genehmigungsbehörde *f* [jur]
licensing concentration Genehmigungskonzentration *f*
licensing decision Genehmigungsentscheidung *f* [jur]
licensing duty Genehmigungspflicht *f* [jur]

licensing procedure Bewilligungsverfahren *n* [jur]; Genehmigungsverfahren *n* [jur]; Zulassungsverfahren *n* [jur]
licensing procedure, formal - förmliches Genehmigungsverfahren *n* [jur]
licensing requirement Genehmigungserfordernis *n* [jur]
licensing requirements; installation; not subject to - nicht genehmigungsbedürftige Anlage *f*
licensing seal Zulassungsstempel *m* [jur]
licensor Lizenzgeber *m* [jur]
lid Abdeckung *f*; Klappe *f* (Deckel); Deckel *m* (Abdeckung)
lie at anchor auf der Reede liegen *f* [tra]
lieu of, in - statt (statt meiner, anstelle von)
life Brenndauer *f* (Glühlampe) [elt]; Lebensweg *m*; Menschenleben *n*
life cycle Lebenskreislauf *m* (Produkte); Lebenszyklus *m*
life expectancy Lebensdauer *f*; Lebenserwartung *f*
life expectancy study Lebensdaueruntersuchung *f* [any]
life service consumption Lebensdauerverbrauch *m*
life span Lebensdauer *f*; Lebenserwartung *f*; Lebenszeit *f*
life style Lebensstil *m*
life table Sterblichkeitstabelle *f*
life utility Brauchbarkeitsdauer *f*
life, actual - tatsächliche Nutzungsdauer *f* [tec]
life, average - mittlere Lebensdauer *f*
life, year of one's - Lebensjahr *n*
life-cycle analysis Lebenszyklusanalyse *f*
life-cycle assessment Lebenszyklusbetrachtung *f*
life-cycle validation Validation *f* [edv]
life-destroying lebensvernichtend; lebenszerstörend
life-form Lebensform *f*
life-saving Lebensrettung *f*
lifeboat Rettungsboot *n*
lifeless unbelebt
lifelike naturgetreu
lifetime Lebensdauer *f*; Lebensdauer *f*; Standzeit *f*
lifetime-lubricated dauergeschmiert; lebenszeitgeschmiert [tra]
lifetime-lubricated bearing Lager mit Dauerschmierung *n* [tec]
lifetime-lubrication Dauerschmierung *f* [tec]; Lebensdauerschmierung *f* [tra]
lift Bühne *f* [bau]; Mitfahrgelegenheit *f*; Aufzug *m* ((B) Fahrstuhl) [bau]; Daumen *m* (Nocke u. ä.) [tec]; Elevator *m* [bau]; Fahrstuhl *m* ((B) Personen-); Hub *m* (Anheben einer Last) [mbt]; Hub *m* (Pumpe) [prc]; Lift *m* ((B))
lift abheben *v* [mbt]; anheben *v* (hochheben, aufheben); entfernen *v* (abheben); fördern *v* (transportieren); heben *v* (nach oben bewegen); hochheben *v*; roden *v* [far]
lift arm Hubarm *m* (an Maschinen) [tec]; Lastarm *m* (z.B. Laderstiel) [tec]
lift arm extension Hubarmverlängerung *f* [tra]

lift bridge Hebebrücke *f*
lift cage Fahrkorb *m*
lift capacity Tragfähigkeit *f* (am Bagger) [mbt]
lift chain Hubkette *f* (des Staplers) [mbt]
lift coefficient Auftriebsbeiwert *m* [phy]
lift eye Auge *n* (Transportöse) [tec]
lift force Auftriebskraft *f* [phy]
lift fork Hubgabel *f* [mbt]; Traggabel *f* (z.B. des Gabelstaplers) [mbt]
lift frame Förderturm *m* [bau]; Hubrahmen *m* (beim Radlader) [mbt]; Hubgerüst *n* (des Laders) [mbt]; Hubgestell *n* (Hubgerüst) [mbt]
lift gate Hubtor *n*
lift height Hubhöhe *f* [mbt]
lift jack Heber *m*
lift limiter Hubbegrenzer *m* [mbt]
lift line Hubleitung *f* (Kugelregen) [pow]
lift moment Hebemoment *n* [phy]; Hubmoment *n* [mbt]
lift motor Hubmotor *m* [tec]
lift pole Hubmast *m* (des Stapler) [mbt]
lift pole attachment Hubmastausrüstung *f* (Stapler, Kran) [mbt]
lift pump Saugpumpe *f* [prc]
lift shaft Aufzugsschacht *m* ((B)) [bau]; Fahrstuhlschacht *m* ((B)) [bau]
lift slab Palette *f*
lift up aufheben *v* (hochheben); aufnehmen *v* (hochheben); hochziehen *v*; klappen *v* (nach oben); richten *v* (aufrichten)
lift valve Hubventil *n* [prc]
lift, give a - mitnehmen *v* [tra]
lift, height of - Hubhöhe *f* [mbt]
lift-and-tip system Hub-Kipp-Vorrichtung *f* [mbt]
lift-off Abreißen der Brennerflamme *n* [pow]
lift-off container Absetzbehälter *m* [was]
lift-off vehicle Absetzfahrzeug *n* [mbt]
liftable hochschiebbar
lifter Hebebaum *m*; Heber *m*; Stößel *m* (Nockenscheibe) [tra]
lifter arm Hubarm *m* (z.B. Ventilstößel heben) [tra]
lifter screw Stößelschraube *f* [tra]
lifter spring Stößelfeder *f* (Feder am Druckkolben) [tra]
lifting Hub *m* (Heben)
lifting apparatus Hebegerät *n*
lifting appliance Hebevorrichtung *f*; Hebezeug *n*
lifting arc Hubkurve *f* (hier z.B. Lasthaken) [mbt]
lifting arm Hebearm *m*
lifting beam Hubtraverse *f* [mbt]; Montageträger *m* [wer]
lifting bollard Anhebezapfen *m*
lifting boss Anhängezapfen *m*
lifting cable Hubseil *n*
lifting capacity Hubkraft *f*; Hubkraftleistung *f* (Hubkraft); Hublast *f* (des Krans) [mbt]; Tragfähigkeit *f* (am Bagger) [mbt]; Hubkraftvermögen *n* (Hubkraft) [mbt]
lifting capacity, remaining - Resttragfähigkeit *f* (des Gabelstaplers) [mbt]
lifting chart Hubkurve *f* (hier Datentabelle) [mbt]
lifting crane Hebekran *m* [mbt]
lifting cross beam Hubtraverse *f* [tec]; Anhängebügel *m* [bau]
lifting cylinder Hubzylinder *m* (teleskopisch) [mbt]
lifting device Abhebeeinrichtung *f*; Hebeeinrichtung *f*; Hebevorrichtung *f*; Hubeinrichtung *f* [mbt]; Hebezeug *n*
lifting drive Hubantrieb *m* [tec]
lifting equipment Hubgerät *n* [tec]
lifting eye Anhängeöse *f*; Anschlagöse *f*; Aufhängeöse *f*; Hebeöse *f* [tec]; Montageöse *f* (Transportöse); Transportlasche *f* (zum Heben von Maschinen) [mbt]; Transportöse *f* [tec]; Anschlag *m* (an Maschine zum Hochheben) [mbt]
lifting eye bolt Anheberingschraube *f*; Ringschraube *f*
lifting eye nut Ösenmutter *f* [tec]; Ringmutter *f* [tec]
lifting force Hebekraft *f* [phy]; Hubkraft *f*
lifting fork Hubgabel *f* [mbt]
lifting frame Hubgestell *n* (Hubgerüst) [mbt]
lifting gear Aufhängevorrichtung *f* [tec]; Geschirr *n* (Hebegurte usw.) [mbt]; Hubgerüst *n* (des Staplers) [mbt]
lifting height Förderhöhe *f* [bau]; Hubhöhe *f* [mbt]
lifting hole Anhängeloch *n*
lifting hook Anhängehaken *m* [tec]; Lasthaken *m* [tec]
lifting jack Hebebock *m*; Hebebock *m* (ähnlich Wagenheber) [tra]
lifting jack, hydraulic - hydraulischer Heber *m* [tec]
lifting lug Anhebeöse *f*; Aufhängeöse *f* [tec]; Kranöse *f* [tec]; Montageöse *f* [tec]
lifting magnet Lasthebemagnet *m* [mbt]; Lastmagnet *m* [mbt]
lifting nut Anhängemutter *f* [tec]; Bügelmutter *f* [tec]
lifting oil Anhebeöl *n*
lifting oil pump Anhebeölpumpe *f*
lifting platform Hebebühne *f*
lifting power Hebekraft *f* [phy]
lifting rod Hubstange *f*
lifting screw Ringschraube *f* [tec]
lifting screw jack Hubspindelgetriebe *n* [tec]; Spindelhubelement *n* [tec]
lifting shackle Anhängebügel *m* [tec]
lifting sling Anhängeseil *n* (Kran); Anschlagseil *n* (Kran)
lifting speed Hubgeschwindigkeit *f* [mbt]
lifting spindle Hubspindel *f* [tec]
lifting stacker Hubstapler *m* [wer]
lifting stage Hebebühne *f* [wer]
lifting strap Anhängelasche *f* [tec]
lifting table Hebetisch *m* [wzg]; Hubtisch *m* [wzg]; Rollentisch *m* [tec]
lifting tackle Hebeanlage *f*; Hebeeinrichtung *f*; Anschlagmittel *n*
lifting trunnion Anhängebolzen *m* [tec]; Anhängezapfen *m* [tec]

lifting winch Hebewinde *f*
lifting-eye nut Ringmutter *f* [tec]
lifting-magnet-type crane Magnetkran *m* [mbt]
ligature Binde *f* (Verband) [hum]
light hell (optisch); leicht (im Gewicht); licht (hell); locker (durchlässig)
light Beleuchtung *f* (Licht, Erhellung); Belichtung *f* (Licht); Lampe *f*; Leuchte *f* [elt]; Schein *m* (Lichtschein); Fenster *n* (Oberlicht) [bau]; Licht *n*
light anzünden *v*; befeuern *v* (beleuchten); beleuchten *v*; belichten *v* (beleuchten); erhellen *v*; leuchten *v* (beleuchten); zünden *v* (Streichholz)
light a fire einheizen *v*
light absorption Lichtabsorption *f* [opt]
light alloy Leichtmetall *n* [met]
light alloy disc wheel Leichtmetallscheibenrad *n* [tra]
light alloy spoked wheel Leichtmetallspeichenrad *n* [tra]
light amplification by stimulated emission of radiation Laser *m* [phy]
light ashes Flugasche *f* [rec]
light barrier Lichtschranke *f*
light barrier sensor Lichtschrankenschalter *m* [elt]
light beam Lichtstrahl *m* [opt]; Lichtbündel *n* [opt]
light benzine Leichtbenzin *n* [che]
light blue hellblau; lichtblau (RAL 5012) [nor]
light brass scrap Leichtmessingschrott *m* [rec]
light bulb Glühlampe *f* [elt]
light bundle Lichtbündel *n* [opt]
light cable Lichtleitung *f* [opt]
light collector Lichtempfänger *m* [elt]
light construction Leichtbaukonstruktion *f*
light copper Leichtkupfer *n* [met]
light current Schwachstrom *m* [elt]
light density Lichtdichte *f* [opt]
light density construction Leichtstoffbauweise *f* [bau]
light diffraction Lichtbeugung *f* [opt]
light emitting diode Leuchtdiode *f* [elt]
light energy Lichtenergie *f* [opt]
light engineering Feinmechanik *f* [tec]
light factor Lichtfaktor *m* [opt]
light fitting Beleuchtungskörper *m*
light fittings Beleuchtungsarmaturen *pl*
light fraction from shredders Shredderleichtfraktion *f* [rec]
light gap Lichtspalt *m* [opt]
light gasoline Leichtbenzin *n* [che]
light green lichtgrün (RAL 6027) [nor]
light grey hellgrau; lichtgrau (RAL 7035) [nor]
light heating oil leichtes Heizöl *n* [pow]
light indicator Lichtanzeiger *m* [tra]
light industry Leichtindustrie *f*
light intensity Helligkeit *f* [opt]; Lichtintensität *f* [opt]; Lichtstärke *f* [opt]
light ivory hellelfenbein (RAL 1015) [nor]
light liquid separator Leichtflüssigkeitsabscheider *m* [prc]
light loss Lichtverlust *m* [opt]

light louvre Lichtraster *n* [opt]
light material bucket Leichtmaterialschaufel *f* [mbt]
light metal Leichtmetall *n* [met]
light metal container Leichtmetallbehälter *m*
light metal pressed casting Leichtmetallpressguss *m* [met]
light metal sprinkled casting Leichtmetallspritzguss *m* [met]
light meter Lichtzähler *m* [any]
light microscope Lichtmikroskop *n* [any]
light motorcycle Leichtkraftrad *n* [tra]; Mokick *n* [tra]
light of local conditions, in - in Anbetracht der örtlichen Gegebenheiten
light oil Leichtöl *n* [che]
light opening Lichtöffnung *f* [bau]
light path Lichtweg *m* [opt]
light pattern construction leichte Bauart *f* [bau]
light petrol Leichtbenzin *n* [che]
light pink hellrosa (RAL 3015) [nor]
light power Lichtausbeute *f* [opt]
light pressure Lichtdruck *m* [phy]
light pulse Lichtimpuls *m* [opt]
light push switch Lichtschubschalter *m* [tra]
light radiation welding Lichtstrahlschweißen *n* [wer]
light reaction Lichtreaktion *f* [bio]
light reflection Lichtreflex *m* [opt]
light refraction Lichtbrechung *f* [opt]
light resistance Lichtbeständigkeit *f*
light scattering Lichtstreuung *f* [opt]
light screen Lichtschirm *m*
light sensor Lichtsonde *f* [opt]; Photozelle *f* [elt]
light shaft Lichtschacht *m* [bau]
light signal Lichtsignal *n* [opt]
light slit Lichtspalt *m* [opt]
light source Lichtquelle *f* [opt]
light spectrum Lichtspektrum *n* [opt]
light speed Lichtgeschwindigkeit *f* [opt]
light spindle switch Lichtdrehschalter *m* [elt]
light spot Lichtmarke *f* [opt]; Lichtfleck *m* [opt]
light stabilizer Lichtschutzmittel *n* (Kunststoff) [che]
light switch Lichtschalter *m* [elt]
light timber grab Kurzholzgreifer *m* [mbt]
light transmission Lichtdurchlässigkeit *f* [opt]
light up anstecken *v* (anzünden, Kessel) [pow]; anzünden *v* (anstecken, Kessel) [pow]; aufleuchten *v*
light value Helligkeit *f* [opt]
light velocity Lichtgeschwindigkeit *f* [opt]
light water leichtes Wasser *n* (Kernkraftwerk) [pow]
light water reactor Leichtwasserreaktor *m* [pow]
light wave Lichtwelle *f* [opt]
light wave conductor Lichtwellenleiter *m* [opt]
light year Lichtjahr *n*
light yellow hellgelb
light yield Lichtausbeute *f* [opt]
light, artificial künstliches Licht *n* [opt]; Kunstlicht *n*
light, reflected - Reflexlicht *n* [opt]
light, source of - Lichtquelle *f* [opt]
light, speed of - Lichtgeschwindigkeit *f* [opt]

light-bulb Glühbirne f [elt]
light-duty construction leichte Ausführung f
light-duty design leichte Ausführung f
light-fast lichtbeständig; lichtecht; lichtecht
light-fastness Lichtechtheit f
light-filter Lichtfilter m [opt]
light-metal design Leichtbauweise f (z.B. Waggon) [tec]
light-meter Helligkeitsmesser m [any]
light-permeable lichtdurchlässig [opt]
light-powered solarzellenbetrieben [pow]
light-resistant lichtecht
light-resisting lichtecht
light-sensitive lichtempfindlich [opt]
light-sensitive layer lichtempfindliche Schicht f [opt]
light-sensitive tube Photozelle f [elt]
light-transmitting lichtdurchlässig [opt]
light-wave cable Lichtwellenleiter m [opt]
lighted beleuchtet
lighted display Leuchtanzeige f [elt]
lighted push-button Leuchttaste f [elt]
lighten aufhellen v; erleichtern v (Gewicht verringern)
lightening Aufhellen n
lighter leichtern (Schiffsfracht in Kähne) [tra]
lighter Leichter m (kleines Schiff, Kahn) [tra]; Feuerzeug n
lighter fuel Feuerzeugbenzin n [che]
lightfastness Lichtbeständigkeit f
lighthouse Leuchtturm m [tra]
lighting Beleuchtung f; Leuchte f [elt]; Beleuchten n
lighting circuit Beleuchtungsstromkreis m [elt]
lighting current Lichtstrom m [opt]
lighting density Beleuchtungsdichte f [opt]
lighting engineering Beleuchtungstechnik f; Lichttechnik f
lighting equipment Beleuchtungsanlage f
lighting installation Beleuchtungsanlage f; Beleuchtungseinrichtung f; Lichtanlage f
lighting intensity Beleuchtungsstärke f [opt]
lighting mast Beleuchtungsmast m; Leuchtenmast m; Lichtmast m
lighting network Lichtnetz n
lighting of streets Straßenbeleuchtung f [tra]
lighting panel Beleuchtungstafel f
lighting power Leuchtkraft f [phy]
lighting regulation Beleuchtungsvorschrift f
lighting set Lichtanlage f
lighting system Lichtanlage f; Beleuchtungssystem n
lighting technique Lichttechnik f
lighting wire Lichtleitung f [opt]
lighting, local - örtliche Beleuchtung f
lighting-up burner Ölzündbrenner m [pow]; Zündbrenner m [pow]
lighting-up cartridge Zündpatrone f [pow]
lighting-up firing equipment Zündfeuerung f [pow]
lighting-up lance Zündlanze f [pow]
lightly coated dünn beschichtet
lightly degradable material leicht abbaubares Material n [bio]
lightning arrester Blitzschutz m [elt]; Überspannungsableiter m [elt]
lightning conductor Blitzableiter m [elt]
lightning counter Blitzkontrollsystem n [elt]
lightning gas Leuchtgas n [met]
lightning protection Blitzschutz m [elt]
lightning protection equipment Blitzschutzeinrichtung f [elt]
lightning protection installation Blitzschutzanlage f [elt]
lightning rod Blitzableiter m [elt]
lightning-arrester Blitzschutz m [elt]
lightproof lichtbeständig
lights Befeuerung f (Beleuchtung)
lightweight leicht (im Gewicht)
lightweight aggregate Leichtbetonzuschlag m [met]; Leichtzuschlag m [met]
lightweight building board Leichtbauplatte f [bau]
lightweight building component Leichtbauelement n
lightweight building unit Leichtbauelement n
lightweight concrete Leichtbeton m [met]; Porenbeton m [met]
lightweight construction Leichtbauweise f (z.B. Waggon) [tec]; Leichtbau m [tec]
lightweight construction hall Leichtbauhalle f
lightweight construction plate Leichtbauplatte f (bei der Rolltreppe) [mbt]
lightweight design Leichtbau m (z.B. Fahrzeug) [tec]
lightweight honeycomb structure Leichtgewichtwabenkonstruktion f [tec]
lightweight material bucket Leichtgutschaufel f (z.B. am Lader) [mbt]
lightweight metal Leichtmetall n [met]
lightweight metal construction Metallleichtbau m [tec]
lightweight roof Leichtdach n [bau]
lightweight sections Leichtprofile pl [met]
lightweight steel construction Stahlleichtbau m [bau]
ligneous holzartig; holzig
ligneous fibre Holzfaser f [met]
ligneous fibres Holzfaserstoff m [met]
lignify verholzen v
lignin Holzstoff m [met]; Lignin n [met]
lignite Braunkohle f [roh]; Hartbraunkohle f [met]; Lignit n (Braunkohle) [roh]
lignite briquet Braunkohlenbrikett n [met]
lignite briquette Braunkohlenbrikett n [met]
lignite carbonization plant Braunkohlenschwelerei f
lignite coking plant Braunkohlenschwelerei f
lignite distillation gas Braunkohlenschwelgas n
lignite drying Braunkohlentrocknung f
lignite fired furnace Braunkohlenfeuerung f [pow]
lignite firing Braunkohlenfeuerung f [pow]
lignite furnace Braunkohlenfeuerung f [pow]
lignite low temperature coke Braunkohlenschwelkoks m [met]
lignite mill Braunkohlenmühle f [pow]
lignite mine Braunkohlenbergwerk n [roh]

lignite open cut Braunkohlentagebau *m* [roh]
lignite pitch Braunkohlenteerpech *m* [met]
lignite power station Braunkohlenkraftwerk *n* [pow]
lignite tar Braunkohlenteer *m* [met]
lignite, acicular - Nadelkohle *f* [met]
lignite-fired power station Braunkohlekraftwerk *n* [pow]
lignitiferous braunkohlenhaltig
lignivorous holzfressend
lignocellulose Holzfaserstoff *m* [met]; Holzzellstoff *m* [che]
likelihood Ähnlichkeit *f* (Wahrscheinlichkeit); Wahrscheinlichkeit *f* [mat]
likely wahrscheinlich
likeness Ähnlichkeit *f*; Gleichheit *f* (Ähnlichkeit)
lilac-coloured lila
lily Lilie *f* [bff]
limb, artificial - Prothese *f* (Kunstglied) [hum]
lime Kalk *m* [met]
lime kalken *v* [wer]
lime ammonium nitrate Kalkammonsalpeter *m* [che]
lime basecoat Kalkunterschicht *f* [bau]
lime bath Kalkbad *n* [che]
lime bin Kalksilo *m* [prc]
lime burner Kalkbrenner *m* [prc]
lime burning Kalkbrennen *n* [prc]
lime burning plant Kalkwerk *n* [roh]
lime cement Kalkkitt *m* [met]; Kalkzement *m* [met]; Zementkalk *m* [met]
lime concrete Kalkbeton *m* [met]
lime crusts Kalkkrusten *pl* [bau]
lime deposition Kalkablagerung *f* [geo]
lime dust Kalkstaub *m* [met]
lime fertilizer Düngekalk *m* [met]; Kalkdünger *m* [far]
lime finish Kalkverputz *m* [bau]
lime fruit Limette *f* [bff]
lime gypsum plaster Kalkgipsputz *m* [bau]
lime hydration Kalklöschen *n* [bau]
lime kiln Kalkhütte *f* [roh]; Kalkbrennofen *m* [prc]; Kalkofen *m* [roh]
lime liquor Kalkbrühe *f* [met]
lime marl Kalkmergel *m* [geo]
lime marsh Kalkmarsch *f* [geo]
lime metering unit Kalkdosieranlage *f* [prc]
lime milk Kalkmilch *f* [met]
lime mortar Kalkmörtel *m* [met]; Luftmörtel *m* [met]
lime paste Kalkpaste *f* [met]
lime pit Kalkgrube *f* [roh]
lime powder Kalkstaub *m* [met]
lime quarry Kalksteinbruch *m* [roh]
lime raker Kalkrührer *m*
lime removal Entkalkung *f* [bau]
lime requirement Kalkbedarf *m*
lime resistance Kalkbeständigkeit *f*
lime sand Kalksand *m* [bod]
lime sandstone Kalksandstein *m* [geo]
lime sedimentation Kalkablagerung *f* [geo]

lime silo Kalksilo *m* [prc]
lime slaking Kalklöschen *n* [bau]
lime soil Kalkboden *m* [bod]
lime spar Kalkspat *m* [min]
lime split waste Häuteabfälle *pl* (Lederindustrie) [rec]
lime stuff Kalkmörtelputz *m* [bau]
lime water Kalkbrühe *f* [met]; Kalkmilch *f* [met]
lime whiting Kalktünche *f* [bau]
lime whiting coat Kalkanstrich *m* [che]
lime wood Lindenholz *n* [met]
lime works Kalkwerk *n* [roh]
lime, burnt - Branntkalk *m* [met]
lime-and-cement mortar Kalkzementmörtel *m* [met]
lime-based kalkhaltig
lime-bound kalkgebunden
lime-burning kiln Kalkbrennofen *m* [prc]
lime-encrusted verkalkt [met]
lime-nitrogen Kalkstickstoff *m* [che]
lime-proof kalkbeständig; kalkfest
lime-resistant kalkbeständig; kalkfest
lime-rich kalkreich
lime-sand brick Kalksandsteinziegel *m* [met]
lime-stabilized kalkstabilisiert [bod]
lime-tree Linde *f* [bff]
lime-wash Tünche *f* [met]
lime-wash tünchen *v* [wer]
limed gekalkt
limes Grenzwert *m* [mat]
limestone Kalkstein *m* [min]; Calciumcarbonat *n* [min]
limestone dust Kalksteinmehl *n* [met]
limestone filler Kalksteinfüller *m* [bau]
limestone flux Kalkzuschlag *m* [met]
limestone masonry Kalksteinmauerwerk *n* [bau]
limestone mountains Kalkgebirge *n* [geo]
limestone quarry Kalksteingrube *f* [roh]; Kalkbruch *m* [roh]; Kalksteinbruch *m* [roh]
limestone rocks Kalkgebirge *n* [geo]; Kalkgestein *n* [min]
limestone shale Kalkschiefer *m* [geo]
limewash kalken [wer]
limewash Kalkmilch *f* [met]; Kalktünche *f* [bau]; Leimfarbe *f* [met]
limewash weißen *v* (tünchen)
limewash paint coat Kalkmilchanstrich *m* [met]
limewhite kalken [wer]
liming Kalkung *f*
liming waste Äschereiabfälle *pl* (Lederindustrie) [rec]
limit Begrenzung *f* (Grenze); Grenze *f* (Begrenzung); Grenzwert *m*; Rand *m* (Begrenzung)
limit begrenzen *v* (abgrenzen); beschränken *v*; limitieren *v*
limit case Grenzfall *m* [mat]
limit curve Grenzkurve *f*
limit dose Grenzdosis *f* (Arbeitssicherheit) [hum]
limit gauge Grenzlehre *f* [con]; Toleranzlehre *f* [any]
limit load Grenzbeanspruchung *f* [met]; Grenzlast *f* [phy]

limit of accuracy Genauigkeitsgrenze *f*; Toleranzgrenze *f*
limit of adhesion Haftgrenze *v* (Rad auf Schiene) [phy]
limit of elasticity Elastizitätsgrenze *f*
limit of elasticity, high-temperature - Warmstreckgrenze *f* [met]
limit of endurance Ermüdungsgrenze *f* (Dauerbeanspruchung) [met]
limit of hearing, lower - Hörschwelle *f* [aku]
limit of liability Deckungssumme *f* [jur]
limit of liability paid once maximiert (in Versicherungsvertrag) [jur]
limit of resistance Festigkeitsgrenze *f* [met]
limit of stability Festigkeitsgrenze *f* [met]
limit of travel Endlage *f* [wer]
limit of validity Gültigkeitsgrenze *f* (z.B. für Betriebswerte)
limit of what is expected to be tolerated Zumutbarkeitsgrenze *f*
limit push-button Endtaster *m* [elt]
limit screen size Grenzkorn *n*
limit speed Grenzgeschwindigkeit *f* [tra]
limit stop Anschlag *m* (endet mechanische Bewegung); Begrenzungsanschlag *m*; Grenzanschlag *m*
limit switch Befehlsschalter *m* [elt]; Begrenzungsschalter *m* [elt]; Endlagenschalter *m* [elt]; Endschalter *m*; Endtaster *m* [elt]; Grenzschalter *m* [elt]; Grenztaster *m*
limit value Grenzwert *m*
limit value alarm Grenzwertmelder *m*
limit value control Grenzwertüberwachung *f*
limit value of hazardous waste water Abwassergrenzwert *m* [was]
limit value stage Grenzwertstufe *f*
limit value transmitter Grenzsignalgeber *m*; Grenzwertgeber *m*
limit velocity Grenzgeschwindigkeit *f* [tra]
limit-switch arrangement Endschalteranordnung *f* [tec]
limit-switch bracket Endschalterkonsole *f* [tec]
limit-switch cam Endschalternocken *m* [tec]
limit-switch enclosure Endschaltergehäuse *n* [tec]
limit-switch fastening Endschalterbefestigung *f* [tec]
limit-switch support Endschalterträger *m* [tec]
limit-value signal Grenzsignal *n*
limitation Begrenzung *f* (Beschränkung); Beschränkung *f* (Beschränken); Einschränkung *f* (Begrenzung); Grenze *f* (Begrenzung); Umgrenzung *f*; Verjährung *f* [jur]; Rand *m* (Begrenzung)
limitation of damages Schadensbegrenzung *f*
limitation of expansion Hubbegrenzung *f* [tec]
limited befristet; begrenzt; beschränkt (begrenzt)
limited lubrication Grenzschmierung *f* [tec]
limited slip differential Sperrdifferential *n* [tra]; Teilsperrdifferential *n* [tra]
limited submission begrenzte Ausschreibung *f* [eco]
limiter Begrenzer *m* (z.B. gegen Überrollen)
limiting case Grenzfall *m* [mat]

limiting concentration Grenzkonzentration *f*
limiting condition Grenzbedingung *f* [mat]; Randbedingung *f* [mat]; Grenzzustand *m*
limiting controller Grenzregler *m* [elt]
limiting curve Grenzkurve *f*
limiting energy Grenzenergie *f*; Grenzflächenenergie *f*
limiting factor begrenzender Faktor *m*; Grenzfaktor *m*
limiting flow Grenzströmung *f*
limiting line Grenzlinie *f*
limiting load Grenzbelastung *f* [met]
limiting parts Begrenzungsteile *pl* [tec]
limiting pin Begrenzungsstift *m* [tec]
limiting process Grenzübergang *m* [mat]
limiting size oberes Grenzmaß *n*
limiting speed Höchstgeschwindigkeit *f*
limiting state Grenzzustand *m*
limiting strain Grenzbeanspruchung *f* [met]
limiting stress Grenzspannung *f* [phy]
limiting temperature Grenztemperatur *f*
limiting value Grenzwert *m*; Grenzwert *m*
limitless unbegrenzt; unbeschränkt
limousine Limousine *m* [tra]
limpid wasserklar (durchsichtig)
limpness Schlaffheit *f*
limy kalkartig [che]; kalkhaltig; kalkig
linchpin Steckachse *f* [tra]
line Flucht *f* (Reihe); Gerade *f*; Leitung *f* (Telefon) [edv]; Linie *f*; Produktlinie *f*; Reihe *f* (Häuser); Schnur *f*; Strecke *f* (Verkehr) [tra]; Trasse *f* [tra]; Zeile *f*; Draht *m* (Telefon-) [met]; Fernsprechanschluss *m* [edv]; Strang *m* (Leine); Streifen *m* (Fahrbahn) [tra]; Strich *m* (Linie); Telefonanschluß *m* [edv]; Band *n* (Messen) [any]; Gleis *n* [tra]; Netz *n* (einer Anlage) [elt]; Seil *n* (z.B. Hanfseil)
line abdichten *v* (auskleiden); auskleiden *v* (zum Abdichten) [wer]; bekleiden *v* (mit einer Schicht versehen); kaschieren *v* (mit Papier); säumen *v* [wer]; verkleiden *v* (auskleiden); verschalen *v* [wer]
line assembly Bandmontage *f* [wer]
line bar Leitungsschiene *f* [elt]
line block Gleitstein *m* [tec]; Kulissenblock *m* [tec]
line boring machine Waagerechtbohrwerk *n* [wer]
line by line zeilenweise
line capacity Leitungskapazität *f* [elt]
line carrier system Signalübertragungssystem *n* [elt]
line chart Liniendiagramm *n* [mat]
line construction Leitungsbau *m*
line contactor Leitungskontakt *m* [mbt]
line control Leitungssteuerung *f* [elt]
line current Netzstrom *m* [elt]
line distance Zeilenabstand *m* (Textverarbeitung)
line disturbance Netzstörung *f* [elt]
line drawing Strichzeichnung *f* [con]; Anschlussplan *m* [con]
line feed Zeilenvorschub *m* (Textverarbeitung)
line for hot-rolled sheet Warmbreitbandstraße *f* [roh]
line graph Liniendiagramm *n* [mat]
line group Leitungsbündel *n* [elt]
line labels Linienmarken *pl* [edv]

line length Zeilenbreite *f* (Textverarbeitung); Zeilenlänge *f* (Textverarbeitung)
line load Linienlast *f* [tec]
line loss Leitungsverlust *m* [elt]
line of action Eingriffslinie *f*
line of action, transverse - Eingriffslinie *f* (Getriebe) [tec]
line of cars Autokolonne *f* [tra]
line of force, electric - elektrische Kraftlinie *f* [phy]
line of holes Lochreihe *f* [con]
line of shafting Wellenstrang *m* [tec]
line pipe Leitungsrohr *n*
line pitch Zeilenabstand *m* (Textverarbeitung)
line pole Leitungsmast *m* [elt]
line pressure Betriebsdruck *m* (Hydraulik); Leitungsdruck *m* [was]
line printer Zeilendrucker *m*
line production Fließbandfertigung *f*
line resistance Leitungswiderstand *m* [elt]
line shaft Hauptwelle *f* [tec]
line skip Zeilensprung *m* (Textverarbeitung); Zeilenvorschub *m* (Textverarbeitung)
line spacing Zeilenabstand *m* (Textverarbeitung)
line suspension Leitungsaufhängung *f* [elt]
line switch Netzschalter *m* [elt]
line switching Netzumschaltung *f* [elt]
line system Leitungssystem *n* [elt]
line terminal Leitungsanschluss *m* [elt]
line termination Leitungsanschluss *m* [elt]
line transformer Netztransformator *m* [elt]
line voltage Leitungsspannung *f* [elt]; Netzspannung *f* [elt]
line width Zeilenbreite *f* (Textverarbeitung)
line, horizontal - Horizontale *f*; Waagerechte *f*
line, in - fluchtend (bündig) [con]
line, put on the - beischalten *v* [pow]; zuschalten *v* [pow]
line-to-neutral voltage Einphasenspannung *f* [elt]; Phasenspannung *f* [elt]
line-up terminals Reihenklemme *f* [elt]
lineal geradlinig
linear gerade (Linie); linear
linear acceleration Linearbeschleunigung *f* [phy]
linear accelerator Linearbeschleuniger *m* [phy]
linear bearing Linearlager *n* [tec]
linear contraction lineare Kontraktion *f* [met]
linear dilatation Längendehnung *f*
linear dimension Längenmaß *n* [con]
linear drive Linearantrieb *m*
linear extension Längenausdehnung *f*
linear extension, coefficient of - Elastizitätszahl *f* [phy]
linear measure Längenmaß *n* [con]
linear measurement Längenmessung *f* [any]
linear molecule Fadenmolekül *n* [che]
linear motor Linearmotor *m* [elt]
linear optimization lineare Optimierung *f* [mat]
linear programming lineare Optimierung *f* [mat]
linear transducer Wegmessumformer *m* [elt]

linear transformation lineare Transformation *f* [mat]
linear-motion actuator Schubantrieb *m* [tec]
linearity Linearität *f*
linearization Linearisierung *f* [mat]
linearize linearisieren *v*
lined ausgegossen [met]; gefüttert (z.B. mit Buchse) [tec]
lined landfill abgedichtete Deponie *f* [rec]
lined-up ausgerichtet
linen Leinen *n* [met]
liner Abdichtungsschicht *f* (Deponie) [rec]; Auskleidung *f*; Laufbuchse *f* [tec]; Linienschiff *n* [tra]
liner flange Laufbuchsenflansch *m* [tec]
liner plate Panzerplatte *f* (austauschbar in Brecher) [met]; Schleißblech *n* [met]
liner plate pack Futterblechpaket *n* [met]
lines Linienführung *f* (Liniengestaltung); Grenzwert *m*
lining Auskleidung *f* (Futter); Ausmauerung *f* [bau]; Bekleidung *f* (Innen-); Isolierung *f* (Futter, Ausfütterung) [tec]; Unterfütterung *f* [bau]; Verkleidung *f* (Futter) [tra]; Belag *m* (Abdichtung, Bremsbelag); Belag *m* (Futter, Abdeckung); Beschlag *m* (Auskleidung); Panzer *m* (Ausfütterung Steinbrecher) [roh]; Futter *n* (Auskleidung)
lining lay out Auslaufstutzen *m* [prc]
lining material Verschleißauskleidung *f* [met]; Auskleidungsmaterial *n* [met]; Verkleidungsmaterial *n* [met]
lining of the brake Futter *n* (der Bremse) [tra]
lining out Anreißen *n*
lining paper getränktes Dichtungspapier *n*
lining plate Auskleidungsblech *n* [met]
lining service group Bremsbelagsatz *m*
lining, acidproof - säurefeste Auskleidung *f* [met]
lining, spent - verbrauchte Auskleidung *f* (Kessel) [met]
link Bindung *f* (Programme) [edv]; Lasche *f* (Bügel) [tec]; Montagelasche *f*; Verbindung *f* (Software) [edv]; Bindeglied *n*; Gelenk *n* (Kettengelenk); Glied *n* (Zwischenglied); Kettenglied *n* [tec]; Verbindungsstück *n* (u.a. Kettenglied) [tec]
link binden *v* (Programm-Module) [edv]; ketten *v* (verketten); verbinden *v*; verketten *v*; verknüpfen *v* (Software) [edv]
link assembly Kettenband *n* [tec]
link block Kulissenstein *m* [tec]
link bolster Lenkbügellager *n* [tra]
link bolt Gelenkbolzen *m* [tec]
link chain Gliederkette *f* [tec]
link crotch Gelenkstelle *f* (Gliederkette) [tec]
link joint Gelenkverbindung *f* [tec]; Gabelgelenk *n* [tra]
link motion Steuerung *f* (an Lokomotive) [tra]
link pin Gelenkbolzen *m* [tec]; Kettenbolzen *m* [mbt]
link plates, height of - Laschenhöhe *f* (bei Rollenkette) [tec]
link road Verbindungsstraße *f* [bau]
link rod Verbindungsstange *f* [tec]

link up verkoppeln *v*
linkage Koppel und Schwinge [mbt]
linkage Verbindung *f* (z.B. durch Gestänge) [tra]; Verknüpfung *f* (Software) [edv]; Zusammenschluss *m*; Binden *n* (Programm-Module) [edv]; Gestänge *n* (Verbindung)
linkage brake Gestängebremse *f* [tra]
linkage editor Binder *m* (Programm-Module) [edv]
linkage lever Gestängehebel *m* [tec]
linkage mechanism Gestängeantrieb *m* [tec]
linkage pin Gelenkbolzen *m* [tec]
linkage rod Gelenkstange *f* [tec]
linkage stub Gelenkzapfen *m* [tec]
linked verkettet; verknüpft (verbunden)
linked, be - zusammenhängen *v*
linker Binder *m* (Programm-Module) [edv]
linking Verbindung *f* (Verbinden)
linoleum Linoleum *n* [met]
linoleum floor covering Linoleumfußbodenbelag *m* [bau]
linseed Leinsamen *m* [bff]
linseed oil Leinöl *n* [met]
linseed oil paint Leinölfarbe *f* [met]
linseed oil varnish Leinölfarbe *f* [met]
lintel Sturz *m* [bau]
lintel beam Sturzträger *m* (über Tür, Tor, Fenster) [bau]
lip Lippe *f*; Schnittkante *f* [wer]; Rand *m* (z.B. Oberkante des Behälters) [tec]; Schnabel *m*; Klappschaufelvorderteil *n* [mbt]
lip actuating Klappenbetätigung *f* (von Klappschaufeln) [mbt]
lip cylinder Klappenzylinder *m* [mbt]
lip mounting Messerträger *m* [tec]
lip ring Lippenring *m* [tec]
lip seal Dichtlippe *f* (an Welle) [tec]; Lippendichtung *f* [tec]; Lippenring *m* (Dichtung) [tec]
lip seal gasket Lippendichtung *f* [tec]
lip seal, double - Doppellippendichtung *f* [tec]
lip shroud Verschleißkappe *f* (zw. Zähnen Grabgefäß) [mbt]
lip valve Klappenventil *n* [prc]
lip-type seal Dichtring mit Dichtlippe *f*
lipped ring Lippenring *m* [tec]
liquation Seigerung *f* [prc]
liquation hearth Darrofen *m* [prc]
liquation, slag of - Krätzschlacke *f* [rec]
liquefaction Verflüssigung *f*
liquefaction of air Luftverflüssigung *f* [air]
liquefaction of gases Gasverflüssigung *f*
liquefaction plant, air - Luftverflüssigungsanlage *f* [air]
liquefied gas Flüssiggas *n* [roh]; verflüssigtes Gas *n*
liquefied natural gas Flüssigerdgas *n* [roh]; Flüssiggas *n* [roh]
liquefied petroleum gas flüssiges Petroleumgas *n* [roh]
liquefy kondensieren *v*; verflüssigen *v*
liquefying Verflüssigung *f*

liquefying plant Verflüssigungsanlage *f*
liquid dünnflüssig; flüssig; liquid; verflüssigt (bei allen Gasen)
liquid Flüssigkeit *f* [phy]; Fluid *n* [phy]; Fluidum *n* [phy]
liquid air flüssige Luft *f* [air]
liquid analysis Flüssigkeitsanalyse *f* [any]
liquid ash removal flüssige Entaschung *f* [pow]
liquid asphaltic material Flüssigbitumen *n* [met]
liquid atomic waste flüssiger Atommüll *m* [pow]
liquid buffer Flüssigkeitsvorlage *m*
liquid carrier Trägerflüssigkeit *f* [any]
liquid chromatography Flüssigchromatografie *f* ((variant)) [any]; Flüssigchromatographie *f* [any]
liquid column Flüssigkeitssäule *f* [any]
liquid contact Flüssigkeitskontakt *m*; Flüssigkontakt *m*
liquid cooler Flüssigkeitskühler *m*
liquid cooling Flüssigkeitskühlung *f*
liquid crystal flüssiger Kristall *m* [che]; Flüssigkristall *m*
liquid densitometer Flüssigkeitsdichtemesser *m* [any]
liquid detector Flüssigkeitsmelder *m* [any]
liquid dielectric Flüssigkeitsisolation *f* [elt]
liquid discard flüssiger Abfall *m* [rec]
liquid distributor Flüssigkeitsverteiler *m*
liquid fertilization Flüssigdüngung *f* [far]
liquid fertilizer Flüssigdünger *m* [far]
liquid fuel flüssiger Brennstoff *m* [pow]
liquid gas flüssiges Gas *n*; Flüssiggas *n* [roh]
liquid gas plant Flüssiggasanlage *f* [prc]
liquid gas transport Flüssiggastransport *m* [pow]
liquid injection incinerator Brenner mit Füssigeindüsung *m* [pow]
liquid intake Flüssigkeitsaufnahme *f*
liquid iron, treatment of - Eisenkonditionierung *f* [met]
liquid level Flüssigkeitsspiegel *m*; Flüssigkeitsstand *m*
liquid level control Flüssigkeitsstandregelung *f*
liquid level indicator Flüssigkeitsanzeiger *m* [was]; Flüssigkeitsstandanzeiger *m* [any]
liquid level monitor Wasserstandswächter *m* [pow]
liquid level switch Schwimmerschalter *m* [tra]
liquid limit Fließgrenze *f* [bod]
liquid manure, treatment of - Güllebehandlung *f* [far]
liquid material Flüssigmaterial *n* [met]
liquid metal embrittlement Lötbruch *m* [wer]
liquid metals flüssige Metalle *pl* [met]
liquid meter Flüssigkeitsmesser *m* [any]
liquid meter indicator Flüssigkeitsmengenanzeiger *m* [any]
liquid mixture Flüssigkeitsgemisch *n*
liquid monitor Flüssigkeitswächter *m* [any]
liquid natural gas flüssiges Erdgas *n* [roh]
liquid of crystallization Kristallflüssigkeit *f* [che]
liquid penetration test Farbeindringprüfung *f* [any]

liquid petrol gas Flüssiggas *n* [roh]; Treibgas *n* (Treibgasantrieb) [tra]
liquid petrol gas container Flüssiggasbehälter *m* [prc]
liquid pressure gauge Flüssigkeitsmanometer *n* [any]
liquid propellant Flüssigtreibstoff *m* [met]
liquid residues, high-temperature - hochkalorische Flüssigkeitsrückstände *pl* [rec]
liquid ring pump Flüssigkeitsringpumpe *f* [prc]
liquid ring vacuum pump Flüssigkeitsringvakuumpumpe *f* [prc]
liquid seal Flüssigkeitsdichtung *f*; Sperrflüssigkeit *f*
liquid seal pump Flüssigkeitsringpumpe *f* [prc]; Wasserringpumpe *f* [prc]
liquid separator Flüssigkeitsabscheider *m* [was]
liquid slag removal flüssiger Schlackenabzug *m* [pow]
liquid sludge Dünnschlamm *m* [was]
liquid state flüssiger Zustand *m*
liquid steel Flüssigstahl *m* [roh]
liquid steel, treatment of - Stahlkonditionierung *f* [roh]
liquid surface Flüssigkeitsoberfläche *f*
liquid waste Abwasser *n* [was]
liquid waste material flüssige Abfallstoffe *pl* [rec]
liquid waste, aqueous - wässrige Flüssigabfälle *pl* [rec]
liquid, surface of - Flüssigkeitsoberfläche *f*
liquid, surface of a - Flüssigkeitsspiegel *m*
liquid-annealed flüssigkeitsvergütet
liquid-column gage Flüssigkeitsmanometer *n* [any]
liquid-cooled reactor flüssig-gekühlter Reaktor *m* [pow]
liquid-crystal display Flüssigkristallanzeige *f* [edv]
liquid-crystal indicator Flüssigkristallanzeiger *m* [elt]
liquid-filled thermometer Flüssigkeitsthermometer *n* [any]
liquid-in-glass thermometer Flüssigkeitsthermometer *n*
liquid-liquid extraction flüssig-flüssig-Extraktion *f* [che]
liquid-metal cooling Flüssigmetallkühlung *f* [roh]
liquid-phase oxidation Flüssigphasenoxidation *f* [che]
liquid-tight flüssigkeitsdicht
liquid-type damper Flüssigkeitsdämpfer *m* [tra]
liquidate tilgen *v*
liquidated damages Schadenssumme *f* [jur]
liquidation Liquidation *f*; Tilgung *f*
liquidity Dünnflüssigkeit *f*
liquor Brühe *f* (Flüssigkeit)
liquor sludge, green - Sulfitschlamm *m* [rec]
liquor, spent - Ablauge *f* [rec]
list Aufstellung *f* (Liste); Liste *f*; Schräglage *f* (Schlagseite, Krängung) [tra]; Tabelle *f*; Bericht *m*; Verzeichnis *n*
list auflisten *v*; verzeichnen *v* (aufführen)
listed angegeben

listen to mithören *v*
listing Auflistung *f*; Liste *f*
lit beleuchtet (z.B. gut beleuchtet)
literature Prospekt *n* (technische Daten, usw.); Schrifttum *n*; Unterlagen *pl* (Prospekte, Werbematerial)
lithium Lithium *n* (Li) [che]
lithium battery Lithium-Batterie *f* [elt]
lithium borate glass Lithiumboratglas *n* [met]
lithograph Druckvorlage *f* (für das Drucken)
lithograph lithografieren *v* ((variant)); lithographieren *v* ((variant))
lithographic lithografisch ((variant)); lithographisch
lithosphere Lithosphäre *f*
litigation Prozess *m* (Gerichts-) [jur]; Rechtsstreit *m* [jur]
litmus Lackmus *m* [che]
litmus paper Lackmuspapier *n* [che]
litospheric plate Kontinentalplatte *f, pl* [geo]
litre Liter *m*
litter Unrat *m* [rec]
litter bin Abfallbehälter *m* [rec]
litter wastes herumliegende Abfälle *pl* [rec]
litterbag Abfalltüte *f* [rec]
little klein
little end Pleuelkopf *m* [tec]
little rain, with - regenarm
little wheel Rädchen *n* [tec]
littoral Ufer- (Meer)
littoral current Küstenströmung *f* [was]
littoral zone Küstengebiet *n*
live gebrannt (Kalk); spannungsführend (unter Strom) [elt]; stromführend (unter Spannung) [elt]
live leben *v*
live axle Antriebsachse *f* [tec]
live part spannungsführendes Teil *n* [elt]
live ring Drehkranz *m* (in der Drehscheibe) [mbt]
live roller angetriebene Rolle *f* [tec]
live roller bed Rollgang *m* (angetrieben) [tra]
live steam Aktivdampf *m* [pow]; Frischdampf *m* [pow]
live steam control Frischdampfregelung *f* [pow]
live steam flow Frischdampfdurchsatz *m* [pow]
live steam inlet Frischdampfanschluss *m* (z.B. Turbine) [pow]
live steam line Frischdampfleitung *f* [pow]
live steam pipe Frischdampfrohr *n* [pow]
live steam piping Frischdampfleitung *f* [pow]
live steam pressure Dampfdruck vor Turbine *m* (Frischdampfdruck) [pow]; Frischdampfdruck *m* (vor Maschine) [pow]
live steam temperature Frischdampftemperatur *f* (vor Turbine) [pow]
live together zusammenleben *v*
live wire Kabel *n* (unter Strom) [elt]
live wood frisches Holz *n*
livery Lackierung *f* (Farbgebung der Eisenbahn) [tra]
lives Menschenopfer *pl* (bei Unfällen)
livestock Viehbestand *m* [far]; Nutztiere *pl* [bff]

livestock production, intensive - Massentierhaltung *f* [far]
living lebend
living area Wohngebiet *n*
living being Lebewesen *n* [bff]
living condition Lebensbedingung *f*
living conditions Existenzbedingungen *pl*; Lebensverhältnisse *pl*
living environment belebte Umwelt *f*
living space Lebensraum *m* [bff]
living thing Lebewesen *n* [bff]
living-room Wohnraum *m* (Raum) [bau]
living-space Wohnfläche *f* [bau]
lixiviate auslaugen *v* [bod]
lixiviation Auslaugung *f* [bod]; Laugung *f*
load Beanspruchung *f* (Belastung) [con]; Beanspruchung *f* (Lagerbeanspruchung) [tra]; Belastung *f* (Last) [elt]; Belastung *f* (mechanisch); Charge *f*; Fuhre *f* (Wagenladung) [tra]; Ladung *f* [elt]; Ladung *f* (Güter) [tra]; Last *f* (Traglast, Ladung) [phy]; Gewicht *n* (Last) [phy]
load aufladen *v*; beladen *v* (mit Ladung versehen); belasten *v* (beladen); beschicken *v* [prc]; beschweren *v*; chargieren *v*; einschiffen *v* (Ladung) [tra]; füllen *v*; laden *v* (beladen); speisen *v* (füllen, versorgen laden); verladen *v* [tra]
load adjustment bolt Lasteinstellschraube *f* [tec]
load arm Gabel *f* (Gabelstapler) [mbt]; Mast *m* [mbt]; Lastarm *n* [tec]
load at elastic limit Elastizitätsgrenze *f*
load backrest Lastschutzgitter *n* [tra]
load balancing Lastausgleich *m*
load balancing lever Lastausgleichshebel *m* [tec]
load bearing capacity Lastaufnahme *f* (max. Größe) [tec]
load bearing structure Traggestell *n* [mbt]
load break switch Lastabschalter *m* [elt]; Lasttrennschalter *m* (E-Motor) [elt]
load breaker Lasttrennschalter *m* [elt]
load capacity Belastbarkeit *f* (mechanisch); Lastgrenze *f* (z.B. des Lkw) [tra]; Tragfähigkeit *f* (Fahrzeug) [tra]; Tragkraft *f* (der Achse) [tra]; Ladegewicht *n* [mbt]
load capacity test Probebelastung *f* [pow]
load carrier Versteifungsrippe *f* [tra]
load carrying burners Leistungsfeuerung *f* [pow]
load carrying equipment Förderanlage *f*
load cell Druckmessdose *f* [any]; Kraftmessdose *f* [any]; Messdose *f* [any]
load centre line Mittellinie *f* (der Ladung) [tra]
load change Belastungsschwankung *f*; Lastäderung *f*
load characteristic Belastungskennlinie *f*; Lastabhängigkeit *f* [pow]
load characteristics Belastungsdiagramm *n*
load circuit Heizkreis *m* [pow]
load concentration Lastkonzentration *f* [bau]
load controller Belastungsregler *m* [elt]
load curve Belastungskurve *f*
load cycle Lastwechsel *m*; Lastspiel *n* [pow]

load cycle number Lastwechselzahl *f*
load deck Ladedeck *n* [tra]
load depending lastabhängig (z.B. lastabhängige Bremskraft)
load diagram Belastungsdiagramm *n*
load disconnecting switch Lasttrennschalter *m* [elt]; Lasttrennschalter *m* (E-Motor) [elt]
load dispatcher Lastverteiler *m* (zwischen Kraftwerken) [pow]; Leistungsverteiler *m*
load distance Lastabstand *m* (beim Stapler) [mbt]
load distribution Belastungsverteilung *f*; Lastverteilung *f*
load dump Lasteinbruch *m* [pow]; Leistungseinbruch *m* (vollständiger -)
load duration Belastungsdauer *f*
load factor Belastung *f* (Last) [elt]; Belastungsfaktor *m*
load fluctuation Lastschwankung *f* [pow]; Belastungsverhältnis *n*
load gear Lastgetriebe *n* [tec]
load height Beladehöhe *f* (z.B. des Lkw) [tra]
load hook Lasthaken *m* (z.B. Sicherheitslasthaken) [mbt]
load hook yoke Lasthakenlager *n* [mbt]
load in cut face Schnittlast *f* (bei der Span abhebenden Formgebung) [wer]
load incidence point Lastangriffspunkt *m* [tec]
load indicator Belastungsanzeiger *m*; Ladeanzeiger *m* [elt]; Leistungsanzeiger *m* [any]
load input Lastaufnahme *f* [pow]
load limit Belastungsgrenze *f*; Grenzbelastung *f* [met]; Lastgrenze *f* (Grenzlast)
load limit knob Lastbegrenzungsknopf *m* [tra]
load magnet Lasthebemagnet *m* [mbt]
load moment Lastmoment *n* [phy]
load nut Spannmutter *f* [tec]
load of harmful substances Schadstofffracht *f* [was]
load operation Lastbetrieb *m* [pow]
load per axle Achslast *f* [tec]
load period Belastungsdauer *f*
load plan Belastungsplan *m*
load range Belastungsbereich *m*; Lastbereich *m* [pow]
load rating Tragfähigkeit *f* [met]
load reaction Auflagedruck *m* (z.B. Dichtung) [tec]
load reduction Lastabsenkung *f* [pow]
load reject relay Lastabwurfrelais *n* [elt]
load rejection Lastabschaltung *f* [pow]; Abwurf der elektrischen Belastung *m* [elt]; Lastabwurf *m* [pow]
load rejection relay Leistungssprungrelais *n*
load requirement Belastungsanforderung *f*
load resistance Belastungswiderstand *m*
load resistor Belastungswiderstand *m* [elt]
load restriction Leistungseinschränkung *f*
load rheostat Belastungsregler *m* [elt]; Ladewiderstand *m* [elt]
load scheme Belastungsfall *m*
load securing ring Ladesicherungsring *m* [tra]
load sensing Bedarfssteuerung *f* [tra];

load shedding Leistungseinbruch *m* (geringer -)
load stabilizing jacks Ladestabilisierungsabstützung *f* [tra]
load surface Belastungsfläche *f*
load surge Lastsprung *m* [pow]; Laststoß *m* [pow]
load swing relay Lastsprungrelais *n* [elt]
load switch Lastschalter *m* [elt]
load switchgear installation Lastschaltanlage *f* [elt]
load tap changer Laststufenschalter *m* [pow]
load test Belastungsprobe *f* [any]; Belastungsprüfung *f* [any]; Probebelastung *f*; Belastungsversuch *m* [any]
load transmission Lastübertragung *f*
load under operating conditions Betriebskraft *f* [tec]
load unit Ladeeinheit *f* [tra]
load value Belastungswert *m*
load variation Belastungsschwankung *f*; Lastschwankung *f* [pow]; Belastungsverhältnis *n*
load weight, gross - maximales Gesamtgewicht *n* (z.B. des Waggons) [tra]
load, actual - Nutzlast *f*
load, additional - Beiladung *f*; Zusatzbelastung *f* [phy]
load, admissible - Tragfähigkeit *f* [phy]
load, allowable - maximal erlaubte Belastung *f*; zulässige Belastung *f*; zulässige Last *f*
load, average - Mittellast *f* [pow]
load, bowing under - Durchbiegung *f* (vorübergehendes Nachgeben)
load, changing - wechselnde Belastung *f*
load, dynamic - dynamische Last *f*
load, under - unter Last [tra]
load, variation of - Lastwechsel *m*
load-bearing capacity Tragfähigkeit *f* [phy]
load-bearing capacity, maximum - höchste Bodenbelastung *f* [bau]
load-bearing concrete tragender Beton *m* [bau]
load-bearing wall tragende Wand *f* [bau]
load-carrying belastet
load-carrying capacity Tragfähigkeit *f* [phy]
load-carrying concrete tragender Beton *m* [bau]
load-distribution curve Lastverteilungskurve *f*
load-following behaviour Lastwechselverhalten *n*
load-levelling Niveau regulierend [tec]
load-levelling control system niveauregulierendes Aggregat *n* [mbt]
load-limiting control Grenzlastregelung *f* [tec]
loadability Belastbarkeit *f* (mechanisch)
loadable ablauffähig [edv]; ladbar [elt]
loaded belastet; geladen
loaded beladen *v*
loaded, fully - vollbeladen [tra]
loaded, heavily - stark belastet
loader Einschubkasten *m*; Füller *m* (Zuschlagstoff) [met]; Lader *m* [tra]; Ladegerät *n* [mbt]
loader routine Ladeprogramm *f* (Software) [edv]
loading Be- und Entladung *f* [tra]; Belastung *f* (mechanisch); Belegung *f* (Maschine) [wer]; Beschickung *f*; Beschickungsmenge *f*; Beschwerung *f*; Einschiffung *f* (Ladung) [tra]; Füllung *f*; Ladung *f* (Beladung) [tra]; Verladung *f* [tra]; Beschicken *n* [prc]; Beschweren *n*
loading area Ladefläche *f* [tra]; Ladeplatz *m*
loading bridge Ladebrücke *f* [mbt]; Verladebrücke *f* (be- und entladen) [tra]
loading bucket Schüttgutschaufel *f* [mbt]
loading by vibration Schwingungsbelastung *f* [bau]
loading capacity Belastbarkeit *f* (mechanisch); Ladefähigkeit *f* [tra]; Tragkraft *f* (Ladeleistung) [tra]
loading capacity, ecological - ökologische Belastbarkeit *f*
loading case Belastungsfall *m*
loading chamber Füllkammer *f*; Füllraum *m*
loading chute Laderutsche *f*
loading conditions Belastungsverhältnisse *pl*
loading crane Ladekran *m* [tra]
loading device Ladevorrichtung *f*
loading dimension Lademaß der Bahn *n* [tra]
loading engine Ladekran *m* [tra]
loading equipment Verladeanlage *f* [tra]; Ladegerät *n* [mbt]
loading gauge Lademaß der Bahn *n* [tra]
loading hatch Ladeluke *f* [tra]
loading length Ladelänge *f* (des Waggons) [tra]
loading of waterbodies Gewässerbelastung *f* [was]
loading pattern Belastungsschema *n*
loading performance Ladeleistung *f* (Lademenge pro Zeiteinheit) [tra]
loading place Ladestelle *f* (z.B. im Tagebau) [roh]
loading plant Verladeanlage *f* [tra]
loading platform Ladefläche *f* [tra]; Ladepritsche *f* (des Lkw) [tra]; Laderampe *f* [tra]; Rampe *f*; Verladebrücke *f* [tra]; Verladerampe *f* [tra]
loading point Aufgabestelle *f*; Staugrenze *f* (Kolonne) [was]
loading ramp Ladebühne *f* [mbt]; Laderampe *f* (am Güterbahnhof) [tra]
loading rate Beschickungsrate *f*
loading resistor Belastungswiderstand *m* [elt]
loading shovel Ladeschaufel *f* [mbt]; Frontlader *m* [mbt]
loading shovel bucket Ladeschaufel *f* (das Gefäß) [mbt]
loading shovel, adjustable - Schwenkladeschaufel *f* [tec]
loading siding Ladegleis *n* [tra]
loading site Ladestelle *f* (z.B. im Tagebau) [roh]
loading space Füllraum *m*
loading state Belastungszustand *m*
loading station Beladestelle *f*; Ladestelle *f* [roh]
loading test Belastungsversuch *m* [any]
loading time Ladezeit *f*
loading tractor Laderaupe *f* [tra]
loading tray Füllblech *n* [met]
loading unit Beladeanlage *f* (im Tagebau) [roh]
loading weight Belastungsgewicht *n*
loading, horizontal - Horizontalbelastung *f*

loam Lehm *m* [geo]
loam brick Lehmziegel *m* [bau]
loam construction Lehmbau *m* [bau]
loam ground Lehmboden *m* [bod]
loam, red - Rotlehm *m* [bod]
loamy lehmhaltig [bod]; lehmig
loamy soil Lehmboden *m* [bod]
loan Anleihe *f* [eco]; Kredit *m* (Darlehen) [eco]; Darlehen *n*
loan machine Überbrückungsgerät *n*
loan servicing Kapitaldienst *m* [eco]
lobby Diele *f* [bau]; Halle *f* (Hotel-, Theater-) [bau]
lobe Nocke der Pumpenwelle *f* [tra]
lobe pump Wälzkolbenpumpe *f*
local lokal; örtlich; strichweise
local action corrosion örtliche Korrosion *f*
local cell Lokalelement *n* [elt]
local conditions örtliche Gegebenheiten *pl*; örtliche Verhältnisse *pl*
local line Nebenstrecke *f* [tra]
local network lokales Netz *n* [edv]
local railway Kleinbahn *f* [tra]
local range Nahbereich *m*
local rate Ortstarif *m* [edv]
local reading örtliche Anzeige *f* [any]
local referendum Bürgerentscheid *m* [jur]
local resident Anlieger *m*
local taxes Gemeindeabgaben *pl* [jur]
local time Ortszeit *f*
local track Nebenstrecke *f* (der Bahn) [tra]
local traffic Nahverkehr *m* [tra]; Ortsverkehr *m* [tra]
local train Bahn *f* [tra]; Lokalbahn *f* [tra]; Bummelzug *m* [tra]; Nahverkehrszug *m* [tra]; Vorortzug *m* [tra]
local transport öffentlicher Personenverkehr *m* [tra]
local transport, form of - Nahverkehrsmittel *n* [tra]
local variable lokale Variable *f* [mat]
local waste kommunaler Abfall *m* [rec]
local weights and measures office Eichamt *n* [nor]
localization Eingrenzung *f* (örtlich); Lokalisierung *f*
localize dezentralisieren *v*; eingrenzen *v* (örtlich); lokalisieren *v*; orten *v* (einen Fehler finden) [any]
localized punktuell
localized corrosion Lokalkorrosion *f* [met]; örtliche Korrosion *f*; Lochfraß *m* [met]
locally available örtlich verfügbar
locally resettable örtlich rückstellbar; rückstellbar, örtlich -
locate eingrenzen *v* (örtlich); ermitteln *v* (lokalisieren); fixieren *v* (festmachen); platzieren *v*
locate centrally zentrieren *v* [con]
locating bearing Festlager *n* [tec]; Führungslager *n* [tec]; Spurlager *n* [tec]
locating device Ortungsgerät *m* [any]
locating dowel Sicherungsstift *m* [tec]
locating hole Passbohrung *f* [tec]
locating pin Arretierstift *m* [tec]; Fixierstift *m* [tec]; Haltestift *m* [tec]
locating screw Fixierschraube *f* [tec]

locating spring Rastfeder *f* [tec]
locating stud Fixierbolzen *m* [tec]
location Einbaustelle *f* [con]; Lage *f* (Ort); Position *f* (Ort, Stelle); Stelle *f* (Ort); Aufstellungsort *m*; Einbauort *m*; Ort *m* (Lage, Platz); Platz *m* (Lage); Sitz *m* (der Firma) [eco]; Stand *m* (Ort); Standort *m*
location accuracy Ortsgenauigkeit *f*
location reporting Fachnummer *n* (Regal, Lager)
location surface Aufnahmefläche *f* [tec]
location survey Kartierungsmessung *f*
locational deviation Ortstoleranz *f* [con]
locator Sucher *m* (an Gerät)
lock Arretierung *f* (Schloss) [tec]; Bremse *f* (Feststellbremse) [tra]; Halterung *f* (Klemme, Schloss) [tec]; Schleuse *f* [was]; Sperre *f* (Riegel); Verriegelung *f* [tec]; Einschlag *m* (Räder) [tra]; Feststeller *m* (Feststellbremse) [tra]; Pendelanschlag *m* (der Pendelachse) [mbt]; Verschluss *m* (mit Schlüssel); Schloss *n*
lock abschließen *v* (Tür); anschließen *v* (befestigen); arretieren *v* [wer]; blockieren *v* (anhalten); einrasten *v* (blockieren, schließen); feststellen *v* (arretieren); fixieren *v* (sichern); hemmen *v* (sperren); schließen *v* (verschließen, abschließen); sperren *v* (zusperren); verklemmen *v*; verriegeln *v* [tec]; verschließen *v* (abschließen)
lock and key, under - weggeschlossen (ver-, abgeschlossen)
lock bar Riegelstab *m* [tec]
lock bushing Endbuchse *f* [tec]
lock chamber Schleusenkammer *f* [was]
lock front Schließblech *n* [tec]
lock gate Schleusentor *n* [was]
lock groove Sicherungsnut *f* [tec]
lock hopper system Schleusensystem *n*
lock in einschließen *v* (abschließen); einschließen *v* (mit Schlüssel)
lock in position einrasten *v*
lock lever Arretierhebel *m* [tec]; Klemmhebel *m* [tec]
lock mechanism Schließvorrichtung *f* [tec]
lock nut Feststellmutter *f* [tec]; Gegenmutter *f* [tec]; Kontermutter *f* [tec]; Sicherheitsmutter *f* [tec]; Verschlussmutter *f* [tec]; Wellenmutter *f* [tec]
lock on nut Sicherung der Mutter *f* [tec]; Sicherungsmutter *f* [tec]
lock out aussperren *v*
lock pin Arretierung *f* [tec]; Sperrraste *f* [tec]; Endbolzen *m* (an Kette) [tec]; Sicherungsstift *m* [tec]
lock plate Halteblech *n* [tec]; Schließblech *n* [tec]; Sicherungsblech *n* [tec]
lock ring Sprengring *m* [tec]; Verschlussring *m* [tra]
lock screw Arretierschraube *f* [tec]; Halteschraube *f* [tec]; Klemmschraube *f* [tec]; Sicherungsschraube *f* [tec]
lock valve Sperrventil *n* [prc]
lock valve for boom Auslegersperrventil *n* [mbt]
lock valve of the boom Auslegersperrventil *n* [mbt]
lock washer Sicherungsscheibe *f* (Unterlegscheibe)

[tec]; Verschlussscheibe *f* [tec]; Zahnscheibe *f* (Unterlegscheibe) [tec]; Federring *m* [tec]; Sprengring *m* [tec]
lock washer, serrated - Fächerscheibe *f* (Unterlegscheibe) [tec]
lock-bolt holes Halteschraubenlöcher *pl* (in Drehverbindung) [tec]
lock-out pin Sicherungsbolzen *m* [tec]
lock-out switch Sperrschalter *m* [tec]
lock-schematic diagram Schaltplan *m* [con]
lock-seam wound duct Wickelfalzrohr *n* [met]
lock-up Wandlersperre *f* (des Graders) [mbt]
lockable abschließbar (mit Schlüssel); feststellbar (arretierbar); verschließbar
locked festgesetzt (arretiert)
locked against rotation gegen Verdrehen gesichert [tec]
locked away verschlossen (weg-, abgeschlossen)
locked position Raststellung *f* [tra]; Verschlussstellung *f* [tra]
locked washer verdrehsichere Scheibe *f* [tec]
locker Schrank *m*; Spind *m*
locker room Waschraum *m* (Umkleideraum)
locking Blockierung *f*; Feststellung *f* (Riegel); Schließeinrichtung *f*; Sperrung *f*; Verriegelung *f* [tec]; Festklemmen *n*
locking and holding brake Feststell- und Haltebremse *f* (Bagger) [mbt]
locking apparatus Verschlusseinrichtung *f*
locking assembly Ringfederspannelement *n* [tec]
locking attachment Schließvorrichtung *f*; Verriegelungsvorrichtung *f*
locking ball Haltekugel *f* (Schnellkupplung) [tec]
locking bar Riegel *m* [tec]
locking barrel Arretierhülse *f* [tec]
locking block Verriegelungskulisse *f* [tec]
locking bolt Arretierschraube *f* [tec]; Sicherungsschraube *f* [tec]; Klemmbolzen *m* [tec]; Riegelbolzen *m* [tec]; Verriegelungsbolzen *m* [tec]
locking bow Sicherungsbügel *m* [tec]
locking brake Feststellbremse *f* [tra]
locking bush Spannbuchse *f* [tec]
locking cam Schließnocken *m* [tec]
locking cone Verschlusskegel *m* [tec]
locking cylinder Abstützzylinder *m* (der Pendelachse) [mbt]
locking device Arretiereinrichtung *f*; Blockiervorrichtung *f*; Feststelleinrichtung *f* [tec]; Feststellvorrichtung *f* [tec]; Haltevorrichtung *f* [tec]; Schließvorrichtung *f* [tec]; Sicherung *f*; Sperre *f* (Vorrichtung); Verriegelung *f* [tec]; Feststeller *m* (z.B. Raste) [tec]
locking fixture Arretiervorrichtung *f*; Feststellvorrichtung *f*; Klemmvorrichtung *f*; Sperrvorrichtung *f*
locking flange Sicherungsflansch *m* [tec]
locking force Zuhaltekraft *f*
locking gear Feststellvorrichtung *f* [tec]
locking groove Sicherungsnut *f* [tec]

locking handle Knebel *m* (z.B. im Stahlbau) [tec]; Knebelgriff *m* [tec]
locking latch Klemmhebel *m* [tec]
locking ledge Arretierleiste *f* [tec]
locking lever Feststellhebel *m*; Vorstecker *m* (an Waggonabstützung) [tra]
locking mechanism Sperrmechanismus *m*
locking nipple Verschlussnippel *m* [tec]
locking notch Arretiernut *f* [tec]; Riegelnut *f* [tec]
locking nut Befestigungsmutter *f* [tec]; Klemmmutter *f* [tec]; Kontermutter *f* [tec]; Sicherungsmutter *f* [tec]
locking part Verschlussteil *n*
locking pawl Sperrklinke *f* [tec]
locking peg Arretierstift *m* [tec]
locking piece Verschlussstück *n* (hält etwas fest) [tec]
locking pin Arretierstift *m* [tec]; Haltestift *m* [tec]; Sicherungsbolzen *m* [tec]; Sicherungsstift *m* [tec]; Spannstift *m* [tec]; Sperrbolzen *m* [tec]; Sperrstift *m* [tec]; Verriegelungsbolzen *m* [tec]; Verriegelungsstift *m* [tec]
locking plate Schlossscheibe *f* (Uhr) [tec]; Sicherungsplatte *f* [tec]; Sicherungsscheibe *f* [tec]; Sicherungsblech *n* (Kettenmontage) [mbt]
locking plug Verschlussstopfen *m* [tec]
locking pressure Zuhaltedruck *m*
locking ring Feststellring *m* [tec]; Haltering *m* [tec]; Klemmring *m* [tec]; Schließring *m*; Sicherungsring *m* [tec]; Spannring *m* [tra]; Sprengring *m* [tec]; Verschlussring *m* [tec]
locking screw Arretierschraube *f* [tec]; Feststellschraube *f* [tec]; Halteschraube *f* [tec]; Verschlussschraube *f* [tec]
locking shim Blechsicherung *f*; Sicherungsblech *n*
locking shoe Sicherungsschuh *m* [tec]
locking sleeve Spannhülse *f* [tra]
locking spring Sicherungsfeder *f* [tec]
locking support Fixierklotz *m* [tec]
locking valve Sperrventil *n* [prc]
locking washer Sicherungsscheibe *f* [tec]; Sicherungsblech *n* [tec]
locking weld Sicherungsschweißung *f* [wer]
locking wheel Sperrrad *n* [tec]
locking wire Sicherungsdraht *m* [tec]
locking yoke Feststellbügel *m* [tec]
locking, positive - formschlüssige Verbindung *f* [tec]
locknut Bundmutter *f* [tec]; Kontermutter *f* [tec]
lockout Aussperrung *f* (Arbeitskampf) [eco]
lockout device Sperrvorrichtung *f* [tec]
lockout switch Sperrschalter *m* [elt]
lockring Fixierungsring *m* [met]; Klemmring *m* [tec]
locksmith Schlosser *m*
locksmith's shop Schlosserei *f* [wer]
lockspring Sperrfeder *f* [tec]
lockwasher Sicherungsring *m* [tec]
lockwire Sicherungsdraht *m* [tec]
locomotion Fortbewegung *f*
locomotive Lokomotive *f* (Dampf-, Diesel-, E-Lok) [tra]

locomotive cart Zugwagen *m* (klein, hinter Lok) [tra]
locomotive driver Lokführer *m* [tra]
locomotive trolley Rangierlok *f* (kleine Rangierlok) [tra]
locus Ortskurve *f* (im Diagramm) [con]; Raum *m* (Ort)
lode Ader *f* [geo]
lodge einlegen *v* (Berufung) [jur]
lodging Aufnahme *f* (Unterbringung von Personen); Wohnung *f* [bau]
loft Dachboden *m* [bau]; Speicher *m* [bau]
log Pratze *f* ((A)) [tec]; Balken *m* [bau]; Baumstamm *m* (gefällter Stamm); Holzklotz *m*; Klotz *m* (Holz); Stamm *m* (Baum) [bff]
log aufzeichnen *v*; eintragen *v* (z.B. in Logbuch)
log cabin Blockhütte *f*; Blockhaus *n* [bau]
log clamp Baumklammer *f* [far]
log construction Blockbau *m* [bau]
log grab Holzgreifer *m* [mbt]; Kurzholzgreifer *m* [mbt]
log grapple Holzzange *f* (ähnlich Greifer) [mbt]; Holzgreifer *m* (für Langholz) [mbt]; Langholzgreifer *m* [mbt]
log grapple attachment Holzzangenausrüstung *f* [mbt]
log house Blockhütte *f*
log hut Blockhütte *f*
log on anmelden *v* [edv]
log sheet Betriebsprotokoll *n*; Versuchsprotokoll *n* [any]
logarithm Logarithmus *m* [mat]
logarithmic logarithmisch [mat]
logarithmical logarithmisch [mat]
logarithms, table of - Logarithmentafel *f* [mat]
logger Holzfäller *m*
loggia Laube *f* (überdachter Hausteil) [bau]
logging Erfassung *f* (auf Listen, usw.) [edv]; Holzindustrie *f* (besonders Holzfällen)
logging desk Wartenpult *n* [any]
logging residues Reste vom Holzfällen *pl* [rec]
logic Funktionsplan *m* [con]
logic programming logisches Programmieren *n* [edv]
logic variable logische Variable *f* [edv]
logical konsequent; logisch
logical address virtuelle Adresse *f* [edv]
logically consistent konsequent
login Anmeldung *f* [edv]
logistic logistisch [tra]
logistics Logistik *f* (Versorgung) [tra]
logo Signet *n* [eco]
logon Anmeldung *f* [edv]
logwood Blauholz *n* [met]
loin Lende *f* [bff]
long lang
long block leveller Langhobelmaschine *f* [wer]
long boiler Langkessel *m* (auf Dampflok) [tra]
long carriage Breitwagen *m* (Drucker) [edv]
long culvert Entwässerungskanal *m* [was]; Umlaufkanal *m* (Düker) [was]

long distance Langstrecke *f* [tra]; Weltverkehr *m* (Telefon) [edv]
long grate Langrost *m*
long handle langstielig
long haul Langstrecke *f* [tra]
long lance type soot blower Langschubbläser *m* [pow]; Lanzenlangschubbläser *m* [pow]
long period creep behaviour Zeitstandverhalten *f* [met]
long period creep resistance Zeitstandfestigkeit *f* [met]
long period creep test Zeitstandprüfung *f* [met]
long precision doppelte Genauigkeit *f* (Software) [edv]
long run Fernfahrt *f* [tra]
long stroke Langhub *m* [tra]
long tailed wood Langholz *n* [met]
long timber Langholz *n* [met]
long trip Fernfahrt *f* [tra]
long wave Langwelle *f* [elt]
long wood Langholz *n* [met]
long-blade switch Federzungenweiche *f* [tec]
long-cut wood Langholz *n* [met]
long-dated langfristig
long-distance beam Weitstrahler *m* [tra]
long-distance cable Fernleitung *f* [pow]
long-distance call Ferngespräch *n* [edv]
long-distance control Fernbedienung *f*
long-distance dialling Fernwahl *f* (Telefon) [edv]
long-distance flight Fernflug *m* [tra]; Langstreckenflug *m* [tra]
long-distance gas Ferngas *n* [pow]
long-distance gas grid Ferngasnetz *n* [pow]
long-distance gas heating Ferngasheizung *f* [pow]
long-distance gas main Ferngasleitung *f* [pow]; Gasfernleitung *m* [pow]
long-distance goods traffic Güterfernverkehr *m* [tra]
long-distance haulage Güterfernverkehr *m* [tra]
long-distance heat supply Fernwärmeversorgung *f* [pow]
long-distance line Fernleitung *f* (Telefon) [edv]
long-distance lorry Fernlastzug *m* [tra]
long-distance main line Fernleitung *f* [pow]
long-distance pipe Fernleitung *f* [pow]
long-distance railway Fernbahn *f* [tra]
long-distance road haulage Fernlastverkehr *m* [tra]
long-distance steam line Ferndampfleitung *f* [pow]
long-distance supply station Fernkraftwerk *n* [pow]
long-distance traffic Fernverkehr *m* [tra]
long-distance train Fernzug *m* [tra]
long-distance transport, form of - Fernverkehrmittel *n* [tra]
long-distance transportation Ferntransport *m* [tra]
long-distance truck Fernlastzug *m* [tra]
long-distance water supply Fernwasserversorgung *f* [pow]
long-duration test Dauerversuch *m* [any]
long-flame tube Langflammrohr *n* [pow]
long-haul flight Fernflug *m* [tra]; Langstreckenflug *m* [tra]

long-lived langlebig
long-livedness Langlebigkeit *f*
long-range Langzeit-
long-run effect Fernwirkung *f*
long-slide coupling Kupplung mit Längenausgleich *f* [tec]
long-slide spindle Teleskopspindel *f* [tec]
long-slot burner Langlochbrenner *m*
long-stroke shock absorber Langhubstoßdämpfer *m* [tra]
long-term langfristig
long-term behaviour Langzeitverhalten *n*
long-term consequence Spätfolge *f*
long-term damage Spätschaden *m*
long-term experiment Dauerexperiment *n* [any]
long-term load Langzeitlast *f* [bau]
long-term lubrication Langzeitschmierung *f* [tra]
long-term memory Langzeitgedächtnis *n* [edv]
long-term monitoring Langzeitüberwachung *f* [any]
long-term operation Dauerbetrieb *m*
long-term protection Dauerschutz *m*
long-term run Dauerexperiment *n* [any]
long-term storage Langzeitlagerung *f*
long-term store Langzeitspeicher *m*
long-term test Dauerversuch *m* [any]
long-term treatment Dauerbehandlung *f*
long-term work Dauereinsatz *m* (des Motors, Gerätes)
long-time effect Langzeitwirkung *f*
long-time fertilizer Langzeitdünger *m* [far]
long-time test Langzeitversuch *m* [any]
long-tube evaporator Langrohrverdampfer *m* [pow]
long-wave langwellig [phy]
long-wave range Langwellenbereich *m* [elt]
longevity Langlebigkeit *f*; Lebensdauer *f*
longimetry Längenmessung *f* [any]
longish länglich
longitudinal in Längsrichtung
longitudinal axis Längsachse *f* [tra]
longitudinal beam Längsbalken *m* [bau]; Längsträger *m* [tec]
longitudinal compensator Axialkompensator *m* [tec]
longitudinal compression Längsdruck *m* [phy]
longitudinal control arm Längslenker *m* [tra]
longitudinal correction Längskorrektur *f* (Getriebe) [con]
longitudinal crack Längsriss *m* [met]
longitudinal deformation Längenänderung *f*
longitudinal direction Längsrichtung *f*
longitudinal drum Längstrommel *f* [pow]
longitudinal expansion Längsdehnung *f* [met]
longitudinal extension Längenausdehnung *f*; Längsausdehnung *f* [met]; Längsdehnung *f* [met]
longitudinal feed Längsvorschub *m* [wer]
longitudinal force Längskraft *f* [phy]
longitudinal form error Schrägungsformfehler *m* (Zahnrad) [tec]
longitudinal girder Längsträger *m* [tra]; Steg *m* (Längsträger des Waggons) [tra]

longitudinal girder of frame Rahmenlängsträger *m* [tra]
longitudinal groove Längsnut *f* [tec]
longitudinal hole Längsbohrung *f* [tec]
longitudinal interval Längsabstand *m*
longitudinal joint Längsnaht *f* [wer]; Längsfalz *m* [tec]
longitudinal load Längslast *f* [phy]
longitudinal pipe Längsnahtrohr *n* [wer]
longitudinal pitch Längsteilung *f* [prc]
longitudinal profile Längsprofil *n* [tec]
longitudinal seam Längsnaht *f* [wer]
longitudinal section Längsschnitt *m* [con]
longitudinal shaft Längswelle *f* [tec]
longitudinal slot Längsschlitz *m*
longitudinal spacing Längsteilung *f* [prc]
longitudinal stiffening Längsaussteifung *f* [bau]
longitudinal stress Längsspannung *f* [met]
longitudinal structural member Längsträger *m* [tec]
longitudinal travel Längshub *m* [tec]
longitudinal type boiler Längstrommelkessel *m* [pow]
longitudinal valve Längsventil *n* (Hydraulik) [tec]
longitudinal wave Longitudinalwelle *f* [phy]
longitudinal wave spread Geschwindigkeit der Longitudinalwelle *f* [phy]
longitudinal wave velocity Geschwindigkeit der Longitudinalwelle *f* [phy]
longitudinal-drum boiler Längstrommelkessel *m* [pow]
look Blick *m*
look schauen *v*
look after betreuen *v*
look ahead voraussehen *v*
look at ansehen *v* (betrachten)
look for suchen *v*
look over nachsehen *v* (überprüfen)
look up nachschlagen *v*
loop Öse *f* (Schlinge); Schlange *f* (Rohrschlange) [pow]; Schlaufe *f* (groß); Schleife *f* (Biegung); Schlinge *f* (Schleife); geschlossener Stromkreis *m* [elt]; Ring *m* (Öse)
loop schlingen *v*
loop communication network Ringnetz *n* [edv]
loop connection Schlaufenverbindung *f* [bau]
loop drier Schleifentrockner *m*
loop gain Schleifenverstärkung *f* [elt]
loop network Ringnetz *n* [edv]
loop pipe Umlenkrohr *n* [pow]
loop reactor Schlaufenreaktor *m* [prc]
loop-tip terminal Kabelklemme *f* [elt]
loops, in^- in Kabelbäumen [elt]
loose beweglich (locker, offen); leicht lösbar; locker (lose); lose
loose connection Wackelkontakt *m* (lose Verbindung) [elt]
loose contact Wackelkontakt *m* (lose Verbindung) [elt]
loose flange Losflansch *m*

loose ground lockerer Boden *m* [bod]
loose material rolliges Material *n* [roh]
loose one's way verfahren *v* (sich -) [tra]
loose point Lospunkt *m* [bau]
loose pulley Losscheibe *f* [tec]; Spannrolle *f* [tec]
loose rivet gelockerter Niet *m* [tec]
loose screw lockere Schraube *f* [tec]
loose side ungespannt Riementrumm *n* [tec]
loose soil bindiger Boden *m* [bod]
loose support Losstütze *f*
loose weight Schüttgewicht *n* [phy]
loose wheel Losscheibe *f* [tec]; Losrad *n* [tec]
loose, become - lose werden *v*
loose, make - lockern *v*
loose-fill insulation Flockenisolierstoff *m* [met]; Isolationsschüttmaterial *n* [met]
loose-leaf binder Aktenordner *m*
loose-leaf form Loseblattform *f*
loose-type flange Losflansch *m* [prc]
loosen abbinden *v* (losbinden); ablösen *v* (entfernen); abschrauben *v* (lösen); entfernen *v* (losmachen); lockern *v* (lösen); lösen *v* (losmachen)
loosened gelöst (Schraube)
loosening Lösung *f* (Losmachen); Lösen *n* (Losmachen)
loot räubern *v*
lop off abbauen *v* (abästen) [far]
lorry Lore *f* [tra]; Lastauto *m* [tra]; Laster *m* (Lkw) [tra]; Lastkraftwagen *m* [tra]; Lastwagen *m* [tra]; Muldenkipper *m* [mbt]; Wagen *m* (Lkw) [tra]
lorry tippler Lkw-Kipper *m* [tra]
lorry trailer Lastwagenanhänger *m* [tra]
lorry, agitating - Fahrmischer *m* (für Beton) [tra]
lorry-hauled lastwagengezogen (auf Bahngleisen) [tra]
lorry-load Wagenladung *f* [tra]
lose einbüßen *v*; verlieren *v*
lose weight abnehmen *v* (Gewicht verlieren)
loss Abgabe *f* (Verlust) [eco]; Abnahme *f* (Verminderung); Dämpfung *f* (z.B. eines Signals) [elt]; Abgang *m* (Verlust); Ausfall *m* (Mangel); Verlust *m* (an Geld, Einfluss, Macht)
loss at red heat Abbrandverlust *m* [met]
loss by evaporation Verdunstungsverlust *m*
loss compensation Tiefenausgleich *m*
loss due to carbon in ash Schlackenverlust *m* [pow]
loss due to carbon in fly ash Flugaschenverlust *m* [pow]; Flugkoksverlust *m* [pow]
loss due to condensation Kondensationsverlust *m*
loss due to unburnt gases Verlust durch unverbrannte Gase *m* [pow]
loss factor Verlustziffer *f*
loss from cooling Abkühlverlust *m* [prc]
loss in bends Krümmerverlust *m* (Rohrströmung)
loss in weight Gewichtsverlust *m*
loss of energy Energieverlust *m* [pow]
loss of hardness Festigkeitsverlust *m*
loss of heat Wärmeverlust *m* [pow]
loss of ignition Abreißen der Zündung *n* [pow]

loss of individuality Vermassung *f*
loss of live Tötung *f*
loss of material Substanzverlust *m*
loss of picture Bildausfall *m* [edv]
loss of power Energieverlust *m* [pow]
loss of pressure Druckabfall *m* [phy]
loss of production Produktionsausfall *m*
loss of sales Umsatzausfall *m* [eco]
loss of speed Geschwindigkeitsabfall *m* [phy]
loss of synchronism Außertrittfallen *n* (Verlust der Synchronisierung) [pow]
loss of time Zeitverlust *m*
loss of voltage Spannungsausfall *m* [elt]
loss of water Wasserverlust *m* [was]
loss of weight Gewichtsabnahme *f*
loss, free of - verlustfrei
loss, without - verlustlos
losses due to bearing friction Lagerreibungsverluste *pl* [tec]
lost kaputt
lost heat Abhitze *f* [pow]
lost motion Leerweg *m* [tec]; toter Gang *m* (Spiel in Schaltung) [tra]
lost pay Verdienstausfall *m* (durch Krankheit etc.) [eco]
lost time Leerlaufzeit *f*
lost-oil lubrication Schmierung ohne Ölrückgewinnung *f* [tec]
lot Gruppe *f* (Menge, Los); Satz *m* (Gruppe); Baugrundstück *n* [bau]; Landstück *n*; Los *n* (Produktionseinheit)
lot size Losgröße *f* (Produktionsmenge) [wer]
loud geräuschvoll [aku]; laut [aku]
loud hailer Lautsprecher *m* [elt]
loudness Heftigkeit *f*; Lautstärke *f* [aku]
loudness level meter Lautstärkemesser *n* [any]
loudness measurement Lautstärkemessung *f* [any]
loudspeaker Lautsprecher *m* [elt]
loudspeaker system Lautsprecheranlage *f* [elt]
lounge Aufenthaltsraum *m* (im Bahnhof) [tra]
louvre Dachhaube *f* (für Belüftung) [pow]; Jalousette *f* [bau]; Lüftungslamelle *f* [air]; Lüftungsschlitz *m* [air]
louvre classifier Jalousiesichter *m*
louvre slat Jalousielamelle *f* [bau]
louvre window Jalousiefenster *n* [bau]
low flach (nicht hoch); leise [aku]; niedrig; tief
low alloy steel niedrig legierter Stahl *m* [met]
low bed Tieflader *m* [tra]
low bed trailer Tiefladeanhänger *m* (hinter Zugmaschine) [tra]; Tieflader *m* (Hänger) [tra]
low boiling fraction niedrigsiedende Fraktion *f* [che]
low building Flachbau *m* [bau]
low capacity, of too - unterdimensioniert [con]
low deck innen Abdeckleiste *f* [tec]
low fat fettarm
low flammability Schwerentflammbarkeit *f* [met]
low frequency Niederfrequenz *f* [phy]

low gear erster Gang *m* (langsamer Gang) [mbt]
low grade fuel Mittelprodukt *n* (Brennstoff) [pow]
low heat Sparflamme *f* (Brenner) [pow]
low idle niedriger Leerlauf *m* [tra]; Standgas *n* (niedriger Leerlauf) [tra]
low loader Tieflader *m* [tra]
low potential Mittelspannung *f* [elt]
low pressure Niederdruck *m*; Unterdruck *m* [phy]
low rainfall, with - regenarm
low resistance niederohmig [elt]
low revolutions, with - niedertourig
low solvent content, with - lösungsmittelarm [met]
low speed kleine Drehzahl; niedertourig; niedrigtourig [tra]
low speed langsamer Gang *m* (in kleiner Drehzahl) [tra]
low speed knock Beschleunigungsklopfen *n* (Motor) [tra]
low speed pulverizer Langsamläufer *m* (Kugelmühle) [prc]
low tension Niederspannung *f* [elt]
low tide Ebbe *f* (Zustand)
low vibration schwingungsarm
low volatile bituminous coal Magerkohle *f* [met]
low volatile coal gasarme Kohle *f* [roh]
low voltage Niederspannung *f* [elt]
low wage country Billiglohnland *n*
low wages Billiglohn *m*; Niedriglohn *m* [eco]
low water Ebbe *f* (Zustand); niedrigster Wasserstand *m* [was]; Niedrigwasser *n*
low water level niedrigster Wasserstand *m* [was]
low-altitude flight Tiefflug *m* [tra]
low-boiling niedrigsiedend
low-boiling solvent Niedrigsieder *m* [che]
low-calorie kalorienarm
low-capacity hoist Kleinlastaufzug *m* [bau]
low-carbon kohlenstoffarm
low-carbon energy carrier kohlenstoffarmer Energieträger *m* [pow]
low-carbon energy source kohlenstoffarmer Energieträger *m* [pow]
low-carbon steel Flussstahl *m* [met]; Flusseisen *n* [met]; Schmiedeeisen *n* [met]
low-charge gebührengünstig
low-contrast kontrastarm [opt]
low-cost kostengünstig
low-down tief (tief gesunken, vulgär)
low-duty section of superheater Vorüberhitzer *m* [pow]
low-emission abgasarm [air]
low-emission energy carrier emissionsarmer Energieträger *m* [pow]
low-emission fuel emissionsarmer Brennstoff *m* [pow]
low-energy energiearm [pow]; energiesparend [pow]
low-exhaust abgasarm [air]
low-flux reactor Niederflussreaktor *m* (Kerntechnik) [pow]
low-frequency niederfrequent

low-frequency conductor Niederfrequenzleitung *f* [elt]
low-grade arm (Erz); geringwertig; mager [roh]; minderwertig
low-grade coal Balastkohle *f* [met]
low-intensity tube Blauschriftröhre *f* [elt]
low-iron eisenarm
low-lead bleiarm [che]
low-level alarm Tiefalarm *m* (Füllstandskontrolle) [any]
low-level flight Tiefflug *m* [tra]
low-level format Sektoreinteilung *f* (Datenträger) [edv]
low-level railway Tiefbahn *f* (Bahn in Stollen, Graben) [tra]
low-level station Tiefbahnhof *m* (Bahnhof unter Straßenhöhe) [tra]
low-level tank Tiefbehälter *m* [prc]
low-level waste gering radioaktiver Abfall *m* [rec]
low-lift truck Niederhubwagen *m* [tra]
low-load carrying burner Schwachlastbrenner *m* [pow]
low-load operation Schwachlastbetrieb *m* [pow]
low-load period Schwachlastperiode *f* [pow]
low-load run Schwachlastfahrt *f* [pow]
low-lying tiefliegend
low-lying area Niederung *f*
low-maintenance wartungsarm
low-melting niedrigschmelzend [met]
low-melting-point alloy niedrigschmelzende Legierung *f* [met]
low-molecular niedermolekular
low-noise geräuscharm [aku]; rauscharm; störungsarm
low-noise aircraft geräuscharmes Flugzeug *n* [tra]
low-noise car lärmarmes Kraftfahrzeug *n* [tra]
low-noise equipment lärmarmes Gerät *n*
low-noise lawn mower lärmarmer Rasenmäher *m*
low-noise transmission geräuscharmes Getriebe *n* [tec]
low-noise vehicle lärmarmes Kraftfahrzeug *n* [tra]
low-octane petrol Benzin mit niedriger Oktanzahl *n* [tra]
low-pass Tiefpass *m* [elt]
low-pass filter Tiefpass *m* [elt]
low-placed tiefliegend
low-placed body tiefliegende Mulde *f* (des Dumpers) [mbt]
low-pollutant umweltfreundlich
low-pollutant packaging schadstoffarme Verpackung *f* [rec]
low-pollution schadstoffarm
low-powered leistungsschwach
low-pressure Tiefdruck *m* [wet]
low-pressure area Unterdruckgebiet *n* [wet]
low-pressure blading Niederdruckbeschaufelung *f* (Turbine) [pow]
low-pressure boiler Niederdruckkessel *m* (Dampfkessel) [pow]

low-pressure bypass Niederdruckumleitung f [pow]
low-pressure element Niederdruckteil n [pow]
low-pressure gasholder Niederdruckgasbehälter m [pow]
low-pressure heating Niederdruckheizung f [pow]
low-pressure mercury lamp Quecksilberniederdrucklampe f [elt]
low-pressure polyethylene Niederdruckpolyethylen n [che]
low-pressure power station Niederdruckkraftwerk n [pow]
low-pressure preheater Niederdruckvorwärmer m [pow]; Vakuumvorwärmer n [pow]
low-pressure shaft Niederdruckwelle f (Turbine) [pow]
low-pressure stage Niederdruckstufe f (Turbine) [pow]; ND-Teil n (Niederdruck) [pow]; Niederdruckteil n (Turbine) [pow]
low-pressure steam Niederdruckdampf m [pow]
low-pressure steam engine Niederdruckdampfmaschine f [pow]
low-pressure steam heating system Niederdruckdampfheizung f [pow]
low-pressure tank Niederdruckkessel m (Vorratsbehälter)
low-pressure turbine Niederdruckturbine f [pow]
low-pressure tyre Niederdruckreifen m [tra]
low-pressure tyre with high flotation Niederdruckreifen m [tra]
low-pressure valve Niederdruckventil n [pow]
low-pressure vessel Niederdruckkessel m (Vorratsbehälter)
low-pressure zone Tiefdruckzone f [wet]
low-price billig
low-profile niedrig (flach gebaut)
low-profile module Flachbaurahmen m
low-quality minderwertig
low-radiation strahlungsarm (Bildschirm) [edv]
low-resistance niederohmig [elt]
low-rise eingeschossig [bau]
low-salt salzarm
low-sided open wagon Niederbordwagen m [tra]
low-sill window Fenster n (tief herabgezogen) [bau]
low-speed machine Langsamläufer m [prc]
low-sulfur schwefelarm
low-sulfur coal schwefelarme Kohle f [roh]
low-temperature carbonization Schwelung f [prc]; Schwelen n [prc]
low-temperature carbonization coke Schwelkoks m [met]
low-temperature carbonizing and combustion plant Schwelbrennanlage f [prc]
low-temperature carbonizing plant Schwelanlage f [prc]; Schwelerei f [prc]
low-temperature corrosion Korrosion f (Tieftemperatur-); Tieftemperaturkorrosion f [met]
low-temperature insulation Kälteisolierung f [bau]
low-temperature oxidation Tieftemperaturoxidation f [che]

low-temperature reactor Niedertemperaturreaktor m [che]
low-temperature refrigerator Kryogenerator m [pow]
low-temperature resistance Kältebeständigkeit f [met]
low-temperature scrubbing Kaltwäsche f [prc]
low-temperature tar Schwelteer m [met]
low-temperature technology Kältetechnik f
low-tension cable Niederspannungskabel n [elt]
low-tension insulator Niederspannungsisolator m [elt]
low-tension plant Niederspannungsanlage f [elt]
low-tension switchgear Niederspannungsschaltgerät n [elt]
low-toxic materials giftstoffarm
low-toxic substances giftstoffarm
low-traffic verkehrsarm [tra]
low-vacuum pump Vorvakuumpumpe f [prc]
low-vacuum trip Vakuumschutz m [pow]
low-viscosity dünnflüssig
low-voltage breaker switch Niederspannungstrennschalter m [elt]
low-voltage cable Niederspannungskabel n [elt]
low-voltage circuit breaker Niederspannungsschalter m [elt]; Niederspannungstrennschalter m [elt]
low-voltage current Schwachstrom m [elt]
low-voltage installation Niederspannungsanlage f [elt]
low-voltage motor Schwachstrommotor m [elt]
low-voltage overhead line Niederspannungsfreileitung f [elt]
low-voltage safety fuse Niederspannungssicherung f [elt]
low-voltage switchboard Niederspannungsschaltanlage f [elt]
low-voltage system Niederspannungssystem n [elt]
low-waste abfallarm [rec]
low-waste technology abfallarme Technologie f [rec]
low-wear verschleißarm [met]
lower absenken v (Boden) [mbt]; erniedrigen v; herablassen v (fieren); senken v; vermindern v; verringern v (senken)
lower area boundary Bereichsuntergrenze f
lower basement Kellergeschoss n [bau]
lower calorific value unterer Heizwert m [che]
lower casing Gehäuseunterteil n
lower catenary idler Untergurtgirlande f (Großförderband) [mbt]
lower dead centre unterer Totpunkt m [tec]
lower deck Unterdeck n (Schiff) [tra]
lower drum Untertrommel f [pow]
lower edge Unterkante f [tec]
lower end unterer Kopf m [mbt]
lower explosion limit untere Explosionsgrenze f (Sicherheitstechnik)
lower flange Untergurt m (Stahlbau) [tec]
lower layer Unterschicht f
lower limit Untergrenze f

lower part Unterteil *n* [tec]
lower plant Niederpflanze *f* [bff]
lower port of boom Auslegerunterteil *n* [mbt]
lower portion of housing Gehäuseunterteil *n* [tec]
lower section Unterteil *n* [tec]
lowercase character Kleinbuchstabe *m* (Textverarbeitung)
lowercase letter Kleinbuchstabe *m* (Textverarbeitung)
lowering Abnahme *f* (Verringerung); Absenkung *f* [mbt]; Erniedrigung *f*; Niederlegung *f*; Senkung *f*; Abfall *m* (Fläche) [bod]
lowering brake valve Senkbremsventil *n* [mbt]
lowering device Absenkvorrichtung *f* [wer]
lowering of the melting point Schmelzpunkterniedrigung *f* [phy]
lowering of vapour pressure Dampfdruckerniedrigung *f*
lowering speed Absenkgeschwindigkeit *f*
lowest level niedrigster Wasserstand *m* [was]
lowest nominal voltage Nennunterspannung *f* [elt]
lube (siehe auch: lubrication)
lube hole Schmierbohrung *f* [tec]
lube nipple Schmiernippel *m* [tec]
lube oil Schmieröl *n* [tec]
lube oil cooler Schmierölkühler *m* [tec]
lube oil filter Schmierölfilter *m* [tec]
lube oil orifice Ölzulaufdüse *f* [tec]
lube oil pump Schmierölpumpe *f* [tec]
lube oil pump, auxiliary - Hilfsschmierölpumpe *f* [tec]
lube oil system Schmierölanlage *f* [tec]
lube oil system, forced - Öldruckanlage *f* [tec]
lube oil tank Schmieröltank *m* [tec]
lube pipe Schmierrohr *n* [tec]
lube pocket Schmiertasche *f* [tec]
lubricant Schmiere *f* [met]; Schmierstoff *m* [met]; Gleitmittel *n* [met]; Schmiermittel *n* [met]
lubricant charge Schmiermittelfüllung *f* [met]
lubricant connection Schmiermittelanschluss *m* [tec]
lubricant film Schmierfilm *m* [tec]
lubricant fitting Schmiernippel *m* [tec]
lubricant flute Schmiernut *f* [tec]
lubricant groove Schmiernut *f* [tec]
lubricant pump Schmiermittelpumpe *f* [tec]
lubricant residue Schmierstoffrückstand *m* [rec]
lubricant spraying Sprühschmierung *f* [tec]
lubricate abschmieren *v* (mit Fett, Öl versehen); beaufschlagen mit öl *v*; einfetten *v* (schmieren); ölen *v*; schmieren *v*
lubricated geschmiert (mit Fett)
lubricated petrol Kraftstoff-Öl-Gemisch *n* [tra]
lubricating cartridge Schmierpatrone *f* [tec]
lubricating device Schmiervorrichtung *f* [tec]
lubricating film Schmierfilm *m* [tec]
lubricating fitting Schmierkopf *m* [tec]
lubricating gap Schmierspalte *f* [tec]
lubricating grease Maschinenfett *n* [tec]; Schmierfett *n* [met]

lubricating hole Schmierbohrung *f* [tec]
lubricating line Schmierleitung *f* [tec]
lubricating nipple Schmierkopf *m* [tec]; Schmiernippel *m* [tec]
lubricating oil Getriebeöl *n* [met]; Maschinenöl *n*; Motorenöl *n* [met]; Schmieröl *n* [met]
lubricating paste Gleitpaste *f* [met]
lubricating point Schmierstelle *f* [tec]
lubricating pump Schmierpumpe *f* [tec]
lubricating ring Schmierring *m* [tec]
lubricating system Schmiereinrichtung *f* [tec]; Schmiersystem *n* [tec]
lubricating unit Schmiervorrichtung *f* [tec]
lubricating-oil cooler Ölkühler *m* (Schmierstoff) [tec]; Schmierölkühler *m* [tec]
lubricating-oil film Schmierfilm *m* [tec]
lubricating-oil filter Schmierölfilter *m* [tec]
lubricating-oil inlet Ölzulauf *m* (für Schmieröl) [tec]
lubricating-oil line Schmierölleitung *f* [tec]
lubricating-oil pump Motorölpumpe *f* [tra]; Ölpumpe *f* (Schmierpumpe) [tec]; Schmierpumpe *f* [tec]
lubrication Ölung *f* [tec]; Schmierung *f*; Abschmieren *n*
lubrication bore Schmierbohrung *f* [tec]
lubrication by circulating oil Ölumlaufschmierung *f* [tec]
lubrication by means of oil distributor Mitnehmerschmierung *f* [tec]
lubrication chart Schmiertabelle *f* [tec]; Schmierplan *m* [tec]; Schmierstellenplan *m* [tec]
lubrication connection Schmieranschluss *m* [tec]
lubrication device Schmiereinrichtung *f* [tec]
lubrication film Schmierfilm *m* [tec]
lubrication groove Schmiernut *f* [tec]
lubrication gun Fettpresse *f* (für Schmierung) [tec]
lubrication hole Schmierbohrung *f* [tec]
lubrication interval Schmierintervall *n* [tec]
lubrication nipple Schmiernippel *m* [tec]
lubrication of the bearing Lagerschmierung *f* [tec]
lubrication oil tank Schmieröltank *m* [tec]
lubrication point, central - Schmierleiste *f* [tec]
lubrication property Gleiteigenschaft *f* [met]
lubrication recess Schmiertasche *f* [tec]
lubrication schedule Schmierplan *m* [tec]
lubrication system Ölversorgung *f* (Schmierung) [tec]; Schmieranlage *f* [tec]; Schmiersystem *n* [tec]
lubrication system, central - Zentralschmieranlage *f* [tra]
lubrication, central - Zentralschmierung *f* [tec]
lubrication, occasional - Bedarfsschmierung *f* [tec]
lubrication-oil cooler Schmierölkühler *m* [tec]
lubricationing instructions Schmieranweisung *f* [tec]
lubricator Schmieranlage *f* [tec]; Schmierbuchse *f* [tec]; Schmiervorrichtung *f* [tec]; Öler *m* [tra]
lubricator nipple Schmiernippel *m* [tec]
lubricator, mechanical - Selbstöler *m* [tec]
lucency Transparenz *f* [opt]
luffing Wippen *n* (des Bordkrans) [mbt]

luffing and slewing crane Wippdrehkran *m* (Einfach- u. Doppellenker) [mbt]
luffing crane Wippkran *m* (Hilfskran) [mbt]
luffing gear Wippwerk *n* (Wippkran u. Zubehör) [mbt]
luffing rope Wippseil *n* (Seil des Wippkrans) [mbt]
luffing-jib crane Wippkran *m* [mbt]
lug Anschlussklemme *f* [elt]; Fahne *f* (vorspringendes Teil) [tec]; Flosse *f* (Halterung) [tec]; Lasche *f* (Öse) [tec]; Nase *f* (am Material, Ansatz) [tec]; Warze *f* [tec]; Ansatz *m* (Schweißnase am Werkstück) [wer]; Nocken *m* (Halterung) [tec]; Poller *m* [bau]; Vorsprung *m* (an Maschinenteil) [tec]; Zapfen *m* (bei Schienenklemmplatte) [tra]; Auge *n* (Loch); Distanzstück *n* (in Rohrbündeln) [pow]
lug schleppen *v*
lug of the track pad Bodenplattennase *f* [mbt]
lug ring Nasenring *m* (der Kugeldrehverbindung) [tec]
luggage Gepäck *n* [tra]
luggage boot Kofferraum *m* [tra]
luggage dump Gepäckablage *f* [tra]
luggage net Gepäcknetz *n* [tra]
luggage van Gepäckwagen *m* (Eisenbahnwagen) [tra]
luggage-space Laderaum *m* (Auto) [tra]
lugging capability Hubkraft *f*
lukewarm handwarm; lauwarm
lumber Bauholz *n* [bau]; Nutzholz *n* (Schnittholz, Bauholz) [met]; Schnittholz *n* [met]
lumber car Langholzwagen *m* (der Bahn) [tra]
lumber grapple Rundholzgreifer *m* (am Stapler) [mbt]
lumber industry Holzindustrie *f*
lumber preservation Holzimprägnierung *f* [met]
lumber truck Langholzwagen *m* (Lkw) [tra]
lumber, air-dried - luftgetrocknetes Bauholz *n* [bau]
lumber, airseasoned - luftgetrocknetes Bauholz *n* [bau]
lumber-core plywood Tischlerplatte *f* [met]
lumber-room Abstellraum *m*
lumberjack Holzfäller *m*
lumbermill Sägemühle *f* (Sägewerk, größer) [wer]; Sägewerk *n* [wer]
luminance Leuchtdichte *f* [elt]
luminesce leuchten *v* (lumineszieren)
luminescent layer Leuchtschicht *f* (Bildschirm) [elt]
luminescent material Leuchtstoff *m* [met]
luminescent screen Leuchtschirm *m* [elt]
luminescent tube Leuchtstoffröhre *f* [elt]
luminosity Helligkeit *f* (Leuchtkraft); Leuchtkraft *f* [phy]; Leuchtstärke *f* [phy]; Lichtstärke *f* [opt]
luminous bright orange leuchthellorange (RAL 2007) [nor]
luminous bright red leuchthellrot (RAL 3026) [nor]
luminous coat Leuchtschicht *f* (Bildschirm) [elt]
luminous colour Leuchtfarbe *f* [met]
luminous dial Leuchtzifferblatt *n*
luminous discharge lamp, high-voltage - Hochspannungsleuchtröhre *f* [elt]

luminous element Leuchtkörper *m* [elt]
luminous energy Lichtenergie *f* [opt]; Lichtmenge *f* [opt]
luminous intensity Helligkeit *f* (Leuchtkraft); Leuchtkraft *f* [phy]; Leuchtstärke *f* [phy]; Lichtstärke *f* [opt]
luminous key Leuchttaste *f* [elt]
luminous key switch Leuchttastenschalter *m* [elt]
luminous light orange leuchthellorange (RAL 2007) [nor]
luminous light red leuchthellrot (RAL 3026) [nor]
luminous numeral Leuchtziffer *f*
luminous orange leuchtorange (RAL 2005) [nor]
luminous paint Fluoreszenzfarbe *f* [met]
luminous panel Leuchtschrifttafel *f* [elt]
luminous power Leuchtkraft *f* [phy]
luminous push-button Leuchttaster *m* [elt]
luminous ray Lichtstrahl *m* [opt]
luminous red leuchtrot (RAL 3024) [nor]
luminous row Leuchtband *n*
luminous screen Leuchtschirm *m* [elt]
luminous sensitivity Lichtempfindlichkeit *f* [opt]
luminous source Lichtquelle *f* [opt]
luminous spot Lichtpunkt *m* [opt]
luminous substance Leuchtstoff *m* [met]
luminous yellow leuchtgelb (RAL 1026) [nor]
lump Luppe *f* [met]; Knollen *m*
lump coal Grobkohle *f* [met]; Stückkohle *f* [met]
lump coke Grobkoks *m* [met]
lump hammer Schlägel *m* [wzg]
lump ore Stückerz *n* [met]
lump sum Kostenpauschale *f* [eco]; Pauschale *f* [eco]; Pauschalgebühr *f* [eco]; Pauschalsumme *f* [eco]; Pauschalbetrag *m* [eco]
lump sum contract Auftrag mit Pauschalpreis *m*
lump sum price Pauschalpreis *m* [eco]
lump sum settlement Abfindung *f* (Kapital-) [eco]; Pauschalabrechnung *f* [eco]
lumped konzentriert
lumped elements konzentrierte Bauelemente
lumpy holperig (z.B. holperiger Text)
lumpy, go - klumpen *v*
lunar expedition Mondflug *m* [tra]
lunar landing craft Mondfähre *f* [tra]
lunar orbit Mondumlaufbahn *f* [tra]
lunch break Arbeitspause *f*; Mittagspause *f*
lung cancer Lungenkrebs *m* [hum]
lung irritant Lungenreizstoff *m*
lupene Lupen *n* [che]
lush saftig; üppig
lustre Glanz *m* (Schimmern); Lüster *m* (Überzug); Schimmer *m*
lustreless glanzlos; stumpf (Farben)
lustrous glänzend
lute Dichtungskitt *m*; Kitt *m* (zum Dichten) [met]
lute dichten *v* (abdichten z.B. mit Zement); kitten *v* (abdichten) [wer]; verkitten *v* [wer]
lutetium Lutetium *n* (Lu) [che]
luting agent Dichtungskitt *m*

luxmeter Helligkeitsmesser *m* [any]
luxury Luxus *m*
luxury article Luxusartikel *m*
luxury car Luxuslimousine *f* [tra]
luxury consumption Luxuskonsum *m*
luxury rehabilitation Luxussanierung *f* [bau]
lye Brühe *f* (Lauge); Lauge *f* [che]
lye container Laugenbehälter *m* [prc]
lye recovery Laugenregenerierung *f* [prc]
lye, spent - Abfallauge *f* [rec]
lye-proof laugenbeständig [met]
lying liegend
lying fallow area brachliegende Fläche *f*
lysimeter Lysimeter *n*

M

macadam Schotter *m* [tra]
macadam foundation Schotterunterbau *m* [tra]
macadamize beschottern *v* [bod]
macerals Macerale *pl*
machinability Bearbeitbarkeit *f* (spanabhebend) [wer]
machine maschinell
machine Maschine *f* [tec]; Maschinerie *f* [tec]; Apparat *m*
machine abarbeiten *v* (mechanisch bearbeiten) [wer]; bearbeiten *v* (maschinell) [wer]; behandeln *v* (bearbeiten, maschinell); maschinell herstellen *v* [wer]
machine a flat abflachen *v* (maschinell) [wer]
machine accessory Maschinenzubehör *n* [tec]
machine age Maschinenzeitalter *n*
machine and plant engineering Maschinen- und Anlagenbau *m*
machine availability Geräteverfügbarkeit *f*; Verfügbarkeit des Gerätes *f* [tec]
machine base Maschinenfuß *m* [tec]; Maschinenfundament *n* [bau]
machine blade Maschinenmesser *n* [tec]
machine bolt Maschinenschraube *f* [tec]; Maschinenbolzen *m* [tec]
machine component part Maschinenbauteil *n* [tec]
machine configuration Ausstattung *f* (Einrichtung)
machine construction Aufbau der Maschine *m* [con]; Maschinenbau *m* [tec]
machine control Maschinensteuerung *f* [tec]
machine convex ballig bearbeiten *v* [wer]
machine cycle Maschinenzyklus *m* [tec]
machine damage Maschinenschaden *m* [tec]
machine direction Maschinenlaufrichtung *f* [tec]
machine down abdrehen *v* (mittels Drehbank) [wer]
machine drive Maschinenantrieb *m* [tec]
machine error Maschinenfehler *m* (auch Rechnerfehler) [edv]
machine factory Maschinenfabrik *f* [tec]
machine failure Maschinenstörung *f* [wer]; Maschinenausfall *m* [wer]
machine format Maschinenformat *n* (Software) [edv]
machine foundation Maschinenfundament *n* [bau]
machine frame Maschinenrahmen *m* [tec]
machine grease Maschinenfett *n* [tec]
machine handle Ballengriff *m* [tec]
machine if needed falls erforderlich bearbeiten (in Zeichnungen) [con]
machine in store Lagergerät *n*
machine instruction Maschinenbefehl *m* (Software) [edv]
machine language Maschinensprache *f* (Software) [edv]
machine load Maschinenbelastung *f* [tec]
machine loading Einlegen *n* (Teile in Maschine)
machine maintenance Warten *n* (Wartung einer Maschine) [wer]
machine malfunction Maschinenstörung *f* [tec]
machine monitoring Maschinenüberwachung *f* [tec]
machine mounting pad Maschinenfuß *m* [tec]
machine noise Maschinengeräusch *n* [aku]
machine number Gerätenummer *f*
machine oil Maschinenöl *n*
machine operator Geräteführer *m*
machine parts Maschinenteile *pl* [tec]
machine parts, bright - blanke Maschinenteile *pl* [tec]
machine performance Maschinenleistung *f* [tec]
machine population Maschinenbestand *m* [eco]
machine protection law Maschinenschutzgesetz *n* [jur]
machine record card Maschinendatenblatt *n* [tec]
machine robot Roboter *m* [tec]
machine room Maschinenraum *m* [bau]
machine running time Maschinenlaufzeit *f* [wer]
machine screw Maschinenschraube *f* [tec]; Schraubbolzen *m* [tec]
machine screw, flat head - Senkschraube *f* [tec]
machine set Maschinensatz *m* [tec]
machine shaft Maschinenwelle *f* [tec]
machine shop mechanische Werkstatt *f* [wer]; Schlosserei *f* [wer]
machine speed Maschinendrehzahl *f* [tec]
machine stoppage Maschinenstillstand *m* [wer]
machine table Maschinentisch *m* [tec]
machine thread Automatengewinde *n* [tec]
machine time Maschinenlaufzeit *f* [tec]; Maschinenzeit *f* [wer]; Rechenzeit *f* [edv]
machine time, idle - Maschinenstillstandszeit *f* [tec]
machine to size fertigen *v* (maßgenau) [wer]
machine tool Werkzeugmaschine *f* [wzg]
machine tool accessories Werkzeugmaschinenzubehör *n* [wer]
machine tools Bearbeitungsmaschinen *pl* [wzg]
machine travels forward Gerät fährt vorwärts [mbt]
machine travels in reverse Gerät fährt rückwärts [mbt]
machine utilization Maschinenbelegung *f* [tec]
machine work Maschinenarbeit *f* [tec]
machine, agricultural - Landmaschine *f* [far]; landwirtschaftliche Maschine *f* [far]
machine, automatic - Automat *m*
machine, by - maschinell
machine, move a - verfahren *v* (ein Gerät von A nach B) [tra]
machine, new - Neugerät *n* (werksneu, nicht gebraucht)
machine-aided automatisch
machine-evaluable maschinenauswertbar [edv]
machine-flush einebnen *v* [wer]
machine-independent maschinenunabhängig
machine-laid maschinell eingebaut [wer]

machine-made maschinell hergestellt [tec]
machine-oriented maschinenorientiert
machine-oriented programming language maschinenorientierte Programmiersprache *f* (Software) [edv]
machine-readable maschinenlesbar [edv]
machine-shop Maschinenhalle *f* [bau]
machine-tool software and robotics numerische Steuerung von Werkzeugmaschinen *f* [edv]; numerische Steuerung von Werkzeugmaschinen *f* (NC) [wer]
machine-wreckers Maschinenstürmer *pl*
machined bearbeitet (Werkstück) [eco]; maschinell bearbeitet
machined angle Andrehung *f* [con]
machined area bearbeitete Fläche *f* [wer]
machined face angle Andrehflächenwinkel *m* [con]
machined surface Arbeitsfläche *f* (bearbeitete Fläche) [wer]
machined together zusammen bearbeitet [wer]
machined washer blanke Unterlegscheibe *f* [tec]
machinery maschinelle Ausrüstung *f* [wer]; Maschinen *f*; Technik *f* (Ausrüstung); Maschinenpark *m* [tec]
machinery breakage Maschinenbruch *m* (mechanischer Bruch) [tec]
machinery breakage insurance Maschinenbruchversicherung. *f* (unbekannt GB, US) [jur]
machinery breakdown insurance Maschinenbruchversicherung *f* (auch Folge) [jur]
machinery building Maschinenhalle *f* [bau]
machinery hall Maschinenhalle *f* [bau]
machinery hazard Maschinengefahr *f* [wer]
machinery maintenance Maschinenwartung *f* [tec]
machinery noise Maschinenlärm *m* [aku]
machinery platform Maschinenbühne *f* [tec]
machinery, stock of - Maschinenpark *m* [bau]
machines on stock Vorratsgeräte *n*
machines, existing - vorhandene Maschinen *pl* [tec]
machines, train of - Maschinenpark *m* [tec]
machining spanabhebend [wer]
machining Bearbeitung *f* (maschinelle -) [wer]; Behandlung *f* (maschinell); Maschinenbearbeitung *f* [tec]; mechanische Bearbeitung *f* [wer]; spanabhebende Bearbeitung *f* [wer]; Verarbeitung *f* [wer]
machining accuracy Bearbeitungsgenauigkeit *f* [wer]
machining allowance Bearbeitungszugabe *f* (zusätzliches Material) [con]; Zuschlag *m* [con]
machining dimension Fertigungsmaß *n*
machining emulsion Bearbeitungsemulsion *f* (Formgebung Metalle) [met]
machining facility maschinelle Anlage *f* [wer]
machining hour Fertigungsstunde *f*
machining method Bearbeitungsverfahren *n* [wer]
machining oil Bearbeitungsöl *n* (Formgebung Metalle)
machining operation Abarbeitungsvorgang *m* (spanabhebend) [wer]
machining sludge Bearbeitungsschlämme *pl* (Formgebung Metalle) [rec]
machining step Bearbeitungsstufe *f* [wer]
machining time Durchlaufzeit *f*
machining tolerance Bearbeitungstoleranz *f* [con]; Fertigungstoleranz *f* [con]; Zugabe *f* (für spätere Bearbeitung) [con]
machining, for - für die Bearbeitung *f* (in Zeichnungen) [con]
mackintosh Regenmantel *m*
macro Makrobefehl *m* (Software) [edv]
macro instruction Makrobefehl *m* (Software) [edv]
macro program Makroprogramm *n* (Software) [edv]
macroanalysis Makroanalyse *f* [any]
macrochemistry Makrochemie *f* [che]
macroclimate Großklima *n* [wet]; Makroklima *n* [wet]
macrocosm Makrokosmos *m*
macrokinetics Makrokinetik *f* [che]
macromolecular hochmolekular [che]; makromolekular [che]
macromolecular chemistry makromolekulare Chemie *f* [che]
macromolecule Makromolekül *n* [che]
macropore Makropore *f*
macroscopic makroskopisch
macroscopy Makroskopie *f*
macrostructure Grobstruktur *f* [met]; Makrostruktur *f*; Grobgefüge *n* [met]
macrosystem Makrosystem *n*
madder colour Krappfarbe *f* [met]
madder dye Krappfarbe *f* [met]
madder lake Krapplack *m* [met]
made hergestellt
made up aufgeschüttet [bod]
made-up ground Aufschüttung *f* [bod]; aufgefüllter Boden *m* [bod]; aufgeschüttetes Gelände *n* [geo]
magazine Kassette *f*; Magazin *n* (Lager); Warenlager *n* [eco]
magenta anilinrot
magnesia Magnesia *n* [min]; Magnesiumoxid *n* [che]
magnesia brick Magnesitstein *m*
magnesian magnesiumhaltig
magnesian limestone Rauchkalk *m* [met]
magnesite Magnesit *n* [min]
magnesite brick Magnesitstein *m*
magnesium Magnesium *n* (chem. El.: Mg) [che]
magnesium alloy Magnesiumlegierung *f* [met]
magnesium alloys Magnesium-Basislegierungen *pl* [met]
magnesium casting Magnesiumguss *m* [met]
magnesium casting alloy Magnesiumgusslegierung *f* [met]
magnesium ingot Magnesiumblock *m* [met]
magnesium powder Magnesiumpulver *n* [met]
magnesium silicate Magnesiumsilicat *n* [che]
magnesium wire Magnesiumdraht *m*
magnet Magnet *m* [phy]
magnet armature Magnetanker *m* [elt]
magnet coil Feldwicklung *f* [elt]; Zündspule *f* [tra]

magnet core Magnetkern m [phy]
magnet crane Magnetkran m
magnet impulse coupling magnetische Impulskupplung f [elt]
magnet plate Magnetplatte f [tec]
magnet pole Magnetpol m [phy]
magnet rod Magnetstab m (in Filter) [air]
magnet wheel Polrad n (E-Motor) [elt]
magnet winding Magnetwicklung f [phy]
magnetic magnetisch [phy]
magnetic amplifier Magnetverstärker m [elt]
magnetic badge card Magnetstreifenkarte f [edv]
magnetic bar Magnetstab m [phy]
magnetic belt roll Magnetbandrolle f
magnetic brake Magnetbremse f [tra]
magnetic card Magnetkarte f [edv]
magnetic catch Magnetverschluss m
magnetic clutch Magnetkupplung f [tra]
magnetic coat Magnetschicht f [phy]
magnetic coil Magnetspule f [elt]
magnetic core Magnetkern m [phy]
magnetic core memory Magnetkernspeicher m [edv]
magnetic coupling Magnetkupplung f [elt]
magnetic disk Magnetplatte f [edv]
magnetic disk drive Magnetplattenlaufwerk n [edv]
magnetic disk memory Magnetplattenspeicher m [edv]; Plattenspeicher m [edv]
magnetic disk storage Magnetplattenspeicher m [edv]
magnetic disk system Magnetplattensystem n [edv]
magnetic disk, removable - Wechselplatte f [edv]
magnetic dispersion magnetische Streuung f [phy]
magnetic drum Magnettrommel f [prc]
magnetic drums for wet operation Magnetnasstrommel f [prc]
magnetic extraction Magnetscheidung f (Stofftrennung) [prc]
magnetic field Magnetfeld n [phy]; magnetisches Feld n [phy]
magnetic field of the earth Erdmagnetfeld n [phy]
magnetic field strength magnetische Feldstärke f [phy]
magnetic filter Magnetfilter m [air]
magnetic flux magnetische Induktion f [phy]; Magnetfluss m [phy]
magnetic flywheel magnetisches Schwungrad n [tra]
magnetic force, line of - magnetische Kraftlinie f [phy]
magnetic head Magnetkopf m [elt]
magnetic induction magnetische Induktion f [phy]
magnetic inductivity Permeabilität f [phy]
magnetic iron magnetisches Eisen n [met]
magnetic layer Magnetschicht f [phy]
magnetic levitation railway Magnetschwebebahn f [tra]
magnetic needle Magnetnadel f
magnetic ore magnetisches Erz n [roh]
magnetic pole Magnetpol m [phy]
magnetic pulse welding Magnetimpulsschweißen n [wer]

magnetic recorder, tape of - Magnetofonband n ((variant)) [edv]; Magnetophonband n [edv]
magnetic recording tape Magnettonband n [edv]
magnetic scanner Magnetabtaster m [edv]
magnetic screw Magnetschraube f [tec]
magnetic separation Magnettrennung f [met]
magnetic separator Magnetabscheider m [prc]; Magnetscheider m [prc]
magnetic stirrer Magnetrührer m [prc]
magnetic storage Magnetdatenträger m [edv]
magnetic strip Magnetstreifen m [edv]
magnetic strip card Magnetstreifenkarte f [edv]
magnetic strip reader Magnetstreifenleser m [edv]
magnetic support Magnetständer m [tec]
magnetic switch Magnetschalter m [elt]
magnetic system Magnetsystem n [phy]
magnetic tape Magnetband n [edv]; Magnetofonband n ((variant)) [edv]; Magnetophonband n [edv]
magnetic tape cartridge Magnetbandkassette f [edv]
magnetic tape cassette Magnetbandkassette f [edv]
magnetic tape device Magnetbandgerät n [edv]
magnetic tape drive Magnetbandlaufwerk n [edv]
magnetic tape memory Magnetbandspeicher m [edv]
magnetic trigger Magnetgeber m [elt]
magnetic valve Magnetventil n [prc]
magnetic video disk Magnetbildplatte f [edv]
magnetic-particle clutch Magnetpulverkupplung f [tec]
magnetic-particle inspection Magnetpulververfahren n (Schweißprüfung) [any]
magnetic-power clutch Magnetkupplung f [tec]
magnetical magnetisch [phy]
magnetically controlled magnetisch betätigt
magnetically operated agitator Magnetrührer m [prc]
magnetism Magnetismus n [phy]
magnetite Magneteisenstein m [min]; Magnetit n [min]
magnetization Magnetisierung f [phy]
magnetize magnetisieren v [phy]
magnetizer Magnetisiergerät n [phy]
magnetizing Magnetisierung f [phy]; Magnetisieren n [phy]
magnetizing apparatus Magnetisiergerät n [phy]
magneto Zündmagnet m [tra]
magneto bearing Schulterkugellager n [tec]
magneto ignition Magnetzündung f
magneto-optical disk magneto-optische Platte f [edv]
magnetophone Magnetofon n ((variant)) [aku]; Magnetophon n [aku]
magnification Stoffanreicherung f; Vergrößerung f
magnification scale Vergrößerungsmaßstab m [con]
magnification, biological - biologische Anreicherung f [bff]
magnifier Verstärker m [elt]
magnify vergrößern v
magnifying glass Lupe f [opt]; Vergrößerungsglas n [opt]

magnitude Größe *f* [mat]; Umfang *m* (Größe)
magnitude of load Lastgröße *f*
mahogany Mahagoni *n* [bff]
mahogany brown mahagonibraun (RAL 8016) [nor]
maiden flight Jungfernflug *m* [tra]
mail aufgeben *v* (Post) [tra]; versenden *v* [tra]
mail order Postversand *m*
mail, by same - mit gleicher Post *f*
mail, by separate - mit getrennter Post *f*
mailbox Briefkasten *m* (elektronischer) [edv]; Postkasten *m* (Briefkasten)
mailing address Postanschrift *f*
main Haupt-; hauptsächlich
main Rohrleitung *f* (Versorgungs-) [was]; Hauptrohr *n* [was]; Wasserrohr *n* (Hauptrohr) [was]
main air damper Hauptluftklappe *f* [pow]
main air reservoir Hauptluftbehälter *m* [tra]
main air tank Hauptluftbehälter *m* (Lok) [tra]
main air-pipes Hauptluftleitung *f* [tra]
main application Hauptanwendung *f*
main assembly Hauptbaugruppe *f* [tec]
main attachment Hauptanschluss *m* [edv]
main axis Hauptsehne *f* (gedachte Linie) [con]
main axis line Hauptachse *f* (Mittellinie) [con]
main axle Hauptachse *f* (Fahrzeug) [tra]
main base Unterbau *m* [tec]
main beam Rahmen *m* (Grader) [mbt]; Spannbalken *m* [bau]
main bearing Grundlager *n* [tec]; Hauptlager *n* [tec]; Wellenlager *n* [tec]
main belt conveyor weiterführende Bandstraße *f* [roh]
main blade Hauptschar *f* [mbt]
main block valve Steuerschieber *m* [tra]
main body Hauptprogramm *n* (Software) [edv]
main brake cylinder Hauptbremszylinder *m* [tra]
main branch Hauptgeschäft *n*
main breaker Hauptschalter *m* (An/Aus)
main building Hauptgebäude *n* [bau]
main bus Sammelschiene *f* [elt]
main busbar Hauptsammelschiene *f* [elt]
main cable Hauptkabel *n* [elt]; Speisekabel *n* [elt]
main circuit Hauptstrombahn *f* [elt]; Hauptkreislauf *m* [pow]; Hauptstromkreis *m* [elt]
main circuit breaker Hauptschalter *m* [elt]
main component Hauptbestandteil *m*
main conduit Gasleitung *f* (Hauptleitung)
main connecting rod Hauptschubstange *f* [tec]
main constituent Hauptanteil *m*; Hauptbestandteil *m*
main contractor Gesamtauftragnehmer *m* [eco]; Hauptauftragnehmer *m* [eco]; Hauptunternehmer *m* [eco]
main control area Hauptleitstand *m* [any]
main control panel Hauptschalttafel *f* (Leitschalttafel) [elt]; Leitschalttafel *f* (Hauptschalttafel) [elt]
main control room Hauptschaltwarte *f* [pow]
main controller Hauptsteuerung *f* [pow]
main current Hauptstrom *m* [elt]
main cutting edge Hauptschneide *m* [mbt]

main cylinder Hauptzylinder *m* [tra]
main data Hauptdaten *pl*
main dimension Hauptabmessung *f* [con]
main direction of stress Hauptbelastungsrichtung *f* [tec]
main directory Hauptverzeichnis *n*
main distributor Hauptverteiler *m* [tra]
main drain Hauptdrän *m* [was]; Hauptentwässerungskanal *m* [was]; Hauptsammelkanal *m* [was]; Hauptsammler *m* [was]; Vorflutdrän *m* [was]; Hauptabwasserrohr *n* [was]
main drain pipe Hauptrohr *n* [was]
main drive Hauptantrieb *m* [pow]
main drive motor Hauptantrieb *m* [pow]
main drive shaft Hauptantriebswelle *f* [tec]
main entrance Haupteingang *m* [bau]
main exciter Haupterregermaschine *f* [elt]; Wellengenerator *m* [elt]
main feed pump Hauptspeisepumpe *f* (Speisewasser) [pow]
main feeding point Hauptspeisepunkt *m* [was]
main flow Hauptströmung *f*; Hauptstrom *m* (Strömung) [prc]
main flue Fuchskanal *m*
main frame Hauptrahmen *m* [tra]; Rahmen *m* (Hauptrahmen, Datenträger) [edv]; Rahmen *m* (z.B. des Autos) [tra]; Chassis *n* (z.B. des Autos) [tra]
main frame of the uppercarriage Grundplatte des Oberwagens *f* [tra]; Oberwagengrundplatte *f* [mbt]
main fuel line Kraftstoffhauptleitung *f* [tra]
main fuel pump Hauptkraftstoffpumpe *f* [tra]
main fuel tank Kraftstoffhauptbehälter *m* [tra]
main fuse Hauptsicherung *f* [elt]
main gas pipe Hauptgasrohr *n*
main gate Haupteinfahrt *f* [tra]
main gear Hauptgetriebe *n* [tra]
main gearbox Hauptschaltgetriebe *n* [tec]
main girder Hauptträger *m* [bau]
main group Hauptgruppe *f* (Element) [che]
main group feature Hauptgruppenmerkmal *n* [jur]
main hall Empfangshalle *f* (des Bahnhofs) [tra]
main hatch Hauptluke *f* (Rettungssystem)
main head lamp Hauptscheinwerfer *m* [tra]
main hoist Hubwerk *n* [mbt]
main index Hauptregister *n*
main input Hauptanschluss *m* [elt]
main jet Hauptdüse *f* [prc]
main light switch Hauptlichtschalter *m* [tra]
main line Fernbahn *f* [tra]; Hauptbahn *f* [tra]; Hauptleitung *f* [was]; Hauptstrecke *f* [tra]; Sammelleitung *f* [was]; Hauptanschluss *m* [edv]; Sammelkanal *m* [was]
main load Hauptlast *f*
main mast Hauptmast *m* (Schiff, Kran) [tra]
main memory Hauptspeicher *m* [edv]
main memory system Hauptspeicher *m* [edv]
main menu Hauptmenü *n* (Software) [edv]
main nutrient Hauptnährstoff *m* [bio]
main objective Hauptziel *n*

main oil passage Hauptölgalerie f [tra]
main oil pump Ölhauptpumpe f [tec]
main panel Hauptverteilung f [pow]
main petrol tank Benzinhauptbehälter [tra]
main pipe Hauptdampfleitung f [pow]
main plant Hauptwerk n (Unternehmen) [eco]
main pole Hauptpol m [elt]
main problem Problemschwerpunkt m
main product Hauptprodukt n
main program Hauptprogramm n (Software) [edv]
main pump Arbeitspumpe f [prc]
main quantities Hauptmengen pl
main reaction Hauptreaktion f [che]
main register Hauptregister n
main reinforcement Längsbewehrung f [bau]; Zugträger m (z.B. der Rolltreppe) [mbt]
main relief Hauptdruck m [tra]
main revision Hauptuntersuchung f (bei der Bahn) [tra]
main road Hauptverkehrsstraße f [tra]
main road through Durchfahrtsstraße f [tra]
main safety interlock Hauptsicherungsblockierung f [pow]
main section Hauptabschnitt m
main series Hauptreihe f [che]
main sewer Hauptentwässerungsleitung f [was]; Hauptkanal m [was]; Hauptsammelkanal m [was]; Hauptsammler m [was]; Sammelkanal m [was]; Hauptabwasserrohr n [was]
main shaft Antriebswelle f [tec]; Getriebehauptwelle f [tec]; Hauptantriebswelle f [tec]; Hauptwelle f [tec]; Rotorwelle f (Windenergieanlage) [tec]
main shaft with helical splines Hauptwelle mit Schraubenkeilen m [tra]
main shopping street Hauptgeschäftsstraße f [tra]
main shut-off cock Hauptabsperrventil n (Dampflok) [tra]
main signal Hauptsignal n (der Bahn) [tra]
main silencer Auspuffhauptschalldämpfer m [aku]
main slewing gear Hauptschwenkgetriebe n [mbt]
main slide valve Hauptschieber m [prc]
main spring Triebfeder f (Uhr) [tec]; Zugfeder f (Uhr) [tec]
main station Hauptbahnhof m [tra]
main steam Frischdampf m [pow]
main steam condition Frischdampfzustand m [pow]
main steam extraction line Frischdampfentnahmeleitung f [pow]
main steam inlet Frischdampfanschluss m (z.B. Turbine) [pow]
main steam line Dampfentnahmeleitung f [pow]
main steam operation Frischdampfbetrieb m [pow]
main steam valve Frischdampfventil n [pow]
main stop and control valve Frischdampfschnellschlussventil n [pow]
main stop valve Hauptabsperrschieber m [pow]; Hauptabsperrventil n [tra]
main storage Hauptlager n (Lagerplatz)
main stream Hauptstrom m (Strömung) [prc]

main street Hauptstraße f [tra]
main support Hauptstütze f
main switch Hauptschalter m [elt]
main terminal Hauptstromanschluss m [elt]
main thing Hauptsache f
main thoroughfare Hauptverkehrsstraße f (städtisch) [tra]
main throughfare Hauptverkehrsstraße f (städtisch) [tra]
main track Hauptgleis n [tra]
main traffic hour Hauptverkehrszeit f [tra]
main transformer Blocktransformator m [elt]; Hauptumspanner m [elt]
main transport level Hauptstollen m [roh]; Stollen m (Hauptstollen) [roh]
main tube Hauptrohr n [was]
main valve Hauptventil n [prc]
main valve spool Hauptschieber m (im Steuerblock) [tra]
main vaporizer Hauptverdampfer m [pow]
main voltage Hauptspannung f [elt]
main water supply Hauptwasserleitung f [was]
main winch Hauptwinde f [mbt]
main-bearing bushing Hauptlagerbuchse f [tec]
main-design drawing Hauptentwurfszeichnung f [con]
main-flow cooler Hauptstromkühler m (Hydraulik) [prc]
main-line railway Fernbahn f [tra]
main-line station Fernbahnhof m [tra]
main-shaft bearing Hauptwellenlager n [tec]
mainframe Großrechner m [edv]; Grundgerät n [edv]
mainland Festland n
mains Hauptleitung f (Stromversorgung) [elt]; Hauptleitung f (Wasser-/Gasversorgung) [was]; Netz n (Stromversorgung) [elt]; Netz n (Wasser-/Gasversorgung) [was]; Rohrleitungsnetz n (Versorgungsnetz)
mains cable Netzkabel n [elt]
mains connection Netzanschluss m [elt]
mains current Netzstrom m [elt]
mains frequency Netzfrequenz f [elt]
mains fuse Netzsicherung f [elt]
mains grid Leitungsnetz n (Elektrizität) [elt]
mains network Leitungsnetz n (Elektrizität) [elt]
mains operated netzbetrieben [elt]
mains plug Netzstecker m [elt]
mains stopcock Haupthahn m
mains supply Netzstromversorgung f [elt]; Netzanschluss m [elt]
mains terminal Netzanschlussklemme f [elt]
mains voltage Netzspannung f [elt]
maintain aufrechterhalten v (z.B. Druck); beibehalten v (z.B. Geschwindigkeit) [tra]; halten v (bewahren); instandhalten v; pflegen v; unterhalten v (instand halten); wahren v (erhalten); warten v (erhalten) [wer]
maintain steady load Strich fahren v [pow]

maintain the competitive edge Wettbewerbsfähigkeit erhalten [eco]
maintainable wartungsfreundlich
maintained position Raststellung *f* [tec]
maintaining Aufrechterhaltung *f*
maintenance Beibehaltung *f*; Erhaltung *f*; Instandhaltung *f* (Wartung); Pflege *f* (des Gerätes); Unterhaltung *f* (Geräte); Wartung *f*; Unterhalt *m*
maintenance and inspection instruction Wartungs- und Inspektionsanleitung *f*
maintenance book Wartungsbuch *n*
maintenance charges Instandhaltungskosten *pl* [eco]; Unterhaltskosten *pl* [eco]
maintenance check Revision *f*
maintenance contract Wartungsvertrag *m*
maintenance costs Instandhaltungskosten *pl* [eco]; Unterhaltungskosten *pl* [eco]; Wartungskosten *pl* [eco]
maintenance engineer Betriebsingenieur *m*; Wartungstechniker *m*
maintenance facility, preventive - Revisionsanlage *f*
maintenance instruction Wartungsanleitung *f* (Anweisung); Wartungsanweisung *f* (Anleitung)
maintenance instructions Betriebsanweisung *f*
maintenance interval Wartungsintervall *n* (zwischen 2 Wartungen) [tra]
maintenance manual Wartungsanleitung *f* (Anweisung); Wartungsliste *f* [tra]; Wartungshandbuch *n*
maintenance period Garantiezeitraum *m* [jur]
maintenance program Wartungsprogramm *n*
maintenance ration Futterration *f* [far]
maintenance routine work Instandhaltungsarbeiten *pl* [wer]
maintenance schedule Wartungsplan *m*
maintenance service Wartungsdienst *m*
maintenance side door Wartungstür *f* (im Kastenwagen) [tra]
maintenance stop Betriebshalt *m*
maintenance time Wartungszeit *f*
maintenance tools Wartungswerkzeuge *pl* [wzg]
maintenance wagon Bahndienstwagen *m* [tra]
maintenance work Instandhaltungsarbeiten *pl* [wer]; Unterhaltungsarbeiten *pl* [wer]; Wartungsarbeiten *pl*
maintenance, preventive - vorbeugende Instandhaltung *f*; vorbeugende Wartung *f*
maintenance-free wartungsfrei
maintenance-free operation wartungsfreier Betrieb *m* [pow]
maize Mais *m* [bff]
maize yellow maisgelb (RAL 1006) [nor]
major agreement Vertragswerk *n* [jur]
major assembly Großmontage *f* [tec]
major clearance Spitzenspiel *n* (Gewinde) [tec]
major components wesentliche Teile *pl* [tec]
major diameter Außendurchmesser *m* (Gewinde) [tec]; Kerndurchmesser *m* (Gewindeloch) [tec]
major road Fernstraße *f* [tra]; Fernverkehrsstraße *f* [tra]

majority Mehrheit *f*; Mehrzahl *f*; Großteil *m*
make Ausführung *f* (Hersteller); Marke *f* (Fabrikat); Erzeugnis *n*; Fabrikat *n*
make anfertigen *v* [wer]; darstellen *v* (herstellen); einreichen *v* (einen Antrag) [jur]; erstellen *v* (einer Zeichnung) [con]; erzeugen *v* (herstellen); fabrizieren *v*; herstellen *v* (anfertigen) [wer]; machen *v*; produzieren *v* [wer]; schaffen *v*
make of car Wagentyp *m* [tra]
make up zubereiten *v*
make up the balance sheet bilanzieren *v* [eco]
make, year of - Baujahr *n* (des Baggers, der Maschine) [tec]
make-and-hold-order Abrufauftrag *m* [eco]
make-break time Einschalt-Ausschalt-Zeit *f*
make-up boiler feed water Zusatzkesselspeisewasser *n* [pow]
make-up gas Frischgas *n*
make-up tank Ausgleichbehälter *m* [was]
make-up water Zusatzwasser *n* (zum Kondensat) [pow]
make-up water conditioning Zusatzwasseraufbereitung *f* [pow]
make-up water pump Zusatzwasserpumpe *f* [pow]
make-up water storage tank Zusatzwasserbehälter *m* [pow]
makes of excavators Baggerfabrikate *pl* [mbt]
makeshift Behelf *m*
makeshift construction Behelfskonstruktion *f*
making Herstellung *f*
making a road base Auskoffern *n* (einer Straße) [mbt]
making buildings resistant to earthquakes Erdbebensicherung *f* [bau]
making by hand Handherstellung *f*
making by machine Maschinenherstellung *f* [tec]
making capacity Einschaltleistung *f* [elt]
making costs Fertigungskosten *pl* [eco]
making direction Maschinenlaufrichtung *f* [wer]
making hot Erhitzen *n* [pow]
making of a level Planumsherstellung *f* [mbt]
mal-distribution Ungleichverteilung *f* (Strömung)
malachite green malachitgrün *n*
male männlich
male adaptor Zwischenstück mit Außengewinde *n* [tec]
male branch tee T-Verschraubung mit Einschraubzapfen im Abzweig *f* [tec]
male connector Anschlusszapfen *m* [tec]; Übergangsnippel *m* (Verschraubung) [tec]
male elbow Winkelverschraubung *f* (Innenteil) [tec]; Einschraubwinkel *m* [tec]
male end fitting Einschraubverschraubung *f* [tec]
male face Vorsprung *m* (Dichtfläche) [tec]
male fitting Einschraubarmatur *f* [tec]; Einsteckarmatur *f* [tec]
male plug Stecker *m* [elt]
male run tee T-Verschraubung mit Einschraubzapfen im durchgehenden Teil *f* [tec]

male side tee T-Verschraubung mit Einschraubzapfen im Abzweig *f* [tec]
male spigot Gewindezapfen *m* [tec]
male spline Gleitfeder *f* [tec]
male stud Einschraubstutzen *m* [tec]
male stud pipe coupling Einschraubverschraubung *f* (Rohrverschraubung) [tec]
male stud pipe coupling, angular - Winkeleinschraubverschraubung *f* (Rohrverschraubung) [tec]
male thread Außengewinde *n* [tec]; Einschraubgewinde *n* [tec]
male union Gewindestück mit Außengewinde *n* [tec]
male-thread flange Einschraubflansch *m* [tec]
malfunction Fehlbedienung *f*; Funktionsstörung *f*; Panne *f* (Defekt); Störung *f* (Defekt); Ausfall *m* (Fehler); Fehler *m* (Fehlfunktion); Mangel *m* (Fehler); Störungsablauf *m*
malfunction record chart Störungsablaufprotokoll *n*
malicious bösartig (heimtückisch)
malignancy Bösartigkeit *f* [hum]
malignant bösartig [hum]
mall absenden *v* (z.B. Brief)
malleability Dehnbarkeit *f* (Material) [met]; Geschmeidigkeit *f* [met]
malleable formbar; geschmeidig (formbar) [met]; schmiedbar [met]; verformbar [met]
malleable cast iron Glühstahl *m* [met]; Halbstahl *m* [met]; Temperguss *m* [met]
malleable casting Temperguss *m* [met]
malleable iron schmiedbarer Guss *m* [met]; Schmiedeeisen *n* [met]
malleable scrap Temperschrott *m* [rec]
mallet Fäustel *m* [wzg]; Hammer *m* (Holzhammer) [wzg]; Holzhammer *m* [wzg]; Schlegel *m*
mallet-headed chisel Brecheisen *n* [wzg]
malm Mergel *m* [bod]
malodorous übelriechend
mammoth pump Mammutpumpe *f*
man Mensch *m* [bff]
man besetzen *v* (mit Personal) [eco]
man lock Luftschleuse *f* [air]; Personenschleuse *f* (Sicherheitstechnik)
man-caused verursacht durch Menschen
man-day Arbeitstag *m*; Manntag *m* [eco]
man-days worked gearbeitete Tagewerke *pl*
man-hour Arbeitsstunde *f*; Mannstunde *f* [eco]
man-hour recording Stundenerfassung *f* [eco]
man-machine interface Mensch-Maschine-Schnittstelle *f*
man-machine system Mensch-Maschine-System *n*
man-made synthetisch
man-made fibre Chemiefaser *f* [che]; Kunstfaser *f* [met]; synthetische Faser *f* [met]
man-month Arbeitsmonat *m*; Mannmonat *m* [eco]
man-power Arbeitskräfte *pl*
man-way Zugang zwischen Heizflächen *m* [pow]
man-year Arbeitsjahr *n*; Mannjahr *n* [eco]
manage bewerkstelligen *v*; bewirtschaften *v* [eco];

disponieren *v*; führen *v* (leiten); handhaben *v* [wer]; managen *v*; schaffen *v*; verwalten *v*
manage waste, duty to - Entsorgungspflicht *f* [rec]
manageable handlich
management Betriebsführung *f* [eco]; Betriebsleitung *f*; Bewirtschaftung *f*; Führung *f* (Leitung); Geschäftsführung *f* [eco]; Leitung *f* (Organisation) [eco]; Unternehmensführung *f* [eco]; Unternehmensleitung *f* (allgemein) [eco]; Verwaltung *f*; Management *n* [eco]
management consulting Unternehmensberatung *f* [eco]
management development Führungskräfteentwicklung *f* [eco]
management function Führungsaufgabe *f* [eco]
management of bodies of water Gewässerbewirtschaftung *f* [was]
management of the company Leitung des Betriebes *f* [eco]
management of the landscape Landschaftspflege *f*
management of water resources Wasserhaushaltsrecht *n* [jur]
management plan Bewirtschaftungsplan *m*
management principle Bewirtschaftungsgrundsatz *m*
management representative Vertreter *m* (der Firmenleitung) [eco]
management responsibility Haftung der Geschäftsleitung *f* [jur]
management, principle of - Entsorgungsgrundsatz *m* [rec]
manager Betriebsführer *m*
managerial level Führungsebene *f* [eco]
managing geschäftsführend [eco]
mandate labelling obligation Kennzeichnungspflicht *f* [rec]
mandatory obligatorisch (Pflicht-)
mandatory deposit Pfandpflicht *f* [jur]
mandatory proof procedure obligatorisches Nachweisverfahren *n* [rec]
mandatory return of goods Rückgabepflicht *f* [jur]
mandrel Dorn *m* (zum Biegen, Ziehen) [wzg]; Profilkörper *m* [tec]; Locheisen *n* [wzg]
mandrel segment Dornsegment *n* (Haspel) [tec]
mandril Drehmaschinenspindel *f* [wzg]
mandril gauge Lehrdorn *m* (Prüfwerkzeug) [wzg]
mandril screw spindle Schraubenspindel *f* [wer]
manganese Mangan *n* (chem. El.: Mn) [che]
manganese alloy Manganlegierung *f* [met]
manganese extraction plant Entmanganungsanlage *f* [was]
manganese nodule Manganknolle *f* [geo]
manganese ore Manganerz *n* [roh]
manganese preparation Manganpräparat *n* [che]
manganese removal, plant for - Entmanganungsanlage *f* [was]
manganese steel Manganhartstahlguss *m* [met]; Manganstahl *m* [met]
mangle verstümmeln *v* (übel zurichten)
manhole Einsteigöffnung *f*; Einstiegsöffnung *f*;

Einsteigschacht *m*; Einstieg *m* (Mannloch); Mannloch *n*
manhole cover Einstiegverschluss *m*; Kanaldeckel *m* [was]; Mannlochdeckel *m*; Mannlochverschluss *m*
manhole cover lifting device Kanaldeckelheber *m* [was]
manhole cross bar Mannlochbügel *m*
manhole ladder Schachtleiter *f*
manifold mehrfach
manifold Kopie *f*; Sammelleitung *f* (z.B. Auspuff) [tra]; Verteilerleiste *f* (Ventil/Verteilerleiste) [tra]; Krümmer *m* (z.B. Auspuff) [tra]; Verteiler *m* (Rohre) [pow]; Sammelrohr *n* [was]; Verteilerrohr *n* [prc]; Verteilungsrohr *n* [prc]
manifold vervielfachen *v*; vervielfältigen *v*
manifold tube Spinnenrohr *n*
manipulate bedienen *v* (handhaben); beeinflussen *v* (in unerlaubter Weise); behandeln *v* (bearbeiten); betätigen *v* (von Hand); handhaben *v* [wer]; hantieren *v*
manipulated manipuliert
manipulating Bedienung *f* (Handhabung)
manipulating speed Stellgeschwindigkeit *f*
manipulating time Stellzeit *f*
manipulation Bearbeitung *f* (Handhabung); Behandlung *f* (Bearbeitung); Bereitung *f*; Betätigung *f* (Bedienung); Handhabung *f* (von Geräten); Manipulation *f*; Handgriff *m* (Tätigkeit)
manipulation equipment Handhabungsgerät *n* (Roboter)
manipulator Handhabungsgerät *n*
mankind Menschheit *f*
manner Methode *f* (Art, Weise); Weg *m* (Vorgensweise)
manner of production Gewinnungsweise *f* [roh]
manoeuvrability Bewegbarkeit *f* (von Verkehrsmitteln) [tra]; Manövrierfähigkeit *f* (Auto, Schiff) [tra]
manoeuvrable wendig (Gerät; z.B. schneller Stapler) [tra]
manoeuvre rangieren *v* (z.B. Auto in engem Gelände) [tra]
manometer Druckmesser *m* [any]; Gasdruckmesser *m* [any]; Manometer *n* [any]
manometer connection Manometeranschluss *m* [any]
manometer type tachometer Tachomanometer *n* [any]
manpower Arbeitskraft *f* (Personal)
manpower planning Einsatzplanung *f*
manpower provision Arbeitnehmerüberlassung *f*
manpower requirements Personalbedarf *m* [eco]
manpower shortage Personalmangel *m* [eco]
manriding Mannfahrung *f* (Förderkorb Bergbau) [roh]; Mannschaftsfahrung *f* (Förderkorb) [roh]
mansard Mansarde *f* [bau]; halbschräger Dachraum *m* [bau]
mansard dormer window Mansardenfenster *n* [bau]
mansard roof Mansardendach *n* [bau]
mantle Kegel *m* (Brecher) [prc]

manual manuell (von Hand)
manual Handbuch *n*
manual adjustment Handeinstellung *f*
manual arc welding with covered electrode Lichtbogenhandschweißen *n* [wer]
manual brake release handle Bremslüfthebel *m* [tra]
manual control Handbedienung *f*; Handregelung *f*; Handsteuerung *f*; Regelung von Hand *f*; Steuerung von Hand *f*
manual control device Handsteuergerät *n*
manual crank Handkurbel *f* [tec]
manual data acquisition manuelle Dateneingabe *f* [edv]
manual data input manuelle Dateneingabe *f* [edv]
manual drive Handantrieb *m* [tec]; manueller Antrieb *m* [tec]
manual drive device Handdrehvorrichtung *f* [mbt]
manual drive unit Handgetriebe *n* [tec]
manual input device Handeingabegerät *n* [edv]
manual labour Handarbeit *f*
manual lift truck Handhubwagen *m*
manual method manuelles Verfahren *n*
manual operating Handbetrieb *m*
manual operation Handbedienung *f*; Handsteuerung *f* [tra]; Betrieb von Hand *m*; manueller Betrieb *m*
manual scanning abtasten von Hand *v* [any]
manual shielded metal arc welding Handlichtbogenschweißen *n* [wer]
manual shift Handschaltung *f* [tra]
manual street cleaning manuelle Straßenreinigung *f* [rec]
manual testing Handprüfung *f* [any]
manual welding Handschweißung *f* [wer]
manual work Handarbeit *f*
manually controlled handgesteuert
manually lubricated handgeschmiert [tec]
manually operated handbetrieben; handgesteuert
manually-operated von Hand betätigt
manually-operated floor column Handradsäule *f* [pow]
manually-operated tuning gear Anwerfvorrichtung *f* [pow]
manufacture Anfertigung *f*; Fabrikation *f*; Fertigung *f*; Herstellung *f*; Produktion *f* (Herstellung); Bau *m* (Bauen) [bau]; Fertigen *n*
manufacture anfertigen *v* (herstellen, machen) [wer]; bauen *v* [tec]; darstellen *v* (herstellen); erzeugen *v* (herstellen); fabrizieren *v*; fertigen *v*; herstellen *v* (anfertigen) [wer]; produzieren *v* [wer]
manufacture of apparatus Apparatebau *m* [prc]
manufacture of ready-made Konfektion *f* (Anfertigung)
manufacture on an industrial scale fabrikmäßig herstellen *v*
manufacture, year of - Herstellungsjahr *n*
manufactured angefertigt (hergestellt, gebaut); hergestellt
manufactured depth Bautiefe *f* [con]
manufactured length Baulänge *f* [con]

manufactured size Baugröße f [con]
manufacturer Hersteller m; Produzent m
manufacturer's marking Herstellerzeichen n
manufacturer's price Erzeugerpreis m
manufacturer's serial number Fabriknummer f
manufacturer's test Herstellerprüfung f [any]
manufacturer's trade mark Herstellerzeichen n
manufacturer's works Herstellerwerk n
manufacturing Ausführung f (das eigentliche Bauen) [wer]
manufacturing activities Produktionsprogramm n [eco]
manufacturing area Fertigungsfläche f
manufacturing automation Fertigungsautomatisierung f
manufacturing cell Fertigungsinsel f; Fertigungszelle f (Fertigungsinsel)
manufacturing chain Produktionskette f (Reihenfolge)
manufacturing company Herstellerfirma f [eco]
manufacturing control Bauüberwachung f [bau]
manufacturing costs Fertigungskosten pl [eco]; Herstellungskosten pl [eco]; Herstellungskosten pl [eco]
manufacturing device Fertigungseinrichtung f
manufacturing dimension Fertigungsmaß n
manufacturing document Arbeitsunterlage f
manufacturing documents Bauunterlagen pl [bau]
manufacturing drawing Arbeitszeichnung f [con]; Fertigungszeichnung f [con]
manufacturing engineering Fertigungstechnik f
manufacturing equipment Produktionsanlagen pl (Fabrik)
manufacturing fault Fabrikationsfehler m; Herstellungsfehler m
manufacturing hour Fertigungsstunde f
manufacturing inspection Fertigungsüberwachung f
manufacturing line Fertigungsprogramm n; Lieferprogramm n [eco]
manufacturing method Herstellungsmethode f [wer]; Herstellungsweise f [wer]; Herstellungsverfahren n [wer]
manufacturing number Fertigungsnummer f
manufacturing operation Arbeitsgang m [wer]
manufacturing order processing Arbeitsauftragsverarbeitung f
manufacturing planning Arbeitsplanung f; Fertigungsplanung f; Fertigungsvorbereitung f
manufacturing plant Betriebsanlage f; Fabrikanlage f; Herstellerfirma f [eco]; Produktionsstätte f
manufacturing plants Fertigungsstätte f
manufacturing procedure Arbeitsanweisung f; Fertigungsverfahren n
manufacturing process Fertigungsabwicklung f; Fabrikationsprozess m; Arbeitsverfahren n; Fertigungsverfahren n; Herstellungsverfahren n [wer]
manufacturing program Herstellerprogramm n [eco]; Herstellungsprogramm n [wer]; Lieferprogramm n [eco]

manufacturing range Lieferprogramm n [eco]
manufacturing receipts empfangene Ware f (Teile aus Stücklisten); Materialentnahme f (als Belege) [eco]
manufacturing related fertigungsbedingt
manufacturing report Arbeitsbericht m
manufacturing schedule date Fertigungstermin m
manufacturing scope Fertigungsanteil m
manufacturing sequence Fertigungsablauf m
manufacturing share Fertigungsanteil m
manufacturing specification Arbeitsunterweisung f; Arbeitsvorschrift f
manufacturing split Fertigungsteilung f
manufacturing standard Fertigungsnorm f [nor]
manufacturing state Bearbeitungszustand m [wer]
manufacturing status Fertigungsstand m; Fertigungszustand m
manufacturing technologies Fertigungstechnologien f
manufacturing technology Herstellungstechnik f [wer]
manufacturing technology, advanced - moderne Fertigungstechnologie f [wer]
manufacturing tolerance Fertigungstoleranz f [con]
manufacturing unit Fertigungseinheit f
manufacturing waste Produktionsabfall m [rec]
manufacturing, rationalization of - Fertigungsrationalisierung f
manure Jauche f [rec]; Dünger m [far]; Dung m [far]; Kot m [far]; Mist m [far]; natürlicher Dünger m [far]; Naturdünger m [far]
manure misten v [far]
manure fermentation Güllevergärung f [far]
manure heap Misthaufen m [far]
manure works Düngemittelfabrik f
manure, artificial - künstlicher Dünger m [far]; Kunstdünger m [che]
manure, natural - natürlicher Dünger m [far]
manuring Düngung f [far]; Düngen n [far]
manuring with vegetables Gründüngen n [far]
manuring, organic - Naturdüngung f [far]
manuscript Manuskript n (Entwurf)
manway Einstiegsöffnung f; Einsteigschacht m; Einstieg m; Mannloch n
many-membered mehrgliedrig
map Karte f (Landkarte) [geo]; Landkarte f; Riss m (Plan eines Tagebaus) [con]
map abbilden v (Karte anfertigen) [edv]; kartieren v
map of the earth Erdkarte f
map out kartenmäßig darstellen v [con]; kartieren v
mapped memory Bildspeicher m
mapping Abbildung f (in Karte); Kartierung f (Landkarte) [geo]
marble Marmor m [met]
marble marmorieren v
marble flag pavement Marmorbelag m [bau]
marble plate Marmorplatte f [met]
marble slab Marmorplatte f [met]

marbled marmoriert
margin Begrenzung *f* (Rand, Saum); Grenze *f* (Schwelle); Handelsspanne *f* [eco]; Marge *f* [eco]; Reserve *f* (Sicherheit); Sicherheit *f* (Reserve); Spanne *f* (Handel); Rand *m* (Begrenzung); Spielraum *m*
margin begrenzen *v* (abgrenzen); Randstreifen anlegen *v*
margin alignment Randausgleich *m* (Textverarbeitung)
margin of discretion Ermessensspielraum *m* [jur]
margin of error Fehlergrenze *f*
margin of the field Rain *m* (Feldgrenze) [bod]
marginal minimal; Rand-
marginal note Randbemerkung *f*
marginal return Grenzertrag *m* [eco]
marginal sharpness Randschärfe *f* (Bildschirm) [edv]
marginal stability bedingte Stabilität *f*
marginal yield Grenzertrag *m* [eco]
marine blue marineblau *v*
marine boiler Schiffskessel *m* [pow]
marine construction Seebau *m* [bau]
marine disposal See-Entsorgung *f* [rec]
marine engine Schiffsmotor *m* [tra]
marine finish Unterwasserlack *m* [met]
marine gravel Meereskies *m* [met]
marine paint wasserresistente Farbe *f* [met]
marine pollution Verschmutzung der Meere *f* [was]
marine transport tank cleaning Tankreinigung auf Seeschiffen *f* [tra]
marine turbine Schiffsturbine *f* [pow]
maritime air Meeresluft *f* [wet]
maritime climate maritimes Klima *n* [wet]; Meeresklima *n* [wet]
maritime disaster Schiffsunglück *n* [tra]
maritime mining Meeresbergbau *m* [roh]
mark Marke *f* (Markierung); Markierung *f*; Narbe *f* [hum]; Note *f*; Schulnote *f*; Abdruck *m*; Eindruck *m* (Spur); Rand *m* (Schmutzrand); Kennzeichen *n* (Marke); Merkmal *n* (Mal); Zeichen *n* (Markierung)
mark anreißen *v* (auf Metall, Zeichnung) [con]; anzeichnen *v*; bezeichnen *v* (markieren); kenntlich machen *v*; kennzeichnen *v* (mit Kennzeichen versehen); markieren *v*; stempeln *v*
mark in einzeichnen *v*
mark with lights befeuern *v* (Flugverkehr)
mark, aligning - Einstellmarke *f* (Bündigkeit) [tec]
mark-setting richtungsweisend (besonders gut)
mark-up Gewinnaufschlag *m* [eco]
marked angekreuzt (markiert); angerissen (gezeichnet, markiert) [con]; eingezeichnet [con]; gekennzeichnet
marked-out route Trasse *f* [tra]
marker Pegel *m* (Anzeiger, z.B. Finger)
marker line Markierungslinie *f* [tra]
market Markt *m* [eco]
market vermarkten *v* [eco]

market leader Marktführer *m* [eco]; Marktführer *m* [eco]
market position Marktposition *f* [eco]
market price Handelspreis *m* [eco]
market research Marktforschung *f* [eco]
market segment Marktsegment *n* [eco]
market situation Marktlage *f* [eco]
market square Marktplatz *m*
market waste Marktabfall *m* [rec]
market, agricultural - Agrarmarkt *m* [far]
market, share of the - Marktanteil *m* [eco]
market-leading marktführend [eco]
market-place Marktplatz *m*
marketable pollution rights handelbare Emissionsrechte *pl* [jur]
marketing Verkaufsförderung *f* [eco]; Vermarktung *f* [eco]
marketing agreement Marktabsprache *f* [eco]
marketing strategies Vertriebs- und Marketingstrategien *pl* [eco]
marketing study Marktstudie *f* [eco]
marking Bezeichnung *f* (Markierung); Kennzeichnung *f*; Markierung *f* [tra]; Aufbringen *n* (Beschriftung) [wer]; Markieren *n*
marking device Anreißgerät *n* [con]
marking duty Kennzeichnungspflicht *f* [jur]
marking line Markierungsstreifen *m*
marking machine Beschriftungsmaschine *f*; Stempelmaschine *f*
marking off dimension Wurzelmaß *n* (Anreißmaß im Stahlbau) [con]
marking system Kennzeichnungssystem *n*
marking tag Bezeichnungsschild *n*
marking template Signierschablone *f*
marks, aligning - Zielmarken *pl* [any]
marl Mergel *m* [bod]
marl lime Mergelkalk *m* [met]
marl shale Mergelton *m* [met]
marl slate Mergelschiefer *m* [met]
marl soil Mergelboden *m* [bod]
marly clay Mergelton *m* [met]
marly limestone Mergelkalk *m* [met]
marly sandstone Mergelsandstein *m* [met]
marly till Geschiebemergel *m* [geo]
marrow Mark *n* (Knochenmark) [hum]
marsh Sumpf *m* [bod]
marsh gas Sumpfgas *n* [che]
marsh, formation of - Versumpfung *f* [bod]
marshal rangieren *v* (der Bahn) [tra]
marshalling Zusammenstellung von Zügen *f* [tra]
marshalling rack Rangierverteiler *m* [tra]
marshalling yard Rangierbahnhof *m* [tra]; Verschiebebahnhof *m* (Rangierbahnhof) [tra]
marshland Marschland *n*; Sumpfland *n* [bod]
Martin steel Martinstahl *m* [met]
masculine männlich
mash Maische *f*
mash maischen *v*; stampfen *v* (zerstampfen)
mask Maske *f*

mask abdecken *v* (verdecken); maskieren *v* (Atom) [phy]; verdecken *v*; zudecken *v* (bedecken)
masked abgedeckt
masking Maskierung *f* (Atom) [phy]
masking material Abdeckmittel *n* [met]
masking paper Abdeckpapier *n* [met]
masking tape Abdeckband *n*
mason Maurer *m* [bau]
mason mauern *v* [bau]
mason's level Maurerwaage *f* [wzg]
masoned gemauert
masonry hydraulischer Kalk *m* [met]; Mauerwerk *n* [bau]; Maurerarbeiten *pl* [bau]
masonry bond Mauerverband *m* [bau]
masonry brick Mauerstein *m* [bau]; Mauerziegel *m* [bau]
masonry bridge gemauerte Brücke *f* [bau]
masonry drill Steinbohrer *m* [wzg]
masonry foundation wall Grundmauer *f* [bau]
masonry mortar Baumörtel *m* [bau]; Mauermörtel *m* [met]
masonry panel walling Mauerwerksausfachung *f* [bau]
masonry saw Steinsäge *f* [wzg]
masonry wall, protective - Schutzmauer *f* [bau]
masonry work Maurerarbeit *f* [bau]
masonry, dry - Trockenmauer *f* [bau]; Trockenmauerwerk *n* [bau]
masonry, natural stone - Bruchsteinmauerwerk *n* [bau]
masonry-filled aufgemauert [bau]; ausgemauert [bau]
masonwork Mauerwerk *n* [bau]
mass Masse *f* (Erdung) [elt]; Masse *f* (Gewicht; Menge) [phy]; Unmenge *f*; Stoff *m* (Substanz) [che]
mass absorption Massenabsorption *f* [phy]
mass acceleration Massenbeschleunigung *f* [phy]
mass action Massenwirkung *f* [che]
mass action, law of - Massenwirkungsgesetz *n* [che]
mass attraction Massenanziehung *f* [phy]
mass balance Mengenbilanz *f*
mass centring Massenzentrierung *f* [tec]
mass coefficient of absorption Massenabsorptionskoeffizient *m* [phy]
mass concrete Massenbeton *m* [phy]; unbewehrter Beton *m* [bau]
mass connection Masseanschluss *m* [elt]
mass consumer commodity Massenbedarfsartikel *m* [eco]
mass defect Massendefekt *m* (Kerntechnik) [phy]
mass demand Massenbedarf *m* [eco]
mass density Massendichte *f* [phy]
mass destruction Massenvernichtung *f*
mass distribution Massenverteilung *f* [tec]
mass effect, law of - Massenwirkungsgesetz *n* [che]
mass energy-transfer coefficient Massenenergieübertragungskoeffizient *m* [phy]
mass equivalent Massenäquivalent *n* [che]
mass flow Massenstrom *f* [prc]; Massenfluss *m* [prc]; Mengenstrom *m* [prc]
mass flow rate Fördermenge *f*; Mengenstrom *m* [prc]
mass forces Massenkräfte *pl* [phy]
mass inertia Massenträgheit *f* [phy]
mass loss Massenschwund *m* [che]; Massenverlust *m*
mass moment of inertia Massenträgheitsmoment *n* [phy]
mass motion Massenbewegung *f* [phy]
mass number Massenzahl *f* [che]
mass particle Masseteilchen *n* [phy]
mass poisoning Massenvergiftung *f* [hum]
mass polymerization Blockpolymerisation *f* (Kunststoff) [che]
mass production Massenfabrikation *f* [eco]; Massenherstellung *f* [eco]; Massenproduktion *f* [eco]; Serienfertigung *f* [wer]
mass ratio Mengenverhältnis *n*
mass sale Massenabsatz *m* [eco]
mass screening Reihenuntersuchung *f* [any]
mass separator Massenkraftabscheider *m* [prc]
mass spectrogram Massenspektrogramm *n* [any]
mass spectrometer Massenspektrometer *n* [any]
mass spectrometry Massenspektrometrie *f* [any]
mass spectroscopy Massenspektroskopie *f* [any]
mass spectrum Massenspektrum *n* [any]
mass storage Massenspeicher *m* [edv]
mass transfer Massenübergang *m* [prc]; Stoffaustausch *m* [prc]; Stofftransport *m* [prc]; Stoffübergang *m* [prc]
mass transfer coefficient Stoffübergangszahl *f* [prc]; Massenübergangskoeffizient *m* [prc]; Stoffübergangskoeffizient *m* [prc]
mass transfer process Stoffaustauschprozess *m* [prc]
mass transfer resistance Stoffdurchgangswiderstand *m* [prc]
mass transport Sammeltransport *m* [tra]
mass type soot blower Traversenbläser *m* (Eco-Bläser) [pow]
mass unemployment Massenarbeitslosigkeit *f* [eco]
mass unit Masseneinheit *f* [phy]
mass wasting Bodenerosion *f* [bod]
mass-balancing gear Ausgleichsmasse *f* (Massenausgleich) [elt]
mass-produced seriengefertigt
mass-produced goods Massenartikel *pl* [eco]; Massengüter *pl* [eco]
masses of earth Erdmassen *pl* [geo]
massif Scholle *f* [geo]; Gebirgsmassiv *n* [geo]
massive dicht (zusammen); fest (massiv); kompakt; massig; massiv
massive type of construction massive Bauweise *f* [bau]
massiveness Massivität *f*
mast Mast *m* (Schiffs-, Antennen-); Hubgerüst *n* [mbt]
mast rail Mastschiene *f* (z.B. des Stapler) [mbt]
master Matrize *f* [wer]; Vorlage *f* (Zeichnung) [con]; Meister *m*

master bewältigen *v*
master amplifier Hauptverstärker *m* [elt]
master batch Vormischung *f* [met]
master bill of materials Hauptstückliste *f*
master control Hauptschalter *m* (An/Aus) [elt]
master controller, cam-operated - Nockenmeisterschalter *m* [tec]
master craftsman Meister *m*
master cylinder Hauptzylinder *m* [tra]
master data Stammdaten *pl* [eco]
master drawing Originalzeichnung *f* [con]
master gauge Prüflehre *f* [any]
master gauge for holes Lochbild *n* [con]
master generator-pulse Hauptgeneratorimpuls *m* [elt]
master key Hauptschlüssel *m*
master link Aufhängeglied *n* [tec]; Hauptglied *n* [tec]; Kettenschlussglied *n* [tec]
master panel Hauptschalttafel *f* (Leitschalttafel) [elt]; Leitschalttafel *f* (Hauptschalttafel) [elt]
master pattern Modellausführung *f*
master plan Bebauungsplan *m* [jur]; Generalbebauungsplan *m* [bau]
master spool Mutterspule *f* [elt]
master spring leaf oberstes Federblatt *n* [tec]
master switch Hauptschalter *m* [elt]; Meisterschalter *m* [elt]
master test code Prüfvorschrift *f* [any]
master trigger unit Steuergenerator *m* [elt]
master trigger unit voltage Steuergeneratorspannung *f* [elt]
master unit Zentralgerät *n* [elt]
masterbatch paint Farbkonzentrat *n* [met]
mastic Spachtelmasse *f* [met]; Mastix *m* [met]
mastic asphalt Gussasphalt *m* [bau]
mastic flooring Gussasphalt *m* [bau]
masticating agent Mastiziermittel *n* [che]
mastiche Mastix *m* [met]
mat mattiert (Farbe); stumpf (Farben)
mat Matte *f*
mat colour Mattfarbe *f* [che]
mat foundation Plattengründung *f* [mbt]
mat of fibres Faserfilzplatte *f* [met]; Faserfilz *m* [met]; Vlies *n* [met]
mat-lacquer Schleiflack *m* [met]
match Lunte *f*; Gegenstück *n*; Streichholz *n*; Zündholz *n* (Streichholz)
match angleichen *v*; anpassen *v* (passen); gleichen *v*; passen *v*; übereinstimmen *v* (Farbe, Stil)
matched angepasst
matched metal die moulding Heißpressverfahren *n* (Polyester) [wer]
matching dazugehörig
matching Abgleichung *f*; Anpassung *f* (Passen); Vergleichen *n* [edv]
matching connection cable Anschlusskabel *n* [elt]
matching gear unit Anpassgetriebe *n* [tec]
matching impedance Scheinanpassung *f* [elt]; Widerstandsanpassung *f* (Scheinanpassung) [elt]

matching position deckungsgleiche Lage *f* [con]
matching transformer Anpassungswandler *m* [elt]
matching unit Passstück *n* [tec]
matching, acoustic - akustische Anpassung *f* [aku]
mate specimen Gegenstück *n*
material materiell (stofflich; wirtschaftlich)
material Masse *f* (Stoff) [met]; Substanz *f* [che]; Inhaltsstoff *m* [che]; Stoff *m* (Werkstoff) [met]; Werkstoff *m* [met]; Aufgabematerial *n* (Gestein in Brecher) [met]; Haufwerk *n* (im Steinbruch) [roh]; Material *n* [met]; Bedarfsstoffe *pl* (notwendiges Material) [met]
material accumulation Materialanhäufung *f*
material administration Materialdisposition *f* [eco]
material allowance Materialzugabe *f*
material analysis Werkstoffanalyse *f* [any]
material balance Materialbilanz *f* [prc]; Stoffbilanz *f* [prc]
material certificate of compliance Werkstoffzeugnis *n* [met]
material charge Materialaufgabe *f* [prc]
material composition Materialzusammensetzung *f* [met]
material consumption Materialverbrauch *m*
material control Materialwirtschaft *f* (Steuerung)
material costs Sachkosten *pl* [eco]
material creepage Materialwanderung *f* [met]
material cycle Materialkreislauf *m*; Stoffkreislauf *m*
material damage Materialschaden *m*
material defect Materialfehler *m* [met]; Werkstofffehler *m* [met]
material designation Werkstoffbezeichnung *f* [met]
material dug out Aushub *m* (Ausgehobenes) [mbt]
material examination Werkstoffprüfung *f* [any]
material feed Aufgabe *f* (Beschickung)
material flaw Materialfehler *m* [met]
material flow Materialfluss *m*
material for electrical installations Installationsmaterial *n* (Elektrotechnik) [elt]
material for interior work Ausbaumaterial *n* [roh]
material for services Installationsmaterial *n* [met]
material hardness Werkstoffhärte *f* [met]
material hoist Güteraufzug *m* [mbt]; Lastenaufzug *m* [mbt]
material identification letter Werkstoffkennbuchstabe *m* [nor]
material inventory Materialbestand *m* [eco]; Materialeinsatz *m* [eco]
material list Materialliste *f*; Werkstoffliste *f* [con]
material loaded Ladegut *n* (aufgeladen) [tra]
material management Materialwirtschaft *f*
material number Werkstoffnummer *f* [met]
material on the shop floor Werkstattbestand *m* (Material i. Werkst) [eco]
material ordinance Stoffverordnung *f* [jur]
material proof Sachbeweis *m* [any]
material property Werkstoffeigenschaft *f* [met]
material reclamation facility Wertstoffaufbereitungseinrichtung *f* [rec]

material recycling stoffliche Verwertung *f* [rec]
material requirements Materialbedarf *m*
material requisition Materialbedarf *m*
material selection Werkstoffauswahl *f* [met]
material separation Materialtrennung *f* [prc]; Werkstofftrennung *f* (im Werkstoff) [met]
material shelf life Materiallagerfähigkeit *f* [met]
material shortage Materialknappheit *f*
material standard Materialnorm *f* [nor]
material stock Materiallager *n*
material stock number Materialschlüssel *m* [met]
material substitution Materialsubstitution *f*
material summary list Versandstückliste *f* [tra]
material test Werkstoffprüfung *f* [any]
material test certificate Werkstattprüfschein *m* [any]
material test laboratory Werkstofflabor *n* [any]
material testing Werkstoffprüfung *f* [any]
material testing machine Materialprüfmaschine *f* [any]
material testing upon arrival Wareneingangsprüfung *f* [eco]
material to be bleached Bleichgut *n* [che]
material to be sandblasted Strahlgut *n* (für Sandstrahlen) [wer]
material transfer Materialübergabe *f*
material trip Materialförderung *f* (Bergbau) [roh]
material usage Materialverbrauch *m* (Wareneinsatz); Wareneinsatz *m* (in einer Fabrik) [wer]
material used for products supplied verbrauchte Materialien *pl* [rec]
material, absorbing - Dämpfungsmaterial *n* [met]
material, accompanying - Begleitstoff *m*
material, acoustical - schallabsorbierender Baustoff *m* [met]
material, hardly degradable - schwer abbaubares Material *n* [bio]
material, natural - Naturstoff *m* [met]
material, other - sonstige Materialien *pl* [met]
materialize materialisieren *v*
materials container Materialcontainer *m*
materials control Bestell- und Lieferungskontrolle *f* [eco]
materials handling Fördertechnik *f*; Umschlagtechnik *f* [tra]; Güterumschlag *m* (z.B. mit Stapler) [tra]
materials handling equipment Transportanlage *f* [tra]
materials preparation technology Aufbereitungstechnik *f* [rec]
materials testing Materialprüfung *f* [any]
materials unsuitable for consumption für Verzehr ungeeignete Stoffe *pl*
materials unsuitable for processing für Verarbeitung ungeeignete Stoffe *pl* [met]
materials, list of - Werkstofftabelle *f* [met]
materiology zerstörungsfreie Baustoffprüfung *f* [any]
mathematical mathematisch
mathematical calculation rechnerische Ermittlung *f*
mathematical coprocessor mathematischer Koprozessor *m* [edv]

mathematical expression mathematischer Ausdruck *m* [mat]
mathematical function mathematische Funktion *f* [mat]
mathematical model mathematisches Modell *n* [mat]
mathematical programming mathematische Programmierung *f* [mat]
mathematics Mathematik *f* [mat]
mating bore Passbohrung *f* [con]
mating face Gegenfläche *f*
mating flange Gegenflansch *m* [prc]; Passungsflansch *m* [prc]
mating gear Gegenrad *n* [tec]
mating of gears Räderpaarung *f* (Getriebe) [tec]
mating part Passstück *n* [tec]; Passteil *n* [tec]
mating piece Gegenstück *n*
mating plug Gegenstecker *m* [elt]
mating surface Fügefläche *f* [con]; Passfläche *f* [tec]
mating thread Gegengewinde *n* [tec]
matness Mattheit *f*
matrix Matrix *f* [mat]; Matrize *f* [mat]; Nonne *f* [met]; Modell *n*
matrix diagonalization Diagonalisierung einer Matrix *f* [mat]
matrix element Matrixelement *n* [mat]
matrix image Rasterbild *n* [edv]
matrix memory Bildspeicher *m*
matrix striking press Schlagpresse *f* (für Matern) [wer]
matt matt (nicht glänzend)
matt mattieren *v*
matt varnish Mattlack *m* [met]
matter Masse *f* (Stoff) [met]; Materie *f*; Substanz *f* [che]; Betreff *m*; Gegenstand *m* (Materie, Stoff); Stoff *m* (Substanz) [che]; Material *n* [met]; Mittel *n* (Hilfsmittel); Zeug *n*
matting Mattierung *f*; Geflecht *n* (Bewehrung) [bau]
matting agent Mattierungsmittel *n* [met]
mattock Breithacke *f* [wzg]
mattock man Abbrucharbeiter *m* [bau]
mattress Matratze *f*
maturation Reifung *f*; Reifeprozess *m*
maturation pond Endreinigungsbecken *n* [was]
mature abgelagert (Wein); ausgereift; fällig; reif (Technik)
mature altern *v* (Anstrich) [met]; aushärten *v* (Beton, Mörtel) [bau]; härten *v* (Beton); reifen *v* (reifer werden)
matured abgelagert (Wein, Holz, Material) [met]; abgestanden; gereift (z.B. Technik)
maturing Alterung *f* (Anstrich); Aushärtung *f* (Beton, Mörtel) [bau]
maturing of concrete Betonerhärtung *f* [bau]
maturing time Reifezeit *f*
maturity Reife *f*
maul schwerer Hammer *m* [wzg]
maximal maximal
maximal pressure Maximaldruck *m* [phy]
maximization Maximierung *f*

maximize maximieren v
maximum größtmöglich; maximal
maximum Spitze f (Maximum); Höchstwert m; Höchstmaß n; Maximum n
maximum allowable höchstzulässig
maximum allowable concentration maximal zulässige Konzentration f (Arbeitssicherheit) [hum]
maximum allowable pressure maximal zulässiger Druck m [prc]
maximum allowable temperature maximal zulässige Temperatur f
maximum allowable working gauge pressure höchstzulässiger Betriebsüberdruck m [prc]
maximum allowable working pressure höchstzulässiger Betriebsdruck m [prc]
maximum amount Höchstmenge f
maximum capacity größtmögliche Leistung f (Maschine) [phy]; Maximalleistung f; Spitzenleistung f [elt]
maximum concentration Höchstgehalt m
maximum content Höchstgehalt m; Maximalgehalt m [met]
maximum credible accident größter anzunehmender Unfall m [pow]
maximum critical load Belastungsgrenze f
maximum current Maximalstrom m [elt]
maximum daily dose Maximaltagesdosis f [hum]
maximum deflection maximale Durchbiegung f [met]
maximum demand Belastungsspitze f [pow]; höchste Belastung f (Statik); Lastspitze f [pow]
maximum depth Grenztiefe f (des Tagebaus) [roh]
maximum deviation Maximalabweichung f
maximum dose Maximaldosis f [hum]
maximum drawing quantity Höchstentnahmemenge f
maximum duty Höchstbelastung f
maximum efficiency größtmögliche Leistung f (Mensch); Höchstleistung f
maximum flow rate Schluckfähigkeit f [prc]
maximum gas pressure Höchstgasdruck m [phy]
maximum grip, with - griffig (z.B. Reifen) [tra]
maximum intensity Intensitätsmaximum n
maximum level Höchstmenge f
maximum limit Höchstgrenze f; Größtmaß n [con]
maximum load Belastungsgrenze f; Bruchbelastung f [phy]; Grenzlast f [phy]; Höchstbelastung f; Höchstlast f [phy]; Maximalbelastung f; Maximallast f; Spitzenbelastung f [pow]; Spitzenlast f [elt]; Ladegewicht n [mbt]
maximum output Höchstleistung f (Motor, Pumpe); maximale Leistung f [phy]; Maximalleistung f [pow]; Spitzenleistung f [elt]
maximum performance Höchstleistung f (beste Leistung) [tra]
maximum permissible höchstzulässig
maximum permissible concentration maximal zulässige Konzentration f (Arbeitssicherheit) [hum]
maximum permissible dose maximal zulässige Dosis f (Strahlung) [hum]
maximum permissible level maximal zulässige Belastung f (Arbeitssicherheit) [hum]
maximum permissible load zulässige Höchstlast f [phy]; zulässige Maximalbelastung f
maximum permissible stress höchstzulässige Beanspruchung f
maximum possible load höchstzulässige Belastung f
maximum potential Leistungsgrenze f
maximum power Höchstleistung f [pow]
maximum pre-set value maximaler vorgegebener Wert m
maximum pull höchstes Anzugsvermögen n [tra]
maximum radius Maximalausladung f (z.B. des Krans) [mbt]
maximum safe value höchstzulässiger Wert m
maximum safety load zulässige Höchstlast f [phy]; zulässige Maximalbelastung f
maximum size Grenzmaß n [con]
maximum speed Höchstdrehzahl f [tec]; Höchstgeschwindigkeit f [phy]; Maximalgeschwindigkeit f
maximum speed travelling ausfahren v (Höchstgeschwindigkeit (Auto)) [tra]
maximum stress Belastbarkeit f [hum]; Höchstbeanspruchung f; Höchstbelastung f; Höchstlast f [phy]; Oberspannung f [tec]
maximum sum of cover Deckungshöchstsumme f [jur]
maximum temperature Höchsttemperatur f; maximale Temperatur f; Temperaturmaximum n
maximum traction, with - griffig (z.B. Reifen) [tra]
maximum value Größtwert m [mat]; Höchstwert m; Maximalwert m
maximum voltage Maximalspannung f [elt]
maximum weight Höchstgewicht n [phy]; Maximalgewicht n (Höchstgewicht)
may green maigrün (RAL 6017) [nor]
maze Labyrinth n
maze of traffic sign Schilderwald m [tra]
meager mager ((A) kärglich)
meagre knapp (kaum ausreichend); mager ((B) kärglich)
mean durchschnittlich
mean Durchschnitt m (Mittelwert) [mat]; Mittelwert m [mat]; Mittel n (Mittelwert) [mat]
mean bedeuten v
mean error Streuung f (Statistik) [mat]; mittlerer Fehler m [mat]
mean length mittlere Länge f (Keilriemen) [tec]
mean life mittlere Lebensdauer f
mean life time, assumed - geschätzte mittlere Lebensdauer f
mean temperature Durchschnittstemperatur f; mittlere Temperatur f
mean value Durchschnittswert m [mat]; Mittelwert m [mat]; Mittel n (Mittelwert) [mat]
mean value control Mittelwertregelung f
mean variation Streuung f (Statistik) [mat]

mean velocity Durchschnittsgeschwindigkeit *f*
mean water mittlerer Wasserstand *m* (Fluss; Apparat) [was]
mean, arithmetic - arithmetisches Mittel *n* [mat]
meander Windung *f* (Fluss); Meander *m* [geo]
meander belt Meanderfläche *f* [geo]
meaning Bedeutung *f*; Gehalt *m* (Bedeutung); Sinn *m* (Bedeutung)
means Mittel *n* (Medium)
means of attack Bekämpfungsmittel *n*
means of fastening Befestigungsmittel *n* [met]
means of production Produktionsmittel *n*
means of propulsion Antriebstechnik *f* [tec]
means of transport Beförderungsmittel *n*; Fortbewegungsmittel *n* [tra]; Transportmittel *n* [tra]
means of transportation Transportmittel *n* [tra]; Verkehrsmittel *n* [tra]
means of, by - mittels
means, best practicable - beste durchführbare Maßnahmen *pl*
measurable messbar [any]
measure Maßeinheit *f* [any]; Maßnahme *f*; Messung *f* [any]; Spaltenbreite *f* (Textverarbeitung); Maßstab *m* (Zeichnung) [con]; Maß *n* (Abmessung) [con]
measure abmessen *v* [any]; aufmessen *v* (messen) [any]; bemessen *v* (messen) [any]; messen *v* [any]; vermessen *v* [any]
measure again nachmessen *v* [any]
measure in the clear freie Öffnung *f* [con]
measure of capacity Hohlmaß *n*
measure of investigation Untersuchungsmaßnahme *f* [any]
measure of precaution Sicherungsmaßnahme *f*
measure of radiation protection Strahlenschutzmaßnahme *f*
measure tape Messband *n* [any]
measure up ausmessen *v*
measure with a calorimeter calorimetrieren *v* [any]
measure with a pipette pipettieren *v* [any]
measure, real - Nennmaß *n* [con]
measure, unit of - Maßeinheit *f* [any]
measured contract Bauvertrag nach Leistungsverzeichnis *m* [jur]
measured data Messdaten *pl* [any]
measured length Messlänge *f* [any]
measured quantity Messgröße *f* [any]
measured value Messwert *m* [any]
measured-data acquisition Messwerterfassung *f* [any]
measured-value receiver Messwertempfänger *m* [any]
measurement Abmessung *f*; Messung *f* [any]; Vermessung *f* [any]; Aufmaß *n* [con]; Maß *n* (Größe)
measurement data Messdaten *pl* [any]
measurement hole Messluke *f* [any]
measurement in chequerboard fashion Netzmessung *f* [any]
measurement of angles Winkelmessung *f* [any]
measurement of case depth Härteschicht-Dickenmessung *f* [any]
measurement of concentrations Konzentrationsmessung *f* [any]
measurement of flow rate Durchflussmessung *f* [any]
measurement of heat Wärmemessung *f* [any]
measurement of height Höhenmessung *f* [any]
measurement of power Kraftmessung *f* [phy]
measurement probe tip Messspitze *f* [any]
measurement range Messspanne *f* [any]
measurement run Messfahrt *f* [any]
measurement shaft Messwelle *f* [any]
measurement technique Messtechnik *f* [any]
measurement traverse Netzmessung *f* [any]
measurement, absolute - Bezugsmaß *n* [any]
measurement, method of - Messverfahren *n* [any]
measurement, series of - Messreihe *f* [any]
measurement, technology of - Messtechnik *f* [any]
measurement, unit of - Maßeinheit *f* [any]
measures undertaken eingeleitete Maßnahmen *pl*
measuring Maßnehmen *n* [any]; Messen *n* [any]
measuring accuracy Messgenauigkeit *f* [any]
measuring amplifier Messverstärker *m* [elt]
measuring apparatus Messgerät *n* [any]
measuring area Messfläche *f* [any]
measuring arrangement Messanordnung *f* [any]
measuring bridge Messbrücke *f* [any]
measuring cable Messkabel *n* [any]
measuring cell Messzelle *f* [any]
measuring coil Messspule *f* [any]
measuring conditions Messbedingungen *pl* [any]
measuring cup Messbecher *m* [any]
measuring device Messanlage *f* [any]; Messeinrichtung *f* [any]; Messvorrichtung *f* [any]; Messgerät *n* [any]; Messglied *n* [any]
measuring electrode Messelektrode *f* [any]
measuring element Messelement *n* [any]; Messglied *n* [any]; Messwerk *n* [any]
measuring equipment Messeinrichtung *f* [any]; Messvorrichtung *f* [any]
measuring error Messfehler *m* [any]
measuring fault Messfehler *m* [any]
measuring feeler Messtaster *m* [any]
measuring flask Messkolben *m* [any]
measuring gas Messgas *n* [any]
measuring gas line Messgasleitung *f* [any]
measuring glass Messglas *n* [any]
measuring head Messkopf *m* [any]; Prüfkopf *m* [any]
measuring hole Messöffnung *f* [any]; Messloch *n* [any]
measuring hose Messschlauch *m* [any]
measuring hull Messkörper *m* [any]
measuring installation Messeinrichtung *f* [any]; Messvorrichtung *f* [any]
measuring instrument Messgerät *n* [any]; Messinstrument *n* [any]
measuring instrument, quantitative - Mengenmessgerät *n* (Menge) [any]
measuring jack Messbuchse *f* [any]

measuring jug Messbecher *m* [any]
measuring kit Messkoffer *m* (Satz von Messgeräten) [any]
measuring length Messstrecke *f* (Länge) [any]
measuring limit Messgrenze *f* [any]
measuring method Messmethode *f* [any]; Messtechnik *f* [any]; Messverfahren *n* [any]
measuring network Messkette *f* [any]
measuring object Messobjekt *n* [any]
measuring of wall thickness Wanddickenmessung *f* [any]
measuring orifice Messblende *f* [any]
measuring pin Taster *m* (Fühlstift) [any]
measuring point Messstelle *f* [any]; Messort *m* [any]; Messpunkt *m* [any]
measuring point-selector Messstellenumschalter *m* [any]
measuring probe Messsonde *f* [any]; Tastkopf *m* [any]
measuring range Messbereich *m* [any]
measuring range full-scale value Messbereichsendwert *m* [any]
measuring range increase Messbereichserweiterung *f* [any]
measuring relay Messrelais *m* [any]
measuring resistor Messwertwiderstand *m* [any]
measuring result Messergebnis *n* [any]
measuring rule Maßstab *m* (Lineal)
measuring scale Messbereich *m* [any]
measuring section Messstrecke *f* (Bereich) [any]
measuring shovel Dosierschaufel *f* [prc]; Maßschaufel *f* [prc]
measuring signal Messsignal *n* [any]
measuring specification Messvorschrift *f* [any]
measuring standards Messnormalien *pl* [any]
measuring station Messstation *f* [any]; Messstelle *f* [any]
measuring stub Messstutzen *m* [any]
measuring system Maßsystem *n* [any]
measuring tank Messbehälter *m* [any]
measuring tape Bandmaß *n* [any]; Messband *n* [any]
measuring technique Messverfahren *n* [any]
measuring tolerance Messtoleranz *f* [any]
measuring tool Messwerkzeug *n* [any]
measuring transducer Messgeber *m* [any]; Messumformer *m* [any]
measuring transformer Messwandler *m* [any]
measuring transmitter Messgeber *m* [any]; Messumformer *m* [any]
measuring uncertainty Messunsicherheit *f* [any]
measuring units, system of - Maßsystem *n* [any]
measuring vessel Messgefäß *n* [any]
measuring, accurate - Präzisionsmessung *f* [any]
measuring-point allocation Messstellenbelegung *f* [any]
measuring-point display Messwertanzeige *f* [any]
measuring-point selector Messstellenschalter *m* [any]
meat Fleisch *n*

meat-eating Fleisch fressend
mechanic Mechaniker *m*; Monteur *m*; Schlosser *m* (Auto-)
mechanical maschinell [tec]; mechanisch
mechanical action mechanische Wirkung *f*
mechanical blocking Schwergang *m* (Maschine) [tec]
mechanical boat lift Schiffshebewerk *n* [tra]
mechanical bolt Längsschraube *f* [tec]
mechanical brake mechanische Bremse *f*
mechanical breakdown Motorschaden *m*
mechanical charger Beschickungsanlage *f*
mechanical cleaning of waste water mechanische Abwasserreinigung *f* [was]
mechanical clutch mechanische Kupplung *f* [tra]
mechanical clutch lock-up mechanische Sperrung der Kupplung *f* [tra]
mechanical component mechanisches Bauelement *n* [tec]; mechanisches Bauteil *n* [tec]
mechanical condition of a machine Zustand einer Maschine *m*
mechanical construction konstruktive Ausführung *f* [con]; konstruktiver Aufbau *m* [con]
mechanical constructive element mechanisches Bauelement *n* [tec]
mechanical design festigkeitstechnische Auslegung *f* [con]; konstruktive Ausführung *f* [con]; konstruktiver Aufbau *m* [con]
mechanical drawing Maschinenzeichnung *f* [con]
mechanical dressing process Trockenaufbereitung *f* [prc]
mechanical dust separator mechanischer Entstauber *m* [air]
mechanical efficiency mechanischer Wirkungsgrad *m*
mechanical end stop mechanischer Endanschlag *m* [tec]
mechanical energy mechanische Energie *f* [phy]
mechanical engineer Maschinenbauer *m*; Maschinenbauingenieur *m*
mechanical engineering Maschinenbau *m* [tec]
mechanical equipment maschinelle Einrichtungen *pl*
mechanical equipment for sewage purification mechanische Abwasserreinigungsanlage *f* [was]
mechanical extractor mechanischer Entlüfter *m*
mechanical firing equipment mechanische Feuerung *f* [pow]
mechanical fittings maschinelle Geräte *pl* [tec]
mechanical fixing mechanische Befestigung *f* [tec]
mechanical floor technisches Geschoss *n* (Stockwerk) [bau]
mechanical follow-up mechanisches Gestänge *n* [tec]
mechanical guide mechanische Führung *f* [tec]; Schlittenführung *f* [tec]
mechanical jack mechanischer Wagenheber *m* [tra]
mechanical lift Hebewerk *n*
mechanical lubricator Selbstöler *m* [tec]
mechanical machining mechanische Bearbeitung *f* [wer]
mechanical materials handling equipment mechanische Transportanlage *f* [tra]

mechanical mould Maschinenform *f* (Gießbehälter) [tec]
mechanical oscillation mechanische Schwingung *f* [phy]
mechanical part Maschinenteil *n* [tec]
mechanical plant maschinelle Einrichtung *f* [wer]
mechanical platform Bauaufzug *m* [bau]
mechanical power Maschinenleistung *f* [pow]
mechanical power input mechanische Antriebsleistung *f* [pow]
mechanical precipitator mechanischer Filter *m* [air]
mechanical press mechanische Presse *f* [wer]
mechanical pulp Holzschliff *m* (Papiermasse, Pulpe) [rec]
mechanical reduction mechanische Zerkleinerung *f* [prc]
mechanical refuse grinder Abfallzerkleinerer *m* [rec]; Müllwolf *m* [rec]
mechanical seal Gleitringdichtung *f* [tec]; Schleifringdichtung *f* [tec]
mechanical sewage clarification mechanische Abwasserklärung *f* [was]
mechanical shaft seal Gleitringdichtung *f* [tec]
mechanical shovel Löffelbagger *m* [mbt]
mechanical slicer Schneidmaschine *f* [wer]
mechanical stability mechanische Belastbarkeit *f* [tec]
mechanical steel tube Präzisionsstahlrohr *n* [met]
mechanical stirrer mechanischer Rührer *m* [prc]
mechanical stress mechanische Beanspruchung *f* [con]
mechanical surface treatment process mechanische Oberflächenbehandlung *f* (Formgebung Metalle) [met]
mechanical transmission mechanische Kraftübertragung *f* [pow]; Zahnradvorgelege *n* [tec]
mechanical treatment mechanische Behandlung *f*
mechanical treatment of waste water mechanische Abwasserbehandlung *f* [was]
mechanical tube Präzisionsstahlrohr *n* [met]
mechanical waste water purification mechanische Abwasserreinigung *f* [was]
mechanical waste water treatment mechanische Abwasserbehandlung *f* [was]
mechanical water purification mechanische Wasserreinigung *f* [was]
mechanical wire travel Drahtvorschubeinrichtung *f* [wer]
mechanical wood pulp Holzstoff *m* [met]
mechanical-biological preparation of waste mechanisch-biologische Abfallaufbereitung *f* [rec]
mechanically controlled betätigt, mechanisch -; mechanisch betätigt
mechanically driven angetrieben, mechanisch -; mechanisch angetrieben
mechanically laid maschinell eingebaut [wer]
mechanically operated angetrieben, mechanisch -; mechanisch angetrieben
mechanically powered angetrieben, mechanisch - [tra]; mechanisch angetrieben [tra]
mechanically worked bearbeitet, mechanisch - [wer]; mechanisch bearbeitet [wer]
mechanics Mechanik *f*
mechanisation Technisierung *f*
mechanism Mechanik *f* (Mechanismus); Vorrichtung *f*; Mechanismus *m*; Räderwerk *n* [tec]
mechanization Mechanisierung *f*
mechanize mechanisieren *v*; motorisieren *v* [pow]
mechanizing Mechanisierung *f* [tra]
median lane Mittelspur *f* [tra]
mediate indirekt (mittelbar); mittelbar
mediation Interpolation *f*
mediator Vermittler *m* (Mittler)
medical medizinisch [hum]
medical appliance Medizingerät *n* [hum]
medical check-up Vorsorgeuntersuchung *f* [hum]
medical technology Medizintechnik *f* [hum]
medical-technical medizintechnisch [hum]
medicine Medikament *n* [hum]; Arzneimittel *pl* (Kapseln, Einreiböl) [hum]
mediocre mittelmäßig
medium Mittel-
medium Mitte *f*; Medium *n*; Mittel *n* (Medium)
medium and big diameter tubes Mittel- und Großrohre *pl* [met]
medium benzine Mittelbenzin *n* [che]
medium carbon steel Kohlenstoffstahl *m* [met]; Stahl *m* (mit mittlerem Kohlenstoffgehalt) [met]
medium distance Mittelstrecke *f* [tra]
medium frequency Mittelfrequenz *f* [phy]
medium grain Mittelkorn *n*
medium hard mittelhart
medium haul Mittelstrecke *f* [tra]
medium heavy gasoline Mittelbenzin *n* [che]
medium heavy petrol Mittelbenzin *n* [che]
medium high vacuum Feinvakuum *n*
medium maintenance inspection Mittelrevision *f*
medium pressure hose Mitteldruckschlauch *m* [tra]
medium steel sheet Mittelblech *n* [met]
medium voltage Mittelspannung *f* [elt]
medium washer blanke Unterlegscheibe *f* [tec]
medium wave Mittelwelle *f* [phy]
medium wave range Mittelwellenbereich *m* [edv]
medium-dense mitteldicht [bod]; mittelschwer (Bod)
medium-fine mittelfein
medium-grade mittelfein
medium-hard rock Mittelgestein *n* [geo]
medium-hard rock-crushing Mittelzerkleinerung *f* [roh]
medium-haul flight Mittelstreckenflug *m* [tra]
medium-heavy oil Mittelöl *n* [che]
medium-pressure heater Mitteldruckvorwärmer *m* [pow]
medium-pressure steam Mitteldruckdampf *m* [pow]
medium-scale mittelgroß
medium-sized mittelgroß; mittelständisch (Unternehmen) [eco]
medium-sized and large pipes Mittel- und Großrohre *pl* [met]

medium-sized boiler Kessel mittlerer Größe m [pow]
medium-sized town Mittelstadt f
medium-strip mill Mittelbandstraße f [roh]
medium-term mittelfristig
medium-weight load Mittellast f [bau]
meet berühren v; einhalten v (Toleranz) [con]; kreuzen v (Begegnung von Zügen) [tra]; treffen v (begegnen); zusammentreffen v
meet requirements, fail to - den Forderungen nicht genügen v
meet the need abhelfen v (Bedürfnis)
meet the requirements den Forderungen genügen v
meeting Sitzung f (Gremien); Versammlung f; Treffen n (Besprechung)
meeting minutes Besprechungsnotiz f
meeting report Besprechungsbericht m
megabyte Megabyte n [edv]
megacycles per second Megahertz [phy]
megahertz Megahertz [phy]
megalith Megalith m
megalopolis Großstadt f (sehr große); Ballungszentrum n
megaphone Lautsprecher m [elt]
megawatt Megawatt [phy]
megawatt hour Magawattstunde [phy]
megohm Megohm [phy]
melamine Melamin n [che]
melamine formaldehyde resin Melaminformaldehydharz n [che]
melamine resin Melaminharz n [che]
melamine/formaldehyde foam Melamin/Formaldehyd-Schaumstoff m [che]
melamine/formaldehyde resin Melamin/Formaldehydharz n [che]
melamine/phenol/formaldehyde moulding compound Melamin/Phenol/Formaldehyd-Formmasse f [che]
melamine/polyester moulding compound Melamin/Polyester-Formmasse f [che]
mellow mild; weich
melon yellow melonengelb (RAL 1028) [nor]
melt Schmelze f [met]
melt abtauen v; durchbrennen v (durchschmelzen) [wer]; durchschmelzen v; schmelzen v; tauen v (schmelzen); verschmelzen v [met]
melt analysis Schmelzanalyse f [any]
melt away abschmelzen v
melt completely garschmelzen v [roh]
melt down einschmelzen v
melt filter Schmelzefilter m
melt off abbrennen v (durch Elektrode) [wer]
meltable schmelzbar
meltdown Reaktorkernschmelzen n (Kernreaktor) [pow]; Schmelzen des Reaktorkerns n (Kernreaktor) [pow]
melted geschmolzen [met]
melted fat Schmalz n
melted ice Schmelzwasser n
melted snow Schmelzwasser n

melting Einschmelzung f; Verschmelzung f [met]; Schmelzen n
melting bath Schmelzbad n
melting behaviour Schmelzverhalten n [met]
melting charge Schmelze f [met]
melting crucible Schmelztiegel m [met]
melting down Einschmelzen n
melting furnace Schmelzofen m [prc]
melting furnace, electric - Elektrostahlofen m [roh]
melting heat Schmelzwärme f [phy]
melting loss Abbrand m (Metallurgie) [met]
melting point Fließpunkt m [met]; Schmelzpunkt m [phy]
melting point, having a high - hochschmelzend
melting pot Gießtiegel m [met]; Schmelztiegel m [met]; Tiegel m (Metall)
melting process Schmelzverfahren n [prc]
melting rate Schmelzleistung f [met]
melting stock Beschickungsgut n [met]; Beschickungsmaterial n [met]
melting stove Schmelzherd m [prc]
melting temperature Schmelztemperatur f [phy]
melting time Ansprechdauer f (einer Sicherung) [elt]
melting zone Schmelzzone f
meltwater Tauwasser m [was]; Schmelzwasser n
member Seite f (Gleichung) [mat]; Träger m (Bauteil) [tec]; Bauglied n; Bauteil n (Bestandteil) [con]; Element n (Einheit); Glied n (Zwischenglied); Mitglied n; Teil n (Bauteil) [tec]
member of the board Vorstandsmitglied n [eco]
member of the board of directors Mitglied des Vorstandes n [eco]
member of the board of managers Mitglied des Vorstandes n [eco]
member of the divisional board Mitglied der Geschäftsleitung n [eco]
member of the supervisory board Mitglied des Aufsichtsrates n [eco]
member state Mitgliedstaat m
membership Mitgliedschaft f
membrane Haut f (Membran); Membran f (in der Biologie) [met]; Blatt n (Membran) [hum]
membrane aerator Membranbelüfter m [prc]
membrane cells Membranzellen pl (bei der Elektrolyse) [prc]
membrane electrode Membranelektrode f [elt]
membrane electrolysis Membranelektrolyse f [elt]
membrane facility Membrananlage f [prc]
membrane film Membranfolie f [met]
membrane filter Membranfilter m [prc]
membrane filter press Membranfilterpresse f [prc]
membrane keyboard Folientastatur f [edv]
membrane plant Membrananlage f [prc]
membrane procedure Membranverfahren n [prc]
membrane process Membranverfahren n [prc]
membrane pump Membranpumpe f [prc]
membrane technology Membrantechnologie f [prc]
membrane wall Membranwand f (Rohrwand) [pow]

membrane-operated membranbetätigt [tec]
membrane-type cylinder Membranzylinder *m* [tec]
memo Mitteilung *f* (Notiz)
memorandum Aktennotiz *f* (Mitteilung, intern) [eco]; Notiz *f*; Aktenvermerk *m* [eco]
memorial Denkmal *n* [bau]
memorize einspeichern *v* (Daten) [edv]; speichern *v* (z.B. in der Datenbank) [edv]
memorized gespeichert (elektronisch) [edv]
memory Arbeitsspeicher *m* [edv]; Speicher *m* [edv]; Gedächtnis *n*
memory address Speicheradresse *f* (Software) [edv]
memory card Speicherkarte *f* [edv]
memory chip Speicherchip *m* [edv]
memory contents Speicherinhalt *m* (Software) [edv]
memory cycle Speicherzyklus *m* [edv]
memory expansion Arbeitsspeichererweiterung *f* [edv]; Speichererweiterung *f* [edv]
memory locations Speicherplätze *pl* [edv]
memory management Speicherverwaltung *f* (Software) [edv]
memory module Speicherbaustein *m* [edv]; Speichermodul *m* [edv]
memory requirements Speicherplatzbedarf *m* (Software) [edv]
memory technology Speichertechnik *f* [edv]
memory, addressable - adressierbarer Speicher *m* [edv]
memory, addressed - adressierbarer Speicher *m* [edv]
men's room Toilette *f* (Herren) [bau]
menace bedrohen *v*
menacing lebensbedrohend
mend ausbessern *v* (reparieren, flicken) [wer]; flicken *v* [wer]; kitten *v* [wer]; reparieren *v* [wer]; wiederinstandsetzen *v* (reparieren) [wer]
mending Ausbesserung *f* (Reparatur) [wer]; Überholung *f* (Reparatur) [wer]; Wiederinstandsetzung *f* (Reparatur) [wer]
menu Menü *n* (Software) [edv]
menu control Menüsteuerung *f* [edv]
menu page Auswahlseite *f* (Btx) [edv]
menu prompt Benutzerführung durch Menü *f* (Software) [edv]
menu selection Menüauswahl *f* (Software) [edv]
menu-driven menügesteuert [edv]
mercantile kaufmännisch [eco]
merchandise Handelsware *f* [eco]; Ware *f*
merchant kaufmännisch [eco]
merchant Händler *m* [eco]; Kaufmann *m* [eco]
merchant bar Raffinierstahl *m* [met]
merchant bar iron Handelseisen *n* [met]
merchant bars Stabstahl *m* [met]
mercurial quecksilberhaltig
mercuric quecksilberhaltig
mercury Quecksilber *n* (chem. El.: Hg) [che]
mercury alloy Amalgam *n* [che]
mercury barometer Quecksilberbarometer *n* [any]
mercury battery, dry - Quecksilbertrockenbatterie *f* [elt]

mercury cathode Quecksilberkathode *f* [elt]
mercury cell Quecksilberzelle *f* (bei der Elektrolyse) [elt]
mercury circuit breaker Quecksilberschalter *m* [elt]
mercury column Quecksilbersäule *f* [any]
mercury contamination Quecksilberverseuchung *f*
mercury device Quecksilbergerät *n*
mercury dry cell Quecksilbertrockenzelle *f* [elt]
mercury electrode Quecksilberelektrode *f* [elt]
mercury manometer Quecksilbermanometer *n* [any]
mercury poisoning Quecksilbervergiftung *f* [hum]
mercury pollution Quecksilberverseuchung *f*
mercury switch Quecksilberschalter *m* [elt]
mercury switching tube Quecksilberschaltröhre *f* [elt]
mercury thermometer Quecksilberthermometer *n* [any]
mercury tongs Quecksilberzange *f* [wzg]
mercury vapour Quecksilberdampf *m*
mercury vapour lamp Quecksilberdampflampe *f* [elt]
mercury vapour rectifier Quecksilberdampfgleichrichter *m* [elt]
mercury-contact switch Quecksilberschaltröhre *f* [elt]; Quecksilberschalter *m* [elt]
mercury-in-glass thermometer Quecksilberthermometer *f* [any]
merely bloß (einfach, nur); lediglich
merge vereinen *v*; vereinigen *v* [edv]; zusammenlegen *v* (verbinden) [edv]; zusammenschließen *v*
merger Fusion *f* (von Konzernen); Zusammenschluss *m* (zweier Firmen) [eco]
merging Vereinigung *f*
merry-go-round Behälterwickelmaschine *m* [tec]
merry-go-round system Rundkipper *m* (zur Waggonentladung) [mbt]
mesh Masche *f* (Sieb); Maschenzahl *f* (Sieb); Schluss *m* (Zahnräder im Schluss) [tec]; Gewebe *n* (Draht) [met]
mesh eingreifen *v* (im Eingriff stehen, z.B. Radzähne); im Eingriff stehen *v* (Zahnräder kämmen) [tec]; kämmen *v* (Getriebe) [tec]; kämmen *v* (im Eingriff stehende Räder) [tec]; vermaschen *v*
mesh factor Eingriffsfaktor *m* (Getriebe) [tec]
mesh network switch Maschennetzschalter *m* [elt]
mesh pattern roller Gitterwalze *f* [tec]
mesh scale Siebfolge *f* [any]
mesh screen Maschensieb *n* [prc]
mesh sieve Maschensieb *n* [prc]
mesh size Maschenweite *f* (Sieb)
mesh width Maschenweite *f*
mesh wire Maschendraht *m* (Sieb)
mesh wire shield Abschirmgeflecht *n* (Hochfrequenzleitungen) [elt]
mesh wire sieve insert Korbeinsatz *m* (z.B. in Filter) [tra]
mesh with eingreifen *v* (z.B. Zahnräder)
mesh, width of - Maschenbreite *f* (Sieb); Maschenweite *f* (Staubsieb)

meshed vermascht
meshes, number of - Maschenzahl *f* (Sieb)
meshing kämmend (Zähne im Eingriff) [tec]
meshing Zahneingriff *m* [tec]; Zahneingriff *m* (Zahnrad) [tec]; Eingreifen *n* (Zahnräder) [tec]; Kämmen *n* (Zahnräder) [tec]
meshing of the teeth Verzahnung *f* [tec]
meshing point Berührungspunkt *m* (Zahnräder) [tec]
mesomer mesomer [che]
mesomerism Mesomerie *f* [che]
mesosphere Mesosphäre *f*
message Meldung *f* (Mitteilung); Nachricht *f*
message melden *v*
message transmission Nachrichtenübertragung *f* [edv]
metabolism, disordered - gestörter Stoffwechsel *m* [bff]
metal Metall *n* [met]
metal alloy Metalllegierung *f* [met]
metal alloy, mixed - Mischmetall *n* [met]
metal arc welding Metalllichtbogenschweißen *n* [wer]
metal arc welding, shielded - Elektrodenschweißung *f* [wer]
metal armoured conduit Metallrohr *n* [elt]
metal bath Metallschmelze *f* [prc]; Metallbad *n* [met]
metal bead Schmelzperle *f* [wer]
metal bellows Federungskörper *m* [tec]; Metallfaltenbalg *m* [tec]
metal bolt Metallbolzen *m* [tec]
metal bonding Metallkleben *n* [wer]
metal braid Metalltresse *f* (Litze, z.B. in Filter) [tec]
metal brush Metallbürste *f* [wzg]
metal bucket Blecheimer *m*
metal can Metalldose *f*
metal casing Blechverschalung *f* [pow]
metal casting machine Metallgießmaschine *f* [roh]
metal castings Metallguss *m* [roh]
metal chips Metallabfall *m* [rec]; Metallspäne *pl* [rec]
metal cladding Plattieren *n* [met]
metal cleaning Metallreinigung *f*
metal cloth Drahtgewebe *n* [met]
metal coating Metallauflage *f* [met]; Metallbeschichtung *f* [met]; Metallbelag *m* [met]; Metallüberzug *m* [met]
metal collar Metallmanschette *f* [tec]
metal composition alloy Mischmetall *n* [met]
metal compound, heavy - Schwermetallverbundguss *m* [met]
metal connector Metalldübel *m*
metal construction Metallbauweise *f* [tec]; Metallbau *m* [tec]
metal content Metallgehalt *m* [met]; Metallinhalt *m* [met]
metal covering Metallüberzug *m* [met]
metal curb Metallaufsatzkranz *m*
metal cutting spanabhebende Metallbearbeitung *f* [wer]

metal deactivator Metalldesaktivator *m* [met]
metal degreasing Metallentfettung *f*
metal deposit Metallniederschlag *m* [rec]
metal detector Metalldetektor *m* [any]
metal dust Metallstaub *m* [rec]
metal edge protection Kantenschutz *m*
metal enclosure Blechmantel *m*
metal exchange Metallbörse *f* [eco]
metal fabric Drahtgewebe *n* [met]; Metallgewebe *n* [met]
metal fibre Metallfaser *f* [met]
metal filament Metallfaden *m* [met]
metal filament lamp Metallfadenlampe *f* [elt]
metal filings Metallkrätze *f* [rec]; Metallspäne *pl* [rec]
metal film Metallschicht *f* [met]
metal fitting Metallbeschlag *m* [tec]
metal foil Metallfolie *f* [met]; Blattmetall *n* [met]
metal forming spanlose Metallbearbeitung *f* [wer]; Umformtechnik *f* (Pressen, Stanzen, Ziehen) [wer]
metal foundry Metallgießerei *f* [roh]
metal frame Metallrahmen *m* [tec]
metal framework Stahlfachwerk *n* [tec]
metal gasket Metalldichtung *f* [tec]
metal goods Metallwaren *pl* [met]
metal guide Leitblech *n*
metal halide lamp Halogenlampe *f* [elt]; Metallhalogenlampe *f* [elt]
metal hydroxide sludge Metallhydroxidschlamm *m* [rec]
metal impurity Begleitmetall *n*
metal in ingots Blockmetall *n* [met]
metal insolubilitation Metallfällung *f* [prc]
metal lamination Metallschicht *f* [met]
metal mixture Metallmischung *f* [met]
metal ore Metallerz *n* [roh]
metal oxide Metalloxid *n* [che]
metal packaging Metallverpackung *f*
metal packing Metalldichtung *f* [tec]; Metallverpackung *f*; Dichtblech *n* (Stopfbuchse) [pow]
metal packing material Metallverpackungsmaterial *n*
metal paint Metalliclack *m* [che]
metal parts Formmetallteile *pl* [met]
metal penetration Vererzung *f* (am Gussstück) [roh]
metal pin Metallbolzen *m* [tec]; Metallstift *m* [tec]
metal pipe Metallrohr *n* [prc]
metal plate Blech *n* (Grobblech) [met]
metal plating Metallüberzug *m* [met]
metal poisoning Metallvergiftung *f* [met]
metal poisoning, heavy - Schwermetallvergiftung *f* [hum]
metal powder Metallpulver *n* [met]
metal primer Metallgrundierung *f* [met]
metal processing Metallbearbeitung *f* [wer]; Stahlweiterverarbeitung *f* [met]
metal processing equipment, hot - Roheisenbehandlungsanlage *f* [roh]
metal production Metallgewinnung *f* [roh]

metal protective tube Metallschutzschlauch *m* [tec]
metal rectifier Trockengleichrichter *m* [elt]
metal reinforcement Metallarmierung *f* [bau]
metal residues Metallrückstände *pl* [rec]
metal ring Metallring *m* [tec]
metal rod Metallstab *m* [met]
metal salt Metallsalz *n* [che]
metal saw Eisensäge *f* [wzg]; Metallsäge *f* [wzg]
metal scrap Metallabfall *m* [rec]; Metallschrott *m* [rec]; Schrott *m* [rec]; Bruchmetall *n* [rec]
metal scrap and raw metals Alt- und Rohmetalle *pl* [met]
metal scrap and virgin metals Alt- und Rohmetalle *pl* [met]
metal section Metallprofil *n* [tec]
metal separator Metallscheideanlage *f* [prc]; Metallseparator *m* [prc]
metal sheet Metallblech *n* [met]
metal sheet panel Blechtafel *f*
metal sheet pipe Wellblechrohr *n* [met]
metal sheet, coated - beschichtetes Blech *n*
metal slag Metallhüttenschlacke *f* [rec]; Metallschlacke *f* [rec]
metal smeltery slag Metallhüttenschlacke *f* [rec]
metal sorting Metallsortierung *f* [met]
metal spraying Spritzüberzüge *pl* (metallische) [met]
metal sprinkling process Metallspritzverfahren *n*
metal treatment Metallbearbeitung *f* [wer]; Metallbehandlung *f* [wer]
metal tube Metallrohr *n* [prc]
metal tube scaffold Stahlrohrgerüst *n* [bau]
metal valve Metallventil *n* [tra]
metal vapour Metalldampf *m*
metal vapour lamp Metalldampflampe *f* [elt]
metal waste Metallkrätze *f* [rec]; Metallschrott *m* [rec]
metal wastes Metallrückstände *pl* [rec]
metal wearing plate Verschleißblech *n* [tec]
metal wire Metalldraht *m* [met]
metal wool Metallwolle *f* [met]
metal working spanlose Metallbearbeitung *f* [wer]
metal, accompanying - Begleitmetall *n*
metal, added - Auftragsmetall *n*
metal, alloyed - Legierungsmetall *n* [met]
metal-coat metallisieren *v* [wer]
metal-containing metallhaltig [met]
metal-cutting pliers Metallschere *f* [wzg]
metal-cutting saw Metallsäge *f* [wzg]
metal-mesh reinforced blanket Isoliermatte mit Drahtgeflecht *f* [met]
metal-planing machine Langhobelmaschine *f* [wer]
metal-plate metallisieren *v* [wer]
metal-plating Metallauflage *f* [met]
metal-sheathe panzern *v* [met]
metal-to-metal joint Ganzmetallverbindung *f* (Bauelement) [tec]
metal-working Eisen verarbeitend
metal-working Metallverarbeitung *f* [wer]
metal-working factory Metall verarbeitender Betrieb *m*

metal-working machine Metallbearbeitungsmaschine *f* [wer]
metal-working oil Metallbearbeitungsöl *n* [met]
metallic metallisch
metallic alloy Metalllegierung *f* [met]
metallic antimony Antimonmetall *n* [met]
metallic bath Metallbad *n* [met]
metallic bellow Metallbalg *m* [tec]
metallic bright blank (metallisch -)
metallic cadmium Cadmiummetall *n* [che]
metallic charge Metalleinsatz *m* [met]
metallic colour Metallfarbe *f* [met]
metallic enclosure Metallgehäuse *n* [tec]
metallic film Metallbelag *m* [met]
metallic finish Metallkackierung *f*
metallic foil Metallfolie *f* [met]
metallic gasket Metalldichtung *f* [tec]
metallic joint Metallverbindung *f* (Konstruktion) [tec]
metallic mixture Metallgemisch *n* [met]
metallic mordant Metallbeize *f* [che]
metallic ore Metallerz *n* [roh]
metallic oxide Metalloxid *n* [che]
metallic paint Metallfarbe *f* [met]
metallic potassium Kalimetall *n* [che]; Kaliummetall *n* [che]
metallic precipitate Metallniederschlag *m* [rec]
metallic salt Metallsalz *n* [che]
metallic scrap metallischer Schrott *m* [rec]
metallic seal Metalldichtung *f* [tec]
metallic thermometer Metallthermometer *n* [any]
metallic thread Metallfaser *f* [met]
metallic wastes metallische Abfälle *pl* [rec]
metallically blank metallisch blank [met]; metallisch sauber [wer]
metallically blank, cleaned - metallisch blank gesäubert [wer]
metalliferous erzhaltig [roh]; metallhaltig [met]; metallverarbeitend [wer]
metallization Metallbeschichtung *f* [met]; Metallisierung *f* [met]
metallize aufdampfen *v* [wer]; metallisieren *v* [wer]
metallized metallisiert [met]
metallized paper metallisiertes Papier *n* [met]
metallizing Metallbedampfung *f* [wer]; Spritzen *n* (Metalle) [wer]
metallochemistry Metallchemie *f* [che]
metallographic metallographisch [met]
metallography Metallkunde *f* [met]; Metallographie *f* [met]
metalloid halbmetallisch [met]
metalloid Nichtmetall *n* [met]
metallurgic hard lead Hüttenhartblei *n* [met]
metallurgic merchant lead Hüttenweichblei *n* [met]
metallurgic plant Hüttenwerk *n* [met]
metallurgic raw zinc Hüttenrohzink *n* [met]
metallurgic refined zinc Hüttenfeinzink *n* [met]
metallurgical cement Hüttenzement *m* [met]
metallurgical coke Hüttenkoks *m* [met]

metallurgical engineering Hüttentechnik *f* [roh]
metallurgical industry Hüttenindustrie *f* [roh]
metallurgical plant Hütte *f* (Metall-) [roh]; Hüttenbetrieb *m* [roh]; Hüttenwerk *n* [roh]
metallurgical process Verhüttung *f* [roh]
metallurgical smoke Hüttenrauch *m* [air]
metallurgical treatment Verhüttung *f* [roh]
metallurgical working of ores Erzverhüttung *f* [roh]
metallurgical works Hüttenwerk *n* [roh]
metallurgy Hüttenkunde *f*; Metallkunde *f* [met]; Metallurgie *f* [met]; Hüttenwesen *n* [roh]
metals Eisenbahnschienen *pl* [tra]
metamorphic gestaltverändernd; metamorph
metamorphosis Metamorphose *f* [bff]; Umwandlungsprozess *m* [bio]
metamorphous metamorph
meteorologic meteorologisch [wet]
meteorological meteorologisch [wet]
meteorological map Wetterkarte *f* [wet]
meteorological observation Wetterbeobachtung *f* [wet]
meteorological rocket meteorologische Rakete *f*
meteorology Meteorologie *f* [wet]; Wetterkunde *f* [wet]
meter Zähler *m* (Gas, Strom) [any]; Messgerät *n* [any]; Meter *n* ((A)); Zählwerk *n* [any]
meter dosieren *v* (Baumaterial)
meter board Zählertafel *f* [elt]
meter cubicle Zählerschrank *m* [elt]
meter reading Zählerablesung *f* [any]
meter, by the - meterweise
metering Dosierung *f*; Zählung *f* [any]; Dosieren *n*; Messen *n* [any]
metering container Dosiergefäß *n* [prc]
metering cylinder Dosierzylinder *m* [tec]
metering device Dosiereinrichtung *f* [prc]
metering equipment Dosieranlage *f* [prc]
metering of steam volume Dampfmengenmessung *f* [any]
metering orifice Messblende *f* [any]
metering plant Dosieranlage *f* [prc]
metering pump Dosierpumpe *f* [prc]
metering roller Messrolle *f* (für Zahndistanzen) [any]
metering screw Dosierschnecke *f* [prc]
metering unit Dosiermaschine *f* [prc]
metering valve Dosierventil *n* [prc]
methanol Methanol *n* [che]
method Methode *f*; Technik *f* (Verfahren); Verfahrensweise *f*; Prozess *m* (Verfahren); Weg *m* (Vorgehensweise); Mittel *n* (Methode); System *n* (Methode); Verfahren *n* (Methode)
method of flanging Flanschsystem *n*
method studies Arbeitsstudien *pl*
methodic systematisch
methodical planmäßig; systematisch
methodological methodisch
methods engineer Arbeitsvorbereiter *m*
methyl alcohol Methanol *n* [che]
methyl caoutchouc Methylkautschuk *m* [che]

methyl ether Dimethylether *m* [che]
methyl ethyl ketone Methylethylenketon *n* [che]
methyl orange Methylorange *n* [che]
methyl rubber Methylkautschuk *m* [che]
methyl silicone Methylsilikon *n* [che]
methyl silicone resin Methylsilikonharz *n* [che]
methyl silicone rubber Methylsilikonkautschuk *m* [che]
metre Meter *n* ((B))
metre rule Metermaß *n* [any]
metric metrisch
metric system metrisches System *n* [phy]
metric system of measurement metrisches Maßsystem *n* [any]
metric thread metrisches Gewinde *n* [tec]; Millimetergewinde *n* [tec]
metric ton Tonne *f* (Gewicht)
metric tube end metrischer Rohranschluss *m* (Verschraubung) [tec]
metrical metrisch
metropolis Metropole *f*; Weltstadt *f*
metropolitan area Stadtregion *f*
metropolitan railway S-Bahn *f* [tra]; Stadtbahn *f* [tra]
mezzanine Halbgeschoss *n* [bau]; Zwischengeschoss *n* [bau]
mezzanine floor Zwischenbühne *f* [bau]
mica Glimmer *m* [min]
mica plug Glimmerkerze *f* [min]
Michell-type bearing Klotzlager *n* ((B)) [tec]
Michell-type thrust bearing Segmentdrucklager *n* ((B)) [tec]
micro Mikrocomputer *m* [edv]
micro circuit Mikroschaltung *f* [elt]
micro filter Feinstfilter *m* [prc]
micro part Mikroteil *n*
micro pores Feinporen *pl*
micro valve Mikroventil *n* [elt]
micro-analysis Mikroanalyse *f* [any]
micro-crack Mikroriss *m* [met]
micro-electronics Mikroelektronik *f* [elt]
micro-filtration plant Mikrofiltrationsanlage *f* [prc]
micro-organism Mikrobe *f* [bio]; Mikroorganismus *m* [bio]; Kleinlebewesen *n* [bff]
microbalance Mikrowaage *f* [any]
microbead Mikrokugel *pl*
microbial fermentation mikrobielle Gärung *f* [bio]
microbic mikrobisch [bio]
microbiology Mikrobiologie *f* [bio]
microbiotope Mikrobiotop *f* [bff]
microchemical mikrochemisch [che]
microchemistry Mikrochemie *f* [che]
microchip Chip *m* (integrierter Schaltkreis) [edv]
microclimate Kleinklima *n* [wet]; Mikroklima *n*
microcomputer Mikrocomputer *m* [edv]
microcontrol Mikrosteuerung *f* [edv]
microcrack Haarriss *m* [met]
microdefect Mikrodefekt *m* [met]
microdrive Feinfahrantrieb *m* [tec]

microecology Mikroökologie f
microeconomic reform mikroökonomische Reform f (Reform von Branchen, Tarifen, ...) [eco]
microeconomics Mikroökonomie f (Verbraucher, Firmen,..)
microengineering Mikrotechnik f [tec]
microenvironment Mikroumwelt f
microfilm Mikrofilm m
microfilm card Mikrokarte f (Mikrofilmkarte) [edv]
microfilter Mikrofilter n [prc]
microflaw Haarriss m [met]
micrograp Schliffbild n
micrograph Gefügebild n [any]
microkinetics Mikrokinetik f [che]
micromanometer Feindruckmanometer n [any]
micromechanic mikromechanisch [tec]
micromerograph Korngrößenanalysator m (Staubsedimentation in Luft) [any]
micrometer Mikrometer n [any]
micrometer adjustment Mikrometereinstellung f [any]
micrometer calliper Feinstellschraube f [tec]
micrometer depth gauge Tiefenmessschraube f [any]
micrometer gauge Bügelmessschraube f [any]
micrometer screw Mikrometerschraube f [any]
micrometer screw gauge Feinstellschraube f [tec]
micrometric gauge Feineinstellschraube f [tec]
microminiaturization Mikrominiaturisierung f
micromotion study Bewegungsanalyse f (Arbeitswissenschaft)
microphone Mikrophon n [aku]
microphone conductor Mikrofonleitung f [elt]
microphotograph Mikrophoto n
micropollutant Spurenverunreinigung f [was]
micropore Mikropore f
microporosity Mikroporosität f
microprobe Mikrosonde f [any]
microprocessor Mikroprozessor m [edv]
microprocessor-controlled mikroprozessorgesteuert
microprogramming Mikroprogrammierung f (Software) [edv]
microscope Mikroskop n [any]
microscope mikroskopieren v [any]
microscopy Mikroskopie f [any]
microscreen Mikrosieb n [prc]
microscrew Mikroschraube f [tec]
microsection Oberflächenschliff m; Schliff m (-bild)
microseries Mikroserie f
microsieving Mikrosiebung f [prc]
microspeed drive Feingangantrieb m [pow]
microstructure Mikrostruktur f; Gefüge n (Feinstgefüge) [met]; Mikrogefüge n [che]
microswitch Kontaktschalter m [elt]; Mikroschalter m [elt]
microsystem Mikrosystem n
microwave Mikrowelle f [elt]; Mikrowellengerät n [elt]
microwave apparatus Mikrowellenanlage f [elt]; Mikrowellengerät n [elt]

microwave discharge Mikrowellenentladung f [elt]
microwave heating installation Mikrowellenerwärmungsanlage f [elt]
microwave measuring apparatus Mikrowellenmessgerät n [any]
middle mittlerer
middle Mitte f; Mittelpunkt m
middle conductor Mittelleiter m [elt]
middle of axle Achsschaft m [tec]
middle oil Mittelöl n [che]
middle piece Mittelstück n
middle plank Kernbrett m (Holz) [met]
middle range Mittelklasse f
middle seat Mittelsitz m [tra]
middle section Zwischenstück n [tec]
middle strip Mittelstreifen m [tra]
middle third mittleres Drittel n
middle wire Mittelleiter m [elt]
middle-sized mittelkörnig
middle-sized company mittelständisches Unternehmen n [eco]
middleman Zwischenhändler m [eco]
midge Mücke f [bff]
midget cylindrical cell Kleinst-Rundzelle f (Batterie) [elt]
midline Mittellinie f [con]
midpoint Mittelpunkt m
midship mittschiffs [tra]
midstrip Mittelstreifen m [tra]
mighty mächtig
migrate wandern v (Lage verändern)
migration Bewegung f; Wanderung f [bff]; Ortswechsel m
migration of population Bevölkerungsabwanderung f
migration of weld Wandern von Schweißnähten n [wer]
mild mild (nicht rau, schonend); sanft; schonend; schwach; weich
mild steel Baustahl m [met]; Flussstahl m [met]; Handelsbaustahl m [met]; Thomasstahl m [met]; Weichstahl m [met]; Flusseisen n [met]
mild steel covered electrode umhüllte Schweißelektrode f [met]
mild steel electrode Flussstahlelektrode f [met]
mild steel quality Weichstahlgüte f [met]
mild steel tube Flussstahlrohr n [met]
mildew Schimmel m [bio]
mildew modern v (verschimmeln)
mildewy schimmelig [bio]
mile Meile f
mileage Fahrleistung f [tra]
mileage reading Kilometerstand m [tra]
mileage recorder Kilometerzähler m [tra]
milestone Meilenstein m
milieu Umgebung f; Umwelt f; Milieu n; Umfeld n
military existing materials Rüstungsaltlasten pl [rec]
milk Milch f
milk glass Milchglas n [met]
milk of lime Kalkbrühe f [met]; Kalkmilch f [met]

milk-coloured milchfarbig
milking machine Melkmaschine *f*
mill Fabrik *f*; Mühle *f* [prc]; Werk *n* (z.B. Stahlwerk) [roh]
mill behauen *v* (Stein) [wer]; fräsen *v* (Metall) [wer]; mahlen *v*; rändeln *v* [wer]; zerkleinern *v* (zermahlen) [prc]; zermahlen *v* [prc]; zerreiben *v* [prc]
mill a recess einfräsen *v* [wer]
mill board Graupappe *f* [met]; Pappe *f*
mill chamber Mahlkammer *f* [prc]
mill classifier Mühlensichter *m* [prc]
mill drive Mühlenantrieb *m* [prc]
mill drying Mühlentrocknung *f* [prc]
mill fan Mühlenventilator *m* [prc]
mill feeder level Redlerbühne *f* [prc]
mill for wet grinding Nassmühle *f* [prc]
mill grinder Fräswerkzeug *n* (für Metall) [wzg]
mill iron Puddelroheisen *n* [met]
mill off abfräsen *v* [wer]
mill recirculation Grießrückführung *f* (Mühle) [pow]
mill room Mühlenkeller *m* (Mühlenraum); Mühlenraum *m* (Mühlenkeller)
mill scale Hammerschlag *m* [met]; Zunder *m* [met]
mill train Walzstraße *f* [roh]
mill works Hütte *f* (Metall-) [roh]
mill, hot - Warmwalzwerk *n* [roh]
mill-fitted werksseitig gebaut (fabrikgefertigt) [wer]
mill-type design Rundbauart *f* (Hydraulik) [tec]
milled knob Rändelkopf *m* [tec]
milled nut Rändelmutter *f* [tec]
milled recess Einfräsung *f* [wer]
milled slot Einfräsung *f* [wer]
milled-head screw Rändelschraube *f* [tec]
millennium Jahrtausend *n*
millennium, turn of the - Jahrtausendwende *f*
miller Fräsmaschine *f* (für Metall) [wzg]
milli-second blasting Millisekundenzündung *f* [roh]
milliard Milliarde *f* ((B))
millibar Millibar *n*
milligram Milligramm *n*
millimetre Millimeter *m*
millimetre graph paper Millimeterpapier *n* [con]
millimetre page Millimeterpapier *n* [con]
milling Mahlung *f* [prc]; Zerkleinerung *f* (Mahlung) [prc]; Fräsen *n* (Metall) [wzg]
milling cutter Fingerfräser *m* [wzg]; Fräser *m* (Fräsgerät) [wzg]; Fräswerkzeug *n* (für Metall) [wzg]
milling cutter, face - Walzenstirnfräser *m* [wer]
milling machine Fräse *f* (für Metall) [wzg]; Fräsmaschine *f* (für Metall) [wzg]
milling machine, gantry type - Portalfräsmaschine *f* [wzg]
milling ore Pocherz *n* [roh]
milling plant Mahlanlage *f* [prc]
milling ridge Grat *m* (scharfe Kante nach Fräsen) [wer]
milling work Fräsarbeit *f*
millings Frässpäne *pl* [rec]
million Million *f*

million tons of coal equivalent Millionen Tonnen Steinkohleneinheiten *pl* [pow]
millititre Milliliter *m*
millivolt Millivolt [elt]
millstone Mühlrad *n*
millwheel Mühlrad *n*
mimic diagram Schaubild *n* [con]
mimic diagram board Blindschaltbild *n* [elt]
mimic panel symbolisches Schaltschema *n* (auf Schaltpult, mit Kontrolllampen) [pow]
minable abbauwürdig (im Bergbau) [roh]; gewinnbar [roh]
mine gewinnen (abbauen) [roh]
mine Grube *f* (Bergwerk) [roh]; Mine *f* (Bergbau) [roh]; Mine *f* (Sprengkörper); Zeche *f* [roh]; Bergwerk *n* [roh]
mine abbauen *v* (Kohle, Steinbruch) [roh]
mine bonding Garantiefond für Rekultivierung von Tagebauflächen *m*
mine cage Förderkorb *m* (im Bergbau) [roh]
mine car Förderwagen *m* [roh]
mine car circuit Wagenumlauf *m* (Bergwerk) [roh]
mine coal, run of - Mischkohle *f* [met]
mine damp Grubenwetter *n* [roh]
mine development Tagebauzuschnitt *m* (Flächenzuschnitt) [roh]
mine disaster Grubenunglück *n*
mine drainage Bergbauabwasser *n* [roh]
mine dump Grubenhalde *f* [rec]
mine explosion Grubenexplosion *f* [roh]
mine facility Bergwerksanlage *f* [roh]
mine gas Grubengas *n* [roh]
mine grader Minengrader *m* [mbt]
mine production Bergwerkserzeugung *f* [met]
mine prop Stempel *m* (Grubenholz) [roh]
mine props Grubenholz *n* (Stollenholz, Stempel) [roh]; Stollenholz *n* (Grubenholz) [roh]
mine railway Grubenbahn *f* (unter oder über Tage) [roh]
mine safety Grubensicherheit *f*
mine train Grubenbahn *f* [tra]
mine ventilation Grubenbewetterung *f* [roh]
mine water Grubenwasser *n* [was]
mine working Grubenbau *m* [roh]
miner Abbaumaschine *f* [roh]; Bergarbeiter *m* [roh]; Bergmann *m* [roh]; Hauer *m* [roh]
miner's code of law Berggesetz *n* [roh]; Bergrecht *n* [jur]
miner's lamp Grubenlampe *f*
mineral anorganisch [che]; mineralisch [min]
mineral Mineral *n* [min]
mineral acid mineralische Säure *f* [che]
mineral aggregate mineralischer Zuschlagstoff *m* [met]
mineral balance Mineralstoffbilanz *f*; Mineralstoffhaushalt *m* [hum]
mineral black Erdschwarz *n* [min]
mineral carbon Mineralkohle *f* [met]
mineral coal Steinkohle *f* [roh]

mineral coal mine Steinkohlenbergwerk *n* [roh]
mineral coal mining Steinkohlenbergbau *m* [roh]
mineral colour Mineralfarbe *f* [met]
mineral constituent Mineralbestandteil *m* [min]
mineral cycle Mineralstoffkreislauf *m* [hum]
mineral deposit Mineralablagerung *f* [min]; Minerallagerstätte *f* [roh]
mineral dressing Nachbearbeitung von Mineralien *f* [roh]
mineral dust Füller *m* (Zuschlagstoff) [bau]
mineral excavation Abbau von Mineralien *m* [roh]
mineral extraction Mineralgewinnung *f* [roh]
mineral fibre Mineralfaser *f* [met]; Mineralwolle *f* [met]; Karmalit *n* [met]
mineral fibre mat Mineralfasermatte *f* [met]
mineral filler Gesteinsfüller *m*
mineral fillers silanisierte Füllstoffe *pl* [che]
mineral flax Faserasbest *m* [met]
mineral material Mineralstoff *m* [roh]
mineral matter free aschenfrei [che]
mineral mixture Mineralgemisch *n* [roh]
mineral oil Erdöl *n* [roh]; Mineralöl *n* [roh]; Petroleum *n* [che]
mineral oil industry Mineralölindustrie *f* [roh]
mineral oil reservoir Erdöllager *n* [roh]
mineral pigment Erdfarbe *f* [min]; Mineralfarbe *f* [met]; Erdpigment *n* [min]; natürliches Pigment *n* [che]
mineral pitch Asphalt *m* [met]
mineral powder Gesteinsmehl *n* [met]
mineral resources Bodenschätze *pl* [roh]
mineral salt Mineralsalz *n* [che]
mineral soil Mineralboden *m* [bod]
mineral spring Mineralquelle *f* [roh]
mineral substance Mineralstoff *m* [roh]
mineral tar Erdteer *m* [min]
mineral water Mineralwasser *n*
mineral wool Mineralfaserwolle *f* [met]; Mineralwolle *f* [met]; Schlackenwolle *f* [met]
mineral wool blanket Schlackenwollmatte *f* [met]
mineral wool insulation Mineralwolledämmung *f*
mineralization Inkohlung *f* [geo]; Mineralisation *f* [min]; Mineralisierung *f* [min]
mineralogical mineralogisch [min]
mineralogy Gesteinskunde *f* [geo]; Mineralogie *f* [min]
miners Knappschaft *f* (Bergleute) [roh]
miners' association Knappschaft *f* (Bergmannsverband) [eco]
minesweeper Minensuchboot *n*
mineworker Bergmann *m* [roh]; Grubenarbeiter *m* [roh]
mingle mengen *v*; vermengen *v*; vermischen *v* [prc]
miniature angle-beam probe Miniaturwinkelprüfkopf *m* [any]
miniature ball bearing Miniaturkugellager *n* [tec]
miniature bulb Kleinlampe *f* [tra]
miniature fuse Feinsicherung *f* [elt]

miniature motor, electric - elektrischer Miniaturmotor *m* [elt]
miniature valve Kleinstventil *n* [prc]
miniaturization Miniaturisierung *f*
miniaturize miniaturisieren *v*
miniaturized circuit integrierter Schaltkreis *m* [elt]
minibus Kleinbus *m* [tra]
minimal minimal
minimization Minimierung *f*
minimize minimieren *v*; verkleinern *v*
minimized wear Verschleißminderung *f* [met]
minimizing of abrasion Verschleißminderung *f* [met]
minimum Kleinstwert *m*; Mindestmaß Länge *n* [con]; Minimum *n*
minimum acceptable quality Mindestqualität *f*
minimum age Mindestalter *n*
minimum audibility Hörschwelle *f* [aku]
minimum charge Mindestgebühr *f* [eco]
minimum coat thickness Mindestschichtdicke *f* (Farbe) [met]
minimum content Mindestgehalt *m* [met]
minimum cross section Mindestquerschnitt *m*
minimum current Minimalstrom *m* [elt]
minimum demand Mindestbedarf *m* [con]
minimum deposit Mindestanzahlung *f* [eco]
minimum distance Mindestabstand *m* [con]
minimum flow control Mindestmengenregelung *f*
minimum income Mindesteinkommen *f* [eco]
minimum interval Minimalabstand *m* [con]
minimum inventory Mindestbestand *m* [eco]
minimum length Mindestlänge *f* [con]
minimum lethal dose Mindestmenge zum Töten eines Organismus *f* (Arbeitssicherheit) [hum]; minimale Letaldosis *f* [hum]
minimum limit Kleinstmaß *n*; unteres Grenzmaß *n*
minimum load Mindestlast *f*
minimum lot Auflage *f* (Mindeststückzahl) [wer]
minimum order Mindestbestellung *f* [eco]
minimum output Mindestleistung *f* [pow]
minimum outside radius Mindestaußenradius *m* [con]
minimum pre-set value Mindesteinstellwert *m*
minimum premium Mindestbeitrag *m* (Prämie) [jur]
minimum price Mindestpreis *m* [eco]
minimum purchasing quantity Mindestabnahme *f* [eco]
minimum requirement Mindestanforderung *f*
minimum size Kleinstmaß *n*; Mindestmaß *n*
minimum speed Mindestgeschwindigkeit *f*
minimum strength Mindestfestigkeit *f*
minimum supply Mindestvorrat *m* [eco]
minimum temperature Temperaturminimum *n*
minimum thermal insulation Mindestwärmedämmung *f* [pow]
minimum value Kleinstwert *m*; Mindestwert *m*; Minimalwert *m*; Tiefstwert *m*
minimum vertical rise Mindestmaß Höhe *n* (bei Rolltreppe) [con]
minimum voltage Minimalspannung *f* [elt]
minimum wage Mindestlohn *m*

minimum weight Mindestgewicht *n*; Minimalgewicht *n*
minimum width Mindestbreite *f* [con]; Mindestmaß Breite *n* [con]
mining Bergarbeit *f* [roh]; Förderung *f* (Abbau im Bergbau) [roh]; Gewinnung *f* [roh]; Abbau *m* (Kohle, Steinbruch) [roh]; Bergbau *m* (Tage- und Untertage-bau) [roh]; Grubenbau *m* [roh]
mining damage Bergschaden *m* [geo]
mining engineer Bergingenieur *m* [roh]
mining engineering Bergwesen *n* [roh]
mining equipment Bergwerkseinrichtungen *pl* [roh]
mining equipment, large - Großförderanlagen *pl* (Tagebau) [roh]
mining field Abbaufeld *n* (im Bergbau) [roh]
mining industry Bergbauindustrie *f* [roh]; Montanindustrie *f* [roh]; Bergwesen *n* [roh]
mining inspection Bergaufsicht *f* [roh]
mining law Bergordnung *f* [jur]; Bergrecht *n* [jur]
mining method Abbaumethode *f* [roh]; Abbaumethode *f* (im Bergbau) [roh]
mining of minerals Gewinnung von Mineralien *f* [roh]
mining of ore Erzabbau *m* [roh]
mining operation Bergwerksbetrieb *m* [roh]
mining plant Grubenanlage *f* [roh]
mining sections Grubenausbauprofil *n* [roh]
mining sewage Grubenabwasser *n* [was]
mining shovel Elektroseilbagger *m* [mbt]; Hydraulikbagger *m* (im Tagebau) [mbt]; Seilbagger *m* (im Bergwerk) [mbt]
mining shovel, hydraulic - hydraulischer Ladeschaufelbagger *m* [mbt]
mining technique Abbauverfahren *n* [roh]
mining tower Förderturm *m* [roh]
mining vehicle Grubenfahrzeug *n* [roh]
mining wastes Bergbauabfälle *pl* [roh]
mining, long wall - Langfrontabbau *m* (mit Hobel) [roh]
minister of the environment Umweltminister *m*
ministry of environment Umweltministerium *n*
minium Mennige *f* [che]; Bleimennige *n* [met]
minium of iron red lead Eisenmennige *n* [che]
minor unbedeutend
minor constituent Nebenbestandteil *m* [met]
minor damage Bagatellschaden *m*
minor diameter Kerndurchmesser *m* (Gewinde) [tec]
minor maintenance inspection Kleinrevision *f* [pow]
minor road Nebenstraße *f* [tra]
minor sub-division kleiner Teilstrich *m*; Teilstrich *m* (kleiner Teilstrich) [any]
minority Minderheit *f*
mint Minze *f* [bff]
mint green minzgrün (RAL 6029) [nor]; polizeigrün (RAL 6029) [nor]
minus minus [mat]
minus allowance unteres Abmaß *n* [con]
minus sign Minuszeichen *n* [mat]
minus value Minus-Anzeige *f*

minute Gradminute *f*; Minute *f*
minute protokollieren *v* (aufzeichnen)
minutely genau
minutes Sitzungsbericht *m*; Protokoll *n* (der Sitzung); Aufzeichnungen *pl* (einer Sitzung)
minutes of acceptance test Abnahmeprüfprotokoll *n* [eco]
minutes, take - protokollieren *v* (aufzeichnen)
mirage Luftspiegelung *f* [opt]; Spiegelung *f* [opt]
mire Pampe *f*; Morast *m* [bod]; Schlamm *m* (Morast) [rec]
mirror Spiegel *m* (reflektierende Fläche)
mirror spiegeln *v*
mirror galvanometer Spiegelgalvanometer *n* [any]
mirror glass Spiegelglas *n*
mirror image Spiegelbild *n*
mirror plane Spiegelebene *f*
mirror symmetrical spiegelbildlich
mirror-inflected, to be made - spiegelbildlich anzufertigen *v* [wer]
mirror-inverted seitenverkehrt (spiegelbildlich); spiegelverkehrt (z.B. gezeichnet)
misaligned nicht fluchtend [con]
misalignment falsche Anbringung *f* (passt nicht); Ausrichtungsfehler *m*; Versatz *m* [con]; Kippspiel *n* [mbt]
misapplication falsche Anwendung *f*
miscalculation Rechenfehler *m* [mat]
miscellaneous Verschiedenes *n* (in Brief, Vertrag)
miscellaneous items Diverses
miscibility Mischbarkeit *f*
miscibility gap Mischungslücke *f* [che]
miscible mischbar
miscible liquids mischbare Flüssigkeiten *f* [phy]
miscount Rechenfehler *m* [mat]
mishap Panne *f* (Missgeschick); Schädigung *f* (Missgeschick); Ausfall *m* (Fehler); leichter Unfall *m*; Schaden *m*; Missgeschick *n*; Unglück *n* (Missgeschick)
mislocated falsch angeordnet
mismanagement Misswirtschaft *f*
mismatch Fehlanpassung *f*; Versatz *m* (Toleranz) [con]
mismatch, impedance - Impedanzfehlanpassung *f* [elt]
misplace verstellen *v*
misplaced unangebracht
misplaced material Fehlaustrag *m*
misplaced size Fehlkorn *n*
misplan verplanen *v* (falsch planen)
misprint Druckfehler *m* (im Text) [tec]
misroute fehlleiten *v*
miss versagen *v*
missend fehlleiten *v*
missile Rakete *f*; Flugkörper *m*; Geschoss *n* (Waffe)
missing parts fehlende Teile *pl*
missing seams fehlende Nähte *pl*
missing, be - fehlen *v*
misspelling Schreibfehler *m* (Textverarbeitung)
mist Dunst *m* (Nebel) [wet]; Nebel *m*

mist anlaufen *v* (beschlagen)
mist eliminator Tropfenabscheider *m* [prc]; Tropfenfänger *m* [prc]
mist lubrication Nebelschmierung *f* [tec]
mist patch Nebelfeld *n* [wet]
mist removal Nebelabscheidung *f* [air]
mist, formation of - Nebelbildung *f* [wet]
mistakable verwechselbar
mistake Verwechslung *f*; Fehler *m* (Irrtum); Fehlgriff *m*; Irrtum *m*
mistake verwechseln *v*
mistake, by - versehentlich
mistaken verrechnet (Fehler gemacht)
mistrust Misstrauen *n*
misty diesig (neblig, dunstig) [wet]; neblig
misty beschlagen *v* (neblig) [prc]
misunderstanding Missverständnis *n*
misuse Zweckentfremdung *f*; Missbrauch *m*
misused zweckentfremdet
miter Gehrung *f*
mitre Gehrung *f*
mitre gehren *v* [wer]
mitre angle Gehrungswinkel *m*
mitre box saw Gehrungssäge *f* [wzg]
mitre cut Gehrungsschnitt *m*
mitre gear Kegelradgetriebe *n* [tec]; Winkelgetriebe *n* [tec]
mitre joint Gehrungsfuge *f*; Gehrungsverbindung *f*; Gehrungsstoß *m*
mitre plane Gehrungshobel *m* [wzg]
mitre saw Gehrungssäge *f* [wzg]
mitre valve Kegelventil *n* [prc]
mitre wheel Kegelrad *n* [tec]
mitred bend Segmentkrümmer *m* [tec]; Segmentrohrbogen *m* [tec]
mitred cut Schrägschnitt *m* [tec]
mitred elbow Segmentkrümmer *m* [tec]; Segmentrohrbogen *m* [tec]
mitring Gehrung *f* (Holzbau) [bau]
mix Kombination *f*; Mischung *f*; Gemisch *n*; Mischgut *n*
mix anrühren *v* [prc]; mengen *v*; mischen *v*; mixen *v*; vermengen *v*; vermischen *v* [prc]; verrühren *v* [prc]; versetzen *v* (vermischen)
mix formula Mischungsformel *f*
mix in einrühren *v*
mix with beimischen *v*; zumischen *v* [prc]
mixed durchmischt; gemischt
mixed adhesive Zweikomponentenkleber *m* [met]; Zweikomponentenklebstoff *m* [met]
mixed batch capacity Mischerinhalt *m* [bau]
mixed construction Gemischtbauweise *f* [bau]
mixed cropping Mischkultur *f* [far]; Mischanbau *m* [far]
mixed crystal Mischkristall *m* [min]
mixed cultivation Mischkultur *f* [far]
mixed culture Mischkultur *f* [far]
mixed development Mischbauweise *f* (Städtebau) [bau]

mixed dye Mischfarbstoff *m* [met]
mixed farming Mischlandwirtschaft *f* [far]
mixed feed Mischfutter *n* [far]
mixed fertilizer Mischdünger *m* [far]
mixed friction Mischreibung *f* [phy]
mixed gas Mischgas *n*
mixed iron Mischeisen *n* [met]
mixed lubrication Mischschmierung *f* [tec]
mixed ore Mischerz *n* [met]
mixed plastics vermischte Kunststoffe *pl* [rec]
mixed polymer Mischpolymer *n* [met]
mixed salt Mischsalz *n* [met]
mixed-bed demineralizer Mischbettentsalzungsanlage *f* [prc]
mixed-bed filter Mischbettfilter *m* [prc]
mixed-bed filter unit Mischbettfilteranlage *f* [prc]
mixed-bed ion exchanger Mischbettionenaustauscher *m* [prc]
mixed-flow pump Schraubenradpumpe *f* [prc]
mixer Mischanlage *f* [prc]; Mischmaschine *f* [prc]; Mischapparat *m* [prc]; Mischer [prc]; Rührer *m* [prc]
mixer conveyor truck Betontransporter *m* [tra]
mixer platform Mischerbühne *f* [prc]
mixer tap Mischbatterie *f* [was]
mixer valve Mischbatterie *f* [was]
mixer-settler tower Turmextraktor *m* [prc]
mixing Mischung *f* (Mischen); Anrühren *n* [prc]; Mengen *n*; Mischen *n*
mixing apparatus Mischapparat *m* [prc]
mixing arm Mischarm *m* [bau]
mixing bin Mischbunker *m* [prc]
mixing blade Mischflügel *m* [bau]
mixing chamber Mischkammer *f*; Mischraum *m* [prc]
mixing combination faucet Mischbatterie *f* [was]
mixing container Mischbecken *n*
mixing desk Mischpult *n* [edv]
mixing device Mischanlage *f* [prc]
mixing drum Mischtrommel *f* [prc]
mixing dump Mischhalde *f* [rec]
mixing facility Mischanlage *f* [prc]
mixing faucet Mischbatterie *f* [was]
mixing head Mischkopf *m* (an Gasheizung) [pow]
mixing header Mischsammler *m* [pow]
mixing jet Mischdüse *f* [prc]
mixing machine Mischmaschine *f* [prc]
mixing of pigment Farbmischen *n*
mixing operation Mischvorgang *m* [prc]
mixing pan Mischbecken *n*
mixing plant Mischanlage *f* [prc]; Mischeinrichtung *f* [prc]; Mischmaschine *f* [prc]
mixing plenum Mischkammer *f*
mixing process Mischungsvorgang *m*
mixing proportion Mischungsverhältnis *n*; Mischverhältnis *n*
mixing rate Mischungsverhältnis *n*
mixing ratio Mischungsverhältnis *n*
mixing screw conveyor Mischschnecke *f* [prc]

mixing shaft Mischwelle f [prc]
mixing tank Mischbehälter m
mixing temperature Mischtemperatur f
mixing time Mischdauer f [prc]; Mischzeit f
mixing tower Mischturm m [prc]
mixing tube Mischrohr m [prc]
mixing unit Mischbatterie f [was]
mixing valve Mischhahn m [was]; Mischschieber m [pow]; Mischventil n
mixing varnish Mischlack m [che]
mixing vessel Mischbehälter m; Mischkessel m [prc]; Mischgefäß n [prc]
mixing, ready for - mischfertig
mixing, time of - Mischzeit f
mixture Melange f; Mischung f (Gemisch); Mixtur f [met]; Vermischung f [prc]; Gemenge n [che]; Gemisch n; Mischgut n; Stoffgemisch n
mixture composition Gemischzusammensetzung f; Mischungszusammensetzung f
mixture of air Luftmischung f [air]
mixture of colours Farbenmischung f [met]; Farbmischung f [met]
mixture of gases Gasgemisch n
mixture regulator Gemischregler m
mixture, blended - Verschnitt m (Mischung) [met]
mixtures, rule of - Mischungsregel f [che]
mobile beweglich (auch motorisiert); fahrbar; mobil; tragbar
mobile computer tragbarer Rechner m [edv]
mobile crusher Mobilbrecher m [mbt]
mobile crusher plant mobile Brecheranlage f [roh]
mobile equipment selbstfahrende Arbeitsmaschine f [wzg]
mobile form Gleitschalung f [bau]
mobile holder bewegliche Halterung f [tec]
mobile paging system mobile Rufanlage f [edv]
mobile radiotelephone Mobilfunk m [edv]
mobile radiotelephony network Mobilfunknetz n [edv]
mobile receptacle with compactor mobile Behälterpresse f [rec]
mobile source nichtstationäre Emissionsquelle f
mobile tower crane Turmdrehkran m [bau]
mobile transformer Wandertransformator m [elt]
mobile, highly - hoch beweglich
mobility Beweglichkeit f; Bewegungsfähigkeit f; Mobilität f
mobilization Mobilisierung f
mobilized mobil
mock-up Attrappe f (Modell); provisorischer Aufbau m; Modell n (in Originalgröße); Muster n (Modell)
mode Betriebsart f; Modus m
mode of observation Beobachtungsverfahren n [any]
mode of operation Betriebsweise f; Wirkungsweise f
mode of operations Abwicklungsmodalitäten pl [eco]
mode of payment Zahlungsweise f [eco]
mode of recording Aufzeichnungsverfahren n
mode of working Arbeitsweise f
mode transformation Wellenumformung f [elt]

mode, automatic - automatische Betriebsweise f
model Ausführung f (Modell); Bauart f; Form f (Bauform) [bau]; Schablone f; Type f; Vorlage f (Modell) [con]; Leitbild n; Modell n; Muster n (Vorbild)
model bilden v (modellieren); formen v (gestalten) [wer]; gestalten v (modellieren); modellieren v; nachbilden v (modellieren)
model calculation Modellrechnung f
model design change Modellumstellung f (neues Modell)
model designation Typenbezeichnung f [con]
model designation sheet Typenblatt n [con]
model test Modellversuch m [any]
model theory Modelltheorie f [mat]
model-maker Modellbauer m
modelling Formung f [wer]; Modellbildung f [edv]; Modellierung f
modelling process Modellierungsprozess m [edv]
modem Modem n (bei Datenfernübertragung) [edv]
moderate gemäßigt; mäßig; mild (z.B. Klima)
moderate moderieren v (Atom) [phy]
moderation Moderation f (Kernkraftwerk) [pow]
moderator Moderator m (Kernkraftwerk) [phy]
modern modern (neu, modisch); neuzeitlich
modern technology Großtechnologie f; Stand der Technik m
modernization Anlagenmodernisierung f; Modernisierung f; Rekonstruktion f (Modernisierung)
modernize modernisieren v; rekonstruieren v
modes of working Arbeitsformen pl
modest mäßig
modification Variante
modification Abänderung f; Abart f; Abweichung f (Modifizierung); Änderung f (Modifikation); Modifikation f; Modifizierung f
modifications Umbauten pl [bau]
modified modifiziert
modifier Regler m (Kunststoffe) [met]
modify abändern v (modifizieren); ändern v (modifizieren); modifizieren v; umbauen v (verändern); umrüsten v (in Einzelheiten verändern) [wer]; verändern v (modifizieren)
modular bausteinförmig; modular
modular assembly Einbaugruppe f
modular construction Baukastenkonstruktion f [con]; Modulbau m; Bausteinsystem n [con]
modular coordination Baumodul m [bau]
modular design Modulbauweise f (z.B. Aufbau in Moduln) [tec]; modularer Entwurf m [con]
modular design system Baukastensystem n [con]
modular grid Raster n
modular principle Baukastenprinzip n [con]; Bausteinsystem n [con]
modular program modulares Programm n [edv]
modular system Baukastensystem n [con]; Bausteinsystem n [con]; modulares System n [edv]; Modulsystem n

modular unit Baueinheit *f* [tec]; Modulbaugruppe *f* [tec]
modularity Modularität *f*; Bausteinprinzip *n* [con]
modularization Modularisierung *f*
modularized modularisiert
modulate anpassen *v* (modulieren); einstellen *v* (abgleichen)
modulated gewobbelt
modulation Anpassung *f* (Modulation); Aussteuerung *f* (Feinjustierung) [any]; Modulation *f* [phy]; Regulierung *f*
modulation range Aussteuerungsbereich *m* (Justierung) [any]
modulator Modulator *f* [phy]
module Baueinheit *f* [con]; Funktionseinheit *f* (Modul); Verhältniszahl *f* [tec]; Einschub *m* (Modul auf Chassis) [mbt]; Modul *m* (Bauelement); Programmbaustein *m* [edv]; Zahnteilungsmodul *m* [con]; Bauelement *n* [con]; Baustein *n* (Einheit) [con]
module assembly frame Baugruppenträger *m* [elt]
module subplate Anschlussplatte *f* (Hydraulik) [tec]
module technique Modultechnik *f*
modulus Modul *m* [mat]; Modul *m* (z.B. Elastizitätsmodul) [met]
modulus of deformation Verformungsmodul *m* [met]
modulus of elasticity Dehnungsmodul *m* [met]; Elastizitätsmodul *m* [phy]
modulus of rigidity Schubmodul *m* (Gleitmodul) [phy]
moil chisel Rundmeißel *m* [wzg]
moist feucht
moist room Feuchtraum *m*; Naßraum *m*
moist room lamp Feuchtraumleuchte *f* [elt]
moist room light Feuchtraumleuchte *f* [elt]
moisten anfeuchten *v*; befeuchten *v*; begießen *v*; benetzen *v* (befeuchten, anfeuchten); besprengen *v* (befeuchten); nässen *v* (befeuchten)
moisten completely durchfeuchten *v*
moistenable benetzbar
moistener Befeuchter *m*
moistening Befeuchtung *f*; Benetzen *f*
moistening agent Benetzungsmittel *n* [met]
moistening heat Benetzungswärme *f* [che]
moistening power Benetzungsfähigkeit *f*
moisture Feuchte *f*; Feuchtigkeit *f*; Nässe *f* (Feuchtigkeit)
moisture absorption Feuchtigkeitsaufnahme *f*
moisture and ash free wasser- und aschefrei (Brennstoff) [met]
moisture barrier Feuchtesperre *f*; Feuchtigkeitssperre *f*
moisture content Feuchtegehalt *m*; Feuchtigkeitsgehalt *m*; Flüssigkeitsgehalt *m*; Wassergehalt *m*
moisture drain Entwässerungseinrichtung *f* (Wasserdampf) [pow]
moisture gradient Feuchtigkeitsgefälle *n*
moisture guard Feuchtigkeitsschutz *m*
moisture in fuel Brennstofffeuchtigkeit *f* [met]

moisture measurement Feuchtemessung *f* [any]; Feuchtigkeitsmessung *f* [any]
moisture meter Feuchtemesser *m* [any]
moisture of vapour Dampffeuchtigkeit *f* (Wasserdampf)
moisture pick-up Feuchtigkeitsaufnahme *f*
moisture proof Feuchtigkeitsschutz *m*
moisture proofing Feuchtigkeitsabdichtung *f*
moisture sensitive nässeempfindlich [met]
moisture separation Wasserabscheidung *f* [prc]
moisture separator Entwässerungseinrichtung *f* (Wasserdampf) [pow]; Wasserabscheider *m* (z.B. aus Dampf) [pow]
moisture separator reheater Überhitzer in Kernkraftwerken *m* [pow]
moisture stop Feuchtesperre *f*
moisture, bound - gebundenes Wasser *n* [was]
moisture-attracting wasseranziehend [met]
moisture-proof feuchtigkeitsgeschützt; feuchtigkeitsundurchlässig; wasserdampfundurchlässig
moisture-proof cable Feuchtraumleitung *f* [elt]
moisture-proof fitting Feuchtraumarmatur *f* [elt]
moisture-repellent hydrophob
moisture-resistant feuchtigkeitsbeständig
molality Molalität *f* [che]
molar molar [che]
molar concentration Molkonzentration *f* [che]
molar fraction Molenbruch *m* [che]
molar heat Molwärme *f* [che]
molar ratio Molverhältnis *n* [che]
molar volume Molvolumen *n* [che]
molarity Molarität *f* [che]
molasses Melasse *f* [che]
mole Hafenmole *f* [tra]; Mole *f* (Hafen) [tra]; Hafendamm *m* [tra]; Maulwurf *m* [bff]; Mol *n* [che]
mole percent Molprozent *n* [che]
molecular molekular [che]
molecular arrangement Molekülanordnung *f* [che]
molecular heat Molekularwärme *f* [che]
molecular layer Molekülschicht *f* [che]
molecular sieve Molekularsieb *n* [prc]; Molsieb *n* [prc]
molecular state Molekularzustand *m* [che]
molecular structure Molekülanordnung *f* [che]; Molekülaufbau *m* [che]
molecular volume Molekularvolumen *n* [che]; Molvolumen *n* [che]
molecular weight Molekülmasse *f* [che]; Molekulargewicht *n* [che]
molecular weight, low - kurzkettig (Polymer)
molecule Molekül *n* [che]
molecule structure Molekülstruktur *f* [che]
mollification Erweichung *f*
mollify erweichen *v*
molten geschmolzen [met]; schmelzflüssig
molten electrolyte Badschmelze *f*
molten mass Schmelze *f* [met]
molten-mass pump Schmelzepumpe *f*
molybdate Molybdat *n* [che]

molybdate orange Molybdänorange *n* [che]
molybdenum Molybdän *n* (Mo) [che]
molybdenum steel Molybdänstahl *m* [met]
moment Augenblick *m*; Moment *m* (Augenblick); Zeitpunkt *m*; Moment *n* (z.B. Drehmoment) [phy]
moment area Momentenfläche *f* [phy]
moment centre Drehpunkt *m* [phy]
moment checking Momentennachweis *m* [bau]
moment distribution Momentenverteilung *f* [bau]
moment of acceleration Beschleunigungsmoment *n* [phy]
moment of inertia Trägheitsmoment *n* [phy]
moment of resistance Widerstandsmoment *n* [bau]
moment of rotation Drehmoment *n* [phy]
moment of rupture Bruchmoment *n*
moment of span Feldmoment *n* [phy]
moment of torsion Drehmoment *n* [phy]
moment reversal Momentenumkehr *f* [phy]
moment, actual - Istmoment *n*
moment, additional - Zusatzmoment *n* [phy]
momentary augenblicklich (jetzt); momentan (zur betreffenden Zeit)
momentary value Momentanwert *m* [any]
moments, free of - momentenfrei [phy]
momentum Wucht *f* (Stoßkraft) [phy]; Antrieb *m* (Schwung, Stoß) [phy]; Impuls *m* (Bewegungsgröße) [phy]; Kraftimpuls *m* [phy]; Schwung *m* [phy]
momentum distribution Impulsverteilung *f* [phy]
momentum rate Impulssatz *m* [phy]
momentum transfer Impulsübertragung *f* [phy]
momentum wheel Schwungrad *n* [tec]
monatomic einatomig
monel scrap Monelschrott *m* [met]
money Geld *n* [eco]
money order Zahlungsanweisung *f* [eco]
money transaction Geldgeschäft *n* [eco]
money, make - Geld verdienen *v* [eco]
monial Fensterpfosten *m* [bau]
Monier reinforcing netting Moniergewebe *n* [bau]
monitor Kontrolleinrichtung *f*; Bildschirm *m* (Überwachung) [elt]; Monitor *m* [elt]; Wächter *m* [any]; Überwachungssystem *n* [any]
monitor kontrollieren *v* (überwachen); überwachen *v* [any]
monitor constantly ständig überprüfen *v* [any]
monitoring Kontrolle *f* (Aufsicht); Überwachung *f* [edv]
monitoring authority Kontrollbehörde *f*
monitoring device Überwachungsgerät *n* [any]
monitoring equipment Überwachungseinrichtung *f* [any]; Überwachungsgerät *n* [any]
monitoring field Überwachungsbereich *m*
monitoring function Kontrollfunktion *f*
monitoring installation Überwachungseinrichtung *f* [any]
monitoring of water Wasserbeobachtung *f* [was]
monitoring system Überwachungsanlage [any]
monkey wrench Engländer *m* (Schraubenschlüssel) [wzg]; Franzose *m* (Universalschlüssel) [wzg]; Universalschlüssel *m* ("Franzose") [wzg]; Universalschraubenschlüssel *m* [wzg]
mono grouser track pad Einstegplatte *f* [mbt]
mono-cylindrical einzylindrig
mono-landfill Monodeponie *f* [rec]
monobasic einbasisch [che]
monobloc rotor Einstückläufer *m* [pow]
monocast part Formgussteil *n* [wer]
monocellular einzellig [bff]
monocellular organism Einzeller *m* [bff]
monochromatic einfarbig; monochrom [opt]
monochromatic filter Monochromator *m* [opt]
monochromaticity Einfarbigkeit *f*
monochrome einfarbig; monochrom [opt]
monochrome screen Schwarzweiß-Bildschirm *m* [edv]
monochromic einfarbig
monochromical einfarbig
monoclinic monoklin [che]
monocrystal Einkristall *m* [min]
monoculture Monokultur *f* [far]
monofilament Draht *m* (Faser) [met]; Monofilament *n* [met]
monolance Monolanze *f* [bau]
monolith Monolith *m* (aus einem Stein bestehend) [geo]
monomer monomer [che]
monomer Monomer *n* [che]
monomeric monomer [che]
monomolecular einmolekular [che]; monomolekular [che]
monophase einphasig [elt]
monophase system Einphasensystem *n* [elt]
monoplane Eindecker *m* (Flugzeug) [tra]
monopoly Monopol *n* [eco]
monorail Einschienenbahn *f* [tra]; Schwebebahn *f* [tra]
monostable multivibrator monostabiler Multivibrator *m* [elt]
monotonous einförmig; monoton
monotony Monotonie *f*
monotropic monotrop [che]
monotropy Monotropie *f* [che]
monotube steam generator Einrohrdampferzeuger *m* [pow]
monovalence Einwertigkeit *f* [che]
monovalent einwertig [che]
monoway valve Einwegventil *n* [prc]
monoxide Monoxid *n* [che]
montan wax Montanwachs *n* [met]
month Monat *m*
month's rent Monatsmiete *f* [eco]
monthly monatlich
monthly income Monatseinkommen *n* [eco]
monument Baudenkmal *n* [bau]; Denkmal *n* [bau]
moon Mond *m*
moon landing craft Mondfähre *f* [tra]
moonlighting Schwarzarbeit *m* [eco]

moor Heide *f*; Moor *n*
moor coal Moorkohle *f*
moor peat Moortorf *m*
mooring Festmachen *n* (eines Schiffes) [tra]
mooring pipe Ankerklüse *f* [tra]
mooring winch Verholwinde *f* (an Land, auf Schiff) [tra]
moorland Moorlandschaft *f*
moped Mofa *n* [tra]; Moped *n* [tra]
moped-rider Mofafahrer *m* [tra]; Mopedfahrer *m* [tra]
morass Sumpf *m* [bod]
morbid krankhaft
morbidity Morbidität *f*
morbidity rate Morbiditätsrate *f*
mordant scharf (beizend)
mordant Beize *f* (Farbe); Beizstoff *m* [che]; Beizmittel *n* (Abbeizmittel) [che]
mordant beizen *v* (Farbe)
mordant auxiliary Beizhilfsmittel *n* [che]
mordant based on turpentine Terpentinbeize *f* [che]
mordant colour Beizfarbe *f* [che]
mordanting Beizung *f*
mordanting substance Beizstoff *m* [che]
moreover darüber hinaus
moribund morbid
morning shift Frühschicht *f*
morphologic morphologisch [bio]
morphology Morphologie *f* [bio]
mortal tödlich
mortal danger Lebensgefahr *f*; Todesgefahr *f*
mortality Mortalität *f* [hum]; Sterblichkeit *f*
mortality rate Mortalität *f* [hum]; Mortalitätsrate *f* [hum]; Todesrate *f*
mortar Mörser *m* (Waffe, auch in Apotheke); Mörtel *m* [met]
mortar bed Mörtelbett *n* [bau]
mortar distributor Mörtelverteiler *m* [bau]
mortar joint Quetschfuge *f* [bau]
mortar mill Mörtelmischer *m* [bau]
mortar mixer Mörtelmischer *m* [bau]
mortar plaster, gauged - Kalkgipsputz *m* [bau]
mortar sand Mörtelsand *m* [met]
mortar, green - Frischmörtel *m* [met]
mortar-mix Vermörtelung *f* (Verdichtung durch Zement) [bau]
mortgage Hypothek *f* [eco]
mortgaged property bewegliches Eigentum *n* [eco]
mortgagee Hypothekengläubiger *m* [eco]
mortgagor Hypothekenschuldner *m* [eco]
mortise einstemmen *v* (Holz); verzapfen *v*
mortise chisel Lochbeitel *m* [wzg]
mortising Einstemmen *n* (Holz)
mosaic Mosaik *n*
moss Moos *n* [bff]
moss green moosgrün (RAL 6005) [nor]
moss grey moosgrau (RAL 7003) [nor]
most höchst
most important thing Hauptsache *f*

most suitable bestgeeignet
mostly required einschlägig
mot bike Kraftrad *n* (Motorrad) [tra]
motel Rasthaus *m* [tra]; Motel *n* [bau]
moth Motte *f* [bff]
mother cell Mutterzelle *f* [bio]
mother liquor Mutterlauge *f* [che]
mother rock Muttergestein *n* [geo]
mother substance Muttersubstanz *f* [che]
motherboard Grundplatine *f* [edv]; Hauptplatine *f* [edv]
motion Bewegung *f* (Technik) [phy]; Gang *m* (Lauf); Hub *m* (Bewegung nach oben und unten) [tra]
motion drive Bewegungsantrieb *m*
motion work Zeigerwerk *n* (Uhr) [tec]
motion, relative - Relativbewegung *f* [phy]
motion, to and from - Hin- und Hergang *m* [tra]
motionless bewegungslos; still (unbeweglich); unbeweglich (regungslos); unbewegt
motivate anregen *v*; motivieren *v*
motivation Motivation *f*
motive Motiv *n*
motive force Betriebskraft *f* [pow]
motive power Antriebskraft *f* [pow]; Betriebskraft *f* [pow]; Bewegungskraft *f* [phy]; Triebkraft *f* [pow]
motive steam Treibdampf *m* [pow]
motor Antriebsmaschine *f* [pow]; Maschine *f* [pow]; Motor *m* [pow]
motor actuator Stellmotor *m* [tec]
motor barge Schute *f* (mit eigenem Antrieb) [tra]; Kahn *m* (eigener Antrieb) [tra]
motor bicycle Kraftrad *n* (Motorrad) [tra]
motor boat Motorboot *n* [tra]
motor boat engine Bootsmotor *m* [tra]
motor brake Motorbremse *f* [tra]
motor brake, electronic - elektronische Motorbremse *f* [tra]
motor capacitor Motorkondensator *m* [elt]
motor caravan Campingbus *m* [tra]; Wohnmobil *n* [tra]
motor casing Motorgehäuse *n* [tec]
motor chain saw Motorkettensäge *f* [wzg]
motor circuit Motorstromkreis *m* [mbt]
motor coach Triebwagen *m* [tra]
motor compartment Motorraum *m* (für Elektromotor) [tra]
motor condenser Motorkondensator *m* [elt]
motor exhaust Autoabgas *n* [tra]; Motorabgas *n* [air]
motor for machine-tools Werkzeugmaschinenmotor *m* [wer]
motor fuel gas storage Speichergasanlage *f* [tra]
motor gasoline Vergaserkraftstoff *m* [tra]
motor gear unit Motorvorgelege *n* [tec]
motor generator Motorgenerator *m* [pow]
motor generator set Motorgenerator *m* [pow]
motor home Wohnmobil *n* [tra]
motor housing Motorgehäuse *n* [tec]
motor lubrication Motorschmierung *f* [tra]

motor monitoring Motorüberwachung *f* [tra]; Motorwächter *m* (E-Motor) [pow]
motor mount Momentenstütze *f* (in Motoraufhängung) [mbt]
motor oil Motorenöl *n* [met]; Motoröl *n* [met]
motor operator Servomotor *m* [tec]; Stellmotor *m* [tec]
motor output Motorleistung *f* [pow]
motor part Autoteil *n* [tra]
motor pedestal Motorblock *m* [tec]
motor pool Fahrzeugpark *m* (Bestand) [tra]; Fuhrpark *m* [tra]; Kraftfahrzeugpark *m* [tra]
motor protection Motorschutz *m* (thermischer -) [mbt]
motor protection circuit breaker Motorschutzschalter *m* [pow]
motor protection device Motorwächter *m* [tra]
motor protection relay Motorschutzrelais *n* [mbt]
motor protection switch Motorschutzschalter *m* [elt]
motor rating Motornennleistung *f* (E-Motor) [tra]
motor rating, mean - Motorkapazität *f* (Mittelwert) [pow]
motor reduction unit Getriebemotor *m* [tec]
motor scooter Motorroller *m* [tra]
motor shaft Motorwelle *f* [pow]
motor ship Motorschiff *n* [tra]
motor slide rail Motorspannschiene *f* [tec]
motor speed Motordrehzahl *f* [tra]
motor speed transmitter Drehzahlgeber *m* [any]
motor spirit Vergaserkraftstoff *m* [tra]
motor splash guard Motorspritzschutz *m* [elt]
motor starter Motoranlasser *m* [tra]
motor switch, protective - Motorschutzschalter *m* [tra]
motor torque Drehmoment des Motors *m* [pow]
motor traffic Autoverkehr *m* [tra]; Kraftverkehr *m* [tra]
motor vehicle Kraftwagen *m* [tra]; Kraftfahrzeug *n* [tra]; Motorfahrzeug *n* [tra]
motor vehicle pollution Kraftfahrzeugemissionen *f*, *pl* [tra]
motor vehicle pollution Verkehrsemissionen *pl* [tra]
motor vehicle recycling Autoverwertung *f* [rec]
motor ventilation Motorbelüftung *f* [elt]
motor winding Motorwicklung *f* [elt]
motor-drive Motorantrieb *m* [pow]
motor-driven motorgetrieben [pow]; motorisiert [pow]
motor-driven pump Motorpumpe *f* [tra]
motor-driven system System mit Motorantrieb *n* [tec]
motor-generator set Motor-Generator-Aggregat *n* [pow]
motor-operated mit Motorantrieb [tec]; motorisiert [pow]
motor-operated actuator Elektrostellantrieb *m* [elt]
motorbike Motorrad *n* [tra]
motorcar Automobil *n* [tra]; Kraftfahrzeug *n* [tra]
motorcar electronics Kraftfahrzeugelektronik *f* [elt]
motorcar industry Automobilindustrie *f* [tra]
motorcar lacquer Autolack *m* [tra]
motorcar repair shop Kraftfahrzeugwerkstatt *f* [wer]
motorcycle Kraftrad *n* (Motorrad) [tra]; Motorrad *n* [tra]
motorcyclist Motorradfahrer *m* [tra]
motorize motorisieren *v* [pow]
motorized motorisiert [pow]
motorway Autobahn *f* ((B)) [tra]; Schnellstraße *f* [tra]
motorway access road Autobahnauffahrt *f* ((B)) [tra]
motorway exit Autobahnausfahrt *f* ((B)) [tra]
motorway restaurant Rasthaus *m* ((B)) [tra]
mottle Fleckigkeit *f*; Körnigkeit *f* [elt]
mottle marmorieren *v*
mottled sandstone Buntsandstein *m* [roh]
mould Form *f* (Gießform) [wer]; Gießform *f* [met]; Gussform *f*; Kokille *f* (Gussblock) [met]; Lehre *f* (Modell); Matrize *f* [wer]; Modererde *f* [bod]; Abdruck *m*; Abguss *m* [met]; Moder *m* (Schimmel); Schimmel *m* [bio]; Formwerkzeug *n* (Kunststoff) [wzg]; Modell *n* (Gießerei) [roh]
mould bilden *v* (formen); einschalen *v* (Form erstellen) [roh]; formen *v* (gießen) [wer]; gestalten *v* (formen); gießen *v* (in Formen) [wer]; kneten *v*; pressen *v* (Kunststoffe) [wer]; spritzen *v* (Formteil) [wer]
mould clamping system Werkzeugspannsystem *n* (Kunststoffe) [wzg]
mould construction Formenbau *m*
mould divided here Gesenkteilung *f* (in Zeichnung) [con]
mould draft Außenschräge *f* (Gussschräge) [con]; Gussschräge *f* (Form-, Ausstoßschräge) [con]; Innenschräge *f* [tec]
mould formation Schimmelbildung *f* [bio]
mould fungus Schimmelpilz *m* [bio]
mould humus Modererde *f* [bod]
mould in a cold state kalt formen *v* [wer]
mould joint Gussnaht *f* [met]
mould parting line Trennfuge *f* (in Gussform) [tec]
mould release agent Formtrennmittel *n*
mould shape Formprofil *n* [met]
mould under heat warm formen *v* (z.B. Metall) [wer]
mould, set up a - einschalen *v* (Form erstellen) [roh]
mouldable formbar
mouldboard Mittelschar *f* [mbt]; Schar *f* (des Graders) [mbt]; Scharkörper *m* [mbt]
mouldboard circle Scharträger *m* [mbt]
mouldboard control Scharsteuerung *f* [mbt]
mouldboard drawbar Hobelkreuz *n* (des Graders) [mbt]
mouldboard extension Scharverlängerung *f* [mbt]
mouldboard position Scharstellung *f* [mbt]
mouldboard rotating Scharverstellung *f* [mbt]
mouldboard sideplate Scharseitenblech *n* [mbt]
mouldboard support Scharaufhängung *f* [mbt]
mouldboard, design of the - Scharanordnung *f* [mbt]

mouldboard, sharp-positioned - schlankgestellte Schar *f* (Grader) [mbt]
moulded article Formkörper *m* [met]; Formling *m* [met]
moulded blank Rohling *m* (unbearbeitet) [met]
moulded concrete Gussbeton *m* [met]
moulded glass Pressglas *n* [met]
moulded insulation Pressstoffisolierung *f* [met]
moulded insulation parts Isolationsformteile *pl* [bau]
moulded insulation pieces Isolationsformteile *pl* [bau]
moulded laminate Hartgewebe *n* [met]
moulded part Formteil *n* (gegossen); Pressteil *n*
moulded piece Formstück *n*
moulder Fräse *f* (für Holz) [wzg]
moulder modern *v* ((A) vermodern); vermodern *v* [bio]
moulding Formgebung *f* [wer]; Leiste *f* (profilgeformt); Leiste *f* (profiliert); Zierleiste *f* [tra]; Formstück *n*; Formteil *n*; Fräsen *n* (Holz) [wzg]
moulding compound Abdruckmasse *f*; Formmasse *f* [met]; Pressmasse *f* [met]
moulding frame Gussform *f*
moulding machine Fräse *f* (für Holz) [wzg]; Kehlmaschine *f* [wzg]
moulding material Abdruckmasse *f*; Formmasse *f* [met]; Pressmasse *f* [met]
moulding materials Formmaterialien *pl* [met]
moulding pin Formerstift *m* [met]
moulding press Formpresse *f* [wer]
moulding resin Pressharz *n* [met]
moulding sand Formsand *m* [met]; Gießereisand *m* [met]; Gießsand *m* [met]; Modellsand *m* (Gießerei) [met]
moulding time Standzeit *f* (beim Gießen)
moulding tool Presswerkzeug *n* [wzg]
moulding with explosives Sprengverformung *f* [met]
mouldy moderig; schimmelig [bio]; vermodert [bio]
mouldy peat Modertorf *m* [bod]
mouldy smell Modergeruch *m*
mouldy, go - modern *v* (vermodern); schimmeln *v* [bio]; verschimmeln *v* [bio]
mound Halde *f* (Hügel) [rec]
mound of earth Erdhaufen *m*
mount Halter *m* (Halterung, z.B. Gummipuffer) [tec]
mount anbringen *v* (montieren); anschließen *v* (montieren, aufziehen); aufbauen *v* (montieren); aufmontieren *v* [wer]; aufrichten *v* [bau]; aufstellen *v* (Maschinen aufbauen); befestigen *v* (einfassen, montieren); einbauen *v* (montieren); einlegen *v* (einbauen); errichten *v* (montieren, aufziehen); fassen *v* (in eine Fassung bringen); gründen *v* (errichten); herrichten *v* (montieren) [wer]; installieren *v* (Geräte); montieren *v*; steigen *v* (hochsteigen); zusammenbauen *v* [wer]; zusammensetzen *v* (montieren) [wer]
mount on anbauen *v* (montieren) [tec]
mount, ready to - montagefertig
mountable austauschbar (demontierbar)

mountain Berg *m* (im Hochgebirge)
mountain dweller Gebirgsbewohner *m*
mountain railroad Bergbahn *f* ((A)) [tra]
mountain railway Bergbahn *f* ((B)) [tra]
mountain range Gebirgszug *m* [geo]; Gebirge *n* [geo]
mountain road Bergstraße *f* [tra]
mountain slope Bergabhang *m*
mountainous gebirgig [geo]
mountainous area management Berglandwirtschaft *f* [far]
mountainous climate Gebirgsklima *n* [wet]
mountainous region Gebirgslandschaft *f* [geo]
mountains Hochgebirge *n* [geo]
mounted aufgesetzt; ausgerüstet; gelagert (abgestützt, gehalten) [tec]; montiert; zusammengebaut [wer]
mounted board Leiterplatte *f* [elt]
mounted module Einbaugruppe *f*
mounted on bearings gelagert (in Lagern gehalten) [tec]
mounted on frictionless bearing reibungsfrei gelagert [tec]
mounting Anordnung *f* (Aufstellung); Armatur *f* (Zubehör); Befestigung *f* (Montage, Halterung); Fassung *f* [elt]; Garnitur *f*; Halterung *f* (Aufhängung) [tec]; Montage *f* (Zusammenbau); Verlegung *f* [elt]; Anbau *m* [tec]; Aufbau *m* (Anordnung); Aufbau *m* (Aufbauen); Beschlag *m* (Bauteil); Einbau *m*; Halt *m* (Befestigung); Zusammenbau *m* (Montage) [wer]; Anbringen *n* (Montieren); Anbringung *n*; Aufstellen *n*; Gestell *n* (Rahmen)
mounting angle Befestigungswinkel *m* [tec]; Montagewinkel *m*
mounting arbour Spanndorn *m* [tec]
mounting bar Tragschiene *f* [tec]
mounting base Montageplatte *f*; Montagesockel *m*
mounting bolt Montageschraube *f* [tec]; Befestigungsbolzen *m* [tec]; Montagebolzen *m* [tec]
mounting bracket Befestigungsstütze *f* [tec]; Halterung *f* (Befestigungsklammer) [tec]; Befestigungsbügel *m* [tec]; Haltewinkel *m* [tec]; Befestigungsteil *n* [tec]
mounting button Treibstift *m* [tec]
mounting clamp Befestigungsschelle *f* [tec]
mounting clip Befestigungsklemme *f* [tec]
mounting component Schaltelement *n* [elt]
mounting description Montagebeschreibung *f* [con]
mounting device Befestigungsvorrichtung *f*; Einbauvorrichtung *f*; Montagehilfe *f* (z.B. Führungsbuchse); Montagevorrichtung *f*; Befestigungsmittel *n*
mounting dimension Montagemaß *n* [con]
mounting direction Einbaurichtung *f* [con]
mounting edge Montagerand *m*
mounting fixture Montagevorrichtung *f*; Fixator *m* [tec]
mounting flange Anbauflansch *m* [prc]; Befestigungsflansch *m* [tec]
mounting foot Befestigungsfuß *m* [tec]

mounting frame Anbaurahmen *m* (Stützhalterung) [tec]; Montagerahmen *m*; Aufbaurahmen *n* [tec]; Montagegestell *n* [tec]
mounting grid Schlitzplatte *f* [tec]
mounting hole Befestigungsbohrung *f* [con]; Befestigungsloch *n* [con]
mounting housing, external - Anbaugehäuse *n* [elt]
mounting instruction Einbauanweisung *f*
mounting kit Einbausatz *m* [tec]
mounting location Einbauort *m* [con]
mounting lug Befestigungsöse *f* [tec]
mounting parts Anbauteile *pl* (zum Anbauen) [tec]
mounting plate Aufnahmeplatte *f* [tec]; Befestigungsplatte *f* [tec]; Grundplatte *f* [tec]; Halteplatte *f* [tec]; Montageplatte *f*
mounting point Befestigungspunkt *m*
mounting pulley Montagerolle *f*
mounting rack Baugruppenträger *m* (Gestell) [tec]
mounting rail Befestigungsschiene *f* [tec]; Tragschiene *f* [tec]
mounting rig Montagebock *m* [tec]
mounting robot Montageroboter *m*
mounting screw Aufbauschraube *f* [tec]; Befestigungsschraube *f* [tec]
mounting set Anbausatz *m* [tec]; Spannsatz *m* [tra]
mounting spring Befestigungsfeder *f* [tec]
mounting strap Befestigungsschelle *f* [tec]; Befestigungsbügel *m* [tec]
mounting strip Montageleiste *f* [tec]
mounting stud Befestigungseisen *n* [tec]
mounting subplate Grundplatte *f* (z.B. für Hydraulikkomponenten) [tec]
mounting support Montagebock *m*
mounting technique Montagetechnik *f*
mountings Armaturen *pl*; Befestigungsteile *pl*; Beschläge *pl* (Bauteil)
mouse Maus *f* [edv]
mouse control Maussteuerung *f* (Software) [edv]
mouse grey mausgrau (RAL 7005) [nor]
mousetrap Mausefalle *f*
mouth Mündung *f* (Röhre); Öffnung *f* (Mündung); Mund *m* [hum]
mouth of bore Bohrlochmund *m* [con]
mouth, width of - Maulweite *f* (des Brechers) [mbt]
mouthpiece Muschel *f* (Sprechmuschel) [edv]; Sprechmuschel *f* [edv]; Mundstück *n* [wer]
movability Beweglichkeit *f*
movable beweglich (bewegbar); drehbar (beweglich); fahrbar; rollfähig (z.B. alte Lok) [tra]; verstellbar (beweglich)
movable bearing Loslager *n* [tec]; Loslager *n* (gegenüber Festlager) [tec]; verschiebliches Lager *n* [tec]
movable burner Schwenkbrenner *m* [pow]
movable device auswechselbare Vorrichtung *f*
movable elements bewegliche Teile *pl* [tec]
movable hinge bewegliches Gelenk *n*
movable property bewegliche Sache *f* [jur]
movable, not - nicht rollfähig (z.B. alte Lok) [tra]

move Einzug *m* (in Wohnung); Umzug *m*; Zug *m* (in Spielen) [edv]
move abfahren *v* (wegfahren) [tra]; bewegen *v* (eines Kolbens) [tra]; bewegen *v* (fahren); entfernen *v* (sich entfernen); fließen *v* (Verkehr); fortbewegen *v*; rücken *v* (bewegen); rühren *v* [prc]; sich bewegen *v*; transportieren *v* [tra]; umschalten *v*; umsiedeln *v*; verlagern *v* (örtlich); verlegen *v* (verlagern); verschieben *v* (z.B. ein Werkstück); versetzen *v* (bewegen)
move back zurückführen *v*; zurücksetzen *v*
move forward vorrücken *v*
move into a lane einscheren *v* [tra]
moveable probe verschiebbarer Prüfkopf *m* [any]
moved bewegt
movement Bewegung *f*; Verschiebung *f*; Gang *m* (Lauf); Uhrwerk *n* [tec]
movement certificate Warenverkehrsbescheinigung *f* [tra]
mover Antrieb *m* [pow]
moves too heavy schwergängig
moving Bewegung *f* (Erdmassen); Umzug *m* (z.B. Möbel) [tra]
moving bed Wanderbett *n* (Apparat) [prc]
moving blade Laufschaufel *f* (Turbine) [pow]
moving blade row Laufschaufelkranz *m* (Turbine) [pow]
moving blading Laufbeschaufelung *f* (Turbine) [pow]
moving coil Drehspule *f* [elt]; Tauchspule *f* [elt]
moving coil instrument Drehspulinstrument *n* [any]
moving force Treibkraft *f* [phy]
moving formwork Gleitschalung *f* [bau]
moving in Einzug *m* (in Haus)
moving in opposite directions gegenläufig [tec]
moving load bewegliche Last *f* [tec]
moving member Drehkörper *m* [phy]
moving out Ausfahren *n* [tec]
moving part bewegliches Teil *n* [tec]
moving parts bewegliche Teile *pl* [tec]
moving power Treibkraft *f* [phy]
moving sidewalk Rollsteig *m* [mbt]
moving stair Rolltreppe *f* [bau]
moving staircase Fahrtreppe *f* [tra]; Rolltreppe *f* [bau]
moving stairway Fahrtreppe *f* [tra]; Rolltreppe *f* [bau]
moving traffic fließender Verkehr *m* [tra]
moving van Umzugswagen *m* (besser: Möbelwagen) [tra]
moving walk Rollsteig *m* [mbt]
moving walkway Rollsteig *m* [mbt]
moving-bed adsorber Wanderbettadsorber *m* [prc]
moving-bed drier Fließbetttrockner *m* [prc]
moving-bed reactor Wanderbettreaktor *m* [prc]
moving-iron ammeter Dreheisenmessgerät *n* (Strommessung) [any]
mow mähen *v* [far]
mower Mähmaschine *f* [far]; Mähgerät *n* [far]
mowing Schnitt *m* (Mähen) [far]

mowing machine Mähmaschine *f* [far]
much-used vielbefahren [tra]
mucilage Leim *m* [met]; Schleim *m*
muck Dung *m* [far]; humoser Boden *m* [bod]; Mischbodenaushub *m* [rec]
muckshifter Bauunternehmer *m* (im Erdbau) [eco]
mud Pampe *f*; Dreck *m* (Schlamm); Matsch *m* (Boden); Schlamm *m* (Schmutz) [rec]; Schlick *m* [was]; Schmutz *m*
mud box Schlammkasten *m* [was]
mud building Lehmbau *m* [bau]
mud coal Schlammkohle *f* [roh]
mud drum Schlammsammler *m* (Kessel) [pow]
mud filter Schlammfilter *n* [was]
mud guard Kotflügel *m* (Auto) [tra]
mud hut Lehmhütte *f* [bau]
mud pump Schlammpumpe *f* [was]
mud settling pond Schlammteich *m* [was]
mud silting Verschlammung *f* [bod]
mud tank Schlammbecken *n* [was]
mud trap Schlammfang *m* [was]
mud, get filled with - verschlammen *v* [bod]
mud-flap Schmutzfänger *m* [tra]
mud-flush spülbohren *v* [wer]
muddy morastig; schlammhaltig (schmutzig, dreckig) [was]; schmutzig (feuchter Dreck); trübe (schlammig); verschlammt (verunreinigt) [bod]
muddy ground Schlammboden *m* [bod]; verschlammter Grund *m*
muddy iron ore Eisenschlick *m* [rec]
muddy soil Schlammboden *m* [bod]; schlammiger Boden *m* [bod]
muddy water Schlammwasser *n* [was]
muddy, get - verschlammen *v* [bod]
mudflats Watt *n* (Küstenbereich)
mudguard Schmutzblech *n* [tra]; Schutzblech *n* [tra]
muff coupling Kupplungsbuchse *f* [tra]
muff joint Einsteckmuffe *f* [tec]
muffle Muffel *f* [pow]
muffle abdämpfen *v* (Geräusch) [aku]; dämpfen *v* (Schall) [aku]
muffle burner Muffelbrenner *m* [pow]
muffle furnace Muffelofen *m* [prc]
muffled dumpf [aku]; gedämpft (Geräusch) [aku]
muffler Auspuffdämpfer *m* [aku]; Auspufftopf *m* ((A) Auto) [aku]; Schalldämpfer *m* (Apparate) [tra]
muffler cut-out Auspuffklappe *f* [tra]
muffling Abdämpfung *f* [aku]; Dämpfung *f* (Schall)
muffling material Dämpfungsmaterial *n* [met]
mug Krug *m* (Bier-)
mull Mull *m* (Stoff) [met]
mullion Fensterpfosten *m* [bau]
multi slip-joint gripping pliers Wasserpumpenzange *f* [wzg]
multi-axle mehrachsig (z.B. Reisezugwagen) [tra]
multi-axle power unit mehrachsiges Triebfahrzeug *n* [tra]
multi-axle tractive unit mehrachsiges Triebfahrzeug *n* [tra]

multi-bladed circular clam Mehrschalengreifer *m* (auch Rundschacht) [mbt]
multi-bucket system vehicle Absetzkipper *m* [mbt]
multi-cellular mechanical dust separator Wabenfilter *m* [prc]
multi-chamber centrifuge Kammerzentrifuge *f* [prc]
multi-chamber system Mehrkammerausführung *f* [pow]
multi-channel recorder Mehrfachregistriergerät *n* [edv]
multi-circuit gauge isolator Manometerwahlschalter *m* [any]
multi-claw grab Mehrschalengreifer *m* (Baggerausrüstung) [mbt]
multi-colour printing Mehrfarbendruck *m*
multi-colour recorder Mehrfarbenschreibgerät *n* [edv]
multi-coloured mehrfarbig
multi-convolute expansion joint mehrwelliger Kompensator *m* [tec]
multi-core mehradrig [elt]
multi-coupling Mehrfachschaltung *f*
multi-cropping Mehrfruchtfolge *f* [far]
multi-cylinder mehrgehäusig (z.B. Turbine) [pow]
multi-disc brake Lamellenbremse *f* [tra]
multi-disc clutch Mehrscheibenkupplung *f* (trocken, in Öl laufend) [tra]
multi-disc differential Lamellendifferential *n* ((variant)) [tra]; Lamellendifferenzial *n* [tra]
multi-disc self-locking differential Lamellenselbstsperrdifferential *n* ((variant)) [tra]; Lamellenselbstsperrdifferenzial *n* [tra]
multi-disposal landfill Multideponie *f* [rec]
multi-equipment carrier Geräteträger *m*
multi-exhaust turbine mehrflutige Turbine *f* [pow]
multi-flame burner Mehrfachbrenner *m* [pow]
multi-floor building Etagenbau *m* [bau]; Mehrgeschossbau *m* [bau]
multi-fuel stove Allesbrenner *m* [pow]
multi-fuel type burner Brenner für mehrere Brennstoffe *m* [pow]; Kombinationsbrenner *m* [pow]
multi-groove mehrrillig (Keilriemen) [tec]
multi-hole nozzle Mehrlochdüse *f* [prc]
multi-jet element type soot-blower Mehrdüsenrußbläser *m* [pow]
multi-lingual mehrsprachig
multi-material recycling centre Recyclinghof *m* [rec]
multi-media communication Multimediakommunikation *f* (Software) [edv]
multi-media system Multimediasystem *n* (Software)
multi-nozzle blower Mehrdüsenrußbläser *m* [pow]
multi-nozzle soot blower Langrohrbläser *m* [pow]
multi-pass boiler Mehrzugkessel *m* [pow]
multi-pass weld Mehrlagenschweißung *f* [wer]
multi-pass welding Mehrlagenschweißung *f* [wer]
multi-plate clutch Mehrscheibenkupplung *f* (trocken, in Öl laufend) [tra]

multi-ply mehrlagig (Sperrholz, Reifen usw.) [met]
multi-ply laying Mehrlagigkeit f [met]
multi-point recorder Mehrfachregistriergerät n [edv]
multi-position switch Vielfachschalter m [elt]
multi-pressure steam turbine Mehrdruckdampfturbine f [pow]
multi-pressure turbine Mehrdruckturbine f [pow]
multi-purpose universell
multi-purpose Mehrzweck m
multi-purpose bucket Klappschaufel f (Erdaushub) [mbt]
multi-purpose building Mehrzweckgebäude n [bau]
multi-purpose carrier Mehrzweckfrachter m (Kombischiff) [tra]
multi-purpose excavator Universalbagger m
multi-purpose freight ship Mehrzweckfrachter m (Art der Ladung) [tra]
multi-purpose hall Mehrzweckhalle f [bau]
multi-purpose machine Mehrzweckmaschine f; Vielzweckmaschine f [tec]
multi-purpose oil Mehrbereichsöl n [tra]
multi-purpose ship Kombischiff n (Passagiere und Fracht) [tra]; Mehrzweckschiff n [tra]
multi-row cylindrical roller bearing mehrreihiges Zylinderrollenlager n [tec]
multi-row taper roller bearing mehrreihiges Kegelrollenlager n [tec]
multi-run welding Mehrlagenschweißung f [wer]
multi-screw extruder Mehrschneckenpresse f [prc]
multi-seam mehrflözig (z.B. mehrere Erzschichten) [roh]
multi-section edge mehrteiliges Schneidmesser n [mbt]
multi-setting mehrstufig (z.B. 1. - 3. Gang) [tra]
multi-shaft installation Mehrwellenanlage f (Turbinenanlage) [pow]
multi-speed gearbox Schaltgetriebe n [tec]; Wechselgetriebe n [tec]
multi-speed transmission gear Verteilergetriebe n [tec]
multi-spindle drilling machine Reihenbohrmaschine f [wzg]
multi-spline involute profile Vielkeilprofil n (z.B. bei Steckachse) [tec]
multi-spline joint Vielkeilwelle f (als Verbindung) [tec]
multi-spline shaft Vielkeilwelle f [tec]
multi-stage mehrstufig (z.B. Schaltung, Gebläse) [tra]; stufenlos (schaltbar) [tra]; vielstufig
multi-stage compressor Stufenverdichter m [prc]
multi-stage gearing Mehrstufengetriebe n [tec]
multi-stage lift cylinder mehrstufiger Hubzylinder m [mbt]
multi-stage pump Mehrstrompumpe f [prc]
multi-stage valve Kombinationsventil n [prc]
multi-step reduction gear Stufengetriebe n
multi-storey mehrgeschossig [bau]; mehrstöckig [bau]
multi-storey building Geschossbau m [bau]; Mehrgeschossbau m [bau]
multi-storey car park Hochgarage f [tra]
multi-storey parking garage Parkhaus n [tra]
multi-storeyed mehrstöckig [bau]
multi-teeth coupling Zahnkupplung f [tec]
multi-tip pulverized fuel burner Mehrdüsenstaubbrenner m [pow]
multi-way valve Mehrwegeventil n [prc]
multi-wire mehradrig (z.B. Messkabel) [elt]
multicellular mehrzellig [bff]; vielzellig [bff]
multicellular animals Mehrzeller m [bff]
multicellular glass Schaumglas n [met]
multicircuit scanning switch Vielfachtaster m [elt]
multicircuit switch Serienschalter m [elt]
multicolour painted mehrfarbig lackiert
multicoloured bunt; vielfarbig
multicomponent equilibrium Mehrstoffgleichgewicht n [che]
multicomponent mixture Mehrstoffgemisch n [che]; Vielstoffgemisch n [met]
multicomponent system Mehrkomponentensystem n [che]; Mehrstoffgemisch n [che]; Vielstoffgemisch n [met]
multiconductor cable Mehraderkabel n [elt]; Mehrleiterkabel n [elt]; Vielfachkabel n [elt]
multicore cable Vielfachkabel n [elt]
multicycle engine Mehrphasenmotor m [pow]
multicyclone Multizyklon m [prc]
multicylinder mehrzylindrig
multidimensional mehrdimensional
multifilament Multifilament n [met]
multiflow mehrflutig (z.B. Turbine) [pow]
multiform surface vielgestaltige Oberfläche f
multifunction element Kombinationsglied n
multigrade oil Mehrbereichsöl n (Motorenöl) [tra]
multilane street mehrspurige Straße f [tra]
multilateral multilateral
multilateral agreement multilaterales Abkommen n [jur]
multilayer mehrlagig [met]; mehrschichtig [met]; Vielschicht-
multilayer board Mehrschichtenplatte f [bau]
multilayer container Verbundpackung f
multilayer parallel winding Parallelwicklung f [elt]
multilayered mehrschichtig [met]; vielschichtig
multimedia application Multimediaanwendung f (Software) [edv]
multimeter Vielfachmessgerät n [any]
multipack Sammelpackung f
multipart mehrteilig
multiphase mehrphasig
multiphase current Mehrphasenstrom m [elt]
multiphase system Mehrphasensystem n [elt]
multiplate clutch Lamellenkupplung f [tra]
multiple mehrfach
multiple application Mehrfachgebrauch m
multiple box Mehrfachsteckdose f [elt]
multiple coil Mehrfachspule f [elt]
multiple coil condenser Intensivkühler m [prc]

multiple connector Mehrfachsteckverbinder *m*
multiple consumption Mehrfachgebrauch *m*
multiple contact Vielfachkontakt *m* [elt]
multiple crash Massenkarambolage *f* [tra]
multiple disc brake Mehrscheibenbremse *f* (Lamellenbremse) [tra]
multiple disc clutch Lamellenkupplung *f* [tra]
multiple dwelling building Mehrfamilienhaus *n* [bau]
multiple glass bottle Mehrwegflasche *f* [rec]
multiple glazing Mehrfachverglasung *f* [bau]
multiple grounding points Mehrfacherdung *f* [elt]
multiple hearth roaster Etagenofen *m*
multiple heater Mehretagenofen *m* [prc]
multiple joint Knotengelenk *n*
multiple packaging mehrfach verwendbare Verpackung *f* [rec]; Mehrwegverpackung *f* [rec]
multiple pin strip Steckerleiste *f* [elt]
multiple piston arrangement Mehrkolbenanordnung *f* [pow]
multiple product Mehrwegprodukt *n* [rec]
multiple purpose Mehrzweck *m*
multiple socket Mehrfachsteckdose *f* [elt]
multiple stroke cylinder Mehrstellungszylinder *m* [tra]
multiple system Mehrwegsystem *n* [rec]
multiple tandem control valve Blocksteuergerät *n*
multiple thread mehrgängiges Gewinde *n* [tec]
multiple transmission Mehrachsantrieb *m* [tec]
multiple usage Mehrfachgebrauch *m*
multiple use Mehrfachnutzung *f*
multiple use container Mehrwegbehälter *m* [rec]
multiple using Mehrfachnutzung *f*
multiple wire system Mehrleitersystem *n* [elt]
multiple-blade spring Mehrblattfeder *f* [tec]
multiple-disc brake Lamellenbremse *f* [tec]; Mehrscheibenbremse *f* [tec]
multiple-disc slip clutch Mehrscheibenrutschkupplung *f* [tra]
multiple-fuel firing kombinierte Feuerung *f* [pow]
multiple-hearth roaster Etagenröstofen *m*
multiple-loop feedback Mehrfachrückkopplung *f* [elt]
multiple-part mehrteilig
multiple-room dwelling Mehrraumwohnung *f* [bau]
multiple-shield high velocity thermocouple Absaugepyrometer mit Strahlungsschutz *n* [any]
multiple-sound alarm device Mehrtonalarmanlage *f* [elt]
multiple-splined shaft Vielkeilwelle *f* [tec]
multiple-stage pump Maulwurfpumpe *f* [prc]
multiple-start thread mehrgängiges Gewinde *n* [tec]
multiple-start worm mehrgängige Schnecke *f* [tec]
multiple-tube cooler Rohrbündelkühler *m* [pow]
multiple-way distributor Mehrfachverteiler *m* (für Beton) [bau]
multiplet Multiplett *n* [opt]
multiplex vielfältig
multiplex system Multiplex-System *n*

multiplication Multiplikation *f* [mat]
multiplicity Vielfalt *f*
multiplier Vervielfacher *f* [elt]; Multiplikator *m* [mat]; Verstärker *m* [elt]
multiply multiplizieren *v* (Grundrechnungsart) [mat]; vermehren *v*; vervielfachen *v*
multiply by multiplizieren mit *v* [mat]
multiplying gear Vervielfältigungsgetriebe *n* [tec]
multipolar mehrpolig [elt]
multiport swivel Drehdurchführung *f* [tra]
multiport valve Mehrwegeventil *n* [prc]; Vielwegeventil *n* [prc]
multiprogram operation Multiprogrammbetrieb *m* (Software) [edv]
multiprogramming Multiprogrammbetrieb *m* (Software) [edv]
multistep reduction gear Stufengetriebe *n* (Untersetzung) [tec]
multitude Vielzahl *f*
multivalent höherwertig [che]
multivibrator Multivibrator *m* [elt]
multiwire mehradrig [elt]
municipal kommunal; städtisch
municipal area Stadtgebiet *n*
municipal authority Ordnungsamt *n* [jur]
municipal drainage Stadtentwässerung *f* [was]
municipal dump kommunale Mülldeponie *f* [rec]
municipal environmental protection kommunaler Umweltschutz *m*
municipal landfill kommunale Mülldeponie *f* [rec]
municipal law Gemeinderecht *n* [jur]
municipal park Stadtpark *m*
municipal planning Städtebau *m* [bau]
municipal planning competence kommunale Planungshoheit *f* [jur]
municipal railway Schnellbahn *f* [tra]
municipal real estate utilization plan Bauleitplan *m* [jur]
municipal refuse Stadtmüll *m* [rec]
municipal sanitation Stadtreinigung *f* ((A))
municipal services Stadtwerke *f*
municipal sewage häusliches Abwasser *n* [was]
municipal sewage treatment plant kommunale Kläranlage *f* [was]
municipal sewerage Kommunalkanalisation *f* [was]
municipal vehicle Kommunalfahrzeug *n* [tra]
municipal waste kommunaler Abfall *m* [rec]; Siedlungsabfall *m* [rec]; Stadtmüll *m* [rec]
municipal waste disposal kommunale Abfallbeseitigung *f* [rec]; kommunale Abfallentsorgung *f* [rec]
municipal waste water kommunales Abwasser *n* [was]
municipal wastes kommunale Abfälle *pl* [rec]; Siedlungsabfälle *pl* [rec]
municipal water Leitungswasser *n* [was]
municipal water management Siedlungswasserwirtschaft *f* [was]

municipal watershed Trinkwasserschutzgebiet *n* [was]
municipal works Stadtwerke *f*
municipality Gemeinde *f* (Stadt-); Gemeindeverwaltung *f* [jur]; Kommune *f*
muntz metal Gelbmetall *n* [met]; Muntzmetall *n* [met]
murky trüb (düster)
muscle Muskel *m* [hum]
muscular muskulös [hum]
muscular system Muskulatur *f* [hum]
mushroom Pilz *m* [bff]
mushroom button Pilztaste *f*
mushroom cloud Rauchpilz *m* [air]
mushroom head Flachrundkopf *m*
mushroom head bolt Flachrundkopfschraube *f* [tec]
mushroom head push-button Pilztaster *m* [elt]
mushroom head rivet Linsenniete *f* [tec]
mushroom head square neck bolt Flachrundschraube mit Vierkantansatz *m* [tec]
mushroom head, flat - Linsenflachkopf *m* [tec]
mushroom tappet Pilzstößel *m* [tra]
mushroom-headed heavy-duty push-button Schlagtaster *m* [tec]
mushroom-type retainer Pilzsicherung *f* [tra]
music centre Kompaktanlage *f* [elt]
muslin tape Nesselband *n* [elt]
mustard Senf *m*
mustard gas Gelbkreuz *n* [che]; Lost *n* (Senfgas) [che]; Senfgas *n* [che]
mustiness Moder *m* (Modergeruch); Modergeruch *m*
musty dumpf (Geruch); moderig; vermodert [bio]
musty, get - anlaufen *v* (Oberfläche)
mutagen erbgutverändernd (Arbeitssicherheit) [hum]
mutagenic erbgutschädigend [hum]; erbgutverändernd [hum]; mutagen [bio]
mutagenicity Erbgutschädigung *f* [hum]
mutate abändern *v* (mutieren) [bio]
mutation Mutation *f* [bio]
mutation rate Mutationsgeschwindigkeit *f* [bio]
mute stumm (Sprachfehler)
mute Schalldämpfer *m* [aku]
muted gedämpft (Farbe)
mutual beidseitig (wechselseitig); gegenseitig (wechselseitig); gemeinschaftlich; wechselseitig
mutual action Synergismus *m*
mutual conductance Steilheit *f* [elt]
mutual influence wechselseitige Einwirkung *f*
mutual repulsion gegenseitige Abstoßung *f*
mutual use wechselseitige Benutzung *f*
mutualism wechselseitiger Nutzen *m*
mutuality Gegenseitigkeit *f*
mutually supporting group Solidargemeinschaft *f*

N

nail Nagel *m*
nail festnageln *v*; nageln *v* [wer]; vernageln *v*
nail drawer Kuhfuß *m* (Nagelzieher) [wzg]; Nagelzieher *m* (Kuhfuß) [wzg]
nail iron Nageleisen *n* [wzg]
nail on annageln *v*
nail puller Kuhfuß *m* (Nagelzieher) [wzg]; Nagelzieher *m* (Kuhfuß) [wzg]
nail to anschlagen *v*
nail-head Nagelkopf *m* [tec]
nail-head welding Nagelkopfschweißen *n* [wer]
nailbrush Nagelbürste *f* [wzg]
nailed genagelt
nailing batten Nagelleiste *f* (Holzleiste in Beton) [bau]
name Benennung *f* (Namen); Name *m*
name benennen *v* (Namen geben)
name badge Namensschild *n* (an Anzug)
name of a company Firmenname *m* [eco]
name of a firm Firmenname *m* [eco]
name of, in the - namens
name socket Bezeichnungshülse *f*
name-plate Namensschild *n* (an Türen); Typenschild *n*
named insured genannter Versicherter *m* (in Police) [jur]; Versicherungsnehmer *m* [jur]
naming Benennung *f* (Namen)
nanotechnology Nanotechnologie *f* [tec]
nap Noppe *f* [tec]
naphtha Naphtha *n* [che]
naphtha residue Erdölrückstand *m* [rec]
naphthalene Naphthalin *n* [che]
naphthalene dyestuff Naphthalinfarbstoff *m* [che]
naphthalin Naphthalin *n* [che]
nappe Gleitschicht *f* [geo]
narcosis Narkose *f* [hum]
narcotic narkotisch [hum]
narcotic Betäubungsmittel *n* [hum]; Narkotikum *n* [hum]
narrow knapp (eng); schmal
narrow verengen *v*
narrow film camera Schmalfilmkamera *f* [opt]
narrow fuel type range schmales Brennstoffband *n* [pow]
narrow mesh engmaschig (Drahtzaun)
narrow passage Engstelle *f* [tra]
narrow side Schmalseite *f*
narrow spacing enge Teilung *f* [con]
narrow street Gasse *f* [tra]
narrow strip Bandstahl *m* [met]
narrow V-belt Schmalkeilriemen *m* [tra]
narrow-face flange Flansch mit schmaler Dichtfläche *m* [prc]

narrow-gap welding Schutzgasengspaltschweißen *n* [wer]
narrow-gauge Schmalspur *f* (meist Eisenbahn) [tra]
narrow-gauge engine Feldbahnlokomotive *f* [tra]
narrow-gauge railroad Feldbahn *f* [tra]
narrow-gauge railway Feldbahn *f* [tra]; Kleinbahn *f* [tra]; Schmalspurbahn *f* [tra]
narrow-gauge rolling stock Feldbahnmaterial *n* [tra]
narrow-gauge track Schmalspurbahn *f* [tra]; Schmalspurstrecke *f* (der Bahn) [tra]
narrow-meshed engmaschig
narrow-section V-belt Schmalkeilriemen *m* [tra]
natality Natalität *f* (Geburtenhäufigkeit)
natality rate Natalitätsrate *f*
national national
national park Naturpark *m*
national product Sozialprodukt *n* [eco]
national product, gross - Bruttosozialprodukt *n*
nationalization Verstaatlichung *f* [eco]
nationalize sozialisieren *v* (Wirtschaft) [eco]; verstaatlichen *v* [eco]
native nativ; natürlich
native asphalt Naturbitumen *n* [met]
native element natürlich vorkommendes Element *n* [che]
native lead metallisches Blei *n*
native matrix Matrize *f* (Gegenstück beim Stanzen) [wer]
native metal Jungfernmetall *n* [met]
native soil Mutterboden *m* [bod]
native species natürlich vorkommende Substanz *f* [che]
natural nativ; natürlich (aus der Natur); naturbelassen; naturgetreu; roh (Wolle); selbstverständlich
natural beauty, site of - Naturschönheit *f*
natural coloured naturfarben
natural construction, method of - Naturbauweise *f* [bau]
natural draught Naturzug *m* [pow]
natural fibrous substance Naturfaser *f* [met]
natural gas Erdgas *n* [roh]; Naturgas *n* [roh]
natural gas plant Erdgasanlage *f* [roh]
natural gas purification Erdgasreinigung *f* [air]
natural gas, source of - Erdgasvorkommen *n* [roh]
natural gas-fired erdgasgefeuert [pow]
natural law Naturgesetz *n*; Naturrecht *n* [jur]
natural logarithm natürlicher Logarithmus *m* [mat]
natural number natürliche Zahl *f* [mat]
natural oscillation Eigenschwingung *f* [phy]
natural oscillation frequency Eigenschwingungsfrequenz *f* [phy]
natural preserve Landschaftsschutzgebiet *n*
natural radiation Eigenstrahlung *f* [phy]
natural radiation load natürliche Strahlenbelastung *f*
natural rubber Naturgummi *m* [met]; Naturkautschuk *m* [met]
natural science Naturforschung *f*; Naturwissenschaft *f*
natural selection, theory of - Selektionstheorie *f* [bff]

natural study Naturkunde *f*
natural substance Naturstoff *m* [met]
natural temperature Eigentemperatur *f* [phy]
natural uranium Natururan *n* [met]
natural vibration frequency of the foundation Fundamenteigenschwingungszahl *f* [bau]
natural vibration of the foundation block Fundamenteigenschwingungszahl *f* [bau]
natural water natürliches Wasser *n* [was]; Rohwasser *n* [was]
natural-circulation boiler Durchlaufkessel *m* [pow]; Naturumlaufkessel *m* [pow]
natural-draught boiler Kessel mit natürlichem Zug *m* [pow]; Naturzugkessel *m* [pow]
natural-draught chimney Schornstein mit natürlichem Zug *m* [air]
natural-uranium-fuelled reactor Natururanreaktor *m* (Kernreaktor) [pow]
naturalization Naturalisierung *f*
naturalize naturalisieren *v*
naturally naturgemäß
naturally aspirated selbstansaugend (Motor) [tra]
naturally occurring repository natürlicher Hohlraum *m* [geo]
nature Beschaffenheit *f*; Eigenart *f*; Natur *f*
nature condition of the soil Bodenbeschaffenheit *f* [bod]
nature conservation Naturschutz *m*
nature of surface Oberflächenbeschaffenheit *f*
nature park Naturpark *m*
nature preservation Naturschutz *m*
nature protection advisory associations Naturschutzverband *m*
nature protection authorities Naturschutzbehörden *pl* [jur]
nature protection department Naturschutzreferat *n*
nature protection levy Naturschutzabgabe *f* [jur]
nature protection, concerns of - Belange des Naturschutzes *pl*
nature reserve Naturschutzgebiet *n*
nature resource Naturgut *n* (Denkmal)
nature-protecting use naturschonende Nutzung *f*
navigable befahrbar [tra]; schiffbar [tra]
navigable channel Fahrrinne *f* (Wasserstraße) [tra]
navigate befahren *v* (Wasserweg) [tra]; steuern *v* [tra]
navigation Schifffahrt *f* [tra]
navigation bridge Kommandobrücke *f* (auf Schiff) [tra]
navigation light Positionslampe *f* [tra]
navigation lock Sperrschleuse *f* [was]
navvy Erdarbeiter *m* [bau]
navy-yard Reparaturwerft *f* [tra]; Schiffsreparaturwerft *f* [tra]
NC drill NC-Bohrwerk *n* [wzg]
NC drilling machine NC-Bohrmaschine *f* [wzg]
NC programming NC-Programmierung *f* [wzg]
NC tool machine NC-Maschine *f* (mit Lochstreifen) [wzg]

NC turning lathe NC-Drehmaschine *f* [wzg]
near nah
near miss Fastunfall *m* (fast ein Zusammenstoß) [tra]
near region Nahbereich *m*
near to the surface oberflächennah
near-earth erdnah (z.B. Umlaufbahn)
near-sighted kurzsichtig [hum]
nearest nächstgelegen
neat plaster Putz ohne Zuschlagstoffe *m* [bau]
neatly ordentlich (geordnet)
neatness Sauberkeit *f*
necessary erforderlich; nötig; notwendig; zwangsläufig (notwendig)
necessary article Bedarfsgegenstand *m*
necessity Notwendigkeit *f*
neck Hals *m*; Kragen *m*
neck bearing Halslager *n* [tec]
neck bush Grundbuchse *f* [tec]
neck down verstrecken *v* (Kunststofffäden) [met]
neck journal Halslager *n* [tec]
neck journal bearing Halslager *n* [tec]
neck pipe Halsrohr *n*
necked-down bolt Dehnschraube *f* (Schraube mit Dehnschaft) [tec]; Dehnbolzen *m* [tec]
necked-in opening Einhalsung *f*
necked-out opening Aushalsung *f*
necking Einschnürung *f* (Querschnittsverminderung); Verminderung *f* (Querschnitt) [con]; Verstreckung *f* [met]
neckjournal Halslager *n* [tec]
need Bedarf *m*; Mangel *m* (Not)
need brauchen *v* (benötigen)
need for swiftness Eilbedürftigkeit *f* [jur]
need repairing reparaturbedürftig
need, meet the - abhelfen *v* (Bedürfnis)
needle Nadel *f*; Nähnadel *f* [wzg]; Zeiger *m* (Instrument)
needle bearing Nadellager *n* [tec]; Wälzlager *n* [tec]
needle bearing bush Nadelhülse *f* (Lager) [tec]
needle butt Nadelfuß *m* [tec]
needle cage Nadelbuchse *f* [tec]; Nadelkäfig *m* [tec]
needle diagram Nadeldiagramm *n* [con]
needle iron ore Nadeleisenerz *n* [roh]
needle lubricator Tropföler *m* [tec]
needle ore Nadelerz *n* [roh]
needle printer Nadeldrucker *m* [edv]
needle roller bearing Nadellager *n* [tec]
needle roller bearing with inner ring Nadellager mit Innenring *n* [tec]
needle shaped nadelförmig
needle sleeve Nadelhülse *f* [tec]
needle valve Feineinstellventil *n*; Nadelventil *n*
needle, point of a - Nadelspitze *f*
needless unnötig
negative minus [elt]; negativ
negative Negativ *n* (z.B. von Foto)
negative conductor Minusleiter *m* [elt]
negative electrode Kathode *f* [elt]; Minuselektrode *f* [elt]; negative Elektrode *f* [elt]

negative feedback Gegenkopplung *f*; negative Rückwirkung *f*
negative image Negativbild *n*
negative ion negatives Ion *n* [che]
negative plate Minuselektrode *f* [elt]
negative pole Minuspol *m* [elt]
negative ray Kathodenstrahl *m* [elt]
negative report Fehlanzeige *f* (Meldung über Unrichtigkeit) [any]
negative run gegensinniger Lauf *m* [tec]
negative sign Minuszeichen *n* [mat]
negatively charged negativ geladen
neglect vernachlässigen *v*
neglected unberücksichtigt
negligence Fahrlässigkeit *f* [jur]; fahrlässiges Verschulden *n* [jur]
negligence liability Verschuldenshaftung *f* [jur]
negligence, contributory - Mitverschulden *n* [jur]
negligent fahrlässig
negotiable befahrbar (für bestimmte Waggons) [tra]; übertragbar [eco]
negotiate befahren *v* (von Kurven, Sohlen) [tra]; verhandeln *v*
negotiate, able to - curves kurvengängig [tra]
negotiated vereinbart
negotiation Besprechung *f* (Verhandlung); Unterhandlung *f*; Verhandlung *f*
neighbour Anrainer *m*; Nachbar *m*
neighbour angrenzen *v*
neighbour protection Nachbarschutz *m*
neighbourhood Gegend *f* (Umgebung); Nachbarschaft *f*; Umgebung *f*
neighbourhood noise Umgebungslärm *m* [aku]
neighbourhood recycling centre lokale Abfallsammelstelle *f* [rec]; Recyclinghof *m* [rec]
neighbourhood, living in the - umwohnend
neighbouring benachbart
neighbouring plot of land Nachbargrundstück *n*
neighbourly nachbarschaftlich
neighbourly help Nachbarschaftshilfe *f*
neodym Neodym *n* (chem. El.: Nd) [che]
neon Neon *n* (chem. El.: Ne) [che]
neon advertising sign Leuchtreklame *f*
neon glow lamp Glimmlampe *f* [elt]
neon lamp Neonröhre *f* [elt]
neon light Neonbeleuchtung *f* [elt]; Neonlicht *n* [elt]
neon lighting Neonbeleuchtung *f* [elt]
neon tube Leuchtröhre *f* [elt]; Neonröhre *f* [elt]
neon-filled lamp Glimmlampe *f* [elt]
neon-sign letter Leuchtbuchstabe *m*
neoprene Neopren *n* [che]
nep Noppe *f* (kleine Knötchen)
nephelometer Trübungsmesser *m* [any]
nephelometry Trübungsanalyse *f* [any]; Trübungsmessung *f* [any]
neptunium Neptunium *n* (chem. El.: Np)
nerve Nerv *m* [hum]
nerve cell Nervenzelle *f* [hum]
nerve gas Nervengas *n* [met]

nervous zerfahren (nervös, durcheinander) [hum]
nest Nest *n*
nest schachteln *v*; verschachteln *v* [wer]
nest die Mutterkokille *f* [met]
nest of cooler tubes Kühlrohrbündel *m* [pow]
nest of tubes Rohrbündel *n* [prc]
nest of tubes for cooler Kühlerschlangen *pl* [tra]
nested verschachtelt [wer]
nested arrangement geschachtelte Anordnung *f* [con]; verschachtelte Anordnung *f* [con]
nested type radial seal Radialstopfbüchse *f* [tec]
nesting Schachtelung *f*; Positionieren *n* (Teile auf Platte) [wer]; Verschachteln *n*
nesting ring Einlegering *m*
net netzartig
net Gitter *n* (Drahtnetz) [met]; Netz *n* (allgemein)
net vernetzen *v*
net calorific value unterer Heizwert *m* [che]
net charge Gesamtladung *f* [elt]
net energy Nutzenergie *f* [phy]
net generation Nettoleistung *f* [pow]
net load Nettolast *f* [phy]; Nutzlast *f*
net mass Nettomasse *f* [phy]
net principle Nettoprinzip *n*
net production Nettoproduktion *f*
net profit Gewinn nach Steuern *m* [eco]
net radiation Nettostrahlung *f* [phy]
net result Endresultat *n*
net retention Selbstbehalt *m* [jur]
net weight Eigengewicht *n*; Füllgewicht *n* (Gewicht des Inhalts); Nettogewicht *n* [tec]; Reingewicht *n* [phy]
net-shaped electrode Netzelektrode *f* [elt]
netting Geflecht *n* (Bewehrung) [bau]
network Schaltung *f* [elt]; Netz *n* (Netzwerk) [elt]; Netzwerk *n* (bei Computern) [edv]; Stromnetz *n* [elt]
network vernetzen *v* [edv]
network application Netzwerkanwendung *f* [edv]
network area Netzebene *f* [edv]
network controlling Netzleittechnik *f* [elt]
network failure Netzausfall *m* [elt]
network level Netzebene *f* [edv]
network load Netzlast *f* [pow]
network of mains Leitungsnetz *n* (Gas, Wasser) [pow]
network of sewers Kanalisationsnetz *n* [was]
network of waterways Wasserstraßennetz *n* [tra]
network plan Netzplanung *f* [con]; Netzplan *m* [con]
network polymer Netzpolymer *n* [che]
network protection Netzschutz *m* [elt]
network stabilizing equipment Netzstabilisierungseinrichtung *f* [elt]
network-dependent netzabhängig
networked vernetzt [edv]
networking Vernetzung *f* [edv]
neuronal network neuronales Netz *n*
neurotoxin Nervengift *n* [hum]; Neurotoxin *n* [hum]

neutral inaktiv; neutral (pH-Wert) [che]; ungeladen [elt]
neutral Leerlauf m [tra]
neutral axis neutrale Faser f (bei gebogenem Blech) [con]; Nulllinie f
neutral carbonate einfachkohlensauer [che]
neutral conductor Nullleiter m [elt]
neutral conductor rail Nullleiterschiene f [elt]
neutral connection Sternpunktverbindung f [elt]
neutral earthing Sternpunkterdung f ((B)) [elt]
neutral gear Freilauf m [tra]
neutral grey mattgrau
neutral in smell geruchsneutral
neutral point Neutralpunkt m [che]; Nullpunkt m (Elektrotechnik); Sternpunkt m (Leiter) [elt]
neutral position Leerlaufstellung f [tra]; Mittelstellung f; Nullstellung f; Ruhelage f; Ruhestellung f
neutral reaction, show a - neutral reagieren v [che]
neutral salt Neutralsalz n
neutral soap Neutralseife f
neutral soil neutraler Boden m [bod]
neutral wire Mittelleiter m [elt]; Nullleiter m [elt]
neutral zone neutrale Zone f (eines Biegeteils) [met]
neutrality Neutralität f [che]
neutralization Entsäuerung f [che]; Neutralisation f [che]; Neutralisierung f [che]
neutralization agent Entsäuerungsmittel n [che]
neutralization facility Neutralisationsanlage f [was]
neutralization plant Neutralisationsanlage f [was]
neutralize neutralisieren v [che]
neutralizing Binden n (Säure)
neutron Neutron n [phy]
neutron absorber Absorbermaterial n (Neutronen-) [pow]
neutron absorption Neutronenabsorption f [phy]
neutron absorption cross section Neutronenabsorptionsquerschnitt m [phy]
neutron beam Neutronenstrahl m [phy]; Neutronenbündel n [phy]
neutron beam reactor Neutronenstrahlreaktor m (Kerntechnik) [pow]
neutron bombardment Neutronenbeschuss m [phy]
neutron capture Neutroneneinfang m [phy]
neutron density Neutronendichte f [phy]
neutron flux density Neutronenflussdichte f [phy]
neutron gas Neutronengas n
neutron generator Neutronengenerator m [phy]
neutron leakage Neutronenausfluss m [phy]
neutron radiation Neutronenstrahlung f [phy]
neutron ray Neutronenstrahl m [phy]
neutron shield Neutronenschutz m [phy]
neutron source Neutronenquelle f [phy]
neutron spectrometer Neutronenspektrometer n [any]
neutron spectroscopy Neutronenspektroskopie f [any]
neutron weapon Neutronenwaffe f
neutron yield Neutronenausbeute f [phy]
neutrons, source of - Neutronenquelle f [phy]
new neuartig; ungebraucht

new business, acquiring - Akquisitionstätigkeit f [eco]
new orders, getting - Akquisitionstätigkeit f [eco]
new parts Neuteile pl
newcomer Anfänger m
newel Kopfstück n (an Balustrade) [mbt]
news Meldung f (Nachricht); Nachricht f
news blockage Nachrichtensperre f
Newtonian liquid Newtonsche Flüssigkeit f [phy]
next door benachbart (nächstes Grundstück)
next of kin nächste Angehörige pl (Verwandte)
next to neben (z.B. neben der Schweißnaht)
next to each other nebeneinanderliegend
nib Feder f (Schreib-)
nibble nibbeln v [wer]
nibbled genibbelt [wer]
nibbler Aushauschere f [wzg]; Knabber m [wzg]
nibbling machine Nibbelmaschine f [wzg]
niche Nische f
nick Kerbe f (Einkerbung); Einschnitt m (Einkerbung); Falz m (Nut, Rille)
nick einkerben v (Kerbe herstellen) [wer]; kerben v (einkerben)
nick joint Kerbverbindung f [elt]
nickable cable lug Kerbkabelschuh m [elt]
nicked eingekerbt
nickel Nickel n (chem. El.: Ni) [che]
nickel vernickeln v [met]
nickel alloys Nickel-Basis-Legierungen pl [met]
nickel anode Nickelanode f [met]
nickel bath Nickelbad n
nickel billets Nickelknüppel m [met]
nickel cathode Nickelkathode f [met]
nickel chromium Nickelchrom n [met]
nickel copper Nickelkupfer n [met]
nickel hydride accumulator Nickelhydrid-Akkumulator m [elt]
nickel iron Nickeleisen n [met]
nickel manganese Nickelmangan n [met]
nickel mate Nickelstein m [met]
nickel ore Nickelerz n [roh]
nickel pellets Nickelkugeln pl [met]
nickel powder Nickelpulver n [met]
nickel scrap Nickelschrott m [met]
nickel sheet Nickelblech n [met]
nickel silver Neusilber n [met]
nickel steel Nickelstahl m [met]
nickel-cadmium accumulator Nickel-Cadmium-Akkumulator m [elt]
nickel-plated vernickelt [met]; vernickelt [met]
nickel-steel turnings Nickelstahlspäne pl [met]
nickeliferous steel Nickelstahl m [met]
nickeling Vernickelung f [met]
nicking tong Kerbzange f [wzg]
nicking tool Kerbwerkzeug n [elt]
nicotine content, with a low - nikotinarm
night blue nachtblau (RAL 5022) [nor]
night flight Nachtflug m [tra]
night flight ban Nachtflugverbot n

night flight limitation Nachtflugbeschränkung *f* [tra]
night flight restriction Nachtflugbeschränkung *f* [tra]
night shift Nachtarbeit *f* (Nachtschicht) [eco]; Nachtschicht *f* [eco]
night storage heater Nachtspeicherofen *m* [elt]
night train Nachtzug *m* [tra]
night work Nachtarbeit *f* [eco]
night's sleep Nachtruhe *f*
night-blind nachtblind
night-blindness Nachtblindheit *f*
nimble flink (rasch)
niobium Niob *n* (chem. El.: Nb) [che]
nip roller Quetschwalze *f* [tec]
nipper pliers Beißzange *f* (Kneifzange) [wzg]; Kneifzange *f* (Beißzange) [wzg]
nippers Beißzange *f* [wzg]; Froschklemme *f*; Kneifzange *f* [wzg]
nipple Schraubverbindung *f* [tec]; Warze *f* [tec]; Nippel *m* [tec]; Rohrstutzen *m* [tec]; Schmierkopf *m* [tec]; Schraubstutzen *m* [tec]; Anschlussstück *n*
nipple joint Nippelverbindung *f* [tec]
nipple plate Warzenblech *n* [tec]
niter Kaliumnitrat *n* ((A)) [che]
nitrate Nitrat *n* [che]
nitrate nitrieren *v* [che]
nitrate elimination Nitratentfernung *f* [che]
nitrate enrichment Nitratanreicherung *f*
nitrate fertilizer Salpeterdünger *m* [met]
nitrate leaching Nitratauswaschung *f*
nitrate removal plant Nitratentfernungsanlage *f* [was]
nitrate uptake Nitrataufnahme *f*
nitrated cellulose Nitrocellulose *f* [che]
nitrating nitrierend [che]
nitrating plant Nitrieranlage *f* [prc]
nitration Nitrierung *f* [che]; Nitrieren *n* [che]
nitre Kaliumnitrat *n* ((B)) [che]; Salpeter *n* [che]
nitric salpetersauer [che]
nitric acid Salpetersäure *f* [che]
nitric acid plant Salpetersäureanlage *f* [prc]
nitric oxide Stickoxid *n* [che]
nitridation Nitrierung *f* [met]
nitride nitrierhärten *v* [met]
nitriding Nitrierung *f* [met]; Nitrieren *n* [met]
nitriding hardness depth Nitrierhärte *f* [met]; Nitriertiefe *f* [met]
nitriding process Nitrierhärtung *f* [met]
nitriding steel Nitrierstahl *m* [met]
nitrifiable nitrierbar [bio]
nitrification Nitrierung *f* [bio]; Nitrifikation *f* [was]; Nitrifizierung *f* [was]
nitrification plant Nitrifikationsanlage *f* [was]
nitrify nitrieren *v* [bio]; nitrifizieren *v* [bio]
nitrifying nitrierend [bio]
nitrifying Nitrieren *n* [bio]
nitrifying bacteria nitrifizierende Bakterien *pl* [bio]; Stickstoffbakterien *pl* [bio]
nitrile rubber Nitrilkautschuk *m* [che]
nitro metal Metallnitrid *n* [che]

nitrobacteria Nitrobakterien *pl* [bio]
nitrobenzene Nitrobenzol *n* [che]
nitrocellulose Nitrocellulose *f* [che]; Cellulosenitrat *n* [che]
nitrocellulose lacquer Cellulosenitratlack *m* [che]; Nitrolack *m* [che]
nitrogen Stickstoff *m* (chem. El.: N) [che]
nitrogen accumulator Blasenspeicher *m* (zum Kettenspannen) [tec]
nitrogen bonding, biological - biologische Stickstoffbindung *f* [bff]
nitrogen chemical processes Stickstoffchemie *f* [che]
nitrogen content Stickstoffgehalt *m*
nitrogen cycle Stickstoffkreislauf *m* [bff]
nitrogen determination Stickstoffbestimmung *f* [any]
nitrogen dioxide Stickstoffdioxid *n* [che]
nitrogen fertilization Stickstoffdüngung *f* [far]
nitrogen fertilizer Stickstoffdünger *m* [met]
nitrogen oxide Stickstoffoxid *n* [che]
nitrogen oxide removal plant Entstickungsanlage *f* [pow]
nitrogen, free of - stickstofffrei
nitrogen, low in - stickstoffarm [che]
nitrogen, organic - organischer Stickstoff *m* [che]
nitrogen-hardening Nitrierhärtung *f* [met]
nitrogenous stickstoffhaltig
nitrogenous, highly - stickstoffreich
nitroglycerine Nitroglycerin *n* [che]
nitrosteel Nitrierstahl *m* [met]
nitrous acid salpetrige Säure *f* [che]
nitrous waste gas Nitroseabgas *n* [air]
no growth Nullwachstum *n*
no-go dimension Ausschussmaß *n* [any]
no-go gauge Schlechtlehre *f* [any]
no-load characteristic Leerlaufkennlinie *f* [pow]
no-load circuit breaker Leerschalter *m* [elt]
no-load connector Leerschalter *m* [elt]
no-load current Leerlaufstrom *m* [elt]
no-load excitation Leerlauferregung *f* [elt]
no-load operation Leerlauf *m* [pow]; Leerlaufbetrieb *m* [pow]
no-load speed Leerlastdrehzahl *f* [pow]
no-load test Leerlaufprüfung *f* [any]; Leerlaufversuch *m* [any]
no-weathering exposure feuchtigkeitsgeschützt
nobble behandeln *v* (Steine)
nobelium Nobelium *n* (No) [che]
noble edel [met]
noble gas Edelgas *n* [che]
noble metal Edelmetall *n* [met]
node Knoten *m* (Knotenpunkt); Knotenpunkt *m* (von Schwingungen) [elt]
node network Knotennetz *n* [edv]; Sternnetz *n* [elt]
nodular cast iron Sphäroguss *m* [met]
nodular graphite Kugelgrafit *m* ((variant)) [met]; Kugelgraphit *m* [met]
nodular spheroidal graphite cast iron Gusseisen mit Kugelgrafit *n* ((variant)) [met]; Gusseisen mit Kugelgraphit *n* [met]

nodule Blase *f* (Glas) [met]; Knolle *f* (Noppe) [tec]; Noppe *f* (Knolle) [tec]; Knoten *m*
noise Unruhe *f* (Lärm); Krach *m* [aku]; Lärm *m* (Geräusch) [aku]; Laut *m* (Geräusch) [aku]; Geräusch *n* (unerwünschtes -) [aku]; Rauschen *n* [aku]
noise abatement Dämpfung *f* (Schall) [aku]; Geräuschbekämpfung *f* [aku]; Lärmbekämpfung *f* [aku]; Lärmminderung *f* [aku]; Lärmschutz *m* [aku]
noise abatement plan Lärmminderungsplan *m* [aku]
noise abating steel lärmdämpfender Stahl *m* [met]
noise absorbing package Geräuschdämpfungspaket *n* (Stadtschall) [aku]
noise absorption Geräuschdämpfung *f* [aku]
noise analysis Geräuschanalyse *f* [aku]
noise attenuation Geräuschdämpfung *f* [aku]; Lärmdämpfung *f* [aku]; Schalldämpfung *f* [aku]
noise background Geräuschhintergrund *m* [aku]
noise barrier window Lärmschutzfenster *n* [aku]
noise caused by aircraft Fluglärm *m* [aku]
noise caused by industry Gewerbelärm *m* [aku]
noise caused by vehicles Fahrgeräusch *n* [tra]
noise charge Lärmabgabe *f* [aku]
noise component Rauschanteil *m* [elt]
noise control Geräuschbekämpfung *f* [aku]; Schallschutz *m* [aku]
noise control booth Schallschutzkabine *f* [aku]
noise control equipment Schallschutzeinrichtung *f* [aku]
noise damping Lärmdämpfung *f* [aku]
noise decrease Geräuschreduzierung *f* [aku]
noise diminution Lärmminderung *f* [aku]
noise disturbance Lärmbelästigung *f* [aku]
noise echo Störecho *n* [elt]
noise effect Lärmwirkung *f* [aku]
noise emission Lärmemission *f* [aku]
noise emission level Schalleistungspegel *m* [aku]
noise exposure forecast Lärmbelastungsprognose *f* [aku]
noise factor Rauschzahl *f* [aku]; Geräuschfaktor *m* [aku]; Rauschfaktor *m* [aku]
noise figure Rauschzahl *f* [aku]
noise filter Geräuschfilter *m* [aku]
noise generation Geräuschverursachung *f* [aku]
noise immission Lärmimmission *f* [aku]
noise insulation Geräuschdämmung *f* [aku]; Lärmisolierung *f* [aku]; Lärmschutz *m* [aku]; Schallschutz *m* [aku]
noise insulation, active - aktiver Schallschutz *m* [aku]
noise intensity Lärmintensität *f* [aku]
noise irradiation Lärmabstrahlung *m* [aku]
noise level Lärmintensität *f* [aku]; Geräuschpegel *m* [aku]; Lärmpegel *m* [aku]; Rauschpegel *m* [aku]; Schalleistungspegel *m* [aku]; Störpegel *m* [aku]; Störuntergrund *m* (Geräuschpegel) [aku]; Störgeräuschpegel *n* [aku]
noise level, corrected - korrigierter Schallpegel *m* [aku]

noise limit standards, EC-wide - EG-einheitliche Geräuschgrenzwerte *pl* [jur]
noise limit value Geräuschgrenzwert *m* [aku]; Lärmgrenzwert *m* [aku]
noise limit values, EC-standardized - EG-einheitliche Geräuschgrenzwerte *pl* [jur]
noise limiter Geräuschbegrenzer *m* [aku]
noise load Geräuschbelastung *f* [aku]
noise measurement Geräuschmessung *f* [any]
noise measuring Geräuschmessung *f* [any]; Lärmmessung *f* [aku]
noise meter Geräuschmesser *m* [any]
noise nuisance Lärmbelästigung *f* [aku]; Lärmbelastung *f* [aku]
noise number Rauschzahl *f* [aku]
noise pattern Rauschbild *n*
noise pollution Lärmbelästigung *f* [aku]; Lärmbelastung *f* [aku]
noise pollution level Lärmniveau *n* [aku]
noise prevention Lärmschutz *m* [aku]
noise prevention barrier Lärmschutzwand *f* [aku]
noise prevention measure Lärmschutzmaßnahme *f* [aku]
noise prevention wall Lärmschutzwand *f* [aku]
noise prevention window Lärmschutzfenster *n* [aku]
noise protection Lärmschutz *m* [aku]
noise rating Geräuschstärke von Produkten *f* [aku]
noise reduction Geräuschabsorption *f* [aku]; Geräuschreduzierung *f* [aku]; Lärmbekämpfung *f* [aku]; Lärmminderung *f* [aku]; Lärmreduzierung *f* [aku]
noise reduction mat Lärmdämmplatte *f* [aku]
noise reduction plan Lärmminderungsplan *m* [aku]
noise register Lärmkataster *n* [aku]
noise signal Rauschsignal *n* [aku]
noise source Lärmquelle *f* [aku]
noise suppression Geräuschdämpfung *f* [aku]; Geräuschunterdrückung *f* [aku]; Störschutz *m* [elt]
noise suppression assembly Entstörerbaugruppe *f* [tra]
noise suppressor Geräuschfilter *m* [aku]
noise threshold Lärmschwelle *f* [aku]; Rauschschwelle *f* [aku]
noise transmission Geräuschübertragung *f* [aku]; Lärmübertragung *f* [aku]
noise tuning Rauschabstimmung *f* [elt]
noise unit Geräuscheinheit *f* [aku]
noise, ambient - Umgebungsgeräusch *n* [aku]
noise, make a - lärmen *v* [aku]
noise, source of - Lärmquelle *f* [aku]
noise-absorbing geräuschdämmend [aku]
noise-absorbing plate Dämmplatte *f* [met]
noise-and-number index Lärmbelästigungsmaß *n* (Fluglärm) [aku]
noise-controlling geräuschdämmend [aku]
noise-deadening schalldämpfend [aku]
noise-insulation window Schallschutzfenster *n* [aku]
noise-protection facilities Lärmschutzanlagen *pl* [aku]

noise-protection systems Lärmschutzanlagen *pl* [aku]
noise-protection window Schallschutzfenster *n* [bau]
noise-reduced lärmgemindert [aku]
noiseless geräuschlos [aku]; leise [aku]; ruhig (geräuschlos); still (geräuschlos)
noiselessness Geräuschlosigkeit *f* [aku]
noisy geräuschvoll [aku]; laut [aku]
noisy running geräuschvoller Lauf *m*
nomenclature Benennung *f* (Nomenklatur); Nomenklatur *f*
nominal nominell
nominal acceleration time Nennanlaufzeit *f*
nominal bore Nennweite *f* [con]
nominal capacity Nennleistung *f* [pow]
nominal condition Sollzustand *m*
nominal consumption Nennaufnahme *f* [elt]
nominal cross section Nennquerschnitt *m* [con]
nominal curve Sollkurve *f*
nominal data Sollwert *m* (Nominalwert, z.B. Kolbenhub)
nominal diameter Nennweite *f* [con]; Nenndurchmesser *m* [con]; Solldurchmesser *m* [con]
nominal dimension Nennabmessung *m* [con]; Sollmaß *n* [con]
nominal dimension, specified - Vorgabemaß *n* [con]
nominal flow rate Nenndurchsatz *m* [prc]
nominal grading curve Idealsiebkurve *f* [prc]
nominal line Kennlinie *f* (z.B. von Ventilen, Pumpen) [prc]
nominal load Nennbelastung *f* [phy]; Nennlast *f* [pow]
nominal measurement Richtmaß *n* [any]
nominal output Nennförderleistung *f* [prc]; Nennleistung *f* [pow]; Sollleistung *f* [con]
nominal power Nennlast *f* [pow]
nominal pressure Nenndruck *m* [prc]
nominal range Nennbereich *m*
nominal situation Nennlage *f* [con]
nominal size Nennweite *f* [con]; Sollgröße *f* [con]; Nennmaß *n* [con]; Normalmaß *n*; Schnittmaß *n* [con]; Sollmaß *n* [con]
nominal speed Nenndrehzahl *f* [pow]
nominal stress Nennbeanspruchung *f* [phy]; Nennspannung *f* [tec]
nominal stroke Nennhub *m* [tra]; Nominalhub *m* [tra]
nominal thread Gewindenennwert *m* [con]
nominal torque Nenndrehmoment *n* [tec]
nominal value Nennwert *m*; Nominalwert *m*; Sollwert *m*
nominal voltage Nennspannung *f* [elt]
nominal volume Nenninhalt *m*
nominal wall thickness Soll-Wanddicke *f* [con]
nominal width Nennweite *f* [con]
non-abrasiveness Abriebfestigkeit *f* [met]
non-absorbent hydrophob
non-availability Nichtverfügbarkeit *f*
non-balanced unausgeglichen

non-breakable connection nicht lösbare Verbindung *f* [tec]
non-built-up unverbaut
non-caking nicht backend (z.B. Kohle) [met]
non-caking coal magere Kohle *f* [roh]; Magerkohle *f* [met]
non-central dezentral
non-chargeable gebührenfrei
non-chokable pump Freistrompumpe *f* [prc]
non-circular unrund
non-clogging pump Freistrompumpe *f* [prc]
non-cohesive kohäsionslos
non-colour-fast farbempfindlich (nicht farbecht)
non-combustibility Unbrennbarkeit *f*
non-combustible unbrennbar
non-compensated unausgeglichen
non-composted fraction nicht kompostierte Fraktion *f* [rec]
non-condensing turbine Gegendruckturbine *f* [pow]; Vorschaltgegendruckturbine *f* [pow]
non-conducting nichtleitend [elt]
non-conducting composition Isoliermasse *f* [met]
non-conducting material Isoliermasse *f* [met]; Isoliermittel *n* [met]
non-conductor Isolator *m* [elt]; Nichtleiter *m* [elt]; schlechter Leiter *m* [elt]
non-consolidated nicht konsolidiert [eco]; nicht konsolidiert [eco]
non-contact berührungslos
non-contact measurement berührungslose Messung *f* [any]
non-contact pick up Induktivaufnehmer *m* [elt]
non-contact probe berührungslose Sonde *f* [any]
non-contact scanning berührungslose Prüfung *f* [any]
non-contact seal berührungsfreie Dichtung *f*
non-contaminated unbelastet; unverschmutzt
non-corroding korrosionsbeständig; korrosionsfest; korrosionsfrei
non-corrosive nicht ätzend [met]
non-cutting spanlos
non-dazzle blendfrei
non-degradable material nicht abbaubares Material *n* [bio]
non-deposit bottle Einwegflasche *f*
non-deposit packing Einwegverpackung *f*
non-destructive zerstörungsfrei
non-destructive determination zerstörungsfreie Untersuchung *f* [any]
non-destructive distillation schonende Destillation *f* [che]
non-destructive examination zerstörungsfreie Prüfung *f* [any]
non-destructive material testing zerstörungsfreie Baustoffprüfung *f* [any]
non-destructive materials testing zerstörungsfreie Werkstoffprüfung *f* [any]
non-destructive test zerstörungsfreie Prüfung *f* [any]
non-destructive testing zerstörungsfreie Prüfung *f* [any]

non-destructive testing of materials zerstörungsfreie Werkstoffprüfung *f* [any]
non-destructive-testing lines zerstörungsfreie Prüfmaschinen *pl* [any]
non-disposable recycelbar [rec]
non-drive end Gegenantriebsseite *f* [tec]; Nichtantriebsseite *f* [tec]
non-driven roll mitlaufende Rolle *f* [tec]
non-driven wheel Laufrad *n* [tec]
non-ductile undehnbar
non-effective unwirksam
non-electrolyte Nichtelektrolyt *m* [elt]
non-electrolytic nicht elektrolytisch
non-enclosed type offene Ausführung *f*
non-evaporable water chemisch gebundenes Wasser *n* [che]
non-explosive nicht explosiv
non-ferrous eisenfrei
non-ferrous metal Buntmetall *n* (Kupfer, Messing, Bronze) [met]; NE-Metall *n* (Bunt-, Nicht-Eisenmetall) [met]; Nichteisenmetall *n* [met]
non-ferrous metallurgy Buntmetallurgie *f* [met]
non-ferrous scrap metal NE-Altmetall *n* [met]
non-ferrous semis NE-Metallhalbzeuge *pl* [met]
non-ferrous thermal metallurgy thermische Nichteisenmetallurgie *f* [met]
non-fissionable nicht spaltbar [che]
non-flammability Flammbeständigkeit *f*
non-flammable nicht brennbar [che]; nicht entflammbar
non-floating spielfrei (kein axiales Spiel) [tec]
non-fused earth Schutzerde *f* [elt]
non-galvanized unverzinkt [met]
non-gangwayed compartment coach Abteilwagen *m* [tra]
non-gassing coal gasarme Kohle *f* [roh]
non-glare blendfrei
non-glaring Blendfreiheit *f*
non-government organizations nicht-staatliche Organisationen *pl*
non-governmental nicht staatlich *f*
non-governmental organization Nicht-Regierungsorganisation *f*
non-halogenated halogenfrei [che]
non-harmful unschädlich
non-homogeneous durchwachsen (inhomogen)
non-indigenous nicht einheimisch
non-inductive induktionsfrei
non-inflammable nicht brennbar [che]; nicht entflammbar; unbrennbar (nicht entzündbar); unentflammbar [met]
non-insulated unisoliert [elt]
non-insured hazards nicht versicherte Risiken *pl* [jur]
non-interacting rückwirkungsfrei
non-linear nichtlinear
non-linear capacitance nichtlineare Kapazität *f* [elt]
non-linear distortion nichtlineare Verzerrung *f* [elt]
non-linear optimization nichtlineare Optimierung *f* [mat]

non-linearity Nichtlinearität *f*
non-locating bearing Einstelllager *n* [tec]; Loslager *n* [tec]
non-luminous radiation nicht leuchtende Strahlung *f* [phy]
non-machined unbearbeitet [wer]
non-magnetic antimagnetisch; unmagnetisch [phy]
non-manufacturing work Hilfsarbeiten *pl*
non-member Nichtmitglied *n*
non-metal Nichtmetall *n* [met]
non-metallic nicht metallisch
non-metallic element Nichtmetall *n* [che]
non-metallic strapping Kunststoffband *n*; Kunststoffverpackungsband *n*; Verpackungsband aus Kunststoff *n* [met]
non-metalliferous nicht metallisch; nichtmetallhaltig
non-miscibility Nichtmischbarkeit *f*
non-miscible unmischbar
non-Newtonian liquid nicht-Newtonsche Flüssigkeit *f* [phy]
non-oily nicht ölig
non-operating income betriebsfremde Einnahmen *pl* [eco]
non-oscillating schwingungsfrei
non-payment Nichtzahlung *f* (der Prämie) [eco]
non-permanent flüchtig
non-permanent magnet fremderregter Magnet *m* [phy]
non-persistent nicht beständig [che]
non-point source diffuse Quelle *f*
non-poisonous giftfrei; ungiftig
non-polar unpolar
non-polar bond unpolare Bindung *f* [che]
non-pollutant packaging umweltfreundliche Verpackung *f* [rec]
non-polluted unbelastet
non-porous blasenfrei; porenfrei
non-pressure valve Leerlaufventil *n* [tra]
non-productive unproduktiv
non-radioactive nicht radioaktiv [phy]
non-recurring income einmalige Einnahmen *pl* [eco]
non-reflecting blendfrei; reflexfrei [opt]
non-reflecting Blendfreiheit *f*
non-reflecting glass reflexfreies Glas *n* [met]
non-renewable resource nicht erneuerbare Ressource *f* [roh]
non-repeat safeguard Nachschlagsicherung *f* [tec]
non-repetitive nicht periodisch
non-resettable nicht rückstellbar [tec]
non-resinous harzfrei
non-resistant widerstandslos
non-return lock Rückdrehsperre *f* [tec]
non-return valve Rückschlagklappe *f* [prc]; Rückschlagventil *n* [prc]; Sperrventil *n* [prc]
non-returnable article Einwegartikel *m*
non-returnable bottle Einwegflasche *f*; Wegwerfflasche *f* [rec]
non-returnable containers Einwegverpackungen *pl*
non-returnable dishes Einweggeschirr *n*

non-returnable packing Einwegverpackung f
non-reversed seitenrichtig
non-reversing device Rücklaufsperre f [mbt]
non-rigid weich
non-rising valve stem feststehende Ventilspindel f [tec]
non-rotating drehungsfrei
non-rotating pneumatic cylinder verdrehsicherer Pneumatikzylinder m [tec]
non-rotational drallfrei (Strömung)
non-rusting nichtrostend [met]; rostfrei [met]
non-saponaficable verseifungsfest (Schmierfett) [met]
non-saturated ungesättigt [che]
non-saturated echo, range of - Aussteuerungsbereich m (noch anpassen)
non-scheduled außerplanmäßig
non-separable bearing nicht zerlegbares Lager n [tec]
non-shattering unzerbrechlich [met]
non-skid gleitsicher; rutschfest; trittfest
non-skid chain Schneekette f (für Autoreifen) [tra]
non-skid flooring rutschfester Bodenbelag m [bau]
non-skid property Griffigkeit f
non-slip gleitsicher; griffig (nicht rutschend) [tra]; rutschfest; schlupffrei [tra]; trittfest
non-slip drive formschlüssiger Antrieb m [tec]
non-sloping gefällelos
non-smoker Nichtraucher m
non-soluble nicht löslich
non-specific unspezifisch
non-spinning drallfrei (Seil usw.)
non-spinning rope drallfreies Seil n
non-standard ungenormt
non-stationary ortsveränderlich
non-steady nichtstationär
non-stick coating Antihaftbeschichtung f [met]
non-stop durchgehend (Verbindung) [tra]
non-stop flight Nonstopflug m [tra]
non-surge fließend (stoßfrei); glatt (Kraftübertragung) [pow]; stoßfrei (z.B. Kraftübertragung) [tra]
non-switched traffic Direktrufverkehr m (Telefon) [edv]
non-tariff außertariflich [eco]
non-thrust bearing Loslager n [tec]
non-thrust side Loslagerseite f [tec]
non-tilt drum-mixer Umkehrtrommelmischer m [prc]
non-toxic giftfrei; ungiftig
non-transferable nicht übertragbar; unübertragbar
non-transient dauerhaft (unvergänglich)
non-transparency Undurchsichtigkeit f
non-transparent undurchsichtig
non-twisting drallfrei (Seil usw.)
non-uniform ungleichförmig; ungleichmäßig
non-uniform excitation ungleichförmige Erregung f [elt]
non-use Nichtausnutzung f
non-varying konstant (sich nicht verändernd)

non-ventilated flat roof Warmdach n [bau]
non-vibrating schwingungsfrei [tec]
non-volatile nicht flüchtig
non-volatile fuel schwerflüchtiger Brennstoff m [pow]
non-volatile memory Permanentspeicher m [edv]
non-warranty Haftungsausschluss m [jur]
non-wearing verschleißfrei [met]
non-working flank Rückflanke f (Zahnrad) [tec]
nondetachable connection Festanschluss m [tec]
nondimensional dimensionslos
nonelastic unelastisch [met]
nonformatted formatfrei (Software) [edv]
nonideal nichtideal
nonnegative integer natürliche Zahl f [mat]
nonpolarized neutral [elt]
nonreactive rückwirkungsfrei; unempfindlich
nonsense Unsinn m
noose Schlinge f
norm Norm f (Regel) [nor]; Regel f (Vorschrift); Typ m
normal normal; normgerecht; regulär; typisch; üblich
normal Normale f; Senkrechte f
normal adjacent pitch error Normalteilungsfehler m (Zahnrad) [tec]
normal area Normalzone f
normal backlash Normalflankenspiel n (Zahnrad) [tec]
normal base pitch Grundzylindernormalteilung f (Zahnrad) [tec]
normal concentration Normalkonzentration f [che]
normal concrete Normalbeton m [met]
normal conditions Normalbedingungen pl [phy]
normal density Normaldichte f [phy]
normal distribution Normalverteilung f (Statistik) [mat]
normal element Normalelement n [elt]
normal humidity normale Feuchtigkeit f
normal incidence Senkrechteinfall m [elt]
normal language Klartext m (z.B. auf Bildschirm) [edv]
normal load Nennlast f [tra]; Normalbelastung f [phy]; Regellast f [mbt]
normal operating speed Betriebsdrehzahl f [pow]
normal operation damage Normalbetriebsschaden m
normal output Motornennleistung f [tra]
normal pitch error Eingriffsteilungsabweichung f (Zahnrad) [tec]
normal position Ausgangsstellung f (Ruhestellung); Ruhestellung f (Schalter) [elt]
normal pressure Normaldruck m [phy]
normal profile Normalprofil n
normal shank Vollschaft m [tec]
normal solution Normallösung f [che]
normal spectrum Beugungsspektrum n [opt]
normal state Normalzustand m [phy]
normal strength Normalstärke f [tec]
normal stress Normalspannung f [tec]

normal temperature Normaltemperatur *f*; Normtemperatur *f*
normal tension Normalspannung *f* [tec]
normal voltage Normalspannung *f* [elt]
normal writing Klartext *m* (z.B. auf Bildschirm) [edv]
normal-beam probe Normalprüfkopf *m* [any]
normal-type wagon Güterwagen in Regelbauart *m* [tra]
normality Normalität *f* [che]
normalization Normung *f*
normalize ausglühen *v* [roh]; normalglühen *v* (Stahl) [met]; normen *v*; weichglühen *v* [wer]
normalized normalgeglüht (-er Stahl) [met]
normally energized circuit Ruhestromschaltung *f* [elt]
normally-closed contact Ruhekontakt *m* [elt]
normally-open auxiliary contact Hilfsschließkontakt *m*
normally-open contact Arbeitskontakt *m* (an Verbindungen); Schließkontakt *m* [elt]
normative reference normative Verweisung *f* [jur]
north Norden *m*
northern nördlich (z.B. nördliche Breite)
nose Nase *f* (Mauerwerksvorsprung) [bau]; Schnauze *f* (Vorderteil) [tra]; Spitze *f* (Nase, vorstehendes Stück) [tec]; Vorsprung *m* (am Werkstück) [tec]
nose ring Nasenring *m* (Mittelteil Kugeldrehverbindung) [tec]
nose wheel Bugrad *n* (des Flugzeuges) [tra]
nosing Stoßkante *f* (Kantenschutz); Kantenschutz *m*
not equal ungleich
not laid down in writing nicht beurkundet [jur]
not so far bisher noch nicht
not yet hitherto bisher noch nicht
notary Notar *m* (öffentlicher Notar) [jur]
notary public öffentlicher Notar *m* [jur]; Rechtsanwalt und Notar *m* [jur]
notation Bezeichnung *f* (Notation, Zeichen)
notation, exponential - exponentielle Darstellung *f*
notch Ausklinkung *f* [wer]; Aussparung *f* [con]; Einkerbung *f*; Kerbe *f*; Nut *f* (Kerbnut); Raste *f* [tec]; Scharte *f*; Einschnitt *m* (Kerbe); Falz *m*; Zacken *m* (Kerbe)
notch ausklinken *v* (ausschneiden) [wer]; aussparen *v* [wer]; einkerben *v* (Kerbe herstellen) [wer]; kerben *v*; verzahnen *v* [tec]; Zähne schneiden *v* [wer]
notch bend test Kerbbiegeprobe *f* (für Blech) [any]
notch bending test Kerbschlagversuch *m* [any]
notch impact Kerbschlagarbeit *f*
notch impact strength Kerbschlagzähigkeit *f* [met]
notch joint Kerbverbindung *f* [tec]
notch pin Kerbstift *m* [tec]
notch stress Kerbspannung *f* [met]
notch stress factor Kerbspannungszahl *f* [met]
notch tensile specimen Kerbzugprobe *f* [any]
notch tension Kerbspannung *f* [met]
notch-bend test Kerbschlagbiegeversuch *m* [any]
notch-rupture strength Kerbfestigkeit *f* [met]

notch-stress concentration factor Kerbformzahl *f* [met]
notched eingekerbt; gekerbt [wer]; geschlitzt [wer]; gewunden [wer]; grob gezähnt (z.B. Blatt) [tec]
notched bar Kerbstab *m* [tec]
notched belt Zahnriemen *m* [tec]
notched disc Rastenscheibe *f* [tec]
notched nail Kerbnagel *m* [tec]
notched nut gekerbte Mutter *f* [tec]
notched straight pin Zylinderkerbstift *m* [tec]
notched taper pin Kegelkerbstift *m* [tec]
notched-bar impact bending test Kerbschlagbiegeprüfung *f* [any]; Kerbschlagbiegeversuch *m* [any]
notched-bar impact-test Kerbschlagprobe *f* [any]
notched-bar strength Kerbschlagfestigkeit *f* [met]
notched-bar test Kerbschlagversuch *m* [any]
notches, free from - kerbfrei [met]
notching Kerbung *f*; Verzahnung *f* [tec]
notching machine Ausklinkmaschine *f* [wzg]
note Aktennotiz *f* [eco]; Anmerkung *f*; Fußnote *f* (Textverarbeitung); Note *f*; Notiz *f*
note aufzeichnen *v* (notieren); notieren *v*; registrieren *v* [any]
note sentence Kommentar *m*
note statement Kommentaranweisung *f* (Software) [edv]
nothing Null *f*
notice Anzeige *f* (Ankündigung); Mitteilung *f* (Ankündigung, Bekanntmachung); Notiz *f*
notice bemerken *v* (wahrnehmen); feststellen *v* (herausfinden); kommentieren *v*
noticeable erkennbar (bemerkbar); merkbar (bemerkbar)
notifiable meldepflichtig [jur]
notifiable disease meldepflichtige Krankheit *f* [hum]
notification Anzeige *f* [jur]; Benachrichtigung *f*; Mitteilung *f*
notification procedure Anzeigeverfahren *n* [jur]
notification procedure, chemical - chemikalienrechtliches Anmeldeverfahren *n* [jur]
notification, duty of - Anzeigepflicht *f* [jur]
notification, right to - Benachrichtigungsrecht *n* [jur]
notify benachrichtigen *v*
notion Begriff *m* (Vorstellung)
nought Null *f*
nourish ernähren *v*; nähren *v*
nourishing nahrhaft
nourishment Ernährung *f*; Nahrung *f*
novel neuartig
novelty Neuheit *f* (Neuerung, neues Gerät)
novice Anfänger *m* (Neuling)
NOx-removal Rauchgasentstickung *f* [air]
noxious gesundheitsgefährdend [hum]; schädlich; umweltfeindlich
noxious gas schädliches Gas *n*
noxious material Schadstoff *m* [met]
noxious matter Schadstoff *m* [met]
noxiousness Gesundheitsgefährdung *f* [hum]

nozzle Ausflussdüse f; Ausflussöffnung f; Düse f; Öffnung f (Düse); Tülle f [tec]; Flansch m [prc]; Rüssel m (an Maschine) [tec]; Stutzen m [tec]; Mündungsstück n; Mundstück n (Düse) [wer]
nozzle arrangement Düsenanordnung f [prc]
nozzle box Auslassstutzen m [prc]
nozzle disk Lamellendüse f [pow]
nozzle flap Düsenklappe f [tra]
nozzle greasing Sprühschmierung f [tec]
nozzle insert Düseneinsatz m
nozzle lubrication Sprühschmierung f [tec]
nozzle neck Stutzenansatz m [tec]
nozzle needle Düsennadel f [tec]
nozzle nut Düsenmutter f [tec]
nozzle opening ratio Öffnungsverhältnis n [pow]
nozzle plate Düsenplatte f
nozzle reinforcement Stutzenverstärkung f (Behälter) [met]
nozzle reinforcing pad Stutzenblech n (Verstärkung) [tec]
nozzle ring Düsenring m [tec]; Leitkranz m [tec]
nozzle roll Schnabelrolle f [tec]
nozzle section Düsenquerschnitt m
nozzle shut-off device Düsenverschlusseinrichtung f; Düsenverschluss m
nozzle spring Düsenfeder f [tra]
nozzle strip Düsenleiste f [prc]
nozzle weld Stutzenschweißung f [wer]
nozzle-holder with flange mounting Düsenhalter mit Befestigungsflansch m [tra]
nuclear atomar [phy]; atomgetrieben [pow]; nuklear
nuclear bombardment Kernbeschuss m [phy]
nuclear catastrophe Atomunglück n [pow]
nuclear chemistry Kernchemie f [che]
nuclear decay Kernzerfall m (Atom) [phy]
nuclear disintegration Kernzerfall m (Atom) [phy]; Kernzertrümmerung m (Atom) [phy]
nuclear driven atomangetrieben [pow]
nuclear energy Atomenergie f [phy]; Kernenergie f [pow]
nuclear energy program Kernenergieprogramm n [pow]
nuclear energy use Kernenergienutzung f [pow]
nuclear engineering Kernenergietechnik f (Atomkraft) [pow]; Kerntechnik f [pow]
nuclear excitation Kernanregung f (Atomkern) [phy]
nuclear explosion Kernexplosion f
nuclear fall-out radioaktiver Niederschlag m
nuclear fission Kernspaltung f (Atom) [phy]
nuclear fission energy Kernspaltungsenergie f [phy]
nuclear force Kernkraft f (Atomkraft) [pow]
nuclear fragment Kernbruchstück n (Atomkern) [phy]
nuclear fuel Kernbrennstoff m (Kernkraft) [pow]
nuclear fuel rod Kernbrennstoffstab m (Kernkraft) [pow]
nuclear fusion Kernfusion f (Atom) [phy]; Kernverschmelzung f [phy]
nuclear law Atomrecht n [jur]

nuclear magnetic kernmagnetisch [phy]
nuclear magnetic resonance Kernresonanzspektrometrie f [any]
nuclear magnetic resonance spectrum Kernresonanzspektrum n [phy]
nuclear material Kernmaterial n (radioaktives Material) [phy]
nuclear medicine Nuklearmedizin f [hum]
nuclear particle Kernbaustein m (Atomkern) [phy]; Nuklearteilchen n [phy]
nuclear physics Kernphysik f [phy]
nuclear power Kernenergie f [pow]; Kernkraft f (Atomkraft) [pow]
nuclear power plant Kernenergieanlage f [pow]; Kernkraftwerk n [pow]; Nuklearkraftwerk n (Kernkraftwerk) [pow]
nuclear power station Kernanlage f [pow]; Atomkraftwerk n [pow]; Kernkraftwerk n [pow]; Nuklearkraftwerk n (Kernkraftwerk) [pow]
nuclear radiation Kernstrahlung f [phy]
nuclear reaction Kernreaktion f (Atomkern) [che]
nuclear reactor Atommeiler m [pow]; Kernreaktor m [pow]
nuclear reactor facility Reaktoranlage f (Kern-) [pow]
nuclear reactor safety Kernreaktorsicherheit f [pow]
nuclear research Nuklearforschung f; Nuklearwissenschaft f [phy]
nuclear spin Kernspin m [phy]
nuclear stockpile Atomwaffenlager n
nuclear technology Kerntechnik f [pow]
nuclear technology installation atomare Anlage f [pow]
nuclear test Kernwaffentest m
nuclear test ban Kernwaffenteststopp m
nuclear transformation Kernumwandlung f [phy]
nuclear waste Atommüll m [pow]; radioaktiver Müll m [rec]
nuclear weapon Kernwaffe f; Nuklearwaffe f
nuclear weapon accessibility Kernwaffentauglichkeit f
nuclear winter nuklearer Winter m (nach Atomkrieg)
nuclear-active kernaktiv (Atomkern) [phy]
nuclear-free kernwaffenfrei
nucleate boiling Bläschenverdampfung f [pow]; Blasenverdampfung f [che]; Blasensieden n [pow]
nucleating agent Keimbildner m (Kristall) [che]
nucleation Keimbildung f (Kristall) [che]
nucleon Kernbaustein m (Atomkern) [phy]
nucleonics Kernphysik f [phy]
nucleus Kern m (Atomkern) [phy]; Kern m (Keimzelle); Zellkern m [bio]
nucleus of crystallization Kristallisationskern m [che]
nucleus program Kernprogramm n (Software) [edv]
nuclide Nuklid n [phy]
nuisance Beeinträchtigung f (Ärgernis); Plage f
nuisance threshold Belästigungsschwelle f (Arbeitssicherheit)

null nichtig
nullification Annullierung f
nullify annullieren v; streichen v (rückgängig machen)
number Anzahl f; Nummer f (Zahl, Ausgabe); Zahl f; Ziffer f (z.B. die Ziffer 8)
number durchnummerieren v; nummerieren v; zählen v
number format Zahlendarstellung f (Software) [edv]
number notation Zahlendarstellung f (Software) [edv]
number of Reihe f (eine Reihe von...)
number plate Kennzeichenschild n (Auto) [tra]; Nummernschild n [tra]
number, large - Menge f (Anzahl); Vielzahl f
number, real - reelle Zahl f [mat]
numbering Nummerierung f; Aufbringen von Zahlen n [wer]
numeral Ziffer f [mat]
numeric coprocessor mathematischer Koprozessor m [edv]
numerical numerisch
numerical display Ziffernanzeige f [any]
numerical value Zahlenwert m [mat]
numerically controlled numerisch gesteuert (NC) [wer]
numerically recorded zahlenmäßig erfasst [edv]
numerically-controlled drill press Koordinatenbohrmaschine f [wzg]
numerous zahlreich
nut Mutter f (Schraube) [tec]; Schraubenmutter f (z.B. Sechskantmutter) [tec]
nut bolt Schraubenmutter f [tec]
nut brown nussbraun (RAL 8011) [nor]
nut coal Nusskohle f [met]
nut lock Mutternsicherung f [tec]
nut locking feature Mutternsicherung f [tec]
nut protection cap Mutternschutzkappe f [tec]
nut sleeve Mutternhülse f [tec]
nut tap Muttergewindebohrer m [wzg]
nut torque Anzugsmoment der Mutter n [tec]
nut, adjusting - Nachstellmutter f [tec]; Stellmutter f [tec]
nut, thickness of - Mutternhöhe f (der Schraube) [tec]
nutrient Nährstoff m
nutrient analysis Nährstoffanalyse f [any]
nutrient application Nährstoffzufuhr f
nutrient content Mineralstoffgehalt m [met]
nutrient fertilization Nährstoffdüngung f [far]
nutrient humus Nährhumus m [bod]
nutrient medium Nährboden m (Kultur) [bio]; Nährsubstrat n
nutrient requirement Nährstoffbedarf m [bff]
nutrient salt Nährsalz n
nutrient solution Nährlösung f [bio]
nutrient source Nährstoffvorrat m
nutrient supply Nährstoffversorgung f [bff]; Nährstoffangebot n

nutrient uptake Nährstoffaufnahme f [bff]
nutriment Nahrung f
nutrition Ernährung f
nutritional content Nährgehalt m [bio]
nutritional deficiency Ernährungsmangel m
nutritional disease Ernährungsstörung f; Ernährungsschaden m [hum]
nutritional disturbance Ernährungsstörung f
nutritional management Ernährungswirtschaft f
nutritional value Nährwert m
nutritious nahrhaft
nutritive factor Ernährungsfaktor m
nutritive substance Nährstoff m
nutritive value Nährwert m
nutritive values, table of - Nährwerttabelle f
nuts Nusskohle f [met]
nutsch and pan filter Nutschenfilter m [che]
nylon Nylon n [che]
nylon fabric Nylongewebe n [met]
nylon plastic Polyamidkunststoff m [met]
nylon sleeve Nylonhülse f [tec]
nylon-reinforced nylonverstärkt [met]

O

O-ring O-Ring *m* [tec]; Runddichtring *m* [tec]; Rundschnurring *m* [tec]
O-ring gasket O-Ring-Dichtung *f* [tec]; Runddichtung *f* [tec]
O-ring gland O-Ring-Kammer *f* [tec]
O-ring seal O-Ring-Dichtung *f* [tec]; Runddichtring *f* [tec]
O-type ring O-Ring *m* [tec]
oak wood, red - amerikanisches Eichenholz *n* [met]
oar Riemen *m* (des Ruderbootes) [tra]
obey ausführen *v* (Befehl)
object Gegenstand *m* (Objekt, Ding); Körper *m* (Gegenstand); Zweck *m*; Gebilde *n* (Gegenstand); Objekt *n*
object beanstanden *v*; reklamieren *v*
object program ausführbares Programm *n* [edv]
object-oriented objektorientiert
objection Beanstandung *f*; Einwendung *f*; Reklamation *f*; Einspruch *m* [jur]
objection procedure Widerspruchsverfahren *n* [jur]
objection, right to - Beanstandungsrecht *n* [jur]
objection, ruling on the - Widerspruchsbescheid *m* [jur]
objectionable fehlerhaft (nicht einwandfrei)
objective sachlich
objective Zielsetzung *f*; Objektiv *n* (z.B. an Kamera) [opt]; Ziel *n* (Zielvorstellung)
objective function Zielfunktion *f* [mat]
objective, real - Sachziel *n*
objectives Zielbestimmungen *pl*
obligate verpflichten *v*
obligation Pflicht *f* [jur]; Verbindlichkeit *f* (Schulden) [eco]
obligation of labelling Kennzeichnungspflicht *f* [jur]
obligation to accept returned goods Rücknahmepflicht *f* [jur]
obligation to fulfil, under the - leistungspflichtig [jur]
obligation to notify the authorities Meldepflicht *f* [jur]
obligation to pay a levy, party under an - Abgabenpflichtiger *m* [jur]
obligation to provide advising concerning waste Abfallberatungspflicht *f* [rec]
obligation to provide information Auskunftpflicht *f* [jur]
obligation to provide notification Mitteilungspflicht *f* [rec]
obligation to register Meldepflicht *f* [jur]
obligation to render compensation Ersatzpflicht *f* [jur]
obligation to return Rückgabepflicht *f* [jur]
obligation, without - unverbindlich

obligations of owners Besitzerpflichten *f*
obligatory bindend; obligatorisch; verbindlich
obligatory enforcement association Zwangsverband *m*
oblige verpflichten *v*
oblique schief (unklar); schräg (geneigt); schrägwinklig; verzerrt
oblique schräg stellen *v* (Textverarbeitung) [edv]
oblique ball bearing Schrägkugellager *n* [tec]
oblique gearing Schrägverzahnung *f* [tec]
oblique mark Schrägstrich *m*
oblique section Schrägschnitt *m* [wer]
obliquing Schrägstellung *f* (Textverarbeitung) [edv]
obliterate auslöschen *v* (austilgen)
oblong länglich; rechteckig
oblong format Querformat *n*
oblong hole Langloch *n* [con]
obscure trübe (dunkel, undurchsichtig)
obscuring Verdunkelung *f* [jur]
observation Beobachtung *f*; Wahrnehmung *f* (Beobachtung)
observation car Aussichtswagen *m* [tra]
observation carriage Aussichtswagen *m* [tra]
observation data Beobachtungsergebnis *n* [any]
observation of nature Naturbeobachtung *f*
observation point Beobachtungsstelle *f* [any]
observation region Überwachungsbezirk *m*
observational data Beobachtungsdaten *pl* [any]
observational method Beobachtungsmethode *f* [any]
observatory Observatorium *n*
observe Vorschriften beachten [jur]
observe beobachten *v*; einhalten *v* (Spezifikation)
observed value Beobachtungswert *m* [any]
observer Beobachter *m*
obsolescence Veralterung *f*
obsolete technisch überholt; überaltert; veraltet
obsolete description veraltete Bezeichnung *f*
obstacle Hindernis *n*
obstruct blockieren *v* (verstopfen); hemmen *v* (behindern); verbauen *v* (versperren); verstopfen *v* (z. B. Kanal)
obstruction Verstopfung *f*
obstruction of criminal prosecution Strafvereitelung *f* [jur]
obstruction of traffic Verkehrsgefährdung *f* [tra]
obstruction to traffic Verkehrshindernis *n* [tra]
obstrude hemmen *v* (hinderlich und im Wege sein)
obtain bekommen *v*; einholen *v* (erhalten, bekommen); erhalten *v* (bekommen); erwerben *v* (erhalten); gewinnen *v* (erlangen)
obtaining raw materials Rohstoffgewinnung *f* [roh]
obtuse stumpf (Winkel)
obvious offensichtlich; selbstverständlich
occasional lubrication Bedarfsschmierung *f* [tec]
occlude absorbieren *v* (Gase)
occlusion Einlagerung (Einschluss)
occlusion Einschluss *m* (Metall) [met]
occupancy Ausnützung *f*; Belegung *f* (eines Gebäudes) [bau]; Belegung *f* (Speicherplatz) [edv]; Gebäudenutzung *f* [bau]

occupant Benutzer *m*; Bewohner *m* (Wohnung)
occupation Arbeit *f* (Beschäftigung); Beschäftigung *f*; Tätigkeit *f* [eco]; Beruf *m* (Beschäftigung); Erwerb *m* (Arbeit) [eco]; Beziehen *n* (Gebäude) [bau]; Gewerbe *n* [eco]
occupation, description of - Betriebsbeschreibung *f* [eco]; Unternehmensbeschreibung *f* [jur]
occupation, ready for - beziehbar [bau]; bezugsfertig [bau]
occupation, state of - Unternehmenscharakter *m* [jur]
occupational cancer Berufskrebs *m* [hum]
occupational disease Berufskrankheit *f* [hum]
occupational injury Berufsschaden *m* [hum]
occupational radiation dosage Berufsdosis *f* [hum]
occupational risk Berufsrisiko *n*; Betriebswagnis *n* [jur]
occupational safety Betriebssicherheit *f* (Arbeitssicherheit); Arbeitsschutz *m* (Arbeitssicherheit)
occupational training Berufsausbildung *f*
occupiable bezugsfertig [bau]
occupied belegt (Leitung) [edv]; besetzt (Leitung); bewohnt
occupy belegen *v* (besetzen); beschäftigen *v* (zu tun geben); besetzen *v*; einnehmen *v* (besetzen)
occur auftreten *v* (vorhanden sein); auftreten *v* (z.B. Fehler); eintreten *v* (geschehen); passieren *v* (geschehen); sich ereignen *v*; vorkommen *v* (sich ereignen)
occurrence eintretender Schaden *m*; Eintritt *m* (Geschehen); Eintritt des Schadens *m* [jur]; Schadenseintritt *m* [jur]; Versicherungsfall *m* (etwas passiert) [jur]; Vorgang *m* (Hergang); Auftreten *n* (Vorhandensein); Ereignis *n*; Ereignisprinzip *n* (Versicherung) [jur]; Schadensereignis *n* [jur]; Vorkommen *n*
occurrence basis Ereignisprinzip *n* [jur]
occurrence of damage Schadenseintritt *m* [jur]
occurrence of the event insured Versicherungsfall *m* [jur]
occurrence, rate of - Fehlerhäufigkeit *f*
occurring eintretend (geschehend)
ocean Ozean *m*; Meer *n* (Weltmeer)
ocean blue ozeanblau (RAL 5020) [nor]
ocean liner Ozeandampfer *m* (Schiff) [tra]
ocean water Meerwasser *n*
ocean-dumping Tiefseeversenkung *f* [rec]; Verklappung *f* (auf See) [rec]; Verklappen *n* (von Stoffen auf See) [rec]
ocean-going steamer Überseedampfer *m* [tra]
oceanic ozeanisch
oceanic trench Tiefseegraben *m* [geo]
ochre ocker
ochre brown ockerbraun (RAL 8001) [nor]
ochre yellow ockergelb (RAL 1024) [nor]
ochre, red - Eisenmennige *n* [che]
octagonal achtkant
octagonal head Achtkantkopf *m* (Schraube) [tec]
octane Oktan *n* [che]
octane number Oktanzahl *f* [tra]; Klopfwert *m* [tra]

octane value Klopfwert *m* [tra]
octoid bevel gear Kegelrad mit Oktoidverzahnung *n* [tec]
octoid gear Oktoidverzahnung *f* [tec]
ocular Okular *n* (z.B. am Fernrohr) [opt]
odd ungerade [mat]
odometer Entfernungsmesser *m* (Tachozähler) [any]; Tachozähler *m* (für gefahrene km) [tra]
odor Duft *m* ((A)); Geruch *m* ((A))
odorimetry Geruchsmessung *f* [any]
odorous substance Duftstoff *m* [met]; Geruchsstoff *m* [met]
odour Duft *m* ((B)); Geruch *m* ((B))
odour control Geruchsverhütung *f*
odour nuisance Geruchsbelästigung *f*
odour, free from - geruchlos
odourless geruchlos
off ausgeschaltet; geschlossen (Stromkreis abgeschaltet)
off-centre außermittig (nicht mittig, zentral); exzentrisch
off-centre loading Exzenterlast *f* [tec]
off-centring Dezentralisation *f*
off-cuts Verschnitt *m* (Abschnitt) [rec]
off-gas Abgas *n* [air]
off-gas treatment Abgasreinigung *f* [air]
off-highway Gelände *n* [tra]
off-highway crane Geländekran *m* [mbt]
off-highway truck Geländefahrzeug *n* (Lkw) [tra]
off-limit check Grenzwertüberwachung *f*
off-peak außerhalb der Spitzenlast
off-peak electricity Nachtstrom *m* [elt]
off-peak periods Schwachlastzeiten *pl* [elt]
off-peak rate Nachttarif *m* [elt]
off-position Ausschaltstellung *f*
off-sites Nebenanlagen *pl*
off-size Abmaß *n* [con]
off-specification batch Fehlcharge *f*
off-white grauweiß (RAL 7035) [nor]; weißgrau (z.B. RAL 7035) [nor]
offal Küchenabfall *m* [rec]
offal timber Abfallholz *n* [rec]
offence Vergehen *n* [jur]
offend Anstoß erregen *v*; kränken *v*
offensive aggressiv [che]
offer anbieten *v* [eco]; offerieren *v* [eco]
offer price Angebotspreis *m* [eco]
offer subject to confirmation frei bleibendes Angebot *n* [eco]
offer, accept an - Angebot annehmen [eco]
offer, submit an - Angebot abgeben [eco]
office Geschäftsstelle [eco]
office Dienststelle *f* [eco]; Dienstzimmer *f* [eco]; Geschäftsraum *m* [bau]; Büro *n* [eco]; Geschäftszimmer *n* [bau]
office automation Büroautomatisierung *f*
office building Bürogebäude *n* [bau]
office communication Bürokommunikation *f* [edv]

office communications Bürokommunikationstechnik *f* [edv]
office computer Bürocomputer *m* [edv]
office copy Belegexemplar *n*
office equipment Bürotechnik *f*; Bürogerät *n*
office hours Geschäftszeit *f* [eco]; Bürostunden *pl*
office information system Büroinformationssystem *n* [edv]
office landscape Bürolandschaft *f*; Großraumbüro *n* [bau]
office machine Büromaschine *f*
office machinery Büromaschinen *pl*
office printer Vervielfältiger *m*
office printing Vervielfältigung *f* (Verfahren)
office supplies Büroartikel *pl*
office title Dienststellenbezeichnung *f* [eco]
office work Büroarbeit *f* [eco]
office worker Büroarbeitskraft *f* [eco]
office workstation Büroarbeitsplatz *m*
office, authorized - zuständige Niederlassung *f* [eco]
office, automated - Büroautomation *f*
office-block Bürohaus *n* [bau]; Geschäftshaus *n* [bau]
office-hands Büropersonal *n*
officer Beamter *m*
official amtlich; behördlich; offiziell; verbindlich
official Beamter *m*
official business, on - dienstlich [eco]
official channels Dienstweg *m* (auf dem Dienstweg) [eco]
official investigation, principle of the - Amtsermittlungsgrundsatz *m* [jur]
official permits, engineering for - Behördenengineering *n*
official secret Amtsgeheimnis *n* [jur]
official submission offene Ausschreibung *f* [eco]
official test amtliche Prüfung *f* [any]
offroad Gelände *n* [tra]
offroad gear Geländegang *m* (des Autos, Laders) [tra]
offroad truck geländegängiger Lastwagen *m* ((A)) [tra]
offroad vehicle Geländewagen *m* [tra]; Geländefahrzeug *n* [tra]
offset abgewinkelt; asymmetrisch; gekröpft [wer]; versetzt (arbeitende Ausrüstung) [mbt]
offset Achsversetzung *f* [con]; Absatz *m* (Bauelement) [bau]; Mauerabsatz *m* [bau]; Versatz *m* (Toleranz) [tec]
offset abzweigen *v* [elt]; kompensieren *v* (aufrechnen); kröpfen *v* [wer]; versetzen *v* (außermittig)
offset attachment Knickausrüstung *f* (des Baggers) [mbt]
offset cylinder Knickzylinder *m* (an Knickausrüstung) [mbt]
offset deviation Achsversetzungsabmaß *n* [con]
offset double head box wrench abgewinkelter Doppelringschlüssel *m* [wzg]
offset from centre Versatz Außermittigkeit [con]

offset joint, flexible- Kompensator *m* (Ausgleicher) [prc]
offset limit Fließgrenze *f* [met]
offset pipe parallele Abzweigleitung *f* [was]
offset plate Offsetdruckplatte *f*
offset plate developer Offsetplattenentwickler *m*
offset printing Offsetdruck *m*
offset profiling Profilverschiebung *f* (im Stahlbau) [tec]
offset variation Achsversetzungsabweichung *f* [con]
offset working versetzt arbeitend
offset working attachment Knickausrüstung *f* (des Baggers) [mbt]
offset yield strength Dehngrenze *f* [met]
offset-current Offsetstrom *m* [elt]
offset-voltage Offsetspannung *f* [elt]
offshore küstennah; von See aus (z.B. nach Öl bohren)
offshore crane Offshorekran *m* [mbt]
offshore drilling platform Bohrplattform *f* (Offshore-Bohrung) [roh]
offshore technology Offshoretechnik *f* [mbt]
often häufig
ohmic ohmsch [elt]
ohmic resistance Ohmscher Widerstand *m* [elt]
oil Öl *n* [met]
oil einfetten *v* (ölen); einölen *v*; fetten *v*; ölen *v*
oil absorption Ölabsorption *f*; Ölwäsche *f* [prc]
oil accident Ölunfall *m* [tra]
oil additive Ölzusatz *m* (zur Veränderung) [met]
oil atomizer Ölzerstäuber *m*
oil baffle Ölfang *m*; Spritzblech *n* (bei Ölschmierung) [pow]
oil baffle plate Ölfangblech *n* [tra]; Ölprallblech *n* [tec]
oil barrier Ölbarriere *f*
oil base paint Ölanstrichfarbe *f* [met]
oil bath Ölbad *n* (z.B. Getriebe im Ölbad) [tec]
oil bath air cleaner Ölbadluftfilter *m* [air]
oil binder Ölbindemittel *n*
oil boom Ölsperre *f*
oil burner Ölbrenner *m* [pow]
oil bypass valve Ölumleitventil *n* [tra]
oil can Ölkanne *f*; Ölkanister *m*
oil catcher Ölfänger *m*; Ölschutz *m* (Fangeinrichtung) [tec]
oil catchpan Ölauffangwanne *f* [tec]
oil chalk Ölkreide *f*
oil change Ölwechsel *m* [tra]
oil channel Ölkanal *m*
oil circuit Ölumlauf *m* [tec]
oil circulation Ölkreislauf *m*
oil circulation lubrication Ölumlaufschmierung *f* [tec]
oil circulation system Ölumlaufsystem *n* [tec]
oil circulation, dual circuit - Zweikreisölumlauf *m* [tra]
oil cleaner Ölfilter *m* [tec]; Ölreiniger *m* [tec]
oil cloth Wachstuch *n* [met]

oil clutch Ölkupplung *f* [tec]
oil collection vessel Ölauffangwanne *f*
oil collector sump Ölfangwanne *f* [mbt]
oil colour Ölfarbe *f* [met]
oil conditioning Ölregenerierung *f* [prc]
oil conduit Ölführung *f* [tec]
oil consumption Ölverbrauch *m*
oil consumption lubrication Ölverbrauchsschmierung *f* [tec]
oil container Ölbehälter *m*; Ölkanister *m*
oil contamination Ölverschmutzung *f*; Ölverseuchung *f*; Verölung *f* [was]
oil control Ölbekämpfung *f*
oil control ring Ölabstreifring *m* [tec]
oil cooler Ölkühler *m* [tec]
oil cooling Ölkühlung *f* [tec]
oil crisis Ölkrise *f*
oil cup Schmierbüchse *f* [tec]; Schmiergefäß *n* [tec]
oil damage, repair of - Ölschadensanierung *f*
oil decomposing bacteria ölfressende Bakterien *pl* [bio]
oil degassing Ölentgasung *f*
oil delivery pipe Öldruckrohr *n* [tec]
oil deposit Ölrückstand *m* [rec]
oil desulfurization Ölentschwefelung *f*
oil desulfurization waste Abfälle aus der Ölentschwefelung *pl* [che]
oil dilution Ölverdünnung *f* [tec]
oil dipper Schmiernadel *f* (an Pleuelstange) [tec]
oil dipstick Ölmessstab *m* [tec]; Ölpeilstab *m* [any]
oil disc brake Öllamellenbremse *f* [tra]
oil disc brake, dual circuit - Zweikreisölscheibenbremse *f* [tra]
oil disposal vehicle Ölwehrfahrzeug *n* [rec]
oil distributor Ölverteiler *m* [tec]
oil drain Ölablass *m*; Ölablauf *m* [tec]
oil drain cock Ölablasshahn *m* [tra]
oil drain groove Ölablaufrinne *f* [tec]
oil drain hole Ölablaufbohrung *f* [tec]
oil drain plug Ölablassschraube *f* [tra]
oil drain screw Ölablassschraube *f* [tec]
oil dregs Ölrückstand *m* [rec]
oil drill Ölbohrer *m*
oil drip plate Öltropfblech *n* [tec]
oil duct Ölkanal *m*
oil emulsion Ölemulsion *f*
oil equivalent, tonnes of - Tonnen Öleinheiten *pl* [pow]
oil exhaust Dunstabsaugung *f* (Ölbehälter)
oil extraction Ölextraktion *f*; Ölgewinnung *f* (natürliche) [roh]
oil feed Ölzuführung *f* [tec]
oil feed hole Öleintrittsbohrung *f* [tec]
oil feed pump Öleinfüllpumpe *f* [tra]
oil filler cap Öleinfüllverschluss *m* [tec]
oil filler neck Öleinfüllstutzen *m* [tra]
oil filler pipe Öleinfüllrohr *n* [tec]
oil filler screen Öleinfüllsieb *n* [tec]
oil film Ölschicht *f*; Ölfilm *m*; Schmierfilm *m* [tec]

oil filter Ölreiniger *m* [tra]; Ölseparator *m* [tec]; Ölfilter *n* [tec]
oil filter element changing Ölfilterelementwechsel *m* [tec]
oil filter wrench Ölfilterschlüssel *m* (Bandschlüssel) [wzg]
oil filter, hydraulic - Hydraulikölfilter *m* [tec]
oil filtration Ölfiltration *f* [tec]; Ölreinigung *f* [tec]
oil fire Ölbrand *m*
oil firing Ölfeuerung *f* [pow]
oil flinger Ölabweiserring *m* [tec]; Ölschleuderring *m* [tec]
oil flow Ölmenge *f* [tra]; Ölstrom *m* [tec]; Ölumlauf *m* [tec]
oil fly ash Flugasche aus Ölfeuerungen *f* [rec]
oil from cooler Öl vom Ölkühler *n* [tra]
oil fume Öldunst *m*
oil furnace Ölfeuerung *f* [pow]
oil gasket Öldichtung *f* [tec]
oil gauge Ölstandsmesser *m* [any]
oil gauge fitting Ölmessvorrichtung *f* [any]
oil gauge glass Ölschauglas *n* [tra]
oil groove Ölnut *f* [tec]; Schmiernut *f* [tec]
oil guard Ölschutz *m* [tec]
oil gun Ölspritze *f* (zum Schmieren) [tec]
oil hammering Ölschläge *pl* (Hydraulik) [tec]
oil heater Ölofen *m* [pow]
oil heating Ölfeuerung *f* [pow]; Ölheizung *f* [pow]
oil hole Ölbohrung *f* [tec]; Schmierloch *n* [tec]
oil industry Erdölindustrie *f* [roh]; Ölindustrie *f* [roh]
oil injection Öleinspritzung *f* [tra]
oil inlet Ölzulauf *m* (Öffnung) [tec]
oil inlet pipe Ölzulaufrohr *n* [tec]
oil inspection glass Ölschauglas *n* [tec]
oil interceptor Heizölabscheider *m*
oil lamp Petroleumlampe *f*
oil layer Ölschicht *f*
oil leakage Ölleckage *f*
oil leakage pipe Leckölleitung *f* [tra]
oil level Ölspiegel *m* [tec]; Ölstand *m* [tra]
oil level eye Ölstandsauge *n* [any]
oil level gauge Ölmessstab *m* [tra]; Ölstandsanzeiger *m* [any]
oil level indicator Ölmessstab *m* [tra]; Ölstandzeiger *m* [any]
oil level plug Ölstandsschraube *f* [tec]
oil level regulator Ölstandregler *m* [tec]
oil level switch Ölstandssonde *f* [any]
oil line Ölleitung *f* [tec]
oil lubrication Ölschmierung *f*
oil lubrication system Ölschmieranlage *f* [tec]
oil manifold Ölverteiler *m* [tec]
oil mist separator Öldunstabscheider *m*
oil motor Ölmotor *m* [tec]
oil motor, adjustable - Verstellmotor *m* [tec]
oil mud Ölschlamm *m* [rec]
oil of turpentine Terpentinöl *n* [che]
oil out Ölrücklauf *m* [tec]
oil outlet Ölablass *m*

oil outlet nozzle Ölablassstutzen *m* [tec]
oil pad Schmierkissen *n* [tec]
oil paint Ölfarbe *f* [met]; Ölanstrich *m* [met]
oil pan Ölfangschale *f* [tec]; Ölwanne *f* [tec]
oil pan drain cock Ölablasshahn *m* [tra]
oil pan gasket Ölwannendichtung *f* [tec]
oil pest Ölteppich *m* [was]
oil pipe Ölleitung *f* [tec]; Ölrohr *n* [tec]
oil pipeline Erdölleitung *f* [roh]; Ölleitung *f* [roh]
oil plant Ölpflanze *f* [bff]
oil platform Ölbohrinsel *f* [roh]
oil pocket Öltasche *f* (der Achse) [tec]
oil pollution Ölpest *f*; Ölverschmutzung *f*; Ölverseuchung *f*; Ölschaden *m*
oil pollution abatement Ölschadensbeseitigung *f*
oil pollution prevention Ölschadensvorsorge *f*
oil preheater Ölvorwärmer *m* [pow]
oil preservative Imprägnieröl *n* [met]
oil press Ölpresse *f*
oil pressure Öldruck *m*
oil pressure alarm Öldruckwächter *m* [any]
oil pressure brake Öldruckbremse *f* [tra]
oil pressure checking Öldruckkontrolle *f* [tra]
oil pressure gauge Öldruckanzeige *f* [any]; Öldruckmanometer *n* [any]; Ölmanometer *n* [any]
oil pressure governor Druckölregler *m* [tra]
oil pressure indicator lamp Öldruckkontrollleuchte *f* [tra]
oil pressure pump Druckölpumpe *f* [prc]
oil pressure relief Druckölentlastung *f*
oil pressure relief valve Ölüberdruckventil *n* [tra]
oil pressure switch Öldruckgeber *m* [tec]; Öldruckschalter *m* [tec]
oil producer Erdölerzeuger *m*
oil product Erdölprodukt *n* [che]
oil production Erdölförderung *f* [roh]; Erdölgewinnung *f* [roh]; Ölgewinnung *f* [roh]
oil pump Ölpumpe *f* [tra]
oil pump cover Ölpumpendeckel *m* [tra]
oil pump gear wheel Ölpumpenzahnrad *n* [tra]
oil pump housing Ölpumpengehäuse *n* [tra]
oil pump screen Ölpumpensieb *n* [tra]
oil purification Ölreinigung *f* [tec]
oil reconditioning Ölaufbereitung *f* [prc]
oil recovery plant Ölrückgewinnungsanlage *f* [prc]
oil rectifier Ölrückgewinnungsanlage *f* [prc]
oil refinery Erdölraffinerie *f* [roh]; Ölraffinerie *f* [prc]
oil refining Ölraffination *f* [prc]
oil regulating valve Ölregelventil *n* [tra]
oil relay cylinder Öldruckzylinder *m* [tec]
oil relay piston Öldruckkolben *m* [tec]
oil relief valve Ölüberströmventil *n* [tra]
oil removal Entölen *n*
oil reservoir Ölbehälter *m*; Öltank *m* [pow]
oil residue Ölrückstand *m* [rec]; Ölschlamm *m* [rec]
oil resistant ölfest [met]
oil resources Ölvorkommen *pl* [roh]
oil restrictor Öldrossel *f* [tec]

oil retainer device Ölabstreifeinrichtung *f* [tec]
oil retainer ring Öldichtungsring *m* [tra]
oil return line Ölrücklaufleitung *f* [tec]
oil return pipe Ölrücklaufrohr *n* [tec]
oil rig Bohrinsel *f* [roh]; Ölbohrturm *m* [roh]; Ölförderturm *m* [roh]
oil ring Ölabstreifring *m* [tec]; Ölring *m* [tra]; Ölschmierring *m* [tec]
oil sample Ölprobe *f* [any]
oil scraper ring Ölabstreifring *m* [tec]; Prallring *m* [pow]
oil screen Ölsieb *n* [tra]
oil seal Ölabdichtung *f*; Öldichtung *f* [tra]; Wellendichtung *f* [tra]; Ölfangring *m* [tra]; Simmerring *m* [tec]
oil seal assembly Radialdichtungssatz *m* [tec]
oil seal plate Dichtringplatte *f*
oil seal ring Öldichtungsring *m* [tec]
oil seal sleeve Dichtringhülse *f*; Radialdichtung *f* [tec]
oil sediment Ölschlamm *m* [rec]
oil separation Ölabscheidung *f* [prc]
oil separator Entöler *m*; Heizölabscheider *m*; Ölabscheider *m* [prc]
oil shale Ölschiefer *m* [geo]
oil siccative Öltrockner *m* [prc]
oil sieve Ölsieb *n* [tec]
oil skimmer Ölskimmer *m*
oil skin Ölhaut *f*
oil slag Ölschlacke *f* [pow]
oil slate Ölschiefer *m* [geo]
oil slick Ölpest *f*; Ölteppich *m* [was]
oil sludge Ölrückstand *m* [rec]; Ölschlamm *m* [rec]
oil smoke Öldampf *m*
oil source rock Muttergestein *n* (Erdöl) [geo]
oil spill Öllache *f*; Ölverseuchung *f*; Ölfleck *m*; Ölteppich *m* [was]
oil spills verschüttetes Öl [met]
oil splash lubrication Öltauchschmierung *f* [tec]
oil splash plate Ölfangblech *n* (Schmierung) [tec]
oil splash ring Ölschleuderring *m* (Schmierung) [tec]; Ölspritzring *m* (Schmierung) [tec]
oil splash shield Ölspritzblech *n* [tec]
oil spot Ölfleck *m*
oil spray ring Ölspritzring *m* (Schmierung) [tec]
oil spraying tube Ölspritzrohr *n* (Schmierung) [tec]
oil spreader groove Ölverteilnut *f* (Schmierung) [tec]
oil stain Ölfleck *m*
oil steering pump Öllenkkupplung *f* [mbt]
oil stone Abziehstein *m* [wzg]; Läppstein *m* [wer]
oil storage Ölvorrat *m*
oil storage tank Ölvorratstank *m*
oil strainer Ölsieb *n* [tec]
oil stripper Ölabscheider *m* [prc]
oil suction pipe Ölansaugleitung *f* [tec]
oil suction tube Ölsaugleitung *f* [tec]
oil sump Ölsumpf *m* [tra]
oil sump gasket Ölwannendichtung *f* [tec]
oil supply Ölleitung *f* [tec]; Ölversorgung *f* [tec];

Ölzuführung f (Ölleitung) [tec]
oil supply pump Ölförderpumpe f [prc]
oil supply system Ölversorgungsanlage f [tec]
oil supply tube Öleinspeiseleitung f [tec]
oil supply valve Ölzulaufschieber m [tec]
oil tank Ölbehälter m; Öltank m [pow]
oil tanker Öltanker m [tra]
oil tankship Öltanker m [tra]
oil temperature gauge Ölfernthermometer n [any]
oil thermometer Ölthermometer n [any]
oil thermostat Öltemperaturregler m [tec]
oil thrower Ölspritzring m [tec]
oil thrower ring Ölschleuderring m [tra]; Ölspritzring m (Schmierung) [tec]
oil tower Bohrturm m [roh]
oil transfer pump Ölförderpumpe f [prc]
oil trap Ölabscheider m [was]
oil tray Ölwanne f [mbt]
oil treatment Ölaufbereitung f [prc]
oil treatment unit Ölaufbereitungsanlage f [prc]
oil tube Ölleitung f [tec]
oil turbine Ölturbine f [pow]
oil type air cleaner Ölbadluftreiniger m [air]
oil under pressure Drucköl n
oil unit Öleinheit f [pow]
oil valve Ölventil n [tec]
oil vapour Öldampf m; Öldunst m
oil vapour exhaust pipe Öldunstabsaugeleitung f
oil vapour extraction Öldunstabsaugung f
oil vapour separator Öldunstabscheider m
oil varnish Firnis m [che]; Öllack m
oil volume Ölmenge f [tra]
oil waste Ölabfall m [rec]
oil wedge Ölkeil m (Schmierung) [met]; Ölschmierkeil m [met]
oil wiper Abstreifring m (Öldichtung) [tec]; Ölabstreifer m [tec]
oil-based paint Ölfarbe f [met]
oil-bath lubrication Ölbadschmierung f [tec]
oil-bearing erdölhaltig [roh]; ölhaltig [met]
oil-binding property Ölbindevermögen n
oil-collecting trough Ölfangwanne f [tec]; Ölsammelmulde f [tec]
oil-containing wastes ölhaltige Abfälle pl [rec]
oil-cooled ölgekühlt
oil-distribution flute Ölverteilernut f [tec]
oil-distribution groove Ölverteilernut f [tec]
oil-eating bacteria ölabbauende Bakterien pl [bio]
oil-filling nozzle Öleinfüllstutzen m [tec]
oil-film bearing Ölflutlager n [tec]
oil-fired ölgefeuert [pow]
oil-fired boiler ölbeheizter Kessel m [pow]
oil-fired heating Ölheizung f [pow]
oil-fog lubricator Nebelöler m [tra]
oil-free ölfrei [met]
oil-fuel mixture Kraftstoff-Öl-Gemisch n [tra]
oil-hydraulic ölhydraulisch [tra]
oil-hydraulic brake Öldruckbremse f [tra]
oil-hydraulic control system Druckölsteuerung f

oil-hydraulics Ölhydraulik f [tra]
oil-impregnate ölen v (imprägnieren)
oil-in-air lubrication Öl/Luft-Schmierung f [tec]
oil-in-water emulsion Öl-in-Wasser-Emulsion f [was]
oil-level check Ölstandsprüfung f [any]
oil-level check plug Ölstandskontrollschraube f [tec]
oil-level indicator Vorratsanzeiger m (Ölstandsanzeiger) [tra]
oil-lift pump Ölanhebepumpe f (Lager, Welle ...) [tec]
oil-lift system Druckölentlastung f [tec]
oil-mill Ölmühle f [roh]
oil-mist exhaust ventilation Ölnebelabsaugung f [tec]
oil-mist lubrication Ölnebelschmierung f [tec]; Ölnebelschmierung f [tec]
oil-mist lubrication system Ölnebelschmiersystem n [tec]
oil-operating cylinder Öldruckzylinder m [tec]
oil-pad lubrication Polsterschmierung f [tec]
oil-producing erdölproduzierend [roh]
oil-producing countries Ölländer pl; Öllieferländer pl [roh]
oil-producing country Erdölförderland n [roh]
oil-proof ölbeständig [met]
oil-proof foundation for oil tanks Ölwanne f [bau]
oil-re-refining Altölraffination f [rec]
oil-resistant ölbeständig [met]
oil-resistant rubber ölresistenter Gummi m [met]
oil-retaining collar Ölfangkragen m [tec]
oil-ring lubrication Ölringschmierung f [tec]
oil-soaked piece of cloth ölgetränkter Lappen m
oil-spill protection equipment Ölwehranlage f [was]
oil-tank cleaning vehicle Öltankreinigungsfahrzeug n [rec]
oil-tight öldicht
oil-well Ölquelle f
oil-wetted air cleaner Nassluftfilter m [air]
oil/water separation plant Öl-Wasser-Trennanlage f [was]
oil/water separator Öl-/Wasserabscheider m
oilcup Öler m
oiled geölt [met]
oiled paper geöltes Papier n [met]
oiler Schmierer m (Schmiermittelzufuhr/-verteilung) [tec]
oilfield Erdölfeld n [roh]; Ölfeld n [roh]
oilfield truck Bohrfeldfahrzeug m [mbt]
oilfield vehicle Bohrfeldfahrzeug m [mbt]
oiling Ölung f [tec]; Schmierung f; Abölen n [tec]
oilless bearing ölfreies Lager n [tec]; ölloses Lager n [tec]
oilpoor ölarm
oilskins Ölzeug n
oilstone Wetzstein m [met]
oily fettig; ölig
oily sludge öliger Schlamm m [rec]; Ölschlamm m [rec]
ointment Salbe f [hum]

ointment for wounds Wundsalbe *f* [hum]
old glass Altglas *n* [rec]
old lead Altblei *n* [met]
old metal Altmetall *n* [rec]
old metals Altschrott *m* [rec]
old record Archiv *n* [eco]
old sand Altsand *m* [rec]
old site Altlast *f* [rec]; Altstandort *m* [rec]
old timber Altholz *n* [rec]
old timber carburation Altholzvergasung *f* [rec]
old town Altstadt *f*
old waste disposal site Altdeponie *f* [rec]
old-age pension insurance Rentenversicherung *f* [jur]
old-fashioned altmodisch; unmodern
oleaginous ölig
olefin Olefin *n* [che]
olefin copolymer Olefin-Copolymer *n* [che]
oleum rauchende Schwefelsäure *f* [che]
olfactometry Geruchsmessung *f* [any]
olfactory organ Riechorgan *n* [hum]
oligotrophic nährstoffarm
olive Olive *f* [bff]; Schneidring *m* (Verschraubung) [tec]
olive brown olivbraun (RAL 8008) [nor]
olive drab braunoliv (RAL 6022) [nor]
olive green olivgrün (RAL 6003) [nor]
olive grey olivgrau (RAL 7002) [nor]
olive yellow olivgelb (RAL 1020) [nor]
omission Unterlassung *f*; Wegfall *m*
omission of duties Obliegenheitsverletzung *f* [jur]
omit auslassen *v* (versäumen); ausweichen *v* (einem Gespräch)
omnibus Omnibus *m* [tra]
on angeschaltet
on schedule planmäßig (genau nach Plan)
on site vor Ort (an Ort und Stelle, wo's war)
on-board computer Bordcomputer *m*
on-board supply Bordnetz *n* [elt]
on-call service Bereitschaftsdienst *m*
on-line angeschlossen (an Zentraleinheit) [edv]
on-line connection Direktanschluss *m* [edv]
on-load speed Lastdrehzahl *f*
on-load starting Lastanlauf *m* [pow]
on-off control Zweipunktregelung *f*
on-off controller Auf-Zu-Regler *m* [elt]; Zweipunktregler *m*
on-off key Ein-Aus-Taste *f*
on-off switch Ein-Aus-Schalter *m*; Einschalter *m* [elt]
on-off-control Ein-Aus-Regelung *f*
on-schedule processing termingerechte Abwicklung *f* [eco]
on-site betriebseigen
on-site conditions tatsächliche Einsatzbedingungen *pl* [bau]
on-site effluent treatment betriebseigene Abwasserbehandlung *f* [was]
on-site traffic Baustellenverkehr *m* [tra]
once, at - sofort

once-through boiler Bensonkessel *m* [pow]; Durchlaufkessel *m* [pow]; Zwangsdurchlaufkessel *m* [pow]
once-through forced flow Zwangsdurchlauf *m* [pow]
once-through forced-flow boiler Zwangsdurchlaufkessel *m* [pow]
once-through lubrication Durchlaufschmierung *f* [tec]
oncoming traffic Gegenverkehr *m* [tra]
ondometer Frequenzmesser *m* [phy]
one of a kind einmalig (nur einmal vorhanden)
one piece step Kompaktstufe *f* [mbt]
one ply einlagig (bei Sperrholz, Autoreifen) [met]
one spindle jack Einspindelheber *m* [mbt]
one year old einjährig (ein Jahr alt)
one-armed einarmig
one-axle einachsig
one-axle trailer Einachsanhänger *m* [tra]
one-colour painted einfarbig lackiert
one-component adhesive Einkomponentenkleber *m* [che]
one-component coating Einkomponentensystem *n* (Anstrich) [bau]
one-component system Einkomponentensystem *n* [bau]; Einstoffsystem *n* [che]
one-cylinder engine Einzylindermotor *m* [pow]
one-digit einstellig
one-dimension compression test einfache Druckprüfung *f* [any]
one-dimensional eindimensional
one-direction thrust bearing einseitig wirkendes Axiallager *n* [tec]; Stützlager *n* [tec]
one-flue boiler Einflammrohrkessel *m* [pow]
one-headed rail Vignolschiene *f* [tra]
one-layer einlagig (einlagiges Metall) [met]
one-layer filter Einfachfilter *m*
one-layer winding einlagige Bewicklung *f*
one-level einstufig
one-level bill of materials Baukastenstückliste *f* [con]
one-man bus Einmannwagen *m* [tra]
one-man business Einmannbetrieb *m* (Firma) [eco]
one-man control Ein-Mann-Bedienung *f* [mbt]
one-man operation Einmannbetrieb *m* (Arbeitsweise) [eco]
one-man tram Einmannwagen *m* ((B)) [tra]
one-man trolley Einmannwagen *m* ((A)) [tra]
one-off part Einzelteile *pl* (nur eins)
one-pack adhesive Einkomponentenklebstoff *m* [che]
one-pack system Einkomponentensystem *n* [bau]
one-pane safety glass Einscheibensicherheitsglas *n* [bau]
one-part form Einfachformular *n* (ohne Kopie)
one-phase system Einphasensystem *n* [elt]
one-piece aus einem Stück gefertigt [wer]; einteilig
one-piece hose clip schraubenlose Schlauchschelle *f* [tec]
one-pole plug Bananenstecker *m* [elt]
one-shift operation Einschichtbetrieb *m* [eco]

one-shot einmalige Zeitablenkung *f*
one-shot lubrication Zentralschmierung *f* [tec]
one-sided einseitig
one-stage einstufig
one-storey eingeschossig [bau]; einstöckig
one-way Einweg... [rec]
one-way article Einwegartikel *m*
one-way check valve Einwegsperrventil *n* [prc]
one-way packing Einwegverpackung *f*
one-way restrictor Drosselrückschlagventil *n* [prc]
one-way road Einbahnstraße *f* [tra]
one-way street Einbahnstraße *f* [tra]
one-way switch Einwegschalter *m* [elt]
one-way valve Einwegventil *n* [prc]
onepart coating Einkomponentensystem *n* [bau]
onhand vorhanden (körperlich da)
onshore an Land
onshore wind Seewind *m* [wet]
onwards vorwärts
ooze Schlamm *m* (Schlick) [rec]; Schlick *m* [was]
ooze aussickern *v* [was]; sickern *v* [was]
ooze out heraussickern *v*; herausströmen *v*
ooze through durchsickern *v* [was]
oozing basin Sickerbecken *n* [was]
oozy schlammig [was]
opacificier Farbgeber *m* [opt]
opacity Durchlässigkeit *f* (elektrische -) [elt]; Lichtundurchlässigkeit *f* [opt]; Trübung *f* (Trübheit) [opt]; Undurchsichtigkeit *f*
opal Opal *m* [min]
opal glass Milchglas *n* [met]; Opalglas *n* [met]
opal green opalgrün (RAL 6026) [nor]
opalesce opalisieren *v*
opaque dunkel (undurchsichtig); lichtundurchlässig [opt]; matt (undurchsichtig); undurchlässig (Licht) [opt]; undurchsichtig
opaque coat Deckanstrich *m* [met]
opaqueness Undurchsichtigkeit *f*
open geöffnet; offen
open aufklappen *v*; durchbrechen *v* (öffnen) [wer]; eröffnen *v*; öffnen *v*
open burning coal Gasflammkohle *f* [met]
open car Großraumwagen *m* [tra]
open carriage Großraumabteil *n* (Eisenbahn) [tra]
open channel pump Freistrompumpe *f* [prc]
open cheque Barscheck *m* [eco]
open circuit Arbeitsstromschaltung *f* [elt]; offener Stromkreis *m* [elt]
open coach Großraumreisezugwagen *m* [tra]; Großraumwagen *m* (für Reisende) [tra]
open cut Tagebau *m* (die Grube) [roh]
open dump Müllberg *m* [rec]
open fire offene Feuerstelle *f*
open ground freies Gelände *n* [geo]
open land Freiland *n* [far]
open landscape offene Landschaft *f*
open light bewegliches Fenster *n* [bau]
open loop Regelstrecke *f*
open pit Tagebau *m* (die Grube) [roh]

open plan office Bürolandschaft *f*
open position Auf-Stellung *f* (Schalter) [elt]; Ausschaltstellung *f* [elt]
open sand casting Herdguss *m* [roh]
open site Freifläche *f* (noch unbebaut)
open space Freifläche *f*
open wire Freileitung *f* [elt]
open wiring sichtbare Elektroinstallation *f* [elt]
open-air Freiluft-
open-air exhibition-ground Freigelände *n* (Außengelände Messe)
open-air fair ground Freiluftstand *m* (Außenstand auf Messe)
open-air plant Freianlage *f*; Freiluftbau *m*
open-air swimming pool Freibad *n* [bau]
open-cast mining Tagebau *m* (der Industriezweig) [roh]; Tagebau *m* [roh]
open-cast mining systems Tagebauausrüstung *f* (weich) [roh]
open-centred mittenfrei (z.B. Kugeldrehverbindung) [mbt]
open-circuit characteristic Leerlaufkennlinie *f* [pow]
open-circuit operation Leerlauf *m* (Generatorkreislauf) [elt]
open-circuit principle Arbeitsstromprinzip *n* [elt]
open-cut mining Tagebaugewinnung *f* [roh]; Tagebau *m* [roh]
open-cut project Tagebauprojekt *n* [roh]
open-cycle gas turbine Gasturbine mit offenem Kreislauf *f* [pow]
open-cyclone arrangement Zyklon ohne Fangschirm *m* [pow]
open-door design Konstruktion mit Änderungsmöglichkeiten *f* (Alternativkonstruktion) [con]
open-end purchase order Abrufbestellung *f* [eco]
open-end spanner Doppelmaulschlüssel *m* [wzg]; Maulschlüssel *m* [wzg]
open-end wrench Maulschlüssel *m* [wzg]; Schraubenschlüssel *m* (Maulschlüssel) [wzg]
open-ended spanner Einmaulschlüssel *m* [wzg]; Maulschlüssel *m* [wzg]
open-front inclinable press Einständerschrägpresse *f* [wer]
open-hearth SM-Ofen *m* (Siemens-Martin-Ofen) [roh]
open-hearth furnace Siemens-Martin-Ofen *m* [roh]
open-hearth pig iron Martinroheisen *n* [met]
open-hearth process Herdfrischen *n* [roh]
open-hearth refining Herdfrischen *n* [roh]
open-hearth steel Herdfrischstahl *m* [met]; Martinstahl *m* [met]
open-hearth steel works Martinstahlhütte *f* [roh]
open-house meeting Tag der offenen Tür *m*
open-jaw spanner, single-ended - Einmaulschlüssel *m* [wzg]
open-link chain Gliederkette *f* [tec]
open-loop control offene Steuerung *f*
open-loop control system Steuerungseinrichtung *f*
open-loop gain Leerlaufverstärkung *f* [elt]

open-pit mining Tagebaugewinnung *f* [roh]; Tagebau *m* (der Industriezweig) [roh]; Tagebau *m* [roh]
open-pit mining operation Tagebaubetrieb *m* [roh]
open-pit mining systems Tagebauausrüstung *f* (hart) [roh]
open-pit ore mining Erztagebau *m* [roh]
open-plan office Großraumbüro *n* [bau]
open-surface cooler Rieselkühler *m* [pow]
open-wire line Freileitung *f* [elt]
opened offen
opener Öffner *m*
opening Ausnehmung *f* (in Blech) [tec]; Durchführung *f* (Öffnung); Freigabe *f*; Mündung *f* (Röhre); Öffnung *f* (Loch); Durchbruch *m* (z.B. durch Decke) [bau]; Durchlass *m* (Öffnung); Mund *m*; Spalt *m* (Öffnung); Zugang *m* (Einlass, Öffnung); Loch *n* (Öffnung)
opening angle Öffnungswinkel *m*
opening clause Öffnungsklausel *f* [jur]
opening cut Aufschlusseinschnitt *m* (Tagebau) [roh]
opening for rope Seildurchführung *f* [tra]
opening inventory Anfangsbestand *m* [eco]
opening line Öffnungsleitung *f* [prc]
opening mechanism Öffnungsmechanismus *m*
opening of an market Markterschließung *f* [eco]
opening pressure Ansprechdruck *m* (des Ventils) [prc]
opening roof öffnungsfähiges Dach *n* [bau]
opening time Öffnungszeit *f* [tra]; Ausschaltverzug *m* (bis Wirkungsbeginn)
opening times Öffnungszeiten *pl* [eco]
opening up Erschließung *f*
opening width Öffnungsweite *f* (z.B. des Greifers) [mbt]
opening, make an - durchbrechen *v* (Öffnung herstellen) [wer]
opening-out auseinander Klaffen *n*
opening-up device Aufklappvorrichtung *f*
opening-up of access to ground-water Grundwassererschließung *f* [was]
openings for loading and discharging Be- und Entladeöffnungen *pl* [tra]
operability Funktionsfähigkeit *f*
operable betriebsfähig; funktionsfähig
operate agieren *v*; arbeiten *v* (Gerät, Programm); bedienen *v* (betätigen); behandeln *v* (bedienen); betätigen *v* (maschinell); betreiben *v* (z.B. Kessel) [pow]; fahren *v* (Anlage); führen *v* (Kran -); funktionieren *v*; handhaben *v* [wer]; laufen *v*; operieren *v* (betreiben); steuern *v* (Maschine, Bagger) [tra]
operate by remote control fernlenken *v*
operated, automatically - selbsttätig
operated, directly - direkt gesteuert; direkt gesteuert
operated, pneumatically - druckluftbetätigt [tec]; pneumatisch betätigt [tec]
operating Bedienung *f* (Betätigung)
operating agents Betriebsmittel *pl*
operating area Bedienungsfläche *f* [edv]
operating behaviour Betriebsverhalten *n*

operating behaviour of pumps Pumpenverhalten *n* [prc]
operating capacitor Betriebskondensator *m* [elt]
operating centre distance Laufachsabstand *m* (Getriebe) [con]
operating company Anlagenbetreiber *m*
operating condition Arbeitsbedingung *f*; Betriebsbedingung *f*; Einsatzbedingung *f*
operating condition, put into - klarschalten *v* (Betriebsvorbereitung)
operating console Schaltpult *n* [prc]
operating contact Arbeitskontakt *m* (Verbindung von Teilen) [wer]
operating control Betriebsüberwachung *f*
operating controls Betätigungselemente *pl*
operating costs Betriebskosten *pl*
operating current Betriebsstrom *m* [elt]
operating cylinder Betätigungszylinder *m* [tra]
operating data Betriebsdaten *pl*; Betriebsergebnisse *pl*
operating delay Schaltverzögerung *f* [tra]
operating device Bedienteil *n*
operating direction Längsrichtung *f*
operating disc Mitnehmerscheibe *f* [tra]
operating disturbance Betriebsstörung *f*
operating documentation Bedienungsdokumentation *f*
operating documents Betriebsunterlagen *pl*
operating efficiency Betriebswirkungsgrad *m* [pow]; Kesselwirkungsgrad *m* (Betriebswirkungsgrad) [pow]
operating element Bedienungselement *n* (z.B. Hebel)
operating engineer Betriebsingenieur *m*
operating entrainer disc Mitnehmerscheibe *f* [tec]
operating error Bedienungsfehler *m*
operating expenditures Betriebskosten *pl*
operating expenses Betriebskosten *pl*
operating facility Bedienungeinrichtung *f*; Betriebsstätte *f*
operating force Stellkraft *f*
operating gear Betätigungsvorrichtung *f*
operating grip Umstellgriff *m* [wer]
operating hour Betriebsstunde *f* (Gerät im Einsatz)
operating income betrieblicher Ertrag *m* [eco]
operating input Bedienungseingabe *f*
operating instruction Bedienungsanleitung *f* (Anweisung); Bedienungsanweisung *f* (Anweisung); Bedienungsvorschrift *f*; Behandlungsvorschrift *f* (für Bedienung); Betriebsanleitung *f*; Betriebsvorschrift *f*
operating instruction Betriebsanleitung *v*
operating instructions Gebrauchsanweisung *f*
operating interface Bedieneroberfläche *f* (Software) [edv]
operating interrupt Betriebsunterbrechung *f*
operating lever Bedienungshebel *m*; Betätigungshebel *m*; Schalthebel *m*; Stellhebel *m*; Steuerhebel *m*
operating life Laufzeit *f* (Betriebslebensdauer); Lebensdauer *f* (Betriebsdauer); Standzeit *f* (einer Maschine)

operating load Betriebsbeanspruchung *f*
operating log Betriebsprotokoll *n*
operating magnet Betätigungsmagnet *m* [elt]
operating manual Bedienungsanleitung *f* (Handbuch); Bedienungshandbuch *n*; Betriebshandbuch *n*
operating mechanism Betätigungsvorrichtung *f*; Stellmechanismus *m*
operating method Arbeitsverfahren *n*
operating mode Wirkungsweise *f*
operating module Kommandobaustein *m* [edv]
operating noise Betriebsgeräusch *n* [wer]
operating observation Betriebsüberwachung *f*
operating opening Bedienungsöffnung *f*
operating panel Bedienungstafel *f*; Schalttafel *f* [elt]; Bedienungspult *n*
operating performance Betriebsverhalten *f*
operating period Betriebszyklus *m*
operating permit Betriebserlaubnis *f*; Betriebsgenehmigung *f* [jur]
operating personnel Betriebspersonal *n*
operating platform Bedienungsstand *m*
operating pole contact member Schaltstück *n* [tec]
operating position Arbeitsstellung *f*
operating power pack Betriebsnetzgerät *n* [elt]
operating pressure Arbeitsdruck *m* (Betriebsdruck) [prc]; Betriebsdruck *m*; Schaltdruck *m* [phy]
operating pressure angle Laufeingriffswinkel *m* (Zahnrad) [con]
operating principle Arbeitsprinzip *n*
operating procedure Arbeitsablauf *m*
operating procedure, specified - vorgeschriebener Arbeitsablauf *m*
operating program Betriebsprogramm *n* (Software) [edv]
operating range Betriebsbereich *m*; Schaltbereich *m*
operating result Betriebsergebnis *n*
operating routine Bedienungsprogramm *n* (Software) [edv]
operating shaft Schaltwelle *f* [tec]; Spreizstange *f* (Dorn) [wer]
operating shut-down Betriebsausfall *m*
operating staff Bedienungspersonal *n*; Betriebspersonal *n*
operating state Betriebszustand *m*
operating stress Bedienungsaufwand *m* (Mühe)
operating supervision Betriebsüberwachung *f*
operating supplies Betriebsmaterial *n*
operating survey Betriebsüberwachung *f*
operating switch Betriebsschalter *m* (An/Aus/dazwischen) [elt]
operating system Bediensystem *n*; Betriebssystem *n* (Software-Organisation) [edv]
operating temperature Arbeitstemperatur *f*; Betriebstemperatur *f*
operating time Betriebsdauer *f*; Betriebszeit *f* (Gerät, Anlage); Einsatzzeit *f*; Laufzeit *f*; Standzeit *f* (einer Maschine); Stellzeit *f*
operating trouble Betriebsstörung *f*; Betriebsausfall *m*

operating voltage Betriebsspannung *f* [elt]
operating weight Dienstgewicht *n*; Eigengewicht *n*
operation Bedienung *f* (von Maschine); Behandlung *f* (Bedienung); Betätigung *f* (Bedienung); Handhabung *f* (von Geräten, Maschinen); Operation *f*; Ablauf *m* (Vorgang); Befehl *m* (Software) [edv]; Betrieb *m* (Anlagen-); Betriebsablauf *m* (Durchführung); Eingriff *m* [hum]; Prozess *m* (Ablauf); Vorgang *m* (Prozess); Verfahren *n* (Betrieb)
operation and maintenance manual Betriebs- und Wartungshandbuch *n*
operation by steam Dampfbetrieb *m* [pow]
operation condition Betriebsbedingung *f*; Betriebsbedingungen *pl*
operation data Betriebsdaten *pl*
operation drawing Werkstattzeichnung *f* [con]
operation ease and convenience, for the - ergonomisch (körpergerecht)
operation guide Bedienungsanleitung *f*
operation instruction Bedienungsanleitung *f* (Anweisung)
operation manual Betriebshandbuch *n*
operation mode Betriebsart *f*
operation of arithmetic Rechenart *f* [mat]
operation panel Bedienungstafel *f*
operation point Arbeitspunkt *m* (Betrieb)
operation procedure Betriebsverfahren *n*
operation requirement Betriebserfordernis *f*
operation scheduling Arbeitsvorbereitung *f*
operation sequence Arbeitsfolge *f*
operation service Bedienung *f* (Betätigung)
operation set Befehlsvorrat *m* (Software) [edv]
operation supervision Betriebsüberwachung *f*
operation temperature Einsatztemperatur *f*
operation time Betriebszeit *f* (Gerät, Anlage)
operation value Betriebsgröße *f*
operation, arithmetic - Rechenoperation *f* [mat]
operation, during - bei der Arbeit
operation, period of - Betriebszeit *f* (Gerät, Anlage)
operation, put out of - außer Betrieb setzen *v*
operation, radius of - Reichweite *f*
operation, ready for - betriebsbereit; betriebsfähig
operation, restrictions on - Betriebsbeschränkungen *pl*
operation, sequential - sequentieller Betrieb *m*
operation, time of - Betriebsdauer *f*
operation, type of - Ablaufart *f* (bei Herstellung) [wer]
operational betriebsbedingt
operational altitude Operationshöhe *f* (in Luft) [tra]
operational amplifier Operationsverstärker *m* [elt]
operational check Funktionsprüfung *f*; Prüfung während des Betriebes *f* [any]
operational control Ablauflenkung *f* [pow]
operational diagram Funktionsplan *m* [con]
operational efficiency Betriebsleistung *f*
operational failure Betriebsausfall *m*
operational failure statistics Betriebs- und Schadensstatistik *f* [eco]

operational hazard Betriebsgefahr *f*
operational monitoring Betriebsüberwachung *f*
operational plant Betriebsanlage *f*
operational safety Betriebssicherheit *f* (Arbeitssicherheit)
operational sequence Arbeitsablauf *m*
operational sign Rechenzeichen *n* [mat]
operational speed Betriebsdrehzahl *f* [pow]
operational staff Außendienstpersonal *n* (der Bahn) [tra]
operational standby Betriebsbereitschaft *f*
operational steam Arbeitsdampf *m* [pow]
operational test Funktionsprüfung *f* [any]; Laufprüfung *f* [any]
operational weight Einsatzgewicht *n*
operational, be - betriebsbereit sein *v*
operations Arbeit *f* (Arbeiten)
operations control computer system Betriebsrechnersystem *n* [edv]
operations group Ressort *n* [eco]
operations manager Betriebsleiter *m*
operations, sequence of - Arbeitsfolge *f*; Arbeitsablauf *m*
operative funktionsfähig; praktisch
operatively sound funktionssicher
operativeness Funktionsfähigkeit *f*
operator Vermittlung *f* (am Telefon) [edv]; Bedienungsmann *m*; Betreiber *m* (Person); Betriebstechniker *m*; Fahrer *m* (auf Baumaschine, Bagger, usw.) [mbt]; Operateur *m* (in Schaltwarte); Operator *m* (Betreiber)
operator action Bedienungsmaßnahme *f*
operator activity Arbeitsbereitschaft *f*
operator controlled zwangsgeführt (durch Fahrer) [tra]
operator convenience Bedienerfreundlichkeit *f* [con]
operator of the installation Anlagenbetreiber *m*
operator prompting Bedienerführung *f* (Software) [edv]
operator's cab Fahrerkabine *f* [mbt]; Baggerfahrerhaus *n* [mbt]; Baggerführerhaus *n* [mbt]; Fahrerhaus *n* [mbt]
operator's cabin Bedienungskabine *f*; Führerhaus *n* [mbt]
operator's comfort Fahrerkomfort *m* [mbt]
operator's console Bedienungsfeld *n*
operator's ease and convenience Fahrerkomfort *m* [mbt]
operator's error Bedienungsfehler *m*
operator's handbook Betriebshandbuch *n*
operator's manual Betriebsanleitung *f* (Handbuch)
operator's seat Fahrersitz *m* (Baumaschine) [mbt]
operator's stress Steuerungsanstrengung *f* (des Fahrers) [tra]
operator, arithmetic - Rechenzeichen *n* [mat]
opinion Ansicht *f* (über ein Thema); Meinung *f*; Stellungnahme *f*; Urteil *n*
opponent of nuclear power Kernkraftgegner *m* (Atomkraft)

opportunity Möglichkeit *f* (Gelegenheit)
oppose entgegensetzen *v*; gegenüberstellen *v*
opposed entgegengesetzt (im Gegensatz)
opposed arrangement Gegeneinanderschaltung *f*
opposed cylinder type engine Boxermotor *m* [tra]
opposing force Gegenkraft *f* [phy]
opposite entgegengesetzt (gegenüber); gegenüber (auch räumlich -)
opposite Gegensatz *m*; Gegenteil *n*
opposite direction, in - gegenläufig
oppositely directed gegenläufig
opposition of phases Gegenläufigkeit *f* (der Phasen) [elt]
optic axis optische Achse *f* [opt]
optical optisch [opt]
optical aberration Abbildungsfehler *m* (optisch) [any]
optical bleach optischer Aufheller *m* [che]
optical brightener optischer Aufheller *m* [che]
optical character reader Klarschriftleser *m* [edv]
optical disk Bildplatte *f* [edv]; optische Platte *f* [edv]; optische Speicherplatte *f* [edv]
optical disk unit Bildplattengerät *n* [edv]
optical display optische Anzeige *f*
optical fibre Glasfaser *f* [met]; Lichtleiter *m* [opt]; Lichtwellenleiter *m* [opt]
optical fibre cable Lichtwellenleiterkabel *n* [opt]
optical filter Lichtfilter *m* [opt]
optical image optisches Bild *n* [opt]
optical microscope Lichtmikroskop *n* [any]
optical path Lichtweg *m* [opt]
optical polymer lichtleitendes Polymer *n* [met]
optical polymers optische Fasern *pl* [che]
optical pyrometer optisches Pyrometer *n* [any]
optical recognition optische Erkennung *f* [any]
optical refraction Lichtbrechung *f* [opt]
optical system Optik *f* (Linsensystem) [opt]
optical video disk Bildplatte *f* [edv]
optical waveguide Lichtwellenleiter *m* [opt]
optical waveguide line Glasfaserleitung *f* [edv]
optical waveguide technique Lichtleitertechnik *f* [opt]
optical waveguide technology Glasfasertechnik *f* [edv]
optically aligned to a tolerance of optisch genau auf (eingestellt) [opt]
optically sensitive lichtempfindlich [opt]
optics Augenoptik *f* [opt]; Optik *f* [opt]
optimal optimal
optimization Optimierung *f*
optimize optimieren *v*
optimum optimal
optimum Bestwert *m*; Optimum *n* [mat]
optimum curve Optimumkurve *f* [mat]
optimum result Bestwert *m*
optimum yield optimaler Ertrag *m*
option Möglichkeit *f* (Option); Option *f* [jur]
option rating Einstellgröße *f* (des Motors) [tra]
optional wahlweise

optional proof procedure fakultativ Nachweisverfahren *n* [rec]
opto-receiver Lichtempfänger *m* [opt]
opto-transmitter Lichtsender *m* [opt]
oral mündlich; oral
oral offer mündliches Angebot *n* [eco]
orange orange (orangefarben)
orange brown orangebraun (RAL 8023) [nor]
orange-peel grab Mehrschalengreifer *m* (Baggerausrüstung) [mbt]
orbit Kreisbahn *f*; Weg *m* [tra]; Orbit *n* (Umlaufbahn um Erde) [tra]
orbital Orbital *n* (Atom) [phy]
orbital motion Umlaufbewegung *f* [phy]
orbital radius Bahnradius *m* [phy]
orbital railway Gürtelbahn *f* (wie Ringbahn) [tra]; Ringbahn *f* (um Stadtkern) [tra]
orbital speed Umlaufgeschwindigkeit *f* [phy]
orbitrol hydraulisches Lenkventil *n*; Lenkventil *n* (Servostat) [tra]
order Anordnung *f* (Verordnung) [jur]; Aufgabe *f* (Bestellung); Bestellung *f* [eco]; Kommission *f* (Bestellung) [eco]; Order *f* (Auftrag) [eco]; Ordnung *f* [mat]; Ordnung *f* (geregelter Ablauf, Normensystem); Reihe *f* (Reihenfolge); Reihenfolge *f* (in dieser Reihenfolge); Richtlinie *f* (Vorschrift); Verfügung *f*; Vorschrift *f* [jur]; Weisung *f* [jur]; Auftrag *m* (Bestellung) [eco]; Befehl *m*; Grad *m* (Gleichung) [mat]
order abrufen *v* [eco]; anordnen *v* (befehlen); bestellen *v* (Auftrag) [eco]; bestimmen *v* (anordnen); ordern *v* (bestellen) [eco]; ordnen *v* (anordnen, bestellen); verfügen *v*
order documents Bestellunterlagen *pl* [eco]
order form Bestellschein *m* [eco]
order in advance vorbestellen *v* [eco]
order number Bestellnummer *f* [eco]; Kommissionsnummer *f* (der Bestellung) [eco]
order of magnitude Größenordnung *f*
order of reaction Reaktionsordnung *f* [che]
order part no. when used up nach Aufbrauch bestellen (Anweisung) [con]
order placement Auftragsvergabe *f* [eco]; Bestellung *f* [eco]; Bestellvergabe *f* [eco]
order position Bestellposition *f* [eco]
order price Bestellwert *m* [eco]
order processing Aufgabenabwicklung *f*; Auftragsabwicklung *f* [eco]
order processing, initial - Eingangsbearbeitung *f* (eines Auftrags) [eco]
order reference Bestellkennzeichen *n* [eco]
order scope Auftragsvolumen *n* [eco]
order to pay Zahlungsanordnung *f* [eco]
order value Auftragssumme *f*; Auftragswert *f*
order, annul an - Auftrag stornieren [eco]
order, ascending - aufsteigende Reihenfolge *f*
order, large - Großauftrag *m* [eco]
order, volume of - Auftragsvolumen *n* [eco]
order-book Bestellbuch *n* [eco]

order-placement date Bestelltermin *m* [eco]
order-placement time Bestellzeit *f* [eco]
ordering Auftragserteilung *f* [eco]
orderless ungeordnet
orders in hand Auftragsbestand *m* [eco]
orders received Auftragseingang *m* [eco]
orders, new - Auftragseingang *m* [eco]
orders, record of - Bestell- und Lieferliste *f* [eco]
orders, volume of - Ordervolumen *n* [eco]
ordinal number Ordnungszahl *f* [mat]
ordinance Auflage *f* (behördliche Anordnung) [jur]; Verordnung *f* [jur]
ordinance procedure Verordnungsverfahren *n* [jur]
ordinary alltäglich; ordentlich (planmäßig); üblich
ordinary concrete unbewehrter Beton *m* [bau]
ordinary glass Normalglas *n* [met]
ordinary lime mortar Kalkmörtel *m* [met]
ordinary road Landstraße *f* [tra]
ordinary steel Massenstahl *m* [met]
ordinate Ordinate *f* [mat]; Y-Achse *f* [mat]
ore Erz *n* [roh]
ore bearing erzführend [geo]; erzhaltig [roh]
ore body Erzvorkommen *n* (im Boden) [roh]
ore content Erzgehalt *m* [roh]
ore crushing Erzzerkleinerung *f* [roh]
ore deposit Erzlagerstätte *f* [roh]
ore dressing Erzaufbereitung *f* [roh]; Aufbereitungsverfahren *n* (Metalle) [roh]
ore dust Erzstaub *m* [rec]
ore formation Erzformation *f* [geo]
ore in beds Flözerz *n* [roh]
ore in veins Flözerz *n* [roh]
ore lode Erzader *f* [geo]
ore mine Erzgrube *f* [roh]; Erzbergwerk *n* [roh]
ore mining Erzgewinnung *f* [roh]; Erzbergbau *m* [roh]
ore production Erzgewinnung *f* [roh]
ore pulp Erztrübe *f* [roh]
ore roasting Erzröstung *f* [roh]
ore slag Erzschlacke *f* [rec]
ore slime Erzschlamm *m* [rec]
ore sludge Erzschlamm *m* [rec]
ore smelting Erzverhüttung *f* [roh]; Erzschmelzen *n* [roh]
ore treatment Erzaufbereitung *f* [roh]
ore vein Erzader *f* [geo]
ore washing Erzaufbereitung *f* [roh]; Erzwäsche *f* [roh]
ore-dressing plant Erzaufbereitungsanlage *f* [roh]
ore-smelting furnace Erzschmelzofen *m* [roh]
ore-smelting works Erzhütte *f* [roh]
organ Organ *n* [bff]; Organ *n* (Institution)
organ, administrative - Verwaltungsorgan *n*
organic biologisch; biologisch-dynamisch [far]; organisch
organic acid organische Säure *f* [che]
organic bond organische Bindung *f* [che]
organic bonded nitrogen organisch gebundener Stickstoff *m* [che]

organic chemical, synthetic - synthetische organische Substanz *f* [met]
organic chemistry organische Chemie *f* [che]
organic compound organische Verbindung *f* [che]
organic halogen compounds, adsorbed - adsorbierbare organische Halogenverbindung *f* [che]
organic material organisches Material *n* [che]
organic material content organischer Inhaltsstoff *m* [che]
organic material content elimination Entfernung organischer Inhaltsstoffe *f*
organic materials organische Stoffe *pl* [met]
organic matter, active - aktive organische Substanz *f* [che]
organic matter, dry - organische Trockensubstanz *f* [met]
organic substance organische Substanz *f* [che]
organic substances organische Stoffe *pl* [met]
organic-chemical organisch-chemisch [che]
organism Organismus *m* [bff]
organization Einteilung *f* (Disponieren); Organisation *f*; Strukturierung *f*
organization chart Organisationsplan *m* [eco]
organization development Organisationsentwicklung *f* [eco]
organization of test Versuchsanordnung *f* [any]
organization of the business Betriebsorganisation *f* [eco]
organization, type of - Organisationsform *f* [eco]
organizational chart Organigramm *n* [con]
organizational diagram Organigramm *n* [eco]
organizational instruction Organisationsanweisung *f* [eco]
organizational problem Organisationsfrage *f* [eco]
organizational structure Aufbauorganisation *f*; Organisationsstruktur *f* [eco]
organize einteilen *v* (disponieren); gliedern *v* (organisieren); managen *v*; ordnen *v* (systematisieren); organisieren *v*
organized geordnet
organizer Organisator *m*
organochlorinated chlororganisch
organochlorine organische Chlorverbindung *f* [che]
organochlorines Chlorkohlenwasserstoffe *pl* [che]
organometallic metallorganisch [met]
orient orientieren *v*
orientation Ausrichtung *f* (in Richtung bringen); Orientierung *f*; Richtung *f* (Orientierung)
orientation tolerance Richtungstoleranz *f* [con]
orientation value Orientierungswert *m*
oriented ausgerichtet; orientiert
orifice Austrittsöffnung *f*; Drossel *f* (Blende) [prc]; Drosselblende *f* [prc]; Öffnung *f* (Loch); Steckblende *f* [any]; Verengung *f* (durch Nut) [prc]; Mündungskanal *m*; Loch *n* (Öffnung)
orifice disc Blende *f* (Messblende) [any]; Messblende *f* [any]
orifice flange Blendenflansch *m* [any]
orifice formula Blendengleichung *f* [any]

orifice insert Bohrungseinsatz *m* [tec]
orifice nozzle Lochdüse *f* [tra]
orifice plate Blende *f* (in der Strömung); Drosselscheibe *f* [prc]; Lochblende *f* [any]
orifice relief Düsenaustritt *m*
orifice ring Blendenring *m*
orifice welding Düsenschweißen *n* [wer]
origin Herkunft *f*; Quelle *f* (Herkunft); Anfang *m* (Ursprung); Anfangspunkt *m*; Ausgangspunkt *m* [mat]; Nullpunkt *m* (Diagramm); Ursprung *m*
original original; ursprünglich
original Original *n*
original bill of materials Ursprungsstückliste *f*
original constituent Ausgangsprodukt *n* [met]
original cost Anschaffungskosten *pl* [eco]
original cross-section area Anfangsquerschnitt *m*
original dimension Ausgangsmaß *n* [con]
original drawing Zeichnungsoriginal *n* [con]
original equipment Grundausrüstung *f*
original ground natürliches Gelände *n* [geo]
original material Ausgangssubstanz *f* [met]; Ursubstanz *f* [che]; Ausgangsstoff *m* [met]; Ausgangsmaterial *n* [met]
original packing Originalpackung *f*
original position Ausgangslage *f*
original price Ursprungspreis *m* [eco]
original product Ausgangserzeugnis *n* [met]; Ausgangsprodukt *n* [met]
original purpose ursprüngliche Zweckbestimmung *f* [jur]
original sample weight Einwaage *f*
original soil gewachsener Boden *m* [bod]
original solution Urlösung *f* [any]
original state Urzustand *m*
original substance Ursubstanz *f* [che]
original temperature Ausgangstemperatur *f* [pow]
original thickness Materialausgangsstärke *f*
original titre Urtiter *m* [any]
original-colour restorer Lackreiniger *m* [met]
originate entstehen *v*; verursachen *v*
originating firm Herstellerfirma *f* [eco]
originating public authority Ausgangsbehörde *f* [jur]
originating traffic Quellverkehr *m* [tra]
ornament Verzierung *f*
ornamental disc Zierscheibe *f* [tra]
ornamental ring Zierring *m* [tra]
ornamentation Dekoration *f*; Verzierung *f*
ornamented verziert
Orsat gas analyzer Orsat-Apparat *m* [any]
orthogonal orthogonal [mat]
orthogonality Orthogonalität *f* [mat]; Rechtwinkligkeit *f* [mat]
orthography Rechtschreibung *f*
oscillate oszillieren *v* [phy]; pendeln *v* (schwingen) [phy]; schwanken *v*; schwingen *v* (in Schwingungen bewegen); schwingen *v* (pendeln); vibrieren *v* (schwingen)
oscillating axle Pendelachse *f* (z.B. an Lader, Grader) [mbt]; Schwingachse *f* [tra]

oscillating direction indicator Pendelwinker *m* [tra]
oscillating grate Schüttelrost *m* [pow]
oscillating grate spreader Schwingrost *m* [pow]
oscillating lever Kurbelschwinge *f* [tec]
oscillating screen centrifuge Schwingsiebzentrifuge *f* [prc]
oscillating suspended pendelnd aufgehängt [mbt]
oscillating tandem wheels schwingende Antriebsräder *pl* [mbt]
oscillation Oszillation *f* [phy]; Schwingung *f* [phy]; Ausschwingen *n*; Pendeln *n* (z.B. der Hinterachse) [tra]
oscillation lock Ausschlag *m* (der Pendelachse) [con]; Pendelachsausschlag *m* [tra]
oscillation transmission Schwingungsübertragung *f* [phy]; Vibrationsübertragung *f* [met]
oscillation, time of - Periodendauer *f*
oscillations plane Schwingungsebene *f* [phy]
oscillator Hochfrequenzgenerator *m* [elt]; Oszillator *m* [phy]; Schwinger *m* [elt]
oscillatory circuit Schwingkreis *m* [elt]
oscillogram Oszillogramm *n* [any]
oscillograph Oszillograph *m* [any]
oscillograph curve Oszillogramm *n* [any]
oscilloscope Oszilloskop *n* [any]
osmium Osmium *n* (chem. El. Os) [che]
osmium alloy Osmiumlegierung *f* [met]
osmium lamp Osmiumlampe *f* [elt]
osmosis Osmose *f* [phy]
osmosis apparatus Osmoseapparat *m* [phy]
osmotic osmotisch [phy]
osmotic method Osmoseverfahren *n* [phy]
osmotic pressure osmotischer Druck *m* [che]
others sonstige (sonst.)
Otto engine Ottomotor *m* [tra]
out ausgeschaltet
out-of-action gestört (Gerät)
out-of-balance Unwucht *f*
out-of-centre außermittig; exzentrisch
out-of-control unkontrollierbar
out-of-court agreement, amicable - gütliche Einigung *f* [jur]
out-of-date veraltet
out-of-order gestört
out-of-phase phasenverschoben [elt]
out-of-plumb aus dem Lot (nicht lotrecht)
out-of-range indicator Überlaufanzeiger *m* [tra]
out-of-repair baufällig
out-of-roundness Unrundheit *f* (Rohre) [tec]
out-of-service außer Betrieb
out-of-shape verbogen (nicht mehr richtige Form)
out-of-true unrund
out-of-work arbeitslos
out-of-work Arbeitslose *f*; Arbeitsloser *m*
out-patient ambulant
out-plant außerbetrieblich
outage Stillstandszeit *f*; Unterbrechung *f* (Abschaltung) [elt]; Stillstand *m*
outage time Ausfallzeit *f*

outboard bearing Lager jenseits Motor und Gebläse *n* [tra]
outboard cover Außendeckel *m*
outboard motor Außenbordmotor *m* [tra]
outbreak Ausbruch *m*
outbreak of fire Feuerausbruch *m*
outbuilding Nebengebäude *n* [bau]
outcome Ergebnis *n* (Resultat) [eco]
outdated technisch überholt; überaltert
outdoor Freiluft-
outdoor aerial Außenantenne *f* [edv]
outdoor air supply Außenluftzuführung *f* [air]
outdoor escalator außen liegende Rolltreppe *f* [bau]
outdoor exposure Außenbewitterung *f*
outdoor installation Aufstellung im Freien *f*; Außenanlage *f* [prc]; Freianlage *f*; Freiluftanlage *f*
outdoor lagging Freiluftverschalung *f* [bau]
outdoor paint Außenanstrichfarbe *f* [met]; Außenfarbe *f* [met]
outdoor plant Freianlage *f*
outdoor storage Freilagerung *f*
outdoor switchgear installation Freiluftschaltanlage *f* [elt]
outdoor switchyard Freiluftschaltanlage *f* [elt]
outdoor temperature Außentemperatur *f*
outdoor unit Freianlage *f*
outdoor vegetables Freilandgemüse *n* [far]
outdoor-type plant Freiluftbau *m*
outer casing Stützenführung *f* (an Waggonabstützung) [mbt]; Außenmantel *m* (Verkleidung)
outer cladding Außenverkleidung *f* (Seite und unten)
outer clothing Oberbekleidung *f*
outer coating Außenbeschichtung *f* [met]
outer covering Außenhülle *f*
outer decking Außenabdeckung *f* (z.B. der Rolltreppe) [tra]; Außendach *n* (der Rolltreppe) [tra]
outer diameter Außendurchmesser *m* [con]
outer diameter of the tubes äußerer Rohrdurchmesser *m* [con]
outer door Außentür *f* [bau]
outer face Außenseite *f*
outer firebox Stehkessel *m* (Dampflok; um Feuerkiste) [tra]
outer frame Außenrahmen *m* (an Drehgestellen, selten) [mbt]; Außenrahmen *m* (Dampfok, außerhalb Räder) [tra]; Außengehäuse *n*
outer housing Außengehäuse *n*
outer insulation Außendämmung *f* [pow]
outer link Außenglied *n* (bei Rollenkette) [tec]
outer packaging Umverpackung *f*
outer plate Außenlasche *f* [tec]
outer race Außenring *m* (Kugellager) [tec]
outer ring Außenring *m* [tec]
outer space Weltraum *m*
outer suburbs äußere Stadtteile *pl*
outer support Außenstütze *f* [tec]
outer thread Außengewinde *n* [tec]
outer wall of boiler Kesselaußenwand *f* [pow]
outfall Abflusseinlauf *m* [was]

outfall ditch Vorfluter *m* [was]
outfall sewer Abwasserauslass *m* (in Gewässer) [was]; Sammelkanal *m* [was]; Sammler *m* [was]
outfall structure Mündungsbauwerk *n* [was]
outfit Ausrüstung *f* (eines Schiffes) [tra]; Einrichtung *f* (Ausrüstung)
outfit ausstatten *v*
outflow Abströmung *f*; Abfluss *m* (Stoff); Ablauf *m* (Abfluss); Ausfluss *m* (Ausströmen); Auslass *m*; Austritt *m* (Ausfluss)
outflow abfließen *v* (ausfließen) [was]; ausfließen *v* (ausströmen)
outflow basin Abflussbecken *n* [was]
outflow duct Überlaufleitung *f* [was]
outflow region Abflussgebiet *n* [was]
outflow side Abströmseite *f*
outflow sink Abflussbecken *n* [was]
outflow time Auslaufzeit *f*
outflow velocity Ausflussgeschwindigkeit *f*; Ausströmgeschwindigkeit *f*
outflowing ausfließend
outgassing Entgasung *f*; Entgasen *n*
outgoing abgehend
outgoing air Abluft *f* [air]; Fortluft *f* [air]
outgoing air channel Abluftschacht *m* [air]
outgoing cable Stromausleitung *f* [elt]
outgoing goods Warenausgang *m* [eco]
outgoing order process Ausgangsbearbeitung *f* [eco]
outlay Aufwand *m* (Kosten) [eco]
outleak Leckage nach außen *f*
outlet Ablauföffnung *f*; Austrittsöffnung *f*; Abfluss *m* (-element) [was]; Ablass *m* [was]; Ablauf *m* (Abfluss); Abzug *m* (Ausgang); Anschluss *m* (Steckdose) [elt]; Ausfluss *m* (Abfluss); Ausgang *m* (an Maschine, Steckdose) [tec]; Ausgang *m* (Rechner) [edv]; Auslass *m* (aus Gerät); Auslauf *m* (Abfluss); Austritt *m* (Austrittstelle); Abzugsrohr *n*; Ausflussloch *n*
outlet box Anschlusskasten *m* [elt]
outlet chamber Austrittskammer *m* [pow]
outlet channel Auslaufkanal *m* [was]
outlet chute Entleerungsschurre *f* [prc]
outlet cock Abflusshahn *m* [was]
outlet conduit, air - Abluftkanal *m* [air]
outlet cooling Ablaufkühlung *f* [pow]
outlet end Auslaufseite *f* (einer Maschine) [tec]; Austrittsseite *f*
outlet header Austrittssammler *m* [was]
outlet headworks Auslaufbauwerk *n* [bau]
outlet nozzle Austrittsdüse *f* [pow]
outlet piece Abgangsstück *n* [tec]
outlet pipe Abflussrohr *n* [was]; Ausflussrohr *n*
outlet pipe, air - Abluftrohr *n* [air]
outlet piping Austrittsleitung *f*
outlet side Druckseite *f* (an Förderorgan) [prc]; Druckstutzen *m* (an Geräten) [prc]
outlet sleeve Abtriebshülse *f* [prc]
outlet slide Auslassschieber *m* [prc]
outlet socket Abgangsstutzen *m* [tec]

outlet temperature Austrittstemperatur *f*
outlet trough Ablaufrinne *f* [was]
outlet tube Abfluss *m* (-element) [was]
outlet tubing Austrittsleitung *f*
outlet valve Abzugsklappe *f*; Ablassschieber *m* [was]; Abflussventil *n* [was]; Ablassventil *n* [was]; Auslassventil *n* [prc]; Auslaufventil *n* [pow]
outlet velocity Austrittsgeschwindigkeit *f* [prc]
outlier Ausreißer *m* (Meßwert) [any]
outline Begrenzung *f* (Umriss); Begrenzungslinie *f*; Beschreibung *f*; Kontur *f*; Randlinie *f* (Umriss) [con]; Skizze *f*; Übersicht *f* (Darstellung); Entwurf *m* (Umriss) [con]; Umriss *m* (Planung) [con]; Profil *n* (Umriss)
outline entwerfen *v* (umreißen) [con]; skizzieren *v*; umreißen *v* (beschreiben)
outline drawing Aufmessung *f* (Umrisszeichnung) [con]; Übersichtszeichnung *f* [con]
outline legislation Rahmengesetze *pl* [jur]
outline map Übersichtskarte *f* [con]
outline of arch Bogenlinie *f* [bau]
outline planning permission Vorabgenehmigung *f* [jur]
outline provision Rahmenbestimmung *f* [jur]
outlying area Randzone *f* (Stadt)
outlying district Außenbezirk *m*; Randgebiet *n* (Stadt)
outmoded überholt (altes Modell); veraltet (nicht mehr gebaut)
output Abgabe *f* (Ausstoß); abgegebene Leistung *f* [phy]; Ausgabe *f* (Daten) [edv]; Ausgangsgröße *f* [elt]; Ausgangsleistung *f*; erbrachte Leistung *f* [phy]; Erzeugung *f*; Förderleistung *f* (z.B. der Pumpe) [prc]; Fördermenge *f* (z.B. der Pumpe); Leistung *f* (Abgabe) [phy]; Nutzleistung *f* [pow]; Produktion *f* (Ausstoß); Ausstoß *m* (Produktionsmenge) [edv]; Durchsatz *m*; Ertrag *m* (Ausstoß einer Maschine); Ertrag *m* (Umsatz) [eco]
output ausgeben *v* (Daten) [edv]
output adjustment Fördermengenverstellung *f* (an Pumpe)
output amplifier Endverstärker *m* [elt]
output control program Ausgabeprogramm *n* (Software) [edv]
output controller Leistungsregler *m*
output current Ausgangsstrom *m* [elt]
output data Ausgabedaten *pl* (Software) [edv]; Leistungsdaten *pl*
output device Ausgabegerät *n* (Rechner) [edv]
output distributor Endverteiler *m* [elt]
output drive Abtrieb *m* (Getriebe) [tec]
output drive clutch Abtriebskupplung *f* [tra]
output drive gear Abtriebszahnrad *n* [pow]
output end Abtriebsseite *f* (Getriebe) [tec]
output facility Ausgabeeinrichtung *f* (Rechner) [edv]
output factor Abtrieb der Nockenwelle *m* (auch Auto) [tra]
output figures Leistungsangaben *pl* (z.B. Kubikmeter/Stunde) [prc]

output file Ausgabedatei *f* (Software) [edv]
output flange Abtriebsflansch *m* [prc]
output format Ausgabeformat *n* (Software) [edv]
output gear Abtriebrad *n* (Getriebe) [pow]
output instruction Ausgabebefehl *m* (Software) [edv]
output layout Ausgabemaske *f* (Software) [edv]
output link Abtriebsglied *n* (Getriebe) [tec]
output module Ausgabemodul *m* (u.a. Drucker) [edv]
output operation Ausgabeoperation *f* (Rechner) [edv]
output per hour Stundenleistung *f*
output power abgegebene Leistung *f* [phy]; Ausgangsleistung *f* [pow]
output program Ausgabeprogramm *n* (Software) [edv]
output regulator Leistungsregler *m* [elt]
output shaft Abgangswelle *f* (Getriebe) [tec]; Abtriebswelle *f* (Getriebe) [tec]
output shaft pulley Abtriebsscheibe *f* [tec]
output side Abtriebseite *f* (Getriebe) [tec]
output signal Ausgangssignal *n*
output speed Abtriebsdrehzahl *f* (Getriebe) [tec]; Ausgangsdrehzahl *f* (Getriebe) [tec]
output storage Ausgabespeicher *m* (Rechner) [edv]
output torque Stellkraft *f* (Stellantrieb) [tec]; Abtriebsdrehmoment *n* (Getriebe) [tec]
output unit Ausgabeeinheit *f* (Rechner) [edv]
output value Ausgangswert *m*
output voltage Ausgangsspannung *f* [elt]
output-controlled leistungsgeregelt
output-regulated leistungsgeregelt (z.B. Pumpe)
outreach Ausladung *f* (des Baggers zur Seite) [mbt]; Grabweite *f* [mbt]; Reichweite *f* (des Baggers) [mbt]
outreach, range of - Ausladungsbereich *m* [mbt]
outrigger Abstützung *f* (Bagger-, Kranausleger) [mbt]; ausfahrbare Stütze *f* [tec]; Pratze *f* (Ausleger) [mbt]
outrigger crane jib bearing Auslegerlager *n* (Kran) [mbt]
outrigger cylinder Abstützzylinder *m* [tec]
outrigger stabilizers Pratzenabstützung *f* [mbt]
outrigging ausladend (überstehend) [con]
outside außen (draußen); außerhalb
outside Außenseite *f*
outside balustrade Außenbalustrade *f* [tra]
outside band brake Außenbandbremse *f* [tra]
outside capital fremdes Kapital *n* [eco]
outside cladding Außenverkleidung *f*
outside coating Außenanstrich *m* [met]
outside cone Außenkegel *m* [con]
outside control Außensteuerung *f* [mbt]
outside corridor offener Gang *m* [bau]
outside crank Stirnkurbel *f* [tec]
outside deck Außenkopfstück *n* [tra]
outside diameter äußerer Rohrdurchmesser *m* [con]; Außendurchmesser *m* [con]; Kopfkreisdurchmesser *m* (Kettenrad) [tec]; Rohrquerschnitt außen *m* [con]
outside diamond Außenbogenkreuzungsweiche *f* [tra]
outside door handle Türaußengriff *m* [tra]
outside door panel Türaußenblech *n* [tra]

outside dump Außenkippe *f* [rec]
outside escalator Allwetterrolltreppe *f* [tra]
outside gearing Außenverzahnung *f* (Zahnrad) [con]
outside house paint Fassadenfarbe *f* [bau]
outside length Außenlänge *f* (Keilriemen) [con]
outside manufacture Fremdfertigung *f* [wer]
outside newel bracket Außenkopfhalter *m* [tra]
outside newel section Außenkopfstück *n* [tra]
outside noise test Außengeräuschmessung *f* [any]
outside of the turn Kurvenaußenseite *f* [tra]
outside panel Außenblech *n* [tra]
outside pressure Außendruck *m*
outside round weld runde Außennaht *f* [wer]
outside shoe brake Außenbackenbremse *f* [tra]
outside slope Außenschräge *f* [con]
outside sprinkling Außenberieselung *f* [prc]
outside supply Fremdlieferung *f* [eco]
outside surface Außenfläche *f*
outside temperature Außentemperatur *f*
outside the boundaries of a built-up area Außenbereich *m*
outside the centre dezentral
outside threading Außengewinde *n* [tec]
outside wall Außenwand *f* [bau]
outside window Vorfenster *n* [bau]
outside work Außenarbeiten *pl*
outside-air intake Außenluftzuführung *f* [air]
outside-air temperature Außenlufttemperatur *f* [air]
outsize Übergröße *f*; Fehlkorn *n*
outskirts Randzone *f* (Stadt); Vorstadt *f*; Randgebiet *n* (Stadt)
outskirts of a city Stadtrand *m*
outstanding hervorragend; überragend
outstanding accounts Außenstände *pl* (Forderungen) [eco]
outstanding debts Außenstände *pl* (Forderungen) [eco]
outstanding natural beauty besondere Naturschönheit *f*
outstation Außenstation *f*
outstroke Aufwärtshub *m* [tec]
outward äußerlich
outward flight Hinflug *m* [tra]
outward journey Hinreise *f* [tra]
outward rod stroke Ausfahren der Stange *n* (Dichtung) [wer]
outwork Heimarbeit *f* [eco]; Außenwerk *n*
outworker Heimarbeiter *m* [eco]
oval eiförmig; oval
oval flange Ovalflansch *m* [tec]
oval flat ovalflach (Puffer) [tra]
oval gear meter Ovalradzähler *m* [any]
oval head Linsenkopf *m* [tec]
oval head, undercut - abgesetzter Linsenkopf *m* [tec]
oval-head rivet Linsenniete *f* [tec]
oval-head screw Linsenschraube *f* [tec]
ovals Ovalstahl *m* [met]
oven Herd *m*; Ofen *m* (Chemie) [prc]
oven controlled cooling Abkühlung im Ofen *f* [prc]

over beendet
over travel switch Endschalter *m*
over-worked angespannt (überarbeitet) [wer]
over-the-belt magnet Überbandmagnet *m* [prc]
overabundant überschüssig (überreichlich); überzählig
overacidification Übersäuerung *f* [che]
overacidify übersäuern *v* [che]
overall Kittel *m*; Overall *m*
overall coefficient of heat transfer Wärmedurchgangszahl *f* [pow]; Wärmedurchgangskoeffizient *m* [pow]
overall competence Allzuständigkeit *f*
overall construction costs Gesamtbaukosten *pl* [eco]
overall conversion Gesamtumsatz *m* [prc]
overall diameter Gesamtdurchmesser *m* [con]
overall dimension Gesamtabmessung *f* [con]; Gesamtmaß *n* [con]
overall dimensions Gesamtaußenmaß *n* [con]
overall dimensions, required - Raumbedarf *m* [bau]
overall drawing Zusammenstellungszeichnung *f* [con]
overall efficiency gesamter Wirkungsgrad *m*; Gesamtwirkungsgrad *m*
overall equipment plan Gesamtanlageplan *m* [con]
overall heat-transfer coefficient Wärmedurchgangszahl *f* [pow]
overall height Bauhöhe *f* [con]; Gesamthöhe *f* [con]
overall height, low - niedrige Bauhöhe *f* (des Baggers) [mbt]
overall landscape program Landschaftsrahmenprogramm *n*
overall length Baulänge *f* [con]; Einbaulänge *f* [con]; Gesamtlänge *f* [con]
overall mass transfer coefficient Stoffdurchgangszahl *f* [prc]; Stoffdurchgangskoeffizient *m* [prc]
overall reaction Bruttoreaktion *f* [che]; Gesamtreaktion *f* [che]
overall result Gesamtergebnis *n*
overall scheduling Gesamtplanung *f* [con]
overall stability Gesamtstabilität *f*
overall width Gesamtbreite *f* [con]
overburden Abraumschicht *f* [rec]; Deckschicht *f* [bod]; Abraum *m* (Bergbau) [roh]; Deckgebirge *n* (Abraum) [geo]; Berge *pl* (taubes Gestein) [roh]
overburden überlasten *v*
overburden removing bridge Abraumförderbrücke *f*
overburden stockpile Abraumhalde *f* [roh]
overburden, quantity of - Abraumvolumen *n* [roh]
overburn totbrennen
overburnt gypsum Anhydrit *m* [che]
overcapacity Überkapazität *f*
overcast bedeckt [wet]
overcharge Überlast *f* [elt]
overcharge überladen *v* [tra]; überlasten *v* (Motor, Leitung, Pumpe)
overcharging Überlastung *f* [tra]
overcoat überdecken *v*

overcolour überfärben *v*
overcome bewältigen *v*; überwinden *v*
overcoming Überwindung *f* (eines Problems, Sperre)
overconsolidation Überlastung *f* [bod]
overcrowded area Ballungsraum *m*
overcurrent Überstrom *m* [elt]
overcurrent protection Überstromschutz *m* [elt]
overcurrent relay Überlastungsschutz *m* [elt]; Überstromrelais *n* [elt]; Überstromrelais *n* [elt]
overcurrent release Überstromauslösung *f* [elt]
overcurrent releaser Überstromauslöser *m* [elt]
overcurrent set point Einstellstrom *m* [elt]
overcurrent trip Überstromauslöser *m* [elt]
overcut gate Segmentschieber *m* [prc]
overdesign überdimensionieren *v* [con]
overdevelop zersiedeln *v*
overdeveloped zersiedelt
overdevelopment Zersiedelung *f*
overdevelopment, spoil by - zersiedeln *v*
overdose Überdosis *f* [hum]
overdressing Überdüngung *f* [far]
overdrive Schnellstufe *f* [tra]; Zusatzfahrschaltung *f* [tra]; Schnellgang *m* (des Autos) [tra]; Schongang *m* [tra]; Schonganggetriebe *n* [tra]; Sparganggetriebe *n* [tra]
overdrive übersteuern *v* [elt]
overdriving Übersteuerung *f* [elt]
overdye überfärben *v*
overemployment Überbeschäftigung *f* [eco]
overestimate überschätzen *v*
overexploit übernutzen *v*
overexploitation Raubbau *m*
overexposure Überstrahlung *f*
overfall Überfall *m* [was]; Wehr *n* [was]
overfall dam Überfallwehr *n* [was]
overfall dyke Überlaufdamm *m* [was]
overfeeding Überdosierung *f* [prc]
overfire air Oberluft *f* (Rost, Sekundärluft) [pow]; Sekundärluft *f* [pow]; Überluft *f* (Kessel) [pow]
overflow Überfall *m* [was]; Überlauf *m* (Datenverarbeitung) [edv]; Überlauf *m* (Überlaufen)
overflow überfluten *v* (überfließen); überlaufen *v*; überströmen *v*
overflow centrifuge Überlaufzentrifuge *f*
overflow channel Abflusskanal *m* [was]; Überlaufkanal *m* [was]
overflow construction Überlaufbauwerk *n* [was]
overflow controller Überfüllsicherung *f* [prc]
overflow dam Überfalldamm *m* [was]; Überlaufdamm *m* [was]
overflow duct Überfallrohr *n* [was]
overflow nozzle Überlaufstutzen *m* [tec]
overflow oil line Lecköllleitung *f* [tra]
overflow oil line connection Lecköllleitungsanschluss *m* [tra]
overflow pipe Abwasserleitung *f* [was]; Überlaufleitung *f* [was]; Überströmleitung *f* (z.B. für Flüssigkeit) [tra]; Überfallrohr *n* [was]; Überlaufrohr *n* [was]

overflow safety device Überfüllsicherung *f* [prc]
overflow tap Überlaufbohrung *f* [tec]
overflow trap Überlaufventil *n* [was]
overflow tube Überlaufrohr *n* [was]
overflow valve Überdruckventil *n* [prc]; Überlaufventil *n*; Überströmventil *n* [prc]
overflow vessel Überlaufgefäß *n*
overflow weir Überfallwehr *n* [was]; Überlaufwehr *n* [was]
overflow, arithmetic - arithmetischer Überlauf *m* (Datenverarbeitung) [mat]
overflow-channel Überlaufrinne *f* [was]
overflowing Überflutung *f*; Überlaufen *n*
overgrate air Oberluft *f* (Rost, Sekundärluft) [pow]
overgrown verwildert [bff]
overhand weld Überkopfschweißung *f* [wer]
overhang Überhang *m* (Baustruktur) [bau]; Vorsprung *m* [bau]
overhang überhängen *v*
overhanging freitragend; überhängend
overhanging girder Kragträger *m*
overhaul Instandsetzung *f* (Überholung) [wer]; Überholung *f* (Reparatur) [wer]; Wiederinstandsetzung *f* (Überholen) [wer]
overhaul instandsetzen *v* (überholen) [wer]; reparieren *v* [wer]; überholen *v* (instandsetzen) [wer]; wiederinstandsetzen *v* (überholen) [wer]
overhauled instandgesetzt
overhauling Überholung *f* (Reparatur) [wer]; Überholen *n* (Instandsetzen) [wer]
overhauling, in need of - überholungsbedürftig
overhead Zwangslage *f* (nach oben schweißen) [wer]
overhead bin Hochbunker *m*
overhead cable Freileitung *f* [elt]; Oberleitung *f* [elt]
overhead camshaft obenliegende Nockenwelle *f* [tra]
overhead cistern Hochbehälter *m*; Hochreservoir *n* [was]
overhead conductor Überlandleitungsdraht *m* [elt]
overhead conductor line Fahrleitung *f* [tra]
overhead contact wire Fahrdraht *m* (Oberleitung) [tra]
overhead conveyor Hängebahn *f* [roh]
overhead costs Gemeinkosten *pl* [eco]; Regiekosten *pl* [eco]
overhead crane Hängekran *m* [mbt]; Laufkatzenkran *m* (in Reparaturhallen) [mbt]
overhead door Klapptür *f* [bau]
overhead expenses Gemeinkosten *pl* [eco]
overhead film Overheadfolie *f* (für Tageslichtprojektor)
overhead hopper Hochbunker *m*
overhead irrigation Beregnung *f*
overhead light Oberlicht *n* (Deckenlicht) [bau]
overhead line Freileitung *f* [elt]
overhead line fitting Freileitungsarmatur *f* [elt]
overhead line insulator Freileitungsisolator *m* [elt]
overhead line mast Freiluftmast *m* [elt]
overhead line, high-voltage - Hochspannungsfreileitung *f* [elt]

overhead pipelines Rohrbrücke *f* [prc]
overhead position Überkopfposition *f* (z.B. bei Schweißen) [wer]
overhead power supply Fernleitung *f* (auf Masten) [elt]; Überlandleitung *f* (z.B. von Kraftwerk) [elt]
overhead powerline Überlandleitung *f* [elt]
overhead projector Overheadprojektor *m* (Tageslichtprojektor); Tageslichtprojektor *m* (Overheadprojektor)
overhead railway Hängebahn *f* [roh]; Hochbahn *f* [tra]
overhead reservoir Hochbehälter *m*
overhead roadway Hochstraße *f* [tra]
overhead tank Hochbehälter *m*
overhead transmission line Überlandleitung *f* (z.B. von Kraftwerk) [elt]
overhead travelling crane Brückenkran *m* [mbt]
overhead valve Ventil; hängendes *n* [tra]
overhead water tank Wasserturm *m* [was]
overhead weld Überkopfschweißung *f* [wer]
overhead wire Hochleitung *f* [elt]
overhead wiring Oberleitung *f* [elt]
overhead-cable railway Drahtseilschwebebahn *f* [tra]
overheads Aufwand *m* (Kosten) [eco]; Gemeinkosten *pl* [eco]
overhear mithören *v*
overheat heiß laufen *v*; überheizen *v* [pow]; überhitzen *v* (von Kessel, Material) [pow]
overheating Übererwärmung *f* [tec]; Überhitzung *f* [pow]; Heißlauf *m* [tec]
overheating protection Heißlaufsicherung *f*; Überhitzungsschutz *m* [pow]
overhung door Hängetür *f* [bau]
overhung-mounted fliegend gelagert
overinflation Überdruck *m* (im Reifen) [tra]; zu hoher Reifendruck *m* [tra]
overirradiation Überbestrahlung *f*
overland line Überlandleitung *f* (z.B. mit Stahlmasten) [elt]
overland route Landweg *m* (über das Festland) [tra]
overlap Überdeckung *f*; Überlappung *f*
overlap überdecken *v* (überlappen); überlappen *v* (der Schweißnaht) [wer]; überschneiden *v* (überlappen)
overlap area Überdeckungsbereich *m*
overlapping überlappend; überlappt
overlapping Überlagerung *f*; Überlappung *f*; Überschneidung *m* (Überlappung)
overlapping ring Überschneidring *m* [tra]
overlay Aufdampfung *f*; Auflage *f* (Überzug) [met]; Einblendung *f* (Bildschirm) [edv]; Belag *m* (Überzug)
overlay einblenden *v* (Bildschirm) [edv]
overleaf umseitig (bitte wenden)
overlifting Überhub *m* (Steigrohre) [pow]
overload Überbelastung *f*; Überlast *f* [pow]; Überlastung *f*
overload überbeanspruchen *v*; überbelasten *v*; überladen *v* [tra]; überlasten *v* (Auto, Tier, Mensch)

overload fracture Gewaltbruch *m* [met]
overload protection Überlastsicherung *f* [elt]
overload protector, motor - Motorschutzschalter *m* [tra]
overload relay Überlastungssicherung *f*; Überstromrelais *n* [elt]
overload safety switch Überstromschutzschalter *m* [elt]
overload shear coupling Scherkupplung *f* [tec]
overload slipping clutch Überlastrutschkupplung *f* [tra]
overload spring Zusatzfeder *f* (Verstärkung) [tra]
overload stage Überlaststufe *f* [pow]
overload switch Lastabschalter *m* [elt]
overloading Überlastung *f*
overlying darüber liegend
overnight expenses Übernachtungskosten *pl* [eco]
overnight load Nachtlast *f* [pow]
overnight shutdown Nachtabschaltung *f* [elt]
overpaid überbezahlt (zu viel erhalten) [eco]
overpass Hochstraße *f* [tra]; Überführung *f* (Hochstraße) [tra]
overpass bridge Straßenüberführung *f* [bau]
overpopulation Übervölkerung *f*
overpressure Überdruck *m*
overproduction Überproduktion *f*
overrate überschätzen *v*
overreinforced doppelbewehrt [bau]
override überspielen *v* (z.B. durch Handschaltung) [edv]; umschalten *v* [mbt]
override an interlock Verriegelung umgehen *v*
override clutch gear change Überholklauenschaltung *f* [tra]
overriding übergeordnet
overriding Auflaufen *n* (auf Schiene) [tra]
overrun überfahren *v* (Lok überfährt Signal) [tra]
overrunning brake Auflaufbremse *f* (Bahn) [tra]
overrunning speed Auflaufgeschwindigkeit *f* (Waggons) [tra]
oversaturate übersättigen *v* [che]
oversaturation Übersättigung *f* [che]
overseas Übersee (in Übersee); Übersee (nach Übersee)
overseas call Überseegespräch *n* [edv]
overseas, to - Übersee (nach Übersee)
overshoot Überschwingung *f*
overshoot überschreiten *v* (übertreffen); überschwingen *v*
overshot wheel oberläufiges Wasserrad *n* [was]
oversize übergroß; überlang
oversize Übergröße *f*; Übermaß *n* [con]
oversize überdimensionieren *v* [con]
oversize material Grobkorn *n*; Überkorn *n*
oversize product Rückstand *m* (Sieb) [rec]; Siebüberlauf *m*
oversized überdimensioniert [con]
oversized rock Knäpper *m* (großer Brocken im Bergbau) [roh]
overspeed Schleuderdrehzahl *f* [pow]

overspeed überdrehen *v* (Motor) [tra]
overspeed governor Drehzahlwächter *m* [tec]; Geschwindigkeitsbegrenzer *m* [tec]
overspeed limiter Überdrehzahlbegrenzer *m* [tec]
overspeed protection Drehzahlbegrenzung *f* [tec]
overspeed shut-off drehzahlabhängige Abstellvorrichtung *f*
overspeed trip Überdrehzahlauslösung *f* [tec]
overspeed trip pin Auslösebolzen *n* (für Schnellschluss) [pow]
overspill Bevölkerungsüberschuss *m*
overspray of paint Farbspritzer *m* (vorbei gespritzt)
oversquare Kurzhub *m* (Hub kürzer als Zylinderquerschnitt) [tra]; Kurzhubmotor *m* [tra]
oversteer übersteuern *v* (Fahrzeug) [tra]
overstrain überbeanspruchen *v* (zu sehr belasten)
overstraining Überbeanspruchung *f*; Überspannung *f* (mechanisch) [met]
overstress überbeanspruchen *v* (kaum reparierbar); überlasten *v*
overstress protection Überdehnschutz *m* [tec]
overstressing Überbeanspruchung *f*
overtake überholen *v* (des anderen Autos) [tra]
overtaken überholt (vom Auto)
overtaking lane Überholspur *f* (Straße) [tra]
overtaking line Überholungsgleis *n* [tra]
overtension Überbeanspruchung *f*; Überspannung *f* (mechanisch) [met]
overtighten überdrehen *v* (Gewinde) [wer]
overtime Mehrarbeit *f*; Überstunden *pl* (zusätzliche Zeit)
overtime bonus Überstundenzuschlag *m* [eco]
overtime work Mehrarbeit *f*
overtire übermüden *v*
overtiredness Übermüdung *f*
overtone Oberton *m* [aku]
overtorque überdrehen *v* (zu sehr festziehen) [wer]
overtorqued überdreht (zu sehr festgezogen) [wer]
overtravel Abdichtungsreserve *f* (des Ventils); Übersteuerung *f* [elt]; Nachlauf *m* (z.B. von Zylindern) [tec]; Überhub *m* (z.B. von Zylindern) [tec]
overturn kippen *v* (umkippen); überdrehen *v* (Gewinde) [wer]; umkippen *v*
overturning Kippen *n* (Umkippen)
overturning force Kippkraft *f* [phy]
overturning, safety against - Kippsicherheit *f*
overtype mode Überschreibmodus *m* (Textverarbeitung) [edv]
overview Überblick *m*
overvoltage Überspannung *f* [elt]
overvoltage fuse Durchschlagsicherung *f* [elt]
overvoltage protection Durchschlagsicherung *f* [elt]; Überspannungsschutz *m* [elt]
overvoltage release Überspannungsauslöser *m* [elt]
overweight Übergewicht *n*
overwind überdrehen *v* (Uhr) [wer]
overwinter überwintern *v*
overwork Überstunden *pl* [eco]
overwork abarbeiten *v* (sich)

overworking Raubbau *m* (Bergbau)
overwound überdreht (zu sehr festgezogen) [wer]
overwrite mode Überschreibmodus *m* (Textverarbeitung) [edv]
ovoid eiförmig
ovoid Eierbrikett *n* [roh]
ovulation Eisprung *m* [bff]
ovum Eizelle *f* [bff]
owe schulden *v* [eco]
own eigen (selbst gehörend)
own account, purchase for - Kauf auf eigene Rechnung *m* [eco]
own fault Selbstverschulden *n* [jur]
own requirements Eigenbedarf *m*
own risk Selbstbehalt *m* [jur]
own weight Eigenmasse *f* [phy]; Eigengewicht *n*
owner Besitzer *m*; Eigentümer *m* [eco]; Halter *m* (von Auto, Wasserfahrzeug) [jur]; Inhaber *m*
owner of a business Betriebsinhaber *m* [eco]
owner of a plot of land Grundstückseigentümer *m*
owner of the installation Anlageninhaber *m*
owner-occupied flat Eigentumswohnung *f* [bau]
ownership Besitz *m* (Eigentum); Eigentum *n* (Eigentümerrecht)
ownership of land Landbesitz *m* [eco]; Grundeigentum *n* [eco]
ownership, transfer of - Eigentumsübergang *m* [jur]
oxidant Sauerstoffträger *m* [che]; Oxidans *n* [che]; Oxidationsmittel *n* [che]
oxidation Oxidation *f* [che]; Frischen *n* [roh]
oxidation number Oxidationszahl *f* [che]
oxidation process Oxidationsprozess *m* [che]; Oxidationsvorgang *m* [che]; Oxidationsverfahren *n* [che]; Oxidieren *n* [che]
oxidation product Oxidationsprodukt *n* [che]
oxidation state Oxidationszustand *m* [che]
oxidation step Oxidationsstufe *f* [che]
oxidation weathering Oxidationsverwitterung *f*
oxidation zone Verbrennungszone *f* [pow]
oxidation, stage of - Oxidationsstufe *f* [che]
oxide Sauerstoffverbindung *f* [che]; Oxid *n* [che]
oxide ceramics Oxidkeramik *f* [met]
oxide coating Oxidschicht *f* [che]
oxide film Oxidhaut *f* [che]; Oxidschicht *f* [che]
oxide red oxidrot (RAL 3009) [nor]
oxide, like an - oxidartig [che]
oxide-like oxidartig [che]
oxidic oxidhaltig [che]
oxidizability Oxidierbarkeit *f* [che]
oxidizable oxidierbar [che]
oxidize frischen *v* [roh]; oxidieren *v* [che]; rosten *v* [met]
oxidize electrolytically eloxieren *v* [elt]
oxidizer Oxidans *n* [che]; Oxidationsmittel *n* [che]
oxidizing brandfördernd; oxidierend [che]
oxidizing Anlaufen *n* (Metall) [met]; Oxidieren *n* [che]
oxidizing agent Oxidans *n* [che]; Oxidationsmittel *n* [che]

oxidizing catalyst Oxidationskatalysator *m* [che]
oxidizing flame oxidierende Flamme *f* [che]
oxidizing process Frischungsprozess *m* [roh]; Frischverfahren *m* [roh]
oxidizing substance Oxidans *n* [che]
oxyacetylene cutter Brennschneider *m* [wzg]
oxyacetylene welding Acetylen-Sauerstoff-Schweißen *n* [wer]; Acetylensauerstoffschweißen *n* [wer]
oxyacetylene welding torch Acetylenschweißbrenner *n* [wer]
oxygen Sauerstoff *m* (chem. El.: O) [che]
oxygen absorbent Sauerstoff-Fänger *m* [che]
oxygen absorption Sauerstoffaufnahme *f*
oxygen aeration plant Reinsauerstoffanlage *f* [was]
oxygen analyzer Sauerstoffmessgerät *n* [any]
oxygen balance Sauerstoffhaushalt *m*
oxygen bridge Sauerstoffbrücke *f* [che]
oxygen carrier Sauerstoffträger *m* [che]
oxygen compound Sauerstoffverbindung *f* [che]
oxygen consumption Sauerstoffverbrauch *m*
oxygen content Sauerstoffgehalt *m*
oxygen cutting Sauerstoffschneiden *n* [wer]
oxygen cutting machine Brennschneidemaschine *f* [wzg]
oxygen cycle Sauerstoffkreislauf *m*
oxygen cylinder Sauerstoffflasche *f*
oxygen deficiency Sauerstoffmangel *m*; Sauerstoffdefizit *n* [che]
oxygen demand Sauerstoffbedarf *m*
oxygen demand, biochemical - biologischer Sauerstoffbedarf *m* [was]
oxygen detector Sauerstoffmessgerät *n* [any]
oxygen enrichment Sauerstoffanreicherung *f* [che]
oxygen entry Sauerstoffeintrag *m* [was]
oxygen generation Sauerstofferzeugung *f* [prc]
oxygen ingress Sauerstoffeinbruch *m* [prc]
oxygen inhaling apparatus Sauerstoffgerät *n* (Atmungsgerät)
oxygen injection process Sauerstoffblasverfahren *n* [roh]
oxygen lance Sauerstofflanze *f*
oxygen mask Atemmaske *f* (Arbeitssicherheit) [air]; Sauerstoffmaske *f* (Sicherheitstechnik)
oxygen plant Sauerstoffanlage *f* [che]
oxygen production Sauerstofferzeugung *f* [prc]
oxygen recorder Sauerstoffschreiber *m* [any]
oxygen removal Sauerstoffentzug *m*
oxygen sag Sauerstoffdurchhang *m* (Wasserreinigung) [was]
oxygen steel plant Oxygenstahlwerk *n* [roh]
oxygen supply Sauerstoffzufuhr *f*
oxygen therapy Sauerstofftherapie *f* [hum]
oxygen, biological - biologischer Sauerstoff *m* [was]
oxygen-enriched sauerstoffangereichert
oxygen-free sauerstofffrei; sauerstofffrei
oxygenation Sauerstoffanreicherung *f* [che]
oxyhydrogen flame Knallgasflamme *f* [pow]
oxyhydrogen gas Knallgas *n* [che]

oxyhydrogen gas reaction Knallgasreaktion f [che]
oxyhydrogen gas, formation of - Knallgasbildung f
oxyhydrogen welding Knallgasschweißung f [wer];
  Sauerstoffschweißen f [wer]
oyster white perlweiß (RAL 1013) [nor]
ozonate ozonieren v [che]
ozone Ozon n [che]
ozone alarm Ozonalarm m
ozone analyzer Ozonanalysator m [any]
ozone annihilation Ozonzerstörung f
ozone apparatus Ozonapparat m [che]
ozone bleach Ozonbleiche f [che]
ozone concentration Ozongehalt m [che]
ozone content Ozongehalt m [che]
ozone damaging Ozonzerstörung f
ozone formation Ozonbildung f [che]
ozone generation Ozonentwicklung f [che];
  Ozonerzeugung f [che]
ozone generator Ozonerzeuger m [che]
ozone hole Ozonloch n
ozone layer Ozonschicht f; Ozongürtel m
ozone level Ozonwert m
ozone monitoring device Ozonmessgerät n [any]
ozone plant Ozonanlage f [che]
ozone probe Ozonsonde f [any]
ozone production Ozonerzeugung f [che]
ozone resister Ozonschutzmittel n [che]
ozone warning Ozonalarm m
ozone-containing water Ozonwasser n [was]
ozone-depleting potential ozonzersetzendes Potential
  n [che]
ozoniferous ozonreich
ozoning plant Ozonierungsanlage f
ozonization Ozonisierung f [che]
ozonization plant Ozonisierungsanlage f [was]
ozonizer Ozonerzeuger m [che]; Ozonisator m [che]
ozonizing plant Ozonisierungsanlage f [was]

P

pace Stufe *f* (Treppe) [bau]; Schritt *m*
pace-maker Schrittmacher *m*
pack Packung *f* (Paket, Schachtel); Ballen *m* (Bündel); Pack *n*
pack abdichten *v* (stopfen); abpacken *v*; dichten *v* (verstopfen, abdichten); einpacken *v*; emballieren *v*; packen *v* (verdichten) [edv]; packen *v* (zusammenpacken); paketieren *v*; verdichten *v* (Daten) [edv]; verpacken *v*
pack packing dichte Lagerung *f* [prc]
pack up zusammenpacken *v*
package Kompaktbaugruppe *f*; Aggregat *n* (Hydraulik, Brennstoffzellen, ...); Paket *n*
package abpacken *v*; konzentrieren *v* (verdichten)
packaged verpackt
packaged attenuator Rohrschalldämpfer *m* [aku]
packaged boiler Kleinkessel *m* [elt]; Standardkessel *m* [pow]; Kompaktheizkesselsystem *n* [pow]
packaged goods abgepackte Ware *f*; Stückgut *n* [tra]
packaging Abpackung *f*; Paketlösung *f*; Verpackung *f*; Gehäuse *n* (Verpackung)
packaging density Packungsdichte *f* (Bauelemente) [edv]
packaging film Verpackungsfolie *f* [rec]
packaging foil Verpackungsfolie *f* [rec]
packaging industry Verpackungsindustrie *f*
packaging machine Abpackmaschine *f*
packaging market Verpackungsmarkt *m*
packaging material Verpackungsmaterial *n* [rec]
packaging of drinks Getränkeverpackungen *pl* [rec]
packaging plant Verpackungsanlage *f* [prc]
packaging quantity Verpackungsmenge *f* [rec]
packaging refuse Verpackungsabfall *m* [rec]; Verpackungsmüll *m* [rec]
packaging technology Verpackungstechnik *f* [prc]
packaging waste Verpackungsabfall *m* [rec]; Verpackungsmüll *m* [rec]
packaging, recycling of - Verpackungsverwertung *f* [rec]; Verpackungsrecycling *n* [rec]
packagings for hazardous goods Gefahrgutverpackung *f*
packed abgefüllt
packed column Füllkörperkolonne *f* [prc]; Füllkörpersäule *f* [prc]; Füllkörperturm *m* [prc]
packed scrap Paketierschrott *m* [rec]
packed snow Schneeglätte *f* [tra]
packed tower Füllkörpersäule *f* [prc]; Füllkörperturm *m* [prc]
packed with foam ausgeschäumt [wer]
packed-bed filter Schüttschichtfilter *m* [prc]
packed-bed reactor Festbettreaktor *m* [prc]
packed-bed scrubber Füllkörperwäscher *m* [prc]

packer Unterlegplatte *f* [tec]; Ausgleichsstück *n* [tec]; Komprimierprogramm *n* (Software) [edv]; Unterlegblech *n* (dickes Blech) [tec]
packet Packung *f* (Paket); Ballen *m* (Bündel); Paket *n*
packet seal Dichtsatz *m* (Dichtpaket)
packing Abdichtung *f* [bau]; Abpackung *f*; Dichtung *f* (Abdichtung); Emballage *f*; Füllung *f*; Manschette *f* (Dichtung); Packung *f* (Dichtung); Verpackung *f* (in Kisten); Futter *n* (Auskleidung)
packing article Verpackungsartikel *m* [rec]
packing box Stopfbuchse *f* [tec]
packing box insert Stopfbuchseinsatz *m* [tec]
packing bushing Dichtungsschale *f*
packing carrier Dichtungsträger *m* [tec]
packing case Verpackungskiste *f*; Versandkiste *f*
packing compound Dichtmasse *m* [met]
packing density Fülldichte *f*; Packungsdichte *f* (Feststoffe) [prc]
packing drum Gebinde *n*
packing extractor Packungszieher *m* (für Dichtungen) [wzg]
packing flange Dichtflansch *m* [prc]
packing for steering gear housing Lenkgehäusedichtung *f* [tra]
packing gland flange Stopfbuchsbrille *f* [tec]
packing gland nut Stopfbuchsmutter *f* [tec]
packing list Beipackliste *f*; Packliste *f*
packing machine Abpackmaschine *f*
packing material Ausfüllstoff *m* [met]; Dichtungsstoff *m* [met]; Füllkörper *m* [prc]; Dichtungsmaterial *n* [met]; Dichtungsmittel *n* [met]; Packmaterial *n* [met]; Verpackungsmaterial *n* [rec]; Verpackungsmittel *n* [rec]
packing of the stuffing box Stopfbuchspackung *f* [tec]
packing output Verpackungsaufkommen *n* [rec]
packing paper Packpapier *n* [met]
packing pedestal ring Packungsstützring *m* [tec]
packing ring Dichtungsscheibe *f*; Manschette *f*; Buchsring *m* [tec]; Dichtring *m* [tra]; Dichtungsring *m*; Packungsring *m* [prc]
packing set Dichtungspackung *f*
packing sleeve Dichtungsbuchse *f*
packing slip Lieferschein *m* [eco]; Packzettel *m*
packing specification Beipackzettel *m*
packing strip Dichtungsband *n*
packing surface Dichtfläche *f*; Dichtungsfläche *f*
packing unit Verpackungseinheit *f* [rec]
packing waste Verpackungsabfall *m* [rec]
packing, height of - Schütthöhe *f* (Kolonne) [prc]
packing, without - stopfbuchsenlos [tec]
pad Backe *f* [tec]; Platte *f* (Unterlage); Unterlage *f*; Wulst *f* (Reifenteil in Felge) [tra]; Klotz *m*; Kissen *n*; Polster *n* (z.B. in Wundverband) [hum]
pad clearance Bremsklotzspiel *n* (Scheibenbremse) [con]
pad reinforcement scheibenförmige Verstärkung *f*
pad saw Stichsäge *f* [wzg]
pad-type bearing Klotzlager *n* [tec]; Segmentdrucklager *n* [tec]

pad-type flange Blockflansch *m* [tec]
pad-type thermocouple Thermoelement *n* (Plättchen aufgelötet) [any]
padding Auffüllen *n*
paddle Paddel *n* [prc]
paddle agitator Paddelrührer *m* [prc]
paddle drier Schaufeltrockner *m* [prc]
paddle mixer Gabelkneter *m* [prc]; Paddelrührer *m* [prc]; Schaufelrührer *m* [prc]; Zwangsmischer *m* [prc]
paddle plate Gleitplatte *f* (an Schaufel) [mbt]
paddle stirrer Schaufelrührer *m* [prc]
paddle valve Abschlussventil *n*
paddle wheel Schaufelrad *n* (an Schiff) [tra]
paddle wheel flowmeter Flügelraddurchflussmesser *m* [any]
paddle wheel ship Schaufelraddampfer *m* [tra]
paddle-steamer Raddampfer *m* [tra]
padlock Vorhängeschloss *n*
pads Wulstbildung *f* (Autoreifen) [tra]
page Blattnummer *f*; Seite *f* (Buch)
page break Seitenumbruch *m* (Textverarbeitung) [edv]
page break, soft - automatischer Seitenumbruch *m* (Textverarbeitung) [edv]
page depth Seitenhöhe *f* (Druckseite)
page format Seitenformat *n* (Software) [edv]
page layout Seitenformat *n* (Software) [edv]
page number Seitennummer *f*; Seitenzahl *f*
page numbering Seitennummerierung *f*
page printer Seitendrucker *m* [edv]
page turning Blättern *n* (Bildschirm) [edv]
page-at-a-time printer Seitendrucker *m* [edv]
pageno Seitennummer *f*
pager Pager *m* [edv]
paging Seitenwechsel *m* [edv]; Blättern *n* (am Bildschirm) [edv]
paging system Lautsprecheransage *f* (z.B. im Hotel); Personensuchausrüstung *f*
pail Kübel *m*
pain Schmerz *m*
pain threshold Schmerzschwelle *f* (Arbeitssicherheit)
pain, free of - schmerzfrei
pain-killing schmerzstillend
pain-relieving schmerzlindernd
painful schmerzhaft; schmerzvoll
painkiller Schmerzmittel *n* [hum]
painless schmerzfrei; schmerzlos
pains Aufwand *m* (Mühe)
paint Farbe *f* (Anstrich-) [met]; Farbe *f* (einzelne; (RAL)) [met]; Anstrich *m* (Farbe) [met]; Anstrichstoff *m* [met]; Lack *m* (Autolack) [met]
paint anmalen *v* [wer]; anstreichen *v* (malen) [wer]; bemalen *v* (mit Farbe) [wer]; lackieren *v* [wer]; malen *v* [wer]; streichen *v* (Farbe) [wer]
paint and varnish slurry Farb- und Lackschlamm *m* [rec]
paint auxiliaries Lackhilfsmittel *n* [met]
paint base Farbuntergrund *m* [met]; Haftgrund *m* (für Farben) [met]
paint coat Anstrich *m* (Farbe) [met]; Farbanstrich *m* [met]; Farbaufstrich *m* [met]
paint coat, individual - Farbschicht *f*
paint coating Farbanstrich *m* [met]
paint coating, acid-proof - Säureschutzanstrich *m* [met]
paint factory Farbenfabrik *f*
paint finish Anstrich *m* (die fertige Lackierung) [met]; Endanstrich *m* (oberste Farbschicht) [met]; Farbaufstrich *m* [met]
paint finish, new - Neuanstrich *m* [bau]
paint for outside use Außenanstrichfarbe *f* [met]; Außenfarbe *f* [met]
paint ground Anstrichuntergrund *m*
paint industry Farbenindustrie *f*
paint kettle Malereimer *m* [wer]
paint over übermalen *v*; überstreichen *v* (malen)
paint practice Anstrichtechnik *f*
paint removal Farbentfernung *f*
paint remover Abbeize *f* (Farbe) [che]; Farbenbeize *f* [che]; Farbentferner *m* [met]; Abbeizmittel *n* (Farbanstrich) [che]; Farbenabbeizmittel *n* [che]; Farblösungsmittel *n* [che]
paint removing agent Farbenabbeizmittel *n* [che]
paint residue Farbrückstand *m* [rec]
paint resin Lackharz *m* [met]
paint roller Malerwalze *f* [wzg]
paint run Farbläufer *m* [wer]
paint shop Anstrichhalle *f* [wer]; Lackieranlage *f*; Lackiererei *f* (auch: Spritzkabine) [wer]; Spritzerei *f* [wer]; Spritzkabine *f* [wer]
paint sludge Farbschlamm *m* [rec]
paint slurry Farbschlamm *m* [rec]
paint splatter Farbspritzer *m* (Kleckse)
paint spot Farbfleck *m*
paint sprayer Farbspritzpistole *f*; Spritzpistole *f* [wzg]
paint spraying Farbspritzverfahren *n*
paint stripper Farbenbeize *f* [che]; Farbentferner *m* [met]
paint thinner Farbverdünner *m* [met]
paint waste Lackabfall *m* [rec]
paint, acoustic - Antidröhnlack *m* [aku]
paint-mist Farbnebel *m*
paint-mist exhaust installation Farbnebelabsauganlage *f* [prc]
paint-scraper Spachtel *m* (Werkzeug) [wzg]
paint-spraying Lackierung *f* (Auto) [met]
paintbrush Pinsel *m* [wzg]
painted gestrichen (mit Farbe) [wer]
painted ceiling Deckenanstrich *m* [bau]
painter Anstreicher *m*; Maler *m*
painter's brush Malerpinsel *m* [wzg]
painter's colour Malerfarbe *f* [met]
painter's priming Malergrundierung *f* [met]
painter's putty Malerkitt *m* [met]
painting Anstrich *m* (Anstreichen) [wer]; Bemalen *n* (mit Farbe) [wer]; Streichen *n* [wer]

painting work Anstreicharbeiten *pl* [wer]; Malerarbeiten *pl* [wer]
pair Paar *n*
pair paaren *v*
pair of compasses Zirkel *m* [con]
pair of gears Radpaar *n* [tec]; Zahnradpaar *n* [tec]
pair of lids Deckelpaare *n*
paired verdrillt [elt]
paired blade Zwillingsschaufel *f* [pow]
paired compacting rolls Doppelwalzenpresse *f* [prc]
pairing Paarung *f*
pairs, in - paarweise
pale blass (wenig Farbe); bleich; licht (fahl, hell); schwach; verblasst
pale Latte *f* (Zaun-); Pratze *m* (Stütze) [tec]; Zaunpfosten *m*
pale verblassen *v*
pale brown blassbraun (RAL 8025) [nor]
pale green blassgrün (RAL 6021) [nor]
pale support Pratzenauflage *f* [tec]
palette Palette *f*
paling fence Lattenzaun *m*
pall of haze Dunstglocke *f* [wet]
palladium Palladium *n* (chem. El.: Pa) [che]
pallet Palette *f* (z.B. Europa-Palette) [tra]
pallet chain Palettenkette *f* [mbt]
pallet staff Ankerwelle *f* (Uhr) [tec]
pallet truck Gabelhubwagen *m* [mbt]; Gabelhubwagen *m* [mbt]; Handgabelhubwagen *m* [mbt]
pallet-depth Palettentiefe *f* (für Gabelstapler) [mbt]
pallet-width Palettenbreite *f* (für Gabelstapler) [mbt]
palm end Flachzapfen *m* [tec]; Kupplungszapfen *m* [tec]
pan Pfanne *f*; Wanne *f* (Ölwanne) [tra]; Bügel *m* (Stromabnehmer) [elt]; Stromabnehmer *m* (der Bahn) [tra]; Auffanggefäß *n* [was]
pan waschen *v* (Gold)
pan grinder Kollermühle *f* [prc]
pan head Flachkopf *m* [tec]
pan head rivet Flachkopfniet *m* [tec]
pan head screw Flachkopfschraube *f* [tec]
pan head screw, slotted - Flachkopfschraube mit Schlitz *f* [tec]
pan head tapping screw Zylinderblechschraube *f* [tec]
pan mill Kollergang *m* [prc]
pan mixer Tellermischer *m* [prc]
pan sheet Pfannenblech *n* (aus Walzwerk) [tec]
pancake coil Flachspule *f* [elt]
pane Scheibe *f* (Glas) [met]
pane of glass Fensterscheibe *f* [bau]; Glasscheibe *f* [met]
panel Armaturentafel *f* [any]; Bauplatte *f* [bau]; Beplankung *f* (Bau); Füllung *f* (Tür); Tafel *f* (Schalttafel) [elt]; Tafel *f* (Wandtafel); Wand *f* (Tafel); Wandtäfelung *f* (meist Holz) [bau]; Bedienungsfeld *n* (Gerät, Bildschirm) [edv]; Brett *n*; Feld *n* (Bedienungsfeld); Paneel *n* (Täfelung) [bau]; Tableau *n* (Anzeigetafel, Brett)

panel board Hartpappe *f* [met]
panel cut out Tafelausschnitt *m* [wer]
panel display, graphic - Betriebsschaubild *n*
panel envelope Fensterumschlag *m*
panel heating Plattenheizung *f* [pow]; Flächenheizung *n* [pow]
panel instruments Armaturenbrett mit Armaturen *n* ((A)) [any]
panel mounting Tafeleinbau *m* [wer]
panel point Knotenpunkt *m* [bau]
panel radiator Plattenheizkörper *m* [pow]
panel saw Feinsäge *f* [wzg]
panel sections Tafelprofile *pl* [met]
panel, acoustic - Schallschutzplatte *f* [aku]
panelled getäfelt (z.B. Holztäfelung) [wer]; verkleidet (außen geschützt); vertäfelt (getäfelte Wand) [bau]
panelled structure Plattenbau *m* [bau]
panelled wall getäfelte Wand *f* [bau]
panelling Beplankung *f* (Bau); Verkleidung *f* (z.B. mit Holztafeln) [bau]; Verschalung *f* [bau]
panellized house Großplattenbau *m* [bau]
panic Panik *f*
panic button Alarmknopf *m* (Schalter)
panic switch Katastrophenschalter *m* [elt]
pannier tank locomotive Tenderlokomotive *f* (Tanks hängen seitlich) [tra]
panorama view Rundumsicht *f* [tra]
pantile Dachpfanne *f* [bau]; Pfanne *f* (Dach)
pantograph Bügel *m* (Stromabnehmer) [elt]; Stromabnehmer *m* (E-Lok) [tra]
pantograph drawing Storchschnabelzeichnung *f* [con]
pantry Vorratskammer *f*
paper Abhandlung *f* (Text); Akte *f*; Vortrag *m* (oft schriftlich); Blatt *n* (Papier); Papier *n* [met]
paper abschleifen *v* (mit Sandpapier) [wer]
paper bag Papiertüte *f*; Papierbeutel *m*; Papiersack *m*
paper basket Papierkorb *m* [rec]
paper capacitor Papierkondensator *m* [elt]
paper carrying bag Papiertragetasche *f*
paper chromatography Papierchromatographie *f* [any]
paper clip Büroklammer *f*
paper container Papiersammelbehälter *m* [rec]
paper cover Umschlag *m* (Papier)
paper cup Pappbecher *m*
paper feed Papiervorschub *m* (Drucker) [edv]
paper filter Papierfilter *n* [prc]
paper guard fence Papierfangzaun *n* [edv]
paper guard net Papierfangnetz *n* [edv]
paper incineration plant Papierverbrennungsanlage *f* [pow]
paper insulated papierisoliert [elt]
paper insulation Papierisolation *f*
paper making Papierfabrikation *f*
paper manufacture Papierfabrikation *f*
paper mill Papierfabrik *f*
paper processing plant Papierverarbeitungsanlage *f*

paper production Papierherstellung *f*
paper pulp Papiermasse *f* [met]; Holzbrei *m*
paper pulp cellulose Cellulosepapiermasse *f* [met]
paper quality Papierqualität *f*
paper recycling Papierwiederverwertung *f* [rec]
paper recycling plant Papierrecyclinganlage *f* [prc]
paper roll Papierrolle *f*
paper sack Papiersack *m*
paper seal Papierabdichtung *f* (am Lagerauge) [tec]
paper shredding Aktenvernichtung *f* [rec]
paper size Papierformat *n*
paper sludge Papierschlamm *m* [rec]
paper tape Lochstreifen *m* [edv]; Papierband *n*
paper tape processing Lochstreifenverarbeitung *f* [edv]
paper tape reader Lochstreifenleser *m* [edv]
paper tape unit Lochstreifengerät *n* [edv]
paper throughput Papierausstoß *m*
paper tube Papierhülse *f*
paper web Papierbahn *f*; Papierrolle *f*
paper, abrasive - Schleifpapier *n* [met]; Schmirgelpapier *n* [wzg]
paper, aluminium-foiled - aluminium-kaschiertes Papier *n* [met]
paper-catching fence Papierfangzaun *f* [edv]
paper-free papierfrei
paper-glue Papierleim *m* [met]
paper-recycling Altpapierrecycling *n* [rec]
paper-shredder Aktenvernichter *m*
paperboard Pappe *f*
paperlean administration papierarme Verwaltung *f*
paperless beleglos; papierlos
paperless office papierloses Büro *n*
papyrus white papyrusweiß (RAL 9018) [nor]
parabola Parabel *f* [mat]
parabolic mirror Parabolspiegel *m* (für Datenübertragung) [edv]
parabolic reflector Parabolspiegel *m* [edv]
parabolic spring Parabelfeder *f* [tec]
parachute Fallschirm *m*
paraffin Paraffin *n* [che]
paraffin hydrocarbon Paraffinkohlenwasserstoff *m* [che]
paraffin oil Paraffinöl *n* [che]
paraffin wax Paraffinwachs *n* [che]
paraffined paraffiniert [che]
paragraph Absatz *m* (Text); Abschnitt *m* (Text); Paragraph *m* [jur]
parallax Parallaxe *f* [opt]
parallel parallel
parallel Parallele *f* [mat]
parallel adjustment Parallelausgleich *m* (der Steinklammer) [tra]
parallel arrangement Parallelanordnung *f* [con]
parallel circuit Parallelschaltung *f* [elt]; Parallelkreis *m* [elt]
parallel computer Parallelrechner *m* [edv]
parallel connection Parallelschaltung *f* [elt]
parallel cross-bit chisel Kreuzmeißel *m* [wzg]

parallel end faces, with - planparallel (Werkstück) [tec]
parallel flow Gleichstrom *m* (Strömungslehre) [prc]
parallel flow heat exchanger Gleichstromwärmeaustauscher *m* [pow]
parallel flow principle Gleichstromprinzip *n* (Strömung) [prc]
parallel gate valve Parallelschieber *m* [pow]
parallel guidance Parallelführung *f* (z.B. der Rolltreppe) [mbt]
parallel guidance, precise - präzise (z.B. präzise Parallelführung) [con]
parallel guide Parallelführung *f* [con]
parallel key Passfeder *f* [tec]
parallel motion Parallelführung *f* [con]
parallel operation Parallelbetrieb *m* [edv]
parallel pin Zylinderstift *m* [tec]
parallel processing Parallelverarbeitung *f* [edv]
parallel reaction Parallelreaktion *f* [che]
parallel recording Parallelaufzeichnung *f* [edv]
parallel resistance Parallelwiderstand *m* [elt]
parallel shaft gear Stirnradgetriebe *n* [tec]
parallel shaft misalignment Versatz paralleler Wellen *m* [tec]
parallel shank Zylinderschaft *m* [tec]
parallel slot Parallelnut *f* [tec]
parallel switching Parallelschaltung *f* [elt]
parallel t-slots Parallelspannbacken *pl* [wzg]
parallel transmission Parallelübertragung *f* [edv]
parallel windscreen wiper Parallelscheibenwischer *m* [tra]
parallel windshield wiper Parallelscheibenwischer *m* [tra]
parallel-connected parallelgeschaltet [elt]
parallel-flanged beam Parallelflanschträger *m* [tec]
parallel-roller journal bearing Radialzylinderrollenlager *n* [tec]
parallel-root blade Schaufel mit Parallelfuß *f* (Turbine) [pow]
parallel-slide valve Parallelschieber *m* [pow]
parallelogram of forces Kräfteparallelogramm *n* [phy]
paramagnetic paramagnetisch [phy]
paramagnetical paramagnetisch [phy]
paramagnetism Paramagnetismus *m* [phy]
parameter Größe *f* [mat]; Kenngröße *f* [mat]; Maßzahl *f*; Einflussfaktor *m* [mat]; Kennwert *m*; Parameter *m*
parameterize parametrisieren *v* [mat]
paramount höchstklassig (Allerbestes)
parapet Brüstung *f*
parasite Schädling *m* [bff]
parasitic disease Parasitenbefall *m* [bff]
parcel Paket *n* (Postsendung)
parchment Pergament *n* [met]
parchment paper Pergamentpapier *n* [met]
parent Ursprung *m*
parent cell Mutterzelle *f* [bio]
parent company Muttergesellschaft *f*

parent material Grundstoff *m* (Ausgangsmaterial) [met]; Grundwerkstoff *m* (Ausgangsmaterial) [met]; Ausgangsgestein *n* [bod]; Bandmaterial *n* (Rohmaterial) [met]; Grundmaterial *n* (Ausgangsmaterial) [met]
parent metal Grundmetall *n* [met]
parent nucleus Mutterkern *m* (Kerntechnik) [phy]
parent state Ausgangszustand *m*
parent substance Muttersubstanz *f* [che]
parenthesis runde Klammer *f* [mat]
parenthesis, in - in runden Klammern
parenthetic eingeklammert
parenthetical eingeklammert
paring Schnitzel *n*
parings Hobelspäne *pl* [rec]
park Parkanlage *f*; Park *m*
park einparken *v* [tra]
park bench Parkbank *f*
park refuse Parkabfall *m* [rec]
park waste Parkabfall *m* [rec]
parked abgestellt (geparkte Autos, Busse) [tra]
parking area Parkfläche *f* [tra]; Parkplatz *m* [tra]
parking brake Feststellbremse *f* (nur Kfz) [tra]
parking deck Parketage *f* [tra]; Parkdeck *n* [tra]
parking floor Parketage *f* [tra]
parking garage Garagengebäude *n* [tra]; Parkhaus *n* [tra]
parking lamp Kotflügelleuchte *f* [tra]; Parkleuchte *f* [tra]
parking light Standlicht *n* (am Auto) [tra]
parking lot Parkplatz *m* [tra]
parking place Rastplatz *m* [tra]
parking space Einstellplatz *m* (für Auto) [tra]; Parkplatz *m* [tra]; Parkraum *f* [tra]
parking ticket Knöllchen *n* (Strafmandat) [tra]; Strafmandat *n* ("Knöllchen") [tra]
parking, ban on - Parkverbot *n* [tra]
parking-disc Parkschein *m* [tra]
parking-ticket Strafzettel *m* [tra]
parkway Autobahn *f* (Autoschnellstraße USA) [tra]
parquet Holzparkett *n* [bau]
parquet floor Parkett *n* [bau]
part Rolle *f* (im Rollenspiel, Theater); Bestandteil *m* (Teil, Komponente); Teil *m* (Anteil); Bauelement *n* [con]; Glied *n* (Teil); Stück *n* (Teil); Teil *n* (Stück); Teilstück *n* [tec]
part abteilen *v*; lösen *v* (losmachen); scheiden *v* (trennen); trennen *v* (zerlegen) [wer]; zerteilen *v*
part according to drawing no... Teil nach Zeichnung Nr. *n* [con]
part by weight Gewichtsanteil *m*
part drawing Bauteilzeichnung *f* [con]; Einzelteilzeichnung *f* [con]; Teilezeichnung *f* [con]
part groove Teilfuge *f* (beim Schweißen) [wer]; Teilung *f* (z.B. eines Lagers mit Nuten) [tec]
part load Teillast *f* [tec]
part number Sachnummer *f* [con]; Teilenummer *f* [con]
part of chain Kettenstrang *m* [tec]

part of the building Gebäudeteil *m* [bau]
part of the country Gebiet *n* (Teil des Landes)
part shipment Charge *f* (Teillieferung, Transport) [tra]; Teillieferung *f* (z.B. Lieferung auf Abruf) [tra]
part, real - Realteil *m* (z.B. einer komplexen Zahl) [mat]
part-time employment Teilzeitarbeit *f* [eco]; Teilzeitbeschäftigung *f* [eco]
part-time job Halbtagsarbeit *f* [eco]; Teilzeitarbeit *f* [eco]
part-time work Nebentätigkeit *f* [eco]; Teilzeitarbeit *f* [eco]; Teilzeitbeschäftigung *f* [eco]
part-timer Halbtagskraft *f* [eco]
partial partiell; teilweise; unvollständig
partial admission Teilbeaufschlagung *f* (Turbine) [pow]
partial analysis Partialanalyse *f* [any]
partial cargo Teilladung *f* (Transport) [tra]
partial construction permit Teilerrichtungsgenehmigung *f* [jur]
partial control Teilsteuerung *f*
partial current Teilstrom *m*
partial delivery Teillieferung *f* (weitere folgen)
partial discharge Teilentladung *f* [phy]
partial joint Teilnaht *f* [tec]
partial joint penetration groove teilweise durchgeschweißte Fugennaht *f* [wer]
partial joint penetration test specimen teilweise durchgeschweißtes Prüfstück *n* [any]
partial licence Teilgenehmigung *f* [jur]
partial load Teilladung *f* (Belastung); Teillast *f*
partial load behaviour Teillastverhalten *n* [pow]
partial load efficiency Teillastwirkungsgrad *n* [pow]
partial load nozzle Teillastdüse *f* [pow]
partial load operation Teillastbetrieb *m* [pow]
partial load range Teillastbereich *m* [pow]
partial payment Abschlagszahlung *f* [eco]
partial pressure Partialdruck *m* [phy]; Teildruck *m* [phy]
partial reaction Teilreaktion *f* [che]
partial reflection partielle Reflexion *f* [phy]
partial section Teilschnitt *m* [con]
partial shadow Halbschatten *m*
partial shipment Teillieferung *f* (Transport) [tra]; Teilmenge *f* (Lieferung) [tra]
partial vacuum Unterdruck *m* [phy]
partial view Teilansicht *f* [con]
partial-flow filter Nebenstromfilter *m* [tra]
participant Teilnehmer *m*
participant in the discussion Gesprächsteilnehmer *m*
participate beteiligen *v*; mitarbeiten *v*
participation Beteiligung *f* (Anteilnahme); Mitarbeit *f* (Beteiligung); Mitbestimmung *f* (Wirtschaft) [eco]; Teilnahme *f* (Mitmachen); Einsatz *m* (Anteilnahme)
participation of citizens Bürgerbeteiligung *f* [jur]
participation of citizens, indirect - mittelbare Bürgerbeteiligung *f* [jur]
participation of the public Öffentlichkeitsbeteiligung *f*

participator Teilnehmer *m*
particle Partikel *f*; Korn *n* (Teilchen); Stoffteilchen *n* [phy]; Teilchen *n*
particle density Korndichte *f*; Teilchendichte *f* [phy]
particle diameter Korndurchmesser *m*
particle diameter, mean - mittlerer Teilchendurchmesser *m*
particle distribution limit Grenzsieblinie *f* [prc]
particle size Körnungsgröße *f*; Korngröße *f*; Partikelgröße *f*; Teilchengröße *f* [phy]
particle strength Kornfestigkeit *f*
particle velocity Teilchengeschwindigkeit *f* [phy]
particle-size analysis Korngrößenanalyse *f* [any]
particle-size determination Korngrößenbestimmung *f* [any]
particle-size distribution Korngrößenverteilung *f*; Siebkurve *f* [prc]
particle-size distribution curve Kornverteilungskurve *f*
particles Körner *pl* (Partikel)
particles, number of - Partikelzahl *f*; Teilchenzahl *f* [phy]
particular besonders; eigen (gewissenhaft)
particular Einzelheit *f*
particular attention besondere Aufmerksamkeit *f*
particular case Einzelfall *m*
particularity Besonderheit *f*; Sorgfalt *f*
particularly high content of harmful substances besonderer Schadstoffgehalt *m*
particulars of one's bank account Bankverbindung *f* [eco]
particulates feste Verbrennungsrückstände *pl* [rec]
parties entitled to use Nutzungsberechtigte *pl* [jur]
parting Zwischenschicht *f* (zwischen Flözen) [roh]
parting film Trennfolie *f* (aus Kunststoff) [met]
parting flange Trennflansch *m* [prc]
parting joint Teilfuge *f* [tec]; Trennfuge *f* [tec]
parting line Teilungslinie *f* (Gussteile) [met]; Trennfuge *f* (in Außenring Gelenklager) [tec]; Trennlinie *f* [con]
parting line gasket Trennfugenflachdichtung *f* [tec]
parting liquid Trennflüssigkeit *f* [met]
parting plane Trennfläche *f*
parting point Trennstelle *f* [prc]
parting sand Feinsand *m* (beim Gießen) [met]
partition Scheidewand *f*; Stellwand *f* [bau]; Trennung *f* (z.B. Trennwand) [bau]; Wand *f* (Zwischenwand); Fach *n* (Abteilung)
partition abtrennen *v* (durch Trennwand)
partition grill Gitterwand *f* [tec]
partition infilling Ausstopfen *n*
partition line Trennfuge *f* [tec]
partition panel Trennwand *f* [tra]
partition panel frame Trennwandrahmen *m* [tra]
partition panel lining Trennwandverkleidung *f* [tra]
partition panel window Trennwandfenster *n* [tra]
partition plate Stegblech *n* [tec]; Trennblech *n* [tec]
partition stage Trennstufe *f* (Kerntechnik) [pow]
partition wall Trennwand *f* [bau]; Zwischenwand *f*

partitioning Abschottung *f* [prc]
partly teilweise
partner Partner *m*
partnership Beteiligung *f* (Zusammenarbeit); Partnerschaft *f*; Personengesellschaft *f* [eco]
parts Zubehör *n* (Teile, Zusätze, extra Teile); Zubehörteile *pl*
parts availability Verfügbarkeit von Teilen *f* [tec]
parts centre Ersatzteillager *n*
parts depot Ersatzteillager *n*; Teilelager *n* (Ersatzteildepot) [eco]
parts from suppliers Zulieferteile *pl* [eco]
parts list Ersatzteilliste *f* (Teileliste); Stückliste *f*; Teileliste *f* (Ersatzteilliste) [con]; Zusammenstellung *f* (Stückliste)
parts logistic Teilelogistik *f* [tra]
parts per billion Part per Milliarde *n*
parts per million Part per Million *n*
parts replacement Teileerneuerung *f* [tec]
parts, new - Neuteile *pl* [tec]
parts, sliding - gleitende Teile *pl* [tec]
party affected Betroffener *m*
party entitled to conduct mining operations Abbauberechtigter *m* [rec]
party line Doppelanschluss *m* (Hauptanschluss) [elt]; Hauptanschluss mit Nebenstelle *m* (Telefon) [edv]
party required to give information Auskunftpflichtiger *m* [jur]
party responsible Verantwortlicher *m* [jur]
party responsible for waste management Entsorgungspflichtiger *m* [rec]
party taxi Sammeltaxi *n* [tra]
party under an obligation to pay a levy Abgabenpflichtiger *m* [jur]
party wall Feuermauer *f*
pass Schweißschicht *f* [met]; Zuführung *f* (Zugang); Kanal *m* (Schacht); Übergang *m* (z.B. zwischen Maschinenteilen) [wer]
pass bestehen *v* (eine Prüfung); durchlassen *v*; durchlaufen *v*; durchströmen *v* (ein Ventil); eingespeist werden *v*; hindurchströmen *v* [prc]; passieren *v* (durchlassen); strömen *v*; übergeben *v*; überholen *v* (des anderen Autos) [tra]; überschreiten *v* (überqueren)
pass door Durchgangstür *f* [bau]
pass lane Überholspur *f* (Straße) [tra]
pass off abströmen *v*
pass over kreuzen *v* [tra]; überleiten *v*; übersetzen *v* (mit Schiff) [tra]
pass round herumfahren *v* [tra]
pass through durchdrücken *v* [wer]; durchführen *v* (durch Öffnung); durchleiten *v*; durchströmen *v*
pass under unterführen
pass-out diagram Entnahmediagramm *n* (Turbinendampf) [pow]
pass-out operation Entnahmebetrieb *m* (Turbine) [pow]
pass-out steam Entnahmedampf *m* [pow]
pass-out turbine Entnahmeturbine *f* [pow]

passable befahrbar [tra]; begehbar
passage Durchfahrt *f* [tra]; Arbeitsgang *m* (in einem Arbeitsgang) [wer]; Durchfluss *m*; Durchgang *m* (Passage) [tra]; Durchlass *m* (Gang, Durchfahrt); Durchlauf *m* (durch Maschine); Durchzug *m* (Durchziehen); Kanal *m* (Durchgang, Durchlass; Maschine) [bau]; Laufweg *m* [tra]; Übergang *m* (Transport) [tra]; Durchleiten *n*
passage downstream Talfahrt *f* (Schifffahrt) [tra]
passage height Durchfahrthöhe *f* (Brücke, LKW) [tra]
passage of risk Gefahrübergang *m* [jur]
passage opening Durchgangsöffnung *f* [bau]
passage through Durchtritt *m*
passage through zero Nulldurchgang *m* [any]
passage to the limit Grenzübergang *m* [mat]
passage upstream Bergfahrt *f* (Schifffahrt) [tra]
passage width Durchfahrtbreite *f* (z.B. des Tiefladers) [tra]
passage, repeated - zweimaliger Durchlauf *m* [mbt]
passageway Durchfahrt *f* [tra]; Durchgang *m* (Weg) [tra]; Laufweg *m* [tra]
passband Durchlassbereich *m* [elt]
passed bestanden (Prüfung); überholt (vom Auto)
passenger Insasse *m* [tra]; Passagier *m* [tra]; reiner Mitfahrer Beifahrer *m* [tra]
passenger air craft Passagierflugzeug *n* [tra]
passenger aircraft Verkehrsflugzeug *n* [tra]
passenger car Personenwagen *m* [tra]; Reisezugwagen *m* [tra]
passenger circulating area Bahnhofshalle *f* (Empfangsgebäude) [tra]; Empfangsgebäude *n* (Bahnhofshalle) [tra]
passenger coach Personenwagen *m* (Zug) [tra]
passenger conveyor Rollsteig *m* [mbt]
passenger elevator Personenaufzug *m* [bau]
passenger elevator car Aufzugskorb *m*
passenger lift Personenaufzug *m* [bau]
passenger seat Beifahrersitz *m* (reiner Mitfahrer) [tra]
passenger ship Passagierschiff *n* [tra]
passenger train Personenzug *m* [tra]; Reisezug *m* [tra]
passenger train car Reisezugwagen *m* [tra]
passenger transport Personenverkehr *m* [tra]
passenger transport band Personenförderband *n* [mbt]
passenger transport facility Personentransportanlage *f* [tra]
passenger walkway Fluggastbrücke *f* [tra]
passing vorübergehend
passing Abgang *m* (Ausscheidung); Durchfluss *m*
passing on Vermittlung *f*; Weitergabe *f*
passing places Ausweichstellen *pl* [tra]
passing signal indicator Überholsignalgerät *n* [tra]
passing-contact relay Wischrelais *n* [elt]
passing-through radiation durchtretende Strahlung *f* [phy]
passivate passivieren *v* [met]

passivating agent Passivierungsmittel *n* [met]
passivation Passivierung *f* [met]
passive passiv; untätig
passive smoker Passivraucher *m*
passive smoking Passivrauchen *n*
passive state Ruhezustand *m*
password Kennwort *n*; Passwort *n* (Schutzwort) [edv]; Schutzwort *n* (Passwort) [edv]
past beendet
paste Paste *f*; Brei *m*; Klebstoff *m* [che]; Kleister *m*; Teig *m*
paste kleben *v* (kleistern); kleistern *v*
paste on ankleben *v*; aufkleben *v* (mit Kleister) [wer]
paste paint Farbpaste *f* [met]
paste, abrasive - Schleifpaste *f* [met]
paste-board Pappe *f*
paste-board box Pappschachtel *f*; Karton *m* (Schachtel)
paste-like breiig; pastenartig
pastel green weingrün (RAL 6019) [nor]
pastel orange pastellorange (RAL 2003) [nor]
pasteurization Pasteurisation *f*; Pasteurisierung *f*
pasteurize pasteurisieren *v*
pasteurizer Pasteurisierungsanlage *f* (Klärschlamm) [was]; Pasteurisierapparat *m*
pasteurizing Pasteurisieren *n*
pasting press Klebepresse *f*
pasture Flur *f* [far]; Weide *f* [far]; Grasland *n* [far]
pasture harrow Messeregge *f* (Landwirtschaft) [far]
pasty breiig; pastenförmig; teigig
patch Butzen *m* [met]; Flicken *n* (kleines Stück)
patch ausbessern *v* (flicken); flicken *v* [wer]
patch board Steckerleiste *f* [elt]
patched geflickt
patching mortar Flickmörtel *m* [met]
patent Patent *n* [jur]
patent patentieren *v* [jur]
patent anchor Patentanker *m* (auch klappbar) [tra]
patent appeal Patenteinspruch *m* [jur]
patent application Patentanmeldung *f* [jur]
patent application, unexamined - Offenlegungsschrift *f* (Patentschrift) [jur]
patent applied for angemeldetes Patent *n* [jur]
patent charges Patentkosten *pl* [jur]
patent fastener press button Druckknopf *m* [mbt]
patent fastener push button Druckknopf *m* [mbt]
patent granted erteiltes Patent *n* [jur]
patent granting Patenterteilung *f* [jur]
patent holder Patentinhaber *m* [jur]
patent infringement Patentverletzung *f* [jur]
patent key Sicherheitsschlüssel *n* [tec]
patent office Patentamt *n* [jur]; Patentamt *n* [jur]
patent pending Patent angemeldet [jur]
patent plaster Edelputz *m* [bau]
patent procedure Patentverfahren *n* [jur]
patent protection Patentschutz *m* [jur]
patent rights Patentrecht *n* [jur]
patent royalty Patentgebühr *f* [jur]
patent specification Patentschrift *f* [jur]

patent stone Kunststein *m* [met]
patent, apply for a - Patent anmelden *v* [jur]; Patent beantragen *v* [jur]
patent-infringing patentverletzend [jur]
patentability Patentfähigkeit *f* [jur]
patentable patentfähig [jur]; patentierbar [jur]
patented patentgeschützt [jur]; patentiert [jur]
patented item Patentgegenstand *m* [jur]
paternoster lift Paternoster *m* [bau]
path Bahn *f* (der Kugel im Kugellager) [tec]; Bahn *f* (Weg) [tra]; Laufbahn *f* (Kugeln, Käfig) [tra]; Wegstrecke *f*; Feldweg *m* [tra]; Pfad *m* [tra]; Weg *m* (Fußweg) [tra]
path gravel sandiger Kies *m* [met]
path length Weglänge *f* [edv]
path of contact, length of - Eingriffstrecke *f* (Getriebe) [tec]; Eingriffstrecke *f* (Getriebe) [tec]
pathogenic krankheitserregend [hum]; pathogen [hum]
pathological waste Krankenhausabfall *m* [rec]; medizinischer Abfall *m* [rec]; pathologischer Abfall *m* [rec]
pathway Fußgängerweg *m* [tra]
patience Ausdauer *f* (Geduld)
patina Patina *f* [che]; Edelrost *m* [met]
patina green patinagrün (RAL 6000) [nor]
patio Terrasse *f* [bau]
patrol car Streifenwagen *m* [jur]
pattern Form *f* (Gießform) [wer]; Lehre *f* (Modell); Probe *f* (Muster); Schablone *f*; Struktur *f* (Ordnung); Beispiel *n* (Muster); Diagramm *n* (Schema); Modell *n* (Gussmodell) [roh]; Modell *n* (Muster); Muster *n* (Vorlage); Schema *n* (Muster); Schnittmuster *n*
pattern maker Modelltischler *m* (z.B. für Gießform)
pattern matching Mustererkennung *f* [any]
pattern number Modellnummer *f*
pattern quality Modellgüte *f* [tec]
pattern recognition Mustererkennung *f* [any]
pattern recognition, automatic - automatische Mustererkennung *f* (Software) [edv]
pattern, following this - nach diesem Beispiel
pattern-making Modellbau *m* (für die Gießerei) [tec]
patterned plates Musterblech *n* [met]
pause Haltezeit *f*; Pause *f* (Unterbrechung); Ruhe *f* (Pause)
pause anhalten *v* (Pause machen)
pave befestigen *v* (Weg); bepflastern *v* [bau]; pflastern *v* [bau]; verlegen *v* (Pflaster) [bau]
pave over zupflastern *v* [bau]
pave with tiles mit Fußbodenfliesen belegen *v* [bau]
paved area befestigte Fläche *f*
paved road Chaussee *f* [tra]; Pflasterstraße *f* [tra]
pavement Fahrbahn *f* [tra]; Fahrbahn *f* [tra]; Versiegelung *f* [bau]; Wegebefestigung *f* [tra]; Belag *m* (Straße) [tra]; Bürgersteig *m* [tra]; Fußweg *m* (neben dem Fahrdamm) [tra]; Gehweg *m* [tra]; Oberbau *m* (Straßenbau) [tra]; Pflaster *n* [bau]; Straßenpflaster *n* [bau]; Trottoir *n* [bau]

pavement, lay - pflastern *v* [bau]
pavilion Pavillon *m* [bau]
paving Pflasterung *f* [bau]; Straßenbefestigung *f* [bau]; Pflaster *n* [bau]
paving block Pflasterstein *m* [bau]
paving joint sealer Fugenvergussmasse *f* [tra]
paving material Straßenbaustoff *m* [met]
paving tile Fußbodenfliese *f* [bau]
paw support Tragpratze *f* [tec]
pawl Auslöserklinke *f* [tec]; Klaue *f* (Zahnring) [wzg]; Klinke *f* [tec]; Ratsche *f*; Sperrklinke *f* [tec]; Sperr-Riegel *m* [tec]; Sperrriegel *m* [tec]
pawl clutch Klauenkupplung *f* [tra]
pawl coupling Klauenkupplung *f* [tec]
pawl pin Klinkenbolzen *m* [tec]
pawl release Klinkenauslösung *f* [tec]
pawl shaft Klinkenwelle *f* [tec]
pawl spring Klinkenfeder *f* [tec]
pawl-type lock Klinkensperre *f* [tec]
pay Lohn *m* [eco]; Gehalt *n* (Lohn)
pay bezahlen *v*
pay a bill Rechnung bezahlen *v* [eco]
pay agreement Tarifvereinbarung *f* [eco]
pay in einzahlen *v*
pay ore abbauwürdiges Erz *n* [roh]
pay out ausgeben *v* (Geld) [eco]; auszahlen *v*
pay station Münzfernsprecher *m* [edv]
pay telephone Münzfernsprecher *m* [edv]
pay-office Kasse *f* (Ort zum Bezahlen)
payday Zahltag *m* [eco]
payee Geldempfänger *m* [eco]; Scheckempfänger *m* [eco]
paying rentabel [eco]
payload Nutzlast *f*; Tragfähigkeit *f* (des Muldenkippers) [mbt]; Ladegut *n* (Menge) [tra]
payload area Ladefläche *f* [tra]
payment Bezahlung *f* [eco]; Vergütung *f* (Bezahlung) [eco]; Zahlung *f* [eco]
payment on account Anzahlung *f* [eco]
payment on receipt Zahlung bei Erhalt *f* [eco]
payment order Zahlungsanweisung *f* [eco]
payment, additional - Nachzahlung *f* [eco]
payment, arrears in - Rückstand *m* (der Prämienzahlung) [eco]
payment, cashless - bargeldlose Zahlung *f* [eco]
payment, request for - Zahlungsaufforderung *f* [eco]
payment, terms of - Zahlungsfrist *f* [eco]; Zahlungsbedingungen *pl* [eco]
payments Leistung *f* (Zahlung, Aufwendung) [eco]
payout time Abschreibungszeit *f* [eco]
payphone Fernsprechautomat *m* [edv]; Münzfernsprecher *m* [edv]
payroll Gehaltsliste *f* [eco]; Lohnliste *f* [eco]
payroll office Lohnbüro *n* [eco]
PE-hook Erdungsstange *f* [elt]
PE-socket Erdungsbuchse *f* [elt]
PE-terminal Erdungsklemme *f* [elt]
pea gravel Feinkies *m* [bod]
peak höchst

peak Spitze *f* (Gipfel); Gipfel *m* (höchster Punkt); Höhepunkt *m*; Kegel *m* [geo]; Scheitelpunkt *m*; Wellenberg *m*; Maximum *n*
peak concentration Höchstkonzentration *f*; Spitzenkonzentration *f*
peak current Spitzenstrom *m* [elt]
peak load Belastungsspitze *f* [pow]; Höchstbelastung *f*; Höchstlast *f* [phy]; Höchstleistung *f* [pow]; Spitzenbelastung *f* [pow]; Spitzenlast *f* [elt]
peak load controller Überlastschalter *m* [elt]
peak load power plant Vorschaltanlage *f* [pow]
peak load power station Spitzenlastkraftwerk *n* [pow]
peak load pricing Spitzenlasttarif *m* [elt]
peak load supply Spitzendeckung *f* [pow]; Spitzenlastabdeckung *f* [pow]
peak load supply machine Spitzendeckungsmaschine *f* [pow]
peak nominal voltage Nennoberspannung *f* [elt]
peak of traffic Verkehrsspitze *f* [tra]
peak performance Spitzenleistung *f*
peak period Hauptreisezeit *f* [tra]; Spitzenzeit *f* [elt]
peak pressure setting Höchstdruckeinstellung *f* (Hydraulik) [tec]
peak ramp angle Bodenfreiheit *f* (geringste, zwischen Radstand) [mbt]
peak revolutions Höchstdrehzahl *f* [tec]
peak torque Drehmomenthöchstleistung *f* [tra]; Spitzendrehmoment *n* [tec]
peak traffic Spitzenbelastung *f* [tra]; Spitzenverkehr *m* [tra]
peak traffic time Hauptverkehrszeit *f* [tra]
peak value Höchstwert *m*; Scheitelwert *m*; Spitzenwert *m* [elt]
peak value meter Scheitelwertmesser *m* [any]
peak velocity Spitzengeschwindigkeit *f*
peak voltage Scheitelspannung *f* [elt]; Spitzenspannung *f* [elt]
peak-hour charging Spitzentarif *m* [pow]
peak-to-peak voltage Spitzenspannung *f* [elt]
peak-to-valley height Rautiefe *f* (der Oberfläche) [met]
peak-transient torque Stoßmoment *n* [tec]
peaking machine Spitzendeckungsmaschine *f* [pow]
pearl matt (Glühbirne)
pearl Perle *f*
pearl white perlweiß *n*
pearlescence pigment Perlglanzpigment *n* [met]
pearlstone Perlit *n* [met]
peat Torf *m* [bod]
peat bog Torfmoor *n*
peat charcoal Torfkohle *f* [met]
peat coke Torfkoks *f* [met]
peat digging Torfgewinnung *f* [roh]
peat firing equipment Torffeuerung *f* [pow]
peat fly ash Flugasche aus Torffeuerungen *f* [rec]
peat gas Torfgas *n* [pow]
peat mould Torferde *f* [bod]
peat pit Torfgrube *f* [roh]

peat power station Torfkraftwerk *n* [pow]
peat soil Torferde *f* [bod]; Torfboden *m* [bod]
peat-free torffrei
peaty torfhaltig
peaty soil Moorerde *f* [bod]
pebble grober Kies *m* [met]; Kiesel *m*; Kieselstein *m*; Stein *m* (Kiesel) [met]
pebble gravel Geröllkies *m* (Kiesel)
pebble grey kieselgrau (RAL 7032) [nor]
pebble mill Kugelmühle *f* [prc]
pebble stone Kies *m* (Kieselstein) [bod]; Kieselstein *m*; Geröll *n* (Kiesel)
pebble-bed reactor Kugelhaufenreaktor *m* (Kernreaktor) [pow]
pebbledash plastering Rauputz *m* (am Haus) [bau]
pebbles Geröll *n* (Kiesel)
pebbly ground Kieselgrund *m* [bod]
pecky timber angemodertes Holz *n*
peculiar besonders (einzigartig, seltsam); typisch (auch im negativen Sinn)
peculiarity Eigenschaft *f* (Besonderheit)
pecuniary criminal penalty Geldstrafe *f* [jur]
pecuniary loss Vermögensnachteil *m* [jur]
ped anklammern *v* ((B))
pedal Taste *f* (Fußtaste); Trittplatte *f* (Pedal) [tra]; Pedal *n*
pedal bin Treteimer *m* [rec]
pedal pivot shaft Pedalachse *f* [tra]
pedal shaft Pedalwelle *f* [tra]
pedal-operated valve Fußventil *n* [tec]
pedestal Säule *f* (z.B. für Standbild) [bau]; Bock *m* (Sockel); Fuß *m* (Sockel) [bau]; Sockel *m* [tec]; Untersatz *m* [bau]; Fundament *n* (Sockel) [bau]; Fußstück *n* [tec]
pedestal bearing Deckellager *n* [tec]; Stehlager *n* [tec]
pedestal body Lagerbock *m* [tec]; Stehlagergehäuse *n* [tec]
pedestal cup, bearing - Stehlagerdeckel *m* [tec]
pedestrian Fußgänger *m* [tra]
pedestrian barrier Fußgängerabsperrung *f* [tra]
pedestrian bridge Fußgängerbrücke *f* [tra]; Straßenüberführung *f* (Fußgänger) [bau]
pedestrian controlled high lift stacker handgeführter Deichselstapler *m* [mbt]
pedestrian crossing Fußgängerübergang *m* [tra]
pedestrian deck Fußgängerebene *f* [tra]
pedestrian island Fußgängerinsel *f* [tra]; Fußgängerschutzinsel *f* [tra]
pedestrian mall Fußgängerstraße *f* [tra]; Fußgängerzone *f* [tra]
pedestrian overpath Fußgängerüberweg *m* [tra]
pedestrian precinct Fußgängerzone *f* [tra]
pedestrian subway Fußgängerunterführung *f* [tra]; Fußgängertunnel *m* [tra]
pedestrian traffic Fußgängerverkehr *m* [tra]
pedestrian underpass Fußgängerunterführung *f* [tra]; Gehwegunterführung *f* [tra]
pedestrian way Fußgängerweg *m* [tra]

pedestrian zone Fußgängerzone *f* [tra]
pedestrian-controlled handgeführt (z.B. Deichselstapler) [mbt]
pedestrian-controlled lights Bedarfsampel *f* (Fußgängerampel) [tra]
pedestrians' bridge Übergang *m* (Fußgängerbrücke) [tra]
pedestrians' tunnel Fußgängertunnel *m* [tra]
pediment Giebel *m* [bau]
pedway Fußweg *m* [tra]
peel Pelle *f*
peel abblättern *v* (Anstrich); abschälen *v* (Bodenschicht) [bod]; schälen *v* [wer]
peel off abblättern *v* (Tapete); ablösen *v* (abschälen); abschälen *v*; abziehen *v*
peel off a shoulder Bankett schneiden *v* [mbt]
peel strength Haftfestigkeit *f* (Beschichtung) [met]
peeled abgeschält [wer]; geschält [wer]
peeled off abgeblättert (Farbe) [met]
peeling Abblätterung *f* (von alter Farbe) [met]; Abblättern *n* (von Anstrich, Putz) [bau]; Abplatzen *n* (von Anstrich); Schälen *n* [wer]
peeling device Schälgerät *n* [wer]
peeling off Abschälen *n*
peeling test Schälversuch *m* (für Fugennähte) [any]
peeling work Schälarbeit *f* [wer]
peeling-off Abblätterung *f* (Anstrich) [met]
peen abklopfen *v* [tec]; stemmen *v* [wer]
peephole Kontrollöffnung *f*; Schauloch *n*
peg Bolzen *m* (Klammer, Stift, Haken); Dübel *m* (Klammer, Stift); Holznagel *m* [met]; Pflock *m* (Zelthering); Stift *m* (Nagel)
peg dübeln *v*
peg for drawing boards Heftzwecke *f*
peg impactor mill Stiftmühle *f*
peg tooth Hakenzahn *m* [tec]
pegged back zurückgeschoben [mbt]
pegging rammer Dämmholz *n* [met]
pelleting Pelletieren *n* [prc]
pelleting press Tablettenpresse *f* [prc]; Tablettiermaschine *f* [prc]
pelletizer Granuliermaschine *f* [prc]; Stranggranulator *m* (Kunststoff) [wer]
pelletizing device Pelletiereinrichtung *f* [prc]
Pelton turbine Freistrahlturbine *f* [pow]
Pelton wheel Freistrahlturbine *f* [pow]; Gleichdruckturbine *f* [pow]
pelvis Becken *n* (Körperteil) [hum]
pen Finne *f* (am Hammer) [wzg]; Schreibstift *m*
pen dosimeter Stabdosimeter *n* [any]
penal code Strafgesetzbuch *n* [jur]
penal law Strafgesetz *n* [jur]
penalty Pönale *f* [jur]; Strafe *f* [jur]
penalty clause Pönalklausel *f* [jur]
pencil Bleistift *m*; Stift *m* (Schreibstift)
pencil sharpener Bleistiftspitzer *m*
pendant hängend
pendant Anhänger *m*
pendant boiler hängender Kessel *m*

pendant continuous loop Rohrschlange *f* (hängend) [prc]
pendant superheater hängender Überhitzer *m* [pow]
pendant-light Hängelampe *f* [elt]
pendent überhängend
pending patent angemeldetes Patent *n* [jur]
pendulum Pendel *n* [phy]
pendulum axle Pendelachse *f* [tra]
pendulum ball Linse *f* (Steuerlinse im Pumpenkörper) [tra]; Steuerlinse *f* (im Pumpenkörper) [mbt]
pendulum bearing Pendellager *f* [tec]
pendulum bob Pendellinse *f* (Uhr) [tec]; Pendelscheibe *f* (Uhr) [tec]
pendulum hammer Pendelhammer *m* [wzg]
pendulum support Pendelstütze *f* [tec]
pendulum suspension Pendelaufhängung *f*
penetrability Durchlässigkeit *f* (Durchdringbarkeit)
penetrable durchdringbar; durchlässig; undicht (durchlässig)
penetrate durchdringen *v* (Geruch); durchschlagen *v* (mechanisch); durchschweißen *v* [wer]; durchsickern *v* (z.B. Wasser) [bau]; eindringen *v* (in das Material) [met]; einsickern *v* [was]; einstechen *v* (in Material) [wer]; sich einfressen *v* (Staub)
penetrating durchdringend (intensiv); penetrant
penetrating depth Eindringtiefe *f*
penetration Durchdringung *f*; Penetration *f*; Durchtritt *m*; Einbrand *m*; Eindringen *n*; Einstechen *n* (z.B. der Schaufel) [mbt]
penetration cut Einbrandkerbe *f* [wer]
penetration depth Eindringtiefe *f*
penetration into the root Wurzeleinbrand *m* (an Schweißnaht)
penetration of dampness Durchfeuchtung *f*
penetration, time of - Eindringzeit *f*
penetration-grade bitumen Heißbitumen *n* [met]; Imprägnierbitumen *n* [met]
penetrative power Durchschlagskraft *f* [phy]
peninsula Halbinsel *f*
pennant Stander *m* (auf Autos) [tra]
pension Pension *f* [eco]
pension fund Pensionskasse *f* [eco]; Unterstützungskasse *f* [eco]
pension reserve Pensionsrückstellung *f* [eco]
pension scheme Altersversorgung *f*
pentad Fünftageszeitraum *m* (Wettervorhersage)
pentagon Fünfeck *n*
pentagon nut Fünfkantmutter *f* [tec]
penthouse Dachhaus *n* [bau]
peppermint test Geruchstest *m* [any]
per pro (pro Person)
per cent Prozent *n* [mat]
per design auslegungsgemäß [con]
per mill Promille *n* (pro tausend)
per thousand Promille *n* (pro tausend)
per-call maintenance Wartung nach Aufwand *f*
perceive wahrnehmen *v* (erfassen)
perceived noise level wahrnehmbarer Geräuschpegel *m* [aku]

percentage Anteil *m* (prozentualer Anteil); Gehalt *m* (Anteil); Prozentsatz *m* [mat]
percentage by volume Volumenprozent *n*
percentage calculation Prozentrechnung *f* [mat]
percentage of alcohol in the blood Blutalkohol *m* [hum]
percentage of moisture Feuchtigkeitsgehalt *m*; Wassergehalt *m*
percentage of voids Hohlraumanteil *m*
percentage point Prozentpunkt *m* [mat]
percentual error prozentualer Fehler *m*; relativer Fehler *m* [mat]
perceptible fühlbar
perceptible heat fühlbare Wärme *f*
perception Wahrnehmung *f* (Erfassung)
perch bolt Federstift *m*
percolate durchsickern *v* [was]; filtern *v*; filtrieren *v*; versickern *v* [was]
percolating filter Abwasserfilter *m* [was]; Sickerfilter *m* [was]
percolating water Sickerwasser *n* [was]
percolation Filtrierung *f*; Versickerung *f* [was]; Durchsickern *n* [was]; Filtern *n*
percolation filter Tropfkörper *m* [prc]
percolator Filtriersack *m*; Perkolator *m* [prc]
percussion Perkussion *f* [phy]; Stoß *m* (Zusammenstoß)
percussion drill Schlagbohrer *m* [wzg]; Stoßbohrer *m* [wzg]
percussion drilling machine Schlagbohrmaschine *f* [wzg]
percussion force Durchschlagskraft *f* [phy]
percussion hammer Schlaghammer *m* [wzg]
percussion primer Perkussionszünder *m*
percussion priming Perkussionszündung *f*
percussion rivet Schlagniet *m* [tec]
percussion screw driver Schlagschrauber *m* [wzg]
percussion wave Stoßwelle *f* (Explosion) [phy]
percussion welding Funkenschweißen *n* [wer]
percussive force Perkussionskraft *f* [phy]; Stoßkraft *f* [phy]
perennial mehrjährig [bff]; winterhart (überdauernde Pflanze) [bff]
perfect einwandfrei (ohne Fehler); fehlerfrei; fehlerlos; vollendet; vollkommen; vollständig
perfect ausarbeiten *v* (vollenden)
perfect condition Idealzustand *m*
perfect specimen Musterexemplar *n*
perfection Vollendung *f*; Vollkommenheit *f*
perfectly round, not - unrund
perforate durchlöchern *v*; lochen *v* (perforieren) [wer]; perforieren *v* [wer]; stanzen *v* (lochen) [wer]
perforated gelocht
perforated block Lochstein *m* [bau]
perforated brick Ziegellochstein *m* [bau]
perforated disc Lochscheibe *f* [tec]
perforated plate Lochplatte *f* [tec]
perforated screen Lochblende *f* [elt]

perforated sheet Lochblech *n* (perforiert) [tec]; Siebblech *n* [met]
perforated tile Hohlziegel *m* [bau]
perforating machine Perforiermaschine *f* [wer]
perforating press Lochpresse *f* [tec]
perforation Lochung *f*; Penetration *f* [hum]; Perforation *f* (Briefmarke u. ä.)
perform tun (etwas arbeiten)
perform ausführen *v* (durchführen); durchführen *v* (Aktion); funktionieren *v*; leisten *v* (schaffen, vollbringen); machen *v* (durchführen, leisten); verrichten *v* (leisten, schaffen)
perform statement Schleifenanweisung *f* (Software) [edv]
performance Arbeitsleistung *f* (Mann, Maschine); Ausführung *f* (Durchführung); Durchführung *f* (Aktion); Fahrleistung *f* [tra]; Funktion *f* (einer Anlage); Leistung *f* (Abgabe) [phy]; Leistungsfähigkeit *f*; Maschinenleistung *f*; Wirkungsweise *f*; Betrieb *m* (Durchführung); Nutzeffekt *m* [phy]; Vollzug *m* [jur]; Betriebsverhalten *n*; Betriebsbedingungen *pl*
performance characteristics Gebrauchseigenschaften *pl*
performance chart Leistungsdiagramm *n* [con]
performance control Funktionskontrolle *f* [any]
performance data Betriebsergebnisse *pl*
performance guarantee Liefergarantie *f* [eco]
performance limit Leistungsgrenze *f*
performance measuring Betriebsmessung *f* [any]
performance report Leistungsbeurteilung *f*
performance specification Lastenheft *n* (bei Neuentwicklungen) [con]
performance test Eignungsprüfung *f*; Leistungskontrolle *f* [any]
performance test run Garantielauf *m*
performance valve Druckregelventil *n* (Drucksteuerventil) [prc]; Drucksteuerventil *n* [prc]
performance variable Führungsgröße *f* (Regelung)
performance, reduction of - Leistungsreduktion *f*
pergola Laube *f* (offener Gang) [bau]
perhydrogenate perhydrieren *v* [che]
perhydrogenize perhydrieren *v* [che]
peril Risiko *n*
perimeter Umfang *m* (Quadrat, usw.); Umkreis *m* (Umfang) [mat]
perimeter insulation Perimeterdämmung *f* (Dämmschicht) [bau]
period Dauer *f* (Zeitdauer, Zeitraum); Frist *f*; Periode *f*; Phase *f* [phy]; Zeit *f*; Abschnitt *m* (Zeit); Zeitabschnitt *m*; Zeitraum *m*
period of the use Einsatzdauer *f* (Länge des Einsatzes)
period of, within a - innerhalb einer Frist von
periodic frequenzabhängig; periodisch; regelmäßig wiederkehrend
periodic duty Aussetzbetrieb *m*
periodic function periodische Funktion *f* [mat]
periodic number Ordnungszahl *f* [che]

periodic system Periodensystem *n* [che]; periodisches System *n* [che]
periodic table Periodensystem *n* [che]; periodisches System *n* [che]
periodical frequenzabhängig; intermittierend; periodisch; regelmäßig wiederkehrend
periodical Journal *n*
periodicity Frequenz *f* [phy]
periods, number of - Periodenzahl *f* [phy]
peripheral dezentral; extern; peripher
peripheral area Randgebiet *n* (Gegend)
peripheral device peripheres Gerät *m* [edv]
peripheral force Umfangskraft *f* [phy]
peripheral nervous system peripheres Nervensystem *n* [hum]
peripheral seal Umfangsdichtung *f* [tec]
peripheral speed Umfangsgeschwindigkeit *f* [phy]
peripheral storage peripherer Speicher *m* [edv]
peripheral velocity Umfangsgeschwindigkeit *f* [phy]
periphery Peripherie *f*; Rand *m* (Begrenzung)
periphery of a city Stadtrand *m*
periscope Scherenfernrohr *n*
perish verenden *v*
perishable leicht verderblich; verderblich
perishable goods verderbliche Ware *f*
perished abgestorben [bff]
peristaltic pump Schlauchpumpe *f* [prc]
perlite Perlit *n* [met]
permanence Dauerhaftigkeit *f* (Festigkeit); Konstanz *f*; Permanenz *f* [phy]; Beharrungszustand *m*; Bestand *m* (Fortbestehen)
permanent beständig (dauernd); dauerhaft (fest); dauernd; fest (beständig); haltbar (fest); permanent; stabil (beständig); ständig; stetig; unlösbar
permanent arrangement Dauerregelung *f*
permanent bed Oberbau *m* (Eisenbahn) [tra]
permanent brake Dauerbremse *f* [tra]
permanent colour echte Farbe *f* [met]
permanent connection nicht lösbare Verbindung *f* [tec]; unlösbare Verbindung *f* [tec]
permanent coupling feste Kupplung *f* [tec]
permanent damage Dauerschaden *m*
permanent deformation bleibende Formänderung *f*; bleibende Verformung *f* [met]
permanent disposal of waste Dauerabfall *m* [rec]
permanent distortion bleibende Formänderung *f*
permanent drive Dauerbetrieb *m*
permanent duty Dauerleistung *f*
permanent fastening unlösbare Verbindung *f*
permanent gas permanentes Gas *n*; Permanentgas *n* [met]
permanent grease lubrication Dauerfettschmierung *f*
permanent institution Dauereinrichtung *f*
permanent job Dauerbeschäftigung *f* [eco]
permanent joint unlösbare Verbindung *f*
permanent load Dauerbeanspruchung *f* [met]; Dauerbelastung *f*; Dauerlast *f*; Eigenlast *f*; ständige Last *f* [bau]

permanent lubrication Dauerschmierung *f* [tec]
permanent magnet Dauermagnet *m* [phy]; permanenter Magnet *m* [phy]; Permanentmagnet *m* [phy]
permanent magnet motor Permanentmagnetmotor *m* [elt]
permanent mould bleibende Form *f* (Gießtechnik) [wer]; Dauerform *f* (Gießerei) [roh]
permanent mould casting Dauerformgussstück *n* [met]
permanent service Dauerbetrieb *m*
permanent set bleibende Formänderung *f*
permanent staff Stammbelegschaft *f* [eco]; fest angestelltes Personal *n* [eco]; Stammpersonal *n* [eco]
permanent storage Dauerlagerung *f* [rec]; Permanentspeicher *m* [edv]
permanent stress Dauerbeanspruchung *f* [met]
permanent way Oberbau *m* (z.B. Schotter) [tra]
permanent way material Eisenbahnoberbau *m* [tra]; Oberbaumaterial *n* [met]; Oberbaumaterial *n* [tra]
permanent weight Eigenlast *f*; Eigenmasse *f* [phy]
permanently elastic dauerelastisch
permanently finished hochveredelt
permanently fixed fest eingebaut
permanently imbedded festverlegt
permanently installed fest eingebaut
permanently mounted fest montiert [wer]
permanently placed festverlegt
permeability Durchlässigkeit *f* (Permeabilität) [phy]; Permeabilität *f* [phy]; Undichtigkeit *f*
permeability factor Durchlässigkeitsfaktor *m* [phy]
permeability for water Wasserdurchlässigkeit *f* [met]
permeability tester Durchlässigkeitsprüfgerät *n* [any]
permeability, coefficient of - Durchlässigkeitskoeffizient *m* [phy]
permeable durchlässig (permeabel); permeabel [phy]; porös; undicht (durchlässig)
permeable layer durchlässige Schicht *f*
permeable membrane permeable Membran *f* [met]
permeable soil durchlässiger Boden *m* [bod]
permeable to air luftdurchlässig
permeable to gas gasdurchlässig
permeable to water wasserdurchlässig [met]
permeable to water vapour wasserdampfdurchlässig [met]
permissible zulässig
permissible bending radius zulässiger Biegeradius *m* [con]
permissible contact stress zulässige Flankenpressung *f* (Zahnrad) [tec]
permissible deviation zulässige Abweichung *f* (in Zeichnungen) [con]
permissible engine tilt-angle zulässige Motorschräglage *f* [mbt]
permissible load zulässige Belastung *f*
permissible load limit Belastungsgrenze *f*
permissible speed zulässige Geschwindigkeit *f* [tra]

permissible stress zulässige Beanspruchung *f*; zulässige Spannung *f* [phy]
permissible tooth root stress zulässige Zahnfußbeanspruchung *f* (Zahnrad) [tec]
permissible working stress Belastbarkeit *f* (mechanisch)
permission Bewilligung *f* (Genehmigung, Erlaubnis); Erlaubnis *f*; Genehmigung *f* (Erlaubnis) [jur]; Zulassung *f* (Erlaubnis)
permission order Erlaubnisbescheid *m* [jur]
permission process Genehmigungsverfahren *n* [jur]
permission to repair Reparaturfreigabe *f* (eingesandtes Teil)
permit Bewilligung *f* (Genehmigung, Zulassung); Erlaubnis *f* [jur]; Genehmigung *f* (Zulassung) [jur]; Zulassung *f* (amtliche) [jur]; Erlaubnisschein *m*
permit zulassen *v* (erlauben)
permittivity Dielektrizitätskonstante *f* [elt]
permutation Permutation *f* [mat]
permute permutieren *v* [mat]; vertauschen *v* (permutieren) [mat]
peroxide Peroxid *n* [che]
perpendicular lotrecht; senkrecht
perpendicular Senkrechte *f*; Lot *n* (geometrisches -)
perpetual inventory permanente Inventur *f* (mittels EDV) [edv]
persist beharren *v*; fortbestehen *v*
persistence Beharrung *f*; Nachwirkung *f* (Fortdauern); Persistenz *f* [elt]; Wirkungsdauer *f*; Nachleuchten *n* (z.B. Bildschirm, Lampe) [edv]
persistent beständig (gleichbleibend); stabil (beständig); ständig
persistent insecticide beständiges Insektizid *n* [che]
persistent time Abfallzeit *f* [elt]
person Person *f*; Mensch *m*
person concerned Betroffener *m* [jur]
person in charge verantwortliche Person *f* [jur]; Sachbearbeiter *m* [eco]
person to contact Kontaktperson *f* (anzusprechende -) [eco]; Ansprechpartner *m*
person vested with general commercial powers of representation Bevollmächtigter *m* [eco]
person, authorized - Befugter *m* [jur]
person, in - persönlich (z.B. persönlich anwesend)
person, natural - natürliche Person *f* [jur]
personal persönlich
personal air lock Personenschleuse *f* (Kerntechnik)
personal and social affairs Personalwirtschaft *f* [eco]
personal attention, for the - persönlich (Herrn/Frau ... persönlich) [eco]
personal computer Arbeitsplatzrechner *m* [edv]; Personalcomputer *m* [edv]
personal conveyor Personenförderer *m* [mbt]
personal data personenbezogene Daten *pl*
personal dose Personaldosis *f* (Kerntechnik); Personendosis *f* (Kernstrahlung)
personal error Beobachtungsfehler *m* [any]
personal identification number persönliche Geheimzahl *f* [edv]

personal injury Körperverletzung *f* [jur]; Personenschaden *m* [jur]
personal interest Eigeninteresse *n*
personal monitoring individuelle Überwachung *f*
personal permit Personalerlaubnis *f* [jur]
personal property Eigenbesitz *m* [jur]
personal protective clothing persönliche Schutzausrüstung *f* (Arbeitssicherheit)
personal protective equipment Körperschutzmittel *n* (Arbeitssicherheit)
personnel Belegschaft *f* [eco]; Personal *n* [eco]
personnel assignment Entsendung *f*
personnel costs Personalausgaben *pl* [eco]
personnel council Betriebsrat *m* [eco]
personnel department Personalabteilung *f* [eco]
personnel development Personalentwicklung *f* [eco]
personnel expenses Personalaufwand *m* [eco]
personnel management Personalwirtschaft *f* [eco]
personnel record Personalakte *f* [eco]
personnel reduction Personalabbau *m* [eco]
personnel requirements Personalbedarf *m* [eco]
personnel selection Personalauswahl *f* [eco]
personnel strength Personalstärke *f* [eco]
persons also insured mitversicherte Personen *pl* [jur]
perspective Perspektive *f*
perspective view perspektivische Ansicht *f* [con]
perspire schwitzen *v*
pertain betreffen *v* (gehören zu)
pertinent sachgemäß
pertinent instruction entsprechende Instruktion *f*
perturbation Störung *f* (Beunruhigung)
pervious durchlässig; undicht (durchlässig)
pervious blanket Dränschicht *f* [was]
pervious soil durchlässiger Boden *m* [bod]
pervious to air luftdurchlässig
pervious to water wasserdurchlässig [met]
perviousness Durchlässigkeit *f*
perviousness to air Luftdurchlässigkeit *f*
pest Schädling *m* [bff]
pest control Schädlingsbekämpfung *f* [far]
pest control, natural - natürliche Schädlingsbekämpfung *f* [far]
pesticide Pflanzenschutzmittel *n* [met]
pesticide residues Pflanzenschutzmittelrückstände *pl*
pestle Stößel *m*
pet cock Entlüftungshahn *m* (Heizung); Zischhahn *m* [tec]
petrification Versteinerung *f* [min]
petrified versteinert [min]
petrify versteinern *v* [min]
petrochemical Petrochemikalie *f* [che]
petrochemical industry Petrochemie *f* [roh]
petrochemistry Petrochemie *f* [roh]
petrographic analysis Gesteinsuntersuchung *f* [any]
petrography Gesteinskunde *f* [geo]; Petrographie *f* [any]
petrol Ottokraftstoff *m* [tra]; Benzin *n* [che]; Gas *n* (Treibstoff) [pow]; Motorbenzin *n* [met]
petrol adjustment hole Benzineinstellbohrung [tra]

petrol can Benzinkanister [tra]
petrol carburettor Benzinvergaser *m* [tra]
petrol combustion product Benzinrückstand *m* [rec]
petrol combustion residue Benzinrückstand *m* [rec]
petrol consumption Benzinverbrauch *m* [tra]; Benzinverbrauch *m* [tra]
petrol consumption indicator Benzinverbrauchsmesser *m* [any]
petrol consumption rate Benzinverbrauchsmenge *f* [tra]
petrol dipstick Benzinmessstab *m* [tra]
petrol distillation Erdöldestillation *f* [che]
petrol drive Benzinantrieb *m* [tra]
petrol economy Benzinwirtschaftlichkeit *f* [tra]
petrol efficient benzinsparend [tra]
petrol engine Benzinmotor *m* [tra]
petrol feed pipe Benzinleitung [tra]
petrol filler neck Benzineinfüllstutzen [tra]
petrol filter Benzinfilter [tra]
petrol gauge Benzinmesser *m* (auch Schauglas) [tra]; Benzinstandmesser *m* [tra]; Benzinvorratszeiger *m* [tra]
petrol heating Benzinheizung [tra]
petrol injection valve Benzineinspritzdüse [tra]
petrol injector Benzindüse [tra]
petrol leak Benzinlecks [tra]
petrol lever plunger Benzinmessstab *m* (mit Schwimmer) [tra]
petrol line Benzinleitung [tra]
petrol pipe Benzinleitung [tra]
petrol pipeline Erdölpipeline *f* [roh]
petrol plant Benzinanlage *f*
petrol pre-filter Benzinvorfilter *m* [tra]
petrol processing Erdölverarbeitung *f* [che]
petrol product Erdölprodukt *n* [che]
petrol production Erdölförderung *f* [roh]
petrol pump Benzinförderpumpe [tra]
petrol pump Benzinpumpe *f* [tra]; Benzinpumpe *f* [tra]
petrol pump body Benzinpumpengehäuse *n* [tra]
petrol pump cover Benzinpumpendeckel *m* [tra]
petrol pump diaphragm Benzinpumpenmembran *f* [tra]
petrol pump drive Benzinpumpenantrieb *m* [tra]
petrol pump housing Benzinpumpengehäuse *m* [tra]
petrol pump screen Benzinpumpensieb *n* [tra]
petrol pump tappet Benzinpumpenstößel *m* [tra]
petrol ratio control Benzinregler *m* [tra]
petrol return line Benzinrücklaufleitung *f* [tra]
petrol saving version Benzinsparausführung *f* (Drehzahl) [tra]
petrol screen Benzinsieb *n* [tra]
petrol sensor Benzinsensor *m* [tra]
petrol separator Benzinabscheider *m*
petrol shut-off Benzinabstellhahn [tra]
petrol station Tankstelle *f* [tra]
petrol strainer Benzinsieb *n* [tra]
petrol supply Benzinzufuhr *f* [tra]
petrol system Benzinanlage [tra]

petrol tank Benzinbehälter [tra]
petrol tank Benzintank *m* [tra]; Benzintank *m* (Auto) [tra]; Benzinvorratsbehälter *m* (Tank) [tra]
petrol tap Benzinhahn *m* (Auto) [tra]
petrol transfer pump Benzinförderpumpe [tra]
petrol transport Erdöltransport *m* [roh]
petrol trap Benzinabscheider *m*
petrol valve Benzinhahn [tra]
petrol vapour Benzindampf *m*
petrol-proof benzinfest
petrol-pump Tanksäule *f* [tra]; Zapfsäule *f* [tra]
petroleum Erdöl *n* [roh]; Mineralöl *n* [roh]; Petroleum *n* [che]
petroleum and gas technology Öl- und Gastechnik *f*
petroleum asphalt Erdölbitumen *n* [met]
petroleum derivative Erdölderivat *n* [che]
petroleum distillate Erdöldestillat *n* [che]
petroleum engine Petroleummotor *m* [pow]
petroleum field Erdölfeld *n* [roh]
petroleum gas Erdölgas *n* [roh]; Petroleumgas *n* [roh]
petroleum jelly Vaseline *f* [met]
petroleum pitch Petrolpech *n* [roh]
petroleum product Erdölerzeugnis *n* [che]
petroleum refining Ölraffination *f* [prc]
petroleum reservoir Erdöllager *n* [roh]
petroleum stove Petroleumkocher *m*
petroleum vapour Petroleumdampf *m* [pow]
petroleum-exporting country petroleumexportierend Land *n*
petrology Gesteinskunde *f* [geo]
pewter for soldering Lötzinn *n* [met]
pH-electrode pH-Elektrode *f* [any]
pH-indicator pH-Indikator *m* [any]
pH-measurement pH-Messung *f* [any]
pH-meter pH-Meter *n* [any]
pH-monitor pH-Wert-Wächter *m* [any]
pH-range pH-Bereich *m* [any]
pH-regulation instrument pH-Wert-Regler *m*
pH-sensor pH-Eintauchgeber *m* [any]
pH-value pH-Wert *m* [che]
pharmaceutical Arzneimittel *n* [hum]
pharmaceutical chemistry pharmazeutische Chemie *f* [che]
pharmaceuticals Pharmazeutika *pl* [hum]
phase Periode *f* [elt]; Phase *f* (fest, flüssig, gasförmig) [che]; Phase *f* (Wechselstrom-) [elt]; Strang *m* [elt]; Stadium *n*
phase advancer Blindleistungsmaschine *f* [elt]
phase alternation Phasenwechsel *m* [elt]
phase angle Phasenwinkel *m* [elt]
phase boundary Phasengrenze *f* [phy]
phase change Phasenänderung *f* [phy]
phase connection Phasenausgang *m* [elt]
phase diagram Phasendiagramm *n* [phy]
phase difference Phasenwinkel *m* [elt]
phase displacement Phasenverschiebung *f* [elt]
phase distribution Phasenverteilung *f* [che]
phase equilibrium Phasengleichgewicht *n* [phy]

phase indicator Phasenprüfer m [elt]
phase interface Phasengrenze f [phy]
phase jump Phasensprung m [elt]
phase modulation Phasenmodulation f [elt]
phase monitoring Phasenüberwachung f (E-Motor) [elt]; Phasenwächter m (E-Motor) [elt]
phase of design Konstruktionsphase f [con]
phase out Auslauf m (der Schweißnaht) [wer]; Nahtauslauf m (der Schweißnaht) [wer]
phase out schrittweise beenden v (herausnehmen)
phase out downstream auslaufen v (zuende kommen)
phase pattern Phasendiagramm n [phy]
phase position Phasenlage f (Motor, Generator) [pow]
phase regulator Phasenregler m [elt]
phase response Phasengang m [elt]
phase reversal Phasenumkehr f [elt]
phase rule Phasenregel f [elt]
phase separation Phasentrennung f [che]
phase sequence indicator Drehfeldanzeiger m [any]
phase sequence monitoring Drehfeldrichtungsüberwachung f [any]
phase sequence protection Phasenfolgeschutz m [mbt]
phase sequence relay Phasenfolgerelais n [mbt]
phase shift Phasenverschiebung f [elt]
phase shifter Phasenschieber m [elt]
phase space Phasenraum m [phy]
phase step Phasensprung m [elt]
phase transformation Phasentransformation f [mat]
phase transition Phasenänderung f [phy]; Phasenübergang f [phy]
phase velocity Phasengeschwindigkeit f [elt]
phase, adsorbed - Sorbat n [met]
phase, disperse - disperse Phase f [phy]
phase, in - phasengleich [phy]; phasenrichtig [elt]
phases, number of - Phasenzahl f [elt]
phenol Phenol n [che]
phenol dye Phenolfarbstoff m [met]
phenol formaldehyde resin Phenolformaldehydharz n [che]
phenol oil Carbolöl n [che]
phenol/formaldehyde foam Phenol/Formaldehyharz-Schaumstoff m [che]
phenol/formaldehyde resin Phenol/Formaldehydharz n [che]
phenol/formaldehyde resin moulding compound Phenol/Formaldehyharz-Formmasse f [che]
phenolic fabric Phenolhartgewebe n [met]
phenolic laminated sheet Phenolharzschichtstoff m [met]
phenolic oil Phenolöl n [che]
phenolic paper Phenolpapier m [met]
phenolic resin Phenolharz n [che]
phenolic varnish Phenolharzlack m [met]
phenolic-resin bonded phenolharzverleimt [met]
phenomenon Erscheinung f (Phänomen); Phänomen n
phenotype Phänotyp m

phenyl acetate Phenylacetat n [che]
philanthropic menschenfreundlich
Phillips head screw Kreuzschlitzschraube f [tec]
Phillips screw Kreuzschlitzschraube f [tec]; Kreuzschraube f [tec]
Phillips screw-driver Kreuzschraubendreher m [wzg]
philosophy Auffassung f
phone Phon n [aku]; Telefon n [edv]
phone telefonieren v [edv]
phone box Fernsprechzelle f [edv]
phone call Telefongespräch n (Ferngespräch) [edv]
phone call indicator Anrufmelder m [edv]
phone call recorder Anrufaufzeichner m (Telefon)
phone charge counter Telefongebührenzähler m [edv]
phone, engaged - besetztes Telefon n [edv]
phones Kopfhörer pl [elt]
phonetic phonetisch
phonograph cartridge Tonabnehmer m [elt]
phonographic apparatus Phonogerät n [elt]
phonographic equipment Phonogeräte n [elt]
phonometry Schallmessung f [any]
phosgene Phosgen n [che]
phosphate Phosphat n [che]
phosphate phosphatieren v
phosphate absorption Phosphataufnahme f [bff]
phosphate coating Phosphatierung f [met]
phosphate deficiency Phosphatmangel m [far]
phosphate elimination, biological - biologische Phosphorelimination f [bio]
phosphate fertilizer Phosphatdünger m [far]
phosphate precipitation Phosphatfällung f [che]
phosphate process Phosphatverfahren n [was]
phosphate uptake Phosphataufnahme f [bff]
phosphate-free detergent phosphatfreies Waschmittel n [met]
phosphated phosphatiert
phosphatize phosphatieren v
phosphor bronze Zinnbronze f [met]
phosphor-bronze strip Phosphorbronzestreifen m [met]
phosphor-copper Phosphorkupfer n [met]
phosphoresce nachleuchten v; phosphoreszieren v
phosphorescence Phosphoreszenz f; Phosphoreszieren n
phosphoric acid Phosphorsäure f [che]
phosphoric pig iron Phosphorroheisen n [met]
phosphorous acid phosphorige Säure f
phosphorous chemical processes Phosphorchemie f [che]
phosphorous elimination Phosphorelimination f [was]
phosphorous slag phosphorhaltige Schlacke f [rec]
phosphorus Phosphor m (P) [che]
phosphorus fertilizer Phosphordüngemittel n [met]
phosphorus poisoning Phosphorvergiftung f [hum]
phosphorus steel Phosphorstahl m [met]
photo Bild n (Foto); Photo n
photo effect Photoeffekt m [elt]

photo flashlight apparatus Photoblitzgerät *n* [elt]
photo lamp Photolampe *f* [elt]
photo resistance Photowiderstand *m* [elt]
photo-cathode Photokathode *f* [elt]
photo-conducting lichtleitend [opt]
photo-conductive cell Photozelle *f* [elt]
photo-conductor Lichtleiter *m* [opt]; Photoleiter *m* [elt]
photo-oxidation Photooxidation *f* [che]; Photooxidation *f* [bff]
photo-semiconductor Lichthalbleiter *f* [elt]
photobacterium Photobakterium *n* [bio]
photocatalysis Photokatalyse *f* [che]
photocell Fotozelle *f*; Photodiode *f* [phy]; photoelektrische Zelle *f* [elt]; Photozelle *f* [elt]; Photoelement *n* [elt]
photochemical photochemisch [che]
photochemical process photochemischer Prozess *m* [che]
photochemical reaction photochemische Reaktion *f* [che]
photochemical smog photochemischer Smog *m* [air]
photochemistry Photochemie *f* [che]
photoconverter Photokonverter *m* [che]
photocopier Photokopierer *m* [edv]; Photokopiergerät *m* [edv]; Kopiergerät *n*
photocopy Lichtpause *f*; Photokopie *f* [edv]
photocopy ablichten *v*; kopieren *v*; pausen *v* (kopieren)
photocopying apparatus Lichtpausapparat *m*
photodecomposition Zersetzung unter Lichteinwirkung *f* [che]
photodiode Photodiode *f* [elt]; Photodiode *f* [phy]
photoelectric lichtelektrisch; poloelektrisch [elt]; photoelektrisch [elt]
photoelectric cell Fotozelle *f*; lichtelektrische Zelle *f* [opt]; Photozelle *f* [elt]
photoelectric effect Photoeffekt *m* [elt]; photoelektrischer Effekt *m* [elt]
photoelectric electron multiplier Photovervielfacher *m* [elt]
photoelectric eyes Lichtschranke *f* (z.B. Fahrstuhltür) [mbt]
photoelectric tube Photozelle *f* [elt]
photoelectrical photoelektrisch [elt]
photoelectricity Photoelektrizität *f* [elt]
photoelectrolytic cell Elektrolytzelle *f* [elt]
photoelectron multiplier Photoelektronenvervielfacher *m* [elt]
photogenic lichterzeugend [opt]
photograph Photographie *f* (Bild); Bild *n* (Foto); Lichtbild *n*
photograph photographieren *v* [opt]
photographic chemicals Photochemikalien *pl* [che]
photographic developer Entwickler *m*
photographic industry photographische Industrie *f*
photographic paper photographisches Papier *n*; Photopapier *n* [met]
photography Photographie *f* (Verfahren) [opt]

photoinitiator Photoinitiator *m*
photometer Beleuchtungsmesser *m* [any]; Lichtmesser *m* [any]; Photometer *n* [any]
photometer lamp Photometerlampe *f* [elt]
photometric lichttechnisch [opt]
photometry Beleuchtungsmessung *f* [any]; Lichtmengenmessung *f* [any]; Lichtmessung *f* [any]; Photometrie *f* [any]
photomicrograph Mikroaufnahme *f*
photomultiplier Photomultiplier *m* [elt]
photon Photon *n* [phy]
photon radiation Photonenstrahlung *f* [phy]
photooxidant Photooxidans *n* [che]
photophilic photophil [bff]
photoprint Photokopie *f*
photoreaction Photoreaktion *f* [che]
photoreactor Photoreaktor *m* [che]
photoreceiver Lichtempfänger *m* [opt]
photosensitivity Lichtempfindlichkeit *f* [opt]
photosensor Lichtsensor *m* [opt]
photosynthesis Photosynthese *f* [bff]
photosynthetic photosynthetisch [bff]
phototelegraphy Bildübertragung *f* [edv]
phototransistor Phototransistor *m* [elt]
phototrophic phototroph [bff]
photovoltaic photovoltaisch [elt]
photovoltaic Photovoltaik *f* [elt]
photovoltaic cell photovoltaische Zelle *f* [elt]
photovoltaic element Photoelement *n* [elt]
phreatic water freies Grundwasser *n* [was]
physical materiell (stofflich); physisch
physical adsorption physikalische Adsorption *f*
physical characteristic Stoffwert *m* [phy]
physical chemistry physikalische Chemie *f* [che]
physical condition Aggregatzustand *m* [phy]; Gesundheitszustand *m* [hum]
physical control, actual - Sachgewalt *f* [jur]
physical disability Erwerbsunfähigkeit *f* [eco]
physical impediment Schwerbehinderung *f* [hum]
physical injury Körperverletzung *f* [jur]; Personenschaden *m* [jur]
physical ownership, actual - Sachherrschaft *f* [jur]
physical pendulum physikalisches Pendel *n* [phy]
physical processing physikalische Weiterverarbeitung *f*
physical properties Festigkeitseigenschaften *pl*
physical protection Objektschutz *m*
physical quantity Ausgangsgröße *f*
physical state Aggregatzustand *m* [phy]
physical stress körperliche Anstrengung *f*
physical unit Baueinheit *f*
physical weathering physikalische Verwitterung *f* [met]
physician Arzt *m* [hum]
physician's supplies Ärztebedarf *m* [hum]
physico-chemical physikalisch-chemisch [phy]
physics Physik *f* [phy]
physics relating construction Bauphysik *f* [bau]
physics, applied - angewandte Physik *f* [phy]

physiographic physiographisch [geo]
Pi equivalent circuit Pi-Ersatzschaltung *f* [elt]
pick Hacke *f* [wzg]
pick ausklauben *v* [roh]; klauben *v* (Bergbau) [roh]; lesen *v* (klauben) [rec]; lesen *v* (sammeln, pflücken); pflücken *v*; scheiden *v* (mechanisch)
pick out ausklauben *v* [roh]; auslesen *v*; herauslesen *v* (herausnehmen) [wer]
pick over klauben *v* (auslesen)
pick up abgreifen *v* [elt]; aufheben *v* (hochheben); auflesen *v* [wer]; aufnehmen *v* (hochheben); aufsammeln *v*; einsammeln *v* (auflesen); erfassen *v* (hochheben)
pick-up Aufnahme *f* (Speicherung); Abgriff *m*; Lieferwagen *m* (offener -) [tra]; Messwertgeber *m* [any]; Tonabnehmer *m* [elt]
pick-up carrier Abfanggraben *m* [was]
pick-up current Ansprechstrom *m* [elt]
pick-up time Ansprechzeit *f* [elt]
pick-up velocity Abtastgeschwindigkeit *f* [any]
pick-up voltage Ansprechspannung *f* [elt]
pickaxe Hacke *f* [wzg]; Kreuzhacke *f* (Spitzhacke) [wzg]; Spitzhacke *f* [wzg]
picked ore Scheideerz *n* [met]
picket Streikposten *m* [eco]
picking belt Klaubband *f* [rec]; Leseband *n* [rec]
picking plant Sortieranlage *f* [roh]
picking table Klaubetisch *m* (Bergbau) [roh]
pickle Beize *f* (Galvanik); Lake *f* [che]; Beizmittel *n* [che]
pickle abbeizen *v* (für Holz) [che]; abbrennen *v* (Metall) [wer]; beizen *v* (Metall); marinieren *v*
pickled gebeizt
pickling beizend
pickling Abbeizung *f* [che]; Beizbehandlung *f* (Metalle); Säuerung *f* (Konserven); Abbeizen *n* (Farbe) [che]; Beizen *n* [met]
pickling agent Beizlauge *f* [che]; Abbeizmittel *n* (Reiniger mit Säure) [che]; Beizmittel *n* [che]
pickling appliances Beizgeräte *pl*
pickling bath Beizbad *n* (Metalle) [met]
pickling compound Beizzusatz *m* [che]
pickling installation Beizerei *f*
pickling liquor Beizlauge *f* [che]
pickling plant sewage Beizwasser *m*
pickling salt Beizsalz *n* [che]
pickling tank Beiztank *m*
picnic area Rastplatz *m* [tra]
pictorial representation grafische Darstellung *f*; graphische Darstellung *f* ((variant))
picture Abbildung *f* (Bild, Gemälde); Darstellung *f* (Bild); Abbild *n* [edv]; Bild *n* (in Buch usw.)
picture abbilden *v* (z.B. Bild im Text); darstellen *v* (grafisch)
picture definition Bildauflösung *f*
picture disturbance Bildstörung *f* [edv]
picture element Bildpunkt *m* [edv]; Bildelement *n* (Software) [edv]
picture frequency Bildfrequenz *f* [edv]

picture record player Bildplattenspieler *m* [elt]
picture scan Bildabtastung *f* [any]
picture scanning Bildabtastung *f* [any]
picture screen Bildschirm *m* [elt]; Bildfeld *n* (Bildschirm) [edv]
picture sequence Bildfolge *f*
picture tube Bildröhre *f* [elt]
picture tube recycling Bildröhrenrecycling *n* [rec]
pictures Bildmaterial *n*
pie chart Kreisdiagramm *n* [mat]
piece Stück *n* (Objekt); Teil *n* (Stück); Teilstück *n* [tec]
piece by piece stückweise [eco]
piece list Stückliste *f*
piece number Stückzahl *f*
piece of construction plant Baumaschine *f* [bau]
piece of equipment Ausrüstungsteil *n*
piece of evidence Beweisstück *n* [jur]
piece of ironwork Eisenbeschlag *m* [tec]
piece together ausbessern *v* (zusammensetzen) [wer]
piece, adjusting - Anpassstück *n*
piece-work Akkordarbeit *f*
piece-work pay Akkordlohn *m*
piece-work rate Akkordlohn *m*
piece-work wages Stücklohn *m* [eco]
piece-worker Akkordarbeiter *m*
piecework, be on - im Akkord arbeiten *v* [wer]
pier Hafendamm *f* [tra]; Kai *m* [tra]; Pier *m* [tra]
pier head Molenkopf *m* [tra]
pierce durchbohren *v* (durchstechen) [wer]; durchdringen *v* (durchstoßen); durchlochen *v* [wer]; durchschlagen *v* (mechanisch); durchstechen *v* [wer]; durchstoßen *v* (durchdringen); einstechen *v* [wer]; kästeln *v* [wer]; lochen *v* (durchstechen) [wer]; perforieren *v* [wer]; stanzen *v* (lochen) [wer]; stechen *v* (durchstechen)
piercer Durchschlag *m* (Locheisen) [wzg]
piercing durchdringend (intensiv); scharf (Geräusch) [aku]
piercing Durchlochung *f* [wer]
piercing mill Rohrwalzwerk *n* [roh]
piercing radiation durchtretende Strahlung *f* [phy]
piercing saw Lochsäge *f* [wzg]
piezo-resistance Piezowiderstand *m* [elt]
piezoelectric druckelektrisch (piezoelektrisch); piezoelektrisch [elt]
piezoelectric crystal Piezokristall *m* [phy]
piezoelectric effect Piezoeffekt *m* [elt]
piezoelectrical piezoelektrisch [elt]
piezometer Piezometer *n* [any]
pig Barren *m* [met]; Block *m* (Gussblock, Kokille) [met]; Schwein *n* [bff]
pig cleaning Molchreinigung *f* (Rohrreinigung) [was]
pig iron Floß *n* [met]; Masseleisen *n* [met]; Roheisen *n* (aus Hochofen, unbearbeitet) [met]
pig lead Ofenblei *n* [met]
pig metal Floß *n* [met]
pig of iron Massel *f* [met]
pig-breeding Schweinezucht *f* [far]

pig-iron casting Grauguss *m* [met]
pig-iron for castings Gießereiroheisen *n* [met]
pig-iron for steel works Stahlroheisen *n* [met]
pig-iron ladle car Roheisenpfannenwagen *m* [roh]
pig-iron production Roheisenerzeugung *f* [met]
pigeon blue taubenblau (RAL 5014) [nor]
pigment Farbe *f* (Farbkörper) [met]; Farbenkörper *m* [met]; Farbkörper *m* [met]; Farbstoff *m* [met]; Farbstoffteilchen *n* [met]; Pigment *n* [met]
pigment pigmentieren *v* [met]
pigment dye Färbemittel *n* [met]
pigment stain Farbbeize *f* [met]
pigment toner Pigmentfarbstoff *m* [che]
pigment, natural - Erdfarbe *f* [min]; Erdpigment *n* [min]
pigmentation Pigmentablagerung *f* [che]; Pigmentierung *f* [che]
pigmented cement Farbzement *m* [met]
pigments industry Farbstoffindustrie *f* [che]
pike Spitze *f* (Spieß)
pile Ansammlung *f* (Haufen); Batterie *f* (Gruppe); Spundbohle *f* (Spundwand, Pfahlgründung) [tra]; Haufen *m*; Hügel *m* (Haufen); Meiler *m*; Pfahl *m* (Stütze) [bau]; Stapel *m* (Holz, Stämme, Paletten); Stoß *m* (Haufen); Haufwerk *n* (im Steinbruch) [roh]; Paket *n*
pile anhäufen *v*; eintreiben *v* (Pfahl) [wer]; sammeln *v* (aufstapeln); schichten *v* (aufstapeln); schütten *v*
pile and weld gerben *v* [met]
pile driver Dampframme *f* [bau]; Pfahlramme *f* [bau]; Ramme *f* [bau]; Rammbär *m* [bau]
pile driver ram Rammbär *m* [bau]
pile driving Rammen *n* (von Pfählen) [wer]
pile driving work Rammarbeiten *pl* [bau]
pile foundation Pfahlgründung *f* [bau]
pile hammer Fallhammer *m* [wzg]; Rammhammer *m* [bau]
pile puller Pfahlzieher *m* [bau]
pile up aufhäufen *v*; aufschichten *v*; aufstauen *v* (Wasser) [was]; aufwerfen *v* (aufhäufen); stapeln *v*
pile work Pfahlbau *m* [bau]
pile, height of - Stapelhöhe *f* [bau]
pile-drive einrammen *v* [bau]
pile-driving plant Rammanlage *f* [bau]
piler Stapelvorrichtung *f* [met]
pilfer-proof abschraubsicher; diebstahlsicher; entwendungssicher
piling accessories Spundwandzubehör *n* [mbt]
piling equipment Anschüttgerät *n* [mbt]
piling hammer Pfahlramme *f* [bau]
piling pipe Rammrohr *f* [bau]
pill Pille *f*; Tablette *f* (medizinisch) [hum]
pill-shaped pillenförmig
pillar Säule *f* (Pfeiler) [bau]; Stütze *f* (Säule, Stange) [bau]; Pfeiler *m* [bau]
pillar stanchion Stütze *f* [bau]
pillow Kissen *n* (Kopfkissen)
pillow block Lagerblock *m* [tec]; Lagerauge *n* [tec]; Stehlager *n* [tra]

pillow block base Stehlagerfuß *m* [tec]
pillow block bearing Stehlager *n* [tec]
pillow block housing Stehlagergehäuse *n* [tra]
pillow block, closed-end - Stehlager mit Abschlussdeckel *n* [tec]
pilot modellhaft
pilot Führung *f* (z.B. Führungsstift); Anschlag *m* (zum Lenken) [tra]; Führungsstift *m* [tec]; Führungszapfen *m* [tec]; Pilot *m* [tra]; Spannzapfen *m* [tec]; Steuergerät *n*
pilot steuern *v*
pilot beam Leitstrahl *m*
pilot bearing Führungslager *n* (in feste Richtung) [tec]
pilot burner Zündbrenner *m* [pow]
pilot bush Steuerbuchse *f* [tec]
pilot bushing Führungsbuchse *f* [tec]
pilot choke Drosselplatte *f* (Hydraulik) [tec]
pilot conductor Steuerleitung *f* [elt]
pilot control Vorsteuerung *f* [pow]
pilot firm einheimische Partnerfirma *f*
pilot flame Sparflamme *f* (Brenner) [pow]; Zündflamme *f* [pow]
pilot jet Leerlaufdüse *f* [tra]
pilot lamp Anzeigeleuchte *f*; Meldelampe *f*; Notlampe *f* [elt]; Punktlampe *f* [elt]
pilot motor Stellmotor *m* [tec]; Steuermotor *m* [tec]
pilot oil circuit Steuerölkreislauf *m*
pilot oil feed Steuerölzulauf *m* (Hydraulik) [tec]
pilot oil feed, internal - interne Steuerölzuführung *f* (Hydraulik) [tec]
pilot oil pressure Steueröldruck *m*
pilot oil supply Steuerölversorgung *f* (Hydraulik) [tec]
pilot pin Führungsstift *m* [tec]
pilot piston Steuerkolben *m* (Fettschmierung) [tec]
pilot plant Modellanlage *f*; Pilotanlage *f* (erste Anlage in Betrieb); Versuchsanlage *f* [any]
pilot poppet Vorsteuerkegel *m* (Hydraulik) [tec]
pilot poppet valve Vorsteuerventil *n* [prc]
pilot pressure Steuerdruck *m* [tra]; Vorsteuerdruck *m* (Hydraulik) [tec]
pilot production Nullserie *f* [wer]
pilot project Pilotprojekt *n*
pilot pump Pilotpumpe *f* (am Lader) [tra]
pilot run Nullserie *f* (Vorläufer Serienproduktion) [wer]
pilot scheme Modellprojekt *n*
pilot spool Vorsteuerkolben *m* (Hydraulik) [tec]
pilot study Pilotstudie *f*; Vorstudie *f*
pilot switch Meldeschalter *m*
pilot test Modellversuch *m*
pilot valve Ansteuerventil *n*; Führungsventil *n* [prc]; Stößelventil *n* [tra]
pilot valve, adjustable - einstellbares Vorsteuerventil *n* [tec]
pilot-control flow Steuerstrom *m* (Hydraulik) [tec]
pilot-control line Vorsteuerungsleitung *f* (Hydraulik) [tec]

pilot-control pressure Steuerdruck *m* (Hydraulik) [tec]
pilot-control valve Vorsteuerventil *n* (Hydraulik) [tec]
pilot-controlled fremd gesteuert [tec]
pilot-controlled valve vorgesteuertes Ventil *n* [tec]
pilot-heading Richtstrecke *f* (unter Tage) [roh]
pilot-operated fremd gesteuert [tec]; hilfsgesteuert [tec]; vorgesteuert [tec]
pilot-operated regulator hilfsgesteuerter Regler *m*
pilot-operated relief valve Servosteuerdruckventil *n* [tra]
pilot-operated valve hilfsgesteuertes Ventil *n* [prc]
pilotage Führung *f* (Flugzeug) [tra]
piloting Steuerung *f*
piloting piston Vorsteuerkolben *m* [mbt]
pin Nadel *f* (Stecknadel, Stift); Stangenwelle *f* [tra]; Stecknadel *f*; Welle *f* [tec]; Bolzen *m* (Nadel, Stift); Dorn *m* (Nadel, Stift) [wzg]; Dübel *m* (Stift); gelagerter Bolzen *m* (z.B. schwimmend) [tec]; Kontaktanschluss *m* [elt]; lose gelagerter Bolzen *m* [tec]; Nagel *m* (Stift); Steckerstift *m* [tec]; Stift *m* (Nagel); Zapfen *m* [tec]
pin anheften *v*; anklammern *v* ((A)); befestigen *v* (heften, anstecken); heften *v* (stiften); stecken *v*; verstiften *v* [wer]
pin assignment Steckerbelegung *f* [elt]
pin boss Bolzenauge *n* (Bolzenlager) [tec]
pin connection Stiftverbindung *f* [tec]
pin connector Federleiste *f* [tec]; Stiftleiste *f* (an Leiterplatte) [edv]
pin contact Stiftkontakt *m* [elt]
pin coupling Bolzenkupplung *f* [tec]; Zapfenkupplung *f* [tec]
pin diameter Bolzendurchmesser *m* [con]
pin extractor Bolzenzieheinrichtung *f* [wzg]
pin insulator Stützisolator *m* [elt]
pin lock Stiftsicherung *f*; Achshalter *m* (hält Bolzen in Lager) [tec]
pin lock key Dornschlüssel *m* [wzg]
pin on anstecken *v*
pin printer Nadeldrucker *m* [edv]
pin pusher Druckbolzen *m* [tec]
pin retainer Bolzensicherung *f* [tec]; Bolzenverdrehsicherung *f* [tec]
pin rod Führungsbolzen *m* [tec]
pin spanner Stiftschlüssel *m* [wzg]; Zapfenschlüssel *m* [wzg]
pin terminal Steckerfahne *f* [elt]
pin tooth gearing Triebstockverzahnung *f* [tec]
pin, length of - Bolzenlänge *f* [tec]
pin, screwed - Gewindestift *m* [tec]
pin-and-socket connector Steckverbinder *m* [elt]
pin-point burner Nadelbrenner *m* [pow]
pin-point gate Punktanguss *m* [roh]
pinboard Anschlussleiste *f* [elt]
pincers Beißzange *f* [wzg]; Kneifzange *f* [wzg]; Zange *f* (Kneifzange) [wzg]
pinch Kniff *m* (Kneifen)

pinch kneifen *v*
pinch clamp Quetschhahn *m* [prc]
pinch nut Sicherungsmutter *f* [tec]
pinch off abklemmen *v*
pinch roll Treibwalze *f* [tec]
pinch roller Andruckrolle *f*; Treibrolle *f*
pinch-bar Brechstange *f* [wzg]
pinch-cock Quetschhahn *m* [prc]
pinched gequetscht
pine Kiefer *f* [bff]
pine green kieferngrün (RAL 6028) [nor]
pine tar Holzteer *m* [met]
pinholes Lochfraß *m* [met]
pinholing Lochfraßkorrosion *f* [met]
pinion Drehwerkritzel *n*; Getrieberad *n* [tec]; Planetenrad *n* [tra]; Ritzel *n* (Zahnrad) [tec]; Zahnrad *n* [tra]; Zahnritzel *n* (Zahnrad) [tec]
pinion box Ritzelkammer *f* [tra]
pinion drive Ritzelantrieb *m* [tec]
pinion drive shaft Ritzelwelle *f* [tra]
pinion gear Antriebsritzel *n* [tec]; Ausgleichsritzel *n* [tec]; Drehwerkritzel *n*; Zahnritzel *n* [tec]
pinion gear drive Antriebsritzel *n* [pow]; Antriebszahnrad *n* [pow]
pinion shaft Planetenradwelle *f* [tra]; Ritzelachse *f* [tra]; Ritzelwelle *f* [tec]
pink rosa (Farbton)
pink klingeln *v* (Motor) [tra]
pinned verbolzt [tec]; verstiftet [tec]
pinned disc mill Stiftmühle *f*
pinned flight verstifteter Mitnehmer *m* [tec]
pinned roller Stiftwalze *f* [tec]
pinning Blockierung *f*; Bolzenverbindung *f*; Verbolzung *f* [tec]
pintle Drehbolzen *m* [tec]; Gelenkbolzen *m* [tec]; Haken *m* (Abschlepphaken, senkrecht) [tra]; Spurzapfen *m* [tec]
pintle-type nozzle Zapfendüse *f* [tra]
pinworm Madenwurm *m* [bff]
pioneering Pionierleistung *f* (Entdeckung)
pipe Röhre *f*; Ovalrohr *n* [met]; Rohr *n*
pipe berohren *v*; pfeifen *v* [tra]; verrohren *v* [prc]
pipe anti-burst device Rohrbruchsicherung *f*
pipe attachment Rohrbefestigung *f*
pipe belling machine Muffenmaschine *f* [wzg]
pipe bend Rohrkrümmer *m* [tec]; Kniestück *n*
pipe bending machine Rohrbiegemaschine *f* [wer]
pipe bracket Rohrschelle *f* [tec]
pipe branch Rohrverzweigung *f* [tec]; Zulaufrohr *n* [prc]
pipe bridge Rohrbrücke *f* [prc]
pipe burst Rohrbruch *m*
pipe bushing Rohrdurchführung *f*
pipe bushing, flexible - elastische Rohrdurchführung *f*
pipe clamp Bügelschelle *f* (Rohrschelle) [tec]; Rohrbefestigungsschelle *f* [tec]; Rohrschelle *f* [tec]; Rohrhalter *m* [tra]
pipe clamping jaw Rohrspannbacke *f* (am Schraubstock) [wzg]

pipe cleaner Rohrreiniger *m* [che]
pipe cleaning Rohrreinigung *f* [che]
pipe cleaning ball Reinigungsball *m*
pipe cleaning device Rohrreinigungsgerät *n* [prc]
pipe clip Rohrschelle *f* [tec]
pipe coating Isolierung von Rohren *f* [tec]
pipe conduit Rohrleitung *f* [prc]
pipe connection Rohrverbindung *f* (Flansche, Armaturen) [tec]; Rohranschluss *m* [prc]
pipe coupling Muffe *f* [prc]; Rohrkupplung *f* [tec]
pipe coupling, angular - Winkelverschraubung *f* (Rohrverschraubung) [tec]
pipe coupling, bulkhead - Schottverschraubung *f* (Rohrverschraubung) [tec]; Winkelschottverschraubung *f* [tec]
pipe coupling, screw-on - Aufschraubverschraubung *f* [tec]
pipe diagram Schaltbild *n* (Rohre) [con]
pipe diameter Rohrdurchmesser *m* [con]
pipe dope Dichtungskitt *m* (Rohre)
pipe drain Rohrdrän *m* [was]
pipe drainage Rohrleitungsentwässerung *f* [pow]
pipe elbow Rohrkrümmer *m* [tec]
pipe extension, inlet - Ansaugrohrverlängerung *f*
pipe fastening Rohrbefestigung *f* [tec]
pipe filter Leitungsfilter *m* [tra]
pipe fitting Rohrverschraubung *f* [tec]; Formstück *n* (Rohr); Rohrformstück *n* [tec]; Rohrpassstück *n* [tec]
pipe fittings Fitting *n* [tec]; Rohrarmaturen *pl* [prc]
pipe fixing Rohrbefestigung *f*
pipe flange Rohrflansch *m* [tec]
pipe flow Rohrströmung *f* [prc]
pipe forming Rundbiegen *n* [wer]
pipe forming machine Rohrverarbeitungsmaschine *f* [wer]
pipe fracture Rohrbruch *m*
pipe gasket Rohrdichtung *f*
pipe hanger Rohrschelle *f* [tec]; Rohrhalter *n* [tec]
pipe installation Rohrverlegung *f* [wer]
pipe insulation Rohrdämmung *f* [bau]; Rohrisolation *f* [pow]; Rohrisolierung *f* [pow]
pipe joint Rohrverbindung *f* [tec]
pipe lagging Rohrisolierung *f* [pow]
pipe laying Rohrverlegung *f* [wer]
pipe line system Leitungsnetz *n* (Gas, Wasser) [pow]
pipe loop Rohrschlaufe *f* [prc]
pipe manifold Rohrverteiler *m* [tec]
pipe manufacturing Rohrherstellung *f* [roh]
pipe mill Röhrenwerk *n* [roh]
pipe mill engineering Rohrwerks-Engineering *n* [prc]
pipe mount Rohrhalter *m* [tec]
pipe mounting hardware Rohrbefestigungsmaterial *n* [tec]
pipe network Rohrleitungsnetz *n*
pipe nipple Rohrnippel *m* [tra]
pipe nut Rohrmutter *f* [tec]; Überwurfmutter *f* (Verschraubung) [tec]

pipe rack Rohrbrücke *f* [prc]
pipe reducer Rohrreduzierstück *n* [tec]
pipe reducer, eccentric - exzentrisches Reduzierstück *n* [tec]
pipe reducer, weld-on - Anschweißreduzierstück *n* [tec]
pipe restraint Rohrführung *f* [tec]
pipe retaining clip Befestigungsschelle *f* [tec]
pipe roll Rohrrolle *f* (für Dehnungen) [tec]
pipe run Rohrstrang *m* [tec]
pipe section, closed - Blindstrecke *f* (Rohr) [elt]
pipe shaft Rohrschacht *m*
pipe shield Schutzrohr *n* [tec]
pipe sleeve Rohrmuffe *f* [tec]
pipe socket Rohrstutzen *m* [tec]
pipe spanner Rohrzange *f* [wzg]
pipe stub Rohrstutzen *m* [tec]; Stutzen *m* [prc]
pipe support Rohraufhängung *f* [tec]; Rohrbefestigung *f*; Rohrhalterung *f* [tec]; Rohrstütze *f* [tec]; Rohrhalter *m* [tec]
pipe suspension Rohraufhängung *f* [tec]; Rohrhalterung *f* [tec]
pipe system Rohrleitungsnetz *n*; Rohrleitungssystem *n*
pipe tee Abzweig *m* (T-Stück)
pipe thickness Rohrdicke *f* [met]
pipe thread Gasgewinde *n* (für Gasrohre) [tec]; Rohrgewinde *n* [tec]
pipe thread of Whitworth form Whitworth-Rohrgewinde *n* [tec]
pipe thread, straight - zylindrisches Rohrgewinde *n* [tec]
pipe tongs Rohrzange *f* [wzg]
pipe trench Rohrgraben *m* [bau]; Rohrkanal *m* [bau]; Rohrschacht *m*
pipe union Muffenverbindung *f*; Rohrverschraubung *f* [tec]
pipe water Rohrwasser *n* [was]
pipe whip restraint Rohrausschlagsicherung *f* [tec]
pipe with welded bevel Rohr mit Schweißfase *f* [met]
pipe work Verrohrung *f* [prc]
pipe work schedule Verrohrungsplan *m* [prc]
pipe wrench Rohrzange *f* [wzg]; Zange *f* (Rohrzange) [wzg]; Rohrschlüssel *m* [wzg]
pipe, bare - Glattrohr *m* (Wärmeaustauscher) [pow]
pipe, length of - Rohrlänge *f* [con]
pipe-break protection Rohrbruchsicherung *f*
pipe-end Stutzen *m* [prc]
pipe-system Rohrnetz *n*
piped verrohrt [prc]
piped braking system Verrohrung *f* (des Bremssystems) [tra]
pipelayer Rohrverleger *m* (Mann, Maschine) [wer]
pipelaying Leitungsverlegung *f*
pipeline Pipeline *f*; Rohrleitung *f* [prc]
pipeline accessories Rohrleitungszubehör *n* [tec]
pipeline bridge Rohrbrücke *f* (im Pipelinebau) [prc]
pipeline element Rohrleitungsteil *n* [tec]
pipes with lines Rohre mit Innenauskleidungen *pl* [tec]

pipette Pipette *f*; Stechheber *m*
pipette hebern *v*; pipettieren *v* [any]
pipetting apparatus Pipettiergerät *n* [any]
pipework Rohrleitung *f* [prc]
pipework fitter Rohrleitungsmonteur *m* [wer]
pipework, fully protected - gekapselte Rohre *pl* [tec]
piping Rohrleitung *f* [prc]; Rohrverlegung *f* [wer]; Verrohrung *f* [prc]; Lunker *m* (auch röhrenförmig) [met]; Leitungssystem *n* (Rohr-) [prc]; Rohrnetz *n*
piping and valves Leitungen und Armaturen *pl* [prc]
piping arrangement Leitungsführung *f* [prc]
piping connections Rohrleitungsanschlüsse *m* [tec]
piping design Rohrleitungskonstruktion *f* [con]
piping diagram Rohrschema *n* [con]
piping duct Rohrkanal *m* [bau]
piping engineering Rohrleitungskonstruktion *f* [con]
piping layout Rohrleitungsführung *f* [con]
piping plan Rohrleitungsplan *m* [con]
piping route Rohrstraße *f* [prc]
piping schematic Rohrleitungsschaltbild *n* [con]
piping system layout Rohrleitungsentwurf *m* [con]
piping trench Rohrkanal *m* [bau]
pirate copy Raubkopie *f* (Software) [edv]
piratical copy Raubkopie *f* (Software) [edv]
pistil Griffel *m* [bff]
piston Druckkolben *m*; Kolben *m* (Motor-) [tec]
piston area Kolbenfläche *f* [tra]
piston area, effective - beaufschlagte Kolbenfläche *f* (Hydraulik) [tec]
piston barrel Kolbenkörper *m* [tec]
piston bore Kolbenbohrung *f* [tra]
piston capacity Hubvolumen *n* [tec]
piston clearance Kolbenspiel *n* [tra]
piston connection Kolbenverbindung *f* [tec]
piston cooling jet Kolbenkühldüse *f* [tra]
piston cooling rifle Kolbenkühlbohrung *f* [tra]
piston cooling steam pipe Kolbenkühldampfleitung *f* [pow]
piston cross-head pin Kreuzkopfbolzen *m* [tec]
piston cross-head slide bar Kreuzkopfgleitschiene *f* [tec]
piston crown Kolbenboden *m* [tec]
piston cup for brake cylinder Kolbenmanschette für Bremszylinder *f* [tra]
piston diameter Kolbendurchmesser *m* [tra]
piston diaphragm Kolbenmembran *f*
piston diaphragm pump Kolbenmembranpumpe *f* [prc]
piston disc Kolbenteller *m* [pow]
piston displacement Hubraum *m* (Zylinderinhalt) [tra]; Hubvolumen *n* [tra]
piston drum Kolbentrommel *f* [tra]
piston gasket Kolbendichtung *f* [pow]
piston gauge Kolbenmanometer *m* [any]
piston guide Kolbenführung *f* [tra]
piston guide ring Kolbenführungsring *m* [tec]
piston head Kolbenboden *m* [tec]
piston knock Kolbenklopfen *n* [tra]

piston manometer Kolbenmanometer *n* [any]
piston mounting tool Ausziehwerkzeug *n* [wzg]
piston packing Kolbendichtung *f* [tec]
piston packing leather Kolbenmanschette *f* [tec]
piston pin Drehzapfen *m* [tec]; Kolbenbolzen *m* [tra]
piston pin bushing Pleuelbuchse *f* [tec]
piston plate Kolbenteller *m* [tec]
piston pressure Kolbendruck *m* [pow]
piston pressure switch Kolbendruckschalter *m* (Hydraulik) [tec]
piston pump Kolbenpumpe *f* [prc]
piston ring Kolbenring *m* [pow]; Führungsband *n* (am Kolben) [tra]
piston ring groove Kolbenringnut *f* [tec]
piston ring, bevel joint - Kolbenring mit schrägem Stoß *m* [tec]
piston rod Kolbenstange *f* [tra]
piston rod boss Kolbenstangenauge *n* [tra]
piston rod compartment Kolbenstangenaussparung *f* (im Mono) [tra]
piston rod end Kolbenstangenseite *f* (Hydraulik) [tec]
piston rod extends Kolbenstange fährt aus [tra]
piston rod pipe Stangenrohr *n* [tec]
piston rod retracts Kolbenstange fährt ein [tra]
piston rod seal Stangendichtung *f* (Hydraulik) [tec]
piston rod side Kolbenstangenseitig (Hydraulik) [tec]
piston seal Kolbendichtung *f* [pow]
piston sealing set Kolbendichtsatz *m* [tec]
piston seize-up Kolbenfresser *m* [tra]
piston seizing Kolbenfresser *m* [tra]
piston seizure Kolbenfresser *m* [tra]
piston side Kolbenfläche *f* (statt Ringfläche) [tra]; Kolbenseite *f* [tra]
piston skirt Seitenwand des Kolbens [tra]; Kolbenschaft *m* [tra]
piston sleeve Schieberbuchse *f* [tec]
piston spacer plate Kolbenscheibe *f* [tec]
piston speed Kolbengeschwindigkeit *f* [tec]
piston spring Kolbenfeder *f* [pow]
piston squeezing Kolbenklemmer *m* (zeitweil. "Fressen") [tra]
piston steam engine Kolbendampfmaschine *f* [pow]
piston steam pipe Kolbendampfleitung *f* [pow]
piston stroke Kolbenbewegung *f*; Kolbenhub *m* (Kolbenweg, Hubweg) [tra]; Kolbenweg *m* (Länge des Hubweges) [pow]
piston vacuum pump Hubkolbenvakuumpumpe *f* [prc]
piston, pneumatic - Pneumatikkolben *m* [tec]
piston-controlled kolbengesteuert [tec]
piston-type dosing pump Kolbendosierpumpe *f* [prc]
piston-type pressure accumulator Druckspeicher *m* (Hydraulik: Kolben) [tec]
pit Grube *f* (Bergwerk) [roh]; Schacht *m* (Bergbau) [roh]; Bergwerk *n* [roh]; Loch *n* (Grube)
pit sich einfressen *v* (Säure)
pit bin Tiefbunker *m* [bau]
pit fire Grubenbrand *m* [roh]

pit furnace Muldenofen m [pow]
pit gravel Grubenkies m [met]
pit helmet Grubenhelm m
pit length Grubenlänge f [roh]
pit lime Grubenkalk m [met]
pit sand Grubensand m [met]
pit stop Wartungsinspektion f [tra]
pit support structure Untertageausbau m [roh]
pit void Tagebaugrube f [roh]
pit waste Grubenberge pl (taubes Gestein) [rec]
pit water Grubenwasser n [was]
pit width Grubenbreite pl [roh]
pit-type traverser Schiebebühne f [mbt]
pit-wet grubenfeucht
pitch Ganghöhe f [tec]; Schräge f (Neigung, Steigung) [bau]; Steigung f (von Schraube, Gewinde) [tec]; Teilung f (bei Rollenkette, Zahnrad) [tec]; Tonhöhe f [aku]; Gang m (Gewinde) [tec]; Lochabstand m (Rohrböden u.a.) [con]; Sturz m (Neigung, Böschungswinkel) [bau]; Gefälle n (Dach, Rohre) [bau]
pitch aufstellen v (aufbauen); errichten v (aufstellen); pflastern v [bau]
pitch accuracy Steigungsgenauigkeit f (Gewinde) [tec]
pitch arm Einstellstange f [tec]; Einstellarm m [tec]
pitch black pechschwarz
pitch circle Lochkreis m [con]; Mittelkreis am Schneckenrad m [tec]; Rollkreis m (des Zahnrades) [con]; Teilkreis m (Zahnrad) [con]; Wälzkreis m (Zähne rollen hier ab) [tec]
pitch coal Pechkohle f [met]
pitch cone, apex of - Teilkegelspitze f (Getriebe) [tec]
pitch diameter Flankendurchmesser m (Gewinde) [tec]; Gewindedurchmesser m [tec]; Teilkreisdurchmesser m (Zahnrad) [con]
pitch error, adjacent - Einzelteilungsfehler m (Zahnrad) [tec]; Kreisteilungsfehler m (Zahnrad) [tec]
pitch error, cumulative - Teilungsgesamtabweichung f (Getriebe) [con]
pitch fan blattverstellbarer Lüfterflügel m [prc]; Lüfterflügel mit verstellbaren Blättern m [prc]
pitch gauge Gewindelehre f [any]
pitch kiln Pechofen m [prc]
pitch length Wirklänge f (Keilriemen) [tec]
pitch line Ganglinie f [bau]
pitch of chain Kettenteilung f [con]; Lochabstand m (der Kettenglieder) [con]
pitch of screw Gewindeteilung f [tec]; Gewindegang m [tec]
pitch of thread Gewindesteigung f [con]
pitch oil Pechöl n [met]
pitch oven Pechofen m [prc]
pitch peat Pechtorf m [bod]
pitchblende Pechblende f
pitched roof Schrägdach n [bau]
pitcher Krug m (größerer -)

pitches, even number of - gerade Gliederzahl f [tec]
pitches, odd number of - ungerade Gliederzahl f [tec]
pitching Aufstellen n
pitchy pechartig
pitcoal Grubenkohle f [met]
pitman Triebstange f [tec]; Zugstange f [tec]; Bergmann m [roh]
pitman arm Lenkarm m [tra]; Lenkhebel m [tra]
pitman man Lenkstockhebel m [tra]
Pitot tube Staurohr f [any]; Pitotrohr n [any]
pitted angefressen (Metall) [met]
pitting Lochfraß m (im Metall) [met]
pitting corrosion Lochfraßkorrosion f [met]
pivot Achse f [tec]; Angel f [tec]; Drehpunkt m [phy]; Drehzapfen m (z.B. am Lager) [tec]; Gelenkpunkt m [con]; Schwenkzapfen m [tec]; Zapfen m (Einsteckbolzen) [tec]
pivot drehbar lagern v (in Gelenk) [tec]; schwenken v
pivot area Anlenkungsbereich m [mbt]
pivot axle Lenkachse f [tra]
pivot bar Rohrtraverse f [prc]
pivot bearing Drehbuchse f (Buchse am Lager) [tec]; Drehlager n [tec]; Schwenklager n [tec]; Zapfenlager n [tec]
pivot bolt Gelenkbolzen m [tec]
pivot bridge Drehbrücke f [tec]
pivot carrier Zapfenmitnehmer m [tec]
pivot edge Kippkante f [tec]
pivot element Pivotelement n [mat]
pivot insert, centre - Gleiteinlage f [tra]
pivot joint housing Gelenkschale f [tec]
pivot journal Spurzapfen m [tec]
pivot pin Drehzapfen m [tec]
pivot point Anlenkung f (des Auslegers) [mbt]; Anlenkpunkt m (z.B. des Auslegers) [mbt]; Drehpunkt m [phy]; Schwenkpunkt m [tec]
pivot polisher Zapfenrollierstuhl n (Uhr) [tec]
pivot rod Stelze f [tec]
pivot steering, centre - Knicklenker m [mbt]
pivot-industry Schlüsselindustrie f
pivot-mounted gelenkig befestigt [tec]; schwenkbar befestigt [tec]
pivotally arranged drehbar angeordnet [con]
pivotally mounted drehbar gelagert [tec]; schwenkbar gelagert [tec]
pivoted bearing Segmentlager [tec]
pivoted bogie Drehschemel m [tra]
pivoted lever Schwenkhebel m [mbt]
pivoted pad Druckstück n (Lager) [tec]
pivoted table Schwenktisch m [tec]
pivoted thrust bearing Segmentdrucklager n [tec]
pivoted-pad bearing Kippsegmentlager n [tec]; Klotzlager n [tec]
pivoted-pad thrust bearing Segmentdrucklager m [tec]
pivoting arm Schwenkarm m [tec]
pivoting bearing Gelenklager n [tec]; Kipplager n [tec]

pivoting cylinder Schwenkzylinder *m* [mbt]
pivoting gear Schwenkgetriebe *n* [tec]
pivoting mechanism Schwenkvorrichtung *f* [tec]
pivoting roller Schwenkrolle *f* [tec]
pixel Bildpunkt *m* [edv]; Bildelement *n* (Software) [edv]
place Lage *f* (Örtlichkeit); Stätte *f*; Stelle *f*; Ort *m* (Platz); Platz *m* (Ort); Punkt *m* (Stelle); Raum *m* (Ort); Stand *m* (Ort); Standort *m*
place anbringen *v* (platzieren); anordnen *v* (stellen); einbringen *v* (Baumaterial) [bau]; einlegen *v* (Bewehrung) [bau]; einsetzen *v* (räumlich); festlegen *v* (stellen, einordnen); platzieren *v*; setzen *v*; stellen *v*
place concrete betonieren *v* [bau]
place in operation betriebsfertig machen *v*
place in position aufstellen *v* (aufbauen)
place into inactive file archivieren *v* [eco]
place of business Bürogebäude *n* [bau]
place of contact Berührungsstelle *f*
place of discovery Fundort *m*
place of installation Aufstellungsort *m*; Einbauort *m* [con]
place of jurisdiction Gerichtsstand *m* [jur]
place of manufacturing Standort *m* (von Werk, Produktion) [eco]
place of origin Entstehungsort *m*
place of performance Erfüllungsort *m* [jur]
place of service to be performed Leistungsort *m* [eco]
place of use Verbrauchsstelle *f*
place on aufsetzen *v* (oben draufsetzen)
place reinforcing bars einbringen *v* (Bewehrung) [bau]
place to park Parkplatz *m* [tra]
place under unterstellen *v*
place-name sign Ortstafel *f*
placed vermittelt (in einen Arbeitsplatz) [eco]
placement Anordnung *f* (räumliche Lage); Bestückung *f* (Platine); Einbau *m* (Beton) [bau]
placement conditions Einbaubedingungen *pl* (Beton) [bau]
placement of concrete Betonieren *f* [bau]
placement of order Auftragserteilung *f* [eco]
placement on site Einbau *m* [bau]
placement robot Bestückungsautomat *m* (Platine)
placer Seife *f* [geo]
places, in - strichweise
placing Aufstellung *f* (örtlich); Einbringung *f* [bau]; Einbau *m*; Anbringen *n* (Platzieren); Aufstellen *n*
placing boom Verteilermast *m* [bau]
placing into service Inbetriebnahme *f* (Inbetriebsetzung)
plain deutlich; einfarbig; flach (eben); glatt (klar); nackt (unverhüllt); plan (eben); schlicht; unprofiliert [met]
plain Ebene *f* (flaches Land); Fläche *f* (Ebene); Flachland *n* [geo]
plain bearing Gleitlager *n* [tec]

plain bearing axle-box Gleitachslager *n* [tec]
plain bearing bushing Gleitlagerbuchse *f* [tec]
plain bearing half liner Gleitlagerschale *f* [tec]
plain bearing shell Gleitlagerschale *f* [tec]
plain bearing, self-aligning - Gelenklager *n* [tec]; Pendelgleitlager *n* [tec]
plain collar type thrust bearing Kammlager *n* [tec]
plain conduit Steckrohr *m* [tec]
plain country Flachland *n* [geo]
plain gear Stirnradgetriebe *n* [tec]
plain grind schleifen *v* (rundschleifen) [wer]
plain grinding Rundschleifen *n* [wer]
plain grinding rundschleifen *v* [wer]
plain milling cutter Walzenfräser *m* [wer]
plain specimen Vollstab *m* [met]
plain steel unlegierter Stahl *m* [met]
plain suction dredger Grundsaugbagger *m* [mbt]
plain text Klartext *m* (z.B. auf Bildschirm) [edv]
plain thrust bearing Gleitaxiallager *n* [tec]
plain view Aufsicht *f* (Darstellung) [con]
plain washer Beilegscheibe *f* (Unterlegscheibe) [tec]; Unterlegscheibe *f* [tec]
plain washer, single-chamfer - Scheibe mit Fase *f* [tec]
plain-ended pipe Glattrohr *n* [met]
plain-sleeve bearing Kreislager *n* [tec]
plain-text document reader Klartextbelegleser *m* [edv]
plan Zeichnung *f* (Grundrisszeichnung) [con]; Entwurf *m* (Plan) [con]; Grundriss *m* [con]; Plan *m* (Entwurf); Riss *m* (Zeichnung); Programm *n*; Schema *n* (System) [con]
plan disponieren *v*; einteilen *v* (disponieren); entwerfen *v* (planen) [con]; gestalten *v* (planen, entwerfen); planen *v* (beabsichtigen); projektieren *v*; verplanen *v* (einplanen); vorsehen *v*
plan approval procedure Planfeststellungsverfahren *n* [jur]
plan approval resolutions Planfeststellungsbeschlüsse *pl* [jur]
plan elevation Grundriss *m* [con]
plan for the year Jahresplan *m*
plan of action Einsatzplan *m*
plan to keep air clean Luftreinhalteplan *m* [jur]
plan view Ansicht von oben *f* [con]; Grundriss *m* [con]
plan well durchplanen *v* [con]
planar eben (flach); gefällelos
planar moment of inertia Flächenträgheitsmoment *n* [phy]
planar reflector ebener Reflektor *m* [elt]
plane eben (flach); flach (eben); gefällelos; glatt (eben); plan (eben)
plane Ebene *f* [mat]; ebene Fläche *f*; Fläche *f* (Ebene); Tragfläche *f* [tra]; Hobel *m* [wzg]; Feld *n* (Landwirtschaft) [far]; Flugzeug *n* [tra]
plane ebnen *v* (hobeln); einebnen *v*; glätten *v* (glatt hobeln) [wer]; hobeln *v* [wer]; planieren *v* [mbt]; polieren *v* [wer]; schlichten *v* [wer]

plane crash Flugzeugabsturz *m* [tra]; Flugzeugunglück *n* [tra]
plane down abhobeln *v*
plane flange Planflansch *m* [tec]
plane flaw flächiger Fehler *m*
plane groove Plannut *f* [tec]
plane lamina ebene Schicht *f* (Schichtstoff) [met]
plane of oscillation Schwingungsebene *f* [phy]
plane of rotation Drehungsebene *f* [phy]
plane of rupture Gleitebene *f*
plane of section Schnittebene *f* [con]
plane of shear Scherfläche *f* [met]
plane of sliding Gleitfläche *f*
plane of slip Gleitfläche *f*
plane parallelism Planparallelität *f* [con]
plane strain condition Verformungszustand *m* [met]
plane surface ebene Oberfläche *f*
plane table Messtisch *m* [any]
plane view Horizontalprojektion *f* [con]
planed board gehobeltes Brett *n*
planet Planet *m*
planet carrier Planetenradträger *m* [tra]; Planetenträger *m* [tra]
planet class Planetenklasse *f* [tra]
planet gear Planetengetriebe *n* [tra]; Planetenrad *n* [tec]; Umlaufrad *n* [tec]
planet wheel Planetenrad *n* [tra]
planetary agitator Planetenrührer *m* [prc]
planetary angular gear Planetenwinkelgetriebe *n* [tra]
planetary axle Planetenachse *f* [tra]
planetary cooler Satellitenkühler *m* [pow]
planetary drive Planetenantrieb *m* [tra]
planetary gear Planetenantrieb *m* [tra]; Planetengetriebe *n* [tra]; Umlaufgetriebe *n* (Planetenantrieb) [tec]
planetary gear differential Planetengetriebedifferential *n* [tec]
planetary gear drive Planetengetriebe *n* [tec]
planetary gear motor Planetenradmotor *m* [tec]
planetary gearing Planetengetriebe *n* [tec]; Umlaufgetriebe *n* [tec]
planetary hub Planetenendstufe *f* [tra]
planetary mill Planetenmühle *f* [prc]
planetary mixer Planetenmischer *m* [prc]
planetary paddle mixer Planetenrührwerk *n* [prc]
planetary pinion Planetenritzel *n* [tec]
planetary reduction Planetenuntersetzung *f* (im Lader) [tra]
planetary stage Planetenstufe *f* [tra]
planetary stirrer Planetenrührwerk *n* [prc]
planetary transmission Planetengetriebe *n* [tra]
planetary wheel Sonnenrad *n* (des Planetengetriebes) [tra]
planetary-type mixer Planetenmischer *m* [prc]
planimeter Flächenmesser *m* [any]
planimetry Flächenmessung *f* [any]
planing Einplanieren *n* [bau]; Hobeln *n* [wer]
planing bench Hobelbank *f* [wzg]

planing chips Hobelspäne *pl* [rec]
planing machine Hobelmaschine *f* [wzg]
planing tool Hobelmeißel *m* [wzg]
planings Schleifspäne *pl* [rec]
planish ausbeulen *v* [wer]; ebnen *v* (Metalle); glätten *v* (Gelände) [mbt]; polieren *v* [wer]
planishing roll Richtwalze *f* [wer]
plank Bohle *f* [bau]; Bohle *f* (dickes Brett) [bau]; Holzdiele *f* [bau]; Planke *f* [bau]; Pritsche *f* [bau]; Brett *n*
plank floor Bohlendecke *f* [bau]
plank flooring Dielung *f* [bau]
planking Beplankung *f* (Boot); Holzschalung *f* [bau]; Holzverschalung *f*; Verschalung *f* [bau]; Bohlenbelag *m* [bau]
planned geplant
planned area Plangebiet *n*
planned built-up area beplanter Innenbereich *m*
planned delivery Lieferzeit *f* (geplanter Zeitpunkt) [eco]
planned economy Planwirtschaft *f* [eco]
planned hours Vorgabestunden *pl* [con]
planned preventive maintenance vorbeugende Wartung *f*
planner Planer *m*
planning Disposition *f*; Einteilung *f* (Disponieren); Planung *f*; Projektierung *f* [con]
planning a site Baustellenplanung *f* [bau]
planning accurate to dimension maßgetreue Projektierung *f* (z.B. Fabrik) [con]
planning activity Planungstätigkeit *f*
planning agency Planungsbüro *n*
planning and building laws and regulations Baurecht *n* [jur]
planning and building permission Baugenehmigung *f* [jur]
planning and execution of a site Baustellenabwicklung *f* [bau]
planning department and building control office Bauamt *n*
planning documents Planungsunterlagen *pl*
planning inquiry Plananhörung *f* [jur]
planning legislation Planungsrecht *n* [jur]
planning of demand Bedarfsplanung *f*
planning permission and building regulations clearance Baugenehmigung *f* [jur]
planning result Planergebnis *n*
planning services Planungsdienste *pl*
planning task Planungsaufgabe *f*
planning, delivery, erection - Planung, Lieferung, Montage *f*
planning, method of - Arbeitsvorbereitung *f*
plano-spherical lens Planglas *n* [met]
plant Anlage *f* (Industrieanlage); Betriebsanlage *f*; Fabrik *f*; Fabrikanlage *f*; Fertigungsanlage *f*; Installation *f* (Anlage); Maschinenanlage *f* [tec]; Pflanze *f* [bff]; Betrieb *m* (Anlage); Maschinenpark *m* [tec]; Aggregat *n* (Kessel) [pow]; Gewächs *n* [bff]; Werk *n* (Fabrik)

plant anlegen *v* (errichten); anpflanzen *v* [far]; bepflanzen *v* [far]; eingraben *v* (einpflanzen) [far]; einpflanzen *v* [far]; gründen *v* (errichten); setzen *v* [far]; stecken *v* (einpflanzen) [far]
plant allowance Betriebsgenehmigung *f* [jur]
plant analysis Pflanzenanalyse *f* [any]
plant and labour regulations Arbeitsordnung *f*
plant chemistry Pflanzenchemie *f* [che]
plant community Pflanzengesellschaft *f*
plant computer Betriebsrechner *m* [edv]
plant conditions Betriebsverhältnisse *pl*
plant construction Anlagenbau *m*; Industriebau *m* [bau]
plant contractor Anlagenbauer *m*
plant control Betriebsüberwachung *f*
plant enlargement Anlagenerweiterung *f*
plant equipment Ausrüstung *f* (Einrichtung einer Firma) [eco]; Gerätetechnik *f*
plant extension Anlagenerweiterung *f*
plant extract Pflanzenextrakt *m* [bff]
plant hire Leihgerät *n* (z.B. Bagger) [mbt]
plant location, selection of - Standortauswahl *f* [eco]
plant manager Werksleiter *m* (Betriebsleiter) [eco]
plant metabolism pflanzlicher Stoffwechsel *m* [bff]
plant nutrients Pflanzennährstoffe *pl* [bff]
plant operating rule Betriebsvorschrift *f*
plant operator Anlagenbetreiber *m*
plant permission Betriebsgenehmigung *f* [jur]
plant pest Pflanzenschädling *m*
plant product pflanzliches Produkt *n* [met]
plant protecting agent Pflanzenbehandlungsmittel *n* [che]
plant resin Naturharz *m* [met]
plant root Pflanzenwurzel *f*
plant security Betriebsschutz *m* (Arbeitssicherheit)
plant shut-down Anlagenstillstand *m*
plant species Pflanzenart *f* [bff]
plant supervision Betriebsüberwachung *f*
plant surveillance Betriebsüberwachung *f*
plant system Pflanzensystem *n* [bff]
plant tissue Pflanzengewebe *n*
plant treatment substances Pflanzenbehandlungsmittel *n* [che]
plant, automatic - automatisierte Fabrik *f*
plant, large - Großanlage *f*
plant-growth purification station Pflanzenkläranlage *f* [was]
plant-protective measure Pflanzenschutzmaßnahme *f*
plant-type purification plant Pflanzenkläranlage *f* [was]
planted roof bepflanztes Dach *n* [bau]
planting Begrünung *f* [far]
plants and trees Bewuchs *m* (z.B. Bäume) [bff]
plaque Plakette *f*
plasma Plasma *n* [phy]
plasma arc cutting Plasmaschneiden *n* [wer]
plasma beam Plasmastrahl *m*
plasma burner Plasmabrenner *m* [wer]
plasma cascade torch Kaskadenbrenner *m* [pow]

plasma cell Plasmazelle *f* [bff]
plasma cutting Plasmaschneiden *n* [wer]
plasma metallizing Plasmaspritzen *n* (Oberflächenschutz) [wer]
plasma spraying Plasmaspritzen *n* (Oberflächenschutz) [wer]
plasma technology Plasmatechnik *f*
plasma torch Plasmabrenner *m* [wer]
plasma welding Plasmaschweißen *n* [wer]
plasma-underwater-flame-cutting machine Unterwasser-Plasmabrennschneidanlage *f* [wer]
plasmarc process Plasmarcverfahren *n* [wer]
plaster Estrich *m* [bau]; Gips *m* [bau]; Mauerputz *m* [bau]; Putz *m* [bau]; Putzmörtel *m* [met]; Verputz *m* [bau]; Wundpflaster *n* [hum]
plaster abputzen *v* (Hauswand) [bau]; gipsen *v* [wer]; putzen *v* (verputzen) [wer]; verputzen *v* [bau]
plaster base Putzträger *m* [bau]
plaster cast Gipsabguss *m* [met]; Gipsverband *m* [hum]
plaster casting Gipsguss *m*
plaster coat Verputz *m* [bau]
plaster concrete Gipsbeton *m* [met]
plaster finish Gipsestrich *m* [bau]; Gipsüberzug *m* [bau]
plaster kiln Gipsbrennofen *m* [prc]
plaster lime Gipskalk *m* [che]
plaster model Gipsmodell *n* [bau]
plaster mortar Gipsmörtel *m* [met]
plaster mould Gipsform *f*
plaster panel Gipsplatte *f* [bau]
plaster stuff Feinputzmörtel *m* [met]
plaster wall Kalkwand *f* [bau]
plaster, acoustical - schallabsorbierender Putz *m* [bau]
plaster, adhesive - Heftpflaster *n* [hum]; Klebepflaster *n*
plaster, chemical - Edelputz *m* [bau]
plaster, fix with - eingipsen *v*
plaster, smooth - Glattputz *m* [bau]
plastering Verputz *m* [bau]; Putzen *n* (Verputzen) [wer]
plastering mix Putzmörtel *m* [met]
plastering refuse Kalkschutt *m* [rec]; Mörtelschutt *m* [rec]
plasters Edelputz *m* [bau]
plasterwork Putzen *n* (Verputzen) [wer]
plastic biegsam; bindig [met]; formbar; geschmeidig (plastisch) [met]; plastisch
plastic apron Kunststoffschürze *f*
plastic bag Kunststofftüte *f*; Plastiksack *m*
plastic binder Kunststoffkleber *m*
plastic blind rivet Treibstift *m* [tra]
plastic brush Kunststoffkehrwalze *f* (der Kehrmaschine) [tra]
plastic cabinet Kunststoffgehäuse *n*
plastic card Ausweiskarte *f*
plastic case Kunststoffbehälter *m*; Kunststoffgehäuse *n*

plastic casing Kunststoffgehäuse *n*
plastic coated kunststoffbeschichtet
plastic coated section kunststoffummanteltes Profil *n* [met]
plastic coated tube kunststoffummanteltes Rohr *n* [met]
plastic coating Kunststoffbeschichtung *f* [met]; Kunststoffüberzug *m*
plastic condition plastischer Zustand *m*
plastic container Kunststoffbehälter *m*
plastic converter industry kunststoffverarbeitende Industrie *f*
plastic cover Kunststoffabdeckung *f*
plastic covered sheathed conductor Kunststoffmantelleitung *f* [elt]
plastic cushion Kunststoffpolster *n*
plastic deformation plastische Verformung *f* [met]
plastic dowel Kunststoffdübel *m* (für Betonschwelle) [tra]
plastic elongation plastische Dehnung *f* [met]
plastic flow Fließverformung *f* [met]
plastic foil Kunststoff-Folie *f* [met]; Kunststofffolie *f* [met]; Plastikfolie *f* [met]
plastic foil capacitor Kunststoff-Folienkondensator *m* [elt]; Kunststofffolienkondensator *m* [elt]
plastic foil welder Plastikfolienschweißgerät *n* [wer]
plastic food wrap Frischhaltefolie *f*
plastic gloves Kunststoffhandschuhe *pl*
plastic glue Kunststoffkleber *m*
plastic granules Kunststoffmahlgut *n*
plastic hollow article Kunststoffhohlkörper *m*
plastic hose Kunstschlauch *m* [met]; Plastikschlauch *m*
plastic insert Kunststoffpolster *n*
plastic insulated kunststoffisoliert [elt]
plastic insulating material Dämmkunststoff *m* [met]; Isolierkunststoff *n* [met]
plastic laminated kunststoffbeschichtet
plastic lining Kunststoffauskleidung *f*
plastic mackintosh Regenhaut *f*
plastic material Kunststoff *m* [met]
plastic material conduit Kunststoffrohr *n* [elt]
plastic modelling-material Knetmasse *f* [met]
plastic money Plastikgeld *n*
plastic mortar Epoxidharzmörtel *m* [bau]
plastic moulding compound Kunststoffpressmasse *f* [met]
plastic nozzle Kunststoffdüse *f* [prc]
plastic packaging Plastikverpackung *f*
plastic packing materials Kunststoffverpackungsmaterial *n* [met]
plastic pad Zwischenlage *f* (Rippenplatte/Schiene) [tec]
plastic parts of cars Kunststoffautoteile *pl* [tra]
plastic pipe Kunststoffrohr *n* [prc]
plastic pipeline Kunststoffrohrleitung *f* [prc]
plastic piping Kunststoffleitungen *pl* [tra]
plastic rain coat Plastikmantel *m*
plastic resin Kunstharz *n* [met]

plastic sheet Folie *f* (Kunststofffolie) [met]; Kunststoff-Folie *f* [met]; Kunststofffolie *f* [met]; Kunststoffplatte *f*
plastic sheeting Kunststoff-Folie *f* [met]; Kunststofffolie *f* [met]; Plastikfolie *f* [met]
plastic sheeting, protective - Schutzfolie *f* [met]
plastic shoes Kunststoffschuhe *pl*
plastic sliding insert Kunststoffgleiteinlage *f* [tra]
plastic strapping Kunststoffverpackungsband *n*; Verpackungsband aus Kunststoff *n* [met]
plastic tank Kunststofftank *m*
plastic trackpad Plastikbodenplatte *f* [mbt]
plastic tube Kunststoffrohr *n* [prc]
plastic tube cords Kunststoffschlauchleitung *f* [elt]
plastic tube flexible Kunststoffschlauchleitung *f* [elt]
plastic type Kunststoffart *f*
plastic waste Kunststoffabfall *m* [rec]; Plastikmüll *m* [rec]
plastic wood Holzkitt *m* [met]
plastic workability Formänderungsvermögen *n*
plastic wrapping Folienschlauch *m* [met]
plastic yielding Materialverformung *f* [wer]
plastic, aerated - Schaumstoff *m* [met]
plastic, fully - vollplastisch [met]
plastic-bound kunststoffgebunden
plastic-covered conductor Kunststoffaderleitung *f* [elt]
plastic-covered strand Kunststofflitze *f* [elt]
plastic-covered wire Kunststoffdraht *m* [elt]
plastic-foil keyboard Folientastatur *f* [edv]
plastic-insulated cable Kunststoffkabel *n* [elt]
plastic-laminated on both sides beidseitig kunststoffbeschichtet
plastic-laminated on one side einseitig kunststoffbeschichtet
plastic-sheathed cable kunststoffumhülltes Kabel *n* [elt]
plastic-steel brush Kunststoff-Stahl-Kehrwalze *f* [tra]
plasticate abbauen *v* (thermisch) [che]
plasticity Formbarkeit *f* [met]; Plastizität *f* [met]; Verformbarkeit *f* [met]
plasticize erweichen *v*; plastifizieren *v* [che]; plastizieren *v*; weich machen *v* (Kunststoff) [wer]
plasticizer Weichmacher *m* (Kunststoff) [met]; Abbaumittel *n* [che]; Fließmittel *n* [met]
plasticizer blend Weichmachermischung *f* (Kunststoff) [met]
plasticizer migration Weichmacherwanderung *f* [met]
plasticizing Plastifizierung *f* [che]; Plastifizieren *n* [che]
plasticizing agent Weichmacher *m* (Kunststoff) [met]
plastics Kunststoff *m* [met]; Plastik *n* [che]; Plaste *pl* [che]
plastics coating Kunstharzbeschichtung *f*
plastics granule Kunststoffgranulat *n* [met]
plastics industry Kunststoffindustrie *f* [che]
plastics seal Kunststoffdichtung *f* [tec]
plastics sealing Kunststoffabdichtung *f* [met]

plastics sheet Kunststoffbahn *f*
plastics waste Kunststoffmüll *m* [rec]
plastics, recycling of - Kunststoffrecycling *n* [rec]
plastification Plastifizieren *n* [che]
plastify erweichen *v*; plastifizieren *v* [che]
plastisol adhesive Plastisolklebstoff *m* [met]
plastomer Kunststoff *m* [met]; Plastomer *n* [met]
plate Elektrode *f* (in Speicherbatterie) [elt]; Lasche *f* (bei Rollenkette) [tec]; Platine *f*; Platte *f*; Scheibe *f*; Stahlscheibe *f* [tec]; Tafel *f* (Blech) [met]; Boden *m* (Rektifikation) [che]; Kolonnenboden *m* [prc]; Teller *m*; Blech *n* (Platte (> 6 mm)) [met]; Klischee *n* (Druckerei); Mittel- und Grobblech *n* [met]
plate air heater Platten-Luvo *m* [pow]
plate anchor Telleranker *m* [tec]
plate bending machine Blechbiegemaschine *f* [wzg]
plate clutch Plattenkupplung *f* [tec]
plate collar Tellermanschette *f* [tec]
plate column Bodenkolonne *f* (Destillation) [prc]
plate condenser Plattenkondensator *m* [elt]
plate construction Blechkonstruktion *f*
plate cooler Plattenkühler *m* [pow]
plate current Anodenstrom *m* [elt]
plate cutting machine Blechschneidemaschine *f* [wzg]
plate drier Tellertrockner *m* [prc]
plate duct Blechkanal *m*
plate edge Blechkante *f* [met]
plate evaporator Plattenverdampfer *m* [prc]
plate exchanger Plattenaustauscher *m* [pow]
plate feeder Tellerspeiser *m* [prc]
plate gage Blechdicke *f* [met]
plate gauge Blechlehre *f*
plate girder Blechträger *m* (Stahlbau) [tec]; Plattenträger *m* [tec]
plate glass Flachglas *n* [met]
plate heat exchanger Plattenwärmeaustauscher *m* [pow]
plate link chain Gelenkkette *f* [tec]; Laschenkette *f* [tec]
plate metal scrap Blechschrott *m* [rec]
plate ring Blechring *m* [tec]
plate roll Blechwalze *f* [tec]
plate rolling mill Blechwalzwerk *n*
plate scrap Blechabfall *m* [rec]
plate shears Blechschere *f* [wzg]
plate spring Blattfeder *f* [tec]; Plattenfeder *f* [tec]
plate testing Blechprüfung *f* [any]
plate testing probe holder Blechprüfer *m* (Prüfkopfhalterung) [any]
plate thickness Blechdicke *f* [met]; Blechstärke *f*
plate tower Bodenkolonne *f* (Destillation) [prc]
plate valve Plattenventil *n* [prc]
plate voltage Anodenspannung *f* [elt]
plate web girder Blechstegträger *m* (Stahlbau) [tec]
plate wheel Scheibenrad *n* [tec]
plate width, effective - mitwirkende Plattenbreite *f* [con]
plate working machine Blechbearbeitungsmaschine *f* [wzg]

plate, armoured - Panzerplatte *f* (austauschbar in Brecher) [met]
plate, hot - Heizplatte *f* [pow]; Herdplatte *f* (Elektroherd) [elt]; Kochplatte *f* [elt]
plate-and-frame press Rahmenfilterpresse *f* [was]
plate-cutting machine Blechschere *f* [wzg]
plate-edge test installation Blechkantenprüfanlage *f* [any]
plate-supply Anodenspannung *f* [elt]
plate-type heat exchanger Plattenwärmeaustauscher *m* [pow]
plate-type oil-filter Ölspaltfilter *m* [tec]
plate-type yoke Schildjoch *n* [tec]
plateau Plateau *n*
plated beschichtet (z.B. Chrom-Auflage) [met]
plated bands Litzen *pl* [met]
plated rolled brass plattiertes Walzmessing *n* [met]
platen Walze *f* [tec]
platen-type superheater Schottenüberhitzer *m* [pow]
plates, number of - Bodenzahl *f* (Rektifikation) [prc]
platform Bühne *f* (Arbeitsbühne) [bau]; Laufbühne *f* [bau]; Plattform *f*; Rampe *f*; Tribüne *f*; Wagenbühne *f* (Bahn) [tra]; Bahnsteig *m* [tra]; Stand *m* (Bedienungsstand); Gleis *n* (Bahnsteig) [tra]; Podest *n* (erhöhtes Pult); Podium *n*
platform clock Bahnsteiguhr *f* [tra]
platform conveyer Plattenförderer *m* [prc]
platform for lifting persons Hubarbeitsbühne *f*
platform frame member Bodenplatte des Fahrerstandes *f* [tra]
platform gate Bordwand *f* [tec]
platform outrigger Plattformträger *m* [mbt]
platform scale Plattformwaage *f* [any]
platform structure Bühnenkonstruktion *f* [wer]
plating Auflage *f* (Überzug) [met]; Plattierung *f* [roh]; Umhüllung *f* (Auflage); Belag *m* (Schicht) [bau]; Überzug *m* (galvanisch) [met]
plating bath Galvanisierbad *n* [elt]
plating process Galvanisiervorgang *m* [elt]
platinize platinieren *v* [che]
platinum Platin *n* (chem. El.: Pt) [che]
platinum black Platinmohr *m* [che]
platinum contact Platinkontakt *m* [elt]
platinum crucible Platintiegel *m*
platinum dish Platinschale *f*
platinum electrode Platinelektrode *f* [elt]
platinum grey platingrau (RAL 7036) [nor]
platinum rhodium couple Platinrhodiumelement *n* [any]
platinum sponge Platinschwamm *m* [met]
platinum thermal metallurgy thermische Platinmetallurgie *f* [roh]
platinum vessel Platingefäß *n* [prc]
play Luft *f* (Spiel) [con]; Bewegungsspielraum *m* (mechanischer Teile) [con]; Raum *m* (Spielraum); Spielraum *m* [con]; Spiel *n* (zwischen Bauteilen)
play back wiedergeben *v*
play of forces Kräftespiel *n*
play per side Laufzeit *f* (2-seitiger Bänder) [edv]

play street Spielstraße *f*
play, length of - Laufzeit *f* (der Video-Kassette)
playfree spielfrei [tec]
playground Spielplatz *m*
pleasant angenehm (Wetter, Gesellschaft)
pleasure Vergnügung *f*; Vergnügen *n*
pleasure district Vergnügungsviertel *n*
plenum chamber Überdruckkammer *f* [bau]
plenum chamber, air - Unterwindzone *f* [pow]
plexiglass Akrolein *n* [che]; Plexiglas *n* [met]
pliability Biegsamkeit *f*
pliable biegsam (geschmeidig)
plier gun Schweißzange *f* [wer]
pliers Beißzange *f* (Kneifzange) [wzg]; Zange *f* (Werkzeug) [wzg]
plinth Sockel *m* (Säule) [bau]
plinth masonry Sockelmauerwerk *n* [bau]
plot grafische Darstellung *f*; graphische Darstellung *f* ((variant)); Parzelle *f*; Diagramm *n* (Zeichnung); Grundstück *n*; Hausgrundstück *n*; Schaubild *n* (gezeichnete Darstellung) [con]
plot auftragen *v* (Zeichnung) [con]; darstellen *v* (grafisch); grafisch darstellen *v*; graphisch darstellen *v* ((variant)); zeichnen *v*
plot of land Grundstück *n*
plot of land harbouring residual pollution Altlastengrundstück *n*
plot plan Aufstellungsplan *m* [con]
plot routine Grafikprogramm *n* (Software) [edv]; Graphikprogramm *n* ((variant)) [edv]
plotted eingezeichnet [con]
plotting Aufzeichnung *f* (mit Plotter) [edv]; grafische Darstellung *f*; graphische Darstellung *f* ((variant))
plotting paper Millimeterpapier *n* [con]
plough Pflug *m* ((B)) [far]
plough einpflügen *v* [far]; furchen *v* [far]; pflügen *v* [far]; pflügen *v* [far]; umpflügen *v* [far]
plough bolt Senkschraube mit Nase *f* [tec]
plough mining Hobelabbau *m* (im Bergbau) [roh]
ploughed-and-feathered joint Nut-und-Federverbindung *f* ((B)) [tec]
plow ((A) siehe: plough)
plow Hobel *m* ((A) im Bergbau) [roh]; Pflug *m* ((A)) [far]
plowed-and-feathered joint Nut-und-Federverbindung *f* ((A)) [tec]
plug Öleinlassschraube *f* [tec]; Abschlussdeckel *m* (Stopfen); Dorn *m* (Schloss); Dübel *m* (Stopfen); Pfropfen *m*; Steckanschluss *m* [elt]; Stecker *m* [elt]; Steckerkontakt *m* [elt]; Stöpsel *m* (Stecker) [elt]; Stopfen *m*
plug anschließen *v* (Stromkabel) [elt]; einschalten *v* (Gerät) [elt]; einstecken *v* [elt]; stopfen *v*; verschließen *v* (verstopfen); verstopfen *v* (Loch); zustopfen *v* (verschließen)
plug sich zusetzen *vt*
plug adapter Übergangsstecker *m* [elt]
plug and socket connection Steckverbindung *f* [elt]
plug board Steckerleiste *f* [elt]

plug bolt Gewindebolzen *m* [tec]; Steckbolzen *m* [elt]
plug box Steckdose *f* [elt]
plug casing Steckergehäuse *n* [elt]
plug cock Druckausgleichventil *n*
plug compatible steckerkompatibel (Software komplett) [elt]
plug connection Steckverbindung *f* [elt]
plug connector Steckverbinder *m* [elt]
plug device Steckvorrichtung *f* [elt]
plug flow Pfropfenströmung *f* [prc]
plug fuse Einschraubsicherung *f* [elt]
plug in Gerät einschalten *v*
plug in anschließen *v* (Steckdose) [elt]; einstecken *v* (z.B. in Steckdose) [elt]; einstöpseln *v*; Gerät einstöpseln *v*; stecken *v* [elt]; stöpseln *v* [elt]
plug insert Kontakteinsatz *m* [elt]; Steckeinsatz *m* [elt]; Steckereinsatz *m* [elt]
plug metal conduit Metallsteckrohr *n* [elt]
plug nipple Verschlussnippel *m* [tec]
plug nut Verschlussmutter *f* [tec]
plug pin Steckstift *m* [tec]
plug plate Lochbutzen *m* (Verschlussblech) [tec]
plug relay Steckschütz *m* (Steck-Relais) [elt]
plug screw Absperrschraube *f* [tec]; Gewindestopfen *f* [tec]; Verschlussschraube *f* [tec]
plug shell Steckerkappe *f* [elt]
plug socket Steckbuchse *f* [tec]; Steckdose *f* [elt]
plug spanner Kerzenschlüssel *m* (Zündkerze) [tra]
plug thread gauge Gewindelehrdorn *m* [any]
plug valve Absperrhahn *m*; Hahn *m* [was]; Kegelventil *n* [prc]
plug weld Lochnaht *f* [wer]; Lochschweißung *f* [wer]; Nietschweißung *f* [wer]; Rundlochnaht *f* [wer]
plug, fix with a - eindübeln *v*
plug-flow Kolbenströmung *f* [prc]
plug-flow reactor Kolbenströmungsreaktor *m* [prc]
plug-in steckbar
plug-in amplifier Verstärkereinschub *m* [elt]
plug-in antenna Steckantenne *f* [elt]
plug-in arrangement Steckvorrichtung *f* [elt]
plug-in assembly Steckbaugruppe *f* [elt]
plug-in board Steckkarte *f* [elt]
plug-in box Steckerkasten *m* [elt]
plug-in brush Steckbürste *f* [elt]
plug-in cable Steckleitung *f* [elt]
plug-in card Steckkarte *f* (Platine) [edv]
plug-in circuit board Steckbaugruppe *f* [elt]
plug-in connection Steckverbindung *f* [elt]; Steckanschluss *m* [elt]; Steckeranschluss *m* [elt]
plug-in element Steckglied *n* [tec]
plug-in module Baugruppe *f* (Karte) [con]; Flachbaugruppe *f* [elt]; Steckeinheit *f* [elt]; Einschub *m* [tec]
plug-in module rail Steckkartenhalterung *f* [elt]
plug-in relay Steckrelais *n* [elt]
plug-in screw Steckschraube *f* [tec]
plug-in system Einbausystem *n*

plug-in unit Steckbaugruppe *f* [elt]; Einschub *m* [tec]
plug-in version Einschubausführung *f*
plug-type neck Verschlussstutzen *m* [tra]
plug-weld zuschweißen *v* [wer]
pluggable steckbar
plugged verschlossen (Rohre)
plugging Dübelbohren *n*
plugging chart Schaltdiagramm *n* [con]
plugging cone Verschlusskegel *m* [tec]
plugging diagram Schaltdiagramm *n* [con]
plugging tool Ausstechwerkzeug *n* [wzg]
plumb lotrecht (genau darüber)
plumb Bleilot *n*
plumb loten *v* (Bauwesen)
plumb bob Bleilot *n*; Lot *n* (Senklot) [any]; Senkblei *n* [any]; Senklot *n* [any]
plumb line Richtschnur *f* [any]; Bleilot *n*
plumbeous bleiartig [che]
plumber Installateur *m* [was]; Klempner *m*; Spengler *m*
plumber's solder Lötzinn *n* [met]
plumber's work Installationsarbeiten *pl* [wer]
plumbic bleihaltig
plumbiferous bleihaltig
plumbing Bleiarbeit *f* [wer]; Hausinstallation *f* [was]; Installation *f* (Gas, Wasser) [was]; Installationssystem *n* (Rohrleitungen) [was]
plumbing element Sanitärelement *n* [bau]
plumbing fitting Installationsmaterial *n* (Rohre) [met]; Rohrfitting *n* [tec]
plumbing fixtures Armaturen *pl* (an Leitungen)
plumbing piping Sanitärleitungen *pl* [bau]
plumbing system Installation *f* (Gas, Wasser) [was]; Installationssystem *n* (Rohrleitungen) [was]
plumbing work Installationsarbeiten *pl* [wer]; Klempnerarbeiten *pl*
plumbline Lot *n* (zum Löten) [met]
plumbous-plumbic oxide Bleimennige *n* [met]
plume Fahne *f* (Abgas) [air]; Rauchfahne *f* [air]
plume of smoke Rauchfahne *f* [air]
plume rise Rauchfahnenaufstieg *m* [air]
plummer Lagerbock *m* [tec]
plummer block Lagerbock *m* [tec]; Stehlagergehäuse *n* [tec]
plummer-block bearing Stehlager *n* [tec]
plummet Bleilot *n*; Lot *n* (Senklot) [any]; Senkblei *n* [any]
plunge abschrecken *v* (in Flüssigkeit tauchen) [met]; eintauchen *v* (untertauchen); stoßen *v* (hineinstoßen); tauchen *v*
plunger Kolben *m* (auch Schwimmer) [tra]; Kolben *m* (Tauch-) [tec]; Plunger *m* (Schwimmer) [tra]; Reglerkolben *m* [tra]; Schwimmer *m* (in Spülbecken); Stößel *m* (Druck- oder Presskolben) [tra]; Tauchzylinder *m* [tec]
plunger block Sperrriegel *m* [tra]
plunger bottom Plungerboden *m* [tra]
plunger clearance Kolbenspiel *n* [pow]

plunger coil Tauchkernspule *f* [elt]; Tauchspule *f* [elt]
plunger cylinder Plungerzylinder *m* (Hydraulik) [tec]
plunger feed pump Kolbenspeisepumpe *f* [pow]
plunger free travel Injektorkolbeneinstellung *f* [tra]; Injektorkolbenhub *m* [tra]
plunger piston Tauchkolben *m* [pow]
plunger piston pump Tauchkolbenpumpe *f* [prc]
plunger pump Kolbenpumpe *f* [prc]; Plungerpumpe *f* [prc]; Tauchkolbenpumpe *f* [prc]
plunger rod Druckstange *f* [tec]
plunger socket Tauchstutzen *m* [tec]
plunger spring Kolbenfeder *f* [tra]
plunger spring plate Kolbenfederteller *m* [tra]
plural Mehrzahl *f*
plurality Vielzahl *f*
plus plus; und (plus) [mat]
plus allowance oberes Abmaß *n* [con]; Übermaß *n* [con]
plus and minus limits Plus- und Minustoleranzen *pl* [con]
plus sign Pluszeichen *n* [mat]
plutonic rock Tiefengestein *n* [geo]
plutonium Plutonium *n* (chem. El.: Pu) [che]
plutonium bomb Plutoniumbombe *f*
plutonium isotope Plutoniumisotop *n* [che]
plutonium pile Plutoniumreaktor *m* (Kerntechnik) [pow]
plutonium production reactor Plutoniumproduktionsreaktor *m* (Kerntechnik) [pow]
plutonium reactor Plutoniumreaktor *m* (Kerntechnik) [pow]
plutonium recycling Plutoniumrückgewinnung *f* [pow]
plutonium-fuelled reactor Plutoniumreaktor *m* (Kerntechnik) [pow]
ply Falte *f*; Gewebelage *f*; Lage *f* (Schicht); Schicht *f* (Holz) [met]
ply rating Reifenfestigkeit *f* [tra]; Reifenlagen *pl* [tra]
plywood Furnierholz *n* (Sperrholz) [met]; Schichtholz *n* [met]; Sperrholz *n* [met]
pneumatic druckluftbetätigt; druckluftbetrieben; Luft- (Pneumatik-) [air]; luftgefüllt; pneumatisch
pneumatic Reifen *m* (Luftreifen)
pneumatic brake Luftbremse *f* [tra]; Luftdruckbremse *f* [tra]
pneumatic breaker Presslufthammer *m* [wzg]
pneumatic change Druckluftschaltung *f* [air]
pneumatic chisel Druckluftmeißel *m* [wzg]; Pressluftmeißel *m* [wzg]
pneumatic clutch pneumatische Kupplung *f* [tra]
pneumatic control pneumatische Regelung *f* [tra]; pneumatische Steuerung *f* [tra]
pneumatic control equipment Druckluftsteuergerät *n* [air]
pneumatic conveyor pneumatischer Förderer *m*
pneumatic conveyor unit pneumatische Förderanlage *f*

pneumatic cylinder Luftzylinder *m* [tra]; Pneumatikzylinder *m* [tra]
pneumatic drier Gastrockner *m* [air]
pneumatic drill Druckluftbohrer *m* [wzg]; Pressluftbohrer *m* [wzg]
pneumatic grinder Pressluftschleifer *m* [wzg]
pneumatic hammer Druckluhthammer *m* [wzg]; Presslufthammer *m* [wzg]
pneumatic hose Pressluftschlauch *m* [air]
pneumatic lip Pneumatikklippe *f* (Abstreifring) [tec]
pneumatic motor Druckluftmotor *m* [pow]; Luftdruckmotor *m* [tra]
pneumatic oil suspension Ölstoßdämpfer *m* [tec]
pneumatic pick Drucklufthammer *m* [wzg]
pneumatic pipework Pneumatikverrohrung *f* [tec]
pneumatic piston Pneumatikkolben *m* [tec]
pneumatic press Druckluftpresse *f* [wer]
pneumatic pump Luftpumpe *f* [air]
pneumatic rammer Druckluftramme *f* [wzg]
pneumatic release pneumatischer Auslöser *m* [tec]
pneumatic separator Windsichter *m* [prc]
pneumatic spring Gasdruckfeder *f* [tec]; Luftfederung *f* [tra]
pneumatic system Pneumatik *f*; Pressluftsystem *n* [air]
pneumatic test Druckprüfung mit Luft *f* [any]
pneumatic tool Druckluftwerkzeug *n* [wzg]
pneumatic transmission pneumatische Kraftübertragung *f* [tec]; Druckluftgetriebe *n* [tec]
pneumatic transport pneumatische Förderung *f* [prc]
pneumatic tyre Luftreifen *m* [tra]
pneumatic tyres Luftbereifung *f* [tra]
pneumatic valve pneumatisches Ventil *n* [prc]
pneumatic vibrator Druckluftrüttler *m* [wzg]
pneumatic-conveyor drier Stromtrockner *m* [prc]
pneumatically actuated druckluftbetätigt [tec]; pneumatisch betätigt [tec]
pneumatically controlled druckluftgesteuert [tec]; pneumatisch gesteuert [tec]
pneumatically operated druckluftbetätigt [tec]; pneumatisch betätigt [tec]
pneumatics Pneumatik *f*
pocket Aussparung *f*; Tasche *f*; Hohlraum *m* (Loch)
pocket belt conveyor Gurttaschenförderer *m*
pocket calculator Taschenrechner *m* [edv]
pocket computer Taschencomputer *m* [edv]
pocket dosimeter Taschendosimeter *n* [any]
pocket first-aid kit Taschenapotheke *f* [hum]
pocket knife Taschenmesser *n* [wzg]
pocket radio Taschenradio *n* [elt]
pocket torch Taschenlampe *f* [elt]
pocket watch Taschenuhr *f* [any]
pocketing Einschlagen *n* (von Ventilen) [wer]
pockets Aussparungen *pl* [con]
pod Hülse *f* [bff]; Schote *f* [bff]
podsol Bleicherde *f* [bod]
podsol soil Grauerde *f* [bod]; Podsolboden *m* [bod]
point Spitze *f* (Meißelspitze) [wzg]; Stelle *f* (Absauggestelle) [pow]; Punkt *m*; Punkt *m* (Dezimalpunkt) [mat]; Sinn *m* (Zweck); Komma *n* (Textverarb.)

point hinweisen *v* (anzeigen); punktieren *v*; spitzen *v* [wer]; zeigen *v* (zeigen auf)
point charge Punktladung *f* [elt]
point contact Punktberührung *f*; Punktkontakt *m*
point heater Weichenheizung *f* [tra]
point load Punktlast *f* [phy]
point of load application Lastangriffspunkt *m* [tec]
point pressure Spitzendruck *m* [bau]
point recorder Punktschreiber *m* [any]
point saw Stichsäge *f* [wzg]
point source punktförmige Quelle *f*
point welding Punktschweißung *f* [wer]
point, azeotropic - Azeotroppunkt *m* [che]
point-focused probe Punktprüfkopf *m* [any]
point-of-sale terminal Kassenterminal *n*
point-shaped punktförmig
point-spread functions Impulsantwort *f* [edv]
pointed gefugt (Spalte) [bau]; scharf (spitz); spitz
pointed pliers Spitzzange *f* (Storchschnabelzange) [wzg]
pointed rabble Brechstange *f* [wzg]
pointed tooth Spitzzahn *m* [mbt]
pointer Nadel *f* (als Zeiger); Zeiger *m* (Instrument)
pointer instrument Zeigerinstrument *n* [any]
pointer setting Zeigerstellung *f*
pointless sinnlos; zwecklos
points Weiche *f* (einfach) [tra]
poison Gift *n*
poison vergiften *v*
poison cabinet Giftschrank *m*
poison gas Giftgas *n* [met]; Kampfgas *n*
poisoned water Giftwasser *n* [mat]
poisoning Vergiftung *f* [hum]
poisoning by gas Gasvergiftung *f* [hum]
poisoning by smoke inhalation Rauchvergiftung *f* [hum]
poisoning of the catalyst Katalysatorvergiftung *f* [che]; Vergiftung des Katalysators *f* [prc]
poisoning, symptom of - Vergiftungserscheinung *f* [hum]
poisonous giftartig; gifthaltig; giftig; toxisch
poisonous action Giftwirkung *f* [hum]
poisonous effect Giftwirkung *f* [hum]
poisonous matter Giftstoff *m* [hum]
poisonous substance Giftstoff *m* [met]
poisonous substances giftige Stoffe *pl* [met]
poisonous toadstool Giftpilz *m* [bff]
poke schüren *v* (Feuer) [pow]
poker vibrator Innenrüttler *m* [bau]
polar polar
polar attraction Polanziehung *f*
polar bear Eisbär *m* [bff]
polar bond polare Bindung *f* [che]
polar circle Polarkreis *m*
polar coordinates Polarkoordinaten *pl* [mat]
polar ice Polareis *n*
polar region Polarzone *f*
polarity Polarität *f* [elt]; Polung *f* [elt]
polarity sign Vorzeichen *m* [phy]

polarization Polarisation *f* [phy]; Polarisierung *f* [elt]; Polung *f* [elt]
polarization current Polarisationsstrom *m* [elt]
polarization electrode Polarisationselektrode *f* [elt]
polarize polarisieren *v*
polarized light polarisiertes Licht *n* [opt]
polarized plug Codierstecker *m* [edv]; Kodierstecker *m* [elt]
polarized radiation polarisierte Strahlung *f* [phy]
polarizer Polarisationsprisma *n* [opt]
polarizing grating Polarisationsgitter *n* [elt]
polarizing microscope Polarisationsmikroskop *n* [any]
polarizing photometer Polarisationsphotometer *m* [any]
polarizing prism Polarisationsprisma *n* [opt]
polder Polder *m* [was]
polder dyke Polderdeich *m* [bau]
pole Deichsel *f* [tra]; Maststange *f* [bau]; Stange *f* (Holz); Mast *m* (Stange); Pfosten *m* (Pfahl); Pol *m*
pole polen *v* [elt]
pole arc Polbogen *m* [elt]
pole body Polschaft *m* [elt]
pole changing polumschaltbar [elt]
pole changing starter Polumschalter *m* [elt]
pole changing switch Polumschalter *m* [elt]
pole climber Steigeisen *n*
pole core Magnetkern *m* [elt]; Polkern *m* [elt]
pole drains Querrinnen *pl* [bau]
pole face Polfläche *f* [elt]
pole lamination Polblech *n* [elt]
pole retaining bolt Polhaltebolzen *m* [elt]
pole reversal Polumkehr *f* [elt]
pole reverser Polumschalter *m* [elt]
pole reversing motor polumschaltbarer Motor *m* [pow]
pole screw Polschraube *f* [elt]
pole shoe Polschuh *m* [elt]
pole strength Polstärke *f* [phy]
pole terminal Polklemme *f* [elt]
pole wheel Polrad *n* [elt]
pole-changeable polumschaltbar [elt]
pole-type transformer Masttransformator *m* [elt]
poles, number of - Polzahl *f* [elt]
police authority Polizeibehörde *f* [jur]
police white polizeiweiß (RAL 9003/4) [nor]
policy Police *f* (bei Versicherung) [jur]
policy period Versicherungsjahr *n* [jur]
policy target Zielsetzung *f*
policy, agricultural - Agrarpolitik *f* [far]
polish Glätte *f* (Politur); Politur *f* [met]; Poliermittel *n* [met]; Schleifen *n* (polieren) [wer]
polish abschleifen *v* [wer]; bohnern *v*; gerben *v* [met]; glätten *v* (polieren) [wer]; polieren *v* [wer]; putzen *v* (polieren) [wer]; schleifen *v* (schmirgeln) [wer]
polish up aufpolieren *v*; reaktivieren *v*
polished geschliffen [wer]; glänzend; glatt (geglättet); poliert [wer]

polished section Schliffbild *n* [any]
polished steel sheet Glanzblech *n* [met]
polishing Polieren *n* (Oberflächenbehandlung) [wer]
polishing agent Poliermittel *n* [met]
polishing cloth Polierfilz *m* [wzg]; Poliertuch *n* [wzg]
polishing machine Poliermaschine *f* [wzg]
polishing material Poliermittel *n* [met]
polishing oil Putzöl *n* [met]
polishing powder Putzmittel *n* [met]
polishing sludge Polierschlamm *m* (Oberflächenbehandlung) [rec]
polishing varnish Schleiflack *m* [met]
polishing wax Bohnerwachs *n*
polishing wool Putzwolle *f* [met]
political politisch
pollard gekappter Baum *m* [bff]
pollen Pollen *pl* [bff]
pollination Bestäubung *f* [bff]
pollinator Bestäuber *m* [bff]
pollinosis Pollenallergie *f* [hum]
pollutant Verunreinigung *f* (Stoff); Schadstoff *m* [met]; Verschmutzungsstoff *m*
pollutant avoidance Schadstoffvermeidung *f*
pollutant concentration Schadstoffkonzentration *f*
pollutant content Schadstoffmenge *f*
pollutant decrease Schadstoffreduzierung *f*
pollutant diminishing Schadstoffreduzierung *f*
pollutant emission Schadstoffausstoß *m*
pollutant gas Schadgas *n* [air]
pollutant impact Schadstoffbelastung *f*
pollutant load Schadstoffbelastung *f*
pollutants Schmutzstoffe *pl*
pollute beschmutzen *v*; verpesten *v*; verschmutzen *v*; verunreinigen *v* (Wasser, Luft)
polluted unrein; verunreinigt
polluted air Abluft *f* [air]
polluted area Belastungsgebiet *n* [bod]
polluted environment verschmutzte Umwelt *f*
polluted soil belasteter Boden *m* [bod]
polluted soils, treatment plant for - Anlage zur Altlastensanierung *f* [bod]
polluted water verseuchtes Wasser *n* [was]
polluter Umweltsünder *m*; Umweltverschmutzer *m*; Verschmutzer *m* (Person); Verunreiniger *m*
polluter pays principle Verursacherprinzip *n* [jur]
polluter's liability Verursacherprinzip *n* [jur]
polluting umweltgefährdend
polluting agent Verschmutzer *m* (Stoff) [met]
pollution Beschmutzung *f*; Kontamination *f*; Verschmutzung *f*; Verseuchung *f*; Verunreinigung *f*
pollution alert Smogalarm *m* [air]
pollution charges Kosten für Umweltschutzmaßnahmen *pl*; Umweltkosten *pl*
pollution control Umweltschutz *m*
pollution control technology Umwelttechnologie *f*
pollution control technology, best conventional - beste verfügbare Umwelttechnik *f*

pollution control, air - Luftreinhaltung *f* [air]
pollution inspector Umweltbeauftragter *f*
pollution of bodies of water Gewässerverunreinigung *f* [was]
pollution of ground-water Grundwasserverunreinigung *f* [was]
pollution of the environment Umweltverschmutzung *f*
pollution prevention Umweltschutz *m*
pollution, bacteriological - bakterielle Verunreinigung *f*
pollution, new - Neulasten *pl* [bod]
pollution, organic - organische Verunreinigung *f* [che]
polonium Polonium *n* (Po) [che]
polyacryl fibre Polyacrylfaser *f* [met]
polyacrylamide Polyacrylamid *n* [che]
polyacrylate Polyacrylat *n* [che]
polyacrylate resin Polyacrylatharz *n* [met]
polyacrylic acid Polyacrylsäure *f* [che]
polyacrylic resin Polyacrylharz *n* [met]
polyacrylonitrile Polyacrylnitril *n* [che]
polyacrylonitrile fibre PAN-Faser *f* [che]; Polyacrylnitrilfaser *f* [met]
polyaddition Polyaddition *f* [che]
polyalcohol Polyalkohol *m* [che]
polyamide Polyamid *n* (z.B. Nylon) [che]
polyamide blend Polyamid-Blend *n* [met]
polyamide coating powder Polyamid-Beschichtungspulver *n* [met]
polyamide copolymer Polyamid-Copolymer *n* [met]
polyamide fibre Polyamidfaser *f* [met]
polyaromatic polyaromatisch [che]
polybrominated polybromiert [che]
polybrominated biphenyl polybromiertes Biphenyl *n* [che]
polybrominated carbon compound polybromierte Kohlenstoffverbindung *f* [che]
polybutylene Polybutylen *n* [che]
polybutylene terephthalate Polybutylenterephthalat *n* [che]
polybutylene terephthalate blends Polybutylenterephthalat-Blends *pl* [met]
polycarbonate Polycarbonat *n* [che]
polycarbonate blends Polycarbonat-Blends *pl* [che]
polychlorinated polychloriert [che]
polychlorinated dioxin polychloriertes Dioxin *n* [che]
polychloroprene Polychloropen *n*
polychromatic polychromatisch [opt]; vielfarbig
polychromatic finish gemischtfarbiger Anstrich *m*
polychrome mehrfarbig; polychromatisch [opt]
polychromy Mehrfarbigkeit *f* [opt]; Polychromie *f* [opt]
polycondensation Polykondensation *f* [che]
polycondensation product Polykondensat *n* [che]; Polykondensationsprodukt *n* [che]
polycrystalline polykristallin
polycrystallinity Polykristallinität *f*
polycyclic aromatic hydrocarbons polyzyklische aromatische Kohlenwasserstoffe *pl* [che]
polycyclic hydrocarbon polyzyklischer Kohlenwasserstoff *m* [che]
polyester Polyester *m* [che]
polyester fabric Polyestergewebe *n* [met]
polyester fibre Polyesterfaser *f* [che]; Polyestervlies *n* [met]
polyester resin Polyesterharz *n* [met]
polyestercarbonate Polyestercarbonat *n* [che]
polyesterpolyol Polyesterpolyol *n* [che]
polyether Polyether *m* [che]
polyether block amide Polyether-Blockamid *n* [che]
polyether ether ketone Polyetheretherketon *n* [che]
polyether ketone Polyetherketon *n* [che]
polyetherester elastomer Polyetherester-Elastomer *n* [met]
polyethylene Polyethylen *n* [che]
polyethylene blends Polyethylen-Blends *pl* [che]
polyethylene film Polyethylenfilm *m* [met]
polyethylene foam Polyethylenschaumstoff *m* [che]
polyethylene foil Polyethylenfolie *f* [met]
polyethylene pipe Polyethylenrohr *n* [met]
polyethylene sheeting Polyethylenfolie *f* [met]
polyethylene terephthalate Polyethylenterephthalat *n* [che]
polygon profile Mehrkantprofil *n* [con]
polygonal mehreckig; polygonal (vielwinklig, z.B. Mauerwerk) [con]
polyhydric alcohol Polyalkohol *m* [che]; Polyol *n* [che]
polyimide Polyimid *n* [che]
polyimide foam Polyimidschaumstoff *m* [met]
polyisocyanurate foam Polyisocyanuratschaumstoff *m* [met]
polymer polymer [che]
polymer Polymer *n* [che]; Polymerisat *n* [che]; Polymerisationsprodukt *n* [che]
polymer bitumen Polymerbitumen *n* [met]
polymer blends Polymerblends *pl* [met]
polymer chemistry Polymerchemie *f* [che]
polymer concrete Polymerbeton *m* [met]
polymeric polymer [che]
polymerizable polymerisierbar [che]
polymerizate Polymerisationsprodukt *n* [che]
polymerization Polymerisation *f* [che]
polymerization auxiliaries Polymerisationshilfsstoffe *pl* [che]
polymerization catalyst Polymerisationskatalysator *m* [che]
polymerization in solution Lösungspolymerisation *f* [che]
polymerization reactor Polymerisationsanlage *f* [prc]
polymerize polymerisieren *v* [che]
polymerized, highly - hochpolymer [che]
polymetaacrylicimide Polymetaacrylimid *n* [che]
polymetaacrylicimide foam Polymetaacrylimid-Schaumstoff *m* [che]
polymethylmethaacrylate Polymethylmethacrylat *n* [che]

polymorphic heteromorph; polymorph [che]; vielgestaltig
polymorphism Vielgestaltigkeit *f*
polymorphous polymorph [che]; vielgestaltig
polymorphy Polymorphie *f* [che]
polynomial, characteristic - charakteristisches Polynom *n* [mat]
polyphase mehrphasig
polyphase furnace Mehrphasenofen *m* [elt]
polyphase motor Mehrphasenmotor *m* [pow]
polyphase winding Mehrphasenwicklung *f* [elt]
polyphenyl Polyphenyl *n* [che]
polyphenylene ether Polyphenylenether *m* [che]
polyphenylene ether blends Polyphenylenether-Blends *pl* [met]
polypropylene Polypropylen *n* [che]
polypropylene fibre Polypropylenfaser *f* [met]
polypropylene foam Polypropylenschaumstoff *m* [met]
polysilicate Polysilicat *n* [che]
polysilicic acid Polykieselsäure *f* [che]
polystyrene Polystyrol *n* [che]; Styropor *n* [met]
polystyrene foam Polystyrolschaumstoff *m* [met]
polystyrene resin Polystyrolharz *n* [met]
polytropic polytrop
polyurethane Polyurethan *n* [che]
polyurethane casting resin Polyurethan-Gießharz *n* [met]
polyurethane cement Polyurethankitt *m* [met]
polyurethane foam Polyurethanschaum *m* [met]
polyvinyl acetate Polyvinylacetat *n* [che]
polyvinyl alcohol Polyvinylalkohol *m* [che]
polyvinyl alcohol fibre Polyvinylalkoholfaser *f* [met]
polyvinyl chloride Polyvinylchlorid *n* [che]
polyvinyl chloride blends Polyvinylchlorid-Blends *pl* [che]
polyvinyl chloride chlorinated Polyvinylchlorid, nachchloriert - *n* [met]
polyvinyl chloride copolymers Polyvinylchlorid-Copolymere *pl* [che]
polyvinyl chloride expandable schäumbares Polyvinylchlorid *n* [met]
polyvinyl chloride fibre Polyvinylchloridfaser *f* [met]
polyvinyl chloride pastes Polyvinylchloridpasten *pl* [che]
polyvinyl chloride plasticized weiches Polyvinylchlorid *n* [met]
polyvinyl chloride rigid hartes Polyvinylchlorid *n* [met]
polyvinylidene chloride Polyvinylidenchlorid *n* [met]
polyvinylidene fluoride Polyvinylidenfluorid *n* [met]
pond Teich *m*; Becken *n* (Fisch-) [was]
pond einsumpfen *v* [mbt]
pondage Speicherung *f* [was]; Wasserhaltung *f* [was]; Inhalt *m* (Volumen)
ponder on bedenken *v* (ernsthaft überdenken)
ponderous schwer (gewichtig)
ponding Wasserstauen *n* [was]
pong stinken *v*

pontoon Ponton *m* [tra]
pontoon crane Schwimmkran *m* [mbt]
pontoon ferry Pontonfähre *f* [tra]
pontoon steering Pontonsteuerung *f* [tra]
pool Teich *m*; Tümpel *m*; Becken *n* (Schwimm-) [was]
pooled konzentriert
poor arm (nicht reich); geringwertig; mager [roh]; mangelhaft (schlecht); schlecht; spärlich; unergiebig
poor attenuation, with - dämpfungsarm
poor combustion schlechte Verbrennung *f* [pow]
poor concrete Magerbeton *m* [met]
poor condition, in - in schlechtem Zustand
poor gas Schwachgas *n* [pow]
poor in ash content aschenarm
poor in iron eisenarm
poor in metal metallarm
poor in nutrients nährstoffarm
poor in oxygen sauerstoffarm
poor in precipitate niederschlagsarm [wet]
poor lime Magerkalk *m* [met]
poor soil magerer Boden *m* [bod]; nährstoffarmer Boden *m* [bod]; verarmter Boden *m* [bod]
poor-quality schlecht
poor-quality spirits Fusel *m* [che]
poorly graded schlecht gekörnt (Siebung)
poorly nitrogenous stickstoffarm [che]
poorly noise insulated hellhörig [aku]
poorly sound-proofed hellhörig [aku]
pop rivet Blindniet *m* [tec]
pop rivet nut Blindnietmutter *f* [tec]
poppet Spindelstock *m* [tec]
poppet valve Tellerventil *n* [pow]
poppy red mohnrot (Farbton)
populate besiedeln *v* (bewohnen, bevölkern); bevölkern *v*
populated besiedelt
populated area Verdichtungsraum *m*
population Bevölkerung *f*; Einwohnerzahl *f*; Population *f*; Verbreitung *f* (von Maschinen); Bestand *m* (an Maschinen)
population composition Bevölkerungszusammensetzung *f*
population density Bevölkerungsdichte *f*
population equivalence Einwohnergleichwert *m* [was]
population expansion Bevölkerungswachstum *n*
population explosion Bevölkerungsexplosion *f*
population figure Bevölkerungszahl *f*
population growth Bevölkerungswachstum *n*
population growth, rate of - Bevölkerungszuwachsrate *f*
population increase Bevölkerungswachstum *n*
population statistics Bevölkerungsstatistik *f*
population, centre of - Ballungszentrum *n*
porcelain Porzellan *n* [met]
porcelain bond keramische Bindung *f* [che]
porcelain cement Porzellankitt *m* [met]

porcelain clay Porzellanerde f [met]
porcelain crucible Porzellantiegel m
porcelain cup Porzellanschale f
porcelain enamel Email n [met]
porcelain funnel Porzellantrichter m
porcelain insulator Lüsterklemme f [elt]; Porzellanisolator m [elt]
porcelain paste Porzellanmasse f [met]
porcelain tube Porzellanrohr n
porch Eingangshalle f [bau]; Schutzdach n
pore Pore f (Hohlraum)
pore distribution Porenverteilung f
pore filler Vorlack m [met]
pore fluid Porenflüssigkeit f
pore in some more nachgießen v
pore ratio Hohlraumverhältnis n
pore size Porengröße f; Porenweite f
pore size distribution Porenverteilung f
pore space Hohlraum m (Porenraum)
pore volume Porenvolumen n
pore water Porenwasser n
pore, size of - Porengröße f
pores, without - porenfrei
porosimetry Porosimetrie f [any]
porosity Durchlässigkeit f (Porosität); Porosität f; Undichtigkeit f; Hohlraumanteil m; Porenanteil m; relatives Porenvolumen n
porosity regulator Porenregler m [met]
porosity, apparent - scheinbare Porosität f
porous durchlässig (porös); locker (porös); porös
porous bearing Sinterlager n [tec]
porous concrete Gasbeton m [met]; Schaumbeton m [met]
porous iron Eisenschwamm m [met]
porous point Lunkerstelle f [met]
porous rubber poröser Gummi m [met]
porous surface poröse Oberfläche f
port Auslassöffnung f [prc]; Hafenstadt f; Ventilöffnung f [tra]; Anschluss m (Port) [edv]; Hafen m [tra]; Kanal m (Eingang, Durchgang) [bau]; Kanalanschluss m [edv]; Steckanschluss m [elt]
port cover Staubdeckel m (z.B. an Neugerät) [tec]
port cranes Hafenkran m [mbt]
port facilities Hafeneinrichtungen pl [tra]
port fitting Einschraubverschraubung f [tec]
port handling plant Hafenumschlaganlage f [mbt]
port installations Hafenanlagen pl [tra]
port of destination Bestimmungshafen m [tra]
port of embarkation Einschiffungshafen m [tra]
port of entry Empfangshafen m [tra]
port of shipment Ausfuhrhafen m [tra]
port operation Hafenbetrieb m [tra]
port resistance Torwiderstand m [elt]
port side Backbord (rote Positionslaterne) [tra]
port slime Hafenschlick m [rec]
port slot Durchgangsöffnung f [bau]
portable beweglich (tragbar); fahrbar; nicht fest installiert [tec]; tragbar (z.B. Kofferradio, PC); transportabel; versetzbar (tragbar)

portable tragbares Gerät n [elt]
portable drill Handbohrmaschine f [wzg]
portable immersion heater Tauchsieder m [elt]
portable lighter Zündlanze f [pow]
portable radio Kofferradio n [elt]
portable radio receiver Kofferradio n [elt]
portable scaffold fahrbares Gerüst n [bau]
portal Portal n [bau]
portal axle Portalachse f [tra]
portal crane Portalkran m [mbt]
portal-type wheel lathe Portalradsatzdrehmaschine f [wzg]
porter Gepäckträger m (antiquiert) [tra]
portfolio Geschäftsbereich m [eco]
porthole Seitenöffnung f
portion Portion f; Abschnitt m (Anteil); Anteil m (Teil); Teil m (Anteil)
portion of sound beam Schallstrahlanteil m [aku]
portion of the texture Gefügebestandteil m [met]
Portland blast-furnace cement Eisenportlandzement m [met]
Portland cement Portlandzement m [met]
portrait format Hochformat n
portray schildern v
portside boiler Backbordkessel m [pow]
position Lage f (Stellung); Position f; Stelle f (Arbeitsstelle) [eco]; Stellung f; Ort m (Standort); Stand m (Standort); Standort m
position einstellen v (justieren); justieren v (positionieren); platzieren v; regeln v (einstellen)
position control Positionsregelung f [tec]; Stellungsregelung f [tec]; Wegregelung f [tec]
position controller Lageregler m [tec]; Stellungsregler m [tec]
position drive Stellantrieb m [tec]
position for installation Einbaulage f (z.B. des Motor)
position generator Positionsgeber m [elt]
position indication Stellungsanzeige f [any]
position indicator Positionsanzeige f; Stellanzeiger m [any]
position limiter Stellungsbegrenzer m [tec]
position monitoring Stellungsüberwachung f (Hydraulik u.a.) [any]
position of equilibrium Gleichgewichtslage f
position of installation Einbauort m [con]
position of rest Ruhelage f; Ruhestellung f
position of welding Schweißposition f (z.B. Überkopf) [wer]
position set-point Lagesollwert m
position transmitter Drehmelder m [any]; Stellungsgeber m (Regeltechnik)
position, closed - Schließstellung f
position, off - Nullstellung f (Abschaltstellung)
position-control device Positionsregler m [tec]
position-control loop Lageregelkreis m [tec]
position-dependent wegabhängig
positional deviation Positionsabweichung f [con]
positional value Stellenwert m

positioner Stellvorrichtung *f*; Stellmotor *m* (Regelung); Stellorgan *n* (Regelung)
positioning Anstellbewegung *f* [mbt]; Bildverschiebung *f* [edv]; Fixierung *f*; Verlegung *f* [bau]; Einstellen *n* [tec]
positioning accuracy Einstellgenauigkeit *f*
positioning control Positioniersteuerung *f* (z.B. Hydraulik) [tec]; Positionssteuerung *f* (z.B. Hydraulik) [tec]
positioning cylinder Positionierzylinder *m* [tec]
positioning motor Positioniermotor *m* [tec]; Stellmotor *m* [tec]
positioning repeatability Repetierbarkeit *f* (Position)
positioning spindle Verstellspindel *f* [tec]
positioning switch Positionsschalter *m* [elt]
positioning torque Laufmoment *n* (Stellantrieb) [tec]
positive plus [elt]; positiv [elt]
positive Positiv *n* (Foto)
positive clutch formschlüssige Kupplung *f* [tec]
positive connection formschlüssige Verbindung *f* [tec]
positive control zwangsläufige Betätigung *f* [mbt]
positive critical defect positiver Grenzfehler *m* [elt]
positive displacement pump Verdrängerpumpe *f* [prc]
positive drive Direktantrieb *m* [tec]; schlupffreier Antrieb *m* [tec]
positive electrode positive Elektrode *f* [elt]
positive feedback positive Rückkopplung *f* [elt]
positive guide Zwangsführung *f* [tra]
positive ion positives Ion *n* [che]
positive locking formschlüssige Verbindung *f* [tec]
positive overlap positive Überdeckung *f* [tec]
positive pole Pluspol *m*
positive rotary pump Drehkolbenpumpe *f* [prc]
positive stop Festanschlag *m* [tec]
positive terminal Pluspol *m* (Batterie) [elt]
positively actuated zwangsläufig (in erwünschter Weise)
positively charged positiv geladen [elt]
positively detectable defect sicher auffindbarer Fehler *m*
positively driven zwangsgeführt [tec]
positively guided zwangsgeführt [tec]
possess besitzen *v*
possession Besitz *m* (Eigentum)
possessor Inhaber *m*
possibilities to position Verstellmöglichkeit *f*
possibility Möglichkeit *f*
possibility of adjusting Verstellmöglichkeit *f*
possibility of return Rückgabemöglichkeit *f*
possibility of voicing views Äußerungsmöglichkeiten *pl*
possibility to position Verstellmöglichkeit *f*
possible etwaig (mögliche Ansprüche); möglich
possible application Verwendungsmöglichkeit *f*
possible, best - optimal (am besten)
post Stange *f* (Pfosten); Strebe *f* (Pfosten); Mast *m* (Lampenmast); Pfahl *m* (Mast); Pfosten *m*

post office tower Fernmeldeturm *m* [edv]
post-edit nachredigieren *v* (einen Text)
post-fermentation Nachgärung *f* [bio]
post-irradiation Nachbestrahlung *f*
postage Postgebühr *f*
postal address Postanschrift *f*
postal code Postleitzahl *f*
postal money order Postanweisung *f*
posterity Nachwelt *f*
postpone verlegen *v* (verschieben)
pot Büchse *f* (Behälter); Kochtopf *m*
pot furnace Tiegelofen *m* [roh]
pot life Gebrauchsdauer *f*; Lagerbeständigkeit *f* (Lebensdauer); Topfzeit *f* (Klebstoffverarbeitung) [wer]; Verarbeitungszeit *f* (z.B. Farbe) [wer]
pot lining Tiegelauskleidung *f* [met]
pot metal Hüttenglas *n* [met]
pot wheel Topfrad *n* [tec]
potable water Trinkwasser *n* [was]
potable water network Trinkwassernetz *n* [was]
potash Pottasche *f* [che]
potash fertilizer Kalidüngemittel *n* [che]
potash fusion Kalischmelze *f* [che]
potash melt Kalischmelze *f* [che]
potash mine Kalibergwerk *n* [roh]
potash nitre Kalisalpeter *m* [che]
potash salt Kalisalz *n* [che]
potash soap Schmierseife *f* [met]
potash works Kaliwerk *n* [che]
potassic kalihaltig; kaliumhaltig
potassiferous kalihaltig; kaliumhaltig
potassium Kalium *n* (chem. El.: K) [che]
potassium borate glass Kaliumboratglas *n* [che]
potassium fertilizer Kalidünger *m* [che]
potassium metal Kaliummetall *n* [che]
potassium mine Kalibergwerk *n* [roh]
potassium nitrate Kalisalpeter *m* [che]
potassium salt Kalisalz *n* [che]; Kaliumsalz *n* [che]
potent stark
potential potentiell
potential Potential *n* [phy]
potential danger Gefährdungspotential *n* ((variant)); Gefährdungspotenzial *n*
potential difference Potentialdifferenz *f*
potential divider Spannungsteiler *m* [elt]
potential energy potentielle Energie *f* [phy]
potential gradient Potentialabfall *m* [elt]
potential law Potenzgesetz *n* [mat]
potential measurement Potentialmessung *f* [any]
potential shift Potentialverschiebung *f* [elt]
potential to cause harm Gefährdungspotential *n* ((variant)); Gefährdungspotenzial *n*
potential, independent of the - potentialunabhängig [elt]
potential, theory of - Potentialtheorie *f* [che]
potentiometer Drehwiderstand *m* [elt]; Kompensator *m* [elt]; Potentiometer *n* [any]
potentiometer drive unit Potentiometerantrieb *m* [elt]

potentiometric recorder Kompensationsschreiber *m* [any]
potentiometry Potentiometrie *f* [any]
pothole Schlagloch *n* (in Straße) [tra]
potholed road zerfahrene Straße *f* (z.B. Schlaglöcher) [tra]
potter Töpfer [wer]
potter's earth Ton *m* [min]
pottery Keramik *f* [met]; Steingut *n* [met]; Steinzeug *n* [met]; Tonwaren *pl*
pouch Tasche *f*
pound Pfund *m*
pound stampfen *v* (stoßen); stoßen *v* (zerstoßen); zerstoßen *v*
pour abgießen *v*; füllen *v* (schütten); gießen *v* (in Formen) [wer]; schütten *v*; strömen *v*; umgießen *v*
pour concrete einbringen *v* (Beton) [bau]; gießen von Beton *v* [bau]
pour in eingießen *v*; einströmen *v*; hereinströmen *v*; hineinschütten *v*
pour into einfüllen *v*
pour into another container umschütten *v*
pour off dekantieren *v*
pour on aufschütten *v* [mbt]; zuschütten *v*
pour out ausgießen *v*; auskippen *v*; ausschütten *v*; entströmen *v*; ergießen *v*; herausströmen *v*; vergießen *v*
pour point Fließpunkt *m* (Aggregatzustand Metall) [met]; Stockpunkt *m* [che]
pour through durchgießen *v*
pour together zusammenschütten *v*
pourability Gießbarkeit *f* (Beton) [met]
pourable gießbar (Beton) [met]
poured gegossen [wer]
poured asphalt Gussasphalt *m* [bau]
pouring Guss *m* (Gießen) [wer]; Gießen *n* [wer]
pouring compound Gussmasse *f* [met]
pouring down gießen *v* (regnen) [wet]
pouring in Eingießen *n*
pouring on Aufschüttung *f* [bod]
pouring temperature Gießtemperatur *f* [met]
poverty Armut *f*; Nährstoffmangel *m* [bff]
powder Puder *m*; Staub *m* (Pulver); Pulver *n*
powder pulverisieren *v*; zerreiben *v* [prc]
powder application equipment Bepuderungsmaschine *f*
powder coating Pulverbeschichtung *f* [met]
powder extinguisher Trockenfeuerlöscher *m*
powder fire extinguisher Pulverlöscher *m* (Feuerlöscher); Trockenfeuerlöscher *m*
powder flame spraying Pulverflammspritzen *n* [wer]
powder metallurgy Pulvermetallurgie *f*
powder paint Farbe in Pulverform *f* [met]
powder room Toilette *f* (Damen) [bau]
powder, abrasive - Schmirgel *m* [met]; Schleifpulver *n* [met]
powder-based paint Pulverlack *m* [met]
powder-based varnish Pulverlack *m* [met]
powder-coated pulverbeschichtet [met]

powder-dry pulvertrocken
powder-shaped material Staubgut *n*
powdered pulverisiert; staubförmig
powdered activated carbon Pulveraktivkohle *f* [met]
powdered coal Pulverkohle *f* [roh]
powdered glass Glasstaub *m*
powdered graphite Grafitstaub *m* ((variant)); Graphitstaub *m*
powdered graphite and kerosene mixture Öl-Graphitdichtmasse *f* [tec]
powdered limestone Kalksteinmehl *n* [met]
powdery pulverförmig; pulverig
power hoch (z.B. 11 hoch 3) [mat]
power Energie *f* [pow]; Fähigkeit *f*; Gewalt *f*; Kraft *f* [phy]; Leistung *f* [phy]; Potenz *f* [mat]; Stärke *f* (Kraft); Stromstärke *f* [elt]
power treiben *v* (antreiben) [pow]
power amplifier Endstufe *f* (Verstärker-) [elt]; Leistungsverstärker *m* [elt]
power arm Kraftarm *m* [phy]
power assisted steering Hilfskraftlenkung *f* [tra]
power balance Energiebilanz *f* [pow]
power balance chart Leistungsbilanz *f* (Geräte mit Grenzlast) [mbt]
power brake Bremskraftverstärker *m* [tra]
power cable Stromleitung *f* [elt]; Leistungskabel *n* [elt]; Netzkabel *n* [elt]; Starkstromkabel *n* [elt]
power capacitor Starkstromkondensator *m* [elt]
power car Triebwagen *m* (hier Motorwagen) [tra]
power condenser Leistungskondensator *m* [elt]
power conductor Starkstromleitung *f* [elt]
power connection Netzanschluss *m* [elt]; Stromanschluss *m* [elt]
power consumer Energieverbraucher *m* [pow]; Stromverbraucher *m* (Kunde) [elt]
power consuming device Verbraucher *m* (Gerät) [elt]
power consumption Leistungsaufnahme *f*; Leistungsaufnahme *f* (des Motors, Geräts) [tra]; Netzentnahme *f* (Strom-, Gasverbrauch) [pow]; Energieverbrauch *m* [pow]; Kraftverbrauch *m* [tra]; Leistungsverbrauch *m*; Stromverbrauch *m* [elt]
power control Leistungsregelung *f* (z.B. Motor, Pumpe)
power costs Stromerzeugungskosten *pl* [eco]
power counter, real - Wirkleistungszähler *m* [any]
power current Starkstrom *m* [elt]
power current distribution Starkstromverteilung *f* [elt]
power demand Leistungsbedarf *m*
power diode Leistungsdiode *f* [elt]
power dissipation Verlustleistung *m* (Transistor) [elt]
power distribution Energieverteilung *f* [pow]; Leistungsverteilung *f*
power distribution network Verteilungsnetz *n* [elt]
power down abschalten *v* (herunterfahren) [pow]; ausschalten *v*
power drive Kraftantrieb *m* [pow]
power driven construction kraftbetriebene Anlage *f* [pow]

power drop Leistungsabfall *m*
power electronics Leistungselektronik *f* [elt]
power engine Kraftmaschine *f* [tra]
power equipment Antriebsaggregat *n* [pow]
power factor Leistungsfaktor *m*; Wirkfaktor *m*
power failure Netzausfall *m* [elt]; Stromausfall *m* [elt]
power feed Energiezufuhr *f* [pow]
power flow Krafteinleitung *f* (z.B. Kraft vom Motor) [tra]
power frequency Netzfrequenz *f* [elt]
power fuel Betriebsstoff *m* [pow]; Treibstoff *m* [met]
power gain Leistungsverstärkung *f* [elt]
power gas Treibgas *n* [pow]
power gear Lastgetriebe *n* [tec]
power generation Energieerzeugung *f* [pow]; Krafterzeugung *f*
power generation unit Stromaggregat *n* [pow]
power generator Ersatzgenerator *m* [elt]
power increase Kraftverstärkung *f* [tra]
power input Anschlussleistung *f* [pow]; Antriebsleistung *f* [pow]; Leistungsaufnahme *f*; Leistungsaufnahme *f*
power input, mechanical - mechanische Antriebsleistung *f* [pow]
power jet Treibstrahl *m*
power level, acoustic - Schallleistungspegel *m* [aku]
power limit control Grenzlastregelung *f*
power limit control valve Grenzlastregelventil *n* [prc]
power limitation Leistungsbegrenzung *f*
power line Kraftleitung *f* [elt]; Starkstromleitung *f* [elt]; Stromleitung *f* [elt]; Überlandleitung *f* (auch Baustelle) [elt]
power line connection Netzanschluss *m* [elt]
power line tower Kraftleitungsmast *m* [elt]
power loss Verlustleistung *f* [pow]; Leistungsverlust *m*
power mains Leitungsnetz *n* (Elektrizität) [elt]
power measurement Leistungsmessung *f* [any]
power meter Leistungsmesser *m* [any]
power metering regulator Grenzlastregler *m* [elt]
power of attorney Vollmacht *f* [jur]
power of procuration Prokura *f* [eco]
power of recoil Rückstoßkraft *f* [phy]
power operation Leistungsbetrieb *m*
power outlet Netzsteckdose *f* [elt]
power outlet, general - Steckdose *f* [elt]
power output Ausgangsleistung *f* [pow]; Energieausbeute *f* [pow]; Leistungsabgabe *f*; Leistungsausgang *m* [tra]
power pack Stromversorgung *f* (eines Gerätes) [elt]; Netzgerät *n* [elt]; Netzteil *n* [elt]
power pack, hydraulic - Hydraulikaggregat *n* [tec]
power pipeline Druckwasserleitung *f* [was]
power piping Hochdruckrohrleitung *f* [prc]
power piston Kraftkolben *m* (Ventil) [prc]
power plant Kraftanlage *f* [pow]; Kraftwerkanlage *f* [pow]; Kraftwerk *n* [elt]
power plant equipment Kraftwerkausrüstung *f* [pow]

power plant, clean - umweltfreundliches Kraftwerk *n* [pow]
power plant, conventional - konventionelles Kraftwerk *n* (Gegensatz zu Kernkraftwerken) [pow]
power plant, hydraulic - Wasserkraftanlage *f* [pow]
power plant, large - Großkraftwerk *n* [pow]
power plug Netzstecker *m* [elt]
power pump Motorpumpe *f* [tra]
power rating Nennleistung *f* [pow]
power regulation Leistungsregelung *f* (z.B. Motor, Pumpe)
power regulator Leistungsregler *m* [elt]
power relay Leistungsrelais *n* [elt]
power requirement Kraftbedarf *m*; Leistungsbedarf *m*
power reserve Gangreserve *f* (Uhr) [tec]
power room Maschinenraum *m* [bau]
power sander Motorschleifer *m* [wzg]
power saving Kraftersparnis *f*
power saw Motorsäge *f* [wzg]
power sensor Kraftsensor *m* [any]
power series Potenzreihe *f* [mat]
power set Stromaggregat *n* [elt]
power shift transmission Lastschaltgetriebe *n* [tra]
power socket Netzsteckdose *f* [elt]
power source Stromquelle *f* [elt]
power station Kraftanlage *f* [pow]; Kraftstation *f* [pow]; Elektrizitätswerk *n* [elt]; Kraftwerk *n* [pow]
power station boiler Kraftwerkskessel *m* [pow]
power station, clean - umweltfreundliches Kraftwerk *n* [pow]
power station, conventional - konventionelles Kraftwerk *n* (Gegensatz zu Kernkraftwerken) [pow]
power steering Fremdkraftlenkung *f* (Hilfskraftlenkung); Hilfskraftlenkung *f* [tra]; Servolenkung *f* [tra]
power stroke Arbeitshub *m* (des Zylinders) [tra]
power supply Einspeisung *f* (Stromzuführung) [pow]; Energieversorgung *f* (elektrisch) [pow]; Netzversorgung *f* [elt]; Spannungsversorgung *f* [elt]; Stromabgabe *f* [elt]; Stromlieferung *f* [elt]; Stromversorgung *f* [elt]; Stromzufuhr *f* (Leitungen für Versorgung) [elt]; Energieanschluss *m* [elt]; Netzanschluss *m* [elt]; Netzgerät *n* [elt]
power supply cable Zuleitung *f* [elt]
power supply cables elektrische Zuleitung *f* [elt]
power supply during the night Nachtlast *f* [pow]
power supply plug Netzsteckdose *f* [elt]
power supply unit Netzgerät *n* [elt]; Netzteil *n* [elt]; Stromversorgungsgerät *n* [elt]
power surge Stromstoß *m* [elt]
power switch Leistungsschalter *m* [elt]
power system Netz *n* (Versorgung) [pow]; Starkstromnetz *n* [elt]; Stromnetz *n* [elt]
power take off Zapfwelle *f* (zusätzliche Kraftabnahme) [tra]
power take-off Nebenabtrieb *m* [pow]
power take-off end Abtriebsseite *f* [pow]
power take-off gear for pumps Pumpenverteilergetriebe *n* [prc]

power take-off, central - zentrischer Nebenantrieb *m* [tra]
power take-up Leistungsaufnahme *f*
power to give instructions Weisungsrecht *n* [eco]
power train Kraftübertragung *f* (v. Motor bis Räder) [tra]; Antrieb *m* (Kraftfluss Motor bis Rad) [tra]; Kraftfluss *m* (Kraftübertragung) [tra]
power transformer Leistungstransformator *m* [elt]; Netztransformator *m* [elt]
power transistor Leistungstransistor *m* [elt]
power transmission Energieübertragung *f* [pow]; Kraftübertragung *f* [phy]; Kraftfluss *m* (Kraftübertragung) [tra]
power triangle Kraftdreieck *n* [phy]
power unit Antrieb *m* [tra]; Antriebsmotor *m* [pow]; Motor *m* (Antriebsmotor) [mbt]; Netzteil *n* [elt]; Triebfahrzeug *n* [tra]
power unit bearing Motorlager *n* [pow]
power water Druckwasser *n*
power winch Kraftwinde *f*
power, absorbing - Absorptionskraft *f* [phy]
power, absorptive - Absorptionsvermögen *n* [phy]
power, acoustical - Schallenergie *f* [phy]
power, active - Wirkleistung *f* [elt]
power, adhesive - Adhäsionskraft *f* [phy]; Haftfestigkeit *f* [met]; Haftkraft *f* [phy]; Haftvermögen *n* [phy]
power, apparent - scheinbare Leistung *f* [elt]; Scheinleistung *f* [pow]
power, average - mittlere Leistung *f* [phy]
power, real - Wirkleistung *f* [elt]
power, unit of - Krafteinheit *f* [phy]
power-and-heat integration Kraft-Wärme-Kopplung *f* [pow]
power-driven angetrieben durch Motor [pow]; betätigt, mechanisch -; kraftbetrieben [tra]; maschinell angetrieben [tec]; mechanisch betätigt; motorgetrieben [pow]
power-input Eingangsleistung *f* [elt]
power-on time Betriebszeit *f* (Gerät, Anlage)
power-shift gear Lastschaltwendegetriebe *n* [tra]
power-shift transmission Lastschaltwendegetriebe *n* (vorwärts/rückwärts) [tra]
powered angetrieben
powered hand drill Bohrmaschine *f* [wzg]
powerful kräftig; leistungsfähig; leistungsstark; mächtig (stark) [pow]; schlagkräftig; stark (kräftig)
powers Kompetenz *f* (Zuständigkeit) [jur]
powers of discretion Ermessensspielraum *m* [jur]
practicability Anwendbarkeit *f*; Brauchbarkeit *f*; Durchführbarkeit *f*
practicable durchführbar; möglich (wo es möglich ist)
practical praktikabel (durchführbar) [eco]; praktisch; praxisbezogen
practical application Nutzanwendung *f*
practical application, suitable for - praxisgerecht
practical experience Betriebserfahrung *f*
practice Ausübung *f*; Praxis *f*

practice ausüben *v* (einen Beruf, etwas tun)
practice chemistry laborieren *v*
practice of public authorities Behördenpraxis *f*
practise praktizieren *v* ((B)); üben *v*
practised erfahren
praseodymium Praseodym *n* (chem. El.: Pr) [che]
pre-alloy Vorlegierung *f* [met]
pre-amplifier Vorverstärkerstufe *f* [elt]; Vorverstärker *m* [elt]
pre-assemble vormontieren *v* [wer]
pre-assembled vormontiert [wer]
pre-assembly Vormontage *f* [wer]
pre-classification Vorsortierung *f* [roh]
pre-classification screen Vorklassiersieb *n* (vor dem Brecher) [roh]
pre-classifying Vorsortieren *n* [roh]
pre-commissioning checks Probelauf *m* [pow]
pre-control device Vorsteuerung *f* [pow]
pre-control pilot valve Vorsteuerschieber *m* [pow]
pre-control piston Vorsteuerkolben *m* [pow]
pre-cut vorschneiden *v* [wer]
pre-delivery check Eingangskontrolle *f* (vor Übergabe) [eco]
pre-delivery inspection Endkontrolle *f* (Ausgangskontrolle)
pre-dialling code Vorwählnummer *f* (beim Telefon) [edv]
pre-evaporation Vorverdampfung *f* [pow]
pre-evaporator Vorverdampfer *m* [pow]
pre-evaporator heating surface Vorverdampferheizfläche *f* [pow]
pre-evaporator tube Vorverdampferrohr *n* [pow]
pre-expansion chamber Auspuffvorschalldämpfer *m* [aku]
pre-glow vorglühen *v* [wer]
pre-ignite vorglühen *v* [wer]
pre-ignition Frühzündung *f* [tra]; Frühzündung *f* [tra]; Glühzündung *f* [tra]
pre-industrial vorindustriell
pre-investment study Projektstudie *f*; Vorstudie *f* (Kostenvoranschlag) [eco]
pre-natal pränatal
pre-painted bandlackiert (z.B. Blech) [met]
pre-position mechanisch voreinstellen *v* [wer]
pre-pressed vorgedrückt [wer]
pre-production Vorserie *f* [edv]
pre-programme vorprogrammieren *v*
pre-purification Vorklärung *f* [was]
pre-purified vorgereinigt
pre-purify vorreinigen *v*
pre-recorded version Playback *n* [edv]
pre-scalping Vorabscheidung *f* [roh]
pre-screener Vorabscheider *m* (säubert, filtert) [tra]; Vorsieb *n* [prc]
pre-screening Vorabsiebung *f* [prc]
pre-sealing Vordichtung *f* (Kolbenstangendichtung) [tra]
pre-series type Vorserienbauform *f* [tec]
pre-set eingestellt (auf vorgegebenen Wert);

vorbestimmt (eingestellt, bereitet) [tra]; vorgespannt (eingestellt, festlegt) [wer]
pre-set einstellen *v* (vorher festsetzen)
pre-set counter Vorwahlzähler *m* [elt]
pre-set gas pressure Gasvorspanndruck *m*
pre-set value eingestellter Wert *m*; vorgegebener Wert *m*
pre-sort vorsortieren *v*
pre-sorted vorsortiert [roh]
pre-stressed vorgesprengt (absichtlich gebogen) [wer]
pre-stressed spring vorgespannte Feder *f* [tec]
pre-superheater Vorüberhitzer *m* [pow]
pre-treatment Vorbehandlung *f* [wer]
pre-trip alarm Voralarm *m*
pre-turned vorgedreht (auf Drehbank) [wer]
preamble Einleitung *f* (Text)
preboring Testbohrung *f* [roh]; Versuchsbohrung *f*
precalcination Vorkalzinierung *f* [roh]
precalculate vorausberechnen *v*; vorkalkulieren *v* [eco]
precalculation Vorkalkulation *f* [eco]
precast fabrikgefertigt (Bauteile); vorgefertigt [bau]
precast component vorgefertigtes Bauelement *n*
precast floor Fertigdecke *f* [bau]
precast slab Fertigbetonplatte *f* [bau]
precasting plant Betonwerk *n* [bau]
precaution Vorsichtsmaßnahme *f*; Vorsorge *f*
precaution against fire Brandschutzmaßnahme *f* (Arbeitssicherheit)
precaution principle Vorsorgeprinzip *n*
precautionary vorsorglich
precautionary cover Deckungsvorsorge *f* (Arbeitssicherheit) [jur]
precautionary measure Schutzmaßnahme *f* (Arbeitssicherheit); Sicherheitsmaßnahme *f*; Vorsichtsmaßnahme *f*; Vorsorgemaßnahme *f*
precautionary principle Vorsorgeprinzip *n*
precautions Sicherheitsmaßnahme *f* (Arbeitssicherheit); Vorkehrungen *pl*
precede vorangehen *v*
precedence of Community law Vorrang von EG Recht *m* [jur]
preceding vorhergehend
preceding sign Vorzeichen *m*
precept Gebot *n* (Grundsatz)
precious edel (wertvoll)
precious metal Edelmetall *n* [met]
precious stone Edelstein *m* [min]
precious wood Edelholz *n* [met]
precipice Hang *m* (Abhang)
precipitability Ausfällbarkeit *f*; Fällbarkeit *f* [che]
precipitable abscheidbar [che]; ausfällbar; fällbar [che]
precipitant Fällmittel *n* [was]; Fällungsmittel *n* [was]; Niederschlagsmittel *n*
precipitant dosing Fällungsmitteldosierung *f* [was]
precipitate Ablagerung *f* (Niederschlag, Fällung) [rec]; Ausfällung *f* [che]; Ausscheidung *f* [che];

Fällung *f* (Niederschlag); Bodenkörper *m* [che]; Bodensatz *m* (Niederschlag) [che]; Niederschlag *m* (stofflich) [air]; Satz *m* (Niederschlag) [che]; Abscheidungsprodukt *n* [che]; Fällprodukt *n* [was]; Fällungsprodukt *n* [che]
precipitate abscheiden *v* (ausfällen, absetzen) [prc]; absetzen *v* (abscheiden, ausfällen) [prc]; ausfällen *v* (abscheiden, absetzen) [che]; ausscheiden *v* [che]; fällen *v* (ausfällen) [che]; niederschlagen *v* (stofflich) [air]; sedimentieren *v* [che]
precipitated abgeschieden (niedergeschlagen) [prc]; abgesetzt (Feststoff)
precipitated product Ausscheidungsprodukt *n* [met]
precipitating Ausfällen *n* [che]
precipitating agent Ausfällmittel *n* [che]; Fällmittel *n* [was]; Fällungsmittel *n* [was]; Niederschlagsmittel *n*
precipitating bath Fällbad *n* [was]
precipitating liquid Fällflüssigkeit *f* [was]
precipitating process Niederschlagsverfahren *n*
precipitating vessel Fällkessel *m* [was]; Absetzgefäß *n* [was]
precipitation Abgasentstaubung *f* [air]; Abscheidung *f* (Abtrennung); Ausfällung *f* [che]; Ausscheidung *f* [che]; Entstaubung *f* [air]; Fällung *f* [che]; Sedimentation *f* [che]; Niederschlag *m* (Regen) [wet]; Niederschlag *m* (stofflich) [air]; Ausfällen *n* [che]
precipitation analysis Fällungsanalyse *f* [any]
precipitation apparatus Fällapparat *m* [was]
precipitation hardening Ausscheidungshärtung *f* [wer]
precipitation method Fällmethode *f* [was]; Fällungsverfahren *n* [was]
precipitation of impurities Ausfällung von Verunreinigungen *f* [che]
precipitation plant Fällungsanlage *f* [was]
precipitation polymerization Fällungspolymerisation *f* [che]
precipitation process Fällungsverfahren *n* [was]
precipitation reaction Fällungsreaktion *f* [che]
precipitation tank Klärtank *m* [was]; Absetzbecken *n* [was]
precipitation test Absetzversuch *m* [any]
precipitation water Niederschlagswasser *n*
precipitation, acidic - saurer Niederschlag *m* [wet]
precipitator Abscheider *m* (Staub) [che]; Ausfällapparat *m*; E-Filter *m* (Entstaubung) [air]; Staubabscheider *m* [air]
precipitator efficiency Abscheidungsgrad *m* (Filterwirkungsgrad.) [air]
precipitator piping Entstauberleitungen *pl* [air]
precipitator, electrostatic - Elektroabscheider *m* [air]; Elektrofilter *m* [air]; Elektrostaubabscheider *m* [air]
precise genau; präzise
precise setting Feineinstellung *f* [tec]
precision feinmechanisch [tec]; feinmechanisch [tec]
precision Genauigkeit *f*; Präzision *f*; Genauigkeitsgrad *m*

precision adjusting valve Feinstellventil *n* [prc]
precision adjustment Feineinstellung *f* [tec]
precision balance analytische Waage *f* [any]
precision bearing Präzisionslager *n* [tec]
precision bolt Passschraube [tec]
precision casting Feinguss *m* [met]; Präzisionsguss *m* [met]
precision control Feinsteuerung *f* (Kriechgangsteuerung) [tra]; Genauigkeitsprüfung *f* [any]
precision engineering Feinmechanik *f* [tec]; Feinwerktechnik *f* [tec]
precision engineering instrument feinmechanisches Gerät *n* [tec]
precision gear Kriechgang *m* (von Fahrzeugen) [tra]
precision gear shifting Kriechgangschaltung *f* (von Fahrzeugen) [tra]
precision instrument Präzisionsinstrument *n* [any]
precision investment casting Präzisionsguss *m* [met]
precision lathe Präzisionsdrehbank *f* [wzg]
precision manometer Präzisionsmanometer *n* [any]
precision measurement Präzisionsmessung *n* [any]
precision measuring Präzisionsmessung *f* [any]
precision measuring instrument Feinmessgerät *n* [any]; Präzisionsmessinstrument *n* [any]
precision mechanics Feinmechanik *f* [tec]; Feinmechanik *f* [tec]
precision positioning Feinpositionierung *f* [tec]
precision rectifier Präzisionsgleichrichter *m* [elt]
precision resistor Präzisionswiderstand *m* [elt]
precision setting Feineinstellung *f* [tec]
precision steel pipe Präzisionsstahlrohr *n* [met]
precision thread Feingewinde *n* [tec]
precision tool Präzisionsinstrument *n* [wzg]
precision weighing equipment Präzisionswaage *f* [any]
precision work Feinarbeit *f* [tec]
precision, short - einfache Genauigkeit *f* (Gleitkommazahlen) [mat]
precleaner Vorabscheider *m* (trennt Flüssigkeiten) [prc]; Vorreiniger *m* [met]
precleaning Vorklärung *f* [was]
preclude ausschließen *v*
preclusion Ausschließung *f*; Ausschluss *m*
precoat Anschwemmschicht *f* [was]; Voranstrich *m* [met]
precoat grundieren *v* [wer]
precoat filter Anschwemmfilter *m* [was]
precombustion Vorverbrennung *f*
precombustion chamber Vorkammer *f* (Motor) [tra]
precompress vorverdichten *v* (Gas)
precondition Vorbedingung *f*
preconditions of a licence Genehmigungsvoraussetzungen *pl* [jur]
preconsolidate vorverdichten *v* (mechanisch) [bod]
preconsolidation Vorkonsolidierung *f* [bod]; Vorverdichtung *f* (mechanisch) [bod]
preconstruct vorfertigen *v* [wer]
precool vorkühlen *v* [prc]

precooler Vorkühler *m* [prc]
precure vorbehandeln
precursor Vorgänger *m*; Vorläufer *m*
predecessor Vorgänger *m* (im Amt)
predefine festlegen *v* (vereinbaren)
predefinition Festlegung *f* (Vereinbarung)
predetermine vorausberechnen *v*; vorausbestimmen *v*
predetermined break point Sollbruchstelle *f* [tec]
predetermined breaking-point Sollbruchstelle *f* [tec]
predicament Zwangslage *f*
predicate Aussage *f*
predicate aussagen *v*
prediction Vorhersage *f*
predominant überlegen (beherrschend); überwiegend
predominate vorherrschen *v*
predrier Vortrockner *m* [prc]
predrying Vortrocknung *f* [prc]
prefab Fertighaus *n* [bau]
prefabricate vorfabrizieren *v*; vorfertigen *v* [wer]
prefabricated konfektioniert; vorgefertigt [wer]
prefabricated building Fertigbau *m* [bau]
prefabricated building component Baueinheit *f* [bau]
prefabricated component Element *n* (Einheit); Fertigbauteil *n* [bau]
prefabricated compound vorgefertigtes Bauteil *n*
prefabricated concrete floor Fertigdecke *f* [bau]
prefabricated construction Fertigteilbauweise *f* [bau]; Bauen mit Fertigteilen *n* [bau]
prefabricated element Fertigteil *n*
prefabricated girder Fertigteilträger *m* [bau]
prefabricated house Fertighaus *n* [bau]; vorgefertigtes Haus *n* [bau]
prefabricated part Fertigteil *n*
prefabricated sewage treatment installation Fertigbaukläranlage *f* [was]
prefabricated timber house Holzfertighaus *n* [bau]
prefabricated unit Element *n* (Einheit)
prefabricated window Fensterelement *n* [bau]
prefabricated window unit Fertigfenster *n* [bau]
prefabrication Anarbeitung *f* (z.B. Schneiden) [wer]; Fertigbauweise *f* [bau]; Vorfabrikation *f*; Vorfertigung *f* [wer]; Fertigbau *m* (Herstellung) [bau]
prefer vorziehen *v* (bevorzugen)
preferably vorzugsweise
preference Vorzug *m*
preferendum bevorzugtes Gebiet *n*
prefilter Vorfilter *m* [prc]
prefinish vorfertigen *v* [wer]
prefinisher Vorblock *m* (Drahtwalzen) [met]
prefix voranstellen *v*
prefix input Vorbereitungseingang *m*
prefix number Vorwahlnummer *f* (Telefon) [edv]
preform vorformen [wer]
preforming mould Saugform *f* [wer]
pregrind vormahlen *v* [prc]
pregrinding Vormahlbereich *m* [roh]; Vormahlen *n* [prc]

preheat anwärmen v [pow]; vorglühen v [wer]; vorglühen v (Motor) [tra]; vorheizen v; vorwärmen v
preheat indicator Glühüberwacher m [tra]
preheat of turbine Anwärmen der Turbine n [pow]
preheated angewärmt; vorgewärmt
preheated combustion air vorgewärmte Verbrennungsluft f [pow]
preheater Vorwärmer m [pow]
preheater resistor Glühkerzenwiderstand m [elt]
preheating Vorerhitzung f [pow]; Vorwärmung f; Anwärmen n [wer]
preheating furnace Vorwärmeofen m [prc]
preheating oven Vorwärmeofen m [prc]
preheating valve Vorwärmklappe f [tra]
prehistoric man Urmensch m
prehung door Fertigtür f [bau]
preinduced crack Anriss m [met]
preliminary einleitend; vorhergehend; vorläufig
preliminary alarm Voralarm m
preliminary breaking Vorzerkleinern n [roh]
preliminary calculation Vorkalkulation f [eco]
preliminary cleaning Vorreinigung f
preliminary decision Vorentscheidung f; Vorbescheid m
preliminary desiccation Vorentwässerung f [was]
preliminary design Vorentwurf m
preliminary drawing Entwurfszeichnung f [con]
preliminary drying Vortrocknung f [prc]
preliminary examination Voruntersuchung f
preliminary experiment Vorversuch m
preliminary heating Vorwärmung f
preliminary heating zone Vorwärmezone f [pow]
preliminary inquiry Ermittlungsverfahren n [jur]
preliminary investigation Vorstudie f; Voruntersuchung f; Ermittlungsverfahren n [jur]
preliminary mordant Vorbeize f [met]
preliminary operating conditions vorläufiger Betrieb m
preliminary plan vorläufiger Plan m
preliminary projection Vorprojektierung f
preliminary purification Vorreinigung f
preliminary purifier Vorreiniger m [met]
preliminary report Zwischenbericht m
preliminary result Zwischenergebnis n
preliminary sedimentation tank Vorklärbecken n [was]
preliminary separator Vorabscheider m [was]
preliminary stage of extension vorläufiger Ausbau m [pow]
preliminary study Entwurfsstudie f [con]; Vorstudie f
preliminary test Eignungsprüfung f; Vorprüfung f; Vorversuch m
preliminary treatment Vorbehandlung f [wer]
preliminary work Vorarbeit f
preload Vorspannung f (Feder) [tec]
preload vorspannen v (vorbelasten) [tec]
preload spring Spannfeder f [tec]
preloaded vorgespannt (Feder) [tec]
preloaded spring vorgespannte Feder f [tec]

preloading Verspannung f; Vorbelastung f
prelubrication Vorschmierung f [tec]
premachining Vorbearbeitung f [wer]
premagnetization Vormagnetisierung f [phy]
premature verfrüht (zu schnell, vorzeitig); vorzeitig
premise Prämisse f; Voraussetzung f
premises Gelände n (Industrie-) [geo]; Geschäftsräume pl [bau]
premium Prämie f [jur]; Beitrag m (Versicherungs-) [jur]; Superbenzin n [tra]
premium account Beitragskonto n [jur]
premium computation Beitragsberechnung f [jur]
premium grade motor spirit Superkraftstoff m [tra]
premium increase Prämienerhöhung f (Versicherung) [jur]
premium quoted due to changing Beitragsneufestsetzung f [jur]
premium, collect the - Beitrag erheben [jur]
premium, extra - Prämienzuschlag m [jur]
premium, raise the - Beitrag anheben [jur]
premix vormischen v [prc]
premix burner Injektorbrenner m [pow]; Vormischbrenner m [pow]
premixed vorgemischt
premixed plaster Fertigputz m [met]
premixed surfacing Mischbelag m
preparation Bereitung f; Darstellung f (Zubereitung) [che]; Erzeugung f; Herstellung f; Vorbereitung f; Zubereitung f [met]; Präparat n [che]
preparation of metal residues Aufbereitung von Metallrückständen f [met]
preparation of ore Erzaufbereitung f [roh]
preparation of the bath Badbeschickung f [prc]
preparation of the sludge Schlammaufbereitung f [was]
preparation of welds Schweißnahtvorbereitung f [wer]
preparation of wood Holzaufbereitung f [met]
preparation plant Aufbereitungsanlage f (Metall) [roh]; Vorbrechanlage f [roh]
preparation, method of - Herstellungsmethode f [wer]; Herstellungsverfahren n [wer]
preparation, time of - Vorbereitungszeit f
preparatory work Vorarbeit f
prepare ansetzen v [che]; aufbereiten v (Beton) [bau]; aufbereiten v (Kohle) [roh]; ausarbeiten v; darstellen v (durch Reaktion) [che]; erstellen v (einer Zeichnung) [con]; erzeugen v (zubereiten); herrichten v (zubereiten) [wer]; herstellen v (zubereiten) [wer]; mischen v (Baustoffe); präparieren v (bearbeiten); vorbereiten v; zubereiten v
prepare a balance Bilanz aufstellen v [eco]
prepare and finish a level Planum erstellen v [mbt]
prepare with tan lohen v [wer]
prepared bereit; einsatzbereit; zubereitet
preparing vorbereitend
prepayment account Anzahlungskonto n [eco]
prepayment coin telephone Münztelefon n [edv]
prepolymer Prepolymer n [che]

preprocessing Vorverarbeitung *f* [edv]
preprocessor Vorprogramm *n* (auch Vorübersetzer) [edv]
preprogrammed vorprogrammiert [edv]
prerequisite Voraussetzung *f*
prerogative Vorrecht *n* (erster, der aussucht) [jur]
prescription Vorschrift *f* (Anweisung)
prescription, period of - Verjährung *f* [jur]
preselection Vorwahl *f*; Vorwahl *f* (Schaltung) [pow]
preselection change Vorwählschaltung *f* [tra]
preselection counter Vorwahlzähler *m* [elt]
preselector gearbox Vorwählgetriebe *n* [tec]
presence Anwesenheit *f*; Gegenwart *f*
presence in the market Marktpräsenz *f* [eco]
present anwesend; gegenwärtig; momentan (zur Zeit)
present Gegenwart *f*
present darstellen *v* (schildern); einreichen *v*
present graphically grafisch darstellen *v*; graphisch darstellen *v* ((variant))
presentation Darstellung *f* (Darbietung); Kurvendarstellung *f*; Präsentation *f*; Vortrag *m* (Vortrag halten)
presentation of proof Beweisführung *f* [jur]
presentation of the evidence Beweisführung *f* [jur]
preservation Erhaltung *f*; Frischhaltung *f*; Konservierung *f* (z.B. für Seetransport); Tränkung *f* (Imprägnierung) [wer]; Schutzwald *m*; Haltbarmachung *n*
preservation agents Konservierungsmittel *n*
preservation of air from pollution Luftreinhaltung *f* [air]
preservation of food Lebensmittelkonservierung *f*
preservation of species Erhaltung der Artenvielfalt *f*
preservation of the environment Erhaltung der Umwelt *f*
preservation of the species Arterhaltung *f* [bff]
preservative keimtötendes Mittel *n* [che]; Konservierungsmittel *n*
preservative method Konservierungsmethode *f*
preserve aufheben *v* (aufbewahren); bewahren *v*; einkochen *v* (haltbar machen); erhalten *v* (bewahren); haltbar machen *v*; konservieren *v*; präparieren *v* (konservieren); retten *v* (erhalten); schützen *v* (beschützen); tränken *v* (imprägnieren) [wer]; wahren *v* (erhalten)
preserved food Konserve *f*
preservice examination Abnahmeprüfung *f* [any]
preservice inspection Nullprüfung *f* [any]
preserving agent Konservierungsstoff *m*
preserving package Frischhaltepackung *f*
preset voreinstellen *v*
preset load Vorbelastung *f* [tec]
presetting Voreinstellung *f*
presorting Vorsortierung *f* [roh]; Vorsortieren *n* [roh]
press Presse *f* (Verdichter) [wer]; Stanze *f* [wer]
press betätigen *v* (Schalter); drücken *v* (Druck ausüben); drücken *v* (Taste) [edv]; pressen *v* (drücken); stauchen *v* [wer]

press board Pressspan *m* [met]
press brake Biegemaschine *f* [wzg]
press button Taste *f* (Drucktaste); Druckknopf *m*
press cake Filterkuchen *m*
press charges klagen *v* (Klage erheben) [jur]
press down herabdrücken *v* (Kissen); niederdrücken *v* (Hebel)
press fit Passsitz *m* [tec]; Presssitz *m* [tec]
press fit einpressen *v* [wer]
press for barrels Fasspresse *f*
press in einpressen *v*
press into hineinpressen *v*
press mould Pressform *f* [wer]
press nut Einpressmutter *f* [tec]
press on andrücken *v*; aufpressen *v* [wer]
press out auspressen *v*
press power Presskraft *f* (der Abkantpresse) [wer]
press release Pressebericht *m*
press report Pressebericht *m* (allgemein)
press shrinking Presssitz *m* (Passungsart) [tec]
press switch Druckschalter *m*
press through durchpressen *v*
press together zusammendrücken *v*
press vehicle Pressmüllwagen *m* [rec]
press-stud Druckknopf *m*
pressable joint Pressverbinder *m* [elt]
pressboard Pressspanplatte *f* [met]
pressed gedrückt
pressed article Pressling *m*
pressed cage Blechkäfig *m* (Pendellager) [tec]
pressed glass Pressglas *n* [met]
pressed on eingepresst [wer]
pressed part Pressteil *m* [tec]; Stanzteil *n* [tec]
pressed steel body Pressstahlkörper *m* [met]
pressed steel frame Pressstahlrahmen *m* [tec]
pressed wood Pressholz *n* [met]
pressing dringend
pressing Pressung *f*; Abbügeln *n* (Dachbahnen) [bau]; Pressen *n* (Formgebung) [wer]; Pressteil *n*
pressing die Pressform *f* [wer]
pressing fixture Andrückvorrichtung *f* [tec]
pressing pliers Presszange *f* [wzg]
pressing power Pressdruck *m* [tec]
pressing-off fixture Abdrückvorrichtung *f* [any]
pressiometric test Seitendrucksondierung *f* [bau]
pressure Druck *m* [phy]
pressure accumulating bank Speicherbatterie *f* (Pneumatik, Hydraulik) [tec]
pressure accumulator Druckspeicher *m* (Pneumatik, Hydraulik) [tec]
pressure admission Beaufschlagung mit Druck *f*
pressure air-brake installation Druckluftbremsanlage *f* [tra]
pressure area Druckzone *f*
pressure at pitch line Zahndruck *m* (Zahnrad) [tec]
pressure at rest Ruhedruck *m*
pressure balance Druckwaage *f* [any]
pressure block Druckstück *n* [tec]
pressure blow Druckschlag *m* [prc]

pressure boosting plant Druckerhöhungsanlage *f* [prc]
pressure bottle Druckflasche *f*
pressure box Druckdose *f* [any]
pressure brake, air - Überdruckbremse *f* [tra]
pressure build-up Druckaufbau *m* [phy]
pressure burst Bersten *n* (unter Druck)
pressure cable lug Presskabelschuh *m* [elt]
pressure casting Pressguss *m* [met]
pressure cell Druckmessdose *f* [any]
pressure chamber Druckkammer *f* [prc]; Druckbehälter *m* [prc]
pressure characteristic Druckverlauf *m*
pressure circulation lubrication Druckumlaufschmierung *f* [tec]
pressure compensator hydraulische Druckwaage *f* (Hydraulik) [tec]; Nullhubregler *f* (Hydraulik) [tec]
pressure component Druckkomponente *f* [phy]
pressure container Druckbehälter *m* [prc]
pressure control device Druckregler *m* [tec]
pressure control spring Druckregulierfeder *f* [tec]
pressure control valve Druckbegrenzungsventil *n* [tra]; Druckhalteventil *n* [prc]; Druckminderventil *n* [prc]; Druckreduzierventil *n* [prc]
pressure controller Druckregler *m*
pressure converter Druckwandler *m*
pressure cut-off Druckleistungsabschneidung *f* [tra]
pressure cut-off valve Druckabschaltventil *n* [tec]
pressure cylinder Druckdose *f* [any]; Druckzylinder *m*
pressure decay Druckabbau *m* [phy]
pressure decrease Druckabsenkung *f* [phy]; Druckverminderung *f*
pressure detector Drucksonde *f* [any]; Drucksensor *m* [any]
pressure die casting Druckguss *m* [wer]; Pressguss *m* [met]
pressure difference Druckdifferenz *f* [phy]; Druckunterschied *m* [phy]
pressure differential valve Druckausgleichsventil *n* [prc]
pressure dip Druckeinbruch *m* (Kessel) [pow]
pressure disc Druckscheibe *f* [tec]
pressure discharge Druckentwässerung *f* [was]
pressure distillation Druckdestillation *f* [che]
pressure distribution Druckverteilung *f*
pressure drop Druckminderung *f*; Druckverminderung *f*; Druckabfall *m* [phy]; Druckverlust *m*; Strömungswiderstand *m* [prc]; Druckgefälle *n*
pressure drum filter Drucktrommelfilter *m*
pressure equalization Druckausgleich *m*
pressure equalizing hole Druckausgleichsbohrung *f* [prc]
pressure equalizing valve Druckausgleichventil *n* [prc]
pressure expansion Druckentspannung *f*
pressure expansion plant Druckentspannungsanlage *f*
pressure extrusion welding, cold- Fließpressschweißen *n* [wer]
pressure filter Druckfilter *m*
pressure filtration Druckfiltration *f*
pressure finger Drucksteg *m* [pow]
pressure firing Druckfeuerung *f* [pow]
pressure flange Abpressflansch *m* [any]
pressure flask Druckflasche *f*; Druckkolben *m* [che]
pressure flow curve Druckdurchsatzkurve *f*
pressure fluctuation Druckschwankung *f*
pressure force Druckkraft *f* [phy]
pressure gas Druckgas *n*
pressure gas producer Druckgaserzeuger *m*
pressure gas welding Gaspressschweißen *n* [wer]
pressure gas welding, closed square - geschlossenes Gaspressschweißen *n* [wer]
pressure gauge Druckanzeige *f* (Manometer) [any]; Dampfmesser *m* [any]; Druckaufnehmer *m* [any]; Druckmesser *m* [any]; Druckmessgerät *n* [any]; Manometer *n* [any]
pressure gauge connection Druckmessanschluss *m* [any]
pressure gauge coupling Manometerverschraubung *f* [any]
pressure gauge isolator valve Manometerabsperrventil *n* [any]
pressure gauge throttle Manometerdrossel *f*
pressure governor Druckregler *m*
pressure gradient Druckgefälle *n*
pressure grease lubrication Pressfettschmierung *f* [tec]
pressure gun Fugenfüllpistole *f* [wzg]
pressure head Förderhöhe *f* (Pumpe)
pressure head, hydraulic - Wasserdruckhöhe *f* [was]
pressure hood Druckhaube *f* (an Pumpe) [prc]
pressure hose Druckschlauch *m* [prc]
pressure increase Drucksteigerung *f*; Druckzunahme *f*
pressure indicator Druckanzeiger *m* [any]
pressure injector Luftinjektor *m* [air]
pressure intensifier Druckübersetzer *m* (Hydraulik) [tec]
pressure limiting Druckbegrenzung *f*
pressure line Druckleitung *f* [prc]; Drucklinie *f* [phy]
pressure load Druckbelastung *f*
pressure loss Druckabfall *m* [phy]; Druckverlust *m*
pressure lubricated bearing Lager mit Druckölschmierung *n* [tec]
pressure lubrication Druckölschmierung *f* [tec]; Druckschmierung *f* [tec]; Pressschmierung *f* [tec]
pressure lubricator Pressöler *m* [tec]
pressure make-up valve Vorspannventil *n* [tec]
pressure manifold, air - Pressluftanschluss *m* [air]
pressure measurement Druckmessung *f* [any]
pressure measuring device Druckmesseinrichtung *f* [any]
pressure measuring pipe Druckmessleitung *f* [any]
pressure mode Druckbetrieb *m* [pow]
pressure monitor Druckwächter [any]
pressure monitoring Drucküberwachung *f* [any]

pressure of the air atmosphärischer Druck *m* [phy]
pressure oil lubrication Druckölschmierung *f* [tec]
pressure oil pipe Druckölleitung *f*
pressure oil wash Druckölwäsche *f* [air]
pressure oiler Druckschmierkopf *m* [tec]
pressure oiling Druckölschmierung *f* [tec]
pressure on bearing area Gelenkflächenpressung *f* [mbt]
pressure on prices Preisdruck *m* [eco]
pressure pack Aerosolverpackung *f*
pressure peak Druckspitze *f*
pressure per unit of area Flächenpressung *f* [tec]
pressure pipe Druckleitung *f* [prc]; Druckrohr *n*
pressure pipe reactor Druckröhrenreaktor *m* [prc]
pressure pipe tube Druckrohrstutzen *m* [prc]
pressure plate Andruckplatte *f*; Druckplatte *f*; Druckscheibe *f* (Druckplatte) [tec]; Druckstück *n* [pow]
pressure polymerization Druckpolymerisation *f* [che]
pressure port Druckanschluss *m* (Hydraulik) [tec]; Druckkanal *m* [prc]
pressure power Druckkraft *f* [phy]
pressure proof Drucksicherheit *f* [any]
pressure pulley Andrückrolle *f* [tec]
pressure pump Druckpumpe *f* [prc]
pressure ram Druckkolben *m* [bau]
pressure range Druckbereich *m*
pressure range, adjustable - einstellbarer Druckbereich *m*
pressure ratio Druckverhältnis *n*
pressure recorder Druckschreiber *m* [any]
pressure reducing Druckverringerung *f* (bei Dampfheizungen)
pressure reducing period Abfahrtzeit *f* [pow]
pressure reducing station Druckreduzierstation *f* [prc]; Reduzierstation *f* [prc]
pressure reducing valve Druckminderventil *n* [prc]; Entlastungsventil *n* [prc]; Reduzierventil *n* [prc]
pressure reduction Druckabsenkung *f* [phy]
pressure reduction valve Druckminderungsventil *n*
pressure regulation Druckregelung *f* [prc]
pressure regulator Druckregler *m*
pressure relief bore Entlastungsbohrung *f* (Druck-)
pressure relief equipment Druckentlastungseinrichtung *f*
pressure relief line Druckentspannungsleitung *f* [prc]
pressure relief tank Abblasetank *m*
pressure relief valve Druckminderventil *n* [prc]; Überdruckventil *n* [pow]
pressure reservoir Druckkessel *m* [prc]
pressure resistance Druckfestigkeit *f* [phy]
pressure return Druckrückführung *f* [tec]; Druckrückstellung *f* (Ventil) [tec]
pressure ring Verdichtungsring *m* [tra]
pressure rise Drucksteigerung *f*; Druckzunahme *f*; Druckanstieg *m* [phy]
pressure rivet Druckniet *m* [tec]
pressure roller Andrückrolle *f* [tec]; Druckrolle *f*

pressure roller block Andrückblock *m* [tec]
pressure safeguard Druckwächter *m* [any]
pressure screw Druckschraube *f* [tec]
pressure sensitive adhesive Haftklebstoff *m* [met]
pressure sensitive tape Haftklebeband *n* [met]
pressure sensor Drucksensor *m* [any]
pressure sensor and indicator Druckaufnehmer *m* [any]
pressure sequence valve Druckfolgeventil *n* [prc]; Druckzuschaltventil *n* (Hydraulik) [tec]
pressure setting, peak - Höchstdruckeinstellung *f* [tec]
pressure shell Druckschale *f*
pressure shock Überdruck *m* (kurzfristig auftretend) [tra]
pressure spring Druckfeder *f* [tec]
pressure stage Druckstufe *f* [prc]
pressure strain Druckbeanspruchung *f*
pressure strength Berstdruck *m*
pressure supercharger Druckerhöhungsanlage *f* [prc]
pressure surge Druckstoß *m*
pressure swing process Druckwechselverfahren *n*
pressure switch Druckschalter *m*
pressure tank Autoklav *m* [prc]; Druckkessel *m* [prc]
pressure tap Druckmessstutzen *m* [any]
pressure tapping point Druckmessstelle *f* [any]
pressure test Druckprobe *f* [any]; Druckprüfung *f* [any]; Abpressen *n* (Lecktest) [any]
pressure test abdrücken *v* (Druck prüfen) [any]
pressure test fixture Abpressvorrichtung *f*
pressure test threading Abdrückgewinde *n* (Maschinenteil) [tec]
pressure transducer Druckgeber *m* [any]; Druckmessumformer *m* [any]; Druckmessumwandler *m* [any]; Druckumformer *m*
pressure transmission Druckübertragung *f*
pressure transmitter Druckmessgeber *m* [any]; Druckübersetzer *m*
pressure tube Druckrohr *n*
pressure unit Druckeinheit *f* [phy]
pressure upset welding; cold Anstauchschweißen *n* [wer]
pressure valve Druckventil *n* [prc]
pressure valve cone Druckventilkegel *m* [tec]
pressure valve spring Druckventilfeder *f* [tec]
pressure vessel Druckbehälter *m* [prc]; Druckkessel *m* [prc]; Druckgefäß *n*
pressure vessel design accounting to codes Apparate und Behälter nach Regelwerken *pl* [prc]
pressure water Druckwasser *n*
pressure water ash removal Druckentaschung *f* [pow]; Spülentaschung *f* [pow]
pressure water line Druckwasserleitung *f* [was]
pressure water pipe Druckwasserleitung *f* [was]
pressure water reactor Druckwasserreaktor *m* [pow]
pressure wave Druckwelle *f* [phy]; Luftwelle *f* [air]
pressure wave switch Druckwellenschalter *m* [any]
pressure welded HF-geschweißt [wer]

pressure welding Druckschweißung *f* [wer]; Pressschweißen *n* [wer]
pressure welding, cold - Kaltpressschweißen *n* [wer]
pressure well Fallschacht *m* [prc]
pressure, absolute - Absolutdruck *m* [phy]; absoluter Druck *m* [phy]
pressure, acoustic - Schalldruck *m* [phy]
pressure, dynamic - Staudruck *m* [phy]
pressure, lowest - Minimaldruck *m* [phy]
pressure, reduction of - Druckverminderung *f*
pressure, rise of - Druckerhöhung *f*
pressure, without - drucklos
pressure-compensated druckentlastet
pressure-compensation valve Druckregelventil *n* (Hydraulik) [tec]
pressure-controlled druckbetätigt
pressure-dependent druckabhängig [phy]
pressure-feed lubrication Druckschmierung *f* [tec]
pressure-free druckfrei
pressure-gauge bracket Manometerhalter *m* [any]
pressure-gauge calibration set Manometerprüfgerät *n* [any]
pressure-line tap Druckanzapfung *f* [pow]
pressure-lubricated zwangsgeschmiert [tec]
pressure-lubricated bearing Lager mit Druckölschmierung *n* [tec]; zwangsgeschmiertes Lager *n* [tec]
pressure-measuring connection Druckmessstutzen *m* [any]
pressure-operated druckbetätigt
pressure-proof druckdicht; druckfest
pressure-proof enclosure, motor with - druckfest gekapselter Motor *m* [pow]
pressure-reducing valve Druckminderer *m*; Druckreduzierventil *n* [prc]
pressure-relief valve Sicherheitsventil *n* (Arbeits-/Betriebssicherheit) [prc]
pressure-resistant casing druckfeste Kapselung *f* [tec]
pressure-responsive auf Druck ansprechend [tec]
pressure-sensitive druckempfindlich
pressure-sensitive adhesive Haftkleber *m* [met]
pressure-sensitive decal Aufklebefolie *f*
pressure-sequencing valve Druckzuschaltventil *n* (Hydraulik) [tec]
pressure-tight druckdicht
pressure-type capacitor Hochdruckkondensator *m* [elt]
pressure-type hose Hochdruckschlauch *m* [tra]; Schlauch für hohen Druck *m*
pressure-type oil burner Druckölbrenner *m* [pow]
pressure-type water heater Druckspeicher *m* (Warmwasserspeicher) [prc]
pressure-welded druckverschweißt; pressgeschweißt [wer]
pressure-welding with thermo-chemical energy Gießpressschweißen *n* [wer]
pressureless drucklos
pressurization Vorspannung *f* (des Tanks) [prc]; Druckaufbau *m* [phy]
pressurize beaufschlagen mit Druck *v*; vorspannen *v* (z.B. den Tank) [pow]
pressurized vorgespannt (z.B. Hydrotank) [wer]; unter Druck (z.B. Schild im Bergbau) [roh]
pressurized fluidized bed combustion Druckwirbelschichtfeuerung *f* [pow]
pressurized furnace Druckfeuerung *f* [pow]
pressurized mixer Druckmischer *m* [prc]
pressurized oil Drucköl *n*
pressurized pack Aerosolverpackung *f*
pressurized receiver Druckluftbehälter *m*
pressurized water Druckwasser *n*
pressurized-water ash removal Spülentaschung *f* [pow]
pressurized-water reactor druckwassergekühlter Reaktor *m* (Kern-) [pow]; Druckwasserreaktor *m* [pow]
pressurizing Druckbeaufschlagung *f* [prc]
pressurizing cylinder Vorspannzylinder *m* (Einkammerbremszylinder) [tra]
pressurizing device, automatic - Druckerhöhungsautomat *m* [prc]
pressworks Hammerwerk *n* (Blechbearbeitung)
prestress vorspannen *v* (z.B. Feder) [bau]
prestressed vorgespannt [wer]
prestressed concrete Spannbeton *m* [bau]; vorgespannter Beton *m* [bau]
prestressed concrete bridge Spannbetonbrücke *f* [bau]
prestressing Vorspannung *f* [phy]
prestressing force Spannkraft *f* [bau]; Vorspannkraft *f* [phy]
prestressing wire Spanndraht *m* [bau]
prestroke Vorhub *m*
presumable voraussichtlich
presume vermuten *v*
presumption Annahme *f* (Vermutung); Vermutung *f*
presumption of causation Ursachenvermutung *f* [jur]
presumptive vermutlich
presuppose voraussetzen *v* (beim Leser vermuten)
presupposed vorausgesetzt
presupposing that unter der Voraussetzung, dass ..
presupposition Voraussetzung *f*
pretension Vorspannung *f* [tec]
pretension vorspannen *v* [bau]
pretensioning tool Vorspannwerkzeug *n* [wzg]
pretreat vorbehandeln
preturn vordrehen *v* (auf Drehbank) [wer]
prevail vorherrschen *v*
prevailing vorherrschend
prevailing condition Rahmenbedingung *f*
prevalent vorherrschend
prevent hindern *v* (abhalten); verhindern *v*; verhüten *v* (z.B. Unfälle); vorbeugen *v*
prevention Prophylaxe *f* [hum]; Verhinderung *f*; Verhütung *f* (z.B. von Unfällen); Vermeidung *f*
prevention of accidents, regulation for the - Unfallverhütungsvorschrift *f* [jur]

prevention of accidents, rule for the - Unfallverhütungsvorschrift *f* [jur]
prevention of disease in humans Krankenvorsorge *f* [hum]
prevention of foam Schaumverhütung *f*
prevention of hazardous incidents Störfallvorsorge *f*
prevention of pollution Reinhaltung *f*
prevention of traffic noise Verkehrslärmschutz *m* [aku]
prevention of water pollution Gewässerschutz *m* [was]
prevention, principle of - Vorbeugungsprinzip *n* [jur]
preventive verhindernd; vorbeugend
preventive Abwehrmittel *n* [hum]; Schutzmittel *n*
preventive maintenance Vorsorgearbeiten *pl*
preventive measure Vorbeugungsmaßnahme *f*
preventive medicine Vorbeugungsmedizin *f* [hum]
preventive remedy Vorbeugungsmittel *n* [hum]
preview Seitenansicht *f* (Software) [edv]
previous bisher (vorherig); vorangehend (vorherig); vorhergehend
previous examination Vorprüfung *f*
previous insurance Vorversicherung *f* [jur]
previous insurer Vorversicherer *m* [jur]
previous owner Vorbesitzer *m*
previous sales Vorumsätze *pl* [eco]
prewarning Vorwarnung *f*
prewarning stage Vorwarnstufe *f*
price Preis *m* [eco]
price bewerten *v* (nach Preis)
price adjustment clause Preisgleitklausel *f* [eco]
price comparison Preisvergleich *m* [eco]
price cut Preissenkung *f* [eco]
price escalation Preisgleitung *f* [eco]
price escalation clause Preisgleitklausel *f* [eco]
price ex works Fabrikpreis *m* [eco]
price for forward Terminnotierung *f* [eco]
price increase Preiserhöhung *f* [eco]
price index Preisindex *m* [eco]
price list Preisliste *f* [eco]; Preisverzeichnis *n* [eco]
price performance ratio Preis-Leistungs-Verhältnis *n* [eco]
price quote Preisangebot *n* [eco]
price reduction Preismäßigung *f* [eco]; Preissenkung *f* [eco]; Preisnachlass *m* [eco]
price rise Preiserhöhung *f* [eco]
price tag Preisschild *n* [eco]
price-fixing agreement Preisabsprache *f* [eco]
pricing Kalkulation *f*; Preisstellung *f* [eco]; Tarifsatz *m* [eco]
prick Einstich *m*
prick stechen *v* (Dorn)
prick punch Körnerschlag *m* (Markieren, Zentrieren) [wer]; Körner *pl* (zum Markieren, Zentrieren) [wzg]
prick-punch locked körnerschlaggesichert
pricked by worms wurmstichig
prilling Prillierung *f* [prc]
primary primär
primary air Frischluft *f* [air]; Primärluft *f* [pow];
Trägerluft *f* (Primärluft) [pow]
primary air fan Mühlenventilator *m* [prc]
primary air heater Mühlenluftvorwärmer *m* (Mühlen-Luvo) [pow]
primary air inlet duct Frischluftkanal *m* [air]
primary aluminium Hüttenaluminium *n* [met]
primary aluminum pig Hüttenaluminium *n* [met]
primary before excess contract Grundversicherungsvertrag *m* [jur]
primary carrier Grundversicherer *m* [jur]
primary cause of death Haupttodesursache *f* [hum]
primary cell Primärelement *n* [elt]
primary chamber Primärkammer *f* (Feuerraum) [pow]; Feuerraum *m* (Primärkammer) [pow]
primary circuit Hauptstromkreis *m* [elt]; Primärstromkreis *m* [elt]
primary cleaning Grobreinigung *f*
primary coat Grundierung *f* [met]
primary coil Primärwicklung *f* [elt]
primary component Grundbestandteil *m* [met]
primary cooler Vorkühler *m* [prc]
primary copper Primärkupfer *n* [met]
primary crusher Grobbrecher *m* [mbt]; Vorbrecher *m* [roh]
primary crushing Vorzerkleinern *n* [roh]
primary current Primärstrom *m* [elt]
primary drainage ditch Vorentwässerungsgraben *m* [was]
primary element Messwertgeber *m* [any]; Hauptfilterelement *n* [air]
primary energy primäre Energie *f* [pow]; Primärenergie *f* [pow]
primary fermentation Vorrote *f* [bio]
primary filter Vorfilter *m* [prc]
primary filtration Erstfiltration *f* (Wasserreinigung) [was]
primary gear shaft Ritzelwelle *f* [tec]
primary grind vormahlen *v* [roh]
primary grinding Vormahlen *n* [roh]
primary industry Grundstoffindustrie *f* [roh]
primary insurance Haftpflichtgrundvertrag *m* [jur]
primary layer Grundschicht *f* [met]
primary lime Hüttenkalk *m* [met]
primary magnesium Hüttenmagnesium *n* [met]
primary material Ausgangsstoff *m* [met]; Grundstoff *m* (Ausgangsmaterial) [met]; Ausgangsmaterial *n* [met]
primary matter Ursubstanz *f* [che]
primary particulate Staubemission *f* [air]
primary product Ausgangserzeugnis *n* [met]; Primärprodukt *n* [che]
primary production waste Abfälle aus der Herstellung von Grundstoffen *pl* [rec]
primary reaction Primärreaktion *f* [che]
primary reduction Vorzerkleinerung *f* (von Steinen) [roh]
primary reduction, plant with - Vorzerkleinerung *f* [roh]
primary reformer Primärreformer *m* [che]

primary relief Primärdruck *m* [tra]
primary rock Urgestein *n* [geo]
primary screening Vorabsiebung *f* (erstes Sieben) [roh]
primary shaft Antriebswelle *f* [tec]; Eingangswelle *f* [tec]
primary sludge Primärschlamm *m* [was]
primary smelting slag Schlacke aus der Erstschmelze *f* (Metallurgie) [rec]
primary spring suspension Primärschraubenfederung *f* [tec]
primary stage Vorstufe *f*
primary steam temperature Vorüberhitzung *f* [pow]
primary steam turbine Frischdampfturbine *f* [pow]
primary storage Primärspeicher *m* [edv]
primary strength Anfangsfestigkeit *f*
primary structure tragendes Bauteil *n* [bau]
primary superheater Vorüberhitzer *m* [pow]
primary throttle Vordrossel *f* [prc]
primary transmission Vorschaltgetriebe *n* [tec]
primary vaporization drum Primärkammer *f* (Dampferzeuger) [pow]
primary voltage Primärspannung *f* [elt]
primary water Primärwasser *n* [pow]
primary water circuit Primärwasserkreislauf *m* [pow]
primary water pump Primärwasserpumpe *f* [pow]
prime ansaugen *v* (des ersten Kraftstoffs) [tra]; fördern *v* (Kraftstoff saugen); grundieren *v* (mit Schutzanstrich) [wer]; spachteln *v* [wer]
prime choice erstklassig
prime choice erste Wahl *f* (z.B. Lebensmittel)
prime coat Grundfarbe *f* [met]
prime contractor Generalunternehmer *m*
prime costs Gestehungskosten *pl*; Selbstkosten *pl*
prime mover Antriebsmaschine *f* [pow]; Hauptantriebsmaschine *f* [pow]; Kraftmaschine *f* [pow]; Antriebsmotor *m* [pow]; Antriebsaggregat *n* [pow]; Hauptantriebsaggregat *n* [pow]
prime number Primzahl *f* [mat]
prime-coated grundiert
primed gespachtelt [wer]; grundiert (nur erster Schutzanstrich)
primer Grundfarbe *f* (Material, z.B. Mennige) [met]; Grundierfarbe *f* [met]; Grundierung *f* [met]; Entlüfter *m* (vor Anlauf der Maschine); Grundanstrich *m* [met]; Grundierlack *m* [met]; Primer *m* [met]; Grundiermittel *n* [met]
primer cap Zündkappe *f* [met]
priming Entlüftung *f* (Entlüfter); Grundfarbe *f* (erster Anstrich) [met]; Grundieren *n* [wer]
priming charge oberste Ladung *f* [mbt]
priming coat Grundierschicht *f* [met]; Grundierung *f* [met]; Unterschicht *f* [met]; Grundanstrich *m* [met]; Grundieranstrich *m* [che]
priming colour Grundfarbe *f* [met]
priming device Grundieranlage *f* (Spritzpistole)
priming paint Grundierfarbe *f* [met]; Vorstreichfarbe *f* [met]

priming point Füllöffnung *f* [prc]
priming pump Anfüllpumpe *f* (vor Anlassen) [pow]; Ansaugpumpe *f*; Entlüfterpumpe *f* [tra]; Entlüftungspumpe *f*
priming stage Anfahrstufe *f* [pow]
priming varnish Grundierfirnis *m* [met]
primitive einfach (nicht schwierig)
primitive Grundprozedur *f*
primitive form Kernform *f* (Gießerei) [roh]
principal hauptsächlich
principal axis Hauptachse *f* [con]
principal axis of stress Hauptspannungsachse *f* [phy]
principal building Hauptgebäude *n* [bau]
principal circuit Hauptstromkreis *m* [elt]
principal component of stress Hauptspannung *f* [phy]
principal constituent Hauptanteil *m*; Hauptbestandteil *m*
principal contractor Hauptunternehmer *m* [eco]
principal inertia axes Hauptträgheitsachsen *pl*
principal office Hauptniederlassung *f* [eco]
principal plane Hauptebene *f* [opt]
principal plane of stress Hauptspannungsebene *f* [phy]
principal point Hauptpunkt *m*
principal post Ecksäule *f* [bau]; Eckpfosten *m*
principal proceedings Hauptsacheverfahren *n* [jur]
principal reinforcement Längsbewehrung *f* [bau]
principal stress Hauptspannung *f* [phy]
principle Grundregel *f*; Regel *f* (Grundsatz); Grundsatz *m*; Satz *m* (Lehrsatz); Gesetz *n* [phy]; Prinzip *n*
principle of declaration Deklarationsprinzip *n* [jur]
principle of the lever Hebelgesetz *n* [phy]
principle, in - grundsätzlich
principle, on - prinzipiell
print Pause *f* (Kopie)
print abdrucken *v*; ausdrucken *v* (durch Drucker) [edv]; bedrucken *v*; pausen *v* (kopieren)
print buffer Druckpufferspeicher *m* (Software) [edv]
print column Druckspalte *f* (Textverarbeitung)
print command Druckbefehl *m* [edv]
print cut-out Zeichnungsausschnitt *m* [con]
print drum Druckwalze *f*
print force Anschlagstärke *f* (Drucker)
print format Druckformat *n* (Drucken)
print image Druckbild *n* [edv]
print out ausdrucken *v* [edv]
print program Druckprogramm *n* (Software) [edv]
print wheel Schreibrad *n*
print-out Ausdruck *m* (Drucker) [edv]
printed bedruckt (z.B. Weißblech) [wer]; gedruckt (z.B. Schaltung)
printed circuit Platine *f* [edv]
printed circuit board gedruckte Leiterplatte *f* [elt]; Leiterplatte *f* (z.B. Platine) [elt]; Platine *f* [edv]; Schaltplatte *f* [elt]
printed circuit board recycling Leiterplattenrecycling *n*

printed conductor Leiterbahn *f* [elt]
printed material Druckerzeugnis *n*
printer Drucker *m*
printer buffer Druckpufferspeicher *m* (Software) [edv]
printer font Druckerschrift *f*
printer form Druckerpapier *n*
printer output Druckausgabe *f* [edv]
printer paper Druckerpapier *n*
printer port Druckeranschluss *m* [edv]
printer's copy Druckvorlage *f* (für das Drucken)
printer's ink Druckerschwärze *f*
printer's zinc Klischeezink *n* [met]
printing Abdruck *m* (Vorgang); Druck *m* (Buchdruck); Drucken *n* (Buchdruck)
printing colour Druckfarbe *f*
printing equipment Druckmaschine *f*
printing ink Druckfarbe *f*
printing line Druckzeile *f* (Textverarbeitung)
printing machine Lichtpausmaschine *f*
printing office Druckerei *f*
printing paper Druckpapier *n* [met]
printing press Druckmaschine *f*
printing shop Druckerei *f*
printing style Schreibweise *f*
prior to vor (eher als)
prior to manufacture vor Fertigungsbeginn
priority Priorität *f*; Vorrang *m*
priority control Vorrangsteuerung *f*
priority switch Vorrechtsschalter *m* (Aufzug u.a.)
priority system Vorzugssteuerung *f* (Prioritätssystem) [mbt]
priority valve Prioritätsventil *n* (Hydraulik) [tec]
priority waste streams vorrangige Abfallströme *pl* [rec]
prism Prisma *n* [opt]
prism holder Prismenhalterung *f* [tec]
prismatic prismatisch
prismatic guide Prismenführung *f* [tec]
prismatic joint Schubgelenk *n* [tec]
prison sentence Freiheitsstrafe *f* [jur]
privacy protection Datenschutz *m* [jur]
private individuell; privat
private area Benutzerbereich *m* (Software) [edv]
private branch exchange Nebenstellenanlage *f* (Telefon) [edv]
private car Personenkraftwagen *m* [tra]
private connection Telefonhausanschluss *m* [edv]
private interests private Belange *pl*
private law zivilrechtlich [jur]
private law Privatrecht *n* [jur]
private law contract privatrechtlicher Vertrag *m* [jur]
private law defence claim zivilrechtlicher Abwehranspruch *m* [jur]
private law defence claims, exclusion of - Ausschluss zivilrechtlicher Abwehransprüche *m* [jur]
private limited company Gesellschaft mit beschränkter Haftung *f* ((GmbH) [eco]
private line Standleitung *f* [edv]

private plot of land privates Nachbargrundstück *n*
private ship-owner Partikulier *m* (Privatschiffer) [tra]
private siding Privatbahnanschluss *m* [tra]
private traffic Individualverkehr *m* [tra]
private water law privates Wasserrecht *n* [jur]
privilege Vorrecht *n*
probability Wahrscheinlichkeit *f* [mat]
probability of failure Ausfallwahrscheinlichkeit *f*
probability of occurrence Auftretenswahrscheinlichkeit *f* [mat]; Eintrittswahrscheinlichkeit *f* [mat]
probable wahrscheinlich
probable error wahrscheinlicher Fehler *m* [mat]
probationary period Probezeit *f* [any]
probationer Praktikant *m* (zur Probe eingestellt) [eco]
probe Sonde *f* [any]; Fühler *m* [any]; Messkopf *m* [any]; Prüfkopf *m* [any]; Sensor *m* [any]; Tastkopf *m* [any]; Spürgerät *n* [any]
probe sondieren *v* [any]
probe adapter Prüfkopfanpasser *m* [any]
probe block revolutions, number of - Drehzahl des Prüfblocks *m* [any]
probe cable Prüfkabel *n* [any]
probe cable switch selector Prüfumschalter *m* [elt]
probe clamp Prüfkopfklammer *f* [any]
probe clamping ring Prüfkopfklemmring *m* [any]
probe clip Prüfkopfhaltebügel *m* [any]
probe holder Prüfkopfhalterung *f* [any]
probe holder receptacle Prüfkopfhalteraufnahme *f* [any]
probe index Schallaustritt *m* [aku]
probe insert Prüfkopfeinsatz *m* [any]
probe motion Prüfkopfbewegung *f* [any]
probe mount Prüfkopfführungseinrichtung *f* [any]
probe shoe Prüfkopfschuh *m* [any]
probing Fehlersuche *f*
probing head Tastkopf *m* [any]
problem technische Störung *f*; Problem *n*
problem definition Problemdefinition *f*
problem description Problembeschreibung *f*
problem of smell Geruchsproblem *n*
problem solution Problemlösung *f*
problem-oriented problemnah
problem-oriented language problemorientierte Programmiersprache *f* [edv]
problematic problematisch
problematic nature Problematik *f*
problems of explanation Darlegungsnotstand *m* [jur]
problems of proof Beweisnotstand *m* [jur]
procedural verwaltungsrechtlich [jur]
procedural deficiency Verfahrensmangel *m*
procedural law Verfahrensrecht *n* [jur]
procedural rules Verfahrensordnung *f* [jur]
procedure Arbeitsweise *f*; Praxis *f*; Prozedur *f*; Verfahrensweise *f*; Modus *m*; Prozess *m* (Verfahren); Vorgang *m* (Prozess); Verfahren *n* (Vorgehensweise)
procedure body Anweisungsteil *m* (Software) [edv]

procedure choice Verfahrenswahl *f*
procedure test Verfahrensprüfung *f* (Schweißverfahren) [wer]
procedure, administrative - Verwaltungsverfahren *n* [jur]
procedure, analytical - analytischer Trennungsgang *m* [any]
procedure, automatic - automatisiertes Verfahren *n*
proceed fortfahren *v*; fortsetzen *v*; verfahren *v*; vorgehen *v* (handeln)
proceeding Fortsetzung *f*; Sitzungsbericht *m* (Verfahren); Verfahren *n* (Handlung)
proceeds Einnahme *f* (Geld) [eco]; Erlös *m* [eco]; Ertrag *m* (Erlös); Gewinn *m* (Ertrag) [eco]
process Methode *f* (Verfahren); Ablauf *m* (Vorgang); Prozess *m* (Verfahren, Ablauf); Rechtsweg *m* [jur]; Vorgang *m* (Prozess); Fertigen *n*; Verfahren *n* (Prozess)
process abarbeiten *v*; abarbeiten *v* (Programm) [wer]; abfertigen *v*; aufbereiten *v* (Material) [wer]; ausgeben *v* (Signal) [edv]; bearbeiten *v* (weiter bearbeiten); behandeln *v* (verarbeiten); entwickeln *v* (Film); fertigen *v*; herstellen *v* (verarbeiten) [wer]; verarbeiten *v* [wer]; verfahren *v* (im Laufe des Verfahrens) [prc]; weiterverarbeiten *v*
process comparison Verfahrensvergleich *m*
process computer Prozessrechner *m* [edv]
process computing system Prozessrechner *m* [edv]
process control Betriebskontrolle *f*; Prozessdatenverarbeitung *f* [edv]; Prozesskontrolle *f* [elt]; Prozesssteuerung *f*
process control computer Prozessrechner *m* [edv]
process control system Prozessleitsystem *n* [elt]
process control, automatic - Prozessautomatisierung *f* [tec]
process engineering Prozessentwicklung *f*; Verfahrenstechnik *f* [prc]
process equipment Apparatetechnik *f* [prc]
process equipment manufacture Apparatebau *m* [prc]
process further weiterverarbeiten *v*
process heat Prozesswärme *f* [pow]
process industry Prozessindustrie *f* (Papier, Textil) [prc]
process information Verfahrensinformation *f*; Zustandsmeldung *f*
process instrument Betriebsmessgerät *n* [any]
process instrumentation Betriebsmessgeräte *pl* [any]
process instrumentation and control Prozessleittechnik *f* [pow]
process monitoring Anlagenüberwachung *f*
process organization Ablauforganisation *f* [eco]; Arbeitsorganisation *f* [wer]
process simulation Prozesssimulation *f*
process stream Stoffstrom *m* [prc]
process technique Prozesstechnik *f*
process technology Apparatetechnik *f* [prc]; Prozesstechnik *f*; Verfahrenstechnik *f* [prc]
process time Bearbeitungszeit *f* [wer]

process waste heat Prozessabwärme *f* [pow]
process water Brauchwasser *n* [was]; Prozesswasser *n* [was]
process, advanced - fortschrittliches Verfahren *n*
process, biochemical - biochemischer Prozess *m* [bio]
process, clean - umweltfreundliches Verfahren *n*
process, principle of - Verfahrensprinzip *n*
process-guided prozessgeführt
process-oriented verfahrensorientiert
processability Verarbeitbarkeit *f* [wer]
processing Abarbeitung *f*; Aufbereitung *f* (Materialien) [che]; Aufbereitung *f* (Weiterbearbeitung) [prc]; Bearbeitung *f* (Verarbeitung); Behandlung *f* (Verarbeitung); Materialaufbereitung *f* [prc]; Verarbeitung *f* [prc]; Veredlung *f*; Anarbeiten *n* (Sägen, Richten, Spalten) [wer]
processing control Ablaufsteuerung *f* (logisch, abhängig) [edv]
processing direction Verarbeitungshinweis *m*
processing guideline Verarbeitungsrichtlinie *f* [met]
processing industry verarbeitende Industrie *f*
processing machines Verarbeitungshilfsmittel *pl* [prc]
processing plant Aufbereitungsanlage *f* [prc]; Verarbeitungsanlage *f* [prc]
processing system Aufbereitungssystem *n*
processing technology Aufbereitungstechnik *f* [rec]
processing temperature Verarbeitungstemperatur *f* [met]
processing unit, arithmetic - Rechenwerk *n* [edv]
processing, further - Weiterverarbeitung *f*
processing, records of - Bewegungssatz *m* (EDV, Lagerbestand) [edv]
processing, sequence of - Verarbeitungsablauf *m* [prc]
processing, sequential - sequentielle Verarbeitung *f* (Software) [edv]
processor Prozessor *m* [edv]
processor, arithmetic - Rechenwerksprozessor *m* [edv]
procure beschaffen *v* (herbringen, vorzeigen)
procurement Beschaffung *f* [eco]; Einkauf *m* [eco]; Beschaffungswesen *n* [eco]
procurement assistance Einkaufunterstützung *f* [eco]
procurement costs Beschaffungskosten *pl* [eco]
produce darstellen *v* (herstellen) [che]; entwickeln *v* (Wärme); erzeugen *v* (herstellen); fabrizieren *v*; fertigen *v*; gewinnen *v* (erzeugen) [wer]; heranschaffen *v* (Material an Maschine) [wer]; herbeiführen *v*; herbeischaffen *v* [wer]; herstellen *v* (anfertigen) [wer]; hervorbringen *v*; liefern *v* (hervorbringen); produzieren *v* [wer]; verursachen *v*
produce soot rußen *v* [tra]
produce steam Dampf erzeugen *v*
produced hergestellt
producer Erzeuger *m* (Produzent); Hersteller *m* (Fabrikant); Produzent *m*
producer gas Generatorgas *n* [pow]

producer gas plant Generatorgasanlage *f* [prc]
producer goods Produktionsgüter *pl*
producer of plastics Kunststoffhersteller *m*
producer operation Generatorbetrieb *m* [prc]
producer price Erzeugerpreis *m*
producing draught, method of - Zugerzeugung *f* (z.B. im Kessel) [pow]
producing gas gasbildend; gaserzeugend
producing ozone ozonerzeugend [che]
product Marke *f* (Fabrikat); Ergebnis *n* (Produkt); Erzeugnis *n*; Fabrikat *n*; Produkt *n*
product check analysis Stückanalyse *f* (Qualitätssicherung) [any]
product costs Einstandskosten *pl* [eco]
product design Produktgestaltung *f* [con]
product development Produktentwicklung *f*
product handbook Produkthandbuch *n*
product information Produktinformation *f*
product levy Produktabgabe *f* [jur]
product liability Produkthaftung *f* [jur]
product liability insurance Produkthaftpflichtversicherung *f* [jur]
product line Produktpalette *f* [eco]; Gesamtprogramm *n*
product of combustion Verbrennungsprodukt *n* [che]
product of oxidation Oxidationsprodukt *n* [che]
product of putrefaction Fäulnisprodukt *n* [bio]
product of reaction Reaktionsprodukt *n* [che]
product of regeneration Regenerationsprodukt *n* [prc]
product of the chemical industry Chemieerzeugnis *n* [che]
product packaging Verkaufsverpackung *f*
product quality Produktqualität *f* [eco]
product range Produktbereich *m* [eco]; Produktprogramm *n* [eco]
product reference Produkthinweis *m* (z.B. in Zeitschrift); Produktnachweis *m*
product responsibility Produktverantwortung *f* [jur]
product specification Produktspezifikation *f*
product specification sheet Merkblatt *n*; Produktmerkblatt *n*
product standardization Produktnormung *f*
product structure processing Stücklistenbearbeitung *f* [eco]
product support Verkaufshilfe *f* (Ingenieurberatung vor Ort) [eco]
product test Warentest *m* [any]
product testing Warenprüfung *f* [any]
product, agricultural - Agrarerzeugnis *n* [far]
product, natural - Naturprodukt *n*
product, second - Nachprodukt *n*
product-related environmental law produktbezogenes Umweltrecht *n* [jur]
product-related immission control produktbezogener Immissionsschutz *m* [jur]
production Anfertigung *f*; Ausführung *f* (das eigentliche Bauen) [wer]; Betriebsleistung *f*; Darstellung *f* [che]; Entwicklung *f* (z.B. von Dämpfen) [prc]; Erzeugung *f* (Herstellung); Fabrikation *f*; Fertigung *f*; Förderleistung *f* [roh]; Gewinnung *f*; Herstellung *f*; Produktion *f* (Herstellung); Ausstoß *m* (Produktionsmenge)
production area Produktionsfläche *f*
production ban Herstellungsverbot *n* [jur]
production control Betriebskontrolle *f*; Betriebsüberwachung *f*; Fertigungskontrolle *f*; Fertigungssteuerung *f*
production control system Produktionsleitsystem *n*; Produktionssteuerungssystem *n* [edv]
production controlling Steuerung des Fertigungsablaufes *f*
production costs Fertigungskosten *pl* [eco]; Gestehungskosten *pl*; Herstellungskosten *pl* [eco]; Produktionskosten *pl* [eco]
production engineering Produktionstechnik *f*
production line Fertigungsstraße *f*; Band *n* (Montage); Fließband *n*; Montageband *n* (Fließband)
production management Produktionsleittechnik *f*
production method Produktionsweise *f*; Produktionsverfahren *n*
production of energy Energieproduktion *f* [pow]
production of gas Gaserzeugung *f*
production of heat Wärmeerzeugung *f* [pow]
production of ions Ionenbildung *f* [che]
production planning Arbeitsvorbereitung *f*
production plant Fabrikationsstätte *f*; Gewinnungsanlage *f* [prc]; Produktionsanlage *f*; Fertigungsbetrieb *m*
production price Fertigungspreis *m* [eco]
production process Produktionsablauf *m*; Produktionsprozess *m*; Fertigungsverfahren *n*; Herstellungsverfahren *n* [wer]; Produktionsverfahren *n*
production range Produktionsprogramm *n* (Palette, Ware) [eco]
production residue Produktionsabfall *m* [rec]
production residues Produktionsrückstände *pl* [rec]
production schedule Produktionsprogramm *n* (nach Zeitplan) [eco]
production sequence Fertigungsablauf *m*
production sheet Arbeitsplan *m*
production shop Werkhalle *f* [bau]; Werkstatt *f* [wer]
production specification Herstellungsvorschrift *f* [wer]
production state Fertigungszustand *m*
production status Fertigungsstand *m*
production supervision Betriebsüberwachung *f*
production surface Produktionsfläche *f* [mbt]
production testing Fertigungskontrolle *f*
production tolerance Fertigungstoleranz *f* [con]
production unit Produktionsanlage *f*; Produktionseinheit *f*
production waste Produktionsabfall *m* [rec]
production, actual - Istleistung *f*
production, agricultural - Agrarproduktion *f* [far]; Landwirtschaft *f* [far]
production, cleaner - umweltfreundlichere Produktion *f*

production, method of - Herstellungsweise *f* [wer]
production, process of - Produktionsprozess *m*
production, range of - Produktionsbereich *m*
production, ready for - serienreif
production-related wastes produktspezifische Abfälle *pl* [rec]
productive ergiebig; ertragreich; produktiv
productiveness Fruchtbarkeit *f* [bff]
productivity Ergiebigkeit *f*; Leistungsfähigkeit *f* (eines Betriebs); Leistungskraft *f*; Produktionsrate *f* (Ökosystem); Produktivität *f*
productivity bonus Leistungszulage *f* [eco]
productivity factor Produktivitätsfaktor *m*
products Gut *n* (Erzeugnisse); Handelsprodukte *pl* [eco]
products and completed operations liability insurance Produkthaftpflichtversicherung *f* [jur]
products hazards Produktrisiko *n* [jur]
products, natural - Naturgüter *pl* (Nahrungsmittel)
profession Beruf *m* (gehobener); freier Beruf *m*; Gebiet *n* (Fach); Gewerbe *n* [eco]
professional berufsmäßig; fachgerecht (professionell); fachmännisch; professionell
professional adviser beratender Ingenieur *m*
professional association Berufsverband *m*; Fachverband *m*
professional education Fachausbildung *f*
professional fire service Berufsfeuerwehr *f*
professional responsibility berufliche Verantwortung *f*
professional secret Berufsgeheimnis *n*
professional training Berufsausbildung *f*
proficiency Fähigkeit *f*
proficiency, certificate of - Fähigkeitsnachweis *m*
proficient befähigt
profilated fire brick Formstein *m* [met]
profile Form *f* (Gestalt, Umriss) [con]; Gestalt *f* (Ansicht, Querschnitt); Randlinie *f* (Profil) [con]; Seitenansicht *f* (Kontur, Profil) [con]; Profil *n*
profile nachschneiden *v* (Profil erneuern) [wer]; profilieren *v*
profile backhoe Profillöffel *m* [mbt]
profile bucket Profillöffel *m* [mbt]
profile clamp Profilschelle *f* [met]
profile contact ratio Eingriffsdauer *f* (Zahnrad) [tec]
profile correction Profilverschiebung *f* (am Zahnrad) [tec]
profile departure Profilabweichung *f*
profile error, total - Profilgesamtabweichung *f* (Zahnrad) [tec]; Profilgesamtfehler *m* (Zahnrad) [tec]
profile gasket Profildichtung *f* [tec]
profile gauge Profillehre *f* [any]
profile grab Profilgreifer *m* [mbt]
profile of flow Durchströmungsprofil *n*
profile of slope Böschungsprofil *n*
profile of the crawler unit Laufwerksprofil *n* [mbt]
profile reference line Profilbezugslinie *f* [con]
profile section Querschnittzeichnung *f* [con]

profile thickness Profildicke *f* [tec]
profile tube Profilrohr *n* [met]
profile with well-rounded inlet edge Rundkopfprofil *m* (Schraubenkopf) [tec]
profile, active - tragende Zahnflanke *f* (Zahnrad) [tec]
profiled copper Kupferprofil *n* (Windung) [elt]
profiled gasket Profildichtung *f* [tec]
profiled rail Profilschiene *f* [met]
profiling Formgebung *f* [wer]; Profilierung *f* (der Straße) [mbt]
profiling bucket Profillöffel *m* [mbt]
profiling of a road profilieren *v* (der Straße) [mbt]
profit Ausbeute *f* (Gewinn) [eco]; Erlös *m* [eco]; Ertrag *m* (Gewinn) [eco]; Gewinn *m* (Reinertrag) [eco]; Nutzen *m*; Profit *m* [eco]; Vorteil *m*
profit einbringen *v* (Erfolg); eintragen *v* (Gewinn bringen)
profit after tax Gewinn nach Steuern *m* [eco]
profit and loss account Ergebnisrechnung *f* [eco]; Gewinn- und Verlustrechnung *f* [eco]
profit improvement Erlösverbesserung *f* [eco]
profit margin Gewinnspanne *f* [eco]
profit of millions Millionengewinn *m* [eco]
profit sharing Gewinnbeteiligung *f* [eco]
profit situation Ertragslage *f*
profit, additional - Mehrertrag *m* [eco]
profit, realize a - Gewinn erwirtschaften *v* [eco]
profit-reducing erlösmindernd [eco]
profitability Rentabilität *f* [eco]; Wirtschaftlichkeit *f* [eco]
profitable Gewinn bringend [eco]; rentabel [eco]; vorteilhaft; wirtschaftlich [eco]
profits Ertragslage *f*
profound tiefgreifend (Kenntnisse)
profoundness Tiefe *f* (der Gedanken)
prognosis Prognose *f* (Voraussage); Vorhersage *f*
prognosticate prognostizieren *v*
prognostication Prognose *f*
program Programm *n*
program programmieren *v* [edv]
program address Programmadresse *f* [edv]
program description Programmbeschreibung *f* [edv]
program design Programmentwurf *m* [edv]
program directory Programmverzeichnis *n* [edv]
program error Programmfehler *m* [edv]
program execution Programmausführung *f* [edv]
program fault Programmfehler *m* [edv]
program instruction Programmbefehl *m* [edv]
program interface Programmschnittstelle *f* [edv]
program language Programmiersprache *f* [edv]
program module Programm-Modul *m* [edv]; Programmbaustein *m* [edv]
program package Programmpaket *n* [edv]
program run Ablauf *m* (eines Programms)
program runtime Programmlaufzeit *f* [edv]
program schema Programmschema *n* [edv]
program statement Programmanweisung *f* [edv]
program structure Programmstruktur *f* [edv]

program transformation Programmtransformation *f* (Software) [edv]
program translation Programmübersetzung *f* [edv]
program verification Programmverifikation *f* (Software) [edv]
program, active - Arbeitsprogramm *n*
program-controlled programmgesteuert [edv]
programmable programmierbar [edv]
programmable control by accumulator programmierbare Steuerung *f*
programmable memory programmierbarer Speicher *m* [edv]
programme Sendung *f* (Radio-) [edv]
programme of action Aktionsprogramm *n*
programmed programmiert [edv]
programmer Programmierer *m* [edv]
programming Programmierung *f* [edv]; Programmieren *n* [edv]
programming environment Softwareentwicklungsumgebung *f* [edv]
programming error Programmierfehler *m* [edv]
programming instruction Programmieranweisung *f* [edv]
programming language Programmiersprache *f* [edv]; Sprache *f* (Software) [edv]
programming method Programmiermethode *m* [edv]
programming system Programmiersystem *n* [edv]; Programmsystem *n* (Software) [edv]
progress Fortschritt *m*
progress gedeihen *v* (fortschreiten)
progress control Terminkontrolle *f*; Terminüberwachung *f*
progress of drilling Bohrfortschritt *m* [wer]
progress of the art technischer Fortschritt *m*
progress report Fortschrittsbericht *m*; Tätigkeitsbericht *m* [eco]
progression Reihe *f* [mat]; Verlauf *m* (Entwicklung)
progression, geometric - geometrische Reihe *f* [mat]
progressive fortschreitend; fortschrittlich; modern (progressiv)
progressive balancing stufenweises Auswuchten *n* [tec]
progressive die sets Folgewerkzeuge *pl* [wzg]
progressive failure fortschreitender Bruch *m*
progressive ferrule Progressivring *m* [tec]
progressive spring Progressivfeder *f* [tec]
prohibit untersagen *v*; verbieten *v*
prohibition Untersagung *f* [jur]; Verbot *n* [jur]; Verbotsschild *n*
prohibition of overtaking Überholverbot *n* [tra]
prohibition of sale Verkaufsverbot *n*
prohibition on building Bauverbot *n* [jur]
prohibition on capturing Fangverbot *n* [jur]
prohibition on damaging trees Baumbeschädigungsverbot *n* [jur]
prohibition on manufacture Herstellungsverbot *n* [jur]
prohibition on operation Betriebsverbot *n* [jur]
prohibition on picking Pflückverbot *n* [jur]

prohibition on practising a profession Berufsverbot *n*
prohibition on use Verwendungsverbot *f* [jur]
prohibition with the reservation of a right to grant permission Verbot mit Erlaubnisvorbehalt *n* [jur]
prohibitive unbezahlbar; verhindernd
project Planung *f*; Plan *m* (Entwurf); Projekt *n*; Vorhaben *n*
project entwerfen *v* (projektieren) [con]; hervorragen *v*; hervorstehen *v*; planen *v*; projektieren *v*; projizieren *v* [opt]; überragen *v*; vorspringen *v* (herausragen); vorstehen *v* (herausstehen)
project control Projektkontrolle *f*
project coordinator Auftragskoordinator *m*
project engineer Entwurfsingenieur *m* [con]; Projektingenieur *m*
project execution Auftragsabwicklung *f* [eco]; Projektabwicklung *f*
project execution, period of - Auftragsabwicklungszeit *f* [eco]
project financing Projektfinanzierung *f*
project forward fortschreiben *v* (in die Zukunft)
project leader Projektleiter *m*
project management Projektabwicklung *f*; Projektleitung *f*; Projektorganisation *f*; Projektsteuerung *f*; Projektmanagement *n*
project manager Auftragsleiter *m*
project organisation chart Auftragsorganisationsplan *m* [eco]
project period Projektdauer *f*
project planning Projektplanung *f*
project questionnaire Projektfragebogen *m*
project study Projektstudie *f*
project supervision Projektüberwachung *f*
project time Projektdauer *f*
projected schedule Terminvorstellung *f*
projectile Geschoss *n* (Waffe)
projecting Ausladung *f* (des Gegengewichtes) [mbt]; Projektierung *f* (Konstruktion) [con]; Überstand *m* (auch unerwünscht) [tec]
projecting corner vorspringende Ecke *f*
projecting roof Vordach *n* [bau]
projection Abbildung *f* (Projektion); Projektion *f* [opt]; Vorausschau *f*; Anguss *m* (Vorsprung) [tec]; Riss *m* (Ansicht)
projection distance Projektionsabstand *m* [opt]
projection plane, ground - Grundrissebene *f* [bau]
projection screen Bildwandler *f*; Bildschirm *m* [elt]
projection weld Warzenschweißung *f* [wer]
projectionist Operateur *m* (Vorführer)
projector Projektionsapparat *m* [opt]; Strahler *m* (Lampe) [elt]; Vorführgerät *n* [elt]
proliferate wuchern *v*
proliferation Weiterverbreitung *f* (z.B. spaltfähiges Material)
prolong ausdehnen *v* (verlängern); erweitern *v* (verlängern); verlängern *v* (zeitlich)
prolongation Ausdehnung *f* (Verlängerung, Anbau) [bau]; Verlängerung *f* (z.B. eines Vertrages) [jur]

prolonged langwierig
prolonging the construction period, risk of - Bauzeitverlängerungsrisiko *n* [bau]
promenade Promenade *f* [tra]
promethium Promethium *n* (chem. El.: Pm) [che]
promise zusichern *v*
promote befördern *v* (auf höheren Dienstgrad); befördern *v* (fördern); begünstigen *v*; fördern *v* (unterstützen); voranbringen *v*
promoter Katalysator *m* [che]; Organisator *m*
promoting growth wachstumsfördernd
promotion Beförderung *f* (Förderung); Förderung *f* (Unterstützung); Unterstützung *f*
prompt bereit; prompt; unverzüglich
prompt Anforderungszeichen *n* [edv]
prompt anregen *v* (z.B. Reaktionen); veranlassen *v*
prompt character Anforderungszeichen *n* [edv]
prompting Bedienerführung *f* (Software) [edv]
prone to wear verschleißanfällig [met]
prong Klaue *f* [tec]; Zacken *m* (Zinke)
prong grip Stifteinsatz *m* [tec]
proof beständig (stabil); dicht machen; geschützt (z.B. wassergeschützt); sicher
proof Prüfung *f* (Kontrolle) [any]; Beweis *m* (für Haltbarkeit); Nachweis *m* (Beweis)
proof abdichten *v* (imprägnieren)
proof copy Probedruck *m* (beim Drucken)
proof stress Dehngrenze *f* [met]
proof test Nachweisprüfung *f* [any]
proof, not - unecht (ungeprüft)
proof-testing Prüfungsnachweis *m* [any]
proofing Abdichtung *f* (Wände, Decken) [bau]; Dichteprüfung *f*; Dichtung *f* (Abdichtung)
prop Spreize *f* (Stempel im Bergbau) [roh]; Strebe *f* (Halt); Stütze *f* (Bergbau) [roh]; Bolzen *m* (Stütze) [roh]; Stempel *m* (im Bergbau unter Hangendem) [roh]; Strebebalken *m* [bau]
prop versteifen *v* (stützen) [tec]
prop shaft Antriebswelle *f* ((A)) [tra]
prop up stützen *v*
propagate ausbreiten *v*; fortpflanzen *v* (sich verbreiten) [phy]; verbreiten *v*
propagation Ausbreitung *f*; Fortpflanzung *f* [bff]; Vermehrung *f* [bff]
propagation coefficient Ausbreitungskoeffizient *m* [air]
propagation of error Fehlerfortpflanzung *f* [mat]
propagation of error, law of - Fehlerfortpflanzungsgesetz *n* [mat]
propagation of fracture Bruchausbreitung *f*
propagation speed Ausbreitungsgeschwindigkeit *f* [air]
propagation, velocity of - Ausbreitungsgeschwindigkeit *f* [air]
propane Propan *n* [che]
propane gas Propangas *n* [che]
propanol Propanol *n* [che]
propellant Treibstoff *m* [met]; Treibgas *n* (Sprühgas) [met]; Treibmittel *n* [met]

propeller Luftschraube *f* (Propeller) [tra]; Schiffsschraube *f* [tra]; Schraube *f* (Propeller) [tra]; Propeller *m* [tra]
propeller blower Schraubenlüfter *m* [prc]
propeller drive Propellerantrieb *m* [tra]
propeller mixer Propellermischer *m* [prc]; Propellerrührer *m* [prc]; Schraubenrührer *m* [prc]
propeller pump Propellerpumpe *f* [prc]
propeller shaft Gelenkwelle *f* [tec]; Schraubenwelle *f* [tec]
propeller-driven aircraft Propellerflugzeug *n* [tra]
propelling force Triebkraft *f* [phy]
proper geeignet (passend); ordnungsgemäß [jur]; regulär; richtig (makellos); vorschriftsmäßig; zuständig (z.B. Behörde)
proper consumption Eigenverbrauch *m*
proper fraction echter Bruch *m* [mat]
proper mass Eigenmasse *f* [phy]
proper measurement Gutmessung *f* (fehlerfrei) [any]
proper value Eigenwert *m* (bei Differentialgleichung) [mat]
proper working condition, in - funktionsfähig
properties, acidic - Säureeigenschaften *f* [che]
property Eigenschaft *f* (von Sachen, Stoffen); Besitz *m* (Eigentum); Eigentum *n* [eco]; Grundeigentum *n* [eco]; Hausgrundstück *n*; Objekt *n* (Immobilie); Vermögen *n* (Eigentum) [eco]
property class Festigkeitsklasse *f* (Schrauben) [tec]
property damage Vernichtung von Sachen *f* (Sachschaden) [jur]; Sachschaden *m*
property damage resulting from sewage Sachschaden durch Abwässer *m* [jur]
property developer Bauträger *m* [bau]
property law Bodenrecht *n* [jur]; Sachenrecht *n* [jur]
property line Grundstücksgrenze *f*
property market Baumarkt *m* (Immobilien)
property of material Materialeigenschaft *f* [met]
property of substances Stoffeigenschaften *pl* [met]
property, additive - additive Eigenschaft *f*
property, control over the - Sachherrschaft *f* [jur]
property, existing - Bestandsmerkmal *n*
property, protection of - Objektschutz *m*
property, real - Landbesitz *m* [eco]
property, undeveloped - unbebautes Grundstück *n*
prophylactic vorbeugend [hum]
prophylactic Abwehrmittel *n* [hum]
prophylactic dose Schutzdosis *f* [hum]
prophylactic inoculation Schutzimpfung *f* [hum]
prophylaxis Prophylaxe *f* [hum]; Vorbeugungsmaßnahme *f* [hum]; Vorsorge *f* [hum]
proponent Befürworter *m*
proportion Proportion *f*; Gehalt *m* (Anteil); Satz *m* (Verhältnis); Verhältnis *n* (Proportion)
proportion dimensionieren *v*; zuteilen *v*
proportion by weight Gewichtsverhältnis *n*
proportional proportional; verhältnismäßig
proportional coefficient Proportionalbeiwert *m* (Regler) [elt]

proportional directional valve Proportional-Wegeventil *n* [tec]
proportional response Proportionalverhalten *n* (Regler) [elt]
proportional valve Proportionalventil *n* [prc]
proportional weigher Dosierwaage *f* [any]
proportional-flow filter Teilstromfilter *m* (Hydraulik) [tec]
proportional-flow filtration Teilstromfiltration *f* (Hydraulik) [tec]
proportionality Proportionalität *f*
proportionate proportional
proportioned dimensioniert
proportioning Dosierung *f*
proportioning belt weigher Dosierbandwaage *f* [any]
proportioning by weight Gewichtsdosierung *f* [prc]
proportioning device Dosiervorrichtung *f* [prc]
proportioning plant, chemicals - Dosieranlage *f* (Speisewasseraufbereitung) [pow]
proportioning pump Dosierpumpe *f* [prc]; Mischpumpe *f* [prc]
proportioning valve Mischschieber *m* (Dosierventil) [pow]; Dosierventil *n* [prc]
proportioning vessel Dosiergefäß *n* [prc]
proportions, even - Ebenmaß *n*
proposal Vorschlag *m*; Angebot *n* [eco]; Vorhaben *n*
propose vorschlagen *v*
proposition outline Angebotsentwurf *m* [eco]
proprietary geschützt (durch Patent, Copyright) [jur]; systemgebunden
proprietor Besitzer *m*; Eigentümer *m* [eco]; Inhaber *m*
proprietorship Eigentumsrecht *n* [jur]
props Grubenholz *n* (Stollenholz, Stempel) [roh]
propulsion Antrieb *m* [pow]
propulsion element Treibsatz *m* (Rakete) [tra]
propulsion shaft Antriebswelle *f* ((A)) [tra]
propulsion system Antriebsaggregat *n* (des Flugzeuges) [tra]
propulsion unit Antriebsteil *n* [tra]
propyl alcohol Propylalkohol *m* [che]
propylene Propylen *n* [che]
prosecution Strafverfolgung *f* [jur]; Prüfverfahren *n* [jur]
prospect Aussicht *f* (auf Zukünftiges); Erwartung *f*
prospect schürfen *v* [roh]
prospective vorausblickend; weitsichtig (vorausschauend)
prospector Schürfer *m* (ähnlich Landvermesser) [roh]
prospectus Prospekt *m*
protactinium Protactinium *n* (chem. El.: Pa) [che]
protect abschirmen *v* (schützen); absichern *v* (schützen); behüten *v*; beschützen *v*; bewahren *v*; schonen *v*; schützen *v* (beschützen); sichern *v* (schützen)
protect a file Datei sichern (Datei sichern) [edv]
protect by fuses absichern *v* (durch Sicherung) [elt]
protect from moisture vor Nässe schützen
protected abgesichert [elt]; geschützt (z.B. gegen Wind, Kälte)

protected area Schutzzone *f*; Schutzgebiet *n*
protected environment geschützte Umwelt *f*
protected plant geschützte Pflanze *f* [bff]
protected zone Schutzgebiet *n*
protecting box Schutzkasten *m* [mbt]
protecting cap Schutzhaube *f* (Arbeitssicherheit); Schutzkappe *f* (Schutzstopfen)
protecting cell Schutzraum *m*
protecting circuit Schutzschaltung *f* [elt]
protecting cover Schutzhaube *f* (Arbeitssicherheit)
protecting glass Schutzglas *n* [met]
protecting glasses Schutzbrille *f* (Arbeitssicherheit)
protecting goggles Augenschutz *m* (Arbeitssicherheit)
protecting jacket Schutzmantel *m* [tec]
protecting mask Schutzmaske *f* (Arbeitssicherheit)
protecting measure Schutzmaßnahme *f*
protecting plate Schutzplatte *f* [tec]; Schutzblech *n* [mbt]
protecting sleeve Durchführungstülle *f*; Schutzhülse *f* [tec]
protecting strip Schutzstreifen *m* [met]
protecting tube Mantelrohr *n* [prc]
protection Beschirmung *f*; Sicherung *f*; Schutz *m*
protection against accidental contact Berührungsschutz *m*
protection against cold Kälteschutz *m*
protection against corrosion Korrosionsschutz *m*
protection against erosion Erosionsschutz *m* [bod]
protection against errors Fehlersicherung *f*
protection against noise Lärmisolierung *f* [aku]; Lärmschutz *m* [aku]
protection against vibrations Schwingungsschutz *m*
protection area Schutzzone *f*
protection capacitor Schutzkondensator *m* [elt]
protection casing Schutzkasten *m* [tec]
protection clause Schutzklausel *f* [jur]
protection cover Schutzhülle *f*; Schutzdeckel *m*
protection earthing Schutzerdung *f* (der Kabel) [elt]
protection facility Abschirmeinrichtung *f*
protection for eyes Augenschutz *m* (Arbeitssicherheit)
protection for face Gesichtsschutz *m* (Arbeitssicherheit)
protection from Schutz gegen *m*
protection layer Schutzschicht *f* [met]
protection of animals Tierschutz *m*
protection of climate Klimaschutz *m* [wet]
protection of data privacy Datenschutz *m* [jur]
protection of forests Waldschutz *m*
protection of health Gesundheitsschutz *m* [hum]
protection of property Objektschutz *m*
protection of species Erhaltung der Artenvielfalt *f*
protection of the environment Erhaltung der Umwelt *f*
protection of water Gewässerpflege *f* [was]
protection of waterbodies Gewässerschutz *m* [was]
protection plug Schutzstopfen *m* [tec]
protection potential Schutzpotential *n* [elt]
protection rod Schutzholm *m* [tec]

protection screen Strahlenschutz *m*
protection sheet Schutzblech *n* [mbt]
protection shield Schutzblech *n* [tec]
protection sleeve Schutzhülse *f* [tec]
protection suit Schutzanzug *m* (Arbeitssicherheit)
protection tube Schutzrohr *n* [elt]
protection, cathodic - galvanischer Korrosionsschutz *m*
protection, system of - Schutzart *f* [elt]
protection, zone of - Schutzbereich *m*
protective schützend
protective apron Schutzschürze *f*
protective area Schutzgebiet *n*
protective atmosphere Schutzatmosphäre *f*
protective bandage Schutzverband *m* [hum]
protective belt Schutzgürtel *m* (Arbeitssicherheit)
protective breaker Schutzschalter *m* [elt]
protective capacitor Schutzkondensator *m* [elt]
protective casing Schutzhaube *f*; Schutzhülse *f* [tec]; Schutzgehäuse *n* [tec]
protective clause Absicherungsklausel *f* [jur]
protective clothes Schutzkleidung *f* (Arbeitssicherheit)
protective clothing Arbeitsschutzkleidung *f* (Arbeitssicherheit); Schutzkleidung *f* (Arbeitssicherheit); Strahlenschutzkleidung *f*; Schutzanzug *m* (Arbeitssicherheit)
protective coat Schutzbelag *m* [met]
protective coating Konservierung *f* (Schutzüberzug); Schutzbeschichtung *f* [met]; Schutzhülle *f*; Schutzschicht *f* [met]; Schutzanstrich *m* [met]; Schutzüberzug *m* [met]
protective colour Schutzfarbe *f* [met]
protective conducting wire Schutzleiterader *f* [elt]
protective conductor Schutzleiter *m* [elt]
protective conductor terminal Schutzleiterklemme *f* [elt]
protective conduit Kabelschutzrohr *n* [elt]
protective contact Schutzkontakt *m* [elt]
protective cover Schutzhülle *f*; Schutzdeckel *m*
protective covering Schutzhülle *f*; Schutzverkleidung *f* [tec]
protective covering of cables Kabelschutz *m* [elt]
protective device Schutzeinrichtung *f* (Arbeitssicherheit); Schutzvorrichtung *f*
protective effect Schutzwirkung *f*
protective equipment Objektschutzeinrichtung *f*; Schutzgerät *n* [tec]
protective face Schutzschicht *f* [tec]
protective filter Schutzfilter *m*
protective finishing Schutzbeschichtung *f* [met]
protective function Schutzfunktion *f*
protective gas Schutzgas *n*
protective glasses Schutzbrille *f* (Arbeitssicherheit)
protective gloves Schutzhandschuhe *pl* (Arbeitssicherheit)
protective grating Schutzgitter *n*
protective grid Schutzgitter *n*
protective headgear Kopfschutz *m* (Arbeitssicherheit)

protective helmet Schutzhelm *m* (Arbeitssicherheit)
protective hood Schutzhaube *f* (Arbeitssicherheit)
protective hoop Schutzbügel *m* [tec]
protective hose Schutzschlauch *m*
protective jacket Schutzmantel *m*
protective kit Schutzausrüstung *f*
protective layer Schutzschicht *f* [met]; Schutzbelag *m* [met]
protective lighting Schutzbeleuchtung *f*
protective mask Gesichtsmaske *f* (Arbeitssicherheit); Schutzmaske *f* (Arbeitssicherheit)
protective masonry wall Schutzmauer *f* [bau]
protective measure Schutzmaßnahme *f*
protective motor switch Motorschutzschalter *m* [tra]
protective paint Schutzanstrich *m* [met]
protective pipe Schutzrohr *n* [tec]
protective plastic sheeting Schutzfolie *f* [met]
protective plate Schutzschild *n* [tec]
protective plug Schutzstopfen *m* [tec]
protective ply Schutzlage *f* (Dichtungsmaterial) [met]
protective resistor Schutzwiderstand *m* [elt]; Vorwiderstand *m* [elt]
protective safety handrail Schutzgeländer *n* [mbt]
protective screen Schutzscheibe *f* [met]; Schutzwand *f*; Schutzschirm *m* [tec]; Strahlenschutz *m*
protective sheath Schutzhülle *f*
protective shield Schutzschirm *m* [tec]
protective shoes Schutzschuhe *pl*
protective sleeve Schutzhülse *f* [tec]; Verschalung *f* (Zwischenwelle) [tec]
protective spectacles Schutzbrille *f* (Arbeitssicherheit)
protective statute Schutzgesetz *n* [jur]
protective suit Schutzanzug *m* (Arbeitssicherheit)
protective switch Schutzschalter *m* [elt]
protective system Schutzart *f* [elt]; Sicherungssystem *n*
protective treatment Schutzbehandlung *f*
protective tube Schutzrohr *n* [elt]; Tauchrohr *n* (für Thermometer) [any]
protective tube, flexible - Schutzschlauch *m*
protective valve Schutzventil *n* (z.B. Viereckschutzventil) [tra]
protective wall Schutzwand *f* [bau]
protective weld overlay Schweißplattieren *n* [wer]
protective zone Schutzgebiet *n*
protector Schutzvorrichtung *f*; Umhüllung *f* (Mantel, Schutz)
protein Eiweißkörper *m* [bff]; Protein *n* [che]
protein deficiency Eiweißmangel *m* [hum]
protein degradation Proteinabbau *m* [bio]
protein level Proteinspiegel *m* [hum]
protein material Eiweißstoff *m* [bio]
protein molecule Eiweißmolekül *n* [che]
protein requirement Eiweißbedarf *m* [bff]
protein synthesis Proteinsynthese *f*
protein unit Eiweißstoff *m* [bio]
protein-containing eiweißhaltig

protest Protest *m*
protocol Protokoll *n*
protocol analysis Protokollanalyse *f* [edv]
proton Proton *n*
proton accelerator Protonenbeschleuniger *m* [phy]
proton transfer Protonenübertragung *f* [phy]
prototype Erstausführung *f*; Prototyp *m*; Urtyp *m*; Versuchsmuster *n*
prototype plant Prototypanlage *f* [prc]
protract verlängern *v* (zeitlich verzögern)
protractor Winkelmesser *m* [any]
protrude hervorstehen *v*
protruding nozzle Einschweißnippel *m* [tec]; Einschweißstutzen *m* [tec]
protuberance Protuberanz *f* (Ausstülpung) [tec]
protuberance rotary grinder Protuberanzfräser *m* (fräst Ausstülpung) [wer]
provable beweisbar; nachweisbar [any]
prove belegen *v* (zeigen); beweisen *v*; erproben *v* [any]; feststellen *v* (erkennen); nachweisen *v* (beweisen; nachweisen); prüfen *v* (untersuchen) [any]; sich bewähren *v*
proved erprobt (z.B. Technologie)
proven bewährt; nachgewiesen (geprüft) [any]
provide vorhalten *n*
provide ausrüsten *v*; ausstatten *v*; beistellen *v*; beliefern *v* (versorgen mit); bereitstellen *v*; beschaffen *v* (versorgen mit); besorgen *v*; versehen *v* (z.B. mit einem Anstrich) [wer]; versorgen *v*; vorsehen *v*
provide with ausstatten mit *v* (versorgen mit)
provided vorgesehen
providence Vorsorge *f*
provider Anbieter *m* [edv]; Versorger *m*
provider's remuneration Anbietervergütung *f* [edv]
providers, list of - Anbieterverzeichnis *n* [edv]
proving Erprobung *f* [any]
provision Ausstattung *f* (Versorgung); Bereitstellung *f*; Beschaffung *f* [eco]; Bestimmung *f* (Vorschrift) [jur]; Klausel *f* (in Vertrag) [jur]; Verfügung *f* (Anordnung); Vorhaltung *f* (Reserve); Vorschrift *f* (im Vertrag) [jur]; Vorsorge *f*
provision for adjustment Verstellmöglichkeit *f*
provision for old occurrence-claims Nachhaftung *f* (Schäden nach Ende Vertrag) [jur]
provision of the water law wasserrechtliche Vorschrift *f* [jur]
provision, legal - Rechtsvorschriften *pl* [jur]
provisional behelfsmäßig; provisorisch; subsidiär; vorläufig
provisional appraisal Zwischenbilanz *f*
provisional building Behelfsbau *m* [bau]
provisional connection plate Hilfslasche *f* [tec]
provisional installation provisorischer Aufbau *m*
provisional invoice vorläufige Rechnung *f* [eco]
provisional solution Notlösung *f*
provisionally treated waste water vorgereinigte Abwässer *pl* [was]
provisions Bestimmungen *pl* [jur]; rechtliche Bestimmungen *pl* [jur]; Versicherungsbedingungen *pl* [jur]

provisions, administrative - Verwaltungsvorschriften *pl* [jur]
provisions, make - vorsorgen *v*
provitamin Provitamin *n* [che]
provocation Reizung *f* (Provokation)
proximate analysis Kurzanalyse *f* [any]
proximity Nachbarschaft *f*; Nähe *f* (in der Nähe); Näherung *f* (räumlich)
proximity effect Nachwirkung *f* [elt]
proximity field Nahfeld *n* [phy]
proximity principle Nachbarschaftsprinzip *n*
proximity switch Annäherungsschalter *m* (beim Lader) [mbt]; Näherungsschalter *m* [elt]
proxy statt (statt meiner bevollmächtigt) [jur]
pruning Ausschneiden *n* (Baum- und Buschwerk) [far]
pruning aufasten *v*
Prussian blue chinesischblau
pseudoplastic pseudoplastisch
psychrometer Feuchtigkeitsmesser *m* [any]; Psychrometer *n* [any]
psychrometric psychrometrisch [any]
psychrometry Feuchtigkeitsmessung *f* [any]
PTC-resistor Kaltleiter *m* (positiver Temperaturkoeffizient) [met]
public allgemein; öffentlich
public Öffentlichkeit *f*
public address system Beschallungsanlage *f* (z.B. im Hotel)
public authorities, practice of - Behördenpraxis *f*
public authority licence behördliche Genehmigung *f* [jur]
public bodies, law applying to - öffentliches Recht *n* [jur]
public cleaning Stadtreinigung *f*
public cleansing Straßenreinigung *f* [rec]
public communication network Fernmeldenetz *n* [edv]
public company Versorgungsunternehmen *n* (Kraftwerk) [pow]
public concerns öffentliche Belange *pl*
public conveniences öffentliche Toilette *f* [bau]
public corridor öffentlicher Flur *m* [bau]
public funds öffentliche Gelder *pl* [eco]
public garage öffentliche Garage *f* [tra]; Parkhaus *n* [tra]
public health Volksgesundheit *f* [hum]
public health authority Gesundheitsbehörde *f* [jur]
public hearing öffentliche Anhörung *f* [jur]
public inquiry öffentliche Anfrage *f*
public interest Allgemeininteresse *n*
public interests öffentliches Interesse *n* [jur]
public law Staatsrecht *n* [jur]
public law bodies öffentlich-rechtliche Körperschaft *f* [jur]
public law contract öffentlich-rechtlicher Vertrag *m* [jur]
public law permit öffentlich-rechtliche Erlaubnis *f* [jur]

public liability Amtshaftung *f* [jur]
public liability/premises operations Betriebsstättenrisiko *n* [jur]
public opinion poll Meinungsbefragung *f*
public opinion survey Meinungsbefragung *f*
public park Grünanlage *f*; öffentlicher Garten *m*
public participation Bürgerbeteiligung *f* [jur]; Öffentlichkeitsbeteiligung *f*
public prosecutor Staatsanwalt *m* [jur]
public refuse collection öffentliche Müllabfuhr *f* [rec]
public relations Öffentlichkeitsarbeit *f*
public road öffentliche Straße *f* [tra]
public safety and order öffentliche Sicherheit und Ordnung *f* [jur]
public services öffentliche Dienstleistungen *pl* (kostenlose)
public sewage system öffentliche Kanalisation *f* [was]
public sewer Kanalisation *f* [was]; städtischer Sammler *m* [was]
public short-distance traffic service öffentlicher Personennahverkehr *m* [tra]
public square öffentlicher Platz *m*
public submission offene Ausschreibung *f* [eco]
public telephone Telefonzelle *f* [edv]
public transport öffentlicher Personenverkehr *m* [tra]; öffentlicher Verkehr *m* [tra]; öffentliche Verkehrsmittel *pl* [tra]
public utilities Versorgungswirtschaft *f* [eco]
public utility öffentliche Versorgung *f* (Gas, Wasser, Strom) [pow]; Versorgungsanlage *f* [pow]
public water supply öffentliche Wasserversorgung *f* [was]
public way öffentlicher Weg *m* [tra]
public welfare Gemeinwohl *n*; Wohl der Allgemeinheit *n*
public works project öffentliches Bauvorhaben *n* [bau]
public-law company öffentlich-rechtliche Gesellschaft *f* [eco]
public-law party responsible for waste management öffentlich-rechtlicher Entsorgungsträger *m* [rec]
publication Herausgabe *f* (Veröffentlichung); Publikation *f* [edv]; Veröffentlichung *f*
publication of rules Regelwerk *n* (Dokument)
publishing, electronic - elektronische Publikation *f* [edv]
puddle Pfütze *f*
puddle abdichten *v* (mit Lehm) [bau]; puddeln *v* [met]
puddle cinder Puddelschlacke *f* [rec]
puddled iron Puddeleisen *n* [met]
puddled steel Puddelstahl *m* [met]; Puddeleisen *n* [met]
puddling Frischung *f* [roh]; Abdichten *n* (mit Lehm) [bau]
puddling bar Brechstange *f* [wzg]
puddling furnace Puddelofen *m* [roh]

puddling hearth Puddelherd *m* [roh]
puddling process Frischarbeit *f* [met]
puddling slag Puddelschlacke *f* [rec]
puff away schmauchen *v*
pug kneten *v*
pull Zug *m* (Sog, Ziehen) [phy]
pull anziehen *v* (Tür); ausziehen *v* (Teil aus Maschine) [wer]; ziehen *v* (zerren)
pull back zurückziehen *v*
pull down abbrechen *v* (abreißen) [bau]; herunterreißen *v*; langsamer werden *v* (z.B. der Motor) [tra]; umreißen *v* (niederreißen); verlangsamen *v* (in niedrige Drehzahl) [tra]
pull hook, front - vorderer Zughaken *m* [tra]
pull in anziehen *v* (Relais) [elt]; einholen *v* (einziehen)
pull nut Abziehmutter *f* [tec]
pull off abziehen *v* (Rad, Kabel)
pull on anziehen *v* (festziehen) [wer]
pull out ausreißen *v* [wer]; herausziehen *v* (einen Nagel) [wer]
pull right through durchziehen *v* (bis zum Anschlag)
pull ring Dosenring *m* [tec]; Zugring *m* [tec]
pull rod Hubstange *f*; Zugstange *f* [tec]
pull switch Zugschalter *m* [tra]
pull up auffahren *v* (nach vorn aufrücken) [tra]; aufrecken *v* (von hinten herankommen); herausbrechen *v*
pull up, cold - Vorspannung *f* (Rohrleitung) [prc]
pull up, hot - Vorspannung *f* (Dampfleitung) [pow]
pull-back spring Rückzugfeder *f* [tec]
pull-in force Anzugskraft *f* (Schalteinheit) [elt]
pull-in torque Anhaltemoment *n* (Motor) [tec]; Anlaufmoment *n* (Motor) [tec]
pull-off closure Aufreißlasche *f*
pull-off device Abziehvorrichtung *f*
pull-off fixture Abziehvorrichtung *f*
pull-off test Abreißversuch *m* [any]
pull-push rule Wickelband *n* [met]
pull-tab Abziehlasche *f* [tec]
pull-tab plug Stopfen mit Abziehlasche *m* [tec]
puller Abzieher *m* (Werkzeug) [wzg]; Auszieher *m* (Kralle) [wzg]
puller bar Abziehvorrichtung *f* [tec]
puller screw Abzieherschraube *f* [tec]; Abziehschraube *f* [tec]; Schlagschraube *f* [tec]
pulley Drehscheibe *f*; Riemenscheibe *f* [tec]; Rillenscheibe *f* [tec]; Rolle *f* (Scheibe); Treibrolle *f* [tra]; Flaschenzug *m*; Antriebsrad *n* [tec]
pulley axle Trommelachse *f* [tec]
pulley block Block *m* (für Flaschenzug); Kloben *m* [tec]
pulley block, double-purchase - einfacher Flaschenzug *m* (Flaschenzug mit Doppelrolle)
pulley carrier Rollenträger *m* [tec]
pulley head Rollenkopf *m* (Schaufelradbagger) [mbt]
pulley rim Riemenscheibenkranz *m* [tec]
pulley shaft Trommelwelle *f* [tec]

pulley, output shaft - Abtriebsscheibe *f* [tec]
pulling down Abriss *m* [bau]
pulling force Zugkraft *f* [tec]
pulling power Schub *m* [phy]
pulling rope Zugseil *n* [tec]
pulling-down Abbruch *n* (Abriss) [bau]
Pullman car Salonwagen *m* [tra]
Pullman coach Salonwagen *m* [tra]
pulp Masse *f* (Papier) [che]; Pülpe *f* [rec]; Trübe *f* (Papier) [met]; Brei *m*; Schlich *m* (Bergbau) [rec]; Teig *m* (Papier); Zellstoff *m* [met]; Mark *n* (Fruchtmark) [bff]
pulp stampfen *v* (zerstampfen)
pulp production Zellstoffherstellung *f* [prc]
pulp wood fork Ladegabel für Papierholz *f* [mbt]
pulp-coloured in der Masse gefärbt
pulpboard Zellstoffpappe *f* (einlagige Zellstoffpappe) [met]
pulping process Papieraufbereitungsprozess *m* [prc]
pulpit Steuerpult *n* (z.B. Walzwerksteuerpult) [roh]
pulpwood Faserholz *n* [met]; Holz für die Papiererzeugung *n* [met]
pulpy breiig
pulsate pulsieren *v*
pulsating combustion pulsierende Verbrennung *v* [pow]
pulsating panel Rüttelplatte *f* (im Vorratsbunker) [prc]
pulsation Pulsation *f*
pulsation damper Pulsationsdämpfer *m* [tec]
pulsation muffler Pulsationsdämpfer *m* ((A)) [tec]
pulsator test Rüttelversuch *m* [any]
pulse Impuls *m* (Strom) [elt]; Puls *m* [phy]; Stoß *m* (Schubs, Impuls, Anstoß)
pulse adding counter Impulssummenzähler *m* [any]
pulse amplifier Impulsverstärker *m* [elt]
pulse amplitude Impulshöhe *f* [phy]; Impulsstärke *f* [phy]
pulse amplitude ratio Impulshöhenverhältnis *n* [phy]
pulse clipper Impulsbegrenzer *m*
pulse control Impulssteuerung *f* [phy]
pulse counter Impulszähler *m* [any]
pulse distortion Impulsverzerrung *f* [elt]
pulse duration Impulsbreite *f* [phy]; Impulsdauer *f* [phy]
pulse echo instrument Impulsechogerät *n* [any]
pulse echo meter Impulsechomessgerät *n* [any]
pulse energy Impulsenergie *f* [phy]
pulse excitation Impulsanregung *f* [elt]
pulse form Impulsform *f* [phy]
pulse function Impulsfunktion *f* [mat]
pulse generator Impulsgenerator *m* [elt]
pulse group Impulsfolge *f* [phy]
pulse height Impulshöhe *f* [phy]
pulse indication Impulsanzeige *f* [elt]
pulse intensity Impulsstärke *f* [phy]
pulse length Impulsbreite *f* [phy]; Impulsdauer *f* [phy]
pulse line Impulsleitung *f* [elt]

pulse method Impulsionsverfahren *n* [any]; Impulsverfahren *n* [elt]
pulse modulation Impulsmodulation *f* [elt]
pulse output voltage Impulsausgangsspannung *f* [elt]
pulse rate Impulsrate *f* [phy]
pulse recording Impulsregistrierung *f* [elt]
pulse repetition Impulsfolge *f* [phy]
pulse repetition frequency Impulsfolgefrequenz *f* [phy]
pulse resonance method Impulsresonanzverfahren *n* [any]
pulse sequence Impulsfolge *f* [phy]
pulse shape Impulsform *f* [phy]; Impulsform *f* [phy]
pulse shaper Impulsformer *m* [elt]
pulse shift Impulsverschiebung *f* [elt]
pulse stretching Impulsverlängerung *f* [elt]
pulse stripper Impulsbegrenzer *m*
pulse summator Impulszähler *m* [any]
pulse system Impulsionsverfahren *n* [elt]
pulse train Impulsfolge *f* [phy]
pulse transit-time method Impulslaufzeitverfahren *n* [elt]
pulse transmission Impulsdurchschallung *f* [elt]
pulse trigger Impulsgeber *m* [elt]; Sendeimpulsgeber *m* [elt]
pulse triggering Impulsauslösung *f* [elt]
pulse welding Impulsschweißen *n* [wer]
pulse width Impulsbreite *f* [phy]; Impulsdauer *f* [phy]
pulse, reflected - reflektierter Impuls *m* [elt]
pulse-echo method Impulsechoverfahren *n* [any]
pulsed operation Impulsbetrieb *m*
pulser Impulsgenerator *m* [elt]
pulses, series of - Impulsfolge *f* [phy]
pulverization Feinstmahlung *f* [prc]; Pulverisierung *f*; Zerstäubung *f* [prc]
pulverize brechen *v* (fein brechen); fein mahlen *v*; mahlen *v* (fein); pulverisieren *v*; zermahlen *v* [prc]; zerreiben *v* [prc]
pulverized pulverisiert; staubförmig (pulverig)
pulverized activated carbon Pulverkohle *f* (Aktivkohle) [met]
pulverized coal Staubkohle *f* [roh]; Kohlenstaub *m* [pow]
pulverized-coal burner Kohlenstaubfeuerung *f* [pow]; Staubbrenner *m* [pow]
pulverized-coal fired kohlenstaubgefeuert [pow]
pulverized-coal fired boiler Staubkessel *m* [pow]
pulverized-coal firing Staubfeuerung *f* [pow]
pulverized-coal firing with liquid ash removal Staubfeuerung mit flüssiger Entaschung *f* [pow]
pulverized-coal firing with melting table Schmelztischfeuerung *f* [pow]
pulverized-coal piping Staubleitung *f* [pow]
pulverized-fuel ash Filterasche *f* [pow]; Kohlenstaubasche *f* [rec]
pulverized-fuel burner Staubbrenner *m* [pow]
pulverized-fuel feeder Staubzuteiler *m* [pow]
pulverized-fuel sampler Brennstaubprobennehmer *m* [pow]

pulverized-fuel start-up firing equipment Staubzündfeuerung *f* [pow]
pulverizer Mühle *f* (fein) [prc]
pulverizer air duct Mühlenluftleitung *f* [prc]
pulverizer air heater Mühlenluftvorwärmer *m* (Mühlen-Luvo) [pow]
pulverizer drive Mühlenantrieb *m* [prc]
pulverizer housing Mühlengehäuse *n* [prc]
pulverizer plant Mahlanlage *f* [prc]
pulvinated kissenförmig
pumice Bims *m* [met]; Bimsstein *m* (Gestein) [geo]
pumice abbimsen *v* [che]
pumice concrete Bimsbeton *m* [met]
pumice concrete block Bimsbetonstein *n* [met]
pumice stone Bimsstein *m* (Stein) [met]
pump Pumpe *f*
pump lenzen *v* (Schiffleerpumpen) [tra]; pumpen *v*
pump accumulator Pumpspeicher *m* (in Laderbremssystem) [tra]
pump barrel Pumpenkolben *m* [prc]
pump body Pumpenkörper *m* [prc]
pump bracket Pumpenkonsole *f* [prc]
pump cartridge Pumpeneinsatz *m* [prc]
pump casing Pumpengehäuse *n* [prc]
pump characteristics Pumpenkennlinie *f* [prc]
pump circulated cooling Pumpenumlaufkühlung *f* [prc]
pump circulation Umpumpbetrieb *m* [prc]
pump control Pumpensteuerung *f* [prc]
pump cylinder Pumpenzylinder *m* [prc]
pump diaphragm Pumpenmembran *f* [prc]
pump drive Pumpenantrieb *m* [prc]; Pumpenantrieb *m* [prc]
pump flow Pumpendurchsatz *m* (Pumpenleistung) [prc]; Pumpenstrom *m* [prc]
pump for extreme pressures Höchstdruckpumpe *f* [prc]
pump for liquids Flüssigkeitspumpe *f* [prc]
pump gear Pumpengetriebe *n* [tec]
pump house Pumpenhaus *n* [prc]
pump housing Pumpengehäuse *n* [prc]
pump impeller Pumpenläufer *m* [prc]
pump in hineinpumpen *v*
pump increment Pumpenstufe *f* [prc]
pump inlet check valve Pumpeneinlassventil *n* [prc]
pump inlet side Saugstutzen *m* (an Pumpe) [prc]
pump inlet valve Pumpeneinlassventil *n* [prc]
pump intake chamber Pumpensaugkammer *f* [prc]
pump jet Pumpendüse *f* [tra]
pump lubrication Druckschmierung *f*
pump module Einschubpumpe *f* [prc]
pump mounting brackets Pumpenträger *m* [tec]
pump nozzle Pumpendüse *f* [tra]
pump out abpumpen *v* [was]; auspumpen *v*; lenzen *v* (abpumpen)
pump outlet relief valve Pumpenauslassventil *n* [prc]
pump outlet side Pumpendruckstutzen *m* [pow]
pump outlet valve Pumpenauslassventil *n* [prc]

pump pinion Pumpenantriebsrad *n* (Pumpenantriebsritzel) [prc]; Pumpenritzel *n* [prc]
pump piping Pumpleitung *f* [prc]
pump piston Pumpenkolben *m* [prc]
pump piston lever Pumpenhebel *m* [prc]
pump plunger Pumpenkolben *m* [prc]
pump relief Pumpendruck *m* [prc]
pump rod Pumpenstange *f* [prc]
pump rods Pumpengestänge *n* [prc]
pump safety block Pumpenabsicherungsblock *m* (Hydraulik) [tec]
pump set Pumpenaggregat *n* (vollständige Einheit) [prc]
pump shaft seal Pumpenwellendichtung *f* [prc]
pump stand Pumpstand *m* [prc]
pump station Pumpenhaus *n* (Pumpstation) [prc]
pump support Pumpenhalterung *f* [prc]; Pumpenträger *m* [prc]
pump tappet, petrol - Benzinpumpenstößel *m* [tra]
pump transfer gear Pumpenverteilergetriebe *n* [prc]
pump unit Pumpenaggregat *n* [prc]
pump up aufpumpen *v* [air]
pump wheel Pumpenrad *n* [prc]; Pumprad *n* [prc]
pump-bay Pumpstation *f* (Pumpenhaus) [prc]; Pumpenhaus *n* (Pumpstation) [prc]
pump-fed power station Pumpspeicherkraftwerk *n* [pow]
pump-room Trinkhalle *f* (Heilbad) [bau]; Brunnenhaus *n* [was]
pumpable pumpfähig
pumpable discard pumpfähiger Abfall *m* [rec]
pumpcrete Pumpbeton *m* [bau]
pumpcrete machine Betonpumpe *f* [bau]
pumped concrete Pumpbeton *m* [bau]
pumped storage Pumpspeicher *m* [pow]
pumped-storage station Pumpspeicherkraftwerk *n* [pow]
pumped-storage system Pumpspeicherwerk *n* [pow]
pumping Auspumpen *n*; Pumpen *n*
pumping capacity Fördermenge *f* (Pumpe)
pumping cylinder Förderzylinder *m* (in Pumpe) [prc]
pumping delivery Fördermenge *f* (Pumpe); Förderung *f* (Pumpe) [prc]
pumping device Pumpeinrichtung *f* [prc]
pumping discharge Fördermenge *f* (Pumpe)
pumping equipment Pumpenanlage *f* [prc]
pumping head Förderhöhe *f* (Pumpe)
pumping plant Pumpenanlage *f* [prc]
pumping station Pumpanlage *f*; Pumpwerk *n* [prc]
punch Stanze *f* [wer]; Zange *f* (Lochzange) [wzg]; Dorn *m* (zum Weiten) [wzg]; Durchschlag *m* (Locheisen) [wzg]; Locher *m* (Büro) [wzg]; Mönch *m* [roh]; Schlag *m*; Stanzer *m* [wer]; Stempel *m* (Stanze, Werkzeug) [wzg]; Gesenk *n* [wer]
punch durchbohren *v* (lochen, durchschlagen) [wer]; durchlochen *v* [wer]; durchschlagen *v* (mechanisch); lochen *v* (schlagen) [wer]; perforieren *v* [wer]; stanzen *v* (lochen) [wer]; stoßen *v*
punch and die Prisma und Stempel (zum Biegen)

punch card Lochkarte *f* [edv]
punch card deck Lochkartenstapel *m* [edv]
punch card reader Lochkartenleser *m* [edv]
punch drift Durchschläger *m* [wzg]; Durchschlag *m* (Werkzeug) [wzg]
punch hole Lochung *f*
punch mark Körner *pl* [wzg]
punch press Stanzmaschine *f* [wer]
punch, aligning - Anreißnadel *f* [con]
punch, weight of - Schlagkraft *f* [phy]
punch-mark ankörnen *v* [wer]
punched card Lochkarte *f* [edv]
punched disc Lochscheibe *f* [tec]
punched out gestanzt
punched paper tape Lochstreifen *m* [edv]
punched part Stanzteil *n* [tec]
punched sheet Lochblech *n* (aus Walzwerk) [tec]
punched strip Lochstreifen *m* [edv]
punched tape Lochstreifen *m* [edv]; Lochband *n* [elt]
puncher Locher *m*; Lochkartenstanzer *m* [edv]
punching Durchlochung *f* [wer]; Stanzloch *n* [con]
punching machine Stanze *f* [wer]; Stanzmaschine *f* [wer]; Stanzer *m* [wer]
punchings Stanzabfälle *pl* [rec]
punctual punktförmig
punctuation Interpunktion *f*
punctuation character Satzzeichen *n* (Textverarbeitung)
punctuation program Interpunktionsprogramm *n* (Software) [edv]
puncture Panne *f* (Reifen-) [tra]; Durchschlag *m* (Kraftfahrzeug) [tra]; Einstich *m*
puncture durchbohren *v* (durchstechen) [wer]; durchlöchern *v*; durchstechen *v* [wer]; einstechen *v* [wer]; lochen *v* (durchstechen) [wer]; stanzen *v* (lochen) [wer]
puncture voltage Durchschlagspannung *f* [elt]
puncture-proof pannensicher [tra]
pungent durchdringend (penetrant)
punishable strafbar [jur]
purchase Anschaffung *f* [eco]; Ankauf *m*; Einkauf *m* [eco]; Erwerb *m* (Kauf) [eco]; Kauf *m* [eco]; Wareneinkauf *m* [eco]
purchase ankaufen *v*; einkaufen *v* [eco]; erwerben *v* (kaufen) [eco]; kaufen *v* [eco]
purchase by instalments Ratenkauf *m*
purchase discount Einkaufsrabatt *m* [eco]
purchase of an installation Anlagenerwerb *m*
purchase of land Grunderwerb *m*
purchase option Kaufoption *f* [eco]
purchase order Bestellung *f* [eco]
purchase price Beschaffungspreis *m* [eco]; Einkaufspreis *m* [eco]; Kaufpreis *m* [eco]
purchase price, reduction of - Minderung *f* (im Preis) [eco]
purchase, compulsory - Enteignung für allgemeine Zwecke *f*
purchase, guaranteed - Abnahmegarantie *f* [eco]
purchased part Bestellteil *n* [eco]

purchaser Auftraggeber *m* (Kunde) [eco]; Käufer *m* [eco]; Kunde *m* [eco]
purchasing Beschaffung *f* [eco]; Beschaffungswesen *n* [eco]
purchasing cost Anschaffungskosten *pl* [eco]
purchasing data Beschaffungsangaben *pl* [eco]
purchasing department Einkaufsabteilung *f* [eco]
purchasing of materials Materialbeschaffung *f* [eco]
purchasing quantity, minimum - Mindestabnahme *f* [eco]
purchasing specification Liefervorschrift *f* [eco]
pure echt (rein); klar (rein); pur; rein (nicht verunreinigt); satt (Ton); sauber
pure air Reinluft *f* [air]
pure aluminium Reinaluminium *n* [met]
pure aluminium clippings Reinaluminiumblechschrott *m* [rec]
pure aluminium scrap Reinaluminiumschrott *m* [rec]
pure coal reine Kohle *f* [roh]; Reinkohle *f* [met]
pure culture Reinkultur *f* [bio]
pure gas Reingas *n* [air]
pure nickel Reinnickel *n* [met]
pure orange reinorange (RAL 2004) [nor]
pure substance Reinsubstanz *f* [che]
pure supposition reine Annahme *f* (Denken)
pure water Reinwasser *n* [was]
pure white reinweiß (RAL 9010) [nor]
pure, highly - hochrein
purest aluminium Reinstaluminium *n* [met]
purest nickel Reinstnickel *n* [met]
purge Säuberungsaktion *f*
purge durchspülen *v*; klären *v* (spülen) [was]; läutern *v*; löschen *v* (z.B. Dateien von Festplatte) [edv]; reinblasen *v*; reinigen *v* (spülen)
purge area Löschbereich *m* [edv]
purge cock Zylinderablasshahn *m* [prc]
purge date Freigabedatum *n*; Löschdatum *n* [edv]; Verfalldatum *n* [edv]
purge valve Entlüftungshahn *m*; Abblaseventil *n* [air]; Ablassventil *n* [was]
purging air Spülluft *f* [air]
purging compound Reinigungsgranulat *n* [met]
purging gas Formiergas *n* [met]
purification Entschlackung *f*; Frischung *f* [roh]; Klärung *f* (Reinigung) [was]; Raffination *f* [prc]; Reinigung *f*; Säuberung *f*
purification of waste water, biological - biologische Abwasserreinigung *f* [was]
purification plant Raffinationsanlage *f* [prc]; Reinigungsanlage *f*
purification process Reinigungsverfahren *n* [prc]
purification, biological - biologische Reinigung *f*
purification, method of - Reinigungsmethode *f*
purified gar [met]; rein (gereinigt)
purified air input Reinluftzufuhr *f* [air]
purified steel Frischstahl *m* [met]
purifier Reinigungsmittel *n* [met]
purify aufbereiten *v* (Wasser) [was]; frischen *v* [roh]; klären *v* (reinigen) [was]; läutern *v*; raffinieren *v*

[prc]; reinigen *v* (säubern); säubern *v*; veredeln *v*
purifying Reinigen *n*
purifying material Reinigungsmasse *f* [met]
purifying means for metals Reinigungsmittel für Metalle *n* [met]
purifying plant Reinigungsanlage *f*
purity Echtheit *f*; Feinheit *f* (Metall); Reinheit *f* (Luft, Wasser)
purple purpur
purple red purpurrot (RAL 3004) [nor]
purple violet purpurviolett (RAL 4007) [nor]
purple-coloured purpurrot
purpose Absicht *f* (Zweck); Verwendungszweck *m*; Zweck *m*; Ziel *n* (Zweck)
purpose of the research Forschungszweck *m*
purpose, on - absichtlich; vorsätzlich (mit Absicht) [jur]
purpose-made speziell angefertigt [wer]
purpose-made material Sonderbaustoff *m* [met]
pursue verfolgen *v* (Ziel)
push Schub *m* (z.B. ein Schubschiff) [tra]; Stoß *m* (Schlag)
push anschieben *v* (Fahrzeug); drücken *v* (Druck ausüben); drücken *v* (Schubkraft); fördern *v* (vorantreiben); hineinpressen *v*; rücken *v*; schieben *v* (Kinderwagen, Karre schieben); stoßen *v* (schleudern); treffen *v* (stoßen)
push ahead vorantreiben *v*
push back zurückstoßen *v*
push block, cushion - gefederter Schubblock *m* [tec]
push boat Schubschiff *n* [tra]
push broach Räumdorn *m* [mbt]
push button valve Drucktasterventil *n*
push connection Schubverbindung *f* [tec]
push cup Schubplatte *f* [tec]; Schubblock *m* [tec]
push down niederdrücken *v* (Knopf)
push handle Schieber *m* (Schiebeknopf) [tec]
push in eindrücken *v* (hineindrücken); einstecken *v* (mechanisch); treiben *v* (eintreiben) [bau]
push open aufstoßen *v* (Hallentür)
push plug Steckblende *f* [tec]
push rivet Spreizniet *m* [tec]
push rod Druckstange *f* (am Waggon) [tra]; Stößelstange *f* [tra]; Stoßstange *f* (um Waggon zu schieben) [tra]
push rod valve Ventilstößel *m* [tra]
push roller Treibrolle *f* [tra]
push spool Schieber *m* (Dampflok) [tra]
push through durchstoßen *v*
push-button Drucktaste *f* (Druckknopf); Schaltfläche *f* (Software) [edv]; Taste *f* (Drucktaste); Druckknopf *m*; Schaltknopf *m* [elt]
push-button control Druckknopfsteuerung *f* [tra]
push-button switch Druckknopfschalter *m*; Druckschalter *m*
push-button telephone Tastentelefon *n* [edv]
push-buttons, combined - Tastkombination *f* [elt]
push-fit fitting Steckmuffe *f* [tec]
push-off Abstoß *m*

push-pull Gegentakt *m* [elt]
push-pull circuit Gegentaktschaltung *f* [elt]
push-pull device Wendezugeinrichtung *f* [mbt]; Klemmschieber *m* [tra]
push-pull operation Wendezugbetrieb *f* [mbt]
push-pull stage Gegentaktstufe *f* [elt]
push-pull traffic Pendelzugverkehr *m* (Lok/Steuerwagen) [tra]
pusher Ausstoßer *m* [tec]; Mitnehmer *m* (Kette) [tec]
pusher delay Ausstoßerverzögerung *f* [elt]
pusher fork Schubgabel *f* [tra]
pusher rod Schubstange *f* [tec]
pushing boat Schubschiff *n* [tra]
pushing device Abschieber *m* (am Stapler) [mbt]
pushing fork Schubgabel *f* [tra]
put ausgeben *v* (Daten) [edv]; legen *v*; setzen *v*; stecken *v*; stellen *v*
put away einräumen *v* (einordnen); wegstellen *v*
put down ablegen *v*; abstellen *v*; einreißen *v* (abreißen)
put in einschalten *n* (Motor)
put in eingeben *v* (Daten in EDV) [edv]; einhängen *v*; einlegen *v* (z.B. den 4. Gang) [tra]; einlegen *v* (z.B. Film); einschieben *v*; einsetzen *v* (räumlich)
put in abeyance zurückstellen *v* (Auftrag)
put in circuit einschalten *v* (Strom)
put in motion in Gang bringen *v*
put into einfüllen *v*
put into action in Gang bringen *v*
put into gear einschalten *v* (Maschine)
put into practice praktizieren *v*; verwirklichen *v*
put into sacks einsacken *v*
put into service einfahren *v* (Kessel, Mühlen etc.) [prc]
put on aufbringen *v* (auftragen); aufstecken *v*; auftragen *v* (Kleber auf Fläche) [wer]; einheizen *v* (mit Ofen); verstreichen *v* (Farbe) [wer]
put on one's seat belt angurten *v*
put on steam anstoßen *v* (eine Dampfturbine) [pow]
put on the bill auf die Rechnung setzen *v* [eco]
put on the line beischalten *v* [pow]; zuschalten *v* (Kessel) [pow]
put out ausmachen *v* (ein Feuer ausmachen) [pow]; löschen *v* (Feuer)
put out of action außer Betrieb setzen *v*
put out of operation außer Betrieb setzen *v*
put out of service außer Betrieb setzen *v*
put out of shape deformieren *v*
put right nachbessern *v*
put straight gerade richten *v*
put the heating on vorheizen *v*
put the roof on bedachen *v* [bau]
put through durchschalten *v* (Telefon) [edv]; durchstellen *v* (am Telefon verbinden) [edv]; umstellen *v* (Telefon) [edv]; verbinden *v* (durchstellen, am Telefon) [edv]; weiterverbinden *v* (am Telefon) [edv]
put together zusammenfassen *v*; zusammensetzen *v* (zusammenbauen) [wer]; zusammenstellen *v*

put tyres on bereifen *v*
put up aufrichten *v* [bau]
put up money Geld aufbringen *v* [eco]
put up scaffolding einrüsten *v* [wer]
put upright hochstellen *v*
putrefaction Fäule *f*; Fäulnisgärung *f* [bio]; Verrottung *f* [bio]; Verwesung *f* [bio]
putrefaction process Fäulnisprozess *m* [bio]
putrefactive bacteria Fäulnisbakterien *pl* [bio]
putrefactive fermentation Fäulnisgärung *f* [bio]
putrefy durchfaulen *v*; faulen *v* (verwesen); verfaulen *v* [bio]; verrotten *v* [bio]; verwesen *v* [bio]
putrescent verwesend [bio]
putrescible verrottbar [bio]
putrescible wastes verottbare Abfälle *pl* [rec]
putrescibles Bioabfälle *pl* [rec]
putrid faul (verdorben)
putrid odour Fäulnisgeruch *m*
putrid smell Gestank *m* (modrig)
putridity Moder *m* (Verfaulen)
putridness Fäulnis *f* (Verwesung)
puttied gekerbt [wer]
putting into operation Inbetriebnahme *f* (Inbetriebsetzung)
putting into service Inbetriebnahme *f* (Inbetriebsetzung); Einfahren *n* (Kessel; Mühlen etc.) [prc]
putting up Aufstellung *f* (Aufbau)
putty Spachtelmasse *f* [met]; Kitt *m* (zum Glasen) [met]
putty kitten *v* (Glas -) [wer]; spachteln *v* [wer]; verkitten *v* [wer]
putty, fix in with - einkitten *v*
putty-knife Spachtel *m* (Werkzeug) [wzg]; Kittmesser *n* [wzg]
pycnometer Pyknometer *n* [any]
pylon Gittermast *m* [bau]; Hochspannungsmast *m* [elt]; Kraftleitungsmast *m* [elt]; Mast *m* (Fernleitung) [elt]; Oberleitungsmast *m* (an Strecke) [tra]; Stahlmast *m* (z.B. Oberleitung Bahn) [tra]; Überlandleitungsmast *m* [elt]; Verkehrskegel *m* (weiß/rotes Hütchen) [tra]
pyramid Pyramide *f* [bau]
pyramid selling Schneeballsystem *n*
pyrex-glass Pyrex-Glas *n* [met]
pyrite Pyrit *n* [min]
pyrite kiln Kiesofen *m* [prc]
pyrites Kies *m* (Mineral) [min]
pyrites cinder Pyritabbrand *m*
pyrites furnace Pyritofen *m* [prc]
pyrolyse pyrolysieren *v* [che]
pyrolysis Pyrolyse *f* [prc]
pyrolysis device Pyrolyseeinrichtung *f* [prc]
pyrolysis equipment Pyrolyseeinrichtung *f* [prc]
pyrolysis plant Pyrolyseanlage *f* [prc]
pyrolysis product Spaltprodukt *n* (Pyrolyse) [che]
pyrolytic treatment of coal Kohlepyrolyse *f* [prc]
pyrometer Temperaturmesser *m* [any]; Pyrometer *n* [any]

pyrotechnical pyrotechnisch [che]
pyrotechnics Pyrotechnik *f* [che]

Q

quadrangle Viereck *n*
quadrangular viereckig
quadrature-axis field Querfeld *n* [elt]
quadrilateral viereckig
qualification approval Bauartzulassung *f* [bau]
qualification certificate, with - bauartgeprüft [bau]
qualification test Vorprüfung *f*
qualification, certificate of - Befähigungsnachweis *m*
qualified befähigt; geeignet (qualifiziert)
qualify ausbilden *v* (Beruf); qualifizieren *v*
qualifying examination Eignungsprüfung *f*
qualitative growth qualitatives Wachstum *n* [eco]
quality Beschaffenheit *f* (Qualität); Eigenschaft *f* (von Menschen, Tieren); Güte *f* (Qualität); Güteeigenschaft *f*; Klasse *f* (Qualitätsklasse); Qualität *f*; Rang *m* (Beschaffenheit)
quality assurance Gütesicherung *f*; Qualitätssicherung *f*
quality assurance instruction Qualitätssicherungsanweisung *f*
quality assurance representative Qualitätssicherungsbeauftragter *m*
quality assurance system Qualitätssicherungssystem *n*
quality audit Gütesicherung *f*; Güteüberwachung *f* [any]; Qualitätsaudit *n* (Qualitätssicherungssystem)
quality certificate Gütenachweis *m*
quality characteristic Qualitätsmerkmal *n*; Qualitätsmerkmal *n*
quality check Güteprüfung *f* [any]
quality complaint Qualitätsbeanstandung *f*
quality control Gütesicherung *f*; Güteüberwachung *f* [any]; Qualitätskontrolle *f*; Qualitätsüberwachung *f*
quality deficiency Qualitätsmangel *m*
quality factor Qualitätsfaktor *m*
quality grade Güteklasse *f*
quality management Qualitätsmanagement *n*
quality manual Qualitätshandbuch *n* (Qualitätssicherungssystem)
quality mark Gütezeichen *n*
quality objective Qualitätsziel *n*
quality of finish Oberflächengüte *f* [met]
quality of life Lebensqualität *f*
quality of steam Dampftrockenheitsgrad *m*
quality of water Wassergüte *f* [was]
quality planning Qualitätsplanung *f*
quality policies Qualitätssicherungspläne *pl*
quality policy Qualitätspolitik *f* (Qualitätssicherungssystem)
quality requirement Qualitätsanforderung *f*
quality requirements Qualitätsforderungen *pl*
quality seal Gütezeichen *n*
quality standard Gütenorm *f*; Qualitätsstandard *m*
quality surveillance Qualitätsüberwachung *f*
quality system Qualitätssystem *n*
quality test Güteprüfung *f* [any]; Qualitätsprüfung *f*; Gütetest *m* [any]
quality, fall off in - verschlechtern *v*
quality, specification of - Gütevorschrift *f*
quality-reducing qualitätsmindernd
quantified risk assessment quantifizierte Risikoprüfung *f*
quantimeter Dosimeter *n* [any]
quantitative quantitativ
quantitative analysis Mengenbestimmung *f* [any]; Quantifizierung *f* [any]; mengenmäßiger Nachweis *m* [any]
quantitative determination Mengenbestimmung *f* [any]
quantitative measuring instrument Mengenmessgerät *n* (Menge) [any]
quantitative ratio Mengenverhältnis *n*
quantities of waste produced Abfallmenge *f* [rec]
quantity Anzahl *f*; Größe *f* [mat]; Menge *f* (Quantität); messbare Größe *f* [any]; Quantität *f*; Quantum *n*
quantity delivered Fördermenge *f*; Liefermenge *f* [eco]
quantity measurement Mengenmessung *f* (Menge) [any]
quantity meter Mengenmessgerät *n* (Menge) [any]
quantity of air Luftmenge *f*
quantity of gas Gasmenge *f*
quantity of heat Wärmemenge *f* [pow]
quantity of light Lichtmenge *f* [opt]
quantity of liquid Flüssigkeitsmenge *f*
quantity of overburden Abraumvolumen *n* [roh]
quantity of waste water Abwasseranfall *m* [was]
quantity passed Durchsatz *m*
quantity surveying Massenermittlung *f* [phy]
quantity to be measured Messgröße *f* [any]
quantity, acoustic - akustische Größe *f* [aku]
quantity, actual - Istmenge *f*
quantity, electrical - elektrische Größe *f* [elt]
quantity, magnetic - magnetische Größe *f* [elt]
quantity, unit of - Mengeneinheit *f*
quantize quantifizieren *v* [elt]
quantum Betrag *m* (Ausmaß); Quantum *n*
quantum chemistry Quantenchemie *f* [che]
quantum energy Quantenenergie *f* [phy]
quantum mechanics Quantenmechanik *f* [phy]
quantum number Quantenzahl *f* [phy]
quantum physics Quantenphysik *f* [phy]
quantum theory Quantentheorie *f* [phy]
quarrel Streit *m*
quarry Steinbruch *m* [roh]
quarry abbauen *v* (im Steinbruch) [roh]; brechen *v* (Steine brechen)
quarry block Naturstein *m* [met]
quarry sand Grubensand *m* [met]
quarry stone Bruchstein *m* [bau]
quarrying Abbau von Steinen und Erden *m* [roh]
quarter Stadtteil *m*
quarter bend Krümmer *m* (Rohr-, 90 grd); Knie *n* (Rohr); Kniestück *n*

quarter chime Viertelstundenschlag *m* (Uhr) [tec]
quarter elliptic spring Viertelfeder *f* [tec]
quarter-hour Viertelstunde *f*
quarterly vierteljährlich
quartz Bergkristall *m* [min]; Quarz *m* [min]
quartz crystal Quarzkristall *n* [min]
quartz crystal clock Quarzuhr *f* [elt]
quartz dust Quarzstaub *m* [met]
quartz filament Quarzfaden *m* [met]
quartz filter Quarzfilter *m* [any]
quartz glass Quarzglas *n* [met]
quartz gravel Quarzkies *m* [min]
quartz grit Quarzkies *m* [min]
quartz lamp Quarzlampe *f* [opt]
quartz powder Quarzmehl *n* [met]
quartz rock Quarzstein *m* [met]
quartz sand Quarzsand *m* [met]
quartz thread Quarzfaden *m* [met]
quartz utensil Quarzgefäß *n*
quartz wool Quarzwatte *f* [met]
quartz-clock Quarzuhr *f* [elt]
quartz-controlled quarzgesteuert [elt]
quasilinear quasilinear
quasistationary quasistationär
quay wall Kaimauer *f* [tra]; Ufermauer *f* [bau]
quench abdämpfen *v* (abschrecken) [prc]; abkühlen *v* (abschrecken) [prc]; abschrecken *v* (schnell kühlen) [prc]; auslöschen *v* (Feuer) [pow]; löschen *v* (Kalk) [bau]; löschen *v* (kühlen) [pow]
quench tank Abschreckbehälter *m*
quenched abgeschreckt [prc]; gelöscht (abgeschreckt) [prc]
quencher Quencher *m* [prc]
quenching Abkühlung *f* (Abschrecken); Abschreckung *f*; Dämpfung *f* (Abschreckung) [prc]; Löschung *f* (Abschreckung) [prc]; Abschrecken *n*
quenching agent Abschreckmittel *n*
quenching bath Abschreckbad *n*
quenching liquid Abkühlflüssigkeit *f*
quenching oil Abschreckungsöl *n* [met]; Härteöl *n* [met]
quenching temperature Abschrecktemperatur *f*
quenching tower Löschturm *m* [prc]
query Frage *f*
query abfragen *v* [edv]
question Frage *f*
question fragen *v*
question mark Fragezeichen *n* (Textverarbeitung)
questionable fraglich
questioning Befragung *f*
questionnaire Fragebogen *m*
queue Schlange *f* (Menschenschlange)
queue anstellen *v* (in Warteschlange)
quick gebrannt (Kalk); rasch; schnell
quick action stop valve Schnellschlussventil *n* [prc]
quick adjustment Schnellverstellung *f* (Vorgang)
quick ash Flugasche *f* [rec]
quick connect coupling Schnellkupplung *f* [tec]
quick drying schnell trocknend [met]

quick fastening Schnellverschluss *m*
quick freezing instrument Gefriervorrichtung *f* [prc]
quick lock Schnellverschluss *m*
quick release Schnelllösung *f*
quick setting raschbindend [che]
quick-acting closure Schnellverschluss *m* [tec]
quick-acting lock Schnellverschluss *m* [tec]
quick-acting valve Schnellschlussventil *n* [prc]
quick-action lock nut Schnellspannmutter *f* [tec]
quick-adjusting mechanism Schnellverstellung *f* (Vorrichtung) [tec]
quick-close lock Schnellverschluss *m* [tec]
quick-closing sluice valve Schnellschlussschieber *m* [was]
quick-connect stem Stecker *m* (Schnellkupplung) [tec]
quick-curing schnellhärtend *f* (Kunstharz) [met]
quick-disconnect coupling Patentkupplung *f* [tec]; Schnellentkupplung *f* [tec]
quick-hardening lime hydraulischer Kalk *m* [met]
quick-locking mechanism Schnellverschluss *m* [tec]
quick-motion Zeitraffer *m*
quick-release clamping system Schnelllösesystem *n* [tec]
quick-release coupling Schnellkupplung *f* [tec]
quick-release fastener Schnellspannvorrichtung *f* [tec]
quick-response system schnell ansprechendes System *n*
quick-setting cement Schnellbinder *m* [met]
quick-start device Schnellstartvorrichtung *f* [pow]
quicken beleben *v* (beschleunigen); beschleunigen *v* (schneller werden)
quicklime Branntkalk *m* [met]; gebrannter Kalk *m* [met]
quicksand Treibsand *m* [geo]
quiescent untätig
quiet geräuscharm [aku]; geräuschlos [aku]; ruhig (geräuschlos); still (leise)
quiet beruhigen *v* (Metall) [met]
quieting agent Beruhigungsmittel *n* [hum]
quietness Geräuschlosigkeit *f* [aku]
quill Feder *f* (Schwung-) [tec]; Hohlspule *f* [tec]
quill drive Hohlwellenantrieb *m* [tec]
quilt Matte *f* (Dämmung)
quintessence Auszug *m*
quit abbrechen *v* (Programm verlassen) [edv]; beenden *v* (aufhören)
quite vollständig
quiver zittern *v*
quota Soll *n* (Arbeits-)
quotation Kostenanschlag *m* [eco]; Angebot *n* [eco]
quotation mark Anführungszeichen *pl* (Text)
quotation mark, single - Apostroph *m* (Text)
quotation marks Anführungsstriche *pl* (Text)
quotation validity date Angebotsbindefrist *f* [eco]
quote abgeben *v* (Preis) [eco]; anbieten *v* (Preisangebot) [eco]; notieren *v*
quote validate Bindefrist *f* [eco]
quotient Quotient *f* [mat]
quoting Auswertungsunterdrückung *f* [edv]

R

rabbet Hohlkehle *f*; Nut *f* (Holzbau); Rille *f* (Nut); Anschlag *m*; Falz *m* (Holz) [bau]
rabbet einfügen *v* (in Nut); nuten *v* (Holzbau) [wer]
rabbet joint Einfalzung *f*; Einfügung *f* (Nutverbindung); Falzstoß *m*
race Laufbahn *f* (Lager, Käfig) [tec]; Rasse *f* (Mensch) [bff]; Rollbahn *f* (Lager) [tec]; starke Strömung *f*; Laufbahnring *m* (Lager) [tec]
race along rasen *v* [tra]
race face Aufsatzring der Lagerlaufbahn *m* [tec]
race pulverizer Kugelmühle *f* [prc]
raceway Laufbahn *f* (Lager) [tec]; Kabelkanal *m* [elt]; Leitungskanal *m*
raceway radial run-out Radialschlag *m* [con]
raceway ring Laufbahnring *m* [tec]
racing car Rennwagen *m* [tra]; Rennauto *n* [tra]
racing cycle Rennrad *n* [tra]
rack recken [wer]
rack Horde *f* (Gestell); Zahnstange *f* [tec]; Gepäckständer *m* (in Bahn, Flugzeug) [tra]; Rahmen *m* (Gestell); Ständer *m* (Gestell); Gestell *n* (Rahmen); Rahmenwerk *n* [tec]; Regal *n*
rack and pinion jack Zahnstangenheber *m* [tra]
rack beam Zahnstangenträger *m* [tec]
rack drier Etagentrockner *m*
rack drive Zahnstangenantrieb *m* [tec]
rack gear Zahnstangenantrieb *m* [tra]
rack gearing Zahnstangenverzahnung *f* [tec]
rack jack Zahnstangenwinde *f* [tec]
rack mount Gestelleinschub *m* [tec]
rack mounting Gestellbauweise *f* [con]; Schrankeinbau *m*
rack mounting module Gestelleinschub *m*
rack pinion Zahnstangenritzel *n* [tec]
rack railroad Zahnradbahn *f* (Zahnstange zwischen Gleis) [tra]
rack railway Zahnradbahn *f* [tra]
rack setting gauge Einstellehre *f* [any]
rack soot blower Lanzenlangschubbläser *m* [pow]
rack tool Kammstahl *m* [wzg]
rack type soot blower Langrohrbläser *m* [pow]
rack wheel Zahnrad *n* [tec]
rack winch Zahnstangenantrieb *m* [tec]
rack-and-pinion Zahnstange *f* [tec]
rack-and-pinion drive Zahnstangenantrieb *m* [tec]; Zahnstangentrieb *m* [tec]
rack-and-pinion gear Zahnstangengetriebe *n* [tec]
rack-and-pinion jack Zahnstangenwinde *f* [tec]; Zahnstangenheber *m* [tec]
racking Ausziehen *n*
racking crane, aisle-bound - ganggebundenes Regalbediengerät *n* (Lagerlogistik) [tec]

racking crane, aisle-traversing - gangumsetzendes Regalbediengerät *n* (Lagerlogistik) [tec]
radar Funkmesstechnik *f* [edv]; Radar *n* [elt]
radar apparatus Radargerät *n* [elt]
radar beam Radarstrahl *m* [elt]
radar control Radarkontrolle *f* [any]
radar engineering Radartechnik *f* [elt]
radar installation Radaranlage *f* [elt]
radar screen Radarbildschirm *m* [elt]; Radarschirm *m* [elt]
radar speed check Radarkontrolle *f* (Geschwindigkeitskontrolle) [any]
radar station Radaranlage *f* [elt]
radar unit Radaranlage *f* [elt]
radar waves Radarwellen *pl* (Funkortung) [elt]
radial radial
radial acceleration Radialbeschleunigung *f* [phy]
radial backlash Radialspiel *n* (Räder) [tec]
radial bag filter Rundfilter *m* [prc]; Luftfilter *n* (Rundfilter) [air]
radial ball bearing Radialkugellager *n* [tec]
radial ball bearing, self-aligning - Radialpendelrollenlager *n* [tec]
radial bearing Radiallager *n* [tec]
radial bolt Radialbolzen *m* [tec]
radial compressor Radialgebläse *n* [prc]
radial cylindrical roller bearing Radialzylinderrollenlager *n* [tec]
radial drill Radialbohrer *m* [wzg]
radial drill press Radialbohrmaschine *f* [wzg]
radial drilling machine Radialbohrmaschine *f* [wzg]
radial fan Radiallüfter *m* [prc]
radial flow Radialstrom *m* [prc]
radial force Radialkraft *f* [phy]
radial hinge bearing Radialgelenklager *n* [tec]
radial load Radialbelastung *f* [phy]; radiale Belastung *f* [tec]
radial loading Radialbelastung *f* [phy]
radial oscillation Radialschwingung *f* [phy]
radial packing Radialdichtung *f* [tec]
radial packing ring Radialdichtring *m* [tec]; Simmerring *m* [tec]; Wellendichtung *m* [tec]
radial pin Radialbolzen *m* [tec]
radial pressure Radialdruck *m* [phy]
radial roller bearing Querrollenlager *n* [tec]
radial run-out Rundlaufabweichung *f* [tec]; Rundlauffehler *m* [tec]
radial run-out deviation Rundlaufabweichung *f* [con]
radial run-out, admissible - zulässige Rundlaufabweichung *f* [tec]
radial runout Radialschlag *m* [con]
radial seal Radialdichtung *f* [tec]
radial seal for rotating shaft Radialdichtring für Welle *m* [tec]
radial seal ring Radialdichtring *m* [tec]; Simmerring *m* [tec]
radial shaft seal ring Radialwellendichtring *m* [tec]
radial sleeve bearing Radialgleitlager *n* [tec]

radial sliding bearing Radialgleitlager *n* [tec]
radial taper roller bearing Radialkegelrollenlager *n* [tec]
radial teeth Radialzähne *pl* [tec]
radial thrust Radialdruck *m* [tec]
radial tooth Stirnzahn *m* [tec]
radial true run Rundlauf *m* [tec]
radial tyre Gürtelreifen *m* [tra]; Radialreifen *m* [tra]
radial velocity Radialgeschwindigkeit *f* [phy]
radial-flow compressor Radialverdichter *m* [prc]
radial-flow fan Radialgebläse *n* [prc]
radial-flow impeller Turbinenmischer *m* [prc]
radial-flow scrubber Radialstromwäscher *m* [prc]
radial-flow turbine Radialturbine *f* [pow]
radial-piston eccentric motor Radialkolben-Exzentermotor *m* [tec]
radial-piston hydraulic motor Radialkolbenmotor *m* [tec]
radial-piston multi-stroke motor Radialkolben-Mehrhubmotor *m* [tec]
radial-piston pump Radialkolbenpumpe *f* [prc]
radial-type gland Radialstopfbuchse *f* [tec]
radian measure Bogenmaß *n* [mat]
radiant boiler Strahlungskessel *m* [pow]
radiant cooler Strahlungskühler *m* [pow]
radiant energy Strahlungsenergie *f* [phy]
radiant flux density Bestrahlungsstärke *f* [opt]
radiant heat Strahlungswärme *f* [pow]; Wärmestrahlung *f* [pow]
radiant heater Heizstrahler *m* [pow]
radiant heating Strahlungsheizung *f* [pow]
radiant superheater Strahlungsüberhitzer *m* [pow]
radiant-type boiler Flammrohrkessel *m* [pow]
radiate abgeben *v* (Strahlung); abstrahlen *v* (Wärme) [phy]; ausstrahlen *v*; strahlen *v*; verstrahlen *v*
radiation Abstrahlung *f* [phy]; Bestrahlung *f* (Ausstrahlung); Strahlung *f* [phy]
radiation absorption Strahlungsabsorption *f* [phy]
radiation accident Strahlenunfall *m* (Kerntechnik)
radiation boiler Strahlungskessel *m* [pow]
radiation capacity Strahlungsvermögen *n* [phy]
radiation cavity Strahlraum *m* [pow]
radiation chamber Strahlraum *m* [pow]
radiation constant Strahlungskonstante *f* [phy]
radiation counter Strahlenzählrohr *n* [any]
radiation damage Strahlenschaden *m* (z.B. durch Radioaktivität) [hum]; Strahlungsschaden *m* (z.B. durch Radioaktivität) [hum]
radiation damage, acute - akuter Strahlenschaden *m* [hum]
radiation damage, genetic - genetischer Strahlenschaden *m* [hum]
radiation density Strahlungsdichte *f* [phy]
radiation detector Strahlendetektor *m* [any]; Strahlungsdetektor *m* [any]
radiation disease Strahlenkrankheit *f* [hum]
radiation dose Strahlendosis *f* (z.B. Radioaktivität) [hum]; Strahlungsdosis *f* (z.B. Radioaktivität) [hum]
radiation dosimetry Strahlungsdosimetrie *f* [any]

radiation effect Strahlenwirkung *f*; Strahlungswirkung *f*
radiation effect, genetic - genetischer Strahlenschaden *m* [hum]
radiation effect, late - Strahlenspätschaden *m*
radiation energy Strahlungsenergie *f* [phy]
radiation equivalent Strahlungsäquivalent *n* [phy]
radiation exposition Strahlenexposition *f* (z.B. Radioaktivität) [hum]
radiation exposure Strahlenbelastung *f* [hum]
radiation exposure record book Strahlenpaaa *m* (z.B. für Radioaktivität) [hum]
radiation field Strahlungsfeld *n* [phy]
radiation flux density Strahlenbelastung *f* [phy]
radiation furnace Strahlungsofen *m* [pow]
radiation hazard Strahlengefährdung *f* (z.B. durch Radioaktivität) [hum]; Strahlengefahr *f* (z.B. durch Radioaktivität); Strahlungsgefährdung *f* (z.B. durch Radioaktivität); Strahlungsgefahr *f* (z.B. durch Radioaktivität)
radiation heating Strahlungsheizung *f* [pow]
radiation heating surface Strahlungsheizfläche *f* [pow]
radiation injury Strahlenschaden *m* (z.B. durch Radioaktivität) [hum]; Strahlungsschaden *m* (z.B. durch Radioaktivität) [hum]
radiation intensity Strahlungsintensität *f* [phy]
radiation level Strahlungspegel *m* [phy]
radiation loss Strahlungsverlust *m* (Wärmeverlust) [pow]
radiation measurement, technology of - Strahlenmesstechnik *f* [any]
radiation measuring equipment Strahlungsmessgerät *n* [any]
radiation measuring instrument Strahlenmessgerät *n* [any]
radiation meter Strahlungsmessgerät *n* [any]
radiation monitor Strahlenüberwachungsgerät *n* [any]
radiation monitoring Strahlenüberwachung *f* (z.B. von Radioaktivität) [any]
radiation of heat Wärmestrahlung *f* [pow]
radiation overexposition außergewöhnliche Strahlenexposition *f* (z.B. von Radioaktivität) [hum]
radiation penetration Strahlungsdurchlässigkeit *f* [phy]
radiation physics Strahlenphysik *f* [phy]
radiation product Bestrahlungsprodukt *n* [che]
radiation protection Strahlenschutz *f* (z.B. gegen radioaktive Strahlung); Strahlungsabschirmung *f* (z.B. gegen radioaktive Strahlung) [phy]
radiation protection agent Strahlenschutzbeauftragter *m*; Strahlenschutzverantwortlicher *m*
radiation protection door Strahlenschutztür *f* [bau]
radiation pyrometer Strahlungspyrometer *n* [any]
radiation reflection Rückstrahlung *f* [pow]
radiation resistance Strahlungswiderstand *m* [elt]
radiation risk Strahlenrisiko *n* [hum]
radiation shield Strahlenschild *m* (z.B. gegen

radioaktive Strahlung); Strahlenschutz *m* (z.B. gegen radioaktive Strahlung); Strahlungsschutz *m* (z.B. gegen radioaktive Strahlung) [pow]
radiation shielding Strahlenabschirmung *f* (z.B. gegen radioaktive Strahlung) [phy]; Strahlenschutz *m* (z.B. gegen radioaktive Strahlung)
radiation shielding concrete Abschirmbeton *m* (z.B. gegen radioaktive Strahlung) [met]
radiation sickness Strahlenkrankheit *f* (z.B. nach radioaktiver Strahlung) [hum]
radiation source Strahlenquelle *f* [phy]; Strahler *m* (Wärme) [pow]
radiation theory Strahlungstheorie *f* [phy]
radiation therapy Bestrahlungsbehandlung *f* [hum]
radiation treatment Bestrahlung *f* (Behandlung mit Strahlen) [hum]; Strahlenbehandlung *f* [hum]
radiation unit Strahlungseinheit *f* [phy]; Bestrahlungsapparat *m*
radiation wall Schutzwand *f* (Kerntechnik) [pow]; Strahlungsschutzwand *f* (radioaktive Strahlung) [bau]
radiation zone Strahlungszone *f*
radiation, coefficient of - Strahlungszahl *f* (radioaktive Strahlung) [pow]
radiation, death caused by - Strahlentod *m* [hum]
radiation, free of - strahlungsfrei [phy]
radiation, natural - natürliche Strahlung *f* [phy]
radiation, radioactive - radioaktive Strahlung *f* [phy]
radiation, source of - Strahlenquelle *f* [phy]; Strahlungsquelle *f* [phy]
radiation, theory of - Strahlungstheorie *f* [phy]
radiation-proof strahlensicher
radiation-shielding concrete Strahlenschutzbeton *m* (Kerntechnik) [met]
radiationless strahlungsfrei [phy]
radiator Heizrippe *f* [pow]; Autokühler *m* [tra]; Gliederheizkörper *m* [pow]; Heizkörper *m* [pow]; Kühler *m* (Lamellenkühler im Auto) [tra]; Radiator *m* [pow]; Strahler *m* [pow]; Strahlkörper *m* [phy]; Strahlofen *m* [pow]; Heizgerät *n* [pow]
radiator baffle plate Kühlerspritzblech *n* [tra]
radiator block Kühlerblock *m* [tra]
radiator bonnet Kühlerhaube *f* [tra]
radiator cap Kühlerverschraubung *f* [tra]
radiator core Kühlerblock *m* [tra]
radiator core fin Kühlerrippe *f* [tra]
radiator cowling Kühlerverkleidung *f* [tra]
radiator fan Kühlerventilator *m* [tra]
radiator fastening strap Kühlerbefestigungsband *n* [tra]
radiator filler tube Kühlereinfüllstutzen *m* [tra]
radiator frame Kühlergehäuse *n* [tra]
radiator grill Kühlergrill *m* [tra]; Kühlerrost *m* (Auto) [tra]; Kühlerschutzgitter *n* [tra]
radiator guard Kühlerschutz *m* [tra]; Kühlerschutzbügel *m* [tra]
radiator heating Radiatorheizung *f* [pow]
radiator hose Kühlerschlauch *m* [tra]
radiator inlet connection Kühlereinlaufstutzen *m* [tra]
radiator jointing material Kühlerdichtmaterial *n* [tra]

radiator mounting Kühlerfuß *m* [tra]; Kühlerträger *m* [tra]
radiator outlet connection Kühlerauslaufstutzen *m* [tra]
radiator safety ring Kühlerschutzring *m* [tra]
radiator shutter Kühlerabdeckung *f* [tra]; Kühlerjalousie *f* [tra]
radiator strut Kühlerstrebe *f* [tra]
radiator tank Kühlerwasserkasten *m* [tra]; Wasserkasten *m* (oberer, unterer) [tra]
radiator tube Kühlerröhrchen *n* [tra]
radiator upper tank oberer Kühlerwasserkasten *m* [tra]
radiator valve Radiatorventil *n* [pow]
radiator water inlet Kühlereinlassstutzen *m* [tra]
radiator water outlet Kühlerauslassstutzen *m* [tra]
radical Rest *m* [che]; Radikal *n* [che]
radical chain reaction Radikalkettenreaktion *f* [che]
radical polymerization Radikalpolymerisation *f* [che]
radical sign Wurzelzeichen *n* [mat]
radical, aromatic - aromatisches Radikal *n* [che]
radii without dimensions unbemaßte Radien *pl* (auf Zeichnungen) [con]
radio Funk *m* [edv]; Rundfunk *m* [edv]; Radio *n* (Funk) [edv]; Radioapparat *n* [elt]; Rundfunkgerät *n* [edv]
radio funken *v* [edv]; senden *v* (drahtlos) [edv]
radio aerial Autoradioantenne *f* [tra]
radio beacon Funkfeuer *n* [edv]
radio beam Funkleitstrahl *m* [edv]
radio cabinet Radiogehäuse *n* [elt]
radio circuit Funknetz *n* [edv]
radio communication Funkverbindung *f* [edv]; Funkverkehr *m* [edv]
radio contact Funkverbindung *f* [edv]
radio control Fernlenkung *f* [edv]; Funkfernsteuerung *f* [edv]
radio data transmission Datenfunk *m* [edv]
radio frequency Hochfrequenz *f* [phy]
radio interference Funkstörung *f* [edv]
radio interference echo Störecho *n* [edv]
radio interference field-intensity Störfeldstärke *f* [elt]
radio interferency Funkstörung *f* [edv]
radio monitoring Funküberwachung *f* [edv]
radio navigation Funknavigation *f* [edv]
radio network Funknetz *n* [edv]
radio receiver Empfänger *m* (Gerät) [edv]; Rundfunkempfänger *m* [edv]
radio remote control Funkfernsteuerung *f* [edv]
radio room Funkstation *f* (z.B. auf Schiff) [edv]
radio set Funkanlage *f* [edv]; Radioapparat *m* [elt]; Funkgerät *n* [edv]; Radioapparat *n* [elt]; Radiogerät *n* [elt]; Rundfunkgerät *n* [edv]
radio shielding Funkenstörung *f* [edv]
radio station Radiosender *m* [edv]; Rundfunksender *m* [edv]
radio technique Funktechnik *f* [edv]
radio technology Funktechnik *f* [edv]; Hochfrequenztechnik *f* [phy]; Röntgentechnik *f*

radio telephone Sprechfunkgerät *n* [edv]
radio telephony Sprechfunk *m* [edv]
radio telescope Radioteleskop *n* (misst Echoschall) [any]
radio tower Funkturm *m* [edv]
radio traffic Funkverkehr *m* [edv]
radio transmitter Sender *m* (drahtlos) [edv]
radio-telephone Funksprechgerät *n* [edv]
radio-telephone device Funksprechgerät *n* [edv]
radio-telephone system Sprechfunk *m* [edv]
radio-telephony Funksprechverkehr *m* [edv]; Funkverkehr *m* [edv]
radio-telephony equipment Funkanlagen *pl* [edv]
radioactive radioaktiv [phy]
radioactive carbon radioaktiver Kohlenstoff *m* [che]; Radiokohlenstoff *m* [che]
radioactive cloud radioaktive Wolke *f* [air]
radioactive contamination radioaktive Kontamination *f*; radioaktive Verseuchung *f*; Strahlenbelastung *f* [phy]
radioactive decay radioaktive Spaltung *f* [phy]; Atomzerfall *m* [phy]; radioaktiver Zerfall *m* [phy]
radioactive deposit radioaktiver Niederschlag *m*
radioactive detection radioaktiver Nachweis *m* [any]
radioactive effluents radioaktives Abwasser *n* [was]
radioactive element radioaktives Element *n* [che]; Radioelement *n* [che]
radioactive emission radioaktive Emission *f* [phy]; Radioemission *f* [phy]
radioactive fall-out radioaktiver Niederschlag *m*
radioactive fission radioaktive Spaltung *f* [phy]
radioactive gas radioaktives Gas *n*
radioactive isotope radioaktives Isotop *n* [che]; Radioisotop *n* [che]
radioactive labelling radioaktive Markierung *f* [che]
radioactive marking radioaktive Markierung *f* [che]
radioactive material radioaktive Substanz *f* [met]; radioaktiver Stoff *m* [met]; radioaktives Material *n* [phy]
radioactive nuclide Radionuklid *n* [che]
radioactive pollution radioaktive Verseuchung *f*; radioaktive Verunreinigung *f*
radioactive radiation Kernstrahlung *f* [phy]; radioaktive Strahlung *f* [phy]
radioactive rays radioaktive Strahlen *pl* [phy]
radioactive source radioaktive Quelle *f* [phy]; radioaktiver Strahler *m* [phy]
radioactive substance radioaktive Substanz *f* [met]; radioaktiver Stoff *m* [met]
radioactive warfare agent radioaktiver Kampfstoff *m*
radioactive waste Radioabfall *m* [rec]; radioaktiver Abfall *m* [rec]; radioaktiver Müll *m* [rec]
radioactive waste disposal radioaktiver Abfälle Beseitigung *f* [rec]
radioactive waste water radioaktives Abwasser *n* [was]
radioactive, highly - hochradioaktiv
radioactivity Radioaktivität *f* [phy]
radioactivity, natural - natürliche Radioaktivität *f* [phy]

radiobiology Strahlenbiologie *f* [bio]
radiocarbon Radiokohlenstoff *m* [che]
radiocarbon dating Radiokohlenstoff-Datierung *f* [any]
radiocarbon method Radiokarbonmethode *f* [any]
radiochemical radiochemisch [che]
radiochemistry Radiochemie *f* [che]; Strahlenchemie *f* [che]
radiodermatitis Strahlenverbrennung *f* (Haut) [hum]
radioelement Radioelement *n* [che]
radiofrequency Radiofrequenz *f* [phy]
radiogram Röntgenaufnahme *f* [any]; Radiogramm *n* [phy]
radiograph Röntgenaufnahme *f* [any]; Radiogramm *n* [phy]; Röntgenbild *n* [any]
radiograph röntgen *v*
radiographic amplifier Bildverstärker *m* [edv]
radiographic examination Röntgenprüfung *f* [any]
radiographic testing Röntgenprüfung *f* [any]; Durchstrahlungsverfahren *n* [any]
radiography Durchstrahlungsprüfung *f* [any]; Radiographie *f* [phy]
radioisotope radioaktives Isotop *n* [che]; Radioisotop *n* [che]
radiological protection Strahlenschutz *m*
radiological safety expert Strahlenschutzexperte *m*
radiologist Radiologe *m*
radiolysis Radiolyse *f* [che]
radiometer Strahlungsmesser *m* [any]; Radiometer *n* [any]; Strahlendosismessgerät *n* [any]
radiometric radiometrisch [any]
radionuclide Radionuklid *n* [che]
radiopaque strahlenundurchlässig [phy]
radiopaque medium Kontrastmittel *n* [hum]
radiophone Funksprechgerät *n* [edv]
radiosensitive strahlenempfindlich [hum]; strahlungsempfindlich [phy]
radiosensitivity Strahlenempfindlichkeit *f* [hum]
radioshield entstören *v* (Funk) [edv]
radiosonde Radiosonde *f* [wet]
radiotherapy Strahlenbehandlung *f* [hum]; Strahlentherapie *f* [hum]
radium Radium *n* (chem. El.: Ra) [che]
radium irradiation Radiumbestrahlung *f* [phy]
radium rays radioaktive Strahlen *pl* [phy]
radium source Radiumquelle *f* [che]
radium specimen Radiumpräparat *n* [che]
radius Halbmesser *m*; Radius *m*
radon Radon *n* (chem. El.: Rn) [che]
raffinate Raffinat *n* [che]
raft Floß *n* (Schwimm-)
rafter Dachbalken *m* (darauf Dachsparren) [bau]; Dachsparren *m* [bau]; Sparren *m*
rafters Gebälk *n* (Dach-) [bau]
rag Aufnehmer *m* (Scheuertuch); Lappen *m* (z.B. Putzlappen)
rag bolt Steinschraube *f* [tec]
rag felt Dachpappe *f* [met]
rag paper Lumpenpapier *n* [rec]

rag pulp Lumpenstoff *m* [rec]
rag stone bolt Steinschraube *f* [tec]
rag-and-bone man Lumpenhändler *m* [rec]; Lumpensammler *m* [rec]
rag-paper Recyclingpapier *n* [rec]
rags Lumpen *pl* [rec]
rail Brüstung *f* (Geländer); Fahrschiene *f* [tra]; Führungsschiene *f* [tec]; Laufschiene *f* [tec]; Schiene *f* (Eisenbahn) [tra]; Schiene *f* (Führung) [tec]; Geländer *n* (allgemeiner Ausdruck)
rail anchor Schienenanker *m* (schützt vor Kriechen) [tra]
rail base Schienenfuß *m* [tra]
rail brake Gleisbremse *f* [tra]
rail clamp Schienenklammer *f* (Federstabnagel u.a.) [tra]
rail connection Bahnverbindung *f* [tra]
rail cross-beam Schienentraverse *f* [tec]
rail end Gleisendabschluss *m* (in Schutzkasten) [tra]
rail fastening Schienenbefestigung *f* [tec]
rail fastening material Oberbaumaterial *n* [tra]
rail frame Schienenrahmen *m* [tec]
rail gauge Spurweite *f* (Eisenbahn) [tra]
rail groove Spurrille *f* (Radführung in Weiche) [tra]
rail guidance Schienenführung *f* [tec]
rail guide Schienenführung *f* [tra]
rail inspection stick Schienenprüfstock *m* [any]
rail installation Gleisanlage *f* [tra]
rail joint Schienenstoß *m* [tra]
rail joint bar Schienenlasche *f* [tec]
rail journey Bahnreise *f* [tra]
rail network Streckennetz *n* (Bahn) [tra]
rail point Weiche *f* (Bahn) [tra]
rail profile Schienenprofil *n* [tra]
rail scrubber car Schienenreinigungswagen *m* [tra]
rail surface Schienenlauffläche *f* (Rad läuft hier) [tra]
rail tank-car Kesselwagen *m* [tra]
rail test car Gleismesswagen *m* (fährt Tests) [any]; Schienenprüfwagen *m* [any]
rail tongs Schienenzange *f* [tra]
rail top edge Schienenoberkante *f* [tec]
rail track Gleiskörper *m* [tra]
rail traffic Schienenverkehr *m* [tra]
rail triangle Gleisdreieck *n* [tra]
rail-borne gleisgebunden [tra]
rail-fastening element Schienenbefestigung *f* [tec]
rail-testing assembly Schienenprüfstand *m* [any]
rail-testing instrument Schienenprüfgerät *n* [any]
rail-testing probe Schienenprüfkopf *m* [any]
railbus Schienenbus *m* [tra]
railcar Triebwagen *m* [tra]
railcar trailer Triebwagenanhänger *m* (Beiwagen) [tra]
railface Schienenoberkante *f* [tra]
railfoot Schienenfuß *m* (aus Kopf, Steg, Fuß) [tra]
railhead Schienenkopf *m* (über Fuß und Steg) [tra]
railing Brüstung *f*; Geländer *n* (Fußweggeländer); Gitter *n* (Geländer) [tra]

railing around wellway Schachtgeländer *n* (oberstes Stockwerk) [roh]
railless gleislos [tra]; schienenlos
railroad ((A) siehe: railway)
railroad Eisenbahn *f* (((A) siehe auch: railway)) [tra]
railroad bridge Eisenbahnbrücke *f* [tra]
railroad car Eisenbahnwagen *m* [tra]
railroad crossing Bahnschranke *f* [tra]
railroad embankment Bahndamm *m* [tra]
railroad equipment Bahnbedarf *m* [tra]
railroad ferry Eisenbahnfähre *f* [tra]
railroad line Strecke *f* (Eisenbahnstrecke) [tra]; Bahngleis *n* [tra]
railroad lines Gleisanlage *f* [tra]
railroad siding Bahnanschluss *m* (z.B. am Werk) [tra]; Anschlussgleis *n* [tra]
railroad station Bahnhof *m* [tra]
railroad track Eisenbahnschiene *f* [tra]; Bahngleis *n* [tra]
railroad track, light - Feldbahngleis *n* [tra]
railroad train Eisenbahnzug *m* [tra]
rails Gleis *n* [tra]; Eisenbahnschienen *pl* [tra]
railway Bahn *f* (Eisenbahn) [tra]; Eisenbahn *f* ((B)) [tra]; Schienenverkehr *m* [tra]; Schienenweg *m* [tra]
railway bridge Eisenbahnbrücke *f* [tra]
railway carriage Eisenbahnwagen *m* [tra]
railway clearance Bahnprofil *n* [tra]
railway communications Bahnverbindungen *pl* [tra]
railway construction Eisenbahnbau *m* [tra]
railway crossing Eisenbahnkreuzung *f* (Gleise kreuzen) [tra]
railway delivery Bahnversand *m*
railway electrification Bahnelektrifizierung *f* [tra]
railway embankment Eisenbahndamm *m* [tra]; Gleiskörper *m* [tra]
railway equipment Bahnbedarf *m* [tra]
railway ferry boat Eisenbahnfähre *f* [tra]
railway line Bahnlinie *f* [tra]; Eisenbahnlinie *f* [tra]; Eisenbahnschiene *f* [tra]; Strecke *f* (Eisenbahnstrecke) [tra]; Trasse *f* (der Bahn) [tra]
railway line, section of a - Streckenabschnitt *m* (der Bahn) [tra]
railway lines Gleisanlage *f* [tra]
railway network Eisenbahnnetz *n* [tra]
railway postal coach Bahnpostwagen *m* [tra]
railway power unit Schienentriebfahrzeug *n* [tra]
railway products Eisenbahnprodukte *n* (Eisenbahntechnik) [tra]
railway property Bahnanlage *f* [tra]
railway radio system Zugbahnfunk *m* [edv]
railway siding Bahnanschluss *m* (z.B. am Werk) [tra]; Gleisanschluss *m* [tra]; Anschlussgleis *n* [tra]
railway sidings Gleisanlagen *pl* (z.B. eines Werkes) [tra]
railway sleeper Eisenbahnschwelle *f* [tra]
railway station Eisenbahnstation *f* [tra]; Bahnhof *m* [tra]
railway station, central - Hauptbahnhof *m* [tra]; Zentralbahnhof *m* [tra]

railway superstructure Eisenbahnoberbau *m* [tra]
railway track Gleisstrecke *f* (von A nach B) [tra]; Bahngleis *n* [tra]
railway track material Oberbaumaterial *n* [tra]
railway tracks Gleisanlage *f* [tra]; Eisenbahngleise *n* [tra]
railway traction vehicle Triebfahrzeug *n* (Loks, Triebwagen usw.) [tra]
railway tractive unit Schienentriebfahrzeug *n* [tra]
railway traffic Eisenbahnverkehr *m* [tra]
railway traffic noise Schienenverkehrslärm *m* [aku]
railway train Eisenbahnzug *m* [tra]
railway transport tank Eisenbahntransporttank *m* [tra]
railway tunnel Eisenbahntunnel *m* [tra]
railway turbine-generator Bahnturbosatz *m* [tra]
railway vehicle Bahnfahrzeug *n* [tra]
railway wagon Eisenbahnwagen *m* (Güterwagen) [tra]
railway workshop Ausbesserungswerk *n* (der Bahn) [tra]
railway, light - Feldbahn *f* [tra]; Schmalspurbahn *f* [tra]
railways Bahnen *pl* [tra]
rain Regen *m* [wet]
rain regnen *v* [wet]
rain cap Regenkappe *f* [was]
rain catcher Regenfangtrichter *m* [was]
rain cloud Regenwolke *f* [wet]
rain down herabregnen *v*
rain drain Regenrinne *f* [was]
rain forest Regenwald *m* [bff]; Tropenwald *m*
rain forest damage Regenwaldzerstörung *f*
rain forest destruction Regenwaldzerstörung *f*
rain gauge Niederschlagsmesser *m* [any]; Regenmesser *m* [any]
rain imperviousness Regendichtheit *f*; Regenundurchlässigkeit *f*
rain leader Fallrohr *n* [was]
rain penetration Durchfeuchtung *f*
rain pipe Dachrinne *f* (Regenrohr am Haus runter) [bau]; Regenrohr *n* [was]
rain proofness Regendichtheit *f*
rain repeller Regenabweiser *m* [was]
rain shadow Regenschatten *m* (Leeseite von Bergen) [wet]
rain water Niederschlagswasser *n* [wet]
rain water yielding Regenwassernutzung *f* [was]
rain, acid - saurer Regen *m* [wet]
rain, artificial - künstlicher Niederschlag *m*; künstlicher Regen *m*
rain-canopy Regendach *n* [bau]
rain-cape Regenumhang *m*
rain-repelling regenabweisend [was]
rain-shower Regenschauer *m* [wet]
raincoat Regenmantel *m*
raindrop Regentropfen *m*
rainfall Niederschlag *m* (Wetter) [wet]; Regen *m* [wet]

rainfall, depth of - gefallene Regenmenge *f* [wet]
rainproof regendicht; regenfest; wasserdicht
raintight regendicht; regenfest
raintrap Regenfang *m* [was]
rainwash Regenerosion *f* [bod]
rainwater Regenwasser *n*
rainwater gutter Dachrinne *f* [bau]; Regenrinne *f* [was]
rainwater outlet Regenwasserabflussschacht *m* [was]
rainwater pipe Fallrohr *n* [was]
rainwater reservoir Regenwasserspeicher *m* [was]
rainwater storage outflow Regenbeckenabfluss *f* [was]
rainwater use Regenwassernutzung *f* [was]
rainwater utilization Regenwassernutzung *f* [was]
rainy regnerisch [wet]
rainy day Regentag *m* [wet]
rainy period Regenperiode *f* [wet]
rainy season Regenperiode *f* [wet]; Regenzeit *f* [wet]
raise Aufschüttung *f* [bod]
raise anheben *v* (hochheben, erhöhen); aufstocken *v* [wer]; ausfahren *v* (Periskop); erhöhen *v* (steigern); heben *v* (nach oben bewegen); hochheben *v*; hochstellen *v*; steigern *v*; überhöhen *v*
raise a building erbauen *v* [bau]
raise a price Preis erhöhen [eco]
raise adjustment Höheneinstellung *f* [any]
raise claims Ansprüche erheben *v* [jur]
raise to a higher power potenzieren *v* [mat]
raise to a power potenzieren *v* [mat]
raise to the second power quadrieren *v* [mat]
raise up richten *v* (aufrichten)
raised erhaben (hervorstehend) [con]; erhöht; hochgestellt (Textverarbeitung)
raised bog Hochmoor *n* [geo]
raised cheese head Linsenzylinderkopf *m* [tec]
raised countersunk head Linsensenkkopf *m* [tec]
raised countersunk head screw Linsensenkkopfschraube *f* [tec]
raised face of flange Dichtleiste *f* (Flansch) [tec]
raised fillister-head screw Linsenzylinderkopfschraube *f* [tec]
raised head Linsenkopf *m* (Schrauben) [tec]
raised head screw Linsenkopfschraube *f* [tec]
raised-face flange Flansch mit Arbeitsleiste *m* [tec]
raising Erhöhung *f*; Hochstellung *f* (Textverarbeitung); Steigerung *f*; Aufrichtebock *m* [tec]
rake Harke *f* (Rechen, Gartenwerkzeug) [wzg]; Wagenreihung *f* (Zuggarnitur) [tra]; Kratzer *m* (Harke) [wzg]; Rechen *m* [was]
rake abschrägen *v* (Hang) [bod]; rechen *v*
rake classifier Rechenklassierer *m* [was]
rake out auskratzen *v* (rechen) [wer]
rake screening crusher Rechengutzerkleinerer *m* [was]
rake screening press Rechengutpresse *f* [was]
rake system Rechenanlage *f* [was]
raker Kratzkelle *f* [wzg]; Strebe *f* (Balken)
raking schräg (geneigt)

raking device Räumegge f (am Kratzer) [mbt]
rakings Rechengut n [was]
RAL RAL (Reichsregister Allgemeine Lieferbedingungen) [nor]
ram Bär m (Technik); Hammer m (Ramme) [wzg]; Rammbär m [bau]; Stempel m (Ramm-)
ram einrammen v [bau]; feststampfen v [wer]; rammen v [wer]; treiben v (Pfahl) [bau]
ram hammer Rammhammer m [bau]
ram stroke Stößelhub m (bei Pressen) [tec]
ramification Verzweigung f (Verästelung) [bff]
ramify verzweigen v
rammed clay gestampfter Lehm m
rammer Ramme f [bau]; Stampfer m [mbt]
ramp Bühne f [bau]; Rampe f (zum Verladen)
ramp lane Auffahrt f [tra]; Auffahrtspur f [tra]
rampart Erdwall m [bod]
ramshackle baufällig
random statistisch verteilt [mat]; ungeordnet (zufällig); willkürlich; zufällig; zufallsbedingt (durch Zufall) [mat]
random access direkter Zugriff m [edv]; Direktzugriff m [edv]
random error statistischer Fehler m [mat]
random noise Eigenrauschen n; Rauschen n [aku]; Untergrundgeräusch n [aku]; Untergrundrauschen n [edv]
random number Zufallszahl f [mat]
random range ashlar unregelmäßiges Mauerwerk n [bau]
random sample Stichprobe f [any]; Zufallsstichprobe f [mat]
random variable Zufallsgröße f [mat]; Zufallsvariable f [mat]
random, at - beliebig (zufällig); stichprobenartig [any]
randomize umrechnen v [mat]
randomizing Umrechnung f [mat]
range Bandbreite f (Bereich); Kette f (Bereich); Reichweite f; Sprungweite f; Abstand m (Reichweite); Bereich m (Ausdehnung); Bereich m (Skala) [any]; Umfang m (Bereich); Wertebereich m; Band n (Bereich); Freiland n [far]; Programm n (Sortiment); Sortiment n
range anordnen v (in Reihenfolge); in Reihe stellen v; klassifizieren v; rangieren v [tra]; reichen v (von ... bis)
range sich erstrecken vt
range carrier Gangplanetenträger m [tec]
range finder Entfernungsmessgerät n [any]
range hood Herdabzugslüfter m [elt]
range of convergence Konvergenzintervall n [mat]
range of speed Drehzahlbereich m
range of spring Federweg m
range of transmission, range of - Reichweite f (z.B. Sender) [edv]
range selector Bereichsschalter m [elt]
range switch Stufenschalter m [elt]
range, audible - Hörbereich m [aku]

range, dynamic - Dynamik f (Tonband) [edv]
ranging poles Fluchtstab m [bau]
ranging rod Fluchtstab m [bau]
rank Ebene f (Rangebene); Stufe f (Rang); Rang m; Stand m (sozial)
rank reihen v
rape Raps m [bff]
rape-oil Rapsöl n [met]
rapid rapid; rasch; schnell [tra]
rapid access Schnellzugriff m
rapid adjustment Schnellverstellung f
rapid analysis Schnellanalyse f [any]
rapid balance Schnellwaage f [any]
rapid blow hammer Schnellschlaghammer m (für Ramme) [mbt]
rapid cementing agent Erhärtungsbeschleuniger m (Beton) [met]
rapid changing device Schnellwechselanlage f (für Ramme) [mbt]
rapid cooling system Schnellkühlung f [pow]
rapid coupling Schnellschlusskupplung f [tra]
rapid discharge Schnellentladung f [elt]
rapid fastener Schnellverschluss m [tec]
rapid hardener Erhärtungsbeschleuniger m [met]
rapid interruption Schnellabschaltung f [elt]
rapid printer Schnelldrucker m [edv]
rapid railway Schnellbahn f [tra]
rapid test Schnelltest m [any]
rapid transit Schnellverkehr m (Eisenbahn) [tra]
rapid transit railway S-Bahn f (Stadtschnellbahn, z.B. Berlin) [tra]; Stadtschnellbahn f (S-Bahn) [tra]
rapid travel Schnellgang m (Werkzeugmaschine) [wer]
rapid-assembly method Schnellbauweise f [bau]
rapid-hardening schnellhärtend [met]
rapidity Schnelligkeit f
rapidly degradable schnell abbaubar [bio]
rapids Stromschnelle f [was]
rapier Greiferstange f [tec]
rapping gear Abklopfeinrichtung f [tec]; Rüttelvorrichtung f [prc]
rare edel (Gas) [che]; rar; selten; singulär
rare earth seltene Erde f [che]
rare earth metal Seltenerdmetall n [che]
rare earth metals seltene Erdmetalle pl [roh]
rare gas Edelgas n [che]
rare metal Edelmetall n [met]
rarefied verdünnt
rarefied gas verdünntes Gas n
rarefy evakuieren v (verdünnen (Luft); verdünnen v (Gas)
rarely used ungebräuchlich
rash unbedacht; unvorsichtig
rasp Raspel f (Feile) [wzg]; Raumaschine f [bau]; Reibe f [wzg]; Reibeisen n [wzg]
rasp raspeln v; reiben v (feilen)
rasp file Raspelfeile f [wzg]
raspberry red himbeerrot (RAL 3027) [nor]
raspings Raspelspäne pl [rec]

raster Raster *n*
raster image Rasterbild *n* [edv]
rat hole Lunkerstelle *f* [met]
rat-tail file Rundfeile *f* [wzg]
ratched handle Klinkengriff *m* [tra]
ratched pod Klinkenstange *f* [tra]
ratched spring Klinkenfeder *f* [tra]
ratchet Knarre *f* (Ratsche; Werkzeug) [wzg]; Ratsche *f* [wzg]; Sperre *f* (Ratsche) [wzg]; Sperrklinke *f* [tec]; Sperrvorrichtung *f* [tec]
ratchet drill Bohrknarre *f* [wzg]
ratchet drive Klinkenmitnehmer *m* [tec]
ratchet handle Klinkengriff *m* [tec]
ratchet stock Knarre *f* [wzg]
ratchet wheel Klinkenrad *n* [tec]; Sperrrad *n* [tec]
ratchet wrench Radschlüssel *m* [wzg]; Ratschenhebel *m* [wzg]
rate Rate *f* (Verhältnis); Schnelligkeit *f*; Betrag *m* (Rate, Kurs); Satz *m* (Preis); Tarif *m*; Maß *n* (Maßstab); Verhältnis *n*
rate bemessen *v* (Leistung); bewerten *v* (einschätzen); schätzen *v* (einschätzen); veranschlagen *v* (bewerten)
rate constant Reaktionsgeschwindigkeitskonstante *f* [che]
rate of advance Vorschubgeschwindigkeit *f* [wer]
rate, reduced - ermäßigter Tarif *m* [eco]
rated bewertet
rated break point Sollbruchstelle *f* [tec]
rated current Nennstromzufuhr *f* [elt]; eingestellter Strom *m* [elt]; Nennstrom *m* [elt]
rated data Nenndaten *pl*
rated displacement Nennfördermenge *f* (Hydraulik) [tec]
rated load Nennbelastung *f* [phy]; zulässige Belastung *f* (Aufzug)
rated power Nennleistung *f* [pow]
rated size Sollmaß *n* [con]
rated speed Nenndrehzahl *f* [pow]; Nenngeschwindigkeit *f* [tec]; Sollgeschwindigkeit *f* [con]
rated torque Nenndrehmoment *n* [tec]; Nennmoment *n* [tec]
rated value Nennwert *m*; Sollwert *m*
rated voltage Nennspannung *f* [elt]; Nennspannung *f* [elt]
ratemeter Dosismessgerät *n* [any]
rates Kommunalabgaben *f, pl*
ratification Bestätigung *f*; Ratifikation *f* [jur]
ratify bestätigen *v*; ratifizieren *v* [jur]
rating Beurteilung *f*; Bewertung *f* (Einschätzung); Einstufung *f* (Klassifizierung); Leistung *f* (Einstufung); Schätzung *f*; Bewerten *n*
rating limit Grenzleistung *f* [pow]
ratio Teilzahl *f* (durch die geteilt wird) [mat]; Verhältnis *n* (z.B. 5:1)
ration Ration *f*
ration bewirtschaften *v* [eco]
rational rational; rationell

rational function rationale Funktion *f* [mat]
rational number rationale Zahl *f* [mat]
rationality Rationalität *f*
rationalization Rationalisierung *f*; Einsparungen *pl* (Rationalisierung)
rationalization measure Rationalisierungsmaßnahme *f*
rationalize rationalisieren *v*
rationalizing Rationalisieren *n*
rattle klappern *v*; klirren *v*; rattern *v*
ravine Schlucht *f* [geo]
raw rau (unbearbeitet); roh (Rohstoffe) [roh]; unbearbeitet; unbehandelt [was]; unverarbeitet
raw alcohol for burning Brennspiritus *m* [che]
raw aluminium Rohaluminium *n* [met]
raw asphalt Rohasphalt *m* [met]
raw benzene Rohbenzol *n* [che]
raw coal Rohkohle *f* [che]
raw copper Rohkupfer *n* [met]
raw cotton Rohbaumwolle *f* [met]
raw gas Rohgas *n* [air]
raw grind vormahlen *v* [roh]
raw grinding Vormahlen *n* [roh]
raw material Ausgangssubstanz *f* [met]; Rohware *f* [roh]; Ausgangswerkstoff *m* [met]; Grundstoff *m* (Rohstoff) [met]; Rohstoff *m* [roh]; Ausgangsmaterial *n* [met]; Rohmaterial *n* [met]
raw material analysis Rohstoffanalyse *f* [any]
raw material consumption Rohstoffverbrauch *m* [roh]
raw material management Rohstoffwirtschaft *f* [roh]
raw material policy Rohstoffpolitik *f*
raw material price Rohstoffpreis *m*
raw material recovery Rohstoffrückgewinnung *f* [roh]
raw material recycling Rohstoffrückgewinnung *f* [roh]
raw material recycling centre Rohstoffrückgewinnungszentrum *n* [roh]
raw material shortage Rohstoffverknappung *f* [roh]
raw material transport Rohstofftransport *m* [roh]
raw material utilization Rohstoffnutzung *f* [roh]
raw material, use as - stofflich verwerten *v* [rec]
raw materials and supplies Materialaufwand *m* [eco]
raw materials industry Rohstoffwirtschaft *f* [roh]
raw metal Rohmetall *n* [met]
raw oil Rohöl *n* [met]
raw ore Bergerz *n* [geo]; Frischerz *n* [roh]; Roherz *n* [met]
raw paper Rohpapier *n* [met]
raw part Rohteil *n*
raw product Roherzeugnis *n* [met]; Rohprodukt *n* [met]
raw sewage Rohabwasser *n* [was]; unbehandeltes Abwasser *n* [was]
raw sheet iron Rohblech *n* [met]
raw sludge Rohschlamm *m* [rec]
raw slurry Rohschlamm *m* [rec]

raw soil Rohboden *m* [bod]
raw state Rohzustand *m*
raw steel Rohstahl *m* [met]
raw steel cycle Rohstahlkreislauf *m* [met]
raw stock Vormaterial *n* (Halbzeug) [met]
raw untreated sewage Rohabwasser *n* [was]
raw washer rohe Unterlegscheibe *f* [tec]
raw water Rohwasser *n* [was]; ungereinigtes Wasser *n* [was]
raw water intake tunnel Rohwasserzuführkanal *m* [pow]
raw water pump Rohwasserpumpe *f* [was]
raw water storage tank Rohwasserspeicher *m* [was]
raw zinc Rohzink *n* [met]
ray Stempel *m* (im Bergbau unter Hangendem) [roh]; Strahl *m* (Lichtstrahl) [opt]
rayon Chemiefaser *f* [che]; Kunstseide *f* [met]; Reyon *m* [met]
raze abbrechen *v* (Gebäude) [bau]
razor Rasierapparat *m*; Rasierer *m*
razor-blade Rasierklinge *f*
re-arrange umgestalten *v* (neu anordnen)
re-babbit neu ausgießen *v* (Lager) [wer]
re-check Nachkontrolle *f* [any]
re-classification Umgruppierung *f*
re-dye nachfärben *v*
re-engage wieder einkuppeln *v* [wer]; wieder einrücken *v* [wer]
re-entry Rücksprung *m* [edv]; Wiedereintritt *m* (z.B. in Erdatmosphäre)
re-examination Nachprüfung *f* [any]
re-installation Neumontage *f* [wer]
re-insurance accepted Rückdeckung *f* (in Rückdeckung nehmen) [jur]
re-reel umspulen *v*
re-route umleiten *v* (Verkehr)
re-wash nachspülen *v*
re-weld nachschweißen *v* [wer]
reach Ausladung *f* (des Bordkranes) [mbt]; Ausladung *f* (Reichweite) [con]; Reichweite *f* (des Laders) [mbt]; Bereich *m* (Ausdehnung)
reach erreichen *v*; realisieren *v* (Ziele verwirklichen); reichen *v* (sich erstrecken); vollbringen *v* (erreichen, leisten)
reach the stage of biological collapse umkippen *v* (Fluss, See) [bff]
react gegenwirken *v*; reagieren *v* [che]
react neutral neutral reagieren *v* [che]
reactance Reaktanz *f* [elt]; Blindwiderstand *m* [elt]; Scheinwiderstand *m* [elt]; Widerstand *m* (Blindwiderstand) [elt]
reactance valve Blindröhre *f* [elt]
reactant Reaktionspartner *m* [che]; Reaktionsteilnehmer *m* [che]; Reaktionsmittel *n* [che]
reacting Reagieren *n* [che]
reacting capacity Reaktionsfähigkeit *f* [che]
reaction Einwirkung *f* (Reaktion) [che]; Reaktion *f* [che]; Umsetzung *f* (Reaktion) [che]
reaction Gegenwirkung *v*

reaction accelerator Reaktionsbeschleuniger *m* [met]
reaction at support Lagerdruck *m* [bau]
reaction blade Überdruckschaufel *f* (Turbine) [pow]
reaction chain Reaktionskette *f* [che]
reaction chamber Reaktionskammer *f* [che]; Reaktionsbehälter *m* [che]
reaction constant Reaktionskonstante *f* [che]
reaction energy Reaktionsenergie *f* [che]
reaction equation Reaktionsgleichung *f* [che]
reaction kinetics Reaktionskinetik *f* [che]
reaction mechanism Reaktionsmechanismus *m* [che]
reaction moulding machine Reaktionsgießmaschine *f* (Kunststoff) [che]
reaction moulding plant Reaktionsgießanlage *f* (Kunststoff) [che]
reaction of support Auflagerdruckkraft *f* [tec]
reaction order Reaktionsordnung *f* [che]
reaction period Reaktionszeit *f* [che]
reaction process Reaktionsarbeit *f* [che]
reaction product Reaktionsprodukt *n* [che]; Umsetzungsprodukt *n* [che]
reaction rate Ansprechgeschwindigkeit *f* [elt]; Reaktionsgeschwindigkeit *f* [che]
reaction residues Reaktionsrückstände *pl* [rec]
reaction scheme Reaktionsschema *n* [che]
reaction system Reaktionssystem *n* [che]
reaction technology Reaktionstechnik *f* [che]
reaction time Einwirkungszeit *f*; Reaktionszeit *f* [che]; Wirkungszeit *f*
reaction turbine Überdruckturbine *f* [pow]
reaction vessel Reaktionsgefäß *n* [che]
reaction, additive - Additionsreaktion *f* [che]
reaction, exothermic - exotherme Reaktion *f* [che]
reaction, velocity of - Reaktionsgeschwindigkeit *f* [che]
reactionary rückschrittlich
reactivate reaktivieren *v* [che]; regenerieren *v* (reaktivieren) [prc]
reactivation Reaktivierung *f* [che]; Wiederbelebung *f*
reactive reaktionsfähig [che]; reaktiv
reactive current Blindstrom *m* [elt]
reactive energy Blindenergie *f* [elt]
reactive force Führungskraft *f* [bau]; Reaktionskraft *f* [che]
reactive load Blindlast *f* [elt]
reactive power Blindleistung *f* [pow]
reactive power compensation Blindstromkompensation *f* [elt]
reactivity Reaktionsfähigkeit *f* [che]; Reaktivität *f* [che]
reactor Reaktor *m* [che]
reactor accident Reaktorunfall *m* (Kernreaktor) [pow]
reactor block Reaktorgebäude *n* (Kernreaktor) [pow]
reactor building Reaktorgebäude *n* (Kernreaktor) [pow]
reactor concrete containment shell Betonhülle *f* (Kernreaktor) [pow]

reactor containment Reaktorschale f (Kernreaktor) [pow]; Reaktorsicherheitsbehälter m (Kernkraftwerk) [pow]
reactor control Reaktorregelung f (Kernreaktor) [pow]; Reaktorsteuerung f (Kernreaktor) [pow]
reactor coolant Reaktorkühlmittel n (Kernreaktor) [pow]
reactor core Spaltzone f (Kerntechnik) [pow]; Reaktorkern m (Kernreaktor) [pow]
reactor disaster Reaktorkatastrophe f (Kernreaktor) [pow]
reactor element Reaktorelement n (Kernreaktor) [pow]
reactor emitted radiation Reaktorstrahlung f (Kernreaktor) [pow]
reactor fuel Kernbrennstoff m (Kernkraft) [pow]; Spaltstoff m (spaltbares Material) [pow]
reactor material Reaktorwerkstoff m (Kernreaktor) [pow]
reactor plant Reaktoranlage f (Kern-) [pow]
reactor pressure vessel Reaktordruckbehälter m (Kernreaktor) [pow]
reactor safety Kernreaktorsicherheit f [pow]
reactor scram Reaktorschnellabschaltung f (Kernreaktor) [pow]; Schnellabschaltung f (Kernreaktor) [pow]
reactor shell Reaktormantel m (Kernreaktor) [pow]
reactor shield Reaktorschild m (Kernreaktor) [pow]
reactor shielding Reaktorabschirmung f (Kernreaktor) [pow]
reactor technology Reaktortechnik f (Kernreaktor) [pow]
reactor trip Reaktorschnellabschaltung f (Kernreaktor) [pow]
reactor vessel Reaktorbehälter m (Kerntechnik) [pow]
reactor waste Reaktormüll m (Kernreaktor) [pow]; Spaltstoffabfälle pl (Kerntechnik) [rec]
reactor, biological - Bioreaktor m
reactor-clarifier Flockungsklärbecken n [was]
read eingeben v; einlesen v; lesen v (Buch)
read error Lesefehler m (Software) [edv]
read head Lesekopf m [edv]
read in eingeben v [edv]; einspeichern v (Daten) [edv]
read off ablesen v [any]; abtasten v [any]
read out auslesen v
read statement Leseanweisung f (Software) [edv]
read-in apparatus Eingabegerät n [edv]
read-out Ablesung f (von Messgerät, Monitor) [any]
read-out meter Ableseinstrument n [any]
readability Ablesbarkeit f [any]
readable ablesbar [any]; lesbar
reader Lesegerät n [edv]
readily soluble leichtlöslich [met]
readiness Bereitschaft f (Betrieb)
readiness to work Einsatzbereitschaft f
readiness, state of - Betriebsbereitschaft f
reading Ablesung f (von Messgerät, Monitor) [any]; Anzeige f (Gerät) [any]; Abgriff m [any]; Messwert m [any]; Stand m (Ablesestellung); Wert m (bei Messungen) [any]; Messergebnis n (ablesbares Resultat) [any]
reading accuracy Ablesegenauigkeit f [any]
reading device Lesegerät n [elt]
reading error Ablesefehler m [any]
reading head Lesekopf m [edv]
reading line Ablesemarke f (Strich) [any]
readjust nachstellen v
readjustable nachstellbar [tec]
readjustable nut Nachstellmutter f [tec]
readjusting device Rückstelleinrichtung f [tec]
readjusting spring Rückstellfeder f [tec]
readjustment Nachstellung f
ready bereit (aufnahmefähig, vorbereitet); betriebsbereit
ready for operation, not - nicht betriebsfähig (z.B. Dampflok) [tra]
ready to go to a museum museumsreif (alt oder sehenswert)
ready to mount montagefertig
ready to move in bezugsfertig [bau]
ready to work einsatzbereit (Arbeiter)
ready-built house Fertighaus n [bau]
ready-made fabrikgefertigt; gebrauchsfertig; konfektioniert
ready-mixed concrete Fertigbeton m [met]; Lieferbeton m [met]
ready-mixed mortar Fertigmörtel m [met]
ready-run system Betriebsbereitschaftssystem n
ready-to-eat dish Fertiggericht n
ready-to-fit einbaufertig
ready-to-mount einbaufertig
reagent Reagens n [che]; Reagenz n [che]; Reaktionsmittel n [che]
reagent paper Reagenzpapier n [che]
real echt (wirklich); faktisch; Ist- (Kurve, Wert); real; reell
real Gleitkommazahl f [mat]; rationale Zahl f [mat]
real circular pitch Stirnteilung f (Zahnrad) [con]
real estates, register of - Grundbuch n [jur]
real part Realteil m (z.B. einer komplexen Zahl) [mat]
real terms, in - preisbereinigt [eco]
real variable reelle Variable f [mat]
real-time clock Echtzeituhr f [any]
real-time imaging method Echtzeitbildverfahren n [any]
real-time system Echtzeitsystem n
realistic sachlich
reality Realität f
realization Ausführung f (Durchführung) [wer]; Durchführung f (Realisierung); Realisation f; Realisierung f; Verwirklichung f
realize realisieren v; verwirklichen v
realize a profit Gewinn erwirtschaften v [eco]
realized verwirklicht
reallocation of land Flurbereinigung f [far]

ream aufbahren *v*; aufreiben *v*; erweitern *v* (z.B. Bohrloch vergrößern) [mbt]
reamed bolt Passschraube *f* [tec]
reamer Reibahle *f* [wzg]; Aufdornwerkzeug *n* (Metalbearbeitung) [wzg]; Kaliberwerkzeug *n* (zum Aufbohren) [wzg]
reaming jig Reibvorrichtung *f* [wer]
reanimation Wiederbelebung *f* (z.B. nach Unfall) [hum]
reanneal nachglühen *v* [met]
rear hinten; Hinter- (Rück-); hintere
rear Rückseite *f*; Heck *n* (Auto-) [tra]
rear aufrichten *v* (aufziehen) [bau]; aufziehen *v* (Tiere)
rear access Hintereingang *m* [bau]
rear arch hintere Hängedecke *f* [pow]
rear axle Hinterachse *f* (Auto) [tra]; Hinterachse *f* [tra]
rear axle assembly Hinterachskörper *m* [tra]
rear axle casing Hinterachsbrücke *f* [tra]
rear axle casing cover Deckel zur Hinterachsbrücke *f* [tra]
rear axle drive Hinterachsantrieb *m* [tra]
rear axle flared tube Hinterachstrichter *m* [tra]
rear axle housing Hinterachsgehäuse *n* [tra]
rear axle housing cover Hinterachsgehäusedeckel *f* [tra]
rear axle housing section Hinterachsgehäusehälfte *f* [tra]
rear axle radius rod Hinterachsschubstange *f* [tra]
rear axle shaft Hinterachswelle *f* [tra]
rear axle strut Hinterachsstrebe *f* [tra]
rear axle tube Hinterachsrohr *n* [tra]
rear bumper hintere Stoßstange *f* [tra]
rear counter weight Heckgewicht *n* [tra]
rear cutting edge Rückenschneide *f* [mbt]
rear door Hintertür *f* [bau]; Rückwandtür *f*
rear drive Hinterantrieb *m* [tra]
rear edge Hinterkante *f* [tec]
rear engine Heckmotor *m* (Auto) [tra]
rear flank Rückflanke *f* (Zahnrad) [tec]
rear fog-lamp Nebelschlussleuchte *f* [tra]
rear grate seals hintere Rostabdichtung *f* [pow]
rear mirror Rückspiegel *m* [tra]
rear mounted heckmontiert [tra]; hinten montiert [tec]
rear of mouldboard Scharrücken *m* [mbt]
rear outrigger hintere Abstützung *f* [mbt]
rear panel Rückwand *f* [tec]
rear panel frame Rückwandrahmen *m* [tra]
rear pilot Führungsschaft *m* [tec]
rear plate Rückplatte *f* [tec]
rear ripper Heckaufreißer *m* [mbt]
rear scarifier Heckaufreißer *m* [mbt]
rear seat Hintersitz *m*; [tra]
rear shock absorbers hinterer Stoßdämpfer *m* [tra]
rear side Hinterseite *f*
rear spring Hinterfeder *f* [tra]
rear spring bracket Hinterfederbock *m* [tec]
rear spring hanger Hinterfederbock *m* [tra]
rear spring support Hinterfederstütze *f* [tec]

rear sprocket hintere Rostwelle *f* [pow]
rear stay plate hinteres Standblech *n* [tec]
rear tipping line hintere Kippkante *f* [tra]
rear tyre Hinterreifen *m* [tra]
rear view Hinteransicht *f* [con]
rear wall Rückwand *f* [bau]
rear wall downcomers Rückwandfallrohre *n* [pow]
rear wall drain valve Rückwandablass *m* [pow]
rear wall header Rückwandsammler *m* [pow]
rear wall of boiler house Kesselhausrückwand *f* [pow]
rear wall riser Rückwandsteigrohr *n* [pow]
rear wall tube Rückwandrohr *n* [pow]
rear weight Heckgewicht *n* [tra]
rear wheel Hinterrad *n* [tra]
rear wheel brake Hinterradbremse *f* [tra]
rear wheel drive Heckantrieb *m* [tra]; Hinterradantrieb *m* [tra]
rear wheel hub Hinterradnabe *f* [tra]
rear window Heckscheibe *f* (Auto) [tra]; Heckfenster *n* [tra]; Rückfenster *n* [tra]; Rückwandfenster *n* [tra]
rear-fired boiler Kessel mit Rückwandfeuerung *m* [pow]
rear-light Rückleuchte *f* [tra]; Rücklicht *n* [tra]; Schlusslicht *n* [tra]
rear-mounted rückseitig befestigt
rear-mounted rotary cutter Heckfräse *f* [wzg]
rear-mounted winch Seilwinde am Heck *f* [mbt]
rear-view mirror Innenspiegel *m* (Auto) [tra]; Rückspiegel *m* [tra]
rearrange umgruppieren *v*; umlagern *v* [che]; umorganisieren *v*; umschichten *v*; umstellen *v*; versetzen *v* (neu anordnen)
rearrangement Neuordnung *f*; Umgestaltung *f*; Umgruppierung *f*; Umlagerung *f* [che]; Umordnung *f* [che]; Umstellung *f*; Verstellung *f*; Umbauten *pl* (von Geräten) [tec]
reason Ursache *f*; Grund *m* (Ursache)
reason bedenken *v* (vernünftig überlegen)
reason, give a - motivieren *v*
reasonable vernünftig; zumutbar
reasonableness Zumutbarkeit *f*
reasonableness, test of - Verhältnismäßigkeitsprüfung *f* [jur]
reasonably priced preisgünstig [eco]
reasoning Beweisführung *f* (Argumentation)
reasons for, give - begründen *v* (Gründe angeben)
reassemble wieder zusammenbauen *v* [wer]; wiederzusammenbauen *v* [wer]
reassembly Wiedereinbau *m* (Teile in Maschine) [wer]; Wiederzusammenbau *m* [wer]
reassure beruhigen *v* (jemanden trösten); vergewissern *v* (beruhigen, trösten)
rebate Falz *m*; Rabatt *m* [eco]
rebate falzen *v* [wer]
rebated gefugt (Aussparung im Holz)
rebated timbers gefugte Bohlen *pl* [bau]
reboiler Aufkocher *m* [prc]
reboot Warmstart *m* [edv]; Wiederanlauf *m* (nach Ausfall) [edv]

rebound Rückprall *m* [phy]; Rückschlag *m* [phy]; Rücksprung *m* [phy]
rebound abprallen *v*; abprallen *v* (zurückschleudern) [phy]; abspringen *v*; aufprallen *v*
rebound clip Federklammer *f* [tec]
rebound strap Fangband *n*
rebuild umbauen *v* (renovieren) [bau]; umkonstruieren *v* [bau]; wiederaufbauen *v*
rebuilding Neubau *m* [bau]; Umbau *m* (Neubauen) [bau]; Wiederaufbau *m*; Zusammenbau *m* (wieder montieren) [wer]
rebuilt generalüberholt (-er Motor); überholt (restauriert, z.B. Haus) [bau]
rebuke Abmahnung *f* [jur]
rebush ausbuchsen *v* (alte Zylinder) [wer]
recalculation Umrechnung *f* [mat]
recalibrate nacheichen *v* [any]
recalibration Nacheichung *f* [any]
recall Rückruf *m* (Telefon) [edv]
recall abrufen *v* (wieder aufrufen) [edv]; rückrufen *v* (Telefon) [edv]
recall campaign Rückrufaktion *f* (z.B. Autos mit Mängeln)
recapping Runderneuerung *f* (Reifen) [tra]
recast Umformung *f* [wer]
recast umformen *v* [wer]; umschmelzen *v* [met]
recede ablaufen *v* [tec]
receding tide ablaufendes Wasser *n* [was]
receipt Quittung *f*; Beleg *m* (Quittung) [eco]; Eingang *m* (von Post, Geld)
receipt quittieren *v*
receipt notation Eingangsvermerk *m* [eco]
receipt of orders Auftragseingang *m* [eco]
receivable fällig
receive annehmen *v* (erhalten); auffangen *v* (sammeln); bekommen *v*; empfangen *v* (erhalten); erhalten *v* (bekommen)
receive mode Empfangsbetrieb *m* [edv]
received energy aufgenommene Energie *f* [pow]
received stamp Eingangsstempel *m* [eco]
received, condition as - Anlieferungszustand *m*
receiver Flüssigkeitsvorlage *f*; Auffangbehälter *m* [was]; Empfänger *m* (Gerät) [edv]; Hörer *m* (Telefon) [edv]; Empfangsgerät *n* [edv]; Kondensationsgefäß *n* [prc]
receiver probe Empfangsprüfkopf *m* [elt]
receiver terminal Empfangsgerät *n* [edv]
receiving aerial Empfangsantenne *f* ((B)) [edv]
receiving aerial conductor Empfangsantennenleitung *f* [elt]
receiving antenna Empfangsantenne *f* ((A)) [edv]
receiving boom Aufnahmebandträger *m* [edv]
receiving circuit Empfangskreis *m* [elt]
receiving document Wareneingangsschein *m* [eco]
receiving inspection Eingangskontrolle *f* (vor Übernahme) [eco]; Eingangsprüfung *f* (vor Übernahme) [eco]; Wareneingangskontrolle *f* [eco]
receiving installation Empfangsanlage *f* [edv]
receiving point Aufpunkt *m* [aku]

receiving station Empfangsstation *f* [edv]
recent modern (neuest)
recent acquisition Neuerwerbung *f* [eco]
receptacle Steckdose *f* [elt]; Steckerbuchse *f* [elt]; Steckhülse *f* [elt]; Behälter *m* (für Abfälle) [rec]; Behältnis *n* [rec]; Gefäß *n* (Behälter); Sammelbecken *n* [was]; Sammelgefäß *n*
receptacle body Dosenkappe *f*
receptacle with compactor Behälterpresse *f* [rec]
reception Annahme *f* (Entgegennahme); Empfang *m* (z.B. Rundfunk) [edv]
reception hall Empfangshalle *f* [bau]; Halle *f* (Eingang) [bau]
reception of goods Warenannahme *f* [eco]
reception, automatic - automatischer Empfang *m*
receptor Rezeptor *m* [bio]
receptor cell Rezeptorzelle *f* [bio]
recess Auskehlung *f* [tec]; Ausnehmung *f* [tec]; Aussparung *f* [con]; Eindrehung *f*; Hohlkehle *f*; Nische *f* [tec]; Unterbrechung *f* (Pause); Vertiefung *f* (Einstich) [met]; Absatz *m* (Kante) [con]; Freistich *m* [wer]; Rücksprung *m* [tec]
recess aussparen *v* [wer]; einlassen *v* (in das Material) [wer]; einstechen *v* (beim Drehen) [wer]; vertiefen *v* (aussparen)
recess ring Einschnittring *m* [tec]
recess, mill a - einfräsen *v* [wer]
recessed eingelassen (in das Material)
recessed gasket eingekammerte Dichtung *f* [tec]
recessed handle Schalengriff *m* [tec]; versenkt angeordneter Griff *m* [tec]
recessed plate press Kammerfilterpresse *f* [was]
recessed square Innenvierkant *m* [tec]
recessed-head screw Kreuzschlitzschraube *f* [tec]
recessing Einstechen *n* [wer]
recessing tool Stechstahl *m* (Drehen) [wer]
recession Konjunkturrückgang *m* [eco]; Rückgang *m* (Verminderung)
recharge aufladen *v* (nach Entladung) [elt]; neu laden *v* [elt]; wiederaufladen *v* (z.B. Akkumulator aufladen) [elt]; wiederbeschicken *v*; wiederladen *v* (z.B. Akkumulator aufladen) [elt]
rechargeable wiederaufladbar (Batterie) [elt]
rechargeable battery wiederaufladbare Batterie *f* [elt]; Akkumulator *m* [elt]
recipe Rezept *n* (Anleitung)
recipient Rezipient *m*
recipient vessel Vorlage *f* (Apparat) [prc]
reciprocal gegenseitig; reziprok [mat]; wechselseitig
reciprocal Kehrwert *m* [mat]
reciprocal value Kehrwert *m* [mat]
reciprocate pendeln *v* (hin- und herbewegen) [phy]
reciprocating hin- und hergehend (Kolbenmaschine) [tra]
reciprocating compressor Hubkolbenverdichter *m* [tec]; Kolbenkompressor *m* [pow]; Kolbenverdichter *m* [pow]
reciprocating diaphragm pump Kolbenmembranpumpe *f* [prc]

reciprocating drill Hammerbohrmaschine f [wzg]
reciprocating engine Kolbendampfmaschine f [pow]
reciprocating motion alternierende Bewegung f [tec]; Hin- und Herbewegung f [tec]; Wechselbewegung f [tec]
reciprocating movement Pendelbewegung f [phy]
reciprocating proportioning pump Dosierkolbenpumpe f [prc]
reciprocating pump Kolbenpumpe f [prc]
reciprocity Gegenseitigkeit f
recirculated air Umluft f [air]
recirculation duct Rezirkulationsleitung f (Rauchgas) [pow]
recirculating fan Umwälzgebläse n [prc]
recirculating heating Umluftheizung f [prc]
recirculating lubrication Kreislaufschmierung f [tec]; Umlaufschmierung f [tec]
recirculating pump Umwälzpumpe f [prc]
recirculation Rezirkulation f; Rückleitung f; Wiederverwendung f [rec]; Rückgewinnung m (Rückführung) [rec]; Rückführen n
recirculation fan Rezirkulationsgebläse n [pow]
recirculation valve Speicherladeventil n [pow]
reckon zählen v (rechnen)
reclaim rekultivieren v; rückgewinnen v [rec]; urbar machen v [far]; wiedergewinnen v [rec]; zurückgewinnen v [rec]
reclaimable verbesserungsfähig; zurückgewinnbar [rec]
reclaimed ground, newly - Neuland n [far]
reclaimed material Regenerat n
reclaimer Kratzer m (z.B. Brückenkratzer) [mbt]; Aufnahmegerät n [roh]
reclaiming Aufnahme f (von Kohle) [roh]; Rückgewinnung f (Rückgewinnen) [rec]; Rückverladung f [tra]; Verwertung f [rec]; Wiedergewinnung f
reclaiming electronic scrap Verwertung von Elektronikschrott f [rec]
reclaiming plastics refuse Verwertung von Gummiabfällen f [rec]
reclaiming rubber refuse Verwertung von Kunststoffabfällen f [rec]
reclaiming scrap metal Schrottverwertung f [rec]
reclaiming scraper Abbaukratzer m (Zement, Kalk, Gips) [wzg]
reclamation Regeneration f; Rekultivierung f [far]; Rückgewinnung f (Wiedergewinnung; Kultivierung) [rec]; Wiedergewinnung f
reclamation of derelict soil Bodensanierung f [bod]
reclamation of land Landgewinnung f [mbt]
reclamation of slags Schlackenverwertung f [rec]
reclamation plant Rückgewinnungsanlage f [was]
recognition Erkennung f; Geltung f; Wiedererkennen n (z.B. EDV-Zeichen) [edv]
recognition by touch Erkennung durch Berühren f [any]
recognition of images Bilderkennung f (Software) [edv]
recognition of pattern Mustererkennung f [any]

recognizable erkennbar; lesbar
recognize erkennen v; identifizieren v
recognized anerkannt (als Könner)
recoil Rücklauf m [tec]; Rückschlag m [phy]; Rückstoß m [phy]; Stoß m (Rückstoß)
recoil escapement rückführende Hemmung f (Uhr) [tec]
recoil liquid Bremsflüssigkeit f
recoil spring Rückstoßfeder f [tec]; Spannfeder f [tec]; Spiraldruckfeder f (z.B. im Puffer) [tra]; Spiralfeder f [tec]
recoil starter Anreißstarter m (am Rasenmäher) [tec]
recoilless rückstoßfrei [phy]
recombination Rekombination f [che]
recombine rekombinieren v [che]
recommend empfehlen v
recommendable empfehlenswert
recommendation Beratung f (Empfehlung, Ratschlag); Empfehlung f
recommended empfohlen (nahegebracht)
recommended maximum speed Richtgeschwindigkeit f [tra]
recommended price Richtpreis m [eco]
recommended safety measure Sicherheitsratschlag m (Arbeits-/Betriebssicherheit)
recommissioning Wiederinbetriebnahme f
recomputation Umrechnung f [mat]
reconciliation Abstimmung f (Konto) [eco]
recondition aufarbeiten v (restaurieren) [wer]; auffrischen v [met]; instandsetzen v (restaurieren) [wer]; überholen v (wiederherstellen) [wer]
reconditioning Aufarbeitung f (Restaurierung); Instandsetzung f (Überholung) [wer]; Überholung f (Wiederherstellung) [wer]
reconfigurate anders ausstatten v (Zentraleinheit) [edv]; ausstatten, anders - v (Zentraleinheit) [edv]
reconnaissance Erkundung f
reconnect wiedereinschalten v (nach Missbrauch) [mbt]; wiederverbinden v
reconnection circuit, automatic - Wiederbereitschaftsschaltung f; Wiederbereitschaltung f; Wiedereinschaltautomatik f (z.B. Rolltreppe) [mbt]
reconsider überdenken v
reconstruct nachbilden v (rekonstruieren); rekonstruieren v; restaurieren v [wer]; umbauen v (renovieren) [bau]; umbilden v; umgestalten v (umbauen); umkonstruieren v [bau]; wiederaufbauen v; wiederherstellen v (erneuern)
reconstruction Rekonstruktion f (Wiederaufbau); Restaurierung f [wer]; Sanierung f; Umrüstung f (Neubau, Neuformulierung) [wer]; Wiederherstellung f (Erneuerung); Aufbau m (einer zerstörten Stadt) [bau]; Umbau m (Plan) [con]; Wiederaufbau m
reconversion Rückwandlung f
reconvert rückwandeln v
record Aufnahme f (Speicherung); Aufzeichnung f (auch Protokoll); Eintragung f (in Verzeichnis);

record

Schallplatte *f*; schriftliche Unterlage *f*; Beleg *m*; Rekord *m*; Satz *m* (Software) [edv]; Strafregisterauszug *m* (ohne Eintrag) [jur]; Dokument *n* (Zeugnis); Register *n* (Aufzeichnung)
record aufnehmen *v* (auf Tonträger); aufnehmen *v* (Messdaten) [any]; aufzeichnen *v* (auf Tonträger) [edv]; dokumentieren *v* (darstellen); erfassen *v* (registrieren); mitschneiden *v* [edv]; protokollieren *v*; schreiben *v* (registrieren) [any]; speichern *v* [edv]; verzeichnen *v* (registrieren)
record book Nachweisbuch *n*; Belege *pl*
record by record satzweise [prc]
record carrier Datenträger *m* [edv]
record head Schreibkopf *m* (Drucker) [edv]
record length Satzlänge *f* (Software) [edv]
record player Plattenspieler *m* [elt]
record sheet, dimensional - Maßprotokoll *n* [any]
recorded aufgezeichnet
recorder Registriereinrichtung *f* [any]; Anzeiger *m* (Dampfmengenanzeiger) [any]; Recorder *m* [elt]; Schreiber *m* [any]; Aufzeichnungsgerät *n*; Schreibgerät *n*
recorder head Schreibkopf *m* [any]
recording Aufnahme *f* (auf Tonträger); Aufnahme *f* (Speicherung) [edv]; Registrierung *f* (Aufzeichnung); Wiedergabe *f* (Aufzeichnung); Abgriff *m* [any]; Aufzeichnen *n* (Daten) [edv]; Speichern *n* [edv]
recording chart Registrierstreifen *m*
recording disk Speicherplatte *f* [edv]
recording error Aufzeichnungsfehler *m*
recording instrument Registriergerät *n* [any]
recording level control automatische Aussteuerung *f* (Aufzeichnungsgerät)
recording method Registrierverfahren *n* [any]
recording paper Registrierpapier *n*
recording strip Registrierstreifen *m* (Schreibstreifen); Schreibstreifen *m* [any]
recording system Schreibwerk *n* (Aufzeichnungsgerät) [any]
recording tachometer Drehzahlabnehmer *m* [any]
recording tape Tonband *n* [elt]
recording technique Aufzeichnungsverfahren *n*
recording thermometer Schreibthermometer *n* [any]
recording width Schreibbreite *f* (auf Schreiber) [edv]
records Protokoll *n*; Unterlagen *pl*
recount nachzählen *v*
recourse Regress *m* [jur]
recourse to legal actions Rechtsweg *m* [jur]
recourse, contractual claim to - vertraglicher Regressanspruch *m* [jur]
recover beheben *v* (Fehler); rückgewinnen *v* [rec]; wiedergewinnen *v* [rec]; wiederherstellen *v* (rückgewinnen); zurückgewinnen *v* [rec]
recoverable abbauwürdig (Kohle) [roh]; behebbar; reparierbar; rückgewinnbar [rec]; wiedergewinnbar; zurückgewinnbar [rec]
recoverables, bin for - Wertstoffbehälter *m* [rec]

recovered acid Abfallsäure *f* [rec]
recovering Rückgewinnung *f*
recovering of waste heat Abwärmeverwertung *f* [pow]
recovery Erholung *f*; Gewinnung *f* (Rückgewinnung) [rec]; Rückgewinnung *f* (Wiedergewinnung) [rec]; Verwertung *f* [rec]; Wiedergewinnung *f*; Wiederherstellung *f* (Rückgewinnung); Wiederverwendung *f* [rec]; Wiederverwertung *f*; Zurückgewinnung *f* [rec]; Rückführen *n* (Wiedergewinnung)
recovery boiler Wiedergewinnungskessel *m* (Laugenkessel) [pow]
recovery crane Bergekran *m* [mbt]
recovery of energy Energierückgewinnung *f* [pow]
recovery of raw material Rohstoffgewinnung *f* [roh]
recovery of solvents Lösungsmittelrückgewinnung *f* [air]
recovery plant Rückgewinnungsanlage *f* [rec]
recovery technology Verwertungstechnik *f* [rec]
recovery time Beruhigungszeit *f* [prc]
recovery, automatic - automatischer Wiederanlauf *m*
recreation Erholung *f*
recreation area Erholungsgebiet *n*
recreation area in the immediate vicinity Naherholungsgebiet *n*
recreation centre Freizeitzentrum *n*
recreation park Erholungspark *m*
recreation region Erholungsgebiet *n*
recreation room Aufenthaltsraum *m*
recreation zone Erholungsfläche *f*
recreational facility Freizeiteinrichtung *f*
recreational park Freizeitpark *m*
recruitment Personalbeschaffung *f* [eco]
recrystallization Rekristallisation *f* [che]; Umkristallisation *f* [prc]; Umkristallisierung *f* [prc]
recrystallize rekristallisieren *v* [che]; umkristallisieren *v* [prc]
recrystallizing Umkristallisieren *n* [prc]
rectangle Rechteck *n*; Viereck *n*
rectangular orthogonal [mat]; rechtwinklig; viereckig
rectangular area Rechteckfläche *f*
rectangular beam Rechteckstrahler *m* [elt]
rectangular box section Vierkanthohlprofil *n* [met]
rectangular cross-section Rechteckquerschnitt *m* [con]
rectangular hollow profile rechteckig Hohlprofil *n* [met]
rectangular hollow section Rechteckhohlprofil *f* [met]
rectangular profile Rechteckprofil *n* [bau]
rectangular pulse Rechteckimpuls *m* [elt]
rectangular section Rechteckprofil *n* [bau]
rectangular shaft Vierkantwelle *f* [tec]
rectangular timber Kantholz *n* [met]
rectangular tube section Vierkanthohlprofil *n* [met]; Vierkantprofil *n* [met]
rectangular washer Rechteckscheibe *f* (Unterlegscheibe) [tec]

rectification Begradigung *f*; Gleichrichtung *f* [elt]; Rektifikation *f* [prc]
rectified gleichgerichtet [elt]
rectifier Angleicher *m* [elt]; Gleichrichter *m* [elt]; Stromrichter *m* [elt]
rectifier equipment Stromrichtereinrichtung *f* [elt]
rectifier for brakes Gleichrichter für Bremsen *m* [mbt]
rectifier photocell Halbleiterfotozelle *f* [phy]; Halbleiterphotozelle *f* ((variant)) [phy]
rectifier sandwich plate Gleichrichterzwischenplatte *f* (Hydraulik) [tec]
rectifier unit Gleichrichteranlage *f* [elt]
rectify beheben *v* (Schaden); destillieren *v* [che]; gleichrichten *v* [elt]; rektifizieren *v* [prc]
rectifying column Rektifikationskolonne *f* [prc]
rectilinear gerade (Linie); geradlinig
rectilinearity Geradlinigkeit *f*
recultivate rekultivieren *v*
recultivation Rekultivierung *f* [far]
recuperate wiedergewinnen *v* (Wärme); zurückgewinnen *v* [rec]
recuperation Erholung *f*; Rückgewinnung *f* (von Wärme) [pow]; Zurückgewinnung *f* [rec]
recuperation plant Rückgewinnungsanlage *f* [pow]
recuperator Rekuperator *m* [pow]
recurrence Wiederholung *f*
recurring laufend
recursive procedure rekursive Prozedur *f* [mat]
recyclable recycelfähig [rec]; recyclierbar [rec]; recyclingfähig [rec]
recyclable material Wertstoff *m* [rec]
recyclable material, recycling of - Wertstoffrückgewinnung *f* [rec]
recyclable packaging material Verpackungswertstoff *m* [met]
recyclable waste Wertstoff *m* [rec]
recyclables Produkte für das Recycling *pl* [rec]
recycle recyceln *v* [rec]; recyclieren *v* [rec]; regenerieren *v* (recyceln) [rec]; rückführen *v*; verwerten *v* [rec]; wiederaufarbeiten *v* [rec]; wiederverwenden *v* [rec]; wiederverwerten *v*
recycle gas Kreislaufgas *n* [prc]; Umwälzgas *n* [prc]
recycle reactor Kreislaufreaktor *m* [prc]; Schlaufenreaktor *m* [prc]
recycled material Recyclat *n* [rec]; Recyclingmaterial *n* [rec]
recycled paper Recyclingpapier *n* [rec]
recycled plastic product Recyclat *n* (Kunststoff) [rec]
recycled raw material wiedergewonnener Rohstoff *m* [roh]
recycling Abfallverwertung *f* [rec]; Altmaterialverwertung *f* [rec]; Aufarbeitung *f* [rec]; Aufbereitung *f* (Abfall) [rec]; Regenerierung *f* [rec]; Rückführung *f*; Rückgewinnung *f* (Recycling) [rec]; stoffliche Verwertung *f* [rec]; Verwertung *f* (KrW-/AbfG) [rec]; Wiederaufbereitung *f* (z.B. Werkstoffe) [rec]; Wiedergewinnung *f* (Rohstoffe) [rec];

Wiederverwendung *f* [rec]; Wiederverwertung *f*; Recycling *n* [rec]; Rückführen *n* (in Kreislauf)
recycling bin Wertstoffbehälter *m* [rec]
recycling bourse Recyclingbörse *f* [rec]
recycling capacity Verwertungskapazität *f* [rec]
recycling cardboard Recyclingkarton *m* [rec]
recycling carried out durchgeführte Verwertung *f* [rec]
recycling centre Abfallsammelstelle *f* [rec]; Recyclinghof *m* [rec]
recycling centre, multi-material - Recyclinghof *m* [rec]
recycling certificate Verwertungsnachweis *m* [rec]
recycling concept Recyclingkonzept *n* [rec]
recycling container Altstoffsammelbehälter *m* [rec]
recycling costs Recyclingkosten *pl* [rec]
recycling facility Verwertungsanlage *f* [rec]
recycling imperative Verwertungsgebot *n* [rec]
recycling industry Recyclingwirtschaft *f* [rec]; Recyclingbetrieb *m* [rec]
recycling management Recyclingwirtschaft *f* [rec]
recycling measure Verwertungsmaßnahme *f* [rec]
recycling method Verwertungsmethode *f* [rec]; Verwertungsverfahren *n* [rec]
recycling operation Recyclingvorgang *m* [rec]
recycling paper Recyclingpapier *n* [rec]; Umweltschutzpapier *n*
recycling part Recyclinganteil *m* [rec]
recycling plant Recyclinganlage *f* [rec]; Verwertungsanlage *f* [rec]; Wiederaufbereitungsanlage *f* [prc]; Recyclingbetrieb *m* [rec]
recycling plant for plastics Kunststoffrecyclinganlage *f* [rec]
recycling plant, acid solution - Säurerecyclinganlage *f* [prc]
recycling plastic Recyclingkunststoff *m* [met]
recycling possibility Verwertungsmöglichkeit *f* [rec]
recycling priority Verwertungsvorrang *m* [rec]
recycling procedure Verwertungsverfahren *n* [rec]
recycling process Recyclingverfahren *n* [rec]; Verwertungsverfahren *n* [rec]
recycling product Recyclingprodukt *n* [rec]
recycling rate Recyclingquote *f* [rec]
recycling system Recyclingsystem *n* [rec]; Verwertungssystem *n* [rec]
recycling, duty of - Verwertungspflicht *f* [jur]
recycling, energetic - energetische Verwertung *f* [rec]
recycling, further - Weiterverwertung *f*
recycling, proof of - Verwertungsnachweis *m* [rec]
recycling-friendly recyclingfreundlich [rec]
recycling-oriented recyclinggerecht [rec]
red rot
red arsenic arsenrot [che]
red brass Rotguss *m* (mit Messinglegierung) [met]
red bronze Rotguss *m* [met]
red brown rotbraun (RAL 8012) [nor]
red cast Rotguss *m* [met]
Red Data Book Rote Liste *f* (vom Aussterben bedrohter Tiere)

red heat Glühhitze *f* [met]; Glut *f* (Rotglut); Rotglut *f*; Glühen *n* (Rotglut) [met]
red heat, loss at - Abbrandverlust *m* [met]
red heat, low - Dunkelrotglut *f* [met]
red heat, work at - warm bearbeiten *v* [wer]
red light Rotlicht *n* [elt]
red lilac rotlila (RAL 4001) [nor]
red mud Rotschlamm *m* [rec]
red orange rotorange (RAL 2001) [nor]
red rot Rotfäule *f* [bio]
red violet rotviolett (RAL 4002) [nor]
red-hot glühend
reddish yellow rotgelb
redecorating Schönheitsreparatur *f* [bau]
redecoration work Renovierungsarbeiten *pl* [wer]
redelivery Rückgabe *f*
redelivery obligation Rückgabepflicht *f* [jur]
redelivery, right of - Rückgaberecht *n* [jur]
redesign überarbeiten *v* (konstruktiv verbessern) [con]; umarbeiten *v* [wer]; umbauen *v* (umkonstruieren) [con]; umgestalten *v* (konstruieren); umkonstruieren *v* [con]
redesigning Neugestaltung *f*
redevelop sanieren *v*; umgestalten *v* (umbauen); umkonstruieren *v* [con]; wiederaufbauen *v*
redevelopment Rekonstruktion *f* (Sanierung); Sanierung *f*
redevelopment area Sanierungsgebiet *n*
redevelopment concept Sanierungskonzept *n*
redevelopment measure Sanierungsmaßnahme *f*
redevelopment requirement Sanierungsbedarf *m*
redial wiederwählen *v* (Telefon)
redistribution Umverteilung *f* [eco]
redistributor Wiederverteiler *m*
Redler conveyor Redler *m* (Zuteiler) [pow]; Zuteiler *m* [prc]
redo nacharbeiten *v* (erneut bearbeiten) [wer]
redox equilibrium Redoxgleichgewicht *n* [che]
redox measurement Redoxmessung *f* [any]
redox potential Redoxpotential *n* [che]
redox reaction Redoxreaktion *f* [che]
redress ausbessern *v* (wiederherstellen); reparieren *v* [wer]
redress procedure Abhilfeverfahren *n*
redressing Ausbesserung *f* (Wiederherstellung); Überholung *f* (Reparatur) [wer]
redrying Nachtrocknung *f*
reduce abdrosseln *v* (Versorgung); abmagern *v* (der Technik); dämpfen *v* (vermindern); ermäßigen *v*; erniedrigen *v*; herabdrücken *v* (die Wirkung); herabsetzen *v*; mindern *v*; reduzieren *v*; senken *v*; verkleinern *v* (verringern) [con]; vermindern *v*; verringern *v* (reduzieren)
reduce a price Preis ermäßigen [eco]
reduce tension Spannungen abbauen *v* [met]
reduce the output zurückfahren *v*
reduce the pressure entspannen *v* (Gas)
reduce the speed untersetzen *v* (Getriebe) [tec]
reduceable reduzierbar

reduced reduziert; vermindert
reduced shank Dehnschaft *m* (Schraubenbolzen) [tec]
reduced-shank bolt Dehnschaftschraube *f* [tec]
reducer Reduzierung *f* [prc]; Reduziereinsatz *m*; Reduktionsmittel *n* [che]; Reduzierstück *n* (z.B. in Rohrleitung) [tec]; Übergangsrohr *n* (Durchmesser wird kleiner) [prc]; Übergangsstück *n* (Rohr) [prc]; Übersetzungsgetriebe *n* [tec]; Verdünnungsmittel *n* [met]
reducer connector Reduzierverschraubung *f* [tec]; Konusreduzieranschluss *m* [tra]
reducer nipple, weld-on - Anschweißreduziernippel *m* [tec]
reducer ring Reduzierring *m* [tec]
reducer screw joint Reduzierverschraubung *f* [tec]
reducing reduzierend
reducing Reduzieren *n*
reducing adapter Reduzierstück *n* [tec]
reducing agent Reduktionsmittel *n* [che]; reduzierendes Agens *n* [che]
reducing bush Reduzierhülse *f* [prc]
reducing coupling Reduziermuffe *f* [tec]; Übergangsmuffe *f* [tec]
reducing cross Reduzierkreuzstück *n* [tec]
reducing fitting Reduziernippel *m* [tec]; Reduzierstück *n* [tec]
reducing flame Reduktionsflamme *f* [che]; reduzierende Flamme *f* [che]
reducing flange Reduzierflansch *m* [prc]
reducing gas Reduktionsgas *n* [che]
reducing gear Reduziergetriebe *n* [tra]; Untersetzungsgetriebe *n* [tec]
reducing nipple Reduziernippel *m* [tec]
reducing outlet tee reduziertes T-Stück *n* [tec]
reducing piece Reduzierstück *n* (der Verrohrungsanlage)
reducing pipe Übergangsrohr *n* [prc]
reducing power Reduktionskraft *f* [che]
reducing property Reduktionsvermögen *n* [che]
reducing slag Reduktionsschlacke *f* [rec]
reducing sleeve Reduziermuffe *f* [tec]; Übergangsmuffe *f* [tec]
reducing socket Reduzierstutzen *m* [prc]; Reduzierstück *n* [tec]
reducing union Reduzierverschraubung *f* [tec]
reducing valve Reduzierventil *n* [prc]
reductant Reduktionsmittel *n* [che]
reduction Beschränkung *f* (Verringerung); Dämpfung *f* (Verminderung); Einschnürung *f* (Feuerraum; Rohre); Einziehung *f* (Einschnürung); Erniedrigung *f*; Kürzung *f*; Minderung *f*; Reduktion *f* [che]; Schwächung *f* (Verringerung); Senkung *f*; Untersetzung *f* (z.B. Planetenuntersetzung) [tec]; Verengung *f* (Feuerraum; Rohre) [pow]; Verkleinerung *f*; Verminderung *f*; Verringerung *f* (Beträge, Leistung) [jur]; Abschlag *m* [eco]; Rückgang *m* (Verminderung)
reduction back gear Rädervorgelege *n* (Getriebe) [tec]

reduction factor Reduktionsfaktor *m* [bod]
reduction furnace Reduzierofen *m* [prc]
reduction gear Reduziergetriebe *n* [tra]; Untersetzungsgetriebe *n* [tec]
reduction gear ratio Untersetzung *f* (Getriebe) [tec]; Untersetzungsverhältnis *n* (Getriebe) [tec]
reduction gear, multi-step - Stufengetriebe *n*
reduction in area Einschnürung *f* (Fläche)
reduction in quality Qualitätsminderung *f*
reduction in the levy Abgabenreduzierung *f*
reduction ratio mechanischer Abbaugrad *m*; Untersetzungsverhältnis *n* [tec]
reduction scale Reduktionsmaßstab *m*; Verkleinerungsmaßstab *m* [con]
reduction stage Reduktionsstufe *f* [che]
reduction valve Entspannungsventil *n* [prc]; Reduzierventil *n* [prc]
reduction zone Reduktionszone *f* [che]
reduction, biological - biologische Prüfung *f* [any]
reduction, velocity of - Reduktionsgeschwindigkeit *f* [che]
reductive reduzierend
redundance payment scheme Sozialplan *m* (bei Entlassungen) [eco]
redundancy Redundanz *f*
redundancy payment Abfindung *f* [eco]
redundant redundant
redundant farmland überflüssiges Ackerland *n* [far]
reed Schilf *m* [bff]; Rohr *n* [bff]
reed contact Schutzgaskontakt *m* [elt]
reed green schilfgrün (RAL 6013) [nor]
reed relay Reedrelais *n* [elt]; Schutzgasrelais *n* [elt]
reeds Reet *n* [bau]
reef Riff *n*
reef knot Kreuzknoten *m* [tra]
reel Rolle *f* (Scheibe); Spule *f* (mit z.B. Film drauf); Trommel *f* (z.B. für Kabel) [elt]
reel spulen *v*; winden *v* (um eine Spule)
reel lifter Rollenaufnehmer *m* [tec]
reel spindle Bandspule *f* (Walzband) [met]
reel width Rollenbreite *f* (Band) [met]
reeling device Spulapparat *f* (für Band) [wer]
reemploy neueinstellen *v* (wieder beschäftigen) [eco]; wiedereinstellen *v* (Beschäftige) [eco]
reemployment Wiedereinstellung *f* (Beschäftigung) [eco]
reengineer sanieren *v*
reeve einscheren *v* (ein Seil) [wer]
reface erneuern *v* (Fassade) [bau]
refacing Fassadenerneuerung *f* [bau]
refer hinweisen *v* (verweisen)
refer to verweisen *v* (Zitat)
reference Referenz *f*; Betreff *m*; Bezug *m* (Verweis); Hinweis *m*; Verweis *m* (Zitat)
reference addresses, list of - Referenzliste *f* [eco]
reference analysis Richtanalyse *f* [any]
reference assay Schiedsanalyse *f* [any]
reference block Prüfblock *m* (Körper) [any]; Prüfkörper *m* [any]; Testkörper *m* (für Prüfverfahren) [any]
reference book Fachbuch *n* (Nachschlagewerk)
reference circle Mittelkreis am Schneckenrad *m* [tec]; Teilkreis *m* (Zahnrad) [con]
reference conditions Bezugszustand *m*; Referenzzustand *m*; Bezugsbedingungen *pl*
reference control Führungsregelung *f*
reference diameter Teilkreisdurchmesser *m* (am Stirnrad) [con]
reference dimension Hilfsmaß *n* [con]; Kontrollmaß *n* [con]
reference echo Bezugsecho *n* [phy]
reference edge Bezugskante *f* [con]
reference electrode Bezugselektrode *f* [elt]
reference flaw Testfehler *m* (Defekt bei Prüfung) [any]
reference for level difference Meterriss *m* (für Belag, Estrich) [con]
reference fuel Referenzbrennstoff *m* [pow]
reference height Bezugshöhe *f* (z.B. des Bordsteins) [bau]
reference level Bezugspegel *m* [bau]
reference line Bezugslinie *f* [con]
reference manual Bedienungshandbuch *n*
reference node Referenzknoten *m* [elt]
reference number Aktenzeichen *n* [eco]
reference photograph Referenzfoto *n* (als Muster oder Beweis)
reference plane Maßbezugsfläche *f* [con]
reference point Bezugspunkt *m*
reference price Mindestpreis *m* [eco]
reference profile Bezugsprofil *n* [con]
reference sign Hinweiszeichen *n*
reference signal Führungssignal *n* (Leittechnik)
reference sleigh Schleifkufe *f* [mbt]; Gleitschuh *m* [mbt]
reference standard Vergleichskörper *m* [elt]
reference surface Bezugsfläche *f* [con]
reference system Bezugssystem *n*
reference temperature Bezugstemperatur *f*
reference tube Testrohr *n* (Hilfsmittel bei Prüfung) [any]
reference value Bezugsgröße *f*; Bezugswert *m*; Richtwert *m* (Vergleichswert)
reference value transmitter Sollwertgeber *m* [elt]
reference wire Leitdraht *m* [mbt]
reference work Nachschlagewerk *n*
refill Mine *f* (Kugelschreiber); Nachfüllpackung *f*
refill auffüllen *v*; auffüllen *v* (einen Graben) [mbt]; nachfüllen *v*; wiederauffüllen *v*; wiederbeschicken *v*
refill tap Einfüllschraube *f* [tra]; Ölnachfüllschraube *f* [tec]
refillable container Umleerbehälter *m* [rec]
refilling Nachfüllung *f*; Zufüllen von Gräben *n* [mbt]
refilling bag Nachfüllpackung *f*
refilling pipe Nachfüllleitung *f*
refilling station Umleerstation *f* [rec]
refilling valve Nachspeiseventil *n* [pow]

refine abbrennen v [wer]; aufbereiten v (Wasser) [was]; frischen v [roh]; gar machen v [roh]; garen v [met]; läutern v [met]; raffinieren v [prc]; reinigen v (raffinieren); scheiden v [met]; seigern v [prc]; veredeln v; verfeinern v
refined gar [met]; geschliffen [wer]; raffiniert
refined copper Raffinadekupfer n [met]
refined iron Frischeisen n [met]; Gareisen n [met]
refined lead Feinblei n [met]
refined mineral oil Mineralölraffinat n [che]
refined product Raffinat n [che]
refined state Gare f [met]
refined steel Edelstahl m [met]; Herdfrischstahl m [met]; Raffinierstahl m [met]
refined zinc Feinzink m [met]
refinement Läuterung f [met]; Veredlung f
refinement of grain Kornverfeinerung f
refiner Reinigungsanlage f
refinery Raffinationsanlage f [prc]; Raffinerie f [prc]; Scheideanstalt f [roh]
refinery brass Messingraffiniermaterial n [met]
refinery cinders Herdfrischschlacke f [rec]
refinery gas Raffineriegas n [met]
refinery pig iron Herdfrischroheisen n [met]
refinery process Herdfrischprozess m [roh]
refinery residues Raffinerierückstände pl [rec]
refinery slag Feinschlacke f [rec]; Herdfrischschlacke f [rec]
refinery technology Raffinerietechnik f [prc]
refining Frischung f [roh]; Läuterung f [che]; Raffination f [prc]; Reinigung f; Verfeinerung f (z.B. Rohöl, Zucker) [prc]; Frischen n [roh]; Reinigen n; Seigern n [prc]
refining bath Fällbad n [was]
refining furnace Brennherd m; Frischofen m [roh]; Frischungsofen m [roh]
refining hearth Garherd m [roh]
refining means Läuterungsmittel n [met]
refining plant Fällanlage f [was]; Raffinationsanlage f [prc]; Raffinerie f [prc]
refining process Frischarbeit f [met]; Frischungsprozess m [roh]; Frischverfahren m [roh]; Scheideverfahren n [roh]
refining unit Veredlungsanlage f [prc]
refinish nachbearbeiten v [wer]
refinishing Nachbearbeitung f [wer]; Nacharbeiten pl [wer]
refinishing work Nachbearbeiten n [wer]
refit Überholung f (Reparatur) [wer]; Wiederinstandsetzung f (Neuausrüstung) [wer]
refit überholen v (wiederherstellen) [wer]; umrüsten v [wer]
refitment Ausbesserung f (Reparatur)
refitting Ausbesserung f (Nachrüstung); Umrüstung f [wer]; Umrüsten n [wer]
reflect abstrahlen v [opt]; nachdenken v; reflektieren v; rückstrahlen v [opt]; widerspiegeln v; zurückstrahlen v [phy]
reflected image, in - spiegelbildlich (seitenverkehrt)

reflecting reflektierend
reflecting glass beschichtetes Glas n [met]
reflecting layer Abstrahlschicht f (reflektierendes Material) [met]
reflecting power Reflexionsvermögen n [phy]
reflecting surface Rückstrahlfläche f [elt]
reflection Reflexion f [opt]; Rückstrahlung f [opt]; Rückstrahlung f [opt]; Spiegelung f [opt]; Reflex m; Abbild n (im Spiegel); Spiegelbild n
reflection characteristics Rückstrahlcharakteristik f [opt]
reflection coefficient Reflexionsfaktor m [phy]; Reflexionskoeffizient m [phy]
reflection face Reflexionsfläche f [opt]
reflection factor Reflexionskoeffizient m [phy]
reflection gap Reflexionsloch n
reflection light barrier Reflexionslichtschranke f
reflection method Reflexionsverfahren n
reflection plane Spiegelebene f
reflective reflektierend
reflectivity Reflexionskoeffizient m [phy]
reflector Lichtreflektor m [opt]; Reflektor m [elt]; Rückstrahler m [opt]; Spiegel m (reflektierende Fläche); Katzenauge n (Rückstrahler)
reflector lamp verspiegelte Lampe f [elt]
reflex Reflexion f [opt]; Reflex m
reflex, acoustic - akustischer Reflex m (Ohr) [aku]
reflexion (siehe: reflection)
reflux Rückfluss m [prc]; Rücklauf m [prc]
reflux zurückströmen v [prc]
reflux condenser Rückflusskühler m [pow]
reflux distributor Rückstromverteiler m [prc]
reflux valve Rücklaufventil n [pow]
reform Reform f
reformation Rückbildung f
reformer Reformer m
reformer tube Reformerrohr n [prc]
reforming Reformierung f [che]
refract ablenken v (Strahlen) [phy]; brechen v (Licht brechen) [opt]
refracted wave gebrochene Welle f [phy]
refracting prism Brechungsprisma f [opt]
refraction Brechkraft f (von Schallinsen) [aku]; Brechung f [opt]; Refraktion f [opt]; Strahlenbrechung f [phy]
refraction angle Einschallwinkel m [aku]
refractivity Brechung f [opt]
refractometer Refraktometer n [any]
refractories feuerfeste Materialien pl (Kessel) [met]
refractoriness Feuerbeständigkeit f; Feuerfestigkeit f
refractory feuerbeständig; feuerfest; hitzebeständig; spröde
refractory baffle Schamottesteinwand n (aufgelegt a. Rohre) [pow]
refractory brick Schamottestein m [met]
refractory bricks feuerfeste Steine pl (Schamott) [met]
refractory brickwork feuerfestes Mauerwerk n [bau]
refractory cement Feuerfestbeton m [met]

refractory clay Schamotte *f* [met]; feuerfester Ton *m* [met]; Feuerton *m*
refractory concrete Feuerfestbeton *m* [met]; hitzebeständiger Beton *m* [bau]
refractory lining Feuerfestauskleidung *f*; feuerfeste Auskleidung *f* [met]; feuerfeste Ausmauerung *f* [bau]; Schamotteauskleidung *f* [pow]
refractory mixture feuerfeste Masse *f* [met]
refractory mortar feuerfester Mörtel *m* [met]
refractory wall Schamottesteinwand *n* [pow]
refractory, highly - hoch feuerfest
refrain from unterlassen *v*
refresh erfrischen *v*; erneuern *v* (Farben)
refrigerant Kälteträger *m* [che]; Abkühlmittel *n*; Kältemittel *n* [che]; Kühlmittel *n* [met]
refrigerate abkühlen *v*; kühlen *v*
refrigerated abgekühlt
refrigerated chamber Kältekammer *f* [prc]
refrigerated container Kühlbehälter *m*
refrigerated container vessel Kühlcontainerschiff *n* [tra]
refrigerated lorry Kühlwagen *m* (Lkw) [tra]; Kühlfahrzeug *n* [tra]
refrigerated wagon Kühlwagen *m* (der Bahn) [tra]
refrigerating Kühlen *n*
refrigerating agent Kältemittel *n* [che]
refrigerating capacity Kälteleistung *f*
refrigerating container Kühlcontainer *m*
refrigerating device Kühlgeräte *pl*
refrigerating installation Kühleinrichtung *f* [elt]
refrigerating machine Kältemaschine *f* [pow]; Kälteaggregat *n* [pow]
refrigerating medium Kälteträger *m* [che]
refrigerating pipe Kühlrohr *n* [pow]
refrigerating plant Gefrieranlage *f* [prc]; Kälteanlage *f* [pow]
refrigeration Abkühlung *f*; Kälteerzeugung *f* [pow]; Kühlung *f*
refrigeration engineering Kältetechnik *f*
refrigeration equipment Kältemaschine *f* [pow]
refrigeration plant Kälteanlage *f* [pow]; Kühlanlage *f* [pow]
refrigeration unit Kühlaggregat *n* [pow]
refrigerative kälteerzeugend
refrigerator Eismaschine *f*; Kälteanlage *f* [pow]; Kältemaschine *f* [pow]; Kühlanlage *f* [pow]; Kühlmaschine *f*; Abkühlapparat *m* [pow]; Abkühlkessel *m*; Eisschrank *m* [elt]; Gefrierapparat *m* [prc]; Kühler *m* [pow]; Kühlschrank *m* [elt]; Kälteaggregat *n* [pow]; Kühlaggregat *n* [pow]; Kühlgerät *n*
refrigerator car Kühlwagen *m* [tra]
refrigerator ship Kühlschiff *n* [tra]
refrigerator truck Kühlwagen *m* [tra]
refrigerator van body Kühlwagenaufbau *m* [tra]
refrigerator/freezer combination Kühl-Gefrier-Kombination *f* [elt]
refuel auftanken *v* [tra]; nachtanken *v* (z.B. Flugzeug); tanken *v*

refuelling Brennelementwechsel *m* [pow]
refuge Nische *f* (Sicherheitsraum im Tunnel) [tra]; Sicherheitsnische *f* (im Tunnel) [tra]; Verkehrsinsel *f* [bau]; Zuflucht *f*; Sicherheitsraum *m* (Nische im Tunnel) [tra]; Refugium *n*
refugium Zuflucht *f*
refund Rückvergütung *f* [eco]
refund money Geld zurückerstatten *v* [eco]
refurbish aufarbeiten *v* (restaurieren) [wer]; aufarbeiten *v* (überholen) [wer]; modernisieren *v* (Gebäude); renovieren *v* [wer]; restaurieren *v* (aufmöbeln) [wer]
refurbishing Aufarbeitung *f* (Restaurierung)
refurbishment Renovierung *f* [wer]
refusal Verweigerung *f*; Weigerung *f* (Ablehnung, Sträuben)
refuse Abfall *m* (Abfälle) [rec]; Abraum *m* [rec]; Abschaum *m* (Abfall) [roh]; Ausschuss *m* (Produktion) [rec]; Auswurf *m*; Müll *m* (Abfall) [rec]; Rückstand *m* (Rest) [rec]; Schutt *m* (Abfall) [rec]; Unrat *m* [rec]; Gekrätz *n* [rec]
refuse ablehnen *v*; verweigern *v*
refuse bag Müllsack *m* [rec]
refuse barrows Kehrichtsackkarren *m* [rec]
refuse bin Abfalltonne *f* [rec]; Abfalleimer *m* [rec]
refuse chute Müllabwurfschacht *m* [rec]; Müllschlucker *m* [rec]
refuse chute facility Abfallwurfanlage *f* [rec]
refuse collecting plant Müllsammelanlage *f* [rec]
refuse collecting vehicle Müllfahrzeug *n* [rec]
refuse collection Müllabfuhr *f* [rec]
refuse collection and disposal Müllsammlung und -entsorgung *f* [rec]
refuse collection plant Abfallsammelanlage *f* [rec]
refuse collection vehicle Kehrichtsammelfahrzeug *n* [rec]; Müllsammelfahrzeug *n* [rec]
refuse collection, public - öffentliche Müllabfuhr *f* [rec]
refuse compacting container Abfallpressbehälter *m* [rec]
refuse compaction bin Abfallpressbehälter *m* [rec]
refuse compaction unit Abfallpresse *f* [rec]
refuse container Abfalltonne *f* [rec]; Abfallbehälter *m* [rec]
refuse container cabinet Abfallbehälterschrank *m* [rec]
refuse container cleaning Abfallbehälterreinigung *f* [rec]
refuse container emptying device Behälterleereinrichtung *f* [rec]
refuse container shed Abfallbehälterschrank *m* [rec]
refuse container tipping device Behälterschütteinrichtung *f* [prc]
refuse disposal Abfallbeseitigung *f* [rec]; Müllbeseitigung *f* [rec]
refuse disposal plant Abfallvernichtungsanlage *f* [rec]
refuse disposal site Deponie *f* [rec]; Mülldeponie *f* [rec]

refuse disposal vehicle Entsorgungsfahrzeug *n* [rec]
refuse dump Abfalldeponie *f* [rec]; Bergehalde *f* [rec]; Deponie *f* [rec]; Mülldeponie *f* [rec]; Müllhalde *f* [rec]; Müllkippe *f* [rec]
refuse dump levy Deponieabgabe *f* (Zahlung) [jur]
refuse economy concept Abfallwirtschaftskonzept *n* [rec]
refuse extractor Bergaustrag *m* [rec]
refuse fat Fettabfälle *pl* [rec]
refuse firing Müllverbrennung *f* [rec]
refuse from trade and industry Gewerbeabfall *m* [rec]
refuse from trade and industry, similar to household refuse haushaltsähnliche Gewerbeabfälle *pl* [rec]
refuse fuel Abfallbrennstoff *m* [rec]
refuse grinder Abfallzerkleinerungsgerät *n* [rec]
refuse heap Schutthalde *f* [rec]; Abfallhaufen *m* [rec]
refuse incineration Abfallverbrennung *f* [rec]; Müllverbrennung *f* [rec]
refuse incineration plant Müllverbrennungsanlage *f* [rec]
refuse lorry Müllabfuhrwagen *m* [rec]; Müllwagen *m* [rec]
refuse of tin Zinnabfall *m* [rec]
refuse operative Müllwerker *m* [rec]
refuse payment Zahlung verweigern [eco]
refuse pit Abfallgrube *f* [rec]; Müllgrube *f* [rec]
refuse press Abfallpresse *f* [rec]
refuse pressing plant Müllpressanlage *f* [rec]
refuse reloading Abfallumschlag *m* [rec]
refuse reloading unit Abfallumschlaganlage *f* [rec]
refuse removal Müllabfuhr *f* [rec]
refuse sack Abfallsack *m* [rec]
refuse sack holder Abfallsackhalter *m* [rec]
refuse sacks, stand for - Abfallsackhalter *m* [rec]
refuse shredder Abfallzerkleinerungsgerät *n* [rec]
refuse store Abfallspeicher *m* [rec]
refuse tank Abfallbehälter *m* [rec]
refuse tip Abfallkippe *f* [rec]; Bergehalde *f* [rec]; Müllkippe *f* [rec]; Schuttabladeplatz *m* [rec]
refuse to give information, right to - Auskunftsverweigerungsrecht *n* [jur]
refuse transportation facility Abfallbeförderung *f* (Einrichtung) [rec]
refuse wood Abfallholz *n* [rec]
refuse, biological - Bioabfall *m* [rec]
refuse-derived fuel Brennstoff aus Müll *m* [rec]
regard berücksichtigen *v* (bedenken)
regard to water laws, with - wasserrechtlich [jur]
regenerate aufbereiten *v* (Materialien) [che]; austreiben *v* [che]; fortpflanzen *v* [bff]; regenerieren *v*; wiederaufbereiten *v* [rec]; wiedergewinnen *v*; wiederherstellen *v* (erneuern)
regenerated energy zurückgewonnene Energie *f* [pow]
regenerated material Regenerat *n*
regeneration Aufbereitung *f* (Regeneration) [che]; Bildwiederholung *f* (Bildschirm) [edv]; Fortpflanzung *f* [bff]; Neuerstellung *f* (Datei) [edv]; Regeneration *f*; Regenerierung *f*; Rückgewinnung *f* (Regeneration) [rec]; Wiederaufbereitung *f* [rec]; Wiedergewinnung *f*; Wiederherstellung *f* (Erneuerung); Wiederaufbau *m*; Austreiben *n* [che]
regeneration of energy Energierückgewinnung *f* [pow]
regeneration technology Regenerationstechnik *f* [prc]
regeneration, process of - Regenerationsprozess *m*
regenerative regenerativ
regenerative ability Regenerationsfähigkeit *f*
regenerative air heater Regenerativ-Luvo *m* [pow]
regenerative air preheater Regenerativ-Luvo *m* (Ljungstrom-Luvo) [pow]
regenerative capability Regenerationsfähigkeit *f*
regenerative coupling Rückkopplung *f*
regenerative firing Regenerativfeuerung *f* [pow]
regenerative furnace Regenerativfeuerung *f* [pow]; Regenerativofen *m* [pow]
regenerative heating Regenerativheizung *f* [pow]
regenerative property Regenerationsvermögen *n*
regenerative-type air preheater Regenerativluftvorwärmer *m* [pow]
regenerator Regenerator *m* (Wärme) [pow]
regimen Wasserführung *f* [was]
region Gegend *f* (Gebiet); Region *f*; Zone *f* (Gebiet); Bereich *m* (Gebiet); Bezirk *m*; Raum *m* (Gegend); Gebiet *n* (Zone)
regional lokal; regional
regional airport Regionalflugplatz *m* [tra]
regional belt Landschaftsgürtel *m*
regional development Landschaftsentwicklung *f*; Siedlungswesen *n*
regional development plan Landschaftsentwicklungsplan *m*
regional plan Regionalplan *m*
regional planning Landesplanung *f*; Raumordnung *f* [jur]; Raumplanung *f*; Regionalplanung *f*
regional planning method Raumordnungsverfahren *n* [jur]
regional planning procedure Raumordnungsverfahren *n* [jur]
regional service Regionalversorgung *f*
regional supply Regionalversorgung *f*
regional traffic Regionalverkehr *m* [tra]
regional transport Regionalverkehr *m* [tra]
register Liste *f* (Register); Register *n* (Verzeichnis); Verzeichnis *n*
register eintippen *v*; eintragen *v* (Verzeichnis); erfassen *v* (registrieren); protokollieren *v*; registrieren *v* [any]; schreiben *v* (registrieren) [any]
register number Kennzeichen *n* (Auto) [tra]
register stage Registrierstufe *f*
register type construction Registerbauweise *f* (Rohrwände) [pow]
register, emissions - Emissionskataster *n*
registered zugelassen
registered design Gebrauchsmuster *n*

registering Registrierung *f*
registrate registrieren *v* [any]
registration Eintragung *f* (in Verzeichnis); Erfassung *f* (Registrierung); Registrierung *f* (z.B. von Wählern); Zulassung *f* (Kfz.-Zulassung) [jur]
registration period Meldefrist *f*
registration, proof of - Anmeldenachweis *m* [jur]
regrating Abschlagen *n* (Mauerwerk) [wer]; Entgraten *n*
regreasing Nachschmieren *n* [tec]
regreasing interval Nachschmierfrist *f* [wer]
regression Regression *f* [mat]; Rückbildung *f* [hum]; Rückgang *m* (Verminderung)
regression analysis Regressionsanalyse *f* [mat]
regroup umlagern *v*
regular gleichmäßig (gleichartig); normal (üblich); ordentlich (planmäßig); periodisch; regelmäßig (z.B. zu bestimmten Zeiten); regulär; serienmäßig
regular clientele Kundenstamm *m* [eco]
regular customer Stammkunde *m* [eco]
regular gasoline Normalbenzin *n* [met]
regular grade petrol normales Benzin *n* [tra]
regular petrol Normalbenzin *n* [met]
regular rate customer Tarifkunde *m* [eco]
regular service Liniendienst *m*
regular services Linienverkehr *m* [tra]
regular supplier Stammlieferant *m* [eco]
regular type Serienbauform *f* [tec]
regularity Gesetzmäßigkeit *f*; Regelmäßigkeit *f*; Regularität *f*; Ebenmaß *n*; Gleichmaß *n*
regulate anordnen *v* (regeln) [jur]; einstellen *v* (justieren); justieren *v* (regulieren); ordnen *v* (regeln); regeln *v* (einstellen); regulieren *v*; steuern *v*
regulated input Stelleingang *m* [any]
regulated voltage Regelspannung *f* (Spannung gleichbleibend) [elt]
regulating Regeln *n*
regulating action Regelverhalten *n*
regulating circuit Regelkreis *m*
regulating control Stellglied *n* (Regelung)
regulating damper Regulierklappe *f* (einstellbar) [prc]
regulating device Reguliervorrichtung *f*
regulating element Regelorgan *n*
regulating pump regelnde Pumpe *f* [prc]; Regelpumpe *f* [prc]
regulating resistance Regulierwiderstand *m* [elt]
regulating screw Regulierschraube *f* [tec]; Stellschraube *f* [tec]
regulating switch Reglerschalter *m*
regulating system Reglersystem *n*
regulating unit Stellglied *n* (Regelung); Stellorgan *n* (Regelung)
regulating valve Regelschieber *m* [prc]; Regelventil *n* [prc]; Regulierventil *n* [prc]
regulating, automatically - selbstregelnd
regulation Anordnung *f* (Verordnung) [jur]; Bestimmung *f* (Vorschrift) [jur]; Einstellung *f* (Regulierung); Regel *f* (Vorschrift); Regelung *f* (Vorschrift)

[jur]; Regulierung *f*; Steuerung *f*; Verordnung *f* [jur]; Verstellung *f*; Vorschrift *f* [jur]
regulation for the prevention of accidents Unfallverhütungsvorschrift *f* [jur]
regulation on air quality control Luftreinhaltevorschrift *f* [jur]
regulation transformer Stelltransformator *m* [elt]
regulations Dienstvorschrift *f* [eco]
regulations on environmental protection Umweltschutzvorschrift *f* [jur]
regulations, contravening the - ordnungswidrig [jur]
regulator Regler *m* [elt]
regulator and cut-out relay Regelschalter *m* [tra]
regulator handle Regulatorhebel *m* (Dampflok) [tra]
regulator lever Reglerhebel *m* [tra]
regulator pipe Reglerrohr *n* (Dampflok) [tra]
regulator tube Reglerrohr *n* (Dampflok) [tra]
regulator valve Reglerventil *n* (Dampflok) [tra]
regulator with two pre-determined positions Zweipunktregler *m*
regulatory impact statement Feststellung der Folgekosten von Regelungen *f*
regulatory offences law Ordnungswidrigkeitenrecht *n* [jur]
regulatory offences proceeding Ordnungswidrigkeitenverfahren *n* [jur]
regulatory offences, law of - Ordnungswidrigkeitenrecht *n* [jur]
regulatory sign Gebotsschild *n* [tra]
rehabilitate sanieren *v*
rehabilitation Rehabilitation *f*; Sanierung *f*; Wiedererstellung *f*; Wiederherstellung *f* (Sanierung)
rehabilitation centre Rehabilitationszentrum *n*
rehabilitation company Sanierungsgesellschaft *f*
rehabilitation concept Sanierungskonzept *n*
rehabilitation contract Sanierungsvereinbarung *f* [jur]
rehabilitation costs Sanierungskosten *pl*
rehabilitation measure Sanierungsmaßnahme *f*
rehabilitation order Sanierungsverfügung *f* [jur]
rehabilitation requirement Sanierungsbedarf *m*
rehabilitation risk Sanierungsrisiko *n*
rehabilitation work Sanierungsarbeiten *pl*
rehabilitation, aim of - Sanierungsziel *n*
rehabilitation, duty of - Sanierungspflicht *f*
rehandling and forwarding Umschlag und Spedition [tra]
rehandling and storage Umschlag und Lagerung
rehandling excavator Umschlagbagger *m* [mbt]
rehandling grab Verladegreifer *m* (meist ohne Zähne) [mbt]
reheat control valve Abfangstellventil *n* [pow]
reheat control valve operator Abfangstellantrieb *m* [pow]
reheat cycle Zwischenüberhitzung *f* [pow]
reheat pressure Zwischenüberhitzerdruck *m* [pow]
reheat steam temperature Zwischendampftemperatur *f* [tra]; Zwischenüberhitzungstemperatur *f* [pow]

reheat stop valve Abfangschnellverschlussventil *n* [pow]
reheat turbine Zwischenüberhitzungsturbine *f* [pow]
reheat valve Abfangklappe *f* [pow]
reheat, double - doppelte Zwischenüberhitzung *f* [pow]
reheater Zwischenüberhitzer *m* [pow]
reheater gas pass Zwischenüberhitzerzug *m* [pow]
reheater, engine with - Zwischenüberhitzermaschine *f* [pow]
reheating Wiedererwärmung *f* [pow]
reimbursement Ersetzung *f* (von Kosten); Erstattung *f*
reimbursement of costs Kostenerstattung *f* [eco]
reimbursement of expenditure Auslagenerstattung *f* [eco]
reinforce armieren *v* [bau]; bewehren *v* [bau]; verfestigen *v* (verstärken) [tec]; vernetzen *v* (verstärken) [met]; verstärken *v* (armieren) [bau]; versteifen *v* (verstärken) [met]
reinforced armiert [bau]; bewehrt [bau]; verstärkt (Strebe, Winkel o.ä.) [met]
reinforced blade verdickte Schaufel *f* (Turbine) [pow]
reinforced concrete armierter Beton *m* [bau]; bewehrter Beton *m* [bau]; Eisenbeton *m* [met]; Spannbeton *m* [bau]; Stahlbeton *m* [met]
reinforced concrete unit, precast - Betonfertigteil *n* [bau]
reinforced edge Kantenverstärkung *f* [met]; Randverstärkung *f* [met]
reinforced version verstärkte Ausführung *f*
reinforced with glass fibre glasfaserverstärkt [met]
reinforced-concrete core Stahlbetonkern *m* [met]
reinforcement Armierung *f* [bau]; Bewehrung *f* (untere Bewehrung) [bau]; Verfestigung *f* (Verstärkung) [tec]; Verstärkung *f* (z.B. durch Rippen) [tec]; Versteifung *f* (Verstärkung) [met]; Baustahlgewebe *n* [bau]
reinforcement drawing Bewehrungsplan *m* [con]
reinforcement plan Bewehrungszeichnung *f* [con]
reinforcement ring Verstärkungsring *m* [tec]; Versteifungsring *m* [tec]
reinforcement shell Panzerschale *f* [tec]
reinforcement, bottom - untere Bewehrung *f* [bau]
reinforcement, effective - mittragende Verstärkung *f* [tec]
reinforcing Armierung *f* [bau]; Verstärkung *f* (Material) [met]; Versteifung *f* (Verstärkung) [met]
reinforcing bar Betoneisen *n* [met]
reinforcing fibre Verstärkungsfaser *f* [met]
reinforcing filler Verstärkerfüllstoff *m* [met]
reinforcing inserts Bewehrung *f* [bau]
reinforcing material Verstärkungsmaterial *n* [met]
reinforcing plate Verstärkungsblech *n* [tec]
reinstatement Rückversetzung *f* (in den alten Zustand) [jur]
reinsurance Rückversicherung *f* [jur]
reject ablehnen *v* (eine Forderung) [jur]; abstoßen *v*; abweisen *v*; aussteuern *v*; beanstanden *v*; verwerfen *v*

reject rate Ausschussquote *f*
rejected goods Ausschuss *m* (Produktion) [rec]
rejection Aussteuerung *f*; Beanstandung *f*; Rückweisung *f* (von Waren) [eco]; Rückwurf *m* [mbt]
rejection factor Gleichtaktunterdrückungsfaktor *m* [elt]
rejector circuit Sperrkreis *m* (bei Störung) [mbt]
rejects Abgang *m* (Produktion); Ausschuss *m* (Produktion) [rec]
rejects from cardboard recycling Abfälle aus der Aufbereitung von gebrauchter Pappe *pl* [rec]
rejects from paper recycling Abfälle aus der Aufbereitung von Altpapier *pl* [rec]
relate verknüpfen *v* (in Verbindung bringen); zuordnen *v*
related artverwandt; verwandt; zusammengehörig
relating gas engineering gastechnisch
relation Beziehung *f* (z.B. kausale Beziehung); Relation *f* [mat]; Bezug *m* (Beziehung); Verhältnis *n* (Beziehung)
relation to, in - gegenüber (im Verhältnis zu)
relations Beziehungen *pl* (z.B. zwischen Objekten)
relationship Beziehung *f*; Verwandtschaft *f*; Verhältnis *n* (im Verhältnis zu ...)
relationship between load and life Lebensdauergleichung *f*
relative relativ; verhältnismäßig
relatively vergleichsweise *f*
relatively low vergleichsweise mäßig
relativity Relativität *f*
relativity, theory of - Relativitätstheorie *f* [phy]
relaxation formula Relaxationsgleichung *f* [edv]
relaxation procedure Relaxationsmethode *f* [edv]
relaxation time Abbremszeit *f*
relay Schütz *m* (Schütz, Relais) [elt]; Relais *n* [elt]
relay board Relaiskarte *f* [elt]
relay connection Relaisschaltung *f* [elt]
relay module Relaisbaustein *m* [elt]
relay power board Relaisleistungskarte *f* [elt]
relay station Umlenkstation *f*; Umspannwerk *n* [elt]
relay store Relaisspeicher *m* [elt]
relay valve Überströmventil *n* [tra]
relay winding Relaiswickler *m* [elt]
relay, additional - Zusatzrelais *n* [elt]
releasable lösbar [tec]
releasable connection lösbare Verbindung *f* (z.B. abschraubbar) [tec]
release Abgabe *f* (Energie) [pow]; Einleitung *f* (Einleiten in Ablauf); Entbindung *f*; Freigabe *f*; Freisetzung *f*; Freistellung *f* [jur]; Lösung *f* (Trennung); Abwurf *m*; Auslöser *m* [tec]
release abgeben *v* (freisetzen) [pow]; ablösen *v* (entfernen); abspalten *v* [che]; abtrennen *v* (freisetzen); auslösen *v* (z.B. Verschluss); ausrücken *v* (freigeben) [tec]; ausschalten *v* (freigeben); entbinden *v* (befreien); entsichern *v*; entspannen *v* (lösen); freigeben *v* (Film, Werkstück); freimachen *v*; freisetzen *v*; lösen *v* (losmachen); losmachen *v* (freilassen); vorgeben *v* (an das Werk)

release agent Gleitmittel *n* [met]; Trennmittel *n* [met]
release bearing Kupplungsausrücklager *n* [tec]
release button Auslöseknopf *m*
release collar Ausrückmuffe *f* [tra]
release current Auslösestrom *m* [elt]
release device Auslösevorrichtung *f*
release for series production Serienfreigabe *f* [wer]
release from duties after maternity leave Erziehungsurlaub *m* [eco]
release from tension Entspannung *f*
release lever Auslösehebel *m* [tec]
release lever spring Ausrückhebelfeder *f* (Kupplung) [tec]
release mechanism Auslösevorrichtung *f* [tec]
release note Freigabevermerk *m*
release of brake Lüften der Bremse *n* (Vermindern der Bremskraft) [tec]
release of energy Energieabgabe *f* [pow]; Energiefreisetzung *f* [pow]
release of pressure Druckentlastung *f*
release pressure Druck abbauen *v* (Hydraulik) [tec]; Druck ablassen *v* (Hydraulik) [tec]
release relay Relais für Freigabe *n* [elt]
release rod Ausrückstange *f* (Kupplung) [tec]
release spring Rückholfeder *f* [tec]; Rückzugsfeder *f* [mbt]
release valve Löseventil *n* [tec]
release, pneumatic - pneumatischer Auslöser *m* [tec]
released vorgegeben (an das Werk)
releasing Lösung *f* (Losmachen); Auslösen *n*; Entbinden *n*
releasing lever Ausrücker *m* [tec]
releasing mechanism Auslösemechanismus *m*
relevance Aktualität *f* (Gegenwartsbezug)
relevance, object of - Beziehungsgegenstand *m* [jur]
relevancy Bedeutung *f* (Wichtigkeit)
relevant wichtig; zuständig
relevant to in Verbindung mit
reliability Zuverlässigkeit *f*
reliable beständig (zuverlässig); fachkundig; sicher (zuverlässig); verlässlich; zuverlässig
reliable in operation betriebssicher (Arbeitssicherheit)
reliably detectable defect sicher auffindbarer Fehler *m*
reliably working zuverlässig arbeitend
relief Ablösung *f* (Ersatz); Entlastung *f*; Unterstützung *f*; Freistich *m* [wer]; Relief *n*
relief agency Hilfsorganisation *f*
relief cap Sicherheitskappe *f* (Betriebssicherheit) [tec]
relief control system Abblaseregelung *f* [pow]
relief cut Freifräsung *f* [wer]
relief ground hinterschleifend [wer]
relief measure Hilfsmaßnahme *f*
relief plate Entlastungsplatte *f* [tec]
relief print Hochdruck *m* (in der Druckereitechnik)
relief program Hilfsprogramm *n*
relief train Entlastungszug *m* [tra]

relief valve Drosselrückschlagventil *n* [prc]; Entlastungsventil *n* [prc]; Entlüftungsventil *n*; Entspannungsventil *n* [prc]; Überdruckventil *n* [prc]
relief, request for - Beschwerde *f* [jur]
relief-milled hinterfräsend [wer]
relieve auskammern *v* (durch Bohrwerk) [wer]; entlasten *v*; entspannen *v*
relieve belt tension Riemenspannung entlasten *v* [tec]
relieved entlastet *v*
relieved fillet eingestochene Hohlkehle *f* [tec]
relieving line Entlastungsleitung *f* [prc]
relieving measurement Entlastungsmaßnahme *f*
relieving spring Entlastungsfeder *f* [tec]
relining Relining *n* (Kanalisation) [was]
reload nachladen *v*; wiederbeschicken *v*
reloadable wiederladbar [elt]
reloading Wiederbelastung *f*; Nachladen *n*
reloading facility Umschlaganlage *f* [tra]
reloading station Umladestation *f* [tra]
relocatable address relative Adresse *f* [edv]
relocate auslagern *v*; umsetzen *v* (räumlich); umsiedeln *v*; verschieben *v* (umsiedeln); versetzen *v* (neu anordnen)
relocation Lageänderung *f*; Umsiedlung *f*; Verlegung *f* (an anderen Ort); Verstellung *f*
relubrication Nachschmierung *f* [tec]
relubrication frequency Abschmierhäufigkeit *f* [tec]
relubrication interval Abschmierhäufigkeit *f* [tec]
relubrication schedule Abschmierplan *m* [wer]
remachine nachdrehen *v*
remain bleiben *v* (zurückbleiben); fortbestehen *v*; verweilen *v*
remain constant gleich bleiben *v*
remain unchanged gleich bleiben *v*
remainder Bestand *m* (Rest); Rest *m*; Rückstand *m* (Rest) [rec]; Teilungsrest *m* [mat]; Überrest *m* [mat]
remaining restlich
remaining imbalance Restunwucht *f* [tec]
remaining lifting capacity Resttragfähigkeit *f* (des Gabelstaplers) [mbt]
remaining risk Restrisiko *n* [jur]
remaining wall thickness Restwandstärke *f* [tec]
remains Rest *m*; Überrest *m* (Gebäude); Baureste *pl* [rec]
remanence Nachwirkung *f* (Beständigkeit); Remanenz *f* [phy]
remanent remanent [phy]
remanent life Restlebensdauer *f* [wer]
remanufacture Wiederaufbereitung *f* [rec]
remark Bemerkung *f* (Äußerung)
remark anmerken *v* (eine Bemerkung machen); bemerken *v* (äußern)
remeasure nachmessen *v* [any]
remedial action Sanierungsmaßnahme *f*
remedial measure Abhilfe *f* (Maßnahme); Behebung *f* (von Mängel)
remediation, biological - biologischer Abbau *m* (von toxischen Substanzen) [bff]

remedy Abhilfe *f* (Mittel); Heilmittel *n* [hum]; Medikament *n* [hum]; Rezept *n*
remedy abhelfen *v* (beheben); beheben *v* (Mängel); beseitigen *v* (Schaden erledigen) [jur]; heilen *v* (durch Medizin etc.) [hum]
remedying of the fault Störungsbeseitigung *f*
remelt umschmelzen *v* [met]
remelted soft lead Umschmelzweichblei *n* [met]
remelting aluminium Umschmelzaluminium *n* [met]
remelting aluminium alloy Umschmelzaluminiumlegierung *f* [met]
remelting aluminium casting alloys Umschmelzaluminiumgusslegierung *f* [met]
remelting furnace Umschmelzofen *m* [met]
remelting lead Umschmelzblei *n* [met]
remelting zinc Umschmelzzink *n* [met]
reminder Zahlungserinnerung *f* [eco]
remittance Geldanweisung *f* [eco]
remixing silo Nachmischsilo *m* [bau]
remnant Abfallstoff *m* [rec]; Rest *m* (Überrest); Stoffrest *m* [rec]; Überrest *m* (Überrest); Reststück *n*; Überbleibsel *n* [rec]
remodel umändern *v* [wer]; umarbeiten *v* [wer]; umformen *v* [wer]; umgestalten *v* (umbauen)
remodelling bauliche Neugestaltung *f* [bau]; Umformung *f* [wer]; Umgestaltung *f*; Hausumbau *m* [bau]; Umbauarbeiten *pl*
remorse Reue *f*
remote abgelegen (weit weg); abseits (entfernt gelegen); entfernt (räumlich); weit (entfernt)
remote actuation Fernbetätigung *f* [elt]
remote alarm Fernalarmierung *f* [edv]
remote control Fernbedienung *f*; Fernbetätigung *f*; Fernsteuerung *f* [elt]; Fernüberwachung *f* [edv]
remote control device Fernbedienungsgerät *n*; Fernsteuergerät *n* [edv]
remote control panel Fernbedienungspult *n*
remote control system Fernschaltung *f* [edv]; Fernwirkanlage *f* [edv]
remote control thermometer Fernthermometer *n* [any]
remote controlled fernbedient; fernbetätigt; ferngelenkt; ferngeregelt; ferngesteuert
remote controlled operation ferngesteuerter Betrieb *m*
remote data transmission Datenfernübertragung *f* [edv]
remote drive Fernantrieb *m* [tec]
remote entry Ferneingabe *f* [edv]
remote front-end processor Knotenrechner *m* [edv]
remote handling tool Fernbedienungsvorrichtung *f* [elt]
remote indication Fernanzeige *f*
remote input Ferneingabe *f* [edv]
remote inquiry Fernabfrage *f* [edv]
remote instrument reading Fernablesung *f* [edv]
remote manipulating equipment Fernbedienungsgerät *n*
remote measurement Fernmessung *f* [any]

remote mode Fernbetrieb *m* [edv]
remote oil level indicator Ölstandsfernanzeiger *m* [any]
remote operated ferngesteuert
remote operation Fernbedienung *f*
remote output Fernausgabe *f* [edv]
remote pickup Ferngeber *m*
remote sensing Fernerkundung *f* [any]; Fernüberwachung *f* [edv]
remote speed adjustment Ferngeschwindigkeitsverstellung *f* [tra]
remote station Außenstation *f*
remote station control Revisionsfahrkabel *n* [mbt]
remote switch Fernschalter *m* [edv]
remote transmission Fernübertragung *f* [edv]
remould runderneuern *v* (Reifen) [tra]
remoulding Runderneuerung *f* (Reifen) [tra]
removable ablösbar; abnehmbar; abschraubbar; auswechselbar; herausnehmbar (abnehmbar); lösbar (entfernbar)
removable by washing auswaschbar
removable disk Wechselplatte *f* [edv]
removable hood Kappe *f* (entfernbarer Verschluss)
removable magnetic disk Wechselplatte *f* [edv]
removable magnetic disk storage Wechselplattenspeicher *m* [edv]
removable top Kappe *f* (entfernbarer Verschluss)
removal Abfuhr *f* (Abtransport); Abscheidung *f* (Entfernung); Abtragung *f* (Entfernung); Beseitigung *f* (Entfernung) [rec]; Entfernung *f* (Entfernen); Entziehung *f*; Abbau *m* (Entfernung, Ausbau) [wer]; Abtransport *m* (Entfernung) [tra]; Ausbau *m* (Entfernung, Abbau) [rec]; Umzug *m* (z.B. Möbel) [tra]; Entfernen *n* (Wegnehmen)
removal dimension Ausbaumaß *n* [tec]
removal of ashes Aschenabfuhr *f* [rec]
removal of damage Schadensbeseitigung *f*
removal of faults Fehlerbeseitigung *f*
removal of nitrogen oxides Entstickung *f* [air]
removal of oxygen Desoxidation *f* [che]; Desoxidierung *f* [che]
removal of paint Abbeizung *f* [che]
removal of stress Entspannen *n*
remove abarbeiten *v* (beseitigen); abdecken *v* (herunternehmen); abführen *v* (abtransportieren); abhängen *v* (von einem Haken); abheben *v*; abmontieren *v* [wer]; abnehmen *v* (entfernen); abräumen *v* (Bergbau) [roh]; ausarbeiten *v* (einen Riss beseitigen) [wer]; ausbauen *v* (entfernen) [rec]; beseitigen *v*; herausnehmen *v*; lösen *v* (losmachen); losmachen *v* (ablegen, beseitigen); trennen *v* (losmachen); wegräumen *v* (entfernen)
remove entfernen *vt* (weggehen)
remove a dent ausbeulen *v* [wer]
remove a fault entstören *v* (allgemein)
remove air entlüften *v*
remove by caustics abätzen *v* [che]; abfressen *v* (korrodieren)
remove dust from entstauben *v* [air]

remove fat entölen *v*
remove insulation abisolieren *v* [elt]
remove material abarbeiten *v* (von Hand) [wer]
remove material by machining abdrehen *v* (mittels Drehbank) [wer]
remove metal by etching abätzen *v* [met]
remove mud abschlämmen *v* [was]
remove oil entölen *v*
remove rust entrosten *v* [met]
remove slag entschlacken *v*
remove the cinders entschlacken *v*
remove the dross entschlacken *v*
remove the foam entschäumen *v*
remove the iron enteisenen *v*
remove the scum entschäumen *v*
remove the surface tension entspannen *v* (Wasser) [was]
remove water entwässern *v* (Wasser entfernen) [was]
removed verlagert (weggebracht)
remover Abbeizer *m* [bau]; Beizmittel *n* (Abbeizmittel) [che]
removing agent Entfernungsmittel *n*
removing the foam Entschäumung *f*
removing the slag Entschlackung *f*
remunerate erstatten *v*
remuneration Erstattung *f*
remuneration, provider's - Anbietervergütung *f* [edv]
render Bewurf *m* [bau]
render verputzen *v* [bau]
render passive passivieren *v*
render polar polen *v* [elt]
rendering Bewurf *m* [bau]; Verputz *m* [bau]; Zementputz *m* (meist außen) [bau]; Bewerfen *n* (Innenputz) [bau]
rendering of account Rechnungslegung *f* [eco]
rendering operative Inbetriebsetzung *f* (Inbetriebnahme)
rendering, final - Feinputzschicht *f* [met]
renew auswechseln *v* (erneuern); erneuern *v* (verlängern); renovieren *v* [wer]
renewable erneuerbar
renewable energy erneuerbare Energie *f* [pow]
renewable raw material nachwachsender Rohstoff *m*
renewable sources of energy regenerative Energie *f* [pow]
renewal Erneuerung *f*
renewal of a contract Vertragsverlängerung *f* [jur]
renewal of air Luftwechsel *m* [air]
renewal part Ersatzteil *n*
renewal parts manual Ersatzteilhandbuch *n*
renewal parts quotation Ersatzteilangebot *n*
renewal work Erneuerungsarbeiten *pl*
renewed erneut
renewed tyres runderneuerte Reifen *pl* [tra]
renewing Auswechslung *f* (Erneuerung)
reniform nierenförmig
renovate erneuern *v* (wiederherstellen); instandsetzen *v* (renovieren) [wer]; renovieren *v* [wer]; wiederherstellen *v* (restaurieren)
renovation Erneuerung *f*; Instandsetzung *f* (Renovierung) [wer]; Renovierung *f* [wer]; Überholung *f* (Reparatur) [wer]; Wiederinstandsetzung *f* (Restaurierung) [wer]
renovation of the old part of the town Altstadtsanierung *f*
renovation work Renovierungsarbeiten *pl* [wer]
rent Miete *f*; Mietpreis *m* [eco]; Mietzins *m*; Nutzungsentgelt *n* [eco]
rent leasen *v*; mieten *v*; pachten *v* [eco]; vermieten *v*
rent increase Mieterhöhung *f*
rent value Mietwert *m*
rental Mietgebühr *f* [eco]
rental car Leihwagen *m* (Mietwagen) [tra]; Mietwagen *m* (Mietauto) [tra]
rental housing Mietwohnbauten *pl* [bau]
rented gerissen (eingerissen)
rented apartment Mietwohnung *f*
rented car Leihwagen *m* (Mietwagen) [tra]
rented flat Mietwohnung *f*
renting Vermietung *f*
renting costs Mietkosten *pl* [eco]
reordering Umstellung *f*
reorganization Neugestaltung *f*; Neuordnung *f*; Reorganisation *f*
reorganize reorganisieren *v*; umbilden *v*; umdisponieren *v*; umgestalten *v* (reorganisieren); umorganisieren *v*
reorganize, concept to - Umstrukturierungskonzept *n*
repack umpacken *v*
repackage umfüllen *v*
repackaging Rekonditionierung *f* [prc]
repaint nachstreichen *v*
repair Abhilfe *f* (bei Schäden); Ausbesserung *f* (Reparatur); Instandsetzung *f* (Reparatur) [wer]; Reparatur *f* [wer]; Überholung *f* (Reparatur) [wer]; Wiederherstellung *f* (Reparatur); Wiederinstandsetzung *f* (Reparatur) [wer]
repair ausbessern *v* (reparieren); beheben *v* (Schaden); flicken *v* [wer]; instandsetzen *v* (reparieren) [wer]; nachbessern *v*; reparieren *v* [wer]; überholen *v* (reparieren) [wer]; wiederherstellen *v* (reparieren); wiederinstandsetzen *v* (reparieren) [wer]
repair and restoring work Nacharbeit *f* [wer]
repair costs Reparaturkosten *pl* [eco]
repair flange Reparaturflansch *m* [tec]
repair kit Reparaturkasten *m* [wzg]; Reparatursatz *m*
repair manual Werkstatthandbuch *n* (Reparaturanleitung)
repair mortar Flickmörtel *m* [met]
repair of damage caused by water Wasserschadensanierung *f* [was]
repair of fault Störungsbeseitigung *f*
repair of oil damage Ölschadensanierung *f*
repair parts Reparaturteile *pl* [tec]
repair service Reparaturbetrieb *m* [wer]
repair set Reparatursatz *m* (z.B. für den Zylinder) [tra]

repair shed Ausbesserungswerk *n* (Eisenbahn) [tra]
repair sheet metal Flickblech *n* [met]
repair shop Reparaturbetrieb *m* [wer]
repair switch Reparaturschalter *m* [elt]
repair time Reparaturzeit *f*
repair to a car Autoreparatur *f* [tra]
repair work Instandsetzung *f* (Reparatur) [wer]; Reparaturarbeit *f* [wer]; Ausbesserungsarbeiten *pl*; Instandsetzungsarbeiten *pl* [wer]
repair workshop Reparaturwerkstatt *f* [wer]
repair, beyond - irreparabel; unreparierbar
repair, make a - ausbessern *v* (reparieren) [wer]
repair-prone erneuerungsbedürftig
repair-weld nachbrennen *v* (als Reparatur) [wer]; nachschweißen *v* (als Reparatur) [wer]
repair-welding Reparaturschweißung *f* [wer]
repairable reparabel
repairing Wiederherstellung *f* (Reparatur)
repairing dock Trockendock *n* [tra]
repairs Ausbesserungsarbeiten *pl*; Instandsetzungsarbeiten *pl* [wer]
reparable instandsetzungsfähig; reparierbar
repayment Tilgung *f* (Schulden) [eco]
repeal Aufhebung *f* [jur]
repeat neubearbeiten *v* (von vorne) [wer]; wiederholen *v*
repeat order Nachbestellung *f* [eco]
repeat parts Wiederholteile *pl*
repeatability Reproduzierbarkeit *f* [any]
repeated häufig; mehrfach; mehrmalig; oftmalig; wiederholt
repeated test Doppelbestimmung *f* [any]
repeated use Wiederverwendung *f* [rec]
repel abstoßen *v*; abwehren *v*; zurückschlagen *v*
repellent zurückweisend
repellent Schutzmittel *n*
repellent solution Imprägnierungslösung *f* [met]
repercussion Rückprall *m* [phy]
repetition Wiederholung *f*
repetition checking inspection Wiederholungsprüfung *f* (unüblich) [any]
repetition frequency Folgefrequenz *f*
repetition method Taktverfahren *n*
repetitive iterativ [mat]
replace austauschen *v* (ersetzen); auswechseln *v* (ersetzen); erneuern *v* (austauschen); ersetzen *v*; substituieren *v*
replaceable austauschbar (demontierbar); auswechselbar; ersetzbar; substituierbar
replaced by ersetzt durch (gleichwertig)
replacement Auswechslung *f*; Ersetzung *f*; Substitution *f*; Austausch *m* (Ersatz); Ersatz *m*; Umtausch *m* (Ersatz); Ersetzen *n*
replacement body Verdrängungskörper *m*
replacement costs Wiederbeschaffungskosten *pl* [eco]
replacement engine Austauschmotor *m* (Auto) [tra]
replacement measure Ersatzmaßnahme *f*
replacement part Ersatzteil *n*

replacement part service Ersatzteildienst *m*
replacement planting Ersatzanpflanzungen *pl* [far]
replacement set Austauschsatz *m* [tec]
replacing Austauschen *n*
replant wiederbepflanzen *v* [far]
replanting Umpflanzung *f* [far]
replenish auffüllen *v*; nachfüllen *v* (wiederauffüllen); wiederbeschicken *v*
replenishment Auffüllen *n*
repleteness Sättigung *f* (Sattsein)
replicate Wiederholversuch *m* [any]
reply Antwort *f*
reply antworten *v*
repopulate wiederbesiedeln *v*
report Berichterstattung *f*; Liste *f* (Bericht); Meldung *f*; Notiz *f*; Bericht *m*; Erfahrungsbericht *m*
report begutachten *v* (auswerten); berichten *v*; melden *v*
reporting Berichtswesen *n*
reporting date Stichtag *m*
reporting facility Meldeanlage *f*
reporting obligation Meldepflicht *f* [jur]
reporting of an offence Strafanzeige *f* [jur]
reporting requirement Mitteilungspflicht *f*
reporting system Berichtssystem *n*; Berichtswesen *n*
repository Lagerstätte für Nuklearabfall *f* [rec]; Aufbewahrungsort *m*; Hohlraum *m* (- Untertage) [geo]; Lager *n* (Abfall) [rec]
repower modernisieren *v* (Kraftwerk) [pow]
represent darstellen *v* (grafisch)
represent diagrammatically schematisch darstellen *v*; zeichnerisch darstellen *v*
representation Abbildung *f* (Darstellung); Darstellung *f* (Graphik); Darstellungsweise *f*; Abbild *n*
representation of the employees Belegschaftsvertretung *f* [eco]
representation, alphanumeric - alphanumerische Darstellung *f* [edv]
representation, exponential - exponentielle Darstellung *f*
representative darstellend; repräsentativ
representative Beauftragter *m*; Vertreter *m* (Verkauf) [eco]
representative organ, authorized - vertretungsberechtigtes Organ *n* [jur]
representative sampling repräsentative Probenahme *f* [any]
representative, authorized - Bevollmächtigter *m* [eco]
representatives in the committee Beirat *m*
repress unterdrücken *v*
repression Repression *f* [bio]; Unterdrückung *f*
reprimand Abmahnung *f* [jur]
reprint Nachdruck *m* (Buch)
reprocess aufbereiten *v* (Kerntechnik) [pow]; wiederaufarbeiten *v* [rec]; wiederverwerten *v*
reprocessing Aufbereitung *f* (Kerntechnik) [che]; Verwertung *f* [rec]; Wiederaufarbeitung *f* [rec]; Wiederaufbereitung *f* [rec]; Wiederverwertung *f*

reprocessing plant Wiederaufbereitungsanlage *f* [prc]
reproduce abbilden *v* (wiedergeben); doppeln *v* [edv]; fortpflanzen *v* [bff]; kopieren *v*; nachbilden *v* (reproduzieren); reproduzieren *v*; vervielfältigen *v*; wiedergeben *v*; wiederherstellen *v* (reproduzieren)
reproducer Vervielfältiger *m*; Wiedergabegerät *n* [edv]
reproducibility Reproduzierbarkeit *f* [any]
reproducible pausfähig; reproduzierbar
reproduction Bildwiedergabe *f* [opt]; Fortpflanzung *f* [bff]; Kopie *f*; Nachbildung *f*; Reproduktion *f*; Vermehrung *f* [bff]; Wiedergabe *f* [edv]
reprography Reprographie *f*
reptile Reptil *n* [bff]
repulse abstoßen *v*
repulsion Abwehr *f* (Zurückweisung); Rückstoß *m* [phy]
repulsion motor Repulsionsmotor *m* [pow]
repulsion power Rückstoßkraft *f* [phy]
repulsion, electrostatic - elektrostatische Abstoßung *f* [elt]
reputation Ansehen *n* (Ruf)
request Abfrage *f* [edv]; Anforderung *f* (Wunsch); Anfrage *f*; Bitte *f* (Wunsch); Rückfrage *f*
request abfragen *v* (ersuchen); anfordern *v*; auffordern *v*; bitten *v* (auffordern); fordern *v* (bitten)
request for modification Änderungswunsch *m* [con]
request for payment Zahlungsaufforderung *f* [eco]
request for relief Beschwerde *f* [jur]
request payment Zahlung erbitten [eco]
request stop Bedarfshaltestelle *f* [tra]
require benötigen *v*; brauchen *v* (benötigen); erfordern *v* (benötigen)
required erforderlich (benötigt)
required accuracy geforderte Genauigkeit *f*
required building space erforderlicher Grundflächenbedarf *m* (für Gebäude); Platzbedarf *m* [bau]
required quantity gesuchte Größe *f* [mat]
required, as - nach Bedarf
requirement Anforderung *f* (Bedarf); Beanspruchung *f* (Erfordernis); Bedingung *f* (Voraussetzung); Forderung *f*; Vorschrift *f* (Anforderung); Bedarf *m*; Bedarfsgegenstand *m*; Erfordernis *n*; Gebot *n* (Vorschrift) [jur]
requirement for insurance Versicherungsbedarf *m* [jur]
requirement of waste recycling Abfallverwertungsgebot *n* [rec]
requirement of weighing up Abwägungsgebot *n* [jur]
requirements Anforderungen *pl* (Recht, Norm) [jur]; Auflagen *pl* [jur]
requirements definition Anforderungsdefinition *f* [edv]
requirements specifications Pflichtenheft *n*
requirements, comply the - Anforderungen erfüllen *v*
requirements, comply with the - den Forderungen genügen *v*

requirements, meet the - die Bedingungen erfüllen *v*
requiring a great deal of work arbeitsaufwändig; arbeitsaufwendig
requiring a licence genehmigungsbedürftig [jur]
requiring approval genehmigungspflichtig [jur]
requiring disposal entsorgungspflichtig [rec]
requiring permission genehmigungspflichtig [jur]
requiring special care überwachungsbedürftig (Abfälle) [rec]
requiring supervision überwachungsbedürftig (Abfälle) [rec]
requisite Bedarfsgegenstand *m*
requisition Bedarfsermittlung *f* [pow]; Bestellung *f* [eco]; Bestellschein *m* [eco]
requisitioning Bedarfsermittlung *f*
reradiation Rückstrahlung *f* [pow]
rerailing aufgleisen *v* [tra]
rerailing device Aufgleiseinrichtung *f* (Bahn) [tra]
rerailing equipment Aufgleisgerät *n* [tra]; Wiederaufgleisgerät *n* [tra]
reroof neu eindecken *v* [bau]
resale Weiterverkauf *m*; Wiederverkauf *m* [eco]; Zwischenhandel *m* [eco]
rescissory action Anfechtungsklage *f* [jur]
rescue Bergung *f*; Rettung *f*
rescue bergen *v* (retten); erlösen *v*; retten *v*
rescue aircraft Rettungsflugzeug *n*
rescue device Rettungsgerät *n*
rescue harness Rettungsgeschirr *n* (Arbeitssicherheit)
rescue helicopter Rettungshubschrauber *m*
rescue plane Rettungsflugzeug *n*
rescue team Rettungsmannschaft *f*
rescue vehicle Rettungswagen *m*
rescue work Bergungsarbeiten *pl*
research Erforschung *f*; Forschung *f*; Untersuchung *f* (Forschung) [any]
research forschen *v*
research centre Forschungszentrum *n*
research institute Versuchsanstalt *f* [any]; Forschungsinstitut *n*
research method Forschungsmethode *f*
research project Forschungsvorhaben *n*
research reactor Forschungsreaktor *m*
research topic Forschungsgegenstand *m*
research, result of the - Forschungsergebnis *n*
reseating Neuschleifen der Ventilsitze *n* [wer]
reseda green resedagrün (RAL 6011) [nor]
reservation Buchung *f* (Reservierung); Vorbehalt *m* (unter Vorbehalt)
reservation of the right to grant exemption Befreiungsvorbehalt *m* [jur]
reserve Lagerstätte *f* (z.B. Rohstoffe) [roh]; Reserve *f* (Ersatz); Bestand *m* (Vorrat); Reservat *n*; Rückzugsgebiet *n* (Reservat)
reserve belegen *v* (reservieren); reservieren *v*; vorbehalten *v* (das Recht vorbehalten)
reserve fuel tank Kraftstoffreservebehälter *m* [tra]
reserve mill Reservemühle *f* [pow]
reserve petrol tank Benzinreservebehälter *m* [tra]

reserve piece Ersatzstück m [tec]
reserve tank Reservetank m [tra]
reserved belegt (Speicherplatz) [edv]
reserves Vorrat m (Reserve); Rückstellungen pl [eco]
reserves of raw materials Rohstoffreserven pl [roh]
reservice aufarbeiten v [wer]
reservoir Behälter m (Vorrat); Kessel m (Behälter); Sammelbehälter m; Speicher m [was]; Stausee m [was]; Bassin n [was]; Bassin n [was]; Becken n (Vorrats-) [was]; Reservoir n; Sammelbecken n [was]; Sammelgefäß n; Speicherbecken n [was]; Staubecken n [was]; Vorratsgefäß n; Wasserstaubecken n [was]
reservoir drawdown Beckenentleerung f
reservoir fittings Behälterausrüstung f (für Wasser)
reservoir lining Beckenauskleidung f
reservoir outlet Beckenablass m [was]
reservoir power station Talsperrenkraftwerk n [pow]
reservoir pump Behälterpumpe f [prc]
reset Zurücksetzung f (auf Ursprung) [edv]; Löschen n (des momentanen Status) [edv]
reset nachstellen v; ummagnetisieren v [phy]; umrüsten v [wer]; umsetzen v (zurücksetzen); zurücksetzen v [edv]
reset button Löschtaste f (z.B. in Recorder) [elt]; Entriegelungstaster m; Rückmeldeknopf m [pow]
reset position Ausgangsstellung f (Ruhestellung); Ruhestellung f (Ausgangsstellung) [pow]
reset pulse Löschimpuls m [edv]; Rückstellimpuls m [elt]
reset spring Rückstellfeder f [tec]
reset switch Einlassschalter m [elt]; Rückmeldeschalter m [pow]
resettable rückstellbar [tec]
resettable, locally - örtlich rückstellbar [tec]
resetting Ummagnetisierung f [phy]
resetting device Rückstellvorrichtung f [tec]
resetting spring Rückstellfeder f [tec]; Rückzugfeder f [tec]
resettle umsiedeln v
resettlement Umsiedlung f; Wiederbesiedlung f
reshape umformen v [wer]; umgestalten v (umbauen)
reshaping Umformung f [wer]
resharpen nachschleifen v [wer]
residence permit Aufenthaltserlaubnis f
residence time Haltezeit f [prc]; Standzeit f (Verweilzeit); Verweildauer f [prc]; Verweilzeit f [prc]
residence time distribution Verweilzeitverteilung f [prc]
residence tower Wohnhochhaus n [bau]
resident Anlieger m; Anwohner m; Bewohner m (Haus)
resident population Einwohnerschaft f
residential area Wohngegend f (in einer Stadt); Wohngebiet n; Wohnviertel n
residential building Wohngebäude n [bau]; Wohnhaus n [bau]
residential district Wohnviertel n
residential estate Wohnsiedlung f [bau]

residential noise Wohnlärm m [aku]
residents' vehicles Anliegerverkehr m [tra]
residual remanent [phy]
residual acid Säurerückstand m [che]
residual char Restkoks m [met]
residual current Reststrom m [elt]
residual gas Gasrückstand m [rec]; Gasrückstand m [rec]; Restgas n
residual hardness Resthärte f [was]
residual heat Restwärme f [pow]
residual heat removal pump Abschaltpumpe m (Dampfkreislauf) [pow]
residual humidity Restfeuchte f
residual magnetization remanente Magnetisierung f [phy]
residual material Reststoff m [rec]; Rückstandsmaterial n [met]
residual material, recycling of - Reststoffverwertung f [rec]
residual materials, utilization of - Verwertung von Reststoffen f [rec]
residual moisture Restfeuchtigkeit f
residual nuclear radiation Reststrahlung f (Atom) [phy]
residual oil Restöl n [rec]; Rückstandsöl n [rec]
residual oil fired boiler Rückstandsölkessel m [pow]
residual pollution Altlast f [rec]
residual pollution removal risk Altlastenbeseitigungsrisiko n
residual pollution, concept of - Altlastenbegriff m [rec]
residual pollution, exclusion of - Altlastenausschluss m [rec]
residual problem Rückstandsproblem n [rec]
residual products Restprodukte pl [met]
residual risk Restrisiko n [jur]
residual risk cover Restrisikodeckung f [jur]
residual shear strength Gleitscherfestigkeit f [bod]
residual soil Verwitterungsboden m [bod]
residual strain bleibende Dehnung f (Verformung) [met]; bleibende Verformung f [met]
residual stress Eigenspannung f [phy]; Restspannung f [tec]
residual stress due to welding Schweißspannung f [met]
residual substance Reststoff m [rec]
residual unbalance Restunwucht f [tec]
residual voltage Restspannung f [elt]
residual waste Altlast f [rec]
residual waste incineration Restmüllverbrennung f [rec]
residual waste renovation Altlastensanierung f [rec]
residuary acid Abfallsäure f (Dünnsäure) [rec]
residuary product Abfallprodukt n [rec]
residue Abraumstoff m [rec]; Blasenrückstand m [che]; Bodensatz m (Rückstand) [che]; Produktionsrest m [rec]; Rest m (Ablagerung) [rec]; Reststoff m [rec]; Rückstand m (Rest) [rec]; Satz m (Rückstand) [rec]; Überrest m (Rückstand); Sumpf-

produkt *n* (Destillation) [prc]; Überbleibsel *n* [rec]
residue after evaporation Eindampfrückstand *m*
residue analysis Rückstandsanalyse *f* [any]
residue from evaporation Abdampfrückstand *m*
residue from roasting Röstrückstand *m* [rec]
residue on the filter Filterrückstand *m* [rec]
residue, free from - rückstandsfrei
residues Abbrand *m* (Abbrandrest) [che]
residues, recycling of - Rückstandsverwertung *f* [rec]
residues, treatment of - Rückstandsbehandlung *f* [rec]
resign zurücktreten *v* (resignieren)
resilience Elastizität *f* (Federkraft); Federkraft *f* [phy]; Federung *f* (Vorgang); Abpuffern *n* (Umweltschock); Federn *n*
resiliency Federung *f* (Fähigkeit)
resilient elastisch (Oberfläche); federnd
resilient clip gefederter Aufhänger *m* (Schallschutz) [aku]
resilient coils, number of - Anzahl der federnden Windungen *f* [tec]
resilient isolator Stoßdämpfer *m* [tec]
resilient joint elastisches Gelenk *n* [tec]
resilient mount Federkörper *m* [tec]
resilient mounting federnde Befestigung *f*
resilient seal federnde Abdichtung *f* [tec]
resilient shaft coupling Wellenausgleichskupplung *f* [tec]
resilient sleeve Dehnhülse *f* [tec]
resilient stop federnder Anschlag *m* [tec]
resilient suspension elastische Aufhängung *f* [tec]; federnde Aufhängung *f* [tec]
resin Harz *n* [met]
resin adhesive Harzkleber *m* [met]; Kunstharzleim *m* [met]; Klebharz *n* [met]
resin cement Harzkitt *m* [met]
resin coating Kunstharzüberzug *m* [met]
resin content Harzgehalt *m*
resin for casting Gießharz *n* [met]
resin glue Harzleim *m* [met]; Kunstharzleim *m* [met]
resin oil Harzöl *n* [met]
resin varnish Harzfirnis *f* [che]; Harzlack *m* [met]; Tränkharz *n* [met]
resin, adhesive - Klebeharz *n* [met]
resin, artificial - Kunstharz *n* [met]
resin, formation of - Harzbildung *f* [che]
resin, free from - harzfrei
resin, natural - Naturharz *n* [met]
resin-bonded harzgebunden
resin-like harzartig
resinification Harzbildung *f* [che]
resinous harzartig; harzhaltig; harzig
resinous cement Harzkitt *m* [met]
resinous putty Harzkitt *m* [met]
resinous varnish Harzlack *m* [met]
resinous, become - verharzen *v*
resinous, highly - harzreich
resist entgegenwirken *v*; widerstehen *v*
resistance Beständigkeit *f* (Widerstandsfähigkeit);

Resistenz *f*; Widerstandsfähigkeit *f*; Widerstand *m* [elt]
resistance against fire Feuerbeständigkeit *f*
resistance alloy Widerstandslegierung *f* [met]
resistance brazing Widerstandshartlöten *n* [wer]
resistance capacitor Widerstandskondensator *m* [elt]
resistance coefficient Widerstandsbeiwert *m* [pow]
resistance furnace Widerstandsofen *m* [elt]
resistance fusion welding Widerstandsschmelzschweißen *n* [wer]
resistance heating Widerstandsheizung *f* [elt]
resistance measurement Widerstandsmessung *f* [any]
resistance network Widerstandsleiter *m* [elt]
resistance of a wire Drahtwiderstand *m* (Widerstand des Drahtes) [elt]
resistance thermometer Widerstandsthermometer *n* [any]
resistance to abrasion Abriebbeständigkeit *f* [met]; Abriebswiderstand *m* (des Rohres) [met]
resistance to ageing Alterungsbeständigkeit *f* [met]
resistance to atmospheric corrosion Witterungsbeständigkeit *f* [met]
resistance to bending Biegefestigkeit *f* [met]
resistance to breaking Bruchfestigkeit *f* [met]
resistance to chemical attack chemische Beständigkeit *f*
resistance to chemicals Chemikalienbeständigkeit *f*
resistance to cold Kältebeständigkeit *f* [met]
resistance to compression Druckfestigkeit *f* [met]
resistance to corrosion Korrosionsbeständigkeit *f*
resistance to foot traffic Trittfestigkeit *f* [bau]
resistance to forward motion Fahrwiderstand *m* [mbt]
resistance to frost Frostbeständigkeit *f*
resistance to heat Wärmebeständigkeit *f* [met]
resistance to shock Stoßfestigkeit *f* [phy]
resistance to slip Gleitwiderstand *m* [met]
resistance welding Widerstandspressschweißen *n* [wer]; Widerstandsschweißen *n* [wer]
resistance wire Heizdraht *m* [elt]; Widerstandsdraht *m* [elt]
resistance, acoustic - akustischer Widerstand *m* [aku]
resistance, adjustable - Regulierwiderstand *m* [elt]
resistance, air-to-air - Wärmewiderstand *m* [bau]
resistance, apparent - Impedanz *f* [elt]; scheinbarer Widerstand *m* [elt]; Scheinwiderstand *m* [elt]
resistance-heated widerstandsbeheizt [pow]
resistance-welded widerstandsgeschweißt [wer]
resistanceless widerstandslos
resistant beständig (widerstandsfähig); resistent; stabil (widerstandsfähig); widerstandsfähig
resistant bending biegefest; biegesteif
resistant deformation formbeständig
resistant material Hartstoff *m* [che]
resistant to abrasion abriebbeständig [met]; abriebfest [met]
resistant to acid säurebeständig [met]
resistant to alkali alkalibeständig [che]
resistant to chemicals chemikalienbeständig

resistant to cold kältebeständig
resistant to compression drucksicher
resistant to fracture bruchfest [met]
resistant to frost frostsicher
resistant to high temperatures hochtemperaturbeständig [met]
resistant to moisture feuchtigkeitsbeständig
resistant to pressure druckfest; drucksicher
resistant to water wasserbeständig [met]; wasserfest [met]
resisting widerstandsfähig
resisting force Widerstandskraft f
resisting moment Gegenmoment n; Widerstandsmoment n [bau]
resistive load line Widerstandsgerade f [elt]
resistive strain gauge Dehnungsmessstreifen m [any]
resistivity, coefficient of - Widerstandskoeffizient m [elt]
resistor Widerstand m (Bauteil) [elt]
resistor decade Widerstandsdekade f [elt]
resmelt wiedereinschmelzen v
resolution Auflösung f (Anzeige) [any]; Bildauflösung f; Zerlegung f (Auflösung)
resolution of forces Kräftezerlegung f [phy]
resolution power Auflösungsvermögen n [che]
resolvable lösbar (Problem)
resolve auflösen v (Schwierigkeit); beschließen v (entschließen); trennen v (auflösen)
resolver Resolver m [elt]
resolving Auflösen n (Schwierigkeit)
resolving power Bildauflösungsvermögen n; Trennvermögen n [prc]
resonance Resonanz f [phy]; Hall m [aku]
resonance curve Resonanzkurve f [phy]
resonance frequency Resonanzfrequenz f [phy]
resonance method Resonanzverfahren n [phy]
resonance speed Resonanzdrehzahl f [tec]
resonance step-up Resonanzüberhöhung f [phy]
resonance testing Resonanzprüfung f [any]
resonance, natural - Eigenschwingung f (eines Systems) [phy]
resonant circuit Schwingkreis m [elt]
resonant frequency Eigenfrequenz f [phy]; Resonanzfrequenz f [phy]; Schwingfrequenz f [phy]
resonant platform Schwingbühne f [tec]
resonant speed Resonanzdrehzahl f [tec]
resonant vibration Resonanzschwingung f [phy]
resonate mitschwingen v
resorb resorbieren v [geo]
resorption Resorbieren n [geo]
resound dröhnen v [aku]; hallen v
resource Ressource f [roh]; Rohstoffquelle f [roh]; Hilfsmittel n
resource allocation Kapazitätszuordnung f [edv]
resource conservation Ressourcenerhaltung f [roh]; Ressourcenschonung f [roh]
resource conservation strategies Strategien zur Ressourcenschonung pl [roh]

resource management abfallarmer Betrieb von Ressourcen pl [roh]
resource-use analysis Ressourcenverbrauchsanalyse f
resources Betriebsmittel pl
resources, natural - Bodenschätze pl [roh]; natürliche Ressourcen pl [roh]; Naturressourcen pl
respected angesehen (geachtet)
respective betreffend; entsprechend (dementsprechend)
respiration Atmen n [hum]
respiration apparatus Beatmungsgerät n [hum]
respiration filter Atemfilter m [air]
respiration, aerobic - aerobe Atmung f [bff]
respiration, artificial - künstliche Beatmung f
respirator Staubmaske f (Arbeitssicherheit); Atemschutzgerät n (Arbeitssicherheit)
respiratory equipment Atemschutzgerät n (Arbeitssicherheit)
respiratory exchange Luftaustausch m (Lunge)
respiratory-air device Atemluftanlage f [air]
respond gehorchen (Motor spricht an) [tra]
respond ansprechen v (auf etwas); antworten v; reagieren v (z.B. auf Vorgaben)
response Antwort f; Ausbeute f (Gewinn); Reaktion f; Rückfluss m
response behaviour Ansprechverhalten n
response characteristic Ansprechverhalten n
response delay Ansprechverzögerung f [elt]
response field Antwortfeld n [edv]
response frame Antwortseite f (Btx) [edv]
response lag Ansprechverzögerung f [elt]
response pressure Ansprechdruck m (des Ventils) [prc]
response temperature Ansprechtemperatur f
response threshold Ansprechschwelle f [elt]
response time Ansprechzeit f [elt]; Einstellzeit f; Reaktionszeit f
response to an objection, review proceedings in - Widerspruchsverfahren n [jur]
response value Ansprechwert m [elt]
responsibility Haftbarkeit f [jur]; Haftpflicht f [jur]; Verantwortlichkeit f [jur]; Verantwortung f; Zuständigkeit f
responsibility for disposal Entsorgungspflicht f [rec]
responsibility for residual pollution Altlastenverantwortlichkeit f [rec]
responsibility, change of - Zuständigkeitswechsel m
responsibility, exclusion of - Verantwortlichkeitsausschluss m [jur]
responsibility, letter of - Patronatserklärung f [eco]
responsibility, share of the - Mitverantwortung f
responsibility, social - soziale Verantwortung f
responsible verantwortlich
responsible care verantwortliches Handeln n
responsible care initiative Vorsorgeinitiative f (chemische Industrie)
responsible, be - haften v (verantworten)
responsible, partly - mitverantwortlich
responsive reaktionsfähig
rest Auflage f (Stütze) [tec]; Gabel f (Telefon) [edv];

Pause *f* (Unterbrechung); Rast *f*; Ruhe *f*; Ruhepause *f*; Stütze *f* (Auflage, Halterung) [tec]; Bestand *m* (Rest); Rest *m*; Überrest *m* (Überrest); Lager *n* (Stütze) [bau]; Überbleibsel *n* (Rest)
rest pausieren *v* (eine Pause machen); rasten *v* (ausruhen); ruhen *v*
rest energy Ruheenergie *f* [phy]
rest mass Ruhemasse *f* [phy]
rest of colour Farbrest *m* [rec]
rest of paint Farbrest *m* [rec]
rest on aufliegen *v*; aufsitzen *v*
rest position Ruhelage *f*
rest potential Ruhespannung *f* [elt]
rest, at - außer Betrieb
rest, period of - Karenzzeit *f*
restack umschichten *v*
restart Wiederanlauf *m* (nach Ausfall) [edv]
restarting Wiederanfahren *n*
restaurant car Speisewagen *m* [tra]; Speisewagen *m* (Zugrestaurant) [tra]
restaurant wastes Restaurantabfälle *pl* [rec]
resting contact Ruhekontakt *m* [elt]
resting position Ruhestellung *f*
resting state Ruhezustand *m*
restock Bestand auffüllen [eco]
restock einlagern *v*; erneuern *v* (austauschen); wiederauffüllen *v*
restocking Wiederauffüllung *f*
restorability Instandsetzbarkeit *f*; Wiederherstellbarkeit *f*
restorable instandsetzbar; rückführbar; wiederherstellbar (Dateien) [edv]
restoration Instandsetzung *f* (Wiederherstellung) [wer]; Restaurierung *f* [wer]; Rückerstattung *f* [eco]; Rückgabe *f*; Sanierung *f*; Wiederherstellung *f* (Erneuerung); Wiederinstandsetzung *f* (Wiederherstellung) [wer]
restorative Belebungsmittel *n*
restore ausbessern *v* (wiederherstellen); erneuern *v* (reparieren); instandsetzen *v* (restaurieren, wiederherstellen) [wer]; neubearbeiten *v* (altes Bild) [wer]; rekultivieren *v* (Land); reparieren *v* [wer]; restaurieren *v* (z.B. Gebäude erneuern) [wer]; überholen *v* (restaurieren) [bau]; umspeichern *v*; wiedereinlesen *v* (von Gesichertem) [edv]; wiederherstellen *v* (erneuern); wiederinstandsetzen *v* (wiederherstellen) [wer]; zurückbringen *v* (auch von Daten (PC)); zurückgeben *v*; zurückholen *v* (von Daten) [edv]
restored renoviert [wer]; überholt (restauriert, z.B. Lok) [bau]
restored energy zurückgewonnene Energie *f* [pow]
restoring Nacharbeit *f* [wer]; Rückbau *m*
restoring force Rückstellkraft *f* [tec]
restoring moment Rückstellmoment *n* [tec]
restraighten zurückbiegen *v*
restraightening test Rückbiegeversuch *m*
restrain einhalten *v* (zurückhalten); einspannen *v* (festhalten)
restraining ring Begrenzungsring *m* [tec]

restraint Behinderung *f* (Einschränkung, Beschränkung); Hemmung *f* (Beschränkung); Einhalt *m*
restraint Einspannung *v* [bau]
restraint of trade Wettbewerbsbeschränkung *f* [eco]
restraint ring Verspannring *m* [tec]
restraint to thermal expansion Behinderung der Wärmedehnung *f* [met]
restraint, pipe whip - Rohrausschlagsicherung *f* [tec]
restrict beeinträchtigen *v*; beschränken *v*; einengen *v* (z.B. Freiheit); einschränken *v* (begrenzen); limitieren *v*
restricted befristet; begrenzt (auf bestimmtes Gebiet)
restricted area Sperrbereich *m*
restricted vested rights, protection of - eingeschränkter Bestandsschutz *m* [jur]
restriction Beeinträchtigung *f*; Begrenzung *f* (Einschränkung); Beschränkung *f* (Beschränken); Einschränkung *f* (Begrenzung, Beschränkung); Umgrenzung *f*; Verengung *f* (Ölstrom) [tra]; Verminderung *f* (Ölstrom) [tra]
restriction of angle of front tilt Neigewinkelbegrenzung *f* (für Gabelstapler) [mbt]
restriction of front tilt angle Neigewinkelbegrenzung *f* (für Gabelstapler) [mbt]
restrictor Drosselbuchse *f* [tra]; Drosselorgan *n*
restrictor valve Drosselventil *n* [prc]
restroom Toilette *f* [bau]
restructure Neustrukturierung *f* [eco]
restructure gliedern *v* (neu gliedern); umschichten *v*; umstrukturieren *v*
restructuring Umbau *m*
result Folge *f* (Konsequenz); Effekt *m*; Ergebnis *n* (Resultat) [eco]; Resultat *n*
result ausfallen *v* (sich ergeben); entstehen *v*; ergeben *v*; resultieren *v*
result of a test Testergebnis *m* [any]
result of experiment Versuchsergebnis *n* [any]
resultant Resultante *f* [mat]
resultant force resultierende Kraft *f* [phy]
resulting resultierend
resulting costs Folgekosten *pl* [eco]
resurfacing Auftragsschweißung *f* (Reparatur) [wer]
retail article Kleinteil *n*
retail piece Kleinteil *n*
retail price Einzelhandelspreis *m* [eco]; Endverbraucherpreis *m*; Ladenpreis *m*; Verkaufspreis *m* [eco]; Wiederverkaufspreis *m* [eco]
retail trade Einzelhandel *m* [eco]
retain Rückstand *m* (Rest) [rec]
retain aufbewahren *v* (Dokumente); behalten *v*; einbehalten *v*; festhalten *v*; halten *v* (festhalten); stauen *v* (Wasser) [was]; stützen *v* (behalten) [bau]; zurückbehalten *v*
retained water Haftwasser *n*
retainer Arretierung *f* (Befestigung) [tec]; Feder *f* (Biegefeder) [tec]; Haltescheibe *f* [tec]; Anschlag *m*; Gegenhalter *m* [tec]; Halter *m* (Befestigung, Festhalter) [tec]; Befestigungselement *n* [tec]; Haltestück *n* [tec]; Pauschalhonorar *n* [eco]

retainer plate Halteplatte *f* [tec]; Haltestück *n* (Halteplatte) [tec]; Sicherungsblech *n* [tec]
retainer ring Einsatzring *m* [tec]
retainer sleeve Haltemuffe *f* [tec]
retaining Anstauen *n* (Flüssigkeit) [prc]
retaining angle Halterungswinkel *m* [tec]
retaining bar Halteleiste *f* [tec]
retaining basin Rückhaltebecken *n* [was]; Verzögerungsbecken *n* [was]
retaining block Halteschuh *m* [tec]
retaining bracket Halteklammer *f* [tra]
retaining device, spindle - Spindelhalterung *f* [tec]
retaining disc Haltescheibe *f* [tec]
retaining element Halteteil *n*
retaining level Stauwehr *n* [was]
retaining nut Befestigungsmutter *f* [tec]; Sicherungsmutter *f* [tec]
retaining pawl Sperrklinke *f* [tec]
retaining pin Haltestift *m* [tec]; Splint *m* [tec]
retaining plate Halteplatte *f* [tec]; Halteblech *n* [tec]; Sicherungsblech *n* [tec]
retaining ring Federring *m* [tec]; Haltering *m* (Sicherungsring) [tec]; Sicherungsring *m* (Haltering) [tec]; Simmerring *m* [tec]; Sprengring *m* (bei der Bahn) [tra]
retaining ring seat Kappensitz *m* (am Läufer) [pow]
retaining screw Halteschraube *f* [tec]; Sicherungsschraube *f* [tec]
retaining spring Haltefeder *f* [tec]; Sperrfeder *f* [tec]
retaining washer Sicherungsscheibe *f* (Unterlegscheibe) [tec]
retanning Nachgerbung *f*
retapped nachgearbeitet (-er Rotor) [wer]
retard abbremsen *v* (Bewegung); hemmen *v* (verlangsamen); verlangsamen *v* [tra]; verzögern *v* (hinauszögern)
retardation Bremsung *f* (Verlangsamung); Hemmung *f* (Verlangsamung); negative Beschleunigung *f* [phy]; Verzögerung *f* (beim Bremsen des Waggons) [tra]
retardation distance Bremsweg *m* [phy]
retardation time Bremszeit *f* [phy]
retardation, period of - Verzögerungszeit *f*
retarded verlangsamt [tra]; verzögert
retarded combustion Nachverbrennung *f* [pow]
retarded ignition Nachzündung *f* [tra]; Spätzündung *f* [tra]
retarder Zusatzbremse *f* [tra]; Retarder *m* (Zusatzbremse, Verlangsamer) [tra]; Verzögerungsmittel *n* [met]
retarder box oberer Sammelbehälter *m* (Kugelregen) [pow]
retarding Verzögern *n*
retarding agent Verzögerungsmittel *n* [met]
retention Aufbewahrung *f*; Beibehaltung *f*; Einbindung *f*; Retention *f* [bff]; Zurückbehalten *n* (Gegenteil: Weggeben)
retention basin Rückhaltebecken *n* [was]
retention capacity Retentionsvermögen *n* [bff]

retention efficiency Abscheidegrad *m* (Filter) [air]
retention period Aufbewahrungsfrist *f*; Verweildauer *f* [prc]; Aufbewahrungszeitraum *m*
retention power Retentionsvermögen *n* [bff]
retention property Retentionsvermögen *n* [bff]
retention reservoir Rückhaltebecken *n* [was]
retention spring Arretierfeder *f* [tec]
retention tank, storm-water - Regenrückhaltebecken *n* [was]
retention time Aufbewahrungsfrist *f*; Verweilzeit *f* [prc]; Aufbewahrungszeitraum *m*
retest Nachprüfung *f* [any]; Wiederholungsprüfung *f* [any]
retest nachprüfen *v* (Versuch) [any]
retest specimen Nachprüfungsmusterstück *n* [any]
reticulated vernetzt [met]
retighten nachspannen *v* [wer]; nachziehen *v* (Muttern) [wer]
retightening Nachspannen *n* [wer]
retina Netzhaut *f* [hum]
retire ausscheiden *v* (durch Alter) [eco]; in Pension gehen *v* [eco]
retired Rentner *m* (in Rente sein) [eco]
retired, be - Rente beziehen *v* (in Rente sein) [eco]
retirement Pensionierung *f* [eco]; Ruhestand *m* (Rentenalter) [eco]
retirement in den Ruhestand gehen *v* [eco]
retirement pension Altersrente *f*
retirement, early - Frühpensionierung *f*; vorzeitige Pensionierung *f* [eco]; Vorruhestand *m*
retiring age Pensionsalter *n* [eco]
retorque anziehen *v* (Schraube wieder anziehen) [wer]
retort Retorte *f*; Kolben *m* (Retorte) [che]
retort-type furnace Tiegelfeuerung *f* [pow]
retort-type slag-tap furnace Schmelztiegelfeuerung *f* [pow]
retouch nacharbeiten *v* (retuschieren) [wer]
retract einfahren *v* (den Zylinder) [tra]; einfahren *v* (z.B. Antenne) [elt]; einziehen *v* (den Hydraulikzylinder) [wer]; zurückziehen *v*
retract mechanism Rücklaufvorrichtung *f* [tec]; Verfahreinrichtung *f* [tec]
retractable einfahrbar (der Hydraulikzylinder) [mbt]; einziehbar
retractable cylinder Ausfahrzylinder *m* [tec]
retractable floor Rollboden *m* (Schürfkübel) [mbt]
retractable thrust block ausziehbares Druckstück *n* [tec]
retracted eingefahren (Hydraulikzylinder); eingezogen (Abstützung) [tec]
retracted position ausgefahrene Stellung *f* (Hydraulik); eingefahrene Kolbenstellung *f* (Hydraulik) [tec]
retracting cylinder Ausfahrzylinder *m* [tec]
retracting system Ausfahrvorrichtung *f* [tec]
retraction Rückführung *f* (Einziehen des Zylinders) [mbt]; Zurücknahme *f* [tra]; Rückwärtsgang *m* (Rußbläser) [tra]; Rückfahren *n* (z.B. Rußbläser;

Zurückziehen) [pow]; Zurückfahren *n* (z.B. Rußbläser) [pow]
retraction and extraction times Ein- und Ausfahrzeiten *pl* (des Zylinders) [tra]
retraining measure Umschulungsmaßnahme *f*
retraining training-measure Umschulungsmaßnahme *f*
retread runderneuern *v* (Reifen) [tra]
retreading Runderneuerung *f* (Reifen) [tra]
retreat abziehen *v* (fliehen); nachbehandeln *v* [wer]
retreatment Nachbehandlung *f* [wer]; Weiterverwendung *f*; Wiederaufbereitung *f* [rec]
retrench einschränken *v* (kürzen, einsparen)
retrievable wiedergewinnbar [rec]
retrieval Wiedergewinnung *f* (Daten) [edv]; Abruf *m* (von Daten) [edv]
retrieve abfragen *v* [edv]; abrufen *v*; wiedergewinnen *v* (bergen)
retroaction Rückwirkung *f*
retroaction date Rückwirkungsdatum *n* [jur]
retroactive rückwirkend
retrofit Umrüstung *f* [wer]
retrofit nachrüsten *v*; umrüsten *v* [wer]
retrofit assembly Nachrüstsatz *m* [tec]
retrofit kit Umbausatz *m* [tra]
retrofitting Nachrüstung *f*; Umrüsten *n* [wer]
retrograde rückschrittlich
retrograde step Rückschritt *m*
retrospection Rückblick *m*
retrospective force Rückwirkung *f*
retry erneut versuchen *v*
return Reaktion *f* (des Publikums); Rendite *f* [eco]; Rückführung *f* [tra]; Rückgabe *f*; Rücklauf *m*; Rücksprung *m*
return rücksenden *v*; zurückbringen *v*; zurückgeben *v*
return box Umlenkkammer *f* [pow]
return button Rückstellknopf *m* [tec]
return chain sprocket shaft Umlenkwelle *f* [mbt]
return crank Gegenkurbel *f* [tec]
return flight Rückflug *m* [tra]
return flow Rücklauf *m* [prc]
return form Rückwarenschein *m* [eco]
return idler Unterbandrolle *f* [tec]; untere Tragrolle *f* (Bandförderer) [tec]
return instruction Rücksprungbefehl *m* (Software) [edv]
return journey Rückfahrt *f* [tra]; Rückweg *m* [tra]
return key Datenfreigabetaste *f* [edv]; Eingabetaste *f* [edv]; Rücklauftaste *f* [edv]
return motion Rückgang *m* (Rückwärtsbewegung) [tra]
return motion mechanism Rückholmechanismus *m* [tec]
return movement Rücklauf *m* [tec]
return of goods, voluntary - freiwillige Rücknahme *f* (Kreislaufwirtschaft) [rec]
return on capital Kapitalertrag *m* [eco]; Kapitalrückfluss *m* [eco]
return part Austauschaggregat *n* [tec]; Austauschteil *n* [tec]

return passage Überströmkanal *m*
return path Rückweg *m* [tec]
return pipe Abspritzleitung *f* [was]; Rückförderleitung *f* [prc]; Rücklaufleitung *f* [tra]; Rücklaufrohr *n*
return pulley Umlenkrolle *f* [tra]; Umlenkscheibe *f* [tra]
return pump Rückförderpumpe *f* [prc]
return shipment Rücksendung *f* [tra]
return spring Rückdruckfeder *f* [tec]; Rückholfeder *f* [tra]; Rückstellfeder *f* [tra]; Rückzugfeder *f* [tec]
return sprocket Umlenkrolle *f* (Kette) [tec]
return station Umlenkstation *f* (der Rolltreppe, unten) [mbt]
return strand Untergurt *m* [mbt]
return stroke Rückbewegung *f* (Kolben) [tra]; Rückhub *m* (Kolben) [tra]; Rücklauf *m* (Kolben) [tra]
return temperature Rücklauftemperatur *f* (Wasser) [pow]
return ticket Rückfahrkarte *f* [tra]
return to zero position Nullrückstellung *f* [tra]
return track Untertrum *n* (Transportkette, -band) [tec]
return train Gegenzug *m* [tra]
return travel Rückhub *m* [tec]; Rücklauf *m* [tec]
return travel contactor Rücklaufschütz *n* [elt]
return tube Rücklaufrohr *n*
return tumbler Umlenkturas *m* (des Schaufelradbaggers) [mbt]; Leitrad *n* (des Schaufelradbaggers) [mbt]
return, right of - Rückgaberecht *n* [jur]
return-line filter Rücklauffilter *m* [prc]
returnable Mehrweg- [rec]; Pfand- [rec]; zurückgebbar [rec]
returnable bottle Pfandflasche *f* [rec]
returnable container Mehrwegbehälter *m* [rec]
returned zurückgegeben
returning Zurückgabe *f*
reusable erneut verwendbar; mehrfach verwendbar; verwendbar, mehrfach -; wiederverwendbar [rec]
reusable container wiederverwendbare Verpackung *f*
reusable iron Nutzeisen *n* [met]
reusable material wiederverwendbarer Reststoff *m* [rec]
reusable packaging mehrfach verwendbare Verpackung *f* [rec]
reusable packing wiederverwendbare Verpackung *f*
reusable wastes wiederverwertbare Abfälle *pl* [rec]
reuse Weiterverwendung *f*
reuse erneut benutzen *v*; wiederverwenden *v* [rec]; wiederverwerten *v*
reutilization Verwertung *f* [rec]
revamp Anlagenmodernisierung *f*
revamping Modernisierung *f*
revamps Umbaumaßnahmen *pl*
reveal Laibung *f* [bau]; Leibung *f* [bau]
reveal offen legen *v* [eco]
reveal pin Schraubenspindel *f* [bau]

revenue Einnahme f (Geld) [eco]; Einkommen n; Erlöse pl [eco]
revenue, additional - Mehreinnahme f [eco]
reverberant nachhallend [aku]; reflektierend
reverberate hallen v; reflektieren v
reverberation Nachhall m [aku]; Nachklang m [aku]
reverberation period Nachhallzeit f [aku]
reverberation time Nachschwingzeit f [elt]
reverberatory furnace Flammenofen m [pow]; Schmelzflammofen m [pow]
reversal Umkehr f; Umkehrung f; Wendung f
reversal frequency Reversierfrequenz f (Steuerungstechnik) [elt]
reversal of direction of rotation Drehrichtungsumkehr f [tec]
reversal of rotation Drehrichtungsumkehr f [phy]
reversal of stroke Hubwechsel m [tra]
reversal of the burden of proof Beweislastumkehr f [jur]
reverse gegenseitig; rückwärts (beim Autofahren) [tra]; umgekehrt (Ordnung)
reverse Rückseite f
reverse umdrehen v (Richtung; rückwärts fahren); umkehren v; umschalten v; umsteuern v; wenden v; zurücksetzen v
reverse action Gegenlauf m [wer]
reverse an entry Buchung stornieren [eco]
reverse current Sperrstrom m [elt]
reverse direction Gegenrichtung f
reverse gear Rückwärtsgang m [tra]; Umkehrgetriebe m [tec]; Wendegetriebe m [tec]
reverse gear stop Rückwärtsganganschlag m [tra]
reverse idler gear Rücklaufrad n [tra]
reverse idler gear bushing Rücklaufbuchse f [tra]
reverse idler shaft Rücklaufachse f [tra]
reverse joint rückläufiger Stoß m [bau]
reverse lever Umkehrhebel m [tec]; Umsteuerhebel m (in Lok, Steuerwagen) [tra]
reverse motion Gegenlauf m; Rückgang m (Rückwärtsbewegung) [tra]
reverse movement Rückhub m [tec]; Rücklauf m [tra]
reverse nut Wendemutter f [tec]
reverse osmosis umgekehrte Osmose f [phy]; Umkehrosmose f [prc]
reverse pinion Rücklaufritzel n [tra]
reverse pitch negative Steigung f [tec]
reverse power Rückleistung f (am Kraftwerk) [elt]
reverse power protection Rückleistungsschutz m (im Kraftwerk) [elt]
reverse presentation inverse Darstellung f (Software) [edv]
reverse reaction Gegenreaktion f [che]; Rückreaktion f [che]
reverse rotation Gegenlauf m (Drehrichtung) [tec]
reverse running Rücklauf m [tra]
reverse shaft Kehrwelle f [tec]
reverse the poles umpolen v [elt]
reverse travel Gegenlauf m

reverse twin gear Rücklaufdoppelrad n [tra]
reversed seitenverkehrt
reversed current Gegenstrom m
reversed lever umgelegter Hebel m [tec]
reversibility Reversibilität f; Umkehrbarkeit f
reversible reversibel; umkehrbar; umsteuerbar (umkehrbar); wendbar (Schneekette, Anzug)
reversible adsorption reversible Adsorption f
reversible bucket Hoch-Tieflöffel m [mbt]
reversible drive Umkehrantrieb m [tec]
reversible power-shift gear Lastschaltwendegetriebe n (vorwärts/rückwärts) [tra]
reversible process Umkehrverfahren n [prc]
reversible reaction reversible Reaktion f [che]
reversing Umsteuerung [tec]
reversing Rückwärtsfahrt f [tra]
reversing clutch Umsteuerkupplung f [tra]
reversing drive Umkehrantrieb m [tec]
reversing flap Umlenkklappe f [pow]
reversing gear Kehrwerk n [tec]; Wendegetriebe n [tec]
reversing lever Umstellhebel m [tec]
reversing light Rückfahrtleuchte f [tra]; Rückfahrscheinwerfer m [tra]; Rückscheinwerfer m [tra]
reversing linkage Umstellgestänge n [tec]
reversing lock Rückfahrsperre f (beim Kippen der Mulde) [tra]
reversing mechanism Umkehreinrichtung f [tec]; Umkehrvorrichtung f [tec]
reversing parts rücklaufende Teile pl [mbt]
reversing rail Wendeschiene f [tec]
reversing screw Steuerschraube f [tec]
reversing shaft Umkehrwelle f [tec]
reversing switch Drehrichtungsschalter m [elt]; Umschalter m [elt]
reversing the motion Bewegungsumkehr f
reversing valve Umschaltventil n [prc]
reversing wheel Umlenkrad n [tec]
reversing, safety device for - Rückfahrwarneinrichtung f [tra]
reversion Wendung f
reversion of the poles Umpolung f [elt]
revet abstützen v (Graben) [mbt]
revetment Verkleidung f
revetted abgestützt (Grabenwand) [bau]
revetting Abstützung f (Streben im Graben) [bau]
revibration Nachverdichtung f [pow]
review Überprüfung f
review and evaluation Prüfung und Bewertung f (Qualitäts-System)
review body Untersuchungskommission f [jur]
review proceedings in response to an objection Widerspruchsverfahren n [jur]
reviewed untersucht (nochmals überprüft) [any]
revise berichtigen v; korrigieren v; überarbeiten v (neue Ausgabe bringen); überprüfen v; umarbeiten v [wer]; umformen v
revised überarbeitet (Auflage eines Buches)

revised design Neukonstruktion f [con]
revision Durchsicht f; Korrektur f; Revision f; Überarbeitung f; Überprüfung f; Umformung f
revision of prices Preiskorrektur f [eco]
revitalize regenerieren v (revitalisieren)
revival in the economy Belebung der Wirtschaft f
revive beleben v (wiederbeleben); wiederbeleben v
revivification Wiederbelebung f
reviving Wiederbeleben n
revocation Aufhebung f; Widerruf m [jur]
revocation, right of - Rücktrittsrecht n [jur]
revoke widerrufen v (zurücknehmen)
revolution Drehbewegung f [phy]; Drehung f (um Achse, um Punkt) [phy]; Drehzahl f [phy]; Kreisbewegung f; Revolution f; Rotation f [phy]; rotierende Bewegung f; Tour f (Drehzahl) [phy]; Umdrehung f (z.B. des Motors) [phy]; Umlaufbewegung f [phy]; Umwälzung f
revolution counter Drehzahlmesser m [any]; Tourenzähler m [any]; Umdrehungszähler m [any]
revolution number Drehzahl f [tec]
revolution rate, high - hohe Umdrehungszahl f [phy]
revolution recorder Drehzahlaufnehmer m [any]
revolution regulator Drehzahlregelung f [pow]
revolution transmitter Drehgeber m [elt]
revolution, period of - Umlaufzeit f [phy]
revolution, surface of - Drehfläche f
revolutions per minute Motordrehzahl f [tra]; Umdrehungen pro Minute pl [phy]
revolutions, number of - Drehzahl f [phy]; Tourenzahl f [phy]; Umdrehungszahl f [phy]
revolve drehen v (sich drehen, rotieren); kreisen v; revolvieren v (zurück drehen) [tec]; rotieren v; umdrehen v (rotieren); umlaufen v; wälzen v
revolver Revolver m
revolver lathe Revolverdrehmaschine f [wer]
revolving drehbar (rotierend); rotierend; schwenkbar; umlaufend
revolving Drehen n (Bewegung)
revolving coil Drehspule f [elt]
revolving crane Drehkran m [mbt]
revolving door Drehtür n [bau]
revolving filter Trommelfilter n [prc]; Zellenfilter n [prc]
revolving fork clamp Drehgabelklammer f [tra]
revolving frame Oberwagen m (des Seilbaggers) [tra]
revolving furnace Drehofen m [roh]
revolving joint Drehverbindung f [tec]
revolving leaf Drehflügel m [bau]
revolving plane Drehebene f [phy]
revolving reverberatory furnace Drehflammofen m [pow]
revolving screen Walzsieb n [prc]
revolving superstructure drehbarer Oberwagen m [mbt]
revolving switch Drehschalter m [elt]
revolving tipper Kreiselkipper m (auch Kreiselwipper) [mbt]
reward Prämie f

rewash nachwaschen v
rewind Rückspulen n
rewind umspulen v
rewinder Aufrollvorrichtung f [tec]
rewinding Rückspulen n [tec]; Umhaspeln n (Textil) [tec]
rework nacharbeiten v (überarbeiten) [wer]; nachbearbeiten v [wer]; überarbeiten v; umarbeiten v [wer]; wiederaufarbeiten v [rec]; wiederaufbereiten v [rec]
reworking Nacharbeit f [wer]; Nachbesserungsarbeit f; Überarbeitung f; Nacharbeiten pl [wer]
rhenium Rhenium n (chem. El.: Re) [che]
rheological rheologisch [met]
rheological behaviour Fließverhalten n [met]
rheology Rheologie f [prc]; Strömungslehre f [prc]
rheometer Rheometer n [any]
rheostat Drehwiderstand m [elt]; elektrischer Widerstand m [elt]; Regulierwiderstand m [elt]; Rheostat m [elt]; Schiebewiderstand m [elt]; Stellwiderstand m [elt]; Widerstandsregler m [elt]; Regelwiderstand n [elt]
rhodium Rhodium n (chem. El.: Rh) [che]
rhombus Raute f [mat]; Rhombus n
rib Lamelle f (in Heizkörper) [pow]; Leiste f (Metallrippe) [tec]; Rippe f (Versteifung) [tec]; Rippe f (Wärmeaustauscher) [pow]; Spant f
rib bolt Rippenschraube f (durch Waggonbohle) [tra]
rib fracture Rippenbruch m [hum]
rib tread Rillenprofil n (Reifen) [tra]
ribbed base plate Rippenplatte f [tra]
ribbed base plate for switches Weichenrippenplatte f [tra]
ribbed cooler Rippenkühler m [pow]
ribbed disc wheel Faltenrad n [tec]
ribbed pipe heating device Rippenrohrheizgerät n [pow]
ribbed tube Lamellenrohr n [pow]; Rippenrohr n [pow]
ribbed-pattern floor plate Rippenblech n [met]
ribbing Profilierung f (auf Rolltreppenstufe) [mbt]
ribbon Metallstreifen m [met]; Band n (allgem.)
ribbon blender Zwangsmischer m [prc]
ribbon blender mixer Zwangsmischer m [prc]
ribbon cable Flachband n [elt]; Flachbandkabel n [elt]; Flachkabel n [elt]
ribbon cartridge Farbbandkassette f
ribbon mixer Bandmischer m
rich ergiebig; fett (Beton) [met]; reich; satt (Farbe)
rich coal Fettkohle f [roh]
rich fining slag Feinschlacke f [rec]
rich gas hochwertiges Gas n; Reichgas n [met]; Starkgas n [met]
rich gas burner Reichgasbrenner m [pow]
rich in ash aschenreich (ballastreich) [che]; ballastreich (aschenreich) [roh]
rich in carbon kohlenstoffreich [che]
rich in energy energiereich [pow]
rich in graphite grafitreich ((variant)); graphitreich

rich in hydrogen wasserstoffreich
rich in iron eisenreich
rich in lead bleireich
rich in lime kalkreich
rich in nitrogen stickstoffreich
rich in ore erzreich [roh]
rich in oxygen sauerstoffreich
rich lime Fettkalk m [met]
rich mixture fette Mischung f; fettes Gemisch n [pow]
rich mortar Fettmörtel m [met]
rich soil fruchtbarer Boden m [bod]
Richter scale Richter-Skala f (Erdbeben) [geo]
rid, get - entledigen v
riddle Durchwurfsieb n [bau]; Grobsieb n; Rüttelsieb n [prc]; Schüttelsieb n [prc]; Sieb n [prc]
riddle absieben v [prc]; schüren v (Feuer) [pow]
riddlings Rostdurchfall m [pow]
riddlings hopper Durchfalltrichter m (Rost) [prc]; Rostdurchfalltrichter m [pow]
riddlings loss Rostdurchfallverlust m [pow]
ride Mitfahrt f (als Passagier) [tra]; Spazierfahrt f [tra]; Tour f (Fahrrad) [tra]
ride fahren v (Fahrrad) [tra]; mitfahren v (als Passagier) [tra]; reiten v [tra]
ride a cycle Rad fahren v [tra]
ride, go for a - spazieren fahren v [tra]
rider Beifahrer m (Mitarbeiter, Helfer) [tra]; Reiter m [tra]
rider's seat Beifahrersitz m (Mitarbeiter, Helfer) [tra]; Soziussitz m (Beifahrerplatz) [tra]
ridge Kante f (Kamm, Grat); Ausläufer m (eines Hochs) [wet]; Damm m (Grat eines Höhenzuges) [geo]; First m [bau]; Formgrat m [wer]; Grat m (Bergrücken); Kamm m (Berggrat, Gebirgskamm) [geo]; Rücken m (Bergrücken); Wall m (aus gefrästem Erdreich) [mbt]
ridge of the roof, height to the - Firsthöhe f [bau]
ridge tile Firstziegel m [bau]
ridge ventilator Dachlüfter m [pow]
riffle furchen v [far]
riffler Raspel f (Kratzer)
rift aufreißen v (spalten)
rift valley Grabenbruch m [geo]
rig Anlage f (Prüfanlage) [any]; Pfahlrammanlage f [bau]
rig up rüsten v
rigging release spring Gestängelösefeder f (des Waggons) [tra]
right richtig
right Berechtigung f (Recht); Recht n [jur]
right angle check valve Winkelrückschlagventil n [tra]
right angularity Rechtwinkligkeit f
right hand construction Rechtsausführung f [con]
right hand rule Dreifingerregel f [elt]
right handing Rechtsausführung f
right justification Rechtsbündigkeit f (Textverarb.)
right justified rechtsbündig (Textverarbeitung)

right side Oberseite f
right, on the - rechts (Richtungsangabe)
right-angle bevel gearing Winkelgetriebe n [tec]
right-angle drive Antrieb mit Winkelgetriebe m [tec]
right-angle gear motor Winkelgetriebemotor m [tec]
right-angle speed reducer Winkelgetriebe n [tec]
right-angled rechtwinklig
right-hand construction Rechtsausführung f [con]
right-hand design Rechtsausführung f (rechte Seite) [con]
right-hand rotation Rechtsdrehung f [tec]; Rechtslauf m [tec]
right-hand screw Rechtsgewindeschraube f [tec]
right-hand thread Rechtsgewinde n [tec]
right-hand threaded rechtsgängig [tec]
right-hand tooth flank Rechtsflanke f (Zahnrad) [tec]
right-hand toothing Rechtsverzahnung f [tec]
right-hand traffic Rechtsverkehr m [tra]
right-hand turning rechtsdrehend (im Uhrzeigersinn)
right-handed rechtsgängig (Zahnrad) [tec]
right-handed design Rechtsausführung f [tec]
right-of-way sign Vorfahrtschild n [tra]
rightful rechtmäßig
rigid biegesteif; eingespannt; fest (befestigt); gelenlos (starr); hart (starr); stabil (fest); standsicher [bau]; starr; steif; unbeweglich (starr); unbiegsam
rigid arch eingespannter Bogen m [bau]
rigid axle Starrachse f [tra]
rigid body starrer Körper m
rigid connection starre Verbindung f [tec]
rigid construction starre Konstruktion f [bau]
rigid fixing Einspannung f [bau]
rigid flange coupling starre Bolzenkupplung f [tec]
rigid foam Hartschaum m [met]; Hartschaumstoff m [met]
rigid frame Schwingrahmen m (biegesteifer Rahmen) [tec]
rigid hub starre Nabe f [tec]
rigid insulation board steife Isolierplatte f [bau]
rigid joint kraftschlüssige Verbindung f [tec]
rigid metal conduit Kabelführungsrohr n [elt]
rigid PVC Hart-PVC n [met]
rigid sheet Hartfolie f [met]
rigid, absolutely - verwindungsfest (z.B. Gerüst) [tec]
rigid, become - erstarren v
rigid, go - versteinern v [min]
rigidity Festigkeit f (Starrheit); Härte f (Festigkeit); Standfestigkeit f; Starre f; Starrheit f; Steifigkeit f
rigidity module Gleitmodul m [phy]
rigidity of test Prüfschärfe f [any]
rigidly mounted fest montiert [wer]
rigidly restrained eingespannt
rigorous streng
rim Felge f (Radkranz); Außenrand m; Kranz m (Felge) [tra]; Rahmen m (felgenartig) [tra]; Rand m (Kante); Bord n (Krempe) [tec]
rim bördeln v (einfassen) [wer]; rändeln v [wer]

rim band Felgenband *n* [tra]
rim brake Felgenbremse *f* [tra]
rim flange Felgenflansch *m* [tra]
rim gear Zahnkranz *m* [tec]
rim lock Kastenschloss *n* [tec]
rim ring Felgenring *m* [tra]
rim ring, solid - ungeteilter Felgenring *m* [tra]
rim tool Reifenwerkzeug *n* [tra]
rim, advanced - Schrägschulterfelge *f* [mbt]; Schrägschulterring *m* (an Reifen, Felge) [mbt]
ring Öse *f* (Ring); Scheibe *f* (Passscheibe) [tec]; Hof *m* [opt]; Ring *m*
ring klingeln *v*
ring and pinion gearing Teller- und Kegelradgetriebe *n* [tec]
ring assembly Ringkörper *m* [elt]
ring balance meter Ringwaage *f* (Wasser- und Dampfmengenmessung) [any]
ring beam Ringanker *m* [bau]; Ringträger *m* (Behälter) [prc]; Stützring *m* (Behälter) [prc]; Tragring *m* (Behälter) [prc]
ring bolt Ringbolzen *m* [tec]
ring burner Kronenbrenner *m* [pow]; Ringbrenner *m* [pow]
ring clamp Schnappring *m* [tec]
ring collar Halsring *m* [tec]
ring compound Ringverbindung *f* [che]
ring conduit Ringleitung *f* [elt]
ring follower Gewindering *m* [tec]
ring formation Cyclisierung *f* [che]
ring gasket Ringdichtung *f* [tec]
ring gauge Kaliberring *m* [any]
ring gear Zahnkranz *m* (Hohlrad Planetengetriebe) [tec]; Hohlrad *n* (in Planetengetriebe) [tra]; ringförmiges Zahnrad *n* [tra]; Tellerrad *n* [tra]
ring groove Ringnut *f* [tec]
ring groove ball bearing Ringrillenkugellager *n* [tec]
ring half-section Ringhälfte *f* [tec]
ring head Ringkopf *m* [tec]
ring holder Ringhalter *m* [tec]
ring joint facing Rundnut *f* (an Fuge) [tec]
ring joint gasket Ringdichtung *f* (an Fuge) [tec]; Runddichtung *f* (an Fuge) [tec]
ring lamination parcel Ringpaket *n* (E-Motor) [elt]
ring lubricating bearing Ringschmiervorrichtung *f* [tec]
ring lubrication Ölringschmierung *f* [tec]; Ringschmierung *f* [tec]
ring lubrication bearing Ringschmierlager *n* [tec]
ring main Ringleitung *f* (für Strom) [elt]; Ringleitung *f* (für Wasser) [was]
ring nut Ringmutter *f* [tec]
ring oil lubrication Ölringschmierung *f* [tec]
ring oiler Schmierring *m* [tec]
ring opening Ringöffnung *f* [tec]
ring road Ringstraße *f* [tra]; Tangente *f* [tra]; Ring *m* (Straße) [tra]
ring roll press Ringwalzenpresse *f* [wer]
ring rotation factor Umlauffaktor *m* (Lager) [tec]

ring seal Ringdichtung *f* [tec]; Runddichtung *f* [tec]
ring sealing O-Ring-Dichtung *f* [tec]; Schnappring *m* [tec]
ring side Ringfläche *f* (statt Kolbenfläche) [tec]
ring spanner Ringschlüssel *m* [wzg]
ring spanner, single-ended - Einringschlüssel *m* [wzg]
ring stiffener Verstärkungsring *m* [tec]; Versteifungsring *m* [tec]
ring support Ringstutzen *m* [tra]
ring type retainer Ringsicherung *f* [tra]
ring, adjustable - Stellring *m* [tec]
ring, adjusting - Einstellring *m* [tec]; Justierring *m*; Stellring *m* [any]
ring-dovetail groove Ringnut *f* [tec]
ring-lubricated bearing Ringschmierlager *n* (mit Fett) [tec]
ring-oiled bearing Ringschmierlager *n* (mit Öl) [tec]
ring-roller mill Dreiwalzenring *f*; Ringmühle *f*
ring-shaped ringförmig
ring-top can Aufreißdose *f* (Getränkedose)
ring-type gasket Ringdichtung *f* [tec]; Runddichtung *f* [tec]
ring-type oil seal Simmerring *m* [tec]
ring-type retainer Ringsicherung *f* [tec]
Ringelmann chart Rauchdichteskala *f* [pow]
ringface of piston Ringseite *f* (des Zylinderkolben) [tec]
ringing test Klangprobe *f* (in Industrie) [aku]
ringing time Nachschwingzeit *f* [phy]
ringing tone Freiton *m* (Telefon) [edv]; Rufzeichen *n* [edv]
rinse abspülen *v*; abwaschen *v*; ausspülen *v* [was]; auswaschen *v* (durch Regen) [was]; durchspülen *v*; klarspülen *v*; nachspülen *v*; spülen *v*
rinse out auswaschen *v* (ausspülen) [was]; herausspülen *v*
rinse water Spülwasser *n* [was]
rinsing Durchspülung *f* (z.B. mit Öl); Spülung *f*; Spülen *n*
rinsing agent Spülmittel *n* [met]
rinsing hose Abspritzschlauch *m* [prc]
rinsing liquid Spülflüssigkeit *f* [met]
rip Riss *m* (durch Reißen)
rip aufreißen *v* (mit Aufreißer) [mbt]; durchreißen *v*; reißen *v* (zerreißen)
rip open aufreißen *v*
rip out herausreißen *v*
riparian Ufer- (Fluss)
riparian Flussanlieger *m*; Uferanlieger *m*
riparians, usage by - Anliegergebrauch *m*
ripe ausgereift (Obst) [far]; reif (Obst, Gemüse)
ripen reifen *v*
ripened gereift (z.B. Obst, Getreide) [bff]
ripeness Reife *f*
ripening Reifung *f*
ripper Aufreißer *m* (meist Heck, reißt tief) [mbt]
ripper attachment, front - Frontrechenausrüstung *f* [mbt]

ripper bucket Reißlöffel m [mbt]
ripper dozer Reißraupe f (Planierraupe mit Reißzahn) [mbt]
ripper shank Aufreißerschaft m [mbt]
ripper tooth Reißzahn m (harter Stein, Wurzeln) [mbt]; Rodezahn m [mbt]
ripper tooth, long - Tiefreißzahn m [mbt]
ripping Aufreißen n
ripping depth Reißtiefe f [mbt]
ripple Riffelung f [met]; Welligkeit f [phy]
ripple riffeln v
ripple voltage Restwelligkeit f [elt]
ripsaw Fuchsschwanz m (Säge)
rise Erhebung f (Anhöhe); Steigerung f; Steigung f (Anstieg); Zunahme f; Anstieg m; Wachsen n (Zunahme)
rise anschwellen v; ansteigen v; aufgehen v (Sonne, Mond); sich erheben v; steigen v (ansteigen); wachsen v (zunehmen); zunehmen v
rise time Anstiegszeit f (bei einem Signal)
riser Setzstufe f (Vorderwand Stufe) [mbt]; Abführrohr n (nach oben) [air]; Steigrohr n [was]
riser main Fallleitung f [was]; Steigleitung f [was]
riser pipe Steigleitung f [was]; Steigrohr n [pow]
riser tube Steigrohr n [pow]
riser tubes header Steigrohrsammler m [pow]
rising ansteigend
rising film evaporator Kletterverdampfer m
rising main Fallleitung f [was]
rising platform Hebebühne f
risk Unfallgefahr f; Risiko n
risk riskieren v
risk analysis, ecological - ökologische Risikoanalyse f
risk assessment, quantified - quantifizierte Risikoprüfung f
risk automatically included in the insurance cover mitversichertes Risiko n [jur]
risk factor Risikofaktor m
risk of rupture Bruchgefahr f
risk prevention Risikovorsorge f
risk, without - risikolos
rival company Konkurrenzunternehmen n [eco]
rival product Konkurrenzerzeugnis m [eco]
rivalry Konkurrenz f [eco]
river Fluss m (Gewässer); Strom m (Fluss)
river basin Flussbecken n
river clarification Flusssanierung f
river cleaning plant Flusskläranlage f [was]
river contamination Flussverschmutzung f [was]
river control Flussregulierung f [mbt]
river engineering Flussbau m [mbt]
river erosion Flusserosion f
river gravel Flusskies m [bod]
river improvement Flussbau m [mbt]
river mile Stromkilometer m (am Fluss) [tra]
river mouth Flussmündung f
river pollution Flussverschmutzung f [was]; Flussverunreinigung f [was]
river port Binnenhafen m [tra]; Flusshafen m [tra]

river power plant Flusskraftwerk n [pow]
river power station Flusskraftwerk n [pow]
river silt Flussschlamm m
river system Flusssystem n
river terrace Flussterrasse f
river traffic Flussschifffahrt f [tra]
river water Flusswasser n
river-bed Flussbett n
river-bed, artificial - künstliches Flussbett n
river-bed, natural - natürliches Flussbett n
riverhead Flussquelle f
riverine Fluss-
rivet Niete f; Halbrundniet m [tec]; Niet m
rivet abnieten v [wer]; annieten v; klammern v (befestigen); nieten v; vernieten v [wer]
rivet body Nietschaft m [tec]
rivet head Nietkopf m [tec]
rivet heater Nietwärmer m [wer]; Pinnewärmer m (Nietenwärmer) [wer]
rivet hole Nietloch n [tec]
rivet iron Nieteisen n
rivet joint Nietverbindung f
rivet nut Nietmutter f [tec]
rivet pin Nietstift m [tec]; Nietzapfen m [tec]
rivet remover Nietsprenger m [wzg]
rivet set Nietzieher m [wzg]
rivet shank Nietschaft m [tec]
rivet stud, blind - blinder Gewindebolzen m [tec]
riveted genietet
riveted bolt Nietbolzen m [tec]
riveted connection Nietverbindung f [tec]
riveted construction Nietkonstruktion f [con]
riveted flange Nietflansch m [tec]
riveted joint Nietverbindung f [tec]
riveted seam Nietnaht f [tec]
riveter Nieter m [wzg]
riveting Nietung f; Nieten n
riveting hammer Niethammer m [wzg]
riveting joint Nietverbindung f
riveting press Nietpresse f [wzg]
rivets, join with - vernieten v [wer]
road Bahn f (Straße) [tra]; Fahrbahn f (Straße allgemein) [tra]; Straße f [tra]; Strecke f (Straße) [tra]; Weg m [tra]
road base Straßentragschicht f [bau]
road wearing course Straßenverschleißdecke f [bau]
road accident Verkehrsunfall m [tra]
road and offroad gear Straßen- und Geländegang m [tra]
road base, laying of the - Koffern der Straße n [mbt]
road bed Koffer m (im Straßenbau) [bau]; Koffer m (Straßenbau) [bau]; Schienenunterbau m [tra]
road bed construction Koffern der Straße n [mbt]
road breaker Straßenaufbruchhammer m [wzg]
road bridge Straßenbrücke f [bau]; Straßenüberführung f (Fahrzeuge) [bau]
road building Straßenbau m [bau]
road building slag Straßenbauschlacke f [met]
road carpets Straßenaushub m [rec]

road casualty Verkehrstoter m [tra]
road channel Straßenrinne f [was]; Rinnstein m [bau]
road cleaning Straßenreinigung f [rec]
road conditions Straßenverhältnisse pl [tra]
road construction Oberbau m (Straßenbau) [tra]; Straßenbau m [bau]; Wegebau m [tra]
road construction site Straßenbaustelle f [bau]
road covering Straßenabdeckung f [bau]
road cut Geländeeinschnitt m (für Straße) [bod]
road embankment Trasse f [tra]
road engineering Straßenbautechnik f [bau]; Straßenbau m [bau]
road flooring Fahrbahndecke f [tra]
road following course of countryside Längsprofil n [mbt]
road fork Abzweigung f (einer Straße) [tra]; Straßengabelung f [tra]
road foundation Straßengründung f [bau]
road friction Fahrbahnreibung f [tra]; Haftreibung f (Straße) [tra]
road gear Straßengang m (einer Baumaschine) [mbt]
road gravel Straßenschotter m [bau]
road gravelling Kiesunterbau m [bau]
road gritting Abstreuen n (Straße) [rec]
road gully Straßenablauf m [was]
road hog Raser m [tra]
road leading out of the city Ausfallstraße f [tra]
road level, base a - Planum erstellen v [mbt]
road map Straßenkarte f
road network Straßennetz n [tra]
road panel Betonstraßenplatte f [tra]
road planning Straßenplanung f [tra]
road rail excavator Zweiwegebagger m [mbt]
road repair Straßenausbesserung f [tra]
road resistance Fahrwiderstand m (Reifen, auch Wind) [tra]
road roller Straßenwalze f [bau]
road safety Verkehrssicherheit f [tra]
road scarification Straßenaufbruch m [rec]
road scarification material Straßenaufbruchmaterial n [rec]
road shoulder, filled-up - Auftragsböschung f (aufgefüllt) [bod]
road sign Hinweisschild n; Verkehrsschild n [tra]; Verkehrszeichen n [tra]
road surface Straßendecke f [tra]; Straßenoberfläche f [bau]; Fahrbahnbelag m [tra]; Straßenbelag m [bau]
road surfacing Straßenbelag m [bau]
road sweeper Kehrmaschine f [rec]; Straßenkehrmaschine f [rec]; Kehrbesen m (am Kehrfahrzeug) [tra]; Kehrfahrzeug n [rec]
road system Straßensystem n [tra]
road tanker Kesselwagen m (Lastwagen) [tra]; Tanklaster m [tra]; Tanklastzug m [tra]
road test Probefahrt f (z.B. neues Auto) [tra]
road tractor Straßentraktor m [tra]
road traffic Straßenverkehr m [tra]

road traffic accident Straßenverkehrsunfall m [tra]
road traffic act Straßenverkehrsordnung f [jur]
road traffic network Straßenverkehrsnetz n [tra]
road traffic noise Straßenverkehrslärm m [aku]; Verkehrslärm m [aku]
road traffic safety Straßenverkehrssicherheit f [tra]
road transport bar Überführungsleiste f (Baustellenwechsel) [tra]
road transport tank Straßentransporttank m [tra]
road transportable straßenbeweglich [tra]
road transportation weight Straßentransportgewicht n (des Krans) [tra]
road tunnel Straßentunnel m [bau]
road vehicle Straßenfahrzeug n [tra]
road width Fahrbahnbreite f [tra]
road, arterial - Fernverkehrsstraße f [tra]
road-making machine Straßenbaumaschine f [bau]
road-marking Fahrbahnmarkierung f [tra]; Straßenmarkierung f [tra]
road-metal Schotter m [tra]; Straßenschotter m [bau]
road-pricing Straßenbenutzungsgebühr f [tra]; Straßengebühr f [tra]; Straßennutzungsgebühr f [tra]
road-sweeping vehicle Kehrfahrzeug n [rec]
road-works Baustelle f (Straßenbau) [bau]
roadability Straßenlage f (des Wagens) [tra]
roadblock Sperre f (Straße)
roadmaking Wegebau m [tra]
roadside Straßenrand m [bau]
roadside ditch Straßengraben m [bau]
roadside planting Straßenrandbepflanzung f [tra]
roadway Betonfahrbahn f [tra]; Fahrbahn f [tra]; Fahrbahnkörper m [tra]
roadway covering Fahrbahndecke f [tra]
roadway stripe Markierungsstreifen m [tra]
roadway, width of - Fahrbahnbreite f [tra]
roadwork Straßenbauarbeiten pl [bau]
roadworthiness Verkehrssicherheit f [tra]
roadworthy verkehrssicher [tra]
roar dröhnen v [aku]; sausen v
roast abschwelen v [prc]; braten v (im Ofen); glühen v (Minerale) [met]; rösten v [roh]
roasted ore Abbrand m (Abbrandrest) [che]; geröstetes Erz n [roh]
roaster Röstofen m [roh]
roaster gas Röstgas n [roh]
roasting Röstung f [roh]; Glühen n (Minerale) [met]
roasting charge Röstgut n [roh]
roasting furnace Brennofen m (Erz) [roh]
roasting hearth Röstherd m [roh]
roasting kiln Röstofen m [roh]
roasting plant Röstanlage f [roh]
roasting process Röstprozess m [roh]
roasting residue Röstrückstand m [rec]
robot Roboter m [tec]; Handhabungsgerät n (Roboter)
robot welder Schweißroboter m [wer]
robotics Robotertechnik f [tec]; Robotik f [tec]
robust robust (stark, widerstandsfähig); stabil (massiv)

rock Fels *m* [geo]; Stein *m* (Fels) [met]; Gestein *n* [geo]
rock asphalt Asphaltgestein *n* [min]
rock bed Gesteinsschicht *f* [geo]; Flöz *n* [roh]
rock bit Gesteinsmeißel *m* [wzg]
rock blasting Felssprengung *f* [mbt]
rock bolt Ankerschraube *f* [bau]; Gesteinsanker *m* [bau]
rock bucket Felsschaufel *f* (Erdarbeiten) [mbt]; Felslöffel *m* (Erdarbeiten)
rock crushing, soft - Weichzerkleinerung *f* (im Brecher) [roh]
rock crystal Bergkristall *m* [min]
rock cutting Bohrgut *n* [rec]
rock decay Gesteinsverwitterung *f* [geo]
rock deflector Steinabweiser *m* (über Muldenkipperdach) [mbt]
rock drill Bohrer *m* (Gesteinsbohrer) [wzg]; Bohrhammer *m* [wzg]; Gesteinsbohrer *m* [wzg]; Steinbohrer *m* [wzg]
rock driller Gesteinsbohrmaschine *f* [wzg]
rock drilling machine Stoßbohrmaschine *f* [wzg]
rock fall Steinschlag *m*
rock guard Steinschlagschutz *m* [mbt]; Steinschlagschutzgitter *n* [mbt]
rock mechanics Felsmechanik *f* [geo]; Gebirgsmechanik *f* [geo]
rock oil Erdöl *n* [roh]
rock pile Gesteinshaufwerk *n*
rock plant Gesteinsaufbereitungsanlage *f* [bau]
rock salt Steinsalz *n* [che]
rock shovel Felsschaufel *f* (Erdarbeiten) [mbt]
rock valve Rockschieber *m* [bau]
rock wall Steilwand *f*
rock wool Gesteinswolle *f* [met]; Mineralfaserwolle *f* [met]; Mineralwolle *f* [met]; Steinwolle *f* [met]
rock, adjoining - Nebengestein *n* [roh]
rock, type of - Gesteinsart *f* [geo]
rock-drilling machine Gesteinsbohrmaschine *f* [wzg]
rock-fill dam Steindamm *m* [was]
rock-free steinfrei
rockdust Steinstaub *m*
rocker Schwinge *f* [tra]; Wippe *f* [tec]; Kipphebel *m* (Nockenwelle) [tra]
rocker arm Kipphebel *m* [tra]; Schwinghebel *m* [tra]
rocker arm assembly Kurbelschwinge *f* [tec]
rocker arm bracket Kipphebelhalterung *f* [tra]; Kipphebelbock *m* [tra]; Schwinghebelbock *m* [tra]
rocker arm bush Kipphebelbüchse *f* [tra]
rocker arm bushing Kipphebelbüchse *f* [tra]
rocker arm cover Schwinghebelgehäuse *n* [tra]
rocker arm shaft Kipphebelwelle *f* [tra]
rocker arm support Kipphebelblock *m* [tra]
rocker bearing Gelenklager *n* [tec]; Kipplager *n* [tec]; Pendellager *n* [tec]
rocker lever Kipphebel *m* [tra]
rocker pad Rollscheibe *f* [tec]
rocker plate Druckpendelplatte *f* [tec]
rocker post Pendelstab *m* [tec]

rocker shaft Kipphebelachse *f* [tra]; Schwinghebelachse *f* [tra]
rocker switch Wippschalter *m* [elt]
rocker-type bearing Schneidenlager *n* [tec]
rocker-type bearing, fixed - Linienkipplager *n* (Auflager Tragrost) [tec]
rocket Rakete *f*
rocket drive Raketenantrieb *m*
rocket engine Raketentriebwerk *n*
rocket plane Raketenflugzeug *n* [tra]
rocket propellant Raketentreibstoff *m* [pow]
rocket propulsion Raketenantrieb *m*
rocket sled Raketenschlitten *m* [tra]
rocket stage Raketenstufe *f*
rocking arm Kipphebel *m* [tec]
rocking ball bearing Kugelkipplager *m* [tec]
rocking mechanism Schwenkvorrichtung *f*
rocking-key clutch Drehkeilkupplung *f* [tec]
Rockwell hardness Rockwellhärte *f* [met]
rocky felsig [geo]; steinig
rocky ground Felsboden *m* [geo]
rocky mineral Gestein *n* [geo]
rocky soil Felsboden *m* [geo]
rod Schiene *f* (Stange); Stange *f* (dünne -); Stab *m* (rund)
rod brass Stangenmessing *n* [met]
rod eye Kolbenstangenkopf *m* [tra]; Stangenauge *n* [tec]
rod guide Drahtführung *f* (Drahtwalzwerk) [tec]; Stangenführung *f* [tec]
rod hangers Aufhängung für Sammler *f* [pow]
rod head Stangenkopf *m* [tec]
rod holder Elektrodenhalter *m* [elt]
rod iron Stabstahl *m* [met]; Rundeisen *n* [met]
rod linkage Gestänge *n* [tec]
rod mill Stabmühle *f* [prc]
rod seal Stangendichtung *f* [tec]
rod side Ringseite *f* (des Kolbens) [tec]
rod system Gestänge *n* [tec]
rod transmission Übertragungsgestänge *n* [tec]
rod wave Stabwelle *f* [elt]
rod wiper Abstreifer *m* (Hydraulik: Kolbenstange) [tec]
rod, all threaded - Gewindestange *f* [tec]
roentgen apparatus Röntgenapparat *m*
roentgen diagnostics Röntgendiagnostik *f* [any]
roentgen ray Röntgenstrahl *m*
roentgenize durchleuchten *v* [any]
roentgenometer Röntgenmessgerät *n* [any]
roll Rolle *f* (Papier); Walze *f* (im Walzwerk) [met]; Rollen *n* (des Gewindes nach Vergüten) [wer]
roll kugeln *v*; rollen *v* (ein Rad, mangeln, wegrollen) [roh]; schlingern *v*; taumeln *v*; verdrehen *v*; wälzen *v*; walzen *v* [wer]
roll back überkippen *v* (Material im Löffel) [mbt]
roll bar Überrollbügel *m* [tra]
roll clamp Rollenklammer *f* [tra]
roll crusher Walzenbrecher *m* [prc]
roll down herunterwalzen *v* [met]

roll holder Rollenhalter *m* [tec]
roll jaw crusher Backenkreiselbrecher *m* [bau]
roll mill Rollenmühle *f* [prc]
roll on steam anstoßen *v* (eine Dampfturbine) [pow]
roll opening Kaliber *n*
roll out auswalzen *v* (Metall) [met]; strecken *v* (Metall); walzen *v* [wer]
roll over umwälzen *v*
roll pass Kaliber *n* (Walzen-) [wer]
roll pin Rollenstift *m* [tec]
roll roofing Dachpappe *f* [met]
roll spot welding Rollnahtverschweißung *f*
roll the turbine Turbine anstoßen [pow]
roll train Walzstraße *f* [roh]
roll up anrollen *v*; einrollen *v* [wer]
roll welding Walzschweißen *n* [wer]
roll-back limitation Kippbegrenzung *f* (der Schaufel) [mbt]; Überkippbegrenzung *f* [mbt]
roll-back limiter Kippbegrenzer *m* [mbt]; Überlaufschutz *m* (an Ladeschaufel) [mbt]; Überrollschutz *m* (an Ladeschaufel) [mbt]
roll-down type furnace Rollofen *m* [prc]
roll-off container Abrollbehälter *m*
roll-off vehicle Abrollfahrzeug *n*
roll-over device Wendevorrichtung *f* [tec]
roll-threaded mit gewalztem Gewinde [tec]
roll-up door Rolltür *f* [bau]; Rolltor *n* [bau]
rollback limit Rückkippbegrenzung *f* [mbt]
rollback lock Rückdrehsperre *f* [tec]; Rücklaufsperre *f* [tec]
rolled gerollt (auch: gewalzt) [wer]; gewalzt [wer]; platt
rolled aluminium Walzaluminium *n* [met]
rolled asphalt Walzasphalt *m* [met]
rolled brass Walzmessing *n* [met]
rolled end of a spring Federauge *n* [tec]
rolled insulation sheet Rolldämmbahn *f* [bau]
rolled lead gewalztes Blei *n*; Walzblei *n* [met]
rolled sheet metal gewalztes Blech *n* [met]; Walzblech *n* [met]
rolled sheet, continuously annealed - im Durchlauf geglühtes Feinbleich *n* [met]
rolled silver Silberblech *n* [met]
rolled steel gewalzter Stahl *m* [met]; Walzstahl *m* [met]
rolled steel channel U-Eisen *n* [met]
rolled steel joist Doppel-T-Träger *m* [tec]; Doppel-T-Eisen *n* [tec]
rolled steel products Walzstahlerzeugnisse *pl* [met]
rolled steel section Walzstahlprofil *n* [met]
rolled steel sections Walzprofile *pl* [met]
rolled tube gewalztes Rohr *n* [met]
rolled zinc Walzzink *n* [met]
rolled-in eingewalzt [wer]
rolled-on aufgewalzt [wer]
roller Erdwalze *f* [bau]; Gleitrolle *f* [tec]; Laufrolle *f* (an Toren) [bau]; Rolle *f* (Walze); Trommel *f* (Walze); Walze *f* (Dampfwalze, Straßenwalze) [mbt]; Zylinder *m* (Walze) [tec]

roller adjustment Rollenverstellung *f* [tec]
roller assembly Walzenkranz *m* [tec]
roller beam Rollenträger *m* [tec]
roller bearing Kegellager *n* [tec]; Rollenlager *n* [tec]; Wälzlager *n* [tec]
roller bearing housing Rollenlagergehäuse *n* [tec]
roller bearing race Rollenlagerring *m* [tec]
roller bearing, axial cylindrical - Axialzylinderrollenlager *n* [tec]
roller bearing, backing - Stützrollenlager *n* [tec]
roller bearing, barrel-shaped - Tonnenlager *n* [tec]
roller bearing, cylindrical - Zylinderrollenlager *n* [tec]
roller bearing, flexible - Federrollenlager *n* [tec]
roller bearing, multi-row cylindrical - mehrreihiges Kegelrollenlager *n* [tec]; mehrreihiges Zylinderrollenlager *n* [tec]
roller bearing, self-aligning - Pendelrollenlager *n* [tec]; Radialpendelrollenlager *n* [tec]
roller bearing, split-caged - zweiteiliger Lagerkäfig *m* [tra]
roller bearing, tapered - Kegelrollenlager *n* [tec]
roller blind Rollladen *m* [bau]; Rollo *n* [bau]
roller body Laufrollenkörper *m* [mbt]; Rollenkörper *m* [tec]
roller bow Rollenspriegel *m* [tra]
roller bracket Rollenbock *m* [tec]
roller burnished gerollt (Innenfläche Zylinderrohr) [wer]
roller burnishing gerolltes Zylinderrohr *n* (Innenfläche) [tec]; Rollen *n* (des Zylinderrohres, innen) [wer]
roller cage Rollenkorb *m* [tec]
roller cam Rollenbügel *m* (an Rolltreppe) [mbt]
roller carrier Tragrolle *f* [mbt]; Walzenträger *m* [roh]
roller chain Rollenkette *f* [mbt]
roller coating Farbaufrollen *n* [wer]
roller conveyor Transportrollgang *m* [tec]
roller conveyor level Rollgangshöhe *f* [tra]
roller conveyor surface level Rollgangsniveau *n* [tra]
roller conveyor surface speed Rollgeschwindigkeit *f* [tra]
roller conveyor, length of - Rollgangslänge *f* [tra]
roller cup Rollenlagerring *m* [tec]
roller device Rollvorrichtung *f* [tec]
roller diameter Rollendurchmesser *m* [con]
roller drive Walzenantrieb *m* [tec]
roller entry guide Rolleneinführung *f* [tec]; Rolleneinlaufführung *f* [tec]
roller finished gerollt (Oberflächennachbearbeitung) [wer]
roller gear bed Rollgang *m* [tra]
roller grate Rollenrost *m* [pow]
roller guide Rollenführung *f* [tec]; Rollschlitten *m* [tec]
roller guide support Zentrierbock *m* [tec]
roller guideway Rollenführung *f* [tec]
roller journal bearing Pendelrollenlager *n* [tec]; Radialrollenlager *n* [tec]; Tonnenlager *n* [tec]

roller journal bearing, self-aligning - Radialpendelrollenlager *n* [tec]
roller lever Rollenhebel *m* [tec]
roller pin Spannstift *m* [tec]
roller plate Wälzplatte *f* [tec]
roller plunger Rollenstößel *m* [tec]
roller positioner Rollengang *m* [wer]
roller press Walzenpresse *f* [tec]
roller process Walzverfahren *n* [roh]
roller race Lagerring *m* [tec]
roller rack Rollgangsrahmen *m* [tra]
roller rail Laufschiene *f* [tec]
roller rest Rollenbock *m* [tec]
roller retainer Rollenbügel *m* (an Rolltreppe) [mbt]
roller screw Rollengewindespindel *f* [tec]
roller seating Rollenlagerung *f* [tec]
roller set Rollensatz *m* [tec]
roller setting Walzeneinstellung *f* [wer]
roller shaft Walzenachse *f* [tec]
roller shell Rollenmantel *m* [tec]
roller shutter Rollladen *m* [bau]
roller spring mechanism Walzenfederung *f* [tec]
roller stool Rollenbock *m* [tra]
roller support Laufrollenbock *m* [mbt]; Rollenauflager *n* [tec]
roller table Rollgang *m* [tra]; Walztisch *m* [roh]
roller tappet Rollenstößel *m* [tec]
roller thrust bearing Axialrollenlager *n* [tec]; Rollenlager *n* [tec]
roller thrust bearing, cylindrical- Axialzylinderrollenlager *n* [tec]
roller thrust bearing, self-aligning - Axialpendelrollenlager *n* [tec]
roller thrust bearing, tapered - Axialkegelrollenlager *n* [tec]
roller tipper Abrollkipper *m*
roller top edge Rollenoberkante *f* [con]
roller track Stützrollenführung *f* [tec]
roller track assembly Laufrollenbahn *f* [wer]
roller trunnion Rollenzapfen *m* [tec]
roller unit, forming - Abzugsgerüst *n* (Hüttenwerk) [roh]
roller-bearing Kegellager *n* [tec]; Kegelrollenlager *n* [tec]; Rollenlager *n* [tec]; Wälzlager *n* (Rollenlager) [tec]; Walzenlager *n* [tec]; Walzlager *n* [met]
roller-bearing axle-box Rollenachslager *n* [tec]
roller-bearing grease Wälzlagerfett *n* [met]
roller-bearing slew ring Drehverbindung *f* [tec]
roller-bearing slewing-ring Rollendrehverbindung *f* [tec]; Rollendrehkranz *m* (an schwerem Bagger) [mbt]
roller-bearing type axle box Rollenachslager *n* [tra]
roller-expanded and welded joint Walz-Schweißverbindung *f* [tec]
roller-expanded connection Walzverbindung *f* [tec]
roller-expanded tube eingewalztes Rohr *n* [tec]
roller-flight conveyor Rollenkettenförderer *m* [mbt]
roller-force adjustment Walzenanpresssystem *n* [wer]

roller-guided rollengeführt [tec]
roller-leaf shutter door Jalousietür *f* (Rollflügelkonstuktion) [bau]
roller-seam welded rollnahtgeschweißt [wer]
roller-shutter roof Rolldach *n* [tra]
roller-sliding gate Rollenschieber *m* (Schamottindustrie) [prc]
rollgurt conveyor Rollgurtförderer *m* (Band wird Schlauch) [mbt]
rolling Bilddurchlauf *m* (Bildschirm) [edv]; Einwalzen *n* [wer]; Walzen *n* [wer]
rolling bearing Wälzlager *n* [tec]
rolling body Wälzkörper *m* [tec]
rolling direction Walzrichtung *f* [wer]
rolling drier Walzentrockner *m* [prc]
rolling element Rollkörper *m* [tec]; Wälzkörper *m* [tec]
rolling friction Rollreibung *f* [phy]
rolling friction losses Rollreibungsverluste *pl* [phy]
rolling gear Drehvorrichtung *f* ((B)) [pow]
rolling mill Rollmühle *f* [prc]; Walzwerk *n* [roh]
rolling motion Schlingerbewegung *f*; Wankbewegung *f* (Rollbewegung Waggon) [tra]
rolling press Rollenpresse *f* [prc]
rolling process Einwalzverfahren *n* (Klebeverfahren) [bau]
rolling resistance Rollreibung *f* [phy]; Rollwiderstand *m* [phy]
rolling ring crusher Mantelbrecher *m*
rolling shutter Rolltor *n* [bau]
rolling stock rollendes Material *n* (der Bahn) [tra]; Schienenfahrzeuge *pl* (aller Art) [tra]
rolling, hot - Warmwalzen *n* [roh]
rolling-contact bearing Wälzlager *n* [tec]
rolling-contact body Wälzkörper *m* (Wälzlager) [tec]
rolling-contact joint Wälzgelenk *n* [tec]
rolling-element bearing Wälzlager *n* [tec]
rolling-key clutch Drehkeilkupplung *f* [tra]
rollpin Spannstift *m* (geschlitzte Hülse) [tec]
rolls, train of - Walzstraße *f* [roh]
roof Bedachung *f* (Dach) [bau]; Decke *f* (Verdeck); Überdachung *f* [bau]; Dach *n* [bau]; Hangende *n* (das Hangende unter Tage) [roh]
roof decken *v* (Dach -) [bau]; eindecken *v* [bau]; überdachen *v* (Dach drauf) [bau]
roof aerial Dachantenne *f* [elt]; Hochantenne *f* [edv]
roof antenna Dachantenne *f* ((A)) [edv]
roof batten Dachlatte *f* [bau]
roof beam Dachbalken *m* [bau]
roof boarding Holzschalung *f* (Dach) [bau]
roof bow Dachspriegel *m* [bau]
roof bracing Dachverband *m* (Stahlbau) [tec]
roof burner Deckenbrenner *m* [pow]
roof carline Spriegel *m* [tra]
roof circuit Deckenrohrsystem *n* [pow]
roof cleavage Hängendriss *m* (meist im Hangenden) [roh]
roof construction Dachaufbau *m* [bau]; Dachbau *m* [bau]

roof covering Dachhaut f [bau]; Dachbelag m [bau]
roof drain Dachentwässerungsrinne f [bau]; Dachablauf m [bau]
roof drainage Dachentwässerung f [bau]
roof extractor Dachentlüfter f [bau]
roof fan Dachventilator m [bau]
roof finishing and completion Dachausbau m [bau]
roof floor Dachdecke f
roof for the tropics Tropendach n (z.B. für Grader, Lader) [mbt]
roof frame Dachrahmen m [bau]
roof garden Dachgarten m [bau]
roof girder Dachträger m [bau]
roof glazing Dachverglasung f [bau]
roof gutter Regenrinne f [was]; Deckenablauf m [was]
roof hatch Dachentlüftung f [bau]; Dachluke f [bau]
roof inlet Dacheinlauf m [bau]
roof insulation Dachdämmung m [bau]
roof joint Anschluss am Dach m [bau]
roof junction Dachanschluss m [bau]
roof lamp Deckenleuchte f [bau]
roof lath Dachlatte f [bau]
roof light Dachlicht n [bau]; Oberlicht n [bau]
roof outlet Dachablauf m [bau]
roof over überdachen v [bau]
roof overhang Dachüberstand m [bau]
roof panel Dachbeplankung f [bau]
roof pitch Dachneigung f; Dachschräge f [bau]
roof purlin Pfette f [bau]
roof rail Regenrinne f [bau]
roof renovation Dachsanierung f [bau]
roof rib Sparren m [bau]
roof ridge First m [bau]
roof sealing Dachabdichtung f [met]
roof sealing sheet Dachabdichtungsbahn f [met]
roof shingle Dachschindel f [bau]
roof space Dachzwischenraum m [bau]
roof structure Dachstuhl m [bau]
roof tarpaulin Dachplane f
roof terminal Dachentlüftungsrohr n [bau]
roof timbers Dachholz n [bau]
roof valley Kehle f (Dach-)
roof vent Dachentlüftung f [bau]
roof ventilation hood Dachlüfterhaube f [pow]
roof ventilator Dachlüfter m [bau]; Dachventilator m [bau]
roof window Dachfenster n [bau]; Dachfenster n (im Fahrerhaus) [tra]
roof, thickness of - Deckentragkraft f [phy]
roof-damage Dachschaden m [bau]
roof-rack Dachgepäckträger m (Auto) [tra]
roof-structure Dachkonstruktion f [bau]
roof-tile Dachziegel m [bau]
roof-truss Dachstuhl m [bau]
roofed überdacht (Dach darüber) [bau]
roofed passage überdachter Gang m [bau]
roofed walk überdachter Gang m [bau]
roofer Dachdecker m [bau]
roofing Bedachung f [bau]; Überdachung f [bau]

roofing felt Dachpappe f [met]
roofing material Eindeckungsmaterial n [bau]
roofing paper Dachpappe f [met]
roofing sheet Dachbahn f
roofing slate Dachschindel f (auf Hausdach) [bau]
roofing tile Dachstahlpfanne f [met]
room Stube f [bau]; Raum m (Zimmer); Zimmer n [bau]
room acoustics Raumakustik f [aku]
room air Raumluft f [air]
room air conditioning Raumklimatisierung f [bau]
room air-conditioner Klimatruhe f [bau]
room climate Raumklima n [bau]
room fit to live in bewohnbarer Raum m [bau]
room heater Raumheizgerät n [pow]
room heating Raumheizung f [pow]
room heating appliance Raumheizgerät n [pow]
room heating plant Raumheizungsanlage f [pow]
room heating station Raumheizungsanlage f [pow]
room noise Raumgeräusch n [aku]; Umgebungsgeräusch n [aku]
room sound Raumschall m [aku]
room sound insulation Raumschalldämmung f [aku]
room temperature Raumtemperatur f; Zimmertemperatur f
room ventilation Raumbelüftung f [bau]; Raumlüftung f [air]
room, adjoining - Nebenraum m [bau]
room, changing - Umkleideraum m
room, clean - Hochreinheitsraum m
roominess Geräumigkeit f
roomy geräumig
root Wurzel f [mat]; Wurzel f (der Schweißnaht) [wer]; Fuß m (Turbinenschaufel; Zahnrad, u.a.) [tec]
root base Fußrampe f [tec]
root bend Wurzelbiegung f (für Schweißqualität) [wer]
root bulb Wurzelknolle f [bff]
root circle Fußkreis m (außen/innen verzahntes Rad) [tec]; Grundkreis m (des Zahnrades) [con]
root concavity Wurzelrückfall m [wer]
root contraction Wurzelrückfall m [wer]
root crops Wurzelgemüse n [bff]
root defect Wurzelfehler m (falsches Schweißen) [wer]
root diameter Fußkreisdurchmesser m (Zahnrad) [tec]
root extraction Radizierung f [mat]
root imperfection Wurzelfehler m (falsches Schweißen) [wer]
root location slot Fixiernut f (Turbine) [tec]
root mean square Effektivwert m
root of thread Gewindegrund m [con]
root out roden v [far]
root pass Wurzellage f (erste Schweißraupe) [wer]
root rake Wurzelrechen m (Werkzeug, Wurzelharke) [mbt]
root ripper tooth Wurzelreißzahn m (Baggerausrüstung) [mbt]
root sign Wurzelzeichen n [mat]

root system Wurzelwerk *n* [bff]
root-mean-square value Effektivwert *m*
rooted verwurzelt
Roots pump Rootspumpe *f* [prc]
rope Trosse *f* (meist Stahlseil) [tec]; Strang *m* (Seil); Strick *m* (Seil, Tau, Tampen, Trosse); Kabel *n* (Seil); Seil *n* (Tau, Reep, Tampen); Tau *n* (Seil); Tauwerk *n* [tra]
rope anseilen *v*
rope clamp Drahtseilklemme *f* [tec]; Seilklemme *f* [tec]
rope clip Seilklemme *f* [tec]
rope drum Seiltrommel *f* [mbt]
rope end Tampen *m* (Stück Tau) [tra]
rope excavator Seilbagger *m* [mbt]
rope groove Rille *f* (in Seilscheibe, Winde) [roh]
rope guide Seilführung *f* [mbt]
rope haulage Seilförderung *f* [prc]
rope holder Seilhalter *m*
rope overload guard Seillastsicherung *f* (Arbeitssicherheit) [tec]
rope pull Seilzug *m* [tec]
rope pulley Seilrolle *f* (mit Wälzlager) [tra]
rope sheave Seilrolle *f* [tra]; Seilscheibe *f* [tra]
rope shell Seilhülle *f* [met]
rope socket Seilhülse *f* [tec]; Kabelschuh *m* (Seil) [tec]; Seilkopf *m* (Seilhülse) [tec]
rope support Seilauflage *f*
rope suspension bridge Hängebrücke *f* [tra]
rope system Kabelsystem *n* [elt]
rope tackle Seilzug *m* [mbt]
rope termination Seilendausbildung *f* [tec]
rope top pulley Seiltragrolle *f* [tec]
rope trolley Seilaufkatze *f* [mbt]
rope wheel Seilrolle *f* [mbt]
rope winch Seilwinde *f* [mbt]
rope-end fittings Seilendbeschlag *m* [mbt]
rope-grabbing device Fallbremse *f* [mbt]
rope-ladder Strickleiter *f*
ropebelt conveyor Bandförderer *m* [prc]
ropeway Drahtseilbahn *f* [tra]
ropy fadenziehend
rose rose (RAL 3017) [nor]
rose bearing Schwenkkugellager *n* [tec]
rosette Rosette *f* [bau]
rostrum Podest *n*; Rednerpult *n* (Pult, Podium)
rot Fäule *f*
rot faulen *v* (verrotten); modern *v* (verrotten); verfaulen *v* [bio]; vermodern *v* (Holz) [bio]; verwesen *v* [bio]
rot off abfaulen *n* [bio]
rot through durchfaulen *v*
rot-preventing fäulnisverhindernd
rot-proof fäulnisbeständig
rotary rotierend
rotary actuator Drehantrieb *m* (Stellantrieb) [tec]
rotary bale clamp drehbare Ballenklammer *f*
rotary bearing Drehlager *n* [tec]
rotary blower Drehkolbenverdichter *m* [prc]; Umlaufgebläse *n*

rotary blower plough Schneefräse *f* [tra]
rotary bolt Drehriegel *m*
rotary button Olive *f* (Drehknopf) [tec]; Drehknopf *m*
rotary cast Rotationsguss *n* [roh]
rotary compressor Drehkolbenverdichter *m* [prc]
rotary condenser Drehkondensator *m* [elt]
rotary connection Drehdurchführung *f* [tra]
rotary converter Drehumformer *m* [elt]; Einankerumformer *m* [elt]
rotary cooler Rohrkühler *m* [pow]
rotary coupling Drehverbindung *f* [tec]
rotary crane Drehkran *m* [mbt]
rotary crusher Glockenmühle *f* [prc]
rotary current Drehstrom *m* [elt]
rotary cutter Fräse *f* (Fräswalze, Frässcheibe); Schneidmühle *f* [prc]
rotary distributor Drehverteiler *m* [elt]
rotary drier Trockentrommel *f* [prc]; Rührtrockner *m* [prc]; Trommeltrockner *m* [prc]
rotary drill Drehbohrgerät *n* [wer]
rotary drive Drehantrieb *m* [pow]; Kraftdrehkopf *m* [mbt]
rotary drive torque Kraftdrehkopfdrehmoment *n* [mbt]
rotary dumper Wagenkipper *m* [mbt]
rotary engine Drehkolbenmotor *m* [pow]
rotary feeder Telleraufgabe *f* [mbt]
rotary filter Trommelfilter *n* [prc]
rotary filter, horizontal - Schlüsselfilter *n*
rotary fork clamp drehbare Klammergabel *f* [mbt]
rotary fork clamp with turnable forks drehbare Drehgabelklammer *f* [tra]
rotary furnace Drehofen *m* [roh]; Trommelofen *m* [prc]
rotary gate valve Zellradschleuse *f* [prc]
rotary grind fräsen *v* (Metall) [wer]
rotary grinder Fräswalze *f* [wzg]; Fräser *m* (Fräsgerät) [wzg]
rotary grinder attachment Fräswalzenausrüstung *f* [wzg]
rotary grinder, horizontal - Horizontalfräsmaschine *f* [wzg]
rotary grinder, vertical - Vertikalfräsmaschine *f* [wer]
rotary hopper Drehbunker *m* [prc]
rotary impulse Drehimpuls *m* [phy]
rotary ironer Heißmangel *f* [elt]
rotary joint Drehverbindung *f* [tec]
rotary kiln Drehofen *m* [roh]; Drehrohrofen *m* [roh]
rotary kiln plant Drehrohrofenanlage *f* [roh]
rotary kiln system Drehrohranlage *f* [roh]; Drehrohrofenanlage *f* [roh]
rotary kiln, cylindrical - Drehrohrofen *m* [roh]
rotary knife cutter Schneidmühle *f* [prc]
rotary luffing crane Drehwippkran *m*
rotary magnet Drehmagnet *m* [elt]
rotary mill Rotormühle *f* [prc]
rotary mixer Mischtrommel *f* [prc]; Trommelmischer *m* [prc]

rotary momentum Drehimpuls *m* [phy]
rotary motion Drehbewegung *f* [phy]; rotierende Bewegung *f*
rotary movement Drehbewegung *f* [phy]
rotary piston Drehkolben *m* [tra]
rotary piston blower Drehkolbengebläse *n* [prc]
rotary piston count controller Drehkolbenmengenzähler *m* [any]
rotary piston engine Kreiskolbenmotor *m* [tra]
rotary piston meter Ringkolbenzähler *m* [any]
rotary piston pump Drehkolbenpumpe *f* [prc]
rotary plug valve Küken *n* (Ventil) [prc]
rotary plunger valve Drehkolbenventil *n* (Hydraulik) [tec]
rotary power Drehkraft *f* [phy]; Drehvermögen *n*
rotary printing press Rotationsdruckmaschine *f*
rotary pump Kreiselpumpe *f* [prc]; Kreiskolbenpumpe *f* [prc]; Rotationspumpe *f* [prc]; Umlaufpumpe *f* [prc]
rotary pump, positive - Drehkolbenpumpe *f* [prc]
rotary revolving fork clamp drehbare Drehgabelklammer *f* [tra]
rotary rheostat Ringwiderstand *m* [elt]
rotary roll clamp drehbare Fassklammer *f*
rotary screen Siebtrommel *f* [prc]; Trommelsieb *n* [was]
rotary screw driver Drehschrauber *m* [wzg]
rotary screw pump Schraubenspindelpumpe *f* [prc]
rotary seal Rotordichtung *f* [tec]; Wellendichtung *f* [tec]
rotary shaft seal Radialdichtring *f* (Wellendichtung) [tec]; Wellendichtung *f* [tec]
rotary shears Rollenschere *f* [wer]; Rotationsschere *f* [wer]
rotary sieve Siebtrommel *f* [prc]
rotary slide valve Drehschieber *m* [prc]
rotary snow blower Schneeschleuder *f* [tra]
rotary snow plough Schneefräse *f* [tra]
rotary spool Drehschieber *m* [prc]
rotary switch Drehschalter *m* (Lichtschalter) [elt]
rotary table Drehtisch *m*
rotary thermostat Umlaufthermostat *m*
rotary tipper Kreiselwipper *m* (auch Kreiselkipper) [mbt]
rotary tower crane Turmdrehkran *m* [bau]
rotary transmission Schwenkdurchführung *f* [tec]
rotary transmission leadthrough Drehdurchführung *f* [tec]
rotary tube furnace Drehrohrofen *m* [roh]
rotary turret Drehdurchführung *f* [tra]
rotary valve Drehschieber *m* [prc]; Drehventil *n* [prc]
rotary valve, cylindrical - Drehschieber *m* [prc]
rotary vane pump Drehschieberpumpe *f* [prc]
rotary-drum Drehtrommel *f* [prc]
rotary-drum filter Trommeldrehfilter *n* [was]
rotary-drum mixer Freifallmischer *m* [prc]
rotary-dump equipment Rundkipper *m* (zur Waggonentladung) [mbt]

rotary-hearth furnace Drehherdofen *m* [prc]
rotary-vane feeder Zellradschleuse *f* [prc]
rotatable drehbar (beweglich)
rotate drehen *v* (rotieren); kreisen *v*; rotieren *v*; umdrehen *v* (rotieren); umlaufen *v*
rotate around umkreisen *v*
rotate throughout 360 degrees drehen um 360 Grad *v*
rotated by gedreht ... um (z.B. um 25°)
rotating drehbar (rotierend)
rotating Drehen *n* (Bewegung)
rotating angle Drehwinkel *m* [phy]
rotating assembly Rotor *m* (Turbolader) [tra]; Glockengehäuse *n*; rotierendes Gehäuse *n* [tra]
rotating blade inlet Schaufeleintritt *m* (Turbine) [pow]
rotating body Wuchtkörper *m* [tec]
rotating bottle rotierende Flasche *f*
rotating brush Kehrwalze *f* [rec]
rotating bucket elevator Wurfbecherwerk *n* [prc]
rotating carrier Drehscheibe *f*
rotating crossarm rotierender Ausleger *m*
rotating disc Drehscheibe *f* [tra]; Laufscheibe *f* [tec]
rotating drive Drehantrieb *m* [tec]
rotating fault Rundlauffehler *m* [tec]
rotating field Drehfeld *n* [elt]
rotating head Drehkopf *m*; Greiferdrehkopf *m* [mbt]
rotating irrigation Umlaufbewässerung *f* [was]
rotating joint Drehgelenk *n* [tec]
rotating machinery Schwenkantrieb *m* (Schwenkeinrichtung) [mbt]
rotating mixer Freifallmischer *m* [prc]
rotating piston engine Drehkolbenmotor *m* [tra]
rotating piston pump Kreiskolbenpumpe *f* [prc]
rotating roll clamp drehbare Rollenklammer *f* [mbt]
rotating shaft Antriebswelle *f* [tec]
rotating shaft seal Wellendichtung *f* [tec]
rotating shift Wechselschicht *f* [eco]
rotating shutter Drehverschluss *m* [tec]
rotating spindle Drehachse *f* [con]
rotating table Drehtisch *m* [wer]
rotating valve Umlaufventil *n* [prc]
rotation Drehbarkeit *f*; Drehbewegung *f* [phy]; Drehung *f* (Grafik) [edv]; Kreisbewegung *f*; Rotation *f* [phy]; Umdrehung *f* (z.B. des Hubschrauberrotors) [tra]; Umlaufbewegung *f* [phy]; Drall *m* (Rotation) [phy]; Umlauf *m* (um eigene Achse rotieren) [tec]
rotation and feeding Umlaufvorschub *m* (z.B. einen Takt weiter) [mbt]
rotation angle Drehwinkel *m* [tec]
rotation axis Drehachse *f* [tec]; Schwenkachse *f* (Mitte Drehdurchführung) [mbt]
rotation cooling Umlaufkühlung *f* [prc]
rotation direction Drehrichtung *f* [phy]
rotation energy Rotationsenergie *f* [phy]
rotation evaporator Rotationsverdampfer *m*
rotation fault Rundlauffehler *m* [tec]
rotation of crops Fruchtfolge *f* [bff]

rotation of the earth Erdumdrehung *f* [geo]
rotation of the scanning head Blockumdrehung *f* [any]
rotation symmetrical rotationssymmetrisch [con]
rotation, speed of - Rotationsgeschwindigkeit *f* [phy]; Umdrehungsgeschwindigkeit *f* [phy]; Umlaufgeschwindigkeit *f* [phy]
rotation, surface of - Drehungsfläche *f* [phy]
rotation, velocity of - Drehgeschwindigkeit *f* [phy]; Rotationsgeschwindigkeit *f* [phy]
rotational axis Rotationsachse *f* [tec]
rotational direction control Drehrichtungskontrolle *f*
rotational frequency Drehfrequenz *f* [elt]
rotational marker Drehrichtungspfeil *m*
rotational section scan instrument Schnittbildgerät *n* [any]
rotational speed Drehgeschwindigkeit *f* [phy]; Drehzahl *f* [phy]; Umdrehungsgeschwindigkeit *f* [phy]; Umlaufgeschwindigkeit *f* [phy]
rotationally symmetric drehsymmetrisch
rotative moment Schwungmoment *n* [phy]
rotator Drehvorrichtung *f*
rotator distributor Verteilerfinger *m* (z.B. im Zündverteiler) [tra]
rotatory motion Rotationsbewegung *f* [phy]
rotatory power Drehungsvermögen *n*
rotor Anker *m* (Elektromotor: Läufer) [elt]; Läufer *m* (Rotor) [elt]; Motorläufer *m* [pow]; Rotor *m* (z.B. des Generators) [elt]; Rotor *m* (z.B. des Hubschraubers) [tra]; Laufrad *n* [tec]
rotor bearing Rotorlager *n* [tec]
rotor blade Läuferschaufel *f* [pow]; Laufschaufel *f* (Gebläse) [prc]; Rotorblatt *n* (auch Hubschrauber) [tra]
rotor body Läuferkörper *m* [pow]
rotor cap Kappenring *m* (am Läufer) [pow]
rotor clamping ring Ankerdruckring *m* [elt]
rotor coil Läuferspule *f* [elt]
rotor current Läuferstrom *m* [elt]
rotor disc Rotorscheibe *f* [tec]
rotor displacement Läuferschub *m* [pow]
rotor fan Läufergebläse *n* [pow]
rotor feed hardening Umlaufvorschubhärtung *f* [met]
rotor gland Läuferdichtung *f* [pow]
rotor groove Läufernut *f* [pow]
rotor head Rotorkopf *m* [tra]
rotor hub Läufernabe *f* [pow]; Rotornabe *f* [tec]
rotor lamination Blechpaket *n* (Läufer) [pow]
rotor lifting device Läuferanhängung *f* [pow]
rotor lock Läufersicherung *f* [tec]
rotor mill Rotormühle *f* [prc]
rotor of helicopter Hubschrauberrotor *m* [tra]
rotor retaining ring Läuferkappe *f* [pow]; Kappenring *m* (am Läufer) [pow]
rotor shaft Läuferwelle *f* [pow]; Rotorwelle *f* [tra]
rotor speed Drehzahl des Rotors *f* [elt]
rotor speed, angular - Winkelrotorgeschwindigkeit *f* [tec]
rotor voltage Läuferspannung *f* [elt]

rotor winding Läuferwicklung *f* [elt]
rotproofing agent Fäulnisverhütungsmittel *n*
rotted gerottet [bio]
rotten morsch; schlecht (verdorben); verdorben; verfault [bio]
rotten wood morsches Holz *n*
rotten, get - verderben *v*
rottenness Fäulnis *f* (Verrottung); Verfall *m* (Holz) [met]
rotting faulend
rotting Vermoderung *f* [bio]; Verrottung *f* [bio]
rotting agents Rottehilfsstoffe *pl* [rec]
rotting auxiliary Rottehilfsstoffe *pl* [rec]
rotting cell Rottezelle *f* [rec]
rotting container Rottecontainer *m* [rec]
rotting drum Rottetrommel *f* [rec]
rotting hall Rottehalle *f* [rec]
rotting pit Rottegrube *f* [rec]
rotting process Rotte *f* [rec]
rotting, method of - Rottmethode *f* [rec]
rotunda Rundbau *m* [bau]
rough grob (Arbeit); hart (rau); rau (allgemein); roh (Stein, Diamant) [met]; spröde; unbearbeitet (roh, als Rohling); unbehandelt; uneben (Gelände); ungefähr; ungeschliffen [met]; unpoliert [met]
rough adjustment Grobeinstellung *f*
rough blasted grob gesprengt (grob gesprengter Fels) [roh]
rough brickwork Rohbau *m* [bau]
rough calculation überschlägige Berechnung *f*
rough cast Rauputz *m* (am Haus) [bau]
rough casting Rohguss *m* [roh]
rough conception Grobkonzept *n*
rough estimate Grobschätzung *f*; überschlägige Berechnung *f*; Überschlag *m* (Schätzung)
rough file Grobfeile *f* [wzg]
rough grinding mill Schrotmühle *f* [prc]
rough machine schruppen *v* [wer]
rough machined geschruppt (spanabhebend) [wer]; vorbearbeitet (spanabhebend) [wer]; vorgedreht (auf Drehbank) [wer]
rough planing schrupphobeln *v* [wer]
rough roll Stachelwalze *f* [mbt]
rough setting Grobeinstellung *f*
rough size Rohmaß *n* [con]
rough terrain forklift truck Allwegstapler *m*; Geländestapler *m* [mbt]
rough terrain lorry geländegängiger Lastwagen *m* [tra]
rough tube raues Rohr *f* [met]
rough turn vordrehen *v* (auf Drehbank) [wer]
rough wall Natursteinmauer *f* [bau]
rough-bore vorbohren *v* [wer]
rough-cast abputzen *v* (Hauswand) [bau]; anwerfen *v* (Mörtel)
rough-casting Putz *m* [bau]
rough-drill vorbohren *v* [wer]
rough-grinding machine Schruppschleifmaschine *f* [wer]

rough-hewn gebosselt [wer]
rough-machined dimension Vorbearbeitungsmaß *n* [con]
rough-stone pitching Setzpacklage *f* [mbt]
rough-textured wallpaper Raufasertapete *f* [bau]
roughage Ballaststoffe *pl* (Ernährung) [hum]
roughcast kalken (verputzen) [wer]
roughen anrauen *v*; aufrauen *v*; rauen *v*; vorfräsen *v* [wer]
roughening Aufrauung *f* [wer]
roughing cutter Vorfräser *m* [wer]
roughing flotation Grobflotation *f* [was]
roughing lathe Schruppmaschine *f* [wer]
roughing tool Schruppstahl *m* [wer]
roughness Rauheit *f*; Rauigkeit *f*; Unebenheit *f*
roughness criteria Oberflächenangabe *f* (Rauheit usw.) [met]
roughness measuring device Rauigkeitsmessgerät *n* [any]
roughness of surface Oberflächenrauheit *f* (auch gewollte -) [met]
round kreisförmig; rund
round runden *v* [wer]; umschiffen *v*
round abrupter abrunden *v* [wer]
round bar Stange *f* (Metall) [met]; Rundeisen *n* [met]
round billet Rundknüppel *m* [met]
round button Rundkopf *m* [tec]
round cable Rundkabel *n* [elt]
round cell Kugelzelle *f* [elt]
round cord Rundschnur *f* [tec]
round cord ring Rundschnurring *m* [tec]
round down abstreichen *v* (Stellen einer Zahl) [mat]
round edge abgerundete Kante *f*
round file Hohlfeile *f* [wzg]; Rundfeile *f* [wzg]
round head Rundkopf *m* [tec]
round head screw Rundkopfschraube *f* [tec]
round hole perforating Rundlochperforation *f* [met]
round hole screen Rundlochsieb *n* [prc]
round hole sieve Rundlochsieb *n* [prc]
round instrument Rundinstrument *n* [any]
round iron Rundeisen *n* [met]
round jar pliers Schnabelzange *f* [wzg]
round link chain Rundgliederkette *f* [tec]
round notching test Rundkerbprobe *f* [any]
round nut Rundmutter *f* [tec]
round nut with drilled holes in one face Zweilochmutter *f* [tec]
round nut with set pin hole in side Kreuzlochmutter *f* [tec]
round nut, slotted - Schlitzmutter *f* [tec]
round off aufrunden *v* (kaufmännisch) [eco]; runden *v*
round out abrunden *v* [wer]
round pipe heating device Rundrohrheizgerät *n* [pow]
round relay Rundrelais *n* [elt]
round screw Rundkopfschraube *f* [tec]
round seal Runddichtung *f* [tec]

round slotted head Halbrundkopf *m* (z.B. Schrauben) [tec]
round steel Rundstahl *m* [met]
round steel chain Rundstahlkette *f* [tec]
round stock Rundmaterial *n* [met]
round stranded rope Rundlitzenseil *n* [tec]
round string packing Rundschnurring *m* [tec]
round the clock rund um die Uhr (z.B. Schichtarbeit)
round thread Rundgewinde *n* [tec]
round timber Rundholz *n* [met]; Stammholz *n* [met]
round up aufrunden *v* (absolut) [mat]
round wire Runddraht *m* [met]
round wood Rundholz *n* [met]
round-bar chain Rundstahlkette *f* [tec]
round-bar clamp Rundeisenbügel *m* [tec]
round-bar steel Rundstahl *m* [met]
round-head grooved pin Halbrundkerbnagel *m* [tec]
round-head rivet Halbrundniet *m* [tec]
round-head screw Halbrundschraube *f* [tec]; Rundkopfschraube *f* [tec]
round-head screw, slotted - Halbrundschraube mit Schlitz *f* [tec]
round-head wood screw Halbrundholzschraube *f* [tec]
round-headed bolt Rundkopfschraube *f* [tec]; Bolzen mit rundem Kopf *m* [tec]
roundabout Kreisverkehr *m* (Straßenkreuzung) [tra]
roundabout traffic Kreisverkehr *m* [tra]
rounded abgerundet (Kante) [wer]; gerundet (Kanten gerundet)
rounded end Rundkuppe *f*
rounded head Linsenkuppe *f* [tec]
rounded off abgerundet [wer]
roundhouse Lokomotivschuppen *m* (Lokschuppen) [tra]
rounding Rundung *f*
rounding error Rundungsfehler *m* [mat]
roundness Rundheit *f* [con]
roundness deviation Rundheitsabweichung *f* [con]
rounds Rundstahl *m* [met]; Rundmaterial *n* [met]
roundup Überblick *m* (über das Programm)
rout ausfräsen *v*
route Fahrtroute *f* [tra]; Fahrtstrecke *f* [tra]; Linie *f* (Verkehrsstrecke) [tra]; Route *f* (Fahrtstrecke) [tra]; Strecke *f* (Weg) [tra]; Trasse *f* (z.B. für Kabel) [elt]; Kurs *m* (Reiseweg) [tra]; Verbindungsweg *m* [tra]; Weg *m* [tra]
route festlegen *v* [tra]; leiten *v* (lenken); senden *v*; trassieren *v* [tra]
route book Streckenplan *m* (Buchfahrplan) [tra]
route chart Arbeitsplan *m*
route guidance Zielführung *f* [edv]
route mapping Linienführung *f* [tra]
route network Streckennetz *n* [tra]
route of least resistance Weg des geringsten Widerstandes *m*
route, length of - Länge der Trasse *f* [tra]
routine Ordnung *f* (Routine); Routine *f*
routine examination Routineuntersuchung *f* [pow]

routine inspection periodische Befahrung *f* [pow]; Routinebefahrung *f* [pow]; Serienprüfung *f* [any]
routine maintenance Wartung *f*
routine repair work Instandhaltungsarbeiten *pl* [wer]
routine testing Reihenuntersuchung *f* [any]
routing Führung *f* (Leitungen); Linienführung *f* [tra]; Streckenführung *f* [tra]; Trassenführung *f* [elt]; Ausarbeiten *n*
routing card Begleitkarte *f*
routing slip Begleitschein *m*
row Batterie *f* (von Flaschen); Flucht *f* (Reihe); Reihe *f* (in Reihe); Zeile *f*; Krach *m* [aku]; Fach *n* (Schrank)
row rudern *v* [tra]
row construction Reihenbau *m* [bau]
row of buildings Gebäudezeile *f* [bau]
row-boat Ruderboot *n* [tra]
rowing-boat Ruderboot *n* [tra]
royalty Lizenz *f* (Gebühr) [jur]; Lizenzgebühr *f* [jur]
rub rubbeln (reiben, schaben) [wer]
rub anstreifen *v*; reiben *v* (scheuern); schaben *v* (z.B. mit Schabeisen) [wer]; scheuern *v* (reiben, rubbeln); wischen *v*
rub down abschleifen *v* (abreiben) [wer]; schmirgeln *v* [wer]
rub in einreiben *v*
rub off abfärben *v* (beeinflussen)
rub out radieren *v*
rub with wax bohnern *v*
rubbed abgerieben
rubbed off, capable of being - abreibbar
rubber Gummi *m* [met]; Kautschuk *m* [met]; Radiergummi *m*
rubber adapter Gummiverbindung *f*
rubber adhesive Gummikleber *m* [met]
rubber apron Gummischürze *f*
rubber band Gummiring *m*; Gummiband *n* [met]
rubber bearing Gummilager *n* [tec]
rubber belt Gummiriemen *m*; Gurtband *n*
rubber bend Gummikrümmer *m* [prc]
rubber block support Gummipuffer *m* (zur Auflage) [bau]
rubber boot Gummimanschette *f* [tra]; Gummistiefel *m*
rubber bumper Gummifuß *m* (Auflager)
rubber bushing Gummitülle *f* [prc]
rubber cap Gummikappe *f*
rubber cement Gummilösung *f* [che]; Kautschukkitt *m* [met]
rubber coating Gummibeschichtung *f* [met]; Gummierung *f* [met]
rubber cork Kautschukstopfen *m*
rubber coupling Gummigelenk *f* [tra]
rubber covered conductor Gummiaderleitung *f* [elt]
rubber cushion Zwischenlage *f* (am Drehgestell) [mbt]; Gummikissen *n*
rubber door-stop Anschlagprofil *n* [bau]
rubber fabric Kautschukgewebe *n* [met]
rubber gasket Gummidichtung *f*; Gummimanschette *f* [tra]

rubber glove Gummihandschuh *m*
rubber grommet Gummitülle *f* [tec]
rubber hollow spring Gummihohlfeder *f* [tec]
rubber hose Gummischlauch *m*
rubber insulation Gummiisolierung *f* [elt]
rubber isolator Gummiisolator *m* (gegen Vibration) [tec]
rubber joint Gummiabdichtung *f* [met]; Gummidichtung *f*
rubber joint, articulated - Gummikugelgelenk *m* [tec]
rubber latex Kautschuklatex *n* [met]
rubber line Bimmelbahn *f* (Neben-, Schmalspurbahn) [tra]
rubber lining Gummierung *f* (als Futter) [met]
rubber moulding Glasscheibeneinfassprofil *n* (Rolltreppe) [tra]
rubber moulding buffer on glass Glasscheibenhalterung *f* [tra]
rubber mount Gummifuß *m* (Auflager) [tec]
rubber mounting Gummiisolator *m* (gegen Vibration) [tec]
rubber O-ring Rundgummi *m* [tec]
rubber packing Gummidichtung *f*; Gummizwischenlage *f*
rubber part, moulded - Gummiformteil *f* [tra]
rubber plate Gummiplatte *f*
rubber plug Gummipfropfen *m*
rubber raw material Gummirohstoff *m* [met]
rubber recycling Gummirecycling *n* [rec]
rubber recycling plant Gummirecyclinganlage *f* [rec]
rubber ring Gummimanschette *f* [tra]
rubber roll Gummiwulst *f* (zwischen Personenwagen) [tra]
rubber scrap Gummiabfall *m* [rec]
rubber seal Gummidichtung *f*
rubber section Profilgummi *m* [met]; Klemmprofil *n* (Profildichtung) [tec]
rubber sheet Kautschukbahn *f* [met]
rubber shoe Gummischuhe *m*
rubber sleeve Gummimuffe *f*
rubber solution Gummilösung *f* [che]
rubber spring buffer Gummifederpuffer *m* [tra]
rubber stopper Gummipfropfen *m*; Gummistöpsel *m*; Gummistopfen *m*
rubber strip Gummilasche *f*; Gummibelag *m* [met]
rubber suspension Gummiaufhängung *f* [tec]; Gummifederung *f* [tra]
rubber tape Isolierband *n* [elt]
rubber thread Gummifaden *m* [met]
rubber tray Gummimulde *f* (Einlage)
rubber tube Gummirohr *n*
rubber tubing Gummischlauch *m*
rubber tyre Gummireifen *m* [tra]
rubber tyre, solid - Vollgummireifen *m* [tra]
rubber universal joint Gummikreuzgelenk *n* [tra]
rubber valve Gummiventil *n* [prc]; Kantschutzventil *n* (gummigeschützt) [prc]
rubber washer Gummischeibe *f*

rubber waste Kautschukabfall *m* [rec]
rubber-bonded metal Schwingmetall *n* (Gummi zwischen Metallauflage) [tec]
rubber-bonded-to-metal component Gummi-Metall-Verbindung *f* [met]
rubber-bonded-to-metal mounting Schwingmetall-Lagerung *f* [tec]
rubber-coated fabric gummiertes Gewebe *n* [met]
rubber-coated roller gummierte Rolle *f* [tec]
rubber-cushioned spring hanger Gummifederlager *n* [tra]
rubber-like gummiartig [met]
rubber-lined gummiert (gegen Verschleiß) [wer]
rubber-lined pipe gummiertes Rohr *n* [met]
rubber-metal connection Schwingmetall *n* [tec]
rubber-metal mounting Schwingmetall-Lagerung *f* [tec]
rubber-metal spring Metallgummifeder *f* [tec]
rubber-metal vibration damper Schwingmetall *n* [tec]
rubber-protection sleeve Gummischutzhülle *f*
rubber-sealed cable Leitungseinführung *f* (gegen Wasser) [elt]
rubber-spring mounted gummigefedert [tec]
rubber-spring mounting Gummifederung *f* [tra]
rubber-tyred loader Radlader *m* [mbt]
rubber-tyred road roller Gummiradwalze *f* (Straßenbau) [tra]
rubber-tyred roller Gummiradwalze *f* [tec]
rubberize gummieren *v* [wer]
rubberized asphalt Gummibitumen *m* [met]
rubberized fabric gummiertes Gewebe *n* [met]
rubberizing Gummierung *f* [met]
rubbery gummiartig [met]
rubbing Reibung *f* [phy]; Scheuern *n*
rubbing surface Reibfläche *f* (z.B. Streichholzschachtel)
rubbings Abrieb *m* (Staub)
rubbish Abfall *m* (Abfälle) [rec]; Abraum *m* [rec]; Ausschuss *m* (Produktion) [rec]; Detritus *m* [rec]; Müll *m* (Abfall, Hausmüll, Schutt) [rec]; Schutt *m* (Abfall) [rec]; Unsinn *m*; Gerümpel *n* [rec]
rubbish bin Ascheimer *m* [rec]; Mülleimer *m* [rec]
rubbish box Müllkasten *m* [rec]
rubbish chute Müllabwurfschacht *m* [rec]; Müllschlucker *m* [rec]
rubbish dump Abfallhalde *f* [rec]; Müllkippe *f* [rec]; Schutthalde *f* [rec]; Schuttabladeplatz *m* [rec]; Schutthaufen *m* [rec]
rubbish heap Schutthalde *f* [rec]; Abfallhaufen *m* [rec]; Müllhaufen *m* [rec]; Schutthaufen *m* [rec]
rubbish pit Müllgrube *f* [rec]
rubbish tip Müllkippe *f* [rec]
rubble Bauschutt *m* [rec]; Bruchsteine *m* (unbehauen) [bau]; grober Kies *m* [met]; Schutt *m* (Bauschutt) [rec]; Steinschutt *m* [rec]; Geröll *n* (Schutt); Geschiebe *n* [geo]; Füllsteine *pl*; Trümmer *pl* (Schutt) [rec]
rubble drain Sickerdrän *m* [was]

rubble masonry Bruchsteinmauer *f* [bau]
rubble pavement Kopfsteinpflaster *n*
rubble wall Natursteinmauer *f* [bau]
rubble, heap of - Trümmerhaufen *m*
rubidium Rubidium *n* (chem. El.: Rb) [che]
ruby Rubin *m* [min]
ruby laser Rubinlaser *m*; Rubinlaser *m* [phy]
ruby red rubinrot (RAL 3003) [nor]
rudder Steuereinrichtung *f* (Schiff) [tra]; Ruder *n* [tra]; Schiffssteuer *n* (Rad und Blatt) [tra]; Steuer *n* (Steuerruder) [tra]; Steuerrad *n* (Schiff) [tra]
rudder, be on the - steuern *v* (Schiff) [tra]
rudimentary elementar (einfach)
rudimentary inspection einfache Untersuchung *f*
rue Raute *f* [bff]
rugged robust (stabil, haltbar); stabil (widerstandsfähig); uneben (Gelände)
ruggedness Unebenheit *f* (Gelände)
ruin Ruine *f* [bau]; Zerstörung *f*; Verfall *m* (Untergang); Zerfall *m* (Gebäude) [bau]; Gemäuer *n* [bau]
ruin beschädigen *v*; verfallen *v*; zerstören *v* [bau]
ruin, fall into - zerfallen *v* (Gebäude)
ruins Überrest *m* (Gebäude); Ruinenfeld *n* [bau]; Trümmer *pl* (Ruinen)
rule Anordnung *f* (Regelung); Bestimmung *f* (Regel); Norm *f* (Regel, Normalfall); Regel *f* (Lehrsatz); Verordnung *f* [jur]; Vorschrift *f* (Anleitung); Grundsatz *m*; Lehrsatz *m*; Gesetz *n* [phy]
rule anordnen *v* (entscheiden); festlegen *v* (entscheiden); linieren *v*
rule for the prevention of accidents Unfallverhütungsvorschrift *f* [jur]
rule lines on linieren *v*
rule of inference Inferenzregel *f* [edv]
rule of thumb Faustregel *f* (nach allgem. Erfahrung)
rule, administrative - Verwaltungsvorschrift *f* [jur]
rulelike principles regelähnliche Prinzipien *pl*
ruler Lineal *n*
rules Normen *pl*
rules from experience Regeln durch Erfahrung *n*
rules on warranty policy & procedures Garantieleitfaden *m* [jur]
ruling Linierung *f*
ruling on the objection Widerspruchsbescheid *m* [jur]
ruminant Wiederkäuer *m* [bff]
run ausgelaufen (abgenutzt)
run Nase *f* (in der Farbe); Reihe *f* (Messungen) [any]; Schweißlage *f* (Lage) [wer]; Ablauf *m* (eines Programms); Durchlauf *m* (Programm) [edv]; Lauf *m*; Strang *m* (Leitung); Zulauf *m*
run abfärben *v* (Farbe); ablaufen *v* (Programm) [edv]; arbeiten *v* (Gerät, Programm); betreiben *v* (führen, einsetzen); einlassen *v* (einfüllen); fahren *v* (Anlage); fließen *v*; führen *v* (leiten); funktionieren *v*; laufen *v*; rennen *v*; rinnen *v* (fließen); unterhalten *v* (betreiben); verkehren *v* (fahren) [tra]
run a cable verlegen *v* (Kabel) [elt]

run anticlockwise gegenlaufen v
run away durchgehen v (Reaktor)
run bearing ausgelaufenes Lager n [tec]
run counter to entgegenlaufen v; gegenlaufen v
run down verkommen (abgewirtschaftet, alt)
run down entladen v (Batterie) [elt]
run dry versiegen v
run free freilaufen v (ungehindert bewegen); leerlaufen v (laufen)
run hot heiß laufen v; warmlaufen v (z.B. Motor) [tra]
run idle leer drehen v [tec]
run in einfahren v (Probelauf); einlaufen v (einfließen); einlaufen v (Maschine einfahren); einströmen v; zulaufen v
run in synchronism synchron laufen v [tec]
run into anfahren v (Unfall) [tra]
run off abfließen v [was]; ablassen v [was]; ablaufen v (Flüssigkeit) [was]; abrinnen v; abströmen v
run oil Ablauföl n [che]
run out ausfließen v (auslaufen); auslaufen v (ausfließen) [prc]; ausrinnen v (ausströmen); leerlaufen v (auslaufen)
run out of true unrund laufen v [tec]
run over überfahren v (Auto überfährt Kind) [tra]; überlaufen v (Flüssigkeit läuft über)
run round umsetzen v (rangieren; Lok setzt um) [tra]
run round her train umrangieren v (Lok von vorn nach hinten) [tra]; umsetzen v (Lok rangiert) [tra]
run through durchlaufen v; durchrinnen v
run time Durchlaufzeit f; Laufzeit f
run together zusammenfließen v
run true schlagfrei laufen v [tec]
run untrue schlagen v (Unwucht) [tec]
run up hochfahren v (den Motor) [tra]
run up to hot condition warm fahren v [pow]
run, negative - gegensinniger Lauf m [tec]
run-back Rückwärtslauf m [tec]
run-down ramponiert
run-in period Einlaufzeit f [wer]
run-of-the-mine coal Förderkohle f [roh]
run-off Abfluss m (von Regenwasser) [was]
run-off section Ablaufstrecke f [was]
run-off tab Nahtauslaufblech n (künstlich verlängert) [wer]
run-off water Ablaufwasser n (in Fluß) [was]; Hangwasser n [was]
run-out Unrundheit f [tec]; Unwucht f (Unrundheit) [tec]; Auslauf m (Gewinde); Auslauf m (Übergang zwischen Bauteilen) [tra]
run-out deviation Rundlauffehler m (Unrundheit) [tec]
run-out of seam Schweißnahtauslauf m [wer]
run-out plate Auslaufblech n (nach Schweißen abtrennen) [wer]
run-up Anlauf m; Hochlaufen n (Maschine)
run-up time Hochfahrzeit f [wer]
runaway Ausreißer m (Meßwert) [any]; Durchgehen n (Reaktor)

rung Leitersprosse f (aus Holz, Metall); Runge f (der Sprossenleiter); Sprosse f (z.B. der Leiter)
rung of a ladder Leitersprosse f
runner Laufrolle f [tec]; Läufer m; Steg m (Spritzguss) [met]; Laufrad n (Gebläse, Pumpe, ...) [prc]
runner bar Läuferbalken m [tec]
runner gate Eingusstrichter m
runner rail Laufschiene f [mbt]
running in Betrieb; laufend (pro laufender Meter)
running Führung f (Leitung); Gang m (Lauf); Lauf m (des Lagers) [tec]; Fließen n
running axle Laufachse f [tec]
running behaviour Laufverhalten n
running belt Band n (Fördern)
running board Wartungsbühne f (Laufbühne) [tec]; Trittbrett n (beim Lkw) [tra]; Umlaufblech n (Wartungsbühne Lok) [tra]
running board support Trittbretthalter m [tra]
running characteristics Laufeigenschaft f [tra]
running clearance Betriebsspiel n [con]; Laufspiel n [con]
running cone Laufkegel m [tec]
running costs Betriebskosten pl; Unterhaltungskosten pl (Auto) [eco]
running direction Fahrtrichtung f (Rolltreppe) [tra]
running feature Laufeigenschaft f [mbt]
running gear Laufwerk n (Eisenbahn) [tra]
running joint Dehnungsfuge f [tec]
running light Leerlaufen v [wer]
running off Abrinnen n
running on no load Leerlaufen n [wer]
running performance Laufqualität f [tra]
running period Laufzeit f
running plate Trittplatte f [tra]
running program Durchlaufprogramm n
running round her train rangieren v (Lok setzt um) [tra]
running sand Schwemmsand m; Schwimmsand m [geo]
running smoothness Laufruhe f (des Lagers) [tec]
running speed Fahrgeschwindigkeit f [tra]; Umlaufgeschwindigkeit f [tec]
running surface Lauffläche f (des Autoreifens) [tra]
running synchronously synchron laufend
running test Laufprobe f [any]
running time Laufzeit f
running time exceeded time Laufzeitüberschreitung f
running torque übertragenes Drehmoment n [tec]
running track Fahrstraße f (für einen Zug) [tra]
running up Hochfahren n (Rechnersystem) [edv]
running water fließendes Wasser n [was]
running waterbodies Fließgewässer n [was]
running wheel Laufrad n [tec]
running without load Leerlauf m [tra]
running, hot - Warmlaufen n [pow]
running-in tube einlaufendes Rohr n
running-water cooling Flusswasserkühlung f [pow]
running-water power plant Laufwasserkraftwerk n [pow]

running-water power station Laufwasserkraftwerk n [pow]
runnings Füllmittel n [met]
runnings, second - Nachlauf m
runny dünnflüssig
runway Abflugbahn f [tra]; Fahrbahn f (Kran); Landebahn f [tra]; Piste f (Flugplatz) [tra]; Rollbahn f (Flugplatz) [tra]; Startbahn f (Rollbahn auf Flugplatz) [tra]
rupture zu Bruch gehen
rupture Abbruch m (Bruch); Bruch m (Bruch, Schaden); mechanischer Bruch m; Riss m (Bruch) [met]; Bersten n; Zerbrechen n
rupture brechen v (auch abbrechen); zerbrechen v (brechen); zerreißen v
rupture diaphragm Reißscheibe f (Sicherheitstechnik) [tec]
rupture disc Berstscheibe f; Brechplatte f; Platzmembran f (Berstsicherung)
rupture joint Reißnaht f (Berstsicherung); Sollbruchstelle f [con]
rupture limit Bruchgrenze f [met]
rupture load Bruchlast f
rupture strength Bruchfestigkeit f [met]; Reißfestigkeit f [phy]
rupture stress Bruchspannung f [met]
rupture, location of - Bruchstelle f
rupturing Bruchbildung f [met]
rupturing safety device Reißsicherung f
rural ländlich
rural planning Bebauungsplanung f [bau]
rush rauschen v [aku]
rush of traffic Verkehrsaufkommen n (starkes) [tra]
rush-hour Hauptverkehrszeit f [tra]
rush-hour traffic Berufsverkehr m [tra]
rust Rost m (Korrosion) [met]
rust rosten v [met]; verrosten v [met]
rust and scale Zunder m [rec]
rust damage Rostschaden m [met]
rust formation Rostbildung f [met]
rust inhibitor Rostschutz m [met]; Rostmittel n [met]; Rostschutzmittel n [met]
rust layer Rostschicht f [met]
rust off abrosten v
rust prevention Rostschutz m [met]
rust preventive Rostmittel n [met]; Rostschutzmittel n [met]
rust preventive paint Rostschutzfarbe f [met]; Rostschutzanstrich m [met]
rust primer Rostschutzgrundierung n [met]
rust protection Korrosionsschutz m; Rostschutz m [met]
rust protection paint Rostschutzfarbe f [met]
rust removal Entrostung f [met]; Rostentfernung f [met]; Entrosten n [met]
rust remover Rostentferner m [met]; Entrostungsmittel n [che]
rust removing rostentfernend
rust stain Rostfleck m [met]

rust through durchrosten v
rust up einrosten v [met]
rust, begin to - anrosten v [met]
rust-coloured rostfarben
rust-converting primer Rostumwandler m [met]
rust-free rostfrei [met]
rust-preventing rostschützend [met]
rust-preventing agent Rostschutzmittel n [met]
rust-removing agent Entroster m [che]; Entrostungsmittel n [che]
rust-resistant rostbeständig [met]
rust-resisting rostfrei [met]
rusted angerostet [met]; eingerostet [met]; verrostet [met]
rusted iron verrostetes Eisen n
rusticated gebosselt [wer]
rusting Anrostung f [met]; Korrosion f; Verrostung f [met]
rustle rauschen v [aku]
rustless korrosionsfrei
rustless steel Nirosta n [met]
rustproof nichtrostend [met]; rostbeständig [met]; rostsicher [met]
rustproof steel nichtrostender Stahl m [met]
rusty rostig [met]; verrostet [met]
rusty heap Schrotthaufen m [rec]
rusty, get - rosten v [met]
rusty, go - einrosten v [met]
ruthenium Ruthenium n (chem. El.: Ru) [che]

S

S-curve S-Kurve f (in der Straße) [tra]
S-type bend Wechselbogen m [prc]
sac Beutel m [bff]
sack Tüte f; Sack m
sack absacken v (in Säcke füllen); einsacken v
sack conveyor Sackförderer m [mbt]
sack disposal, empty - Leersackbeseitigung f [rec]
sack filling machine Sackfüllmaschine f [prc]
sack making machine Sackmaschine f
sack-holder Sackhalter m
sacking Sackleinen n [met]
sacrifice aufgeben v (opfern, verlieren)
sacrificial anode Opferanode f [met]
saddle Auflagepratze f [tec]; Sattel m; Schlitten m [tec]
saddle engine Tenderlokomotive f (Tank am oder auf Kessel) [tra]
saddle key Hohlkeil m [tec]
saddle locomotive Tenderlokomotive f (Tank am oder auf Kessel) [tra]
saddle plate Sattelblech n [tec]
saddle roof Satteldach n [bau]
saddle support Sattelauflager n [tec]
saddle-back wagon car Sattelwagen m [tra]
safe geschützt (sicher); risikolos; schadlos; sicher; unbedenklich; ungefährdet; ungefährlich
safe Geldschrank m [eco]; Kassenschrank m; Panzerschrank m
safe distance Sicherheitsabstand m [tra]
safe driving Fahrsicherheit f [tra]
safe load zulässige Belastung f; zulässige Last f
safe load indicator Überlastwarneinrichtung f [mbt]
safe margin Sicherheitsabstand m (Anlagenbetrieb)
safe strain zulässige Beanspruchung f
safe to operate betriebssicher (Arbeitssicherheit)
safe value zulässiger Wert m
safe vehicle sicheres Fahrzeug n [tra]
safe, make - absichern v
safeguard Schutzeinrichtung f (Maschinen); Schutzvorrichtung f; Sicherheitsmaßnahme f (Arbeitssicherheit); Sicherheitsvorrichtung f (Arbeits-/Betriebssicherheit); Schutz m; Wächter m [tec]
safeguard sichern v (schützen)
safeguarding Sicherung f
safeguarding program Sicherungsprogramm n (Software) [edv]
safeness Unschädlichkeit f
safety Gefahrlosigkeit f; Sicherheit f; Schutz m (Sicherheit, in Sicherheit)
safety against overturning Kippsicherheit f
safety allowance Sicherheitszuschlag m [con]
safety analysis Sicherheitsanalyse f (Arbeits-/Betriebssicherheit)

safety at work Arbeitssicherheit f
safety bar Sicherungselement n [tec]
safety belt Sicherheitsgurt m (Arbeitssicherheit)
safety bolt Sicherungsschraube f [tec]; Scherbolzen m (Sollbruch) [tec]; Scherstift m (Sollbruch) [tec]
safety boot Schutzstiefel m
safety boots Sicherheitsschuhe pl (Arbeitssicherheit)
safety bottle Sicherheitsflasche f (Betriebssicherheit)
safety cab Sicherheitsführerhaus n (Arbeitssicherheit) [tra]
safety cabinet Sicherheitsschrank m
safety cage Schutzkäfig m (an Gerät)
safety cap Sicherheitskappe f
safety cartridge Sicherheitspatrone f (Betriebssicherheit) [tec]
safety catch Fangvorrichtung f [tec]; Sperrklinke f
safety certification Nachweis der Sicherheit m; Sicherheitsnachweis m (Betriebssicherheit)
safety chain Notkette f [tec]; Sicherheitskette f (Betriebssicherheit) [mbt]; Sicherungskette f [tec]
safety check sicherheitstechnische Prüfung f [any]; Sicherheitsnachweis m (Betriebssicherheit)
safety circuit Sicherheitsschaltung f (Betriebssicherheit) [elt]
safety clothes Schutzkleidung f (Arbeitsschutz)
safety clutch Rutschkupplung f [tra]
safety code Sicherheitsnorm f [nor]
safety coefficient Sicherheitsbeiwert m [con]
safety colour coats Sicherheitsfarben pl [met]
safety concept Sicherheitskonzept n (Arbeits-/Betriebssicherheit)
safety contact Sicherheitskontakt m (Betriebssicherheit) [elt]
safety container Sicherheitsbehälter m (Betriebssicherheit)
safety control Sicherheitsüberwachung f (Arbeits-/Betriebssicherheit)
safety coupling Sicherheitskupplung f [tec]; Überlastkupplung f [tec]
safety covering Sicherheitsabdeckung f [tec]
safety cut-out Schmelzsicherung f [elt]
safety device Schutzeinrichtung f (Arbeitssicherheit); Schutzvorrichtung f; Sicherheitseinrichtung f (Arbeits-/Betriebssicherheit); Sicherheitsvorrichtung f (Arbeits-/Betriebssicherheit); Sicherheitsgerät n (Arbeits-/Betriebssicherheit); Sicherheitsorgan n (Betriebssicherheit)
safety device for reversing Rückfahrwarneinrichtung f [tra]
safety diaphragm Berstscheibe f
safety equipment Sicherheitseinrichtung f (Arbeits-/Betriebssicherheit)
safety explosive Sicherheitssprengstoff m (Betriebssicherheit) [roh]
safety factor Sicherheitsfaktor m (Arbeitssicherheit); Zuschlagfaktor m (Sicherheitszuschlag) [con]
safety function Sicherheitsfunktion f (Arbeits-/Betriebssicherheit)
safety fuse Schmelzsicherung f [elt]; Sicherheits-

zündschnur *f* (Betriebssicherheit) [roh]
safety gas Schutzgas *n*
safety glass Sicherheitsglas *n* [met]; Verbundglas *n* [met]
safety glasses Schutzbrille *f* (Arbeitssicherheit)
safety gloves Schutzhandschuhe *pl* (Arbeitssicherheit)
safety grate Sicherheitsrost *m* (gestanzt, Blech) [tec]
safety grating Sicherheitsrost *m* (zum Laufen, zum Begehen) [tec]
safety guard Schutzkäfig *m* (Arbeitssicherheit)
safety harness Sicherheitsgurt *m*
safety helmet Schutzhelm *m* (Arbeitssicherheit)
safety hood Schutzabdeckung *f*
safety in operation Betriebssicherheit *f* (Arbeitssicherheit)
safety information card Sicherheitsdatenblatt *n* (Arbeitssicherheit) [jur]
safety inspector Sicherheitsbeauftragter *m* (Arbeits-/Betriebssicherheit)
safety instruction Sicherheitsvorschrift *f* (Arbeits-/Betriebssicherheit)
safety lamp Sicherheitslampe *f* (Arbeitssicherheit)
safety law Sicherheitsgesetz *n* (Arbeits-/Betriebssicherheit) [jur]
safety lever Sicherungshebel *m* [tra]; Sicherheitsschloss *n*
safety lighting Sicherheitsbeleuchtung *f* (Arbeitssicherheit)
safety load höchstzulässige Belastung *f*
safety load hook Sicherheitslasthaken *m* (Arbeitssicherheit) [mbt]
safety lock Sicherheitsanschlag *m* [tec]; Sicherungssteg *m* [tec]; Sicherheitsschloss *n* [tec]
safety loop Sicherheitsbügel *m* [tec]
safety lug Sicherungsflosse *f*; Sicherungseisen *n*
safety margin Sicherheitszuschlag *m* [con]
safety match Zündschnur *f* (Bergbau) [roh]
safety measure Sicherheitsmaßnahme *f* (Arbeitssicherheit)
safety mechanism Sicherung *f*
safety nut Sicherungsmutter *f* [tec]
safety officer Störfallbeauftragter *m*
safety permissive Sicherheitsbedingung *f* (Verriegelung)
safety pin Sicherungsbolzen *m* [tec]; Sicherungsstift *m* [tec]
safety plate Tränenblech *n* [tec]
safety plug with earthing Schutzkontaktstecker *m* [elt]
safety power supply Sicherheitsstromversorgungsanlage *f* (Betriebssicherheit) [elt]
safety precaution Sicherheitsmaßnahme *f* (Arbeitssicherheit); Sicherungsmaßnahme *f*
safety precautions Sicherheitsvorkehrungen *pl* (Arbeits-/Betriebssicherheit); Unfallverhütungsmaßnahmen *pl*; Verhütungsmaßnahmen *pl* (Sicherheits-)
safety railing Schutzgeländer *n*
safety regulation Sicherheitsbestimmung *f* (Arbeits-/Betriebssicherheit) [jur]; Sicherheitsvorschrift *f* (Arbeits-/Betriebssicherheit)
safety regulations Schutzvorschriften *pl* [jur]; Unfallverhütungsvorschriften *pl* [jur]
safety representative Sicherheitsbeauftragter *m* (Arbeits-/Betriebssicherheit)
safety requirement Sicherheitsanforderung *f* (Arbeits-/Betriebssicherheit)
safety requirements Sicherheitsbestimmungen *pl* (Arbeits-/Betriebssicherheit) [jur]
safety ring Sicherheitsring *m* (Betriebssicherheit) [tec]
safety rod Bremsstab *m* (Kernreaktor) [pow]
safety rope grab Fallbremse *f*
safety rule Sicherheitsregel *f* (Arbeitssicherheit); Sicherheitsvorschrift *f* (Arbeits-/Betriebssicherheit)
safety screw Sicherungsschraube *f* [tec]
safety service Sicherheitsdienst *m* (Betriebssicherheit)
safety shoes Sicherheitsschuhe *pl* (Arbeitssicherheit)
safety shower Notdusche *f*
safety shut-down Sicherheitsabschaltung *f* (Betriebssicherheit)
safety slipping clutch Sicherheitsrutschkupplung *f* [tra]
safety switch Schutzschalter *m* [elt]; Sicherheitsschalter *m* (Betriebssicherheit) [elt]; Überwachungsschalter *m* (der Rolltreppe) [mbt]
safety system Sicherheitssystem *n* (Betriebssicherheit); Sicherungssystem *n*
safety tab washer Unterlegscheibe *f* (Sicherungsblech) [tec]; Sicherungsblech *n* (Unterlegscheibe) [tec]
safety technology Sicherheitstechnologie *f* (Betriebssicherheit)
safety test Sicherheitsprüfung *f* (Arbeits-/Betriebssicherheit)
safety transformer Sicherheitstransformator *m* (Betriebssicherheit) [elt]
safety valve Sicherheitsklappe *f* (Betriebssicherheit) [prc]; Rückschlagventil *n* [prc]; Sicherheitsventil *n* (Arbeits-/Betriebssicherheit) [tra]; Überdruckventil *n* [tra]
safety valve lever Ventilhebel *m* (Sicherheitsventil) [prc]
safety valve, dead weight - gewichtsbelastendes Sicherheitsventil *n*
safety vessel Sicherheitsbehälter *m* (Betriebssicherheit)
safety zone Sicherheitszone *f* (Arbeitssicherheit)
safety-cut-off Sicherheitsabschaltung *f* (Betriebssicherheit)
safety-related component Sicherheitsbauteil *n* [tec]
safety-related part Sicherheitsbauteil *n* [tec]
saffron yellow safrangelb (RAL 1017) [nor]
sag Durchhang *m*
sag absenken *v* [wer]; durchhängen *v*; einsinken *v* (zusammenfallen); sich durchbiegen *v*
sag of belt Riemendurchhang *m* [tec]

sag of rope Seildurchhang *m* [tec]
sagging Durchbiegung *f*; Durchhängen *n*
sail Segel *n*
sail ablegen *v* (des Schiffes) [tra]; segeln *v*
sailcloth Segeltuch *n* (zum Segelnähen) [met]
sailing ship Segelschiff *n* [tra]
sake Sinn *m* (im Sinne des Ganzen)
salaried angestellt (Mitarbeiter) [eco]
salary Gehalt *n* (Lohn)
salary accounting Gehaltsabrechnung *f* (Berechnung) [eco]
salary increase Gehaltserhöhung *f* [eco]
salary printout Gehaltsabrechnung *f* (Ausdruck) [eco]
sale Absatz *m* (Vertrieb) [eco]; Verkauf *m* [eco]; Vertrieb *m* [eco]
sale, point of - Verkaufsort *m* [eco]
sales Umsatz *m* (Wirtschaft) [eco]
sales activities Vertriebsaktivitäten *pl* [eco]
sales aid Verkaufshilfe *f* (Geldbetrag-Nachlass) [eco]
sales assistance Verkaufshilfe *f* (technische Hilfe) [eco]
sales commission Umsatzbeteiligung *f* [eco]; Verkaufshilfe *f* (finanzielle Zuwendung) [eco]
sales contract Kaufvertrag *m* [eco]
sales costs Vertriebskosten *pl* [eco]
sales engineer Verkaufsingenieur *m* [eco]; Vertriebsingenieur *m* [eco]
sales exposure Umsatzerlös *m* (der versicherten Firma) [jur]
sales manager Verkaufsleiter *m* (z.B. in Niederlassung) [eco]; Vertriebsleiter *m* [eco]
sales negotiations Verkaufsabschlussverhandlung *f* [eco]
sales net Verkaufsnetz *n* (überall vertreten) [eco]
sales packaging Verkaufsverpackung *f*
sales packaging, concept of - Verpackungsbegriff *m* [rec]
sales program Verkaufsprogramm *n* [eco]
sales prospects Marktchancen *pl* [eco]
sales record Umsatzrekord *m* [eco]
sales representative Vertriebsbeauftragter *m* [eco]
sales representative, commissioned - Handelsvertreter *m* [eco]
sales revenue Umsatzerlös *m* [eco]
sales slip Kassenbeleg *m* [eco]
sales tax Umsatzsteuer *f* [jur]
sales volume Verkaufsumsatz *m* [eco]
salicin Salicin *n* [che]
saliferous salzhaltig
salification Versalzung *f* (z.B. Rohre, Roste) [met]
saline salzhaltig; salzig
saline deposit Salzlagerstätte *f* [roh]
saline deposits Abraumsalze *pl* [rec]
saline lake Salzsee *m*
saline plant Salzpflanze *f*
saline soil Salzboden *m* [bod]
saline solution Salzlösung *f* [che]
saline spring Salzquelle *f*

saline water Salzwasser *n*
salinity Salzgehalt *m*
salinization Versalzung *f* [bod]
salinize versalzen *v*
salmonella Salmonelle *f* [bio]
salmonella poisoning Salmonellenvergiftung *f* [hum]
salon Salon *m* [bau]
salt Salz *n* [che]; Streusalz *n* (Straße) [rec]
salt salzen *v*
salt bath Salzbad *n* [prc]
salt bed Salzlager *n* [roh]
salt coal Salzkohle *f* [roh]
salt content Salzgehalt *m*
salt deposit Salzablagerung *f* [che]; Salzlagerstätte *f* [roh]; Salzlager *n* [roh]
salt desert Salzwüste *f*
salt dome Salzdom *m*
salt equilibrium Salzhaushalt *m* [hum]
salt formation Salzbildung *f*
salt layer Salzlager *n* [roh]
salt lick Salzlecke *f*
salt marsh Salzmarsch *f* [geo]
salt melt Salzschmelze *f*
salt mine Salzgrube *f*; Salzbergwerk *n* [roh]
salt pit Salzgrube *f*
salt production Salzgewinnung *f* [roh]
salt refuse Abfallsalz *n* [rec]
salt requirement Salzbedarf *m*
salt slag Salzschlacke *f* [rec]
salt solution Salzlösung *f* [che]
salt sweepings Kehrsalz *m* [rec]
salt tolerance Salzverträglichkeit *f*
salt vein Salzader *f*
salt water Sole *f*; wässrige Salzlösung *f* [was]; Salzwasser *n* [was]; Seewasser *n*
salt-free salzfrei; salzlos
salt-like salzartig
salt-water-proof salzwasserbeständig; seewasserbeständig
salting vehicle Streufahrzeug *n* [rec]
saltpeter ((A) siehe: saltpetre)
saltpetre Kalisalpeter *m* [che]; Salpeter *m* ((B) Chilesalpeter) [che]
saltpetre earth Salpetererde *f* [bod]
saltus Sprungstelle *f* (Funktion) [mat]
salty salzig
salvage Abfallverwertung *f* (Schiffswrack) [rec]; Altmaterialverwertung *f* [rec]; Bergung *f*
salvage abwracken *v* (Schiff, Bus, Lkw) [rec]; rückgewinnen *v* [rec]
salvage costs, early - vorgezogene Rettungskosten *pl*
salvage plant Bergungsanlage *f*
salvage value Schrottwert *m* [rec]
salvage vessel Bergungsschiff *n*
salvaged material Altmaterial *n* [rec]
salvaging Abwrackung *f* (eines Schiffes) [rec]
salvaging company Abwrackunternehmen *n* (Firma) [rec]
salvation Rettung *f*

samarium Samarium *n* (chem. El.: Sm) [che]
same size, of the - gleich groß; von gleicher Größe
sample Probe *f* (Probekörper) [any]; Probe *f* (Stichprobe) [any]; Probekörper *f* [any]; Stichprobe *f* [any]; Muster *n* (Probe); Probegut *n* [any]; Probestück *n* [any]; Warenmuster *n* [eco]
sample abfragen *v* (Messgerät) [any]; abtasten *v* [any]; bemustern *v*; eine Probe nehmen *v* [any]; Probe ziehen *v* [any]
sample cock Probierhahn *m* [tra]
sample material Probegut *n* [any]
sample of mixture Mischungsprobe *f* [any]
sample point Probeentnahmeort *m* [any]
sample preparation Probenvorbereitung *f* [any]
sample splitting Probenteilung *f* [any]
sample tube Probenahmestutzen *m* [any]
sample, average - Durchschnittsprobe *f*
sample, shape of - Probenform *f* [any]
sampler Probesonde *f* [any]; Auffangbehälter *m* [was]; Probenehmer *m* [any]
samples, taking - Probenahme *f* [any]
sampling Bemusterung *f*; Probeentnahme *f*; Probenahme *f* [any]; Stichprobenentnahme *f* [any]; Abtasten *n* [any]
sampling connection piece Probeentnahmestutzen *m* [any]
sampling control Abtastregelung *f* [any]
sampling device Probenahmeeinrichtung *f* [any]
sampling instrument Probenahmegerät *n* [any]
sampling oscilloscope Abtastoszilloskop *n* [any]
sampling point Entnahmestelle *f* [any]
sampling probe Entnahmesonde *f* [any]
sampling pulse Abtastimpuls *m* [any]
sampling rate Abtastrate *f* [any]
sampling spoon Rohrsonde *f* [any]
sanction Sanktion *f* [jur]
sanctuary Schutzgebiet *n*
sand Sand *m* [met]
sand absanden *v*; besanden *v*; sanden *v* [wer]; schleifen *v* (abscheiden) [wer]; schmirgeln *v* [wer]
sand aggregate Sandbestandteile *pl* [met]
sand casting Sandguss *m* [roh]
sand catch basin Sandfangbecken *n* [was]
sand catch pit Sandfangbecken *n* [was]
sand catcher Sandfang *m* [was]; Sandfang *m* [was]
sand cleaning Altsandaufbereitung *f* (Gießerei) [rec]
sand cushion Sandschicht *f* [bau]
sand down abschleifen *v* (glätten) [wer]; abschmirgeln *v* [wer]; abziehen *v* (glätten) [wer]
sand dune Sanddüne *f* [geo]
sand filling Sandschüttung *f* [bau]; Versandung *f* [bod]; Sandbett *n* [bod]
sand filter Sandfilterlage *f* [was]; Sandfilter *m* [was]; Kiesfilter *n* [was]
sand filtration Sandfiltration *f* [was]
sand glass Sanduhr *f*
sand grain Sandkorn *n*
sand ground Sandboden *m* [bod]
sand holder Sandfang *m* [was]

sand mining Sandabbau *m* [roh]; Sandgewinnung *m* [roh]
sand off abschleifen *v* (Holz); abschmirgeln *v* [wer]
sand pipe Sandabfallrohr *n* (an Lok) [tra]; Sandrohr *n* (an Lok) [tra]
sand quarry Sandgrube *f* [roh]
sand reclamation Sandaufbereitung *f* [roh]
sand recovery Sandaufbereitung *f* [roh]
sand silting Versandung *f* [bod]
sand stratum Sandschicht *f* [geo]
sand surfacing Besandung *f*
sand trap Sandabscheider *m* [was]; Sandfang *m* [was]
sand underlay Sandschicht *f* [bau]; Sandbett *n* [bod]
sand yellow sandgelb (RAL 1002) [nor]
sand, airborne - Flugsand *m* [air]
sand-bar Nehrung *f*
sand-lime block Kalksandstein *m* [met]
sand-lime brick Kalksandstein *m* [met]
sand-limestone Sandkalkstein *m* [min]
sandbag Sandsack *m*
sandbank Sandbank *f* [bod]
sandblast Sandstrahl *m* [wer]
sandblast abstrahlen *v* (Sandstrahl); putzen *v* (durch Sandstrahlen) [wer]; sandstrahlen *v* [wer]
sandblast plant Sandstrahlanlage *f* [wer]
sandblasted sandgestrahlt [wer]
sandblasting Abstrahlen *n* (Sandstrahl); Putzen *n* (Sandstrahlen) [wer]; Sandstrahlen *n* [wer]
sandblasting device Sandstrahlgerät *n* [wer]
sandbox Sandkasten *m* (an Lok) [tra]
sander Sandrohr *n* (an Lok) [tra]
sanding belt Schleifband *n* [wer]
sanding sealer Autospachtel *f*
sanding skip Fehlstelle *f* [met]
sandlike sandartig
sandpaper Sandpapier *n* (Schmirgelpapier) [met]; Schmirgelpapier *n* [wzg]
sandpaper abschleifen *v* (mit Sandpapier)
sandpit Sandgrube *f* [roh]
sands Sandbank *f* [bod]
sandstone Sandstein *m* [geo]
sandstorm Sandsturm *m*
sandwich mehrschichtig [met]
sandwich Schichtwerkstoff *m* [met]
sandwich construction Sandwichbauweise *f* [tec]; Verbundbauweise *f*
sandwich core Sandwichkern *m* [tec]
sandwich panel Verbundplatte *f* [met]
sandwich plate Verbundblech *n* [tec]
sandy sandartig; sandhaltig; sandig
sandy beach Sandstrand *m*
sandy limestone Kalksandstein *m* [geo]
sandy marl Sandmergel *m* [bod]
sandy soil Sandboden *m* [bod]
sanitary hygienisch [hum]; sanitär
sanitary building drain Gebäudeabflussleitung *f* [was]; Hausentwässerungsleitung *f* [was]
sanitary cleaner Sanitärreiniger *m* [che]

sanitary engineering Gesundheitstechnik *f* [hum]; Sanitärtechnik *f* [bau]
sanitary facilities sanitäre Einrichtung *f* [bau]
sanitary fixture sanitäre Einrichtung *f* [bau]
sanitary installation sanitäre Anlage *f*
sanitary installations sanitäre Einrichtung *f* [bau]
sanitary item Hygieneartikel *m* [hum]
sanitary landfill Deponie *f* ((A)) [rec]; geordnete Deponie *f* ((A)) [rec]
sanitary regulation Gesundheitsvorschrift *f* [hum]
sanitary science Hygiene *f* [hum]
sanitary sewage Abwässer *pl* [was]; häusliche Abwässer *pl* [was]
sanitary sewer Entwässerungsleitung *f* [was]; Entwässerungssammelleitung *f* [was]; Schmutzwasserkanal *m* [was]
sanitary technology Sanitärtechnik *f* [bau]
sanitary tee Abwasserabzweigstück *n* [was]
sanitation Gesundheitspflege *f* [hum]; sanitäre Einrichtung *f* [bau]; Sanitärtechnik *f* [bau]; Stadtreinigungsamt *n* ((A) Müllabfuhr) [rec]
sanitation control Gesundheitsvorsorge *f* [hum]
sanitation system sanitäre Gebäudeinstallation *f* [bau]; Sanitärinstallation *f* [bau]
sanitizer Desinfektionsmittel *n* [hum]
sanitizing equipment Hygienisierungsanlage *f* [hum]
sap Baumsaft *m* [bff]; Saft *m* [bff]
saponification Seifenbildung *f* [che]
saponification by lime Kalkverseifung *f* [che]
saponify verseifen *v* [che]
saponifying Verseifen *n* [che]
sapphire blue saphirblau (RAL 5003) [nor]
sash Riemen *m*
sash bar Fenstersprosse *f* [bau]; Sprosse *f* (z.B. der Leiter)
sash frame Fensterzarge *f* [bau]
sash window Schiebefenster *n* [bau]
satellite Satellit *m*
satellite picture Satellitenbild *n*
satellite receiving equipment Satellitenempfangsanlage *f* [edv]
satellite television Satellitenfernsehen *n* [edv]
satellite town Satellitenstadt *f*; Trabantenstadt *f*
satellite transmission Satellitenübertragung *f* [edv]; Satellitenfunk *m* [edv]
satisfy genügen *v*
satisfy conditions den Bedingungen genügen *v*
saturate durchtränken *v*; imprägnieren *v* (sättigen) [wer]; sättigen *v* [che]; tränken *v* (sättigen)
saturated gesättigt
saturated air gesättigte Luft *f* [air]
saturated compound gesättigte Verbindung *f* [met]
saturated fat gesättigtes Fett *n* [che]
saturated hydrocarbon gesättigter Kohlenwasserstoff *m* [che]
saturated mode Sättigungszustand *m* [phy]
saturated solution gesättigte Lösung *f* [met]
saturated steam gesättigter Dampf *m*; Sattdampf *m* [pow]

saturated vapour pressure gesättigter Dampfdruck *m*; Sättigungsdruck *m* [phy]
saturated with water wassergesättigt
saturated, fully - vollangesteuert [elt]
saturated-steam operation Sattdampfbetrieb *m* [pow]
saturated-steam turbine Sattdampfturbine *f* [pow]
saturating Sättigen *n* [che]
saturating plant Imprägnieranlage *f* [prc]
saturation Farbsättigung *f* [opt]; Imprägnierung *f* [wer]; Sättigung *f* [che]
saturation agent Imprägniermittel *n* [met]
saturation capacity Sättigungskapazität *f*
saturation curve Sättigungskurve *f* [phy]
saturation factor Sättigungsfaktor *m* [elt]
saturation limit Sättigungsgrenze *f*
saturation of air Luftsättigung *f*
saturation point Sättigungspunkt *m* [phy]
saturation pressure Sättigungsdruck *m* [phy]
saturation region Sättigungsbereich *m*
saturation temperature Sättigungstemperatur *f*; Taupunkt *m* [phy]
saturation, state of - Sättigungszustand *m* [phy]
saturator Sättiger *m* [che]; Sättigungsapparat *m* [prc]
saturator pit Sättigergrube *f* [che]
saturnism Bleivergiftung *f* [hum]
saucer head screw Flachrundschraube *f* [tec]
save ausgenommen (außer)
save bergen *v* (retten); einsparen *v*; erlösen *v*; retten *v*; schützen *v* (sichern); sichern *v* [edv]; sparen *v*; speichern *v* (abspeichern, sichern) [edv]
saving Bergung *f*; Einsparung *f*
saving in energy Energieersparnis *f* [pow]
saving in material Materialersparnis *f*
saving in space Raumersparnis *f*
saving in work Arbeitseinsparung *f*
saving lamp Sparlampe *f* [pow]
saving of current Stromeinsparung *f* [elt]; Stromersparnis *f* [elt]
saving of energy Energieeinsparung *f* [pow]
saving of material Materialeinsparung *f* [eco]
saving of power Kraftersparnis *f*
saw Säge *f* [wzg]
saw sägen *v* [wer]
saw bench Sägebank *f* [wzg]
saw blade Sägeblatt *n* [wzg]
saw bow Sägebügel *m* [wzg]
saw for mitre cutting Gehrungssäge *f* [wzg]
saw into einsägen *v*
saw off absägen *v*
saw through durchsägen *v* [wer]
saw up zersägen *v* [wer]
saw web Sägeblatt *n* [wzg]
saw-cut Sägeschnitt *m* (mit Säge geschnitten) [wer]
sawbuck Sägebock *m* [wzg]
sawdust Holzmehl *n* [met]; Sägemehl *n* [rec]; Sägespäne *pl* (Sägemehl) [rec]
sawhorse Sägebock *m* [wzg]
sawing machine Sägemaschine *f* [wer]

sawmill Sägemühle f (Sägewerk, klein) [wer]; Sägewerk n [wer]
sawn timber Schnittholz n [met]
sawtooth Sägezahn m [wzg]
sawtooth generator Sägezahngenerator m [elt]
say reden v
scabble abschlagen v [bau]
scaffold Baugerüst n [bau]; Gerüst n [bau]
scaffold einrüsten v [wer]; rüsten v (Gerüst)
scaffold clamp Gerüstklammer f [tec]
scaffold crossbar Gerüstriegel m [tec]
scaffolder Gerüstbauer m [bau]
scaffolding Einrüstung f; Gerüstbau m [bau]; Baugerüst n [bau]; Gerüst n [bau]
scaffolding, put up - einrüsten v [wer]
scalar Skalar m [mat]
scald brühen v
scalding Brühen n
scale maßstabsgerecht [con]; maßstäblich [con]
scale Gradeinteilung f [any]; Skala f [any]; Maßstab m (Zeichnung); Sinter m; Tarif m [eco]; Zunder m (z.B. Walzzunder) [roh]; Größenverhältnis n (Maßstab); Maß n (Maßstab)
scale abblättern v (abschuppen); abbröckeln v (abblättern); abschuppen v; schuppen v; skalieren v; zundern v [met]
scale division Skalenteilung f [any]; Skalenteilstrich m [any]
scale down verkleinern v (maßstabgetreu) [con]
scale expansion Tiefenlupe f [any]
scale factor Maßstabsfaktor m [con]
scale interval Skalenintervall n [any]
scale line Teilstrich m [any]
scale marker Skalenanzeiger m [any]
scale model maßstabgerechtes Modell n [con]; Maßstabsmodell n [con]
scale off ablösen v (abschälen)
scale paper Millimeterpapier n [con]
scale pointer Skalenanzeiger m [any]
scale range Messbereich m [any]
scale rate Tarifpreis m [eco]
scale reading Skalenablesung f [any]
scale ruler Maßstab m (Messen) [any]
scale salary Tarifgehalt n [eco]
scale unit Maßeinheit f [any]
scale up vergrößern v (maßstabgetreu) [con]
scale, hot - Glührückstand m (Metall) [rec]
scale, in - maßstabgerecht
scale, large - Großformat n
scale, not to - nicht maßstäblich [con]; unmaßstäblich [con]
scale, reduced - verkleinerter Maßstab m [con]
scale, true to - maßstäblich [con]
scale-up Vergrößerung f
scaler Zähleinrichtung f [any]; Untersetzer m (elektrischer Untersetzer) [elt]
scales Waage f [any]; Wiegevorrichtung f; Zunderstücke pl [met]
scaling Zunderbildung f [met]; Abblättern n (Mörtel, Beton) [bau]
scaling loss Abbrand m (Abbrandrest) [met]
scaling off Abschälen n
scaling up Modellübertragung f
scallop Randverwerfung f [met]
scalp absieben v [prc]
scalped geschält [wer]
scalper Grobsieb n
scalping Vorabsiebung f [roh]
scalpings Waschberge pl (im Kohlenbergbau) [roh]
scan abfragen v (abtasten); abgreifen v (abtasten) [any]; abtasten v [any]
scan display Abtastbild n [edv]
scan head Abtastkopf m [any]
scan rate Abtastrate f [any]
scandium Scandium n (Sc) [che]
scanner Abtasteinrichtung f [any]; Abtastvorrichtung f [any]; Abtaster m [any]; Detektor m [any]; Scanner m [edv]; Taster m [any]; Abtastgerät n [any]
scanning Abfrage f (Abtasten) [any]; Abtastung f [any]; Rasterung f; Abtasten n [any]
scanning beam Abtaststrahl m [any]; Taststrahl m [any]
scanning channel Prüfkanal n [any]
scanning cycle Prüffolge f [any]
scanning density Prüfdichte f [elt]
scanning device Abtastgerät n [any]
scanning edge Abziehkante f [any]
scanning electron microscope Rasterelektronenmikroskop n [any]
scanning frequency Prüffrequenz f [elt]
scanning head Prüfkopf m [any]
scanning head, rotating - Prüfblock m (Erfassungseinheit) [any]
scanning helix Abtastspirale f [any]
scanning sensitivity Prüfempfindlichkeit f [any]
scanning site Prüfort m [any]
scanning speed Abtastgeschwindigkeit f [any]
scanning system Abtastsystem n [any]
scanning track Prüfspur f [elt]
scanning tube Prüfrohr n [any]
scanning zone Prüfzone f [any]
scanning, automatic - automatische Abtastung f [any]
scanty knapp (spärlich)
scar Narbe f
scar vernarben v
scarce knapp (selten); rar
scarcity Knappheit f
scarf abschrägen v (Vorbereitung der Schweißnaht) [wer]
scarf joint Verbindungsstoß m (Schweißnaht) [wer]
scarification material, road - Straßenaufbruchmaterial n [rec]
scarifier Aufreißer m (geringe Eindringtiefe) [mbt]
scarlet knallrot
scarp steil abböschen v [bod]
scarred narbig
scatter Streuung f (Strom) [elt]

scatter streuen *v*; verteilen *v* (verstreuen)
scatter band Streuband *n* (Streubereich) [any]
scatter range Streubereich *m* [any]
scattered diffus (verstreut, zerstreut); spärlich; verweht (in alle Winde; verstreut)
scattered light Streulicht *n* [opt]
scattered radiation Streustrahlung *f* [opt]
scattering Streuung *f* (Licht) [opt]
scattering angle Streuungswinkel *m* [phy]
scattering coefficient Streukoeffizient *m* [elt]
scattering matrix Streumatrix *f* [elt]
scattering, acoustic - akustische Streuung *f* [aku]
scavenge spülen *v*
scavenge line Rückführleitung *f* (Rückspülleitung) [prc]
scavenge pump Absaugpumpe *f* [was]; Spülpumpe *f* [tra]
scavenger pump Rückspülpumpe *f* [prc]
scavenging Spülung *f*
scene of the accident Unfallort *m* [tra]
scent Duftstoff *m* [met]; Geruch *m*
scent test Geruchstest *m* [any]; Riechtest *m* [any]
scentless geruchlos
schedule Aufstellung *f* (Liste); Liste *f* (Tabelle); Planung *f*; Schema *n* (Zeitplan); Verzeichnis *n*
schedule planen *v* (zeitlich)
schedule monitoring Terminüberwachung *f*
schedule of work Arbeitsverzeichnis *n*
schedule performance Ablauf *m* (von Terminen)
schedule plan Terminplan *m*
schedule, on - planmäßig (genau nach Plan); termingerecht
scheduled planmäßig
scheduled flight Linienflug *m* [tra]
scheduled service Liniendienst *m*
scheduled services Linienverkehr *m* [tra]
scheduled value Sollwert *m*
scheduling Terminplanung *f*
scheduling, sequential - Folgeverarbeitung *f* [eco]
schematic schematisch
schematic Zeichnung *f* (Skizze) [con]
schematic diagram schematische Darstellung *f*; Prinzipschaltbild *n* [con]
schematics Anordnungsplan *m* [con]
schematize schematisieren *v*
scheme Anordnung *f* (Schema); Plan *m* (Zeichnung); Programm *n* (zeitlich); Projekt *n*; Schema *n* (Übersicht)
schist Schiefer *m* [geo]
schistous schieferartig [geo]
schliere Schliere *f* [opt]
school Schule *f*
school year Schuljahr *n*
science Lehre *f* (Theorie); Wissenschaft *f*
science centre Technologiezentrum *n*
science park Technologiepark *m*
scientific naturwissenschaftlich; wissenschaftlich
scientific literature Fachliteratur *f*
scientific research Naturforschung *f*

scientifically designed durchkonstruiert
scientist Wissenschaftler *m*
scintigram Szintigramm *n* [any]
scintillation Szintillation *f* [any]
scintillation counter Szintillationszähler *m* [any]
scintillation spectrometer Szintillationsspektrometer *n* [any]
scintillator Szintillator *m* [any]
scission Spaltung *f*
scissor lift Scherenhebebühne *f* [wer]
scissor type jack Scherenheber *m* [wer]
scissors Schere *f* (in Haushalt, Schneiderei) [wzg]
scissors-type jack Scherenheber *m* [tec]
scleroscope test Fallhärteprüfung *f* [any]
scoop Schaufel *f* (Schippe); Schöpfgefäß *n*
scoop schaufeln *v* (Kelle, Bagger) [mbt]; schöpfen *v*
scoop wheel Schöpfrad *n*; Wurfrad *n* [prc]
scope Aufgabenstellung *f*; Gültigkeit *f*; Reichweite *f*; Bereich *m* (Ausdehnung); Bereich *m* (Fachgebiet); Geltungsbereich *m*; Gültigkeitsbereich *m*; Rahmen *m* (Umfang); Umfang *m* (Ausmaß, Lieferumfang); Anwendungsgebiet *n*
scope of supply, responsibilities of - Lieferabgrenzung *f* [eco]
scorch sengen *v*; versengen *v*
scorching heat Glühhitze *f* [met]
score abreiben *v* (kerben, kratzen); einkerben *v* (Kerbe herstellen) [wer]; einritzen *v*; einschneiden *v* (einkerben); ritzen *v* (anzeichnen, aufzeichnen) [wer]
scoria Schlacke *f* [rec]
scoria brick Schlackenstein *m* [met]
scoriaceous schlackenartig [rec]; schlackenreich
scorify verschlacken *v* [prc]
scorper Flacheisen *n* [wzg]
scour Auswaschung *f* [was]; Unterspülung *f* [was]
scour abbeizen *v* [che]; abbrennen *v* (Metall) [wer]; ausspülen *v* (scheuern) [was]; auswaschen *v* (scheuern) [was]; entzundern *v* [met]; reiben *v* (scheuern); reinigen *v* (putzen); scheuern *v* (blank putzen); spülen *v*; unterspülen *v* [was]
scoured gewaschen [wer]
scouring Abbeizung *f* [che]; Abschwemmung *f* [was]; Ausspülung *f* (Ausspülen) [was]; Auswaschung *f* [was]; Entzunderung *f* [met]; Unterspülung *f* [was]; Auswaschen *n* [was]; Entfetten *n* (Wolle)
scouring agent Scheuermittel *n* [met]
scouring cloth Putzlappen *m*
scouring liquor Waschlauge *f* [met]
scouring powder Scheuerpulver *n* [met]
scouring vehicle Spülfahrzeug *n* [rec]
scouring vehicle, high-pressure - Hochdruckspülfahrzeug *n* [tra]
scow Schute *f* (Kahn; geschleppt) [tra]
scrap Makulatur *f* [rec]; Abbruch *m* (Material); Abfall *m* (Schrott) [rec]; Ausschuss *m* (Schrott) [rec]; Bearbeitungsschrott *m* [met]; Schrott *m* [rec]; Verschnitt *m* (Restmaterial, Schrott) [rec]; Schnipsel *n*; Schnitzel *n*

scrap abwracken *v* [rec]; ausrangieren *v* [rec]; verschrotten *v* [rec]
scrap baling press Schrottpaketierungsanlage *f* [rec]; Schrottpresse *f* [rec]
scrap brass tubes Messingrohrschrott *m* [rec]
scrap coke Abfallkoks *m* [rec]; Koksabfall *m* [rec]
scrap containing heavy metals schwermetallhaltiger Schrott *m* [rec]
scrap copper Altkupfer *n* [rec]
scrap crushing plant Schrottzerkleinerungsanlage *f* [rec]
scrap dealer Schrotthändler *m* [rec]
scrap grab Schrottgreifer *m* [rec]
scrap grapple Schrottgreifer *m* (am Stapler) [mbt]
scrap heap Abfallhaufen *m* [rec]; Schrotthaufen *m* [rec]
scrap iron Eisenabfall *m* [rec]; Eisenschrott *m* [rec]; Abfalleisen *n* [rec]; Alteisen *n* [rec]
scrap metal Metallabfall *m* [rec]; Metallschrott *m* [met]; Schrott *m* [rec]; Altmetall *n* [rec]
scrap metal, recycling of - Altmetallrecycling *n* [rec]
scrap of paper Papierschnitzel *pl*
scrap preparation Schrottaufbereitung *f* [rec]
scrap preparation plant Schrottaufbereitungsanlage *f* [met]
scrap recovery Abfallverwertung *f* [rec]
scrap recycling Schrottverwertung *f* [rec]
scrap recycling plant Schrottrecyclinganlage *f* [rec]
scrap rubber Abfallgummi *m* [rec]; Altgummi *m* [rec]
scrap shears Schrottschere *f* [wer]
scrap shredder Schrottshredder *m* [wer]
scrap smelting Schrottverhüttung *f* [rec]
scrap stockyard Schrottlagerplatz *m* [rec]; Schrottplatz *m* [rec]
scrap transshipping plant Schrottverladeanlage *f* [rec]
scrap value Restwert *m* (Schrottwert) [eco]; Schrottwert *m* [rec]
scrap, utilization of - Altmaterialverwertung *f* [rec]
scrape kratzen *v* (entfernen); schaben *v* (z.B. mit Scraper) [wer]; schürfen *v* (schaben, wie Scraper) [mbt]; zusammenkratzen *v*
scrape out auskratzen *v* (entfernen) [wer]
scraped gekratzt (Putz) [bau]
scraped-surface heat exchanger Kratzwärmeaustauscher *m* [pow]
scraper Abstreifer *m* [bau]; Abstreifring *m* [tec]; Erdhobel *m* [mbt]; Erdlader *m* [bau]; Kratzer *m* (Schaber); Molch *m* (Rohrleitungsprüfung) [any]; Schaber *m* [mbt]; Schrapper *m* [wer]; Schürfkübellader *m* [mbt]; Schürflader *m* [mbt]; Schabeisen *n* [rec]; Schlichteisen *n* [wzg]
scraper body Schürfkübel *m* [mbt]
scraper loader Kratzlader *m* [mbt]
scraper ring Abstreifer *m* [bau]; Abstreifring *m* [tec]; Schmutzring *m* [tec]
scraper trailer Anhängeschürfkübel *m* [mbt]

scraping edge Abstreifkante *f* (Abstreifring) [tec]
scraping implement Schürfgerät *n* [roh]
scraping iron Kratzeisen *n* [wzg]
scraping off Abkratzen *n* [bau]
scraping plant Räumanlage *f*
scrapings Krätze *f* [rec]; Schabsel *pl* [rec]
scrapping Verschrottung *f* [rec]
scrapyard Schrottplatz *m* (z.B. Autoverwertung) [rec]
scratch Ritz *m*
scratch einkratzen *v*; einritzen *v*; kratzen *v*; ritzen *v* (kratzen) [wer]
scratch area Arbeitsbereich *m* (Speicher) [edv]
scratch brush Kratzbürste *f* [wzg]
scratch coat Unterputz *m* [bau]
scratch diskette Arbeitsdiskette *f* [edv]
scratch hardness Ritzhärte *f* [met]
scratch resistance Ritzhärte *f* [met]
scratch test Ritzversuch *m* [any]
scratch-proof kratzfest
scratch-resistant kratzfest
scratchable ritzbar
scrawling Schmiererei *f*
scree Geröllhalde *f* [geo]; Schutthalde *f* (Geröll) [geo]
screed Estrich *m* [bau]
screed mortar Estrichmörtel *m* [met]
screen Abschirmung *f* (Schutz) [elt]; Rasterung *f*; Schutzhaube *f*; Bildschirm *m* [elt]; Rechen *m* [was]; Rost *m* (Trägerrost); Schirm *m*; Drahtgitterschutz *n*; Gitter *n* (Drahtnetz) [met]; Schutzblech *n*; Sieb *n* [prc]
screen abblenden *v* (Licht) [opt]; abschirmen *v* (schützen) [elt]; absieben *v* [prc]; aussieben *v* [prc]; durchleuchten *v*; durchsehen *v* (sichten); durchsieben *v*; klassieren *v* (sieben) [prc]; rasten *v* (rastern, mit Raster versehen) [wer]; rastern *v* (Buch, mit Raster versehen) [wer]; scheiden *v* (mechanisch); schützen *v* (abschirmen); sieben *v*; überprüfen *v* (Vorleben eines Menschen)
screen analysis Korngrößenanalyse *f* (Siebanalyse) [any]
screen centrifuge, oscillating - Schwingsiebzentrifuge *f* [prc]
screen cleaner Rechenreiniger *m* [was]; Reinigungsrechen *m* [was]
screen cleaning machine Rechenreinigungsmaschine *f* [was]
screen cloth Siebbelag *m* [prc]; Siebgewebe *n* [met]
screen current Schirmgitterstrom *m* [elt]
screen deck Siebboden *m* [prc]
screen diagonal Bildschirmdiagonale *f* [elt]
screen display Abbildung *f* (auf Bildröhre) [edv]
screen door Gazetür *f* [bau]
screen drier Siebtrockner *m* [prc]
screen flicker Bildschirmflimmern *n* [elt]
screen frequency Bildschirmfrequenz *f* [elt]
screen grid Schutzgitter *n*
screen guard Sicherheitsgitter *n* (Arbeitssicherheit) [tec]

screen handling Bildschirmarbeit *f*
screen height Bildschirmhöhe *f*
screen mesh Siebgewebe *n* [met]
screen mode Bildschirmmodus *m* (Software) [edv]
screen out absieben *v* [prc]
screen oversize Grobkorn *n* (Sieben); Überkorn *n*
screen page Bildschirmseite *f* [edv]
screen pattern triggering Anzeigenauslösung *f* [elt]
screen plate Siebplatte *f* [prc]; Siebblech *n* [met]
screen rake Rechenreiniger *m* [was]
screen refresh frequency Bildwiederholrate *f* (Bildschirm) [edv]
screen saver utility Bildschirmschoner *m* (Software) [edv]
screen size Bildschirmgröße *f* [elt]; Sieböffnung *f* [prc]
screen surface Bildschirmoberfläche *f* (Software) [edv]
screen undersize Unterkorn *n* (beim Sieben)
screen undersize aggregate Feinkorn *n*
screen wire Maschendraht *m* (Sieb)
screen work Bildschirmarbeit *f*
screen-belt drier Laufbandtrockner *m* [prc]; Siebbandtrockner *m* [prc]
screened abgeschirmt [elt]; gefiltert (gesiebt); geschützt (abgeschirmt) [elt]; gesiebt [prc]
screened cable abgeschirmtes Kabel *n* [elt]
screened circuit abgeschirmte Leitung *f* [elt]
screened cyclone arrangement Zyklon mit Fangschirm *m* [pow]
screened line abgeschirmte Leitung *f* [elt]
screened ore Scheideerz *n* [met]
screener Siebmaschine *f* [prc]
screening Abschirmung *f* (Schutz (Kabel)) [elt]; Abschirmung *f* (unerwünschter Materie) [met]; Klassierung *f* [prc]; Kornklassierung *f* [prc]; Rasterung *f*; Sichten *n*
screening analysis Siebanalyse *f* [any]
screening belt Siebband *n* [prc]
screening chamber Rechenhaus *n* [was]
screening disc Abschirmteller *m* [prc]
screening drum Siebtrommel *f* [prc]
screening fraction Siebfraktion *f*
screening incineration Rechengutverbrennung *f* [was]
screening installation Siebanlage *f* [prc]
screening magnet Scheidemagnet *m*
screening material Siebgut *n*
screening plant Absiebanlage *f* [prc]; Rechenanlage *f* [was]; Siebanlage *f* [prc]
screening plate Siebblech *n* [met]
screening ring Abschirmring *m*
screening shredder Rechengutzerkleinerer *m* [was]
screening test Ausleseprüfung *f*
screening unit Siebanlage *f* [prc]
screenings Rechenrückstand *m* (Wasserreinigung) [was]; Siebdurchgang *m* [prc]; Siebrückstand *m*; Rechengut *n* [was]; Siebgut *n*
screw Schnecke *f* [tec]; Schraube *f* (Propeller) [tra]; Schraube *f* (z.B. Sechskantschraube) [tec]; Propeller *m* (Schiff) [tra]

screw anziehen *v* (Schraube) [wer]; schrauben *v* [wer]; verschrauben *v* [wer]
screw anchor Schraubanker *m* [bau]
screw and washer assembly Kombischraube *f* [tec]
screw backed off Schraube, leicht gelöst - *f* [tec]
screw base Schraubsockel *m* [elt]
screw bolt Schraubenbolzen *m* (Schraube ohne Mutter) [tec]
screw brake Spindelbremse *f* [tec]
screw brush Schneckenbesen *m* [tra]
screw bush Gewindehülse *f* [tec]; Gewindemuffe *f* [tec]
screw cap Schraubkappe *f* [tec]; Überwurfmutter *f* [tec]; Schraubdeckel *m*; Schraubverschluss *m* [tra]
screw cap retention Bügelsicherung *f* [tec]
screw chaser Gewindestrehler *m* [wzg]
screw clamp Schraubklemme *f* [elt]; Schraubzwinge *f* [wzg]
screw closure Schraubverschluss *m* [tec]
screw compressor Schraubenverdichter *m* [prc]
screw connection Gewindeverbindung *f* [tec]; Schraubverbindung *f* [tec]; Verschraubung *f* [tec]
screw connection, angular - Winkelverschraubung *f* [tec]
screw conveyor Förderschnecke *f* [prc]; Schneckenförderer *m* [prc]; Schraubenförderer *m* [prc]
screw conveyor pump Transportschneckenpumpe *f* [prc]
screw coupling Schraubenkupplung *f* (am Waggon) [tra]; Schraubkupplung *f* [tra]; Schraubenanschluss *m* [tec]
screw coupling, angled - Winkelverschraubung *f* [tec]
screw coupling, angular - Winkelverschraubung *f* [tec]
screw cutting machine Gewindeschneidmaschine *f* [wzg]
screw dislocation Schraubenversetzung *f* [tec]
screw dog Schraubenführungsklaue *f* [tec]
screw dowel Schraubdübel *m* [bau]
screw drier Schneckentrockner *m* [prc]
screw drive Schneckenantrieb *m* [tec]
screw extruder Schneckenpresse *f* [prc]; Schneckenstrangpresse *f* [prc]
screw fastening Schraubbefestigung *f* [tec]; Schraubverbindung *f* [tec]; Verschraubung *f* [tec]
screw fitting Verschraubung *f* [tec]
screw fixing Verschraubung *f* [tec]
screw flight Schneckensteg *m* [tec]
screw gear Schraubenrad *n* [tec]
screw head Schraubenkopf *m* [tec]
screw helical gear Schraubenrad *n* [tec]
screw hole Schraubloch *n* [tec]
screw hook Hakenschraube *f* [tec]
screw in eindrehen *v* [wer]; einschrauben *v* [wer]
screw jack Schraubspindel *f* [tec]
screw jack gear unit Schraubenspindelgetriebe *n* [tec]

screw joint Schraubenverbindung *f* [tec]; Schraubkupplung *f* (Verschraubung) [tec]; Schraubverbindung *f* [tec]; Verschraubung *f* [tec]
screw joint, angular - Winkelverschraubung *f* [tec]
screw lid Schraubdeckel *m* [tec]
screw lifting jack Schraubwinde *f* [tec]
screw locking device Schraubensicherung *f* [tec]; Schraubsicherung *f* [tec]
screw mixer Schneckenmischer *m* [prc]
screw mixer, vertical - Schneckenmischer *m* [prc]; Umlaufschneckenmischer *m* [prc]
screw neck Schraubstutzen *m* [tra]
screw nut Schraubenmutter *f* [tec]; Spindelmutter *f* [tec]
screw off abdrehen *v* (abschrauben) [wer]; abschrauben *v* (lösen); ausschrauben *v* [wer]; herausschrauben *v* [wer]
screw on anschrauben *v*; aufschrauben *v* (befestigen) [wer]; festschrauben *v* [wer]; Schraube anziehen *v* [wer]; zuschrauben *v*
screw open aufschrauben *v* (lösen) [wer]
screw pin Spindel *f* [tec]
screw pitch Gewindesteigung *f* [con]
screw plug Verschlussschraube *f* [tec]; Gewindestopfen *m* [tec]
screw press Schraubenpresse *f* [prc]; Spindelpresse *f* [prc]
screw pressure lubricator Schmierbüchse *f* [tec]
screw pump Schneckenpumpe *f* [prc]
screw retainer Sperrkantscheibe *f* [tec]
screw shackle Spannschloss *n* [tec]
screw slackened Schraube gelockert *f* [tec]
screw sleeve Schraubmuffe *f* [tec]
screw socket Gewindebuchse *f* [tec]; Gewindebuchse *f* [tec]; Schraubfassung *f* [elt]
screw spike Schwellenschraube *f* [tra]
screw spindle Schraubenspindel *f* [tec]
screw tap Gewindebohrer *m* [wzg]
screw terminal Schraubklemme *f* [elt]
screw thread Schneckengewinde *n* [tec]; Schraubengewinde *n* [tec]
screw thread basing on the inch system Zollgewinde *n* [tec]
screw tight festschrauben *v* [wer]
screw tip Schneckenspitze *f* [tec]
screw together verschrauben *v* [wer]; zusammenschrauben *v* [wer]
screw tool Gewindestahl *m* [wzg]
screw top Schraubdeckel *m*
screw trough pump Schneckentrogpumpe *f* [prc]
screw unscrewed Schraube herausgeschraubt *f* [tec]
screw wheel Schneckenrad *n* [tec]
screw, adjusting - Berichtigungsschraube *f*; Einstellschraube *f* [tec]; Justierschraube *f*; Klemmschraube *f* [tec]; Stellschraube *f* [tec]; Verstellschraube *f* [tec]
screw, loose - lockere Schraube *f* [tec]
screw-acted arresting brake Spindelfeststellbremse *f* (P- und G-Wagen) [tra]

screw-conveyor drier Spiralbandtrockner *m* [prc]
screw-conveyor extractor Schneckenextraktor *m* [prc]
screw-couple verschrauben *v* [wer]
screw-down stroke Anstellweg nach unten *m* [tec]
screw-flight heat exchanger Schneckenwärmeaustauscher *m* [pow]
screw-in element Einschraubteil *n* [tec]
screw-on adapter Anschraubstück *n* [tec]
screw-on foot Schraubfuß *m* [tec]
screw-on pipe coupling Aufschraubverschraubung *f* (Rohrverschraubung) [tec]
screw-on socket Überschraubmuffe *f* [tec]
screw-operated spindelbetätigt *f* [tec]
screw-threaded connection Schraubverbindung *f* [tec]
screw-top Schraubverschluss *m* [tec]
screw-type extrusion machine Schneckenstrangpresse *f* [prc]
screw-type garbage truck Schneckentrommelmüllwagen *m* ((A)) [rec]
screw-type refuse-collection vehicle Schneckentrommelmüllwagen *m* ((B)) [rec]
screw-type retainer Schraubsicherung *f* [tra]
screw-type sleeve Schraubhülse *f* [tec]
screw-up stroke Anstellweg nach oben *m* [tec]
screw-wrench Schraubenschlüssel *m* [wzg]
screwable verschraubbar [wer]
screwdriver Schraubendreher *m* [wzg]; Schraubenzieher *m* (jetzt: Schraubendreher) [wzg]; Schrauber *m* [wzg]
screwed geschraubt [wer]; verschraubt [wer]
screwed attachment Schraubbefestigung *f* [tec]
screwed bayonet lock Bajonettschraubverschluss *m* [tec]
screwed bush Gewindebuchse *f* [tec]
screwed connection Verschraubung *f* [tec]; Gewindeanschluss *m* [tec]
screwed coupler Gewindemuffe *f* [tec]
screwed fitting Schraubmuffe *f* [tec]; Gewindefitting *n* [tec]; Schraubfitting *n* [tec]
screwed flange Gewindeflansch *m* [tec]; Schraubflansch *m* [tec]
screwed joint Schraubverbindung *f* [tec]; Verschraubung *f* [tec]
screwed nipple Gewindenippel *m* [tec]
screwed pin Gewindestift *m* [tec]
screwed pipe fitting Rohrverschraubung *f* [tec]
screwed sleeve joint Schraubmuffenverbindung *f* [tec]
screwed socket Einschraubstutzen *m* [tec]
screwed spindle Gewindespindel *f* [tec]
screwed-gland joint Schraubmuffenverbindung *f* [tec]
screwhead Schraubenkopf *m* [tec]
screwing Verschraubung *f* [tec]
screwing element Verschraubungselement *n* [tec]
screwing jack Spindelwinde *f* [mbt]
scribe anreißen *v* (mit Stift) [con]; reißen *v* (anreißen) [con]

scribed angerissen [con]
scriber Reißnadel *f* [con]
scriber test Reißnadelprüfung *f* (Prüfung Nahtdichtheit) [any]
scrim Gelege *n* (Kunststoffbahnen)
script Schreibschrift *f* (Textverarbeitung); Schrift *f*; Makroprogramm *n* (Software) [edv]; Manuskript *n*
scroll rollen *v* (z.B. Bildschirm) [edv]
scroll saw Kurvensäge *f* [wzg]
scrolling Rollen *n* (Bildschirminhalt) [edv]
scrub auswaschen *v* (waschen) [was]; reinigen *v* (waschen); scheuern *v* (den Fußboden); waschen *v*
scrub board Fußleiste *f* [bau]
scrub plane Grobhobel *m* [wzg]
scrubber Waschvorrichtung *f* [prc]; Nassabscheider *m* [air]; Wäscher *m*
scrubber baffle Prallblech *n* (im Wäscher) [pow]
scrubber car, rail - Schienenreinigungswagen *m* [tra]
scrubber column Waschturm *m* [prc]
scrubber, biological - Biowäscher *m*
scrubbing Wäsche *f*; Waschen *n*
scrubbing process Waschverfahren *n* [prc]
scrubbing tower Berieselungsturm *m*; Waschturm *m* [prc]
scrubbing with oil under pressure Drucköiwäsche *f* [air]
scrubbing-brush Scheuerbürste *f*
scuff abnutzen *v*
scum Schlacke *f* [rec]; Abhub *m* [bod]; Abschaum *m* (Schaum, Metallherst.) [roh]; Abwasserschaum *m* [was]; Schaum *m*
scum abschäumen *v* [roh]; schäumen *v*
scumming Abschäumung *f* [roh]; Abschäumen *n* [roh]
scuncheon Leibung *f* [bau]
sea See *f*; Meer *n*
sea bed Meeresboden *m* [geo]
sea bottom Meeresboden *m* [geo]
sea clay Meereston *m* [met]
sea contamination Meeresverschmutzung *f* [was]
sea current Meeresströmung *f*
sea dyke Meeresdeich *m*; Seedeich *m* [bau]
sea freight Seefracht *f* [tra]
sea gauge Tiefenmesser *m* (Seefahrt) [any]
sea lane Fahrwasserkanal *m* [tra]
sea level, above - über dem Meeresspiegel
sea level, height above - Höhe über dem Meeresspiegel *f* [geo]
sea level, mean - mittlerer Wasserstand *m* (Meer) [was]
sea ooze Meerschlamm *m*
sea pier Mole *f* (Hafen) [tra]; Seedamm *m* [bau]
sea pollution Meeresverschmutzung *f* [was]
sea route Seeweg *m* [tra]
sea salt Meersalz *n* [met]; Seesalz *n* [met]
sea silt Küstenschlick *m* [bod]; Schlick *m* (angeschwemmt) [was]
sea transport Seetransport *m* [tra]
sea travel Seefahrt *f* [tra]

sea water Meerwasser *n*; Salzwasser *n* (Meereswasser) [was]; Seewasser *n*
sea water desalination Meerwasserentsalzung *f* [prc]; Seewasserentsalzung *f*
sea water desalination plant Meerwasserentsalzungsanlage *f* [prc]
sea water resistance Meerwasserbeständigkeit *f* [met]
sea-going ship Seeschiff *n* [tra]
sea-level Meeresspiegel *m*; Wasserstand *m* (Meer) [was]
seal dicht machen
seal Abdichtung *f* (federnde Abdichtung) [tec]; Abschlussdichtung *f*; Abschlussvorrichtung *f*; Dichtung *f* (Abdichtung); Verschlusshülse *f* (des Verpackungsbandes); Verschluss *m*; Siegel *n*
seal abdichten *v* (versiegeln, zukleben); abschließen *v* (abdichten); absperren *v*; abstempeln *v* [tec]; dichten *v* (abdichten); isolieren *v* (abdichten); plombieren *v*; schließen *v*; umhüllen *v*; verdichten *v* (absiegeln) [mbt]; verkitten *v* [wer]; verkleben *v* (abdichten); verschließen *v* (abdichten); versiegeln *v* (z.B. Parkett, Dach) [bau]; wasserdicht machen *v*
seal air fan Schleusluftventilator *m* [pow]; Sperrluftgebläse *n* [tec]
seal assembly, slotted-ring - Nutringdichtsatz *m* [tec]
seal bushing Dichtbuchse *f* [pow]
seal cap Verschlusskappe *f* [tec]
seal coat Abdichtungsschicht *f*
seal contact surface Dichtfläche *f*; Dichtungsfläche *f* [con]
seal disc Dichtungsscheibe *f* [tec]
seal element Dichtelement *n* [prc]
seal face Dichtleiste *f* [tec]
seal failure Dichtungsausfall *m* [tec]
seal gap Dichtringspalt *m*
seal link Rostschlussstab *m* [pow]
seal mortar Dichtmörtel *m* [bau]
seal off abkapseln *v*
seal oil Dichtöl *n* [pow]
seal oil cooler Dichtölkühler *m* [pow]
seal oil tank Dichtölbehälter *m* [pow]
seal oil wiper ring Dichtölabstreifring *m* [pow]
seal pack Dichtsatz *m* [tec]
seal pot Tauchtopf *m* [tec]
seal retainer Dichtungsträger *m* [tec]
seal ring Dichtring *m* [tec]; Dichtungsring *m* [tec]
seal shell Dichtschale *f*
seal shoe Dichtleiste *f* [tec]
seal steam Sperrdampf *m* [pow]
seal steam condenser Sperrdampfkondensator *m* [pow]
seal steam exhaust Sperrdampfabsaugung *f* [pow]
seal steam header Sperrdampfsammler *m* [pow]
seal steam regulator Sperrdampfdruckregler *m* [pow]
seal strip Abdichtschiene *f* (an Kühler) [pow]; Dichtband *f* [met]; Dichtblech *n*; Dichtungsband *n*
seal test Dichteprobe *f*
seal washer Dichtungsscheibe *f* [tec]
seal weld Dichtnaht *f* (Schweißnaht) [wer]

seal welding Dichtungsschweißung *f* [wer]
seal wire Dichtdraht *m* [pow]
seal, airtight - luftdichter Abschluss *m*; luftdichter Verschluss *m*
seal, automatic - selbstwirkende Dichtung *f* [tec]
seal, elastic - elastische Berührungsdichtung *f* [tec]
seal-steam discharge Wrasenabzug *m* [air]
seal-strip bebändern *v*
seal-stripping Bebänderung *f*
seal-welded diaphragm gasket Membranschweißdichtung *f* [pow]
seal-welded flange Flansch mit Dichtschweiße *m* [tec]
sealant Abdichtung *f* (Mittel) [met]; Dichtmasse *f* [met]; Dichtstoff *m* [met]; Dichtungsstoff *m* [met]; Abdichtmittel *n*; Abdichtungsmittel *n*; Dichtungsmittel *n* [met]
sealed abgedichtet (durch Dichtung, versiegelt); abgeschlossen (versiegelt); dicht (abgedichtet); verschlossen (Rohre); versiegelt (z.B. Ränder versiegelt) [tec]
sealed contact joint Berührungsdichtung *f* [tec]
sealed wrapping Foliendichtverpackung *f* (meist aus Polyethylen)
sealer Abdichtungsschicht *f*; Dichtungsmasse *f* [met]; Einlassgrund *m* [che]; Isolieranstrich *m* [met]
sealing Abdichtung *f* (Mittel) [met]; Dichtung *f* (Abdichtung); Versiegelung *f* [bau]; Abdichten *n* (Deponie) [rec]
sealing agent Dichtungsmittel *n* [met]
sealing air Schleusluft *f* [pow]
sealing air fan Schleusluftventilator *m* [pow]
sealing and retaining clamp Schlauch- und Spannschelle *f* [tec]
sealing cap Dichtungskappe *f* [tec]
sealing cement Dichtungskitt *m* [met]
sealing chamber Dichtkammer *f* (Rohrkupplung) [tec]
sealing coat Abdichtungsschicht *f*; Absiegelungsschicht *f* [bau]
sealing component Isoliermasse *f* [met]
sealing composition Füllmasse *f* [met]
sealing compound Dichtungsmasse *f* [met]; Vergussmasse *f* (zum Abdichten) [met]; Dichtungsmaterial *n* [met]; Dichtungsmittel *n* [met]
sealing cup Dichtschale *f*
sealing device Abdichtungsvorrichtung *f*
sealing disc Dichtscheibe *f* [tec]; Packungsring *m* (Dichtung) [tec]
sealing edge Dichtkante *f*; Dichtrand *m* [bau]
sealing face Dichtfläche *f*; Dichtleiste *f* (Flansch) [prc]; Dichtsitz *m* (Vetil)
sealing film Abdeckfolie *f*
sealing foil Dichtungsfolie *f*
sealing force Dichtkraft *f* [tec]
sealing frame Dichtrahmen *m* [bau]
sealing gap Dichtspalt *m* [tec]
sealing gasket Dichtscheibe *f*; Selbstdichtung *f*
sealing groove Dichtnut *f* [pow]; Dichtungsnut *f* [tec]; Dichtungsrille *f* [tec]

sealing joint Abdichtung *f* (Bauteil); Dichtungsfläche *f*
sealing layer Abdichtungslage *f* [bau]
sealing lip Dichtkante *f* [tec]
sealing liquid Absperrflüssigkeit *f*; Sperrflüssigkeit *f*
sealing material Dichtungsmasse *f* [met]; Abdichtungsstoff *m* [met]; Dichtungsstoff *m* [met]; Dichtmaterial *n* [met]; Dichtungsmittel *n* [met]
sealing medium Dichtungsmittel *n* [met]
sealing pad Dichtkissen *n* [prc]
sealing performance Dichtwirkung *f*
sealing plate Dichtplatte *f* [tec]; Verschlussplatte *f* [tec]
sealing plug Verschlussstopfen *m* [tec]
sealing primer Einlassgrund *m* [che]
sealing profile Dichtprofil *n* [bau]
sealing reserve Abdichtungsreserve *f*
sealing ring Manschette *f* (Dichtung); Dichtring *m*; Dichtungsring *m*
sealing ring chamber Dichtringkammer *f*
sealing ring holder Dichtringhalter *m*
sealing rubber Dichtungsgummi *m*
sealing run Kappnaht *f*
sealing section Profildichtung *f* (z.B. Scheibe-Fahrerhaus) [tec]
sealing segment Dichtsegment *n*
sealing set Dichtungssatz *m*
sealing sheet Abdichtungsbahn *f* [bau]; Abdichtungsbahn *f*; Dichtungsbahn *f*
sealing sleeve Dichthülse *f*; Dichtungstülle *f*
sealing slot Dichtblechnut *f* [tec]
sealing strip Dichtleiste *f*; Dichtungsstreifen *m*
sealing support Abdichtungsauflage *f* [met]
sealing surface Dichtungsfläche *f*
sealing system Abdichtungssystem *n* [bau]
sealing tape Klebestreifen *m*; Abdichtband *n* [met]
sealing underlay Abdichtungsunterlage *f* [bau]
sealing wall Dichtwand *f*
sealing washer Anlaufscheibe *f* [pow]; Dichtscheibe *f* [tec]; Dichtungsscheibe *f* [tec]; Verschlussscheibe *f* [tec]
sealing wax Siegellack *m* [met]
sealing work Dichtungsarbeiten *pl*
sealing, adhesive - Klebedichtung *f* [bau]
sealing, hot - Heißklebung *f* [met]
sealing-air arrangement Sperrluftdichtung *f* [tec]
sealing-air compartment Sperrluftkammer *f* [tec]
sealing-gap compensation Dichtspaltkompensation *f* (Hydraulik) [tec]
seam Ader *f* [geo]; Fuge *f* (Naht) [wer]; Naht *f*; Nahtstelle *f* (Schweißnaht); Narbe *f* (Naht); Schweißnaht *f* (ein- oder mehrlagig) [wer]; Falz *m* (Dose); Gang *m* (Erz) [geo]; Gussgrat *m* [met]; Saum *m* (Kante, Rand); Steg *m* (Metall) [tec]; Flöz *n* [roh]; Lager *n* (Schicht) [geo]
seam bördeln *v* (abkanten) [wer]; falzen *v* (Blech) [wer]; säumen *v* (Saum anbringen) [wer]
seam joint Nahtverbindung *f* (Schweißen) [wer]
seam of ores Lagerstätte *f* [geo]
seam protection Nahtabsicherung *f* [wer]

seam strip Nahtband *n* [tec]
seamed joint Falzverbindung *f* [tec]
seaming machine Blechfalzmaschine *f* [wzg]; Falzmaschine *f* [wer]
seamless nahtlos
seamless pipe nahtlose Röhre *f* [tec]
seamless tube nahtloses Rohr *n* [met]
seamless welding fittings nahtlose Schweißfittings *pl* [tec]
seaplane Wasserflugzeug *n* [tra]
seaport Hafenstadt *f* (am Meer); Seehafen *m*
search Durchsuchung *f* [jur]; Ermittlung *f*; Suche *f*
search absuchen *v*; erforschen *v*
search algorithm Suchalgorithmus *m* (Software) [edv]
search and replace suchen und ersetzen *v* (Textverarbeitung) [edv]
search instruction Suchbefehl *m* (Software) [edv]
search light Scheinwerfer *m* [opt]
search mark Suchmarke *f* [edv]
search method Suchmethode *f*
search out ausforschen *v*
search problem Suchproblem *n* [edv]
search routine Suchroutine *f* (Software) [edv]
search run Suchlauf *f* (Software) [edv]
search speed Suchgeschwindigkeit *f* [edv]
search statement Suchanweisung *f* (Software) [edv]
searching Durchsuchung *f* (Objekte)
seasand Meersand *m* [met]; Seesand *m* [geo]
seasick seekrank [hum]
seasickness Seekrankheit *f* [hum]
season Jahreszeit *f*; Saison *f*
season ablagern *v* (Holz) [rec]; altern *v* (Metall, Holz) [met]; austrocknen *v* (Holz); erhärten *v* (Beton); trocknen *v* (Holz) [roh]; würzen *v*
seasonal jahreszeitlich
seasonal work Saisonarbeit *f*
seasoned abgelagert (Wein, Holz, Material) [met]
seasoning Ablagerung *f* (Holz) [rec]; Alterung *f* (Metall, Holz); Erhärtung *f* (Beton); Austrocknen *n* (Holz)
seasoning kiln Trockenkammer *f* (Holz) [prc]; Trockenofen *m* (Holz) [prc]
seat Einpassung *f* (Sitz); Pfanne *f* (Lager); Herd *m* [hum]; Sitz *m*; Sitzplatz *m* [tra]; Teller *m* (Ventil); Auflager *n* [tec]
seat einpassen *v* (in Position bringen); einsetzen *v* (räumlich)
seat adjuster Sitzverstellung *f* [tra]
seat belt, put on one's - angurten *v*
seat of ball Kugelsitz *m* [tec]
seat on aufliegen *v*
seat spring Sitzfeder *f* [tec]
seat valve Sitzventil *n* [mbt]
seat-belt Haltegurt *m* [tra]; Sicherheitsgurt *m* [tra]
seaward seewärtig
seclude absondern *v* (abtrennen)
seclusion Absonderung *f* (Abtrennung)
second Sekunde *f*
second motion shaft Gegenwelle *f* (Getriebe) [tec]
second power, raise to the - quadrieren *v* [mat]
second wheel Sekundenrad *n* (Uhr) [tec]
second-hand gebraucht
second-hand brick Altziegel *pl* [rec]
second-hand car Gebrauchtwagen *m* [tra]
second-hand dealer Altwarenhändler *m*
second-hand item Gebrauchtware *f*
second-hand machinery Gebrauchtmaschine *f*
secondary Hilfs-; sekundär; untergeordnet
secondary air Beiluft *f* [air]; Falschluft *f* [air]; Oberluft *f* [pow]; Sekundärluft *f* (Feuerung) [pow]; Zweitluft *f* [air]
secondary air admission Sekundärluftbeaufschlagung *f* [pow]
secondary air conduit Sekundärluftleitung *f* [pow]
secondary air duct Sekundärluftleitung *f* [pow]
secondary air fan Sekundärluftventilator *m* [pow]
secondary air nozzle Sekundärluftdüse *f* [pow]
secondary alloy Altmetalllegierung *f* [rec]
secondary battery Akkumulator *m* [elt]
secondary building material Sekundärbaustoff *m* [met]
secondary cell Sekundärelement *n* [elt]
secondary clarifier Nachklärbecken *n* [was]
secondary condensate Nebenkondensat *n* [pow]
secondary condensate tank Nebenkondensatbehälter *m* [pow]
secondary connection Zweitanschluss *m* [edv]
secondary copper Sekundärkupfer *n* [met]
secondary crusher Sekundärbrecher *m* [mbt]
secondary cup Sekundärmanschette *f* (Dichtung) [tec]
secondary current Sekundärstrom *m* [elt]
secondary dam Vordamm *m* [was]
secondary damage Folgeschaden *m* [jur]; Nachfolgeschaden *m*
secondary dust removal Sekundärentstaubung *f* [air]
secondary effect Nebenwirkung *f*
secondary electrode Hilfselektrode *f* [elt]
secondary error sekundärer Kompensationsfehler *m* [tec]
secondary flow Sekundärströmung *f* [prc]
secondary industry verarbeitende Industrie *f*
secondary loop Sekundärseite *f* (Wärmeaustausch) [pow]
secondary maximum contaminant level sekundäre Maximalbelastungen *pl* [was]
secondary particulate Staub *m* (durch chem. Reaktion in Atm. gebildet) [che]
secondary phenomenon Begleiterscheinung *f*
secondary plasticizer Sekundärweichmacher *m* (Kunststoff) [che]
secondary problem Randproblem *n*
secondary product Abfallprodukt *n* [rec]
secondary production Sekundärproduktion *f* [tec]
secondary railway Sekundärbahn *f* [tra]
secondary raw material Sekundärrohstoff *m* [met]
secondary reaction Folgereaktion *f* [che]; Nebenreaktion *f* [che]; Sekundärreaktion *f* [che]

secondary reformer Sekundärreformer *m* [che]
secondary relief Sekundärdruck *m* [tra]
secondary settling tank Nachklärbecken *n* [was]
secondary shaft Nebenwelle *f* [tec]
secondary sleeve Sekundärbuchse *f* [tec]
secondary smelting Zweitschmelze *f* (Metallurgie) [roh]
secondary spring Hilfsfeder *f* [tec]
secondary steam Zweitdampf *m* [pow]
secondary storage peripherer Speicher *m* [edv]
secondary structure Nebenkonstruktion *f*
secondary transmission Nachschaltgetriebe *n*
secondary treatment Nachbehandlung *f* [wer]
secondary voltage Sekundärspannung *f* [elt]
secondary work Nebenarbeiten *pl* [eco]
secondment Abordnung *f*
secret geheim
secret cable Unterputzkabel *n* [elt]
secret path Schleichweg *m* [tra]
secretariat Sekretariat *n*
secretariat pool Schreibzentrale *f* (Schreibbüro)
secrete absondern *v* (ausscheiden) [bio]; ausscheiden *v* [hum]
secretion Absonderung *f* (Ausscheidung) [bio]; Sekretion *f* [bff]
section Abschnitt *f* (Bereich); Abteilung *f*; Fläche *f* (Querschnitt); Sparte *f* [eco]; Strecke *f* (Bahnlinie) [tra]; Absatz *m* (Paragraph) [jur]; Abschnitt *m* (einer Konstruktion) [con]; Schnitt *m* (Querschnitt) [con]; Streckenabschnitt *m* (der Bahn) [tra]; Teilbereich *m* (Organisation); Trakt *m* [bau]; Baulos *n* [bau]; Glied *n* (Teil); Los *n* [bau]; Profil *n*; Ressort *n* [eco]
section abteilen *v* (in Abschnitte); schraffieren *v* [con]
section diameter Reifenbreite *f* [tra]
section iron Formeisen *n* (Profileisen) [met]; Formstück *n*; Profileisen *n* [met]
section manager Bereichsleiter *m* [eco]
section modulus Widerstandsmoment *n* [tec]
section rolling process Kaliberwalzverfahren *n* [met]
section rolling tools Kaliberwalzwerkzeug *n* [met]
section to be scanned Prüfbereich *m* [any]
section tube Profilrohr *n* [met]
section wire Profildraht *m* [met]
section, horizontal - Grundriss *m* [con]
sectional eingeteilt (abschnittweise)
sectional area, gross - Gesamtquerschnitt *m* [con]
sectional boiler Gliederkessel *m* [pow]
sectional drawing Querschnittdarstellung *f* [con]; Schnittzeichnung *f* [con]
sectional frame Profilrahmen *m* [tec]
sectional header boiler Sektionalkessel *m* [pow]
sectional model Schnittmodell *n* (z.B. von Pumpe) [con]
sectional plane Schnittebene *f* [con]
sectional sheet steel Stahlprofilblech *n* [met]
sectional steel Formstahl *m* [met]; Profilstahl *m* [met]

sectional view Schnittdarstellung *f* [con]
sectionalization Unterteilung *f*
sectionalize unterteilen *v*
sectioning Schnittdarstellung *f* [con]; Teilung *f* (Einteilung)
sector Ausschnitt *m* (Kreisausschnitt); Sektor *m* (Datenträger) [edv]; Sektor *m* (Teilgebiet)
sector gear Zahnsegment *n* [tec]
sector shaft Segmentwelle *f* [tec]
sector wheel Zahnbogen *m* [tec]
sector-shaped pad Segmenttragklotz *m* [tec]
sectoring Sektorierung *f* (Datenträger) [edv]
sectorize sektorieren *v* (Datenträger) [edv]
securable feststellbar (arretierbar)
secure sicher
secure abfangen *v* (z.B. Kabel) [elt]; absichern *v* (bewachen, festmachen); anschließen *v* (sichern); befestigen *v* (sichern); feststellen *v* (arretieren); schützen *v* (sicherstellen, festhalten); sichern *v* (z.B. durch Schloss)
secure supply Versorgungssicherheit *f* [pow]
secured geschützt; gesichert
securing chain Befestigungskette *f* [tec]
securing device Transporthalterung *f* [tra]; Transportsicherung *f* [tec]
securing nut Sicherungsmutter *f* [tec]
securing of landfill Deponiesicherung *f* [rec]
securing screw Sicherungsschraube *f* [tec]
security Sicherheit *f*; Sicherung *f*; Pfand *n*
security administrator Sicherheitsbeauftragter *m* (Arbeits-/Betriebssicherheit)
security and safety regulations Sicherheitsauflagen *f* [jur]
security bolt Sicherungsbolzen *m* [tec]
security cordon Absperreinrichtung *f*
security device Sicherheitsvorrichtung *f* (Arbeits-/Betriebssicherheit)
security glass Sicherheitsglas *n* [met]
security grille Sicherheitsgitter *n* (Arbeitssicherheit) [tec]
security lamp Sicherheitsleuchte *f* (Arbeitssicherheit) [elt]
security risk Sicherheitsrisiko *n*
security system Sicherheitsanlage *f* (Betriebssicherheit)
security technology Sicherheitstechnik *f* (Betriebssicherheit)
security to cover liability Deckungsvorsorge *f* [jur]
security, social - soziale Sicherheit *f* [jur]
sediment Ablagerung *f* (Boden) [rec]; Ansatz *m* (Belag); Bodenkörper *m* [che]; Bodensatz *m* [geo]; Niederschlag *m* (Ablagerung) [was]; Rückstand *m* (Bodensatz); Satz *m* (Bodensatz) [che]; Satz *m* (Rückstand) [rec]; Schlamm *m* (Ablagerung) [rec]; Sinkstoff *m* (Ablagerung) [met]; Ablagerungsgestein *n* [geo]; Absetzen *n* (Ablagerung) [was]; Sediment *n* [geo]
sediment niederschlagen *v* (ablagern) [che]; sedimentieren *v* [che]

sediment 608

sediment bowl Abscheideflasche *f* [was]; Absetzschale *f* [was]
sediment condensation trap Auffangvorrichtung für Kondenswasser *f* [pow]
sediment layer Sedimentschicht *f* [geo]
sediment out absedimentieren *v* [prc]
sediment, without - rückstandsfrei [was]
sedimental trap Absetzfalle *f* [was]
sedimentary rock Ablagerungsgestein *n* [geo]; Absatzgestein *n* [geo]; Schichtgestein *n* [geo]; Sedimentgestein *n* [geo]
sedimentation Ablagerung *f* (Sedimentation) [che]; Einschlämmung *f* [was]; Sedimentablagerung *f* [geo]; Absetzen *n*
sedimentation agent Sedimentationshilfsmittel *n*
sedimentation aid Flockungsmittel *n* [met]
sedimentation analysis Sedimentationsanalyse *f* [any]
sedimentation basin Absetzbecken *n* [was]; Klärbecken *n* [was]
sedimentation basin, second - Nachklärbecken *n* [was]
sedimentation centrifuge Absetzzentrifuge *f* [prc]
sedimentation equipment Sedimentationseinrichtung *f* [was]
sedimentation method Absetzverfahren *n* (Abwasser) [was]
sedimentation plant Sedimentationsanlage *f* [was]
sedimentation reservoir Klärbecken *n* [was]
sedimentation tank Sedimentationsbecken *f* [was]; Absetzbehälter *m* [was]; Sedimentationsbehälter *m* [was]; Absetzbecken *n* [was]; Klärbecken *n* [was]
sedimentation test Absetzprobe *f* [was]
sedimentation tester Sedimentationsmessgerät *n* [any]
sedimentation velocity Sedimentationsgeschwindigkeit *f*; Sinkgeschwindigkeit *f* [prc]
see sehen *v*
seed Samen *m* [bff]; Saatgut *n* [bff]
seed crystal Impfkristall *n* [min]
seed formation Samenbildung *f* [bff]
seeder Sämaschine *f* [far]
seeding Impfung *f* (Kristalle) [che]; Samenbildung *f* [bff]
seedless kernlos [bff]
seeds Körner *pl* (Samen-) [bff]
Seeger cone Seegerkegel *m* [tec]
Seeger ring Seegerring *m* [tec]
seek suchen *v*
seeming scheinbar
seep sickern *v* [was]
seep away versickern *v* [was]
seep into eindringen *v* (allmählich -)
seep leakage Sickerleckage *f* (Hydraulik) [tec]
seep out heraussickern *v*
seep through durchsickern *v* [was]
seepage Sickerung *f* [was]; Aussickern *n* [was]; Durchsickern *n* [was]

seepage bed Sickerbett *n* [was]
seepage from tips, treatment of - Deponiesickerwasserbehandlung *f* [was]
seepage pit Sickergrube *f* [was]; Sickerschicht *f* [was]; Sickerschacht *m* [was]
seepage pressure Bodenwasserdruck *m* [bod]
seepage tank Sickerwassertank *m* [was]
seepage water Sickerwasser *n* [was]
seepage water collection Sickerwasserableitung *f* [was]
seepage water treatment Sickerwasserbehandlung *f* [was]
seeping well Sickerbrunnen *m* [was]
seesaw Wippe *f* (Brett auf Bock) [tec]
seethe brühen *v*; sieden *v*
segment Zelle *f* (Segment); Abschnitt *m* (Segment, Teil, Ausschnitt) [con]; Segment *n*
segment segmentieren *v*; teilen *v* (geteiltes Lager, z.B. KDV) [tec]
segment gear Segmentrad *n* [tec]
segment heat exchanger Lamellenwärmeaustauscher *m* [pow]
segment plate Segmentblech *n* [met]
segment ring Segmentring *m* [tec]
segmental segmentweise
segmental gate Segmentschieber *m* [prc]
segmental thrust bearing Klotzlager *n* [tec]; Segmentdrucklager *n* [tec]
segmented segmentiert
segmented bearing geteiltes Lager *n* [tec]
segmented orifice Segmentblende *f* [prc]
segmented wheel roller Waffelwalze *f* [tec]
segregate absondern *v* (abtrennen); isolieren *v* (trennen); scheiden *v* (z.B. Gold von Silber) [roh]; seigern *v* [prc]; sich entmischen *v*; trennen *v* (abscheiden) [prc]
segregating Absondern *n* (Bestandteil); Seigern *n* [prc]
segregation Absonderung *f* (Entfernung); Entmischung *f*; Segregation *f*; Trennung *f* (Abscheidung) [prc]; Trennung *f* (Absetzen) [che]
segregation, ecological - ökologische Segregation *f*
segregation, risk of - Entmischungsgefahr *f*
seism Erdbeben *n* [geo]
seismic disturbance seismische Erschütterung *f* [geo]
seismic focus Erdbebenherd *m* [geo]
seismic shock Erdbebenwelle *f*
seismic tie Erdbebensicherung *f* [bau]
seismic tie-down Erdbebensicherung *f* [bau]
seismic wave Erdbebenwelle *f*
seismogram Seismogramm *n* [any]
seismograph Seismograph *m* [any]
seismological seismisch
seismology Seismologie *f*
seize abfangen *v* (ergreifen); belegen *v* (Gerät, Speicherplatz) [edv]; greifen *v* (packen); sich festklemmen *v* (Metall)
seize up festfressen *v* (sich verklemmen)
seized belegt (Speicherplatz) [edv]; festsitzend

seized bearing festgefressenes Lager *n* [tec]
seizing Verklemmung *f* (von Teilen); Belegen *n* (Gerät, Speicherplatz) [edv]; Festfressen *n* (des Gewindes); Festsitzen *n* (des Gewindes); Fressen *n* (des Gewindes)
seizure Belegung *f* (Speicherplatz) [edv]; Beschlagnahme *f* [jur]
seldom selten
select aussteuern *v*; auswählen *v*; wählen *v* (auswählen)
select menu Auswahlmenü *n* (Software) [edv]
selectable ansteuerbar
selected angesteuert
selecting Ansteuern *n*
selection Anwahl *f*; Aussteuerung *f*; Auswahl *f*; Selektion *f*; Wahl *f* (Auswahl); Wahlschaltung *f* [elt]
selection characteristic Auswahlkurve *f*
selection criteria Auswahlkriterien *pl*
selection factor Stoßfaktor *m* [tec]
selection of material Materialauswahl *f*
selection theory Selektionstheorie *f* [bff]
selection, natural - natürliche Selektion *f* [bff]
selective selektiv; trennscharf [prc]; wahlweise
selective absorption selektive Absorption *f*
selective call system Selektivrufsystem *n* [edv]
selective collection getrennte Sammlung *f* [rec]
selective corrosion Lokalkorrosion *f* [met]
selective radiator Selektivstrahler *m* [pow]
selectivity Selektivität *f*; Trennschärfe *f* [prc]; Trennvermögen *n* [prc]
selector Wähler *f* (Telefon) [edv]; Wählhebel *m* [tec]
selector fork Schaltgabel *f* [tra]
selector shaft Schaltwelle *f* [tec]
selector switch Wahlschaltung *f* [elt]; Umschalter *m* [elt]; Wahlschalter *m* [elt]
selector valve Schaltventil *n*
selenium Selen *n* (chem. El.: Se) [che]
selenium cell Selenzelle *f* [elt]
selenium mud Selenschlamm *m* [rec]
selenium rectifier Selengleichrichter *m* [elt]
selenium rectifier stack Selengleichrichtersäule *f* [elt]
selenium sludge Selenschlamm *m* [rec]
selenium vapour Selendampf *m* [che]
self-acting selbsttätig
self-acting locking ball Selbstschlusskugel *f* [tec]
self-adapting selbstanpassend
self-adherent selbstklebend [met]
self-adhering selbstklebend [met]
self-adhesive selbsthaftend (Klebeband) [che]
self-adhesive paper Selbstklebepapier *n* [met]
self-adhesive plastic sheeting Selbstklebefolie *f* [met]
self-adhesive tape Selbstklebeband *n* [met]
self-adjusting selbsteinstellend
self-adjusting seal selbsteinstellende Dichtung *f* [tec]
self-administration authority Selbstverwaltungskörperschaft *f* [jur]
self-aligning selbstausrichtend [tec]; selbsteinstellend [tec]

self-aligning ball bearing Pendelkugellager *n* [tec]; Pendelkugellager *n* [tec]
self-aligning ball bearing with adapter sleeve Pendelkugellager mit Spannhülse *n* [tec]
self-aligning ball bushing Kugelgelenklager *n* [tec]
self-aligning ball journal bearing Pendelkugellager *n* [tec]; Radialpendelkugellager *n* [tec]
self-aligning bearing Pendelkugellager *n* [tec]; Pendellager *n* [tec]
self-aligning idler roll Pendelrolle *f* [tec]
self-aligning journal bearing Radialpendelkugellager *n* [tec]
self-aligning plain bearing Gelenklager *n* [tec]; Pendelgleitlager *n* [tec]
self-aligning radial ball bearing Radialpendelrollenlager *n* [tec]
self-aligning rocker plate Druckpendelplatte *f* [tec]
self-aligning roller bearing Pendelrollenlager *n* (Wälzlager) [tec]; Radialpendelrollenlager *n* [tec]
self-aligning roller journal bearing Radialpendelrollenlager *n* [tec]
self-aligning roller thrust bearing Axialpendelrollenlager *n* [tec]
self-aligning sleeve bearing Pendelgleitlager *n* [tec]
self-aligning spherical roller bearing Radialpendelrollenlager *n* [tec]
self-aligning spherical thrust bearing Axialgelenklager *n* [tec]
self-aligning thrust bearing Pendelrollenlager *n* [tec]
self-alignment Selbsteinstellung *f*
self-braking selbsthemmend
self-centring selbstzentrierend [tec]
self-check automatische Kontrolle *f*; Eigentest *m* [any]
self-cleaning selbstreinigend
self-cleaning Selbstreinigung *f*
self-cleaning property Selbstreinigungskraft *f*
self-cleaning, biological - biologische Selbstreinigung *f* [bff]
self-closing fire door selbstschließende Brandschutztür *f* (Arbeitssicherheit)
self-coloured naturfarben
self-compacting container Selbstpressbehälter *m*
self-consistent field Eigenfeld *n* [elt]
self-contained unabhängig (abgeschlossen)
self-contained buffer Puffer, komplett - *m* [tra]
self-contained drive Einzelantrieb *m* [tec]
self-contained equipment unabhängiges Gerät *n* [tec]
self-control Selbststeuerung *f*
self-controlling selbststeuernd
self-curing selbsthärtend (Kunststoff) [che]
self-diffusion Selbstdiffusion *f*
self-digestion Autodigestion *f* [bio]
self-discharge Selbstentladung *f* [elt]
self-disengaging selbstlösbar [tec]
self-disposal Eigenentsorgung *f* [rec]
self-distribution Selbstverbreitung *f*
self-draining selbstentwässernd

self-employed frei beruflich [eco]
self-evident selbstverständlich
self-excitation Selbsterregung f [elt]
self-excited eigenerregt
self-explanatory selbsterklärend; selbstverständlich
self-extinguishing selbstlöschend
self-financing kostenneutral [eco]
self-finished roofing felt schwere Dachpappe f [met]
self-help Selbsthilfe f
self-igniting selbstentzündlich [che]; selbstzündend [che]
self-ignition Glühzündung f [tra]; Selbstentzündung f [che]; Selbstzündung f [che]
self-ignition temperature Selbstentzündungstemperatur f [che]; Selbstzündungstemperatur f [che]
self-interest Eigennutz m
self-intoxication Autointoxikation f [hum]
self-jamming screw Keilstoppschraube f [tec]
self-locking selbsthemmend (Zahnrad) [tec]; selbstsichernd; selbstsperrend [tra]; selbstverriegelnd [tec]
self-locking cable tie Schnellbinder m [elt]
self-locking counter nut Sicherungsmutter f [tec]
self-locking differential Selbstsperrdifferential n [tra]
self-locking mechanism Selbstverriegelung f [tec]
self-locking nut selbstsichernde Mutter f [tec]; selbstsperrende Mutter f [tec]
self-locking valve Selbstsperrventil n [prc]
self-lubricating selbstschmierend
self-lubricating bearing selbstschmierendes Lager n [tec]; Selbstschmierlager n [tec]; Sinterlager n [tec]
self-lubrication Eigenschmierung f; Selbstschmierung f
self-making Eigenherstellung f
self-monitoring Eigenüberwachung f; Selbstüberwachung f [any]
self-obligation Selbstverpflichtung f [jur]
self-opening selbstöffnend
self-oxidation Autoxidation f [che]; Selbstoxidation f [che]
self-pollination Selbstbestäubung f [bff]
self-polymerization Autopolymerisation f [che]
self-preservation Selbsterhaltung f
self-priming selbstansaugend (Pumpe) [prc]
self-propelled floating crane selbstfahrender Schwimmkran m [mbt]
self-propelled roller Kraftwalze f [mbt]
self-propelled unit Selbstfahrer m [tra]
self-propelled vehicle Selbstfahrerfahrzeug n [tra]
self-protection Selbstschutz m
self-purification Selbstreinigung f [was]
self-purification power Selbstreinigungskraft f
self-purification, biological - biologische Selbstreinigung f [bff]
self-regulating selbstregelnd
self-regulating pump selbstregelnde Pumpe f [prc]
self-regulation Selbstregelung f (Reaktor)

self-reinforcing plastics eigenverstärkter Kunststoff m [met]
self-restraint Selbstbeschränkung f
self-restricting selbsthemmend [tec]
self-retaining bolt selbstsichernder Schraubenbolzen m [tec]
self-retarding gear selbsthemmendes Getriebe n [tec]
self-rotating selbstdrehend
self-sealing selbstabdichtend; selbstdichtend
self-sealing joint selbstdichtende Verbindung f
self-service Selbstbedienung f
self-starting selbstanlaufend; selbststartend
self-sufficiency Selbstversorgung f
self-supporting freitragend; selbsttragend (z.B. Karosserie) [tra]
self-sustaining selbsterhaltend
self-sustaining speed Selbsthaltedrehzahl f [pow]
self-tapping screw Blechschraube f [tec]; Schneidschraube f [tec]; selbstschneidende Schraube f [tec]; Treibschraube f [tec]
self-tapping thread Schneidgewinde n [tec]
self-test Eigentest m [any]; Selbsttest m [any]
self-triggering selbststartend
self-weight Eigenmasse f [phy]
self-winding watch automatische Uhr f (Selbstaufzug) [tec]
selfless uneigennützig
sell verkaufen v [eco]
sell-by date Verkaufsdatum n (letztes)
selling Verkauf m [eco]; Vertrieb m [eco]
semaphore Signalmast m [tra]
semi-automatic halbautomatisch; halbmechanisch; halbselbsttätig
semi-chemical pulp Halbzellstoff m [met]
semi-coke Schwelkoks m [met]
semi-conductor, bipolar - bipolares Halbleiterelement n [phy]
semi-conductor, unipolar - unipolares Halbleiterelement n [phy]
semi-covered halbüberdacht
semi-dry halbtrocken
semi-empirical halbempirisch
semi-fast train Eilzug m [tra]
semi-fat halbfett
semi-finish vorschlichten v (bearbeiten) [wer]; zwischenbearbeiten v [wer]
semi-finished halbfertig
semi-finished goods Halbfertigwaren pl
semi-finished material Halbzeug n [met]
semi-finished part Halberzeugnis n [met]
semi-finished product Halbfabrikat n; Halbfertigprodukt n; Halbzeug n [met]; Vorprodukt n [met]
semi-finished ware Halbzeug n [met]
semi-floating axle halbfliegende Achse f [tec]
semi-industrial halbtechnisch
semi-liquid manure Gülle f [far]
semi-manufactured article Halbfabrikat n
semi-manufactured goods Halbzeug n [met]
semi-manufactured product Halbfertigerzeugnis n

semi-manufactures Halbzeug n [met]
semi-matt halbmatt
semi-mechanical halbautomatisch; halbmechanisch; halbselbsttätig
semi-member Halbelement n (Bauteil)
semi-metal Halbmetall n [met]
semi-micro analysis Halbmikroanalyse f [any]
semi-mobile semi-mobil [tec]
semi-permeable halbdurchlässig
semi-permeable diaphragm halbdurchlässige Membran f [met]
semi-permeable membrane halbdurchlässige Membran f [met]; semipermeable Membran f [met]
semi-polar halbpolar
semi-portal crane Halbportalkran m [mbt]
semi-rigid halbhart
semi-roofed halbüberdacht
semi-skilled angelernt (Arbeiter)
semi-skilled worker angelernter Arbeiter m
semi-solid halbfest
semi-trailer Sattelschlepper m [tra]
semi-trailer coupling Sattelschlepperkupplung f [tra]
semi-trailer tractor Sattelschlepperzugmaschine f [mbt]
semi-trailer truck Sattelschlepper m [tra]
semi-transparent halbdurchsichtig
semi-wet process Halbnassverfahren n [air]
semi-wet treatment Halbnassverfahren n [air]
semiaxis Halbachse f
semibatch halbkontinuierlich
semibeam Freiträger m [bau]
semibituminous coal halbfette Kohle f [roh]
semicircle Halbkreis m
semicircular halbkreisförmig; halbrund
semicircular area Halbkreisfläche f
semicoke Halbkoks m [met]
semiconducting halbleitend
semiconduction property Halbleitereigenschaft f [phy]
semiconductor Halbleiter m [phy]
semiconductor accumulator Halbleiterspeicher m [phy]
semiconductor cell Halbleiterzelle f [phy]
semiconductor industry Halbleiterindustrie f
semiconductor layer Halbleiterschicht f [phy]
semiconductor manufacture Halbleiterherstellung f
semiconductor memory Halbleiterspeicher m [edv]
semiconductor technology Halbleitertechnologie f [edv]
semicontinuous halbkontinuierlich
semidetached house Doppelhaus n [bau]
semihydraulic lime halbhydraulischer Kalk m [met]
semilog einfachlogarithmisch [mat]
semilogarithmic halblogarithmisch [mat]
seminar Lehrgang m; Seminar n
semipermeable semipermeabel [met]
semiproducts Halbzeug n [met]
semis Stahlhalbzeuge pl [met]
semisteel Halbstahl m [met]

send funken v [edv]; schicken v; senden v; versenden v [tra]
send out aussenden v
send through durchschicken v
sending Übermittlung f
senior specialist engineer Fachverantwortlicher m
sensation Empfindung n; Gefühl n
sense Sinn m
sense of force Kraftrichtung f [phy]
sense of rotation Drehrichtung f [tec]
sense of smell Geruchssinn m
sense, in the same - gleichsinnig
senseless sinnlos
sensibility Anfälligkeit f (Empfindlichkeit)
sensible fühlbar; sinnvoll; vernünftig (richtig, vertretbar)
sensible heat fühlbare Wärme f [che]
sensible heat loss Verlust durch fühlbare Wärme m [pow]
sensing device Messfühler m [any]; Taster m [any]
sensing pin Tastbolzen m [tec]
sensing rod Teststange f (z.B. Messen der Bezugshöhe) [any]
sensitive empfindlich; sensitiv
sensitive to acids säureempfindlich [met]
sensitive to contraction schrumpfempfindlich [met]
sensitive to corrosion korrosionsanfällig
sensitive to frost frostempfindlich
sensitive to heat hitzeempfindlich; wärmeempfindlich [met]
sensitive to noise lärmempfindlich [aku]
sensitive to shock stoßempfindlich
sensitive, highly - hoch empfindlich
sensitivity Empfindlichkeit f; Sensibilität f; Sensitivität f
sensitivity analysis Sensitivitätsanalyse f [mat]
sensitivity to heat Hitzeempfindlichkeit f [met]
sensitivity to noise Lärmempfindlichkeit f [aku]
sensor Fühler m [any]; Geber m (Sensor) [any]; Messfühler m [any]; Messwertgeber m [any]; Sensor m [any]
sensor switch Sensorschalter m [elt]
sensor wire Tastdraht m (für genaue Höhe) [any]
sensory sensorisch
sensory organ Sinnesorgan n [hum]
sentence Strafe f (Freiheitsstrafe) [jur]; Satz m (Wortsatz); Strafmaß n [jur]
sentence verurteilen v [jur]
separable abscheidbar [che]; abtrennbar [prc]; trennbar; zerlegbar
separable bearing zerlegbares Lager n [tec]
separate getrennt; separate
separate ablösen v (entfernen); abscheiden v; absondern v (trennen); abtrennen v (scheiden) [che]; begrenzen v (abgrenzen); entmischen v; extrahieren v; isolieren v (trennen); klassieren v (trennen) [prc]; lösen v (losmachen); lostrennen v; scheiden v (trennen); separieren v; teilen v (abtrennen); trennen v (isolieren) [prc]

separate by filtering abfiltern *v* [prc]
separate collection Getrenntsammlung *f* (Abfall) [rec]
separate collection of waste getrennte Sammlung von Müll *f* [rec]
separate disposal getrennte Entsorgung *f* [rec]
separate drive Fremdantrieb *m* [pow]
separate edition Einzelausgabe *f*
separate excitation Fremderregung *f* [elt]
separate in flakes ausflocken *v* [was]
separate into components entmischen *v*
separate oil entölen *v*
separate sanitary sewer Schmutzwasserkanal *m* [was]
separated abgeschieden; abgetrennt [prc]
separated product Abscheidungsprodukt *n* [che]; Ausscheidungsprodukt *n* [met]
separately collected getrennt gesammelt (Abfall) [rec]
separating trennend
separating Entfernen *n* (Trennen); Sortieren *n* [rec]
separating agent Trennmittel *n* [met]
separating column Trennsäule *f* [prc]
separating cut Trennschnitt *m* [wer]
separating diaphragm Trennmembran *f* [met]
separating film Trennfolie *f* (aus Kunststoff) [met]
separating filter Trennfilter *m* [elt]
separating foil Trennfolie *f* (aus Metall) [met]
separating funnel Scheidetrichter *m* [any]; Tropftrichter *m* [che]
separating line Trennlinie *f* [con]
separating plant Sichtungsanlage *f* [prc]; Sortieranlage *f* [roh]
separating plug Trennstecker *m* [elt]
separating process Scheideverfahren *n* [roh]
separation Abscheidung *f* (Trennung); Absonderung *f* (Abtrennung); Abspaltung *f*; Abtrennung *f* [che]; Ausscheidung *f* (Trennung); Getrennthaltung *f* [rec]; Isolation *f* (Trennung) [che]; Isolierung *f* (Trennung); Lösung *f* (Entfernen) [prc]; Stofftrennung *f* [prc]; Trennen *f* (Abscheiden) [prc]; Trennung *f* (Abtrennung) [che]; Zerlegung *f* (Trennung) [prc]; Abscheiden *n* (Trennen) [prc]
separation efficiency Trenngüte *f* [prc]
separation factor Trennfaktor *m* [prc]
separation in flakes Ausflockung *f* [was]
separation joint Teilfuge *f* [bau]; Trennfuge *f* [bau]
separation layer Trennschicht *f* [met]
separation method Trennverfahren *n* [prc]
separation of gases Gastrennung *f* [air]
separation of oil from water Wasserentölung *f* [was]
separation of sulfur Schwefelabscheidung *f*
separation process Trennverfahren *n* [prc]
separation product Ausscheidungsprodukt *n* [met]
separation sharpness Trennschärfe *f* [prc]
separation, method of - Trennungsmethode *f* [che]
separative property Trennvermögen *n* [prc]
separator Abscheideranlage *f*; Trenneinrichtung *f* [prc]; Abscheider *m* [che]; Kondenstopf *m* [pow]

Separator *m* [prc]; Sichter *m*
separator for solid matter Feststoffabscheider *m* [prc]
separator head Verteilerkopf *m* [tra]
sepia brown sepiabraun (RAL 8014) [nor]
septagon Siebeneck *n* [mat]
septic septisch
septic sludge Faulschlamm *m* [was]
septic tank biologische Klärgrube *f* [was]; Faulgrube *f* [was]
septic tank sludge Versitzgrubenschlamm *m* [rec]
sequence Folge *f* (Aufeinanderfolge); Reihe *f* (Folge); Reihenfolge *f* (Fortsetzung, Serie); Sequenz *f*; Ablauf *m* (Folge von Vorgängen)
sequence error Folgefehler *m*
sequence plan Ablaufplan *m* [eco]
sequence, automatic - Programmfolge *f* [tec]
sequential sequentiell
serial fortlaufend; seriell
serial damage Serienschäden *pl*
serial letter Serienbrief *m* (Textverarbeitung) [edv]
serial number Apparatenummer *f*; Ordnungsnummer *f* [eco]; Seriennummer *f* (Stammrollennummer); Werksnummer *f* [eco]
serial numbering fortlaufende Nummerierung *f*
serial operation serieller Betrieb *m*
serial port serieller Anschluss *m* [edv]
serial processing serielle Verarbeitung *f* (Software) [edv]
seriate in Reihe angeordnet [con]
seriate anordnen *v* (in Reihe)
series Baureihe *f* [con]; Folge *f* (Mathematik) [mat]; Folge *f* (Reihe); Gruppe *f* (Reihe); Kette *f* (Ereignisse); Reihe *f* [mat]; Reihe *f* (Messungen) [any]; Serie *f*
series connection Hintereinanderschaltung *f* [elt]; Reihenschaltung *f*; Serienschaltung *f* [elt]
series gear Seriengetriebe *n* [tec]
series manufacture Massenfertigung *f* [eco]; Massenproduktion *f* [eco]; Serienfertigung *f* [wer]
series pressing Serienpressteil *n* [tec]
series production Reihenfertigung *f* [wer]; Serienfertigung *f* [wer]; Serienproduktion *f* [wer]
series resistance Vorwiderstand *m* [elt]
series resistor Vorwiderstand *m* [elt]
series switch Serienschalter *m* [elt]
series, in - hintereinander; in Reihe geschaltet [prc]
series-produced seriengefertigt
series-wound motor Hauptschlussmotor *m* [elt]; Reihenschlussmotor *m* [pow]
serious schwerwiegend
serious casualty Schwerverletzte *pl* [hum]
serious difficulties Notlage *f*
seriously injured schwerverletzt [hum]
seriously injured Schwerverletzte *pl* [hum]
serpentine Schlange *f* (Technik)
serpentine cooler Kühlschlange *f* [pow]
serrate zacken *v*
serrated gezackt [wer]; gezahnt [bff]

serrated belt Zahnriemen *m* [tra]
serrated lock washer Fächerscheibe *f* [tec]
serrated root blade Schaufel mit Sägefuß *f* (Turbine) [pow]
serration Zacken *m* (gezackter Rand)
serration toothing Kerbverzahnung *f* [tec]; Riffelverzahnung *f* [tec]
serration-toothed shaft Zahnwelle *f* [tec]
serve bedienen *v* (dienen, servieren); dienen *v*
serve a district ein Gebiet versorgen *v*
server Server *m* [edv]
service Dienstleistung *f*; Inspektion *f* (Auto) [tra]; Wartung *f*; Dienst *m*; Service *m*
service instandhalten *v*; instandsetzen *v* (warten) [wer]; reparieren *v* [wer]; warten *v* (erhalten) [wer]; wiederinstandsetzen *v* (warten) [wer]
service area Betriebsfläche *f*; Raststätte *f* [tra]; Versorgungsbereich *f*
service areas Nebeneinrichtungen *pl*
service building Betriebsgebäude *n*; Dienstgebäude *n* [bau]
service cable Hausanschlusskabel *n* [elt]
service characteristic Qualitätsmerkmal *n*
service chute Entsorgungsschacht *m* [rec]
service condition Betriebsbeanspruchung *f*
service conduit Versorgungsleitung *f* [elt]
service contract Dienstleistungsvertrag *m* [eco]
service current Betriebsstrom *m* [elt]
service duct Leitungskanal *m*
service elevator Lastenaufzug *m* [mbt]
service enterprise Dienstleistungsbetrieb *m* [eco]
service equipment Hausinstallationen *pl* [bau]
service ground Hauptleitungserdung *f* [elt]; Hausanschlusserdung *f* [elt]
service industrial water Brauchwasser *n* [was]
service instruction Betriebsvorschrift *f*
service life Dauerhaltbarkeit *f*; Haltbarkeit *f* (Lebensdauer); Laufzeit *f* (Lebensdauer); Lebensdauer *f* (Gerät); Standzeit *f* (einer Maschine)
service life, expected - voraussichtliche Nutzungsdauer *f* [wer]
service line Hausanschlussleitung *f* [elt]; Versorgungsleitung *f* [elt]
service line box Hausanschlusskasten *m* [elt]
service manual Wartungshandbuch *n*
service pipe Fallrohr *n* [was]
service platform Arbeitsbühne *f*
service pressure Betriebsdruck *m*
service requirement Betriebserfordernis *f*
service sector Dienstleistungssektor *m*
service speed Betriebsdrehzahl *f* [tec]
service station Tankstelle *f* [tra]
service stress Betriebsbeanspruchung *f*
service technician Servicetechniker *m*
service tunnel Versorgungskanal *m* [bau]
service valve Bedienungsventil *n*
service vehicle, public - kommunales Fahrzeug *n* [tra]
service water Gebrauchswasser *n* [was]; Leitungswasser *n* [was]

service, in - in Betrieb
service, period of - Betriebsperiode *f*
service-hour meter Stundenzähler *m* [any]
service-life lubrication Lebensdauerschmierung *f* [tec]
service-man Kundendiensttechniker *m*
serviceability Betriebsfähigkeit *f*; Gebrauchsfähigkeit *f*; Wartungsfreundlichkeit *f*
serviceable betriebsfähig; gebrauchsfähig
serviceable, not - nicht betriebsfähig (z.B. Dampflok) [tra]
services connections Energieversorgungsanschluss *m* [pow]
services, range of - Leistungsspektrum *n*
services, scope of - Leistungsumfang *m*
servicing Bedienung *f* (Wartung); Instandhaltung *f*; Instandsetzung *f* (Wartung) [wer]; Überholung *f* (Reparatur) [wer]; Unterhaltung *f* (Geräte); Wartung *f*; Wiederinstandsetzung *f* (Wartung) [wer]
servo brake Servobremse *f* [tra]
servo control ansteuern *v* [elt]
servo control valve Steuerventil *n* [tra]; Vorsteuergerät *n* (Ventil) [mbt]
servo control, hydraulic - Vorsteuerung *f* (durch Ventil) [mbt]
servo line, hydraulic - Vorsteuerleitung *f* (an Hydrogerät) [mbt]
servo pressure Ansteuerdruck *m*
servo steering Servolenkung *f* [tra]
servo system Servosystem *n*
servo valve Servoventil *n* [tec]; Vorsteuerventil *n* (an Hydrogerät) [mbt]
servo wheel Servorad *n* [tec]
servo-assisted steering mechanism Servolenkung *f* [tra]
servo-control Servosteuerung *f* [tra]
servo-controlled servogesteuert
servo-controlled valves vorgesteuerte Ventile *pl* [tra]
servo-controller Servoregler *m* [tec]
servo-drive Servoantrieb *m* [tra]; Stellantrieb *m* [tra]
servo-loading piston Kraftkolben *m* [tec]
servo-loading spring Schließfeder *f* [tec]
servo-motor Servomotor *m*; Stellmotor *m* (Regelung); Steuermotor *m* (Regelung)
servo-positioner Servostellglied *n* [tec]
servo-system Servoeinrichtung *f* [tec]
session Sitzung *f* (z.B. vor Gericht) [jur]
set verfestigt [mbt]
set Einheit *f* (Gerät); Erhärtung *f*; Garnitur *f*; Gruppe *f* (Set, Menge, Satz); Menge *f* [mat]; Satz *m* (Gruppe); Set *m*; Aggregat *n* (Einheit) [elt]; Gerät *n* (Satz)
set abbinden *v* (Zement, Klebstoffe) [met]; anziehen *v* (Mörtel); aushärten *v* (Kunststoff) [met]; binden *v* (Mörtel); einstecken *v* [elt]; einstellen *v* (justieren); erhärten *v*; erstarren *v*; fassen *v* (in eine Fassung bringen); fixieren *v* (festmachen); gelieren *v*; justieren *v* (stellen); regeln *v* (einstellen); setzen *v*; stellen *v*; untergehen *v* (Sonne, Mond)

set back rückstellen *v*
set bolt Klemmschraube *f* [tec]; Passschraube *f* [tec]
set collar Stellring *m* [tec]
set down aufsetzen *v* (Landung) [tra]
set for servicing Wartungssatz *m* [tec]
set forth festlegen *v* (im Vertrag) [jur]
set free freigeben *v*; freimachen *v*
set going anlassen *v* (Maschine); betätigen *v* (von Hand); in Gang bringen *v*
set head Setzkopf *m* (Nietkopf) [tec]
set in einsetzen *v* (räumlich, zeitlich); eintreten *v* (sich ereignen)
set in motion ingangsetzen
set into einlassen *v* (einpassen) [wer]
set nut Einstellmutter *f* [tec]
set of gears Getrieberadsatz *m* [tec]
set of packings Dichtungssatz *m* (Packung) [tec]
set of seals Dichtungssatz *m* (allgemein) [tec]
set of wheels Rädersatz *m* [tec]
set on vorantreiben *v*
set on fire anzünden *v* [pow]
set out anreißen *v*
set piece Versatzstück *n* [tec]
set pin Einstellstift *m* [tec]
set piston Stellkolben *m* (stellt Regler ein) [tra]
set point Ansprechpunkt *m* (Sensor); Einstellwert *m* (Messgerät) [any]; Sollwert *m*
set point transmitter Sollwertgeber *m* [elt]
set pressure Abblasedruck *m* (am Sicherheitsventil)
set screw Befestigungsschraube *f* [tec]; Einstellschraube *f* [tec]; Feststellschraube *f* [tec]; Madenschraube *f* (siehe: Gewindestift); Passschraube *f* [tec]; Stellschraube *f* [tec]; Stiftschraube *f* [tec]
set square Zeichendreieck *n* [con]
set tiles kacheln *n*
set tiles fliesen *v* [wer]
set to work in Gang bringen *v*
set up absetzen *v*; anordnen *v* (aufbauen); aufbauen *v* (aufstellen); aufrichten *v* [bau]; aufstecken *v*; aufstellen *v* (aufbauen); einrichten *v* (errichten); errichten *v* (einrichten); herrichten *v* (einrichten, anordnen) [wer]; installieren *v* (Software) [edv]; montieren *v* (aufstellen); rüsten *v*; vorbereiten *v*
set value Sollwert *m* (eingestellter Wert) [elt]
set, time of - Erstarrungszeitraum *m* [met]
set-actual comparison Soll-Ist-Vergleich *m*
set-in eingesetzt
set-in branch eingesetzter Abzweig *m*
set-in nozzle eingesetzter Stutzen *m* [tec]; Einschweißnippel *m* [tec]; Einschweißstutzen *m* [tec]
set-off Absatz *m* (Bauelement) [bau]
set-on aufgesetzt
set-on branch aufgesetzter Abzweig *m*; stutzen *m*
set-on nozzle aufgesetzter Stutzen *m*; Aufschweißnippel *m* [tec]; Aufschweißstutzen *m* [tec]; Sattelstutzen *m* [tec]
set-point control Führungsregelung *f*; Sollwertführung *f* [elt]

set-point controller Führungsregler *m*
set-point value Sollwertvorgabe *f*
set-through branch durchgesteckter Abzweig *m*; durchgesteckter Stutzen *m* [tec]
set-up Einrichtung *f* (Vorrichtung); Installierung *f* (Software) [edv]; Zusammenstellung von Teilen *f*; Aufbau *m* (Anordnung); Schema *n* [con]
set-up operation Rüstarbeit *f*
set-up program Installationsprogramm *n* (Software) [edv]
set-up site Aufstellungsort *m*
set-up time Rüstzeit *f* (für Montage, Fertigung) [tec]
set-up, new - Neuaufstellung *f*
setting Abbindung *f*; Anordnung *f* (Festlegung); Aufstellung *f* (Montage); Aushärtung *f* (Kunststoff) [met]; Einstellung *f* (Regulierung); Stellung *f* (eines Bauteils im Ganzen) [tec]; Abbinden *n* [bau]; Erhärten *n*
setting agent Härter *m* (Kunststoffe) [met]; Abbindemittel *n* [bau]
setting behaviour Abbindeverhalten *n* [bau]
setting device Einstellvorrichtung *f*
setting dimension Einstellmaß *n* [any]
setting element Einstellglied *n* [tec]
setting gage Einstellehre *f* ((A)) [any]
setting gauge Einstellehre *f* ((B)) [any]
setting in motion Inbetriebsetzung *f* (Inbetriebnahme); Anlaufen *n* (Maschine)
setting lever Winkelhebel *m* (Armbanduhr, Aufzug) [tec]
setting off Auslösung *f* (Alarm)
setting pin Anstellbolzen *m* [tec]
setting point Erstarrungspunkt *m* [met]; Stockpunkt *m* [che]
setting position Schaltstellung *f*
setting provision Einstellmöglichkeit *f* [any]
setting quality Abbindefähigkeit *f* [met]
setting range Einstellbereich *m*; Verstellbereich *m*
setting retarder Abbindeverzögerer *m* [che]
setting ring Stellring *m* [tec]
setting screw Einstellschraube *f* [tec]; Justierschraube *f* [tec]; Stellschraube *f* [tec]
setting speed Abbindegeschwindigkeit *f* [che]
setting temperature Härtetemperatur *f* [met]
setting the stage vorbereitend
setting time Abbindedauer *f*; Abbindezeit *f* (Zement) [met]; Bindezeit *f* [bau]; Erstarrungszeit *f* [met]
setting to work Inbetriebnahme *f* (Inbetriebsetzung)
setting value Einstellwert *m* (Messgerät) [any]
setting, continuously variable - stufenlose Einstellung *f* (Regelung)
setting, process of - Abbindeprozess *m* [bau]
setting-up Montage *f* (Aufstellen); Ansatz *m* (Versuch) [che]; Zusammenbau *m* (Aufbauen) [wer]; Rüsten *n*
setting-up of industry Industrieansiedlung *f* (Vorgang)
setting-up time Rüstzeit *f* [tec]
settle absacken *v* (sinken); abscheiden *v* (ausfällen,

absetzen) [was]; absetzen *v*; ansiedeln *v*; ausfällen *v* (abscheiden, absetzen) [prc]; besiedeln *v* (sich niederlassen); bevölkern *v*; klären *v* (absetzen) [was]; niederschlagen *v* (fest); regeln *v* (festsetzen); sedimentieren *v* [che]; setzen *v*; sinken *v* (absinken)
settle an invoice Rechnung bezahlen *v* [eco]
settle out absetzen *v* (abscheiden, ausfällen)
settleability Absetzbarkeit *f* [prc]
settled abgesetzt (Feststoff)
settled solids Bodensatz *m* (Niederschlag)
settled state Beharrungszustand *m*
settlement Absackung *f* (Gebäude); Absenkung *f* [was]; Abwicklung *f* (Dokument); Ansiedlung *f* (Ort); Besiedlung *f*; Einschlämmung *f* [was]; Entscheidung *f*; Erledigung *f*; Niederlassung *f* (Siedlung) [eco]; Regelung *f*; Senkung *f*; Setzung *f*; Siedlung *f*; Überschreibung *f*; Übertragung *f* (Rechte) [jur]; Verrechnung *f* [eco]; Zahlung *f* [eco]; Bodensatz *m* (Rückstand) [che]; Absetzen *n*
settlement area Siedlungsraum *m*; Siedlungsgebiet *n*
settlement density Siedlungsdichte *f*
settlement development Siedlungsentwicklung *f*
settlement joint Setzfuge *f*
settlement plan Besiedlungsplan *m*
settlement planning Siedlungsplanung *f*
settlement project Besiedlungsplan *m*
settlement tank Sedimentationsbehälter *m* [was]
settler Abscheider *m*; Absetzbehälter *m* [was]; Absetztank *m* [was]; Siedler *m*; Absetzbecken *n* [was]
settling Ablagerung *f* (Sediment, Bodensatz) [geo]; Klärung *f* (Absetzen) [was]; Sedimentation *f* [che]; Senkung *f*; Absetzen *n* (Niederschlagen); Trennverfahren *n* (für Dispersionen) [prc]
settling basin Sandabscheider *m* [was]; Absetzbecken *n* [was]; Klärbecken *n* [was]
settling chamber Absetzkammer *f* (für Staub, Schlamm) [was]; Klärgrube *f* [was]
settling filter Anschwemmfilter *m* [was]
settling of soil Erdsenkung *f* [bod]
settling pit Absetzgrube *f* [was]; Absitzgrube *f*
settling pond Klärteich *m* [was]; Absetzbecken *n* [was]; Klärbecken *n* [was]
settling tank Absetzkammer *f* (für Staub, Schlamm) [was]; Absetzbehälter *m* [was]; Absetztank *m* [was]; Schlammkasten *m* [was]; Absetzbassin *n* [was]; Absetzbecken *n* [was]; Absetzgefäß *n* [was]; Klärgefäß *n* [prc]
settling tank inlet Beckeneinlauf *m* [was]
settling tank, storm-water - Regenklärbecken *n* [was]
settling trough Absetzungsteich *m* [was]
settling vessel Absetzbehälter *m* [was]; Absetzgefäß *n* [was]
settling water Klärwasser *n* [was]
settling, velocity of - Sedimentationsgeschwindigkeit *f*
settlings Satz *m* (Niederschlag); Sediment *n* [che]; Sinkstoffe *pl*
sever abbrechen *v* (abtrennen); abklemmen *v* (abtrennen) [prc]; durchtrennen *v*; trennen *v* (durchtrennen) [wer]
several einige
severe heftig; schwierig; stark (heftig)
severe requirements härteste Bedingungen *pl* [bau]
severing Trennung *f* (Durchtrennung)
severity code Schweregrad *m*
sew nähen *v* [wer]
sewage Abflusswasser *n* [was]; Abwasser *n* [was]; Kanalwasser *n* [was]; Schmutzwasser *n* [was]; Abwässer *pl* [was]; flüssige Abfallstoffe *pl* [rec]
sewage aeration Abwasserbelüftung *f* [was]
sewage charge Abwasserabgabe *f* [jur]
sewage chlorination Abwasserchlorung *f* [was]
sewage clarification Abwasserklärung *f* [was]
sewage clarification plant Abwasserkläranlage *f* [was]; Kläranlage *f* (Klärgrube) [was]; Abwasserbehandlungsanlagen *pl* [was]
sewage concentration Abwasserkonzentration *f* [was]
sewage construction Abwasserbau *m* [was]
sewage disposal Abwasserbeseitigung *f* [was]
sewage disposal facility Abwasserbeseitigungsanlage *f* [was]
sewage disposal plant Abwasseranlage *f* [was]; Abwasserbeseitigungsanlage *f* [was]
sewage disposal system Abwasserbeseitigung *f* [was]
sewage drainpipe Fäkalienfallrohr *n* [rec]
sewage ejector Schmutzwasserpumpe *f* [was]
sewage engineering Abwasserbehandlungstechnik *f* [was]; Abwassertechnik *f* [was]
sewage farming Abwasserverrieselung *f* [was]
sewage filter Abwasserfilter *m* [was]; Klärfilter *m* [was]
sewage filtration Abwasserfiltration *f* [was]
sewage gas Faulgas *n* [was]; Klärgas *n* [pow]
sewage legislation Abwassergesetzgebung *f* [jur]
sewage lifting pump Abwasserhebeanlage *f* [was]
sewage load plan Abwasserlastplan *m* [was]
sewage odour Abwassergeruch *n* [was]
sewage of pickling plants Beizereiabwässer *pl* [was]
sewage operator Kanalisationsbetreiber *m* [was]
sewage pathway Abwasserpfad *m* [was]
sewage pipe Abwasserrohr *n* [was]; Kanalisationsrohr *n* [was]; Kanalrohr *n* [was]
sewage pit Sickergrube *f* [was]
sewage plant Kläranlage *f* (Klärwerk) [was]; Klärwerk *n* [was]
sewage powder Poudrette *f* [was]
sewage pump Abwasserpumpe *f* [was]
sewage purification Abwasserklärung *f* [was]; Abwasserreinigung *f* [was]
sewage purification plant Abwasserreinigungsanlage *f* [was]
sewage register Abwasserkataster *n* [was]
sewage removal Abführung *f* (Abwasser) [was]; Fäkalienabfuhr *f* [rec]
sewage sampler Abwasserprobennehmer *m* [was]
sewage sedimentation plant Abwasserabsetzanlage *f* [was]

sewage settling chamber Absetzbecken *n* [was]
sewage sludge Abwasserschlamm *m* [was]; Klärschlamm *m* [was]
sewage sludge application Klärschlammausbringung *f* [was]
sewage sludge composting Klärschlammkompostierung *f* [rec]
sewage sludge decomposition Klärschlammverrottung *f* [rec]
sewage sludge dehydration Klärschlammentwässerung *f* [was]
sewage sludge disposal Klärschlammbeseitigung *f* [rec]; Klärschlammentsorgung *f* [rec]
sewage sludge drainage Klärschlammentwässerung *f* [was]
sewage sludge fermentation Klärschlammausfaulung *f* [was]
sewage sludge gas Faulgas *n* [was]
sewage sludge incineration Klärschlammverbrennung *f* [rec]
sewage sludge processing Klärschlammaufbereitung *f* [was]
sewage sludge removal Klärschlammbeseitigung *f* [rec]
sewage sludge treatment Klärschlammbehandlung *f* [was]
sewage sludge, dehydrated - entwässerter Klärschlamm *m* [was]
sewage system Kanalisation *f* [was]; Kanalnetz *n* [was]; Sammlersystem *n* [was]
sewage system, public - öffentliche Kanalisation *f* [was]
sewage tank Abwasserbehälter *m* [was]
sewage treatment Abwasseraufbereitung *f* [was]; Abwasserbehandlung *f* [was]; Abwasserklärung *f* [was]
sewage treatment installations for factories Betriebskläranlage *f* [was]
sewage treatment plant Abwasserbehandlungsanlage *f* [was]; Kläranlage *f* (Klärwerk) [was]; Klärwerk *n* [was]
sewage treatment plant for flat roofs Flachdachkläranlage *f* [was]
sewage treatment technology Abwasserbehandlungstechnik *f* [was]
sewage treatment works Kläranlage *f* (Klärwerk) [was]
sewage treatment, biological - biologische Abwasserbehandlung *f* [was]
sewage ventilation Abwasserbelüftungsanlage *f* [was]; Kanalentlüftung *f* [was]
sewage water Abflusswasser *n* [was]; Kanalisationsabwasser *n* [was]; Kanalwasser *n* [was]
sewage works Kläranlage *f* (Klärwerk) [was]; Klärwerk *n* [was]
sewage, utilization of - Abwasserverwertung *f* [was]
sewage, volume of - Abwassermenge *f* [was]
sewed on angenäht [wer]
sewer Abwasserleitung *f* [was]; Abflusskanal *m* [was]; Abwasserkanal *m* [was]; Abzugskanal *m* [was]; Ausguss *m* (Abfluss) [was]; Kanal *m* (Abwasser) [was]; Siel *m* [was]; Kanalisationsrohr *n* [was]
sewer kanalisieren *v* [was]
sewer bottom Kanalsohle *f* [was]
sewer capstan Kanalwinde *f* [was]
sewer caulking Kanalabdichtung *f* [was]
sewer cleaning Abwasserkanalreinigung *f* [was]; Kanalreinigung *f* [was]
sewer cleaning equipment Kanalreinigungsgerät *n* [was]
sewer connection Kanalisationsanschluss *m* [was]
sewer construction Kanalbau *m* [was]
sewer flushing Kanalspülung *f* [was]
sewer gas Faulgas *n* [was]; Kanalgas *n* [was]; Klärgas *n* [pow]
sewer gas plant Klärgasanlage *f* [pow]
sewer inspection Kanalinspektion *f* [was]
sewer invert Kanalsohle *f* [was]
sewer investigation Kanaluntersuchung *f* [was]
sewer laying equipment Kanalverlegegerät *n* [was]
sewer manhole Kanalschacht *m* [was]
sewer manway Kanalschacht *m* [was]
sewer pipe Abwasserrohr *n* [was]; Kanalrohr *n* [was]
sewer port Schleuse *f* (hier: Gully, Kanaleinlauf) [bau]
sewer renovation Kanalsanierung *f* [was]
sewer renovation equipment Kanalsanierungseinrichtung *f* [was]
sewer rinsing Kanalspülung *f* [was]
sewer seal Kanalabdichtung *f* [was]
sewer section hoist Kanalringheber *m* [was]
sewer television facility Kanalfernsehanlage *f* [was]
sewer ventilation Kanalbelüftung *f* [was]
sewer winch Kanalwinde *f* [was]
sewer, combined - Mischwassersammler *m* [was]
sewerage Abwasserbeseitigung *f* [was]; Abwasserkanalisation *f* [was]; Abwasserleitung *f* [was]; Kanalisation *f* [was]; Abwassersystem *n* [was]
sewerage system Kanalisierung *f* [was]; Abwasserkanalisationsnetz *n* [was]
sewerage system, combined - Mischwassersystem *n* [was]
sewerage system, local - Ortsentwässerung *f* [was]
sewerage treatment plant Abwasserreinigungsanlage *f* [was]
sewers Kanalisation *f* [was]
sewers, system of - Kanalisationsnetz *n* [was]
sewing Nähen *n* [wer]
sewing-machine Nähmaschine *f* [far]
shabby schäbig
shack Schuppen *m* (ziemlich verfallenes Haus) [bau]
shackle Lasche *f* [tec]; Haltebügel *m* [tec]; Schäkel *m* [tec]
shackle coupling Schäkelkupplung *f* [tra]
shackle point Laschengelenk *n* [tec]
shackle-type connector Bügelschloss *n* [tec]
shade Blende *f* (Lichtschutz); Farbtönung *f* (Schat-

tierung); Schattierung *f* [opt]; Tönung *f* (Einfärbung); Farbton *m* (Schattierung); Lichtschutz *m*; Schatten *m*; Schirm *m*; Ton *m* (Färbung)
shade schraffieren *v* [con]; tönen *v* (einfärben)
shade plant Schattenpflanze *f* [bff]
shaded schattiert (schattiert gezeichnet); schraffiert [con]
shaded pole fan Querstromlüfter *m* [prc]
shading Abschattung *f*; Beschattung *f*; Schraffierung *f* [con]
shading device Sonnenschutz *m*
shading value Helligkeitswert *m* [opt]
shadow Schatten *m*
shadow mask Lochmaske *f* (Bildschirm) [elt]
shadow zone Schattenzone *f* (auch Funkschatten) [elt]
shadow, acoustic - Schallschatten *m* [aku]
shadow, acoustical - Schallschatten *m* [aku]
shaft Achse *f* (Welle) [tec]; Deichsel *f* [tra]; Drehwelle *f* [tec]; Maschinenwelle *f* [tec]; Radachse *f* [tec]; Welle *f* (Achse) [tec]; Abwurfschacht *m*; Schacht *m* (Bergbau) [roh]; Schaft *m* (Wellen-, Niet-) [tec]; Stiel *m* (Nagel)
shaft alignment Wellenausrichtung *f* [con]
shaft alignment error Achsparallelitätsfehler *m* (Getriebe) [con]
shaft and flange connection Wellenflanschverbindung *f* [tec]
shaft angle Achswinkel *m* (Zahnrad) [con]
shaft angle encoder, absolute - Winkelcodierer *m* ((variant)); Winkelkodierer *m* ((variant))
shaft angle error Achswinkelabweichung *f* (Getriebe) [tec]
shaft arrangement Wellenanordnung *f* [pow]
shaft assembly Wellenstrang *m* [tec]; Wellenverband *m* [tec]
shaft bearing Wellenlager *n* [tec]
shaft breakthrough Wellendurchführung *f* [tec]
shaft bushing Wellendurchführung *f* [tec]
shaft butt end Wellenstumpf *m* [tec]
shaft carrier Wellenhalter *m* [tec]; Wellenträger *m* (Maschinenteil) [tra]
shaft centre distance Achsabstand *m* (bei Riemenantrieb) [tec]
shaft collar Wellenbund *m* [tec]
shaft coupling Wellenkupplung *f* [tec]
shaft deflection Wellendurchbiegung *f* [tec]; Wellenverkrümmung *f* [tec]
shaft diameter Wellendurchmesser *m* [con]
shaft displacement Wellenverlagerung *f* (axiale Verlagerung) [con]
shaft drive Antriebswelle *f* [tec]; Wellenantrieb *m* [tec]
shaft eccentricity Wellenexzentrizität *f* [tec]; Wellenschlag *m* (Unwucht) [tec]
shaft encoder, absolute - Winkelcodierer *m* ((variant)) [tec]; Winkelkodierer *m* ((variant)) [tec]; Winkelstellungsgeber *m* [tec]
shaft end Antriebsseite *f* [pow]; Wellenstummel *m*

[tec]; Wellenstumpf *m* [tec]; Wellenzapfen *m* [tec]
shaft end face Wellenspiegel *m* [tec]
shaft extension Wellenhals *m* [tec]; Wellenzapfen *m* [tec]; Wellenende *n* [tec]
shaft extension, input - Antriebswellenstumpf *m* [tra]
shaft extension, tapered - konisches Wellenende *n* [tec]
shaft flange Wellenflansch *m* [tec]
shaft furnace Schachtofen *m* [roh]
shaft gland Wellenstopfbüchse *f* [tec]
shaft gland packing Wellenstopfbuchspackung *f* [tec]
shaft hammer Stielhammer *m* [wzg]
shaft hoisting equipment Schachtfördereinrichtung *f* [roh]
shaft horsepower Wellen-PS [tec]
shaft insert Welleneinsatz *m* [tec]
shaft installation Schachtanlage *f* [roh]
shaft journal Wellenschaft *m* [tec]; Wellenstummel *m* [tec]; Wellenstumpf *m* [tec]; Wellenzapfen *m* [tec]; Wellenzapfen *m* [tec]
shaft key seat Wellennut *f* [tec]
shaft key stock Passfeder *f* [mbt]
shaft kiln Schachtofen *m* [prc]
shaft line Wellenstrang *m* [tec]
shaft loading Wellenbelastung *f* [tec]
shaft misalignment Wellenverlagerung *f* [con]; Wellenversatz *m* [con]
shaft nut Wellenmutter *f* [tec]
shaft opening Schachtöffnung *f*
shaft packing Wellenabdichtung *f* [tec]
shaft plant Schachtanlage *f* [roh]
shaft protection sleeve Wellenschutzbuchse *f* [tec]; Wellenschutzhülse *f* [tec]
shaft run-out Wellenschlag *m* (Unwucht) [tec]
shaft sag Wellendurchbiegung *f* [tec]
shaft seal Stopfbuchse *f* (Wellendichtung) [pow]; Wellendichtung *f* [tec]
shaft seal strip Wellendichtring *m* [tec]; Laufband *n* (Welle) [pow]
shaft sealing ring Wellendichtring *m* [tec]
shaft seat Wellensitz *m* [tec]
shaft shoulder Wellenschulter *f* [tec]; Wellenabsatz *m* [tec]
shaft sleeve Wellenbuchse *f* [tec]; Wellenhülse *f* [tec]
shaft stub Wellenstummel *m* [tec]; Wellenzapfen *m* [tec]; Wellenende *n* [tec]
shaft tolerance Wellentoleranz *f* [con]
shaft train Wellenstrang *m* [tec]
shaft tuning Resonanzabstimmung *f* (Turbinenwelle) [pow]
shaft vibration Wellenschwingung *f* [tec]
shaft-angle deviation Achsenwinkelabmaß *n* [con]
shaft-angle variation Achsenwinkelabweichung *f* [con]
shaft-clearance seal Wellenspaltabdichtung *f* [tec]
shaft-driven pump Schaftpumpe *f* [prc]
shaft-mounted exciter Erregermaschine *f* [elt]
shaft-mounted gearing Aufsteckgetriebe *n* [tec]
shafting Wellenführung *f* [tec]

shake erschüttern *v*; rütteln *v*; schütteln *v*
shaker Rüttler *m* [prc]; Schüttelapparat *m* [prc]
shaker chute Rüttelschurre *f* [prc]
shaking grate Schüttelrost *m* [pow]
shaking ladle Schüttelpfanne *f* [prc]
shaking machine Schüttelmaschine *f* [prc]
shaking screen Schüttelsieb *n* [prc]; Wurfsieb *n* [prc]
shaking sieve Rüttelsieb *n* [prc]; Schüttelsieb *n* [prc]
shaking table Rütteltisch *m* [any]
shaking test Schüttelversuch *m* [any]
shale Schiefer *m* [geo]; Schiefergestein *n* [geo]
shallow flach (nicht tief); seicht
shallow versanden *v* [bod]
shallow embankment Flachböschung *f* [bod]
shallow foundation Flachgründung *f* [bau]
shallowness Untiefe *f* (flach)
shambles Ruine *f* [bau]
shank Zahnvorderkante *f* (beim Aufreißer) [mbt]; Schaft *m* (Schrauben-, u.a.) [tec]; Schenkel *m* [tec]; Stiel *m* [bff]; Vierkant *m* (der Türklinkenhälfte) [bau]; Zahnfuß *m* (steckt in der Schneide) [mbt]
shank length Schaftlänge *f* (des Federnagels) [con]
shank of screw Schraubenschaft *m* [tec]
shank protector Schenkelschutzplatte *f* [tec]
shank-type worm gear hob Schaftschneidrad *n* [tec]
shanty Bude *f* (Hütte)
shanty town Barackensiedlung *f*
shape Bildung *f* (Form, Gestalt); Form *f* (Gestalt); Gestalt *f* (Form)
shape ausformen *v* (formen); bearbeiten *v* (formen) [wer]; behandeln *v* (bearbeiten); bilden *v* (Material); formen *v* (gestalten); fräsen *v* (Holz) [wer]; gestalten *v* (formen); modellieren *v*; prägen *v* [wer]; stoßen *v* [wer]; verformen *v* [wer]
shape coefficient Formfaktor *m*
shape factor Formfaktor *m*
shape stability Formbeständigkeit *f*
shape, put out of - deformieren *v*
shape-dependent strength Gestaltfestigkeit *f* [met]
shape-retaining formstabil
shapeability Formbarkeit *f* [met]
shapeable formbar
shaped casting Gussformteil *n* [met]
shaped part Formstück *n*; Formteil *n*
shaped piece Formteil *n*
shaped product Formstück *n*
shaped ring Profilring *m* [tec]
shaped seal Profildichtung *f* [tec]
shaped section Formstück *n*
shaped steel Formstahl *m* [met]
shapeless formlos (gestaltlos); gestaltlos
shapelessness Formlosigkeit *f* (Gestaltlosigkeit)
shapely gut gestaltet
shaper Fräsmaschine *f* (für Holz) [wzg]
shaping Ausbildung *f* (Gestaltung) [con]; Formgebung *f* [wer]; Formung *f* [wer]; Gestaltung *f* (Formung) [wer]; mechanische Formgebung *f* [wer]; Verformung *f* (z.B. einer Stahlplatte) [wer]
shaping machine Stoßmaschine *f* [wer]
shaping process Formgebungsverfahren *n* [wer]
shaping tool Formstahl *m* [wer]; Stoßmeißel *m* [wzg]
share Aktie *f* [eco]; Anteil *m* (Teil); Teil *m* (Anteil) [eco]
share teilen *v* (aufteilen)
share capital Gesellschaftskapital *n* [eco]
shared gemeinsam
sharp deutlich; genau; herb; scharf (Optik) [opt]; scharf (z.B. Messer, Denken); spitz; steil abfallend; trocken (Geräusch) [aku]
sharp bend scharfe Kurve *f* [tra]; Knick *m*; Knie *n* (Biegung)
sharp thread Spitzgewinde *f* [tec]
sharp-angled bend Krümmer mit kleinem Biegeradius *m* [prc]
sharp-angled mouldboard schlankgestellte Schar *f* (Grader) [mbt]
sharp-edged scharfkantig
sharp-positioned mouldboard schlankgestellte Schar *f* (Grader) [mbt]
sharpen schärfen *v* [wer]; schleifen *v* (schärfen) [wer]; spitzen *v* [wer]; wetzen *v* (schärfen) [wer]
sharpened geschärft [wer]
sharpening Schliff *m*
sharpness Bildschärfe *f* [opt]; Schärfe *f* (eines Messers)
sharps spitze Gegenstände *pl* (Abfälle) [rec]
shatter Trümmer *pl* (Bruchstücke)
shatter splittern *v*; zerschlagen *v*; zerschmettern *v*; zersplittern *v* (Glas); zerspringen *v*; zertrümmern *v*
shatter test Rüttelprobe *f* [any]
shatterproof glass Sicherheitsglas *n* [met]
shatterproofness Unzerbrechlichkeit *f* [met]
shave rasieren *v*
shaved geschält [wer]
shaving Span *m* (Hobelspan) [wer]; Schnitzel *n*
shavings Abfall aus der Materialbearbeitung *m* [rec]; Drehspäne *pl* [rec]; Schabsel *pl* [rec]; Späne *pl* [rec]
shavings grab Spänegreifer *m* [prc]
shear Scherung *f* [met]
shear abscheren *v* [tec]; abschneiden *v* (scheren) [wer]; beschneiden *v* (scheren) [wer]; scheren *v* (z.B. Schafe) [far]; schneiden *v* (scheren); schrammen *v* (mit Schrämmaschine kratzen) [wer]
shear action Scherkraft *f* [phy]; Schubkraft *f* [phy]
shear blade Scherblatt *n* [wzg]
shear connector Gewindebolzen *m* [tec]; Kopfbolzen *m* [tec]; Schubverbinder *m* [tec]; Verbunddübel *m* [tec]
shear failure Scherbruch *m* [tec]
shear force Querkraft *f* [phy]; Scherkraft *f* [phy]
shear forces Schnittkräfte *pl* [wer]
shear joint Überlappstoß *m* [tec]
shear legs Dreifuß *m*; Dreifußkran *m*
shear modulus Schubmodul *m* (Gleitmodul) [phy]
shear off abkanten *v* [wer]; abscheren *v* [tec]

shear pin Brechbolzen m [tec]; Scherbolzen m [tec]; Scherstift m [tec]
shear pin coupling Brechbolzenkupplung f [tec]; Scherbolzenkupplung f [tec]
shear point Sollbruchstelle f [tec]
shear press Scherenpresse f [wer]
shear straight Schergerade f [tec]
shear strength Scherfestigkeit f [met]; Schubfestigkeit f [phy]
shear stress Schubspannung f [phy]
shear test Scherversuch m [any]
shear wall Wandscheibe f (Stahlbau) [tec]
shear wave Scherwelle f [phy]; Schubwelle f [phy]
shear wave probe Schrägstrahlprüfkopf m [any]
sheared edge beschnittene Kante f; geschnittene Kante f
shearer Schrämmaschine f (fährt Wand auf und ab) [mbt]
shearing Schur f [far]; Durchschneiden n
shearing disc mixer Scherscheibenmischer m [prc]
shearing force Schubkraft f [phy]; Schubspannung f [phy]
shearing limit Schergrenze f [met]
shearing machine Schere f (für Bleche) [wzg]
shearing pin Abscherbolzen m [tec]; Abscherstift m [tec]
shearing roll Scherwalze f [wer]
shearing stress Scherfestigkeit f [met]; Scherkraft f [phy]; Scherspannung f [phy]; Schubbeanspruchung f [phy]; Schubspannung f [phy]
shears Schere f [wzg]
sheath Hülle f (Abdeckung); Hülse f (Mantel, Verkleidung) [tec]; Schicht f (Überzug) [met]; Mantel m (Schutz)
sheathe armieren v [elt]; ummanteln v (umhüllen); zudecken v (verkleiden)
sheathed abgestützt (Grabenwand) [bau]; ummantelt
sheathed cable Mantelkabel n [elt]; umhülltes Kabel n [elt]
sheathed electrode Mantelelektrode f [wer]
sheathed thermocouple Mantelthermoelement n [any]
sheathing Verkleidung f; Ummanteln n
sheathing compound Kabelmasse f [elt]
sheathing felt Dachpappe f [met]
sheathing of cables Kabelummantelung f [elt]
sheave Antriebsscheibe f [tra]; Riemenscheibe f (Keilriemen) [tec]; Seilrolle f [tec]
sheave height Rollenhöhe f (z.B. des Kranes) [mbt]
sheave nest Seilrollenblock m [tec]
sheave rim Riemenscheibenkranz m [tec]
shed Halle f (Fabrik-) [bau]; Schuppen m (z.B. Bahn, Hafen) [bau]; Verschlag m; Schutzdach n
shed vergießen v (verschütten)
shed structures, industrial - Hallenbauten pl [bau]
sheen Politur f [met]; Glanz m
sheepfoot roller Schaffußwalze f [tra]
sheet Bahn f (Bleche) [tec]; Platte f; Tafel f (Blech) [met]; Beleg m; Bogen m (Papier); Blatt n (Papier); Blech n (Stahlblech (< 6 mm)) [met]
sheet aluminium Aluminiumblech n [met]
sheet bend Shotstek m (Knoten) [tra]
sheet construction Blechkonstruktion f
sheet cork Korkscheibe f
sheet edge Blechkante f [met]
sheet feeder Einzelblattzuführung f [edv]
sheet filter Schichtenfilter n [prc]
sheet gasket Scheibendichtung f [tec]
sheet gauge Blechlehre f
sheet glass Glastafel f [met]
sheet housing Blechgehäuse n [tec]
sheet iron lining Blechauskleidung f
sheet iron shell Blechmantel m
sheet iron, tinned - verzinktes Eisenblech n [met]
sheet lead Walzblei n [met]
sheet lightning Wetterleuchten n [wet]
sheet metal Blattmetall n [met]; Blech n (Metall) [met]; Feinblech n [met]; Tafelblech n [met]
sheet metal box Blechverpackung f
sheet metal casing Blechmantel m
sheet metal container Blechverpackung f; Blechbehälter m
sheet metal cover Deckblatt n [met]
sheet metal covering Blechverkleidung f
sheet metal enclosure Blechummantelung f
sheet metal holder Halteblech n [tec]
sheet metal housing Stahlblechgehäuse n [tec]
sheet metal machine Blechbearbeitungsmaschine f [wzg]
sheet metal plate Blechplatte f [met]
sheet metal processing centre Blechbearbeitungszentrum n [wer]
sheet metal profile Blechprofil n [met]
sheet metal scrap Blechschrott m [rec]; Blechabfälle pl [rec]
sheet metal screw Blechschraube f [tec]
sheet metal tongue Blechzunge f [tec]
sheet metal tube Blechhülse f
sheet metal working Blechbearbeitung f [wer]; Blechverarbeitung f
sheet moulding compound Harzmatte f [met]
sheet number Blattnummer f
sheet of glass Glasscheibe f [met]
sheet of ice Eisfläche f
sheet of lead Bleiplatte f [met]
sheet pack Blechpaket n [met]
sheet pile Spundbohlenabstützung f [mbt]
sheet piling Spundwand f [bau]
sheet scrap Blechabfall n [rec]
sheet shearing machine Blechschere f [wzg]; Schere f (für Bleche) [wzg]
sheet steel Stahlblech n [met]
sheet thickness Bahnendicke f (z.B. Kunststoffbahnen) [met]
sheet tin Zinnblech n [met]
sheet zinc Zinkblech n [met]
sheet, accompanying - Beiblatt n (z.B. zu Zeichnung) [con]

sheet-metal fabrication Blechkonstruktion *f* (Herstellung)
sheet-metal screw Blechtreibschraube *f* [tec]
sheet-pile wall Spundwand *f* [bau]
sheeting Blechverkleidung *f*; Verschalung *f* (des Grabens) [mbt]; Verbau *m* (des Grabens) [mbt]; Folienmaterial *n* [met]; Verkleidungsmaterial *n* [met]; Platten *pl* (Verkleidung) [tec]
sheeting die Breitschlitzdüse *f* [prc]
sheets, coated - beschichtete Bleche *pl* [met]
shelf Bord *n* (Wandbrett); Fach *n* (Schrank); Gestell *n* (Regal); Regal *n*
shelf drier Hordentrockner *m* [prc]
shelf life Haltbarkeit *f* (Lagerfähigkeit); Lagerbeständigkeit *f* (Lebensdauer); Lagerzeitraum *m*
shelf unit Schrankwand *f*
shelf-type reactor Hordenofen *m* [prc]
shell Buchse *f* (Schale); Hülle *f* (Schale); Hülse *f* (Schale); Muschel *f* (Schale); Patrone *f*; Schale *f* (Obst) [bff]; Schale *f* (Software) [edv]; Umhüllung *f* (Schale); Umkleidung *f* (Schale) [tec]; Mantel *m* (Gehäuse); Rohbau *m* [bau]; Gehäuse *n* (für Geräte)
shell abschälen *v*; schälen *v* [wer]
shell construction Schalenbauweise *f* [bau]
shell construction brick Schalenbaustein *m* [bau]
shell core Hohlkern *m*
shell coupling Schalenkupplung *f* [tec]
shell distortion Abplattung *f* [mbt]
shell form Hohlform *f*
shell lime Muschelkalk *m* [met]
shell limestone Muschelkalk *m* [met]
shell plating Außenhaut *f* (Metallplatten)
shell section Teilschale *f* [tec]
shell structure Schalenbauweise *f* [bau]
shell, plain bearing - Gleitlagerschale *f* [tec]
shell-and-tube condenser Rohrbündelkondensator *m* [pow]
shell-and-tube heat exchanger Glattrohrbündelwärmeaustauscher *m* [pow]; Röhrenwärmeaustauscher *m* [pow]; Rohrbündelwärmeaustauscher *m* [pow]
shell-shaped schalenförmig
shell-shaped components Schalenbauteile *pl* [bau]
shell-type sleeve Schalenmuffe *f* [tec]
shellac Lackfirnis *m* [met]; Schellack *m*
shellac varnish Lackfirnis *m* [met]
shelter Schuppen *m* (z.B. kleines Holzhaus) [bau]; Schutz *m* [tec]; Schutzraum *m*; Schutzdach *n*
shelter schützen *v* (abschirmen)
shelterbelt Schutzreihe *f* (Bäume) [far]
shelterwood Schutzbaumbestand *m* [far]
shelve lagern *v* (Material)
shelves Gestell *n* (Regal)
sherardize verzinken *v* [met]
shield Abschirmung *f* (Schutz (Kabel)) [elt]; Umhüllung *f* (Schutz-); Umkleidung *f* (Schutz) [tec]; Mantel *m* (Schutz); Schirm *m*; Schutz *m* [tec]; Schild *n* (Schutzschild)

shield abschirmen *v* (schützen) [elt]; schützen *v* (abschirmen)
shield cable Abschirmleitung *f* [elt]
shield cylinder Schildzylinder *m* (im Bergbau) [roh]
shield driving Rohrvortrieb *m* (Kanalisation) [was]
shield ring Abschirmring *m*
shield support Schild *n* (im Bergbau) [roh]
shield tube Schutzrohr *n* [elt]
shield tunnelling Schildvortrieb *m* [tra]
shielded abgeschirmt [elt]; geschützt; umhüllt (geschützt, behütet)
shielded cable abgeschirmtes Kabel *n* [elt]
shielded line abgeschirmte Leitung *f* [elt]
shielded thermocouple Thermoelement mit Strahlungsschutz *n* [any]
shielding Abschirmung *f* (Schutz) [elt]; Abschottung *f* [prc]; Beschirmung *f*; Abschirmen *n* [elt]
shielding material Strahlenschutzmaterial *n* [met]
shielding plate Abschirmblech *n* [pow]
shielding window Schutzfenster *n* [bau]
shift Arbeitsschicht *f*; Betriebszeit *f* (Arbeitszeit); Kolonne *f* (Arbeiter); Schicht *f* (Arbeit); Wechsel *m* (Verlegung)
shift fortbewegen *v*; schalten *v* (Getriebe) [tra]; umschalten *v*; verlagern *v* (verschieben); verschieben *v* (den Kolben -) [tra]; verschieben *v* (verlagern); versetzen *v* (verschieben); wandern *v* (verschieben); wechseln *v* (verschieben)
shift bar Schaltstange *f* [tra]
shift collar Schaltmuffe *f* [tec]
shift foreman Schichtleiter *m*
shift gears schalten *v* (Gänge im Auto) [tra]
shift key Umschalttaste *f* [edv]
shift lever Schalthebel *m* [tec]
shift of schedule date Terminverschiebung *f*
shift register Schieberegister *n*
shift transmission, six speed - Sechsganggetriebe *n* [tra]
shift work Schichtarbeit *f* [eco]
shift-lock key Feststelltaste *f* (für Umschalttaste) [edv]
shiftable schaltbar (Fahrzeug) [tra]; verschiebbar; zuschaltbar (hydraulisch zuschaltbar) [tra]
shiftable belt conveyor rückbare Bandförderanlage *f* [prc]
shiftable engine Regelfahrmotor *m* [tra]
shiftable under load unter Last schaltbar [tra]
shifter bar Schaltstange *f* [tra]
shifter fork Schaltgabel *f* [tra]
shifter mechanism Schaltmechanismus *m* [tra]
shifter shaft Schaltwelle *f* [tec]
shifting Schaltung *f* [elt]; Umschaltung *f* (auf anderen Gang) [tra]; Verlagerung *f*; Verschiebung *f* (Umschaltung) [tec]; Verstellung *f*; Wanderung *f* (Verschiebung)
shifting amplitude Verschiebungsamplitude *f* [elt]
shifting bearing Verschiebelager *n* [tec]
shifting clutch ausrückbare Kupplung *f* [tra]
shifting coupling Verschiebekupplung *f* [tec]

shifting cultivation Mehrfelderwirtschaft f [far]
shifting cylinder Verfahrzylinder m [tec]; Verschiebezylinder m [tec]
shifting force Verschiebekraft f [tec]
shifting fork Schaltgabel f [tec]
shifting motor Verstellmotor m [tec]
shifting plate Verfahrplatte f [tec]
shifting pulse Schiebeimpuls m [elt]
shifting sand Treibsand m [geo]
shifting spindle Verschiebespindel f [tec]
shiftman Schichtarbeiter m [eco]
shifts, change of - Schichtwechsel m [eco]
shim Ausgleichsunterlage f [tec]; Beilage f; Beilegscheibe f [tec]; Distanzscheibe f [tec]; Scheibe f (Blechsicherung) [tec]; Unterlegscheibe f [tec]; Zwischenlage f [tec]; Zwischenplatte f (z.B. beim Röntgen) [any]; Zwischenscheibe f [tec]; Futterblech n [tec]; Klemmstück n [tec]; Passstück n [tec]; Unterlagsblech n (zur Deutlichmachung, bei Strahlentest) [tec]
shim plate Beilageplatte f [tec]; Unterlegplatte f [tec]; Beilageblech n [tec]
shim ring Passscheibe f [tec]
shimmer schimmern v
shine Schein m (Lichtschein)
shine glänzen v (scheinen); scheinen v; spiegeln v
shine a light leuchten v
shine through durchscheinen v [opt]
shiner Glanzbildner m (Kunststoff) [met]
shingle Schindel f [bau]; Kiesel m (Kies)
shingle roof Schindeldach n [bau]
shining glänzend
shiny scheinend (leuchtend, glänzend)
ship Schiff n [tra]
ship ausliefern v; befördern v (verschiffen); schiffen v [tra]; verbringen v [tra]; verfrachten v [tra]; verladen v [tra]; verschiffen v [tra]; versenden v [tra]
ship cargo Schiffsladung f [tra]
ship engine Schiffsmaschine f [tra]
ship hoist Schiffshebewerk n [tra]
ship lighting fitting Schiffsleuchte f [tra]
ship loader Schiffsbelader m (für See- und Binnenschiffe) [tra]; Schiffslader m (Ladegerät) [tra]
ship repairing Schiffsreparatur f [tra]
ship shaft Schiffswelle f [met]
ship unloader Schiffsentladegerät n [tra]
ship's belly Schiffsrumpf m [tra]
ship's boat Beiboot n [tra]
ship's equipment Schiffszulieferung f [tra]
ship's hull Schiffsrumpf m (Außenhaut) [tra]
ship's ladder Schiffstreppe f [tra]
ship's propeller Schiffsschraube f [tra]
ship's radio Bordfunk m [edv]
ship's screw Schiffsschraube f [tra]
ship-armature Schiffsarmatur f [tra]
shipbuilding Schiffbau m [tra]; Schiffsbau m [tra]
shipbuilding sections Schiffsprofile pl [tra]
shipbuilding yard Werft f [tra]
shipment Güterbeförderung f [tra]; Lieferung f (Transport) [eco]; Verschiffung f [tra]; Versendung f [tra]; Transport m (Verschiffung) [tra]; Versand m [tra]; Frachtgut n [tra]
shipment ex factory Lieferung ab Werk f [eco]
shipment, scope of - Versandumfang m (ein oder mehrere Behälter) [tra]
shipment, terms of - Lieferbedingungen pl (hier Versandbedingungen!) [eco]
shipment, time of - Liefertermin m (Ware) [eco]
shipments Verbringung f [tra]
shipments, volume of - Versandleistung f (hohe) [tra]
shipowner Reeder m [tra]; Verfrachter m (Eigner) [tra]
shipper Transporteur m [tra]
shipping Versand m [tra]
shipping address Versandanschrift f [tra]
shipping advice Versandanzeige f [tra]
shipping agent Spediteur m [tra]
shipping bracket Transportstütze f [tec]
shipping channel Fahrrinne f (Wasserstraße) [tra]; Fahrwasser n [tra]
shipping company Reederei f [tra]; Schifffahrtsgesellschaft f [tra]
shipping container Gebinde n
shipping height Transporthöhe f (Transportgut) [tra]
shipping insurance Speditionsversicherung f [jur]
shipping method Lieferart f [eco]
shipping papers Begleitpapiere pl
shipping profile Ladenprofil n [tra]
shipping the product Produktübergabe f (Versendung) [tra]
shipping traffic Schiffsverkehr m [tra]
shipping weight Liefergewicht n [eco]
shipwreck Schiffbruch m [tra]
shipyard Schiffswerft f [tra]; Werft f (baut Hochsee- und Binnenschiffe) [tra]; Werftanlage f [tra]
shipyard crane Werftkran m [mbt]
shipyard gantry Werftportalkran m [mbt]
shipyard swivel crane Werftdrehkran m [mbt]
shoal flache Stelle f [was]
shock Erschütterung f; Impuls m (Kraftstoß) [phy]; Prall m; Schlag m [elt]; Stoß m (Schlag, Erdstoß)
shock absorber Puffer m [tra]; Stoßabsorber m [tec]; Stoßdämpfer m [tra]; Federelement n (Federkörper) [tec]
shock absorber bracket Stoßdämpferbock m [tra]
shock absorber leg Federbein n [tec]
shock absorber mounting Stoßdämpferhalter m [tra]
shock absorber system Stoßdämpfungseinrichtung f [tra]
shock absorber, hydraulic - hydraulische Schwingungsbremse f [tec]; hydraulische Stoßbremse f [tec]; hydraulischer Stoßdämpfer m [tra]
shock absorbers, front - vordere Stoßdämpfer pl [tra]
shock absorbing device Stoßdämpfer m [tec]
shock absorption Stoßdämpfung f [tra]
shock arrestor Stoßbremse f [tec]
shock capacitor Stoßkondensator m [elt]

shock effect Schockwirkung f [hum]
shock hazard Spannungsgefährdung f [elt]
shock isolator Stoßaufnehmer m [tra]
shock loss Stoßverlust m [pow]
shock motion ruckweise Bewegung f
shock pendulum Schlagpendel n [tec]
shock pulse Stoßimpuls m [tra]
shock resistance Schlagfestigkeit f [met]; Stoßfestigkeit f [phy]
shock stress Schlagbeanspruchung f [phy]
shock suppressor Stoßbremse f [tec]; Stoßdämpfer f [tec]
shock suppressor, hydraulic -shock suppressor, hydraulic - hydraulische Schwingungsbremse f [tec]
shock therapy Schocktherapie f [hum]
shock treatment Schockbehandlung f [hum]
shock valve Überdruckventil n [prc]
shock wave Druckwelle f (Explosion) [phy]; Explosionswelle f (Druckwelle); Schockwelle f [phy]; Stoßwelle f [phy]
shock wave method Stoßwellenverfahren n [tec]
shock welding Schockschweißen n [wer]
shock, acoustic - Knall m [aku]
shock-proof erschütterungsfest; stoßfest; stoßsicher (z.B. stoßsicher gelagert) [tra]
shock-proof protection Berührungsschutz m
shock-protection switch Berührungsschutzschalter m
shock-resistant schlagfest [met]; stoßfest
shoe Schuh m; Segment n (Drucklager) [tec]; Vorsatzteil n (Schuh, Keil, Klemme) [tec]
shoot Rutsche f; Keim m (Schößling) [bff]
shoot schießen v
shoot up schießen v (wachsen)
shop Betrieb m (Werkstatt); Laden m; Geschäft n ((B) Laden)
shop einkaufen v [eco]
shop accident Betriebsunfall m
shop area Arbeitsplatz m
shop assembly Innenmontage f [wer]
shop assistant Verkäufer m (im Laden) [eco]
shop bench Werkbank f [wzg]
shop chairman Betriebsratsvorsitzender m [eco]
shop data Betriebsangaben pl
shop drawing Ausführungszeichnung f (Werkstattzeichnung) [con]; Werkstattzeichnung f [con]
shop experience Betriebserfahrung f
shop floor Produktion f (im Werk)
shop floor material Werkstattbestand m (Material in der Werkstatt) [eco]
shop gage Arbeitslehre f [any]
shop language Fachsprache f
shop material list Stückliste f
shop price Ladenpreis m
shop steward Betriebsratsmitglied n [eco]
shop test Werkstattprüfung f [any]
shop weld Werkstattschweißung f [wer]
shop-assembled vormontiert [wer]
shop-erected vormontiert [wer]

shop-hours Öffnungszeiten pl [eco]
shop-window Schaufenster n [bau]
shopping area Einkaufsviertel n [bau]
shopping centre Einkaufszentrum n [bau]; Ladenzentrum n
shopping mall Ladenstraße f; Einkaufszentrum n [bau]
shopping method Lieferform f [eco]
shopping precinct Einkaufsviertel n [bau]
shopping street Geschäftsstraße f
shopping, cashless - bargeldloser Einkauf m [eco]
shore Küste f; Steife f (z.B. im Graben) [mbt]; Strebe f (Stütze); Stütze f [bau]; Stempel m (im Bergbau unter Hangendem) [roh]; Strand m (Seeufer); Strebebalken m [bau]; Ufer n (Meer, See)
shore stützen v; versteifen v (stützen) [met]
shore hardness Shore-Härte f [met]
shore line Uferlinie f (See)
shore protection Küstenschutz m
shore up abfangen v (Lasten) [bau]; abstützen v (gegen Einsturz) [bau]
shoring Uferabstützung f [bau]; Uferbau m [bau]
short knapp (kurz); kurz
short Kürze f
short delivery Teillieferung f
short distance Kurzstrecke f [tra]
short evaporator coil Steilrohrverdampfer m [pow]
short haul Kurzstrecke f [tra]
short report Kurzinformation f
short shipment Fehllieferung f
short side Schmalseite f
short stroke Kurzhub m [tra]
short supply, energy in - Engpassleistung f [pow]
short supply, in - knapp (kaum ausreichend)
short term behaviour Kurzzeitverhalten n
short time test Kurzprüfung f [any]; Kurzversuch m [any]
short time working Kurzarbeit f [eco]
short time, for a - kurzfristig; kurzzeitig
short toothing Kurzverzahnung f [tec]
short-bed reactor Kurzschichtreaktor m [prc]
short-circuit Kurzschluss m [elt]; Kurzschluss m (Weg)
short-circuit kurzschließen v [elt]
short-circuit brake Kurzschlussbremse f [elt]
short-circuit current Kurzschlussstrom m [elt]
short-circuit device Kurzschlussvorrichtung f [elt]
short-circuit fault Kurzschluss m (ungewollt) [elt]
short-circuit indicator Kurzschlussanzeiger m [elt]
short-circuit line Kurzschlussleitung f [elt]
short-circuit plug Kurzschlussstecker m [elt]
short-circuit resistance Kurzschlusswiderstand m [elt]
short-circuit rotor Käfiganker m [elt]; Kurzschlussanker m [elt]
short-circuit test Kurzschlussprüfung f [elt]; Schlussprüfung f (Kurzschluss-) [any]
short-circuit to ground Masseschluss m [elt]
short-circuit voltage Kurzschlussspannung f [elt]

short-dated kurzfristig
short-distance freight traffic Güternahverkehr *f* [tra]
short-distance haulage Güternahverkehr *f* [tra]
short-distance rail traffic Schienennahverkehr *m* [tra]
short-distance railway Kleinbahn *f* [tra]
short-distance traffic Nahverkehr *m* [tra]
short-distance traffic service, local - öffentlicher Personennahverkehr *m* [tra]
short-distance traffic service, public - öffentlicher Personennahverkehr *m* [tra]
short-distance transport Nahverkehrstransport *m* [tra]
short-haul flight Kurzstreckenflug *m* [tra]
short-lived kurzlebig
short-period kurzzeitig
short-period loading Kurzzeitbelastung *f*
short-stroke cylinder Kurzhubzylinder *m* [tec]
short-stroke shaper Kurzhobelmaschine *f* [wer]
short-term kurzzeitig
short-term availability kurzfristige Verfügbarkeit *f*
short-term exposure limit Kurzzeitbelastungsgrenze *f* (Arbeitssicherheit)
short-wave Kurzwelle *f* [edv]
shortage Knappheit *f*; Fehlbestand *m*; Mangel *m* (Knappheit)
shortage of water Wassermangel *m* (im Rohrsystem) [was]
shortcut Abkürzung *f* (Weg) [edv]
shortcut abkürzen *v* (eines Vorganges) [edv]; abkürzen *v* (Weg)
shorten abkürzen *v* (z.B. Termin); beschneiden *v* (kürzen) [wer]; kürzen *v*; verkürzen *v* (abkürzen) [wer]
shortening Kürzung *f*
shot Schuss *m*
shot blast sandstrahlen *v* [wer]
shot blaster helmet Sandstrahlerhelm *m*
shot of lubricant Schmierstoß *m* [tec]
shot peening Kugelstrahlen *n* [pow]
shot storage tank oberer Sammelbehälter *m* (Kugelregen) [pow]
shot weight Füllgewicht *n*
shot-blasted kugelgestrahlt [pow]
shot-blasting Abstrahlen *n* (mit Kies)
shot-blasting efficiency Strahlleistung *f* (beim Sandstrahlen) [wer]
shot-fire einschießen *v* (Beschläge)
shot-hole Bohrloch *n*
shotcrete Spritzbeton *m* [met]
shoulder Konsole *f* [bau]; Schulter *f* (Wellenabsatz, Bankett) [tec]; Absatz *m* (Bauelement) [bau]; Ansatz *m* (an Welle, u.a.) [tec]; Kranz *m* (an Kopfschraube) [tec]; Straßenrand *m* [bau]; Bankett *n* (an der Straße) [tra]
shoulder bolt Passschraube *f* [tec]
shoulder height Schulterhöhe *f* (Lager) [tec]
shoulder ring Bordscheibe *f* (Rollenachslager) [tec]
shoulder strip befestigter Randstreifen *m* [tra]

shoulder stud Schaftschraube *f* [tec]
shouldered hole abgesetzte Bohrung *f* [tec]
shouldered shaft Stufenwelle *f* [tec]
shouldering Randstreifenbefestigung *m* [tra]
shout rufen *v*; schreien *v*
shove Stoß *m* (Schubs)
shove schieben *v* (stoßen)
shovel Schaufel *f* (Schippe); Schippe *f* [wzg]; Spaten *m* (Grabwerkzeug mit Stiel) [wzg]
shovel schaufeln *v* (auch von Hand) [mbt]
shovel arm Schaufelarm *m* [mbt]
shovel bucket Löffel *m* (eines Baggers) [mbt]
shovel dredger Schaufelbagger *m* [mbt]
shovel excavator Löffelbagger *m* [mbt]; Schaufelbagger *m* (Ladeschaufel) [mbt]
shovel filling Schaufelfüllung *f* [mbt]
shovel geometry Schaufelkinematik *f* [mbt]
shovel lip Schaufelvorderteil *n* [mbt]
shovel loader Schaufellader *m* [mbt]
shovel tipping cylinder Schaufelkippzylinder *m* [mbt]
shovel tooth Schaufelzahn *m* [mbt]
shovel with grab Schaufelbagger mit Greifer *m* (Bagger) [mbt]
show Schau *f*
show abbilden *v* (z.B. Bild im Text); vorführen *v*; vorzeigen *v*; zeigen *v*
show a neutral reaction neutral reagieren *v* [che]
show an after-effect nachwirken *v*
shower Dusche *f* [bau]; Regenschauer *m* [wet]; Schauer *m* [wet]
shower bath Dusche *f* [bau]; Duschraum *m* [bau]; Duschbad *n* [bau]
shower cabinet Duschkabine *f* [bau]
shower cubicle Duschecke *f* [bau]
shower handset Handbrause *f* [bau]
shower pan Duschbecken *n* [bau]
shower room Duschraum *m* [bau]
shower tub Duschtasse *f* [bau]
shown displaced versetzt gezeichnet [con]
shred Bruchstück *n* (Fetzen, Schnitzel); Schnipsel *n*
shred schnitzeln *v* [wer]; zerkleinern *v* (zerstückeln) [prc]; zerschnitzeln *v* (z.B. im Shredder) [roh]
shredded zerschnitzelt (z.B. im Shredder) [roh]
shredded parchment Pergamentwolle *f* [met]
shredder Zerkleinerungsmaschine *f* [prc]; Reißwolf *m*; Shredder *m* [rec]
shredder residues Shredderabfälle *pl* [rec]; Shredderrückstände *pl* [rec]
shredding scrap Schrottzerkleinerung *f* [rec]
shrink einlaufen *v* (schrumpfen); einschrumpfen *v* [wer]; schrumpfen *v* (z.B. flüssiger Stickstoff schrumpft Buchsen) [wer]; schwinden *v* (schrumpfen); verkleinern *v* (schrumpfen) [wer]
shrink sich zusammenziehen *vt*
shrink film Schrumpffolie *f* [met]
shrink fit Schrumpfsitz *m* [tec]
shrink fit collar Schrumpfring *m* [tec]
shrink holes, free of - lunkerfrei [met]

shrink off abschrumpfen *v* [wer]
shrink on aufschrumpfen *v* (meist mit Hitze) [wer]
shrink packaging Schrumpfverpackung *f*
shrink ring Schrumpfring *m* [tec]
shrink seat Kappenmund *m* (am Läufer) [pow]
shrink sleeve Schrumpfmuffe *f* [tec]
shrink socket Schrumpfmuffe *f* [tec]
shrink-fit aufschrumpfen *v* (meist mit Hitze) [wer]
shrink-fitted neck eingeschrumpfter Zapfen *m* [tec]
shrink-joint Schrumpfverbindung *f* [tec]
shrinkage Abnahme *f* (Schrumpfung); Schrumpfung *f*; Schrumpfsitz *m* [tec]; Schwund *m*; Schrumpfen *n*; Schwinden *n*
shrinkage ring Schrumpfring *m* [tec]
shrinkage value Schwindmaß *n* [con]
shrinking Schrumpfung *f*; Schrumpfen *n*
shrinking disc Schrumpfscheibe *f* (in Brecher) [mbt]
shrinking lacquer Schrumpflack *m* [met]
shrinking process Einschrumpfen *n* [wer]
shrivel austrocknen *v*; einschrumpfen *v* [wer]; runzlig werden *v*; welken *v*
shroud Abdeckplatte *f* (an Landeklappe, Rakete) [tra]; Haube *f* [tec]; Schleißkappe *f* (zwischen Grabgefäßzähnen) [tec]; Verschleißkappe *f* (zwischen Zähnen Grabgefäß) [mbt]; Deckband *n* [pow]
shroud umhüllen *v*; ummanteln *v* (einhüllen)
shroud band Deckblatt *n* (Schaufel) [pow]
shroud distortion Deckplattenverdrehung *f* (Schaufeln) [pow]
shroud pitch Deckplattenteilung *f* (an Schaufeln) [pow]
shroud ring Ummantelungsring *m* [tec]
shroud sealing Deckplattendichtung *f* (an Schaufeln) [pow]
shrouded bolt head versenkter Schraubenkopf *m* [tec]
shrouded handle versenkt angeordneter Griff *m* [tec]
shrouded pinion Ritzel mit Seitenscheiben *n* [tec]
shrouding Abdeckung *f*; Umhüllung *f*
shrouding cover Abdeckhaube *f*
shrunk-on gear rim aufgeschrumpfter Zahnkranz *m* [tec]
shrunk-on ring Schrumpfring *m* [tec]
shunt parallelschalten
shunt Ableitung *f* [elt]; Nebenanschluss *m* [elt]; Nebenschluss *m* [elt]
shunt rangieren *v* (der Bahn) [tra]; verschieben *v* (Waggons rangieren) [tra]
shunt circuit Parallelschaltung *f* [elt]
shunt connection Nebenschlussschaltung *f* [elt]; Parallelschaltung *f* [elt]
shunt resistance Nebenwiderstand *m* [elt]
shunt-wound motor Nebenschlussmotor *m* [pow]
shunted parallelgeschaltet [elt]
shunter Rangierer *m* (Bahnpersonal) [tra]
shunter's step Trittbrett *n* (Eckritt an Waggonecke) [tra]
shunting Überbrückung *f* [elt]

shunting engine Rangierlok *f* [tra]
shunting locomotive Verschiebelokomotive *f* [tra]
shunting siding Abstellgleis *n* [tra]
shunting station Rangierbahnhof *m* [tra]; Verschiebebahnhof *m* [tra]
shunting track Rangiergleis *n* [tra]; Verschiebegleis *n* [tra]
shut absperren *v*; schließen *v*; sperren *v* (zusperren); verschließen *v* (zumachen)
shut down abfahren *v* (stilllegen) [prc]; abschalten *v* (Kessel, Fabrik) [prc]; einstellen *v* (stilllegen); stilllegen *v* (abfahren)
shut off abdrosseln *v*; abschalten *v* (ausschalten); abschließen *v* (abschließen); abstellen *v* (Maschine)
shut-down Abschaltung *f* (einer Anlage); Betriebsstilllegung *f*; Betriebsunterbrechung *f*; Stilllegung *f*; Abstellen *n*; Stilllegen *n*; Stillsetzen *n*
shut-down directive Stilllegungsverfügung *f* [jur]
shut-down lever Abstellhebel *m*
shut-down of operations risk Betriebsstilllegungsrisiko *n*
shut-down period Abfahrtzeit *f* [pow]; Stillstandsperiode *f*
shut-down program Programmstillstand *m* [elt]
shut-down time Stillstandszeit *f*
shut-off Abschaltung *f* (Schließen)
shut-off block Absperrblock *m*
shut-off cable Abstellzug *m* [tec]
shut-off cock Absperrhahn *m*
shut-off device Absperrung *f* (Hahn, Klappe); Absperrglied *n*; Absperrorgan *n*
shut-off fittings Absperrarmaturen *pl*
shut-off flat gate valve Absperrflachschieber *m* [prc]
shut-off mechanism Verschlussmechanismus *m*
shut-off nozzle Absperrhahn *m*
shut-off plug Schutzstopfen *m*
shut-off time Stillstandszeit *f*
shut-off unit Absperrvorrichtung *f*; Absperrverschluss *m*
shut-off valve Absperrhahn *m*; Abschaltventil *n* [tec]; Abschlussventil *n*; Absperrventil *n*
shutdown, hot - Heißabschaltung *f* (kurzfristig)
shutter Verschluss *m* (Türschließer, Riegel) [bau]
shutter blind Jalousie *f* (Rollladen) [bau]
shutter bow Verschlussspiegel *m* [tra]
shutter dam Klappenwehr *n* [was]
shutter opening Fensterklappe *f* [bau]
shutter release Auslöser *m* (Foto)
shuttering Betonschalung *f* [bau]; Schalung *f* [bau]
shutting down Außerbetriebsetzung *f*
shutting ring Schneidring *m* (Verschraubung) [tec]
shuttle Zubringer *m* (Verkehrsmittel) [tra]
shuttle pendeln *v* (hin- und hertransportieren) [phy]
shuttle check valve Wechselventil *n* [prc]
shuttle dumper Vorderkipper *m* [mbt]
shuttle head Verschiebekopf *m* (Bandanlage Tagebau) [roh]
shuttle platform Verschiebebühne *f* [mbt]
shuttle traffic Pendelverkehr *m* [tra]

shuttle valve Richtungswahlschalter *m* (vor-/rückwärts) [tra]; Wahlschalter *m* (3. Vorwärts in 3. Rückwärts) [tra]; Wechselventil *n* [tra]
siccative Sikkativ *n* [met]; Trocknungsmittel *n* [met]
sick krank
sick building krankes Gebäude *n* (schadstoffbelastet) [bau]
sick list, on the - krankgeschrieben [hum]
sickle Sichel *f* [wzg]
side Fläche *f* (geom. Körper); Seite *f*; Bord *m* (eines Schiffes)
side bar press Schenkelpresse *f* [wer]
side bearing Gleitstück *n* [tec]; seitliches Stützlager *n* [tec]
side box Seitenkasten *m* (Schaufelrückwand) [mbt]
side by side nebeneinander
side canal Seitenkanal *m*
side car Seitenwagen *m* (des Motorrades) [tra]
side channel Abflussrinne *f* [was]
side cladding Seitenverkleidung *f*
side clearance seitliches Spiel *n* [tec]
side corridor coach Personenwagen mit Seitengang *m* [tra]
side cutter Seitenschneider *m* [wzg]; Seitenzahn *m* [mbt]; Seitenmesser *n* [mbt]
side cutting edge Seitenmesser *n* [mbt]
side discharging car Seitenkippwagen *m* [tra]
side door Seitentür *f* (hinten, vorn) [tra]
side drain Nebenkanal *m* [was]
side dump seitlich kippen *v* [mbt]
side dump bucket Seitenkippschaufel *f* [mbt]
side elevation Seitenansicht *f* [con]
side engaging with pulley auflaufendes Riementrumm *n* [tec]
side entrance Nebeneingang *m* [bau]; Seiteneingang *m* [bau]
side flap Seitenklappe *f* [tra]
side frame Seitenwange *f* (der Stufe) [mbt]; Seitenrahmen *m* [tec]
side framing Seitenwange *f* (Rost) [tec]
side friction block Drehgestellgleitstück *n* [tec]
side gear Seitenrad *n* [tec]
side guide Seitenführung *f* [tec]
side guide, adjustable - verstellbare Seitenführung *f* [tec]
side hopper Sattelwagen *m* [tra]
side issue Randerscheinung *f*
side lane Seitengasse *f* [tra]
side leg Schenkel *m* [tec]
side lining Seitenverkleidung *f*
side lock Seitenverriegelung *f* [tec]
side marker Peilstange *f* [tra]
side member Seitenblech *n* (des Auslegers) [mbt]
side milling cutter Scheibenfräser *m* [wer]; Walzenfräser *m* [wer]
side of delivery ablaufendes Riementrumm *n* [tec]
side of the road Straßenrand *m* [bau]
side of the street Straßenseite *f* [tra]
side outlet tee T-Stück mit seitlichem Abgang *n* [tec]

side panel Seitenwand *f* [tra]
side panel frame Seitenwandrahmen *m* [tra]
side panelling Seitenverkleidung *f*
side plate Seitenblech *n* [tec]
side projection Profil *n* (Seitenansicht) [con]
side rail Leitschiene *f*
side reaction Nebenreaktion *f* [che]
side reclaimer Seitenkratzer *m* [mbt]
side ring Seitenring *m* [tra]
side road Seitenstraße *f* [tra]; Stoppstraße *f* [tra]
side rudder Seitenruder *n* (z.B. bei Flugzeug) [tra]
side shaft Seitenwelle *f* [tra]
side shifting device Seitenschieber *m* (z.B. am Grader) [mbt]
side slope Steilböschung *f* [mbt]
side spacing Querteilung *f*
side street Nebenstraße *f* [tra]; Seitenstraße *f* [tra]
side strip Randstreifen *m* [tra]
side support Seitenstütze *f* [tec]; seitliche Abstützung *f* [tec]
side thrust Seitenschub *m* [phy]; seitlicher Druck *m* [tec]
side tilting device Seitenkippgerät *n* [mbt]
side track Abstellgleis *n* [tra]
side vent Gabelrohr *n* [tra]; Gabelrohrstück *n* [tra]
side view Seitenansicht *f* [con]; Seitenriss *m* [con]
side wall Seitenklappe *f* [tra]; Seitenwand *f* [bau]; Wange *f*
side wall header Seitenwandsammler *m* [pow]
side wind Seitenwind *m* [wet]
side window Nebenfenster *n* [bau]; Seitenfenster *n* [tra]
side, opposite - Gegenseite *f*
side-by-side nebeneinanderliegend
side-car Beiwagen *m* (Motorrad) [tra]
side-channel blower Seitenkanalgebläse *n* [prc]
side-channel compressor Ringgebläse *n* [prc]
side-channel pump Seitenkanalpumpe *f* [prc]
side-discharging wagon Selbstentladewagen *m* [tra]
side-effect Nebenwirkung *f*; Nebeneffekt *m*
side-gate Klappe *f* (am Lkw, seitlich) [tra]
side-guide roller Seitenführungsrolle *f* [tec]
side-inverted seitenverkehrt
side-loading forklift Quergabelstapler *m* [mbt]
side-path Seitenweg *m* [tra]
side-piece Holm *m* (Leiter-)
side-street Querstraße *f* [tra]
side-tipping bucket Seitenkippschaufel *f* [mbt]
sidelight Standlicht *n* [tra]
sidelong seitlich geneigt
sideplate of the mouldboard Scharseitenblech *n* [mbt]
sideplay Spiel *n* (locker im Sitz)
siderite Eisenspat *m* [min]
sides discharge skip, forward and - Dreiseitenkippmulde *f* [mbt]
sides, all - allseitig
sidetone Nebengeräusch *n* [aku]
sidewalk Bürgersteig *m* [tra]; Fußweg *m* (Bürgersteig) [tra]; Gehweg *m* (Bürgersteig) [tra]

sidewall of the front lip Wange *f* (Seitenteil der Schneide) [mbt]
sideways quer; seitwärts (zur Seite weg)
siding Abstellgleis *n* [tra]
Siemens-Martin furnace Martinofen *m* [roh]; Siemens-Martin-Ofen *m* [roh]
Siemens-Martin process Herdfrischprozess *m* [roh]
sieve Sieb *n* [prc]
sieve absieben *v* [prc]; durchschlagen *v* (sieben); durchsehen *v* (sichten); durchsieben *v*; sieben *v*
sieve analysis Siebanalyse *f* [any]
sieve drier Siebtrockner *m* [prc]
sieve fineness Siebfeinheit *f* [prc]
sieve grate Siebgitter *n* [prc]
sieve plate Siebplatte *f* [prc]; Siebboden *m* (Kolonne) [prc]
sieve residue Siebrückstand *m*
sieve test Siebprobe *f* [any]; Siebversuch *m* [any]
sieve tray Siebboden *m* (Kolonne) [prc]
sieving Sichtung *f* [prc]
sieving filter Siebfilter *m* [prc]
sieving machine Siebmaschine *f* [prc]
sift absieben *v* [prc]; durchsehen *v* (sichten); sieben *v*
sift out aussieben *v* [prc]
sifting Siebung *f* [prc]
siftings Rostdurchfall *m* [pow]; Siebdurchgang *m* [prc]
siftings hopper Rostdurchfalltrichter *m* [pow]
sight Sehkraft *f* [hum]; Blickfeld *n*
sight beobachten *v*
sight feed lubricator Schautropföler *m* (Schmierung) [tec]; Sichtöler *m* (Schmierung) [tec]
sight feed oiler Sichtglasöler *m* (Schmierung) [tec]
sight glass Schauglas *n*
sight hole Schauloch *n*
sight-line Sichtlinie *f* [tra]
sigma sign Summenzeichen *n* [mat]
sign Marke *f* (Kennzeichen); Wegweiser *m*; Indiz *n* (Anzeichen); Kennzeichen *n* (Marke); Rufzeichen *n* [edv]; Schild *n* (am Haus); Zeichen *n*
sign markieren *v*; unterschreiben *v* [eco]; zeichnen *v* (unterzeichnen)
sign of wear Verschleißerscheinung *f* [met]
sign off abmelden *v*
sign on anmelden *v* [edv]
sign, algebraic - Vorzeichen *m* (z.B. +, -, :, *) [mat]
sign, authorized to - unterschriftsberechtigt (für Firma) [eco]
signal Impuls *m* (Signal) [phy]; Signal *n*; Zeichen *n* (Signal)
signal signalisieren *v*
signal amplifier Signalverstärker *m* [elt]
signal an alarm alarmieren *v* (Arbeitssicherheit)
signal box Stellwerk *n* (Eisenbahngebäude) [tra]
signal count rate Signalrate *f* [elt]
signal current Schwachstrom *m* [elt]
signal delivery Signalabgabe *f* [elt]
signal flow Signalfluss *m* [elt]
signal flow path Wirkungsweg *m* [elt]

signal installation Signalanlage *f* (Arbeitssicherheit)
signal lamp Kontroll-Lampe *f*; Kontrolllampe *f*; Meldeleuchte *f*; Signallampe *f* [elt]; Leuchtmelder *m* [elt]
signal light Signallampe *f* [elt]
signal mast Signalmast *m* [tra]
signal noise Rauschen *n* (Verstärker) [elt]
signal output Signalausgang *m* [elt]
signal post Signalmast *m* [tra]
signal power pack Signalnetzgerät *n* [elt]
signal power supply Signalnetzgerät *n* [elt]
signal processing Messwertverarbeitung *f* [any]
signal relay Melderelais *n* [elt]
signal span Signalspanne *f* [elt]
signal transmitter Signalgeber *m*
signal transmitter, continuous - Dauersender *m* [elt]; Dauerstrichsender *m* [elt]
signal triggering Signalabgabe *f* [elt]
signal, acoustic - akustisches Signal *n* (Arbeitssicherheit); Schallsignal *n* [aku]
signal, actuating - Stellsignal *n*
signal, audible - akustisches Signal *n* (Arbeitssicherheit)
signal-to-noise ratio Rauschabstand *m* [elt]; Signal-Rausch-Verhältnis *n* [elt]
signalling device Melder *m*
signalling equipment Signalanlage *f* (Arbeitssicherheit)
signals Signalanlage *f* [tra]
signature Unterschrift *f* [eco]
signature, not available for - nach Diktat vereist [eco]
signboard Hinweistafel *f*
significance Bedeutung *f* (Wichtigkeit); Signifikanz *f* [mat]; Sinn *m* (Bedeutung)
significant erheblich; signifikant
significant effects erhebliche Beeinträchtigungen *pl*
signify bezeichnen *v* (bedeuten)
signing Kennzeichnung *f*; Unterzeichnung *f* [eco]
signpost Wegweiser *m* [tra]; Schild *n* (Hinweisschild)
signpost kennzeichnen *v* (mit Kennzeichen versehen)
signposted beschildert (Straße) [tra]
signs, rule of - Vorzeichenregel *f* [mat]
silane Silan *n* [che]
silence dämpfen *v* (Schall) [aku]
silencer Auspufftopf *m* ((B) Auto) [aku]; Schalldämpfer *m* (Auto) [aku]
silencing Dämpfung *f* (Schall) [aku]
silent geräuscharm [aku]; geräuschlos [aku]; ruhig (geräuschlos); still (geräuschlos)
silent block Schwingmetall-Lagerung *f* [tec]; Gummilager *n* [tec]
silica Kieselerde *f* [min]; Kieselsäure *f* [che]
silica filter Kiesfilter *n* [was]
silica gel Kieselgel *n* [met]; Silicagel *n* [met]
silica sand Quarzsand *m* [met]
silica sandstone Quarzsandstein *m* [met]
silica tubing Quarzrohr *n* [met]

silicate kieselsauer [che]
silicate Silicat *n* [min]
silicate clinker Silicatschlacke *f* [rec]
silicate cotton Gesteinswolle *f* [met]
silicate glass Silicatglas *n* [met]
silicate slag Silicatschlacke *f* [rec]
siliceous kieselhaltig; kieselsäurehaltig [che]
siliceous sandstone Quarzsandstein *m* [met]
siliceous sinter Kieseltuff *m* [geo]
silicium Silicium *n* (chem. El.: Si) [che]
silicofluoride Fluorsilicat *n* [che]
silicon Silicium *n* [met]
silicon diode Silicium-Diode *f* [elt]
silicon grease Siliconfett *n* [met]
silicon hydride Silan *n* [che]
silicon manganese steel Siliciummanganstahl *m* [met]
silicon steel Siliciumstahl *m* [met]
silicone Silicon *n* [che]
silicone cement Siliconkitt *m* [met]
silicone conductor Siliconleitung *f* [elt]
silicone elastomer Siliconelastomer *n* [met]
silicone oil Siliconöl *n* [met]
silicone paste Siliconpaste *f* [met]
silicone resin Siliconharz *n* [met]
silicone rubber Silicongummi *m* [met]; Silicon- kautschuk *m* [met]
silicone rubber sealant Siliconkautschukdichtungs - mittel *n* [met]
silicosis Silikose *f* [hum]; Staublunge *f* [hum]
silk Seide *f* [met]
silk mat seidenmatt
silk, artificial - Kunstseide *f* [met]
silk, natural - Naturseide *f* [met]
sill Schwelle *f* [bau]; Sims *m*; Fensterbrett *n* [bau]
silo Bunker *m* (für Getreide); Futtersilo *m* [far]; Silo *m*; Speicher *m*
silo container Silobehälter *m* [prc]
silo discharge device Siloaustraghilfe *f* [prc]
silo lorry Silolastwagen *m* [tra]
silo plant Siloanlage *f* [prc]
silt Feinstsand *m* [met]; Schlamm *m* (Schlick) [rec]; Schlick *m* [was]; Schluff *m* [geo]; Schwemmsand *m*
silt box Schlammfang *m* [was]; Schmutzfangeimer *m*
silt dredger Schlickbagger *m* [mbt]
silt layer Schlammschicht *f*
silt up verlanden *v*; versanden *v* [bod]; verschlam- men *v* [bod]
silting Anschwemmung *f* [was]; Verschlammung *f* [bod]
silting up Verlandung *f*
silty schlammig [was]
silver silbern
silver Silber *n* (chem. El.: Ag) [che]
silver brazing alloy Silberlot *n* [met]
silver bromide process Bromsilberverfahren *n* (Foto) [che]
silver chloride bath Chlorsilberbad *n* [che]
silver chloride gelatine Chlorsilbergelatine *f* [che]

silver content Silbergehalt *m*
silver cyanide bath Cyansilberbad *n*
silver foil Silberfolie *f* [met]
silver grey silbergrau (RAL 7001) [nor]
silver hose Silberschlauch *m* [tra]
silver nitrate Silbernitrat *n* [che]
silver ore Silbererz *n* [roh]
silver paper Stanniol *n* [met]; Stanniolpapier *n* [met]
silver plating Silberauflage *f* [che]
silver solder Silberlot *n* [met]
silver tailings Silberschlamm *m* [rec]
silver thermal metallurgy thermische Silbermetal- lurgie *f* [met]
silver-bearing silberhaltig
silver-plated versilbert [met]
silver-zinc-accumulator Silber-Zink-Akkumulator *m* [elt]
silvery silbern
similar ähnlich; sinngemäß
similar types, test of - Typenprüfung *f* [any]
similarity Ähnlichkeit *f* (Aussehen)
similarity measure Ähnlichkeitsmaß *n* [edv]
similarity net Ähnlichkeitsnetz *n* [edv]
similarity transformation Ähnlichkeitstransfor- mation *f* [mat]
similarity, principle of - Ähnlichkeitstheorie *f* [che]
simple einfach (nicht schwierig)
simple harmonic motion sinusförmige Bewegung *f* [phy]
simple ladder Anlegeleiter *f*
simple structures, appropriate - einfache Konstruktionen *f* [con]
simpler management Verwaltungsvereinfachung *f*
simplex filter Einfachfilter *m*
simplicity Einfachheit *f*
simplification Rationalisierung *f*; Vereinfachung *f*
simplified vereinfacht
simplified licensing procedure förmliches Geneh- migungsverfahren *n* [jur]
simplify vereinfachen *v* (leichter verständlich machen)
simulate nachahmen *v*; nachbilden *v* (simulieren); simulieren *v*; vortäuschen *v*
simulated simuliert
simulation Simulation *f*
simulation theory Simulationstheorie *f* [edv]
simulator Simulator *m*
simultaneity Gleichzeitigkeit *f*
simultaneous gleichzeitig; simultan; zusammenfallend (zeitlich)
simultaneous mode Simultanbetrieb *m*
simultaneous operation Simultanbetrieb *m*
simultaneous precipitation Simultanfällung *f* [was]
simultaneous processing Simultanverarbeitung *f* [edv]
simultaneousness Gleichzeitigkeit *f*
sine Sinus *m* [mat]
sine function Sinusfunktion *f* [mat]

sine wave Sinusform *f* [mat]; Sinusschwingung *f* [mat]
sinew Sehne *f* [hum]
singe sengen *v*
single einfach (einzeln); einmalig; einzeln
single Einzelfahrschein *m* [tra]
single vereinzeln *v*
single bearing system Einfachlagerung *f* [tec]
single bond Einfachbindung *f* [che]
single crystal Einkristall *m* [min]
single drive Einzelantrieb *m* [tec]
single entry einfache Buchung *f* [eco]
single fillet weld Einfachkehlnaht *f* (Schweißen) [wer]
single glazing Einfachverglasung *f* [bau]
single limit, combined - pauschal (Versicherungsjargon) [jur]
single overlap Einfachüberlappung *f* [tec]
single pan einschalig
single part Einzelteil *n*
single piece production Einzelfertigung *f*
single piece, weight of a - Stückgewicht *n*
single point bonding Einpunktverbindung *f*
single precision einfache Genauigkeit *f* (Gleitkommazahlen) [mat]
single quotation mark Apostroph *m* (Text)
single room Einbettzimmer *n* [bau]; Einzelzimmer *n* [bau]
single row einreihig
single series einreihig
single space einfacher Zeilenabstand *m* (Textverarbeitung)
single standing seam Stehfalz *m* [tec]
single thread eingängiges Gewinde *n* [tec]
single U U-Naht *f* [wer]
single V V-Naht *f* [wer]
single walled dome einschalige Kuppel *f* [bau]
single window Einfachfenster *n* [bau]
single Y Y-Naht *f* [wer]
single-acting cylinder einfach wirkender Zylinder *m* [tec]
single-acting piston einfach wirkender Kolben *m* [tec]
single-acting pump einfach wirkende Pumpe *f* [prc]
single-axle einachsig
single-block bearing Einblock-Lager *n* [tec]
single-cavity mould Einfachform *f*
single-cell battery Monozelle *f* (Batterie) [elt]
single-celled einzellig [bff]
single-chamber system Einkammerausführung *f*
single-chamfer plain washer Scheibe mit Fase *f* [tec]
single-charged einfach geladen [che]
single-coat einlagig (Außenputz) [met]
single-column einspaltig (Textverarbeitung)
single-column press Einständerpresse *f* [wer]
single-core einadrig [elt]
single-course einschichtig
single-cylinder einzylindrig
single-cylinder engine Einzylindermotor *m* [pow]

single-ended box wrench Einringschlüssel *m* [wzg]
single-ended drive einseitiger Antrieb *m* [tec]
single-ended open-jaw spanner Einmaulschlüssel *m* [wzg]
single-engined einmotorig [tra]
single-family house Einfamilienhaus *n* [bau]
single-filament lamp Einfadenlampe *f* [elt]
single-flamed einflammig
single-flank engagement Einflankeneingriff *m* (Zahnrad) [tec]
single-girder crane Einträgerkran *m* [mbt]
single-lane traffic einspuriger Verkehr *m* [tra]
single-layer einlagig [met]; einschichtig
single-leaf einschalig (Wand) [bau]
single-lens einäugig (z.B. Kamera)
single-level einstufig
single-line einzeilig (Textverarbeitung)
single-nozzle blower Wandrußbläser *m* [pow]
single-nozzle retractable soot blower Schraubrußbläser *m* [pow]
single-part production Einzelanfertigung *f*
single-pass condenser Einwegkondensator *m* [pow]
single-phase einphasig
single-phase Einphasen- *f*
single-phase current Einphasenstrom *m* [elt]; Einphasenwechselstrom *m* [elt]
single-phase shunt motor Einphasenmotor *m* [elt]
single-phase system Einphasensystem *n* [elt]; Einstoffsystem *n* [che]
single-piece work Einzelanfertigung *f*
single-pole einpolig [elt]
single-riveted joint einreihige Nietverbindung *f* [tec]
single-rod cylinder Differentialzylinder *m* [tec]
single-roller ring mill Einrollenmühle *f* [prc]
single-row einzeilig (Textverarbeitung)
single-row roller bearing einreihiges Wälzlager *n* [tec]
single-screw extruder Einschneckenmaschine *f* [prc]; Einschneckenpresse *f* [prc]
single-screw type extruder Einschneckenextruder *m* [prc]
single-seated valve Einsitzventil *n* [prc]
single-seater Einsitzer *m* [tra]
single-shaft einwellig [tec]
single-shaft steam turbine Einwellendampfturbine *f* [pow]
single-sheet feeder Einzelblatteinzug *m* [edv]
single-shell einschalig
single-sided einseitig
single-stage einstufig
single-stage pump Einströmpumpe *f* (Turbine) [pow]
single-stage valve Einzelventil *n* [prc]
single-step method Einzelschrittverfahren *n*
single-storey eingeschossig [bau]; einstöckig
single-story annex Flachanbau *m* [bau]
single-stroke attachment Nachschlagsicherung *f* [tec]
single-stroke device Nachschlagsicherung *f* [tec]
single-threaded eingängig (Gewinde) [tec]

single-thrust bearing einseitig wirkendes Axiallager *n* [tec]
single-track eingleisig; einspurig [tra]
single-use camera Einwegkamera *f*
single-valued einwertig [mat]
single-way article Einwegartikel *m*
single-way switch Einwegschalter *m* [elt]
singular singulär
sink Abzugsschleuse *f* [was]; Haushaltsspüle *f* [was]; Senke *f*; Spüle *f*; Abfluss *m* (Gully) [was]; Ausguss *m* (Becken) [was]; Spültisch *m*; Abflussbecken *n* [was]; Abflussrohr *n* (Gully) [was]; Abwaschbecken *n*; Becken *n* (Abwasch-) [was]; Spülbecken *n*
sink abfallen *v* (Gelände); absacken *v* (sinken); absenken *v* (Baugrube) [mbt]; absinken *v*; abteufen *v* (Bergbau) [roh]; ausschachten *v* [mbt]; fallen *v* (sinken); senken *v*; sinken *v*; teufen *v* (einen Schacht) [roh]; untergehen *v* (Schiff); versenken *v* (z.B. ein Schiff) [tra]; versinken *v*
sink and float process Sinkscheideverfahren *n* [prc]
sink basin Abwaschbecken *n*; Ausgussbecken *n* [was]
sink conduit Abzugskanal *m* [was]
sink down absacken *v* (sinken)
sink grid Abflussgitter *n* [was]
sink hole Abzugsgrube *f* [was]; Senkgrube *f* [was]
sink in einsinken *v*
sink trap Abzugsgrube *f* [was]
sink unit Abwaschtisch *m*
sink well Abzugsgrube *f* [was]; Sinkbrunnen *m*
sink-and-float separation method Schwimm-Sink-Verfahren *n* [prc]
sinking Absenkung *f* [was]; Abteufung *f*; Vertiefung *f* (Aussparung) [met]; Untergang *m* (Schiff)
sinter Sinter *m*
sinter rösten *v* [roh]; sintern *v*
sinter cake Agglomerat *n*
sintered cake Sinterkuchen *m*
sintered clay Sinterton *m* [met]
sintered fuel ash Sinterkuchen *m*
sintered material Sinterwerkstoff *m* [met]
sintered metal Sintermetall *n* [met]
sintering Erweichung *f*; Sinterung *f*; Sintern *n* [met]; Zusammenbacken *n* [met]
sintering coal Sinterkohle *f* [roh]
sintering furnace Sinterofen *m* [roh]
sintering plant Sinteranlage *f* [prc]
sintering point Erweichungspunkt *m* [met]; Sinterpunkt *m*
sintering temperature Sintertemperatur *f*; Sinterungstemperatur *f*
sinus Sinus *m* [mat]
sinusoidal sinusförmig [mat]
sinusoidal excitation sinusförmige Erregung *f* [elt]
sinusoidal motion sinusförmige Bewegung *f* [phy]
sinusoidal voltage Sinusspannung *f* [elt]
sinusoidal waves sinusförmige Wellen *pl* [phy]
siphon Flüssigkeitsheber *m*; Saugheber *m*; Siphon *m*
siphon hebern *v*

siphon pump Heberpumpe *f*
siphon trap Geruchsverschluss *m* [was]
siphonage Absaugen *n* (Wasserhahn) [was]
siphoning-off profit Gewinnabschöpfung *f* [eco]
siren Sirene *f*
sister city Partnerstadt *f*
site Bebauungsfläche *f* [bau]; Lage *f* (Ort); Stelle *f* (Ort); Aufstellungsort *m*; Baugrund *m* [bod]; Platz *m* (Lage); Standort *m*; Stellplatz *m* [tra]; Grundstück *n* (Baugrundstück)
site cash office Baustellenkasse *f* [eco]
site drainage Baustellenentwässerung *f* [was]
site fence Bauzaun *m* [bau]
site for building Bauplatz *m* [bau]
site manager Baustellenleiter *m*
site measuring Aufmaß *n* [con]
site noise Baulärm *m* [aku]
site plan Lageplan *m* [con]
site pump Baupumpe *f* [bau]
site rivet Montageniet *m* [tec]
site silo Baustellensilo *m* [bau]
site, abandoned - Altlaststandort *m* [bod]; aufgegebener Standort *m* [eco]
site, closed - Altlaststandort *m* [bod]
site, on - vor Ort (an Ort und Stelle, wo's war)
site-foamed ortverschäumt [bau]
siting Standortbestimmung *f*; Standortwahl *f* [eco]
situ, in - gewachsen (vor Ort vorkommend); vor Ort (z.B. im Steinbruch) [roh]
situate aufstellen *v* (örtlich)
situation Lage *f* (Zustand); Stellung *f*; Stand *m* (Zustand)
six speed shift Sechsgangschaltung *f* [tra]
six speed shift transmission Sechsganggetriebe *n* [tra]
six-axle sechsachsig (z.B. Güterwagen) [tra]
six-membered ring Sechsring *m* [che]
six-wheel drive Sechsradantrieb *m* (des Graders) [tra]
size Abmessung *f* [con]; Größe *f* (Maß); Klasse *f* (Größe); Maßangabe *f* [con]; Nummer *f* (Größe); Stärke *f* (Dicke); Umfang *m* (Ausdehnung); Ausmaß *n* (Größe); Format *n*; Maß *n* (Größe) [con]
size bemessen *v* (Größe); dimensionieren *v*; klassieren *v* (nach Größe) [prc]; schlichten *v* [wer]; sieben *v*; sortieren *v* [rec]; spachteln *v* [wer]; zuschneiden *v* [wer]
size class Größenklasse *f*
size colour Leimfarbe *f* [met]
size distribution Größenverteilung *f*
size fraction Kornfraktion *f*; Kornklasse *f*
size range Körnungsbereich *m*
size reduction Zerkleinern *n* [prc]
size reduction equipment Zerkleinerungsgerät *n* [prc]
size tolerance Maßtoleranz *f* [con]
size, actual - Istmaß *n* [con]
size-distribution curve Körnungskennlinie *f*
sizeable stark (zahlenmäßig -)
sized geleimt [wer]

sizes, proportion of - Größenverhältnis *n*
sizing Dimensionierung *f* [con]; Sortierung *f*
skeleton Skelett *n*
skeleton agreement Rahmenvertrag *m* [jur]; Rahmenabkommen *n* [jur]
skeleton construction Skelettbauweise *f* [bau]
skeleton container Gitterbox *f* [tec]
skeleton diagram Prinzipschaltung *f* [con]
skeleton framing Fachwerk *n* (Tragwerk) [bau]
skeleton shoe Skelettplatte *f* [tec]
skeleton structure Skelettkonstruktion *f* [tec]; Rohbau *m* [bau]
skelp Vormaterial *n* (aus Eisen oder Stahl) [met]
sketch Beschreibung *f*; Skizze *f*; Zeichnung *f* (Skizze) [con]; Entwurf *m* (Skizze) [con]; Plan *m* (Entwurf); Umriss *m* (Skizze) [con]
sketch entwerfen *v* (skizzieren) [con]; skizzieren *v*; zeichnen *v* (skizzieren)
skew schräg (geneigt)
skewed rollers schräg gestellte Rollen *pl* [tec]
skewing Schrägstellung *f* [tec]; Schieflauf *m* [wer]; Schräglauf *m* [wer]
skewing of rollers Schrägstellen der Rollen *n* [tec]
skewness Schiefstellung *f*
skid Gleitkufe *f* [tec]; Kufe *f* [tra]; Rutsche *f* (für Kinder); Hemmschuh *m* (Bremse) [tra]; Schlitten *m* (Transport-); Transportschlitten *m* [tec]
skid rücken *v* (Holz im Wald) [far]
skid bar Roststabträger *m* [pow]
skid chain Schneekette *f* (für Autoreifen) [tra]
skid down Abrutschen *n* (an der Böschung) [mbt]
skid extension piece Kufenverlängerung *f* [tec]
skid frame Kufenrahmen *m* [tra]
skid mark Bremsspur *f* [tra]
skid rail Gleitschiene *f* [tec]
skid-proof gleitsicher
skid-track Hemmschiene *f* [tec]
skidder Rückmaschine *f* (Holz im Wald rücken) [far]
skilful fachmännisch; geschickt (geübt)
skill Fertigkeit *f*
skilled geschickt (geübt)
skilled worker Facharbeiter *m*
skillet Gusstiegel *m*
skim entschäumen *v*
skim off abschäumen *v* [roh]
skimmer Ölabstreifring *m* [tec]; Schaber *m* [wzg]; Skimmer *m*
skimming Abstrich *m* [met]
skimming agent Abschäummittel *n* [roh]
skimming off Abschäumung *f* [roh]; Abschäumen *n* [roh]
skimmings Oberflächenkrätze *f* [met]; Abhub *m* [bod]; Abschaum *m* (Schaum) [roh]
skimmings and drosses Metallabfall *m* [rec]
skin Außenhaut *f*; Beplankung *f* (Flugzeug); Haut *f* [hum]; Pelle *f*; Schale *f* (Haut) [bff]
skin abisolieren *v* [elt]
skin casing Blechhaut *f*
skin coat Feinputz *m* [bau]

skin formation Hautbildung *f*
skin pack Sichtpackung *f*
skin parings Fellabfälle *pl* [rec]
skin plate Blechhaut *f*; kunststoffplattiertes Blech *n* [met]
skin tolerance Hautverträglichkeit *f*
skin, smooth - glatte Außenhaut *f*
skin-protecting preparation Hautschutzpräparat *n*
skin-protective agent Hautschutzmittel *n*
skinning Hautbildung *f* (Farbe); Abisolieren *n* [elt]
skip Abfallgroßbehälter *m* [rec]; Container *m*
skip auslassen *v* (übergehen)
skip distance Sprungabstand *m* [tec]
skip function Sprungfunktion *f* (Software) [edv]
skip hoist Kübelaufzug *m* [mbt]
skip transporter Behälterbeförderungsfahrzeug *n*
skip, horizontal - Zeilensprung *m* (Textverarbeitung)
skirt Kante *f* (Rand); Leiste *f*; Standzarge *f*; Rand *m* (Einfassung); Schurz *m* (Arbeitsschutz, Rock)
skirt panel part Sockelteil *m* [mbt]
skirt-board Seitenblech *n* [tec]
skirting Sockel *m* (Mobilheimverkleidung) [tra]
skirting board heating Fußleistenheizung *f* [pow]
skirting coating Sockelbolzen *m* (innen Bronze, außen Stahl) [tec]
skirting panel Sockelblech *n* [tec]
skirting-board Fußleiste *f* [bau]; Scheuerleiste *f* [bau]
skull Bär *m* (Metall); Pfannenrest *m* (Hüttenwesen) [roh]
skulls, formation of - Bärenbildung *f* (Hüttenwesen) [roh]
sky Himmel *n*
skyblue himmelblau
skylight Dachluke *f* [bau]; Deckenbeleuchtung *f* [bau]; Luke *f* (Dachluke) [bau]; Oberlicht *n*; Tageslicht *n* (Deckenlicht) [bau]
skyscraper Wolkenkratzer *m* [bau]; Hochhaus *n* [bau]
slab Fliese *f* [met]; Platte *f* (aus Walzwerk); Scholle *f* (z.B. Asphalt aus alter Straße) [tra]; Tafel *f* (Platte) [met]; Vorbramme *f* [roh]; Strang *m* (z.B. aus Strangguss) [met]; Walzbarren *m* [met]
slab method Plattenbauweise *f* [bau]
slab slitting Vorbrammenlängsteilung *f* [roh]
slab zinc Plattenzink *n* [met]
slabby limestone Kalkschiefer *m* [geo]
slack schlaff (locker)
slack Gruskohle *f* [met]; Durchhang *m*; Grus *m* (Kohlenstaub) [met]; Kohlegrus *m* [roh]; Kohlenklein *n* [roh]
slack durchhängen *v*
slack coal Feinkohle *f* [roh]; Gruskohle *f* [met]; Kohlengrus *m* [roh]
slack joint Wackelkontakt *m* (lose Verbindung) [elt]
slack strand Leertrum *n* (Riemenantrieb) [tec]
slack water Stillwasser *m* [was]; Totwasser *n* [was]
slacken lockern *v*; lösen *v* (lockern); nachlassen *v* (lockern)

slackening Verlangsamung *f* (Tempo)
slackness Schlaffheit *f*; Spiel *n* (zwischen Bauteilen)
slag Asche *f* (Schlacke, Zunder); Schlacke *f* [rec]
slag verschlacken *v* [pow]
slag addition Schlackenzuschlag *m* [roh]
slag cement Hüttenzement *m* [met]; Schlackenzement *m* [met]
slag concrete Leichtbeton *m* [met]; Schlackenbeton *m* [met]
slag cover Schlackenschicht *f* [pow]
slag crusher Schlackenbrecher *m* [pow]
slag discharge Schlackenabfluss *m* [rec]
slag dump Schlackenhalde *f* [rec]
slag extractor Schlackenabscheider *m* [pow]
slag formation Schlackenbildung *f*
slag forming schlackenbildend [pow]
slag heap Aschenhalde *f* [rec]; Schlackenberg *m* [rec]
slag hopper Schlackentrichter *m* [pow]
slag inclusion Schlackeneinschluss *m* [met]
slag ladle Schlackenpfanne *f*
slag lead Krätzblei *n* [rec]
slag lime Hüttenkalk *m* [met]
slag pit Schlackengrube *f* (Dampflok) [tra]
slag removal Schlackenabzug *m* [pow]
slag removing Entschlacken *n*
slag stone Schlackenstein *m* [met]
slag tank Schlackensammler *m* (Druckwasserentaschung) [pow]
slag tap furnace Schmelzfeuerung *f* [pow]
slag treatment Schlackenaufbereitung *f* [rec]
slag wagon Schlackenwagen *m* [pow]
slag wool Schlackenwolle *f* [met]
slag wool blanket Schlackenwollmatte *f* [met]
slag, chilled - granulierte Schlacke *f*
slag, free from - schlackenfrei
slag-forming constituent Schlackenbildner *m* [met]
slag-tap boiler Schmelzkessel *m* [pow]
slag-tap pulverized coal firing Schmelzfeuerung *f* [pow]
slagging Verschlackung *f* [pow]
slaggy schlackenartig [rec]; schlackenreich
slake ablöschen *v* (Kalk) [bau]; löschen *v* (Kalk); zerbröckeln *v*
slaked gelöscht (Kalk) [met]
slaked lime Löschkalk *m* [met]
slaking Löschung *f* (Kalk) [bau]
slaking box Löschkasten *m* (Kalk); Löschtrog *m* (für Kalk) [bau]
slaking pit Löschgrube *f* (Kalk) [bau]
slant Schräge *f* (Neigung); Schrägfläche *f*
slant abböschen *v* [bod]; abschrägen *v* [wer]; sich neigen *v* (Neigung haben)
slanted schräggestellt
slanted position Schieflage *f*
slanted roof Schrägdach *n* [bau]
slanting schräg (geneigt); seitlich abfallend
slanting lift Schrägaufzug *m* [mbt]
slanting position Schräglage *f* [bau]

slap schlackern *v* (lockerschütteln)
slash Schlitz *m*; Schrägstrich *m*
slash and burn agriculture Brandrodung *f* [far]
slat Lamelle *f* (in Jalousie); Lamelle *f* (in Jalousie) [bau]; Latte *f*; Leiste *f* (Holz-)
slat, horizontal - Querlatte *f* [bau]
slate Schiefer *f* [geo]
slate clay Schieferton *m* [geo]
slate grey schiefergrau (RAL 7015) [nor]
slate nail Schiefernagel *m* [tec]
slate roof Schieferdach *n* [bau]
slate slab Schieferplatte *f* [bau]
slater Schieferdecker *m* [bau]
slater-and-tiler Dachdecker *m* [bau]
slatted lammellenförmig
slatted blind Jalousie *f* [bau]
slatted sun screen Jalousette *f* [bau]
slaty schieferartig [geo]
slaty coal Schieferkohle *f* [roh]
slaughter-house Schlachthaus *n*
slaughter-house waste Schlachtabfall *m* [rec]; Schlachthofabfall *m* [rec]
slave cylinder Stellzylinder *m* [tec]
slave drive Folgeantrieb *m* [tec]
sledge Schlitten *m*
sledge hammer Vorschlaghammer *m* [wzg]
sleep Schlaf *m*
sleep ruhen *v*; schlafen *v*
sleeper Schwelle *f* (Eisenbahn) [tra]; Schlafwagen *m* (bei Eisenbahn) [tra]
sleeping drug Schlafmittel *n* [hum]
sleeping sickness Schlafkrankheit *f* [hum]
sleeping-car Schlafwagen *m* (bei Eisenbahn) [tra]
sleet Eisregen *m* [wet]; Schneeregen *m* [wet]
sleeve Buchse *f* (Manschette) [elt]; Diskettenhülle *f* [edv]; Hülse *f* (Manschette) [tec]; Manschette *f*; Muffe *f* (Hülse) [tec]; Reduziermuffe *f* [tra]; Tülle *f* (Kabel-) [elt]; Mantel *m* (Rohr-); Schutzrohr *n* (Kompensator) [tec]
sleeve ausbuchten *v* [wer]
sleeve bearing Lagermetallbuchse *f* [tec]; Hülsengleitlager *n* [tec]
sleeve bearing, axial - Axialgleitlager *n* [tec]
sleeve bearing, radial - Radialgleitlager *n* [tec]
sleeve bearing, self-aligning - Pendelgleitlager *n* [tec]
sleeve coupling Muffenkupplung *f* [tec]; Schalenkupplung *f* [tec]
sleeve guide bearing Radialgleitlager *n* [tec]
sleeve joint Muffenverbindung *f*; Einsteckstoß *m*
sleeve nut Überwurfmutter *f* [tec]
sleeve packing Manschettenpackung *f* (Dichtung) [tec]; Stulpmanschette *f* (Dichtung) [tec]
sleeve piece Metallring *m* [tec]
sleeve, adjusting - Einstellhülse *f* [tec]
sleeve, secondary - Sekundärbuchse *f* [tec]
sleeve-bearing shell Gleitlagerschale *f* [tec]
sleeve-coupled joint Schraubmuffenverbindung *f* [tec]

sleeved-motor pump Spaltrohrmotorpumpe *f*
slender schlank; schmalwüchsig
slender roll schlanke Walze *f* [tec]
slenderness Schlankheit *f*
slew Schwenkbremse *f* [mbt]
slew brake Schwenkbremse *f* [mbt]
slew distributor Schwenkantrieb *m* [mbt]
slew drive Schwenkantrieb *m* [mbt]
slew gear Drehwerkgetriebe *n* [tec]
slew motor Schwenkmotor *m* (dreht Ritzel) [mbt]
slew pinion Schwenkritzel *n* [mbt]
slew transmission Schwenkgetriebe *n* [mbt]
slewable schwenkbar
slewing belt conveyor Schwenkband *n* [prc]
slewing brake Schwenkbremse *f* [tec]; Schwenkwerksbremse *f* [mbt]
slewing brake system Schwenkbremssystem *n* [mbt]
slewing brake valve Schwenkbremsventil *n* [mbt]
slewing brake, hydraulic - hydraulische Schwenkwerksbremse *f* [mbt]
slewing crane Schwenkkran *m* [mbt]
slewing cylinder Drehzylinder *m* [tec]
slewing gear Schwenkantrieb *m* [mbt]; Drehwerk *n* [tec]; Drehwerkgetriebe *n* [tec]; Schwenkgetriebe *n* [mbt]; Schwenkwerksgetriebe *n* [mbt]
slewing gear brake Schwenkwerksbremse *f* [mbt]
slewing pillar crane Drehsäulenkran *m* [mbt]
slewing pinion Schwenkritzel *n* [mbt]
slewing range Schwenkbereich *m* [mbt]
slewing rim Drehkranz *m* (an Pumpe) [prc]
slewing rim support Drehkranzauflage *f* [prc]
slewing ring Drehkranz *m* [tec]
slewing ring connection Kugeldrehverbindung *f* [tec]
slewing shaft Schwenkwelle *f* [tra]; Schwenkwerkswelle *f* [mbt]
slewing stop Schwenkbegrenzung *f* [mbt]
slewing time Schwenkzeit *f* [mbt]
slewing- Schwenk- [mbt]
slewing-ring Drehkranz *m* [mbt]; Schardrehkranz *m* (Kugel- oder Rollendrehkranz) [mbt]
slice Scheibe *f* (Scheibe Brot, Käse, Wurst); Abfall *m* (Abschnitt); Abschnitt *m* (Abfall) [rec]
slice zerschneiden *v* (in Scheiben)
slick Ölteppich *m* [was]
slid back zurückgerutscht (Kette bei Einbau) [mbt]
slide Führung *f* (Schiene); Gleitbahn *f* (Rutsche) [prc]; Objektträger *m*; Schlitten *m* [tec]; Diapositiv *n*
slide abgleiten *v*; gleiten *v* (rutschen); rutschen *v*
slide assembly Gleitsitz *m* [tec]
slide back zurückrutschen *v* (Kette bei Einbau) [mbt]
slide bar Führungsstange *f* [tec]; Gleitschiene *f*; Schiebekappe *f* (Bergbau) [roh]; Schubstange *f* [tec]
slide bar lock Verschlusssicherung *f* [tra]
slide bearing Gleitlager *n* [tec]; Verschiebelager *n* [tec]
slide block Kulissenstein *m* [tec]; Nutenstein *m* [tec]; Gleitstück *n* [tec]
slide box Schieberkasten *m* [tec]
slide bushing Schieberbuchse *f* [tec]

slide coupling Schiebekupplung *f* [tec]; Überschiebmuffe *f* [tec]
slide door Schiebetür *f* [bau]
slide down abrutschen *v*
slide gate Schieber *m* (in Rinne) [was]
slide gauge Schieblehre *f* [any]; Schublehre *f* (Rechengerät) [mat]
slide holder Objektträger *m*
slide in einschieben *v*
slide off abrutschen *v*
slide plate Schieberplatte *f* [tec]; Rutschblech *n* [tec]
slide projector Diaprojektor *m* [elt]
slide rail Gleitschiene *f*; Laufschiene *f*
slide resistance Schiebewiderstand *m* [elt]
slide ring seal Gleitringdichtung *f* [tec]; Schleifringdichtung *f* [tec]
slide rod Schieberstange *f* [tec]
slide rule Rechenschieber *m* [mat]
slide shoe Kulissenstein *m* [tec]; Nutenstein *m* [tec]
slide spring Gleitfeder *f* [tec]
slide switch Schiebeschalter *m* [elt]
slide valve Abschlussschieber *m*; Absperrschieber *m*; Schaltschieber *m*
slide valve, auxiliary - Hilfsschieber *m* [pow]
slide-in module Einschub *m* [tec]
slide-in tray Einschub *m* [tec]
slide-in unit Einschubeinheit *f*; Einschub *m* [tec]
slide-off vehicle Abgleitfahrzeug *n* [tra]
slider Schiebering *m* [tec]
slideway Führungsbahn *f* [tec]; Gleitbahn *f* [tec]; Gleitführung *f* [tec]
sliding Gleitung *f*; Rutschen *n*
sliding agent Gleitmittel *n* [met]
sliding bearing Gleitlager *n* [tec]
sliding bed verschiebbare Platte *f*
sliding block Gleitschuh *m* [tec]; Gleitstein *m* [tec]; Kulissenstein *m* [tec]; Kulissenstein *m* [aku]; Nutenstein *m* [tec]
sliding block absorber Kulissenschalldämpfer *m* [aku]
sliding block bearing Kulissenlager *n* [tec]
sliding bolt Schieberiegel *m* [tec]
sliding bush Gleitbuchse *f* [tec]
sliding calliper Schieblehre *f* [any]
sliding cam Schiebenocken *m* [tec]
sliding collar Schiebehülse *f* [tra]
sliding console Schubkonsole *f* [tec]
sliding contact Schleifkontakt *m* [elt]
sliding contact thrust bearing Drucklager *n* (Gleitlager) [tec]
sliding coupling Schiebekupplung *f* [tec]; Verschiebekupplung *f* [tec]
sliding door Rolltür *f* [bau]; Schiebetür *f* [bau]
sliding expansion joint Gleitkompensator *m* [tec]
sliding form Gleitschalung *f* [bau]
sliding gap Gleitspalte *f* (Dichtung) [tec]
sliding gear Schieberad *n* [tec]
sliding gear drive Schieberadgetriebe *n* [tec]
sliding grate Schieberost *m* (Feuerung) [pow]

sliding joint Gleitfuge f [tec]; Schiebenaht f [wer]
sliding key Gleitfeder f [tec]; Schiebekeil m [tec]
sliding lid Schiebedeckel m [tec]
sliding liner Gleitleiste f [tec]
sliding nut Gleitmutter f [tec]; Schiebemutter f [tec]
sliding pad Gleitschuh m [tec]
sliding partition Schiebewand f [bau]
sliding piece Gleitstück n [tec]
sliding pinion Schieberitzel n [tec]
sliding plate Gleitplatte f [tec]
sliding rail Gleitschiene f [tec]
sliding resistance Gleitwiderstand m
sliding ring Gleitring m [tec]
sliding rod Gleitstab m [tec]
sliding roof Schiebedach n [bau]
sliding roof fastener Schiebedachverschluss m [tra]
sliding rotor motor Verschiebeankermotor m [elt]
sliding rule Rechenschieber m [mat]
sliding seal Gleitringdichtung f [tec]
sliding selector shaft Schaltstange f [tra]
sliding shaft Schiebewelle f [tra]
sliding sleeve Schiebehülse f [tec]; Schiebemuffe f [tec]
sliding surface Abnutzungsfläche f [met]; Rutschfläche f [tec]
sliding switch Schiebeschalter m [elt]
sliding track Gleitbahn f [tec]
sliding tube Gleitrohr n [prc]
sliding valve Wasserschieber m [prc]
sliding window Schiebefenster n [bau]
sliding-socket joint Gleitmuffe f [tec]
sliding-vane pump Flügelzellenpumpe f [prc]
slight leicht (schwach); schwach
slight dampening schwache Dämpfung f
slight seepage geringe Leckage f
slim dünn; schlank (schlanker Mensch)
slime Aufschlämmung f [was]; Schlamm m (Schlick) [rec]; Schleim m
slime layer Schlammschicht f
slime pit Schlammgrube f [was]
slimes Laugerückstand m [rec]
slimness Schlankheit f
slimy schlammig [was]
sling Schleuder f [prc]
sling schleudern v (werfen); schmeißen v
sling chain Anschlagkette f
sling chain, double-branch - zweisträngige Anschlagkette f
sling gear Anschlaggeschirr n (Ketten, Seile, Haken); Anschlagmittel n (Ketten, Seile, Haken)
sling rod Aufhängestange f
sling rope Anschlagseil n
sling strap Tragband n (Aufhängung) [tec]
sling tube Tragrohr n [tec]
slinger Anschläger m (hängt Last an Kran) [mbt]
slinging chain Anschlagkette f (Kran) [bau]
slip Kassenzettel m; Schlupf m
slip gleiten v (ausrutschen); rutschen v
slip band Gleitband n

slip blind Steckscheibe f [prc]
slip clutch Rutschkupplung f [tra]; Schlupfkupplung f [tra]
slip clutch, multiple-disc - Mehrscheibenrutschkupplung f [tra]
slip control Schlupfüberwachung f [any]
slip coupling Rutschkupplung f [tec]
slip cylinder Gleitzylinder m
slip differential, limited - Teilsperrdifferential n [tra]
slip feather Passfeder f [bau]
slip hardening Schlupfhärtung f [met]
slip joint Schrumpfverbindung f [tec]; Gleitgelenk n [tec]; Schiebegelenk n [tec]
slip measuring apparatus Schlupfmesser m [any]
slip of the belt Riemenschlupf m [tec]
slip off abgleiten v
slip plane Gleitebene f; Gleitfläche f
slip printer Kassenbelegdrucker m
slip ring Gleitring f [tec]; Schleifer m [elt]; Schleifring m [elt]; Schleifringkörper m [elt]
slip ring assembly Schleifringkörper m [elt]
slip ring body Schleifringkörper m [elt]
slip ring brake Schleifringbremse f [tra]
slip ring holder Schleifringhalter m [tra]
slip ring motor Schleifringläufermotor m [elt]
slip ring rotor Schleifringanker m [elt]
slip ring starter Schleifringanlasser m [elt]
slip road Auffahrt f (Autobahn) [tra]; Einfahrt f (Autobahn) [tra]
slip stream Windschatten m (z.B. Autorennen) [tra]
slip-connected gleitend angeschlossen (Stahlbau); verschieblich verbunden (Stahlbau)
slip-form Gleitschalung f [bau]
slip-form construction Gleitbauweise f [bau]
slip-on flange Aufsteckflansch m [prc]; loser Flansch m [prc]; Losflansch m [prc]; Überschiebflansch m [prc]
slip-on gear Aufsteckgetriebe n [tec]
slip-on lens Aufsteckglas n
slip-on sleeve Überschiebmuffe f [tec]
slip-on type aufsteckbar
slip-ring seal Gleitringdichtung f [tec]
slip-stream Sog m (Fahrzeuge) [tra]
slip-tongue joint Federverbindung f [tec]
slip-up Panne f (Vertun); Betriebsunfall m (Ungeschicklichkeit)
slippage plate Abgleitblech n [tec]
slipper Gleitschuh m [tec]
slipper bearings Slipperlagerung f (Hydraulik) [tec]
slipper block Gleitstein m [tec]
slipper brake Hemmschuh m (Eisenbahn) [tra]
slippery glatt (rutschig); rutschig (glatt, schlüpfrig)
slipping Schlupf m
slipping clutch Rutschkupplung f [tra]
slipping clutch, safety - Sicherheitsrutschkupplung f [tra]
slipping surface Gleitfläche f
slit Spalte f; Schlitz m; Spalt m (Optik)
slit aufschlitzen v [wer]; schlitzen v

slit length Spaltlänge *f* [con]
slit orifice Schlitzdüse *f* [prc]
slit pin Klemmhülse *f* [tec]
slit ring Schlitzring *m* [tec]
slit sieve Schlitzsieb *n* [prc]
slit width Spaltbreite *f* [con]
sliver Splitter *m*
slogging chisel Vorschlagmeißel *m* [wzg]
slope Böschung *f* (Schräge, Neigung); Neigung *f* (Gelände); Neigungsebene *f*; Rampe *f* (Auffahrt); Schiefe *f*; Schräge *f* (Neigung; Bunker, Rohre); Steigung *f* [mat]; Steigung *f* (Anstieg; Neigung); Abhang *m* [bod]; Hang *m*; Gefälle *n* (Straße, Leitungen) [tra]
slope abböschen *v* [bod]; abfallen *v* (Fläche); anschütten *v* [bod]; kippen *v* (neigen); neigen *v* (schräg stellen); verschrägen *v* [wer]
slope angle Böschungswinkel *m* [mbt]
slope climate Hangklima *n* [wet]
slope of a hill Hang *m*
slope of earth, natural - natürliche Erdböschung *f*
slope up ansteigen *v*
slope, location on a - Hanglage *f*
slope, natural - natürliche Böschung *f*
sloped ansteigend [bod]
sloping abfallend; geneigt (Gebäude); schief (schräg); schräg (Fläche)
sloping bottom geneigter Boden *m* (Tank, u.a.) [con]
sloping drive Rampe *f* (Auffahrt)
sloping grate Schrägrost *m* [pow]
sloping layer Gefällelage *f*
sloping location Hanglage *f*
sloping position Schräglage *f* [bau]
sloping screed Gefällestrich *m* [bau]
sloping surface Schräge *f*
sloppy bespritzt; nass
sloppy concrete Flüssigbeton *m* [met]
slot Kerbe *f* (Schlitz); Nut *f* (Langnut); Rille *f* (Schlitz); Spalte *f* (Schlitz); Einschubschlitz *m*; Schlitz *m*; Spalt *m* (Schlitz); Steckplatz *m* [elt]
slot einschneiden *v* (schlitzen); nuten *v* [wer]; schlitzen *v*
slot and key Nut and Feder [tec]
slot cutter Nutenfräser *m* [wzg]
slot die Breitschlitzdüse *f* [prc]
slot indicator Schlitzinitiator *m* [tec]
slot terminal Schlitzklemme *f* [elt]
slot wedge Deckleiste *f* (an Wicklung) [elt]
slotted geschlitzt [wer]
slotted bolt Schlitzschraube *f* [tec]
slotted cheese head screw Zylinderschraube mit Schlitz *f* [tec]
slotted countersunk head screw Senkschraube mit Schlitz *f* [tec]
slotted fillister-head screw Linsenschraube *f* [tec]
slotted head Schlitzkopf *m* (an Schrauben) [tec]
slotted headless screw Schaftschraube mit Schlitz *f* [tec]
slotted hole Langloch *n* [con]

slotted nut geschlitzte Mutter *f* [tec]; Nutmutter *f* [tec]; Schlitzmutter *f* [tec]
slotted pan head screw Flachkopfschraube mit Schlitz *f* [tec]
slotted ring Nutring *m* [tec]
slotted rivet Schlitzniet *m* [tec]
slotted round nut Schlitzmutter *f* [tec]
slotted round-head bolt Rundkopfschraube mit Schlitz *f* [tec]
slotted round-head screw Halbrundschraube mit Schlitz *f* [tec]
slotted screw Schlitzschraube *f* [tec]
slotted-head screw Schlitzkopfschraube *f* [tec]; Schlitzschraube *f* [tec]
slotted-ring seal assembly Nutringdichtsatz *m* [tec]
slotting machine Nutenfräser *m* [wzg]
slotting tool, rough - Vorstechmeißel *m* [wer]
slow langsam; träge
slow down abbremsen *v* (Geschwindigkeit); bremsen *v*; verlangsamen *v* [tra]
slow freight Frachtgut *n* [tra]
slow goods Frachtgut *n* [tra]
slow idling Kriechgang *m* [tec]
slow sand filter Langsamfilter *m* [was]
slow speed run-out Rundlaufabweichung bei niedriger Drehzahl *f* [wer]
slow to blow fuse träge Sicherung *f* [elt]
slow train Personenzug *m* [tra]
slow-burning brennverzögert (Baustoffe) [che]
slow-burning stove Dauerbrenner *m* (Ofen) [pow]
slow-evaporating solvent schwerflüchtiges Lösungsmittel *n* [met]
slow-grown langsam gewachsen [bff]
slow-hardening langsam erhärtend [met]
slow-release fertilizer Langsamdünger *m* [far]
slow-setting langsam abbindend [met]
slowing-down Abbremsung *f* (Geschwindigkeit); Verlangsamung *f* [tra]
slowing-down time Bremszeit *f* (Reaktor) [phy]
sludge Aufschlämmung *f* [was]; Matsch *m* (Schmutz); Rückstand *m* (Schlamm) [rec]; Schlamm *m* (Faulschlamm) [rec]
sludge activation Schlammbelebung *f* [was]
sludge activation container chamber Belebungsbecken *n* [was]
sludge activation procedure Schlammbelebungsverfahren *f* [was]
sludge activation process Belebtschlammverfahren *n* [was]
sludge activation tank Belebungsbecken *n* [was]
sludge aeration Schlammbelüftung *f* [was]
sludge bioaeration Belebtschlammverfahren *n* [was]
sludge coal Schlammkohle *f* [roh]
sludge collector Räumer *m* [was]
sludge collector bridge Räumerbrücke *f* [was]
sludge composting Schlammkompostierung *f* [rec]
sludge concentration Schlammeindickung *f* [was]
sludge conditioning Konditionierung *f* (Klärschlamm) [was]

sludge consolidation Schlammentwässerung f [was]; Verfestigung f (Klärschlamm) [was]
sludge conveying Schlammförderung f
sludge decomposition Schlammzersetzung f [was]
sludge decontamination Schlammentseuchung f [was]
sludge dehydration Schlammentwässerung f [tra]
sludge deposit Schlammablagerung f [was]
sludge dewatering Schlammentwässerung f [was]
sludge digester Faulbehälter m (Klärschlamm) [was]
sludge digestion Schlammzersetzung f [was]
sludge digestion chamber Faulraum m [was]
sludge digestion tank Faulbehälter m (Klärschlamm) [was]
sludge digestion tower Faulturm m [was]
sludge disposal Schlammbeseitigung f [was]; Schlammentsorgung f [was]
sludge draining Schlammeindickung f [was]; Schlammentwässerung f [was]
sludge drying Schlammtrocknung f [rec]
sludge ejector Fäkalienhebeanlage f [was]
sludge flotation Schlammflotation f [was]
sludge formation Schlammbildung f [was]
sludge gas Faulgas n [was]; Klärgas n [pow]
sludge incineration Schlammverbrennung f [rec]
sludge injector Schlammeintragdüse f [was]
sludge pit Schlammgrube f [was]
sludge pump Dickstoffpumpe f; Schlammpumpe f [was]
sludge settling pond Schlammabsetzbecken n [was]
sludge settling tank Schlammabsetzbecken n [was]
sludge stabilization Schlammstabilisation f [was]
sludge stirrer Rührwerk für Schlamm m [was]
sludge suction Schlammsaugung f
sludge tank Schlammtank m [was]
sludge thickener Schlammeindicker m [was]
sludge transport Schlammtransport m [rec]
sludge treatment Klärschlammbehandlung f [was]; Schlammaufbereitung f [was]; Schlammbehandlung f [was]
sludge utilization Schlammverwertung f [rec]
sludge utilization, agricultural - landwirtschaftliche Schlammverwertung f [far]
sludge, activated - aktiver Schlamm m (Belebtschlamm) [rec]; Belebtschlamm m [was]
sludge, activated - plant Belebtschlammanlage f [was]; Belebungsanlage f [was]
sludge, activated - process Belebungsverfahren n [was]
sludge, activated - system Belebtschlammanlage f [was]
sludge, active - Klärschlamm m [was]
sludge, biological - Belebtschlamm m [was]
sludge, red - Rotschlamm m [rec]
sludges containing mercury quecksilberhaltige Schlämme pl [rec]
sludges containing sulfur schwefelhaltige Schlämme pl [rec]
sludgy schlammig [was]

sludgy discard schlammiger Abfall m [rec]
slug Madenschraube f (siehe: Gewindestift); Type f (Drucktechnik); Block m (Rohmetall) [met]
sluggish schwergängig (Schraube) [tec]; träge
sluggish response langsames Ansprechen n
sluice Schleuse f (z.B. Schiffsschleuse) [tra]
sluice chamber Schleusenkammer f [was]
sluice gate Schütz m [was]
sluice valve Absperrschieber m
slum Slum m
slum clearance Beseitigung verwahrloster Wohnviertel f; Elendsviertelabbruch m
slump Preiseinbruch m [eco]
slurry Aufschlämmung f [was]; Jauche f [rec]; Brei m; Schlamm m (Aufschlämmung) [rec]
slurry paint coat Schlemmanstrich m [bau]
slurry pit Güllegrube f [far]; Güllebecken n [far]
slurry reactor Schlammreaktor m [che]; Suspensionsreaktor m [che]
slush Schlamm m (Matsch) [rec]; Schneematsch m
slush-money Schmiergeld n [eco]
small klein; niedrig
small amount Kleinmenge f [rec]
small and medium-sized enterprises Gewerbe n (kleine und mittlere Betriebe) [eco]; Klein- und Mittelbetriebe pl [eco]
small car Kleinwagen m [tra]
small coal Feinkohle f [roh]; Grießkohle f [met]; Kohlengrus m [roh]; Kohlenklein n [roh]
small computer Kleinrechner m [edv]
small conveyor Kleinförderanlage f [prc]
small end Pleuelkopf m [tra]
small end bearing Kolbenbolzenlager n [tec]
small end bushing Pleuelbuchse f [tra]
small furnace installation Kleinfeuerungsanlage f [pow]
small hardware Kleineisenzeug n
small iron ware Kleineisenzeug n
small letter Kleinbuchstabe m (Textverarbeitung)
small letters, use of - Kleinschreibung f (Textverarbeitung)
small metals Kleinmetall n (Abfallrecht) [rec]
small pieces kleinstückig [met]
small plastics Kunststoffkleinteile pl
small power plant Kleinkraftwerk n [pow]
small quantities privilege Kleinmengenprivileg n (Abfallrecht) [jur]
small receptacle Kleinbehältnis n
small room Kammer f
small sewage treatment plant Kleinkläranlage f [was]
small size Kleinformat n
small step-ladder Tritt m (Gestell)
small wood Gehölz n [far]
small-grained kleinkörnig
small-type accumulator Kleinakkumulator m [elt]
small-type apparatus Kleingerät n [elt]
small-type motor Kleinmotor m [elt]
small-type nickel-cadmium accumulator Nickel-Cadmium-Kleinakkumulator m [elt]

smalls Grießkohle *f* [met]
smart card Chipkarte *f* (Ausweiskarte) [edv]
smash durchschlagen *v* (mechanisch); einschlagen *v* (zertrümmern); zerschmettern *v*; zertrümmern *v*
smash in eindrücken *v* (verbiegen)
smashing Zertrümmerung *f*
smear Fleck *m* (schmieriger -)
smear anschlämmen *v* [was]; beschmieren *v*; einreiben *v*; verschmieren *v*; wischen *v*
smear resistance Wischfestigkeit *f* [met]
smell Geruch *m*; Geruchssinn *m*
smell riechen *v*
smell test Geruchstest *m* [any]; Riechversuch *m* [any]
smell, bad - Gestank *m*
smell, free from - geruchlos
smell, sense of - Geruchssinn *m*
smelling threshold Geruchsschwellenwert *m*
smelt Schmelze *f* [met]
smelt einschmelzen *v* (Metall); schmelzen *v*; verhütten *v* (in Hüttenwerk) [roh]; verschmelzen *v* [met]
smelted geschmolzen [met]
smelter gas Hüttengas *n* [met]
smelter production Hüttenerzeugung *f* [met]
smelter smoke Hüttenrauch *m* [air]
smelter zinc Hüttenzink *m* [met]
smeltery Metallhütte *f* [roh]; Hüttenwerk *n* [roh]
smelting Verhüttung *f* [roh]; Verschmelzung *f* [met]; Schmelzen *n*; Verhütten *n* (z.B. von Eisenerz) [roh]
smelting charge Gicht *f* (Schmelzgut) [met]
smelting coke Hüttenkoks *m* [met]
smelting flux electrolysis Schmelzflusselektrolyse *f* [elt]
smelting furnace Schmelzofen *m* [prc]
smelting of scrap metal Altmetallverhüttung *f* [rec]
smelting plant Hütte *f* (Metall-) [roh]; Schmelzhütte *f* [prc]; Hüttenwerk *n* [roh]
smelting works Metallhütte *f* [roh]; Schmelzhütte *f* [roh]; Hüttenwerk *n* [roh]
smith's shop Schmiede *f* [wer]
smog Smog *m* [air]
smog alarm Smogalarm *m* [air]
smog alarm plan Smogalarmplan *m* [air]
smog pall Dunstglocke *f* [wet]
smog warning plan Smogwarnplan *m* [air]
smoke Qualm *m* (meist Rauch und Dampf) [air]; Rauch *m*
smoke dampfen *v* (rauchen); räuchern *v* (rauchtrocknen); rauchen *v*
smoke abatement Rauchbekämpfung *f*
smoke alarm Rauchmelder *m* [air]
smoke alarm system Rauchmelder *m* [air]
smoke box Rauchkammer *f* (Dampflok) [tra]
smoke box door Rauchkammertür *f* (Dampflok) [tra]
smoke chamber Rauchfangkammer *f* [air]
smoke damage Rauchgasschaden *m* [air]
smoke damper Rauchgasschieber *m* [air]

smoke deflector plate Abweiser *m* (Windleitblech an Lok) [tra]; Windleitblech *n* (an Lok) [tra]
smoke density Rauchdichte *f*
smoke density alarm Rauchdichtealarm *m*
smoke detector Rauchanzeiger *m* [any]; Rauchdetektor *m* [any]
smoke detector, automatic - Rauchmelder *m* [air]
smoke exhaust installation Rauchabzugsanlage *f*
smoke extracting fan Entrauchungsventilator *m* [air]
smoke funnel Rauchfang *m* (am Heizhausdach) [pow]
smoke gas Rauchgas *n* [air]
smoke gas filter Rauchfilter *m* [air]
smoke limiter Rauchbegrenzer *m* [tra]
smoke limiter, set the - Rauchbegrenzer einstellen *v* [tra]
smoke monitor Rauchmeldegerät *n* [air]
smoke nuisance Rauchbelästigung *f*
smoke plume Rauchfahne *f* [air]
smoke point Rauchpunkt *m* [che]
smoke prevention Rauchverhütung *f* [air]
smoke rocket Rauchentwickler *m*
smoke scale Rauchskala *f* [any]
smoke source Rauchquelle *f*
smoke spot number Rußgaszahl *f* [pow]
smoke test Rauchgasprüfung *f* [air]
smoke tube Rauchrohr *n* (Dampflok) [tra]
smoke tube boiler Rauchrohrkessel *m* [pow]
smoke ventilation dome Brandschutzkuppel *f* [bau]
smoke, absence of - Rauchlosigkeit *f* [air]
smoke, formation of - Rauchbildung *f*; Rauchentwicklung *f*
smoke, smelling of - rauchig
smoke-density measuring Rauchdichtemessung *f*
smoke-density reductioner Rauchdichteverminderer *m*
smoke-free area Rauchverbotszone *f* [air]
smoked glass Rauchglas *n* [met]
smoked window Rauchglasscheibe *f* (z.B. in Eisenbahnwagen) [met]
smokeless rauchfrei; rauchlos [air]
smokeless area Rauchverbotszone *f* [air]
smokeless zone Stadtbereich für rauchfreie Feuerungen *m*; Stadtbereich, in dem nur rauchfreie Feuerungen betrieben werden dürfen *m*
smokeproof rauchdicht
smoker Raucher *m*; Raucherabteil *n* [tra]
smoker's cough Raucherhusten *m* [hum]
smoker's lung Raucherlunge *f* [hum]
smokestack Esse *f* (Herd) [bau]; Kamin *m*; Schlot *m* (Fabrikschornstein); Schornstein *m* (meist mit mehreren Zügen) [air]
smoketight rauchdicht
smoking, ban on - Rauchverbot *n* [air]
smoking-compartment Raucherabteil *n* [tra]
smoky rauchartig; rauchig
smooth eben (glatt); flach (glatt); glatt (flach); gleichmäßig (glatt); reibungslos; ruckfrei (z.B. Anfahren des Zuges) [tra]; schlicht; stoßfrei (z.B. Abbremsen) [tra]; weich

smooth abflachen *v* (glätten); ausspachteln *v* [wer]; beruhigen *v* (glätten); ebnen *v* (glätten); egalisieren *v*; glätten *v* (ebnen) [wer]; hobeln *v* [wer]; planieren *v* [mbt]; polieren *v* [wer]; schleifen *v* (schmirgeln) [wer]; schlichten *v* [wer]; spachteln *v* [wer]
smooth engagement Gängigkeit *f* (Maschine) [tec]
smoothed geglättet [wer]
smoothen schleifen *v* (glätten) [wer]
smoothing Beruhigung *f*; Siebung *f* [roh]; Glätten *n* [wer]
smoothing iron Glätteisen *n* [wzg]
smoothing roll Plattwalze *f* [prc]
smoothing tool Schlichtstahl *m* [wzg]
smoothing trowel Glättkelle *f* [wzg]
smoothing varnish Schleiflack *m* [met]
smoothing, exponential - exponentielle Glättung *f* [mat]
smoothness Ebenheit *f* (einer Fläche); Glätte *f* (ebene Beschaffenheit)
smoulder qualmen *v* [air]; schwelen *v*
smouldering Schwelung *f*; Schwelen *n*
smouldering fire Schwelbrand *m*; schwelendes Feuer *n*
smouldering, continue - nachschwelen *v* [prc]
smudge Schmutz *m*; Farb- und Reinigungsreste *pl* [rec]
smudge verwischen *v*
smut Rußflocke *f* [tra]
snack Imbiss *m*
snail Schnecke *f* [bff]
snail wheel Schneckenrad *n* [tec]
snap abbrechen *v* (Zweig, Rute); einrasten *v* (schnappen); einschnappen *v*; schnappen *v*
snap closure Schnappverschluss *m*; Schnellverschluss *m*
snap connection Schnappverbindung *f* [tec]
snap die Döpper *m* (Nieten) [wzg]
snap fastener Druckknopf *m* [tec]
snap fit Schnappverschluss *m* [tec]
snap freezing Schnellgefrieren *n* (mit flüssigem Stickstoff) [prc]
snap gauge Toleranzlehre *f* [any]
snap head Setzkopf *m* (Nietkopf) [tec]
snap hook Karabinerhaken *m* [tec]
snap in einrasten *v* (einschnappen)
snap link Karabinerhaken *m* [tec]
snap lock Schnappschloss *n* [tec]
snap off abspringen *v*
snap ring Schnappring *m* [tec]; Seegerring *m* [tec]; Sicherungsring *m* [tec]; Sprengring *m* [tec]
snap ring, external - Außensimmerring *m* [tec]
snap rivet Schnappniet *m* [tec]
snap switch Drehschalter *m* [elt]
snap test Kurzprüfung *f* [any]
snap-action mechanism Sprungbetätigung *f* [tec]
snap-fastener Druckknopf *m*
snap-fit bush Schnappmuffe *f* [tec]
snap-fit plug Schnappbefestigungsstopfen *m* [tec]

snap-in attachment Einrastvorrichtung *f* [tec]; Einschnappvorrichtung *f* [tec]
snap-in joint Schnappverschluss *m* [tec]
snap-in socket Schnappfassung *f* [tec]
snap-off closure Abreißverschluss *m* [tec]
snap-on cap Schnappverschluss *m* [tec]
snap-on closure Einschnappverschluss *m* [tec]
snap-on connection Schnappverbindung *f* [tec]
snap-on handle Rastgriff *m* [tec]
snap-on mount Schnappbefestigung *f* [tec]
snapped key bit Buntbartschlüssel *m* [tec]
snapshot Momentaufnahme *f*
snare Schlinge *f* (Fanggerät)
sniff schnüffeln *v*; schnuppern *v*
snippet Schnipsel *n*; Schnitzel *n*
snips Blechschere *f* [wzg]
snow Schnee *m*; Hintergrundrauschen *n* [edv]
snow schneien *v* [wet]
snow blower Schneefräse *f* [tra]; Schneeschleuder *f* [tra]
snow clearance vehicle Schneeräumfahrzeug *n* [tra]
snow fence Schneezaun *m*
snow guard Schneefanggitter *n*
snow line Schneegrenze *f* [wet]
snow load Schneelast *f*
snow plough Schneepflug *m* ((B)) [tra]
snow plow Schneepflug *m* ((A)) [tra]
snow sweeper Schneekehrgerät *n* [tra]
snow sweeping device Schneekehrgerät *n* [tra]
snow water Schneewasser *n*
snow-chain Schneekette *f* (für Autoreifen) [tra]
snow-covered schneebedeckt; verschneit [wet]
snow-melt Schneeschmelze *f* [wet]
snow-shower Schneeschauer *m* [wet]
snowball Schneeball *m*
snowball effect Schneeballeffekt *m*
snowcat Pistenwalze *f*
snowmobile Schneeraupe *f* [tra]
snowstorm Schneesturm *f* [wet]
snowy schneereich [wet]; verschneit [wet]
snub pulley Ablenktrommel *f* [tec]
snubber Reibungsstoßdämpfer *m* [tra]
snug down anziehen *v* (Schraube) [wer]
snuggly fitted spielfrei eingepasst [wer]
snuggly fitting satt anliegend [wer]
so-called sogenannte
soak aufweichen *v*; auswässern *v* [prc]; durchnässen *v*; durchtränken *v*; einweichen *v*; imprägnieren *v* (tränken) [wer]; quellen *v* (einweichen); tränken *v* (einweichen); wässern *v* (eintauchen)
soak in einsickern *v* [was]
soak thoroughly durchfeuchten *v*
soak through durchfeuchten *v*
soak up aufsaugen *v*; einsaugen *v* (aufsaugen)
soakaway Abflussschicht *f* [was]; Sickergrube *f* [was]
soaked aufgeweicht
soaking Durchtränkung *f*; Quellung *f*; Tränkung *f* (Einweichen); Einweichen *n*

soap Seife *f* [che]
soap solution Seifenlauge *f* [che]; Seifenlösung *f* [che]
soap water Seifenwasser *n* [che]
soapy water Lauge *f* (Seifen-) [che]
soar aufsteigen *v* (Rauchfahne)
social sozial
social environment, ties of ownership to the - Sozialbindung *f* [eco]
social impact Sozialverträglichkeit *f* [jur]
social impact assessment Sozialverträglichkeitsprüfung *f* [jur]
social insurance Sozialversicherung *f* [jur]
social policy Sozialpolitik *f*
social responsibility soziale Verantwortung *f*
social security soziale Sicherheit *f* [jur]; Sozialversicherung *f* [jur]
social security contributions Sozialversicherungsbeiträge *pl* [jur]
social security, benefits for - Sozialabgaben *pl* (Arbeitgeber) [eco]
social welfare benefits Sozialleistungen *pl* [eco]
social welfare contributions Sozialabgaben *pl* [eco]
social welfare legislation Sozialgesetzgebung *f* [jur]
socialize sozialisieren *v* (Gemeinschaftsleben)
society Gesellschaft *f*
society, affluent - Überflussgesellschaft *f* [eco]
sock Stutzen *m* (Strumpf)
socket Anschlussbuchse *f* [elt]; Buchse *f* (Dose) [elt]; Dose *f* (Steckdose) [elt]; Fassung *f* [elt]; Muffe *f* (Fassung) [elt]; Nuss *f* [tec]; Pfanne *f* (Gelenk) [hum]; Steckbuchse *f* (Steckdose) [elt]; Steckhülse *f* [elt]; Stütze *f* (Unterlage, Stein, Podest) [tec]; Tülle *f* (Kabel-) [elt]; Verschraubung *f* [tec]; Anschluss *m* (Rohr) [elt]; Sockel *m* (Muffe, Tülle, muffenförmig) [tec]; Stutzen *m* [elt]
socket bend Muffenrohrbogen *m* [tec]
socket cap Steckverschluss *m* [tec]
socket contact Buchsenkontakt *m* [elt]
socket fitting Muffenverbindung *f*
socket flange Aufsteckflansch mit eingedrehtem Absatz *m* [tec]
socket for inspection run Revisionssteckdose *f* [mbt]; Revisionsstecker *m* [mbt]
socket fuse Einschraubsicherung *f* [elt]
socket head cap screw Inbusschraube *f* [tec]; Innensechskantschraube *f* [tec]
socket head screw Inbusschraube *f* [tec]; Zylinderkopfschraube *f* [tec]
socket head tapping screw Zylinderschneidschraube *f* [tec]
socket jacket Buchsenträger *m* [elt]
socket joint Muffenverbindung *f*; Muffenstoß *m* [tec]
socket outlet Steckdose *f* [elt]
socket panel Prüfleiste *f* [any]
socket pin Absteckbolzen *m* [tec]; Steckbolzen *m* [tra]
socket pipe Aufsteckrohr *n* [prc]; Muffenrohr *n*
socket sleeve Buchsenträger *m* [elt]

socket spanner Aufsteckschlüssel *m* ((B)) [wzg]; Steckschlüssel *m* (mit Griff oder Stiel) [wzg]
socket spanners, set of - Steckschlüsselsatz *m* [wzg]
socket strip Buchsenleiste *f* [elt]
socket weld Muffenstoß *m*
socket wrench Aufsteckschlüssel *m* ((A)) [wzg]; Inbusschlüssel *m* [wzg]; Steckschlüssel *m* (mit Griff oder Stiel) [wzg]
socket-pin coupling Steckbolzenkupplung *f* [tra]
socket-type teeth Steckzähne *pl* [mbt]
socket-weld end Einschweißmuffe *f* [tec]
socketing machine Sickenmaschine *f* [wer]
soda Soda *f* [che]
soda lime Natronkalk *m* [che]
soda water Sodawasser *n*
sodium Natrium *n* (chem. El.: Na) [che]
sodium balance Natriumgleichgewicht *n* (im Körper) [hum]
sodium discharge lamp Natriumdampflampe *f* [elt]
sodium electrolysis Natriumelektrolyse *f* [elt]
sodium hydroxide solution Natronlauge *f* [che]
sodium lamp Natriumlampe *f* [elt]
sodium nitrate Salpeter *m* [che]
sodium silicate Natriumsilicat *n* (Wasserglas) [che]
sodium vapour Natriumdampf *m* [che]
sodium vapour high-pressure lamp Natriumdampfhochdrucklampe *f* [elt]
sodium vapour lamp Natriumdampflampe *f* [elt]; Natriumlampe *f* [elt]
sodium vapour low-pressure lamp Natriumdampfniederdrucklampe *f* [elt]
sodium-cooled natriumgekühlt (Kernreaktor) [pow]
sodium-cooled reactor natriumgekühlter Reaktor *m* (Kern-) [pow]
sodium-graphite reactor Natrium-Graphit-Reaktor *m* (Kernreaktor) [pow]
soffit Untersicht *f* (Bodendeckel unter Gerüst) [mbt]
soft gedämpft (Licht); leise [aku]; locker (aufgelockert) [bod]; mild (gedämpft); nachgiebig (weich); schmiedbar (weich) [met]; ungehärtet [met]; weich
soft coal Braunkohle *f* [roh]
soft copy Bildschirmausgabe *f* [edv]
soft detergent abbaubares Detergens *n* [che]
soft glass Fensterglas *n* [bau]
soft ground weicher Boden *m* [bod]
soft iron Weicheisen *n* [met]
soft iron core Weicheisenkern *m* [met]
soft key Schaltfläche *f* (Software) [edv]
soft lead Weichblei *n* [met]
soft packing Weichdichtung *f* [met]; Weichpackung *f* (Dichtung) [prc]; Weichstoffdichtung *f* [prc]
soft return automatischer Zeilenumbruch *m* (Software); Fließtext *m* (Textverarbeitung)
soft rock Weichgestein *n* [geo]
soft rock crushing Weichzerkleinerung *f* (im Brecher) [roh]
soft rot Nassfäule *f* [bff]
soft rubber Weichgummi *m* [met]

soft rubber board Weichgummiplatte *f*
soft rubber packing Weichgummidichtung *f* [tec]
soft running Leichtgängigkeit *f* [tec]
soft shift weiche Handschaltung *f* [tra]
soft soap Schmierseife *f* [met]
soft start coil Sanftanlaufgerät *n* [elt]
soft starter Sanftanlaufgerät *n* [elt]
soft steel Flussstahl *m* [met]; Flußeisen *n* [met]
soft water kalkarmes Wasser *n* [was]; weiches Wasser *n* [was]
soft-push system Anfahrdämpfung *f* [prc]
soften aufweichen *v*; dämpfen *v* (Schall) [aku]; enthärten *v* (Stahl) [met]; enthärten *v* (Wasser) [was]; erweichen *v*; weich machen *v* [wer]
softened water enthärtetes Wasser *n* [was]
softener Weichmacher *m* [met]; Enthärtungsmittel *n* [was]
softening Enthärtung *f* (Speisewasser) [was]; Erweichung *f*
softening agent Weichmacher *m* [met]; Enthärtungsmittel *n* [was]
softening plant Enthärtungsanlage *f* [was]
softening point Erweichungspunkt *m* (Kunststoffe) [met]
softening temperature Erweichungstemperatur *f* (Kunststoffe) [met]
softsolder Weichlot *n* [met]
softsolder weichlöten *v* [wer]
softsoldered joint Weichlötverbindung *f* [tec]
softsoldering weichlöten *v* [wer]
softtop Softtop *m* (Stoffverdeck für Kabrios) [tra]
software Software *f* [edv]
software architecture Softwareachitektur *f* [edv]
software design Programmentwurf *m* [edv]
software development tools Softwarewerkzeuge *pl* [edv]
software engineering Softwaretechnik *f* [edv]; Softwaretechnologie *f* [edv]
software fault Softwarefehler *m* [edv]
software licence Softwarelizenz *f* [edv]
software life cycle Softwarelebenszyklus *m* [edv]
software management Projektabwicklung *f* [edv]
software package Programmpaket *n* [edv]
software producer Softwarehersteller *m* [edv]
software product Softwareerzeugnis *n* [edv]
software quality assurance Softwarequalitätssicherung *f* [edv]
software testing Programmtest *m* (Software) [edv]; Softwaretesten *n* [edv]
software-dependent softwareabhängig [edv]
software-independent softwareunabhängig [edv]
soil Erde *f* (Erdreich); Boden *m* (Erdboden) [bod]; Erdboden *m*; Grund *m* (Boden) [bod]; Land *n* (Boden) [bod]
soil beschmutzen *v*; verschmutzen *v*; verunreinigen *v* (verschmutzen)
soil acidification Bodenversauerung *f* [bod]
soil acidity Bodenazidität *f* [bod]
soil aeration Bodendurchlüftung *f* [bod]

soil air Bodenluft *f* [bod]
soil air vacuuming Bodenluftabsaugung *f* [bod]
soil analysis Bodenanalyse *f* [bod]; Bodenuntersuchung *f* [any]
soil biology Bodenbiologie *f* [bff]
soil capillary Bodenkapillare *f* [bod]
soil chemistry Bodenchemie *f* [che]
soil classification Erdstoffklassifizierung *f* [bod]
soil cleaning Bodenreinigung *f* [bod]; Bodensanierung *f* [bod]
soil cleaning apparatus Bodenwaschanlage *f* [bod]
soil cleaning plant Bodenwaschanlage *f* [bod]
soil compaction Bodenverdichtung *f* [bau]; Erdverdichtung *f* [mbt]
soil complex Bodenkomplex *m* [bod]
soil components Bodenbestandteile *pl* [bod]
soil composition Bodenbeschaffenheit *f* [bod]
soil condition Bodenbeschaffenheit *f* [bod]
soil conservation Bodenerhaltung *f* [bod]; Bodenschutz *m* [bod]
soil conservation program Bodenschutzprogramm *n* [bod]
soil constituents Bodenbestandteile *pl* [bod]
soil contamination Bodenbelastung *f* [bod]; Bodenkontamination *f* [bod]; Bodenverunreinigung *f* [bod]
soil creep Bodenverschiebung *f* [bod]
soil crusting Bodenverkrustung *f* [bod]
soil decontamination Bodenentseuchung *f* [bod]; Bodenreinigung *f* [bod]; Bodensanierung *f* [bod]
soil degeneration Bodendegeneration *f* [bod]
soil degradation Bodendegradation *f* [bod]
soil densification Erdstoffverdichtung *f* [bod]; Erdverdichtung *f* [mbt]
soil depletion Bodenerschöpfung *f* [bod]
soil depth Bodenmächtigkeit *f* [bod]; Bodentiefe *f* [bod]
soil development Bodenentwicklung *f* [bod]
soil displacement technique Bodenverdrängungsverfahren *n* [bod]
soil drainage Bodenentwässerung *f* [bod]
soil engineering Erdbau *m* [mbt]; Grundbau *m* [bau]
soil erosion Bodenabtragung *f* [bod]; Bodenerosion *f* [bod]; Flächenerosion *f* [bod]
soil evaluation Bodenbeurteilung *f* [bod]
soil examination Bodenuntersuchung *f* [any]
soil excavation Bodenaushub *m* [bod]
soil exhaust ventilation Bodenluftabsaugung *f* [bod]
soil exhaust ventilation plant Bodenluftabsauganlage *f* [bod]
soil exhaustion Bodenerschöpfung *f* [bod]
soil exploration Bodenuntersuchung *f* [any]
soil filter Bodenfilter *m* [bod]
soil formation Bodenbildung *f* [bod]
soil fumigant Bodenbegasungsmittel *n* [bod]
soil fumigation Bodenbegasung *f* [bod]
soil horizon Bodenhorizont *m* [bod]
soil impoverishment Bodenverarmung *f* [bod]
soil layer Bodenschicht *f* [bod]; Erdschicht *f* [bod]
soil leaching Bodenauswaschung *f* [bod]

soil map Bodenkarte *f* [bod]
soil mechanics Bodenmechanik *f* [bod]
soil micro-organism Bodenmikroorganismus *m* [bio]
soil mineral resources Bodenschätze *pl* [roh]
soil moisture Bodenfeuchtigkeit *f* [bod]
soil nutrient Bodennährstoff *m* [bio]
soil physics Bodenphysik *f* [bau]
soil pipe Badablauf *m* [was]; Entwässerungsrohr *n* [was]
soil pollution Bodenverunreinigung *f* [bod]; Verschmutzung des Bodens *f* [bod]
soil porosity Bodenporosität *f* [bod]
soil probe Bodensonde *f* [any]
soil productivity Bodenproduktivität *f* [far]
soil property Bodenbeschaffenheit *f* [bod]
soil protection Bodenschutz *m* [bod]
soil reaction Bodenreaktion *f* [che]
soil reclamation Landgewinnung *f* [mbt]
soil removal technique Bodenentnahmeverfahren *n* [bod]
soil resistance Bodenwiderstand *m* [bod]
soil respiration Bodenatmung *f* [bod]
soil salinization Bodenversalzung *f* [bod]
soil sample Bodenprobe *f* [bod]
soil sampling Bodenprobeentnahme *f* [any]
soil science Bodenkunde *f* [bod]
soil sealing Bodenverdichtung *f* [bau]; Bodenversiegelung *f* [bau]
soil sediment Bodensatz *m* [bod]
soil shifting Erdbewegungsarbeiten *pl* [mbt]
soil solidification Erdstoffstabilisierung *f* [bod]
soil strain Bodenschicht *f* (Geologie) [bod]
soil stratum Bodenschicht *f* (Geologie) [bod]
soil strength Bodenfestigkeit *f* [bod]
soil structure Bodenstruktur *f* [bod]; Bodenaufbau *m* [bod]; Bodengefüge *n* [bod]
soil topographical feature Bodengestalt *f* [bod]
soil topography Bodengestaltung *f* [bod]
soil transport Erdbewegungsarbeiten *pl* [mbt]
soil treatment Bodenbehandlung *f* [bod]
soil type Bodenart *f* [bod]; Bodentyp *m* [bod]
soil utilization Bodennutzung *f* [far]
soil ventilation pipe Dunstrohr *n* [bau]
soil washing Bodenwäsche *f* [bod]
soil water Bodenwasser *n* [bod]
soil water content Bodenwasserhaushalt *m* [bod]
soil waterproofing Bodenabdichtung *f* [bod]
soil, active - Bleicherde *f* [bod]
soil, agricultural - Kulturboden *m* [bod]
soil, natural - gewachsener Boden *m* [bod]
soil, organic - Komposterde *f* [bod]
soil, type of - Bodenart *f* [bod]
soiling Verschmutzung *f*
soilless gardening Hydrokultur *f* [far]
solar solar [pow]
solar battery Solarbatterie *f* [pow]; Sonnenbatterie *f* [pow]; Sonnenzelle *f* [elt]; Solargenerator *m* [pow]
solar calculator Taschenrechner *m* (Solarzellenbetrieb) [edv]

solar cell Solarbatterie *f* [pow]; Solarzelle *f* [pow]; Sonnenzelle *f* [elt]
solar collector Solarkollektor *m* [pow]; Sonnenkollektor *m* [pow]
solar constant Solarkonstante *f* [pow]
solar energy Solarenergie *f* [pow]; Sonnenenergie *f* [pow]
solar energy plant Solaranlage *f* [pow]; Sonnenenergieanlage *f* [pow]; Solarkraftwerk *n* [pow]
solar energy, run on - arbeiten mit Sonnenenergie *v*
solar filling station Solartankstelle *f* [pow]
solar glass Sonnenschutzglas *n* [met]
solar heat Sonnenwärme *f* [pow]
solar heating Solarheizung *f* [pow]; Sonnenheizung *f* [pow]
solar heating system Solarwärmeeinrichtung *f* [pow]
solar house sonnengeheiztes Haus *n* [bau]
solar module Solarmodul *n* [pow]
solar motor Solarmotor *m* [pow]
solar oil Kohlenwasserstoffe auf Pflanzenbasis *pl* (Brennstoffe) [pow]
solar plant Solaranlage *f* [pow]
solar power generation Solarstromerzeugung *f* [pow]
solar power plant Sonnenkraftwerk *n* [pow]
solar power station Solarkraftwerk *n* [pow]; Sonnenkraftwerk *n* [pow]
solar power system Sonnenenergieanlage *f* [pow]
solar radiation Sonnenbestrahlung *f*; Sonnenstrahlung *f*
solar roof Solardach *n* [pow]
solar system Solaranlage *f* [pow]; Sonnensystem *n*
solar technology Solartechnik *f* [pow]
solar thermal solarthermisch [pow]
solar vehicle Solarmobil *n* [tra]
solar-generated energy Sonnenenergie *f* [pow]
solar-generated power Sonnenenergie *f* [pow]
solar-powered solar-betrieben [pow]; solarzellenbetrieben [pow]
solder Lötmetall *n* [met]; Lötmittel *n* [met]; Lot *n* (zum Löten) [met]
solder löten *v* (weichlöten) [wer]; verlöten *v* (mit Blei)
solder banjo connection Ringlötstück *n* [tra]
solder connection, cold - Kaltlötung *f* [met]
solder in einlöten *v* [wer]
solder joint Lötstelle *f*
solder on anlöten *v* [wer]
solder post Lötstift *m* [wer]
soldered gelötet [wer]; weichgelötet [wer]
soldered ends Lötenden *pl* [met]
soldered joint Lötverbindung *f*; Schweißnaht *f* [wer]
soldered jumper Lötbrücke *f* [elt]
soldered junction Lötstelle *f*; Lötverbindung *f*
soldered seam Lötnaht *f* [wer]
soldering Lötung *f*; Löten *n* [wer]
soldering addition Lötzusatz *m* [met]
soldering apparatus Lötapparat *m* [wer]
soldering bronze Lötbronze *f* [met]

soldering crucible Löttiegel m [wer]
soldering equipment Lötausrüstung f [wer]
soldering furnace Lötofen m [wer]
soldering gun Lötpistole f [wzg]
soldering installation Lötanlage f [wer]
soldering iron Lötkolben m [wzg]; Löteisen n [wzg]
soldering lamp Lötlampe f [wzg]
soldering lug Lötkabelschuh m [elt]
soldering machine Lötmaschine f [wzg]
soldering material Lot n (zum Löten) [met]
soldering paste Lötpaste f [met]
soldering pistol Lötpistole f [wzg]
soldering point Lötspitze f [wzg]
soldering powder Lötpulver n [met]
soldering sleeve Löthülse f [wer]
soldering socket Lötmuffe f [tec]
soldering temperature Löttemperatur f (Weichlötung) [wer]
soldering tin Lötzinn n [met]
soldering tweezers Lötzange f [wzg]
soldering wire Lötdraht m [met]
solderless connection lötfreie Verbindung f [tec]
sole Grundfläche f (Sohle); Sohle f (Baugrund) [bau]
sole bar Tragebalken m (Langträger Güterwagen) [tra]
sole plate Eisenplatte f [met]; Fußplatte f; Schwelle f [bau]
solenoid Spule f (Magnetspule) [elt]
solenoid actuator Hubmagnet m [elt]
solenoid brake Magnetbremse f [tra]
solenoid coil Magnetspule f [elt]
solenoid spool Zündspule f [tra]
solenoid switch Magnetschalter m [elt]; Solenoidschalter m (Magnet/Zündschalter) [tra]
solenoid valve Magnetventil n [prc]
solenoid, energize a - Magnet erregen v
solid fest (Aggregatzustand) [phy]; hart (fest); kompakt; massiv; solide; stabil (solide); starr (Körper) [phy]
solid fester Körper m; Festkörper m [phy]; Feststoff m [met]
solid axle Kernachse f [tec]
solid axle-box ungeteiltes Achslager n [tec]
solid bar Vollstab m [met]
solid bearing einteiliges Lager n [tec]; Festlager n [tec]
solid bitumen Hartbitumen m [met]
solid blue carminblau
solid body Festkörper m [phy]; Vollkörper m
solid brick Vollziegel m [bau]
solid cage Massivkäfig m (Käfig Kugellager) [tec]
solid ceiling Volldecke f [bau]
solid construction robuste Konstruktion f; Massivbau m [bau]
solid contaminant fester Schadstoff m [met]
solid coupling Festkupplung f [tec]; starre Kupplung f [tec]
solid cylinder Vollzylinder m [tra]
solid flange coupling starre Bolzenkupplung f [tec]

solid flanged coupling Flanschkupplung f [pow]
solid flywheel Massenschwungrad n [tec]
solid food feste Nahrung f
solid fuel Festbrennstoff m [pow]; Festkraftstoff m [pow]
solid fuel boiler Kessel für feste Brennstoffe m [pow]
solid journal bearing Augenlager n [tec]
solid laser Festkörperlaser m [phy]
solid lubricant Festschmierstoff m
solid lubrication Feststoffschmierung f [tec]; Trockenschmierung f [tec]
solid material Feststoff m [met]; Vollmaterial n [met]
solid matter Feststoff m [met]
solid mineral wastes mineralische Abfälle pl [rec]
solid paraffin Hartparaffin n [met]
solid pedestal bearing Augenlager n [tec]
solid phase Festphase f [phy]; Bodenkörper m [che]
solid piston einteiliger Kolben m [tec]
solid pollutant fester Schadstoff m [met]
solid pulley Vollscheibe f (Riemenscheibe, Rad) [tec]
solid resin Hartharz n [met]
solid rim ring ungeteilter Felgenring m [tra]
solid rolled wheel Vollrad n [tra]
solid roller Vollrolle f [tec]
solid rubber tyre Vollgummireifen m [tra]; Vollreifen m [tra]
solid shaft Massivwelle f [tec]; Vollwelle f [tec]
solid side ring ungeteilter Seitenring m [tra]
solid soil Hartboden m [bod]
solid special waste fester Sonderabfall m [rec]
solid state fester Zustand m
solid track rod ungeteilte Spurstange f [tra]
solid tyre Vollreifen m [tra]
solid V-belt Vollkeilriemen m [tec]
solid wall Massivwand f [bau]
solid waste fester Abfall m [rec]
solid waste, industrial - Industriemüll m [rec]
solid web girder Blechträger m (Stahlbau) [tec]; Vollwandträger m (Stahjbau) [tec]
solid wedge elastischer Keil m (Ventil) [prc]
solid wheel Vollrad n [tec]
solid-borne sound im Baukörper übertragener Schall m [aku]; Körperschall m [aku]
solid-bowl centrifuge Vollwandzentrifuge f [prc]
solid-coupled starr gekuppelt [tec]
solid-piston pump Scheibenkolbenpumpe f [prc]
solid-state disk Halbleiterplatte f [phy]
solid/fluid separation Fest-Flüssig-Trennung f [prc]
solidarity Solidarität f
solidarity, show - solidarisieren v
solidification Erstarrung f; Verfestigung f (Verdichtung) [bod]
solidification curve Erstarrungskurve f [met]
solidification point Erstarrungspunkt m [met]
solidification process Verfestigungsverfahren n [mbt]
solidification temperature Erstarrungstemperatur f [met]
solidified erstarrt; verfestigt [mbt]

solidified soil verfestigter Boden *m* [bod]
solidify erstarren *v*; fest werden *v* (erstarren); verfestigen *v* (fest werden); vermörteln *v* [bau]
solidifying Hartwerden *n*
solidifying point Stockpunkt *m* [che]
solidity Härte *f* (Festigkeit); Haltbarkeit *f* (Stabilität)
solids content Feststoffgehalt *m* [phy]
solids pump Feststoffpumpe *f* [prc]
solifluction Abrutschen *n* (feuchter Boden) [bod]
solubility Lösbarkeit *f* (Stoff) [che]; Löslichkeit *f* [che]; Löslichkeitsvermögen *n* [che]
solubility product Löslichkeitsprodukt *n* [che]
solubilization Aufschluss *m* [che]
solubilizer Lösungsvermittler *m* [che]
soluble auflösbar [che]; lösbar (Stoff / löslich) [che]; löslich
soluble drier Sikkativ *n* [met]
soluble in fat fettlöslich [che]
soluble in water wasserlöslich [met]
solution Auflösung (Problem, Flüssigkeit)
solution Auflösung *f* (in Lösung) [che]; Brühe *f* (Lösung); Lösung *f* (Flüssigkeit) [prc]; Lösung *f* (Problem)
solution energy Lösungsenergie *f* [che]
solution enthalpy Lösungsenthalpie *f* [che]
solution polymerization Lösungspolymerisation *f* [che]
solution reactor Lösungsreaktor *m* [prc]
solution, aqueous - wässrige Lösung *f* [met]
solution, best possible - Optimum *n* (Bestmögliches)
solvable auflösbar [che]; lösbar (Problem)
solve auflösen *v* (Stoff) [che]; lösen *v* (Problem)
solvent Lösemittel *n* [met]; Lösungsmittel *n* [met]
solvent adhesive Lösungsmittelkleber *m* [met]
solvent emission Lösemittelemission *f* [air]
solvent mix Lösemittelgemisch *n* [met]
solvent mixture Lösungsmittelgemisch *n* [met]
solvent pickling agent lösendes Abbeizmittel *n* [che]
solvent power Auflösungsvermögen *n* [che]
solvent recovery Lösemittelrückgewinnung *f* [air]; Lösungsmittelrückgewinnung *f* [air]; Rückgewinnung von Lösungsmitteln *f* [rec]
solvent vapour Lösungsmitteldampf *m* [met]
solvent welding Quellschweißen *n* (für Kunststoffe) [wer]
solvent-based lösungsmittelhaltig [met]
solvent-based adhesive Lösemittelklebstoff *m* [met]
solvent-free lösungsmittelfrei
solvent-proof lösungsmittelbeständig [met]
sonar Sonar *m*; Echolot *n* [any]
sonic akustisch [aku]
sonic barrier Schallmauer *f* [phy]; Schallschutzdamm *m* (Straßenbau) [aku]
sonic boom Überschallknall *m* [aku]
sonic depth finder Echolot *n* [any]
sonic emission Schallemission *f* [aku]
sonic emitter Schallsender *m* [aku]
sonic speed Schallgeschwindigkeit *f* [phy]
sonic velocity Schallgeschwindigkeit *f* [phy]
sonically hard schallhart [aku]

sonically soft schallweich [aku]
sonicate beschallen *v* [aku]
sonication Beschallung *f* [aku]
soot Ruß *m* [che]
soot rußen *v* [tra]; verrußen *v* [tra]
soot blower Rußbläser *m* [pow]
soot blower connection Rußbläseranschluss *m* [pow]
soot blower opening Rußbläserdurchbruch *m* (in Mauer) [pow]
soot blower, multi-nozzle - Langrohrbläser *m* [pow]
soot blower, rack type - Langrohrbläser *m* [pow]
soot emission Rußemission *f* [pow]
soot filter Rußfilter *f* [tra]
soot mark Rußfleck *m*
soot number Rußzahl *f* [pow]
soot particle Rußpartikel *n*
soot, acid - saurer Ruß *m* [che]
soot, formation of - Rußbildung *f*
soot, free of - rußfrei
sooty rußig
sooty coal Rußkohle *f* [met]
sophisticated hoch entwickelt
sophisticated technology hoch entwickelte Technik *f*
sorbate Sorbat *n* [met]
sorption Sorption *f*
sorption coefficient Sorptionskoeffizient *m* [phy]
sorption equilibrium Sorptionsgleichgewicht *n* [phy]
sorption isotherm Sorptionsisotherme *f* [phy]
sorptive capacity Sorptionsvermögen *n* [phy]
sort Art *f* (Sorte); Gattung *f*; Sorte *f*
sort klauben *v* (Bergbau) [roh]; lesen *v* (klauben) [rec]; scheiden *v* (mechanisch); sortieren *v* [rec]
sort out ausmerzen *v*; ausmustern *v* (als nicht brauchbar); ausscheiden *v*; aussortieren *v*
sorted geordnet
sorting Sortierung *f* [roh]; Sortieren *n* [rec]
sorting algorithm Sortierverfahren *n* [edv]
sorting belt Ausleseband *n* [rec]; Leseband *n* [rec]
sorting conveyor Sortierförderer *m* [prc]
sorting criterion Sortiermerkmal *n* [edv]
sorting depot Zwischensortierung *f* [rec]
sorting device Sortiereinrichtung *f* [roh]
sorting facility Sortieranlage *f* [roh]
sorting grab Sortiergreifer *m* [roh]
sorting magnet Scheidemagnet *m*
sorting method Sortierverfahren *n* [edv]
sorting out Aussortierung *f*
sorting plant Sortieranlage *f* [roh]
sorting siding Richtungsgleis *n* (des Ablaufberges) [tra]
sorting table Klaubetisch *m* (Bergbau) [roh]
sorting, type of - Sortierverfahren *n* [edv]
sorting-machine Sortiermaschine *f* [prc]
sound einwandfrei (solide); fundiert; funktionstüchtig; gründlich; kräftig; solide; stabil (robust); vernünftig
sound Meerenge *f*; Sonde *f* [any]; Klang *m*; Laut *m* (Geräusch) [aku]; Schall *m* [aku]; Ton *m* (Klang) [aku]; Geräusch *n* [aku]

sound auspeilen *v* [aku]; loten *v* (Seewesen); peilen *v*; sondieren *v* [any]; tönen *v* (klingen)
sound absorbent Schalldämmstoff *m* [aku]
sound absorbent ceiling Schalldämmdecke *f* [aku]
sound absorber Schalldämpfer *m* [aku]
sound absorber for cooling towers Kühlturmschalldämpfer *m* [aku]
sound absorbing ceiling Schallschutzdecke *f* [bau]
sound absorbing door Schallschutztür *f* [aku]
sound absorbing lining Schallauskleidung *f* [aku]
sound absorbing mat Schallschutzmatte *f* [aku]
sound absorption Schallabsorption *f* [aku]
sound absorption coefficient Schallabsorptionsgrad *m* [aku]
sound absorption of floor Fußbodenschallisolation *f* [aku]
sound achievement Schalleistung *f* [aku]
sound analysis Schallanalyse *f* [aku]
sound attenuation Schalldämpfung *f* [aku]
sound attenuation provisions Schallschutzmaßnahme *f* [aku]
sound attenuator cover Schallschutzhaube *f* [aku]
sound barrier Schallgrenze *f* [aku]
sound beam Schallstrahl *m* [aku]; Schallbündel *n* [aku]
sound beam characteristic Schallstrahlungscharakteristik *f* [aku]
sound beam, width of - Schallstrahlbreite *f* [aku]
sound check Tonprobe *f* (vor dem Auftritt) [any]
sound conductor Schalleiter *m* [aku]
sound deadener Schalldämpfer *m* [aku]
sound deadening Schalldämpfung *f* [aku]
sound energy Schallenergie *f* [phy]
sound energy level Schalleistungspegel *m* [aku]
sound exit Schallaustritt *m* [aku]
sound exit point Schallaustrittspunkt *m* [aku]
sound field Schallfeld *n* [aku]
sound frequency Tonfrequenz *f* [aku]
sound gate Schallblende *f* [aku]
sound generator Schallsender *m* [aku]
sound hood Schallschutzhaube *f* [aku]
sound image instrument Schallsichtgerät *n* [aku]
sound image method Schallsichtverfahren *n* [aku]
sound insulation Geräuschdämmung *f* [aku]; Schalldämmung *f* [aku]; Schallisolation *f* [aku]; Schallisolierung *f* [aku]; Schallschutz *m* [aku]
sound insulation board Dämmplatte *f* [met]
sound insulation of floor Fußbodenschallisolation *f* [aku]
sound insulation sheet Dämmplatte *f* [met]
sound insulation, active - aktiver Schallschutz *m* [aku]
sound insulation, passive - passiver Schallschutz *m* [aku]
sound intensity Schallintensität *f* [aku]; Schallstärke *f* [aku]
sound level Lautstärke *f* [aku]; Schallpegel *m* [aku]
sound level meter Lautstärkemesser *m* [any]; Schalldruckmesser *m* [any]; Schallpegelmesser *m* [any]

sound level recorder Schallpegelschreiber *m* [any]
sound measurement Lautstärkemessung *f* [any]; Schallmessung *f* [any]
sound of the engine Motorgeräusch *n* [aku]
sound path Schallweg *m* [aku]
sound path, extended - Umwegfehler *m* [aku]
sound pressure Schalldruck *m* [phy]; Schallstrahlungsdruck *m* [aku]
sound pressure level Schalldruckpegel *m* [aku]
sound pressure metering device Schalldruckmesser *m* [any]
sound propagation Schallausbreitung *f* [aku]; Schallfortpflanzung *f* [aku]
sound protection measure Schallschutzmaßnahme *f* [aku]
sound reflection Schallreflexion *f* [aku]
sound refraction Schallbeugung *f* [aku]
sound reproduction Schallwiedergabe *f* [aku]
sound signal akustisches Signal *n* (Arbeitssicherheit); Schallsignal *n* [aku]
sound source Schallquelle *f* [aku]; Strahlquelle *f* [aku]
sound transduction Schallübertragung *f* [aku]
sound transmission Schallübertragung *f* [aku]
sound trap Schalldämpfer *m* [aku]
sound velocity Schallgeschwindigkeit *f* [phy]
sound volume Lautstärke *f* [aku]
sound wave Schallwelle *f* [phy]
sound, airborne - Luftschall *m* [aku]
sound, reflected - reflektierter Schallimpuls *m* [aku]
sound, source of - Schallquelle *f* [aku]
sound, velocity of - Schallgeschwindigkeit *f* [phy]
sound-absorbing geräuschdämmend [aku]; schalldämmend [aku]; schalldämpfend [aku]; schallschluckend [aku]
sound-absorbing compound material schalldämpfender Verbundwerkstoff *m* [met]
sound-absorbing material schwer schalldämpfendes Material *n* [met]
sound-absorbing paint Antidröhnlack *m* [aku]
sound-absorbing wall schallschluckende Wand *f* [bau]; Schallschutzwand *f* [aku]
sound-absorptive schallschluckend [aku]
sound-control glass Isolierglas *n* [bau]
sound-damping schalldämpfend [aku]
sound-damping Schalldämmung *f* [aku]
sound-deadening Entdröhnung *f* [aku]
sound-deadening board schalldämpfende Platte *f* [aku]
sound-deadening material Antidröhnmaterial *n* [aku]
sound-insulated schallisoliert [aku]
sound-insulating schalldämmend [aku]
sound-insulating glass Isolierglas *n* [bau]; schalldämmendes Glas *n* [met]
sound-insulating window Schallschutzfenster *n* [aku]
sound-insulation material Schalldämmstoff *m* [aku]
sound-level measuring device Schallpegelmessgerät *n* [any]

sound-proof schalldämmend [aku]
sound-proofing schalldämpfend [aku]
sound-proofing measure Schallschutzmaßnahme *f* [aku]
sound-rated door schallgedämpfte Tür *f* [bau]
sound-reduced schallarm [aku]
sound-resistive glass Isolierglas *n* [bau]
sound-track Tonspur *f* [elt]
sounding cone Sondenspitze *f* [any]
sounding rods Sondiergestänge *n* [any]
soundings Sondierungen *pl* [any]
soundless geräuschlos [aku]
soundness Mängelfreiheit *f*; Stabilität *f*
soundproof schalldicht [aku]; schallgeschützt [aku]
soundproof schalldicht machen *v* [aku]
soundproofing hood Schallschutzhaube *f* [aku]
sour sauer; scharf (Säure) [che]
sour säuern *v*; vergällen *v* [che]
source Herkunft *f*; Quelle *f* (Herkunft)
source data collection dezentrale Datenerfassung *f* [edv]
source disk Quelldiskette *f* (bei Kopiervorgang) [edv]
source location Ortung *f* [any]
source program Primärprogramm *n* [edv]; Quellenprogramm *n* [edv]
sourness Säure *f* [che]
south face Südwand *f* [bau]
South Pole Südpol *m* [geo]
south side Südseite *f*
sow säen *v* [far]
sowing Einsaat *f* [far]
sowing machine Sämaschine *f* [far]
Soxhlet apparatus Soxhletapparat *m* [che]
space Fläche *f* (Flächenbedarf); Lücke *f* (z.B. in Text); Luft *f* (Spielraum) [con]; Abstand *m* (zwischen 2 Bauteilen) [con]; Platz *m* (Raum); Raum *m* (Freiraum); Raum *m* (Weltraum); Stellplatz *m* [tra]; Zwischenraum *m*; Feld *n* (auf Formularen)
space air conditioning Raumklimatisierung *f* [bau]
space character Leerzeichen *f* (Textverarbeitung)
space charge Eigenladung *f* [elt]
space cooling Raumkühlung *f* [bau]
space diagonal Raumdiagonale *f* [con]
space economy Raumeinsparung *f*
space flight Raumfahrt *f* [tra]
space for marker Raum für Markierung *m*
space frame structure räumliches Fachwerk *n*
space framework räumliches Fachwerk *n*
space heater Raumerhitzer *m* [pow]
space heating system Raumheizung *f* [pow]
space key Leertaste *f* (Textverarbeitung) [edv]
space line Leerzeile *f* (Textverarbeitung)
space navigation Raumfahrt *f* [tra]
space out ausschließen *v*
space probe Raumsonde *f*
space requirement Platzbedarf *m*; Raumbedarf *m* [bau]
space rocket kosmische Rakete *f*
space saving Raumeinsparung *f*

space scrap Weltraumschrott *m* [rec]
space ship Raumschiff *n* [tra]
space shuttle Raumfähre *f* (wird wiederverwendet) [tra]; Raumschiff *n* [tra]
space technology Raumfahrttechnik *f* [tra]; Raumtechnik *f* (Weltraum) [tra]
space vehicle Flugkörper *m*
space velocity Raumgeschwindigkeit *f* [phy]
space width Zahnlücke *f* (am Zahnrad) [tec]
space, closed - geschlossener Raum *m* [bau]
space, unit of - Raumeinheit *f* [phy]
space-charge density Raumladungsdichte *f* [elt]
space-saving platzsparend; raumsparend
space-time yield Raum-Zeit-Ausbeute *f* [che]
spacecraft Raumfahrzeug *n* [tra]
spaced letters Sperrdruck *m* (Textverarbeitung)
spacer Distanzscheibe *f* [tec]; Einlage *f*; Passscheibe *f* [tec]; Scheibe *f* (Distanzscheibe) [tec]; Unterlegplatte *f* [tec]; Abstandhalter *m* [tec]; Abstandshalter *m* [tec]; Distanzhalter *m* [tec]; Zwischenring *m* (zum Abstandhalten) [tec]; Abstandsstück *n* [tec]; Distanzstück *n* [tec]
spacer bar Distanzleiste *f* [tec]; Distanzstab *m* [tec]
spacer block Abstandshalter *m* [tec]; Distanzstück *n* [tec]
spacer bolt Distanzschraube *f* [tec]; Abstandsbolzen *m* [tec]
spacer bush Distanzhülse *f* [tec]; Zwischenstück *n* (Distanzbuchse) [mbt]
spacer bushing Distanzbuchse *f* [tec]
spacer coupling Kupplung mit Zwischenstück *f* [tec]
spacer disc Anlaufscheibe *f* [tec]; Distanzscheibe *f* [tec]; Anlaufring *m* [tec]
spacer piece Distanzstück *n* [tec]; Zwischenstück *n* [mbt]
spacer plate Distanzplatte *f* [tec]; Zwischenplatte *f* [tec]; Distanzblech *n* [tec]
spacer ring Ringbeilage *f* [tec]; Abstandsring *m* [tec]; Ausgleichsring *m* [tec]; Distanzring *m* [tec]; Zwischenring *m*
spacer sheet Distanzblech *n* [tec]
spacer sleeve Abstandsbuchse *f* [tec]; Abstandshülse *f* [tec]; Distanzhülse *f* [tec]; Zwischenhülse *f* [tec]; Abstandsrohr *n*
spacer tube Distanzrohr *n* [tec]; Zwischenrohr *n* [tec]
spaceship Raumfahrzeug *n* [tra]
spacing Abstand *m* (Abstände, u.a. zw. Bohrungen) [prc]; Abstandsmaß *m* [con]; Raum *m* (Spielraum); Spielraum *m*; Erzeugen eines Abstands *n*; Intervall *n* (Abstand)
spacing bolt Distanzbolzen *m* [tec]
spacing collar Spindelring *m* [tec]
spacing disc Distanzteller *m* [tec]
spacing error Teilungsfehler *m* (Zahnrad) [tec]
spacing of turns, axial - Ganghöhe *f* (Zahnrad) [tec]
spacing piece Abstandshalter *m* [tec]
spacing ring Distanzring *m*; Einlegering *m* [tec]
spacing, wide - weite Teilung *f* [con]

spacious geräumig; weiträumig
spaciousness Geräumigkeit *f*; Weiträumigkeit *f*
spade Spaten *m* (spitz, gekröpfter Stiel) [wzg]
spade umgraben *v* (Boden) [wer]
spade chisel Spatenmeißel *m* [wzg]
spall abblättern *v* (Gestein) [bau]; splittern *v*
spall drain Sickerdrän *m* [was]
spall fracture Splitterbruch *m* [hum]
spalling Oberflächenausbrüche *pl* (beim Walzen) [roh]
spalling hammer Schrothammer *m* [wzg]; Spalthammer *m* (im Bergbau) [wzg]
spalling test Temperaturwechselbeständigkeitsprüfung *f* [any]
span Spanne *f* (Zeit); Spannweite *f* (Stützweite) [bau]; Stutzlänge *f* [mbt]
span einfassen *v*; überbrücken *v* (überspannen) [bau]
span roof Satteldach *n* [bau]
span width Feldbreite *f* [bau]; Feldweite *f*
spanner Spannvorrichtung *f* (Schraubenschlüssel) [wzg]; Schlüssel *m* (Werkzeug) [wzg]; Schraubenschlüssel *m* ((B)) [wzg]
spanners, set of - Schraubenschlüsselsatz *m* [wzg]
spanning member Riegel *m* [tec]
spar Holm *m* [tec]; Sparren *m* [bau]; Spat *m* [min]; Rundholz *n* [met]
spar piece Kehlbalken *m* [bau]
spar varnish Außenlack *m* [met]
spare frei (verfügbar); überzählig
spare Reserve *f* (Ersatz); Ersatz *m* (Ersatzteil)
spare ersparen *v*
spare battery Reservebatterie *f* [elt]
spare can Reservekanister *m* [tra]
spare capacity freie Kapazität *f* [edv]
spare component Reserveteil *n* [tec]
spare engine Hilfsmaschine *f* [pow]
spare machine Aushilfsmaschine *f* [tec]
spare part Ersatzteil *n*; Reserveteil *n* [tec]
spare part service Ersatzteildienst *m*
spare parts list Reservestückliste *f* [tec]
spare parts, list of - Ersatzteilliste *f*
spare piece Ersatzstück *m*
spare time Freizeit *f*
spare tyre Ersatzreifen *m* (Auto) [tra]; Reservereifen *m* [tra]
spare wheel Ersatzrad *n* (Auto) [tra]; Reserverad *n* [tra]
spare wheel carrier Reserveradhalter *m* [tra]
spares store Ersatzteillager *n*
spark Funke *m*
spark durchschlagen *v* [elt]; sprühen *v* (Funken); überspringen *v* (Funke) [elt]
spark advance Frühzündung *f* [tra]
spark arrester Funkenfang *m* (Kamin, Eisenbahn) [pow]
spark breakdown Funkendurchschlag *m*
spark catcher Funkenfang *m* (Kamin) [pow]
spark coil Zündspule *f* [tra]
spark current Durchschlagstrom *m* [elt]

spark discharge Funkenentladung *f* [elt]
spark erosion Funkenerosion *f* [met]
spark gap Funkenstrecke *f* [elt]; Elektrodenabstand *m* [elt]
spark ignition engine Ottomotor *m* [tra]
spark length Funkenlänge *f* [elt]
spark linkage Zündgestänge *n* [tra]
spark path Funkenstrecke *f* [elt]
spark quenching apparatus Funkenlöschvorrichtung *f* [elt]
spark trap Funkensperre *f* [elt]
spark-eroded erodiert [met]
spark-plug Kerze *f* (Zündkerze) [tra]; Zündkerze *f* [tra]
spark-plug protection cap Schutzkappe für Zündkerze *f* [tra]
spark-plug socket Kerzenstecker *m* (Zündkerze) [tra]
spark-plug terminal Zündkerzenstecker *m* [tra]
spark-plug wire Zündkabel *n* ((A)) [tra]
sparking Funkenbildung *f*; Durchschlagen *n* [elt]
sparking voltage Funkenspannung *f* [elt]
sparking-plug Kerze *f* (Zündkerze) [tra]
sparkle Feuer *n* (Leuchten)
sparkle glänzen *v* (funkeln, glitzern); perlen *v*
sparklessness Funkenlosigkeit *f* [elt]
sparkover Überschlag *m* [elt]
sparkover voltage Überschlagsspannung *f* [elt]
sparks, formation of - Funkenbildung *f*
sparks, shower of - Funkenregen *m*
sparse spärlich
sparsely populated dünn besiedelt; schwach besiedelt
spatial dreidimensional; räumlich
spatial requirement Raumbedarf *m* [bau]
spatial unit Raumeinheit *f* [phy]
spatter bespritzen *v*; spritzen *v* (bespritzen); verspritzen *v*
spatterdash vorspritzen *v* (Putz) [bau]
spatula Spachtel *m* (Werkzeug) [wzg]; Spatel *m*
speak reden *v*; sprechen *v*
speaker Sprecher *m*
speaker cabinet Lautsprecherbox *f* [elt]
special besonders; spezial; speziell
special accessories Sonderzubehör *n* [tec]
special agreement Sondervereinbarung *f* [jur]
special alloy Sonderlegierung *f* (z.B. Kupfer-Zinn +...) [met]; Sonderstahl *m* [met]
special branch Fachgebiet *n*
special brass Sondermessing *n* [met]
special bronze Sonderbronze *f* [met]
special car Sonderwagen *m* (der Bahn) [tra]
special care, requiring - überwachungsbedürftig (Abfälle) [rec]
special case Sonderfall *m*
special commercial vehicle Spezialnutzfahrzeug *n* [tra]
special conditions Sonderkonditionen *pl* [eco]
special construction Sonderkonstruktion *f* [con]
special container Spezialbehälter *m* [tec]

special cover Spezialbelag m [met]
special crane Sonderkran m [mbt]
special cruise Sonderfahrt f (Bahn, Bus, Schiff) [tra]
special design Sonderanfertigung f; Sonderausführung f; Sonderwunsch m (z.B. Konstruktionswunsch)
special equipment Sonderausführung f [tec]; Sonderausstattung f (auch in Preislisten); Spezialausrüstung f; Sondergerät n [tec]
special fair Fachmesse f
special feature Vorzug m (besonderes Merkmal)
special field Spezialgebiet n
special foundation nut Ankermutter f [tec]
special knowledge Fachkenntnis f
special language Fachsprache f
special leaflet Merkblatt n
special liquid waste flüssig Sonderabfall m [rec]
special machinery Sondermaschine f (z.B. für Beschichtung) [tec]
special make Sonderausführung f [tec]
special permit Sondergenehmigung f
special pincers Spezialzange f [wzg]
special plug Sonderstecker m [elt]
special product Sonderprodukt n
special production Sonderanfertigung f
special purpose probe Sonderprüfkopf m [any]
special reasons besonderer Anlass m
special report Sonderbericht m (aus besonderem Anlass)
special risks Sonderwagnis n [jur]
special rules Sondervorschriften pl [jur]
special ruling Sonderregelung f
special seam Sondernaht f (oft ohne Schweißsymbol) [wer]
special section Spezialprofil n [met]
special steel Edelstahl m [met]; Sonderstahl m [met]
special steel grades Sondergüten pl (beim Stahl) [met]
special support system Sonderausbau m (unter Tage) [roh]
special tool Sonderwerkzeug n [wzg]
special trailer Spezialanhänger m [tra]
special train Sonderzug m [tra]
special type Sonderwunsch m (besondere Art, Modell)
special vehicle Sonderfahrzeug n [tra]; Spezialfahrzeug n [tra]
special vessel Spezialapparat m [prc]
special wagon Spezialwagen m [tra]
special waste Sonderabfall m [rec]; Sondermüll m [rec]
special waste disposal Sonderabfallentsorgung f [rec]
special waste dump Sondermülldeponie f [rec]
special waste levy Sondermüllabgabe f [jur]
special waste, treatment of - Sonderabfallbehandlung f [rec]
special-purpose plants, engineering for - Sonderanlagenbau m
special-use corridor Vorhaltefläche f

specialist fachlich
specialist Facharbeiter m; Fachmann m; Sachbearbeiter m [eco]; Sachkundiger m; Sachverständiger m (Fachmann, Spezialist); Spezialist m
specialist authority Fachbehörde f
specialist engineer Fachingenieur m
specialist engineer, senior - Fachverantwortlicher m
specialist field Spezialgebiet n
specialist firm Fachbetrieb m
specialist firms ordinance Fachbetriebsverordnung f [jur]
specialist knowledge Fachkenntnis f; Fachwissen n
specialist planning Fachplanung f
specialist supervision Fachaufsicht f
speciality Spezialität f
specialization Spezialisierung f
specialize spezialisieren v
specialized spezialisiert
specialized skill spezielle Fähigkeit f
specialized waste management company Entsorgungsfachbetrieb m [rec]
species Art f [bff]; Spezies f [bff]; Tierart f [bff]
specific gezielt; speziell; spezifisch
specific energy spezifische Energie f [che]
specific gravity Dichte f (spez. Gewicht) [phy]; Wichte f [phy]; Raumgewicht n [phy]; spezifisches Gewicht n [phy]
specific heat spezifische Wärme f
specific humidity spezifische Feuchtigkeit f
specific volume spezifisches Volumen n [phy]
specific weight Wichte f [phy]; spezifisches Gewicht n [phy]
specification Benennung f (genaue); Beschreibung f; Bestimmung f (Vorschrift); Betriebsvorschrift f; Bezeichnung f (genaue -); Leistungsbeschreibung f; Norm f (technische Regel) [nor]; Spezifikation f; Spezifizierung f; Vorgabe f (Anweisung, Instruktion); Vorschrift f (Spezifikation)
specification sheet technische Druckschrift f; technische Daten pl
specification, not tightened to - nicht nach Vorschrift angezogen
specification, off - nicht spezifikationsgerecht
specifications Normen pl; technische Vorschriften pl
specifications for acceptance Abnahmevorschriften pl [eco]
specified angegeben; aufgeführt (einzeln spezifiziert); spezifiziert
specify angeben v (detaillieren); beschreiben v (spezifizieren); spezifizieren v (festlegen); vorgeben v (bestimmen)
specimen Probe f (Probekörper) [any]; Probekörper f [any]; Sorte f; Probestab m (Materialprüfung) [any]; Prüfling m (Prüfmusterstück) [any]; Exemplar n; Muster n (-exemplar); Muster n (Probe); Präparat n [bio]; Probestück n [any]
specimen copy Probenummer f [any]; Belegexemplar n; Probeexemplar n (beim Drucken)
specimen holder Objektträger m

speck Fleck *m* (Verschmutzung)
specking Fleckenbildung *f*
speckled fleckig; geädert; gefleckt; gemasert; gesprenkelt
speckless rein (nicht verunreinigt)
spectacles Brille *f* [opt]
spectral spektral [phy]
spectral analysis Spektralanalyse *f* [any]
spectral colour Spektralfarbe *f* [opt]
spectral line Spektrallinie *f* [opt]
spectral range Spektralbereich *m* [phy]
spectrogram Spektrogramm *n* [any]
spectrograph Spektrograph *m* [any]
spectrometer Spektrometer *n* [any]
spectrometry Spektrometrie *f* [any]
spectrophotometer Spektralphotometer *n* [any]
spectrophotometry Spektralphotometrie *f* [any]
spectroscope Spektroskop *n* [any]
spectrum Spektrum *n*
speech Vortrag *m* (Ansprache, Rede)
speech, give a - Rede halten *v*
speech, make a - Rede halten *v*
speed Fahrgeschwindigkeit *f* [tra]; Geschwindigkeit *f* [phy]; Schnelligkeit *f*; Tempo *n*
speed adjustment, engine - Motordrehzahlverstellung *f* [tra]
speed calling Kurzwahl *f* (Telefon) [edv]
speed change Drehzahlwechsel *m* [tec]
speed changer Drehzahlverstelleinrichtung *f* [pow]
speed changing system Drehzahlverstelleinrichtung *f* [pow]
speed control Drehzahlregelung *f* [tec]; Drehzahlsteuerung *f* [tec]
speed controller Drehzahlregler *m* [elt]
speed drop Drehzahlabfall *m* [pow]
speed for a journey, average - Reisegeschwindigkeit *f* [tra]
speed governor Drehzahlverstellung *f* [tra]
speed gun Radargerät *n* (Stativ, stationär) [any]
speed increase Übersetzung ins Schnelle *f* (Getriebe) [tec]
speed indicator Drehzahlanzeiger *m* [any]; Geschwindigkeitsmesser *m* [any]
speed lever Reglerhebel *m* [tra]
speed limit Geschwindigkeitsbegrenzung *f* [tra]; Tempolimit *n* [tra]
speed limitation Geschwindigkeitsbegrenzung *f* [tra]
speed measuring unit Drehzahlmessgerät *n* [any]
speed meter for liquids Gyrometer *n* [any]
speed motor, adjustable Motor mit regelbarer Drehzahl *m* [pow]
speed moving Drehzahlverstellung *f* [pow]
speed of rotation, balancing - Auswuchtdrehzahl *f* [tec]
speed range Drehzahlbereich *m* [phy]
speed ratio Übersetzungsverhältnis *n* (Getriebe) [tec]
speed reducer Reduktionsgetriebe *n* [tec]; Untersetzungsgetriebe *n* [tec]
speed reducing gear Untersetzungsgetriebe *n* [tec]

speed reduction Geschwindigkeitsminderung *f* [tra]; Übersetzung ins Langsame *f* (Getriebe) [tec]; Untersetzung *f* (Getriebe) [tec]
speed reduction gear Untersetzungsgetriebe *n* [tec]
speed regulating device Drehzahlregler *m* [pow]
speed regulation Drehzahlregelung *f* [pow]
speed restriction Geschwindigkeitsbegrenzung *f* [tra]
speed rise Drehzahlanstieg *m* [pow]
speed setting Drehzahleinstellung *f*
speed trap Radarfalle *f* (Geschwindigkeitskontrolle) [tra]
speed under load Lastdrehzahl *f* [tec]
speed up beschleunigen *v* [phy]
speed, arithmetic - Rechengeschwindigkeit *f* (Hard-Software) [edv]
speed, average - Durchschnittsgeschwindigkeit *f*
speed-control range Drehzahlregelbereich *m* [tec]
speed-matching Drehzahlabstimmung *f* [tec]; Drehzahlanpassung *f* [tec]
speed-merchant Raser *m* [tra]
speed-up Beschleunigung *f* [phy]
speeding up Beschleunigung *f* [phy]
speeding-ticket Strafzettel *m* (bei Geschwindigkeitsüberschreitung) [tra]
speedo Tacho *m* [elt]
speedometer Geschwindigkeitsmesser *m* [any]; Tachometer *m* [tra]; Tourenzähler *m* [any]
speedometer cable Tachometerwelle *f* (Tachowelle) [tra]
speedometer casing Tachometergehäuse *n* [tra]
speedometer drive Tachometerantrieb *m* [tra]
speedometer drive cover Tachometerantriebsdeckel *m* [tra]
speedometer drive gear Tachometerantriebsrad *n* [tra]
speedometer drive housing Tachometerantriebsgehäuse *n* [tra]
speedometer drive pinion Tachometerantriebsritzel *n* [tra]
speedometer shaft Tachometerwelle *f* [tra]
speeds, number of - Gangzahl *f* (Schaltung) [tra]
spell aid Rechtschreibhilfe *f* (Software) [edv]
spell checker Rechtschreibhilfe *f* (Software) [edv]; Rechtschreibprüfung *f*
spell verification Rechtschreibprüfung *f* (Software) [edv]
spell, hot - Hitzewelle *f* [wet]
spelling Rechtschreibung *f*; Schreibweise *f*
spelling checker Rechtschreibhilfe *f* (Software) [edv]
spelling mistake Schreibfehler *m* (Textverarbeitung)
spend verbrauchen *v*
spent verbraucht
sphere Kugel *f* (Geometrie); Sphäre *f*; Zone *f* (Bereich); Ball *m*; Bereich *m* (Gebiet); Gebiet *n* (Bereich)
sphere, surface of a - Kugeloberfläche *f*
spherical kugelförmig; rund (kugelförmig); sphärisch
spherical basalt Kugelbasalt *m* [geo]
spherical bearing Punktkipplager *n* [tec]

spherical bushing Kugelbuchse *f* [tec]
spherical button Kugelknopf *m* [tec]
spherical calotte Kugelschale *f*
spherical cap Kugelpfanne *f* [tec]
spherical condenser Kugelkühler *m* [prc]
spherical cup Kugelkalotte *f* [tec]
spherical filter Kugelfilter *m*
spherical float valve Kugelschwimmerventil *n* [prc]
spherical head Kugelkopf *m* [tec]
spherical joint Kugelgelenk *n* [tec]
spherical plain bearing Gelenklager *n* [tec]
spherical radiator Kugelstrahler *m* [pow]
spherical roller bearing Pendelrollenlager *n* [tec]; Tonnenlager *n* [tec]
spherical roller bearing double row Pendelrollenlager *n* [tec]
spherical roller bearing single row einreihiges Tonnenlager *n* [tec]
spherical roller bearing, self-aligning - Radialpendelrollenlager *n* [tec]
spherical roller thrust bearing Axialpendelrollenlager *n* [tec]
spherical seat kugelige Auflagerfläche *f*; Kugelpfanne *f* [tec]
spherical seating surface kugelige Auflagerfläche
spherical segment Kugelkalotte *f* [tec]
spherical shape Kugelform *f*
spherical shell Halbschale *f* [tec]; Kugelschale *f* [tec]
spherical spindle end Kugelspurzapfen *m* (Spindel) [tec]
spherical surface Kugelfläche *f*
spherical thrust bearing, self-aligning - Axialgelenklager *n* [tec]
spherical washer Kugelscheibe *f* (Unterlegscheibe) [tec]
spherical wave Kugelwelle *f* [phy]
spheroidal cast iron Sphäroguss *m* [met]
spheroidal graphite cast iron Sphäroguss *m* [met]
spheroidal iron casting Sphäroguss *m* [met]
spider Spinne *f* [bff]; Ausgleichsstern *m* [tra]; Stern *m* (Spinne, Handkreuz) [tec]; Drehkreuz *n*; Gelenkkreuz *n* [tec]; Kardangelenk *n* [tec]
spider shaft Stegwelle *f* [tec]
spider's web Spinnennetz *n* [bff]
spigot Anschlussstutzen *m* [tec]; Wasserhahn *m* [was]
spigot bolt Zentrierzapfen *m* [tec]
spigot joint Muffenrohrverbindung *f* [tec]; Rohrsteckverbindung *f* [tec]; Zapfenverbindung *f* [tec]; Muffenstoß *m* [tec]
spigot nut Überwurfmutter *f* [tec]
spigoted joint verzapfte Verbindung *f* [tec]
spike Spike *f* (am Unterlegkeil) [tra]; Spitze *f* (Stachel); Dorn *m* (Metallstift); Hakennagel *m* [tec]; Spieß *m*
spiked roller Stachelwalze *f* [wer]
spill auslaufen *v* (ergießen, verschütten); schütten *v*; umschütten *v* (verschütten); vergießen *v* (verschütten *v*; verspritzen *v*
spill guard Schmutzblech *n* (an Lkw-Ende) [tra]

spillage ausgeflossene Menge *f* [rec]; verschüttete Menge *f* [rec]; Verschütten *n*
spillage belt drive Schmutzbandantrieb *m* [mbt]
spillway Überlaufrinne *f* [was]; Überfall *m* [was]; Überlauf *m* (Rinne) [was]
spin Drehbewegung *f* [phy]; Drehung *f* (Dreh, Drall, schnelle Drehung) [phy]; Spazierfahrt *f* [tra]
spin drehen *v* (rotieren); durchdrehen *v* (z.B. Räder) [tra]; rotieren *v*; schleudern *v* (wirbeln); spinnen *v* [bff]; wirbeln *v* (herumwirbeln)
spin-off Abfallprodukt *n* (Nebeneffekt aus Forschung); Nebenergebnis *n*
spin-type flowmeter Wirbeldurchflussmesser *m* [any]
spindle Achse *f* (Vorderachse Pkw) [tec]; Säule *f* (als Maschinenteil) [tec]; Spindel *f* [tec]; Spreize *f* (Spindel im Verbau) [mbt]; Welle *f* (Achse) [tec]
spindle arm Spindelarm *m* [tec]
spindle balancing system Spindelausbalanzierung *f* [tec]
spindle bearing, adjustable - Verstellspindellager *n* [tec]
spindle bolster Spindelhals *m* [tec]
spindle bore Spindelbohrung *f* (Drehmaschine) [tec]
spindle bush Spindelbuchse *f* [tec]
spindle bushing Spindelbuchse *f* [tec]
spindle carrier Spindelhalterung *f* [tec]
spindle deflection Spindeldurchbiegung *f* [tec]
spindle drive Spindeltrieb *m* [tra]
spindle extension Spindelverlängerung *f* [tec]
spindle guide Spindelführung *f* [tec]
spindle head Spindelspitze *f* [tec]; Spindelkopf *m* [tec]
spindle leak-off steam Spindelleckdampf *m* [pow]
spindle locking device Begrenzungshalter *m* [tec]
spindle motor Spindelmotor *m* (Werkzeugmaschine) [tec]
spindle nut Spindelmutter *f* [tec]
spindle press Spindelpresse *f* [prc]
spindle retaining device Spindelhalterung *f* [tec]
spindle rod Spindelschaft *m* [tec]
spindle sleeve Pinole *f* (zum Bohren) [tec]
spindle support Spindelhalterung *f* [tec]
spindle valve Spindelventil *n* [prc]
spindle-locking device Spindelarretierung *f* [tec]
spindle-type stabilizer Spindelabstützung *f* [tra]
spine Stachel *m*
spinning and weaving Spinnen *n* (Textilien)
spinning machine Spinnmaschine *f* [prc]
spinning nozzle Spinndüse *f* [prc]
spinning wheel Spinnrad *n* [wzg]
spiral schneckenförmig; spiralförmig; spiralig
spiral Schraubenlinie *f* [mat]; Spirale *f*; Wendel *f*
spiral bevel gear Spiralkegelrad *n* [tec]; Spiralzahnkegelrad *n* [tec]
spiral bevel gearing Spiralkegelradgetriebe *n* [tec]
spiral casing Spiralgehäuse *n* [prc]
spiral classifier Spiralwindsichter *m* [prc]
spiral conveyor Transportschnecke *f* [prc]; Schneckenförderer *m* [prc]; Spiralförderer *m*

spiral drill Drillbohrer *m* [wzg]
spiral gear Schrägzahnrad *n* [tec]; Schraubenradgetriebe *n* [tec]; Spiralzahnrad *n* [tec]
spiral gearing Schrägverzahnung *f* [tec]; Schraubenradgetriebe *n* [tec]
spiral groove Spiralnut *f* [pow]
spiral head Spiralkopf *m* [tec]
spiral heat exchanger Spiralwärmeaustauscher *m* [pow]
spiral hose Spiralschlauch *m* [prc]
spiral housing Spiralgehäuse *n* [tra]
spiral pin Spiralspannstift *m* [tec]
spiral pipe Spiralrohr *n* [tec]
spiral reinforced spiralverstärkt [tec]
spiral slot Spiralnut *f* [tec]
spiral spring Schraubenfeder *f* [tec]; Spiralfeder *f* [tec]; Sprungfeder *f* [tec]
spiral staircase Wendeltreppe *f* [bau]
spiral tube Spiralrohr *n* [tec]
spiral wheel Schneckenrad *n* [tec]
spiral winding Schraubenwicklung *f* [tec]
spiral-conic gear Spiralkegeltrieb *m* [tec]
spiral-toothed schrägverzahnt (z.B. schrägverzahntes Ritzel) [tec]
spirals Schneckengänge *pl* [tec]
spirit Spiritus *m* [che]
spirit lamp Spirituslampe *f*
spirit level Libelle *f* (in Wasserwaage) [wzg]; Wasserwaage *f* [any]
spirit stove Spirituskocher *m*
spirit varnish Alkoholfirnis *m* [che]
splash Funke *m*; Spritzer *m*; Funken *n*
splash anspitzen *v*; spritzen *v* (Flüssigkeit); verspritzen *v*
splash bushing Spritzring *m* [tec]
splash guard Tropfwasserschutz *m* [elt]
splash lubrication Spritzschmierung *f* [tec]; Tauchbadschmierung *f* [tec]
splash plate Spritzblech *n* [tec]
splash proof schwallwassergeschützt [tra]
splash ring Spritzring *m* [tec]
splash water Schwallwasser *n* [mbt]
splash-oil lubrication Tauchschmierung *f* (Ölschmierung) [tec]
splash-proof spritzwassergeschützt
splice Verbindungsstelle *f*; Spleiß *m* (Seil)
splice aufständern *v* [wer]; spleißen *v* (Seil)
splice bar Schienenlasche *f* [tec]
splice ferrule Aderendhülse *f* [elt]
splice joint Spleißverbindung *f* [tec]; Verspleißung *f* (Seil) [tec]
splicer adhesive Fugenleim *m* [che]
splicing Stöße *pl* [bau]
splicing tape, adhesive - Selbstklebeband *n* [met]
spline Kerbverzahnung *f* [tec]; Passfeder *f* [bau]; Profilverzahnung *f* [tec]
spline arbour Keilwelle *f* [tec]
spline joint Federverbindung *f* [tec]
spline profile Keilwellenprofil *n* [con]

spline shaft Keilwelle *f* [mbt]; Ritzelwelle *f* [mbt]
spline teeth Keilverzahnung *f* [tec]
splined keilverzahnt [tec]; kerbverzahnt [tec]
splined bore Keilnabe *f* [tec]
splined hole Keilnabe *f* [tec]
splined hub Keilnabe *f* [tec]
splined pin Kerbnagel *m* [tec]; Kerbstift *m* [tec]
splined shaft Keilwelle *f* [tec]; Nutenwelle *f* [tec]; Passfederwelle *f* [tec]
splines Keilverzahnung *f* [tec]
splining Keilverzahnung *f*
splint Versteifung *f* (Schiene) [tec]; Span *m* (Feueranzünden); Splint *m* [tec]
splinter Span *m* (Splitter); Splitter *m*; Bruchstück *n* (Splitter)
splinter aufsplittern *v*; splittern *v* (z.B. Holz); zersplittern *v* (Holz)
splinter off zerspanen *v* [wer]
splintering Aufreißen *n*
split gespalten (geteilt); gesplittet [wer]; rissig
split Spalt *m* (Riß)
split aufspalten *v*; schlitzen *v*; spalten *v* [che]; teilen *v* (spalten); zerbrechen *v* (spalten, brechen); zerteilen *v*
split anchor Spreizanker *m* [bau]
split beam Spaltstrahlröhre *f* [mbt]
split bearing geteiltes Lager *n* [tec]
split bushing geteilte Lagerschale *f* [tec]
split cable grip Kabelzieher *m* [elt]; Kabelziehstrumpf *m* [elt]
split casing geteiltes Gehäuse *n* [tec]
split cavity blocks Gesenkteile *pl* [wer]
split off abtrennen *v* (abspalten)
split phase motor Spaltpolmotor *m* [pow]
split pin Splint *m* [tec]
split pin hole Splintloch *n* [tec]
split pistons mehrteilige Kolben *pl* (Hydraulikkolben) [tec]
split pole motor Spaltpolmotor *m* [pow]
split product Spaltprodukt *n*
split ring geteilter Ring *m* [tec]; Spaltring *m* [tec]
split shell Halbschale *f* [tec]
split spoon sampling Schlitzsondierung *f* [any]
split up zerlegen *v* (aufteilen)
split wedge beweglicher Plattenkeil *m* (Ventil) [prc]
split-bin system Mehrbehältersystem *n* [rec]
split-caged roller bearing zweiteiliger Lagerkäfig *m* [tra]
split-case motor Spalttopfmotor *m* [pow]
split-tube motor Spaltrohrmotor *m* [pow]
splits Gesenkteile *pl* [wer]
splittable trennbar (z.B. Rolltreppengerüst) [mbt]
splitting Abspaltung *f*; Aufspaltung *f* (Zerteilung); Spaltung *f*; Teilung *f* (Spaltung) [phy]; Spalten *n* (z.B. Metall)
splitting key Abtrennschalter *m*
splitting machine Spaltmaschine *f* [tec]
splitting plant for residual reels Restrollenspaltanlage *f* [rec]

splitting-off Abspaltung *f*
splitting-off water Wasserabspaltung *f* [che]
spoil ausgehobener Boden *m* [bod]; Aushub *m* (Baugruben) [mbt]
spoil beschädigen *v*; beschmutzen *v*; verderben *v*; verschandeln *v*
spoil area Abraumkippe *f* [rec]
spoil by overdevelopment zersiedeln *v*
spoil heap Schutthaufen *m* [rec]
spoil place Abladestelle *f* [rec]; Abladeplatz *m* [rec]
spoilage Verlust *m*
spoiled by overdevelopment zersiedelt
spoiled casting Ausschuss *m* (Gießerei) [rec]; Kaltguss *m*
spoiled particle board Verschnitt von Spanplatten *m* [rec]
spoiled straw verdorbenes Stroh *n* [rec]
spoiled timber Verschnitt von Holz *m*
spoiled veneer Verschnitt von Furnieren *m* [rec]
spoiler Spoiler *m* [tra]
spoilt kaputt; ungültig; verdorben
spoilt by rain, be - verregnen *v* [wet]
spoke Radspeiche *f* [tra]; Speiche *f* (am Rad) [tra]
spoke wheel Speichenrad *n* [tra]
spoke wheel centre Radstern *m* [tra]
spoked wheel Speichenrad *n* (Rolltreppe) [mbt]
spokesman Sprecher *m* (des Vorstandes) [eco]
sponge Schwamm *m*
sponge iron Eisenschwamm *m* [met]
sponge rubber Schaumgummi *m* [met]
sponginess Porosität *f*
spongy schwammig
spongy platinum Platinmohr *m* [che]; Platinschwamm *m* [met]
spontaneous freiwillig (Zerfall) [che]; spontan
spontaneous combustion Selbstentzündung *f* (in der Kohlenhalde) [roh]
spontaneous discharge Selbstentladung *f* [elt]
spontaneous heating Selbsterwärmung *f* [che]
spontaneous ignition Selbstzündung *f* (im Motor) [tra]
spontaneous ignition temperature Selbstentzündungstemperatur *f* [che]
spontaneous inflammation Selbstentzündung *f* [che]
spontaneously inflammable selbstentzündlich [che]
spool Rolle *f* (Spule); Spule *f*; Umschaltbolzen *m* (im Steuerventil) [tra]
spool aufspulen *v* (Draht, Seil) [wer]; spulen *v*
spool body Spulenkörper *m* [elt]
spool detent Kolbenraste *f* (Hydraulik) [tec]
spool valve Schieberventil *n* (Hydraulik) [tec]
spool, auxiliary - Hilfskolben *m* (Hydraulik) [tec]
spoon Löffel *m*
spoon agitator Löffelrührer *m* [prc]
sports boat Sportboot *n* [tra]
sports car Sportwagen *m* [tra]
spot Stelle *f* (Punkt); Fleck *m* (Stelle); Punkt *m* (Fleck, Stelle); Spritzer *m*; Tupfen *m*

spot ausmachen *v* (finden); tüpfeln *v*
spot analysis Tüpfelanalyse *f* [any]
spot business Bargeschäft *n*
spot check Stichprobe *f* (gelegentliche Überprüfung) [any]
spot exhaust ventilation system Punktabsaugsystem *n* [air]
spot face Ansenkung *f*; Auflagefläche *f* (Mutter) [tec]; Stirnfläche *f* (Vorderseite)
spot lamp bulb Sucherlampe *f* [tra]
spot light Arbeitsscheinwerfer *m*; Scheinwerfer *m* (Suchscheinwerfer); Suchscheinwerfer *m* [elt]
spot maintenance Einzelfehlerbehebung *f*
spot market Spotmarkt *m*
spot method Tüpfelmethode *f* [any]
spot remover Fleckenentferner *m* [met]; Fleckenreiniger *m* [met]; Fleckenwasser *n* [met]
spot report, on the - Objektbericht *m*
spot transaction Kassageschäft *n* [eco]
spot velocity Ablenkgeschwindigkeit *f*
spot, hot - überhitzte Stelle *f* [prc]; Wärmestauung *f* [pow]
spot-face andrehen *v* [wer]; anfräsen *v* [wer]; verschneiden *v* [wer]
spot-weld Punktnaht *f* [wer]; Punktschweißnaht *f* [wer]; Schweißpunkt *m* (z.B. Dünnbleche) [wer]
spot-weld punktschweißen *v* [wer]
spot-welded punktgeschweißt [wer]
spot-welded joint Punktschweißverbindung *f* [tec]
spot-welder Punktschweißmaschine *f* [wer]
spot-welding Punktschweißung *f* [wer]; Punktschweißen *n* [wer]
spot-welding machine Punktschweißmaschine *f* [wer]
spotted fleckig
spotting Fleckenbildung *f*
spout Auslaufrinne *f*; Auslauf *m* (Mündung) [pow]; Schnabel *m*; Stutzen *m*; Auslaufrohr *n*; Füllrohr *n* [prc]
sprawl Zersiedelung *f*
spray Brause *f* (Sprühsystem); Dusche *f* [bau]; Spritze *f*; Zerstäuberflüssigkeit *f* [met]; Spray *n*
spray abspritzen *v*; berieseln *v*; besprengen *v* (besprühen); bespritzen *v*; besprühen *v*; einsprühen *v*; lackieren *v* (Auto) [wer]; sprayen *v*; spritzen *v* (Flüssigkeit); spritzlackieren *v* [wer]; sprühen *v* (Flüssigkeit); stäuben *v* (verstäuben) [air]; verspritzen *v*; versprühen *v* [prc]; verstäuben *v* [prc]; zerstäuben *v* [prc]
spray booth Spritzkabine *f* [wer]
spray booth effluents Abwasser aus Spritzkabinen *n* [was]
spray cleaning nozzle Reinigungsspritzdüse *f* [wzg]
spray column Sprühkolonne *f* [prc]
spray cone Sprühkegel *m* [prc]
spray cooler Berieselungskühler *m*; Rieselkühler *m* [pow]
spray drier Sprühtrockner *m* [prc]; Zerstäubungstrockner *m* [prc]

spray drying Sprühtrocknung *f* [prc]; Zerstäubungstrocknung *f* [prc]
spray electrode Sprühelektrode *f* [elt]
spray gun Spritzpistole *f* [wzg]; Sprühpistole *f* [wzg]
spray irrigation Beregnung *f*; Berieselung *f* (Bewässerung)
spray lacquer Spritzlack *m* [met]
spray lubrication Sprühschmierung *f* [tec]; Zerstäubungsschmierung *f* [tec]
spray nozzle Spritzdüse *f* [prc]
spray on aufspritzen *v* [wer]; aufsprühen *v* [wer]
spray paint Spritzlack *m* [met]
spray painting Farbspritzen *n*
spray pond Kühlteich *m* [pow]
spray tower Sprühkolonne *f* [prc]; Berieselungsturm *m*; Sprühturm *m* [prc]; Sprühwäscher *m* [prc]
spray wash abspritzen *v* (waschen)
spray washer Sprühwäscher *m* [prc]
spray water Spritzwasser *n*
spray, atomized - Sprühnebel *v*
spray-bottle Spritzflasche *f*; Sprühflasche *f*
spray-can Spraydose *f*; Sprühdose *f* [wer]
spray-lacquer spritzlackieren *v* [wer]
spray-on insulation aufspritzbare Isolierschicht *f* [bau]
spray-painted gespritzt [bau]
sprayed asbestos Spritzasbest *m* [met]
sprayed concrete Spritzbeton *m* [met]
sprayed insulation aufgespritzte Isolierschicht *f* [bau]; Spritzisolierung *f* [bau]
sprayed on aufgespritzt (Farbe, Markierung) [wer]
sprayed-on material, acoustical - schallabsorbierender Baustoff *m* [met]
sprayer Sprühanlage *f* [prc]; Berieselungsapparat *m*; Spritzapparat *m*; Sprüher *m*; Verstäuber *m* [prc]; Zerstäuber *m* [prc]; Sprühgerät *n* [prc]
spraying Beregnung *f*; Berieselung *f* (Besprühen); Zerstäubung *f* [prc]; Abspritzen *n* [was]
spraying agent Sprühmittel *n* [met]
spraying equipment Sprüheinrichtung *f*
spraying loading device Sprühstoffladegerät *n* [tra]
spraying material Sprühstoff *m* [met]
spraying mixture Spritzmasse *f* [met]
spraying nozzle Sprühdüse *f* [prc]
spraying pressure Spritzdruck *m* [phy]
spraying process Spritzgang *m* (Farbe) [wer]
spraying technique Spritzverfahren *n* [wer]
spraying vehicle Sprühfahrzeug *n* [tra]
spraying, hot - Heißspritzen *n* [wer]; Heißsprühverfahren *n* [wer]
spread Auftragsmenge *f* (Kleber, Binder); Streuung *f* (Verbreitung); Verbreitung *f*; Verteilung *f* (Ausbreitung); Auftrag *m* (Schicht) [met]; Streubereich *m*; Spektrum *n*
spread auftragen *v*; ausbreiten *v* (Produkt, Epidemie); bestreichen *v* (verstreichen, ausbreiten); decken *v* (breiten, legen) [wer]; spreizen *v* (Beine oder Vogelflügel); streichen *v* (bestreichen); überstreichen *v* (bestreichen); verbreiten *v*; verschleppen *v* (verbreiten); verstreichen *v* [wer]; verteilen *v* (ausbreiten)
spread out entfalten *v* (auffalten)
spread-sheet analysis Tabellenkalkulation *f* (Software) [edv]
spread-sheet program Tabellenkalkulationsprogramm *n* (Software) [edv]
spreader Spreizer *m* (Abstandshalter) [tec]; Verteiler *m*; Absetzförderband *n* (für Halde) [roh]; Druckstück *n* (Keilplattenschieber) [tec]
spreader bar Spreizstange *f* [tec]
spreader beam Hubtraverse *f* [wer]
spreader discharge belt Absetzförderband *n* (für Halde) [roh]
spreader, automatic - Streuautomat *m* [rec]
spreading Aufbringung *f* [wer]; Ausbreitung *f*; Spreizung *f* (spreizen)
spreading calculations Ausbreitungsrechnung *f* [air]
spreading fire Flugfeuer *n* (Feuer mit Funkenflug)
spreading sludge Ausbringung von Schlämmen *f* [rec]
sprig Drahtstift *m* [met]
spring Feder *f* [tec]; Quelle *f* (Gewässer); Brunnen *m* (Quelle) [was]
spring abfedern *v*; federn *v*; reißen *v* (aufplatzen); springen *v* (hüpfen)
spring adjuster Federeinstellvorrichtung *f* [tec]
spring back zurückfedern *v*
spring balance Federwaage *f* [any]; Federausgleich *m*; Federausgleich *m* [tec]
spring band Federbügel *m*
spring barrel Federgehäuse *f* [tec]; Federtrommel *n* [tec]
spring basket federnde Aufhängung *f* [pow]
spring bellow Federkörper *m* [met]
spring bias Federvorspannung *f* [tec]
spring bolt Federschraube *f* [tec]; Federbolzen *m* [tec]
spring bolt lock Schnäpperschloss *n* [tec]
spring bracket Federstütze *f* [tec]
spring buckle Federbügel *m* [tec]; Federbund *m* [tec]
spring buffer Federpuffer *m* [tec]
spring carrier Federbock *m* [tec]
spring carrier casing Federtopf *m* [tec]
spring catch Federraste *f* [tec]; Schnappverschluss *m* [tec]
spring centring Federzentrierung *f* [tec]
spring clamp Federklammer *f* [tec]; Federschelle *f* [tec]; Federbügel *m* [tec]
spring clip Federring *m* [tec]; Sprengring *m* [tec]
spring collar Ringfeder *f* [tec]
spring contact strip Federleiste *f* [tec]
spring cotter Federstift *m* [tec]; Federvorsteckstift *m* [tec]; Schwerspannstift *m* [tec]
spring coupling Federkupplung *f* [tec]
spring cover Federkappe *f* [tec]
spring cup Federteller *m* [tec]
spring cushion, arch with - Federlagerbock *m* [tec]
spring cushion, bracket with - Federkonsole *f* [tec]

spring disc Federteller *m* [tec]
spring dowel Spannhülse *f* [tra]
spring dowel sleeve Spannstift *m* (geschlitzte Hülse) [tec]
spring excursion Federweg *m* [tec]
spring frame Spannrahmen *m* (für Feder) [tec]
spring galvanometer Federgalvanometer *n* [any]
spring hanger Federaufhänger *m* [tec]; Federhänger *m*
spring hanger, front - Vorderfederbock *m* [tra]
spring hangers federnde Aufhängung *f* [pow]
spring hardness Federhärte *f* [met]
spring hinge Federband *n* [tec]
spring hook Karabinerhaken *m* [tec]
spring housing Federgehäuse *n* [tec]
spring jack Federbuchse *f* [tec]
spring key Passfeder *f* [tec]
spring latch Federverriegelung *f* [tec]
spring leaf Federblatt *n* [tec]
spring loaded tube hanger Rohraufhängung *f* (federnd) [tec]
spring lock Schnappverschluss *m* [tec]; Federschloss *n* [tec]; Schnappschloss *n* [tec]
spring lock washer Federringdichtung *f* (Federring) [tec]
spring lock washer, curved - gewölbter Federring *m*
spring offset Federendstellung *f*
spring pack Federpaket *n* [tec]
spring pack, annular - Ringfedersäule *f* [tec]
spring pin Spannstift *m* [tec]
spring pipe Federhaube *f* [tec]
spring plate Federteller *m* [tec]; Federblatt *n* [tec]
spring power Federanpressdruck *m* [tec]
spring pressure Federdruck *m* [phy]
spring pressure gauge Plattenfedermanometer *n* [any]
spring release Federauslösung *f* [tec]
spring release device Federlösemechanismus *m* [tec]
spring retainer Federhaltebügel *m* [tec]; Seegerring *m* [tec]
spring return Federrückstellung *f* (Ventil) [prc]; Federrückzug *m* [tec]
spring return switch Federrückstellschalter *m* [elt]
spring ring Seegerring *m* [tec]; Sprengring *m* [tec]
spring roller bearing Federrollenlager *n* [tec]
spring saddle Federabstandshalter *m* [tec]
spring seat Federauflage *f* [tec]; Federsitz *m* [tec]
spring set, annular - Ringfedersatz *m* [tec]
spring shackle Federlasche *f* [tec]; Federbügel *m* [tec]
spring shell Federhülse *f* [tec]
spring shim Federscheibe *f* [tec]
spring steel Federstahl *m* [met]
spring stop Federanschlag *m* [tec]
spring support Federstütze *f* [tec]; Federbock *m* [tec]
spring support, front - Vorderfederstütze *f* [tra]
spring suspension federnde Aufhängung *f* [tec]
spring tension Federspannung *f*
spring thermometer Federthermometer *n* [any]

spring tide Springflut *f*
spring transmission Federantrieb *m* [tec]
spring trap Tellereisen *n* [tec]
spring travel Federweg *m*
spring unit Federpaket *n* [tec]
spring washer Federdichtung *f* [tec]; Federscheibe *f* (Unterlegscheibe) [tec]; Spannscheibe *f* (Unterlegscheibe) [tec]; Tellerfeder *f* [tec]; Federring *m* [tec]
spring washer, conical - Spannscheibe *f* [tec]
spring washer, curved - gewölbte Federscheibe *f*
spring water Quellwasser *n* [was]
spring, annular - Ringfeder *f* [tec]
spring, hot - Thermalquelle *f*; Therme *f*; warme Quelle *f* [was]
spring-back Auffederung *f*
spring-back effect Rückfederung *f*
spring-back resilience Rückfederung *f*
spring-centred federzentriert [tec]
spring-centred position Mittelstellung *f* (durch Feder zentriert) [tec]
spring-centred valve federzentriertes Ventil *n* (Hydraulik) [prc]
spring-isolated mounting federnde Aufhängung *f*; federnde Aufstellung *f*
spring-loaded federbelastet [tec]; federunterstützt [tec]; federvorgespannt [tec]; mit Federvorspannung [tec]
spring-loaded bolt Federschraube *f* [tec]; Federschraube *f* [tec]
spring-loaded valve Federventil *n* [prc]
spring-mounted gefedert [tec]
spring-operated federbetätigt [tec]
spring-operated brake Federdruckbremse *f* [tec]
spring-ring pliers Seegerringzange *f* [wzg]
spring-type cylinder Federspeicher *m* [prc]
spring-type vibration insulator Federdämpfer *m* [tec]; Stahlfederschwingungsisolator *m* [tec]
springiness Elastizität *f* (Federkraft); Federkraft *f* (Elastizität) [phy]; Schnellkraft *f* [phy]
springing Federung *f*
springy elastisch (Oberfläche); federnd
springy, be - federn *v*
sprinkle benetzen *v* (besprenkeln); berieseln *v*; besprengen *v* (besprühen); bespritzen *v*; besprühen *v*; bewässern *v* [was]; sprengen *v* (besprengen); wässern *v* (besprengen)
sprinkler Beregnungsanlage *f*; Brause *f* (Sprühsystem); Feuerlöschbrause *f*; Benetzer *m*; Berieselungsapparat *m*; Sprinkler *m* (Feuerlöschbrause); Spritzapparat *m*
sprinkler blast pipe Sprinklerdüse *f*
sprinkler can Streudose *f*
sprinkler head Feuerlöschbrausekopf *m*
sprinkler installation Sprinkleranschluss *m*
sprinkler irrigation Beregnung *f*
sprinkler plant Sprinkleranlage *f* (Arbeitssicherheit)
sprinkler system Feuerlöschanlage *f*; Sprinkleranlage *f* (Arbeitssicherheit); Sprinklerfeuerlöschanlage *f* (Arbeitssicherheit)

sprinkler vehicle Straßensprengfahrzeug *n* [rec]
sprinkling Beregnung *f*; Berieselung *f* (Besprengen); Benetzen *n*
sprinkling apparatus Benetzvorrichtung *f*
sprinkling equipment Beregnungsanlage *f*
sprinkling stoker Wurffeuerung *f* [pow]
sprinkling system Berieselungsanlage *f*
sprocket Turas *m* (pl: Turasse) [mbt]; Zahn *m* [tec]; Zahn *m* (Kettenrad) [tec]; Zahnkranz *m* [tec]; Antriebsrad *n* (Bagger, Raupe) [mbt]; Ritzel *n* [tec]; Zahnkettenrad *n* [tec]
sprocket belt Zahnriemen *m* [tra]
sprocket chain Gelenkkette *f* [tec]; Laschenkette *f* [tec]; Zahnkette *f* [tra]
sprocket gear Kettenrad *n* [tec]
sprocket hole Führungsloch *n* [tec]; Perforationsloch *n* [tec]
sprocket hub Turasnabe *f* (aus dickem Blech gebrannt) [mbt]
sprocket shaft, return chain - Umlenkwelle *f* [mbt]
sprocket wheel Kettenrad *n* [tec]
sprue Eingusstrichter *m*
sprue separating equipment Angussseparator *m* [prc]
sprung gebrochen (Holzbalken) [bau]
sprung seat Schwingsitz *m*
spud Pfahl *m* (Stütze unter Wasser) [tra]; Rohranschlussstück *n* [tec]; Verbindungsrohrstück *n* [bau]
spud carriage Pfahlwagen *m* (Ponton) [mbt]
spud hoisting equipment Pfahlhubeinrichtung *f* [mbt]
spud lifting equipment Pfahlhubeinrichtung *f* [mbt]
spun glass Glaswolle *f* [met]
spur Vorsprung *m* [geo]
spur cable Stichkabel *n* [elt]
spur gear Stirnrad *n* (Geradstirnrad) [tec]; Stirnradgetriebe *n* [tec]
spur gear rim Stirnradkranz *m* [tec]
spur gearing Stirnradantrieb *m* [tec]; Stirnradgetriebe *n* [tec]
spur line Stichleitung *f* [elt]
spur rack Zahnstange *f* [tec]
spur teeth Geradverzahnung *f* [tec]
spur toothing Geradverzahnung *f* [tec]
spur track Anschlussgleis *n* [tra]
spur wheel Geradstirnrad *n* [tec]; Stirnrad *n* (Geradverzahnung) [tec]
spur wheel section Stirnradstufe *f* [tec]
spur-gear drive Stirnradantrieb *m* [tec]; Stirnradvorgelege *n* [tec]
spur-gear motor Stirnradgetriebemotor *m* [tec]
spur-gear reducer Stirnradgetriebe *n* [tec]
spur-gear shaft Stirnradwelle *f* [tec]
spur-gear speed reducer Stirnradvorgelege *n* [tec]
spur-gear toothing Stirnradverzahnung *f* [tec]
spurt ausspritzen *v* (Flüssigkeit); schießen *v* (herausschießen); spritzen *v* (herausspritzen)
sputter sprühen *v* (Flüssigkeit)
squall Böe *f* [wet]; Regenguss *m* (Sturzregen) [wet]; Sturm *m* [wet]; Gewitter *n* [wet]

squander vergeuden *v*
squandering Vergeudung *f*
square eckig; rechteckig
square Anschlagwinkel *m*; Platz *m* (in Städten); Vierkant *m* [tec]; Winkel *m* (Zeichengerät) [con]; Karo *n*; Quadrat *n*
square quadrieren *v* [mat]
square bar Quadratstahl *m* [met]; Vierkanteisen *n* [met]
square bar steel Vierkantstahl *m* [met]
square bars Vierkantmaterial *n* [met]
square billet Vierkantknüppel *m* [tec]
square bolt Vierkantschraube *f* [tec]
square bracket eckige Klammer *f* [mat]
square bushing Vierkantbuchse *f* [tec]
square deviation, mean - mittlere Standardabweichung *f* (Statistik) [mat]
square end Vierkantzapfen *m* [tec]
square file Vierkantfeile *f* [wzg]
square guide Flachführung *f* [tec]
square head bolt Vierkantschraube *f* [tec]
square head bolt with collar Vierkantschraube mit Bund *f* [tec]
square head plug Kernstopfen mit Vierkant *m* [tec]
square header rechteckiger Sammler *m* [pow]; Vierkantsammler *m* [pow]
square hole Vierkantbohrung *f* [tec]
square iron Vierkanteisen *n* [met]
square jaw clutch Zapfenkupplung *f* [tra]
square key quadratischer Keil *m* [tec]; Quadratkeil *m* [tec]
square kilometre Quadratkilometer *m* ((B))
square measure Flächenmaß *n*
square meter Quadratmeter *m* ((A))
square metre Quadratmeter *m* ((B))
square mile Quadratmeile *f*
square neck bolt Schraube mit Vierkantansatz *f* [tec]
square nut Vierkantmutter *f* [tec]
square nut with collar Vierkantmutter mit Bund *f* [tec]
square pressure gas welding, open - offenes Gaspressschweißen *n* [wer]
square profile quadratischer Querschnitt *m* [tec]
square pulse Rechteckimpuls *m* [elt]
square root Wurzel *f* (Quadratwurzel) [mat]
square section ring Rechteckring *m* [tra]
square shaft Vierkantwelle *f* [tec]
square spanner Vierkantschlüssel *m* ((B)) [wzg]
square taper washer Vierkantscheibe *f* (angeschrägte -) [tec]
square thin nut Vierkantmutter, niedrige Form *f* [tec]
square thread Flachgewinde *n* [tec]
square thread screw Schraube mit Flachgewinde *f* [tec]
square tooth clutch Klauenkupplung *f* [tra]
square tube Vierkantrohr *n* [met]
square washer Vierkantscheibe *f* [tec]
square wave Rechteckschwingung *f* [phy]; Rechteckwelle *f* [elt]

square wave pulse Rechteckimpuls *m* [elt]
square wave voltage Rechteckspannung *f* [elt]
square wrench Vierkantschlüssel *m* ((A)) [wzg]
square-bevelled washer schräge Unterlegscheibe *f* (für U-Träger) [tec]
square-headed gerade (nicht gewölbt)
square-headed bolt Vierkantschraube *f* [tec]; Vierkantkopfbolzen *m* [tec]
square-section key Vierkantschlüssel *m* [wzg]
square-section pin Vierkantstift *m* [tec]
square-taper washer I-Scheibe *f* (DIN 434) [tec]
squared steel wire Vierkantstahl *m* [met]
squared timber Kantholz *n* [met]
squash quetschen *v* (pressen); zerdrücken *v*
squatting Hausbesetzung *f*
squeeze pressen *v* (auspressen); quetschen *v* (pressen); zusammenpressen *v*
squeeze off abklemmen *v*
squeeze out auspressen *v*
squeeze-stable walkstabil [met]
squeezed joint Pressverbindung *f* [tec]
squirrel cage induction motor Kurzschlussankermotor *m* [pow]
squirrel cage motor Käfigläufer *m* (Motor) [pow]
squirrel cage rotor Käfiganker *m* [elt]
squirt ausspritzen *v* (Flüssigkeit); spritzen *v* (bespritzen)
squirt in einspritzen *v*
squirt off abspritzen *v* (Öl bei Überdruck)
stability Beständigkeit *f* (Stabilität); Dauerhaftigkeit *f* (Stabilität); Haltbarkeit *f* (Stabilität); Kippsicherheit *f* [tec]; Konsistenz *f* (Stabilität); Stabilität *f*; Standfestigkeit *f*; Standsicherheit *f* [bau]; Stetigkeit *f*; Widerstandsfähigkeit *f*; Bestand *m* (Dauerhaftigkeit)
stability check Stabilitätsprüfung *f* [elt]
stability criterion Stabilitätsbedingung *f* [elt]
stability of shape Formbeständigkeit *f*
stability reserve Stabilitätsreserve *f* [elt]
stability test Haltbarkeitsprüfung *f* [any]
stability under load Standvermögen *n* [tra]
stability, conditional - bedingte Stabilität *f*
stability, natural - Formstabilität *f*
stabilization Konstanthaltung *f*; Stabilisation *f*; Stabilisierung *f*; Verfestigung *f* (Stabilisierung) [bod]
stabilization pond Stabilisierungsbecken *n* [was]
stabilize beruhigen *v* (festigen); haltbar machen *v*; stabilisieren *v*
stabilized konstant (stabilisiert); stabilisiert
stabilizer Abstützung *f* [tec]; Schwingungsdämpfer *m* (auch Schiff) [tra]; Stabilisator *m* [che]
stabilizer bar Drehstab *m* [tec]
stabilizer of oscillating axle Pendelachsabstützung *f* [mbt]
stabilizers, two sets of - Vierpunktabstützung *f* [mbt]
stabilizing Stabilisierung *f*; Haltbarmachen *n*
stabilizing agent Stabilisator *m* [che]
stabilizing member Stabilisierungselement *n* (mechanisch) [tec]

stabilizing plant Stabilisierungsanlage *f* [was]
stable beständig (stabil); dauerhaft (fest, stabil); fest (standfest); haltbar (stabil); konsistent (beständig); nicht radioaktiv [phy]; ruhig (unbeweglich); ruhigstehend (stabil); stabil (nicht reagierend) [che]; ständig (stabil); standfest; standsicher [bau]; widerstandsfähig
stable Stall *m* [far]
stable abstellen *v* (Eisenbahnwagen, Loks) [tra]
stable equilibrium stabiles Gleichgewicht *n* [phy]
stable humus Dauerhumus *m* [bod]
stable in water wasserbeständig [met]
stable isotope stabiles Isotop *n* [che]
stable manure Stalldung *m* [far]; Stallmist *m* [far]
stable nucleus stabiler Kern *m* (Atomkern) [phy]
stabled abgestellt (Eisenbahnwagen, Loks) [tra]
stack Einschub *m*; Kamin *m*; Schlot *m*; Schober *m* [far]; Schornstein *m* [air]; Stapel *m* (z.B. Holz); Stoß *m* (Haufen); Auspuffrohr *n* (Rauchauslass) [pow]
stack aufschichten *v*; sammeln *v* (stapeln); schichten *v* (stapeln); stapeln *v*
stack draught Schornsteinzug *m* [air]
stack melting furnace Schachtofen *m* [met]
stack up aufstapeln *v* [wer]
stacked gestapelt
stacked rotor zusammengesetzter Läufer *m* [tec]
stacker Absetzförderband *n* (für Halde) [roh]
stacker reclaimer, combined - kombinierter Schaufelradlader *m* [mbt]
stacker truck Hubstapler *m* [mbt]
stacking Ablage *f* (Sammlung); Aufstapeln *n*; Stapeln *n*
stacking ground Lagerfläche *f* (Material); Lagerhof *m* (Material); Lagerplatz *m* (Material)
stacking refuse container Aufbaubehälter *m*
stacking refuse container substitution system Aufbaubehälteraustauschsystem *n*
stacking yard Lagerfläche *f* (Material); Lagerhof *m* (Material)
stadium Stadion *n*
staff Belegschaft *f* [eco]; Personalbestand *m* [eco]; Personal *n* (Belegschaft) [eco]
staff building Sozialgebäude *n* (für Personal) [eco]
staff costs Personalkosten *pl* [eco]
staff cuts Personalabbau *m* [eco]
staff employment Personaleinsatz *m* [eco]
staff group Stabsabteilung *f* [eco]
staff lock Personalschleuse *f* (Sicherheitstechnik)
staff of stand Standbesatzung *f* (auf Messestand) [eco]
staff reduction Personalabbau *m* [eco]
staff room Personalraum *m* [eco]
staff, reduction of - Personalabbau *m* [eco]
stage Stufe *f* (Rakete); Teilstrecke *f* (Buslinie) [tra]; Stand *m* (Zustand); Tisch *m*; Stadium *n*
stage einspeichern *v* (Daten) [edv]
stage compressor Stufenkompressor *m* [pow]
stage efficiency Stufenwirkungsgrad *m*

stage-bleeding Anzapfung *f* [pow]
stage-hydraulics Stufenhydraulik *f* [tec]
stages, in - stufenweise
stages, number of - Stufenzahl *f*
stagewise absatzweise
stagewise operation Satzbetrieb *m* [prc]
stagger Versatz *m* (Staffelung)
stagger staffeln *v* (einteilen)
staggered versetzt (z.B. zeitlich gestaffelt); versetzt gemauert (z.B. Ziegelwand) [bau]
staggering Staffelung *f*
staging Gerüstbau *m* [bau]; Gerüst *n* (abbaubares -) [bau]
stagnancy Stillstand *m*
stagnant stagnierend; stehend (stagnierend)
stagnant volume Totvolumen *n*
stagnant water stehendes Gewässer *n* [was]; stehendes Wasser *n* [was]
stagnate stagnieren *v*; stocken *v* (anhalten)
stagnation Stagnation *f*; Stau *m* (Stufenstau an Umkehrstation) [mbt]
stain Beizmittel (Holz) [che]
stain Beize *f* (Holz); Beizflüssigkeit *f* [che]; Entfärbung *f* [che]; Dreckfleck *m*; Farbstoff *m* [met]; Fleck *m* (Verschmutzung); Rost *m* (Korrosion) [met]
stain abfärben *v*; beflecken *v*; beizen *v* (Holz); beschmutzen *v*; einfärben *v* (färben, beizen); färben *v*; grundieren *v* [wer]; zerfressen *v* (Metall) [met]
stain removal agent Fleckenentfernungsmittel *m* [met]
stain remover Fleckenentferner *m* [met]; Fleckenreiniger *m* [met]; Fleckenwasser *n* [met]
stain, natural - Naturfarbstoff *m* [met]; Naturzustand *m*
stained farbig; fleckig
stainer Farbstoff *m* [met]; Farbzusatz *m* [che]; Farbpigment *n* [met]
staining Einfärbung *f*; Färbung *f*; Fleckenbildung *f*; Beizen *n* (Holz); Färben *n*
staining agent Färbemittel *n* [che]
staining fluid Färbelösung *f* [che]
staining solution Färbelösung *f* [che]
staining, chemical - Beizung *f*
stainless fleckenfrei; korrosionsbeständig (Stahl); korrosionsfrei; nichtrostend [met]; rostbeständig [met]; rostfrei [met]
stainless property Korrosionsbeständigkeit *f*
stainless steel Edelstahl *m* [met]; korrosionsbeständiger Stahl *m* [met]; nichtrostender Stahl *m* [met]; VA-Stahl *m* [met]
stainless steel facing Edelstahlverkleidung *f*
stainless steel scrap rostfreier Stahlschrott *m* [rec]
stainless steel sink Edelstahlspültisch *m* [bau]
stainless steel turnings rostfreie Stahldrehspäne *pl* [rec]
stainless steel window Edelstahlfenster *n* [bau]
stainless steel wire Edelstahldraht *m* [met]
stair Stufe *f* (Treppe) [bau]; Treppenstufe *f* [bau]

stair covering Treppenbelag *m* [bau]
stair flight Lauf *m* (Treppen-) [bau]
stair step signal Treppenimpuls *m* [elt]
stair-well Treppenhaus *n* [bau]
staircase Treppe *f* [bau]; Aufgang *m* (Treppe); Treppenhaus *n* (im Wohn- und Bürohaus) [bau]
staircase lights Treppenhausbeleuchtung *f* [bau]
stairs Aufgang *m* (Treppe)
stairway Treppe *f* [bau]; Aufgang *m* (Treppe); Treppenaufgang *m* [bau]
stake Pfahl *m* (Pflock, Stange); Pfosten *m* (Pfahl, Stange); Zaunpfosten *m*
stake out abstecken *v* (ein Gelände mit Stangen) [bau]
stake pocket Rungentasche *f* [tec]
stalk Stängel *m* [bff]; Steg *m* (Blatt) [bff]; Stiel *m*
stall Stand *m* (Messe); Blockieren *n* (beweglicher Teile) [wer]
stall abreißen *v* (der Luftströmung, Flugzeug) [prc]; abwürgen *v* (den Motor, Flugmotor) [tra]; stocken *v* (haken, nicht weiterlaufen)
stall point Abrisspunkt *m* (Strömung reißt ab) [phy]
stamp Abdruck *m*; Stempel *m* (Gummistempel); Siegel *n*
stamp markieren *v*; prägen *v* (z.B. Rillen in Schelle) [wer]; pressen *v* (drücken) [wer]; stampfen *v* (aufstampfen) [mbt]; stanzen *v* (prägen) [wer]; stempeln *v*
stamp in einstanzen *v* [wer]
stamp mill Pochwerk *n* [roh]
stamp out vollständig entfernen *v*
stamped gestanzt
stamped part Stanzteil *n* [tec]
stamper Stampfer *m* [mbt]; Stößel *m*
stamping figure Schlagzahl *f*
stamping machine Stanzmaschine *f* [wer]
stamping ore Pocherz *n* [roh]
stamping press Prägepresse *f* [wer]
stamping tool Prägewerkzeug *n* [wer]; Stanzwerkzeug *n* [wzg]
stampings Stanzabfälle *pl* [rec]
stanchion Runge *f* (am Rungenwagen der Eisenbahn) [tra]; Seitenrunge *f* (an Waggon) [tra]; Strebe *f* (Säule); Stütze *f* (Runge der Bahn) [bau]
stanchion support Rungenhalter *m* (mit drehbaren Rungen) [tra]
stand Tribüne *f*; Ständer *m* (Gestell); Stand *m* (Messe); Verkaufsstand *m* [eco]; Gestell *n* (Ständer)
stand andauern *v*; stehen *v*
stand for bedeuten *v*; bezeichnen *v* (bedeuten)
stand idle stillstehen *v*
stand on bestehen auf *v*
stand opposite to gegenüberstehen *v*
stand out hervorragen *v*; hervorstehen *v*
stand pipe Beruhigungsrohr *n* [was]
stand still stocken *v* (stillstehen)
stand, adjustable - Verstellblock *m* [tec]
stand-alone device freistehendes Gerät *n*
stand-by heater Stillstandheizung *f*

standalone selbständig
standard genormt; normal (standardisiert) [nor]; normgerecht [nor]; serienmäßig
standard Lehre *f* (Standard); Norm *f* (z.B. DIN) [nor]; Standard *m* (Norm); Regel *f* (Vorschrift); Maßstab *m* (Vergleichs-)
standard accessories Normalzubehör *n*
standard adjustment Standardeinstellung *f*
standard application Standardanwendung *f*
standard atmosphere Normalatmosphäre *f*
standard car Serienwagen *m* (Auto ohne Extras) [tra]
standard catering allowance Verpflegungspauschale *f* [eco]
standard cell Normalzelle *f* [elt]; Normalelement *n* [elt]; Standardelement *n* [elt]
standard climate Normalklima *n* [wet]
standard colour number Farbzahl *f* [nor]
standard component Normteil *n*
standard condition Normalzustand *m* [phy]
standard conditions Normzustand *m* [phy]; Normalbedingungen *pl* [phy]
standard construction Normalausführung *f*; Regelbauart *f*
standard container Regelcontainer *m* [tra]
standard design Normalausführung *f* [con]; Regelbauart *f* [tec]; Standardausführung *f* [con]; übliche Bauart *f*
standard deviation Standardabweichung *f* (Statistik) [mat]
standard dimension Normalabmessung *f* [con]
standard distribution Normalverteilung *f* (Statistik) [mat]
standard equipment Normalausrüstung *f*; Serienausstattung *f*
standard error Standardfehler *m* [mat]
standard filter Normalfilter *n* [air]
standard format Standardformat *n* [edv]
standard frequency Normalfrequenz *f*
standard gauge Normalspur *f* [tra]; Prüflehre *f* [any]; Regelspurweite *f* [tra]; Prüfmaß *n* [any]
standard glass Normalglas *n* [met]
standard ground joint Normschliff *m* [che]
standard input device Standardeingabegerät *n* [edv]
standard installation contract Pauschalmontage *f* [eco]
standard interface Standardschnittstelle *f* [edv]; Normanschluss *m* [elt]
standard load Normalbelastung *f* [phy]
standard measure Eichgewicht *n* [any]; Eichmaß *n* [any]; Normalmaß *n*
standard method Einheitsverfahren *n*
standard mode Standardbetriebsart *f* [edv]
standard module Normalmodul *m*; Normbaustein *m* [tec]
standard motor Normmotor *m* [pow]
standard nut Standardmutter *f* [tec]
standard of comparison Vergleichsmaßstab *m* [any]
standard of living Lebensstandard *m* [eco]
standard of measure Richtmaß *n* [any]

standard of negligence Fahrlässigkeitsmaßstab *m* [jur]
standard of reference Vergleichsmaßstab *m* [any]
standard orifice Normblende *f* [any]
standard packing Originalpackung *f*
standard paint finish Allgemeinanstrich *m* (besser: Standardanstrich)
standard part Normteil *n*; Serienteil *n*
standard pitch Bezugssteigung *f* (Gewinde) [tec]
standard pitch diameter Teilkreisdurchmesser *m* (Zahnrad) [tec]
standard pressure Normaldruck *m* [phy]
standard pressure angle Eingriffswinkel *m* (Zahnrad) [tec]
standard price Tarifpreis *m* [eco]
standard procedure Normalausführung *f* (Durchführung); Einheitsverfahren *n*
standard process Einheitsverfahren *n*
standard program Standardprogramm *n* (Software) [edv]
standard provisions Versicherungsbedingungen *pl* (allgemeine) [jur]
standard pump Normpumpe *f*
standard scope of supply Standardlieferumfang *m* [eco]
standard section Normalprofil *n* [tec]
standard size Normalgröße *f*; Regelgröße *f* (übliche Größe); Einheitsformat *n*; Normalformat *n*
standard software Standardsoftware *f* [edv]
standard solution Normallösung *f* [che]; Titerflüssigkeit *f* [any]; Titrierlösung *f* [any]; Vergleichslösung *f* [any]
standard specification Ausführungsbestimmung *f*; Normvorschrift *f*
standard specifications, list of - Normenverzeichnis *n* [nor]
standard strength Normalstärke *f* [tec]
standard system Einheitssystem *n*
standard temperature Normaltemperatur *f*; Normtemperatur *f*
standard temperature and pressure Normalbedingungen *pl* (Gase) [phy]
standard test Normenprüfung *f* [any]
standard thread Einheitsgewinde *n* [tec]; Normalgewinde *n* [tec]
standard thread connection Rundgewindeanschluss *m* [tec]
standard thread connection, external - Rundgewindeanschluss, Außenteil *m* [tec]
standard thread connection, internal - Rundgewindeanschluss, Innenteil *m* [tec]
standard type Normalausführung *f* [con]; übliche Bauart *f*
standard type construction Einheitsbauweise *f* [bau]
standard tyres Sommerreifen *pl* [tra]
standard unit Normbaugruppe *f*
standard value Festwert *m*; Normalwert *m*; Normwert *m*
standard wage increase Tariferhöhung *f* [eco]

standard wages Tariflohn *m* [eco]
standard wagon Serienwagen *m* (entspr. Eisenbahn) [tra]
standard weight Normalgewicht *n*; Sollgewicht *n* [con]
standard wire Drahtseil *n* [met]
standard working time Normarbeitszeit *f*
standardizable eichfähig [any]
standardization Eichung *f* [any]; Justierung *f*; Normung *f* [nor]; Standardisierung *f* [nor]; Typisierung *f*
standardize eichen *v* [any]; kalibrieren *v* [any]; normalisieren *v*; normen *v* [nor]; normieren *v*; standardisieren *v* [nor]; vereinheitlichen *v* [nor]
standardized genormt; standardisiert [nor]; typisiert
standardized component standardisiertes Bauelement *n*
standardized item Normteil *n*
standardized methods, built by - seriengefertigt
standardizing Eichen *n* [any]
standards Normen *pl* [nor]; Qualitätsanforderungen *pl*
standards committee Normenausschuss *f* [nor]
standby einsatzbereit
standby Bereitschaft *f* (Betrieb)
standby bereitstehen *v* (Maschine)
standby boiler Reservekessel *m* [pow]
standby costs Bereitschaftskosten *pl*
standby diesel generator Dieselnotstromaggregat *n* [pow]
standby engine Hilfsmaschine *f* [pow]; Reservemaschine *f* [pow]
standby generator Notstromgenerator *m* [elt]
standby lighting Notbeleuchtung *f*
standby mill Reservemühle *f* [pow]
standby pump Ersatzpumpe *f*; Hilfspumpe *f*; Reservepumpe *f* [pow]
standby system Ausweichsystem *n*; Notaggregat *n*
standby time Bereitschaftszeit *f* (Maschine)
standby unit Notstromaggregat *n* [elt]
standing stehend (untätig); untätig
standing customer langjähriger Kunde *m* [eco]
standing order Dauerauftrag *m*
standing seam, single - Stehfalz *m* [tec]
standing timber Nutzwald *n* [far]
standpipe Anschluss *m* (Stutzen) [prc]; Anschlussstutzen *m*; Stutzen *m* (Anschluss) [prc]; Standrohr *n* [was]; Steigrohr *n* [pow]
standpoint Standpunkt *m*
standstill Ruhe *f* (Stillstand); Stillstand *m* (zum Stillstand kommen) [tra]
standstill interlocking Stillstandsverriegelung *f*
standstill, bring to a - lahm legen *v* (Verkehr) [tra]
standstill, come to a - zum Stillstand kommen [tra]
staple Grund-; Haupt-
staple Heftklammer *f*; Klammer *f* (Heftklammer); Krampe *f* [tec]
staple anklammern *v* (Heftklammern); heften *v* (Buchbinderei); klammern *v* (befestigen mit Heftmaschine)

staple commodity Grundversorgung *f*
staple conveyor Stapelförderer *m* [prc]
staple fibre Stapelfaser *f* [met]; Zellwolle *f* [met]
staple rayon Zellwolle *f* [met]
staple together zusammenheften *v* [wer]
stapler Heftmaschine *f*
star Stern *m* (als Antriebsrad) [tec]
star connection Sternschaltung *f* [elt]; Y-Schaltung *f* [elt]
star delta Sterndreieck- [elt]
star delta control Sterndreieckschaltung *f* [elt]
star feeder Zellradschleuse *f* [prc]; Zellrad *n* [prc]
star gear Sternrad *n* [tec]
star handle Kreuzgriff *m* [tec]; Griffkreuz *n* [tec]
star wheel Sternrad *n* [tec]
star-delta starter Sterndreieckschalter *m* [elt]
star-delta switching Stern-Dreieck-Schaltung *f* [elt]
star-shaped sternförmig
starboard boiler Steuerbordkessel *m* [tra]
starch Stärke *f* (Stoff)
starch stärken *v* (mit Stärke)
start Anfang *m*; Beginn *m*; Start *m*; Anlaufen *n* (Maschine)
start anfahren *v* (beginnen); anfangen *v*; anlassen *v* (Maschine); anlaufen lassen *v*; anrollen *v* (Zug, Kolonne) [tra]; anspringen *v* (in Gang kommen); anwerfen *v* (Maschine); beginnen *v*; einleiten *v* (befinnen); einschalten *v* (Maschine); einsetzen *v* (zeitlich); in Gang setzen *v*; starten *v*
start address Anfangsadresse *f* [edv]
start and stop button Betätigungsknopf *m*
start heating anheizen *v*
start interlock Anlasssperre *f* [tra]
start position Anfangslage *f*; Ausgangsposition *f*
start to rust anrosten *v* [met]
start to slew anschwenken *v* (den Bagger) [mbt]
start up anfahren *v* (Anlage -); anlaufen *v* (Maschine)
start-up Inbetriebnahme *f* (Inbetriebsetzung); Inbetriebsetzung *f* (Inbetriebnahme); Anlauf *m*
start-up Anfahren *v* (Anlage -)
start-up clutch Anfahrkupplung *f* [pow]
start-up device Anfahreinrichtung *f* [prc]; Anfahrvorrichtung *f*
start-up diagram Anfahrdiagramm *n* [prc]; Anfahrschema *n* [prc]
start-up flash tank Anfahrentspanner *m* [pow]
start-up fluid Anfahrflüssigkeit *f*
start-up from cold Anfahren aus dem kalten Zustand *n* [prc]
start-up graph Anfahrdiagramm *n* [prc]
start-up peak Einschaltstromspitze *f* [elt]
start-up period Anfahrzeit *f*
start-up piping Anfahrleitung *f* [pow]
start-up procedure Anfahrvorgang *m*
start-up program Programmbetrieb *m* [pow]
start-up system, automatic - Anfahrautomatik *f* [prc]; automatische Anfahrvorrichtung *f*
start-up valve Anfahrschieber *m* (Anfahrventil) [prc]; Anfahrventil *n* (Anfahrschieber) [prc]

start-up, cold - kaltes Anfahren *n*
starter Drossel *f* (in Leuchtstoffröhre) [elt]; Anlasser *m* (im Auto) [tra]; Starter *m* (Leuchtstofflampe) [elt]; Vorbohrer *m* [wer]; Zündgerät *n* (für Leuchtstoffröhren) [elt]
starter battery Anlasserbatterie *f* (im Auto) [tra]; Starterbatterie *f* [elt]
starter button Anlassdruckknopf *m* [tra]; Starterknopf *m* [tra]
starter cable Anlasserleitung *f* [elt]
starter circuit Anlassschaltung *f*
starter conductor Anlasserleitung *f* [elt]
starter motor Starter *m* [tra]
starter motor cover Schutzhaube für Anlasser *f* [tra]
starter pilot Anlassspritze *f* [tra]
starter pinion Anlasserritzel *n* [tra]; Starterritzel *n* [tra]
starter pinion control Startritzelhebel *m* [tra]
starter rheostat Anlasswiderstand *m* [elt]
starter switch Anlasser *m* (Motor) [tra]; Anlass-schalter *m* [tec]
starter transformer Anlasstransformator *m* [elt]
starter, automatic - Selbstanlasser *m* [tra]
starter, smooth - Sanftanlasser *m* [prc]
starting Inbetriebsetzung *f* (Inbetriebnahme); Anlassen *n* (Motor); Anlaufen *n* (Maschine)
starting aid Anlasshilfe *f* (Motor) [tra]; Starthilfe *f* (für Motor) [tra]
starting capacitor Anlaufkondensator *m* [elt]
starting compound Ausgangsverbindung *f*
starting contractor Anlaufschütz *m* [elt]
starting crank Andrehkurbel *f* [tra]; Anlasserkurbel *f* [tra]
starting crank arm Andrehkurbelarm *m* [tra]
starting crank dog Andrehkurbelklaue *f* [tra]
starting crank handle Andrehkurbelgriff *m* [tra]
starting crankshaft Andrehkurbelwelle *f* [tra]
starting current Anfahrstrom *m* [elt]; Anlaufstrom *m* [elt]; Anzugsstrom *m* [elt]
starting device Anfahreinrichtung *f* [prc]
starting disc Anlaufscheibe *f* [pow]
starting dog Andrehklaue *f* [tra]
starting flame Startflamme *f* [pow]
starting handle Andrehkurbel *f* [tec]
starting material Ausgangsstoff *m* [che]; Grundstoff *m* (Ausgangsmaterial) [met]; Grundwerkstoff *m* (Ausgangsmaterial) [met]; Rohstoff *m* [roh]; Ausgangsmaterial *n* [met]; Grundmaterial *n* (Ausgangsmaterial) [met]
starting phase Anfangsphase *f*
starting point Anfangspunkt *m*; Ausgangspunkt *m*; Einsatzpunkt *m*
starting position Anfangslage *f*; Ausgangsposition *f*
starting power Anfangskraft *f*; Anzug *m* (Startvermögen) [tra]
starting product Ausgangserzeugnis *n* [met]; Ausgangsprodukt *n* [met]; Vorprodukt *n* [met]
starting signal Abfahrtsignal *n* [tra]

starting temperature Anfangstemperatur *f*
starting thread end Einschraubseite *f* [tec]
starting time relay Zeitrelais für Anlauf *n* [elt]
starting torque Anzugsmoment *n* (Motor) [phy]
starting voltage Einsatzspannung *f* [elt]
starting-point Ausgangsbasis *f*
starting-signal Ausfahrtsignal *n* (Eisenbahn) [tra]
starvation flotation Hungerflotation *f* [was]
starve hungern *v*; hungern lassen *v*; verhungern *v*
stasis Stauung *f*; Stillstand *m* [hum]
state staatlich
state Beschaffenheit *f* (Zustand); Lage *f* (Zustand); Stufe *f* (Zustand); Verfassung *f* (Zustand); Aggregatzustand *m* [phy]; Staat *m*; Status *m*; Zustand *m*; Stadium *n*
state angeben *v* (erklären); anmerken *v* (meist offiziell); melden *v*
state authorities Landesbehörden *pl* [jur]
state bar Statuszeile *f* (Software) [edv]
state border Staatsgrenze *f*
state frontier Staatsgrenze *f*
state line Statuszeile *f* (Software) [edv]
state of repair, in a bad - baufällig
state of the art Stand der Technik *m*
state of the art, latest - neuester Stand der Technik *m*
state of the art, recent - neuer Stand der Technik *m*
state value Zustandsgröße *f* [che]
state, actual - Istzustand *m*
state-of-the-art technology Stand der Technik *m*
state-owned enterprise öffentliches Unternehmen *n* [eco]
stated dimensions Maßangabe *f* [con]
statement Anweisung *f* (Software) [edv]; Aussage *f*; Behauptung *f*; Erklärung *f*; Feststellung *f*; Stellungnahme *f*
statement of account Kontoauszug *m* [eco]
statement of accounts Saldo *m* [eco]
statement of cost Kostenaufstellung *f* [eco]; Kostenaufstellung *f* [eco]
statement of income Gehaltsbestätigung *f* [eco]
statement, arithmetic - Rechenanweisung *f* (Software) [edv]
statement, conditional - bedingte Anweisung *f* (Software) [edv]
static elektrostatisch [elt]; stationär
static analysis statische Analyse *f* [edv]
static charge statische Aufladung *f* [elt]
static composter statische Rottezelle *f* [rec]
static electricity elektrische Aufladung *f* [elt]; Reibungselektrizität *f* [elt]; statische Aufladung *f* [elt]
static energy Ruheenergie *f* [phy]; statische Energie *f* (potentielle Energie) [phy]
static evaluation statische Bewertung *f*
static friction Haftreibung *f* [phy]
static head Druckhöhe *f* (statisch); statische Höhe *f* (Überdruck)
static image statisches Bild *f* (Bildschirm) [edv]
static lip Haftlippe *f* (Abstreifring) [tec]

static load Ruhebelastung *f* [phy]; ruhende Last *f* [bau]
static loading ruhende Belastung *f*; statische Belastung *f*
static mixer statischer Mischer *m* [prc]
static noise Störgeräusch *n* [aku]
static picture statisches Bild *f* (Bildschirm) [edv]
static position Ruhestellung *f*
static pressure Nenndruck *m* [prc]; statischer Druck *m* [phy]
static stability Standsicherheit *f* [bau]
static surface ruhende Fläche *f* (an Dichtungen) [tec]
static test Belastungsversuch *m* [any]
statical statisch
statics Statik *f* [bau]
station Anlage *f* (Kraftwerk) [pow]; Station *f* (Bahnhof); Sender *m* [edv]
station aufstellen *v* (örtlich)
station area Blockbereich *m* [pow]
station service Eigenbedarf *m*
station supply Eigenversorgung *f* [pow]
station wagon Caravan *m* ((A) Kombi [tra]; Kombiwagen *m* ((A)) [tra]
stationary beständig (fest); fest (beständig); feststehend; ortsfest; ortsgebunden; stationär; stehend (stationär); unbeweglich (fest)
stationary blade Leitschaufel *f* (Turbine) [pow]
stationary blade ring Leitschaufelkranz *m* (Turbine) [pow]
stationary blade root Leitschaufelfuß *m* (Turbine) [pow]
stationary blade, initial - Vorleitschaufel *f* (Turbine) [pow]
stationary control position ortsfester Steuerstand *m* [tra]
stationary equilibrium stationäres Gleichgewicht *n* [che]
stationary grate Planrost *m* [pow]
stationary phase stationäre Phase *f* [phy]
stationary plant stationäre Anlage *f*
stationary refrigerator Standkühlschrank *m* [elt]
stationary wave stehende Welle *f* [phy]
statistical statistisch
statistical classification statistische Diagnostik *f* [any]
statistical program Statistikprogramm *f* (Software) [edv]
statistics Statistik *f* [mat]
stator Motorständer *m* [pow]; Ständer *m* (Motor, Generator) [elt]; Stator *m* (im Generator, E-Motor) [elt]
stator blade Leitschaufel *f* (Turbine) [pow]; Ständerschaufel *f* [pow]
stator coil Ständerspule *f* [pow]
stator core Ständerblechpaket *n* [pow]; Ständereisen *n* [pow]
stator core lamination Blechpaket *n* (Stator) [pow]
stator housing Ständergehäuse *n* [pow]
stator winding Ständerwicklung *f* [pow]; Statorwicklung *f* [elt]

statuary form Formvorschrift *f* [nor]
status Rechtsstellung *f* [jur]; Status *m*; Zustand *m*
status indication Zustandsanzeige *f*
status report Zustandsmeldung *f*
status, actual - Istzustand *m*
statute Auflage *f* (behördliche Anordnung) [jur]; Satzung *f* [jur]
statute of limitations, come under the - verjähren *v* [jur]
statutory satzungsgemäß
statutory duty gesetzliche Pflicht *f* [jur]
statutory insurance Pflichtversicherung *f* [jur]
statutory ordinance Rechtsverordnung *f* [jur]
Stauffer lubricator Schmierbüchse *f* [tec]; Staufferbüchse *f* (Schmierung) [tec]
stave Daube *f* (am Fass) [bau]
stay Steife *f* (z.B. im Graben) [mbt]; Strebe *f* (Stütze); Aufenthalt *m*; Lager *n* (Stütze) [bau]
stay versteifen *v* (stützen) [met]; verweilen *v*
stay bolt Ankerbolzen *m* [tec]; Stehbolzen *m* [tec]
stay clear of machine Aufenthalt im Gefahrenbereich *m* [mbt]
stay plate Bindeblech *n* [tec]; Knotenblech *n* [tec]; Standblech *n* [tec]
stay plate, front - vorderes Standblech *m* [tec]
stay tube Ankerrohr *n* [tec]; Halterohr *n* [tec]; Tragrohr *n* [tec]
stayed cable bridge Kabelbrücke *f* [elt]
staying Verankerung *f*
steadiness Festigkeit *f* (Beständigkeit); Stabilität *f*; Stetigkeit *f*
steady beständig (stabil); fest (beständig); gleichmäßig (gleichbleibend); konstant (gleichbleibend); kontinuierlich; stabil (solide); ständig (dauernd); standfest; standsicher [bau]; stationär
steady beruhigen *v* (festigen)
steady condition Beharrungszustand *m*
steady flow stationäre Strömung *f*
steady load Dauerlast *f*
steady load, maintain - Strich fahren *v* [pow]
steady position Gleichgewichtslage *f*; Ruhelage *f*
steady rain Landregen *m* [wet]
steady state Beharrungszustand *m*; Dauerzustand *m*; stationärer Zustand *m*
steady-state condition Beharrungszustand *m* (Regeltechnik)
steady-state solution stationäre Lösung *f* [mat]
steal rauben *v*
steam Dampf *m* (Wasserdampf); Dunst *m* (Dampf); Wasserdampf *m*
steam ausdampfen *v* [prc]; dämpfen *v* (mit Dampf); dampfen *v* (mit Dampf behandeln)
steam accumulator Dampfspeicher *m* [pow]
steam admission Dampfbeaufschlagung *f* (auf Turbine) [pow]; Dampfeinleitung *f* [pow]
steam admission, initial - Dampfanstoß *m* [pow]
steam and bearing pedestal vorderer Lagerblock *m* [pow]
steam away abdampfen *v*

steam backflow Dampfrückströmung *f* [pow]
steam blow-off valve Dampfabblaseventil *n* [pow]
steam boat Dampfboot *n* [tra]
steam boiler Dampfkessel *m* [pow]; Wasserdampferzeuger *m* [pow]
steam boiler feed water Dampfkesselspeisewasser *n* [pow]
steam bubble Dampfblase *f*
steam cage tube Wandrohr *n* (Strahlraum) [pow]
steam chamber Dampfkammer *f* [pow]; Dampfbehälter *m* [pow]; Dampfsammler *m* [pow]
steam chest Schieberkasten *m* (Dampflok) [tra]
steam cleaning Dampfstrahlreinigen *n* [prc]
steam coal Flammkohle *f* [roh]; Magerkohle *f* [met]
steam coal, dry - Esskohle *f* [roh]
steam coil Heizschlange *f* [elt]
steam collector Dampfsammler *m* [pow]
steam consumption Dampfbedarf *m* [pow]; Dampfverbrauch *m* [pow]
steam cooler Dampfkühler *m* [pow]
steam cracker Röhrenspaltofen *m* [prc]
steam curing Dampferhärtung *f* [bau]; Dampfnachbehandlung *f* [prc]
steam degreasing process Dampfentfettung *f*
steam density Dampfdichte *f* [phy]; Dampfdichtigkeit *f*
steam diaphragm pump Dampfpumpe *f* [pow]
steam discharge Dampfabführung *f*; Dampfableitung *f*
steam distillation Wasserdampfdestillation *f* [prc]
steam drier Dampftrockenapparat *m* [prc]; Dampftrockner *m* [prc]
steam drive Dampfantrieb *m* [pow]
steam drum Dampftrommel *f*
steam electric station Dampfkraftwerk *n* [pow]
steam engine Dampflokomotive *f* [tra]; Dampfmaschine *f* [pow]
steam erosion marks Blasenspurer *pl* (durch Dampf) [met]
steam escape pipe Dampfabblasrohr *n* [pow]
steam exhaust cross-sectional area Abdampfquerschnitt *m* (Schaufelaustritt) [pow]
steam exhaust port Dampfaustrittsöffnung *f* [pow]
steam exhaust section Abdampfteil *n* [pow]
steam extraction Fremdentnahme *f* (von Dampf) [pow]
steam filter Dampffilter *m*
steam fittings Dampfarmaturen *pl* [met]
steam flow Dampfdurchtritt *m* (Durchsatz)
steam flow opening Dampfdurchtritt *m* (Öffnung)
steam gauge Dampfdruckmesser *m* [any]; Dampfmesser *m* [any]
steam generating dampferzeugend
steam generating tube Siederohr *n* [pow]
steam generation Dampfbildung *f*; Dampfentwicklung *f*; Dampferzeugung *f* [pow]
steam generator Dampferzeuger *m* [pow]; Dampfkessel *m* [pow]
steam generator, rotating - Umlaufkessel *m* [pow]

steam hammer Dampfhammer *m* [wzg]; Eisenhammer *m* [wzg]
steam injector Dampfstrahlapparat *m* [prc]
steam inlet Dampfeintritt *m*
steam inlet chest Einströmkasten *m* (Turbine) [pow]
steam inlet connection Zudampfanschluss *m* [pow]
steam iron Dampfbügeleisen *n*
steam jet Dampfejektor *m*; Dampfstrahl *m*; Dampfstrahler *m* [prc]
steam kiln Dampfkammer *f* (Betonbehandlung) [bau]
steam locomotive Dampflokomotive *f* [tra]
steam meter Dampfmesser *m* [any]
steam nozzle Dampfdüse *f* [prc]
steam off, let the - Dampf ablassen *v*
steam out ausdampfen *v* [prc]
steam outlet Dampfentnahme *f* [pow]
steam pile-driving engine Dampframme *f* [bau]
steam pipe Dampfleitungsrohr *n*; Dampfrohr *n* [pow]
steam piping Dampfleitung *f*
steam piston Dampfkolben *m*
steam plant Dampfanlage *f* [pow]; Dampfkraftanlage *f*; Dampfmaschinenanlage *f* [pow]
steam plate Heizplatte *f* [pow]
steam pot Dampftopf *m* [prc]
steam power Dampfkraft *f* [pow]; Dampfbetrieb *m* [pow]
steam power plant Dampfkraftwerk *n* [pow]
steam pressure Dampfdruck *m*
steam pressure pump Dampfdruckpumpe *f* [prc]
steam pump Dampfpumpe *f* [pow]
steam quantity Dampfmenge *f* [pow]; Dampfdurchsatz *m* [pow]
steam radiator Dampfheizkörper *m* [pow]
steam releasing surface Ausdampffläche *f* (Trommel) [pow]
steam requirement Dampfbedarf *m* [pow]
steam roller Dampfwalze *f* [bau]
steam scrubber Dampfwäscher *m* [pow]
steam seal Stopfbuchse *f* [pow]
steam separator Dampfabscheider *m* [pow]; Kondenstopf *m* [pow]; Kondenswasserabscheider *m*
steam side Dampfseite *f* [pow]
steam slide valve Dampfschieber *m* [pow]
steam space Dampfraum *m* [pow]
steam stainer Dampfsieb *n* [pow]
steam stop valve Dampfabsperrventil *n* [pow]
steam superheater Dampfüberhitzer *m* [pow]
steam superheating Dampfüberhitzung *f* [pow]
steam supply Dampfzuführung *f* [pow]; Dampfzuleitung *f* [pow]
steam supply system Zudampfleitung *f* [pow]
steam trap Kondensatableiter *m* [pow]; Kondensationswasserabscheider *m*; Kondenstopf *m* [pow]; Kondenswasserabscheider *m*
steam tube Dampfrohr *n* [pow]
steam turbine Dampfturbine *f* [pow]
steam turbine, single-shaft - Einwellendampfturbine *f* [pow]

steam up anlaufen *v* (beschlagen); schwitzen *v*
steam volumetric flow Dampfvolumenstrom *m* [pow]
steam, formation of - Dampfbildung *f*
steam, state of - Dampfzustand *m* [phy]
steam, volume of - Dampfvolumen *n* [pow]
steam-bath Dampfbad *n*
steam-cured bedampft; dampfgehärtet [bau]
steam-curing cycle Dampfbehandlungszyklus *m* [prc]
steam-curing room Dampfkammer *f* [bau]
steam-dried dampfgetrocknet
steam-driven pile hammer Dampframme *f* [bau]
steam-exposed area Dampfraum *m* [pow]
steam-generating power plant Dampfkraftwerk *n* [pow]
steam-heated dampfgeheizt
steam-heating Dampfheizung *f* [pow]
steam-heating system Dampfheizungsanlage *f* [pow]
steam-heating valve Ventil für Dampfheizung *n* (Dampflok) [tra]
steam-jet aspirator Dampfstrahlsauger *m* [prc]
steam-jet atomizer Dampfstrahlzerstäuber *m* [prc]
steam-jet blower Dampfstrahlgebläse *n* [prc]
steam-jet ejector Wasserdampfstrahlpumpe *f* [prc]
steam-jet pump Dampfstrahlvakuumpumpe *f* [prc]
steam-jet sprayer Dampfstrahlzerstäuber *m* [prc]
steam-line warm-up Anwärmen der Dampfleitung *n* [pow]
steam-proof dampfdicht
steam-tight dampfdicht
steam-to-steam exchanger Dampfumformer *m* [pow]
steamer Dampfer *m* [tra]; Dampfschiff *n* [tra]
steaming Dampfen *n*; Eindampfen *n*
steamship Dampfschiff *n* [tra]
steamy dunstig
steel stählern
steel Stahl *m* [met]
steel verstählen *v* (mit Stahl versehen) [met]
steel and metal production Stahl- und Metallerzeugung *f* [roh]
steel ball Stahlkugel *f* [tec]
steel band Bandstahl *m* (Packband) [met]; Stahlband *n* [met]
steel bar Stahlleiste *f* [tec]
steel base plate Unterlagsplatte *f* (Schiene/Schwelle) [tra]
steel base plate, canted - geneigte Unterlegplatte *f* [tec]
steel base plate, flat - gerade Unterlegplatte *f* [tec]
steel beam Stahlträger *m* [bau]
steel belt Stahlband *n* [met]
steel belt apron conveyor Blechgurtförderer *m*
steel belt tyre Stahlgürtelreifen *m* [tra]
steel blue stahlblau (RAL 5011) [nor]
steel body, pressed - Pressstahlkörper *m* [met]
steel bottle Stahlflasche *f*
steel bridge Stahlbrücke *f* [tra]
steel bridge plate Stahlbrückenplatte *f* (über Puffer) [bau]

steel brush Drahtbürste *f* [wzg]; Stahlkehrwalze *f* [tra]
steel building Stahlbau *m* (Gebäude aus Stahl) [bau]
steel bush Stahlbuchse *f* [tec]
steel bushing Stahlbuchse *f* [tec]
steel cable Stahlseil *n* [met]
steel cartridge Verschleißbüchse *f* (für Lager) [tec]
steel casement Eisenfenster *n*
steel casting Stahlguss *m* [roh]
steel chain Rundstahlkette *f* [tec]
steel chips Stahlspäne *pl* [rec]
steel coating Stahlveredelung *f* (Oberflächenbehandlung) [met]
steel concrete armierter Beton *m* [bau]; bewehrter Beton *m* [bau]; Eisenbeton *m* [met]; Stahlbeton *m* [met]
steel conduit Stahlpanzerrohr *n* [elt]
steel conduit thread Panzergewinde *n* [tec]
steel construction Stahlkonstruktion *f* [bau]; Stahlbau *m* [bau]
steel cylinder Bombe *f* [che]; Stahlflasche *f*; Stahlzylinder *m*
steel digester tank Faulbehälter aus Stahl *m* (Klärschlamm) [was]
steel dome Stahldom *m* [tec]
steel drums Stahlblechemballagen *pl* [tec]
steel facing Auftragsschweißung *f* [wer]
steel fitting Stahlfitting *n* [tec]
steel for high temperature warmfester Stahl *m* [met]
steel for screw taps Gewindebohrstahl *m* [wzg]
steel foundry Stahlgießerei *f* [roh]
steel frame Stahlrahmen *m* [tec]
steel frame structure Stahlkonstruktion *f* [tec]
steel frame structure, faired - verkleidete Stahlkonstruktion *f* [tec]
steel frame structure, panelled - verkleidete Stahlkonstruktion *f* [tec]
steel frame, pressed - Pressstahlrahmen *m* [tec]
steel framework Stahlfachwerkkonstruktion *f* [tec]
steel furnace Stahlofen *m* [roh]
steel girder Stahlträger *m* [bau]
steel grade Stahlgüte *f* [met]
steel hook Stahlhaken *m* [tec]
steel industry Hüttenindustrie *f* [roh]; Stahlindustrie *f* [roh]
steel insert Stahleinsatz *m* (Schiene/Schwelle) [tra]
steel jacket Blechmantel *m*; Eisenmantel *m*; Stahlmantel *m*
steel jacket pipe Stahlmantelrohr *n* [tec]
steel joint Stahlträger *m* [bau]
steel manufacture Stahlbau *m* (z.B. im Baggerbau) [tec]
steel melting furnace, electric - Lichtbogenstahlofen *m* [roh]
steel mesh Stahlgewebe *n* [met]
steel mill Eisenhüttenwerk *n* [roh]
steel needle Stahlnadel *f* [met]
steel panel Stahltafel *f* [tec]; Stahlblech *n* [met]
steel pin Stahlstift *m* [tec]

steel plate Stahlblech *n* [met]
steel production Stahlerzeugung *f* [roh]
steel quality Stahlsorte *f* [met]
steel quality, mostly required - einschlägige Stahlqualität *f* [met]
steel ribbon Stahlband *n* [met]
steel roller Stahlwalze *f* [tec]
steel rope Stahltrosse *f* [met]; Drahtseil *n* [met]; Stahlseil *n* [met]
steel scrap Stahlschrott *m* [rec]
steel scrap, alloyed - legierte Stahlschrotte *pl* [rec]
steel screw Stahlschraube *f* [tec]
steel section Profilstahl *m* [met]; Stahlblechprofil *n* [tec]
steel sheet Stahlblech *n* [met]
steel sheet piling Stahlspundwand *f* [mbt]; Spundwandprofil *n* [mbt]
steel sheet, tinned - Weißblech *n* [met]
steel shell Blechgefäß *n*
steel sleeper Stahlschwelle *f* (der Bahn) [tra]
steel spring Stahlfeder *f* [tec]
steel stack Stahlschornstein *m* [air]
steel stanchion Eisenträger *m* [tec]
steel strapping Packband *n* (Bandeisen für Kisten); Stahlband *n* (Verpackungsband) [met]; Verpackungsstahlband *n* [met]
steel strip Stahlband *n* [met]
steel structure Stahlkonstruktion *f* [bau]; Stahlbau *m* [bau]
steel tape Stahlband *n* [met]
steel tendon Stahlvorspannglied *n* [tec]
steel tie Stahlschwelle *f* (der Bahn) [tra]
steel ties Spanneisen *n* [tec]
steel treatment Stahlanarbeitung *f* [tec]
steel truss Stahlbinder *m* [tec]
steel tube Stahlrohr *n* [met]
steel tube sheet Stahlrohrboden *m* [pow]
steel vessel Stahlgefäß *n*
steel wheel Stahlrad *n* [tec]
steel wire Stahldraht *m* [met]
steel wool Stahlwolle *f* [met]
steel worker Stahlarbeiter *m*
steel works Eisenhüttenwerk *n* [roh]; Stahlwerk *n* [roh]
steel, natural - Frischstahl *m* [met]; Rohstahl *m* [met]
steel-hardening oil Härteöl *n* [met]
steel-stamp number Schlagzahl *f* (Markierung in Werkstück) [tec]
steep steil
steep auswässern *v* [prc]; einweichen *v*
steep bevel Steilanschnitt *m* [tec]
steep in lye auslaugen *v* [che]
steep slope steile Böschung *f*
steep-lead-angle thread Steilgewinde *n* [tec]
steeping Tränkung *f* (Tauchung) [wer]
steeping liquor Beizflüssigkeit *f* [che]
steeple Turm *m* (steil, spitz) [bau]
steepness Steilheit *f*

steer lenken *v* (steuern); steuern *v* (Auto) [tra]
steering Lenkung *f* (Auto) [tra]; Steuerung *f* (des Fahrzeugs) [tra]
steering arm Lenkerhebel *m* [mbt]; Steuerhebel *m* [tec]
steering booster Servolenkung *f* [tra]
steering booster pump Servolenkpumpe *f* [tra]
steering circuit Steuerkreislauf *m* (Hydraulik) [tec]
steering committee Steuerungsausschuss *m* (eines Projektes) [eco]
steering cylinder Lenkzylinder *m* [tec]
steering error, angular beam - Strahlführungs-Winkelfehler *m* (Laser) [phy]
steering gear Lenkeinrichtung *f* [tra]; Lenkergetriebe *n* [mbt]; Lenkgetriebe *n* [mbt]
steering gear case Lenkgehäuse *n* [tra]
steering gear unit Steuergetriebe *n* [tec]
steering knuckle Achsschenkel *m* [tec]
steering knuckle arm Spurstangenhebel *m* [tra]
steering knuckle pin Achsschenkelbolzen *m* [tec]
steering lever Spurhebel *m* [tra]; Umlenkhebel *m* [tra]; Lenkgestänge *n* [tec]
steering link Spurstange *f* [tra]
steering linkage Lenkgestänge *n* [tra]
steering lock Lenkanschlag *m* [tec]
steering motor Lenkmotor *m* [tec]
steering pivot pin Achsbolzen *m* [tec]
steering roller Lenkrolle *f* [tec]; Steuerrolle *f* [tec]
steering sector shaft Segmentwelle *f* [tra]
steering shaft Lenkachse *f* [tra]; Lenkwelle *f* [tra]
steering spindle Lenkspindel *f* [tec]
steering unit Lenkaggregat *n* [tec]
steering wheel Lenker *m* (Lenkrad) [tra]; Lenkrad *n* [tra]; Steuer *n* (Lenkrad des Autos) [tra]; Steuerrad *n* (Auto) [tra]
steering-column Lenksäule *f* [tra]
steering-column gear-change Lenkradschaltung *f* [tra]
stem Schlaucharmatur *f* (z.B. Kupplung) [tec]; Schaft *m* [tec]; Stamm *m* (Baum) [bff]
stem stemmen *v* (hauen, schnitzen) [wer]
stem actuation Spindelbetätigung *f* [tec]
stem correction Fadenkorrektur *f* (Thermometer) [any]
stem extension Spindeldurchführung *f* [tec]
stem guide Spindelführung *f* [tec]
stem seal Zapfendichtung *f* [tec]
stem sleeve Steckerführung *f* (Schnellkupplung) [tec]; Zapfenbüchse *f* [tec]
stem travel Spindelweg *m* [tec]
stem, quick-connect - Stecker *m* (Schnellkupplung) [tec]
step Schwelle *f* (an Wohnungstür) [bau]; Sprosse *f* (an Leiter); Stufe *f* (Schwelle) [bau]; Treppenstufe *f* [bau]; Trittplatte *f* [tra]; Absatz *m* (in Welle) [tec]; Schritt *m*; Tritt *m* (einer Treppe) [bau]; Trittbrett *n* (klein; Stufe, Tritt) [tra]
step abstufen *v*; treten *v*
step bearing Spurlager *n* [tra]

step bench abgestufte Strosse f [roh]
step block Spurlager n [tec]
step board Trittblech n [tra]
step breakage Stufenbruch m (Rolltreppe) [mbt]
step button Stufenknopf m (Rolltreppe) [mbt]
step by step schrittweise; stufenweise
step chain Stufenkette f (Rolltreppe) [mbt]
step chain wheel Stufenkettenrad n (Rolltreppe) [mbt]
step comb Stufenkamm m (Rolltreppe) [mbt]
step dimension Stufenabmessung f [bau]
step down untersetzen v (Getriebe) [tec]
step filter Etagenfilter m
step formwork Stufenschalung f [bau]
step function Sprungfunktion f [mat]
step function response Übergangsfunktion f ((B) Regelung)
step holder Tritthalter m (am Rangierertritt) [tra]
step indicator Schrittanzeige f
step inlet Stufeneinlauf m (Rolltreppe) [mbt]
step inlet monitor Stufeneinlaufüberwachung f (Rolltreppe) [mbt]
step inlet protection Stufeneinlaufsicherung f (Rolltreppe) [mbt]
step iron Steigeisen n
step length Stufenlänge f [bau]
step loading Stufenbelastung f [mbt]
step lowering Stufenabsenkung f (Rolltreppe) [mbt]
step lowering device Stufenabsenksicherung f (Rolltreppe) [mbt]; Stufenabsenkvorrichtung f [mbt]
step motor Schrittmotor m [elt]
step outlet Stufenauslauf m [mbt]
step pin Stufenbolzen m (hält Stufe an Kette) [mbt]
step piston Stufenkolben m [tra]
step process Stufenprozess m [prc]
step pulley Stufenscheibe f [tec]
step raising Stufenanhebung f (aus Waagrechte hoch) [mbt]
step return Stufenrücklauf m [mbt]
step riser Setzstufe f (Vorderwand Stufe) [mbt]
step roller Stufenrolle f (für Rolltreppe) [mbt]
step run-in Stufeneinlauf m (Rolltreppe) [mbt]
step sag Stufenabsenkung f (Rolltreppe) [mbt]
step sag switch Stufenabsenksicherung f (Rolltreppe) [mbt]
step size Stufenabmessung f [bau]
step switch Stufenschalter m [elt]
step tread Stufenauflage f (Oberfläche) [bau]; Trittstufe f [mbt]
step voltage Stufenspannung f [elt]
step width Stufenbreite f (Treppe) [bau]
step, in - synchron
step-down gear Reduzierantrieb m [tra]; Reduktionsgetriebe n [tra]
step-forced response Sprungantwort f (Regeltechnik) [elt]
step-function response Sprungantwort f (Regeltechnik) [elt]
step-ladder Leiter f (Stehleiter)

step-mounting pin Stufenbolzen m (Treppe) [bau]
stepless stufenlos [bau]
stepless drive stufenloses Getriebe n [tec]
stepless gear Stufenrad n [tec]
stepped joint überlappter Stoß m [tec]
stepped key Stufenkeil m [tec]
stepped pulley Stufenscheibe f [tec]
stepped rim Schrägschulterfelge f [tra]; Schrägschulterring m (Reifen läuft nicht ab) [tra]
stepped roll Stufenwalze f [tec]
stepped root blade Schaufel mit abgesetztem Fuß f (Turbine) [pow]
stepped shaft Stufenwelle f [tec]
stepped sleeve Stufenhülse f [tec]
stepped turbine rotor abgesetzter Turbinenläufer m [pow]
stepper Schrittmotor m [tec]
stepper drive Schrittantrieb m
stepper linear motor Linear-Schrittmotor m [elt]
stepper piston Schrittkolben m [tec]
stepping schrittweises Positionieren n [tec]
stepping motor Schrittmotor m [elt]
stepping motor amplifier Schrittmotorverstärker m
stepping unit Schrittschaltwerk n [tec]
stepwise stufenweise
stereo system Stereoanlage f [elt]
stereo-chemistry Stereochemie f [che]
stereophonic stereophon
stereoscope Stereoskop n [any]
stereoscopic stereoskopisch [any]
steric räumlich [che]
sterile keimfrei [hum]; steril [hum]; unfruchtbar [bff]
sterilisation Sterilisation f [hum]
sterility Keimfreiheit f [hum]; Sterilität f [hum]; Unfruchtbarkeit f [bff]
sterilization Entkeimung f; Keimtötung f [hum]
sterilize desinfizieren v [hum]; entkeimen v; haltbar machen v; sterilisieren v [hum]
sterilizer Sterilisator m [hum]
sterilizing keimtötend [hum]
sterilizing Haltbarmachen n
sterilizing plant Anlage zur Sterilisierung f
stern Heck n (Schiffs-) [tra]; Hinterschiff n [tra]
stick Stange f (Stab); Knebel m; Maßstab m (Messen) [any]; Schlegel m; Stab m (Stock); Stiel m (des Baggers) [mbt]; Stock m (Stab, Stecken)
stick anhaften v; backen v (kleben); bekleben v [wer]; festkleben v; haften v (kleben); kleben v; kleistern v (reparieren); stechen v (hineinstechen); stecken bleiben v (festkleben)
stick agent Haftmittel n [met]
stick electrode Stabelektrode f (Schweißwerkzeug) [wer]; Vollstabelektrode f [elt]
stick electrode handle Stabelektrodenhalter m (zum Schweißen) [wer]
stick in einkleben v [wer]; einstecken v
stick on ankleben v; aufkleben v [wer]
stick ram Stielzylinder m (des Baggers) [mbt]

stick together kitten *v* [wer]; zusammenkleben *v* [wer]
sticker Aufkleber *m*; Klebezettel *m*; Klebeetikett *n*
stickiness Klebrigkeit *f*
sticking Festsitzen *n* (Wellen, Hülsen, ...) [tec]; Haften *n* (Kleben); Klemmen *n* (Ventil) [tec]
sticking plaster Heftpflaster *n* [hum]
sticky klebend; klebrig
sticky side Klebfläche *f*
sticky soil Hartboden *m* [bod]
sticky tape Klebstreifen *m*; Klebeband *n*
stiff konsistent (zähflüssig); starr; steif; unbeweglich
stiffen verfestigen *v* (versteifen) [tec]; verstärken *v* (versteifen); versteifen *v* (versteifen) [met]
stiffened verstärkt [tec]; versteift
stiffened plate versteiftes Blech *n* [met]
stiffener Aussteifung *f* [tec]; Versteifungselement *n* [tec]
stiffening Verstärkung *f* (Versteifung) [tec]; Versteifung *f* (Versteifung) [tec]
stiffening frame Verstärkungsrahmen *m* [tec]
stiffening member Versteifungselement *n* [bau]
stiffening plate Schott *n* (in Schweißkonstruktion) [wer]; Schottblech *n* (in Schweißkastenkonstruktion) [wer]; Verstärkungsblech *n* [tec]; Versteifungsblech *n* [tec]
stiffening portal Aussteifungsportal *n* [bau]
stiffening rib Versteifungsrippe *f* [tec]
stiffening sheet Versteifungsblech *n* [tec]
stiffening truss Aussteifungsträger *m* [bau]
stiffness Starre *f*; Starrheit *f*; Steifigkeit *f*
still still (reglos); unbewegt
still Blase *f* (bei Destillation) [che]; Destillierapparat *m* [che]; Destillierkolben *m* [che]; Kolben *m* (Destillier-) [che]
still bottoms Destillationsrückstände *pl* [che]
still water Totwasser *n* [was]
stillage Gestell *f* [tec]; Stellage *f* (Gestell) [tec]
stilling basin Beruhigungsbecken *n* [was]
stillpot Absetzbecken *n* [was]
stimulant Reizstoff *m* [met]; Reizmittel *n* [met]; Stimulans *n* [hum]
stimulate anregen *v*; beleben *v* (anregen); erregen *v* (stimulieren); verstärken *v* (stimulieren)
stimulating erregend
stimulating climate Reizklima *n*
stimulating substance Reizstoff *m* [met]
stimulation Anregung *f*; Befruchtung *f* (Förderung); Erregung *f* (Anregung, Ankurbelung); Reizung *f* (Anregung)
sting Stachel *m* [bff]
sting stechen *v* (z.B. durch Insekt)
stink Gestank *m*
stink stinken *v*
stipple tüpfeln *v*
stipulate festlegen *v* (im Vertrag) [jur]
stipulation gesetzliche Regelung *f* [jur]; Klausel *f* (in Vertrag) [jur]

stir bewegen *v* (rühren); durchrühren *v*; rühren *v* [prc]
stir in einrühren *v*; unterrühren *v*
stir together verrühren *v* [prc]
stir up umrühren *v* [prc]
stirred vessel cascade Rührkesselkaskade *f* [prc]
stirrer Rührapparat *m* [prc]; Rührer *m* [prc]; Rührwerk *n* [prc]
stirring device Rührwerk *n* [prc]
stirring unit Rührwerk *n* [prc]
stirrup Bügel *m* [tec]; Stehbügel *m* [tec]; Steigeisen *n* (in Zügen, Luftschächten)
stirrup bolt Bügelschraube *f* [tec]
stirrup clamp Bügelschelle *f* [tec]
stirrup of axle box Achslagerbügel *m* [tec]
stitch Stich *m* (Nadelstich)
stitch heften *v* (Buchbinderei)
stitch welding Heftschweißen *n* [wer]
stitching Nähen *n* [wer]
stochastic stochastisch [mat]
stochastics Stochastik *f* [mat]
stock Herkunft *f*; Bestand *m* (Vorrat); Halter *m* (Griff) [tec]; Lagerbestand *m*; Materialvorrat *m*; Vorrat *m*; Lager *n* (Material-); Rohmaterial *n* (unbearbeitetes Inventar)
stock lagern *v* (Material)
stock bin Vorratsbehälter *m*
stock coal Haldenkohle *f* [met]
stock coke Haldenkoks *m* [met]
stock company Kapitalgesellschaft *f* [eco]
stock crane Lagerkran *m*
stock holding Lagerbestand *m*
stock item lagermäßiges Teil *n*
stock on hand Warenbestand *m* [eco]
stock receipt Wareneingang *m* [eco]
stock solution Stammlösung *f* [che]
stock up on Auffrischen *v* (auffüllen)
stock vessel Standgefäß *n*
stock, actual - tatsächlicher Vorrat *m*
stock, available in - lieferbar ab Lager [eco]
stock, in - vorrätig
stock-check Bestandsaufnahme *f* [eco]
stock-control Bestandskontrolle *f* [eco]
stock-list Bestandsliste *f* [eco]
stock-room Lagerraum *m* (Material)
stock-taking Bestandsaufnahme *f* [eco]; Inventur *f* [eco]
stocking Bestückung *f* (mit Waren)
stockpile Halde *f* (Vorrat) [rec]; Vorratshalde *f*; Lagerplatz *m* (Material); Lager *n* (Bestand); Waffenlager *n*
stockpile einlagern *v* (Schüttgut); lagern *v* (Material)
stockpiling Aufhaldung *f* [mbt]
stockroom Warenlager *n* [eco]
stockyard Lagerplatz *m* (Material); Materiallager *n*
stoichiometric stöchiometrisch [che]
stoichiometrical stöchiometrisch [che]
stoichiometry Stöchiometrie *f* [che]
stoke heizen *v* (anheizen); schüren *v* (Feuer) [pow];

stochern v (schüren) [pow]
stoker Rostfeuerung f [pow]; Heizer m
stoker ashpit Schlackentrichter m (Rost) [pow]
stoker link Roststab m [pow]
stoker-fired boiler Rostkessel m [pow]
stoking Aufschüttung f [bod]; Rostbeschickung f [pow]
stoking grate Schürrost m [pow]
stoking, technique of - Feuerungstechnik f [pow]
stone Stein m [met]
stone aggregate Gesteinszuschlagstoff m [met]
stone bolt Steinschraube f [tec]
stone bolt, indented - gezackte Steinschraube f [tec]
stone breaker Steinbrecher m [wzg]
stone building Steinbau m [bau]
stone chippings Splitt m [met]
stone chisel Steinmeißel m [wzg]
stone cutter Steinbohrer m [wzg]
stone cutting Steinmetzarbeiten pl [bau]
stone cutting machine Gesteinstrennmaschine f [wzg]
stone dam Steindamm m [was]
stone drill Gesteinsbohrer m [wzg]
stone drilling hammer Gesteinsbohrhammer m [wzg]
stone dust Gesteinsstaub m [met]; Gesteinsmehl n [met]
stone floor Steinboden m [bau]
stone grey steingrau (RAL 7030) [nor]
stone grinding machine Gesteinsschleifmaschine f [wzg]
stone marl Steinmergel m [geo]
stone pavement Pflaster n [bau]; Steinpflaster n [bau]
stone pit Steinbruch m [roh]
stone powder Gesteinsmehl n [met]; Steinmehl n [met]
stone sand Steinsand m [met]
stone screening Steinabsiebung f [roh]
stone slab Steinplatte f [bau]
stone structure Steinbau m [bau]
stone tongs Froschklemme f
stone wall Steinmauer f [bau]
stone-built building Natursteingebäude n [bau]
stone-drilling machine Gesteinsbohrmaschine f [wzg]
stone-filled trench Sickerdrän m [was]
stone-fruit Steinfrucht f [bff]; Steinobst n [bff]
stone; natural Naturstein m (z.B. Marmor, Granit) [met]
stones Gestein n [geo]
stoneware Steingut n [met]; Steinzeug n [met]
stoneware product Steinzeugerzeugnis n [met]
stonework Mauerwerk n [bau]
stony steinig
stony soil Steinboden m [bod]
stool Bock m (Hocker); Schemel m; Stuhlgang m [hum]
stop Arretierung f (Halterung) [tec]; Haltestelle f [tra]; Pause f (Unterbrechung); Ruhe f (Halt); Sperre f (Halt); Station f (Haltestelle); Unterbrechung f (Halt); Anschlag m (Ende, Begrenzer); Halt m (Anhalten); Haltepunkt m; Stop m; Ausschalten n; Stilllegen n
stop abstellen v (Motor); anhalten v (Geschwindigkeit senken) [tra]; arretieren v [wer]; aufhören v; außer Betrieb setzen v; begrenzen v (beenden); einstellen v (stilllegen); halten v (anhalten); hindern v (abhalten); stilllegen v; stillstehen v; stocken v (stillstehen); stoppen v; unterbrechen v (anhalten)
stop a cheque Scheck sperren [eco]
stop a leak stopfen v (z.B. ein Leck)
stop and check valve Schnellschlussrückschlagventil n [pow]
stop and tail lamp, combined - Bremsschlussleuchte f [tra]
stop block Endsicherung f [tec]; Puffer m (z.B. Kranbahn) [tec]
stop bolt Arretierbolzen m [tec]
stop buffer Anschlagpuffer m [prc]
stop button Stopptaster m [mbt]
stop cam Anschlagnocken m (z.B. an Dichtungen) [tec]
stop cock Absperrhahn m; Abstellhahn m
stop collar Anschlagbund m [tec]
stop device Anschlageinrichtung f [tec]
stop disk Anlaufscheibe f [tec]
stop lever Abstellhebel m; Anschlaghebel m [tec]
stop light switch; hydraulic Bremslicht-Öldruckschalter m [tra]
stop limit bar Anschlagleiste f [tec]
stop line Haltelinie f (Straße) [tra]
stop mechanism Abstellvorrichtung f
stop off absperren v
stop order Sperrvermerk m [eco]
stop pin Anschlagbolzen m [tec]; Anschlagstift m
stop plate Anschlagplatte f [tec]; Anschlagblech n [tec]
stop plate, axle - Achshalterung f [tec]
stop position Aus-Stellung f (Schalter) [tec]
stop rail Anschlagschiene f [tec]
stop screw Anschlagschraube f [tec]; Arretierschraube f [tec]
stop sign Stoppschild n [tra]
stop signal Haltesignal n [tra]; Stoppsignal n [tra]
stop signs, road with - Stoppstraße f [tra]
stop spring Sicherungsfeder f [tec]
stop switch Abstellschalter m
stop valve Schnellschlussklappe f [pow]; Absperrhahn m; Absperrventil n; Sperrventil n [prc]
stop washer Sicherungsscheibe f (Unterlegscheibe) [tec]
stop, come to a - auslaufen v (zum Stehen kommen)
stop, fixed - fester Anschlag m [tec]
stop, positive - Festanschlag m [tec]
stop-light Stopplicht n [tra]
stop-over Haltepunkt m [tra]
stop-watch Stoppuhr f [any]

stopcock Ausflusshahn *m* [was]; Hahn *m* [was]; Sperrhahn *m* [prc]
stopcock grease Hahnfett *n* [met]
stope Strosse *f* (unter Tage; oben: Kalotte) [roh]
stopgap Notlösung *f*; Behelf *m* (Notlösung)
stopover Zwischenlandung *f* [tra]
stoppen verschließen *v* (abdecken)
stopper Flaschenverschluss *m*; Pfropfen *m* (Flasche etc.); Stöpsel *m*; Stopfen *m*; Verschlussstopfen *m* [prc]; Distanzstück *n* [tec]; Verschlusselement *n* [tec]
stopper plug Stopfen *m*
stopping Sperrung *f*; Aufenthalt *m* (des Zuges im Bahnhof) [tra]
stopping distance Anhalteweg *m* (Auto) [tra]
stopping point Haltepunkt *m* [tra]
stopping, without - unterbrechungsfrei
storability Lagerfähigkeit *f*
storage Aufbewahrung *f*; Bevorratung *f*; Einlagerung *f* (Lagerung); Lagerhaltung *f*; Lagerung *f* (Material); Speicherung *f*; Speicher *m*; Vorrat *m*; Lager *n* (Bestand); Materiallager *n*; Speichern *n*
storage address Speicheradresse *f* (Software) [edv]
storage basin Tank *m*; Reservoir *n*; Rückhaltebecken *n* (z.B. Regenwasser) [was]; Speicherbecken *n* [was]; Staubecken *n* [was]
storage battery Sammlerbatterie *f* [elt]; Speicherbatterie *f* [elt]; Akkumulator *m* [elt]; Sammler *m* (Batterie) [elt]
storage battery cell Akkumulatorzelle *f* [elt]; Akkumulatorenelement *n* [elt]
storage battery truck Elektrokarren *m* [tra]
storage battery voltage Akkumulatorspannung *f* [elt]
storage bin Baustellensilo *m* [bau]; Vorratsbehälter *m*; Vorratssilo *m*
storage capacity Lagerkapazität *f* (Material); Speicherkapazität *f* [edv]; Speichervermögen *n*
storage cell Sekundärelement *n* [elt]
storage cistern Wasserzisterne *f* [was]
storage container Lagerbehälter *m*
storage cost Lagerkosten *pl* [eco]
storage dam Speicherdamm *m* [was]
storage facility Speicher *m*
storage ground, open - Freilagerplatz *m*
storage heater Heißwasserspeicher *m* [pow]; Speicherheizgerät *n* [pow]
storage hopper Vorratssilo *m*
storage house, cold - Kühlhaus *n*
storage lake Stausee *m* [was]
storage life Lagerbeständigkeit *f* (Lebensdauer); Lagerzeitraum *m*
storage of energy Energiespeicherung *f* [pow]
storage of wastes Verbleib von Abfall *m* [rec]
storage place Ablage *f* (Vorrichtung)
storage power plant Speicherkraftwerk *n* [pow]
storage power station Speicherkraftwerk *n* [pow]
storage requirements Speicherplatzbedarf *m* (Software) [edv]
storage reservoir Rückhaltebecken *n* [was]
storage room Depot *n* (Lagerraum)
storage room, cold - Kühlraum *m*
storage silo Speichersilo *m* [prc]
storage space Lagerraum *m* (Material)
storage space for hazardous goods Lagerraum für Gefahrstoffe *m*
storage space heater elektrischer Speicherofen *m* [pow]
storage stage Speicherstufe *f* [edv]
storage tank Lagerbehälter *m*; Lagertank *m*; Sammelbehälter *m*; Speicher *m* [was]; Speicherbehälter *m* [prc]
storage tanks Tanklager *n* [pow]
storage technology Speichertechnik *f* [edv]
storage unit Speichereinheit *f* [edv]
storage vessel Speicherbehälter *m* [prc]; Vorratsbehälter *m*; Lagergefäß *n*; Standgefäß *n*; Vorratsgefäß *n*
storage water heater, electric - Elektroheißwasserspeicher *m* [elt]
storage winch Speicherwinde *f* [mbt]
storage yard Lagerfläche *f* (Material)
storage, addressable - adressierbarer Speicher *m* [edv]
storage, addressed - adressierbarer Speicher *m* [edv]
storage, sequential - sequentielle Speicherung *f* (Software) [edv]
store Abstellraum *m*; Laden *m*; Vorratsraum *m*; Geschäft *n* ((A) Laden); Lagerhaus *n* (Material)
store abspeichern *v* [edv]; aufbewahren *v*; einlagern *v*; lagern *v* (Material); magazinieren *v*; speichern *v*; speichern *v* [edv]
store closing time Ladenschluss *m*
store up anlagern *v* (anhäufen)
store-room Kammer *f*; Vorratskammer *f*; Abstellraum *m*; Lagerraum *m* (Material); Vorratsraum *m*
stored gespeichert [edv]
stored program gespeichertes Programm *n* [edv]
storehouse Schuppen *m* [bau]; Speicher *m* [eco]; Lagergebäude *n* (Material); Lagerhaus *n* (Material); Magazin (Lager); Warenlager *n* (Gebäude) [eco]
storey Etage *f* [bau]; Stock *m* [bau]; Deck *n* (Parkdeck) [tra]; Geschoss *n* (Stockwerk) [bau]; Stockwerk *n* [bau]
storey height Geschosshöhe *f* [bau]
storey, add a - aufstocken *v* [bau]
storing Lagerung *f* (Material)
storing properties Lagerfähigkeit *f*
storm Sturm *m* [wet]; Gewitter *n* [wet]; Unwetter *n*
storm channel Flutrinne *f* [was]
storm damage Sturmschaden *m*
storm drain Regenwasserleitung *f* [was]; Regenkanal *m* [was]; Regenwasserdrän *m* [was]
storm sewage Regenabwasser *n* [was]
storm sewer Regenabwasserleitung *f* [was]
storm sewer system Oberflächenentwässerung *f* [was]; Regenentwässerung *f* [was]; Regenwassersammelsystem *n* [was]
storm surge Sturmwelle *f* [wet]

storm tide Sturmflut *f* [wet]
storm tie-down Sturmsicherung *f* [bau]
storm window äußeres Doppelfenster *n* [bau]; Schutzfenster *n* [bau]; Vorfenster *n* [bau]
storm-cloud Gewitterwolke *f* [wet]
storm-water Regenwasser *n*
storm-water collection tank Regenbecken *n* [was]
storm-water overflow tank Regenüberlaufbecken *n* [was]
storm-water retention tank Regenrückhaltebecken *n* [was]
storm-water run-off Regenwasserabfluss *m* [was]
storm-water settling tank Regenklärbecken *n* [was]
stormy stürmisch
stout dick (z.B. Baum); robust (sehr gut gebaut, z.B. Schiff); stark (dick)
stout-walled starkwandig
stove Heizofen *m* [pow]; Herd *m*; Ofen *m* (Haushalt)
stove einbrennen *v* (Farben, Lacke)
stove coke Abfallkoks *m* [rec]
stove door Ofenklappe *f* (Ofentür)
stove flue Ofenrohr *n*
stove heating Einzelheizung *f* [pow]; Ofenheizung *f* [pow]
stove pipe Ofenrohr *n*
stove, heating by - Ofenheizung *f* [pow]
stoving enamel Einbrennlack *m* [che]
stoving finish Einbrennlack *m* [che]
stoving kiln for enamelling Emaillierofen *m* [che]
stoving lacquer Einbrennlack *m* [che]
stoving varnish Einbrennlack *m* [che]
stow stauen *v* (verladen) [tra]
stowage compartment Transportabteil *n* [tra]
stowing material Verfüllungsmittel *n* [met]
straddle loader Portalfahrzeug *n* [tra]
straddling dowel Spreizdübel *m* [bau]
straight aufrecht (nach oben, auch ehrlich); gerade (Linie); geradlinig; klar (eindeutig); unmittelbar
straight arch gerader Bogen *m* [bau]
straight bevel gear Geradzahnkegelrad *n* (Getriebe) [tec]
straight connector Verbindungsstück *n* (gerades -) [tec]
straight coupling Durchgangsverschraubung *f* [tec]; Gewindemuffe *f* [tec]
straight differential Stirnraddifferential *n* [tec]
straight dowel pin Zylinderpassstift *m* [tec]
straight edge gerade Kante *f*; Richtlatte *f* (Richtscheit) [any]
straight flank gear Zahnrad mit geraden Flanken *n* [tec]
straight grinding machine Geradschleifer *m* [wzg]
straight guide Geradführung *f*
straight joint Stoßfuge *f* [tec]; stumpfer Stoß *m* [tec]; Stumpfstoß *m* [tec]
straight line Fluchtlinie *f* [con]; Gerade *f* [mat]
straight neck zylindrischer Laufzapfen *m* [tec]
straight pin Zylinderstift *m* [tec]
straight pin, grooved - Zylinderkerbstift *m* [tec]

straight pipe thread zylindrisches Rohrgewinde *n* [tec]
straight ring, grooved - gerader Kerbstift *m* [tec]
straight seated bearing Lager mit festem Sitz *n* [tec]
straight shank Zylinderschaft *m* [tec]
straight tooth wheel geradverzahntes Rad *n* [tec]
straight weld Längsnaht *f* [wer]
straight welding tee Einschweiß-T-Stück *n* [tec]
straight-line linear
straight-lined gerade (Linie)
straight-through reactor Durchlaufreaktor *m* [prc]
straight-through valve Durchgangsventil *n* [prc]
straight-tooth geradzahnig (Getriebe) [tec]
straighten ausbeulen *v* [wer]; ausrichten *v* (gerade richten) [wer]; begradigen *v*; gerade richten *v*; gleichrichten *v* (ausrichten); richten *v* (ausrichten) [wer]; strecken *v* (gerade machen)
straightening Begradigung *f*
straightening force Richtkraft *f* [tec]
straightening machine Richtmaschine *f* (Blech nach Schneiden) [wer]
straightening press Richtpresse *f* (nach Verformung) [wer]
straightening roller machine Richtwalzmaschine *f* [wer]
straightening with rollers Richtwalzen *n* [wer]
straightforward unproblematisch
straightness Geradheit *f*; Geradlinigkeit *f*
straightness deviation Geradheitsabweichung *f* [con]
straightway valve Durchgangsarmatur *f* [prc]
strain Beanspruchung *f* (mechanische Belastung) [con]; Belastung *f* (mechanisch); Dehnung *f* (Spannung); Formänderung *f*; Spannung *f* (Beanspruchung); Verdehnung *f* [met]; Zug *m* (z.B. Zugbeanspruchung) [phy]; Deformieren *n*
strain belasten *v* (strapazieren); dehnen *v* (spannen); durchgießen *v*; durchsieben *v*; filtern *v*; filtrieren *v*; läutern *v* [che]; seihen *v* [prc]; spannen *v* (belasten)
strain disc Spannungsscheibe *f* [tec]
strain gauge Dehnungsmessstreifen *m* [any]
strain limit Streckgrenze *f* [met]
strain measurement Dehnungsmessung *f* [any]
strain relief Zugentlastung *f* [met]; Zugelement *n* (Kabel)
strain relief shackle Zugentlastungsbügel *m* [tec]
strain washer Spannscheibe *f* [tec]
strain wave Druckwelle *f* [phy]
strain-hardened kalt verfestigt [met]
strain-hardening Kaltverfestigung *f* [met]
strained abgefiltert
strainer Kieshaube *f* [was]; Filter *m* (Sieb); Saugfilter *m* [was]; Seiher *m* [prc]; Siebeinsatz *m* [prc]; Siebfilter *m* [prc]; Filtersieb *n* [prc]; Sieb *n* [prc]
strainer insert Siebeinsatz *m* [prc]
straining Filtration *f*; Filtrierung *f*; Läutern *n* [met]
straining überlasten *v*
straining bag Filtriersack *m*
straining chamber Filterkammer *f*
straining cloth Filtriertuch *n*

straining filtration Siebfiltration f [prc]
strainless spannungsfrei [phy]
strait Meerenge f; Meeresstraße f; Straße f (Meer) [tra]
strake Schuss m (Behälter u.a.) [prc]
strand Ader f (Kabel) [elt]; Litze f (Einzeldraht) [elt]; Strähne f (Haare); Strand m (Flussufer); Trum n (Kette) [tec]
strand verseilen v
strand of chain Kettentrum n [tec]
strand pull Trumkraft f [tec]
strand works Seeuferbau n [bau]
stranded copper ribbon Kupfergewebeband n [elt]
stranded rope, round - Rundlitzenseil n [tec]
stranded wire Litze f [elt]
strange fremd
strap Gurt m (Band); Riemen m; Verpackungsband n (Stahl) [met]
strap bolt Bügelschraube f [tec]
strap brake Bandbremse f [tec]
strap conductor Stegleitung f [elt]
strap hinge Bandscharnier n [tec]; Gelenkband n [tec]
strap rail Flachschiene f [tec]
strap steel Bandstahl m [met]
strapped joint Laschenverbindung f [tec]; Laschenstoß m [tec]
strapping Verpackung f (in Blechband); Verpackungsband n (Stahl) [met]
strapping head Umreifungskopf m [tec]
strapping machine Umreifungsmaschine f [wer]
strapping seal Verschlusshülse f
strapping tool Umreifungsgerät n [wer]
strapping tools and machines Verpackungsgeräte pl [wer]
strapping wire Umreifungsdraht m [wer]
strata Erdschichten pl [bod]
strata of the earth Erdschichten pl [bod]
strategic strategisch
strategy Strategie f
stratification Schichtung f (Untergrund) [geo]; Stratifikation f [geo]; Schichtenverlauf m (im Gestein) [geo]
stratified geschichtet [geo]; schichtenweise
stratified rock Schichtgestein n [geo]
stratify schichten v [geo]; überschichten v
stratigraphy Gesteinskunde f (Schichten-) [geo]
stratum Erdschicht f [bod]; Gesteinsschicht f [geo]; Lage f [geo]; Schicht f (Gestein) [geo]; Flöz n [roh]; Lager n (Schicht) [geo]
stray diffus (vereinzelt)
stray current Störstrom m [elt]
stray field Streufeld n [elt]
stray field transformer Streufeldtransformator m [elt]
stray power Verlustleistung f [pow]
stray value Ausreißer m (Meßwert) [any]
streak Ader f (Holz); Strähne f (Zeit); Streifen m (Strähne); Strich m (Streifen)

streak stricheln v [con]
streaky streifenförmig
stream Strömung f; Bach m; Fluss m (Gewässer); Strahl m (Wasserstrahl); Strom m (Fluss); Strom m (Strömung); fließendes Gewässer n [was]
stream strömen v
stream centre line Flussachse f
stream cleaning plant Flusskläranlage f [was]
stream down abströmen v
stream gauge Wasserstandsmarke f [any]; Pegel m [was]
stream gravel Flusskies m [bod]
stream in anströmen v; einströmen v
stream of air Luftstrom m [air]
stream out ausströmen v (ausfließen); entströmen v
stream through durchströmen v
stream water Flusswasser n
streamline stromlinienförmig [prc]
streamline Stromlinie f [prc]
streamline motion laminare Strömung f [prc]
streamlined stromlinienverkleidet [tra]
streamlined form Stromlinienform f
streamlining Schürze f (eines Bahnwagens) [tra]; Stromlinienverkleidung f [tra]
street Ortsstraße f [tra]; Straße f (Stadt-) [tra]
street cleaning Straßenreinigung f [rec]
street cleaning magnet Straßenreinigungsmagnet m [rec]
street cleaning residues Straßenreinigungsabfälle pl [rec]
street cleansing Straßenreinigung f [rec]
street drainage Straßendrainage f [was]
street flusher Straßensprengwagen m [rec]
street gutter Straßenabflussrinne f [bau]
street inlet Gully m [was]; Straßeneinlauf m [was]
street lamp Peitschenlampe f [tra]; Straßenlampe f [tra]
street light Laterne f (Straßen-)
street lighting Straßenbeleuchtung f [tra]
street noise Straßenlärm m [aku]
street pavement Straßenbefestigung f [bau]
street plan Straßenkarte f; Stadtplan m
street plate Straßenplatte f [bau]
street running parallel Parallelstraße f [tra]
street sweeper Straßenkehrmaschine f [rec]
street sweeping Straßenreinigung f [rec]
street sweepings Straßenkehricht m [rec]; Straßenräumgut n [rec]
street sweepings, vehicle for collecting - Kehrichtsammelfahrzeug n [rec]
street technical facilities Straßenbetriebsdienste pl [rec]
street vehicle rim Straßenfahrzeugfelge f [tra]
street-name sign Straßenschild n [tra]
street-sprinkler Sprengwagen m [tra]
street-sprinkling vehicle Straßensprengfahrzeug n [rec]
street-sweeping vehicle Kehrfahrzeug n [rec]
street-washing vehicle Waschfahrzeug n [rec]

streetcar Bahn f ((A) Straßenbahn) [tra]; Elektrische f (Straßenbahn) [tra]; Straßenbahn f [tra]; Tram f (Trambahn) [tra]
strength Festigkeit f (Material-); Kraft f (Festigkeit) [phy]; Massivität f; Stärke f (Kraft); Widerstandsfähigkeit f
strength at low temperatures Kältefestigkeit f [met]
strength ceiling Grenzfestigkeit f [met]
strength factor Festigkeitskennwert m [met]
strength increase Festigkeitsgewinn m
strength limit Bruchgrenze f [met]; Festigkeitsgrenze f [met]
strength of blow Schlagstärke f [phy]
strength of materials Werkstofffestigkeit f [met]; Materialfestigkeit m [met]
strength properties Festigkeitseigenschaften pl
strength range Festigkeitsbereich m
strength test Festigkeitsprüfung f [any]
strength test, dry - Trockenfestigkeitsversuch m [any]
strength, adhesive - Haftfestigkeit f [met]; Klebefestigkeit f; Klebkraft f
strength, dynamic - dynamische Festigkeit f
strength, natural - Eigenfestigkeit f [met]
strengthen anreichern v (verstärken); bestärken v (stärken, festigen); stärken v (kräftigen); verfestigen v (verstärken) [tec]; verstärken v (Festigkeit) [met]; versteifen v (verstärken) [tec]
strengthened verstärkt [met]
strengthening Stärkung f; Verfestigung f (Verstärkung) [tec]; Verstärkung f (Festigkeit) [met]; Versteifung f (Verstärkung) [tec]
strengthening ring Versteifungsring m [tec]
stress Anstrengung f (körperliche Anstrengung); Beanspruchung f (mechanische Belastung) [con]; Belastung f (mechanisch); Belastung f (psychisch) [hum]; Materialbeanspruchung f [met]; Spannung f (Druck-) [phy]; Zug m (mechan. Belastung) [phy]
stress beanspruchen v (mit Lasten ...); belasten v (mechanisch); spannen v (belasten); stressen v
stress analysis Baustatik f [bau]; Festigkeitsberechnung f [con]; Festigkeitsnachweis m [any]
stress by noise Geräuschbelastung f [aku]
stress calculation Festigkeitsauslegung f [con]; Spannungsberechnung f
stress concentration Zugvorspannung f [tec]
stress corrosion Spannungskorrosion f [met]
stress corrosion cracking Spannungsrisskorrosion f [met]
stress crack Spannungsriss m [met]
stress cycle number Lastwechselzahl f
stress diagram Kräfteplan m [bau]
stress distribution Spannungsverteilung f [phy]
stress factor Stressfaktor m [hum]
stress for the operator Steuerungsanstrengung f (des Fahrers) [tra]
stress limit Grenzbelastung f [met]

stress measurement Spannungsmessung f (mechanisch) [any]
stress on the environment Umweltbeanspruchung f
stress range Beanspruchungsbereich m
stress reaction Stressreaktion f [hum]
stress relieve spannungsarm glühen v [wer]
stress reversal Wechselbeanspruchung f [met]
stress situation Stresssituation f [hum]
stress state Spannungszustand m [phy]
stress test Vollbetrieb m (ganz erprobt, z.B. Motor)
stress value statischer Wert m [met]
stress wave Spannungswelle f [tra]
stress, additional - Zusatzbeanspruchung f [met]
stress, adhesive - Haftspannung f [phy]
stress, admissible - zulässige Beanspruchung f
stress, allowable - zulässige Beanspruchung f
stress, design - zulässige Spannung f [phy]
stress, natural - Eigenspannung f [phy]
stress, state of - Spannungszustand m [phy]
stress, type of - Belastungsfall m
stress-anneal ausglühen v (spannungsfrei glühen) [roh]
stress-free spannungsfrei [phy]; spannungslos [phy]
stress-number curve Dauerfestigkeitsschaubild n
stress-relieve warm behandeln v (z.B. Metall) [wer]
stress-relieved entspannt
stress-relieving Warmbehandlung f (wird spannungsfrei) [wer]
stress-relieving anneal Entspannungsglühen n [wer]
stress-rupture test Zerreißversuch m [any]
stress-strain diagram Spannungs-Dehnungs-Diagramm n [met]
stressability Belastbarkeit f (mechanisch)
stressed angespannt (überarbeitet); beansprucht; belastet
stressed unter Spannung f [phy]
stressed, highly - hoch beansprucht
stressing tendon Spannglied n [bau]
stressing unit Spannglied n [bau]
stretch Ausdehnung f (Spanne); Bruchdehnung f [met]; Streckung f; Teilstrecke f (Straße) [tra]; Verstreckung f [met]
stretch aufweiten v; ausdehnen v (strecken, ausbreiten); dehnen v (strecken); erstrecken v (sich ausdehnen); längen v (strecken); nachgeben v (sich dehnen); recken v [wer]; spannen v (strecken); strecken v (gerade machen); strecken v (verlängern); verlängern v (dehnen); verstrecken v (Kunststofffäden) [met]; weiten v (strecken) [wer]; ziehen v (dehnen)
stretchable seal überziehbare Dichtung f
stretched straff (gedehnt)
stretched shaft Dehnschaft m [tec]
stretcher Krankentrage f [hum]; Tragbahre f (für Kranke) [hum]; Trage f (z.B. bei der Feuerwehr); Läufer m (Mauerstein) [bau]; Rahmen m (Spannrahmen)
stretcher leveller Streckmaschine f (Blech) [wer]
stretcher roller Spannrolle f [tec]

stretching 670

stretching Dehnung *f* (Streckung); Spannung *f* (Spannen); Ausziehen *n*
stretching line Reckanlage *f* (Kunststoff)
stretching wire Spanndraht *m* [tec]
stria Schliere *f* [opt]
striation Schlierenbildung *f* [opt]
strict streng
strict conformity strikte Übereinstimmung *f* (mit Gesetz) [jur]
strike Ausstand *m* (Arbeitskampf) [eco]; Streik *m* [eco]
strike abbauen *v* (abbrechen); auftreffen *v*; hämmern *v*; hauen *v* (schlagen); schlagen *v*; streiken *v* [eco]; treffen *v* (schlagend)
strike leaders Streikleitung *f* [eco]
strike off abstreifen *v* [bau]
strike on aufprallen *v*
strike through durchstreichen *v* (Textverarbeitung)
strike, right to - Streikrecht *n* [jur]
strike, weak - schwache Prägung *f* (Münzen)
strike-through Durchstreichung *f* (Textverarbeitung)
striker Hammerbär *m* [wzg]; vorderer Anschlag *m* (Kupplerarmführung)
striking Schlagen *n*
striking mechanism Schlagwerk *n* (Uhr) [tec]
striking plate Schließblech *n* [tec]
striking surface Reibfläche *f* (z.B. im Türschloss)
striking-off edge Abstreifkante *f* [bau]
string Kette *f* (Software) [edv]; Kordel *f*; Saite *f*; Schnur *f*; Zeichenkette *f* [edv]
string bead Strichraupe *f* [wer]
string bead technique Strichraupentechnik *f* [wer]
string bead welding Strichraupenschweißen *n* [wer]
stringer Längsversteifung *f* [tec]; Wange *f* (Treppe) [bau]; Holm *m* (Treppe) [bau]; Längsspant *m* [tec]
stringing Reihung *f*; Verschnürung *f*
stringy zäh (faserig) [met]; zähflüssig [met]
strip Leiste *f* (Streifen); Randleiste *f*; Streifen *m* (Band); Band *n* (Streifen); Führungsband *n* [tec]
strip abbeizen *v* (Anstrich) [che]; absiolieren *v* (Draht) [elt]; abtragen *v* (Schichten) [bod]; abwaschen *v* (Anstrich); auseinander nehmen *v* (demontieren) [rec]; ausreißen *v* (Gewinde) [wer]; demontieren *v* (Schalung) [bau]; lockern *v* (Schraube); streifen *v*; strippen *v*; überdrehen *v* (Gewinde) [wer]
strip building Reihenbebauung *f* [bau]
strip chart recorder Blattschreiber *m* [any]
strip down abbauen *v* (Schalung) [bau]; auseinander nehmen *v* [rec]
strip footing Streifengründung *f* [bau]
strip form Streifenform *f*
strip heater Heizband *n* [elt]
strip iron Bandeisen *n* [met]
strip light Röhrenlampe *f* [elt]; Neonlicht *n* [elt]
strip material Bandmaterial *n* [met]
strip mill, cold - Kaltwalzwerk *n* [roh]
strip mill, hot - Warmbreitbandstraße *f* [roh]
strip mining Tagebau *m* [roh]; Übertageabbau *m* [roh]; Tagebaubergwerk *n* [roh]
strip passage furnace Banddurchziehofen *m* [prc]
strip steel Bandstahl *m* [met]
strip working machine Bandbearbeitungsmaschine *f* [wzg]
strip, hot - Warmband *n* [roh]
strip-insulation pliers Abisolierzange *f* [elt]
stripe design coating Streifenlackierung *f* (für Bandstahl) [wer]
striped streifenförmig
striped pattern Streifenmuster *n*
strippable varnish Abziehlack *m* (Klarlack, chemisch. härtend) [met]
stripper Abbeize *f* (Farbe) [che]; Abisolierzange *f* [wzg]; Abwurfvorrichtung *f*; Abbeizer *m* [bau]; Abstreifer *m* [bau]; Lackentferner *m* [met]; Stripper *m*; Ablaugmittel *n* [che]; Beizmittel *n* (für Farbe) [che]
stripper plate Abstreifwand *f* [tec]
stripping Ablösung *f* (mechanische -) [met]; Demontage *f* (Schalung) [bau]; Abisolieren *n* [elt]; Abtragen *n* (Schichten, Abraum, Kohle) [bod]; Abtragen der Vegetationsschicht *n* [bod]; Abziehen *n*; Austreiben *n* [che]; Strippen *n*
stripping apparatus Abisoliergerät *n* [elt]
stripping of overburden Abbau von Abraum *m* [roh]
stripping system Stripanlage *f*
stripping time Ausschalzeit *f* [bau]
strive streben *v*
stroboscope Stroboskop *n* [any]
stroke Anschlag *m* (Drucker); Hub *m* (Kolben); Schlag *m*; Strich *m* (Linie); Takt *m* (Motor) [tra]
stroke stricheln *v* (mit Strichen) [con]
stroke arresting device Hubbegrenzer *m* [tra]
stroke length Hublänge *f* (Verfahrweg) [tec]
stroke limitation Hubbegrenzung *f* [tra]
stroke limiter Hubbegrenzer *m* [tec]
stroke of piston Kolbenhub *m* [tra]
stroke of the spool Schieberweg *m* [tra]
stroke switch Hubbegrenzung *f* [tec]
stroke volume Hubraum *m* [tra]
stroke, effect of - Schlagwirkung *f* [phy]
stroke, length of - Hubhöhe *f* (Kolben) [tra]; Hublänge *f*
stroke-dotted line Strichpunktlinie *f* [con]
stroke-in Einfahren *n* (Kolbenstange) [tec]
stroke-out Ausfahren *n* (Kolbenstange) [tec]
stroking speed Stellgeschwindigkeit *f* [tec]
strong dauerhaft (kräftig, stark); fest (stark); gesund; haltbar (fest); intensiv; kräftig; schlagkräftig; standfest; stark (kräftig); widerstandsfähig (fest)
strong acid starke Säure *f* [che]
strong dampening starke Dämpfung *f*
strong earthquake Starkbeben *n* [geo]
strontium Strontium *n* (chem. El.: Sr) [che]
struck abgebaut (Gerüst) [bau]
structural baulich; konstruktiv; strukturell
structural alloy steel legierter Baustahl *m* [met]
structural alteration Bauveränderung *f* [bau]; Umbau *m*

structural analysis Baustatik *f* [bau]; statische Untersuchung *f* [con]; Strukturanalyse *f* (Chemie) [any]
structural arrangement Gefügeanordnung *f* [met]
structural change Strukturwandel *m*
structural component Bauteil *n* [con]
structural composition Gefügeaufbau *m* [met]
structural connection Verbindung von Bauteilen *f* [bau]
structural constitution Gefügeaufbau *m* [met]
structural construction system Konstruktionssystem *n* [con]
structural detail Konstruktionselement *n* [con]
structural element Bauelement *n* [con]; Baustein *n* (Einheit) [con]; Bauteil *n* [con]; Konstruktionsteil *n* [con]
structural engineer Statiker *m* [bau]
structural examination Gefügeuntersuchung *f* [any]
structural fastener Befestigungsmittel *n* [tec]
structural foam Integralschaumstoff *m* [met]
structural foam parts Strukturschaumteile *pl* (Kunststoff) [met]
structural formula Strukturformel *f* [che]
structural glass Glasbausteine *pl* [bau]
structural group Baugruppe *f* [con]
structural height Gebäudehöhe *f* (Bauhöhe) [bau]
structural inspection Bauprüfung *f* [jur]
structural insulating board Isolierbauplatte *f* [met]
structural ironwork Eisenkonstruktion *f* [tec]
structural lumber Kantholz *n* [met]
structural material Baustoff *m* [met]; Profil *n* (Halbzeug) [met]
structural material, chemical - künstlicher Baustoff *m* [met]
structural mechanics Baumechanik *f* [bau]
structural member Bauteil *n* [con]; Konstruktionsglied *n*
structural members strukturelle Bestandteile *m*
structural module Bauraster *n* [bau]; Rastermaß *n* [con]
structural part Baueinheit *f* [con]; Bauteil *n* [con]
structural plate Konstruktionsblech *n* [tec]
structural policy Strukturpolitik *f*
structural preservation Bautenschutz *m* [bau]
structural principle Aufbauprinzip *n*
structural section Formstahl *m* [met]; Profileisen *n* [met]
structural sheet iron Konstruktionsblech *m* [met]
structural sound insulation Körperschallisolierung *f* [aku]; baulicher Schallschutz *m* [aku]
structural steel Baustahl *m* [met]; Formstahl *m* [met]; Profilstahl *m* [met]
structural steelwork in tubular design Stahlrohrkonstruktion *f* [tec]
structural strength Gestaltfestigkeit *f* [met]; Standfestigkeit *f*
structural system Konstruktionssystem *n* [con]
structural terracotta Hohlziegel *m* [bau]
structural timber connector Holzdübel *m* [wer]

structural viscosity Strukturviskosität *f* [phy]
structural wood framing system Holzrahmenkonstruktion *f* [bau]
structurally viscose strukturviskos [phy]
structure Bauart *f*; Gliederung *f* (Aufbau); Konfiguration *f*; Konstruktion *f* (Aufbau); Struktur *f* (Gliederung); Struktur *f* (Konstruktion) [con]; Struktur *f* (Werkstoff) [met]; Textur *f* [met]; Zusammensetzung *f* (Aufbau); Aufbau *m* (Struktur); Bau *m* (Struktur) [bau]; Baukörper *m* [bau]; Bauwerk *n* [bau]; Gebäude *n* (Gefüge) [bau]; Gebilde *n* (Struktur); Gefüge *n* (Aufbau) [met]; strukturieren *v*
structure anlegen *v* (gestalten); aufbauen *v* (strukturieren); gliedern *v* (strukturieren)
structure analysis Strukturanalyse *f* [mat]
structure, abutting - anstoßende Konstruktion *f* [tec]
structure, acid-proof - Säureschutzbau *m* [bau]
structure, aerated - Porengefüge *n*
structure, air-inflated - Lufttragehalle *n* [bau]
structure, air-supported - Lufttragehalle *n* [bau]
structure-borne sound im Baukörper übertragener Schall *m* [aku]; Körperschall *m* [aku]
structure-borne-sound insulated körperschallisoliert [aku]
structure-borne-sound meter Körperschallmessgerät *n* [any]
structured gegliedert
structured film Mehrschichtfolie *f* [met]
structureless amorph; gefügelos [met]; strukturlos
structuring Gliederung *f* (das Gliedern); Strukturierung *f*
strut Spindel *f* (Strebe) [tec]; Spreize *f* [mbt]; Strebe *f* (Pfeiler, Stütze, Verbindung); Verstrebung *f* [tec]; Spriegel *m* [tra]; Stempel *m* (Strebe); Stützbalken *m* [tec]
strut versteifen *v* (verstreben) [tec]; verstreben *v* [wer]
struts Gestänge *n*
strutting Spreize *f* [mbt]; Versteifung *f* (Verstrebung) [tec]
stub Nase *f* (Stummel); Stichleitung *f* [elt]; Anschlussstutzen *m* [prc]; Kontrollabschnitt *m*
stub axle Steckachse *f* (z.B. mit Vielkeilprofil) [tra]; Achsschenkel *m* [tec]
stub shaft Flanschwelle *f* [tec]; Stechwelle *f* [tec]; Stummelwelle *f* [tec]; Zapfen *m* (Welle) [tec]
stub stack Schornstein *m* (kurzer Blechschornstein) [air]
stub tooth Stumpfzahn *m* [tec]
stubble Stoppel *f*
stucco Putzkalk *m* [met]; Stuck *m* [bau]
stuck, get - hängen bleiben *v*
stud Stiftschraube *f* [tec]; Anschlag *m* (als Begrenzung); Bolzen *m* (Nagel); Knopf *m*; Kontaktbolzen *m* [tec]; Schraubbolzen *m* [tec]; Stehbolzen *m* [tec]; Stift *m* (Nagel)
stud bolt Schaftschraube *f* [tec]; Stiftschraube *f* [tec]; Gewindebolzen *m* [tec]; Schraubenbolzen *m* [tec]; Stiftbolzen *m*

stud bolt, blind - blinder Gewindebolzen *m* [tec]
stud chain Stegkette *f* [tec]
stud driver Bolzenschießgerät *n* [wzg]
stud gun Bolzenschießgerät *n* [wzg]
stud hole Bolzenloch *n* [tec]
stud pipe coupling, angular male - Winkeleinschraubverschraubung *f* [tec]
stud protection cap Bolzenschutzkappe *f* [tec]
stud wear Stiftabzehrung *f* [tec]
stud weld Stiftschweißung *f* [wer]
stud welding Bolzenschweißen *n* [wer]
stud, adjusting - Justierstift *m*
studded verstiftet [tec]
studded chain Stegkette *f* [tec]
studded connection Blockflansch *m* [tec]
studded tyres Spikereifen *pl* [tra]
studio apartment Apartment *n* ((A)) [bau]; Studio *n* ((A)) [bau]
studio flat Apartment *n* ((B)) [bau]; Studio *n* ((B)) [bau]
study Analyse *f* [any]; Beobachtung *f*; Studie *f*; Untersuchung *f* (Forschung) [any]
study lernen *v*
study group Arbeitsgruppe *f*; Arbeitsausschuss *m* (Gruppe)
stuff Stoff *m* (Gewebe) [met]; Material *n* [met]; Zeug *n*
stuff abdichten *v* (verstopfen); pfropfen *v*; stopfen *v*
stuff mortar, fine - Feinkalkmörtel *m* [met]
stuffing Dichtung *f* (Füllung); Füllmasse *f* [met]; Füllung *f*; Packung *f* (Dichtung); Stopfen *n* (Abdichten)
stuffing box Stopfbuchse *f* [tec]; Wellendichtung *f* [tec]
stuffing box cock Packhahn *m* [tec]
stuffing box gland Stopfbuchsenbrille *f* [tec]
stuffing box lid Stopfbuchsendeckel *m* [tec]
stuffing box packing Stopfbuchspackung *f* [tec]
stuffing box ring Stopfbuchsenring *m* [tec]
stuffing machine Füllmaschine *f* [wer]
stuffy stickig (stickige Luft)
stump Strunk *m* [bff]
stump harvester Rodezahn *m* (Ausrüstung an Bagger, Lader) [mbt]
stunt hemmen *v* [bio]
sturdiness Festigkeit *f* (Haltbarkeit); Stabilität *f*
sturdy robust (kräftig); solide; stabil (fest)
sturdy design robuste Ausführung *f*
style Ausführung *f* (Art, Form); Bauart *f*; Bauweise *f* (Baustil) [bau]; Griffel *m* [bff]; Stichel *m* [wzg]; Stil *m*
style of architecture Bauweise *f* (Baustil) [bau]
stylus Abtastnadel *f* [any]; Nadel *f* (z.B. für Tonabnehmer) [edv]; Griffel *m* (Schreibgerät)
styrene multipolymer Styrol-Multipolymer *n* [met]
styrene plastic Styroplast *n* [met]
styrene polymerblends Styrol-Polymerblends *pl* [met]
styrene resin Styrolharz *n* [met]
styrene/acrylonitrile copolymer Styrol/Acrylnitril-Copolymer *n* [met]
styrene/butadiene rubber Styrol/Butadien-Kautschuk *m* [met]
styrene/butadiene-blockcopolymer Styrol/Butadien-Blockcopolymer *n* [met]
styrene/butadiene-copolymer Styrol/Butadien-Copolymer *n* [met]
styrol Styrol *n* [che]
suability Einklagbarkeit *f* [jur]
suable einklagbar [jur]
sub-base Packlage *f* (der Straße) [tra]
sub-category Unterklasse *f*
sub-critical pressure unterkritischer Druck *m* [phy]
sub-freezing temperature Minustemperatur *f*
sub-harmonic subharmonisch [phy]
sub-plate Montageplatte *f* [tec]
sub-plate mounting Grundplattenbefestigung *f* [tec]
sub-rack Baugruppenträger *m* [tec]
sub-station Schalthaus *n*
subarea Teilbereich *m* (Fläche)
subassemble vormontieren *v* [wer]
subassembled vormontiert [wer]
subassembly Teilmontage *f* [tec]; Unterbaugruppe *f* [elt]; Untergruppe *f* [tec]; Vormontage *f* [wer]
subassembly drawing Teilzusammenstellungszeichnung *f* [con]
subassembly part Baueinheit *f* [con]
subatomic particle Nuklearteilchen *n* [phy]
subbase Unterbau *m* (Straße) [tra]
subcast Stampfmasse *f* [met]
subcontinental subkontinental
subcontract Unterauftrag *m* [eco]
subcontracted assembly Fremdmontage *f* [wer]
subcontracted crushing Lohnmahlung *f* [eco]
subcontracted labour Leiharbeit *f* [eco]
subcontracted labourer Leiharbeiter *m* [eco]
subcontracted manufacture Fremdfertigung *f* [wer]
subcontracted processing Lohnverarbeitung *f*
subcontractor Subunternehmer *m* [eco]; Unterlieferant *m* [eco]
subcritical unterkritisch
subdistribution Unterverteilung *f* [elt]
subdistributor Unterverteiler *m* [elt]
subdivide aufteilen *v*; untergliedern *v*; unterteilen *v*
subdivided unterteilt
subdivision Einteilung *f* (Untergruppe); Unterteilung *f*
subdivision of functions Aufgabenteilung *f*
subduct unterschieben *v*
subdue abdämpfen *v* (Licht) [opt]
subdued matt (gedämpft)
subfeeder Nebenspeiseleitung *f* [elt]
subframe Etage *f* [pow]; Hilfsrahmen *m* [tec]; Untergestell *n* [tec]
subgrade Trasse *f* (erstes Planum für Straße) [bod]; Unterbau *m* (Eisenbahn) [tra]; Untergrund *m* (im Boden) [bod]; Straßenbett *n* [bau]
subgrade basement soil Baugrund *m* [bod]
subgroup Nebengruppe *f* [che]; Untergruppe *f* [hum]

subgroup feature Untergruppenmerkmal *n* (Schaden) [jur]
subhumid subhumid
subject abhängig (unterworfen)
subject Materie *f* (Thema); Betreff *m*; Gegenstand *m* (Thema); Inhalt *m* (Gegenstand); Fach *n* (Fachgebiet); Objekt *n*; Thema *n*
subject catalogue Schlagwortkatalog *m*
subject index Sachregister *n*
subject index number Sachnummer *f*
subject offer unverbindliches Angebot *n* [eco]
subject to instructions weisungsgebunden [eco]
subject to compulsory insurance versicherungspflichtig [jur]
subject to registration zulassungspflichtig [jur]
subject to, make - einer Prüfung unterziehen *v*
subjected to compression druckbeansprucht
subjected to tension zugbeansprucht [phy]
subjective subjektiv
subjectivity Subjektivität *f*
subjects taught Lehrstoff *m*
subjoinder Anhang *m* (Technik)
subjugate unterwerfen *v*
sublet manufacture Auswärtsfertigung *f*
sublimate Sublimat *n* [che]
sublimate sublimieren *v* [che]
sublimates Beschläge *pl* (Niederschlag) [che]
sublimating Sublimieren *n* [che]
sublimation Sublimation *f* [che]
sublimation point Sublimationspunkt *m* [che]
sublimation temperature Sublimationstemperatur *f* [che]
sublime sublimieren *v* [che]
submarine Unterseeboot *n* [tra]
submarine cable Seekabel *n* [elt]; Unterseekabel *n* [edv]
submerge in Wasser eintauchen *v*; tauchen *v* (etwas untertauchen); überschwemmen *v*; untertauchen *v*; versinken *v*
submerged überspült (von Wasser überschwemmt) [was]; untergegangen (Boot, Fahrzeug)
submerged depth Eintauchtiefe *f*
submerged-arc welding Tauchlichtbogenschweißung *f* [wer]
submerged-piston pump Tauchkolbenpumpe *f* [prc]
submerged-tube evaporator Tauchrohrverdampfer *m* [prc]
submersible lighting fitting Unterwasserleuchte *f* [elt]
submersible motor Tauchmotor *m* [prc]
submersible pump Tauchpumpe *f* [prc]; Unterwasserpumpe *f* [prc]
submersible turbo-generator Tauchgeneratorturbine *f* [pow]
submicroscopic kleiner als mikroskopisch; submikroskopisch
submission Unterziehung *f*
submission of particular evidence Prüfnachweise *pl* [jur]
submission, public - offene Ausschreibung *f* [eco]
submission, right of - Vortragsrecht *n* [jur]
submit abschicken *v*; aussetzen *v*; einreichen *v* (z.B. Vortraganmeldung); unterbreiten *v*; unterwerfen *v*; vorlegen *v*; vorschlagen *v*; zustellen *v* (postalisch)
submit an offer Angebot abgeben [eco]
submitted in writing, to be - schriftlich abzugeben
submitting an offer Angebotsabgabe *f* [eco]
submodule Teilmodul *m*
subnormal temperature Untertemperatur *f* [hum]
suborder Unterbestellung *f* [eco]
subordinate abhängig (untergeordnet); untergeordnet
subordinate unterordnen *v*
subordinate water authority untere Wasserbehörde *f* [jur]
subpressure zone Unterdruckgebiet *n* [wet]
subprogram Unterprogramm *n* (Software) [edv]
subroutine Unterprogramm *n* (Software) [edv]
subsample Teilprobe *f* (Chemie) [any]
subscriber Teilnehmer *m* (Dienstleistung)
subscriber's line Anschlussleitung *f* (Telefon) [edv]
subscript Index *m* [mat]
subscript indexieren *v* [mat]; indizieren *v*
subscripts Indizes *pl* (tiefgestellt) [mat]
subsection Fachgruppe *f*
subsequent anschließend (danach); nachfolgend; nachgeschaltet [prc]; nachträglich
subsequent charging Nachbeschickung *f* [prc]
subsequent cleaning Nachreinigung *f*
subsequent cost Nachfolgekosten *pl* [eco]
subsequent delivery Nachlieferung *f* [eco]
subsequent investment Folgeinvestition *f* [eco]
subsequent order nachträgliche Anordnung *f* (Verordnung) [jur]; Folgeauftrag *m* [eco]
subsequent supply Nachlieferung *f* [eco]
subsequent treatment Nachbearbeitung *f* [wer]; Weiterbehandlung *f*; Weiterverarbeitung *f*
subset Untermenge *f* [mat]; Untergerät *n* (Teilgerät)
subside abfallen *v* (sinken); abklingen *v* (nachlassen); abrutschen *v* (Boden) [bod]; absacken *v* (Boden); nachgeben *v* (absacken, nachlassen); nachlassen *v* (absacken); sich senken *v*; sinken *v* (senken)
subsidence Absackung *f* (Fläche); Senkung *f*; Absacken *n*
subsidence damage Senkungsschaden *m* [bau]
subsidence of soil Bodensenkung *f* [bod]; Erdsenkung *f* [bod]
subsidiarity Subsidiarität *f*
subsidiary sekundär; stellvertretend
subsidiary Zweigbetrieb *m* [eco]
subsidiary company Tochtergesellschaft *f* [eco]
subsidiary plant Zweigwerk *n* [eco]
subsidised subventioniert [eco]
subsidy Beihilfe *f* (Subvention); Subvention *f* [eco]; Zuschuss *m* [eco]
subsist existieren *v*
subsistence Überleben *n*

subsistence farming Landwirtschaft, die ausschließlich zur Eigenversorgung reicht *f* [far]
subsistence food Mindestnahrungsmenge *f*
subsistence level Existenzminimum *n*
subsistence minimum Lebenshaltungsminimum *n* [eco]
subsoil Baugrund *m* [bod]; Unterboden *m* [bod]; Untergrund *m* (Erde) [bod]; Erdreich *n* [bod]
subsoil irrigation Untergrundbewässerung *f* [was]
subsoil water Grundwasser *n* [was]
subsoil water level Grundwasserspiegel *m* [was]
subsoil water packing Grundwasserabdichtung *f* [bod]
subsoil water, lowering of - Grundwasserabsenkung *f* [was]
subsonic Unterschall *m* [aku]
subsonic speed Unterschallgeschwindigkeit *f* [phy]
subsonic turbine Unterschallturbine *f* [pow]
subspecies Subspezies *f* [bff]; Unterart *f* [bff]; Untergruppe *f* [bff]
substance Masse *f* (Stoff) [che]; Materie *f*; Substanz *f* [che]; Stoff *m* (Substanz) [che]; Bestandteil *n* (chemischer -) [che]; Material *n* [met]
substance constituting a water hazard wassergefährdender Stoff *m* [met]
substance cycle Stoffkreislauf *m*
substance metabolism Baustoffwechsel *m* [bio]
substance property Stoffwert *m* [met]
substance recycling stoffliche Verwertung *f* [rec]
substance, absorbing - Absorbens *n*
substance, accompanying - Begleitstoff *m*
substance, active - Wirkstoff *f* [met]
substance, adhesive - Klebemasse *f* [met]; Klebstoff *m* [met]
substance, adsorbed - Adsorbat *n*
substance, adsorbing - Adsorbens *n*
substance, concept of a - Stoffbegriff *m* [jur]
substandard minderwertig
substantial reichlich; umfangreich (Buch); wesentlich
substantiate begründen *v*; konkretisieren *v*
substation Nebenstelle *f*
substitute Behelf *m* (Ersatz); Ersatz *m* (Austausch); Surrogat *n*; Wechselstück *n*
substitute ablösen *v* (ersetzen); austauschen *v* (ersetzen); auswechseln *v* (durch Minderwertiges); einsetzen *v* (ersetzen); ersetzen *v*; substituieren *v*
substitute bearing Austauschlagermetall *n* [met]
substitute flaw Ersatzfehler *m* [met]
substitute fuel Ersatzbrennstoff *m* [pow]
substitute material Austauschwerkstoff *m* [met]; Ersatzstoff *m* [met]
substitute performance Ersatzvornahme *f*
substitute product Austauschprodukt *n*
substitute substance Ersatzstoff *m* [met]
substitute tool Austauschwerkzeug *n*
substituting substituierend
substituting Ablösung *f* (Ersetzen)
substitution Auswechslung *f*; Substitution *f*; Austausch *m* (Ersatz); Ersetzen *n*
substitution process Wechselverfahren *n*
substitution reaction Substitutionsreaktion *f* [che]; Verdrängungsreaktion *f* [che]
substitution system Austauschsystem *n*
substrate Grundwerkstoff *m* [met]; Träger *m* (Substanz) [met]; Grundmaterial *n* (Trägermaterial) [met]; Substrat *n* [che]; Trägermaterial *n* [any]
substrate inhibition Substrathemmung *f* [bio]
substratum Unterlage *f* (Untergrund) [geo]; Unterschicht *f* [geo]; Unterbau *m* (Straße) [tra]
substratum of landfill base Formation der Unterschicht der Deponie *f* [rec]
substructure Fundamentkonstruktion *f* [bau]; Unterbau *m* (Gebäude) [bau]; Unterbau *m* (Unterkonstruktion) [tec]; Fundament *n* (Unterbau, Widerlager) [bau]
substructures, sealing of - Basisabdichtung *f* [bod]
subsurface drainage Unterflurdränage *f* [was]
subsurface irrigation Unterflurbewässerung *f* [was]
subsurface sewage disposal system Abwasserversickerungsanlage *f* [was]
subsystem Subsystem *n* [bff]
subterranean unterirdisch
subterranean cable Erdkabel *m* [elt]; Untergrundkabel *n* [elt]
subterranean water unterirdisches Gewässer *n* [was]
subterraneous curtain Schlitzwand *f* [bau]
subtest Teilprüfung *f* [any]
subtle dünn
subtotal Zwischensumme *f* [eco]
subtract subtrahieren *v* [mat]
subtraction Subtraktion *f* [mat]
subtrahend Subtrahend *m* [mat]
subtropic subtropisch [wet]
subtropical subtropisch [wet]
subtropics Subtropen *pl* [wet]
suburb Vorstadt *f*; Randbezirk *m* (Stadt); Vorort *m*
suburban vorstädtisch
suburban railway Stadtbahn *f* [tra]; Vorortbahn *f* [tra]
suburban train Vorortzug *m* [tra]; Vorortzug *m* [tra]
subway Straßenunterführung *f* (Fußgänger) [bau]; Unterführung *f* (für Fußgänger) [bau]; Unterführung *f* (für Fußgänger) [bau]; Untergrundbahn *f* ((A)) [tra]
subway car U-Bahnwagen *m* [tra]
subway carriage U-Bahnwagen *m* [tra]
succeed nachfolgen *v*
success Erfolg *m*
success, prospect of - Erfolgsaussicht *m*
successful bewährt; erfolgreich
succession Aufeinanderfolge *f*; Folge *f* (Aufeinanderfolge); Nachfolge *f*; Reihe *f* (Folge); Reihenfolge *f*; Serie *f* (Folge)
succession of contacts Kontaktfolge *f* [elt]
successive aufeinander folgend; fortlaufend; hintereinander; nacheinanderfolgend
successive reaction Stufenreaktion *f* [che]

successor Nachfolger *m*
successor in title Rechtsnachfolger *m* [jur]
suck ansaugen *v* (Gemisch im Motor) [tra]; saugen *v*
suck away absaugen *v*
suck in ansaugen *v*; einsaugen *v* (Luft, Flüssigkeit)
suck up aufsaugen *v*
suction Sog *m* (Luft, Wasser); Unterdruck *m* [pow]; Ansaugen *n* (Luft pumpen) [air]
suction air Saugluft *f* [pow]
suction and delivery hose Saug- und Druckschlauch *m* [tec]
suction apparatus Ansaugvorrichtung *f*; Saugapparat *m*
suction bell Saugglocke *f* [tec]
suction characteristics Ansaugverhalten *n* (Pumpe) [prc]
suction cleaning Absaugen *n* (Reinigen)
suction conduit Saugleitung *f*
suction connection Saugstutzen *m* (Saugseite) [prc]
suction cup Saugnapf *m*
suction dredger Saugbagger *m* [mbt]
suction effect Sogwirkung *f* [tra]; Windwirkung *f* [wet]
suction fan Sauglüfter *m* [prc]; Saugzugventilator *m* [pow]; Ansauggebläse *n*
suction filter Nutsche *f* [che]; Nutschenfilter *m* [che]; Saugfilter *n* [pow]
suction filtration Saugfiltration *f* [pow]
suction flange Ansaugflansch *m* [prc]
suction force Saugkraft *f*; Soglast *f* [bau]
suction head Saughöhe *f*; Zulaufhöhe *f* (Pumpe) [prc]; Saugkopf *m* [mbt]
suction head dredger Saugkopfbagger *m* [mbt]
suction height Saughöhe *f*
suction hose Ansaugschlauch *m*; Saugschlauch *n*
suction line Saugleitung *f*
suction mouth Saugmund *m* [tec]
suction orifice Ansaugöffnung *f*
suction pipe Ansaugleitung *f*; Saugleitung *f*; Abfallrohr *n* [rec]; Absaugrohr *n*; Ansaugrohr *n*; Saugrohr *n*
suction point Absaugstelle *f* [was]
suction port Saugöffnung *f* [prc]
suction power Saugkraft *f*
suction pressure Ansaugdruck *m* (Motor) [tra]; Saugdruck *m* [phy]; Vordruck *m* (an Pumpe) [prc]
suction pump Ansaugpumpe *f*; Saugpumpe *f* [prc]
suction pyrometer Absaugepyrometer *n* [any]
suction side Saugseite *f* (Saugstutzen) [pow]
suction slide valve Saugschieber *m* [prc]
suction slot Absaugschlitz *m* [pow]
suction socket Sauganschluss *m* [prc]; Saugstutzen *m* [prc]
suction strainer Nutsche *f* [che]
suction system Ansaugsystem *n*
suction tube Saugleitung *f*; Ansaugrohr *n*; Saugrohr *n*
suction type pyrometer Absaugepyrometer *n* [any]
suction valve Saugventil *n* [tra]

suction valve bushing Saugventilbuchse *f* [tra]
suction valve cone Saugventilkegel *m* [tra]
suction valve cylinder Saugventilzylinder *m* [prc]
suction valve spring Saugventilfeder *f* [tra]
suction vehicle Saugfahrzeug *n* [rec]
suction ventilation Sauglüftung *f* [prc]
sudden plötzlich
sudden drop Sturz *m* (Abfallen)
sudden feeling of faintness Schwächeanfall *m* [hum]
sudden frost Frosteinbruch *m* [wet]
sudden temperature drop Temperatursturz *m*
sudden temperature variation Temperatursprung *m*
sue klagen *v* (bei Gericht) [jur]
sue for einklagen *v* [jur]
suet Talg *m* [met]
sufficient hinlänglich; hinreichend
sufficient suspicion hinreichender Tatverdacht *m* [jur]
suffocate ersticken *v*
suffocation Erstickung *f*
suffocation, danger of - Erstickungsgefahr *f*
suffocation, death from - Erstickungstod *m*
sugar Zucker *m*
suggest vorschlagen *v* (z.B. einen Handel)
suggestion Anregung *f*; Vorschlag *m*; Angebot *n* (Vorschlag) [eco]
suggestion bonus Prämie für Verbesserungsvorschlag *f* [eco]
suggestion for improvement Verbesserungsvorschlag *m* [eco]
suggestion for modification Änderungsvorschlag *m* [con]
suit Klage *f* (Zivilrecht) [jur]
suit sich eignen *v*
suit against a person, bring - Klage erheben gegen eine Person *v* [jur]
suitability Eignung *f* (Tauglichkeit); Zweckmäßigkeit *f*
suitability, certification of - Eignungsnachweis *m*
suitable angemessen; geeignet; passend; sinnvoll
suitable for any environment klimafest [met]
suitable for extension ausbaufähig
suitable for practical application praxisgerecht
suitable for recycling recyclinggerecht [rec]
suitableness Angemessenheit *f*
suite Flucht *f* (Zimmer-); Folge *f* (Aufeinanderfolge)
suited angepasst
sulfide Sulfid *n* [che]
sulfide ore sulfidisches Erz *n* [roh]
sulfidic sulfidisch [che]
sulfite liquor Sulfitlauge *f* [che]
sulfite lye Sulfitablauge *f* [rec]; Sulfitlauge *f* [che]
sulfite, acid - Bisulfit *n* [che]
sulfur Schwefel *m* (chem. El.: S) [che]
sulfur ausschwefeln *v* (desinfizieren)
sulfur balance Schwefelhaushalt *m*
sulfur chemical processes Schwefelchemie *f* [che]
sulfur compound Schwefelverbindung *f* [che]
sulfur content Schwefelgehalt *m*

sulfur fume Schwefelrauch *m*
sulfur kiln Schwefelbrennofen *m* [prc]; Schwefelofen *m* [prc]
sulfur pit Schwefelgrube *f* [roh]
sulfur removal Entschwefelung *f* [che]; Schwefelentfernung *f* [prc]
sulfur treatment Schwefelung *f* [che]
sulfur yellow schwefelgelb (RAL 1016) [nor]
sulfur, free from - entschwefeln *v* [che]
sulfur-containing schwefelhaltig
sulfur-free schwefelfrei
sulfurate schwefeln *v* [che]
sulfuretted geschwefelt [che]
sulfuric acid Schwefelsäure *f* [che]
sulfurization Schwefelung *f* [che]
sulfurize schwefeln *v* [che]
sulfurized geschwefelt [che]
sulfurizing Sulfurieren *n* [che]
sulfurous schwefelhaltig
sulfurous acid schwefelige Säure *f* [che]
sullage Asche *f* (Ablagerung); Schlammablagerung *f* [was]; Abfall *m* (Spülwasser) [rec]; häusliches Abwasser *n* [was]; Abwässer *pl* (Schmutzwasser aus Bad und Küche) [was]; häusliche Abwässer *pl* [was]
sulphur (siehe: sulfur)
Sulzer boiler Sulzerkessel *m* [pow]
Sulzer monotube boiler Sulzerkessel *m* [pow]
sum Summe *f* [mat]; Betrag *m* (Summe)
sum addieren *v* [mat]; summieren *v*
sum total gesamte Summe *f* [eco]; Gesamtsumme *f* [eco]
sum up addieren *v* [mat]
summand Summand *m* [mat]
summarize umreißen *v* (beschreiben); zusammenstellen *v*
summary summarisch
summary Inhaltsangabe *f*; Kurzfassung *f*; Übersicht *f* (Darstellung); Zusammenfassung *f*
summary application Eilantrag *m* [jur]
summary examination summarische Prüfung *f* [any]
summary proceedings Eilverfahren *n* [jur]
summation Addition *f* [mat]
summation effect Additionseffekt *m* [edv]
summer beam Sturzbalken *m* [tec]
summer break Sommerpause *f*
summer day Sommertag *m*
summer house Laube *f* (im Schrebergarten) [bau]; Gartenhaus *n* [bau]
summer operation Sommerbetrieb *m*
summer season Sommerhalbjahr *n*
summer smog Sommersmog *m*
summer time-table Sommerfahrplan *m* (von Bahn, Bus) [tra]
summer-time Sommerzeit *f* (Jahreszeit)
summit Kuppe *f* (Hügel); Spitze *f* (Gipfel); Gipfel *m* (Berg); Gipfelpunkt *m*; Höhenpunkt *m*
sump Ölwanne *f* (Auto) [tra]; Sumpf *m* [bod]; Sumpf *m* (des Motors; Ölsumpf) [tra]
sump hole Sickeranlage *f* [was]

sump of column Kolonnensumpf *m* [prc]
sump pump Schmutzwasserpumpe *f* [was]; Sumpfpumpe *f* [prc]
sun Sonne *f*
sun gear Sonnenrad *n* [tra]
sun glasses Sonnenbrille *f*
sun shade Sonnenblende *f* (Sonnenschirm); Schirm *m* (Sonnenschirm)
sun visor Sonnenblende *f* [tra]; Schirm *m* (Mütze ohne Kopfteil)
sun wheel Sonnenrad *n* (des Planetengetriebes) [tra]
sun-canopy Sonnendach *n* [bau]
Sundays and holidays Sonn- und Feiertage *pl*
sundries Verschiedenes *n* (kleinere Nebenposten)
sunflower oil Sonnenblumenöl *n*
sunk key Passfeder *f* [tec]; Einlegekeil *m* [tec]; Nutenkeil *m* [tec]
sunk well Senkbrunnen *m* [was]
sunlight Sonnenlicht *n*
sunrise Sonnenaufgang *m*
sunroof Schiebedach *n* [tra]
sunshade Sonnenschutz *m*; Sonnendach *n* [tra]
sunspot Sonnenfleck *m*
super super
super fine filter Feinstfilter *m* [prc]
super pressure turbine Höchstdruckturbine *f* [pow]
super-heated tube Überhitzungsrohr *n* (in Rauchrohr) [tra]
super-heating unit Überhitzungseinheit *f* (Dampflok) [tra]
super-sensitive höchstempfindlich
superalloy hochwarmfeste Legierung *f* [met]
supercharge aufladen *v* (Motor) [tra]; vorverdichten *v* (Gas) [tra]
supercharge pressure Ladedruck *m* (Motoraufladung) [tra]
supercharged engine Gebläsemotor *m* (Auto) [tra]; Kompressionsmotor *m* [pow]
supercharged motor Kompressormotor *m* [pow]
supercharger Aufladeeinrichtung *f* (Motor) [tra]; Lader *m* [tra]
supercharging Aufladung *f* (Motor) [tra]
superconduction Supraleitung *f* [phy]
superconductive supraleitend [phy]; supraleitfähig [phy]
superconductivity Superleitfähigkeit *f* [phy]; Supraleitfähigkeit *f* [phy]
superconductor Supraleiter *m* [phy]
supercooled liquid unterkühlte Flüssigkeit *f* [phy]
supercritical überkritisch
supercritical pressure überkritischer Druck *m* [phy]
supercritical water oxidation überkritische Nassoxidation *f* [prc]
superelastic superelastisch [phy]
superelevate überhöhen *v* (Kurve)
superelevated überhöht (z.B. Kurve) [tra]
superelevation Überhöhung *f* (z.B. der Eisenbahn-Kurve) [tra]
superficial oberflächlich

superficial contents Flächeninhalt *m*
superficial current Oberflächenstrom *m* [elt]
superficial hardness Oberflächenhärte *f* [met]
superficiality Oberflächlichkeit *f*
superfluous überflüssig (nicht benötigt)
supergroup Obergruppe *f*
superheated überhitzt
superheated steam Heißdampf *m*; Trockendampf *m* [pow]; Überhitzerdampf *m* [pow]; überhitzter Dampf *m*; überhitzter Wasserdampf *m* [pow]
superheated steam cooler Heißdampfkühler *m* [pow]
superheated steam fittings Heißdampfarmaturen *pl* [pow]
superheated steam outlet Heißdampfentnahme *f* [pow]; Heißdampfaustritt *m* [pow]
superheated steam reactor Heißdampfreaktor *m* [pow]
superheated steam turbine Heißdampfturbine *f* [pow]
superheated steam valve Heißdampfventil *n* [pow]
superheater Überhitzer *f* (Dampferzeuger) [pow]
superheater air valve Überhitzerentlüftung *f* [pow]
superheater connections Überhitzerverbindungsleitung *f* [pow]
superheater diaphragm Überhitzertrennwand *f* [pow]
superheater drain Überhitzerentwässerung *f* [pow]
superheater drain valve Überhitzerentwässerung *f* [pow]
superheater gas pass Überhitzerzug *m* [pow]
superheater header Überhitzersammler *m* [pow]
superheater heating surface Überhitzerheizfläche *f* [pow]
superheater manifold Überhitzerspinne *f* (auf Kesseldecke) [pow]
superheater outlet header Überhitzeraustrittssammler *m* [pow]
superheater outlet leg Sammelrohr *n* (z.B. von Überhitzer zu Sammler) [pow]
superheater pipe Überhitzerrohr *n* (Dampferzeuger) [pow]
superheater supporting tube Überhitzertragrohr *n* [pow]
superheater surface Überhitzerheizfläche *f* (Dampferzeuger) [pow]
superheater tube Überhitzerrohr *n* (Dampferzeuger) [pow]
superheater vent valve Überhitzerentlüftung *f* [pow]
superheater, horizontal - liegender Überhitzer *m* [pow]
superheating Überhitzung *f* [pow]
superheavy concrete Schwerstbeton *m* [met]
superhigh-pressure boiler Höchstdruckkessel *m* [pow]
superimpose aufsetzen *v* (oben draufsetzen); übereinander lagern *v*; überlagern *v* [phy]
superimposed aufgesetzt; übereinanderliegend
superimposition Überlagerung *f* [elt]
superinsulate hoch isolieren *v*
superintend beaufsichtigen *v* (überwachen)

superintendence Oberaufsicht *f*
superior höherwertig; überlegen (beherrschend)
superior Chef *m* (Vorgesetzter) [eco]; Vorgesetzter *m*
superior alloy steel Edelstahl *m* [met]
superior knowledge Informationsvorsprung *m*
superlative hervorragend
superpose übereinander lagern *v*; übereinander legen *v*; überlagern *v*
superposed turbine Vorschaltturbine *f* [pow]
superposition Überlagerung *f* [elt]
supersaturate übersättigen *v* [che]
supersaturated übersättigt [che]
supersaturation Übersättigung *f* [che]
superscript hochgestellt (Textverarbeitung)
superscript Hochstellung *f* (Textverarbeitung); Exponent *m* [mat]
superscripts Indizes *pl* (hochgestellt) [mat]
supersede verdrängen *v* (neuer sein)
superseded überholt (altes Modell)
supersonic Überschall *m* [aku]
supersonic aircraft Überschallflugzeug *n* [tra]
supersonic region Überschallbereich *m* [aku]
supersonic speed Überschallgeschwindigkeit *f* [tra]; Ultraschallgeschwindigkeit *f* [phy]
supersonic velocity Überschallgeschwindigkeit *f* [tra]
supersonic wave Ultraschallwelle *f* [phy]
supersonic welding apparatus Ultraschallschweißgerät *n* [wzg]
supersonic welding equipment Ultraschallschweißeinrichtung *f* [wzg]
superstruction Aufbau *m* (Überbau)
superstructure Oberbau *m* (Gebäude) [bau]; Oberwagen *m* (des Baggers, nackter Rahmen) [mbt]; Aufbauten *pl* (eines Schiffes) [tra]
superstructure and road bed Oberbau *m* (Eisenbahn) [tra]
supervise beaufsichtigen *v* (überwachen); kontrollieren *v* (überwachen); überwachen *v*
supervision Abfrage *f* (Überwachung) [any]; Beaufsichtigung *f*; Bewachung *f*; Dienstaufsicht *f* [eco]; Kontrolle *f* (Aufsicht); Oberleitung *f* (Aufsicht); Überwachung *f*
supervision equipment Leittechnik *f* [elt]
supervision of construction work Bauaufsicht *f* [bau]
supervision of instrumentation Betriebskontrolle *f*
supervision of the installation Anlagenüberwachung *f*
supervision on the operator's part betreibereigene Überwachung *f*
supervision under labour law arbeitsrechtliche Überwachung *f* [jur]
supervision under water management law wasserwirtschaftliche Aufsicht *f* [jur]
supervision, requiring - überwachungsbedürftig (Abfälle) [rec]
supervisor Fachgruppenleiter *m*
supervisory authority Aufsichtsbehörde *f*
supervisory board Aufsichtsbehörde *f*

supervisory circuit Kontrollschaltung *f*
supervisory equipment Kontrolleinrichtung *f*
supervisory facility Kontrolleinrichtung *f*
supervisory personnel Aufsichtspersonal *n*; Überwachungspersonal *n*
supervisory service Überwachungsleistung *f*
supervisory staff Überwachungspersonal *n*
supervisory steps Aufsichtsmaßnahmen *pl*
supervisory system Kontrollsystem *n*
supple geschmeidig (gelenkig) [met]
supplement Anhang *m* (Text); Nachtrag *m* (Anhang); Zusatz *m*; Zuschlag *m*
supplement ergänzen *v* (hinzufügen)
supplementary ergänzend; subsidiär; zusätzlich
supplementary agent Zusatzmittel *n* [met]
supplementary air Zusatzluft *f* [pow]
supplementary comment Erläuterung *f*
supplementary conditions Ergänzungsbedingungen *pl*
supplementary equipment Zusatzeinrichtungen *f*
supplementary generator Zusatzgenerator *m* [elt]
supplementary order ergänzende Anordnung *f* (Verordnung) [jur]; Nachbestellung *f* (zusätzlich) [eco]
supplementary power pack Zusatznetzteil *n* [elt]
supplementary sheet Beiblatt *n* (z.B. zu Norm) [nor]
supplementary weld Zusatzschweißnaht *f* [wer]
supplementary work Nachtragsarbeit *f*
supplementation Ergänzung *f*
suppleness Elastizität *f* (Geschmeidigkeit)
supplied accessories mitgeliefertes Zubehör *n*
supplied by customer Lieferung des Kunden *f* [eco]
supplied by hand handbeschickt
supplied parts Zulieferteile *pl* [eco]
supplied power zugeführte Leistung *f* [phy]
supplied quantity Liefermenge *f* [eco]
supplier Auftragnehmer *m* [eco]; Lieferant *m* [eco]
supplies Bereitstellung *f*; Hilfs- und Betriebsstoffe *m* [met]; Zubehör *n*; Hilfsmittel *pl*
supply Ausstattung *f* (Versorgung); Beschaffung *f* [eco]; Lieferung *f* [eco]; Versorgung *f* [pow]; Zuführung *f*; Zufuhr *f* (Versorgung); Zuleitung *f*; Nachschub *m*; Vorrat *m* (Versorgung, z.B. eines Werkes); Zufluss *m* (Versorgung); Zulauf *m*; Angebot *n* [eco]; Netz *n* (z.B. Stromversorgung) [elt]; Netz *n* (z.B. Wasserversorgung) [was]; Warenangebot *n* [eco]
supply beliefern *v* (versorgen mit); beschaffen *v*; einspeisen *v*; liefern *v*; speisen *v* (versorgen); versorgen *v*; zuführen *v* (versorgen mit); zuleiten *v*
supply air Zuluft *f* [air]
supply and demand Angebot und Nachfrage *n* [eco]
supply and demand, law of - Gesetz von Angebot und Nachfrage *n*
supply area Versorgungsgebiet *n*
supply bin Vorratssilo *m*
supply contract Liefervertrag *m* [eco]
supply contract, general - Rahmenliefervertrag *m* [eco]

supply controller Zulaufregler *m* [pow]
supply duct Zuleitungsrohr *n* [prc]
supply frequency Netzfrequenz *f* [elt]
supply grid Versorgungsnetz *n* [elt]
supply later nachliefern *v* [eco]
supply limit Liefergrenze *f* [eco]
supply line Speiseleitung *f* [pow]; Stromleitung *f* [elt]; Zuführungsleitung *f* [elt]; Zuleitung *f*
supply line, air - Füllleitung *f* [air]
supply main Zuführungsleitung *f* [elt]
supply mains Hauptleitung *f* [was]; Versorgungshauptleitung *f* [elt]
supply monopoly Versorgungsmonopol *n* [pow]
supply network Stromversorgungsnetz *n* [elt]
supply of current Stromlieferung *f* [elt]
supply of energy Energieversorgung *f* [pow]; Energiezufuhr *f* [pow]
supply of heat Wärmezufuhr *f* [pow]
supply pipe Versorgungsleitung *f* [was]; Zuführungsrohr *n* [was]
supply pylon Trägermast *m* [tec]
supply steam Zudampf *m* [pow]
supply system Netz *n* (Versorgung) [was]; Versorgungsnetz *n*; Versorgungssystem *n* [pow]
supply system, air - Frischluftsystem *n* [air]
supply unit Versorgungseinrichtung *f* [pow]; Versorgungsaggregat *n* [pow]
supply voltage Anschlussspannung *f* (Netzspannung) [elt]; Netzspannung *f* [elt]
supply with gas mit Gas versorgen *v* [pow]
supply, terms of - Lieferbedingungen *pl* [eco]
supply, volume of - Angebotsmenge *f* [eco]
supplying with coal Bekohlung *f* [roh]
support Abstützvorrichtung *f*; Anbauplatte *f* (Stütze) [tec]; Aufhängung *f* (Stütze) [tec]; Auflage *f* (Stütze) [tec]; Auflagerung *f* [tec]; Befestigung *f* (z.B. Rohrleitungen); Halterung *f* [tec]; Haltevorrichtung *f*; Konsole *f* [bau]; Lagerung *f* (Stütze) [tec]; Säule *f* (Stütze); Sprosse *f*; Stütze *f*; Unterhaltung *f* (Vorsorge); Unterlage *f* [tec]; Unterstützung *f* (z.B. finanziell); Auflagerträger *m* [bau]; Einsatz *m* (Stütze); Halt *m* (Befestigung); Ständer *m* (Magnetständer) [tec]; Steg *m* [tec]; Träger *m* (Stütze); Unterhalt *m*; Verbau *m* [bau]; Auflager *n* [bau]; Gestell *n* (Stütze); Lager *n* (Stütze) [bau]; Stativ *n* [tec]
support abstützen *v*; erhalten *v* (unterhalten); halten *v* (tragen); lagern *v* (Auflager) [bau]; stützen *v*; tragen *v* (stützen) [tec]; unterhalten *v* (versorgen); unterstützen *v*
support arm Stützarm *m* [tec]; Tragschnabel *m* [tra]
support bar Tragschiene *f* [tec]
support base Stützauflage *f* (z.B. der Rolltreppe) [mbt]
support beam Tragbalken *m* [tec]
support bearing Stützlager *n* [tec]
support block Stützbock *m* [tec]
support bolt Stützschraube *f* [tec]
support brace Stegblech *m* [tec]

support bracket Stützkonsole f [tec]; Tragkonsole f [tec]; Tragpratze f [tec]; Abstützbock m [tec]; Haltebügel m [tec]; Stützbock m [tra]; Stützwinkel m [tra]; Tragbügel m [tec]
support bracket, engine - Motoraufhängung f (am Rahmen) [tra]
support end shield Tragschild n [tra]
support eye Stützbock m (von Stielzylinder auf Ausleger) [tra]
support face Auflagefläche f
support flange Halteflansch f [tec]; Stützflansch f [tec]
support foot Auflagepratze f [mbt]; Pratzenabstützung f [tec]; Stützenfuß m [mbt]; Stützfuß m [tec]
support for tube Rohrauflage f [tec]
support for tubes Rohrstütze f [tec]
support frame Gerüstrahmen m [tec]; Stützrahmen m [tec]; Trägergerät n [tec]
support free of cantilever satte Auflage f
support gauze Tragnetz n
support layer Trägerschicht f
support leg Auflagepratze f; Stützfuß m
support lug Pratze f (Behälterstützkonsole) [tec]; Tragflosse f [tec]; Haltenocken m (Rohrschelle) [tec]
support lug, tank - Behältertragpratze f [tec]
support member Stützglied n [bau]; Trägerelement n [bau]
support of energy Energieversorgung f [pow]
support piece Stützelement n [tec]
support pin Aufhängebolzen m [tec]
support plate Abstützplatte f [tec]; Auflagerplatte f [tec]; Halteplatte f [tec]; Stützscheibe f [tec]; Trägerplatte f [tec]; Tragplatte f [tec]; Unterlegplatte f [tec]; Zwischenplatte f [tec]; Auflageblech n [tec]; Stützblech n [tec]; Tragblech n [tec]
support point Abstützpunkt m
support ring Stützring m [tec]; Tragring m [tec]
support roller Stützrolle f (Gegenteil: Laufrolle) [mbt]; Tragrolle f (Stützrolle des Baggers) [mbt]
support saddle Sattelauflager f (Behälter) [tec]; Abstandshalter m (Isolierung) [tec]
support service Betreuung f (von Kunden)
support spindle Abstützspindel f [tec]
support steelwork Stützkonstruktion f [tec]; Tragkonstruktion f [tec]; Traggerüst n [tec]; Tragwerk n [tec]
support strip Stützleiste f [tec]
support structure tragende Struktur f; Tragkonstruktion f; Traggerüst n
support system Ausbausystem n (für Streckenausbau) [tra]
support tube Stützrohr m [tec]; Tragrohr m [tec]
support wheel Stützrolle f (nicht am Bagger) [tec]
support, adjustable - Einstellhalter m [tec]
support, point of - Auflagepunkt m [tec]; Stützpunkt m
supported by two bearings doppelt gelagert [tec]

supporter Befürworter m
supporting angle Auflagerträger m [bau]
supporting arm Tragarm m [bau]
supporting bar Stützbalken m [bau]
supporting base Träger m (Stütze)
supporting beam Stützbalken m [bau]; Träger m (Stütze)
supporting bearing Traglager n [bau]
supporting block Stemmkloben m [tec]
supporting bolt Auflagebolzen m [tec]
supporting cable Halteseil n
supporting capacity Tragkraft pro Radsatz f [mbt]
supporting device Unterstützungsvorrichtung f [tec]
supporting disc Stützscheibe f [tec]
supporting facility Halterungsvorrichtung f [tec]
supporting flange Auflagerrand m
supporting foot Auflagefuß m [tec]
supporting force Stützkraft f [phy]
supporting frame Tragegestell f; Stützrahmen m [tec]; Tragrahmen m [tec]
supporting leg Stützbein n [tec]
supporting member Stütze f [bau]; Stiel m (Stütze) [bau]
supporting pillar Stützpfeiler m [bau]
supporting power Tragkraft f [phy]
supporting raceway Tragbahn f [tec]
supporting rib Stützrippe f [tec]
supporting ring Stützscheibe f [tec]; Haltering m [tec]; Stützring m [tec]; Tragring m [tec]
supporting roller Gurttragrolle f [tec]; Stützrolle f [tec]; Tragrolle f [tec]
supporting rope Tragseil n [tec]
supporting saddle Sattelauflager n (Behälter) [tec]
supporting steelwork Stützkonstruktion f [tec]; Tragkonstruktion f [tec]; Traggerüst n [tec]
supporting structure Tragkonstruktion f [bau]; Tragkörper m [tec]
supporting surface Auflagerfläche f
supporting tower Tragpfeiler m [bau]
supporting tube Tragrohr n [pow]
supporting wall Stützmauer f [bau]
supports Grubenausbau m [roh]
suppose voraussetzen v
supposed vermutlich
supposition Hypothese f; Voraussetzung f
suppress abschneiden v (einer el. Spannung) [elt]; dämpfen v (Schwingungen); unterdrücken v
suppress noise entstören v (akustisch) [aku]
suppress radio noise entstören v (Funk) [edv]
suppression Austastung f [elt]; Dämpfung f (Unterdrückung); Unterdrückung f [elt]; Wegfall m
suppression of interference Funkentstörung f [elt]
suppression of noise Geräuschbeseitigung f [aku]
suppression stage Unterdrückungsstufe f [elt]
supraconduction Supraleitung f [phy]
supraconductivity Supraleitfähigkeit f [phy]
supranational provisions supranationale Vorschriften pl [jur]
supreme water authority oberste Wasserbehörde f

surcharge Überbeanspruchung *f*; Überlast *f* [elt]; Zuschlag *m* (Kosten) [eco]
surcharge überbelasten *v*; überlasten *v* [elt]
surcharge for overtime Überstundenzuschlag *m* [eco]
surd irrational [mat]
sure sicher
sure-grip standsicher
surety Garantie *f* (Sicherheit)
surface oberirdisch; übertage (nach übertage fördern) [roh]
surface Decke *f* (Fahrbahn-) [tra]; Fläche *f* (Oberfläche); Oberfläche *f*; Belag *m* (auf Straße) [bau]; Spiegel *m* (Niveau)
surface auskleiden *v* [wer]; beschichten *v* [wer]; überziehen *v*; verkleiden *v* (auskleiden); zutagefördern *v* (z.B. Kohle) [roh]
surface abrasion resistance Abriebfestigkeit *f* [met]
surface activity Oberflächenaktivität *f*
surface area Grenzfläche *f*; Oberfläche *f*
surface area, active - aktive Oberfläche *f*
surface area, unit of - Oberflächeneinheit *f*
surface attack Oberflächenangriff *m* (Korrosion) [met]
surface attemperator Oberflächenkühler *m* [prc]
surface bale clamp, large - Großflächenklammer *f* [tec]
surface character Oberflächenbeschaffenheit *f*
surface clamp, large - Großflächenklammer *f* [tec]
surface coat Oberflächenauftrag *m* (Farbe, Teflon usw.) [met]
surface coated oberflächenveredelt (beschichtet) [met]
surface coating Oberflächenbehandlung *f* (Straßenbau) [tra]; Oberflächenbeschichtung *f* [met]; Anstrich *m* (Anstreichen) [wer]
surface compound Oberflächenverbindung *f*
surface concentration Oberflächenkonzentration *f*
surface condensation Oberflächenkondensation *f* [prc]
surface condenser Dampfkondensator *m*; Oberflächenkondensator *m* [prc]; Röhrenkondensator *m* [pow]
surface condition Oberflächenbeschaffenheit *f*
surface conduction Oberflächenleitung *f* [elt]
surface connection Oberflächenverbindung *f*
surface converting Einsatzhärtung *m* [met]
surface cooler Oberflächenkühler *m* [prc]
surface cooling Oberflächenberieselung *f* [prc]; Oberflächenkühlung *f* [prc]
surface course Verschleißschicht *f* [met]
surface crack Oberflächenriss *m* (oder Anriß) [met]
surface current Oberflächenstrom *m* [elt]
surface defect Oberflächenfehler *m* [met]
surface dent Delle *f* (in der Oberfläche)
surface diffusion Oberflächendiffusion *f*
surface direction Oberflächenorientierung *f* [edv]
surface discharge Oberflächenabfluss *m* [was]
surface disintegration Verwitterung *f* [met]

surface drainage Oberflächenentwässerung *f* [was]; Oberflächenabfluss *m* [was]
surface dressing Oberflächenbehandlung *f* (Straßenbau) [tra]
surface element Flächenelement *n*
surface evaporation Oberflächenverdunstung *f*
surface excavator Flachbagger *m* [bau]
surface finish Oberflächengüte *f* (Beschaffenheit) [met]
surface finishing Oberflächenbearbeitung *f* [met]; Oberflächenbehandlung *f* [met]
surface flaw Außenfehler *m* [met]
surface for tightening Spannfläche *f* (z.B. am Schwenkstutzen) [mbt]
surface friction Oberflächenreibung *f* [phy]
surface grinder Planschleifmaschine *f* [wzg]
surface grinder, cylindrical - Außenrundschleifmaschine *f* [wzg]
surface grinding Planschleifen *n* [wer]
surface grinding machine Flächenschleifmaschine *f* [wzg]
surface hardening Oberflächenhärtung *f* [met]; Randhärten *n* [met]
surface hardness Oberflächenhärte *f* [met]
surface impoundment Oberflächenaufbringung *f* [met]
surface irrigation Oberflächenbewässerung *f* [was]
surface lacquer Decklack *m* [met]
surface layer Deckschicht *f* [met]; Oberflächenschicht *f*; Randzone *f* [met]
surface leakage Kriechstrom *f* [elt]
surface load Flächenbelastung *f*
surface machine Hobelmaschine *f* [wzg]
surface marking Oberflächenzeichen *n* (auf Zeichnungen) [con]
surface measurement Flächenmessung *f* [any]
surface mining Tagebau *m* [roh]
surface mining operation Tagebaubetrieb *m* [roh]
surface moisture Oberflächenfeuchtigkeit *f*; Oberflächenwasser *n*
surface morphology Oberflächenstruktur *f*
surface mounting Aufputzmontage *f* [elt]
surface peak-to-valley height Oberflächenrauheit *f* (Maximalmaße) [met]
surface porosity Lunkereinschluss *m* [met]
surface preparation Oberflächenvorbehandlung *f* [met]; Vorbereitung der Oberfläche *f* [wer]
surface pressing Plandrücken *n* [wer]
surface pressure Flächenpressung *f* [bod]; Flächendruck *m* [bod]; Oberflächendruck *m* [phy]
surface protection Oberflächenschutz *m* [met]
surface renewal Oberflächenerneuerung *f*
surface resistance Flächenwiderstand *m* [elt]; Oberflächenwiderstand *m* [elt]
surface roughness Oberflächenrauhigkeit *f* [met]; Rautiefe *f* (der Oberfläche) [met]
surface run-off Oberflächenabfluss *m* [was]
surface seal Flächendichtung *f*
surface sealer Beschichtungsmasse *f* [met]

surface sealing Oberflächenabdichtung *f* [bod]
surface smoothness Oberflächenglattheit *f* [edv]
surface soil Bodenkrume *f* [bod]; Erdkrume *f* [bod]; Ackerboden *m* [far]
surface solidified oberflächenverfestigt [met]
surface specification Oberflächenangabe *f* [met]
surface speed Gleitgeschwindigkeit *f* (von Dichtungen) [tec]
surface strata Oberflächenschicht *f* [geo]
surface stress Oberflächenspannung *f* [tec]
surface structure Oberflächenstruktur *f*
surface symbol Oberflächenzeichen *n* [con]
surface technology Oberflächentechnik *f* [met]
surface temperature Oberflächentemperatur *f*
surface tension Oberflächenspannung *f* [tec]
surface tension reducing agent Entspannungsmittel *n* [met]
surface texture Oberflächenrauhigkeit *f* [met]
surface transportation Landtransport *m* [tra]
surface treating Oberflächentechnik *f* [met]
surface treatment Oberflächenbearbeitung *f* [met]; Oberflächenbehandlung *f* [met]; Oberflächenveredelung *f*
surface type attemperator Wasserrohrkühler *m* [pow]
surface varnishing Oberflächenlackierung *f* [met]
surface water Oberflächenabflusswasser *n* [was]; Oberflächenwasser *n* [was]; oberirdisches Gewässer *n* [was]
surface water drain Regenwasserleitung *f* [was]; Regenwasserdrän *m* [was]
surface water proofer Wasserabdichtung *f* [bau]
surface waterbodies Oberflächengewässer *pl* [was]
surface wave Oberflächenwelle *f* [phy]
surface weathering Verwitterung *f* [met]
surface welding Auftragschweißen *n* [wer]
surface with concrete betonieren *v* (z.B. Straße) [bau]
surface with gravel bekiesen *v*
surface, above - übertage (nicht untersage) [roh]
surface, active - aktive Oberfläche *f*
surface, adhesive - Klebfläche *f*
surface, dynamic - bewegte Fläche *f* (an Dichtungen)
surface, static - ruhende Fläche *f* (an Dichtungen)
surface-active oberflächenaktiv; oberflächenwirksam; waschaktiv
surface-active agent grenzflächenaktiver Stoff *m* [met]; Tensid *n* [che]
surface-active material oberflächenaktiver Stoff *m* [met]; oberflächenaktives Material *n*
surface-active substance oberflächenaktiver Stoff *m* [met]
surface-area determination Oberflächenbestimmung *f* [any]
surface-contact thermometer Kontaktthermometer *n* [any]
surface-crack checking device Oberflächenrissprüfeinrichtung *f* [any]
surface-crack test Oberflächenrissprüfung *f* [any]

surface-hardened oberflächengehärtet [met]
surface-layer hardened oberflächengehärtet [met]
surface-treated oberflächenbehandelt
surfaced beschichtet
surfacing Beschichtung *f*; Oberflächenbefestigung *f* [bau]; Oberflächenbehandlung *f* [bau]
surfacing by welding Auftragschweißen *n* [wer]
surfactant grenzflächenaktiver Stoff *m* [met]; oberflächenaktiver Stoff *m* [met]; oberflächenaktives Material *n*; Tensid *n* [met]
surge Welle *f* (Wasser); Woge *f*; Spannungsstoß *m* [elt]; Stromstoß *m* [elt]
surge chamber Vorkammer *f* [pow]
surge current Stoßstrom *m* [elt]
surge drum Abscheider *m* [pow]
surge impedance Wellenwiderstand *m* [elt]
surge tank Beruhigungsbehälter *m* [was]; Zwischenbehälter *m*; Ausgleichbecken *n* [was]
surmount überhöhen *v*
surmounting übertreffend (höher an Können)
surpass übertreffen *v*
surplus überschüssig
surplus Überhang *m* (Überschuss); Überschuss *m*; Überangebot *n*; Übermaß *n*; Betriebsüberschüsse *pl* [eco]
surplus load Mehrbelastung *f* [phy]
surplus production Überproduktion *f*
surplus revenue Einnahmeüberschuss *m* [eco]
surplus value Mehrwert *m* [eco]
surplus water Wasserüberschuss *m* [was]
surplus-gas burner Abgasfackel *f* [air]
surrogate Ersatz *m* (nicht vollwertig)
surround Einfassung *f*; Einfassung *f* (Ecke); Zarge *f* (Türeinfassung) [bau]; Rand *m* (Einfassung)
surround umgeben *v*; umgrenzen *v* (örtlich); umschließen *v* (umgeben)
surround section Randabschlussprofil *n* [bau]
surround sound Raumschall *m* [aku]
surrounding umgebend
surrounding area Umkreis *m* (Umfeld); Umland *n*
surroundings Umgebung *f*; Umkreis *m* (Umfeld)
surveillance Beobachtung *f*; Kontrolle *f* (Regelung); Überwachung *f*
surveillance authority Aufsichtsbehörde *f* [jur]
survey Aufnahme *f*; Enquete *f*; Schätzung *f*; Übersicht *f* (Darstellung); Umfrage *f*; Vermessung *f* (z.B. Land) [any]; Überblick *m*
survey beaufsichtigen *v* (untersuchen); einmessen *v* [any]; überblicken *v*; überschauen *v*; vermessen *v* (z.B. Land) [any]
survey and record aufnehmen *v* (Kartographie)
surveying Vermessung *f* (z.B. Land) [any]; Vermessungswesen *n* [any]
surveyor Sachverständiger *m*
surveyor's chain Messkette *f* [any]
surveyor's wooden rod Messlatte *f* [any]
survival Überleben *n*
survival, chance of - Überlebenschance *f*
survive bestehen *v* (fortdauern); überleben *v*

susceptibility Anfälligkeit *f* (Empfindlichkeit)
susceptible anfällig
susceptible of proof beweisbar
susceptible to abrasion abriebempfindlich [met]
susceptible to cold kälteempfindlich
susceptible to faults störanfällig
susceptible to moisture feuchtigkeitsempfindlich
susceptible to shock stoßempfindlich
suspect Beschuldigter *m* [jur]
suspect area Verdachtsfläche *f* (Kontamination) [bod]
suspend anschlämmen *v* [was]; aufhängen *v* [wer]; aufschwemmen *v* [was]; hängen *v*; suspendieren *v* [che]
suspended aufgehängt [wer]; hängend
suspended body Schwebekörper *m* [any]
suspended body flowmeter Schwebekörperdurchflussmesser *m* [any]
suspended ceiling eingehängte Decke *f* [bau]; Zwischendecke *f* [bau]
suspended construction system Hängekonstruktion *f* [bau]
suspended dust Schwebstaub *m* [air]
suspended in a rotating position drehbar aufgehängt [con]
suspended lamp Hängelampe *f* [elt]
suspended matter Schwebstoff *m*
suspended particle Schwebeteilchen *n*
suspended platform Hängebühne *f* (Arbeitsbühne) [wer]; Schwebebühne *f*
suspended railway Schwebebahn *f* [tra]
suspended structure Hängekonstruktion *f* [bau]
suspension Aufhängung *f* (z.B. an Hängebrücke) [bau]; Radaufhängung *f* (Auto) [tra]; Suspension *f* [che]; Aufschub *m* (einer Entscheidung); Schlamm *m* (Suspension) [rec]
suspension angle Aufhängewinkel *m* [tec]
suspension arm Tragarm *m* [bau]
suspension at centre of mass Schwerpunktaufhängung *f* [tec]
suspension bolt Federbolzen *m* [tec]
suspension bracket Traverse *f* [tec]; Federbock *m* [tec]
suspension bridge Hängebrücke *f* [tra]
suspension cable Tragseil *n* [bau]
suspension clamp Hängeklemme *f* [elt]
suspension crane Hängekran *m* [mbt]
suspension cylinder Stoßdämpferzylinder *m* [tra]
suspension eye Aufhängeöse *f* [tec]; Verladeöse *f* [tra]
suspension filter Anschwemmfilter *m* [was]
suspension fixture Aufhängung *f* (Vorrichtung) [tec]
suspension fork Tragbandgabel *f* [tec]
suspension gear Aufhängeeinrichtung *f* [tec]; Aufhängevorrichtung *f* [tec]
suspension hook Aufhängehaken *m* [tec]; Einhängehaken *m* [tec]
suspension lighting fitting Hängeleuchte *f* [elt]
suspension lug Einhängeöse *f*
suspension of building works Baustopp *m* [bau]

suspension pin Federstütze *f* [tec]; Aufhängebolzen *m* [tec]
suspension pivot Aufhängezapfen *m* [tec]
suspension polymerization Suspensionspolymerisation *f* [che]
suspension rail Hängeschiene *f* [tec]
suspension ring Federschake *f* [tec]; Aufhängering *m*
suspension rope Abspannseil *n* [bau]
suspension spring Pendelfeder *f* (Uhr) [tec]; Tragfeder *f* [tec]
suspension strand Tragkabel *n* [tec]
suspension stut Federbein *n* (Auto) [tra]
suspension track Hängebahn *f* [roh]
suspension tube Tragrohr *n* [tec]
suspension, independent - Einzelradaufhängung *f* [tra]
suspicion Vermutung *f*; Tatverdacht *m* [jur]; Verdacht *m* [jur]
suspicion of cancer Krebsverdacht *m* [hum]
suspicion of residual pollution Altlastenverdacht *m* [rec]
sustain aufrechterhalten *v* (z.B. Druck); aushalten *v*; erhalten *v* (bewahren); halten *v* (unterstützen); stützen *v*; tragen *v* (aushalten); unterhalten *v* (erhalten); unterstützen *v*
sustainability Aufrechterhaltung *f*
sustainable aufrechtzuerhaltend; nachhaltig
sustainable development, ecologically - ökologisch nachhaltige Entwicklung *f*
sustained beständig (ausdauernd)
sustained load Dauerlast *f*
sustained loading Langzeitbeanspruchung *f*
sustainer Stütze *f*
swage Gesenk *n* [wer]; Schmiedegesenk *n* (Gesenk) [wer]
swage verformen *v* (gesenkschmieden) [wer]
swage block Lochplatte *f* [tec]
swage head Setzkopf *m* [tec]
swaged end eingezogenes Ende *n* [tec]
swaged pipe end Rohreinziehung *f* [tec]
swaged tube end Rohreinziehung *f* [tec]
swaging Gesenkschmieden *n* [wer]
swallow verschlucken *v* (Nahrung)
swallowtail Schwalbenschwanz *m* [tec]
swallowtail joint Schwalbenschwanzverbindung *f* [tec]
swamp ore Raseneisenerz *n* [met]
swan neck Schwanenhals *m* [tec]
swan-neck bend Etagenbogen *m* [prc]
swan-necked gekröpft [wer]
swap out auslagern *v*
swapping-out Auslagerung *f*
swarf Span *m* (Metallspäne) [wer]; Metallspäne *pl* [rec]
swarm Schwarm *m*
swarm of bees Bienenschwarm *m* [bff]
swash plate Taumelscheibe *f* [tec]; Schlingerdämpfungsblech *n* (Schiffskessel) [tra]
swash plate design Schrägscheibenbauart *f* (Hydraulikmotor) [tec]

swash plate drive Taumelscheibentrieb m [tec]
swash plate mixer Wankscheibenmischer m [prc]
swash rack Taumelständer m [tec]
swashplate pump Schrägscheibenpumpe f (Hydraulik) [prc]
sway schwanken v
sweat Schweiß m
sweat schwitzen v
sweat out ausschwitzen v (aussondern)
sweated aluminium abgeschmolzenes Aluminium n [met]
sweating Kondenswasserbildung f [bau]; Bluten n (Anstrich) [bau]
sweating weichlöten v [wer]
sweep Kurve f (Bogen); Zeitablenkung f
sweep away fortschwemmen v; mitreißen v
sweep generator, time base - Ablenkungsgenerator m [elt]
sweep length Tiefenlupe f [any]
sweep up aufkehren v
sweeping broom Kehrbesen m [rec]
sweeping machine, industrial - Industriekehrmaschine f [rec]
sweeping roller Kehrwalze f [rec]
sweeping truck Kehrfahrzeug n [rec]
sweepings Kehricht m [rec]
sweet süß
sweetener Süßstoff m [met]
swell Ausbuchtung f
swell anschwellen v; blähen v; quellen v (aufquellen); schwellen v
swell factor Auflockerungsfaktor m (des Materials) [met]
swell up aufquellen v; aufschwellen v
swelling Quellung f; Schwellung f [hum]; Verstärkung f (Verdickung) [tec]; Wulst m (Verdickung); Aufquellen n; Quellen n; Schwellen n [bau]
swelling agent Quellmittel n [met]
swelling auxiliary Quellhilfsmittel n [met]
swelling capacity Quellvermögen n [met]
swelling horizon Quellhorizont m [geo]
swelling index Blähzahl f (Koks)
swelling pressure Quellungsdruck m [bod]
swelling value Quellwert m
swept gain Tiefenausgleich m
swept volume Schluckvolumen n (Hydraulik) [tec]
swept, fully - vollbestrichen (Heizfläche) [pow]
swiftness, need for - Eilbedürftigkeit f [jur]
swill Schmutzwasser n [was]; Abfälle pl [far]
swim schwimmen v
swing Schwenk- [mbt]
swing Schwankung f; Schwenkung f; Ausschlag m (Skala) [any]; Hub m (Kolben); Schwenk m; Schwung m [phy]
swing pendeln v (schwingen) [phy]; schwanken v; schwenken v; schwingen v (hin- und herbewegen)
swing angle Schwenkwinkel m [mbt]
swing arm Federbogen m [tec]

swing axle Pendelachse f [tra]; Schwingachse f [tec]
swing bearing Gelenklager n [tec]
swing brake Schwenkbremse f [mbt]; Schwenkwerksbremse f [mbt]
swing brake system Schwenkbremssystem n [mbt]
swing brake valve Schwenkbremsventil n [mbt]
swing bridge Drehbrücke f [tra]
swing distance Schwenkentfernung f (z.B. 90/180 Grad) [mbt]; Schwenkweg m (z.B. 90/180 Grad) [mbt]
swing drive Schwenkantrieb m [mbt]
swing drive unit Schwenkantrieb m [mbt]
swing fixture Schwenkverschraubung f [tec]
swing forklift Regalstapler m [mbt]
swing gate Drehschranke f [tra]
swing gear Schwenkantrieb m [mbt]; Schwenkgetriebe n [mbt]; Schwenkwerk n [mbt]
swing gear brake Schwenkwerksbremse f [mbt]
swing mill Schwingmühle f [prc]
swing motor Schwenkmotor m [mbt]
swing pump Schwenkpumpe f [mbt]
swing rack Rollendrehverbindung f [mbt]
swing range Schwenkbereich m [mbt]
swing screw Gelenkschraube f [tec]
swing shaft Schwenkwelle f [tra]
swing socket Schwenkstutzen m [mbt]
swing speed Schwenkgeschwindigkeit f [mbt]
swing stop schwenkbarer Anschlag m
swing stopper Schnappverschluss m (Bügelverschluss) [tec]
swing support Gelenklager n [bau]
swing time Schwenkzeit f [mbt]
swing transmission Schwenkgetriebe n [mbt]
swing-check auspendeln v [any]
swing-door Pendeltür f [bau]; Schwenktür f [bau]; Schwingtür f [bau]
swing-jaw shaft Schwingachse f [tec]
swing-jib crane Schwenkkran m [mbt]
swing-off Anschwenken n [mbt]
swing-out construction aufklappbare Ausführung f
swing-out design aufklappbare Ausführung f
swing-out frame Schwenkrahmen m [tec]
swingable schwenkbar
swinging arm Schwenkarm m [tec]
swinging ash cut-off gate Pendelstauer m [tec]; Staupendel n [pow]
swinging mechanism Schwenkvorrichtung f
swinging screw connection Schwenkverschraubung f [tec]
swinging sieve Schwingsieb n [prc]
swinging spout Pendelschurre f [prc]
swingpan Kipppfanne f [prc]
swirl wirbeln v
switch Weiche f; Einschalter m [elt]; Schalter m
switch rangieren v [tra]; schalten v (Schalter betätigen) [elt]; umschalten v [elt]
switch actuation point Schaltpunkt m [elt]
switch box Schaltkasten m
switch cabinet Schaltschrank m [elt]

switch cabinet panelling Schaltschrankverkleidung *f* [elt]
switch cabinet, ventilation installation for - Schaltschranklüfter *m* [elt]
switch clock Schaltuhr *f* [any]
switch contact Schaltkontakt *m* [tra]
switch control Weichenschaltung *f* [tra]
switch cubicle Schaltschrank *m* [elt]
switch desk Schaltpult *m* [elt]
switch device Schaltvorrichtung *f*
switch element Schaltelement *n* [elt]
switch engine Rangierlok *f* [tra]
switch expansion joint Auszugvorrichtung *f* (vor Brücken) [bau]
switch handle Schaltgriff *m* [tec]
switch house Schalthaus *n*
switch interlock Einschaltsperre *f* [elt]
switch knob Drehknopf *m*
switch lever Schalthebel *m* [tec]
switch lock Schaltschloss *n* [tec]
switch off abdrehen *v* (abschalten) [elt]; abschalten *v* (ausschalten) [elt]; abstellen *v* (Maschine); ausdrehen *v* [wer]; ausschalten *v* (Gerät); ausstellen *v* (Gerät); schalten *v* (ausschalten) [elt]; trennen *v* (abschalten) [elt]; unterbrechen *v* (ausschalten)
switch on anschalten *v*; einschalten *v* (Licht); zuschalten *v* [elt]
switch opening Spurrille *f* (Radführung in Weiche) [tra]
switch over umschalten *v* [elt]
switch panel Schalterleiste *f* [elt]; Bedienungsfeld *n* (Gerät, Bildschirm) [edv]; Schaltbrett *n* [elt]; Schaltfeld *n* [elt]
switch plate Weichenplatte *f* [tra]
switch plug Steckkontakt *m* [elt]
switch rod Schaltstange *f* [tra]
switch room Schaltraum *m* [elt]
switch selector Wahlschalter *m* [elt]
switch station Schaltwarte *f*
switch to full beam aufblenden *v* (Auto) [tra]
switch wire Zündkabel *n* [tra]
switch with mechanical locking device Schlossschalter *m* [tec]
switch, relative - Relativschalter *m* [elt]
switch-drive Weichenantrieb *m* (elektrisch) [tra]
switch-off position Ausschaltstellung *f*
switch-on current Einschaltstrom *m* [elt]
switch-on interlock Einschaltverriegelung *f* [elt]
switch-on position Einschaltstellung *f*
switchable schaltbar (el. Strom) [tra]
switchboard Schalttafel *f* [elt]; Tafel *f* (Schalttafel) [elt]; Telefonvermittlung *f* (Klappenschrank) [edv]; Warte *f* [any]; Schaltbrett *n* [elt]; Schaltpult *n* [elt]
switchboard, high-voltage - Hochspannungsschaltanlage *f* [elt]
switched in line reihengeschaltet
switched off ausgeschaltet (z.B. Licht)
switchgear Schaltanlage *f* [elt]; Schaltanlage *f* [elt]; Schaltdose *f* [elt]; Schalteinrichtung *f* [elt];

Schaltgerät *n* [elt]; Schaltgetriebe *n* [tra]; Wechselgetriebe *n* (z.B. in Fahrzeug) [tra]
switchgear cabinet Schaltschrank *m* [elt]
switchgear installation Schaltanlage *f* [elt]
switching Schaltung *f* [elt]; Umschaltung *f* (z.B. Bewegen von Hebeln) [elt]; Schalten *n* [elt]
switching ability Schaltvermögen *n* [tra]
switching board Schaltanlage *f* [elt]
switching centre Vermittlungszentrale *f* [edv]
switching chain Schaltkette *f* [elt]
switching circuit technology Schaltkreistechnik *f* [elt]
switching current Schaltstrom *m* [elt]
switching cylinder Schaltzylinder *m* [tec]
switching diode Schaltdiode *f* [elt]
switching element Koppelglied *n* [elt]; Schaltorgan *n* [tec]
switching equipment Schaltgeräte *n* [elt]
switching frequency Schalthäufigkeit *f* [tra]
switching function Schaltfunktion *f*
switching group Schaltgruppe *f* [tra]
switching key Kippschalter *m* [elt]
switching lever Schalthebel *m* [tec]
switching magnet Schaltmagnet *m* [elt]
switching motor Schaltmotor *m* [tec]
switching off Abschaltung *f* (Ausschalten); Ausschalten *n*
switching operation Schaltvorgang *m*
switching output Schaltausgang *m* [elt]; schaltender Ausgang *m* [elt]
switching panel Schaltpult *n* (Schalttafel) [pow]
switching pin Schaltstift *m* [tec]
switching position Schaltstellung *f* [elt]
switching process of shunting Rangiervorgang *m* [tra]
switching relay Schaltrelais *n* [elt]; Umschaltrelais *n* [elt]
switching response time Schaltverzögerung *f* [elt]
switching sequence Schaltfolge *f*
switching speed Schaltgeschwindigkeit *f* [elt]
switching system Wählsystem *n* [edv]
switching technology Vermittlungstechnik *f* [edv]
switching time Schaltzeit *f*
switching unit Blockschaltanlage *f* [elt]
switching valve Drehschieber *m* [prc]
switching voltage Schaltspannung *f* [elt]
switching yard Rangierbahnhof *m* [tra]
switching-off duration Ausschaltdauer *f*
switching-on Einschalten *n*
switching-on duration Einschaltdauer *f*
switching-oriented vermittlungstechnisch [edv]
swivel Wirbel *m* (Gelenk) [tec]; Spannschloss *n* [tec]
swivel schwenken *v*
swivel angle indicator Schwenkwinkelanzeige *f* (Hydraulikmotor) [tec]
swivel arm Schwenkarm *m* [tec]
swivel axis Schwenkachse *f* [tec]
swivel bearing Pendelkugellager *n* [tec]; Pendellager *n* (Kugellager) [tec]

swivel burner Schwenkbrenner *m* [pow]
swivel connection drehbarer Anschluss *m* [tec]; Schwenkanschluss *m* [tec]
swivel fitting Abzweigstück *n* [was]
swivel flange Schwenkflansch *m* [mbt]
swivel hub Schwenknabe *f* [mbt]
swivel joint Schwenkverschraubung *f* [tec]; Drehgelenk *n* [tec]
swivel joint, angular - Winkeldrehgelenk *n* [tec]
swivel lever Drehhebel *m* [tec]
swivel nut Gelenkmutter *f* [tec]; Überwurfmutter *f* [tec]
swivel pin Drehzapfen *m* [tec]
swivel pipe coupling Gelenkrohrverbindung *f* [tec]
swivel screw Anziehschraube *f* [tec]
swivel table Schwenktisch *m* [tec]
swivel-mounted drehbar gelagert [tec]
swivelled geschwenkt [tec]
swivelling drehbar (z.B. Stuhl); schwenkbar
swivelling cover Schwenkdeckel *m* [tec]
swivelling frame Schwenkrahmen *m* [tec]
swivelling lever Schwenkhebel *m* [tec]
swivelling mechanism Schwenkvorrichtung *f* [tec]
swivelling screw fitting Schwenkverschraubung *f* [tec]
swollen dick (geschwollen)
swung-out position Ausschwenkstellung *f* [tec]
syllable Silbe *f*
symbol Formelzeichen *n*; Symbol *n*
symbol light Leuchtpiktogramm *n* [elt]
symbol manipulation Symbolverarbeitung *f* [edv]
symbol set Symbolvorrat *m* (Software) [edv]
symbolic address symbolische Adresse *f* (Software) [edv]
symmetric symmetrisch
symmetrical symmetrisch
symmetrical adjustment symmetrische Einstellung *f*
symmetry Symmetrie *f*; Gleichmaß *n*
symmetry deviation Symmetrieabweichung *f* [con]
symmetry tolerance Unsymmetrie *f* [con]
sympathetic vibration Resonanzschwingung *f* (meist störend) [phy]
symptom Kennzeichen *n* [hum]; Merkmal *n* (Symptom); Symptom *n*
synchronism Gleichzeitigkeit *f*; Gleichlauf *m*
synchronism, loss of - Außertrittfallen *n* (Verlust der Synchronisierung) [pow]
synchronism, variation of - Gleichlaufschwankung *f*
synchronization Synchronisation *f*; Synchronisierung *f*
synchronize abstimmen *v* (technisch, zeitlich); gleichschalten *v* [elt]; synchronisieren *v*
synchronizer Synchronisiereinrichtung *f* [elt]; Synchronisierungseinrichtung *f* [tra]
synchronizer attachment Synchronisationszusatz *m* [tra]
synchronizer supplement Synchronisationszusatz *m* [tra]
synchronizing Synchronisierung *f*

synchronizing ball Synchronkugel *f* [tra]
synchronizing cone Synchronkegel *m* [tra]
synchronizing disc Synchronscheibe *f* (äußere, innere) [tra]
synchronizing gear Gleichlaufvorrichtung *f* [tec]
synchronizing lock Synchronriegel *m* [tra]
synchronizing mechanism Synchronisiereinrichtung *f* [tra]
synchronizing shaft Gleichlaufwelle *f* [tec]; Synchronwelle *f* [tec]
synchronizing spring Synchronfeder *f* [tra]
synchronizing unit Synchronisiereinrichtung *f* [elt]
synchronous gleichlaufend; gleichzeitig; synchron; taktgleich; zusammenfallend (zeitlich)
synchronous belt drive Synchronriemenantrieb *m* [tec]; Zahnriemenantrieb *m* [tec]
synchronous check Gleichlaufprüfung *f* [any]
synchronous clock Synchronuhr *f* [elt]
synchronous drive Synchronantrieb *m* [tec]
synchronous frequency Betriebsfrequenz *f* [elt]
synchronous gear Synchrongetriebe *n* [tra]
synchronous generator Synchrongenerator *m* [elt]
synchronous machine Synchronmaschine *f* [elt]
synchronous motion Synchronbewegung *f*
synchronous motor Synchronmotor *m* [pow]
synchronous operation Synchronbetrieb *m* [elt]
synchronous run Gleichlauf *m*
synchronous running Synchronlauf *m* [tra]
synchronous working Synchronbetrieb *m* [elt]
synchrotron Synchrotron *n* [phy]
synergetic synergetisch
synergism Synergismus *m*
synfuel synthetischer Brennstoff *m* [pow]
synonymous gleich bedeutend
syntactic error Formfehler *m* (Gestaltung)
syntax check Syntaxprüfung *f* (Textverarbeitung) [edv]
syntax error Formfehler *m* (Gestaltung)
synthesis Synthese *f* [che]; Aufbau *m* (Material) [met]
synthesis gas Synthesegas *n* [prc]
synthesis gas compressor Synthesegasverdichter *m* [prc]
synthesis gas plant Synthesegasanlage *f* [prc]
synthesize aufbauen *v* [che]; synthetisieren *v* [che]
synthesizing Synthetisierung *f* [che]
synthetic künstlich; synthetisch
synthetic enamel Kunstharzlack *m* [met]
synthetic fiber Chemiefaser *f* ((A)) [che]
synthetic fibre Chemiefaser *f* ((B)) [che]; Kunstfaser *f* [met]; Synthesefaser *f* ((B)) [met]; synthetische Faser *f* ((B)) [met]
synthetic graphite Elektrografit *m* [che]
synthetic image synthetisches Bild *n* [edv]
synthetic leather Kunstleder *n* [met]
synthetic machining oil synthetisches Bearbeitungsöl *n* (Formgebung Metalle)
synthetic material Kunststoff *m* [met]
synthetic packaging Kunststoffverpackung *f*
synthetic paint Kunstharzfarbe *f* [met]
synthetic parts of cars Kunststoffautoteile *pl* [tra]

synthetic resin Kunstharz *n* [met]
synthetic resin adhesive Kunstharzkleber *m* [met]; Plastikkleber *m* [met]
synthetic resin coating Kunstharzbeschichtung *f*
synthetic resin varnish Kunstharzlack *m* [met]
synthetic rubber Kunstgummi *m* [met]; Synthesekautschuk *m* [met]; synthetischer Gummi *m* [met]; synthetischer Kautschuk *m* [met]
synthetic silica Kieselgel *n* [met]
synthetic, fully - vollsynthetisch
synthetical synthetisch
syntony Resonanz *f* [phy]
syphon (siehe: siphon)
syringe Injektionsspritze *f* [hum]; Spritze *f*
system Anlage *f* (Serie von Maschinen); System *n* (Aufbau)
system administration Systemverwaltung *f* (Software) [edv]
system blackout Systemzusammenbruch *m* [edv]
system breakdown Systemausfall *m* [edv]
system building industrielles Bauen *n* [bau]
system check Systemprüfung *f*
system checkout, initial - Erstinbetriebnahme *f*
system comparison Systemvergleich *m*
system configuration Systemkonfiguration *f* [edv]
system crash Systemausfall *m* [edv]
system deficiency Systemschwäche *f*
system design, in view of - anlagentechnisch
system diagram Systemschaltplan *m* [con]
system directory Systemverzeichnis *n* (Software) [edv]
system disconnection Netztrennung *f* [elt]
system disturbance Netzstörung *f* [elt]
system error Systemfehler *m*
system failure Systemstörung *f*
system fault Systemfehler *m*
system for accepting returned goods Rücknahmesystem *n* (Kreislaufwirtschaft) [rec]
system formwork Systemschalung *f* [bau]
system independence Systemunabhängigkeit *f*
system malfunction Funktionsstörung *f*
system model Anlagenmodell *n*
system of coordinates Achsensystem *n* [mat]
system of measuring units Maßsystem *n* [any]
system of units Maßsystem *n* [any]
system of units, absolute - absolutes Maßsystem *n* [any]
system overhead Systemverwaltung *f* (Software) [edv]
system parameter Zustandsgröße *f* (des Systems); Systemparameter *m*
system program Systemprogramm *n* (Software) [edv]
system programming Systemprogrammierung *f* (Software) [edv]
system requirements Systemanforderungen *f* [edv]
system security Systemsicherheit *f*
system software Systemsoftware *f* (Betriebssystem) [edv]
system theory Systemtheorie *f*
system trouble Netzstörung *f* [elt]

system version Anlagenmodell *n*
system voltage Netzspannung *f* [elt]
system, aerating - Belüftungsanlage *f* [air]
system, automatic - Automatik *f*
system, autonomous - autonome Anlage *f* [tec]
system, azeotropic - azeotropes System *n* [che]
system, closed - geschlossener Kreislauf *m* [pow]; geschlossenes System *n* [che]
system-independent systemunabhängig
system-oriented systemgebunden
systematic planmäßig; systematisch
systematic error systematischer Fehler *m* [mat]
systematical systematisch
systematization Systematisierung *f*
systematize systematisieren *v*
systemic herbicide systemisches Herbizid *n* [che]
systems analysis Systemanalyse *f*
systems building Fertigteilbauweise *f* [bau]
systems consultant Systemberater *m*
systems engineering Systemanalyse *f*

T

T-bar buckstay T-Träger *m* [tec]
T-beam T-Träger *m* [tec]
T-bolt T-Bolzen *m* [tec]
T-bolt clamp T-Bolzenschelle *f* [tec]
T-fitting T-Verschraubung *f* [tec]
T-girder T-Träger *m* [met]
T-handle Quergriff *m* [tec]
T-head bolt Hakenkopfschraube *f* [tec]; Hammerkopfschraube *f* [tec]; Hammerschraube *f* [tec]
T-iron T-Eisen *n* [met]; T-Stück *n* (z.B. T-förmig Rohranschluss) [tec]
T-joint T-Naht *f* (beim Schweißen) [met]; T-Verbindung *f* (Rohrabzweigung) [tec]; T-Stoß *m* (Schweißanschluss) [wer]
T-piece T-Stück *n* (z.B. T-förmig Rohranschluss) [tec]
T-section T-Träger *m* [met]; T-Eisen *n* [met]
T-square Reißschiene *f* [con]
T-support T-Unterlage *f* [tec]
tab Nase *f* (Sicherungsblech) [tec]; Tabulator *m* (Textverarbeitung) [edv]
tab form Endlosformular *n*
tab key Tabulatortaste *f* (Textverarbeitung) [edv]
tab stop Tabulatorstopp *m* (Textverarbeitung) [edv]
tab washer Sicherungsscheibe *f* [tec]; Sicherungsblech *n* [tec]
table Platte *f*; Tabelle *f*; Tafel *f* (Platte); Tisch *m*
table filter Tellerfilter *m* [prc]; Planfilter *n*
table processing Tabellenverarbeitung *f* (Software) [edv]
table radio receiver Tischradio *n* [elt]
table salt Kochsalz *n* [che]; Speisesalz *n*
table-type refrigerator Tischkühlschrank *m* [elt]
table-type roof Giebeldach *n* [bau]
tablet Tablette *f*; Tafel *f* (Stein)
tablet form Tablettenform *f*
tablet press Pastillenpresse *f* [prc]
tabletop calculator Tischrechner *m* [edv]
tabletop computer Tischrechner *m* [edv]
tabletting press Tablettiermaschine *f* [prc]
tabular flach; tabellarisch
tabular bulb Röhrenlampe *f* [elt]
tabular form, in - tabellarisch
tabularize tabellarisieren *v*
tabulate tabellarisch zusammenstellen *v*; tabellieren *v*
tabulator Tabulator *m* (Textverarbeitung) [edv]
tabulator key Tabulatortaste *f* (Textverarbeitung) [edv]
tachogenerator Tachodynamo *m* [elt]
tachograph Fahrtenschreiber *m*; Fahrtenschreiber *m* [tra]; Fahrtschreiber *m* [tra]
tachometer Drehzahlmesser *m* [any]; Geschwindigkeitsmesser *m* [any]; Tachogenerator *m* [tra]; Tachometer *m* [tra]
tachometer drive Drehzahlmesserantrieb *m* [any]; Tachometerantrieb *m* [tra]
tachometric relay Fliehkraftschalter *m* [pow]
tack Nagel *m* (Stift, Reißnagel); Stift *m* (Drahtstift)
tack befestigen *v* (nageln, stiften); heften *v* (nieten); nageln *v* [wer]
tack weld Heftschweißnaht *f* [wer]; Punktschweißen *n* (hier: heften) [wer]
tack welder Hefter *m* (Heftschweißer) [wer]; Heftschweißer *m*
tack welding Punktschweißung *f* [wer]; Heftschweißen *n* [wer]
tack-weld anheften *v* (anschweißen) [wer]; anpunkten *v* (schweißen) [wer]; heften *v* (Schweißen) [wer]; heftschweißen *v* [wer]
tack-welded geheftet [wer]
tack-welding clamp Schweißheftschelle *f* [tec]
tacked geheftet [wer]
tacker Heftschweißer *m*
tacking rivet Heftniet *m* [tec]
tackle Zugkette *f* [tra]; Gehänge *n* (z.B. Magnetaufhängung) [tec]
tackle anpacken *v* (ein Problem)
tactility Fühlbarkeit *f*
tag Blechschiene *f*; Lötöse *f* [elt]; Marke *f* (Kennzeichnung); Markierung *f*; Öse *f* (Schlaufe); Preiszettel *m* [eco]; Anhängeschild *n* (Preisschild); Etikett *n*; Schild *n* (Preis-Schild) [eco]
tag etikettieren *v*; kennzeichnen *v* (mit Kennzeichen versehen)
tag embossing machine Etikettenprägemaschine *f*
tag number, instrument - Armaturenkennzeichen *n*
tagged gekennzeichnet
tagger Dünnblech *n* [met]; dünnes Blech *n* [met]; Feinblech *n* [met]
tagging compound Signalfarbe *f* (Farbumschlag) [met]
tail Rest *m* (am Ende); Schluss *m* (des Zuges) [tra]; Schwanz *m* [bff]; Endstück *n*; Heck *n* (Flugzeug-) [tra]
tail einbinden *v* (Träger) [bau]
tail drum Umlenktrommel *f* [tec]
tail lamp Heckleuchte *f* [tra]; Schlussleuchte *f* [tra]; Zugschlussleuchte *f* [tra]; Schlusslicht *n* [tra]
tail lamp mounting bracket Schlussleuchtenkonsole *f* [tra]
tail light Rückleuchte *f* [tra]; Schlussleuchte *f* (Zugschlussleuchte) [tra]; Schlusslicht *n* [tra]
tail plane Höhenruder *n* [tra]
tail pulley Hecktrommel *f* (Förderband) [mbt]; Umlenkrolle *f* (Förderband) [mbt]
tail sheave Umlenkrolle *f* (Förderband) [mbt]
tail swing Heckausladung *f* (des drehenden Baggers) [mbt]
tail-board Klappe *f* (am Lkw) [tra]; Ladeklappe *f* (an Lkw) [tra]
tail-flap Schmutzfänger *m* [tra]
tail-gate hintere Strecke *f* (Endstrecke; Abbau) [roh]

tailback Schlange *f* ((B) Autoschlange) [tra]; Stauung *f* [tra]; Stau *m* [tra]
tailboard Ladebordwand *f* [tra]
tailgate Heckklappe *f* (des Lkw) [tra]; hintere Bordwandklappe *f* (des Lkw) [tra]; Ladeklappe *f* (an Lkw) [tra]
tailgating auffahren *v* (wenig Abstand zum Vordermann) [tra]; eng auffahren *v* (Straßenverkehr)
tailing Abfall *m* (Abfall aus Bearbeitung) [rec]
tailing cooler Grießkühler *m* [pow]
tailing disposal Bergablagerung *f* [roh]
tailing turbine Nachschaltturbine *f* [pow]
tailings Abgang *m* (Produktion); Rückstand *m* (Abgang) [rec]; Abfallerz *n* [rec]; Erzabfälle *pl* [rec]; Flotationsabgänge *pl* [was]; Waschberge *pl* [roh]
tailor-made bedarfsgerecht; maßgeschneidert (kundenspezifisch) [eco]
tailpipe Auspuffendrohr *n* (Auto) [tra]; Auspuffrohr *n* (Endstück) [tra]
take fassen *v* (ergreifen); übernehmen *v* (Verantwortung)
take a photograph photographieren *v* [opt]
take a sample eine Probe nehmen *v* [any]
take a shower duschen *v*
take apart abmontieren *v* [wer]; zerlegen *v* (auseinandernehmen) [wer]; zertrennen *v*
take away abfahren *v* (abtransportieren) [tra]; entnehmen *v*; entziehen *v*; losmachen *v*; mitnehmen *v*
take back zurücknehmen *v*
take corrective action Missstand abstellen
take down abhängen *v* (von einem Haken)
take from entnehmen *v*
take in ansaugen *v*
take into account berücksichtigen *v*
take minutes protokollieren *v* (aufzeichnen)
take notice beachten *v*
take off Abnahme *f* (z.B. von Strom) [elt]
take off abfliegen *v* (mit Flugzeug) [tra]; abhängen *v* (von einem Haken); abheben *v* (Flugzeug von Rollbahn) [tra]; ablegen *v* (Kleider); abnehmen *v* (entfernen); abwickeln *v* (Band); demontieren *v* (abmontieren); starten *v* (Flugzeug) [tra]; wegnehmen *v*
take off the gas entgasen *v*
take out ausschleusen *v* (Zug aus Verkehr) [tra]; entfernen *v* (beseitigen); herausfahren *v* [wer]; herausnehmen *v*
take out of service abschalten *v* (Kessel) [pow]; ausmustern *v* (Gerät, Maschine)
take over verbinden *v* (Telefongespräch) [edv]
take part teilnehmen *v* (beteiligt sein)
take pictures photographieren *v* [opt]
take place eintreten *v* (geschehen); stattfinden *v*
take readings ablesen *v* [any]
take responsibility verantworten *v*
take the average Mittelwert bilden *v* [mat]
take the level nivellieren *v*
take the minutes Protokoll aufnehmen *v*

take to pieces abbauen *v* (zerlegen); auseinander nehmen *v* (zerlegen) [rec]; demontieren *v* (zerlegen)
take up aufwickeln *v* (Band) [wer]; einnehmen *v* (aufnehmen); hochheben *v*
take-off Abflug *m* (Abheben) [tra]
take-off speed Abfluggeschwindigkeit *f* [tra]
take-over of risk Gefahrübergang *m* [jur]
take-up Spannvorrichtung *f* [tec]
take-up bearing Spannlager *n* [tec]
take-up device Spannvorrichtung *f* [tec]
take-up frame Spannrahmen *m* [tec]
take-up gear Spannstation *f* (Förderband) [mbt]
take-up motor Aufwickelmotor *m* [elt]
take-up path Gleitbahnlänge *f* [mbt]; Nachführlänge *f* (Baggerleitrad) [mbt]; Nachspannlänge *f* (Baggerleitrad) [mbt]
take-up pulley Spannrolle *f* (Förderband) [tec]; Spanntrommel *f* (Förderband) [tec]
take-up spindle Spannspindel *f* [tec]
take-up torque Anzugsmoment *n* [tec]
take-up unit Nachstellvorrichtung *f* [mbt]
take-up yoke Spannbügel *m* [tec]
taken apart demontiert
taker Abnehmer *m* (Kunde) [eco]
taking Entnahme *f*
taking a bearing Peilung *f* [any]
taking back Rücknahme *f* [eco]; Zurücknahme *f*
talc Talk *m* [met]; Talkum *n* [met]
talcum Talkum *n* [met]
talented geschickt (talentiert); talentiert (begabt)
talk Gespräch *n* (Telefon) [edv]
talk reden *v*; sprechen *v*
tall hoch
tallness Größe *f* (Höhe)
tallow Talg *m* [met]
tallow oil Härteöl *n* [met]
tallow soap Talgseife *f* [met]
tallow-drop screw Linsenkopfschraube *f* [tec]
talus Schutthalde *f* (Geröll) [geo]
talus material Hangschutt *m* [rec]
tamp einrammen *v* [bau]; feststampfen *v* [wer]
tamped gestampft
tamper Fallbirne *f* [mbt]; Stampfplatte *f* [mbt]; Stampfer *m* [mbt]
tamping Feststampfen *n* [wer]; Stampfen *n* [wer]; Verdämmen *n* [mbt]
tamping compound Stampfmasse *f* [met]
tamping foot roller Stampfwalze *f* (Verdichter) [mbt]
tamping roller Schaffußwalze *f* [tra]
tandem arrangement Tandemanordnung *f* [tec]
tandem axle Tandemachse *f* [tec]
tandem connection Hintereinanderschaltung *f* (Motor) [pow]; Kaskadenschaltung *f* [elt]
tandem cylinder Tandemzylinder *m* [tec]
tandem drive Tandemantrieb *m* (z.B. im Grader) [mbt]; Zusatzmotor *m* (2. Motor) [mbt]
tandem pump Tandempumpe *f* [prc]
tandem-compound machine Einwellenmaschine *f* [pow]

tang Angel *f* (Mitnehmer am Zylinderschaft) [tra]; Dorn *m* (Zapfen); Zapfen *m* (Mitnehmer am Zylinderschaft) [tec]
tangent Tangente *f* [mat]; Tangens *m* [mat]
tangent key Tangentkeil *m* [tec]
tangent keyway Tangentkeilnut *f* [tec]
tangent point Tangentenpunkt *m* [mat]
tangent road Tangente *f* [tra]
tangent tube construction geschlossene Rohrwand *f* [pow]; Rohrwand *f* (geschlossen) [pow]
tangential tangential [mat]
tangential admission tangentiale Beaufschlagung *f* (Kessel) [pow]
tangential composite error Einflankenwälzabweichung *f* (Zahnrad) [tec]
tangential dimension Sehnenmaß *n* [mat]
tangential firing Tangentialfeuerung *f* [pow]
tangential guide Einlaufgabel *f*
tangential key Tangentialkeil *m* [tec]
tangential stress Tangentialspannung *f* [phy]
tangential velocity Tangentialgeschwindigkeit *f* [phy]
tank Wanne *f*; Behälter *m* (Tank); Bottich *m* (Tank); Flüssigkeitsbehälter *m*; Kessel *m* (Tank); Speicher *m* [was]; Tank *m*; Bassin *n* [was]; Becken *n* (Behälter) [was]; Gefäß *n* (Tank, Behälter); Reservoir *n*
tank and hopper-type container Tank- und Silocontainer *m*
tank baffle Leitblech *n* (im Tank)
tank bottom Behälterboden *m* [prc]
tank bottom sludges schlammige Tankrückstände *pl* [rec]
tank capacity Behälterinhalt *m* (Fassungsvermögen); Tankinhalt *m* (Leervolumen)
tank car Tankwagen *m* (der Bahn) [tra]
tank cleaning Öltankreinigung *f* [rec]; Tankreinigung *f* [rec]
tank container Tankcontainer *m*
tank content Behälterinhalt *m* (Füllung)
tank contents Tankinhalt *m* (Füllvolumen)
tank facility Tankanlage *f*
tank farm Tankanlage *f*; Tanklager *n* [pow]
tank filler Tankeingang *m* [tra]
tank filler cap Einfülldeckel *m* [tra]
tank fixture Behälterbefestigung *f* [tec]
tank leg Behälterfuß *m* [prc]
tank level Tankinhalt *m* (Anzeige)
tank level indicator Tankanzeige *f* [tra]
tank locomotive Tenderlokomotive *f* (Tank am oder auf Kessel) [tra]
tank lorry Tanklastwagen *m* [tra]
tank opening Tankeinfüllstutzen *m* [tra]
tank pipe Tankleitung *f* [tra]
tank support lug Behältertragpratze *f* [tec]
tank system Tanksystem *n*
tank truck Kesselwagen *m* (Lastwagen) [tra]; Tankwagen *m* [tra]
tank wagon Kesselwagen *m* (Eisenbahn) [tra]; Tankwagen *m* (der Bahn) [tra]

tank-car Kesselwagen *m* (Eisenbahn) [tra]
tank-filling system Betankungungsanlage *f* [tra]
tank-type container Tankcontainer *m*
tanker Tanker *m* [tra]; Tankwagen *m* [tra]; Tankfahrzeug *n* [tra]; Tankschiff *n* [tra]
tanker accident Tankerunfall *m*
tanker ballast-water Tankerballastwasser *n* [was]
tanker ballast-water treatment Behandlung von Tankerballastwasser *f* [was]
tanker lorry Kesselwagen *m* [tra]
tanks for chemicals Chemikalienbehälter *m*
tannage Gerbung *f*
tannery Gerberei *f*
tannery waste Gerbereiabfall *m* [rec]
tannic gerbstoffartig [che]
tanning Gerbung *f*
tanning agent Gerbstoff *m* [che]; Gerbmittel *n* [met]
tanning liquor Gerbbrühe *f* (Lederindustrie) [rec]
tanning material Gerbmittel *n* [met]
tap Abzweigung *f*; Abstich *m* (das Abstechen) [roh]; Abzweig *m*; Bohrer *m* (Gewindebohrer) [wzg]; Hahn *m* [was]; Kran *m* (Wasserhahn) [was]; Wasseranschluss *m* [was]; Wasserhahn *m* [was]; Abstichloch *n* (Hochofen) [roh]
tap abgreifen *v* (auch Telefonleitung) [any]; abstechen *v* (Hochofen) [roh]; abzapfen *v* (auch Hochofen) [roh]; anstechen *v* (ein Fass); anzapfen *v* (z.B. Telefonleitung) [elt]; bohren *v* (Gewinde) [wer]; eindrehen *v* [wer]; erschließen *v* (nutzbar machen) [roh]; Gewinde schneiden *v* [wer]; mit Gewinde versehen *v* [wer]
tap bolt Stiftschraube *f* [tec]
tap box Abzweigkasten *m* [elt]
tap degassing Durchlaufentgasung *f* [roh]
tap depth Einschraubtiefe *f* (Gewinde) [tec]
tap drill Gewindebohrer *m* [wzg]
tap hole Gewindebohrung *f* [tec]; Gewindeloch *n* [tec]
tap off abstechen *v* (Hochofen) [roh]
tap point Anschnitt *m* [wer]
tap terminal Abzweigklemme *f* [elt]
tap water Leitungswasser *n* [was]
tap wrench Windeisen *n* [wzg]
tap wrench, adjustable - Universalwindeisen *n* [wzg]; verstellbares Windeisen *n* [wzg]
tape Gurt *m* (Band); Streifen *m* (Band); Band *n* (Metallband) [met]; Band *n* (Tonband) [edv]; Magnetband *n* [edv]; Tonband *n* [edv]
tape auf Band geben *v*; umwickeln *v*
tape covering Isolierband *n* [elt]
tape deck Bandgerät *n* [edv]; Kassettengerät *n* [edv]
tape drive Bandlaufwerk *n* (am Rechner) [edv]; Magnetbandlaufwerk *n* [edv]
tape measure Bandmaß *n* [any]; Maßband *n* [wzg]
tape recorder Bandgerät *n* [elt]; Magnetofon *n* ((variant)) [edv]; Magnetophon *n* [edv]; Tonbandgerät *n* [elt]
tape recording Bandaufnahme *f* [edv]; Bandaufzeichnung *f* [edv]; Magnetaufzeichnung *f* [edv]

tape rule Bandmaß n [any]
tape skew Schräglauf m [tec]
tape speed Bandgeschwindigkeit f [edv]
tape station Bandeinheit f [elt]
tape track Bandspur f [edv]
tape unit Bandeinheit f [edv]; Bandgerät n [edv]
tape, adhesive - Klebestreifen m; Heftpflaster n [hum]; Klebeband n
tape-run Bandlauf m [edv]
taped wheel Daumenrad n [tec]
taper Konizität f; Kegel m; Konus m (rund, verjüngend) [tec]
taper sich verjüngen v [tec]; verjüngen v (spitz zulaufen) [tec]; zulaufen v (verjüngen) [tec]
taper bushing Kegelbüchse f [tec]; Kegelhülse f [tec]
taper cone drive Konustrieb m [tec]
taper dowel Kegelstift m [tec]
taper grooved dowel pin Kegelkerbstift m [tec]
taper key konischer Keil m [tec]; Treibkeil m [wer]
taper link Kettenglied n (konisch) [tec]
taper nipple Reduziernippel m [tec]
taper nut Kegelmutter f [tec]
taper pin Kegelstift m [tec]; Keilstift m [tec]; konischer Stift m; Konusstift m [tec]
taper pipe Erweiterungsstück n (Rohr); konisches Rohrstück n [tec]
taper plate Kegelblech n [tec]
taper receptacle Konushülse f [tec]
taper roller bearing Kegelrollenlager n [tec]; Schrägrollenlager n [tec]
taper roller bearing, multi-row - mehrreihiges Kegelrollenlager n [tec]
taper sleeve Kegelbüchse f [tec]; Kegelhülse f [tec]
taper socket Kegelhülse f [tec]
taper thread Kegelgewinde n [tec]
taper tip Konusspitze f
taper-bore ausdrehen v (Bohrung) [wer]
tapered kegelförmig (verjüngend) [tec]; keilförmig; konisch; verjüngt (im Durchmesser kleiner) [tec]
tapered ball bearing Schrägkugellager n [tec]
tapered bend Reduzierbogen m [prc]
tapered coupling Kupplungskonus m [prc]
tapered flange beam H-Profil mit geneigten inneren Flanschflächen n [met]
tapered gasket Kegeldichtung f [tec]
tapered handle Kegelgriff m [tec]
tapered hub Kegelnabe f [tec]; Konusnabe f [tec]
tapered neck konischer Laufzapfen m [tec]
tapered pin Kegelbolzen m [tec]; Kegelstift m [tec]; Spannstift m [tec]
tapered pipe reducer Konus-Reduzieranschluss m [tec]
tapered punch Lochdorn m
tapered reducer Reduzierkegel m [tec]
tapered roll Prismenrolle f [tec]
tapered roller Kegel m (im Kegellager) [tec]
tapered roller bearing Kegelrollenlager n [tec]

tapered roller bearing, two-row - zweireihiges Kegelrollenlager n [tec]
tapered roller set Kegelrollenkranz m [tec]
tapered roller thrust bearing Axialkegelrollenlager n [tec]
tapered screw joint Reduzierverschraubung f [tec]
tapered seating surface konische Sitzfläche f (Ventil) [tec]
tapered shaft extension konisches Wellenende n [tec]
tapered sleeve Konusbüchse f [tec]; Konushülse f [tec]
tapered slide valve Keilschieber m [tec]
tapered teeth konische Verzahnung f [tec]
tapered thread Trapezgewinde n [tec]
tapered threaded coupling Muffenverbindung mit Gewinde f
tapered trunnion konischer Zapfen m [tec]
tapered tube Reduzierrohr n [prc]
tapered valve plug Hahnküken n [prc]
tapered worm Kegelschnecke f [tec]
tapered-shank cutter Winkelfräser m [wer]
tapering konusförmig [con]
tapering Verjüngung f (abnehmender Durchmesser) [tec]
tapering chain link verjüngendes Kettenglied n [tec]
tapering pin konischer Stift m
tapeworm Bandwurm m [bff]
taphole Gewindebohrung f [con]; Abstich m (Abstichloch des Hochofens) [roh]; Schlackenloch n (Schmelzkessel) [pow]
taphole drilling device Abstichlochbohrer m (am Teleskoparm) [wzg]
taping Bewicklung f; Entfernungsmessung f [any]
tapped gewindeversehen
tapped blind hole Gewindesackloch n [con]
tapped boss Rohreinschraubstutzen m [tec]
tapped bushing Gewindebuchse f [tec]
tapped clearance Ventilspiel n [con]
tapped fitting Rohrfitting n [tec]
tapped hole Gewindebohrung f [con]; Einschraubloch n [tec]; Gewindeloch n [tec]
tapped humidity Baufeuchtigkeit f [bau]
tapped moisture Baufeuchte f [bau]
tappet Nase f (Mitnehmer) [tec]; Daumen m (Mitnehmer) [tec]; Exzenter m [tec]; Mitnehmer m (Stift, Zapfen, Nase, Daumen) [tec]; Mitnehmerstift m [tec]; Nocken m [tec]; Stößel m (z.B. Ventilstößel in Motor) [tra]
tappet force Stößelkraft f [phy]
tappet guide Stößelführung f [tra]
tappet roller Stößelrolle f (stößt an Nocken) [tra]
tappet roller pin Bolzen für Stößelrolle m [tra]
tappet spring Stößelfeder f (z.B. am Ventilstößel) [tra]
tapping Anzapfung f [pow]; Erschließung f (Rohstoffe) [roh]; Abstich m (Metallurgie) [roh]
tapping box Abzweigdose f [elt]

tapping hole Gewindebohrung f [con]; Abstichloch n (Metallurgie) [roh]; Gussloch n
tapping of iron Eisenabstich m [roh]
tapping probe Entnahmesonde f [any]
tapping screw Blechschraube f [tec]; Blechtreibschraube f [tec]; Schneidschraube f [tec]; selbstschneidende Schraube f [tec]
tapping screw thread Blechschraubengewinde n [tec]
tapping screw, pan head - Zylinderblechschraube f [tec]
tapping screw, socket head - Zylinderschneidschraube f [tec]
tapping spout Abstichrinne f (Metallurgie) [roh]
tapping test Abklopfprüfung f (Prüfung fester Sitz) [any]
tapwater Gebrauchswasser n [was]
tar Teer m [met]
tar teeren v [bau]
tar asphalt Teerasphalt m [met]
tar boiler Teerkessel m [bau]
tar cancer Teerkrebs m [hum]
tar coating Teeranstrich m [met]
tar concrete Teerbeton m [met]
tar concrete road Straße mit Teerbeton f [tra]; Teerbetonstraße f [bau]
tar extractor Teerabscheider m [prc]
tar from lignite Braunkohlenteer m [met]
tar mist Teernebel m [air]
tar oil Pechöl n [met]; Teeröl n [met]
tar paper Teerpapier n [met]
tar pitch Teerpech n [met]
tar product Teererzeugnis n [met]; Teerprodukt n [met]
tar sand Teersand m [geo]
tar separator Teerabscheider m [prc]
tar surface Teerdecke f (auf Straße) [bau]
tar vapour Teernebel m [air]
tardy langsam
tare Tara f (Verpackungsgewicht); Eigengewicht n (Waggon unbeladen) [tra]; Leergewicht n
tare weight Nettogewicht n [tra]; Verpackungsgewicht n
target Vorgabe f (Ziel); Planziel n; Ziel n (Zielpunkt)
target value Sollwert m
target, fix a - Ziel ins Auge fassen
tariff Gesprächsgebühr f (Telefon) [edv]; Gebührensatz m; Kostensatz m [eco]; Tarif m [eco]
tariff provisions Tarifbestimmungen pl [eco]
tariff settlement Tarifabschluss m [eco]
tarmac Teerdecke f (auf Straße) [bau]
tarnish anlaufen v (Metalloberflächen); mattieren v; trüben v
tarnished erblindet
tarnishing Mattierung f
tarpaulin Plane f (Abdeckung) [bau]
tarpaulin grey zeltgrau (RAL 7010) [nor]
tarred geteert [wer]

tarred board Teerpappe f [met]
tarred products teerhaltige Produkte pl [met]
tarring Teerung f; Teeren n [bau]
tarry teerartig
tarspraying Teeren n [bau]
task Aufgabe f (Arbeit); Auftrag m (Aufgabe)
task committee Arbeitsausschuss m (Gruppe)
task control Aufgabensteuerung f
task force Einsatzgruppe f (Polizei, Firma)
task group Arbeitsgruppe f
task report Arbeitsbericht m
taste Geschmack m
taste schmecken v
taste enhancer Geschmacksverstärker m
taste intensifier Geschmacksverstärker m
tasteless geschmacklos
tasting threshold value Geschmacksschwellenwert m
taut straff (fest); stramm (straff)
taut span gezogenes Trumm n [mbt]
tauten spannen v (straffen)
tawny gelbbraun
tax Abgabe f (Steuer) [jur]; Steuer f (Abgabe) [jur]
tax assessment Steuerveranlagung f [jur]
tax authorities Finanzbehörden pl [jur]
tax balance sheet Steuerbilanz f [eco]
tax benefit Steuervergünstigung f [jur]
tax exemption Steuerbefreiung f [jur]
tax incentives steuerliche Anreize pl [jur]
tax law Abgabenordnung f [jur]; Steuerrecht n [jur]
tax liability Steuerschuld f [jur]
tax on oil Mineralölsteuer f [jur]
tax relief Steuerermäßigung f [jur]; Steuervergünstigung f [jur]
tax weight Tara f (Leer-, Verpackungsgewicht)
taxable value Einheitswert m [jur]
taxi Taxe f [tra]
taxi colour taxifarben (RAL 1015) [nor]
taxi ride Taxifahrt f [tra]
teach belehren v; bilden v (unterrichten); lehren v; unterrichten v
teacher Lehrer m
teaching Unterricht m
team Arbeitsgruppe f; Stab m (Team) [eco]
team-mate Arbeitskollege m
teamwork Gemeinschaftsarbeit f; Gruppenarbeit f; Teamwork n
tear Riss m (durch Reißen); Tropfen m; Reißen n
tear durchreißen v; reißen v (zerreißen); zerreißen v
tear along rasen v [tra]
tear apart zerreißen v (auseinanderreißen)
tear down abbrechen v (ein altes Haus) [bau]; einreißen v (abreißen); niederreißen v; umreißen v (niederreißen)
tear down hook Abbruchhaken m (am Bagger) [mbt]
tear in two durchreißen v
tear open aufreißen v
tear out ausreißen v [wer]; ausreißen v [wer]; herausreißen v
tear resistance Reißfestigkeit f [phy]

tear-drop flooring Tränenblechbelag *m* (Stahlbau) [tec]
tear-drop plate Tränenblech *n* [tec]
tear-gas Tränengas *n* [met]
tear-gland Tränendrüse *f* [hum]
tear-off package Abreißverpackung *f*
tear-off protection Ausreißsicherung *f* [tec]
tear-proof zerreißfest [met]
tearing along Raserei *f* [tra]
tearing foil Reißfolie *f* [met]
technetium Technetium *n* (chem. El.: Tc) [che]
technical apparativ; fachlich; fachmännisch; technisch (fachgemäß)
technical analysis technische Analyse *f* [any]
technical chemistry technische Chemie *f* [che]
technical contract conditions technische Vertragsbedingungen *pl* [jur]
technical data technische Daten *pl*
technical device manual Gerätebeschreibung *f* [con]
technical dictionary Fachwörterbuch *n*
technical domain technische Anwendung *f*
technical drawing technische Zeichnung *f* [con]; technisches Zeichnen *n* [con]
technical engineering Ingenieurtechnik *f*
technical environmental protection technischer Umweltschutz *m*
technical expert Techniker *m*
technical expression Fachausdruck *m*
technical facility technische Einrichtung *f*
technical handbook technisches Handbuch *n* (Anweisung)
technical information technische Mitteilung *f* [con]
technical instruction Technische Anleitung *f* [jur]
technical instructions Fachanweisungen *pl*
technical journal Fachzeitschrift *n*
technical language Fachsprache *f*
technical limit value technischer Grenzwert *m*
technical literature Fachliteratur *f*
technical measure technische Maßnahme *f*
technical modification report Änderungsmitteilung *f* (Dokument) [con]
technical monograph Fachbuch *n*
technical obsolescence technische Veralterung *f*
technical periodical Fachzeitschrift *f*
technical practice, approved - Regeln der Technik *pl*
technical reference concentration Technischer Richtkonzentrationswert *m* [jur]
technical report technischer Bericht *m*
technical requirement technische Anforderung *f*
technical rules Merkblatt *n*
technical safety Sicherheitstechnik *f* (Betriebssicherheit)
technical school Technikum *n* (Schule)
technical security technischer Datenschutz *m* [edv]
technical specialist authority technische Fachbehörde *f*
technical specification technische Lieferbedingung *f* [eco]
technical staff technisches Personal *n* [eco]

technical term Fachausdruck *m*; Fachwort *n* (Fachausdruck)
technical terminology Fachsprache *f*
technical training Fachausbildung *f*
technical worker Facharbeiter *m*
technicalities Formalitäten *pl*
technically feasible technisch machbar
technically feasible method technisch realisierbare Methode *f*
technician Bauführer *m*; Fachmann *m*; Techniker *m*
technique Technik *f* (Verfahren); Verfahrensweise *f*; Verfahren *n* (Methode)
technologic technologisch
technological technisch; technologisch
technological change technischer Wandel *m*
technological fix technologische Lösung *f*
technology Technik *f* (allgemein); Technologie *f*
technology economically achievable, best available - beste verfügbare wirtschaftlich vertretbare Umwelttechnik *f*
technology transfer Technologietransfer *m*
technology, advanced - fortgeschrittene Technik *f*; Spitzentechnologie *f*
technology, appropriate - angepasste Technologie *f*; geeignete Technologie *f* (unter örtlichen Bedingungen)
technology, available - Stand der Technik *m*
technology, best available - beste verfügbare Technologie *f*
technology, new - neue Technologie *f*
tectonic tektonisch [geo]
tectonic destruction Verwerfung *f* (Erdschichtverschiebung) [geo]
tectonic disturbance tektonische Verschiebung *f* [geo]
tee T-Stück *n* [tec]
tee bolt T-förmige Nutenschraube *f* [tec]
tee connector T-Stück *n* [tec]
tee head bolt Hammerschraube *f* [tec]
tee square Reißschiene *f* [con]
tee-piece connector T-Stück *n* [tec]
teeth, number of - Zähnezahl *f* (Zahnrad, Rollenkette) [tec]
teeth, set of - Zähnesatz *m* (am Zahnrad) [tec]; Zahnsatz *m* (Satz Zähne) [tec]
teeth, width of - Zahnweite *f* [con]
teflon Teflon *n* [che]
teflon cable Teflonleitung *f* [met]
teflon hose Teflonschlauch *m* [met]
teflon tape Teflonband *n* [met]
teflon-coated teflonbeschichtet [met]
tele-thermometer Fernthermometer *n* [any]
teleattended fernüberwacht [edv]
teleblockpolymer Teleblockpolymer *n* (Kunststoff) [met]
telebox elektronischer Briefkasten *m* [edv]
telecamera Fernsehkamera *f* [edv]
telecommunicate fernübertragen *v* [edv]
telecommunication Fernübertragung *f* [edv];

Telekommunikation *f* [edv]; Fernmeldewesen *n*
telecommunication cable Fernmeldekabel *n* [edv]
telecommunication cord Fernmeldeschnur *f* [edv]
telecommunication equipment Fernmeldeanlage *f* [edv]; Fernmeldegeräte *pl* [edv]
telecommunication flexible Fernmeldeschnur *f* [edv]
telecommunication line Datenverarbeitungsleitung *f* [edv]
telecommunication network Fernmeldenetz *n* [edv]
telecommunication satellite Fernmeldesatellit *m* [edv]
telecommunication system Fernmeldeanlage
telecommunication system Fernmeldenetz *n* [edv]
telecommunications Fernmeldetechnik *f* [edv]; Nachrichtentechnik *f* [edv]
telecommunications engineering Fernmeldetechnik *f* [edv]
telecommunications tower Fernmeldeturm *m* [edv]
telecommuting Telearbeit *f* [eco]
telecontrol Fernbedienung *f*; Fernsteuerung *f* [edv]
telecontrol fernsteuern *v* [edv]
telecontrolled fernbedient; fernbetätigt; ferngeregelt; ferngesteuert; fernüberwacht [edv]
telecopier Fernkopierer *m* [edv]; Fernkopiergerät *n* [edv]
telecopy Fernkopie *f* (Fax) [edv]
telecopy fernkopieren *v* [edv]
telecopying Fernkopieren *n* [edv]
telecopying machine Telekopierer *m* (Telekopiergerät) [edv]
telefax Fernkopie *f* (Fax) [edv]; Fernkopieren *n* [edv]; Telefax *n* [edv]
telefax fernkopieren *v* [edv]
telefax apparatus Telefaxgerät *n* [edv]
telefax unit Fernkopierer *m* [edv]
telegram Telegramm *n* [edv]
teleguidance Fernbedienung *f*
teleguide fernlenken *v*
telemeter Abstandsmesser *m* [any]
telemetering Fernmessung *f* [any]
telemetering system Fernmessanlage *f* [any]
telemetry Fernmessung *f* [any]; Messwertübertragung *f* [any]
telemetry system Fernwirksystem *n* [edv]
telephone Fernsprechanschluss *m* [edv]; Fernsprechapparat *m* [edv]; Telefon *n* [edv]; Telephon *n* (siehe Telefon) [edv]
telephone fernsprechen *v* (telefonieren) [edv]; telefonieren *v* [edv]
telephone answering equipment Anrufbeantworter *m* (Telefon) [edv]
telephone booth Fernsprechzelle *f* [edv]; Sprechzelle *f* [edv]; Telefonzelle *f* [edv]
telephone box Fernsprechzelle *f* [edv]; Telefonzelle *f* [edv]; Telefonzelle *f* [edv]
telephone cable Fernsprechkabel *n* [edv]; Telefonkabel *n* [edv]
telephone call Anruf *m* (Telefon) [edv]; Telefonanruf *m* [edv]

telephone circuit Telefonleitung *f* [edv]
telephone connection Telefonanschluß *m* [edv]
telephone conversation Telefongespräch *n* [edv]
telephone dialling apparatus Telefonwählautomat *m* [edv]
telephone directory Fernsprechauskunft *f*; Telefonbuch *n* [edv]; Telefonverzeichnis *n* (Telefonbuch) [edv]
telephone equipment Telefonanlage *f* [edv]
telephone exchange Telefonzentrale *f* [edv]
telephone extension Telefonnebenstelle *f* [edv]
telephone installation Fernsprechanlage *f* [edv]; Telefonanlage *f* [edv]
telephone line Fernsprechleitung *f* [edv]; Telefonleitung *f* [edv]
telephone meter Gebührenanzeiger *m* (Telefon) [edv]
telephone network Fernsprechnetz *n* [edv]
telephone number Fernsprechnummer *f* [edv]; Rufnummer *f* [edv]
telephone receiver Telefonhörer *m* [edv]
telephone responder Anrufbeantworter *m* (Telefon) [edv]
telephone set Fernsprecher *m* (Telefon) [edv]; Telefonapparat *m* [edv]
telephone station Fernsprechstelle *f* [edv]
telephone tower Fernmeldeturm *m* [edv]
telephone wire Telefondraht *m* [edv]
telephony Fernsprechwesen *n* [edv]
teleprinter Fernschreiber *m* [edv]
teleprocessing Datenfernverarbeitung *f* [edv]; Fernverarbeitung *f* [edv]
telescope Fernrohr *n* [opt]; Teleskop *n* [edv]
telescope ineinander schieben *v*
telescope joint Teleskopverbindung *f* [tec]
telescope leader Teleskopmäkler *m* (an Ramme) [mbt]
telescope, aligning - Zielfernrohr *n* [opt]
telescopic versenkbar
telescopic aerial Teleskopantenne *f* [edv]
telescopic antenna Teleskopantenne *f* [edv]
telescopic arm Teleskopstiel *m* (z.B. des Baggers) [mbt]; Federbein *n* (Motorrad) [tra]
telescopic cover Teleskopabdeckung *f* (z.B. Werkzeugmaschine) [tec]
telescopic crane arm Teleskopkranarm *m* [mbt]
telescopic crane arm attachment Teleskopkranarmausrüstung *f* [mbt]
telescopic cylinder Teleskopzylinder *m* (Hydraulik) [tec]
telescopic drive shaft Antriebsspindel mit Längenausgleich *f* [tec]
telescopic excavator Teleskopbagger *m* [mbt]
telescopic extension Teleskopverlängerung *f* [tec]
telescopic fork Teleskopgabel *f* [tec]
telescopic motor Teleskopmotor *m* [tec]
telescopic pipe Teleskoprohr *n* [mbt]
telescopic shaft Teleskopwelle *f* [tec]
telescopic shock absorber Teleskopstoßdämpfer *m* [tra]

telescopic umbrella Taschenschirm *m*
telescopic-type lift cylinder teleskopischer Hubzylinder *m* [mbt]
telescopical teleskopisch
telescoping boom Teleskopausleger *m* [mbt]
telescoping gear coupling Zahnkupplung mit Längenausgleich *f* [tec]
telescoping length Teleskopierhub *m* (des Teleskopierauslegers) [mbt]
telescoping spindle Teleskopspindel *f* [tec]
telesupervision Fernüberwachung *f* [edv]
telesurveillance Fernüberwachung *f* [edv]
teletext Bildschirmtext *m* [edv]
teletext assembly Bildschirmtextgerät *n* [edv]
teleview fernsehen *v* [edv]
television Fernseher *m* [edv]; Fernsehen *n* [edv]; Fernsehgerät *n* [edv]
television aerial Fernsehantenne *f* ((B)) [edv]
television antenna Fernsehantenne *f* ((A)) [edv]
television camera Fernsehkamera *f* [edv]
television receiver Fernseher *m* [edv]
television satellite Fernsehsatellit *m* [edv]
television set Fernsehapparat *m* [edv]; Fernsehgerät *n* [edv]
television telephone Bildfernsprecher *m* [edv]
television transmitter Fernsehsendeanlage *f* [edv]; Fernsehsender *m* [edv]
television tube Bildröhre *f* (Fernseher) [elt]
teleworking Telearbeit *f* [eco]
telewriter Fernschreiber *m* [edv]
telex kabeln *v* [edv]
telford pavement wassergebundene Decke *f* [tra]
tell mitteilen *v*
tellurium Tellur *n* (chem. El.: Te) [che]
telpher Laufkatze *f* (Kabelkran) [mbt]; Kabelkran *m* [mbt]
temper Härte *f* (Härte(grad)); Härtegrad *m* [met]; abstimmen *n*
temper abbrennen *v* (Stahl) [wer]; anlassen *v* (Metall) [met]; anlassglühen *v* [met]; ausglühen *v* [roh]; glühen *v* (Metalle) [met]; härten *v* (Metall, Glas); tempern *v* (Kunststoff); vergüten *v* [met]
temper brittleness Anlasssprödigkeit *f* [met]
temper colour Anlauffarbe *f* (Metalloberfläche) [met]; Glühfarbe *f* [met]
temper down nachlassen *v* (ausglühen, kühlen) [met]
temper of steel Härtegrad *m* [met]
temper thoroughly durchhärten *v* [wer]
temperability Härtbarkeit *f* (Stahl) [met]
temperable härtbar (Stahl) [met]
temperate gemäßigt (Klima)
temperate climate gemäßigtes Klima *n* [wet]
temperate forest Wald in Zone mit gemäßigtem Klima *m*
temperate region gemäßigtes Klima *n* [wet]
temperature Temperatur *f*
temperature adjustment Temperatureinstellung *f*
temperature alarm Temperaturwarner *m*
temperature chamber Kammerofen *m* [prc]

temperature change Temperaturänderung *f*; Temperaturwechsel *m*
temperature chart Fieberkurve *f* [hum]
temperature coefficient Temperaturkoeffizient *m*
temperature colour scale Farbtemperaturskala *f* [phy]
temperature contactor Temperaturkontaktgeber *m* [any]
temperature control Temperaturregelung *f*; Temperaturüberwachung *f* [any]; Temperaturwächter *m* [any]
temperature controller Temperaturregler *m*; Wärmeregler *m* [pow]
temperature course Temperaturverlauf *m* (zeitlich)
temperature curve Temperaturkurve *f*
temperature decrease Temperaturabnahme *f*
temperature dependence Temperaturabhängigkeit *f*
temperature dependent temperaturabhängig
temperature difference Temperaturdifferenz *f*; Temperaturunterschied *m*
temperature distortion Temperaturschräglage *f* (Kessel) [pow]
temperature distribution Temperaturverlauf *m* (räumlich)
temperature drop Temperaturabnahme *f*; Temperaturerniedrigung *f*; Temperaturabfall *m*; Temperaturgefälle *n*
temperature effect Temperatureinfluss *m*
temperature equalization Temperaturausgleich *m*
temperature error Temperaturfehler *m*
temperature fuse Temperatursicherung *f* [elt]
temperature gauge Temperaturanzeigegerät *n* [any]
temperature gradient Temperaturgradient *m*; Temperaturgefälle *n*
temperature increase Temperaturerhöhung *f*; Temperaturzunahme *f*
temperature influence Temperatureinfluss *m*
temperature interval Temperaturintervall *n*
temperature inversion Temperaturinversion *f* [wet]; Temperaturumkehr *f* [wet]
temperature jump Temperatursprung *m*
temperature level Temperaturniveau *n*
temperature limit Temperaturgrenze *f*
temperature maintenance Temperaturkonstanthaltung *f*
temperature maximum Temperaturmaximum *n*
temperature measurement Temperaturmessung *f* [any]
temperature measuring device Temperaturmessgerät *n* [any]
temperature measuring station Temperaturmessstelle *f* [any]
temperature minimum Temperaturminimum *n*
temperature monitor Temperaturwächter *m* [any]
temperature of coking Verkokungstemperatur *f* [che]
temperature of steam Dampftemperatur *f*
temperature probe Temperaturfühler *m* [any]
temperature range Temperaturbereich *m*
temperature rating Nenntemperatur *f* [pow]

temperature recorder Temperaturschreiber *m* [any]
temperature reduction Temperaturerniedrigung *f*
temperature rise Erwärmung *f*; Temperaturzunahme *f*; Temperaturanstieg *m*
temperature scale Temperaturskala *f*
temperature sensor Temperaturfühler *m* [any]; Temperatursensor *m* [any]; Temperaturmessgerät *n* [any]
temperature setting Temperatureinstellung *f*
temperature stress Wärmespannung *f* [met]
temperature tapping point Temperaturmeßstelle *f* [any]
temperature threshold Temperaturschwelle *f*
temperature unbalance Temperaturschräglage *f* (Kessel) [pow]
temperature variation Temperaturänderung *f*; Temperaturschwankung *f*
temperature, absolute - absolute Temperatur *f*
temperature, ambient - Umgebungstemperatur *f*
temperature, average - Durchschnittstemperatur *f*; mittlere Temperatur *f*
temperature, fall in - Temperaturabfall *m*; Temperatursturz *m* [wet]
temperature, lowest - Tiefsttemperatur *f*
temperature-independent temperaturunabhängig
temperature-resistant temperaturbeständig
tempered angelassen [met]; gehärtet [met]
tempered glass Hartglas *n* [met]
tempering Härtung *f* (Metall); Temperaturbehandlung *f*; Vergütung *f* (des Stahls, Gusses etc.) [met]; Anlassen *n* (Stahl) [met]; Anrühren *n* (Mörtel) [bau]; Glühen *n* (Metalle) [met]; Härten *n* (Metall) [met]
tempering agent Härtemittel *n* (Metall) [met]
tempering bath Härtebad *n*
tempering furnace Härteofen *m* (Metall) [met]
tempering in water Wasservergüten *n* [met]
tempering instruction Vergütungsanleitung *f* [met]
tempering plant Härteanlage *f*
tempering process Härteprozess *m* [met]
tempering stove Härteofen *m* (Metall) [met]
tempering temperature Anlasstemperatur *f* [met]
tempering time Anlassdauer *f* [met]
tempering treatment Anlassbehandlung *f* [met]
tempering water Löschwasser *n*
template Formschablone *f* [wer]; Matrize *f* [bio]; Schablone *f* (z.B. zum Schweißbrennen) [wer]; Muster *n* (Schablone)
template flame cutter Brennschneidemaschine *f* [wzg]
templet Schablone *f* (z.B. zum Schweißbrennen) [wer]
temporal limitation zeitliche Begrenzung *f* (der Laufzeit) [jur]
temporary befristet; kurzzeitig; provisorisch; temporär; vorläufig; vorübergehend; zeitweilig
temporary accommodation Behelfsunterkunft *f*
temporary bridge Behelfsbrücke *f* [bau]; Notbrücke *f* [tra]

temporary bulking vorübergehende Auflockerung *f*
temporary dwelling Behelfsunterkunft *f*
temporary exit Behelfsausfahrt *f* (Straße) [tra]
temporary fastening lösbare Verbindung *f* [tec]
temporary file temporäre Datei *f* (Software) [edv]
temporary hardness Wasserhärte, die beim Kochen verloren geht [was]
temporary mounting provisorischer Aufbau *m*
temporary prohibition vorläufiges Verbot *n* [jur]
temporary solution Übergangslösung *f*
temporary staff Leiharbeiter *m* (z.B. von anderem Werk) [eco]
temporary storage zeitweilige Lagerung *f*; Zwischenlagerung *f* [eco]; Zwischenspeicher *m* [prc]
temporary structure Behelfsbau *m* [bau]
temporary workforce Leiharbeit *f* (zeitweilige Beschäftigte) [eco]
tenable, commercially - wirtschaftlich vertretbar [eco]
tenacious zäh (hartnäckig)
tenacity Bruchfestigkeit *f* [met]; Haftfestigkeit *f* [met]; Zähigkeit *f* (starkes Zusammenkleben) [met]
tenancy Miete *f*; Pacht *f* [eco]
tenancy agreement Mietvertrag *m* [jur]
tenant Mieter *m*
tendency Tendenz *f*
tendency to flow Fließfähigkeit *f* [met]
tender frostempfindlich; weich
tender Kohlenwagen *m* (Tender hinter Lok) [tra]; Lieferangebot *n* [eco]; Tender *m* (hinter Dampflok) [tra]; Angebot *n* (nach Ausschreibung) [eco]
tender anbieten *v* [eco]; offerieren *v* [eco]
tender documents Ausschreibungsunterlagen *pl* [eco]
tender engine Schlepptenderlokomotive *f* [tra]
tender letter Angebotsschreiben *n* [eco]
tender locomotive Schlepptenderlokomotive *f* [tra]
tender, form of - Angebotsformular *n* [eco]
tendering Angebotsabgabe *f* [eco]
tendering procedure Ausschreibungsverfahren *n* [eco]
tendering, open - offene Ausschreibung *f* [eco]
tenders, calling for - Ausschreibung *f* [eco]
tendon Sehne *f* [hum]; Spanndraht *m* [tec]; Spannkabel *n* [tec]; Spannkabel *n* [tec]
tendril Ranke *f* [bff]
tenement Mietwohnung *f*
tenement house Mietskaserne *f* (Mietskaserne) [bau]
tenon Zapfen *m* (Holz)
tenon verzapfen *v*
tenon joint Verzapfung *f*
tense spannen *v* (anspannen)
tensile dehnbar (spannbar)
tensile bolt Dehnbolzen *m* [tec]
tensile load Zugbeanspruchung *f* [phy]
tensile screw Dehnschraube *f* [tec]
tensile shaft Dehnschaft *m* [tec]
tensile strain Zugverformung *f* [met]
tensile strength Bruchfestigkeit *f* [met]; Dehnungs-

festigkeit *f* (Zugfestigkeit) [met]; Festig-keitsklasse *f* (Zugfestigkeit) [met]; Reißfestigkeit *f* [phy]; Zer-reißfestigkeit *f* [met]; Zugfestigkeit *f* [met]; Zug-spannung *f* [phy]
tensile strength, high-temperature - Warmfestigkeit *f* [met]
tensile strength, mean - Formänderungsfestigkeit *f*
tensile stress Zugbeanspruchung *f* [phy]; Zugspannung *f* [phy]
tensile stress, subject to - auf Zug beanspruchen *v* [phy]
tensile stud Dehnbolzen *m* [tec]
tensile test Zugprobe *f* [any]; Zerreißversuch *m* [any]
tensile test bar Zerreißstab *m* [any]
tensile test, repeated - Dauerzugversuch *m* [met]
tension Beanspruchung *f* (Spannung, Anspannung) [con]; Spannung *f* (elektrische -) [elt]; Spannung *f* (Zug-) [phy]; Zugspannung *f* [phy]; Zug *m* (Spannung) [phy]
tension arm Zugarm *m* [tec]
tension axle Spannachse *f* [tec]
tension bar Zugstange *f* [tec]
tension bolt Zugschraube *f* [tec]; Zugbolzen *m* [tec]
tension difference Spannungsunterschied *m* [elt]
tension disc Spannscheibe *f* [tec]; Tellerfeder *f* [tec]
tension force Spannkraft *f* [phy]
tension fork Spanngabel *f* [tec]
tension lever Spannhebel *m* [tec]
tension loading Zugbelastung *f* [phy]
tension lock Spannschloss *n* [tec]
tension member Zuganker *m* [bau]
tension nut Spannmutter *f* [tec]
tension pulley Spannrolle *f* [mbt]; Spannscheibe *f* [tec]
tension ring Spannring *m* [tec]
tension rod Spannstange *f* [tec]; Zuganker *m* [tec]; Spanneisen *n* [tec]
tension roller Spannrolle *f* [tec]
tension screw Spannschraube *f* [tec]
tension spring Spannfeder *f* [tec]; Zugfeder *f* [tec]
tension strength Zugfestigkeit *f* [met]
tension test Zerreißprobe *f* (Zerreißversuch) [any]
tension valve Spannventil *n* (an Kettenspannung) [mbt]
tension washer Spannscheibe *f* [tec]
tension wire Spanndraht *m* [bau]
tension, under - gespannt (Feder)
tension-proof zugfest [met]
tensional strength Schubfestigkeit *f* [phy]
tensionally locked kraftschlüssig [tec]
tensioned gespannt (Feder); zugbeansprucht [phy]
tensioner Spannvorrichtung *f* [tec]
tensioning Beanspruchung auf Zug *f* [phy]; Vorspannung *f* (Dampfleitung) [pow]; Spannen *n* (mechanisch -) [tec]
tensioning arm Spannarm *m* (Steinklammerausrüstung) [tra]
tensioning bolt Spannschraube *f* [tec]; Zuganker *m* (fürs Anziehen des Steuerblocks) [bau]

tensioning clamp Spannklemme *f* (unter Federnagel) [mbt]
tensioning device Spannvorrichtung *f* (an Kette) [mbt]
tensioning drive Spanntrommel *f* [mbt]
tensioning element Spannelement *n* [tec]
tensioning lever Spannhebel *m* [tec]
tensioning nut Spannmutter *f* [tec]
tensioning pin Spannbolzen *m* [tec]
tensioning rope Spannseil *n* [mbt]
tensioning spring Zugfeder *f* [tec]
tensioning wheel Spannrad *n* [tec]
tensor Tensor *m* [mat]
tent Zelt *n*
tentative probeweise; provisorisch
tentative method Versuchsmethode *f* [any]
tentative price Richtpreis *m* [eco]
tenter Spannrahmen *m* [tec]
tenter drier Rahmentrockner *m* [prc]; Spannrahmentrockner *m* [prc]
terbium Terbium *n* (chem. El.: Tb) [che]
term Bedingung *f* [jur]; Benennung *f* [mat]; Bestimmung *f* (Festlegung) [jur]; Bezeichnung *f* (Fachausdruck); Ausdruck *m* (Fach-); Begriff *m* (Terminus); Term *m*; Glied *n* [mat]
term bezeichnen *v* (Fachausdruck geben)
term of patent Patentlaufzeit *f* [jur]
terminal Anschlussklemme *f* [elt]; Anschlussstelle *f* [elt]; Endstation *f* [tra]; Endstelle *f*; Fußklemme *f* [elt]; Klemme *f* (für Kabel) [elt]; Lötstelle *f*; Anschluss *m* (Klemme) [elt]; Bahnhof *m* (End-, Kopfbahnhof) [tra]; Batteriepol *m* [elt]; Bildschirm *m* (des Netzwerks) [edv]; Pol *m* (der Batterie) [elt]; Sackbahnhof *m* (Kopfbahnhof) [tra]; Anschlussstück *n* (auch Klemme) [elt]; Klemmstück *n* [elt]; Terminal *n* (Bildschirm) [edv]
terminal assignment plan Klemmenplan *m* [elt]
terminal block Anschlussleiste *f* [elt]; Klemmleiste *f* [elt]; Anschlussblock *m* [elt]; Verteiler *m* [elt]; Klemmbrett *n* [elt]
terminal board Schaltplatte *f* [elt]; Klemmbrett *n* [elt]
terminal bolt Anschlussbolzen *m* [tec]
terminal box Abschlussmuffe *f*; Anschlusskasten *m* [elt]; Elektroanschlusskasten *m* [elt]; Klemmenkasten *m* [elt]; Klemmkasten *m* [elt]
terminal box cover plate Klemmenabdeckung *f* [elt]
terminal bridge Klemmenbrücke *f* [elt]
terminal building Empfangsgebäude *n* [bau]
terminal bushing Klemmendurchführung *f* [elt]
terminal clamp Anschlussklemme *f* [elt]; Klemmbügel *m* [elt]
terminal connection Klemmenanschluss *m* [elt]
terminal connection diagram Klemmenanschlussplan *m* [elt]
terminal connection piece Klemmenanschlussstück *n* [elt]
terminal connection, individual - Klemmeneinzelanschluss *m* [elt]

terminal connector Klemmverbinder *m* [elt]
terminal cover Klemmendeckel *m* [elt]
terminal depot Kopfbahnhof *m* [tra]
terminal designation Klemmenbezeichnung *f* [elt]
terminal diagram Klemmenbelegung *f* [elt]
terminal end board Klemmenendplatte *f* [elt]
terminal insulator Klemmenträger *m* [elt]
terminal jack Anschlussbuchse *f* [elt]
terminal layout Steckerbelegungsplan *m* (Bildschirme) [elt]
terminal member Endglied *n*
terminal output Bildschirmausgabe *f* [edv]; Klemmenleistung *f* [pow]
terminal plate Anschlussplatte *f* [elt]
terminal plug Stopfen *m*
terminal point Endpunkt *m* (Leitung)
terminal resistance Abschlusswiderstand *m* [elt]
terminal screw Klemmschraube *f* [elt]
terminal sequence Klemmenfolge *f* [elt]
terminal sleeve Abschlussmuffe *f*
terminal socket Klemmbuchse *f* [elt]
terminal station Kopfbahnhof *m* [tra]; Sackbahnhof *m* [tra]
terminal strip Klemmenleiste *f* [elt]; Klemmleiste *f* [elt]; Lüsterklemme *f* [elt]
terminal switch Endschalter *m*
terminal tag Lötöse *f* [elt]
terminal velocity Endgeschwindigkeit *f*; Luftausströmgeschwindigkeit *f* [air]
terminal voltage Anschlussspannung *f* [elt]; Klemmenspannung *f* [elt]; Klemmspannung *f* [elt]
terminal work desk Bildschirmarbeitstisch *m*
terminal workstation Bildschirmarbeitsplatz *m*
terminate beenden *v* (aufhören); begrenzen *v* (beenden)
terminated befristet (zeitlich begrenzt)
terminated, not - unbefristet [jur]
terminating reaction Abbruchreaktion *f* [che]
terminating resistance Abschlusswiderstand *m* [elt]
termination Beendigung *f* (Ende); Abbruch *m* (Bauarbeiten) [bau]; Abschluss *m* (Vorgang); Anschlussstück *n* (auch Endklemme) [elt]
termination cable Abschlusskabel *n* [elt]
termination in writing schriftliche Kündigung *f* [jur]
termination of employment betriebliche Kündigung *f* [eco]
termination, abnormal - Abbruch *m* (eines Programms) [edv]; Programmabbruch *m* [edv]
termination, written - schriftliche Kündigung *f* [jur]
terminology Terminologie *f*; Fachausdruck *m*; Fachvokabularium *n* (Wortschatz)
ternary ternär
ternary alloy Dreistofflegierung *f* [met]
ternary mixture Dreistoffgemisch *n* [che]
ternary system Dreistoffgemisch *n* [che]; Dreistoffsystem *n* [che]
terrace Abstufung *f* (Gelände) [bod]; Stufe *f* (im Gelände) [bod]; Terrasse *f* [bau]; Absatz *m* (im Gelände) [bau]

terrace cut Terrassenschnitt *m* (im Tagebau) [roh]
terraced house Reihenhaus *n* [bau]
terracotta gebrannter Ton *m* [met]
terrain Geländeabschnitt *m* [geo]; Gelände *n* (Landschaft) [geo]; Terrain *n*
terrain roughness Geländeunebenheit *f* [bod]
terrestrial terrestrisch
terrestrial magnetism Erdmagnetismus *m* [phy]
territorial entities Gebietskörperschaften *pl*
territorial waterbodies Eigengewässer *pl* [was]
territorial waters Eigengewässer *pl* [was]
territory Gebiet *n* (Staatsgebiet); Staatsgebiet *n*; Territorium *n*
terseness Kürze *f*
tertiary tertiär
tertiary industry Dienstleistungswirtschaft *f*; tertiäre Wirtschaft *f* [eco]
test Kontrolle *f* (Überprüfung) [any]; Probe *f* (Erprobung) [any]; Prüfung *f* (Kontrolle) [any]; Überprüfung *f* [any]; Untersuchung *f* (Prüfung) [any]; Nachweis *m* (Prüfung) [any]; Test *m* [any]; Versuch *m* [any]; Experiment *n* [any]
test ausprüfen *v* [any]; austesten *v* [any]; erproben *v* [any]; experimentieren *v* [any]; probieren *v* [any]; prüfen *v* (ausprobieren, kontrollieren, kontrollieren) [any]; testen *v* [any]; überprüfen *v* [any]; untersuchen *v* [any]; versuchen *v* [any]
test analysis Versuchsauswertung *f* [any]
test and pass abnehmen *v* (prüfen) [any]
test assembly Gesamtprüfstück *n* (für Schweißprobe) [any]
test assignment Prüfaufgabe *f* [any]
test at constant load Dauerbelastungsversuch *m* [any]
test bar Probestab *m* (Materialprüfung) [any]
test bed Prüfbett *n* [any]
test bench Prüfstand *m* [any]
test block Prüfblock *m* (Körper) [any]; Prüfkörper *m* [any]
test body Testkörper *m* [any]
test card Testbild *n* (Fernsehen) [edv]
test certificate Prüfschein *m* [any]; Abnahmeprüfzeugnis *n* [eco]; Prüfungszeugnis *n* [any]
test certification Prüfnachweis *m* [jur]
test chamber Prüfkammer *f* [any]
test condition Prüfbedingung *f* [any]; Prüfungsbedingung *f* [any]; Versuchsbedingung *f* [any]
test connection Prüfanschluss *m* [any]
test console Prüfschrank *m* [any]
test cube Probewürfel *m* [any]
test cylinder Prüfzylinder *m* [any]
test data Prüfdaten *pl* [any]
test device Messvorrichtung *f* [any]; Prüfeinrichtung *f* [any]
test dimension Prüfmaß *n* [any]
test documents Prüfunterlagen *pl* [any]
test drive Probefahrt *f* [tra]
test driver Testfahrer *m* (z.B. bei neuen Autos) [tra]
test duration Prüfdauer *f* [any]

test engineer Abnahmeingenieur *m* [any]
test equipment Messeinrichtung *f* [any]; Prüfanlage *f* (Gerät) [any]; Testeinrichtung *f* [any]; Prüfgerät *n* [any]
test evaluation Testauswertung *f* [any]; Versuchsauswertung *f* [any]
test facility Prüfeinrichtung *f* [any]
test field Prüfplatz *m* [any]; Prüffeld *n* [any]
test flange Versuchsflansch *m* (für Kontrollgeräte) [any]
test flight Probeflug *m* [tra]
test for continuity Durchgangsprüfung *f* [any]
test for gas pressure Gasdruckprüfung *f* [any]
test gas Testgas *n* [any]
test head Messkopf *m* [any]; Prüfkopf *m* [any]
test installation Prüfanlage *f* (Ausrüstung) [any]
test instrument Prüfgerät *n* [any]
test instrumentation Messtechnik *f* [any]
test item Prüfling *m* (Prüfmusterstück) [any]; Prüfmuster *n* [any]
test lamp Prüflampe *f* [any]
test lead Prüfleitung *f* [any]
test load Prüflast *f* [any]
test log Testprotokoll *n* [any]
test machine Prüfmaschine *f* [tec]
test mark Prüfplakette *f* [any]
test material Versuchsmaterial *n* [any]
test medium Prüfmittel *n* [any]
test method Untersuchungsmethode *f* [any]; Testverfahren *m* [any]; Prüfverfahren *n* [any]
test notation Prüfvermerk *m* [any]
test opening Messluke *f* [any]
test operator Testfahrer *m*
test out ausprüfen *v* [any]; austesten *v* [any]
test paper Reagenzpapier *n* [che]
test performance Versuchsdurchführung *f* [any]
test personnel Prüfpersonal *n* [any]
test piece Gussprobe *f* [any]; Probe *f* (Probekörper) [any]; Probekörper *f* [any]; Probestab *m* (Materialprüfung) [any]; Probestück *n* [any]
test plug Revisionsfahrkabelanschluss *m* [mbt]
test point Messstelle *f* (Versuch) [any]; Messpunkt *m* [any]; Versuchspunkt *m* [any]
test portion Einwaage *f* [any]
test pressure Probedruck *m* [any]; Prüfdruck *m* [any]
test print Probedruck *m* (beim Drucken)
test procedure Prüfablauf *m* (Testreihenfolge) [any]; Testverfahren *m* [any]; Messverfahren *n* [any]
test program Versuchsprogramm *n* [any]
test range Prüfbereich *m* [any]
test reactor Testreaktor *m* [prc]; Versuchsreaktor *m* [any]
test record Protokoll *n* (Versuchs-) [any]
test records Prüfprotokoll *n* [any]
test report Abnahmebericht *m* [eco]; Prüfbericht *m*; Prüfungsbericht *m* [any]; Untersuchungsbericht *m*; Prüfprotokoll *n* [any]
test requirement Prüfungsanforderung *f* [any]
test result Testergebnis *n* [any]; Prüfergebnis *n* [any]; Prüfungsergebnis *n* [any]; Versuchsergebnis *n* [any]
test rig Versuchsanlage *f* [any]; Prüfstand *m* [any]; Versuchsaufbau *m* [any]
test run Probebetrieb *m* [any]; Probelauf *m* [any]; Testlauf *m* [any]; Einfahren *n* (Probelauf) [any]
test sample Prüfling *m* (Prüfmusterstück) [any]
test scope Prüfumfang *m* [any]
test screen Prüfsieb *n* [any]
test sensitivity Prüfempfindlichkeit *f* [any]
test sequence Prüffolge *f* [any]; Prüfablauf *m* (Testreihenfolge) [any]
test set Prüfeinrichtung *f* [any]
test set-up Versuchsanordnung *f* [any]; Versuchsaufbau *m* [any]
test sheet Messblatt *n* [any]; Prüfblatt *n* [any]
test sieve Prüfsieb *n* [any]
test socket Prüfstutzen *m* (der Waggonbremse) [any]
test solution Testlösung *f* [any]
test specification Prüfbestimmung *f* [any]; Prüfvorschrift *f* [any]; Prüfungsvorschriften *pl* [any]
test specimen Prüfmuster *n* [any]
test staff Prüfpersonal *n* [any]
test stand Prüfstand *m* [any]
test strip Teststreifen *f* [any]; Probestreifen *m* [any]
test support Testsupport *m* [any]
test switch Prüfschalter *m* [any]
test symbol Prüfzeichen *n* [any]
test tariff Prüfungsgebühr *f* [any]
test temperature Prüftemperatur *f* [any]
test terminal Messklemme *f* [any]; Prüfklemme *f* [any]
test tool Testwerkzeug *n* [any]
test tube Reagenzglas *n* [che]; Reagenzröhrchen *n* [che]
test tube research Reagenzglasversuch *m* [che]
test under pressure abdrücken *v* (abpressen) [any]
test unit Prüfanlage *f* (Einheit) [any]; Prüfvorrichtung *m* [any]
test value Messwert *m* [any]
test voltage Messspannung *f* [any]; Prüfspannung *f* [any]
test weight Testgewicht *n* (Mindest- oder Maximalgewicht) [any]
test weld Versuchsschweißung *f* [any]
test workstation Testarbeitsplatz *m* [any]
test, accelerated - Kurzversuch *m* [any]; Kurzzeitversuch *m* [any]
test, additional - ergänzender Versuch *m* [any]
test, reduced - eingeschränkte Prüfung *f* [any]
test, start of the - Versuchsanfang *m* [any]
test-book Prüfungsbuch *n* [any]
test-phase Testphase *f* (Periode, Zeitspanne; Dauer) [any]
tested bewährt [any]; getestet [any]
tested tube geprüftes Rohr *n*
tester Prüfer *m* (Person) [any]; Diagnosegerät *n* (Tester für Black Box) [any]
testimonial Arbeitszeugnis *n*

testimony Zeugnis *n*
testing Erprobung *f* [any]; Kontrolle *f* (Überprüfung) [any]; Probe *f* (Erprobung) [any]; Überprüfung *f* [any]; Prüfen *n* [any]; Prüfwesen *n* [any]; Testen *n* [any]
testing accuracy Prüfgenauigkeit *f* [any]
testing apparatus Prüfgerät *n* [any]
testing cycle Prüffolge *f* [any]
testing device Probevorrichtung *f* [any]; Prüfvorrichtung *m* [any]
testing efficiency Prüfleistung *f* [any]
testing equipment Prüfvorrichtung *m* [any]
testing error Prüffehler *m* [any]
testing frequency Prüffrequenz *f* [elt]
testing installation for cables Kabelprüfeinrichtung *f* [any]
testing installation for lines Leitungsprüfeinrichtung *f* [elt]
testing instrument Prüfgerät *n* [any]
testing level Prüfebene *f* [any]
testing method Prüfverfahren *n* [any]
testing organization Prüfstelle *f* [any]
testing period Probezeit *f* (z.B. für Material, Ware) [any]
testing plant Versuchsanlage *f* [any]
testing point Testpunkt *m* (am Langträger Waggon) [any]
testing privilege Erprobungsprivileg *n* [any]
testing procedure Prüfverfahren *n* [any]
testing process Prüfverfahren *n* [any]; Testschema *n* (Verfahrensweise) [any]
testing record Prüfprotokoll *n* [any]
testing room Prüffeld *n* [any]
testing rules Prüfungsvorschriften *pl* [any]
testing socket Prüfanschluss *m* [elt]
testing stand Prüfstand *m* [any]
testing station Prüfstand *m* [any]
testing system Prüfvorrichtung *m* [any]
testing system, automatic - Prüfautomatik *f* [any]
testing time Probezeit *f* [any]
testing voltage Prüfspannung *f* [elt]
testing, microscopical - Mikroskopieren *n* [any]
tests on material Materialprüfung *f* [any]
tests, series of - Untersuchungsreihe *f* [any]; Versuchsreihe *f* [any]
tetanus Starrkrampf *m* [hum]
tetraethyl lead fuel Bleibenzin *n* [tra]
tetrafluoroethylene/perfluoropropylene copolymer Tetrafluorethylen/Perfluorpropylen-Copolymer *n* [met]
tetragonal tetragonal
text Text *m* (z.B. zum Bild); Wortlaut *m* (z.B. Text des Briefes)
text generation Texterzeugung *f* [edv]
text mode Textmodus *m* (Textverarbeitung)
text module Textbaustein *m* (Textverarbeitung) [edv]
text processing Textverarbeitung *f* [edv]
text processing system Textverarbeitungssystem *n* (Software) [edv]

text scanner Textscanner *m* [edv]
textbook Leitfaden *m*; Fachbuch *n* (Lehrbuch)
textile cleaning Textilreinigung *f*
textile dressing Textilveredlung *f*
textile dye material Textilfarbstoff *m* [met]
textile fabric Textilgewebe *n* [met]
textile factory Textilfabrik *f*
textile fibre Textilfaser *f* [met]
textile finishing Textilveredlung *f*
textile glass Textilglas *n* [met]
textile glass fabric Textilglasgewebe *n* [met]
textile glass mat Textilglasmatte *f* [met]
textile gloves Textilhandschuhe *pl*
textile industry Textilindustrie *f*
textile packing material Packmaterial aus Textilstoff *n* [met]
textiles Textilien *pl*
textural strukturell
texture Faserstruktur *f*; Struktur *f* (Werkstoff) [met]; Textur *f* [met]; Gefüge *n* (Struktur) [met]
texture recognition Mustererkennung *f* [any]
textured plaster Reibeputz *m* [bau]
thallium Thallium *n* (chem. El.: Tl) [che]
thatched überdacht (z.B. mit Stroh) [bau]
thatched roof Strohdach *n* [bau]
thaw Schneeschmelze *f* [wet]; Tauwetter *n* [wet]
thaw auftauen *v* [prc]; tauen *v*
thaw out abtauen *v*
thaw water Tauwasser *n* [was]
thawing Tauen *n*
thawing agent Auftaustoff *m* [che]
the accident, site of - Unfallort *m* [tra]
the aircraft crash, site of - Absturzstelle *f* (Flugzeug) [tra]
the art, state of - Entwicklungsstand *m*; Kenntnisstand *m*; Stand der Technik *m*
the binding licence, scope of - Bewilligungsumfang *m*
the grate, speed of - Rostvorschub *m* [pow]
the installation, scope of - Anlagenumfang *m*
the surface, treatment of - Oberflächenbehandlung *f* (Bearbeitung) [wer]
theorem Lehrsatz *m*; Satz *m* (Lehrsatz); Theorem *n* [edv]
theorem of momentum Impulssatz *m* [phy]
theorem proving Theorembeweis *m* [edv]
theoretic theoretisch
theoretical theoretisch
theoretical chemistry theoretische Chemie *f* [che]
theory Lehre *f* (Theorie); Regel *f* (Lehrsatz); Theorie *f*
therapy Therapie *f* [hum]
thermal calorisch; thermisch
thermal absorption Wärmeabsorption *f* [pow]
thermal agitation thermische Bewegung *f*
thermal analysis Thermoanalyse *f* [any]
thermal anemometer Hitzdrahtanemometer *m* [any]
thermal balance Wärmebilanz *f* [pow]; Wärmehaushalt *m* [pow]

thermal bridge Kältebrücke f [pow]; Wärmebrücke f [pow]
thermal capacity Wärmekapazität f [pow]
thermal circuit breaker Thermoschalter m [elt]
thermal conduction Wärmeleitung f [pow]
thermal conductivity Temperaturleitfähigkeit f [phy]; thermische Leitfähigkeit f [elt]; Wärmeleitfähigkeit f [met]; Wärmeleitvermögen n [met]
thermal conductivity analyzer Wärmeleitfähigkeitsdetektor m (Gasanalyse) [any]
thermal conductivity, coefficient of Wärmeleitzahl f [met]; Wärmeleitwert m [met]
thermal conductor Wärmeleiter m [met]
thermal convection konvektive Wärmeübertragung f [pow]; Wärmekonvektion f [pow]
thermal cracking thermisches Kracken n [che]
thermal cycle Wärmekreislauf m [pow]
thermal decay thermische Zersetzung f [prc]
thermal decomposition thermische Zersetzung f [prc]; thermischer Abbau m [che]
thermal degradation Wärmealterung f [met]
thermal diffusion Thermodiffusion f [phy]
thermal disintegration thermische Zersetzung f [prc]
thermal disposal thermische Entsorgung f [rec]
thermal dissociation Thermolyse f [che]
thermal effect Wärmewirkung m [pow]
thermal efficiency thermischer Wirkungsgrad m; Wärmewirkungsgrad m [pow]
thermal emission Wärmeabgabe f [pow]
thermal energy Heizleistung f [pow]; thermische Energie f [che]; Wärme f; Wärmeenergie f [pow]
thermal engine Wärmekraftmaschine f [pow]
thermal equilibrium Wärmeausgleich m [pow]
thermal expansion Wärmeausdehnung f [phy]; Wärmedehnung f [met]
thermal expansion, coefficient of - Wärmeausdehnungskoeffizient m [phy]
thermal expansion, restraint to - Behinderung der Wärmedehnung f [con]
thermal flow Wärmefluss m [pow]
thermal gradient Wärmegefälle n [pow]
thermal impact thermische Belastung f
thermal insulation Wärmedämmung f [pow]; Wärmeisolierung f [met]; Wärmeschutz m [pow]
thermal insulation board Wärmedämmplatte f [met]
thermal insulation, minimum - Mindestwärmedämmung f [pow]
thermal load thermische Belastung f; Wärmebelastung f (im Austauscher) [pow]
thermal oil Thermalöl n [che]
thermal pollution Umweltbelastung durch Wärme f; Wärmebelastung f (nach außen) [pow]
thermal power Heizkraft f [pow]; Wärmekraft f [pow]
thermal power plant Heizkraftwerk n [pow]; thermisches Kraftwerk n [pow]; Wärmekraftwerk n [pow]
thermal power station Wärmekraftanlage f [pow]; Heizkraftwerk n [pow]; thermisches Kraftwerk n

[pow]; Wärmekraftwerk n [pow]
thermal printer Thermodrucker m [edv]
thermal process Wärmekreisprozess m [pow]; thermisches Verfahren n [prc]
thermal protection Wärmedämmung f [pow]
thermal quantity thermische Größe f
thermal quantity meter Wärmemengenmessgerät n [any]
thermal radiation Wärmestrahlung f [pow]
thermal radiator Radiator m [pow]
thermal reheating thermische Nachverbrennung f [air]
thermal reprocessing thermische Verwertung f [rec]
thermal resistance thermischer Widerstand m [pow]; Wärmedurchgangswiderstand m [pow]; Wärmeleitwiderstand m [met]; Wärmewiderstand m [pow]
thermal resistivity Wärmebeständigkeit f [met]
thermal sealing Heißverschweißen n [wer]
thermal separation thermische Stofftrennung f [prc]
thermal shock Thermoschock m [pow]; Wärmeschock m [pow]
thermal stability Wärmefestigkeit f [met]
thermal storage water heater Heißwasserspeicher m [pow]
thermal strain thermische Ausdehnung f
thermal stratification Temperaturschichtung f [wet]
thermal stress thermische Beanspruchung f; Wärmebeanspruchung f [met]; Wärmespannung f [met]
thermal stress relief Glühen n (Normalisieren) [met]; Normalisieren n (Glühen) [met]
thermal switch Wärmeauslöser m [pow]
thermal treatment thermische Behandlung f [che]; Wärmebehandlung f [met]
thermal unit Wärmeeinheit f [pow]
thermal utilization thermische Verwertung f [rec]
thermal value Heizwert m [che]
thermal waste treatment thermische Abfallbehandlung f [rec]
thermal water heiße Quelle f (Bodenschatz) [was]; Thermalwasser n
thermally insulated wärmeisoliert [met]
thermally stable hitzebeständig
thermic calorisch; thermisch
thermic lance Thermolanze f (schmilzt mit Lichtbogen) [met]
thermic motion thermische Bewegung f
thermionic glühelektrisch [elt]
thermistor Heißleiter m [met]; Thermistor m
thermit welding Thermitschweißen n [wer]
thermo-compression welding Heizelementschweißen n [wer]
thermo-electricity Thermoelektrizität f [elt]
thermo-mixer Thermomischer m [prc]
thermo-sensor Thermofühler m (in Statorwicklungen) [elt]
thermo-siphon cooling Wärmeumlaufkühlung f [tra]
thermo-switch Temperaturschalter m [elt]
thermo-transfer printer Thermodrucker m [edv]

thermobattery Thermobatterie *f* [elt]; Wärmebatterie *f* [pow]
thermochemical thermochemisch [che]
thermochemistry chemische Thermodynamik *f* [che]; Thermochemie *f* [che]
thermocolour Thermofarbe *f* [che]
thermocouple Thermoelement *n* [any]; Thermopaar *n* [any]
thermocouple element Thermoelement *n* [any]
thermocouple wire Thermodraht *m* [any]
thermocouple, bare - gewöhnliches Thermoelement *n* [any]
thermodiffusion Thermodiffusion *f* [phy]
thermodynamic thermodynamisch
thermodynamics Thermodynamik *f*
thermoeconomy Wärmewirtschaft *f* [eco]
thermoelastic thermoelastisch [met]
thermoelasticity Thermoelastizität *f* [met]
thermoelectric thermoelektrisch [elt]
thermoelectric current Thermostrom *m* [elt]
thermoelectric power Thermospannung *f* [elt]
thermoelectric voltage Thermospannung *f* [elt]
thermoforming machine Warmformmaschine *f* [wer]
thermogenerator Wärmeerzeuger *m* [pow]
thermograph Temperaturschreiber *m* (Wetter) [any]; Thermograph *m* (Thermometer) [any]; Thermoschreiber *m* [any]
thermolysis Thermolyse *f* [che]
thermometer Temperaturmessgerät *n* [any]; Thermometer *n* [any]
thermometer nipple Thermometerstutzen *m* [any]
thermometer pocket Tauchhülse *f* (für Thermometer) [any]
thermometer probe Temperaturfühler *m* [any]
thermometer sheath Thermometerhülse *f* [any]
thermometer well Tauchhülse *f* (für Thermometer) [any]; Thermometertasche *f* [any]
thermometric thermometrisch [any]
thermometric reading Thermometerstand *m* [any]
thermometry Temperaturmessung *f* [any]; Thermometrie *f* [any]
thermonuclear thermonuklear [phy]
thermopane glazing Isolierverglasung *f* [met]
thermophilic thermophil [bio]; wärmeliebend
thermophilic bacteria thermophile Bakterien *pl* [bio]
thermoplastic thermoplastisch (Kunststoff) [met]
thermoplastic Thermoplast *m* (Kunststoff) [met]
thermoplastic adhesive Schmelzkleber *m* [met]; Schmelzklebstoff *m* [met]; Thermokleber *m* [met]
thermoplastic foil Thermoplastfolie *f* [met]
thermoplastic insulating tape thermoplastisches Isolierband *n* [elt]
thermoplastic material thermoplastischer Kunststoff *m* [met]
thermoplastic sheet Thermoplastfolie *f* [met]
thermoregulation Körpertemperatureinstellung *f*
thermoset Duroplast *m* (Kunststoff) [met]
thermoset härten *v* (Kunststoffe)
thermoset resin duroplastischer Kunststoff *m* [met]

thermosetting duroplastisch (Kunststoff) [met]; warmhärtend (Kunststoffe) [met]
thermosetting Warmaushärtung *f* [wer]
thermosetting adhesive Schmelzklebstoff *m* [met]
thermosetting plastic Duroplast *m* (Kunststoff) [met]; duroplastischer Kunststoff *m* [met]
thermosetting resin Duroplast *m* (Kunststoff) [met]
thermosiphon Thermosiphon *m* [pow]
thermostable hitzebeständig
thermostat Temperaturbegrenzer *m*; Temperaturregler *m*; Thermostat *m*; Wärmeregler *m* [pow]
thermostatic thermostatisch
thermostatic control Thermostatregelung *f* [pow]
thermoswitch Bimetallschalter *m* [elt]
thick dick (auch als Maßangabe); grob (Teile); stark (dick); üppig
thick cloud Schwaden *m*
thick plate Blech *n* [met]; Grobblech *n* [met]
thick sheet Grobblech *n* [met]
thick sheet iron Grobblech *n* [met]
thick smoke Qualm *m* [air]
thick smoke, emit - qualmen *v* [air]
thick-film lubrication Vollschmierung *f* [tec]
thick-sided dickwandig
thick-walled dickwandig; starkwandig
thick-walled rubber tubing Druckschlauch *m* [prc]
thick-walled tube dickwandiges Rohr *n* [met]
thicken eindicken *v*; einkochen *v* (Flüssigkeit entziehen); verdicken *v*
thickened sludge Dickschlamm *m* [was]
thickener Eindicker *m* [prc]; Verdickungsmittel *n* [che]
thickening Verdickung *f*
thickening agent Verdickungsmittel *n* [che]
thickening by boiling Einkochen *n*
thickening machine Eindicker *m* [prc]
thicker coating of zinc erhöhte Zinkauflage *f* [met]
thickness Dichte *f* (z.B. des Waldes); Dicke *f*; Mächtigkeit *f* (z.B. eines Flözes) [geo]; Stärke *f* (Dicke)
thickness gauge Dickenlehre *f* [any]; Fühllehre *f* [any]; Abstandsmesser *m* [any]; Dickenmesser *m* [any]; Dickenmessgerät *n* [any]
thickness measurement Dickenmessung *f* [any]
thickness measuring device for coats of paint Farbschichtdickenmessgerät *n* [any]
thickness of nut Mutterhöhe *f* [con]
thickness vibrator Dickenschwinger *m* [elt]
thimble Kausche *f* [tec]; Klemme *f* [tec]; Muffe *f* [tec]; Seilkausche *f*; Manschettenrohr *n*; Muffenstück *n*
thin dünn; mager (dünn)
thin längen *v* (strecken); verdünnen *v*
thin film Dünnschicht *f*; Dünnfilm *m*
thin gauge plate Feinblech *n* [met]
thin layer Dünnschicht *f*; Dünnfilm *m*
thin nut flache Mutter *f* [tec]
thin out verziehen *v* [far]
thin plate Feinblech *n* [met]

thin sheet Feinblech n [met]
thin sheet metal Blech n (Stahlblech (< 3 mm))
 [met]; Feinblech n (unter 0,5 bis unter 3 mm) [met]
thin-bed fixing technique Dünnbettverfahren n [bau]
thin-bed process Dünnbettverfahren n [bau]
thin-bodied dünnflüssig
thin-edged blade Schaufel mit dünner Kante f
 (Turbine) [pow]
thin-film evaporator Dünnschichtverdampfer m
thin-film heat exchanger
 Dünnschichtwärmeaustauscher m [pow];
 Filmwärmeaustauscher m [prc]
thin-film lubrication Grenzschmierung f [tec];
 Teilschmierung f [tec]
thin-film reactor Dünnschichtreaktor m
thin-film technology Dünnschichttechnologie f;
 Schichttechnologie f [elt]
thin-layer chromatography
 Dünnschichtchromatografie f ((variant));
 Dünnschichtchromatographie f
thin-layer drier Dünnschichttrockner m
thin-shell dünnschalig
thin-wall dünnschalig
thin-walled dünnwandig
think about nachdenken v
thinly populated dünn besiedelt; dünn bevölkert
thinned out verdünnt
thinner Verdünner m (z.B. für Farbe) [met]
thinning Verdünnung f
third Dritte pl (z.B. Geschädigte) [jur]
third countries Drittländer pl
third parties Dritte pl [jur]
third parties, effect on - Drittwirkung f [jur]
third states Drittstaaten pl
Third World dritte Welt f
third-party insurance Haftpflichtversicherung f [jur]
thirst Durst m
Thomas bulb Thomasbirne f (für flüssigen Stahl)
 [roh]
Thomas converter Thomaskonverter m (Metall)
 [met]
Thomas slag Thomasschlacke f [rec]
thorium Thorium n (chem. El.: Th) [che]
thorium breeder Thorium-Brutreaktor m
 (Kernreaktor) [pow]
thorium high-temperature reactor (THTR)
 Thorium-Hochtemperatur-Reaktor m (Kernreaktor)
 [pow]
thorium reactor Thoriumreaktor m [pow]
thorn Dorn m [bff]
thorough gründlich; sorgfältig; vollständig
thorough dry kerntrocken
thorough mixing Durchmischen n
thoroughbred edel (reinrassig)
thoroughfare Durchfahrt f (Weg) [tra];
 Durchgangsstraße f [tra]
thoughtless unbedacht
thread Faser f (Faden); Verschraubung f (Gewinde)
 [tec]; Windung f (Schraube) [tec]; Faden m (Garn);
 Gang m (Schraube) [tec]; Gewindegang m [tec];
 Zwirn m [met]; Garn n; Gewinde n [tec]
thread einfädeln v (z.B. Tonband); Gewinde
 schneiden v
thread and needle Nadel und Faden
thread centring Gewindezentrierung f [con]
thread connection Schraubstutzen m [tec]
thread core Gewindekern m [con]
thread cutting Gewindeschneiden n [wer]
thread cutting screw Gewindeschneidschraube f
 [wzg]
thread depth Gewindehöhe f [con]; Gewindetiefe f
 [con]
thread deviation Gewindeabmaß n [con]
thread diameter Gewindedurchmesser m [tec]
thread flank Gewindeflanke f [tec]
thread gauge Gewindelehre f [tec]
thread groove Gewinderille f [tec]
thread height Gewindehöhe f [con]
thread hole Einschraubloch n [tec]
thread insert Gewindeeinsatz m [tec]
thread joint Verschraubung f [tec]
thread length Gewindelänge f [tec]
thread nut Schneidmutter f [tec]
thread of a screw Gewindesteigung f [con]
thread pitch Gewindesteigung f [con]
thread plug Gewindestopfen m [tec]
thread reducer Gewindereduzierung f [tec]
thread roll gewinderollen v [wer]; gewindewalzen v
 [wer]
thread rolled gewinderollt [wer]; gewindegewalzt
 [wer]
thread rolling screw gewindefurchende Schraube f
 [tec]
thread run-out Gewindeauslauf m [tec]
thread starts, number of - Gewindegangzahl f [tec]
thread suction system Fädenabsauganlage f [prc]
thread tolerance Gewindetoleranz f [con]
thread, form of - Gewindeprofil n [tec]
thread, length of - Gewindelänge f [tec]
thread, turn of - Gewindegang m [tec]
thread-cutting lathe Gewindedrehbank f [wzg]
thread-cutting stock Kluppe f (Gewindeschneiden)
 [wzg]
thread-worm Madenwurm m [bff]
threaded mit Gewinde [tec]
threaded anchorage Gewindeanker m [bau]
threaded bolt Gewindebolzen m [tec];
 Schraubenbolzen m [tec]
threaded bush Gewindebuchse f [tec];
 Gewindehülse f [tec]
threaded bushing Einschraubbuchse f [tec];
 Einschraubstutzen m [tec]
threaded cable grommet
 Zugentlastungsverschraubung f [tra]
threaded cap Gewindekappe f [tec]
threaded connection Gewindeverbindung f [tec];
 Anschlussstutzen mit Gewinde m; Gewindeanschluss m [tec]; Anschlussgewinde n [tec]

threaded connection piece Einschraubstutzen *m* [prc]
threaded coupling Gewindebuchse *f* [tec]; Gewindemuffe *f* [tec]
threaded fitting Rohrverschraubungsstück *n* [tec]; Schraubfitting *n* [tec]
threaded flange Gewindeflansch *m* [tec]
threaded guide tube Führungsgewinderohr *n* [tec]
threaded hole Gewindeloch *n* [tec]
threaded hose coupling Schlauchverschraubung *f* [tec]
threaded joint Gewindeverbindung *f* [tec]; verschraubbar Verbindung *f* [tec]
threaded journal Gewindezapfen *m* [tec]
threaded locking pin Einschraubbolzen *m* [tec]
threaded nipple Gewindenippel *m* [tec]
threaded nut Gewindemutter *f* [tec]
threaded pin Gewindebolzen *m* [tec]; Gewindestift *m* [tec]; Gewindezapfen *m* [tec]
threaded pipe Gewinderohr *n* [tec]
threaded pipe joint Rohrverschraubung *f* [tec]
threaded pipe union Rohrverschraubung *f* [tec]
threaded plug Einschraubzapfen *m* [tec]; Gewindestopfen *m* [tec]; Schraubverschluss *m*
threaded protection plug Gewindeschutzstopfen *m* [tec]
threaded ring Gewindering *m* [tec]; Schraubring *m* [tec]
threaded rod Gewindestange *f* [tec]; Gewindestab *m* [tec]
threaded sleeve Außengewindetülle *f* [tec]; Gewindehülse *f* [tec]; Gewindemuffe *f* [tec]; Schraubmuffe *f* [tec]
threaded socket thermocouple Einschraubthermoelement *n* [any]
threaded socket thermometer Einschraubthermometer *n* [any]
threaded spindle Gewindespindel *f* [tec]
threaded stem Gewindespindel *f* [tec]
threaded strap Gewindebügel *m* [tec]
threaded stud Gewindestift *m* [tec]
threaded support point Aufhängepunkt *m*
threaded terminal Schraubanschluss *m* [elt]
threaded tube Gewinderohr *n* [tec]
threaded tube connection Rohrschraubverbindung *f* [tec]
threaded weld fitting Anschweißverschraubung *f*
threader Gewindeschneider *m* [wzg]
threading Reihung *f*
threading Gewinde schneiden *v* [wer]
threading die Gewindeschneideisen *n* [wzg]
threading machine Gewindemaschine *f* [wzg]; Gewindeschneidmaschine *f* [wzg]
threading, type of - Gewindeausführung *f* [tec]
threads, number of - Gangzahl *f* (bei Schnecken) [tec]
threat Bedrohung *f* (gegen Leib und Leben); Gefährdung *f*; Gefahr *f* (Bedrohung)
threat of punishment Strafandrohung *f* [jur]

threat to the ground-water Grundwassergefährdung *f* [was]
threaten bedrohen *v*; gefährden *v*
threatened climate klimabedrohend [wet]
threatened life lebensbedrohend
threatening the environment umweltgefährdend
three pane window Dreifachfenster *n* [bau]
three spindle jack Dreispindelheber *m* [mbt]
three-armed flange Dreiarmflansch *m* [tra]
three-axle dreiachsig [tec]
three-axled vehicle Dreiachser *m* [tra]
three-casing dreigehäusig [pow]
three-circuit control Dreikreisregelung *f* (Hydraulik) [tec]
three-coat dreilagig
three-coloured dreifarbig
three-component alloy Dreistofflegierung *f* [met]
three-component system Dreistoffsystem *n* [che]
three-conductor Dreileiter *m* [elt]
three-conductor cable dreiadriges Kabel *n* [elt]; Dreileiterkabel *n* [elt]
three-core dreipolig [elt]
three-core cable dreiadriges Kabel *n* [elt]; Dreileiterkabel *n* [elt]
three-cylinder motor Dreizylindermotor *m* [tra]
three-digit dreistellig [mat]
three-dimensional dreidimensional; räumlich
three-dimensional display dreidimensionale Darstellung *f* [edv]
three-electrode tube Triode *f* [elt]
three-element control Dreikomponentenregelung *f* [pow]
three-faced dreiflächig
three-figure dreistellig [mat]
three-finger rule Dreifingerregel *f* [elt]
three-footed dreifüßig
three-gas-pass boiler Dreizugkessel *m* [pow]; Dreizugkessel *m* [pow]
three-leg Dreibein *n*
three-light window Dreifachfenster *n* [bau]
three-phase dreiphasig; dreipolig [elt]
three-phase alternator Drehstromgenerator *m* [elt]
three-phase bus Drehstromschiene *f* [elt]
three-phase circuit Dreiphasenschaltung *f* [elt]
three-phase current Drehstrom *m* [elt]; Dreiphasenstrom *m* [elt]
three-phase current meter Drehstromzähler *m* [any]
three-phase current plant Drehstromanlage *f* [elt]
three-phase field Drehfeld *n* [elt]
three-phase generator Drehstromgenerator *m* [elt]
three-phase leads Drehstromszuleitung *f* [elt]
three-phase line Drehstromleitung *f* [elt]
three-phase motor Drehstrommotor *m* [elt]; Dreiphasenmotor *m* [elt]; Dreistrommotor *m* [elt]
three-phase network Drehstromnetz *n* [elt]
three-phase rotor Drehstromanker *m* [elt]
three-phase shunt machine Drehstromnebenschlussmaschine *f* [elt]
three-phase supply line Drehstromszuleitung *f* [elt]

three-phase system Dreiphasensystem *n* [elt]
three-pin dreipolig [elt]
three-pin plug Dreifachstecker *m* [elt]; Dreipolstecker *m* [elt]
three-ply dreilagig
three-point bearing Dreipunktlagerung *f*
three-point fixing Dreipunktbefestigung *f*
three-point suspension Dreipunktaufhängung *f*
three-position cylinder Dreistellungszylinder *m* (Hydraulik) [tec]
three-position valve Dreistellungsventil *n* [prc]
three-room system Dreikammersystem *n*
three-speed motor Dreistufenmotor *m* [elt]
three-stranded dreischäftig [tec]
three-stream burner Dreistrombrenner *m* [pow]
three-term control Dreikomponentenregelung *f* [pow]
three-way catalytic converter Dreiwegekatalysator *m* [tra]
three-way cock Dreiwegehahn *m* [prc]
three-way mix valve Dreiwegemischventil *n* [prc]
three-way mixer Dreiwegemischer *m*
three-way switch Dreifachumschalter *f*; Wechselschalter *m* [elt]
three-way tap Dreiwegehahn *m* [prc]
three-way tipper Dreiseitenkipper *m* [mbt]
three-way valve Dreiwegeventil *n* [prc]
three-way-valve Schieber *m* (Mischschieber) [tec]
three-wedge bearing Dreikeillager *n* [tec]
three-wheeled van Dreirad *n* (Kleintransporter) [tra]
three-winged dreiflügelig
three-wire system Dreileitersystem *n* [elt]
threefold dreifach
threshold Grenze *f* (Schwelle); Schwelle *f* (an Wohnungstür) [bau]; Türschwelle *f* [bau]; Verstärkerschwelle *f* [elt]; Grenzwert *m*; Schwellwert *m*
threshold amplifier Schwellverstärker *m* [elt]
threshold concentration Schwellenkonzentration *f* [hum]
threshold concentration value Schwellenwertkonzentration *f*
threshold concentration, lethal - letale Schwellenwertkonzentration *f*
threshold control Grenzwertsteuerung *f*
threshold controller Schwellregler *m* [elt]
threshold current Schwellenstrom *m* [elt]
threshold detector Schwellendetektor *m* [any]
threshold dose Schwellendosis *f* [hum]; Schwellenwertdosis *f*; Toleranzdosis *f*
threshold effect Grenzeffekt *m*
threshold limit values maximale Arbeitsplatzkonzentration *f*
threshold of discomfort Unbehaglichkeitsschwelle *f* (Klimatechnik)
threshold of hearing Hörschwelle *f* [aku]
threshold potential Schwellenspannung *f* [elt]
threshold range Grenzbereich *m*
threshold region Grenzbereich *m*
threshold value Schwellenwert *m*; Schwellwert *m*

threshold value control Schwellwertregelung *f*
thrive blühen *v* (sich entwickeln); florieren *v* (gedeihen) [bff]; gedeihen *v*
throat crack Längsriss *m* (der Schweißnaht) [met]
throat depth Schweißnahtdicke *f* [wer]
throat flame Gichtflamme *f*
throat temperature Gichttemperatur *f* [roh]
thrombus Pfropfen *m* [hum]
throttle Drossel *f* (in Strömung) [prc]
throttle drosseln *v*; einschnüren *v* (drosseln)
throttle back abdrosseln *v* (Motor)
throttle body Vergaseroberteil *f* [tra]
throttle bushing Drosselbuchse *f* [tra]
throttle cone Drosselkegel *m* [prc]
throttle control lever Drosselklappenhebel *m* [tra]
throttle flange Drosselflansch *m* [prc]
throttle governing valve Drosselregelventil *n* [prc]
throttle lever Handgashebel *m* (Bowdenzug) [tra]
throttle linkage Gasgestänge *n* (zum Vergaser) [tra]
throttle pedal Gaspedal *n* [tra]
throttle plate Drosselplatte *f* [prc]
throttle pressure Dampfdruck vor Turbine *m* (Frischdampfdruck) [pow]
throttle relief valve Drosselrückschlagventil *n* [prc]
throttle response Beschleunigungsvermögen *n* (Motor) [tra]
throttle ring Drosselring *m* [tra]
throttle setting Drosseleinstellung *f* [tec]
throttle sleeve Drosselhülse *f* [pow]
throttle slide Drosselschieber *m* [prc]
throttle temperature Frischdampftemperatur *f* (von Turbine) [pow]
throttle valve Drosselklappe *f* [prc]; Luftklappe *f* (Vergaser) [tra]; Rückstauklappe *f* [prc]; Drosselventil *n* [prc]
throttle valve shaft Drosselklappenwelle *f* [tra]
throttling Drosselung *f*
throttling loss Drosselverlust *m* [prc]
throttling port Drosselbohrung *f* [tec]
throttling screw Drosselschraube *f* [prc]
throttling valve Drossel *f* (Drosselventil)
through bis (von A bis Z); durchgehend (z.B. Bolzen, Bohrloch) [tec]
through bolt Durchgangsschraube *f* [tec]
through bore-fit Durchgangsbohrung *f* [tec]; Durchgangsloch *n* [tec]
through bore-hole Durchgangsbohrung *f* [tec]
through hole Durchgangsbohrung *f* [tec]; Durchgangsloch *n* [bau]
through pass delay Durchlaufverzögerung *f*
through quenching and tempering Durchvergütung *f* [met]
through road Durchgangsstraße *f* [tra]
through separator Durchgangsabscheider *m* [tra]
through shed Lokschuppen *m* (mit Durchfahrt) [tra]
through station Durchgangsbahnhof *m* [tra]
through street Durchgangsstraße *f* [tra]; Ortsdurchfahrt *f* [tra]
through tenon Vollzapfen *m* [tec]

through traffic Durchgangsverkehr *m* [tra]
through train Direktverbindung *f* (Bahn) [tra]
through-bolt Durchgangsschraube *f* [tec]; Durchsteckschraube *f* [tec]
through-drying Durchtrocknung *f*
through-flow Durchlauf *m* (durch Leitung)
through-transmission Durchschallung *f* [elt]
through-transmission attenuation Durchschallungsschwächung *f* [elt]
through-transmission method Durchschallungsverfahren *n* [any]
through-way valve Durchgangsventil *n* [prc]
throughlet Durchgang *m* (kleiner Durchlass)
throughout komplett (durch und durch)
throughput Menge *f* (geförderte Menge); Ausstoß *m* (Produktionsmenge); Durchfluss *m* (-menge); Durchsatz *m*
throughput rate Durchlaufleistung *f*; Durchsatzleistung *f*; Durchsatzmenge *f*
throughput sandblasting system Durchlaufsandstrahlanlage *f* [wer]
throw Hubhöhe *f* (z.B. Flüssigkeitsdruck) [prc]; Kröpfung *f* [tec]; Verwerfung *f* (geologischer Schichten) [geo]; Wurf *m*
throw werfen *v*
throw away wegwerfen *v*
throw into gear einkuppeln *v* (Gang) [tra]
throw lever Umschlaghebel *m* [tec]
throw light upon beleuchten *v*
throw off abwerfen *v*
throw on einschalten *v* (Maschine)
throw out ausrangieren *v* [rec]; aussprühen *v*; ausstoßen *v*; herausschleudern *v*;
throw through durchwerfen *v*
throw-away article Einwegartikel *m*
throw-away bottle Wegwerfflasche *f* [rec]
throw-away filter Filterelement *n* (Wegwerfpatrone)
throw-away package Wegwerfpackung *f* [rec]
throw-away product Wegwerfprodukt *n* [rec]
throw-away sieve Einwegsieb *n* [prc]
throw-away society Wegwerfgesellschaft *f* [eco]
throw-off Abwurf *m*; Auswurf *m*
throw-off blasting Abwurfsprengen *n* (bei selektivem Abbau) [mbt]
throw-out lever Ausschalthebel *m* (für eine Maschine) [tec]
throw-out yoke, clutch - Ausrückgabel *f* (Kupplung) [tra]
thrower Ölabstreifer *m* [tec]
thrower ring Abweiser *m* (auf Welle) [tec]
thrust Druckkraft *f* [phy]; Stoßkraft *f* [phy]; Druck *m* [phy]; Schub *m* [phy]; Stoß *m* (Stich)
thrust stoßen *v* (hineinstoßen); treffen *v* (stoßen); zusammenstoßen *v* (stoßen)
thrust axis Schubachse *f* [tec]
thrust ball bearing Axialrillenkugellager *n* [tec]; Druckkugellager *n* [tec]; Kugeldrucklager *n* [tec]
thrust ball bearing, angular-contact - Axial-Schrägkugellager *n* [tec]

thrust bar Druckstück *n* [pow]
thrust bearing Klotzlager *m* [tec]; Axialdrucklager *n* (Kugellager) [tec]; Blocklager *n* [tec]; Drucklager *n* [tec]; Spurlager *n* [tec]; Wechsellager *n* [tec]
thrust bearing housing Axiallagergehäuse *n* [tec]; Drucklagergehäuse *n* [tec]
thrust bearing pad Axiallagerklotz *m* ((B)) [tec]; Drucklagerklotz *m* (<B>) [tec]; Segmenttragklotz *m* ((B)) [tec]
thrust bearing retainer Drucklagerhalterung *f* [tec]
thrust bearing ring Axiallagerring *m* [tec]; Drucklagerring *m* [tec]
thrust bearing segment Axiallagersegment *n* [tec]; Drucklagersegment *n* [tec]
thrust bearing shoe Drucklagerklotz *m* (<A>) [tec]; Klotzlagerstein *m* ((A)) [tec]; Segmenttragklotz *m* ((A)) [tec]; Axiallagersegment *n* [tec]
thrust bearing trip Drucklagersicherung *f* [tec]
thrust bearing, bi-directional - doppelseitiges Drucklager *n* [tec]; doppelwirkendes Drucklager *n* [tec]
thrust bearing, one-direction - einseitig wirkendes Axiallager *n* [tec]; Stützlager *n* [tec]
thrust bearing, segmental - Klotzlager *n* [tec]; Segmentdrucklager *n* [tec]
thrust bearing, self-aligning - Pendelrollenlager *n* [tec]
thrust block Anschlag *m* [tec]; Drucklager *n* [tec]
thrust block, retractable - ausziehbares Druckstück *n* [tec]
thrust bolt Druckschraube *f* [tec]; Druckbolzen *m* [tec]
thrust brick Druckstein *m*
thrust bushing Druckbuchse *f* [pow]
thrust collar Druckscheibe *f* [tec]; Lagerschulter *f* [tec]; Bund *m* (in etwa: Kragenbuchse) [tec]; Druckring *m* [tec]; Lagerbund *m* [tec]
thrust cylinder Schubzylinder *m* [tec]
thrust face Druckfläche *f* (Lager) [tec]
thrust force Schubkraft *f* [phy]
thrust gear trip Schubauslösung *f* ((B) Turbine) [pow]
thrust journal Tragzapfen *m* [tec]
thrust ledge Druckleiste *f* [tec]
thrust load Axialbeanspruchung *f*
thrust out ausstoßen *v*
thrust pad Gleitschuh *f* (Lager) [tec]; Klotzlagerstein *m* [tec]; Lagerklotz *m* [tec]; Segmenttragklotz *m* [tec]; Klotzlagersegment *n* [tec]
thrust piece Druckstück *n* [tec]
thrust pin Federstütze *f* [tec]; Druckbolzen *m* [tec]
thrust plate Druckplatte *f* [tec]; Druckstempel *m* [tec]; Druckteller *m* [tec]
thrust plate ring Axialtellerring *m* [tec]; Drucktellerring *m* [tec]
thrust ring Druckring *m* [tec]
thrust roller bearing Axialrollenlager *n* [tec]
thrust screw Druckschraube *f* [tec]
thrust shaft Druckwelle *f* [tec]

thrust shoe Klotzlagerstein *m* ((A)) [tec]; Segmenttragklotz *m* ((A)) [tec]; Drucksegment *n*
thrust sleeve Druckhülse *f* [tec]
thrust support Federstütze *f* [tec]
thrust washer Druckscheibe *f* (Dichtscheibe) [tec]; Druckunterlegscheibe *f* [tec]; Sicherungsscheibe *f* [tec]
thrust washer, axial - Axialdruckscheibe *f* (Pumpe) [tec]
thrust wear trip Schubauslösung *f* (Turbine) [pow]
thrust-position trip Schubauslösung *f* ((A) Turbine) [pow]
thud Schlag *m* (Pochen)
thulium Thulium *n* (chem. El.: Tm) [che]
thumb Daumen *m* [hum]
thumb bolt Flügelschraube *f* [tec]
thumb nut Flügelmutter *f* [tec]
thumb screw Druckschraube *f* [tec]; Flügelschraube *f* [tec]; Klemmschraube *f* [tec]; Knebelschraube *f* [tec]
thumb wheel Rändelrad *n* [tec]
thumb wheel switch Daumenschalter *m*
thumb, rule of - Faustregel *f* (nach allgem. Erfahrung)
thumbplate hose clip Schneckengewindeschelle *f* (mit Flügelschraube) [tec]
thunder Donner *m* [wet]; Sturm *m* [wet]
thunderstorm Gewitter *n* [wet]
thyristor Thyristor *m* (Halbleiterventil) [elt]
ticket Fahrkarte *f* [tra]; Karte *f* (Eintritt, Fahrkarte); Fahrschein *m* [tra]; Etikett *n*
ticket cancelling machine Fahrscheinentwerter *m* [tra]
ticket machine Fahrkartenautomat *m* [tra]; Fahrscheinautomat *m* [tra]
tidal basin Flutbecken *n*
tidal energy Gezeitenenergie *f* [pow]
tidal mud deposits Gezeitenablagerung *f* [bod]
tidal power plant Gezeitenkraftwerk *n* [pow]
tidal power station Ebbe-und-Flut-Kraftwerk *n* [pow]; Flutkraftwerk *n* [pow]; Gezeitenkraftwerk *n* [pow]
tidal wave Flutwelle *f*
tide Tide *f*
tides Gezeiten *pl*
tidy aufgeräumt; ordentlich (geordnet); rein (sauber)
tidy up aufräumen *v*
tie Bindung *f* (Band); Eisenbahnschwelle *f* [tra]; Schwelle *f* (Bahn-) [tra]; Distanzhalter *m* [tec]
tie anbinden *v* (Boot) [tra]; bandagieren *v*; binden *v* (z.B. Bewehrung) [bau]; flechten *v* [wer]; verankern *v* (befestigen) [wer]; verknoten *v*; verspannen *v*
tie bar Ankerstange *f* [tec]; Ankerbolzen *m* [tec]; Zuganker *m* [bau]
tie bolt Zugstange *f* [tec]; Zugbolzen *m* [tec]; Zugbolzen *m* [tec]
tie bow Zugbügel *m* [tec]
tie breaker Kuppelschalter *m* [elt]

tie iron Maueranker *m* [bau]
tie line Verbundleitung *f* [elt]
tie plate Ankerplatte *f* [tec]; Hakenplatte *f* [tec]; Unterlagsplatte *f* [tec]; Verbindungsplatte *f* [tec]; Zugplatte *f* [tec]
tie point Schlusspunkt *m*
tie rod Begrenzungsschraube *f* [tec]; Spurstange *f* [tra]; Zugstange *f* [tec]; Zugstrebe *f* (für Automobile) [tra]; Spannanker *m* [tec]; Zuganker *m* [bau]
tie rod design Zugankerbauart *f* (Hydraulik) [con]
tie rod end Spurstangenkopf *m* [tra]
tie rod socket Kugelgelenkkopf *m* [tec]
tie screw Zugschraube *f* [tec]
tie up festbinden *v*; verknüpfen *v* (festmachen); verschnüren *v*
tie-in Aufschaltung *f*
ties of ownership to the social environment Sozialbindung *f* [eco]
tight dicht (undurchlässig); dichtschließend; fest (befestigt, straff); gespannt; knapp (eng); schwergängig (z.B. Schraube); straff (fest, gespannt); stramm (straff); verkeilt (Material im Steinbruch) [roh]
tight fit spielfrei
tight fit Festsitz *m* [tec]; Treibsitz *m* [tec]; Passstück *n* [tec]
tight valve dichtes Ventil *n* [prc]
tight weld Dichtnaht *f* (Schweißnaht) [wer]
tight, make - abdichten *v*; dichten *v* (dicht machen)
tight, not - undicht
tight-fit thread Festsitzgewinde *n* [tec]
tight-fitting knapp (eng)
tighten anziehen *v* (festziehen); anziehen *v* (Schraube) [wer]; befestigen *v* (anziehen); einschrauben *v* (anziehen) [wer]; festklammern *v*; festziehen *v* (Schraube) [wer]; spannen *v* (straffen); straffen *v* (spannen)
tightened angezogen (Schraube) [wer]
tightener Spannwalze *f* [tec]; Spannschloss *n* [tec]
tightening angle Anziehdrehwinkel *m* [wer]
tightening bolt Klemmschraube *f* (am Lagerauge) [tec]; Spannschraube *f* [tec]
tightening device, belt - Riemenspannvorrichtung *f* [tec]
tightening key Spannschlüssel *m* [wzg]
tightening nut Klemmmutter *f* [tec]; Spannmutter *f* [tec]
tightening ring Spannring *m* [tec]
tightening roller, belt - Riemenspannrolle *f* [tec]
tightening screw Befestigungsschraube *f* [tec]; Spannschraube *f* [tec]
tightening spindle Spannspindel *f* [wzg]
tightening strap Spannband *n* [wzg]
tightening surface Spannfläche *f* (z.B. am Schwenkstutzen) [mbt]
tightening torque Anziehdrehmoment *n* (festziehen) [tec]; Anzugsmoment *n* (Mutter) [tec]
tightening, surface for - Spannfläche *f* (z.B. am Schwenkstutzen) [mbt]

tighter setting, give a - enger einstellen v [tec]
tightness Dichte f (Undurchlässigkeit); Dichtheit f; Dichtigkeit f; Undurchlässigkeit f
tilde Tilde f (Textverarbeitung)
tile Fliese f [met]; Kachel f; Dachziegel m [bau]; kacheln n
tile belegen v (mit Fliesen) [bau]; fliesen v [wer]
tile cladding Fliesenbelag m [bau]
tile finish Plattenbelag m [bau]
tile fixing Fliesenlegen n [wer]
tile setter Fliesenleger m
tile setting Fliesenlegen n [wer]; Fliesenarbeiten pl [wer]
tile, acoustic - Akustikplatte f [aku]
tiled gefliest
tiled bathroom Kachelbad n [bau]
tiler Fliesenleger m
tiles, set - fliesen v [wer]
tilework Fliesenbelag m [bau]; Plattenbelag m [bau]
tiling Kachelung f
till Kasse f (Registrier-)
till bestellen v (Land, Acker) [far]
tillable soil Bauerde f [bod]
tillage Boden m (bestellter Boden) [bod]
tiller Lenkstange f (in Fahrerhaus) [tra]
tilt Neigung f (schnelles Kippen); Schrägfläche f
tilt abkippen v (Verbiegen der Schraube) [wer]; gerben v [met]; kanten v (auf Kante stellen); kippen v (neigen); neigen v (kippen); verkanten v
tilt angle Schräglage f (des Motors) [tec]
tilt control lever Kipphebel m [tec]
tilt cylinder Kippzylinder m [tec]
tiltable burner Schwenkbrenner m [pow]
tilted geneigt; schräggestellt
tilted cylinder mixer Schrägtrommelmischer m [prc]
tilted drum mixer Schrägtrommelmischer m [prc]
tilter Kantvorrichtung f [wer]; Kippvorrichtung f [mbt]
tilting arm Schwenkarm m [tec]
tilting axis Kippachse f [tec]
tilting block Wendebock m [wer]
tilting burner Schwenkbrenner m [pow]
tilting cover Schwenkdeckel m [tec]
tilting device Kantvorrichtung f [tec]; Kippvorrichtung f [tec]; Neigevorrichtung f; Schwenkvorrichtung f [tec]
tilting door Kipptor n [bau]
tilting drive Schwenktrieb m [tec]
tilting force Kippkraft f [phy]
tilting head Kippschlitten m (am Stapler) [mbt]
tilting lever Kipphebel m [tec]; Schwenkhebel m [tec]
tilting mirror Kippspiegel m
tilting mixer Kippmischer m [prc]
tilting moment Kippmoment n [phy]
tilting movement Kippbewegung f
tilting open hearth furnace Kippofen m [prc]
tilting pad Kippsegment n [tec]

tilting pan Kippkessel m [prc]
tilting safety Kippsicherheit f
tilting-pad bearing Klotzlager n [tec]; Segmentdrucklager n [tec]
tilting-pad thrust bearing Axialsegmentdrucklager n [tec]
timber Balken m [bau]; Holz n (Bauholz) [met]; Nutzholz n [met]
timber einschalen v (Holzform erstellen) [bau]
timber batten Holzlatte f
timber connector Holzdübel m [wer]
timber conservation Holzschutz m
timber construction Holzbauweise f [bau]; Holzkonstruktion f [bau]
timber decay Holzfäule f; Holzzersetzung f
timber decomposition Holzzersetzung f
timber drying plant Holztrockenanlage f [prc]
timber engineering Holzbau m [bau]
timber formwork Holzschalung f [bau]
timber frame Holzrahmen m [bau]; Holzfachwerk n [bau]
timber framework Holzfachwerk n
timber girder Holzträger m [bau]
timber grab Holzgreifer m [mbt]
timber grapple Holzzange f (ähnlich Greifer) [mbt]
timber ground Holzuntergrund m
timber house Holzhaus n [bau]
timber joint Holzdübel m [wer]
timber kerb hölzerne Randschwelle f
timber lining Holzverkleidung f [bau]
timber mill Sägewerk n [wer]
timber needle Holzbolzen m
timber panel Holzplatte f
timber planks Holzpritsche f
timber prefabricated construction Holzfertigbau m [bau]
timber preservation Holzschutz m
timber preservative Holzschutzmittel n [met]
timber rehandling-grab Holzumschlaggreifer m [mbt]
timber scaffold Gerüst n (aus Holz) [bau]; Gestell n (Gerüst)
timber scaffolding Holzgerüst n [bau]
timber seal Dichtungsholz n
timber sheathing Holzverschalung f
timber shuttering Holzschalung f [bau]
timber store Holzlagerplatz m
timber structure Holzkonstruktion f [bau]
timber surfacing Holzverkleidung f [bau]
timber technology Holzbauweise f [bau]
timber wagon Langholzwagen m (der Bahn) [tra]
timber window Holzfenster n [bau]
timber wood Baumholz n [bff]
timber work Gebälk n (Holz-) [bau]; Holzgebälk n; Holzarbeiten pl
timber-frame construction Balkenkonstruktion f [bau]
timber-framed building Holzrahmenkonstruktion f [bau]; Fachwerkhaus n [bau]

timber-framed construction Holzrahmenkonstruktion *f* [bau]
timber-line Baumgrenze *f* [bff]
timbered eingeschalt [bau]
timbering Holzwerk *n*
timberline Waldgrenze *f*
time Frist *f*; Zeit *f*; Zeitpunkt *m*
time einstellen *v* (die Zeit); planen *v* (zeitlich)
time and motion study Zeitstudien *pl*
time at which damage occurred Schadenszeitpunkt *m*
time base Zeitbasis *f* [elt]; Zeitlinie *f* [elt]; Zeitlinienmessstrecke *f* (Leuchtschirms) [elt]
time base range Tiefenbereich *m* [elt]
time base sweep generator Ablenkungsgenerator *m* [elt]
time behaviour Zeitverhalten *n*
time being, for the - vorerst (im Moment)
time clock Kontrolluhr *f*
time closing contact Zeitkontakt *m* [elt]
time constant Zeitkonstante *f* [elt]; Zeitkonstante *f* [che]
time consumed Aufwand *m* (zeitlich)
time control Zeitwirtschaft *f* (Festsetzung Belegung) [eco]
time deflection Zeitablenkung *f*
time delay Verzögerung *f*; Zeitverzögerung *f*
time delay valve Verzögerungsventil *n* [tec]
time delay valve, pneumatic - pneumatisches Verzögerungsventil *n* [tec]
time domain Zeitbereich *m* [elt]
time elongation limit Zeitdehngrenze *f* [met]
time for escape Fluchtzeit *f* (Sicherheitstechnik) [bau]
time for payment, extended - Verkaufshilfe *f* (langes Zahlungsziel) [eco]
time frame Zeitrahmen *m*
time fuse Zeitzünder *m*
time input Aufwand *m* (zeitlich)
time interval Zeitspanne *f*; Zwischenzeit *f*; Zeitabstand *m*; Zeitintervall *m*
time keeping Zeitnahme *f* [any]
time lag Auslösezeit *f*; Verzögerung *f*; Verzögerungszeit *f*; Zeitdifferenz *f*; Zeitverzögerung *f*
time lamp Zündkontrolllampe *f* [tra]
time measuring device Zeitmessgerät *n* [any]
time period Zeitspanne *f*
time recording apparatus Zeiterfassungsgerät *n* [any]
time registration Zeiterfassung *f* [any]
time saving Zeitersparnis *f*
time scanner Zeitraster *n*
time schedule Bauzeitenplan *m* [bau]; Terminplan *m*; Zeitplan *m*
time sheet Stundenzettel *m* [eco]
time supervision Zeitüberwachung *f*
time switch Zeitschalter *m* [elt]
time switch clock Zeitschaltuhr *f* [elt]
time table information Auskunft *f* (von Bahn, Bus)

time, additional - Nachfrist *f* [jur]
time, all the - die ganze Zeit *f*
time, at one - seinerzeit (damals)
time, at the same - gleichzeitig
time, at this - zur Zeit
time, for a - zeitweilig
time, period of the - Zeitdauer *f*; Zeitraum *m*
time, real Realzeit *f*
time, real - Echtzeit *f*
time-base deflection, extended - gedehnte Zeitablenkung *f*
time-base delay Impulsverschiebung *f* (Tiefenlupe) [elt]
time-base sweep verzögerte Zeitablenkung *f*
time-base sweep, extended - gedehnte Zeitablenkung *f*
time-delayed switch-off Abfallverzögerung *f* (Signalabschaltung) [elt]
time-displaced zeitversetzt
time-lag relay Verzögerungsrelais *n* [elt]; Zeitrelais *n* [elt]
time-limit Befristung *f*
time-limit for lodging an appeal Beschwerdefrist *f* [jur]
time-limit for the filing of an objection Widerspruchsfrist *f* [jur]
time-limited befristet (zeitlich begrenzt)
time-of-day pricing lastabhängiger Tarifsatz *m* [pow]; verbrauchsabhängiger Tarifsatz *m* [pow]
time-of-flight measurement Flugzeitmessung *f* [any]
time-of-flight method Flugzeitmethode *f* [any]
time-of-flight spectrometer Flugzeitspektrometer *n* [any]
time-relay Zeitglied *n* (Regelung) [elt]
time-relay control Taktsteuerung *f* [elt]
time-relay for reverse travel Zeitrelais für Gegenlauf *n* [elt]
time-scheduling Bauzeitplanung *f* [bau]
time-sharing Timesharing *n* [eco]
time-sharing operation Teilnehmerbetrieb *m* [edv]
time-table Stundenplan *m*; Kursbuch *n* (Fahrplan) [tra]
timed zeitlich eingeteilt
timer Schaltuhr *f* [any]; Uhr *f* (Zeitmesser); Impulsgeber *m* [elt]; Zeitregler *m*; Zeitschalter *m* [elt]; Zündunterbrecher *m* [tra]; Zeitrelais *n* [elt]
timer switch Schaltuhr *f* [elt]
times, at all - laufend (zu jeder Zeit)
timing Synchronisierung *f*; Zeitaufnahme *f* [any]; Zeitmessung *f* [any]; Zeitnahme *f* [any]
timing bolt Stellschraube *f* [tec]
timing case cover Steuergehäusedeckel *m* [tec]
timing chain Steuerkette *f* [tra]
timing gear Motorsteuerung *f* [tec]; Stirnrad zur Zeiteinstellung *n* [tec]
timing gear housing Stirnradgehäuse *n* [tec]
timing instrument Zeitmessgerät *n* [any]
timing mark Einstellmarke *f* (nach Zeit, Genauigkeit) [tec]

timing range Zündverstellbereich *m* [tra]
timing relay Zeitrelais *n* [elt]
timing shaft Steuerwelle *f* [tec]
timing stage Zeitstufe *f* [elt]
tin Büchse *f* (Konservendose); Dose *f* (Blechdose, Konservendose); Konserve *f*; Konservenbüchse *f*; Gefäß *n* (Büchse, Dose); Zinn *n* (chem. El.: Sn) [che]
tin eindosen *v* ((B)); verzinnen *v* [met]
tin alloys Zinn-Basislegierungen *pl* [met]
tin ashes Zinnkrätze *f* [rec]
tin bar Zinnstange *f* [met]
tin box Blechbüchse *f*; Blechdose *f*; Blechkasten *m*
tin bronze Zinnbronze *f* [met]
tin can Blechbüchse *f*; Blechdose *f*; Dose *f* (Blechdose, Konservendose); Konservendose *f*; Weißblechdose *f* [met]
tin case Blechkasten *m*
tin coating Feuerverzinnung *f* [met]; Zinnüberzug *m* [met]
tin coating weight Zinnauflagegewicht *n* [met]
tin composite Mischzinn *n* [met]
tin dross Zinngekrätz *n* [rec]
tin foil Zinnfolie *f* [met]; Stanniol *n* [met]
tin ingot Zinnblock *m* [met]
tin lead alloy Halbgut *n* [met]
tin ore Zinnerz *n* [met]
tin pest Zinnpest *f* [met]
tin pipe Zinnrohr *n* [met]
tin plate Weißblech *n* [met]; Zinnblech *n* [met]
tin plate line Weißblechanlage *f* [roh]
tin plate scrap Weißblechabfall *m* [rec]
tin plating Verzinnen *n* [met]
tin powder Zinnpulver *n* [met]
tin refuse Zinnkrätze *f* [rec]; Zinngekrätz *n* [rec]
tin scrap Altzinn *n* [met]
tin sheet Zinnfolie *f* [met]; Weißblech *n* [met]
tin solder Lötzinn *n* [met]; Weichlot *n* [met]; Zinnlot *n* [met]
tin strip verzinnter Bandstahl *m* [met]
tin vessel Blechgefäß *n*
tin waste Zinnabfall *m* [rec]
tin-bearing zinnhaltig [met]
tin-coat verzinnen *v* [met]
tin-coated verzinnt [met]
tin-coated strip Weißband *n* (Blech) [roh]
tin-lead solder Weichlot *n* [met]; Zinnlot *n* [met]
tin-opener Dosenöffner *m*
tin-plate verzinnen *v* [met]
tinctorial power Ergiebigkeit *f* (bei Farbe) [met]
tincture Tinktur *f*; Farbton *m* (Schattierung)
tinder Zunder *m* [rec]
tine Zinke *f* (einer Forke) [wzg]; Zinke *f* (einer Forke) [wzg]; Zacken *m* (Zinke)
tined brick bucket Steinschaufel *f* [wzg]
tinge Schattierung *f* [opt]
tinned verzinnt [met]
tinned sheet iron Weißblech *n* [met]
tinning Verzinnung *f* [met]; Verzinnen *n* [met]

tinning coil Verzinnungswalze *f* [met]
tinning house Verzinnerei *f* [met]
tinning plant Verzinnungsanlage *f* [met]
tinning unit Verzinnungsanlage *f* [met]
tinning, hot - Feuerverzinnung *f* [met]
tinny zinnhaltig [met]
tint Tönung *f* (Einfärbung); Anstrich *m* (Farbe) [met]; Farbton *m* (Tönung); Ton *m* (Färbung)
tint tönen *v* (einfärben)
tinted getönt (z.B. Rauchglas)
tinted glass Buntglas *n* [met]; Farbglas *n* [met]; Rauchglas *n* [met]
tip Deponie *f* [rec]; Kippe *f* (Deponie) [rec]; Schüttung *f*; Spitze *f* (spitzes Ende); Abladeplatz *m* [met]; Hinweis *m* (Wink); Ratschlag *m*
tip entledigen *v*; kippen *v* (leicht zur Seite); neigen *v* (kippen); schütten *v*
tip angle Neigungswinkel *m* [con]
tip circle Kopfkreis *m* (innen/außen verzahntes Rad) [con]
tip cylinder Kippzylinder *m* [tec]
tip diameter Kopfkreisdurchmesser *m* [con]
tip jack Steckbuchse *f* [tec]
tip out abkippen *v* (abladen) [rec]; auskippen *v* [rec]; ausschütten *v*
tip over umfallen *v*; umkippen *v* (z.B. im Sturm)
tip-up seat Klappsitz *m*
tipped bestückt (Werkzeug)
tipped chisel Spitzmeißel *m* [wzg]
tipper Kipplore *f* [tra]; Kipper *m* (Eisenbahn) [tra]; Kippwagen *m* [tra]
tipper truck Kipper *m* (Lastkraftwagen) [tra]
tipper, automatic - Selbstkipper *m* [tra]
tipping Ablagerung *f* (Schutt) [rec]; Deponierung *f* [rec]
tipping angle Kippwinkel *m* [mbt]
tipping car Muldenkippwagen *m* (der Eisenbahn) [tra]
tipping container Kippbehälter *m* [mbt]
tipping cylinder Kippzylinder *m* (am Löffel) [tec]
tipping device Kippvorrichtung *f* [mbt]; Kipper *m*; Kurvenkipper *m* [mbt]
tipping device for lorries Lastwagenkippvorrichtung *f*
tipping lever Kipphebel *m* [tec]
tipping line theoretische Kippkante *f* (des Baggers) [mbt]
tipping line, front - vordere Kippkante *f* [tra]
tipping load Kipplast *f* [mbt]
tipping lorry Kipper *m* (Autoschütter) [tra]
tipping shovel Kippschaufel *f* (des Baggers) [mbt]
tipping stage Kippbühne *f* [prc]
tipping wagon Kipplore *f* [tra]; Kipper *m* (Eisenbahn) [tra]
tipping wagon on bogies Drehgestellkippmuldenwagen *m* [mbt]
tippler Kippbühne *f* (für Güterwagen) [tra]
tire ((A) siehe: tyre)
tire ermüden *v* (Metall) [met]

tired müde
tires ((A) siehe: tyres)
tissue Stoff *m* (Gewebe) [met]; Gewebe *n* [hum]
tissue paper Toilettenpapier *n* [met]
titanium Titan *n* (chem. El.: Ti) [che]
titanium steel Titanstahl *m* [met]
titanium white Titanweiß *n* [che]
titer ((A) siehe: titre)
title Benennung *f*; Bildunterschrift *f* (in Bericht, Buch); Dienstbezeichnung *f* [eco]; Titel *m*
title block Zeichnungskopf *m* (Beschriftungsfeld) [con]; Beschriftungsfeld *n* (Zeichnungskopf) [con]; Schriftfeld *n* (auf Zeichnung) [con]
titrate titrieren *v* [any]
titrating Titrieren *n* [any]
titrating analysis Maßanalyse *f* [any]
titrating apparatus Titrierapparat *m* [any]
titration Titration *f* [any]; Titrieren *n* [any]
titration solution Titerflüssigkeit *f* [any]
titrator, automatic - Titrationsautomat *m* [any]
titre Titer *m* ((B))
titrimetric maßanalytisch [any]; titrimetrisch; volumetrisch [any]
titrimetric standard Urtiter *m* [any]
titrimetry Maßanalyse *f* [any]; Titrierverfahren *n* [any]
to date bisher (bis einschließlich heute)
to one side seitwärts
to sign, authorized - zeichnungsberechtigt (für Firma) [eco]
toaster, automatic - Toastautomat *m* [elt]
tobacco Tabak *m* [bff]
tobacco tar Tabakteer *m*
toboggan Schlitten *m* (Rodelschlitten)
toe Zehe *f* (nach Sprengung stehen bleibend) [roh]
toe bearing Spitzenlagerung *f*
toe crack Unternahtriss *m* (der Schweißnaht) [met]
toe of the dam Böschungsfuß *m*
Töpfer's Law Verpackungsverordnung *f* [jur]
together gemeinsam
toggle Knebel *m* (an Zughaken, Kleidung, Zelt) [tra]; Knebel *m* (Griff); Knebelknopf *m*; Kniehebel *m*
toggle crusher Kniehebelbrecher *m* [prc]
toggle joint Kniegelenk *n* [tec]; Winkelgelenk *n* [tec]
toggle lever Winkelhebel *m* [tec]; Gelenkstück *n* [tec]
toggle lever drive Kniehebelantrieb *m* [tec]
toggle lever gripper, articulated - Kniehebelgreifer *m* [tec]
toggle lever press Kniehebelpresse *f* [prc]
toggle link Gelenkstange *f* [mbt]
toggle links Koppel und Schwinge [mbt]
toggle press Knebelpresse *f* [prc]
toggle switch Kippschalter *m* [elt]; Knebelschalter *m* [elt]
toilet Toilette *f* [bau]
toilet bowl Klosettbecken *n* [bau]
toilet container Toilettencontainer *m*
toilet cubicle Toilettenkabine *f*

toilet facilities Toilettenanlage *f* [bau]
toilet flush Toilettenspülung *f*
toilet not connected to the mains anschlussfreie Toilette *f* [bau]
toilet pan Toilettenbecken *n* [bau]
toilet waste water Toilettenabwasser *n* [was]
toilet, chemical - Trockenklosett *n*
token Marke *f* (Kennzeichnung); Sendezeichen *n* (Symbol) [edv]; Terminalsymbol *n* [edv]
tolerance Abweichung *f* (von Originalmaß, Toleranz) [con]; Fehlergrenze *f* (technisch); Toleranz *f* (technisch) [tec]; Verträglichkeit *f*; Zugabe *f* (für spätere Bearbeitung) [con]; zulässige Abweichung *f* [con]; zulässige Maßabweichung *f* [con]; Spielraum *m* (technisch) [con]; Abmaß *f* (über Endmaß hinaus) [con]; Spiel *n* (Freiraum, Toleranz) [tec]; Toleranzfreimaß *n* [con]
tolerance accumulation Toleranzaddition *f* [con]
tolerance calculation Toleranzrechnung *f* [con]
tolerance compliance Toleranzhaltigkeit *f* [con]
tolerance dose Gefährdungsdosis *f* (Arbeitssicherheit) [hum]; Toleranzdosis *f*
tolerance level Toleranzgrenze *f* [hum]
tolerance limit Toleranzgrenze *f*; Verträglichkeitsgrenze *f*
tolerance range Toleranzfeld *n*
tolerance test Verträglichkeitsprüfung *f* [any]
tolerance threshold Verträglichkeitsgrenze *f*
tolerance value Toleranzwert *m*
tolerances, true to - toleranzhaltig (Passungen) [con]
tolerant computer fehlertoleranter Rechner *m* [edv]
tolerate dulden *v*; hinnehmen *v*; tolerieren *v*
tolerated, well - verträglich
toleration Duldung *f* [jur]; Tolerierung *f*
toleration level Toleranzwert *m*
toll Maut *f* [tra]; Straßenbenutzungsgebühr *f* [tra]
toll bridge gebührenpflichtige Brücke *f* [tra]; Mautbrücke *f* [tra]
toll road Autobahn *f* (gebührenpflichtige Autobahn) [tra]; gebührenpflichtige Straße *f* (Autobahn) [tra]; Mautstraße *f* [tra]
tomato red tomatenrot (RAL 3013) [nor]
tombac Rotguss *m* [met]; Tombak *n* [met]
tombac sheet Tombakblech *n* [met]
tombac tape Tombakband *n* [met]
tommy Drehstift *m* (an Schraubwerkzeug) [wzg]
tommy nut Knebelmutter *f* [tec]
tommy screw Knebelschraube *f* [tec]
ton Tonne *f* (Gewicht)
tone Farbton *m* (Tönung); Laut *m* (Klang) [aku]; Ton *m* [aku]; Ton *m* (Färbung) [opt]
tone tönen *v* (einfärben)
toner Toner *m* (Drucker) [edv]
toner cartridge Tonerkassette *f* (Drucker) [edv]
toner powder Tonerpulver *n* (Drucker) [edv]
tongs Greifzange *f* [wzg]; Zange *f* (Wäschezange) [wzg]
tongue Feder *f* (Tischlerei); Zunge *f* (z.B. in Weiche, Feder) [tra]; Herzstück *n* (der Weiche) [tra]

tongue and groove Nut und Feder [tec]
tongue and groove face flange Flansch mit Nut und Feder *m* [tec]; Nut-und-Feder-Flansch *m* [tec]
tongue and groove flange Flansch mit Nut und Feder *m* [tec]; Nut-und-Feder-Flansch *m* [tec]
tongue and groove joint Nutfederverbindung *f* [tec]
tongue and groove pass geschlossenes Stauchkaliber *n* [tec]
tongue plate Stegblech *n* [tec]
tongue-shaped regulating damper Zungenklappe *f* [pow]
tongued and grooved gespundet [bau]
tonnes of coal equivalent Tonnen Steinkohleneinheiten *pl* [pow]
tonnes of oil equivalent Tonnen Öleinheiten *pl* [pow]
tool Gerät *n* (Werkzeug); Instrument *n* (Werkzeug) [wzg]; Werkzeug *n* [wzg]
tool bearbeiten *v* (mit Werkzeug bearbeiten) [wer]; behandeln *v* (bearbeiten mit Werkzeugen)
tool bar Geräteträger *m* (Leiste, Konsole)
tool cabinet Werkzeugschrank *m* [wzg]
tool carrier Geräteträger *m*
tool chest Werkzeugkiste *f* [wzg]
tool entry side Anschnittseite *f* [wer]
tool holder Werkzeughalterung *f* [wzg]; Klemmstahlhalter *m* [wer]
tool life Standzeit *f* (eines Werkzeugs)
tool steel Werkzeugstahl *m* [wzg]
tool wear Maschinenverschleiß *m* [tec]
toolbox Werkzeugkiste *f* [wzg]; Werkzeugkiste *f* (Werkzeugkasten) [wzg]; Werkzeugkasten *m* (Werkzeugkasten) [wzg]
tooling Bearbeitung *f* (mit Werkzeug bearbeiten) [wer]; Behandlung *f* (Bearbeitung mit Werkzeugen)
tooling fixture Bearbeitungsvorrichtung *f* [wer]
tooling-up Einrichten *n* (Werkzeug)
toolkit Werkzeugausrüstung *f* [wer]; Werkzeugausstattung *f* [wer]; Werkzeugkiste *f* [wzg]; Werkzeugkasten *m* [wzg]; Werkzeugsatz *m* [wzg]
toolroom Geräteraum *m* [wer]
tools Handwerkzeug *n* [wzg]
tools, set of - Werkzeugsatz *m* [wzg]
toolshop Werkzeugmacherei *f* [wer]
toot Hupsignal *n*
tooth Zacke *f*; Zinke *f* (vorstehend am Zahnrad) [tec]; Zacken *m* (Zahn); Zahn *m* [tec]
tooth verzahnen *v* [tec]; zacken *v*
tooth alignment error Flankenrichtungsfehler *m* (Zahnrad) [tec]; Schrägungswinkelfehler *m* (Zahnrad) [tec]
tooth alignment error, total - Gesamtschrägungsfehler *m* (Getriebe) [tec]
tooth backlash Zahnspiel *n* [con]
tooth contact Traganteil *m* (Zahnrad) [tec]; Zahneingriff *m* (Zahnrad) [tec]
tooth crest Zahnkopf *f* (des Zahnes am Zahnrad) [tec]
tooth depth Zahnhöhe *f* [con]
tooth engagement Zahneingriff *m* [tec]
tooth face, width of - Zahnbreite *f* (Zahnrad) [tec]

tooth flank Zahnflanke *f* (an Zahnrad, Zahnstange) [tec]
tooth flank, right-hand - Rechtsflanke *f* (Zahnrad) [tec]
tooth form Zahnform *f* (Zahnrad) [tec]
tooth gearing, pin - Triebstockverzahnung *f* (Zahnrad) [tec]
tooth group Zahngruppe *f* [tec]
tooth lock Zahnhalterung *f* (Splint, Feder oder ähnliches) [tec]
tooth pitch Nutteilung *f* [tec]; Zahnteilung *f* [con]
tooth profile Zahnflanke *f* (an Zahnrad, Zahnstange) [tec]; Zahnprofil *n* [con]
tooth root Zahnfuß *m* (Zahnrad) [tec]
tooth root stress Zahnfußbeanspruchung *f* (Zahnrad) [tec]
tooth root stress, permissible - zulässige Zahnfußbeanspruchung *f* (Zahnrad) [tec]
tooth root surface Zahngrund *m* (am Zahnrad) [tec]
tooth sector Zahnbogen *m* [tec]
tooth securing Zahnsicherung *f* (z.B. Zahn an Tieflöffel) [mbt]
tooth setting Zahnverstellung *f* (z.B. an Grabgefäß) [mbt]
tooth shank Zahnfuß *m* (geht in Hülse der Schneide) [mbt]
tooth shank, integrated - integrierter Zahnhalter *m* [mbt]
tooth shape Zahnprofil *n* (Zahnrad) [con]
tooth side Flanke *f* (des Zahnes am Zahnrad) [tec]
tooth socket Zahnhalter *m* (in der Schneide) [mbt]
tooth space Zahnlücke *f* (am Zahnrad) [tec]
tooth support Druckfingerplatte *f*
tooth thickness Zahndicke *f* [tec]
tooth thickness, normal - Zahndicke *f* (im Normalschnitt) [tec]
tooth tip Zahnspitze *f* (vorderster Zahnteil) [tec]
tooth tip support Spitzenhalter *m* (des Schaufelzahnes) [tec]
tooth tip, replaceable - Aufsteckzahn *m* [tec]
tooth wheel rim Zahnkranz *m* (Zahnrad) [tec]
tooth width Zahnbreite *f* (Zähne am Zahnrad) [tec]
tooth-contact pattern Tragbild *n* (Verzahnung) [tec]
tooth-contact ratio Tragbildanteil *m* (Verzahnung) [tec]
toothed gezahnt [bff]; verzahnt [tec]
toothed belt Zahnriemen *m* [tec]
toothed belt pulley Zahnriemenscheibe *f* [tec]
toothed chain Zahnkette *f* [tra]
toothed disc mill Zahnscheibenmühle *f* [prc]
toothed drive belt gezahnter Treibriemen *m* [tec]
toothed drive sprocket Antriebskettenrad *n* [tec]
toothed gearing Zahnradgetriebe *n* [tec]
toothed lock washer gezahnte Federscheibe *f* [tec]
toothed quadrant Zahnbogen *m* (Segment am Zahnrad) [tec]
toothed rack Zahnstange *f* [tec]
toothed rim Radkranz *m* [tec]; Zahnkranz *m* [tec]; Zahnring *m* [tec]

toothed ring

toothed ring Zahnring m [tec]
toothed roll Stachelwalze f [mbt]
toothed segment Zahnsegment n [tec]
toothed shaft Zahnwelle f [tec]
toothed spring washer federnde Zahnscheibe f [tec]
toothed V-belt Zahnkeilriemen m [tec]
toothed washer Zahnscheibe f (Unterlegscheibe) [tec]
toothed wheel Zahnrad n [tec]
toothed-wheel gearing Zahnradvorgelege n [tec]
toothed-wheel rim Zahnkranz m (Folge von Zähnen) [tec]
toothing Verzahnung f [tec]
top Kappe f (Verschluss); Krone f (Baum-) [bff]; Spitze f (Gipfel); Aufsatz m (Aufbau) [tec]; Deckel m (auf Flaschen, Gläsern); Gipfel m (Spitze); Höhepunkt m; Knauf m; Kopf m; Kreisel m (Spielzeug); Verschluss m; Verdeck n (z.B. Wagenplane) [tra]
top auffüllen v (Öl, Kühlwasser) [tra]; bedecken v; überdecken v (Anstrich)
top beam Traverse f [tec]
top cap Erdstoffoberschicht f [bod]
top centre mark oberste Totpunktmarke f [tec]
top chord Obergurt m (z.B. am Baggerunterwagen) [mbt]
top chord member Obergurt m [mbt]
top coat Deckfarbe f [met]; Deckschicht f [met]; Deckanstrich m [met]
top dead centre oberer Totpunkt m [tra]
top deck Oberdeck n (Bus) [tra]
top dressing Kopfdüngung f [far]
top edge Oberkante f
top face of the plate Blechoberseite f [con]
top flame Gichtflamme f
top frame Oberrahmen m [tec]
top gas Gichtgas n [pow]
top half-bearing obere Lagerhälfte f [tec]
top idler Oberrolle f (Bandförderer) [tec]
top layer Decklage [met]
top layer Oberschicht f (Wicklung) [elt]; oberste Lage f [bod]; Verschleißdecke f (der Straße) [bau]; Verschleißschicht f (der Straße) [bau]
top level höchste Ebene f
top liberty Kopffreiheit f (Platz nach oben) [con]
top limit Limit n
top management oberste Leitung f [eco]
top management level Unternehmensspitze f [eco]
top nut Kopfschraube f [tec]
top of stroke of piston oberes Hubende n [tec]
top paint finish Fertiganstrich m [met]
top part Aufsatz m (Oberteil); Oberteil n
top priority höchste Priorität f
top product Kopfprodukt n (Destillation) [prc]
top roller Laufrolle f (Stützrolle oben) [mbt]
top seam Decklage f (oberste Schweißschicht) [wer]
top secret streng geheim
top section Oberteil n
top side Oberseite f

top slide Oberschlitten n [tec]
top soil Humuserde f [bod]
top speed Höchstgeschwindigkeit f [phy]; Spitzengeschwindigkeit f
top station Bergstation f [tra]
top up auftoppen v (Kran)
top velocity Endgeschwindigkeit f
top view Ansicht von oben f [con]; Aufsicht f (Darstellung) [con]; Draufsicht f [con]; Grundriss m [con]
top width obere Breite f (Keilriemen) [tec]
top-driven von oben angetrieben [tec]
top-fired unit Feuerung mit Deckenbrennern f [pow]
top-hung sash Kippflügel m (Fenster) [bau]
top-hung window Klappfenster n [bau]
top-spindle moulder Oberfräse f [wzg]
top-supported boiler hängender Kessel m
top-suspended monorail Schwebebahn f [tra]
topgrade coal hochwertige Kohle f [roh]
topic Thema n
topic of conversation Gesprächsgegenstand m
topical aktuell; gezielt
topographic topographisch [geo]
topographical map topographische Karte f
topography Topographie f [geo]
topping out Richtfest n (Haus fertig bis Dachstuhl) [bau]
topping turbine Vorschaltturbine f [pow]
topping up auffüllen v (Öl) [tra]
toprail Schienenoberkante f [tra]
topsoil Erdstoffoberschicht f [bod]; Mutterboden m [bod]
torch Fackel f; Brenner m (Schweißen) [wzg]
torch brazing Flammenlötung f [wer]
torch cutting Brennschweißen n [wer]
torch oil gun Ölzündbrenner m [pow]
torch-cut abschneiden v (durch Brennschneiden) [wer]; brennschneiden v [wer]
torch-weld gasschweißen v [wer]
torispherical head Klöpperboden m (gewölbter Apparateboden) [prc]
torn verschlissen (zerfetzt, zerrissen)
toroidal core Ringkern m [elt]
toroidal core adjusting transformer Ringstelltransformator m [elt]
toroidal core current transformer Ringkernstromwandler m [elt]
toroidal core transformer Ringkerntransformator m [elt]
toroidal ring Dichtungsring m [tec]
torpedo-type ladle car Torpedopfannenwagen m (Flüssigmetall) [roh]
torpor Kältestarre f [hum]
torque Drehkraft f [phy]; Drehspannung f [phy]; Torsionskraft f [phy]; Drehmoment n [phy]; Motordrehmoment n [tra]
torque anziehen v (Schraube) [wer]
torque amplification Drehmomentverstärkung f [tec]
torque amplifier Drehmomentverstärker m [tec]

torque arm Torsionsstrebe *f* [tec]; Dreharm *m* [tec]
torque ball Schubkugel *f* [tec]
torque blade Drehmomentenstütze *f* [mbt]
torque bolt Kraftschraube *f* [tec]
torque converter Drehmomentenwandler *m* [tra]; Drehmomentwandler *m* [tra]
torque converter, hydraulic - hydraulischer Drehmomentwandler *m* [tra]
torque dip Drehmomenteinbruch *m* [tec]
torque distribution Drehmomentenverteilung *f* (Drehmoment) [tra]; Drehmomentverteilung *f* [tra]
torque divider transmission Differentialwandlergetriebe *n* [tra]; Differenzialwandlergetriebe *n* ((variant)) [tra]
torque division transmission Differentialwandlergetriebe *f* [tra]; Differenzialwandlergetriebe *f* ((variant)) [tra]
torque lever Momentenhebel *m* (Werkzeug) [wzg]
torque limit switch Drehmomentschalter *m* [elt]
torque limiter Drehmomentbegrenzer *m* [tec]
torque motor Drehmomentmotor *m* [pow]
torque nominal Nenndrehmoment *n* [tec]
torque plate Drehmomentenstütze *f* [mbt]; Momentenstütze *f* (trägt Rolltreppenmotor) [mbt]
torque rise Drehmomentenerhöhung *f* [pow]
torque rod Drehstab *m* [tec]
torque spanner Drehmomentenschlüssel *m* [wzg]; Drehmomentschlüssel *m* [wzg]
torque specification Anzugsdrehmomente *pl* [phy]
torque stabilizer Drehmomenthalter *m* [tec]
torque support Drehmomentenstütze *f* [mbt]
torque transmission Drehmomentenübertragung *f* [tra]
torque tube ball joint Schubkugelgelenk *n* [tec]
torque wrench Drehmomentenschlüssel *m* [wzg]; Drehmomentschlüssel *m* [wzg]; Momentenschlüssel *m* [wzg]
torque, actuating - Stellmoment *n* [phy]
torque-meter wrench Drehmomentenschlüssel *m* [wzg]; Drehmomentschlüssel *m* [wzg]
torque-release coupling Sicherheitslösekupplung *f* [tec]
torquing check Drehmomentkontrolle *f* [pow]
torquing lever arm Anschlaghebel *m*
torquing tool Anziehdrehwerkzeug *n* (festziehen) [wzg]
torrent Schwall *m*
torrid heiß
torsion Drehkraft *f* [phy]; Torsion *f* [phy]; Verdrehung *f* [phy]; Verwindung *f* (des Rahmens, des Materials) [tec]; Drall *m* (Verdrehung) [phy]
torsion angle Drehwinkel *m* [phy]; Verdrehungswinkel *m*
torsion bar Drehstab *m* [tec]; Torsionsstab *m* [tec]
torsion bar safety valve Drehstabsicherheitsventil *n* [prc]
torsion bar spring Drehstabfeder *f* [tec]
torsion bar stabilizer Drehstabstabilisator *m* [tra]
torsion body Drallkörper *m* [pow]

torsion fracture Torsionsbruch *m* [met]
torsion module Torsionsmodul *m* [phy]
torsion spring Drehfeder *f* [tec]; Torsionsfeder *f* [tec]
torsion stiffness Gestaltfestigkeit *f*
torsion suspension Torsionsaufhängung *f* [tec]
torsion vibration damper Drehschwingungsdämpfer *m* [tra]
torsion-free verwindungsfrei [tec]
torsion-stiff verwindungssteif [tec]
torsion-type suspension Torsionsfeder *f* [tec]
torsional flutter Flatterdrehschwingungen *pl* [tec]
torsional force Drehkraft *f* [phy]; Torsionskraft *f* [phy]; Drehmoment *n* (unerwünschte Torsion) [phy]
torsional moment Drehmoment *n* [phy]
torsional rigidity Torsionssteifigkeit *f* [met]
torsional shaft Torsionswelle *f* [tec]
torsional stability Drehungsstabilität *f* [tec]
torsional stiffness Drehsteifigkeit *f*
torsional strain Drehbeanspruchung *f* [met]
torsional strength Drehfestigkeit *f* [tec]; Drillfestigkeit *f* [phy]; Torsionsfestigkeit *f* [tec]; Verdrehfestigkeit *f* [tec]
torsional stress Drehbeanspruchung *f* [met]; Drehspannung *f* [phy]; Torsionsspannung *f* [phy]
torsional suspension Torsionsfeder *f* [tec]
torsional tension Drehspannung *f* [phy]
torsional wave Torsionswelle *f* [elt]
torsionally stiff drehsteif
torus Ring *m*; Torus *m* [tec]
torus support Torusauflage *f* [tec]
total gesamt; restlos; total; vollständig
total Endsumme *f* [eco]; Gesamtsumme *f* [eco]
total summieren *v*
total alignment error Flankenliniengesamtabweichung *f* (Getriebe) [tec]
total allowable catch zulässige Fangrate *f* (Fischfang)
total amount Gesamtbetrag *m* [eco]
total angle of transmission Gesamtüberdeckungswinkel *m* (Getriebe) [tec]
total area Gesamtfläche *f*
total body dose Ganzkörperdosis *f* (Kerntechnik) [pow]
total carbon Gesamtkohlenstoff *m* [che]
total carbon content Gesamtkohlenstoffgehalt *m* [che]
total catchment management Gesamtregenwasseraufbereitung *f* [was]
total charge number Gesamtladungszahl *f* [elt]
total coils Gesamtwindungen *pl* (Feder) [tec]
total composite error Zweiflankenwälzfehler *m* (Getriebe) [tec]
total consumption Gesamtverbrauch *m*
total count of bacteria Gesamtbakterienzahl *f* [bio]
total count of germs Gesamtkeimzahl *f* [bio]
total current Gesamtstrom *m* [elt]
total damage Gesamtschaden *m* [jur]
total dissolved solids Gesamtmenge gelöster Feststoffe *pl* [was]

total drawing Übersichtszeichnung f [con]
total efficiency Gesamtwirkungsgrad m
total energy Gesamtenergie f [pow]
total error Gesamtfehler m
total fabrication allowance Materialvorgabe f
total floor space Gesamtgeschossfläche f [bau]
total harmonic distortion Klirrfaktor m [elt]
total heat Gesamtwärme f
total height Bauhöhe f [con]; Gesamthöhe f [con]; Gesamtlänge f [con]
total intensity Gesamtintensität f
total length of truck and trailer Gesamtlastzuglänge f [tra]
total lift height Gesamthubhöhe f [mbt]
total load Gesamtbelastung f (des Waggons, ...); Gesamtlast f; Totalbelastung f [tra]
total loading Gesamtbelastung f; Gesamtlast f
total loss Gesamtverlust m
total loss lubrication Frischölschmierung f [tec]; Verlustschmierung f [tec]
total meld capacity Ofeninhalt m [met]
total metabolism Gesamtstoffwechsel m [bio]
total number Gesamtanzahl f; Gesamtzahl f
total output Gesamtleistung f [pow]
total outreach Gesamtausladung f [mbt]
total pressure Gesamtpressung f; Gesamtdruck m
total profile error Profilgesamtabweichung f (Zahnrad) [tec]; Profilgesamtfehler m (Zahnrad) [tec]
total quantity Gesamtmenge f
total radiation Summenstrahlung f [phy]
total radiation fluxmeter Gesamtstrahlungsdosimeter n [any]
total reaction Gesamtreaktion f [che]
total reflection Totalreflexion f [opt]
total residue Gesamtrückstand m [rec]
total resistance Gesamtwiderstand m; Gesamtwiderstand m
total rest Gesamtrückstand m [rec]
total shadow Kernschatten m [opt]
total staff Gesamtbelegschaft f
total stress Gesamtbeanspruchung f
total thermal power Gesamtwärmeleistung f [pow]
total track length Gesamtgleislänge f [tra]
total train length Gesamtlänge f (des Lastzuges) [tra]; Gesamtlastzuglänge f [tra]; Gesamtzuglänge f [tra]
total train weight Gesamtlastzuggewicht n [tra]; Gesamtzuggewicht n
total view Gesamtansicht f [con]
total voltage Gesamtspannung f [elt]
total weight Gesamtgewicht n (Lkw und Ladung) [tra]
total weight of truck and trailer Gesamtlastzuggewicht n [tra]
total yield Gesamtausbeute f [prc]
totality Gesamtheit f
totalizer Zählwerk n [any]
totally gänzlich (absolut vollkommen)
totally enclosed gekapselt
tottering contact Wackelkontakt m (flackert) [elt]

touch Berührung f; Kontakt m
touch berühren v; tippen v (antippen, leicht berühren)
touch down aufsetzen v (Flugzeug auf Landebahn) [tra]; landen v (Aufsetzen des Flugzeugs) [tra]
touch of a button Tastendruck m
touch sensor Berührungssensor m [any]
touch test Tupfprobe f [any]
touch up aufarbeiten v (leicht reparieren) [wer]; beiarbeiten v [wer]
touch welding halbautomatische Schweißung f [wer]
touch-dry berührungstrocken
touch-up welding Nachbesserungsschweißen n [wer]
touchfree berührungslos
touchiness Empfindlichkeit f
touching-up Nachbesserung f; Auffrischen n (Anstrich) [bau]
tough hart (abgehärtet); robust (hart, zäh); zäh (widerstandsfähig) [met]
toughen stählen v
toughened glass gehärtetes Glas n [met]
toughness Bruchfestigkeit f [met]; Härte f (Widerstandsfähigkeit); Zähigkeit f (Widerstandsfähigkeit) [met]
tour Arbeitsschicht f; Rundfahrt f [tra]; Rundreise f [tra]
tour of inspection Kontrollgang m
touring car Tourenwagen m [tra]
tourism Fremdenverkehr m [tra]
tourism by air Flugtouristik f [tra]
tow Kabel n (Tau); Werg n [met]
tow abschleppen v (Fahrzeug) [tra]; schleppen v [tra]; treideln v (Schiff von Land aus ziehen) [tra]; ziehen v (abschleppen) [tra]
tow away abschleppen v [tra]
tow coupling Anhängerkupplung f [tra]
tow hook Zughaken m [tra]
tow rod Schleppstange f [tra]
tow rope Schleppseil n [tra]
tow truck Abschleppwagen m [tra]
tow-bar Abschleppstange f [tra]; Anhängerkupplung f [tra]; Schleppstange f [tra]; Zugstange f [tec]
tow-bar coupling Abschleppkupplung f [tec]
tow-cable Schlepptau n
tow-line Schlepptau n
tow-rope Abschleppseil n [tra]
towboat Schleppdampfer m (Schlepper) [tra]; Schlepper m (Schlepp- und Bugsierschiff) [tra]; Schlepp- und Bugsierschiff n [tra]
towed vibrating roller Anhängerüttelwalze f [prc]
towel Handtuch n
tower Dom m (Auflage der Drehverbindung eines Bagger) [mbt]; Turm m [bau]
tower biological system Turmbiologie f [bio]
tower biology Turmbiologie f [bio]
tower block Wohnsilo m [bau]; Hochhaus n [bau]; Turmhochhaus n [bau]
tower pincer Monierzange f [wzg]

tower reactor Turmreaktor *m* [prc]
tower silo Turmsilo *m* [prc]
tower-type furnace Turmofen *m* [prc]
towing device Zugvorrichtung *f* [tec]
towing hook Zughaken *m* (nicht Bahn) [tec]
towing rod Abschleppstange *f* [tra]
towing winch Schleppwinde *f* [tec]
town städtisch
town Ortschaft *f* (Stadt); Stadt *f*
town and country Stadt und Land
town and country planning Stadt- und Landesplanung *f*
town and country, in - in Stadt und Land
town centre Innenstadt *f*; Stadtkern *m*; Stadtzentrum *n*
town drainage Stadtentwässerung *f* [was]
town forest Stadtwald *m*
town gas Kokereigas *n* [pow]; Koksgas *n* [pow]; Stadtgas *n* [met]
town hall Rathaus *n*
town map Stadtplan *m*
town plan Straßenkarte *f* (Stadtplan)
town planner Stadtplaner *m*; Städtebauer *m*
town planning städtebaulich [bau]
town planning Stadtplanung *f*; Städtebau *m* [bau]
town planning, of - städtebaulich [bau]
town traffic Stadtverkehr *m* [tra]
town, large - Großstadt *f*
town-gas poisoning Leuchtgasvergiftung *f* [hum]
townscape Stadtlandschaft *f*; Stadtbild *n*
township Gemeinde *f* (Stadt-)
toxic gefährlich; gifthaltig; giftig; toxisch
toxic agent Giftstoff *m* [hum]
toxic effect Giftwirkung *f* [hum]
toxic gas Giftgas *n* [met]; schädliches Gas *n*
toxic hazard Vergiftungsgefahr *f*
toxic material Giftstoff *m* [met]
toxic plant Giftpflanze *f* [bff]
toxic substance Giftstoff *m* [hum]
toxic threshold Grenzwert für Vergiftungserscheinungen *f* (Arbeitssicherheit) [hum]
toxic tolerance Gifttoleranz *f* [hum]
toxic waste Giftmüll *m* [rec]; Sonderabfall *m* [rec]; Sondermüll *m* [rec]
toxic waste dump Sondermülldeponie *f* [rec]
toxic waste export Giftmüllexport *m* [rec]
toxic wastes toxische Abfälle *pl* [rec]
toxic wastes incineration Giftmüllverbrennung *f* [rec]
toxicity Giftigkeit *f*; Toxizität *f* [hum]
toxicity equivalent Toxizitätsäquivalent *n* (z.B. Dioxine) [hum]
toxicity meter Toxizitätsmessgerät *n* [any]
toxicity resistance Giftresistenz *f* [hum]
toxicity study Verträglichkeitsprüfung *f* [any]
toxicological toxikologisch
toxicology Giftkunde *f*; Toxikologie *f* [hum]
toxin Giftstoff *m* [hum]; Gift *n*
trace Spur *f* (Bahn) [tra]; Spur *f* (geringe Menge); Spurbreite *f* [tra]

trace abschnüffeln *v* (auf Dichtigkeit) [any]; anreißen *v*; anzeichnen *v*; ausziehen *v*; durchpausen *v*; pausen *v* (kopieren); verfolgen *v*
trace amount Spur *f* (geringe Menge)
trace analysis Spurenanalyse *f* [any]
trace brilliance Helligkeitsmodulation *f* [elt]
trace contaminants Spurenverunreinigungen *pl* [che]
trace detection Spurennachweis *m* [any]
trace element Spurenbestandteil *m* [che]; Spurenelement *n* [che]
trace gas Spurengas *n* [che]
trace gas analyzer Spurengasanalysator *m* [any]
trace impurity Spurenverunreinigung *f* [che]
trace substance Spurensubstanz *f* [che]
trace unblanking Helltastung *f* [elt]
traced design Pause *f* (Kopie) [con]
tracer Fühler *m* [any]; Taster *m* (Fühlstift) [any]; Tasterkopf *m* [any]; Spurenmaterial *n* [che]
tracer control Kopiersteuerung *f* [wer]
tracer finger Taststift *m* [any]
tracer gas Meßgas *n* [any]; Testgas *n* [any]
tracer head Fühlkopf *m* [any]
tracer method Indikatorverfahren *n*
tracer technique Tracertechnik *f* [any]
tracing Pause *f* (Kopie) [con]
tracing arm Tastarm *m* [any]
tracing paper Pauspapier *n* [met]
track Fahrbahn *f* [tra]; Führungsschiene *f* [tec]; Kette *f* (Kettenfahrzeug) [tra]; Laufschiene *f* [tec]; Raupe *f* (des Baggers) [mbt]; Raupenkette *f* (z.B. Bagger) [mbt]; Schiene *f* (Eisenbahn) [tra]; Schiene *f* (Führung) [tec]; Spur *f* [elt]; Spur *f* (Radspur) [tra]; Strecke *f* (Bahn) [tra]; Weg *m* [tra]; Bahn-gleis *n* [tra]; Gleis *n* (Fahrspur) [tra]
track verfolgen *v*
track adjuster Kettenspanner *m* [tec]
track adjuster, hydraulic - Kettenspanner *m* [tra]
track adjusting cylinder Kettenspannzylinder *m* [mbt]
track adjustment Spureinstellung *f* [tec]
track adjustment cylinder Kettenspannzylinder *m* [mbt]
track adjustment spring Kettenspannfeder *f* [tec]
track ball Steuerungsball *m* [tec]
track bed Unterbau *m* (Bahntrasse unter Schotter) [tra]
track bed course Gleisbett *n* [tra]
track bushing Kettenbüchse *f* [tec]
track casing Kettengehäuse *n* [mbt]
track chain Kette *f* (Raupenkette) [mbt]; Raupenkette *f* [mbt]
track chain link Kettenglied *n* [mbt]
track chained kettengetrieben [tec]
track cleared to accept a train Fahrstraße *f* (freie Fahrstraße für Zug) [tra]
track clearing equipment Räumgerät *n* [mbt]
track connection Schienenstoß *m* [tra]; Stoß *m* (Schienenstoß) [tra]
track crossing Bahnkreuzung *f* [tra]

track excavator Raupenbagger *m* [mbt]; Raupengerät *n* [mbt]
track frame Raupenkettenträger *m* (Seitenrahmen) [mbt]
track gauge Spurweite *f* (der Eisenbahn) [tra]
track gearbox adaptor Getriebewand *f* [mbt]
track guard Kettenschutz *m* [mbt]
track guide Kettenführung *f* (der Raupe) [mbt]
track harp Gleisharfe *f* (z.B. am Ablaufberg) [tra]
track joint Kettenfuge *f* [mbt]; Kettengelenk *n* [mbt]
track liner Führungsprofil *n* (z.B. Rolltreppe) [tra]
track maintenance train Bauzug *m* (Bahn) [tra]
track motor Endantrieb *m* (Ölmotor) [tra]; Kettenantriebsmotor *m* [mbt]; Raupenmotor *m* [mbt]
track of oil Ölspur *f*
track pad Bodenplatte *f* (der Raupenkette) [mbt]; Kettenplatte *f* [mbt]
track pad connecting area Bodenplattenanschlussfläche *f* [mbt]
track pad connection Bodenplattenanschluss *m* (an Kette) [mbt]
track pad pin Kettenplattenbolzen *m* [mbt]
track pad width Kettenbreite *f* [mbt]
track pin Kettenbolzen *m* [mbt]
track plan Gleisplan *m* [tra]
track plate Kettenplatte *f* [mbt]
track plate width Kettenbreite *f* [mbt]
track rail Laufschiene *f* [tec]
track railway Schienenbahn *f* [tra]
track recoil spring Rückholfeder *f* [mbt]
track ring, inner - Innenlaufring *m* [tec]
track rod Lenkspurstange *f* [mbt]; Spurstange *f* [mbt]; Spurstangenkopf *m* [mbt]
track rod arm Spurstangenhebel *m* [tra]
track roller Laufrolle *f* (unten; Gegenteil: Stützrolle) [mbt]
track roller flange Laufrollenflansch *m* (seitlich Spurkranz) [mbt]
track roller frame Laufrollenrahmen *m* [mbt]
track roller guard Laufrollenschutz *m* [mbt]
track seal Kettendichtung *f* [tec]
track set Fahrkette *f* (der Kettensatz) [mbt]; Fahrwerk *f* (Raupengerät) [mbt]
track set up for the next move Fahrstraße *f* (freie Fahrstraße für Zug) [tra]
track shifter Gleisrückmaschine *f* [tra]
track shoe Bodenplatte *f* (Kettenglied) [tec]
track shoe pin Kettenplattenbolzen *m* [mbt]
track side wheel Spurseitenscheibe *f* [mbt]
track substructure Schienenunterbau *m* [tra]
track system Gleisanlage *f* [tra]
track tensioner Kettenspanner *m* [mbt]
track tensioning Kettenspannung *f* [mbt]
track tensioning cylinder Kettenspannzylinder *m* [mbt]
track vehicle Schienenfahrzeug *n* [tra]
track wheel Laufrad *n* [tec]
track width Kettenbreite *f* [mbt]; Spurweite *f* (Fahrzeug) [tra]

track-bound schienengebunden (Fahrzeug) [tra]
track-chained kettengetrieben [tec]
track-drive shaft Turaswelle *f* [mbt]
track-laying vehicle Kettenfahrzeug *n* [tra]
trackage Gleisstrecke *f* [tra]
tracked vehicle Raupenfahrzeug *n*
tracking Tracking *n* [mbt]
tracking device Nachführeinrichtung *f* (Mess- und Regeltechnik)
trackramp Rampe *f* (an der Bahn) [tra]
tracks Schienenstrang *m* [tra]
tract Trakt *m* [bau]
traction Beförderung *f* (durch Zug); Traktion *f* [tra]; Zugkraft *f* (z.B. an Lader, Raupenkette) [mbt]; Transport *m* (Maschinenbau) [tec]; Zug *m* (Zugkraft) [phy]
traction cable Förderseil *n* [tec]
traction conductor rail Fahrstromschiene *f* [tra]
traction device Zughub *m* [tec]
traction drive Triebfahrzeug *n* (mehrachsig) [tra]
traction line Fahrleitung *f* [tra]
traction line pole Fahrleitungsmast *m* [tra]
traction motor Fahrmotor *m* [tra]
traction relief Zugentlastung *f* [met]
traction relief curve Zugentlastungsbogen *m* [met]
traction rope Zugseil *n* (Seilbahn) [tra]
traction tyre Geländereifen *m* [tra]
traction vehicle Bahnfahrzeug *n* [tra]
tractive effort Zugkraft *f* (Anhängegewicht der Lok) [tra]
tractive force Anzugskraft *f* [phy]; Traktionskraft *f* [tra]; Zugkraft *f* [tec]
tractive output Zugleistung *f* [tra]
tractive rod Mitnehmerstift *m* [tec]
tractor Zugmaschine *f* (Traktor, Trecker, Sattel) [mbt]; Ackerschlepper *m* (Trecker) [far]; Schlepper *m* (Traktor) [tra]; Traktor *m* [far]; Trecker *m* [mbt]
tractor brake pressure regulator Zugwagenbremskraftregler *m* [mbt]
tractor brake valve Zugwagenbremsventil *n* [mbt]
tractor trailer Sattelschlepper *m* (Zugmaschine, Hänger) [tra]
tractor truck Zugmaschine *f* (des Sattelschleppers) [mbt]; Sattelschlepper *m* (die Zugmaschine) [tra]
tractor unit Sattelschlepper *m* [tra]
tractor-trailer brake valve Lastzugbremsventil *n* [tra]
trade Handel *m* [eco]; Gewerbe *n* [eco]; Gewerk *n*; Handwerk *n*
trade handeln *v* [eco]
trade agreement Handelsvereinbarung *f* [eco]
trade and services Handel und Dienstleistungen *f* [eco]
trade barrier Handelsschranke *f* [eco]
trade buyer gewerblicher Kunde *m* [eco]
trade description Warenbezeichnung *f* [eco]
trade discount Handelsrabatt *m* [eco]
trade fair Handelsmesse *f* (Messe, Ausstellung)
trade heading Gewerk *n*

trade mark Handelsmarke *f* [eco]; Marke *f* (Handelsmarke); Handelsname *m*; Firmenzeichen *n*
trade mark logo Firmenzeichen *n*
trade measurements Handelsmaße *pl* [any]
trade name Handelsbezeichnung *f* [eco]; Handelsname *m*
trade regulations Gewerbeordnung *f* [jur]
trade restriction Handelsbeschränkung *f* [eco]
trade union Gewerkschaft *f* [eco]
trade wastes gewerbliche Abfälle *pl* [rec]
trade, customary in the - handelsüblich [eco]
trade, terms of - Geschäftsbedingungen *pl* [eco]
trademark Handelsbezeichnung *f* [eco]; Warenzeichen *n* [eco]
trader Händler *m* [eco]; Kaufmann *m* [eco]
trading area Einzugsbereich *m* [eco]; Absatzgebiet *n* [eco]
trading branch Handelsniederlassung *f* [eco]
trading house Handelshaus *n* [eco]
trading loss Ergebnis des laufenden Geschäfts *n* [eco]
trading partner Handelspartner *m* [eco]
trading profit Ergebnis des laufenden Geschäfts *n* [eco]
trading year Geschäftsjahr *n* [eco]
traditional herkömmlich; üblich
traditional form of building herkömmliches Bauen *n* [bau]
traffic Verkehr *m* [tra]
traffic accident Verkehrsunfall *m* [tra]
traffic accident victim Verkehrsopfer *n* [tra]
traffic analysis Verkehrsanalyse *f* [tra]; Verkehrsuntersuchung *f* [tra]
traffic area Verkehrsgebiet *n* [tra]
traffic artery Verkehrsader *f* [tra]
traffic automation Verkehrsautomatisierung *f* [tra]
traffic ban Verkehrsverbot *n* [tra]
traffic block Verkehrsstau *m* [tra]
traffic centre Verkehrsanlage *f* (Knotenpunkt) [tra]
traffic chaos Verkehrschaos *n* [tra]
traffic check Verkehrskontrolle *f* [tra]
traffic conditions Verkehrsverhältnisse *pl* [tra]
traffic congestion Rückstau *m* [tra]; Stau *m* [tra]; Verkehrsstau *m* [tra]
traffic connection Verkehrsanbindung *f* [tra]
traffic control Verkehrsbeobachtung *f* [tra]; Verkehrsregelung *f* [tra]; Verkehrssteuerung *f* [tra]; Verkehrsüberwachung *f* [tra]
traffic control, air - Flugsicherung *f* [tra]
traffic deck surfacing Estrichlage *f* [bau]
traffic density Verkehrsdichte *f* [tra]
traffic engineering Verkehrstechnik *f* [tra]
traffic exhausts Verkehrsabgase *pl* [tra]
traffic flow Verkehrsfluss *m* (z.B. auf Straße, Schiene) [tra]
traffic hold-up Verkehrsstau *m* [tra]
traffic installation Verkehrsanlage *f* [tra]
traffic island Verkehrsinsel *f* [bau]
traffic jam Stau *m* [tra]; Verkehrsstau *m* (ggf. durch Unfall) [tra]

traffic lane Fahrspur *f* [tra]; Spur *f* (Straße) [tra]
traffic lights Ampel *f* (Verkehrsampel) [tra]; Verkehrsampel *f* [tra]
traffic lights, linked - grüne Welle *f* [tra]
traffic lights, set of - Ampelanlage *f* (Verkehrsampel) [tra]
traffic line Markierungsstrich *m* [tra]
traffic link Verkehrsverbindung *f* [tra]
traffic load Verkehrsbelastung *f* [tra]; Verkehrslast *f* [tra]
traffic master plan Generalverkehrsplan *m* [tra]
traffic noise Verkehrslärm *m* [aku]
traffic observation Verkehrsbeobachtung *f* [tra]
traffic offender Verkehrssünder *m* [tra]
traffic planning Verkehrsplanung *f* [tra]
traffic problem Verkehrsproblem *n* [tra]
traffic refuge Verkehrsinsel *f* (für Fußgänger) [bau]
traffic regulation Verkehrsregel *f* [jur]
traffic regulations Verkehrsordnung *f* (der Bahn) [tra]
traffic restriction Verkehrsbeschränkung *f* [tra]
traffic route plan Verkehrswegeplan *m* [tra]
traffic safety facilities Verkehrssicherungseinrichtungen *pl* [tra]
traffic security, air - Flugsicherung *f* [tra]
traffic segregation Trennung der Verkehrsarten *f* [tra]; Verkehrsentzerrung *f* [tra]
traffic sign Schild *n* (Hinweisschild) [tra]; Verkehrsschild *n* [tra]; Verkehrszeichen *n* [tra]
traffic simulation Verkehrssimulation *f* [tra]
traffic stream Verkehrsstrom *m* [tra]
traffic structures Verkehrsbauten *pl* [bau]
traffic turning left Linksabbieger *m* [tra]
traffic victim Verkehrsopfer *n* (Tote, Verletzte) [tra]
traffic volume Verkehrsaufkommen *n* [tra]
traffic warning sign Warndreieck *n* [tra]
traffic way Fahrbahnkörper *m* [tra]
traffic, density of - Verkehrsdichte *f* [tra]; Verkehrsaufkommen *n* [tra]
traffic, line of - Kolonne *f* (Fahrzeug-) [tra]
traffic-calmed verkehrsberuhigt [tra]
traffic-calming Verkehrsberuhigung *f* [tra]
traffic-calming measure verkehrsberuhigende Maßnahme *f* [tra]
traffic-free zone Fußgängerzone *f* [tra]
traffic-related immission control verkehrsbezogener Immissionsschutz *m* [jur]
trail Spur *f* (Bahn) [tra]; Trasse *f* [tra]; Pfad *m* [tra]
trail of smoke Rauchfahne *f* [air]
trailer Anhänger *m* [tra]; Auflieger *m* (des Sattelschleppers) [mbt]; Beiwagen *m* (von Triebwagen, Straßenbahn) [tra]; Caravan *m* ((A) Wohnwagen) [tra]; Hänger *m* (Lkw-Anhänger) [tra]; Lastwagenanhänger *m* [tra]; Mittelwagen *m* (z.B. von Zügen) [tra]; Nachspann *m*
trailer brake pressure regulator Anhängerbremskraftregler *m* [tra]
trailer brake valve Anhängerbremsventil *n* [tra]
trailer brake, electrical - elektrische Anhängerbremse *f* [tra]

trailer coupling Anhängerkupplung *f* [tra]
trailer coupling, automatic - selbsttätige Anhängerkupplung *f* [tra]
trailer design Hängerausführung *f* (Lkw-Hänger) [tra]
trailing cutting edge nacheilendes Scharende *n* [mbt]
trailing edge Abströmkante *f* [pow]
trailing end Scharende *n* (des Graders) [mbt]
trailing flank Rückflanke *f* (Zahnrad) [tec]
trailing hopper suction dredger Laderaumsaugbagger *m* [mbt]
trailing link Längslenker *m* [mbt]
trailing tender locomotive Schlepptenderlokomotive *f* [tra]
train Bahn *f* (Eisenbahn) [tra]; Folge *f* (Reihe); Kette *f* (Software) [edv]; Straße *f* (Rohr-) [prc]; Zug *m* (Eisenbahn) [tra]
train bilden *v* (ausbilden, trainieren); einarbeiten *v* (ausbilden); lernen *v*; schulen *v*; üben *v*
train accident Zugunglück *n* [tra]
train brake Zugbremse *f* (Dampflok-Führerstand) [tra]
train brake, automatic - Zugbremse *f* (Dampflok-Führerstand) [tra]
train connection Bahnverbindung *f* [tra]; Zuganschluss *m* [tra]
train consist Zuggarnitur *f* (Lok und Wagenanordnung) [tra]
train crash Zugzusammenstoß *m* [tra]; Zusammenstoß *m* (von Eisenbahn) [tra]; Zugunglück *n* [tra]
train ferry Bahnfähre *f* (Eisenbahnfähre) [tra]; Eisenbahnfähre *f* [tra]; Trajekt *n* [tra]
train journey Bahnfahrt *f* [tra]; Bahnreise *f* [tra]
train length Zuglänge *f* (z.B. 10 Wagen) [tra]
train schedule and route Zuglauf *m* [tra]
train stopping, automatic - induktive Zugsicherung *f* [tra]
trained workman Facharbeiter *m*
trainee apprentice Praktikant *m* (z.B. während Studium) [eco]
trainee post Ausbildungsplatz *m* (Beruf)
training Ausbildung *f* (Beruf); Belehrung *f*; Einarbeitung *f* (Ausbildung); Lehre *f* (Ausbildung); Schulung *f*; Übung *f*; Unterrichtung *f*; Unterweisung *f*
training centre Ausbildungszentrum *n* (Beruf)
training idler Pendelrolle *f* [tec]
training manual Ausbildungshandbuch *n*
training needs Schulungsbedarf *m*
training of customer's personnel Personalschulung *f* (für Personal des Kunden)
training on the job Ausbildung am Arbeitsplatz *f* (Beruf)
training period Einarbeitungszeit *f*
training program Ausbildungsprogramm *n*
training schedule Ausbildungsplan *m* (Beruf)
training workshop Lehrwerkstatt *f*
training, advanced - Fortbildung *f* (beruflich); Weiterbildung *f* (Fortbildung)

training, appropriate - entsprechende Schulung *f*
training, further - Fortbildung *f* (beruflich)
trait Eigenschaft *f* (Zug, Charakter)
trajectory Bahn *f* (Flugbahn) [tra]; Bahnkurve *f* [mat]; Flugbahn *f* [phy]
tram Bahn *f* (Straßenbahn) [tra]; Elektrische *f* ((B) Straßenbahn) [tra]; Straßenbahn *f* [tra]; Tram *f* (Trambahn) [tra]
tram umsetzen *v* (ein Gerät von A nach B); verfahren *v* (ein Gerät von A nach B) [tra]
tram route Straßenbahnlinie *f* [tra]
tram tower Fahrleitungsmast *m* [tra]
tramcar Straßenbahnwagen *m* [tra]
tramming Umsetzen *n* (ein Gerät von A nach B)
tramp iron Fremdkörper *m* (im Brechgut); Fremdeisen *n* (Mühlen) [pow]
tramway Straßenbahn *f* [tra]
tramway pole Fahrleitungsmast *m* [tra]
tranquillizer Beruhigungspille *f* [hum]; Beruhigungsmittel *n* [hum]
transact durchführen *v* (Aktion)
transaction system Dialogsystem *n* [edv]
transaction, agency - Vermittlungsgeschäft *n* [rec]
transceiver Sendeempfänger *m* [elt]
transcendental number transzendente Zahl *f* [mat]
transcontainer Großbehälter *m*
transcriber Wiedergabegerät *n* (z.B. der Stenorette) [elt]
transcription error Übertragungsfehler *m* (Schreibfehler)
transducer Energiewandler *m* [pow]; Geber *m* (Messwertwandler) [any]; Messwertwandler *m* [any]; Prüfkopf *m* [any]; Umformer *m* [elt]; Wandler *m* (Messumformer) [elt]; Spürgerät *n* [any]
transductor Magnetverstärker *m* [elt]
transfer Förderung *f* (Transport) [tra]; Übertragung *f* (Überführung) [tra]; Übertragung *f* (von Pflichten, Arbeit usw.) [jur]; Verlegung *f* (an anderen Ort); Versetzung *f* (beruflich) [eco]; Weiterleitung *f*; Transfer *m* [tra]; Übergang *m* (Transport) [tra]; Umschlag *m* (Güter-) [tra]; Umschlagen *n* [tra]
transfer ableiten *v* (Wärme) [pow]; befördern *v* (überführen); transferieren *v*; überführen *v* (Zustand); übergeben *v*; überstellen *v*; übertragen *v* (Stoff, Energie, Buchung); umsetzen *v* (überführen); verlagern *v* (eine Fertigung); verlegen *v* (verlagern); weiterleiten *v*
transfer belt Übergabeband *n* (von Maschine zu Maschine) [roh]
transfer block Verteilerklotz *m* [tra]
transfer box Verteilergetriebe *n* (Einachs-/Allrad) [mbt]
transfer box gearing Verteilergetriebe *n* [mbt]; Vorgelegegetriebe *n* (2-Rad zu Allrad) [mbt]
transfer by pouring umschütten *v*
transfer case Verteilergetriebe *n* [mbt]
transfer case differential Ausgleich im Verteilergetriebe *m* [tra]
transfer contact Wechselkontakt *m* (Wechsler) [elt]; Wechsler *m* [elt]

transfer current Übergangsstrom *m* [elt]
transfer element Übertragungsglied *n* [elt]
transfer equipment Abfallumladeanlage *f* [rec]
transfer facility Umladestation *f* (Abfall) [rec]; Umschlaganlage *f* [tra]
transfer function Übertragungsfunktion *f* [elt]
transfer impedance Übertragungsimpedanz *f* [elt]
transfer matrix Transfermatrix *f* [edv]
transfer moulding Spritzpressen *n* (Kunststoff) [wer]
transfer moulding machine Spritzpresse *f* (Kunststoff) [wzg]
transfer plant Umschlaganlage *f* [tra]
transfer point Umschlagpunkt *m* [tra]
transfer pressure Trenndruck *m* [prc]
transfer property Eigentum übertragen *v* [eco]
transfer pump Förderpumpe *f* [prc]; Umwälzpumpe *f* [prc]
transfer rate Übertragungsrate *f* [edv]
transfer station Umladestation *f* [rec]; Umschlagstation *f* [tra]; Umschlagbahnhof *m* [tra]
transfer tube Transferleitung *f* [elt]
transfer valve Schaltschieber *m*; Schaltventil *n*; Wegeventil *n* [prc]
transfer voltage Übergangsspannung *f* [elt]
transfer, rate of - Transferrate *f*
transferable übertragbar (z.B. Fahrkarte) [tra]
transferable, not - unübertragbar
transference Übertragung *f* (Rechte) [jur]
transferred verlagert (die Produktion wurde verlagert)
transform transformieren *v*; überführen *v* (Zustand); übersetzen *v* (umwandeln) [che]; übertragen *v* (Energie); umbilden *v*; umformen *v* [elt]; umspannen *v* [elt]; umwandeln *v* (Spannung) [elt]
transformation Transformation *f*; Umformung *f* [elt]; Umsetzung *f* (Umwandlung) [che]; Umspannung *f* [elt]; Umwandlung *f* [elt]; Verwandlung *f*
transformation process Umwandlungsprozess *m* [prc]
transformation product Umwandlungsprodukt *n* [che]
transformation, rate of - Umwandlungsgeschwindigkeit *f* [che]
transformer Stromwandler *m* (Trafo) [elt]; Transformator *m* [elt]; Umformer *m* (Transformator) [elt]; Umspanner *m* [elt]; Umwandler *m* [elt]; Wandler *m* (Transformator) [elt]
transformer coil Transformatorspule *f* [elt]; Übertragungsspule *f* [elt]
transformer room Transformatorraum *m* [elt]
transformer station Transformatorenstation *f* [elt]; Umspannstation *f* [elt]; Umspannwerk *n* [elt]
transformer tank Transformatorenkasten *m* [elt]
transformer, adjustable - Drehtransformator *m* [elt]
transient flüchtig; instationär; vorübergehend
transient Einschwingvorgang *m*
transient current Kompensationsstrom *f* [elt]; Ausgleichsstrom *m* [elt]

transient oscillations Ausgleichsschwingungen *pl* [elt]
transient phenomenon Ausgleichsvorgang *m*; Einschwingvorgang *m*
transient pulse Einschaltstoß *m* [elt]
transient response Übergangsfunktion *f* ((A) Regelung); Einschwingverhalten *n*
transient stage Übergangsstadium *n*
transient state Übergangszustand *m*
transient stress condition veränderliche Druckbeanspruchung *f*
transient suppression Signalunterdrückung *f* [elt]
transient time Einschwingzeit *f*
transient voltage Ausgleichsspannung *f* [elt]; Kompensationsspannung *f* [elt]
transillumination Durchleuchtung *f* [opt]
transistor Transistor *m* [elt]
transistor amplifier Transistorverstärker *m* [elt]
transistor apparatus Transistorgerät *n* [elt]
transistor radio Transistorradio *n* [elt]
transistorized circuit Transistorschaltung *f* [elt]
transit entry durchlaufende Buchung *f* [eco]
transit time Durchlaufzeit *f*
transit time of sound Schallaufzeit *f* [aku]
transit traffic Durchgangsverkehr *m* [tra]; Transitverkehr *m* [tra]
transition Überleitung *f*; Auslauf *m* (Übergang); Übergang *m* (Wechsel) [che]
transition coupling Übergangsschaltung *f*
transition curve Kurveneingang *m* (Übergang in Kurve) [tra]; Übergangsbogen *m* [tra]
transition element Übergangselement *n* [che]
transition fit Übergangspassung *f* [tec]
transition losses Übergangsverluste *pl* [pow]
transition metal Übergangsmetall *n* [che]
transition period Übergangsperiode *f*
transition phase Übergangsphase *f*
transition piece Verbinder *m* [tec]; Einsatzstück *n* [tec]; Übergangsstück *n* [tec]; Zwischenstück *n* [tec]
transition point Übergangspunkt *m* [tec]; Umschlagpunkt *m* [phy]
transition radius Übergangsradius *m* [con]
transition range Überlappungsbereich *m*
transition region Randschicht *f* (Übergang)
transition resistance Übergangswiderstand *m* [elt]
transition state Übergangszustand *m*
transition temperature Übergangstemperatur *f*; Umwandlungstemperatur *f* [che]
transition time Anlaufzeit *f*
transition zone Übergangszone *f* (Bensonkessel) [pow]; Umwandlungszone *f*
transitional period Übergangszeit *f*
transitional provision Übergangsvorschrift *f* [jur]
translate übersetzen *v* (Sprache); umsetzen *v* (umwandeln); verschieben *v* (übertragen)
translating program Übersetzerprogramm *n* (für Sprachen) [edv]
translation Übersetzung *f* (z.B. Englisch-Deutsch)

translator Übersetzer *m* (meist schriftlich)
translocate verlagern *v* (örtlich)
translocation Verlagerung *f*
translucency Durchscheinen *n* [opt]
translucent durchscheinend [opt]; lichtdurchlässig [opt]
translucent paper Transparentpapier *n* [met]
transmissibility Durchlässigkeit *f* (Leitfähigkeit) [elt]
transmission Beförderung *f* (Nachrichten, Funkwellen) [edv]; Leitung *f* (Übertragung); Sendung *f* (Waren-) [tra]; Transmission *f*; Übermittlung *f* (z.B. von Nachrichten) [edv]; Übersendung *f*; Übersetzung *f* (Maschine) [tec]; Übertragung *f* (Kraft, Strom) [pow]; Durchgang *m* (Übertragung) [phy]; Transport *m* (Leitung) [pow]; Getriebe *n* [tec]; Triebwerk *n* [tra]
transmission belt Antriebsriemen *m* [tec]; Treibriemen *m* (Antriebsriemen) [tec]
transmission brake Getriebebremse *f* [tec]; Triebwerkbremse *f* [tra]
transmission cable Fernleitungskabel *n* [elt]
transmission capacity Übertragungsleistung *f* [elt]
transmission case Getriebegehäuse *n* [tec]
transmission chain Antriebskette *f* [tec]; Treibkette *f* [tec]
transmission coefficient Durchlässigkeitskoeffizient *m* [elt]
transmission drive Transmissionsantrieb *m* [tec]
transmission error Übertragungsfehler *m* [elt]
transmission factor Durchlässigkeitsfaktor *m* [elt]; Durchlässigkeitskoeffizient *m* [elt]
transmission gear Getrieberadsatz *m* [tec]; Übersetzungsgetriebe *n* [tec]; Vorschaltgetriebe *n* [tec]; Wechselgetriebe *n* [tec]; Zwischengetriebe *n* [tec]
transmission gear ratio Übersetzungsverhältnis *n* (des Getriebes) [tec]
transmission housing Antriebsgehäuse *n* [tra]
transmission line Fernleitung *f* [elt]; Hochspannungsleitung *f* [elt]; Überlandleitung *f* [elt]
transmission mast Leitungsmast *m* [elt]
transmission method Durchschallungsverfahren *n* [any]; Durchstrahlungsverfahren *n* [any]
transmission of force Kraftübertragung *f* [tec]
transmission of power Kraftübertragung *f* [phy]
transmission of torque Drehmomentübertragung *f* [tec]
transmission oil Getriebeöl *n* [met]
transmission pinion Kraftübertragungsritzel *n* [tec]
transmission power Sendeleistung *f* [elt]
transmission pulses Sendeimpulse *m* [elt]
transmission rate Übertragungsleistung *f* [elt]; Übertragungsrate *f* [edv]
transmission ratio Übersetzung *f* (Getriebe) [tec]; Übersetzungsverhältnis *n* (Getriebe) [tec]
transmission reduction Getriebeuntersetzung *f* [tec]
transmission rod Übertragungsstange *f* [tec]
transmission shaft Antriebswelle *f* [tra]; Getriebewelle *f* [tec]; Hauptwelle *f* [tec]; Kardanwelle *f* [tra]; Transmissionswelle *f* [tec];

Übertragungswelle *f* [tec]; Vorgelegewelle *f* [tec]
transmission system Antriebssystem *n*; Übertragungssystem *n*
transmission technique Übertragungstechnik *f* [elt]
transmission test inspection Durchstrahlungsprüfung *f* [any]
transmission tube Senderöhre *f* [elt]
transmission tunnel Getriebetunnel *m* [tra]; Kardantunnel *m* [tec]
transmission valve Steuerblock des Getriebes *m* [tra]
transmission, elastic - Federantrieb *m* [tec]
transmission, electric - elektrische Kraftübertragung *f* [tec]
transmission, hydraulic - hydraulische Kraftübertragung *f* [tec]; Strömungsgetriebe *n* [tec]
transmission, hydromechanic - hydromechanische Kraftübertragung *f* [tec]; hydrostatische Kraftübertragung *f* [tec]
transmission, infinitely variable-speed - stufenloses Getriebe *n* [tec]
transmission, mechanical - mechanische Kraftübertragung *f* [tec]
transmission, multiple - Mehrachsantrieb *m* [tec]
transmission, primary - Vorschaltgetriebe *n* [tec]
transmission, ratio of - Übersetzungsverhältnis *n* (des Getriebes) [tec]
transmission, secondary - Nachschaltgetriebe *n* [tec]
transmission/converter assembly Getriebe/Wandler-Einheit *f* [tec]
transmit geben (senden, übertragen)
transmit abgeben *v* (Leistung) [elt]; aussenden *v*; durchlassen *v* [opt]; funken *v* [edv]; leiten *v* (übertragen); senden *v* [edv]; übermitteln *v*; übersetzen *v* (Maschine) [tec]; übertragen *v* (weitergeben); vererben *v* [bff]
transmittable booster charge Übertragungsladung *f* [elt]
transmittal, letter of - Begleitbrief *m*
transmittancy Transparenz *f* [opt]
transmitted übertragen (Funksignale gesendet) [elt]
transmitted pulse Schallimpuls *m* [aku]
transmitted-light microscope Durchlichtmikroskop *n* [any]
transmitter Messwertwandler *m* [any]; Sender *m* [edv]; Übertrager *m* (Geber) [elt]
transmitter mast Sendemast *f* [edv]
transmitter probe Sendeprüfkopf *m* [any]; Senderprüfkopf *m* [elt]
transmitter station Sendeanlage *f* [edv]
transmitter unit Gebergerät *n* [any]
transmitter, actual value - Istwertgeber *m* [any]
transmitting Senden *n* [edv]
transmitting element Übertragungsglied *n* [elt]
transmitting energy Sendeenergie *f* [elt]
transmitting voltage Senderspannung *f* [elt]
transmutation Umwandlung *f* [phy]
transmute umwandeln *v* (Atom) [phy]
transoceanic cable Überseekabel *n* [edv]
transom Unterzug *m* (Querträger) [mbt]

transparence Durchlässigkeit *f* (optische) [opt]
transparency Durchlässigkeit *f* [opt]; Durchsichtigkeit *f* (z.B. Glas) [opt]; Klarheit *f* (Durchsichtigkeit); Lichtdurchlässigkeit *f* [opt]; Overheadfolie *f* (für Tageslichtprojektor); Transparenz *f* [opt]
transparent durchscheinend [opt]; durchsichtig (z.B. Glas) [opt]; farblos; glasig; klar (durchsichtig); lasierend; transparent; wasserklar
transparent Transparent *n* (z.B. von Zeichnungen)
transparent copy Transparentpause *f* [con]
transparent film Klarsichtfolie *f* [met]
transparent glass Klarglas *n* [met]
transparent material Transparentmaterial *m*
transparent pack Klarsichtpackung *f*
transparent package Transparentpackung *f*
transparent paper foil Transparentfolie *f* [con]
transparent protection cap Klarsichtschutzkappe *f*
transparent quartz Bergkristall *m* [min]
transparent sheet Klarsichtfolie *f* [met]; Klarsichtscheibe *f*
transparent to ultraviolet light ultraviolettdurchlässig
transparent varnish Lasurlack *m* [met]
transpiration Transpiration *f* [hum]
transpire durchsickern *v* [was]; transpirieren *v* [hum]; verdunsten *v*
transplant verpflanzen *v* [far]
transplantation Verpflanzung *f* [far]
transpone transponieren *v* [mat]
transport Beförderung *f* (Transport); Förderung *f* (Transport) [tra]; Spedition *f* [tra]; Überführung *f* (Transport) [tra]; Abtransport *m* (von Personen) [tra]; Transport *m* [tra]; Übergang *m* (Transport) [tra]; Verkehr *m* [tra]
transport befördern *v* (transportieren); fördern *v* (transportieren); tragen *v* (z.B. befördern auf Lkw) [tra]; transportieren *v* (tragen, befördern) [tra]; verbringen *v* [tra]; verfrachten *v* [tra]; verschiffen *v* [tra]
transport aircraft Transportflugzeug *n* [tra]
transport appliance Transportgerät *n* [tra]
transport barrels Transportverpackungen *pl* [tra]
transport bridge Transportbrücke *f* [tra]
transport by water Wassertransport *m* [tra]
transport capacity Verkehrsleistung *f* [tra]
transport container Transportbehälter *m* [tra]; Versandbehälter *m*
transport container, reusable - Mehrwegtransportbehälter *m*
transport crawler Hubraupe *f* (unter Brecheranlage) [mbt]; Transportraupe *f* [mbt]
transport device Transporteinrichtung *f* [mbt]; Fördergerät *n*
transport engineering Verkehrsbau *m* [bau]
transport equipment Fördereinrichtung *f*
transport eye Montageöse *f*; Transportöse *f* [tec]
transport fleet Fuhrpark *m* [tra]
transport height Transporthöhe *f* (Transportgut) [tra]
transport hole Transportbohrung *f* [tec]

transport insurance Transportversicherung *f* [jur]
transport length Transportlänge *f* [tra]
transport machine Fördermaschine *f* [mbt]
transport of soil Erdbewegungen *f* [mbt]
transport packaging, reusable - Mehrwegtransportverpackung *f*
transport planning Verkehrsplanung *f* [tra]
transport ring Transportring *m* [tec]
transport rise Transporthöhe *f* [mbt]
transport roll Transportrolle *f* [tec]
transport service Verkehrsbetrieb *m* [tra]
transport stock rollendes Material *n* [tra]
transport system Verkehrsverbund *m* [tra]; Verkehrsnetz *n* [tra]
transport tank Transporttank *m* [tra]
transport time Transportzeit *f* [tra]
transport trolley Transportwagen *m* [tra]
transport truck Rollwagen *m* (Schiene/Straße) [tra]
transport vehicle Transportfahrzeug *n* [tra]
transport vehicle, heavy - Tragschnabelwagen *m* [tra]; Schwertransportfahrzeug *n* [tra]
transport vessel Transportgefäß *n* [tra]
transport weight Transportgewicht *n* [tra]
transport width Transportbreite *f* [tra]
transportable beweglich (transportierbar); fahrbar; transportabel; transportierbar
transportation Beförderung *f* (Transport); Verbringung *f* [tra]; Transport *m* [tra]
transportation device Transportvorrichtung *f* [tec]
transportation engineering Verkehrstechnik *f* [tra]
transportation lashing Transportlasche *f* (zum Heben von Maschinen) [tec]
transportation licence Transportgenehmigung *f* (Abfall) [tra]
transportation of waste Abfallbeförderung *f* [rec]
transportation permit Transportgenehmigung *f* (Abfall) [tra]
transported transportiert (befördert) [tra]
transporter bridge Verladebrücke *f* [tra]
transporting installation Beförderungsvorrichtung *f*
transpose austauschen *v* (vertauschen); umlagern *v* [che]; umsetzen *v* (umwandeln); umstellen *v*
transposition Umlagerung *f* [che]; Umsetzung *f* (Umstellen); Umstellung *f*; Austausch *m* (Vertauschung)
transputer Transputer *m* [elt]
transship umschlagen *v* (umladen) [tra]
transshipment Umladung *f* [tra]; Umschlag *m* (Güter-)
transshipment centre Umschlaghafen *m* [tra]
transshipment equipment Umschlageinrichtung *f* [tra]
transshipping plant, scrap - Schrottverladeanlage *f* [rec]
transversal quer
transversal axis Querachse *f* [tec]
transversal crack Querriss *m* [met]
transversal section Querschnitt *m* [con]
transversal spacing Querteilung *f*

transverse quer (querverlaufend, bei Bauelementen); schräg (diagonal); schräg (schräg geformt; über Straße) [tra]
transverse adjustment Querverstellung *f* [tec]
transverse axis Querachse *f* [tec]
transverse bar Querstab *m* [tec]
transverse base thickness Zahndicke *f* (am Grundzylinder Stirnschnitt) [tec]
transverse beam Querbalken *m* [bau]; Querholm *m* [bau]; Querträger *m* [tec]
transverse contact Stirneingriff *m* (Zahnrad) [tec]
transverse control arm Querlenker *m* [tec]
transverse conveying Quertransport *m* [tra]
transverse crack Querriss *m* (in Schweißnähten) [met]; Scheibchenriss *m* [met]
transverse defect Querfehler *m* [met]
transverse direction Querrichtung *f*
transverse distribution Querverteilung *pl* [tec]
transverse flaw signal Querfehleranzeige *f* [met]
transverse flow Querströmung *f* [prc]
transverse force Querkraft *f* [phy]
transverse foundation beam Fundamentriegel *m* [bau]
transverse girder Querträger *m* (im Stahlbau) [tec]
transverse groove Quernut *f* [tec]
transverse joint Querverbindung *f*
transverse line of action Eingriffslinie *f* (Getriebe) [tec]
transverse link Querlenker *m* [tec]
transverse member Querverband *m* [bau]
transverse module Stirnmodul *m* (Zahnrad) [tec]
transverse profile Querprofil *n* [con]
transverse section Querschnitt *m* [con]
transverse section-drawing Querschnittzeichnung *f* [con]
transverse sensitivity Querempfindlichkeit *f* [any]
transverse slot Querschlitz *m* [tec]
transverse spar Querholm *m* [tec]
transverse spring Querfeder *f* [tec]
transverse stability Querstabilität *f* [tec]
transverse stiffening Querversteifung *f* [tec]
transverse strength Biegefestigkeit *f* [met]; Bruchfestigkeit *f* [met]
transverse stress Querspannung *f* [phy]
transverse tension Querspannung *f* [phy]
transverse thrust Seitenschub *m* [phy]
transverse thruster Querstrahlruder *f* [tra]; Querstrahlsteuer *m* [tra]
transverse wave Transversalwelle *f* [tec]
trap Auffangvorrichtung *f* [was]; Falle *f*; Haftstelle *f* [phy]; Klappe *f* [was]; Abscheider *m* (Falle) [prc]
trap abfangen *v* (stauen); einfangen *v* (fangen); einschließen *v* (einfangen); fangen *v* (ergreifen, fassen); zuschieben *v* (Gestein zu Haufwerk) [roh]
trap basket Fangkorb *m* [prc]
trap door Falltür *f* [bau]; Klapptür *f* [bau]; Luke *f* (Keller-) [bau]
trap partly teilweise zuschieben *v* (mit Schubraupe) [mbt]

trapezium Trapez *m* ((B)) [mat]
trapezohedron Trapezoeder *n* [mat]
trapezoid Trapez *m* ((A)) [mat]
trapezoidal cross section Trapezprofil *n* [con]
trapezoidal ditch Trapezgraben *m* [bod]
trapezoidal gasket Trapezdichtung *f* [tec]
trapezoidal sheet Trapezblech *n* [met]
trapezoidal spring Trapezfeder *f* [tec]
trapezoidal steel sheeting Trapezprofil *n* [met]
trapezoidal thread Trapezgewinde *n* [tec]
trapped material zugeschobenes Material *n* (zu Haufwerk) [mbt]
trapped rock zugeschobenes Gestein *n* (mit Raupe) [geo]
trapping Einzug *m* (unfreiwilliger -)
trash Ausschuss *m* (Abfall) [rec]; Auswurf *m* [rec]; Haushaltsabfall *m* [rec]; Müll *m* (Abfall) [rec]; Ramsch *m*; Schund *m*; Unrat *m* [rec]
trash bag Mülltüte *f* [rec]
trash can Abfalltonne *f* (Mülltonne) [rec]; Mülltonne *f* [rec]; Abfallbehälter *m* [rec]; Abfalleimer *m* [rec]
trash vehicle Müllfahrzeug *n* [rec]
trash-rake comminuting system Rechengutzerkleinerungsanlage *f* [was]
travel Weglänge *f* (des Kolbens) [tec]; Hub *m* (die Hin- und Herbewegung des Z) [tra]; Stellweg *m* [tec]; Weg *m* [tra]
travel bewegen *v* (eines Kolbens) [tra]; fortpflanzen *v* (sich verbreiten) [phy]; reisen *v* [tra]; wandern *v* [tra]
travel around umfahren *v* (einen Ort) [tra]
travel brake Fahrwerksbremse *f* [mbt]
travel by ship schiffen *v* [tra]
travel cableway Łuftseilbahn *f* [tra]
travel distance Förderweg *m* [mbt]
travel expense Reisekosten *pl* [eco]
travel expense report Reisekostenabrechnung *f* [eco]
travel gear shift Fahrgetriebeschaltung *f* [tra]
travel indicator Hubanzeige *f* [prc]
travel length Hublänge *f* [tec]
travel limit Verfahrweggrenze *f* [tec]
travel measuring Hubmessung *f* (Daten) [any]
travel over überfahren *v* [tra]
travel report Besuchsbericht *m* (Report über Reise)
travel soot blower Schubbläser *m* [tra]
travel speed Fahrgeschwindigkeit *f* [tra]
travel stop Bewegungssperre *f*
travel through durchreisen *v* [tra]
travel time Reisezeit *f* [tra]
travel without ticket schwarzfahren *v* [tra]
travelator Rollsteig *m* [mbt]
traveller Reisender *m* [tra]
travelling verfahrbar [tec]
travelling assembly Schreitwerk *n* (unter Brecher) [roh]
travelling behaviour Fahrverhalten *n* [tra]
travelling belt conveyor Kohlenverteiler *m* (über Bunker) [pow]
travelling block Seilrollenblock *m* [tec]

travelling crane Laufkran *m* [mbt]
travelling echo Wanderecho *n* [aku]
travelling grate Wanderrost *m* [pow]
travelling height Transporthöhe *f* (Transportgut) [tra]
travelling light Aufblendlicht *n* [tra]
travelling mechanism Fahrwerk *f* (einer Brecheranlage) [mbt]
travelling motor Vorschubmotor *m* [tec]
travelling of ions Ionenwanderung *f* [phy]
travelling pan filter Bandzellenfilter *m* [prc]; Kapillarbandfilter *m*
travelling position Fahrstellung *f* [mbt]
travelling rake bewegter Rechen *m* [was]
travelling speed Fahrgeschwindigkeit *f* [tra]
travelling time Hubzeit *f* [tec]
travelling-grate stoker Wanderrost *m* [pow]
travelling-grate stoker with air compartments Unterwindzonenwanderrost *m* [pow]
travelling-screen unit Siebbandanlage *f* [prc]
traversability Befahrbarkeit *f* [bau]
traversable drehbar; schwenkbar
traverse Brücke *f* (Träger) [bau]; Traverse *f* (Unterwagenmittelteil) [tra]; Polygonzug *m* [bau]; Unterwagenmittelteil *n* (Traverse) [tra]
traverse durchlaufen *v*
traverse seam Quernaht *f* [wer]
traverse structural member Querträger *m* [tec]
traverse, rate of - Vorschubgeschwindigkeit *f* [wer]
traversing chute Pendelschurre *f* [pow]
tray Boden *m* (Rektifikation) [prc]; Kolonnenboden *m* [prc]; Teller *m*; Tablett *n* (für Geschirr)
tray bar Trogstange *f* [tec]
tray column Bodenkolonne *f* (Destillation) [prc]
trays, number of - Bodenzahl *f* (Rektifikation) [prc]
tread Lauffläche *f* (Reifen) [tra]; Spurweite *f* (des einzelnen Reifens) [tra]; Stufe *f* (Tritt) [bau]; Stufenbreite *f* (Treppe) [bau]; Profil *n* (Reifen) [tra]; Reifenprofil *n* [tra]
tread treten *v*
tread pad Palette *f* (nur bei Rollsteig) [mbt]
tread plate Trittfläche *f* (Rolltreppe) [mbt]; Trittplatte *f* [tra]
tread step Trittstufe *f* [bau]
treadle Fußhebel *m* [tec]
treadle valve Bremsventil *n* (Fußbremse) [tra]; Fußpedal *n* (Fußhebel) [tra]
treat aufbereiten *v* (Wasser) [was]; bearbeiten *v* (behandeln); behandeln *v* (bearbeiten); reinigen *v* (Abwasser, Abluft); schonen *v*; versetzen *v* (vermischen)
treat again nachbehandeln *v* [wer]
treat subsequently nachbehandeln *v* [wer]
treat using radiotherapy bestrahlen *v* (Strahlenbehandlung) [hum]
treat with steam dämpfen *v* (mit Dampf)
treated behandelt; zubereitet
treated gas Reingas *n* [air]
treated off-site extern behandelt

treated wood getränktes Holz *n*; imprägniertes Holz *n*
treated, not - unbehandelt
treatment Aufbereitung *f* (Materialien) [che]; Aufbereitung *f* (Wasser) [was]; Bearbeitung *f* (Behandlung); Behandlung *f* (Bearbeitung); Therapie *f* [hum]; Verarbeitung *f* [prc]; Verfahren *n* (Behandlung); Verfahren *n* (Verarbeitung)
treatment and final storage of nuclear waste material Entsorgung von Kernbrennstoffen *f* [rec]
treatment facility Behandlungsanlage *f*
treatment instruction Behandlungsvorschrift *f*
treatment of minerals, further - Weiterbearbeitung von Mineralien *f*
treatment plant Aufbereitungsanlage *f* [was]; Behandlungsanlage *f*
treatment plant for polluted soils Anlage zur Altlastensanierung *f* [bod]
treatment technology Aufbereitungstechnik *f* [rec]
treatment vessel Aufbereitungsbehälter *m* [was]
treatment works Aufbereitungsanlage *f* [was]
treatment, biological - biologische Behandlung *f* [bio]
treatment, further - Weiterbearbeitung *f*; Weiterbehandlung *f*
treatment, hot - Warmbehandlung *f* [wer]
treatment, method of - Behandlungsmethode *f*
treatment, reprocessing and disposal of nuclear waste material - Entsorgung von Kernbrennstoffen *f* [rec]
treaty Vertrag *m* [jur]
treble dreifach; hell (akustisch) [aku]
treble Höhe *f* (Ton)
tree Baum *m* [bff]; Baum *m* (Strukturbaum) [edv]
tree model Baumschema *n* [edv]
tree preservation area Baumschutzzone *f* [jur]
tree preservation order Baumschutzverordnung *f* [jur]
tree resin Baumharz *n* [bff]
tree stock Baumbestand *m* [far]
tree stump Baumstumpf *m*
tree trunk Baumstamm *m* [bff]
tree-less baumlos [bff]
tremble zittern *v*
tremie Betonrutsche *f* [prc]
tremor Erdbewegung *f* (geologisch) [geo]; Erschütterung *f* (Erde); Stoß *m* (Erdstoß) [geo]
trench Baugrube *f* [bau]; Durchführung *f* (in Fundament) [bau]; Rinne *f* (Graben) [was]; Graben *m*
trench ausschachten *v* [mbt]; eingraben *v*
trench blade Auskofferungsschar *f* [mbt]
trench compactor Grabenverdichter *m* [mbt]
trench cutter Grabenfräse *f* [wzg]
trench digging equipment Grabenverbaugerät *n* [mbt]
trench filler Grabenverfüllschnecke *f* [mbt]
trench filler attachment Grabenverfüllschneckenausrüstung *f* [mbt]
trench filling worm Verfüllschnecke *f* (an Radlader) [mbt]

trench lining Verbau *m* (Hilfskonstruktion) [bau]
trench sheeting equipment Verbauzieheinrichtung *f* [tec]
trench stay Kanalstrebe *f* [was]
trench-cleaning bucket Grabkanalgreifer *m* [mbt]
trench-lining plate Verbauplatte *f* (des Grabens; Krings) [mbt]
trencher Dränagelöffel *m* [mbt]; Drainagelöffel *m* [mbt]; Kabellöffel *m* (besonders schmaler Löffel) [mbt]
trenching Kanalbau *m* [mbt]
trenching bucket Kabellöffel *m* [mbt]
trend Richtung *f* (Entwicklung, Tendenz); Tendenz *f*; Ankerhals *m* (Teil des Schiffsgerätes) [tra]
trend tendieren *v*
trend line Kurvenzug *m*
trespass übertreten *v*
trestle Gestell *n* (Bock)
trestle frame Bockrahmen *m* [tec]
trial probeweise
trial Probe *f* (Erprobung) [any]; Test *m* [any]; Versuch *m* [any]
trial basis, on - probeweise; versuchsweise [any]
trial bore Probebohrung *f* [any]
trial boring Testbohrung *f* [roh]
trial concerning cover Deckungsprozess *m* [jur]
trial evaluation Probelaufergebnis *n* (nach Testlauf)
trial loading Probebelastung *f*
trial operation Probebetrieb *m*
trial period Probezeit *f* [any]
trial report Prüfbericht *m*
trial road section Probestrecke *f* [tra]
trial run Probefahrt *f* [tra]; Probebetrieb *m*; Probe-lauf *m*; Prüffeldlauf *m* [any]; Versuchsbetrieb *m* [any]
trial trip Probefahrt *f* (z.B. des neuen Waggons) [tra]
triangle Winkel *m* (Dreieck) [con]; Dreieck *n*
triangle head bolt Dreikantschraube *f* [tec]; Dreikantschraube *f* [tec]
triangle of forces Kräftedreieck *n* [phy]
triangle with joints Gelenkdreieck *n* [mbt]
triangle wrench Dreikantschlüssel *m* [wzg]
triangular dreieckig
triangular bar Dreikanteisen *n* [met]
triangular classification chart Dreistoffsystem *n* [bau]
triangular fillet Dreikantleiste *f* [met]
triangular mixer Dreikantrührer *m* [prc]
triangular nut Dreikantmutter *f* [tec]
triangular prism Prisma *n* (Körper) [tec]
triangular rocker Gelenkdreieck *n* [mbt]
triangular scales Dreikantmaßstab *m* [tec]
triangular section steel Dreikantstahl *m* [met]
triangular thread Spitzgewinde *n* [tec]
triboengineering Schmierungstechnik *f* [tec]
tribotechnology Schmierungstechnik *f* [tec]
tributary Zufluss *m* (Nebenfluss)
tributary channel Nebenkanal *m* [tra]
trick Kunstgriff *m*
trickle durchrieseln *v*; rieseln *v*; sickern *v* [was]; tröpfeln *v*; tropfen *v* (berieseln)

trickle away abrinnen *v*
trickle bed reactor Rieselbettreaktor *m* [prc]
trickle charge Dauerladung *f* (Batterie) [elt]
trickle charger Kleinlader *m* [tra]
trickle down absickern *v*; herabrieseln *v*
trickle filter, immersion - Tauchkörperanlage *f* [was]
trickle in einsickern *v* [was]
trickle out heraussickern *v*
trickle pool Sickergrube *f* [was]
trickle through durchsickern *v* [was]; durchtropfen *v*
trickling Berieselung *f* (mit Tropfen)
trickling filter Biofilter *m* [bio]; Tropffilter *m* [prc]; Tropfkörper *m* [prc]; Tropfkühler *m* [pow]
trickling filter filler Tropfkörperfüllmaterial *n* [prc]
trickling water Rieselwasser *n* [was]; Sickerwasser *n* [was]
trigger Auslösung *f* (Hahn, Knopf, Taste); Triggerung *f* [elt]; Anschlag *m* (Auslösenocken); Auslöseimpuls *m* [any]; Auslösenocken *m* (Anschlag) [tec]; Auslöser *m* [elt]; Drücker *m* (Gewehr); Geber *m* (Auslöser, Knopf, Hahn); Impulsgeber *m* [elt]; Trigger *m* (Auslöser) [elt]
trigger ansteuern *v*; auslösen *v* (in Gang setzen); einleiten *v* (auslösen)
trigger circuit Kippschaltung *f* [elt]; Kipper *m* [elt]
trigger current Auslösestrom *m* [elt]
trigger mechanism Auslösevorrichtung *f* [elt]
trigger release Drückerauslöser *m* [tec]
trigger wheel Blendenrotor *m* [tec]
triggered barrier Auslösesperre *f* [tec]
triggered time base triggerbare Zeitbasis *f* [elt]
triggering Ansteuerung *f*; Auslösung *f* (Betätigung)
triggering impulse Auslöseimpuls *m* [elt]
triggering time Ansprechzeit *f* [elt]
trigonometric function Winkelfunktion *f* [mat]
trigonometric series trigonometrische Reihe *f* [mat]
trigonometry Trigonometrie *f* [mat]
trihedral dreiflächig
trillion Billion *f* ((A)); Trillion *f* ((B))
trim Leiste *f* (am Auto)
trim abgleichen *v* (Bodenoberfläche) [bod]; abgleichen *v* (feinabstimmen) [any]; abgraten *v* [wer]; abkanten *v* [wer]; abschneiden *v* [wer]; beschneiden *v* (stutzen, schneiden) [far]; entgraten *v*; trimmen *v* (die Ladung an Bord) [tra]; zurichten *v* [wer]
trim potentiometer Einstellpotenziometer *n* [elt]
trimer Trimer *n* [che]
trimmer potentiometer Trimmpotentiometer *n* [elt]
trimming Beschneiden *n* [wer]; Entgraten *n*
trimming schaben *v* (Zylinderrohre vor Rollen) [wer]
trimming cutter Abgratfräser *m* [wzg]
trimming die Schnittwerkzeug *n* [wzg]
trimmings Abgratschrott *m* [rec]; Schneidabfall *m* [rec]
trimolecular trimolekular [che]
triode Triode *f* [elt]
trioxide Trioxid *n* [che]
trip Auslösung *f* (Vorgang); Fuhre *f* (Lastwagen) [tra]; Reise *f* [tra]; Schnellabschaltung *f* [elt]; Schutzauslösung *f* [elt]; Tour *f* (Fahrt) [tra]; Auslö-

ser *m*; Schnellauslöser *m* [pow]; Schnellschluss *m* [elt]
trip abfallen *v* (Relais auslösen) [elt]
trip action Schnellschlussauslösung *f* [elt]
trip arrangement Schnellschlusseinrichtung *f* [pow]
trip button Auslösetaste *f*
trip coil Auslösespule *f* [elt]; Schaltspule *f* [elt]; Unterbrecherspule *f* [elt]
trip dog Sperrklinke *f* [tec]; Auslöseanschlag *m* [tec]; Auslösenocken *m* [tec]
trip gear Auslösevorrichtung *f* [tec]; Schnellschlusseinrichtung *f* [tec]; Ausklinkmechanismus *m* [tec]
trip gear, automatic - Schnellschlusseinrichtung *f* [pow]
trip lever Auslösehebel *m* [tec]; Einrückhebel *m* [tec]
trip mode Auslöseweg *m*
trip pawl Schnellschlussklinke *f* [tec]
trip through durchtropfen *v*
trip-out for full load Volllastabschaltung *f* [pow]
tripedal dreifüßig
triphase dreiphasig [che]
triphase system Dreiphasensystem *n* [che]
triple dreifach
triple verdreifachen *v*
triple bar track pad Dreistegbodenplatte *f* [mbt]
triple bond Dreifachbindung *f* [che]
triple conductor Drillingsleitung *f* [elt]
triple labyrinth seal Dreifachlabyrinthdichtung *f* [tec]
triple linkage Dreifachbindung *f* [che]
triple point Tripelpunkt *m* [phy]
triple roller chain Dreifachrollenkette *f* [tec]
triple side shifting device Dreifachseitenschieber *m* [tra]
triple thread dreigängig (Zahnrad) [tec]
triple valve Dreifachventil *n* [prc]
triple wall dreischalig [bau]
triple-deck vibrating screen Dreideck-Freischwingsieb *n* [prc]
triple-flow dreiflutig [pow]
triple-glazing Dreifachverglasung *f* [bau]
triple-grouser track pad Dreistegbodenplatte *f* [mbt]
triple-hinged dreigelenkig [tec]
triple-pinned dreigelenkig [tec]
triple-sector clutch hub Dreiarmnabe *f* [tra]
tripled verdreifacht
triplex cable Dreileiterkabel *n* [elt]
triplex glass Dreifachglas *n* [met]
triplex roller chain Dreifachrollenkette *f* [tec]
tripod Dreifuß *m*; Stativ *n* [tec]
tripper car Bandschleifenwagen *m* [mbt]; Bandwagen *m* (Schaufelradbagger) [mbt]; Schleifenbandwagen *m* [mbt]
tripper car with one belt Bandwagen mit einem Band *m* [mbt]
tripping Auslösung *f*; Auslösen *n*
tripping gear Auslösegestänge *n* [tec]
tripping lever Auslösehebel *m* [tec]
tripping pressure Auslösedruck *m* [any]
tritium Tritium *n* (chem. El.: T) [che]

tritium analyzer Tritiummessgerät *n* [any]
triturate verreiben *v*; zerreiben *v* [prc]
trivial trivial; unbedeutend
trivial name Trivialname *m*
Trojan horse Computervirus *m* (Software) [edv]
trolley Katze *f* (Laufkatze); Laufrolle *f* (Stromabnehmerrolle) [elt]; Gepäckkuli *m* (Kuli) [tra]; Gepäckwagen *m* (Kofferkuli) [tra]; Handwagen *m* [tra]; Wälzlager *n* [tec]
trolley bus Oberleitungsbus *m* [tra]; Obus *m* [tra]
trolley carriage Katze *f* (Transport)
trolley conveyor Hängebahn *f* (in Werkshalle) [wer]
trolley track Laufschiene *f* [elt]
trolley wire Oberleitungsdraht *m* [met]
tropic-proof tropenfest
tropical tropisch
tropical air Tropenluft *f* [air]; tropische Luft *f* [air]
tropical climate Tropenklima *n* [wet]; tropisches Klima *n* [wet]
tropical conditions Tropenbedingungen *pl*
tropical forest Tropenwald *m*; Urwald *m*
tropical plant Tropenpflanze *f* [bff]
tropical rain forest tropischer Regenwald *m* [bff]
tropical region Tropengebiet *n*
tropical roof Tropendach *n* (z.B. für Grader, Lader) [mbt]
tropical timber Tropenholz *n* [met]
tropical vegetation Tropenvegetation *f* [bff]
tropicalization Tropenausrüstung *f* (für Geräte)
tropics Tropen *pl* [wet]
troposphere Troposphäre *f* [wet]
trouble Belästigung *f*; Panne *f* (Schwierigkeit, Ärger); Plage *f*; Schwierigkeit *f*; Störung *f* (Unruhe, Versagen); Fehler *m* (Schwierigkeit); Problem *n*
trouble stören *v* (schädigen)
trouble control Störfallüberwachung *f*
trouble shoot Fehler suchen
trouble shooting Fehlerbeseitigung *f*; Fehlereingrenzung *f*; Fehlersuche *f*; Fehlersuche *f* (zur Beseitigung); Störungsbehebung *f*; Störungs-beseitigung *f*; Störungssuche *f* (finden und beseitigen)
trouble survey Störfallüberwachung *f*
trouble-free störungsfrei
trouble-free operation störungsfreier Betrieb *m*
troubled gestört
troubles Beschwerden *pl* (Leiden) [hum]
trough Furche *f* [far]; Mulde *f* (Trog); Wanne *f* (Trog); niedriger Bereich *m* (Rinne); Trog *m*; Chassis *n* [tra]
trough bridge, arched - Bogenbrücke mit eingehängter Fahrbahn *f* [bau]
trough car Wannenwagen *m* (der Bahn) [tra]
trough conveyor Trogförderband *n* [mbt]
trough grate Muldenrost *m* [pow]
trough lift Trogschleuse *f* [tra]
trough mixer Trogmischer *m* [prc]
trough of depression Tiefdrucktrog *m* [wet]
trough shaped muldenförmig
troughed conveyor belt Muldengurtförderer *m* [prc]

troughed idler Muldenrolle *f* [tec]
trowel Kelle *f* (Kelle); Spatel *m*
trowel off ausspachteln *v* [wer]
trowelling compound Spachtelmasse *f* [met]
trowelling machine Glättmaschine *f* [wzg]
truck Karren *m* (Elektro-); Kraftwagen *m* (Lkw) [tra]; Lastauto *m* [tra]; Laster *m* (Lkw) [tra]; Lastkraftwagen *m* [tra]; Lastwagen *m* [tra]; Lkw *m* [tra]; Wagen *m* (Güterwagen) [tra]; Waggon *m* (Güterwagen) [tra]; Fahrgestell *n*
truck transportieren *v* (mit Lkw befördern) [tra]
truck agitator Fahrmischer *m* (für Beton) [tra]
truck and trailer Lastzug *m* (Motorwagen und Anhänger) [tra]
truck chassis with load handling system Wechsellader *m* (verschiedene Behälter) [tra]
truck company Lkw-Spedition *f* [tra]; Spediteur *m* (hat Lkw-Flotte) [tra]; Speditionsunternehmen *n* [tra]
truck crane Lkw-Kran *m* [mbt]; Mobilkran *m* [mbt]
truck drier Hordentrockner *m* [prc]
truck loader crane Ladekran *m* (auf Lkw) [tra]
truck mixer Fahrmischer *m* [tra]; Transportbetonmischer *m* [tra]
truck tippler Lkw-Kipper *m* [tra]
truck trailer Lastwagenanhänger *m* [tra]; Lkw-Anhänger *m* [tra]; Lkw-Hänger *m* [tra]
truck type mounting Lkw-Aufbau *m* (Bagger) [mbt]
truck, agitating - Fahrmischer *m* (für Beton) [tra]
truck-mixed concrete Lieferbeton *m* [met]
trucked transportiert (mit Lkw) [tra]
trucker Lastwagenfahrer *m* [tra]
truckload Wagenladung *f* [tra]
true echt (wahr); wahr
true length Abwicklung *f* (echte Länge) [con]
true porosity wahre Porosität *f*
true run Rundlauf *m* [tec]
true run, radial - Rundlauf *m* [tec]
true to measure maßgenau [con]
true to scale maßstabgetreu [con]; maßstabsgerecht [con]; maßstäblich [con]
true to tolerances toleranzhaltig (Passungen) [tec]
true up abrichten *n* [wer]
true value Istwert *m*; wahrer Wert *m* [mat]
true-running accuracy Rundlaufgenauigkeit *f* [tec]
true-to-length längengenau [con]
true-to-size maßhaltig [con]
truncate abschneiden *v* (von Stellen einer Zahl) [mat]; beenden *v* (Software) [edv]
truncation Abbruch *m* (Programm) [edv]; Abschneiden *n* (von Stellen einer Zahl) [mat]
trunk Leitung *f* (Telefon) [edv]; Gepäckraum *m* (Autos) [tra]; Körper *m* (Rumpf) [tec]; Koffer *m*; Kofferraum *m* (Gepäckraum Auto) [tra]; Rumpf *m* [bff]; Stamm *m* (Baum) [bff]; Strunk *m* [bff]; Stumpf *m*; Anschlusskabel *n* [elt]; Kabel *n* [elt]
trunk cable Fernleitungskabel *n* [elt]
trunk call Ferngespräch *n* [edv]; Selbstwählferngespräch *n* (Telefon) [edv]
trunk circuit Hauptleitung *f* [edv]

trunk dialling Fernwahl *f* (Telefon) [edv]
trunk group Leitungsbündel *n* [elt]
trunk lid Gepäckraumklappe *f* [tra]
trunk line Fernleitung *f* [elt]; Hauptleitung *f* [edv]
trunk main Hauptleitung *f* [was]
trunk piston engine Tauchkolbenmotor *m* [tec]
trunk road Fernstraße *f* [tra]; Fernverkehrsstraße *f* [tra]; Hauptverkehrsstraße *f* [tra]; Landstraße *f* [tra]; Verkehrsader *f* [tra]
trunk sewer Hauptabwasserkanal *m* [was]; Hauptsammelkanal *m* [was]; Hauptsammler *m* [was]
trunnion Drehzapfen *m* (z.B. der Gießpfanne) [roh]; Nocken *m* [tec]; Tragzapfen *m* [tec]; Zapfen *m* (u.a. Lager-) [tec]; Auflager *n* [tec]; Joch *m* (für mittlere Pendelaufhängung) [tec]
trunnion bearing Schildlager *n* [tec]; Zapfenlager *n* (bei Stahlkonstruktion) [tec]
trunnion carrier Lagerungsträger *m* [tec]
trunnion connection Zapfenanschluss *m* [tec]
trunnion mounting Zapfenlagerung *f* [tec]
trunnion screw Zapfenschraube *f* [tec]
trunnion-mounted mit Schwenkzapfen befestigt [tec]
trunnion-mounted cylinder Zylinder mit Schwenkzapfen *m* [tec]
truss Tragkonstruktion *f* (Rolltreppen-Gerüst) [mbt]; Fachwerk *n* (in der Technik) [tec]; Gebinde *n*; Gerüst *n* [tra]; Traggerüst *n* (z.B. der Rolltreppe) [mbt]; Tragwerk *n* (Tragkonstruktion) [tec]
truss halten *v* (fesseln); stützen *v* (aufrecht halten) [tec]
truss extension Gerüstverlängerung *f* [tec]
truss head Flachrundkopf *m* [tec]
truss head rivet Flachrundniete *f* [tec]
truss joint Knotenpunkt *m* [bau]
truss soffit Untersicht *f* [tec]
truss-stay Gerüststrebe *f* [tec]
truss-strut Gerüststrebe *f* [tec]
truss-support Gerüststrebe *f* [tec]
trust Konzern *m* [eco]
try erproben *v* [any]; probieren *v* [any]; untersuchen *v* [any]; versuchen *v* [any]
tub Lore *f* [mbt]; Wanne *f* (Kübel, Tonne); Becher *m* (aus Pappe); Behälter *m* (Wanne); Bottich *m* (Becher, Wanne); Kübel *m* (Pflanzen-); Zuber *m* (Bottich, Wanne); Gefäß *n* (Becher)
tub tender Wannentender *m* (der Dampflok) [tra]
tubbings gusseiserne Tübbinge *pl* [met]
tube Lampe *f* (Kathodenstrahl-) [elt]; Röhre *f*; Tube *f* (z.B. Zahnpasta); U-Bahn *f* [tra]; Untergrundbahn *f* [tra]; Rohr *n*
tube adapter Rohrstutzen *m* (Übergangsverschraubung) [tec]
tube advance Rohrtransport *m* (Rohrvorschub) [tra]
tube bank Rohrbündel *n* [prc]; Rohrpaket *n* (im Kessel) [pow]
tube bank for cooler Kühlerschlangen *pl* [tra]
tube bulge Rohraufweitung *f* (Rohrausbeulung) [wer]; Rohrausbeulung *f* (Rohraufweitung) [wer]
tube bundle Rohrbündel *n* [prc]

tube bundle evaporator Rohrbündelverdampfer *m* [pow]
tube bundle heat exchanger Rohrbündelwärmeaustauscher *m* [pow]
tube clamp Schlauchklemme *f* [tec]
tube closing Rohrverschluss *f* [tec]
tube coil Rohrschlange *f* [prc]; Schlangenrohre *pl* [tec]
tube connection Rohrverbindung *f* [tec]; Rohranschluss *m* [tec]
tube conveyor Rollgurtförderer *m* [mbt]
tube coupling Rohrkupplung *f* [prc]; Rohrmuffe *f* [prc]
tube crack Rohrreißer *m* [prc]
tube electronic amplifier Röhrenverstärker *m* [elt]
tube end cap Rohrverschluss *m* [tec]
tube erosion Rohrerosion *f* [met]
tube evaporator Röhrenverdampfer *m* [pow]
tube expander Rohrwalzgerät *n* [wer]; Walzgerät *n* (Rohrwalzgerät) [tec]
tube failure Rohrschaden *m*
tube fastening Rohrbefestigung *f* [tec]
tube fault Rohrschaden *m*
tube feeding Rohraufgabe *f* [prc]
tube fins pitch Rippenrohrteilung *f* [met]
tube fitting Verschraubung *f* [tec]
tube fittings Rohrarmaturen *pl* [prc]
tube flange Rohrflansch *m* [tec]
tube frame, central - Mittelrohrrahmen *m* [tra]
tube furnace Röhrenofen *m* [pow]; Rohofen *m* [pow]
tube guide Rohrführung *f* (Bauteil) [tec]
tube guiding bushing Führungsstern *m* [tra]
tube half section Rohrhälfte *f* [tec]
tube hanger Rohraufhängung *f* [tec]
tube hole Rohrloch *n*
tube hole groove Walzrille *f* [tec]
tube insertion Rohreinziehung *f* [tec]
tube joint Rohrverbindung *f* [tec]
tube lane Rohrgasse *f* (im Rohrbündel) [pow]
tube leakage Rohrleckage *f*
tube length Rohrlänge *f* [con]
tube mill Rohrmühle *f* (für Kohlen) [prc]; Trommelmühle *f* [prc]
tube mounting Rohrhalterung *f* [tec]
tube overheating Rohrüberhitzung *f* [met]
tube pattern Rohranordnung *f* (Verrohrungsschema) [prc]
tube pitch Rohrteilung *f* [con]
tube plate Rohrplatte *f* [tec]; Rohrboden *m*
tube plug Rohrverschluss *f* [tec]
tube probe holder Rohrprüfhalterung *f* [any]
tube reactor Röhrenofen *m* [pow]; Rohrreaktor *m* [prc]
tube renewal Rohrauswechslung *f*
tube saw Rohrsäge *f* [wzg]
tube section Rohrstück *n* [tec]
tube sheet Rohrboden *m*
tube spacing Rohrteilung *f* [con]
tube stop Rohranschlag *m* [tec]

tube stub Rohrstutzen *m* [tec]
tube support Rohrhalter *m* [tec]
tube support plate Rohrboden *m*
tube switch Rohrweiche *f* [prc]
tube test Reagenzglasversuch *m* [che]
tube test installation Rohrprüfanlage *f* [any]
tube testing probe Rohrprüfkopf *m* [any]
tube tie bar connection Rohrhalteflosse *f* (in Feuerraumwand) [pow]
tube travel Rohrvorschub *m* [tec]
tube valve fitting, inner - Schlauchventilbrücke *f* [tra]
tube valve insert, inner - Schlauchventileinsatz *m* [tra]
tube wall Rohrwand *f* [pow]; Rohrwandung *f* [tec]
tube wall temperature Rohrwandtemperatur *f* [pow]
tube wear Rohrabzehrung *f* [tec]
tube welding Rohrschweißen *n* [met]
tube winding machine Rohrwickelmaschine *f* [wer]
tube, bare - Glattrohr *m* (Wärmeaustauscher) [pow]
tube-to-tube construction geschlossene Rohrwand *f* [pow]; Rohrwand *f* (geschlossen) [pow]
tube-type brake Schlauchbremse *f* [mbt]
tubeless schlauchlos (Autoreifen) [tra]
tuber Knolle *f* (einer Pflanze) [bff]
tubing Hülse *f* [tec]; Leitung *f* (Röhrenleitung) [tec]; Rohrleitung *f* [prc]; Verrohrung *f* [prc]; Leitungssystem *n* (Rohr-) [prc]; Röhrenmaterial *n* [met]; Rohr *n* [met]
tubing clip Schlauchklemme *f* [tec]
tubing curvature Rohrkrümmung *f* [tec]
tubular röhrenförmig; rohrförmig
tubular air heater Röhrenluftvorwärmer *m* [pow]
tubular boiler Feuerrohrkessel *m* [pow]
tubular bowl centrifuge Röhrenzentrifuge *f* [prc]
tubular capacitor Rohrkondensator *m* [elt]
tubular conductor Hohlleiter *m* [elt]
tubular construction Röhrenbauweise *f* [tec]; Röhrenkonstruktion *f* [tec]
tubular conveyor Rohrkettenförderer *m* [prc]
tubular cooler Röhrenkühler *m* [pow]
tubular cross member Rohrquerträger *m* [tec]
tubular discharge lamp Leuchtstoffröhrenlampe *f* [elt]
tubular feed-through Rohrdurchführung *f*
tubular frame Hohlprofilrahmen *m* [tec]; Rohrrahmen *m* [tec]
tubular guiding sleeve Hohlwelle *f* [tec]
tubular heat exchanger Röhrenwärmeaustauscher *m* [pow]
tubular insulation Rohrisolation *f* [pow]; Rohrisolierung *f* [pow]
tubular joint Rohrklemme *f* [elt]
tubular mast Rohrmast *m* (Betonpumpe) [bau]
tubular member Rohrträger *m* [tec]
tubular pressure filter Rohrdruckfilter *m*
tubular radiator Röhrenkühler *m* [pow]
tubular reactor Rohrreaktor *m* [prc]
tubular rivet Hohlniet *m* [tec]; Rohrniet *m* [tec]
tubular rod Rohrstange *f* [tec]

tubular shaft Gelenkrohrwelle *f* [tec]; Rohrwelle *f* [tec]
tubular socket wrench Rohrsteckschlüssel *m* [wzg]
tubular steel Stahlrohr *n* [met]
tubular structure Rohrkonstruktion *f* [tec]
tubular support Rohrfuß *m* [tec]
tuck ausfugen *v* [wer]; klemmen *v* (befestigen)
tug Schlepper *m* (Schlepp- und Bugsierschiff) [tra]; Schlepp- und Bugsierschiff *n* [tra]
tugboat Schleppdampfer *m* [tra]; Schlepper *m* (Schleppboot) [tra]
tugged barges, train of - Schleppzug *m* (auf Wasserstraßen) [tra]
tumble einfallen *v* (Damm); einstürzen *v* (Wand); stürzen *v*; taumeln *v*
tumbledown baufällig (reparaturbedürftig)
tumbler Becher *m* (aus Glas, Porzellan); Turas *m* (mit Zahntaschen) [mbt]; Leitrad *n* (des Raupenlaufwerkes) [mbt]
tumbler centrifuge Taumelzentrifuge *f* [prc]
tumbler drier Taumeltrockner *m* [prc]
tumbler lever Kipphebel *m* [tec]
tumbler mixer Freifallmischer *m* [prc]
tumbler switch Kipphebelschalter *m* [tec]; Kippschalter *m* [elt]
tumbling Trommeln *n* [prc]
tumbling drier Taumeltrockner *m* [prc]
tumbling mill Trommelmühle *f* [prc]; Walzmühle *f* [roh]
tumbling mixer Mischtrommel *f* [prc]; Trommelmischer *m* [prc]
tun dish Gießwanne *f* [met]
tundish Abflusstrichter *m* [was]
tune abstimmen *n* (Auto, Frequenz)
tune abgleichen *v* (einstellen) [any]; einstellen *v*
tune down abschwächen *v* [aku]
tune up einfahren *v* (z.B. Probelauf); einstellen *v* (Höchstleistung Motor) [tra]
tungsten Tungsten *n* (Wolfram) [che]; Wolfram *n* (chem. El.: W) [che]
tungsten electrode Wolframelektrode *f* [elt]
tungsten filament Wolframfaden *m* [met]
tungsten lamp Wolframlampe *f* [elt]
tungsten steel Wolframstahl *m* [met]
tungsten wire Wolframfaden *m* [met]
tungsten-arc lamp Wolframbogenlampe *f* [elt]
tungsten-halogen lamp Wolframlampe *f* [elt]
tuning Abstimmung *f* (des Radios) [elt]; Abgleich *m* (Gerät abgleichen) [elt]
tunnel Gang *m* (Tunnel) [bau]; Kanal *m* (Kabelkanal) [elt]; Stollen *m* [roh]; Tunnel *m* [tra]
tunnel advance Tunnelvortrieb *m* (z.B. Hannover-Würzburg) [bau]
tunnel conveyor Abziehband *n* [prc]
tunnel drier Kanaltrockner *m* [prc]; Schachttrockner *m* [prc]; Tunneltrockner *m* [prc]
tunnel driving machine Tunnelvortriebsmaschine *f* [bau]
tunnel equipment Tunnelausrüstung *f* (Ausrüstung am Bagger) [mbt]

tunnel kiln Tunnelofen *m* [prc]
tunnel mouth Tunnelmündung *f* [bau]; Tunnelmund *m* (Pflaster, Beton, Ziegel) [bau]
tunnel reactor Tunnelreaktor *m* [prc]
tunnel through untertunneln *v* [bau]
tunnel under untertunneln *v* [bau]
tunnel work Tunnelvortrieb *m* [bau]
tunnel-cleaning vehicle Tunnelreinigungsfahrzeug *n* [rec]
tunnel. dig a durchgraben *v* (z.B. Tunnel) [wer]
tunnelling Untertunnelung *f* [bau]; Tunnelbau *m* [bau]; Tunnelvortrieb *m* [bau]; Stollenbauten *pl* [roh]
tup Hammer *m* (Ramme) [wzg]
turbid dickflüssig (trübe, dick); schlammig [was]; trüb (schmutzig)
turbid Trübe *f* (Flüssigkeit) [met]
turbid water Trübwasser *n* [was]
turbid water draining Trübwasserabzug *m* [was]
turbidimeter Trübungsmesser *m* [any]; Turbidimeter *n* [any]
turbidimetry Trübungsmessung *f* [any]; Turbidimetrie *f* [any]
turbidity Trübe *f* (Flüssigkeit) [met]; Trübung *f* (Flüssigkeiten) [was]
turbidity factor Trübungsfaktor *m* [was]
turbidity meter Trübungsmesser *m* [any]
turbine Turbine *f* [pow]; Kreiselrad *n* [prc]
turbine agitator Turbinenrührer *m* [prc]
turbine bearing Turbinenlager *n* [pow]
turbine bearing pedestal Turbinenlagerbock *m* [pow]
turbine blade Turbinenschaufel *f* [pow]
turbine blade salt deposits Versalzung an Turbinen *f* [met]
turbine blading Turbinenbeschaufelung *f* [pow]
turbine bypass blow-off valve Abblaseabsperrventil *n* [pow]
turbine capacity Turbinenleistung *f* [pow]
turbine casing Turbinengehäuse *n* [pow]
turbine coast-down Auslaufen der Turbine *n* [pow]
turbine condensate Turbinenkondensat *n* [pow]
turbine control Turbinenregelung *f* [pow]
turbine coupling Turbinenkupplung *f* [pow]
turbine cylinder Turbinengehäuse *n* [pow]
turbine deck design Deckenkonstruktion *f* (für Turbine) [con]
turbine disc Turbinenscheibe *f* [pow]
turbine drain Turbinenentwässerung *f* [pow]
turbine efficiency Turbinenwirkungsgrad *m* [pow]
turbine exhaust Turbinenausgang *m* [pow]
turbine extraction Turbinenanzapfung *f* [pow]
turbine extraction steam Turbinenanzapfdampf *m* [pow]
turbine flowmeter Turbinendurchflussmesser *m* [any]
turbine for railway service Bahnturbine *f* [tra]
turbine gearing Turbinengetriebe *n* [pow]
turbine governing Turbinenregelung *f* [pow]
turbine guide blade Turbinenleitschaufel *f* [pow]
turbine guide wheel Turbinenleitrad *n* [pow]
turbine housing Turbinengehäuse *n* [pow]

turbine impeller mixer Turbinenmischer *m* [prc]
turbine in-service maintenance Turbinenrevision *f* [pow]
turbine inlet Turbineneintritt *m* [pow]
turbine limiting output Turbinengrenzleistung *f* [pow]
turbine mixer Turbinenrührer *m* [prc]; Turbomischer *m* [prc]
turbine oil Turbinenöl *n* [met]
turbine output Turbinenleistung *f* [pow]
turbine plant Turbinenanlage *f* [pow]
turbine pressure stage Turbinendruckstufe *f* [pow]
turbine propulsion Turbinenantrieb *m* [pow]
turbine pump Turbinenpumpe *f* [prc]
turbine regulation valve Kraftventil *m* (Regelung) [pow]
turbine room Turbinenhalle *f* [bau]; Maschinenhaus *n* [bau]
turbine rotor Turbinenläufer *m* [pow]; Turbinenrotor *m* [pow]
turbine servo motor Servomaschine *f* [pow]
turbine shaft Turbinenwelle *f* [pow]
turbine speed Turbinendrehzahl *f* [pow]
turbine stage Turbinenstufe *f* [pow]
turbine support Turbinenstütze *f* [pow]
turbine trip Turbinenschnellschluss *m* [pow]
turbine turning gear Turbinendreheinrichtung *f* [pow]
turbine wheel Laufrad *n* (der Turbine) [pow]; Turbinenlaufrad *n* [pow]; Turbinenrad *n* [pow]
turbine-driven turbinengetrieben [pow]
turbine-generator unit Turbosatz *m* [pow]
turbo charger Abgasturbolader *m* [pow]
turbo drain line Turboladerrücklauf *m* [pow]
turbo expander Expansionsturbine *f* [pow]
turbo machine Strömungsmaschine *f* [prc]
turbo supply hose Turboladerzulauf *m* [pow]
turbo-coupling Turbokupplung *f* [tec]
turbo-engine Turbomaschine *f* [pow]
turbo-furnace Wirbelkammerfeuerung *f* [pow]
turboblower Kreiselgebläse *n* [pow]; Turbogebläse *n* [air]
turbocharger Turbolader *m* [tra]
turbocompressor Kreiselverdichter *m* [prc]; Turboverdichter *m* [pow]
turbodrill Turbinenbohrer *m* [wzg]
turbogenerator Turbogenerator *m* [pow]
turbogenerator set Turbogeneratorsatz *m* [pow]
turbometer Turbinendurchflussmesser *m* [any]
turbomixer Turbomischer *m* [prc]
turbomolecular pump Turbomolekularpumpe *f* [prc]
turbomotor Turbomaschine *f* [pow]
turbulence Turbulenz *f*; Unruhe *f*
turbulence chamber Wirbelkammer *f* [prc]
turbulence, region of - Strömungsschatten *m* [prc]
turbulent stürmisch; turbulent
turbulent burner Wirbelbrenner *m* [pow]
turbulent flow turbulente Strömung *f* [prc]; Wirbelströmung *f* [prc]
turn Drehung *f* (um Achse) [phy]; Schicht *f* (Arbeit); Umdrehung *f*; Wendung *f*; Windung *f* (Spule) [elt]; Gang *m* (Schraube; Umdrehung) [tec]; einbiegen *n*; Wenden *n* (des Wagens) [tra]
turn andrehen *v* [wer]; anlaufen *v* (sich färben); drechseln *v* [wzg]; drehen *v* (z.B. mit Drehbank); einschlagen *v* (Lenkung) [tra]; schalten *v* (Schalter betätigen) [elt]; wenden *v*
turn a crank kurbeln *v*
turn after passage and work Kreisverkehr *m* (Hin- und Herfahrt) [mbt]
turn around umkehren *v* (umdrehen); wenden *v* (Schiff, Auto) [tra]
turn back zurückdrehen *v*
turn bridge Drehbrücke *f* [tra]
turn down ablehnen *v* (eine Forderung) [jur]; klappen *v* (n.unten); umlegen *v* (umklappen); zurückdrehen *v*
turn hollow ausdrehen *v* (hohl drehen) [wer]
turn of the century, by the - um die Jahrhundertwende
turn off abbiegen *v* (im Verkehr); abdrehen *v* (abschalten); abschalten *v* (ausdrehen); absperren *v* (z.B. Wasser); ausdrehen *v* [wer]; ausstellen *v* (Gerät); löschen *v* ((Licht) abschalten); zudrehen *v* (Hahn)
turn on anschalten *v*; aufdrehen *v* (öffnen) [wer]; einschalten *v* (Gerät); öffnen *v*
turn out abstellen *v*
turn over übergeben *v*; umdrehen *v*; umkippen *v*; wälzen *v*
turn round umschlagen *v* (umladen) [tra]
turn signal Winker *m* (Richtungsanzeiger) [tra]
turn switch Drehschalter *m* [elt]
turn, inside of the - Kurveninnenseite *f* [tra]
turn-key schlüsselfertig
turn-key basis, on a - schlüsselfertig
turn-key job schlüsselfertige Anlage *f*; schlüsselfertiges Projekt *n* [bau]
turn-key systems schlüsselfertige Systeme *pl* [prc]
turn-key-order schlüsselfertiger Auftrag *m* [eco]
turn-off Abzweig *m* [tra]
turn-off delay Ausschaltverzögerung *f* (bei einem Signal)
turn-on delay Einschaltverzögerung *f* [elt]
turn-out Haltebucht *f* ((A)) [tra]
turn-right lane Rechtsabbiegerspur *f* [tra]
turn-screw Schraubenzieher *m* (jetzt: Schraubendreher) [wzg]
turn-signal control lamp Blinkerkontrollleuchte *f* [tra]; Winkerkontrollleuchte *f* [tra]
turn-table Drehkranz *m* (am Grader) [mbt]
turn-tilt fitting systems for doors Drehkippbeschlagsystem für Türen *n* [bau]
turn-tilt fitting systems for windows Drehkippbeschlagsystem für Fenster *n* [bau]
turnable drehbar (um Achse beweglich)
turnbuckle Spannschraube *f* [tec]; Spannvorrichtung *f* (Drehhebel) [tec]; Kettenspanner *m* [tec]; Spanner *m* [tec]; Vorreiber *m* (Fenster-, Türverschluss) [bau]; Spannschloss *n* [tec]
turnbuckle screw Anziehschraube *f* [tec]
turnbuckle sleeve Spannschlossmutter *f* [tec]

turndown, economic - Konjunkturabschwächung *f* [eco]
turned gedreht
turned around, figures - Zahlendreher *m* (117 - 171)
turned bolt gedrehte Schraube *f* [tec]
turned off abgestellt (z.B. Maschine); ausgeschaltet
turned part Drehteil *n*
turning mitdrehend
turning Verdrehung *f*; Span *m* (Drehspan) [wer]; Drehen *n* (Formgebung)
turning area Wendehammer *m* (in Sackgasse) [tra]; Wendeplatz *m* [tra]
turning back Umkehr *f*
turning bench Drechselbank *f* [wzg]
turning blade Laufschaufel *f* (Turbine) [pow]
turning circle Drehkreis *m* [mbt]; Wendekreis *m* (Wenderadius des Autos) [tra]
turning device Wendevorrichtung *f* [wer]; Umsetzgerät *n*
turning diameter Drehdurchmesser *m* (z.B. der Kolbenstange) [tra]
turning fixture Wendebock *m* [wer]
turning gear Dreheinrichtung *f*; Drehvorrichtung *f* (Durchdrehvorrichtung); Drehgetriebe *n* [tra]
turning handle Drehgriff *m* [tec]
turning jig Drehvorrichtung *f* [tec]
turning knob Drehknopf *m*
turning knuckle Drehgelenk *n* [tec]
turning ladder mitdrehende Leiter *m* [mbt]
turning lathe Drehbank *f* [wzg]; Drehmaschine *f* [wzg]; Spitzendrehmaschine *f* [wer]
turning moment Drehmoment *n* [phy]
turning motion Drehbewegung *f* [phy]
turning platform Drehscheibe *f*
turning point Drehpunkt *m* [phy]; Wendepunkt *m*
turning radius Wendekreis *m* (Wenderadius des Autos) [tra]; Wenderadius *m*
turning tool Drehmeißel *m* [wzg]; Drehstahl *m* [wzg]
turning wing Drehflügel *m* [pow]
turning-off lane Abbiegespur *f* [tra]
turnings Abfall *m* (Abfall aus Bearbeitung) [rec]; Einschlag *m* (Lenkrad) [tra]; Drehspäne *pl* [rec]; Feilspäne *pl* [rec]; Metallspäne *pl* [rec]; Späne *pl* [rec]
turnout Übergabeweiche *f* [tra]; Weiche *f* (Übergabeweiche) [tra]; Rastplatz *m* [tra]
turnover Umsatz *m* (bei Versicherungen) [jur]; Umsatz *m* (Wirtschaft) [eco]
turnover exposure Umsatzerlös *m* (der versicherten Firma) [jur]
turnover tax Umsatzsteuer *f* [jur]
turnover-profit ratio Umsatzrendite *f* [eco]
turnpike Schlagbaum *m* (an Grenze, Fabriktor)
turns, number of - Windungszahl *f* [elt]
turnsole Lackmus *m* [che]
turnstile Drehkreuz *n*
turntable Drehscheibe *f*; Drehscheibe *f* (vor Lokschuppen) [tra]; Drehtisch *m*; Drehturm *m* [bau]; Kugellenkkranz *m* [tec]; Lenkkranz *m* [tec]

turntable feed Drehtischzuführung *f* [prc]
turntable ladder Feuerleiter *f* (Feuerwehr)
turpentine Terpentin *n* [che]
turpentine paint Wachsfarbe *f* [met]
turpentine resin Terpentinharz *n* [che]
turpentine substitute Terpentinersatz *m* [che]
turpentine varnish Terpentinfarbe *f* [che]; Terpentinlack *m* [che]
turquoise türkis
turquoise blue türkisblau (RAL 5018) [nor]
turquoise green türkisgrün (RAL 6016) [nor]
turret Drehverbindung *f* [tec]; Drehturm *m* [mbt]; Revolver *m* [tec]
turret lathe Revolverdrehmaschine *f* [wer]
tuyere Blasform *f* [met]; Luftdüse *f* [roh]
tuyere hole Düse *f* (im Schachtofen) [roh]
tweezers Pinzette *f*
twelve-sided Zwölfkant *m*
twelve-sided bolt Zwölfkantschraube *f* [tec]
twelve-sided spanner Zwölfkantschraubenschlüssel *m* [wzg]
twice doppelt
twin doppelt
twin Zwilling *m*
twin air supply Zweitluftzufuhr *f* [air]
twin axle doppelachsig [tra]
twin axle Doppelachse *f* [tra]
twin bore Doppelbohrung *f* [tec]
twin cable Zweileiterkabel *n* [elt]
twin clamp Doppelklemme *f* (Befestigung) [tec]
twin conductor Zwillingsleitung *f* [elt]; Doppelleiter *m* [elt]
twin cylinder turbine Zweigehäuseturbine *f* [pow]
twin deck crane Doppelbordkran *m* [mbt]
twin drive Doppelantrieb *m* [tec]; Doppellaufwerk *n* [edv]
twin drive unit Doppelantrieb *m* [tra]; Doppelgetriebe *n* [tra]
twin elbow Doppelbogen *m* (Rohrleitung) [prc]
twin engine Zwillingsdampfmaschine *f* [pow]; Zweizylindermotor *m* [tra]
twin filter Doppelfilter *m* [tra]
twin gear rack Doppelzahnstange *f* [tec]
twin nut Zwillingsmutter *f* [tec]
twin piston Doppelkolben *m* [tec]
twin plug Doppelstecker *m* [elt]
twin plunger injection system Doppelkolbeneinspritzpumpe *f* [prc]
twin pressure sequence valve Zweidruckventil *n* [prc]
twin pump Zwillingspumpe *f* [prc]
twin roll Walzwerk *n* [roh]
twin roller mill Zweiwalzenmühle *f* [prc]
twin room Doppelzimmer *n* [bau]
twin screw Doppelschnecke *f*
twin screw type extruder Doppelschneckenextruder *m* [prc]
twin sliding window Doppelschiebefenster *n* [bau]
twin socket Doppelsteckdose *f* [elt]
twin system Doppelanlage *f* [roh]

twin T-circuit Doppel-T-Schaltung f [elt]
twin tower Zwillingsturm m (einer Kirche) [bau]
twin town Partnerstadt f
twin track zweibahnig [tra]
twin wheel Zwillingsrad n [tra]
twin worm Doppelschnecke f
twin-bin system Zweibehältersystem n [rec]
twin-boiler Doppelkessel m [pow]
twin-engined zweimotorig [tra]
twin-filament bulb Biluxlampe f [elt]
twin-filament lamp Zweifadenlampe f [elt]
twin-furnace boiler Kessel mit Doppelbrennkammer m [pow]
twin-rotor mixer Zweiwellenrührer m [prc]
twin-section design zweiteilige Anlage f
twin-sector clutch hub Zweiarmnabe f [tec]
twin-shaft arrangement Zweiwellenanordnung f [pow]
twin-shaft turbine unit Zweiwellenanlage f (Turbinenanlage) [pow]
twin-shell mixer Hosenmischer m [prc]
twin-sided adhesive tape Doppelklebeband n [met]
twin-stage transmission Zweistufenschaltung f [tra]
twin-tube section Zwillingsrohr n [tra]
twin-type travelling grate Doppelwanderrost m (Feuerung) [pow]
twin-worm mixer Doppelschneckenmischer m [prc]
twinkle blinken v (Sterne funkeln)
twist Drehung f (Biegung, Windung); Torsion f [phy]; Verdrehung f; Verwindung f (des Wagenrahmens) [tra]
twist drehen v (verdrehen); verdrehen v (Form verlieren); verdrillen v (Kabel) [elt]; verwinden v [tec]; wickeln v
twist bit Spiralbohrer m [wzg]
twist counter Drehungszähler m [any]
twist direction Drehungsrichtung f [tec]
twist drill Spiralbohrer m [wzg]
twist gear Drehungsgetriebe n [tec]
twist grip Drehgriff m [tec]
twist handle Drehgriff m
twist off abdrehen v (abtrennen)
twist preventing device Drallfänger m [tec]
twist-free drallfrei (Seil usw.); verwindungsfrei
twist-lock Bajonettverschluss m [tec]
twistable drehbar (verdrehbar)
twisted bifilar; gedreht; gekrümmt (verdreht); gewunden [wer]; schraubenförmig; verdrillt (Kabel) [elt]; verwunden
twisted conductor Drillleiter m [elt]
twisting Verformung f (z.B. einer Stahlplatte) [wer]; Drehen n (Verdrehen)
twisting closure Schraubverschluss m
twisting force Drehkraft f [phy]; Torsionskraft f [phy]; Drehmoment n (unerwünschte Torsion) [phy]
twisting moment Drehmoment n [phy]; Drillmoment n [phy]
two-armed flange Zweiarmflansch m [prc]
two-axle zweiachsig (2-achsiger Tieflader) [mbt]
two-casing construction Doppelgehäusebauart f [pow]

two-chamber brake cylinder Zweikammerbremszylinder m [tra]
two-channel recorder Zweikanalschreiber m [any]
two-coat zweilagig
two-coloured zweifarbig
two-column zweispaltig (Zeitungsartikel)
two-compartment mill Zweikammermühle f [prc]
two-conductor Zweileiter m [elt]
two-core zweiadrig [elt]
two-cycle Zweitakt m (Arbeitsgang) [wer]
two-cycle engine Zweitaktmaschine f [pow]; Zweitaktmotor m [tra]
two-cylinder engine Zweizylindermotor m [tra]
two-electrode tube Diode f [elt]
two-engined plane zweistrahliges Flugzeug n [tra]
two-family house Zweifamilienhaus n [bau]
two-girder crane Zweiträgerkran m [mbt]
two-handed beidarmig
two-hole nut Zweilochmutter f [tec]
two-lane zweispurig
two-lane road zweispurige Straße f [tra]
two-laned roadway zweispurige Fahrbahn f [tra]
two-layer zweilagig; zweilagig; zweischichtig [met]
two-layer winding zweilagige Bewicklung f; Zweischichtwicklung f [pow]
two-leaf doppelschalig
two-lever control Zweihebelsteuerung f (beim Seilbagger) [mbt]
two-pack adhesive Zweikomponentenklebstoff m
two-pack cast resin Zweikomponentengießharz n [met]
two-part zweilagig; zweiteilig
two-pass boiler Zweizugkessel m [pow]
two-path ball-bearing slewing-ring zweireihige Kugeldrehverbindung f [tec]
two-phase zweiphasig
two-phase current Zweiphasenstrom m [elt]
two-piece zweiteilig
two-piece drive shaft zweiteilige Antriebswelle f [tec]
two-piece propeller shaft zweiteilige Kardanwelle f [tec]
two-pin zweipolig
two-pin grounded plug Schukostecker m [elt]
two-pin plug Doppelstecker m [elt]
two-pipe brake system Zweileitungsbremse f (Zweileitungsbremssystem) [mbt]
two-plane balancing dynamisches Auswuchten n [tec]
two-pole Zweipol m [elt]
two-port Zweitor n [elt]
two-port element Zweitorelement n [elt]
two-port parameter Zweitorparameter m [elt]
two-position control Zweipunktregelung f
two-position controller Zweipunktregler m ((A))
two-roller mill Zweiwalzenmühle f [prc]
two-room flat Zweizimmerwohnung f [bau]
two-row ball-bearing slewing-ring doppelreihige Kugeldrehverbindung f [tec]
two-row cylindrical roller bearing zweireihiges Zylinderrollenlager n [tec]

two-row tapered roller bearing zweireihiges Kegelrollenlager *n* [tec]
two-rowed doppelreihig (doppelseitig)
two-seater Zweisitzer *m* [tra]
two-shaft arrangement Zweiwelleneinheit *f* (Turbine) [pow]
two-shaft installation Zweiwellenanlage *f* (Turbinenanlage) [pow]
two-shell roof Zweischalendach *n* [bau]
two-shift operation Zweischichtbetrieb *m* [eco]
two-sided zweiseitig
two-stage zweistufig
two-stage process Zweistufenprozess *m*
two-stamp press Zweistempelpresse *f* [tec]
two-start doppelgängig (Gewinde) [tec]; zweigängig (Gewinde) [tec]
two-start screw Schraube mit zweigängigem Gewinde *f* [tec]
two-start thread doppelgängiges Gewinde *n* [tec]; zweigängiges Gewinde *n* [tec]
two-step control Zweipunktregelung *f* ((B))
two-storey doppelstöckig (Haus) [bau]
two-stringer Zweiholm *m* [tec]
two-stroke Zweitakt *m* (Auto) [tra]
two-stroke engine Zweitakter *m* [pow]; Zweitaktmotor *m* (Auto) [tra]
two-thread screw doppelgängige Schraube *f* [tec]; doppelgängige Schraube *f* [tec]
two-tone zweifarbig
two-track zweigleisig [tra]
two-valued zweiwertig
two-way autowalk Zweiwegerollsteig *m* [mbt]
two-way cock Zweiwegehahn *m* [prc]
two-way contact Wechsler *m* [elt]
two-way distributor Zweiwegegabelstück *n* (Hosenrohr) [prc]
two-way intercommunication system Wechselsprecheinrichtung *f* [elt]
two-way key Doppelbartschlüssel *m* [wzg]
two-way thread Zweiganggewinde *n* [tec]
two-way valve Wechselventil *n* [prc]; Zweiwegeventil *n* [prc]
two-wire circuit Doppelleitung *f* [elt]
twofold doppelt; zweifach (doppelt)
twofold window Doppelfenster *n* [bau]
tying Flechten *n* [wer]
type Art *f* (Gattung); Ausführung *f* (Modell); Bauart *f*; Baureihe *f* [con]; Drucktype *f*; Form *f* (Bauform) [con]; Klasse *f* (Einsatzklasse); Qualität *f* (Art); Sorte *f*; Type *f* (Buchstabe); Typ *m*
type schreiben *v* [edv]; tippen *v* (auf Tastatur)
type approval Betriebserlaubnis *f*
type approval number Baumusterprüfnummer *f* [con]
type checking Typprüfung *f* (z.B. einer Variablen) [edv]
type error Eingabefehler *m* (manuell) [edv]
type list of construction documents Bauunterlagenverzeichnis *n* [bau]
type metal Schriftmetall *n* [met]

type out ausgeben *v* (Drucker) [edv]
type plate Typenschild *n*
type size Schriftgrad *m* (Schriftgröße)
type statement Typanweisung *f* (Definitionsanweisung) [edv]
type test Typenprüfung *f*
type-face Schriftart *f*
type-over mode Überschreibmodus *m* (Textverarbeitung) [edv]
types of use Benutzungsarten *pl*
types of use not requiring a licence zulassungsfreie Benutzungsarten *pl*
typesetting Setzen *n* (Buch)
typewriter Schreibmaschine *f*
typewriter, automatic - Schreibautomat *m* [edv]
typewritten maschinengeschrieben
typhoon Taifun *m* [wet]
typhoon horn Nebelhorn *n* (Schiffssignal) [tra]
typical typisch (symptomatisch, erwartet)
typical risk typisches Risiko *n*
typing department Schreibdienst *m*
typing error Eingabefehler *m* (manuell) [edv]
typing office Schreibbüro *n*
typing pool Schreibzentrale *f* (Schreibbüro)
typographical drucktechnisch
typography Drucktechnik *f*
tyre Radreifen *m* (z.B. auf Rad des Waggons) [tra]; Reifen *m* ((B)) [tra]
tyre abrasion Reifenabrieb *m* [tra]
tyre attrition Reifenabrieb *m* [tra]
tyre base Spurweite *f* (Radstand des Autos) [tra]; Radstand *m* [con]
tyre bead Reifenwulst *m* [tra]
tyre buffing machine Raumaschine *f* [bau]
tyre casing Lauffläche *f* (Reifen) [tra]; Reifendecke *f* [tra]
tyre chain Reifenschutzkette *f* (z.B. an Radladern) [tra]
tyre change Reifenwechsel *m* [tra]
tyre cleaning facility Reifenreinigungsanlage *f* [rec]
tyre crane Mobilkran *m* (auf Rädern) [mbt]
tyre defect Reifenschaden *m* [tra]
tyre exchange Reifenaustausch *m* (Räderaustausch) [tra]
tyre gauge Reifendruckmesser *m* [tra]
tyre handler Transport- und Montagegerät für Reifen *n* [tra]
tyre pressure Reifendruck *m* [tra]
tyre pressure drop indicator Reifenhüter *m* [tra]
tyre pump Reifenluftpumpe *f* [tra]
tyre scuffing Wühlen *n* (der Reifen) [tra]
tyre shredder Reifenshredder *m* [rec]
tyre tracks Fahrspuren *f* (von Fahrzeugen) [tra]
tyre-inflating cock Reifenfüllhahn *m* [tra]
tyre-inflating cylinder Reifenfüllflasche *f* [tra]
tyre-inflation system Reifenfüllanlage *f* [tra]
tyre-testing probe Reifenprüfkopf *m* [tra]
tyre-washing equipment Reifenreinigungsanlage *f* [rec]
tyre-washing plant Reifenwaschanlage *f* [rec]
tyres Bereifung *f* ((B)) [tra]

U

U-bolt Bügelschraube *f* [tec]; Rohrbügel *m* (Aufhängung) [tec]; Rundbügel *m* (Aufhängung) [tec]
U-clamp Gabelspanneisen *n* [tec]
U-gauge Druckmesser *m* [any]
U-iron U-Eisen *n* [met]
U-joint Kreuzgelenk *n* (Kardangelenk) [tec]
U-profile butt weld Tulpenschweißung *f* [wer]
U-ring Nutring *m* (Dichtung) [tec]; U-Ring *m* [tec]
U-seal U-Dichtung *f* [tec]
U-shaped packing U-Ringdichtung *f* [tec]
U-shaped retainer Sicherungsbügel *m* [tec]
U-shaped ring Nutring *m* (Dichtring) [tec]
U-shaped tube U-Rohr *n* [tec]
U-tube pressure gauge Differentialmanometer *f* [any]; Differenzialmanometer *f* ((variant)) [any]
U-weld U-Naht *f* [wer]
ultimate analysis Elementaranalyse *f* [any]
ultimate buyer Endabnehmer *m* [eco]
ultimate configuration Endausbaustufe *f*
ultimate consumer Endverbraucher *m*
ultimate limit switch Endausschalter *m* [elt]
ultimate loading Grenzbelastung *f* [met]
ultimate position Höchststand *m* (Endposition)
ultimate set Endaushärtung *f* (Kunststoff) [che]
ultimate stability Endstabilität *f*
ultimate state Grenzzustand *m*
ultimate strength Bruchdehnung *f* (des Metalls) [met]; Endfestigkeit *f* [met]; Grenzfestigkeit *f* [met]
ultimate stress Bruchbelastung *f* [phy]; Bruchfestigkeit *f* (des Metalls) [met]; Bruchspannung *f* [met]
ultimate stress limit Bruchgrenze *f* [met]
ultimate switch Endschalter *m*
ultimate tensile stress Zugfestigkeit *f* [met]
ultra violet light ultraviolettes Licht *n* [opt]
ultra-fine grained feinstkörnig
ultra-fine material Feinstkorn *n*
ultra-high-frequency Ultrahochfrequenz *f* [elt]
ultra-modern supermodern
ultra-short wave Mikrowelle *f* [elt]; Ultrakurzwelle *f* [edv]
ultracentrifuge Ultrazentrifuge *f*
ultrafilter Ultrafilter *m* [prc]
ultrafiltration Hyperfiltration *f* [prc]; Ultrafiltration *f* [was]
ultrahigh vacuum Höchstvakuum *n*
ultramarine blue ultramarinblau (RAL 5002) [nor]
ultrapure ultrarein
ultrared infrarot [opt]
ultrashort wave transmitter Ultrakurzwellensender *m* [edv]
ultrasonic Überschall *m* [aku]; Ultraschall *m* [aku]

ultrasonic apparatus Ultraschallapparat *m* [aku]; Ultraschallgerät *n* [aku]
ultrasonic atomizer Ultraschallzerstäuber *m* (Ölbrenner) [pow]
ultrasonic barrier Ultraschallschranke *f* [elt]
ultrasonic beam Ultraschallschranke *f* [elt]
ultrasonic equipment Ultraschallausrüstung *f* [aku]
ultrasonic flaw detector Impulsschallgerät *n* [any]; Ultraschallprüfgerät *n* [any]; Ultraschallprüfgerät *n* [any]
ultrasonic flaw tracing Ultraschallnachweis *m* (Fehlersuche) [any]
ultrasonic flowmeter Ultraschalldurchflussmesser *m* [any]
ultrasonic generator Dauerschall *m* (Generator) [aku]; Ultraschallerzeuger *m* [aku]; Ultraschallgenerator *m* [aku]
ultrasonic hot welding Ultraschallwarmschweißen *n* [wer]
ultrasonic inspection Ultraschallprüfung *f* [any]
ultrasonic instrument Ultraschallgerät *n* [aku]
ultrasonic resonance meter Ultraschallresonanzgerät *n* [any]
ultrasonic scanning Abtasten mit Ultraschall *n* [any]
ultrasonic test result Ultraschallbefund *m* [any]
ultrasonic tested ultraschall-geprüft [any]
ultrasonic testing Ultraschallprüfung *f* [any]; Ultraschalltest *m* [any]
ultrasonic thickness tester Ultraschalldickenprüfgerät *n* [any]
ultrasonic velocity Ultraschallgeschwindigkeit *f* [phy]
ultrasonic wave Ultraschallwelle *f* [phy]
ultrasonic wave frequency Ultraschallfrequenz *f* [phy]
ultrasonic welding Ultraschallschweißen *n* [wer]
ultrasound Ultraschall *m* [aku]
ultrasound examination Ultraschalluntersuchung *f* [hum]
ultrasound generator Ultraschallerzeuger *m* [aku]
ultraviolet ultraviolett [opt]
ultraviolet lamp Ultraviolettlampe *f* [opt]
ultraviolet light Ultraviolettlicht *n* [opt]
ultraviolet radiation ultraviolette Strahlung *f* [opt]; Ultraviolettstrahlung *f* [opt]
ultraviolet rays ultraviolette Strahlen *pl* [phy]
ultraviolet spectroscopy Ultraviolettspektroskopie *f* [any]
umber grey umbragrau (RAL 7022) [nor]
umbrella Regenschirm *m*; Schirm *m*
unable unfähig
unable to work erwerbsunfähig [eco]
unabridged ungekürzt (z.B. Buch)
unacceptable unannehmbar
unaccounted loss Restverlust *m* [pow]
unadulterated unverfälscht
unalloyed unlegiert [met]
unalterable unveränderbar; unveränderlich

unaltered unverändert
unambiguity Eindeutigkeit *f*
unambiguous eindeutig
unannealed ungeglüht [met]
unattainable unerreichbar
unattended time Ruhezeit *f*
unattenuated ungedämpft
unauthorized unbefugt; unberechtigt; unerlaubt; ungenehmigt
unauthorized operation ungenehmigter Betrieb *m* [jur]
unauthorized operation of an installation ungenehmigter Anlagenbetrieb *m*
unauthorized person Unbefugter *m*
unavoidable unvermeidlich
unavoidable wastes nicht vermeidbare Abfälle *pl* [rec]
unbalance Schräglage *f* (Unausgeglichenheit); Unwucht *f* (Reifen nicht gleichmäßig) [tra]; Wellenschlag *m* [tec]; Ungleichgewicht *n* [phy]
unbalanced nicht ausbalanciert
unbalanced load Schieflast *f*
unbalanced mass Unwucht *f*
unbalancing Gleichgewichtsstörung *f*
unbearable nicht tragbar (schlimmer Zustand); untragbar
unbind abbinden *v* (losbinden); ablösen *v* (entfernen); entfernen *v* (losmachen); lösen *v* (losmachen); losmachen *v*; trennen *v* (losmachen)
unblock entblocken *v*; freimachen *v*; Verstopfung beseitigen *v*
unblocking Deblockierung *f* [tra]
unboiled ungekocht
unbolt abschrauben *v* (lösen); losschrauben *v* (eine Schraube lösen)
unbound ungebunden
unbraked deceleration natürlicher Auslauf *m* (Motor) [tec]
unbranched unverzweigt
unbreakable bruchfest (robust, solide, stabil) [met]; bruchsicher; unzerbrechlich [met]
unbroken ungebrochen
unbureaucratic unbürokratisch
unburned gas unverbranntes Gas *n*
unburnt ungebrannt; unverbrannt
unburnt gas Frischgas *n*
unburnt gases, loss due to - Verlust durch unverbrannte Gase *m* [pow]
uncase herausnehmen *v*
uncertain unbestimmt (ungewiss); ungewiss; unsicher (unzuverlässig)
uncertainties Unwägbarkeiten *pl*
uncertainty Unsicherheit *f* (Unzuverlässigkeit)
uncertainty factor Unsicherheitsfaktor *m*
uncertainty of information Informationsunsicherheit *f*
unchangeable unveränderbar; unveränderlich
unchanged unverändert
unchanged pressure konstanter Druck *m* [phy]

uncharged ungeladen [elt]
unchecked unkontrolliert
unclamp entriegeln *v* (aufschließen)
unclassified ungeordnet
unclean unrein (unsauber)
uncleaned exhaust air ungereinigte Abluft *f* [air]
uncleanness Unreinheit *f*
unclear undeutlich; unübersichtlich
uncoated nackt (unbedeckt)
uncode entschlüsseln *v*
uncoil abspulen *v*
uncoiled abgewickelt (Bandeisen, Blech) [met]
uncoiled length gestreckte Länge *f* (von Biegeblech) [tec]
uncoiling Abwicklung *f* (Blech, auf Zeichnungen) [con]
uncomfortable unbehaglich; unbequem
uncommon ungebräuchlich
uncompleted unvollständig
unconditional bedingungslos; unbedingt
unconditional branch unbedingter Sprung *m* (Software) [edv]
unconditional jump unbedingter Sprung *m* (Software) [edv]
unconditional jump instruction unbedingter Sprungbefehl *m* (Software) [edv]
unconfined uneingeschränkt
unconfined vapour cloud explosion offene Dampfexplosion *f*
unconformity Verschiedenartigkeit *f*
unconsciousness Bewusstlosigkeit *f* [hum]; Ohnmacht *f* [hum]
unconsidered unberücksichtigt
unconsolidated deposit lockere Ablagerung *f* [geo]
unconsolidated rock Lockergestein *n* [geo]
uncontaminated unverseucht
uncontrollable nicht steuerbar [tra]
uncontrolled ungesteuert
uncontrolled extraction back-pressure turbine Anzapfgegendruckturbine *f* [pow]
uncontrolled extraction condensing turbine Anzapfkondensationsturbine *f* [pow]
uncontrolled extraction turbine Anzapfturbine *f* [pow]
uncouple abhängen *v* (abkuppeln) [elt]; abkuppeln *v*; auskuppeln *v*; ausschalten *v*
uncover abdecken *v* (entfernen); freilegen *v*
uncovered unbedeckt
undamaged intakt; unbeschädigt; unversehrt
undamped ungedämpft
undamped probe ungedämpfter Prüfkopf *m* [any]
undangerous ungefährlich
undated undatiert
undeclared unverzollt [jur]
undecomposed unzersetzt [che]
undefined undefiniert
under unter
under age minderjährig [jur]
under floor engine Unterflurmotor *m* [tra]

under frame structure Unterrahmenkonstruktion *f* [tra]
under roof überbaut (unter Dach) [bau]; überdacht (überbauter Fabrikteil) [bau]
under-side Unterseite *f*; Unterboden *m* [tra]
under-supply Unterversorgung *f* [pow]
under-supply unterversorgen *v* [pow]
under-table money Verkaufshilfe *f* (Geld unterm Tisch) [eco]
under-water digging Unterwasserbaggerung *f* (z.B. mit Bagger) [mbt]
under-water scraper Unterwasserkratzer *m* [mbt]
underbridge Bahnunterführung *f* [tra]
undercarriage Fahrwerk *f* (Flugzeug) [tra]; Unterbau *m* [tec]; Unterwagen *m* [mbt]; Fahrgestell *n* (bei der Eisenbahn) [tra]; Fahrwerk *n* (bei einem Flugzeug) [tra]; Untergestell *n* (Fahrgestell) [tra]
undercarriage, crane - Kranlaufwerk *n* [mbt]
undercoat Grundierung *f* [met]
undercoat vorstreichen *v*
undercool unterkühlen *v*
undercooling Unterkühlung *f*
undercut Einbrandkerbe *f* (Rand der Schweißnaht) [wer]; Hinterschneidung *f* [con]; Kerbe *f* (meist auszuschleifen) [tec]; Unterschreitung *f* (z.B. alten Rekord); Unterschnitt *m* (Zahnrad: künstlicher -) [tec]
undercut auskammern *v* (durch Bohrwerk) [wer]; aussparen *v* [wer]
undercut a price Preis unterbieten [eco]
undercut countersunk head abgesetzter Senkkopf *m* [tec]
undercut gate Segmentschieber *m* [tec]
undercut oval head abgesetzter Linsenkopf *m* [tec]
undercuts, grind - Kerben ausschleifen *v* [wer]
underdeveloped unterentwickelt
underdeveloped country Entwicklungsland *n*
underdosing Unterdosierung *f*
underdrain Unterverteilung *f* [was]
underdriven centrifuge Hubbodenzentrifuge *f* [prc]
underemployment Unterbeschäftigung *f* [eco]
underfeed stoker Unterschubrost *m* [pow]
underfeeding Unterernährung *f* [hum]
underfill nicht aufgefüllte Naht *f* [wer]
underfill unterfüllen *v* [mbt]
underfloor conveyor Kettenförderer *m* [prc]
underfloor heating Bodenheizung *f* [bau]; Fußbodenheizung *f* [bau]; Unterflurheizung *f* [pow]
underflow Grundwasser *n* [was]
underframe Unterrahmen *m* [tra]; Untergestell *n* (des Waggons) [tra]
undergo a witnessed test abnehmen *v* (durch Abnahme) [qua]
undergo hydrolysis hydrolysieren *v* [che]
undergrade crossing Straßenunterführung *f* [bau]
undergrate air Unterwind *m* (Rost) [pow]
undergrate air pressure Unterwindpressung *f* [pow]

undergrate firing Unterfeuerung *f* [pow]
underground erdverlegt; unterirdisch [roh]; Untertage- [roh]
underground U-Bahn *f* [tra]; unter der Erde *f* (zum Beispiel im Bergbau) [roh]; unter der Erdoberfläche *f*; Untergrundbahn *f* [tra]; Untergrund *m* [bod]
underground and overhead property damage Beschädigung von Leitungen *f* [elt]; Leitungsschaden *m*
underground cable für Erdverlegung Kabel [elt]
underground cable Erdkabel *n* [elt]; unterirdisches Kabel *n* [elt]
underground car U-Bahnwagen *m* [tra]
underground car park Tiefgarage *f* [tra]
underground flow Grundwasser *n* [was]
underground fuel tank unterirdischer Brennstoffbehälter *m* [pow]
underground hopper Tiefbunker *m* [bau]
underground hydroelectric power plant Kavernenkraftwerk *n* [pow]
underground laying Erdverlegung *f*
underground line unterirdische Stromleitung *f* [elt]
underground mining unter Tage [roh]
underground mining Untertagebau *m* [roh]
underground mining activities Untertagebau *m* [roh]
underground mining system Bergwerkseinrichtung *f* [roh]
underground piping unterirdische Rohrverlegung *f* [bau]
underground railway Untergrundbahn *f* [tra]
underground repository Untertagedeponie *f* [rec]
underground reservoir Untergrundspeicher *m* [was]
underground sealing Untergrundabdichtung *f* [bau]
underground store Untergrundspeicher *m* [was]
underground tank Erdbehälter *m*; unterirdischer Behälter *m*
underground vault Kellergewölbe *n* [bau]
underground working Untertagebau *m* [roh]
underground works unterirdische Bauvorhaben *pl* [bau]
underground, lay - unterirdisch verlegen *v* (eine Leitung)
undergrowth Unterholz *n* [far]
underhand stope Strosse *f* (unter Tage; oben: Kalotte) [roh]
underinflation zu geringer Reifendruck *m* [tra]; zu niedriger Luftdruck *m* [tra]
underlay Unterlage *f* (Schicht)
underlay unterlegen *v*
underlay weld Schutzschweißung *f* [wer]
underlayer Unterlage *f* [tec]
underlayer of fabric Gewebeeinlage *f* (z.B. im Reifen) [tra]
underline unterstreichen *v*
underline bridge Bahnunterführung *f* [tra]
undermine untergraben *v* [mbt]; unterhöhlen *v*

undermining Unterspülung *f* [was]
undernourished unterernährt [hum]
undernourishment Unterernährung *f* [hum]
underpass Straßenunterführung *f* (Fahrzeuge) [bau]; Unterführung *f* (für Fußgänger) [bau]; Straßentunnel *m* [bau]
underpayment Unterbezahlung *f* [eco]
underpin unterfangen *v* (stützen) [bau]; untermauern *v* [bau]
underpinning Abfangung *f* [bau]; Untermauerung *f* [bau]
underpressure Unterdruck *m* [phy]
underpressure indicator Unterdruckanzeige *f* [any]
underproduction Minderproduktion *f* [eco]; Unterproduktion *f* [eco]
underride protection Unterfahrschutz *m* [tra]
undersaturated untersättigt [che]
undersaturation Untersättigung *f* [che]
underscore unterstreichen *v*
underseal Unterbodenschutz *m* [tra]
undershot wheel unterläufiges Wasserrad *n* [was]
undersize Siebdurchgang *m* [prc]; Mindermaß *n* [con]; Untermaß *n* [con]
undersized unterdimensioniert [con]
understand verstehen *v*
understandable verständlich
understanding Abmachung *f* (Vertrag, Abkommen) [jur]
understeer untersteuern *v* (Auto) [tra]
undertake unternehmen *v*
undertaking Unternehmung *f* [eco]; Unternehmen *n* [eco]
undervoltage Unterspannung *f* [elt]
underwater coating Unterwasseranstrich *m* [met]
underwater cutting wheel Unterwasserschneidrad *n* [mbt]
underwater cutting wheel dredger Unterwasserschneidradbagger *m* [mbt]; Unterwasserschneidradbagger *m* [mbt]
underwater dredge pump Unterwasserbaggerpumpe *f* [mbt]
underwater housing Unterwassergehäuse *n* [tec]
underwater paint Unterwasserfarbe *f* [met]
underwater welding Unterwasserschweißen *n* [wer]
underwear Unterkleidung *f*
underweight Mindergewicht *n*; Untergewicht *n*
underwood Unterholz *n* [far]
undesirable unerwünscht
undesired material Fremdkörper *m* (unerwünschte Materie)
undesired noise Störgeräusch *n* [aku]
undestroyed unzerstört
undetachable unzerlegbar [tec]
undetachable joint unlösbare Verbindung *f* [tec]
undeterminable unbestimmbar
undetermined unbestimmt (nicht bestimmbar)
undeveloped unbebaut; unerschlossen
undeveloped property unbebautes Grundstück *n*
undiluted unverdünnt

undisplaceable unverschieblich
undissociated undissoziiert
undissolved ungelöst (Stoff) [met]
undisturbed störungsfrei; ungestört
undivided ungeteilt
undivided swivelling roof Schwenkdach *n* (einseitig) [bau]
undo aufdrehen *v* (öffnen) [wer]; auftrennen *v*; lösen *v* (ablösen); rückgängig machen *v*
undoing Verhängnis *n*
undressed unbearbeitet
undressed stone Bruchstein *m* [bau]
undue unzulässig
undular wellenförmig
undulation Wellenbewegung *f*
undulatory line Wellenlinie *f* [con]
undulatory theory Wellentheorie *f* (des Lichts) [opt]
undyed ungefärbt [met]
unearthed nicht geerdet [elt]; ungeerdet [elt]
uneasiness Unbehagen *n*
uneasy unbehaglich
uneconomic unrentabel [eco]; unwirtschaftlich [eco]
unemployed arbeitslos [eco]
unemployment Arbeitslosigkeit *f* [eco]
unemptied ungeleert
unequal ungleich (nicht gleichgroß)
unequal sign Ungleichheitszeichen *n* [mat]
unequation Ungleichung *f* [mat]
unessential unwesentlich
uneven rau (Oberfläche); uneben (Fläche); ungerade [mat]; ungleich; ungleichmäßig (verteilt, in Zeichnung); unrund; wellig [met]
uneven patch Unebenheit *f* (Stelle)
unevenness Unebenheit *f*
unexampled beispiellos
unexpected unerwartet; unvorhergesehen
unexploited unerschlossen; ungenutzt
unfading farbecht
unfashionable unmodern
unfasten lösen *v* (losmachen); losmachen *v* (lösen); zerlegen *v* (lockern, abmachen) [wer]
unfinished unbearbeitet; unfertig
unfinished bolt rohe Schraube *f* [tec]
unfinished part Rohstück *n*
unfinished surface Außenfläche *f* (unbearbeitet) [met]
unfit ungeeignet; untauglich
unfit for human beings menschenunwürdig
unfold entfalten *v* (auffalten)
unfolding Abwicklung *f* (Entwicklung, Entfaltung) [con]; Entfaltung *f* (Abwicklung); Entwicklung *f* (Entfaltung) [con]
unforeseen unvorhergesehen
unformatted formatfrei (Software) [edv]
unfounded gegenstandslos (ohne Belang); unbegründet (nicht fundiert, gegenstandslos)
ungasketed flange Flansch ohne Dichtung *m* [tec]

ungauged lime plaster Kalkputz *m* [bau]
ungear auskuppeln *v*
ungrease entfetten *v*; reinigen *v* (entfetten)
ungrounded nicht geerdet [elt]; ungeerdet [elt]
unhardened ungehärtet [met]
unharmed unbeschädigt
unhealthy gesundheitsschädlich [hum]; ungesund; unhygienisch
unheated unbeheizt; ungeheizt
unhook abhängen *v* (vom Haken nehmen); entfernen *v* (abheben)
unhurt unversehrt
uniaxial einachsig
unicellular einzellig [bff]
unicellular organism Einzeller *m* [bff]
unidentifiable unbestimmbar
unidimensional eindimensional
unidirectional einseitig wirkend
unification Einigung *f* (Vereinigung); Vereinheitlichung *f*
unification treaty Einigungsvertrag *m* [jur]
unified einheitlich (vereinheitlicht)
unified thread Einheitsgewinde *n* [tec]
uniform einförmig; einheitlich (im Sinne von gleichförmig, gleichbleibend); gleichartig; gleichförmig; gleichmäßig (im Sinne von einheitlich); regelmäßig (gleichförmig)
uniform corrosion Flächenkorrosion *f* [met]
uniform flow gleichmäßige Strömung *f*
uniform gradation gleichmäßige Korngrößenverteilung *f*
uniform load gleichmäßige Belastung *f*
uniform system Einheitssystem *n*
uniformity Einheitlichkeit *f*; Gleichförmigkeit *f*; Stetigkeit *f*
uniformly distributed load Gleichbelastung *f* [phy]
uniformly shaped blade Schaufel mit gleichmäßigem Profil *f* (Turbine) [pow]
unify vereinheitlichen *v*
unilateral bearing fliegend gelagert
unilet Verteilerkasten *m* (Leergehäuse) [elt]
unimolecular einmolekular [che]
unimpeded ungehindert
unimportant gewichtlos; unwesentlich
unimproved unverbessert
uninfluenced unbeeinflusst
uninhabitable unbewohnbar
uninhabited unbelebt; unbewohnt (ohne Menschen)
uninjured unbeschädigt
uninsured hazards nicht versicherte Risiken *pl* [jur]
unintentional unabsichtlich; unbeabsichtigt; ungewollt
uninterrupted dauerhaft (ununterbrochen); lückenlos (ununterbrochen); ungestört; ununterbrochen
uninterrupted line durchgezogene Linie *f* (auf Straße)

unintersected kreuzungsfrei [tra]
union Gewerkschaft *f* [eco]; Muffe *f* [tec]; Verbindung *f* (z.B. Gewerkschaft, Verband) [eco]; Vereinigung *f* (Verband) [eco]; Vereinigungsmenge *f* [mat]; Stutzen *m* (an einer Verschraubung) [tec]; Verband *m* (im Sinne von Verbindung) [tec]; Verbindungsstutzen *m* [tec]; Gewindestück *n* (Muffe) [tec]; Kupplungsstück *n* [tec]; Verbindungsstück *n* [tec]
union bush Einschraubteil *n* [tec]
union cross Kreuzstück *n* (Verschraubung) [tec]
union elbow Winkelverschraubung *f* [tec]; Winkelstück *n* (Verschraubung) [tec]
union fitting Anschlussstutzen *m*; Nippel *m* [tec]
union flange Ansatzflansch *m* [prc]; Überwurfflansch *m* [tec]
union member Gewerkschaftsmitglied *n* [eco]
union nut Überwurfmutter *f* [tec]
union screw Überwurfschraube *f* [tec]
union tee T-Verschraubung *f* [tec]; T-Stück *n* (Verschraubung) [tec]
unionist Gewerkschafter *m* [eco]
unipolar einpolig [elt]; unipolar
unique eigenartig (meist positiv); eindeutig; einmalig; singulär
uniqueness Eindeutigkeit *f*
unirrigated unbewässert
unit Anlage *f* (Einheit, auch Freianlage) [prc]; Baueinheit *f* [con]; Baugruppe *f* (als Einheit) [con]; Einheit *f* (Gerät); Einheit *f* (Maß); Garnitur *f*; Maschinensatz *m* [tec]; Modul *m* (z.B. Motor-, Ölkühler-Modul) [tec]; Aggregat *n* (Einheit); Gerät *n* (Einheit); Glied *n* (Einheit); Maß *n* (Einheit); Teil *n* (Einheit)
unit air-conditioner Klimatruhe *f* [bau]
unit cell Einheitszelle *f*
unit characteristic Anlagenmerkmal *n*
unit charge Einheitsladung *f* [elt]
unit component Anlagenteil *n*
unit composed system Baukastenkonstruktion *f* [con]
unit construction Baukastenkonstruktion *f* [con]; Blockbauweise *f* [bau]; Einheitsbauweise *f* [bau]; Kompaktbauweise *f* [tra]; Modulbau *m* [con]
unit construction principle Baukastenprinzip *n* [con]
unit construction system Baukastensystem *n* [con]
unit control Blockregelung *f* [pow]; Blocksteuerung *f* [pow]
unit control valve Blockventil *n*
unit flange Blockflansch *m* [prc]
unit frame Aggregatrahmen *m* [tec]
unit guiding level Blockleitebene *f* [pow]
unit level Prozessebene *f*
unit master control Blockleitung *f* [pow]
unit measure Einheitsmaß *n* [con]
unit operation Grundoperation *f*
unit part Anlagenteil *n*
unit power Einheitsleistung *f* [pow]
unit price Preis pro Stück *m* [eco]; Stückpreis *m* [eco]

unit price Einheitspreis *v* [eco]
unit rating Einheitsleistung *f* [pow]
unit simulator Blocksimulator *m* [pow]
unit time Zeiteinheit *f* [phy]
unit weight Einheitsgewicht *n*; Stückgewicht *n* (z.B. der Einzelteile)
unit-assembly system Baukastensystem *n* [con]
unitary einheitlich (gleichartig)
unitary development plan Entwicklungsplan *m*
unite binden *v* (vereinigen); vereinigen *v*; zusammenfassen *v* (verschiedene Bereiche); zusammenschließen *v*
unitized modular; modularisiert
unitized power station Blockkraftwerk *n* [pow]
units, system of - Maßsystem *n* [any]
univalence Einwertigkeit *f* [che]
univalent einwertig [che]
univalent acid einwertige Säure *f* [che]
universal allgemein gültig; allseitig; kardanisch [tec]; universal; universell
universal ball joint shaft Kugelgelenkwelle *f* [tec]
universal drive Kardanantrieb *m* [tra]
universal drive shaft Gelenkwelle *f* (Kardanwelle) [tec]
universal galvanometer Universalgalvanometer *n* [any]
universal grinding machine Universalschleifmaschine *f* [wer]
universal joint Gelenkverbindung *f* [tec]; Kardanverbindung *f* [tec]; Kardanwelle *f* (beim Kardanantrieb) [tra]; Kreuzgelenkkupplung *f* [tec]; Kardanantrieb *m* (Kardanwelle) [tra]; Antriebsgelenk *n* [tra]; Kardangelenk *n* (als Verbindung) [tec]; Kreuzgelenk *n* (Kardangelenk) [tec]; Universalgelenk *n* [tec]
universal joint coupling Kardangelenkkupplung *f* [mbt]; Kreuzgelenkkupplung *f* [mbt]
universal joint housing Antriebsgelenkgehäuse *n* [tra]; Kardangehäuse *n* [tec]
universal joint shaft Gelenkwelle *f* (Kardanwelle) [tec]; Kugelgelenkwelle *f* [tec]
universal joint shaft flange Gelenkwellenflansch *m* [tec]
universal joint shaft hub Gelenkwellennabe *f* [tec]
universal joint shaft support Gelenkwellenstütze *f* [tec]
universal joint yoke Kreuzgelenkgabel *f*
universal jointed shaft Kugelgelenkwelle *f* [tra]
universal manometer Universalmanometer *n* [any]
universal mill plates Breitflachstahl *m* [met]
universal motor Universalmotor *m* [pow]
universal pliers Kombizange *f* [wzg]
universal radial drilling machine Universalradialbohrmaschine *f* [wer]
universal remedy Allheilmittel *n* [hum]
universal shaft Gelenkwelle *f* [tec]; Kardanwelle *f* [tra]

universal spanner Universalschraubenschlüssel *m* [wzg]
universal spring support Doppelschakenaufhängung *f* [tec]
universal time Weltzeit *f*
universal-mounted kardanisch aufgehängt [tec]; kardanisch gelagert [tec]
universality Allgemeingültigkeit *f*
universe Weltraum *m*; Universum *n*; Weltall *n*
unjustified setting Flattersatz *m* (Textverarbeitung)
unkilled unberuhigt (Stahl) [met]
unknot aufknoten *v* [wer]
unknown fremd (fremde Welt); unbekannt
unknown Unbekannte *f* [mat]
unknown loss Restverlust *m* [pow]
unladen weight Leergewicht *n*
unlapped ohne Überlappung [tec]
unlatch ausklinken *v*; entriegeln *v*; entsperren *v*
unlatching Entriegelung *f*
unlawful gesetzwidrig [jur]; rechtswidrig [jur]; ungesetzlich; unrechtmäßig [jur]; widerrechtlich [jur]
unlawfulness Gesetzwidrigkeit *f* [jur]; Rechtswidrigkeit *f* [jur]
unleaded bleifrei [met]
unleaded benzine bleifreies Benzin *n* [tra]
unleaded fuel bleifreies Benzin *n* [tra]
unleaded petrol bleifreies Benzin *n* [tra]
unless falls nicht
unlike verschieden (ungleich)
unlime abkalken *v* [bau]
unlimited unbefristet; unbegrenzt; unbeschränkt; uneingeschränkt; unendlich
unlimited hours unbegrenzte Stundenzahl *f* [eco]
unlined unabgedichtet (Deponie) [rec]; unbelegt (ohne Begrenzung)
unlink trennen *v* (Software) [edv]
unlisted nicht aufgeführt
unlisted dimensions fehlende Maße *pl* (in Zeichnungen)
unlit unbeleuchtet
unload abladen *v*; ausladen *v* (Schiff, Lkw); entladen *v* [elt]; entladen *v* (abladen) [tra]; laden *v* (ausladen) [tra]; löschen *v* (ausladen) [tra]; umladen *v* [tra]
unloaded unbelastet (leer, ohne Ladung)
unloader Ablader *m* [rec]; Entlader *m* (Schifffahrt) [mbt]
unloader valve Entlastungsventil *n* [prc]
unloading Abladung *f* [rec]; Entladung *f* (Abladen); Entlastung *f*; Löschung *f* (Entladung) [tra]; Entladen *n* (Abladen); Umladen *n* [tra]
unloading capacity Entladeleistung *f* [mbt]
unloading control Überlaufkontrolle *f*
unloading piston Entladekolben *m* [mbt]
unloading valve Absaugventil *n* [pow]; Entladeventil *n* (Hydraulik) [tec]
unlock aufschließen *v*; entriegeln *v* (öffnen); entsichern *v* (aufschließen); entsperren *v*

unlock key Entsperrtaste *f*; Korrekturtaste *f* [edv]
unlocking Entsperrung *f*; Lösung *f* (Losmachen)
unlocking device Entriegelung *f* [tec]
unlubricated ungeschmiert [tec]
unmachinable unbearbeitbar
unmachined unbearbeitet (roh, als Rohling) [wer]
unmachined part Rohling *m* (unbearbeitet) [met]; Rohteil *n*
unmachined washer rohe Scheibe *f* [tec]
unmachined weight Rohgewicht *n*
unmake a joint Verbindung lösen *v* [tec]
unmalleable undehnbar
unmanned bedienungsfrei; führerlos; unbemannt
unmatched unübertroffen (keiner ist besser)
unmeltable unschmelzbar
unmistakable unverwechselbar
unmixing Entmischung *f*
unmodified unmodifiziert; unverändert
unmoulded ungeformt [tec]
unnatural unnatürlich
unnecessary überflüssig (unnötig); unnötig
unobjectionable einwandfrei
unoccupied frei (unbesetzt); unbesetzt; unbewohnt
unofficial inoffiziell
unpacked unverpackt
unpaid unbezahlt
unpaid leave unbezahlter Urlaub *m* [eco]
unpaved unbefestigt (Straße) [tra]
unpeeled ungeschält
unpick auftrennen *v*
unpickled ungebeizt [met]
unplasticized weichmacherfrei [met]
unpleasant unangenehm
unpolished rau (Oberfläche); unpoliert [met]
unpolluted unverschmutzt; unverseucht
unpopulated unbestückt (Platine) [edv]
unpractical unpraktisch
unpractised ungeübt
unpractised operatives ungeübte Arbeitskräfte *pl*
unprepared unvorbereitet
unproblematic unproblematisch
unprocessed unbehandelt; unverarbeitet
unprocessed slag unverarbeitete Schlacke *f* [rec]
unprocessed textile fibre unbehandelte Textilfaser *f* [met]
unproductive unergiebig; unproduktiv
unprofessional laienhaft
unprofitable unrentabel [eco]
unprotected ungeschützt
unproved unerprobt
unpublished unveröffentlicht
unpunished straffrei [jur]; straflos [jur]
unqualified unqualifiziert
unquestioning bedingungslos
unreadable unlesbar
unreal irreal
unreasonable unangemessen
unreclaimed unkultiviert
unrecognizable unkenntlich

unrecoverable unbehebbar
unreel abspulen *v*
unrefined roh (Rohstoffe) [roh]
unrefracted ungebrochen [opt]
unregistered unangemeldet
unregulated tip wilde Müllkippe *f* [rec]
unreliability Unsicherheit *f* (Unzuverlässigkeit); Unzuverlässigkeit *f*
unreliable unsicher (unzuverlässig); unzuverlässig
unrestricted area Stauraum *m* [mbt]
unrestricted test uneingeschränkte Prüfung *f* [any]
unrewarding unergiebig
unrig abmontieren *v* [wer]
unrottable unverrottbar
unsafe baufällig; unsicher (gefährlich)
unsafety Unsicherheit *f* (Gefährlichkeit)
unsalted ungesalzen
unsanctioned dump wilde Deponie *f* [rec]
unsaponaficable verseifungsfest (Schmierfett) [met]
unsaturated ungesättigt [che]
unsaturated fat ungesättigtes Fett *n* [che]
unsaturated hydrocarbon ungesättigter Kohlenwasserstoff *m* [che]
unsavable unrettbar
unsaved ungesichert (Datei) [edv]
unscathed unversehrt
unscheduled außerplanmäßig
unscheduled outage ungeplante Betriebsunterbrechung *f*
unscientific unwissenschaftlich
unscrew abdrehen *v* (abschrauben) [wer]; abschrauben *v* (lösen); aufdrehen *v* (öffnen) [wer]; aufschrauben *v* (lösen) [wer]; auseinander schrauben *v* [wer]; ausschrauben *v* [wer]; herausdrehen *v* [wer]; herausschrauben *v* [wer]; lösen *v* (losschrauben); losschrauben *v* (eine Schraube lösen); Schraube lösen *v* [tec]
unscrewable abschraubbar
unscrewing torque Abschraubmoment *n* (bei Muttern) [wer]
unsealing pressure Abreißdruck *m* (z.B. Ventil) [prc]
unsecured ungesichert (Datei) [edv]
unselfish uneigennützig
unsewered ohne Kanalanschluss *f* [was]
unsharpness Unschärfe *f* (von Schneide, Foto)
unsightly unansehnlich
unskilled ungelernt; unqualifiziert
unskilled worker ungelernter Arbeiter *m*
unslaked ungelöscht (Kalk) [met]
unslaked lime ungelöschter Kalk *m* [met]
unsolder ablöten *v*; auslöten *v*; loslöten *v* [wer]
unsoldering Auslöten *n*
unsoldering tip Auslötspitze *f*
unsolvable unlösbar [mat]
unsolved ungelöst (Problem)
unsorted unsortiert
unsound fehlerhaft (mangelhaft); mangelhaft (baufällig)
unsound wood Faulholz *n*

unsplit bush ungeteilte Lagerbüchse f [tec]
unspoilt unberührt (Natur); unbeschädigt (Natur)
unspoilt landscape Naturlandschaft f
unstability Labilität f
unstabilized ungebunden
unstable inkonstant; instabil; labil; unbeständig; unsicher (instabil); unstabil; unstetig
unstable equilibrium labiles Gleichgewicht n [phy]
unstable nucleus instabiler Kern m (Atomkern) [phy]
unsteadiness Unruhe f; Unstetigkeit f
unsteady instationär; unbeständig
unstress entspannen v
unstressed spannungslos [phy]; unbelastet
unstressing Entspannen n
unsuccessful erfolglos
unsuitable unangemessen; unbrauchbar; ungeeignet; unpassend; untauglich; unzweckmäßig
unsuited ungeeignet
unsupervised unbewacht; unkontrolliert
unsupported selbsttragend [tec]
unsurpassed unübertroffen (enorme Leistung)
unsustainable nicht erhaltend; nicht nachhaltig; zerstörerisch
unsweetened ungesüßt
unsymmetrical unsymmetrisch [con]
unsystematic systemlos
untapped unangezapft; unerschlossen
untempered ungehärtet [met]
untested ungetestet
unthinkable undenkbar
untie aufknoten v [wer]; entbinden v (aufbinden); lösen v (losmachen); losmachen v; trennen v (losmachen)
untight undicht
untimber abholzen v [far]
untouched unberührt
untraceable unauffindbar
untreated roh (Rohstoffe) [roh]; unbehandelt
untreated product Rohgut n [met]
untreated water Rohwasser n [was]; ungereinigtes Wasser n [was]
untreated wood naturbelassenes Holz n
untried unerprobt
untrue unrichtig
untrue run unrunder Lauf m [tec]
untrue running unrundes Laufen n [tec]
unusable unbenutzbar; unbrauchbar
unused unbenutzt; ungebraucht; ungenutzt
unusual ausgefallen (ungewöhnlich); ungewöhnlich; unüblich; unverhältnismäßig
unvalued unbewertet
unvarnished nackt (ungestrichen); ungefärbt [met]
unvulcanized rubber Rohkautschuk m [met]
unwanted unerwünscht; ungewollt
unwashed ungewaschen
unwieldy sperrig; unhandlich
unwind abwickeln v (Band)
unwinding equipment Abrollvorrichtung f [tec]
unworked unbearbeitet [wer]
unworked part Rohling m (unbearbeitet) [met]
unworked penetration Ruhpenetration f [tec]
unwrapped unverpackt
up aufwärts
up and down motion auf und nieder gehende Bewegung f
up front vorne [tra]
up to bis zu
up-flow Aufwärtsströmung f [prc]
up-to-date modernst (z.B. neueste Mode)
update aktualisieren v (auf neuen Stand bring); fortschreiben v; verändern v (von vorhandenen Daten)
update consignment Ergänzungslieferung f
update instruction Ergänzungsanweisung f
update program Änderungsprogramm n [edv]
updated aktualisiert
updating Aktualisierung f; Fortschreibung f
updraught Aufströmung f; Aufströmung f; Aufstrom m; Aufwind m [wet]; Aufwind m [wet]
updraught carburettor Steigstromvergaser m [tra]
updraught fire Oberfeuer n [pow]
upfreezing Frostaufbruch m
upgradability Ausbaufähigkeit f (Erweiterbarkeit); Erweiterungsfähigkeit f
upgradable ausbaufähig (erweiterbar); erweiterbar
upgrade Aufrüstung f (nicht militärisch) [tec]; Erweiterung f [tec]
upgrade ausbauen v (erweitern); erweitern v (z.B. Software); höher stufen v (Qualität); nachrüsten v; veredeln v (im Wert verbessern); verfeinern v
upgrading Erweiterung f (qualitative); Nachrüstung f; Verbesserung f (Erweiterung der Funktion); Ausbau m (Erweiterung)
uphill bergauf
upholster polstern v
upholstered gepolstert
upholstering Polsterung f (der Möbel) [bau]
upholstery Polsterung f (der Möbel) [bau]; Polster n
upkeep Erhaltung f; Unterhaltung f (Geräte); Wartung f; Unterhalt m
upkeep costs Unterhaltungskosten pl [eco]
upkeep of a building Gebäudeinstandhaltung f [bau]
upkeeping Instandhaltung f
uplift Aufschwung m (Auftrieb); Auftrieb m [phy]; Anheben von Bodenschichten n
upon agreement nach Absprache (Vereinbarung) [jur]
upon notification nach Absprache (Benachrichtigung) [jur]
upper obere, oberer -
upper boom Auslegeroberteil n [mbt]
upper calorific value oberer Heizwert m [che]
upper dead centre oberer Totpunkt m [tra]
upper deck Außendeck n; Oberdeck n (Schiff, Bus) [tra]
upper edge Oberkante f
upper end oberer Kopf m [mbt]
upper explosion limit obere Explosionsgrenze f (Sicherheitstechnik)

upper flange Obergurt *m* (bei tragender Konstruktion) [bau]
upper floor Geschossdecke *f* (im Haus) [bau]; Obergeschoss *n* (z.B. 2. Etage) [bau]
upper heat Oberfeuer *n* [pow]
upper layer Deckschicht *f* [met]; Oberschicht *f*
upper level management höhere Unternehmensführungsebene *f* [eco]
upper limit Obergrenze *f*
upper part Oberteil *n*
upper part of boom Auslegeroberteil *n* [mbt]
upper rim Oberfelge *f* [tra]; Oberkante *f*
upper side Oberseite *f*
upper side wall header oberer Seitenwandsammler *m* [pow]
upper storey Obergeschoss *n* [bau]
upper strand Obergurt *m* [bau]; Obertrum *n* [bau]
upper stratum Deckschicht *f* [geo]; Oberschicht *f* [geo]
upper surface obere Oberfläche *f*
upper trough Obertrum *n* (des Kettenförderers) [mbt]
upper trough chain conveyor Obertrumkettenförderer *m* (zum Brecher) [mbt]
upper water authority oberste Wasserbehörde *f* [jur]
upper-case letter Großbuchstabe *m* (Textverarbeitung)
uppercarriage Oberwagen *m* (des Baggers) [mbt]
uppercarriage base-plate Oberwagengrundplatte *f* [mbt]
uppercarriage main frame Oberwagengrundplatte *f* [mbt]
uppermost höchst
uppermost charge oberste Ladung *f* [mbt]
upperside run conveyor Obertrumförderer *m* [mbt]
upright aufrecht (in aufrechter Stellung); gerade (aufrecht); hochkant; lotrecht; senkrecht; stehend (aufrecht); stramm (gerade)
upright Pfosten *m* (bei Rolltreppe) [mbt]
upright drill press Ständerbohrmaschine *f* [wzg]
upright format Hochformat *n*
upright lighting fitting Standleuchte *f* [elt]
upright projection Aufriss *m* [con]
upright shaft senkrechte Welle *f* [tec]
upright standing aufrechtstehend
upriver flussaufwärts
upset angestaucht [wer]
upset anstauchen *v* [wer]; aufstauchen *v* [wer]; stauchen *v* (zur Formveränderung) [wer]
upsetting machine Stauchmaschine *f* [wer]
upsetting ridge Stauchwulst *m* [tec]
upsetting temperature Erweichungstemperatur *f* [met]
upshift hochschalten *v* [tra]
upside-down Kopf stehend
upstand Aufsetzkranz *m* [bau]
upstream flussaufwärts; stromaufwärts; wasserseitig [was]

upstream face Wasserseite *f* [was]
upstream process stages vorgeschaltete Verfahrensstufen *pl* [prc]
upstream water Oberwasser *n* [was]
upstroke Aufwärtshub *m* [tec]; Aufwärtstakt *m* [tec]
uptake Inkorporation *f* (Aufnahme radioaktiver Stoffe) [hum]; Entzug *m*
uptake of water Wasseraufnahme *f* [met]
uptake tube Abführrohr *n* (nach oben) [air]; Steigrohr *n* [pow]
uptake ventilator Entlüfter *m* [prc]
upthrust guide Gegenführung *f* [tra]
uptravel Arbeitsweg nach oben *m* [wer]; Aufwärtsweg *m* (Arbeitsweg) [wer]
upturn Aufkantung *f*
upturn, economic - Konjunkturaufschwung *m* [eco]
upward aufwärts
upward compatibility Aufwärtskompatibilität *f* [edv]
upward compatible aufwärtskompatibel [edv]
upward direction, in the - aufwärts (Richtung nach oben)
upward force Auftriebskraft *f* [phy]
upward gas passage Aufwärtszug *m* (Steigzug, Fallzug) [prc]; Steigzug *m* (Aufwärtszug; Fallzug) [pow]
upward inclination Steigung *f* (Ansteigen der Bahnstrecke) [tra]
upward stream Aufstrom *m*
upward travel Aufwärtslauf *m* (Rolltreppe) [tra]
upwardly inclined nach oben geneigt
upwards ansteigend (Straße) [tra]; aufwärts (auch bildlich)
upwards motion Aufwärtsbewegung *f* (der Maschine) [pow]
uraniferous uranhaltig [met]
uranium Uran *n* (chem. El.: U) [che]
uranium bomb Uranbombe *f*
uranium decay Uranzerfall *m* [che]
uranium deposit Uranvorkommen *n* [roh]
uranium fission Uranspaltung *f* (Atom) [che]
uranium fuel Uranbrennstoff *m* [met]
uranium isotope Uranisotop *n* [che]
uranium mining Uranbergbau *m* [roh]
uranium pile Uranreaktor *m* [pow]
uranium production Urangewinnung *f* [roh]
uranium reactor Uranreaktor *m* [pow]
urban innerstädtisch; städtisch; urban (städtisch)
urban area städtischer Bereich *m*
urban building Städtebau *m* [bau]
urban building, of - städtebaulich [bau]
urban climate Stadtklima *n* [wet]
urban development Stadtentwicklung *f*; Städtebau *m* [bau]
urban development planning Bauleitplan *m* [jur]
urban ecology Stadtökologie *f*
urban environment städtische Umwelt *f*
urban expressway Stadtautobahn *f* [tra]
urban fringe städtisches Umland *n*
urban landscape Stadtlandschaft *f*

urban motorway Stadtautobahn *f* [tra]
urban planning Stadtbauplanung *f* [bau]
urban population Stadtbevölkerung *f*
urban railway S-Bahn *f* [tra]; Stadtbahn *f* [tra]
urban redevelopment Stadtsanierung *f*
urban rehabilitation Stadtsanierung *f*
urban sanitation Stadtreinigung *f* ((A))
urban street Stadtstraße *f* [tra]
urban traffic innerstädtischer Verkehr *m* [tra]; Stadtverkehr *m* [tra]
urban waste städtischer Abfall *m* [rec]
urban waste water städtisches Abwasser *n* [was]
urbanization Urbanisierung *f*; Verstädterung *f*
urbanized, become - verstädtern *v*
urea Harnstoff *m* [che]
urea resin Harnstoffharz *n* [met]
urea resin adhesive Harnstoffkleber *m* [met]
urea-formaldehyde resin Harnstoff-Formaldehydharz *n* [met]
urea-formaldehyde resin moulding compound Harnstoff-Formaldehydharz-Formmasse *f* (Met) [met]
urethane Urethan *n* [che]
urethane rubber Urethan-Kautschuk *m* [met]
urgency Dringlichkeit *f*
urgent dringend
usability Benutzbarkeit *f*; Brauchbarkeit *f*; Nutzbarkeit *f*; Verwendungsfähigkeit *f*
usable brauchbar; einsetzbar; gebrauchsfähig; nützlich (brauchbar); verwendbar
usable area Nutzfläche *f*
usable area, agricultural - landwirtschaftliche Nutzfläche *f* [far]
usable flank ausnutzbare Flanke *f* (Zahnflanke) [tec]
usable floor area nutzbare Geschossfläche *f* [bau]
usable forest Nutzwald *m* [far]
usable length Nutzlänge *f*
usable, not - nicht verwendbar
usage Gepflogenheit *f* (Usus, Sitte); Verwendung *f*; Gebrauch *m* (Verwendung)
use Anwendung *f*; Ausnutzung *f*; Benutzung *f*; Handhabung *f* (Gebrauch); Nutzung *f* (Anwendung, Verbrauch); Verwendung *f*; Verwendungsmöglichkeit *f*; Einsatz *m* (Verwendung); Gebrauch *m* (Nutzung, Anwendung); Verbrauch *m* (Benutzung und Abnutzung) [tec]
use befahren *v* (Bahn) [tra]; benutzen *v*; gebrauchen *v*; verbauen *v* (bauen) [bau]; verbrauchen *v* (benutzen und abnutzen); verwenden *v*
use and occupancy insurance Betriebsunterbrechungsversicherung *f*
use as fuel energetisch verwerten *v* [rec]; verheizen *v* [pow]
use as raw material stofflich verwerten *v* [rec]
use of water, economical - sparsame Wasserverwendung *f* [was]
use up aufbrauchen *v* (bis Ende verbrauchen); verbrauchen *v*
use up erschöpfen *vt*

use, best possible - optimale Nutzung *f*
use, form of - Nutzungsart *f* (wie etwas genutzt wird)
use, ready for - einsatzbereit; gebrauchsfertig
use, restriction of - Nutzungsbeschränkung *f* [jur]
use, right of - Nutzungsrecht *n* [jur]
use, type of - Verwendungsart *f*
use-and-throw-away attitude Wegwerfmentalität *f*
used belegt (benützt); gebraucht; verbraucht (benutzen und abnutzen); verschlissen (aufgebraucht, benutzt)
used air Abluft *f* (verbrauchte Luft) [air]
used car Gebrauchtwagen *m* [tra]
used carbon strips verbrauchter Kohlenstoff *m* (Metallurgie) [rec]
used glassware, recycling of - Altglasrecycling *n* [rec]
used machine Gebrauchtgerät *n* (gebrauchtes Gerät)
used material Altmaterial *n* [rec]
used materials, recycling of - Verwertung von Altstoffen *f* [rec]
used materials, treatment of - Aufbereitung von Altstoffen *f* [rec]
used oil Ablauföl *n* [che]; Altöl *n* (verbraucht, wird entsorgt) [rec]
used packaging gebrauchte Verpackung *f* [rec]
used paper Altpapier *n* [rec]
used rails Altschienen *pl* [rec]
used rubber Altgummi *m* [rec]
used tyre recycling plant Altreifenrecyclinganlage *f*
used tyres Altreifen *pl* [rec]
used up abgenutzt
used vehicle Altfahrzeug *n* [rec]
used wood Abfallholz *n* [rec]
used, get - gewöhnen *v*
useful nützlich (verwendbar, praktisch); nutzbar; praktisch; sachdienlich
useful cross section Nutzquerschnitt *m*
useful diameter Nutzdurchmesser *m*
useful effect Nutzeffekt *m* [phy]
useful energy Nutzenergie *f* [phy]
useful floor space Nutzfläche *f*
useful heat Nutzwärme *f* [pow]
useful life Nutzungsdauer *f*; Standzeit *f* (eines Geräts)
useful load Nutzlast *f*
useful plant Nutzpflanze *f* [far]
useful power Nutzleistung *f* [pow]
useful surface Nutzfläche *f* [tec]
useful work Nutzarbeit *f* [phy]
usefulness Brauchbarkeit *f*
useless nutzlos; unbrauchbar; unnütz; wertlos
user Anwender *m* (Computer); Benutzer *m*; Verbraucher *m*
user application Benutzeranwendung *f* (Software) [edv]
user authorization Benutzerberechtigung *f* (Software) [edv]
user error Benutzerfehler *m* (Software) [edv]
user field Benutzerfeld *n* (Software) [edv]

user file Benutzerdatei *f* (Software) [edv]
user friendliness Benutzerfreundlichkeit
user function Benutzerfunktion *f* (Software) [edv]
user guide Benutzerhandbuch *n* (Bedienerhandbuch)
user header label Benutzeranfangskennsatz *m* (Software) [edv]
user identification Benutzerkennzeichen *n* (Software) [edv]
user independence Benutzerunabhängigkeit *f* (Software) [edv]
user inquiry Benutzerabfrage *f* (Software) [edv]
user interface Bedienerschnittstelle *f* [edv]; Bedienoberfläche *f* [edv]; Benutzeroberfläche *f* (Software) [edv]; Benutzungsoberfläche *f* [edv]
user label Benutzerkennsatz *m* (Software) [edv]
user level Benutzerebene *f* (Software) [edv]
user library Benutzerbibliothek *f* (Software) [edv]
user manual Benutzerhandbuch *n*
user name Benutzername *m* (Software) [edv]
user of a plot of land Grundstücksbenutzer *m*
user port Verbraucheranschluss *m* (Hydraulik) [tec]
user program Anwenderprogramm *n* (Software) [edv]; Benutzerprogramm *n* (Software) [edv]
user prompting Benutzerführung *f* (Software) [edv]
user routine Benutzerroutine *f* (Software) [edv]
user service Anwenderbetreuung *f* [edv]
user software Anwendersoftware *f* (Software) [edv]; Benutzersoftware *f* (Software) [edv]
user support Benutzerunterstützung *f* (Software) [edv]
user-controlled benutzergesteuert (Software) [edv]
user-driven benutzergesteuert (Software) [edv]
user-friendly anwenderfreundlich; benutzerfreundlich
user-independent benutzerunabhängig (Software) [edv]
user-oriented benutzerorientiert (Software) [edv]
uses, number of - Einsatzhäufigkeit *f*
using Handhabung *f* (Bedienung); Nutzung *f*
usual normal (gebräuchlich); üblich
usual example Regelbeispiel *n*
usual in trade handelsüblich [eco]
usufructuary right Nutzungsrecht *n* [jur]
utensil Gerät *n* (Werkzeug); Werkzeug *n* [wzg]
utensil aluminium Geschirraluminium *n* [met]
utensil tin Geschirrzinn *n* [met]
utensils Bedarfsgegenstände *pl*
utilities Dienstprogramm *n* [edv]
utilities and off-sites Neben- und Betriebsmittelanlagen *pl*
utilities supply units Betriebsmittelanlagen *pl*
utility Installation *f* (Versorgung); Softwareunterstützung *f* (bestehende Aufgabe) [edv]; Elektrizitätsversorgungsunternehmen *n* [elt]; Versorgungsunternehmen *n* [pow]
utility business Energiewirtschaft *f* [pow]
utility company Versorgungsunternehmen *n* (Kraftwerk) [pow]
utility equipment Installationsgeräte *pl* [wer]

utility helicopter Mehrzweckhubschrauber *m* [tra]
utility line Versorgungsleitung *f* [elt]
utility machine Maschine für Aufräumarbeiten *f* [roh]
utility room Gerätekammer *f* (für Haushaltgeräte) [bau]
utility value Gebrauchswert *m*
utility vehicles accessories Nutzfahrzeugzubehör *n* [tra]
utility water Brauchwasser *n* [was]
utilizable benutzbar; gebrauchstauglich (benutzbar)
utilization Anwendung *f*; Auslastung *f*; Ausnützung *f*; Ausnutzung *f*; Benutzung *f* (Gebrauch); Nutzbarmachung *f* (Nutzung); Nutzung *f*; Verwendung *f*; Verwertbarkeit *f* [rec]; Verwertung *f* [rec]; Einsatz *m* (Verwendung); Gebrauch *m* (Nutzung, Verwertung)
utilization coefficient Ausnutzungsgrad *m*
utilization factor Ausnutzungsfaktor *m*; Nutzfaktor *m*
utilization intensity Nutzungsintensität *f*
utilization rate Auslastungsgrad *m*
utilization schedule Auslastungsplan *m*
utilization type, change in - Nutzungsartenänderung *f*
utilization width Nutzungsbreite *f* (der Rolltreppe) [mbt]
utilization, coefficient of - Belastungsfaktor *m*
utilize anwenden *v*; auslasten *v*; ausnutzen *v* (benutzen); gebrauchen *v*; verbrauchen *v* (sich zunutze machen); verwenden *v*; verwerten *v* [rec]
utilized genutzt [wer]
utilized agricultural area landwirtschaftlich genutzte Fläche *f* [far]

V

V-band clamp Schelle *f* (Keilriemen) [tec]
V-belt Keilriemen *m* (zur Kraftübertragung) [tra]; Treibriemen *m* [tra]
V-belt drive Keilriemenantrieb *m* [tec]; Keilriementrieb *m* [tra]
V-belt guard Keilriemenschutz *m* (über Riemen, Rad) [tra]
V-belt profile Keilriemenprofil *n* [tec]
V-belt protection Keilriemenschutz *m* [tec]
V-belt pulley Keilriemenscheibe *f* (führt, lenkt um) [tra]
V-belt tension Keilriemenvorspannung *f* [tec]
V-belt wheel Keilriemenrad *n* [tra]
V-block Prismenblock *m* [tec]
V-engine V-Motor *m* [tra]
V-gear Pfeilverzahnung *f* [tec]
V-groove V-Fuge *f* [tec]
V-notch Kerbnut *f* [tec]
V-packing Manschettendichtung *f* [tec]
V-ring Keilring *m* [tra]
V-shaped belt Keilriemen *m* [tec]
V-shaped snow plough Keilschneepflug *m* [tra]
V-shaped trench Spitzgraben *m* (Dreieck, Spitze unten) [bod]
V-support Prismenbock *m* [tec]
V-thread Spitzgewinde *f* [tec]
V-type collar packing Dachmanschette *f* (Teil im Zylinder) [tec]
V-type engine V-Motor *m* [tra]
V-type packing Dachmanschette *f* [tec]
vacancy Fehlstelle *f* [che]; Leerstelle *f* (Materialfehler) [met]; Lücke *f* (freie, offene Stelle); Planstelle *f* [eco]
vacant frei (unbesetzt); leer (unbesetzt); unbebaut; unbesetzt; unbewohnt
vacant lot Baulücke *f* [bau]
vacation Ferienzeit *f*; Räumung *f* (Wohnung); Urlaub *m*
vacation hotel Ferienhotel *n* [bau]
vacation traffic Urlaubsverkehr *m* [tra]
vacational benefit Urlaubsgeld *n* [eco]
vaccinate impfen *v* [hum]
vaccination Impfung *f* [hum]
vaccine Impfstoff *m* [hum]
vaccine damage Impfschaden *m* [hum]
vaccine production Impfstoffgewinnung *f* [hum]
vacuo, in - im Vakuum; unter Vakuum
vacuum Leerraum *m*; Unterdruck *m* [phy]; Vakuum *n* [phy]
vacuum staubsaugen *v*
vacuum arc heating Vakuumlichtbogenofen *m* [wer]
vacuum belt filter Vakuumbandfilter *m* [prc]
vacuum blower Unterdruckgebläse *n* [air]

vacuum cell Vakuumzelle *f* [prc]
vacuum chamber Unterdruckkammer *f*; Vakuumkammer *f* [prc]; Vakuumbehälter *m* [prc]
vacuum circuit breaker Vakuumschalter *m* [elt]
vacuum clean saugen *v* (mit Staubsauger)
vacuum cleaner Staubsauger *m* [elt]
vacuum cleaner, shake - Klopfsauger *m* [elt]
vacuum deaerator Vakuumentgaser *m* [was]
vacuum degasified vakuumentgast
vacuum discharge Vakuumentwässerung *f* [was]
vacuum distillation Vakuumdestillation *f* [prc]
vacuum distributor Saugluftverteiler *m* [tra]
vacuum drum filter Vakuumtrommelfilter *n* [prc]
vacuum drying Vakuumtrocknung *f* [prc]
vacuum drying cabinet Vakuumtrockenschrank *m* [prc]
vacuum drying oven Vakuumtrockenofen *m* [prc]
vacuum evaporation Vakuumverdampfung *f* [prc]
vacuum evaporator Unterdruckverdampfer *m* [pow]
vacuum filter Vakuumfilter *m* [prc]
vacuum filtration Vakuumfiltration *f* [prc]
vacuum fittings and accessories Vakuumarmaturen und -zubehör *pl* [tec]
vacuum flat collector Vakuumflachkollektor *m* [pow]
vacuum forming Vakuumformen *n* (Vakuumprozess mit Folie)
vacuum freeze drier Gefriertrockner *m* [prc]; Vakuumgefriertrockner *m* [prc]
vacuum furnace Vakuumofen *m* [prc]
vacuum gauge Unterdruckmesser *m* [any]; Vakuummeter *n* [any]
vacuum governor Unterdruckregler *m* [tra]
vacuum grease Vakuumfett *n* [met]
vacuum hose Saugschlauch *n*
vacuum leaf filter Tauchfilter *m*
vacuum lift Vakuumheber *m* [mbt]
vacuum lifter Vakuumhebegerät *n* [mbt]
vacuum line Saugluftleitung *f* [tra]
vacuum manometer Vakuummeter *n* [any]
vacuum melting furnace Vakuumschmelzofen *m* [roh]
vacuum metallurgical process vakuummetallurgisches Verfahren *n* [roh]
vacuum meter Vakuummeter *n* [any]
vacuum oil Vakuumöl *n* [met]
vacuum oxygen decarburization Vakuumfrischen *n* [roh]
vacuum package Vakuumverpackung *f*
vacuum pipe Saugleitung *f*
vacuum piping Vakuumleitung *f* [prc]
vacuum pump Saugluftpumpe *f* [tra]; Vakuumpumpe *f* [prc]
vacuum reservoir Saugluftbehälter *m* [tra]
vacuum seal Vakuumverschluss *m* [tec]
vacuum servo brake Saugluftbremse *f* [tra]; Vakuum-bremse *f* [tra]
vacuum shelf drier Vakuumtrockenschrank *m* [prc]
vacuum shell Vakuumgehäuse *n* [tec]
vacuum shift cylinder Saugluftschaltzylinder *m* [tra]

vacuum space Unterdruckraum *m*
vacuum switch Vakuumschalter *m* [elt]
vacuum tap Vakuumhahn *m* [prc]
vacuum tower Vakuumkolonne *f* [prc]
vacuum tube Elektronenröhre *f* [elt]; Vakuumröhre *f* [elt]
vacuum valve Vakuumventil *n* [prc]
vacuum-melted special steel Elektrovakuumsonderstahl *m* [met]
vacuum-operated brake saugluftbetätigte Bremse *f* [tra]
vacuum-tight vakuumdicht
vague unbestimmt (ungenau); undeutlich (ungenau); unklar
valence Gewichtung *f* [tec]; Valenz *f* [che]; Wertigkeit *f* [che]
valence of weld Nahtwertigkeit *f* (Wertigkeit der Naht) [wer]
valency Wertigkeit *f* [che]
valid gültig
validation Validation *f* [edv]
validation printer Belegdrucker *m*
validity Geltung *f*; Gültigkeit *f*; Validität *f* [che]
validity, period of - Gültigkeitsdauer *f* (z.B. 5 Jahre); Geltungsdauer *m*
validity, range of - Geltungsbereich *m*
validity, region of - Gültigkeitsbereich *m* (z.B. für Region)
valley Tal *n*
valley angle resultierender Innenwinkel *m* [con]; resultierender Winkel *m*
valley angle of bunker Bunkerschräge *f* [prc]
valley bottom Talboden *m*
valley breeze Talwind *m* [wet]
valley flashing Kehlblech *n*
valley floor Talsohle *f*
valley tile Kehlziegel *m* [bau]
valuable wertvoll
valuation Bewertung *f* (des Geldwerts) [eco]; Evaluation *f*; Schätzung *f*
value Größe *f* (Wert); Wert *m*
value abschätzen *v* (bewerten); beurteilen *v* (bewerten); bewerten *v* (nach Geldwert); schätzen *v* (wertschätzen); veranschlagen *v* (bewerten)
value added Wertschöpfung *f* [eco]
value added tax Mehrwertsteuer *f* [jur]
value in use Nutzungswert *m*; Nutzwert *m*
value, absolute - Absolutwert *m* [mat]
value, accumulated - Endwert *m* (Summenwert)
value, actual - Istwert *m*
value, added - Mehrwert *m* [eco]
value, admissible - zulässiger Wert *m*
value, average - Durchschnittswert *m* [mat]; Mittelwert *m* [mat]
value, calculable - Rechengröße *f* [mat]
value, relative - Bezugswert *m*
valued bewertet
valve Röhre *f* [elt]; Schieber *m* [tec]; Ventil *n* [prc]
valve actuating Ventilbetätigung *f* [tra]

valve actuation Ventilbewegung *f* [prc]
valve actuation, early - Ventilfrühauslösung *f* [prc]
valve actuator Betätigungsvorrichtung für Ventile *f* [prc]; Ventilantrieb *m* [prc]
valve adjustment Ventileinstellung *f* [prc]
valve arrangement Ventilanordnung *f* [prc]
valve attachment Ventilanbau *m* (Ventilbestückung) [tra]
valve bank Ventilleiste *f* [tra]; Ventilverteilerleiste *f* [tra]
valve block Steuerblock *m* [tra]; Steuerblock *m* (Hydraulik) [tec]; Ventilblock *m* [tra]
valve block mounting Steuerblockbefestigung *f* [tra]
valve body Düsenhalter *m* (bei Einspritzventil) [tra]; Ventilkörper *m* [tra]; Ventilgehäuse *n* [prc]
valve bonnet Ventilaufsatz *m* [prc]; Ventildeckel *m* [prc]
valve bore Durchgangsöffnung *f* (Ventil) [prc]
valve box cover Ventildeckel *m* [prc]
valve bracket Laterne *f* (Ventil) [prc]
valve bridge Ventilleiste *f* [tra]
valve cage Ventilkorb *m* [tra]
valve cap Ventilkappe *f* [tra]
valve cartridge Ventilpatrone *f* [prc]
valve chamber Ventilkammer *f* [tra]; Ventilgehäuse *n* [prc]
valve chamber cover Ventilkammerverkleidung *f* [tra]; Ventilkammerdeckel *m* [tra]
valve circuit Ventilschaltung *f* [pow]
valve clearance Ventilspiel *n* [con]
valve cone Ventilkegel *m* [tra]
valve cone seal ring Ventilkegeldichtung *f* [prc]
valve core Ventileinsatz *m* [prc]
valve cross head Ventilbrücke *f* [tra]
valve diameter Ventildurchmesser *m* [con]
valve disc Ventilscheibe *f* [prc]; Ventilteller *m* [prc]
valve disc shaft Klappenwelle *f* (Ventil) [prc]
valve drive Schieberantrieb *m* [tec]
valve extension Ventilverlängerung *f* [tra]
valve flap Ventilklappe *f*
valve follower Ventilheber *m* (Ventilstößel) [tra]
valve gear Ventilsteuerung *f* [tra]
valve grinder Ventilschleifvorrichtung *f* [wer]
valve guide Ventilführung *f* [prc]
valve head Ventilteller *m* [tra]
valve housing Ventilkammer *f* [tra]; Ventilgehäuse *n* [prc]
valve in the head hängendes Ventil *n* [tra]
valve insert Ventileinsatz *m* [prc]
valve key Ventilkeil *m* [tra]
valve lever Ventilhebel *m* [tra]
valve lift Ventilhub *m* [tra]
valve lifter Ventilheber *m* [tra]; Ventilstößel *m* [tra]
valve lip Ventilsitz *m* [tra]
valve location Ventilanordnung *f* (Lage des Ventils) [tra]
valve motion Ventilbewegung *f* [tec]; Ventilhub *m* [tec]
valve opening Ventilöffnung *f* [prc]

valve operating gear Armaturenantrieb (Schieberverstellung) [prc]
valve operating gear Schieberverstellung *f* [pow]
valve operator Schaltantrieb *m* [elt]
valve packing Ventilmanschette *f* [prc]
valve passage Ventildurchgang *m* [prc]
valve piston Ventilkolben *m* [prc]
valve plate Schieberplatte *f* [prc]
valve plunger Ventilstößel *m* [tra]
valve pocket Ventilkammer *f* [tra]
valve position indicator Ventilstellungsgeber *m* [prc]
valve positioner Ventilantrieb *m* [prc]
valve push rod Ventilhubstange *f* [tra]; Ventilstoßstange *f* [tra]; Ventilstößel *m* [tra]
valve refacer Ventilschleifvorrichtung *f* [wer]
valve regulation Ventilsteuerung *f* [prc]
valve relief Ventilentlastung *f* [prc]
valve reseater Ventilsitzbearbeitungsgerät *n* [wer]
valve retainer Ventilteller *m* [tra]
valve rocker Kipphebel *m* [tec]; Ventilhebel *m* [tra]
valve rocker arm Ventilkipphebel *m* [tra]
valve rod Ventilschaft *m* [tra]
valve rotator Ventildreher *m* [tra]
valve seat Ventilsitz *m* [prc]
valve seat insert Ventilsitzring *m* [tra]
valve selector Ventilwähler *m* [tra]
valve set screw Ventileinstellschraube *f* [tra]
valve setting Ventileinstellung *f* [tra]
valve shaft Ventilspindel *f* [prc]
valve socket Ventilstutzen *m* [prc]
valve spindle Ventilspindel *f* [prc]
valve spool Steuerschieber *m* [tra]; Ventilkolben *m* (Hydraulik) [tec]
valve spring Ventilfeder *f* [tra]
valve spring key Ventilfederkeil *m* [tra]
valve spring remover Ventilheber *m* [tra]
valve spring retainer Ventilfederteller *m* [tra]
valve spud Ventilschaft *m* [tra]
valve stand, hydraulic - hydraulischer Steuerstand *m* (für hydraulische Ventile) [tec]
valve stem guide Ventilführung *f* [tra]
valve stroke Ventilhub *m* [tra]
valve sub-plate Ventilmontageplatte *f* [tec]
valve support Ventilhalterung *f* [tra]; Ventilträger *m* [tra]
valve suspension Ventilaufhängung *f* [tra]
valve tappet Ventilstößel *m* [tra]
valve tappet clearance Ventilstößelspiel *n* [con]
valve timing Ventileinstellung *f* [tra]
valve trains Ventilgestänge *n* [tra]
valve travel Ventilhub *m* [tra]
valve travel time Ventilstellzeit *f* [prc]
valve with packing Stopfbuchsenventil *n* [tec]
valve with roller lever Rollenhebelventil *n* [tra]
valve yoke Laterne *f* (Ventil) [prc]
valve, additional - Zusatzventil *n* [prc]
valve, air operated - luftbetätigtes Ventil *n* [prc]
valve-grinding Ventilschleifen *n* [wer]
valve-lift controller Öffnungsregler *m* [pow]

valves and fittings Feinarmaturen *pl* [prc]; feine Armaturen *pl*
van Kastenwagen *m* (Kofferaufbau des Lkw) [tra]; Wagen *m* (Lieferwagen) [tra]
van-line Speditionsunternehmen *n* [tra]
vanadium Vanadium *n* (chem. El.: V) [che]
vanadium catalyst Vanadinkatalysator *m* [che]
vanadium steel Vanadiumstahl *m* [met]
vane Turbinenschaufel *f* [pow]; Flügel *m* (Mischer); Blatt *n* (des Ventilators) [pow]
vane anemometer Flügelradanemometer *n* [any]
vane control Leitschaufelregulierung *f* [prc]
vane controller Drallregler *m* [pow]
vane length Blatthöhe *f* (Schaufelblatt) [pow]
vane pump Flügelpumpe *f* [prc]; Flügelzellenpumpe *f* [prc]
vane ring Leitring *m* (an Schaufel) [tec]; Leitschaufelkranz *m* (Ventilator) [prc]; Schaufelkranz *m* (Ventilator) [prc]
vane support Leitschaufelträger *m* [prc]
vane wheel Schaufelrad *n* [pow]
vanish verschwinden *v*
vanishing line Fluchtlinie *f* [opt]
vanishing point Fluchtpunkt *m* [opt]
vapor ((A) siehe: vapour)
vaporization Verdampfung *f*; Verdunstung *f*; Vergasung *f* [prc]; Dampfen *n*
vaporization, rate of - Verdampfungsgeschwindigkeit *f*
vaporize abrauchen *v* [che]; ausdampfen *v* [prc]; bedampfen *v*; dämpfen *v* (mit Dampf); verdampfen *v*; verdunsten *v*; vergasen *v* [che]
vaporized bedampft
vaporizer Verdampfer *m*; Vergaser *m* [prc]; Zerstäuber *m* [prc]
vaporizing Bedampfung *f*; Abdampfen *n*; Verdampfen *n*
vaporous dampfförmig
vapour Dampf *m* ((B)); Dunst *m* (Dampf); Brüden *pl*
vapour absorption Wasserdampfaufnahme *f*
vapour adsorption Dampfadsorption *f*
vapour barrier Dampfsperre *f* [bau]; Feuchtigkeitssperre *f*
vapour barrier layer Dampfsperrschicht *f* [bau]
vapour brake Dampfbremse *f* (Dampfisolation) [bau]
vapour cloud Dampfwolke *f*
vapour cloud explosion Dampfexplosion *f*
vapour condenser Brüdenkondensator *m* [prc]; Schwadendampfkondensator *m* [pow]
vapour content Dampfgehalt *m*
vapour cooler Schwadenkühler *m* [pow]
vapour density Dampfdichte *f* [phy]; Dampfdichtigkeit *f*
vapour deposition Aufdampfung *f*
vapour diffusion Wasserdampfdiffusion *f*
vapour exhaust Schwadenabsaugung *f* [pow]
vapour exhaust pipe Absaugleitung *f* [air]
vapour exhaust system Dunstabsauganlage *f*
vapour extractor Absaugvorrichtung *f*

vapour hood Brüdenhaube *f* [prc]; Dunsthaube *f*
vapour lock Gassperre *f* [pow]
vapour lock device Entlüftungsventil *n*
vapour outlet Kamin *m* (Kolonne) [che]
vapour precipitator Dunstfang *m* [air]
vapour pressure Dampfdruck *m*
vapour seal Dampfdichtung *f* [pow]; Wasserdampfsperre *f* [met]
vapour state dampfförmiger Zustand *m*
vapour steam collecting pipe Schwadendampfsammelleitung *f* [pow]
vapour supply pipe Dampfleitung *f*
vapour tension Dampfspannung *f* [phy]
vapour throughput Dampfdurchsatz *m* [pow]
vapour trail Kondensstreifen *m* (Luft) [air]
vapour velocity Dampfgeschwindigkeit *f*
vapour waste steam Schwadendampf *m* [air]
vapour, free of - dampffrei
vapour-bath Dampfbad *n*
vapour-blast Strahlen *n* [prc]
vapour-blast dampfstrahlen *v* [wer]
vapour-deposit aufdampfen *v*
vapour-jet diffusion pump Dampfstrahldiffusionspumpe *f* [prc]
vapour-tight dampfdicht
vapours burner Brüdenbrenner *m* [prc]
vapours of smoke Rauchschwaden *pl* [air]
vapours piping Brüdenleitungen *f* [prc]
vapoury dunstig
variability Veränderlichkeit *f*
variable variabel; veränderlich
variable Einflussgröße *f* [mat]; Variable *f* [mat]; Veränderliche *f* [mat]
variable capacitor Drehkondensator *m* [elt]
variable capacity pump Regelpumpe *f* [tra]
variable control Bedarfssteuerung *f* [tra]; Mengenbedarfssteuerung *f* [tra]
variable declaration Variablendeklaration *f* (Software) [edv]
variable format variables Format *n* (Software) [edv]
variable gain amplifier Regelverstärker *m* [elt]
variable gear Wechselgetriebe *n* [tec]
variable identifier Variablenname *m* (Software) [edv]
variable of state Zustandsgröße *f* [che]
variable pump Verstellpumpe *f* [prc]
variable resistor Regelwiderstand *n* [elt]
variable sensitivity probe Tiefenprüfkopf *m* [any]
variable speed drehzahlveränderlich
variable speed motor Regelmotor *m*
variable spring hanger Federausgleichhänger *m* [tec]; Federhänger *m* [tec]
variable spring support Federstütze *f* (Befestigung) [tec]
variable transformer Regeltransformator *m* [elt]
variable velocity regelbare Geschwindigkeit *f* [phy]
variable word length variable Wortlänge *f* (Software) [edv]
variable, alphanumeric - alphanumerische Variable *f* [edv]

variable, bound - gebundene Variable *f* (in der Logik) [edv]
variable, conditional - Bedingungsvariable *f* (Software) [edv]
variable, infinitely - stufenlos einstellbar [tec]; stufenlos regelbar [tec]
variable, real - Gleitkommavariable *f* [mat]
variable-displacement double pump Verstelldoppelpumpe *f* [prc]
variable-displacement motor Verstellmotor *m* [tec]
variable-displacement pump Verstellpumpe *f* [prc]
variable-section blade Schaufel mit veränderlichem Profil *f* (Turbine) [pow]
variable-speed drive Regelantrieb *m* (geregelter Antrieb) [tec]; regelbarer Antrieb *m* [tec]; Stufenantrieb *m* [tec]
variable-speed gear Regelgetriebe *n* [tec]
variable-speed gearing, hydrostatic - hydrostatisches Regelgetriebe *n* [tec]
variable-speed motor drehzahlveränderlicher Motor *m* [tec]; Motor mit Drehzahlregelung *m* [tec]; Regelmotor *m* [tec]
variable-speed transmission Regelgetriebe *n* [tec]
variance amtliche Ausnahmegenehmigung *f* [jur]; Streuung *f* (Statistik) [mat]; Varianz *f* [mat]
variance analysis Varianzanalyse *f* [mat]
variant unterschiedlich
variant Abänderung *f* [bff]; Abart *f*; Variante *f*
variate abweichen *v* (Statistik) [mat]
variation Abwandlung *f*; Abweichung *f* (zusätzliche Möglichkeit.); Änderung *f*; Schwankung *f*; Variante *f*; Veränderung *f*; Spielraum *m* (Möglichkeit); Wechsel *m* (Veränderung)
variation in pressure Druckänderung *f* [phy]
variation, allowable - Toleranz *f* (Abweichung)
variations, range of - Schwankungsbereich *m*
variegated gefleckt
variety Abart *f*; Gattung *f*; Variante *f*; Vielfalt *f*
variety of loads unterschiedliche Belastungsanforderungen *pl*
variometer Spannungsregler *m* [elt]
various unterschiedlich; verschieden (mehr als eins); verschiedenartig
varistor Varistor *m* [elt]
varnish Farbe *f* (Anstrich-) [met]; Firnis *m* [che]; Lack *m* [met]; Überzugslack *m* [met]
varnish anstreichen *v* (lackieren) [wer]; firnissen *v*; glasieren *v* (lackieren) [wer]; lackieren *v* [wer]
varnish coat Lackanstrich *m* [met]
varnish coating Lackierung *f* [met]
varnish colour Lackfarbe *f* [met]
varnish factory Lackfabrik *f*
varnish paint Lackfarbe *f* [met]
varnish removal Lackentfernung *f* [met]
varnish remover Abbeizpaste *f* [met]; Lackentferner *m* [met]; Abbeizmittel *n* (Farbanstrich) [che]; Lackabbeizmittel *n* [met]
varnish resin Lackharz *m* [met]
varnish rest Lackrest *m* [rec]; Lackschlamm *m* [rec]

varnish sludge Lackschlamm *m* [rec]
varnish slurry Lackschlamm *m* [rec]
varnish stain Farbbeize *f*; Lackbeize *f* [met]
varnish testing device Lackprüfgerät *m* [any]
varnish thinner Lackverdünner *m* [met]
varnish, acid-proof - säurefester Lack *m* [met]
varnisher Lackierer *m*
varnishing machine Lackiermaschine *f* [wer]
varnishing plant Lackieranlage *f*
vary abändern *v* (abwandeln); abwandeln *v*; ändern *v* (variieren); schwanken *v*; variieren *v*; verändern *v*; wechseln *v* (verändern)
varying verschieden (unterschiedlich); wechselnd
varying speed motor Motor mit veränderlicher Drehzahl *m* [pow]
vat Wanne *f* (Fass); Behälter *m* (Fass); Bottich *m* (Kessel, Fass); Kessel *m* (in Brauerei); Trog *m*; Zuber *m* (Bottich, Wanne); Gefäß *n* (Fass)
vault Geldschrank *m* (Safe, Tresor) [eco]; Gewölbe *n* [bau]
vaulted gewölbt
vaulted ceiling Bogendecke *f* [bau]
vector Vektor *m* [mat]
vector diagram Zeigerdiagramm *n* [con]
vector field Vektorfeld *n* [mat]
vector graphics Vektorgraphik *f* (Software) [edv]
vectorial vektoriell [mat]
vee-belt Keilriemen *m* [tra]; Treibriemen *m* [tra]
vee-belt drive Keilriementrieb *m* [tra]
vee-belt pulley Keilriemenscheibe *f* [tra]
vee-guide Prismenführung *f* [tec]
vee-thread Spitzgewinde *n* [tec]
veer Drehung *f* (z.B. des Windes) [wet]
veer drehen *v* ((sich) drehen, abdrehen)
vegetable colouring matter Pflanzenfarbstoff *m* [met]
vegetable dye Pflanzenfarbe *f*
vegetable extract Pflanzenextrakt *m* [bff]
vegetable fat Pflanzenfett *n* [met]; Pflanzenöl *n* [met]
vegetable fibre Pflanzenfaser *f* [met]
vegetable glue Pflanzenleim *m* [met]
vegetable manure Gründünger *m* [far]
vegetable oil Pflanzenöl *n* [met]; pflanzliches Öl *n* [met]
vegetable origin pflanzlicher Ursprung *m* [bff]
vegetable soil Humuserde *f* [bod]
vegetable wax Pflanzenwachs *n* [met]
vegetable-oil engine Pflanzenölmotor *m* [tra]
vegetable-oil extraction Pflanzenölgewinnung *f* [met]
vegetables Gemüse *n* [far]
vegetation Vegetation *f* [bff]; Bewuchs *m* (Pflanzenbewuchs) [bff]; Pflanzenwachstum *n* (Vegetation) [bff]
vegetation on river banks Ufervegetation *f* [bff]
vegetation region Vegetationsgebiet *n* [bff]
vegetation zone Vegetationszone *f* [bff]
vegetation, natural - natürliche Vegetation *f*

vehicle Wagen *m* (Fahrzeug allgemein, auch Bahn) [tra]; Fahrzeug *n* [tra]
vehicle accessories Fahrzeugzubehör *m* [tra]
vehicle body Wagenkasten *m* [tra]
vehicle clearance side Wendekreisdurchmesser *m* [tra]
vehicle detector pad Kontaktschwelle *f* (Straße) [tra]
vehicle engine Fahrzeugmotor *m* [tra]
vehicle exhaust emissions Fahrzeugabgase *pl* [air]
vehicle lamp Fahrzeuglampe *f* [tra]
vehicle manufacturing Fahrzeugbau *m* (Landwirtschaft, Pkw, Nutzfahrzeuge) [tec]
vehicle noise Verkehrslärm *m* [aku]
vehicle parts Fahrzeugteile *pl* [tra]
vehicle scale Fahrzeugwaage *f* [any]
vehicle springs Autofedern *pl* [tra]
vehicle traffic Individualverkehr *m* [tra]; Kraftfahrzeugverkehr *m* [tra]
vehicle washing facility Fahrzeugwaschanlage *f* [tra]
vehicle, air cushion - Luftkissenfahrzeug *n* [tra]
vehicle, armoured - Panzerfahrzeug *n* [tra]
veil Schleier *m*
veil verhüllen *v* (verbergen)
veil of mist Nebelschleier *m* [wet]
vein Ader *f* [geo]; Maserung *f* (Marmor) [met]; Gang *m* (Erz) [geo]
vein marmorieren *v*; masern *v* [wer]
veined geädert; gemasert (Holz); marmoriert
veining Holzmaserung *f*
velocity Geschwindigkeit *f* [phy]
velocity constant Geschwindigkeitskonstante *f* [che]
velocity distribution Geschwindigkeitsverteilung *f* [che]
velocity head Rampe *f* (Zug überwindet ohne große Kraft) [tra]
velocity staging Geschwindigkeitsabstufung *f* [pow]
velocity, variable - regelbare Geschwindigkeit *f* [tec]
vend verkaufen *v* [eco]
vending-machine Verkaufsautomat *m*
vendor processing Lieferantenbearbeitung *m* [eco]
veneer Furnier *n* [met]
veneer furnieren *v* [wer]; verblenden *v* (Holz)
veneer glue Furnierleim *m* [met]
veneer plaster Gipsputz *m* [bau]
veneer wood Furnierholz *n* [met]
veneered plywood furniertes Sperrholz *n* [met]
veneering Furnieren *n* [wer]
veneering adhesive Furnierleim *m* [met]
vent Entlüftungsöffnung *f*; Luftöffnung *f* [air]; Öffnung *f* (auch Ventil); Abluftstutzen *m* [air]; Abzug *m* (Kanal) [air]; Dunstabzug *m* [air]; Belüftungsventil *n*; Entlüftungsventil *n*
vent belüften *v* (mit Luftstrom) [air]; entlüften *v* (z.B. Lagerraum)
vent cock Entlüfterhahn *m* [tra]
vent condenser Schwadenkondensator *m* [pow]
vent duct Entlüftungsleitung *f*; Entlüftungsrohrkanal *m*
vent filter Abluftfilter *m* [air]
vent flue Entlüftungsrohr *n*

vent hole Entlüftungsbohrung *f*
vent nipple Entlüftungsnippel *m*
vent pipe Abzugsrohr *n* [air]; Dunstabzugsrohr *n* [air]; Entlüftungsrohr *n*
vent plug Entlüftungsstopfen *m*
vent screw Entlüftungsschraube *f* [tra]
vent stack Abluftkamin *m* [air]; Dunstrohr *n* [bau]
vent system Gasabzugssystem *pl* [air]
vent valve Entlüftungsventil *n*
ventiduct Entlüftungsöffnung *f*; Ventilationsöffnung *f* [air]; Luftschacht *m* [air]; Entlüftungsloch *n*
ventilate belüften *v* (mit Luftstrom) [air]; bewettern *v* (Bergbau) [roh]; durchlüften *v*; entlüften *v*; lüften *v* (belüften) [prc]; ventilieren *v*
ventilated bewettert (Lüftung)
ventilated flat roof Kaltdach *n* [bau]
ventilated roof belüftetes Dach *n* [bau]; Kaltdach *n* [bau]
ventilated, well - luftig
ventilating duct Luftkanal *m* [air]
ventilating fan Ventilator *m* [air]
ventilating flap Luftklappe *f* [air]
ventilating hood Dunstabzugshaube *f* (Küche) [air]
ventilating hose Lüftungsschlauch *m* [air]
ventilating installation Lüftungsanlage *f* [air]
ventilating pipe Dunstrohr *n* [bau]
ventilating shaft Lüftungsschacht *m* [air]
ventilating valve Belüftungsventil *n*
ventilating window Lüftungsfenster *n* [bau]
ventilation Abwasserbelüftung *f* [was]; Belüftung *f* [air]; Bewetterung *f* (Lüftung); Durchlüftung *f*; Entlüftung *f*; Lüftung *f* [air]; Ventilation *f* [air]
ventilation aggregate Belüftungsaggregat *n* [air]
ventilation aperture Ablüftöffnung *f* [air]
ventilation appliance Lüftungsvorrichtung *f* [air]
ventilation duct Lüftungskanal *m* [air]
ventilation engineering Lüftungstechnik *f* [air]
ventilation equipment Lüftungsgeräte *pl* [air]
ventilation filter Beleuchtungsfilter *m* [prc]
ventilation flap Lüftungsklappe *f* [air]
ventilation frame Belüftungsrahmen *m*
ventilation grid Lüftungsgitter *n* [air]
ventilation grille Lüftungsgitter *n* [air]
ventilation hood Dachhaube *f* (für Belüftung) [pow]; Dachlüfterhaube *f* [pow]
ventilation nozzle Entlüftungsdüse *f* [tra]
ventilation opening Belüftungsöffnung *f* [air]; Entlüftungsöffnung *f*; Luftöffnung *f* [air]
ventilation pipe Entlüftungsrohr *n*
ventilation plant Belüftungsanlage *f*
ventilation shaft Luftschacht *m* [air]
ventilation system Belüftungsanlage *f*; Lüftungsanlage *f* [air]
ventilation system sound attenuator Belüftungsschalldämpfer *m* [aku]
ventilation system, air - Lüftungsanlage *f* [air]
ventilation tank Belüftungsbecken *n* [was]
ventilation technology Lüftungstechnik *f* [air]
ventilation, air-forced - Fremdbelüftung *f* [air]

ventilation, artificial - künstliche Lüftung *f* [air]
ventilation, natural - natürliche Lüftung *f* [air]
ventilator Belüfter *m* [air]; Lüfter *m* [air]; Ventilator *m* [air]; Gebläse *n* [air]
ventilator flange Lüfterflansch *m* [prc]
ventilator window Ausstellfenster *n* [tra]
venting Entlüftung *f*; Lüftung *f* [air]
venting channel Belüftungskanal *m* [air]
venting pipe Entlüftungsrohr *n*
venting screw Entlüftungsschraube *f* [prc]
venting system Lüftersystem *n* [air]
venture Risiko *n*; Unternehmen *n* [eco]
venture riskieren *v*
venture capital Risikokapital *n* [eco]
venturi burner Venturibrenner *m* [pow]
venturi scrubber Venturiwäscher *m* [prc]
venturi tube Venturidüse *f* [any]; Mischrohr *m* (Vergaser) [tra]; Venturirohr *n* [prc]
venue Gerichtsstand *m* (Ort, nicht Gesetz) [jur]
verbal mündlich; wörtlich
verditer, green - Patina *f* [che]
verge Anker *m* (Uhr) [tec]; Ortgang *m* [bau]; Rand *m* (Wegrand); Randstreifen *m* [tra]; Seitenstreifen *m* [tra]; Bankett *n* (Schulter der Straße) [bod]; Straßenbankett *n* [bau]
verge escapement Spindelhemmung *f* (Uhr) [tec]
verifiable belegbar (beweisbar); nachprüfbar
verification Echtheitsprüfung *f*; Prüfung *f* (Überprüfung) [any]; Verifikation *f* [edv]
verification inspection Verwechslungsprüfung *f*
verification picture Kontrollaufnahme *f* [any]
verification test Abnahmetest *m* [any]
verification, expenditure - Aufwandsnachweis *m*
verified bestätigt
verify belegen *v* (beweisen) [jur]; bestätigen *v* (beweisen, überprüfen); nachprüfen *v* (auf Richtigkeit); nachweisen *v* (belegen); prüfen *v* (bestätigen) [any]
vermilion blutorange (RAL 2002) [nor]
vermin Ungeziefer *n* [bff]
vermin-proof ungezieferbeständig
vernier Feineinsteller *m*; Nonius *m*
vernier adjustment Feineinstellung *f*
vernier gauge Schieblehre *f* [any]
vernier reading Noniusablesung *f* [any]
vernier scale Noniusskala *f* [any]
versatile vielseitig
versatile machine Universalgerät *n*
versicant hautätzend
version Ausführung *f* (Version); Ausgabe *f* (Version); Version *f*
version, abridged - gekürzte Fassung *f* (des Buches)
vertex Spitze *f* (Scheitel); Scheitel *m*; Scheitelpunkt *m*
vertexes Eckpunkte *m*
vertical aufrecht (in senkrechter Haltung); lotrecht; senkrecht; vertikal (senkrecht)
vertical Senkrechte *f*
vertical adjustment Höhenverstellung *f* [tec]; Vertikaleinstellung *f* [tec]

vertical agitator Vertikalrührwerk n [prc]
vertical bearing Stehlager n [tec]
vertical boring mill Vertikalbohrwerk n [wer]
vertical conveyor Senkrechtförderer m [prc]
vertical coring brick Hochlochziegel m [met]
vertical displacement vertikale Bewegung f (z.B. Hub) [tra]
vertical drain Standdrän m [was]
vertical drilling mill Vertikalbohrwerk n [wer]
vertical drop work Fallwerk n [mbt]
vertical frame member Rahmenstiel m (Stahlbau) [tec]
vertical height Höhendifferenz f (im Bergbau) [roh]; Höhenunterschied m (im Bergbau) [roh]
vertical joint Vertikalteilfuge f [tec]
vertical positioning Vertikalpositionierung f [tec]
vertical pump Vertikalpumpe f [prc]
vertical radiation Senkrechteinschallung f [any]
vertical rise Förderhöhe f [bau]; Stockwerkshöhe f [mbt]
vertical rise, minimum - Mindestmaß Höhe n (bei Rolltreppe) [con]
vertical rotary grinder Vertikalfräsmaschine f [wer]
vertical screw mixer Schneckenmischer m [prc]; Umlaufschneckenmischer m [prc]
vertical shaft Königswelle f [mbt]
vertical spindle milling machine Senkrechtfräsmaschine f [wer]
vertical travel Senkrechtbewegung f (z.B. Werkzeugmaschine) [tec]
vertical tube boiler Steilrohrkessel m [pow]
vertical ultrasonic beam Senkrechteinschallung f [any]
vertical wiper Parallelscheibenwischer m [tra]
vertical-shaft turbine Turbine mit stehender Welle f [pow]
vertically adjustable höhenverstellbar (z.B. Schienen) [tra]
vertically perforated brick Hohllochziegel m [bau]
vertically up Stehnaht f [wer]
very high flux reactor Höchstflussreaktor m (Kernreaktor) [pow]
very high pressure Höchstdruck m
very thin sheet metal Blech n (Feinstblech (< 0,5 mm)) [met]; Feinstblech n (unter 0,5 mm) [met]
vessel Wasserfahrzeug f [tra]; Behälter m (Kessel); Schüssel m (Gefäß, Schiff); Tank m; Becken n (Behälter) [was]; Gefäß n (Behälter)
vessel under pressure Druckgefäß n
vessel, agitated - Rührkessel m [prc]
vested rights Bestandsschutz m [jur]
vested with general commercial powers of representation, person - Bevollmächtigter m [eco]
vestige Rudiment n [bff]
vestigial spärlich; spurenhaft
viaduct Überführung f (Brücke) [tra]; Viadukt m (hohe Vielbogenbrücke) [bau]
vibrate erschüttern v; oszillieren v [phy]; rütteln v; schütteln v; schwingen v (vibrieren); vibrieren v (schwingen)

vibrated concrete Rüttelbeton m [met]
vibrating ball mill Schwingmühle f [prc]
vibrating chute Schwingrinne f [prc]
vibrating compactor Rüttelverdichter m [prc]; Vibrationsverdichter m [mbt]
vibrating conveyor Schwingförderer m [prc]
vibrating feeder Schwingrinne f [prc]
vibrating feeder chute Schüttelrutsche f [prc]
vibrating grinder Schwingschleifer m [wzg]
vibrating roller Rüttelwalze f (Anhängerüttelwalze) [prc]
vibrating screen Schüttelsieb n [prc]; Schwingsieb n [prc]; Vibrationssieb n [prc]
vibrating shaker Schüttelherd f [prc]
vibrating sieve Rüttelsieb n [prc]
vibrating stoker Schüttelrost m [pow]
vibrating table Rütteltisch m [any]
vibrating test Vibrationsversuch m [any]
vibrating trickle feed tray Schüttelrutsche f [prc]
vibrating trough Schwingrinne f [prc]
vibration Erschütterung f; Schwingung f [phy]; Vibration f (Schwingung, Erschütterung) [phy]
vibration absorber Schwingungsaufnehmer m [tec]; Schwingungsdämpfer m [tec]
vibration damper Schwingungsdämpfer m [tra]; Schwingmetall n [tec]
vibration damper, rubber-metal - Schwingmetall n [tec]
vibration damping Schwingungsdämpfung f [phy]
vibration frequency Schwingungszahl f [phy]
vibration grinding machine Vibrationsschleifer m [wer]
vibration hazard Vibrationsgefahr f [tec]
vibration insulation, active - Aktivschwingungsisolierung f [tec]
vibration intensity Schwingstärke f [phy]
vibration measuring apparatus Schwingungsmesser m [any]
vibration meter Schwingungsmessgerät n [any]
vibration mill Schwingmühle f [prc]
vibration mixer Vibrationsrührer m [prc]
vibration monitoring Schwingungsüberwachung f [any]
vibration noise measurement Schwingungsschallmessung f [any]
vibration protection Schwingungsschutz m [tec]
vibration resistant vibrationsfest [met]
vibration sander Schwingschleifer m [wzg]
vibration sensor Schwingungsaufnehmer m [any]
vibration stress Schwingungsbeanspruchung f [met]
vibration, absolute - Absolutschwingung f [phy]
vibration, natural - Eigenschwingung f [phy]
vibration-cushioned schwingungsgedämpft [tra]
vibration-free schwingungsfrei; vibrationsfrei [met]
vibration-free running Laufruhe f [tec]
vibration-insulated schwingungsisoliert
vibration-isolated schwingungsfrei gelagert
vibrationless erschütterungsfrei
vibrator Rüttelmaschine f [prc]; Rüttelvorrichtung f

[prc]; Rüttelapparat *m* [prc]; Rüttler *m* [prc]; Verdichter *m* [bau]; Vibrator *m*; Wechselrichter *m* [elt]
vibrator motor Rüttelmotor *m* [prc]
vibratory excitation Schwingungsanregung *f* [phy]
vice Zwinge *f* (Schraubstock) [wzg]; Schraubstock *m* (Zwinge, Backe) [wzg]
vicinity Nachbarschaft *f*; Umgebung *f* (Nachbarschaft)
video Video *n*
video adapter Videokarte *f* [edv]
video board Grafikkarte *f* (Bildschirm) [edv]; Graphikkarte *f* ((variant)) [edv]
video camera Videokamera *f* [edv]
video card Grafikkarte *f* (Bildschirm) [edv]; Graphikkarte *f* ((variant)) [edv]; Videokarte *f* [edv]
video cassette Videokassette *f* [edv]
video disk Bildplatte *f* [edv]
video disk player Bildplattenspieler *m* [elt]
video display Bildausgabe *f* (Software) [edv]
video display page Bildschirmseite *f* [edv]
video display terminal Kathodenstrahlröhre *f* [elt]; Datensichtgerät *n* [edv]
video display tube Bildröhre *f* [elt]
video equipment Videoausrüstung *f* [elt]
video memory Bildspeicher *m*
video projector Videoprojektor *m* [edv]
video recorder Videorecorder *m* [edv]
video scanner Bildabtaster *m* [any]; Bildabtastgerät *n* [any]
video screen Bildschirm *m* [elt]
video signal Bildsignal *n* [elt]
video system Videosystem *n* [edv]
video tape Videoband *n* [edv]
video technology Videotechnik *f* [edv]
video telephone Bildtelefon *n* [edv]
view Ansicht *f* (auf ein Bild sehen); Aussicht *f* (Landschaft, Arbeitsstelle); Sicht *f*; Blick *m*; Riss *m* (Ansicht); Schnitt *m*; Bildfeld *n* [opt]
view beobachten *v*; besichtigen *v*; betrachten *v* (sich ansehen); inspizieren *v*
view finder Sucher *m* (an der Kamera) [opt]
view, point of - Gesichtspunkt *m*; Standpunkt *m*
view, within - in Sicht (von hier)
viewer-centred perspective Betrachterperspektive *f* [edv]
viewer-independent perspective betrachterunabhängige Perspektive *f*
viewing Beobachtung *f*; Besichtigung *f*; Wahrnehmung *f* (Besichtigung)
viewpoint Standpunkt *m*
vignol rail Vignolschiene *f* [tra]
vigorous kräftig; kraftvoll; vital
vigour Dynamik *f* (Heftigkeit); Energie *f* (Tatkraft); Kraft *f* (Körperkraft); Spannkraft *f* (Energie)
village Ortschaft *f* (Dorf); Ort *m* (Dorf); Dorf *n*
village-level production Einfachtechnologie *f* [tec]
vinyl chloride Vinylchlorid *n* [che]
vinyl ester resin Vinylesterharz *n* [che]
vinyl plastic Vinylkunststoff *m* [met]

vinyl polymer Vinylpolymer *n* [met]
vinyl resin Vinylharz *n* [che]
vinylidene chloride Vinylidenchlorid *n* [che]
vinylidene chloride/vinyl chloride copolymer fibre Vinylidenchlorid/Vinylchlorid-Copolymerfaser *f* [met]
violate verletzen *v* (ein Gesetz brechen) [jur]
violation Verletzung *f* (Regeln); Verstoß *m* [jur]
violence Heftigkeit *f*
violent gewaltsam; heftig
violently, reacting - heftig reagierend [che]
violet violett
violet blue violettblau (RAL 5000) [nor]
virgin unberührt (Natur)
virgin face natürliche Wand *f* (des Steinbruches) [roh]
virgin land Neuland *n*; unbearbeitetes Land *n*
virgin lead Hüttenblei *n* [met]
virgin metal Hüttenmetall *n* [met]; Originalhüttenmetall *n* [met]
virgin paper tape Lochstreifen *m* (noch ungelocht) [edv]
virgin soil Rohboden *m* [bod]
virgin stone Naturstein *m* [met]
virgin zinc Hüttenzink *n* [met]
virtual scheinbar; virtuell
virtual address virtuelle Adresse *f* [edv]
viscid viskos [met]; zähflüssig [met]
visco-elastic viskoelastisch [met]
visco-elasticity Viskoelastizität *f* [met]
visco-plastic viskoplastisch [met]
viscometer Viskosimeter *n* [any]
viscometry Viskosimetrie *f* [any]
viscose Viskose *f* [met]
viscose fibre Viskosefaser *f* [met]
viscose rayon Viskosefaserstoff *m* [met]
viscose staple fibre Viskosezellwolle *f* [met]
viscosimeter Viskosimeter *n* [any]
viscosimetry Viskosimetrie *f* [any]
viscosity Viskosität *f* [phy]; Zähflüssigkeit *f* [met]; Zähigkeit *f* (Fluid) [met]
viscosity coefficient Viskositätskonstante *f* [phy]
viscous dickflüssig [phy]; viskos [met]; zäh (Fluid) [met]; zähflüssig [met]
viscous damping Flüssigkeitsdämpfung *f* [tec]
viscous liquids pump Dickstoffpumpe *f*
viscous lubrication Vollschmierung *f* [tec]
viscous slurry pump Dickstoffpumpe *f*
viscous, highly - hochviskos
viscous-type damper Flüssigkeitsdämpfer *m* [tra]
visibility Sicht *f*; Sichtweite *f*
visibility, range of - Sichtbereich *m*
visible sichtbar
visible signal optisches Signal *n* (Lampe, Leuchte) [opt]
visible surface Sichtfläche *f*
vision frequency Bildfrequenz *f* [edv]
vision light Klarverglasung *f* [bau]
visit Befahrung *f* (Besichtigung im Bergbau) [roh]; Besuch *m* (einen Besuch abstatten)

visit befahren *v* (besichtigen)
visitor Besucher *m* (Besucher bewirten, unterhalten)
visitor's permit Besuchserlaubnis *f*
visor Blende *f* (im Auto) [tra]
visual optisch [opt]; visuell
visual acuity Sehschärfe *f* [hum]
visual control Sichtkontrolle *f* [any]
visual display unit Bildschirm *m* [elt]
visual field Blickfeld *n*
visual grading gauge Kornstufenschaulehre *f* [any]
visual inspection Sichtkontrolle *f* [any]; Sichtprüfung *f*; visuelle Verfahren *pl* [bau]
visual pollution optische Umweltverschmutzung *f*
visual range meter Sichtweitenmessgerät *n* [any]
visual telephone Bildtelefon *n* [edv]
visualization Visualisierung *f*
vital lebensnotwendig; lebenswichtig; vital; wesentlich (lebenswichtig)
vital statistics Bevölkerungsstatistik *f*
vitality Vitalität *f*
vitiate verunreinigen *v*
vitiated air Abluft *f* [air]; verbrauchte Luft *f* [air]
vitreous gläsern; glasartig [met]; glasig
vitreous enamel Email *n* [met]
vitreous state Glaszustand *m* [che]
vitrification Sinterung *f*; Verglasung *f* [prc]
vitrified wastes verglaste Abfälle *pl* [rec]
vitrify verglasen *v* [prc]
vocabulary Wörterverzeichnis *n*
vocational adjustment, period of - Einarbeitungszeit *f*
vocational school Berufsschule *f*
vocational training Berufsausbildung *f*
voice Stimme *f*
void leer; nichtig; ungültig
void Fehlstelle *f* [met]; Kavität *f* [met]; Leere *f*; Leerstelle *f* (Materialfehler) [met]; Lücke *f* (Leeraum); Pore *f* (Hohlraum); Hohlraum *m* (Leeraum); Loch *n* (Leerstelle)
void fraction Porenanteil *m*; Hohlraumvolumen *n* (in Haufwerk); Lückenvolumen *n* [met]; Zwischenraumvolumen *n* (zwischen Partikeln)
void ratio Hohlraumverhältnis *n*
void volume Lückenvolumen *n* [met]; Porenvolumen *n*
voidage relatives Porenvolumen *n*
voiding Entleerung *f*
voids, proportion of - Porenanteil *m*
volatile flüchtig
volatile constituent flüchtiger Bestandteil *m* [che]
volatile material freigesetzter Stoff *m* [met]
volatile matter flüchtiger Bestandteil *m* [che]; flüchtige Bestandteile *pl*
volatile oil ätherisches Öl *n* [met]
volatile organic chemical flüchtige organische Substanz *f* [che]
volatile, highly - leicht flüchtig
volatility Flüchtigkeit *f*
volatilization Verdampfung *f*; Verdunstung *f*; Verflüchtigung *f*; Abdampfen *n*
volatilization temperature Verdampfungstemperatur *f*

volatilize verdunsten *v*; verflüchtigen *v*
volcanic vulkanisch [geo]
volcanic ash Vulkanasche *f* [geo]
volcano Vulkan *m* [geo]
volt Volt *n* [elt]
voltage Motorspannung *f* [mbt]; Spannung *f* [elt]
voltage balancing unit Spannungsabgleicher *m* [elt]
voltage between terminals Klemmenspannung *f* [elt]
voltage control Spannungsmesser *m* [any]
voltage converter Spannungsumformer *m* [elt]
voltage difference Spannungsdifferenz *f* [elt]
voltage dip Spannungseinbruch *m* [elt]
voltage divider Spannungsteiler *m* [elt]
voltage drop Spannungsabfall *m* [elt]; Spannungsgefälle *n* [elt]
voltage fluctuation Spannungsschwankung *f* [elt]
voltage follower Spannungsfolger *m* [elt]
voltage indicator Spannungsprüfer *m* [any]
voltage insulation strength Spannungsfestigkeit *f* [elt]
voltage loss Spannungsabfall *m* [elt]; Spannungsverlust *m* [elt]
voltage measuring Spannungsmessung *f* (elektrisch) [any]
voltage metering Spannungsmessung *f* (elektrisch) [any]
voltage output Spannungsausgang *m* [elt]
voltage peak Spannungsspitze *f* [elt]
voltage potential to earth Spannung gegen Erde *f* [elt]
voltage pulse Spannungsimpuls *m* [elt]; Spannungssprung *m* [elt]
voltage regulator Spannungsregler *m* [elt]
voltage rise Spannungsanstieg *m* [elt]
voltage selector Spannungswähler *m* [elt]
voltage shape Spannungsverlauf *m* [elt]
voltage source Spannungsquelle *f* [elt]
voltage stabilizer Netzkonstanthalter *m* [elt]; Spannungskonstanthalter *m* [elt]; Spannungsregler *m* [elt]; Spannungsstabilisator *m* [elt]
voltage stabilizing device Spannungskonstanthalter *m* [elt]
voltage step Spannungsstufe *f* [elt]
voltage supply Spannungsquelle *f* [elt]; Spannungsversorgung *f* [elt]
voltage tester Spannungsprüfer *m* [any]
voltage testing Spannungsprüfung *f* [any]
voltage transformer Spannungswandler *m* [elt]
voltage transient Spannungsstoß *m* [elt]
voltage variation Spannungsänderung *f* [elt]
voltage-carrying unter Spannung *f* [elt]
voltage-dependent spannungsabhängig [elt]
voltage-proof spannungsfest [elt]
voltage/distance converter induktiver Wegaufnehmer *m* [elt]
voltaic galvanisch [elt]
voltaic battery galvanische Batterie *f* [elt]
voltmeter Spannungsmesser *m* [any]; Voltmeter *n* [any]

volume Lautstärke f [aku]; Raumgröße f; Inhalt m (Volumen); Jahrgang m (Zeitschrift); Raum m (Rauminhalt); Rauminhalt m; Band n (Buch); Maß n (Volumen); Volumen n [phy]
volume compressor Kübelfettpresse f [tra]
volume consistency Raumbeständigkeit f [met]
volume contraction Volumenkontraktion f [phy]; Volumenverminderung f
volume control Lautstärkeregler m [aku]
volume density Raumdichte f [phy]
volume expansion räumliche Ausdehnung f; Volumenausdehnung f [phy]
volume name Datenträgername m [edv]
volume percent Volumenprozent n
volume resistance Durchgangswiderstand m [elt]
volume security Datenträgerschutz m [edv]
volume stability Raumbeständigkeit f [phy]
volume velocity Strömungsgeschwindigkeit f [prc]
volume, architectural - umbauter Raum m [bau]
volume, unit of - Raumeinheit f [phy]
volumeter Mengenmesser m (Durchsatz) [any]; Volumenzähler m [any]
volumetric maßanalytisch [any]; titrimetrisch [any]; volumetrisch [any]
volumetric analysis Maßanalyse f [any]; Massenanalyse f [any]
volumetric batching volumetrische Dosierung f [bau]
volumetric capacity Fassungsvermögen n
volumetric content Raumgehalt m [phy]
volumetric count controller Mengenzähler m [any]
volumetric density Raumdichte f [phy]
volumetric flow Fördermenge f (Pumpe); Volumendurchsatz m [prc]
volumetric flow rate Volumenstrom m [prc]
volumetric flowmeter Volumenmeßgerät n [any]
volumetric measure Raummaß n [con]
volumetrically stable raumbeständig [phy]
voluntary freiwillig
voluntary retirement freiwilliges Ausscheiden n
volute Schnecke f [tec]
volute spring Kegelfeder f [tec]; Kegelstumpffeder f [tec]; Schneckenfeder f [tec]; Wickelfeder f [tec]
volution Spiraldehnung f [tec]
vortex Strudel m [was]; Wirbel m (Strömung)
vortex breaker Wirbelstrombrecher m [prc]
vortex burner Wirbelbrenner m [pow]
vortex classifier Drehströmungsentstauber m [air]
vortex crystallizer Wirbelkristallisator m [prc]
vortex furnace Wirbelkammerfeuerung f [pow]
vortex pump Wirbelradpumpe f [prc]
vortex tube Wirbelrohr f [prc]
vortex type separator Wirbelsichter m [prc]
vorticity Wirbelströmung f [prc]; Drehimpuls m [phy]
voucher Beleg m (Buchung) [eco]; Gutschein m
voyage Reise f [tra]
vulcanite Hartgummi m [met]
vulcanite board Hartgummiplatte f
vulcanization Vulkanisation f [prc]; Vulkanisieren f [wer]; Vulkanisierung f [wer]
vulcanization accelerator Vulkanisationsbeschleuniger m [met]
vulcanization inhibitor Vulkanisationsverzögerer m [met]
vulcanization, hot - Heißvulkanisation f [wer]
vulcanize vulkanisieren v [wer]
vulcanized fibre Vulkanfiber f [met]
vulcanized rubber Hartgummi m [met]
vulcanizer Vulkanisierapparat m [prc]
vulcanizing agent Vulkanisiermittel n [met]
vulcanizing press Vulkanisierpresse f [wer]
vision light ungeschützt; verletzlich; verwundbar

W

wadding Watte *f* [met]
wafer Scheibe *f* (Waffel, Waffelblech); Waffel *f* [tec]
wage Lohnkosten *pl* [eco]
wage and salary agreement Tarifvereinbarung *f* [eco]
wage and salary negotiation Tarifverhandlung *f* [eco]
wage costs Lohnkosten *pl* [eco]
wage freeze Lohnstopp *m* [eco]
wage group Tarifgruppe *f* [eco]
wage increase Lohnerhöhung *f* [eco]
wage payment Lohnzahlung *f* [eco]
wage settlement Tarifvereinbarung *f* [eco]; Tarifabkommen *n* [eco]
wage, real - Effektivlohn *m* [eco]
wage-labour Lohnarbeit *f* [eco]
wage-price spiral Lohn-Preis-Spirale *f* [eco]
wage-slip Lohnabrechnung *f* [eco]
wages Entlohnung *f* (Löhne) [eco]; Lohn *m* [eco]; Gehalt *n* (Lohn)
wages department Lohnbüro *n* [eco]
wages office Lohnbüro *n* [eco]
wages roll Lohnliste *f* [eco]
wages, real - Reallohn *m* [eco]
wagon Waggon *m* (Güterwagen) [tra]
wagon bridge Wagenbrücke *f* (Bahn) [tra]
wagon carriage Rollbock *m* (trägt Normalspurwagen auf Schmalspur) [tra]
wagon end Stirnseite *f* (des Waggons) [tra]
wagon fixture Waggonbeschlagteil *n* [tra]
wagon loading station Waggonbeladestation *f* [tra]
wagon tipper Wagenkipper *m* [roh]
wagon tippler Kippbühne *f* [tra]; Waggonkipper *m* [roh]
wagon tracks Wagenspuren *pl* (in unbefestigter Straße) [tra]
wagon, aggregate - Waggon *m* (hier Güterwagen) [tra]
wagon, type of - Wagentyp *m* [tra]
wagon-maker Spengler *m* (Stellmacher, Wagner) [wer]
wail klagen *v* (jammern)
wail of sirens Sirenenton *m*
waisted shank Dehnschaft *m* (Schraube) [tec]
waisted stud Stiftschraube mit Dehnschaft *f* [tec]
wait warten *v* (- auf jemanden)
waiting booth Wartehalle *f* (Bus) [tra]
waiting period Karenzzeit *f*; Sperrfrist *m* [jur]
waiting room Aufenthaltsraum *m* (im Bahnhof) [tra]; Wartesaal *m* (im Bahnhof)
waiting time Bereitschaftszeit *f* (Maschine); Wartezeit *f*
waiting, be - bereitstehen *v* (Maschine)

waive aufgeben *v* (Rechtsanspruch) [jur]
wake Blasenspur *f* (Kielwasser) [tra]; Sog *m* (Schiffe) [tra]; Kielwasser *n* (Blasenspur) [tra]
walk Galerie *f* [bau]
walk escalator Gehtreppe *f* (geneigter Rollsteig) [tra]
walk on betreten *v* (treten auf)
walk plank Laufbohle *f* [bau]
walk, go for a - spazieren *v* [tra]
walkable construction begehbare Ausführung *f*
walked-on finish Gehbelag *m* [tra]
walkie-talkie Funkgerät *n* (tragbares -) [edv]; Funksprechgerät *n* [edv]; Sprechfunkgerät *n* [edv]
walking beam Tandemausgleichsschwinge *f* [tra]; Tandemschwinge *f* (an Muldenkipper) [mbt]; Tandemausgleichsbalken *m* [tra]
walking beam furnace Hubbalkenofen *m* [pow]
walking distance Gehentfernung *f* [tra]
walking pace Schrittgeschwindigkeit *f* [tra]; Schritttempo *n* [tra]
walking pads Schreitwerk *n* (unter Brecher) [roh]
walking speed Schreitgeschwindigkeit *f* [roh]
walking surface Lauffläche *f* (für Fußgänger) [tra]
walkway Bühne *f* [tra]; Laufbühne *f* (am Bagger) [mbt]; Gartenweg *m*
wall Mauer *f* [bau]; Wand *f*
wall bolt Steinschraube *f* [tec]
wall cladding Wandverkleidung *f* [tec]
wall clamp Maueranker *m* [bau]
wall covering Wandverkleidung *f* (innen) [bau]
wall cupboard Wandschrank *m* [bau]
wall deslagger Wandrußbläser *m* [pow]
wall dowel Mauerdübel *m* [bau]
wall duct Mauerdurchführung *f* [bau]
wall effect on flow Randgängigkeit *f* (Strömung)
wall entrance Wanddurchbruch *m* [bau]
wall fan Wandlüfter *m* [bau]
wall friction Wandreibung *f* [phy]
wall heating Wandheizung *f* [pow]
wall hook Mauerhaken *m* [bau]
wall insulation Wandisolierung *f* [bau]
wall joint Wandanschluss *m* [bau]
wall junction Wandanschluss *m* [bau]
wall of earth Erdwall *m* [bod]
wall of the bore hole Bohrlochwandung *f*
wall off abkapseln *v*
wall outlet Wandsteckdose *f* [elt]
wall paint Wandfarbe *f* [met]
wall panel Wandplatte *f* [bau]
wall panels Wandelemente *n* [bau]
wall partition Wandung *f* [bau]
wall plate Wandplatte *f* (Verzierung) [bau]
wall plug Steckdose *f* [elt]; Mauerdübel *m* [bau]
wall screw Steinschraube *f* [tec]
wall slab Wandplatte *f* [bau]
wall socket Anschlussdose *f* [elt]; Netzsteckdose *f* [elt]; Wandsteckdose *f* [elt]; Wandanschluss *m* (z.B. Steckdose) [elt]
wall soot blower Wandrußbläser *m* [pow]
wall temperature Wandtemperatur *f* [pow]

wall thickness Mauerstärke *f* [bau]; Wanddicke *f* [bau]; Wandstärke *f* [bau]
wall thickness measurement Wanddickenmessung *f* [any]
wall thickness, variation of - Wanddickenschwankung *f* [bau]
wall tiles Wandfliesen *pl* [bau]
wall tube Wandrohr *n* (Strahlraum) [pow]
wall up vermauern *v* [bau]; zumauern *v* [bau]
wall vent Wandlüfter *m* [bau]
wall, real - Hinterwand *f* [tec]
wall-ironing Tiefziehen *n* [wer]
wall-light Wandlampe *f* [elt]
wall-mounted radiator Wandheizkörper *m* [pow]
wall-to-wall carpeting Teppichboden *m* [bau]
wall-to-wall rug Teppichboden *m* [bau]
wall-tube insulator Durchführungsisolator *m* [elt]
walled eingemauert [bau]
walling Mauerung *f* [bau]
wallpaper Tapete *f* [met]
want benötigen *v*
wantage Fehlbetrag *m* [eco]
ward Station *f* (im Krankenhaus) [hum]
warding off danger Gefahrenabwehr *f*
wardrobe Kleiderschrank *m*
ware Geschirr *n*
warehouse Lagerhalle *f*; Depot *n* (Lagerhaus); Lagergebäude *n* (Material); Lagerhaus *n* (Material); Magazin *n* (Lager); Warenlager *n* [eco]
warehouse lagern *v* (Material)
warehouse equipment Lagerbedientechnik *f* [eco]
warehouse system Lagersystem *n* (auf Lager)
warehousing technology Lagertechnik *f* [wer]
warfare agent, radioactive - radioaktiver Kampfstoff *m*
warm warm
warm erwärmen *v*
warm air Warmluft *f* [air]
warm restart Warmstart *m* [edv]
warm scaled verzundert (bei Metallen) [met]
warm start-up warmes Anfahren *n* [pow]
warm thoroughly durchwärmen *v*
warm underfoot fußwarm [bau]
warm up anlaufen *v*; anwärmen *v* [pow]; aufwärmen *v* [pow]; durchwärmen *v*; wärmen *v*; warmlaufen *v* (z.B. Motor) [tra]
warm-air duct Warmluftkanal *m* [pow]
warm-air heating system Warmluftheizung *f* [pow]; Warmluftheizungsanlage *f* [pow]
warm-up Durchwärmung *f*
warm-up line Anwärmleitung *f* [pow]
warm-up operation Anheizbetrieb *m* [pow]
warm-up period Anwärmperiode *f* [pow]; Anwärmzeit *f* (Kessel, Leitungen) [pow]
warm-up speed Anwärmdrehzahl *f* [pow]
warm-up time Anlaufzeit *f* (Motor) [pow]; Anwärmzeit *f* (Geräte) [pow]
warmed angewärmt
warmfront Warmfront *f* (Wetter) [wet]

warming plate Warmhalteplatte *f* [elt]
warming up Anlauf *m*; Anwärmen *n* [pow]
warming-up period Anheizzeit *f* [pow]
warming-up time Anwärmzeit *f* [pow]
warmth Wärme *f*
warn alarmieren *v* (Arbeitssicherheit)
warning Warnmeldung *f*; Warnung *f*; Anzeichen *n* (Symptome)
warning bell Alarmklingel *f* (Arbeitssicherheit)
warning clothing Warnkleidung *f* (Arbeitssicherheit)
warning device Warnanlage *f*; Warneinrichtung *f*; Melder *m*; Signalgerät *n* (Arbeitssicherheit); Warngerät *n*
warning equipment Alarmanlage *f* (Arbeitssicherheit)
warning indicator Warngerät *n*
warning information Warnhinweis *m*
warning light Alarmlampe *f* (Arbeitssicherheit); Warnlampe *f*; Lichtsignal *n* [opt]; Warnlicht *n*
warning limit Warngrenze *f*
warning notice Warnschild *n*
warning panel Warntafel *f*
warning sign Sicherheitsschild *n* (Arbeitssicherheit); Verbotsschild *n*; Warnschild *n*; Warnzeichen *n*
warning signal Voralarm *m*; Alarmsignal *n* (Arbeitssicherheit); Warnsignal *n*
warning suit Warnanzug *m*
warning suits Warnkleidung *f* (Arbeitssicherheit)
warning system Warnvorrichtung *f*
warning threshold Warnschwelle *f*
warp Kette *f* (Weben)
warp verdrehen *v* (sich werfen, verbeulen) [tec]; verwinden *v* (verziehen durch Wärme) [tec]; werfen *v* (sich verziehen)
warped verworfen; verwunden (verbogen)
warping Verzug *m* (Bauteil) [tec]; Verwinden *n* (Verziehen) [tec]; Verziehen *n* (Verwinden durch Hitze) [tec]
warrant garantieren *v*; Gewähr leisten *v* ((variant)) [jur]; gewährleisten *v* [jur]
warranted garantiert
warranty Garantie *f* (Gewähr) [jur]; Gewährleistung *f* [jur]
warranty adjustment Garantieleistung *f* (Anerkennung und Bereinigung) [jur]
warranty assurance test Gewährleistungsprüfung *f* [jur]
warranty claim Garantieantrag *m* [jur]
warranty claim on parts Ersatzteilreklamation *f*
warranty claims Gewährleistungsansprüche *pl* [jur]
warranty inspection Garantieprüfung *f* [jur]
warranty insurance Garantieversicherung *f* [jur]
warranty obligations Gewährleistungspflicht *f* [jur]
warranty payments Garantieleistung *f* [jur]
warranty period Gewährleistungsfrist *f* [jur]
warranty service Garantieleistung *f* [jur]
warranty work Gewährleistungsarbeiten *pl* [jur]
wash Aufschlämmung *f* [was]
wash abschlämmen *v* [was]; abspülen *v*; abwischen *v*;

anschlämmen *v* [was]; ausspülen *v* (waschen) [was]; reinigen *v* (waschen); schlämmen *v* [was]; schwemmen *v*; spülen *v*; waschen *v*
wash again nachspülen *v*
wash away abschwemmen *v* [was]; ausspülen *v* (wegwaschen) [was]; wegspülen *v*
wash bottle Spritzflasche *f*
wash coat Haftanstrich *m* [met]
wash off abspritzen *v*; abwaschen *v*
wash out abwaschen *v*; ausschlämmen *v* [was]; ausschwemmen *v*; ausspülen *v* (auswaschen) [was]; auswaschen *v* (waschen) [was]; herausspülen *v*
wash plate Schwallwand *f* [mbt]; Schwallblech *n* [tra]
wash primer Haftgrund *m* (für Farben) [met]; Grundiermittel *n* [met]; Haftgrundmittel *n* (für Farben) [met]
wash waste Waschberge *pl* (im Kohlenbergbau) [roh]
wash-down bowl Tiefspülbecken *n* [bau]
wash-down water closet Tiefspülklosett *n* [bau]
wash-out Ausspülung *f* [was]; Spülung *f*; Unterspülung *f* [was]
washable abwaschbar; auswaschbar; waschecht [met]
washed gewaschen [wer]
washed gas gereinigtes Gas *f*
washed out abgeschlämmt [was]
washer Abdichtung *f* (Dichtungsring); Anlaufscheibe *f* [pow]; Beilegscheibe *f* [tec]; Dichtungsscheibe *f* [tec]; Distanzscheibe *f* [tec]; Scheibe *f* (Unterlegscheibe) [tec]; Unterlegscheibe *f* (allgemein) [tec]; Waschanlage *f* (der Windschutzscheibe) [tra]; Waschvorrichtung *f* [prc]; Zwischenscheibe *f* [tec]; Berieselungsturm *m* [prc]; Federteller *m* [tec]; Ring *m* (Dichtungsring) [tec]; Wäscher *m* [prc]; Wascher *m* (der Scheibenwaschanlage) [tra]
washer system Scheibenwaschanlage *f* [tra]
washer, curved - Tellerspannscheibe *f* [tec]
washer, internal tab - Scheibe mit Nase innen *f* [tec]
washery Kohlenwäsche *f* (Steine raussuchen) [roh]
washing Abschlämmung *f* [was]; Läuterung *f* [che]; Abschlämmen *n* [was]; Reinigen *n*; Waschen *n*
washing agent Waschmittel *n* [met]
washing bottle Waschflasche *f* [any]
washing column Absorptionskolonne *f* [prc]; Berieselungsturm *m*
washing device Waschvorrichtung *f* [prc]
washing hatches Waschluke *f* (Dampflokkessel waschen) [tra]
washing liquid Absorptionsflüssigkeit *f*; Waschflüssigkeit *f*
washing liquor Waschlauge *f* [met]
washing machine Waschmaschine *f* [elt]
washing machine, fully automatic - Waschvollautomat *m* [elt]
washing plant Waschanlage *f*
washing powder Waschpulver *n* [met]
washing powder, biological - Ökowaschmittel *n* [met]

washing process Schlämmverfahren *n*
washing solution Waschlösung *f* [met]
washing tower Waschturm *m* [prc]
washing vehicle Waschfahrzeug *n* [rec]
washing water Waschwasser *n* [was]
washing-out Auswaschung *f* [was]
washing-up brush Spülbürste *f*
washing-up liquid Spülmittel *n* [met]
washproof waschfest [met]
wastage Abfallerzeugung *f* [rec]; Abnutzung *f* (Materialverlust); Verschwendung *f* [rec]; Materialverlust *m* [rec]; Schwund *m*; Verbrauch *m* [rec]; Verlust *m*
wastage of energy Energieverschwendung *f* [pow]
waste verschwendet
waste Abgabe *f* (Abfall) [rec]; Vergeudung *f*; Vernichtung *f* (Verschwendung); Abfall *m* (Abfälle) [rec]; Abhub *m* [bod]; Abraum *m* [rec]; Abraumstoff *m* [rec]; Ausschuss *m* (Produktion) [rec]; Fabrikationsabfall *m* [rec]; Kehricht *m* [rec]; Unrat *m* [rec]; Verlust *m*; Verschnitt *m* (Abfall) [rec]; Abfallgut *n* [rec]; Abprodukt *n* [rec]; Bergematerial *n* (bei Steinkohlengewinnung) [roh]; Gekrätz *n* [rec]
waste vergeuden *v*; vernichten *v* (verschwenden); verschwenden *v*
waste acid Abfallsäure *f* [rec]
waste advising Abfallberatung *f* [rec]
waste air Abluft *f* [air]
waste air cleaning Abluftreinigung *f* [air]
waste air filter Abluftfilter *m* [air]
waste alkali Abfallauge *f* [rec]
waste amount Abfallmenge *f* [rec]
waste ashing Müllveraschung *f* [rec]
waste avoidance Abfallvermeidung *f* [rec]; Müllvermeidung *f* [rec]
waste bag Müllsack *m* [rec]
waste balance Abfallbilanz *f* [rec]
waste basket Abfallkorb *m* [rec]
waste bin Mülleimer *m* [rec]
waste bourse Abfallbörse *f* [rec]
waste box Abfallkasten *m* [rec]; Müllkasten *m* [rec]
waste bunker Müllbunker *m* [rec]
waste burning Abfallverbrennung *f* [rec]
waste can Müllbehälter *m* [rec]
waste car Entsorgungsfahrzeug *n* [rec]
waste catalogue Abfallkatalog *m* [jur]
waste category Abfallkategorie *f* [rec]
waste channel Abflusskanal *m* [was]
waste charge Abfallabgabe *f* [rec]; Deponiekosten *pl* [rec]
waste circuit Abfallkreislauf *m* [rec]
waste coal Abfallkohle *f* [rec]
waste coating powder alter Überzugspuder *m* [rec]
waste collecting chamber Müllsammelraum *m* [rec]
waste collection Abfallsammlung *f* [rec]
waste collection vehicle Abfallsammelfahrzeug *n* [rec]
waste combustion Abfallverbrennung *f* [rec]
waste compaction Müllverdichtung *f* [rec]

waste compactor Müllverdichter *m* [rec]
waste composting Müllkompostierung *f* [rec]
waste composting plant Müllkompostieranlage *f* [rec]
waste compression Abfallverdichtung *f* [rec]; Müllverdichtung *f* [rec]
waste concept Abfallbegriff *m* [rec]; Abfallkonzept *n* [rec]; Müllkonzept *n* [rec]
waste consciousness Abfallbewusstsein *n* [rec]
waste container Mülltonne *f* [rec]; Abfallbehälter *m* [rec]; Abfallcontainer *m* [rec]; Müllbehälter *m* [rec]
waste containing heavy metals schwermetallhaltiger Abfall *m* [rec]
waste containing sulfur schwefelhaltiger Abfall *m* [rec]
waste conveyor Abfallförderanlage *f* [rec]
waste conveyor, pneumatic - pneumatische Abfallförderanlage *f* [rec]
waste copper Kupferabfall *pl* [rec]
waste cork Korkabfall *m* [rec]
waste crushed rocks Abfälle von Gesteinsbruch *pl* [rec]
waste decrease Abfallverminderung *f* [rec]
waste delivery Deponieabgabe *f* [rec]
waste deposit Abfalldeponie *f* [rec]
waste deposition Müllablagerung *f* [rec]
waste diminishing Abfallverminderung *f* [rec]
waste diminution Abfallverringerung *f* [rec]
waste disposal Abfallablagerung *f* [rec]; Abfallbeseitigung *f* [rec]; Müllbeseitigung *f* [rec]; Müllentsorgung *f* [rec]
waste disposal act Abfallbeseitigungsgesetz *n* [jur]
waste disposal area Deponiefläche *f* [rec]
waste disposal authorities Abfallentsorgungsbehörden *pl* [rec]
waste disposal chain Entsorgungskette *f* [rec]
waste disposal concept Abfallentsorgungskonzept *n* [rec]
waste disposal device Entsorgungseinrichtung *f* [rec]
waste disposal installation Abfallbeseitigungsanlage *f* [rec]
waste disposal plan Abfallentsorgungsplan *m* [rec]
waste disposal plant Abfallbeseitigungsanlage *f* [rec]; Abfallentsorgungsanlage *f* [rec]
waste disposal risk Abfallbeseitigungsrisiko *n* [rec]
waste disposal services Entsorgungsdienstleistungen *pl* [rec]
waste disposal site Abfallbeseitigungsanlage *f* [rec]
waste disposal unit Abfallbeseitigungsvorrichtung *f* [rec]
waste disposal which threatens the environment umweltgefährdende Abfallbeseitigung *f* [rec]
waste disposal, concept of - Abfallbeseitigungsbegriff *m* [rec]
waste disposal, duty of - Abfallbeseitigungspflicht *f* [jur]
waste disposal, proof of - Entsorgungsnachweis *m* [rec]
waste dump Abfallkippe *f* [rec]; Kippe *f* (Deponie) [rec]; Müllhalde *f* [rec]
waste dump leakage water Deponiesickerwasser *n* [rec]
waste dump ore Haldenerz *n* [met]
waste ejector Abfallabwurfanlage *f* [rec]
waste emergency Müllnotstand *m* [rec]
waste energy Abfallenergie *f*
waste engine oil verbrauchtes Maschinenöl *n*
waste exchange Abfallbörse *f* [rec]
waste expert Abfallexperte *m* [rec]
waste explosives verbrauchte Sprengstoffe *pl* [met]
waste export Müllexport *m* [rec]
waste extraction Abfallabscheidung *m* [rec]
waste fat Abfallfett *n* [rec]
waste feeder Abfallfresser *m* [rec]
waste fees Deponiekosten *pl* [rec]
waste fluid Schmutzflüssigkeit *f* [rec]
waste for disposal Abfall zur Beseitigung *m* [rec]
waste for recycling Abfall zur Verwertung *m* [rec]
waste formation Abfallentstehung *f* [rec]
waste fraction Müllfraktion *f* [rec]
waste from markets Marktabfälle *pl* [rec]
waste fuel Abfallbrennstoff *m* [rec]
waste gas Abgas *n* [air]
waste gas afterburning Abgasnachverbrennung *f* [air]
waste gas amount Abgasmenge *f* [air]
waste gas analysis Abgasanalyse *f* [any]
waste gas banner Abgasfahne *f* [air]
waste gas cleaning Abgasreinigung *f* [air]
waste gas control Abgaskontrolle *f* [air]
waste gas data Abgaswerte *pl* [air]
waste gas de-dusting Abgasentstaubung *f* [air]
waste gas dechlorination Abluftentchlorung *f* [air]
waste gas decontamination Abgasentgiftung *f* [air]
waste gas decontamination plant Abgasentgiftungsanlage *f* [air]
waste gas detoxification Abgasentgiftung *f* [air]; Abgasentgiftungsanlage *f* [air]
waste gas emission Abgasemission *f* [air]
waste gas feed heater Abgasvorwärmer *m* [pow]; Economiser *m* [pow]
waste gas flue Rauchgaskanal *m* [air]
waste gas guideline Abgasrichtlinie *f* [jur]
waste gas instruction Abgasrichtlinie *f* [jur]
waste gas legislation Abgasgesetzgebung *f* [jur]
waste gas line Abgasleitung *f* [air]
waste gas loss Abgasverlust *m* [pow]
waste gas pipe Abgasleitung *f* [air]
waste gas purification Abgasreinigung *f* [air]
waste gas purification method Abgasreinigungsverfahren *n* [air]
waste gas purification plant Abgasreinigungsanlage *f* [air]
waste gas purification procedure Abgasreinigungsverfahren *n* [air]
waste gas reduction Abgasverringerung *f* [air]
waste gas return Abgasrückführung *f* [air]
waste gas sample Abgasprobe *f* [any]

waste gas superheater Abgasüberhitzer *m* [pow]
waste gas testing method Abgasprüfverfahren *n* [air]
waste gas treatment Abgasbehandlung *f* [air]; Abgasreinigung *f* [air]
waste gas utilization Abgasverwertung *f* [air]
waste gas values Abgaswerte *pl* [air]
waste gas volume Abgasmenge *f* [air]
waste gasification Müllvergasung *f* [rec]
waste gear oil verbrauchtes Getriebeöl *n* [rec]
waste generator Abfallerzeuger *m* [rec]
waste glass Altglas *n* [rec]
waste glass-based fibrous materials alte Glasfasermaterialien *pl* [rec]
waste grading Müllsortierung *f* [rec]
waste grading plant Müllsortierungsanlage *f* [rec]
waste gravel Abfälle von Kiesbruch *pl* [rec]
waste grease Abfallfett *n* [rec]
waste grid Altsand *m* [rec]
waste ground Brachland *n* [bod]; Ödland *n* [far]
waste group Abfallgruppe *f* [rec]
waste handling and treatment Abfalltechnik *f* [rec]
waste heap Abfallhalde *f* [rec]; Schutthalde *f* [rec]; Abfallberg *m* [rec]
waste heap ore Haldenerz *n* [met]
waste heat Abfallwärme *f* [rec]; Abhitze *f* [pow]; Abwärme *f* [pow]
waste heat boiler Abhitzekessel *m* [pow]; Abwärmekessel *m* [pow]
waste heat engine Abwärmekraftmaschine *f* [pow]
waste heat exchanger Abhitzewärmetauscher *m* [pow]; Abwärmeübertrager *m* [pow]
waste heat kiln Abwärmeofen *m* [pow]
waste heat loss Abwärmeverlust *m* [pow]
waste heat plant Abwärmeverwertungsanlage *f* [pow]
waste heat recovering and utilizing Abwärmeverwertung *f* [pow]
waste heat recovery Abwärmenutzung *f* [pow]; Abwärmerückgewinnung *f* [pow]
waste heat recovery plant Abwärmeverwertungsanlage *f* [pow]
waste heat transmission oil verbrauchtes Wärmeübertragungsöl *n* [rec]
waste heat turbine Abwärmeturbine *f* [pow]
waste heat utilization Abwärmenutzung *f* [pow]; Abwärmeverwertung *f* [pow]
waste heat, use of - Abwärmenutzung *f* [pow]
waste heat, utilization of - Abhitzeverwertung *f* [pow]
waste hydraulic oil verbrauchtes Hydrauliköl *n* [rec]
waste hygiene Abfallhygiene *f* [rec]
waste incinerating plant Müllverbrennungsanlage *f* [rec]
waste incineration plant Abfallverbrennungsanlage *f* [rec]
waste incinerator Müllverbrennungsofen *m* [rec]
waste insulating oil verbrauchtes Isolieröl *n* [rec]
waste iron Eisenabfall *m* [rec]; Abfalleisen *n* [rec]
waste kinds Abfallarten *pl* [rec]
waste legislation Abfallrecht *n* [jur]

waste levy Abfallabgabe *f* [jur]
waste lime Abfallkalk *m* [rec]
waste liquor Ablauge *f* [rec]
waste lubrication oil verbrauchtes Schmieröl *n* [rec]
waste lye Abfallauge *f* [rec]
waste machining emulsion gebrauchte Bearbeitungsemulsion *f* (Formgebung Metalle) [met]
waste machining oil gebrauchtes Bearbeitungsöl *n* (Formgebung Metalle) [rec]
waste management Abfallentsorgung *f* [rec]; Abfallwirtschaft *f* [rec]
waste management advisor Abfallwirtschaftsberater *m* [rec]
waste management association Entsorgergemeinschaft *f* [rec]
waste management balance-sheet Abfallentsorgungsbilanz *f* [rec]; Entsorgungsbilanz *f* [rec]
waste management capacity Entsorgungskapazität *f* [rec]
waste management concept Abfallwirtschaftskonzept *n* [rec]
waste management data base Abfallwirtschaftsdatenbank *f* [rec]
waste management facility Entsorgungseinrichtung *f* [rec]
waste management industry Entsorgungsbranche *f* [rec]
waste management installation Abfallentsorgungsanlage *f* [rec]
waste management officer Betriebsbeauftragter für Abfall *m* [rec]
waste management plan Abfallbeseitigungsplan *m* [rec]; Abfallentsorgungsplan *m* [rec]
waste management planning Abfallwirtschaftsplanung *f* [rec]
waste management plant Abfallentsorgungsbetrieb *m* [rec]
waste management policy Abfallwirtschaftspolitik *f* [rec]
waste management program Abfallwirtschaftsprogramm *n* [rec]
waste management, integrated - kombinierte Entsorgung *f* [rec]
waste management, responsibility for - Entsorgungszuständigkeit *f* [rec]
waste market Abfallbörse *f* [rec]
waste material Abfallstoff *m* [rec]; Abfallgut *n* [rec]
waste metal Krätze *f* [rec]; Metallabfall *m* [rec]; Metallgekrätz *n* [rec]
waste oil Abfallöl *n* [rec]; Altöl *n* [rec]
waste oil sucking-off appliance Altölabsauggerät *n* [prc]
waste oil treatment Altölaufbereitung *f* [rec]
waste ore Erztrübe *f* [roh]
waste paper Makulatur *f* [rec]; Papierabfall *m* [rec]; Papierausschuss *m* [rec]; Abfallpapier *n* [rec]; Altpapier *n* [rec]
waste paper baling press Altpapierpresse *f*
waste paper basket Papierkorb *m* [rec]; Papierkorb *m*

waste paper collection Altpapiersammlung *f* [rec]
waste pile Abfallberg *m* [rec]; Abfallhaufen *m* [rec]
waste pipe Abfallröhre *f* [rec]; Abflussleitung *f* [was]; Ausguss *m* (Abfluss) [was]; Abflussrohr *n* [was]; Abwasserrohr *n* [was]; Abzugsrohr *n* [was]; Fallrohr *n* [was]
waste pipe, indirect - offene Abflussleitung *f* [was]
waste pit Müllgrube *f* [rec]
waste planner Abfallplaner *m* [rec]
waste planning Abfallplanung *f* [rec]
waste plant Abfallanlage *f* [rec]
waste plug Abflussstopfen *m* [was]
waste policy Abfallpolitik *f* [rec]
waste preparation mixture verbrauchtes Gemenge *n* (keram. Prozesse)
waste printing toner verbrauchte Toner *pl* [rec]
waste processing Abfallbehandlung *f* [rec]
waste processing system Abfallbehandlungsanlage *f* [rec]
waste producer Abfallerzeuger *m* [rec]; Abfallproduzent *m* [rec]; Müllproduzent *m* [rec]
waste product Abfallstoff *m* [rec]; Abfallerzeugnis *n* [rec]; Abfallprodukt *n* [rec]; Abprodukt *n* [rec]
waste production Abfallerzeugung *f* [rec]; Müllerzeugung *f* [rec]; Abfallaufkommen *n* [rec]
waste products Abfall *m* (Abfall aus Bearbeitung) [rec]
waste quantity Abfallmenge *f* [rec]
waste receptacle Abfallbehälter *m* [rec]; Abfallcontainer *m* [rec]
waste recovery Abfallaufbereitung *f* [rec]; Abfallverwertung *f* [rec]
waste recycling Abfallrückführung *f* [rec]; Abfallverwertung *f* [rec]; Müllverwertung *f* [rec]; Müllwiederverwertung *f* [rec]
waste recycling plan Abfallkonzept *n* [rec]
waste recycling plant Müllverwertungsanlage *f* [rec]
waste reduction Abfallverminderung *f* [rec]; Abfallverringerung *f* [rec]; Müllverringerung *f* [rec]
waste reduction and resource conservation strategies Strategien zur Abfallvermeidung und Ressourcenschonung *pl* [rec]
waste reduction strategies Strategien zur Abfallvermeidung *pl* [rec]
waste register Abfallkataster *n* [jur]
waste relevant abfallrelevant [rec]
waste removal Abfallbeseitigung *f* [rec]
waste requiring special supervision besonders überwachungsbedürftiger Abfall *m* [rec]
waste requiring supervision überwachungsbedürftiger Abfall *m* [rec]
waste research Abfallforschung *f* [rec]
waste residue Abfallrest *m* [rec]
waste right Abfallrecht *n* [jur]
waste rise Müllaufkommen *n* [rec]
waste rubber Abfallgummi *m* [rec]; Altgummi *m* [rec]
waste salt Abfallsalz *n* [rec]
waste salts verbrauchte Salze *pl* [rec]

waste separation Mülltrennung *f* [rec]
waste sheets Makulatur *f* [rec]
waste shipment grenzüberschreitende Abfallverbringung *f* [rec]
waste slag Haldenschlacke *f* [rec]; Müllschlacke *f* [rec]
waste slime Abfallschlamm *m* [rec]
waste sludge Abfallschlamm *m* [rec]
waste solutions verbrauchte Lösungen *pl* [rec]
waste sorting Abfallsortierung *f* [rec]
waste statistics Abfallstatistik *f* [rec]
waste steam Abdampf *m* (offener Kreislauf) [pow]; Wrasen *m* (Schwaden) [air]; Schwaden *pl* (Wrasen) [pow]
waste steam boiler Abdampfkessel *m* [pow]
waste steam heating Abdampfheizung *f* [pow]
waste steam pipe Dampfableitungsrohr *n* [pow]
waste steam turbine Abdampfturbine *m* [pow]
waste steam utilization Abdampfverwertung *f* [pow]; Brüdenverwertung *f* [pow]
waste stream Abfallstrom *m* [rec]; Müllstrom *m* [rec]
waste tanned leather lederhaltige Abfälle *pl* (Lederindustrie) [rec]
waste tax Abfallsteuer *f* [jur]
waste technology Abfalltechnik *f* [rec]
waste tip Bergkippe *f* [rec]; Kippe *f* (Deponie) [rec]
waste tourism Abfalltourismus *m* [rec]; Mülltourismus *m* [rec]
waste transport Abfallbeförderung *f* [rec]; Abfalltransport *m* [rec]; Müllverkehr *m* [rec]
waste treatment Abfallbehandlung *f* [rec]; Abfallentsorgungstechnik *f* [rec]
waste treatment agents Betriebsstoffe für die Abfallbehandlung *pl* [rec]
waste treatment facility Abfallbehandlungsanlage *f* [rec]
waste treatment plant Müllaufbereitungsanlage *f* [rec]
waste type Müllart *f* [rec]
waste types Abfallarten *pl* [rec]
waste utilization Abfallverwertung *f* [rec]
waste utilization plant Abfallanlage *f* [rec]; Abfallverwertungsanlage *f* [rec]
waste volume Abfallmenge *f* [rec]; Abfallaufkommen *n* [rec]
waste water Abflusswasser *n* [was]; Abwasser *n* (benutztes Wasser) [was]; Schmutzwasser *n* [was]
waste water amount Abwassermenge *f* [was]
waste water analysis Abwasseranalytik *f* [any]
waste water biology Abwasserbiologie *f* [was]
waste water channel Abwasserkanal *m* [was]
waste water charge Abwasserabgabe *f* [jur]
waste water clearing Abwasserentgiftung *f* [was]
waste water collector Abwassersammler *m* [was]
waste water container Schmutzwasserbehälter *m* [was]
waste water disinfection Abwasserdekontamination *f* [was]
waste water disposal Abwasserbeseitigung *f* [was]; Abwasserentsorgung *f* [was]

waste water disposal plan Abwasserbeseitigungsplan *m* [was]
waste water down-pipe Abwasserfallrohr *n* [was]
waste water drainage Abwasserkanalisation *f* [was]
waste water emergency Abwassernotstand *m* [was]
waste water facilities Abwasserbauten *pl* [was]; Abwasserbehandlungsanlagen *pl* [was]
waste water flow Abwasserfluss *m* [was]
waste water from factories Industrieabwasser *n* [was]
waste water from steel mills Hüttenwerksabwasser *n* [was]
waste water induction Abwassereinleitung *f* [was]
waste water installation Abwasseranlage *f* [was]
waste water lake Abwasserfischteich *m* [was]
waste water levy Abwasserabgabe *f* [was]
waste water load Abwasserlast *f* [was]
waste water management Abwasserentsorgung *f* [was]
waste water organisms Abwasserorganismen *pl* [bio]
waste water pipe Abwasserrohr *n* [was]
waste water pump Abwasserpumpe *f* [was]
waste water purification Abwasserreinigung *f* [was]
waste water purification measure Abwasserreinigungsmaßnahme *f* [was]
waste water purification plant Abwasserreinigungsanlage *f* [was]
waste water purification program Abwasserreinigungsprogramm *n* [was]
waste water purification; biological biologische Abwasserreinigung *f* [was]
waste water removal Abwasserbeseitigung *f* [was]
waste water stream Abwasserfluss *m* [was]
waste water supervision installation Abwasserüberwachungseinrichtung *f* [was]
waste water system Abwassernetz *n* [was]
waste water tax Abwassersteuer *f* [was]
waste water treatment Abwasserbehandlung *f* [was]
waste water treatment plant Kläranlage *f* (industrielle Anlage) [was]
waste water treatment technology Klärtechnik *f* [was]
waste water type Abwasserart *f* [was]
waste water volume Abflussmenge *f* [was]; Abwassermenge *f* [was]
waste water, concept of - Abwasserbegriff *m* [was]
waste water, treatment of - Abwasserbearbeitung *f* [was]; Abwasserbehandlung *f* [was]
waste water, utilization of - Abwasserverwertung *f* [was]
waste water, volume of - Abwasseranfall *m* [was]
waste well Dränbrunnen *m* [was]
waste wood Holzabfall *m* [rec]; Abfallholz *n* [rec]
waste wool Abfallwolle *f* [rec]; Putzwolle *f* [met]
waste, agricultural - landwirtschaftliche Abfälle *pl* [rec]
waste, biological - Bioabfall *m* [rec]; Biomüll *m* [rec]
waste, concept of - Abfallbegriff *m* [rec]

waste, hot - radioaktiver Abfall *m* [rec]
waste, lay - verheeren *v*
waste, organic - Biomüll *m* [rec]; Gartenabfall *m* [rec]
waste, reduction of - Abfallreduzierung *f* [rec]
waste, utilization of - Abfallverwertung *f* [rec]
waste, without - verlustlos
waste-avoiding process abfallvermeidendes Verfahren *n*
waste-oriented society Wegwerfgesellschaft *f* [eco]
waste-site degassing Deponieentgasung *f* [rec]
wasted ausgelaugt [che]; verbraucht
wasteful unnütz; unwirtschaftlich; verschwenderisch
wasteful person Verschwender *m*
wastes containing heavy metals Schwermetallabfälle *pl* [rec]
wastes containing solvents lösungsmittelhaltige Abfälle *pl* [rec]
wastes from desanding Abfälle aus Sandfängern *pl* (Wasserreinigung) [rec]
wastes from dressing Abfälle aus der Zurichtung *pl* (Lederindustrie) [rec]
wastes from finishing Abfälle aus dem Finish *pl* (Lederindustrie) [rec]; Finish, Abfälle aus dem - *pl* (Lederindustrie) [rec]
wastes from oil regeneration Abfälle aus der Altölaufbereitung *pl* [rec]
wastes of mass keeping pet Massentierhaltungsabfälle *pl* [far]
wastes similar to household refuse hausmüllähnliche Abfälle *pl* [rec]
wastes which cannot be recycled nicht verwertbare Abfälle *pl* [rec]
wastes, organic - Grünabfälle *pl* [rec]; organische Abfälle *pl* [rec]
wastes, recycling of - Abfallverwertung *f* [rec]
wasteway Überlauf *m* (Ablauf)
wasting Abschlagen *n* (Kanten) [bau]
wasting of energy Energieverschwendung *f* [pow]
watch Uhr *f*
watch beobachten *v* (zusehen); überwachen *v*; zusehen *v* (an Baustelle)
watch glass Uhrglas *n*
watch mechanism Uhrwerk *n*
watch television fernsehen *v* [edv]
watchful vorsichtig (aufpassend)
watching Kontrolle *f* (Aufsicht)
water Wasser *n* [che]
water auswässern *v* [prc]; begießen *v*; bewässern *v* [was]; gießen *v* (z.B. Pflanzen) [far]; sprengen *v* (besprengen); tränken *v* (auch Tiere); wässern *v*
water absorption Wasseraufnahme *f* [met]
water action Wassereinwirkung *f* [was]
water admission Wasserzufuhr *f* [was]
water aeration Gewässerbelüftung *f* [was]
water analysis Wasseranalyse *f* [any]; Wasseruntersuchung *f* [any]
water area Wasserfläche *f* [was]
water ash screen Aschenfangrost *m* [pow]

water association law Wasserverbandsrecht *n* [jur]
water authority Wasserbehörde *f* [was]
water authority, lower - untere Wasserbehörde *f* [jur]
water authority, subordinate - untere Wasserbehörde *f* [jur]
water balance Wasserbilanz *f* [was]; Wasserhaushalt *m* [was]
water barrier Wassersperre *f* [was]
water basin Wasserwanne *f* [was]; Wasserbassin *n* [was]; Wasserbecken *n* [was]
water bath Wasserbad *n* (Chemie)
water bed Gewässerbett *n* [was]
water blue wasserblau (RAL 5021) [nor]
water box Wasserkammer *f* [pow]
water burst Wasserdurchbruch *m* [was]
water butt Regentonne *f*; Wassertonne *f* [was]
water cart Sprengwagen *m* [tra]
water catcher Wasserfangkammer *f* [was]
water catchment Wassergewinnung *f* [was]
water catchment area Wassereinzugsgebiet *n* (Wassergewinnungsgebiet) [was]; Wassergewinnungsgebiet *n* [was]
water cement ratio Wasser/Zementwert *m* [bau]
water charge Wassergebühr *f* [was]
water chemistry Wasserchemie *f* [che]
water circuit, closed - geschlossener Wasserkreislauf *m* [was]
water circulation Wasserumlauf *m* [pow]
water clarification Flusssanierung *f*; Wasserklärung *f* [was]
water closet Toilette *f* [bau]; Wasserklosett *n* [bau]
water collecting area Wassereinzugsgebiet *n* (Wassergewinnungsgebiet) [was]
water colour Wasserfarbe *f* [met]
water column Wassersäule *f* [phy]
water column gauge glass Wasserstandsglas *f* [any]
water condition Wasserbeschaffenheit *f* [was]
water conditioning Wasseraufbereitung *f* [was]
water conductivity Wasserleitfähigkeit *f* [met]
water conductor Wasserfallrohr *n* [was]
water conduit Wasserleitung *f* [was]; Wasserkanal *m* [was]
water conservation Gewässerschutz *m* [was]
water consumption Wasserverbrauch *m* [was]
water container Wasserbehälter *m* [was]; Wassergefäß *n* [was]
water contaminant gewässerbelastend [was]
water contaminant Wasserschadstoff *m* [was]
water contamination Gewässervergiftung *f* [was]; Gewässerverschmutzung *f* [was]; Gewässerunreinigung *f* [was]; Wasserbelastung *f* [was]; Wasserverschmutzung *f* [was]; Wasserverunreinigung *f* [was]
water contamination by oil Gewässerverölung *f* [was]
water content Wassergehalt *m*
water control Gewässerreinhaltung *f* [was]
water cooler Wasserkühler *m* [pow]
water cooling Wasserkühlung *f* [pow]

water culvert Wasserabfluss *m* [was]
water cycle Wasserkreislauf *m* [was]
water degassing Wasserentgasung *f* [was]
water degreasing process Wasserentfettung *f* [was]
water demand Wasserbedarf *m* [was]
water depth Wassertiefe *f* [was]
water desalination Wasserentsalzung *f* [was]
water director ferrule Wasserleitblech *n* (im Zylinderkopf) [tra]
water discharge screw Entwässerungsschraube *f* [tra]
water disinfection Wasserdesinfektion *f* [was]
water displacement Wasserverdrängung *f* [was]
water distribution Wasserverteilung *f* [was]
water ditch Wassergraben *m* [was]
water down verwässern *v* [was]
water drain Wasserabfluss *m* [was]
water drop Wassertropfen *m* [was]
water drum Untertrommel *f* [pow]; Wasserfass *n* [was]
water duct Wasserführung *f* [was]
water edge Flussrand *m* (Ufer)
water endangerment category Wassergefährdungsklasse *f* [was]
water engineering method Wasserbaumaßnahme *f* [was]
water erosion Wassererosion *f* [met]
water extraction Entwässerung *f* (Entfernung von Wasser) [was]
water extraction container Entwässerungsbehälter *m* [was]
water extraction facility Entwässerungsanlage *f* [was]
water faucet Wasserhahn *m* [was]
water feed Wasserzufluss *m* [was]
water feed pipe Wasserzuführung *f* [was]
water filling Wasserfüllung *f* [tra]
water filter Wasserfilter *m* [was]; Wasserfiltereinsatz *m* [was]
water filtration Wasserfiltration *f* [was]
water fittings Wasserarmaturen *pl* [prc]
water flow indicator Wassermengenzähler *m* [any]
water flow rate Wasserdurchsatz *m* [was]
water flushing Wasserspülung *f* [was]
water for general use Gebrauchswasser *n* [was]
water for industrial purposes Nutzwasser *n* [was]
water for industrial use industrielles Brauchwasser *n* [was]
water formation Wasserbildung *f*
water gas Wassergas *n* [met]
water gas plant Wassergasanlage *f* [prc]
water gauge Wasseruhr *f* [any]; Pegel *m* [was]; Wasserstandsmesser *m* [any]
water glass Wasserglas *n* [che]
water glass paint Wasserglasfarbe *f* [met]
water glass solution Wasserglaslösung *f* [che]
water guide Wasserleitstück *n* [bau]
water hammer Druckstoß *m*; Wasserschlag *m* [was]
water hardness Wasserhärte *f* [was]
water hazard Wassergefährdung *f* [was]

water hazardous substance wassergefährdender Stoff *m* [met]
water head Wassersäule *f* [phy]
water heater Boiler *m* (Wassererhitzer) [elt]; Heißwasserbereiter *m* [pow]
water heater, electric - Elektroheißwasserbereiter *m* [elt]; Warmwasserbereiter *m* [elt]
water heating Wasserheizung *f* [tra]
water horizon Wasserhorizont *m* [was]
water hose Wasserschlauch *m* [prc]
water inflow Wasserzufluss *m* [was]
water inlet Wassereinlass *m* [was]; Wassereinlauf *m* [was]; Wassereintritt *m* [was]; Wasserzufluss *m* [was]
water inlet connection Kühlwassereinlaufstutzen *m* [tra]
water intake Wasserentnahme *f* [was]; Wasserzufluss *m* [was]
water irrigation Bewässerung *f* [was]
water jacket Wassermantel *m* [was]
water jet Wasserstrahl *m* [was]
water jet air pump Wasserstrahlluftpumpe *f* [prc]
water jet coupling Wasserstrahlankopplung *f* [bau]
water jet cutting Wasserstrahlschneiden *n* [wer]
water jet cutting unit Wasserstrahlschneidanlage *f* [wer]
water jet nozzle Strahlkopf *m* [prc]
water jet pump Wasserstrahlpumpe *f* [prc]
water law Wasserrecht *n* [jur]
water layer Wasserschicht *f* [was]
water leakage Wasseraustritt *m* (nicht erwünscht) [tra]
water legislation Wasserrecht *n* [jur]
water level Abflusshöhe *f* [was]; Libelle *f* (in Wasserwaage) [wzg]; Wasserhöhe *f* [was]; Wasserlinie *f* [was]; Wasserwaage *f* [any]; Pegelstand *m*; Wasserpegel *m* [was]; Wasserspiegel *m* [was]; Wasserstand *m* (Fluss; Apparat) [was]; Wasserstandspegel *m* [was]
water level controller Wasserstandsregler *m* [pow]
water level gauge Wasserstandsanzeiger *m* (Dampflok) [any]
water level indicator Wasserstandsanzeiger *m* [any]
water level measurement Wasserstandsmessung *f* [any]
water level sight glass Wasserstandsschauglas *f* [any]
water level, mean - Mittelwasser *n*
water levy Wasserabgabe *f* (Steuer) [jur]
water line Wasserleitung *f* [was]
water main Hauptwasserleitung *f* [was]; Wasserhauptleitung *f* [was]; Wasserleitung *f* [was]
water main line Wasserhauptleitung *f* [was]
water mains cock Hauptwasserhahn *m* [was]
water mains supply Wasseranschluss *m* (Hauptanschluss) [was]
water management wasserwirtschaftlich [was]
water management Wasserbewirtschaftung *f* [was]; Wasserwirtschaft *f* [was]

water management board Wasserwirtschaftsamt *n* [was]
water management law Wasserwirtschaftsrecht *n* [jur]
water management law, liability under - wasserwirtschaftsrechtliche Haftung *f* [jur]
water management plan Wasserbewirtschaftungsplan *m* [was]
water management planning wasserwirtschaftliche Planung *f* [was]
water management scheme Wasserhaushaltsplan *m* [was]
water management, principle of - Wasserwirtschaftsprinzip *n* [was]
water manifold Wassersammelrohr *n* [pow]
water mark Pegel *m* (Wasserstand) [was]
water meter Wasseruhr *f* [any]; Wasserzähler *m* [any]
water monitoring Wasserüberwachung *f* [any]
water outlet Entwässerungsöffnung *f* [was]; Ausfluss *m* (Auslass) [was]; Wasserabfluss *m* [was]; Wasserauslass *m* [was]; Wasseraustritt *m* (erwünscht, geplant) [tra]
water outlet connection Kühlwasserauslaufstutzen *m* [pow]
water output Wasserabgabe *f* [was]
water oxidation Nassoxidation *f* [was]
water paint Dispersionsfarbe *f* [che]; Wasserfarbe *f* [met]
water pass Wasserdurchgang *m* [was]
water passage Wasserführung *f* [was]
water path Wasserstrecke *f* [bau]
water permeability Wasserdurchlässigkeit *f* [met]
water pipe Wasserleitung *f* [was]; Abzugskanal *m* [was]; Wasserleitungsrohr *n* [was]; Wasserrohr *n* [was]
water piper Wasserabstreifer *m* [tra]
water plague Wasserpest *f* [bff]
water plan Gewässerplan *m* [was]
water pocket Wasserpfropfen *m* (Überhitzer) [pow]; Wassersack *m* [pow]
water poisoning Gewässervergiftung *f* [was]
water pollutant gewässerbelastend [was]
water pollutant Wasserschadstoff *m* [was]
water pollution Gewässervergiftung *f* [was]; Gewässerverschmutzung *f* [was]; Gewässerverunreinigung *f* [was]; Verschmutzung des Wassers *f* [was]; Wasserbelastung *f* [was]; Wasserverpestung *f* [was]; Wasserverschmutzung *f* [was]; Wasserverseuchung *f* [was]; Wasserverunreinigung *f* [was]
water pollution control Wasserreinhaltung *f* [was]
water pond Wasserbecken *n* [was]
water pool Wasserbecken *n* [was]
water power plant Wasserkraftanlage *f* [pow]; Wasserkraftwerk *n* [pow]
water power station Wasserkraftanlage *f* [pow]; Wasserkraftwerk *n* [pow]
water pre-treatment Wasservorbehandlung *f* [was]
water preparation Wassergewinnung *f* [was]

water pressure Wasserdruck *m* [was]
water pressure load Wasserdrucklast *f* [bau]
water protection Gewässerschutz *m* [was]
water protection area Wasserschutzgebiet *n* [was]
water protection directive Wasserschutzrichtlinie *f* [jur]
water protection officer Gewässerschutzbeauftragter *m* [was]
water pump Wasserpumpe *f* [was]
water pump belt Wasserpumpenriemen *m* [tra]
water pump body Wasserpumpengehäuse *n* [tra]
water pump cover Wasserpumpendeckel *m* [tra]
water pump gland Wasserpumpenstopfbuchse *f* [tra]
water pump impeller Wasserpumpenflügelrad *n* [tra]
water pump packing Wasserpumpenpackung *f* [tra]
water pump pliers Wasserpumpenzange *f* [wzg]
water pump sealing Wasserpumpenabdichtung *f* [tra]
water pump shaft Wasserpumpenwelle *f* [tra]
water purification Wasseraufbereitung *f* [was]; Wasserreinigung *f* [was]
water purification plant Wasserkläranlage *f* [was]; Wasserreinigungsanlage *f* [was]
water quality Gewässergüte *f* [was]; Wasserbeschaffenheit *f* [was]; Wassergüte *f* [was]; Wasserqualität *f* [was]
water quality standard Wasserqualitätsrichtwert *m* [was]
water quality, biological - biologische Gewässergüte *f* [was]
water quenched wasservergütet (nach Blech erhitzen) [met]
water rate Wassergebühr *f* [was]
water recirculation Wasserrückführung *f* [was]
water recirculation loop Wasserkreislauf *m* [was]
water recooling plant Wasserrückkühlanlage *f* [pow]
water recooling system Wasserrückkühlung *f* [pow]
water recovery Wasserrückgewinnung *f* [was]
water redevelopment Gewässersanierung *f* [was]
water regime Wasserhaushalt *m* [was]
water register Gewässerkataster *n* [was]; Wasserbuch *n* [was]
water removal Entwässern *n* [was]
water requirement Wasserbedarf *m* [was]
water reserve Wasservorrat *m* [was]
water reservoir Stausee *m* [was]; Wasserbehälter *m* [was]; Wasserspeicher *m* [was]; Wassertank *m* [was]; Wasserbecken *n* [was]
water resistance Feuchtigkeitsbeständigkeit *f* [met]; Wasserbeständigkeit *f* [met]
water resisting wasserbeständig [met]
water resources Wasservorrat *m* [was]; Wasserressourcen *pl* [was]
water resources engineering Wasserwirtschaft *f* [was]
water retaining wall Staumauer *f* [was]
water retention basin Wasserrückhaltebecken *n* [was]
water rights Wasserrechte *pl* [jur]
water run-off Wasserabfluss *m* [was]

water sanitation Gewässersanierung *f* [was]
water saving Wassereinsparung *f* [was]
water seal Wasserringdichtung *f* [pow]
water seal trap Geruchsverschluss *m* [was]
water separation Dampftrocknung *f* (Trommel) [prc]; Wasserabscheidung *f* [prc]
water separator Entwässerungsvorrichtung *f* [was]; Wasserabscheider *m* (z.B. aus Dampf) [pow]
water service pipe Wasseranschlussleitung *f* [was]
water shelf Zwischenboden *m* (am Zylinderkopf) [tra]
water shock Wasserschlag *m* [was]
water shortage Wasserknappheit *f* [was]; Wassermangel *m* [was]
water shortage safety device Wassermangelsicherung *f* [was]
water sluice valve Wasserschieber *m* [prc]
water slurry wässrige Suspension *f* [che]
water softener Wasserenthärter *m* [was]; Wasserenthärtungsmittel *n* [was]
water softening Wasserenthärtung *f* [was]
water softening agent Wasserenthärtungsmittel *n* [was]
water softening plant Enthärtungsanlage *f* [was]
water solubility Wasserlöslichkeit *f* [met]
water solution Wasserlösung *f*
water space Wasserraum *m* (Trommel) [pow]
water spray nozzle Wasserdüse *f* [was]
water storage Wasserspeicherung *f* [was]
water storage basin Wasserspeicher *m* [was]
water storage tank Wasserspeicher *m* [was]
water suction Wasserabsaugung *f* [was]
water supply Wasserversorgung *f* [was]; Wasserzufuhr *f* [was]; Wasseranschluss *m* [was]; Wasservorrat *m* [was]; Wasserzufluss *m* [was]; Betriebswasser *n* [was]
water supply line Wasserleitung *f* [was]; Wasserversorgungsleitung *f* [was]
water supply point Wasserversorgungsstelle *f* [was]
water supply system Wasserversorgungsanlage *f* [was]
water supply, public - öffentliche Wasserversorgung *f* [was]
water surface Wasseroberfläche *f* [was]; Wasserspiegel *m* [was]
water table Grundwasserspiegel *m* [was]; Grundwasserstand *m* [was]; Wasserspiegel *m* [was]
water tank Wasserwanne *f* [was]; Wasserbehälter *m* [was]; Wasserkessel *m* [pow]; Wassertank *m* [was]; Wasserbecken *n* [was]; Wassergefäß *n* [was]
water tap Wasserhahn *m* [was]
water temperature gauge Kühlwasserfernthermometer *n* [any]
water tower Wasserturm *m* [was]
water traffic Wasserverkehr *m* [tra]
water transport Wassertransport *m* [tra]
water trap Entwässerungsanlage *f* (Wasserdampf) [pow]; Entwässerungseinrichtung *f* (Wasserdampf) [pow]; Wasserabscheider *m* (z.B. an Motoren) [tra]; Wassersack *m* [prc]

water treatment Wasseraufbereitung *f* [was]; Wasserbehandlung *f* [was]; Wasserklärung *f* [was]
water treatment plant Kläranlage *f* (Reinigungsanlage) [was]; Wasseraufbereitungsanlage *f* [was]
water treatment plants Kühlwasseraufbereitungsanlage *f* [pow]
water treatment unit Wasseraufbereitungsanlage *f* [was]
water trough Wasserrinne *f* [bau]; Wassertrog *m* [was]
water tube attemperator Wasserrohrkühler *m* [pow]
water tube boiler Wasserrohrkessel *m* [pow]
water tube wall Rohrauskleidung *f* (Kühlfläche) [pow]
water turbidity Wassertrübung *f* [was]
water turbine Wasserturbine *f* [pow]
water type Gewässertyp *m* [was]
water under pressure Druckwasser *n*
water use Gewässernutzung *f* [was]
water vapour Wasserdampf *m*
water vapour permeability Wasserdampfdurchlässigkeit *f* [met]
water vapour transmission Wasserdampfdurchlässigkeit *f* [met]
water vapour-proof wasserdampfundurchlässig
water varnish Wasserlack *m* [met]
water vessel Wassergefäß *n* [was]
water volume measurement Wassermengenmessung *f* [any]
water wall, bare - unverkleidete Rohrwand *f* [pow]
water weathering Wasserverwitterung *f* [was]
water well Wasserbrunnen *m* [was]
water, acidic - säurehaltiges Wasser *n* [was]
water, activated - ionisiertes Wasser *n* [was]
water, adherent - Adhäsionswasser *n* [phy]
water, adsorbed - Haftwasser *n*
water, aggressive - Schadwasser *n* [was]
water, hot - Heißwasser *n* [pow]
water, proportion of - Wasseranteil *m*
water, raising of - Wasserförderung *f* [was]
water, rise of - Wasserstau *m* [was]
water, state of - Gewässerbeschaffenheit *f* [was]
water, volume of - Wassermenge *f* [was]
water-absorbent wasserbindend
water-absorbing wasseraufnehmend
water-absorbing capacity Wasseraufnahmevermögen *n* [bod]
water-attracting hygroskopisch; wasseranziehend [met]
water-based ink wassermischbare Druckfarbe *f*
water-based paint Dispersionsfarbe *f* [che]; Farbe auf Wasserbasis *f* [met]; Wasserlack *m* [met]
water-based varnish Lack auf Wasserbasis *m* [met]; Wasserbasislack *m* [met]
water-bearing wasserführend [was]
water-bearing horizon Grundwasserleiter *m* [was]
water-bearing stratum wasserführende Schicht *f* [geo]
water-blasted wassergestrahlt [wer]

water-borne disease durch Wasser übertragene Krankheit *f* [hum]
water-carried paint Dispersionsfarbe *f* [che]; wasserverdünnter Anstrich *m*
water-containing wasserhaltig
water-cooled wassergekühlt
water-cooled furnace wassergekühlte Brennkammer *f* [pow]
water-cooled tube wassergekühlte Röhre *f* [pow]
water-cooling circuit Wasserkühlkreislauf *m* [pow]
water-distributing pipe Trinkwasserzuleitung *f* [was]
water-endangering wassergefährdend
water-gathering installation Wassergewinnungsanlage *f* [was]
water-hazardous wassergefährdend
water-in-oil emulsion Wasser-in-Öl-Emulsion *f* [was]
water-insoluble wasserunlöslich [met]
water-jacketed wassergekühlt
water-proof wasserbeständig [met]
water-proofing Wasserdichtigkeit herstellen *f* [bau]
water-repellent hydrophob; wasserabweisend
water-repellent agent Hydrophobierungsmittel *n* [met]
water-resistant wasserbeständig [met]
water-resisting paint wasserfester Anstrich *m*
water-saturated wassergesättigt
water-sealed furnace hopper Brennkammertrichter mit Wasserkastenabschluss *m* [pow]
water-sealed gland Wasserringdichtung *f* [pow]
water-sealing Wasserabdichtung *f* [was]
water-side tube fault Rohrschaden; wasserseitiger *m* [pow]
water-slaked lime gelöschter Kalk *m* [met]
water-soluble wasserlöslich [met]
water-steam cycle Wasserdampfkreislauf *m* [pow]
water-tube-type cooler Wasserröhrenkühler *m* [pow]
waterbodies, protection of - Gewässerschutz *m* [was]
watercourse Wasserlauf *m* [was]
watercraft Wasserfahrzeug *f* [tra]
waterhole Wasserloch *n* [was]
watering Berieselung *f* (Bewässern); Bewässerung *f* [rec]; Tränkung *f* (Befeuchtung)
watering device Bewässerungseinrichtung *f* [was]
watering down Verwässerung *f* [was]
watering unit Bewässerungsanlage *f* [was]
watering-down Panschen *n*
waterlogged unter Wasser stehend [was]; wassergesättigt
watermill Wassermühle *f* [was]
waterpower Wasserkraft *f* [pow]
waterproof dicht (wasserdicht); undurchlässig (wasserdicht); wasserdicht; wasserfest [met]; wassergeschützt; wasserundurchlässig [met]
waterproof abdichten *v* (wasserdicht machen); imprägnieren *v* (wasserfest machen) [wer]; wasserdicht machen *v*
waterproof coat Imprägnieranstrich *m* [met]
waterproof paint wasserdichter Anstrich *m*

waterproof sealing Imprägnieranstrich *m* [met]
waterproof weld wasserdicht schweißen [wer]
waterproofing Abdichtung *f* (Vorgang); Dichtigkeit *f*; Grundwasserabdichtung *f* [bod]; Imprägnierung *f* [wer]; Wasserabdichtung *f* [was]; Abdichten *n* (wasserdicht)
waterproofing concrete Sperrbeton *m* [met]
waterproofing foil Abdichtungsfolie *f*
waterproofing membrane Dichtungshaut *f*
waterproofing of building Bauwerksabdichtung *f* [bau]
waterproofing sheet Abdichtungsfolie *f*
waterproofing solution Imprägnierungslösung *f* [met]
waterproofness Wasserfestigkeit *f* [met]
waterresisting property Wasserbeständigkeit *f* [met]
waterstop Fugendichtung *f* [met]; Wassersperre *f* [was]; Fugenband *n* [bau]
watertight abgedichtet (wasserdicht) [was]; dicht (wasserdicht); undurchlässig (wasserdicht); wasserdicht; wasserfest [met]; wasserundurchlässig [met]
watertight cable wasserdichtes Kabel *n* [elt]
watertight drainage system flüssigkeitsdichtes Entwässerungssystem *n* [was]
watertight, not - wasserundicht [met]
waterwall Rohrwand *f* (Kühlschirm) [pow]
waterway Schifffahrtsstraße *f* [tra]; Wasserstraße *f* [tra]; Wasserweg *m* [tra]
waterway construction Verkehrswasserbau *m* [tra]
waterway, inland - Binnenwasserstraße *f* (Kanal, Fluss) [tra]
waterways law Wasserstraßengesetz *n* [jur]
waterwheel Wasserrad *n* [was]
waterworks Wasserwerk *n* [was]
watery wässrig
watt Watt *n* (Energieeinheit) [phy]
watt second Wattsekunde *f* (Arbeitseinheit) [phy]
wattage Stromverbrauch *m* [elt]
wattage rating Nennleistung *f* [pow]
wattless current Blindstrom *m* [elt]
wattless load Blindstrom *m* [elt]
wattless power Blindleistung *f* [elt]
wattmeter Energiemesser *m* [any]; Leistungsmesser *m* [any]
wave Welle *f* (Schwingung) [phy]
wave schwenken *v*; schwingen *v* (in Wellen bewegen)
wave band Frequenzband *n* [phy]
wave energy Wellenenergie *f*
wave front Wellenfront *f* [phy]
wave generation Wellenerzeugung *f* [elt]
wave generator, continuous - Dauerschallerzeuger *m* [aku]
wave generator, continuous - Dauerschallgenerator *m* [aku]
wave length Wellenlänge *f* [phy]
wave line Wellenlinie *f* [phy]
wave motion Wellenbewegung *f* [phy]
wave movement Wellenbewegung *f* [phy]

wave penetration Eindringtiefe *f* (der Welle)
wave propagation Wellenausbreitung *f* [phy]
wave reflection Wellenreflexion *f* [phy]
wave speed Wellengeschwindigkeit *f* [phy]
wave splitting Wellenspaltung *f* [phy]
wave spring lock washer gewellter Federring *m*
wave spring washer gewellte Federscheibe *f*
wave structure Wellenstruktur *f* [phy]
wave surface Wellenfläche *f* [phy]
wave tail Wellenrücken *m* [elt]
wave train Signalpaket *n* [elt]
wave transformation Wellenumwandlung *f* [elt]
wave velocity Wellengeschwindigkeit *f* [phy]
wave washer Federring *m* [tec]
wave, acoustic - Schallwelle *f* [phy]
waveguide Hohlleiter *m* [elt]
waveguide communication, optical - Glasfaserkommunikation *f* [edv]
wavemeter Frequenzmesser *m* [phy]
wavy line Schlangenlinie *f* [tra]
wax Wachs *n* [che]; Wachsen *n* (Einwachsen)
wax bohnern *v*; wachsen *v* (einwachsen)
wax coat Wachsschicht *f* [met]
wax paint Wachsfarbe *f* [met]
wax paper Wachspapier *n* [met]
wax-polish wachsen *v* (einwachsen)
waxed paper Wachspapier *n* [met]
waxlike wachsartig
way Art und Weise *f*; Weg *m* [tra]; Weg *m* (Vorgehensweise)
way of doing Abwicklungsvorgang *m* [eco]
way of life Lebensweise *f*
way of looking on a problem Problemstellung *f*
way out Ausgang *m* (z.B. Tür)
way valve Wegeventil *n* [prc]
way, make - Platz machen *v* (für andere)
way, right of - Bahntrasse *f* [tra]; Vorfahrt *f* [tra]
waybill Frachtbrief *m* ((A)) [tra]
waymarking Wegmarkierung *f* [tra]
ways and means Mittel und Wege
weak matt (schwach); schwach; verdünnt (also schwächer geworden) [met]
weak acid Dünnsäure *f* [rec]; schwache Säure *f* [che]
weak function Unterfunktion *f* [hum]
weak gas Schwachgas *n* [pow]
weak mixture gasarmes Gemisch *n* (mager) [pow]
weak mordant Vorbeize *f* [met]
weak point schwache Stelle *f*; Schwachstelle *f*; Schwachpunkt *m*
weak point analysis Schwachstellenanalyse *f* [any]
weak radiation weiche Strahlung *f* [phy]
weak spot Schwachstelle *f* [met]
weaken abschwächen *v* (Sturm, eine Aussage); dämpfen *v* (vermindern); schwächen *v*; verdünnen *v* (schwächen)
weakened plane joint Feder-Nut-Verbindung *f* [tec]
weakening Dämpfung *f* (Schwingung); Schwächung *f*

weakness Schwäche f
wealth Überfluss m
wealthy reich (wohlhabend)
wear Abnutzbarkeit f; Abnutzung f (Verschleiß) [met]; Abrieb m (Abnutzung) [met]; Verschleiß m (Ermüdung, Verbrauch) [met]
wear halten v (bestehen bleiben); scheuern v (verschleißen, abnutzen) [met]; tragen v (Kleidung)
wear allowance Abnutzungstoleranz f [any]
wear and tear Abnutzung f (Verschleiß) [met]; Verschleiß m (Ermüdung und Verbrauch) [met]
wear and tear part Verschleißteil n [tec]
wear bar Schleißschiene f [tec]
wear cap Verschleißkappe f [tec]; Verschleißspitze f [tec]
wear disc Schleißscheibe f [tec]
wear limits Grenzen der Abnützung pl
wear liner Schleißrücken m (Staubrohre) [pow]
wear out abfahren v (abnutzen); sich abnutzen v; verschleißen v [met]
wear pad Schleißrücken m [tec]; Verschleißschutz m [tec]
wear part Schleißteil n [tec]; Verschleißteil n [met]
wear part drawing Verschleißteilzeichnung f [con]
wear parts, normal - Verbrauchsmaterial n (Verschleißteile) [tec]
wear plate Aufpanzerungsplatte f (auf Löffel) [tec]; Schleißplatte f (Mühle) [prc]; Schleißblech n [tec]; Verschleißblech n [tec]
wear plate profile Verschleißprofil n [tec]
wear resistance Abriebfestigkeit f [met]; Verschleißfestigkeit f [met]
wear ring Laufring m [tec]; Verschleißring m [tec]
wear sleeve Verschleißbüchse f [tec]; Verschleißschutzhülse f [tec]
wear sole Schleißsohle f [tec]
wear strip Schleißleiste f [tec]; Schrämmkante f (z.B. seitlich am Lkw) [tra]; Schrämmleiste f (Schrägkante; Lkw) [tra]
wear take-up Verschleißausgleich m [tec]
wear through durchscheuern v (scheuern) [met]
wear, abrasive - mechanischer Abrieb m [met]
wear, rate of - Abnutzungsgrad m [met]; Verschleißgrad m [met]
wear, sign of - Verschleißerscheinung f [met]
wear-back Schleißrücken m [tec]
wear-back casting elbow Verschleißkrümmer m [tec]
wear-free verschleißfrei [met]
wear-free braking verschleißfreies Bremsen n [tra]
wear-out test Abriebversuch m [any]
wear-resistant abriebbeständig [met]; scheuerfest [met]; verschleißfest [met]
wear-resistant cast iron verschleißbeständiges Gusseisen n [met]
wear-resistant liner Verschleißauskleidung f [met]
wear-resistant, highly - hochverschleißfest
wearability Abnutzbarkeit f
weariness Ermüdung f (Metall) [met]

wearing Verschleiß m (Vorgang) [met]
wearing apron Verschleißwand f [tec]
wearing course Decke f (Straße; Verschleißoberfläche) [tra]; Deckschicht f (der Straße; Verschleißdecke) [tra]; Schwarzdecke f (oberste Straßenschicht) [tra]; Verschleißdecke f (der Straße) [bau]
wearing element Verschleißeinlage f [met]
wearing liner Verschleißplatte f [tec]
wearing off Abzehrung f [pow]
wearing part Schleißteil n [met]; Verschleißteil n [met]
wearing parts set Verschleißteilsatz m [tec]
wearing plate Schleifscheibe f (nutzt sich ab) [wzg]; Schleißscheibe f [tec]; Verschleißplatte f [tec]; Schleißblech n [tec]; Verschleißblech n [tec]
wearing resistance Abriebfestigkeit f [met]; Verschleißfestigkeit f [met]
wearing sleeve Schleißhülse f [tec]; Verschleißhülse f [tec]
wearing strip Schleißleiste f [tec]
wearing surface Verschleißschicht f [met]; Verschleißbelag m [met]
wearisome langwierig
wearless verschleißfrei
weather Witterung f [wet]; Wetter n [wet]
weather abblättern v (durch Verwitterung); verwittern v
weather boarding Holzverschalung f
weather centre Wetteramt n [wet]
weather conditions Wetterbedingungen pl [wet]
weather face Wetterseite f [wet]
weather forecast Wettervorhersage f [wet]; Wetterbericht m [wet]
weather hood Dachhaube f (für Belüftung) [pow]
weather map Wetterkarte f [wet]
weather observation Wetterbeobachtung f [wet]
weather protection Witterungsschutz m
weather report Wetterbericht m [wet]
weather resistance Wetterbeständigkeit f [bau]
weather side Wetterseite f [wet]
weather station Wetterstation f [wet]; Wetterwarte f [wet]
weather strip Fensterdichtung f [bau]
weather, prevailing - vorherrschende Wetterrichtung f [wet]
weather-proof wetterbeständig (wetterfest) [met]; wetterdicht (wetterfest) [met]; wetterfest [met]
weather-proof wetterfest machen v
weather-proof measures Wetterschutzmaßnahmen pl
weather-protected wettergeschützt
weather-resisting witterungsbeständig
weatherability Wetterfestigkeit f [met]
weathered abgeblättert (durch Alter) [met]; bewettert (Bergbau) [roh]; verwittert [met]
weathered layer Verwitterungsschicht f
weathering Bewetterung f (Bergbau) [roh]; Bewitterung f; Regenablauffläche f [was]; Verwitterung f [met]
weathering product Verwitterungsprodukt n

weathering, accelerated - beschleunigte Alterung *f*; Bewitterungsgerät *n*
weathering, artificial - künstliche Bewitterung *f*
weave Gewebe *n* (Stoff) [met]
weave weben *v* [wer]
weave in einflechten *v* [wer]
web Steg *m* (zwischen Unter- und Obergurt) [tra]; Wulst *m* (Aussteifung); Gespinst *n* [met]; Gewebe *n* (Stoff) [met]; Netz *n* (Spinnennnetz)
web member Ausfachungsstab *m* (Stahlbau) [tec]; Gitterstab *m* (Stahlbau) [tec]
web of rail Schienensteg *m* (zw. Kopf u. Bodenplatte) [tra]
web plate Stegblech *m* [tec]
webbed verrippt
wedge Keil *m* (aus Holz, Eisen; Spaltwerkzeug); Klemmkeil *m* [tra]; Unterlegkeil *m* [tra]
wedge festkeilen *v*; verkeilen *v*
wedge anchorage Keilverankerung *f* [bau]
wedge bolt Fixierbolzen *m* [tec]
wedge brake Konusbremse *f* [tec]
wedge closing device Keilverschluss *m*
wedge effect Keilwirkung *f* [phy]
wedge face Keildichtung *f* [tec]
wedge pin Keilbolzen *m*
wedge plate Keilplatte *f* [tec]; Kammblech *n* (Rohrbretter) [tec]
wedge seat Keilsitz *m* [tec]
wedge-shaped kegelförmig; keilförmig
wedge-shaped belt drive Keilriemenantrieb *m* [tec]
wedge-shaped oil film Schmierkeil *m* [tec]
wedge-type cotter Keilstopper *m* [tra]
wedge-type support Keilunterlage *f* [tec]
wedged verkeilt (zwei Wagen, Sprengfels)
wedging Keilverbindung *f* [tec]; Verkeilung *f*
wedging piece Klemmstück *n* [pow]
weed Unkraut *n* [bff]
week Woche *f*
weekday Wochentag *m*
weekend shutdown Wochenendstillstand *m*
weekly wöchentlich
weekly dose Wochendosis *f* [hum]
weekly season ticket Wochenkarte *f* [tra]
weep regnen *v* [wet]
weep hole Entlastungsbohrung *f* (Druck-)
weigh wägen *m* (abschätzen)
weigh abschätzen *v* (gewichten); einwägen *v*; wägen *v* [any]; wiegen *v*
weigh out einwiegen *v*
weighbridge Brückenwaage *f*; Fahrzeugwaage *f* [any]; Gleiswaage *f* [any]
weighbridge for vehicles Fahrzeugwaage *f* [any]
weighbridge ticket Wiegekarte *f* [any]
weighed sample Einwaage *f*
weigher Waage *f* [any]
weighing Abschätzung *f* (Wägen, Überlegen); Bewertung *f* (Gewichtung); Verwiegung *f* [met]; Wägung *f* [any]; Abwägen *n* [any]; Einwiegen *n*
weighing accuracy Wägegenauigkeit *f* [any]

weighing and filling machine Abfüllwaage *f*
weighing apparatus Wiegeeinrichtung *f* [any]
weighing appliance Wägevorrichtung *f* [any]
weighing cell Wägezelle *f* [any]
weighing device Wägevorrichtung *f* [any]
weighing equipment Wiegeeinrichtung *f* [any]
weighing error Wägefehler *m* [any]
weighing indicator Gewichtsanzeiger *m* [any]
weighing system Wägesystem *n* [any]
weighing table Wägetisch *m* [any]
weighing up Abwägung *f* [any]
weighing up, errors in - Abwägungsfehler *m* [jur]
weighing up, requirement of - Abwägungsgebot *n* [jur]
weight Last *f* (belastendes Gewicht) [phy]; Masse *f* (Gewicht) [phy]; Gewicht *n* (Last) [phy]
weight belasten *v* (mit Gewicht); beschweren *v*; bewerten *v* (nach Wichtigkeit); gewichten *v*
weight and side pull Druck und Zug *m* [phy]
weight arm Lastarm *n* [tec]
weight assumption Gewichtsannahme *f*
weight belt feeder Bandwaage *f* [any]
weight brake Gewichtsbremse *f* [tra]
weight card Wiegebescheinigung *f* [any]
weight control Gewichtskontrolle *f*
weight deduction Gewichtsabzug *m*
weight flow Mengendurchsatz *m*; Mengenfluss *m*
weight force Gewichtskraft *f* [phy]
weight gain Gewichtszunahme *f*
weight increase Gewichtserhöhung *f*
weight indicator Gewichtsanzeige *f* [any]
weight loading Gewichtsbelastung *f* [phy]
weight per axle Achslast *f* [tec]
weight per cent Gewichtsprozent *n* [phy]
weight per unit of volume Raumgewicht *n* [phy]
weight range Gewichtsbereich *m* (der Schmiedestücke) [wer]
weight ratio Gewichtsverhältnis *n*
weight saving Gewichtsersparnis *f* [con]
weight stabilizing Gewichtsverlagerung *f* [mbt]
weight, additional - Mehrgewicht *n*
weight, advertised - Dienstgewicht *n* (im Prospekt)
weight, average - Durchschnittsgewicht *n*
weight, proportion of - Gewichtsanteil *m*
weight, reduced - reduziertes Gewicht *n* [tec]
weight, unit of - Gewichtseinheit *f* [phy]
weight, variation of - Gewichtsänderung *f*
weight, without - gewichtlos
weight-batcher Dosierwaage *f* [any]
weight-batching Massedosierung *f* [prc]
weight-batching unit Dosieranlage *f* [prc]
weight-carrying belastet
weight-dependent gewichtsabhängig (z.B. Sitzfederung)
weight-lifting device Hublasteinrichtung *f* [mbt]
weighting Belastung *f* (mechanisch); Gewichtsbelastung *f* [phy]; Beschweren *n*
weighting agent Beschwerungsmittel *n*
weighting factor Gewichtungsfaktor *m*

weighting material Beschwerungsmittel *n*
weighting method Beschwerungsverfahren *n* (Text)
weightless schwerelos
weighty gewichtig; schwer (gewichtig)
weir Überlauf *m* (Wehr) [was]; Stauwehr *n* [was]; Überfallwehr *n* [was]; Wehr *n* [was]
weir with lock Staustufe *f* [was]
weld geheftet [wer]
weld Naht *f* (Schweißnaht); Schweißnaht *f* [wer]; Schweißstelle *f* [wer]
weld schweißen *v* [wer]; verschweißen *v* [wer]
weld all around umlaufende Naht *f* [wer]
weld bead Schweißraupe *f* [wer]
weld boss Schweißstutzen *m* [tec]
weld collar Vorschweißbund *m* [tec]
weld connection Schweißnahtverbindung *f* [wer]
weld deposit Schweißgut *n* [met]
weld displacement wandern von Schweißnähten *v* [wer]
weld edge Schweißkante *f* [wer]
weld flaw Schweißfehler *m* [wer]
weld gasket Schweißlippendichtung *f* [tec]; Schweiß-ringdichtung *f* [tec]
weld groove Nahtfuge *f* [wer]
weld inspection Schweißnahtprüfung *f* [any]
weld into einschweißen *v*
weld joint Schweißverbindung *f* [tec]; Schweißanschluss *m* [tec]; Schweißstoß *m* [tec]
weld junction Übergangszone *f* (Blech zu Blech) [wer]
weld material Schweißwerkstoff *m* [met]
weld metal Schweißgut *n* [met]
weld metal, beads of - Schweißperlen *pl* [wer]
weld method Schweißnahtausführung *f* [wer]
weld nipple Schweißstutzen *m* [tec]
weld nugget diameter Linsendurchmesser *m* (beim Schweißen) [wer]
weld on anschweißen *v*; aufschweißen *v* [wer]
weld overlay, protective - Schweißplattieren *n* [wer]
weld pass, crater at end of - Endkrater *m* (am Ende der Schweißnaht) [wer]
weld position Schweißlage *f* (Position) [wer]
weld reinforcement Nahtüberhöhung *f* [wer]
weld root Schweißwurzel *f* [wer]
weld scale Schweißzunder *m* [met]
weld seam Schweißnaht *f* [wer]
weld seam testing equipment Schweißnahtprüfanlage *f* [any]
weld sensor Schweißnahtabtaster *m* (mechanisch) [wer]
weld shape Nahtform *f* [wer]
weld smoke Schweißrauch *m* [air]
weld socket geschweißte Muffenverbindung *f*
weld splatter Schweißperlen *pl* [wer]
weld stub Einschweißstutzen *m* [tec]
weld stud Schweißstutzen *m* [tec]
weld testing installation Schweißnahtprüfanlage *f* [any]
weld through durchschweißen *v* [wer]

weld together verschweißen *v* [wer]; zusammenschweißen *v* [wer]
weld tolerance Schweißtoleranz *f* [wer]
weld waterproof wasserdicht schweißen [wer]
weld with full penetration durchschweißen *v* [wer]
weld, back - gegenschweißen *v* (von Gegenseite) [wer]
weld-fabricated component Schweißbauteil *n* [tec]; Schweißteil *n* [tec]
weld-in bend Einschweißbogen *m* [prc]
weld-in bush Einschweißbuchse *f* [tec]
weld-in connection Einschweißstutzen *m* [prc]
weld-in elbow Einschweißbogen *m* [tec]
weld-in rod Einschweißende *n* [tec]
weld-in sleeve Einschweißhülse *f* [tec]
weld-in valve Einschweißventil *n* [prc]
weld-lip seal Schweißlippendichtung *f* [tec]; Schweißringdichtung *f* [tec]
weld-on band Anschweißband *n* [tec]
weld-on bracket Anschweißbock *m* [tec]
weld-on clevis Anschweißbügel *m* [tec]
weld-on element Anschweißstück *n* [tec]
weld-on end Anschweißende *n*
weld-on eye plate Anschweißöse *f* [tec]
weld-on flange Anschweißflansch *m* [prc]
weld-on link Anschweißgelenk *m* [tec]
weld-on pipe reducer Anschweißreduzierstück *n* [tec]
weld-on plate Anschweißplatte *f* [tec]; Anschweißblech *n* [tec]
weld-on reducer nipple Anschweißreduziernippel *m* [tec]
weld-on screw joint Anschweißverschraubung *f*
weld-on socket Anschweißmuffe *f* [prc]; Anschweißstutzen *m* [tec]
weld-on union Anschweißverschraubung *f* [tec]
weld-prepared tube Einschweißrohr *n* [tec]
weldability Schweißbarkeit *f* [wer]
weldability test Schweißbarkeitsprüfung *f* [wer]
weldable schweißbar [wer]
weldable bitumen sheet Schweißbahn *f* [met]
weldable steel schweißbarer Stahl *m* [met]
welded geschweißt [wer]
welded assembly Schweißkonstruktion *f* (Schweißteil) [tec]; Schweißteil *n* (Schweißkonstruktion) [tec]
welded bitumen sheeting Bitumenschweißbahn *f*
welded circular steel pipe Siederohr *n* [met]
welded complete steel-box design Ganzstahlschweißkonstruktion *f* [tec]
welded connection geschweißte Verbindung *f* [tec]; Schweißverbindung *f* [tec]
welded construction Schweißausführung *f* [tec]; Schweißkonstruktion *f* [tec]
welded design Schweißkonstruktion *f* [tec]
welded diaphragm seal Membranschweißdichtung *f* [pow]
welded film geschweißte Folie *f* [met]
welded flange aufgeschweißter Flansch *m* [prc]; Einschweißflansch *m* [prc]

welded frame geschweißter Rahmen *m* [tec]; Schweißrahmen *m* [tec]
welded joint Schweißnaht *f* [wer]; Schweißstelle *f* [wer]; Schweißverbindung *f* [tec]; geschweißter Anschluss *m*
welded joint, roller-expanded and - Walz-Schweißverbindung *f* [tec]
welded lug Schweißnase *f* [wer]
welded member Schweißbauteil *n* [tec]; Schweißteil *n* [tec]
welded nipple Einschweißnippel *m* [tec]
welded oil-tight öldicht geschweißt [wer]
welded on angeschweißt [wer]
welded part Schweißbauteil *n* [tec]; Schweißteil *n* [tec]
welded pocket Einschweißschutzrohr *n* [tec]
welded rail geschweißte Schiene *f* [tra]
welded screw-coupling Einschweißverschraubung *f* [tec]
welded spot Schweißpunkt *m* [wer]
welded structure Schweißkonstruktion *f* [tec]
welded wall geschweißte Wand *f* [tec]
welded, back - aufgeschweißt [wer]
welded-in stub Einschweißnippel *m* [tec]; Schweißnippel *m* [tec]
welded-on flange Vorschweißflansch *m* [prc]
welded-stub connection Einschweißnippel *m* [tec]
welder Handschweißer *m* [wer]; Schweißer *m* [wer]
welder's gloves Schweißerhandschuhe *pl* (3-Finger-Handschuh) [wer]
welder's helmet Schweißerhelm *m* (mit Athermalglas) [wer]
welder's safety glasses Schweißbrille *f* [wer]; Schweißerschutzbrille *f* (Arbeitssicherheit) [wer]
welder's test Schweißprüfung *f* [any]
welder, certified - geprüfter Schweißer *m* [wer]
welder, hot impulse - Wärmeimpulsschweißmaschine *f* (Kunststoffe) [wer]
welding Anschweißung *f*; Schweißtechnik *f* [wer]; Schweißen *n* [wer]; Schweißarbeiten *pl* [wer]
welding accessories Schweißzubehör *n* [wer]
welding apparatus Schweißgerät *n* [wer]
welding back-up Anschweißband *n* [tec]
welding bead Raupe *f* (Schweißnaht) [wer]; Schweißwulst *f* [wer]
welding beads Schweißperlen *pl* [wer]
welding box Schweißkabine *f* [wer]
welding calibre Schweißlehre *f* [any]
welding cap Anschweißdeckel *m* [tec]
welding certificate Schweißbescheinigung *f* [wer]; Schweißprüfbescheinigung *f* [any]
welding chamfer Schweißfase *f* [wer]
welding compound Schweißmittel *n* [met]
welding connection Anschweißstutzen *m* [tec]; Schweißstutzen *m* [tec]
welding converter Schweißumformer *m* [wer]
welding crack Schweißriss *m* [met]
welding design Schweißkonstruktion *f* [tec]
welding distortion Schweißverzug *m* [wer]

welding drawing Schweißplan *m* [con]
welding edge Schweißkante *f* [wer]
welding elbow Anschweißbogen *m* (Krümmer) [tec]; Schweißbogen *m* (Krümmer) [tec]
welding electrode Schweißelektrode *f* [met]
welding equipment Schweißvorrichtung *f* [wer]
welding eye Anschweißöse *f* [tec]
welding filler Schweißzusatzwerkstoff *m* [met]
welding fitting Schweißfitting *n* [tec]
welding fixture Schweißvorrichtung *f* [wer]
welding flange Anschweißflansch *m* [prc]; Vorschweißbördel *m* [tec]
welding flux Schweißpulver *n* [met]
welding foil Schweißfolie *f* [met]
welding fume exhaust installation Schweißrauchabsauganlage *f* [air]
welding generator Schweißstromgenerator *m* [elt]
welding goggles Schweißerschutzbrille *f* [wer]
welding gun Schweißpistole *f* [wer]
welding handle Schweißkolben *m* [wzg]
welding head Schweißkopf *m* [wer]
welding icicle Schweißbart *m* [wer]
welding inspection Schweißnahtprüfung *f* [any]
welding instruction Schweißanweisung *f* (Schweißvorschrift) [wer]; Schweißvorschrift *f* [wer]
welding load voltage Schweißspannung *f* (E-Schweißen) [elt]
welding machine Schweißmaschine *f* [wzg]
welding manipulator Schweißdrehtisch *m* [wer]
welding neck Vorschweißbund *m* (für Flansch) [tec]; Anschweißreduzierstück *n* (Rohr- und Kesselbau) [tec]
welding neck flange Vorschweißflansch *m* [prc]
welding nipple Anschweißnippel *m* [tec]
welding nut Anschweißmutter *f* [tec]; Schweißmutter *f* (auf Blech aufgeschweißt) [tec]
welding of plastics Kunststoffschweißen *n* [wer]
welding of rails Schienenschweißung *f* [wer]
welding operator Maschinenschweißer *m* [wer]
welding parameter Schweißausstattung *f* [wer]
welding parameters, relevant - entsprechende Schweißdaten *pl* [con]
welding pass Schweißlage *f* (erste Schweißlage) [wer]
welding plant Schweißanlage *f* [wer]
welding plastic materials Kunststoffschweißen *n* [wer]
welding position Schweißposition *f* (z.B. waagerecht) [wer]; Schweißstelle *f* [wer]
welding positioner Schweißdrehtisch *m* [wer]
welding procedure Schweißverfahren *n* [wer]
welding procedure specification Schweißverfahrensrichtlinie *f* [nor]
welding process Schweißvorgang *m* (während des Schweißvorganges) [wer]
welding robot Schweißroboter *m* [wer]
welding rod Schweißelektrode *f* [met]; Schweißdraht *m* [met]; Schweißstab *m* [met]
welding saddle Sattelstutzen *m* [tec]

welding schedule Schweißplan *m* [wer]
welding seam Schweißnaht *f* [wer]
welding seam gauge Schweißnahtlehre *f* [any]
welding seam image converter Schweißnaht-
 bildgerät *n* [any]
welding sequence Schweißfolge *f* [wer]
welding set Schweißgenerator *m* [wer];
 Schweißgerät *n* [wer]
welding shop Schweißerei *f* [wer]
welding smoke Schweißrauch *m* [air]
welding socket Schweißmuffe *f* [tec]
welding splatter Schweißspritzer *m* [wer]
welding steel Schweißstahl *m* [met]
welding stress Schweißspannung *f* [met]
welding stub Schweißstutzen *m* [tec]
welding stud Anschweißende *n*
welding supervisor Schweißaufsicht *f* [wer];
 Schweißkontrolleur *m* [wer]
welding tee, straight - Einschweiß-T-Stück *n* [tec]
welding template Schweißschablone *f* [wer]
welding torch Brenner *m* (Schweißen) [wzg];
 Schweißbrenner *m* [wer]; Schweißgerät *n* [wer]
welding torsion Schweißspannung *f* [met]
welding transformer Schweißtransformator *m* [elt];
 Schweißumformer *m* [wer]
welding wire Schweißdraht *m* [met]
welding, attach by - anschweißen *v* [wer]
welding, electric - Elektroschweißen *n* [wer]
welding, hot pressure - Warmpressschweißen *n* [wer]
weldless nahtlos (Schweißnaht)
weldless pipe nahtloses Rohr *n* [met]
weldment Schweißkonstruktion *f* (Schweißteil) [tec];
 Schweißbauteil *n* [tec]; Schweißteil *n*
 (Schweißkonstruktion) [tec]
well Quelle *f* (Öl); Vertiefung *f* (Schacht) [bod];
 Brunnen *m* [was]; Rundschacht *m* (Brunnen) [bau];
 Schacht *m* (Bergbau) [roh]; Schacht *m* (Brunnen)
 [bau]; Bohrloch *n*; Tauchrohr *n* (z.B. für Thermometer) [prc]
well building Brunnenbau *m* [bau]
well capacity Brunnenleistung *f* [was]
well drilling Bohren *n* (nach Öl) [wer]; Brunnen-
 bohren *n* [bau]
well for landfill gases Deponiegasbrunnen *m* [rec]
well grab Brunnengreifer *m* [mbt]; Rundschacht-
 greifer *m* [mbt]; Schachtgreifer *m* [mbt]
well making Brunnenbau *m* [bau]
well pit Brunnenschacht *m* [was]
well shaft Brunnenschacht *m* [was]
well system Brunnenanlage *f* [was]
well type furnace Brunnenfeuerung *f* [pow]
well wagon Tiefladewagen *m* (mit tiefem Bett) [tra]
well water Brunnenwasser *n* [was]
well, absorbing - Dränbrunnen *m* [was]
well, hot - Warmwasserbehälter *m* [pow]
well-balanced ausgewogen
well-base rim Tiefbettfelge *f* [tra]
well-burnt hart gebrannt
well-defined bestimmt (festgelegt)

well-designed gut gestaltet
well-formed sentence wohlgeformter Satz *m* (in der
 Sprache)
well-seasoned trocken (Holz) [met]
well-shaped formschön
well-treaded tires griffige Bereifung *f* ((A)) [tra]
well-treaded tyres griffige Bereifung *f* ((B)) [tra]
well-used abgenutzt
wellway railing Schachtgeländer *n* (oberstes Stockwerk) [roh]
wellway, railing around - Schachtgeländer *n*
 (oberstes Stockwerk) [roh]
welted gefalzt [wer]
wet feucht (nass); frisch (Farbe); nass; regnerisch
 [wet]
wet befeuchten *v*; begießen *v*; benässen *v*; benetzen
 v (nass machen); durchfeuchten *v*; nässen *v*; nass
 machen *v*
wet air cleaner Nassluftfilter *m* [tra]
wet air pump Nassluftpumpe *f* [prc]
wet analysis Nassanalyse *f* [any]
wet area Feuchtgebiet *n*
wet battery Nassbatterie *f* [elt]
wet brake Nassbremse *f* (statt Scheibenbremse) [tra]
wet brake system Nassbremssystem *n* [tra]
wet catalysis Nasskatalyse *f* [prc]
wet catalysis process Nasskatalyseverfahren *n* [che]
wet classifying Nassklassierung *f* [prc]
wet cleaning Nassbehandlung *f* [prc]
wet concrete Frischbeton *m* [met]
wet contact process Nasskatalyseverfahren *n* [che]
wet cooler Rieselkühler *m* [pow]
wet cooling tower Nasskühlturm *m* [pow]
wet crushing Nasszerkleinerung *f* [prc]
wet digestion Nassveraschung *f* [any]; Nassauf-
 schluss *m* [any]
wet extraction Auslaugung *f* [che]; nasser Aufschluss *m* [any]
wet filter Nassfilter *n* [air]
wet grinding Feuchtmahlung *f* [prc]; Nassmahlung *f*
 [prc]; Nassmahlen *n* [prc]
wet method Nassverfahren *n* [prc]
wet multi-disc brake Nasslamellenbremse *f* [tra]
wet oxidation Nassoxidation *f* [was]
wet paint frische Farbe *f* (feuchte) [met]
wet precipitator nass arbeitender Abscheider *m*
wet process nasses Verfahren *n* [prc]; Nassverfahren
 n [prc]
wet processing Nassbehandlung *f* [prc]
wet processing plant Nassaufbereitungsanlage *f* [roh]
wet purification Nassreinigung *f* [air]
wet room Nassraum *m*
wet rot Nassfäule *f* [bff]
wet run Nasslauf *m* (der Lamellenbremse) [tra]
wet screening Nasssiebung *f* [roh]
wet scrubbing Nassreinigung *f* [air]
wet season Regenzeit *f* [wet]
wet sieving Nasssiebung *f* [roh]
wet sizing Nassklassierung *f* [prc]

wet soil Nassboden *m* [bod]
wet steam Nassdampf *m* [pow]
wet type dust collector Nassentstauber *m* [pow]
wet washer Wäscher *m*
wet waste disposal press Nassmüllpresse *f* [rec]
wet, make - nässen *v*
wet-bottom boiler Staubfeuerung mit flüssiger Entaschung *f* [pow]; Schmelzkessel *m* [pow]
wet-bottom furnace Feuerung mit flüssiger Entaschung *f* [pow]
wet-bulb hygrometer Feuchtkugelhygrometer *n* [any]
wet-bulb temperature Verdunstungstemperatur *f*
wet-bulb thermometer Verdunstungsthermometer *n* [any]
wet-dial water meter Nassläufer *m* [any]
wet-type master clutch Ölhauptkupplung *f* [mbt]
wetness Nässe *f*
wetness of steam Dampffeuchtigkeit *f* (Wasserdampf)
wettability Benetzbarkeit *f*
wettable benetzbar
wetted wall evaporator, rotating - Rotationsdünnschichtverdampfer *m* [prc]
wetted-wall column Fallfilmkolonne *f*; Dünnschichtreaktor *m*
wetting benetzend (nässend)
wetting Befeuchtung *f*; Benetzung *f*; Benässen *n*; Benetzen *n*
wetting agent Haftfestigkeitsverbesserer *m* [met]; Benetzungsmittel *n* [met]; Netzmittel *n* [che]
wetting power Benetzungskraft *f*
wetting properties Benetzungseigenschaften *pl*
whattle Flechtwerk *n* [met]
wheel Rolle *f* (Rad) [tec]; Walze *f* (Rad) [tra]; Rad *n* [tec]; Steuer *n* (Fahrzeug) [tra]
wheel arrangement Achsfolge *f* (Lokomotive) [tra]; Radanordnung *f* [tra]
wheel assembly Scheibenrad *n* [tec]
wheel axle Radachse *f* [tec]
wheel balance auswuchten *v* (statisch und dynamisch) [tra]
wheel balancing Radauswuchtung *f* [tec]
wheel barrow Schiebekarre *f* (Schubkarre) [wer]
wheel base Radstand *m* [con]
wheel bearing Radlager *n* [tec]
wheel body Radscheibe *f* (des Waggons) [tra]; Radkörper *m* [tec]
wheel boss Radnabe *f* (bei der Bahn) [tra]
wheel brake Radbremse *f* [tra]
wheel bush Radbuchse *f* [tec]
wheel cambering Radsturz *m* [con]
wheel castor Radvorlauf *m* [tra]
wheel centre Radkörper *m* (Nabe) [tec]
wheel change Radwechsel *m* [tra]
wheel chock Bremskeil *m* [tec]; Unterlegkeil *m* (für Kfz) [tra]
wheel clamp Parkkralle *f* [tra]
wheel cover Radabdeckung *f* [tec]
wheel cylinder Radbremszylinder *m* [tra]; Radzylinder *m* [tra]

wheel diameter Raddurchmesser *m* [con]
wheel disc Radscheibe *f* [tec]
wheel disc brake Radscheibenbremse *f* [tra]
wheel disc shaft Radscheibenwelle *f* [pow]
wheel dresser Abziehwerkzeug *n* [wzg]
wheel drive Radantrieb *m* [tec]
wheel flange Spurkranz *m* (führt Eisenbahnrad) [tra]
wheel hub Radnabe *f* [tra]
wheel hub protection Labyrinthkamm *m* [tec]
wheel imbalance Scheibenunwucht *f* [tec]
wheel in one piece Vollrad *n* [tec]
wheel lathe Radsatzdrehbank *f* (z.B. bei der Bahn) [wer]; Radsatzdrehmaschine *f* (z.B. bei der Bahn) [wer]
wheel lean Radsturz *m* (beim Grader) [con]
wheel lean adjusting Radsturzverstellung *f* [mbt]
wheel load Radlast *f* [tra]
wheel loader Radlader *m* [mbt]
wheel mounting bolt Radbefestigungsbolzen *m* [tra]
wheel mounting nut Radbefestigungsmutter *f* [tra]
wheel nut Radmutter *f* [tra]
wheel nut pin Radmutterbolzen *m* [tra]
wheel output Radleistung *f* [pow]
wheel press Radsatzpresse *f* [tra]
wheel printer Typenraddrucker *m* [edv]
wheel profile Radprofil *n* (des Eisenbahnrades) [tra]
wheel puller Radabzieher *m* [tra]
wheel rake Sturz *m* (der Räder) [tra]
wheel reclaimer Schaufelradaufnahmegerät *n* [mbt]
wheel resistant welding Rollschweißen *n* [wer]
wheel rim Radfelge *f* [tra]; Felgenkranz *m* [tra]; Radkranz *m* [tec]
wheel scraper Radschrapper *m* [mbt]
wheel seat Nabensitz *m* [tra]
wheel set Radsatz *f* (der Bahn) [tec]
wheel set bearing Achslager *n* (des Waggons) [tra]; Radsatzlager *n* [tra]
wheel set capacity Radsatzlast *f* [tra]
wheel set load Radsatzlast *f* [tra]
wheel set pump Radsatzpumpe *f* [tra]
wheel set shaft Radsatzwelle *f* [tra]
wheel set test assembly Radsatzprüfstand *m* [tra]
wheel set wheel Laufrad *n* (des Waggons) [tra]
wheel shaft Radwelle *f* [tec]
wheel spider Radstern *m* [tra]
wheel spindle Achsnabe *f* [tec]; Hohlachse *f* [tec]; Achsschenkel *m* [tec]
wheel wear Radabnutzung *f* [tec]
wheel with solid centre Scheibenrad *n* [tec]
wheel with tyre Rad mit Radreifen *n* (bei der Bahn) [tra]; Reifenrad *n* (bei der Bahn) [tra]
wheel, abrasive - Schleifscheibe *f* (zum Glätten, Kürzen) [wzg]
wheel, fixed - Festrad *n* [tec]
wheel, solid - Vollrad *n* [tec]
wheel-chair Rollstuhl *m* (für Körperbehinderte)
wheel-flange lubricator Spurkranzschmiervorrichtung *f* [tec]
wheel-mounted front-end loader Radlader *m* [mbt]

wheel-work Räderwerk n [tec]
wheelbarrow Schubkarre f [wer]; Karren m (Schubkarren)
wheelbarrow, hauling by - Schubkarrenförderung f [wer]
wheelbase Achsabstand m (Abstand Vorder- zu Hinterrad) [tec]; Achsstand m [tec]; Radabstand m (Auto) [tra]; Radsatzabstand m [tra]
wheeled bin Rollcontainer m [rec]
wheeled dozer Radplaniergerät n [mbt]
wheeled excavator Mobilbagger m (Bagger auf Rädern) [mbt]
wheeled hydraulic excavator Mobilhydraulikbagger m [mbt]
wheeled loader Radlader m [mbt]
wheeled vehicle Räderfahrzeug n [tra]
wheels and tyres Räder und Bereifung pl [tra]
wheels, advancing - Vorläufer m (zieht Lok in Kurve) [tra]
when indicated gegebenenfalls
whet wetzen v (ein Beil am Wetzstein) [wer]
whetstone Schleifstein m [wzg]
which must be reported meldepflichtig [jur]
while, all the - die ganze Zeit f
whirl Sog m (Wasserwirbel) [was]; Wirbel m (Strömung)
whirl wirbeln v
whirler-type dirt catcher Wirbelstromabscheider m [air]
whirlwind Wirbelwind m [wet]
whistle Pfeife f (der Dampflok) [tra]
whistle pfeifen v (z.B. Lok, Fabriksignal); sausen v
whistle chain Pfeifenzugkette f (Dampflok) [tra]
whistle lever Pfeifenzughebel m (Dampflok) [tra]
white bleich (gebleicht); weiß
white aluminium weißaluminium (RAL 9006) [nor]
white bear Eisbär m [bff]
white blood corpuscle Leukozyt m (weißes Blutkörperchen) [hum]
white bronze Weißmetall n [met]
white drosses weiße Krätze f (Metallurgie) [rec]
white flint Weißglas n [met]
white frost Raureif m [wet]
white goods weiße Ware f (Haushaltsgeräte)
white heat Glut f (Weißglut); Weißglut f; Glühen n (Weißglut) [met]
white heat weißglühen v
white hot weißglühend
white joint mortar Fugenzement m [met]
white lead Bleiweiß n [che]
white lime Weißkalk m [met]
white metal Lagermetall n (Weißmetall) [met]; Weißmetall n [met]
white noise weißes Rauschen n [elt]
white oil Paraffinöl n [che]
white peat Weißtorf m [bod]
white pigment Weißpigment n [che]
white print Weißpause f
white rot Weißfäule f (Holz) [bio]

white spirit Testbenzin n [met]
white-metal lining Weißmetallausguss m (ausgegossenes Lager) [tec]
whiten kalken [wer]
whiten aufhellen v (Farbe); tünchen v [wer]; weißen v (färben)
whitener Weißmacher m (Waschmittel) [met]
whitening Aufhellung f
whitewall tyre Weißwandreifen m [tra]
whitewash kalken (tünchen) [wer]
whitewash Kalkbrühe f [met]; Kalkmilch f [met]; Kalktünche f [bau]; Tünche f [met]
whitewash tünchen v [wer]; übertünchen v [wer]; weißen v (tünchen)
whitewash coat Kalkanstrich m [che]
whitewash paint Kalkfarbe f [met]
whitewashed gekalkt
whitewashing Anstrich m (Anstreichen mit Tünche) [wer]
Whitworth form, pipe thread of - Whitworth-Rohrgewinde n [tec]
whizzer Streuwindsichter m [prc]
whole ganz; gesamt
whole Gesamtheit f
whole number ganze Zahl f [mat]
whole-body counter Ganzkörperzähler m (Kerntechnik) [any]
whole-body irradiation Ganzkörperbestrahlung f (Kerntechnik) [pow]
whole-numbered ganzzahlig [mat]
wholesale pauschal [eco]
wholesale manufacturing Massenherstellung f [eco]
wholesale trade Großhandel m
wholly gänzlich (ganz und gar)
wick Docht m
wick lubrication Dochtschmierung f [tra]
wide ausgedehnt (weites Land); breit; weit (breit)
wide band Breitband n [elt]
wide base tyre Breitfelgenreifen [tra]
wide base tyre Breitreifen m [tra]
wide gauge Breitspur f (Schiene) [tra]
wide load Überbreite f (Ladung) [tra]
wide necked bottle Flasche mit breitem Hals f
wide tyres Breitreifen m [tra]
wide-band Breitband n [elt]
wide-band amplifier Breitbandverstärker m [elt]; Breitbandverstärker m [any]
wide-band channel Breitbandkanal m [edv]
wide-band clamp Breitbandschelle f [tec]; Breitbandspannschelle f [tec]
wide-band communication Breitbandkommunikation f [edv]
wide-band data communication Breitbanddatenkommunikation f [edv]
wide-band network Breitbandnetz n [edv]
wide-bladed saw Blattsäge f [wzg]
wide-bodied aircraft Großraumflugzeug n [tra]
wide-body side-discharging car Großraumseitenentladewagen m [tra]

wide-body wagon Großraumwagen *m* (für Massengüter) [tra]
wide-meshed grobmaschig; großmaschig; weitmaschig [met]
wide-meshed grid weitmaschiges Gitter *n* [met]
widely circulated weitverbreitet
widen aufweiten *v*; erweitern *v*; verbreitern *v* (z.B. Straße) [bau]; weiten *v* (verbreitern) [wer]
widened verbreitert (z.B. Straße) [bau]
wideness and distance Weite *f* (des Landes)
widening Erweiterung *f* (z.B. Straße); Verbreiterung *f* [bau]
widespread weitverbreitet
width Breite *f*; Dicke *f* (Breite); Weite *f* (eines Gegenstandes)
width across corners Eckenmaß *n* [con]; Übereckmaß *n* (der Schraube) [con]
width across flats Schlüsselweite *f* (der Schraube) [tec]
width between inner plates innere Breite *f* (bei Rollenkette)
width crowning Balligkeit *f* [met]; Breitballigkeit *f*
width of flange Plattenbreite *f* [con]
width, effective - mittragende Breite *f* [con]
wild verwildert [bff]
wilful absichtlich
will to rid oneself of Entledigungswille *m* [jur]
will, at - beliebig (nach Wunsch)
wilt welken *v*
winch Kurbel *f* [tec]; Winch *f* (Seilwinde) [tra]; Winde *f* [mbt]; Drehstock *m* [wzg]
winch hochziehen *v*
winch base Windenträger *m* [mbt]
winch drum Windentrommel *f* [tec]
winch rope Windenseil *n* [tec]
winch support Windenträger *m* [mbt]
wind Wind *m* [wet]
wind aufspulen *v* [wer]; kurbeln *v*; spulen *v*; umwickeln *v*; wickeln *v*; winden *v*
wind around umwickeln *v*
wind beam Kehlbalken *m* [bau]
wind direction Windrichtung *f* [wet]
wind direction density form Abgasfahne *f* [air]
wind drying Windtrocknung *f* [prc]
wind effect Windwirkung *f* [wet]
wind energy Windenergie *f* [pow]
wind erosion Winderosion *f* [bod]
wind farm Windpark *m* [pow]
wind furnace Windofen *m* [pow]
wind gauge Windgeschwindigkeitsmesser *m* [any]; Windmesser *m* [any]; Anemometer *n* [any]
wind generator Winderzeuger *m*
wind load Windlast *f* [wet]
wind loading Windbelastung *f* [wet]
wind motor Windmotor *m* [pow]
wind power Windkraft *f* [pow]
wind power array Windpark *m* [pow]
wind power plant Windkraftanlage *f* [pow]; Windkraftwerk *n* [pow]

wind power station Windkraftanlage *f* [pow]; Windkraftwerk *n* [pow]
wind pressure Winddruck *m* [wet]
wind pump Windpumpe *f* [pow]
wind resistance Luftwiderstand *m* [air]
wind sifter Windsichter *m* [prc]
wind slab Schneebrett *n*
wind speed Windgeschwindigkeit *f* [wet]; Windstärke *f* [wet]
wind speed indicator Windgeschwindigkeitsmessgerät *n* [any]
wind stress Windbeanspruchung *f* [wet]
wind tunnel Windkanal *m*
wind up aufwickeln *v* (Band) [wer]; aufziehen *v* (Uhrwerk) [tec]; hochziehen *v*
wind velocity Windgeschwindigkeit *f* [wet]; Windstärke *f* [wet]
wind weathering Windverwitterung *f*
wind, adverse - Gegenwind *m* [wet]
wind, anabatic - Aufwind *m* [wet]
wind-driven power station Windkraftwerk *n* [pow]
wind-driven rain Schlagregen *m* [wet]
winder Fördermaschine *f* (Bergwerk) [roh]; Haspel *f* (Rolle) [tec]; Kurbelvorrichtung *f* [tec]
winder drum Aufwickeltrommel *f* [tec]
winding Bewicklung *f*; Leitung *f* (Wicklung) [elt]; Spule *f* [elt]; Wicklung *f* [elt]; Windung *f* (Schraube) [tec]
winding arbour Aufzugsvierkant *n* (Uhr) [tec]
winding engine Fördermaschine *f* [mbt]; Hebemaschine *f*
winding equipment Wickler *m* [wer]
winding machine Wickelmaschine *f* [wer]; Wickelautomat *m* (für Ankerwicklung) [wer]
winding machine, automatic - schnell laufender Wickelautomat *m* [wer]
winding shaft Förderschacht *m* [roh]
winding stem Aufzugswelle *f* (Uhr) [tec]
winding wheel Aufzugsrad *f* (Uhr) [tec]
winding wire Wickeldraht *m* [elt]
windlass Ankerwinde *f* [mbt]; Hebewinde *f*; Winde *f* [mbt]
windmill Windmühle *f* [pow]
windmill power plant Windkraftwerk *n* [pow]
window Fenster *n* [bau]; Fenster *n* (auf dem Bildschirm) [edv]
window air conditioner Fensterklimaanlage *f* [bau]
window bar Putzleiste *f* [bau]
window blind Jalousie *f* [bau]; Fensterladen *m* [bau]
window button Fensterknopf *m* [bau]
window case Fensterzarge *f* [bau]
window casement Fensterflügel *m* [bau]
window catch Fenstergriff *m* [bau]
window crank Fensterkurbel *f* [tra]
window cross Fensterkreuz *n* [bau]
window fittings Fensterbeschläge *m* [bau]
window flap klappbares Einsichtsfenster *n* [tra]
window frame Fensterrahmen *m* [bau]
window glass Fensterglas *n* [bau]

window grating Fenstergitter *n* [bau]
window grill Fenstergitter *n* [bau]
window grille Fenstergitter *n* [bau]
window guard Fenstergitter *n* [bau]
window handle Fensterkurbel *f* [bau]; Fenstergriff *m* [bau]
window hardware Fensterbeschläge *pl* [bau]
window head Fenstersturz *m* [bau]
window lift Fenstergriff *m* [bau]
window lifter Fensterheber *m* [tra]
window lifter rail Fensterheberschiene *f* [tra]
window lintel Fenstersturz *m* [bau]
window management Fensterverwaltung *f* [edv]
window module Fenstermodul *m* [bau]
window opening Fensteröffnung *f* [bau]
window pane Fensterscheibe *f* [tra]
window protection screen Fenstergitter *n* [bau]
window rail seal Fensterabdichtschiene *f* [bau]
window seat Fensterbank *f* [bau]
window shutter Fensterladen *m* [bau]
window sill Fensterbank *f* [bau]; Fensterbrüstung *f* [bau]
window strip Klemmprofil *n* [tra]
window ventilator Fensterventilator *m* [bau]
window washer Scheibenwaschanlage *f* [tra]
window, active - aktives Bildschirmfenster *n* [edv]
window-ledge Fensterbank *f* [bau]
window-mounted fan Fensterventilator *m* [bau]
windowing Fenstertechnik *f* (Software) [edv]
windpipe Luftröhre *f* [hum]
windproof abgedichtet gegen Windzug; winddicht
windrow Miete *f* (Haufen) [far]
windrow spreader Randstreifenverteiler *m* [mbt]
windscreen Frontscheibe *f* ((B) Auto) [tra]; Frontscheibe *f* (am Auto) [tra]; Scheibe *f* (Windschutzscheibe) [tra]; Windschutzscheibe *f* [tra]
windscreen frame Windschutzscheibenrahmen *m* [tra]
windscreen wash assembly Scheibenwaschanlage *f* [tra]
windscreen washer Scheibenwaschanlage *f* [tra]
windscreen washer unit Scheibenwaschanlage *f* [tra]
windscreen wiper Scheibenwischer *m* [tra]
windshield Frontscheibe *f* ((A) Auto) [tra]; Frontscheibe *f* ((A) am Auto) [tra]; Scheibe *f* ((A) Windschutzscheibe) [tra]; Windschutzscheibe *f* ((A)) [tra]
windshield wiper Scheibenwischer *m* ((A)) [tra]
windstop Dichtungsleiste *f* (Fenster)
windtight abgedichtet gegen Windzug; winddicht
windward dem Wind zugekehrt [wet]; Wind- [wet]; windwärts [wet]
windwheel Windrad *n* [pow]
wine red weinrot (RAL 3005) [nor]
wing Schwinge *f* (Flügel); Anbau *m* (am Haus) [bau]; Flügel *m* (Flugzeug) [tra]; Flügel *m* (Gebäude) [bau]; Kotflügel *m* (Auto) [tra]; Seitenflügel *m* [bau]
wing bolt Flügelschraube *f* [tec]
wing burner Flachbrenner *m* [pow]

wing lamp Kotflügelleuchte *f* [tra]
wing nut Flügelmutter *f* [tec]
wing of a door Türflügel *m* [bau]
wing screw Flügelschraube *f* [tec]
wing seal, rotating - Drehflügeldichtung *f* [tec]
wing span Spannweite *f* (Flugzeug) [tra]
wing stay Kotflügelstütze *f* [tra]
wing tank Seitentank *m* (z.B. im Flugzeug) [tra]
winker Blinkleuchte *f* (Auto) [tra]
winter Winter *m*
winter gritting machine Winterdienststreugerät *n* [tra]
winter operation Winterbetrieb *m* [pow]
winter pause Winterruhe *f*
winter rest Winterruhe *f*
winter road service Straßenwinterdienst *m* [rec]
winter service Winterdienst *m* [rec]
winter smog Wintersmog *m* [wet]
winterproof winterfest
winze Blindschacht *m* [roh]
wipe wischen *v*
wipe away abwischen *v*; wegwischen *v*
wipe off abputzen *v*; abstreichen *v*
wipe out auslöschen *v* (austilgen)
wiped joint Weichlötverbindung *f* [tec]
wiper Kontaktbürste *f* [elt]; Abstreifer *m* [pow]; Wischer *m* (Scheibenwischer) [tra]; Abstreifblech *n* [pow]; Abstreifring *n* [prc]
wiper arm Wischarm *m* [tra]; Wischerarm *m* (Scheibenwischer) [tra]
wiper blade Wischarm *m* [tra]; Wischblatt *n* [tra]
wiper motor Wischermotor *m* [tra]
wiper ring Abstreifring *m* (Dichtung) [tec]
wiper width Wischerbreite *f* (Scheibenwischer) [tra]
wiper, vertical - Parallelscheibenwischer *m* [tra]
wiping cloth Wischtuch *n*
wiping seal Abstreifring *m* [tec]
wire Ader *f* (Kabel) [elt]; Leitung *f* (Strom) [elt]; Draht *m* (dünnes Metall, Leitung) [met]; Leitungsdraht *m* [elt]
wire belegen *v* (Anschlussleiste); beschalten *v* [elt]; verdrahten *v* [elt]; verkabeln *v* [elt]; zusammenschalten *v* [elt]
wire adaptor Leitungsanschlussstück *n* [elt]
wire armouring Drahtbewehrung *f* [bau]
wire basket Drahtkorb *m*
wire brad nail Drahtnagel *m*
wire brush Drahtbürste *f* [wzg]; Kratzbürste *f* [wzg]; Metalldrahtbürste *f* [wzg]
wire bundle Drahtbündel *n* [met]
wire cable Drahtseil *n* [met]
wire cable clamp Drahtklemme *f* [elt]
wire cloth Drahtgewebe *n* [met]
wire coating Kabelmantel *m* [elt]
wire concealed unter Putz verlegen *v* (Leitung) [elt]
wire connector Lüsterklemme *f* [elt]
wire core Drahteinlage *f* [met]
wire covering compound Kabelmasse *f* [elt]

wire cross section Drahtquerschnitt *m* [con]; Leitungsquerschnitt *m* [elt]
wire cutter Drahtschere *f* [wzg]; Drahtschneider *m* [wzg]
wire cutters Beißzange *f* [wzg]; Drahtzange *f* [wzg]
wire diameter Drahtdurchmesser *m*
wire drawing Drahtziehen *n* [wer]
wire drawing bench Drahtziehbank *f* [wer]
wire enamel Drahtlack *m* [elt]
wire fastener connecting link Drahtverschlussglied *n* [tec]
wire feed Drahtzuführung *f* [tec]
wire fence Drahtzaun *m* [bau]
wire fuse, open - offene Sicherung *f* [elt]
wire gauge Drahtlehre *f* [any]; Drahtdurchmesser *m* (Lochgröße der Drahtlehre)
wire gauge table Drahtstärketabelle *f* [con]
wire gauze Gaze *f* (Draht-) [met]; Drahtgeflecht *n* [met]; Drahtgewebe *n* [met]
wire gauze electrode Netzelektrode *f* [elt]
wire glass Drahtglas *n* [met]
wire grating Drahtgitter *n*
wire guard Drahtgitter *n*
wire holder Schelle *f* [elt]
wire injection equipment Drahteinspulmaschine *f* [wer]
wire isolation Drahtisolation *f* [elt]
wire jumper Drahtbrücke *f* [elt]
wire lattice Drahtgitter *n*
wire leaf spring Drahtformfeder *f* [met]
wire loop Drahtschlaufe *f*
wire machine Drahtverarbeitungsmaschine *f* [wer]
wire mesh Gaze *f* (Draht-) [met]; Drahtgeflecht *n* [met]; Metallgewebe *n* [met]
wire mesh demister Drahtgeflechtabscheider *m* [air]
wire mesh fence Maschendrahtzaun *m* [bau]
wire mesh liner Mantelsieb *n* [prc]
wire mesh mattress Isoliermatte mit Drahtgeflecht *f* [met]
wire mesh screen Drahtsieb *n* [prc]
wire nail Drahtnagel *m*; Drahtstift *m* [met]
wire netting Maschendraht *m*; Drahtgitter *n*; Gitter *n* (Drahtnetz) [met]
wire netting fence Drahtgeflechtzaun *n* [bau]
wire on the surface auf Putz verlegen *v* (Leitung) [elt]
wire passage furnace Drahtdurchziehofen *m* [roh]
wire race bearing Drahtwälzlager *n* [tec]; Drehwälzlager *n*
wire reinforced glass drahtbewehrtes Glas *n* [met]; Drahtglas *n* [met]
wire reinforcement Drahteinlage *f* [met]
wire reinforcing Drahtbewehrung *f* [bau]
wire release Drahtauslöser *m* (Foto)
wire rod Walzdraht *m* [met]
wire rod, continuously cast - Gießwalzdraht *m* [met]
wire rope Seilzug *m* [mbt]; Drahtseil *m* [met]; Kabel *n* (auch Drahtseil) [tec]
wire rope drum Drahtseiltrommel *f*

wire scrap Drahtschrott *m* [rec]
wire scratcher Kratzbürste *f* [wzg]
wire screen Drahtgewebe *n* [met]
wire section Drahtquerschnitt *m* [con]
wire shears Drahtschere *f* [wzg]
wire sieve Drahtsieb *n* [prc]
wire size Drahtdicke *f* [met]; Aderquerschnitt *m* (Kabel) [elt]
wire spiral warp Schlauch mit Scheuerschutz *m*
wire spoked wheel Drahtspeichenrad *n* [tra]
wire strand Drahtlitze *f* [elt]
wire strap Drahtbrücke *f* [elt]
wire suspension bridge Drahtseilbrücke *f* [tra]
wire testing Drahtprüfung *f* [any]
wire up verschalten *v* [elt]
wire winding Drahtwicklung *f* [elt]
wire working machine Drahtbearbeitungsmaschine *f*
wire works Drahtgeflecht *n* [met]
wire, draw a - drahtziehen *v* [wer]
wire, hot - Hitzdraht *m* [pow]
wire-end ferrule Aderendhülse *f* [elt]
wire-netting fence Maschendrahtzaun *m* [bau]
wire-strippers Abisolierzange *f* [wzg]
wire-wound resistor Drahtwiderstand *m* (drahtförmiger Widerstand) [elt]
wirebars Drahtbarren *pl* [met]
wired verdrahtet [elt]; verkabelt [elt]
wired circuit board Leiterplatte *f* (z.B. Platine) [elt]
wireless drahtlos
wireless Funk *m* [edv]; Radioapparat *m* ((B)) [elt]; Rundfunk *m* ((B)) [edv]; Radio *n* ((B) Funk) [edv]
wireless funken *v* [edv]
wireless receiver Rundfunkempfänger *m* ((B)) [edv]
wireless telephone Funktelefon *n* [edv]
wireway Kabelkanal *m* [elt]
wiring elektrische Verdrahtung *f* [elt]; Installation *f* (Elektrotechnik) [elt]; Schaltung *f* [elt]; Verdrahtung *f* [elt]; elektrische Leitungen *pl* [elt]
wiring comb Verdrahtungskamm *m* [elt]
wiring diagram Schaltplan *m* [con]; Verdrahtungsplan *m* [con]; Schaltbild *n* (elektrisch) [con]; Schaltschema *n* [elt]
wiring harness Kabelsatzarmierung *f* (Kabelbaum) [elt]
wiring material Verlegungsmaterial *n* [elt]
wiring pin Kontaktstift *m* [elt]
wiring schematic Schaltplan *m* [con]
wiring symbol Schaltzeichen *n* [elt]
wish-wash interval Wisch-Waschintervall *n* (Waschanlage) [tra]
wishing wand Wünschelrute *f* (sucht Wasserader) [was]
withdraw abziehen *v* (Material entnehmen); einziehen *v* (aus dem Verkehr ziehen); entnehmen *v*; zurückziehen *v*
withdrawable ausfahrbar; ausziehbar; herausziehbar
withdrawal Abnahme *f* (Verminderung); Anzapfung *f* [prc]; Ausmusterung *f* (der alten Dampflok) [tra]; Entnahme *f*; Entziehung *f*; Materialentnahme *f*;

Rücknahme f (Klage) [jur]; Rücksaugung f [pow]; Rücktritt m (Vertrag) [jur]
withdrawal length Ausziehlänge f
withdrawal nut Abziehmutter f [tec]
withdrawal of steam Dampfentnahme f [pow]
withdrawal sleeve Abziehhülse f [tec]
withdrawal test Absetzversuch m [any]
withdrawal, right to - Rücktrittsrecht n [jur]
withdrawals Geldausgänge pl [eco]
wither austrocknen v (verdorren); verdörren v; welken v (verwelken, z.B. Pflanzen)
withered dürr (z.B. Zweig) [far]; verwelkt
withhold einbehalten v
withstand aufnehmen v (Kräfte) [phy]; aushalten v; verkraften v (aushalten, ertragen); widerstehen v
witness zusehen v (bei Unfall)
witnessed and approved bezeugt und anerkannt [jur]
witnessed test, undergo a - abnehmen v (durch Abnahme) [any]
wobble Axialschlag m (eines Wälzlagers) [con]; Seitenschlag m (z.B. des Schwungrades) [tec]
wobble eiern v (bei Unwucht); flattern v (der Räder) [tra]
wobble coefficient Reibungsbeiwert m [phy]
wobble plate Taumelscheibe f [tec]
wobble rack Taumelständer m [tec]
wobbling disc Taumelscheibe f [tec]
wood Wald m; Holz n [met]
wood ash Holzasche f [rec]
wood auger Holzbohrer m [wzg]
wood bit Bohrer m (Holzbohrer) [wzg]
wood ceiling Holzdecke f [bau]
wood cellulose Holzcellulose f [met]; Holzzellstoff m [che]
wood charcoal Holzkohle f [met]
wood chipboard Holzspanplatte f [met]
wood chisel Beitel m [wzg]; Holzmeißel m [wzg]
wood conservation Holzkonservierung f
wood construction Holzbauweise f [bau]; Holzbau m [bau]; Holzwerk n
wood consumption Holzverbrauch m
wood cut against the grain Querholz n [met]
wood distilling apparatus Holzvergaser m [tra]
wood dough Kunstholz n [met]; Pressholz n [met]
wood drill Holzbohrer m [wzg]
wood dust Holzmehl n [met]
wood fibre Holzfaser f [met]
wood fibre bonding medium Holzbindemittel n [met]
wood finishing lacquer Holzlack f [met]
wood flour Holzmehl n [met]
wood gas Holzgas n [pow]
wood grain Maserung f (Holz)
wood impregnation Holzimprägnierung f [met]
wood industry Holzindustrie f; Holzwirtschaft f
wood lacquer Holzlack m [met]
wood mordant Holzbeize f [met]
wood mosaic Holzparkett n [bau]
wood oil Holzöl n [met]
wood paste Holzmasse f [met]

wood plug Holzdübel m [wer]
wood powder Holzmehl n [met]
wood preservation Holzkonservierung f; Holzschutz m
wood preservative Holzimprägnierungsmittel n [met]; Holzschutzmittel n [met]
wood primer Holzgrundierung f [che]
wood processing Holzbearbeitung f [wer]; Holzverarbeitung f [wer]; Holzveredlung f [wer]
wood protection Holzschutz m
wood protection agent Holzschutzmittel n [met]
wood pulp Holzfaser f [met]; Holzmasse f [met]; Holzbrei m; Holzschliff m (Papiermasse, Pulpe) [rec]
wood pulp board Holzpappe f (Zellstoffpappe) [met]
wood pulp filter Zellstofffilter m [prc]
wood putty Holzkitt m [met]
wood resin Baumharz n [bff]
wood rot Holzfäule f
wood sawings Sägespäne pl [rec]
wood screw Holzschraube f [tec]
wood screw, hexagon head - Sechskantholzschraube f [tec]
wood screw, round-head - Halbrundholzschraube f [tec]
wood seasoning Trocknen von Holz n [roh]
wood shaving Holzspan m
wood shavings Hobelspäne pl [rec]; Sägespäne pl [rec]
wood stain Holzbeize f [met]
wood staining Holzbeizen n [wer]
wood tar Holzkohlenteer m [che]; Holzteer m [met]
wood varnish Holzfirnis m [met]
wood veneer Holzfurnier n [met]
wood waste Holzabfall m [rec]
wood window Holzfenster n [bau]
wood work Holzarbeiten pl
wood, new - unbearbeitetes Holz n
wood-boring tool Holzbohrer m [wzg]
wood-carving knife Schnitzmesser n [wzg]
wood-fibre board Holzfaserplatte f [met]
wood-flour filled polypropylene holzmehlgefülltes Polypropylen n [met]
wood-frame construction Holzrahmenkonstruktion f [bau]
wood-free paper holzfreies Papier n [met]
wood-gas generator Holzgasgenerator m [che]
wood-gas producer Holzgasgenerator m [che]
wood-glue Holzleim m [met]
wood-milling cutter Holzfräser m [wzg]
wood-shaving Holzwolle f [met]
wood-wool Holzwolle f [met]
wood-wool insulation Holzwolleisolierung f
wood-working Holzverarbeitung f [wer]
woodchip Holzspan m
woodchip wallpaper Raufasertapete f [bau]
wooded baumreich; bewaldet [far]
wooden base Holzuntergrund m
wooden box Holzkiste f; Holzkasten m
wooden cabin Holzhütte f [bau]
wooden chest Holzkasten m

wooden construction Holzkonstruktion f [bau]
wooden cottage Holzhaus n [bau]
wooden deck Holzschalung f (Dach) [bau]
wooden floor Bretterboden m
wooden foot bridge Holzsteg m [bau]
wooden form Holzform f
wooden framework Holzrahmen m [bau]
wooden girder Holzträger m [bau]
wooden handle Holzstiel m [wzg]
wooden house Holzhaus n [bau]
wooden hut Holzhütte f [bau]
wooden packing material Holzverpackungsmaterial n
wooden particle board Holzspanplatte f [met]
wooden partition Bretterwand f
wooden peg Holzdübel m [wer]; Holzstift m
wooden sleeper Holzschwelle f ((B) der Bahn) [tra]
wooden superstructure Holzaufbau m [bau]
wooden tie Holzschwelle f ((A) der Bahn) [tra]
wooden trestle Holzbock m
wooden wall Bretterwand f
woodfree holzfrei
woodland Waldgebiet n
woodruff key Scheibenfeder f [tec]; Scheibenpassfeder f [tec]
woodwork Tischlerarbeit f [wer]
woodworking Holzbearbeitung f [wer]
woodworking adhesive Kaltleim m [met]
woody holzartig; holzig
woody lignite Hartbraunkohle f [met]
wool Wolle f [met]
wool fat Wollfett n [met]
wool felt Wollfilz m [met]
wool fibre Wollfaser f [met]
word Wort n
word length Wortlänge f (Software) [edv]
word processing Textverarbeitung f [edv]
word processing program Textverarbeitungsprogramm n (Software) [edv]
word processing system Textverarbeitungssystem n (Software) [edv]
word processor Schreibautomat m [edv]
word size Wortlänge f (Software) [edv]
word-division Silbentrennung f (Textverarbeitung)
wording Text m (Wortlaut)
wording of the law Gesetzestext m [jur]
work Arbeit f (Beschäftigung); Leistung f [phy]; Tätigkeit f; Arbeitsplatz m (Stellung, Anstellung); Dienst m (Tätigkeit); Arbeitsstück n (Werkstück); Werk n (Erzeugnis)
work abbauen v (Bergbau) [roh]; arbeiten v; bearbeiten v (arbeiten, treiben) [wer]; behandeln v (bearbeiten); betätigen v (bearbeiten); fungieren v; funktionieren v; kneten v; verarbeiten v [wer]; verformen v [wer]; wirken v
work arm Lastarm m (Hebel) [tec]
work assignment Arbeitsvorgabe f
work at red heat warm bearbeiten v [wer]
work bench Arbeitstisch m
work carelessly pfuschen v

work certificate Zeugnis n (Arbeitsbescheinigung) [eco]
work chair Arbeitsstuhl m
work clothes Berufskleidung f
work clothing Arbeitskleidung f
work commenced begonnene Arbeit f
work concrete betonieren v [bau]
work contract Arbeitsvertrag m
work desk Arbeitsplatte f
work diskette Arbeitsbereich f (Speicher) [edv]
work edge Anlegekante f
work experience Berufserfahrung f; Praktikum n (z.B. während Studium) [eco]
work flow Bearbeitungsfolge f
work for erarbeiten v (erwerben)
work force Arbeitskräfte pl
work function Austrittsarbeit f (Arbeitsfunktion)
work group Arbeitsgruppe f
work in the field praktische Arbeit f (in der Praxis)
work items Positionen pl
work life Arbeitsleben n
work load Arbeitsauslastung f
work nights Nachtschicht f [eco]
work off abarbeiten v
work on bearbeiten v (körperlich daran arbeiten)
work order number Arbeitsauftragsnummer f
work out ausarbeiten v (erstellen) [wer]; erarbeiten v (erstellen)
work overload Arbeitsüberlastung f
work performance record Arbeitsnachweis m (Stundennachweis)
work permit Arbeitserlaubnis f
work plane Arbeitsebene f
work planning Arbeitsvorbereitung f
work platform, hydraulic - Hubarbeitsbühne f [wer]
work point Arbeitspunkt m (Bauteil)
work running laufende Arbeiten pl
work saving Arbeitseinsparung f
work schedule Arbeitsvorbereitung f
work scheduling Arbeitsvorbereitung f
work section Arbeitsabschnitt m
work sequence Arbeitsablauf m
work station Arbeitsplatz f; Arbeitsstation f [edv]; Arbeitsplatz für CAD m
work stoppage Arbeitsunterbrechung f; Unterbrechung f (einer Arbeit)
work stress Arbeitsbelastung f
work thoroughly durcharbeiten v (kneten)
work through the break durcharbeiten v
work time Arbeitszeit f (am Tag)
work together zusammenarbeiten v; zusammenwirken v
work unit Arbeitseinheit f
work up verbrauchen v
work well funktionieren v
work, additional - Mehrarbeit f
work, agricultural - Landarbeit f [far]
work, during - bei der Arbeit
work, scope of - Arbeitsumfang m

work, set to - in Betrieb setzen v
work-bench Bank f (Werkbank) [wer]; Werkbank f [wzg]
work-creation program Arbeitsbeschaffungsmaßnahme f
work-flow Arbeitsablauf m
work-flow chart Arbeitsablaufplan m
work-force, size of the - Personalstärke f [eco]
work-in-process unfertige Erzeugnisse pl
workability Bearbeitbarkeit f [wer]; Betriebsfähigkeit f; Durchführbarkeit f; Verarbeitbarkeit f [wer]
workable abbauwürdig [roh]; durchführbar; verformbar [met]
worked by hand handbetätigt
worker Arbeitskraft f (Personal); Arbeiter m
workforce Personalbestand m [eco]
workforce, borrowed - Leiharbeitnehmer m [eco]
working arbeitend (funktionierend); berufstätig; funktionstüchtig; in Betrieb
working Bearbeitung f (von Holz, Metall, ..) [wer]; Behandlung f (Bearbeitung); Abbau m (im Bergbau) [roh]; Betrieb m (Arbeiten); Betriebsablauf m (Durchführung); Arbeiten n (Beschäftigung)
working aisle Arbeitsgang m (in der Lagerhalle) [wer]
working appliance Arbeitsmittel n [wzg]
working area Arbeitsfläche f; Arbeitsbereich m (in der Werkshalle)
working area lighting fitting Arbeitsplatzleuchte f [elt]
working capacity Arbeitsleistung f [phy]
working characteristics Betriebseigenschaften pl
working clothes Arbeitsanzug m
working condition Arbeitsbedingung f; Betriebsbedingung f; Betriebszustand m
working conditions Betriebsbedingungen pl; Betriebsverhältnisse pl
working cycle Arbeitsspiel n
working data Betriebsdaten pl
working drawing Arbeitszeichnung f [con]; Ausführungszeichnung f [con]
working drawings, set of - Zeichnungssatz m [con]
working environment Arbeitsumgebung f; Arbeitsumfeld n
working expenses Betriebskosten pl; Betriebsunkosten pl
working flank Lauffflanke f (Zahnrad) [tec]
working fluid Arbeitsmedium n
working gauge pressure Betriebsüberdruck m
working hour Arbeitsstunde f
working hour meter Betriebsstundenzähler m
working hours Arbeitszeit f (Dienstzeit); Dienstzeit f [eco]; Dienststunden pl [eco]
working hours and shift schedules Arbeitszeitmanagement n
working hours supervision Arbeitszeitkontrolle f
working hours, reduction of - Arbeitszeitverkürzung f
working instruction Arbeitsanweisung f; Behandlungsvorschrift f

working length Nutzlänge f [tra]
working level Sohle f (im Bergwerk) [roh]
working life Gebrauchsdauer f; Verwendungsdauer f; Arbeitsleben n
working light Anbauscheinwerfer m [tra]
working load Arbeitsbelastung f; Drucklast f; Nutzlast f; Schwungmasse f [phy]; zulässige Belastung f
working material regulation Arbeitsstoffverordnung f
working medium Arbeitsmedium n
working motion Arbeitsbewegung f
working of coal Kohlenabbau m [roh]
working on shoulders Bankettbearbeitung f [mbt]
working order Betriebszustand m
working order, in - einsatzfähig (verfügbar)
working part Werkstück n [wer]
working period Betriebszeit f (Arbeitszeit)
working phase Arbeitsgang m [wer]
working place Arbeitsplatz m
working platform Arbeitsbühne f
working point Angriffspunkt m
working position Anstellbewegung f [mbt]; Arbeitsstellung f
working practice Arbeitstechnik f
working pressure Arbeitsdruck m (Betriebsdruck) [prc]; Betriebsdruck m (Arbeitsdruck); Trommeldruck m [pow]
working pressure, approved - Genehmigungsdruck m
working principle Arbeitsweise f
working process Arbeitsgang m [wer]; Arbeitsprozess m; Arbeitsverfahren n
working property Formbarkeit f [met]
working range Arbeitszone f; Ausladung f (Gefahrenbereich) [mbt]; Arbeitsbereich m (eines Geräts) [tec]; Arbeitsfeld n; Arbeitsgebiet n
working reliability Betriebssicherheit f (gegen Ausfall)
working room Arbeitsraum m; Betriebsraum m
working safety Betriebssicherheit f (Arbeitssicherheit)
working schedule Arbeitsplan m; Arbeitsprogramm n
working scope Arbeitsgebiet n
working sequence Arbeitskette f (Arbeitsablauf) [wer]
working service Lebensdauer f (z.B. von Rolltreppen)
working site Arbeitsstelle f; Baustelle f [wer]; Montagestelle f (Baustelle)
working site for night work Signalmittelsatz m [mbt]
working slope Arbeitsböschung f [mbt]
working speed Arbeitsgeschwindigkeit f [wer]
working step Arbeitsschritt m
working storage Arbeitsspeicher m [edv]
working storage area Arbeitsspeicherbereich m [edv]
working storage capacity Arbeitsspeicherkapazität f [edv]

working storage protection Arbeitsspeicherschutz m [edv]
working storage requirement Arbeitsspeicherbedarf m [edv]
working storage saving Arbeitsspeichersicherung f [edv]
working storage size Arbeitsspeichergröße f [edv]
working storage upgrading Arbeitsspeichererweiterung f [edv]
working stress Betriebsspannung f (Festigkeit)
working stroke Arbeitshub m (des Kolbens im Zylinder) [tra]
working table Arbeitstisch m
working temperature Betriebstemperatur f; Betriebstemperatur f
working time Arbeitszeit f; Laufzeit f
working time extension Arbeitszeitverlängerung f
working time, actual - Betriebsdauer f
working tool Arbeitswerkzeug n [wzg]
working unit stress Betriebsspannung f (Festigkeit)
working voltage Arbeitsspannung f [elt]; Betriebsspannung f [elt]
working volume Hubvolumen n [tec]
working width Arbeitsbreite f [mbt]
working with full strength voller Arbeitseinsatz m
working, hot - Warmverformung f [wer]
working-site illumination kit Signalmittelsatz m [mbt]
workings Technik f (eines Gerätes); Gänge pl (Bergbau) [roh]; Schächte pl (Bergbau) [roh]
workman Arbeiter m
workmanlike fachgerecht (- Reparatur); fachmännisch
workmanship Arbeit f (Bauleistung, Ausführung); Bauleistung f (Ausführung, Arbeit) [bau]; handwerkliche Leistung f; Werkstattarbeit f (gute Qualität) [wer]
workmanship, bad - mangelhafte Ausführung f
workmen's compensation Arbeiterunfallversicherung f [jur]
workpiece Werkstück n (an dem gearbeitet wird) [wer]
workplace Arbeitsplatz f
workplace illumination Arbeitsplatzbeleuchtung f
workplace measurement Arbeitsplatzmessung f
works Betriebsanlage f; Betrieb m (Werk); Werk n (Fabrik)
works agreement Betriebsvereinbarung f
works closure Betriebsschließung f; Betriebsstilllegung f
works council Betriebsrat m [eco]
works council, central - Gesamtbetriebsrat m [eco]
works management Werksführung f (Leitung) [eco]
works manager Betriebsleiter m (Werksleiter)
works meeting Betriebsversammlung f
works premises Werkgelände n
works railway Werksbahn f (in großer Fabrik) [tra]
works regulation Betriebsordnung f
works scraps Kreislaufschrott m [rec]

works security Betriebsschutz m (Arbeitssicherheit)
works transport Werkverkehr m [tra]
works valuation Werksbefund m [met]
works' standard Werksnormen pl [nor]
worksheet Arbeitsblatt n
workshop Arbeitsstätte f; Industriehalle f; Werkstätte f [wer]; Werkstatt f [wer]; Seminar n
workshop assembly Werkstattmontage f [wer]
workshop drawing Werkstattzeichnung f [con]
workshop manager Werkstattleiter m (Betriebsleiter) [eco]
workshop manual Werkstatthandbuch n
workshop operation Werkstattbetrieb m
workshop practice Arbeitstechnik f
workstation Arbeitsplatzrechner m [edv]
workstation computer Arbeitsplatzrechner m (obere Leistungsklasse) [edv]
worktime bonus Arbeitszeitguthaben n
world Erde f (Welt); Welt f
world map Erdkarte f
world market Weltmarkt f [eco]
world production Weltproduktion f [eco]
world's supply Weltvorrat m [roh]
worldwide weltweit
worldwide coverage Weltdeckung f (Versicherung mit Weltdeckung) [jur]
worm Schlange f (Technik); Schnecke f [tec]; Wurm m [bff]
worm and sector steering device Lenkvorrichtung mit Schnecke f [tra]
worm blade Schneckenflügel m [tec]
worm casing Schneckengehäuse n [tec]
worm conveyor Schneckenförderer m [prc]
worm crown gear Schneckenradkranz m [tec]
worm damage Wurmfraß m [bff]
worm destroying wurmvertilgend
worm drier Schneckentrockner m [prc]
worm drive Schneckenantrieb m [tec]; Schneckentrieb m [tra]
worm drive gear unit Schneckengetriebe n [tra]
worm drive hose clip Schneckengewindeschelle f [tec]
worm extruder Schneckenpresse f [prc]
worm gear Schneckentrieb m (Schneckenantrieb) [tec]; Schneckengetriebe n [tec]; Schneckenrad n [tec]; Schraubenrad n [tec]
worm gear drive Schneckenantrieb m [tec]; Schneckenradantrieb m [tec]
worm gear hob, shank-type - Schaftschneidrad n [tec]
worm gear hub Schneckenradnabe f [tra]
worm gear motor Schneckengetriebemotor m [tec]
worm gear pump Schneckenpumpe f [prc]
worm gear shaft Schneckenwelle f [wer]
worm gear transmission Schneckenradvorgelege n [tec]
worm gear unit, double-enveloping - Globoidschneckengetriebe n [tec]
worm gearing Schneckengetriebe n [tec]
worm roll Schneckenwalze f [tec]

worm shaft Schneckenachse *f* [tec]; Schneckenwelle *f* [tec]
worm thread Schneckengewinde *n* [tra]
worm type feeder Schneckenförderer *m* [prc]
worm wheel Schneckenrad *n* [tec]
worm wheel hub Schneckenradnabe *f* [tec]
worm wheel rim Schneckenradkranz *m* [tec]
worm-eaten wurmstichig
worm-geared chain pulley block Schneckenradflaschenzug *m* [tec]
worm-shaped coil spring Wurmfeder *f* [tec]
wormy wurmstichig
worn abgenutzt; ausgeschlagen [wer]; kaputt (durch langen Gebrauch); verschlissen (abgenutzt)
worn out ausgedient [rec]
worn part Verschleißteil *n* (verschlissenes Teil) [tec]
worry sorgen *v*
worse, make - verschlechtern *v*
worsening Verschlechterung *f*
worst case schlimmster Fall *m*
worst-case failure condition maximaler Störfall *m* [pow]
worth Wert *m*
worth the trial den Versuch wert
worth-living lebenswert
worthy of mention erwähnenswert
wound gewunden [wer]
wound Wunde *f*
wound verletzen *v* (körperlich); verwunden *v*
wound dressing Schnellverband *m* [hum]
wound flexible spring gewundene Biegefeder *f* [tec]
wound-rotor motor Schleifringmotor *m* [elt]
woven geknüpft [wer]
woven asbestos Asbestgewebe *n*
woven fabric Gewebe *n* (Stoff) [met]
woven wire Drahtgeflecht *n* [met]
woven wire fabric Drahtgewebe *n* [met]
wrap einbinden *v* (einhüllen); einhüllen *v*; einpacken *v*; einwickeln *v*; umwickeln *v*; verpacken *v* (einwickeln); wickeln *v* (einwickeln)
wrap in foam einschäumen *v* (mit Schaum umhüllen)
wrap up packen *v* (einwickeln)
wrap-around cutting edge umlaufendes Schneidmesser *n* [mbt]
wrapped umhüllt (verpackt); verpackt
wrapping Umverpackung *f*; Verpackung *f* (in Papier); Umkarton *m*
wrapping paper Einpackpapier *n*; Einschlagpapier *n*; Einwickelpapier *n*; Packpapier *n* [met]
wreck Schiffswrack *n* (markiert durch Boje) [tra]; Wrack *n*
wreck abbrechen *v* (Gebäude) [bau]; abreißen *v* [bau]; abtragen *v* (Gebäude) [rec]; abwracken *v* [rec]; niederreißen *v*
wreckage Trümmer *pl* (Flugzeug) [tra]
wreckage of a plane Flugzeugwrack *n* [rec]
wrecked car Autowrack *n* [rec]
wrecker crane Abschleppfahrzeug *f* (mit Kran) [tra]; Abschleppkran *m* (Fahrzeug mit Kran) [tra]

wrecker tooth Rodezahn *m* (Grabhaken am Bagger) [mbt]
wrecking Abbrucharbeit *f* [bau]; Abbruch *m* (eines Gebäudes) [bau]; Abriss *m* [bau]; Abtrag *m* (von Gebäuden) [rec]
wrecking bar Brecheisen *n* [wzg]
wrecking site Abbruchstelle *f*; Abrissstelle *f*
wrench Schlüssel *m* (Werkzeug) [wzg]; Schraubenschlüssel *m* ((A)) [wzg]; Spannschlüssel *m* [wzg]
wrench hammer Schlagringschlüssel *m* [wzg]
wrench head Schlüsselkopf *m*
wrench head bolt Sechskantschraube *f* [tec]
wrench, adjustable - verstellbarer Schlüssel *m* [wzg]
wrinkle Welle *f* (Unebenheit)
wrinkle runzeln *v*
wrinkle-free faltenlos
wrinkled faltig
wrinkles Krähenfüße *pl* (Schweißen) [wer]
write bearbeiten *v* (schriftlich behandeln) [eco]; beschreiben *v* (Datenträger) [edv]; schreiben *v* [edv]
write head Schreibkopf *m* (Drucker) [edv]
write in einspeichern *v* (Daten) [edv]
write instruction Schreibbefehl *m* (Software) [edv]
write lockout Schreibsperre *f* (Software) [edv]
write off abbuchen *v* (abschreiben) [eco]
write out ausgeben *v* (Daten) [edv]
write protection Schreibschutz *m* (Software) [edv]
write statement Schreibanweisung *f* (Software) [edv]
writing Schriftstück *n*
writing device Schreibgerät *n* [edv]
writing implement Schreibgerät *n*
writing paper Schreibpapier *n*
writing speed Schreibgeschwindigkeit *f*
writing, not laid down in - nicht beurkundet [jur]
written offer schriftliches Angebot *n* [eco]
written termination schriftliche Kündigung *f* [jur]
wrong falsch (fehlerhaft); irrtümlich; unrecht
wrong alarm Fehlalarm *m*
wrong choice Fehlgriff *m*
wrought iron Schweißstahl *m* [met]; Hammereisen *n* [met]; Schmiedeeisen *n* [met]; Schweißeisen *n* [met]
wrought iron scrap Schmiedeeisenabfälle *pl* [rec]
wrought steel Schmiedestahl *m* [met]
wye Gleisdreieck *n* (Y-förmig) [tra]
wye branch Gabelstück *n* [tec]; Hosenstück *n* [prc]

X

X-axis X-Achse *f* [con]
X-radiation Röntgenstrahlung *f*
X-ray Röntgenstrahlung *f*; Röntgenstrahl *m*
X-ray analysis Röntgenanalyse *f* [any]
X-ray apparatus Röntgenapparat *m*
X-ray cancer Strahlenkrebs *m* [hum]
X-ray device Röntgengerät *n*
X-ray diffraction method Röntgenbeugungsmethode *f* [any]
X-ray dose Röntgendosis *f* (Strahlung); Röntgenstrahldosis *f*
X-ray emission Röntgenemission *f* (Strahlung)
X-ray examination Röntgenprüfung *f* [any]; Röntgenuntersuchung *f* [any]
X-ray examination device Röntgenuntersuchungsgerät *n* [any]
X-ray fluorescence analysis Röntgenfluoreszenzanalyse *f* [any]
X-ray generator Röntgengenerator *m*
X-ray material testing Röntgenstrahlenmaterialpüfung *f* [any]
X-ray microscope Röntgenmikroskop *n* [any]
X-ray picture Röntgenbild *n* [any]; Schirmbild *n* [any]
X-ray protective concrete Strahlenschutzbeton *m* [met]
X-ray spectrometer Röntgenspektrometer *n* [any]
X-ray spectrum Röntgenspektrum *n* [any]
X-ray structural analysis Röntgenstrukturanalyse *f* [any]
X-ray testing device Röntgenuntersuchungsgerät *n* [any]
X-ray therapy Röntgentherapie *f* [hum]
X-ray tube Röntgenröhre *f*
X-rayed geröntgt (durchleuchtet) [any]
X-raying Durchleuchtung *f* [hum]
x-y recorder x-y-Schreiber *m* [elt]
xenon Xenon *n* (chem. El.: Xe) [che]
xenon high pressure lamp Xenonhochdrucklampe *f* [elt]
xenon lamp Xenonlampe *f* [elt]
xenon poisoning Xenonvergiftung *f* [hum]
xenon tube Xenonröhre *f* [elt]

Y

Y-axis Y-Achse f [mat]
Y-branch Gabelstück n [tec]; Hosenstück n [prc]
Y-connection Sternpunktverbindung f [elt]; Sternschaltung f [elt]; Y-Schaltung f [elt]
Y-cut quartz Y-Quarz m (Ankopplung) [elt]
Y-delta connection Sterndreieckschaltung f [elt]
Y-jet burner Y-Brenner m [pow]
Y-jet type oil burner Y-Brenner m [pow]
Y-tube Y-Rohr n [prc]
Y-voltage Sternspannung f [elt]
yard Hof m; Lagerplatz m (Material)
yard drain Hofdränage f [was]
yardstick Schmiege f (Gliedermaßstab) [any]; Gliedermaßstab m (Zollstock) [any]; Klappmaßstab m (Zollstock, Schmiege) [any]; Maßstab m (Lineal); Zollstock m (Schmiege, Gliedermaßstab) [any]
yardstick of comparison Vergleichsmaßstab m [any]
yarn Zwirn m [met]
yawn klaffen v
year Jahrgang m; Jahr n
yearly jährlich
yearly dose Jahresdosis f (Radioaktivität) [hum]
yearly production Jahresproduktion f
years ago vor Jahren
years of service Betriebszugehörigkeit f
yellow gelb
yellow brass Gelbguss m [met]; Messing n [met]
yellow brass turnings Messingspäne pl [rec]
yellow green gelbgrün (RAL 6018) [nor]
yellow grey gelbgrau (RAL 7034) [nor]
yellow heat Gelbglut f [met]
yellow incandescence Gelbglut f [met]
yellow metal Gelbmessing n [met]
yellow olive gelboliv (RAL 6014)
yellow orange gelborange (RAL 2000)
yellowed vergilbt
yellowish brown gelbbraun
yellowish green gelbgrün
yellowish red gelbrot
yield Abgabe f (Ausstoß); Ausbeute f (Gewinn); Ausbringung f; Ergiebigkeit f (Material); Leistung f (Ausbeute) [phy]; Nutzleistung f [pow]; Produktion f (Ausstoß); Anfall m (Menge); Ertrag m [eco]; Gewinn m (Ertrag) [eco]; Ergebnis n (Ertrag) [eco]
yield ausbringen v; ergeben v; hervorbringen v; sacken v (nachgeben) [bod]
yield a profit Ertrag abwerfen [eco]
yield factor Dichtungskennwert m (Vorverformen einer Dichtung) [tec]; Ertragsfaktor m
yield limit Fließgrenze f [met]
yield of metal Metallausbeute f
yield point Elastizitätsgrenze f; Fließgrenze f [met]; Fließgrenze f [met]; Streckgrenze f [met]; Fließpunkt m [met]
yield resistance Fließwiderstand m [met]
yield strength Fließgrenze f [met]; Streckgrenze f [met]
yield strength at elevated temperature Warmstreckgrenze f [met]
yield stress Fließspannung f [met]; Streckspannung f [met]
yielding nachgiebig (weich)
yoke Ablenkspule f (Bildröhre) [elt]; Bügel m (Joch); Kreuzkopf m [tec]; Ausrückjoch n (Maschinen-, Fahrzeugteil) [tra]; Dränagelöffellager n [mbt]; Drainagelöffellager n [mbt]; Gabelstück n (Rohr) [tec]; Greiferlager n [mbt]; Joch n (Lager, Halter) [tec]; Ständerjoch n [pow]; Tragjoch n (z.B. Greiferlager) [mbt]
yoke block Rahmenverstärkung f [tec]
yoke closure Bügelverschluss m [tec]
yoke of catenary wire Oberleitungsjoch n [tra]
yoke vent Abzweigfallleitung f (Entwässerung) [was]
young people at work, protection of - Jugendarbeitsschutz m [jur]
young worker Jungarbeiter m
youth employment Jugendarbeit f
yperite Senfgas n [che]
yttrium Yttrium n (chem. El.: Y) [che]

Z

Z-clamp Spannplatte *f* [tec]
Z-fold paper Endlospapier *n*
zebra crossing Fußgängerüberweg *m* [tra]
Zener breakdown Zener-Durchbruch *m* [elt]
Zener diode Zener-Diode *f* [elt]
zeolite Zeolith *m* [met]
zero Null *f*; Nullstelle *f*
zero adjust Nulleichung *f* [any]
zero adjuster Nulllinieneinsteller *m* [any]
zero adjustment Nulleinstellung *f* [any]; Nullpunkteinstellung *f* [any]
zero adjustment control Nullpunktkontrolle *f* [any]
zero balancing Nullabgleichung *f* [any]
zero conductor Nullleiter *m* [elt]
zero crossing Nulldurchgang *m* [any]
zero dead stop Nullanschlag *m*
zero deviation Nullpunktabweichung *f* [any]
zero drift Nullpunktabweichung *f* [any]; Nullpunktverschiebung *f* [any]
zero error Nullpunktabweichung *f* [any]
zero excitation Nullerregung *f* [elt]
zero flow Nullförderung *f* [prc]
zero growth Nullwachstum *n*
zero in einnullen *v* (genau einstellen) [any]
zero indication Nullpunktanzeige *f* [any]
zero instrument Nullinstrument *n* [any]
zero line Nulllinie *f*; Nulllinie *f*
zero passage Nulldurchgang *m* [any]
zero point Neutralpunkt *m* [che]; Nullpunkt *m* (Temperatur)
zero population growth Bevölkerungsnullwachstum *n*
zero position Nulllage *f*; Nullstellung *f*; Ruhelage *f*; Ruhestellung *f*
zero position, return to - Nullrückstellung *f* [tra]
zero potential Nullpotential *n*
zero shift Nullpunktverschiebung *f* [any]; Nullpunktwanderung *f* [any]
zero value Nullwert *m*
zero voltage Nullspannung *f* [elt]
zero wire Mittelleiter *m* [elt]; Nullleiter *m* [elt]
zero, relative - relativer Nullpunkt *m*
zero-phase sequence Nullreaktanz *f* [elt]
zero-power reactor Nullleistungsreaktor *m* (Kernreaktor) [pow]
zerovalent nullwertig [che]
zinc Zink *n* (chem. El.: Zn) [che]
zinc verzinken *v* [met]
zinc accumulator Zinkakkumulator *m* [elt]
zinc alloy Zinklegierung *f* [met]
zinc alloy die-casting Zinkspritzgusslegierung *f* [met]
zinc alloy scrap Zinklegierungsschrott *m* [rec]

zinc alloys Zink-Basislegierungen *pl* [met]
zinc ash Zinkasche *f* [rec]
zinc bath Zinkbad *n* [roh]
zinc battery Zinkbatterie *f* [elt]
zinc carbon battery Zinkkohlenbatterie *f* [elt]
zinc casting alloy Zinkgusslegierung *f* [met]
zinc coating Zinkauflage *f* (Beschichtung) [met]; Zinküberzug *m* [met]
zinc coating plant Verzinkungsanlage *f* [met]
zinc die-casting Zinkspritzguss *m* [met]
zinc dipped feuerverzinkt [met]
zinc dipping Feuerverzinkung *f* [met]
zinc dross Zinkkrätze *f* [rec]; Zinkgekrätz *n* [rec]
zinc dust Zinkstaub *m* (Anstrich) [met]
zinc electrode Zinkelektrode *f* [elt]
zinc fluoride Zinkfluorid *n* [che]
zinc nitrate Zinknitrat *n* [che]
zinc oxide Zinkoxid *n* [che]
zinc plate Zinkblech *n* [met]
zinc poisoning Zinkvergiftung *f* [hum]
zinc powder Zinkpuder *n* [met]
zinc scrap Zinkabfall *m* [rec]; Zinkschrott *m* [met]; Altzink *n* [met]
zinc sheet Zinkblech *n* [met]
zinc sheet scrap Zinkblechabfälle *pl* [rec]
zinc slab Zinkplatte *f* [met]
zinc thermal metallurgy thermische Zinkmetallurgie *f* [roh]
zinc tube Zinkrohr *n* [met]
zinc turnings Zinkspäne *pl* [met]
zinc white zinkweiß *n*
zinc wire Zinkdraht *m* [met]
zinc yellow zinkgelb (RAL 1018) [nor]
zinc-coated sheet verzinktes Blech *n* [met]
zinc-coating Verzinkung *f* [met]
zinc-plated verzinkt [met]
zinc-rich zinkreich (viel Zink enthalten) [met]
ZIP code Postleitzahl *f*
zirconium Zirkon *n* (chem. El.: Zr) [che]
zonal zonal
zone Zone *f* (Gebiet); Bereich *m* (Gebiet); Gürtel *m* (geographisch); Streifen *m* (Zone); Gebiet *n* (Zone)
zone heating Zonenheizung *f* [pow]
zone melting Zonenschmelzen *n* [roh]
zone refining Zonenschmelzen *n* [roh]
zone, agricultural - Agrarzone *f* [far]
zone, red - roter Bereich *m* (gefährlich, riskant)
zoning Gebietsabgrenzung *f*; Gebietsplan *m*; städtebauliches Gebiet *n*
zoning map Flächennutzungsplan *m*
zoning regulations Bebauungsvorschriften *pl* [jur]
zoom Gummilinse *f* [opt]; Zoomen *n*
zymogenic gärungsfördernd [bio]

Umrechnungstabellen

Längenmaße - Linear Measures

	in	ft (=12 in)	yd (= 3 ft)	mile
1 mm =	0,0394	$3,2833 \cdot 10^{-3}$		
1 cm =	0,3937	$3,2808 \cdot 10^{-2}$	$1,0936 \cdot 10^{-2}$	
1 m =	39,37	3,2808	1,0936	$6,2140 \cdot 10^{-4}$
1 km =			1093,61	0,6214

	mm	cm	m	km
1 in =	25,381	2,5400	0,0254	
1 ft =	304,569	30,4801	0,3048	
1 yd =		91,4402	0,9144	$9,14 \cdot 10^{-4}$
1 mile =			1.609,3	1,6093

Flächenmaße - Square Measures

	in^2	ft^2	yd^2	square mile
1 mm^2 =	1,5524	$1,0780 \cdot 10^{-5}$		
1 cm^2 =	0,1550	$1,0764 \cdot 10^{-3}$	$1,1960 \cdot 10^{-4}$	
1 m^2 =	1550,0	10,7639	1,1960	$3,8614 \cdot 10^{-7}$
1 km^2 =			$1,1960 \cdot 10^{6}$	0,3861

	mm^2	cm^2	m^2	km^2
1 in^2 =	$6,4418 \cdot 10^2$	6,4516		
1 ft^2 =	$9,2762 \cdot 10^4$	$9,2903 \cdot 10^2$	0,0929	
1 yd^2 =		$8,3613 \cdot 10^3$	0,8361	$8,3613 \cdot 10^{7}$
1 sq. mile =			$2,5897 \cdot 10^6$	2,5897

Raummaße - Cubic Measures

	in^3	yd^3
1 cm^3 =	0,06102	$3,5314 \cdot 10^{-5}$
1 m^3 =	6102,4	3,5314

	cm^3	m^3
1 in^3 =	16,3872	$2,8317 \cdot 10^4$
1 yd^3 =	$1,6387 \cdot 10^{-4}$	0,2832

	Am.	Brit.
1 l (Liter) =		1,76 pints
1 l (Liter) =	0,264 gallons	0,21998 gallons
1 hl =	26,418 gallons	2,75 bushels

Am.	
1 gallon =	3,7879 l
Brit.	
1 pint =	0,5682 l
1 gallon =	4,5459 l
1 bushge =	0,3637 l

Gewicht – weight

	grain	ounce	pound	long ton (A)	short ton (B)
1 mg =	0,0154				
1 g =	15,4320	0,0353			
1 kg =		35,3000	2,2050		
1 t = 1000 kg =				0,9842	1,1020

	mg	g	kg	t
1 grain =	64,9351	0,0648		
1 ounce =		28,3286	0,0283	
1 pound =			0,4535	
1 long ton (A) =				1,0161
1 short ton (B) =				0,9074

Arbeit, Energie, Drehmoment - Work, Energy, Torque

	J	kcal	kWh	Btu
1 J = 1 Ws = 1 Nm =	1	$2,3884 \cdot 10^{-4}$	$2,7778 \cdot 10^{-7}$	$9,4782 \cdot 10^{-4}$
1 kcal =	4186,8	1	$1,1630 \cdot 10^{-3}$	3,9683
1 kWh = 3600 kWs =	$3,6000 \cdot 10^{6}$	859,845	1	3412,1
1 Btu =	1055,1	0,25199	$3,9850 \cdot 10^{-4}$	1

Druck - Pressure

	N / m^2	bar	lb_f / in^2
$1\ N / m^2 = 1\ Pa =$	1	$1,0000 \cdot 10^{-5}$	$1,4504 \cdot 10^{-4}$
1 bar =	$1,0000 \cdot 10^{5}$	1	14,5038
$1\ lb_f / in^2 =$	6894,8	$6,8945 \cdot 10^{-2}$	1

Wärmestromdichte - Heat Flow per Unit Square

	W/cm^2	$kcal / m^2\ h$	$cal / cm^2\ s$	$Btu / in^2\ s$	$Btu / ft^2\ s$	$Btu / ft^2\ h$
$1\ W / cm^2 =$	1	8598,5	0,23885	$6,120 \cdot 10^{-3}$	0,8806	$3,170 \cdot 10^{3}$
$1\ kcal / m^2\ h =$	$1,163 \cdot 10^{-4}$	1	$2,778 \cdot 10^{-5}$	$7,117 \cdot 10^{-7}$	$1,024 \cdot 10^{-4}$	0,3687
$1\ cal / cm^2\ s =$	4,1868	$3,600 \cdot 10^{4}$	1	$2,562 \cdot 10^{-2}$	3,687	$1,327 \cdot 10^{4}$
$1\ Btu / in^2\ s =$	163,40	$1,405 \cdot 10^{6}$	39,05	1	144	$5,184 \cdot 10^{5}$
$1\ Btu / ft^2\ s =$	1,1350	$9,765 \cdot 10^{3}$	0,2713	$6,944 \cdot 10^{-3}$	1	3600
$1\ Btu / ft^2\ h =$	$3,154 \cdot 10^{-4}$	2,713	$7,536 \cdot 10^{-5}$	$1,929 \cdot 10^{-6}$	$2,778 \cdot 10^{-4}$	1

Massenstromdichte - Mass Flow per Unit Square

	kg / m² s	lb$_m$ / ft² s
1 kg / m² s =	1	0,2048
1 lb$_m$ / ft² s =	4,8824	1

Wärmeleitfähigkeit - Thermal Conductivity

	W / m K	kcal / m h K	Btu / ft h degF
1 W / m K =	1	0,8599	6,93 · 10^{-2}
1 kcal / m h K =	1,163	1	0,6719
1 Btu / ft h degF =	14,42	0,124	1

Wärmeübergangskoeffizient - Heat Transfer Coefficient

	W / m² K	kcal / m² h K	Btu / ft² h degF
1 W / m² K =	1	0,8599	0,1761
1 kcal / m² h K =	1,163	1	0,2048
1 Btu / ft² h degF =	5,681	4,886	1

Viskosität - Viscosity

	kg / m s	lb$_m$ / ft s	lb$_f$ s / ft²
1 kg / m s = 10 P =	1	0,6721	2,09 · 10^{-2}
1 lb$_m$ / ft s =	1,488	1	3,11 · 10^{-2}
1 lb$_f$ s / ft² =	47,88	32,174	1

Cornelsen

Sprachtransporter.

Das Wörterbuch unfasst die Fachterminologie sämtlicher Kernfelder der Logistik mit über 90.000 Einträgen je Sprachrichtung auf aktuellem Stand zusammen.

Walter und Cory Benz/Dieter Wessels
Wörterbuch Logistik
Band 1: Deutsch-Englisch

804 Seiten - Gebunden
ISBN 3-464-49436-5

Walter und Cory Benz/Dieter Wessels
Wörterbuch Logistik
Band 2: Englisch -Deutsch

890 Seiten - Gebunden
ISBN 3-464-49437-3

Ein unentbehrliches Nachschlagewerk für Übersetzer und alle, die u. a. in den Bereichen Wirtschaft, Handel, Transport und Verkehr mit Fragen der Logistik befasst sind.

Weitere Informationen zu unseren Wörterbüchern erhalten Sie im Buchhandel, im Internet oder direkt beim Verlag.

Cornelsen Verlag
14328 Berlin
www.cornelsen.de

Cornelsen

Zeichnungsberechtigt.

Seit Jahrzehnten das Standardwerk zur Information über die Regeln des Technischen Zeichnens, wie es von fast allen Studierenden des Maschinenbaus etc. benötigt wird.

Hans Hoischen
Technisches Zeichnen
29. aktualisierte Auflage

450 Seiten, Plastikeinband
ISBN 3-464-48009-7

Weitere Informationen zu unseren Fachbüchern erhalten Sie im Buchhandel, im Internet oder direkt beim Verlag.

Cornelsen Verlag
14328 Berlin
www.cornelsen.de